TRATADO DE DERECHO ADMINISTRATIVO

Tomo III: Los actos administrativos y los contratos administrativos

Allan R. Brewer–Carías

Profesor de la Universidad Central de Venezuela (desde 1963)
Simón Bolívar Professor, University of Cambridge (1985–1986)
Professeur Associé, Université de Paris II (1989–1990)
Adjunct Professor of Law, Columbia Law School, New York (2006–2008)

TRATADO DE DERECHO ADMINISTRATIVO

Derecho Público en Iberoamérica

TOMO III

LOS ACTOS ADMINISTRATIVOS Y LOS CONTRATOS ADMINISTRATIVOS

FUNDACIÓN DE DERECHO PÚBLICO
EDITORIAL JURÍDICA VENEZOLANA

CARACAS 2013

Primera Edición Tapa dura, 2013

Editorial CivitasAranzadi S.A.
Camino de Galar, 15,
31190 Cizur Menor, Navarra, España
ISBN: 978-84-470-4410-8 (Obra Completa) (Tapa dura)
ISBN: 978-84-470-4389-7 (Tomo III) (Tapa dura)
Depósito Legal NA 934/2013

Primera Edición Tapa rústica, 2013

http://www.allanbrewercarias.com
Email: allan@brewercarias.com

Fundación de Derecho Público
Editorial Jurídica Venezolana
Avda. Francisco Solano López, Torre Oasis, P.B., Local 4, Sabana Grande,
Apartado 17.598 – Caracas, 1015, Venezuela
Teléfono 762.25.53, 762.38.42. Fax. 763.5239
http://www.editorialjuridicavenezolana.com.ve
Email fejv@cantv.net

Hecho el Depósito de Ley
ISBN: 978-980-365-205-0 (Obra Completa) (Tapa rústica)
ISBN: 978-980-365-208-1 / (Tomo III) (Tapa rústica)
Depósito Legal lf54020133403073
Texto levantado por Francis Gil, Mirna Pinto, Arelis Torres
Time New Roman, Interlineado Exacto 11, Mancha 13x19,5

PLAN GENERAL
DE LA OBRA

TOMO I

EL DERECHO ADMINISTRATIVO Y
SUS PRINCIPIOS FUNDAMENTALES

TOMO II

LA ADMINISTRACIÓN PÚBLICA

TOMO III

LOS ACTOS ADMINISTRATIVOS Y
LOS CONTRATOS ADMINISTRATIVOS.

TOMO IV

EL PROCEDIMIENTO ADMINISTRATIVO

TOMO V

LA ACCIÓN DE LA ADMINISTRACIÓN:
PODERES, POTESTADES Y RELACIONES CON LOS ADMINISTRADOS

TOMO VI

LA JURISDICCIÓN CONTENCIOSO ADMINISTRATIVA

PLAN GENERAL
DEL TOMO III

LIBRO PRIMERO:
SOBRE LA ACTIVIDAD ADMINISTRATIVA

Sección Primera: LA ACTIVIDAD ADMINISTRATIVA Y SU RÉGIMEN JURÍDICO (2005)

Sección Segunda: ALGO SOBRE LA ACTIVIDAD INTERNA DE LA ADMINISTRACIÓN (1985)

Sección Tercera: LA SEPARACIÓN DE PODERES, LAS FUNCIONES DEL ESTADO Y LA ACTIVIDAD ADMINISTRATIVA (2005)

Sección Cuarta: ACTIVIDAD ADMINISTRATIVA Y LEGALIDAD ADMINISTRATIVA

LIBRO SEGUNDO:
SOBRE LOS ACTOS ADMINISTRATIVOS

Sección Primera: TEORÍA DE LOS ACTOS ADMINISTRATIVOS (1964)

Sección Segunda: SOBRE LA IMPORTANCIA DE LA NOCIÓN DEL ACTO ADMINISTRATIVO Y LOS PROBLEMAS DE SU DEFINICIÓN (2005)

LIBRO TERCERO:
SOBRE LOS ACTOS DEL PODER EJECUTIVO

Sección Primera: EL PRINCIPIO DE LA FORMACIÓN DEL DERECHO POR GRADOS EN LA DISTINCIÓN ENTRE EL ACTO DE GOBIERNO Y EL ACTO ADMINISTRATIVO, Y EL PRINCIPIO DE LA UNIVERSALIDAD DEL CONTROL JUDICIAL DE LOS ACTOS ESTATALES (2012)

Sección Segunda: LOS ACTOS DE LOS ÓRGANOS QUE EJERCEN EL PODER EJECUTIVO: LOS ACTOS EJECUTIVOS

Sección Tercera: LOS ACTOS DE GOBIERNO Y LOS ACTOS PREEMINENTEMENTE DISCRECIONALES (2011)

LIBRO CUARTO:
SOBRE LOS REQUISITOS DE LOS ACTOS ADMINISTRATIVOS

Sección Primera: LOS REQUISITOS DE LOS ACTOS ADMINISTRATIVOS (2005)

Sección Segunda: EL RÉGIMEN DEL SILENCIO ADMINISTRATIVO Y LOS ACTOS ADMINISTRATIVOS TÁCITOS (2005)

Sección Tercera: RECAPITULACIÓN SOBRE LOS EFECTOS DEL SILENCIO ADMINISTRATIVO EN EL MARCO DE LOS PRINCIPIOS GENERALES DEL PROCEDIMIENTO ADMINISTRATIVO (2011)

LIBRO QUINTO:

SOBRE LOS EFECTOS Y EFICACIA DE LOS ACTOS ADMINISTRATIVOS

Sección Primera: SOBRE LOS EFECTOS DE LOS ACTOS ADMINISTRATIVOS (2005)

Sección Segunda: SOBRE EL VALOR DEL PRECEDENTE EN LOS ACTOS ADMINISTRATIVOS (2010)

Sección Tercera: SOBRE LA FIRMEZA Y REVOCACIÓN DE LOS ACTOS ADMINISTRATIVOS

LIBRO SEXTO:

LA TEORÍA DE LOS CONTRATOS ADMINISTRATIVOS

LIBRO SÉPTIMO:

LOS CONTRATOS ADMINISTRATIVOS

LIBRO OCTAVO:

SOBRE LA CONTRATACIÓN PÚBLICA ESTATAL

Sección Primera: SOBRE LOS CONTRATOS DEL ESTADO (2010)

Sección Segunda: LA REVIVENCIA CIRCUNSTANCIAL DE LA NOCIÓN DE "CONTRATOS ADMINISTRATIVOS," Y LAS NOCIONES DE SERVICIO PÚBLICO, INTERÉS PÚBLICO Y ORDEN PÚBLICO EN EL RÉGIMEN DE LA RESERVA AL ESTADO DE LOS SERVICIOS CONEXOS CON LA INDUSTRIA PETROLERA (2010)

Sección Tercera: NOTAS SOBRE EL RÉGIMEN GENERAL DE LOS CONTRATOS DE CONCESIÓN (2012).

LIBRO NOVENO:

SOBRE LA INMUNIDAD DE JURISDICCIÓN Y EL ARBITRAJE EN LOS CONTRATOS PÚBLICOS

Sección Primera: SOBRE LA CLÁUSULA DE INMUNIDAD DE JURISDICCIÓN Y LA CLÁUSULA CALVO EN LOS CONTRATOS DE INTERÉS PÚBLICO (1999)

Sección Segunda: ARBITRAJE Y CONTRATOS DE INTERÉS PÚBLICO

Sección Tercera: ALGUNOS COMENTARIOS A LA LEY DE PROMOCIÓN Y PROTECCIÓN DE INVERSIONES: CONTRATOS PÚBLICOS Y JURISDICCIÓN (2005)

Sección Cuarta: SOBRE EL CONSENTIMIENTO DEL ESTADO AL ARBITRAJE INTERNACIONAL EN LA LEY DE PROMOCIÓN Y PROTECCIÓN DE INVERSIONES DE 1999 Y SUS VICISITUDES (2012)

LIBRO PRIMERO:
SOBRE LA ACTIVIDAD ADMINISTRATIVA

Este Libro Primero del Tomo III del *Tratado de Derecho Administrativo* está conformado por varios estudios. Por una parte, el publicado con el título "La actividad administrativa y su régimen jurídico," en: *II Jornadas sobre Derecho Administrativo. Las formas de la en actividad administrativa*, Fundación Estudios de Derecho Administrativo FUNEDA, Colegio de Abogados del Estado Carabobo, Caracas 2005, pp. 11–41; y en *Derecho Administrativo. Revista en Doctrina, Jurisprudencia, Legislación y Práctica*, Nº 55, Enero–Marzo 2006, Director Juan Carlos Cassagne, Lexis Nexis, Buenos Aires 2006, pp. 15–39; y por la otra, el estudio sobre "Consideraciones sobre la actividad interna de la Administración y sus formalidades," publicado en *Revista de Derecho Público*, Nº 21, Editorial Jurídica Venezolana, Caracas, enero–marzo 1985, pp. 39–43. Además, se incluye el texto sobre "Separación de poderes, funciones del Estado y actividad administrativa" elaborado 2005 con motivo de la preparación del Tomo III de la obra *Derecho Administrativo* que comenzó a ser editada en Bogotá, y que quedó inconclusa en dos Tomos. Sobre ese mismo tema salió publicado el estudio sobre "Los poderes, órganos, funciones del Estado y los actos administrativos" sobre lo cual versó la conferencia que dicté en las *Jornadas Académicas en Honor al Profesor Allan R. Brewer–Carías*, Departamento de Derecho Administrativo, Universidad Externado de Colombia, Bogotá, 19 de mayo de 2006, publicada en el libro *Estudios de Derecho Administrativo*, Editorial Jurídica Venezolana, Caracas 2005, pp. 59–85. Por último, se incluye también el estudio sobre "Algo más sobre el principio de legalidad administrativa," texto igualmente elaborado en 2005, con motivo de la preparación del Tomo III de la obra *Derecho Administrativo* que comenzó a ser editada en Bogotá por la Universidad Externado de Colombia, habiendo quedado inconclusa en dos Tomos.

Sección Primera: LA ACTIVIDAD ADMINISTRATIVA Y SU RÉGIMEN JURÍDICO (2005)

En esta Sección se publica el estudio sobre "La actividad administrativa y su régimen jurídico," publicado en *II Jornadas sobre Derecho Administrativo. Las formas de la actividad administrativa*, Fundación Estudios de Derecho Administrativo FUNEDA, Colegio de Abogados del Estado Carabobo, Caracas 2005,

pp. 11–41. , y en *Derecho Administrativo. Revista en Doctrina, Jurisprudencia, Legislación y Práctica*, Nº 55, Enero–Marzo 2006, Director Juan Carlos Cassagne, LexisNexis, Buenos Aires 2006, pp. 15–39.

Para analizar el régimen jurídico de la actividad administrativa se impone la necesidad de comenzar por tratar de definir qué entendemos por tal actividad administrativa, para lo cual proponemos la siguiente: la actividad administrativa es toda actividad desarrollada por los órganos competentes de la Administración Pública o con autorización de la misma, de carácter sublegal, realizada en ejecución de las funciones del Estado para el cumplimiento de sus cometidos, y de cuyas consecuencias o efectos responden tanto los funcionarios como las personas jurídicas estatales a las cuales representan.

De esta propuesta de definición, por supuesto, y a los efectos de poder establecer el régimen jurídico de dicha actividad, resulta indispensable precisar su contenido, particularmente en relación con las seis nociones básicas que hemos utilizado para conformarla, que son: la Administración Pública, la competencia, el carácter sub legal de la actividad, las funciones del Estado, los cometidos estatales y la responsabilidad. Por ello, a los efectos de esta exposición, la misma la dividiremos en las seis partes necesarias para analizar, en primer lugar, qué ha de entenderse por Administración Pública; en segundo lugar, cómo ha de ser la competencia de sus órganos; en tercer lugar, qué ha de entenderse por el carácter sub legal de las actividades estatales; en cuarto lugar, qué ha de entenderse por funciones del Estado; en quinto lugar, cuáles son los cometidos del Estado; y en sexto lugar, qué implica la responsabilidad.

I. LA ACTIVIDAD ADMINISTRATIVA COMO EXPRESIÓN DE LA ADMINISTRACIÓN PÚBLICA

En primero lugar, hemos dicho, la actividad administrativa es una realización de la Administración Pública, lo que exige precisar qué debemos entender por tal concepto, sin duda, de sentido al menos ambivalente. En efecto la noción de Administración Pública puede referirse tanto a un conjunto de órganos como a una actividad estatal en sí misma; por lo que a los efectos de definir la actividad administrativa debemos, por supuesto, optar por el concepto orgánico, y entender por Administración Pública como un conjunto de órganos de las personas jurídicas estatales, es decir, de los sujetos de derecho que actualizan la voluntad del Estado.

En efecto, en el orden constitucional y legal interno venezolano, el Estado no es un sujeto de derecho; a pesar de que la misma Constitución utilice con gran frecuencia la palabra "Estado" para establecer, por ejemplo, obligaciones prestacionales concretas a cargo de los entes públicos en relación con los administrados. Dispone así la Constitución, por ejemplo, que "el Estado protegerá la familia..." (Art. 75); que "el Estado creará, ejercerá la rectoría y gestionará un sistema público nacional de salud..." (Art. 84); que "el Estado...asumirá [la educación] como función indeclinable..." (Art. 102); que "el Estado garantizará la atención integral de los deportistas..." (Art. 111); que "el Estado reconocerá la existencia de los pueblos indígenas... (Art. 119); o que "el Estado protegerá el ambiente..." (Art. 127).

Pero aún cuando en el texto constitucional se asignen dichas obligaciones al "Estado", el mismo, como tal y en el orden constitucional interno, no es sujeto de derechos y obligaciones pues no es una persona jurídica, sino que, en realidad, lo conforman un conjunto de personas jurídicas que podemos denominar como personas estatales. Es decir, si bien es cierto que en el ámbito de la comunidad internacional la República de Venezuela, como "Estado", goza de personalidad jurídica internacional; en cambio, en el ámbito del derecho interno, el Estado no es un solo sujeto de derecho sino que como se dijo, está conformado por un conjunto de personas jurídicas que resultan del sistema constitucional que se ha establecido para la distribución territorial del Poder Público (personas jurídicas estatales).

En efecto, en la Constitución, cuando se regula el Poder Público como la potestad constitucional que habilita a las personas estatales para actuar como sujetos de derecho y que les permite imponer el interés público sobre el interés particular; establece un doble sistema de respecto de su separación: una distribución vertical del mismo en el territorio, y una división orgánica horizontal del mismo en cada nivel territorial. Por ello es que el artículo 136 de la Constitución establece que "el Poder Público se distribuye entre el Poder Municipal, el Poder Estadal y el Poder Nacional"; y además, que "el Poder Público Nacional", cuyo ejercicio es el que básicamente se regula la Constitución *nacional*, "se divide en Legislativo, Ejecutivo, Judicial, Ciudadano y Electoral".

Lo primero que establece esta norma es la llamada *distribución vertical* del Poder Público, lo que da origen a un sistema de personas jurídicas estatales derivadas de la descentralización político–territorial que origina la forma federal del Estado, en tres niveles: nacional, estadal y municipal; y lo segundo que regula la disposición, es que en el nivel nacional se establece una penta *división horizontal* del Poder Público, lo que da origen a la separación orgánica de los Poderes del Estado, no sólo en los tres clásicos Poderes Legislativo, Ejecutivo y Judicial siguiendo los criterios tradicionales del constitucionalismo moderno, sino agregando al Poder Ciudadano y al Poder Electoral. Estos últimos lo ejercen los órganos del Estado que con anterioridad se habían venido configurando como órganos constitucionales con autonomía funcional.

Estos dos sistemas de regulación del Poder Público, para su ejercicio, tienen implicaciones en la configuración de la Administración Pública como complejo orgánico; pero es la distribución territorial del mismo el que origina los diversos sujetos de derecho o personas jurídicas que configuran al Estado y dentro de cuyos órganos están los que constituyen la Administración Pública.

En efecto, siendo el Estado venezolano un "Estado federal descentralizado" en los términos formales establecidos en el artículo 4° de la Constitución, el mismo está básicamente conformado por el conjunto de personas jurídicas político–territoriales que son: la República, los Estados, los Municipios y las otras personas jurídicas estatales producto de la descentralización política y funcional. El Estado, por ello, se insiste, no es una persona jurídica en el ámbito interno, sino que en el sistema constitucional lo que existen son muchas personas jurídicas que actualizan su voluntad, que son las personas jurídicas estatales.

Por tanto, jurídicamente hablando, y esto tiene una repercusión básica en el derecho administrativo, en Venezuela no existe ni puede existir una sola Administración Pública como complejo orgánico, ni las Administraciones Públicas pueden, como tales, ser personas jurídicas. En realidad, cada una de las personas político–territoriales tiene su propia Administración Pública como conjunto orgánico, cuya actuación se imputa a la persona jurídico–estatal a la cual pertenece. En otras palabras, la Administración Pública, en realidad, es una organización que por supuesto está conformada por un conjunto de órganos que, además, lo son de las personas jurídicas estatales, y que como tales órganos, sirven para manifestar o actualizar la voluntad de éstas y mediante ellas, la del Estado.

La Administración Pública, por tanto, como lo precisa la misma Ley Orgánica de la Administración Pública[1], está conformada tanto por órganos de las personas jurídicas estatales como unidades administrativas, como por algunas de dichas personas (las no territoriales), que la Ley denomina "entes". Así lo indica el artículo 15 de dicha Ley Orgánica al disponer que "los órganos y entes de la Administración Pública se crean, modifican y suprimen por los titulares de la potestad organizativa", conforme a lo establecido en la Constitución y la ley, de manera que:

> "Tendrá el carácter de ente toda organización administrativa descentralizada funcionalmente con personalidad jurídica propia distinta de la República, de los estados, de los distritos metropolitanos y de los municipios.
>
> Son órganos las unidades administrativas de la República, los estados, los distritos metropolitanos y entes públicos a las que se les atribuyan funciones que tengan efectos jurídicos frente a terceros, o cuya actuación tenga carácter preceptivo."

Ahora bien, a los efectos de determinar qué comprende la Administración Pública como complejo orgánico de las personas jurídicas estatales, resulta indispensable ubicar éstas personas dentro de las clasificaciones de las personas jurídicas que adopta la Constitución.

En efecto, la Constitución de 1999, a lo largo de su articulado, ha adoptado dos definiciones distintas en relación con las personas jurídicas: por una parte, la que distingue entre las personas jurídicas de derecho público y las personas jurídicas de derecho privado según la forma jurídica adoptada por el ente; y por la otra, la que distingue entre las personas estatales y las no estatales según su integración a la estructura y organización general del Estado. Estas dos clasificaciones contrastan, por supuesto, con la clásica clasificación entre "personas públicas y personas privadas", la cual consideramos como totalmente abandonada en el campo del derecho administrativo[2].

En efecto, el artículo 145 de la Constitución al establecer una inhabilitación para los funcionarios públicos, de celebrar contratos con los entes públicos, al establecer la prohibición para quienes estén "al servicio de los Municipios, de los Estados, de la República y demás personas jurídicas de derecho público o de derecho privado estatales" de poder celebrar contrato alguno con ellas. De esta norma, lo que interesa destacar a los efectos de la noción de Administración Pública y en relación con las personas jurídicas estatales que pueden celebrar contratos públicos, es la doble distinción ya advertida que en ella se establece respecto de las personas jurídicas: por una parte, entre las personas jurídicas de derecho público y las personas jurídicas de derecho privado; y por la otra, entre las personas jurídicas estatales y las personas jurídicas no estatales La prohibición de contratar que se impone a los funcionarios públicos, por supuesto, es con las personas jurídicas estatales, cualquiera que sea su forma jurídica, de derecho público

---

1 *V. Gaceta Oficial* N° 37.305 de 17–10–2001. *V.* además, en Allan R. Brewer–Carías, "Introducción General al régimen de la Administración Pública" en Allan R. Brewer–Carías y Rafael Chavero G., *Ley Orgánica de la Administración Pública*, Editorial Jurídica Venezolana, Caracas 2003, pp. 5 y ss.

2 *V.* lo expuesto en Allan R. Brewer–Carías, "la distinción entre las personas públicas y las personas privadas y el sentido actual de la clasificación de los sujetos de derecho," en *Revista Argentina de Derecho Administrativo*, N° 12, Buenos Aires, 1977, pp. 15–29; y en revista de la facultad de Derecho, Universidad Central de Venezuela, N° 57, Caracas 1976, pp. 115–135.

o de derecho privado; es decir, es una prohibición de contratar que se establece entre los funcionarios públicos y los órganos de la Administración Pública de dichas personas.

Estas distinciones se recogen, además, en otras normas constitucionales. En cuanto a la forma jurídica de las personas jurídicas, el artículo 322 de la Constitución, al señalar que la seguridad de la Nación es competencia esencial y responsabilidad del Estado, indica que aquélla se fundamenta en el desarrollo integral de la Nación y que su defensa es responsabilidad de los venezolanos y de las "personas naturales y jurídicas, tanto *de derecho público* como *de derecho privado*" que se encuentren en el espacio geográfico nacional. Por otra parte, en los artículos 159 y 168 se atribuye expresamente personalidad jurídica, a los Estados y Municipios como personas de derecho público territoriales; en los artículos 142 y 149,1 se regulan los "institutos autónomos" como personas jurídicas de derecho público institucionales, y en el artículo 318 se califica expresamente al Banco Central de Venezuela como "persona jurídica *de derecho público*".

En cuanto a la pertenencia de las personas jurídicas al Estado o al sector público, cuyos órganos forman la Administración Pública, el artículo 190, al regular las incompatibilidades de los diputados a la Asamblea Nacional, precisa, entre otros aspectos, que no pueden ser propietarios, administradores o directores de empresas "que contraten con personas jurídicas *estatales*". Por otra parte, el artículo 180, al regular la inmunidad tributaria de los entes o personas jurídicas político– territoriales (República, Estados y Municipios) entre sí, señala que las inmunidades frente a la potestad impositiva de los Municipios a favor de los demás entes político territoriales "se extiende sólo a las personas jurídicas *estatales* creados por ellos". Además, el artículo 289, al regular las atribuciones de la Contraloría General de la República, precisa la competencia de este órgano para realizar inspecciones y fiscalizaciones respecto de "las personas jurídicas del sector público".

De toda esta normativa constitucional derivan, por tanto, las dos clasificaciones señaladas respecto de las personas jurídicas: la primera, que distingue entre las personas jurídicas estadales, que forman parte de la organización general del Estado en sus tres niveles territoriales o, si se quiere del sector público; y las personas jurídicas no estatales, que no forman parte del Estado o del sector público; y la segunda, que distingue, según la forma jurídica que adoptan las personas jurídicas, entre las personas jurídicas de derecho público, como los institutos autónomos, y las personas jurídicas de derecho privado, como las sociedades anónimas del Estado, empresas del Estado, o "empresas públicas" conforme las denominan los artículos 189,1 y 184,4, respectivamente, de la Constitución. Estas últimas personas jurídicas, excluyendo las político–territoriales, surgen como consecuencia de la descentralización funcional, la cual conforme al artículo 29 de la Ley Orgánica de la Administración Pública da origen a entes de dos tipos:

> 1. *Entes descentralizados funcionalmente con forma de derecho privado*: estarán conformados por las personas jurídicas constituidas y regidas de acuerdo a las normas del derecho privado en los términos de la presente Ley, y serán de dos tipos:
>
> a. Entes descentralizados funcionalmente sin fines empresariales: serán aquellos entes descentralizados funcionalmente que no realicen actividades de producción de bienes o servicios destinados a la venta y cuyos ingresos o recursos provengan fundamentalmente del presupuesto de la República, los estados, los distritos metropolitanos, o los municipios.
>
> b. Entes descentralizados funcionalmente con fines empresariales: serán aquellos cuya actividad principal sea la producción de bienes o servicios destinados a la venta y cuyos ingresos o recursos provengan fundamentalmente de esta actividad.

2. *Entes descentralizados funcionalmente con forma de derecho público*: estarán conformados por aquellas personas jurídicas creadas y regidas por normas de derecho público y podrán perseguir fines empresariales o no empresariales, al igual que podrán tener atribuido el ejercicio de potestades públicas.

Lo anterior confirma, en todo caso, como ya se señaló, que la expresión genérica "Estado" comprende a todas las personas jurídicas que en el orden interno y en la organización del Estado se consideran como parte del mismo, conforme a la descentralización política del Estado Federal en los tres niveles de distribución territorial del Poder Público: nacional, estadal y municipal; y conforme a la descentralización funcional que se produzca en cada uno de dichos niveles. Entre los órganos de esas personas jurídicas estatales, están, precisamente, los que conforman la Administración Pública.

Pero por supuesto, no todos los órganos de las personas estatales político territoriales constituyen la Administración Pública. La conformación de los órganos que la componen en esos casos está condicionada, a la vez, por el sistema de la división horizontal del Poder Público que se ha establecido en la Constitución, el cual puede considerarse que ha avanzado respecto de lo que son las líneas clásicas de la separación de poderes, pero sólo como separación orgánica y no como separación funcional.

En efecto, en cada complejo orgánico de las personas jurídicas estatales político–territoriales: nacional, estadal y municipal, el Poder Público tiene una distribución orgánica horizontal peculiar.

En el nivel nacional se distinguen cinco ramas del Poder Público: el Poder Legislativo Nacional, el Poder Ejecutivo Nacional, el Poder Judicial, el Poder Ciudadano y el Poder Electoral, correspondiendo su ejercicio a cinco complejos orgánicos diferenciados y separados. Estos son, respectivamente, la Asamblea Nacional; el Presidente, sus Ministros y el resto de los órganos del denominado "Ejecutivo Nacional"; el Tribunal Supremo de Justicia y los demás tribunales de la República, así como la Dirección Ejecutiva de la Magistratura y los otros órganos de gobierno y administración del Poder Judicial; el Ministerio Público o Fiscalía General de la República, la Contraloría General de la República y la Defensoría del Pueblo; y el Consejo Nacional Electoral, sus Comisiones y Juntas. Estos cinco conjuntos orgánicos se encuentran separados, son autónomos e independientes entre sí, y cada uno de ellos tiene sus competencias constitucionales y legales específicas.

La Administración Pública Nacional *Central*, como complejo orgánico, se encuentra ubicada en principio, en el denominado "Ejecutivo Nacional", que conforma los órganos estatales que ejercen el Poder Ejecutivo Nacional. Pero no sólo la Administración Pública Nacional está conformada por los órganos que ejercen el Poder Ejecutivo, pues a nivel nacional a partir de la Constitución de 1961, ya habían comenzado a encontrar encuadramiento constitucional diversos órganos estatales que se configuraban también como parte de la Administración Pública como complejo orgánico, pero que no dependían del Ejecutivo Nacional ni estaban subordinados a ninguno de los tres conjuntos orgánicos clásicos del Estado (Legislativo, Ejecutivo, Judicial). Se trataba de órganos constitucionales con autonomía funcional, que también eran órganos de la República como persona político–territorial nacional, y que eran: el Ministerio Público, también denominado Fiscalía General de la República; la Contraloría General de la República; el Consejo de la Judicatura; y el Consejo Supremo Electoral. Por supuesto, estos eran órganos que forman parte de la Administración Pública nacional regulados por el derecho administrativo, aun cuando no formaban parte del Ejecutivo Nacional ni de la Administración Pública Central, ni tuvieran personalidad jurídica propia.

Esta tendencia se ha consolidado en la Constitución de 1999, al establecerse la ya mencionada penta división del Poder Público, agregándose a los Poderes Legislativo, Ejecutivo y Judicial, el Poder Ciudadano y el Poder Electoral (Art. 136). Por ello, puede decirse que también conforman e integran la Administración Pública a nivel nacional, los órganos que ejercen el Poder Ciudadano, es decir, la Fiscalía General de la República o Ministerio Público, la Contraloría General de la República, y la Defensoría del Pueblo; así como los órganos que ejercen el Poder Electoral, como el Consejo Nacional Electoral. Igualmente, también puede considerarse que son órganos de la Administración Pública nacional, la Dirección Ejecutiva de la Magistratura del Tribunal Supremo de Justicia. Todos esos órganos conforman la Administración Pública nacional, aún cuando por supuesto, no la Administración Pública *Central* cuyos órganos son los que ejercen el Poder Ejecutivo Nacional.

Pero decíamos que la separación orgánica de poderes, en forma horizontal, no sólo se ha establecido en el nivel nacional, sino también en los niveles estadales y municipales. En los Estados de la Federación, en efecto, se distinguen básicamente dos complejos orgánicos que ejercen respectivamente, el Poder Legislativo y el Poder Ejecutivo, conformados por los Consejos Legislativos de los Estados y por sus Gobernadores (Arts. 160 y 162), por lo que la Administración Pública Estadal está integrada, en principio, en las Gobernaciones de Estado. En los Estados, además, hay que indicar que la Constitución ha previsto la existencia de unos órganos con autonomía orgánica y funcional (Art. 163), que ejercen el Poder Estadal aún cuando la Constitución no los califique como tal Poder, que son las Contralorías estadales. Esos órganos de control, sin duda, también forman parte de la Administración Pública estadal, aún cuando por supuesto, no forman parte de la Administración Pública Central de los Estados la cual depende de las Gobernaciones estadales.

Por último, en el nivel municipal, la Constitución también ha establecido un sistema de separación orgánica de poderes, distinguiéndose dos complejos orgánicos que ejercen los Poderes Legislativo y Ejecutivo locales, conformados, respectivamente, por los Concejos Municipales, como órganos colegiados que ejercen la función legislativa a nivel local; y los Alcaldes, a quienes corresponden las actividades de gobierno y administración municipal (Arts. 174 y 175). A nivel municipal, por tanto, la Administración Pública *central* como complejo orgánico depende de los Alcaldes. Pero debe indicarse, que también en el nivel de los Municipios, la Constitución establece las Contralorías municipales, como órganos de control, vigilancia y fiscalización, que por ello gozan de autonomía funcional (Art. 176). Esos órganos de control también forman parte de la Administración Pública municipal, aún cuando por supuesto, no forman parte de la Administración Pública *Central* de los Municipios la cual depende de las Alcaldías.

De todo lo anterior resulta, por tanto, que conforme a los principios de la distribución vertical y de la división horizontal del Poder Público, en el sistema constitucional venezolano, Administración Pública está conformada por el complejo de órganos de las personas jurídicas estatales que ejercen el Poder Ejecutivo en los tres niveles territoriales (nacional, estadal y municipal), así como por los órganos que en el nivel nacional ejercen el Poder Ciudadano, el Poder Electoral y el Poder Judicial, en este último caso en lo que se refiere al gobierno y administración del mismo; y en los niveles estadales y municipales, por los que conforman sus Contralorías.

II. LA ACTIVIDAD ADMINISTRATIVA REALIZADA POR ÓRGANOS COMPETENTES CONFORME AL PRINCIPIO DE LEGALIDAD

La actividad administrativa, hemos dicho, no sólo se ejerce por los órganos de las personas jurídicas estatales que conforman la Administración Pública, sino que también sólo puede ser tal la que se realice por los órganos competentes, ciñéndose a lo que se establece en la Constitución y en las leyes, es decir, al principio de la legalidad y conforme al procedimiento administrativo establecido[3]. Las actuaciones realizadas por órganos incompetentes, o sin observancia del procedimiento legalmente prescrito, en definitiva, lo que constituyen son vías de hecho.

Este principio de legalidad que rige no sólo para la Administración Pública sino para todos los órganos del Estado, tiene su fundamento en el artículo 137 de la Constitución, que dispone:

> "La Constitución y la Ley definirán las atribuciones de los órganos que ejercen el Poder Público, a las cuales deben sujetarse las actividades que realicen."

Esta norma recoge el principio del artículo 117 de la Constitución de 1961, pero con una nueva redacción en la cual no se habla de "atribuciones del Poder Público", lo cual era impropio ya que el Poder Público es una potestad constitucional y no un órgano; sino de "las atribuciones de los *órganos que ejercen* el Poder Público", cuyas actividades son las que deben sujetarse a la Constitución y a las leyes.

El principio de legalidad o de actuación en conformidad con el derecho, por tanto, implica que las actividades que realicen todos los órganos que ejercen el Poder Público y no sólo los que conforman la Administración Pública, deben someterse a la Constitución y a las leyes. La consecuencia de ello, en un Estado de derecho como el que organiza la Constitución de 1999, es que todas las actividades contrarias al derecho están sometidas al control tanto de la jurisdicción constitucional (art. 334) como de la jurisdicción contencioso administrativa (art. 259), cuyos tribunales pueden anularlos.

En relación con la Administración Pública, la Ley Orgánica de la Administración Pública expresa formalmente el principio vinculándolo a la competencia, para lo cual, además, precisa la jerarquía de las fuentes del derecho aplicable a la Administración, así:

> "*Artículo 4º.* La Administración Pública se organiza y actúa de conformidad con el principio de legalidad, por el cual la asignación, distribución y ejercicio de sus competencias se sujeta a la Constitución de la República Bolivariana de Venezuela, a las leyes y a los actos administrativos de carácter normativo, dictados formal y previamente conforme a la ley, en garantía y protección de las libertades públicas que consagra el régimen democrático a las personas."

Se destaca de esta norma, como se dijo, tanto la indicación formal de la jerarquía de las fuentes del derecho: 1) la Constitución, 2) las leyes y 3) los actos administrativos normativos; como la referencia al principio teleológico de la sumisión a la ley, cuyo fin es la garantía y protección de las libertades públicas propias del régimen democrático. Las fuentes del derecho, además, para ser tales, deben haberse dictado formal y previa-

---

3 *V.* la Ley Orgánica de Procedimientos Administrativos en *Gaceta Oficial* Nº 2818 *Extraordinaria* de 1–7–81. *V.* además, en Allan R. Brewer–Carías y otros, *Ley Orgánica de Procedimientos Administrativos*, Editorial Jurídica Venezolana, 12 edición, Caracas 2001, pp. 175 y ss. *V.* además, Allan R. Brewer–Carías, *Principios del Procedimiento Administrativo en América Latina*, Editorial Legis, Bogotá, 2003.

mente a la actividad que se regule, lo que implica la proscripción de la retroactividad de la ley.

El principio de la legalidad, además, en la Constitución se erige como un principio en el cual se fundamenta la Administración Pública, definiéndose como "el sometimiento pleno a la ley y al derecho" (art. 141), y además, destacándose como una de las misiones fundamentales de los órganos del Poder Ciudadano, el velar por "la aplicación del principio de la legalidad en toda la actividad administrativa del Estado" (art. 274).

Adicionalmente, el artículo 8 de la Ley Orgánica recoge la previsión del artículo 7 de la Constitución, al precisar que "todos los funcionarios de la Administración Pública están en la obligación de cumplir y hacer cumplir la Constitución". Toda autoridad, por tanto, deriva y debe ejecutarse conforme a la Constitución.

La consecuencia de lo anterior, es que los órganos de la Administración Pública para desarrollar las actividades administrativas, tienen que tener competencia para ello, la cual por sobre todo requiere de texto expreso, siendo además de obligatorio cumplimiento y debiendo ser ejercida bajo las condiciones, límites y procedimientos establecidos legalmente. Además, la competencia, tal como lo precisa el artículo 26 de la Ley Orgánica de la Administración Pública, es irrenunciable, indelegable, improrrogable y no puede ser relajada por convención alguna, salvo los casos expresamente previstos en las leyes y demás actos normativos. Por tanto, toda actividad realizada por un órgano manifiestamente incompetente o usurpada por quien carece de autoridad pública, es nula y sus efectos se deben tener por inexistentes (art. 26). Se recoge así, el principio establecido en el artículo 138 de la Constitución, conforme al cual "toda autoridad usurpada es ineficaz y sus actos son nulos".

En la realización de las actividades administrativas, por tanto, no puede haber competencias no reguladas expresamente en la Constitución o en la ley. La Sala Constitucional del Tribunal Supremo, sin embargo, en algunas sentencias habría matizado este postulado, admitiendo que las competencias pueden derivar del principio del "paralelismo de las competencias", siempre que con el ejercicio de las mismas no se afecten derechos de las personas. En efecto, en sentencia Nº 2612 de 11 de diciembre de 2001 (Caso: *Impugnación de la Constitución del Estado Portuguesa*), dicha Sala Constitucional al determinar sobre la validez del desistimiento de un recurso de nulidad de un artículo de la Constitución del Estado Portuguesa que había sido interpuesto por un Fiscal del ministerio Público, sin tener competencia expresa para desistir de recursos, hizo las siguientes consideraciones:

> "[En] materia de derecho público rige el principio conforme al cual la competencia de los órganos debe estar prevista de manera explícita o expresa en un instrumento normativo, por ser una manifestación de las potestades públicas a éstos otorgadas, de modo que, acudir a la tesis de las competencias implícitas a fin de justificar el ejercicio de ciertas facultades que la ley no atribuye a los órganos públicos, constituye una excepción de interpretación restrictiva al principio de la legalidad, que incluso a veces, no ha contado con la aprobación de la mayoría doctrinaria."

Sin embargo, dijo la Sala:

> "Conforme al principio conocido como el "paralelismo de las competencias", los órganos públicos estarán facultados en algunos casos para realizar determinadas actividades, sin que para ello requieran de una ley o norma que los habilite a tal fin, siempre y cuando no exista una norma que

expresamente lo prohíba; con lo cual se busca resolver en el ámbito fáctico, los problemas que pudieran suscitarse cuando una norma atribuye competencia a un órgano para dictar un acto, pero no indica cuál es el órgano facultado para modificarlo o revocarlo, por ello, ha señalado la doctrina patria más autorizada, que en nuestro ordenamiento tal principio puede ser aplicado perfectamente, salvo que se trate de un acto de efectos particulares."

Por su parte, la Sala Político–Administrativa del Tribunal Supremo de Justicia en sentencia N° 87 de 11 de febrero de 2004, también analizó la cuestión de la competencia de los entes públicos señalando que si bien "las potestades atribuidas al Estado y demás entes públicos, le son otorgadas en función de ser los entes encargados de tutelar los intereses públicos, lo cual le confiere la posibilidad de afectar a los terceros, mediante la constitución, modificación, o extinción de relaciones jurídicas o mediante la modificación de las cosas existentes", de lo que deriva "la importancia de que estas potestades estén atribuidas por Ley, como garantía para los administrados"; sin embargo, esta regla de la competencia, admitiría excepciones con base en la señalada tesis de las "potestades implícitas o inherentes", la cual, sin embargo::

"[Al] constituir una excepción a la regla de competencia, su aplicación debe ser muy restrictiva, no admitiendo una interpretación extensiva, ni siquiera analógica de la legalidad como atributiva de poderes a la Administración, ya que justamente, esta es excepcional por cuanto supone restricciones a la libertad individual. En efecto, lo contrario daría origen a que se crearan facultades que afecten derechos subjetivos de particulares, violándose así, el principio de legalidad de la competencia. Como consecuencia de ello, debe señalarse que en el ejercicio de las potestades implícitas, la Administración no podría desplegar actuaciones que afecten los derechos subjetivos de los particulares, por cuanto ello podría suceder sólo mediante norma atributiva de competencia."

Ahora bien, el principio general de que la competencia de todos los órganos del Estado para la realización de sus actividades, tiene que derivar de texto constitucional o legal expreso; en lo que se refiere a la actividad administrativa, la misma básicamente puede y está básicamente en la ley, pues dicha actividad siempre es de carácter sublegal.

III. LA ACTIVIDAD ADMINISTRATIVA COMO ACTIVIDAD DE CARÁCTER SUBLEGAL CONFORME AL PRINCIPIO DE LA FORMACIÓN DEL DERECHO POR GRADOS

En efecto, desde el punto de vista formal, y conforme al principio de la formación del derecho por grados que como uno de sus principios fundamentales adopta la Constitución de 1999; todas las actuaciones del Estado derivan de la ejecución de la Constitución como norma suprema, en forma escalonada y sucesiva, configurándose entonces dos tipos de actividades estatales: aquéllas que derivan de la ejecución directa e inmediata de la Constitución; y aquellas que son de ejecución directa e inmediata de la Legislación y, por tanto, de ejecución indirecta y mediata de la Constitución.

En efecto, partiendo de la consideración de Constitución como norma suprema y como fundamento del ordenamiento jurídico, como lo declara incluso su artículo 7, hay actividades que realizan determinados órganos del Estado en cumplimiento de atribuciones establecidas directa y exclusivamente en la Constitución, sin que exista o pueda existir otro acto estatal de ejecución directa e inmediata de la Constitución, como las leyes, que las regulen y que se interponga entre la Constitución y la actividad. Por ejemplo, la actividad legislativa o la actividad de gobierno. Además, hay otras actividades de los órganos del Estado que se realizan en cumplimiento de atribuciones establecidas no sólo en la Constitución sino también en las leyes, donde por principio existe o puede y debe existir un cuerpo legislativo que las regule. Por ejemplo, la actividad judicial y, precisamente, la actividad administrativa.

Las primeras, es decir, las actividades realizadas en ejecución directa e inmediata de la Constitución, precisamente por ello, sólo están y pueden estar sometidas a lo que dispone el texto fundamental, no teniendo competencia el Legislador para regularlas mediante leyes; las segundas, en cambio, son actividades realizadas en ejecución directa e inmediata de la legislación e indirecta y mediata de la Constitución , las cuales, precisamente por ello, además de estar sometidas al texto fundamental (como toda actividad estatal), están sometidas a las regulaciones establecidas, además de en la Constitución, en las leyes y en las otras fuentes del derecho.

Las primeras por otra parte, dada la ejecución directa e inmediata de la Constitución, sólo están sometidas al control de constitucionalidad a cargo de la Jurisdicción Constitucional que corresponde a la Sala Constitucional del Tribunal Supremo (Arts. 334, 336,2 y 4); las segundas, en cambio, están sometidas al control de constitucionalidad y legalidad que corresponden a los otras Jurisdicciones del Poder Judicial, tanto a las ordinarias como sucede con las apelaciones y la Casación en lo que concierne a la actividad judicial; como a la Jurisdicción Contencioso–Administrativa y a la Jurisdicción Contencioso–Electoral (Arts. 259, 297) cuando se trata de actividades administrativas.

Las actividades administrativas, por tanto y por esencia, constituyen actividades estatales que se realizan siempre en ejecución directa e inmediata de la legislación y por tanto, en ejecución indirecta y mediata de la Constitución; y precisamente por ello es se dice que esencialmente son de carácter sublegal, aún cuando en un momento dado aíun no se haya dictado la legislación correspondiente que las regule en concreto.

Este principio fundamental del constitucionalismo venezolano[4], sin embargo, ha sido recientemente violentado por la Sala Constitucional del Tribunal Supremo de Justicia, por razones políticas circunstanciales, con el objeto de despojar a la Sala Electoral del mismo Tribunal Supremo de su competencia exclusiva para controlar la actividad administrativa desarrollada por el Consejo Supremo Electoral, en lo que se refiere a los actos administrativos dictados en relación con el proceso de referendo revocatorio del mandato del Presidente de la República, realizado durante el año 2004.

En esta materia, en efecto, debe destacarse que el Magistrado Presidente del Tribunal Supremo y de su Sala Constitucional, actuando como Juez de Sustanciación de esta última, en sentencia N° 94 de 2 de diciembre de 2003 (Caso: *Robert Osuna y otros vs. Consejo Nacional Electoral*), con razón había sido expreso y enfático en declarar la incompetencia de la Sala Constitucional para conocer de la impugnación de un acto administrativo del Consejo Nacional Electoral contenido en la Resolución N° 030925–465 de fecha 25 de septiembre de 2003, mediante la cual había dictado precisamente las "Normas para Regular los Procesos de Referendos Revocatorios de Mandatos de Cargos de Elección Popular", por considerar que el mismo era de naturaleza electoral, razón por la cual resultaba obligatorio para dicho Juzgado, "declarar la incompetencia de la Sala para conocer el presente asunto, todo de conformidad con el ordinal 2° del

4 *V.* en Allan R. Brewer–Carías, *Evolución histórica del Estado*, Tomo I, *Instituciones Políticas y Constitucionales*, Editorial Jurídica Venezolana, Caracas 1996.

artículo 84, en concordancia con el ordinal 4° del artículo 124, ambos de la Ley Orgánica de la Corte Suprema de Justicia. Así se declara[5].

La actividad administrativa del Consejo Nacional Electoral, por tanto, conforme a la Constitución, sólo puede estar sometida al control de la Sala Electoral del Tribunal Supremo, no teniendo competencia la Sala Constitucional para conocer de dichas materias. Pero este criterio sólo duraría pocos meses, hasta cuando la Sala Constitucional decidió avocarse al conocimiento de una causa que cursaba ante la Sala Electoral (Caso: *Julio Borges, César Pérez Vivas, Henry Ramos Allup, Jorge Sucre Castillo, Ramón José Medina Y Gerardo Blyde vs. Consejo Nacional Electoral*), iniciada con motivo de la impugnación de otra Resolución del Consejo Nacional Electoral, la Resolución N° 040302–131 de 2 de marzo de 2004 mediante la cual dicho órgano informó sobre resultados preliminares de la verificación de las solicitudes y firmas en el procedimiento revocatorio iniciado en relación con el Presidente de la República, y de un Instructivo del mismo Consejo Nacional Electoral (*Instructivo sobre el tratamiento por el comité técnico superior de las firmas de caligrafía similar o renglones de planillas llenadas por la misma persona).*Los actos impugnados, sin duda, eran actos administrativos, uno de efectos externos y otro incluso, de efectos internos, de ejecución directa e inmediata de la legislación e indirecta y mediata de la Constitución, por lo que el único mecanismo del cual disponía la Sala Constitucional para arrebatarle a la Sala Electoral el expediente y su competencia, era avocándose al conocimiento de la causa, para lo cual tenía que construir su propia competencia.

Este avocamiento era jurídicamente imposible, pues la competencia exclusiva para controlar la constitucionalidad y legalidad de dichos actos administrativos de sango sublegal le correspondía a la Sala Electoral (Jurisdicción Contencioso Electoral); siendo la Sala Constitucional, como Jurisdicción Constitucional, competente sólo para controlar la constitucionalidad de los actos de rango legal, es decir, dictados en ejecución directa e inmediata de la Constitución, como por ejemplo, las leyes y demás actos con valor de ley; los actos parlamentarios sin forma de ley y los actos de gobierno. Los actos impugnados ante la Sala Electoral en el caso mencionado sin duda alguna, no encajaban en dichas categorías, por lo que no teniendo competencia la Sala Constitucional para conocer de su nulidad, no tenía posibilidad alguna de avocarse al conocimiento de la causa.

Sin embargo, solo tres meses después de la sentencia antes mencionada dictada por el Magistrado Presidente de la Sala Constitucional cambiaría se opinión, y la Sala mediante una sentencia inicialmente anunciada en la página web del Tribunal Supremo el 31 de marzo de 2004[6], y luego publicada con el N° 566 el 12 de abril de 2004, informaba que había decidido avocarse al conocimiento de la causa contencioso electoral antes indicada. Con ello, de un sólo plumazo, se pretendía destruir uno de los principios fundamen-

---

5 Exp. N° AA50–T–2003–002900

6 La Sala Constitucional en un inusitado "Comunicado" difundido el 16–04–2004 "frente al uso político del derecho, ante la pretendida judicialización de la política, y ante las falsas, temerarias y tendenciosas declaraciones en los diversos medios de comunicación social" dadas por el Magistrado de la propia Sala, Pedro Rondón Haaz, señalaría que el proyecto de sentencia N° 566 de 12–04–2004 habría sido aprobado el 31–04–2004. Esto fue nuevamente señalado en el texto de la sentencia N° 628 de 23–04–2004 mediante la cual se declararon improcedentes las aclaratorias a la sentencia N° 566 de 12–04–2004. Véanse los comentarios en Allan R. Brewer–Carías, *La Sala Constitucional vs. El Estado democrático de derecho (El secuestro del Poder Electoral y de la sala Electoral del Tribunal Supremo y la confiscación del derecho a la participación política)*, Caracas, 2004. Los comentarios que siguen sobre el tema, tanto en el texto como en las notas, los hemos elaborado partiendo de lo expuesto en ese libro.

tales del ordenamiento constitucional formal venezolano, como lo es el antes mencionado principio de la formación del derecho por grados partiendo de la Constitución, conforme a la llamada "pirámide de Kelsen".

La falaz argumentación construida por la Sala Constitucional para perpetrar este atentado contra el orden constitucional fue la siguiente: que el Consejo Nacional Electoral, al normar lo relativo a los referendos revocatorios en virtud de que aún no se había dictado una ley específica sobre la materia de referendos, habría "actuando en ejecución directa e inmediata del artículo 72 de la vigente Constitución" como consecuencia "del fallo del 25 de agosto de 2003 de la Sala Constitucional que designó el Poder Electoral"; por lo que el conocimiento de la nulidad de tal tipo de actos, correspondía entonces a la Sala Constitucional, siendo por tanto la Sala Electoral, incompetente *per se* para ello.

Tal fundamentación, sin duda, no era más que una construcción jurídica elaborada con el único objetivo de concluir el secuestro de la Sala Electoral del Tribunal Supremo, pues una Resolución del Consejo Nacional Electoral y un Instructivo dictado para un Comité Técnico dictado por un órgano subalterno de dicho Cuerpo, jamás podrían llegar a considerarse como actos de ejecución directa e inmediata de la Constitución, es decir, de "rango legal". Dichos actos, en todo caso, eran actos de rango sublegal, es decir, actos administrativos dictados en ejecución de normas de rango legal como son las contenidas en la Ley Orgánica del Poder Electoral e, incluso, en ejecución tanto de la ley Orgánica del Sufragio y participación Política como de las Normas para Regular los Procesos de Referendos Revocatorios de Mandatos de Cargos de Elección Popular dictadas por el propio Consejo Nacional Electoral (cuya impugnación la Sala Constitucional había rechazado conocer). El carácter sublegal de dichos actos administrativos impugnados resultaba, incluso, de la propia "base legal" que había quedado plasmada en sus textos.

Pero para llegar a la absurda mutación de unos actos administrativos de rango sublegal dictados en ejecución directa e inmediata de la legislación e indirecta y mediata de la Constitución, en actos estatales de rango legal, supuestamente dictados en ejecución directa e inmediata de la Constitución, la Sala Constitucional en la anunciada "sentencia"[7] N° 566 de 12 de abril de 2004, fundamentó su competencia como Jurisdicción Constitucional para poder avocarse al conocimiento de la causa, en lo siguiente:

> 4) Que la Sala Constitucional, conforme a sentencia de 20 de diciembre de 2001 (caso: Javier Elechiguerra), ratificó su competencia para conocer de los recursos que se interpongan contra las leyes o actos de los poderes públicos que se dicten en ejecución directa de la Constitución.

---

7 Así se anunció en la página web del Tribunal Supremo de Justicia, el 01–04–04. El Magistrado Rondón Haaz de la Sala Constitucional en su Voto Salvado a la sentencia N° 566 de 12–04–2004 diría que "La nota de prensa que apareció en el sitio web del Tribunal el 31 de marzo de 2004 es violatoria del artículo 59 de la Ley Orgánica de la Corte Suprema de Justicia y, por tanto, es inaceptable... la nota de prensa en cuestión informó sobre el contenido de la sentencia, antes de su publicación y, por tanto, de su existencia misma como actuación judicial, en evidente esguince evasivo del cumplimiento de la norma que se precitó". Dicho Voto Salvado, aun cuando no fue publicado junto con la sentencia, se incorporó al Voto Salvado presentado por el mismo Magistrado a la sentencia N° 628 de 23–04–2004 que declaró improcedentes las aclaratorias respecto de la sentencia N° 566. La sentencia, con el N° 566, en todo caso, sólo sería publicada el día 12–04–04, coincidencialmente el mismo día en el cual la Sala Electoral, mediante sentencia N° 37, decidiría el recurso de nulidad intentado contra de los actos del Consejo Nacional Electoral referidos a las llamadas solicitudes (del referendo revocatorio presidencial) con caligrafía similar, declarándolo con lugar, juicio cuyo conocimiento pretendía avocarse la Sala Constitucional.

> 5) Que el Poder Electoral al normar lo relativo a los referendos revocatorios, los cuales carecen de una ley que los regule, *está actuando en ejecución directa e inmediata del artículo 72 de la vigente Constitución.*
>
> 6) Que tal potestad del Poder Electoral *es producto del fallo del 25 de agosto de 2003 de la Sala Constitucional que designó el Poder Electoral...*
>
> 8) Que a pesar que las Salas se encuentran en igual plano jerárquico dentro del Tribunal Supremo de Justicia, dada la potestad de la Sala Constitucional, conforme lo prevén el artículo 266.1 Constitucional y el Título VIII sobre la protección a la Constitución, para garantizar la supremacía constitucional, ella tiene *la competencia sobre las nulidades de los actos del Poder Electoral, a los cuales se les atribuye violación directa de normas constitucionales...*
>
> 11) Que en vista de no haber enviado la Sala Electoral a la Constitucional, los expedientes que se le solicitaron según oficio N° 04–0570, y constarle que dicha Sala Electoral conocía de *causas para las cuales carecía de competencia*, la Sala Constitucional decidió avocarse a conocer dichas causas, aunado a que constató un desorden procesal proveniente de que la Sala Electoral Accidental...

De esto resulta que la justificación por la Sala Constitucional de su supuesta competencia para poder avocarse al conocimiento del asunto, fue el supuesto carácter de "actos de ejecución directa de la Constitución" de los dictados por el Consejo Nacional Electoral, y que eran objeto del juicio de nulidad ante la Sala Electoral. La Sala Constitucional para ello, se refirió a su competencia para conocer de los recursos de inconstitucionalidad que se interpusieran contra leyes o actos de los poderes públicos "que se dicten en ejecución directa de la Constitución o que tengan rango de ley", reiterando el criterio establecido en sentencia N° 2748 del 20 de diciembre de 2001 (Caso: *Fiscal General de la República (Javier Elechiguerra Naranjo)*, en la cual ya se había confundido el criterio para la calificación de dichos actos dictados en ejecución directa de la Constitución. En efecto, en la sentencia N° 566 de 12 de abril de 2004, la Sala citó parcialmente la referida sentencia N° 2748 de 20 de diciembre de 2004, copiando el siguiente extracto donde señaló que el criterio se basaba en:

> "... la forma de cómo un determinado acto jurídico se articula con las normas constitucionales, es decir si su ejecución obedece en primer término a una disposición legal que regula su práctica o si deriva directamente de una norma constitucional que no requiere de ley alguna que regule el ejercicio del derecho o de la atribución que fundamenta el acto. Es un hecho bastante generalizado que los derechos fundamentales y la normativa que se refiere a la creación de órganos de los poderes públicos y su habilitación, en la mayoría de las constituciones vigentes en distintos países, son considerados de aplicación inmediata y directa".

La Sala Constitucional, en dicha sentencia N° 2748, con anterioridad al párrafo citado, había señalado que el hecho de que algunos actos estatales fueran dictados *en ejecución directa de normas constitucionales:*

> "... significa que la competencia para ejecutar dichos actos esté de tal manera, clara e indubitable, atribuida por la Constitución al órgano ejecutante que no requiera de una ley habilitante que regule su ejercicio y que, la misma Constitución no lo reserve (su ejercicio) a la creación de una ley por el Poder Legislativo[8]."

En realidad, en dicha sentencia la Sala, en efecto, comenzaba a confundir dos principios constitucionales distintos: una cosa es el principio de la aplicación directa e inmediata de las normas constitucionales que en materia de derechos fundamentales o de

8 *V.* en *Revista de Derecho Público*, N° 85–88, Editorial Jurídica Venezolana, Caracas, 2001, pp. 389–390 (En prensa).

competencia de los órganos del Poder Público, no requieren (pero no excluyen) la existencia previa de leyes para poder ser aplicadas (este es el criterio desarrollado en la sentencia); y otra cosa es el rango que tiene los diversos actos del Poder Público en ordenamiento jurídico en relación con la Constitución, en el sentido de que algunos son dictados en ejecución directa e inmediata de la Constitución (rango legal) no siendo posible su regulación por ley, y otros lo son en ejecución directa e inmediata de la legislación e indirecta y mediata de la Constitución pudiéndo esencialmente ser regulados por la ley (rango sub legal).

En efecto, en su sentencia, para impropiamente atribuirse una competencia que no tiene, la Sala Constitucional confundió la noción de "actos estatales dictados en ejecución directa e inmediata de la Constitución", con las "normas constitucionales de aplicación directa e inmediata". Se insiste, los primeros, los actos de "ejecución directa e inmediata de la Constitución" no sólo no requieren de ley alguna que los regule, sino que constitucionalmente no podría dictarse ley alguna que se interponga entre la norma constitucional y el acto estatal[9]. Por ello es que se dice que son actos dictados en ejecución directa e inmediata de la Constitución, es decir, de rango legal conforme a la teoría de la formación escalonada del orden jurídico, que están sometidos al control de constitucionalidad por parte de la Sala Constitucional (Jurisdicción constitucional), ya que no son actos en cuya emisión el órgano respectivo pueda estar condicionado por la ley alguna.

Otra cosa son las normas constitucionales de "aplicación directa e inmediata" de la Constitución, que no requieren de ley alguna para su aplicación, pero que no excluyen su necesaria sanción. Los actos que se dicten para ejecutar estas normas son actos administrativos que por ser de rango sub legal están sometidos no sólo a la Constitución sino a la ley, y por eso es que su control corresponde a la Jurisdicción contencioso–administrativa a la Jurisdicción contencioso electoral, en su caso.

La Sala Constitucional, muy interesadamente confundió dichas nociones, y pretendió aplicar su competencia de control de constitucionalidad respecto de actos administrativos como los dictados por el Consejo Nacional Electoral, basándose en el argumento circunstancial de que (aún) "no se ha dictado una ley para regular ninguna de las modalidades "referendarias", con lo que ignoró de paso, por ejemplo, a la Ley Orgánica del Sufragio y Participación Política), llegando entonces a la absurda conclusión –que el Magistrado Rondón Haaz en su Voto Salvado calificó como un "dislate"– de que los actos dictados a tales efectos por el Consejo Nacional Electoral serían:

> "[A]ctos en ejecución directa e inmediata de la Constitución, fundados en el artículo 72 y en la Disposición Transitoria Octava de la Carta Magna. La invocatoria de la Ley Orgánica del Poder Electoral y el mismo artículo 293 constitucional es a los solos efectos de fundamentar la competencia, pero no hay texto legal pre o post–constitucional que regule los procesos de referendos revocatorios de mandatos de cargos de elección popular"."

La Sala Constitucional, luego de "justificar" de esa manera su supuesta competencia para conocer de la nulidad de los actos mencionados del Consejo Nacional Electoral, y de analizar las vicisitudes del caso en el cual la Sala Electoral ratificó su competencia

---

9 En materia electoral, con razón, el Magistrado Rondón Haaz en su Voto Salvado a la sentencia señaló: "No cabe duda, según el tenor de las normas en cuestión, que la materia electoral debe ser regulada por ley –y no podría ser de otra forma, puesto que atañe al ejercicio de derechos constitucionales como a la participación y al sufragio–, de modo que no se trata de un materia que no requiera de ley alguna que regule el ejercicio del derecho o de la atribución que fundamenta el acto; todo lo contrario".

en la materia y decidió avocarse al conocimiento de las causas, estableciendo para ello "criterios vinculantes[10].

Ahora bien, y dejando a salvo esta circunstancial y absurda "doctrina", toda actividad administrativa es, ante todo, desde el punto de vista formal, una actividad que siempre es de carácter sublegal, es decir, de ejecución directa e inmediata de la legislación (así las leyes reglamentarias correspondientes no se hayan dictado) y de ejecución indirecta y mediata de la Constitución. Por supuesto, también las actividades judiciales son siempre de carácter sublegal, siendo la diferencia entre una y otra de carácter orgánico, en el sentido que las actividades judiciales siempre las realizan órganos autónomos e independientes en ejecución de la función jurisdiccional, como lo son los órganos que ejercen el Poder Judicial.

Ahora bien, conforme a lo anteriormente expuesto, tanto desde el punto de vista formal como orgánico, las actividades administrativas pueden distinguirse de las otras actividades legislativas, de gobierno y judiciales.

En efecto, la actividad legislativa está conformada por los actos legislativos, que son las leyes (Arts. 187,1 y 203) y los actos parlamentarios sin forma de ley (actos privativos e *interna corporis*) (Art. 187). Las leyes, incluso, son formalmente definidas en la Constitución, como los actos sancionados por la Asamblea Nacional como cuerpo legislador (Art. 203). También pueden considerarse como actos legislativos los decretos leyes o decretos con fuerza de ley, dictados por el Presidente de la República previa autorización por una ley habilitante (Arts. 203; 236, 8). Todos estos actos legislativos son actos de ejecución directa e inmediata de la Constitución, incluso en los casos de los decretos ley; y su definición es tanto orgánica como formal: orgánica, pues se definen según el órgano que los dicta; y formal, por la graduación que tienen en el ordenamiento jurídico, de ser actos dictados en ejecución directa e inmediata de la Constitución o de rango de ley.

Los actos del gobierno, por su parte, son los actos dictados por el Presidente de la República en ejercicio sólo de atribuciones constitucionales, y que por ello, no pueden estar regulados o limitados por la Asamblea Nacional mediante leyes. Es el caso, por ejemplo, del nombramiento del Vicepresidente Ejecutivo, de la concesión de indultos, de la convocatoria de la Asamblea Nacional a sesiones extraordinarias, y de la disolución de la Asamblea Nacional (Art. 236,3,9,19,21). Los actos de gobierno también son actos de ejecución directa e inmediata de la Constitución, y su definición es tanto orgánica como formal: orgánica, pues se definen según el órgano que los dicta; y formal, por la graduación que tienen en el ordenamiento jurídico, de ser actos dictados en ejecución directa e inmediata de la Constitución.

Los actos judiciales y más propiamente, las sentencias, también se definen por el elemento orgánico y el formal: son actos que sólo pueden emanar de los Tribunales, y tienen unos efectos precisos de verdad legal definidos en el ordenamiento y derivados del

---

10 Sobre la sentencia en el Voto Salvado del Magistrado Rondón Haaz, se destacan las "evidentes contradicciones de dicho fallo y las groseras incongruencias del mismo con los criterios conformantes de la jurisprudencia de la Sala, la divorcian y distancian abismalmente del propósito de uniformidad en la interpretación y aplicación de la Constitución de la República Bolivariana de Venezuela que preceptúa el artículo 335 *eiusdem*". *V.* los comentarios en el libro antes citado: Allan R. Brewer–Carías, *La Sala Constitucional vs. El Estado democrático de derecho (El secuestro del Poder Electoral y de la Sala Electoral del Tribunal Supremo y la confiscación del derecho a la participación política)*, Caracas, 2004, pp. 133 y ss.

valor de cosa juzgada. Se trata, siempre, de actos de carácter sublegal, es decir, dictados en ejecución directa e inmediata de la ley e indirecta y mediata de la Constitución.

En la definición de los actos legislativos, de gobierno y judiciales, por lo tanto, hay una identificación entre órgano y acto, además de criterios formales derivados de la formación del derecho por grados, y no necesariamente se definen según criterios materiales o derivados de la función que se ejerce al dictarlos. Por ejemplo, los actos legislativos pueden no tener contenido normativo; y pueden haberse dictado en ejercicio de funciones administrativas o políticas; y los actos de gobierno, pueden en cambio tener contenido normativo.

En cambio, en la definición de la actividad administrativa y, en particular, de los actos administrativos, los criterios anteriores no se pueden aplicar en forma lineal, pues estos no se pueden identificar ni orgánica ni funcionalmente: son dictados por los cinco grupos de órganos estatales que ejercen el Poder Público, y se pueden dictar en ejercicio de todas las funciones estatales. Así, tan acto administrativo es un reglamento dictado por cualquier órgano de la Administración Pública o por los Tribunales en ejercicio de la función normativa, como un acto de ejecución presupuestaria o de personal dictado por los órganos de la Administración Pública, los Tribunales o la Asamblea Nacional en ejercicio de la función administrativa; o un acto dictado por los órganos de la Administración Pública en ejercicio de la función jurisdiccional, al decidir una solicitud o un recurso administrativo.

La definición del acto administrativo, por tanto, en contraste con los otros actos estatales, requiere de una mezcla de criterios, dado el carácter heterogéneo de los mismos: Se emplea el criterio orgánico, al identificar como actos administrativos los actos emanados de la Administración Pública como complejo orgánico en ejercicio de las funciones normativa, jurisdiccional o administrativa del Estado. Se utiliza el criterio material, al identificar como actos administrativos los actos dictados por los Tribunales en ejercicio de las funciones administrativa y normativa, los actos dictados por la Asamblea Nacional en ejercicio de funciones administrativas, e incluso, los dictados por entidades privadas autorizadas por ley en ejercicio de funciones normativas y administrativas; y en todo caso, conforme al criterio formal, siempre que se trate de actos de carácter sublegal, es decir, dictados en ejecución directa e inmediata de la legislación e indirecta y mediata de la Constitución.

La actividad administrativa, en todo caso, al ser de carácter sublegal, como ya se ha dicho, está por sobre todo sometida al derecho y controlable jurisdiccionalmente. En efecto, conforme al sistema establecido en la Constitución todos los actos estatales están sometidos al derecho y todos son controlables jurisdiccionalmente por razones de constitucionalidad o de legalidad. Aquí está la esencia del principio de la legalidad y del Estado de derecho.

En Venezuela el sistema jurídico es de carácter universal y cerrado en materia de control jurisdiccional, en el sentido que ninguno de los actos estatales puede escapar al control del Tribunal Supremo de Justicia y de los demás Tribunales que controlan la constitucionalidad y la legalidad de los mismos. Así, los actos estatales dictados en ejecución directa e inmediata de la Constitución, es decir, las leyes, los actos parlamentarios sin forma de ley, los actos ejecutivos de rango y valor de ley, y los actos de gobierno están sometidos exclusivamente al control de la constitucionalidad que está a cargo de la Jurisdicción Constitucional que corresponde a la Sala Constitucional del Tribunal Supremo de Justicia. En cuanto a las sentencias, estas están sometidas al control judicial ordinario de las apelaciones y, en materia de legalidad, al recurso de casación ante las Salas de Casación Civil, de Casación Social y de Casación Penal del Tribunal Supremo de Justicia. Y en cuanto a los actos administrativos, estos están sometidos al control por parte de la Jurisdicción Contencioso–Administrativo y de la Jurisdicción Contencioso Electoral, que corresponde a las Salas Político–Administrativa y Electoral del Tribunal Supremo de Justicia y a los otros tribunales que las conforman.

Lo importante a señalar sobre este control contencioso administrativo es que el mismo se realiza sobre *todos* los actos administrativos, pudiendo los tribunales competentes declarar su nulidad, así sean actos administrativos emanados no sólo de los órganos de la Administración Pública, sino de los órganos legislativos, de los tribunales, e incluso de entidades privadas.

IV. LA ACTIVIDAD ADMINISTRATIVA Y EL EJERCICIO DE LA FUNCIÓN ADMINISTRATIVA DENTRO DE LAS FUNCIONES DEL ESTADO

Ahora bien, como antes se ha indicado, las actividades del Estado se realizan en cumplimiento de determinadas funciones que le son esenciales y le dan incluso, razón de ser. En particular, los órganos que conforman la Administración Pública, por esencia, ejercen la función administrativa, que es una de las funciones del Estado, con visitas a gestionar el interés general que se le ha encomendado, entrando en relaciones jurídicas con los administrados y otros sujetos de derecho. Pero ello no significa que los órganos que conforman la Administración Pública sólo ejerzan esta función estatal ni que los demás órganos de las personas jurídicas estatales que no se integran en la Administración Pública, no puedan ejercer dicha función administrativa. Es decir, el ejercicio de la función administrativa no constituye un monopolio de la Administración Pública, ya que se ejerce por todos los órganos estatales. De ello resulta, por supuesto, que la separación de poderes no coincide con una inexistente separación de funciones.

En efecto, las funciones del Estado se configuran como aquellas tareas esenciales de las personas estatales, que le dan razón de ser al Estado mismo y que no pueden ejercerse sino en ejercicio de la potestad constitucional que se identifica con el Poder Público. Esas funciones se pueden clasificar en cinco: la producción de normas que integran el ordenamiento jurídico, que es la función normativa; la conducción política de la sociedad, que es la función política; la solución de conflictos sobre derechos e intereses entre partes, que es la función jurisdiccional; el control de las propias actividades administrativas y de las actividades particulares reguladas por el Estado, que es la función de control; y la gestión, en concreto, del interés público por el Estado como sujeto de derecho o por otros sujetos de derecho autorizados por el Estado, que se relacionan con los administrados, que es la función administrativa.

Estas cinco funciones estatales se ejercen, de acuerdo con nuestro sistema constitucional, por los cinco grupos de órganos separados horizontalmente y que ejercen el Poder Público, por lo que el ejercicio de las funciones estatales no es ni exclusivo ni excluyente de ningún órgano estatal, o si se quiere, de alguno de los cinco "poderes públicos".

Así, la Asamblea Nacional, los Consejos Legislativos estadales y los Concejos Municipales ejercen como función propia, la función normativa, que en este caso se configura como "función legislativa" (función normativa ejercida por el Legislador); pero ello ni es exclusivo de los órganos legislativos ni es excluyente: primero, porque la función normativa también se ejerce por los órganos ejecutivos, judiciales, de control (Poder Ciudadano) y electoral cuando desarrollan la potestad reglamentaria; y segundo, porque la propia Asamblea Nacional ejerce además, funciones administrativas, políticas y de control, cuando por ejemplo, administra su personal o su presupuesto, se reserva un sector de la economía o aprueba o autoriza una actuación ejecutiva, respectivamente.

Por su parte, en el nivel nacional, por ejemplo, los órganos del Ejecutivo Nacional ejercen la función política y, en general, la Administración Pública Central ejerce la función administrativa, pero ello tampoco es exclusivo de dichos órganos ni excluyente: Primero, en cuanto a la función administrativa, porque ésta también es función propia de los órganos que ejercen el Poder Ciudadano (Fiscalía General de la República, Contraloría General de la República, Defensoría del Pueblo) y el Poder Electoral; y además, se ejerce también por la Asamblea Nacional, como se ha dicho, y aun mediante leyes concretas; y por el Tribunal Supremo de Justicia, su Dirección Ejecutiva de la Magistratura y los tribunales cuando, por ejemplo, administran su personal y su presupuesto. Segundo, porque los propios órganos de la Administración Pública Central ejercen la función jurisdiccional, por ejemplo, cuando se trata de procedimientos administrativos en los cuales intervienen administrados con posiciones encontradas, o en caso de autorizaciones administrativas en las cuales se deban resolver conflictos entre partes interesadas, o cuando ello suceda al decidir recursos administrativos. Además, porque todos los órganos de la Administración Pública ejercen funciones normativas, al desarrollar la potestad reglamentaria; y funciones de control administrativo y contable.

El Tribunal Supremo de Justicia y los demás tribunales tienen como función propia ejercer la función jurisdiccional, pero ello tampoco es exclusivo de los órganos del Poder Judicial ni excluyente: primero, porque, como se dijo, la función jurisdiccional también la ejercen los órganos de la Administración Pública Nacional Central; y segundo, porque también, como se dijo, el Tribunal Supremo de Justicia a través de su Dirección Ejecutiva de la Magistratura y los propios Tribunales ejercen funciones normativas y administrativas, cuando dictan cuerpos reglamentarios internos o administran su personal o presupuesto e, incluso, cuando realizan tareas de carácter disciplinario, de registro o de la llamada jurisdicción voluntaria.

Por último, los órganos del Poder Ciudadano, es decir, la Fiscalía General de la República, la Contraloría General de la República y el ejercen como función propia, la función de control; pero ello ni es exclusivo de los órganos de control ni es excluyente: primero, porque la función de control también se ejerce, esencialmente, por los órganos legislativos (control parlamentario), ejecutivos (control administrativo y financiero), y judiciales (control judicial); y segundo, porque los propia órganos del Poder Ciudadano ejercen además, funciones normativas y administrativas, integrando sus órganos a la Administración Pública del Estado.

Por tanto, en Venezuela, la división o separación de poderes no coincide con una pretendida separación de funciones, y al contrario, como se señaló, las funciones estatales se ejercen por todos los órganos estatales en ejercicio de todos los Poderes del Estado. En esta forma, el derecho administrativo no sólo regula a la Administración Pública como complejo orgánico, y, por supuesto, al ejercicio de todas las funciones del Estado (particularmente la función normativa y jurisdiccional) por dichos órganos; sino que también regula el ejercicio de la función administrativa, cuando se realiza por los órganos que ejercen el Poder Legislativo, el Poder Judicial, el Poder Ciudadano y el Poder

Electoral, y el ejercicio de la función normativa y de control, de rango sub legal por dichos órganos.

V. LA FINALIDAD DE LA ACTIVIDAD ADMINISTRATIVA, SUS FORMAS Y LAS RELACIONES JURÍDICAS ADMINISTRACIÓN PÚBLICA–ADMINISTRADOS

La Constitución de 1999 en forma expresa establece que "la Administración Pública está al servicio de los ciudadanos" (art. 141); lo que reitera el artículo 3° de la Ley Orgánica de la Administración Pública, sustituyendo, sin embargo, la expresión ciudadanos por "particulares" y agregando que en su actuación, la Administración Pública debe dar preferencia a la atención de los requerimientos de la población y a la satisfacción de sus necesidades (art. 5).

Por su parte, el artículo 3 de la Ley Orgánica señala que el "principal objetivo" de la organización y funcionamiento de la Administración Pública es dar eficacia a los principios, valores y normas consagrados en la Constitución y, en especial, conforme se indica en el artículo 19 de la Constitución, "garantizar a todas las personas, conforme al principio de progresividad y sin discriminación alguna, el goce y ejercicio irrenunciable, indivisible e interdependiente de los derechos humanos".

La Administración Pública, agrega el artículo 5 de la Ley Orgánica debe asegurar a los particulares la efectividad de sus derechos cuando se relacionen con ella; además, debe tener entre sus objetivos, la continua mejora de los procedimientos, servicios y prestaciones públicas, de acuerdo con las políticas fijadas y teniendo en cuenta los recursos disponibles, determinando al respecto las prestaciones que proporcionan los servicios de la Administración Pública, sus contenidos y los correspondientes estándares de calidad.

La actividad administrativa, por tanto, por esencia incide en la esfera jurídica de los administrados. Por eso hemos dicho que el derecho administrativo, además de regular a la Administración Pública como complejo orgánico, el ejercicio de la función administrativa y la propia actividad administrativa del Estado, regula también las relaciones entre las personas jurídicas estatales como sujetos de derecho actuando a través de los órganos de la Administración Pública, y los administrados, como consecuencia de la gestión del interés público que, en concreto, aquéllas tienen que asumir.

En estas relaciones está otro de los elementos claves del derecho administrativo contemporáneo: el necesario equilibrio, en un régimen democrático, que tiene que establecerse entre los poderes y prerrogativas de los órganos de la Administración Pública y los derechos de los particulares o administrados, lo cual plantea unas especiales exigencias en un régimen de derechos y garantías ciudadanas.

En esta forma, ante el elenco de derechos y garantías que declara la Constitución, corresponde a la legislación propia del derecho administrativo su regulación, actualización, limitación y protección concretas, y con ello la de las diversas formas de la actividad administrativa, que corresponden a las clásicas formas o cometidos de: policía, fomento, servicio público, control y gestión de los asuntos públicos.

La primera, la actividad de policía, quizás la más clásica de las actividades administrativas, siempre resulta en definitiva en una limitación a los derechos constitucionales;

la segunda, la actividad de fomento, se manifiesta en la política el estímulo al desarrollo pleno de los mismos derechos ciudadanos, con particulares connotaciones en el ámbito económico; la tercera, la actividad de servicio público, en esencia es la obligación prestacional impuesta al Estado consecuencia directa de derechos ciudadanos previstos constitucional o legalmente; la cuarta, la actividad de control, corresponde a todas las acciones del Estado de control de la actuación tanto de los órganos de la Administración Pública como de los propios administrados en relación con sus actividades reguladas; y la quinta forma de la actividad administrativa, la de gestión del interés general, que puede manifestarse, entre otros, en el campo de la economía cuando el Estado gestiona incluso directamente actividades dentro del sistema de economía mixta establecido en la Constitución.

En esta forma, la actividad administrativa, materialmente hablando, no puede concebirse sin su incidencia directa en la esfera jurídica de los particulares, pues en definitiva, aquella se concreta en una regulación, limitación, estímulo, satisfacción, control o protección de los derechos y garantías constitucionales.

La materia administrativa, por tanto, está conformada por todas aquellas regulaciones que permiten al Estado actuar en concreto, realizando cometidos y prestaciones, y que a la vez se configuran como limitaciones a los derechos y garantías constitucionalmente permitidas, por lo que bien podría decirse que el derecho administrativo, materialmente hablando, es el derecho de las limitaciones y regulaciones al ejercicio de esos derechos.

VI. LA CONSECUENCIA DE LA ACTIVIDAD ADMINISTRATIVA: LA RESPONSABILIDAD

La actividad administrativa, como resultado del ejercicio de competencias de los órganos de la Administración Pública legalmente establecidas en forma expresa y cuyo cumplimiento es generalmente de carácter obligatorio, como toda actividad en el mundo del derecho, puede producir daños a los administrados, tanto en el ejercicio lícito de sus poderes como por hecho ilícito. Si estos daños se producen, tanto los titulares de los órganos del Estado o de su Administración Pública (los funcionarios públicos) como las personas jurídicas estatales deben responder por los mismos,

En efecto, uno de los principios fundamentales que rige para todos los órganos del Estado, es decir, que ejercen el Poder Público, y por supuesto, para los que conforman la Administración Pública, es el regulado en el artículo 139 de la Constitución, que recoge otra norma tradicional de nuestro constitucionalismo, y es el principio de la responsabilidad individual de los titulares de dichos órganos, es decir, de los funcionarios públicos en el ejercicio del Poder Público. Dispone dicha norma que:

El ejercicio del Poder Público acarrea responsabilidad individual por abuso o desviación de poder o por violación de esta Constitución o de la Ley.

Esta norma recoge el principio del artículo 121 de la Constitución de 1961, pero agregando a la "desviación de poder" dentro de los supuestos que generan responsabilidad del funcionario.

En consecuencia, la responsabilidad de los funcionarios cuando en ejercicio del Poder Público causen daños, puede originarse por abuso de poder, es decir, por el llamado vicio en la causa de los actos estatales (falso supuesto, por ejemplo); por desviación de poder, que es el vicio en la finalidad del acto estatal, al utilizarse el poder conferido para perseguir fines distintos a los establecidos en la norma atributiva de competencia; y en general, por violación de la Constitución o de la Ley, es decir, en general, por contrariedad al derecho.

La Constitución, por otra parte, y también siguiendo una larga tradición de nuestro constitucionalismo, reitera el principio de la responsabilidad de los funcionarios públicos pero, en particular, respecto de los actos que dicten, ordenen o ejecuten, que violen o menoscaben los derechos garantizados constitucionalmente; responsabilidad que puede ser civil, penal y administrativa, sin que pueda servirles de excusa órdenes superiores que reciba el funcionario. (art. 25). Este mismo principio lo repite el artículo 8 de la Ley Orgánica de la Administración Pública, en relación con los funcionarios "de la Administración Pública".

En estos casos, conforme al artículos 10 de la Ley Orgánica, y sin perjuicio del derecho de acceso a la justicia establecido en la Constitución (art. 26) y la ley, los particulares cuyos derechos humanos hayan sido violados o menoscabados por un acto u orden de un funcionario público pueden, directamente o a través de su representante, acudir ante el Ministerio Público para que éste ejerza las acciones a que hubiere lugar para hacer efectiva "la responsabilidad civil, laboral, militar, penal, administrativa o disciplinaria" en que hubiere incurrido dicho funcionario. Igualmente, pueden acudir ante la Defensoría del Pueblo para que ésta inste al Ministerio Público a ejercer dichas acciones y, además, para que la Defensoría del Pueblo solicite ante el Consejo Moral Republicano que adopte las medidas a que hubiere lugar con respecto a tales funcionarios, de conformidad con la ley.

A los efectos, incluso, de la posibilidad de exigencia de responsabilidad, la Ley Orgánica establece el principio de rendición de cuentas, al disponer su artículo 11 que las autoridades y funcionarios de la Administración Pública deben "rendir cuentas de los cargos que desempeñen en los términos y condiciones que determine la ley".

Debe indicarse, por último, que la Constitución, además, ha sido reiterativa en el establecimiento de la responsabilidad individual de los jueces por los daños causados a los ciudadanos en el ejercicio de sus funciones, por ejemplo, por retardo o error judicial (Arts. 49,8 y 255).

Pero además de haber establecido la responsabilidad individual de los funcionarios, una de las innovaciones importantes de la Constitución de 1999 en materia de régimen general del ejercicio del Poder Público, es la previsión expresa del principio de la responsabilidad patrimonial del Estado, es decir, de las personas jurídicas estatales, básicamente las que resultan de la distribución vertical del Poder Público (Repúblicas, Estados y de Municipios); por los daños y perjuicios que causen los funcionarios en ejercicio de sus funciones.

En la Constitución de 1961, el principio de la responsabilidad del Estado se deducía de la previsión del artículo 47, que establecía que las personas no podían pretender que los entes estatales los indemnizaren sino por daños causados por "autoridades legítimas en ejercicio de su función pública"; y del artículo 206, que regulaba la jurisdicción contencioso administrativa (equivalente al artículo 259 de la Constitución de 1999), al atribuirle a los tribunales de dicha jurisdicción, competencia para dictar sentencias de condena "al pago de sumas de dinero y a la reparación de daños y perjuicios originados n responsabilidad de la Administración".

En la nueva Constitución, sin embargo, se incluyó una norma expresa en la materia, con el siguiente texto:

> "*Artículo 140*: El Estado responderá patrimonialmente por los daños que sufran los particulares en cualquiera de sus bienes y derechos, siempre que la lesión sea imputable al funcionamiento de la Administración Pública."

La expresión "funcionamiento de la Administración Pública" admite que la responsabilidad del Estado se origine cuando la lesión se derive tanto del funcionamiento normal como del funcionamiento anormal de la Administración Pública.

Se observa, ante todo, que conforme a este artículo, la responsabilidad es del "Estado", es decir, de las personas jurídicas estatales en particular, de la República, de los Estados y de los Municipios en sus respectivos niveles territoriales, por el funcionamiento de sus Administraciones Públicas. Ahora bien, en cuanto a la expresión "Administración Pública" utilizada en este artículo, en todo caso, debe interpretarse como se ha dicho, conforme se utiliza la expresión en el Título IV de la Constitución, donde está ubicada, abarcando no sólo la Administración Pública conformada por los órganos que ejercen el Poder Ejecutivo, en los tres niveles político territoriales, sino la conformada por los órganos que ejercen el Poder Ciudadano y el Poder Electoral, así como la Administración Pública que constituye la Dirección Ejecutiva de la Magistratura del Tribunal Supremo de Justicia y las unidades administrativas de la Asamblea Nacional.

La redacción de la norma, sin embargo, no permite su aplicación a los casos de responsabilidad del Estado legislador, causada, por ejemplo, al sancionar una ley. En cuanto a la responsabilidad del Estado por actos judiciales o de los jueces, ésta, sin embargo, sí está regulada expresamente en los artículos 49,8 y 255 de la Constitución.

El principio de la responsabilidad patrimonial del Estado por la actividad de la Administración Pública, por otra parte, lo reitera el artículo 14 de la Ley Orgánica de la Administración Pública, aún cuando en forma impropia, al disponer que la responsabilidad patrimonial sería de la "Administración Pública", cuando esta como se ha señalado, no es un sujeto de derecho o persona jurídica. La norma, en efecto, señala:

> "La Administración Pública será responsable ante los particulares por la gestión de sus respectivos órganos, de conformidad con la Constitución de la República Bolivariana de Venezuela y la ley, sin perjuicio de la responsabilidad que corresponda a los funcionarios por su actuación.
>
> La Administración Pública responderá patrimonialmente por los daños que sufran los particulares, siempre que la lesión sea imputable a su funcionamiento."

La "Administración Pública", en efecto, no puede ser responsable pues no es un sujeto de derecho. En la norma, sin duda, se ha utilizado la expresión como equivalente a las personas jurídicas estatales cuyos órganos administrativos (Administración Pública) han causado el daño, de manera que la responsabilidad es propiamente de las personas jurídicas estatales político–territoriales, (República, Estado, Municipios, Distritos Metropolitana), o descentralizadas (p.e., institutos autónomos) que la Constitución comprende en la expresión "Estado".

VII. EL RÉGIMEN JURÍDICO DE LA ACTIVIDAD ADMINISTRATIVA

Ahora bien, esta actividad administrativa, como hemos dicho, desarrollada por los órganos competentes de la Administración Pública o con autorización de la misma, de carácter sublegal, realizada en ejecución de las funciones del Estado para el cumplimiento de sus cometidos, y de cuyas consecuencias o efectos responden tanto los funcionarios como las personas jurídicas estatales a las cuales representan, constituye uno de los objetos fundamentales del derecho administrativo. El régimen jurídico de la misma, se refiere, por tanto, a la Administración Pública como complejo orgánico; a la competencia de sus órganos; al ejercicio de la función administrativa; a los cometidos estatales y a la responsabilidad de los funcionarios y del Estado. Dicho régimen configurado en torno a los elementos de la definición de la actividad administrativa que hemos analizado, en consecuencia, es básicamente un régimen de derecho administrativo, tanto formal, en lo que se refiere por ejemplo a los procedimientos administrativos para la formación de la voluntad de los órganos de las personas estatales; como material, en relación con la regulación del cometido específico del Estado respecto de cuya consecución se realiza.

Sin embargo, no debe dejar de señalarse que no todo el derecho que regula a los órganos de la Administración Pública o a las actividades administrativas, es derecho administrativo. En el mundo del derecho no existen sujetos de derecho o actividades respecto de los cuales pueda decirse que exclusivamente se rigen por una sola rama del derecho. Así como no se puede decir que las sociedades anónimas sean sujetos de derecho que sólo se regulan por el Código de Comercio, pues también están sometidas al Código Civil, al Código Penal y a todas las leyes de derecho administrativo que por ejemplo regulan diversos sectores de la economía (bancos, seguros, etc.); en igual sentido, los órganos de la Administración Pública, además de estar sometidos al derecho administrativo, también están sometidos al derecho civil y al derecho mercantil, por ejemplo.

A los sujetos órganos de la Administración Pública, por tanto, si bien regidos por el derecho administrativo, sin embargo, en una forma u otra siempre se les interaplica de manera variable, tanto un régimen de derecho público como de derecho privado[11]. El derecho administrativo, por supuesto, tiene siempre una preponderancia en este régimen, pero el mismo no comprende la totalidad de las normas que se aplican a los órganos de la Administración Pública del Estado ni a la actividad administrativa del mismo. De allí que las clásicas ecuaciones del derecho administrativo de principios de siglo pasado, que por lo demás fueron útiles en el proceso de autonomización de nuestra disciplina: *personas públicas–Administración Pública–actividad administrativa–derecho público–actos administrativos–contratos administrativos–responsabilidad administrativa–* y *personas privadas–administración privada–actividad privada– derecho privado–actos privados–contratos privados–responsabilidad civil–*, puede decirse que quedaron en la historia bibliográfica del derecho administrativo. El derecho administrativo no pierde su autonomía cuando a la Administración Pública y a la actividad administrativa se le aplican normas de derecho privado, ni los órganos del Estado dejan de serlo, cuando para determinadas actuaciones deban regirse además de por el derecho público, por normas del derecho privado; así mismo, los particulares y en general, las personas jurídicas no estatales, no dejan de serlo cuando en ciertas de sus su actividades cotidianas se encuentras sometidos al derecho administrativo, incluso en algunos casos con preponderancia del derecho civil. El derecho, en definitiva, es uno sólo y se aplica a todos los sujetos de derecho en todas sus ramas, las cuales tendrán preponderancia según cual sea la finalidad de la actividad que estos realizan.

11 *V.* Allan R. Brewer–Carías, "La interaplicación del Derecho Público y del Derecho Privado a la Administración Pública y el proceso de huida y recuperación del Derecho Administrativo" en *Las formas de la actividad administrativa. II Jornadas Internacionales de Derecho Administrativo Allan Randolph Brewer–Carías, Caracas, 1996*, Fundación Estudios de Derecho Administrativo (FUNEDA), Caracas 1996, pp. 23 a 73.

Sección Segunda: ALGO SOBRE LA ACTIVIDAD INTERNA DE LA ADMINISTRACIÓN (1985)

Esta Sección Segunda incluye el trabajo sobre "Consideraciones sobre la actividad interna de la Administración y sus formalidades," publicado en *Revista de Derecho Público*, Nº 21, Editorial Jurídica Venezolana, Caracas, enero–marzo 1985, pp. 39–43.

En términos generales, puede decirse que una de las formas de clasificar los actos administrativos según sus efectos, es en relación a los destinatarios de los mismos: si éstos son los propios órganos administrativos (relaciones entre un funcionario superior y los inferiores) u otras personas jurídicas estatales (relaciones de los órganos de la Administración Central con los entes descentralizados que le están adscritos), estamos en presencia de la denominada actividad interna de la Administración; en cambio, si el acto administrativo tiene por destinatarios a los particulares, la actividad administrativa se denomina externa. La determinación de cuando se está en presencia de una actividad interna o externa tiene particular importancia, a los efectos de determinar la forma que deben revestir los actos administrativos, en particular, como garantía de los derechos de los ciudadanos que puedan resultar directamente afectados por ellos.

Tratándose de actos administrativos de efectos generales o individuales *respecto de los particulares,* por supuesto, la Ley Orgánica de Procedimientos Administrativos (LOPA) prescribe, como garantía para éstos, que dichos actos, primero, tengan una determinada forma escrita, y segundo, que sean publicados o notificados, también conforme a determinadas reglas, a los efectos de que comiencen a surtir efectos.

En cuanto a la forma que estos actos deben revestir, la Ley Orgánica de Procedimientos distingue las siguientes categorías según la jerarquía: decretos, resoluciones, órdenes, providencias, y otras decisiones dictadas por órganos y autoridades administrativas (art. 14).

En relación a los Decretos, éstos son las decisiones de mayor jerarquía dictadas por el Presidente de la República los cuales en principio deben ser refrendados (salvo lo establecido en el artículo 190 de la Constitución) por aquel o aquellos Ministros a quienes corresponda la materia, o por todos, cuando la decisión haya sido tomada en Consejo de Ministros (art. 15 LOPA). En cuanto a las Resoluciones, éstas son las decisiones de carácter general o particular que adoptan los Ministros por disposición del Presidente de la República o por disposición específica de la Ley, las cuales deben ser suscrita por el Ministro o Ministros respectivos (art. 16 LOPA).

Otros funcionarios, aparte del Presidente de la República, en los casos autoriza–dos por Ley pueden también tomar decisiones de carácter general o particular, y en ese caso se denominan órdenes o providencias administrativas (art. 17 LOPA).

En los casos de Decretos y Resoluciones, los actos administrativos deben contener todos los elementos establecidos en el artículo 18 de la Ley Orgánica de Procedimientos Administrativos, que constituyen requisitos formales propios de los actos escritos. En los casos de órdenes y providencias adoptadas por otros funcionarios, en principio y salvo que la naturaleza de la actuación no lo requiera, también deben revestir la forma escrita y cumplir con lo contenido en el artículo 18 citado. Claro está que en muchos casos, el acto administrativo, la orden o providencia, puede configurarse como una actuación verbal e incluso en virtud de una señal. Piénsese sólo en las órdenes de los vigilantes de tránsito, de hacer o de no hacer, que se imponen a los conductores dada la naturaleza de la actividad sobre la cual recaen, y que no pueden revestir forma escrita.

En todo caso, y salvo estos supuestos excepcionales, los actos administrativos (Decretos, Resoluciones, órdenes o providencias administrativas) *que afecten los derechos e intereses de los particulares o administrados, deben tener la forma escrita,* precisamente, como una garantía a los derechos de defensa de éstos, con el agregado incluso, de que en la exteriorización formal–escrita del acto deben expresarse los motivos del mismo, es decir, deben contener la motivación (art. 9 LOPA).

Por otra parte, estos actos administrativos de efectos generales o particulares hacia los administrados, además, requieren como condición de eficacia, que sean publicados en la Gaceta Oficial de la República (si se trata de actos de autoridades nacionales) o que sean notificados directamente al interesado de acuerdo a los principios y formalidades que prevén los artículos 72 y siguientes de la Ley. Orgánica de Procedimientos–Administrativos. Por tanto, y también como garantía para los particulares, si no se publica el acto administrativo de efectos .generales o que interese a un número indeterminado de personas (art. 72) éste no comienza a surtir efectos; y si se trata de un acto administrativo de efectos particulares, si no se notifica a sus destinatarios con las formalidades prescritas en la ley (art. 73) tampoco producirán ningún efecto (art. 74).

La situación es distinta, sin embargo, respecto de los actos administrativos de orden interno destinados a regular la propia administración, su organización o funcionamiento. En este campo de la actividad administrativa, la situación puede tomar diversas manifestaciones. En principio, las relaciones que se establecen entre el funcionario superior y el inferior, no requieren manifestarse a través de fórmulas sacramentales. Por ejemplo, cuando se atribuye a los Ministros la facultad de "orientar, dirigir, coordinar, supervisar y controlar las actividades del Ministerio" (art. 20, ord. 19), ello no necesariamente tiene que hacerse a través de una "Resolución" con todas las formalidades prescritas en la Ley Orgánica de Procedimientos Administrativos. El Ministro puede orientar, dirigir, coordinar, supervisar y controlar las actividades del Ministerio, incluso, en forma verbal, a través, por ejemplo, de las "cuentas" que pueda recibir de un Director, o en cualquier otra forma. La "cuenta", como formalidad escrita, cierta–mente no es indispensable, aun cuando es la vía más formal a los efectos de la determinación de las responsabilidades de los funcionarios que intervienen en una decisión. Pero una instrucción u orden de un Ministro a los efectos de la atribución 1ª del artículo 20 de la Ley Orgánica de la Administración Central, puede ser puramente verbal.

Similar argumentación se puede hacer respecto de los actos administrativos que resulten de las relaciones entre el Presidente de la República y sus Ministros. Estos son sus órganos directos, y actúan "por disposición" de aquél; esta disposición (instrucción u orden) del Presidente no requiere, por supuesto la forma de "Decreto". Puede constar de una "cuenta" que le presente el Ministro al Presidente, pero también puede ser verbal.

Sin embargo, es cierto, algunos actos administrativos del Presidente de la República y de los Ministros, si bien están básicamente dirigidos al orden interno de la Administración, pueden tener repercusiones indirectas, pero no por ello insignificantes, respecto de los administrados en materia de seguridad jurídica de éstos en sus relaciones con la Administración. Piénsese sólo en los actos de nombramiento de los funcionarios públicos, en los actos administrativos de organización de las dependencias oficiales o en los actos de delegación jerárquica de atribuciones. Es esencial para garantizar los derechos de los particulares, que estos actos, aun cuando de efectos inmediatos internos, sean conocidos por los administrados, pues sólo así podrán saber ante qué funcionario acudir o ante cuál unidad administrativa presentar sus peticiones, de acuerdo a la competencia que tengan asignada. Por ello, estos actos (nombramientos, delegaciones o reglamentos de organización) deben revestir la forma de Decreto o Resolución e incluso, deben ser publicados en Gaceta Oficial, lo cual es exigido por las leyes respectivas.

Pero fuera de estos casos, no todos los actos del Presidente de la República o delos. Ministros, de efectos internos en relación a la Administración, deben revestir la forma de Decreto o Resolución formal de acuerdo a lo prescrito en la Ley Orgánica de Procedimientos Administrativos. De allí la norma del artículo 17 que prescribe que "Las decisiones de los órganos de la Administración Pública Nacional, cuando no les corresponda la forma de Decreto o Resolución, conforme a los artículos anteriores tendrán la denominación de orden o providencia administrativa. También, en su caso, podrán adoptar la forma de instrucciones o circulares".

Por tanto, en general, los actos administrativos de orden interno y destinados a dirigir, orientar, instruir, coordinar o controlar a los propios órganos de la Administración Pública, no requieren de formas escritas o sacramentales, sino que éstas dependen de las diversas situaciones que se presentan, pudiendo incluso ser de carácter verbal. En todos esos casos, se trata de "órdenes o providencias administrativas" según se trate de imposición de obligaciones de hacer o de no hacer (prohibición) o de prescripciones respecto de la conducta o forma de gerenciar una actuación pública. Estas pueden constar por escrito (Oficio, Comunicación Interna, Memorándum, "Cuenta") o pueden ser verbales, según el tipo de actividad, o la necesidad de que las responsabilidades internas de los funcionarios queden adecuadamente delimitadas.

Por ejemplo, el artículo 22 del Reglamento sobre coordinación, administración y control de los Institutos Autónomos de la Administración Pública Nacional (Decreto N° 280 de 8–4–79, *Gaceta Oficial* N° 29190 de 14–4–79) estableció que "los Ministros ejercerán permanentemente las funciones de supervisión y control sobre los institutos autónomos adscritos a sus respectivos Ministerios, de conformidad con lo preceptuado en este reglamento y con las *órdenes e instrucciones* recibidas del Presidente de la República". Estas, ciertamente, no requieren de ninguna forma sacramental.

Ahora bien, la orden o providencia administrativa de orden interno puede revestirla forma de circular o de instrucción.

En cuanto a las circulares, éstas se caracterizan por su forma escrita cuando la orden o providencia que contienen no está dirigida a un órgano específico, sino a varios órganos, y en ella, por tanto, se prescribe con carácter general una forma de realizar una actividad o se informa de ésta en general. En sí misma, la circular no es el acto administrativo de orden interno sino que son una mera forma de información de dicho acto.

En cuanto a las instrucciones, éstas sí tienen un carácter sustantivo, y a diferencia de las circulares, en sí mismas, sí constituyen un acto de orden interno. Normalmente se trata de órdenes de servicio, cuando el superior jerárquico prescribe la conducta de un inferior para una actuación concreta; o de instrucciones de servicio, cuando se trata de órdenes dirigidas en general a los funcionarios inferiores respecto del funcionamiento de la Administración, a la forma de resolver determinados asuntos o a las modalidades de los trámites en los procedimientos administrativos.

Pero no se agotan allí las formas de actos internos en nuestra Administración, pues también se han desarrollado y adquirido carta de naturaleza los Instructivos Presidenciales, emanados del Presidente de la República, en los cuales prescribe una forma determinada de actuación, definiendo, en general, una política administrativa que debe seguirse en un sector o en toda la Administración.

En general, las anteriores formas de actos internos englobadas todas bajo la denominación genérica de *órdenes o providencias administrativas,* son producidas en el ámbito de la Administración Central, como manifestación de la potestad jerárquica, y, por tanto, referidas a la relación entre el superior y el inferior jerárquico. En el caso de los instructivos presidenciales, sin embargo, y dada la jerarquía superior de la cual han emanado, su eficacia se ha extendido a todo el ámbito, tanto de la Administración Central como Descentralizada. Por ello, buena parte de los instructivos presidenciales se han dictado dirigidos no sólo a los Ministerios sino a los institutos autónomos y empresas del Estado, es decir, a todo el sector público nacional.

Pero, por supuesto, la relación de orden interno entre los órganos de la Administración Central (Ministerios) y los entes descentralizados que le están adscritos también ha dado origen a modalidades específicas de órdenes o providencias administrativas de la más variada gama, y que han adquirido el calificativo de directrices, como manifestación del poder de dirección, coordinación y control de que gozan los órganos de tutela sobre los entes descentralizados que le están adscritos o sobre los cuales tienen el control accionarial, y mediante ellas el órgano correspondiente formula una orientación, una guía, un lineamiento conforme a los cuales debe encauzarse la actividad de los órganos descentralizados.

En la Ley Orgánica de Régimen Presupuestario, puede decirse que se estableció como regla general la atribución de los Ministros de adscripción de fijar los *lineamientos de política* sectorial a la cual deben someterse, necesariamente, los entes descentralizados de sus respectivos sectores. Así, el artículo 52 de dicha Ley prescribe que "los Institutos Autónomos elaborarán sus proyectos de presupuesto por programas de acuerdo a los *lineamientos* de la política sectorial que imparta el organismo de adscripción"; y el artículo 61 establece que las empresas del Estado "se atendrán a la política sectorial que les imparta el organismo de adscripción".

Con anterioridad, en algunos supuestos se había dado la atribución al Ministro de tutela para fijar las directivas y orientación general de ciertos institutos autónomos. Por ejemplo, respecto del antiguo Instituto Venezolano de Petroquímica, al Ministro de Minas e Hidrocarburos le correspondía "la orientación de las actividades básicas del Instituto" (art. 8 del Estatuto original del IVP, Decreto N° 368 de 29–6–56); en otros casos se previo, en general, que los planes de actividades del Instituto debían adecuarse a los objetivos establecidos en el Plan de la Nación (p.e. art. 7, literal b de la Ley del Instituto Autónomo Aeropuerto Internacional de Maiquetía).

Más recientemente, en el ámbito de la industria petrolera nacionalizada, Petróleos de Venezuela, S. A., ésta debe cumplir y ejecutar *"la política que dicte* en materia de hidrocarburos el Ejecutivo Nacional, por órgano del Ministerio de Energía y Minas", en las actividades que le sean encomendadas según lo dispone el art. 19 del Decreto N° 1123 de 30–8–75 de creación de la empresa. Por su parte, la propia Ley Orgánica que reserva al Estado la industria y el comercio de los hidrocarburos prescribió que Petróleos de Venezuela S. A. y sus empresas filiales "se regirán por la presente ley y sus reglamentos, por sus propios Estatutos, *por las disposiciones que dicte el Ejecutivo Nacional* y por las del derecho común que les fuesen aplicables" (art. 7). Esta misma orientación prescriptiva se siguió en la cláusula tercera de los Estatutos de la empresa, que establece que: "La sociedad se regirá por la Ley Orgánica que reserva al Estado la Industria y el Comercio de los Hidrocarburos, por los reglamentos de ella, por estos Estatutos, *por las disposiciones que dicte el Ejecutivo Nacional* y por las del derecho común que le fuesen aplicables".

Por último, los propios Estatutos en la cláusula segunda, referida al objeto de la sociedad, como también ya se ha señalado, han prescrito que:

> "El cumplimiento del objeto social deberá llevarse a cabo por la Sociedad *bajo los lineamientos y las políticas que el Ejecutivo Nacional a través del Ministerio de Energía y Minas establezca o acuerde,* en conformidad con las facultades que le confiere la Ley".

De acuerdo a esas normas, así como a las atribuciones que el Ministerio de Energía y Minas tiene establecidas en la Ley Orgánica de la Administración Central, tanto en la norma que prevé las atribuciones comunes a los Ministerios (art. 20), como en la que precisa las atribuciones específicas de dicho Despacho (art. 35), éste puede adoptar órdenes y providencias administrativas en representación del Ejecutivo Nacional, de obligatorio acatamiento y cumplimiento por parte de Petróleos de Venezuela S. A. como una manifestación concreta de las "disposiciones que dicte el Ejecutivo Nacional" y a las cuales está sometida legal y estatutariamente la empresa.

Por otra parte, estas órdenes o providencias pueden consistir en la formulación de políticas de actuación y de lineamientos relativos al desarrollo de la industria petrolera, que también puede establecer o acordar el Ejecutivo Nacional a través del Ministerio de Energía y Minas.

En todos estos casos de actuaciones internas, y que se refieren a las relación es entre el Ejecutivo Nacional y la empresa, la forma que debe adoptar la orden o pro–videncia administrativa, la disposición que ha de dictar el Ministro, el establecimiento o acuerdo de una política o un lineamiento por parte de éste, no tiene forma sacra–mental prescrita legal o reglamentariamente. Por tanto, la elección de la forma es discrecional por parte del Ministro, y de acuerdo a los casos y al interés del sector, puede consistir en un "oficio" dirigido por el Ministro al Presidente de la empresa; en una manifestación de voluntad verbal del Ministro en la Asamblea de la empresa que se tornaría en una decisión de este órgano estatutario; en una circular; o en una simple instrucción verbal.

En los solos casos en los cuales se requiere resolución formal e incluso publicadas en Gaceta Oficial sería en aquellos supuestos en los cuales la orden o providencia dirigida a la empresa repercuta directamente y con efectos generales sobre los derechos de los particulares, como, por ejemplo, serían los supuestos de resoluciones que adopte el Ministerio de Energía y Minas conjuntamente con el Ministerio de Fomento en la regulación o fijación de precio de los productos del petróleo (art. 35, ord. 7).

En consecuencia, la orden que pueda impartirle, por ejemplo, el Ministro de Energía y Minas a Petróleos de Venezuela S. A. a los efectos de darle instrucciones incluso, de neto carácter comercial, respecto de la comercialización de los hidrocarburos o cualquier aspecto de la actividad reservada, puede en principio revestir la forma escrita o verbal que discrecionalmente determine el Ministro. Sería sólo a los efectos de garantizar la debida seguridad jurídica en las relaciones interadministrativas, a los efectos de precisar la responsabilidad de los funcionarios en el orden interno y a los efectos de prueba, incluso para el ámbito jurisdiccional, que podría estimarse, como más conveniente, que la orden quede plasmada en un "oficio" del Ministro o quede en acta de alguna asamblea ordinaria o extraordinaria de la empresa, como decisión de la asamblea.

Sección Tercera: LA SEPARACIÓN DE PODERES, LAS FUNCIONES DEL ESTADO Y LA ACTIVIDAD ADMINISTRATIVA (2005)

El texto de esta Sección Tercera fue elaborado 2005 con motivo de la preparación del Tomo III de la obra *Derecho Administrativo* que comenzó a ser editada en Bogotá, y que quedó inconclusa en dos Tomos. Sobre ese mismo tema salió publicado el estudio sobre "Los poderes, órganos, funciones del Estado y los actos administrativos," sobre lo cual versó la conferencia que dicté en las *Jornadas Académicas en Honor al Profesor Allan R. Brewer–Carías*, Departamento de Derecho Administrativo, Universidad Externado de Colombia, Bogotá, 19 de mayo de 2006, publicado en el libro *Estudios de Derecho Administrativo*, Editorial Jurídica Venezolana, Caracas 2005, pp. 59–85.

I. LA DISTRIBUCIÓN Y DIVISIÓN DEL PODER PÚBLICO

Como se ha visto anteriormente, uno de los principios fundamentales del Estado de derecho y del constitucionalismo moderno, sigue siendo el de la separación de poderes, particularmente como instrumento de control y limitación del Poder para la garantía de la libertad y el funcionamiento de la democracia. Por ello, la Sala Político Administrativa del Tribunal Supremo de Justicia, en sentencia N° 1819 de 8 de agosto de 2000 (Caso: *René Molina vs. Luis Miquelena*), ha señalado que "esta limitación del poder por el poder mismo fundada en el temor a su excesiva concentración, persigue su sometimiento a la regla de derecho, limitando su actuación a las específicas atribuciones y funciones consagradas en la Ley provocando así salvaguardia contra la tiranía y la libertad de los ciudadanos"[12]. Dicho principio, sin embargo, cuando se aplica ha aplicado al funcionamiento del Estado no ha dejado de originar apreciaciones a veces confusas[13].

1. Los antecedentes

En todo caso, hablar de la separación de poderes sigue exigiendo, actualmente, referirse al *Esprit des Lois* de Montesquieu, escrito hace más de dos siglos, así como a los escritos previos de John Locke. Ninguno de los dos formuló teoría o principio alguno de "separación de poderes" tal como se interpretó con motivo de su aplicación en la Revolución Francesa, como la ha demostrado con precisión por Ch. Eisenmann,[14] sino a lo sumo de división del poder del Estado.

---

12 *V.* en *Revista de Derecho Público*, N° 83, (julio–septiembre), Editorial Jurídica Venezolana, Caracas, 2000, pp. 264 y ss.

13 *Cfr.* Geoffrey Marshall, *Constitutional Theory*, Oxford, 1971, pp. 97 y 124; y H. Fix Zamudio, "Valor actual del Principio de la División de Poderes y su consagración en las constituciones de 1857 y 1917", en *Boletín del Instituto de Derecho Comparado de México*, Nos. 58–59, México 1967, p. 98.

14 *V.* Charles Eisenmann, "L'Esprit des lois et la séparation des pouvoirs"; en *Mélanges Carré de Malberg*, Paris, 1935, pp. 165 y ss.

En efecto, a la base del pensamiento de Montesquieu se encuentra el postulado político fundamental, como garantía de libertad y como forma de atenuar el poder absoluto y el despotismo, de que dos o tres de las funciones del Estado no deben ser ejercidas por una misma persona, órgano o cuerpo de funcionarios;[15] es decir, el principio político formulado por Montesquieu fue el de que un solo órgano estatal no debía ejercer conjuntamente dos o más de las funciones políticas que identificó en su análisis del sistema constitucional inglés, como la *puissance législative*, la *puissance exécutrice* y la *puissance de juger*.

Lejos estuvo, por tanto, no sólo de formular una teoría jurídica de los poderes del Estado –en sentido formal, orgánico o material–, sino de preconizar la separación total y completa del Parlamento, el gobierno y los tribunales, tanto funcional como orgánicamente[16]. Por tanto, la construcción del principio de la separación de poderes en el sentido de que tres funciones estatales serían atribuidas a tres autoridades o grupos de autoridades completamente distintas e independientes, que las ejercerían, respectivamente, de manera integral y exclusiva y sin posibilidad de su delegación, fue producto de lo que se creyó o se quiso creer que Montesquieu decía, pero no un derivado cierto de su pensamiento[17].

En esta distorsión del pensamiento de Montesquieu, por supuesto, jugó un papel esencial la motivación política: los revolucionarios franceses antes que la interpretación adecuada de las teorías políticas, estaban más interesados en lograr que los jueces no pudieran entorpecer el funcionamiento del nuevo Estado, tal como los cuerpos judiciales *(Parlements)* lo habían hecho en relación a las reformas que los ministros de Luis XV habían querido realizar y que Francia tanto requería en ese momento. Los revolucionarios, así, a pesar del papel que jugaron los *Parlements* (tribunales de justicia) en lograr el inmovilismo del Estado que terminaría por provocar la Revolución, aprendieron bien la lección y reaccionaron, como dogma, contra el poder judicial,[18] prohibiendo a los jueces en la Ley de las días 16–24 de agosto de 1790, de toda interferencia en las operaciones de los cuerpos administrativos[19].

Así nació el principio o dogma de la "separación de poderes" en Francia, que tanta influencia habría de tener posteriormente, y así se estableció, también, el fundamento de lo que posteriormente sería la "jurisdicción administrativa", como tribunales separados de la jurisdicción judicial: al no poder los jueces ordinarios juzgar a la Administración, hubo que crear una jurisdicción especial y separada con esa finalidad, so pena de denegación de justicia[20].

En todo caso, la aplicación y el desarrollo del principio de la separación de poderes que se atribuyó a Montesquieu, no sólo tuvo sus propias implicaciones en Francia, sino

---

15 *V.* Capítulo VI del Libro XI del *Esprit des Lois*.

16. *V.* Ch. Eisenmann, *loc. cit.*, pp. 173 y 178. *Cfr.* Geoffrey Marshall, *op. cit.*, p. 102.

17 *V.* Ch. Eisenmann, *loc. cit.*, pp. 165 y 173.

18 *Cfr.* Georges Vedel, *Droit Administratif*, París, 1973, pp. 73 y 74; J. Rivero, *Droit Administratif*, Paris, 1973, p. 129.

19 El artículo 13 de la Ley establecía lo siguiente: *"Les fonctions judiciaires sont distinctes et demeureront toujours séparées des fonctions administratives; les juges ne pourront á peine de forfaiture, troubler de quelque manière que ce soit les opérations des corps administratif, ni citer devant eux les administratuert pour raison de leur fonctions*". Esta prohibición formal fue ratificada por el Decreto del 16 fructidor del año III: *"Défendes itératives sont faites aux tribunaux de connaître des actes d'administration, de quelque espèce qu'ilt soient, aux peinen de droit"*. *V.*, en G. Vedel, *op. cit.*, p. 75, y J. Rivero, *op. cit.*, p. 129. Estos textos aún están en vigor en Francia.

20 *Cfr.* Jean. Rivero, *op. cit.*, p. 127 y ss.

también en Inglaterra y en los Estados Unidos. En todos estos sistemas, la doctrina de Montesquieu fue usada para fines cuya formulación original nunca pretendió[21]. En efecto, en Inglaterra, si bien ha sido usada para mantener la independencia de los jueces, no lo ha sido para impedir la estrecha relación que existe entre el Gobierno (gabinete) británico y el Parlamento, donde el primero depende totalmente del segundo.

En los Estados Unidos, al contrario, fue utilizada para impedir que el Presidente tuviera poderes de control sobre el Congreso, situándose en la Corte Suprema el eje del contrapeso y balance entre los poderes, mediante el control de la constitucionalidad[22].

El principio, por otra parte, influenció directamente a los constitucionalistas de nuestras nacientes repúblicas latinoamericanas. Por ello, en el *Preliminar* de la primera de las Constituciones de la América hispana, la venezolana de 1811, se estableció claramente el principio conforme al siguiente postulado:

> "El ejercicio de esta autoridad confiada a la Confederación no podrá jamás hallarse reunido en sus diversas funciones. El Poder Supremo debe estar dividido en Legislativo, Ejecutivo y judicial, y confiado a distintos Cuerpos independientes entre sí, y en sus respectivas facultades"[23].

Además, se ratificaba el principio como uno de las "derechos del hombre en sociedad", al prescribirse que:

> "Los tres departamentos esenciales del gobierno, a saber: el Legislativa, el Ejecutivo y el judicial, es preciso que se conserven tan separados e independientes el uno del otro cuanto lo exija la naturaleza de un gobierno libre o cuanto es conveniente con la cadena de conexión que liga toda la fábrica de la Constitución en un modo indisoluble de amistad y unión."[24]

De estas normas se deduce la evidente influencia del principio de la Revolución Francesa sobre nuestros constituyentes[25], y de allí que todas las Constituciones de Venezuela, desde la de 1811 hasta la vigente de 1961, hayan distinguido tres poderes públicos originando tres grupos de órganos estatales: el Poder Legislativo, ejercido por un Congreso bicameral; el Poder Ejecutivo, ejercido por el Presidente de la República, y el Poder judicial, ejercido por la Corte Suprema de Justicia y demás tribunales de la República[26]. En la Constitución de 1999 y debido al progresivo surgimiento en las décadas precedentes de órganos constitucionales del Estado con autonomía funcional respecto de los tres clásicos Poderes, se estableció una penta división del Poder Público (Art. 136) así: el Poder Legislativo, ejercido por la Asamblea Nacional (unicameral) (Art. 187); el Poder Ejecutivo, ejercido por el Presidente de la República, el Vicepresidente Ejecutivo, los Ministros y los demás funcionarios indicados en la Constitución y la ley (Art. 225); el Poder judicial, ejercido por el Tribunal Supremo de Justicia y demás tri-

---

21 *V.* Sir Ivor Jennings, *The Law and she Constitution*, London, 1972, p. 25.

22 *Idem*, pp. 26 y 27.

23 *V.* en Allan R. Brewer–Carías, *Las Constituciones Venezolanas*, Academia de Ciencias Políticas y Sociales, Caracas 1997. Las citas subsiguientes a textos constitucionales se referirán a esta publicación.

24 Art. 189, *loc. cit.*

25 *V.* Allan R. Brewer–Carías, *Reflexiones sobre la Revolución Americana (1776) y la revolución Francesa (1789) y sus aportes al constitucionalismo moderno*, Caracas 1992.

26 La Constitución de 1863 no utilizó la denominación "Poderes", sino que se refirió a la Legislatura Nacional, al Ejecutivo Nacional y a la Alta Corte Federal, en virtud de la organización federal que se estableció. Igual fórmula utilizaron los textos fundamentales de 1874 y 1831. En la Constitución de 1891 se sustituyó la expresión "Ejecutivo Nacional" por "Poder General de la Federación", y en la Constitución de 1.893 se distinguió el Congreso de los Estados Unidos de Venezuela, el Ejecutivo Nacional que se ejercía por el Presidente en Unión y los Ministros que eran sus órganos (Art. 60), y el Poder judicial de la Nación. A partir de la Constitución de 1901 se retomó la división tripartita del Poder en Poder Legislativo, Poder Ejecutivo y Poder judicial, pero incluyendo en el ejercicio del Poder Ejecutivo a los Ministros como órganos del Presidente.

bunales de la República (Art. 253); el Poder Ciudadano ejercido por el Consejo Moral Republicano y los órganos que lo integran: la Defensoría del Pueblo, el Ministerio Público y la Contraloría General de la República (Art. 273) y el Poder Electoral, ejercido por el Consejo Nacional Electoral como ente rector y sus organismos subordinados (Art. 292).

Sin embargo, la distinción entre los poderes ciertamente que no ha tenido el mismo sentido en toda nuestra evolución constitucional, pues si bien la "separación de poderes" ha sido a la vez una "distribución" vertical o territorial del Poder dada la tradicional federal del Estado; y una "división" horizontal del Poder Público, particularmente el nacional [27]. Como lo ha destacado la Sala Político Administrativa del Tribunal Supremo de Justicia, en sentencia N° 1819 de 8 de agosto de 2000 (Caso: *René Molina vs. Luis Miquelena*): "La Constitución de 1999, limita el poder mediante la difusión de la autoridad tanto en el plano horizontal como en el vertical. Esto es, prefigura una distribución horizontal y vertical del Poder Público en la cual sus creadores proveyeron ... la *distribución* del Poder Público en Poder Municipal, el Poder Estadal y el Poder Nacional y, la *división* del Poder Público Nacional en Poder Legislativo, Poder Judicial, Poder Electoral y Poder Moral"[28].

2. El Poder Público y su división y distribución

En efecto, la noción tan tradicional en nuestro constitucionalismo, del "Poder Público", como potestad o poder jurídico de obrar que la Constitución confiere a los órganos

27 *V.* en general, sobre el Poder Público y la forma del Estado, Carlos Luis Carrillo Artiles, "La composición del poder público en la Constitución de la República Bolivariana de Venezuela", *Libro Homenaje a Enrique Tejera París, Temas sobre la Constitución de 1999*, Centro de Investigaciones Jurídicas (CEIN), Caracas, 2001, pp. 51 a 76; C. Kiriadis Longhi, "Notas sobre la estructura orgánica del Estado venezolano en la Constitución de 1999", en *Temas de Derecho Administrativo: Libro Homenaje a Gonzalo Pérez Luciani*, Volumen I, Tribunal Supremo de Justicia–Editorial Torino, Caracas, 2002, pp. 1031–1082; e Hildegard Rondón de Sansó, "Las transformaciones fundamentales en la organización y dinámica del Estado derivadas de la Constitución de 1999", en *Temas de Derecho Administrativo: Libro Homenaje a Gonzalo Pérez Luciani*, Volumen II, Tribunal Supremo de Justicia–Editorial Torino, Caracas, 2002, pp. 619–644; Allan R. Brewer–Carías, "La descentralización política en la Constitución de 1999: Federalismo y Municipalismo (una reforma insuficiente y regresiva" en *Boletín de la Academia de Ciencias Políticas y Sociales*, N° 138, Año LXVIII, enero–diciembre 2001, Caracas 2002, pp. 313–359; y publicado también en *Provincia. Revista Venezolana de Estudios Territoriales*, Número 7, julio–diciembre 2001, II Etapa, Centro Iberoamericano de Estudios Provinciales y Locales (CIEPROL), Universidad de los Andes, Mérida, 2001, pp. 7–92; Allan R. Brewer–Carías, "Consideraciones sobre el régimen de distribución de competencias del Poder Público en la Constitución de 1999" en Fernando Parra Aranguren y Armando Rodríguez García Editores, *Estudios de Derecho Administrativo. Libro Homenaje a la Universidad Central de Venezuela*, Tomo I, Tribunal Supremo de Justicia, Caracas 2001, pp. 107–136; Allan R. Brewer–Carías, "Consideraciones sobre el régimen constitucional de la organización y funcionamiento de los Poderes Públicos", en *Revista Derecho y Sociedad de la Universidad Monteávila*, N° 2 (abril), Caracas, 2001, pp. 135–150; Ricardo Combellas, *Derecho Constitucional: una introducción al estudio de la Constitución de la República Bolivariana de Venezuela*, Mc Graw Hill, Caracas, 2001, pp. 121 y ss; Cecilia Sosa Gómez, "La organización política del Estado venezolano: el Poder Público Nacional", en *Revista de Derecho Público*, N° 82 (abril–junio), Editorial Jurídica Venezolana, Caracas, 2000, pp. 71–83; María V. Espina Molina y Ornella Bernabei Zaccaro, "Nueva estructura del Estado venezolano", en *Comentarios a la Constitución de la República Bolivariana de Venezuela"*, Vadell Hermanos, Editores, Caracas, 2000, pp. 65–116; César A. Loaiza Moyetones, "Los órganos del Estado", en *Derecho Constitucional. General y Particular. Actualizado con la Constitución de la República Bolivariana de Venezuela del 24–03–2000*, Tomo I, Universidad Santa María, Caracas, pp. 151–175.

28 *V.* en *Revista de Derecho Público*, N° 83, (julio–septiembre), Editorial Jurídica Venezolana, Caracas, 2000, pp. 264 y ss.

del Estado venezolano para la realización de sus fines,[29] fue introducida por primera vez, aún cuando en forma aislada en la evolución constitucional en la Constitución de 1858 (Poder Municipal), y posteriormente a partir del texto constitucional de 1901. Desde su misma consagración constitucional, el constituyente se cuidó de no atribuirle sentido orgánico alguno a dicha noción, por lo que la distinguió de otra, "los Poderes Públicos" con sentido evidentemente orgánico[30].

El Poder Público, por tanto, no existe ni ha existido en la realidad político–administrativa venezolana como un ente funcionante, orgánicamente considerado, sino como un concepto jurídico referido a la potestad constitucional que se atribuye a los órganos del Estado para la realización de las funciones del mismo. Como toda potestad o poder, por ello, el Poder Público es y ha sido una situación jurídica constitucional individualizada, propia y exclusiva del los órganos del Estado.[31]

El Poder Público es, por tanto, la potestad constitucional que tienen los órganos del Estado de actuar por cuenta de la colectividad y de imponer su voluntad a los individuos. Cualquiera que sean el contenido y la forma variable de los actos por medio de los cuales se ejerce el Poder Público, todos esos actos se reducen, en definitiva, a manifestaciones de la voluntad estatal, que es una e indivisible. Es necesario, por tanto, como lo afirmaba Carré de Malberg, comenzar por establecer la unidad del Poder del Estado[32] para luego distinguir sus funciones.

3. Evolución constitucional

La distribución vertical del Poder Público comenzó a expresarse formalmente en el texto constitucional de 1858, que estableció que: "El Poder Público se divide en Nacional y Municipal" (art. 9). Posteriormente, como se dijo, en la Constitución de 1901 se retomó la fórmula, expresándose que "El Poder Público se distribuye entre el Poder Federal y el Poder de los Estados" (art. 29), lo que se repitió en todas las Constituciones posteriores hasta la de 1925, en la cual se agregó al Poder Municipal así: "El Poder Público se distribuye entre el Poder Federal, el de los Estados y el Municipio" (art. 51).En esta forma, a partir de la Constitución de 1925, los Municipios entraron dentro de la distribución vertical del Poder Público, por lo que las dos niveles de distribución territorial o vertical (Federal y Estadal) se convierten en tres niveles de entidades políti-

29 *V.*, además, Allan R. Brewer Carías, *Las Instituciones Fundamentales del Derecho Administrativo y la Jurisprudencia Venezolana*, Caracas, 1964, pp. 103 y ss.; y Allan R. Brewer–Carías, "Las Transacciones Fiscales y la Indisponibilidad de la Potestad y Competencia Tributarias", en *Revista de Derecho Tributario*, N° 18, Caracas, 1967, pp. 10 y ss.

30 "Art. 21. La soberanía reside esencialmente en el pueblo, quien la ejerce por medio de los Poderes Públicos para garantía de la libertad y del orden. Art. 23. La definición de atribuciones y facultades señala los límites del Poder Público: todo lo que extralimite dicha definición, constituye una usurpación de atribuciones. Art. 27. El ejercicio de la soberanía se confiere por el voto de les ciudadanos o de las corporaciones que tienen la facultad de elegir los Poderes Públicos, al tenor de esta Constitución, sin que sea potestativo a ninguno de estos Poderes arrogase la plenitud de la soberanía. Art. 28. El ejercicio de todo Poder Público acarrea responsabilidad individual, por extralimitación de las facultades que la Constitución otorga o por quebrantamiento de la ley que organiza sus funciones en los términos que esta Constitución y las leyes establecen", *loc. cit.*

31 *V.* Allan R. Brewer Carías, *Las Instituciones Fundamentales*..., *cit.*, p. 103.

32 *V.* R. Carré de Malberg, *Teoría General del Estado*, México, 1948, p. 249, Nota N° 1. Un comentario crítico a la doctrina de Carré de Malberg sobre las funciones del Estado puede verse en Ch. Eisenmann, "La Théorie des Fonctions de l'Etat chez Carré de Malberg'", en *Annales de la Faculté de Droit et des Sciences Politiques et Economiques de Strasbourg*, XV, Relación des Journées d'études en l'honeur de Carré de Malberg, 1861–1935, Paris, 1966, pp. 49 y ss.

cas autónomas (Federal, Estadal y Municipal) (Art. 51). Ello se mantuvo en la Constitución de 1947, en la cual, sin embargo, se invirtió la enumeración así: "El Poder Público se distribuye entre el Poder Municipal, el de los Estados y el Nacional..." (art. 86); lo que se repitió en la Constitución de 1953 (art. 40).

La Constitución de 1961 no utilizó la fórmula tradicional y se limitó a señalar que "Cada una de las ramas del Poder Público tienen sus funciones propias..." (art. 118), aludiendo, sin duda, a las ramas Nacional, Estadal y Municipal, pero sin enumerarlas.

Ahora, a propuesta nuestra[33], la Constitución de 1999 volvió a la fórmula tradicional al disponer en su artículo 136 que: "El Poder Público se distribuye entre el Poder Municipal, el Poder Estadal y el Poder Nacional". Ello se completa con la fórmula de colaboración o cooperación entre los Poderes que regulaba la Constitución de 1961 (art. 118), que se recoge en el artículo 136 de la Constitución así: "Cada una de las ramas del Poder Público tiene sus funciones propias, pero los órganos a los que incumbe su ejercicio colaborarán entre sí en la realización de los fines del Estado".

De esta norma se debe destacar, por una parte el concepto de funciones del Estado[34] y por la otra, el concepto de fines del Estado, expresamente definidos en el artículo 3° de la Constitución ya comentado.

En todo el texto constitucional, en consecuencia, se pueden encontrar disposiciones que se refieren, en general, al Poder Público que, por tanto, rigen respecto de los órganos de los tres niveles territoriales; y disposiciones específicamente destinadas a cada uno de los niveles. Es así, por tanto, que respecto del nivel nacional del Poder Público, el mismo artículo 136 establezca una división horizontal al disponer que: "El Poder Público Nacional se divide en Legislativo, Ejecutivo, Judicial, Ciudadano y Electoral"; que en el nivel estadal, se hable de Poder Legislativo (Art. 162) y de gobierno y administración (Poder Ejecutivo) de los Estados (Art. 160); y que en el nivel municipal, se hable de gobierno y administración (Poder Ejecutivo) del Municipio (Art. 174) y de función legislativa (Poder legislativo) del Municipio (Art. 175).

De lo anterior resulta expresamente establecida en la Constitución de 1999, la distinción entre el "Poder Público" en el sentido de potestad única del Estado y, por tanto, sin referencia orgánica de cualquier naturaleza; y "los órganos que ejercen el Poder Público". La Constitución, cuando ha querido referirse a los órganos del Estado habla de "órganos que ejercen del Poder Público"[35] y cuando ha querido referirse a la potestad única estatal habla de "Poder Público" simplemente;[36] distinción que inclusive se encuentra cuando se refiere a la potestad constitucional en el nivel nacional (Poder Público nacional) (Art. 136, 156), en el nivel estadal (Poder Público Estadal (Art. 159) y en el nivel municipal Poder Público Municipal) (Art. 168). De manera que en cuanto a la

---

33 *V.* Allan R. Brewer–Carías, *Debate Constituyente, (Aportes a la Asamblea Nacional Constituyente)*, Tomo II, *(9 septiembre–17 octubre de 1999)*, Caracas, 1999, pp. 161 a 164.

34 *V.* Allan R. Brewer–Carías, *El Poder Público: Nacional, Estadal y Municipal*, Tomo II, *Instituciones Políticas y Constitucionales*, Universidad Católica del Táchira–Editorial Jurídica Venezolana, Caracas–San Cristóbal, 1996, pp. 111 y ss.

35 Esta expresión la utiliza la Constitución, por ejemplo, en los artículos 5, 7, 19, 25, 116, 119, 136, 137, 139, 156, 165, 274, 334, 336. En los artículos 19, 23, 131, 323, 336 y 339, sin embargo se utiliza la expresión "órganos del Poder Público", en el mismo sentido de órganos que ejercen la potestad estatal. En el único artículo en el cual la expresión se utiliza incorrectamente es en el artículo 50, en el cual se habla de "actos del Poder Público" en el sentido de actos dictados en ejercicio del Poder Público.

36 Es expresión utilizada en el artículo 136 de la Constitución.

potestad estatal, la Constitución parte del supuesto de la unicidad del Poder Público, el cual se ejerce en los tres niveles territoriales del Estado por multiplicidad de órganos.

De acuerdo con lo antes expuesto, por tanto, las "ramas" del Poder Público a que alude el artículo 136 de la Constitución, son las tres que derivan de la distribución vertical del Poder: el Poder Público Nacional, el Poder Público Estatal y el Poder Público Municipal. Son esas tres ramas las que conforme al artículo 136 "tienen sus funciones propias, pero los órganos a los que incumbe su ejercicio colaborarán entre sí en la realización de los fines del Estado". No es correcto considerar que la referencia en la norma a las "ramas del Poder Público" se hace pensando únicamente en la división del Poder Público Nacional entre Legislativo, Ejecutivo, Judicial, Ciudadano y Electoral. Y ello, particularmente, porque para haberse referido a la división del Poder, el constituyente habría tenido que referirse a algunas de las "ramas" del Poder Público en especial, tal como lo hicieron todos los textos constitucionales de 1901 a 1953. En la Constitución de 1999, por ello, el Poder Público Nacional, como una de las ramas del Poder Público, se divide en Poder Legislativo Nacional, Poder Ejecutivo Nacional, Poder Judicial, Poder Ciudadano y Poder Electoral. El "Poder Público" como tal, nunca podría "dividirse" en Poder Legislativo, Poder Ejecutivo, Poder Judicial, Poder Ciudadano y Poder Electoral[37].

Es claro, por tanto, que las "ramas del Poder Público" a las que se refiere el artículo 136 de la Constitución son: el Poder Nacional, el Poder Estadal y el Poder Municipal[38]; y que cuando el constituyente quiso referirse a las "ramas" del Poder Público como división del mismo en alguno de los niveles territoriales, por ejemplo en el nivel nacional, utilizó la expresión "ramas del Poder Público Nacional"[39]

---

37 De allí que resultaba confusa y contradictoria la utilización de la expresión "ramas del Poder Público" en el artículo 217 de la Constitución de 1961, al indicarse que en el Consejo de la Judicatura "deberá darse adecuada representación a las otras ramas del Poder Público". En realidad, ¿a qué "ramas" se refería la Constitución? ¿Quiso, por ejemplo, el constituyente dar representación en el Consejo de la Judicatura al Poder Estadal y al Poder Municipal, en virtud de la nacionalización de la justicia, es decir, en virtud de que las funciones judiciales se reservaron a la rama nacional del Poder Público?, o ¿quiso el constituyente que en el Consejo de la Judicatura estuvieran representados los órganos del Poder Ejecutivo Nacional y del Poder Legislativo Nacional, además de los del Poder Judicial? Indudablemente que la intención del constituyente de 1961 fue la segunda, tal como aparece expreso de la Exposición de Motivos del Proyecto de Constitución, "se opinó que el Consejo de la Judicatura debía estar integrado únicamente por miembros del Poder judicial. Sin embargo, fue criterio predominante en la Comisión, que era necesario asegurar adecuada representación a las otras ramas del Poder Público. Con ello se persigue ofrecer al Poder judicial el concurso del Poder Legislativo y del Ejecutivo que tan necesario es para su fortalecimiento". *V.* en *Revista de la Facultad de Derecho*, N° 21, Universidad Central de Venezuela, Caracas 1961, pp. 405 y 406. En este sentido, resulta claro que la expresión que debió utilizar el constituyente debió ser ramas del "Poder Nacional" y no ramas del Poder Público.

38 *Cfr.* Allan R. Brewer–Carías, *Las Instituciones Fundamentales..., cit.*, p. 104. Ello, por otra parte, ha sido tradicionalmente admitido por la Corte Suprema: y Sentencias de la CFC en SPA de 19–2–37 y 6–11–37 en *M. 1938*, pp. 166 y 312; y Sentencias de la CFC en SPA de 4–3–41 y de 17–4–41 en *M. 1942*, pp. 128 y ss., y 182 y ss.

39 Así, el artículo 187 de la Constitución dispone que corresponde a la Asamblea Nacional: 1. Legislar en las materias de la competencia nacional y sobre el funcionamiento de las distintas *ramas del Poder Nacional.*

II. LAS FUNCIONES ESTATALES

1. La separación de los órganos del Estado y las funciones estatales

Pero de acuerdo con el texto constitucional, "los órganos a los que los incumbe [el] ejercicio [de las] funciones propias [de] cada una de las ramas del Poder Público" ... "colaborarán entre sí en la realización de los fines del Estado" (Art. 136); por lo que de la unicidad del Poder Público; y de la trilogía de "ramas" de dicho Poder por su distribución vertical o territorial, se pasa a la multiplicidad de las "funciones propias" de cada una de esas "ramas" (nacional, estadal, municipal) y de los órganos a los que incumbe el ejercicio de dichas funciones.

Recoge aquí la Constitución, siguiendo el texto de las Constituciones de 1953 y 1961, una terminología nueva respecto a la tradición constitucional anterior, pues antes que referirse a una "división del Poder" en cada "rama" del Poder Público, entre Legislativo, Ejecutivo y Judicial por ejemplo, se refiere a que cada una de dichas ramas tiene "funciones" propias; y la novedad está en esta noción de funciones estatales[40]. La revisión de la doctrina de la separación de poderes que los proyectistas de la Constitución de 1961 hicieron, resulta en nuestro criterio evidente; se buscó superar las distorsiones de la "separación de Poderes" como compartimientos estancos de actividades atribuidas a órganos distintos por una asignación constitucional y legal de funciones propias a cada órgano del Estado, con la obligación de colaborar entre sí en la realización de los fines del Estado.

En la expresión constitucional, por tanto, por función ha de entenderse la acción que desarrollan los órganos estatales o la actividad que desempeñan como tarea que les es inherente, en el sentido que sólo en ejercicio del Poder Público pueden cumplirse. De ahí que la función es toda actividad de la propia esencia y naturaleza de los órganos estatales y, por tanto, indelegable salvo que exista una autorización constitucional. Entonces, las diversas funciones del Estado son sólo las diversas formas a través de las cuales se manifiesta la actividad estatal[41].

Puede decirse, entonces, que la doctrina o principio de la separación de poderes no tiene aplicación alguna en Venezuela, en su concepción rígida, como separación de tres "funciones" atribuidas en forma exclusiva a tres órganos distintos e independientes,[42]

40 Sobre el artículo 118 de la Constitución de 1961, que tenía igual texto que el artículo 136 de la Constitución de 1999, la Exposición de Motivos del Proyecto de Constitución de 1961 señaló que en él "se hace la definición relativa a la separación de los Poderes y a la revisión que el concepto clásico de Montesquieu ha recibido en el Derecho Moderno". *V.* en *RFD* N° 21, pp. 389 y 390. *V. La Constitución de 1961 y la Evolución Constitucional de Venezuela, Actas de la Comisión Redactora del Proyecto*, Tomo 1, Vol. I, Caracas, 1971, p, 150.

41 *V.* Allan R. Brewer–Carías, *Las Instituciones Fundamentales..., cit.*, p. 105.

42 El carácter flexible, no rígido ni absoluto, del principio en su aplicación en Venezuela, ha sido destacado repetidamente por la jurisprudencia de la Corte Suprema. En particular, en Sentencias de la CFC en SPA de 23–2–50 en *GF*, N° 4, 1950, pp. 84 a 39; de la CFC en CP de 26–5–51 en *GF*, N° 8, 1952, p. 114; y Sentencias de la CSJ en SPA de 18–7–63 en *GF*, N° 41, 1963, pp. 117–118; de 27–5–68 en *GF*, N° 60, 1969, pp. 115 a 118; de 22–4–69 en *GF*, N° 64, 1969, pp. 5 a 15; de 9–7–69, en *GF*, N° 65, 1969, pp. 70 a 74; y de 1–6–72, en *G.O.* N° 1.523, extraordinario, de 1–6–72, p. 9. *V.*, además, Allan R. Brewer–Carías, "Algunas bases del Derecho Público en la jurisprudencia Venezolana", en *RFD*, N° 27, 1963, pp. 143 y 144. Las referencias jurisprudenciales citadas a lo largo de este parágrafo pueden verse en Allan R. Brewer–Carías, *Jurisprudencia de la Corte Suprema (1930–1973) y Estudios de Derecho Administrativo*, Tomo I, (El ordenamiento constitucional y funcional del Estado), Caracas, 1975, pp. 147 y ss.

sino que más bien ha sido formulada como una "división del Poder" en el sentido de que se establece una multiplicidad de órganos y a cada uno se asigna una función propia, lo que en modo alguno significa exclusividad en el ejercicio de esa función. Esta fue realmente la innovación constitucional de los textos de 1953 y 1961, perfeccionada en la Constitución de 1999, y el sentido de la llamada colaboración funcional de los poderes[43]. En otras palabras, el sistema constitucional establece una separación orgánica (división del Poder Público) en los diversos niveles territoriales del Estado, con la cual no coincide una supuesta "separación de funciones".

En efecto, ante todo la Constitución no sólo insiste en la distribución del Poder Público en "ramas", sino que asigna a cada una de ellas y a sus órganos, conformaos de acuerdo a la división del Poder en cada nivel, funciones propias.

En efecto, en cuanto a la rama nacional del Poder Público, es decir, el Poder Público Nacional (Art. 136), la Constitución atribuye su ejercicio a cinco órganos o grupos de órganos separados, distintos e independientes, teniendo cada uno de ellos sus funciones propias: la Asamblea Nacional ejerce el Poder Legislativo Nacional (Art. 186) y se le atribuye como función propia, la función normativa ("legislar en las materias de la competencia nacional" (Art. 187,1) y la función de control (Art. 222); el Presidente de la República y demás funcionarios determinados en la Constitución y la ley, ejercen el Poder Ejecutivo Nacional (Art. 225) y se le atribuyen como funciones propias, la función de gobierno (Arts. 226, 233,2), la función administrativa y la función normativa (Art. 236); el Tribunal Supremo de Justicia y demás tribunales que determina la Constitución y la Ley, ejercen el Poder Judicial, y se le atribuye como funciones propias la función jurisdiccional (Art. 253), la función de control (Arts. 259; 336), y la función administrativa (gobierno y administración del Poder Judicial) (Art. 267); el Consejo Moral Republicano, la Defensoría del Pueblo, el Ministerio Público y la Contraloría General de la República, ejercen el Poder Ciudadano (Art. 273) a los que se le atribuyen como funciones propias, la función de control (vigilancia, inspección, fiscalización) sobre actividades de la Administración Pública, de los órganos judiciales y de los administrados (Art. 274, 281, 285, 289) y la función administrativa; y el Consejo Nacional Electoral y sus órganos subordinaos ejercen el Poder Electoral (Art. 292) y se le atribuye como función propia la función administrativa, la función de control y la función normativa (Art. 292).

Sin embargo, el hecho de que cada uno de esos órganos nacionales tenga funciones propias no significa que las ejerza con carácter de exclusividad, pues no sólo *en su* ejercicio algunas veces intervienen otros órganos, sino que su ejercicio se atribuye también a otros órganos.

En cuanto a la rama estadal del Poder Público, es decir, el Poder Público Estadal, la Constitución atribuye su ejercicio a tres órganos o grupos de órganos separados, distintos e independientes, teniendo cada uno de ellos sus funciones propias: Los Consejos Legislativos Estadales que ejercen el Poder Legislativo de los Estados y se le atribuye como función propia, la función normativa (Art. 162,1); los Gobernadores ejercen el Poder Ejecutivo de los Estados, y se le atribuye, como funciones propias, las funciones de gobierno y administración (Art. 160); y las Contralorías Estadales, a las cuales se asigna como función propia, la función de control (Art. 163).

---

43 *V. La Constitución de 1961 y la Evolución., cit.*, Tomo I, Vol. I, p. 513.

Por lo que se refiere a la rama municipal del Poder Público, es decir, el Poder Público Municipal, la Constitución también atribuye su ejercicio a tres órganos separados e independientes, teniendo cada uno de ellos sus funciones propias: los Concejos Municipales que ejercen el Poder Legislativo municipal y se le atribuye como función propia, la función normativa ("función legislativa", dice el artículo 175) del Municipio; los Alcaldes que ejercen el Poder Ejecutivo municipal, y se les atribuye, como funciones propias, las funciones de gobierno y administración del Municipio (Art. 174); y las Contralorías municipales, a las cuales se asigna como función propia, la función de control (Art. 176). La Constitución, adicionalmente asigna a los Municipios, la función jurisdiccional, pero exclusivamente mediante la justicia de paz (Art. 178,8) conforme a la ley nacional (Art. 258).

2. La ausencia de coincidencia de la separación orgánica de "poderes" (división del Poder Público) y la asignación de funciones estatales

En todo caso, a nivel de cada una de las tres ramas del Poder Público, si bien existe una diferenciación orgánica con la asignación de funciones propias a cada uno de los órganos, el ejercicio de las mismas por dichos órganos, en general no es exclusiva ni excluyente. En otras palabras, existen órganos legislativos nacionales, estadales y municipales[44]; órganos ejecutivos nacionales, estadales y municipales; órganos de control nacionales, estadales y municipales; y órganos judiciales y electorales exclusivamente nacionales; pero las funciones legislativas, de gobierno, administrativas, jurisdiccionales y de control del Estado no coinciden exactamente con aquella división o separación orgánica:

En efecto, como principio general de la aplicación del principio de la separación de poderes en el régimen constitucional venezolano, puede afirmarse que la "división del Poder" no coincide exactamente con la "separación de funciones".[45] Por ello, no sólo en múltiples oportunidades los órganos del Estado, además de sus "funciones propias" ejercen funciones que por su naturaleza deberían corresponder a otros órganos, sino que también en múltiples oportunidades la Constitución permite y admite la intervención o interferencia de unos órganos en las funciones propias de otros. Estos dos aspectos de la situación de la separación de poderes en Venezuela, requieren, indudablemente, un tratamiento separado.

En primer lugar, la flexibilidad .del principio de la separación de poderes resulta, tal como lo ha señalado la Corte Suprema de que, "si bien cada uno de ellos tiene definida su propia esfera de acción: el Legislativo, para dictar la ley, reformarla y revocarla; el Ejecutivo, para ejecutarla y velar por su cumplimiento; y el judicial, para interpretarla, y darle aplicación en los conflictos surgidos, la demarcación de la línea divisoria entre ellos no es excluyente, ya que en muchos casos esos poderes ejercen funciones de naturaleza distinta de las que privativamente le están atribuidas".[46] El principio, ciertamente,

---

44 *V.* por ejemplo, Sentencia de la CSJ en SPA de 14–3–62 en *GF*, N° 35, 1962, pp. 177 y ss.

45 En tal sentido, expresamente se pronunció la antigua Corte Suprema en varias oportunidades. *V.*, por ejemplo, la Sentencia de la CF de 19–6–53 en *GF*, N° 1, 1953, p. 77; Sentencia de la CSJ en SPA de 18–7–63 en *GF*, N° 41 1963 pp. 116 y 117; Sentencia de la CSJ en SPA de 27–5–63 en *GF*, N° 60, 1969, pp. 115 y ss.; y Sentencia de la CSJ en SPA de 9–7–69 en *GF*, N° 65, 1969, pp. 70 y ss.

46 *V.* Sentencia de la CF de 19–6–53 en *GF*, N° 1, 1953, p. 77. En otra sentencia, al referirse a las funciones estatales, la Corte las diferenció así: "No realiza una función creadora dentro del ordenamiento jurídico, que es la función legislativa, ni conoce ni decide acerca de las pretensiones que una parte esgrime frente a la otra, que es la

impide a unos órganos invadir las competencias propias de otro,[47] pero no les impide ejercer funciones de naturaleza similar a las de otros órganos.

La antigua Corte Suprema, en este sentido, inclusive fue aún más clara y determinante al señalar que:

> "Lejos de ser absoluto el principio de la separación de los poderes, la doctrina reconoce y señala el carácter complementario de los diversos organismos a través de los cuales el Estado ejerce sus funciones; de suerte que unos y otros, según las atribuciones que respectivamente les señalan las leyes, realizan eventualmente actos de índole distinta a las que por su naturaleza les incumbe". "La doctrina establece que la división de poderes no coincide plenamente con la separación de funciones, pues corrientemente se asignan al Poder Legislativo potestades típicamente administrativas y aun jurisdiccionales y al Poder judicial funciones administrativas, como en el caso del nombramiento de jueces que hace este mismo tribunal y de la firma de libros de comercio o de registro civil que hacen los jueces de instancia; y a la inversa, se atribuyen al Poder Ejecutivo, funciones legislativas como la reglamentación, parcial o total de las leyes, sin alterar su espíritu, propósito o razón, que es considerada como el ejemplo más típico de la actividad legislativa del Poder Ejecutivo, por mandato del numeral 10 del artículo 190 de la Constitución Nacional; toda vez que el Reglamento es norma jurídica de carácter general dictado par la Administración Pública para su aplicación a todos los sujetos de derecho y en todos los casos que caigan dentro de sus supuestos de hecho. En otros casos la autoridad administrativa imparte justicia, decide una controversia entre partes litigantes en forma similar a como lo hace la autoridad judicial.[48]

De acuerdo con esta doctrina, que compartimos, entonces, la separación de poderes ha de entenderse en el sistema venezolano, en primer lugar, como una separación orgánica entre los órganos de cada rama del Poder Público; y en segundo lugar, como una asignación de funciones propias a cada uno de dichos órganos; pero nunca como una separación de funciones atribuidas con carácter exclusivo a los diversos órganos. Al contrario, además de sus funciones propias, los órganos del Estado realizan funciones que por su naturaleza son semejantes a las funciones asignadas a otros órganos. En otras palabras, mediante este principio se reserva a ciertos órganos el ejercer una función en una forma determinada (funciones propias), lo que no excluye la posibilidad de que otros órganos ejerzan esa función en otra forma.

A. Funciones de la Asamblea Nacional

En efecto, la Asamblea Nacional tiene atribuida la función normativa y, en forma privativa, "legislar en las materias de la competencia nacional y sobre el funcionamiento de las distintas ramas del Poder Nacional" (Art. 187,1), así como la sanción de leyes

función judicial; sino que es sujeto de derecho, titular de intereses, agente propio de la *función administrativa*". *V.* Sentencia de 18–7–63 de la CSJ en SPA en *GF*, N° 41, 1963, p. 116.

47 *Cfr.* Sentencia de la CFC en CP de 26–5–51 en *GF*, N° 8, 1952, p. 114 y Sentencia de la CSJ en CP de 12–6–68 en publicación del Senado de la República, 1968, p. 201.

48 Esta doctrina fue establecida en Sentencia de la CSJ en SPA de 18–7–63 en *GF*, N° 41, 1963, pp. 116 y 117, y ratificados por la misma Corte y Sala en Sentencias de 27–5–68 en *GF*, N° 60, 1969, pp. 115 a 118, y de 9–7–69 en *GF*, N° 65, 1969, pp. 70 a 74. Puede verse también en Allan R. Brewer–Carías, "Algunas Bases del Derecho Público" .... *loc. cit.*, p. 144.

actuando como cuerpo legislador (Art. 203) así como la emisión de actos privativos de la misma (Art. 187). Además, la Asamblea tiene atribuida la función de control parlamentario (Art. 222).

Sin embargo, además del cumplimiento de la función normativa y de control, la Asamblea Nacional realizan funciones administrativas, por ejemplo, cuando impone sanciones a quienes infringen los reglamentos internos de la Asamblea, cuando organiza su servicio de seguridad interna o cuando ejecuta su presupuesto de gastos (Art. 187, 21,22,23). Asimismo, la Asamblea Nacional ejerce funciones administrativas, cuando asigna o remueve su personal administrativo excluido de la aplicación de la Ley del Estatuto de la Función Pública[49] es decir, cuando realizan cualquier acto relativo a la administración de su personal. En estos casos, por supuesto, no podría verse violación alguna al principio de la separación de poderes, pues se trata de funciones de naturaleza distinta a las normativas y de control que el ordenamiento jurídico permite realizar, pues en ningún dispositivo se indica que la función administrativa corresponde exclusivamente a los órganos del Ejecutivo Nacional. Al contrario, sí habría violación de principio y, por tanto, usurpación de funciones, cuando la Asamblea se atribuye por ley el ejercicio de funciones administrativas reservadas a los órganos del Poder Ejecutivo. Tal es el caso, por ejemplo, de las normas legales mediante las cuales el antiguo Congreso se atribuyó el nombramiento de funcionaros de órganos de la Administración Pública[50] o se pretendía atribuir la autorización previa para que el Ejecutivo pudiera designar un funcionario público.[51] En estos supuestos, al atribuirse el antiguo Congreso a sí mismo, por sobre las normas constitucionales, la facultad de nombrar funcionarios públicos de los órganos del Poder Ejecutivo, usurpaba funciones propias de éstos, por lo que esas normas serían nulas por usurpación de funciones. En la Constitución de 1999, en todo caso, la única intervención de la Asamblea en la designación de funcionarios de la Administración Pública, es la clásica autorización para el nombramiento del Procurador General de la República y los jefes de misiones diplomáticas (Art. 187,14), y la previsión de la *Disposición Transitoria Decimoctava* de la Constitución, que dispone que la persona que habrá de dirigir la Superintendencia de supervisión, fiscalización y control antimonopolio debe ser designada por el voto de la mayoría de los disputados. Salvo estos casos, todo otro nombramiento o intervención legislativa en el nombramiento de funcionarios que ejercen el Poder Ejecutivo, constituiría una usurpación de funciones, lo que también ocurriría si la Asamblea nacional pretendiera crear un órgano administrativo fuera del control de los órganos del Poder Ejecutivo[52].

---

49 Art. 1,1 de la Ley del Estatuto de la Función Pública, *Gaceta Oficial* N° 37.522 de 06–09–2002.

50 *V.* por ejemplo, el artículo 8 de la derogada Ley de Carrera Administrativa de 1971. Sobre la inconstitucionalidad de esta norma, véanse los comentarios que formulamos cuando la ley aún estaba en proyecto, en Allan R. Brewer–Carías, *El Estatuto del Funcionario Público en la Ley de Carrera Administrativa*, Caracas, 1971, p. 182.

51 Como al Director Nacional de Identificación del Ministerio de Relaciones Interiores. Sobre la inconstitucionalidad de esa norma en el Proyecto de Ley Orgánica de Identificación, *V.* la Doctrina de la PGR 14–7–71 en *Doctrina PGR, 1971*, Caracas, 1972, p. 296.

52 Como lo pretendió el antiguo Congreso en el Proyecto de Ley Orgánica de Identificación en 1971. Sobre la inconstitucionalidad de esa norma, la Procuraduría General de la República expresó lo siguiente: "El proyecto de Ley Orgánica de Identificación crea órganos que, por sus funciones, son evidentemente administrativos y, sin embargo, los sustrae de la competencia del poder administrador y les da "autonomía funcional y administrativa." (en forma parecida al tratamiento constitucional de la Contraloría General de la República, artículo 236 de la Constitución), usurpando así las funciones del poder constituyente. Es necesario recalcar que el ordenamiento constitucional venezolano distribuye el poder público –a nivel nacional– en las tres ramas tradicionales, de cuya jerarquía sólo

En todo caso, el problema de la usurpación de funciones administrativas por los órganos del Poder Legislativo fue sido resuelto acertadamente por la antigua Corte Suprema de justicia, al declarar la nulidad por inconstitucionalidad de varias leyes estadales, mediante las cuales algunas Asambleas Legislativas pretendieron intervenir en la designación de funcionarios de los Ejecutivos estadales o pretendieron crear órganos administrativos fuera del control de los Ejecutivos estadales.[53] La argumentación de dichos fallos sería perfectamente aplicable a todos aquellos supuestos similares que se han producido o se produzcan a nivel nacional, y se utilizó en relación a las Ordenanzas del antiguo Concejo Municipal del Distrito Federal que incurrió en usurpaciones similares de las facultades administrativas del antiguo Gobernador de dicho Distrito.[54]

B. Funciones del Tribunal Supremo de Justicia y demás tribunales

Pero volviendo al argumento central sobre el alcance de la separación de poderes, los órganos del Poder Judicial, como se ha dicho, ejercen como función propia la función jurisdiccional (Art. 253); pero también pueden ejercer funciones administrativas y de control.

En efecto, el Tribunal Supremo de Justicia y los Tribunales de la República tienen atribuida la función jurisdiccional y de control judicial, y en forma privativa, la adopción de decisiones mediante procesos (Art. 257) acerca de pretensiones procesales de una parte frente a otra, de nulidad de actos del poder público o de condena de carácter penal, con fuerza de cosa juzgada jurisdiccionalmente, en forma autónoma e independiente de los demás órganos que ejercen el Poder Público (Art. 254). Sin embargo, además del cumplimiento de la función jurisdiccional y de control, el Tribunal Supremo realiza funciones administrativas, por ejemplo, cuando gobierna y administra el Poder

---

excluye a determinados y precisos entes públicos. Estos son solamente: en la rama judicial: la Corte Suprema de Justicia, el Consejo de la judicatura y el Ministerio Público; en la rama legislativa: la Contraloría General de la República; y en la rama ejecutiva: la Procuraduría General de la República .y los institutos autónomos. Toda otra institución tiene que quedar incorporada –según su naturaleza y fines– a una de las tres grandes ramas del poder público o a la figura del instituto autónomo (que es también de la rama ejecutiva). Es inconcebible la creación de órganos jurisdiccionales que estén fuera del poder judicial, y de órganos legislativos distintos del Congreso; pero también es inusitada la institución de órganos administrativos colocados fuera de la jerarquía del poder ejecutivo". *V.* en *Doctrina PGR, 1972*, Caracas, 1973, p. 388. *V.* lo indicado en la Nota N° 138 del parágrafo 5.

53 Particularmente, *V.* la Sentencia de la CSJ en SPA de 14–3–62 en *GF*, N° 35, 1962, pp. 177 y ss., por la cual la Corte declaró inconstitucionales los artículos de la Constitución del Estado Aragua que atribuía a la Asamblea Legislativa la destitución de los Secretarios del Ejecutivo del Estado en algunos casos específicos, por violación del artículo 23, ord. 2, de la Constitución, y del principio de la sepa ración de poderes. En tal sentido, la Corte señaló: "La Constitución de la República al señalar atribuciones básicas de los Poderes Legislativo y Ejecutivo de los Estados, ha querido mantener la separación propia y tradicional en las privativas funciones de cada uno, a fin de evitar interferencias que impidan su libre desenvolvimiento en las correspondientes esferas de actuación". Decisiones similares fueron adoptadas por la antigua Corte Suprema en otros fallos, y particularmente en los siguientes: CFC en SPA de 20–10–41 en *M. 1942*, p. 290; y CSJ en SPA de 14–3–62 en *GF*, N° 35, 1962, pp. 117 y ss.; de 30–7–63 en *GF*, N° 41, 1963, pp. 156 y 157; de 27–3–67 en *GF*, N° 55, 1968, pp. 184 y 185, y de 30–6–66 en *GF*, N° 52, 1968, pp. 231 y ss. En igual sentido, la doctrina de la Procuraduría General de la República es también constante: *V.*, en particular, *Doctrina PGR, 1965*, Caracas, 1966, pp. 126 y ss. y 187 y ss.; *Doctrina PGR, 1970*, Caracas, 1971, pp. 141 y ss. y 271 y ss.; *Doctrina PGR, 1971*, Caracas 1972, pp. 281, y ss., 295 y 296; y *Doctrina PGR, 1972*, Caracas 1973, pp. 387 y 388.

54 En particular, *V.* las Sentencias de la CFC en SPA de 10–8–38 en *M. 1939*, p. 269; de 10–2–43 en *M. 1944*, pp. 124 a 127; y de 11–2–42 en *M. 1943*, pp. 113 y 114. *V.*, además, las referencias en Allan R. Brewer–Carías, *El Régimen de Gobierno Municipal..., cit.*, pp. 57 y ss.

Judicial a través de la Dirección Ejecutiva de la Magistratura (Art. 267), o al imponer sanciones administrativas o disciplinarias.[55]; y funciones normativas al dictar los reglamentos de organización y funcionamiento de los tribunales En ninguno de estos casos podría verse usurpación alguna o violación del principio de la separación de poderes, pues no hay norma alguna de orden constitucional que reserve con exclusividad el ejercicio de las funciones normativas, de control y administrativa a algún órgano en ejercicio del Poder Público.

C. Funciones de los órganos que ejercen el Poder Ciudadano

Por otra parte, los órganos que ejercen el Poder Ciudadano, como se ha dicho, ejercen como función propia, la función de control, es decir de vigilancia, fiscalización e inspección de las actividades de otros órganos del Estado o de los administrados. Así, el Consejo Moral Republicano entre otras, tiene entre sus funciones propias la de prevenir, investigar y sancionar hechos que atenten contra la ética pública y la moral administrativa (Art. 274); la de Defensoría del Pueblo, tiene entre sus funciones propias, la de velar por el efectivo respeto de los derechos humanos, los derechos de los pueblos indígenas y por el correcto funcionamiento de los servicios públicos (Art. 281,1,2,8,9); el Ministerio Público, tiene entre otras funciones propias la garantizar el respeto de los derechos humanos en los procesos judiciales y la celeridad y buena marcha de la administración de justicia, así como la de ordenar y dirigir las investigaciones penales (Art. 285.1,2,3); y la Contraloría General de la República, entre sus funciones propias tiene las de ejercer el control, vigilancia y fiscalización de los ingresos, gastos y bienes públicos, de controlar la deuda pública, inspeccionar y fiscalizar a los órganos del sector público y ejercer el control de gestión (Art. 289,1,2,3,5).

Pero además de funciones de las funciones control, dichos órganos del Poder Ciudadano también ejercen funciones administrativas cuando entran en relación jurídica con los funcionarios públicos, como sujetos de derecho, y con los particulares; así como funciones normativas, en virtud del poder reglamentario que se les ha otorgado legalmente como consecuencia de la autonomía funcional de la que gozan constitucionalmente..

D. Funciones de los órganos que ejercen el Poder Ejecutivo

Los órganos que ejercen el Poder Ejecutivo, por otra parte, además de ejercer las funciones administrativas y de gobierno como funciones propias, ejercen las otras funciones del Estado. Por tanto, así como los órganos legislativos, judiciales, electorales o del Poder Ciudadano ejercen funciones administrativas, así también los órganos que ejercen el Poder Ejecutivo realizan funciones normativas, jurisdiccionales y de control.

En efecto, el Presidente de la República, además de las funciones ejecutivas propias (funciones de gobierno y funciones administrativas), realiza funciones normativas, sea con rango y valor de ley (decretos leyes delegados o habilitados) (Art. 203 y 236,8), y de rango sub–legal al dictar los reglamentos los cuales, sin duda, contienen normas de carácter general que integran el ordenamiento jurídico (Art. 236, 10). Asimismo, los

---

55 Se incluirían en estos supuestos los actos de la llamada, jurisdicción voluntaria. *V.* Sentencia de la CSJ en SPA de 18–7–63 en *GF*, N° 41, 1962, pp. 116 y 117, citada anteriormente en el texto.

órganos ejecutivos también realizan funciones jurisdiccionales aun cuando no de carácter judicial[56]. Dentro de estas funciones jurisdiccionales se incluiría, por ejemplo, tal como hizo en su momento la antigua Corte Suprema, en varias de sus decisiones, las que adoptaba el Inspector del Trabajo de conformidad con la Ley del Trabajo, siguiendo un procedimiento contencioso de promoción y evacuación de pruebas, sometido a lapsos allí mismos previstos.[57] Sin embargo, en relación al planteamiento de estas decisiones de la antigua Corte debemos observar que si bien coincidimos en la apreciación del carácter jurisdiccional (no judicial) de dichos actos, [*]discrepamos con la conclusión que resultaba de excluir dichos fallos del conocimiento de la jurisdicción contencioso–administrativa por considerar que no se trata de "actos administrativos".[58] Ello, por supuesto, ha sido superado, y la misma Sala Político Administrativa del Tribunal Supremo de Justicia decidió que se trata de actos administrativos sujetos al control contencioso administrativo, no ya de los tribunales laborales en un contencioso administrativo–laboral, sino de los órganos de la jurisdicción contencioso administrativo.

E. Funciones del Consejo Nacional Electoral

Los órganos que ejercen el Poder Electoral, como se ha dicho, ejercen como función propia la función administrativa a los efectos de garantizar la igualdad, confiabilidad, imparcialidad, transparencia y eficiencia de los procesos electorales (Art. 293); pero también pueden ejercer funciones normativas y de control.

En efecto, el Consejo Nacional Electoral tienen atribuida la función normativa, cuando Constitución le atribuye la función de "reglamentar las leyes electorales y resolver las dudas y vacíos que éstas contengan" (Art. 293,1). Además, al Consejo Nacional Electoral se le ha asignado la función de control, por ejemplo, de todos los actos relativos a la elección de cargos de representación popular y de los referendos; de la realización de las elecciones de sindicatos, gremios profesionales y organizaciones con fines políticos (partidos políticos); de la supervisión del Registro Civil y Electoral y de los fondos de financiamiento de las organizaciones con fines políticos (Art. 293,5,6,9).

En ninguno de estos casos tampoco podría verse usurpación alguna o violación del principio de la separación de poderes, pues no hay norma alguna de orden constitucio-

---

56 La función jurisdiccional judicial sería en realidad la función jurisdiccional reservada a los órganos del Poder judicial. En este sentido es que debe interpretarse la expresión de la Corte Federal en sus Sentencias de 23–7–57 en *GF*, N° 17, 1957, p. 32 *cit.* también en Allan R. Brewer–Carías, "Algunas Bases del Derecho Público... "., *loc. cit.*, pp. 143 y 144, cuando expresa que "no puede admitirse que establecido por el. Derecho Público venezolano el principio de la separación de los poderes, pueda el Ejecutivo ejercer la función jurisdiccional". Sobre el carácter jurisdiccional de ciertos actos de los órganos ejecutivos, *V.* la doctrina de la PGR de 6–10–63 en *Doctrina PGR, 1963*, Caracas, 196, p. 206.

57 *V.* Sentencias de la CSJ en SPA de 18–7–63 en *GF,* N° 41, 1963. pp. 116 y 117; de 27–5–68 en *GF,* N° 60, 1969, pp. 115 y 118; y de 9–7–69 en *GF,* N° 65, 1969, pp. 70 a 74.

* Por supuesto, la función jurisdiccional no está reservada en forma exclusiva a los órganos del Poder Judicial. En tal sentido, como lo expresamos desde 1975 en nuestro *Derecho Administrativo*, Tomo I, Universidad Central de Venezuela, Caracas 1975, nos apartamos de lo que habíamos expresado en 1964 en nuestro libro *Las Instituciones Fundamentales..., cit.*, p. 106.

58 *V.* Allan R. Brewer–Carías, "Estudio sobre la impugnación ante la jurisdicción contencioso–administrativa de los actos administrativos de registró", en Libro en *Homenaje a Joaquín Sánchez Covisa* (en prensa), Caracas 1975. *Cfr.* Luis H. Farías Mata, "La Doctrina de los Actos Excluidos de la jurisprudencia del Supremo Tribunal", en *Archivo de Derecho Público y Ciencias de la Administración,* Vol. I, 1968–1969, Caracas, 1971, p. 334.

nal que reserve con exclusividad el ejercicio de las funciones normativas, de control y administrativa a algún órgano en ejercicio del Poder Público.

3. Las interferencias orgánicas en el ejercicio de las funciones estatales

Pero la flexibilidad de la aplicación del principio de la separación de poderes en Venezuela, no sólo resulta del hecho de que, en general, los distintos órganos que ejercen el Poder Público, además de sus funciones propias ejerzan funciones cuya naturaleza es similar a las ejercidas por otros órganos, sino del hecho de que en el ejercicio de las funciones propias por cada uno de los órganos del Poder Público, la Constitución admite o autoriza la intervención o la interferencia de otros órganos.[59]

En efecto, por ejemplo, en el ejercicio de sus funciones normativas, la Asamblea nacional se encuentra interferida en algunos supuestos tanto por los órganos ejecutivos como por los judiciales. En efecto, la iniciativa de las leyes (además de corresponder a los electores en número no menor de 0,1 % de los inscritos en el Registro Electoral) corresponde a la Comisión Delegada y a las Comisiones Permanentes de la Asamblea así como a un número no menor de tres diputados. Sin embargo, también corresponde a los otros órganos del Estado: al Poder Ejecutivo; al Tribunal Supremo de Justicia cuando se trate de leyes relativas a la organización y procedimientos judiciales; al Poder Ciudadano cuando se trate de leyes relativas a los órganos que lo integran; al Poder Electoral cuando se trate de leyes relativas a la materia electoral, e incluso a los Consejos Legislativos de los Estados cuando se trate de leyes relativas a los Estados (Art. 204). Por parte, la iniciativa de la Ley de Presupuesto corresponde exclusivamente al Ejecutivo Nacional (Art. 313) y la Asamblea Nacional no puede autorizar "gastos que excedan el manto de las estimaciones de ingresos del proyecto de Ley de Presupuesto" (Art. 313). El Presidente puede vetar la ley y devolverla a la Asamblea Nacional para su reconsideración (Art. 214) y el Tribunal Supremo de Justicia tiene competencia para declarar la nulidad por inconstitucionalidad de las leyes o resolver las colisiones que existan entre diversas disposiciones legislativas (Art. 336).

Por otra parte, en el ejercicio de sus funciones de gobierno y administrativas, el Ejecutivo Nacional se encuentra interferido tanto por los órganos legislativos como judiciales. En efecto, los tratados o convenios internacionales que celebre el Ejecutivo Nacional, salvo ciertas excepciones, deben ser aprobados (Art. 154) por ley especial; y los contratos de interés público, cuando así lo disponga la ley, deberán ser aprobados previamente por la Asamblea Nacional (Art. 150; 187,9). La Asamblea debe autorizar previamente al Ejecutivo Nacional para enajenar bienes inmuebles del dominio privado de la Nación (Art. 187,12); para autorizar el empleo de misiones militares venezolanas en el exterior o extranjeras en el país (Art. 187,11); para el nombramiento del Procurador General de la República y los jefes de misiones diplomáticas permanentes (Art. 187,14), o al Presidente de la República, para salir del país por un lapso mayor a 5 días (Art. 187,17). La Asamblea además puede dar un voto de censura al Vicepresidente Ejecutivo y a los Ministros lo cual puede acarrear la destitución de los mismos (Art. 187,10). La Asamblea, ejerce el control de la Administración Pública (Arts. 187,3; 222); y los actos de gobierno, los reglamentos y los demás actos administrativos pueden

59 *Cfr.* Sentencia de la CFC en SPA de 17–4–41 en *M. 1942*, p. 184, y Sentencia de la CFC en la SF de 23–2–50 en *GF* N° 4, 1950, p. 87.

ser declarados nulos por contrariedad al derecho por el Tribunal Supremo de Justicia (Art. 259).

En el ejercicio de sus funciones jurisdiccionales, el Tribunal Supremo de Justicia se encuentra interferida tanto por los órganos legislativos como por los órganos ejecutivos. En efecto, la Asamblea Nacional puede decretar amnistías (Art, 187,5), el Presidente de la República puede conceder indultos (Art. 236,19), y el enjuiciamiento del Presidente de la República debe ser autorizado por la Asamblea (Art. 266,3).

Por último, en el ejercicio de sus funciones normativas, administrativas y de control por los órganos que ejercen tanto el Poder Ciudadano como el Poder Judicial, los actos administrativos que dicten están sometidos al control judicial del Tribunal Supremo de Justicia, en Sala Político Administrativa y Sala Electoral, las cuales pueden declarar su nulidad (Art. 259, 297).

En todos estos casos encontramos supuestos de interferencia o intervención autorizada constitucionalmente, del órgano que ejerce el Poder Legislativo en las funciones propias de los órganos que ejercen el Poder Ejecutivo y el Poder judicial; de los órganos que ejercen el Poder Ejecutivo en las funciones propias de la Asamblea Nacional y de los órganos que ejercen el Poder judicial; y de los órganos que ejercen el Poder judicial en las funciones propias de los órganos que ejercen el Poder Legislativo, el Poder Ejecutivo el Poder Ciudadano y el Poder Electoral, que en modo alguno significan violación del principio de la separación de poderes.

Al contrario, estas interferencias confirman el carácter y sentido de dicho principio en el ordenamiento constitucional venezolano, que antes que una separación de poderes, más bien consagra el carácter complementario[60] de los mismos, así como la colaboración y cooperación[61] entre ellos, para la consecución de los fines del Estado. El sistema es, por tanto, un sistema de "equilibrio armónico"[62] entre los poderes, en el cual se combinan funciones propias con interferencias, estando atribuida al Tribunal Supremo de Justicia la función de asegurar el balance y contrapeso entre los mismos.[63] En la base de toda la concepción, en todo caso, está el principio de que si bien hay una división del Poder Público en sentido orgánico y con las flexibilidades señaladas, a esa división orgánica no se corresponde una separación absoluta de funciones. Pero, por supuesto, la operatividad de este sistema de contrapesos depende de la conformación política de la Asamblea Nacional y de la Presidencia, pues debido a la forma presidencial de gobierno, si el Presidente de la República no tiene el respaldo mayoritario del Congreso, el sistema de cooperación entre poderes se puede convertir en un sistema de conflicto de poderes con el riesgo de que se inmovilice el Estado.

---

60 *Cfr*. Sentencia de la CF de 27–5–58 en *GF*, N° 60, 1969, pp. 115 a 118, y de la CSJ en SPA de 18–7–63 en *GF*, N° 41, 1963, pp. 116 y 117.

61 *Cfr*. Sentencia de la CSJ en SPA de 1–6–72 en *G.O.* N° 1.523, extraordinario, de 1–6–72, p. 9.

62 *Cfr*. Sentencia de la CSJ en SPA de 5–2–64 en *GF*, N° 43, 1964, pp. 14 a 19.

63 *V*. Sentencias de la CFC en SPA de 4–3–41 y de 17–4–41 en *M. 1942*, pp. 128 y ss. y 182 y ss. En Sentencia de 1968, sobre su función, la propia Corte señaló "El control jurisdiccional de este Supremo Tribunal sobre los actos de los otros Poderes del Estado, debe ser ejercido con el sano espíritu de mantener y respetar el principio de la separación de poderes, sin invadir la órbita de la propia actividad del Poder Ejecutivo o del Legislativo. Si este Supremo Tribunal actuara en forma diferente, invadiría la esfera privativa de las funciones de otros Poderes; excedería sus facultades de control jurisdiccional y, lejos de cumplir su elevada misión de afianzar la justicia, crearía un clima de recelo y desconfianza, contrario al principio de colaboración entre los Poderes Nacionales establecido en el artículo 118 de la Constitución" *V*. Sentencia de la CSJ en CP de 12–6–68 en publicación del Senado, 1968, p. 201.

III. LA FUNCIÓN ADMINISTRATIVA DENTRO DE LAS FUNCIONES DEL ESTADO

1. Los diversos Poderes y las diversas funciones del Estado

Ahora bien, conforme a lo antes expuesto, si bien puede decirse que en Venezuela rige el principio de la separación orgánica "de poderes" en el sentido de la división del Poder Público que el ordenamiento constitucional establece al distinguir, a nivel nacional, los órganos que ejercen el Poder Legislativo (la Asamblea nacional), de los órganos que ejercen el Poder Ejecutivo (el Presidente de la República y demás órganos de la Administración Pública), de los órganos que ejercen el Poder Judicial (Tribunal Supremo de Justicia y Tribunales), de los órganos que ejercen el Poder Ciudadano (Defensoría del Pueblo, Ministerio Público, Contraloría General de la República), y de los órganos que ejercen el Poder Electoral (Consejo nacional Electoral); ello no implica que cada uno de dichos órganos siempre tenga el ejercicio exclusivo de alguna función estatal específica. Es decir, tal como la antigua Corte Suprema de Justicia lo señaló reiteradamente, la división de la potestad estatal (el Poder Público) en ramas y la distribución de su ejercicio entre diversos órganos, no coincide exactamente con la "separación" de las funciones estatales[64]. Por tanto, el hecho de que exista una separación orgánica "de poderes" no implica que cada uno de los órganos que lo ejercen tenga necesariamente el ejercicio exclusivo de ciertas funciones, pues paralelamente á las "funciones propias" de cada órgano del Estado, éstos ejercen funciones que por su naturaleza son similares a las que ejercen otros órganos estatales[65]. En otras palabras, paralelamente a sus funciones propias, realizan funciones distintas a aquellas que les corresponden por su naturaleza[66].

El concepto de funciones del Estado es, por tanto, distinto al de poderes del Estado. El Poder Público, sus ramas o distribuciones, constituye en sí mismo una situación jurídica constitucional individualizada, propia y exclusiva de los órganos del Estado, mediante cuyo ejercicio estos realizan las funciones que le son propias. Las funciones del Estado, por su parte, constituyen las actividades propias e inherentes al Estado[67]. La noción de Poder es entonces previa a la de función: ésta se manifiesta como una actividad estatal específica realizada en ejercicio del Poder Público (de una de sus ramas o distribuciones), por lo que no puede existir una función estatal sino cuando se realiza en ejercicio del Poder Público, es decir, de la potestad genérica de obrar que tiene constitucionalmente el Estado. Poder y función son, por tanto, distintos elementos en la actividad del Estado: el Poder Público como situación jurídico–constitucional, tiene su fuente en la propia Constitución y existe la posibilidad de ejercerlo desde el momento en que está establecido en ella; la función estatal, en cambio, presupone siempre el ejercicio del Poder Público por un órgano del Estado, y sólo cuando hay ejercicio concreto del Poder Público es que se realiza una función estatal.

---

64 *Cfr.*, por ejemplo, sentencia de la CF de 19–6–53, en *GF,* N° 1, 1953, p. 77; y sentencias de la CSJ en SPA de 18–7–63, en *GF,* N° 41, 1963, pp. 116 y 117; de 27–5–68, en *GF,* N° 60, 1969, pp. 115 y ss.; y de 9–7–69, en *GF,* N° 65, 1969, pp. 70 y ss.

65 *V.*, la sentencia de la CF de 19–6–53, en *GF,* N° 1, 1953, p. 77, y la sentencia de la CFC en SPA de 18–7–63, en *GF,* N° 41, 1963, p. 116.

66 *V.* sentencia de la CSJ en SPA de 18–7–63, en *GF,* N° 41, 1963, pp. 116 y 117.

67 *Cfr.*, Allan R. Brewer–Carías, *Las Instituciones Fundamentales del Derecho Administrativo y la jurisprudencia Venezolana,* Caracas, 1964, pp. 105 y ss.

Ahora bien, en el mundo contemporáneo pueden distinguirse cinco funciones básicas del Estado: la función normativa, la función de gobierno, la función administrativa, la función jurisdiccional y la función de control, a las cuales pueden reconducirse todas las actividades del Estado. Estas funciones, realizadas en ejercicio del Poder Público por los órganos estatales, sin embargo, generalmente no están encomendadas con carácter exclusivo a diferentes órganos, sino que se ejercen por varios de los órganos estatales.

2. Las diversas funciones del Estado

A. La función normativa

En efecto, la función normativa en el Estado contemporáneo es aquella actividad estatal que se manifiesta en la creación, modificación o extinción de normas jurídicas de validez general[68]. La función normativa del Estado, en esta forma, si bien se atribuye como función propia al órgano que ejerce el Poder Legislativo, es decir, a la Asamblea Nacional, se realiza también por otros órganos del Poder Público.

En efecto, ante todo debe destacarse que la potestad de dictar leyes, en el ámbito nacional, corresponde esencialmente a la Asamblea nacional actuando como cuerpo legisladores (Art. 203), siendo estas leyes, por su generalidad e imperatividad, el tipo ideal de actos dictados en ejercicio de la función normativa. Pero en el ordenamiento jurídico venezolano, los otros órganos del Poder Público también ejercen esta función creadora de normas jurídicas, incluso con rango y valor de ley. En efecto, cuando mediante una ley habilitante la Asamblea Nacional delega en el Presidente la posibilidad de dictar actos estatales con rango y valor de ley (Art. 236,8), sin duda ejerce la función normativa; e igualmente, cuando reglamenta las leyes (Art. 236,10). Igualmente el Tribunal Supremo de Justicia también ejerce la función normativa cuando dicta los reglamentos necesarios a los efectos de asegurar la dirección y gobierno del Poder Judicial (Art. 267)[69].

Igualmente, ejercen la función normativa, los órganos del Poder Ciudadano cuando dictan los reglamentos establecidos en las leyes reguladoras de su actividad[70], al igual que el Consejo Nacional Electoral, en ejercicio del Poder Electoral, cuando reglamenta las leyes electorales (Art. 293,1)[71].

Por tanto, la función normativa, como actividad privativa e inherente del Estado mediante la cual sus órganos pueden crear, modificar o extinguir con carácter general las normas del ordenamiento jurídico, se ejerce por los cinco grupos de órganos estatales en ejercicio del Poder Público: por la Asamblea nacional, actuando como cuerpo colegislador y en virtud de sus poderes reguladores de los *interna corporis*, en ejercicio del Poder Legislativo Nacional; por el Presidente de la República y otros órganos ejecutivos, en ejercicio del Poder Ejecutivo Nacional; por el Tribunal Supremo de Justicia, en ejercicio del Poder Judicial; por el Consejo Moral Republicano, la Contraloría General de la República, el Ministerio Público, y la Defensoría del pueblo, en ejercicio del Po-

68 *Cfr.*, sentencia de la CSJ en SPA de 18–7–63, en *GF,* N° 41, 1963, p. 116.

69 *V.*, por ejemplo, Art. 6, párrafo 1,10,12, *Gaceta Oficial* N° 37.942 de 19–05–2004.

70 Artículos 3; 14,2; y 28 de la Ley Orgánica de la Contraloría General de la República; Artículos 29; 20; 34; 36; 40; 43; 46 y 51 de la Ley Orgánica de la Defensoría del Pueblo.

71 Además, artículos 32 y 29 de la ley Orgánica del Poder Electoral.

der Ciudadano; y el Consejo Nacional Electoral, en ejercicio del Poder Electoral. La función normativa, por tanto, si bien es una "función propia" de la Asamblea Nacional, no es una función privativa y exclusiva de ella, pues los otros órganos estatales también la ejercen. Sin embargo, lo que sí es función privativa y exclusiva de la Asamblea nacional es el ejercicio de la función normativa en una forma determinada: como cuerpo legislador y mediante la emisión de los actos estatales denominados leyes. En efecto, sólo la Asamblea Nacional actuando como cuerpo legislador puede dictar leyes; sólo la Asamblea puede dictar sus *interna corporis* (Reglamento Interior y de Debates) y sólo ella puede crear normas jurídicas generales ejerciendo atribuciones establecidas directamente en la Constitución sin condicionamiento legal alguno. Los otros órganos estatales que ejercen la función normativa, si bien realizan una función creadora dentro del ordenamiento jurídico, a excepción de los decretos leyes habilitados (dictados por el Presidente de la República una vez que se ha dictado la ley habilitante) lo hacen a través de actos administrativos de efectos generales, y siempre bajo el condicionamiento de las leyes y nunca en ejecución directa e inmediata sólo de una norma constitucional. En otras palabras, las leyes son actos estatales dictados en ejecución directa e inmediata de la Constitución y de rango legal; los reglamentos y demás actos administrativos de efectos generales son actos de ejecución directa e inmediata de la legislación y de rango sublegal[72]. Sin embargo, los decretos–leyes habilitados que puede dictar el Presidente de la república, a pesar de requerir de una ley habilitante, en virtud de la delegación legislativa que contiene, puede decirse que se dictan también en ejecución directa de la Constitución.

B. La función de gobierno

Pero aparte de la función normativa, en el Estado contemporáneo ha ido delineándose otra función primordial, distinta de la función administrativa, por medio de la cual el Presidente de la República ejerce sus actividades como jefe del Estado, es decir, como jefe del Gobierno de la República[73], dirigiendo la acción de gobierno (Arts. 226; 236,2). A través de esta función de gobierno, el Presidente de la República puede adoptar decisiones en virtud de atribuciones que le son conferidas directamente por la Constitución, en general sin condicionamiento legal, de orden político, las cuales, por tanto, exceden de la administración normal de los asuntos del Estado. Ello ocurre por ejemplo, cuando

72 El carácter sublegal de los reglamentos surge, inclusive, en aquellos casos en que el reglamento, en virtud de delegación legislativa, complementa la ley. En esos casos, el Reglamento se dicta en ejecución directa de la ley y no de la Constitución, por lo que nunca podría tener igual rango que la ley. Al contrario, la antigua Corte Suprema de Justicia ha señalado lo siguiente: "La ley de la materia (Ley de Pilotaje) sólo contiene disposiciones que, por su carácter general, pueden aplicarse a todas las zonas de pilotaje actualmente existentes o que se crearen en el futuro, pero la determinación de los límites de éstas, de los requisitos que deben llenarse mientras se navegue por ellas, de los símbolos, luces y señales especiales que deberán usarse en las mismas, en la cuantía del derecho de habilitación y de la forma de distribución de los ingresos provenientes del mismo, así como la regulación de otras materias semejantes, ha sido expresamente confiado, en el articulado de la ley, al Poder Ejecutivo, quien con tal objeto debe dictar tantos reglamentos como sea necesario, teniendo en cuenta las características o peculiaridades de cada zona. Estos reglamentos no tienen por objeto desarrollar disposiciones legales ya existentes, sino complementar la ley que reglamentan con otras previsiones sobre materias expresamente señaladas por el legislador, por lo cual tienen en nuestro ordenamiento jurídico el mismo rango (*sic*) que los actos legislativos. Podría decirse que son decretos–leyes sobre materias cuya regulación reserva el Congreso al Poder Ejecutivo por consideraciones de orden práctico". *V.* sentencia de la CSJ en SPA de 27–1–71, en *G.O.* N° 1.472, extraordinario, de 11–6–71, p. 18.

73 Aun cuando en algunos casos podría no haber coincidencia, podría decirse que, en general, el Presidente de la República ejerce sus atribuciones de jefe del Estado en ejercicio de la función de gobierno, y de jefe del Ejecutivo Nacional, en ejercicio de la función administrativa.

dirige las relaciones exteriores, convoca a sesiones extraordinarias a la Asamblea Nacional y cuando la disuelve (Arts. 236,4,9,20). También puede considerarse que ejerce la función de gobierno, cuando decreta los estados de excepción, y restringe garantías constitucionales, incluso, en este caso, a pesar de que la Constitución dispuso que una Ley Orgánica deba regular la materia (Art. 338)[74].

La característica fundamental de esta función de gobierno es que está atribuida en la Constitución directamente al Presidente de la República, es decir, al nivel superior de los órganos que ejercen el Poder Ejecutivo, no pudiendo otros órganos ejecutivos ejercerla.

Los órganos que ejercen el Poder Ejecutivo en esta forma, realizan fundamentalmente dos funciones propias: la función de gobierno y la función ó administrativa[75]. La función de gobierno, como función estrictamente política del Presidente de la República, se ejerce en ejecución directa de atribuciones constitucionales, en general sin condicionamiento legal alguno. El Legislador, en esta forma, y salvo por lo que se refiere a los estados de excepción dada la autorización constitucional (Art. 338), no puede limitar las facultades políticas del jefe del Estado[76]. La función de gobierno, por tanto, se traduce en actos estatales de rango legal, en tanto que la función administrativa se traduce en actos estatales de rango sublegal[77].

Pero si bien la función de gobierno se ejerce con el carácter de función propia por el Presidente de la República en ejercicio del Poder Ejecutivo, ello tampoco se realiza con carácter excluyente, ya que la Asamblea Nacional en ejercicio del Poder Legislativo también realizan la función de gobierno, sea a través de actos parlamentarios sin forma de ley[78], sea mediante leyes[79]. En estos casos, también, la función de gobierno realizada por los órganos del Poder Legislativo es una actividad de rango legal, es decir, de ejecución directa e inmediata de la Constitución. Pero si bien esta función puede ser realizada tanto por el Presidente de la República como por los órganos legislativos, por lo que no es exclusiva o excluyente, sin embargo, lo que sí es exclusiva de uno u otros

---

74 *V.* la Ley Orgánica sobre Estados de Excepción (Ley N° 32), *G.O.* N° 37.261 de 15–08–2001.

75 La distinción entre "gobierno y administración" es comúnmente empleada por la Constitución. *V.*, por ejemplo, artículos, 21, 27 y 30. En el artículo 191 de la Constitución, en igual sentido habla de "aspectos políticos y administrativos" de la gestión del residente de la República. En tal sentido, al referirse a los órganos del Poder Ejecutivo de los Estados, la Corte ha señalado lo siguiente: "El artículo 21 de la Constitución atribuye al Gobernador del Estado, el gobierno y la administración de la Entidad, como Jefe del Ejecutivo del Estado y Agente del Ejecutivo Nacional o en su respectiva circunscripción. En esta forma, el Poder Ejecutivo Estadal realiza funciones de gobierno, como poder político y funciones que atienden a otra actividad distinta, como poder administrador". *V.* sentencia de la CSJ en SPA de 30–6–66, en *GF,* N° 52, 1968, p. 231. *Cfr.*, sobre la distinción entre función administrativa y función de gobierno como actividades que se realizan en ejercicio del Poder Ejecutivo, el voto salvado a la sentencia de la CSJ en CP de 29–4–65, Imprenta Nacional, 165, pp. 53 y ss.; y *Doctrina PGR, 1963*, Caracas, 1964, pp. 179 y 180.

76 El legislador, por ejemplo, no podría limitar las atribuciones del Presidente de convocar a la Asamblea nacional a sesiones extraordinarias.

77 Sobre la distinción entre los actos del Poder Ejecutivo dictados en ejecución directa de la Constitución o en ejecución directa de la ley, *V.* sentencia de la CSJ en SPA de 13–2–68, en *GF,* N° 59, 1969, p. 85. En todo caso, una cosa es atribuir a la función de gobierno rango legal y otra es atribuirle "naturaleza legislativa". El decreto de restricción de garantías constitucionales, por ejemplo, tiene rango legal, por cuanto puede "restringir" temporalmente la vigencia de una ley, lo que implica que la modifique ni la derogue. Si la derogara, el acto tendría "naturaleza legislativa". Sobre esta confusión, *V. Doctrina PGR, 1971,* Caracas 1972, p. 189.

78 Por ejemplo, cuando autoriza al Presidente de la República para salir del territorio nacional. Art. 187,17 de la Constitución.

79 La ley que decreta una amnistía, por ejemplo. Art. 186,5 de la Constitución.

órganos es la forma de su ejecución en los casos autorizados por la Constitución: la función de gobierno mediante decretos ejecutivos (actos de gobierno), se realiza en forma exclusiva por el Presidente de la República; y mediante leyes o actos parlamentarios sin forma de ley, por la Asamblea nacional.

C. La función jurisdiccional

Además de la función legislativa y de la función de gobierno, los órganos estatales realizan la función jurisdiccional, es decir, conocen, deciden o resuelven controversias entre dos o más pretensiones, es decir, controversias en las cuales una parte esgrime pretensiones frente a otra. El ejercicio de la función jurisdiccional se ha atribuido como función propia al Tribunal Supremo de Justicia y a los tribunales de la República, pero aquí también ello no implica una atribución exclusiva y excluyente, sino que, al contrario, los otros órganos estatales pueden ejercer la función jurisdiccional.

En efecto, los órganos que ejercen el Poder Ejecutivo[80], realizan funciones jurisdiccionales, cuando las autoridades administrativas deciden controversias entre partes, dentro de los límites de su competencia[81], y la Asamblea Nacional también participan en la función jurisdiccional, cuando por ejemplo, autorizan el enjuiciamiento del Presidente de la República (Art. 266,2). Por tanto, la función jurisdiccional como actividad privativa e inherente del Estado mediante la cual sus órganos deciden controversias y declaran el derecho aplicable en un caso concreto, se ejerce por diversos órganos estatales en ejercicio del Poder Público: por el Tribunal Supremo de Justicia y los Tribunales de la República, en ejercicio del Poder Judicial; y por los órganos administrativos en ejercicio del Poder Ejecutivo Nacional. La función jurisdiccional, por tanto, si bien es una "función propia" de los órganos judiciales, no es una función privativa y exclusiva de ellos, pues otros órganos estatales también la ejercen. Sin embargo, lo que sí es una función privativa y exclusiva de los tribunales es el ejercicio de la función jurisdiccional a través de un proceso (Art. 257) en una forma determinada: con fuerza de verdad legal, mediante actos denominados sentencias. Sólo los tribunales pueden resolver controversias y declarar el derecho en un caso concreto, con fuerza de verdad legal, por lo que sólo los órganos del Poder judicial pueden desarrollar la "función judicial" (función jurisdiccional ejercida por los tribunales). Los demás órganos del Estado que realizan funciones jurisdiccionales lo hacen a través de actos administrativos condicionados por la legislación.

D. La función de control

Por último, además de la función legislativa, de la función de gobierno, de la función jurisdiccional y de la función administrativa, los órganos del Estado también ejercen la función de control, cuando vigilan, supervisan y velan por la regularidad del ejercicio de otras actividades estatales o de las actividades de los administrados y particulares.

---

80 *V. Cfr.*, sentencias de la CSJ en SPA de 18–7–63, en *GF*, N° 41, 1963, pp. 116 y 117; de 27–5–68, en *GF*, N° 60, 1969, pp. 115 y 118; y de 9–7–69, en *GF* N° 65, 1969, pp. 70 y ss.

81 Cuando la Administración decide, por ejemplo, la oposición a una solicitud de registro de marca de fábrica, conforme a la Ley de Propiedad Industrial, *G.O.* N° 25.227 de 10–12–1956; o cuando decide la oposición a una solicitud de otorgamiento de una concesión de explotación forestal, conforme a la Ley Forestal, de Suelos y Aguas (Art. 6), en *G.O.* N° 997, Extr., de 8–1–66.

El ejercicio de la función de control se ha atribuido como función propia a los órganos que ejercen el Poder Ciudadano, pero en este caso, ello tampoco implica una atribución exclusiva y excluyente, sino que, al contrario, los otros órganos estatales pueden ejercer la función jurisdiccional.

En efecto, la Asamblea Nacional, en ejercicio del Poder Legislativo ejerce la función de control sobre el gobierno y la Administración Pública Nacional y los funcionaros ejecutivos (Art. 187,3; 222); el Presidente de la República como Jefe del Ejecutivo Nacional ejerce las funciones de control jerárquico en relación con los órganos de la Administración Pública (Art. 226) y los órganos que ejercen el Poder Ejecutivo controlan las actividades de los particulares, de acuerdo a la regulación legal de las mismas; el Consejo Nacional Electoral, en ejercicio del Poder Electoral, ejerce el control de las actividades de los órganos subordinados (Art. 293) , de las elecciones y de las organizaciones con fines políticos (Art. 293); y el Tribunal Supremo de Justicia ejerce las función de control de constitucionalidad y legalidad de los actos del Estado (Art. 259; 336).

Por tanto, la función de control como actividad privativa e inherente del Estado mediante la cual sus órganos supervisan, vigilan y controlan las actividades de otros órganos del Estado o de los administrados, y la misma se ejerce por diversos órganos estatales en ejercicio del Poder Público: por los órganos que ejercen el Poder Ciudadano; por la Asamblea Nacional, en ejercicio del Poder legislativo; por el Tribunal Supremo de Justicia y los Tribunales de la República, en ejercicio del Poder Judicial; y por los órganos administrativos en ejercicio del Poder Ejecutivo Nacional y del Poder Electoral. La función de control, por tanto, si bien es una "función propia" de los órganos que ejercen el Poder Ciudadano, no es una función privativa y exclusiva de ellos, pues todos los otros órganos estatales también la ejercen.

E. La función administrativa

Pero aparte de la función creadora de normas jurídicas de efectos generales (función normativa), de la función de conducción y ordenación política del Estado (función de gobierno), y de la función de resolución de controversias entre partes declarando el derecho aplicable en casos concretos (función jurisdiccional), y de ejercer la vigilancia o fiscalización de actividades estatales y de los particulares (función de control), el Estado ejerce la función administrativa, a través de la cual entra en relación con los particulares, como sujeto de derecho, gestor del interés público[82]. De allí la distinción entre la función de crear el derecho (normativa), de aplicar el derecho imparcialmente (jurisdic-

82 *Cfr.*, Allan R. Brewer–Carías, *Las Instituciones Fundamentales...*, *cit.*, p. 115. Si el Estado legisla, tal como lo señala Santi Romano, "no entra en relaciones de las cuales él, como legislador, sea parte: las relaciones que la ley establece o de cualquier modo contempla se desenvuelven después entre sujetos diversos del Estado o bien con el mismo Estado, pero no en su aspecto de legislador sino en otros aspectos mediante órganos diversos de los del Poder Legislativo". *V.*, "Prime Pagine di un Manuale de Diritto Amministrativo", en *Scritti Minori*, Milano 1950, p. 363, *cit.*, por J M. Boquera Oliver, *Derecho Administrativo*, Vol. I, Madrid, 1972, p. 59. "Cuando el Estado juzga –señala J. González Pérez–, no es parte interesada en una relación jurídica; no es sujeto de derecho que trata de realizar sus peculiares intereses con arreglo al Derecho... cuando el Estado juzga satisface las pretensiones que una parte esgrime frente a otra; incide como tercero en una relación jurídica, decidiendo la pretensión ante él deducida con arreglo al ordenamiento jurídico". *V. Derecho Procesal Administrativo*, Madrid, 1966, Tomo II, p. 37.

cional), y de actuar en relaciones jurídicas como sujeto de derecho, al gestionar el interés público (administrativa)[83].

En las dos primeras, el Estado, al crear el derecho o al aplicarlo, es un tercero en las relaciones jurídicas que surjan; en la última, en cambio, el Estado es parte de la relación jurídica que se establece entre la Administración y los particulares[84], como sujeto de Derecho gestor del interés público. De allí que la personalidad jurídica del Estado, como se ha dicho, se concretice en el orden interno, cuando sus órganos ejercen la función administrativa.

Ahora bien, al igual que lo que sucede con la función legislativa, de gobierno y jurisdiccional, la función administrativa tampoco está atribuida con carácter de exclusividad a alguno de los órganos del Poder Público. Por ello, si bien la función administrativa puede considerarse como función propia de los órganos ejecutivos y electorales, concretizada básicamente a través de actos administrativos, ello no significa que la ejerzan con carácter exclusivo y excluyente. Al contrario, todos los otros órganos del Estado también ejercen la función administrativa: la Asamblea Nacional, al autorizar diversos actos de los órganos ejecutivos o al dictar actos relativos a su personal o servicios administrativos, realizan la función administrativa[85], y los órganos que ejercen el Poder Judicial o el Poder Ciudadano realizan la función administrativa, al dictar actos concernientes a la administración del personal o de los servicios de los órganos, o al imponer sanciones[86]. En esta forma, la función administrativa, como actividad privativa e inherente del Estado mediante la cual sus órganos, en ejercicio del Poder Público, entran en relaciones jurídicas con los administrados, se puede realizar por los órganos administrativos, en ejercicio del Poder Ejecutivo Nacional y del Poder Electoral; por la Asamblea Nacional, en ejercicio del Poder Legislativo; y por los tribunales de la República, en ejercicio del Poder Judicial. La función administrativa, por tanto, si bien es una "función propia" de los órganos ejecutivos y electorales, no es una función privativa y exclusiva de ellos, pues los otros órganos estatales también la ejercen dentro del ámbito de sus respectivas competencias constitucionales y legales. El acto administrativo, como concreción típica pero no única del ejercicio de la función administrativa, puede emanar de todos los órganos estatales en ejercicio del Poder Público, teniendo en todo taso carácter sublegal.

3. La distinción entre las funciones y actos estatales

Pero si bien resulta clara, de lo anterior, la distinción entre las funciones fundamentales del Estado, no debe por ningún respecto, identificarse el ejercicio de una función

83 En este sentido, antigua la Corte Suprema ha señalado al referirse a la función administrativa, que en ella el Estado "no realiza una función creadora dentro del ordenamiento jurídico, que es la función legislativa, ni conoce ni decide acerca de las pretensiones que una parte esgrime frente a otra, que es la función judicial; sino que es sujeto de derecho, titular de intereses, agente propio de la función administrativa". *V.* sentencias de la CSJ en SPA de 18–7–63, en *GF,* N° 41, 1963, pp. 116 y ss.; de 27–5–68, en *GF,* N° 60, 1969, pp. 115 y ss.; de 9–7–69 en *GF,* N° 65, 1969, pp. 70 y ss. En estas sentencias, sin embargo, como veremos, la Corte confunde la función estatal con el acto estatal.

84 *Cfr.*, sentencia de la CSJ en SPA de 13–3–67, en *GF,* N° 55, 1968, p. 107.

85 *Cfr.*, de la CSJ en SPA de 18–7–63, en *GF,* N° 41, 1963, pp. 116 y 117; y de 27–5–68, en *GF,* N° 60, 1969, p. 115.

86 *Idem. V.* además, Allan R. Brewer–Carías, "Consideraciones sobre la impugnación de los Actos de Registro en la vía contencioso–administrativa" en libro *Homenaje a Joaquín Sánchez Covisa,* (en prensa), Caracas, 1975.

estatal determinada con la producción de determinados actos jurídicos. Al igual que la separación orgánica de poderes no coincide con la distribución de funciones, ésta no coincide, necesariamente, con el tipo de acto jurídico que emane de la voluntad estatal[87].

En efecto, de lo expuesto anteriormente resulta que la función normativa la ejerce el Estado en Venezuela a través de sus órganos legislativos (Asamblea Nacional), de sus órganos ejecutivos (Presidente de la República), o de sus órganos judiciales (Tribunales), de los órganos del Poder Ciudadano (Consejo Moral republicano, Defensoría del pueblo, Ministerio Público, Contraloría general de la República) y de los órganos electorales (Consejo nacional Electoral).

En cuanto a la función de gobierno, la ejerce el Estado a través de sus órganos legislativos (Asamblea nacional y de sus órganos ejecutivos (Presidente de la República).

La función jurisdiccional la ejerce el Estado a través de sus órganos judiciales (Tribunal Supremo de Justicia), de sus órganos ejecutivos (Administración Pública) y de sus órganos electorales (Consejo Nacional Electoral).

La función de control la ejerce el Estado en Venezuela a través de sus órganos legislativos (Asamblea Nacional), de sus órganos ejecutivos (Administración Pública), de sus órganos judiciales (Tribunales), de sus órganos de control (Consejo Moral Republicano, Defensoría del pueblo, Ministerio Público, Contraloría General de la República) y de sus órganos electorales (Consejo Nacional Electoral).

Y la función administrativa la ejerce el Estado a través de sus órganos ejecutivos (Administración Pública), de sus órganos electorales (Consejo Nacional Electoral), de sus órganos legislativos (Asamblea Nacional), de sus órganos judiciales (Tribunal Supremo de Justicia) y de sus órganos de control (Consejo Moral Republicano, Defensoría del pueblo, Ministerio Público, Contraloría General de la República)

Consecuencialmente, de lo anterior no puede deducirse que todo acto realizado en ejercicio de la función normativo, sea un acto legislativo; que todo acto realizado en ejercicio de la función de gobierno, sea un acto de gobierno; que todo acto realizado en ejercicio de la función jurisdiccional, sea un acto judicial; que todo acto realizado en ejercicio de la función de control sea un acto administrativo o que todo acto realizado en ejercicio de la función administrativa, sea también un acto administrativo. Al contrario, así como los diversos órganos del Estado realizan diversas funciones, los actos cumplidos en ejercicio de las mismas no son siempre los mismos ni tienen por qué serlo.

En efecto, tal como hemos señalado, la Asamblea Nacional en ejercicio del Poder Legislativo puede ejercer funciones normativas, de gobierno, jurisdiccionales, de control y administrativas, pero los actos que emanan de la misma al ejercer dichas funciones no

---

87 La distinción entre funciones del Estado que la doctrina ha realizado, muchas veces se confunde al querer identificar un tipo de acto jurídico estatal con la función ejercida por el Estado. *V.* Agustín Gordillo, *Introducción al Derecho Administrativo*, Buenos Aires, 1966, pp. 91 y ss. Nosotros mismos hemos incurrido en esta confusión: *V.* Allan R. Brewer–Carías, *Las Instituciones Fundamentales del Derecho Administrativo y la jurisprudencia Venezolana*, Caracas, 1964, pp. 108 y ss. En igual confusión incurre la jurisprudencia reciente de la Corte Suprema. *V.* sentencias de la CSJ en SPA de 18–7–63, en *GF,* N° 41, 1963, pp. 116 y ss.; de 27–5–68, en *GF,* N° 60, 1969, pp. 115 y ss.; y de 9–7–69, en *GF,* N° 65, 1969, pp. 70 y ss. Asimismo, en Venezuela, a pesar de su atento de "distinguir" actividad de función, Gonzalo Pérez Luciani incurre en igual confusión al afirmar que "la actividad que tomada globalmente sea relevante jurídicamente se puede decir que es una *función*", en "Actos administrativos que en Venezuela escapan al Recurso Contencioso–Administrativo", *RFD*, UCAB, Caracas, 1967–1968 N° 6, p. 196.

son, necesariamente, ni uniformes ni correlativos. Cuando la Asamblea Nacional ejerce la función normativa, es decir, crean normas jurídicas de carácter general actuando como cuerpo legisladores, dicta leyes (Art. 203), pero cuando lo hace en otra forma distinta, por ejemplo, al dictar sus reglamentos internos, ello lo hace a través de actos parlamentarios sin forma de ley (Art. 187,19). Ambos son actos legislativos, pero de distinto valor normativo. Cuando la Asamblea Nacional ejerce la función de gobierno, es decir, intervienen en la formulación de las políticas nacionales, lo hacen a través de leyes (Art. 303) o a través de actos parlamentarios sin forma de ley (Art. 187,10). En el caso de la participación en el ejercicio de la función jurisdiccional, al autorizar el enjuiciamiento del Presidente de la República, la Asamblea concretiza su acción a través de un acto parlamentario sin forma de ley (266,2). Cuando la Asamblea ejerce sus funciones de control el Gobierno y la Administración Pública también dicta actos parlamentarios sin forma de ley (Art. 187,3). En cuanto al ejercicio de la función administrativa por la Asamblea Nacional, ella puede concretarse en leyes (187,9)[88], actos parlamentarios sin forma de ley (Art. 187,12) o actos administrativos (Art. 187,22).

Por su parte, cuando los órganos que ejercen el Poder Ejecutivo, particularmente el Presidente de la República, realizan la función normativa, ésta se concretiza en decretos–leyes delegados dictados en virtud de una habilitación legislativa (Art. 203; 236,8) o en reglamentos (actos administrativos de efectos generales) (Art. 236,10; 266,5), y cuando realiza la función de gobierno, dicta actos de gobierno, de ejecución directa e inmediata de la Constitución (Art. 236,2,4,5,6,719,21). En los casos de ejercicio de la función jurisdiccional, de la función de control y de la función administrativa, los órganos ejecutivos dictan, por ejemplo, actos administrativos (Art. 259; 266,5).

En cuanto a los órganos que ejercen el Poder judicial, cuando por ejemplo el Tribunal Supremo de Justicia ejerce la función normativa, dicta reglamentos (actos administrativos de efectos generales),[89] cuando ejerce la función administrativa y la función de control sobre el Poder Judicial (Art. 267), dictan actos administrativos; y cuando ejerce la función jurisdiccional, dictan actos judiciales (sentencias) (Art. 266, 336).

Por su parte, cuando los órganos que ejercen el Poder Ciudadano realizan la función de control (Art. 274; 281; 289), la función normativa y la función administrativa, la misma se concreta en actos administrativos de efectos generales (reglamentos) o de efectos particulares (Art. 259; 266,5).

Igualmente, cuando los órganos que ejercen el Poder Electoral realizan la función normativa (Art. 293,1), dictan actos administrativos de efectos generales (reglamentos) (Art. 293,1); y cuando realizan la función administrativa (Art. 293,3) y de control (Art. 293,9), la misma se concreta en actos administrativos (Art. 259; 266,5).

En esta forma, el ejercicio de la función normativa se puede manifestar, variablemente, a través de leyes, actos parlamentarios sin forma de ley, decretos–leyes y reglamentos (actos administrativos de efectos generales); el ejercicio de la función de gobierno, a través de actos de gobierno, leyes y actos parlamentarios sin forma de ley; el ejercicio de la función jurisdiccional, a través de actos parlamentarios sin forma de ley, actos administrativos y sentencias; el ejercicio de la función de control, a través de leyes, ac-

---

88 En el pasado, por ejemplo, eran las leyes aprobatorias de contratos estatales conforme al artículo 126 de la Constitución de 1961.

89 Los reglamentos establecidos en la Ley Orgánica del Tribunal Supremo de Justicia, Art. 6, Párrafo 1,10,12.

tos parlamentarios sin forma de ley, actos administrativos y sentencias; y el ejercicio de la función administrativa, a través de leyes, actos parlamentarios sin forma de ley y actos administrativos. En sentido inverso, puede decirse que las leyes sólo emanan de la Asamblea Nacional actuando no sólo en ejercicio de la función normativa, sino de la función de gobierno, de la función de control y de la función administrativa; que los actos de gobierno emanan del Presidente de la República, actuando no sólo en ejercicio de la función de gobierno sino en ejercicio de la función normativa; que los actos parlamentarios sin forma de ley sólo emanan de la Asamblea Nacional, actuando en ejercicio de las funciones normativas, de gobierno, de control y administrativa; y que los actos judiciales (sentencias) sólo emanan de los tribunales, actuando en ejercicio de la función jurisdiccional. En todos estos casos, el tipo de acto se dicta exclusivamente por un órgano estatal, pero en ejercicio de variadas funciones estatales. Lo privativo y exclusivo de los órganos estatales en esos casos, no es el ejercicio de una determinada función, sino la posibilidad de dictar determinados actos: las leyes y los actos parlamentarios sin forma de ley por la Asamblea nacional; los actos de gobierno por el Presidente de la República; y los actos judiciales (sentencias) por los tribunales.

En cuanto a los actos administrativos, éstos pueden emanar de la Asamblea Nacional, actuando en función administrativa y en función de control; de los tribunales, actuando en función normativa, en función de control y en función administrativa; de los órganos que ejercen el Poder Ejecutivo (Administración Pública Central) cuando actúan, en función normativa, en función jurisdiccional, en función de control y en función administrativa; de los órganos que ejercen el Poder Ciudadano actuando en función normativa, en función de control y en función administrativa; y de los órganos que ejercen el Poder Electoral actuando también en función normativa, en función de control y en función administrativa.

Los actos administrativos en esta forma, y contrariamente a lo que sucede con las leyes, con los actos parlamentarios sin forma de ley, con los actos de gobierno y con las sentencias judiciales, no están reservados a determinados órganos del Estado, sino que pueden ser dictados por todos ellos y no sólo en ejercicio de la función administrativa.

En esta forma, es evidente que al analizar la función administrativa y la concreción más general que resulta de su ejercicio, que son los actos administrativos, no puede adoptarse un criterio orgánico para su caracterización, en virtud de la no coincidencia de la separación orgánica de poderes (división del Poder Público) con la distribución de funciones. Por otra parte, para la diferenciación de los actos estatales, tampoco pueden adoptarse criterios orgánicos, pues si bien es cierto que las leyes emanan solamente de la Asamblea Nacional, que los decretos leyes delegados (con fuerza y valor de ley) y los actos de gobierno emanan solamente del Presidente de la República, y que las sentencias judiciales emanan solamente de los tribunales, eso mismo no se puede decir de los actos administrativos, que emanan de todos los órganos del Estado.

La definición de las funciones del Estado, por tanto, ha de ser una definición material que se deriva de la naturaleza de la actividad estatal y no del órgano del cual emana o de su, forma;[90] y para llegar a dicha caracterización material resulta indispensable, tal

---

90 *Cfr.*, Allan R. Brewer–Carías, *Las Instituciones Fundamentales*, *cit.*, pp. 109 y ss. En sentido coincidente fue tradicional la doctrina de la Corte Suprema: en 1951 señaló que "no son los nombres o denominaciones, sino su naturaleza o contenido lo que da a los actos, tanto de los funcionarios como de los particulares, su verdadero carácter, su significación o su fisonomía propia". (*V.* sentencia de la CFC en CP de 4–4–51, en *GF*, N° 7, 1952, p. 17); en 1952, expresó que "los actos administrativos como los judiciales, fiscales lo son por su naturaleza, por la cues-

como se ha señalado anteriormente, no confundir la función misma con el acto que emana de su ejercicio*, es decir, la naturaleza de la actividad estatal (función) con el resultado de su ejercicio (actos jurídicos).

IV. LA ACTIVIDAD ADMINISTRATIVA DENTRO DE LAS ACTIVIDADES ESTATALES

La identificación de la actividad administrativa dentro de las actividades del Estado no puede realizarse con los mismos criterios utilizados para precisar a la Administración Pública como complejo orgánico (criterio orgánico), o para caracterizar a la función administrativa dentro de las funciones del Estado (criterio material), pues no sólo no es actividad administrativa la totalidad de la actividad desplegada por los órganos que ejercen el Poder Ejecutivo, sino que tampoco constituyen actividad administrativa todas las actividades que resultan del ejercicio de la función administrativa.

1. Las diversas actividades del Estado

En efecto, las actividades que despliegan los órganos ejecutivos, tal como se señaló anteriormente, pueden clasificarse en general, en dos grandes grupos que responden a las nociones de gobierno y administración (Arts. 187,3; 226) es decir, por una parte, actividad de gobierno y por la otra, actividad administrativa. La actividad de gobierno, tal como se indicó anteriormente, resulta del ejercicio de la función de gobierno por el Presidente de la República (Art. 236,4,7,9,19), y se caracteriza frente a la actividad administrativa por dos elementos combinados: en primer lugar, porque la actividad de gobierno, sólo puede ser realizada por el Presidente de la República, como jefe del Estado, "en cuya condición dirige la acción de Gobierno" (Art. 226), y en segundo lugar, porque se trata de actividades desplegadas en ejecución de atribuciones establecidas directamente en la Constitución, sin posibilidad de condicionamiento legislativo, y que, por tanto, tienen el mismo rango que la actividad legislativa. Es el caso, por ejemplo, de los decretos de estados de excepción, los cuales si bien excepcionalmente han sido objeto de una regulación legislativa (ley orgánica) autorizada en la Constitución (Art. 338)[91]; los actos ejecutivos, por ejemplo, de restricción de garantías constitucionales y

---

ción que en ellos se ventila, y no cambia ese carácter ni suspende ni restringe la facultad del funcionario a quien la ley le da competencia para conocer y decidir, la circunstancia de que otra autoridad conozca de asunto semejante y aun conexo con aquél" (sentencia de la CFC en CP de 30–10–52, en *GF,* N° 12, p. 18); y en 1963 insistió en que "prevalece en la doctrina el criterio de que, tratándose de actos del Poder Público, 09 la condición de acto administrativo no deriva, necesariamente, de la índole del organismo o funcionario que lo realiza, sino de la función o facultad que éste ejerce al realizarlo" (sentencia de la CSJ en SPA de 18–7–63, en *GF,* N° 41 1963, pp. 116 y ss.). Contra la definición material protesta en Venezuela, L.H. Farías Mata al proclamar, siguiendo a F. Garrido Falla, un criterio orgánico. *V.* en "Procedimientos para la fijación de cánones de arrendamiento en el Derecho Venezolano", *Studia jurídica,* N° 13, Caracas 1971, pp. 423 y ss. *V.* la referencia en Nota N° 12 del parágrafo 16.

* La función administrativa no se puede definir a través de la naturaleza de los actos administrativos, por lo que desde 1975, como lo señalamos en nuestro *Derecho Administrativo,* Tomo I, Universidad Central de Venezuela, Caracas 1975, nos apartamos en parte de lo que intentamos en nuestro libro *Las Instituciones Fundamentales..., cit.,* p. 109.

91 Ley Orgánica sobre Estados de Excepción (Ley N° 32), *G.O.* N° 37.261 de 15–08–2001.

la necesaria regulación que debe dictar el Presidente de la República en relación con el ejercicio de los derechos cuyas garantías se restringen (Art. 339), tienen rango de ley.

En esta forma, la actividad de gobierno se distingue de la actividad administrativa realizada por los órganos ejecutivos, en que ésta se realiza a todos los niveles de la Administración Pública, y siempre tiene rango sublegal, es decir, se despliega por los órganos ejecutivos en ejecución de atribuciones directamente establecidas en la legislación, y sólo en ejecución indirecta y mediata de la Constitución[92]. Este es el criterio formal, derivado de la teoría merkeliana de construcción escalonada del orden jurídico[93], para la identificación de la problemática administrativa, la cual ha sido acogida en la Constitución al reservarse al control de la Jurisdicción Constitucional, los actos estatales dictados en ejecución directa e inmediata de la Constitución (Art. 336,2), con lo que los actos dictados en ejecución directa e inmediata de la legislación y mediata e indirecta de la Constitución (actos administrativos) caen entonces bajo el control de la Jurisdicción contencioso administrativa (Art. 259) y de la Jurisdicción contencioso electoral (Art. 297).

Para la distinción de la actividad legislativa de la actividad de gobierno y dé la actividad administrativa no sólo debe utilizarse el criterio orgánico, sino también el criterio formal: la actividad de gobierno, aun cuando realizada en ejecución directa de la Constitución, está reservada al Presidente de la República, en tanto que la actividad legislativa, realizada también en ejecución directa de la Constitución[94], está reservada a la Asamblea Nacional; aún cuando esta pueda delegarla en el Presidente de la República mediante una ley habilitante (Art. 203), en cuyo caso la actividad desplegada por el Presidente mediante decretos leyes habilitados (Art. 236,8) es una actividad legislativa delegada. En esta forma, el criterio orgánico distingue la actividad de gobierno de la actividad legislativa, y ambas se distinguen de la actividad administrativa mediante el criterio formal: tanto la actividad de gobierno como la actividad legislativa (tanto la realizada por la Asamblea nacional como la realizada por delegación de ésta por el Presidente de la República) se realizan en ejecución directa de competencias constitucionales, en tanto que la actividad administrativa siempre es una actividad sublegal, es decir, sometida a la ley y realizada en ejecución de la ley, y por tanto, en ejecución mediata e indirecta de la Constitución.

La actividad judicial, por su parte, también se distingue de la actividad de gobierno y de la actividad legislativa con base en los dos criterios señalados: desde el punto de vista orgánico, porque la actividad judicial está reservada a los Tribunales de la República, en tanto que la actividad legislativa está reservada a la Asamblea nacional, la cual puede delegarla en el Presidente de la República (leyes habilitantes) y la actividad de go-

---

92 En este sentido es que podría decirse que la actividad administrativa se reduce a ejecución de la ley.

93 Adolf Merkl, *Teoría General del Derecho Administrativo*, Madrid, 1935, p. 13. *Cfr.*, Hans Kelsen, *Teoría General del Estado*, México, 1957, p. 510, y *Teoría Pura del Derecho*, Buenos Aires, 1974, pp. 135 y ss. *V.* algunas de las referencias en Allan R. Brewer–Carías, *Las Instituciones Fundamentales del Derecho Administrativo y la jurisprudencia Venezolana*, Caracas, 1964, pp. 24 y ss.

94 La Asamblea Nacional realiza su actividad legislativa en cumplimiento de atribuciones directamente establecidas en la Constitución (Art. 187,1; 203). En el solo caso de las leyes especiales que han de someterse a las leyes orgánicas preexistentes (Art. 203) podría decirse que hay condicionamiento legislativo de la propia actividad legislativa. En igual sentido, los decretos–leyes dictados por el Presidente de la República en ejercicio de la función normativa, están condicionados por la ley habilitante o de delegación (Art. 236,8).

bierno está reservada al Presidente de la República[95], y desde el punto de vista formal, porque al igual que la actividad administrativa, la actividad judicial es una actividad sublegal, es decir, sometida a la ley y realizada en ejecución de la ley.

Por último, en cuanto a la distinción entre la actividad administrativa y la actividad judicial, si bien no puede utilizarse el criterio formal de su graduación en el ordenamiento jurídico ya que ambas son de ejecución directa e inmediata de la legislación y de ejecución indirecta y mediata de la Constitución, sí se distinguen con base al criterio orgánico y a otro criterio formal. Desde el punto de vista orgánico, la actividad judicial está reservada a los tribunales con carácter de exclusividad, ya que sólo éstos pueden dictar sentencias; y desde el punto de vista formal, la declaración de lo que es derecho en un caso concreto que realizan los órganos judiciales, se hace mediante un proceso con fuerza de verdad legal, que sólo las sentencias poseen.

De lo anterior resulta entonces que las actividades de gobierno, judiciales y legislativas son actividades reservadas respectivamente, al Presidente de la República, a los tribunales y a la Asamblea Nacional. La actividad de gobierno, en efecto, consiste en la producción de actos de gobierno y decretos con rango de ley por el Presidente de la República, dictados en ejercicio de la función de gobierno; la actividad judicial, por su parte, consiste en la adopción de decisiones judiciales (sentencias) por la Corte Suprema de justicia y los Tribunales de la República, en ejercicio de la función jurisdiccional. Por último, la actividad legislativa consiste en la producción de leyes y actos parlamentarios sin forma de ley dictados por la Asamblea nacional en ejercicio tanto de la función normativa como de la función de gobierno y de la función administrativa. También debe considerarse como actividad legislativa la cumplida por el Presidente de la República, por delegación de la Asamblea Nacional mediante leyes habilitantes, a través de decretos leyes delegados.

2. La actividad administrativa

En cuanto a la actividad administrativa, sin embargo, respecto de ella no se produce la reserva de su ejercicio a determinados órganos estatales, sino que la misma se realiza por todos los órganos del Estado.

De allí las definiciones negativas de la actividad administrativa que pretendían delimitarla señalando que era toda aquella actividad estatal que no fuera ni actividad de gobierno, ni actividad judicial, ni actividad legislativa[96]; es decir, todo el residuo que quedaba luego de restarle a la actividad estatal, la actividad de gobierno, la actividad legislativa y la actividad judicial. Pero indudablemente que la definición negativa o re-

95 Puede decirse, entonces, que la separación orgánica de poderes tiene plena concordancia con la división orgánica de las actividades de gobierno (reservada al Presidente de la República), legislativas (reservadas a la Asamblea Nacional, la cual puede delegarla en el ejecutivo Nacional) y judiciales (reservada a los Tribunales). Por supuesto, la coincidencia de actividades específicas con órganos estatales determinados concluye allí, pues la actividad administrativa, al contrario, no está reservada a ningún órgano estatal específico, sino que se realiza por todos ellos.

96 *Cfr.*, A. Merkl, *op. cit.*, p. 35; M. Waline, *Droit Administratif*, Paris 1963, p. 4; A. Gordillo, *Introducción al Derecho Administrativo*, Buenos Aires, 1966, p. 99.

sidual de la actividad administrativa no satisface el razonamiento lógico[97], por lo cual resulta necesario tratar de formularla en forma positiva.

Para ello hay que partir de diversos supuestos: en primer lugar, no puede utilizarse un criterio orgánico para su diferenciación de las otras actividades del Estado, pues si bien el cumplimiento de éstas, está reservado a ciertos órganos estatales, la realización de la actividad administrativa está encomendada, dentro de sus respectivas competencias, a todos los órganos del Estado[98].

En segundo lugar, tampoco puede identificarse la actividad administrativa como el resultado del ejercicio de una función estatal, pues ella resulta tanto del ejercicio de la función administrativa, de la función jurisdiccional, de la función normativa y de la función de control por órganos del Poder Ejecutivo; como por el ejercicio de la función administrativa y de control por la Asamblea Nacional; o de la función administrativa, normativa o de control por los tribunales; del ejercicio de la función de control, de la función normativa y de la función administrativa por órganos del Poder Ciudadano; o del ejercicio de la función administrativa, de la función normativa y de la función de control por órganos del Poder Electoral[99].

En tercer lugar, tampoco puede utilizarse un criterio meramente formal de graduación de los actos en el ordenamiento jurídico, pues no sólo la actividad administrativa tiene carácter sublegal, pues también lo tiene la actividad judicial[100].

En cuarto lugar, la actividad administrativa consiste tanto en la producción de actos heterogéneos, pues no sólo pueden ser unilaterales o bilaterales (contratos administrativos, concesiones), sino que los unilaterales pueden ser de efectos generales (reglamentos) o actos administrativos individuales, como de operaciones materiales. Resulta, por tanto, imposible utilizar un criterio material que pueda reducir a una unidad la actividad administrativa.

De lo anterior se deduce, por tanto, que debido al carácter residual de la actividad administrativa[101], y no existiendo coincidencia entre la actividad administrativa y el órgano que la produce, o entre ella y la función que se ejerce para producirla, resulta

---

97 Para una crítica a la concepción negativa de la Administración, *V.* F. Garrido Falla, *Tratado de Derecho Administrativo*, Vol. I, 1970, p. 32.

98 En tal sentido no puede aceptarse el criterio orgánico que define la Administración Pública como "una zona de la actividad desplegada por el Poder Ejecutivo". *V.* F. Garrido Falla, *op. cit.*, Vol. I, pp. 36, 38 y 49. Esta concepción la sigue en Venezuela Luis H. Farías Mata, "Procedimiento para la fijación de cánones de arrendamiento en el Derecho Venezolano", *Studia Juridica*, Nº 3, Caracas, 1974, pp. 423 y ss.

99 Algunos autores, como A. Gordillo, al confundir la función estatal con la actividad estatal, reservan el ejercicio de la función legislativa a los órganos del Poder Legislativo, y el ejercicio de la función jurisdiccional a los órganos del Poder Judicial, y en cambio atribuyen el ejercicio de la función administrativa a los tres grupos de órganos estatales, *op. cit.*, p. 99 Igualmente, su *Tratado de Derecho Administrativo*, Parte General, Tomo I. Buenos Aires, 1974, pp. VII–13 y VII–16.

100 Podría decirse, sin embargo, como lo hizo O. Mayer, que la Administración sería una actividad del Estado bajo la ley para el cumplimiento de sus fines; en tanto que la función judicial sería una actividad del Estado en la cual el cumplimiento de la ley (Por la ley) constituye el fin esencial de la misma. *Cfr.*, las referencias en J.L. Villar Palasí, *Derecho Administrativo. Introducción y Teoría de las Normas*, Madrid, 1968, p. 43.

101 Históricamente, la aplicación del principio de separación de poderes con posterioridad a la Revolución Francesa, produjo que se le quitaran al monarca las funciones legislativas atribuidas al Parlamento y las funciones jurisdiccionales, atribuidas a los Tribunales. En el monarca quedaron las funciones ejecutivas, con carácter residual. *Cfr.*, F. Garrido Falla, *op. cit.*, Tomo I, p. 35; J.L. Villar Palasí, *op. cit.*, pp. 48 y 49.

indispensable utilizar una mezcla de criterios[102]. En esta forma, frente a las diversas actividades estatales, se considera que constituyen actividad administrativa: 1) Aquellas actividades de carácter sublegal[103] realizadas por los órganos del Poder Ejecutivo (Administración Pública como conjunto orgánico) en ejercicio de la función administrativa, de la función normativa, de la función de control o de la función jurisdiccional[104]; 2) Aquellas actividades realizadas por los Tribunales de la República en ejercicio de la función administrativa, de la función de control sobre la administración de justicia o de la función normativa;[105] 3) Aquellas actividades realizadas por la Asamblea Nacional en ejercicio de la función administrativa[106]; 4) Aquellas actividades realizadas por los órganos del Poder Ciudadano en ejercicio de la función de control, de la función administrativa o de la función normativa; y 5) Aquellas actividades realizadas por los órganos del Poder Electoral en ejercicio de la función administrativa, de la función de control o de la función normativa.

---

102 Esta utilización de varios criterios es la que nos ha criticado Gonzalo Pérez Luciani, en "Actos administrativos que en Venezuela escapan al Recurso Contencioso–Administrativo", *RFD*, UCAB, Caracas, 1967–1968, N° 6, p. 183, Nota N° 19.

103 En esta forma, quedaría excluida de la actividad administrativa, la actividad de gobierno realizada por los órganos ejecutivos en ejercicio tanto de la función normativa como de la función de gobierno, por ser ésta de rango legal (realizada en ejecución directa de la Constitución).

104 En este sentido, constituye actividad administrativa realizada en ejercicio de la función administrativa, por ejemplo, el otorgamiento de un permiso o licencia para conducir automóvil o para operar una estación de radio (actos administrativos individuales): constituye actividad administrativa realizada en ejercicio de la función jurisdiccional, por ejemplo, la decisión del Registrador de la Propiedad Industrial, a la oposición formulada por un interesado contra la solicitud de registro de una marca de fábrica por un industrial, o la decisión de un Ministro resolver un recurso jerárquico (actos administrativos individuales); constituye actividad administrativa realizada en ejercicio de la función normativa, por ejemplo, los Reglamentos ejecutivos dictados por el Presidente de la República (actos administrativos de efectos generales). Los órganos del Poder Ejecutivo, por tanto, es decir, la Administración Pública como complejo orgánico, no está confinada al solo ejercicio de la función administrativa, como lo señala A. Gordillo, *Introducción...*, *cit.*, p. 98. A lo que está confinada es a la realización de actividad administrativa (además de la actividad de gobierno), pero no al ejercicio de una sola función estatal. Por ello, insistimos, no debe confundirse la función administrativa con la actividad administrativa, pomo la mayoría de los administrativos lo hacían. *Cfr.*, F. Garrido Falla, *op. cit.*, Tomo I, pp. 30 y ss.; A. Gordillo *Introducción...*, *cit.*, pp. 91 y ss. Nosotros mismos lo hemos hecho. *V.* Allan R. Brewer–Carías, *Las Instituciones Fundamentales...*, *cit.*, pp. 108 y ss.

105 En este sentido, constituyen una actividad administrativa realizada en ejercicio de la función administrativa, por ejemplo, el acto de nombramiento de los empleados administrativos de los juzgados, o los actos de ejecución presupuestaria adoptados por los jueces (actos administrativos individuales); y constituyen una actividad administrativa realizada en ejercicio de la función normativa, por ejemplo, los reglamentos dictados por el Tribunal Supremo de Justicia o de organización interna de los tribunales (actos administrativos de efectos generales). En cuanto a los denominados como "actos de la jurisdicción voluntaria", los mismos también podrían considerarse como actividad administrativa realizada por los tribunales competentes en ejercicio de la función administrativa. No hay en ellos, realmente, ejercicio de la función jurisdiccional por los tribunales. Tanto es así, que en Venezuela, por ejemplo, la labor de "registro" de ciertos documentos mercantiles en el área metropolitana de Caracas, antaño atribuida a los Tribunales Mercantiles de Primera Instancia, se atribuyeron hace algunos lustros al Registrador Mercantil; y las labores de "autenticación" y reconocimiento de ciertos documentos, atribuidas tradicionalmente a ciertos jueces, en determinadas áreas del país se han atribuido a funcionarios administrativos: los Notarios, dependientes del Ministerio del Interior y de Justicia. Sobre el carácter administrativo de los actos de la jurisdicción voluntaria, *V.* los comentarios contrarios de F. Garrido Falla, *op. cit.*, Tomo I, pp. 40 y ss., quien califica estas actividades como "seudoadministrativas". *Cfr.*, A. Gordillo, *op. cit.*, p. 100; J.L. Villar Palasí, *op. cit.*, p. 46. *V.* sobre ello Allan R. Brewer–Carías, "Estudio sobre la impugnación ante la jurisdicción contencioso–administrativa de los actos administrativos de registro en Estudios en *Homenaje a Joaquín Sánchez Covis*

a, Caracas, 1975 (en prensa).

106 Por ejemplo, los actos de la Asamblea nacional dictados en el campo de la administración de su personal administrativo o de su presupuesto (actos administrativos individuales).

Por supuesto que las actividades administrativas cumplidas por la Administración Pública como complejo orgánico, son las que constituyen el campo normal de aplicación del derecho administrativo, pero ello, por supuesto, no puede conducir a negar el carácter administrativo de las otras actividades señaladas realizadas tanto por la Asamblea Nacional como por los tribunales. Por otra parte, el objeto del derecho administrativo no se agota en el estudio de la actividad administrativa tal como se ha definido, sino que abarca también el estudio de la actividad legislativa cumplida en ejercicio de la función administrativa, así como de la actividad de gobierno cumplida por los órganos superiores del Poder Ejecutivo..

Ahora bien, la actividad administrativa del Estado, desde el punto de vista estrictamente jurídico, tal como se ha dicho, es una actividad de carácter sublegal, es decir, que se realiza con sujeción a la ley. De allí la vigencia del principio de la legalidad, base del Estado de derecho. Sin embargo, no puede ya decirse que la administración se agote con la mera ejecución mecánica de la ley[107]. La administración debe someterse a la legalidad pero no consiste en la sola ejecución de las leyes.

A lo heterogéneo de los actos que pueden resultar de la actividad administrativa en el mundo contemporáneo[108], se agrega, en todo caso, la heterogeneidad de las formas que puede revestir esa actividad. Ya no se está en presencia de un Estado que limitaba su actividad a actuar como gendarme en el orden económico y social, cuidando que los derechos individuales garantizados por las leyes se mantuvieran incólumes. El Estado contemporáneo, al dejar de ser un Estado Liberal–Burgués de Derecho y asumir su papel de Estado Social de Derecho (Estado Benefactor) o de Estado Democrático y Social de Derecho (Art. 2 de la Constitución), ha venido asumiendo una serie de actividades no sólo reguladoras del orden económico y social (policía administrativa), sino ordenadoras, promotoras (fomento), prestadoras de servicios públicos, empresariales (gestión económica) y planificadoras que caracterizan, en el mundo actual, a la actividad administrativa. Fácil es comprender, por tanto, por qué el estudio del régimen jurídico de esta actividad forma la médula central del derecho administrativo.

3. Los principios de la actividad de la administración pública en la Ley Orgánica de la Administración Pública

De acuerdo con el artículo 141 de la Constitución, la Administración Pública se fundamenta en "los principios de honestidad, participación, celeridad, eficacia, eficiencia, transparencia, rendición de cuentas y responsabilidad en el ejercicio de la función pública, con sometimiento pleno a la ley y al derecho".

Estos principios los repite el artículo 12 de la LOAP al precisar que la actividad de la Administración Pública se desarrollará con base en "los principios de economía, celeridad, simplicidad administrativa, eficacia, objetividad, imparcialidad, honestidad, transparencia, buena fe y confianza". Asimismo, se efectuará dentro de parámetros de racionalidad técnica y jurídica.

Tales principios, con anterioridad, también habían sido definidos como principios de la actividad administrativa por la Ley Orgánica de Procedimientos Administrativos de

---

107 *Cfr.*, Héctor Giorgi, *La Nueva Administración Pública*, Montevideo, 1965, pp. 53 y ss.

108 Reglamentos, actos administrativos unilaterales (generales o individuales), actos administrativos bilaterales (contratos o concesiones administrativas), y operaciones materiales.

1982, en cuyo artículo 30 se enumeraron los de "principios de economía, eficacia, celeridad e imparcialidad"[109].

A El principio de la legalidad

El primer principio relativo a la Administración Pública y a todos los órganos del Estado en general, es el principio de legalidad que deriva del artículo 137 de la Constitución, que dispone:

> "La Constitución y la Ley definirán las atribuciones de los órganos que ejercen el Poder Público, a las cuales deben sujetarse las actividades que realicen."

Esta norma recoge el principio del artículo 117 de la Constitución de 1961, pero con una nueva redacción, de la cual se debe destacar que no se habla de "atribuciones del Poder Público", lo cual era impropio, ya que el Poder Público es una potestad constitucional y no un órgano; sino de "las atribuciones de los órganos que ejercen el Poder Público", cuyas actividades son las que deben sujetarse a la Constitución y a las leyes.

Este principio de legalidad o de actuación en conformidad con el derecho, por tanto, implica que las actividades que realicen todos los órganos que ejercen el Poder Público y no sólo los que conforman la Administración Pública, deben someterse a la Constitución y a las leyes. La consecuencia de ello, en un Estado de derecho como el que organiza la Constitución de 1999, es que las actividades contrarias al derecho están sometidas al control tanto de la jurisdicción constitucional (art. 334) como de la jurisdicción contencioso administrativa (art. 259), cuyos tribunales pueden anularlos.

En relación con la Administración Pública, la LOAP expresa formalmente el principio, vinculándolo a la competencia, para lo cual, además, precisa la jerarquía de las fuentes del derecho aplicable a la Administración, así:

> "*Artículo 4º.* La Administración Pública se organiza y actúa de conformidad con el principio de legalidad, por el cual la asignación, distribución y ejercicio de sus competencias se sujeta a la Constitución de la República Bolivariana de Venezuela, a las leyes y a los actos administrativos de carácter normativo, dictados formal y previamente conforme a la ley, en garantía y protección de las libertades públicas que consagra el régimen democrático a las personas."

Se destaca de esta norma, como se dijo, la indicación formal de la jerarquía de las fuentes del derecho: 1) la Constitución, 2) las leyes y 3) los actos administrativos normativos; y la referencia al principio teleológico de la sumisión a la ley, cuyo fin es la garantía y protección de las libertades públicas propias del régimen democrático. Las fuentes del derecho, además, para ser tales, deben haberse dictado formal y previamente a la actividad que se regule, lo que implica la proscripción de la retroactividad de la ley.

El principio de la legalidad, además, se erige como un principio en el cual se fundamenta la Administración Pública, definiéndose como "el sometimiento pleno a la ley y al derecho" (art. 141), y es una de las misiones fundamentales de los órganos del Poder Ciudadano, consistente en velar por "la aplicación del principio de la legalidad en toda la actividad administrativa del Estado" (art. 274).

Adicionalmente, el artículo 8 de la LOAP recoge la previsión del artículo 7 de la Constitución, y precisa que "todos los funcionarios de la Administración Pública están

---

109 *V. Gaceta Oficial* Nº 2818 *Extraordinaria* de 1-7-81. *V.* además, en Allan R. Brewer-Carías y otros, *Ley Orgánica de Procedimientos Administrativos*, Editorial Jurídica Venezolana, 12 edición, Caracas 2001, pp. 175 y ss.

en la obligación de cumplir y hacer cumplir la Constitución". Toda autoridad, por tanto, deriva y debe ejecutarse conforme a la Constitución.

B. El principio de la responsabilidad de los funcionarios

El segundo principio fundamental que rige para todos los órganos del Estado, es decir, que ejercen el Poder Público, y por supuesto, para la Administración Pública, es el regulado en el artículo 139 de la Constitución, que recoge otra norma tradicional de nuestro constitucionalismo, y es el principio de la responsabilidad individual de los funcionarios públicos en el ejercicio del Poder Público. Dispone dicha norma que:

> "El ejercicio del Poder Público acarrea responsabilidad individual por abuso o desviación de poder o por violación de esta Constitución o de la Ley."

Esta norma recoge el principio del artículo 121 de la Constitución de 1961, pero agregando a la desviación de poder dentro de los supuestos que generan responsabilidad del funcionario.

En consecuencia, la responsabilidad de los funcionarios cuando en ejercicio del Poder Público causen daños, puede originarse por abuso de poder, es decir, por el llamado vicio en la causa de los actos estatales (falso supuesto, por ejemplo); por desviación de poder, que es el vicio en la finalidad del acto estatal, al usarse el poder conferido para perseguir fines distintos a los establecidos en la norma atributiva de competencia; y en general, por violación de la Constitución o de la Ley, es decir, en general, por contrariedad al derecho.

La Constitución, por otra parte, y también siguiendo una larga tradición de nuestro constitucionalismo, reitera el principio de la responsabilidad de los funcionarios públicos pero, en particular, respecto de los actos que dicten, ordenen o ejecuten, que violen o menoscaben los derechos garantizados constitucionalmente; responsabilidad que puede ser civil, penal y administrativa, sin que pueda servirles de excusa órdenes superiores que reciba el funcionario. (art. 25). Este mismo principio lo repite el artículo 8 de la LOAP, en relación con los funcionarios "de la Administración Pública".

En estos casos, conforme al artículos 10 de la LOAP, y sin perjuicio del derecho de acceso a la justicia establecido en la Constitución (art. 26) y la ley, los particulares cuyos derechos humanos hayan sido violados o menoscabados por un acto u orden de un funcionario público pueden, directamente o a través de su representante, acudir ante el Ministerio Público para que éste ejerza las acciones a que hubiere lugar para hacer efectiva "la responsabilidad civil, laboral, militar, penal, administrativa o disciplinaria" en que hubiere incurrido dicho funcionario. Igualmente, pueden acudir ante la Defensoría del Pueblo para que ésta inste al Ministerio Público a ejercer dichas acciones y, además, para que la Defensoría del Pueblo solicite ante el Consejo Moral Republicano que adopte las medidas a que hubiere lugar con respecto a tales funcionarios, de conformidad con la ley.

A los efectos, incluso, de la posibilidad de exigencia de responsabilidad, la LOAP establece el principio de rendición de cuentas, al disponer su artículo 11 que las autoridades y funcionarios de la Administración Pública deben "rendir cuentas de los cargos que desempeñen en los términos y condiciones que determine la ley".

C. El principio de la responsabilidad patrimonial del Estado

Una de las innovaciones importantes de la Constitución de 1999 en materia de régimen general del ejercicio del Poder Público, es la previsión expresa del principio de la responsabilidad patrimonial del Estado, es decir, de las personas jurídicas estatales, básicamente la que resultan de la distribución vertical del Poder Público (Repúblicas, Estados y de Municipios); por los daños y perjuicios que causen los funcionarios en ejercicio de sus funciones.

En la Constitución de 1961, el principio de la responsabilidad del Estado se deducía de la previsión del artículo 47, que establecía que las personas no podían pretender que los entes estatales los indemnizaren sino por daños causados por "autoridades legítimas en ejercicio de su función pública"; y del artículo 206, que regulaba la jurisdicción contencioso administrativa (equivalente al artículo 259 de la Constitución de 1999), al atribuirle a los tribunales de dicha jurisdicción, competencia para dictar sentencias de condena "al pago de sumas de dinero y a la reparación de daños y perjuicios originados n responsabilidad de la Administración".

En la nueva Constitución, sin embargo, se incluyó una norma expresa en la materia, con el siguiente texto:

> "*Artículo 140*: El Estado responderá patrimonialmente por los daños que sufran los particulares en cualquiera de sus bienes y derechos, siempre que la lesión sea imputable al funcionamiento de la Administración Pública."

La expresión "funcionamiento de la Administración Pública" admite que la responsabilidad del Estado se origine cuando la lesión se derive tanto del funcionamiento normal como del funcionamiento anormal de la Administración Pública.

Se observa, ante todo, que conforme a este artículo, la responsabilidad es del "Estado", es decir, de las personas jurídicas estatales en particular, de la República, de los Estados y de los Municipios en sus respectivos niveles territoriales, por el funcionamiento de sus Administraciones Públicas.

Ahora bien, en cuanto a la expresión "Administración Pública" utilizada en este artículo, en todo caso, debe interpretarse conforme se utiliza la expresión en el Título IV de la Constitución, donde está ubicada, abarcando no sólo la Administración Pública conformada por los órganos que ejercen el Poder Ejecutivo, en los y tres niveles político territoriales, sino la conformada por los órganos que ejercen el Poder Ciudadano y el Poder Electoral, así como la Administración Pública que constituye la Dirección Ejecutiva de la Magistratura del Tribunal Supremo de Justicia y las unidades administrativas de la Asamblea Nacional.

La redacción de la norma, sin embargo, no permite su aplicación a los casos de responsabilidad del Estado legislador, causada, por ejemplo, al sancionar una ley. En cuanto a la responsabilidad del Estado por actos judiciales o de los jueces, ésta, sin embargo, sí está regulada expresamente en los artículos 49,8 y 255 de la Constitución.

El principio de la responsabilidad patrimonial del Estado, por la actividad de la Administración Pública, por otra parte, lo reitera el artículo 14 de la LOAP, que: aún cuando en forma impropia al disponer y la responsabilidad patrimonial sería de la "Administración Pública", cuando esta no es sujeto de derecho ni persona jurídica. La norma, en efecto, señala:

La Administración Pública será responsable ante los particulares por la gestión de sus respectivos órganos, de conformidad con la Constitución de la República Bolivariana de Venezuela y la ley, sin perjuicio de la responsabilidad que corresponda a los funcionarios por su actuación.

La Administración Pública responderá patrimonialmente por los daños que sufran los particulares, siempre que la lesión sea imputable a su funcionamiento.

La "Administración Pública", en efecto, no puede ser responsable pues no es un sujeto de derecho; la responsabilidad es de las personas jurídicas estatales político–territoriales, (República, Estado, Municipios, Distritos Metropolitana), o descentralizadas (p.e. institutos autónomos) que la Constitución comprende en la expresión "Estado".

D. El principio de finalidad de la Administración Pública

La Constitución de 1999 en forma expresa establece que "la Administración Pública está al servicio de los ciudadanos" (art. 141); lo que reitera el artículo 3° de la LOAP, sustituyendo, sin embargo, la expresión ciudadanos por "particulares", agregando que en su actuación la Administración Pública debe dar preferencia a la atención de los requerimientos de la población y a la satisfacción de sus necesidades (art. 5).

Por su parte, el artículo 3 de la LOAP, señala que el "principal objetivo" de la organización y funcionamiento de la Administración Pública, es dar eficacia a los principios, valores y normas consagrados en la Constitución y, en especial, conforme se indica en el artículo 19 de la Constitución, "garantizar a todas las personas, conforme al principio de progresividad y sin discriminación alguna, el goce y ejercicio irrenunciable, indivisible e interdependiente de los derechos humanos".

La Administración Pública, agrega el artículo 5 de la LOAP, debe asegurar a los particulares la efectividad de sus derechos cuando se relacionen con ella; además, debe tener entre sus objetivos, la continua mejora de los procedimientos, servicios y prestaciones públicas, de acuerdo con las políticas fijadas y teniendo en cuenta los recursos disponibles, determinando al respecto las prestaciones que proporcionan los servicios de la Administración Pública, sus contenidos y los correspondientes estándares

E. El principio de la publicidad de los actos generales

Todos los reglamentos, resoluciones y actos administrativos de carácter general dictados por la Administración Pública deberán ser publicados, sin excepción, en la Gaceta Oficial de la República, según el caso, en el medio de publicación oficial del Estado, Distrito metropolitano o Municipio correspondiente (art. 13). La norma recoge el principio general del comienzo de la eficacia de los actos administrativos de efectos generales (normativos) o de carácter general (destinados a varios sujetos de derecho), sujetándolo a la publicación en la Gaceta Oficial.

El artículo 13, sin embargo, además de referirse a los reglamentos (siempre de carácter normativo) y a los actos administrativos de carácter general, menciona a las "resoluciones". Estas, conforme a la Ley Orgánica de Procedimientos Administrativos (art. 16) son los actos administrativos que emanan de los Ministros del Ejecutivo Nacional, por lo que las mismas, sean o no de efectos generales o de carácter general, deben publicarse en la Gaceta Oficial.

En cuanto a los Estados, Distritos Metropolitanos y Municipios, los actos de los mismos de orden normativo o de carácter general, también deben publicarse en la correspondiente "publicación oficial" de las entidades respectivas.

Sección Cuarta: ACTIVIDAD ADMINISTRATIVA Y LEGALIDAD ADMINISTRATIVA

Esta Sección regoge el texto elaborado en 2005 con motivo de la preparación del Tomo III de la obra *Derecho Administrativo* que comenzó a ser editada en Bogotá por la Universidad Externado de Colombia, habiendo quedado en dos Tomos inconclusa.

I. EL PRINCIPIO DE LEGALIDAD

El principio de la legalidad, según el cual toda actuación de los órganos del Estado debe desarrollarse de conformidad con el derecho, como se ha visto, es la construcción jurídica más importante del Estado de derecho. De allí que incluso, el artículo 137 de la Constitución, disponga expresamente que ésta y "las leyes definen las atribuciones de los órganos del Poder Público, a las cuales deben sujetarse las actividades que realicen".

Pero legalidad, en el sentido etimológico de la palabra, es lo que está conforme con la ley, por lo que esta expresión, de acuerdo al sentido de la norma constitucional, debe ser entendida en sentido amplio y como sinónimo de derecho. Conforme a esto, el principio de la legalidad aplicado al Estado, no es más que la conformidad con el derecho que debe acompañar a todos los actos de los órganos del Estado dictados en ejercicio del Poder Público. Es decir, el principio según el cual toda la actividad del Estado debe estar conforme con el derecho de ese Estado[110].

De acuerdo a esta concepción, por tanto, todos los órganos del Estado están sometidos al ordenamiento jurídico en cuya cúspide está la Constitución. Para algunos órganos del Estado, sin embargo, como se ha visto, por su posición en la jerarquía de las normas, el derecho al cual deben someter su actuación, solo está consagrado en la Constitución (es el caso del Parlamento y de algunas actuaciones del gobierno), por lo que el principio de la legalidad sería mas propiamente, en esos casos, sólo "principio de la constitucionalidad". Pero para la Administración Pública, el orden jurídico al cual deben someterse los órganos administrativos está conformado por todas las fuentes del derecho, comprendidas la Constitución, las leyes, y los reglamentos en el ámbito que resulte del grado que ocupe en la jerarquía administrativa el órgano en particular; y por supuesto, comprendidos también los principios generales del derecho.

Ahora bien, en la tradición latinoamericana, la noción de principio de la legalidad tiene su antecedente remoto en el principio de la supremacía constitucional que conforme

110 *Cfr.* Allan R. Brewer–Carías, *Las Instituciones Fundamentales del Derecho Administrativo y la Jurisprudencia Venezolana.* Publicaciones de la Facultad de Derecho, Universidad Central de Venezuela, Caracas, 1964, p. 23. Ello se desprende, por otra parte, del artículo 259 de la Constitución cuando atribuye a los órganos de la jurisdicción contencioso–administrativa competencia para declarar la nulidad de los actos administrativos generales o individuales *contrarios a derecho.*

al modelo norteamericano nuestros países republicanos adoptaron desde comienzos del siglo pasado (1811), y en su consecuencia elemental: el control judicial de la constitucionalidad de las leyes, que forma parte de nuestra tradición constitucional. Por ello, estando sometido el Parlamento, desde siempre, a control judicial de la constitucionalidad, con mayor razón la Administración ha estado sometida al control judicial de la legalidad, en su sentido más amplio.

Por supuesto, y siempre dentro del marco constitucional, la legalidad en nuestra tradición jurídica también ha estado sometida a ciertas "inflexiones", en particular las que derivan de lo que en Francia se han denominado "circunstancias excepcionales", y que en América Latina ha encontrado encuadramiento constitucional, desde comienzos del Siglo XX, en la posibilidad atribuida al Poder Ejecutivo, generalmente con intervención legislativa, de restringir las garantías constitucionales de los derechos fundamentales y decretar el estado de emergencia, estado de sitio o estado de urgencia.

La experiencia histórica de las situaciones excepcionales llevó así al constituyente latinoamericano a preverlas constitucionalmente[111], modificándose, al adoptarlas, el ámbito de la legalidad que rige la Administración Pública, pero sin que quede excluida la posibilidad de control judicial de constitucionalidad y legalidad conforme al nuevo marco jurídico que derive de dichas medidas.

Ahora bien, aplicado específicamente a la Administración Pública, el principio de la legalidad se ha consolidado en América Latina, al igual que en Francia, fundamentalmente con la construcción jurisprudencial de los principios generales del derecho, y en concreto, del derecho administrativo, muchos de ellos desgajados de la propia Constitución, en virtud de la consagración tradicional en las Constituciones de nuestros países, desde 1811, de un largo y completo elenco de derechos y garantías. Es cierto, que por muchas décadas y con altibajos cíclicos, muchos de dichos derechos, en muchos países, no han tenido efectiva aplicación; sin embargo, cuando han tenido efectividad, se han configurado en la principal fuente de los principios generales del derecho administrativo. Así ha sucedido, por ejemplo, con el derecho a la defensa, con el principio de la igualdad y no discriminación, con el de la no retroactividad de los actos administrativos, con la teoría de la indemnización debida por la lesión a los derechos adquiridos, etc. formulados en gran parte por la jurisprudencia.

Estos principios han sido, precisamente los que han encontrado consagración positiva en las leyes de procedimientos administrativos, produciéndose, con su conversión en derecho positivo, un mayor afianzamiento del principio de la legalidad, en relación, particularmente, a la actividad administrativa[112].

En efecto, la actividad administrativa es una de las actividades del Estado, siendo las otras la actividad legislativa, la actividad de gobierno y la actividad judicial (jurisdiccional en la terminología francesa) distinguiéndose entre sí, entre otros aspectos, como se ha analizado anteriormente, por el grado que ocupan en la graduación o escalona-

111. Al contrario de lo que sucedió en Francia, donde sólo fue en la Constitución de 1958 en la cual se reguló *l'etat de siège* (art. 36). Con anterioridad, la consagración del "estado de sitio" había tenido rango legislativo desde el Siglo pasado. Asimismo ha sucedido con el estado de urgencia regulado legislativamente sólo a partir de 1955. *V.* las referencias en G. Vedel y Pierre Devolvé, *Droit Administratif*, París, 1984, pp. 420–421. El rango legal de la institución en Francia radica en la no consagración constitucional de los derechos fundamentales.

112 *V.* Allan R. Brewer–carías, *Principios del procedimiento administrativo*, Civitas, Madrid 1990, pp. 35 y ss.

miento del orden jurídico que derive de la Constitución, según la concepción de la creación del derecho por grados difundida por H. Kelsen[113].

De acuerdo a esta concepción, la actividad administrativa siempre es de rango sublegal, (al igual que la judicial), en contraste con la actividad legislativa y la actividad de gobierno, que siempre son de rango legal, es decir, ocupan el primer escalón en la producción del orden jurídico, pues son actividades que el Parlamento o el Presidente de la República ejercen en ejecución directa de normas constitucionales.

A pesar de que la actividad de gobierno y administrativa del Estado provengan de un mismo órgano del Poder Ejecutivo, sin embargo, las mismas no pueden confundirse, pues ocupan una diversa jerarquía en el orden jurídico, razón por la cual lo que es "legalidad" para los actos administrativos sólo es "constitucionalidad" para los actos de gobierno.

Conforme a ello, en la concepción latinoamericana, los actos de gobierno, como se ha argumentado, definitivamente no son actos administrativos, pues al ser dictados por el Presidente de la República en ejecución directa de la Constitución, tienen rango legal y no sublegal. En consecuencia, al no tratarse de actos administrativos, dichos actos, al igual que ha sucedido en Francia con la concepción del "acto de gobierno"[114], no están sometidos al control jurisdiccional contencioso–administrativo, pero no porque sean pretendidas excepciones o inflexiones al principio de la legalidad, sino porque simplemente no son actos administrativos. Pero la exclusión del control jurisdiccional contencioso–administrativo no significa que están excluidos de todo control jurisdiccional, como en Francia, pues en América Latina siempre están sometidos al control jurisdiccional que les es propio, el de la justicia constitucional, pues solo están sujetos a normas constitucionales.

En todo caso, el principio de la legalidad en su aplicación a la Administración Pública, ha sido claramente determinado por la jurisprudencia venezolana en decisión de la antigua Corte Federal al expresar que "todas las actividades de la autoridad administrativa deben ceñirse a reglas o normas preestablecidas; de ahí, el principio de legalidad de los actos administrativos, según el cual, éstos carecen de vida jurídica no sólo cuando les falta como fuente primaria, un texto legal, sino también, cuando no son ejecutados en los límites y dentro del marco señalado de antemano por la ley". Esta necesidad que tiene la Administración Pública, como conjunto de órganos estatales, de ejercitar sus funciones sólo dentro de los precisos límites del derecho positivo es, ciertamente, como también lo ha recalcado la jurisprudencia, una "garantía establecida en beneficio de los particulares o administrados contra las posibles *arbitrariedades* de la autoridad ejecutiva"[115].

Este principio de *legalidad* o de actuación en conformidad con el derecho, por tanto, implica que las actividades que realicen todos los órganos que ejercen el Poder Público y no sólo los que conforman la Administración Pública, deben someterse a la Constitución y a las leyes. La consecuencia de ello, en un Estado de derecho como el que organiza la Constitución de 1999, es que las actividades contrarias al derecho están someti-

---

113. *V.* H. Kelsen, *Teoría Pura del Derecho*, Buenos Aires, 1981, p. 135.

114. *V.* J. M. Auby y R. Drago, *Traité de Contentieux Administratif*, París, 1984, t. 2, p. 166.

115 *V.* Sentencias de la antigua Corte Federal de 17 de julio de 1953 y de 23 de octubre de 1953 en nuestro trabajo "Algunas Bases del Derecho Público en la Jurisprudencia Venezolana", *RFD*, N° 27, 1963, p. 145. Asimismo, en *GF*, 2ª etapa N° 1, 1953, p. 151 y en *GF*, 2ª etapa N° 2, 1953, p. 64.

das al control tanto de la jurisdicción constitucional (art. 334) como de la jurisdicción contencioso administrativa (art. 259), cuyos tribunales pueden anularlos.

En relación con la Administración Pública, la Ley Orgánica de la Administración Pública expresa formalmente el principio, vinculándolo a la competencia, para lo cual, además, precisa la jerarquía de las fuentes del derecho aplicable a la Administración, así:

> *Artículo 4º.* La Administración Pública se organiza y actúa de conformidad con el principio de legalidad, por el cual la asignación, distribución y ejercicio de sus competencias se sujeta a la Constitución de la República Bolivariana de Venezuela, a las leyes y a los actos administrativos de carácter normativo, dictados formal y previamente conforme a la ley, en garantía y protección de las libertades públicas que consagra el régimen democrático a las personas.

Se destaca de esta norma, como se dijo, la indicación formal de la jerarquía de las fuentes del derecho: 1) la Constitución, 2) las leyes y 3) los actos administrativos normativos; y la referencia al principio teleológico de la sumisión a la ley, cuyo fin es la garantía y protección de las libertades públicas propias del régimen democrático. Las fuentes del derecho, además, para ser tales, deben haberse dictado formal y previamente a la actividad que se regule, lo que implica la proscripción de la retroactividad de la ley.

El principio de la *legalidad*, además, se erige como un principio en el cual se fundamenta la Administración Pública, definiéndose como "el sometimiento pleno a la ley y al derecho" (art. 141), y es una de las misiones fundamentales de los órganos del Poder Ciudadano, consistente en velar por "la aplicación del principio de la legalidad en toda la actividad administrativa del Estado" (art. 274).

Adicionalmente, el artículo 8 de la LOAP recoge la previsión del artículo 7 de la Constitución, y precisa que "todos los funcionarios de la Administración Pública están en la obligación de cumplir y hacer cumplir la Constitución". Toda autoridad, por tanto, deriva y debe ejecutarse conforme a la Constitución.

Ahora bien, dos aspectos nos interesa destacar en el estudio del principio de la legalidad aplicado a la Administración: en primer lugar, los principios que derivan del carácter sublegal de la actividad administrativa; y en segundo lugar, los principios elaborados jurisprudencialmente y recogidos en la Ley Orgánica de Procedimientos Administrativos, limitativos al ejercicio del poder discrecional.

II. EL CARÁCTER SUB LEGAL DE LA ACTIVIDAD ADMINISTRATIVA

El carácter sub–legal de la actividad administrativa, ha tenido consagraciones particulares por lo que se refiere al principio de la sujeción a la ley, al respeto del principio de la reserva legal, al respeto de la jerarquía de las normas administrativas, así como al principio del paralelismo de las formas.

1. El respeto a la ley

La consecuencia más elemental de la formulación del carácter sub legal de la actividad administrativa, es el respeto a la ley, es decir, el respeto a las regulaciones normativas adoptadas por el Parlamento. Esto, por supuesto, tiene enorme importancia en América Latina, donde las relaciones entre la Ley y el Reglamento se dan en una forma radicalmente distinta a como se han formulado en la Constitución francesa de 1958[116]. No hay en Hispanoamérica nada que se parezca a la consagración constitucional de un ámbito de materias asignadas, como "*numerus clausus*", al Legislador, quedando todo el resto de las materias al ámbito reglamentario[117]. Al contrario, en España[118] y América Latina, la competencia legislativa es la normal[119] es decir, es el "derecho común", siendo la competencia reglamentaria la "excepción" de manera que, incluso, materias reguladas reglamentariamente pueden, sin límite cuando lo decida el Legislador, ser objeto de regulación legislativa.

Como consecuencia de este principio, la Administración siempre está sometida a las disposiciones legislativas que dicte el Parlamento, no existiendo, en consecuencia, en nuestros países, materias que puedan considerarse "reservadas" al poder reglamentario.

En consecuencia, la Administración no puede dictar disposiciones contrarias a las leyes. En consecuencia, toda la actividad administrativa, siempre es de rango sub legal, de manera que la Administración no puede en forma alguna contrariar la ley; pudiendo, además, el Legislador regular cualquier materia sin que existan campos reservados al poder reglamentario.

2. El respeto a la reserva legal (dominio reservado al legislador)

Pero en segundo lugar, el carácter sub legal de la actividad administrativa implica que la Administración debe siempre respetar la denominada "reserva legal" es decir, las materias que la Constitución asigna de manera exclusiva al legislador, de manera que aún en ausencia de ejercicio del poder regulador por el Parlamento, la materia reservada al Legislador no puede ser objeto de reglamentación por vía administrativa.

Entre estas materias reservadas al Legislador, en el sistema constitucional de América Latina, está el régimen de los derechos fundamentales. En efecto, estando los derechos fundamentales consagrados en las Constituciones, la primera y más importante de las garantías constitucionales a estos derechos es precisamente el de la reserva legal, es decir, que sólo el Legislador mediante ley formal puede establecer regulaciones, limitaciones o restricciones al ejercicio de dichos derechos dentro del marco de las regulaciones constitucionales[120]. Ello implica, por tanto, que la Administración y particularmente el reglamento, no pueden limitar o restringir los derechos y garantías constitucionales, aun en aspectos que no hayan sido objeto de regulación expresa mediante Ley.

Además de las regulaciones sobre derechos fundamentales, por supuesto, otras múltiples materias reguladas en la parte orgánica de la Constitución, están también reservadas al Legislador, y así es frecuente que los artículos constitucionales remitan al Legislador, por ejemplo, para la organización y funcionamiento de los Municipios o de órganos nacionales como el Fiscal General de la República o el Contralor General de la Re-

---

116. Arts. 34 y 37.

117. *V.* M. Waline, "Les rapports entre la loi et le réglement", *Revue du Droit Public et de la Science Politique en France et a l'etrangeer*, París, 1959, p. 699.

118. *V.* Juan Alfonso Santamaría Pastor y Luciano Parejo Alfonso, *Derecho Administrativo. La Jurisprudencia del Tribunal Supremo*, Madrid, 1969, p. 67.

119. *V.* Allan R. Brewer–Carías, *Las Instituciones Fundamentales del Derecho Administrativo y la Jurisprudencia Venezolana*, Caracas, 1964, p. 37.

120. *V.* Allan R. Brewer–Carías, "Les garanties constitucionnelles des droits de l'Homme dans les pays de l'Amérique Latine (Notamment au Vénézuéla)" *Revue international de droit compare*, París, 1977, N° 1, p. 48.

pública; y en todo caso, para el establecimiento de impuestos, tasas y contribuciones. Todas estas materias de la reserva legal constituyen un límite a la actividad administrativa y una parcela esencial del principio de la legalidad.

Pero además de la formulación expresa de la reserva legal, como por ejemplo sucede, en general, con las materias de carácter tributario[121], el principio de la reserva legal ha resultado en muchos casos, de la construcción jurisprudencial de principios generales del derecho. Es el caso del establecimiento de sanciones administrativas, que se reserva al Legislador, en base al principio derivado del postulado constitucional *nullum crimen nulla poena sine legge* que se consagra en la Constitución[122], y que la jurisprudencia contencioso–administrativa ha considerado aplicable al ámbito de las sanciones administrativas, al declarar la nulidad de normas reglamentarias que han previsto sanciones por infracciones no establecidas en la Ley[123].

Como consecuencia de esto, son típicas materias de la reserva legal las expresamente establecidas como tal en las Constituciones; la regulación, limitación o restricción de los derechos y garantías constitucionales; la creación de impuestos, tasas y contribuciones, y el establecimiento de infracciones y sanciones administrativas.

La sanción a la violación de la reserva legal por los actos administrativos, por supuesto, al tratarse de una violación de normas constitucionales, acarrea la nulidad absoluta (Art. 25).

Este principio de la reserva legal, además, ha encontrado consagración expresa en la Ley Orgánica de Procedimientos Administrativos que establece:

> "*Art. 10.* Ningún acto administrativo podrá crear sanciones, ni modificar las que hubieran sido establecidas en las leyes, crear impuestos u otras contribuciones de derecho público, salvo dentro de los límites determinados por la Ley"[124].

De la norma de la legislación venezolana, sin embargo, resulta, en principio, la posibilidad de "delegación legislativa" en materia de reserva legal lo cual ha sido admitido, por ejemplo, en materia de determinación de tasas por servicios y de establecimiento de infracciones[125].

Por último, debe advertirse que el ámbito de la reserva legal también puede plantearse constitucionalmente en las relaciones entre los actos de gobierno y los actos administrativos. Así, cuando las Constituciones, por ejemplo, atribuyen al Presidente de la República la potestad de restringir las garantías constitucionales, la consecuencia directa es la restricción o suspensión de la reserva legal, y por tanto, la "ampliación" de potestades "legislativas" del Presidente de la República[126]. En esos casos, los decretos–leyes que dicte el Presidente de la República deben estar fundamentados en el decreto de res-

---

121. El art. 317 de la Constitución por ejemplo establece que "No podrán cobrarse impuestos, tasas, ni contribuciones que no estén establecidos por la Ley".

122. El art. 49.6 de la Constitución establece, así, que "Ninguna persona podrá ser sancionada por actos u omisiones que no fueren previstos como delitos, faltas o infracciones en leyes preexistentes".

123. Sentencia de la Corte Suprema de Justicia en Sala Político Administrativa (Venezuela), 5 de junio de 1986, *Revista de Derecho Público*, N° 27, Caracas, 1986, pp. 88–89.

124. En igual sentido, art. 27 de la Ley española de Régimen Jurídico de la Administración del Estado.

125. En estos casos, la jurisprudencia venezolana ha atribuido a estos reglamentos dictados en materias de reserva legal con autorización expresa del legislador, incluso, rango legal. *V.* Sentencia de la Corte Suprema de Justicia en Sala Político Administrativa de 27 de enero de 1971, en Allan R. Brewer Carías, *Jurisprudencia de la Corte Suprema 1953–1974 y Estudios de Derecho Administrativo*, T. III, Vol. 1, Caracas, 1976, pp. 135 y 136.

126. *V.* En Allan R. Brewer–Carías, "Les garanties constitucionnelles...", *loc. cit.*, p. 49.

tricción, pues de lo contrario tendrían que ser considerados como simples actos administrativos que no podrían invadir la reserva legal.

3. El respeto de los actos administrativos reglamentarios

Pero es evidente que el principio de la legalidad, aplicado a los actos administrativos, no solo implica sumisión a la Constitución y a la Ley, sino también respeto a los propios actos normativos dictados por la Administración Pública, es decir, que los actos administrativos individuales deben estar sometidos, como condición de legalidad, a lo prescrito por los actos administrativos reglamentarios.

Es el principio conocido como el de la inderogabilidad singular de los Reglamentos, el cual desarrollado desde hace años por la jurisprudencia francesa[127], ha encontrado consagración positiva expresa en muchos países, y en particular, en la Ley de Procedimientos Administrativos, que prescribe lo siguiente:

> "*Art. 13.* Ningún acto administrativo podrá violar lo establecido en otro de superior jerarquía; ni los de carácter particular vulnerar lo establecido en una disposición administrativa de carácter general, aun cuando fuesen dictados por autoridad igual o superior a la que dictó la disposición general".

De esta normas entre otras, deriva la obligación que tienen los órganos administrativos, al dictar actos administrativos individuales, de respetar los reglamentos, o en otros términos, la prohibición de la derogación singular de los reglamentos en la resolución de un caso concreto. Esto implica no sólo la obligación de respeto de los reglamentos dictados por órganos administrativos superiores, sino la obligación de los órganos administrativos, al dictar un acto individual, de observar sus propios reglamentos (*Tu patere legem quam fecisti*), e incluso, la obligación de los órganos administrativos en la resolución de casos individuales, de observar lo establecido con carácter reglamentario por órganos de inferior jerarquía.

Este principio del respeto de los actos administrativos normativos por los actos administrativos individuales, sin duda, tienen su fundamento último en el principio de la igualdad y no discriminación, que resultaría violado si se permitiera la resolución individual de asuntos al margen de las disposiciones reglamentarias.

Desde el punto de vista práctico, las normas mencionadas implican que si se dicta una Resolución reglamentaria por un Ministro por ejemplo, no sólo este funcionario no puede vulnerarla con sus actos administrativos individuales, sino que el Presidente de la República tampoco puede vulnerar dicha disposición general, con un acto individual. En esta forma, si el Ministro quiere apartarse de su acto reglamentario para decidir un caso concreto, no puede hacerlo sin antes modificar el acto reglamentario, mediante otro acto reglamentario; es decir, tiene que reformar el reglamento y luego adoptar la decisión individual conforme a la reforma. Lo mismo sucede respecto de los actos del órgano superior si existe una Resolución ministerial de carácter reglamentario, no puede el Presidente de la República mediante un Decreto individual, modificar el acto reglamentario ministerial; tendría que dictar previamente un Decreto reglamentario cambiando el régimen, para luego dictar el acto individual[128].

---

127. *V.* en J. M. Auby y R. Drago, *Traité de Contentieux Administratif*, París, 1984, T. 2, pp. 355–358.

128. *V.* Allan R. Brewer–Carías, *El Derecho Administrativo y la Ley Orgánica de Procedimientos Administrativos*, Caracas, 1985, pp. 41–42.

4. El respeto de la jerarquía de los actos administrativos y el paralelismo de las formas

Pero además del respeto de los actos reglamentarios, el principio de la legalidad aplicado a los actores administrativos impone a los órganos administrativos el respeto de la jerarquía de los propios órganos y actos, particularmente cuando se trata de actos administrativos individuales. En consecuencia, ningún acto administrativo puede vulnerar los preceptos de otro de grado superior, por lo que los actos administrativos dictados por órganos interiores en la jerarquía administrativa no pueden violar o desconocer lo establecido en actos individuales dictados por órganos de jerarquía superior.

A los efectos de dar mayor efectividad al principio, la Ley Orgánica de Procedimientos Administrativos han establecido expresamente la jerarquía de los actos administrativos, conforme a la jerarquía de los órganos administrativos, en la siguiente forma: "decretos, resoluciones, órdenes, providencias y otras decisiones dictadas por órganos y autoridades administrativas" (art. 14)[129].

Por interpretación a contrario del principio del respeto de la jerarquía de los actos administrativos, resulta evidente que los órganos de la Administración Pública pueden, en principio, revisar, derogar, modificar o revocar sus propios actos administrativos, siempre que ello se haga por el mismo órgano que lo emanó o por el superior jerárquico, salvo que la ley haya prescrito una desconcentración mediante asignación exclusiva de competencia al órgano inferior.

En cuanto a los actos administrativos reglamentarios, por tener por objeto situaciones jurídicas generales e impersonales, los mismos pueden siempre ser modificados o derogados por la misma autoridad que los dictó, en cuyo caso, en principio, debe respetarse el principio denominado del paralelismo de las formas, es decir, que el acto reglamentario modificatorio o derogatorio del anterior debe ser dictado respetándose las mismas formalidades y formas prescritas por la Ley que se siguieron en la formulación del acto inicial. El mismo principio, por supuesto, se aplica en materia de modificación o revocación de actos administrativos individuales, en los casos en los cuales tal modificación o revocación pueda producirse, siempre que no se lesionen derechos adquiridos[130].

---

129. La Ley además, define cada uno de estos actos así: *Art. 15.* Los decretos son las decisiones de mayor jerarquía dictadas por el Presidente de la República y, en su caso, serán refrendados por aquél o aquellos Ministros a quienes corresponda la materia, o por todos, cuando la decisión haya sido tomada en Consejo de Ministros. En el primer caso, el Presidente de la República cuando a su juicio la importancia del asunto lo requiera, podrá ordenar que sea refrendado, además, por otros Ministros. *Art. 16.* Las resoluciones son decisiones de carácter general o particular adoptadas por los Ministros por disposición del Presidente de la República o por disposición específica de la ley. Las resoluciones deben ser suscritas por el Ministro respectivo. Cuando la materia de una Resolución corresponda a más de un Ministro, deberá ser suscrita por aquellos a quienes concierna el asunto. *Art. 17.* Las decisiones de los órganos de la Administración Pública Nacional, cuando no les corresponda la forma de decreto o Resolución, conforme a los artículos anteriores tendrán la denominación de orden o providencia administrativa. También, en su caro, podrán adoptar las formas de instrucciones o circulares.

130. *V.* G. Isaac, *La Procédure Administrative non Contentieuse*, París, 1968, p. 306.

LIBRO SEGUNDO: SOBRE LOS ACTOS ADMINISTRATIVOS

Este Libro Segundo del Tomo III del *Tratado de Derecho Administrativo*, está confirmado por dos estudios que son, en primer lugar, el Título I del libro *Las Instituciones Fundamentales del Derecho Administrativo y la Jurisprudencia Venezolana*, Universidad Central De Venezuela, Caracas 1964, que fue mi Tesis Doctoral; y en segundo lugar, el estudio sobre."La importancia de la noción del acto administrativo y los problemas de su definición, que fue elaborado en 2005 para la obra *Derecho Administrativo* que se comenzó a editar en Bogotá en ese año, y que quedó inconclusa con dos Tomos publicados. En dicho estudio se integraron dos trabajos: el primero, "Sobre la importancia para el derecho administrativo, de la noción del acto administrativo y de sus efectos", preparado para una de las Jornadas Internacionales de Derecho Administrativo organizadas por FUNEDA, y publicado en *Los efectos y la ejecución de los actos administrativos. III Jornadas Internacionales de Derecho Administrativo Allan Randolph Brewer–Carías*, Caracas 1997, Fundación Estudios de Derecho Administrativo (FUNEDA), Caracas 1997, pp. 19–43; y el segundo, el trabajo que redacté para el libro homenaje al profesor Eloy Lares Martínez, sobre "El problema de la definición del acto administrativo" en *Libro Homenaje al Doctor Eloy Lares Martínez*, Tomo I, Facultad de Ciencias Jurídicas y Políticas, Universidad Central de Venezuela, Caracas 1984, pp. 25–78.

Sección Primera: TEORÍA DE LOS ACTOS ADMINISTRATIVOS (1964)

Esta Sección Primera sobre "La teoría de los actos administrativos" es el Título II del libro *Las Instituciones Fundamentales del Derecho Administrativo y la Jurisprudencia Venezolana* que fue mi Tesis de Doctor en Derecho de la Universidad Central de Venezuela, escrita en Paris entre septiembre de 1962 y junio de 1963, publicada en la Colección Tesis de Doctorado, Vol. IV, Facultad de Derecho, Universidad Central de Venezuela, Caracas 1964. Se trató de mi primera aproximación al tema de los actos administrativos, la cual se publica aquí en su versión original, incluyendo las referencias a la Constitución de 1961, que era la entonces vigente, y a la legislación anterior a 1963. Algunas partes de dicho Título fueron además, publicadas aisladamente, como fue el

caso del artículo sobre: "Consideraciones sobre la ilegalidad de los actos administrativos en el derecho venezolano," en *Revista del Colegio de Abogados del Distrito Federal*, Nº 127–128, Caracas, enero–diciembre 1964, pp. 19–61;" y en *Revista de Administración Pública*, Instituto de Estudios Políticos, Nº 43, Madrid, enero–abril 1964, pp. 427–456

Se admite doctrinalmente que, dentro del conjunto de fenómenos que la realidad presenta continuamente, cuando se examinan las diversas modificaciones que va sufriendo en el devenir de la vida diaria, se encuentra, como causa o motivo de ellas, un determinado acaecimiento o suceso del que se considera, precisamente como efecto, aquella específica modificación de la realidad: este suceso o acaecimiento se conoce con el nombre de hecho.

Cuando la realidad sobre la que el hecho opera es una realidad jurídica, el suceso que la determina es, a su vez, un hecho jurídico, o sea, un suceso o acaecimiento que produce una modificación jurídica.

Pero dentro del concepto general de hecho jurídico, hay que señalar a la vez un grupo importantísimo de acaecimientos cuya característica consiste en que son la expresión de la voluntad humana. A esta clase de hechos es a la que se le da el nombre de actos; y, en consecuencia, "acto jurídico es el acaecimiento, caracterizado por la intervención de la voluntad humana, para la realización de un fin jurídico determinado"[1].

De esta noción jurisprudencial de acto jurídico podemos derivar algunas consecuencias interesantes: En primer lugar, todo acto jurídico es siempre una manifestación de voluntad de un sujeto de derecho. Pero la manifestación de voluntad supone esencialmente que su autor quiere que se produzca un efecto jurídico. Sin embargo, para que ello sea realidad desde el punto de vista del derecho, el autor del acto ha de tener la posibilidad de querer ese efecto de derecho. Y he aquí la segunda consecuencia: el acto jurídico supone un poder legal o potestad jurídica que permita a su autor querer que el efecto jurídico se realice.

Por tanto, acto jurídico será aquella manifestación de voluntad que, en ejercicio de un poder legal, realiza un sujeto de derecho con la finalidad de producir un efecto jurídico determinado.

En base a estos conceptos generales, podemos entrar a desarrollar la Teoría de los Actos Administrativos en nuestro ordenamiento jurídico y especialmente en nuestra jurisprudencia administrativa.

Para el estudio sistemático del tema analizaremos sucesivamente la definición del acto administrativo, sus requisitos, sus efectos y sus diversas clases.

---

1 CSJ–CP–27–1, 15–3–62

I. LA DEFINICIÓN DEL ACTO ADMINISTRATIVO

1. El concepto

La antigua Corte Federal ha definido al acto administrativo como aquella "declaración de voluntad realizada por la Administración con el propósito de producir un efecto jurídico"[2].

Esta definición sencilla, que nos da nuestro Tribunal Supremo en lo contencioso–administrativo, está cargada de profundas e innumerables consecuencias que es preciso analizar detalladamente.

2. Análisis del concepto

A. El acto administrativo es una declaración de voluntad

a. *Noción previa*

No es posible referirse a los actos de las personas morales de Derecho Público sin emplear términos psicológicos tales como "querer" o "voluntad", propios de las personas físicas o naturales. Lamentablemente no existe, en materia jurídica, un término que, refiriéndose a los actos de las personas jurídicas, quiera significar lo mismo que "manifestación de voluntad".

Por ello queda claro que, cuando se habla de voluntad del Estado o de cualquier género de persona jurídica o moral, no puede entenderse la realidad psicológica conocida bajo ese nombre, pues en ese sentido son incapaces de querer. Así, lo que se llama manifestación de voluntad de las personas morales, no es más que la expresión antropomórfica de una determinación. Por tanto, cuando la acción de un órgano de una persona moral es considerada como una manifestación de voluntad de ella, esa acción no le es imputada porque ella misma lo quiso, sino que, a la inversa, la persona moral quiere una acción porque y en tanto le es imputada[3].

En definitiva, cuando hablamos de los actos administrativos como manifestaciones de voluntad de la Administración, y cuando esa manifestación emana del órgano compe-

---

2 CF–59–1, 3–6– 59. Sobre la Teoría del Acto Administrativo en la doctrina, *V.*: M. S. Giannini, "Atto Amministrativo", *Enciclopedia del Diritto*, Edizione speciale per gli studenti dell'Università di Roma, Giuffré, 1960, pp. 23 a 110; M. Stassinopoulos, *Traité des Actes Administratifs*, Collection de l'Institut Français d'Athènes, N° 82, Atenas, 1954; M. M. Diez, *Los Actos Administrativos*, Buenos Aires, 1956; R. Fernández De Velazco, *El Acto Administrativo*, Madrid, 1929; Charles Eisenmann, *Droit Administratif Approfondi (Les Actes juridiques du Droit Administratif)*, Cours de Doctorat, 1956–1957, Editions Cujas, Paris, 1957; M. Lefebure, *Le pouvoir d'action unilaterale de f Administration en droit anglais et français*, Librairie Générale de Droit et de Jurisprudence, Paris, **1961**; Raggi, "Sull'atto amministrativo", *Riv. Dir. Pub.*, **1917;** Raggi, "Atti Amministrativi", *Giustizia amministrativa*, Génova, 1950; Tivaroni, *Teoria degli atti amministrativi*, Turin, 1959; Villary, Acte Administratif", *Repertoire de Droit Public et administratif*, **Dalloz;** Ranelleti, *Teoria degli atti amministrativi speciali*, Milán, 1945; U. Fragola. *Gli atti amministrativi*, Turin, 1952; F. Garrido Falla, *Régimen de impugnación de los actos administrativos*, Instituto de Estudios Políticos, Madrid, **1956;** V. Cattaneo, "Del Acto Administrativo en general", *Revista de la Facultad de Derecho y Ciencias Sociales*, N° 4, Montevideo, **1952.**

3 Hans Kelsen, *Teoría General del Estado*, Editora Nacional, México, 1957, p. 348

tente, no se trata de que el hecho interno de voluntad de un hombre en determinadas funciones públicas se traslade a la Administración, sino que esa determinación humana es imputada a ella y se la considera también realizada por ella.

b. Los actos administrativos y los actos materiales.

Pero no toda declaración de voluntad de la Administración es un acto administrativo. Puede haber declaraciones de voluntad de la Administración que no sean actos administrativos: estamos en presencia, entonces, de los llamados actos materiales de la Administración.

Estos son, ciertamente, actos de voluntad, pero no son actos administrativos porque con ellos no se persigue un efecto jurídico determinado, porque al realizarse no se "quiere" un efecto jurídico determinado.

Las consecuencias jurídicas que un acto material puede entrañar son completamente independientes de la voluntad declarada. En cambio, las consecuencias o efectos jurídicos del acto administrativo son siempre queridos.

Esta diferencia la hemos visto reconocida por la antigua Corte Federal al exigir como requisito del acto administrativo el carácter de decisión o resolución del mismo, que lo haga capaz de producir per se determinados efectos jurídicos[4].

Es decir que, cuando una declaración de voluntad no tiene como fin inmediato la producción de determinados efectos jurídicos y, por tanto, no se la puede considerar como una decisión o resolución, no se está en presencia de un acto administrativo sino de un acto material de la Administración.

c. Las formalidades

La Corte Suprema de Justicia ha señalado[5] que, mediando en un asunto la intervención del Estado, su manifestación de voluntad debe expresarse dentro de un proceso formativo que se desarrolla de acuerdo con la ley y con fundamento en la observancia de ciertas formalidades por parte de quien pueda cumplirlas en ejercicio de la función pública.

Según este principio, no podrá haber manifestación legítima de voluntad cuando dejan de cumplirse las formas requeridas, o cuando se han cumplido de manera irregular o distinta, porque la manifestación así emitida no responde a la verdadera voluntad de la Administración.

Por tanto el acto administrativo, como manifestación de voluntad de la Administración, implica en su misma esencia el cumplimiento de formalidades requeridas para que esa manifestación sea cierta y válida. El proceso de formación de la manifestación de voluntad constituye lo que se ha llamado el procedimiento constitutivo del acto administrativo.

---

4 CF–30–1, 9–4–59. Entiéndase bien, que hablamos de actos materiales porque esos actos no tienen por finalidad ni por objeto producir una consecuencia jurídica determinada. Por tanto, no queremos decir que no produzcan consecuencias de derecho.

5 CSJ–PA–97–1, 14–12–61. .

d. Los vicios de la voluntad

La seguridad y la estabilidad de las situaciones jurídicas creadas por la Administración constituyen la preocupación fundamental del Derecho Administrativo. Por ello el acto administrativo está acompañado de fuerza ejecutoria[6], como consecuencia de su presunción de legalidad[7]. De esta manera, los vicios que puedan acompañar a la manifestación de voluntad de la Administración, como el dolo o el error, no afectarán la validez del acto sino en tanto en cuanto conlleven un vicio de ilegalidad.

Respecto al vicio de violencia que puede acompañar a la manifestación de voluntad de la Administración, la propia Constitución le ha dado un tratamiento especial, declarando nulo el acto que la conlleve. Y así establece[8] que es nula toda decisión acordada por requisición directa o indirecta de la fuerza o por reunión de individuos en actitud subversiva.

B. Declaración de voluntad de la Administración

a. Noción previa

Cuando la Corte nos habla de manifestación de voluntad realizada por la Administración[9] no podemos pretender que utiliza el término "Administración" en un sentido orgánico, relativo a los órganos que componen lo que nuestra Constitución denomina la "Administración Pública"[10].

Para precisar correctamente lo que por Administración debe entenderse en la definición del acto administrativo, debemos analizar previamente el concepto mismo de Administración, tal como se desprende de nuestro ordenamiento jurídico y constitucional. Y es que no podemos delimitar el concepto de Administración y de su actividad sin considerar cómo se integra en el concepto más amplio de Estado. Pero, para la verdadera y real comprensión de lo que la Administración representa, no sólo debemos encuadrarla dentro de lo que el Estado es, sino también en su recíproca interrelación con los otros ordenamientos que, como el que ella representa, dentro de aquél tienen vida[11].

Ello nos conduce a examinar la función administrativa y, una vez precisado por este conducto lo que por Administración debe entenderse, examinar las diferencias esenciales entre el acto administrativo y los demás actos jurídicos estatales.

---

6 CF–54–1, 5–8–58.

7 CF–182–1, 9–8–57.

8 Artículo 120 de la Constitución.

9 CF–59–1, 3–6–59.

10 **Artículos** 126, 19, 122, 160, 139, 202 y 190 ord. 19 de la **Constitución.** Sobre el concepto de Administración Pública, *V.* Nectario Andrade Labarca, *Revista de la Facultad de Derecho.* Universidad del Zulia, septiembre–diciembre 1961, N° 3, p. 7.

11 En este sentido se habla de la constitucionalización como una de las características de la Administración Pública contemporánea en relación con los otros Poderes y funciones del Estado, en cuanto supone la acomodación a un orden normativo superior. *V.*, en este sentido: S. Martin–Retortillo Baquer, "Presupuestos Constitucionales de la Función Administrativa en el Derecho Positivo Español", *RAP*, N° 26, 1958, p. 21; G. Vedel, "Les bases constitutionelles du droit administratif"", EDCE, *Fascículo* N° 8, París, p. 21.

b. *La Administración y la función administrativa*

a'. Noción previa

Para poder examinar la función administrativa es preciso, como hemos dicho, examinar su encuadramiento en el Estado y su delimitación de las funciones del mismo. Estudiaremos, por tanto, el Estado y sus relaciones con el Poder Público, las funciones del Estado y sus relaciones con la función administrativa y, por último, la noción de función administrativa y sus implicaciones.

b'. El Estado y el Poder Público

El Poder Público es la potestad o poder jurídico de obrar que confiere la Constitución al Estado venezolano[12] para realizar sus fines. En este sentido, el Poder Público no existe en la realidad social como un ente funcionante sino como un concepto jurídico que representa las funciones del Estado venezolano. Por ello, como todo poder, el Poder Público no es más que una situación jurídica constitucional individualizada, propia y exclusiva del Estado.

Ahora bien, la actuación del Estado como detentador del Poder Público no tiene fundamento en sí mismo, sino en el ejercicio del Poder soberano, de la soberanía. Y ésta reside en el pueblo venezolano quien, precisamente, la ejerce mediante el sufragio y por los órganos del Estado[13].

Los órganos fundamentales de la República de Venezuela, por ser un Estado particularmente federal[14], son la misma República en ejercicio del Poder Nacional[15], los Estados federados en ejercicio del Poder Estadal[16] y los Municipios en ejercicio del Poder Municipal.

Ahora bien, sentada la noción de Estado en relación con la de Poder Público en nuestro sistema constitucional, y sentada la división del Poder Público en Poder Nacional, Estadal y Municipal, según los órganos fundamentales del Estado venezolano, queda por señalar, a pesar de esto último, que el Estado actúa en base a una sola potestad: el Poder Público.

El Poder Público es la potestad única del Estado. Consiste, de una manera invariable, en el poder que tiene el Estado de querer por sus órganos esenciales por cuenta de la colectividad y de imponer su voluntad a los individuos. Cualesquiera que sean el contenido y la forma variable de los actos por medio de los cuales se ejerce el Poder Público, todos esos actos se reducen, en definitiva, a manifestaciones de la voluntad estatal, que es una e indivisible. Es necesario, por tanto, comenzar por establecer la unidad del Poder del Estado[17] a pesar de los restos del federalismo que aún, por razones históricas y de tradición, perviven en nuestra Constitución.

---

12 Título V "Del Poder Público" de la Constitución.

13 Artículo 4 de la Constitución.

14 Artículo 2 de la Constitución. *V.* la Exposición de Motivos.

15 En la Constitución vigente de 1961, lo que se denominaba "Nación" en las anteriores Constituciones se llama "República". *V.* la Exposición de Motivos.

16 Se emplea el término "estadal" referente a los Estados Federados, para distinguirlo del término "estatal" referente al Estado venezolano. *V.* la Ex–posición de Motivos.

17 Carre De Malberg, *Teoría General del Estado*, Editorial Fondo de Cultura Económica, México, 1948, p. 249, nota 1.

Pero hecho esto, y desde el punto de vista jurídico, es preciso también distinguir en la actividad del Estado las diversas funciones del mismo por las que se manifiesta su actividad, que son múltiples, y por otra parte, los órganos que realizan la actividad en ejercicio del Poder, que pueden ser igualmente múltiples.

c'. Las funciones del Estado y la función administrativa

a''. *Las funciones del Estado*

a'''. *Precisión estructural*

Es preciso, ante todo, precisar las relaciones estructurales del Estado venezolano según nuestra Constitución particularmente federalista.

En efecto, hemos señalado que, según nuestra Carta Fundamental, el Poder Público se divide, desde el punto de vista funcional, en Poder Nacional, Poder Estadal y Poder Municipal. Ello trae como consecuencia la existencia de órganos especiales que actúan en ejercicio de esos poderes. Estos son la República, que actúa en ejercicio del Poder Nacional, los Estados federados, que actúan en ejercicio del Poder Estadal, y los Municipios, que actúan en ejercicio del Poder Municipal.

Estos tres poderes son las ramas fundamentales del Poder Público, y los órganos que actúan en ejercicio de ellos colaboran entre sí en la realización de los fines del Estado[18].

b'''. *Las diversas funciones del Estado*

Pero cada una de las ramas del Poder Público que hemos señalado tiene sus propias funciones. Así se expresa la Constitución[19]. Entonces es necesario indicar, antes de seguir adelante, qué son funciones del Estado.

La noción de funciones del Estado debe ser entendida únicamente en el sentido de función jurídica y no en el sentido de atribución. Entonces, funciones del Estado no es más que la acción que desarrollan los órganos estatales o la actividad que desempeñan, como tarea que les es inherente. De ahí que la función es toda actividad de la propia esencia y naturaleza del Estado y, por tanto, indelegable. Entonces, las diversas funciones del Estado son sólo las diversas formas bajo las cuales se manifiesta la actividad estatal.

Ello significa, en definitiva, que las funciones del Estado se definen según la naturaleza jurídica de los actos cumplidos en su ocasión.

Tradicionalmente, y así lo ha aceptado nuestro Constituyente, las funciones del Estado se dividen en Función Ejecutiva, Función Legislativa y Función Jurisdiccional. La amplitud de actividades del Estado moderno, ha hecho que la función ejecutiva se haya dividido en Función Administrativa y Función de Gobierno, para distinguir dos tipos de manifestaciones de la actividad de los órganos ejecutivos, que son fundamentalmente los actos administrativos y los actos de Gobierno, radicalmente distintos en cuanto a su naturaleza.

Pero hemos señalado que nuestra Constitución indica que las diversas ramas del Poder Público tienen sus propias funciones. Así, los órganos encargados de realizar el Po-

18 Artículo 118 de la Constitución.

19 Artículo 118 de la Constitución

der Nacional están divididos, en principio, según las diversas funciones que la Constitución les señala: la Función Legislativa Nacional está atribuida al Congreso, integrado por el Senado y la Cámara de Diputados, quien ejerce su actividad en ejercicio del Poder Legislativo Nacional, subdivisión a la vez del Poder Nacional[20]. La Función Jurisdiccional está atribuida exclusivamente a la Corte Suprema de Justicia y de' más Tribunales de la República, quienes ejercen su actividad en ejercicio exclusivo del Poder Judicial, subdivisión a la vez del Poder Nacional[21], con la particularidad de que la justicia en Venezuela, a pesar de ser cuasi federación, está atribuida exclusivamente al Poder Nacional. La Función Ejecutiva Nacional está atribuida al Presidente de la República y demás funcionarios que señale la Constitución y las Leyes, quienes ejercen su actividad en ejercicio del Poder Ejecutivo Nacional, subdivisión a la vez, también, del Poder Nacional[22].

Los órganos encargados de desarrollar y ejercer el Poder Estadal, están a su vez divididos en principio según las diversas funciones que nuestra Constitución les señala: la Función Legislativa Estadal está atribuida a las Asambleas Legislativas de cada Estado, quienes ejercen su actividad en ejercicio del Poder Legislativo Estadal, subdivisión del Poder Estadal[23]. La Función Ejecutiva Estadal está atribuida a un Gobernador de cada Estado, quien ejerce su actividad en ejercicio del Poder Ejecutivo Estadal, subdivisión también del Poder Estadal[24].

Por último, los órganos encargados de desarrollar y ejercer el Poder Municipal, según nuestra Constitución vigente, ejercen para desarrollar toda su actividad lo que podríamos denominar un Poder Ejecutivo Municipal cuyo ejercicio se traduce en una Función Ejecutiva[25]. No tienen los Municipios un poder jurídico constitucional similar al Poder Legislativo Nacional o Estadal.

c'''. *Las funciones del Estado y los actos jurídicos estatales*

La clasificación de las funciones del Estado está íntimamente ligada, por tanto, a la clasificación fundamental de los actos jurídicos estatales.

Según lo antes señalado, entonces, los órganos encargados de desarrollar la actividad nacional en ejercicio del Poder Nacional podrán realizar actos legislativos, actos jurisdiccionales y actos ejecutivos.

Los órganos encargados de desarrollar la actividad estadal en ejercicio del Poder Estadal podrán realizar solamente actos legislativos y actos ejecutivos.

Por último, los órganos encargados de desarrollar la actividad municipal, en ejercicio del Poder Municipal, podrán realizar únicamente actos ejecutivos[26].

---

20 Artículo 138 de la Constitución.

21 Artículo 204 de la Constitución.

22 Artículo 181 de la Constitución.

23 Artículo 19 de la Constitución.

24 Artículo 21 de la Constitución.

25 Artículo 30 de la Constitución.

26 Los actos de las autoridades municipales nunca tienen el carácter de ley, como ha señalado la Corte. *V.* CF–93–1, 24–11–53.

b''. *La función administrativa y la función de Gobierno*

Nos hemos referido fundamentalmente a la Función Ejecutiva y a los actos ejecutivos. Sin embargo, ya antes señalamos que la Función Ejecutiva realizada en ejercicio del Poder Ejecutivo, por la amplitud de actuación del Estado moderno, actualmente se divide en dos funciones fundamentales: la Función Administrativa y la Función de Gobierno, que se manifiestan a la realidad jurídica en la forma de actos administrativos y actos de Gobierno.

La distinción entre la Función Administrativa y la Función de Gobierno no es puramente doctrinal, es una realidad en nuestra Constitución. Esta, en efecto, al referirse a las funciones de la autoridad ejecutiva, habla siempre de "Administración y Gobierno"[27].

Ya también hemos señalado la diferencia fundamental entre la Función Administrativa y la Función de Gobierno: la primera se realiza en ejecución de la Ley, y de ahí la atribución fundamental del Ejecutivo Nacional de reglamentar total o parcialmente las leyes, sin alterar su espíritu, propósito y razón[28]; la segunda se realiza en ejecución directa de la Constitución[29] y los actos de Gobierno, por tanto, tienen el mismo rango estructural que la Ley. Ello trae como consecuencia que los actos administrativos puedan siempre ser controlados jurisdiccionalmente en razón de su ilegalidad y en razón de su constitucionalidad. Los actos de Gobierno, en cambio, sólo podrán ser controlados jurisdiccionalmente en razón de su constitucionalidad[30].

c''. *Caracterización de la Función Administrativa*

a'''. *Caracterización formal*

La caracterización formal de la función administrativa ya la hemos indicado en diversas oportunidades al señalar que se trata de una actividad realizada en ejecución inmediata de la Legislación y mediata de la Constitución, y que no consiste en la declaración de lo que en un caso es derecho con fuerza de verdad legal.

Sin embargo, la caracterización formal de la función administrativa sólo puede ser dada en forma negativa. Es decir, función administrativa es aquella función del Estado que no es ni Legislación, ni Jurisdicción ni Gobierno. Esta forma de caracterizar la función administrativa tuvo su origen en la doctrina con Adolf Julius Merkl[31], y la hemos visto acogida recientemente por Waline[32].

Pero si bien es útil la caracterización formal de la función administrativa para diferenciarla de las otras funciones del Estado, no nos sirve para caracterizarla en sí misma. Es necesario, entonces, tratar de caracterizar la función administrativa en sí misma y, por tanto, los actos que de ella se derivan que serán actos administrativos, según su propia naturaleza.

---

27 Artículos 21 y 30 de la Constitución. La misma distinción se desprende del artículo 190 de la Constitución. En este mismo sentido el artículo 7, ordinal 14 de la Ley Orgánica de la Corte Federal.

28 Artículo 190, ordinal 10 de la constitución.

29 Artículo 190, ordinales 2, 5, 6, 7, 18 *y* 21, y artículos 240 y sig. de la Constitución.

30 Artículo 215, ordinales 6 y 7 de la Constitución.

31 Adolf Julius Merkl, *Teoría General del Derecho Administrativo*, Madrid, 1935, p. 13.

32 Marcel Waline, *Droit Administratif*, 9ª edición, Sirey, París, 1963, p. 4.

b''' *Caracterización material*

a''''. *Noción previa*

Ya hemos indicado que ha sido jurisprudencia de la Corte Federal y de Casación el establecer[33] que los actos administrativos, como los judiciales, "lo son por su propia naturaleza, por la cuestión que en ellos se ventila", y no cambia ese carácter ni suspende ni restringe la facultad del funcionario u órgano a quien la ley le da competencia para decidir, la circunstancia de que otra autoridad conozca de asunto semejante o aun conexo con aquél". Por tanto, no son los nombres o denominaciones, "sino su naturaleza o contenido lo que da a los actos, tanto de los funcionarios como de los particulares, su verdadero carácter"[34], su significación o fisonomía propia.

En definitiva, para poder caracterizar la función administrativa, es preciso examinar previamente la naturaleza del acto: si nos encontramos entonces en presencia de un acto administrativo, éste ha sido realizado siempre en función administrativa y con independencia absoluta de toda consideración respecto al órgano o autoridad estatal que lo ha dictado.

Entonces la función administrativa consiste primordialmente en el cumplimiento de actos administrativos por parte de una autoridad competente.

b''''. *Independencia de la caracterización de la función administrativa respecto al órgano que la realiza*

Decimos que la función administrativa consiste en el cumplimiento primordial de actos administrativos por parte de la autoridad competente, pues no sólo la autoridad administrativa está facultada para dictar actos administrativos, sino que cualquier autoridad, cuando para ello está autorizada por la Ley, puede dictar actos administrativos actuando entonces en función administrativa.

Por tanto, no es posible decir que la función administrativa es aquella que desarrollan los órganos de la Administración Pública cuando dictan actos administrativos. Al contrario, muchas autoridades que no pertenecen a la Administración Pública están facultadas para dictar actos administrativos y, por tanto, cuando ello hacen, realizan una función administrativa.

Esta es la aplicación atenuada del principio de la Separación de Poderes que ha tenido tanta influencia en la Teoría General del Estado después de la aparición, en 1748, del libro de Montesquieu Del Espíritu de las Leyes.

Ciertamente, no podría negarse que la doctrina de la Separación de los Poderes del Estado descansa sobre el principio de que no puede ninguno de ellos invadir la esfera de acción, vale decir, de las atribuciones de los otros poderes. Mas, también es cierto que tal principio no tiene una rigidez absoluta. En efecto, así vemos cómo la propia Constitución da atribuciones al Poder Judicial para declarar la nulidad de los actos del Poder Ejecutivo y del Poder Legislativo y para conocer en determinados casos de las controversias que surjan entre los particulares y la Administración[35].

---

33 CFC–CP–40–1, 30–10–52.

34 CFC–CP–3–1, 4–4–51.

35 CFC–SF–37–l, 26–5–51; CP–164–1, 23–7–57.

Pero es más, la propia Corte Federal y de Casación ya en 1937 ha señalado[36] cómo en algunos casos el Poder Legislativo y los órganos que lo ejercen realizan una función administrativa que se manifiesta en actos administrativos. En efecto, ha establecido que cuando las Cámaras Legislativas colaboran con el Poder Ejecutivo en la Administración Pública ejecutan actos administrativos, aun cuando ellos estén revestidos de la forma extrínseca de la Ley y sean calificados por la doctrina como leyes formales: tal es el caso de la llamada Ley que aprueba un contrato de interés nacional. Aquí se trata de una providencia o acto administrativo en forma de Ley.

Así vemos, entonces, que no sólo emanan actos administrativos de los órganos de la Administración Pública, sino que también de los otros órganos del Estado cuando actúan en función administrativa, en los casos autorizados por la Constitución y las leyes.

Hemos hablado de actos administrativos emanados de los Cuerpos Legislativos cuando actúan en función administrativa. Sin embargo, vayamos aún más lejos al afirmar que nuestra legislación positiva permite, en ciertos casos concretos, a los órganos del Poder Judicial actuar en función administrativa dictando actos administrativos. Así vemos, por ejemplo, a determinados Tribunales de la República dictar un reglamento administrativo. Esto puede extrañar a primera vista, pero es rigurosamente cierto. Por ello no nos cansamos de repetir que los actos administrativos se determinan por su propia naturaleza y no por el órgano del cual emanan[37].

Otro caso, aún más extraño, de actos administrativos dictados por órganos judiciales actuando en función administrativa, es el que cumple la Corte Suprema de Justicia cuando conoce de los llamados Recursos Jerárquicos Impropios. En estos casos, tomada una decisión por una autoridad administrativa, casi siempre la de más alta jerarquía en una rama ministerial determinada, se permite llevar el asunto, por vía de apelación administrativa, ante la Corte Suprema de Justicia, cuando la Ley lo permite expresamente. Este es un recurso especialísimo de la legislación venezolana y que tiene una gran importancia histórica: En la evolución de la legislación administrativa venezolana expresa el Decano Andueza: "Este recurso de apelación ante la Corte tiene la especialidad de haber sido la primera vía que el legislador aceptó para la revisión de los actos del Poder Administrativo. Admitido a duras penas por la Jurisprudencia, que veía con recelo la intervención de un Poder en la esfera de otros, fue a poco abriéndose paso y preparando el camino al auténtico recurso contencioso–administrativo"[38]. Por ello consideramos que, estando ya establecido definitivamente el proceso contencioso–administrativo por la Constitución vigente, esos recursos administrativos impropios y específicamente el Recurso Jerárquico Impropio, deberían desaparecer de nuestra legislación. Sin embargo, estos recursos existen actualmente y nos interesa destacarlo para lo que aquí explicamos.

Este recurso especial es un Recurso Jerárquico, pues los poderes de la Corte no sólo se reducen a motivos de ilegalidad, como sucede en el recurso contencioso–admi-

---

36 Sentencia de la CFC de 5–5 37, *Memoria 1938*. tomo I, 226. *V.*, también, el voto salvado a la sentencia CSJ–CP–27–1, 15–3–62.

Por otra parte, debemos observar que estos actos administrativos son realizados como consecuencia, en ejecución de la Ley que los permite. *V.* Eloy Lares Martinez, "La Ley como fuente jurídico–administrativa", *RMJ*, N° 40, Caracas, 1962, p. 114.

37 CFC–CP–40–1, 30–10–52; CFC–CP–3–1, 4–4–51. *V.* nuestro "Estudio sobre la Ley de Regulación de Alquileres de 1° de agosto de 1960", *RCADF*, N° 113, Caracas, 1960, pp. 217 y ss.

38 *V.* José Guillermo Andueza, *El control en Venezuela de los Actos Ilegales de la Administración Pública.* Publicaciones del Ministerio de Justicia de la República de Venezuela, Caracas, 1959, p. 30.

nistrativo de anulación, sino que son mucho más amplios: la Corte está facultada para apreciar en este caso especial la oportunidad del acto apelado, característica esta propia del recurso jerárquico puramente administrativo. Por tanto, es un recurso administrativo y no jurisdiccional. Pero, por otra parte es impropio porque, contrariamente al principio que domina en los recursos administrativos, este recurso jerárquico sólo puede ser ejercido en los casos concretamente permitidos por la Ley[39]. Además, también es impropio porque contra la decisión administrativa de la Corte no es posible intentar recurso jurisdiccional contencioso–administrativo alguno, pues es la misma Corte quien conoce de él. En estos casos la vía jurisdiccional ha sido cerrada expresamente por el legislador, permitiendo solamente la posibilidad de recurrir por vía administrativa. Por último, también es impropio pues la Corte actúa como superior jerárquico de la Administración sin serlo propiamente.

Ahora bien, en base a lo señalado, la decisión de la Corte no es una decisión jurisdiccional, pues no es con ese carácter que ella conoce del asunto. La decisión de la Corte es puramente administrativa, es un acto administrativo con forma de sentencia, pues ella actúa en fundón administrativa. Y precisamente porque actúa en función administrativa, es que el legislador le permite conocer de ese recurso y, lo que es más, le permite conocer de la oportunidad y conveniencia del acto administrativo apelado, lo que no podría hacer si actuase en función jurisdiccional[40].

c''' *Conclusión*

Por tanto, concluimos la caracterización de la función administrativa en sí misma no puede hacerse ni en base a un concepto orgánico ni en base a un concepto puramente formal.

Para caracterizarla en sí misma debemos atender a la naturaleza jurídica de los actos que se cumplen cuando ella es desarrollada.

d'. La función administrativa: la finalidad de Servicio Público

El carácter material que señala fundamentalmente la naturaleza de los actos administrativos y, por tanto, de la función administrativa es la finalidad de Servicio Público, utilizando la expresión de la Corte Federal[41].

Esta expresión, "finalidad de Servicio Público" es para nosotros la nota que determina la naturaleza de los actos administrativos y, por tanto, de la función administrativa: así, toda actividad realizada por una persona moral de Derecho Público con finalidad de servicio público[42] es ejecutada en función administrativa, y se manifiesta al exterior por medio de actos administrativos, generalmente.*

Pero, ¿qué entendemos por actividad realizada con finalidad de servicio público?

---

39 Artículo 7, ordinal 31 de la Ley Orgánica de la Corte Federal. *V.* la Sentencia de la CFC de 23–4–42, *Memoria 1943*, tomo I, p. 295.

40 CF–85–1, 6–11–58

41 CF–102–1, 28–9–54. .

42 Nótese bien que no decimos Finalidad ***del*** Servicio Público, que restringe considerablemente la noción.

* Por supuesto toda esta construcción inicial, influida en su momento (1862–1963) por la doctrina francesa la hemos modificado totalmente, a partir de la publicación de la obra sobre ***Derecho Administrativo***, Tomo I, Universidad Central de Venezuela, Caracas 1975.

De acuerdo con nuestro ordenamiento jurídico, por tal concepto entendemos toda actividad que en ejecución de la Ley y como gestión de los intereses públicos, realiza una autoridad pública con el objeto de mantener y hacer mantener incólumes las garantías constitucionales; a respetar y hacer respetar los derechos constitucionales de los ciudadanos; a hacer cumplir los deberes constitucionales de los ciudadanos; o a cumplir las obligaciones constitucionales del Estado venezolano, con miras a obtener el "bienestar general y la seguridad social"[43].

Esta noción conlleva, ciertamente, varias explicaciones e implicaciones. Veamos:

a". En primer lugar, se nos podría objetar que esa actividad podría ser realizada en ejercicio de una función legislativa o en ejercicio de una función jurisdiccional. Sin embargo, esa objeción no es exacta; y ello porque, si bien es cierto que toda actividad realizada con finalidad de servicio público es una actividad de interés general, no toda actividad de interés general[44] es realizada con finalidad de servicio público, es decir, no toda actividad de interés general de una autoridad pública es realizada como gestión de los intereses públicos.

En efecto, el ejercicio de la función legislativa y de la función judicial producen ciertamente, el desarrollo de una actividad de interés general, es decir, de una actividad que busca el bienestar general y la seguridad social: la actividad legislativa y la actividad jurisdiccional que se manifiestan en actos legislativos y en actos jurisdiccionales. Sin embargo, esas actividades no son realizadas con finalidad de servicio público: en ambas está ausente la característica esencial de gestión de los intereses públicos.

La actividad legislativa sí crea las condiciones necesarias para que esa gestión pueda ser realizada, pero no constituye ella misma una gestión de los intereses públicos. Asimismo, la actividad jurisdiccional hace que las condiciones que establece el legislador para la gestión de los intereses públicos sean mantenidas, pero tampoco es ella misma una gestión[45].

Sólo la actividad administrativa realizada en función administrativa constituye una gestión de los intereses públicos, pues sólo ella puede traducirse en ejecuciones prácticas mediante actos administrativos o actos materiales.

Por otra parte es útil observar que, cuando el Estado actúa en su faceta administrativa, actuando en función administrativa, lo hace como sujeto de derecho, titular de los intereses públicos y en gestión de los mismos, relacionándose con otros sujetos de derecho. En cambio, cuando el Estado juzga o legisla, no lo hace como parte interesada en una relación jurídica con otro sujeto de derecho.

b". En segundo lugar, si bien es cierto que normalmente la función administrativa es ejercida por la Administración Pública o la autoridad administrativa, no toda la actividad de la Administración Pública es realizada con finalidad de servicio público, esto es, en gestión de los intereses públicos propiamente dicha y, por tanto, no toda la actividad de la Administración Pública es ejercicio inmediato de la función administrativa.

En este sentido, la Administración Pública puede desarrollar actividades de interés general, pero que no son llevadas a cabo directamente con finalidad de servicio público.

---

43 Constitución de 1961, Preámbulo.

44 Es decir, con miras a obtener el bienestar general y la seguridad social.

45 Sobre el conjunto del problema desde el punto de vista del Derecho Procesal, *V.* Arístides Rengel Romberg, "La Jurisdicción en el Derecho Procesal Moderno", Tesis de Grado. *Anales de la Facultad de Derecho*, Caracas, 1950, pp. 60 y ss.

De ahí la atribución dada por la Constitución a la Administración Pública para "reservarse determinadas industrias, explotaciones o servicios de interés público por razones de conveniencia nacional"[46]. De ahí también la posibilidad de la autoridad administrativa de realizar actividades dentro del marco del derecho privado como un sujeto de derecho privado. Estas actividades constituyen una facultad para la Administración, no una obligación.

c". En tercer lugar, el ejercicio de la función administrativa, como el de toda otra función del Estado, no sólo es una atribución del mismo y de sus autoridades, sino, ante todo, es una obligación jurídica.

Por tanto, siempre que una autoridad pública realiza una actividad con finalidad de servicio público, es decir, actúa en ejercicio de la función administrativa, no hace más que ejecutar una obligación legal o constitucional impuesta al Estado. Por tanto, no sólo la función administrativa es ejecución de la Ley sino que, principalmente, es ejecución de una obligación jurídica impuesta por la misma Ley.

d". En cuarto lugar, toda actividad realizada por una autoridad pública en función administrativa es ejecutada dentro de los marcos y por los medios y procedimientos del Derecho Público, es decir, procedimientos exorbitantes del derecho común o, por lo menos, con la posibilidad irrenunciable de utilizarlos. Esta es la consecuencia esencial de la obligación impuesta al Estado para actuar. Por ello, cuando el Estado y la Administración Pública no están obligados a actuar, a realizar una actividad determinada, puede desarrollar esa actividad por los procedimientos de derecho privado. Sin embargo, y como señalamos anteriormente, cuando la autoridad pública está obligada a actuar como en el caso del ejercicio de la función administrativa, esto conlleva necesariamente la utilización en algún momento de su desarrollo de procedimientos de Derecho Público.

e". Por último, la actividad de la autoridad pública realizada con finalidad de servicio público, es decir, en ejercicio de la función administrativa, no consiste necesariamente en la prestación de un determinado servicio para determinados usuarios. La actividad realizada en ejercicio de la función administrativa es algo más amplia que la simple prestación de servicios.

Dicho todo esto, es necesario concluir que la función administrativa es aquella en cuyo ejercicio se realizan actividades con finalidad de servicio público. Entonces, toda declaración de voluntad que emane de una autoridad pública para producir determinados efectos jurídicos, actuando en función administrativa, es un acto administrativo.

Nos corresponde, sin embargo, aclarar alguna duda que pueda presentarse: al hablar de finalidad de servicio público lo hacemos única y exclusivamente para delimitar la función administrativa. No nos referimos por tanto a la finalidad de servicio público como la noción delimitadora del Derecho administrativo. Este estudia algo más que la mera función administrativa y que los meros actos administrativos: estudia todas las manifestaciones de la Administración Pública, sean realizadas o no en ejercicio de la función administrativa, y su organización y funcionamiento.

---

46 Artículo 97 de la Constitución. Sobre el problema de la actividad industrial del Estado, *V.*: J. Villar Palasí, "La Actividad Industrial del Estado en el Derecho Administrativo", *RAP*, Nº 3, 1950, p. 53 y sig.; P. Dupont, *L'Etat Industriel*, Sirey, París, 1961; A. G. Delion, *L'Etat et les Entreprises Publiques*, Sirey, París, 1959. Sobre la actividad de derecho privado de la Administración, *V.* Cantucci, *L'attività dì diritto privato della Pubblica Amministrazione*, Padua, 1942.

Por último, a título ejemplificativo y siguiendo los postulados constitucionales, podemos señalar algunas actividades del Estado realizadas en función administrativa: Una actividad tendiente a mantener incólumes las garantías de los ciudadanos: la creación, organización y funcionamiento de la administración de Justicia (artículos 49, 68 y 69 de la Constitución); Una actividad tendiente a respetar y hacer respetar los derechos constitucionales de los ciudadanos: los servicios de policía (artículo 59 de la Constitución); Una actividad tendiente a hacer cumplir los deberes constitucionales de los ciudadanos: la organización del seguro social obligatorio, el funcionamiento de los servicios de educación (artículos 53 y 55 de la Constitución); en fin, una actividad tendiente a cumplir las obligaciones constitucionales del Estado: los servicios de salud pública (artículos 57 y 76 de la Constitución), el sistema de la seguridad social (artículo 94 de la Constitución), la promoción del desarrollo económico y la diversificación de la producción (artículo 95 de la Constitución).

c. *La Administración*

Delimitada la noción de función administrativa, volvamos a nuestro punto de partida: acto administrativo es la declaración de voluntad realizada por la Administración... ¿Qué debemos entender en esta noción por Administración? Ahora vemos la utilidad de todos los conceptos hasta ahora expuestos: por Administración debe entenderse toda autoridad pública actuando en función administrativa.

Entonces acto administrativo es aquella manifestación de voluntad realizada por una autoridad pública actuando en ejercicio de la función administrativa, con el objeto de producir determinados efectos jurídicos.

La noción de función administrativa es el elemento que nos permite diferenciar claramente el acto administrativo de los otros actos jurídicos estatales realizados, sea en función legislativa, en función jurisdiccional o en función de Gobierno.

Asimismo, la diferencia fundamental entre los actos administrativos y los actos jurídicos de derecho privado realizados por la Administración Pública resulta del mismo elemento: la noción de función administrativa que implica la existencia del Poder Público y sus prerrogativas falta en los segundos.

Resta sólo en el análisis de la definición del acto administrativo, examinar qué debe entenderse por producción de efectos jurídicos.

C. Declaración de voluntad con el objeto de producir determinados efectos jurídicos

a. *Noción previa*

La declaración de voluntad realizada por una autoridad pública actuando en función administrativa, para que sea un acto jurídico administrativo es necesario que sea hecha con el objeto de producir determinados efectos jurídicos. De lo contrario, estaríamos en presencia de los llamados actos materiales de la Administración que, como hemos señalado, son declaraciones de voluntad realizadas por la Administración pero sin el propósito de producir un efecto jurídico determinado.

Pues bien, los efectos jurídicos que pueden perseguirse al dictar un acto administrativo pueden ser, o la creación de una situación jurídica o la concesión a un sujeto de derecho de una situación jurídica general preestablecida[47].

Examinemos someramente estos efectos.

b. La creación de una situación jurídica

El acto administrativo puede tener por objeto la creación[48] de una situación jurídica, sea general o sea individual. En el primer caso estamos en presencia del acto administrativo general, fundamentalmente el acto reglamentario[49], llamado también acto regla por Jèze[50]. En el segundo caso nos encontramos con el acto administrativo individual o de efectos subjetivos[51].

En el primer caso se crea una situación jurídica general, impersonal y objetiva. En el caso del acto individual se crea una situación jurídica individual, personal y subjetiva.

c. El acto–condición

El término acto–condición, para señalar el acto por el cual se aplica una situación jurídica general a un sujeto de derecho, es una creación de León Duguit y sus discípulos de la Escuela de Burdeos. Tiene la originalidad de señalar que los actos–regla no tienen, necesariamente, que aplicarse en forma automática a las personas y a las situaciones jurídicas concretas. Muchas veces su aplicación no tiene lugar sino con la intervención de otro acto que somete a un sujeto de derecho a la situación jurídica general creada por el acto–regla. Ese acto es, entonces, la condición indispensable para la aplicación de la regla de derecho; de ahí su nombre de acto condición[52].

Realmente, el acto–condición es un acto administrativo individual, pues tiene efectos jurídicos individuales y subjetivos. Sin embargo, difiere esencialmente de aquél en que no crea una situación jurídica individual, sino que la situación jurídica en la cual va a ser colocado el sujeto de derecho es una situación jurídica general, impersonal y preexistente.

3. La definición

Recordando todas las nociones hasta aquí expuestas, podemos definir el acto administrativo como aquella manifestación de voluntad realizada por una autoridad pública ac-

47 Esta es la clasificación de los actos administrativos según sus efectos o contenido establecida por la Escuela de Burdeos o del Servicio Público, Sobre la Técnica Jurídica de León Duguit y su escuela, *V.* la magnífica exposición de A. De Laubadère. *Traité Elémentaire de Droit Administratif*, Librairie Générale de Droit et de Jurisprudence, 3ª edición, París, 1963, Introducción. *V.*, asimismo, G. Jèze, *Principios Generales del Derecho Administrativo*, Editorial De Palma, Buenos Aires, tomo I. Sobre la noción de Situación Jurídica, *V.* P. Roubier, *Droits Subjectifs et Situations Juridiques*, Dalloz, Paris, 1963.

48 El acto de modificación o de extinción de una situación jurídica puede traducirse en una creación de otra situación jurídica o en un acto–condición.

49 Artículo 190, ordinal 10 de la Constitución.

50 G. Jèze, *Ob. cit.*, tomo I, p. 32.

51 CF–59–1, 3–6–59.

52 Tal es el caso de la concesión de nacionalidad o del nombramiento de un funcionario. *V.* Stassinopoulos, *ob. cit.*, p. 81.

tuando en ejercicio de la función administrativa,* con el objeto de producir efectos jurídicos determinados que pueden ser, o la creación de una situación jurídica individual o general, o la aplicación a un sujeto de derecho de una situación jurídica general.

II. LOS REQUISITOS DEL ACTO ADMINISTRATIVO

1. Noción previa

Distinguimos los requisitos de forma de los requisitos de fondo del acto administrativo. Los primeros constituyen lo que se ha llamado el procedimiento constitutivo del acto administrativo. Los segundos se refieren a su contenido y son los que determinan, propiamente, la naturaleza del acto administrativo.

Estudiaremos separadamente ambos requisitos.

2. Los requisitos de forma

A. Noción previa

Cuando le Ley crea formas especiales para el cumplimiento del acto administrativo, quiere decir que el acto debe estar rodeado de todas aquellas garantías necesarias para que pueda producir su efecto. Mas, es necesario que la misma Ley, de manera categórica, establezca las formas en que ha de cumplirse, y sólo es así cuando el acto cumplido fuera de esas formalidades legales llega a estar viciado de nulidad.

Pero cuando la ley no establece esas formas especiales, sea de formación, sea de expresión de la voluntad administrativa, la facultad del funcionario de cumplir tal o cual acto puede hacerse en las condiciones que juzgue más conveniente y racional, siempre que esa forma de formación o de expresión demuestre claramente la verdadera voluntad de la Administración. Por esto último, cuando la práctica administrativa o la jurisprudencia han exigido unas determinadas formas, la verdadera voluntad de la Administración corresponderá al estricto cumplimiento de esas formalidades.

Al respecto ha señalado la antigua Corte Federal y de Casación[53] que, cuando la ley o la costumbre no preceptúan una forma determinada, la autoridad administrativa puede servirse de cualquier forma adecuada para el cumplimiento del acto administrativo.

---

* A partir de 1975, con ocasión de la publicación de nuestro *Derecho Administrativo* Tomo I, Universidad Central de Venezuela, Caracas 1975, nos apartamos de esta reducción del acto administrativo al sólo ejercicio de la función administrativa, considerando al contrario, que el mismo puede dictarse en ejercicio de todas las funciones del Estado.

53 Sentencia de 7–12–37. Resumen CFC en SPA, 193(5–1939, p. 14 *(Memoria 1938*, tomo I, p. 374). Sobre los requisitos de forma del acto administrativo, *V.*: E. Martínez Useros, "Los requisitos de forma en los actos administrativos", *Anales de la Universidad de Murcia*, 1951. Sobre el Procedimiento Administrativo en general, *V.* S. Royo–Villanova, "El Procedimiento Administrativo como garantía jurídica". *Revista de Estudios Políticos*, Instituto de Estudios Políticos, N° 48. Madrid, p. 109; Sandulli, *Il Procedimento amministrativo*, Milán, 1959; U. Forti, "Atto e Procedimento amministrativo", *Studi di diritto pubblico in onore de O. Renalleti*, tomo I, Padua, 1931, pp. 456 y ss. Por último, es necesario dejar constancia del esfuerzo realizado por la Comisión de Administración Pública de Venezuela en la preparación del Proyecto de Ley de Procedimientos Administrativos, cuya sanción y pro-

La ausencia de una Ley de Procedimientos Administrativos en Venezuela hace difícil la generalización de las formalidades del acto administrativo. Sin embargo, de la jurisprudencia de la Corte Suprema podemos estudiar tres principales requisitos de forma que ella ha exigido en los actos administrativos y que están consagrados en algunas leyes especiales. Estos son referidos a la manifestación de voluntad de la Administración, a la motivación del acto y a su notificación.

B. La manifestación de la voluntad administrativa

Ya hemos señalado que la Corte Suprema de Justicia ha sostenido que, mediando en un asunto la intervención de la Administración, su declaración de voluntad debe expresarse dentro de un proceso formativo que se desarrolla de acuerdo con la ley y con fundamento en la observancia de ciertas formas por quien pueda cumplirlo porque tenga capacidad de obrar como sujeto de derecho y como órgano de la Administración. Cuando la manifestación de voluntad de la Administración ha sido realizada dejándose de cumplir las formas requeridas o cuando esas formas se han cumplido de manera irregular, esa tal manifestación de voluntad "no responde a la verdadera voluntad de la administración[54].

Fundamentalmente, el órgano que expresa la voluntad de la Administración debe ser competente para ello, es decir, debe tener la atribución legal para obrar en cumplimiento de la función administrativa.

El cumplimiento de las formalidades requeridas se realiza estrictamente en principio, en los actos administrativos expresos. Pero decimos en principio, pues nuestro ordenamiento jurídico y nuestra jurisprudencia han admitido, en ciertos casos concretos, y sin carácter general, los llamados actos administrativos tácitos producidos por el silencio de la Administración[55].

Ciertamente, si la ley faculta al interesado para ocurrir a la vía judicial cuando, después de vencido un determinado plazo, no se le ha notificado por el Poder Administrativo el resultado de su representación, es porque, de acuerdo con un principio unánimemente aceptado por el Derecho administrativo moderno, y consagrado legalmente por muchos países, considera ese silencio de la Administración equivalente a un rechazo de la petición del reclamante, y tal decisión tácita de denegación es ejecutoria[56], como un acto administrativo expreso.

Por tanto, no sólo la manifestación expresa de voluntad administrativa está sujeta a determinadas formalidades según los casos, sino que también, en los pocos casos aceptados por nuestra legislación, la manifestación tácita de voluntad está sometida a determinadas formas y plazos, sin cuyo cumplimiento no podrá haber legítima manifestación de la Administración. En todo taso hay que aclarar que las formas del acto administrativo tácito deben ser siempre legales para que haya tal manifestación de voluntad.

---

mulgación sería el paso decisivo para la estructuración definitiva de nuestro Régimen Administrativo. Aún más, cuando está inspirado en la notable legislación española sobre la materia.

54 CSJ–PA–97–1, 14–12–61.

55 Artículo 63 de la Ley de la Procuraduría de la Nación y del Ministerio Público, artículos 32 y 34 del Reglamento de la Ley de Regulación de Alquileres.

56 CF–34–1, 3–6–58. En la doctrina italiana, *V.* Fragola, "La dichiarazione tacita di volontà della pubblica amministrazione", *Nápoles*, 1938.

Por último, debemos observar que el silencio administrativo como manifestación tácita de voluntad, repetimos, no está aceptado con carácter general en nuestra legislación, y además sólo puede producirse respecto a actos de efectos individuales, y nunca en actos generales de la Administración.

C. La motivación del acto administrativo

Respecto a la exigencia de la motivación como uno de los requisitos de forma del acto administrativo, nuestra jurisprudencia ha tenido una evolución radical.

En efecto, según la antigua Corte Federal y de Casación en 1938, la ausencia de motivación del acto no lo hacía objetable en derecho[57]. Esta opinión ha sido totalmente modificada.

En efecto, recientemente la antigua Corte Federal manifestó y razonó la solución contraria, y en nuestra opinión la correcta. En sentencia de 1957[58] la Corte señaló, como ya hemos manifestado, que la forma del acto, "en lo tocante a su motivación, ha llegado a considerarse sustancial, en razón de que la ausencia de fundamentos abre amplio margen al arbitrio del funcionario".

A semejanza de lo que ocurre en derecho privado, en el que es requisito irrefragable la motivación del fallo, pues de no contener los fundamentos en que se apoya, debe considerarse necesariamente viciado[59]; así también, en Derecho administrativo, los actos administrativos deben expresar concretamente la causa o motivo que los inspira como condición para su validez, sobre todo cuando sólo están en juego, en principio, intereses de particulares, que si bien son tutelados por el Estado, es con miras de equidad y provecho general.

De otra parte, la motivación del acto dictado por la Administración, no sólo es conveniente como justificativo de la acción administrativa, sino como medio de permitir "el control jurisdiccional sobre la exactitud de los motivos"[60] y su correspondencia con los textos legales o reglamentarios en que se funda el acto.

---

57 Sentencia de 29–3–38 en Resumen CFC en SPA, 1936–1939, p. 215 *(Memoria 1939*, tomo I, p. 199). Sobre la motivación del acto administrativo en la doctrina, *V.*: A. Lenteni, "Motivi, motivazione, giustificazione e causa negli atti", *Nuova Rassegna di Legizlazione, Dottrina e Giurisprudenza*, año VII 1, Nº 20, 1952, p. 1.521; Roehrssen, "Note sulla motivazione degli atti amministrativi", *Riv. Dir. Pub.*, 1941, p. 110; Forti, "I motivi e la causa negli atti amministrativi", *Studi di diritto pubblico*, 1937, vol. I, p. 477; Jaccarino, *Studi sulla motivazione*, Roma, 1933; Miele, *L'obbligo di motivazione degli atti amministrativi*, 1941; Raggi, "Motivi o motivazione degli atti amministrativi, *Giurista Italiano*, 1941, tomo III, p. 163; La Torre, "Sull'obbligo della motivazione degli atti admministrativi, *FA*, 1930, p. 44.

58 CF–182–1, 9–8–57.

59 Artículo 162 del Código de Procedimiento Civil.

60 CF–182–1, 9–8–57. El Seminario de las Naciones Unidas sobre los Recursos Judiciales y de otra índole contra el ejercicio ilegal o abusivo del Poder Administrativo, celebrado en Buenos Aires en 1959 opinó "en forma unánime que las decisiones administrativas deben ser fundadas en la ley, apoyadas en razones de hecho y de derecho y lo suficientemente motivadas para que no quede duda en cuanto a su naturaleza, alcance y fundamentación", Publicación de las Naciones Unidas, Nueva York, 1960 (*ST/TAO/HR/6*), p. 6. El Proyecto LPA 1963 consagra expresamente la necesidad de motivación del acto administrativo, pero sin carácter general. En efecto, el artículo 26 de dicho Proyecto dispone que "todo acto administrativo que contenga limitación a algún derecho, que resuelva algún recurso o que determine un nuevo criterio diferente al anteriormente establecido por el mismo organismo, deberá ser suficientemente razonado. Igual característica deberán reunir los actos administrativos a los cuales la ley o el Reglamento exijan específicamente tal circunstancia". Por otra parte, el artículo 97 del mismo Proyecto, al hablar de las multas administrativas dispone que "la multa que no sea aplicada por los Tribunales, se impondrá en

D. La notificación del acto administrativo

La notificación del acto administrativo como requisito de forma del acto administrativo ha sido aceptada por la mayoría de nuestras leyes administrativas.

A este respecto, la antigua Corte Federal ha indicado[61] que la notificación debe hacerse por medio de oficio, dejándose constancia escrita del día y hora en que se entrega al propio interesado. Si no se logra localizar a éste, un elemental principio de justicia requiere que el interesado sea notificado por cartel que se publicará en el órgano oficial destinado al efecto[62], con fijación de un plazo prudencial, vencido el cual, sin que se presente el interesado a notificarse, se considera iniciado el lapso de apelación. Esta solución, además de estar enmarcada dentro de claros principios de procedimiento, es justa. Y ello porque la Administración no puede tener interés en cercenar o desconocer el derecho de los particulares de defender sus derechos subjetivos o sus legítimos intereses contra la posible equivocación, descuido o negligencia de funcionarios de categoría inferior. Por el contrario, su deber y conveniencia estriba en que el orden jurídico prevalezca incólume y que el imperio de la ley no se menoscabe ni desvirtúe; y por ello el particular que reclama contra una violación de ésta es en realidad un coadyuvador de la Administración en el cumplimiento de ese deber y no su opositor o contrario[63].

Respecto a los actos administrativos generales, la notificación se convierte en publicación en el órgano oficial, y sólo desde esa publicación surtirá efectos el acto acogien-

---

virtud de resolución motivada que dicte el funcionario autorizado para imponerla...". Por último, el artículo 71 del Proyecto señalado, al hablar de la terminación del Procedimiento Administrativo por Resolución, señala que ésta "deberá ser motivada, salvo cuando la Ley expresamente determine lo contrario".

61 CF–54–1, 5–8–58. El Seminario de las Naciones Unidas antes citado estimó "que es deber ineludible de toda autoridad administrativa de notificar a los particulares los actos administrativos que les afecten directamente. La notificación debe hacerse expresándose el contenido del acto". Publicación cit., p. 9. *V.* el artículo 18 del Reglamento Interno del Ministerio de Hacienda. Sobre la notificación de los actos administrativos en la doctrina, *V.*: V. Ottaviano, ***La communicazione degli atti amministrati***, Giuffré Ed., Milán, 1953; E. Serrano Guirado, "La notificación de los actos administrativos en la jurisprudencia", ***RAP***, Nº 1, 1950, p. 131 y ss. En materia de notificación de los actos administrativos, el Proyecto LPA 1963 establece, en su artículo 30, que "los actos administrativos que por su naturaleza sean o puedan ser de interés general, deberán ser publicados en el órgano oficial correspondiente. Los actos administrativos que solamente afecten los intereses a determinadas personas se comunicarán a éstas sin necesidad de publicación". El procedimiento y forma de la notificación están consagrados en el Proyecto en la forma siguiente: Artículo 56, "Deberá notificarse a todo interesado toda resolución que afecte sus derechos o intereses". Artículo 57, "La notificación a que se refiere el artículo anterior deberá practicarse en el plazo máximo de diez días hábiles a partir de la resolución o acto que fuere objeto de la notificación y deberá contener el texto íntegro del acto con la indicación de si es o no definitivo y, en su caso, de los recursos que contra e) mismo procedan, del órgano del cual *(sic)* deba presentarse dicho recurso y del plazo para interponerlos, sin perjuicio de que los particulares puedan intentar otros recursos si así consideran conveniente a sus intereses". Artículo 58, "Si la notificación fuere defectuosa surtirá todos sus efectos desde el momento en que el interesado decida acogerse a ella". Artículo 59, "Surtirá todos los efectos de la notificación realizada conforme a los artículos anteriores la imposición que el interesado hiciere personalmente en el expediente del contenido del acto que pueda afectar sus derechos e intereses". Artículo 60, "Las notificaciones se realizarán mediante oficio, carta, telegrama o cualquier otro medio que permita tener constancia de la recepción, de la fecha e identidad del acto notificado y, en todo caso, se remitirá a la residencia del interesado determinada a tal efecto en el expediente respectivo conforme a lo pautado en el artículo 18 de esta ley. Se presumirá conocida del destinatario la notificación llegada por correo certificado a la dirección determinada conforme al artículo 18 de esta ley". Cuando por cualquier circunstancia se ignore la dirección a la cual deba dirigirse la notificación a que se refiere esta Sección, ella se hará mediante publicación del texto respectivo en la *Gaceta Oficial de la República de Venezuela*"

62 Por ejemplo el artículo 14 del Reglamento de la Ley de Regulación de Alquileres. *V.* nuestro "Estudio sobre la Ley..." *lugar cit.*, p. 226.

63 CF–54–1, 5–8–58.

do el principio general del derecho que se establece en el artículo primero del Código Civil.

3. Los requisitos de fondo

A. Noción previa

Los requisitos de fondo que señalan propiamente la naturaleza del acto administrativo, pues determinan su contenido, son fundamentalmente la competencia del funcionario que dicta el acto, el objeto, la causa del mismo y su fin. Los tres primeros constituyen parte del requisito que llamaremos Subordinación al Principio de la Legalidad Administrativa, el cuarto lo denominaremos Subordinación a la Finalidad de Servicio Público. Veamos ambos requisitos de fondo separadamente.

B. La subordinación al principio de la legalidad administrativa

Hemos dedicado el Título Primero de este estudio al desarrollo del Principio de la Legalidad Administrativa. Por ello, en lo esencial, a él nos remitimos.

Sin embargo, es conveniente recalcar especialmente que la subordinación de los actos administrativos al Principio de la Legalidad Administrativa implica tres requisitos de singular importancia: Por una parte, la competencia del órgano del cual emana el acto administrativo, por otra parte la ausencia de vicios en el objeto del acto y, por último, la exactitud y el respeto de los presupuestos de hecho que forman la causa o motivo del acto administrativo.

La violación del primero de estos requisitos produce lo que ya hemos estudiado bajo el nombre de extralimitación de atribuciones.

La violación del tercero, es decir, la tergiversación de los presupuestos de hecho del acto o la falta de concordancia entre esos presupuestos y la norma atributiva de competencia produce lo que ya también hemos estudiado como vicio de abuso o exceso de poder de los actos administrativos[64].

Respecto al objeto, es necesario detenernos un instante. El objeto del acto administrativo es la consecuencia inmediata, el efecto práctico que el acto persigue. Es, por ejemplo, la imposición de una multa, la expropiación de un inmueble, el nombramiento de un funcionario. Este objeto del acto, como en todo acto jurídico, debe ser "posible, lícito, determinado o determinable". De lo contrario el acto estaría viciado de nulidad por irregularidad de su objeto.

C. La subordinación a la finalidad de servicio público

Ya hemos indicado que la finalidad de servicio público es el requisito esencial y de fondo que determina la naturaleza del acto administrativo[65], y también ya hemos indicado qué debe entenderse por tal expresión.

---

64 Además, *V.* G. Jèze, "Essai d'une théorie générale sur l'influence des motifs déterminants sur la validité des actes juridiques en droit public", **RDP,** 1922. CF–102–1, 28–9–54. *V.* N° 40.

65 CF–102–1, 28–9–54.

Lo que nos interesa destacar aquí es que la autoridad administrativa en el Estado de Derecho está condicionada en su actuación, por la Ley, para la obtención de determinados resultados, y por ello no puede la Administración Pública procurar resultados distintos de los perseguidos por el Legislador, aun cuando aquéllos respondan a la más estricta moralidad, pues lo que se busca es el logro de determinado fin que no puede ser desvirtuado por ningún motivo, así sea plausible este.

En definitiva, la Ley atribuye a la autoridad administrativa el ejercicio de cierta facultad, pero se la atribuye para Obtener un fin específico. De ahí toda la extensa jurisprudencia que hemos examinado al estudiar la desviación de poder como vicio de ilegalidad del acto administrativo[66].

Por otra parte es necesario remarcar que la subordinación a la finalidad de servicio público implica en el acto administrativo su subordinación a la equidad y a la oportunidad, aun en el supuesto de que estén en función las facultades discrecionales de la Administración[67].

III. LOS EFECTOS DEL ACTO ADMINISTRATIVO

1. Noción previa

Del cumplimiento de los requisitos estudiados en el capítulo anterior, y principalmente de los requisitos de fondo del acto administrativo, se deriva el efecto fundamental de éste: su ejecutoriedad, que estudiaremos en primer lugar. Pero también en relación con los efectos del acto administrativo estudiaremos en el presente Capítulo la entrada en vigor y el comienzo de los efectos del acto, el fin de esos efectos y especialmente la extinción del acto y, por último, la firmeza del acto administrativo.

2. La ejecutoriedad del acto administrativo

El interés público en que se inspiran las normas de Derecho Público y Administrativo justifica ciertos privilegios de que goza la Administración para el cumplimiento de sus fines. Entre tales privilegios, que exceden de los moldes clásicos del Derecho común, se encuentra el de la inmediata ejecución de sus actos[68].

---

66 *V.* en la doctrina: Philibert, *Le but et le motif dans l'acte administratif*, Paris, 1931; Walter, *Le contrôle juridictionnel de la moralité administrative*, Nancy, 1929

67 CF–182–1, 9–8–57.

68 CF–88–1, 29–7–59. Sobre la ejecutoriedad del acto administrativo, *V.*: Borsi, *L'esecutorietà degli atti amministrativi*, Turín, 1901; Pujia, "L'esecuzione d'ufficio nelle opere pubbliche", *Riv. Dir. Pub.*, 1913; J. González Pérez, "Sobre la ejecutoriedad de los actos administrativos", *Revista Crítica de Derecho Inmobiliario*, N° 316, 1954, pp. 706 y sig.; Tourdias, *Le sursis a exécution des decisions administratives*, París, 1957. La jurisprudencia administrativa de la Corte, al hablar de la ejecutoriedad del acto administrativo, incluye en dicho concepto dos caracteres diferentes distinguidos por la doctrina (*V.*: F. Garrido Falla, *Tratado de Derecho Administrativo*, Instituto de Estudios Políticos, tomo I, Madrid, pp. 480 y ss.; E. Sayagués Laso, *Tratado de Derecho Administrativo*, tomo I, p. 490; N. Rodríguez Moro, *La ejecutividad del acto administrativo –con especiales referencias a lo Municipal–*, Instituto de Estudios de la Administración Local, Madrid, 1946): la ejecutividad 7 la ejecutoriedad del acto administrativo. En este sentido, la ejecutividad es la regla general del acto administrativo y consiste en el principio de que todo acto administrativo, una vez perfeccionado, produce todos sus efectos y, por lo mismo, puede ser eje-

La Administración Pública, por sus mismos caracteres y fines, actúa en medio de situaciones jurídicas ya creadas; por tanto, la gran mayoría de sus actos jurídicos habrán de destruir o modificar alguna o algunas de esas situaciones jurídicas preexistentes. De ahí la importancia que reviste esa ejecución privilegiada de las resoluciones administrativas que interesa, tanto a la propia Administración, como a los particulares beneficiados con la situación anterior[69].

El carácter ejecutorio del acto administrativo es consecuencia directa de su presunción de legalidad y legitimidad[70], por ello puede, desde el momento preciso en que se profiere, hacerse ejecutar por quien corresponda. Ello porque la presunción de legitimidad tiene por fundamento la preocupación y necesidad de evitar todo posible retardo en el desenvolvimiento de la actividad de la Administración Pública, siendo así que la ejecutoriedad responde al mismo principio: la rapidez de la acción administrativa para el logro del bienestar general.

Esta ejecutoriedad, por otra parte, permite darle a los actos administrativos, cumplimiento inmediato incluso contra la voluntad de los propios interesados, por existir en ellos esa presunción de legitimidad. Además, el acto administrativo expreso es un documento auténtico, y como tal se presume válido y hace plena fe[71].

La ejecutoriedad del acto administrativo trae, como consecuencia, que los recursos administrativos y jurisdiccionales de impugnación de los actos administrativos no tienen efecto suspensivo sobre la ejecución del acto, es decir, no suspenden la ejecución del acto administrativo, ya que admitir lo contrario equivaldría a hacer posibles paralizaciones de la acción administrativa por la voluntad de los particulares[72].

---

cutado. Decir entonces que un acto administrativo es ejecutivo es tanto como afirmar que tiene fuerza obligatoria y debe cumplirse, lo cual ocurre desde el momento en que produce íntegramente sus efectos. Por otra parte, para nosotros este concepto de ejecutividad del acto implica la aptitud de ser llevado, si es necesario, a la ejecución judicial directamente, con fuerza de título ejecutivo. Es la terminología del artículo 523 y sig. del Código de Procedimiento Civil. Sin embargo, este carácter según la doctrina más autorizada, debe distinguirse de la ejecutoriedad del acto administrativo, que es la posibilidad de la Administración de ejecutar el acto por sí misma, incluso en caso de resistencia abierta o pasiva de las personas afectadas, pudiendo acudir en tal caso a diversas medidas de coerción. Nuestra jurisprudencia, como vemos, incluye ambos conceptos bajo la ejecutoriedad del acto administrativo. Por otra parte observamos que el Proyecto LPA 1963 acoge el concepto de ejecutividad, distinto de la ejecutoriedad que hemos indicado. Así, la sección correspondiente a la eficacia de los actos administrativos, en el artículo 27 dispone: "Los actos administrativos de los órganos de la Administración Nacional en la esfera de sus competencias respectivas serán ejecutivos conforme a derecho".

69 CF–54–1, 5–8–58.

70 CF–182–1, 9–8–57.

71 Entiéndase que no hablamos de documento público sino de documento auténtico. En este sentido la CFC, en sentencia de 9–6–42 (***Memoria*** 1943, tomo I, p. 323), ha establecido que "es improcedente la solicitud de reconocimiento de firmas que aparecen en acta o acto emanado de un funcionario público, actos a los cuales debe reconocérseles *autenticidad* en principio, cuando menos, de conformidad con las leyes administrativas y civiles, que tratan de los documentos como medios de prueba". Sobre el concepto de autenticidad en los documentos, *V.* nuestro estudio: "Consideraciones acerca de la distinción entre documento público o auténtico, documento privado reconocido o autenticado y documento registrado", *RMJ*, 1962, N° 41, pp. 192 y sig. Sobre el carácter de instrumentos públicos que revisten los emanados de funcionarios públicos en algunos países como Argentina, *V.* E. Bielsa, *Instrumentos Públicos emanados de funcionarios y órganos del Estado*, Rosario, 1949. En general, sobre la presunción de legitimidad del acto administrativo, *V.*, Treves, *La presunzione de legittimità degli atti amministrativi.* Studi di *diritto pubblico direti da Donati*, vol. VIII, Padua, 1936; R. Resta, "La legittimità degli atti giuridici", *Riv. Dir. Pub.*, 1955. En este mismo sentido, véanse los fallos: CF–88–1, 29–7–59; CF–7–2, 25–1–60

72 CF–7–1, 25–1–60.

Este carácter o efecto fundamental del acto administrativo es lo que ha hecho que cierta jurisprudencia[73] venezolana y la unanimidad de la doctrina francesa después de Hauriou, califiquen al acto administrativo unilateral como decisión ejecutoria.

Sin embargo, el carácter ejecutorio del acto administrativo no implica en nuestra legislación vigente la necesidad de la ejecución forzosa del acto por la utilización de medidas coercitivas realizada por la misma Administración.

En principio, la ejecución forzosa del acto administrativo por vías coercitivas no puede tener lugar sino por vía judicial, y ante ésta es que el acto administrativo, por su presunción de legitimidad, tiene carácter de acto ejecutorio[74].

Por tanto la Administración, a pesar de que es detentadora de la fuerza pública, no puede recurrir directamente y en principio a la coerción para ejecutar sus propias decisiones. Pero decimos en principio pues, ciertamente, dos consideraciones opuestas hay que tener en cuenta: por una parte, no es conveniente que por una simple inercia de los particulares, o por el carácter recalcitrante de éstos, las decisiones de la Administración corran el peligro de no ser ejecutadas o serlo pero con gran dilación; pero, por otra parte, es peligroso que la Administración, por detentar la fuerza pública, pueda en todo caso ejecutar sus propias decisiones forzosamente, ya que ello traería una violación sencilla y rápida de los derechos y garantías constitucionales de los ciudadanos. Ante estas consideraciones creemos, siguiendo criterios del derecho comparado[75], que la

---

73 CF–54–1, 5–8–58.

74 Artículos 446 y sig. del Código de Procedimiento Civil, y artículo 1.929 del Código Civil.

75 Es interesante observar la posición del sistema francés y del sistema español sobre el problema de la ejecución forzosa. Sobre el sistema español, F. Garrido Falla *(Tratada de Derecho Administrativo, cit.*, tomo I, p. 484) nos lo resume así: "A partir de la Ley de Procedimientos Administrativos de 1958 no existe ninguna duda sobre la posibilidad de la ejecución forzosa a cargo de la Administración; está admitida con carácter general por nuestro Derecho, Ahora bien, en el ejercicio de esta potestad existen dos *limitaciones:* 1°. La ejecución forzosa ha de ajustarse precisamente a un procedimiento previamente reglado, hasta el punto de que su olvido convierte la acción administrativa en vía de hecho; 2°. Cuando la ejecución forzosa consiste en la utilización de medidas *coercitivas*, únicamente podrá ser utilizada por la Administración cuando exista *precepto legal expreso que la autoricé'* (subrayados nuestros). Es decir, en el sistema español es posible, en principio, la ejecución forzosa del acto administrativo por la propia Administración. Pero cuando se trata de la utilización de medidas coercitivas es necesario un texto legal expreso que autorice dicha utilización. La situación en el Derecho francés es distinta, pues, en principio, la Administración no puede ejecutar forzosamente sus decisiones. Pero, en ausencia de otro procedimiento para ejecutar el acto administrativo, la ejecución forzosa por la Administración "es un medio empírico justificado legalmente... por la necesidad de asegurar la observancia de la ley" (Romieu). Bajo la guía de las conclusiones del Comisario de Gobierno Romieu, la jurisprudencia francesa inició con la decisión del Tribunal de Conflictos de 2–12–02, Société Immobilière de Saint Just (Rec. p. 713 con las conclusiones de Romieu), la evolución de la posibilidad de la ejecución forzada de las decisiones administrativas que podemos resumir de la siguiente forma: En primer lugar, la ejecución de oficio de los actos administrativos por la propia Administración es lícita en dos hipótesis generales: 1°. Cuando una ley lo autoriza expresamente (tal es el caso de las requisiciones militares según la ley de 3 de julio de 1877, artículo 21. *V.* dicha ley en el *Code Administratif*, Dalloz, 1961, p. 727). 2°. Cuando hay urgencia: tal como lo dijo Romieu, "es la esencia misma del rol de la Administración de actuar inmediatamente y de emplear la fuerza pública sin pérdida de tiempo, cuando el interés inmediato de la conservación pública lo exige; cuando una casa está incendiada, no se exigirá al juez la autorización para enviar a los bomberos". En ausencia de texto o de urgencia, la ejecución de los actos administrativos no es lícita sino cuando se reúnan las siguientes condiciones: a) Es necesario ante todo que no haya ninguna otea sanción legal. Como lo señaló el Comisario de Gobierno, L. Blum, en sus conclusiones a la decisión del Consejo de Estado de 17 de mareo de 1911 (Rec. p. 341) Abbé Bouchon, "la ejecución administrativa no se justifica en principio sino por la necesidad de asegurar la observancia de la ley y por la imposibilidad de asegurarla por otro procedimiento jurídico"; b) En segundo lugar "es necesario que la operación administrativa por la cual La ejecución es necesaria tenga su fuente en un texto de ley preciso", es decir, que el acto administrativo a ejecutar sea tomado en aplicación de un texto legislativo expreso; c) "Es necesario que haya lugar a la ejecución forzada", es decir, que la ejecución del acto se haya encontrado con una resistencia cierta

Administración en Venezuela puede recurrir a la fuerza pública para ejecutar forzosamente sus decisiones, en tres casos precisos que se desprenden de nuestro ordenamiento jurídico vigente: Por una parte, cuando una ley lo permite expresamente, Tal es el caso del recurso a la fuerza pública en ciertas condiciones del reclutamiento o requisiciones militares. Estamos en presencia, en este caso, de la ejecución "manu militari" de un acto administrativo. Por otra parte, puede también la Administración recurrir a la fuerza pública para ejecutar sus decisiones sin pronunciamiento judicial en los casos de Estado de Emergencia Nacional declarado o de suspensión de las garantías constitucionales. Por último, en caso de necesidad o urgencia comprobada[76].

3. La entrada en vigor y el comienzo de los efectos del acto administrativo

A. Noción previa

Respecto a la validez del acto administrativo en el tiempo, es necesario examinar dos momentos decisivos: El momento en que el acto administrativo entra en vigor, como acto jurídico que obliga a su autor, y el momento en que el acto tiene eficacia, es decir, el momento en que el acto administrativo adquiere la posibilidad de producir sus efectos jurídicos propios con fuerza ejecutoria.

Examinemos separadamente ambos momentos.

---

o al menos a una "mala voluntad manifiesta"; Por último, "es necesario que las medidas de ejecución forzada tiendan únicamente, en su objeto inmediato, a la realización de la operación prescrita por la ley". Sobre el conjunto del problema en la jurisprudencia francesa, *V.*: Long, Weil y Braibant, *Les Grands Arrêts de la Jurisprudence Administrative*, Sirey, 1962, pp. 40 y ss. De este ligero bosquejo del problema en el sistema francés y el sistema español nos damos cuenta certeramente que la ejecución forzosa, cuando se trata de utilización de medidas coercitivas, es posible cuando un texto legal la autoriza, salvo en circunstancias anormales donde el interés público debe prevalecer, y en las cuales no es necesario el texto legal expreso que permita la ejecución forzosa. En Venezuela, como se señala en el texto, no hay una norma legal que con carácter general autorice, en el ordenamiento jurídico vigente, la utilización de medidas coercitivas para la ejecución forzosa de los actos administrativos. En el Proyecto LPA 1965, artículos 78 y 79, hemos encontrado las siguientes disposiciones: "Toda Resolución dictada conforme a esta Ley deberá ser ejecutada de inmediato...". "La ejecución forzosa de los actos administrativos será realizada por la propia administración pública, salvo cuando la Ley exija la intervención de la autoridad judicial". El proyecto persigue, a nuestro entender, cambiar completamente el actual sistema: considerar la ejecución forzosa por la Administración como el Principio en lugar de como la Excepción. Y a tal efecto el artículo 81 agrega que "la ejecución de los actos administrativos se efectuará por los siguientes modos: a) Realización de lo ordenado en el acto administrativo por la propia Administración y por cuenta del obligado; c) *Arresto*, en caso de negativa del obligado a cumplir lo ordenado por la Administración". Esta última disposición nos parece francamente peligrosa, pues con ella se pondría a disposición de la administración el "arresto" para ejecutar forzosamente sus decisiones sin hacer ninguna distinción según el objeto del acto o las circunstancias en que se ejecuta, lo que podría traer innumerables violaciones del artículo 60 de la vigente Constitución sobre la libertad y seguridad personales.

76 Respecto al servicio militar obligatorio debe tenerse en .cuenta, sin embargo, la disposición del ordinal 9 del artículo 60 de la Constitución, pues debido a que la libertad y seguridad personales son inviolables, "nadie podrí ser objeto de reclutamiento forzoso ni sometido al servicio militar sino en los términos pautados por la Ley". Respecto al Estado de Emergencia, *V.* lo establecido en los artículos 240 y sig. de la Constitución. En este sentido, *V.*: José Guillermo Andueza, "Los Derechos del Hombre en el Estado de Emergencia", *RMJ*, N° 38, 1961, pp. 195 y sig. Por último; respecto a la noción de "necesidad o urgencia comprobada", ella se desprende del ordinal 1°, aparte 3 del artículo 60 de la Constitución.

B. La entrada en vigor del acto administrativo

El acto administrativo, por ser una declaración de voluntad, sólo a partir del momento en que la voluntad de la Administración es declarada válidamente, es exteriorizada, se produce su entrada en vigor. Ciertamente que la voluntad de la Administración puede estar formada después de haberse cumplido el procedimiento constitutivo del acto administrativo, pero esa voluntad no adquirirá fuerza ejecutoria y fuerza obligatoria u oponibilidad frente a terceros, hasta tanto no sea declarada o manifestada exteriormente.

Esta manifestación externa varía según los efectos que se persigan con el acto en cuestión: la declaración de voluntad de los actos reglamentarios o generales tiene lugar con su publicación en la Gaceta Oficial, en aplicación del principio general del derecho establecido en el artículo primero del Código Civil. En los actos administrativos individuales, la declaración de voluntad tiene lugar con la notificación o con la misma publicación si el caso lo amerita.

Ahora bien, quede claro que él conocimiento efectivo del acto por su destinatario no es exigido, ni en el caso de publicación ni en el caso de notificación. Basta que estas últimas hayan sido hechas legalmente.

Como consecuencia de lo expuesto, es conveniente señalar que la ley aplicable a los actos administrativos es la vigente para el momento en que entren en vigor. Si un acto administrativo ha sido formado entonces, en base a una determinada disposición legal, que es derogada por la autoridad competente antes de la publicación o notificación del acto, éste no podrá ser publicado o notificado en las mismas condiciones. Lo mismo debe decirse respecto al caso inverso: que se dicte una nueva disposición legal atinente, entre el momento de la formación de la voluntad y su exteriorización; el acto administrativo, entonces, no podrá ser publicado o notificado sin que se acomode su contenido con la nueva disposición.

C. El comienzo de los efectos del acto administrativo.

Hemos señalado que el acto administrativo adquiere su validez desde que la voluntad de su autor se encuentra declarada. Ese es el momento de la entrada en vigor del acto administrativo.

Nos toca examinar ahora el problema de determinar el momento del comienzo de la eficacia del acto administrativo, es decir, el momento en que comienza a producir efectos. En principio, el momento del comienzo de los efectos del acto administrativo debe coincidir con el momento de su entrada en vigor. Pero el problema se plantea en saber si la producción de Los efectos jurídicos puede ser desplazada en el tiempo, sea hacia el pasado o sea hada el futuro.

En el primer caso estamos en presencia de la retroactividad de los actos administrativos; en el segundo, en presencia de la suspensión de los efectos del acto por término o por condición. Examinemos someramente las implicaciones de estos conceptos.

a. La condición y el término en los actos administrativos

Lamentablemente no tenemos jurisprudencia administrativa en esta materia. Sin embargo, la doctrina es unánime en aceptar[77] que, como toda declaración de voluntad tendiente a producir efectos jurídicos, el acto administrativo puede ser simple o acompañado de disposiciones suplementarias tales como el término y la condición.

Estas nociones, tomadas del derecho común, son muy bien utilizables en el Derecho administrativo, porque ellas no contradicen el fin de los actos administrativos que es siempre el de servicio público. Sin embargo, es conveniente aclarar que la condición y el término en los actos de la Administración, sólo son posibles cuando la Administración obra en base a una potestad discrecional, o si, cuando actuando regladamente, la norma se lo ordena.

a'. La condición

El acto administrativo es condicional cuando su eficacia depende de un "acontecimiento futuro e incierto"[78]. La condición puede ser entonces suspensiva o resolutoria.

Es suspensiva la condición cuando hace depender la eficacia del acto administrativo de un acontecimiento futuro e incierto"[79]. Un ejemplo de acto administrativo contentivo de una condición suspensiva es la orden inscrita en la boleta de conscripción militar por el Servicio Militar Obligatorio a los reservistas, de presentarse en un determinado caso de movilización a una unidad militar determinada[80]. La movilización constituye una condición suspensiva.

Es resolutoria la condición cuando, verificándose, repone las cosas al estado que tenían, como si el acto administrativo no se hubiere dictado[81].

La mayoría de los actos administrativos revocables contienen lo que podríamos llamar una condición resolutoria implícita y legal, que subordina sus efectos a la finalidad de servicio público, y de ahí la posibilidad para la Administración de revisar sus propios actos y revocarlos cuando no son creadores de derechos[82].

Por último, debemos observar que hay actos administrativos que por su propia naturaleza no pueden estar sometidos a condición: tal es el caso de los actos reglamentarios y de los actos tácitos de la Administración.

b'. El término

El término difiere de la condición en que no suspende los efectos del acto administrativo sino que fija solamente el momento de su ejecución o de su extinción[83].

El acto administrativo reglado, en que su emisión está impuesta a la Administración por la Ley, no puede en principio contener un término resolutorio limitando a un tiempo

---

77 *V.*, al respecto, Stassinopoulos, *Ob. cit.*, p. 89. Asimismo, F. Garrido Falla, Los motivos de impugnación..., *cit.*, pp. 42 y ss.

78 Artículo 1.197 del Código Civil.

79 Artículo 1.198 del Código Civil.

80 Ley del Servicio Militar Obligatorio, artículo 12.

81 Artículo 1.198 del Código Civil.

82 Esto es lo que se ha llamado en la doctrina "Reserva de revocación". *V.* Stassinopoulos, *ob. cit.*, p. 93.

83 Artículo 1.211 del Código Civil.

determinado su validez y aplicación[84]. Respecto al término suspensivo se admite que, en virtud del principio de que la Administración puede escoger el tiempo oportuno de la emisión de sus actos o de precisar el momento en el cual el acto comience a producir sus efectos, en la Administración discrecional podrá utilizarse siempre ese término.

b. La irretroactividad del acto administrativo

Si bien es cierto, como hemos indicado, que la Administración es libre de señalar, con las limitaciones observadas, el momento de producción de los efectos de su acto administrativo, no podemos decir lo mismo respecto a la producción de efectos hacia el pasado. Se plantea entonces el problema de la retroactividad o irretroactividad de los actos administrativos.

Largamente ha sido sostenido por la jurisprudencia venezolana el principio constitucional que consagra la irretroactividad de la Ley[85]. Sin embargo ese principio, establecido además de en la Constitución[86], en el Código Civil[87], debe ser considerado como un principio general y fundamental de nuestro Derecho, aplicable a todos los actos jurídicos estatales. Por ello, en nuestro concepto tiene aplicación a los actos administrativos[88]. El acto administrativo no puede disponer sino para el futuro y, por tanto, es inadmisible que pueda reglar relaciones o situaciones jurídicas que se han sucedido en el pasado, es decir, no puede tener efecto retroactivo. De lo contrario estaría viciado de ilegalidad, es decir, sería un acto administrativo contrario a derecho.

4. El fin de los efectos del acto administrativo

A. Noción previa

El acto administrativo puede cesar de producir sus efectos sea por desaparición de su contenido o de su objeto, por el advenimiento cíe una condición resolutoria o por la declaratoria de una autoridad pública. En los tres primeros casos se produce el fin de los efectos del acto administrativo por causas otras que la declaratoria de una autoridad pública que se refiera a la extinción del acto o a la cesación de sus efectos. Estudiaremos seguidamente los tres supuestos señalados, y en la parte quinta de este Capítulo estudiaremos los principales casos de declaratoria de extinción del acto.

---

84 Stassinopoulos, *ob. cit.*, p. 95; en el mismo sentido Garrido Falla, *Los motivos de impugnación .., cit.*, p. 43.

85 Véanse las sentencias de la CFC de 20–12–45 (*Memoria 1946*, tomo I, p. 311), 7–12–43 *(Memoria* 1944, tomo I, p. 26), 9–3–39 (*Memoria de 1940*, tomo I, p. 354), y de 20–3–42 (*Memoria de 1943*, tomo I, p. 265).

86 Artículo 3 del Código Civil.

87 Artículo 44 de la Constitución.

88 Sobre el principio de la irretroactividad de los actos administrativos en la doctrina, *V.*: O. Dupeyroux, *La règle de la non–rétroactivité des actes administratifs*, Librairie Générale de Droit et de Jurisprudence, Paris, 1954; M. Latourneur, "Le principe de la non–rétroactivité des actes administratifs", EDCE, *Fascículo 9*, 1955, p. 37; LEE AS, "Non–rétroactivité des actes administratifs", EDCE, 1949, *Fascículo 3*, p. 71; Puisoye "L'application du principe de la non–rétroactivité des actes administratifs", *Crónicas*, Sirey 1961, 45. El Proyecto LPA 1963 consagra expresamente, en su artículo 29, la irretroactividad de los actos administrativos al disponer que "en ningún caso los actos administrativos podrán tener efectos retroactivos".

B. Desaparición del contenido del acto administrativo

Por regla general, la ejecución del acto administrativo conlleva la desaparición de su contenido si con esta ejecución todas sus consecuencias jurídicas se transforman en operaciones materiales. Esto sucede en los actos administrativos que por su naturaleza no son susceptibles sino de una sola aplicación. Tal es el caso, por ejemplo, de la ejecución de la orden de demolición de un edificio que amenaza ruina[89]. Esa ejecución hace desaparecer el contenido y, por tanto, produce la finalización de los efectos del acto administrativo.

C. Desaparición del objeto del acto administrativo

Cuando el acto administrativo ha sido dictado *intuitu personae*, la desaparición de la persona produce la cesación de los efectos jurídicos del acto. Tal es el caso, por ejemplo, del nombramiento de un funcionario o empleado público, que cesa de producir sus efectos si el funcionario fallece. Sucede lo mismo con los actos administrativos dictados intuitu rei[90]. Por ejemplo, el decreto de expropiación pierde sus efectos con la desaparición del bien que constituye su objeto.

D. Advenimiento de la condición resolutoria

El advenimiento de la condición resolutoria pone fin, igualmente, a los efectos del acto administrativo. Un ejemplo de acto que contiene una condición resolutoria combinada con término es aquella autorización concedida para que se ejecute una actividad en un término señalado, vencido el cual el interesado debe solicitar la renovación de la autorización, y si no lo hace, la anterior cesa de producir sus efectos[91].

5. La extinción del acto administrativo

A. Noción previa

Se produce también la cesación de los efectos del acto administrativo cuando, por declaración expresa de una autoridad pública, se extingue el mismo. En estos casos el acto desaparece; y sus efectos desaparecen para el futuro cuando se trata de una revocación por mérito u oportunidad pronunciada por la autoridad administrativa, o cuando se trata de una revocación de un acto anulable. En cambio, cuando la autoridad administrativa declara el acto nulo, de nulidad absoluta, y lo revoca, los efectos de esa revocación se extienden hacia el futuro y hacia el pasado.

Cuando la nulidad ha sido declarada por la autoridad judicial competente, que sólo puede conocer de razones de ilegalidad, los efectos de la declaración de nulidad varían

---

89 Stassinopoulos, *ob. cit.*, p. 238.
90 Stassinopoulos, *ob. cit.*, p. 238.
91 Artículo 219 del Reglamento de la Ley de Tránsito Terrestre.

según se trate de actos nulos o anulables. En el primer caso la decisión se extiende hacia el futuro y hacia el pasado, en el segundo caso sólo se extiende hacia el futuro[92].

Analicemos estas dos formas de extinción del acto: la Revocación y la Anulación.

B. La revocación del acto administrativo

a. *Posibilidad de la revocación*

La extinción de los actos administrativos puede realizarse por la misma Administración, sea por razones de mérito u oportunidad, sea por razones de ilegalidad. En ambos casos estamos en presencia de la extinción del acto administrativo en la vía administrativa por revocación de los actos administrativos.

Es de principio que los actos administrativos, aun cuando no sean de la categoría de los llamados discrecionales, pueden ser revisados por el propio órgano que los expide, sobre todo cuando no lesionan derechos legítimamente adquiridos. En ello está comprometido el buen nombre de la Administración, pues una de las peculiaridades, precisamente, del acto administrativo es su subordinación a la equidad y a la oportunidad[93]. Advertido el funcionario de que su determinación no corresponde a las exigencias de la equidad, bien por haberse cometido error de derecho, bien porque no se apreciaron cabalmente las circunstancias de hecho, la sana lógica y el buen sentido han de inducirlo a la consiguiente rectificación, tanto más si no se han lastimado derechos adquiridos[94].

Por tanto, cuando el acto administrativo no ha creado ningún derecho a favor de terceros particulares y, por tanto, su revocación no lesiona derechos adquiridos, la misma autoridad que pronunció el acto o el superior jerárquico pueden perfectamente, por razones de oportunidad o conveniencia o por razones de ilegalidad, revocar el acto administrativo en cualquier momento, sin condición alguna.

Sin embargo, no sucede igual cuando se trata de actos administrativos que han creado derechos a favor de particulares. En estos casos, ni la misma autoridad administrativa ni el superior jerárquico pueden revocar el acto administrativo creador de derechos.

Es conveniente aclarar, sin embargo, que la Administración sí puede revocar sus actos, de la naturaleza que sean, cuando decide un recurso jerárquico introducido legalmente. En este caso, en que no actúa de oficio sino en cumplimiento del proceso de im-

---

92 Sobre el aspecto de la terminología, la mayoría de los participantes en el Seminario de las Naciones Unidas sobre los Recursos Judiciales o de otra índole contra el ejercicio ilegal o abusivo del Poder Administrativo, celebrado en Buenos Aires del 31 de agosto al 11 de septiembre de 1959, se pronunciaron en el sentido de que debe entenderse por "revocación el acto por medio del cual la propia autoridad administrativa o la superior revé el acto dictado por ella, y que debe entenderse por anulación, el acto por medio del cual un Tribunal resuelve la invalidez de la decisión administrativa". Publicación de las Naciones Unidas (ST/TAO/HR/6), Nueva York, 1960, p. 10.

93 CSJ–PA–12–1, 10–4–61. *V.*, también, la sentencia de la Corte Federal de 7–7–53 en *Gaceta Forense*, año II, N° 1, p. 122 y 172. CF–33–2, 17–7–53. La Ley, sin embargo, puede prohibir expresamente la posibilidad de revocación. *V.* al respecto la sentencia de la CFC de 4–8–49, *Resumen CFC en* SPA, *1940–1951*, p. 98. Respecto a la revocación de los actos administrativos, *V.*: Delbez, "La révocation des actes administratifs", *RDP*, 1928, p. 463; J. González Pérez, "La revocación de los actos administrativos en la jurisprudencia española", *RAP*, N° 1, 1950, p. 155; Raggi, "La revocabilità degli atti amministrativi", *Riv. Dir. Pub.*, 1917; Alessi, *La revocabilità dell'atto amministrativo*, Milán, 1936, 1942; Vitta, "La revoca degli atti amministrativi", *F.A.*, 1930; Resta, *La revoca degli atti amministrativi*, Milán, 1935; Sandulli, "Spunti en materia di rivocabilità di atti administrativi", *G.I.* 1943, III, 7; Resta, "Revoca, revocazione, abrogazione di atti amministrativi" *FA*, 1936, p. 97.

94 CF–33–2, 17–7–53. *V.* también en *Gaceta Oficial* N° 24.287 de 9–11–53.

pugnación del acto administrativo en vía administrativa, la Administración sí puede revocar sus propios actos.

Sin embargo, cuando los recursos que se permitían no han sido ejercidos o cuando la ley no permite el ejercicio de ningún recurso, la Administración no puede revocar de oficio sus actos creadores de derechos a favor de los administrados, pues quebrantaría el principio de la cosa juzgada administrativa[95].

Lo mismo sucede cuando el acto administrativo creador de derechos subjetivos ha sido dictado por la autoridad jerárquicamente superior que agota la vía administrativa: no puede esa misma autoridad revocar sus actos[96]. Si el mismo contiene un vicio de ilegalidad, la autoridad administrativa consciente de la legalidad que debe acompañar a sus actos sólo puede solicitar al Procurador General de la República para que demande la nulidad del acto en cuestión ante la jurisdicción contencioso–administrativa[97]. De lo contrario, si la autoridad revoca en ese caso el acto administrativo, en vez de crear la estabilidad que es uno de los fines superiores en la organización del Estado de Derecho, su determinación revocatoria acarrea incertidumbre en el público, en contra de aquel principio cardinal base de la institución política, y conduce al desconcierto en la Administración, pues no habría firmeza en las decisiones que han creado la cosa juzgada administrativa[98].

Sin embargo, la revocación de los actos administrativos generales o reglamentarios, por su misma naturaleza, siempre puede producirse[99].

En todo caso, la revocación de los actos administrativos nulos, de nulidad absoluta, puede ser pronunciada en cualquier momento por la administración, pues dichos actos, como hemos visto, no son susceptibles de producir legítimamente algún derecho, por lo cual los administrados no podrían deducir de ellos derechos legítimamente adquiridos.

b. Efectos de la revocación

La revocación del acto administrativo cuando ha sido efectuada por motivos de oportunidad o conveniencia[100], ya sea de oficio o a solicitud del administrado, por la propia autoridad que dictó el acto, o por su superior jerárquico, produce efectos hacia el futuro. Es decir, impide que el acto administrativo revocado continúe produciendo sus efectos desde el momento en que la decisión de revocatoria ha sido declarada. Es decir, la revocación por mérito tiene efectos ex nunc.

Pero, si la revocación del acto administrativo ha sido pronunciada por motivos de ilegalidad y se trata de un acto administrativo nulo, de nulidad absoluta, sea que esa revocación se haya producido de oficio o a solicitud de parte interesada por el ejercicio de un recurso administrativo permitido y ejercido legalmente por la misma autoridad administrativa que dictó el acto, o por su superior jerárquico, esa decisión revocatoria produce efectos hacia el futuro y hacia el pasado. Es decir, los efectos de la revocatoria de un acto nulo son, por lo general, *ex tunc*. Sin embargo, cuando se trata de un acto

95 CF–97–1, 15–6–56.
96 CFC–CP–16–1, 30–5–52. .
97 CF–115–1, 11–11–55; CFC–CP–18–1, 19–10–51.
98 CFC–CP–16–1, 30–5–52; CF–94–3, 24–11–53.
99 CFC–CP–16–1, 30–5–52.
100 Entonces estamos en presencia de la actuación discrecional de la Administración.

administrativo anulable, el efecto de la revocatoria por ilegalidad es sólo hacia el futuro, es decir, ex nunc.

C. La anulación del acto administrativo

La anulación propiamente dicha del acto administrativo sólo puede producirse por la jurisdicción contencioso–administrativa[101] y solamente por motivos de ilegalidad, como ya hemos señalado.

Esta anulación por ilegalidad, cuando se trata de un acto administrativo nulo, de nulidad absoluta, tiene efectos *ex tunc*, es decir, tiene efectos hacia el futuro y hacia el pasado. El acto nulo declarado ilegal se considera como si nunca ha producido efectos; y entre los actos nulos, los inconstitucionales son, para utilizar la terminología de la Corte, inexistentes[102] y, por tanto, no producen ninguno de los efectos jurídicos perseguidos por su autor.

Si se trata, sin embargo, de la anulación jurisdiccional de un acto administrativo anulable, los efectos de esa anulación se extienden solamente hacia el futuro.

6. La firmeza del acto administrativo

A. El principio

Cuando el acto administrativo produce íntegramente sus efectos y no ha sido extinguido expresamente, tanto la Administración como los administrados están interesados en que las decisiones de la autoridad administrativa contengan un mínimo de estabilidad. De ahí la firmeza de los actos administrativos[103].

Pero la firmeza del acto administrativo no implica cercenamiento de la garantía de los administrados de exigir a la Administración la revisión de sus actos. Al contrario, la firmeza se produce cuando el titular de un interés legítimo que haya sufrido lesión como consecuencia del acto administrativo, no ha ejercido o interpuesto el recurso jerárquico en el término que para el caso se establece[104].

Se produce también cuando, dictado un acto administrativo por la autoridad que agota la vía administrativa, el particular lesionado no ejerce el recurso jurisdiccional contencioso–administrativo de anulación del acto en el término que para ello establece la ley[105]. En este caso nos encontramos en presencia de un acto definitivamente firme[106].

---

101 Artículos 206 y 215, ordinal 7° de la Constitución.

102 CFC–CP–14–1, 12–6–51.

103 CF–94–3, 24–11–53.; CFC–CP–16–1, 30–5–52.

104 CF–94–3, 24–11–53.

105 Artículo 7, ordinales 9 y 25 de la Ley Orgánica de la Corte Federal. Sobre el acto administrativo definitivo, *V.*: Cammeo, "La definitività degli atti amministrativi" *Giurisprudenza Italiana*, 1911, III, 1; Tommasone, "Sulla definitività degli atti amministrativi", *FA*, 1925, p. 1; M. S. Giannini, "In torno agli atto amministrativi definitivi impliciti", *Giurisprudenza Italiana*, 1940, III, p. 117.

106 CSJ–PA–26–I, 15–3–62. Esta firmeza del acto administrativo ha llevado a la jurisprudencia a considerar firmes y no impugnables los actos administrativos, cuando han sido dictados en base a otro acto administrativo firme, en la forma siguiente: "el acto de la Administración Pública que dio origen a las resoluciones administrativas posteriores no fue impugnado dentro del lapso que la ley concede, por lo que dichas resoluciones administrativas así dictadas y con fundamento en aquel acto administrativo quedaron firmes, ya que mal podrían ser éstas nulas

En estos casos, la firmeza del acto administrativo hace que no se lo pueda atacar ya en razón de su ilegalidad por vía de acción, produciéndose para siempre sus efectos. Sólo podría alegarse su ilegalidad por vía de excepción[107]. Sin embargo, debemos señalar que, tratándose de un acto administrativo general, su firmeza no impide el ejercicio de los recursos jurisdiccionales, pues, respecto a él, éstos son imprescriptibles[108].

B. La cosa juzgada administrativa

La consecuencia fundamental de la firmeza del acto administrativo es el principio de la cosa juzgada administrativa[109], según el cual la administración está sujeta y no puede revisar una decisión administrativa creadora de derechos a favor de particulares, contra la cual no se permite ejercer ningún recurso o éstos han caducado no quedando, por tanto, ninguna vía para impugnarla[110].

En el Derecho administrativo venezolano no existe disposición alguna que consagre expresamente la cosa juzgada administrativa pero, sin embargo, la jurisprudencia se ha pronunciado sobre ella contrariamente a lo que se ha sostenido[111]. Pero ciertamente, como sostuvo la antigua Procuraduría de la Nación[112], la cosa juzgada en materia administrativa es siempre de valor relativo pues "la revocabilidad o irrevocabilidad de un acto depende de las mutaciones que eventualmente sufra el supuesto de hecho sobre el cual se basa. Si el supuesto de hecho cambia, la regla general aplicable será aquella que se adecúe a la nueva situación producida y, en consecuencia, la autoridad de la cosa juzgada desaparece".

Sin embargo, fuera de este supuesto la cosa juzgada administrativa tiene efecto cuando se trata de actos administrativos creadores de derechos a favor de terceros, y contra los cuales no quedan vías legales de impugnación, aunque siempre quede la vía de la excepción de ilegalidad. Respecto a los actos administrativos revocables, es decir, no creadores de derechos, la cosa juzgada administrativa no tiene ningún efecto.

Vemos, en todo caso, que no se trata de una cosa juzgada absoluta, propia de los actos jurisdiccionales. Por ello es correcta la afirmación de Georges Vedel cuando dice que es preferible hablar de "cosa decidida" respecto a los actos administrativos antes que de cosa juzgada[113].

---

estando fundadas en un acto plenamente válido, pues ello equivaldría a enjuiciar aisladamente la resolución con absoluta prescindencia del sometimiento al control jurisdiccional del acto administrativo que le dio origen", CSJ PA–21–1, 28–2–62. Por último debemos observar que un acto ya firme no es susceptible de recurso alguno, ni siquiera el de inconstitucionalidad, cuando se trata de actos individuales. A tal efecto la sentencia CSJ–PA–26–1, 15–3–62 sostiene que, "estando sometido el recurso contencioso–administrativo al lapso de caducidad de seis meses, pasado et cual no podrá ya ejercerse, mal se podrá entonces recurrir a la acción de inconstitucionalidad para modificar el acto administrativo definitivamente firme", agregando por otra parte que "la situación particular y concreta que se deriva del acto administrativo no es susceptible de ser impugnada por la vía de la acción popular y directa de inconstitucionalidad, propia de los actos generales del Poder Público".

107 Artículo 7, ordinal 9 de la Ley Orgánica de la Corte Federal.

108 CF–172–1, 30–7–57.

109 CFC–CP–16–1, 30–5–52.

110 CF–97–1, 15–6–56

111 CF–97–1, 15–6–56.

112 *Informe de la Procuraduría de la Nación*, años 1957–1958, Caracas, 1958, p. 408: Criterio sustentado por el Procurador en Oficio de fecha 25–2–57 dirigido al Ministerio de Agricultura y Cría.

113 En este sentido, *V.* G. Vedel, *Droit Administratif*, Themis, Presses Universitaires de France, tomo I, Paris, 1958, p. 126.

IV. LA CLASIFICACIÓN DE LOS ACTOS ADMINISTRATIVOS

1. Según la declaración de voluntad

A. Actos administrativos expresos y actos administrativos tácitos

Ya hemos hecho alusión a esta distinción. El acto administrativo es expreso cuando la manifestación de voluntad de la autoridad administrativa es declarada formalmente, es decir, cuando la Administración manifiesta en forma expresa su voluntad.

Los actos administrativos tácitos, por el contrario, constituyen una manifestación tácita de voluntad de la Administración. Están configurados por el Silencio Administrativo establecido en ciertas leyes especiales y para ciertos casos determinados.

Sin embargo, hay otra diferencia radical entre ambos actos: los actos expresos pueden ser denegatorios o acordatorios respecto a la petición del administrado; en cambio no sucede lo mismo respecto a los actos administrativos tácitos que admite nuestra legislación y que se consideran siempre como denegatorios de la petición del administrado. El silencio de la Administración, en estos casos, equivale a un rechazo de la petición del interesado y, por tanto, el acto tiene fuerza ejecutoria[114].

B. Actos administrativos unilaterales y actos administrativos bilaterales

La Administración Pública no está obligada a cumplir sus fines específicos imponiendo siempre unilateralmente su voluntad a los particulares. En innumerables ocasiones obtiene la colaboración voluntaria de éstos y logra de ellos, por medio de un arreglo consensual, la prestación de bienes o servicios que le interesan para desarrollar su función.

Así distinguimos el acto administrativo unilateral, que es obra exclusiva de la sola voluntad de la Administración, sea tomada individualmente, o sea, formada colectivamente[115]. Estos actos administrativos unilaterales, con su carácter ejecutorio, constituyen el modo de acción normal de la Administración y son los que hemos estudiado en el presente Título.

Por otra parte se encuentra el acto administrativo bilateral, que se forma por el encuentro de más de una voluntad entre las cuales está la de la Administración: el tipo lo constituye el Contrato Administrativo que estudiaremos en el Título Tercero del presente estudio y que sólo pueden tener por efecto la producción de una situación jurídica individual.

2. Según la autoridad que declara la voluntad de la administración

Según ya hemos expresado, la Administración Pública del Estado venezolano está dividida fundamentalmente en Administración Nacional, Administración Estadal y Ad-

---

114 CF–34–1, 3–6–58. Por ejemplo, véanse los artículos 32 y 34 del Reglamento de la Ley de Regulación de Alquileres, y artículo 63 de la Ley de la Procuraduría de la Nación y del Ministerio Público.

115 Deliberación de una asamblea: actos administrativos emanados de las Cámaras Legislativas. En este sentido, *V.* la sentencia de 5–5–37, Resumen CFC en SPA, 1936–1939, p. 182 (***Memoria** 1938*, tomo I, p. 226).

ministración Municipal. Entonces, según que el acto administrativo emane de cada una de estas autoridades, estaremos en presencia de un Acto Administrativo Nacional, Estadal o Municipal.

Conviene, sin embargo, analizar someramente estos últimos, es decir, los actos administrativos municipales, sobre cuya naturaleza han surgido varios equívocos.

Ya hemos señalado que, de conformidad con la vigente Constitución, los Municipios tienen para actuar la función ejecutiva, que comprende la función administrativa y la función de gobierno[116].

Por tanto, es de la competencia exclusiva de los Municipios el gobierno y la administración de los intereses de la entidad[117], pero no tienen competencia alguna para establecer su propia organización.

En efecto, la organización de los Municipios, que siempre será democrática y debe responder a la naturaleza propia del gobierno local[118], se rige por la Constitución, por las normas que para desarrollar los principios constitucionales establezcan las Leyes Orgánicas nacionales y por las disposiciones legales que, en conformidad con aquéllas, dicten los Estados[119]. Por tanto, los Municipios son autónomos respecto a su gobierno y administración[120], pero no lo son en lo referente a su organización.

La actividad administrativa municipal se cumple fundamentalmente por medio de las Ordenanzas, Acuerdos, Decretos y Resoluciones municipales. La diferencia fundamental entre estos diversos actos está basada en los efectos que persiguen. Los Acuerdos y Resoluciones tienen un radio de acción limitado, pues tienden a lo particular, concreto y circunstancial. Pueden también referirse a medidas de interés general, pero siempre que éstas sean complementarias de las Ordenanzas[121]. Por tanto, los Acuerdos y Resoluciones son actos administrativos municipales, de efectos, por lo general, individuales. Al contrario, las Ordenanzas constituyen actos de efectos generales y obligatorios. Equivalen, en el ámbito municipal, a los actos administrativos generales nacionales, y son actos administrativos municipales de carácter general dictados por los Municipios en virtud de su autonomía administrativa. Pretender señalar que las Ordenanzas Municipales son "leyes"[122] equivale a confundir los debatidos conceptos de Ley Formal y Ley Material.

Ya hemos señalado que en nuestro ordenamiento constitucional Ley es el acto que sancionan las Cámaras Legislativas en el ámbito nacional o las Asambleas Legislativas en el ámbito estadal, actuando como cuerpos colegisladores. Por tanto, nuestra Constitución acoge el criterio de Ley Formal. Pretender decir que, porque una Ordenanza municipal tiene efectos generales y obligatorios, es una Ley, equivaldría a atribuirle la misma naturaleza a los actos reglamentarios nacionales.

Ya hemos señalado que es inherente a la función administrativa el dictar actos de carácter general. Lo mismo sucede con los actos administrativos generales de los Municipios, es decir, con las Ordenanzas municipales. Estas son meros actos administrativos,

116 Artículo 30 de la Constitución.
117 Artículo 30 de la Constitución.
118 Artículo 28 de la Constitución.
119 Artículo 26 de la Constitución.
120 Artículo 25 de la Constitución.
121 CF–8–1, 9–2–61.
122 CF–93–l, 24–11–53.

dictados en función administrativa municipal y en ejercicio del Poder Ejecutivo municipal, y de ninguna manera son actos legislativos[123] dictados en ejercicio de un pretendido "Poder Legislativo municipal", como ha sostenido la Corte en alguna oportunidad[124].*

3. Según los poderes de la autoridad que dicta el acto administrativo

Distinguimos en este caso el acto administrativo reglado y el acto administrativo discrecional. Ya sobre esta distinción hemos hablado. Sin embargo, recordamos que el acto administrativo reglado es aquel que emana de una autoridad pública actuando bajo competencia reglada, es decir, bajo el condicionamiento de reglas o normas preestablecidas que no le conceden libertad alguna de obrar o de elegir entre varias soluciones, sino que le indican la decisión concreta que debe tomar.

En realidad, la actuación reglada es la excepción en la actividad administrativa. La regla es la posibilidad de apreciación de la oportunidad y conveniencia en el actuar: de ahí los actos administrativos discrecionales. Éstos se producen cuando la administración actúa en ejercicio de un poder discrecional, de libre apreciación, que le deja la Ley para decidir si debe obrar o abstenerse, o cómo ha de obrar o qué alcance ha de dar a su actuación.

4. Según los efectos del acto administrativo

Los actos administrativos se dividen también, según los efectos que producen, en actos administrativos generales y actos administrativos individuales. Los primeros producen efectos generales, impersonales y objetivos. El tipo es el acto reglamentario. Los segundos producen efectos particulares, individuales y subjetivos. Constituyen, quizás, el modo de acción habitual de la Administración.

---

123 Sabemos que podría argumentarse en defensa de un pretendido Poder Legislativo municipal, y en defensa del carácter de Leyes de ciertos actos municipales, señalándose que el artículo 224 de la Constitución vigente establece que no podrá cobrarse ningún impuesto u otra contribución que no estén establecidos por Ley; y que por cuanto el artículo 31 de la misma Constitución establece que los Municipios pueden crear impuestos, entonces se concluye que ello sólo es posible en ejercicio de una función legislativa municipal. Sin embargo, este argumento a nuestro entender no es valedero: en efecto, los Municipios no pueden crear impuestos conforme *a.* la atribución del artículo 31, *sino de conformidad con la ley.* Por tanto, sólo cuando una ley lo establece, y por tanto lo autoriza, el Municipio puede crear un impuesto. Si se observa detenidamente el referido artículo 31 de la Constitución, relativo a los ingresos municipales, se llega necesariamente a la siguiente conclusión: los Municipios sólo pueden crear impuestos, tasas o contribuciones de conformidad con la ley, y sólo pueden cobrar tos impuestos que crea la misma Constitución o que ellos crean de conformidad con la ley. Sí una ley no autoriza al Municipio a crear un impuesto, no puede cobrar otros que los establecidos directamente en la Constitución (ordinales 1 al 5 del artículo 31). De lo contrarío habría infracción de la Constitución. Esa y no otra interpretación puede dársele a la expresión "de conformidad con la Ley". Entonces, los Municipios sólo pueden crear impuestos en ejecución de la Ley y, por tanto, ejerciendo una función propia del Poder Ejecutivo municipal.

124 CF–93–1, 24–11–53.

* Esta consideración de las "ordenanzas" municipales como actos administrativos fue abandonamos completamente unos años después, particularmente al establecer el ámbito de la Jurisdicción Constitucional para controlar la constitucionalidad de las ordenanzas, como "leyes locales," que escapaban, por tanto, del control contencioso administrativo. Él abandono se consolidó con la adopción del principio de la separación de poderes a nivel municipal, mediante la superación del gobierno colegiado municipal atribuido todo a un "Consejo Municipal", y el establecimiento, en cambio, de un Alcalde a cargo del Poder Ejecutivo municipal, y de un Consejo Municipal a cargo de un Poder Legislativo local. Las ordenanzas por tanto, conforme a la doctrina de la Corte que rechazábamos erradamente en 1964, son verdaderas "leyes locales" dictadas por los Consejos Municipales en ejecución directa de competencias constitucionales.

Ya sobre esta distinción nos hemos detenido. Sin embargo, es conveniente recalcar que la potestad reglamentaria dada por la Constitución al Presidente de la República[125] tiene su fundamento en la misma función administrativa y, por tanto, no sólo el Presidente puede dictar actos generales. Es decir, el reglamento es un instrumento esencial para la actividad administrativa en virtud del cual la Administración regula uniformemente la conducta de los administrados, de los funcionarios a su servicio y también su propia conducta.

Por último, y en relación a los efectos del acto administrativo, es necesario distinguir los que producen efectos internos y los que producen efectos externos, es decir, los que no producen efectos hacia los administrados por tratarse de providencias de orden interno a la Administración, y los actos administrativos que sí producen efectos frente a los particulares. Los primeros tienen interés en cuanto al estudio de la organización y funcionamiento de la Administración. Los segundos han sido fundamentalmente el objeto de estudio del presente Título.

El interés de la distinción radica en la posibilidad de formar algún recurso de impugnación contra esas providencias de efectos internos, llamadas Instrucciones del Servicio[126]. Estas instrucciones, es conveniente señalar, tienen su fundamento en el poder jerárquico que permite al superior de la rama administrativa, normalmente el Ministro en su respectiva Administración nacional, dar órdenes a sus subordinados, las cuales consisten generalmente en la instrucción respecto a la aplicación de las disposiciones legales y especialmente respecto al ejercicio de sus atribuciones[127].

Ahora bien, estas Instrucciones del Servicio son actos administrativos productores de efectos jurídicos determinados. El hecho de que sólo se produzcan estos últimos para la sola Administración, y sin ninguna repercusión, en principio, para los administrados, no le quita el carácter de acto jurídico administrativo: la Instrucción del Servicio es una orden que crea la obligación jurídica por parte de sus destinatarios, o sea, los funcionarios de la jerarquía, de cumplirla y respetarla. Su incumplimiento y desobediencia constituye una falta disciplinaria sancionable por el superior jerárquico en virtud de su poder disciplinario[128].

Sin embargo, estas Instrucciones del Servicio se diferencian claramente de las llamadas Circulares Administrativas, que no constituyen, a nuestro modo de ver, verdaderos actos administrativos ya que no producen determinados efectos jurídicos. Su fin primordial es la difusión, en una dependencia administrativa, o a determinados funcionarios, de concretas informaciones, consejos o sugerencias que no tienen ningún carácter imperativo ni fuerza obligatoria[129].

---

125 Artículo 190, ordinal 10 de la Constitución

126 Un caso típico de Instrucción del Servicio es la Resolución Nº 5–84 de 23 de junio de 1962, de la Contraloría General de la República *(Gaceta Oficial*, Extraordinaria, Nº 798 de 10–7–62), que aprueba las Instrucciones y Modelos para la contabilidad del Crédito Público elaboradas por la Sala de Centralización.

127 *V.*, por ejemplo, el artículo 2, ordinales 1 y 32 del Reglamento Interno del Ministerio de Hacienda de 4 de abril de 1940, C L., tomo I, p. 1.374.

128 Artículo 2, ordinal 8 del Reglamento Interno del Ministerio de Hacienda.

129 Respecto al conjunto del problema en la doctrina francesa, *V.*, J. Rivero, *Les mesures d'ordre intérieur administratives*, París, 1934; Charlier, "Circulaires, instructions de service et autres prétendues mesures d'ordre intérieur", *JP*, 1954, p. 1.169; Cocatre–Zilgien, "La nature juridique des mesures d'ordre intérieur en droit administratif français", *RISA*, 1958, Nº 4, p. 487. En la doctrina italiana, *V.*: E. Silvestri, *L'attività interna della pubblica amministrazione*, Giuffré, Milán, 1950; M. S. Giannini, *L'attività amministrativa*, Enciclopedia dei diritto, Edizione especiale per gli studenti dell'Università di Roma, Giuffré, Milán, 1960, pp. 8 y sig.

Respecto a las Instrucciones del Servicio, que, al contrario, sí son actos administrativos, se presenta el problema de su recurribilidad o impugnación[130]. En Venezuela consideramos que en principio no es posible intentar un recurso administrativo o contencioso–administrativo contra las Instrucciones del Servicio. Para intentar dichos recursos es necesario alegar un interés legítimo y ese interés no puede existir en un recurrente contra Instrucciones del Servicio, pues éstas sólo tienen efectos dentro de la Administración, sin ninguna repercusión directa en los derechos o intereses de los administrados. Sin embargo, hay que estar en presencia del caso concreto para confirmar estas consideraciones generales: muchas veces las pretendidas Instrucciones del Servicio pueden contener verdaderas reglas de carácter general o reglamentario, que sí podrían dar, entonces, lugar a un recurso de impugnación. En todo caso correspondería al recurrente probar su legítimo interés.

Sección Segunda: SOBRE LA IMPORTANCIA DE LA NOCIÓN DEL ACTO ADMINISTRATIVO Y LOS PROBLEMAS DE SU DEFINICIÓN (2005)

Esta Sección Segunda es el resultado de la integración efectuada en 2005, de dos trabajos publicados en dos ocasiones distintas, para la obra inconclusa de *Derecho Administrativo* que se comenzó a editar en Bogotá en ese año, y de la cual solo salieron dos Tomos: el primero, "Sobre la importancia para el derecho administrativo, de la noción del acto administrativo y de sus efectos", preparado para una de las Jornadas Internacionales de Derecho Administrativo organizadas por FUNEDA, y publicado en *Los efectos y la ejecución de los actos administrativos. III Jornadas Internacionales de Derecho Administrativo Allan Randolph Brewer–Carías*, Caracas 1997, Fundación Estudios de Derecho Administrativo (FUNEDA), Caracas 1997, pp. 19–43; y el segundo, el trabajo que redacté para el libro homenaje al profesor Eloy Lares Martínez, sobre "El problema de la definición del acto administrativo" en *Libro Homenaje al Doctor Eloy Lares Martínez*, Tomo I, Facultad de Ciencias Jurídicas y Políticas, Universidad Central de Venezuela, Caracas 1984, pp. 25–78.

I. IMPORTANCIA DE LA NOCIÓN DE ACTO ADMINISTRATIVO PARA EL DERECHO ADMINISTRATIVO

1. El derecho administrativo como derecho de los actos administrativos

Hemos dicho que el derecho administrativo puede considerarse como el derecho de la Administración Pública, y en este contexto y convencionalmente, podemos entender por Administración Pública, en primer lugar, desde el punto de vista orgánico, el conjunto

---

130 *V.* al respecto, en la doctrina francesa: M. Hauriou, Nota al Sirey, 1921, 3, p. 9; M. Waline, Nota en *RDP*, 1934, p. 539; L. Levental, "L'annulation pour excès de pouvoir des circulaires administratives". *Dalloz Crónicas*, **1954, 99.** *V.*, asimismo, el notable comentario de Long, Weil y Braibant, *Les grandes arrêts..., cit.*, pp. 394 y sig., a la decisión del Consejo de Estado de 29 de enero de 1954, Institución Notre–Dame du Kreisker, donde resumen el estado actual del problema en la jurisprudencia francesa.

de sujetos de derecho que personifican al Estado, su organización y funcionamiento; y en segundo lugar, desde el punto de vista material, el ejercicio de la función administrativa como una de las funciones del Estado y la realización de la actividad administrativa"[131].

Pero decir que el derecho administrativo es el derecho de la Administración Pública no es otra cosa que decir, en definitiva, que el derecho administrativo es el derecho de los actos administrativos, pues la Administración no es un fin en sí misma, sino que tiene una tarea o misión específica que en el mundo del derecho, en definitiva, concluye en la emisión de dichos actos[132].

El acto administrativo, así, sin duda, es la noción más importante del derecho administrativo; es más, sin acto administrativo éste, simplemente, no existiría ni tendría razón de ser. Por ello, podemos decir sin temor a equivocarnos que todo el derecho administrativo gira en torno a este concepto fundamental; y podemos decir, además, que el derecho administrativo, como el derecho que regula la actividad administrativa, siempre se traduce o tiene como presupuesto un acto administrativo.

Para constatar esta estrecha relación entre el derecho administrativo y el acto administrativo, basta que analicemos un poco más detenidamente el objeto de nuestra disciplina, y que hemos plasmado en la siguiente definición del derecho administrativo, por su objeto, que no es más que una pequeña ampliación de la que antes formulamos en páginas anteriores:

Hemos dicho que el derecho administrativo es aquella rama del derecho que regula a la Administración Pública como complejo orgánico del Estado, su organización y funcionamiento; que norma el ejercicio de la función administrativa por los órganos del Estado, aún los que no forman parte del Ejecutivo ni de la Administración; que regula la actividad administrativa del Estado; y que norma las relaciones jurídicas que se establecen entre las personas jurídicas estatales y no estatales que actúan como Administración Pública y los particulares, tanto con motivo del ejercicio de la función administrativa como de la realización de alguna actividad administrativa.[133]

Esta definición del derecho administrativo, por su objeto, confirma la estrecha relación que toda nuestra disciplina tiene con el acto administrativo, y que resulta de los siete grandes bloques de regulación que contiene.

En efecto, en *primer lugar,* la definición comprende el régimen de la Administración Pública como complejo orgánico del Estado, personificado en diversos sujetos de derecho a los cuales está atribuido, en general, el ejercicio del Poder Ejecutivo como rama del Poder Público. La Administración Pública, así concebida, existe para cumplir determinados fines, los cuales sólo puede alcanzar desarrollando una actividad, de manera que si no tuviese actividad no tendría razón de ser. Ello se confirma si tenemos en cuenta que el conjunto de órganos del Estado que conforman la Administración Pública,

---

131 *V.* Allan R. Brewer–Carías, "La interaplicación del derecho público y del derecho privado a la Administración Pública y el proceso de huida y recuperación del derecho administrativo", en FUNEDA, *Las formas de la actividad administrativa, II Jornadas Internacionales de Derecho Administrativo Allan R. Brewer–Carías,* Caracas 1996, página 23.

132 *V.* Allan R. Brewer–Carías "Sobre la importancia para el derecho administrativo de la noción de acto administrativo y sus efectos", en FUNEDA, *Los efectos de los actos administrativos, III Jornadas Internacionales de Derecho Administrativo Allan R. Brewer–Carías,* Caracas 1997.

133 *V.* Allan R. Brewer–Carías "El concepto del derecho administrativo" en *Revista de Administración Pública,* N° 100–102, Vol. I, Enero–Diciembre, Madrid 1983, página 686.

para actuar, tienen que formar parte de un sujeto de derecho, es decir, de una persona jurídica estatal que ejerce el Poder Público.

En este sentido también tenemos que decir que las personas jurídicas estatales, como cualquier sujeto de derecho, sólo se conciben para actuar en el mundo del derecho, es decir, para realizar una actividad, en este caso, administrativa, que siempre está vinculada a un acto administrativo; actuación que, además, como todo sujeto de derecho, realizan porque están habilitadas para ello, en este caso, porque tienen la potestad necesaria para incidir en las situaciones jurídicas de los administrados o formar parte de relaciones jurídicas con otros sujetos de derecho. Esta potestad, en el campo del derecho público, no es otra que el Poder Público que es la potestad constitucional que habilita a los sujetos de derecho estatales para actuar como Estado, como titulares de derechos (poderes) y de obligaciones (deberes). El Poder Público, por tanto, como tal, no tiene otro sentido que habilitar a un sujeto de derecho para que actúe en nombre del Estado, actuación que en el mundo de las relaciones jurídicas con los particulares, cuando el Estado actúa como sujeto de derecho en las relaciones jurídicas, se traduce siempre en actos administrativos.

En efecto, en general, es mediante el ejercicio del Poder Ejecutivo, como rama del Poder Público, que se dictan los actos administrativos; pero también pueden emanar de otros órganos del Estado en ejercicio de otras ramas del Poder Público (Legislativa, Judicial, Ciudadano y Electoral) en ejercicio de funciones administrativas. En consecuencia, tanto las nociones mismas de persona jurídica de derecho público o de persona estatal, como la del Poder Público y, en particular, del Poder Ejecutivo, están estrechamente vinculadas a los actos administrativos, a través de los cuales tienen presencia en el mundo de las situaciones y relaciones jurídico–administrativas.

En consecuencia, en cuanto al primero de los objetos que derivan de la definición del derecho administrativo, el relativo al régimen de la Administración Pública como complejo orgánico del Estado, personificado en diversos sujetos de derecho público o estatales que ejercen el Poder Público, su relación esencial con el acto administrativo es evidente. Simplemente, aquellos no se conciben sino para desarrollar una actividad que, en general, se traduce en dictar actos administrativos, prepararlos o ejecutarlos.

En *segundo lugar,* hemos dicho que el derecho administrativo tiene por objeto regular el funcionamiento de la Administración Pública, particularmente en cuanto concierne a los recursos humanos, materiales y financieros que le están asignados para actuar, y que confirman que ese es su objetivo. Las personas jurídicas que manifiestan la voluntad del Estado, como Administración Pública, además de órganos, tienen que tener titulares de dichos órganos, que no son otros que los funcionarios públicos, que son las personas naturales que materializan y concretizan la actuación administrativa. Por ello, los funcionarios o empleados públicos no tienen otra misión que actuar por cuenta de la Administración Pública, sea dictando actos administrativo, sea preparándolos o ejecutándolos, pero siempre vinculados a los actos administrativos.

Esto tiene particular importancia en relación a la definición misma de los actos administrativos, pues como es sabido, estos son, ante todo y por sobre todo, la voluntad manifestada de la Administración Pública; y la única forma como ésta puede manifestar su voluntad, es mediante la actuación de una persona natural que la exprese como titular de un órgano de aquélla. Esos son los funcionarios públicos y para eso es que existen: para ser el vehículo para la manifestación de voluntad de la Administración Pública, de manera que su decisión se impute a la persona moral de cuyo órgano son titulares.

Pero para que la actividad administrativa pueda realizarse, por supuesto, además de recursos humanos, la Administración Pública tiene que disponer de recursos materiales, bienes y de recursos financieros; todos ellos para que pueda actuar, es decir, desplegar su actividad siempre vinculada a los actos administrativos.

Por ello, en consecuencia, en cuanto al segundo de los bloques que conforman el objeto del derecho administrativo, el relativo al funcionamiento de la Administración Pública, los recursos humanos, materiales y financieros que se le asignan sólo tienen sentido si se considera que son para que aquella pueda desplegar su actividad que, en general, se traduce en dictar actos administrativos, prepararlos o ejecutarlos.

En *tercer lugar*, también hemos señalado que forma parte del objeto del derecho administrativo, el régimen del ejercicio de las funciones del Estado por parte de la Administración Pública, es decir, de las funciones normativa, de gobierno, jurisdiccional, de control y administrativa; así como el ejercicio de la función administrativa y normativa por órganos distintos de la Administración Pública e, incluso, por organizaciones particulares a los cuales la ley les atribuye tal potestad. La vinculación del régimen de la función administrativa y de las otras funciones del Estado con los actos administrativos no puede ser más estrecha, pues a lo que tiende la precisión de ese régimen es a identificar, precisamente, a los actos administrativos.

En efecto, estos se pueden identificar, ante todo, mediante un concepto orgánico, como los emanados de los órganos de la Administración Pública. Por ello decimos que el derecho administrativo tiene por objeto el régimen del ejercicio de cualesquiera de las funciones del Estado por la Administración Pública, es decir, del ejercicio de la función administrativa que es propia de los órganos ejecutivos, traducida siempre en actos administrativos; del ejercicio de la función normativa, que cuando tiene carácter sub–legal es también propia de los órganos ejecutivos, traducida siempre en reglamentos y demás actos administrativos de efectos generales; del ejercicio de la función política, que cuando tiene carácter sub–legal, es también propia de los órganos ejecutivos, traducida siempre en actos administrativos; y del ejercicio de la función jurisdiccional, que no es exclusiva de los órganos del Poder Judicial, sino que cada vez más se concibe también como función consustancial con la Administración Pública, y que se traduce siempre en actos administrativos. Estos, en nuestro criterio, son los mal llamados "actos cuasi jurisdiccionales"[134], porque en estos temas de la actividad administrativa, o estamos en presencia de un acto administrativo o no lo estamos; o el acto es administrativo o no lo es; lo que nunca puede suceder es que sea "medio" o "cuasi" administrativo.

Por tanto, decir que el derecho administrativo tiene por objeto el régimen del ejercicio de las funciones del Estado por la Administración Pública, no tiene otro sentido que el identificar a los actos administrativos emanados de ella, aún cuando no sean en ejercicio de la función administrativa, sino de las funciones normativas, políticas y jurisdiccionales. Se trata, por tanto, en definitiva, de un mecanismo para identificar con precisión a los actos administrativos, aún cuando sean dictados en ejercicio de funciones normativas, disipando así toda idea o intento de considerar que los reglamentos no serían actos administrativos. En nuestro derecho lo son, y por excelencia (Art. 266,5 de la Constitución).

También se trata de un mecanismo para identificar, también con toda precisión, como acto administrativo, a los emanados de órganos de la Administración Pública (que no

134 *V.* Hildegard Rondón de Sansó, Los actos cuasi jurisdiccionales, Ediciones Centauro, Caracas, 1990

son, por tanto, tribunales que ejercen el Poder Judicial) en ejercicio de la función jurisdiccional. Son actos administrativos plenos, completos, ni "cuasi" administrativos ni "cuasi" jurisdiccionales. Y es que el ejercicio de la función jurisdiccional es de la esencia de la Administración Pública y siempre lo ha sido. Basta un vistazo a los llamados *Administrative Tribunals* de la Administración Pública inglesa y norteamericana[135] para constatarlo, que de tribunales sólo tienen el nombre y lo que se quiere denotar con esa denominación es la penetración de las funciones jurisdiccionales en la Administración Pública, es decir, el ejercicio de la función jurisdiccional por sus órganos, como la que ejercen el ejército de entidades de nuestra Administración Pública, que resuelven conflictos inter partes, con imparcialidad.

Por último, también se trata de identificar los actos administrativos dictados en ejercicio de la función política, que lo único que significa es que su motivación constitucional y legal está en el campo de la conducción política de la sociedad y nada más, siendo actos administrativos plenos.

Por tanto, al decir que el derecho administrativo tiene por objeto el régimen del ejercicio de cualesquiera de las funciones del Estado por la Administración Pública, no tiene otro sentido que identificar a los actos administrativos con criterio orgánico, dictados aún en ejercicio de funciones estatales distintas a la función administrativa, con rango sublegal. Pero también, al decir que el derecho administrativo tiene por objeto el régimen del ejercicio de la función administrativa y normativa por otros órganos del Estado distintos de la Administración Pública e, incluso, por organizaciones particulares a las cuales la Ley le atribuye tal potestad; ello no tiene otro sentido, de nuevo, que identificar a los actos administrativos emanados de órganos o sujetos distintos de la Administración Pública y que no tendrían tal carácter si se optara por la definición orgánica de los mismos.

De nuevo, aquí, por ejemplo, el objeto del derecho administrativo está en función de identificar actos administrativos dictados por los órganos legislativos en ejercicio de la función administrativa, de rango sub–legal, como es el caso del nombramiento de un funcionario de la Asamblea nacional o el acto de rescisión de un contrato celebrado por ésta. Está también en función de identificar actos administrativos dictados por los órganos judiciales en ejercicio de la función administrativa, similares a los antes indicados, y además en ejercicio de la función normativa, como serían los reglamentos dictados por la Tribunal Supremo de Justicia y otros órganos judiciales.

Este objeto del derecho administrativo relativo al régimen del ejercicio de las funciones administrativa y normativa de rango sub–legal por los órganos legislativos y judiciales, por tanto, no tiene otro sentido que contribuir a la definición del acto administrativo, también, mediante el aporte del criterio material, que se acumula al orgánico antes indicado.

Pero por último, también en este aspecto del ejercicio de las funciones estatales administrativas, normativas, y jurisdiccionales, se consideran como objeto del derecho administrativo el ejercicio de las mismas por organizaciones particulares no estatales a las cuales la Ley les atribuye tal potestad. Este objeto de nuestra disciplina, de nuevo, no tiene ninguna otra razón de ser que la de identificar actos administrativos emanados de entidades privadas o no estatales, a las cuales la Ley les ha otorgado una prerrogativa o

---

135 Jorge Vélez García, *Los dos sistemas del derecho administrativo. Ensayo de derecho público comparado*, Santa Fe de Bogotá, 1994, pp. 114 y ss.

potestad para ejercer aquellas funciones estatales. Son los llamados "actos de autoridad", noción que ha venido elaborando la jurisprudencia contencioso administrativa[136], a veces con cierto temor a denominarlos por su nombre, que no es otro que actos administrativos emanados de particulares que, por lo demás, existen en casi todos los Estados de régimen administrativo[137].

Por tanto, en definitiva, el tercero de los bloques de regulación que configuran al derecho administrativo, vinculado a las funciones del Estado, no tiene otra misión que identificar a los actos administrativos.

En *cuarto lugar*, también hemos señalado como objeto del derecho administrativo el régimen de la actividad administrativa que resulta del ejercicio de las funciones estatales, como antes hemos indicado, y que se traduce siempre en la emisión de actos administrativos, o en su preparación o en su ejecución. Incluso, si se tratase de actos bilaterales del Estado como los contratos administrativos, estos tienen a su alrededor, ineludiblemente, antes, durante y después de su conclusión, actos administrativos, como los actos que deciden la contratación o seleccionan al contratista; que aprueban por ejemplo, las garantías y fianzas, o que sancionan o vigilan la ejecución del contrato.

Toda la actividad administrativa, por tanto, cualquiera sea la forma que tenga: de fomento, de servicio público, de policía administrativa o de gestión económica, se reconduce, en definitiva, a actos administrativos.

Ello, por otra parte, es esencial para distinguir los actos administrativos que son el objeto propio del derecho administrativo, de los otros actos estatales como los actos legislativos, los actos de gobierno y los actos judiciales. Los actos administrativos son, por esencia, actos de rango sub–legal, es decir, de ejecución directa de la legislación y sólo de ejecución indirecta y mediata de la Constitución. Ningún acto administrativo puede ser dictado sólo en ejecución directa de la Constitución, y esto es lo que lo distingue de los actos legislativos y de los actos de gobierno.

Un acto de ejecución directa de la Constitución, como se ha dicho repetidamente, es aquél que para dictarlo, el órgano estatal sólo ejerce atribuciones establecidas directamente en la Constitución, no pudiendo intercalarse entre la Constitución y el acto en cuestión, ninguna norma adicional del ordenamiento jurídico, no autorizada constitucionalmente. Por ello, por ejemplo, el acto de gobierno al ser un acto de ejecución directa de la Constitución, no es un acto administrativo, por cuanto al dictarlo, por ejemplo, cuando el Presidente de la República suspende o restringe las garantías constitucionales, ejecuta directamente la Constitución[138], no pudiendo, por ejemplo, la Asamblea Nacional dictar una Ley que regule el modo y requisitos que el Presidente tendría que seguir para ejercer esa competencia constitucional en forma distinta o adicional a lo que la Constitución establece. Una Ley de esta naturaleza sería inconstitucional. Por ello, por

136 *V.* en Allan R. Brewer–Carías, *Nuevas Tendencias en el Contencioso Administrativo en Venezuela*, Caracas 1993, pp. 39 y 40; y Rafael J. Chavero Gazdik, *Los Actos de Autoridad*, Caracas 1996.

137 *V.* por ejemplo Pierre Devolvé, *L'acte administratif*, París 1983, pp. 61 y 102; José Antonio García Trevijano Fos, *Los actos administrativos*, Madrid 1986, pp. 119 y ss.

138 Allan R. Brewer–Carías, "Comentarios sobre la doctrina del acto de gobierno, del acto político, del acto del Estado y de las cuestiones políticas como motivo de inmunidad jurisdiccional de los Estados en sus Tribunales Nacionales", en *Revista de Derecho Público*, N° 26, Editorial Jurídica Venezolana, Caracas 1986, p. 68. El criterio allí sostenido fue acogido por la antigua Corte Suprema de Justicia en Corte Plena en sentencia de 11–3–93, *Revista de Derecho Público*, N° 53–54, Editorial Jurídica Venezolana, Caracas 1993, p. 155.

ejemplo, algunas dudas de inconstitucionalidad se podían plantear en su momento, respecto de la Ley de Regulación de la Emergencia Financiera, de 1995[139].

De manera que entre los actos jurídicos del Ejecutivo Nacional, se distinguen claramente los actos de gobierno como actos dictados en ejecución directa de la Constitución[140], de los actos administrativos, que siempre son de rango sublegal.

En cuanto a los actos legislativos, estos también son actos de ejecución directa de la Constitución, sea que se trate de las leyes (art. 162 de la Constitución) o de los actos parlamentarios sin forma de ley[141]; lo que los distingue de los actos administrativos dictados por la Asamblea nacional, y que son de rango sublegal, es decir, son dictados en ejecución indirecta del texto constitucional.

Por último, los actos administrativos se distinguen de los actos judiciales, aún cuando sean dictados por los Tribunales[142] y a pesar de que ambos son siempre de rango sub legal, porque los segundos son siempre el resultado de un proceso entre partes, dictados en función jurisdiccional por los Tribunales de la República y en ejercicio del Poder Judicial, lo que les da la fuerza de verdad legal que tienen.

En consecuencia, al señalar que el régimen de la actividad administrativa es uno de los objetos del derecho administrativo, en definitiva se está señalando que el objeto del mismo es el régimen de los actos administrativos dictados por todos los órganos del Estado; y, también, por supuesto, de los actos administrativos dictados por sujetos o entidades no estatales.

En *quinto lugar*, el derecho administrativo también regula la responsabilidad administrativa del Estado y de sus funcionarios, la cual puede originarse en actos administrativos o en actuaciones de la Administración que no llegan a materializarse como tales. En estos casos, sin embargo, por el principio del acto que cause estado, siempre debe producirse un acto administrativo expreso o tácito denegatorio, que reconozca o no la responsabilidad reclamada, para que esta pueda ser exigida[143]. Por ello, en definitiva, en último término, el régimen de la responsabilidad de la Administración está vinculado al acto administrativo.

Por último, en *sexto lugar,* también forma parte del régimen propio del derecho administrativo, el régimen del control de la Administración Pública el cual, evidentemente, también está indisolublemente unido al acto administrativo.

En efecto, el control parlamentario, a cargo de la Asamblea nacional y sus Comisiones (art. 222 de la Constitución), se ejerce siempre en relación a actos administrativos; el control fiscal a cargo de la Contraloría General de la República (art. 287 de la Constitución), incide, en definitiva, sobre actos administrativos u omisiones en dictarlos en relación a los ingresos, gastos y bienes nacionales; y el control judicial contencioso ad-

---

139 *V.* art. 1° de la Ley de Regulación de la Emergencia Financiera de 29–6–95 (*G.O.* N° 4931 Extra. de 6–7–95).

140 *V.* la mencionada sentencia de la antigua Corte Plena de 11–3–93, *Revista de Derecho Público*, N° 53–54, Editorial Jurídica Venezolana, Caracas 1993, p. 135.

141 *V.* la sentencia de la antigua Corte Suprema de Justicia en Corte Plena de 25–1–94 en Allan R. Brewer–Carías y Luis Ortiz Álvarez, *Las grandes decisiones de la Jurisprudencia contencioso–administrativa*, 1961–1996, Editorial Jurídica Venezolana, Caracas 1996, pp. 472 y ss.

142 *V.* la sentencia de la antigua Corte Suprema de Justicia en Sala Político Administrativa de 19–3–84, *Revista de Derecho Público*, N° 19, Editorial Jurídica Venezolana, Caracas 1984, pp. 122–124

143 *V.*, por ejemplo, el procedimiento administrativo previo a las demandas contra la República en la Ley Orgánica de la Procuraduría General de la República.

ministrativo, por supuesto, es difícil concebirlo sin que tenga relación esencial con los actos administrativos o con las omisiones de los órganos respectivos en dictarlos.

En esta materia, el acto administrativo tiene carta de naturaleza en la propia Constitución, cuyos artículos 259 y 266, ordinal 5 utilizan la expresión "actos administrativos", categoría a la que hay que agregar los reglamentos, que se identifican en el mismo artículo 266, ordinal 5 de la Constitución en concordancia con la atribución del Presidente de la República establecida en el artículo 236, ordinal 10 de la Constitución.

Al identificarse a los actos administrativos en el artículo 266,5 de la Constitución, en todo caso, queda clara su distinción respecto de las leyes (arts. 203 y 336, ordinales 1 y 2 de la Constitución); respecto de los actos parlamentarios sin forma de ley (los "demás actos con rango de ley " de la Asamblea Nacional que dictados en ejecución directa de la Constitución) (Art. 336,3); y respecto de los actos de gobierno (los actos de los órganos del Poder Ejecutivo de ejecución directa e inmediata de la Constitución y que, por tanto, no son actos administrativos ni reglamentos) (Art. 336,4).

En definitiva, por tanto, todo el derecho administrativo definido a través de su objeto, en la forma como antes lo hemos analizado, termina siendo, en una u otra forma, el derecho de los actos administrativos; noción, por tanto, clave y esencial en nuestra materia. Es como lo decía Charles Eisenmann, la noción primigenia, en la cual se basa todo el derecho de la acción de la administración y el estudio del derecho administrativo[144].

2. La importancia de los efectos de los actos administrativos para el derecho administrativo

Ahora bien, decir que el derecho administrativo es el derecho de los actos administrativos, exige definirlos como especie de los actos jurídicos, como voluntad manifestada de la Administración Pública para producir efectos jurídicos[145], es decir, consecuencias de derecho en relación a situaciones o relaciones jurídicas. Por ello, ahora[146] nos vamos a referir al elemento que es de la esencia de la definición y que es la producción de efectos jurídicos, sin el cual no se puede hablar de acto jurídico.

En efecto, hace más de cuatro décadas, en una famosa sentencia de la antigua Corte Suprema de Justicia de 1962, se precisó con claridad que una cosa son los hechos jurídicos y otra los actos jurídicos. Los hechos jurídicos son acaecimientos o sucesos que en alguna forma modifican la realidad jurídica, pero cuando esos acaecimientos son expresión de la voluntad humana, estamos en presencia de actos jurídicos; por lo que acto jurídico, decía la Corte en esa sentencia, "es el acaecimiento, caracterizado por la intervención de la voluntad humana, para la realización de un fin jurídico determinado"[147]. Por tanto, además de una voluntad manifestada, son los efectos jurídicos produ-

144 *V.* Charles Eisenmann, *Cours de Droit Administratif*, Tomo II, París 1983, p. 35. Por ello durante varios años, sus cursos de derecho administrativo profesados en la Facultad de Derecho de la Universidad de París a finales de los cincuenta y principios de los sesenta, a los que el autor tuvo el privilegio de asistir entre 1962–1963, fueron sobre este tema de los actos administrativos

145 Esta es la noción más clásica de carácter jurisprudencial. *V.* las sentencias al respecto en Allan R. Brewer Carías, *Jurisprudencia de la Corte Suprema 1930–1974 y Estudios de Derecho Administrativo*, Tomo III, Vol. I, Caracas, 1976, pp. 170 y 171.

146 Allan R. Brewer–Carías "El problema de la definición del acto administrativo", en *Libro Homenaje al Doctor Eloy Lares Martínez*, Tomo I, Universidad Central de Venezuela, Caracas 1984, p. 25 a 78.

147 *V.* sentencia de la Corte Plena de 15–3–62, Caso *Nulidad del artículo 20 de Ley Aprobatoria del Contrato con el Banco de Venezuela* como banco auxiliar de Tesorería), en *Gaceta Oficial* N° 760 Extra. de 22–3–62, p. 5.

cidos los que caracterizan a los actos administrativos de manera que estos no son tales, si *per se* no producen efectos jurídicos[148]. Se entenderá, por tanto, la importancia que tiene en el derecho administrativo de los actos administrativos, el estudio de los efectos jurídicos de los mismos.

Un acto administrativo puede producir efectos, es decir, ser eficaz, ante todo, si es un acto válido[149]. Por ello, lo primero que interesa al estudiar el acto administrativo y sus efectos, es su validez, es decir, su conformidad con el ordenamiento jurídico y hasta qué punto, aún siendo el acto contrario a ciertas normas e, incluso, inválido, puede producir efectos jurídicos.

Aquí estamos inmersos, de lleno, en el principio de la presunción de legalidad y legitimidad de los actos administrativos que no es otra cosa, que el privilegio que tiene la Administración Pública de que sus actos, una vez dictados, se presumen válidos y, en consecuencia, eficaces; presunción que se extiende a la veracidad de los hechos expuestos en el acto y que constituyen su causa[150].

Este principio, por lo demás, es de la esencia de todos los actos estatales, de manera que la única forma como puede desvirtuarse esa presunción, es mediante la impugnación del acto en vía judicial. No tiene aplicación, por tanto, en Venezuela, la teoría del acto estatal inexistente, cuya nulidad absoluta podría alegarse por cualquiera funcionario o particular, desconociendo su validez en cualquier momento, con el argumento de que la inexistencia es la nada, el no ser, que no obliga. Al contrario, por el principio de la presunción de validez de los actos estatales, la llamada inexistencia se equipara a la nulidad absoluta, y requiere siempre de intervención judicial que la declare para que el acto impugnado cese en sus efectos. Como lo sentó la antigua Corte Federal y de Casación hace seis décadas:

> "Ningún acto puede ser considerado como nulo, aún cuando esté afectado del vicio más grave, sin que el juez lo haya declarado tal. Esto se debe al hecho de que aún en las nulidades absolutas, aún en los hechos llamados inexistentes, hay siempre una apariencia que es necesario destruir; y en tanto el Poder Judicial no la haya hecho así, la apariencia subsiste y hay que considerarla regular"[151]

Por tanto, un acto administrativo inválido, mientras no sea revocado por la autoridad administrativa o anulado por la autoridad judicial, produce sus efectos; los cuales, por supuesto, cuando el acto es anulado con efectos *ex tunc,* desaparecen hacia el pasado.

En todo caso, el tema de la validez de los actos administrativos tiene que ver, por supuesto, con el cumplimiento de los requisitos de validez de los mismos. Es decir, el ordenamiento jurídico reviste a la voluntad manifestada de la Administración de una serie de requisitos, para que aquella se considere efectivamente como tal y pueda producir los efectos jurídicos consiguientes: así, ha de ser formulada por un órgano competente, con fundamento en normas expresas (base legal) y en hechos que autoricen la actuación (causa), los cuales deben ser correcta y adecuadamente apreciados y calificados, a los efectos de que se pueda producir el efecto jurídico perseguido, que debe ser lícito y posible, conforme a la finalidad prevista en el ordenamiento; debiendo formarse en un

148 Así lo señaló la antigua Corte Federal en sentencia de 9–4–59, *Gaceta Forense*, N° 24, 1959, pp. 62 y 63.

149 *V.* Margarita Beladíez Rojo, *Validez y Eficacia de los Actos Administrativos*, Madrid 1994, pp. 52 y ss.

150 Principio acogido desde hace décadas por la jurisprudencia contencioso–administrativa. Véanse las sentencias en Allan R. Brewer Carías, *Jurisprudencia de la Corte Suprema de Justicia 1930–1974... cit.*, Tomo III, Vol. I, pp. 268 y ss.

151 *V.* sentencia de la Corte Federal y de Casación en Sala Federal de 4–4–38, *Memoria 1939*, pp. 490–491.

procedimiento administrativo con las debidas garantías para los interesados, entre ellas, la defensa; y expresarse de manera debidamente motivada, conforme a las formalidades legalmente establecidas. Si el acto administrativo se ajusta a estos requisitos, es válido y eficaz. Pero si no se ajusta a estos requisitos, no siempre es inválido y no siempre es ineficaz.

Ante todo, la invalidez es una sanción que establece el ordenamiento jurídico respecto de los actos administrativos que conduce, siempre, a su ineficacia y que como se ha dicho, en todo caso, tiene que ser declarada o constatada por la autoridad administrativa o judicial. Un acto viciado de nulidad absoluta en los términos del artículo 19 de la Ley Orgánica de Procedimientos Administrativos, por ejemplo, para que sea ineficaz, su invalidez tiene que ser declarada mediante revocación por la propia Administración, lo que puede hacer en cualquier tiempo (art. 83 Ley Orgánica Procedimientos Administrativos), o mediante su anulación por los órganos de la jurisdicción contencioso administrativa (art. 206 de la Constitución) la cual, en nuestro criterio, en estos casos de nulidad absoluta, también debería poder ejercerse en cualquier tiempo, sin lapso de caducidad. Pero si la invalidez del acto viciado de nulidad absoluta no es declarada por la autoridad competente, el acto podría incluso producir efectos, pudiendo estos, por supuesto, como se ha dicho, ser eliminados con efectos *ex tunc* si se produce la revocación o anulación del acto administrativo.

En todo caso, aún tratándose de actos administrativos inválidos, viciados de nulidad absoluta, como los dictados por ejemplo, con incompetencia manifiesta, en ciertos casos, aún declarada su nulidad, el ordenamiento jurídico podría proteger su eficacia para resguardar la buena fe de sus destinatarios, como sucedería por ejemplo, con los dictados por los llamados "funcionarios de hecho" en los cuales los ciudadanos han confiado.

En cuanto a los vicios de nulidad relativa, es decir, todos los que puedan comprometer la validez y, consecuentemente, la eficacia de los actos administrativos que no sean de los que originan la nulidad absoluta, los mismos también tienen que ser declarados nulos por los órganos de la jurisdicción contencioso–administrativa, cesando en ese caso sus efecto, en principio, *ex nunc,* aún cuando en ciertos casos, los efectos de la anulación podrían retrotraerse hacia el pasado. Si tal declaratoria no se produce, tales actos son eficaces, no pudiendo la Administración revocarlos si han creado derechos a favor de particulares, pudiendo incluso convalidarlos. Sin embargo, la invalidez de dichos actos, aun cuando adquieran firmeza, se puede alegar siempre como excepción (art. 21, párrafo 21 de la Ley Orgánica del Tribunal Supremo de Justicia) en vía judicial. Esto toca, por supuesto, el concepto de la cosa juzgada administrativa.

Pero no toda violación de los requisitos que el ordenamiento jurídico establece para la producción de los actos administrativos, necesariamente produce la invalidez de los mismos y su consecuente ineficacia, pues hay ciertas ilegalidades, es decir, violaciones del ordenamiento jurídico, que no acarrean la invalidez. Es el caso de algunos requisitos de forma que no son más que irregularidades, sin ninguna consecuencia invalidante.

Pero si bien es cierto que el acto administrativo para ser eficaz tiene que ser válido; y que la invalidez es una causa de la ineficacia de los actos administrativos, sin embargo, no es la única, pues esta puede derivar de otros motivos.

En consecuencia, puede haber actos válidos pero ineficaces. Por ejemplo, si el acto administrativo no ha sido comunicado a sus destinatarios mediante su publicación o su notificación según los casos, puede ser válido pero ineficaz. Por otra parte, si el acto administrativo válido, conforme con el ordenamiento, está sometido a una condición suspensiva o extintiva de sus efectos, de nuevo puede ser válido pero ineficaz. También puede producirse la cesación de los efectos de un acto válido por haberse estos producido y agotado; o por decaimiento, cuando acaece la desaparición o extinción de su objeto, de su causa o de su base legal, en cuyo caso se torna ineficaz, y no pudiendo producir más efectos, deja de ser, incluso, acto administrativo. Por supuesto, un acto administrativo válido también puede ser ineficaz temporalmente si sus efectos han sido suspendidos por decisión cautelar administrativa (art. 80 Ley Orgánica de Procedimientos Administrativos) o judicial (art. 21, párrafo 22, Ley Orgánica del Tribunal Supremo de Justicia y art. 585 y ss. Código de Procedimiento Civil).

De resto, los actos administrativos válidos son a la vez eficaces desde el momento de su publicación o notificación y, por supuesto, hacia el futuro, quedando en principio proscrito todo efecto retroactivo de los actos administrativos, salvo cuando se trate de un acto administrativo que revoque un acto precedente declarando su nulidad absoluta *ex tunc*.

Pero en segundo lugar, siendo los actos administrativos y, por supuesto, los efectos que producen, de la esencia del derecho administrativo, la actividad que éste regula se aprecia, en su diversidad, al clasificarse los actos según sus efectos.

Este es otro aspecto que merece especial atención, y de las múltiples clasificaciones de los mismos, queremos aquí referirnos a sólo dos, una de orden formal y otra de orden sustantivo.

La más importante de las clasificaciones de los actos administrativos según sus efectos, en nuestro país, de rango constitucional, es la prevista en el artículo 259 del Texto Fundamental, y que los clasifica en cuando a sus destinatarios, es decir, en relación a los sujetos a los cuales se aplican, entre actos administrativos *generales* y actos administrativos *individuales;* clasificación que, por supuesto, no es coincidente con la prevista en la Ley Orgánica del Tribunal Supremo de Justicia, la cual en el mismo sentido de la derogada Ley Orgánica de la Corte Suprema de Justicia, al distinguir los actos administrativos impugnables en los juicios de nulidad los clasifica en actos administrativos de *efectos generales* o actos administrativos de *efectos particulares,* clasificación que apunta más bien al contenido normativo o no de los actos impugnados (Art. 21, párrafo 9).

Desde que se promulgó la Ley Orgánica en 1976, por supuesto, se desató la polémica sobre el sentido de ambas clasificaciones y si coincidían o no[152]. Por supuesto que no coinciden, pues ambas clasificaciones de los actos responden, formalmente, a distintos criterios[153]. La clasificación constitucional (Art. 259) relativa a los actos administrativos *generales* o *individuales,* como se dijo, los distingue según los destinatarios de la acción administrativa: o una pluralidad de sujetos de derecho o un sujeto de derecho. Así, los actos generales son los que tienen como destinatarios a una pluralidad de sujetos que pueden ser tanto indeterminados como determinables; en cambio, los actos individuales son los dirigidos a un sujeto de derecho.

---

152 *V.* en el libro del Instituto de Derecho Público *El control Jurisdiccional de los Poderes Públicos en Venezuela*, Caracas 1979, pp. 51 y ss. y 169 y ss.

153 *V.* Allan R. Brewer–Carías, *El control de la constitucionalidad de los actos estatales*, Caracas 1977, pp. 7 y ss.

En cuanto a la clasificación legal entre actos administrativos de efectos generales y actos administrativos de efectos particulares, esta responde a las distintas situaciones jurídicas en relación a las cuales inciden sus efectos: los actos administrativos de *efectos generales* tienen por objeto crear, modificar o extinguir situaciones jurídicas generales, abstractas e impersonales; en cambio, los actos administrativos de *efectos particulares* tienen por objeto crear, modificar o extinguir situaciones jurídicas subjetivas, concretas y personales. Los primeros, por tanto, son los de contenido normativo y tienen siempre destinatarios indeterminados; los segundos son actos que no tienen contenido normativo y que tienen destinatarios determinados o determinables. Esta distinción es la que justifica los distintos principios del proceso contencioso administrativo de nulidad: en la impugnación de actos administrativos de efectos generales, son precisamente los efectos normativos de los mismos, los que justifican que no exista lapso de caducidad, que se trate de una acción popular y que no pueda dictarse la providencia cautelar de suspensión de sus efectos, salvo por vía de amparo; en el caso de los juicios de nulidad de los actos administrativos de efectos particulares, son precisamente los efectos subjetivos y no normativos de los mismos, los que justifican que se tengan que intentar dentro de un lapso de caducidad, que se requiera de una legitimación fundada en un derecho subjetivo o en un interés personal, legítimo y directo, y que dichos actos puedan ser objeto de la medida cautelar de suspensión de efectos.

Los actos administrativos generales previstos en la Constitución, por tanto, pueden ser tanto de efectos generales como de efectos particulares según la clasificación legal; pero los actos individuales, son siempre de efectos particulares. Estos, por otra parte pueden ser generales, si están destinados a una pluralidad de sujetos determinados o determinables, o individuales, cuando afectan a un sujeto de derecho.

Pero aparte de estas clasificaciones de orden formal, los actos administrativos también pueden clasificarse según sus efectos, de acuerdo al contenido sustantivo de la actividad administrativa en actos declarativos, actos ablatorios, actos concesorios y actos autorizatorios[154]. En esta forma, los actos administrativos *declarativos* son aquellos que otorgan certeza a determinados actos o hechos jurídicos, atribuyendo calificaciones jurídicas a cosas, personas o relaciones jurídicas determinadas. En estos actos se ubican, básicamente, los actos de registro, que contienen declaraciones de ciencia o de conocimiento, y los actos de certificación.

Los actos administrativos *ablatorios* son aquellos en virtud de los cuales los sujetos de derecho sufren determinadas privaciones en su esfera jurídica. Entre ellos están, por ejemplo, los que privan la propiedad (expropiación, comiso) o su uso (requisición), o la limitan (servidumbres administrativas); los que privan la libertad (arresto) o la limitan (confinamiento o cuarentena); los que establecen imposiciones de dar (multas) o de hacer (demoliciones, por ejemplo).

Los actos administrativos *concesorios,* al contrario de los ablatorios, amplían la esfera jurídica subjetiva de los administrados, y mediante los mismos se atribuye o se otorga un derecho que no preexistía en cabeza del administrado. Generalmente, originan un acto bilateral o contrato, donde se incorporan las obligaciones del concesionario.

Por último, están los actos *autorizatorios,* destinados a permitir a un sujeto de derecho ejercer un derecho preexistente, teniendo en general por objeto remover un obstáculo jurídico que impedía su ejercicio. Es el mundo de las licencias, permisos y demás auto-

---

154 *V.*, por ejemplo, Massimo Severo Giannini, *Diritto Ammnistrativo*, Milán, 1970, Tomo II, pp. 825 y ss.

rizaciones administrativas, tan característicos de la actuación administrativa de nuestro tiempo y que son el signo cotidiano de la presencia de la Administración Pública.

Pero los actos administrativos, cualesquiera que ellos sean, desde el momento que se caracterizan por producir efectos jurídicos, es decir, incidir en las situaciones jurídicas de los administrados y en determinadas relaciones jurídicas, ello es para que aquellos se cumplan. Es decir, si el acto produce efectos, es para que estos se cumplan o se ejecuten, así se trate de una declaración, de una sanción, de una concesión o de una autorización.

Para ello, ante todo, el acto administrativo tiene que constar físicamente, es decir, la voluntad manifestada de la Administración tiene que estar acreditada de manera que pueda constatarse su existencia fehacientemente. Por ello, y salvo los casos excepcionales de actos administrativos verbales de ejecución inmediata o expresados mecánicamente, todos los actos administrativos deben constar por escrito, es decir, deben materializarse siempre en un documento o un oficio, que constan en un papel. Estos documentos administrativos, una vez firmados por el funcionario competente, son documentos públicos en los términos del artículo 1357 del Código Civil, siempre que el funcionario público que los firme tenga facultad para dar fe pública respecto de los hechos jurídicos que efectúa o que declara haber visto u oído, lo que ocurre normalmente con los actos administrativos de registro o de certificación, como por ejemplo, el acta que levanta el secretario de un cuerpo colegiado; lo cual, además, en principio, es la única forma de probar lo resuelto en la reunión respectiva. De resto, los actos administrativos ablatorios, concesorios o autorizatorios, como documentos administrativos, a los efectos de la prueba por escrito se configuran como documentos privados que conforme al artículo 1363 del Código Civil tienen la misma fuerza probatoria que los documentos públicos en lo que se refiere al hecho material de la declaración de voluntad de la Administración y hace fe, hasta prueba en contrario, de la verdad de esa declaración. De allí, de nuevo, la presunción de veracidad que acompaña a los actos administrativos, que es *juris tantum* y que admite prueba en contrario mediante su impugnación en vía contencioso–administrativa.

En todo caso, en esta materia de los efectos y ejecución de los actos administrativos, la Administración Pública, también tiene dos prerrogativas, que son la ejecutividad y la ejecutoriedad de los mismos. Estas la diferencian de los particulares, quienes para poder ejecutar sus actos, tienen que acudir a la autoridad judicial para que, primero, declare con certeza el derecho que se pretende; y luego, sea también la autoridad judicial la que haga cumplir la decisión. Un principio fundamental del Estado de Derecho es que nadie puede hacerse justicia por si mismo, por lo que para la defensa de sus derechos e intereses es que la Constitución otorga a todos el derecho de utilizar los órganos de la Administración de Justicia (art. 68). Pero este principio no siempre se aplica a la Administración.

En efecto, como lo enseñó Calamandrei[155] el proceso jurisdiccional tiene siempre dos momentos: en primer lugar, un proceso de cognición mediante el cual se obtiene del juez la declaración de certeza del derecho que se reclama, la cual constituye un mandamiento individualizado contenido en una decisión judicial. Es el primer paso que debe cumplir todo sujeto de derecho para reclamar un derecho frente a otro, y que sólo obvia excepcionalmente el ordenamiento jurídico, cuando otorga a un acto el carácter de título

155 *V.* Piero Calamandrei, *Instituciones de Derecho Procesal*, Buenos Aires, 1962, p. 79.

ejecutivo que lo reviste, *per se,* de la certeza necesaria y que no requiere, por tanto, de proceso de cognición previo para poderse acudir procesalmente a la vía ejecutiva (arts. 630 del Código de Procedimiento Civil).

Precisamente, es esta excepción que existe en el mundo de las relaciones entre sujetos de derecho, la que se convierte en la regla respecto de la Administración Pública. Sus actos administrativos tienen siempre el privilegio de considerarse, *per se,* como ejecutivos, de manera que la Administración Pública no tiene que acudir a la vía judicial para obtener una declaración de certeza de su derecho mediante un proceso de cognición. El acto administrativo, por si mismo, es ejecutivo, goza de ejecutividad, lo que deriva del principio ya mencionado de la presunción de legitimidad, legalidad y veracidad que tiene.

Pero volviendo al mundo de la jurisdicción, en general, una vez cumplida la fase mencionada del proceso de cognición o una vez que se tiene un título ejecutivo, los sujetos de derecho, para poder llevar a cabo la ejecución práctica del derecho reclamado, declarado o considerado cierto, si no obtienen satisfacción voluntaria, deben acudir ante la autoridad judicial para que a través de un proceso de ejecución, se satisfaga lo reclamado. Por ello, con el objeto de ejercer un pretendido derecho, nadie puede hacer violencia sobre las cosas o contra las personas, cuando podía haber ocurrido a la autoridad judicial de lo contrario incurre en el delito de hacerse justicia por sí mismo. (art. 271 del Código Penal).

Pero de nuevo, al contrario, la Administración Pública no está obligada en todos los casos a acudir a la autoridad judicial para ejecutar sus actos administrativos, pues muchos de ellos gozan de ejecutoriedad, es decir, de la posibilidad de ser ejecutados por la propia Administración, con sus propios medios, incluso en forma forzosa. Es el llamado privilegio de ejecución de oficio de los actos administrativos que, al contrario de la ejecutividad, no es común a todos los actos administrativos pues procede en todo caso, salvo "que por expresa disposición legal deba ser encomendada a la autoridad judicial" (art. 79 de la Ley Orgánica de Procedimientos Administrativos), lo se exige, por ejemplo, en los supuestos en el cual se impone a un particular una obligación de dar o de pagar sumas de dinero (multas o liquidación de impuestos).

En todo caso, lo que sí es un principio fundamental general, es que la Administración no puede cumplir ningún acto material de ejecución que menoscabe o perturbe el ejercicio de derechos de los particulares, sin que previamente haya sido dictada la decisión que sirva de fundamento a tales actos de ejecución (art. 78 LOPA). Esta es la primera garantía de los derechos de los ciudadanos, además de la garantía jurídica de que la Administración sólo puede emplear los medios de ejecución forzosa precisa y expresamente autorizados por la ley (art. 80 de la LOPA), lo cual, por supuesto, excluye cualquier potestad discrecional. En todo caso, dentro de estas garantías frente a la ejecución forzosa de los actos administrativos, se erige la primacía de los derechos individuales, que no deben ser lesionados innecesariamente o que deben ser molestados sólo con la menor intensidad posible, acorde con el procedimiento de ejecución.

Pero por sobre todo, la ejecución de los actos administrativos encuentra como límite a las garantías de las derechos fundamentales de los ciudadanos, particularmente el respeto de su integridad personal y de sus bienes; que exige de la Administración Pública que su actuación ejecutoria sea siempre razonable, impuesta por la necesidad; que deba realizarse siempre respondiendo, favorablemente a los derechos y garantías del administrado; respetando el principio de la proporcionalidad entre medios y fines, sin discriminación alguna, y asegurándose el debido proceso, y dentro de él, el derecho a la defensa.

Como puede apreciarse de estas reflexiones introductorias podemos concluir aceptando que, efectivamente, la noción de acto administrativo es la noción cardinal de nuestra disciplina, al punto de que, históricamente puede decirse que fue la que le dio origen. No olvidemos que precisamente, con el sometimiento del Ejecutivo al derecho, que fue uno de los grandes aportes de las Revoluciones Francesa y Americana del Siglo XVIII, fue que surgió la noción del acto administrativo o, como lo señaló Michel Stassinopoulos, fue como consecuencia de la sumisión del Ejecutivo a la ley con el surgimiento del Estado de Derecho, que la actividad del Ejecutivo se denominó, por primera vez, acto administrativo[156].

II. EL PROBLEMA DE LA DEFINICIÓN DEL ACTO ADMINISTRATIVO

1. La definición de los actos administrativos en las leyes de procedimientos administrativos

La codificación del procedimiento administrativo en América Latina, como se ha señalado, no sólo tiene por objeto regular los aspectos procesales de los trámites y actuaciones realizados por la Administración para la producción de sus actos, sino que ha incidido, materialmente, sobre el régimen mismo de los actos administrativos, regulando sus elementos o requisitos, el proceso de su elaboración, su forma o presentación, su eficacia, su ejecución y su impugnación en vía administrativa. Incluso, algunas leyes definen el acto administrativo, establecen sus clasificaciones y, por supuesto, regulan el tema de las nulidades con gran detalle. Realmente, por tanto, bajo el nombre de leyes de procedimiento administrativo se han dictado leyes reguladoras de la actividad administrativa y, en particular, de los actos administrativos.

Para sólo destacar un ejemplo, el artículo 120 de la Ley General de Costa Rica, formula la siguiente clasificación de los actos administrativos: externos e internos, según que vayan destinados o no al administrado; y en concretos y generales, según que vayan destinados o no a un sujeto identificado. El acto concreto está sometido, en todo caso, al general y el interno al externo (art. 120).

Es decir, que lo que realmente regulan estas leyes es el régimen de los actos administrativos dictados por los órganos de la Administración Pública Nacional, Central o Descentralizada (Ley General de Costa Rica, art. 1.21; Ley de Argentina, art. 1); extendiéndose su aplicación, en algunos casos, a los órganos nacionales con autonomía funcional, comprendiendo estos últimos, órganos de rango constitucional que no están integrados a los tres órganos clásicos del Estado (Legislativo, Ejecutivo y Judicial) pero que cumplen funciones administrativas: Contralorías Generales, Ministerio Público, Consejo Superior de la Magistratura, etc. (Ley de Venezuela, art. 1; Código de Colombia, art. 1), los cuales incluso, en la nueva Constitución de Venezuela de 1999, aparecen calificados como órganos del Poder Público (art. 136).

---

156 *V.* Michael Stassinopoulos, *Traité des actes administratifs*, Paris Athènes, 1954, p. 2.

Además, en general, en los Estados con forma federal las leyes nacionales no se aplican a los actos administrativos de los Municipios o de las entidades político–territoriales (Estados o Provincias en los Estados Federales), aún cuando en algunos casos tienen aplicación supletoria respecto de las mismas (Ley de Venezuela, art. 1).

Por supuesto, tratándose de leyes relativas a los actos administrativos, es evidente que dado su ámbito orgánico de aplicación, relativo a los órganos del Poder Ejecutivo (Administración Pública) y otros órganos administrativos de rango constitucional, en general quedarían fuera de la regulación de dichas leyes, el régimen de los actos administrativos en sentido material dictados por los órganos del Poder Legislativo y del Poder Judicial en ejercicio de funciones administrativas, así como el de los actos administrativos dictados por entidades privadas pero en ejercicio de prerrogativas del Poder Público.

La Ley del Perú (art. I, Título Preliminar) y el Código de Colombia (arts. 1 y 82), sin embargo, en este último supuesto, someten a sus prescripciones, a los actos administrativos de las entidades privadas cuando cumplan funciones administrativas[157]. La impugnación en vía contencioso–administrativa, sin embargo, como lo establece el Código colombiano, es posible respecto de todos los actos administrativos, tanto los "expedidos en cualquiera de las ramas del Poder Público" como los emanados de "las entidades privadas cuando cumplan funciones públicas" (art. 128.1).

En definitiva, todas estas leyes hacen un especial énfasis sobre el acto administrativo o, como dice la Ley de Honduras, "los actos de la Administración sujetos al derecho administrativo" (art. 22), de manera que cuando se las analiza globalmente, el tema del acto administrativo es el común denominador que generalmente se considera.

Algunas leyes, incluso, como se ha dicho, definen el acto administrativo. Como lo hace la Ley de Uruguay:

> *Artículo 120.* Acto administrativo es toda manifestación de voluntad de la Administración que produce efectos jurídicos.

Se acoge, de esta manera, una definición de "acto administrativo", desde el punto de vista orgánico, referido a la Administración.

Igualmente en Venezuela, la Ley Orgánica de Procedimientos Administrativos de 1982[158], dispone:

> *Artículo 7.* Se entiende por acto administrativo, a los fines de esta Ley, toda declaración de carácter general o particular emitida de acuerdo con las formalidades y requisitos establecidos en la Ley, por los órganos de la Administración Pública.

Otras leyes de procedimiento administrativo en América latina también definen al acto administrativo, como sucede por ejemplo, con la Ley 19880 de Chile en cuyo artículo 3, a los efectos de dicha ley, se da el siguiente "concepto de acto administrativo": "las decisiones formales que emitan los órganos de la Administración del Estado en las cuales se contienen declaraciones de voluntad, realizadas en el ejercicio de una potestad pública".

---

157 *V.* sobre estos actos administrativos, por lo que se refiere al derecho francés, Pierre Devolvé, *L'acte administratif,* París, 1983, pp. 40 ss.

158 *V.* Allan R. Brewer–Carías, "La Ley Orgánica de Procedimientos Administrativos y el contencioso–administrativo" en *Archivo de Derecho Público y Ciencias de la Administración*, Vol. V, *El Procedimiento Administrativo*, Instituto de Derecho Público, Caracas, 1984, pp. 179–245.

Estas definiciones orgánicas en nuestro criterio, son totalmente inconvenientes, pues conducen a disponer que las leyes se aplican sólo a la Administración Pública como organización que ejerce el Poder Ejecutivo.

En contraste, podría señalarse el Código Colombiano que si bien no define al acto administrativo, da pie para identificar una definición funcional del mismo vinculada al ejercicio de la función administrativa. En este sentido se identifica como acto administrativo a cualquier manifestación de voluntad para producir efectos jurídicos, que se dicte en ejercicio de la función administrativa, por cualquier órgano del Estado e, incluso, por los particulares (arts. 1 y 82).

En nuestro criterio, ésta es la definición más conveniente. A la misma conclusión se ha llegado, por supuesto, en países como Venezuela, mediante su elaboración doctrinal o jurisprudencial, al determinar la existencia de actos administrativos emanados de particulares, de los órganos legislativos, y de los tribunales cuando ejercen función administrativa.

Por ello, si se trata de definir al acto administrativo, más conveniente resultaría la definición de la ley peruana, que establece en su artículo 1°, que son actos administrativos, las declaraciones de las entidades que, en el marco de normas de derecho público, están destinadas a producir efectos jurídicos sobre los intereses, obligaciones o derechos de los administrados dentro de una situación concreta. En cambio, la misma norma dispone que no son actos administrativos los actos de administración interna de las entidades destinados a organizar o hacer funcionar sus propias actividades o servicios y los comportamientos y actividades materiales de las entidades.

Los actos administrativos, tal como lo precisa el Código colombiano, están configurados por "las conductas y las abstenciones capaces de producir efectos jurídicos y en cuya realización influyen de modo directo e inmediato la voluntad o la inteligencia" (art. 83), lo que lo distingue de los hechos administrativos; y su validez depende de "que se conformen sustancialmente con el ordenamiento jurídico, incluso en cuanto al móvil del funcionario público" (art. 128, Ley General Costa Rica).

En todo caso, siempre hemos pensado que es inconveniente definir conceptos en textos legales y mucho más, definir conceptos tan difíciles de enmarcar como el del acto administrativo, al punto de poder considerarse que la médula y la teoría de todo el derecho administrativo ha girado precisamente en tomo a la definición del acto administrativo, respecto de lo cual no hay acuerdo, y posiblemente no lo habrá doctrinalmente.

Por ello, una definición legal como la del artículo 7°, lo que hace más bien es complicar el panorama en lugar de simplificarlo, porque, por una parte, se trata de una definición incompleta y, por la otra de una definición que dará origen a interpretaciones variadas y por tanto, a inconvenientes en su aplicación.

2. La Ley Orgánica de Procedimientos Administrativos y la definición del acto administrativo

A. El artículo 7 de la Ley Orgánica

En efecto, en primer lugar, debe señalarse que el artículo 7° define el acto administrativo *a los fines de esta Ley,* es decir, a los fines de la Ley Orgánica de Procedimientos Administrativos. Por tanto, no es una definición universal del acto administrativo, sino una definición a los fines particulares de la Ley. En este sentido, si se trata de una definición del acto administrativo a los solos fines y efectos de Ley Orgánica, resulta una definición absolutamente inútil. En efecto, el artículo 1° de la Ley precisa que ella se aplica a la Administración Pública Nacional, Central y Descentralizada y exige ese artículo que la Administración Pública ajuste sus actividades a la prescripción de la Ley. La Ley se destina, por tanto, a la Administración Pública orgánicamente considerada, tanto a la Administración Central como la Administración Pública descentralizada funcionalmente. La Ley hace extensivas sus normas de procedimiento además, a otros órganos de la Administración Nacional que antes de la entrada en vigencia de la Constitución de 1999 gozaban de autonomía funcional y que enumeraba en forma incompleta; y que en la actualidad son órganos que ejercen el poder Público (Ciudadano y Electoral). La ley Orgánica, sin embargo, sólo se refería a la Fiscalía General de la República y a la Contraloría General de la República, pero no al antiguo Consejo de la Judicatura (actualmente la Dirección Ejecutiva del Tribunal Supremo de Justicia), ni al antiguo Consejo Supremo Electoral (actual Consejo Nacional Electoral)[159].

Pero además, la Ley extiende la posibilidad de su aplicación a los Estados y Municipios. Creemos que esto podría considerarse inconstitucional, porque si hay un signo de la autonomía a nivel estadal y municipal, es la autonomía administrativa, por lo que el procedimiento administrativo debería ser regulado a nivel de los Estados y Municipios. El hecho de que la Constitución haga referencia a que son de la competencia nacional las leyes de procedimiento (Art. 156, 32), esta referencia debe entenderse dirigida a los procedimientos de carácter nacional como los derivados de la nacionalización de la justicia (procedimientos judiciales), pero no a los procedimientos administrativos de las administraciones territoriales.

Ahora bien, el hecho de que la ley se destine a la Administración Pública implica que entonces no se aplica a los otros órganos del Estado que no constituyen Administración Pública, razón por la cual no se aplica a la Asamblea nacional ni a los tribunales en ejercicio de la función jurisdiccional. De allí que la actividad administrativa realizada por la Administración Pública, orgánicamente considerada, es la única que puede ser regulada por esta Ley.

Así, los actos administrativos que puede regular la Ley son aquellos que emanan de la Administración Pública, sin la menor duda. Por eso pensamos que es una definición inútil y hasta tautológica la del artículo 7° al decir que *a los fines de la Ley,* actos administrativos son los que emanan de la Administración Pública, porque eso simplemente se deduce del Art. 1°, conforme al cual la ley no podría regular otros actos administrativos que emanen de otros órganos distintos de la Administración Pública. Pero además de lo inútil de la definición legal, ésta es inconveniente. En efecto, la ley da una definición *a sus propios fines,* pero no a los fines de otros textos que hablan de actos administrativos. La Constitución utiliza la expresión "acto administrativo" en sus artículos 259 y 266,5. La Ley Orgánica del Tribunal Supremo de Justicia por su parte, utiliza la noción de acto administrativo para precisar el objeto del recurso contencioso administrativo de anulación. Por ello, definir en una Ley al acto administrativo a los efectos exclusivos de esa misma Ley, es introducir una definición parcial desde el punto de vista científico, y estimamos que no puede haber definiciones parciales del acto administrativo en el derecho administrativo.

---

159 *V.* Allan R. Brewer–Carías, *Introducción al Estudio de la Organización Administrativa Venezolana,* Caracas, 1978, pp. 24, 25, 34 y 35.

B. Crítica a la definición de la Ley Orgánica

Esta definición del acto administrativo, sin duda, recoge lo que la doctrina ha calificado como definición orgánica del acto administrativo; es decir, la definición del acto por el órgano del cual emana. En esta forma, queda clara, de acuerdo al artículo 7 de la Ley, la noción de que el acto administrativo es una declaración de voluntad emitida por los órganos de la Administración Pública. Al acoger esta definición orgánica del acto administrativo, la Ley, en realidad, ha realizado una definición inútil, incompleta y errada, porque en nuestro criterio, en el derecho administrativo venezolano, no es admisible la definición orgánica de los actos administrativos. Comentemos estos tres aspectos.

a. La definición inútil

En primer lugar, estimamos que la definición del Artículo 7 es una definición inútil, ya que queda claro, según lo dice textualmente la Ley, que la definición que se da al acto administrativo, es "a los fines de esta Ley". Es decir, se define el acto administrativo sólo a los fines específicos de una Ley, la de Procedimientos Administrativos.

Por tanto, ante esta definición, hay que estar consciente sobre cuál es la Ley a cuyos fines se define el acto: la Ley Orgánica de Procedimientos Administrativos que, según su Artículo 1°, se destina a regular la actividad de la Administración Pública Nacional, tanto Central, como con autonomía funcional, como de la Administración Pública Descentralizada con forma de derecho público estatal.

En consecuencia, de acuerdo al artículo 1° de la Ley, la Ley Orgánica de Procedimientos Administrativos se destina a regular la Administración Pública y, en consecuencia, es claro que sólo los actos administrativos que emanan de la Administración Pública, pueden ser regulados por la Ley. Por tanto, decir en el Artículo 7 que acto administrativo, a los efectos de esta Ley, son los emanados de la Administración Pública, es absolutamente inútil porque la Ley, en realidad, sólo puede regular los actos administrativos emanados de la Administración Pública. Se trata, por esto, insistimos, de una definición inútil dado el ámbito orgánico de aplicación de la Ley al cual se ha hecho referencia.

Sobre el ámbito orgánico de aplicación de la Ley, véase lo señalado en las pp. 25 y ss. de este libro.

b. La definición incompleta y errada

Pero además, se trata de una definición incompleta y errada porque, definitivamente, en el Ordenamiento Jurídico Venezolano, el acto administrativo no es sólo el que emana de los órganos de la Administración Pública, sino que de acuerdo a los artículos 206 y 215 de la Constitución, así como de acuerdo al articulado de la Ley Orgánica de la Corte Suprema de Justicia, acto administrativo es también el acto sublegal que emana de las Cámaras Legislativas, por ejemplo, en ejercicio de la función administrativa (nombramiento del Secretario de una Comisión Parlamentaria, por ejemplo), o también el acto que emana de los órganos judiciales, también en ejercicio, por ejemplo, de la función administrativa (nombramiento del personal administrativo de la Corte Suprema).

En efecto, de acuerdo al ordenamiento venezolano, no sólo la actividad administrativa es una actividad residual, sino que además, puede tenerse como definitivo que no existe una coincidencia entre el acto administrativo, es decir, la actividad administrativa y el órgano que la produce. Por tanto, hemos considerado que constituyen acto administrativo, en primer lugar, las actividades de carácter sublegal realizadas, por supuesto, por la Administración Pública, tanto en función administrativa, como en función legislativa, como en función jurisdiccional. Este sería el campo normal de la actividad administrativa que regula la Ley Orgánica de Procedimientos Administrativos. Pero también se considera como acto administrativo, la actividad realizada por los tribunales de la República en ejercicio de la función administrativa e, inclusive, en ejercicio de la función legislativa cuando dictan, por ejemplo, reglamentos internos.

Y en tercer lugar, además, se considera que también constituyen actividad administrativa y emanan actos administrativos, los casos en los cuales las Cámaras Legislativas dicten actos de carácter sublegal, en ejercicio de la función administrativa.

Por supuesto, las actividades administrativas cumplidas por la Administración Pública, como complejo orgánico, son las que constituyen el *campo normal* de aplicación del derecho administrativo y el campo normal de regulación por parte de la Ley Orgánica de Procedimientos Administrativos, pero ello, por supuesto, no puede conducir a negar el carácter de acto administrativo de las actividades señaladas, realizadas tanto por las Cámaras Legislativas como por los Tribunales.

De lo anterior, por tanto, resulta claro que la noción del acto administrativo en el Ordenamiento Jurídico Venezolano, no puede derivarse de una sola definición orgánica, sino que tiene que ser establecida por una combinación de criterios orgánico, material y formal, y no puede condicionarse al ejercicio de una función específica del Estado. Así mismo, los actos administrativos emanan de todos los órganos estatales, es decir, se dictan por todos los órganos estatales en ejercicio de todas las funciones estatales y su individualización no puede estar fundamentada en la utilización del solo criterio orgánico, así como tampoco del solo criterio material, o del solo criterio formal, sino, insistimos, debe resultar de la mezcla y combinación de todos ellos.

No es aceptable la utilización exclusiva del criterio orgánico para definir el acto administrativo, como lo ha parcialmente querido hacer el Artículo 7 de la Ley Orgánica de Procedimientos Administrativos, pues quedarían fuera de la caracterización como actos administrativos, aquellos actos administrativos que dicten los funcionarios de las Cámaras Legislativas y los funcionarios de los órganos judiciales, por ejemplo, en los casos de administración de personal de estos órganos. En efecto, el Congreso ha dictado un Estatuto del Personal Administrativo del Congreso y lo mismo ha hecho la Corte Suprema de Justicia. Cualquier decisión del Presidente de la Cámara de Diputados o el Presidente de la Corte Suprema de Justicia en relación a la administración del personal que viole y lesione esos Estatutos, constituye un acto administrativo que puede ser, inclusive, recurrido en vía jurisdiccional. Por tanto, no es admisible, insistimos, la sola utilización del criterio orgánico para definir el acto administrativo, como lo ha hecho la Ley Orgánica de Procedimientos Administrativos.

Hemos señalado, sin embargo, que, en realidad, la Ley Orgánica de Procedimientos Administrativos define el acto administrativo en sentido orgánico, sólo a los efectos de esa Ley y, por supuesto, sólo a los efectos de la Administración Pública a la cual se aplica la Ley, podría definirse en forma orgánica el acto administrativo. Sin embargo, esa definición incompleta, imprecisa y errada, lo que puede, en algún momento, es conducir a confusión, porque podría pensarse que se trata de una definición universal y general del derecho administrativo, aplicable a otras Leyes como, por ejemplo, la Ley Orgánica de la Corte Suprema de Justicia que regula el contencioso–administrativo de nulidad de los actos administrativos, en cuyo caso, por supuesto, no podría jamás utilizarse el criterio orgánico.

Pero así como no es aceptable la sola definición del acto administrativo a través de un criterio orgánico, tampoco es aceptable la sola utilización del criterio formal de considerar a los actos administrativos como actos de carácter sublegal pura y simplemente, pues los actos judiciales, es decir, las sentencias, también tienen carácter sublegal.

Por último, tampoco sería aceptable la utilización exclusiva de un criterio material basado en la noción de función administrativa, pues quedarían excluidos de la noción de actos administrativos aquellos que son cumplidos en función legislativa, por ejemplo, los Reglamentos dictados por alguno de los órganos del Poder Ejecutivo o, inclusive, los actos dictados en función jurisdiccional, también por los órganos del Poder Ejecutivo, cuando deciden conflictos entre partes, de acuerdo al Ordenamiento Jurídico, o también los actos administrativos dictados en ejercicio de funciones legislativas por los órganos judiciales cuando dictan, por ejemplo, un reglamento interno. En todos estos casos, se trata de actos administrativos y que, a otros efectos distintos de la Ley Orgánica de Procedimientos Administrativos, serían actos administrativos propiamente dichos y recurribles ante la jurisdicción contencioso–administrativa.

Por eso hay que señalar que esta definición orgánica del Articulo 7 de la Ley Orgánica de Procedimientos Administrativos, es una definición incompleta porque sólo se hace a los efectos de la Ley Orgánica de Procedimientos Administrativos. Si al contrario, intentamos definir el acto administrativo científicamente a nivel del Ordenamiento Jurídico Administrativo Venezolano y de nuestro derecho administrativo, tenemos que llegar a la conclusión de que para definir el acto administrativo, es necesario combinar diversos criterios, siendo ésta la única forma de reconducir a la unidad la heterogeneidad del acto administrativo.

3. Nuestra definición del acto administrativo

En esta forma, hemos definido el acto administrativo como toda manifestación de voluntad de carácter sublegal, realizada, primero por los órganos del Poder Ejecutivo, es decir, por la Administración Pública, actuando en ejercicio de la función administrativa, de la función legislativa y de la función jurisdiccional; segundo, por los órganos del Poder Legislativo (de carácter sublegal) actuando en ejercicio de la función administrativa; y tercero por los órganos del Poder Judicial actuando en ejercicio de la función administrativa y de la función legislativa. En todos esos casos, la declaración de voluntad constituye un acto administrativo cuando tiende a producir efectos jurídicos determinados, que pueden ser la creación, modificación o extinción de una situación jurídica individual o general o la aplicación, a un sujeto de derecho de una situación jurídica general.

En esta forma, considerando a todos los actos estatales dentro de una perspectiva global, quedarían excluidos de esta definición de actos administrativos, los actos cumplidos por los órganos del Poder Ejecutivo en función de gobierno, es decir, los actos de gobierno y que no son de rango sublegal sino que, al contrario, son de rango legal. También quedarían excluidos los actos cumplidos por los órganos del Poder Legislativo en función legislativa, como las Leyes, por ejemplo, o en función de gobierno, como serían también las Leyes o los actos parlamentarios sin forma de Ley; o en conexión con la función jurisdiccional como ciertos actos parlamentarios con forma de Ley; o en fin, en función administrativa de rango legal, como serían también ciertas Leyes o de actos parlamentarios sin forma de Ley. Por último, quedarían también excluidos de la noción de acto administrativo, los actos cumplidos por los órganos del Poder Judicial, actuando en ejercicio de la función jurisdiccional, es decir, las sentencias o autos de los tribunales.

Por tanto, de lo anterior resulta que en las definiciones tradicionales del acto administrativo que lo precisan, pura y sistemáticamente, como una declaración de voluntad realizada por *la Administración,* con el propósito de producir un efecto jurídico, el problema se reduce a determinar qué debe entenderse por Administración: o dicho término se define con un criterio orgánico, identificándose con los órganos de la Administración Pública como incorrectamente lo ha hecho el Artículo 7 de la Ley Orgánica de Procedimientos Administrativos; o dicho término se define con un criterio material, identificándolo con el ejercicio de la función administrativa, lo que también produciría una definición incompleta del acto administrativo; o dicho término se define con criterios combinados de orden material, formal y orgánico, como lo hemos hecho anteriormente.

En las dos primeras alternativas, la del criterio orgánico exclusivo como el que utiliza el Artículo 7 de la Ley Orgánica de Procedimientos Administrativos o el criterio funcional exclusivo, utilizadas para definir el acto administrativo, quedarían fuera de la calificación científica de actos administrativos diversos actos estatales que ni son judiciales, ni son legislativos ni son de gobierno y que, indudablemente, tienen carácter de actos administrativos.

En la última alternativa que hemos escogido, en cambio, así como todos los actos estatales encuentran su exacta calificación, también todos los actos administrativos cumplidos por la autoridad estatal que sea, encuentran también su debido encuadramiento.

Por tanto, insistimos, el Artículo 7 de la Ley Orgánica, al definir el acto administrativo con el solo criterio orgánico, ha establecido una definición inútil, incompleta e imprecisa, y que, en ningún caso, puede tenerse como base de definición a los efectos de identificar los actos administrativos recurribles en vía contencioso–administrativo, los cuales, de acuerdo a la reiterada jurisprudencia de la Corte Su–presa de Justicia y a la misma regulación que establece la Ley Orgánica de la Corte Suprema de Justicia, en concordancia con los Artículos 206 y 215 de la Constitución, son no sólo aquellos que emanan de los órganos de la Administración Pública, es decir, del Poder Ejecutivo en general, sino también aquellos otros actos administrativos que, como tales, emanan de los órganos del Poder Legislativo y de los tribunales del país.

****

En efecto, la definición del acto administrativo tiene que ser una de tal manera formulada, que sea válida para todas las normas que hablen de actos administrativos dentro de un determinado ordenamiento jurídico. No podemos definir acto administrativo a los fines de cada una de las leyes de la República, porque sería sembrar el caos dentro de la interpretación del Derecho Administrativo y del objeto del recurso contencioso administrativo. Por eso, en el derecho administrativo se ha planteado –y esto ha sido la discusión permanente de toda la doctrina– la búsqueda de una definición global del acto administrativo a todos los fines, y no sólo a los fines de una Ley en particular.

La noción del acto administrativo, sin duda, continúa siendo una de las partes medulares del derecho administrativo, ya que de su definición depende, no sólo la identificación de la actividad administrativa unilateral frente a las otras actividades del Estado, sino el objeto de los recursos contencioso administrativo de anulación. De allí el esfuerzo que la doctrina y la jurisprudencia han realizado y realizan, permanentemente, para lograr una definición del acto administrativo que cumpla con los dos elementos que la deben condicionar: por una parte, identificar a la actividad administrativa frente a las actividades de gobierno, legislativa y judicial del Estado, y por la otra, no dejar fuera de control contencioso administrativo, algunos actos estatales que por criterios doctrinales determinados, pudieran no incluirse en la definición de los actos administrativos.

Por tanto, no estando excluido de control jurisdiccional de inconstitucionalidad o legalidad ningún acto estatal[160], resulta imperativo que todos los actos administrativos puedan ser objeto de control contencioso administrativo, resultando inadmisibles las definiciones de tales actos que provoquen exclusiones de control. Como lo dijo la antigua Corte Suprema de Justicia, en sentencia del 10 de enero de 1980, al referirse a las decisiones de las Comisiones Tripartitas,

> "resulta contrario a nuestro ordenamiento constitucional que los pronunciamientos de las Comisiones Tripartitas laborales son irrevisables en vía jurisdiccional. En efecto, en Venezuela existen tres vías para la impugnación de los actos estatales: la acción, de nulidad por inconstitucionalidad contra los actos legislativos o de gobierno; el recurso de casación contra los actos jurisdiccionales; y el recurso contencioso administrativo de anulación contra los actos administrativos. No podría el legislador, sin infringir el orden jurídico constitucional, establecer expresa o tácitamente una derogatoria a los principios que informan nuestro sistema de derecho, que someten la actividad de todas las ramas del Poder Público al control de su regularidad y legalidad por parte del máximo Tribunal de la República, o de los demás órganos de la jurisdicción contencioso administrativa"[161].

Con esta tesis, del carácter comprensivo del control jurisdiccional sobre los actos estatales que hemos propugnado siempre[162], la antigua Corte Suprema se apartó, sin duda, en materia de control de actos administrativos de algunas sentencias de años anteriores, en las cuales había excluido del control contencioso administrativo, los actos administrativos emanados de los Inspectores del Trabajo[163], y los actos emanados de los Registradores Públicos[164]. Tanto en aquellos casos como en el más reciente, para excluir o

160 En tal sentido, la antigua Corte Suprema de Justicia en Sala Político Administrativa, por sentencia del 11 de mayo de 1981 estableció lo siguiente: "Ahora bien, sin entrar, por innecesario, en un análisis más profundo de la cuestión, parece evidente que, en nuestro medio, hoy en día tal tesis resulta definitivamente superada: primero, porque de acuerdo con la letra constitucional no puede discutirse que ningún acto administrativo está exento del control jurisdiccional, y, segundo, porque tampoco puede ponerse en duda en la concepción actual de nuestro derecho administrativo, que los recursos jurisdiccionales contra los actos administrativos sólo pueden versar en razones de ilegalidad del acto, y no del mérito u oportunismo de la actuación administrativa". *V.* en *Revista de Derecho Público*, Nº 7, Editorial Jurídica Venezolana, Caracas, julio–septiembre, 1981, pp. 157 y 158.

161 *V.* la Sentencia de 10–01–80, de la Sala Político–Administrativa de la Corte Suprema de Justicia en *Revista de Derecho Público*, Nº 1, Editorial Jurídica Venezolana, Caracas, enero–marzo, 1980, p. 130.

162 *V.* por ejemplo, Allan R. Brewer–Carías, *El control de la constitucionalidad de los actos estatales*, Editorial Jurídica Venezolana, Caracas, 1977, pp. 31, 32, 112, 113 y 114.

163 *V.*, por ejemplo, la Sentencia de 18–6–63, en *G.O.*, Nº 871, Ext. de 26–8–63. Véanse los comentarios de Luis E. Farías Mata en "La Doctrina de los actos excluidos en la jurisprudencia del Supremo Tribunal", en la publicación del Instituto de Derecho Público, *Archivo de Derecho Público y Ciencias de la Administración*, Vol. I, 1968–1969, Caracas, 1971, pp. 333 y ss.

164 *V.* la Sentencia de la Sala Político–Administrativa de 13–3–67 en *G.F.* Nº 55, 1968, pp. 107 y 116. Sobre esta materia *V.* el trabajo de Gonzalo Pérez Luciani, "Actos Administrativos que en Venezuela escapan al Recurso contencioso de anulación" en *Revista de la Facultad de Derecho*, UCAB, Nº 6, Caracas, 1968, pp. 171 y ss. y nuestro trabajo "La impugnación de los actos administrativos de registro ante la jurisdicción contencioso–administrativa" en *Libro–Homenaje a la Memoria de Joaquín Sánchez Covisa*, Caracas, 1975, pp. 440 y ss.

incluir actos administrativos en el ámbito de control contencioso administrativo, la antigua Corte Suprema tuvo que recurrir a identificar una noción de acto administrativo, que le permitiera definir el ámbito de sus poderes de control. Lamentablemente esta sana tendencia jurisprudencial ha comenzado a ser cambiada de nuevo, restringiéndose el control contencioso administrativo respecto de determinados actos, como veremos.

Ahora bien, este problema de la definición del acto administrativo ha adquirido una significativa relevancia, pues le han permitido a los órganos de la jurisdicción contencioso administrativa, considerar como actos administrativos sujetos a su control contencioso administrativo, en primer lugar, actos emanados de una Asamblea Legislativa (órgano legislativo) (designación de los miembros de su Comisión Delegada); en segundo lugar, los actos de las antiguas Comisiones Tripartitas laborales (órganos administrativos desconcentrados) dictados en función jurisdiccional; en tercer lugar, ciertos actos dictados por los Tribunales en función administrativa; y en cuarto lugar, ciertos actos dictados por entidades privadas que cumplen funciones públicas.

Es decir, la jurisprudencia considera como actos administrativos no sólo los emanados de la Administración Pública, como conjunto orgánico, sino algunos emanados de órganos legislativos y de órganos judiciales, y también los dictados por órganos administrativos, en ejercicio de funciones jurisdiccionales. Ello confirma lo inconveniente de la definición del artículo 7° de la Ley Orgánica de Procedimientos Administrativos. Ahora bien, estas decisiones, por su importancia, ameritan un comentario que queremos hacer a continuación, no sin antes referirnos al tema de la definción del acto administrativo en la doctrina venezolana.

4. La noción de acto administrativo en la doctrina venezolana

La doctrina venezolana no ha tenido uniformidad en cuanto a la noción del acto administrativo, y más bien ha tomado posiciones disímiles, aun cuando con variaciones en el tiempo. En general pueden distinguirse tres posiciones de la doctrina para definir el acto administrativo en base a los criterios utilizados para ello: el criterio orgánico, el criterio material, y el criterio mixto o global.

A. El criterio orgánico

La utilización del criterio orgánico para la definición del acto administrativo conduce a la identificación entre órgano administrativo y acto administrativo. Así, estos serían los emanados de la Administración Pública como complejo orgánico. En Venezuela se han inclinado por esta posición, la mayoría de la doctrina nacional.

El criterio orgánico para la definición del acto administrativo fue acogido por Eloy Lares Martínez, en su *Manual de Derecho Administrativo*, en el cual afirmó que sólo a "las declaraciones o decisiones de los órganos de la Administración... corresponde propiamente la calificación de actos administrativos", por lo que confiesa situarse en el punto de vista formal, para definir el acto administrativo.[165] Así, la definición que propuso fue la siguiente: "Entendemos por actos administrativos las declaraciones de vo-

165 *V.* Eloy Lares Martínez: *Manual de Derecho Administrativo*. Caracas, 1975, p. 135.

luntad, de juicio o de conocimiento, emanadas de órganos de la Administración y que tienen por objeto producir efectos de derecho generales o individuales".[166]

Para llegar a esta conclusión, señaló que sólo esas declaraciones o decisiones de los órganos de la Administración son las que "están bajo el régimen del derecho administrativo, y sujeto a los recursos creados por el ordenamiento jurídico para hacer efectiva la supremacía de la ley sobre los mandatos de la Administración",[167] y en medio "los actos sancionados por las Cámaras Legislativas, no importa cuál sea su contenido, están regulados por el derecho constitucional; y los actos emanados de los tribunales civiles y penales, por el derecho procesal civil y penal"[168] por lo que "ninguno de estos actos puede ser objeto de un recurso contencioso administrativo".[169]

Aparte de que no consideramos acertada la división orgánica de las ramas del derecho que nos propuso Lares Martínez, pues al contrario, consideramos que existe, en la complejidad del Estado contemporáneo, una interrelación creciente entre los diversos ordenamientos y normas de derecho positivo y los diversos órganos del Estado, de manera tal que resulta imposible decir hoy que los actos de un órgano del Estado sólo están regidos por una específica rama del derecho, la opción de Lares Martínez por el criterio orgánico parecía tener una justificación procesal; es decir, que sólo son actos administrativos los que pueden ser objeto de control por la jurisdicción contencioso–administrativa, cuando en realidad, esto, en lugar de ser la causa de que un acto estatal se lo considere como acto administrativo, en su efecto.

Por otra parte, con motivo de comentarios que formuló al sistema contencioso administrativo previsto en la derogada Ley Orgánica de la Corte Suprema de Justicia, J. G. Andueza se identificó también, plenamente, con el criterio orgánico al definir el acto administrativo. En efecto, en un ciclo de conferencias organizado en 1977, criticó a los proyectistas de la Ley Orgánica de la Corte Suprema de Justicia quienes, en su apreciación, acogieron el criterio funcional para definir los actos administrativos cuando señalaron en la Exposición de Motivos al hablar de los procedimientos, que "si el acto impugnado es un acto de efectos particulares, dictado por cualquiera de los Poderes Públicos actuando en junción administrativa, se consagra también un procedimiento único para su tramitación, que es el procedimiento del recurso contencioso–administrativo de anulación". Frente a esta afirmación, Andueza sostuvo que "pareciera que se quiere definir el acto administrativo desde el punto de vista material, que no es, por otra parte, el criterio que ha acogido nuestra Constitución".[170] Por ello más adelante afirmó que:

> "La Constitución venezolana acoge el criterio orgánico y formal para la distribución de competencias. Los *actos legislativos* son aquellos que emanan del Congreso. Pero el Congreso dicta leyes y otros actos. Para diferenciar estos diversos tipos de actos hay que acudir al criterio formal, es decir, hay que atenerse al procedimiento y forma prescritos para la producción de una ley o de un acto de control. Los *actos administrativos*, son aquellas declaraciones de voluntad de la Administración Pública sometidas al derecho administrativo. Esta manifestación de voluntad se expresa en diversas formas: el decreto, la resolución, las circulares e instrucciones de servicio, etc. Y los *actos judiciales* son aquellas declaraciones emanadas de un juez para concretar la voluntad de la

166 *Idem*, pp. 135 y 136.

167 *Idem*, pp. 135

168 *Idem*, p. 134.

169 *Idem*, p. 135.

170 *V.* José Guillermo Andueza: "Actos recurribles por inconstitucionalidad en la Ley Orgánica de la Corte Suprema de Justicia", en la publicación del Instituto de Derecho Público: *El control jurisdiccional de los Poderes Públicos en Venezuela*. Caracas, 1979, p. 58.

ley. Estas declaraciones suelen recogerse en la forma de sentencia, que resuelve un conflicto de intereses, pero también puede adoptar la forma de "auto", con el cual se dirige el proceso o se conceden autorizaciones que desde el punto de vista material pueden tener la naturaleza de acto administrativo".[171]

La posición de Andueza, en definitiva, para la definición del acto administrativo, es una posición *orgánica*: acto administrativo es una manifestación de voluntad de la Administración Pública, claro está, entendida ésta como conjunto de órganos que ejercen el Poder Ejecutivo. Para llegar a esta conclusión, en primer lugar, atribuyó a los proyectistas de la Ley Orgánica de la Corte Suprema al haber acogido un criterio material para definir el acto administrativo, lo cual no es exacto, pues no se formula como criterio único y excluyente; y en segundo lugar, citó en su apoyo la opinión doctrinal del renombrado autor Ramón Martín Mateo, quien había acogido un criterio orgánico para definir el acto administrativo del acto administrativo, interpretando la realidad del sistema español, distinto al nuestro en esta materia. Andueza citó además a E. Sayagués Laso y a Eloy Lares Martínez. El primero en realidad, no acogía un criterio orgánico en forma exclusiva, sino que también acogía el criterio funcional o material.

Su inclinación por el criterio orgánico fue reiterada por J. G. Andueza en otra conferencia dictada en 1980, sobre el control de la Constitucionalidad y el Contencioso–Administrativo. Al comentar de nuevo la Exposición de Motivos del Proyecto de Ley Orgánica de la Corte Suprema de Justicia, Andueza señaló que la misma "como se ve, acoge un criterio amplio de acto administrativo que no se ajusta a nuestro sistema constitucional. He sostenido que nuestra Constitución acoge un criterio orgánico y formal para la distribución constitucional de las competencias entre los órganos del Estado", y agregó, que "la Constitución define la competencia del Tribunal Supremo teniendo en cuenta el órgano de lo cual concluye que aquélla atribuye a la Corte Suprema solo competencia para conocer sólo, de la ilegalidad o inconstitucionalidad ¿s los actos administrativos emanados del Ejecutivo Nacional, y no de los actos administrativos emanados del Congreso o de los Tribunales o de los Gobernadores de Estado o autoridades municipalcs".[172]

Debe señalarse, ante estas afirmaciones, que en ellas se mezclan dos aspectos: en primer lugar se afirma que deriva de la Constitución un pretendido criterio orgánico para definir el acto administrativo, lo cual no es cierto, y en segundo lugar, que para la asignación constitucional de competencias a la antigua Corte Suprema de Justicia, se había seguido un criterio orgánico, lo cual sí es cierto. Esto no significa, sin embargo, que la ley no pueda atribuir a la misma Corte y a otros órganos de la jurisdicción contencioso–administrativa, competencia para conocer de las impugnaciones de actos administrativos emanados de la Asamblea nacional o de los tribunales. En este caso, concordamos con la apreciación que el mismo Andueza realizó en el sentido de que, "En caso de admitirse el criterio de la función administrativa, independientemente del órgano del cual emane el acto para definir los actos administrativos, habría que llegar a otra conclusión importante: No todos los actos particulares emanados de los órganos legislativos son actos administrativos. Sólo en el caso de que las autoridades del Congreso, por

171 *Idem*, p. 59.

172 *V.* José Guillermo Andueza: "El control de la constitucionalidad y el contencioso–administrativo", en A. Moles–Caubet et al., *Contencioso–Administrativo en Venezuela*, Editorial Jurídica Venezolana, Caracas, 1981, pp. 16 y 77.

ejemplo, ejerzan una función administrativa, el acto podrá calificarse de acto administrativo".[173]

En nuestro país, el otro autor que se ha manifestado decidido partidario del criterio orgánico, al menos hasta 1976, fue Luis Henrique Farías Mata. En efecto, al comentar y criticar una sentencia de la Corte Suprema de Justicia de 18–6–63, en la cual el Supremo Tribunal afirmaba que "Prevalece el criterio de que tratándose de actos del poder público, la condición del acto administrativo no deriva, necesariamente, de la índole del organismo o funcionario que lo realiza, sino de la función o facultad que éste ejerce al realizarlo";[174] acogiendo un criterio material para definir el acto administrativo, L. H. Farías Mata afirmó que, "este predominio de lo material sobre lo orgánico no es evidente en la doctrina, al contrario, se piensa que lo que podría reconducir a unidad la teoría del acto administrativo es la observación de que los sometidos al régimen administrativo son solamente los dictados por la Administración", y que ello se encuentra contradicho "por el texto constitucional que la misma sentencia cita (art. 215, ord. 79) y, si esto fuera poco, aun por una norma de rango legal: la atribución 9 del artículo 7° de la Ley Orgánica de la Corte Federal, que somete al control contencioso de la Corte, no los actos administrativos, sino, más explícitamente, los "actos de la autoridad administrativa" en cualquiera de sus ramas", concluía Farías Mata que, "en nuestra opinión, la referencia al criterio orgánico de clasificación de los actos administrativos es demasiado evidente, tanto en la Constitución como en la ley, para que la Corte pueda sustituirlo por otro".[175]

En definitiva, Farías Mata se inclinaba también por el criterio orgánico, basado en la interpretación del artículo 7°, ordinal 99 de la Ley Orgánica de la Corte Federal. Posteriormente, en un artículo publicado en 1973, dedicado en gran parte a criticar nuestra posición doctrinal sobre la naturaleza de las decisiones en materia inquilinaria del Tribunal de Apelaciones de Inquilinato que hemos mantenido desde 1960,[176] y que a pesar de todas las críticas que recibió, fue lamentablemente acogida formalmente, aun cuando por poco tiempo pero en forma tardía por la Corte Primera de lo Contencioso–Administrativo en su sentencia de 18 de marzo de 1981,[177] Farías Mata, siguiendo a Garrido Falla, identificó al criterio orgánico, no sólo como el único capaz de unificar o reconducir a unidad la actividad administrativa,[178] sino como el determinante para la identificación de las funciones del Estado;[179] y criticó nuestra posición tradicional de conceder "irrelevancia... al criterio orgánico para la identificación de la actividad administrativa".[180]

La posición de Farías Mata en definitiva, que ratificada en este trabajo, consistía en que señalar como elemento característico del acto administrativo, el que tuviera su "ori-

173 *Idem*, p. 77.

174 *V.*, en *G.O.*, N° 871 Extraordinario, de 26–8–63.

175 *V.* Luis H. Farías Mata: "La doctrina de los actos excluidos en la Jurisprudencia del Supremo Tribunal", en la publicación del Instituto de Derecho Público: *Archivo de Derecho Público y Ciencias de la Administración*, volumen I, 1968–1969, Caracas, 1971, p. 335.

176 *V.* nuestro "Estudio sobre la Ley de Regulación de Alquileres", de fecha 1° de agosto de 1960, en *Revista del Colegio de Abogados del Distrito Federal*, N° 113, julio–septiembre 1960, pp. 217 y ss.

177 *V.* en *Revista de Derecho Público*, N° 5, enero–marzo, 1981.

178 *V.* Luis H. Farías Mata: "Procedimiento para la fijación de Cánones de Arrendamiento en el derecho venezolano", en la publicación del Instituto de Derecho Privado: *Studia Jurídica*, n° 3, Caracas, 1973, pp. 423 y 425.

179 *Idem*, p. 435.

180 *Ibídem*, pp. 423 y 429.

gen en la Administración", la consecuencia fundamental de poder ser impugnados en vía contencioso–administrativa.[181] Por ello, lo absurdo, desde el punto de vista tífico, de las preguntas que se formula:

> "¿Qué importa, además, a los fines del régimen de derecho administrativo, que el acto de nombramiento de un funcionario por el Presidente de la Cámara del Senado sea un típico acto administrativo –desde el punto de vista material idéntico al que en el mismo sentido realiza el Presidente de la República por intermedio de un Ministro– si, en el momento de su impugnación, el primero de dichos actos no sigue el tratamiento respectivo ante la jurisdicción contencioso–administrativa? ¿Qué importa, asimismo, que el reglamento interno de un órgano del Poder Judicial sea idéntico desde el punto de vista material a una ley o a un reglamento emanado del Ejecutivo, si a la postre el tratamiento jurisdiccional de los mismos –cuando fuere posible– sería diferente, y sólo el del Ejecutivo recibirá el título de acto administrativo y el correspondiente tratamiento jurisdiccional que éste merece?"[182]

Por supuesto que si importa. La naturaleza de un acto no puede depender de que se piense o no que son impugnables ante la jurisdicción contencioso–administrativa, y ciertamente, basándose en la apreciación de que "no importa", no pueden sacarse conclusiones de índole científica. Por otra parte, por supuesto que importa, ya que esos actos emanados del Poder Judicial o de la Asamblea, por ser actos administrativos sí son impugnables ante la jurisdicción contencioso–administrativa, pues de lo contrario, se vulneraría la Constitución la cual, en su concepción del principio de la legalidad, no admite ni permite la existencia de actos estatales excluidos del control de la constitucionalidad o legalidad.

Ahora bien, posteriormente, y en vista de que Farías Mata fundamentaba su posición en lo establecido en el ordinal 9 del artículo 7° de la Ley Orgánica de la Corte Federal, derogado dicho ordinal por la Ley Orgánica de la Corte Suprema de Justicia, se comenzó a inclinar por la conjugación de criterios que hemos propuesto, y en 1977 señaló que :

> "Ahora más que nunca –al haber desaparecido la comentada norma de la Ley Orgánica de la Corte Federal en la novísima Ley Orgánica de la Corte Suprema de Justicia– cobra fundamento esa tesis de la globalidad como criterio de interpretación de los actos administrativos, globalidad a la cual yo querría añadir, dentro de la concepción de P. Weil, una nota adicional: la nota procesal".[183]

Ello llevó a Farías Mata a identificar el acto administrativo sólo con base en la nota procesal: "se identifica acto administrativo con recurribilidad del mismo en la vía contencioso–administrativa",[184] lo cual es en sí mismo, inadmisible. Un acto estatal, por ser acto administrativo, es recurrible ante la jurisdicción contencioso–administrativo, por lo que la impugnabilidad es una consecuencia del carácter administrativo, del acto, y no su causa. Por ello, de nuevo, consideramos inadmisible la afirmación de Farías Mata, en el sentido de que "lo que interesa en la determinación de la naturaleza de los actos administrativos es saber si se trata de actos que siguen el régimen de impugnación contencioso–administrativo preparado para la enmienda de las actuaciones administrativas".[185]

---

181 *Ibídem*, p. 424.

182 *Ibídem*, p. 425

183 *V.*, L. H. Farías Mata: "Los Procedimientos en la Ley Orgánica de la Corte Suprema de Justicia", en la publicación del Instituto de Derecho Público: *El control jurisdiccional de los Poderes Públicos en Venezuela*. Caracas, 1979, p. 209.

184 *Idem*, p. 209.

185 *Idem*, p. 209.

No, lo que interesa es determinar dentro de una concepción científica, la naturaleza de los actos administrativos, y hecho esto, la consecuencia será su recurribilidad ante la jurisdicción contencioso–administrativa.

En la doctrina venezolana, H. Rondón de Sansó, también se ha inclinado por el criterio orgánico, al identificar acto administrativo con el "proveimiento administrativo" de la doctrina italiana, definiendo a éste, como "acto autoritario de la Administración", aún más, como "el acto a través del cual se actualiza la potestad autoritaria de la Administración, por lo cual no basta que el acto emane de una autoridad administrativa dotada de potestad para emanarlo, sino que es necesario que este acto sea una manifestación actual de esa autoridad".[186] Esta identificación entre acto administrativo y "proveimiento administrativo", según H. Rondón de Sansó, restringiría el ámbito de lo que debe considerarse como acto administrativo, pues, afirma: "Hasta ahora el criterio determinador de la competencia ha sido meramente subjetivo en el derecho venezolano, esto es, basado en el sujeto Administración, pero indudablemente que dicho criterio ha de variar necesariamente, para basarse en un concepto más acorde con la realidad jurídica".[187]

Por último en la misma línea de seguir el criterio orgánico conforme a la doctrina italiana, se ha colocado Gonzalo Pérez Luciani, al adoptar el criterio de Máximo Severo Giannini quien identifica el acto administrativo con el "proveimiento administrativo", como "el acto mediante el cual la autoridad administrativa dispone en orden al interés público que tiene atribuido, ejercitando la potestad propia e incidiendo correlativamente en las situaciones subjetivas del particular"[188]. Sin explicación alguna, Pérez Luciani excluye de la calificación de actos administrativos, a los dictados por la Administración "con medios de derecho privado", los reglamentos, "los llamados actos administrativos del poder legislativo y del poder Judicial" y "los actos internos de la Administración"[189]; considerando sólo como actos administrativos "los actos unilaterales y particulares, de derecho público en los cuales la Administración actúa como autoridad superior al particular y que como consecuencia produce variaciones en las situaciones jurídicas de los administrados"[190]. Nos remitimos a las mismas críticas que hemos formulado con anterioridad respecto de este criterio orgánico para definir el acto administrativo, el cual dejaría fuera de control contencioso administrativo innumerables actos administrativos, que también inciden en la esfera jurídica de los administrados.

B. El criterio funcional

En 1964, en nuestro libro: *Las Instituciones Fundamentales del Derecho Administrativo y la Jurisprudencia Venezolana*,[191] nos inclinamos, frente al criterio orgánico, por un criterio material para la definición del acto administrativo, basado en la función administrativa[192].

---

186 *V.* Hildegard Rondón de Sansó: "Introducción al Estudio del Acto Administrativo", en *Libro–Homenaje a la Memoria de Roberto–Goldschmidt*. Caracas 1967, p. 786.

187 *Idem.*, pp. 191 y 792.

188 *V.* Gonzalo Pérez Luciani, *La noción del acto administrativo*. Discurso de incorporación a la Academia de Ciencias Políticas y Sociales, Caracas 1998, pp. 79 y 120.

189 *Idem.*, pp. 120 y 121

190 *Idem.*, p. 121.

191 Universidad Central de Venezuela, Caracas 1964

192 Gonzalo Pérez Luciani dedica algunas páginas de su trabajo a criticar nuestra posición, *V. La noción del acto administrativo*, *cit.*, pp. 114 y ss.

En esta forma, para nosotros en 1964, acto administrativo era "aquella manifestación de voluntad realizada por una autoridad pública actuando en ejercicio de la función administrativa, con el objeto de producir determinados efectos jurídicos".[193] Esta forma de definición del acto administrativo que se apartaba del criterio orgánico basado en la identificación entre el órgano y el acto producido, y que fue acogido ampliamente por la jurisprudencia[194]; sin embargo, puede decirse que nos llevaba a un criterio material rígido: la identificación entre la función y el acto producido en su ejercicio, de manera que el acto administrativo sólo podía ser dictado en ejercicio de la función administrativa y ésta consistía primordialmente en el cumplimiento de actos administrativos por parte de una autoridad competente.[195]

Esta forma de definir los actos administrativos, independizándolos del órgano que los dictaba, presentaba la ventaja de que ampliaba la categoría de tales actos incluyendo en ellos aquellos dictados por los órganos judiciales o legislativos en ejercicio de la función administrativa, pero conducía al inconveniente de identificar función administrativa con acto administrativo, con lo cual quedaban fuera de la calificación como actos administrativos, algunos actos dictados por órganos administrativos pero en ejercicio de una función jurisdiccional. De la rigidez de la concepción orgánica derivada de identificar el *acto* con el *órgano*, pasamos a otra rigidez de la concepción material derivada de identificar el *acto* con la *función*, cuando en realidad, órgano, función y acto no son matemáticamente correlativos en el ordenamiento constitucional venezolano.

En efecto, nuestro convencimiento de que en el sistema venezolano de separación de poderes, no se puede establecer una correlación matemática entre órgano, función y actividad estatales, nos llevó a apartarnos de la sola concepción material que formulábamos en 1964, y propugnar, como complemento, una mezcla de criterios para definir el acto administrativo. La base de este razonamiento la formulamos en nuestro libro *Derecho Administrativo*, Tomo I, en 1975,[196] y la hemos desarrollado posteriormente. En todo caso, en 1977, precisábamos las líneas generales de nuestra posición, al precisar lo siguiente:

> "Ante todo debo señalar que, en mi criterio, no es posible utilizar un criterio único para definir el acto administrativo. La heterogeneidad de sus formas y contenido lo demuestra y exige".
>
> "Por tanto, rechazo de plano la sola utilización del criterio orgánico que pretende definir el acto administrativo, según que sea emanado de los órganos del Poder Ejecutivo, no sólo porque contrariamente a lo que se ha afirmado aquí, no está acogido por la Constitución, sino porque dejaría

---

193 *V.* nuestro libro: *Las Instituciones Fundamentales del Derecho Administrativo y la Jurisprudencia Venezolana.* Caracas, 1964, p. 117.

194 La definición mencionada fue acogida textualmente por la Corte Suprema de Justicia en sentencia del 11–8–65, al señalar que, "doctrinalmente el concepto del acto administrativo ha quedado delineado, como aquella manifestación de voluntad realizada por una autoridad pública actuando en ejercicio de la función administrativa, con el objeto de producir determinados efectos jurídicos que pueden ser o la creación de una situación jurídica individual o general, o la aplicación a un sujeto de derecho de una situación jurídica general". *V.* en *G.O.* N° 27.845, de 22–9–65, p. 207–324. Sin embargo, desde 1963, la Corte Suprema había insistido en su criterio de que "la condición de acto administrativo no deriva necesariamente, de la índole del organismo o funcionario que lo realiza; sino de la función o facultad que éste ejerce al realizarlo" (sentencia del 18–7–63, en *Gaceta Forense*, n° 41, Caracas, 1963, p. 116), lo cual fue recogido posteriormente en muchas otras decisiones de la Sala Político–Administrativa (*V.* la sentencia 27–5–68, en *Gaceta Forense*, N° 60, 1968, pp. 115 y ss., y sentencia de 9–7–69, en *Gaceta Forense*, n° 65, 1966, pp. 70 y ss., y la sentencia de 2–6–77, *cit*ada en Mary Ramos Fernández: "Jurisprudencia Administrativa y Constitucional", en *Revista de Derecho Público*, n° 1, Caracas, 1980, p. 131).

195 *V.* nuestro *cit*ado libro: *Las Instituciones Fundamentales del Derecho Administrativo. ., cit.*, p. 109.

196 *V.* nuestro: *Derecho Administrativo*, Tomo I, Caracas, 1975, pp. 373 y ss.

fuera de la calificación como acto administrativo a actos que indudablemente lo son, aun cuando no emanen de autoridades ejecutivas, sino de órganos legislativos o judiciales: los actos de ejecución presupuestaria o de administración de personal público emanados del Presidente del Congreso o del Presidente de la Corte Suprema de Justicia, por ejemplo, y para sólo citar uno.

"Me aparto también de la sola utilización del criterio material que en otra época, catorce años atrás, yo mismo utilicé y que define el acto administrativo por el ejercicio de la función administrativa, pues identifica lo inidentificable: acto estatal con función estatal, cuando ambos conceptos son sustancialmente distintos. La utilización de este solo criterio, por ejemplo, dejaría fuera de su categorización como actos administrativos a los actos dictados por autoridades administrativas en ejercicio de la función jurisdiccional, como serían muchos de los actos emanados, del Director de Inquilinato y del Director de Registro de la Propiedad Industrial del Ministerio de Fomento, y para también solamente citar un solo ejemplo.

"Por último, también rechazo la sola utilización del criterio formal para definir el acto administrativo en base a su carácter sublegal, es decir, a que se trate de acto de ejecución inmediata de la legislación, porque si bien es útil para su identificación frente a actos estatales de carácter sublegal como son los actos judiciales.

"Este rechazo a la utilización de un criterio único y mágico para identificar al acto administrativo que sostengo en el Tomo I, de la obra sobre Derecho Administrativo, cuya edición he iniciado hace algo más de un año, se basa en mis convencimientos de que es un error –error en el cual yo mismo caí hace catorce años–, el identificar la separación de funciones y con los actos estatales que de los órganos estatales emanan en ejercicio de dichas funciones. Los órganos del Estado, en efecto, conforme al artículo 118 de la Constitución, tienen sus funciones propias, pero las mismas ni son exclusivas ni excluyentes en el sentido de que un mismo órgano estatal puede ejercer, además de su función propia –en cuanto es de ejercicio normal u ordinario–, otras funciones estatales que a la vez son "propias" de otros órganos estatales. Los órganos del Poder Legislativo, por tanto, además de la función legislativa –que les es propia–, ejercen funciones de gobierno, y administrativa. Los órganos del Poder Ejecutivo, ejercen indistintamente, además de las funciones de gobierno y administrativas que les son propias, las funciones legislativas y jurisdiccionales. Y los órganos del Poder Judicial, además de la función jurisdiccional que les es propia, ejercen las funciones legislativa y administrativa.

"Esto me ha llevado a la conclusión de que, por tanto, el rechazo de un criterio único y mágico para definir el acto administrativo –esencialmente heterogéneo en su forma y contenido– conduce a propugnar la definición del acto administrativo a través de una mezcla de criterios: el orgánico, el material, el formal.

"En esta forma, acto administrativo, es entonces, el acto de carácter sublegal (he aquí el criterio formal) emanado en primer lugar, de los órganos del Poder Ejecutivo (he aquí el criterio orgánico), en ejercicio de todas las funciones estatales legislativas, de gobierno, administrativas y jurisdiccionales; en segundo lugar, de los órganos del Poder Legislativo en ejercicio de la función administrativa (he aquí el criterio material); y en tercer lugar, de los órganos del Poder Judicial en ejercicio de la función administrativa y legislativa (he aquí también, el criterio material).

"Conforme a esto, por tanto, tal acto administrativo es un acto de nombramiento de un funcionario público por un Ministro, que por los presidentes del Congreso o de la Corte Suprema de Justicia, y todos, por tanto, serían susceptibles de impugnación por la vía contencioso–administrativa".[197]

La formulación concreta de este criterio mixto para la definición del acto administrativo la formulamos en 1975 en nuestro "Estudio sobre la Impugnación ante la Jurisdic-

197 *V.* nuestro trabajo: "El recurso contencioso–administrativo contra los actos de efectos particulares", en la publicación del Instituto de Derecho Público: *El control jurisdiccional de los Poderes Públicos en Venezuela.* Caracas, 1979, pp. 170 y 171.

ción Contencioso–Administrativa de los Actos Administrativos de Registro",[198] y posteriormente en nuestro estudio "El problema de la definición del acto administrativo" en la obra Homenaje al Profesor Eloy Lares Martínez[199]; y cuyos lineamientos centrales recogemos a continuación.

C. El criterio mixto

En efecto, estimamos que no puede utilizarse con rigidez, ni el criterio orgánico ni el criterio material para definir el acto administrativo, por lo que debe utilizarse un criterio mixto, comprendido de elementos orgánicos, materiales y formales.

a. El rechazo del criterio orgánico

En efecto, ante todo debemos insistir en el rechazo del solo criterio orgánico. En nuestro ordenamiento constitucional no puede sostenerse que los actos administrativos son sólo aquellos que emanan de los órganos de la Administración Pública. Al contrario, los actos administrativos, pueden emanar de la Asamblea Nacional actuando en función administrativa;[200] de los Tribunales actuando en función normativa y en función administrativa.[201] Los actos administrativos, en esta forma, y contrariamente a lo que sucede con las leyes, con los actos de gobierno y con las sentencias judiciales, no están reservados a determinados órganos del Estado, sino que pueden ser dictados por todos ellos, y no sólo en ejercicio de la función administrativa.

En esta forma, es evidente que al analizar la función administrativa y la concreción más común que resulta de su ejercicio –los actos administrativos–, no puede adoptarse un criterio orgánico para su caracterización, en virtud de la no coincidencia de la separación orgánica de poderes con la distribución de funciones. Por otra parte, para la diferenciación de los actos estatales, tampoco pueden adoptarse criterios orgánicos, pues si bien es cierto que las leyes emanan solamente de la Asamblea nacional; que los actos de gobierno emanan solamente del Presidente de la República; y que las sentencias judiciales emanan solamente de los Tribunales, eso mismo no puede decirse de los actos administrativos, que emanan de todos los órganos del Estado.

La definición de las funciones del Estado por tanto, ha de ser una definición material que se deriva de la naturaleza de la actividad estatal y no del órgano del cual emana o de su forma,[202] y para llegar a dicha caracterización material resulta indispensable, tal

198 *V.* nuestro estudio en: *Doctrina de la Procuraduría General de la República*, 1975. Caracas, 1976, pp. 139 y ss., y en: *Libro Homenaje a la Memoria de Joaquín Sánchez Covisa*. Caracas, 1975.

199 *V.* nuestro trabajo "El problema de la definición del acto administrativo" en *Libro Homenaje al Doctor Eloy Lares Martínez*, Tomo I, Facultad de Ciencias Jurídicas y Políticas, Universidad Central de Venezuela, Caracas 1984, pp. 25–78

200 *V.*, por ejemplo, la sentencia de la Corte Suprema de Justicia en Sala Político–Administrativa, de 19–12–74, en *G.O.* N° 1.741 Extr., de 21–5–75, p. 26.

201 *V.*, por ejemplo, la sentencia de la Corte Suprema de Justicia en Sala Político–Administrativa, de 26 de mayo de 1981, en *Revista de Derecho Público.*

202 En sentido coincidente ha sido tradicional la doctrina de la Corte Suprema: en 1951 señaló que "no son los nombres o denominaciones, sino su naturaleza o contenido lo que da a los actos tanto de los funcionarios como de los particulares, su verdadero carácter, su significación o fisonomía propia" (*V.* sentencia de la C.F.C., en C.P., de 4–4–51, en *G.F.*, n° 7, 1952, p. 17); en 1952, expresó que "los actos administrativos, como los judiciales, fiscales… lo son por su naturaleza, por la cuestión que en ellos se ventila, y no cambia ese carácter ni suspende ni restringe la facultad del funcionario a quien la ley de competencia para conocer y decidir, la circunstancia de que otra autoridad conozca de asunto semejante y aún conexo con aquél" (sentencia de la C.F.C., en C.P., de 30–10–52, en *G.F.*, N°

como se ha señalado anteriormente, no confundir la función misma con el acto que emana de su ejercicio, es decir, la naturaleza de la actividad estatal (función) con el resultado de su ejercicio (actos jurídicos).

b. La identificación de la actividad administrativa dentro de las actividades estatales

Como ya se ha dicho, la identificación de la actividad administrativa dentro de las actividades del Estado no puede realizarse con los mismos criterios que pueden utilizarse para precisar a la Administración Pública como complejo orgánico (criterio orgánico) o para caracterizar a la función administrativa dentro de las funciones del Estado (criterio material), pues no sólo no es actividad administrativa la totalidad de la actividad desplegada por los órganos del Poder Ejecutivo, sino que tampoco constituyen actividad administrativa todas las actividades que resultan del ejercicio de la función administrativa.

En efecto, las actividades que despliegan los órganos ejecutivos, pueden clasificarse en dos grandes grupos que responden a las nociones de gobierno y administración, es decir, actividad de gobierno y actividad administrativa. La actividad de gobierno, resulta del ejercicio de la función de gobierno por el Presidente de la República (Art. 236,4,6,7) y se caracteriza, frente a la actividad administrativa, por dos elementos combinados: en primer lugar, porque la actividad de gobierno sólo puede ser realizada por el Presidente de la República, como Jefe del Estado (Art. 226); en segundo lugar, porque se trata de actividades desplegadas en ejecución de atribuciones establecidas directamente en la Constitución, sin condicionamiento legislativo y que por tanto, o tienen el mismo rango que la actividad legislativa,[203] o tienen el mismo valor jurídico que la ley.[204] En esta forma, la actividad de gobierno se distingue de la actividad administrativa realizada por los órganos ejecutivos, en que ésta se realiza a todos los niveles de la Administración Pública, y siempre tiene rango sublegal, es decir, se despliega por los órganos ejecutivos con ejecución de atribuciones directamente establecidas en la legislación, y sólo en ejecución indirecta de la Constitución.[205] He aquí el criterio formal, como se ha dicho, derivado de la teoría merkeliana de construcción escalonada del orden jurídico,[206] para la identificación de la problemática administrativa.

Para la distinción de la actividad legislativa de la actividad administrativa no sólo debe utilizarse el criterio orgánico, sino también el criterio formal: la actividad de gobierno, aun cuando realizada en ejecución directa de la Constitución está reservada al Presidente de la República, en tanto que la actividad legislativa, realizada también en ejecu-

12, p. 18); y en 1963, insistió en que "prevalece en la doctrina el criterio de que tratándose de actos del poder público, la condición de acto administrativo no deriva necesariamente, de la índole del organismo o funcionario que lo realiza, sino de la función o facultad que éste ejerce al realizarlo" (sentencia de la C.S.J., en S.P.A., de 18–7–63, en *Gaceta Forense*, N° 41, 1963, pp. 116 y ss.).

203 En este sentido, el decreto de restricción de garantías constitucionales (art. 339 de la Constitución), o la convocatoria al Congreso a sesiones extraordinarias (art. 236, ord. 9°), tienen el mismo rango que la ley en relación a la Constitución.

204 En este sentido, los decretos–ley dictados en ejecución de una ley habilitante de delegación conforme al art. 236, ord. 8 de la Constitución, tienen el mismo valor jurídico que la ley, a la cual pueden derogar o modificar.

205 En este sentido es que podría decirse que la actividad administrativa se reduce a ejecución de la ley.

206 Adolf Merkl, *Teoría General del Derecho Administrativo*. Madrid, 1935, p. 13. *Cfr*., Hans Kelsen, *Teoría General del Estado*. México, 1957, p. 510 (Véanse las referencias en Allan R. Brewer–Carías: *Las Instituciones Fundamentales del Derecho Administrativo y la Jurisprudencia Venezolana*. Caracas, 1964, pp. 24 y ss.).

ción directa de la Constitución,[207] está reservada a la Asamblea Nacional. En esta forma, el criterio orgánico distingue la actividad de gobierno de la actividad legislativa, y ambas se distinguen de la actividad administrativa mediante el criterio formal: tanto la actividad de gobierno como la actividad legislativa se realizan en ejecución directa de competencias constitucionales, en tanto que la actividad administrativa siempre es una actividad sublegal, es decir, sometida a la ley y realizada en ejecución de la ley.

La actividad judicial, por su parte, también se distingue de la actividad de gobierno y de la actividad legislativa con base en los dos criterios señalados: desde el punto de vista orgánico, porque la actividad judicial está reservada a los Tribunales de la República, en tanto que la actividad legislativa está reservada a la Asamblea Nacional (aún cuando puede delegarla en el Presidente de la República) y la actividad de gobierno está reservada al Presidente de la República;[208] y desde el punto de vista formal, porque al igual que la actividad administrativa, la actividad judicial es una actividad sublegal, es decir, sometida a la ley y realizada en ejecución de la ley.

Por último, en cuanto a la distinción entre la actividad administrativa y la actividad judicial, si bien no puede utilizarse el criterio formal de su graduación en el ordenamiento jurídico, si se distingue en base al criterio orgánico y a otro criterio formal. Desde el punto de vista orgánico la actividad judicial está reservada a los tribunales con carácter exclusivo; y desde el punto de vista formal, la declaración de lo que es derecho en un caso concreto que realizan los órganos judiciales, se hace con fuerza de verdad legal, que sólo las sentencias poseen. De lo anterior resulta entonces que las actividades judiciales, se realizan con fuerza de verdad legal, que sólo las sentencias poseen.

De lo anteriormente resulta que las actividades de gobierno, judicial y legislativa son actividades reservadas al Presidente de la República, a los Tribunales y a la Asamblea Nacional, respectivamente. La actividad de gobierno, en efecto, consiste en la producción del acto de gobierno por el Presidente de la República, dictados en ejercicio de la función de gobierno y de la función normativa. La actividad judicial, por su parte, consiste en la adopción de decisiones judiciales (sentencias) por el Tribunal Supremo de Justicia y los Tribunales de la República, en ejercicio de la función jurisdiccional. Por último, de la actividad legislativa consiste en la producción de leyes y actos parlamentarios sin forma de ley dictados por la Asamblea Nacional en ejercicio tanto de la función normativa como de la función de gobierno, de la función administrativa y de la función jurisdiccional; correspondiendo excepcionalmente mediante delegación legislativa, al Presidente de la República, también realizar una actividad legislativa.

c. *La definición de la actividad administrativa*

En cuanto a la actividad administrativa, sin embargo, respecto de ella no se produce la reserva de su ejercicio a determinados órganos estatales, sino que la misma se realiza por todos los órganos del Estado. De allí las definiciones negativas de la actividad administrativa que pretendían delimitarla señalando que era toda aquella actividad estatal

207 La Asamblea Nacional realizan su actividad legislativa en cumplimiento de atribuciones directamente establecidas en la Constitución (arts. 187,1 y 203 de la Constitución).

208 Puede decirse entonces, que la separación orgánica de poderes tiene plena concordancia con la división orgánica de las actividades de gobierno (reservada al Presidente de la República), legislativas (reservadas a la Asamblea Nacional), y judiciales (reservadas a los Tribunales). Por supuesto, la coincidencia de actividades específicas con órganos estatales determinados concluye allí, pues, la actividad administrativa, al contrario, no está reservada a ningún órgano específico, sino que se realiza por todos ellos.

que no fuera ni actividad de gobierno, ni actividad judicial, ni actividad legislativa;[209] es decir, todo el residuo que quedaba luego de restarle a la actividad estatal, la actividad de gobierno, la actividad legislativa y la actividad judicial. Pero indudablemente que la definición negativa o residual de la actividad administrativa no satisface el razonamiento lógico,[210] por lo cual resulta necesario tratar de formularla en forma positiva.

Para ello hay que partir de diversos supuestos: en primer lugar, no puede utilizarse un criterio orgánico para su diferenciación de las otras actividades del Estado, pues si bien el cumplimiento de éstas está reservado a ciertos órganos estatales, la realización de la actividad administrativa está encomendada, dentro de sus respectivas competencias, a todos los órganos del Estado. En segundo lugar, tampoco puede identificarse la actividad administrativa como el resultado del ejercicio de una función estatal, pues ella resulta tanto del ejercicio de la función administrativa, de la función jurisdiccional y de la función normativa por órganos del Poder Ejecutivo; del ejercicio de la función administrativa y de la función normativa por órganos del Poder Ciudadano y Electoral; como por ejercicio de la función administrativa por la Asamblea Nacional o de la función administrativa o normativa por los tribunales.[211] En tercer lugar, tampoco puede utilizarse un criterio meramente formal de graduación de los actos en el ordenamiento jurídico, pues no sólo la actividad administrativa tiene carácter sublegal, pues también lo tiene la actividad judicial.[212] En cuarto lugar, la actividad administrativa consiste tanto en la producción de actos heterogéneos, pues no sólo pueden ser unilaterales o bilaterales (contratos administrativos, concesiones), sino que los unilaterales pueden ser de efectos generales (reglamentos) o actos administrativos individuales, como en la realización de operaciones materiales. Resulta por tanto imposible utilizar un criterio material que pueda reducir a una unidad la actividad administrativa.

De lo anterior se deduce, por tanto, que debido al carácter residual de la actividad administrativa,[213] y no existiendo coincidencia entre la actividad administrativa y el órgano que la produce, o entre ella y la función que se ejerce para producirla, resulta indispensable utilizar una mezcla de criterios.[214] En esta forma, frente a las diversas actividades estatales, se considera que constituyen actividad administrativa: 1.) aquellas

---

209 *Cfr.*, A. Merkl: *op. cit.*, p. 35; M. Waline: *Droit Administratif.* París, 1963, p. 4; A. Gordillo: *Introducción al Derecho Administrativo*, 1966, p. 99.

210 Para una crítica a la concepción negativa de la Administración (*V.* F. Garrido Falla: *Tratado de Derecho Administrativo*. Vol. I, 1970, p. 32).

211 Algunos autores como A. Gordillo, al confundir la función estatal con la actividad estatal reservan el ejercicio de la función legislativa a los órganos del Poder Legislativo y el ejercicio de la función jurisdiccional a los órganos del Poder Judicial, y en cambio atribuyen el ejercicio de la función administrativa a los tres grupos de órganos estatales, *op. cit.*, p. 99.

212 Podría decirse, sin embargo, como lo hizo O. Mayer, que la Administración seria una actividad del Estado bajo la ley para el cumplimiento de sus fines; en tanto que la función judicial sería una actividad del Estado en la cual el cumplimiento de la ley (por la ley), constituye el fin esencial de la misma. *Cfr.*, las referencias de J. L. Villar Palasí: *Derecho Administrativo y Teoría de las Normas.* Madrid, 1968, p. 43.

213 Históricamente la aplicación del principio de la separación de poderes con posterioridad a la Revolución Francesa, produjo que se le quitaran al monarca las funciones legislativas atribuidas al Parlamento y las funciones jurisdiccionales, atribuidas a los tribunales. En el monarca quedaron las funciones ejecutivas, con carácter residual (*Cfr.*, F. Garrido Falla, *op. cit.*, Tomo I, p. 35; J. L. Villar Palasí, *op. cit.*, pp. 48 y 49).

214 Esta utilización de varios criterios es lo que nos ha criticado Gonzalo Pérez Luciani (*loc. cit.*, p. 183, Nota nº 19).

actividades de carácter sublegal,[215] realizadas por los órganos del Poder Ejecutivo, del Poder Ciudadano y del Poder Electoral (Administración Pública como conjunto orgánico) en ejercicio de la función administrativa, de la función normativa o de la función jurisdiccional;[216] 2) aquellas actividades realizadas por los Tribunales de la República en ejercicio de la función administrativa o de la función normativa,[217] 3) aquellas actividades realizadas por la Asamblea Nacional en ejercicio de la función administrativa.[218] Por supuesto que las actividades administrativas cumplidas por la Administración Pública como complejo orgánico, son las que constituyen el campo normal de aplicación del derecho administrativo; para ello, por supuesto, no puede conducir a negar el carácter administrativo de las otras actividades señaladas, realizadas tanto por la Asamblea nacional como por los Tribunales. Por otra parte, el objeto del derecho administrativo no se agota en el estudio de la actividad administrativa tal como la hemos definido, sino que abarca también el estudio de la actividad normativa así como de la actividad de gobierno cumplida por los órganos superiores del Poder Ejecutivo.

d. La noción de acto administrativo que proponemos

Tal como lo hemos señalado anteriormente, la noción de acto administrativo sólo entonces puede resultar de una combinación de criterios orgánicos, formal y material, y

---

215 En esta forma, quedaría excluida de la actividad administrativa, la actividad de gobierno realizada por los órganos ejecutivos en ejercicio, tanto de la función normativa como de la función de gobierno, por ser ésta de rango legal (realizada en ejecución directa de la Constitución).

216 En este sentido, constituye actividad administrativa realizada en ejercicio de la función administrativa, por ejemplo, el otorgamiento de un permiso o licencia para conducir automóvil o para operar una estación de radio (actos administrativos individuales); constituyen actividad administrativa realizada en ejercicio de la función jurisdiccional, por ejemplo, la decisión del Superintendente de Protección y Promoción a la libre Competencia en un procedimiento contradictorio, o la decisión de un Ministro al resolver un recurso jerárquico (actos administrativos individuales); y constituye actividad administrativa realizada en ejercicio de la función normativa, por ejemplo, los Reglamentos ejecutivos dictados por el Presidente de la República (actos administrativos de efectos generales). Los órganos del Poder Ejecutivo, por tanto, es decir, la Administración Pública como complejo orgánico, no está confinada al solo ejercicio de la función administrativa, como señala A. Gordillo, *op. cit.*, p. 98. A lo que está confinada es a la realización de actividad administrativa (además de la actividad de gobierno), pero no al ejercicio de una sola función estatal. Por ello insistimos, no debe confundirse la función administrativa con la actividad administrativa, como la mayoría de los administrativistas lo hacen (*Cfr.*, F. Garrido Falla, *op. cit.* Tomo I, pp. 30 y ss.; A. Gordillo, *op. cit.*, pp. 91 y ss.). Nosotros mismos lo hemos hecho (*V.* A. R. Brewer–Carías: *Las Instituciones Fundamentales…*, *cit.*, pp. 108 y ss.).

217 En este sentido, constituye una actividad administrativa realizada en ejercicio de la función administrativa, por ejemplo, el acto de nombramiento de los empleados administrativos de los juzgados, o los actos de ejecución presupuestaria adoptados por los jueces (actos administrativos individuales); y constituyen una actividad administrativa realizada en ejercicio de la función normativa, por ejemplo, los reglamentos de organización interna dictados por ciertos tribunales en determinadas circunscripciones judiciales (actos administrativos de efectos generales). En cuanto a los denominados como "actos de la jurisdicción voluntaria", los mismos también podrían considerarse como actividad administrativa realizada por los tribunales competentes en ejercicio de la función administrativa. No hay en ellos, realmente, ejercicio de la función administrativa. No hay en ellos, realmente, ejercicio de la función jurisdiccional por los tribunales. Tanto es así, que en Venezuela por ejemplo, la labor de "registro" de ciertos documentos mercantiles en el Área Metropolitana de Caracas, antaño atribuida a los Tribunales Mercantiles de Primera Instancia, se atribuyeron hace algunos lustros al Registrador Mercantil; y las labores de "autenticación" y reconocimiento de ciertos documentos, atribuidas tradicionalmente a ciertos jueces, en determinadas áreas del país se han atribuido a funcionarios administrativos: los Notarios, dependientes del Ministerio de Justicia. Sobre el carácter administrativo de los actos de la jurisdicción voluntaria, *V.* los comentarios contrarios de F. Garrido Falla, *op. cit.*, Tomo I, pp. 40 y ss., quien califica estas actividades como "seudoadministrativas" (*Cfr.*, A. Gordillo, *op. cit.*, p. 100; J. L. Villar Palasí, *op. cit.*, p. 46).

218 Por ejemplo, los actos de las Cámaras Legislativas dictados en el campo de la administración de su personal administrativo o de su presupuesto (actos administrativos individuales).

nunca puede condicionarse al cumplimiento de una función específica del Estado. Los actos administrativos se dictan por todos los órganos estatales y en ejercicio de todas las funciones estatales y su individualización no puede estar fundamentada en la utilización del solo criterio orgánico, del solo criterio formal o del solo criterio material, sino, insistimos, de la mezcla y combinación de ellos.

En efecto, como hemos dicho, no es aceptable la utilización exclusiva de un criterio orgánico para definir el acto administrativo, pues quedarían fuera de caracterización los actos administrativos que dictan los funcionarios de la Asamblea Nacional o los funcionarios de los órganos judiciales[219]. En nuestro ordenamiento constitucional no puede sostenerse que los actos administrativos son sólo aquellos que emanan de los órganos de la Administración Pública. Al contrario, los actos administrativos, pueden emanar de la Asamblea Nacional actuando en función administrativa[220]; y de los Tribunales actuando en función normativa, y en función administrativa[221]. Los actos administrativos, en esta forma, y contrariamente a lo que sucede con las leyes, con los actos de gobierno y con las sentencias judiciales, no están reservados a determinados órganos del Estado, sino que pueden ser dictados por todos ellos, y no sólo en ejercicio de la función administrativa.

Asimismo, no es aceptable la sola utilización del criterio formal, de actividad de carácter sub–legal, para definir los actos administrativos, pues los actos judiciales también tienen carácter sub–legal[222]; por último, tampoco es aceptable la utilización exclusiva de un criterio material, basado en la noción de función administrativa[223], pues que-

---

219 El nombramiento de un funcionario por el Presidente de la Asamblea o por un Juez, por ejemplo.

220 *V.*, por ejemplo, la Sentencia de la Corte Suprema de Justicia en Sala Político–Administrativa de 19–12–74, en *G.O.*, N° 1.741, Extr. de 21–5–75, p. 26.

221 *V.*, por ejemplo, la sentencia de la Corte Suprema de Justicia en Sala Político–Administrativa de 26 de mayo de 1981, en *Revista de Derecho Público*, N° 7, Caracas, julio–septiembre, 1981, p. 149.

222 En estos casos, el criterio formal tendría que combinarse con un criterio orgánico en el sentido de considerar que los órganos administrativos son subordinados y en cambio que los órganos judiciales son independientes. *Cfr.* Antonio Moles Caubet, *Lecciones de Derecho Administrativo*, curso 1956–1957, Temas I–II (Multigrafiado), pp. 17 y ss.

223 Esta forma de definición del acto administrativo que se apartaba del criterio orgánico basado en la identificación entre el órgano y el acto producido, fue acogido ampliamente por la jurisprudencia textualmente, por la Corte Suprema de Justicia en sentencia del 11–8–65, al señalar que "doctrinalmente el concepto del acto administrativo ha quedado delineado, como aquella manifestación de voluntad realizada por una autoridad pública actuando en ejercicio de la función administrativa, con el objeto de producir determinados efectos jurídicos que pueden ser o la creación de una situación jurídica individual o general, o la aplicación a un sujeto de derecho de una situación jurídica general". *V.* en *G.O.* N° 27.845 de 22–9–65, pp. 207–324. Sin embargo, desde 1963 la Corte Suprema había insistido en su criterio de que "la condición de acto administrativo no deriva necesariamente, de la índole del organismo o funcionario que lo realiza; sino de la función o facultad que éste ejerce al realizarlo" (sentencia del 18–7–63 en *G.F.* N° 41, Caracas, 1963, p. 116), lo cual fue recogido posteriormente en muchas otras decisiones de la Sala Político–Administrativa (*V.* sentencia 27–5–68, en *G.F.* N° 60, 1968, pp. 115 y ss., y sentencia de 9–7–69, en *G.F.*, N° 65, 1966, pp. 70 y ss., y la sentencia de 2–6–77, en *Revista de Derecho Público*, N° 1, Caracas, 1980, p. 131). Esta forma de definir los actos administrativos, independizándolos del órgano que los dictaba, presentaba la ventaja de que ampliaba la categoría de tales actos incluyendo en ellos, aquellos dictados por los órganos judiciales o legislativos en ejercicio de la función administrativa, pero conducía al inconveniente de identificar la función administrativa con acto administrativo, con lo cual quedarían fuera de la calificación como actos administrativos, algunos actos dictados por órganos administrativos pero en ejercicio de una función jurisdiccional. De la rigidez de la concepción orgánica derivada de identificar el *acto* con el *órgano*, pasamos a otra rigidez de la concepción material derivada de identificar el *acto* con la *función*, cuando en realidad, órgano, función y acto no son matemáticamente correlativos en el ordenamiento constitucional venezolano. *V.* "La Ley Orgánica de Procedimientos Administrativos y el Contencioso–Administrativo" en *Archivo de Derecho Público y Ciencias de la Administración*, Vol. V. *El Procedimiento Administrativo*, Instituto de Derecho Público, Caracas, 1984, pp. 199–202.

darían excluidos de la noción, los actos administrativos cumplidos en ejercicio de la función normativa y de la función jurisdiccional por los órganos del Poder Ejecutivo[224], así como los actos administrativos dictados en ejercicio de la función normativa por los órganos jurisdiccionales[225]. Por ello, como hemos dicho, desde 1975 nos hemos apartado de la utilización de dicho criterio funcional.

En consecuencia, hemos propuesto una definición del acto administrativo que combine diversos criterios, pues es la única forma de reconducir a la unidad, la heterogeneidad de los mismos. En esta forma acto administrativo es toda manifestación de voluntad de carácter sub–legal[226] realizada por los órganos del Poder Ejecutivo, actuando en ejercicio de la función administrativa, de la función normativa y de la función jurisdiccional[227]; por los órganos del Poder Ciudadano y del Poder Electoral, actuando en ejercicio de la función administrativa y de la función normativa; por el órgano del Poder Legislativo, actuando en ejercicio de la función administrativa y de carácter sub–legal[228], y por los órganos del Poder Judicial actuando en ejercicio de la función administrativa y de la función normativa[229], con el objeto de producir efectos jurídicos determinados que pueden ser o la creación de una situación jurídica individual o general, o la aplicación a un sujeto de derecho de una situación jurídica general. Considerando a los actos estatales dentro de una perspectiva general, quedarían fuera de la calificación como actos administrativos, los actos cumplidos por los órganos del Poder Ejecutivo en función de gobierno (actos de gobierno) y por delegación legislativa, en función normativa (decretos leyes), que por tanto son de rango legal; los actos cumplidos por el órgano del Poder Legislativo en función normativa (leyes), en función de gobierno (leyes, actos parlamentarios sin forma de ley) y en función administrativa (de rango legal) (leyes y actos parlamentarios sin forma de ley); y los actos cumplidos por los órganos del Poder Judicial actuando en función jurisdiccional (sentencias, autos).

Es claro de lo anteriormente señalado, que en las definiciones tradicionales del acto administrativo, que lo precisan como toda "declaración de voluntad realizada por la *Administración* con el propósito de producir un efecto jurídico"[230], el problema se reduce a determinar qué debe entenderse por "Administración". O dicho término se define con un criterio orgánico, identificándolo con los órganos del Poder Ejecutivo (autorida-

224 Por ejemplo, cuando se dicta un reglamento o cuando la administración resuelve un conflicto entre particulares.

225 Por ejemplo, cuando los Tribunales Superiores dictan su reglamento interno.

226 Esta es la aplicación del criterio formal.

227 Esta es la aplicación del criterio orgánico.

228 Esta es la aplicación del criterio material.

229 Esta es la aplicación del criterio material.

230 En términos generales esta ha sido la definición que la Corte Suprema ha adoptado cuando ha necesitado definir el acto administrativo. En efecto, la antigua Corte Federal ha definido el acto administrativo individual como aquella "declaración de voluntad realizada por la administración con el propósito de producir un efecto jurídico y tendiente a crear una situación jurídico individualizada" (*V.* sentencia de 3 de junio de 1959 en *G.F.* N° 24, 1959, p. 260); o más propiamente, ha definido el acto administrativo, como aquellas manifestaciones de voluntad de la administración pública que afectan a la situación jurídico–administrativa personal o patrimonial de un Administrado, como son las que crean o definen una situación de derecho administrativo", (*V.* sentencia de 3 de diciembre de 1959, en *G.F.* N° 26, 1959, p. 142). Más recientemente, la Corte Suprema de Justicia ha repetido el mismo concepto al definir los actos administrativos individuales, como aquellas "declaraciones en virtud de las cuáles la Administración tiende a crear, reconocer, modificar, o extinguir situaciones jurídicas subjetivas" (*V.* sentencia de la Sala Político–Administrativa de 2 de junio de 1964, en *G.O.* N° 27.474, de 25 de junio de 1964).

des administrativas)[231]; o dicho término se define con un criterio material, identificándolo con el ejercicio de la función administrativa[232]; o dicho término se define con criterios combinados[233], como lo hemos hecho anteriormente. En las dos primeras alternativas, quedaría fuera de la calificación de actos administrativos, diversos actos estatales que ni son judiciales, ni legislativos, ni de gobierno y que indudablemente tienen carácter administrativo. En la última alternativa, que hemos acogido, en cambio, así como todos los actos estatales encuentran su calificación, también todos los actos administrativos, sean cumplidos por la autoridad estatal que sea, encuentran su debido encuadramiento.

Esta posición es la que, en definitiva, ha adoptado la jurisprudencia contencioso administrativa en su esfuerzo por caracterizar como actos administrativos, a los efectos de asegurar el control judicial, algunos actos de las Asambleas Legislativas, los actos de las antiguas Comisiones Tripartitas Laborales y algunas decisiones de Tribunales.

---

231 Esta es la orientación seguida por la misma Corte Suprema de Justicia en sentencia de la Sala Político–Administrativa de 2 de junio de 1964, cuando define los actos administrativos como aquellas "manifestaciones de voluntad emanadas de las autoridades administrativas y que tienen por objeto producir efectos de derecho, generales o individuales" (*V.* en *G.O.* N° 27.474 de 25 de junio de 1964).

232 Esta fue la postura que adoptamos en 1964, y de la cual nos hemos apartado, al definir el acto administrativo "como aquella manifestación de voluntad realizada por una autoridad pública actuando en ejercicio de la función administrativa, con el objeto de producir efectos jurídicos determinados que pueden ser, o la creación de una situación jurídica individual o general, o la aplicación a un sujeto de derecho de una situación jurídica general" (*V.* Allan R. Brewer–Carías, *Las Instituciones Fundamentales... cit.*, p. 120). Esta definición material, fue acogida textualmente por la Corte Suprema de Justicia en Sala Político–Administrativa en sentencia de 11 de agosto de 1965 en los siguientes términos: "Doctrinalmente el concepto de acto administrativo ha quedado delineado, como aquella manifestación de voluntad realizada por una autoridad pública actuando en ejercicio de la función administrativa, con el objeto de producir efectos jurídicos determinados que pueden ser, o la creación de una situación jurídica individual o general, o la aplicación a un sujeto de derecho de una situación jurídica general" (*V.* en *G.O.* N° 27.845 de 22 de septiembre de 1965). Debe señalarse que esta caracterización material del acto administrativo ha sido tradicional en la jurisprudencia de la Corte Suprema. *V.* Las referencias jurisprudenciales que hemos hecho en la Nota N° 110, *supra*, y en el trabajo Allan R. Brewer–Carías, "Algunas Bases del Derecho Público en la jurisprudencia Venezolana" *Revista de la Facultad de Derecho*, UCV, N° 27, 1963, pp. 146 y 147. En particular, dentro de esta orientación material, debe destacarse la sentencia de la Corte Suprema de Justicia en Sala Político–Administrativa de 18 de julio de 1963, donde sostuvo el criterio de la función administrativa, como base para la definición del acto administrativo: "En el acto administrativo, propiamente dicho, el Estado es titular de un interés público y actúa frente a intereses privados, es parte de la actuación, es un sujeto de la relación jurídica que el acto supone o implica, y trata de realizar determinados fines, aun cuando sometido a la ley, relacionándose con otros sujetos de derecho. No realiza una función creadora dentro del ordenamiento jurídico, que es la *función legislativa*, ni conoce ni decide acerca de las pretensiones que una parte esgrima frente a otra, que es *la función judicial; sino que es sujeto de derecho, titular de intereses, agente propio de la función administrativa"* (*V.* en *G.F.* N° 41, 1963, p. 117). La doctrina de la sentencia ha sido ratificada por decisión de la misma Sala Político–Administrativa de 9 de julio de 1969 en *G.F.* N° 65, 1969, p. 71.

233 Por esta alternativa se inclina la doctrina más moderna V. Sebastián Martín Retortillo Baquer, "Presupuestos constitucionales de la Función Administrativa en el Derecho Español", *Revista de Administración Pública*, N° 26, Madrid, 1958, pp. 47 y ss.

III. LA CARACTERIZACIÓN DE LOS ACTOS ADMINISTRATIVOS

1. La caracterización como actos administrativos de ciertos actos de los órganos legislativos

En 1974, con motivo de la designación de las Comisiones Delegadas de las Asambleas Legislativas de los Estados, por primera vez en el dicho período constitucional se plantearon ante la antigua Corte Suprema de Justicia diversos recursos contra algunos de dichos actos de elección. El problema radicó básicamente en lo siguiente: las Constituciones Estadales establecen por lo general, que las Comisiones Delegadas de las Asambleas Legislativas debían ser designadas por éstas, mediante elección de sus miembros, "de modo que reflejen en lo posible la composición política de la Asamblea". Como lo dijo la antigua Corte Suprema de Justicia en Sentencia del 26 de junio de 1974: "De acuerdo con esta disposición es jurídicamente imposible que la Comisión Delegada de la Asamblea Legislativa esté integrada por Diputados que representen una misma organización política, cuando otro partido tenga representación en la Asamblea Legislativa"[234].

Ahora bien, con motivo de la elección de la Comisión Delegada en la Asamblea Legislativa del Estado Bolívar, integrada por miembros que pertenecían todos a un solo partido político, un diputado "en ejercicio de la acción popular" solicitó la nulidad de dicha elección, por violar el artículo 33 de la Constitución del Estado. La antigua Corte Suprema de Justicia en Sala Político Administrativa mediante la citada sentencia de 26 de junio de 1974, declaró la nulidad de dicha elección, por violación de dicha norma de la Constitución estadal[235]. Sin embargo, la Corte ni se pronunció sobre la naturaleza del recurso ejercido ni sobre la naturaleza del acto impugnado.

Esto lo hizo en otra sentencia, dictada con motivo de un caso y recurso similar en relación a la Comisión Delegada del Estado Carabobo, con fecha 19 de diciembre de 1974[236], pues en ésta la Corte no se limitó a conocer de la nulidad alegada sino que entró a analizar la naturaleza del acto impugnado y del recurso ejercido, con vista a juzgar sobre su admisibilidad. En efecto, la Corte señaló lo siguiente:

> "La actividad jurídica de los órganos del Poder Público se manifiesta mediante actos que la doctrina clasifica ordinariamente en constituyente, legislativos, *administrativos* y jurisdiccionales".
>
> "La designación de los miembros de la Comisión Delegada por la Asamblea Legislativa de un Estado si bien es un acto legislativo atendiendo al órgano del que emana es, *desde el punto de vista material, un acto administrativo,* por cuanto, en virtud del mismo, se crea una situación jurídico subjetiva en relación con determinados funcionarios de la cual dimana para estos derechos y deberes que los inviste de una situación especial en relación con los restantes miembros del cuerpo legislativo"[237].

En esta forma, la antigua Corte Suprema optaba por la definición material de los actos administrativos, admitiendo que éstos podían ser dictados por los órganos legislativos. Con base en ello entró a considerar la naturaleza del recurso ejercido el cual si bien había sido calificado por el recurrente como "acción popular", la Corte estimó que no podía

234 *V.* en *G.O.* N° 1.700 Extr. de 29–10–74, p. 13.

235 *Idem*, p. 13.

236 *V.* en *G.O.* N° 1.741, Extr., de 21–5–75, pp. 25 y ss.

237 *Idem*, p. 26.

el recurso de inconstitucionalidad intentarse contra los actos de las Asambleas Legislativas por violación de las Constituciones Estadales, sino sólo por violación de la Constitución Nacional, de lo que dedujo la antigua Corte que el recurso intentado, en realidad, era un recurso contencioso administrativo de anulación, en la siguiente forma:

> "La Constitución solamente crea y reglamenta la Comisión Delegada del Congreso, por lo que el régimen de las Comisiones Delegadas de los Estados depende de lo que establezcan las respectivas Constituciones estadales.
>
> "El control jurisdiccional de la constitucionalidad de las leyes y demás actos de las Asambleas Legislativas, lo ejerce este Alto Tribunal como guardián de la Constitución, para asegurar la supremacía y recta interpretación de éste en todo el país, motivo por el cual dichos actos no pueden ser impugnados por el recurso de inconstitucionalidad alegando infracción de un articulo de la Constitución de un Estado.
>
> "La Corte estima que el artículo 215 de la Constitución derogó el ordinal 3° del articulo 133 de la Constitución de 1953 y, de consiguiente, el ordinal 8° del artículo 7° de la Ley Orgánica de la Corte Federal y de Casación que reproduce lo dispuesto en dicho ordinal.
>
> "Por lo tanto, el referido ordinal 8° del artículo 7°, no puede actualmente servir de fundamento a un recurso de inconstitucionalidad contra cualquier acto del Poder Público.
>
> "Sin embargo, la Corte considera que mientras no se establezcan otros tribunales con competencia para conocer del recurso contencioso de anulación para impugnar actos de los órganos estadales o municipales, el conocimiento de dicho recurso compete a este Alto Tribunal, con arreglo a lo establecido en el ordinal 9° del artículo 7° de la Ley Orgánica de la Corte Federal.
>
> "De esta premisa ha partido la Corte al sustanciar y decidir solicitudes de nulidad en casos similares al planteado en el referido escrito, cuando han concurrido los requisitos de admisibilidad del recurso contencioso de anulación aunque por error o conveniencia el actor haya manifestado proceder "en ejercicio de la acción popular", denominación esta que, conforme a la doctrina y a la jurisprudencia de la Corte, solamente es aplicable al recurso de inconstitucionalidad por cuanto puede ser ejercido por todo el que tenga un simple interés en la nulidad del acto impugnado"[238].

Con base en estos razonamientos, la Corte analizó las condiciones de admisibilidad del recurso y habiendo constatado que el lapso de caducidad había transcurrido, lo declaró inadmisible. En todo caso, la importancia de estas decisiones radica en la caracterización de los actos legislativos que se dictan en función administrativa, como actos administrativos, con lo cual se rechaza el criterio orgánico. Esta caracterización ha sido ratificada posteriormente por la misma Corte Suprema cuando al conocer de un recurso contencioso administrativo contra un acto administrativo de una Asamblea Legislativa de un Estado, admitió que "en algunos casos pueden producir actos administrativos (como el nombramiento de un funcionario en sus dependencias administrativas)"[239].

En todo caso, debe señalarse que no toda decisión de la Asamblea nacional adoptadas en ejercicio de la función administrativa constituye un acto administrativo, pues para ello es necesario, además, que tengan rango sublegal. Por tanto, en cuanto a los actos de efectos particulares de la Asamblea Nacional debe tenerse en cuenta que no todos ellos, aun cuando sean dictados en ejercicio de la función administrativa, son actos administrativos, pues pueden revestir la forma de actos parlamentarios sin forma de ley, con una naturaleza y jerarquía constitucional particular.

---

238 *Ibídem*, p. 26.

239 *V.* sentencia de la CSJ–SPA, 13–12–83 en *Revista de Derecho Público*, N° 17, EJV, Caracas, 1984, p. 174.

2. La caracterización como actos administrativos de ciertos actos de los tribunales

Con motivo de la decisión adoptada por un Tribunal de Primera Instancia en lo Mercantil, en relación a la Asamblea de una Compañía Anónima, en aplicación del artículo 290 del Código de Comercio, el Administrador de la empresa recurrió ante la Sala Político–Administrativa de la antigua Corte Suprema, demandando la nulidad de dicha decisión, por considerarla de naturaleza administrativa.

La Sala Político–Administrativa, en sentencia de 26 de mayo de 1981, declaró inadmisible el recurso, pues estimó que la decisión era de carácter judicial. Sin embargo, en las motivaciones de su decisión dejó claramente sentado el criterio de que los Tribunales pueden dictar actos administrativos cuando ejercen la función administrativa. En dicha sentencia, en efecto, se señaló lo siguiente:

> "No puede negar esta Sala la tesis por ella misma sostenida en diversos fallos de que no son los órganos de la administración pública los únicos que pueden dictar un acto administrativo. También un órgano jurisdiccional es capaz de producir un acto administrativo, por ejemplo, entre otros casos, cuando nombra o remueve sus funcionarios administrativos.
>
> "El problema, en consecuencia, radica en establecer cuál es la verdadera naturaleza de la decisión dictada por un Tribunal en ejercicio de la facultad que le acuerda el artículo 290 del Código de Comercio...
>
> "De la exposición anterior aparece que el artículo 290 del Código de Comercio consagra una acción judicial que se resuelve en un procedimiento sumario y en que la decisión del Juez resuelve un conflicto de intereses privados, o sea, el que opone la mayoría de los socios a la minoría impugnante de la decisión adoptada en la asamblea. Dentro de los límites de su campo de aplicación, se trata de una decisión judicial definitiva que cumple su objeto al declarar la existencia de los vicios denunciados y ordenar la convocatoria de una nueva asamblea para decidir sobre el asunto.
>
> "Igualmente resuelve el conflicto de intereses –siempre dentro del marco de la nulidad relativa– cuando desecha la oposición por considerar que no existen los vicios denunciados, decisión esta última que puede ser objeto de recurso de apelación ante el órgano judicial superior.
>
> "La naturaleza sumaria del procedimiento según el cual se decide la acción –término este expresamente utilizado por el legislador en el segundo aparte del artículo 290– no lo priva de su carácter jurisdiccional, destinado como está a resolver un conflicto de intereses privados. Por tanto, el fallo del órgano judicial que decide la oposición, es de naturaleza absolutamente jurisdiccional, y contra el mismo resulta improcedente el recurso de nulidad que para los actos administrativos pudiera iniciarse por ante la jurisdicción contencioso administrativa" [240].

Posteriormente, esta caracterización respecto de los actos administrativos dictados por los tribunales, ha sido abiertamente admitida tanto por la antigua Corte Suprema de Justicia como por la Corte Primera de lo Contencioso Administrativa. En efecto, en una importante sentencia de la Sala Político–Administrativa de la Corte Suprema de Justicia de 19 de julio de 1984, al analizar la naturaleza jurídica de las medidas disciplinarias dictadas por los jueves, la Corte fue conclusiva al señalar que

> "el desarrollo del contencioso administrativo en Venezuela, inspirado en las más avanzadas doctrinas administrativas, así como la presencia de los instrumentos jurídicos que lo orientan o regulan (Ley Orgánica de la Corte Suprema de Justicia, Ley Orgánica de Procedimientos Administrativos), permite establecer a la hora actual que dichas decisiones conforman una especie en la categoría genérica de actos administrativos, porque, a través de tales providencias, el Tribunal actúa,

---

240 *V.* en *Revista de Derecho Público*, N° 7, Caracas, julio–septiembre, 1981, p. 149.

no en ejercicio de la función jurisdiccional que le es propia, sino en función administrativa. En efecto, tanto la doctrina como la jurisprudencia reconocen que cuando los órganos del Poder Judicial toman alguna medida relativa a la Administración de su personal (v. gr. nombramiento, destituciones, permisos, etc.), o a la organización del Tribunal (reglamentos), o al orden y respeto en el recinto de los Tribunales (sanciones correctivas o disciplinarias), no están resolviendo una controversia entre partes declarando el derecho aplicable con fuerza de verdad legal (función jurisdiccional), sino actuando como sujetos de derecho en una determinada relación jurídica, como gestores del interés público y, por consiguiente, las declaraciones de voluntad que emitan en cualquiera de los supuestos anotados, son de naturaleza administrativa y no jurisdiccional"[241].

En esta forma, el criterio expuesto desde 1975[242] ha sido claramente recogido por la Corte, lo cual ha sido de nuevo ratificado por la Corte Primera de lo Contencioso Administrativo en sentencias de 13–12–84[243], 27–3–85[244] y 28–11–85[245].

3. La caracterización de los actos administrativos dictados por órganos administrativos en ejercicio de la función jurisdiccional

Hemos señalado que la caracterización de los actos administrativos así como no puede hacerse sólo con base en el órgano que los produce, tampoco puede hacerse con base en el ejercicio de una determinada función. Por tanto, los actos administrativos dictados por los órganos administrativos, lo pueden ser en ejercicio no sólo de la función administrativa, sino de la función jurisdiccional y normativa (actos normativos, reglamentos).

Ahora bien, en particular, respecto de los actos administrativos dictados por órganos administrativos en ejercicio de funciones jurisdiccionales, la clarificación de su impugnabilidad se ha realizado por la jurisprudencia, no sin haber habido dudas y criterios divergentes en algunos casos. Esto sucedió, en particular, respecto de la impugnación en vía contencioso administrativa de los actos administrativos dictados por las antiguas Comisiones Tripartitas laborales y por el antiguo Consejo de la Judicatura en materia disciplinaria respecto de los jueces; decisiones en las cuales se sentó la pauta en la materia.

A. La caracterización como actos administrativos de las decisiones de las antiguas Comisiones Tripartitas previstas en la Ley contra Despidos Injustificados

La derogada Ley contra Despidos Injustificados del 8 de agosto de 1974[246], con el objeto de proteger a los trabajadores contra los despidos sin causa justificada, previo la designación por el Ministerio del Trabajo, de Comisiones Tripartitas integradas por sendos representantes del Ministerio del Trabajo, de los patronos y de los trabajadores, y que tienen la función de calificar los despidos[247]. Estas Comisiones Tripartitas tanto de Primera, como de Segunda Instancia, funcionaron en cada uno de los Estados, en el

---

241 *V.* CSJ–SPA, 19–7–84 (Ponente J. Calcaño De Temeltas), *Revista de Derecho Público*, Nº 19, EJV, Caracas, 1984, p. 124.

242 Allan R. Brewer–Carías, *Derecho Administrativo*, Tomo 1, Caracas, 1965.

243 CPCA, 13–12–84 en *Revista de Derecho Público*, Nº 20, EJV, Caracas, 1984, p. 128.

244 CPCA, 27–03–85 en *Revista de Derecho Público*, Nº 22, EJV, Caracas, 1985, p. 179.

245 CPCA, 28–11–85 en *Revista de Derecho Público*, Nº 24, EJV, Caracas, 1985, p. 96.

246 *V.* en *G.O.* Nº 30.468, de 8–8–74.

247 Art. 1.

Distrito Federal y en los Territorios Federales, y estuvieron adscritas al Ministerio del Trabajo[248].

Ahora bien, estos organismos adoptaron decisiones en materia de despidos, estando autorizadas cuando consideraban injustificado el despido del trabajador, para ordenar su reincorporación al trabajo y el pago de los salarios caídos correspondientes a los días en que permanecieron separados[249]. Fue precisamente contra estas decisiones previstas en la Ley, adoptadas originalmente por dichas Comisiones Tripartitas de Primera Instancia confirmadas por las Comisiones Tripartitas de Segunda Instancia, contra las cuales se intentaron diversos recursos contencioso administrativos de anulación ante la Corte Primera en lo contencioso administrativo.

Dicha Corte en sentencia de 20 de septiembre de 1979[250], comenzó por declarar inadmisible dichos recursos, por estimar que los actos de las referidas Comisiones Tripartitas no eran actos administrativos sino "actos jurisdiccionales" no susceptibles de control contencioso administrativo. Conforme a lo que hemos señalado, al contrario, estimamos que las decisiones adoptadas por las Comisiones Tripartitas establecidas en la mencionada Ley contra Despidos Injustificados, sin la menor duda, constituyen actos administrativos, en el pleno sentido de la palabra y, como tales, conforme a lo establecido en el artículo 206 de la derogada Constitución (Art. 259 de la Constitución de 1999) y en la derogada Ley Orgánica de la Corte Suprema de Justicia, eran actos administrativos recurribles ante la jurisdicción contencioso administrativa, lo cual fue reconocido posteriormente por la Corte Suprema de Justicia en sentencia de 18 de enero de 1980[251].

La tesis del carácter de "actos jurisdiccionales" de los emanados de las Comisiones Tripartitas, sin embargo, antes de la sentencia de 1979 de la Corte Primera de lo Contencioso Administrativo, ya había sido esbozada por la Sala de Casación Civil de la antigua Corte Suprema de Justicia, en una sentencia de 1978, a la cual nos referiremos en primer lugar, pues esa noción fue distorsionada posteriormente por la Corte Primera.

a. La sentencia de la Sala de Casación Civil de 1978 y la noción de "acto jurisdiccional"

En efecto, la antigua Sala de Casación Civil en sentencia de 8 de agosto de 1978[252], con motivo del conocimiento de un recurso de casación interpuesto contra una sentencia de un Juzgado Superior del Trabajo dictada en un juicio por pago de prestaciones sociales, estableció lo siguiente:

> "En el acto jurisdiccional concurren tres sujetos: dos que litigan a fin de dirimir intereses contrapuestos y otro que, en forma imparcial, habrá de decidir el conflicto surgido entre aquéllas partes.

Los actos jurisdiccionales, sean de un Tribunal judicial, sean de una autoridad administrativa, "declaran la violación de un derecho y ordenan su reintegración o declaran que no existe tal violación" que es, precisamente, el objeto que se propone el órgano del Estado que los realiza; y la autoridad de cosa juzgada, es no sólo aplicable a los actos jurisdiccionales contencioso–judiciales, sino también a los actos jurisdiccionales–

---

248 Arts. 3 y 17.

249 Arts. 6.

250 Consultada en original.

251 *V.* en *Revista de Derecho Público*, N° 1, EJV, Caracas, 1980, p. 111.

252 N° 104, consultada en original.

administrativos. Tal es lo que ocurre con motivo de las decisiones de las Comisiones Tripartitas; y, la circunstancia de que dichas Comisiones sean organismos administrativos y no judiciales, no significa que les esté vedado emitir actos de carácter jurisdiccional, con fuerza de cosa juzgada.

Es indudable que las decisiones de las Comisiones Tripartitas son fallos de naturaleza claramente jurisdiccional, lo que se pone de manifiesto con el procedimiento que deben seguir y la clase de decisiones que se dictan en esos procesos... Son, pues, estos fallos de naturaleza claramente jurisdiccional, por más que emanen de un órgano administrativo, estando por ello revestidos con toda la autoridad de cosa juzgada... (por lo que)... no tendría sentido que ese pronunciamiento sea revisado por el Tribunal, por cuanto ya ha habido una actuación del Estado tendiente a restablecer el equilibrio entre trabajador y patrono, y utilizar la vía ordinaria jurisdiccional para ventilar el mismo asunto, después de agotada aquella vía que, como se dijo, conduce a una decisión también de carácter jurisdiccional, significaría una doble actuación de los órganos del Estado tendientes al mismo fin"[253].

Con base en estos razonamientos, entonces, la Sala de Casación apreció como acertado el pronunciamiento del Tribunal Superior de abstenerse de examinar pruebas, que buscaban desvirtuar la decisión de la Comisión Tripartita, la cual estimo "es obligatoria y vinculante para las partes y para los órganos del Estado, y por tanto, no podría ser objeto de nueva discusión o revisión en los Tribunales del Trabajo[254].

Ahora bien, lo importante a destacar de esta sentencia es la utilización de la denominación genérica de "acto jurisdiccional" para denominar los actos estatales dictados en ejercicio de la función jurisdiccional, lo que puede dar origen a "actos jurisdiccionales judiciales" o sentencias o a "actos jurisdiccionales administrativos" o actos administrativos, según que el órgano que los dicte sea un Tribunal o un órgano administrativo. La noción de "acto jurisdiccional" allí utilizada por tanto, no era más que una noción material genérica de actos estatales dictados en función jurisdiccional, por lo que de ella no era posible sacar consecuencias jurídicas positivas sobre la supuesta existencia de un "acto jurisdiccional" contrapuesto a acto administrativo. Al contrario, la Sala de Casación reconoció que los "actos jurisdiccionales" en el derecho positivo, o son actos judiciales (actos jurisdiccionales judiciales) o actos administrativos (actos jurisdiccionales administrativos) según que el órgano estatal que ejerciera la función jurisdiccional fuera un Tribunal o un órgano administrativo, como las Comisiones Tripartitas. Por tanto, los actos de éstas indudablemente que eran actos administrativos dictados en función jurisdiccional o "actos jurisdiccionales administrativos".

b. La doctrina de la Corte Primera de lo Contencioso Administrativo en 1979 y la distorsión de la noción de "acto jurisdiccional"

Con fecha 20 de septiembre de 1979, la Corte Primera de lo Contencioso Administrativo declaró inadmisible la solicitud de nulidad de una Resolución de la Comisión Tripartita de Segunda Instancia en el Distrito Federal y Estado Miranda, el 22–6–79, mediante la cual se había declarado sin lugar la apelación interpuesta por la recurrente contra la Resolución de 4–5–79 de la Comisión Tripartita de Primera Instancia en el Distri-

253 P. 10 a 12, original.
254 P. 13, original.

to Federal, en la cual se había ordenado el reenganche y el pago de salarios caídos respecto de varios solicitantes de la calificación de despido[255].

La Corte Primera de lo Contencioso Administrativo, ante este recurso, estimó necesario "resolver la cuestión previa de su competencia para conocer del recurso propuesto", lo cual hizo mediante el establecimiento de "la naturaleza del acto cuya nulidad se pretende: si se trata de un acto administrativo y jurisdiccional". Tal como resulta de la lectura del texto de la sentencia, la Corte Primera utilizando las palabras de la decisión de la Sala de Casación antes indicada, partió de la premisa de que los "actos jurisdiccionales" emanan tanto de los Tribunales judiciales como de las autoridades administrativas, y que tienen en común la concurrencia de tres sujetos: "dos que litiguen a fin de dirimir intereses contrapuestos y otro que, en forma imparcial, habrá de decidir el conflicto entre aquellas partes". Como consecuencia, declaró en relación a las decisiones de las Comisiones Tripartitas, que "son fallos de naturaleza claramente jurisdiccional", insistiendo que "son, pues, estos fallos de naturaleza claramente jurisdiccional, por más que emanen de un órgano administrativo"[256].

Pero ignorando el resto del razonamiento de la Sala de Casación, la Corte Primera concluyó señalando que "las decisiones de la Comisión Tripartita en el procedimiento de calificación de despido de los trabajadores, conforme a la Ley de Despidos Injustificados no debe confundirse con los actos administrativos contrarios a derecho, sometidos a la jurisdicción contencioso administrativa, que ejerce esta Corte en razón de la competencia que le atribuye el artículo 185 de la Ley Orgánica de la Corte Suprema de Justicia, pues tales decisiones no reúnen las características ni llenan los requisitos ya definidos del acto administrativo"[257]. Esas características, tomadas de las que se expresan en la sentencia de la Sala Político Administrativa de la Corte Suprema de Justicia del 18–7–63, que la Corte Primera acogió, fueron las siguientes:

> "a) En el acto administrativo el Estado es titular de un interés público y actúa frente a los intereses privados; b) En el acto administrativo la Administración es parte de la actuación, es un sujeto de relación jurídica contenida en el acto y trata de realizar determinados fines relacionados con otros sujetos de derecho, dentro del marco legal de sus atribuciones; c) En el acto administrativo no realiza *una función* creadora dentro del ordenamiento jurídico, pues tal potestad corresponde a la *función legislativa; d)* En el acto administrativo, por el contrario, la Administración es sujeto de derecho, titular de intereses, agente propio y directo de *la función administrativa"*[258].

La Corte Primera de lo Contencioso Administrativo, así, confundiendo el ejercicio de una función estatal con el acto emanado de la misma, constató que las decisiones de las Comisiones Tripartitas eran dictadas en ejercicio de la función jurisdiccional y aplicando un silogismo elemental, concluyó que, en consecuencia, constituían actos jurisdiccionales, no administrativos, por lo que no eran susceptibles de impugnación por la vía contencioso administrativa de anulación[259]. Esta doctrina, por supuesto, no tenía fun-

---

255 Consultada en original.

256 Pp. 4 y 5, original.

257 P. 10, original.

258 P. 8, original.

259 La mencionada sentencia de la Corte Primera de lo contencioso–administrativo de 20–9–79, fue dictada con el voto favorable de tres Magistrados y con los votos salvados de los Magistrados Nelson Rodríguez García y Antonio J. Angrisano N., formulados por separado y con argumentos distintos. El Magistrado Nelson Rodríguez García fundamentó su voto salvado en consideración de la naturaleza jurídica de las Comisiones Tripartitas, "como órganos de la Administración Pública" (p. 4); y en estimar como "confusas", las argumentaciones que sirven de base a la sentencia, particularmente en relación a la naturaleza de los actos estatales, tanto "jurisdiccionales" como

damento sólido alguno, no sólo porque en el derecho administrativo venezolano no existen los "actos jurisdiccionales", como realidad jurídica, sino porque dejaba fuera de control actos jurídicos emanados de autoridades administrativas que si bien ejercen una función jurisdiccional, ello no les hace desaparecer su carácter de actos administrativos. Por otra parte, al utilizar la noción de "acto jurisdiccional" que había definido la Sala de

---

administrativos. Al precisar las notas características de los actos administrativos y la nota determinante del "acto jurisdiccional", y precisar que la actividad judicial está reservada a los Tribunales de Justicia que ejercen el Poder Judicial, concluyó señalando que "los actos emanados de las Comisiones Tripartitas son actos administrativos, no jurisdiccionales, ni susceptibles de adquirir valor de cosa juzgada y por tanto, de acuerdo a los principios y preceptos constitucionales expuestos, sujetos a revisión por la jurisdicción contencioso–administrativa" (p. 9). Invocó el Magistrado disidente una jurisprudencia de la misma Corte Primera establecida en sentencia del 20–12–77, sobre actos administrativos de cierta semejanza, señalando que "cuando la Administración Pública emite actos de sustancia "jurisdiccional", estos actos no obstante su expresada sustancia, son actos administrativos, debiendo ser tratados jurídicamente como tales, sin perjuicio de las notas especificas que les corresponden por su referida sustancia jurisdiccional" (p. 9).

Como consecuencia, el Magistrado Rodríguez García concluyó señalando su criterio de "que la jurisdicción contencioso–administrativa es competente para conocer de los actos emanados de las Comisiones Tripartitas previstas en la Ley contra Despidos Injustificados, puesto que, como se ha señalado arriba, los actos emanados de éstas no pueden tener un carácter de actos jurisdiccionales con fuerza de cosa juzgada, al ser contraria a los preceptos y principios constitucionales citados, toda norma que atribuya facultades jurisdiccionales a organismos de la Administración. Siendo tales actos en consecuencia, actos administrativos y, por ende, susceptibles de revisión ante la jurisdicción contencioso–administrativa" (p. 10).

Estimamos que aun cuando la conclusión del Magistrado desacorde era correcta, en el sentido de estimar que los actos de las Comisiones Tripartitas son actos administrativos sometidos al control jurisdiccional contencioso–administrativo, su argumentación sobre los actos jurisdiccionales no era tan clara: confunde lo judicial con lo jurisdiccional, cuando ello no es posible. Una cosa es el Poder Judicial y los actos jurisdiccionales que emanan de los Tribunales (actos judiciales) y otra cosa es el ejercicio de la función jurisdiccional, como función estatal, por órganos administrativos que da origen a actos administrativos, como los de las Comisiones Tripartitas.

El otro voto salvado correspondió al Magistrado Antonio J. Angrisano N., el cual también partió del supuesto del carácter "administrativo" de las Comisiones Tripartitas, "cuyo control estaría comprendido dentro del ámbito de competencia de la Corte Primera de lo contencioso–administrativo" (p. 5); y del carácter de "actos administrativos" de los emanados de las Comisiones Tripartitas. En tal sentido señaló que ello es así, pues "no sólo dichas Comisiones son servicios administrativos integrados dentro de la Administración Pública como complejo orgánico (Poder Ejecutivo), sino porque la actividad que desarrollan, aun cuando tiene aparente forma de que se está en ejercicio de una función jurisdiccional por parte de órganos de la Administración, es una actividad de carácter eminentemente administrativo" (p. 6).

En otra parte de su voto salvado el Magistrado Angrisano precisó, que las Comisiones Tripartitas "no realizan una función administrativa (gestión del interés público, como sujeto de derecho, entrando en una relación jurídica con los particulares), sino una función jurisdiccional, pues resuelve una controversia entre partes, entre las cuales existe una relación jurídica en la cual el estado no interviene como parte; pero el hecho de que el organismo administrativo ejerza una función jurisdiccional, no le quita el carácter administrativo a la actividad que realiza, ni el carácter de acto administrativo a las decisiones que dicta" (p. 8). Y agregó: "En el caso de las decisiones de las Comisiones Tripartitas, aun cuando sean dictadas en ejercicio de una función de forma y contenido jurisdiccional, son típicamente actos administrativos, es decir, declaraciones de voluntad de la administración para producir efectos jurídicos"... y por tanto, "son actos susceptibles, como todos los actos administrativos, de ser impugnados por la vía contencioso–administrativa por ante los órganos de la jurisdicción contencioso–administrativa" (p. 10). El Magistrado Angrisano, para llegar a esta conclusión, distinguió "la función jurisdiccional del órgano judicial" de "la función jurisdiccional del órgano administrador" (pp. 10 y 18) y señaló que "así como el órgano judicial, cuya función principal o esencial es la emisión de actos jurisdiccionales, puede también emitir excepcionalmente actos administrativos, del mismo modo, el órgano administrador, cuya misión esencial es la emisión de actos administrativos, excepcionalmente puede asimismo realizar actos de apariencia jurisdiccional" (pp. 10 y 11).

En definitiva, la posición del Magistrado Angrisano era la del carácter de actos administrativos de las decisiones de las Comisiones Tripartitas. Sin embargo, estos actos administrativos, en realidad, no es que tengan "apariencia jurisdiccional", como señaló, sino que son dictados en ejercicio de la función jurisdiccional, lo cual es cosa distinta.

La argumentación de base de este voto salvado, en todo caso, en cuanto a la distinción entre las funciones del Estado y los actos que emanan de su ejercicio, coincide con la que hemos sostenido desde 1975. *V.* Allan R. Brewer–Carías, *Derecho Administrativo*, Tomo I, Caracas, 1975, pp. 373 y ss.

Casación Civil de la Corte Suprema de Justicia, conforme a la cual esa noción genérica y material de acto jurisdiccional era aplicable tanto a los "actos jurisdiccionales–judiciales" (sentencias) como a los "actos jurisdiccionales administrativos", la Corte Primera distorsionó indebidamente el concepto y sacó como una conclusión errada, la supuesta contraposición del acto jurisdiccional con el acto administrativo, dando carácter jurídico positivo a una noción (acto jurisdiccional) que no lo tiene, siendo sólo un concepto jurídico sin materialización en el derecho positivo.

Las decisiones de las antiguas Comisiones Tripartitas, en efecto, como lo había dicho la Sala de Casación Civil de la Corte Suprema de 1978, eran actos administrativos (actos jurisdiccionales administrativos) y ello resultaba no sólo de que dichas Comisiones eran servicios administrativos integrados dentro de la Administración Pública como complejo orgánico (Poder Ejecutivo), sino porque la actividad que desplegaban, aun cuando implicaba el ejercicio de la función jurisdiccional por órganos de la Administración, era una actividad de carácter administrativo.

En efecto, ante todo, de acuerdo a lo que preveía expresamente en la derogada Ley contra Despidos Injustificados, "las Comisiones Tripartitas funcionarán adscritas al Ministerio del Trabajo"[260], es decir, eran servicios administrativos integrados dentro de la estructura organizativa del Ministerio del Trabajo, con la misión fundamental de calificar los despidos, a los efectos de dicha Ley contra Despidos Injustificados. Esta integración de las Comisiones Tripartitas a la estructura organizativa del Ministerio del Trabajo, y su carácter y naturaleza de organismos administrativos, lo confirmaba la propia Ley al establecer que las mismas se designaban por el propio Ministerio del Trabajo[261]; al atribuir al Ejecutivo Nacional la facultad de determinar "La constitución, atribuciones y funcionamiento" de las mismas[262]; al atribuir al Ministerio del Trabajo la competencia para fijar "el número y jurisdicción[263] de dichas Comisiones; y al atribuir al Inspector del Trabajo de la jurisdicción la competencia para hacer ejecutar las decisiones de aquellas Comisiones"[264]. Por otra parte, en el Reglamento de la Ley contra Despidos Injustificados del 19 de noviembre de 1974[265], el Ejecutivo Nacional precisó el carácter de funcionario público de orden administrativo del representante del Ministerio del Trabajo que siempre presidía las Comisiones Tripartitas[266], y el mecanismo de la designación, por parte de dicho Ministerio, de los otros representantes de los patrones y de los trabajadores[267], cuyos emolumentos "serán pagados con cargo al presupuesto del Ministerio del Trabajo"[268].

No hay duda, por tanto, en que las antiguas Comisiones Tripartitas eran desde el punto de vista orgánico, servicios administrativos, integrados dentro de la estructura orgánica del Poder Ejecutivo (Ministerio del Trabajo); y desde el punto de vista material, su actividad era típicamente un servicio público mediante el cual el Estado aseguraba la protección de los trabajadores contra los despidos sin causa justificada[269].

260 Art. 17.
261 Art. 1.
262 Art. 4.
263 Art. 4.
264 Art. 8.
265 Decreto N° 563.
266 Arts. 14 y 17.
267 Arts. 14 y 15.
268 Art. 19.
269 Art. 1 de la Ley.

Pero no sólo las Comisiones Tripartitas eran órganos administrativos integrados dentro de la estructura del Poder Ejecutivo, sino que la actividad que realizaban era una actividad administrativa, aun cuando cumplida en ejercicio de la función jurisdiccional. En efecto, si se analizan las atribuciones que tenían las Comisiones Tripartitas previstas en la derogada Ley contra Despidos Injustificados, resulta claro que las mismas tenían por función "calificar los despidos"[270]. Esto lo aclaraba el Reglamento al precisar las siguientes atribuciones: "calificar, previa la sustanciación correspondiente, los despidos de los trabajadores en los casos y términos previstos en la Ley" y "decidir las solicitudes de los patrones cuando por necesidades técnicas o económicas de la empresa sea necesaria la reducción de personal"[271] [169]. Fuera de estos conflictos, toda otra contención originada en reclamaciones de los trabajadores contra sus patrones, por derechos y beneficios legales y contractuales, se debían tramitar por ante los Tribunales del Trabajo, conforme a la Ley del Trabajo[272].

El procedimiento administrativo previsto en la Ley y en el Reglamento, en todo caso, configuraba una contención entre pretensiones de los trabajadores, por una parte, y pretensiones de los patronos, por la otra, que las Comisiones Tripartitas debían decidir. La función estatal que éstas realizaban, en estos casos, era una función jurisdiccional, pues resolvían conflictos entre partes o entre pretensiones diversas, aplicando la Ley respectiva al caso concreto. Entre los efectos de la decisión administrativa de estas Comisiones, conforme a la Ley, estaba el reenganche de los trabajadores despedidos injustamente y el pago de los salarios caídos a que tuviera derecho el trabajador[273]. Tal como lo señalaba expresamente la Ley: "Cuando la Comisión considere injustificado el despido del trabajador, después de examinar las pruebas presentadas por el patrono, ordenará su reincorporación al trabajo y el pago de los salarios correspondientes a los días en que permaneció separado"[274].

Ahora bien, este procedimiento administrativo de carácter contencioso, aseguraba las posibilidades de ambas partes a ser notificadas, a presentar pruebas y a ampliar en su descargo todas las defensas que estimasen convenientes; y con base en ello, la Comisión debía decidir. En este procedimiento, este organismo administrativo no realizaba una función administrativa (gestión del interés público, como sujeto de derecho, entrando en una relación jurídica con los particulares), sino una función jurisdiccional, pues resolvía una controversia entre partes, entre las cuales existía una relación jurídica en la cual el Estado no intervenía como parte.

Pero el hecho de que el organismo administrativo ejerciera una función jurisdiccional, no le quitaba el carácter administrativo a la actividad que realizaba, ni el carácter de acto administrativo a las decisiones que dictaba. El ejercicio de una función estatal cualquiera, no puede identificarse con la producción de determinados actos jurídicos.

Ahora bien, en el caso de las decisiones de las antiguas Comisiones Tripartitas, las mismas, aun cuando dictadas en ejercicio de la función jurisdiccional, eran típicamente actos administrativos, es decir, declaraciones de voluntad de la Administración para producir efectos jurídicos. Tratándose de actos administrativos las decisiones dictadas por las Comisiones Tripartitas que además, eran organismos administrativos integrados

---

270 Art. 1 de la Ley.
271 Art. 20.
272 Art. 10
273 Art. 8.
274 Art. 6

en la estructura organizativa del Ministerio del Trabajo, eran actos susceptibles, como todos los actos administrativos, de ser impugnados por la vía contencioso administrativa de la Corte Suprema de Justicia.

Esta tesis fue acogida expresamente por la Corte Suprema de Justicia en Sala Político–Administrativa en su Sentencia de 18 de enero de 1980[275].

c. *La doctrina de la Sala Político–Administrativa de la Corte Suprema de Justicia en 1980*

En efecto, mediante la sentencia señalada de 18 de enero de 1980, la Corte Suprema de Justicia en Sala Político–Administrativa admitió el recurso contencioso administrativo contra los actos de las antiguas Comisiones Tripartitas, basándose en dos razonamientos definidos: en primer lugar, en la consideración de esos órganos como órganos administrativos encuadrados dentro del Poder Ejecutivo; y en segundo lugar, en la caracterización de sus decisiones, como actos administrativos dictados en ejercicio de la función jurisdiccional. Interesa, aquí, insistir en el segundo de dichos aspectos.

La Sala Político–Administrativa de la Corte Suprema comenzó, en efecto, por criticar la afirmación que había hecho la Corte Primera según la cual las decisiones de las Comisiones Tripartitas "son fallos de naturaleza claramente jurisdiccional, por más que emanan de un órgano administrativo, estando por ello revestidos con toda la autoridad de cosa juzgada", y en su sentencia rebatió la interpretación y conclusiones de dicho fallo, con los siguientes argumentos:

En primer lugar, que la exclusión del recurso de casación contra las decisiones de Segunda Instancia de las Comisiones Tripartitas que hace la Ley, no fue para evidenciar un supuesto carácter jurisdiccional de tales decisiones, sino para reafirmar su carácter de actos administrativos sin valor o atributo de cosa juzgada, propio de los fallos de los órganos judiciales.

En segundo lugar, que tratándose de actos administrativos, resultaría contrario a nuestro ordenamiento constitucional sostener que los pronunciamientos de las Comisiones Tripartitas laborales sean irrevisables en vía jurisdiccional contencioso administrativa, pues ello equivaldría a vulnerar los principios que informan nuestro sistema de derecho.

En tercer lugar, que las decisiones de las Comisiones Tripartitas eran recurribles ante la jurisdicción contencioso administrativa, además, por razones de equidad y conveniencia, pues su exclusión podría conducir a conferir un tratamiento injusto y discriminatorio entre actos dictados por autoridades diferentes sobre materias de la misma naturaleza y contenido, como eran las dictadas por el Ministro del Trabajo como superior jerárquico del Inspector del Trabajo, procedimiento que vino a sustituirse por la decisión de la Comisión Tripartita de Segunda Instancia.

Luego de estos tres argumentos, la Corte Suprema pasó a analizar el fondo del problema, relativo a la naturaleza de los actos de las Comisiones Tripartitas. Comenzó, así, por admitir la posibilidad del ejercicio de funciones jurisdiccionales por parte de las autoridades administrativas, basándose en el criterio expuesto de distinción entre las funciones del Estado y los actos dictados en su ejercicio. Concluyó así la Corte, con el criterio que hemos sostenido, de que "la función jurisdiccional si bien es una función

---

275 *V.* las partes más relevantes de esta sentencia (Ponente Magistrado J. Calcaño De Temeltas), *Revista de Derecho Público*, N° 1, enero–marzo, 1980, pp. 111 y ss.; 128 y ss. y 143 y ss.

propia de los órganos judiciales, no es una función privativa y exclusiva de ellos, pues los otros órganos estatales también la ejercen, y entre ellos, los órganos administrativos". Así, dijo la Corte, "cuando la Administración Pública emite actos de sustancia jurisdiccional, estos actos, no obstante su expresada sustancia, son actos administrativos, debiendo ser tratados jurídicamente como tales, sin perjuicio de las notas específicas que les correspondieren por su referido carácter jurisdiccional"[276], por lo que en todo caso, eran recurribles ante la jurisdicción contencioso administrativa.

Como señalamos, esta decisión acogió la tesis que veníamos exponiendo desde 1975, aun cuando incurrió en algunas imprecisiones: el acto de las Comisiones Tripartitas, era un acto administrativo dictado en ejercicio de una función jurisdiccional por lo que resultaba confuso hablar de "acto de sustancia jurisdiccional" o de acto de "contenido jurisdiccional". En todo caso, la decisión de la Corte Suprema en Sala Político–Administrativa recogía el espíritu de la sentencia de la Sala de Casación Civil de la misma Corte de 1978, en el sentido de que las decisiones de las antiguas Comisiones Tripartitas eran "actos jurisdiccionales administrativos" por tanto, actos administrativos, distintos a los "actos jurisdiccionales judiciales" o sentencias de los Tribunales.

B. La caracterización como actos administrativos de las decisiones del antiguo Consejo de la Judicatura en materia disciplinaria

En una sentencia del 28 de marzo de 1985 la Sala Político–Administrativa de la Corte Suprema de Justicia, con motivo de la impugnación en vía contencioso administrativa de una decisión del antiguo Consejo de la Judicatura de carácter disciplinario mediante la cual se había destituido a un Juez, tuvo ocasión de volver a pronunciarse sobre el tema de los actos administrativos dictados en función jurisdiccional por organismos administrativos, esta vez por el Consejo de la Judicatura, un órgano con autonomía funcional previsto en la Constitución[277]. Lamentablemente, en una desacertada decisión, la Corte resolvió que ese acto era un "acto jurisdiccional" no recurrible en vía contencioso administrativa, desconociendo incluso, no sólo los progresos jurisprudenciales en materia de control judicial, sino principios elementales del derecho administrativo[278].

En dicha sentencia, en efecto, la Corte consideró que debía decidir dos cuestiones: "primera, si la sentencia (*sic*) dictada por el Consejo de la Judicatura en un procedimiento disciplinario es una decisión judicial; segunda, si en caso negativo, aquella debe

---

276 *Idem*, p. 133. El Voto Salvado al fallo de la Corte Suprema de 18–1–80, del Magistrado Rene De Sola, no disidente de la Sentencia en los aspectos antes mencionados sobre el carácter de acto administrativo dictado en función jurisdiccional de las decisiones de las Comisiones Tripartitas, sino sólo en cuanto a la naturaleza de los conflictos de derecho privado que resuelven dichas Comisiones, lo cual "limita al alcance de la decisión que puede dictar el juez contencioso–administrativo, impedido como está de invadir la jurisdicción que corresponde a los Tribunales ordinarios o especiales para conocer de cuestiones de naturaleza civil, mercantil o del trabajo". Argumenta el Voto Salvado que la Corte debió considerar inaplicable la Ley de Despidos Injustificados que atribuye competencias a las referidas Comisiones Tripartitas, en cuestiones que por su naturaleza corresponden al conocimiento de órganos específicos del Poder Judicial, ante la evidente coalición de dicha Ley con la Ley Orgánica de Tribunales y de Procedimiento del Trabajo. Por ello, el Voto Salvado consideró que "la Corte ha debido declarar la nulidad del acto administrativo objeto de este recurso por incompetencia del órgano que lo dictó y por menoscabar derechos de rango constitucional".

277 CSJ–SPA 28–3–85 (Ponente: Magistrado René De Sola). *V.* en *Revista de Derecho Público*, Nº 22, EJV, Caracas, 1985, pp. 118a 143.

278 La sentencia fue comentada por su Ponente Magistrado René De Sola, en conferencia cuyo texto se publicó en *El Universal*, Caracas, 1–7–85, pp. 1–12.

ser considerada acto administrativo, y consecuentemente, sometida al control de la jurisdicción contencioso administrativa". La primera cuestión, como lo dijo la Corte "no ofrece dificultad alguna": el Consejo de la Judicatura "no es un órgano del Poder Judicial", y por tanto sus decisiones, "no son sentencias judiciales aún en el caso de que se dicten en ejercicio de las funciones disciplinarias que constitucionalmente le han sido asignadas". Pero, negándole el carácter de acto judicial a la decisión impugnada, la Corte sin embargo, no le reconoció carácter de acto administrativo, sino que el asignó la naturaleza de "acto jurisdiccional". Por este, "desde el punto de vista material o de su sustancia propia" –dijo la Corte–, se entiende "aquél mediante el cual un órgano competente del Poder Público resuelve un problema litigioso o verifica si una situación jurídica es o no conforme con el derecho". Así, la Corte y el Magistrado De Sola quien, hizo suyo ese criterio, confundieron la "función" con el "acto", y quisieron definir un acto jurídico estatal por la función estatal que se ejerce por el órgano. El "acto jurisdiccional" que la Corte y el Magistrado De Sola trataron de identificar, en realidad, era la definición del acto estatal dictado en ejercicio de una función jurisdiccional, acto que podía adquirir varias caracterizaciones en el derecho público, y, ciertamente podía ser o un acto judicial (una sentencia) cuando era dictado por un órgano del Poder Judicial o un acto administrativo, cuando era dictado por un órgano de la Administración Pública. Por ello, afirmó la Corte, "no existe obstáculo ni constitucional ni legal para que la función jurisdiccional que realizan los Tribunales pueda ser confiada a otros Poderes u órganos estatales". En todo caso, la grave confusión de la Corte y del Magistrado De Sola, entre función y acto, los llevó a identificar el "acto jurisdiccional" como una realidad jurídica, distinta al acto judicial y al acto administrativo. Por eso, afirmaron: no "sólo los Tribunales pueden producir actos jurisdiccionales", cuando como ya hemos señalado, en la clasificación de los actos estatales, el "acto jurisdiccional" definido materialmente, no existe. Pero es más, al hacer suyo el auto del Juzgado de Sustanciación, la Corte incurrió en otro gravísimo error en derecho público, el identificar al Consejo de la Judicatura, como un "órgano jurisdiccional", cuando tales órganos tampoco existen en el sistema constitucional venezolano. Conforme a nuestro sistema de separación orgánica de poderes hay órganos legislativos (la Asamblea nacional o las antiguas Cámaras Legislativas), órganos ejecutivos (Presidente de la República, Ministros y demás órganos de la Administración Pública), órganos judiciales (Tribunal Supremo de Justicia y demás Tribunales) o los órganos de los Poderes Ciudadano o Electoral (antes, órganos constitucionales que forman la Administración Pública con autonomía funcional), como la Contraloría General de la República, el Fiscal General de la República o el antiguo Consejo de la Judicatura, pero no hay "órganos jurisdiccionales" como tales, que puedan dictar decisiones de "carácter eminentemente jurisdiccional", y mucho menos que uno de tales "órganos jurisdiccionales" fuera el Consejo de la Judicatura. Ello equivaldría a decir que existen "actos normativos", como realidad jurídica única, y "órganos normativos" que los dictan, cuando en realidad, actos normativos serían las leyes, los reglamentos internos de las Cámaras, y los reglamentos dictados por los órganos del Poder Judicial, del poder Ciudadano, del Poder Electoral o por el Ejecutivo Nacional, cada uno con una caracterización diferente, dictados por órganos diferentes. Esta gravísima confusión conceptual entre función estatal y el acto producido, llevó a la Corte y al Magistrado De Sola, no sólo a inventar la categoría de "acto jurisdiccional" sino la de "órgano jurisdiccional", los cuales, como se dijo no existen. Lo que existía en ese supuesto, era un órgano estatal, en este caso, el antiguo Consejo de la Judicatura, que era un órgano de la Administración Pública con autonomía funcional, que dictaba ciertos actos administrativos en ejercicio de la función jurisdiccional. Pero por supuesto, aceptar esto, como ya la Corte lo había desarrollado en su sentencia relativa a los actos de las antiguas Comisiones Tripartitas Laborales, hubiera significado admitir el control judicial contencioso administrativo sobre esos actos administrativos dictados por el Consejo de la Judicatura en ejercicio de la función jurisdiccional en casos disciplinarios, lo cual quizás no quiso admitir la mayoría de la Corte, como resultó de los Votos Salvados[279]. Para lograr dicho objetivo, lamentablemente, hubo que echar por tierra principios elementales del derecho administrativo contemporáneo, la mayoría de los cuales, incluso, afianzados por la propia Corte, e inventar un pretendido "carácter tridimensional" del Consejo de la Judicatura, argumentando no querer confundir las categorías de órgano administrativo con autonomía funcional que tenía en virtud de la Constitución de 1961, con un simple ente administrativo al cual, en absurda hipótesis quedarían jerárquicamente sometidos los jueces. Lamentablemente, la Corte en esa sentencia y el Magistrado De Sola, pareció que no entendieron el planteamiento del recurrente, y de allí su conclusión de que "las decisiones disciplinarias del Consejo de la Judicatura no son actos administrativos, sino sentencias de carácter jurisdiccional, similares a las que podrían dictar los Tribunales de la República", para excluirlas del control contencioso administrativo. Las conclusiones de la sentencia, como lo señaló uno de los votos salvados, son "incongruentes" y contrarias a la doctrina de la propia Corte[280], pues siendo un "típico acto administrativo de índole jurisdiccional, el emanado del Consejo de la Judicatura en vía disciplinaria no debe quedar sin control judicial alguno con arreglo a los postulados que orientan nuestro Estado de Derecho"[281]. Al contrario, sostuvo el Magistrado disidente en ese Voto Salvado, "la revisión del acto disciplinario del Consejo de la Judicatura hubiera sido una contribución adicional a las que este Supremo Tribunal incesantemente ha venido haciendo por la total consolidación de nuestro Estado de Derecho"[282].

En el segundo de los votos salvados a la mencionada sentencia, la Magistrado disidente fue aún más clara en la crítica a la sentencia de la Corte, al propugnar la "distinción entre las funciones o actividades del Estado y los actos dictados en ejercicio de la función"[283], y señalar acertadamente que "la jurisdicción puede ejercitarse tanto por la Administración como por el Poder Judicial, pero hay que distinguir entonces entre función jurisdiccional del órgano "judicial" y función jurisdiccional del órgano "administrativo"... En otras palabras, la función jurisdiccional, si bien es una "función propia" de los órganos judiciales, no es una función privativa y exclusiva de ellos, pues los otros órganos estatales también la ejercen, pero lo que sí es una función privativa y exclusiva de los Tribunales es el ejercicio de la función jurisdiccional en una forma determinada: sólo los Tribunales pueden resolver controversias y declarar el derecho en un caso concreto, con fuerza de verdad legal"[284]. Ahora bien, señaló este Voto Salvado, "Partiendo de allí, esto es, de que "sólo los Tribunales pueden resolver controversias y declarar el derecho en un caso concreto, con fuerza de verdad legal, por lo que sólo los órganos del Poder Judicial pueden desarrollar la función judicial", no siendo "el Consejo de la Judicatura un órgano del Poder Judicial ni sus decisiones sentencias judiciales", la conclu-

279 *Idem.*

280 *V.* Voto Salvado del Magistrado L. H. Farías Mata, *Idem.* pp. 127, 129.

281 *Idem*, p. 129.

282 *Idem*, p. 132.

283 Voto Salvado de la Magistrado Josefina Calcaño De Temeltas, *Idem.* p. 133.

284 *Idem*, p. 133

sión acorde con tal pronunciamiento y consecuente con la tesis expuesta y acogida anteriormente por la Sala, era que el Consejo de la Judicatura es un órgano administrativo y que el acto de destitución del juez... es un acto administrativo condicionado por la Legislación (Ley de Carrera Judicial) dictados por un órgano administrativo (Consejo de la Judicatura), sometido por tanto al control judicial de este Máximo Tribunal (art. 42, ord. 12 LOCSJ)"[285]. Concluyó este Voto Salvado, "deplorando profundamente" que se hubiera producido la decisión comentada, porque ella "al arrebatar del ámbito de competencia de este Supremo Tribunal el control de la constitucionalidad y legalidad de algunos de los actos dictados por dicho órgano colegiado (Consejo de la Judicatura), constituye una significativa regresión en el proceso jurisdiccional creciente y sostenido de este Máximo Tribunal, de ampliar cada vez más su radio de acción de control, constitucionalmente conferido, sobre todos los actos dictados en ejercicio el Poder Público del Estado" [286].

4. La caracterización como actos administrativos de los actos de la Administración Pública concernientes al derecho privado

El tema de la admisibilidad del recurso contencioso administrativo de anulación y la caracterización de su objeto, el acto administrativo, ha llevado a la jurisprudencia a considerar también el problema de los actos administrativos concernientes al derecho privado y su recurribilidad contencioso administrativa. Ello se ha planteado en particular, respecto de los actos administrativos de registro, de algunos actos administrativos concernientes al régimen de las sociedades anónimas estatales, y de la Administración laboral.

A. El tema de los actos administrativos de registro

Es sabido que el Título XXII del Código Civil al regular el Registro Público, establece las condiciones generales de los actos jurídicos de derecho privado que deben registrarse, así como las formalidades y publicidad del registro (Arts. 1913 y ss.); y que esta institución del Registro Público, a que se refiere el Código Civil, funciona por medio de Oficinas Principales y Oficinas Subalternas que, encuadradas dentro de las estructuras de la Administración Pública, están reguladas en la Ley de Registro Público y del Notariado de 2001[287].

La institución del Registro Público, en todo caso, se traduce en Venezuela, en una actividad que constituye una actividad administrativa, realizada por autoridades administrativas, en ejercicio de la función administrativa. Por tanto, los actos de registro son actos administrativos y como tales, son actos susceptibles de impugnación ante la jurisdicción contencioso administrativa. Esta afirmación, sin embargo, no ha sido aceptada pacíficamente ni por la jurisprudencia ni por la doctrina[288].

---

285 *Idem*, p. 133.
286 *Idem*, p. 143.
287 *G.O.* Nº 37.333 del 27–11–2001
288 *V.* Allan R. Brewer–Carías, "Estudio sobre la impugnación ante la jurisdicción contencioso–administrativa de los Actos Administrativos de registro", *Doctrina de la Procuraduría General de la República 1975*, Caracas, 1976, pp. 139, 195; y en *Estudio en Homenaje a Joaquín Sánchez Covisa*, UCV, Caracas, 1975, pp. 425–479.

a. Los criterios jurisprudenciales

En efecto, puede decirse que hasta comienzos de la década de los sesenta, la antigua Corte Suprema admitía la posibilidad de impugnación de los actos de registro por vía contencioso administrativa. Estos actos, "sujetos al control jurisdiccional", correspondía conocerlos y corregirlos al Supremo Tribunal, "de acuerdo a las facultades que al efecto le atribuye el ordinal 9° del artículo 7° de su propia Ley Orgánica" [289].

Posteriormente, en autos de 21 de febrero y de 30 de abril de 1963, la Corte, incidentalmente, también admitió la posibilidad de impugnación jurisdiccional de los actos de registro. En dichas decisiones, adoptadas en ejercicio las facultades de la Corte de interpretar la derogada Ley de Registro Público conforme a lo dispuesto en su artículo 11, la Corte sostuvo lo siguiente:

> "La jurisprudencia de este Supremo Tribunal en materia registral ha interpretado el artículo 11 de la Ley de Registro Público, en el sentido de que el objeto de la consulta relativa a la inteligencia y aplicación de esa ley, es el corregir los vicios o errores de los actos a efectuarse, pero no para subsanar los cometidos en actos ya realizados; porque cuando se trata de actos consumados cuyos efectos son inevitables o inmodificables en virtud de la consulta, ésta carecería de finalidad práctica. Quedan, desde luego, a salvo, en este caso, los recursos legales que contra dichos actos, puedan ejercerse" [290].

De acuerdo a esta jurisprudencia, en efecto, no sólo resulta clara la procedencia de las consultas sólo antes de que se registren los actos y documentos, sino que después de efectuado el registro los actos de registro quedan sometidos a los recursos legales que contra los mismos puedan ejercerse. La referencia al recurso contencioso de anulación no podría ser más directa ya que era el único que se podía ejercer "contra dichos actos".

Sin embargo, en 1967, con ocasión de decidir varios recursos de nulidad contra sendos actos de registro, la Corte cambio su criterio. En efecto, por sentencia de 23 de febrero de 1967, la Corte señaló que ella era competente:

> "en principio, para declarar la nulidad de los actos efectuados por cualquier funcionario administrativo en contravención con la ley. Pero aun cuando esto sea cierto, como norma general, hay situaciones en las cuales el legislador no sanciona el acto con la nulidad o permite que ella sea declarada por un órgano de la jurisdicción ordinaria, como consecuencia de una controversia suscitada entre particulares, con ocasión de la validez o nulidad de un acto sujeto a las disposiciones del derecho privado, que es lo que ocurre, precisamente, en el caso que es objeto de esta decisión" [291].

En efecto, el caso objeto de la decisión se refería a la impugnación se un acto de registro referente a una operación sobre un inmueble sobre el cual pesaban una prohibición de enajenar y gravar y una medida de embargo, y que por tanto, había sido efectuado por el Registrador contraviniendo lo dispuesto en los ordinales 6 y 7 del Artículo 40 de la entonces vigente Ley de Registro Público y 374 y 470 del Código de Procedimiento Civil. Para rechazar su competencia la Corte concluyó en que:

---

289 Sentencias de la Corte Suprema de Justicia en Sala Político–Administrativa de 12 de abril de 1982 *cit.*, por Luis H. Farías Mata, "La Doctrina de los Actos Excluidos en la Jurisprudencia del Supremo Tribunal" en *Archivo de Derecho Público y Ciencias de la Administración*, Vol. 1, 1968–1969, IDP, Caracas, 1971, p. 337.

290 Autos de la Corte Suprema de Justicia en Sala Político–Administrativa de 21 de febrero de 1963 y de 30 de abril de 1963 en *G.F.*, N° 39 y 40. 1963, pp. 83 y 107, respectivamente.

291 Sentencia de la Corte Suprema de Justicia en Sala Político–Administrativa de 23 de febrero de 1967 en *G.F.*, N° 55, 1968, p. 16.

"la acción dirigida a lograr la declaratoria de inexistencia de un acto realizado en contravención a los Artículos 374 y 470 del Código de Procedimiento Civil, genera una controversia entre particulares que como todas las de su especie es de la competencia de los Tribunales ordinarios, a menos que se trate del caso contemplado por el Legislador en el Parágrafo Único del ordinal 28 del Artículo 7 de la Ley Orgánica de la Corte Federal, Y si dichos Tribunales son los competentes para declarar la inexistencia del acto, tienen que serlo, también, lógicamente para declarar la ineficacia del Registro del documento en que aquél se ha hecho constar, por ser ambos consecuencia de una sola acción y efectos diferentes pero subordinados el uno al otro, de una misma decisión judicial.

Esta Corte no podría decidir el caso planteado, sin invadir la competencia de los Tribunales ordinarios, porque, para declarar la ineficacia del Registro de los documentos a que se refiere la recurrente, tendría que pronunciarse antes, sobre la inexistencia de los contratos de arrendamiento y opción de compra que en ellos se hacen constar, lo cual, como se acaba de decir, es atribución de otros Tribunales, salvo el citado caso de excepción"[292].

En este caso, el razonamiento de la Corte puede decirse que tenía congruencia con la doctrina sustentada anteriormente pues si bien declaró su incompetencia, ello no fue por considerar que el acto de registro no era un acto administrativo o no era susceptible "per se" de impugnación ante la Corte, sino porque la impugnación del acto en concreto generaba una controversia entre particulares cuya resolución escapaba a la competencia de la Corte.

Pero un mes después de la decisión mencionada anteriormente, la Corte varió totalmente su criterio al respecto. En efecto por sentencias del 13 de marzo de 1967, la. Corte, después de basar su razonamiento en la naturaleza y caracterización del acto administrativo y la función administrativa, concluía afirmando que el acto de registro de un acta de remate, no era un acto cumplido en ejercicio de la función administrativa y por tanto, no era un acto susceptible de ser recurrido por la vía contencioso administrativa. En la parte medular de dichos fallos, la Corte afirmó que:

"Hay situaciones, como la presente, en que el funcionario administrativo cumple su actuación con arreglo a ciertas formalidades legales, como consecuencia de un proceso judicial entre particulares y en el cual se ventilan asuntos que pertenecen a la esfera del derecho privado. En esta circunstancia ni el contenido ni los efectos de esa actuación expresan la existencia de una decisión de la autoridad capaz de establecer un vínculo directo entre la Administración Pública y los administrados, cuyos derechos pueden ser afectados por esa decisión"[293]

Concluía la Corte afirmando su incompetencia al señalar que:

"No podría la Corte decidir el presente recurso, sin invadir el fuero de la jurisdicción ordinaria, porque para declarar la inexistencia del registro del acta de remate a que se refiere la demanda, tendría que pronunciarse también sobre la inexistencia del remate judicial, por haberse realizado en contravención a las disposiciones del Artículo 376 del Código de Procedimiento Civil, lo cual es de la competencia de los Tribunales ordinarios"[294].

Contra la doctrina de 1967 de la Corte, la Procuraduría General de la República manifestó su criterio en el sentido de considerar a los actos de registro como actos adminis-

292 *Idem. p.* 18.

293 Sentencias de la Corte Suprema de Justicia en Sala Político–Administrativa de 13 de marzo de 1967 en *G.F.*, N° 55, 1968, pp. 107 y 116.

294 *Idem*, pp. 109 y 118. En estas decisiones salvó su voto el magistrado Jonás Barrios Escalona, argumentando que los actos de registro, como actos administrativos, eran susceptibles de recurso ante la jurisdicción contencioso–administrativa.

trativos dictados en ejercicio de la función administrativa, y que como tales, eran susceptibles de recurso contencioso administrativos[295]. En la doctrina, el problema también fue debatido, resultando posiciones no coincidentes[296]. Buena parte de la discusión se centró en tomo a las nociones de función administrativa, actividad administrativa y acto administrativo, para determinar si el acto de registro integraba alguna de dichas categorías, a las cuales ya nos hemos referido extensamente.

b. La caracterización de los actos de registro como actos administrativos

Conforme a lo anteriormente señalado, es indudable que los actos de registro son actos administrativos en el pleno sentido de la palabra, y ello no sólo porque el Registro Público es un servicio público integrado dentro de la Administración Pública como complejo orgánico (Poder Ejecutivo), sino porque la actividad de registro es ejercida en función administrativa y la relación jurídica que surge entre la Administración y los particulares es una relación jurídico–administrativa, siendo por tanto la actividad de registro una actividad administrativa. Es conveniente analizar estos aspectos separadamente.

a'. El servicio de Registro como parte de la estructura orgánica del Poder Ejecutivo

Con absoluta claridad. Jesús González Pérez ha señalado que "si nos enfrentamos con el Registro de la Propiedad con un mínimo de preparación jurídico–administrativa, resulta obvio que estamos en presencia de un servicio público, con un modo de acción administrativa que no es policía ni fomento, sino precisamente, servicio público. Este hallazgo impone una conclusión elemental: que los actos dictados por aquél órgano estatal al que corresponde la realización del servicio público registral son, cualquiera que sea la concepción de acto administrativo de que se parta, actos administrativos, dictados en un procedimiento administrativo"[297].

En Venezuela, el criterio es perfectamente aplicable: el Registro Público es una organización administrativa integrada dentro de las estructuras del Ministerio del Interior y Justicia, a través de la Dirección Nacional de Registros y Notarías (Art. 27 LRPN), mediante las cuales el Estado presta a los particulares un servicio público: el servicio público de registro[298]. Sobre esto fue también particularmente clara la doctrina de la Procuraduría General de la República cuando afirmó que "el Registro, orgánicamente entendido, es una Oficina, enmarcada dentro de los cuadros de la Administración Pública, dirigida por un sujeto jurídico cuya naturaleza y caracteres lo ubican en la categoría de los funcionarios públicos. Así entendido el Registro y su órgano representativo, como elementos integrados de dicha Administración, su actuación se traduce lógicamente en actos administrativos"[299].

---

295 *V. Doctrina PGR 1966*, Caracas, 1967, pp. 29 y ss. y 33 y ss.

296 Se ha mostrado a favor de la doctrina de la Corte del año 1967, Gonzalo Pérez Luciani, "Actos Administrativos", que en Venezuela escapan al Recurso contencioso de anulación". *Revista de la Facultad de Derecho*, UCAB, año 1967–1968, Nº 6, Caracas, pp. 171 y ss.; y se ha mostrado en contra de dicha doctrina. Luis Henrique Farías Mata, *op. cit.*, pp. 337 y ss.

297 V. Jesús González Pérez, "La impugnación de los actos regístrales". *Revista Critica de Derecho Inmobiliario*, Nº 328, 329. Madrid, pp. 514 y 515.

298 *Cfr.* La opinión en este sentido de Ángel Cristóbal Montes, *Introducción al Derecho Inmobiliario Registral*, Caracas, 1965, pp. 174 y ss.

299 *Doctrina PGR 1966*, Caracas, 1967, p. 34.

Por tanto, estimamos que no puede haber lugar a dudas en considerar el servicio de registro, desde el punto de vista orgánico, como una parte de la estructura del Poder Ejecutivo (Ministerio del Interior y Justicia); y desde el punto de vista material, como un típico servicio público mediante el cual el Estado garantiza la seguridad jurídica de los actos y de los derechos inscritos, con respecto a terceros, mediante la publicidad registral (Art. 23 LRPN).

En este sentido debe recordarse que el registro, como actividad realizada por los órganos administrativos, no se reduce en Venezuela al solo Registro Público regulado en la Ley de Registro Público y Notarías, sino que está previsto por otras leyes y prestado, el mismo servicio, por otros órganos administrativos. Tal es el caso, por ejemplo, del Registro Civil y Electoral, prestado por funcionarios del Poder Electoral y de la Administración Municipal (Jefes Civiles)[300]; del Registro Mercantil, prestado por funcionarios (Registradores Mercantiles),[301]; del Registro de la Propiedad Industrial prestado por el Servicio de Registro de la Propiedad Industrial[302] dependiente del Ministerio de Producción y Comercio; del Registro de la Marina Mercante llevado en la Dirección de Marina Mercante dependiente del Ministerio de Transporte y Comunicaciones[303], del Registro de Aeronaves, llevado en la Dirección de Aeronáutica Civil integrada en el Ministerio de Transporte y Comunicaciones[304], y del Registro de Tránsito Terrestre, llevado en la Dirección de Tránsito Terrestre del mismo Ministerio de Transporte y Comunicaciones[305]. En todos esos casos, la actividad de registro se realiza por órganos administrativos especializados, integrados orgánicamente a la Administración Pública cuyos órganos ejercen el Poder Ejecutivo y que se cumple en ejercicio de la función administrativa y se materializa a través de actos administrativos. En todos esos casos, el Estado presta un servicio público: el de garantizar la seguridad jurídica.

b' El registro como actividad del Estado cumplida en ejercicio de la función administrativa

Pero no sólo los órganos que tienen a su cargo el Registro Público en Venezuela son órganos administrativos integrados dentro de la estructura del Poder Ejecutivo, sino que la actividad de registro es una actividad cumplida en ejercicio de la función administrativa.

En efecto, hemos señalado anteriormente que la función administrativa es aquella a través de la cual el Estado entra en relación con los particulares, como sujeto de derecho, gestor del interés público; y en base a ello la hemos caracterizado y distinguido frente a la función normativa, a la función de gobierno y a la función jurisdiccional. Ahora bien, en la actividad de registro no sólo el Estado actúa como gestor del interés público, el interés por el aseguramiento de la seguridad jurídica en el tráfico, sino que

300 El artículo 446 del Código Civil los atribuye a la Primera Autoridad Civil de la Parroquia o Municipio.

301 V. Código de Comercio.

302 V. Ley de Propiedad Industrial.

303 V. Ley de Navegación.

304 V. Ley de Aviación Civil.

305 J. González Pérez, en este sentido, es preciso al señalar respecto de este derecho de carácter administrativo a inscribir que "se trata de un derecho frente a la Administración; tiene su base en una relación jurídica en que la Administración actúa, no como persona jurídica privada, sino como persona jurídica pública, a través de su órgano competente, como entidad investiga de prerrogativas de poder..." "... Es el derecho a utilizar un servicio público, precisamente uno de los servicios públicos en que se concreta la administración frente al Derecho privado", *loc. cit.*, pp. 527–528.

cuando un funcionario realiza un acto de registro, se establece una relación jurídico–administrativa, independientemente de la relación jurídica, privada o no, que se pretende registrar.

En efecto, debe quedar claro que en el acto de registro hay dos relaciones jurídicas en juego que se hace necesario no confundir, y al contrario, distinguir cuidadosamente:

En primer lugar, la relación jurídico–administrativa que se establece entre el Estado y el particular que acude a hacer uso del servicio público: este, tiene un derecho de carácter administrativo –condicionado, ciertamente a que se cumplan las circunstancias exigidas por la ley– a que el Registrador inscriba un determinado título en el Registro Público; y el registrador, en el caso del Registro Público, tiene una obligación de carácter administrativo, que debe cumplir en forma reglada –no discrecional– a inscribir los títulos y documentos que se le presenten, si se han cumplido los requisitos legales. En el momento en que se realiza el acto de registro, se establece, por tanto, una relación jurídica entre el Estado y el particular, de estricto carácter administrativo[306] que cristaliza la seguridad jurídica buscada, lo que implica que los respectivos protocolos no podrán ser modificados[307].

En segundo lugar, aparte de la relación jurídica que se establece entre el Estado y los particulares con ocasión del acto de registro, hay indudablemente otra relación jurídica envuelta en el procedimiento de registro, y es la que se inscribe en el Registro Público. Esta segunda relación jurídica, generalmente establecida entre particulares y de naturaleza civil, que es objeto del acto de registro, no puede confundirse con este mismo acto ni con la relación jurídica administrativa que este produce. Son dos actos y relaciones jurídicas radicalmente distintos, en su contenido y en su naturaleza jurídica: el derecho al que se refiere el registro es en la mayoría de los casos, un derecho de carácter privado; en cambio, el derecho a registrar, por el contrario, es un derecho siempre de natura-

306 En este sentido no tiene ningún fundamento la afirmación hecha por la antigua Corte Suprema en su sentencia del 13 de marzo de 1967, al referirse al acto de registro de un acta de remate, en el sentido siguiente: "el funcionario administrativo cumple su actuación con arreglo a ciertas formalidades legales, como consecuencia de un proceso judicial entre particulares y en el cual se ventilan asuntos que pertenecen a la esfera del derecho privado. En esta circunstancia, ni el contenido ni los efectos de esa actuación expresan la existencia de una decisión de la autoridad capaz de establecer un vínculo directo entre la Administración Pública y los Administrados, cuyos derechos pueden ser afectados por esa decisión" (Sentencia de la Sala Político–Administrativa del 13 de marzo de 1967, en *G.F.*, Nº 55, pp. 107 y ss.). Al contrario, como se expresa en el texto, entre los particulares y el Estado se establece una clara relación jurídico–administrativa, con ocasión del acto de registro, que crea derechos y obligaciones específicas.

307 En este sentido la Corte Suprema de Justicia ha señalado "que no está prevista en forma alguna de la legislación que rige la institución del Registro Público, la posibilidad de que puedan modificarse los asientos de los protocolos; sólo pueden las mismas partes que hayan intervenido en el acto o contrato objeto de registro, otorgar nuevo instrumento que en alguna forma modifique el contenido de otro anteriormente inscrito, o bien puede operarse tal modificación, en virtud de decisión judicial que así lo ordene".

"Únicamente se contemplan los casos de enmendaduras, interlineación o testado de palabras en los documentos registrables, a cuyo efecto la ley de la materia, en su artículo 80, las autoriza únicamente en la oportunidad en que los documentos se presten para ser protocolizados, y siempre que no se refieran, bajo ningún respecto, a los nombres de los interesados, cantidades, medidas, linderos, y cualesquiera otras semejantes que puedan alterar la forma jurídica o el contenido del acto que se expone, o, que, en general, hagan dudoso el documento "V. sentencia de la Sala Político – Administrativa del 12 de diciembre de 1962 en *G.F.*, Nº 38, pp. 240 y 241.

leza administrativa[308]. Esta distinción fue destacada con absoluta claridad por el Magistrado de la Corte Suprema de Justicia, Jonás Barrios en uno de sus Votos Salvados[309].

Por tanto, una cosa es el acto administrativo de registro y otra cosa es el acto jurídico que se registra, de manera que los vicios del primero no afectan necesariamente al segundo, como lo ha reconocido la Corte Suprema[310], salvo que se trate de un registro *ad solemnitatem.* En todo caso, sea que los efectos del acto administrativo de registro sean

---

308 *Cfr.* Jesús González Pérez, *loc. cit., pp.* 527 y 528.

309 En el voto salvado a la sentencia de la Sala Político–Administrativa del 13 de marzo de 1967, el magistrado Barrios señaló claramente lo siguiente: "En efecto, los registradores son funcionarios de la administración pública, regidos por la Ley de Registro Público y el Código Civil; son de la libre remoción del Ejecutivo Federal, por órgano del Ministerio de Justicia, al cual corresponde velar por el buen orden y funcionamiento de todas las oficinas de registro: sus actuaciones son fundamentalmente de carácter administrativo y su institución tiende a beneficiar a la colectividad en cuanto a garantizar mejor los derechos que las leyes reconocen a los ciudadanos y a ofrecer mayor seguridad en las negociaciones que éstos celebren impidiendo, o dificultando al menos, fraudes y sorpresas. La anotada función de servicio público la desempeñan los Registradores con independencia absoluta de los actos o contratos que celebren los particulares con relación a sus intereses privados, y no puede entenderse que el acto del Registrador, cuando presencia y da fe de la manifestación de los otorgantes de un determinado acto, o bien cuando registra un acta de remate que se le presenta para su inscripción en los libros respectivos, sean ellos la culminación de los realizados por los particulares, pues bien es sabido que el acto registra! se hace a los efectos de garantizar derechos contra terceros, pero de igual modo no puede negarse, que la mayoría de los contratos o convenciones entre particulares, tienen perfecta validez para las partes que intervienen en los mismos, aun sin las formalidades del registro".

"De allí pues, que a juicio del exponente no parece ajustada a la doctrina administrativa y a la ley, la justificación que se hace en el fallo, de que la impugnación de la validez de los actos realizados con violación del ordinal 6° del artículo 40 de la Ley de Registro Público, suscita una disputa entre particulares, y por ese hecho, la competencia para conocer de aquella violación corresponde a los Tribunales ordinarios: y hasta se llega a afirmar que, "si los tribunales ordinarios son los competentes para declarar la inexistencia del Acto, tienen que serlo también para declarar la inexistencia del registro del documento en el que se ha hecho constar, por tratarse de un asunto contenido en una sola causa, cuyas conexiones por el objeto de la demanda y por los hechos de que ésta depende, requieren que su decisión esté confiada a un solo tribunal".

"La anterior afirmación *conduce, de manera inevitable a la completa confusión del acto de los particulares con el del registro, el cual por su naturaleza, tiene características propias como actuación administrativa con la finalidad de servicio público.* Y es precisamente dicha confusión de intereses, la que lleva a asignarle a los tribunales ordinarios una competencia de la cual carecen, ya que ellos solamente deciden cuestiones entre particulares, aplicando el derecho privado. Pero nunca tendrían la competencia legal necesaria para decidir sobre la nulidad de un Acta de Registro, ya que esta competencia está expresamente atribuida a la Sala Político–Administrativa de la Corte Suprema de Justicia, en virtud de lo dispuesto en el ordinal 9° del artículo 7° de la Ley Orgánica de la Corte Federal, la cual ha sido reconocida en reciente fallo de esta misma Sala, del 12 de abril de 1962, en el cual se dice: "La Sala considera infundada la opinión del Fiscal General en virtud de que el interesado ha solicitado la nulidad de una actuación del Registrador que como tal merece fe pública, y que como acto jurídico sujeto al control jurisdiccional, corresponde conocer y corregir a este Tribunal, de acuerdo con las facultades que al efecto le atribuye el ordinal 9° del artículo 7° de su propia Ley Orgánica". V. en *G.F.*, N° 55, 1967, pp. 107 y ss.

310 La Corte Suprema de Justicia en Sala Político–Administrativa en sentencia del 12 de julio de 1973 señaló lo siguiente:

"Tal omisión, si bien puede constituir una infracción de la ley de Registro, no acarrea la nulidad de la venta del inmueble, ya que, siendo la compra–venta un contrato consensual, el otorgamiento de la escritura y su consiguiente registro, sólo tienen por finalidad lograr que el documento haga fe pública, pero sin que ello ataña a la validez intrínseca del acto de enajenación; o sea, que se trata de un requisito *ad probationem* mas no *ad solemnitatem",* V. en *G O.* N° 30.512, de 28–9–74, pp. 228–960.

En otra decisión de la misma Sala de 4 de agosto de 1971, la Corte señaló lo siguiente: "De suerte que en dicho documento se cumplieron todas las formalidades que la ley exige para ese acto. Este hecho unido a la circunstancia de que el nombrado funcionario no firmó los asientos de los protocolos que se llevan en la correspondiente oficina de Registro, afectan la validez de la protocolización, pero como se ha dicho antes, el texto del documento presentado para su registro por el otorgante J. H., sí fue firmado por él y por el otro otorgante C.B., por los testigos, e inclusive, por el Registrador, razón por la cual este documento goza de plena autenticidad, no siendo los otorgantes del mismo, culpables de la falta del funcionario", *V.* en *G.O.* N° 1.484, Extraordinario, del 4–10–71, p. 1.

de carácter probatorio e inclusive de carácter constitutivo, es indudable que ambos actos son distintos en su contenido y naturaleza, aún cuando en el segundo caso, la validez del acto jurídico registrado dependa de la validez del acto de registro.

c'. La actividad de registro como actividad administrativa, y la denominada "Administración Pública del Derecho Privado"

Siendo la actividad de registro una actividad cumplida por autoridades administrativas (Registradores) gestionando un servicio público, y en ejercicio de la función administrativa, es indudable que la misma es actividad administrativa y los actos de registro son actos administrativos, a pesar de que los mismos pueden referirse o tener por objeto actos jurídico–privados[311].

En este sentido, la denominada por G. Zanobini, "administración del derecho privado", aun cuando tiene por objeto, generalmente, una actividad jurídica de los particulares para darle mayor consistencia o eficacia, es una "actividad estatal de carácter sustancialmente administrativa"[312]. En otras palabras, la administración del derecho privado "comprende todos los actos administrativos con los cuales la autoridad administrativa puede ser llamada a tomar parte en la formación de actos jurídicos de los particulares"[313], y entre ellos se incluyen los actos de registro. Pero una cosa es hablar de "administración del derecho privado" como lo hizo Zanobini y otra cosa es pretender que esa actividad administrativa del derecho privado esté regida por el derecho privado[314]. El hecho de que en algunos casos dichos actos estén previstos en normas de derecho privado (algunos actos del Registro Público, en el Código Civil, por ejemplo), que su formación esté regulada por el derecho privado (el Registro Civil, por ejemplo, en el Código Civil) y que los efectos de los mismos también estén señalados en el derecho privado (el registro de la hipoteca, por ejemplo) es un hecho circunstancial e histórico, pero no determinante para excluir a dichos actos de su categorización como actos administrativos. Basta recordar por ejemplo, que en otros casos, como en el de los casos de registro de la propiedad industrial, estos están previstos en normas de derecho público, su formación está regulada por el derecho público y los efectos de los mismos también están señalados en el derecho público. No es por tanto la ubicación de la norma reguladora del acto en una fuente tradicional de una rama del derecho, lo que determina su naturaleza, sino el contenido o esencia del mismo; y es evidente que trátese de actos del registro civil, íntegramente regulados en el Código Civil; de actos de registro público, parcialmente regulados por el Código Civil y por la Ley de Registro Público; o de actos de registro de la propiedad industrial, de la marina mercante, de tránsito terrestre, etc., regulados en leyes administrativas; en todos esos casos estamos en presencia de declaraciones de voluntad de autoridades administrativas, integradas en el Poder Ejecutivo co-

311 *V.* Allan R. Brewer–Carías, "Estudio sobre la impugnación...", *loc. cit.*, p. 139.

312 *V.* G. Zanobini, "L'Amministrazione Pubblica del Diritto Privado" en *Scritti vari di Diritti Pubblico*, Milano, 1955, pp. 24 y 36.

313 *Idem*, p. 45. Por ello Zanobini señala que "la función notarial es por excelencia, una función de la administración pública del derecho privado", p. 47.

314 Como pretende deducirlo G. Pérez Luciani, *loc. cit.*, p. 202. Como lo distingue el mismo Giannini, una cosa es la "actividad privada de la administración pública" (sometida al derecho privado) y otra cosa es la "actividad (Administrativa) del derecho privado" (*V.* M. S. Giannini, *Diritto Amministrativo*, Volume Primo, Milano, 1970, pp. 445 y 446); "a diferencia de la actividad privada de la administración, la actividad administrativa de derecho privado es actividad administrativa en sentido propio", *ídem*, p. 655.

mo complejo orgánico, en ejercicio de la función administrativa, en las cuales se deja constancia o se toma conocimiento de determinadas situaciones jurídicas.

Sin embargo, es evidente que los efectos del acto administrativo de registro en relación al acto jurídico (generalmente privado) que tiene como objeto, no son uniformes. En algunos casos, el acto de registro sólo tiene efectos probatorios *(ab probationem);* es decir, es meramente declarativo; y en otros casos, el acto de registro tiene efectos constitutivos del acto *(ad solemnitatem).*

En efecto, por ejemplo, los actos de registro de la propiedad industrial y del derecho de autor, tienen efectos meramente declarativos (no son constitutivos de los derechos)[315]; es decir, el derecho de autor, por ejemplo, existe desde el momento de la creación intelectual, y el registro sólo establece una presunción, *juris tantum,* de que el autor es quien aparece en el registro. En cambio, por ejemplo, el acto de matrimonio sólo existe cuando se efectúa el acto por el funcionario del registro civil[316], y la hipoteca no tiene ningún efecto si no se ha registrado[317]; en otras palabras, en estos casos, el acto de registro es constitutivo del derecho jurídico–privado o del estado civil de una persona, y tiene carácter *ad substantiam actus*[318].

Esta distinción entre actos administrativos de registro con efectos declarativos y efectos constitutivos tiene interés, porque en el primer caso los actos pueden tener cierta discrecionalidad; en cambio, en el segundo caso, los actos son siempre de carácter reglado. En efecto, el registrador de la propiedad industrial cuando va a registrar un invento o una marca de fábrica tiene facultades para apreciar las condiciones de registro o patentabilidad[319] en cambio, en el registro de una hipoteca, el Registrador subalterno no tiene facultades discrecionales algunas[320] de apreciación.

En todo caso, trátese de actos de registro de efectos declarativos o de efectos constitutivos, en ambos casos dichos actos son actos administrativos, aun cuando mediante ellos se constituyan o declaren derechos jurídico–privados[321]. En este último caso, sin embargo, las dos relaciones jurídicas que se producen en el acto de registro (una entre la Administración y un particular, y la otra entre particular y un tercero) coexisten. El acto administrativo de registro en este caso si bien es único en su naturaleza, es doble en sus efectos[322]; y por ello, el artículo 41 de la Ley dispone que "la inscripción (acto de registro) no convalida los actos o negocios jurídicos inscritos (actos que se registran) que sean nulos o anulables".

315 Artículo 91 Ley del Derecho de Autor.

316 Artículos, 88, 89 y 457 del Código Civil.

317 Artículo 1.879 del Código Civil.

318 Estos son los denominados en el derecho italiano "Atti amministrativi di accertamento costitutivo con effetti nel diritto Privatto" *V.* Michele, M. G. Perini, *Osservazioni sull 'accertamento costitutivo nel diritto amministrativo",* Padova, 1953, p. 72. *Cfr.* Umberto Fragola, *Gli atti amministrativi,* Nápoli, 1964, pp. 138 y 139; Federico Cammeo, *Curso di Diritto Amministrativo,* Padova, 1960, p. 559; Cino Vitta, *Diritto Amministrativo,* Torino 1948, Tomo I, p. 345; Franceso D'alessio, *Diritto Amministrativo,* Torino, 1943, p. 176. G. Treves, "Gli atti amministrativi costitutivi di rapposti fra privati". *Revista Trismentrale di diritto pubblico,* 1954, pp. 314 y 135 y ss. Además, Enrique Rivero Ysern, *El Derecho Administrativo y las relaciones entre particulares,* Sevilla, 1969, pp. 37 y ss.

319 Artículos 15 y 33 de la Ley de Propiedad Industrial.

320 *Cfr.* G. Zanobini, *loc. cit., p.* 56.

321 En general la doctrina clasifica a los actos de registro dentro de los actos administrativos (meros actos administrativos). *Cfr.* Manuel María Diez, *El acto Administrativo,* Buenos Aires, 1956, pp. 104 y ss.; Agustín Gordillo, *El Acto Administrativo,* Buenos Aires, 1969, pp. 86 y ss.

322 *V.* Femando Garrido Falla, *Tratado de Derecho Administrativo,* Vol. 1, Madrid, 1970, p. 431.

El acto administrativo de registro, en todo caso, es un acto creador de derechos a favor de particulares. En efecto, en primer lugar, se trata siempre, de un acto creador de un derecho administrativo: el derecho a la seguridad jurídica en el tráfico, y a la autenticidad del acto registrado. En segundo lugar, si se trata de un acto administrativo de registro de carácter constitutivo, mediante el acto también se crea un derecho de carácter jurídico–privado entre particulares. En todo caso, siendo un acto administrativo creador de derechos hacia los particulares, el acto administrativo de registro es un acto irrevocable e irrevisable en vía administrativa, salvo que exista un texto expreso en la Ley que lo permita. Tal es el caso, por ejemplo, en materia de registro de la propiedad industrial, donde se admite un recurso jerárquico contra el acto del Registrador por ante el Ministro de Producción y Comercio quien puede revisar el acto[323]; o donde se permite que el Ministro de Fomento anule por violación de ley, el acto de registro[324]. En materia de Registro Público, en cambio, no hay previsión alguna de revisión del acto de registro por funcionario alguno del Ministerio de Justicia, por lo que el acto de registro causa estado; es decir, es irrecurrible por vía administrativa ante el Ministro de Justicia y es irrevisable por dicho funcionario.

En la Ley de Registro Público y Notarias, en efecto, sólo se admite un recurso jerárquico contra el acto administrativo del Registrador que rechace o niegue la inscripción de un documento o acto, por ante la Dirección Nacional de Registros y del Notariado; y posteriormente, el recurso contencioso administrativo (Art. 39 LRPN). No hay por tanto, recurso alguno de orden administrativo contra el acto de registro o de inscripción; y no existiendo previsión legal que lo autorice, ello es la principal garantía de la inmodificabilidad del acto de registro, salvo por vía jurisdiccional. Ello lo ratifica el artículo 41 de la Ley al disponer que "los asientos registrales en que consten esos actos o negocios jurídicos solamente podrán ser anulados por sentencia definitivamente firme".

c. La impugnación de los actos de registro

Siendo los actos de registro actos de carácter administrativo, resulta evidente que, *en principio,* son actos impugnables ante la jurisdicción contencioso–administrativa. Sin embargo, antes de estudiar las modalidades de dicha impugnación, conviene insistir sobre la impugnabilidad de los actos de registro en vía administrativa.

a'. La impugnación en vía administrativa

Los actos de registro, por su naturaleza y por los poderes de calificación con que cuentan los registradores, en principio son actos que causan estado y por tanto que agotan la vía administrativa, salvo que la ley establezca alguna vía de revisión en el orden administrativo, cuando se prevén ciertos poderes discrecionales. El ordenamiento positivo venezolano, en este sentido, muestra ambas alternativas. Basta para darse cuenta de ello, analizar las regulaciones en materia de registro de la propiedad industrial y en materia de registro público.

En efecto, el régimen de registro de la propiedad industrial atribuye al Registrador ciertamente un amplio poder de apreciación sobre las condiciones de patentabilidad y registro[325] y sobre las prohibiciones al registro de marcas y a la patentabilidad de inven-

323 Artículo 43 de la Ley de Propiedad Industrial.
324 Artículo 21 de la Ley de Propiedad Industrial.
325 Artículos 14 y 27 de la Ley de Propiedad Industrial.

tos[326]. Debido a este amplio poder de apreciación que se otorga al Registrador de la Propiedad Industrial, la ley, expresamente, no sólo concede un recurso jerárquico para ante el Ministro contra los actos del Registrador[327], sino que el Ministro puede anular en "todo tiempo" las patentes por razones de legalidad[328]. Debido al amplio poder de apreciación de las condiciones de patentabilidad y de registro de marcas, es lógica la previsión legal de revisión en vía administrativa de la decisión del Registrador de la Propiedad Industrial.

En cambio, en el caso de la Ley de Registro Público y Notarías, la actividad de los Registradores, por ejemplo, no es una actividad discrecional, sino absolutamente reglada, y por su naturaleza, una actividad que, por merecer "fe pública" está reservada a una categoría de funcionarios (los Registradores), no pudiendo ser revisada en vía administrativa. El solo hecho de que los actos de registro público merezcan fe pública, trae como consecuencia que por ello, no puedan ser recurribles por vía jerárquica ante la Dirección de Registros y Notarías del Ministerio de Interior y Justicia, pues ello implicaría otorgar a los actos de dicha Dirección una "fe pública" que no tienen.

Por tanto, en nuestro criterio no hay duda en el sentido de que los actos de registro no pueden ser recurridos por vía jerárquica ante la Dirección de Registros y Notarías, pues ello sería contrario a la seguridad jurídica en el tráfico de bienes y derechos y a la fe pública que constituyen la esencia de la institución del Registro. Estos actos, insistimos, tienen carácter definitivo y causan estado. Por tanto, respecto de ellos no se aplican los principios generales del derecho administrativo venezolano sobre la procedencia del recurso jerárquico contra los actos administrativos dictados por funcionarios de categoría inferior[329]; y al contrario, al ser actos constitutivos de derechos a favor de particulares, no son revisables por la propia administración[330]. Por supuesto que esta irrecurribilidad en vía administrativa del acto de registro público sólo se aplica al acto de registro propiamente tal, pero no, por ejemplo, al acto de liquidación de derechos fiscales que acompaña al acto de registro. Respecto del acto de liquidación de derechos o impuestos, el que se considere perjudicado por cobro excesivo o indebido podrá recurrir por vía jerárquica ante la Dirección de Registros y Notarías, pero la decisión de ésta sólo podría versar sobre los derechos o impuestos liquidados, pero no sobre el contenido del acto en concreto.

Pero si bien resulta claro que el acto de registro público, en cuanto tal, es irrecurrible ante la Dirección de Registros y Notarías,[331], las dudas que hasta 1978 podían presentarse sobre la recurribilidad de los actos administrativos de los Registradores de negativa de registro, se disiparon completamente en la reforma de la Ley en 1978, en la cual expresamente se estableció la posibilidad de ejercicio de un recurso jerárquico contra el rechazo o la negativa del Registrador de protocolizar un documento, y luego, la posibilidad de ejercicio del recurso contencioso administrativo de anulación contra el acto del Ministro (Art. 39). En este caso, no se trata de actos de registro sino más bien de actos

---

326 Artículos 15 y 33 de la misma Ley.

327 Artículo 43 de la misma Ley.

328 Artículo 21 de la misma Ley.

329 V. Allan R. Brewer–Carías, *Las Instituciones Fundamentales del Derecho Administrativo y la Jurisprudencia Venezolana*, Caracas, 1964, pp. 247 y ss.

330 *Idem*, pp. 232 y 233.

331 No consideramos adecuada la doctrina sustentada por la Procuraduría General de la República sobre la procedencia del recurso jerárquico ante el Ministro, contra los actos de registro público. V. *Doctrina de la Procuraduría General de la República 1966*, Caracas, 1967, pp. 30 y ss.

de negativa o rechazo de registro que adopta el Registrador derivados de sus facultades de calificación, por lo que resultan perfectamente recurribles como actos administrativos en vía administrativa, ya que no se trata de actos en los cuales está comprometida la fe pública ni de actos creadores de derechos a favor de particulares.

b' La impugnación de los actos administrativos en la vía contencioso administrativa

Tal como lo señala la Constitución, "los órganos de la jurisdicción contencioso administrativa son competentes para anular los actos administrativos generales o individuales contrarios a derecho, incluso por desviación de poder" (Art. 259). Como consecuencia, puede decirse que todos los actos administrativos pueden ser recurridos por ante la jurisdicción contencioso administrativa invocando una pretensión de anulación mediante el ejercicio del recurso contencioso administrativo de anulación previsto en la Ley Orgánica del Tribunal Supremo de Justicia; o lo que es lo mismo, que el ordenamiento jurídico venezolano, no admite "actos (administrativos) excluidos" del conocimiento de la jurisdicción contencioso administrativa[332]. Hay ciertamente, unas condiciones de recurribilidad de los actos administrativos y unas condiciones de admisibilidad de los recursos contencioso administrativos; pero en nuestro criterio no puede hablarse de actos excluidos.

No hay que olvidar que había sido criterio tradicional de la Corte que el conocimiento de los recursos de anulación contra los actos administrativos, estaba circunscrito al conocimiento de las cuestiones o pretensiones de derecho administrativo. Tal como lo ha aclarado expresamente la Corte: "en principio, únicamente las pretensiones fundadas en preceptos de Derecho Administrativo pueden ser intentadas ante esta jurisdicción especial; esto es, cuando las pretensiones se deducen con ocasión de las relaciones jurídico–administrativas entre un administrado y la Administración Pública en cualquiera de sus ramas: Nacional, Estadales o Municipales. Por consiguiente, en toda pretensión que se proponga ante el órgano jurisdiccional contencioso administrativo, debe examinarse previamente si cae dentro de la esfera de esta jurisdicción por estar fundada en preceptos de Derecho Administrativo; porque, ni una pretensión de este tipo puede ser deducida ante jurisdicción distinta, ni una pretensión con otro fundamento podrá ser examinada ante la jurisdicción contencioso administrativa"[333]. No se trataba, por tanto, de "actos excluidos", sino que en el conocimiento de pretensiones de anulación de los actos administrativos, la Corte no podía entrar a conocer cuestiones de derecho privado. Este ha sido un criterio tradicional de la Corte Suprema[334].

---

332 Para un análisis crítico de los "Actos excluidos" en Venezuela. V. Luis H. Farías Mata "La Doctrina de los Actos excluidos en la jurisprudencia del Supremo Tribunal", *Archivo de Derecho Público y Ciencias de la Administración*, IDP, 1968–1969, Vol. I, Caracas, 1971, pp. 325 y ss.

333 Sentencia de la Corte Federal y de Casación en Corte Federal, de 3 de diciembre de 1959, en *G.F.*, Nº 26, 1959, pp. 143 y 144.

334 En sentencia del 6 de agosto de 1952 la Corte Federal y de Casación en Corte Plena señaló lo siguiente: "que al conocer esta Corte acerca de la constitucionalidad o inconstitucionalidad de los actos administrativos, conforme a la atribución 11 del artículo 128 de la Constitución, *no le es dado dictar pronunciamiento alguno en relación con los problemas de naturaleza esencialmente civil o* de otra índole cuyo conocimiento esté reservado por la ley a otras autoridades", *V.* en *G.F.*, Nº 11, 1952, pp. 70 y 71. Por otra parte, en sentencia de 11 de junio de 1969, la Corte Suprema de Justicia en Sala Político–Administrativa insistió en el planteamiento en los siguientes términos: *"Escapa, en efecto, a la competencia de este Tribunal decidir cuestiones de dominio*, al ejercer en un procedimiento como éste, el control jurisdiccional de la legalidad de los actos de la Administración Pública, pues el conocimiento de tales cuestiones, incumbe a los Tribunales de Instancia, quienes deben resolverlas, por los trámites del

Con base en ello, aun cuando se trate de "actividades de la Administración Pública sometidas al derecho privado"[335] cuando como paso previo para la formación de la voluntad jurídico–privada de la Administración sea necesario un acto administrativo, éste puede ser recurrido y controlado por la jurisdicción contencioso administrativa[336]. Por

---

juicio ordinario, en conformidad con las normas del Código de Procedimiento Civil", *V.* en *G.F.*, N° 64, 1969, p. 310.

335 V. Allan R. Brewer–Carías, *Las Instituciones Fundamentales...*, *op. cit.*, pp. 326–327.

336 La Corte Suprema de Justicia, en sentencia de la Sala Político–Administrativa de 11 de junio de 1974, señaló lo siguiente: "Como ha sido discutida la competencia de esta Sala para conocer del presente recurso, es necesario hacer un pronunciamiento previo sobre el particular, a cuyo efecto, observa: alegan los interesados que se ha demandado ante la Corte la nulidad de la venia que hizo la Municipalidad del Distrito Girardot al señor Menotti Fraino y que un juicio de tal naturaleza debe ventilarse ante los Tribunales de la jurisdicción ordinaria".

"Podría pensarse que el caso planteado en autos constituye una cuestión que está fuera del campo del derecho público por tratarse de la compraventa de un inmueble que es un contrato de derecho privado por medio del cual se trasfiere la propiedad a cambio del pago del precio de la misma. Pero esto es sólo aparente, pues el acto impugnado es la autorización previa que debe dar el Consejo Municipal para poder vender los bienes municipales, como son ejidos que son las tierras que el Municipio posee a título de propiedad comunal, motivo por el cual no están sometidos a lo que podría llamarse la administración privada de un ente público que tiene que ver con todo lo que se refiere a los actos de tal naturaleza y que son objeto del estudio del derecho civil. En efecto, tratándose, como se trata, en el caso de un acto complejo con una frase previa que comprende la actividad pública de la Administración, es solamente ésta la que debe ser examinada por la Corte atendiendo a lo planteado en la solicitud respectiva. Sobre este particular afirma la doctrina: "Desde luego, el interés de la división de los actos administrativos responde a la determinación del régimen jurídico o legal, en general, y luego al régimen especial de cada categoría de actos; en este sentido los actos privados no son del todo indiferentes al régimen jurídico de los actos administrativos. Por el contrario, no pocas normas de derecho público son aplicables a los actos de derecho privado de la Administración, sobre todo en punto a manifestación de voluntad y a su forma... "Se trata de una gestión inmediatamente privada (de la persona jurídica, Estado, provincia o comuna), pero mediatamente pública (Administración), ya que en definitiva, no obstante la doble personalidad formal, existe una unidad indivisible, porque los componentes, destinatarios o beneficiarios de las entidades jurídicas. Nación, provincias, comunas –cualquiera sea su personalidad o carácter en que obren: público o privado– son los mismos" (Rafael BIELSA, Derecho Administrativo, Tomo II, página 132). De esta manera, el acto impugnado es, precisamente, el integrado por la tramitación administrativa previa que debe cumplirse para la conformación de la voluntad o el consentimiento del vendedor que lo es la Municipalidad; requisitos estos que de no ser oportunamente satisfechos, la operación proyectada no podría realizarse. En este sentido expresa el tratadista citado antes: "Actos que tienen por efecto el nacimiento, modificación o extinción de un derecho; estos actos son análogos en su estructura general a los actos de derecho privado, pero difieren de ellos por una condición esencial, y es que son manifestaciones de voluntad de la Administración Pública, razón por la cual se ha dado en llamarlos negocios de derecho público; tal es la relación jurídica que se crea en la función pública, en las concesiones y las autorizaciones administrativas".

Como puede advertirse, la autorización que debe dar la Municipalidad para la venta del terreno es un acto administrativo que tiene por efecto el nacimiento de un derecho y debe ser examinado por la Corte para saber si se han cumplido los requisitos exigidos por la ley para que tal autorización se considere debidamente ajustada y concordada con el respectivo trámite. Se trata en el caso de una actuación sometida al cumplimiento previo de ciertas formalidades indispensables para la validez del acto que constituye la manifestación de voluntad del ente público que representa al Municipio. De esta categoría, dice la doctrina ya señalada, es "la autorización que un Concejo Municipal da al alcalde para contratar la compra–venta de un inmueble". (Obra citada, p. 137), "La decisión de un Concejo Municipal para que un intendente contrate, es una autorización o bien una orden que dicta ese Concejo Municipal. Desde luego, es una decisión que no perfecciona la compraventa, pues ésta no existe si no suscriben la escritura respectiva el intendente y el otro contratante, cuando se trata de acto que requiera la escritura pública". Cuando la ley exige una autorización no la impone como condición, sino como un requisito esencial de contralor". "(Obra citada p. 139)".

"Ahora bien, del cuerpo de actuaciones que constan del expediente aparece claramente establecido que el recurso de nulidad propuesto en el presente caso se ha incoado para impugnar el acto de la Municipalidad mediante el cual se autorizó la referida venta. Conforme al artículo 7°, ordinal 9° de la Ley Orgánica de la Corte Federal que rige las atribuciones de esta Sala, corresponde a ésta, conocer en juicio contencioso de las acciones y recursos por abuso de poder y otras ilegalidades, de los actos de las autoridades municipales. En consecuencia, si compete a la Corte y no a los Tribunales ordinarios el conocimiento del presente recurso de nulidad", *V.* en *G.O.* 1.700 Extraordinario de 29–10–74, pp. 28 a 31.

el contrario, tratándose de actividades administrativas propiamente tales, la jurisdicción contencioso administrativa puede conocer siempre de la anulación de los actos administrativos, aun cuando en dicho conocimiento no pueda resolver cuestiones jurídico–privadas.

En definitiva, en el caso de los actos de registro, la Ley de Registro Público y Notarías establece expresamente que "los asientos registrales en que consten esos actos o negocios jurídicos solamente podrán ser anulados por sentencia definitivamente firme" (Art. 41). Por tanto, tratándose de actos administrativos, si lo que se impugna es el acto registral, dicha sentencia sólo podría ser dictada por los órganos de la jurisdicción contencioso administrativa. En cambio, si lo que se impugna es el acto o negocio jurídico que se registra, la competencia sería de la jurisdicción civil o mercantil ordinaria.

B. El tema de los actos administrativos concernientes a cuestiones societarias respecto de sociedades anónimas del Estado

El problema de la caracterización de los actos administrativos concernientes a cuestiones de derecho privado, de nuevo se planteó por la antigua Corte Suprema de Justicia en 1985, con motivo de la impugnación en vía contencioso administrativa de un Decreto del Presidente de la República, mediante el cual se removió de su cargo al Presidente del Banco Central de Venezuela. En sentencia de 28 de julio de 1985[337], la Sala Político–Administrativa, en una incongruente y desafortunada sentencia, de nuevo negó carácter de acto administrativo, en este caso, nada menos que a un Decreto emanado del Presidente de la República, para declararlo no impugnable ante la Corte Suprema de Justicia en vía contencioso administrativa, contrariando su propia doctrina jurisprudencial precedente e ignorando cuestiones básicas del derecho administrativo. La mencionada sentencia, en efecto, en su casi totalidad, estuvo destinada a analizar la naturaleza jurídica del Banco Central de Venezuela y el régimen jurídico que le es aplicable, cuestión que por lo demás no era el tema *desidendum*, y al concluir que se trataba de una sociedad anónima creada por ley especial, señaló que precisamente por ser sociedad anónima estaba sometida al derecho privado, razón por la cual "el empleo de la forma de Decreto para ejercer" la facultad de revocación de la designación del Presidente del Banco, "no era necesaria, porque, no constituyen actos administrativos estatales, ni la designación ni la revocación. Pero se trata de un elemento puramente externo que en nada puede desnaturalizar la esencia del acto de derecho privado ejecutado por el Presidente de la República"; concluyendo que "por cuanto el Decreto impugnado no contiene un acto administrativo estatal o de derecho público, la jurisdicción contencioso administrativo carece de competencia para conocer el recurso de nulidad propuesto".

Esta decisión, en efecto, fue de las más desafortunadas que emanaron de la antigua Sala Político Administrativa, pues su conclusión equivalió a decir, ni más ni menos, que un Decreto Presidencial *no era un acto estatal,* lo cual no tenía base de sustanciación de ninguna clase. Pero para llegar a esa conclusión, la Corte en su discurso, tomó una serie de vericuetos jurídicos que giraron en tomo a la naturaleza del Banco Central de Venezuela que, por otra parte, lo que evidencian es desconocimiento de la propia historia del Banco como ente público.

---

337 Ponente Magistrado René De Sola, *V.* en *Revista de Derecho Público*, N° 24, EJV, Caracas, 1985, pp. 103–109.

En efecto, la sentencia comenzó por declarar que no tenía "duda alguna acerca del carácter de ente público que tiene el Banco Central de Venezuela" para lo cual se basó en el artículo 1° de la Ley del Banco que lo declaraba "persona jurídica pública con la forma de compañía anónima", y en una sentencia anterior de la Corte de 1981 en la cual se había declarado que el Banco Central de Venezuela "constituye un establecimiento público asociativo que forma parte de la Administración descentralizada"[338].

Pero a renglón seguido, al analizar la Ley de creación del Banco Central de 8 de septiembre de 1939, en la cual su artículo 1° se había limitado a crear el Banco con "forma de Compañía Anónima", la Sala concluyó sin fundamento alguno que "es indudable... que el Banco Central de Venezuela fue creado como una *persona de derecho privado* no obstante que, además de las operaciones mercantiles que siempre ha podido efectuar, le fueron asignadas facultades monetarias y crediticias cuyo ejercicio había correspondido hasta entonces a la Administración Pública Nacional"[339]. En esta forma, no sólo la Corte desconoció la historia del propio Banco, sino principios elementales relativos al tema de la personalidad jurídica en el derecho administrativo venezolano. En efecto, olvidó la Corte que la Ley de creación del Banco de 1939 fue impugnada por inconstitucionalidad ante la propia Corte Suprema[340], precisamente porque los recurrentes estimaban que se trataba de una "compañía privada" (y no de un instituto oficial autónomo como debía ser), a la cual no se podían conferir funciones de carácter público[341]. La entonces Corte Federal y de Casación, en Sala Político–Administrativa en sentencia de 20 de diciembre de 1940, declaró sin lugar el recurso y concluyó señalando "que el Banco Central *no es* de naturaleza privada", que al analizar su naturaleza, "bien se ve que un banco privado es de una organización completamente diversa", y que "el Banco Central *no es* un instituto particular o privado"[342]. Por tanto, al año siguiente de la creación del Banco Central, en 1940, la Corte lo consideró un ente público y no "una persona jurídica de derecho privado", razón por la cual no tenía sentido afirmar, como lo hizo la Corte en 1985, que sólo fue con la reforma de la Ley del Banco de 1974 cuando se habría cambiado la naturaleza jurídica del Banco de "persona jurídica de derecho privado" a "persona jurídica pública". Con esta afirmación, la Corte desconoció 34 años de historia, que quizás, de haberla tenido en cuenta, se hubiera ahorrado toda la errada e innecesaria argumentación en torno a la naturaleza jurídica del Banco Central y de la personalidad y jurídica en el derecho administrativo, por lo demás, ya dilucidada en la doctrina[343] y en la propia jurisprudencia de la Corte Suprema, en concreto, sobre el propio Banco. Ninguna novedad resultaba, por tanto, del "descubrimiento" que hizo la Corte en su sentencia, sobre la posibilidad para los entes públicos de realizar actos sujetos al derecho público y al derecho privado, y de que el Banco Central no estaba regido

338 Caracterización acuñada por el *Informe de la Reforma de la Administración Pública Nacional*, Comisión de Administración Pública, Tomo I, Caracas, 1972, pp. 611 a 624, 257. *Loc. cit.*, p. 104.

339 *Loc. cit.*, p. 104

340 *V.* los recursos de impugnación y todos los documentos concernientes al juicio en M. R. Egaña, *Documentos relacionados con la creación del Banco Central de Venezuela*, Caracas, 1980, Tomo III, pp. 26 y ss.

341 *Idem.* pp. 26, 73, 102, 112, 115, 116.

342 *V.* el texto en *ídem*, pp. 183–188.

343 Basta aquí hacer referencia a los estudios sobre la naturaleza jurídica del Banco Central de Venezuela y su ubicación dentro del conjunto de personas jurídicas de derecho público (establecimiento público asociativo) contenidos en comunicación de 1971 del Presidente de la Comisión de Administración Pública al Presidente del Banco Central, en *Informe sobre la Reforma de la Administración Pública Nacional, cit.*, Tomo I, pp. 611 a 624; y en dictamen (N° 10.461 de 2–12–74) del Procurador General de la República dirigido al Secretario General de la Presidencia de la República (consultado en original).

exclusivamente por normas de derecho público o de derecho privado, lo cual ya desde hace años estaba definitivamente admitido y pacíficamente aceptado[344], y que la propia Corte Suprema contradijo en su sentencia al afirmar que la calificación del Banco como persona jurídica pública con forma de compañía anónima, "implica que" la existencia del Banco como persona jurídica "tiene como *único y exclusivo* sustento el conjunto de normas de derecho privado comercial que rige la constitución, organización y desenvolvimiento de las compañías anónimas"[345]. Ello llevó a la Corte a considerar al Presidente del Banco como "un simple administrador privado, que actúa como órgano de una compañía anónima", ya que el Presidente de la República al designar a los miembros del Directorio del Banco "no actúa... como jerarca de la Administración Pública Nacional, sino como un órgano de la compañía anónima a quien, en sustitución de la Asamblea, se le ha confiado la tarea de seleccionar los miembros que integrarán el órgano principal de la Administración privada del ente creado"[346]. De allí la absurda conclusión de la Corte:

> "La designación efectuada por el Presidente no constituye entonces un acto administrativo estatal, sino parte del proceso administrativo privado de organización de una compañía anónima que se rige –salvo norma especial en contrario de la Ley del Banco Central de Venezuela–, por las disposiciones pertinentes del Código de Comercio"[347].

Esta afirmación, a la luz de todo el derecho administrativo, no tiene fundamento alguno, y desconoce la noción más elemental del "acto administrativo", el cual no se puede calificar por su variado y heterogéneo contenido. El Decreto del Presidente de la República mediante el cual, en virtud de lo expresamente dispuesto en la Ley del Banco Central de Venezuela, designa al Presidente de dicha persona jurídica de derecho público con forma societaria, por supuesto que es un acto administrativo, y el hecho de que se refiera al régimen societario de una sociedad anónima del Estado, no cambia su forma ni su naturaleza, de acto estatal dictado en función administrativa. Negarle el carácter de acto estatal o acto administrativo estatal a ese Decreto del Presidente de la República, equivaldría *mutatis mutandi,* a negarle el carácter de Ley "estatal" a la Ley de creación del Banco Central por ser una Ley de creación de una sociedad anónima, lo cual no tiene sentido alguno.

Pero después de toda esta argumentación sin sentido, la Corte concluyó su sentencia analizando el principio de la revocabilidad de los administradores de las sociedades anónimas[348], para concluir que el nombramiento del Presidente del Banco Central, si bien hecho por tiempo determinado, era perfectamente revocable por el propio órgano que lo designó. Por tanto, si la Corte lo que quería decir con su sentencia era que el Decreto del Presidente de la República se ajustaba a derecho pues revocaba el nombramiento de un administrador de una compañía anónima[349], ello pudo haberlo dicho en una sentencia de una página, sin necesidad de declarar inadmisible el recurso y dedicar

---

344 *Loc. cit.*, pp. 106–107. *V.* por ejemplo, Allan R. Brewer–Carías, "La distinción entre las personas públicas y las personas privadas y el sentido de la problemática actual de la clasificación de los sujetos de derecho", *Revista de la Facultad de Derecho,* UCV, Nº 57, Caracas, 1976, pp. 115–135.

345 *Loc. cit.*. p. 108

346 P. 24 y 25 del original.

347 P. 25 del original.

348 *V.* en *Revista de Derecho Público, cit.*, Nº 24, p. 109; pp. 28 al 35 del original.

349 Esto fue lo que se interpretó en los medios políticos. *V.* el remitido "Al Presidente Lusinchi lo asistían el derecho y la razón. La Corte Suprema de Justicia lo confirmó. La remoción del Dr. Leopoldo Díaz Bruzual del Banco Central de Venezuela", *El Diario de Caracas.* 26–7–85, pp. 52–53.

37 páginas a desconocer e incluso destruir principios y doctrinas del derecho administrativo, que había costado tantos años a la doctrina y a la propia jurisprudencia de la Corte, ir elaborando.

Por supuesto, en relación con esta sentencia, debemos repetir lo señalado anteriormente al comentar el tema de la impugnación de los actos de registro. El acto administrativo de nombramiento y remoción del Presidente del Banco Central de Venezuela, ciertamente es un acto concerniente al régimen societario de una compañía anónima del Estado, por tanto, un acto que podría considerarse de "administración del derecho privado", pero ello no puede conducir a considerarlo como un acto jurídico privado. Es indudablemente un acto administrativo, y como tal, impugnable en vía contencioso administrativa.

5. La caracterización como actos administrativos de aquellos que se refieren a relaciones laborales

Ahora bien, esta tendencia restrictiva del ámbito de la jurisdicción contencioso administrativa que dimanaba de la jurisprudencia de la antigua Corte Suprema de Justicia, lamentablemente no se detuvo allí, sino que fue luego confirmada por sentencia de la Sala Político–Administrativa, de 5 de junio de 1986, en la cual para resolver que una decisión del Ministerio de Educación de descontar un día de salario a los trabajadores de dicho Despacho –impugnada por la Federación de Trabajadores del Ministerio de Educación, FETRAEDUCACIÓN–, no era un acto administrativo impugnable ante la jurisdicción contencioso administrativa, recurrió a los viejos criterios manejados por la propia Corte antes de la promulgación de la Ley Orgánica de la Corte Suprema de Justicia de 1976, y resolvió que por no envolver dicha decisión una "cuestión de derecho administrativo", sino una "cuestión contenciosa del trabajo", el recurso intentado era inadmisible. Dicha decisión, por su importancia, amerita ser transcrita en su parte fundamental, en la cual la Sala sostuvo lo siguiente:

> "Como lo asienta el nombrado funcionario, tradicionalmente la jurisprudencia de este Supremo Tribunal había reconocido que "no todo acto emanado de una autoridad administrativa constituye un acto administrativo susceptible de entrar en la esfera de la jurisdicción contencioso administrativa. En principio, únicamente las pretensiones fundadas en preceptos de Derecho Administrativo pueden ser intentadas ante esta jurisdicción especial; esto es, cuando las pretensiones se deducen con ocasión de las relaciones jurídico–administrativas entre un administrado y la Administración Pública en cualquiera de sus ramas. Por consiguiente, en toda pretensión que se proponga ante el órgano jurisdiccional contencioso administrativo, debe examinarse previamente si cae dentro de la esfera de esta jurisdicción por estar fundada en preceptos de Derecho Administrativo; porque, ni una pretensión de este tipo puede ser deducida ante jurisdicción distinta, ni una pretensión con otro fundamento podrá ser examinada ante la jurisdicción contencioso administrativa". (Sentencia del 3 de diciembre de 1959, *G.F.* N° 26, p. 142).

El Estado y las demás personas jurídico–públicas, ha dicho igualmente esta Corte, "pueden estar en juicio como actores y como demandados, y el juicio puede ser o no contencioso administrativo según sea la naturaleza del acto o hecho generador del litigio. Conviene no olvidar las diferencias sustanciales entre los diversos actos de la Administración Pública, pues las autoridades administrativas no sólo producen actos administrativos, sino que, según su competencia pueden producir actos sometidos al Derecho Privado. (Sentencia del 11 de agosto de 1965. *G.O.* N° 27.845 del 22–10–1965).

Obsérvese que este último fallo (de 1965) fue dictado estando en vigor la Constitución de 1961 que incorpora por primera vez en el ordenamiento constitucional venezolano, a través del artículo 206, un sistema coherente de la jurisdicción contencioso administrativa, lo que evidencia que la interpretación de la Corte acerca de la delimitación del radio de acción de la jurisdicción contencioso administrativa seguía siendo para la fecha la misma que derivara anteriormente de la sentencia de 1959, citada, del texto legal que le otorgaba competencia para "conocer en juicio contencioso de las acciones y recursos por abuso de poder y otras ilegalidades de las Resoluciones Ministeriales y en general de los actos de la Autoridad Administrativa, en cualquiera de sus ramas Nacionales, Estadales y Municipales" (Art. 7; ord. 9, Ley Orgánica de la Corte Federal del 2 de agosto de 1953).

No obstante, observa la Sala que, desde la entrada en vigencia de la Ley Orgánica de la Corte Suprema de Justicia (1–1–1977) los criterios anteriores sufrieron una ampliación jurisprudencial, al haberse extendido el control de los órganos de la jurisdicción contencioso administrativa a casi todos los actos de la Administración Pública, por el solo hecho de emanar de esa rama del Poder Público.

La adopción de esta noción amplia del contencioso administrativo a partir de 1977 obedece, posiblemente, a la circunstancia de la inclusión, en el texto orgánico de la Corte, de la competencia de este Alto Tribunal y de otros órganos jurisdiccionales que la ley crea (Corte Primera de lo Contencioso Administrativo y tribunales regionales de lo contencioso administrativo) para conocer de las acciones que se propongan, según la cuantía, contra la República, los institutos autónomos y las empresas en las cuales el Estado tenga participación decisiva. Así, esta ampliación legislativa *rationae personae* del ámbito de competencia de la jurisdicción contencioso administrativa al haberse extendido a otros entes (institutos autónomos y empresas públicas) que, antes de esa fecha, no disfrutaban del fuero jurisdiccional reservado a la República, dio lugar a que se interpretara en favor de una ampliación *rationae–materiae* del recurso contencioso administrativo de anulación, la cual consistió, como se ha dicho, en extender el radio de acción de la jurisdicción contencioso administrativa.

Ahora bien, esta interpretación jurisprudencial acerca de la materia del recurso podría conducir a una distorsión del contencioso administrativo que la Corte juzga oportuno prevenir. En tal sentido, se observa que, por definición, el contencioso administrativo se justifica cuando las situaciones jurídicas de los particulares en sus relaciones con la Administración estén reguladas por normas de Derecho Administrativo (v.g. relaciones de empleo público, servicios públicos, ejercicio de derechos cívicos, etc.). En estos casos, los derechos subjetivos de los particulares son de índole administrativa y si la Administración actuando de manera antijurídica afecta alguna de esas situaciones, el administrado puede solicitar ante la jurisdicción contencioso administrativa tanto la nulidad del acto, como el restablecimiento de la situación jurídica vulnerada o la condena de la Administración, conforme a los términos del artículo 206 de la Constitución. (Vid. Moles Caubet, Antonio: "Contencioso Administrativo en Venezuela". Colección Estudios Jurídicos n° 10. Editorial Jurídica Venezolana. Caracas, 1981).

No es contencioso administrativo, por el contrario, –como ha expresado la Corte en los fallos citados y en otros de análoga orientación– cuando la relación que se crea entre la Administración y los particulares está regida por normas de Derecho Privado (civil, mercantil, laboral, etc.), pues, en tales casos, aunque intervenga la Administración

Pública, tanto el acto como los derechos y obligaciones que de él derivan son de índole privada y en la solución de sus conflictos se aplican normas de Derecho Privado.

La afirmación anterior no aparece desvirtuada por el hecho de que el legislador venezolano en 1976, impulsado por razones de interés público, como son, por ejemplo, la nacionalización de la industria petrolera y de materias primas básicas, haya pensado en la protección de los intereses colectivos depositados en las empresas públicas encargadas de su explotación y comercialización, mediante el otorgamiento de un fuero especial privilegiado del que antes carecían en nuestro ordenamiento jurídico positivo, tal como aparece consagrado en los ordinales 15 y 16, art. 42; ord. 2° del art. 182; y ord. 6° del art. 185 de la Ley Orgánica de la Corte Suprema de Justicia, pues, en tales casos, no se trata de la impugnación de actos emanados de los entes allí previstos (República, institutos autónomos, empresas del Estado) tendente a obtener su nulidad, sino al ejercicio de verdaderas acciones o demandas contra los mismos con motivo de la responsabilidad contractual o extracontractual en que incurran en el desarrollo de sus respectivas actividades y las cuales, por su naturaleza, están sometidas a un tratamiento procesal regido en su casi totalidad, por el procedimiento ordinario propio de este tipo de acciones (Sección Primera, Capítulo II, Título V. L.O.C.S.J.).

Pero el examen de las normas atributivas de competencia de los órganos de la jurisdicción contencioso administrativa contenidas en la Ley Orgánica de la Corte Suprema de Justicia no revela que la ampliación de competencias en razón de la persona demandada se haya operado también en cuanto a la materia o naturaleza del acto objeto de las pretensiones procesales de anulación deducidas con arreglo al artículo 206 de la Constitución, y contempladas, entre otros, en los ordinales 10, 11 y 12 del art. 42; ord. 3° del 185, y artículo 181 de la Ley Orgánica de la Corte Suprema de Justicia.

La redacción de las normas constitucionales y legales referentes al contencioso de anulación ("cuando sea procedente", "si su conocimiento no estuviere atribuido a otra autoridad") permite sostener por el contrario la tesis, que se sustenta en este fallo, del mantenimiento de la fórmula tradicional de sometimiento a la jurisdicción contencioso administrativa "de las pretensiones que se deduzcan en relación con los actos de la Administración Pública sujetos al Derecho Administrativo", según la expresión utilizada por la actual ley española de lo contencioso administrativo (27–12–1956), a la que la orgánica de este Supremo Tribunal sigue de cerca en muchos aspectos.

En este mismo sentido se inscriben, por lo demás, los diferentes proyectos de leyes reguladores de la jurisdicción contencioso administrativa elaborados hasta el presente en nuestro medio, en los que sus respectivos autores, o emplean idéntica redacción ("las pretensiones que se deduzcan en relación con los actos de la Administración Pública", Proyecto Polanco 1963, art. 111), o excluyen expresamente del conocimiento de dicha jurisdicción "los asuntos de índole civil, mercantil o laboral, aún cuando en ellos sea parte o haya de intervenir la administración pública" (Proyecto Comisión de Administración Pública –CAP– 1971, art. 4 y Proyecto Comisión de Reforma Integral de la Administración Pública –CRIAP– 1976, art. 4).

Las dudas se presentan en los casos límite, sobre todo cuando actividades consideradas como de Derecho privado comienzan a desplazarse de este campo por efecto de la intervención de normas jurídico–públicas. ¿Puede deducirse entonces, del solo hecho de la señalada intervención, que los actos de la Administración producidos en esas circunstancias se encuentran sujetos al Derecho Administrativo y, por tanto, al correspondiente régimen de control contencioso administrativo? La respuesta es negativa: considera la doctrina que, para que una relación de Derecho Administrativo aparezca, es necesario, por una parte, que el Estado intervenga "en la relación jurídica de que se trate, haciendo de la norma jurídica una norma obligatoria". Así nace la norma de Derecho público:

> "ello no nos pone necesariamente en presencia de normas de Derecho administrativo. Para que (éstas) surjan, es preciso –por otra parte– que aparezca en escena el Estado actuando a través de su órganos administrativos, dispuesto a tutelar, con su intervención, el interés que la norma declara". Es decir, que el propio Estado acuda, aún, a su poder de coacción montando, además, un aparato administrativo encargado de la puesta en marcha, aplicación y ejecución, de esa normativa jurídico–pública. Sólo entonces es posible el sometimiento de los actos emanados de la Administración, en ejecución de dichas normas, al régimen administrativo total, incluida su impugnación en vía contencioso administrativa...

Por todo lo expuesto, concluye la Sala que su competencia y la de los otros órganos de la jurisdicción contencioso administrativa, en lo atinente a los recursos contencioso administrativos de anulación ha de quedar circunscrita al conocimiento de las pretensiones que se dirijan a impugnar los actos emitidos por los órganos de la Administración Pública en ejecución de normas de Derecho Administrativo y, por consiguiente, se encuentran excluidos del control de esa misma jurisdicción los actos de la Administración Pública emitidos con arreglo a otras ramas del ordenamiento jurídico positivo (civil, mercantil, laboral, etc.).

En atención a esta declaratoria y respecto a la exclusión específica de los asuntos de naturaleza estrictamente laboral, la Sala observa:

Conforme al artículo 6° de la Ley del Trabajo, "los obreros al servicio de la Nación, los Estados y las Municipalidades, quedarán protegidos, mientras no sean objeto de legislación especial, por las disposiciones de esta Ley y su Reglamentación en cuanto sean aplicables por la índole de los servicios que prestan y con las exigencias de la Administración Pública". Como tal legislación no ha sido dictada, el principio es, entonces, que estos obreros están amparados por la legislación laboral lo mismo que los trabajadores de las empresas privadas.

La misma norma excluye de su ámbito de aplicación a los funcionarios o empleados públicos, al igual que la Ley contra Despidos Injustificados la cual, en cambio, somete a su protección a los trabajadores "en las dependencias de la Nación, los Estados, las Municipalidades y demás entidades públicas, siempre que estén regidos por la Legislación del Trabajo". (L.C.D.I. art. 2°, letra b).

Dispone, por otra parte, el artículo 1° de la Ley Orgánica de Tribunales y de Procedimiento del Trabajo, que "los asuntos contenciosos del trabajo, que no correspondan a la conciliación ni al arbitraje, y en todo caso, las cuestiones de carácter contencioso que suscite la aplicación de las disposiciones legales y de las estipulaciones de los contratos de trabajo, serán sustanciados y decididos por los Tribunales del Trabajo que se indican en la presente Ley", disposición ésta que se encuentra formulada, en iguales términos, en el artículo 241 de la Ley del Trabajo.

Resulta claro entonces, como bien lo advierte el Procurador General de la República en su comentado informe, que las relaciones jurídicas entre la Administración Pública y las personas a su servicio, no se rigen por un mismo ordenamiento jurídico. En ciertos casos, esas relaciones son de Derecho Administrativo únicamente, como sucede con los funcionarios públicos a quienes se aplica la Ley de Carrera Administrativa y sus Reglamentos; en otros, como el personal obrero, son la Ley del Trabajo y su Reglamento, o la Ley contra Despidos Injustificados y otros textos de igual naturaleza laboral, las que le conciernen. De allí que la jurisdicción a la que corresponde el conocimiento de los conflictos surgidos con motivo de las relaciones jurídicas entre la Administración Pública y las personas que le prestan sus servicios, variará según la naturaleza de la relación jurídica existente.

En consecuencia, si la Administración Pública lesiona los derechos surgidos de un contrato de trabajo o de un convenio o contratación colectiva que lo vincula con el personal obrero a su servicio, está en lo cierto el Procurador cuando afirma que aún cuando se trate de un acto de la Administración Pública y aunque ese acto vulnere derechos subjetivos, no procede el recurso contencioso administrativo, pues tales derechos, de índole laboral, están regidos por la Ley del Trabajo, que es la ley sustantiva o de fondo y es entonces a la jurisdicción del trabajo a la que le toca resolver este tipo de litigios.

Aplicando los anteriores criterios al caso sub–judice, la Sala observa que la reclamación de autos tiene su origen en un conflicto de trabajo entre la República (Ministerio de Educación) y los obreros a su servicio, en orden al reconocimiento de un pretendido derecho retributivo referente al descuento de un día de salario; En tal virtud, se trata de un "asunto contencioso del trabajo", cuyo conocimiento, a tenor del artículo 241 de la Ley del Trabajo y 1° de la Ley Orgánica de Tribunales y Procedimientos del Trabajo, está atribuido a los tribunales del trabajo y no a los órganos de la jurisdicción contencioso administrativa. Así se declara.

De esta forma, prospera la segunda causal de inadmisibilidad sustentada en la naturaleza de la decisión impugnada promovida en el presente juicio por el Procurador General de la República en la oportunidad legal correspondiente, la cual ha sido examinada en primer lugar por la Corte por considerarla prelatoria, como se indicó *supra*[350].

Ya hemos señalado anteriormente, que la vieja jurisprudencia de la Corte de 1959 y 1965, en la cual se basó la sentencia antes transcrita, después de la promulgación de la Ley Orgánica de la Corte Suprema de Justicia de 1976, estaba superada. No había en dicha Ley elemento alguno que pudiera permitir indicar que hay ciertos "actos administrativos", que siendo tales, no pueden ser impugnados por ante la jurisdicción contencioso administrativa, porque "no estén fundados en preceptos de Derecho Administrativo", porque, básicamente, ningún acto administrativo, y en particular ninguna manifestación de voluntad emanada de un órgano del Poder Ejecutivo, puede decirse que no esté fundada en preceptos de derecho administrativo, y que sólo pueda estar sometida al derecho privado o laboral. Ello, sencillamente, es imposible; al contrario, siempre, todo acto emanado de una autoridad ministerial será un acto administrativo, sometido al derecho administrativo, aún cuando *también* tenga relación con cuestiones de derecho privado o laboral.

Por otra parte, es evidente que todo acto de la Administración que se refiera a los particulares –y es difícil imaginar un acto administrativo que no sea de tal naturaleza–, a pesar de ser "administrativo" siempre invade "esferas" de derecho privado, que son las propias que rigen a los particulares. Por ello, decir que si esto se produce, no serían susceptibles de control jurisdiccional contencioso–administrativo, podría conducir a la peligrosa y absurda tesis de que ningún acto administrativo que se refiera a la esfera jurídica de los particulares, –y es difícil imaginarse uno así–, sería susceptible de impugnación contencioso administrativa, lo cual es totalmente inadmisible. Lamentablemente, a

350 Consultada en original, pp. 4 a 14.

ello, extrapolada al absurdo, podría conducir la citada sentencia de la Corte Suprema de Justicia.

Al contrario todos los actos administrativos son susceptibles de impugnación ante la jurisdicción contencioso administrativa, y después de la Ley de 1976 y de las propias normas de la Constitución de 1961 y de 1999, no puede sostenerse que sólo los actos administrativos "sometidos al derecho administrativo" sean impugnables, pues en definitiva no existen actos administrativos que no estén sometidos al derecho administrativo, incluso, cuando se refieran a la esfera jurídico privada de los particulares, lo cual es lo normal.

6. La caracterización como actos administrativos de actos adoptados por entidades privadas en ejercicio de la autoridad

Sin duda, la inconveniente tesis restrictiva de la antigua Corte Suprema de Justicia de, por ejemplo, negarle carácter de acto administrativo a un Decreto del Presidente de la República, contrasta abiertamente con la tendencia a la ampliación del contencioso administrativo como medio de control judicial del ejercicio de la autoridad, demostrada por la Corte Primera de lo Contencioso Administrativo, la cual, al contrario, asignó la caracterización de actos administrativos a los actos emanados de entidades particulares y privadas en ejercicio de autoridad, como consecuencia de un proceso de descentralización[351]. Así, el contencioso administrativo se ha extendido al control de los "actos de autoridad", "susceptibles de incidir sobre la esfera jurídica de otros sujetos particulares, afectándola en forma decisiva"[352], así no fueran emanados de Administración Públicas tradicionales, como lo ha afirmado Hildegard Rondón de Sansó:

> "Lo determinante es que se trata de organizaciones regidas por el derecho privado pero dotadas de un poder de imperatividad (posibilidad de degradación de los derechos subjetivos a simple interés o posibilidad de modificación del contenido de los mismos), que se ejerce en forma unilateral y que no tiene efectivo control de los órganos jurisdiccionales tradicionales. Su contenido está en las relaciones de poder que ciertos grupos ejercen sobre los sujetos que están unidos a ellos por un vínculo específico: son los Sindicatos sobre sus asociados; son los Colegios o institutos docentes (Colegios, universidades, escuelas), sobre los miembros de la comunidad educativa; son las sociedades autorales, esto es, las que tutelan el derecho de autor de los creadores y compositores cuyas obras representan; son las asociaciones deportivas sobre sus asociados; son los partidos políticos sobre sus afiliados; son los clubes sociales sobre sus consocios. Hay que anotar que el vínculo especial de sujeción tiene un variado contenido, pudiendo ser disciplinario, económico, sancionatorio, organizativo, deontológico. Lo importante es la existencia de la relación de supremacía unilateral con que van a ejecutarse las decisiones"[353].

La Corte Primera de lo Contencioso Administrativo, entonces, no sólo admitió desde hace años la impugnación de los actos administrativos de los Colegios Profesionales, considerados, por lo demás, como personas jurídicas de derecho público no estatales[354], sino que ha venido admitiendo recursos de anulación ejercidos contra actos de asocia-

---

351 En general, sobre el tema, *V.* Hildegard Rondón De Sansó, "Ampliación del ámbito contencioso–administrativo", *Revista de Derecho Público*, N° 22, EJV, Caracas, 1985, pp. 33–49.

352 *Idem*, p. 36.

353 *Idem*, pp. 36–37.

354 *V.* por ejemplo, sentencias de la CPCA de 1–6–82 y 22–6–82 en *Revista de Derecho Público*, N° 11, EJV, Caracas, 1982, pp. 106–107.

ciones privadas como la Asociación de Autores y Compositores de Venezuela[355], del Comité Olímpico Venezolano[356] y de una Universidad privada[357]. Para ello, la Corte

---

355 *V.* sentencia de 15–3–84, *cit.*, en H. Rondón De Sansó, *loc. cit.*, pp. 38–39.

356 *V.* sentencia de 14–5–84, en *ídem.* pp. 39–40.

357 Auto de admisión de un recurso contra una decisión del Consejo Universitario de la Universidad Católica Andrés Bello, de 7–8–84, *cit.*, por H. Rondón De Sansó, *loc. cit.*, p. 40. *V.* la sentencia recaída en el proceso, en el cual se declaró la nulidad de los "actos de autoridad" de dicho Consejo, de fecha 24–11–86, en la cual la Corte Primera expuso:

"La controversial situación procesal de las Universidades privadas, obliga a esta Corte a hacer la precisión antes planteada y examinar el auto de admisión dictado por el Juzgado de Sustanciación de esta CORTE ACCIDENTAL en fecha 7 de agosto de 1984; en efecto, allí se asienta que las Universidades privadas, conforme lo dispuesto por el artículo 19 del Código Civil, son: *"personas morales de carácter público"*, que desarrollan una actividad de servicios públicos e interés general, y de conformidad con lo dispuesto en el articulo 8 y 164 de la Ley de Universidades, además constituyen: *"establecimientos públicos creados por el Legislador"*.

Al respecto observa esta Corte:

Que la efectiva naturaleza de una Universidad privada, no es otra que la de una persona jurídica de derecho privado, creada conforme a la forma asociativa o fundamental que ésta adopta de acuerdo a su acta constitutiva y normas estatutarias donde se refleja su consistencia colectiva y corporativa de estos especiales centros académicos, que en busca de la verdad, también reúne a profesores y estudiantes. Ciertamente, las Universidades privadas no son "*per se*" establecimientos de derecho público como con aparente rigor exegético lo asienta nuestro Código Civil el Ordinal 2.° del artículo 19, al expresar:

"*Artículo 19.* – Son personas jurídicas, y por lo tanto, capaces de obligaciones y derechos:

2° Las Iglesias de cualquier credo que sean, las universidades y, en general, todos los seres o cuerpos morales de carácter público".

En efecto, lo que determina que una *Universidad privada* esté sometida a esta jurisdicción contenciosa administrativa, es la posible actuación de tal establecimiento conforme a delegaciones que la Ley hace y que la habilita para dictar providencias administrativas, *por cuanto sus actuaciones ordinaria no académica están sometidas a relaciones propias del Derecho Privado;* ciertamente, en el presente caso, nos encontramos ante un ente de Derecho Privado que en ejercicio de prerrogativas delegadas cumple funciones propias de los organismos públicos; observemos: la Universidad Católica Andrés Bello es una Universidad privada que tiene su origen en un acto de derecho privado; pero que por un aparente mandato de nuestro Legislador, incurrimos en el error de calificarlas como establecimiento público, recordemos, que para la época que entró en vigencia el actual Código Civil, año de 1942, las Universidades históricamente fueron exclusivamente creadas y sostenidas ya por el Estado o por la Iglesia, ambos entes de derecho público, que le transmitían a la Universidad su naturaleza pública. La posibilidad táctica de la existencia de Universidades privadas, aparece en nuestro país posteriormente, permitido por la Ley de Universidades Nacionales.

Ahora bien, las Universidades privadas por mandato de la Ley realizan actos de ordenación en el ámbito de la educación superior; en efecto, en su seno se cumplen actuaciones de profesores y estudiantes que están regidas por normas de Derecho Administrativo, establecidas en la Ley Orgánica de Educación y en la Ley de Universidades; además, sus actividades procuran satisfacer fines de interés público que su logro tiene encomendada la Administración.

La Universidad privada aparece en Venezuela como una expresión tardía de las formas indirectas de actuar la Administración, no sobre la base de un establecimiento público, sino sobre una persona jurídica de Derecho Privado fundada y sostenida por los particulares. Esto se evidencia al constatar, que las normas aplicadas por las Universidades privadas al regular el servicio educativo universitario son normas de Derecho Administrativo, por cuanto el Estado las establece obligatorias y la Administración interviene en esa situación jurídica para velar por su cumplimiento, mediante órganos que, como bien sabemos, pueden ser directos y públicos, o indirectos con naturaleza pública o privada, como es en el caso de las Universidades privadas.

Igualmente, es conveniente recordar, que en nuestro país la educación como bien lo dispone el artículo 4 de la Ley Orgánica de Educación, es un servicio público prestado por el Estado que puede ser impartido por los particulares dentro de los principios y normas establecidos por la Ley; en tal sentido, la Universidad por mandato de la Ley, sea ésta pública o privada, como ente corporativo califica a sus miembros (profesores y estudiantes) y establece un sistema de vinculación con ellos, que constituye la base de la regulación del proceso de enseñanza que allí se realiza, y además se establece una carrera para el docente y el investigador universitario, situación jurídica que obviamente rebasa el campo específico del Derecho Privado; en efecto, dicho ámbito está regulado por normas de Derecho Público que no pueden ser relajadas por los particulares, y que además son obligatorias en su cumplimiento. Ciertamente, el régimen del personal docente y de investigación universitaria tiene un carácter general y uni-

Primera estimó que el contencioso administrativo como sistema de control judicial, "se refiere no simplemente al control de los actos administrativos de la Administración del Estado, y de los entes territoriales menores, sino que se extiende a los actos emanados de las organizaciones dotadas de autonomía y de autarquía, es decir, del poder de emanar actos válidos para el ordenamiento jurídico del Estado (autonomía) y el poder dictar actos individuales constitutivos de situaciones jurídicas subjetivas (autarquía)[358]. De allí, concluyó la Corte Primera, que el control jurisdiccional que ejercen los órganos de la jurisdicción contencioso administrativa "no es sólo sobre las mencionadas administraciones tradicionales sino que se extiende a los organismos que han sido dotados por la Ley del Poder de dictar normas jurídicas y actos"[359], es decir, "comprende el conocimiento de las acciones de nulidad de todos los actos dotados de imperio y de ejecutoriedad que emanen de cualquiera autoridad... sean entes de naturaleza pública o privada, siempre y cuando actúen como verdaderas autoridades, es decir, en el ejercicio de potestades públicas, atribuidas por la ley y definidas por está, y no simples derechos subjetivos, cuyo origen son relaciones jurídicas concretas, y que sólo se refieren a sujetos y objetos específicos, y no genéricamente abstractos"[360].

Posteriormente, con motivo de la impugnación de una tarifa para establecimientos comerciales adoptada por la Sociedad de Autores y Compositores de Venezuela, la Corte Primera de lo Contencioso Administrativa en sentencia de 18 de febrero de 1986 [361], expresamente consideró el punto de si los entes de derecho privado podían dictar actos administrativos controlables judicialmente por los tribunales contencioso administrativos, y constató que en el ordenamiento jurídico venezolano existen:

> "personas de evidente origen privado y en las cuales el Estado no tiene injerencia, pero por expresas delegaciones con fundamento a la Ley, éstas realizan actos que están reservados al Poder Público, y en tal consecuencia dictan providencias administrativas. En efecto, estamos en presencia de entes privados que en ejercicio de las prerrogativas delegadas ejercen funciones propias de los establecimientos públicos. Ahora bien, en nuestro país bajo tal carácter podemos señalar que encontramos las Universidades Privadas, que ciertamente tienen en su creación un origen privado, pero que por mandato de la Ley de Universidades realizan actos de autoridad en el ámbito educativo, en efecto, otorgan títulos académicos, y declaran hábiles para ejercer profesiones a quienes culminan y cumplen los requisitos establecidos"[362].

---

forme, tanto para las Universidades Nacionales como privadas; y la Universidad privada cuando actúa en este ámbito lo hace con idénticas competencias. poderes y facultades a la forma como lo haría una Universidad Nacional, establecimiento público, que ejerce tales competencias con fundamento al ejercicio del "*imperium*" del Estado.

Por otra parte, debemos señalar, que la Universidad privada, como es el caso de la Universidad Católica Andrés Bello, de acuerdo a los artículos 173 y siguientes de la Ley de Universidades, una vez autorizada en su funcionamiento por el Ejecutivo Nacional, pueden realizar los actos propios de ordenación académica que ejecuta un establecimiento público, como son las Universidades Nacionales, con sólo dos limitaciones a saber: a) los títulos que otorgan las Universidades privadas deben ser refrendados por el Ejecutivo Nacional; y b) lo referente a las reválidas de los títulos universitarios extranjeros y a las equivalencias de dichos estudios son competencias exclusivas de las Universidades Nacionales. Por lo cual, la *UNIVERSIDAD CATÓLICA ANDRÉS BELLO, cuando realiza actos destinados a cumplir el hecho educativo universitario, se encuentra, sin lugar a dudas, actuando con fundamento a prerrogativas de Derecho Administrativo: y en consecuencia. cumple "actos de autoridad" que están sujetos a esta jurisdicción contenciosa administrativa, y así se declara"* (Consultada en original).

358 Sentencia de 15–3–84, *cit.*, en H. Rondón De Sansó, *loc. cit.*, *pp. 38–39.*

359 *Idem*, p. 39.

360 Sentencia de 14–5–84, *ídem*, p. 39.

361 Consultada en original, *V.* en *Revista de Derecho Público*, Nº 25, EJV, Caracas, 1986.

362 *Idem*, pp. 23–24 original.

Con base en ello, la Corte Primera admitió expresamente que ciertas personas jurídicas de derecho privado, con un origen privado, y sin injerencia del Estado en su conducción, a los efectos de la jurisdicción contencioso–administrativa pueden ser consideradas como una autoridad y dictar actos administrativos.

LIBRO TERCERO:

LOS ACTOS DEL PODER EJECUTIVO (VARIACIONES SOBRE UN MISMO TEMA)

Este Libro Tercero del *Tratado de Derecho Administrativo* está conformado por tres estudios: El primero, sobre "El principio de la formación del derecho por grados en la distinción entre el acto de gobierno y el acto administrativo, y el principio de la universalidad del control judicial de los actos estatales," fue en parte publicado bajo el título "El control de constitucionalidad de los actos del Poder Ejecutivo dictados en ejecución directa e inmediata de la Constitución y el principio de la formación del derecho por grados en Venezuela," en *Revista Jurídica UDABOL*, Universidad de Aquino Bolivia, Año 1, N° 1, La Paz 2012, pp. 83–129. El segundo texto, es el resultado de la integración efectuada en 2005, de dos trabajos publicados en dos ocasiones distintas, para la obra inconclusa de *Derecho Administrativo* que se comenzó editar en Bogotá en ese año: el primero sobre "Los actos ejecutivos en la Constitución venezolana de 1999 y su control judicial," publicado en *Acto Administrativo y Reglamento. Jornadas Organizadas por la Universidad Austral, Facultad de Derecho*, 30–31 Mayo y 1° Junio 2001, Ediciones RAP S.A., Argentina 2002, pp. 531–579; y el segundo sobre "El régimen constitucional de los Decretos Leyes y de los actos de gobierno," publicado en *Bases y Principios del Sistema Constitucional Venezolano (Ponencias del VII Congreso Venezolano de Derecho Constitucional realizado en San Cristóbal del 21 al 23 de noviembre de 2001)*, Asociación Venezolana de Derecho Constitucional, Universidad Católica del Táchira, San Cristóbal, 2002, pp. 25–74. El tercero estudio que conforma este Libro es el relativo a "Los actos de gobierno y los actos preeminentemente discrecionales," publicado en Víctor Hernández Mendible (Director), *La actividad e inactividad administrativa y la Jurisdicción Contencioso Administrativa,*" Editorial Jurídica Venezolana, Caracas 2012, pp. 131–189.

Sección Primera: EL PRINCIPIO DE LA FORMACIÓN DEL DERECHO POR GRADOS EN LA DISTINCIÓN ENTRE EL ACTO DE GOBIERNO Y EL ACTO ADMINISTRATIVO, Y EL PRINCIPIO DE LA UNIVERSALIDAD DEL CONTROL JUDICIAL DE LOS ACTOS ESTATALES (2012)

Esta Sección contienen el estudio sobre "El control de constitucionalidad de los actos del Poder Ejecutivo dictados en ejecución directa e inmediata de la Constitución y el principio de la formación del derecho por grados en Venezuela," publicado en *Revista Jurídica UDABOL*, Universidad de Aquino Bolivia, Año 1, N° 1, La Paz 2012, pp. 83–129.

I. SOBRE LA NOCIÓN DE LOS ACTOS DE GOBIERNO Y SU JUSTICIABILIDAD

En el derecho constitucional europeo y latinoamericano, particularmente en el desarrollado en la primera mitad del siglo pasado, progresivamente se fue configurando la teoría de los actos de gobierno *(acte de gouvernement)* o de los actos políticos *(atto politico o atto di potere politico)* para identificar una serie de actos estatales que se consideraba como no justiciables, es decir, no sometidos a control judicial. Esto fue así, particularmente respecto del control de la Jurisdicción Contencioso Administrativa, que era la única que existía en ausencia de los contemporáneos sistemas de control de la constitucionalidad. Con ello se buscaba, por tanto, identificar una serie de actos estatales, a veces y erradamente considerados como actos administrativos, que escapaban al control de la jurisdicción contencioso–administrativa.[1]

En esa forma, en Francia, principalmente por la ausencia de control judicial alguno de la constitucionalidad de los actos del Estado –lo que sin duda ha cambiado desde la creación del Consejo Constitucional y después de las reformas constitucionales de 2009–, y el poder limitado que había sido conferido a los tribunales administrativos, la jurisprudencia, en varias etapas, permitió a la doctrina ir identificando unos *actes de gouvernement* que escapaban del control jurisdiccional en la jurisdicción contencioso–administrativa. La doctrina en la materia fue producto de una creación casuística de la jurisprudencia, difícil de construir doctrinalmente[2] basada en el criterio del móvil político que movía a la autoridad respectiva a dictarlos, el cual por su imprecisión fue rápidamente abandonado, conduciendo en cambio a la elaboración de una "lista" de actos del Poder Ejecutivo en sus relaciones con otros Poderes Públicos, principalmente con el

---

1 Para un estudio comparativo de la doctrina del acto de gobierno, en su concepción más tradicional, *V.* Julio A. Prat, "Contribución al estudio del acto de gobierno," en *Revista de la Facultad de Derecho* y *Ciencias Sociales*, Año IX, N° 4. Montevideo 1958. pp. 815 a 871; y José Luis Carro y Fernández–Valmayor, "La doctrina del acto político," en *Revista de Administración Pública*, N° 53, Madrid 1967, pp. 73 a 130. *V.* en general sobre el tema, Allan R. Brewer–Carías, "Comentarios sobre la doctrina del acto de gobierno, del acto político, del acto de Estado y de las cuestiones políticas como motivo de inmunidad jurisdiccional de los Estados en sus Tribunales nacionales," en *Revista de Derecho Público*, N° 26, Editorial Jurídica Venezolana, Caracas 1986, pp. 65–68.

2 *V.*, por ejemplo, los artículos de Chapus, "L'acte de gouvernement, monstre ou victime," en *Cronique Dalloz*, rec. 15–1–1958, p. 2; Virally "L'introuvable acte de gouvernement," en *Revue de Droit Public et de la Science Politique*, Paris 1952, p. 317.

Legislador, que escapaban a todo control jurisdiccional.[3] De acuerdo con ello, la "lista" de los actos de gobierno se redujo a los actos del Ejecutivo en sus relaciones con el Parlamento y en sus relaciones internacionales; a ciertos actos ejecutivos derivados del ejercicio del poder de gracia; y a determinados actos ejecutivos de orden excepcional (urgencia, emergencia, estado de sitio) con sus secuelas en materia de orden público.

La misma tendencia se siguió en Italia con la noción del *atto político*, pero con la gran diferencia de que en este caso fue en la Ley que estableció el Consejo de Estado a fines del siglo XIX, donde al regular la jurisdicción contencioso–administrativa, se excluyó de recurso por exceso de poder a los actos emanados del gobierno en el ejercicio del poder político los cuales, por tanto, adquirían una configuración distinta de los actos administrativos. Ello también condujo a la elaboración de una lista, que incluyó como tales actos políticos, a los actos dictados por el Ejecutivo en sus relaciones internacionales; en sus relaciones con el Parlamento; en ejercicio de una delegación legislativa, o en relación a la seguridad interior y exterior, con lo que se buscó dejarlos inmunes frente a una eventual acción de los particulares que pudiera paralizar sus efectos.[4]

En la misma orientación del sistema italiano, en Portugal la doctrina del acto político también tuvo su origen en el derecho positivo, en Ley Orgánica del Supremo Tribunal Administrativo de 1956 donde se consideró explícitamente como no susceptibles de recurso contencioso administrativo de anulación a "los actos de gobierno de contenido esencialmente político."[5]

Igualmente en España la Ley de la Jurisdicción Contencioso–Administrativa de 1956, en un esfuerzo mayor de precisión de esta noción, excluyó a los "actos políticos" de la jurisdicción contencioso–administrativa, enumerando dichos "los actos políticos del Gobierno" como "los que afecten a la defensa del territorio nacional, las relaciones internacionales, seguridad interior del Estado y mando y organización militar."[6]

En cuanto al sistema germánico, el tema de los actos de gobierno también se planteó, al discutirse la cláusula general de competencia de la jurisdicción contencioso–administrativa, y excluirse de la misma los actos de naturaleza política que tuvieran por objeto la salvaguarda de la seguridad y la existencia misma del Estado.[7]

En todos estos sistemas continentales, por tanto, la noción de acto de gobierno se presentó como un acto del Estado, sustancialmente distinto al acto administrativo o en otros casos como una especie de éstos, pero con la característica común de que gozaban de inmunidad jurisdiccional, en el sentido de que los mismos no podían ser impugnados fundamentalmente ante la jurisdicción contencioso–administrativa. En la ausencia de sistema alguno de control de la constitucionalidad de las leyes, esta fue la esencia de la

3 *Cfr.* R. Capitant, "De la nature des actes de gouvernments" en *Etudes Juridiques offertes a Julliot de la Morandiere*, París 1964, pp. 99 ss.

4 *V.* en particular Enrico Guicciardi, "L'Atto político," en *Archivio di diritto publico*, Vol. II, Padua 1937, pp. 265 a 486; Guglielmo Roehrssen, "L'atto di Potere Político e la Sua Sindi–cabilitá in sede Giudiziaria," en *Rivista de diritto público*, Vol. I, 1936, pp. 557 a 588; y el completo estudio de Cheli, *Atto político e funzione d'indirizzo político*, Milán 1961.

5 *V.* Alfonso Rodríguez Queiro, "Actos de Governo e contencioso de anulaçao" en *Estudios en Homenaje al Profesor López Rodó*, Madrid 1972, Vol. II, pp. 101 y ss.

6 *V.* Aurelio Guaita, "Los actos políticos o de gobierno en el derecho español," en *Revista del Instituto de Derecho Comparado*, Nº 4, 1955, pp. 74 ss.; L. Sánchez Agesta, "Concepto jurídico de acto político," en *Homenaje a Pérez Serrano*, Madrid 1959, Tomo I, pp. 183 ss.

7 *V.* Apelt, "L'acte de gouvernement en France et en Allemagne," en *Livre jubilaire du Conseil d'Etat*, Paris, p. 647 y ss.

doctrina del acto de gobierno, la cual, por supuesto, desde las últimas décadas del siglo pasado fue objeto de críticas tendientes a reducir su inmunidad jurisdiccional,[8] particularmente por el desarrollo en todos los países europeos de la jurisdicción constitucional atribuida a Tribunales o Cortes Constitucionales.

Por tanto, después de la consolidación durante las últimas décadas del siglo pasado, tanto en Europa como en América latina, de los sistemas que aplican el método concentrado de justicia constitucional, puede decirse que la importancia que tuvo la doctrina tradicional de los actos de gobierno fue progresivamente desapareciendo, pues si bien en general escapaban del control judicial contencioso administrativo por no ser actos administrativos, no escapan en general al control que ejercen las cortes o tribunales constitucionales, donde al contrario, impera el principio de que no existen actos excluidos de control.

Ello no significa, sin embargo, que antes de la consolidación de dichos sistemas concentrados de control de constitucionalidad, la doctrina de los actos de gobierno para identificar actos excluidos de control, no haya tenido aplicación bajo la influencia del derecho continental europeo de la primera mitad del siglo XX. Por ejemplo, puede mencionarse, aún cuando se trató de una decisión aislada, la sentencia de la antigua Corte Suprema de Justicia en Corte Plena de 29 de abril de 1965, en la cual, en forma evidentemente contraria a la Constitución, señaló que:

> "en lo relativo a los actos que el Presidente de la República está facultado para realizar en ejercicio de sus atribuciones constitucionales, un atento examen de las mismas conduce a la conclusión de que determinadas actuaciones presidenciales en cualquiera de los dos caracteres de Jefe del Ejecutivo Nacional o Jefe del Estado Venezolano asignados a aquél por el artículo 181 de la Constitución, están excluidos de control jurisdiccional de constitucionalidad en atención a que por su propia esencia son actos de índole *eminentemente política o actos de gobierno,* o de índole discrecional; situaciones en que no cabe aplicar a los motivos determinantes de la actuación el expresado control constitucional. Entre tales actos encuéntranse según el artículo 190 de la Constitución Nacional los siguientes: Fijar el contingente .de las Fuerzas Armadas Nacionales; convocar al Congreso a sesiones extraordinarias y reunir en Convención a algunos o a todos los gobernantes de la entidades federales."[9]

Esta decisión de la Corte, a pesar de que fue aislada, como lo dijimos hace décadas, sin duda abrió innecesariamente "una brecha inadmisible en el control jurisdiccional de la constitucionalidad de los actos estatales,"[10] la cual ocurrió afortunadamente sin mayores consecuencias doctrinales ni judiciales, cerrándose desde hace años por la propia jurisprudencia misma de la Corte Suprema. Posteriormente, a pesar de la influencia que

---

8 *V.* en general, Eduardo García de Enterría, *La lucha contra las inmunidades de poder* (Po– deres discrecionales, poderes de gobierno, poderes normativos), Madrid 1979, pp. 50 ss.; Jacques Puisoye, "Pour une conception plus restrictive de la notion d'acte de gouvernement," en *L'Actualité Juridique*, N° 4, 20–4–1965, pp. 211. Algunos visionarios, sin embargo, como Gastón Jèze afirmaban, refiriéndose a la sustracción del control judicial de los actos de gobierno que "[…] a primera vista esta situación –que se halla en absoluta contradicción con las ideas modernas– parece un escándalo intolerable y uno se asombra de que haya existido hasta nuestros días. En verdad, es injustificable: es razón de Estado, es decir, la arbitrariedad, bajo el pretexto de oportunidad política […]." *V.* Gastón Jèze, *Los Principios Generales del Derecho Administrativo.* Tomo I, Depalma, Buenos Aires 1948, p. 413–416, citado en la sentencia N° 2208 de 28 de noviembre de 2007 (Caso *Antonio José Varela y Elaine Antonieta Calatrava Armas vs. Proyecto de Reforma de la Constitución de la República Bolivariana de Venezuela*), en *Revista de Derecho Público*, N° 112, Caracas 2007, pp. 601–606

9 *V.* el texto en la edición de la Imprenta Nacional, Caracas 1965, pp. 9 a 11; y en Allan R. Brewer–Carías, *El control de la constitucionalidad de los actos estatales*, Editorial Jurídica Venezolana, Caracas it. pp. 110 y 111.

10 *V.* Allan R. Brewer–Carías, *El control de ¡a constitucionalidad...*, cit. p. 114.

el derecho continental europeo tuvo en la conformación del derecho público y administrativo, esa doctrina de los actos de gobierno, no ha tenido aplicación alguna, pues al configurarse el sistema de justicia constitucional como un sistema mixto o integral[11] con una amplitud considerable,[12] ningún acto del Estado puede escapar del control jurisdiccional de la constitucionalidad y legalidad.

Ello no significa, sin embargo, que en Venezuela no se haya desarrollado una "noción de acto de gobierno" con el objeto de diferenciar entre los actos estatales, determinados actos del Ejecutivo diferenciados de los actos administrativos; pero ello no ha tenido por objeto construir una "doctrina del acto de gobierno" para excluir esos actos del control de la constitucionalidad que ejerce el Tribunal Supremo de Justicia (Sala Constitucional) como Jurisdicción Constitucional.

Al contrario, la noción de acto de gobierno, como actos del Ejecutivo dictados en ejecución directa de normas y atribuciones constitucionales, siguiendo, sin duda, los criterios de la vieja doctrina europea[13] a lo que condujo en Venezuela fue a identificar un tipo de acto estatal que, por ser dictado en ejecución directa de la Constitución, sólo puede ser controlado jurisdiccionalmente por razones de inconstitucionalidad ante la Sala Constitucional del Tribunal Supremo de Justicia (art. 336.4 Constitución); lo que significa que la noción misma de acto de gobierno condicionada por un esquema formal de ejecución del derecho por grados, y nada tiene que ver con una pretendida inmunidad jurisdiccional de los mismos.[14]

En efecto, los órganos que ejercen el Poder Ejecutivo del Estado, cuando lo ejercen, dictan actos estatales que no son uniformes, y tienen diversa naturaleza según el grado de ejecución de la Constitución que se produce al dictarlos; distinguiéndose, básicamente, los actos de gobierno como actos de ejecución directa e inmediata de la Constitución, y los actos administrativos como actos de ejecución indirecta y mediata de la Constitución.

Ambos actos, como todos los actos estatales, son susceptibles de ser controlados judicialmente para verificar su conformidad con el derecho, correspondiendo el conocimiento de la impugnación de los mismos a Jurisdicciones distintas.[15] Así, de acuerdo

---

11 *V.* Allan R. Brewer–Carías, *El sistema mixto o integral de control de la constitucionalidad en Colombia y Venezuela*, Universidad Externado de Colombia y Pontificia Universidad Javeriana, Bogotá 1995; "El sistema mixto o integral de control de la constitucionalidad en Colombia y Venezuela", en G. J. Bidart Campos y J. F. Palomino Manchego (Coordinadores), *Jurisdicción Militar y Constitución en Iberoamérica, Libro Homenaje a Domingo García Belaúnde*, Instituto Iberoamericano de Derecho Constitucional (Sección Peruana), Lima 1997, pp. 483–560 y en *Anuario de Derecho Constitucional Latinoamericano*, Fundación Konrad Adenauer, Medellín–Colombia 1996, pp. 163–246.

12 *V.* Allan R. Brewer–Carías, *La justicia constitucional (Procesos y procedimientos constitucionales)*, Editorial Porrúa, Instituto Mexicano de Derecho procesal Constitucional, México 2007; *El sistema de justicia constitucional en la Constitución de 1999 (Comentarios sobre su desarrollo jurisprudencial y su explicación, a veces errada, en la Exposición de Motivos)*, Editorial Jurídica Venezolana, Caracas 2000; "La justicia constitucional en la Constitución venezolana de 1999," en *Derecho Procesal Constitucional*, Colegio de Secretarios de la Suprema Corte de Justicia de la Nación, A.C., Tomo III, Editorial Porrúa, México 2003, pp. 2091–2122.

13 *Cfr.* Carré de Malberg, *Contribution a la Théorie générale de l'Etat*, Vol. I, París 1920, pp. 523 y ss.; Duguit, *Manuel de Droit Constitutional*, París 1918, pp. 110 ss.

14 *V.* lo expresado en Allan R. Brewer–Carías, *Las Instituciones Fundamentales del Derecho Administrativo y la Jurisprudencia Venezolana*, Caracas 1964, pp. 323 a 326; y Allan R. Bre– wer–Carías, *El control de la Constitucionalidad de los actos estatales*, Caracas 1977, pp. 84 y ss. y 108 y ss.

15 *V.* en general Allan R. Brewer–Carías, y Víctor Hernández Mendible (Directores), *El contencioso administrativo y los procesos constitucionales*, Colección Estudios Jurídicos N° 92, Editorial Jurídica Venezolana, Caracas 2011.

con en el artículo 259 de la Constitución, la competencia para conocer de las acciones de nulidad por ilegalidad e inconstitucionalidad de los actos administrativos corresponde a la Jurisdicción Contencioso Administrativa, lo que repite el artículo 9.1 de la Ley Orgánica de la Jurisdicción Contencioso Administrativa de 2010;[16] y de acuerdo con la última parte del artículo 334 de la Constitución, corresponde exclusivamente a la Sala Constitucional del Tribunal Supremo de Justicia como Jurisdicción Constitucional, declarar la nulidad de las leyes y demás actos de los órganos que ejercen el Poder Público dictados en ejecución directa e inmediata de esta Constitución, como son los actos de gobierno, o que tengan rango de ley, cuando colidan con aquella, lo que se repite en el artículo 336 de la Constitución y en el artículo 25 de la Ley Orgánica del Tribunal Supremo de Justicia de 2010. [17] Como lo ha afirmado la Sala Constitucional en 2007, la exclusividad atribuida a la Jurisdicción Constitucional esta referida:

> "a la nulidad de actos dictados en ejecución directa e inmediata de la Constitución, de lo cual emerge de forma indubitable, que el criterio acogido por el Constituyente para definir las competencias de la Sala Constitucional, atiende al rango de las actuaciones objeto de control, esto es, que dichas actuaciones tienen una relación directa con la Constitución que es el cuerpo normativo de más alta jerarquía dentro del ordenamiento jurídico en un Estado de Derecho contemporáneo."[18]

De acuerdo con estas normas, por tanto, los actos administrativos se impugnan ante la Jurisdicción Contencioso Administrativa por razones de ilegalidad e inconstitucionalidad; y los actos de gobierno se impugnan exclusivamente ante la jurisdicción constitucional por razones de inconstitucionalidad.

Ahora bien, no es este el lugar ni la ocasión para intentar definir sustantivamente uno u otro acto estatal, en particular el acto administrativo,[19] pues de lo que se trata es de buscar delimitarlos con precisión como objeto de asegurar el control judicial por contrariedad al derecho de los mismos tanto por la Jurisdicción Contencioso Administrativa como por la Jurisdicción Constitucional; y en este último caso, en particular, respecto de los actos estatales dictados por órganos Ejecutivos, distintos a los actos administrativos, en ejecución directa e inmediata de la Constitución entre los cuales están los actos de gobierno. Como lo reconoció la Sala Constitucional del Tribunal Supremo en 2000:

> "Sobre este último aspecto, debe aclarar este Máximo Tribunal de Justicia que, como señala la doctrina patria "...la noción de acto de gobierno en Venezuela, ha sido delineada sobre la base de un criterio estrictamente formal: se trata de actos dictados por el Presidente de la República, en ejecución directa de la Constitución, en ejercicio de la función de gobierno". (vid. Allan R. Brewer–Carías: *El control de la constitucionalidad de los Actos Estatales*, Colección Estudios Jurídicos N° 2, Editorial Jurídica Venezolana, Caracas, 1977, p. 113). Dichos actos, de indudable naturaleza política, no obstante, pueden ser impugnados no sólo por la vía de la acción de amparo

---

16 *V.* la Ley Orgánica en *Gaceta Oficial* N° 39.451 de 22–6–2010. Véanse los comentarios en Allan R. Brewer–Carías, y Víctor Hernández Mendible, *Ley Orgánica de la Jurisdicción Contencioso Administrativa*, Editorial Jurídica Venezolana, Caracas 2010.

17 *V.* la Ley Orgánica en *Gaceta Oficial* N° 39.483 de 9–8–2010. Véanse los comentarios en Allan R. Brewer–Carías, y Víctor Hernández Mendible, *Ley Orgánica del Tribunal Supremo de Justicia*, Editorial Jurídica Venezolana, Caracas 2010.

18 *V.* sentencia N° 2208 de 28 de noviembre de 2007, Caso Antonio José Varela y Elaine Antonieta Calatrava Armas vs. Proyecto de Reforma de la Constitución de la República Bolivariana de Venezuela, en *Revista de Derecho Público*, Editorial Jurídica Venezolana, N° 112, Caracas 2007, pp. 601–606.

19 *V.* sobre la definición del acto administrativo, Allan R. Brewer–Carías, "El problema de la definición del acto administrativo" en *Libro Homenaje al Doctor Eloy Lares Martínez*, Tomo I, Facultad de Ciencias Jurídicas y Políticas, Universidad Central de Venezuela, Caracas 1984, pp. 25–78.

constitucional, sino mediante el recurso de nulidad por inconstitucionalidad ante el Tribunal Supremo de Justicia, en Sala Constitucional, conforme lo dispuesto en la Constitución de la República Bolivariana de Venezuela, tal como lo ha reconocido esta Sala en anterior oportunidad, al señalar, con fundamento en el artículo 334 del Texto Fundamental, que "...en ejercicio de la jurisdicción constitucional, conoce de los recursos de nulidad interpuestos contra los actos realizados en ejecución directa de la Constitución..."[20]

La delimitación del objeto de control por parte de ambas Jurisdicciones, por supuesto, implica determinar, además, cuál es el ámbito del "derecho" con el cual deben estar conformes los actos estatales objeto de control. Por tanto, independiente de la función estatal que se ejerza y del órgano estatal que los dicte, la determinación de la Jurisdicción llamada a ejercer el control de conformidad con el derecho de los actos estatales, dependerá del grado que tienen en el proceso de formación del derecho.

La Constitución, en efecto, en Venezuela, responde esencialmente al principio fundamental de la formación del derecho por grados, o de la jerarquía normativa de los actos estatales, lo que tiene particular interés para el derecho administrativo, dado que la actividad de la Administración que por esencia el mismo regula, y en particular, la que origina los actos administrativos, es siempre una actividad de carácter sub legal, es decir, de ejecución directa e inmediata de la legislación y sólo de ejecución indirecta y mediata de la Constitución.

II. LA CONSTITUCIÓN COMO FUENTE DEL ORDENAMIENTO JURÍDICO Y EL SISTEMA JERARQUIZADO DEL ORDENAMIENTO JURÍDICO

En efecto, en el derecho venezolano como en todos los ordenamientos jurídicos modernos puede encontrarse esta distinción entre las normas que integran la Constitución en sí misma, como derecho positivo superior; y las normas que son sancionadas por las autoridades públicas con poderes derivados de la Constitución. En otras palabras, particularmente en virtud del carácter escrito de la Constitución, siempre se puede y debe establecer una distinción entre la norma constitucional en si misma, y legislación ordinaria; y luego, entre la legislación como normas emanadas del Legislador, y las normas dictadas en ejecución de la misma; pudiendo decirse que las normas que integran el ordenamiento jurídico siempre se organizan deliberada o espontáneamente en forma jerárquica, de manera que existen normas que tienen un nivel superior y que siempre prevalecen sobre otras normas de nivel inferior.

Ello deriva del principio de la formación del derecho por grados, que en el constitucionalismo moderno fue formulado por Hans Kelsen al explicar el orden jurídico como sistema de normas de derecho, que constituye una unidad integrado con una multitud de normas estructuradas en forma jerarquizada. Ello determina la relación jerárquica que existe entre el conjunto normas o de reglas de derecho que forman el ordenamiento, de manera que cada norma del mismo siempre deriva de otra, y en la cadena de derivacio-

20 *V.* sentencia de la Sala Constitucional N° 880 de 1 de agosto de 2000, Caso: *Domingo Palacios A. vs. Comisión Legislativa Nacional*, *Revista de Derecho Público* N° 83, Editorial Jurídica Venezolana, Caracas 2000, pp. 92–93. Citada igualmente en la sentencia N° 2208 de 28 de noviembre de 2007 (Caso *Antonio José Varela y Elaine Antonieta Calatrava Armas vs. Proyecto de Reforma de la Constitución de la República Bolivariana de Venezuela*), en *Revista de Derecho Público*, N° 112, Editorial Jurídica Venezolana, Caracas 2007, pp. 601–606.

nes tiene su vértice precisamente en un *Grundnorm* o Constitución, que constituye la última razón que justifica la existencia de todas las normas del sistema.

El orden jurídico, en esta concepción, regula su propia creación, de manera que cada norma jurídica determina la forma en la cual debe ser creada la de nivel inferior, con la consecuencia de que esta será válida "por haber sido creada en la forma establecida por otra," y en esta cadena de creación superior siempre "constituye la razón de validez" de la inferior. Decía Kelsen al referirse a este proceso o "vínculo de supra y subordinación," que "la norma que determina la creación de otra, es superior a ésta; [y] la creada de acuerdo con tal regulación, inferior a la primera." La consecuencia de esto es que el orden jurídico, no es "un sistema de normas coordinadas entre si, que se hallasen, por así decirlo, una al lado de otra, en un mismo nivel, sino que se trata de una verdadera jerarquía de diferentes niveles," radicando la unidad de ellas, en el hecho de que "la creación de la de grado más bajo se encuentra determinada por otra de grado superior, cuya creación es determinada, a su vez, por otra todavía más alta." Lo que en definitiva constituye la unidad del sistema es, de acuerdo con Kelsen, "la circunstancia de que tal *regressus* termina en la norma de grado más alto, o básica, que representa la suprema razón de validez de todo el orden jurídico."[21]

En otras palabras del mismo Kelsen:

> "Una pluralidad de normas constituye una unidad, un sistema o un orden, cuando en el análisis final, su validez depende de una norma o ley única. Esta norma fundamental es la fuente común de validez de todas las normas que pertenecen al mismo orden y que forma su unidad. En esta forma, una norma pertenece a un orden dado cuando sólo existe la posibilidad de hacer que su validez dependa de la norma fundamental que es la base de tal orden."[22]

Se trata, en definitiva, de la "teoría de la pirámide jurídica," como el mismo Kelsen la denominó[23], o de la sistematización gradual del ordenamiento jurídico en forma jerárquica, con la Constitución en la cúspide, la cual fue desarrollada particularmente en el campo del derecho administrativo por Adolf Merkl[24]; particularmente en relación con las funciones del Estado, de manera que la función administrativa siempre es de carácter sub legal, es decir, de ejecución directa de la legislación y sólo indirecta de la Constitución. La teoría, en todo caso, proporciona un buen método de orden lógico para construir un sistema que contentivo de los diversos niveles normativos del ordenamiento jurídico de cualquier Estado contemporáneo. También suministra una explicación lógica para determinar la validez formal de cada uno de esos niveles normativos. Además, permite establecer los confines formales de la "legalidad" de cada uno de los actos de los diversos órganos del Estado, en relación con el nivel o grado que tiene cada norma que se crea en ese sistema jurídico.

En efecto, el derecho positivo de cualquier Estado consiste no sólo en las leyes como actos formales emanados del Parlamento, sino también en otros actos normativos, como

---

21 H. Kelsen, *Teoría General del Derecho y del Estado*, Universidad Nacional Autónoma de México, Imprenta Universitaria, México, D.F., 1958, p. 146; H. Kelsen, *General theory of Law and State*, trans. Wedberg, rep. 1901, pp. 110 y ss.

22 H. Kelsen, *Teoría pura del Derecho*, Buenos Aires, 1981, p. 135; H. Kelsen, *Puré Theory of Law*, Cap. IX, *Teoría pura del Derecho*, Buenos Aires, 1981, p. 135.

23 H. Kelsen, *Teoría General del Estado*, trad. Luis Legaz Lacambra, Editora Nacional, México, 1954, p. 325.

24 *V.* A. Merkl, *Teoría General del Derecho Administrativo*, Madrid, 1935, pp. 7–62. *V.* también H. Kelsen, "La garantie juridiccionnelle de la Constitution (La Justice constitutionnelle)", *Revue du Droit Public et de la Science Politique en France et a l'étranger*, París 1928, pp. 197–257.

los decretos leyes, los *interna corporis* del parlamento, los reglamentos y los principios generales del derecho. Todos estos preceptos que hacen que el ordenamiento jurídico se aplique en un momento determinado, no sólo tienen orígenes diferentes sino también diferentes jerarquías o grados distintos, de manera que no se pueden considerar como normas coordinadas situadas en yuxtaposición[25]. Al contrario, todo ordenamiento jurídico tiene una estructura jerarquizada con sus normas distribuidas en diferentes niveles, más o menos una sobre la otra. Dentro de esta jerarquía, necesariamente debe haber una conexión formal entre las normas, pues a pesar de sus orígenes y características diferentes, están orgánicamente relacionadas.

En consecuencia, el ordenamiento jurídico no puede ser interpretado como un mero agregado de componentes inorgánicos y desordenados, o simplemente como una mera yuxtaposición causal de normas. Al contrario, para poder comprender a cabalidad el ordenamiento jurídico de un Estado, todos esos componentes deben organizarse en forma jerárquica, de manera que formen un sistema jurídico con diferentes tipos de normas unificadas y relacionadas. En otras palabras, deben responder a un orden sistemático, con relaciones de dependencia entre las diferentes partes, partiendo de la existencia de una base común de validez, con la forma de ley fundamental y superior (Constitución), de manera que la creación de una norma legal siempre se basa en otra norma legal.

Por ejemplo, la sanción de leyes ordinarias o actos de la Asamblea están regulados por la Constitución, como lo están los actos de gobierno que dicta el Presidente de la República; y la potestad para reglamentar las leyes y la forma en que debe hacerse, está regulada por las leyes formales. En cuanto a las decisiones judiciales y a las actuaciones de los tribunales, las mismas están sujetas a normas legales establecidas en leyes formales y en reglamentos. Asimismo, los actos administrativos están sometidos a las leyes ordinarias, y a los reglamentos; y así sucesivamente.

Con este método, en consecuencia, en el análisis global del ordenamiento jurídico es que se establece la distinción entre aquéllos actos de Estado que se dictan en ejecución directa e inmediata de la Constitución, es decir, que son dictados directamente en ejercicio de poderes constitucionales, y aquéllos cuya ejecución no está directamente relacionada con la Constitución y que se dictan en ejercicio directo de poderes establecidos en normas de derecho inferiores a la Constitución. Estos son actos de ejecución directa e inmediata de la legislación y de ejecución indirecta y mediata de la Constitución.

III. LA FORMACIÓN DEL DERECHO POR GRADOS EN LA CONSTITUCIÓN DE 1999

Este principio de la formación del derecho por grados es uno de los principios fundamentales del derecho público que adopta la Constitución de 1999; conforme a la cual todas las actuaciones del Estado derivan de la ejecución de la Constitución como norma suprema, en forma escalonada y sucesiva, configurándose entonces dos tipos de actividades estatales: aquéllas que derivan de la ejecución directa e inmediata de la Constitu-

25 *V.* H. Kelsen, *Teoría pura...*, *cit.*, p. 147.

ción; y aquellas que son de ejecución directa e inmediata de la Legislación y, por tanto, de ejecución indirecta y mediata de la Constitución[26].

En efecto, partiendo de la consideración de la Constitución como norma suprema y como fundamento del ordenamiento jurídico, como lo declara incluso su artículo 7, hay actividades que realizan determinados órganos del Estado en cumplimiento de atribuciones establecidas directa y exclusivamente en la Constitución, sin que exista o pueda existir otro acto estatal de ejecución directa e inmediata de la Constitución, como las leyes, que las regulen y que se interpongan entre la Constitución y la actividad. Esto sucede, por ejemplo, con la actividad legislativa de la Asamblea Nacional o la actividad de gobierno del Presidente de la República. Además, hay otras actividades de los órganos del Estado que se realizan en cumplimiento de atribuciones establecidas no sólo en la Constitución sino básicamente en las leyes, donde por principio existe o puede y debe existir un cuerpo legislativo que las regule. Por ejemplo, la actividad judicial y, precisamente, la actividad administrativa.

Las actividades realizadas en ejecución directa e inmediata de la Constitución, precisamente por ello, sólo están y pueden estar sometidas a lo que dispone el texto fundamental, no teniendo competencia el Legislador para regularlas mediante leyes; las segundas, en cambio, son actividades realizadas en ejecución directa e inmediata de la legislación e indirecta y mediata de la Constitución, las cuales, precisamente por ello, además de estar sometidas al texto fundamental (como toda actividad estatal), están sometidas a las regulaciones establecidas, además de en la Constitución, en las leyes y en las otras fuentes del derecho.

Las actividades que se realizan en ejecución directa e inmediata de la Constitución, por otra parte, como se dijo, sólo están sometidas al control de constitucionalidad a cargo de la Jurisdicción Constitucional que corresponde a la Sala Constitucional del Tribunal Supremo (Arts. 334, 336,2 y 4); las segundas, en cambio, están sometidas al control de constitucionalidad y de legalidad que corresponden a las otras Jurisdicciones del Poder Judicial, tanto a las ordinarias, como sucede con las apelaciones y la Casación en lo que concierne a la actividad judicial; como a la Jurisdicción Contencioso–Administrativa y a la Jurisdicción Contencioso–Electoral (Arts. 259, 297) cuando se trata de actividades administrativas.[27]

Las actividades administrativas, por tanto y por esencia, constituyen actividades estatales que se realizan siempre en ejecución directa e inmediata de la legislación y por tanto, en ejecución indirecta y mediata de la Constitución; y precisamente por ello es

---

26 *V.* sobre el sistema jerarquizado o graduado del orden jurídico en el orden constitucional venezolano Allan R. Brewer–Carías, *Derecho Administrativo*, Tomo I, Ediciones de la Facultad de Derecho, Caracas, 1975, pp. 373 y ss.; *Evolución Histórica del Estado*, Tomo VI *de Instituciones Políticas y Constitucionales*, Universidad Católica del Táchira, Editorial Jurídica Venezolana, Caracas, San Cristóbal 1996, pp. 107–117; *Los Principios fundamentales del derecho público (Constitucional y Administrativo)*, Editorial Jurídica venezolana, Caracas 2005, pp. 19 ss.

27 Como lo ha señalado la Sala Constitucional del Tribunal Supremo de Justicia en sentencia Nº 1268 de 06–07–2004 al referirse a los actos dictados por la Dirección Ejecutiva de la Magistratura del propio Tribunal Supremo: "por cuanto no se trata, el que fue impugnado, de un acto del Poder Público que hubiere sido dictado en ejecución directa de la Constitución, sino en ejercicio de función administrativa y, por ende, de rango sublegal, no es la jurisdicción constitucional que ejerce esta Sala la que tiene competencia para su control. Por el contrario, y de conformidad con el artículo 259 de la Constitución, corresponde a la jurisdicción contencioso–administrativa el conocimiento de la demanda de nulidad que en su contra se formuló y así se decide". *V.* en *Revista de Derecho Público*, Nº 99–100, Editorial Jurídica Venezolana, Caracas 2004.

que son esencialmente de carácter sublegal, aún cuando en un momento dado no se haya dictado la legislación correspondiente que las regule en concreto.

Sin embargo, este principio fundamental del constitucionalismo venezolano, ha sido lamentablemente violentado por la Sala Constitucional del Tribunal Supremo de Justicia, para justificar su supuesta competencia exclusiva para controlar la actividad administrativa desarrollada por el Consejo Supremo Electoral, en lo que se refiere a los actos administrativos dictados en relación con el proceso de referendo revocatorio del mandato del Presidente de la República, realizado durante el año 2004, impidiendo así a la Sala Electoral (Jurisdicción Contencioso–Electoral) ejercer sus competencias constitucionales de control de dicha actividad[28].

En esta materia, lo que en ningún momento puede confundirse es el principio de aplicación directa de las normas constitucionales, antes analizado, es decir de que hay "normas constitucionales de aplicación directa e inmediata", como por ejemplo aquellas que atribuyen competencia a los órganos del Estado y aquellas que declaran derechos y garantías constitucionales; con el principio de "los actos que se dictan en ejecución directa e inmediata de la Constitución". Es decir, una cosa es el principio de la aplicación directa e inmediata de las normas constitucionales que en materia de derechos fundamentales o de competencia de los órganos del Poder Público, no requieren (pero no excluyen) la existencia previa de leyes para poder ser aplicadas; y otra cosa es el rango que tiene los diversos actos dictados por los órganos en ejercicio del Poder Público en relación con la Constitución, en el sentido de que algunos son dictados en ejecución directa e inmediata de la Constitución (rango legal) no siendo posible su regulación por ley, y otros lo son en ejecución directa e inmediata de la legislación e indirecta y mediata de la Constitución pudiendo esencialmente ser regulados por la ley (rango sublegal)[29]. Por ello es que los actos dictados en ejecución directa e inmediata de la Constitución, es decir, de rango legal conforme a la teoría de la formación escalonada del orden jurídico, están sometidos al control de constitucionalidad por parte de la Sala Constitucional (Jurisdicción Constitucional), ya que no son actos en cuya emisión el órgano respectivo pueda estar condicionado por ley alguna. En cambio, los de carácter sublegal están sometidos no sólo a la Constitución sino a la ley, el reglamento y las otras fuentes del derecho, y por eso es que su control corresponde a la Jurisdicción contencioso administrativa y en su caso, a la Jurisdicción contencioso electoral.

---

28 *V.* la sentencia de avocamiento el N° 566 el 12 de abril de 2004 (Caso: *Julio Borges, César Pérez Vivas, Henry Ramos Allup, Jorge Sucre Castillo, Ramón José Medina y Gerardo Blyde vs. Consejo Nacional Electoral*) con motivo de la impugnación de la Resolución N° 040302–131 de 2 de marzo de 2004 del Consejo Nacional Electoral, mediante la cual dicho órgano informó sobre resultados preliminares de la verificación de las solicitudes y firmas en el procedimiento revocatorio iniciado en relación con el Presidente de la República, y de un Instructivo del mismo Consejo Nacional Electoral *sobre el tratamiento por el comité técnico superior de las firmas de caligrafía similar o renglones de planillas llenadas por la misma persona*. Véanse los comentarios en Allan R. Brewer–Carías, *La Sala Constitucional vs. El Estado democrático de derecho (El secuestro del Poder Electoral y de la Sala Electoral del Tribunal Supremo y la confiscación del derecho a la participación política)*, Caracas, 2004.

29 Lamentablemente, la Sala Constitucional en la citada sentencia N° 566 el 12 de abril de 2004 (Caso: *Julio Borges, César Pérez Vivas, Henry Ramos Allup, Jorge Sucre Castillo, Ramón José Medina y Gerardo Blyde vs. Consejo Nacional Electoral*) para impropiamente atribuirse una competencia que no tenía confundió la noción de "actos estatales dictados en ejecución directa e inmediata de la Constitución", con las "normas constitucionales de aplicación directa e inmediata". Se insiste, los primeros, los actos de "ejecución directa e inmediata de la Constitución" no sólo no requieren de ley alguna que los regule, sino que constitucionalmente no podría dictarse ley alguna que se interponga entre la norma constitucional y el acto estatal que se dicte.

De lo anterior resulta que toda actividad administrativa es ante todo, desde el punto de vista formal, una actividad que siempre es de carácter sublegal, es decir, de ejecución directa e inmediata de la legislación (así las leyes reglamentarias correspondientes no se hayan dictado) y de ejecución indirecta y mediata de la Constitución. Por supuesto, también las actividades judiciales son siempre de carácter sublegal, siendo la diferencia entre una y otra de carácter orgánico, en el sentido que las actividades judiciales siempre las realizan órganos autónomos e independientes en ejecución de la función jurisdiccional, como lo son los órganos que ejercen el Poder Judicial.

IV. LOS DIVERSOS ACTOS ESTATALES

Conforme a la Constitución, por tanto, hay una variedad de actos estatales que se dictan por los diversos órganos del Estado ordenados de acuerdo con el principio de la separación de poderes; actos que a la vez tienen su rango de acuerdo al grado que ocupan en la jerarquía del orden jurídico.

En efecto, por ejemplo, la Asamblea Nacional en ejercicio del Poder Legislativo puede ejercer funciones normativas, políticas, jurisdiccionales, de control y administrativas, pero los actos que emanan de la misma al ejercer dichas funciones no son necesariamente ni uniformes ni correlativos.

Cuando la Asamblea Nacional ejerce la función normativa, es decir, crea normas jurídicas de carácter general actuando como cuerpo legislador, dicta *leyes* (Art. 203), pero cuando lo hace en otra forma distinta, por ejemplo, al dictar sus reglamentos internos, ello lo hace a través de *actos parlamentarios sin forma de ley* (Art. 187,19). Ambos son actos legislativos, pero de distinto valor normativo.

Cuando la Asamblea Nacional ejerce la función política, es decir, intervienen en la formulación de las políticas nacionales, lo hacen a través de *leyes* (Art. 303) o a través de *actos parlamentarios sin forma de ley* (Art. 187,10).

En el caso de la participación en el ejercicio de la función jurisdiccional, al autorizar el enjuiciamiento del Presidente de la República, la Asamblea Nacional concretiza su acción a través de un *acto parlamentario sin forma de ley* (266,2).

Cuando la Asamblea Nacional ejerce sus funciones de control del gobierno y la Administración Pública también dicta *actos parlamentarios sin forma de ley* (Art. 187,3).

Por último, en cuanto al ejercicio de la función administrativa por la Asamblea Nacional, ella puede concretizarse en *leyes* (187,9)[30], en *actos parlamentarios sin forma de ley* (Art. 187,12) o en *actos administrativos* (Art. 187,22).

Por su parte, cuando los órganos que ejercen el Poder Ejecutivo, particularmente el Presidente de la República, realizan la función normativa, ésta se concretiza en *decretos–leyes* y *reglamentos (actos administrativos de efectos generales*) (Art. 236,10; 266,5).

En el caso de los *decretos–leyes*)[31], estos pueden ser *decretos leyes* delegados dictados en virtud de una habilitación legislativa (Art. 203; 236,8), *decretos leyes* de organi-

---

30 En el pasado, por ejemplo, eran las leyes aprobatorias de contratos estatales conforme al artículo 126 de la Constitución de 1961.

zación ministerial (Art. 236,20)[32] y *decretos leyes* de estados de excepción (Art. 236,7). En todos estos casos de decretos leyes, si bien todos son objeto de regulaciones legislativas que los condicionan (leyes habilitantes o leyes orgánicas) autorizadas en la Constitución; los mismos tienen rango y valor de ley.

Pero el Presidente de la República también realiza la función política, al dictar *actos de gobierno*, que son actos dictados en ejecución directa e inmediata de la Constitución (Art. 236,2,4,5,6,19,21). En particular, en este caso, dichos actos de gobierno se caracterizan frente a los actos administrativos por dos elementos combinados: en *primer lugar*, porque el acto de gobierno sólo puede ser realizado por el Presidente de la República, como jefe del Estado, "en cuya condición dirige la acción de Gobierno" (Art. 226); y en *segundo lugar*, porque se trata de actos dictados en ejecución de atribuciones establecidas directamente en la Constitución, sin posibilidad de condicionamiento legislativo, y que, por tanto, tienen el mismo rango que las leyes[33].

En todo caso, para distinguir el acto legislativo del acto de gobierno y del acto administrativo no sólo debe utilizarse el criterio orgánico, sino también el criterio formal: el acto de gobierno, aun cuando realizado en ejecución directa de la Constitución, está reservado al Presidente de la República, en tanto que el acto legislativo, realizado también en ejecución directa de la Constitución[34], en principio está reservado a la Asamblea Nacional; aún cuando esta pueda delegar la potestad normativa con rango de ley en el Presidente de la República mediante una ley habilitante (Art. 203), en cuyo caso el acto dictado por el Presidente mediante decretos leyes habilitados (Art. 236,8) es un acto legislativo, aún cuando delegado. En esta forma, el criterio orgánico distingue el acto de gobierno del acto legislativo, y ambos se distinguen del acto administrativo mediante el criterio formal: tanto el acto de gobierno como el acto legislativo (el dictado por la Asamblea Nacional como el dictado por delegación por el Presidente de la República)

---

31 *V.* en general, sobre los decretos leyes, Antonio Moles Caubet, *Dogmática de los Decretos–Leyes, Lección inaugural Curso 1974*, Universidad Central de Venezuela, Facultad de Derecho, Centro de Estudios para Graduados Caracas 1974; Eloísa Avellaneda Sisto, "Los Decretos Leyes", *Revista de Control Fiscal*, N° 105, abril–junio, XXIII (1982), Contraloría General de la República, Caracas 1982, pp. 55–116; Eloísa Avellaneda Sisto, "Los decretos del Presidente de la República", *Revista de la Facultad de Derecho de la Universidad Católica Andrés Bello*, N° 48 (diciembre), Caracas, 1993, pp. 345–387; Eloísa Avellaneda Sisto "El régimen de los Decretos–Leyes, con especial referencia a la Constitución de 1999", en *Estudios de Derecho Administrativo – Libro Homenaje a la Universidad Central de Venezuela*, Volumen I. Tribunal Supremo de Justicia, Caracas, 2001, pp. 69–105; José Peña Solís "Análisis crítico de la doctrina de la Sala Constitucional del Tribunal Supremo de Justicia sobre las leyes orgánicas y los decretos leyes orgánicos", en *Ensayos de Derecho Administrativo – Libro Homenaje a Nectario Andrade Labarca*, Volumen II. Tribunal Supremo de Justicia, Caracas, 2004, pp. 375–414.

32 *V.* sobre estos decretos, Daniel Leza Betz, "La organización y funcionamiento de la administración pública nacional y las nuevas competencias normativas del Presidente de la República previstas en la Constitución de 1999: al traste con la reserva legal formal ordinaria en el Derecho Constitucional venezolano", *Revista de Derecho Público*, N° 82 (abril–junio), Editorial Jurídica Venezolana, Caracas, 2000, pp. 19–55; Gerardo Rupérez Caníbal, "La flexibilización de la reserva legal organizativa en el ámbito de la administración pública nacional", *Revista de Derecho*, N° 8, Tribunal Supremo de Justicia, Caracas 2003, pp. 435–452.

33 *V.* Juan D. Alfonso Paradisi, "Los actos de gobierno", *Revista de Derecho Público*, N° 52, octubre–diciembre, Editorial Jurídica Venezolana, Caracas 1992, pp. 5–23; Pablo Marín Adrián, "Actos de gobierno y la sentencia de la Corte Suprema de Justicia del 11 de marzo de 1993", *Revista de Derecho Público*, N° 65–66 (enero–junio), Editorial Jurídica Venezolana, Caracas, 1996, pp. 497–519

34 La Asamblea Nacional realiza su actividad legislativa en cumplimiento de atribuciones directamente establecidas en la Constitución (Art. 187,1; 203). En el solo caso de las leyes especiales que han de someterse a las leyes orgánicas preexistentes (Art. 203) podría decirse que hay condicionamiento legislativo de la propia actividad legislativa. En igual sentido, los decretos–leyes dictados por el Presidente de la República en ejercicio de la función normativa, están condicionados por la ley habilitante o de delegación (Art. 236,8).

se realizan en ejecución directa de competencias constitucionales, en tanto que el acto administrativo siempre es de rango sublegal, es decir, sometido a la ley y realizado en ejecución de la ley, y por tanto, en ejecución mediata e indirecta de la Constitución.

Es decir, los actos de gobierno se distinguen de los actos administrativos dictados por los órganos ejecutivos, en que estos se realizan a todos los niveles de la Administración Pública y siempre tienen rango sublegal, es decir, se dictan por los órganos ejecutivos en ejecución de atribuciones directamente establecidas en la legislación, y sólo en ejecución indirecta y mediata de la Constitución[35]. Este es el criterio formal, derivado de la teoría merkeliana de construcción escalonada del orden jurídico[36], para la identificación de la Administración, la cual ha sido acogida en la Constitución al reservarse al control que ejerce Jurisdicción Constitucional a los actos estatales dictados en ejecución directa e inmediata de la Constitución (Art. 336,2), con lo que los actos dictados en ejecución directa e inmediata de la legislación y mediata e indirecta de la Constitución (actos administrativos) caen entonces bajo el control de la Jurisdicción contencioso administrativa (Art. 259) y de la Jurisdicción contencioso electoral (Art. 297).

Pero además, en los casos de ejercicio de la función jurisdiccional, de la función de control y de la función administrativa, los órganos ejecutivos dictan, por ejemplo, *actos administrativos* (Art. 259; 266,5).

En cuanto a los órganos que ejercen el Poder judicial, cuando por ejemplo el Tribunal Supremo de Justicia ejerce la función normativa, dicta reglamentos (actos administrativos de efectos generales),[37] cuando ejerce la función administrativa y la función de control sobre el Poder Judicial (Art. 267), dictan *actos administrativos*; y cuando ejerce la función jurisdiccional, dictan *actos judiciales* (*sentencias*) (Art. 266, 336); y los primeros están sometidos al control de los órganos de la Jurisdicción Contencioso–Administrativa. Como lo ha dicho la Sala Constitucional del Tribunal Supremo de Justicia en sentencia N° 1268 de 6 de julio de 2004 (Caso: *Yolanda Mercedes Martínez del Moral vs. Comisión Judicial de la Sala Plena del Tribunal Supremo de Justicia*), respecto de un acto administrativo dictado por un órgano del propio Tribunal Supremo en ejercicio de funciones de administración y gobierno del Poder Judicial:

> "En consecuencia, por cuanto no se trata, el que fue impugnado, de un acto del Poder Público que hubiere sido dictado en ejecución directa de la Constitución, sino en ejercicio de función administrativa y, por ende, de rango sublegal, no es la jurisdicción constitucional que ejerce esta Sala la que tiene competencia para su control. Por el contrario, y de conformidad con el artículo 259 de la Constitución, corresponde a la jurisdicción contencioso–administrativa el conocimiento de la demanda de nulidad que en su contra se formuló y así se decide."[38]

El acto judicial, por su parte, también se distingue del acto de gobierno y de la acto legislativo con base en los dos criterios señalados: desde el punto de vista orgánico, porque el acto judicial está reservado a los Tribunales de la República, en tanto que el acto legislativo está reservado a la Asamblea Nacional, la cual puede delegarlo en el Presidente de la República (leyes habilitantes) y el acto de gobierno está reservada al

---

35 En este sentido es que podría decirse que la actividad administrativa se reduce a ejecución de la ley.

36 Adolf Merkl, *Teoría General del Derecho Administrativo*, Madrid, 1935, p. 13. *Cfr.*, Hans Kelsen, *Teoría General del Estado*, México, 1957, p. 510, y *Teoría Pura del Derecho*, Buenos Aires, 1974, pp. 135 y ss. *V.* algunas de las referencias en Allan R. Brewer–Carías, *Las Instituciones Fundamentales del Derecho Administrativo y la jurisprudencia Venezolana*, Caracas, 1964, pp. 24 y ss.

37 Los reglamentos establecidos en la Ley Orgánica del Tribunal Supremo de Justicia, Art. 36.12.

38 *V.* en *Revista de Derecho Público*, N° 99–100, Editorial Jurídica Venezolana, Caracas 2004.

Presidente de la República[39]; y desde el punto de vista formal, porque al igual que el acto administrativo, el acto judicial es de rango sublegal, es decir, sometido a la ley y realizado en ejecución de la ley.

Por último, en cuanto a la distinción entre el acto administrativo y el acto judicial, si bien no puede utilizarse el criterio formal de su graduación en el ordenamiento jurídico ya que ambos son dictados en ejecución directa e inmediata de la legislación y en ejecución indirecta y mediata de la Constitución, sí se distinguen con base al criterio orgánico y a otro criterio formal. Desde el punto de vista orgánico, el acto judicial está reservado a los tribunales, con carácter de exclusividad, ya que sólo éstos pueden dictar sentencias; y desde el punto de vista formal, la declaración de lo que es derecho en un caso concreto que realizan los órganos judiciales, se hace mediante un acto que tiene fuerza de verdad legal, que sólo las sentencias poseen.

Por su parte, cuando los órganos que ejercen el Poder Ciudadano realizan la función de control (Art. 274; 281; 289), la función normativa y la función administrativa, la misma se concreta en *actos administrativos de efectos generales* (*reglamentos*) *o de efectos particulares* (Art. 259; 266,5).

Igualmente, cuando los órganos que ejercen el Poder Electoral realizan la función normativa (Art. 293,1), dictan *actos administrativos de efectos generales* (*reglamentos*) (Art. 293,1); y cuando realizan la función administrativa (Art. 293,3) y de control (Art. 293,9), la misma se concreta en *actos administrativos* (Art. 259; 266,5).

En esta forma, el ejercicio de la función normativa se puede manifestar, variablemente, a través de leyes, actos parlamentarios sin forma de ley, decretos–leyes y reglamentos (actos administrativos de efectos generales); el ejercicio de la función política, a través de actos de gobierno, leyes y actos parlamentarios sin forma de ley; el ejercicio de la función jurisdiccional, a través de actos parlamentarios sin forma de ley, actos administrativos y sentencias; el ejercicio de la función de control, a través de leyes, actos parlamentarios sin forma de ley, actos administrativos y sentencias; y el ejercicio de la función administrativa, a través de leyes, actos parlamentarios sin forma de ley y actos administrativos.

En sentido inverso, puede decirse que las leyes sólo emanan de la Asamblea Nacional actuando no sólo en ejercicio de la función normativa, sino de la función política, de la función de control y de la función administrativa; que los actos de gobierno emanan del Presidente de la República, actuando en ejercicio de la función política; que los decretos–leyes emanan también del Presidente en ejercicio de la función normativa; que los actos parlamentarios sin forma de ley sólo emanan de la Asamblea Nacional, actuando en ejercicio de las funciones normativas, política, de control y administrativa; y que los actos judiciales (sentencias) sólo emanan de los tribunales, actuando en ejercicio de la función jurisdiccional. En todos estos casos, el tipo de acto se dicta exclusivamente por un órgano estatal, pero en ejercicio de variadas funciones estatales. Lo privativo y exclusivo de los órganos estatales en esos casos, no es el ejercicio de una determinada función, sino la posibilidad de dictar determinados actos: las leyes y los actos parlamen-

39 Puede decirse, entonces, que la separación orgánica de poderes tiene plena concordancia con la división orgánica de las actividades de gobierno (reservada al Presidente de la República), legislativas (reservadas a la Asamblea Nacional, la cual puede delegarla en el ejecutivo Nacional) y judiciales (reservada a los Tribunales). Por supuesto, la coincidencia de actividades específicas con órganos estatales determinados concluye allí, pues la actividad administrativa, al contrario, no está reservada a ningún órgano estatal específico, sino que se realiza por todos ellos.

tarios sin forma de ley por la Asamblea Nacional; los actos de gobierno por el Presidente de la República; y los actos judiciales (sentencias) por los tribunales.

En cuanto a los actos administrativos, éstos pueden emanar de la Asamblea Nacional, actuando en función administrativa y en función de control; de los tribunales, actuando en función normativa, en función de control y en función administrativa; de los órganos que ejercen el Poder Ejecutivo (Administración Pública Central) cuando actúan en función normativa, en función jurisdiccional, en función de control y en función administrativa; de los órganos que ejercen el Poder Ciudadano actuando en función normativa, en función de control y en función administrativa; y de los órganos que ejercen el Poder Electoral actuando también en función normativa, en función de control y en función administrativa.

Los actos administrativos en esta forma, y contrariamente a lo que sucede con las leyes, con los actos parlamentarios sin forma de ley, con los decretos–leyes, con los actos de gobierno y con las sentencias judiciales, no están reservados a determinados órganos del Estado, sino que pueden ser dictados por todos ellos y no sólo en ejercicio de la función administrativa, sino de todas las otras funciones del Estado.

Ahora bien, en ese universo de actos estatales, los mismos se distinguen según el grado de ejecución de la Constitución, tal como se ha dicho, entre los actos estatales dictados en ejecución directa e inmediata de la Constitución (actos de rango legal); y los actos estatales dictados en ejecución indirecta y mediata de la Constitución (actos de rango sublegal).

En cuanto a **los actos estatales dictados en ejecución directa e inmediata de la Constitución** son los actos legislativos, los decretos leyes y los actos de gobierno.

Los actos legislativos son las leyes (Arts. 187,1 y 203) y los actos parlamentarios sin forma de ley (actos privativos e *interna corporis*) (Art. 187). Las leyes, incluso, son formalmente definidas en la Constitución, como los actos sancionados por la Asamblea Nacional como cuerpo legislador (Art. 203).

También pueden considerarse como actos con rango y valor de ley los decretos leyes o decretos con fuerza de ley dictados por el Presidente de la República previa autorización por una ley habilitante (Arts. 203; 236, 8); los dictados en materia de organización ministerial (Art. 236,20) y los dictados en estado de excepción (Arts. 236,7; 337).

Los actos del gobierno, por su parte, son los actos dictados por el Presidente de la República en ejercicio sólo de atribuciones constitucionales[40], y que por ello no pueden estar regulados o limitados por la Asamblea Nacional mediante leyes. Es el caso, por ejemplo, del nombramiento del Vicepresidente Ejecutivo, de la concesión de indultos, de la convocatoria de la Asamblea Nacional a sesiones extraordinarias, y de la disolución de la Asamblea Nacional (Art. 236,3,9,19,21).

En cuanto a los **actos estatales dictados en ejecución indirecta y mediata de la Constitución son** los actos administrativos y los actos judiciales

Es decir, en la sistematización formal del ordenamiento jurídico, dentro del sistema graduado de producción de normas, salvo los actos dictados en ejecución directa e in-

---

40 *V.* Allan R. Brewer–Carías, "Comentarios sobre la doctrina del acto de gobierno, del acto político, del acto de Estado y de las cuestiones políticas como motivo de inmunidad jurisdiccional de los Estados en sus Tribunales nacionales", en *Revista de Derecho Público*, N° 26, Editorial Jurídica Venezolana, Caracas, abril–junio 1986, pp. 65–68.

mediata de la Constitución, los demás actividades del Estado, particularmente las administrativas, de control y judiciales, se ejercen, no en ejecución directa de las normas constitucionales, sino más bien en ejecución directa de la "legislación", es decir, de las leyes formales o los actos del Parlamento, incluso, de los actos de gobierno o los decretos leyes dictados por los órganos constitucionales competentes, a su vez en ejecución directa de la Constitución.

En esta forma, todas las actividades administrativas y judiciales originan actos dictados en ejecución directa e inmediata de la "legislación", y en ejecución indirecta e mediata de la Constitución; es decir, son actos de carácter sublegal. En consecuencia, y en particular para el derecho administrativo, los actos administrativos dictados en ejercicio de las diversas funciones del Estado, son actos que por esencia tienen rango sublegal, por lo que, no hay ni puede haber actos administrativos que se dicten en ejecución directa e inmediata de la Constitución.

V. EL ORDEN JURÍDICO Y EL ÁMBITO DEL DERECHO AL CUAL ESTÁN SOMETIDOS LOS ACTOS ESTATALES.

Ahora bien, todas las actividades de los órganos del Estado, y de sus autoridades y funcionarios, siempre deben realizarse conforme a la ley y dentro de los límites establecidos por la misma. Esto, por supuesto, tiene una particular importancia en relación con la actividad administrativa del Estado, pues da origen al principio de legalidad conforme al cual los órganos del Estado deben estar sujetos a la ley.

La consecuencia de ello es que en un Estado de derecho, el pueblo como electorado es el único cuerpo soberano (poder constituyente)que no tiene limitaciones a su poder, salvo los que se impone a sí mismo, de lo que deriva que todos los otros órganos o cuerpos del Estado (poderes constituidos) están sujetos a la ley[41]. Y "ley" aquí, quiere decir, no sólo "ley formal", es decir, un estatuto o acto de la Asamblea Legislativa o Parlamento, sino también, todas las normas que forman el ordenamiento jurídico estructurado en forma jerárquica, con la Constitución en la cúspide como ley suprema o *Grundnorm.* En este mismo sentido amplio, la expresión "principio de legalidad" empleada en el derecho continental, debe entenderse como equivalente de Estado de derecho.

Por consiguiente, "legalidad", en el derecho constitucional contemporáneo, no es sólo la sumisión a la "ley formal" como acto sancionado por el Legislador, sino que quiere decir sumisión al ordenamiento jurídico, incluyendo a la Constitución y a otras fuentes de derecho. Sin embargo, no hay que olvidar que al definir el principio de la legalidad, los autores franceses[42] en general utilizaban el significado restringido del término ley, como ley formal, llegando algunos a utilizar un concepto más amplio como sinónimo de "ordenamiento jurídico"[43], o como Hauriou lo llamó, el *"bloc légal"* (bloque legal) o

41 *V.* J. D. B. Mitchell, *Constitutional Law*, Edimburgo 1968, p. 62.

42 *V.* Ch. Eisenmann, "Le droit administratif et le principe de légalité," en *Etudes et Documente, Conseil d'Etat*, N° 11, París, pp. 45–50.

43 *V.* A. de Laubadère, *Traite Elémentaire de Droit Administratif*, París, N° 369; G. Vedel, *La soumision de l'Administration á la loi* (extraído de la *Revue al Quanon Wal Igtisad*, año 22, El Cairo Nos. 26, 31, 47, 58, 94. 165, 166, citado por Ch. Eisenmann, "Le droit administratif...," *loc. cit.*, pp. 26–27.

"bloc de la légalité" (bloque de la legalidad).[44] Concepción, que en todo caso progresivamente se ha superado, al configurarse la propia Constitución, también, como norma. Además, es claro que los actos del cuerpo legislativo al ser *per se* normas dictadas en ejecución directa de la Constitución, también están subordinadas a ella. En consecuencia, el principio de legalidad en el Estado de derecho contemporáneo también comprende el "principio de constitucionalidad". Por consiguiente los actos dictados en ejecución directa de la Constitución están sometidos a ella y pueden ser controlados; de ahí el control jurisdiccional de la constitucionalidad de las leyes.

Ahora bien, hay dos aspectos que deben retenerse de lo dicho anteriormente: en primer lugar, que el principio de legalidad, en el contexto del Estado de derecho, se refiere específicamente a todos los órganos y poderes del Estado, y no sólo a uno, básicamente al Poder Ejecutivo o a la Administración Pública. En consecuencia, en un Estado con Constitución escrita, el órgano legislativo también está limitado por el "principio de legalidad", en el sentido de que sus actividades están constitucionalmente limitadas por lo que pueden ser objeto de control judicial.

En segundo lugar, que en la expresión "principio de legalidad", el término "ley" debe entenderse en el sentido más amplio de "ordenamiento jurídico", y no en el sentido formal de acto emanado del Parlamento, por lo que comprende la Constitución en sí misma, las leyes formales y todas las otras normas del ordenamiento jurídico conformadas en un sistema legal que deriva de la Constitución en forma escalonada y jerarquizada.

Este enfoque conduce a la necesidad de identificar los aspectos centrales de cada sistema jurídico para determinar cuáles son las normas aplicables a cada órgano del Estado; en otras palabras, para establecer los confines de la legalidad a la cual están sometidos los diferentes órganos y actos del Estado. Para ello, como hemos dicho, en todos los sistemas legales contemporáneos,[45] existe y debe existir una distinción entre, por una parte, las normas que integran la Constitución en sí misma, como derecho positivo superior, y por otro lado, las normas que son sancionadas por una autoridad con poderes derivados de la Constitución. En otras palabras, debe establecerse una distinción entre la norma constitucional y la legislación ordinaria.

Esta distinción entre el ordenamiento constitucional y la legislación ordinaria, por supuesto, tiene un carácter fundamental en el constitucionalismo moderno, de manera que si el principio de legalidad implica que todas las actividades de un Estado deben realizarse conforme a la ley, indudablemente que resulta necesario determinar, ante todo, cual es la regla de derecho a la cual cada acto del Estado debe confirmarse. Para ello, las normas del ordenamiento que forman un sistema jurídico, como hemos dicho, se organizan deliberada o espontáneamente en forma jerárquica, de manera que existen normas en un nivel superior que siempre prevalecen sobre otras normas de nivel inferior; lo que a la vez permite basar la validez de ciertas normas en la validez de otras. Según este método, como hemos señalado antes y siguiendo la concepción de Kelsen, cada categoría de normas se basa en otras de mayor jerarquía, y al mismo tiempo, sirve de base para otras de menor jerarquía. En consecuencia, todo el ordenamiento jurídico en vigor constituye un sistema graduado en estructuras jerarquizadas, donde cada norma depende de unas, y donde en definitiva, la validez de todas las normas proviene, en

---

44 *V.* Ch. Eisenmann, "Le droit administratif...," *loc. cit.*, p. 26.

45 *V.* G. MacCormack, "Law and Legal system", *The Modern Law Review*, 42 (3). 1979, pp. 285–290: "Legal system" entendido como una recolección de reglas de derecho que tienen en común su interrelación en un orden en particular, básicamente jerárquico.

última instancia, de la Constitución, siendo ésta la norma que regula toda la estructura del sistema jurídico, y que se encuentra en la cúspide del mismo.

Y es precisamente con este método, que en el análisis global del ordenamiento jurídico, se puede establecer una distinción entre aquéllos actos de Estado que se dictan en ejecución directa e inmediata de la Constitución, es decir, que son dictados directamente en ejercicio de poderes constitucionales, y aquéllos cuya ejecución no está directamente relacionada con la Constitución y que se dictan en ejercicio directo de poderes establecidos en normas de derecho inferiores a la Constitución. Son actos de ejecución directa e inmediata de la legislación y de ejecución indirecta y mediata de la Constitución, y todos sometidos a control judicial.

VI. EL ACTO DE GOBIERNO COMO ACTO DE EJECUCIÓN DIRECTA DE LA CONSTITUCIÓN Y EL CONTROL DE CONSTITUCIONALIDAD

Precisamente, entre los actos que surgen de la ejecución directa e inmediata de la Constitución, como se ha dicho, se encuentran aquellos actos estatales emanados del Jefe de Estado, en ejercicio de poderes que le son asignados en forma directa en la Constitución para ejercer actividades que por ello no están sujetas a regulación por parte del Legislador ordinario, es decir, que el Legislador no puede ni regular ni limitar a través de las leyes.

Nos referimos aquí, de nuevo, a los llamados en el derecho público como actos de gobierno o actos políticos, y que son más o menos equivalentes a la noción norteamericana de "cuestión política."[46] Se trata de actos que se dictan en ejecución directa e inmediata de la Constitución, no están sujetos a regulación por ley formal, y son ejercidos por el Jefe de Estado basándose en disposiciones directas de la Constitución. En consecuencia, estos actos de gobierno en la formación escalonada del orden jurídico, también se colocan en el mismo nivel que las leyes formales, y sólo están sujetos a lo establecido en la Constitución, la cual determina su ámbito de legalidad.

El principio de legalidad del Estado, por tanto, es decir, la necesaria sumisión de los órganos del Estado a la ley, en lo referente a estos órganos constitucionales y a los actos dictados en ejecución directa e inmediata de la Constitución, como los actos de gobierno, equivale a sometimiento a la Constitución y al bloque de constitucionalidad. Como ya lo mencionamos, en todos estos casos, "legalidad" equivale a "constitucionalidad;" en otras palabras, sumisión a la Constitución, o actuación de conformidad con las normas establecidas por la Constitución, dentro de los límites constitucionales.

Pero como hemos dicho, en la sistematización formal del ordenamiento jurídico, dentro de este sistema graduado de producción de normas, salvo todos los actos dictados en ejecución directa e inmediata de la Constitución, los demás órganos del Estado, particularmente en las áreas administrativas, de control y judiciales, estas se ejercen, no en ejecución directa de las normas constitucionales sino más bien, en ejecución directa de la "legislación", es decir, de las leyes formales o los actos del Parlamento, incluso, de los actos de gobierno o los decretos leyes dictados por los órganos constitucionales

---

46 *V.* Allan R. Brewer–Carías, "Comentarios sobre la doctrina del acto de gobierno, del acto político, del acto de Estado y de las cuestiones políticas como motivo de inmunidad jurisdiccional de los Estados en sus Tribunales nacionales", en *Revista de Derecho Público*, N° 26, Editorial Jurídica Venezolana, Caracas 1986, pp. 65–68.

competentes, a su vez en ejecución directa de la Constitución. En esta forma, todas las actividades administrativas son en última instancia, actos dictados en ejecución directa e inmediata de la "legislación", y en ejecución indirecta e mediata de la Constitución.

En consecuencia, en un Estado de derecho, el grado de sumisión de la Administración Pública al principio de la legalidad, es de mayor ámbito que el de la sumisión a las normas de derecho por parte de los órganos constitucionales del Estado. La Asamblea o el Parlamento están sometidos a la Constitución e, incluso, el Jefe de Estado o de Gobierno, cuando dicta actos de gobierno sólo está sometido en general, a la Constitución; mientras que los órganos y las autoridades administrativas están envueltos en un área de legalidad de mayor ámbito puesto que están sometidos a la "legislación", la cual ejecutan. Esta es la razón por la cual, en este campo, el principio de legalidad tomó el significado que normalmente tiene en relación a la actividad administrativa del Estado contemporáneo.

Como se ha dicho, conforme a la Constitución, el Presidente de la República puede dictar actos de igual rango que la Ley, pero desvinculados de ésta por ser emanados en ejecución directa e inmediata de la Constitución, que se han denominado como "actos de gobierno,"[47] dictados en el ejercicio de la función política, y que, por tanto, no son actos administrativos.[48] Al ser dictados con base en atribuciones que la Constitución le asigna directamente al Presidente, el legislador no puede regularlos pues no tiene competencia para regular el ejercicio de la función de gobierno por parte del Poder Ejecutivo. No se trata, por tanto, de actos de carácter sublegal, sino de igual rango que la ley, aún cuando no tengan "valor" de ley por no tener poder derogatorio respecto de las mismas.

Sobre estos actos de gobierno, la antigua Corte Suprema de Justicia en Corte Plena, en sentencia de 11 de marzo de 19 de marzo de 1993 señaló:

> "Es ampliamente conocida en el ámbito constitucional la teoría del "acto de gobierno", "gubernativo" o "acto político", conforme a la cual, en su formulación clásica, el Presidente de la República como cabeza del Ejecutivo y Jefe de Estado (artículo 181 de la Constitución) ejerce, además de funciones propiamente administrativas, otras de contenido distinto, atinentes a la "oportunidad política" o actos que por su naturaleza, intrínsecamente ligada a la conducción y subsistencia del Estado, no son en la misma medida enjuiciables. Se institucionalizaba así, la figura intimidante de la "razón de Estado" como justificación a toda cuestión de la cual el Gobierno no tuviera que rendir debida cuenta.
>
> Semejante construcción sustentada en la tesis de la llamada "soberanía suprema", cuyo nacimiento teórico ubican distintos autores en la época posterior a la caída del régimen napoleónico, pronto empezó a ser revisada con criterios cada vez más estrictos que llevaron a una categorización jurisprudencial de los actos de esa naturaleza excluidos del control jurisdiccional, también cada vez más reducida.
>
> En Venezuela, la falta de una disposición expresa al respecto en el Texto Fundamental, ha sentado este Alto Tribunal, como nota identificadora de esa especie jurídica, aquellos actos que, en ejecución directa e inmediata de la Constitución, son de índole eminentemente política. (*V.* SPA del 21–11–88, Caso *Jorge Olavarria*).

---

47 *V.* Allan R. Brewer–Carías, *Derecho Administrativo*, Tomo I, Caracas, 1975, pp. 378 y 391.

48 *V.* Allan R. Brewer–Carías, *Las Instituciones Fundamentales del Derecho Administrativo y la Jurisprudencia Venezolana*, Caracas, 1964, pp. 26, 108 y 323 y ss.

> Dentro de este contexto, concuerdan autores y jurisprudencia nacional y extranjera en mantener dentro de esa clasificación, entre otros, el indulto, los actos relativos a la conducción de la relaciones entre el Gobierno y países extranjeros..."[49]

En el mismo sentido, antes, la antigua Corte Suprema de Justicia en Sala Político Administrativa, en sentencia de 21 de noviembre de 1988 había precisado la noción del acto de gobierno, como un acto ejecutivo dictado en ejecución directa de la Constitución y no de la ley ordinaria, distinguiéndolos así de los actos administrativos, en la forma siguiente:

> "Permanecen todavía incólumes los principios sentados por la Corte –a los que se refieren los apoderados del Consejo, pero aplicándolos inexactamente al caso de autos– respecto de los "actos de gobierno", especie jurídica que, en razón de su superior jerarquía, derivada del hecho de que son producidos en ejecución directa e inmediata de la Constitución y no de la ley ordinaria, ha sido excluida hasta ahora, por la propia Corte, de la totalidad del control jurisdiccional de constitucionalidad, "en atención –como ella misma ha expresado– a que por su propia esencia son actos de índole eminentemente política o actos de gobierno, o de índole discrecional; situaciones en que no cabe aplicar a los motivos determinantes de la actuación el expresado control constitucional".

Los principios jurisprudenciales alegados por los defensores de la actuación del Consejo en la Resolución recurrida, permanecen, en efecto, aún vigentes (a más de la comentada decisión del 29–04–65, en Corte Plena, véase la de 28–06–83: CENADICA, dictada en SPA); mas, no son aplicables al caso de autos como ellos lo pretenden, sino –insiste la Sala– sólo a las actuaciones emanadas de la cúspide del Poder Ejecutivo en función de gobierno, es decir, a los denominados por la doctrina "actos de gobierno", emitidos justa y precisamente en ejecución directa e inmediata de la Constitución; y no a los producidos, como los de autos, por una administración –la electoral en el caso– que ejecutó, de manera directa e inmediata, normas de rango inferior al de la Carta Magna, a saber: las de la Ley Orgánica del Sufragio. Así se declara."[50]

De acuerdo con esta categorización, entre los actos de gobierno que puede dictar el Presidente de la República, estarían, por ejemplo, la concesión de indultos (art. 236.19); los actos relativos a la dirección de las relaciones exteriores de la República (art. 236.4); la adopción de decisiones como Comandante en Jefe de las Fuerzas Armadas, como el fijar el contingente de las mismas y promover sus oficiales (art. 236.5 y 236.6); la declaratoria de los estados de excepción y el decretar la restricción de garantías (art. 236.7); la convocatoria a la Asamblea Nacional a sesiones extraordinarias (art. 236.9); y la disolución de la Asamblea Nacional en caso de que se produzcan tres votos de censura contra el Vicepresidente (arts. 236.21 y 240).

En esta forma, como se ha dicho desde el inicio, la noción del acto de gobierno en Venezuela ha sido delineada básicamente con base en un criterio estrictamente formal, como acto dictado por el Presidente de la República, en ejecución directa e inmediata de la Constitución, pero agregando, sin embargo, que se trata de actos dictados en ejercicio de la función política.[51] No se trata, por tanto, de actos administrativos que siempre son de rango sublegal, ni de actos en cuyo dictado el Presidente deba someterse a normas legislativas. Como actos dictados en ejercicio de atribuciones constitucionales

---

49 *V. Revista de Derecho Público*, Nº 53 54, Caracas, 1993, pp. 155 y ss.

50 *V.* en *Revista de Derecho Público*, Nº 36, Caracas, 1988, pp. 62 y ss.

51 *V.* Allan R. Brewer–Carías, *Las Instituciones Fundamentales del Derecho Administrativo y la Jurisprudencia Venezolana*, Caracas, 1964, pp. 26, 108 y 323 y ss. y *Derecho Administrativo*, Tomo I, Caracas 1975, *cit.*, pp. 391 y ss.

por el Presidente de la República, el Poder Legislativo no puede regular la forma o manera de sus dictados, pues incurriría en una usurpación de funciones.

Pero como se ha dicho, entonces, además del criterio formal, el acto de gobierno se caracteriza como su nombre lo indica, por el ejercicio de la función política por parte del Presidente de la República. En este sentido, hay que recordar que la división de la potestad estatal (el Poder Público) en ramas y la distribución de su ejercicio entre diversos órganos, no coincide exactamente con la "separación" de las funciones estatales,[52] por lo que el hecho de que exista una separación orgánica de poderes no implica que cada uno de los órganos que lo ejercen tenga necesariamente el ejercicio exclusivo de ciertas funciones, pues paralelamente a las "funciones propias" de cada órgano del Estado, éstos ejercen funciones que por su naturaleza son similares a las que ejercen otros órganos estatales.[53] En otras palabras, paralelamente a sus funciones propias, realizan funciones distintas a aquellas que les corresponden por su naturaleza[54].

En la expresión constitucional, por "función" ha de entenderse la acción que desarrollan los órganos estatales o la actividad que desempeñan como tarea que les es inherente, en el sentido que sólo en ejercicio del Poder Público pueden cumplirse. De ahí que la función es toda actividad de la propia esencia y naturaleza de los órganos estatales y, por tanto, indelegable, salvo que exista una autorización constitucional. Entonces, las diversas funciones del Estado son sólo las diversas formas a través de las cuales se manifiesta la actividad estatal[55]; y ellas no están atribuidas en forma exclusiva a los órganos del Estado.[56]

Ahora bien, en el mundo contemporáneo estas funciones como tareas inherentes a los órganos del Estado pueden reducirse a cinco, que son la función normativa, la función política, la función administrativa, la función jurisdiccional y la función de control; a

52 *V.* por ejemplo, sentencia de la antigua Corte Federal de 19–6–53, en *Gaceta Forense*, N° 1, Caracas 1953, p. 77; y sentencias de la antigua Corte Suprema de Justicia en Sala Político Administrativa de 18–7–63, en *Gaceta Forense* N° 41, Caracas 1963, pp. 116 y 117; de 27–5–68, en *Gaceta Forense* N° 60, Caracas 1969, pp. 115 y ss.; y de 9–7–69, en *Gaceta Forense* N° 65, Caracas 1969, pp. 70 y ss.

53 *V.*, la sentencia de la antigua Corte Federal de 19–6–53, en *Gaceta Forense* N° 1, 1953, p. 77; y la sentencia de la antigua Corte Federal y de Casación en Sala Político–Administrativa de 18–7–63, en *Gaceta Forense* N° 41, Caracas 1963, p. 116.

54 *V.* sentencia de la antigua Corte Suprema de Justicia en Sala Político Administrativa de 18–7–63, en *Gaceta Forense* N° 41, Caracas 1963, pp. 116 y 117.

55 *V.* Allan R. Brewer–Carías, *Las Instituciones Fundamentales..., cit.*, p. 105. *V.* en general, sobre las funciones del Estado: María E. Soto Hernández y Fabiola del Valle Tavares Duarte "Funciones del Estado en la Constitución de la República Bolivariana de Venezuela de 1999", en *Estudios de Derecho Público – Libro Homenaje a Humberto J. La Roche*, Volumen II. Tribunal Supremo de Justicia, Caracas, 2001, pp. 414–457; Gonzalo Pérez Luciani, "Funciones del Estado y actividades de la Administración", *Revista de Derecho Público*, N° 13, enero–marzo, Editorial Jurídica Venezolana, Caracas 1983, pp. 21–30.

56 El carácter flexible, no rígido ni absoluto, del principio en su aplicación en Venezuela, ha sido destacado repetidamente por la jurisprudencia de la Corte Suprema. En particular, h. Sentencias de la antigua Corte Federal y de Casación en Sala Político Administrativa de 23–2–50 en *Gaceta Forense* N° 4, Caracas 1950, pp. 84 a 39; de la antigua Corte Federal y de Casación en Corte Plena de 26–5–51 en *Gaceta Forense* N° 8, Caracas 1952, p. 114; y Sentencias de la antigua Corte Suprema de Justicia en Sala Político Administrativa de 18–7–63 en *Gaceta Forense*, N° 41, Caracas 1963, pp. 117–118; de 27–5–68 en *Gaceta Forense* N° 60, Caracas 1969, pp. 115 a 118; de 22–4–69 en *Gaceta Forense*, N° 64, Caracas 1969, pp. 5 a 15; de 9–7–69, en *Gaceta Forense*, N° 65, Caracas 1969, pp. 70 a 74; y de 1–6–72, en *Gaceta Oficial* N° 1.523, extraordinario, de 1–6–72, p. 9. *V.* además, Allan R. Brewer–Carías, "Algunas bases del Derecho Público en la jurisprudencia Venezolana", en *RFD*, N° 27, 1963, pp. 143 y 144. Las referencias jurisprudenciales pueden también consultarse en Allan R. Brewer–Carías, *Jurisprudencia de la Corte Suprema (1930–1973) y Estudios de Derecho Administrativo*, Tomo I, (El ordenamiento constitucional y funcional del Estado), Caracas, 1975, pp. 147 y ss.

las cuales se pueden reconducir todas las actividades del Estado. Estas funciones, realizadas en ejercicio del Poder Público por los órganos estatales, sin embargo, como se dijo, no están encomendadas con carácter exclusivo a diferentes órganos, sino que se ejercen por varios de los órganos estatales.

Ente ellas, nos interesa destacar la función política,[57] como función primordial del Estado, distinta de la función administrativa, por medio de la cual el Presidente de la República ejerce sus actividades como jefe del Estado y jefe del Gobierno de la República[58], dirigiendo la acción de gobierno (Arts. 226; 236,2). A través de esta función política, el Presidente de la República puede adoptar decisiones en virtud de atribuciones que le son conferidas directamente por la Constitución, en general sin condicionamiento legal alguno, de orden político, las cuales, por tanto, exceden de la administración normal de los asuntos del Estado. Ello ocurre, por ejemplo, cuando dirige las relaciones exteriores, convoca a sesiones extraordinarias a la Asamblea Nacional y cuando la disuelve (Arts. 236,4,9,20). También puede considerarse que ejerce la función política, cuando decreta los estados de excepción y restringe garantías constitucionales, incluso, en este caso, a pesar de que la Constitución dispuso que una Ley Orgánica deba regular la materia (Art. 338)[59].

La característica fundamental de esta función política es que está atribuida en la Constitución directamente al Presidente de la República, es decir, al nivel superior de los órganos que ejercen el Poder Ejecutivo, no pudiendo otros órganos ejecutivos ejercerla.

Los órganos que ejercen el Poder Ejecutivo en esta forma, realizan fundamentalmente dos funciones propias: la función política y la función administrativa[60]. La función política, como función del Presidente de la República, se ejerce en ejecución directa de atribuciones constitucionales, en general sin condicionamiento legal alguno. El Legislador, en esta forma, y salvo por lo que se refiere a los estados de excepción dada la autoriza-

57 En cuanto a esta función del Estado hemos ajustado la terminología que utilizamos en los setenta, de "función de gobierno", sustituyéndola por "función política" por considerarla más precisa, y reservar la expresión gobierno para identificar los "actos de gobierno". *V.* Allan R. Brewer–Carías, *Derecho Administrativo*, Tomo I, Caracas 1975. *V.* en general, sobre esta función: María E. Soto Hernández "Formas jurídicas de actuación de la Administración Pública Nacional en el ejercicio de la Función de Gobierno", en *Temas de Derecho Administrativo–Libro Homenaje a Gonzalo Pérez Luciani*, Volumen II. Tribunal Supremo de Justicia, Caracas, 2002, pp. 805–826.

58 Aun cuando en algunos casos podría no haber coincidencia, podría decirse que, en general, el Presidente de la República ejerce sus atribuciones de jefe del Estado en ejercicio de la función política, y de jefe del Ejecutivo Nacional, en ejercicio de la función administrativa.

59 *V.* la Ley Orgánica sobre Estados de Excepción (Ley N° 32), *G.O.* N° 37.261 de 15–08–2001. *V.* en general, Allan R. Brewer–Carías, "El régimen constitucional de los estados de excepción" en Víctor Bazán (Coordinador), *Derecho Público Contemporáneo. Libro en Reconocimiento al Dr. Germán Bidart Campos*, Ediar, Buenos Aires, 2003, pp. 1137–1149

60 La distinción entre "gobierno y administración" es comúnmente empleada por la Constitución. *V.*, por ejemplo, artículos, 21, 27 y 30. En el artículo 191 de la Constitución, en igual sentido habla de "aspectos políticos y administrativos" de la gestión del residente de la República. En tal sentido, al referirse a los órganos del Poder Ejecutivo de los Estados, la Corte ha señalado lo siguiente: "El artículo 21 de la Constitución atribuye al Gobernador del Estado, el gobierno y la administración de la Entidad, como Jefe del Ejecutivo del Estado y Agente del Ejecutivo Nacional o en su respectiva circunscripción. En esta forma, el Poder Ejecutivo Estadal realiza funciones de gobierno, como poder político y funciones que atienden a otra actividad distinta, como poder administrador". *V.* sentencia de la antigua Corte Suprema de Justicia en Sala Político Administrativa de 30–6–66, en *Gaceta Forense* N° 52, 1968, p. 231. *Cfr.*, sobre la distinción entre función administrativa y función política como actividades que se realizan en ejercicio del Poder Ejecutivo, el voto salvado a la sentencia de la antigua Corte Suprema de Justicia en Corte Plena de 29–4–65, Imprenta Nacional, 165, pp. 53 y ss.; y Doctrina PGR, 1963, Caracas, 1964, pp. 179 y 180.

ción constitucional (Art. 338), no puede limitar las facultades políticas del jefe del Estado[61]. La función política, por tanto, se traduce en actos estatales de rango legal, como son los actos de gobierno, en tanto que la función administrativa se traduce en actos estatales de rango sublegal como son los actos administrativos.[62]

Pero si bien la función política se ejerce con el carácter de función propia por el Presidente de la República en ejercicio del Poder Ejecutivo, ello tampoco se realiza con carácter excluyente, ya que la Asamblea Nacional en ejercicio del Poder Legislativo también realiza la función política, sea a través de actos parlamentarios sin forma de ley[63], sea mediante leyes[64]. En estos casos, también, la función política realizada por los órganos del Poder Legislativo es una actividad de rango legal, es decir, de ejecución directa e inmediata de la Constitución. Pero si bien esta función puede ser realizada tanto por el Presidente de la República como por los órganos legislativos, por lo que no es exclusiva o excluyente, sin embargo, lo que sí es exclusiva de uno u otros órganos es la forma de su ejecución en los casos autorizados por la Constitución: la función política mediante decretos ejecutivos (actos de gobierno), se realiza en forma exclusiva por el Presidente de la República; y mediante leyes o actos parlamentarios sin forma de ley, por la Asamblea Nacional.

Sección Segunda: LOS ACTOS DE LOS ÓRGANOS QUE EJERCEN EL PODER EJECUTIVO: LOS ACTOS EJECUTIVOS

Esta Sección Segunda es el texto del estudio:"Los actos ejecutivos en la Constitución venezolana de 1999 y su control judicial," publicado en *Acto Administrativo y Reglamento. Jornadas Organizadas por la Universidad Austral, Facultad de Derecho*, 30–31 Mayo y 1º Junio 2001, Ediciones RAP S.A., Argentina 2002, pp. 531–579; y del estudio:"El régimen constitucional de los Decretos Leyes y de los actos de gobierno" publicado en *Bases y Principios del Sistema Constitucional Venezolano (Ponencias del VII Congreso Venezolano de Derecho Constitucional realizado en San Cristóbal del 21 al 23 de noviembre de 2001),* Asociación Venezolana de Derecho Constitucional, Universidad Católica del Táchira, San Cristóbal, 2002, pp. 25–74

La Constitución 1999, siguiendo la tradición constitucional precedente, clasifica los actos dictados por los órganos que ejercen el Poder Ejecutivo (actos ejecutivos), según su graduación conforme a la ejecución de la Constitución, entre actos dictados en ejecución directa e inmediata de la Constitución y, por tanto, en principio, de rango legal; y

61 El legislador, por ejemplo, no podría limitar las atribuciones del Presidente de convocar a la Asamblea nacional a sesiones extraordinarias.

62 Sobre la distinción entre los actos del Poder Ejecutivo dictados en ejecución directa de la Constitución o en ejecución directa de la ley, *V.* sentencia de la antigua Corte Suprema de Justicia en Sala Político Administrativa de 13–2–68, en *Gaceta Forense* N° 59, Caracas 1969, p. 85. En todo caso, una cosa es atribuir a la función política rango legal y otra es atribuirle "naturaleza legislativa". El decreto de restricción de garantías constitucionales, por ejemplo, tiene rango legal, por cuanto puede "restringir" temporalmente la vigencia de una ley, lo que implica que la modifique ni la derogue. Si la derogara, el acto tendría "naturaleza legislativa". Sobre esta confusión, *V. Doctrina Procuraduría General de la República, 1971*, Caracas 1972, p. 189.

63 Por ejemplo, cuando autoriza al Presidente de la República para salir del territorio nacional. Art. 187,17 de la Constitución; o cuando reserva al Estado determinadas industrias o servicios, Art. 302.

64 La ley que decreta una amnistía, por ejemplo. Art. 186,5 de la Constitución.

actos dictados en ejecución indirecta y mediata de la Constitución, los cuales al ser dictados en ejecución de la legislación son, por tanto, en principio, de rango sublegal[65].

Los primeros, son actos que tienen el mismo rango que las leyes sancionadas por la Asamblea Nacional; los segundos, en general, son los reglamentos y demás actos administrativos. Los primeros están sometidos al control de la constitucionalidad que ejerce la Jurisdicción Constitucional; y los segundos, estarían, en principio, sometidos al control de constitucionalidad y legalidad que ejerce la Jurisdicción Contencioso–Administrativa.

Pero en la Constitución de 1999, dentro de los actos ejecutivos dictados en ejecución directa e inmediata de la Constitución (a pesar de que entre ésta y el decreto dictado se encuentra una ley), están los decretos dictados por el Presidente de la República en virtud de delegación legislativa efectuada mediante una ley habilitante (art. 203). Estos decretos, a pesar de que ejecutan una ley, sin embargo, no puede considerarse que tengan rango sublegal, pues en virtud de la propia previsión constitucional que los autoriza tienen "rango y valor de ley" (arts. 203 y 236,8). Estos actos ejecutivos, por ello, están sometidos al control de la Jurisdicción Constitucional, tanto de constitucionalidad como de sujeción a la propia ley habilitante.

Además, en la Constitución están regulados los decretos de estados de excepción (art. 338), los cuales si bien se atribuyen directamente al Presidente de la República, en Consejo de Ministros (art. 236,7), están sometidos al régimen establecido en la Ley Orgánica sobre los Estados de Excepción de 2001[66] prevista en el artículo 338 de la Constitución, que determina las medidas que pueden adoptarse con base en los mismos. Sin embargo, a pesar de que en cierta forma ejecutan una ley, tales decretos tampoco pueden considerarse que tengan rango sublegal, sino que como lo establece la misma Ley Orgánica, tienen "rango y fuerza de Ley" (art. 22), estando, por tanto, sometidos también al control de la Jurisdicción Constitucional.

De lo anteriormente señalado, en consecuencia, puede concluirse que son cinco los tipos de actos ejecutivos en el constitucionalismo venezolano: los decretos con rango y valor de Ley, que comprenden los decretos–leyes (I) y los decretos de estado de excepción (II); los actos dictados en ejecución directa e inmediata de la Constitución (actos de gobierno) (III); y los reglamentos (IV) y demás actos administrativos (V), tanto de efectos generales como de efectos particulares; los tres primeros son de rango legal y los dos últimos de rango sublegal. Todos por supuesto están sometidos a control judicial.

I. LOS DECRETOS CON RANGO Y VALOR DE LEY (DECRETOS–LEYES DELEGADOS)

Dentro de las atribuciones constitucionales del Presidente de la República está la de dictar, en Consejo de Ministros y previa autorización por ley habilitante, *decretos con fuerza de ley* (que constituyen actos legislativos delegados) (Art. 236,8); definiendo, el artículo 203 de la Constitución a las leyes habilitantes, como "las sancionadas por la Asamblea Nacional por las 3/5 partes de sus integrantes, a fin de establecer directrices,

---

65 *V.* Allan R. Brewer–Carías, *Derecho Administrativo*, Tomo I, Caracas, 1975, pp. 378 y ss.

66 *V. Gaceta Oficial* N° 37.261 de 15–08–01.

propósitos y marco de las materias que se delegan al Presidente de la República, *con rango y valor de Ley*". Estas leyes habilitantes deben fijar un plazo para su ejecución.

Se estableció, en esta forma, por primera vez en el constitucionalismo venezolano, la figura de la delegación legislativa[67], en el sentido de que si bien la Asamblea Nacional es competente para "legislar en las materias de la competencia nacional y sobre el funcionamiento de las demás ramas del Poder Nacional" (art. 187,1); la misma Asamblea, mediante una ley habilitante puede delegar en el Presidente de la República, en Consejo de Ministros, la potestad legislativa. En dicha ley, que debe ser sancionada mediante una mayoría calificada de las 3/5 partes de los integrantes de la Asamblea, en todo caso, se deben establecer "las directrices, propósitos y marco de las materias que se delegan" al Presidente, y que éste, por tanto, puede regular mediante Decreto con rango y valor de ley.[68]

1. Los límites a la delegación legislativa

Las materias que corresponden a la competencia del Poder Nacional y sobre las cuales puede versar la delegación legislativa, son las enumeradas en el artículo 156 de la Constitución. La legislación relativa a esas materias, por tanto, podría ser delegada al Presidente de la República, pues constitucionalmente no habría límite alguno establecido. Por ello, esta delegación legislativa de la Asamblea Nacional en el Presidente de la República en Consejo de Ministros, no sólo es una innovación de la Constitución de 1999, sino que la misma no tiene precedentes en el constitucionalismo contemporáneo, por la amplitud como está concebida. Esta delegación, por otra parte, cambió el régimen de la Constitución de 1961 que se limitaba a autorizar al Presidente de la República para dictar medidas extraordinarias en materias económicas y financieras, exclusivamente, previa habilitación por el Congreso (arts. 190, ord. 8)[69].

En la Constitución de 1999, en cambio, se ha regulado una amplísima posibilidad de delegación legislativa, sin limitación respecto de las materias que puede contener, lo cual podría resultar en un atentado inadmisible contra el principio constitucional de la reserva legal. Sobre esta delegación legislativa, incluso, el Tribunal Supremo de Justicia, en Sala Constitucional, se ha pronunciado sin fijarle o buscarle límites, admitiendo, incluso, la delegación legislativa en materias que corresponden ser reguladas por leyes orgánicas, en la siguiente forma:

Puede apreciarse, en consecuencia, que, de acuerdo con el nuevo régimen constitucional, *no existe un límite material* en cuanto al objeto o contenido del decreto ley, de manera que, a través del mismo, pueden ser reguladas materias que, según el artículo 203 de la Constitución, corresponden a leyes orgánicas; así, *no existe limitación* en cuanto a la jerarquía del decreto ley que pueda dictarse con ocasión de una ley habilitante, por lo cual podría adoptar no sólo el rango de una ley ordinaria sino también de una ley orgánica.

---

67 *V.* Allan R. Brewer–Carías, *El Poder Nacional y el sistema democrático de gobierno, Instituciones Políticas y Constitucionales*, Tomo III, Caracas, 1996, pp. 40 y ss.

68 *V.* Eloísa Avellaneda Sisto, "El régimen de los Decretos–Leyes, con especial referencia a la Constitución de 1999", en F. Parra Aranguren y A. Rodríguez G. (Editores) *Estudios de Derecho Administrativo, Libro Homenaje a la Universidad Central de Venezuela*, Tomo I, Tribunal Supremo de Justicia, Caracas, 2001, pp. 69 a 106.

69 Sobre estos actos en la Constitución de 1961 *V.* Gerardo Fernández, *Los Decretos Leyes*, cuadernos de la Cátedra Allan R. Brewer–Carías de Derecho Administrativo, UCAB, Caracas, 1992.

Igualmente aprecia la Sala que el Presidente de la República puede entenderse facultado para dictar –dentro de los límites de las leyes habilitantes– Decretos con fuerza de ley Orgánica, ya que las leyes habilitantes son leyes orgánicas por su naturaleza, al estar contenidas en el artículo 203 de la Constitución de la República Bolivariana de Venezuela, el cual se encuentra íntegramente referido a las leyes orgánicas. Así, las leyes habilitantes son, por definición, leyes marco –lo que determina su carácter orgánico en virtud del referido artículo– ya que, al habilitar al Presidente de la República para que ejerza funciones legislativas en determinadas materias, le establece las directrices y parámetros de su actuación la que deberá ejercer dentro de lo establecido en esa ley; además, así son expresamente definidas las leyes habilitantes en el mencionado artículo al disponer que las mismas tienen por finalidad "*establecer las directrices, propósitos y marco de las materias que se delegan al Presidente o Presidenta de la República...*"[70]

Ahora bien, el primer problema que plantea esta posibilidad de delegación legislativa sin límites expresos en cuanto a las materias a delegar está, sin embargo, en determinar si es posible tal delegación en materias que impliquen regulación de los derechos y garantías constitucionales.

En efecto, en el artículo 156 de la Constitución, en el cual se enumeran las materias de competencia nacional, que podrían ser, en principio, objeto de delegación, al menos las siguientes tienen incidencia directa en el régimen de los derechos y garantías constitucionales (enumerados y desarrollados en los capítulos de la Constitución sobre la nacionalidad, y derechos civiles, políticos, sociales, culturales y educativos, económicos, de los pueblos indígenas y ambientales) enumerados en el Título III de la misma (artículos 19 a 135): la naturalización, la admisión, la extradición y expulsión de extranjeros (ord. 4); los servicios de identificación (ord. 5); la policía nacional (ord. 6); la seguridad, la defensa y desarrollo nacional (ord. 7); el régimen de la administración de riesgos y emergencias (ord. 9); la regulación del sistema monetario, del régimen cambiario, del sistema financiero y del mercado de capitales (ord. 10); el régimen del comercio exterior y la organización y régimen de las aduanas (ord. 15); la legislación sobre ordenación urbanística (ord. 19); el régimen y organización del sistema de seguridad social (ord. 22); la legislación en materia de sanidad, vivienda, seguridad alimentaria, ambiente, turismo y ordenación del territorio (ord. 23); las políticas y los servicios nacionales de educación y salud (ord. 25); el régimen de la navegación y del transporte aéreo, terrestre, marítimo, fluvial y lacustre de carácter nacional (ord. 26); y, en general, la legislación en materia de derechos, deberes y garantías constitucionales; la civil, mercantil, penal, penitenciaria, de procedimientos y de derecho internacional privado; la de elecciones; la de expropiación por causa de utilidad pública o social; la de propiedad intelectual, artística e industrial; la del patrimonio cultural y arqueológico; la agraria; la de inmigración y poblamiento; la de los pueblos indígenas y territorios ocupados por ellos; la del trabajo, previsión y seguridad sociales; la de sanidad animal y vegetal; la de notarías y registro público; la de bancos y seguros; la de loterías, hipódromos y apuestas en general (ord. 32).

Es un principio constitucional fundamental, de la esencia del Estado de derecho en cuanto al régimen de los derechos y garantías constitucionales, el de la reserva legal[71],

---

70 *V.* sentencia N° 1716 de 19–09–01, dictada con ocasión de la revisión constitucional del Decreto con fuerza de Ley Orgánica de los Espacios Acuáticos e Insulares de 2001.

71 *V.* Allan R. Brewer–Carías, "Prólogo" a la obra de Daniel Zovatto G., *Los Estados de Excepción y los Derechos Humanos en América Latina*, Caracas–San José 1990, pp. 24 y ss.

es decir, que las regulaciones, restricciones y limitaciones a los derechos y garantías constitucionales sólo pueden ser establecidas mediante *ley formal*, y "ley", conforme al artículo 202 de la Constitución, no es otra cosa que "el acto sancionado por la Asamblea Nacional como cuerpo legislador"; es decir, el acto normativo emanado del cuerpo que conforma la representación popular.

Es decir, las limitaciones o restricciones a los derechos y garantías constitucionales, de acuerdo con el principio de la reserva legal, sólo puede ser establecidas por el órgano colegiado que represente al pueblo, es decir, por la Asamblea Nacional.

Por ello, frente a una delegación legislativa tan amplia como la que regula la Constitución, sin límites expresos en ella establecidos, sin embargo, lo primero que debe precisarse son los límites que tienen que imponerse a la misma derivados de los propios principios constitucionales. De ello deriva que siendo el principio de la reserva legal de la esencia del régimen constitucional del Estado de derecho, la delegación legislativa mediante leyes habilitantes al Presidente de la República para dictar decretos con rango y valor de Ley, no puede abarcar materias que se refieran al régimen relativo a los derechos y garantías constitucionales.

La Convención Interamericana de Derechos Humanos, que en Venezuela tiene rango constitucional y es de aplicación prevalente en el derecho interno (art. 23), establece que:

> *Artículo 30.– Alcance de las Restricciones.* Las restricciones permitidas, de acuerdo con esta Convención, al goce y ejercicio de los derechos y libertades reconocidos en la misma, no pueden ser aplicadas sino conforme a leyes que se dicten por razones de interés general y con el propósito para el cual han sido establecidas".

La Corte Interamericana de Derechos Humanos ha establecido que la expresión "leyes" contenida en esta norma sólo puede referirse a los actos legales emanados de "los órganos legislativos constitucionalmente previstos y democráticamente electos"[72], y que, en el caso de Venezuela, es la Asamblea Nacional.

En consecuencia, las leyes habilitantes que dicte la Asamblea Nacional delegando la potestad legislativa al Presidente de la República, en nuestro criterio, no pueden referirse a normativa alguna que implique la restricción o limitación de derechos y garantías constitucionales, pues de lo contrario violaría el principio de la reserva legal como garantía constitucional fundamental de tales derechos.

Pero la habilitación legislativa que pueda delegarse al Presidente de la República, tiene otros límites impuestos en la Constitución para garantizar la participación política, que es uno de los valores fundamentales del texto constitucional.

En efecto, la Constitución establece expresamente previsiones donde se impone a la Asamblea Nacional, la obligación de consulta en el procedimiento de formación de las leyes: en primer lugar, con carácter general, el artículo 211 exige a la Asamblea Nacional y a las Comisiones Permanentes que, durante el procedimiento y aprobación de los proyectos de leyes, deben consultar (consultarán) a los otros órganos del Estado, a los ciudadanos y a la sociedad organizada para oír su opinión sobre los mismos; y en segundo lugar, el artículo 206 exige a la Asamblea Nacional, que debe consultar a los Estados (serán consultados), a través de los Consejos Legislativos, cuando se legisle en materias relativas a los mismos.

---

72 Opinión Consultiva OC–6/87 de 09–03–86. *Revista IIDH*, N° 3, San José 1986, pp. 107 y ss.

La delegación legislativa al Presidente de la República no puede configurarse como un mecanismo para eludir el cumplimiento de esta obligación constitucional de consulta en el proceso de elaboración de los Decretos leyes respectivos, la cual no se elimina por el hecho de la delegación legislativa. En consecuencia, los proyectos de Decreto–Ley deben someterse a consulta por el Ejecutivo Nacional en la misma forma indicada en la Constitución, antes de su adopción en Consejo de Ministros.

2. El control de constitucionalidad de la delegación legislativa

La ley habilitante que se dicte por la Asamblea Nacional, conforme al artículo 203 de la Constitución, como cualquier ley, está sometida al control de constitucionalidad por parte de la Sala constitucional del Tribunal Supremo de Justicia (art. 336,1), que se ha instituido como Jurisdiccional Constitucional[73], la cual puede ejercerlo a instancia de cualquier persona, mediante el ejercicio de una acción popular[74]

Dichas leyes habilitantes, sin embargo, no tienen previsto un control preventivo de la constitucionalidad de sus normas, como sucede con las leyes orgánicas así declaradas por la Asamblea Nacional (art. 202). De ello resulta una inconsistencia constitucional: la Asamblea Nacional puede dictar leyes habilitantes que la Sala Constitucional ha calificado como leyes orgánicas y que no están sometidas a control preventivo por parte de la misma; pero los decretos con fuerza de "ley orgánica" que dicte el Presidente de la República en ejecución de esa ley habilitante, si están sujetos al control preventivo de la Sala Constitucional. Así lo ha indicado la Sala Constitucional en su sentencia de 19–09–01, señalando lo siguiente:

En este contexto, debe destacarse la particular característica que poseen las leyes habilitantes, ya que, a pesar de ser leyes marco (categoría 4), no requieren del control previo que ejerce esta Sala para determinar si las mismas tienen carácter orgánico; ello debido a que ha sido el propio Constituyente, en su artículo 203, quien las definió como tales, lo que significa que dichas leyes deban ser consideradas como orgánicas, aparte del quórum calificado que, para su sanción, prevé el artículo 203 de la Constitución de la República Bolivariana de Venezuela.

Así, visto que el Presidente de la República puede dictar decretos con rango de leyes orgánicas, debe esta Sala determinar si los mismos están sujetos al control previo de la constitucionalidad de su carácter orgánico por parte de la Sala Constitucional.

En este sentido, observa la Sala que el decreto con fuerza de Ley Orgánica de los Espacios Acuáticos e Insulares, fue dictado con base en la ley habilitante sancionada por la Asamblea Nacional, publicada en la Gaceta Oficial de la República Bolivariana de Venezuela N° 37.076 del 13 de noviembre de 2000, en la cual se delegó en el Presidente de la República la potestad de dictar actos con rango y fuerza de ley en las materias expresamente señaladas.

A este respecto, el artículo 203 hace referencia a que las "*leyes que la Asamblea Nacional haya calificado de orgánicas serán sometidas antes de su promulgación a la Sala Constitucional del Tribunal Supremo de Justicia, para que se pronuncie acerca de*

---

73 En general, *V.* Allan R. Brewer–Carías, *El sistema de Justicia Constitucional en la Constitución de 1999*, Caracas, 2000.

74 *V.* Allan R. Brewer–Carías, *La Justicia Constitucional. Instituciones Políticas y Constitucionales*, Tomo VI, Caracas, 1996.

la constitucionalidad de su carácter orgánico" (subrayado nuestro); ello en razón de que la formación (discusión y sanción) de leyes es una atribución que por su naturaleza le corresponde al órgano del Poder Legislativo. No obstante, si en virtud de una habilitación de la Asamblea Nacional se autoriza al Presidente para legislar, el resultado de dicha habilitación (legislación delegada) tiene que someterse al mismo control previo por parte de la Sala Constitucional.

En este sentido, el control asignado a esta Sala tiene que ver con la verificación previa de la constitucionalidad del carácter orgánico de la ley (control objetivo del acto estatal), independientemente del órgano (sujeto) que emite el acto estatal, siempre que esté constitucionalmente habilitado para ello (Asamblea Nacional o Presidente de la República en virtud de la habilitación legislativa).

Así, si bien el Decreto con fuerza de Ley Orgánica de los Espacios Acuáticos e Insulares no fue dictado por la Asamblea Nacional, lo fue por delegación de ésta, razón por la cual esta Sala resulta competente para pronunciarse acerca de la constitucionalidad del carácter orgánico del mismo, y así se declara[75]

En todo caso, los decretos leyes dictados por el Presidente de la República, en ejecución de una ley habilitante, a pesar de ser actos de ejecución directa e inmediata de dicha ley, son también de ejecución directa y inmediata de la Constitución, en virtud de que ésta les confiere rango y valor de Ley (art. 203), por lo que están sometidos al control de la constitucionalidad que ejerce la Sala Constitucional del Tribunal Supremo de Justicia, como Jurisdicción Constitucional.

En efecto, el artículo 334 de la Constitución dispone que:

> Corresponde a la Sala Constitucional del Tribunal Supremo de Justicia como jurisdicción constitucional, declarar la nulidad de las leyes y demás actos de los órganos que ejercen el Poder Público dictados en ejecución directa e inmediata de esta Constitución o que tengan rango legal, cuando colidan con aquella.

Esta competencia se reitera, además, en el artículo 336,3, al atribuir a la Sala Constitucional competencia para:

> Declarar la nulidad total o parcial de los actos de *rango de ley* dictados por el Ejecutivo nacional que colidan con esta Constitución.

En el ordenamiento jurídico venezolano, conforme al artículo 21, Párrafo 9112 de la Ley Orgánica del Tribunal Supremo de Justicia la Corte Suprema de Justicia, la acción de inconstitucionalidad que se intenta contra las leyes, los actos ejecutivos con rango legal y los actos dictados en ejecución directa e inmediata de la Constitución, es una acción popular, que puede ejercer cualquier persona alegando un simple interés en la constitucionalidad.[76]

Los motivos de impugnación de un decreto–ley dictado en ejecución de una ley habilitante, en principio, son motivos de constitucionalidad, es decir, que el mismo "colida con la Constitución" (arts. 334 y 336,3), que viole las disposiciones o principios constitucionales.

---

75 *V.* sentencia N° 1716 de 19–09–01, caso, Revisión constitucional del Decreto con fuerza de Ley Orgánica de los Espacios Acuáticos e Insulares de 2001.

76 *V.* Allan R. Brewer–Carías, *El Control de la constitucionalidad de los actos estatales*, Caracas, 1971, p. 120 y ss.; *El control concentrado de la Constitucionalidad de las Leyes*, (*Estudio de Derecho Comparado*), Caracas, 1994, pp. 48 y ss.

Pero en este supuesto de los decretos–leyes, también habría otro motivo de impugnación de orden constitucional, que sería la violación por el Presidente de la República de las "directrices, propósitos y marco" de las materias que se le delegan conforme a la ley habilitante, así como el plazo para el ejercicio de la habilitación que se establezca en ella (art. 203). La violación de estos límites que establezca la ley habilitante, además de violar dicha ley, significarían una trasgresión del propio artículo 203 de la Constitución que regula dichas leyes habilitantes, configurándose por tanto, además, como vicios de inconstitucionalidad.

II. LOS DECRETOS DE ESTADOS DE EXCEPCIÓN

1. Los estados de excepción

El Capítulo II del Título VIII de la Constitución, relativo a la "Protección de la Constitución", está destinado a regular las circunstancias excepcionales que pueden originar situaciones de excepción que afecten gravemente la seguridad de la Nación, de las instituciones y de las personas, y que ameriten la adopción de medidas político–constitucionales para afrontarlas.

En cuanto al régimen de los estados de excepción, el artículo 338 remite a una ley orgánica (LO) para regularlos y determinar las medidas que pueden adoptarse con base en los mismos; y en tal sentido se dictó la Ley Orgánica sobre Estados de Excepción de 15–08–2001[77] que no sólo los regula en sus diferentes formas, sino que además regula "el ejercicio de los derechos que sean restringidos con la finalidad de restablecer la normalidad en el menor tiempo posible" (art. 1).

Ahora bien, el artículo 337 de la Constitución califica expresamente como estados de excepción,

> Las circunstancias de orden social, económico, político, natural o ecológico, que afecten gravemente la seguridad de la Nación, de las instituciones y de los ciudadanos y ciudadanas, a cuyo respecto resultan insuficientes las facultades de las cuales se disponen para hacer frente a tales hechos.

La ley orgánica precisa que "los estados de excepción *son circunstancias* de orden social, económico, político, natural o ecológico, que afecten gravemente la seguridad de la Nación, de sus ciudadanos y ciudadanas o de sus instituciones", por lo que "solamente pueden declararse ante situaciones objetivas de suma gravedad que hagan insuficientes los medios ordinarios que dispone el Estado para afrontarlos" (art. 2) y en caso de "estricta necesidad para solventar la situación de anormalidad" (art. 6).

Por otra parte, la Ley Orgánica exige que "toda medida de excepción debe ser proporcional a la situación que se quiere afrontar en lo que respecta a gravedad, naturaleza y ámbito de aplicación" (art. 4), debiendo además "tener una duración limitada a las exigencias de la situación que se quiere afrontar, sin que tal medida pierda su carácter excepcional o de no permanencia" (art. 5).

Se trata, por tanto, de circunstancias excepcionales que sobrepasan las posibilidades de su atención mediante los mecanismos institucionales previstos para situaciones nor-

77 *Gaceta Oficial* N° 37261 de 15–08–2001.

males, pero que solo pueden dar lugar a la adopción de medidas que estén enmarcadas dentro de principios de logicidad, racionalidad, razonabilidad y proporcionalidad, lo que se configura como un límite al ejercicio de las mismas.

Además, debe señalarse que la declaratoria del estado de excepción en ningún caso interrumpe el funcionamiento de los órganos del Poder Público (art. 339); lo que se confirma la Ley Orgánica respectiva (art. 3).

Por último, debe señalarse que la declaración de los estados de excepción no modifica el principio de la responsabilidad del Presidente de la República, ni la del Vicepresidente Ejecutivo, ni la de los Ministros de conformidad con la Constitución y la ley (art. 232).

2. Las diversas formas de los estados de excepción

Las diversas formas específicas de estados de excepción, se enumeran en el artículo 338 de la Constitución, en el cual se distingue el estado de alarma, el estado de emergencia económica, el estado de conmoción interior y el estado de conmoción exterior; las cuales se regulan en los artículos 8 a 14 de la Ley Orgánica.

A. El estado de alarma

Conforme al artículo 338 de la Constitución y el artículo 8 de la Ley Orgánica puede decretarse el estado de alarma en todo o parte del territorio nacional cuando se produzcan catástrofes, calamidades públicas u otros acontecimientos similares que pongan seriamente en peligro la seguridad de la Nación o de sus ciudadanos. La Ley Orgánica incluye también, como motivo, el peligro a la seguridad de las instituciones de la Nación (art. 8).

Dicho estado de excepción solo puede tener una duración de hasta treinta días, siendo prorrogable por treinta días más desde la fecha de su promulgación.

B. El estado de emergencia económica

El estado de emergencia económica puede decretarse en todo o parte del territorio nacional cuando se susciten circunstancias económicas extraordinarias que afecten gravemente la vida económica de la Nación (art. 338 C; art. 10 LO).

Su duración no puede ser mayor a sesenta días, prorrogables, sin embargo, por un plazo igual.

C. El estado de conmoción interior

También puede decretarse el estado de conmoción interior en caso de conflicto interno, que ponga seriamente en peligro la seguridad de la Nación, de sus ciudadanos o de sus instituciones (art. 338 C; art. 13 LO).

De acuerdo con el artículo 13 de la Ley Orgánica, constituyen causas para declarar el estado de conmoción interior entre otras, todas aquellas circunstancias excepcionales que impliquen grandes perturbaciones del orden público interno y que signifiquen un notorio o inminente peligro para la estabilidad institucional, la convivencia ciudadana, la seguridad pública, el mantenimiento del orden libre y democrático, o cuando el funcionamiento de los Poderes Públicos esté interrumpido.

En este caso, la duración puede ser de hasta noventa días, siendo prorrogable hasta por noventa días más.

D. El estado de conmoción exterior

El estado de conmoción exterior puede decretarse en caso de conflicto externo, que ponga seriamente en peligro la seguridad de la Nación, de sus ciudadanos o de sus instituciones (art. 338 C; 14 LO).

De acuerdo con el artículo 14 de la Ley Orgánica constituyen causas, entre otras, para declarar el estado de conmoción exterior todas aquellas situaciones que impliquen una amenaza a la Nación, la integridad del territorio o la soberanía.

El estado de conmoción exterior tampoco puede exceder de noventa días, siendo prorrogable hasta por noventa días más.

3. El decreto de estado de excepción

En las circunstancias excepcionales antes mencionadas, corresponde al Presidente de la República, en Consejo de Ministros, decretar los estados de excepción. (art. 337).

Este decreto, como lo precisa el artículo 22 de la Ley Orgánica, tiene "rango y fuerza de Ley" y entra "en vigencia una vez dictado por el Presidente de la República, en Consejo de Ministros", agregando la norma que "deberá ser publicado en la Gaceta Oficial de la República Bolivariana de Venezuela y difundido en el más breve plazo por todos los medios de comunicación social, si fuere posible."

Esta previsión legal, sin duda, es inconstitucional, pues no puede establecerse que un Decreto que tiene rango y fuerza de Ley pueda entrar en vigencia antes de su publicación, es decir, desde que se dicte por el Presidente de la República. Conforme al artículo 215 de la Constitución, la ley sólo queda promulgada al publicarse con el correspondiente "Cúmplase" en la *Gaceta Oficial*, disponiendo el Código Civil, en su artículo 1, que "la Ley es obligatoria *desde su publicación* en la Gaceta Oficial" o desde la fecha posterior que ella misma indique (art. 1).

En decreto de estado de excepción, por tanto, sólo puede entrar en vigencia desde su publicación en la *Gaceta Oficial,* no pudiendo entenderse este requisito publicación y vigencia, como una mera formalidad adicional de divulgación como parece derivarse del texto del artículo 22 de la Ley Orgánica.

Por otra parte, el decreto debe cumplir con las exigencias, principios y garantías establecidos en el Pacto Internacional de Derechos Civiles y Políticos y en la Convención Americana sobre Derechos Humanos (art. 339 C).

Conforme al artículo 4 del Pacto Internacional de Derechos Civiles y Políticos, el estado de excepción debe ser "proclamado oficialmente". Con base en ello sólo se puedan "adoptar disposiciones" que, en la medida estrictamente limitada a las exigencias de las situación, suspendan las obligaciones contraídas (por los Estados) en virtud de este Pacto. Las medidas, además, no pueden "ser incompatibles con las demás obligaciones que les impone el derecho internacional y no entrañen discriminación alguna fundada únicamente en motivos de raza, color, sexo, idioma, religión u origen social". En igual sentido se dispone en el artículo 27 de la Convención Americana sobre Derechos Humanos.

Por otra parte, el Pacto exige que todo Estado "que haga uso del derecho de suspensión" debe informar inmediatamente a todos los demás Estados Partes en el Pacto, por conducto del Secretario General de las Naciones Unidas, "de las disposiciones cuya aplicación haya suspendido y de los motivos que hayan suscitado la suspensión". Igualmente, deben comunicar la fecha "en que haya dado por terminada tal suspensión" (art. 4,3). La Convención Americana establece una disposición similar de información a los Estados Partes en la Convención, por conducto del Secretario General de la Organización de Estados Americanos (art. 27,3).

Por último, la Ley Orgánica dispone que el Presidente de la República puede solicitar a la Asamblea Nacional la prórroga del Decreto por un plazo igual, correspondiendo a la Asamblea la aprobación de dicha prórroga (art. 338). Este puede ser revocado por el Ejecutivo Nacional o por la Asamblea Nacional o por su Comisión Delegada, antes del término señalado, al cesar las causas que lo motivaron.

4. Medidas que pueden adoptarse en virtud del decreto de estado de excepción

A. Régimen general

Conforme al artículo 15 de la Ley Orgánica, el Presidente de la República, en Consejo de Ministros, tiene las siguientes facultades:

a) Dictar todas las medidas que estime convenientes en aquellas circunstancias que afecten gravemente la seguridad de la Nación, de sus ciudadanos y ciudadanas o de sus instituciones, de conformidad con los artículos 337, 338 y 339 de la Constitución de la República Bolivariana de Venezuela.

b) Dictar medidas de orden social, económico, político o ecológico cuando resulten insuficientes las facultades de las cuales disponen ordinariamente los órganos del Poder Público para hacer frente a tales hechos.

Además, en particular, en el caso del decreto que declare el estado de emergencia económica, conforme al artículo 11 de la Ley Orgánica, en el mismo se pueden disponer "las medidas oportunas, destinadas a resolver satisfactoriamente la anormalidad o crisis e impedir la extensión de sus efectos".

Asimismo, en el caso del decreto que declare el estado de conmoción exterior, se pueden tomar "todas las medidas que se estimen convenientes, a fin de defender y asegurar los intereses, objetivos nacionales y la sobrevivencia de la República" (art. 14).

En todo caso, decretado el estado de excepción, el Presidente de la República puede delegar su ejecución, total o parcialmente, en los gobernadores, alcaldes, comandantes de guarnición o cualquier otra autoridad debidamente constituida, que el Ejecutivo Nacional designe (art. 16).

B. La restricción de las garantías constitucionales

Conforme se establece en el artículo 337 de la Constitución, en los casos en los cuales se decreten estados de excepción, el Presidente de la República en Consejo de Ministros también puede restringir temporalmente las garantías consagradas en la Constitución,

Salvo las referidas a los derechos a la vida, prohibición de incomunicación o tortura, el derecho al debido proceso, el derecho a la información y los demás derechos humanos intangibles.

Este es el único supuesto establecido en la Constitución de 1999 conforme al cual el Presidente puede restringir las garantías constitucionales (art. 236, ord. 7), habiéndose eliminado toda posibilidad de "suspender" dichas garantías como lo autorizaba la Constitución de 1961 (art. 241). De ello deriva, además, que tampoco podrían restringirse los derechos constitucionales, sino sólo sus "garantías"[78].

Ahora bien, en relación con la restricción de garantías constitucionales con motivo de un decreto de estado de excepción, el artículo 6 de la Ley Orgánica dispone que

> *Artículo 6.* El decreto que declare los estados de excepción será dictado en caso de estricta necesidad para solventar la situación de anormalidad, ampliando las facultades del Ejecutivo Nacional, con la restricción temporal de las garantías constitucionales permitidas y la ejecución, seguimiento, supervisión e inspección de las medidas que se adopten conforme a derecho. El Presidente de la República, en Consejo de Ministros, podrá ratificar las medidas que no impliquen la restricción de una garantía o de un derecho constitucional. Dicho decreto será sometido a los controles que establece esta Ley.

Por otra parte, en relación con la enumeración de las garantías constitucionales de derechos que no pueden ser objeto de restricción, en forma alguna, conforme a la antes mencionado artículo 337 de la Constitución (regulados en los artículos 43; 43, ord. 2; 46, ord. 1; 49 y 58 de la Constitución), sin duda, debe considerarse que forman parte de "los demás derechos humanos intangibles" cuyas garantías tampoco pueden restringirse, los indicados como no restringibles en el Pacto Internacional de Derechos Civiles y Políticos (art. 4), y en la Convención Americana de Derechos Humanos (art. 27), que son: la garantía de la igualdad y no discriminación; la garantía de no ser condenado a prisión por obligaciones contractuales; la garantía de la irretroactividad de la ley; el derecho a la personalidad; la libertad religiosa; la garantía de no ser sometido a esclavitud o servidumbre; la garantía de la integridad personal; el principio de legalidad; la protección de la familia; los derechos del niño; la garantía de la no privación arbitraria de la nacionalidad y el ejercicio de los derechos políticos al sufragio y el acceso a las funciones públicas[79].

Ahora bien, en relación con esta materia, el artículo 7 de la Ley Orgánica indica que:

> *Artículo 7.* No podrán ser restringidas, de conformidad con lo establecido en los artículos 339 de la Constitución de la República Bolivariana de Venezuela, 4.2 del Pacto Internacional de Derechos Civiles y Políticos y 27.2 de la Convención Americana sobre Derechos Humanos, las garantías de los derechos a: 1. La vida. 2. El reconocimiento a la personalidad jurídica. 3. La protección de la familia. 4. La igualdad ante la ley. 5. La nacionalidad. 6. La libertad personal y la prohibición de práctica de desaparición forzada de personas. 7. La integridad personal física, psíquica y moral. 8. No ser sometido a esclavitud o servidumbre. 9. La libertad de pensamiento, conciencia y

---

78 *V.* Allan R. Brewer–Carías, "Consideraciones sobre la suspensión o restricción de las garantías constitucionales", en *Revista de Derecho Público*, N° 37, EJV, Caracas, 1989, pp. 5 y ss.

79 *V.* Allan R. Brewer–Carías, *La Constitución de 1999*, *cit.*, pp. 236 y 237.

religión. 10. La legalidad y la irretroactividad de las leyes, especialmente de las leyes penales. 11. El debido proceso. 12. El amparo constitucional. 13. La participación, el sufragio y el acceso a la función pública. 14. La información.

Lamentablemente, en esta enumeración, la Ley Orgánica omitió la "prohibición de incomunicación o tortura" que establece el artículo 337 de la Constitución; la garantía a no ser condenado a prisión por obligaciones contractuales; y los derechos del niño que enumeran las Convenciones Internacionales mencionadas, que tienen rango constitucional (art. 23).

En todo caso, de las anteriores regulaciones relativas a la restricción de garantías constitucionales como consecuencia de un decreto de estado de excepción, debe destacarse lo siguiente:

En *primer lugar*, debe insistirse en el hecho de que se eliminó de la Constitución la posibilidad de que se pudiesen "suspender" las garantías constitucionales, como lo autorizaba el artículo 241, en concordancia con el artículo 190, ordinal 6 de la Constitución de 1961, y que dio origen a tantos abusos institucionales[80], quedando la potestad de excepción, a la sola posibilidad de "restringir" (art. 236, ord. 7) las garantías constitucionales.

En *segundo lugar*, la Constitución exige expresamente que el Decreto que declare el estado de excepción y restrinja garantías constitucionales, obligatoriamente debe "regular el ejercicio del derecho cuya garantía se restringe" (art. 339). Es decir, no es posible que el decreto "restrinja" una garantía constitucional pura y simplemente, sino que es indispensable que en el mismo decreto se regule en concreto el ejercicio del derecho. Por ejemplo, si se restringe la libertad de tránsito, por ejemplo, en el mismo decreto de restricción, que tiene entonces que tener contenido normativo, debe especificarse en qué consiste la restricción, estableciendo por ejemplo, la prohibición de circular a determinadas horas (toque de queda), o en determinados vehículos.[81]

Lamentablemente, sin embargo, en la Ley Orgánica no se desarrolló esta exigencia constitucional, quizás la más importante en materia de restricción de garantías constitucionales. Sólo regulándose normativamente su ejercicio, en el decreto que restrinja las garantías constitucionales, es que podría tener sentido la previsión del artículo 21 de la Ley Orgánica que dispone que:

> *Artículo 21.* El decreto que declare el estado de excepción suspende temporalmente, en las leyes vigentes, los artículos incompatibles con las medidas dictadas en dicho decreto.

Para que esta "suspensión" temporal de normas legales pueda ser posible, por supuesto, es necesario e indispensable que el decreto establezca la normativa sustitutiva correspondiente.

---

80 *V.* Allan R. Brewer–Carías, "Consideraciones sobre la suspensión o restricción de las garantías constitucionales", *cit.*, pp. 5 a 25; y Allan R. Brewer–Carías, *Derecho y acción de amparo, Instituciones Políticas y Constitucionales*, Tomo V, Caracas, 1997, pp. 11 a 44.

81 *V.* las críticas a la suspensión no regulada de las garantías constitucionales con motivo de los sucesos de febrero de 1989, en Allan R. Brewer Carías, "Consideraciones sobre la suspensión...", *loc. cit*, pp. 19 y ss., y en Allan R. Brewer Carías, en "Prólogo" el libro de Daniel Zovatto G., *Los Estados de Excepción y los Derechos Humanos en América Latina*, *cit.*, pp. 24 y ss.

C. La movilización

Conforme al artículo 23 de la Ley Orgánica, decretado el estado de excepción, el Presidente de la República en su condición de Comandante en Jefe de la Fuerza Armada Nacional puede, además, ordenar la movilización de cualquier componente o de toda la Fuerza Armada Nacional, operación que debe regirse por las disposiciones que sobre ella establece la ley respectiva.

D. La requisición

Con motivo de la declaración de estado de excepción, conforme al artículo 24 de la Ley Orgánica, el Ejecutivo Nacional tiene la facultad de requisar los bienes muebles e inmuebles de propiedad particular que deban ser utilizados para restablecer la normalidad.[82]

En estos supuestos, para que se ejecutase cualquier requisición, es indispensable la orden previa del Presidente de la República o de la autoridad competente designada, dada por escrito, en la cual se debe determinar la clase, cantidad de la prestación, debiendo expedirse una constancia inmediata de la misma.

En todo caso, terminado el estado de excepción, deben restituirse los bienes requisados a sus legítimos propietarios, en el estado en que es encuentren, sin perjuicio de la indemnización debida por el uso o goce de los mismos. En los casos que los bienes requisados no pudieren ser restituidos, o se trate de bienes fungibles o perecederos, la República debe pagar el valor total de dichos bienes, calculados con base en el precio que los mismos tenían en el momento de la requisición (art. 25 LO).

E. Las medidas relativas a los artículos de primera necesidad y a los servicios públicos

Por otra parte, una vez decretado el estado de excepción, también se puede limitar o racionar el uso de servicios o el consumo de artículos de primera necesidad, tomar las medidas necesarias para asegurar el abastecimiento de los mercados y el funcionamiento de los servicios y de los centros de producción (art. 19 LO).

Salvo que el decreto regule otra cosa, estas medidas deben adoptarse conforme a la Ley de Protección al Consumidor o al Usuario.

F. Las medidas de orden presupuestarias en cuanto al gasto público

Conforme al artículo 20 de la Ley Orgánica,

> Decretado el estado de excepción, el Ejecutivo puede hacer erogaciones con cargo al Tesoro Nacional que no estén incluidas en la Ley de Presupuesto y cualquier otra medida que se considere necesaria para regresar a la normalidad, con fundamento en la Constitución de la República Bolivariana de Venezuela y la presente Ley.

---

82 Sobre la requisición *V.* Allan R. Brewer–Carías, "Adquisición de propiedad privada por parte del Estado en el Derecho Venezolano" en Allan R. Brewer–Carías, *Jurisprudencia de la Corte Suprema 1930–1974* y *Estudios de Derecho Administrativo*, Tomo VI, Caracas, 1979, pp. 24 y 33.

Se pretendió, en esta forma, establecer una excepción al principio constitucional del artículo 314 de la Constitución que, al contrario, prescribe terminantemente y sin posibilidad de excepción, que "No se hará ningún tipo de gastos que no haya sido previsto en la Ley de Presupuesto".

Esta excepción del artículo 20 de la Ley Orgánica, por tanto, sin duda, es inconstitucional, pues la Constitución no autoriza en forma alguna que puedan hacerse gastos o erogaciones no previstos en la Ley de Presupuesto, salvo mediante la utilización del mecanismo de "créditos adicionales" que autoriza al artículo 314 de la propia Constitución.

G. Los efectos jurídicos de los estados de excepción respecto de los ciudadanos: la obligación de cooperar

Como se ha señalado, el decreto de estado de excepción tiene rango y valor de ley, por lo que sus disposiciones, tienen el mismo valor vinculante de las leyes respecto de los ciudadanos.

Pero además, conforme al artículo 17 de la Ley Orgánica, toda persona natural o jurídica, de carácter público o privado, está obligada a cooperar con las autoridades competentes para la protección de personas, bienes y lugares, pudiendo imponerles servicios extraordinarios por su duración o por su naturaleza, con la correspondiente indemnización de ser el caso.

El incumplimiento o la resistencia de esta obligación de cooperar conforme al artículo 18 de la Ley Orgánica, "será sancionado con arreglo a lo dispuesto en las respectivas leyes" pudiéndose así acudir al tipo delictivo de desacato a la autoridad, por ejemplo.

En todo caso, si esos actos fuesen cometidos por funcionarios, las autoridades pueden suspenderlos de inmediato en el ejercicio de sus cargos y deben notificar al superior jerárquico, a los efectos del oportuno expediente disciplinario. Cuando se trate de autoridades electas por voluntad popular, el artículo 18 sólo indica que "se procederá de acuerdo con lo contemplado en la Constitución de la República Bolivariana de Venezuela y en las leyes". Sin embargo, lo único en esta materia que regula la Constitución es el referendo revocatorio de mandato (art. 72).

5. El control de los decretos de estados de excepción

De acuerdo con el artículo 339, el decreto que declare el estado de excepción debe ser presentado, dentro de los 8 días siguientes de haberse dictado, a la Asamblea Nacional o a la Comisión Delegada, para su consideración y aprobación, y a la Sala Constitucional del Tribunal Supremo de Justicia, para que se pronuncie sobre su constitucionalidad (art. 336,6).

Este doble régimen general de control parlamentario y judicial, lo desarrolla la Ley Orgánica, estableciendo normas particulares en relación con el control por parte de la Asamblea Nacional, por parte de la Sala Constitucional del Tribunal Supremo y por parte de los jueces de amparo.

A. El control por la Asamblea Nacional

a. El sometimiento del decreto a la Asamblea

Como se ha dicho, el decreto que declare el estado de excepción debe ser remitido por el Presidente de la República a la Asamblea Nacional, dentro de los 8 días continuos siguientes a aquel en que haya sido dictado, para su consideración y aprobación.

En el mismo término, deben ser sometidos a la Asamblea Nacional los decretos mediante los cuales se solicite la prórroga del estado de excepción o aumento del número de garantías restringidas.

Si el Presidente de la República no diere cumplimiento al mandato establecido en el lapso previsto, la Asamblea Nacional se debe pronunciar de oficio (art. 26).

b. La aprobación por la Asamblea

El decreto que declare el estado de excepción, y la solicitud de prórroga o aumento del número de garantías restringidas, deben ser aprobados por la mayoría absoluta de los diputados presentes en sesión especial que se debe realizar sin previa convocatoria, dentro de las 48 horas de haberse hecho público el decreto (art. 27). El tema de la publicidad, de nuevo, tiene que vincularse a la publicación del decreto en la Gaceta Oficial.

Si por caso fortuito o fuerza mayor la Asamblea Nacional no se pronunciare dentro de los 8 días continuos siguientes a la recepción del decreto, éste se debe entender aprobado. Se establece así, un silencio parlamentario positivo con efectos aprobatorios tácitos.

Si el decreto que declare el estado de excepción, su prórroga o el aumento del número de garantías restringidas, se dicta durante el receso de la Asamblea Nacional, el Presidente de la República lo debe remitir a la Comisión Delegada, en el mismo término fijado en el artículo 26 de la Ley Orgánica. En este caso, conforme al artículo 29, la Comisión Delegada sólo puede considerar la aprobación del decreto que declare el estado de excepción, su prórroga, o el aumento del número de garantías restringidas, si por las circunstancias del caso le resulta imposible convocar una sesión ordinaria de la Asamblea Nacional, dentro de las 48 horas a que hace referencia el artículo 27 de la Ley Orgánica, o si a la misma no concurriere la mayoría absoluta de los diputados.

En todo caso, dice el artículo 30 de la Ley Orgánica, que el acuerdo dictado por la Asamblea Nacional "entra en vigencia inmediatamente, por lo que debe ser publicado en la *Gaceta Oficial* de la República Bolivariana de Venezuela y difundido en el más breve plazo, por todos los medios de comunicación social, al día siguiente en que haya sido dictado, si fuere posible" (art. 30). De nuevo encontramos aquí la incongruencia de que pueda considerarse que un acto parlamentario de aprobación de un decreto "con rango y fuerza de ley", pueda entrar en vigencia antes de su publicación en la *Gaceta Oficial*, lo cual es totalmente inadmisible.

B. El control por el Tribunal Supremo de Justicia

De acuerdo con el artículo 336,6 de la Constitución, compete a la Sala Constitucional "revisar en todo caso, aún de oficio, la constitucionalidad de los decretos que declaren estados de excepción dictados por el Presidente de la República". Se trata de un control de la constitucionalidad automático y obligatorio que la Sala, incluso, puede ejercer de oficio.

La Ley Orgánica desarrolla el ejercicio de este control, estableciendo diferentes regulaciones que deben destacarse.

a. La remisión del decreto a la Sala Constitucional

Conforme al artículo 31 de la Ley Orgánica, el decreto que declare el estado de excepción, su prórroga o el aumento del número de garantías restringidas, deben ser remitidos por el Presidente de la República dentro de los 8 días continuos siguientes a aquél en que haya sido dictado, a la Sala Constitucional del Tribunal Supremo de Justicia, a los fines de que ésta se pronuncie sobre su constitucionalidad. En el mismo término, el Presidente de la Asamblea Nacional debe enviar a la Sala Constitucional, el Acuerdo mediante el cual se apruebe el estado de excepción.

Si el Presidente de la República o el Presidente de la Asamblea Nacional, según el caso, no dieren cumplimiento al mandato establecido en el presente artículo en el lapso previsto, la Sala Constitucional del Tribunal Supremo de Justicia se pronunciará de oficio (art. 31). Por supuesto, estimamos que este no es el único supuesto en el cual la Sala Constitucional puede revisar de oficio el decreto, lo cual puede hacer desde que se dicte y se publique en la *Gaceta Oficial*, y no sólo al final del lapso indicado ni sólo si no se le remite oficialmente al decreto.

Debe destacarse que con la previsión de este sistema de control de constitucionalidad automático y obligatorio, una vez que el mismo se efectúa por la Sala Constitucional y ésta, por ejemplo, declara la constitucionalidad del decreto, no podría entonces ejercerse una acción popular de inconstitucionalidad contra el decreto, pues contrariaría la cosa juzgada constitucional.

Por otra parte, debe destacarse que el artículo 33 de la Ley Orgánica dispone que:

> *Artículo 33.* La Sala Constitucional del Tribunal Supremo de Justicia omitirá todo pronunciamiento, si la Asamblea Nacional o la Comisión Delegada desaprobare el decreto de estado de excepción o denegare su prórroga, declarando extinguida la instancia.

Esta norma, sin duda, también puede considerarse como inconstitucional pues establece una limitación al ejercicio de sus poderes de revisión por la Sala, no autorizada en la Constitución. La revisión, aún de oficio, del decreto de estado de excepción puede realizarse por la Sala Constitucional, independientemente de que la Asamblea Nacional haya negado su aprobación, máxime si el decreto, conforme a la Ley Orgánica al entrar en vigencia "en forma inmediata" incluso antes de su publicación, ha surtido efectos.

b. Motivos de control

La Sala Constitucional tiene competencia para revisar la constitucionalidad de los decretos de excepción, es decir, que en su emisión se hubieran cumplido los requisitos establecidos en la Constitución (constitucionalidad formal) y en la Ley Orgánica; y segundo, que el decreto no viole la normativa constitucional ni la establecida en la Ley Orgánica. Los motivos de inconstitucionalidad a ser considerados por la Sala, por otra parte, pueden ser alegados por interesados en la constitucionalidad, como se señala más adelante.

Es de destacar, en relación con estos motivos de inconstitucionalidad, por ejemplo, el incumplimiento por el decreto de estado de excepción que restrinja una garantía constitucional, de la exigencia de que el decreto debe "regular el ejercicio del derecho cuya garantía se restringe" (art. 339); es decir, que tiene que tener contenido normativo en relación con las restricciones al ejercicio del derecho constitucional respectivo. Se trata, en definitiva, de una exigencia constitucional que busca suplir el principio de la reserva legal.

En efecto, como se ha dicho, el principio básico de la regulación constitucional de los derechos y libertades públicas en Venezuela, es decir, la verdadera "garantía" de esos derechos y libertades radica en la reserva establecida a favor del legislador para limitar o restringir dichos derechos. Sólo por ley pueden establecerse limitaciones a los derechos y libertades consagrados en la Constitución. Pero la propia Constitución admite la posibilidad de que las garantías constitucionales puedan ser restringidas en circunstancias excepcionales, por decisión del Presidente de la República en Consejo de Ministros, lo que implica que durante el tiempo de vigencia de estas restricciones, las garantías de los derechos y libertades podrían ser regulados por vía ejecutiva.

Por ello, la consecuencia fundamental del decreto de excepción que establezca la restricción de garantías constitucionales, es la posibilidad que tiene el Poder Ejecutivo de regular el ejercicio del derecho, asumiendo competencias que normalmente corresponderían al Congreso. Si la esencia de la garantía constitucional es la reserva legal para su limitación y reglamentación; restringida la garantía constitucional, ello implica la restricción del monopolio del legislador para regular o limitar los derechos, y la consecuente ampliación de los poderes del Ejecutivo Nacional para regular y limitar, por vía de Decreto, dichas garantías constitucionales[83].

Por supuesto, tal como lo aclara la propia Constitución, la declaración del estado de excepción (y la eventual restricción) de garantías "no interrumpe el funcionamiento de los órganos del Poder Público" (art. 339); es decir, si bien amplía las competencias reguladoras del Poder Ejecutivo, no impide ni afecta las competencias legislativas ordinarias del Congreso.

c. *Procedimiento y la participación de interesados*

Conforme al artículo 32, la Sala Constitucional del Tribunal Supremo de Justicia debe decidir la revisión del decreto de estado de excepción en el lapso de 10 días continuos contados a partir de la comunicación del Presidente de la República o del Presidente de la Asamblea Nacional, o del vencimiento del lapso de 8 días continuos previsto en el artículo anterior.

Si la Sala Constitucional no se pronuncia en el lapso mencionado, conforme al artículo 32 de la Ley Orgánica, los Magistrados que la componen "incurren en responsabilidad disciplinaria, pudiendo ser removido de sus cargos de conformidad con lo establecido en el artículo 265 de la Constitución". Este es el primer supuesto de "falta grave" para la remoción de los Magistrados del Tribunal Supremo que se regula en la legislación, por parte de la Asamblea Nacional.

En el curso del procedimiento, para cuyo desarrollo todos los días y horas se consideran hábiles (art. 39 LO), los interesados, durante los 5 primeros días del lapso para decidir que tiene la Sala Constitucional, pueden consignar los alegatos y elementos de convicción que sirvan para demostrar la constitucionalidad o la inconstitucionalidad del

83 *Cfr.* Allan R. Brewer–Carías, *Las garantías constitucionales de los derechos del hombre*, Caracas, 1976, pp. 33, 40 y 41.

decreto que declare el estado de excepción, acuerde su prórroga o aumente el número de garantías restringidas.

No precisa el artículo, sin embargo, quienes pueden ser considerados "interesados", por lo que debe entenderse que al tratarse de un juicio de inconstitucionalidad relativo a un decreto "con rango y valor de ley", debe dársele el mismo tratamiento que el establecido para la acción popular, es decir, que para ser interesado basta alegar un simple interés en la constitucionalidad.

En todo caso, la Sala Constitucional del Tribunal Supremo de Justicia, dentro de los 2 días siguientes debe admitir los alegatos y elementos de prueba que resulten pertinentes y desechar aquellos que no lo sean. Contra esta decisión, dispone la Ley Orgánica, "no se admitirá recurso alguno", lo cual es absolutamente superfluo, pues no existe recurso posible alguno en el ordenamiento jurídico constitucional, contra las decisiones de la Sala Constitucional.

d. Decisión

La Sala Constitucional del Tribunal Supremo de Justicia debe decidir dentro de los 3 días continuos siguientes a aquel en que se haya pronunciado sobre la admisibilidad de los alegatos y las pruebas presentadas por los interesados (art. 36).

En su decisión, conforme al artículo 37 de la Ley Orgánica:

> *Artículo 37*. La Sala Constitucional del Tribunal Supremo de Justicia declarará la nulidad total o parcial del decreto que declara el estado de excepción, acuerda su prórroga o aumenta el número de garantías restringidas, cuando no se cumpla con los principios de la Constitución de la República Bolivariana de Venezuela, tratados internacionales sobre derechos humanos y la presente Ley.

En relación con los efectos de la decisión de la Sala Constitucional en el tiempo, la ley orgánica expresamente prescribe los efectos *ex tunc*, disponiendo que:

> *Artículo 38*. La decisión de nulidad que recaiga sobre le decreto tendrá efectos retroactivos, debiendo la Sala Constitucional del Tribunal Supremo de Justicia restablecer inmediatamente la situación jurídica general infringida, mediante la anulación de todos los actos dictados en ejecución del decreto que declare el estado de excepción, su prórroga o aumento del número de garantías constitucionales restringidas, sin perjuicio del derecho de los particulares de solicitar el restablecimiento de su situación jurídica individual y de ejercer todas las acciones a que haya lugar. Esta decisión deberá ser publicada íntegramente en la *Gaceta Oficial* de la República Bolivariana de Venezuela.

C. El control por los demás tribunales

De acuerdo con el artículo 27 de la Constitución, el ejercicio del derecho de amparo "no puede ser afectado en modo alguno por la declaratoria de estado de excepción o de la restricción de garantías constitucionales", derogándose en forma tácita el ordinal del artículo de la Ley Orgánica de Amparo sobre Derechos y Garantías Constitucionales de 1988 que restringía el ejercicio de la acción de amparo en las situaciones de restricción de Garantías Constitucionales[84]. Por ello, incluso, la propia Ley Orgánica enumera, entre las garantías no restringibles "el amparo constitucional" (art. 7, ord. 12).

En consecuencia, el artículo 40 de la Ley Orgánica dispone que:

> *Artículo 40.* Todos los jueces o juezas de la República, en el ámbito de su competencia de amparo constitucional, están facultados para controlar la justificación y proporcionalidad de las medidas adoptadas con base al estado de excepción.

Esta norma, sin embargo, puede considerarse como inconvenientemente restrictiva, pues parecería que los jueces de amparo no podrían ejercer su potestad plena de protección frente a las violaciones de derechos y garantías constitucionales en estas situaciones de los estados de excepción, sino sólo en los aspectos señalados de justificación y proporcionalidad de las medidas que se adopten con motivo de los mismos.

III. LOS ACTOS EJECUTIVOS DICTADOS EN EJECUCIÓN DIRECTA E INMEDIATA DE LA CONSTITUCIÓN (ACTOS DE GOBIERNO)

1. Los actos de gobierno

Además de los decretos con rango y valor de ley que conforme a la Constitución, puede emitir el Presidente de la República, éste puede dictar otros actos de igual rango que la Ley, pero desvinculados de ésta por ser emanados en ejecución directa e inmediata de la Constitución, los cuales en Venezuela se denominan "actos de gobierno"[85].

Estos actos de gobierno, que son dictados en el ejercicio de la función de gobierno, y que, por tanto, no son actos administrativos[86], emanan del Presidente de la República en ejercicio de atribuciones que la Constitución le asigna directamente. Por tal razón, el legislador no puede regular el ejercicio de la función de gobierno por parte del Poder Ejecutivo. No se trata, por tanto, de actos de carácter sublegal, sino de igual rango que la ley, aún cuando no tengan "valor" de ley por no tener poder derogatorio respecto de las mismas.

Sobre estos actos de gobierno, la antigua Corte Suprema de Justicia en Corte Plena, en sentencia de 11 de marzo de 19–03–93 señaló:

> Es ampliamente conocida en el ámbito constitucional la teoría del "acto de gobierno", "gubernativo" o "acto político", conforme a la cual, en su formulación clásica, el Presidente de la República como cabeza del Ejecutivo y Jefe de Estado (artículo 181 de la Constitución) ejerce, además de funciones propiamente administrativas, otras de contenido distinto, atinentes a la "oportunidad política" o actos que por su naturaleza, intrínsecamente ligada a la conducción y subsistencia del Estado, no son en la misma medida enjuiciables. Se institucionalizaba así, la figura intimidante de la "razón de Estado" como justificación a toda cuestión de la cual el Gobierno no tuviera que rendir debida cuenta.

---

84 *V.* Allan R. Brewer–Carías, "El amparo a los derechos y la suspensión o restricción de garantías constitucionales", *El Nacional*, Caracas, 14–4–89, p. A–4.

85 *V.* Allan R. Brewer–Carías, *Derecho Administrativo*, Tomo I, Caracas, 1975, pp. 378 y 391.

86 *V.* Allan R. Brewer–Carías, *Las Instituciones Fundamentales del Derecho Administrativo y la Jurisprudencia Venezolana*, Caracas, 1964, pp. 26, 108 y 323 y ss.

Semejante construcción sustentada en la tesis de la llamada "soberanía suprema", cuyo nacimiento teórico ubican distintos autores en la época posterior a la caída del régimen napoleónico, pronto empezó a ser revisada con criterios cada vez más estrictos que llevaron a una categorización jurisprudencial de los actos de esa naturaleza excluidos del control jurisdiccional, también cada vez más reducida.

En Venezuela, la falta de una disposición expresa al respecto en el Texto Fundamental, ha sentado este Alto Tribunal, como nota identificadora de esa especie jurídica, aquellos actos que, en ejecución directa e inmediata de la Constitución, son de índole eminentemente política. (*Vid.* SPA del 21–11–88, Caso *Jorge Olavarría*).

Dentro de este contexto, concuerdan autores y jurisprudencia nacional y extranjera en mantener dentro de esa clasificación, entre otros, el indulto, los actos relativos a la conducción de la relaciones entre el Gobierno y países extranjeros...[87]

En el mismo sentido, la antigua Corte Suprema de Justicia en Sala Político Administrativa, en sentencia de 21–11–88 precisó la noción del acto de gobierno, como un acto ejecutivo dictado en ejecución directa de la Constitución y no de la ley ordinaria, distinguiéndolos así de los actos administrativos, en la forma siguiente:

Permanecen todavía incólumes los principios sentados por la Corte –a los que se refieren los apoderados del Consejo, pero aplicándolos inexactamente al caso de autos– respecto de los "actos de gobierno", especie jurídica que, en razón de su *superior jerarquía, derivada del hecho de que son producidos en ejecución directa e inmediata de la Constitución y no de la ley ordinaria,* ha sido excluida hasta ahora, por la propia Corte, de la totalidad del control jurisdiccional de constitucionalidad, "en atención –como ella misma ha expresado– a que *por su propia esencia* son actos de *índole eminentemente política* o actos de gobierno, o de índole *discrecional*; situaciones en que no cabe aplicar a los motivos determinantes de la actuación el expresado control constitucional".

Los principios jurisprudenciales alegados por los defensores de la actuación del Consejo en la Resolución recurrida, permanecen, en efecto, aún vigentes (a más de la comentada decisión del 29–04–65, en Corte Plena, véase la de 28–06–83: CENADICA, dictada en SPA); mas, no son aplicables al caso de autos como ellos lo pretenden, sino –insiste la Sala– sólo a las *actuaciones emanadas de la cúspide del Poder Ejecutivo en función de gobierno, es decir, a los denominados por la doctrina "actos de gobierno", emitidos justa y precisamente en ejecución directa e inmediata de la Constitución;* y no a los producidos, como los de autos, por una administración –la electoral en el caso– que ejecutó, de manera directa e inmediata, normas de rango inferior al de la Carta Magna, a saber: las de la Ley Orgánica del Sufragio. Así se declara.[88]

De acuerdo con esta categorización, entre los actos de gobierno que puede dictar el Presidente de la República, estarían por ejemplo, la concesión de indultos (art. 236, ord. 19); los actos relativos a la dirección de las relaciones exteriores de la República (art. 236, ord. 4); la adopción de decisiones como Comandante en Jefe de las Fuerzas Armadas, como el fijar el contingente de las mismas y promover sus oficiales (art. 236, ords. 5 y 6); la convocatoria a la Asamblea Nacional a sesiones extraordinarias (art. 236, ord. 9) y la disolución de la Asamblea Nacional en caso de que se produzcan tres votos de censura contra el Vicepresidente (arts. 236,21 y 240).

---

87 *V. Revista de Derecho Público*, N° 53–54, Caracas, 1993, pp. 155 y ss.

88 *V.* en *Revista de Derecho Público*, N° 36, Caracas, 1988, pp. 62 y ss.

En esta forma, la noción del acto de gobierno en Venezuela ha sido delineada con base en un criterio estrictamente formal: se trata de los actos dictados por el Presidente de la República, en ejecución directa e inmediata de la Constitución, en ejercicio de la función de gobierno[89].

No se trata, por tanto, de actos administrativos que siempre son de rango sublegal, ni de actos en cuyo dictado el Presidente deba someterse a normas legislativas. Como actos dictados en ejercicio de atribuciones constitucionales por el Presidente de la República, el Poder Legislativo no puede regular la forma o manera de sus dictados, pues incurriría en una usurpación de funciones.

2. El control constitucional de los actos de gobierno

Los actos de gobierno, por tanto, si bien no son actos que estén sometidos a la ley en sentido formal, pues la función de gobierno no puede ser regulada por el legislador, por supuesto que son actos sometidos a la Constitución, en virtud de que son dictados por el Presidente de la República en ejercicio de competencias constitucionales. Como actos sometidos a la Constitución, también están sometidos al control de la constitucionalidad que ejerce el Tribunal Supremo de Justicia[90] en Sala Constitucional, la cual puede declarar su nulidad, por inconstitucionalidad, con carácter absoluto, es decir, con *erga omnes*.

A tal efecto, el artículo 334 de la Constitución establece que corresponde exclusivamente a la Sala Constitucional como Jurisdicción Constitucional,

> declarar la nulidad de los actos de los órganos que ejercen el Poder Público dictados en ejecución directa e inmediata de esta Constitución o que tenga rango de ley, cuando colidan con aquella.

Por tanto, los actos de gobierno como actos de naturaleza política pueden ser objeto de control por la Jurisdicción Constitucional, y bastaría un solo ejemplo, para darse cuenta de la necesidad del control: el caso, por ejemplo, de la fijación del contingente de las Fuerzas Armadas Nacionales, por el Presidente de la República, estableciendo un cupo por razas, lo que violaría el artículo 21 de la Constitución, por lo que sería a todas luces inconstitucional y anulable. Entre los motivos de impugnación, de los actos de gobierno, por tanto y por supuesto, estaría la violación directa de la Constitución.

Debe señalarse, en todo caso, que en la sentencia de la antigua Corte Suprema de Justicia en Corte Plena de 29 de abril de 19–04–65, dictada con motivo de la impugnación de la Ley aprobatoria del Tratado de Extradición con los Estados Unidos, la Corte había sentado el criterio siguiente:

En lo relativo a los actos que el Presidente de la República está facultado para realizar en ejercicio de sus atribuciones constitucionales, un atento examen de las mismas conduce a la conclusión de que determinadas actuaciones presidenciales, en cualquiera de los dos caracteres de Jefe del Ejecutivo Nacional o Jefe del Estado venezolano asignados a aquél por el artículo 181 de la Constitución, están excluidos del control jurisdiccional de constitucionalidad en atención a que por su propia esencia son actos de índole

---

89 *V.* Allan R. Brewer–Carías, *Las Instituciones Fundamentales del Derecho Administrativo y la Jurisprudencia Venezolana*, Caracas, 1964, pp. 26, 108 y 323 y ss. y *Derecho Administrativo*, Tomo I, *cit.*, pp. 391 y ss.

90 *V.* Allan R. Brewer–Carías, "Comentarios sobre la doctrina del acto de gobierno, del acto político, del acto de Estado y de las cuestiones políticas como motivo de inmunidad jurisdiccional de los Estados en sus tribunales nacionales", *Revista de Derecho Público*, N° 26, Caracas, 1986, pp. 65–68.

discrecional; situaciones en que no cabe aplicar a los motivos determinantes de la actuación el expresado control constitucional.

Entre tales actos encuéntrase según el artículo 190 de la Constitución Nacional los siguientes: Fijar el contingente de las Fuerzas Armadas Nacionales; convocar el Congreso a sesiones extraordinarias y reunir en Convención a algunos o a todos los Gobernadores de las entidades federales.

Con base en las excepciones que se han indicado en lo relativo al control jurisdiccional sobre la constitucionalidad intrínseca de los actos del Poder Público, puede sentarse la conclusión de que este control no ha sido establecido en forma rígida o absoluta, pues están, sustraídas a su dominio diversas situaciones tanto en el orden legislativo, como en el judicial y en el ejecutivo[91].

Esta decisión, como se ha dicho, ahora totalmente superada, originó la doctrina de supuestos actos excluidos de control aún cuando no en si mismos, sino en los aspectos de los mismos que pudieran ser controlados[92]. En todo caso, la interpretación doctrinal sobre la exclusión del control de constitucionalidad "intrínseca" de los actos de gobierno, que sólo podía referirse a los motivos del acto, como acto discrecional, pero no a los aspectos relativos a la competencia o a la forma, no fue acogida totalmente de inmediato, al punto que en una sentencia de 21 de noviembre de 19–11–88, la Sala Político–Administrativa de la antigua Corte Suprema de Justicia al conocer de la impugnación de un acto del Consejo Supremo Electoral, afirmó al distinguirlo de los actos de gobierno, que en relación a éstos que:

Permanecen todavía incólumes los principios sentados por la Corte –a los que se refieren los apoderados del Consejo, pero aplicándolos inexactamente al caso de autos– respecto de los "actos de gobierno", especie jurídica que, en razón de su superior jerarquía, derivada del hecho de que son producidos en ejecución directa e inmediata de la Constitución y no de la ley ordinaria, ha sido excluida hasta ahora, por la propia Corte, de la totalidad del control jurisdiccional de constitucionalidad, "en atención –como ella misma ha expresado– a que por su propia esencia son actos de índole eminentemente política o actos de gobierno, o de índole discrecional; situaciones en que no cabe aplicar a los motivos determinantes de la actuación el expresado control constitucional"[93].

La discusión sobre el control de constitucionalidad de los actos de gobierno, en todo caso, fue definitivamente cancelada por la antigua Corte Suprema de Justicia en Corte Plena en sentencia de 11 de marzo de 19–03–93 (caso *Gruber Odreman*), al decidir sobre la impugnación por inconstitucionalidad de los decretos de suspensión de garantía y su ejecución, de noviembre de 1992 dictados luego de la sublevación militar del día 27 de ese mes. La Corte entró directamente al tema preguntándose lo siguiente:

> Ahora bien, ¿cabe dentro del marco constitucional venezolano sostener la no enjuiciabilidad de actuaciones de la Administración, de rango ejecutivo o legislativo, en razón de su contenido político?

---

91 *V.* Allan R. Brewer–Carías, *Jurisprudencia de la Corte Suprema 1930–1974 y Estudios de Derecho Administrativo*, Tomo IV, Caracas, 1977, p. 83.

92 *V.* Luis H. Farías Mata, "La doctrina de los actos excluidos en la jurisprudencia del Supremo Tribunal", en *Archivo de Derecho Público y Ciencias de la Administración*, Instituto de Derecho Público, UCV, Vol. I, (1968–1969), Caracas, 1971, pp. 329 a 331.

93 *V.* en *Revista de Derecho Público*, N° 36, Caracas, 1988, pp. 62 y ss.

Para llegar a una respuesta adecuada, se hace imperativo, en primer término, acudir a la construcción que sobre el tema ha hecho esta Corte a través de decisiones donde se pone en evidencia, una vez más, la nunca suficientemente entendida relación de causalidad existente entre el avance del sistema de control jurisdiccional sobre los actos del Poder Público y el desarrollo institucional democrático de un país.

En efecto, no es esta la primera ocasión que se presenta a la Corte de discernir sobre la teoría de los actos exentos de control pues, no pocas veces, ha ido su Sala Político–Administrativa extendiendo pausada pero invariablemente, su ámbito de control –como órgano de la jurisdicción contencioso–administrativa– a toda la actividad del Poder Público; y así igualmente, en cuanto al control constitucional directo, este Alto Tribunal en Pleno ha traspasado barreras conceptuales antes defendidas por la preeminencia de un Estado todopoderoso, criterio hoy francamente superado[94].

Para fundamentar este criterio, la Corte acudió a su doctrina original sentada en 1962 sobre la universalidad del control de constitucionalidad y citando la sentencia de 15–03–62 (dictada con motivo de la acción de nulidad de la ley aprobatoria del contrato con el Banco de Venezuela, como auxiliar de tesorería) señaló:

> Tal amplitud de criterio, mantenida casi invariablemente por esta Suprema Corte, se ha puesto ya de manifiesto en actos conocidos como típicamente gubernativos, como es el caso, aunque en materia contencioso–administrativa y no constitucional, de la sentencia de fecha 31 de octubre de 1972 (Caso: *Manuel Elpidio Páez Almeida*, SPA).
>
> 3. Con arreglo a lo anterior, es indispensable para esta Corte que las actuaciones de la rama ejecutiva del Poder Público, a tenor del artículo 117 de la Constitución que consagra el principio de legalidad ("La Constitución y las leyes definen las atribuciones del Poder Público, y a ellas debe sujetarse su ejercicio"), están sujetas, por imperio de la Carta Fundamental, a la ley en su sentido más amplio y por ende, a revisión judicial: constitucional en aplicación del artículo 215, ordinal 6 *ejusdem* y contencioso administrativo, por previsión del artículo 206 *ibídem*.
>
> Luego, en Venezuela, el problema de los "actos de gobierno" no se contrae a una categoría jurídica revestida de inmunidad jurisdiccional, pues como se ha visto, existe frente a éstos la posibilidad de recurrirlos con base a una garantía constitucional. La cuestión se circunscribe entonces al mayor o menor grado de sujeción al cuerpo normativo, asunto atinente a la competencia reglada y al poder discrecional del funcionario que, en ejecución de la Ley Fundamental, dicta el acto[95].

En esta forma, la Corte identificó el problema del control de la constitucionalidad de los actos de gobierno, como un problema de control de actos discrecionales. Para ello, aplicó los principios que la misma Corte había venido estableciendo sobre el control de los actos administrativos discrecionales desde la década de los cincuenta[96]. Particularmente, se destaca en esa línea, la sentencia de la Sala Político–Administrativa (caso *Depositaria Judicial*) de 02 de noviembre de 19–11–82 en la cual al admitir el control de los actos administrativos discrecionales en relación a la competencia, las formalidades y la finalidad, la Corte señaló que si bien no controla las razones de fondo, mérito de oportunidad y conveniencia, el Juez puede:

Revisar la veracidad y la congruencia de los hechos que, a través de la motivación, el funcionario alega que ocurrieron, y con base en los cuales adoptó –apreciándolas según

94 *V.* en *Revista de Derecho Público*, N° 53–54, Caracas, 1993, pp. 218 y ss.

95 *Idem.*

96 *V.* Allan R. Brewer–Carías, "Los límites a los problemas discrecionales de las autoridades administrativas", *Revista de la Facultad de Derecho*, Universidad Católica Andrés Bello, N° 2, Caracas, 1965.

las circunstancias de oportunidad y de conveniencia que tuvo a la vista– la medida posteriormente recurrible ante la jurisdicción contencioso–administrativa[97].

En todo caso, en la Constitución de 1999 quedó definitivamente establecido el control de constitucionalidad de los actos de gobierno, al atribuir a la Sala Constitucional del Tribunal Supremo de Justicia, competencia para declarar la nulidad de los mismos cuando colida con la Constitución, cualquiera sea la forma de dicha violación constitucional (arts. 334 y 336,3 y 4).

IV. LOS REGLAMENTOS

La Constitución de 1999, utiliza la expresión acto administrativo en dos artículos: en primer lugar, en el artículo 259, al atribuir a los órganos de la Jurisdicción Contencioso–Administrativa competencia para "anular los actos administrativos generales o individuales contrarios a derecho incluso por desviación de poder"; y en segundo lugar, en el artículo 266,5, al atribuir específicamente a la Sala Político Administrativa del Tribunal Supremo de Justicia, que forman parte de esa Jurisdicción, competencia para "declarar la nulidad total o parcial de los reglamentos y demás actos administrativos generales o individuales del Ejecutivo Nacional, cuando sea procedente".

De estas normas surge claramente que en Venezuela, los reglamentos son y siempre han sido considerados como actos administrativos[98], en el sentido de que son declaraciones de voluntad emanadas de órganos que ejercen el Poder Público, de carácter sublegal, para producir efectos jurídicos. La única peculiaridad que tienen es que los reglamentos son actos administrativos de efectos generales y, por tanto, de carácter normativo. Se distinguen, así, de los otros actos administrativos generales, de contenido no normativo, y de los actos administrativos de efectos particulares.

1. Los reglamentos como actos administrativos de efectos generales

La característica de los reglamentos como actos administrativos es, en primer lugar, que son actos dictados en ejecución mediata de la Constitución, e inmediata de la legislación; por ello, como todo acto administrativo, siempre son de carácter sublegal. En segundo lugar, se trata de actos administrativos, siempre son de efectos generales, es decir, de carácter normativo, y que, por tanto, integran o modifican el ordenamiento jurídico. El contenido de los reglamentos, por tanto, siempre es de carácter normativo, y se identifican por su generalidad, efectos *erga omnes* y por estar destinados a un número indeterminado e indeterminable de personas[99]. El reglamento, en esta forma, tal como lo definió la antigua Corte Suprema,

> "Es norma jurídica de carácter general dictado por la Administración Pública, para su aplicación a todos los sujetos de derecho y en todos los casos que caigan dentro de sus supuestos de hecho"[100].

---

97 *V.* en *Revista de Derecho Público*, N° 12, Caracas, 1982, pp. 124 y ss.

98 *V.* por ejemplo Allan R. Brewer–Carías, *Las Instituciones Fundamentales del Derecho Administrativo*, *op. cit.*, p. 119.

99 *V.* sobre la distinción Allan R. Brewer–Carías, *El Control de la Constitucionalidad de los actos estadales*, *op. cit.*, pp. 8 y ss.

100 *V.* sentencia de la CSJ en SPA de 27–05–68, en *GF*, N° 60, 1968, pp. 115 a 118.

Pero como se dijo, el reglamento, aún cuando tiene contenido normativo e integra el ordenamiento jurídico, está siempre subordinado a la ley. Tal como lo ha señalado la antigua Corte Suprema de Justicia:

> Las disposiciones de los reglamentos que conforme a ella han de dictarse, tienen el carácter de normas secundarias respecto a las de la Ley, que son en este caso, las primarias. O sea, que cada reglamento es el complemento de la determinada Ley, cuya finalidad es facilitar la ejecución de ésta[101].

De lo anterior resulta, por otra parte, que no todo acto administrativo general es un reglamento, lo que permite distinguir entre "actos de efectos generales" como los reglamentos, y "actos generales"; es decir, entre actos normativos, por una parte, y por la otra, los actos generales no normativos[102]. Es decir, el reglamento, es siempre "de efectos generales", pero hay actos administrativos generales que aún cuando tienen como destinatarios a un grupo de personas, no son con carácter normativo, es decir, no son de efectos generales, sino particulares.

En otra sentencia, la antigua Corte Suprema de Justicia destacó la "generalidad e impersonalidad" como las características propias del reglamento señalado:

> El reglamento como todos los actos de efectos generales, va dirigido a un indeterminado número de personas, por lo cual se hace imposible nombrarlas a todas. En cambio, la Resolución impugnada va dirigida a cierto número de personas, perfectamente identificables, ya que ellas han celebrado un contrato previamente con el Ejecutivo Nacional, pues todas y cada una, son concesionarias de hidrocarburos. Por lo tanto, el contenido de la Resolución citada debe tomarse como un conjunto de decisiones individuales que se han condensado en un solo texto legal, en forma aparentemente colectiva, pero que en realidad no lo es, en virtud de la peculiaridad anteriormente anotada.

La Ley y el Reglamento ejecutivo, no son, como parece creerlo la impugnante, la única fuente de los actos administrativos de efectos generales, ya que éstos pueden provenir, además, de disposiciones de otros órganos del poder público: nacionales, estadales, municipales y aun de entes autónomos y descentralizados.[103]

Ahora bien, la Constitución de 1999, conforme a la tradición constitucional precedente, atribuye al Presidente de la República la facultad de "reglamentar total o parcialmente las leyes, sin alterar su espíritu, propósito y razón" (art. 236,10). De ello deriva que el Presidente de la República puede reglamentar las leyes, lo que no implica que tenga una potestad exclusiva para dictar actos administrativos de efectos generales, pues otros órganos del Estado, en ejercicio del Poder Público, pueden hacerlo.

En consecuencia, los actos administrativos de efectos generales, por ejemplo, pueden emanar de otros órganos de la Administración Pública como los Ministros, que son órganos directos del Presidente de la República, los cuales tienen potestad normativa en las materias que le asigna la ley.

Pero además, en el ámbito de la Administración Central, los órganos que en la misma han sido desconcentrados legalmente, con autonomía funcional, también ejercen la potestad normativa en los asuntos que la ley les ha atribuido. Es el caso, por ejemplo, de la Comisión Nacional de Valores.

---

101 *V.* sentencia de la CSJ en SPA de 10–05–65, en *GF*, N° 48, 1968, pp. 122 a 123.

102 *V.* sentencia de la CSJ en SPA de 02–11–67 en *GF*, N° 57, 1967, pp. 38 y 39.

103 *V.* sentencia de la CSJ en SPA de 07–11–73, en *G.O.* N° 1.643 Extraordinaria de 21–03–74, p. 13.

También, en el ámbito de la Administración Pública Descentralizada, las personas jurídicas de derecho público que la componen, tanto las estatales como las no estatales, tienen potestad reglamentaria conforme a la ley que las rige. En tal sentido, los Institutos Autónomos, por ejemplo, como personas de derecho público estatales; y los Colegios Profesionales, como personas jurídicas de derecho público no estatales, ejercen la potestad normativa en el ámbito de sus respectivas competencias, conforme a las leyes que los rigen[104].

Pero en el ordenamiento jurídico venezolano y a pesar de la definición de acto administrativo que trae el artículo 7 de la Ley Orgánica de Procedimientos Administrativos, no sólo los órganos ejecutivos o, en general, los órganos que conforman la Administración Pública Central o Descentralizada, dictan actos administrativos normativos o reglamentarios, sino que también éstos pueden emanar de los demás órganos del Estado que ejercen otros Poderes Públicos distintos al ejecutivo, cuando ejercen la potestad normativa.

Es decir, en Venezuela los actos administrativos, incluidos los reglamentos, no se definen orgánicamente[105], por lo que no siempre son "actos ejecutivos" ya que también emanan de los otros órganos del Estado que ejercen el Poder Judicial, el Poder Legislativo, el Poder Electoral y el Poder Ciudadano[106]. Por ello, se consideran actos administrativos de efectos generales, los reglamentos que dicta el Tribunal Supremo de Justicia para su funcionamiento interno y en relación con el gobierno y administración del Poder Judicial que le corresponde (art. 6,10,12, 14,15, Ley Orgánica del Tribunal Supremo de Justicia la Corte Suprema de Justicia). También es el caso de los reglamentos o actos administrativos normativos dictados por el Consejo Nacional Electoral (art. 55,3, Ley Orgánica del Sufragio y Participación Ciudadana), por el Fiscal General de la República (art. 21,8, Ley Orgánica del Ministerio Público), o por el Contralor General de la República (art. 13,1, Ley Orgánica de la Contraloría General de la República). Todos estos actos administrativos reglamentarios, por supuesto, son de rango sublegal y están sujetos, ante todo, a las leyes reguladoras de esos actos de los Poderes Públicos Nacionales.

Por último, por supuesto, en un Estado con forma federal, los Gobernadores de Estado los Alcaldes Municipales tienen en el respectivo ámbito de sus competencias potestad normativa, conforme a las Constituciones y leyes de los Estados y a las Ordenanzas Municipales, respectivamente, pudiendo dictar actos administrativos de efectos generales.

2. El control de constitucionalidad y legalidad de los Reglamentos y demás actos administrativos de efectos generales

Todos los reglamentos dictados por cualquier autoridad pública, e, incluso, en algunos casos por entidades privadas en ejercicio de autoridad, están sometidos al control de constitucionalidad y legalidad que ejercen los órganos de la Jurisdicción Contencioso–Administrativa.

---

104 *V.* Allan R. Brewer–Carías, *Principios del Régimen Jurídico de la Organización Administrativa Venezolana*, Caracas, 1991, pp. 78 y ss.

105 *V.* Allan R. Brewer–Carías, "El problema de la definición del acto administrativo" en *Libro Homenaje al Doctor Eloy Lares Martínez*, UCV, Tomo I, Caracas, 1984, pp. 25 a 78.

106 *V.* Allan R. Brewer–Carías, *Estado de Derecho y Control Judicial*, Madrid 1987, pp. 429 y ss.; *Justicia Contencioso Administrativa. Instituciones Políticas y Constitucionales*, Tomo VII, Caracas, 1997, pp. 321 y ss.

En cuanto a los "reglamentos ejecutivos" dictados por el Presidente de la República, los mismos están sometidos, como todos los actos administrativos del Ejecutivo Nacional (Administración Pública Nacional Centralizada) al control de la Sala Político Administrativa del Tribunal Supremo de Justicia (art. 266,5 C) que constituye la instancia de mayor grado en el ámbito de dicha jurisdicción.

Ese control judicial tiene por objeto verificar el sometimiento al derecho por parte los Reglamentos ya que, conforme lo ha dicho la antigua Corte Suprema:

La actividad reglamentaria está... limitada y encauzada por la norma legal, y de ahí que toda disposición reglamentaria que viole la Constitución o las leyes es susceptible de anulación o de inaplicación en los casos concretos[107].

Además, en particular, respecto de los Reglamentos Ejecutivos, la Constitución exige en particular, que deben respetar el "espíritu, propósito y razón de la Ley", y "se altera el espíritu de la Ley cuando el acto reglamentario contiene excepciones o sanciones no previstas o disposiciones contrarias a los fines perseguidos por el legislador"[108].

Esta sujeción la precisó la antigua Corte Suprema en los siguientes términos:

> El decreto reglamentario o Reglamento Ejecutivo, tomado en su acepción estricta –que es el que interesa en este caso–, tiene como antecesor a la Ley, de la cual es derivación, efecto y corolario. Esta sienta el principio, aquél, prevé y desarrolla sus consecuencias, facilita su aplicación a los pormenores y determina las medidas necesarias para su aplicación. De ahí que cuando el reglamento ejecutivo se propasa y se ocupa de reparar las diferencias de la Ley, regula cuestiones no comprendidas en ella, o se aparta del espíritu, propósito y razón que lógicamente han debido guiar al Legislador en su elaboración, se está en presencia de una extralimitación de atribuciones, en el primer caso, y de una violación del texto constitucional en el segundo; y en uno y otro, de un reglamento ejecutivo viciado, en todo o en parte, de ilegalidad por violatorio de expresas normas de la Ley Fundamental[109].

Sin embargo, el hecho de que el Reglamento Ejecutivo esté sometido a la ley que ejecuta, no significa que la actividad reglamentaria se convierta en una mera ejecución mecánica de la Ley. En efecto, la propia antigua Corte Suprema de Justicia ha señalado en este sentido lo siguiente:

> Sin embargo, dentro de estas limitaciones se reconoce a los reglamentos un campo de acción relativamente amplio en cuanto tienden al desarrollo del texto legal, especialmente cuando la ley sólo consagra normas fundamentales. Se admite así, que por vía reglamentaria, puedan establecerse formalidades o requisitos no previstos en la ley pero necesarios para asegurar su cumplimiento, o definirse palabras usadas por el legislador y cuyo alcance conviene precisar a fin de evitar dudas. Pero en este último supuesto y, en general, cuando la administración interpreta el sentido de la ley por vía reglamentaria, insiste la doctrina en que ha de entenderse que la interpretación afirmativa es válida en cuanto esté conforme a la voluntad legislativa[110].

Sobre esto, la antigua Corte Suprema, fue aún más clara en otra parte de esa misma sentencia de 10 de mayo de 1965, que resolvió el recurso de inconstitucionalidad de un reglamento de una Ley, indicando que:

> Considera la Corte que la mera circunstancia de que un Reglamento contemple alguna formalidad que no aparezca en la ley, no es razón suficiente para estimar alterada la relación de legalidad en-

107 *V.* sentencia de la CSJ en SPA de 10–05–65 en *GF*, N° 48, 1965, pp. 122 y 123.
108 *V.* sentencia de la CFC en CP de 04–06–52 en *GF*, N° 11, 1962, p. 25.
109 *V.* sentencia de la CFC en CP de 24–09–52 en *GF*, N° 1, 1958, p. 151.
110 *V.* sentencia de la CSJ en SPA de 10–05–65 en *GF*, N° 48, 1965, pp. 122 y 123.

> tre ambos estatutos. Lo contrario sería establecer que los Reglamentos deberían ser la reproducción fiel y exacta de la ley, y, por consiguiente, carentes de toda utilidad y objeto.
>
> Por tanto, pues, si puede y debe el Reglamento desarrollar las normas de la ley mediante disposiciones acordes con ella, siempre que no contradigan su texto y su intención, e, incluso, establecer formalidades o requisitos no previstos en el texto legal pero indispensables para asegurar su cumplimiento, según el criterio doctrinal ya expuesto[111].

Pero la Sala Político Administrativa del Tribunal Supremo de Justicia, como órgano de la jurisdicción contencioso–administrativa, sólo tiene competencia para controlar la conformidad con el derecho de los reglamentos y demás actos administrativos de efectos generales que emanen del Ejecutivo Nacional, es decir, de la Administración Central compuesta, básicamente, por la Presidencia de la República y la organización ministerial[112].

En cambio, el conocimiento de los juicios de nulidad contra los reglamentos y demás actos administrativos de efectos generales emanados de los órganos desconcentrados de la Administración Central y de la Administración Pública Descentralizada, corresponde a la Corte Primera de lo Contencioso Administrativo en primera instancia (art. 185,3 LOCSJ) y en segunda instancia, a la Sala Político Administrativa del Tribunal Supremo de Justicia.

En cuanto a los actos administrativos de efectos generales o reglamentos dictados por los órganos de los Estados y Municipios, la competencia para conocer de las acciones de nulidad contra los mismos por razones de ilegalidad o inconstitucionalidad, corresponde a los Tribunales Superiores en lo Contencioso Administrativo de las diversas circunscripciones judiciales, en primera instancia, correspondiendo la segunda instancia a la Corte Primera de lo Contencioso–Administrativo. (art. 181 LOCSJ).

V. LOS ACTOS ADMINISTRATIVOS

1. El problema de la definición del acto administrativo

Por último, además de los Decretos con rango y valor de ley, de los actos de gobierno y de los Reglamentos, dentro de los actos ejecutivos por excelencia se encuentran los actos administrativos, es decir, las manifestaciones de voluntad de la Administración de carácter sublegal, destinadas a producir efectos jurídicos.

Ahora bien, en esta definición del acto administrativo, por supuesto, el elemento clave es la determinación de qué debe entenderse por "Administración" pues los actos administrativos en general, se dictan por todos los órganos estatales y en ejercicio de todas las funciones estatales. Por tanto, su individualización, a pesar de su carácter sublegal, no puede estar fundamentada en la sola utilización del criterio orgánico, del criterio formal o criterio material, sino, de la mezcla y combinación de ellos[113], pues de lo contrario quedarían fuera de caracterización, por ejemplo, los actos administrativos que dictan los funcionarios de los órganos legislativos o de los órganos judiciales.

111 *Idem*, pp. 123 y 124.

112 *V.* Allan R. Brewer–Carías, *Ley Orgánica del Tribunal Supremo de Justicia*, Caracas, 2004, pp. 65 y ss.

113 *V.* Allan R. Brewer–Carías, "El problema de la definición del acto administrativo", en *Libro Homenaje al Doctor Eloy Lares Martínez, cit.*, Tomo I, pp. 31 a 38.

Por ello, en nuestro ordenamiento constitucional no puede sostenerse que los actos administrativos sólo son aquellos que emanan de los órganos de la Administración Pública que ejerce el Poder Ejecutivo. Al contrario, como se dijo, los actos administrativos, pueden emanar de los órganos legislativos actuando en función administrativa[114], de los tribunales, de los órganos que ejercen del Poder Electoral y del Poder Ciudadano, actuando en tanto en función normativa y de control, como en función administrativa[115]. Los actos administrativos, en esta forma, y contrariamente a lo que sucede con las leyes, los decretos leyes, los decretos de estados de excepción, los actos de gobierno y las sentencias judiciales, como se ha dicho, no están reservados a determinados órganos del Estado, sino que pueden ser dictados por todos ellos, y no sólo en ejercicio de la función administrativa.

Pero además, para definir los actos administrativos, no es aceptable la sola utilización del criterio formal, de actividad de carácter sublegal, pues los actos judiciales también tienen carácter sublegal; por último, tampoco es aceptable la utilización exclusiva de un criterio material, basado en la noción de función administrativa, pues quedarían excluidos del concepto, los actos administrativos cumplidos en ejercicio de la función normativa y de la función jurisdiccional por los órganos del Poder Ejecutivo, así como los actos administrativos dictados en ejercicio de la función normativa por los órganos jurisdiccionales.

Por ello es que hemos propuesto una definición del acto administrativo que combine diversos criterios, pues es la única forma de reconducir a la unidad, la heterogeneidad de los mismos. En esta forma debe considerarse como acto administrativo toda manifestación de voluntad de carácter sublegal (criterio formal) realizada por los órganos del Poder Ejecutivo, actuando en ejercicio de la función administrativa, de la función normativa, de la función de control y de la función jurisdiccional (criterio orgánico); por los órganos del Poder Ciudadano, actuando en ejercicio de la función de control, de la función administrativa y de la función normativa (criterio orgánico); por los órganos del Poder Electoral, actuando en ejercicio de la función administrativa, de la función normativa y de la función de control (criterio orgánico); por los órganos del Poder Legislativo, actuando en ejercicio de la función administrativa y de carácter sublegal (criterio material), y por los órganos del Poder Judicial actuando en ejercicio de la función administrativa, de la función de control sobre la administración de justicia y de la función normativa (criterio material), con el objeto de producir efectos jurídicos que pueden ser o la creación de una situación jurídica individual o general, o la aplicación a un sujeto de derecho de una situación jurídica general[116].

Considerando a los actos estatales dentro de una perspectiva general, entonces, quedarían fuera de la clasificación como actos administrativos, los actos cumplidos por los órganos del Poder Ejecutivo en función normativa con valor de Ley y los dictados en función de gobierno (actos de gobierno) y que, por tanto, son de rango legal; los actos cumplidos por los órganos del Poder Legislativo en función normativa (leyes), en función de gobierno (leyes, actos parlamentarios sin forma de ley), en función jurisdiccional (actos parlamentarios sin forma de ley) y en función administrativa y de control de

---

114 *V.*, por ejemplo, la sentencia de la Corte Suprema de Justicia en Sala Político–Administrativa de 19–12–74, en *G.O.* N° 1.741 Extraordinario de 21–05–75.

115 *V.*, por ejemplo, la sentencia de la Corte Suprema de Justicia en Sala Político–Administrativa de 26 de mayo de 1981, en *Revista de Derecho Público*, N° 7, julio–septiembre 1981, EJV, Caracas, pp. 17 y ss.

116 *V.* Allan R. Brewer–Carías, *Derecho Administrativo*, Tomo I, *cit.*, pp. 393 y ss.

rango legal (leyes y actos parlamentarios sin forma de ley); y los actos cumplidos por los órganos del Poder Judicial actuando en función jurisdiccional (sentencias, autos).

De lo anteriormente señalado, es claro, por tanto, que en las definiciones tradicionales del acto administrativo, que lo precisan como toda "declaración de voluntad realizada por la Administración con el propósito de producir un efecto jurídico"[117], como señalamos anteriormente, el problema se reduce a determinar qué debe entenderse por "administración". O dicho término se define un criterio orgánico, identificándolo con los órganos del Poder Ejecutivo (autoridades administrativas) o dicho término se define con un criterio material, identificándolo con el ejercicio de la función administrativa; o dicho término se define con criterios combinados, como lo hemos hecho anteriormente. En las dos primeras alternativas, quedaría fuera de la calificación de actos administrativos, diversos actos estatales que ni son judiciales, ni legislativos, ni de gobierno y que indudablemente tienen carácter administrativo. En la última alternativa, que hemos acogido, en cambio, así como todos los actos estatales encuentran su calificación, también todos los actos administrativos, sean cumplidos por la autoridad estatal que sea, encuentran su debido encuadramiento.

2. El control judicial de los actos administrativos

Ahora bien, no estando excluido el control jurisdiccional de inconstitucionalidad o legalidad ningún acto estatal[118], resulta imperativo que todos los actos administrativos pueden ser objeto de control contencioso–administrativo, resultando inadmisibles las definiciones de tales actos que provoquen exclusiones de control. Como lo ha dicho la antigua Corte Suprema de Justicia, en sentencia del 10 de enero de 19–01–80, al referirse a las decisiones de las Comisiones Tripartitas,

Resulta contrario a nuestro ordenamiento constitucional que los pronunciamientos de las Comisiones Tripartitas laborales son irreversibles en vía jurisdiccional. En efecto, en Venezuela existen tres vías para la impugnación de los actos estatales, la acción de nulidad por inconstitucionalidad contra los actos legislativos o de gobierno; el recurso de casación contra los actos jurisdiccionales; y el recurso contencioso–administrativo de anulación contra los actos administrativos. No podría el legislador, sin infringir el orden

---

117 En términos generales este ha sido la definición que la Corte Suprema ha adoptado cuando ha necesitado definir el acto administrativo. En efecto, la antigua Corte Federal ha definido el acto administrativo individual como aquella "declaración de voluntad realizada por la administración con el propósito de producir un efecto jurídico y tendiente a crear una situación jurídico individualizada (*V.* sentencia de 3 de junio de 1959 en *GF*, Nº 24, 1959, p. 206); o más propiamente, ha definido el acto administrativo, como aquellas manifestaciones de voluntad de la administración pública que afectan a la situación jurídico–administrativa personal o patrimonial de un Administrado, como son las que crean o definen una situación de derecho administrativo" (*V.* sentencia de 3 de diciembre de 1959, en *GF*, Nº 26, 1959, p. 142). Además, la Corte Suprema de Justicia ha repetido el mismo concepto al definir los actos administrativos individuales, como aquellas "declaraciones en virtud de las cuales la Administración tiende a crear, reconocer, modificar, o extinguir situaciones jurídicas subjetivas" (*V.* Sentencia de la Sala Político–Administrativo de 2 de junio de 1964 en *G.O.* Nº 27.474 de 25 de junio de 1964).

118 En tal sentido, la Corte Suprema de Justicia en Sala Político Administrativa, por sentencia del 11 de mayo de 1981 estableció lo siguiente: "Ahora bien, sin entrar, por innecesario, en un análisis más profundo de la cuestión, parece evidente que, en nuestro medio, hoy en día tal tesis resulta definitivamente superada: primero, porque de acuerdo con la letra constitucional no puede discutirse que ningún acto administrativo está exento del control jurisdiccional, y, segundo, porque tampoco puede ponerse en duda en la concepción actual de nuestro derecho administrativo, que los recursos jurisdiccionales contra los actos administrativos sólo pueden versar en razones de ilegalidad del acto, y no del mérito u oportunismo de la actuación administrativa". *V.* en *Revista de Derecho Público*, Nº 7, julio–septiembre 1981, EJV, pp. 157 y 158.

jurídico constitucional, establecer expresa o tácitamente una derogatoria a los principios que informan nuestro sistema de derecho, que someten la actividad de todas las ramas del Poder Público al control de su regularidad por parte del máximo Tribunal de la República, o de los demás órganos de la jurisdicción contencioso administrativa[119].

Con esta tesis del carácter comprensivo del control jurisdiccional sobre los actos estatales que hemos propugnado siempre[120], la Corte Suprema se apartó, sin duda, en materia de control de actos administrativos de la doctrina sentada en algunas sentencias de años anteriores, en las cuales había excluido del control contencioso–administrativo, por ejemplo, los actos administrativos emanados de los Inspectores del Trabajo[121], y los actos emanados de los Registros Públicos[122]. Por ello, para excluir o incluir actos administrativos en el ámbito de control contencioso–administrativo, la Corte Suprema tuvo que recurrir a identificar una noción de acto administrativo, que le permitiera definir el ámbito de sus poderes de control.

Precisamente por ello, ha sido posible que, los órganos de la jurisdicción contencioso–administrativa, hayan considerado como actos administrativos sujetos a control contencioso administrativo, en primer lugar, actos emanados de una Asamblea Legislativa (órgano legislativo) (designación de funcionarios); en segundo lugar, los actos de las Comisiones Tripartitas laborales dictados en función jurisprudencial por órganos administrativos; en tercer lugar, ciertos actos dictados por los Tribunales en función administrativa; y en cuarto lugar, ciertos actos dictados por entidades privadas que cumplen funciones públicas[123].

En la actualidad, por tanto, todos los actos administrativos pueden ser sometidos a control de legalidad e inconstitucionalidad por parte de los tribunales contencioso–administrativos, incluso los actos administrativos emanados de entidades privadas no estatales en ejercicio de autoridad; y, por supuesto, conforme lo antes expuesto, no sólo los emanados de los órganos del Poder Ejecutivo, sino de los órganos de todos los otros Poderes del Estado.

Este control judicial de la conformidad con el derecho (inconstitucionalidad o ilegalidad) de los actos administrativos corresponde a los órganos de la jurisdicción contencioso–administrativa de la cual forman parte, según la graduación de la competencia antes indicada, la Sala Político Administrativa y la Sala Electoral del Tribunal Supremo de Justicia; la Corte Primera de lo Contencioso–Administrativo y los Tribunales Superiores Contencioso–Administrativos.

Los motivos de impugnación de los actos administrativos, conforme al artículo 259 de la Constitución, que pueden dar lugar a su anulación, son el que sean "contrarios al de-

119 *V.* la sentencia de 10–01–80, de la Sala Político–Administrativa de la Corte Suprema de Justicia en *Revista de Derecho Público*, Nº 1, enero–marzo 1980, p. 130.

120 *V.* por ejemplo, Allan R. Brewer–Carías, *El control de la constitucionalidad de los actos estatales, cit.*, pp. 31, 32, 112, 113 y 114.

121 *V.* por ejemplo, la Sentencia de 18–06–63, en *G.O.* Nº 871, Ext. de 26–08–63. Véanse los comentarios de Luis E. Farías Mata en "La doctrina de los actos excluidos en la jurisprudencia del Supremo Tribunal", en Instituto de Derecho Público, *Archivo de Derecho Público y Ciencias de la Administración*, Vol. I, 1968–1969, *cit.*, pp. 333 y ss.

122 *V.* la Sentencia de la Sala Político–Administrativa de 13–03–67, en *GF* Nº 55, 1968, pp. 107 y 116. Sobre esta materia *V.* Allan R. Brewer–Carías "La impugnación de los actos administrativos de registro ante la jurisdicción contencioso–administrativa" en *Libro a la Memoria de Joaquín Sánchez Covisa*, Caracas, 1975, pp. 440 y ss.

123 *V.* Allan R. Brewer–Carías, *Justicia Contencioso Administrativa, cit.*, pp. 352 y ss.

recho, incluso por desviación de poder", lo que abarca todos los motivos de ilegalidad de los mismos, tanto de fondo como de forma.[124]

Sección Tercera: LOS ACTOS DE GOBIERNO Y LOS ACTOS PREEMINENTEMENTE DISCRECIONALES (2011)

Esta Sección Tercera comprende el texto del estudio sobre "Los actos de gobierno y los actos preeminentemente discrecionales," publicado en Víctor Hernández Mendible (Director), *La actividad e inactividad administrativa y la Jurisdicción Contencioso Administrativa,*" Caracas 2012, pp. 131–189.

En una reciente sentencia N° 1368 dictada en 13 de agosto de 2008 (Caso: *Pedro Numa Salas Bustillos, Impugnación Decreto de Indulto*)[125], la Sala Constitucional del Tribunal Supremo de Justicia, con ocasión de conocer de la impugnación de un decreto presidencial de otorgamiento de indulto formulada catorce años antes, en 1984, trató específicamente los tres temas a los cuales se refieren estos comentarios: al tema de la universalidad del control judicial de la conformidad con el derecho de los actos estatales, al tema de la distinción entre los actos administrativos y los actos de gobierno, con referencias al principio de la separación de poderes, y al tema del control de los actos discrecionales.

Para su estudio, por tanto, bien vale la pena partir de las consideraciones que ha hecho la Sala Constitucional en ese caso, pues en cierta forma, constituyen un resumen de la tradición jurisprudencial en la materia de los principios del derecho público que se conformó en el país durante las décadas del régimen democrático de finales del siglo pasado.[126]

En efecto, 1984, en el Fiscal General de la República interpuso ante la Sala Político Administrativa de la antigua Corte Suprema de Justicia, conforme a sus competencias contencioso administrativas, una acción de nulidad por razones de inconstitucionalidad e ilegalidad contra un decreto presidencial (Decreto N° 2.387 del 29 de diciembre de 1983) mediante el cual se le había concedido indulto a un ciudadano (Pedro Numa Salas Bustillos); considerando que dicho Decreto presidencial "constituye un acto administrativo, que se encuentra viciado de inmotivación, abuso de poder y desviación de poder."

La demanda fue admitida en el mismo año 1984, pero sólo fue siete años después, en 2001 y ya en vigencia la nueva Constitución de 1999, cuando la Sala Político Administrativa declinó la competencia para conocer de la demanda en la Sala Constitucional del Tribunal Supremo. Pasaron otros cuatro años más hasta cuando en 2005 la Sala Constitucional aceptó formalmente la declinatoria de la competencia, dictando sentencia después de haber transcurrido otros tres años, el 13 de agosto de 2008. Es decir, para resolver un tema relativamente sencillo en materia de derecho público, el Tribunal supremo se demoró catorce largos años.!!

124 *Idem*, pp. 430 y ss.

125 *V.* en http://www.tsj.gov.ve/decisiones/scon/Agosto/1368–130808–01–2503.htm

126 *V.* Allan R. Brewer–Carías, *Los Principios fundamentales del derecho público (Constitucional y Administrativo)*, Editorial Jurídica Venezolana, Caracas 2005.

A los efectos de decidir, la Sala comenzó por analizar la institución del indulto y su naturaleza jurídica y, en particular "si el mismo es susceptible de ser fiscalizado por los órganos del Poder Judicial," partiendo de la premisa de que el "indulto constituye un **acto político o de gobierno**, cuyo dictado se realiza en ejecución directa e inmediata de la Constitución," por el Presidente de la República, "en el contexto de su función de dirección política de la sociedad" y en uso de la atribución que le confiere el artículo 23.19 de la Constitución de 1999 (Art. 190.21 de la Constitución de 1961).

Se trata, por tanto, dijo la Sala, de "un acto que se emite en el ejercicio de una función eminentemente política [que] de ninguna forma puede ser concebido como una manifestación de la actividad administrativa estatal," (destacado de la Sala) y que si bien es dictado por el Presidente de la República, que "es la cabeza del Poder Ejecutivo Nacional y, por ende, de la Administración Pública Nacional," en este caso, el mismo "actúa en función de gobierno y no en función administrativa."

La Sala consideró que en el universo de los actos enumerados en el artículo 236 de la Constitución hay "una amplia gama de actos, algunos de los cuales se corresponden con el ejercicio de la función administrativa, y otros con la motorización de la función de gobierno." Sin embargo, para definir la función de gobierno, como si por lo visto no había estudio alguno en el país que tratara el tema, la Sala recurrió a un autor español, considerando que la misma "puede ser entendida como una actividad de dirección suprema de la sociedad,"[127] precisando, sin embargo, que "en sentido estricto, es susceptible de ser definida como aquella actividad mediante la cual se ejerce la dirección del gobierno nacional."

La Sala, además, precisó que el indulto, siendo un acto de "naturaleza esencialmente política," implica "una intervención del Poder Ejecutivo en la esfera de actividades propias del Poder Judicial" cumpliendo importantes funciones para coadyuvar "en la atenuación –con base en la equidad–, de las durezas excesivas de la ley penal;" para servir "como mecanismo de reparación de los errores judiciales que no pueden ser reparados a través de los recursos previstos en el ordenamiento jurídico;" o para facilitar "la resocialización del procesado o penado."

Rechazada la calificación del indulto como acto administrativo y precisada su naturaleza como acto de gobierno dictado en ejecución directa de la Constitución, la Sala pasó a analizar "la posibilidad de que el contenido del indulto pueda ser controlado por los órganos de la jurisdicción constitucional," afirmando de entrada que:

> "debe precisarse que el único aspecto de aquél susceptible de control judicial, es el referido a los **motivos** que impulsan al Presidente de la República a conceder tal derecho de gracia, lo cual obedece, en palabras de García Mahamut, a que el reconocimiento y garantía de un contenido material propio de la función de dirección política del Poder Ejecutivo, se traduce en el reconocimiento de un área de actuación reservada a aquél con características distintas de las correspondientes a las áreas de actuación derivadas de otras funciones, como sería, por ejemplo, la administrativa (García Mahamut, Rosario, *El indulto,* Editorial *Marcial Pons,* Madrid–Barcelona 2004, p. 195)." (Destacado de la Sala)

Este párrafo de la sentencia, sin duda es contradictorio, pues la última parte del mismo a lo que conduce es a afirmar que los motivos, al contrario de lo indicado al inicio, serían el único aspecto que **no** es susceptible de control. Parecería, por tanto, que habría

---

127 La cita es de Miguel Caminal Badia, *Manual de Ciencia Política*, Segunda edición, Editorial Tecnos, Madrid 1999, p. 58

un error de tipeo, y un "no" desapareció del párrafo el cual parece referirse a que precisamente los motivos son el único aspecto **no susceptible** de control judicial, lo que además se afirma más adelante en la sentencia al concluir en su primera parte que "Visto entonces que los **motivos** que impulsan la concesión del indulto no son controlables judicialmente..." la Sala pasó entonces sólo verificar si el mismo "a ha cumplido con los requisitos formales necesarios para su legitimidad constitucional."

Ello se confirma, además, con la afirmación que se hace en el párrafo siguiente de que "no obstante lo anterior, existen otros casos en que el indulto, como cualquier acto del poder público, **sí será susceptible de ser fiscalizado por el Poder Judicial**, ello con base en el principio de universalidad del control de todos los actos y actuaciones del Poder Público, el cual implica el pleno control de los actos políticos o de gobierno (entre los cuales se encuentra el indulto)" (énfasis nuestro). Ese control judicial sobre los actos de gobierno lo resumió la Sala así:

> "En efecto, los aspectos formales de validez y competencia del decreto de indulto sí pueden ser objeto control judicial, entre los cuales se ubican la exigencia de que dicho acto sea emitido por el Presidente de la República, así como también que esté refrendado por el Vicepresidente o Vicepresidenta y por el Ministro o Ministra correspondiente (tal como lo ordena el segundo aparte del artículo 236 de la Constitución). Otros aspectos del indulto que también pueden ser revisados judicialmente, están vinculados al respeto de ciertas prohibiciones establecidas en el propio Texto Constitucional, al momento de la concesión del indulto, como es el caso del artículo 29 de la Constitución de la República Bolivariana de Venezuela, en el cual se prohíbe el otorgamiento de indultos en casos de delitos de lesa humanidad, violaciones graves de los derechos humanos y crímenes de guerra."

La consecuencia de ello, por tanto, en criterio de la Sala Constitucional es que "en caso que el indulto sea concedido con inobservancia de algunos de estos requisitos o prohibiciones," el mismo "podrá ser sometido indudablemente al control judicial, en sede de jurisdicción constitucional, toda vez que se trataría de quebrantamientos de normas constitucionales, imputables a un acto dictado en ejecución directa de la Constitución por un órgano del Poder Ejecutivo Nacional."

De lo anterior concluyó la Sala Constitucional, con razón, que el decreto de indulto "constituye un acto de gobierno –y no un acto administrativo– que implica el ejercicio de un derecho de gracia, y que por ende se haya dentro de un ámbito de discrecionalidad política," y que si el mismo "no puede ser controlable en cuanto a sus **motivos** por la jurisdicción constitucional, mucho menos éstos pueden ser revisados en sede de jurisdicción contencioso–administrativa."

Sin embargo, a renglón seguido, la Sala Constitucional pasó a afirmar sin fundamento alguno, que en el caso del indulto como al contrario lo había hecho el Fiscal General de la República al impugnar el decreto presidencial, no resultaba "plausible:"

> "imputarle a dicho acto vicios que obedecen al ámbito propio de los actos administrativos, tales como inmotivación, abuso o exceso de poder, así como también desviación de poder, tal como lo ha pretendido la representación del Ministerio Público."

Esta afirmación de la Sala Constitucional, por supuesto, es excesiva y carece globalmente de fundamento, pues si bien por su naturaleza, en el caso específico del indulto, el mismo no tiene que estar motivado por lo que no es susceptible de ser impugnado por "inmotivación," sin embargo, si podría ser impugnado por abuso o exceso de poder (falso supuesto, por ejemplo, o error de hecho – que la persona indultada no era efectivamente a la cual iba destinada la gracia, por ejemplo –) y, por supuesto, por desviación de poder, que es el uso de la función política para fines distintos a los que se pueden perseguir con el indulto (por ejemplo, para pagar un favor político o de raigambre criminal). Estos vicios no son exclusivos de los actos administrativos, como parece sugerirlo la Sala, pudiendo también viciar los actos de gobierno.

De manera que la afirmación de la Sala Constitucional en su sentencia de que "la intensidad del control judicial en el caso de los actos de gobierno, es muy inferior a la que se ejerce sobre los actos administrativos," no debe aceptarse, sino con limitaciones, que comentaremos al final de este estudio.

Ahora bien, como resulta de la sentencia comentada, la Sala Constitucional, en relación con el tema de este estudio sobre el acto administrativo, los actos de gobierno y los actos preeminentemente discrecionales, trató tres aspectos fundamentales del derecho público que debemos analizar: *primero*, el principio de la **formación del derecho por grados** que nos permitirá fijar la distinción entre el acto de gobierno y el acto administrativo; *segundo,* el principio de la **universalidad del control jurisdiccional y el sometimiento de los actos de gobierno**, como actos dictados en ejecución directa de la Constitución, a control judicial; y *tercero,* el principio de la **universalidad del control extendida al control del ejercicio de los poderes discrecionalidad** en los actos estatales. Antes, sin embargo, debemos referirnos a un *cuarto* principio que es el de la **separación de poderes**, al cual la Sala Constitucional también dedicó unas consideraciones en su sentencia.

I. EL PRINCIPIO DE LA SEPARACIÓN DE PODERES EN LA ESTRUCTURA DEL ESTADO DE DERECHO

La Sala Constitucional, en efecto, en la sentencia citada N° 1368 dictada en 13 de agosto de 2008, al declarar sin lugar la acción intentada contra el acto de gobierno de 1984 mediante el cual el Presidente de la Republica había concedido un indulto, al analizar el vicio de "usurpación de funciones" que el Fiscal General de la República le había imputado considerando que el Poder Ejecutivo no había respetado "*la separación de funciones" establecida en la Constitución* (artículos 117, 118 y 119, Constitución de 1961), conforme a lo establecido en los artículos 136, 137 y 138 de la Constitución de 1999 señaló que:

> "los tres principios básicos sobre los cuales se sustenta el ordenamiento jurídico constitucional, pueden ser resumidos en los siguientes: a) El de competencia, que actúa como un instrumento ordenador del ejercicio del poder una vez que éste es legitimado; b) El de separación de poderes, dejando a salvo la necesaria coordinación entre los mismos, así como el ejercicio de ciertas funciones que no siéndoles esenciales les cumple realizar naturalmente, con base al cual funciona un mecanismo de balance en la división del poder y de mutuos controles o contrapesos entre los órganos que lo ejercen; y c) El principio de ejercicio del poder bajo la ley, elemento esencial del Estado de Derecho y del sistema democrático, conforme al cual son excluidas la autocracia y la arbitrariedad (sentencia n° 457/2001, del 5 de abril)."[128]

Sobre estos principios "fundamentales al Estado de Derecho," la Sala constató que "exigen la distribución de funciones entre diversos órganos y la actuación de éstos con referencia a normas prefijadas, ya sea como un modo de interdicción de la arbitrariedad

128 *V.* en http://www.tsj.gov.ve/decisiones/scon/Agosto/1368–130808–01–2503.htm

o como mecanismos de eficiencia en el cumplimiento de los cometidos del Estado (sentencia n° 457/2001, del 5 de abril);" considerando que "la división del poder no es un principio ideológico, propio de la democracia liberal, sino un principio técnico del cual depende la vigencia de la seguridad jurídica como valor fundante del derecho y como proyecto de regulación de la conducta social (sentencia N° 1.309/2001, del 19 de julio)."

Sin duda, uno de los principios fundamentales del derecho público venezolano, ratificado en la Constitución de 1999, es el de la división horizontal o separación orgánica de poderes,[129] que origina órganos independientes y autónomos entre sí, que ejercen las diversas ramas del Poder Público: Legislativa, Ejecutiva, Judicial, Ciudadana y Electoral. La Constitución de 1999, en efecto, adoptó un novedoso sistema de separación orgánica del Poder Público Nacional, al hacerlo entre cinco Poderes, agregando a los tradicionales Poderes Legislativo, Ejecutivo y Judicial, dos nuevos, los Poderes Ciudadano y Electoral. Por tanto, en el nivel nacional se distinguen cinco ramas del Poder Público: el Poder Legislativo Nacional, el Poder Ejecutivo Nacional, el Poder Judicial, el Poder Ciudadano y el Poder Electoral, correspondiendo su ejercicio a cinco complejos orgánicos diferenciados y separados. Estos son, respectivamente, la Asamblea Nacional; el Presidente, sus Ministros y el resto de los órganos del denominado "Ejecutivo Nacional"; el Tribunal Supremo de Justicia y los demás tribunales de la República, así como la Dirección Ejecutiva de la Magistratura y los otros órganos de gobierno y administración del Poder Judicial; el Ministerio Público o Fiscalía General de la República, la Contraloría General de la República y la Defensoría del Pueblo; y el Consejo Nacional Electoral, sus Comisiones y Juntas. Estos cinco conjuntos orgánicos se encuentran separados, son autónomos e independientes entre sí, y cada uno de ellos tiene sus competencias constitucionales y legales específicas[130].

La otrora clásica división del poder entre las ramas Legislativa, Ejecutiva y Judicial, sin duda se había roto en el constitucionalismo moderno desde el Siglo XX, de manera que en general, el Poder Público se ejerce, además de por los órganos que componen las tres clásicas ramas, por otra serie de órganos que progresivamente han sido constitucionalizados y dotados de autonomía funcional, y que en el caso de Venezuela, ahora han sido erigidos en ramas formales del Poder Público[131]. Es el caso del Poder Ciudadano,

---

129 *V.* en general, Manuel García Pelayo, "La división de poderes y la Constitución Venezolana de 1961", en *Libro Homenaje a Rafael Caldera: Estudios sobre la Constitución*, Tomo III, Facultad de Ciencias Jurídicas y Políticas, Universidad Central de Venezuela, Caracas 1979, pp. 1403 y 1420; Hildegard Rondón de Sansó, "La separación de los poderes en Venezuela", en *Libro Homenaje a Rafael Caldera: Estudios sobre la Constitución*, Tomo III, Facultad de Ciencias Jurídicas y Políticas, Universidad Central de Venezuela, Caracas 1979, pp. 1369–1403. Por nuestra parte, *V.* Allan R. Brewer–Carías, *Los Principios fundamentales del derecho público (Constitucional y Administrativo)*, Editorial Jurídica venezolana, Caracas 2005, pp. 67 ss.

130 *V.*, en relación con la Constitución de 1999, Hildegard Rondón de Sansó "Las transformaciones fundamentales en la organización y dinámica del Estado derivadas de la Constitución de 1999", en *Temas de Derecho Administrativo – Libro Homenaje a Gonzalo Pérez Luciani*, Volumen II. Tribunal Supremo de Justicia, Caracas, 2002 pp. 619–643; Jorge C. Kiriakidis Longhi "Notas sobre la estructura orgánica del Estado venezolano en la Constitución de 1999", en *Temas de Derecho Administrativo – Libro Homenaje a Gonzalo Pérez Luciani*, Volumen I. Tribunal Supremo de Justicia, Caracas 2002, pp. 1031–1082.

131 Conforme lo ha señalado la sentencia N° 3098 de la Sala Constitucional (Caso: *Nulidad artículos Ley Orgánica de la Justicia de Paz*) de 13–12–2004, la "redistribución orgánica del Poder Público" que establece la Constitución obedece, "según la Exposición de Motivos de la Constitución de 1999, a la necesidad de otorgar independencia y autonomía funcional a los órganos que están encargados de desarrollar determinadas competencias, especialmente las de ejecución de "*procesos electorales, así como el de la función contralora y la defensa de los derechos humanos*". *V.* en *Gaceta Oficial* N° 38.120 de 02–02–2005.

que integra los ya clásicos órganos constitucionales de control (Art. 273), como la Contraloría General de la República (Art. 267); el Ministerio Público: (Art. 284) y la Defensoría del Pueblo (Art. 280); y del Poder Electoral, que ejerce el Consejo Nacional Electoral (Art. 293). En la Constitución de 1999, en todo caso, se eliminó el Consejo de la Judicatura, que también era un órgano constitucional con autonomía funcional, atribuyéndose las funciones de gobierno y administración de la rama judicial al Tribunal Supremo de Justicia (Art. 267). Por otra parte, la separación orgánica de poderes, particularmente en cuanto a las relaciones entre los mismos a los efectos de la conducción política de la sociedad, configura en la constitución un sistema presidencial de gobierno, conforme a la tradición latinoamericana, pero con sujeción parlamentaria[132]

En todo caso, en cuanto a la separación de poderes, la configuración del principio en la Constitución responde a cierto grado de flexibilidad, tal como lo señaló la antigua Corte Suprema en el sentido de que "si bien cada uno de ellos tiene definida su propia esfera de acción: el Legislativo, para dictar la ley, reformarla y revocarla; el Ejecutivo, para ejecutarla y velar por su cumplimiento; y el Judicial, para interpretarla, y darle aplicación en los conflictos surgidos, la demarcación de la línea divisoria entre ellos no es excluyente, ya que en muchos casos esos poderes ejercen funciones de naturaleza distinta de las que privativamente le están atribuidas"[133]. El principio, ciertamente, impide a unos órganos invadir las competencias propias de otro,[134] pero no les impide ejercer funciones de naturaleza similar a las de otros órganos.

La antigua Corte Suprema, en este sentido, inclusive fue aún más clara y terminante al señalar que:

> "Lejos de ser absoluto el principio de la separación de los poderes, la doctrina reconoce y señala el carácter complementario de los diversos organismos a través de los cuales el Estado ejerce sus funciones; de suerte que unos y otros, según las atribuciones que respectivamente les señalan las leyes, realizan eventualmente actos de índole distinta a las que por su naturaleza les incumbe". "La doctrina establece que la división de poderes no coincide plenamente con la separación de funciones, pues corrientemente se asignan al Poder Legislativo potestades típicamente administrativas y aun jurisdiccionales y al Poder judicial funciones administrativas, como en el caso del nombramiento de jueces que hace este mismo tribunal y de la firma de libros de comercio o de registro civil que hacen los jueces de instancia; y a la inversa, se atribuyen al Poder Ejecutivo, funciones legislativas como la reglamentación, parcial o total de las leyes, sin alterar su espíritu, propósito o razón, que es considerada como el ejemplo más típico de la actividad legislativa del Poder Ejecutivo, por mandato del numeral 10 del artículo 190 de la Constitución Nacional; toda vez que el Reglamento es norma jurídica de carácter general dictado par la Administración Pública para su aplicación a todos los sujetos de derecho y en todos los casos que caigan dentro de sus

---

132 *V.* Allan R. Brewer–Carías, *La Constitución de 1999. Derecho Constitucional Venezolano*, Editorial Jurídica Venezolana, Caracas 2004, Tomo I, pp. 437 y ss.. No es correcta la calificación que se hace en la Exposición de Motivos de la Constitución sobre el sistema de gobierno venezolano como un "sistema semipresidencial". *V.* el texto en la misma obra, Tomo II, p. 1146.

133 *V.* la sentencia de la antigua Corte Federal de 19–6–53 en *Gaceta Forense*, N° 1, Caracas 1953, p. 77. En otra sentencia, al referirse a las funciones estatales, la Corte las diferenció así: "No realiza una función creadora dentro del ordenamiento jurídico, que es la función legislativa, ni conoce ni decide acerca de las pretensiones que una parte esgrime frente a la otra, que es la función judicial; sino que es sujeto de derecho, titular de intereses, agente propio de la *función administrativa*". *V.* Sentencia de 18–7–63 de la antigua Corte Suprema de Justicia en Sala Político Administrativa, en *Gaceta Forense*, N° 41, Caracas 1963, p. 116.

134 *Cfr.* Sentencia de la antigua Corte Federal y de Casación en Corte Plena de 26–5–51 en *Gaceta Forense*, N° 8, Caracas 1952, p. 114 y *Sentencia* de la antigua Corte Suprema de Justicia en Corte Plena de 12–6–68 en publicación del Senado de la República, 1968, p. 201.

supuestos de hecho. En otros casos la autoridad administrativa imparte justicia, decide una controversia entre partes litigantes en forma similar a como lo hace la autoridad judicial."[135]

De acuerdo con esta doctrina, que compartimos, entonces, la separación de poderes ha de entenderse en el sistema venezolano, en *primer lugar*, como una separación orgánica entre los órganos de cada rama del Poder Público; y en *segundo lugar*, como una asignación de funciones propias a cada uno de dichos órganos; pero nunca como una separación de funciones atribuidas con carácter exclusivo a los diversos órganos. Al contrario, además de sus funciones propias, los órganos del Estado realizan funciones que por su naturaleza son semejantes a las funciones asignadas a otros órganos. En otras palabras, mediante este principio se reserva a ciertos órganos el ejercer una función en una forma determinada (funciones propias), lo que no excluye la posibilidad de que otros órganos ejerzan esa función en otra forma.

Por tanto, de acuerdo con lo establecido en el artículo 136 de la Constitución, la asignación de funciones propias a los órganos que ejercen los Poderes Públicos, no implica que cada uno de los órganos del Estado siempre tenga el ejercicio exclusivo de alguna función estatal específica. Tal como lo reconoció la Sala Constitucional en sentencia N° 3098 del 13 de diciembre de 2004 (Caso: *Nulidad de artículos de la Ley Orgánica de la Justicia de Paz*):

> "No escapa a la Sala que, tal como argumentó en este juicio la representación de la Asamblea Nacional, el principio de separación de poderes que recoge el artículo 136 de nuestro Texto Fundamental, de idéntica manera a como lo establecía el artículo 118 de la Constitución de 1961, no implica, ni mucho menos, una división rígida de órganos y funciones, sino que, como la misma norma predica, "cada una de las ramas del Poder Público tiene sus funciones propias, pero los órganos a los que incumbe su ejercicio colaborarán entre sí en la realización de los fines del Estado."
>
> Principio de colaboración de los Poderes Públicos que lleva a un control mutuo entre poderes y, en definitiva, admite, hasta cierto punto, un confusión funcional entre ellos, es decir, que cada una de las ramas del Poder Público puede ejercer excepcionalmente competencias que, por su naturaleza, corresponderían, en principio, a las otras y de allí que la Administración Pública cuente con potestades normativas (*Vgr*. la potestad reglamentaria) y jurisdiccionales (*Vgr*. resolución de conflictos entre particulares) y los órganos deliberantes y judiciales cumplan ciertas funciones típicamente administrativas (*Vgr*. la organización interna de sus dependencias y la potestad disciplinaria respecto de sus funcionarios, entre otras)."[136]

En todo caso, años después de hacer estas precisiones sobre el principio de la separación de poderes considerándolo como un principio que "no es un principio ideológico, propio de la democracia liberal, sino un principio técnico del cual depende la vigencia de la seguridad jurídica como valor fundante del derecho," años después la propia Sala comenzó a cambiar de criterio, y en sentencia N° 1049 de 23 de julio de 2009,[137] afirmó que "la llamada división, distinción o separación de poderes fue, al igual que la teoría de los derechos fundamentales de libertad, un instrumento de la doctrina liberal del Estado mínimo," concebido no como "un mero instrumento de organización de los órga-

---

135 Esta doctrina fue establecida en Sentencia de la antigua Corte Suprema de Justicia en Sala Político Administrativa de 18–7–63 en *Gaceta Forense* N° 41, Caracas 1963, pp. 116 y 117, y ratificados por la misma Corte y Sala en Sentencias de 27–5–68 en *Gaceta Forense* N° 60, Caracas 1969, pp. 115 a 118, y de 9–7–69 en *Gaceta Forense* N° 65, Caracas 1969, pp. 70 a 74.

136 Sentencia Nº 3098 de la Sala Constitucional (Caso: *Nulidad artículos Ley Orgánica de la Justicia de Paz*) de 13–12–2004, en *Gaceta Oficial* Nº 38.120 de 02–02–2005

137 *V*. en http://www.tsj.gov.ve/decisiones/scon/Julio/1049–23709–2009–04–2233.html

nos del Poder Público, sino un modo mediante el cual se pretendía asegurar que el Estado se mantuviera limitado a la protección de los intereses individualistas de la clase dirigente."

Sin embargo, a pesar de esta fugaz ideologización del principio de la separación de poderes, en cuanto al tema jurídico de la separación de poderes y de las funciones del Estado, la Sala recogió los principios tradicionales del derecho público venezolano[138] al afirmar en 2009, que el Constituyente de 1999:

> "ha ensayado una distribución del Poder Público en niveles político–territoriales, así como una división en cada nivel. Esta distribución y división se cumplen mediante una asignación de tareas de diverso orden. Hay, por supuesto, potestades (legislar o resolver conflictos mediante actos con autoridad de cosa juzgada), tareas (satisfacer en lo concreto necesidades públicas), fines (denunciar la violación de derechos fundamentales), que caracterizan a dichos conjuntos de órganos. Pero ello no debe confundir al estudioso o al intérprete. En algunos casos, los efectos del acto que se emite sólo son propios de un grupo de órganos (la cosa juzgada); en otros la potestad es exclusiva (dirigir las relaciones exteriores de la República); y en no menor medida, la potestad es de uso común, aunque puede darse el caso que domine las tareas de un órgano en particular (por ejemplo, el control de la Administración Pública que comparten tanto la Asamblea Nacional como la Contraloría General de la República). Pero de lo que no caben dudas es que todos los Poderes, según el caso, comparten mecanismos, instrumentos, métodos y fines. El Poder Legislativo nacional no sólo legisla, sino que también controla, con lo cual se acerca a la función contralora y a la judicial al mismo tiempo (art. 187.3); interviene en la discusión y aprobación del presupuesto, lo que ha sido catalogado como una tarea propia de la Administración (187.6), e interviene en el proceso judicial de destitución del Presidente de la República (art. 266.2). El Presidente de la República debe regular el ejercicio del derecho que se restrinja mediante decretos de estado de excepción (236.7 y 339), con lo cual ejerce una potestad normativa; concede indultos, incidiendo así directamente en la función judicial (236.19). El Poder Ciudadano puede investigar y sancionar los hechos que atenten contra la ética pública y la moral administrativa, para lo cual tendrá que valerse de técnicas que se asemejan a las que utiliza el Poder Judicial (274). El Poder Electoral dicta Reglamentos, los cuales contienen normas, es decir, es una técnica similar a la que usualmente ejerce el Poder Legislativo (293.1). Por último, el Poder Judicial se subroga a la Administración Pública en los casos que resuelve la Jurisdicción Contencioso–Administrativa."[139]

De lo anterior señaló la Sala, con razón, que "estos son algunos ejemplos del uso común de ciertos mecanismos por parte de algunos o de todos los Poderes Públicos," incluso sin referirse a "los medios en que los Poderes injieren en las tareas de los otros, que son abundantísimos;" considerando que "basta con los mencionados para probar que nuestro orden jurídico constitucional no se caracteriza por asignar de forma exclusiva, excluyente u homogénea los métodos, técnicas o procedimientos que en general son los usuales de ciertos poderes públicos en el cumplimiento de sus fines."[140]

Por ello concluyó la Sala, sin volverse a referirse a la ideología liberal que

> "la llamada división, distribución o separación de poderes, al menos en el marco de nuestra Constitución, no supone una distribución homogénea, exclusiva o excluyente, o no en todos los casos, de tareas, potestades o técnicas entre los conglomerados de órganos del Poder Público. Por tanto, no podría juzgarse inconstitucional una norma por el sólo hecho de atribuir una potestad a un Poder que es típica de otra, sobre la base de la violación de un pretendido principio de separación de poderes. Lo que corresponde en esos casos es examinar la particular regulación impugnada a la

---

138 *V.* Allan R. Brewer–Carías, *Los Principios fundamentales del derecho público (Constitucional y Administrativo)*, Editorial Jurídica Venezolana, Caracas 2005, pp. 67 ss.

139 *V.* en http://www.tsj.gov.ve/decisiones/scon/Julio/1049–23709–2009–04–2233.html

140 *V.* en http://www.tsj.gov.ve/decisiones/scon/Julio/1049–23709–2009–04–2233.html

luz de la distribución que en concreto realiza el Constituyente. De su examen contrastante con la Constitución es que podría resultar la inconstitucionalidad de la norma porque, por ejemplo, se le hubiese atribuido al Poder Ciudadano la facultad de dictar sentencias con autoridad de cosa juzgada, o al Poder Judicial la potestad de gestionar servicios públicos, o al Legislador la de dirigir procesos electorales, o cuando se ponga en riesgo la autonomía e independencia del alguno de dichos poderes. Allí en ese contexto vislumbra indudablemente el principio de colaboración de poderes."[141]

En otra parte de la sentencia, la Sala advirtió que:

"la Constitución de 1999 no refleja una estructura organizativa en la que la distribución de tareas entre los distintos Poderes corra paralela a una asignación de potestades homogéneas, exclusivas o excluyentes entre los mismos. La Constitución, sin duda, distribuye tareas, atribuye potestades, distingue entre un Poder de otro, pero no establece para todos los casos que ciertos tipos de potestades sólo pueden ser ejercidas por un Poder en particular. La división de Poderes en tanto supone independencia de Poderes cumple una función político–constitucional relevante, particularmente cuando de lo que se trata es de la autonomía del Poder Judicial. El Poder Judicial debe ser un árbitro independiente e imparcial. Pero ello no significa que sea el único árbitro. La Sala Constitucional tiene la potestad de interpretar la Constitución; pero ello no significa que sea su único intérprete. El Poder Legislativo tiene la potestad de dictar actos normativos con forma de Ley; pero no es el único órgano que produce actos normativos. ¿Por qué habría de ser la potestad de dirimir controversias exclusiva de un Poder en particular? Si bien han de haber ámbitos de las relaciones sociales en los cuales debe establecerse dicha exclusividad, ella no podría predicarse de todos los campos del quehacer social. Corresponderá en todo caso al Legislador determinar en cuáles circunstancias y en qué medida dicha potestad será exclusiva del Poder Judicial y en cuáles otros y en qué medida dicha potestad será ejercida por cualesquiera otro Poder Público, siempre atendiendo a las exigencias de los derechos fundamentales, particularmente de los consagrados en los artículos 26, 49 y 253 de la Constitución."[142]

Por último, y a los efectos del tema de la universalidad del control jurisdiccional de la actividad del Estado al cual nos referiremos al final, la Sala Constitucional en sentencia Nº 2208 de 28 de noviembre de 2007 (Caso *Antonio José Varela y Elaine Antonieta Calatrava Armas vs. Proyecto de Reforma de la Constitución de la República Bolivariana de Venezuela*), indicó que el mismo

"responde igualmente a la visión contemporánea del principio de separación de poderes, el cual comporta la noción de control del ejercicio del Poder Público entre sus órganos, para asegurar la sujeción del obrar público a reglas y principios del derecho y, evidencia que el referido principio tiene carácter instrumental, en tanto está destinado a hacer efectiva la sujeción de los órganos del Poder Público al bloque de la constitucionalidad.

El arquetipo orgánico y funcional del Estado, según la Constitución de la República Bolivariana de Venezuela, acoge una conceptualización flexible de la división de poderes que permite que cada uno de los órganos que ejercen el Poder Público colaboren entre sí, surgiendo como consecuencia necesaria de esta característica, que la separación de funciones no coincida directamente con la división de poderes, encontrándose muchas veces en la actividad jurídica de los órganos del Estado que éstos ejerzan, además de las funciones que le son propias por orden constitucional, funciones que son características de otros Poderes.

El principio de separación de poderes se sostiene, entonces en "(...) la identificación de la pluralidad de funciones que ejerce el Estado y que aun cuando modernamente no

---

141 *V.* en http://www.tsj.gov.ve/decisiones/scon/Julio/1049–23709–2009–04–2233.html

142 *V.* en http://www.tsj.gov.ve/decisiones/scon/Julio/1049–23709–2009–04–2233.html

se conciben distribuidas de forma exclusiva y excluyente entre los denominados poderes públicos, sí pueden identificarse desarrolladas preponderante por un conjunto de órganos específicos, lo cual deja entrever la vigencia del principio de colaboración de poderes como un mecanismo de operacionalización del poder del Estado al servicio de la comunidad (...)" –Vid. Sentencia de esta Sala N° 962/2006–, lo cual no sólo ha permitido, que órganos jurisdiccionales –jurisdicción contencioso administrativa– dispongan lo necesario para el restablecimiento de las situaciones jurídicas subjetivas lesionadas por la actividad administrativa, según señala el artículo 259 de la Constitución de la República Bolivariana de Venezuela, sino que mediante la jurisdicción constitucional se garantice la plena vigencia de los principios y garantías que informan la Constitución de la República Bolivariana de Venezuela." [143]

II. EL PRINCIPIO DE LA FORMACIÓN DEL DERECHO POR GRADOS EN LA DISTINCIÓN ENTRE EL ACTO DE GOBIERNO Y EL ACTO ADMINISTRATIVO

Ahora bien, precisado el principio de la separación de poderes y su alcance, los órganos que ejercen el Poder Ejecutivo del Estado, cuando lo ejercen pueden dictar actos estatales que no son uniformes, y tienen diversa naturaleza, según el grado de ejecución de la Constitución que se produce al dictarlos; distinguiéndose, básicamente, los actos de gobierno como actos de ejecución directa e inmediata de la Constitución y los actos administrativos como actos de ejecución indirecta y mediata de la Constitución.

Ambos actos, como todos los actos estatales, son susceptibles de ser controlados judicialmente para verificar su conformidad con el derecho, correspondiendo el conocimiento de la impugnación de los mismos a Jurisdicciones distintas. [144] Así, de acuerdo con en el artículo 259 de la Constitución, la competencia para conocer de las acciones de nulidad por ilegalidad e inconstitucionalidad de los actos administrativos corresponde a la Jurisdicción Contencioso Administrativa, lo que repite el artículo 9.1 de la Ley Orgánica de la Jurisdicción Contencioso Administrativa de 2010;[145] y de acuerdo con la última parte del artículo 334 de la Constitución, corresponde exclusivamente a la Sala Constitucional del Tribunal Supremo de Justicia como Jurisdicción Constitucional, declarar la nulidad de las leyes y demás actos de los órganos que ejercen el Poder Público dictados en ejecución directa e inmediata de esta Constitución, como son los actos de gobierno, o que tengan rango de ley, cuando colidan con aquella, lo que se repite en el artículo 336 de la Constitución y en el artículo 25 de la Ley Orgánica del Tribunal Supremo de Justicia de 2010. [146] Como lo ha afirmado la Sala Constitucional en 2007, la exclusividad atribuida a la Jurisdicción Constitucional está referida:

---

143 Citada en la sentencia, en *Revista de Derecho Público*, N° 112, Editorial Jurídica Venezolana, Caracas 2007, pp. 601–606.

144 *V.* en general Allan R. Brewer–Carías, y Víctor Hernández Mendible (Directores), *El contencioso administrativo y los procesos constitucionales*, Colección Estudios Jurídicos N° 92, Editorial Jurídica Venezolana, Caracas 2011.

145 *V.* la Ley Orgánica en *Gaceta Oficial* N° 39.451 de 22–6–2010. Véanse los comentarios en Allan R. Brewer–Carías, y Víctor Hernández Mendible, *Ley Orgánica de la Jurisdicción Contencioso Administrativa*, Editorial Jurídica Venezolana, Caracas 2010.

146 *V.* la Ley Orgánica en *Gaceta Oficial* N° 39.483 de 9–8–2010. Véanse los comentarios en Allan R. Brewer–Carías, y Víctor Hernández Mendible, *Ley Orgánica del Tribunal Supremo de Justicia*, Editorial Jurídica Venezolana, Caracas 2010.

"a la nulidad de actos dictados en ejecución directa e inmediata de la Constitución, de lo cual emerge de forma indubitable, que el criterio acogido por el Constituyente para definir las competencias de la Sala Constitucional, atiende al rango de las actuaciones objeto de control, esto es, que dichas actuaciones tienen una relación directa con la Constitución que es el cuerpo normativo de más alta jerarquía dentro del ordenamiento jurídico en un Estado de Derecho contemporáneo."[147]

De acuerdo con estas normas, por tanto, los actos administrativos se impugnan ante la Jurisdicción Contencioso Administrativa por razones de ilegalidad e inconstitucionalidad; y los actos de gobierno se impugnan exclusivamente ante la jurisdicción constitucional por razones de inconstitucionalidad.

Ahora bien, no es este el lugar ni la ocasión para intentar definir sustantivamente uno u otro acto estatal, en particular el acto administrativo,[148] pues de lo que se trata es de buscar delimitarlos con precisión, como objeto de asegurar el control judicial por contrariedad al derecho de los mismos tanto por la Jurisdicción Contencioso Administrativa como por la Jurisdicción Constitucional; y en este último caso, en particular, respecto de los actos estatales dictados por órganos Ejecutivos, distintos a los actos administrativos, en ejecución directa e inmediata de la Constitución entre los cuales están los actos de gobierno. Como lo reconoció la Sala Constitucional del Tribunal Supremo en 2000:

"Sobre este último aspecto, debe aclarar este Máximo Tribunal de Justicia que, como señala la doctrina patria "...la noción de acto de gobierno en Venezuela, ha sido delineada sobre la base de un criterio estrictamente formal: se trata de actos dictados por el Presidente de la República, en ejecución directa de la Constitución, en ejercicio de la función de gobierno". (vid. Allan R. Brewer–Carías: El control de la constitucionalidad de los Actos Estatales, Colección Estudios Jurídicos N° 2, Editorial Jurídica Venezolana, Caracas, 1977, p. 113). Dichos actos, de indudable naturaleza política, no obstante, pueden ser impugnados no sólo por la vía de la acción de amparo constitucional, sino mediante el recurso de nulidad por inconstitucionalidad ante el Tribunal Supremo de Justicia, en Sala Constitucional, conforme lo dispuesto en la Constitución de la República Bolivariana de Venezuela, tal como lo ha reconocido esta Sala en anterior oportunidad, al señalar, con fundamento en el artículo 334 del Texto Fundamental, que "...en ejercicio de la jurisdicción constitucional, conoce de los recursos de nulidad interpuestos contra los actos realizados en ejecución directa de la Constitución..."[149]

La delimitación del objeto de control por parte de ambas Jurisdicciones, por supuesto, implica determinar, además, cuál es el ámbito del "derecho" con el cual deben estar conformes los actos estatales objeto de control. Por tanto, independiente de la función estatal que se ejerza y del órgano estatal que los dicte, la determinación de la Jurisdicción llamada a ejercer el control de conformidad con el derecho de los actos estatales, dependerá del grado que tienen en el proceso de formación del derecho.

---

147 *V.* sentencia Nº 2208 de 28 de noviembre de 2007, Caso: *Antonio José Varela y Elaine Antonieta Calatrava Armas vs. Proyecto de Reforma de la Constitución de la República Bolivariana de Venezuela*, en *Revista de Derecho Público*, Editorial Jurídica Venezolana, Nº 112, Caracas 2007, pp. 601–606

148 *V.* sobre la definición del acto administrativo, Allan R. Brewer–Carías, "El problema de la definición del acto administrativo" en *Libro Homenaje al Doctor Eloy Lares Martínez*, Tomo I, Facultad de Ciencias Jurídicas y Políticas, Universidad Central de Venezuela, Caracas 1984, pp. 25–78.

149 *V.* sentencia de la Sala Constitucional Nº 880 de 1 de agosto de 2000, Caso: *Domingo Palacios A. vs. Comisión Legislativa Nacional*, *Revista de Derecho Público* Nº 83, Editorial Jurídica Venezolana, Caracas 2000, pp. 92–93. Citada igualmente en la sentencia Nº 2208 de 28 de noviembre de 2007 (Caso: *Antonio José Varela y Elaine Antonieta Calatrava Armas vs. Proyecto de Reforma de la Constitución de la República Bolivariana de Venezuela*), en *Revista de Derecho Público*, Nº 112, Editorial Jurídica Venezolana, Caracas 2007, pp. 601–606.

La Constitución, en efecto, en Venezuela, responde esencialmente al principio fundamental de la formación del derecho por grados, o de la jerarquía normativa de los actos estatales, lo que tiene particular interés para el derecho administrativo, dado que la actividad de la Administración que por esencia el mismo regula, y en particular, la que origina los actos administrativos, es siempre una actividad de carácter sub legal, es decir, de ejecución directa e inmediata de la legislación y sólo de ejecución indirecta y mediata de la Constitución.

1. La Constitución como fuente del ordenamiento jurídico y el sistema jerarquizado del ordenamiento jurídico

En efecto, en el derecho venezolano como en todos los ordenamientos jurídicos modernos puede encontrarse esta distinción entre las normas que integran la Constitución en sí misma, como derecho positivo superior; y las normas que son sancionadas por las autoridades públicas con poderes derivados de la Constitución. En otras palabras, particularmente en virtud del carácter escrito de la Constitución, siempre se puede y debe establecer una distinción entre la norma constitucional en si misma, y legislación ordinaria; y luego, entre la legislación como normas emanadas del Legislador, y las normas dictadas en ejecución de la misma; pudiendo decirse que las normas que integran el ordenamiento jurídico siempre se organizan deliberada o espontáneamente en forma jerárquica, de manera que existen normas que tienen un nivel superior y que siempre prevalecen sobre otras normas de nivel inferior.

Ello deriva del principio de la formación del derecho por grados, que en el constitucionalismo moderno fue formulado por Hans Kelsen al explicar el orden jurídico como sistema de normas de derecho, que constituye una unidad integrado con una multitud de normas estructuradas en forma jerarquizada. Ello determina la relación jerárquica que existe entre el conjunto normas o de reglas de derecho que forman el ordenamiento, de manera que cada norma del mismo siempre deriva de otra, y en la cadena de derivaciones tiene su vértice precisamente en un *Grundnorm* o Constitución, que constituye la última razón que justifica la existencia de todas las normas del sistema.

El orden jurídico, en esta concepción, regula su propia creación, de manera que cada norma jurídica determina la forma en la cual debe ser creada la de nivel inferior, con la consecuencia de que esta será válida "por haber sido creada en la forma establecida por otra," y en esta cadena de creación superior siempre "constituye la razón de validez" de la inferior. Decía Kelsen al referirse a este proceso o "vínculo de supra y subordinación," que "la norma que determina la creación de otra, es superior a ésta; [y] la creada de acuerdo con tal regulación, inferior a la primera." La consecuencia de esto es que el orden jurídico, no es "un sistema de normas coordinadas entre si, que se hallasen, por así decirlo, una al lado de otra, en un mismo nivel, sino que se trata de una verdadera jerarquía de diferentes niveles, "radicando la unidad de ellas, en el hecho de que "la creación de la de grado más bajo se encuentra determinada por otra de grado superior, cuya creación es determinada, a su vez, por otra todavía más alta." Lo que en definitiva constituye la unidad del sistema es, de acuerdo con Kelsen, "la circunstancia de que tal *regressus* termina en la norma de grado más alto, o básica, que representa la suprema razón de validez de todo el orden jurídico."[150]

En otras palabras del mismo Kelsen:

> "Una pluralidad de normas constituye una unidad, un sistema o un orden, cuando en el análisis final, su validez depende de una norma o ley única. Esta norma fundamental es la fuente común de validez de todas las normas que pertenecen al mismo orden y que forma su unidad. En esta forma, una norma pertenece a un orden dado cuando sólo existe la posibilidad de hacer que su validez dependa de la norma fundamental que es la base de tal orden."[151]

Se trata, en definitiva, de la "teoría de la pirámide jurídica," como el mismo Kelsen la denominó[152], o de la sistematización gradual del ordenamiento jurídico en forma jerárquica, con la Constitución en la cúspide, la cual fue desarrollada particularmente en el campo del derecho administrativo por Adolf Merkl[153]; particularmente en relación con las funciones del Estado, de manera que la función administrativa siempre es de carácter sub legal, es decir, de ejecución directa de la legislación y sólo indirecta de la Constitución. La teoría, en todo caso, proporciona un buen método de orden lógico para construir un sistema que contentivo de los diversos niveles normativos del ordenamiento jurídico de cualquier Estado contemporáneo. También suministra una explicación lógica para determinar la validez formal de cada uno de esos niveles normativos. Además, permite establecer los confines formales de la "legalidad" de cada uno de los actos de los diversos órganos del Estado, en relación con el nivel o grado que tiene cada norma que se crea en ese sistema jurídico.

En efecto, el derecho positivo de cualquier Estado consiste no sólo en las leyes como actos formales emanados del Parlamento, sino también en otros actos normativos, como los decretos leyes, los *interna corporis* del parlamento, los reglamentos y los principios generales del derecho. Todos estos preceptos que hacen que el ordenamiento jurídico se aplique en un momento determinado, no sólo tienen orígenes diferentes sino también diferentes jerarquías o grados distintos, de manera que no se pueden considerar como normas coordinadas situadas en yuxtaposición[154]. Al contrario, todo ordenamiento jurídico tiene una estructura jerarquizada con sus normas distribuidas en diferentes niveles, más o menos una sobre la otra. Dentro de esta jerarquía, necesariamente debe haber una conexión formal entre las normas, pues a pesar de sus orígenes y características diferentes, están orgánicamente relacionadas.

En consecuencia, el ordenamiento jurídico no puede ser interpretado como un mero agregado de componentes inorgánicos y desordenados, o simplemente como una mera yuxtaposición causal de normas. Al contrario, para poder comprender a cabalidad el ordenamiento jurídico de un Estado, todos esos componentes deben organizarse en forma jerárquica, de manera que formen un sistema jurídico con diferentes tipos de normas

---

150 H. Kelsen, *Teoría General del Derecho y del Estado*, Universidad Nacional Autónoma de México, Imprenta Universitaria, México, D.F., 1958, p. 146; H. Kelsen, *General theory of Law and State*, trans. Wedberg, rep. 1901, pp. 110 y ss.

151 H. Kelsen, *Teoría pura del Derecho*, Buenos Aires, 1981, p. 135; H. Kelsen, *Puré Theory of Law*, Cap. IX, *Teoría pura del Derecho*, Buenos Aires, 1981, p. 135.

152 H. Kelsen, *Teoría General del Estado*, trad. Luis Legaz Lacambra, Editora Nacional, México, 1954, p. 325.

153 *V.* A. Merkl, *Teoría General del Derecho Administrativo*, Madrid, 1935, pp. 7–62. *V.* también H. Kelsen, "La garantie juridiccionnelle de la Constitution (La Justice constitutionnelle)", *Revue du Droit Public et de la Science Politique en France et a l'étranger*, París 1928, pp. 197–257.

154 *V.* H. Kelsen, *Teoría pura..., cit.*, p. 147.

unificadas y relacionadas. En otras palabras, deben responder a un orden sistemático, con relaciones de dependencia entre las diferentes partes, partiendo de la existencia de una base común de validez, con la forma de ley fundamental y superior (Constitución), de manera que la creación de una norma legal siempre se basa en otra norma legal.

Por ejemplo, la sanción de leyes ordinarias o actos de la Asamblea están regulados por la Constitución, como lo están los actos de gobierno que dicta el Presidente de la República; y la potestad para reglamentar las leyes y la forma en que debe hacerse, está regulada por las leyes formales. En cuanto a las decisiones judiciales y a las actuaciones de los tribunales, las mismas están sujetas a normas legales establecidas en leyes formales y en reglamentos. Asimismo, los actos administrativos están sometidos a las leyes ordinarias, y a los reglamentos; y así sucesivamente.

Con este método, en consecuencia, en el análisis global del ordenamiento jurídico es que se establece la distinción entre aquéllos actos de Estado que se dictan en ejecución directa e inmediata de la Constitución, es decir, que son dictados directamente en ejercicio de poderes constitucionales, y aquéllos cuya ejecución no está directamente relacionada con la Constitución y que se dictan en ejercicio directo de poderes establecidos en normas de derecho inferiores a la Constitución. Estos son actos de ejecución directa e inmediata de la legislación y de ejecución indirecta y mediata de la Constitución.

2. La formación del derecho por grados en la Constitución de 1999

Este principio de la formación del derecho por grados es uno de los principios fundamentales del derecho público que adopta la Constitución de 1999; conforme a la cual todas las actuaciones del Estado derivan de la ejecución de la Constitución como norma suprema, en forma escalonada y sucesiva, configurándose entonces dos tipos de actividades estatales: aquéllas que derivan de la ejecución directa e inmediata de la Constitución; y aquellas que son de ejecución directa e inmediata de la Legislación y, por tanto, de ejecución indirecta y mediata de la Constitución[155].

En efecto, partiendo de la consideración de la Constitución como norma suprema y como fundamento del ordenamiento jurídico, como lo declara incluso su artículo 7, hay actividades que realizan determinados órganos del Estado en cumplimiento de atribuciones establecidas directa y exclusivamente en la Constitución, sin que exista o pueda existir otro acto estatal de ejecución directa e inmediata de la Constitución, como las leyes, que las regulen y que se interpongan entre la Constitución y la actividad. Esto sucede, por ejemplo, con la actividad legislativa de la Asamblea Nacional o la actividad de gobierno del Presidente de la República. Además, hay otras actividades de los órganos del Estado que se realizan en cumplimiento de atribuciones establecidas no sólo en la Constitución sino básicamente en las leyes, donde por principio existe o puede y debe existir un cuerpo legislativo que las regule. Por ejemplo, la actividad judicial y, precisamente, la actividad administrativa.

155 *V.* sobre el sistema jerarquizado o graduado del orden jurídico en el orden constitucional venezolano Allan R. Brewer–Carías, *Derecho Administrativo*, Tomo I, Ediciones de la Facultad de Derecho, Caracas, 1975, pp. 373 y ss.; *Evolución Histórica del Estado*, Tomo VI *de Instituciones Políticas y Constitucionales*, Universidad Católica del Táchira, Editorial Jurídica Venezolana, Caracas, San Cristóbal 1996, pp. 107–117; *Los Principios fundamentales del derecho público (Constitucional y Administrativo)*, Editorial Jurídica venezolana, Caracas 2005, pp. 19 ss.

Las actividades realizadas en ejecución directa e inmediata de la Constitución, precisamente por ello, sólo están y pueden estar sometidas a lo que dispone el texto fundamental, no teniendo competencia el Legislador para regularlas mediante leyes; las segundas, en cambio, son actividades realizadas en ejecución directa e inmediata de la legislación e indirecta y mediata de la Constitución, las cuales, precisamente por ello, además de estar sometidas al texto fundamental (como toda actividad estatal), están sometidas a las regulaciones establecidas, además de en la Constitución, en las leyes y en las otras fuentes del derecho.

Las actividades que se realizan en ejecución directa e inmediata de la Constitución, por otra parte, como se dijo, sólo están sometidas al control de constitucionalidad a cargo de la Jurisdicción Constitucional que corresponde a la Sala Constitucional del Tribunal Supremo (Arts. 334, 336,2 y 4); las segundas, en cambio, están sometidas al control de constitucionalidad y de legalidad que corresponden a las otras Jurisdicciones del Poder Judicial, tanto a las ordinarias, como sucede con las apelaciones y la Casación en lo que concierne a la actividad judicial; como a la Jurisdicción Contencioso–Administrativa y a la Jurisdicción Contencioso–Electoral (Arts. 259, 297) cuando se trata de actividades administrativas.[156]

Las actividades administrativas, por tanto y por esencia, constituyen actividades estatales que se realizan siempre en ejecución directa e inmediata de la legislación y por tanto, en ejecución indirecta y mediata de la Constitución; y precisamente por ello es que son esencialmente de carácter sublegal, aún cuando en un momento dado no se haya dictado la legislación correspondiente que las regule en concreto.

Sin embargo, este principio fundamental del constitucionalismo venezolano, ha sido lamentablemente violentado por la Sala Constitucional del Tribunal Supremo de Justicia, para justificar su supuesta competencia exclusiva para controlar la actividad administrativa desarrollada por el Consejo Supremo Electoral, en lo que se refiere a los actos administrativos dictados en relación con el proceso de referendo revocatorio del mandato del Presidente de la República, realizado durante el año 2004, impidiendo así a la Sala Electoral (Jurisdicción Contencioso–Electoral) ejercer sus competencias constitucionales de control de dicha actividad[157].

En esta materia, lo que en ningún momento puede confundirse es el principio de aplicación directa de las normas constitucionales, antes analizado, es decir de que hay

---

156 Como lo ha señalado la Sala Constitucional del Tribunal Supremo de Justicia en sentencia Nº 1268 de 06–07–2004 al referirse a los actos dictados por la Dirección Ejecutiva de la Magistratura del propio Tribunal Supremo: "por cuanto no se trata, el que fue impugnado, de un acto del Poder Público que hubiere sido dictado en ejecución directa de la Constitución, sino en ejercicio de función administrativa y, por ende, de rango sublegal, no es la jurisdicción constitucional que ejerce esta Sala la que tiene competencia para su control. Por el contrario, y de conformidad con el artículo 259 de la Constitución, corresponde a la jurisdicción contencioso–administrativa el conocimiento de la demanda de nulidad que en su contra se formuló y así se decide". *V.* en *Revista de Derecho Público*, Nº 99–100, Editorial Jurídica Venezolana, Caracas 2004.

157 *V.* la sentencia de avocamiento el Nº 566 el 12 de abril de 2004 (Caso: *Julio Borges, César Pérez Vivas, Henry Ramos Allup, Jorge Sucre Castillo, Ramón José Medina y Gerardo Blyde vs. Consejo Nacional Electoral*) con motivo de la impugnación de la Resolución Nº 040302–131 de 2 de marzo de 2004 del Consejo Nacional Electoral, mediante la cual dicho órgano informó sobre resultados preliminares de la verificación de las solicitudes y firmas en el procedimiento revocatorio iniciado en relación con el Presidente de la República, y de un Instructivo del mismo Consejo Nacional Electoral *sobre el tratamiento por el comité técnico superior de las firmas de caligrafía similar o renglones de planillas llenadas por la misma persona.* Véanse los comentarios en Allan R. Brewer–Carías, *La Sala Constitucional vs. El Estado democrático de derecho (El secuestro del Poder Electoral y de la Sala Electoral del Tribunal Supremo y la confiscación del derecho a la participación política)*, Caracas, 2004.

"normas constitucionales de aplicación directa e inmediata", como por ejemplo aquellas que atribuyen competencia a los órganos del Estado y aquellas que declaran derechos y garantías constitucionales; con el principio de "los actos que se dictan en ejecución directa e inmediata de la Constitución". Es decir, una cosa es el principio de la aplicación directa e inmediata de las normas constitucionales que en materia de derechos fundamentales o de competencia de los órganos del Poder Público, no requieren (pero no excluyen) la existencia previa de leyes para poder ser aplicadas; y otra cosa es el rango que tiene los diversos actos dictados por los órganos en ejercicio del Poder Público en relación con la Constitución, en el sentido de que algunos son dictados en ejecución directa e inmediata de la Constitución (rango legal) no siendo posible su regulación por ley, y otros lo son en ejecución directa e inmediata de la legislación e indirecta y mediata de la Constitución pudiendo esencialmente ser regulados por la ley (rango sublegal)[158]. Por ello es que los actos dictados en ejecución directa e inmediata de la Constitución, es decir, de rango legal conforme a la teoría de la formación escalonada del orden jurídico, están sometidos al control de constitucionalidad por parte de la Sala Constitucional (Jurisdicción Constitucional), ya que no son actos en cuya emisión el órgano respectivo pueda estar condicionado por ley alguna. En cambio, los de carácter sublegal están sometidos no sólo a la Constitución sino a la ley, el reglamento y las otras fuentes del derecho, y por eso es que su control corresponde a la Jurisdicción contencioso administrativa y en su caso, a la Jurisdicción contencioso electoral.

De lo anterior resulta que toda actividad administrativa es ante todo, desde el punto de vista formal, una actividad que siempre es de carácter sublegal, es decir, de ejecución directa e inmediata de la legislación (así las leyes reglamentarias correspondientes no se hayan dictado) y de ejecución indirecta y mediata de la Constitución. Por supuesto, también las actividades judiciales son siempre de carácter sublegal, siendo la diferencia entre una y otra de carácter orgánico, en el sentido que las actividades judiciales siempre las realizan órganos autónomos e independientes en ejecución de la función jurisdiccional, como lo son los órganos que ejercen el Poder Judicial.

3. Los diversos actos estatales

Conforme a la Constitución, por tanto, hay una variedad de actos estatales que se dictan por los diversos órganos del Estado ordenados de acuerdo con el principio de la separación de poderes; actos que a la vez tienen su rango de acuerdo al grado que ocupan en la jerarquía del orden jurídico.

En efecto, por ejemplo, la Asamblea Nacional en ejercicio del Poder Legislativo puede ejercer funciones normativas, políticas, jurisdiccionales, de control y administrativas, pero los actos que emanan de la misma al ejercer dichas funciones no son necesariamente ni uniformes ni correlativos.

---

158 Lamentablemente, la Sala Constitucional en la citada sentencia N° 566 el 12 de abril de 2004 (Caso: *Julio Borges, César Pérez Vivas, Henry Ramos Allup, Jorge Sucre Castillo, Ramón José Medina Y Gerardo Blyde vs. Consejo Nacional Electoral*) para impropiamente atribuirse una competencia que no tenía confundió la noción de "actos estatales dictados en ejecución directa e inmediata de la Constitución", con las "normas constitucionales de aplicación directa e inmediata". Se insiste, los primeros, los actos de "ejecución directa e inmediata de la Constitución" no sólo no requieren de ley alguna que los regule, sino que constitucionalmente no podría dictarse ley alguna que se interponga entre la norma constitucional y el acto estatal que se dicte.

Cuando la Asamblea Nacional ejerce la función normativa, es decir, crea normas jurídicas de carácter general actuando como cuerpo legislador, dicta *leyes* (Art. 203), pero cuando lo hace en otra forma distinta, por ejemplo, al dictar sus reglamentos internos, ello lo hace a través de *actos parlamentarios sin forma de ley* (Art. 187,19). Ambos son actos legislativos, pero de distinto valor normativo.

Cuando la Asamblea Nacional ejerce la función política, es decir, intervienen en la formulación de las políticas nacionales, lo hacen a través de *leyes* (Art. 303) o a través de *actos parlamentarios sin forma de ley* (Art. 187,10).

En el caso de la participación en el ejercicio de la función jurisdiccional, al autorizar el enjuiciamiento del Presidente de la República, la Asamblea Nacional concretiza su acción a través de un *acto parlamentario sin forma de ley* (266,2).

Cuando la Asamblea Nacional ejerce sus funciones de control del gobierno y la Administración Pública también dicta *actos parlamentarios sin forma de ley* (Art. 187,3).

Por último, en cuanto al ejercicio de la función administrativa por la Asamblea Nacional, ella puede concretizarse en *leyes* (Art. 187,9)[159], en *actos parlamentarios sin forma de ley* (Art. 187,12) o en *actos administrativos* (Art. 187,22).

Por su parte, cuando los órganos que ejercen el Poder Ejecutivo, particularmente el Presidente de la República, realizan la función normativa, ésta se concretiza en *decretos–leyes* y *reglamentos (actos administrativos de efectos generales*) (Art. 236,10; 266,5).

En el caso de los *decretos–leyes*)[160], estos pueden ser *decretos leyes* delegados dictados en virtud de una habilitación legislativa (Art. 203; 236,8), *decretos leyes* de organización ministerial (Art. 236,20)[161] y *decretos leyes* de estados de excepción (Art. 236,7). En todos estos casos de decretos leyes, si bien todos son objeto de regulaciones legislativas que los condicionan (leyes habilitantes o leyes orgánicas) autorizadas en la Constitución; los mismos tienen rango y valor de ley.

Pero el Presidente de la República también realiza la función política, al dictar *actos de gobierno*, que son actos dictados en ejecución directa e inmediata de la Constitución (Art. 236,2,4,5,6,19,21). En particular, en este caso, dichos actos de gobierno se caracterizan frente a los actos administrativos por dos elementos combinados: en *primer lu-*

---

159 En el pasado, por ejemplo, eran las leyes aprobatorias de contratos estatales conforme al artículo 126 de la Constitución de 1961.

160 *V.* en general, sobre los decretos leyes, Antonio Moles Caubet, *Dogmática de los Decretos–Leyes, Lección inaugural Curso 1974*, Universidad Central de Venezuela, Facultad de Derecho, Centro de Estudios para Graduados Caracas 1974; Eloísa Avellaneda Sisto, "Los Decretos Leyes", *Revista de Control Fiscal*, N° 105, abril–junio, XXIII (1982), Contraloría General de la República, Caracas 1982, pp. 55–116; Eloísa Avellaneda Sisto, "Los decretos del Presidente de la República", *Revista de la Facultad de Derecho de la Universidad Católica Andrés Bello*, N° 48 (diciembre), Caracas, 1993, pp. 345–387; Eloísa Avellaneda Sisto "El régimen de los Decretos–Leyes, con especial referencia a la Constitución de 1999", en *Estudios de Derecho Administrativo – Libro Homenaje a la Universidad Central de Venezuela*, Volumen I. Tribunal Supremo de Justicia, Caracas, 2001, pp. 69–105; José Peña Solís "Análisis crítico de la doctrina de la Sala Constitucional del Tribunal Supremo de Justicia sobre las leyes orgánicas y los decretos leyes orgánicos", en *Ensayos de Derecho Administrativo – Libro Homenaje a Nectario Andrade Labarca*, Volumen II. Tribunal Supremo de Justicia, Caracas, 2004, pp. 375–414.

161 *V.* sobre estos decretos, Daniel Leza Betz, "La organización y funcionamiento de la administración pública nacional y las nuevas competencias normativas del Presidente de la República previstas en la Constitución de 1999: al traste con la reserva legal formal ordinaria en el Derecho Constitucional venezolano", *Revista de Derecho Público*, N° 82 (abril–junio), Editorial Jurídica Venezolana, Caracas, 2000, pp. 19–55; Gerardo Rupérez Caníbal, "La flexibilización de la reserva legal organizativa en el ámbito de la administración pública nacional", *Revista de Derecho*, N° 8, Tribunal Supremo de Justicia, Caracas 2003, pp. 435–452.

gar, porque el acto de gobierno sólo puede ser realizado por el Presidente de la República, como jefe del Estado, "en cuya condición dirige la acción de Gobierno" (Art. 226); y en *segundo lugar*, porque se trata de actos dictados en ejecución de atribuciones establecidas directamente en la Constitución, sin posibilidad de condicionamiento legislativo, y que, por tanto, tienen el mismo rango que las leyes[162].

En todo caso, para distinguir el acto legislativo del acto de gobierno y del acto administrativo no sólo debe utilizarse el criterio orgánico, sino también el criterio formal: el acto de gobierno, aun cuando realizado en ejecución directa de la Constitución, está reservado al Presidente de la República, en tanto que el acto legislativo, realizado también en ejecución directa de la Constitución[163], en principio está reservado a la Asamblea Nacional; aún cuando esta pueda delegar la potestad normativa con rango de ley en el Presidente de la República mediante una ley habilitante (Art. 203), en cuyo caso el acto dictado por el Presidente mediante decretos leyes habilitados (Art. 236,8) es un acto legislativo, aún cuando delegado. En esta forma, el criterio orgánico distingue el acto de gobierno del acto legislativo, y ambos se distinguen del acto administrativo mediante el criterio formal: tanto el acto de gobierno como el acto legislativo (el dictado por la Asamblea Nacional como el dictado por delegación por el Presidente de la República) se realizan en ejecución directa de competencias constitucionales, en tanto que el acto administrativo siempre es de rango sublegal, es decir, sometido a la ley y realizado en ejecución de la ley, y por tanto, en ejecución mediata e indirecta de la Constitución.

Es decir, los actos de gobierno se distinguen de los actos administrativos dictados por los órganos ejecutivos, en que estos se realizan a todos los niveles de la Administración Pública y siempre tienen rango sublegal, es decir, se dictan por los órganos ejecutivos en ejecución de atribuciones directamente establecidas en la legislación, y sólo en ejecución indirecta y mediata de la Constitución[164]. Este es el criterio formal, derivado de la teoría merkeliana de construcción escalonada del orden jurídico[165], para la identificación de la Administración, la cual ha sido acogida en la Constitución al reservarse al control que ejerce Jurisdicción Constitucional a los actos estatales dictados en ejecución directa e inmediata de la Constitución (Art. 336,2), con lo que los actos dictados en ejecución directa e inmediata de la legislación y mediata e indirecta de la Constitución (actos administrativos) caen entonces bajo el control de la Jurisdicción contencioso administrativa (Art. 259) y de la Jurisdicción contencioso electoral (Art. 297).

---

162 *V.* Juan D. Alfonso Paradisí, "Los actos de gobierno", *Revista de Derecho Público*, N° 52, octubre–diciembre, Editorial Jurídica Venezolana, Caracas 1992, pp. 5–23; Pablo Marín Adrián, "Actos de gobierno y la sentencia de la Corte Suprema de Justicia del 11 de marzo de 1993", *Revista de Derecho Público*, N° 65–66 (enero–junio), Editorial Jurídica Venezolana, Caracas, 1996, pp. 497–519

163 La Asamblea Nacional realiza su actividad legislativa en cumplimiento de atribuciones directamente establecidas en la Constitución (Art. 187,1; 203). En el solo caso de las leyes especiales que han de someterse a las leyes orgánicas preexistentes (Art. 203) podría decirse que hay condicionamiento legislativo de la propia actividad legislativa. En igual sentido, los decretos–leyes dictados por el Presidente de la República en ejercicio de la función normativa, están condicionados por la ley habilitante o de delegación (Art. 236,8).

164 En este sentido es que podría decirse que la actividad administrativa se reduce a ejecución de la ley.

165 Adolf Merkl, *Teoría General del Derecho Administrativo*, Madrid, 1935, p. 13. *Cfr.*, Hans Kelsen, *Teoría General del Estado*, México, 1957, p. 510, y *Teoría Pura del Derecho*, Buenos Aires, 1974, pp. 135 y ss. *V.* algunas de las referencias en Allan R. Brewer–Carías, *Las Instituciones Fundamentales del Derecho Administrativo y la jurisprudencia Venezolana*, Caracas, 1964, pp. 24 y ss.

Pero además, en los casos de ejercicio de la función jurisdiccional, de la función de control y de la función administrativa, los órganos ejecutivos dictan, por ejemplo, *actos administrativos* (Art. 259; 266,5).

En cuanto a los órganos que ejercen el Poder judicial, cuando por ejemplo el Tribunal Supremo de Justicia ejerce la función normativa, dicta reglamentos (actos administrativos de efectos generales),[166] cuando ejerce la función administrativa y la función de control sobre el Poder Judicial (Art. 267), dictan *actos administrativos*; y cuando ejerce la función jurisdiccional, dictan *actos judiciales* (*sentencias*) (Art. 266, 336); y los primeros están sometidos al control de los órganos de la Jurisdicción Contencioso–Administrativa. Como lo ha dicho la Sala Constitucional del Tribunal Supremo de Justicia en sentencia N° 1268 de 6 de julio de 2004 (Caso: *Yolanda Mercedes Martínez del Moral vs. Comisión Judicial de la Sala Plena del Tribunal Supremo de Justicia*), respecto de un acto administrativo dictado por un órgano del propio Tribunal Supremo en ejercicio de funciones de administración y gobierno del Poder Judicial:

> "En consecuencia, por cuanto no se trata, el que fue impugnado, de un acto del Poder Público que hubiere sido dictado en ejecución directa de la Constitución, sino en ejercicio de función administrativa y, por ende, de rango sublegal, no es la jurisdicción constitucional que ejerce esta Sala la que tiene competencia para su control. Por el contrario, y de conformidad con el artículo 259 de la Constitución, corresponde a la jurisdicción contencioso–administrativa el conocimiento de la demanda de nulidad que en su contra se formuló y así se decide."[167]

El acto judicial, por su parte, también se distingue del acto de gobierno y de la acto legislativo con base en los dos criterios señalados: desde el punto de vista orgánico, porque el acto judicial está reservado a los Tribunales de la República, en tanto que el acto legislativo está reservado a la Asamblea Nacional, la cual puede delegarlo en el Presidente de la República (leyes habilitantes) y el acto de gobierno está reservada al Presidente de la República[168]; y desde el punto de vista formal, porque al igual que el acto administrativo, el acto judicial es de rango sublegal, es decir, sometido a la ley y realizado en ejecución de la ley.

Por último, en cuanto a la distinción entre el acto administrativo y el acto judicial, si bien no puede utilizarse el criterio formal de su graduación en el ordenamiento jurídico ya que ambos son dictados en ejecución directa e inmediata de la legislación y en ejecución indirecta y mediata de la Constitución, sí se distinguen con base al criterio orgánico y a otro criterio formal. Desde el punto de vista orgánico, el acto judicial está reservado a los tribunales, con carácter de exclusividad, ya que sólo éstos pueden dictar sentencias; y desde el punto de vista formal, la declaración de lo que es derecho en un caso concreto que realizan los órganos judiciales, se hace mediante un acto que tiene fuerza de verdad legal, que sólo las sentencias poseen.

Por su parte, cuando los órganos que ejercen el Poder Ciudadano realizan la función de control (Art. 274; 281; 289), la función normativa y la función administrativa, la

---

166 Los reglamentos establecidos en la Ley Orgánica del Tribunal Supremo de Justicia, Art. 36.12.

167 *V.* en *Revista de Derecho Público*, N° 99–100, Editorial Jurídica Venezolana, Caracas 2004.

168 Puede decirse, entonces, que la separación orgánica de poderes tiene plena concordancia con la división orgánica de las actividades de gobierno (reservada al Presidente de la República), legislativas (reservadas a la Asamblea Nacional, la cual puede delegarla en el ejecutivo Nacional) y judiciales (reservada a los Tribunales). Por supuesto, la coincidencia de actividades específicas con órganos estatales determinados concluye allí, pues la actividad administrativa, al contrario, no está reservada a ningún órgano estatal específico, sino que se realiza por todos ellos.

misma se concreta en *actos administrativos de efectos generales (reglamentos) o de efectos particulares* (Art. 259; 266,5).

Igualmente, cuando los órganos que ejercen el Poder Electoral realizan la función normativa (Art. 293,1), dictan *actos administrativos de efectos generales (reglamentos)* (Art. 293,1); y cuando realizan la función administrativa (Art. 293,3) y de control (Art. 293,9), la misma se concreta en *actos administrativos* (Art. 259; 266,5).

En esta forma, el ejercicio de la función normativa se puede manifestar, variablemente, a través de leyes, actos parlamentarios sin forma de ley, decretos–leyes y reglamentos (actos administrativos de efectos generales); el ejercicio de la función política, a través de actos de gobierno, leyes y actos parlamentarios sin forma de ley; el ejercicio de la función jurisdiccional, a través de actos parlamentarios sin forma de ley, actos administrativos y sentencias; el ejercicio de la función de control, a través de leyes, actos parlamentarios sin forma de ley, actos administrativos y sentencias; y el ejercicio de la función administrativa, a través de leyes, actos parlamentarios sin forma de ley y actos administrativos.

En sentido inverso, puede decirse que las leyes sólo emanan de la Asamblea Nacional actuando no sólo en ejercicio de la función normativa, sino de la función política, de la función de control y de la función administrativa; que los actos de gobierno emanan del Presidente de la República, actuando en ejercicio de la función política; que los decretos–leyes emanan también del Presidente en ejercicio de la función normativa; que los actos parlamentarios sin forma de ley sólo emanan de la Asamblea Nacional, actuando en ejercicio de las funciones normativas, política, de control y administrativa; y que los actos judiciales (sentencias) sólo emanan de los tribunales, actuando en ejercicio de la función jurisdiccional. En todos estos casos, el tipo de acto se dicta exclusivamente por un órgano estatal, pero en ejercicio de variadas funciones estatales. Lo privativo y exclusivo de los órganos estatales en esos casos, no es el ejercicio de una determinada función, sino la posibilidad de dictar determinados actos: las leyes y los actos parlamentarios sin forma de ley por la Asamblea Nacional; los actos de gobierno por el Presidente de la República; y los actos judiciales (sentencias) por los tribunales.

En cuanto a los actos administrativos, éstos pueden emanar de la Asamblea Nacional, actuando en función administrativa y en función de control; de los tribunales, actuando en función normativa, en función de control y en función administrativa; de los órganos que ejercen el Poder Ejecutivo (Administración Pública Central) cuando actúan en función normativa, en función jurisdiccional, en función de control y en función administrativa; de los órganos que ejercen el Poder Ciudadano actuando en función normativa, en función de control y en función administrativa; y de los órganos que ejercen el Poder Electoral actuando también en función normativa, en función de control y en función administrativa.

Los actos administrativos en esta forma, y contrariamente a lo que sucede con las leyes, con los actos parlamentarios sin forma de ley, con los decretos–leyes, con los actos de gobierno y con las sentencias judiciales, no están reservados a determinados órganos del Estado, sino que pueden ser dictados por todos ellos y no sólo en ejercicio de la función administrativa, sino de todas las otras funciones del Estado.

Ahora bien, en ese universo de actos estatales, los mismos se distinguen según el grado de ejecución de la Constitución, tal como se ha dicho, entre los actos estatales dictados en ejecución directa e inmediata de la Constitución (actos de rango legal); y los actos estatales dictados en ejecución indirecta y mediata de la Constitución (actos de rango sublegal).

En cuanto a **los actos estatales dictados en ejecución directa e inmediata de la Constitución** son los actos legislativos, los decretos leyes y los actos de gobierno.

Los actos legislativos son las leyes (Arts. 187,1 y 203) y los actos parlamentarios sin forma de ley (actos privativos e *interna corporis*) (Art. 187). Las leyes, incluso, son formalmente definidas en la Constitución, como los actos sancionados por la Asamblea Nacional como cuerpo legislador (Art. 203).

También pueden considerarse como actos con rango y valor de ley los decretos leyes o decretos con fuerza de ley dictados por el Presidente de la República previa autorización por una ley habilitante (Arts. 203; 236, 8); los dictados en materia de organización ministerial (Art. 236,20) y los dictados en estado de excepción (Arts. 236,7; 337).

Los actos del gobierno, por su parte, son los actos dictados por el Presidente de la República en ejercicio sólo de atribuciones constitucionales[169], y que por ello no pueden estar regulados o limitados por la Asamblea Nacional mediante leyes. Es el caso, por ejemplo, del nombramiento del Vicepresidente Ejecutivo, de la concesión de indultos, de la convocatoria de la Asamblea Nacional a sesiones extraordinarias, y de la disolución de la Asamblea Nacional (Art. 236,3,9,19,21).

En cuanto a los **actos estatales dictados en ejecución indirecta y mediata de la Constitución son** los actos administrativos y los actos judiciales

Es decir, en la sistematización formal del ordenamiento jurídico, dentro del sistema graduado de producción de normas, salvo los actos dictados en ejecución directa e inmediata de la Constitución, los demás actividades del Estado, particularmente las administrativas, de control y judiciales, se ejercen, no en ejecución directa de las normas constitucionales, sino más bien en ejecución directa de la "legislación", es decir, de las leyes formales o los actos del Parlamento, incluso, de los actos de gobierno o los decretos leyes dictados por los órganos constitucionales competentes, a su vez en ejecución directa de la Constitución.

En esta forma, todas las actividades administrativas y judiciales originan actos dictados en ejecución directa e inmediata de la "legislación", y en ejecución indirecta e mediata de la Constitución; es decir, son actos de carácter sublegal. En consecuencia, y en particular para el derecho administrativo, los actos administrativos dictados en ejercicio de las diversas funciones del Estado, son actos que por esencia tienen rango sublegal, por lo que, no hay ni puede haber actos administrativos que se dicten en ejecución directa e inmediata de la Constitución.

4. El orden jurídico y el ámbito del derecho al cual están sometidos los actos estatales

Ahora bien, todas las actividades de los órganos del Estado, y de sus autoridades y funcionarios, siempre deben realizarse conforme a la ley y dentro de los límites estable-

169 *V.* Allan R. Brewer–Carías, "Comentarios sobre la doctrina del acto de gobierno, del acto político, del acto de Estado y de las cuestiones políticas como motivo de inmunidad jurisdiccional de los Estados en sus Tribunales nacionales", en *Revista de Derecho Público*, N° 26, Editorial Jurídica Venezolana, Caracas, abril–junio 1986, pp. 65–68.

cidos por la misma. Esto, por supuesto, tiene una particular importancia en relación con la actividad administrativa del Estado, pues da origen al principio de legalidad conforme al cual los órganos del Estado deben estar sujetos a la ley.

La consecuencia de ello es que en un Estado de derecho, el pueblo como electorado es el único cuerpo soberano (poder constituyente) que no tiene limitaciones a su poder, salvo los que se impone a sí mismo, de lo que deriva que todos los otros órganos o cuerpos del Estado (poderes constituidos) están sujetos a la ley[170]. Y "ley" aquí, quiere decir, no sólo "ley formal", es decir, un estatuto o acto de la Asamblea Legislativa o Parlamento, sino también, todas las normas que forman el ordenamiento jurídico estructurado en forma jerárquica, con la Constitución en la cúspide como ley suprema o *Grundnorm.* En este mismo sentido amplio, la expresión "principio de legalidad" empleada en el derecho continental, debe entenderse como equivalente de Estado de derecho.

Por consiguiente, "legalidad", en el derecho constitucional contemporáneo, no es sólo la sumisión a la "ley formal" como acto sancionado por el Legislador, sino que quiere decir sumisión al ordenamiento jurídico, incluyendo a la Constitución y a otras fuentes de derecho. Sin embargo, no hay que olvidar que al definir el principio de la legalidad, los autores franceses[171] en general utilizaban el significado restringido del término ley, como ley formal, llegando algunos a utilizar un concepto más amplio como sinónimo de "ordenamiento jurídico"[172], o como Hauriou lo llamó, el *"bloc légal"* (bloque legal) o *"bloc de la légalité"* (bloque de la legalidad).[173] Concepción, que en todo caso progresivamente se ha superado, al configurarse la propia Constitución, también, como norma. Además, es claro que los actos del cuerpo legislativo al ser *per se* normas dictadas en ejecución directa de la Constitución, también están subordinadas a ella. En consecuencia, el principio de legalidad en el Estado de derecho contemporáneo también comprende el "principio de constitucionalidad". Por consiguiente los actos dictados en ejecución directa de la Constitución están sometidos a ella y pueden ser controlados; de ahí el control jurisdiccional de la constitucionalidad de las leyes.

Ahora bien, hay dos aspectos que deben retenerse de lo dicho anteriormente: en primer lugar, que el principio de legalidad, en el contexto del Estado de derecho, se refiere específicamente a todos los órganos y poderes del Estado, y no sólo a uno, básicamente al Poder Ejecutivo o a la Administración Pública. En consecuencia, en un Estado con Constitución escrita, el órgano legislativo también está limitado por el "principio de legalidad", en el sentido de que sus actividades están constitucionalmente limitadas por lo que pueden ser objeto de control judicial.

En segundo lugar, que en la expresión "principio de legalidad", el término "ley" debe entenderse en el sentido más amplio de "ordenamiento jurídico", y no en el sentido formal de acto emanado del Parlamento, por lo que comprende la Constitución en sí misma, las leyes formales y todas las otras normas del ordenamiento jurídico conformadas en un sistema legal que deriva de la Constitución en forma escalonada y jerarquizada.

---

170 *V.* J. D. B. Mitchell, *Constitutional Law*, Edimburgo 1968, p. 62.

171 *V.* Ch. Eisenmann, "Le droit administratif et le principe de légalité," en *Etudes et Documente, Conseil d'Etat*, N° 11, París, pp. 45–50.

172 *V.* A. de Laubadére, *Traite Elémentaire de Droit Administratif*, París, N° 369; G. Vedel, *La soumision de l'Administration á la loi* (extraído de la *Revue al Quanon Wal Igtisad*, año 22, El Cairo Nos. 26, 31, 47, 58, 94. 165, 166, citado por Ch. Eisenmann, "Le droit administratif...," *loc. cit.*, pp. 26–27.

173 *V.* Ch. Eisenmann, "Le droit administratif...," *loc. cit.*, p. 26.

Este enfoque conduce a la necesidad de identificar los aspectos centrales de cada sistema jurídico para determinar cuáles son las normas aplicables a cada órgano del Estado; en otras palabras, para establecer los confines de la legalidad a la cual están sometidos los diferentes órganos y actos del Estado. Para ello, como hemos dicho, en todos los sistemas legales contemporáneos,[174] existe y debe existir una distinción entre, por una parte, las normas que integran la Constitución en sí misma, como derecho positivo superior, y por otro lado, las normas que son sancionadas por una autoridad con poderes derivados de la Constitución. En otras palabras, debe establecerse una distinción entre la norma constitucional y la legislación ordinaria.

Esta distinción entre el ordenamiento constitucional y la legislación ordinaria, por supuesto, tiene un carácter fundamental en el constitucionalismo moderno, de manera que si el principio de legalidad implica que todas las actividades de un Estado deben realizarse conforme a la ley, indudablemente que resulta necesario determinar, ante todo, cual es la regla de derecho a la cual cada acto del Estado debe confirmarse. Para ello, las normas del ordenamiento que forman un sistema jurídico, como hemos dicho, se organizan deliberada o espontáneamente en forma jerárquica, de manera que existen normas en un nivel superior que siempre prevalecen sobre otras normas de nivel inferior; lo que a la vez permite basar la validez de ciertas normas en la validez de otras. Según este método, como hemos señalado antes y siguiendo la concepción de Kelsen, cada categoría de normas se basa en otras de mayor jerarquía, y al mismo tiempo, sirve de base para otras de menor jerarquía. En consecuencia, todo el ordenamiento jurídico en vigor constituye un sistema graduado en estructuras jerarquizadas, donde cada norma depende de unas, y donde en definitiva, la validez de todas las normas proviene, en última instancia, de la Constitución, siendo ésta la norma que regula toda la estructura del sistema jurídico, y que se encuentra en la cúspide del mismo.

Y es precisamente con este método, que en el análisis global del ordenamiento jurídico, se puede establecer una distinción entre aquéllos actos de Estado que se dictan en ejecución directa e inmediata de la Constitución, es decir, que son dictados directamente en ejercicio de poderes constitucionales, y aquéllos cuya ejecución no está directamente relacionada con la Constitución y que se dictan en ejercicio directo de poderes establecidos en normas de derecho inferiores a la Constitución. Son actos de ejecución directa e inmediata de la legislación y de ejecución indirecta y mediata de la Constitución.

III. LA UNIVERSALIDAD DEL CONTROL JURISDICCIONAL Y EL SOMETIMIENTO DE LOS ACTOS DE GOBIERNO, COMO ACTOS DICTADOS EN EJECUCIÓN DIRECTA DE LA CONSTITUCIÓN, A CONTROL JUDICIAL

Precisamente, entre los actos que surgen de la ejecución directa e inmediata de la Constitución, como se ha dicho, se encuentran aquellos actos estatales emanados del Jefe de Estado, en ejercicio de poderes que le son asignados en forma directa en la Constitución para ejercer actividades que por ello no están sujetas a regulación por parte del Legislador ordinario, es decir, que el Legislador no puede ni regular ni limitar a

174 *V.* G. MacCormack, "Law and Legal system", *The Modern Law Review*, 42 (3). 1979, pp. 285–290: "Legal system" entendido como una recolección de reglas de derecho que tienen en común su interrelación en un orden en particular, básicamente jerárquico.

través de las leyes. Nos referimos aquí, de nuevo, a los llamados en el derecho público como actos de gobierno o actos políticos, y que son más o menos equivalentes a la noción norteamericana de "cuestión política."[175] Se trata de actos que se dictan en ejecución directa e inmediata de la Constitución, no están sujetos a regulación por ley formal, y son ejercidos por el Jefe de Estado basándose en disposiciones directas de la Constitución. En consecuencia, estos actos de gobierno en la formación escalonada del orden jurídico, también se colocan en el mismo nivel que las leyes formales, y sólo están sujetos a lo establecido en la Constitución, la cual determina su ámbito de legalidad.

El principio de legalidad del Estado, por tanto, es decir, la necesaria sumisión de los órganos del Estado a la ley, en lo referente a estos órganos constitucionales y a los actos dictados en ejecución directa e inmediata de la Constitución, como los actos de gobierno, equivale a sometimiento a la Constitución y al bloque de constitucionalidad. Como ya lo mencionamos, en todos estos casos, "legalidad" equivale a "constitucionalidad;" en otras palabras, sumisión a la Constitución, o actuación de conformidad con las normas establecidas por la Constitución, dentro de los límites constitucionales.

Pero como hemos dicho, en la sistematización formal del ordenamiento jurídico, dentro de este sistema graduado de producción de normas, salvo todos los actos dictados en ejecución directa e inmediata de la Constitución, los demás órganos del Estado, particularmente en las áreas administrativas, de control y judiciales, estas se ejercen, no en ejecución directa de las normas constitucionales sino más bien, en ejecución directa de la "legislación", es decir, de las leyes formales o los actos del Parlamento, incluso, de los actos de gobierno o los decretos leyes dictados por los órganos constitucionales competentes, a su vez en ejecución directa de la Constitución. En esta forma, todas las actividades administrativas son en última instancia, actos dictados en ejecución directa e inmediata de la "legislación", y en ejecución indirecta e mediata de la Constitución.

En consecuencia, en un Estado de derecho, el grado de sumisión de la Administración Pública al principio de la legalidad, es de mayor ámbito que el de la sumisión a las normas de derecho por parte de los órganos constitucionales del Estado. La Asamblea o el Parlamento están sometidos a la Constitución e, incluso, el Jefe de Estado o de Gobierno, cuando dicta actos de gobierno sólo está sometido en general, a la Constitución; mientras que los órganos y las autoridades administrativas están envueltos en un área de legalidad de mayor ámbito puesto que están sometidos a la "legislación", la cual ejecutan. Esta es la razón por la cual, en este campo, el principio de legalidad tomó el significado que normalmente tiene en relación a la actividad administrativa del Estado contemporáneo.

1. Los actos de gobierno: la ejecución directa de la Constitución y el ejercicio de la función política

Como se ha dicho, conforme a la Constitución, el Presidente de la República puede dictar actos de igual rango que la Ley, pero desvinculados de ésta por ser emanados en ejecución directa e inmediata de la Constitución, que se han denominado como "actos de gobierno,"[176] dictados en el ejercicio de la función política, y que, por tanto, no son

175 *V.* Allan R. Brewer–Carías, "Comentarios sobre la doctrina del acto de gobierno, del acto político, del acto de Estado y de las cuestiones políticas como motivo de inmunidad jurisdiccional de los Estados en sus Tribunales nacionales", en *Revista de Derecho Público*, N° 26, Editorial Jurídica Venezolana, Caracas 1986, pp. 65–68.

176 *V.* Allan R. Brewer–Carías, *Derecho Administrativo*, Tomo I, Caracas, 1975, pp. 378 y 391.

actos administrativos.[177] Al ser dictados con base en atribuciones que la Constitución le asigna directamente al Presidente, el legislador no puede regularlos pues no tiene competencia para regular el ejercicio de la función de gobierno por parte del Poder Ejecutivo. No se trata, por tanto, de actos de carácter sublegal, sino de igual rango que la ley, aún cuando no tengan "valor" de ley por no tener poder derogatorio respecto de las mismas.

Sobre estos actos de gobierno, la antigua Corte Suprema de Justicia en Corte Plena, en sentencia de 11 de marzo de 19 de marzo de 1993 señaló:

> "Es ampliamente conocida en el ámbito constitucional la teoría del "acto de gobierno", "gubernativo" o "acto político", conforme a la cual, en su formulación clásica, el Presidente de la República como cabeza del Ejecutivo y Jefe de Estado (artículo 181 de la Constitución) ejerce, además de funciones propiamente administrativas, otras de contenido distinto, atinentes a la "oportunidad política" o actos que por su naturaleza, intrínsecamente ligada a la conducción y subsistencia del Estado, no son en la misma medida enjuiciables. Se institucionalizaba así, la figura intimidante de la "razón de Estado" como justificación a toda cuestión de la cual el Gobierno no tuviera que rendir debida cuenta.
>
> Semejante construcción sustentada en la tesis de la llamada "soberanía suprema", cuyo nacimiento teórico ubican distintos autores en la época posterior a la caída del régimen napoleónico, pronto empezó a ser revisada con criterios cada vez más estrictos que llevaron a una categorización jurisprudencial de los actos de esa naturaleza excluidos del control jurisdiccional, también cada vez más reducida.
>
> En Venezuela, la falta de una disposición expresa al respecto en el Texto Fundamental, ha sentado este Alto Tribunal, como nota identificadora de esa especie jurídica, aquellos actos que, en ejecución directa e inmediata de la Constitución, son de índole eminentemente política. (Vid. SPA del 21–11–88, Caso *Jorge Olavarría*).
>
> Dentro de este contexto, concuerdan autores y jurisprudencia nacional y extranjera en mantener dentro de esa clasificación, entre otros, el indulto, los actos relativos a la conducción de la relaciones entre el Gobierno y países extranjeros..."[178]

En el mismo sentido, antes, la antigua Corte Suprema de Justicia en Sala Político Administrativa, en sentencia de 21 de noviembre de 1988 había precisado la noción del acto de gobierno, como un acto ejecutivo dictado en ejecución directa de la Constitución y no de la ley ordinaria, distinguiéndolos así de los actos administrativos, en la forma siguiente:

> "Permanecen todavía incólumes los principios sentados por la Corte –a los que se refieren los apoderados del Consejo, pero aplicándolos inexactamente al caso de autos– respecto de los "actos de gobierno", especie jurídica que, en razón de su superior jerarquía, derivada del hecho de que son producidos en ejecución directa e inmediata de la Constitución y no de la ley ordinaria, ha sido excluida hasta ahora, por la propia Corte, de la totalidad del control jurisdiccional de constitucionalidad, "en atención –como ella misma ha expresado– a que por su propia esencia son actos de índole eminentemente política o actos de gobierno, o de índole discrecional; situaciones en que no cabe aplicar a los motivos determinantes de la actuación el expresado control constitucional".

Los principios jurisprudenciales alegados por los defensores de la actuación del Consejo en la Resolución recurrida, permanecen, en efecto, aún vigentes (a más de la comentada decisión del 29–04–65, en Corte Plena, véase la de 28–06–83: CENADICA,

177 *V.* Allan R. Brewer–Carías, *Las Instituciones Fundamentales del Derecho Administrativo y la Jurisprudencia Venezolana*, Caracas, 1964, pp. 26, 108 y 323 y ss.

178 *V. Revista de Derecho Público*, N° 53–54, Caracas, 1993, pp. 155 y ss.

dictada en SPA); mas, no son aplicables al caso de autos como ellos lo pretenden, sino –insiste la Sala– sólo a las actuaciones emanadas de la cúspide del Poder Ejecutivo en función de gobierno, es decir, a los denominados por la doctrina "actos de gobierno", emitidos justa y precisamente en ejecución directa e inmediata de la Constitución; y no a los producidos, como los de autos, por una administración –la electoral en el caso– que ejecutó, de manera directa e inmediata, normas de rango inferior al de la Carta Magna, a saber: las de la Ley Orgánica del Sufragio. Así se declara."[179]

De acuerdo con esta categorización, entre los actos de gobierno que puede dictar el Presidente de la República, estarían, por ejemplo, la concesión de indultos (art. 236.19); los actos relativos a la dirección de las relaciones exteriores de la República (art. 236.4); la adopción de decisiones como Comandante en Jefe de las Fuerzas Armadas, como el fijar el contingente de las mismas y promover sus oficiales (art. 236.5 y 236.6); la declaratoria de los estados de excepción y el decretar la restricción de garantías (art. 236.7); la convocatoria a la Asamblea Nacional a sesiones extraordinarias (art. 236.9); y la disolución de la Asamblea Nacional en caso de que se produzcan tres votos de censura contra el Vicepresidente (arts. 236.21 y 240).

En esta forma, como se ha dicho desde el inicio, la noción del acto de gobierno en Venezuela ha sido delineada básicamente con base en un criterio estrictamente formal, como acto dictado por el Presidente de la República, en ejecución directa e inmediata de la Constitución, pero agregando, sin embargo, que se trata de actos dictados en ejercicio de la función política.[180] No se trata, por tanto, de actos administrativos que siempre son de rango sublegal, ni de actos en cuyo dictado el Presidente deba someterse a normas legislativas. Como actos dictados en ejercicio de atribuciones constitucionales por el Presidente de la República, el Poder Legislativo no puede regular la forma o manera de sus dictados, pues incurriría en una usurpación de funciones.

Pero como se ha dicho, entonces, además del criterio formal, el acto de gobierno se caracteriza como su nombre lo indica, por el ejercicio de la función política por parte del Presidente de la República. En este sentido, hay que recordar que la división de la potestad estatal (el Poder Público) en ramas y la distribución de su ejercicio entre diversos órganos, no coincide exactamente con la "separación" de las funciones estatales,[181] por lo que el hecho de que exista una separación orgánica de poderes no implica que cada uno de los órganos que lo ejercen tenga necesariamente el ejercicio exclusivo de ciertas funciones, pues paralelamente a las "funciones propias" de cada órgano del Estado, éstos ejercen funciones que por su naturaleza son similares a las que ejercen otros

---

179 *V.* en *Revista de Derecho Público*, N° 36, Caracas, 1988, pp. 62 y ss.

180 *V.* Allan R. Brewer–Carías, *Las Instituciones Fundamentales del Derecho Administrativo y la Jurisprudencia Venezolana*, Caracas, 1964, pp. 26, 108 y 323 y ss. y *Derecho Administrativo*, Tomo I, Caracas 1975, *cit.*, pp. 391 y ss.

181 *V.* por ejemplo, sentencia de la antigua Corte Federal de 19–6–53, en *Gaceta Forense*, N° 1, Caracas 1953, p. 77; y sentencias de la antigua Corte Suprema de Justicia en Sala Político Administrativa de 18–7–63, en *Gaceta Forense* N° 41, Caracas 1963, pp. 116 y 117; de 27–5–68, en *Gaceta Forense* N° 60, Caracas 1969, pp. 115 y ss.; y de 9–7–69, en *Gaceta Forense* N° 65, Caracas 1969, pp. 70 y ss.

órganos estatales.[182] En otras palabras, paralelamente a sus funciones propias, realizan funciones distintas a aquellas que les corresponden por su naturaleza[183].

En la expresión constitucional, por "función" ha de entenderse la acción que desarrollan los órganos estatales o la actividad que desempeñan como tarea que les es inherente, en el sentido que sólo en ejercicio del Poder Público pueden cumplirse. De ahí que la función es toda actividad de la propia esencia y naturaleza de los órganos estatales y, por tanto, indelegable, salvo que exista una autorización constitucional. Entonces, las diversas funciones del Estado son sólo las diversas formas a través de las cuales se manifiesta la actividad estatal[184]; y ellas no están atribuidas en forma exclusiva a los órganos del Estado.[185]

Ahora bien, en el mundo contemporáneo estas funciones como tareas inherentes a los órganos del Estado pueden reducirse a cinco, que son la función normativa, la función política, la función administrativa, la función jurisdiccional y la función de control; a las cuales se pueden reconducir todas las actividades del Estado. Estas funciones, realizadas en ejercicio del Poder Público por los órganos estatales, sin embargo, como se dijo, no están encomendadas con carácter exclusivo a diferentes órganos, sino que se ejercen por varios de los órganos estatales.

Ente ellas, nos interesa destacar la función política,[186] como función primordial del Estado, distinta de la función administrativa, por medio de la cual el Presidente de la República ejerce sus actividades como jefe del Estado y jefe del Gobierno de la Re-

---

182 *V.*, la sentencia de la antigua Corte Federal de 19–6–53, en *Gaceta Forense* N° 1, 1953, p. 77; y la sentencia de la antigua Corte Federal y de Casación en Sala Político–Administrativa de 18–7–63, en *Gaceta Forense* N° 41, Caracas 1963, p. 116.

183 *V.* sentencia de la antigua Corte Suprema de Justicia en Sala Político Administrativa de 18–7–63, en *Gaceta Forense* N° 41, Caracas 1963, pp. 116 y 117.

184 *V.* Allan R. Brewer–Carías, *Las Instituciones Fundamentales..., cit.*, p. 105. *V.* en general, sobre las funciones del Estado: María E. Soto Hernández y Fabiola del Valle Tavares Duarte "Funciones del Estado en la Constitución de la República Bolivariana de Venezuela de 1999", en *Estudios de Derecho Público – Libro Homenaje a Humberto J. La Roche*, Volumen II. Tribunal Supremo de Justicia, Caracas, 2001, pp. 414–457; Gonzalo Pérez Luciani, "Funciones del Estado y actividades de la Administración", *Revista de Derecho Público*, N° 13, enero–marzo, Editorial Jurídica Venezolana, Caracas 1983, pp. 21–30.

185 El carácter flexible, no rígido ni absoluto, del principio en su aplicación en Venezuela, ha sido destacado repetidamente por la jurisprudencia de la Corte Suprema. En particular, h. Sentencias de la antigua Corte Federal y de Casación en Sala Político Administrativa de 23–2–50 en *Gaceta Forense* N° 4, Caracas, 1950, pp. 84 a 89; de la antigua Corte Federal y de Casación en Corte Plena de 26–5–51 en *Gaceta Forense* N° 8, Caracas 1952, p. 114; y Sentencias de la antigua Corte Suprema de Justicia en Sala Político Administrativa de 18–7–63 en *Gaceta Forense*, N° 41, Caracas 1963, pp. 117–118; de 27–5–68 en *Gaceta Forense* N° 60, Caracas 1969, pp. 115 a 118; de 22–4–69 en *Gaceta Forense*, N° 64, Caracas 1969, pp. 5 a 15; de 9–7–69, en *Gaceta Forense*, N° 65, Caracas 1969, pp. 70 a 74; y de 1–6–72, en *Gaceta Oficial* N° 1.523, extraordinario, de 1–6–72, p. 9. *V.* además, Allan R. Brewer–Carías, "Algunas bases del Derecho Público en la jurisprudencia Venezolana", en *RFD*, N° 27, 1963, pp. 143 y 144. Las referencias jurisprudenciales pueden también consultarse en Allan R. Brewer–Carías, *Jurisprudencia de la Corte Suprema (1930–1973) y Estudios de Derecho Administrativo*, Tomo I, (El ordenamiento constitucional y funcional del Estado), Caracas, 1975, pp. 147 y ss.

186 En cuanto a esta función del Estado hemos ajustado la terminología que utilizamos en los setenta, de "función de gobierno", sustituyéndola por "función política" por considerarla más precisa, y reservar la expresión gobierno para identificar los "actos de gobierno". *V.* Allan R. Brewer–Carías, *Derecho Administrativo*, Tomo I, Caracas 1975. *V.* en general, sobre esta función: María E. Soto Hernández "Formas jurídicas de actuación de la Administración Pública Nacional en el ejercicio de la Función de Gobierno", en *Temas de Derecho Administrativo–Libro Homenaje a Gonzalo Pérez Luciani*, Volumen II. Tribunal Supremo de Justicia, Caracas, 2002, pp. 805–826.

pública[187], dirigiendo la acción de gobierno (Arts. 226; 236,2). A través de esta función política, el Presidente de la República puede adoptar decisiones en virtud de atribuciones que le son conferidas directamente por la Constitución, en general sin condicionamiento legal alguno, de orden político, las cuales, por tanto, exceden de la administración normal de los asuntos del Estado. Ello ocurre, por ejemplo, cuando dirige las relaciones exteriores, convoca a sesiones extraordinarias a la Asamblea Nacional y cuando la disuelve (Arts. 236,4,9,20). También puede considerarse que ejerce la función política, cuando decreta los estados de excepción y restringe garantías constitucionales, incluso, en este caso, a pesar de que la Constitución dispuso que una Ley Orgánica deba regular la materia (Art. 338)[188].

La característica fundamental de esta función política es que está atribuida en la Constitución directamente al Presidente de la República, es decir, al nivel superior de los órganos que ejercen el Poder Ejecutivo, no pudiendo otros órganos ejecutivos ejercerla.

Los órganos que ejercen el Poder Ejecutivo en esta forma, realizan fundamentalmente dos funciones propias: la función política y la función administrativa[189]. La función política, como función del Presidente de la República, se ejerce en ejecución directa de atribuciones constitucionales, en general sin condicionamiento legal alguno. El Legislador, en esta forma, y salvo por lo que se refiere a los estados de excepción dada la autorización constitucional (Art. 338), no puede limitar las facultades políticas del jefe del Estado[190]. La función política, por tanto, se traduce en actos estatales de rango legal, como son los actos de gobierno, en tanto que la función administrativa se traduce en actos estatales de rango sublegal como son los actos administrativos.[191]

187 Aun cuando en algunos casos podría no haber coincidencia, podría decirse que, en general, el Presidente de la República ejerce sus atribuciones de jefe del Estado en ejercicio de la función política, y de jefe del Ejecutivo Nacional, en ejercicio de la función administrativa.

188 *V.* la Ley Orgánica sobre Estados de Excepción (Ley N° 32), *G.O.* N° 37.261 de 15–08–2001. *V.* en general, Allan R. Brewer–Carías, "El régimen constitucional de los estados de excepción" en Víctor Bazán (Coordinador), *Derecho Público Contemporáneo*. Libro en Reconocimiento al Dr. Germán Bidart Campos, Ediar, Buenos Aires, 2003, pp. 1137–1149.

189 La distinción entre "gobierno y administración" es comúnmente empleada por la Constitución. *V.*, por ejemplo, artículos, 21, 27 y 30. En el artículo 191 de la Constitución, en igual sentido habla de "aspectos políticos y administrativos" de la gestión del residente de la República. En tal sentido, al referirse a los órganos del Poder Ejecutivo de los Estados, la Corte ha señalado lo siguiente: "El artículo 21 de la Constitución atribuye al Gobernador del Estado, el gobierno y la administración de la Entidad, como Jefe del Ejecutivo del Estado y Agente del Ejecutivo Nacional o en su respectiva circunscripción. En esta forma, el Poder Ejecutivo Estadal realiza funciones de gobierno, como poder político y funciones que atienden a otra actividad distinta, como poder administrador". *V.* sentencia de la antigua Corte Suprema de Justicia en Sala Político Administrativa de 30–6–66, en *Gaceta Forense* N° 52, 1968, p. 231. *Cfr.*, sobre la distinción entre función administrativa y función política como actividades que se realizan en ejercicio del Poder Ejecutivo, el voto salvado a la sentencia de la antigua Corte Suprema de Justicia en Corte Plena de 29–4–65, Imprenta Nacional, 165, pp. 53 y ss.; y *Doctrina PGR, 1963*, Caracas, 1964, pp. 179 y 180.

190 El legislador, por ejemplo, no podría limitar las atribuciones del Presidente de convocar a la Asamblea nacional a sesiones extraordinarias.

191 Sobre la distinción entre los actos del Poder Ejecutivo dictados en ejecución directa de la Constitución o en ejecución directa de la ley, *V.* sentencia de la antigua Corte Suprema de Justicia en Sala Político Administrativa de 13–2–68, en *Gaceta Forense* N° 59, Caracas 1969, p. 85. En todo caso, una cosa es atribuir a la función política rango legal y otra es atribuirle "naturaleza legislativa". El decreto de restricción de garantías constitucionales, por ejemplo, tiene rango legal, por cuanto puede "restringir" temporalmente la vigencia de una ley, lo que implica que la modifique ni la derogue. Si la derogara, el acto tendría "naturaleza legislativa". Sobre esta confusión, *V. Doctrina Procuraduría General de la República, 1971*, Caracas 1972, p. 189.

Pero si bien la función política se ejerce con el carácter de función propia por el Presidente de la República en ejercicio del Poder Ejecutivo, ello tampoco se realiza con carácter excluyente, ya que la Asamblea Nacional en ejercicio del Poder Legislativo también realiza la función política, sea a través de actos parlamentarios sin forma de ley[192], sea mediante leyes[193]. En estos casos, también, la función política realizada por los órganos del Poder Legislativo es una actividad de rango legal, es decir, de ejecución directa e inmediata de la Constitución. Pero si bien esta función puede ser realizada tanto por el Presidente de la República como por los órganos legislativos, por lo que no es exclusiva o excluyente, sin embargo, lo que sí es exclusiva de uno u otros órganos es la forma de su ejecución en los casos autorizados por la Constitución: la función política mediante decretos ejecutivos (actos de gobierno), se realiza en forma exclusiva por el Presidente de la República; y mediante leyes o actos parlamentarios sin forma de ley, por la Asamblea nacional.

2. Algo sobre la tradicional y superada doctrina de la inmunidad jurisdiccional de los actos de gobierno

La noción de acto de gobierno, sin embargo, no es nueva, y si bien en general ha respondido al criterio formal antes mencionado como actos de ejecución directa de la Constitución, su objeto ha sido diferente, pues en lugar de buscar asegurar su control judicial, en este caso de constitucionalidad, históricamente sirvió para justificar la ausencia de control judicial de los actos políticos del Ejecutivo.

En efecto, en Francia, principalmente por la ausencia tradicional de control judicial de la constitucionalidad de los actos del Estado – lo que sin duda ha cambiado desde la creación del Consejo Constitucional y de las reformas constitucionales de 2009 – , y el poder limitado que había sido conferido a los tribunales administrativos en Francia y en otros países continentales europeos, como en Italia *(atto político o atto di potere político),* hizo que durante el Siglo XX se creara la doctrina de los *"actes du gouvernement"* (actos del Gobierno) o *"political acts"* (actos políticos) como una supuesta excepción del principio de legalidad, en el sentido de que se trataba de actos ejecutivos no estaban sujetos a control por parte de los tribunales administrativos.

Por razones históricas diversas, y con fundamentos jurisprudenciales y legislativos diferentes, esta doctrina en Europa tuvo como objeto común identificar una serie de actos estatales, distintos a los actos administrativos y que, por tanto, escapaban al control de la jurisdicción contencioso–administrativa.[194] Fue así, que la jurisprudencia francesa, a través de varias etapas, permitió a la doctrina ir identificando unos *actes de gouvernement* que carecerían de control jurisdiccional en la jurisdicción contencioso–administrativa, lo que implicaba, en general, que carecerían de todo control jurisdiccional por no existir en ese país el control de la constitucionalidad de los actos estatales. En esta forma la doctrina del *acte de gouvernement* fue una creación casuística de la juris-

192 Por ejemplo, cuando autoriza al Presidente de la República para salir del territorio nacional. Art. 187,17 de la Constitución; o cuando reserva al Estado determinadas industrias o servicios, Art. 302.

193 La ley que decreta una amnistía, por ejemplo. Art. 186,5 de la Constitución.

194 Para un estudio comparativo de la doctrina del acto de gobierno, entre los mejores, *V.* Julio A. Prat, "Contribución al estudio del acto de gobierno" en *Revista de la Facultad de Derecho .*v *Ciencias Sociales*, Año IX, N° 4. Montevideo 1958. pp. 815 a 871; y José Luis Carro y Fernández–Valmayor, "La doctrina del acto político" en *Revista de Administración Pública*, N° 53, Madrid 1967, pp. 73 a 130.

prudencia, difícil de construir doctrinalmente[195] y que al abandonarse rápidamente el criterio del móvil político que la jurisprudencia inicial del siglo pasado había esgrimido para identificarlos, condujo a la elaboración de una "lista" de actos del Poder Ejecutivo en sus relaciones con autoridades públicas que escapaban a todo control jurisdiccional, principalmente dictados en sus relaciones con el legislador.[196] En esta forma, la "lista" de los actos de gobierno se fue reduciendo a los actos del Ejecutivo en sus relaciones con el Parlamento, por ejemplo, el poder que tiene el Ejecutivo de someter proyectos de ley a la legislatura, y a los actos referentes a las relaciones internacionales, como por ejemplo el proceso de elaboración o denuncia de un tratado. A ello se agregaban ciertos actos ejecutivos derivados del ejercicio del poder de gracia; así como determinados actos ejecutivos de orden excepcional (urgencia, emergencia, estado de sitio) con sus secuelas en materia de orden público.

En Italia, la noción del *atto politico* tuvo un origen diverso, aun cuando el mismo objetivo que en Francia: en la Ley que estableció el Consejo de Estado a fines del siglo pasado, al regularse la jurisdicción contencioso–administrativa, se excluyó de recurso los casos de actos emanados del gobierno en el ejercicio del Poder político que, por tanto, adquirían una configuración distinta a los actos administrativos. En esa forma, al excluirse legalmente del control jurisdiccional a esos actos políticos, que abarcaron los dictados por el Ejecutivo en sus relaciones internacionales; en sus relaciones con el Parlamento; en ejercicio de una delegación legislativa, o en relación a la seguridad interior y exterior, se buscaba dejarlos inmunes frente a una eventual acción de los particulares que pudiera paralizar sus efectos.[197]

En la misma orientación del sistema italiano, donde la doctrina del acto político tiene su origen en el derecho positivo, está el sistema portugués, que se incluyó en la Ley Orgánica del Supremo Tribunal Administrativo de 1956 considerando explícitamente insusceptibles de recurso contencioso de anulación "los actos de gobierno de contenido esencialmente político;[198]" y el sistema español, en cuya Ley de la Jurisdicción Contencioso–Administrativa de 1956, en un esfuerzo mayor de precisión de esta noción, al excluir los "actos políticos" de la jurisdicción contencioso–administrativa, enumeró "los actos políticos del Gobierno" como "los que afecten a la defensa del territorio nacional, las relaciones internacionales, seguridad interior del Estado y mando y organización militar" [199]. En cuanto al sistema germánico, el tema de los actos de gobierno también se ha planteado, al discutirse la cláusula general de competencia de la jurisdicción con-

195 *V.*, por ejemplo, los artículos de Chapus, "L'acte de gouvernement, monstre ou victime", *Cronique Dalloz*, rec. Paris 15–1–1958, p. 2; Virally "L'introuvable acte de gouvernement", *Revue de Droit Public et de la Science Politique*, Paris 1952, p. 317

196 *V.* R. Capitant, "De la nature des actes de gouvernements" en *Etudes Juridiques offertes a Julliot de la Morandière*, Paris 1964, pp. 99 y ss.

197 *V.* en particular Enrico Guicciardi, "L'Atto politico" en *Archivio di diritto publico*, Vol. II, Padua 1937, pp. 265 a 486; Guglielmo Roehrssen, "L'atto di Potere Politico e la Sua Sindicabilitá in sede Giudiziaria" en *Rivista de diritto público*, Vol. I, 1936, pp. 557 a 588; y Cheli, *Atto politico e funzione d'indirizzo politico*, Milán 1961.

198 *V.* Alfonso Rodríguez Queiro, "Actos de Governo e contencioso de anulaçao" en *Estudios en Homenaje al Profesor López Rodó*, Vol. II, Madrid 1972, pp. 101 y ss.

199 *V.* Aurelio Guaita, "Los actos políticos o de gobierno en el derecho español" en *Revista del instituto de Derecho Comparado*, N° 4, 1955, pp. 74 y ss.; L. Sánchez Agesta, "Concepto jurídico de acto político", en *Homenaje a Pérez Serrano*, Tomo I, Madrid 1959, pp. 183 y ss.

tencioso– administrativa, y excluirse de la misma los actos de naturaleza política que tiendan a salvaguardar la seguridad y la existencia misma del Estado.[200]

En todos estos sistemas continentales, la noción de acto de gobierno, por tanto, se presentaban como actos del Estado, sustancialmente distintos al acto administrativo o en otros casos, como una especie de éstos, pero con la característica común de que gozaban de inmunidad jurisdiccional, en el sentido de que los mismos no podían ser impugnados ante la jurisdicción contencioso–administrativa ni, en general, ante la jurisdicción constitucional, si ésta existía. Esta era la esencia de la doctrina del acto de gobierno, la cual, por supuesto, en las últimas décadas ha venido siendo objeto de críticas tendientes a reducir esta inmunidad jurisdiccional respecto de ciertos actos estatales.[201]

La idea misma de la existencia de ciertos actos estatales que gozan de inmunidad jurisdiccional, se ha desarrollado también en el derecho anglosajón, pero con características diferentes en el Reino Unido y en los Estados Unidos.

En Inglaterra, bajo la denominación de *act of state,* los tribunales británicos han declarado su incompetencia para conocer de conflictos por daños y perjuicios contra la Corona, sólo cuando se trate de actos producidos por ésta fuera del territorio británico. Por tanto, la inmunidad jurisdiccional en materia de reclamación de daños y perjuicios contra la Corona, sólo ha prosperado bajo la doctrina del *act of state,* cuando se trate de actos de fuerza cometidos por la Corona en territorios extranjeros, en cuyo caso los tribunales británicos se han declarado incompetentes, aun cuando la regla no es tan clara, si se trata de una acción intentada por un ciudadano británico.[202] En materia de contratos, la doctrina del *act of state* ha tenido otras proyecciones, pero en particular, también en referencia a las relaciones internacionales. Así, los tribunales ingleses se han declarado incompetentes para conocer de Tratados, es decir de acuerdos celebrados entre Estados, los cuales se encuentran regulados por otras reglas distintas a las que aplican los Tribunales. Incluso, en la famosa decisión *Salamvn* v. *Secretary of State for India* (1906), los Tribunales ingleses se declararon incompetentes para conocer de actos adoptados por la Compañía de las Indias Orientales (East India Company), cuando actuaba como "poder soberano" en sus transacciones. En dicha decisión se señaló que un *act of state* es un "ejercicio del poder soberano" en virtud de lo cual, "no puede ser impugnado, controlado o interferido por las cortes municipales [locales]"[203]. Así, a la Compañía se le concedió el beneficio de la doctrina del *act of state*, de manera que no era responsable legalmente ante los Tribunales ingleses, por los actos de fuerza que cometiera, aun cuando, por supuesto, en este caso, resultaba necesaria la separación entre las acti-

---

200 *V.* Apelt, "L'acte de gouvernement en France et en Allemagne" en *Livre jubilaire du Conseil d'Etat*, Paris, p. 647 y ss.

201 *V.* en general, Eduardo García de Enterría, *La lucha contra las inmunidades de poder* (Poderes discrecionales, poderes de gobierno, poderes normativos), Madrid 1979, pp. 50 y ss.; Jacques Puisoye, "Pour une conception plus restrictive de la notion d'acte de gouvernement" en *L'Actualité Juridique*, N° 4, 20–4–1965, pp. 211. Algunos visionarios, sin embargo, como Gastón Jèze afirmaba, refiriéndose a la sustracción del control judicial de los actos de gobierno que "[...] a primera vista esta situación –que se halla en absoluta contradicción con las ideas modernas– parece un escándalo intolerable y uno se asombra de que haya existido hasta nuestros días. En verdad, es injustificable: es razón de Estado, es decir, la arbitrariedad, bajo el pretexto de oportunidad política [...]." *V.* Gastón, Jèze, *Los Principios Generales del Derecho Administrativo.* Tomo I, Depalma, Buenos Aires, 1948, p. 413–416, citado en la sentencia N° 2208 de 28 de noviembre de 2007 (Caso *Antonio José Varela y Elaine Antonieta Calatrava Armas vs. Proyecto de Reforma de la Constitución de la República Bolivariana de Venezuela*), en *Revista de Derecho Público*, N° 112, Caracas 2007, pp. 601–606.

202 *V.* H.W.R. Wade, *Administrative Law*, Oxford 1971, pp. 294 y 295.

203 *V.* Geoffrey Marshall, *Constitutional Theory*, Oxford 1977, p. 110.

vidades comerciales y gubernamentales de la Compañía. Esta doctrina se completa en el caso *Rustorujee v. The Queen* (1876), en el cual quedó claramente establecido que las acciones del Estado en el plano internacional no son justificables por los Tribunales internos[204]

En cuanto al sistema norteamericano, la jurisprudencia y la doctrina han desarrollado la doctrina de las *political questions* para identificar algunos actos de la Administración no susceptibles de control jurisdiccional. Estos casos han sido definidos "como actos dictados por la Administración en cumplimiento de funciones políticas, como son la conducción de las relaciones diplomáticas del país, la confección de tratados, el comando y reducción de las fuerzas armadas, así como las relaciones entre el Ejecutivo y el Legislativo."[205] Estos actos calificados como *political questions,* por supuesto, también han dado origen a una lista,[206] en la cual se destacan los actos adoptados por el Ejecutivo que pueden tener repercusiones exteriores. Se destaca así, la célebre decisión *United State ex. reí Knauff* v. *Shaughnessy* (1950) en la cual la Corte Suprema sostuvo que la decisión del Poder Ejecutivo relativa a la expulsión de un extranjero no estaba sujeta a control jurisdiccional, pues se consideró que se trataba de un poder inherente al Poder Ejecutivo, por lo que no correspondía a Tribunal alguno –salvo autorización expresa de la ley– de anular tal decisión de la rama política del gobierno;"[207] y la decisión *Chicago and Southern Air Lines v. Waterman* (1949) en la cual la Corte Suprema confirmó la declinación de competencia de los tribunales en el conocimiento de actos de la *Civil Aeronautics Board* relativos a las licencias de aeronavegación, si éstas tenían efectos fuera de los Estados Unidos, pues ellos podían tener influencia sobre las relaciones exteriores de la Nación[208].

Como puede observarse de la doctrina continental del acto de gobierno o acto político, de la doctrina inglesa del *act of state* y de la doctrina norteamericana de las *political questions*, en todos esos supuestos, la base común radica en la identificación de ciertos actos estatales, sea que se los considere o no como actos administrativos, que gozan de inmunidad jurisdiccional en cuanto a que no están sometidos al control de los propios Tribunales del Estado, incluso, los contencioso–administrativos.

3. La universalidad del control judicial de los actos estatales, incluyendo a los actos de gobierno

Por el contrario, en sistemas jurídicos con control jurisdiccional de la constitucionalidad de los actos del Estado como el venezolano, estos "actos del gobierno", aun cuando escapan al control de los tribunales contencioso administrativos por no estar sujetos a la "ley formal" y no ser actos administrativos, sin embargo si están sujetos al control jurisdiccional de su conformidad al derecho (constitucionalidad) por la Jurisdicción constitucional. Una vez más puede decirse que esos actos de los Jefes de Estado, sin lugar a

---

204 *V.* H.W.R. Wade, *Administrative Law, cit.*, p. 297. *V.* además las referencias en Gordon, "La théorie des actes of state en Droit anglais" en *Revue de Droit Public*, 1936, pp. 1 y ss.; y en Wade, "Act of state in English Law" en *The British year book of International Law*, 1934, p. 98 y ss.

205 *V.* Goodnow, *Droit Administratif des Etats Unis, p. 52.*

206 *V.* la que indica Bernard Schwartz, *Le Droit Administratif Américain*, Paris 1952, p. 151.

207 *Idem.*, p. 152

208 *Idem*, p. 152.

dudas, están sujetos al principio de legalidad; pero aquí "legalidad" significa constitucionalidad (sometimiento a la norma de la Constitución).

En el caso esos actos del Estado dictados en ejecución directa e inmediata de la Constitución, es decir, los actos del Parlamento como las leyes formales o las *interna corporis;* o los actos del Jefe de Estado o de gobierno, dictados en ejercicio de poderes otorgados directa y exclusivamente por la Constitución, para que exista un Estado de derecho en todo el sentido de la palabra, deben estar sujetos a algún sistema de control judicial o jurisdiccional de la constitucionalidad. En este sentido se establecieron, por ejemplo, en Europa continental los Tribunales Constitucionales como órganos constitucionales con el único propósito de controlar la constitucionalidad de los actos del Estado sancionados en ejecución directa e inmediata de la Constitución, como las leyes, y los actos internos del Parlamento, así como los actos de gobierno y los decretos leyes. No es por casualidad que si en Europa, los primeros países en los que se establecieron los primeros Tribunales Constitucionales como Austria y Checoslovaquia (1920), fueron precisamente aquellos en los cuales la organización del sistema constitucional estaba directamente influenciada por la teoría de Kelsen sobre del sistema jurídico como jerarquía de normas. El objetivo específico de estos Tribunales Constitucionales fue juzgar la inconstitucionalidad de los actos del Estado dictados en ejecución directa de la Constitución. Pero no fue sino hasta la década de los cuarenta del Siglo pasado, después de la Segunda Guerra Mundial, cuando en Europa continental se generalizaron los Tribunales Constitucionales para juzgar la constitucionalidad de las leyes y de los actos de gobierno, en particular los que tienen fuerza de ley[209]. En América Latina, la tradición de control concentrado de la constitucionalidad de las leyes se remonta al Siglo XIX, pero la creación de Tribunales Constitucionales o de Salas Constitucionales de los Tribunales Supremos, como Jurisdicción Constitucional, es de más reciente data.

En otro sentido, debe señalarse que precisamente debido a la ausencia de un órgano constitucional encargado del control de la constitucionalidad de los actos del Estado dictados en ejecución directa e inmediata de la Constitución, y además por la expansión del principio de legalidad en relación a los actos administrativos, fue que se produjo una distorsión en la concepción del Estado de derecho con el desarrollo de la doctrina antes mencionada, de los "actos de gobierno" o "actos políticos". El objetivo de la doctrina era excluir del control de la legalidad a cargo de los tribunales contencioso–administrativos, de ciertos actos políticos dictados por el Jefe de Estado, pero sin que existiera un control alterativo de constitucionalidad. En esta forma, la famosa doctrina francesa de los "actos de gobierno" o de los "actos políticos" en el derecho italiano o español, se desarrolló mucho antes de que se establecieran en esos países Tribunales Constitucionales. Como ya lo expresamos, según esa doctrina, se suponía que había algunos actos del Ejecutivo que aunque estaban considerados erróneamente como actos administrativos no estaban sometidos a control de legalidad. Esto se debió, principalmente, a que se considerara inicialmente que habían sido formulados por razones políticas, o más tarde, cuando esa doctrina estaba llegando a su fin, porque se considerara que se refería a asuntos establecidos directamente en la Constitución, con referencia a las relaciones entre los diferentes poderes del Estado o entre los órganos constitucionales, o a otros Estados en el orden internacional.

---

209 *V.* Allan R. Brewer–Carías, *Judicial Review in Comparative Law*, Cambridge University Press, Cambridge, 1989.

Como ya se señaló, esos actos no estaban sometidos al control contencioso administrativo ni al control de la legalidad administrativa, no porque no se tratara de actos administrativos dictados por razones políticas, sino porque, contrariamente a lo que se aseveraba, en realidad, no eran actos administrativos. En efecto, eran actos de gobierno dictados en ejecución directa e inmediata de la Constitución y el único control al que se les podía someter era al control de la constitucionalidad, que significa su sumisión a la norma que se había ejecutado para su emisión, es decir, la misma Constitución. Como en esos países no había control jurisdiccional de la constitucionalidad de los actos del Estado, tampoco podía haber control jurisdiccional sobre esos actos, hecho que contribuyó a la distorsión de la doctrina del "acto de gobierno". Por ello, en países como Italia y España, el subsiguiente establecimiento del control de la constitucionalidad de las leyes y de los actos ejecutivos con fuerza de ley, tuvo como consecuencia la reducción o desaparición de la doctrina de la inmunidad jurisdiccional de los actos políticos. Estos actos están ahora bajo el control de los Tribunales Constitucionales.

En Francia, y a pesar de las reformas constitucionales que establecieron en 2009 el control posterior de la constitucionalidad de las leyes, todavía existe la doctrina de la exención de "actos de gobierno" del control contencioso–administrativo, lo que tradicionalmente ha creado un área inmune al control de la legalidad, aún cuando cada vez más reducida.

En todo caso, además de los actos dictados en ejecución directa e inmediata de la Constitución, en los sistemas legales graduados que han dado origen a los sistemas de control judicial o jurisdiccional de la constitucionalidad, es evidente que el principio de legalidad, por su ámbito, desempeña un papel mucho más importante en el segundo nivel de ejecución del ordenamiento jurídico, es decir, en aquellos actos del Estado dictados en ejecución directa e inmediata de la legislación, o en ejecución indirecta y mediata de la Constitución. Aquí, el principio de legalidad se ha desarrollado en el pleno sentido de la palabra, particularmente con referencia a la Administración Pública, dando origen al control judicial o jurisdiccional de la legalidad de los actos administrativos (Jurisdicción contencioso–administrativa), y por consiguiente, al derecho administrativo.

Pero este principio de legalidad, principalmente en sistemas legales con Constituciones escritas, implica por supuesto, no sólo que los órganos que ejercen el Poder Ejecutivo o más ampliamente la Administración Pública estén sujetos a las normas de derecho, sino que los otros órganos del Estado, incluyendo los órganos legislativos, también estén sujetos a las normas de derecho. En consecuencia, lo que constituyen las normas de derecho en relación a cada órgano del Estado, varía y tiene un ámbito diferente dependiendo de la posición que tiene cada norma o acto del Estado en el sistema jurídico jerarquizado. Por ello, para el Legislador, legalidad quiere decir constitucionalidad o sumisión a la Constitución, igual que para el Jefe de Estado con respecto a los actos de gobierno. En ambos casos, dichos actos se adoptan en ejecución directa e inmediata de la Constitución, sin la interferencia de actos del Parlamento, en forma tal que sólo están subordinados a la Constitución y no puede en general haber ley alguna que los condicione. Esta sumisión al derecho es, en todo caso, la que implica que los mismos están sometidos a control judicial por parte de la Jurisdicción Constitucional, respondiendo, por tanto, al principio de la universalidad del control judicial de los actos estatales.

En efecto, por tanto, los actos de gobierno, si bien no son actos que estén sometidos a la ley en sentido formal, pues la función de gobierno no puede ser regulada por el legislador, al ser actos sometidos a la Constitución en virtud de que son dictados por el Presidente de la República en ejercicio de competencias constitucionales, están igualmente sometidos al control de la constitucionalidad que ejerce el Tribunal Supremo de Justicia[210] en Sala Constitucional, la cual puede declarar su nulidad, por inconstitucionalidad, con carácter absoluto, es decir, con *erga omnes*.

Sobre que los actos de gobierno como actos de naturaleza política pueden ser objeto de control por la Jurisdicción Constitucional, bastaría plantear un solo ejemplo para darse cuenta de su necesidad, y sería el caso de la fijación del contingente de las Fuerzas Armadas Nacionales, por el Presidente de la República, estableciendo un cupo por razas, lo que violaría el artículo 21 de la Constitución. Dicho acto sería a todas luces inconstitucional y anulable, estando entre los motivos de impugnación de los actos de gobierno, la violación directa de la Constitución.

Debe recordarse que en la sentencia de la antigua Corte Suprema de Justicia en Corte Plena de 29 de abril de 1965, dictada con motivo de la impugnación de la Ley aprobatoria del Tratado de Extradición con los Estados Unidos, la Corte había sentado el criterio restrictivo, ahora totalmente superado en esta materia, al decidir en lo relativo a los actos que el Presidente de la República está facultado para realizar en ejercicio de sus atribuciones constitucionales, "un atento examen de las mismas conduce a la conclusión de que determinadas actuaciones presidenciales, en cualquiera de los dos caracteres de Jefe del Ejecutivo Nacional o Jefe del Estado venezolano asignados a aquél por el artículo 181 de la Constitución, están excluidos del control jurisdiccional de constitucionalidad en atención a que por su propia esencia son actos de índole discrecional; situaciones en que no cabe aplicar a los motivos determinantes de la actuación el expresado control constitucional," considerando la Corte entre tales actos, según el artículo 190 de la Constitución Nacional los siguientes: "Fijar el contingente de las Fuerzas Armadas Nacionales; convocar el Congreso a sesiones extraordinarias y reunir en Convención a algunos o a todos los Gobernadores de las entidades federales." De esta afirmación, concluía la Corte que "en lo relativo al control jurisdiccional sobre la constitucionalidad intrínseca de los actos del Poder Público" podía indicarse que "este control no ha sido establecido en forma rígida o absoluta, pues están, sustraídas a su dominio diversas situaciones tanto en el orden legislativo, como en el judicial y en el ejecutivo."[211]

Esta decisión, como se ha dicho, ahora totalmente superada, sin embargo, originó la doctrina de supuestos actos excluidos de control judicial aún cuando no en si mismos, sino en los aspectos de los mismos que pudieran ser controlados.[212] En todo caso, la interpretación doctrinal sobre la exclusión del control de constitucionalidad "intrínseca" de los actos de gobierno, que sólo podía referirse a los motivos del acto, como acto discrecional, pero no a los aspectos relativos a la competencia o a la forma, no fue acogida totalmente de inmediato, al punto que en una sentencia de 21 de noviembre de 1988, la Sala Político Administrativa de la antigua Corte Suprema de Justicia al conocer de la

210 *V.* Allan R. Brewer–Carías, "Comentarios sobre la doctrina del acto de gobierno, del acto político, del acto de Estado y de las cuestiones políticas como motivo de inmunidad jurisdiccional de los Estados en sus tribunales nacionales," en *Revista de Derecho Público*, N° 26, Editorial Jurídica Venezolana, Caracas 1986, pp. 65–68.

211 *V.* Allan R. Brewer–Carías, *Jurisprudencia de la Corte Suprema 1930–1974 y Estudios de Derecho Administrativo*, Tomo IV, Instituto de derecho Público/Editorial Jurídica Venezolana, Caracas, 1977, p. 83.

212 *V.* Luis H. Farías Mata, "La doctrina de los actos excluidos en la jurisprudencia del Supremo Tribunal", en *Archivo de Derecho Público y Ciencias de la Administración*, Instituto de Derecho Público, UCV, Vol. I, (1968–1969), Caracas, 1971, pp. 329 a 331.

impugnación de un acto del Consejo Supremo Electoral, afirmó al distinguirlo de los actos de gobierno, que en relación a éstos:

"Permanecen todavía incólumes los principios sentados por la Corte –a los que se refieren los apoderados del Consejo, pero aplicándolos inexactamente al caso de autos– respecto de los "actos de gobierno", especie jurídica que, en razón de su superior jerarquía, derivada del hecho de que son producidos en ejecución directa e inmediata de la Constitución y no de la ley ordinaria, ha sido excluida hasta ahora, por la propia Corte, de la totalidad del control jurisdiccional de constitucionalidad, "en atención –como ella misma ha expresado– a que por su propia esencia son actos de índole eminentemente política o actos de gobierno, o de índole discrecional; situaciones en que no cabe aplicar a los motivos determinantes de la actuación el expresado control constitucional"[213].

La discusión sobre el control de constitucionalidad de los actos de gobierno, en todo caso, fue definitivamente cancelada por la antigua Corte Suprema de Justicia en Corte Plena en sentencia de 11 de marzo de 1993 (caso *Gruber Odreman*), al decidir sobre la impugnación por inconstitucionalidad de los decretos de suspensión de garantía y su ejecución, de noviembre de 1992 dictados luego de la sublevación militar del día 27 de ese mes. La Corte entró directamente al tema preguntándose lo siguiente:

Ahora bien, ¿cabe dentro del marco constitucional venezolano sostener la no enjuiciabilidad de actuaciones de la Administración, de rango ejecutivo o legislativo, en razón de su contenido político?

Para llegar a una respuesta adecuada, se hace imperativo, en primer término, acudir a la construcción que sobre el tema ha hecho esta Corte a través de decisiones donde se pone en evidencia, una vez más, la nunca suficientemente entendida relación de causalidad existente entre el avance del sistema de control jurisdiccional sobre los actos del Poder Público y el desarrollo institucional democrático de un país.

En efecto, no es esta la primera ocasión que se presenta a la Corte de discernir sobre la teoría de los actos exentos de control pues, no pocas veces, ha ido su Sala Político–Administrativa extendiendo pausada pero invariablemente, su ámbito de control –como órgano de la jurisdicción contencioso–administrativa– a toda la actividad del Poder Público; y así igualmente, en cuanto al control constitucional directo, este Alto Tribunal en Pleno ha traspasado barreras conceptuales antes defendidas por la preeminencia de un Estado todopoderoso, criterio hoy francamente superado.[214]

Para fundamentar este criterio, la Corte acudió a su doctrina original sentada en 1962 sobre la universalidad del control de constitucionalidad y citando la sentencia de 15 de marzo de 1962 (dictada con motivo de la acción de nulidad de la ley aprobatoria del contrato con el Banco de Venezuela, como auxiliar de tesorería) señaló:

"Tal amplitud de criterio, mantenida casi invariablemente por esta Suprema Corte, se ha puesto ya de manifiesto en actos conocidos como típicamente gubernativos, como es el caso, aunque en materia contencioso–administrativa y no constitucional, de la sentencia de fecha 31 de octubre de 1972 (Caso Manuel Elpidio Páez Almeida, SPA).

3. Con arreglo a lo anterior, es indispensable para esta Corte que las actuaciones de la rama ejecutiva del Poder Público, a tenor del artículo 117 de la Constitución que consagra el principio de legalidad ("La Constitución y las leyes definen las atribuciones del Poder Público, y a ellas debe sujetarse su ejercicio"), están sujetas, por imperio de la Carta Fundamental, a la ley en su sentido

213 *V.* en *Revista de Derecho Público*, N° 36, Editorial Jurídica Venezolana Caracas 1988, pp. 62 y ss.
214 *V.* en *Revista de Derecho Público*, N° 53–54, Editorial Jurídica Venezolana, Caracas 1993, pp. 218 y ss.

más amplio y por ende, a revisión judicial: constitucional en aplicación del artículo 215, ordinal 6 *ejusdem* y contencioso administrativo, por previsión del artículo 206 *ibídem*.

Luego, en Venezuela, el problema de los "actos de gobierno" no se contrae a una categoría jurídica revestida de inmunidad jurisdiccional, pues como se ha visto, existe frente a éstos la posibilidad de recurrirlos con base a una garantía constitucional. La cuestión se circunscribe entonces al mayor o menor grado de sujeción al cuerpo normativo, asunto atinente a la competencia reglada y al poder discrecional del funcionario que, en ejecución de la Ley Fundamental, dicta el acto."[215]

En esta forma, la Corte identificó el problema del control de la constitucionalidad de los actos de gobierno, como un problema de control de actos discrecionales. Para ello, aplicó los principios que la misma Corte había venido estableciendo sobre el control de los actos administrativos discrecionales desde la década de los cincuenta.[216] Particularmente, se destaca en esa línea, la sentencia de la Sala Político–Administrativa (caso *Depositaria Judicial*) de 02 de noviembre de 1982 en la cual al admitir el control de los actos administrativos discrecionales en relación a la competencia, las formalidades y la finalidad, la Corte señaló que si bien no controla las razones de fondo, mérito de oportunidad y conveniencia, el Juez puede:

"Revisar la veracidad y la congruencia de los hechos que, a través de la motivación, el funcionario alega que ocurrieron, y con base en los cuales adoptó –apreciándolas según las circunstancias de oportunidad y de conveniencia que tuvo a la vista– la medida posteriormente recurrible ante la jurisdicción contencioso–administrativa[217].

En todo caso, en la Constitución de 1999 quedó definitivamente establecido el control de constitucionalidad de los actos de gobierno, al atribuir a la Sala Constitucional del Tribunal Supremo de Justicia, competencia para declarar la nulidad de los mismos cuando colida con la Constitución, cualquiera sea la forma de dicha violación constitucional (arts. 334 y 336,3 y 4); de manera que la doctrina jurisprudencial dominante en esta materia, sentada en la sentencia N° 2208 de 28 de noviembre de 2007 (Caso *Antonio José Varela y Elaine Antonieta Calatrava Armas vs. Proyecto de Reforma de la Constitución de la República Bolivariana de Venezuela*),[218] ha sido el considerar "como uno de sus paradigmas fundamentales para la materialización de un "*Estado democrático y social de Derecho y de Justicia*" –Artículo 2 de la Constitución–, el principio de la universalidad del control jurisdiccional de la *"actividad"* del Estado –Vid. Sentencia de esta Sala N° 1.815/2004–."

En dicha sentencia, en efecto, la Sala Constitucional, a los efectos de precisar cómo se puede resumir "el principio de la universalidad del control jurisdiccional de la actividad del Estado," como si en Venezuela quizás nunca se hubiera escrito sobre ello, recurrió de nuevo a autores extranjeros, en particular a lo expresado por Andreas Auer, quien al referirse a los fines de la jurisdicción constitucional, señaló que

"(…) no hay ningún acto estatal que pueda escapar por definición, a la jurisdicción constitucional. Corresponde, sin embargo, a cada orden jurídico definir los actos sometidos a ella (…)"; así, en el caso venezolano los actos dictados en ejecución directa de la Constitución son parte fundamental de las competencias de la jurisdicción constitucional, que se complementan –desde una perspectiva de tutela judicial efectiva de los particulares– con las atribuciones de la jurisdicción contencio-

215 *Idem*.

216 *V.* Allan R. Brewer–Carías, "Los límites a los problemas discrecionales de las autoridades administrativas," en *Revista de la Facultad de Derecho*, Universidad Católica Andrés Bello, N° 2, Caracas, 1965.

217 *V.* en *Revista de Derecho Público*, N° 12, Editorial Jurídica Venezolana, Caracas 1982, pp. 124 y ss.

218 *V.* en *Revista de Derecho Público*, N° 112, Editorial Jurídica Venezolana, Caracas 2007, pp. 601–606.

so administrativa –Cfr. Acosta Sánchez, José. *Formación de la Constitución y Jurisdicción Constitucional, Fundamentos de la Democracia Constitucional,* Tecnos, Madrid, 1998, p. 347."

Con base en ello, y luego de constatar el proceso lento y paulatino tendiente a que se aceptara la "revisión judicial de los actos estatales" la Sala reiteró su criterio, particularmente en materia de actos de gobierno (Vid. Sentencia de esta Sala N° 1.815/2004), expresado en la sentencia N° 1815 de 24 de mayo de 2004, en la cual expuso:

"(...) la existencia de los actos de gobierno no es discutida: son todos aquellos en los que se manifiesta la dirección política del Estado por parte del Presidente de la República, haciendo para ello uso de poderes que le otorga directamente el Texto Fundamental. Tampoco es discutido el control judicial sobre esos actos, y de hecho el Máximo Tribunal ha conocido de demandas dirigidas contra uno de los actos en los que el Jefe del Estado y del Gobierno da muestras de la considerable amplitud de sus poderes: la limitación de los derechos o de las garantías constitucionales, a través de decretos de suspensión de garantías.

Sería un despropósito, y así lo entiende esta Sala, que los actos del Presidente de la República queden excluidos del control, **si ellos causan efectos jurídicos**. De esta manera, los actos de gobierno no son sólo actos políticos; son más que eso: son jurídicos también (…)"[219]

En la sentencia N° 2208 de 28 de noviembre de 2007, además, concluyó la sala afirmando que:

"Ciertamente, bajo el ordenamiento jurídico vigente es inconcebible aceptar la existencia de ámbitos jurídicos –actos u actuaciones– de los órganos del Poder Público, desprovistos de una efectiva tutela judicial, sin contradecir los valores fundamentales del imperio de la Constitución de la República Bolivariana de Venezuela.

Así, el concepto histórico "(…) de "acto de gobierno" o "acto político" [que] nace en el Derecho francés durante la etapa de la Restauración borbónica como un mecanismo defensivo del Consejo de Estado que tenía que hacerse perdonar sus orígenes napoleónicos y luchar por su pervivencia. Ese concepto, grato a los nuevos gobernantes, le permite excluir del recurso por exceso de poder los actos de la Administración –y fundamentalmente del Gobierno– que aparecieran inspirados en un "móvil político", calificándolos como actos judicialmente inatacables. Sin embargo, a partir de 1875 el Consejo de Estado reducirá al máximo este concepto, ciñéndolo a los actos dictados en ejercicio de la función gubernamental como distinta de la función administrativa (…)" (Vid. Parada, Ramón. Derecho Administrativo I. Parte General, Marcial Pons, 2004, p. 93). Este criterio no puede tener en nuestro sistema de derecho mayor relevancia que el de un dato histórico o doctrinal, ya que el mismo contradice la esencia del sistema de control universal de la jurisdicción constitucional en los términos antes expuestos.

En efecto, el control de constitucionalidad por la vía del recurso de nulidad, debe admitirse siempre y todas las veces que determinado acto que en ejecución directa de la Constitución incida sobre la esfera jurídica de los derechos de los justiciables garantizados por la Constitución, independientemente del "origen" del acto, ya que lo esencial es que exista no un agravio a un derecho de substancia constitucional –circunstancia a ser determinada en juicio–, sino que el acto impugnado tenga relevancia jurídica en la medida que incide sobre la esfera de derechos y deberes de un individuo o a la sociedad en su totalidad o en parte."[220]

---

219 *V.* en http://www.tsj.gov.ve/decisiones/scon/Agosto/1815 240804–04–0414.htm . Citada en la sentencia N° 2208 de 28 de noviembre de 2007 (Caso *Antonio José Varela y Elaine Antonieta Calatrava Armas vs. Proyecto de Reforma de la Constitución de la República Bolivariana de Venezuela*), en *Revista de Derecho Público,* N° 112, Editorial Jurídica Venezolana, Caracas 2007, pp. 601–606.

220 *Idem.*, pp. 601–606.

4. La universalidad del control jurisdiccional extendido a los poderes que se ejercen al dictar el acto estatal: el caso de los estados de excepción

El principio de la universalidad del control jurisdiccional de la actividad estatal, no sólo implica que todos los actos estatales están sujetos a dicho control jurisdiccional para verificar su conformidad con el derecho, lo que incluye, en lo que nos interesa ahora para este trabajo, a los actos de gobierno y a los actos administrativos, sino que el control jurisdiccional que ejercen tanto la Jurisdicción Constitucional como la Jurisdicción Contencioso Administrativa es también **de ámbito o carácter universal** en el sentido que incide en todos los elementos del acto estatal, sin que pueda servir de excusa el tipo de poderes que han sido atribuidos al órgano estatal para dictar el acto.

En esta materia puede decirse que también quedaron totalmente superadas las restricciones que todavía a mitades del siglo pasado todavía se formulaban al principio de legalidad, que permitían considerar que los actos dictados en ejercicio de poderes derivados de circunstancias excepcionales o en ejercicio de poderes discrecionales quedaban excluidos de control pues el principio de legalidad no les era completamente aplicable.[221]

En cuanto a las circunstancias excepcionales, que originaba los llamados estados de emergencia o de sitio, el constitucionalismo democrático contemporáneo progresivamente las enmarcó sujetándolas, como actos de gobierno, a la Constitución. Ello resulta, por ejemplo, del régimen relativo a la "Protección de la Constitución" que se establece en el propio texto constitucional para regular las circunstancias excepcionales que pueden originar situaciones de excepción que afecten gravemente la seguridad de la Nación, de las instituciones y de las personas, y que ameritan la adopción de medidas político constitucionales para afrontarlas. Conforme al artículo 338 de la Constitución, incluso en 2001 se dictó la Ley Orgánica sobre Estados de Excepción[222] donde se los regulan, y se determinan las medidas que pueden adoptarse, con sus límites y restricciones, al decretarse los mismos, incluyendo "el ejercicio de los derechos que sean restringidos con la finalidad de restablecer la normalidad en el menor tiempo posible" (Art. 1).

Tanto en la Constitución como en la Ley, además, se establecen diversos mecanismos de control, consistentes no sólo en la presentación del Decreto ejecutivo que declare el estado de excepción dentro de los ocho días siguientes a la Asamblea Nacional, sino su sometimiento automático a control jurisdiccional ante la Sala Constitucional del Tribunal Supremo de Justicia, para que se pronuncie sobre su constitucionalidad. En esa normativa, además, se dispone que el acto de gobierno que decrete el estado de excepción debe cumplir con las exigencias, principios y garantías establecidos en el Pacto Internacional de Derechos Civiles y Políticos y en la Convención Americana sobre Derechos Humanos (Art. 339). Con base en ello las medidas que se adopten no pueden

---

221 *V.* por ejemplo, Allan R. Brewer–Carías, *Las Instituciones Fundamentales del Derecho Administrativo y la Jurisprudencia Venezolana*, Universidad Central de Venezuela, Caracas 1964.

222 *V.* en *Gaceta Oficial* N° 37.261 de 15–08–2001. *V.* en general sobre los estados de excepción en la Constitución, Jesús M. Casal H., "Los estados de excepción en la Constitución de 1999," en *Revista de Derecho Constitucional*, N° 1 (septiembre–diciembre), Editorial Sherwood, Caracas, 1999, pp. 45–54; Salvador Leal W., "Los estados de excepción en la Constitución," en *Revista del Tribunal Supremo de Justicia*, N° 8, Caracas, 2003, pp. 335–359; María de los Ángeles Delfino, "El desarrollo de los Estados de Excepción en las Constituciones de América Latina," en *Constitución y Constitucionalismo Hoy*. Editorial Ex Libris, Caracas, 2000, pp. 507–532; Salvador Leal Wilhelm, "Los estados de excepción en la Constitución," en *Revista de Derecho*, N° 8, Tribunal Supremo de Justicia, Caracas, 2003, pp. 335–356.

"ser incompatibles con las demás obligaciones que les impone el derecho internacional y no entrañen discriminación alguna fundada únicamente en motivos de raza, color, sexo, idioma, religión u origen social". En igual sentido se dispone en el artículo 27 de la Convención Americana sobre Derechos Humanos.

En la normativa constitucional, además se enmarcó con precisión la posibilidad de que en los estados de excepción se pueda decretar la restricción temporal las garantías consagradas en la Constitución, con excepción absoluta de las referidas a los derechos a la vida, la prohibición de incomunicación o tortura, el derecho al debido proceso, el derecho a la información y los demás derechos humanos intangibles (Art. 337); lista que además está ampliada en el Pacto Internacional de Derechos Civiles y Políticos (Art. 4), y en la Convención Americana de Derechos Humanos (Art. 27). Con esta normativa se restringió adicionalmente el ámbito de acción en estas circunstancias excepcionales al eliminarse de la Constitución la posibilidad de que se pudiesen "suspender" las garantías constitucionales como lo autorizaban los artículos 241 y 190.6 de la Constitución de 1961, que dio origen a tantos abusos institucionales;[223] y se impone la obligación al Ejecutivo de que en el decreto que declare el estado de excepción y restrinja las garantías, necesariamente se debe "regular el ejercicio del derecho cuya garantía se restringe" (Art. 339). Por ejemplo, si se restringe la libertad de tránsito, en el mismo decreto de restricción debe especificarse en qué consiste la restricción, como podría ser la prohibición de circular a determinadas horas (toque de queda), por ejemplo, o en determinados vehículos.[224]

En cuanto a los poderes discrecionales, puede decirse que en el derecho administrativo también se ha seguido un camino progresivo de restricción de su ámbito, y de reforzamiento del control jurisdiccional de los actos discrecionales. Es decir, aquella teoría de los poderes discrecionales que pudo haber abierto un vacío en el principio de legalidad, poco a poco se fue restringiendo de manera que a pesar de la libertad otorgada a la Administración Pública para la toma decisiones, los actos resultantes también están subordinados al control jurisdiccional de la legalidad, dejándose de considerarlos como una excepción al principio de legalidad, tal y como habían sido originalmente diseñados en el derecho administrativo francés.

IV. EL PRINCIPIO DE LA UNIVERSALIDAD DEL CONTROL EXTENDIDO AL CONTROL DEL EJERCICIO DE LOS PODERES DISCRECIONALIDAD EN LOS ACTOS ESTATALES

1. Los poderes discrecionales y la "lucha contra las inmunidades de poder"

En cuanto al control judicial de la discrecionalidad este, sin duda, es también una de las manifestaciones más destacadas del afianzamiento del principio de la legalidad en

223 *V.* Allan R. Brewer–Carías, "Consideraciones sobre la suspensión o restricción de las garantías constitucionales," en *Revista de Derecho Público*, N° 37, Editorial Jurídica Venezolana, Caracas, 1989, pp. 5 ss.

224 *V.* las críticas a la suspensión no regulada de garantías constitucionales en Allan R. Brewer–Carías, "Prólogo" al libro de Daniel Zovatto G., *Los Estados de Excepción y los derechos humanos en América Latina*, Caracas, San José, pp. 24 ss.

los Estados democráticos,[225] siendo una de las manifestaciones más destacadas de lo que Eduardo García de Enterría llamó como la lucha contra las "inmunidades de poder" donde tradicionalmente se había enmarcado precisamente el poder discrecional.[226] El "vasto movimiento de lucha por el derecho"[227] que se ha desarrollado particularmente desde el ámbito del derecho administrativo, ha implicado la definitiva reducción y control de la discrecionalidad.

Nos vamos a referir, por tanto, básicamente, a la discrecionalidad administrativa, es decir, a la otorgada por la Ley a la Administración y sus límites, que es donde se han desarrollado con mayor intensidad los límites impuestos por el principio de la legalidad; con la advertencia de que los mismos también se aplican cuando se trata de límites de constitucionalidad en relación con actos de gobierno que pueden tener igualmente origen en potestades discrecionales. En ambos casos, los límites son los mismos pues en ambos casos, la discrecionalidad no puede implicar no encubrir impunemente la arbitrariedad.

La discrecionalidad administrativa, o la discrecionalidad política se manifiesta en el ejercicio de aquellas actividades de los órganos del Estado, la Administración o el gobierno, en las cuales el legislador o el constituyente le confiere al funcionario determinados poderes de apreciación de la oportunidad y conveniencia de su actuación. Ello sucede, por ejemplo, en todos los casos en los cuales la ley otorga a la Administración la facultad de obrar, y se encuentra en aquellos casos en los cuales la Ley confiere la competencia al funcionario mediante el uso del verbo "podrá." Como lo indicó la antigua Corte Federal en una clásica sentencia de 6 de noviembre de 1958:

> "El uso del verbo "poder", en la oración "podrá reducir las penas" [de una norme legal], indica que se está en presencia de una facultad discrecional de la Administración Pública. Poder es tener la facultad o el medio de hacer una cosa, y facultad, el derecho –no el deber ni la obligación–, de hacer una cosa. El Código de Procedimiento Civil, en su artículo 13, da la interpretación jurídica de este verbo, que bien puede aplicarse, no sólo en las actuaciones judiciales, sino en general. Cuando la ley dice: "El Juez o Tribunal puede o podrá", se entiende que lo autoriza para obrar según su prudente arbitrio, consultando lo más equitativo o racional, en obsequio de la justicia y de la imparcialidad"[228].

Ello ha sido, precisamente, lo que ha dado origen a la distinción clásica del derecho administrativo entre la administración reglada y el poder discrecional; distinción a la cual se refirió hace varias décadas la misma antigua Corte Federal al expresar que:

> "Los actos administrativos son de dos categorías: los discrecionales, cuando la administración no está sometida al cumplimiento de normas especiales en cuanto a la oportunidad de obrar, sin que

225 Sobre los poderes discrecionales y sus límites, *V.* Allan R. Brewer–Carías, *Las Instituciones Fundamentales del Derecho Administrativo y la Jurisprudencia Venezolana*, Universidad Central de Venezuela, Caracas 1964, p. 52 y ss.; Allan R. Brewer–Carías, *Fundamentos de la Administración Pública*, Tomo I, Caracas 1980, pp. 203–222; J. M. Hernández Ron, "La potestad administrativa discrecional" en *Revista del Colegio de Abogados del Distrito Federal*, Nos. 35–36, Caracas 1943, p. 8; y Allan R. Brewer–Carías, "Los límites al poder discrecional de las autoridades administrativas" en *Ponencias Venezolanas al Vil Congreso Internacional de Derecho Comparado*, Caracas 1966, pp. 255–278 y en *Revista de la Facultad de Derecho, Universidad Católica Andrés Bello*, N° 2, Caracas 966, pp. 9–35.

226 *V.* el clásico trabajo de Eduardo García de Enterría, "La lucha contra las inmunidades de poder en el Derecho Administrativo" (poderes discrecionales, poderes de gobierno, poderes normativos), *Revista de Administración Pública*, N° 38, Madrid 1962, pp. 159 a 205.

227 *V.* E. García de Enterría, "La lucha...", *loc. cit.*, p. 166.

228 *V.* sentencia de la antigua *Corte Federal* de 6 de noviembre de 1958 en *Gaceta Forense*, 2ª etapa, N° 22, Caracas 1958, p. 133.

ello quiera decir que se obra al arbitrio, eludiendo toda regla de derecho, pues la autoridad administrativa debe observar siempre los preceptos legales sobre formalidades del acto; y los reglados, llamados también vinculados y obligatorios, cuando el funcionario no puede ejecutarlos sino con sujeción estricta a la ley, so pena de incurrir en incompetencia, exceso de poder o genéricamente, en ilegalidad o violación de la ley"[229].

En este sentido, en otra sentencia la misma antigua Corte estableció la diferencia entre estos dos tipos de actos administrativos, indicando que estriba:

"en que en los [actos administrativos] reglados la ley establece si la autoridad administrativa ha de actuar, cuál es esa autoridad y cómo debe hacerlo, determinando las condiciones de la conducta administrativa en forma de no dejar margen a la elección del procedimiento; mientras que en los [actos administrativos] discrecionales, atendiendo a necesidades de la Administración Pública, la autoridad administrativa, en muchos casos, apreciará hechos pasados o consecuencias futuras, y para ello, dispondrá de cierta libertad de apreciación, sin que quiera significar esto que proceda *arbitrariamente*"[230].

Entendida en esta forma, la actividad discrecional de la Administración es indispensable para que ésta pueda realizar actividades en procura del interés general y lograr sus fines de un modo cabal, porque la ley no puede prever y reglamentar las múltiples, cambiantes y complejas relaciones jurídicas que se producen en la sociedad. De ahí que, en muchos casos, la ley se limite a determinar normas que fijan la competencia de los diversos órganos administrativos y deja a éstos una cierta *libertad de apreciación de los hechos,* para decidir u orientar su actuación[231].

De lo anterior resulta una premisa en esta materia, y es que el ejercicio de una actividad administrativa discrecional tiene que tener siempre su fundamento y su razón de ser en una ley, en el sentido de que la discrecionalidad, como lo dijo hace años Ballbe, "no se funda en la ausencia de preceptos jurídicos que limitan la actividad de la administración, sino en la atribución, por el derecho, de una libertad de apreciación."[232] Es decir, como la jurisprudencia venezolana lo sostuvo hace años, el funcionario sólo puede ejercer las facultades que la ley le señala expresamente (competencia expresa), por lo que "nunca, en ninguna oportunidad, puede el funcionario ejercer atribuciones discrecionales, a menos que la ley se las conceda directa y categóricamente."[233]

Por ello, el primer motivo del control judicial de la discrecionalidad está en la aplicación e interpretación de la norma de la Constitución o la ley que autoriza la actividad discrecional, que no es otra cosa que el control de la competencia o base legal de los actos de gobierno o administrativos. Por ello, con razón, Marcel Waline afirmó hace varias décadas que si fuera necesario dar de algún modo una definición de derecho administrativo mismo, podría decirse "que es esencialmente el estudio del poder discre-

---

229 *V.* sentencia de la Antigua *Corte Federal* de 17 de julio de 1953 en *Gaceta Forense*, 2ª etapa, Nº 1, Caracas 1953, p. 151.

230 *V.* sentencia de la antigua *Corte Federal* de 26 de noviembre de 1959 en *Gaceta Forense*, 2ª etapa, Nº 26, Caracas 1959, p. 125.

231 *V.* sentencia de la antigua *Corte Federal* de 6 de noviembre de 1958 en *Gaceta Forense*, 2ª etapa, Nº 22, Caracas 1958, p. 133.

232 *V.* Manuel Ballbé, "Derecho Administrativo" en *Nueva Enciclopedia Jurídica*, Barcelona 1949, p. 64 *cit* por M. F. Clavero Arévalo, "La doctrina de los principios generales del derecho y las lagunas del ordenamiento jurídico", Revista de Administración Pública, Nº 7, Madrid 1952, p. 89.

233 *V.* sentencia de la antigua *Corte Federal y de Casación en Sala Federal* de 11 de agosto de 1949 en *Gaceta Forense*, 1ª etapa (Segunda Edición), Año I, Nº 2, Caracas 1949, p. 140.

cional de las autoridades administrativas y de su limitación para salvaguardar los derechos de terceros (administrados o agentes públicos)"[234].

Ahora bien, en materia de la actividad discrecional administrativa, no sólo el juez contencioso ha jugado un papel fundamental, sino también el legislador, de manera que en muchos casos los límites al ejercicio del poder discrecional se ha establecido en leyes, positivizándose en esta forma los principios generales del derecho.

En tal sentido, Ley Orgánica de Procedimientos Administrativos de 1982, recogió también el principio de los límites al ejercicio del poder discrecional en la norma del artículo 12, que prescribe:

> "Aún cuando una disposición legal o reglamentaria deje alguna medida o providencia a juicio de la autoridad competente, dicha medida o providencia deberá mantener la debida proporcionalidad y adecuación con el supuesto de hecho y con los fines de la norma, y cumplir los trámites, requisitos y formalidades necesarios para su validez y eficacia."

Se consagró así, expresamente, no sólo la existencia de elementos reglados del acto discrecional que siempre deben respetarse (adecuación con los presupuestos de hecho, adecuación con la finalidad, competencia legal o reglamentaria, respeto de las formas y procedimiento), sino que se erigió como límite fundamental al ejercicio del poder discrecional, la obligación del funcionario de "mantener la debida proporcionalidad".

De lo anteriormente expuesto se puede sacar corroborar lo dicho en el sentido de que en materia de control judicial del ejercicio del poder discrecional, tanto la jurisprudencia y la doctrina como la legislación, fueron abandonando la vieja inmunidad jurisdiccional en esta materia, distinguiendo, incluso, lo que en apariencia es discrecionalidad (como en el caso de la aplicación de la técnica de los conceptos jurídicos indeterminados)[235] y que está sometida plenamente a control judicial;[236] de manera que se asegure que "la discrecionalidad no es arbitrariedad."[237] Es decir, el ejercicio del poder discrecional que otorga al órgano estatal la potestad de apreciar libremente las circunstancias de hecho y adoptar una decisión escogiendo entre varias alternativas, todas igualmente justas, tiene siempre un límite absoluto sobre el cual siempre puede versar el control judicial, y es que el acto administrativo o acto de gobierno que se adopte con base en el

---

234. *V.* Marcel Waline, "Étendue et limites du contrôle du juge administratif sur les actes de l'Administration," en *Études et documents*, Conseil d'Etat, N° 10, París 1956, p. 25.

235. Sobre el tema de los conceptos jurídicos indeterminados *V.* las sentencias de la Sala Político Administrativa de la antigua Corte Suprema de Justicia de fecha 19–05–1983 (Caso *Hola Juventud/RCTV*) en *Revista de Derecho Público*, N° 34, Editorial Jurídica Venezolana, Caracas 1988, p. 69; y de fecha 01–08–1999 (Caso *RCTV/La Escuelita*), en *Revista de Derecho Público*, N° 47, Editorial Jurídica Venezolana, Caracas 1991, pp. 80–82. *V.* igualmente la reciente sentencia de la Sala Político Administrativa del Tribunal Supremo de Justicia, N° 633 de 12–5–2011 (Caso: *Globovisión v. Ministerio del Poder Popular para la Comunicación y la Información*).

236 *V.* sobre el control judicial de la discrecionalidad y sobre los conceptos jurídicos indeterminados *V.* Allan R. Brewer–Carías, "Sobre los límites al ejercicio del poder discrecional," en Carlos E. Delpiazzo (Coordinador), *Estudios Jurídicos en Homenaje al Prof. Mariano Brito*, Fundación de Cultura Universitaria, Montevideo 2008, pp. 609–629; y "Algunos aspectos del control judicial de la discrecionalidad," en Jaime Rodríguez Arana Muñoz et al. (Eds.), *Derecho Administrativo Iberoamericano (Discrecionalidad, Justicia Administrativa y Entes Reguladores), Congreso Iberoamericano de Derecho Administrativo*, Vol. II, Congrex SA, Panamá 2009, pp. 475–512.; y "La técnica de los conceptos jurídicos indeterminados como mecanismo de control judicial de la actividad administrativa," en *Ley de Responsabilidad Social de Radio y Televisión*, Editorial Jurídica Venezolana, Colección Textos Legislativos, N° 35, Caracas 2006, pp. 217–239 –

237 *V.*, J. M. Hernández Ron, "La Potestad discrecional y la Teoría de la Autolimitación de Poderes", *loc. cit.*, p. 8. *V.* las sentencias de la antigua *Corte Federal* de 17 de julio de 1953 en *Gaceta Forense*, N° 1, 1953, p. 151; y de 24 de febrero de 1956 en *Gaceta Forense*, 2ª *etapa*, N° 11, 1956, p. 28

ejercicio de tal poder no puede ser arbitrario, es decir, la libertad de apreciación de los hechos y de la oportunidad de actuar otorgada al funcionario, no significa que pueda actuar arbitrariamente.[238]

El problema de los límites al ejercicio del poder discrecional y su control judicial radica, entonces, en el establecimiento de la frontera entre discrecionalidad y arbitrariedad; de manera que el juez contencioso administrativo pueda controlar el ejercicio directo del poder discrecional cuando resulte arbitrario, además de ejercer sus poderes de control sobre los aspectos reglados del acto discrecional[239] y particularmente sobre la comprobación y calificación de los presupuestos de hecho,[240] y sobre la adecuación de la decisión a los fines establecidos en la Ley. Ese límite o frontera entre discrecionalidad y arbitrariedad, y que fundamenta el control judicial de la discrecionalidad, se ha diseñado sobre la base de los principios generales del derecho, y entre ellos, particularmente los principios de razonabilidad, de lógica, e justicia, de igualdad y de proporcionalidad que deben regir para todos los actos discrecionales, sea administrativos o políticos o de gobierno.

2. Los fundamentos del control judicial: los principios generales del derecho

Hace más de medio siglo, por ejemplo, uno de los clásicos tratadistas venezolanos, J. M. Hernández Ron, señalaba que "la acción administrativa se puede considerar como discrecional, cuando se realiza según la libre apreciación de las circunstancias que, *con sujeción siempre a la equidad y a los principios generales del derecho,* hará la Administración."[241] Con ello ya se anunciaba que la facultad de ejercer una actividad administrativa en forma discrecional, está limitada por los principios generales del derecho y puede suponer un control judicial que no implica "una sustitución de la discrecionalidad administrativa por la judicial."[242] Entre esos principios generales concebidos como límites, como se dijo, se encuentran el principio de la razonabilidad, de la lógica, de la justicia, de la igualdad y de la proporcionalidad que proscriben toda actuación pública que sea una injusticia manifiesta, sea irracional, sea producto de la mala fe, sea desproporcionada entre los medios a los fines, sea desigualdad o discriminatoria; y en general, todos los principios derivados de los derechos y libertades fundamentales de las personas, puesto que es evidente que la Administración o el Gobierno no puede, en nombre de sus facultades discrecionales, violar principios constitucionales consagrados como base entera de la organización social y del orden jurídico.[243]

---

238. Allan R. Brewer–Carías, "Los límites...", *loc. cit.*, p. 11.

239. En la sentencia de la antigua Corte Federal (Venezuela) (Caso *Reingruber*) de 6 de noviembre de 1958, por ejemplo, quedó claramente señalado en relación a los actos del ejercicio del poder discrecional, que siempre "puede ser materia de revisión (por el Juez) por lo que se refiere a la incompetencia del funcionario que lo dictó, o defecto de forma del acto, o a su ilegalidad", *Gaceta Forense*, N° 22, p. 134. *Cf.* Allan R. Brewer–Carías, "Los límites...", *loc. cit.* p. 14.

240. Sobre la "veracidad y la congruencia de los hechos" como lo ha señalado la Corte Suprema de Justicia en Sala Político Administrativa (Venezuela), en sentencia (caso *Depositaria Judicial)* de 2 de noviembre de 1982, en *Revista de Derecho Público*, N° 12, Editorial Jurídica Venezolana, Caracas 1982, p. 130.

241 *V.* J. M. Hernández Ron, "La Potestad Administrativa discrecional," *loc. cit.*, p. 8

242 *V.* Alejandro Nieto, "Reducción jurisdiccional de la discrecionalidad en materia disciplinaria", *Revista de Administración Pública*, N° 44, Madrid 1964, p. 157.

243 *V.* E. García de Enterría, "La lucha por. . .", *loc. cit.*, pp. 178–179. En este mismo sentido M. F. Clavero Arévalo, "La doctrina de los principios generales del derecho y las lagunas del ordenamiento jurídico," en *Revista de Administración Pública*, N° 7, 152, p. 101, expresa que los principios generales del derecho "constituyen un

Estos principios, como se dijo, se aplican tanto a la discrecionalidad otorgada a la Administración para dictar actos administrativos como a la otorgada al Ejecutivo para dictar actos de gobierno, por lo que no es aceptable la sugerencia formulada por la Sala Constitucional en su sentencia citada al inicio, N° 1368 dictada en 13 de agosto de 2008 (Caso: *Pedro Numa Salas Bustillos, Impugnación Decreto de Indulto*), cuando afirma que "la intensidad del control judicial en el caso de los actos de gobierno, es muy inferior a la que se ejerce sobre los actos administrativos," afirmando que:

> "Así, en los primeros [actos de gobierno], el grado de apertura de la discrecionalidad es muy grande, abarcando –como en el caso del indulto– a la totalidad del contenido del acto (razón por la cual un sector de la doctrina señala que se trata de un caso de "oportunidad" más que de "discrecionalidad"), pudiéndose únicamente controlar su constitucionalidad a la luz de los derechos fundamentales, así como el cumplimiento de ciertos requisitos formales, lo cual no ocurre en el supuesto de los actos administrativos."[244]

El control de los actos discrecionales a la luz de los derechos fundamentales, sin duda, es esencial y general, como lo es el control de las condiciones de validez sustantivas y formales de los actos, lo que se aplica al control judicial tanto de actos administrativos como de actos de gobierno; y nada permite, respecto de los límites a la actuación discrecional derivados de los principios generales del derecho, como interdicción a la arbitrariedad, excluirlos respecto de los actos políticos, a pesar de que como lo afirmó la Sala Constitucional "el grado de apertura de la discrecionalidad es muy grande." En otras palabras, por grande que sea el grado de discrecionalidad la arbitrariedad nunca puede ser aceptada y siempre tiene que poder ser controlada.

En todo caso, el punto de partida en el tradicional esfuerzo por controlar la discrecionalidad, puede situarse en dos sentencias de la antigua Corte Federal adoptadas a mitades del siglo pasado. En la primera (caso *Municipalidad de Maracaibo*) de fecha 24 de febrero de 1956, al declarar la Corte la anulación de un acto administrativo que había revocado un permiso de construcción, el juez consideró que era arbitrario por carecer de fundamento y por ser injusto, afirmando que "la discrecionalidad no implica arbitrariedad ni injusticia puesto que la Administración... no obra en pura conformidad a su elección, sino en virtud y como consecuencia de su capacidad condicionada por su fin."[245]

En la segunda sentencia (caso *Reingruber*) de 6 de noviembre de 1958, la antigua Corte, a pesar de haber considerado que la potestad dada al Ministerio de Hacienda de poder reducir las multas cuando concurran circunstancias que demuestren falta de intención dañosa del contraventor, era una potestad discrecional, y decidir que "la manera como el funcionario administrativo ejerció la facultad discrecional" que le reconoce la ley no podía ser revisado por la Corte, el Supremo Tribunal reconoció que en los casos de atribución de poder discrecional debe entenderse que la Ley autoriza al funcionario: "para obrar según su prudente arbitrio, consultando lo más equitativo o racional, en obsequio de la justicia y de la imparcialidad."[246]

---

límite exterior que no puede ser violado por el contenido de los actos discrecionales, ya que en este sentido se producirá un desbordamiento de la potestad discrecional invadiendo la esfera reglada, cuya norma la constituirán los preceptos administrativos y, en su defecto, los principios generales del Derecho."

244 *V.* en http://www.tsj.gov.ve/decisiones/scon/Agosto/1368–130808–01–2503.htm

245. *Gaceta Forense*, N° 11, Caracas 1956, pp. 27–30, *V.* en Allan R. Brewer–Carías, *Jurisprudencia de la Corte Suprema de 1930–1974 y Estudios de Derecho Administrativo*, t. I, Caracas, 1975, pp. 611–612.

246. *Gaceta Forense*, N° 22, Caracas 1958, pp. 133–134

Puede decirse que en este considerando la antigua Corte sentó las bases para el control jurisdiccional del ejercicio del poder discrecional en Venezuela, fundamentándose en principios generales del derecho, como son el principio de la *racionalidad* (la decisión administrativa adoptada en ejercicio de un poder discrecional no puede ser ilógica o irracional); el principio de la *justicia* o de la *equidad* (la decisión producto del ejercicio de poderes discrecionales no pueden ser inicua, inequitativa o injusta); y el principio de la *igualdad* (la decisión administrativa que resulte del ejercicio de poderes discrecionales no puede ser parcializada ni discriminatoria). A estos principios se agrega el principio de la *proporcionalidad* que toda decisión adoptada en ejercicio de un poder discrecional debe respetar, de manera que exista una adecuación entre los supuestos o presupuestos de hecho que motivan la decisión y la propia decisión tomada,[247] y debe agregarse también el principio de la *buena fe,* de manera que toda actuación del funcionario que con intención falsee la verdad, también sería ilegal[248].

En la jurisprudencia argentina y uruguaya, estos principios que se configuran como límites a la discrecionalidad, se englobaron en la exigencia de la "razonabilidad" en la actuación administrativa[249], en el sentido de que un acto administrativo, aún dictado en ejercicio de facultades discrecionales, puede ser revisado judicialmente si es irrazonable o arbitrario. El principio de la razonabilidad se desarrolló particularmente en Argentina como un límite al ejercicio del poder de policía[250], al erigirse en la garantía de seguridad respecto a la forma, modo, manera y oportunidad del *cómo* debe realizarse la función policial. La jurisprudencia argentina, así, conformó cuatro principios de lógica jurídica que conforman el carácter razonable de una medida de policía, exigiendo que la limitación debe ser justificada; el medio utilizado, es decir, la cantidad y el modo de la medida, debe ser adecuado al fin deseado; el medio y el fin utilizados deben manifestarse proporcionalmente; y todas las medidas deben ser limitadas[251].

La razonabilidad se ha configurado así, en un *standard* jurídico comprensivo de una serie de valores que deben guiar la actividad administrativa (en lugar de "*bonus pater familiae*" el "*bonus magistratus*") y que realizan la justicia con todos sus sinónimos: equivalencia, proporción, adecuación, igualdad, paridad, justa distribución, dar a cada

---

247. *V.* en Allan R. Brewer–Carías, "Los límites del poder discrecional de las autoridades administrativas," *loc. cit.*, pp. 27–33. *V.* los comentarios a nuestro análisis en Gustavo Urdaneta Troconis, "Notas sobre la distinción entre actos reglados y discrecionales y el control jurisdiccional sobre estos" en *Tendencias de la Jurisprudencia venezolana en materia contencioso administrativa*, Caracas, 1986, pp. 395–399. En Colombia, al referirse a la necesaria sumisión del ejercicio del poder discrecional a los principios generales del derecho, Consuelo Sarria los resume así: "la Administración tendrá en cuenta la *racionalidad o razonabilidad*: en cuanto su decisión tiene que estar de acuerdo con la razón con la lógica y congruente con la motivación, en cuanto la discrecionalidad no implica arbitrariedad; *la justicia*: el actuar de la Administración, aunque sea discrecional en el sentido de que puede evaluar la oportunidad y conveniencia de sus decisiones, no puede ser injusto, deberá siempre ser equitativo, respetando los intereses de la Administración y de los administrados; *la igualdad*: la autoridad administrativa tendrá que respetar el principio de la igualdad que se aplica a todas las actuaciones del Estado enfrente a los particulares, en cuanto estos serán tratados en igualdad de condiciones, sin que pueda haber favoritismo por parte de las autoridades; *la proporcionalidad*: que debe existir entre los medios utilizados por la Administración y los fines de la medida; *el derecho a la defensa:* en cuanto la Administración antes de tomar una medida, debe oír al administrado", Consuelo Sarria, "Discrecionalidad Administrativa" en J.C. Cassagne y otros, *Acto Administrativo*, Tucumán, 1982, p. 118.

248. *V.* sentencia de la Corte Primera de lo Contencioso Administrativo de 21 de marzo de 1984, *Revista de Derecho Público*, Nº 18, Editorial Jurídica Venezolana, Caracas, 1984, p. 172.

249. *V.* Juan Francisco Linares, *Poder Discrecional Administrativo*, Buenos Aires, 1958, pp. 155 ss.

250. *V.* Ramón F. Vásquez, *Poder de Policía*, Buenos Aires, 1957, pp. 41 ss. y 122 ss.

251. *V.* Bartolomé A. Fiorini, *Poder de Policía*, Buenos Aires, 1958, p. 149.

uno lo que le corresponde, etc.[252] La actuación administrativa irrazonable, por tanto, es arbitraria y aún cuando sea producto del ejercicio de un poder discrecional, puede ser controlada judicialmente, tal como lo decidió la antigua Corte Suprema de Justicia de la Nación (Argentina), en 1959, al señalar que "los jueces poseen la potestad de revocar o anular la decisión administrativa sobre hechos controvertidos, si ella fuera suficientemente irrazonable, o se apoyara tan solo en la voluntad arbitraria o en el capricho de los funcionarios."[253]

Lo arbitrario o irrazonable de una actuación administrativa, en todo caso, puede resultar, de la irrazonabilidad en la elección del momento (decisión manifiestamente inoportuna); en la elección de modalidades de actuación (medios desproporcionados, por ejemplo), o en la forma de actuación (desigual o discriminatoria)[254].

En la jurisprudencia contencioso–administrativa del Uruguay se encuentran soluciones basadas en principios similares. Así, el Tribunal de lo Contencioso administrativo en sentencia de 27 de septiembre de 1971 afirmó que "los poderes discrecionales... sólo los podía ejercitar (la Administración) dentro de los límites razonables y conforme a una equilibrada valuación de los factores constitutivos de la falta en juicio."[255]

En España, la reducción progresiva de la arbitrariedad se desarrolló inicialmente por la jurisprudencia del Tribunal Supremo, en igual forma, por la aplicación de los principios generales del derecho. Eduardo García de Enterría y Tomas Ramón Fernández, en esta forma, citan un cúmulo de sentencias en las cuales el control jurisdiccional del ejercicio del poder discrecional se ha efectuado con base en considerar que unas medidas eran injustificadas a todas luces a incluso contrarias a la razón (sentencia 6–2–63). Así, se censuraron jurisdiccionalmente las actuaciones administrativas contrarias al "respeto debido al principio de la buena fe, en que han de inspirarse los actos de la Administración" (sentencias de 23–12–59, 22–6–60, 27–12–66, 13–5–71, 12–3–75, 6–2–78, 24–2–79 y 5–2–81); o "cuya gravedad no guarda una razonable proporcionalidad con la infracción" (sentencia de 25–3–72). El Tribunal Supremo también acudió al principio *favor libertatis* para obligar a la Administración a acomodar sus intervenciones en la esfera de los administrados al procedimiento menos restrictivo de la libertad.[256]

3. El control judicial de la discrecionalidad basado en el principio de la proporcionalidad

Como hemos dicho, por ejemplo, la Ley Orgánica de Procedimiento Administrativos es establece que el acto discrecional debe mantener la debida proporcionalidad, lo cual configura uno de los límites que tradicionalmente la jurisprudencia exigía a la autoridad administrativa frente a la discrecionalidad. El acto discrecional, al igual que el acto de gobierno, no pueden ser desproporcionados, porque la desproporción es arbitrariedad.

Si una disposición establece, por ejemplo, que por la infracción de una norma se puede aplicar una sanción entre dos limites, máximo y mínimo, según la gravedad de la

---

252. *Idem*, p. 158; Juan Francisco Linares, *Poder Discrecional..., op. cit.*, p. 164.

253. Caso *Reyes* de 25 de septiembre de 1959, Fallos t. 244, *cit.* por A. Gordillo, *Tratado de Derecho Administrativo*, t. 3, Buenos Aires, 1979, pp. 9–27.

254. *V.* Juan Francisco Linares, *Poder Discrecional..., op. cit.*, pp. 164 ss.

255. *V.* en J. P. Cajarville, *Dos Estudios de Derecho Administrativo*, Montevideo, 1988, p. 106.

256. *V.* Eduardo García de Enterría y Tomas R. Fernández, *Curso de Derecho Administrativo*, t. I, Madrid, 1983, pp. 449–451.

falta, a juicio de la autoridad administrativa, dentro de su libre apreciación de la situación, la Administración no puede ser arbitraria y aplicar medidas desproporcionadas. La decisión que tome tiene que ser proporcional al supuesto de hecho.

Por supuesto, la proporcionalidad, como limite a la discrecionalidad, no sólo rige respecto de la aplicación de sanciones, sino en general, respecto de toda medida discrecional que adopte la Administración.

Este límite había sido tradicionalmente elaborado por la jurisprudencia que había señalado expresamente que "el funcionario al obrar discrecionalmente, tiene que hacerlo... marcando la exacta correspondencia entre el fin perseguido y los medios utilizables (medio que ofrece la técnica de su actividad)"[257]. Se trata de la aplicación del principio de la proporcionalidad de medios afines como límite del poder discrecional[258]. En este sentido, la desproporcionalidad entre los fines perseguidos y los medios utilizados puede también ser controlada judicialmente. Esa situación puede plantearse en casos como el siguiente: un funcionario comete una falta de poca entidad (contestar de mala forma a un superior); no se discute el hecho considerado en sí mismo; las leyes y reglamentos no prevén la falta, ni fijan la sanción; aunque el poder disciplinario, en principio, es discrecional, no podría destituirse al funcionario porque tal sanción sería *manifiestamente excesiva,* configurando una arbitrariedad[259].

La proporcionalidad también se establece en la Ley argentina de Procedimiento Administrativo, al prescribir dentro de los "requisitos esenciales del acto administrativo", la necesidad de que "las medidas que el acto involucre deben ser proporcionalmente adecuadas" a la finalidad que resulta de las normas que otorgan las facultades al órgano administrativo (art. 7.f).

Estas normas incorporaron, por tanto, a los límites a la discrecionalidad, el principio de la proporcionalidad[260], conforme al cual las medidas adoptadas en los actos administrativos deben ser proporcionales tanto a los fines que prevé la norma que las autoriza, como a los hechos que las motivan. Tal como lo precisó la antigua Corte Suprema de Justicia de Venezuela, los actos administrativos estarían viciados de abuso de poder:

> "cuando no existe proporción o adecuación entre los motivos o supuestos de hecho que sirvieron de base al funcionario u órgano autor del acto recurrido para dictar su decisión, y los contemplados en la norma jurídica, en el sentido de que se trata de un vicio que consiste en la actuación excesiva o arbitraria del funcionario, respecto de la justificación de los supuestos que dice haber tornado en cuenta, para dictar el acto."[261]

---

257 *V.* sentencia de la antigua *Corte Federal* de 24 de febrero de 1956 en *Gaceta Forense*, 2ª etapa, Nº 11, Caracas 1956, p. 28.

258 *Cfr.* E. García de Enterría, "La interdicción de la arbitrariedad en la Potestad Reglamentaria", *Revista de Administración Pública*, Nº 30, 1959, p. 130; Merikoski, *Le pouvoir discretionnaire de l'administration*, Bruselas, 1958, p. 44 *cit.* por E. García De Enterría, "La interdicción...", *loc. cit.*, p. 163.

259 *Cfr.* Enrique Sayagués Laso, *Tratado de Derecho Administrativo*, Tomo I, Montevideo, 1953, p. 410, nota Nº 3.

260. *V.* Allan R. Brewer–Carías, *El Derecho administrativo y la Ley Orgánica de Procedimientos Administrativos*, Caracas, 1985, p. 46; Agustín Gordillo, *El acto administrativo*, Buenos Aires, 1969, p. 250. Conforme a lo establecido por la Corte Suprema de la Nación (Argentina) "las medidas utilizadas por la autoridad pública deben ser proporcionadamente adecuadas a los fines perseguidos por el legislador". Caso: *Sindicato Argentino de Músicos*, 1960, Fallos t. 248, pp. 800 ss.

261. *V.* sentencia de la Corte Primera de lo Contencioso Administrativo de 21 de marzo de 1984, *Revista de Derecho Público*, Nº 18, Caracas, 1984, p. 172. En igual sentido, la misma Corte Primera en sentencia de 16 de diciembre de 1982, estimó que este vicio de abuso de poder se da en los casos de "desmedido uso de las atribuciones que han sido conferidas lo cual equivale al excesivo celo, a la aplicación desmesurada, esto es, a todo aquello

En el mismo sentido, el Tribunal de lo Contencioso–Administrativo de Uruguay, en sentencia de 23 de abril de 1976 al apreciar la ilegalidad de la imposición de una sanción, señaló que esta "aparece como ciertamente desproporcionada... hubo exceso de parte del jerarca en el ejercicio de sus funciones discrecionales, cayendo en ilicitud... obligando, por ende, al control anulatorio por parte del Tribunal"[262].

Por su lado, en la Ley de Procedimientos Administrativos del Perú, entre los principios del procedimiento administrativo que enumera y describe el artículo IV del Título Preliminar, se destaca el de razonabilidad señalándose, al efecto, que:

> "Las decisiones de la autoridad administrativa, cuando creen obligaciones, califiquen infracciones, impongan sanciones, o establezcan restricciones a los administrados, deben adaptarse dentro de los límites de la facultad atribuida y manteniendo la debida proporción entre los medios a emplear y los fines públicos que deba tutelar, a fin de que respondan a lo estrictamente necesario para la satisfacción de su cometido (art. IV, 1.4)."

Los principios de la razonabilidad y de la proporcionalidad también han tenido aplicación jurisprudencial en Francia, en materia de control jurisdiccional del ejercicio del poder discrecional. En cuanto al principio de la razonabilidad, puede encontrarse aplicado en la jurisprudencia comentada relativa al "error manifiesto de apreciación", el cual según lo afirma Guy Braibant, aparece cuando la Administración "ha ido más allá de los límites de lo razonable en el juicio que ella ha realizado sobre los elementos de la oportunidad"[263]. De allí la célebre frase del mismo Braibant en relación al ejercicio del poder discrecional y el principio de la razonabilidad: "El poder discrecional comporta el derecho de equivocarse pero no el de cometer un error manifiesto, es decir a la vez aparente y grave"[264].

En el caso de control jurisdiccional del error manifiesto en la apreciación de los hechos, indicaron Long, Weil y Braibant, que el juez "no se pronuncia sobre la apreciación como tal, sino sobre el error que ha podido viciar esta apreciación, cuando este error es evidente, al poder ser descubierto por simple sentido común, cuando se trate de un error manifiesto que desnaturalice la interpretación que hace la Administración de la extensión de su poder discrecional"[265].

Ahora bien, si en general se dan ejemplos jurisprudenciales de la aplicación de la técnica del error manifiesto como instrumento de control del ejercicio del poder discrecional por el Consejo de Estado, en la gran mayoría de los casos reseñados, en realidad, como hemos dicho, se trata de la técnica de los conceptos jurídicos indeterminados[266]. Quizás, supuestos de aplicación del error manifiesto de apreciación en tanto que control del ejercicio del poder discrecional, en estricto sentido se pueden encontrar en las decisiones del Consejo de Estado sobre error de equivalencia entre empleos públicos (CE

---

que rebasa los límites del correcto y buen ejercicio de los poderes recibidos de la norma," en *Revista de Derecho Público*, Nº 13, Editorial Jurídica Venezolana Caracas, 1982, p. 119.

262. *V.* en J. P. Cajarville, *Dos Estudios de Derecho Administrativo*, *op. cit.*, p. 106.

263. Conclus, CE, 13 de noviembre de 1970, *Lambert*, *cit.*, por A. De Laubadère, "Le contrôle juridictionnel du pouvoir discretionnaire dans la jurisprudence récente du Conseil d'Etat Français," en *Mélanges offerts a Marcel Waline*, París, 1974, t. II, p. 540.

264. Conclus, CE, 2 de noviembre de 1973, *Librairê François Maspero*, Rec. 611, en Long, Weil y Braibant, *Les grands arrêts de la jurisprudence administrative*, *cit.*, p. 585.

265. *V.* Long, Weil y Braibant, *Les grands arrêts ...*, *op. cit.*, p. 580.

266. *V.* todas las referencias jurisprudenciales en Long, Weil y Braibant, *Les grands arrêts ...*, *op. cit.*, con ocasión de los comentarios al *arrêt Maspero*, pp. 580–585; J. M. Auby y R. Drago, *Traité de Contentieux Administratif*, París 1984., t. II, pp. 399–400.

13 nov 1953, *Denizet,* Rec. 489; y CE 15 fév 1961, *Lagrange,* Rec. 121; CE 9 mai 1962, *Commune de Montfermeil,* Rec. 304)[267].

En cuanto al principio de la proporcionalidad como límite al ejercicio del poder discrecional, aun cuando a veces se afirmó que no había sido reconocido plenamente en el sistema francés[268], fue aplicado en muchas decisiones por el Consejo de Estado, comenzando por el *arrêt Benjamin* del 19 de mayo de 1933, en el cual el Consejo de Estado anuló la prohibición de una reunión impuesta por un Alcalde, considerando que "la eventualidad de las perturbaciones... no presentaban un *grado de gravedad* tal que no pudiera, sin prohibir la conferencia, mantener el orden decretando las medidas de policía que le correspondía tomar"[269]. En este caso, como lo observaron Long, Weil y Braibant, el juez verificó "no solamente la existencia, bajo las circunstancias del caso, de una amenaza de perturbación del orden público susceptible de justificar una medida de policía, sino también si esta medida era apropiada, por su naturaleza y su gravedad a la importancia de la amenaza; controlando así la adecuación de la medida a los hechos que la motivan"[270].

Se trató, sin duda, de la aplicación del principio de la proporcionalidad, es decir, de la adecuación entre las medidas adoptadas y los hechos, lo cual también tuvo aplicación en Francia en materia disciplinaria a partir del *arrêt Lebon* (CE 9 juin 1978), en el cual el Consejo de Estado, aplicando la técnica del error manifiesto, controló la proporcionalidad de la sanción disciplinaria con la gravedad de la falta[271]. En otra decisión del Consejo de Estado en el *arrêt Vinolay* (CE 26 juillet 1978), conforme al mismo criterio, anuló una destitución de un funcionario, señalando que "si las faltas a reglas de buena administración... eran de tal índole que legalmente justificaran una sanción disciplinaria, ellas no podían legalmente fundamentar, sin error manifiesto de apreciación, una medida de revocación que constituye la sanción más grave dentro de la escala de las penas"[272].

4. El control judicial de la discrecionalidad basado en el principio de la racionalidad

Pero además del límite al poder discrecional derivado del principio de la proporcionalidad, otro importante límite al mismo es el que se ha construido por la jurisprudencia derivado del principio de la racionalidad o razonabilidad. Como lo dijo la antigua Corte Federal de Venezuela, en los casos de ejercicio del poder discrecional, la ley autoriza al funcionario para obrar según su prudente arbitrio, consultando lo más equitativo o racional, en obsequio de la justicia y de la imparcialidad" [273].

En sentido similar, en otra decisión referente a las limitaciones a la libertad de cultos, los cuales conforme a la legislación, están sometidos a la suprema inspección de la

267. *V.* las referencias en Long, Weil y Braibant, *Les grands arrêts ..., op. cit.*, p. 581.

268. Guy Braibant, "Le Principe de la proportionalite," en *Mélanges offerts a Marcel Waline*, París, 1974 t. II pp. 297 ss.

269. Rec. 541, concl. Michel. en Long, Weil y Braibant, *Les grands arrêts ..., op. cit.*, pp. 217 ss.

270. *Idem*, p. 221.

271. *Cf.* Long, Weil y Braibant, *Les grands arrêts ..., op. cit.*, p. 583.

272. *Cit.*, en J. M. Auby y R. Drago, *Traité de Contentieux Administratif, op. cit.*, t. 11, p. 400; G. Vedel y Pierre Devolvé, *Droit Administratif,* París, 1984, p. 801.

273 *V.* sentencia de la antigua *Corte Federal* de 6 de noviembre de 1958 en *Gaceta Forense*, 2ª etapa, N° 22, 1958, p. 133.

Administración, la antigua Corte Federal venezolana también señaló que "esa inspección o vigilancia no es puramente contemplativa, sino que implica la facultad de tomar medidas que a juicio del Ejecutivo Nacional aconsejan los superiores intereses de la Nación, materiales, morales, políticos, industriales, patrióticos o de cualquier otra índole *racional y justa*"[274].

Por tanto, uno de los límites del ejercicio de la libertad de apreciación que implica el poder discrecional, es que éste se ejerza racionalmente, lo que no es sino una consecuencia de ese principio que impone a la Administración una actuación lógica y congruente. La irracionalidad y la ilogicidad aparecen entonces como una falta de consecuencia y de nexo lógico entre las distintas partes que forman el acto administrativo, siempre que no sea la ley la que determine su estructura. En este sentido habría ilogicidad por contradicción en la propia motivación o en el propio dispositivo del acto o por falta de correspondencia entre la motivación y el dispositivo[275].

Uno de los supuestos que requiere de racionalidad en el ejercicio de la facultad discrecional es la oportunidad de obrar. Si bien es típico de la discrecionalidad que "la administración no está sometida al cumplimiento de normas especiales en cuanto a la *oportunidad de obrar*... ello no quiere decir que se obre al arbitrio"[276], es decir, ello no quiere significar que en la elección de ese "momento" se pueda obrar irracionalmente. Por ejemplo, el viejo Reglamento General de Alimentos de Venezuela establecía que correspondía "al Ministerio de Sanidad y Asistencia Social todo lo relacionado con la higiene de la alimentación y, en consecuencia,. . . adoptar cualquier otra medida sanitaria que se considere conveniente para el mejoramiento de la alimentación en el país"[277]. Ello implica que la autoridad administrativa, para hacer uso de esa facultad discrecional cuando lo "considere *conveniente"*, puede tomar cualquier medida sanitaria en vista del mejoramiento de la alimentación, pero siempre que ello sea oportuno. Y aquí hay que hablar de una oportunidad espacial y temporal. No sólo es necesario que el "momento" sea el congruente con la medida adoptada (por ejemplo, la prohibición de importar carne de cerdo, aunque ésta haya sido tratada para destruir las triquinas, que disponga la autoridad sanitaria porque existe temor de que esté contaminada, en virtud del alto índice de contaminación que presenta en un momento dado en el país de origen, debe hacerse cuando el "momento" lo exige, y no tiempo después, cuando el peligro de contaminación ha sido erradicado), sino que también debe esa apreciación de la oportunidad tener una referencia espacial (por ejemplo, prohibición de importar carne de cerdo de un país dado donde existe alto índice de contaminación, y no prohibición general de importación respecto, a todos los países) . En este sentido la jurisprudencia ha determi-

---

274 En este mismo sentido la antigua *Corte Federal y de Casación*, en sentencia de 7 de diciembre de 1937 señaló: "Cuando la ley no establece esas formas especiales para el acto, sino que únicamente establece la facultad de cumplir el funcionario tal o cual acto, la forma de expresión de la voluntad de la administración pública, puede hacerse en las condiciones que juzgue más *conveniente y racional* el funcionario público, siempre que, esa forma de expresión, demuestre claramente la voluntad de la administración". *V.* en *Memoria de 1938*, Tomo I, p. 374.

275 *Cfr.* S. Martin–Retortillo Baquer, ""El Exceso de poder como vicio del acto administrativo," en *Revista de Administración Pública*, N° 23, Madrid 1957, p. 147.

276 *V.* sentencia de la antigua *Corte Federal* de 17 de julio de 1953 en *Gaceta Forense*, 2ª etapa, N° 1, Caracas 1953, p. 157.

277 Artículo 1°, ordinal 10 del viejo Reglamento General de Alimentos.

nado que los actos administrativos discrecionales implican "un juicio *técnico lógico de los hechos, soberanamente apreciados* a través de las respectivas normas jurídicas"[278].

Por otra parte, el poder discrecional debe ser utilizado técnicamente para que sea racional. Era muy clara en este sentido una norma del mismo viejo Reglamento General de Alimentos citado, que inicialmente era única en el derecho positivo, que establecía que: "Cuando en este Reglamento se deje alguna medida, reglamentación o providencia, *a juicio de la autoridad sanitaria, se entiende que* tal medida, reglamentación o providencia *debe estar fundada en principios, normas, directrices o apreciaciones de carácter científico o técnico y de ninguna manera podrá ser el resultado de una actuación arbitraria*"(art. 2). Este es otro de los límites impuestos al ejercicio del poder discrecional, en el sentido de que éste debe ser usado técnicamente por la autoridad administrativa: La prohibición de utilizar determinados utensilios en la elaboración de alimentos debe estar fundada en razones de carácter técnico, es decir, en que del análisis del utensilio se ha comprobado científicamente que contiene substancias capaces de alterar el alimento.

Este principio del viejo Reglamento, como se dijo, se recogió textualmente en el artículo 12 de la Ley venezolana de Procedimientos Administrativos de 1982, al disponer que "Aún cuando una disposición legal o reglamentaria deje alguna medida o providencia a juicio de la autoridad competente, dicha medida o providencia deberá mantener la debida proporcionalidad y adecuación con el supuesto de hecho y con los fines de la norma, y cumplir los trámites, requisitos y formalidades necesarios para su validez y eficacia".

5. El control judicial de la discrecionalidad basado en el principio de la justicia

Pero además de la exigencia de que el acto administrativo discrecional sea racional, la jurisprudencia en distintas decisiones ha exigido que sea *justo*. El poder discrecional está dado a la autoridad administrativa para que obre "según su prudente arbitrio, consultando lo *más equitativo* o racional, en obsequio de la *justicia y de la imparcialidad*"[279]. Por ello la "discrecionalidad no implica arbitrariedad ni *injusticia*"[280], y en todo caso, la potestad discrecional del funcionario administrativo, "no puede traspasar los lindes de la verdad y de la *equidad*"[281].

En este sentido, puede ser controlada judicialmente la falta de equidad manifiesta o "iniquidad manifiesta"[282] en los actos discrecionales, así como también su injusticia manifiesta[283].

---

278 *V.* sentencia de la *Corte Suprema de Justicia en Sala Político–Administrativa* de 3 de julio de 1961 en *Gaceta Forense*, 2ª etapa, N° 33, 1961, p. 14.

279 *V.* sentencia de la antigua *Corte Federal* de 6 de noviembre de 1958 en *Gaceta Forense*, 2ª etapa, N° 22, 1958, p. 132.

280 *V.* sentencia de la antigua *Corte Federal* de 24 de febrero de 1956 en *Gaceta Forense*, 2ª etapa, N° 11, 1956, p. 28.

281 *V.* sentencia de la antigua *Corte Federal* de 9 de agosto de 1957 en *Gaceta Forense*, 2ª etapa, N° 17, 1957, p. 135.

282 *Cfr.* Eduardo García De Enterría, "La interdicción de la arbitrariedad en la Potestad Reglamentaria", *Revista de Administración Pública*, N° 30, 1959, p. 164; M. M. Diez, *El Acto Administrativo*, Tipografía Editora Argentina, Buenos Aires, 1956, p. 197.

283 *Cfr.* S. Martin–Retortillo Baquer, "El exceso de poder...", *loc. cit.*, p. 148.

En este sentido el principio de la equidad como integrante del más amplio de justicia, funciona al lado de la libertad de apreciar la oportunidad, "como uno de los principios inspiradores para la obtención del mejor contenido del acto, tratando que la autoridad administrativa elija entre las diversas soluciones la más equitativa, la mejor que respete los intereses de la administración y de los administradores"[284].

Por otra parte, el acto administrativo discrecional no puede crear situaciones manifiestamente injustas. Clásico, era el clásico ejemplo, de la jurisprudencia italiana por el cual se "anulaba un acto administrativo de separación por escaso rendimiento de un ferroviario, cuya capacidad había sido notablemente disminuida a causa del servicio"[285], lo que producía una situación *manifiestamente* injusta.

De todo lo antes expuesto resulta, en consecuencia, que "*la discrecionalidad no implica arbitrariedad*"[286].Es decir, la Administración, cuando realiza una determinada actividad en ejercicio del poder discrecional, además de estar enmarcada su actuación dentro de los requisitos legales generales, la misma debe ser racional, justa, igual y proporcional, pues de lo contrario sería arbitraria, es decir, irracional, injusta, desigual o desproporcionada, lo que produciría la posibilidad de ser controlada judicialmente por los tribunales contencioso–administrativa. Por ello, precisamente, en materia de ejercicio del poder discrecional es que se ha hablado, y tan bien, de la *"interdicción de la arbitrariedad"* como limitación al mismo[287].

6. Otros ámbitos de control judicial de la discrecionalidad

De lo anterior resulta que los actos administrativos o los actos de gobierno discrecionales pueden ser controlados judicialmente mediante las herramientas que suministran los principios generales del derecho, de manera de evitar que la discrecionalidad se convierta en arbitrariedad.

Sin embargo, y ello es evidente, si bien no es correcta la afirmación de la Sala Constitucional de que supuestamente la constitucionalidad de los actos de gobierno discrecionales sólo podría ser controlada ("pudiéndose únicamente controlar su constitucionalidad") "a la luz de los derechos fundamentales," los mismos sin duda constituyen un límite adicional, y fundamental, a la discrecionalidad administrativa y política. Y dentro de los derechos fundamentales, en particular, el límite más general a la discrecionalidad es el derivado del derecho a la igualdad y a la no discriminación (art. 21, Constitución), en el sentido de que en relación a un hecho dado si se adopta una medida o decisión que afecte a un individuo, igualmente debe adoptarse la misma medida o decisión respecto de otros individuos, siempre y cuando los hechos coincidan. Ello también exige el cumplimiento del principio de imparcialidad, como principio general de la actividad administrativa, también como límite al poder discrecional.

Pero la Ley Orgánica de Procedimientos Administrativos también establece como límite al poder discrecional, la necesidad de que la autoridad administrativa al tomar

---

284 *V.* M. M. Díez, *El Acto Administrativo, op. cit.*, p. 198.

285 *V.* S. Martin–Retortillo Baquer, "El exceso de poder. . .", *loc. cit.*, p. 149.

286 *V.* sentencia de la antigua *Corte Federal* de 24 de febrero de 1956 en *Gaceta Forense*, 2ª etapa, Nº 11, Caracas 1956, p. 28; sentencia de la misma Corte de 17 de julio de 1953 en *Gaceta Forense*, 2ª etapa, Nº 1, Caracas 1953, pp. 151–152; y sentencia de la misma *Corte Federal* de 26 de noviembre de 1959, en *Gaceta Forense*, 2ª etapa, Nº 26, Caracas 1959, p. 125.

287 *V.* E. García de Enterría, "La Interdicción. . .", *loc. cit.*, p. 160.

una mecida o decisión, trate de cumplir con las finalidades establecidas en la norma que confiera el poder a la Administración Pública. Toda distorsión en el cumplimiento de esos fines puede provocar el control judicial de la actividad administrativa por desviación de poder. Y lo mismo debe aplicarse a los actos políticos discrecionales, como el indulto, que por más discrecional que sea no puede ser dictado por el Presidente de la República con objetivos distintos a los que justifican la adopción de tal gracia.

Además, el mismo artículo 12 de la Ley Orgánica de Procedimientos Administrativos establece también, como límite a los poderes discrecionales, la debida concordancia entre los hechos reales que motivan el acto administrativo, y los establecidos en la norma en particular. Eso significa que en su actuación, la autoridad pública debe determinar, primero, el hecho ocurrido; segundo, debe probarlo a través de los medios técnicos requeridos; tercero, debe calificarlos adecuadamente, y finalmente los hechos deben coincidir con los que están establecidos en la norma que autoriza el acto. Adicionalmente, todos estos pasos deben seguirse, guardando los principios de igualdad, imparcialidad y justicia antes mencionados, de manera que toda violación de los mismos implica ilegalidad. Un error de hecho en la identificación de la persona a la cual se destina el acto, sin duda lo viciaría por falso supuesto de hecho, y tendría que ser controlado judicialmente.

Finalmente, la norma establece que, en el uso de los poderes discrecionales por la Administración Pública, los órganos del Estado siempre deben respetar las etapas y requisitos procedimentales normalmente requeridos para la validez y efectividad de los actos administrativos. Dentro de estas normas debe resaltarse el respeto al derecho a la defensa, el cual debe estar garantizado en todas las acciones administrativas. Este derecho que tiene cualquier ciudadano de poder defenderse y que deriva de la propia Constitución (Art. 49) ha sido desarrollado en la Ley Orgánica de Procedimientos Administrativos mediante el establecimiento formal de otros derechos derivados de los individuos, con respecto a la Administración Pública. Por ejemplo, el derecho a ser oído antes de que se tome una decisión que afecte sus derechos o intereses; el derecho a participar en los procedimientos administrativos que puedan afectar esos derechos e intereses: el derecho a ser notificado, de manera formal, de cualquier decisión que pueda afectarlo; el derecho a tener acceso a todos los documentos archivados en el expediente y el derecho a copiar esos documentos; el derecho a presentar pruebas y alegatos ante la Administración Pública en su propia defensa; y el derecho a ser notificado acerca de los medios de recurso u otras acciones que los individuos pueden emplear para su defensa sea en sede administrativa o judicial[288].

En consecuencia, sea que la fuente de los límites al poder discrecional se derive de la jurisprudencia conforme de los principios generales antes señalados, propios de la *natural justice*[289], o se establezcan en el derecho positivo, como resulta de la Ley Orgánica de Procedimientos Administrativos, lo cierto es que el principio de la legalidad aplicado a la Administración ha aumentado en su ámbito. En todos los sistemas encontramos, como algo común, tanto la exclusión de toda consideración del poder discrecional como excepción al principio de la legalidad, como la aceptación de que incluso en ejercicio del poder discrecional que le confiera la ley, la acción administrativa está completamente sometida al principio de la legalidad.

---

288 Allan R. Brewer–Carías, *El Derecho Administrativo y la Ley Orgánica de Procedimientos Administrativos*, Caracas, 1982, pp. 112–118.

289 *V.* en general, P. Jackson, *Natural Justice*, Londres 1979, p. 224.

En todo caso, y en relación a esta pretendida excepción al principio de la legalidad, lo mismo puede afirmarse respecto de los denominados actos políticos de gobierno, tal como estos habían sido concebidos hace algunas décadas en los sistemas jurídicos europeos, y se ha comentado anteriormente.

En efecto, como ya lo hemos señalado, en Europa Continental, algunos actos del Ejecutivo, como los actos políticos, tradicionalmente se habían considerado como actos exentos al sometimiento a la legalidad. Debe señalarse que, aún cuando esos actos no podían ni pueden considerarse como administrativos, los esfuerzos por garantizar el imperio del derecho no sólo condujo á reducir gradualmente el número de actos políticos exentos de control, sino que luego, con la creación de Tribunales Constitucionales en Europa Continental, se hizo posible en algunos países el ejercicio del control de la constitucionalidad de esos actos de gobierno, como actos dictados en ejecución directa de la Constitución.

En conclusión, todos los actos de los órganos del Estado, cada uno en su ámbito normativo, están sometidos al principio de legalidad y por consiguiente, sujetos al control judicial, lo cual es de la esencia del Estado de derecho.

LIBRO CUARTO:
SOBRE LOS REQUISITOS DE LOS ACTOS ADMINISTRATIVOS Y EL VALOR DEL SILENCIO ADMINISTRATIVO

Este Libro Cuarto del Tomo III del *Tratado de Derecho Administrativo* está conformado por diversos trabajos: primero, por el estudio sobre "Los requisitos de los actos administrativos" elaborado en 2005, y que estuvo destinado al Tomo IV de la obra de *Derecho Administrativo* que se comenzó a publicar la Universidad Externado de Colombia en Bogotá, ese mismo año 2005, y que quedó inconclusa en dos Tomos. El segundo, por el texto que también compusimos en 2005 sobre el silencio administrativo, destinado al Tomo IV de la obra *Derecho Administrativo* que se comenzó a publicar la Universidad Externado de Colombia en Bogotá, ese mismo año 2005, y que quedó inconcluso con dos tomos publicado. Para la elaboración de dicho texto partimos de lo expresado en los siguientes trabajos:"Consideraciones sobre el silencio administrativo consagrado a los efectos del recurso contencioso administrativo de anulación" en *Revista de Control Fiscal*, Nº 96, Contraloría General de la República, Caracas, enero–marzo 1980, pp. 11–33; "El sentido del silencio administrativo negativo en la Ley Orgánica de Procedimientos Administrativos" en *Revista de Derecho Público*, Nº 8, Editorial Jurídica Venezolana, Caracas, octubre–diciembre 1981, pp. 27–34; "La abstención, silencio y negativa de la Administración y su control", en *El Derecho Venezolano en 1982, Ponencias al XI Congreso Internacional de Derecho Comparado*, Facultad de Ciencias Jurídicas y Políticas, Universidad Central de Venezuela, Caracas 1982, pp. 603–617. El tercer estudio es el titulado "Algunos principios generales del derecho administrativo en Venezuela, en particular, sobre el procedimiento administrativo y los efectos del silencio administrativo," que fue la Ponencia presentada al *IV Congreso Internacional y V Congreso Mexicano de Derecho Administrativo*, bajo el auspicio de la Facultad de Derecho y Ciencias Sociales de la Benemérita Universidad Autónoma de Puebla, del Instituto de Investigaciones Jurídicas y de la Coordinación del Programa de Posgrado en Derecho de la Universidad Nacional Autónoma de México, Puebla, 23 a 25 de octubre de 2011.

Sección Primera: LOS REQUISITOS DE LOS ACTOS ADMINISTRATIVOS (2005)

Esta Sección Primera es el texto que compusimos en 2005 destinado al Tomo IV de la obra *Derecho Administrativo* que se comenzó a publicar la Universidad Externado de Colombia en Bogotá, ese mismo año 2005, y que quedó inconclusa en dos Tomos.

I. LA SUJECIÓN A LA LEY Y AL DERECHO

Como lo exige el artículo 141 de la Constitución, los órganos de la Administración Pública al dictar los actos administrativos, deben hacerlo "con sometimiento pleno a la ley y al derecho", es decir, deben actuar en conformidad con el ordenamiento jurídico, o sometidos al principio de legalidad.

Este, por supuesto es el primer requisito de validez de los actos administrativos, y que a los efectos del de control judicial de los actos administrativos, también encuentra su consagración en el artículo 259 de la Constitución al atribuir a los órganos de la jurisdicción contencioso–administrativa el controlar la "conformidad con el derecho" de los actos administrativos. De ello resulta que no sólo se trata de controlar sólo la sumisión de la Administración a la legalidad formal, sino al orden jurídico en general; y éste abarca no sólo el derecho escrito sino también los principios generales del derecho administrativo. No es difícil comprender, por tanto, cuan importante ha sido el control ejercido por la sala Político Administrativa del Supremo Tribunal sobre la Administración tomando como base los principios generales del derecho administrativo, sobre todo, hasta 1982, en ausencia de cuerpos normativos que establecieran y precisaran el régimen jurídico del actuar administrativo. Con posterioridad a 1982, en todo caso, la Ley Orgánica de Procedimientos Administrativos ha regulado aspectos fundamentales del bloque de la legalidad, que permiten el ejercicio de un más efectivo control de legalidad. Por tanto, antes de precisar los requisitos tradicionales de validez de los actos administrativos, que han sido los clásicos motivos de impugnación de los actos administrativos en vía contencioso–administrativa, debemos insistir en las más importantes regulaciones de la Ley Orgánica de Procedimientos Administrativos en relación a la conducta de la Administración.

En efecto, la Ley Orgánica de Procedimiento Administrativo, sin duda, es el cuerpo normativo de rango legal de mayor importancia en nuestro país relativo a la Administración Pública[1], que reafirma y desarrolla el principio de la legalidad administrativa y de la sumisión de la Administración Pública a la Legalidad, ampliando enormemente el ámbito del bloque de la legalidad.

1 .Sobre el procedimiento administrativo en Venezuela, *V.* Hildegard Rondón de Sansó, *El Procedimiento Administrativo.* Caracas, 1976. y Allan R. Brewer–Carías, *El Derecho Administrativo y la Ley Orgánica de Procedimientos Administrativos*, Caracas, 1982. *V.* en general, Allan R. Brewer–Carías, *Los Principios del Procedimiento Administrativo*, Madrid, 1992.

1. La obligación de la Administración de sujetarse a la Ley

Ante todo, la ley prevé una norma general contenida en el artículo 1° y que establece la obligación para todos los organismos administrativos de *ajustar su actividad a las prescripciones de la ley*. Se trata, por tanto, de la consagración formal de la sumisión de la Administración a la Ley, es decir, de la obligación de actuar conforme a la legalidad y conforme a esta ley que es, insisto, una de las piezas esenciales del bloque de la legalidad.

2. El carácter sublegal de la actividad administrativa

Por otra parte, la Ley Orgánica establece formalmente el reconocimiento del carácter sublegal de la actividad administrativa y, particularmente, de los actos administrativos, los cuales están sometidos a la Ley, directamente, e indirectamente a la Constitución. Esto se deduce del artículo 10 de la Ley que establece una prohibición que podría parecer inútil, pero que realmente es muy importante porque precisa el ámbito de la legalidad. Ningún acto administrativo, dice esa norma, podrá crear sanciones, ni modificar las que hubieran sido establecidas en leyes, ni crear impuestos u otras contribuciones de derecho público. Es decir, los actos administrativos no pueden regular materias reservadas a la ley como son las limitaciones a los derechos y garantías constitucionales, la materia impositiva y la sancionatoria. A pesar de que podría considerarse como una norma repetitiva de la consagración de la reserva legal en estas materias en la Constitución, el artículo 10 tiene una enorme importancia en el campo de las sanciones administrativas o de la potestad sancionaría.

En efecto, esta norma plantea el problema de la legalidad de la actividad sancionadora, pues introduce una regulación opuesta a la tradición legislativa, bastante contraria a la legalidad. En materia de sanciones, en efecto, normalmente, se habían establecido en leyes especiales, normas genéricas, que preveían multas por cualquier violación de las disposiciones de la ley respectiva y de su reglamento. En la doctrina[2] se han considerado estas normas reguladoras de sanciones administrativas como institucionales, porque están en contra del principio constitucional de que las penas y los delitos sólo deben establecerse en leyes conforme a lo establecido en el artículo 49, ordinal 6° de la Constitución. En los casos señalados se viola ese principio, pues no establecen las infracciones que pueden acarrear la sanción genéricamente establecida, inclusive respecto de cualquier norma reglamentaria, abriéndose un campo bastante amplio a la arbitrariedad del funcionario.

Como un ejemplo, podemos destacar, las regulaciones en esta materia que contenía la Ley de Protección al Consumidor y de su Reglamento. La ley, en efecto, establecía sanciones precisas respecto de la violación de artículos concretos; es decir, establecía un sistema cerrado de sanciones pues sólo las violaciones de los artículos que señalaba eran sancionables. Sin embargo, el Ejecutivo Nacional dictó dos Reglamentos Parciales de la Ley y varias Resoluciones concretas, en las cuales se precisó que las violaciones a los Reglamentos y estas Resoluciones serían sancionadas con las multas establecidas en la Ley. Estas normas eran, sin duda, eran absolutamente ilegales e inconstitucionales,

2 *V.* Tulio Chiossone, *Sanciones en. Derecho Administrativo*, Caracas, 1973.

como incluso lo consideró la antigua Corte Suprema de Justicia[3]; por lo que precisamente el artículo 10 de la Ley Orgánica de Procedimientos Administrativos, es un texto llamado a corregir este defecto tradicional de nuestra legislación, al establecer que ningún acto administrativo, incluyendo los Reglamentos, puede crear sanciones por lo que esas normas sublegales que las establecen deberán desaparecer.

3. La jerarquía de los actos administrativos

Otra regulación de la Ley Orgánica de Procedimientos Administrativos relativa a la legalidad de la actividad administrativa es la que prevé la jerarquía de los actos administrativos. El artículo 13 establece así un principio general, el cual aun cuando podría pensarse que no requería de regulación, realmente es importante para la definición del bloque de la legalidad: Ningún acto administrativo –dice– puede violar lo establecido en otro de superior jerarquía. Se trata de un principio elemental que impide que un acto administrativo de un inferior pueda violar lo establecido en un acto de un superior. Complementariamente, la jerarquía de los actos se define en el artículo 14: decretos, resoluciones, órdenes, providencias y otras decisiones válidas, con lo cual se agrega un nuevo elemento al bloque de la legalidad.

4. La inderogabilidad singular de los actos de efectos generales

La Ley Orgánica recoge además otro principio de gran importancia, y es el de la inderogabilidad singular de los actos administrativos de efectos generales, incluidos los reglamentos, lo que implica que un acto administrativo de efectos particulares, así sea dictado por un superior jerarquía, no puede violar ni modificar un acto administrativo de efectos generales, así sea éste dictado por un inferior. Dice el artículo 13: "ningún acto administrativo de carácter particular (podrá) vulnerar lo establecido en una disposición administrativa de carácter general, aun cuando fuesen dictados por autoridad igual o superior a la que dictó la disposición general". Ello implica que mediante un acto administrativo de efectos particulares no puede un funcionario derogar singularmente para ese caso el reglamento que haya dictado. La prohibición expresa de la ley, en todo caso, reafirma éste otro elemento fundamental del bloque de la ilegalidad que regula.

5. El valor y efectos del procedente y la confianza legítima

Otro elemento de importancia para el bloque de la legalidad es el relativo al valor que se le da a la práctica administrativa y a los precedentes administrativos, establecido en el artículo 11, del cual, además, se deduce el principio de la confianza legítima que deben tener los administrados respecto de las actuaciones administrativas y las expectativas que éstas crean.

El artículo 11, en efecto, dispone como principio que los criterios establecidos por los órganos de la Administración Pública pueden ser modificados, lo cual responde a la

3 *V.* Allan R. Brewer–Carías. "Comentarios sobre el régimen de sanciones administrativas en la Ley de Protección al Consumidor", *Revista de Derecho Público*, N° 7, EJV, Caracas, 1982, pp. 118–122. La Corte Suprema de Justicia ha acogido este criterio. *V.* sentencia CSJ–SPA de 1986.

dinámica administrativa. La norma, sin embargo agrega que "la nueva interpretación no podrá aplicarse a situaciones anteriores, salvo que fuere más favorable a los administrados. En todo caso, la modificación de los criterios no dará derecho a la revisión de los actos definitivamente firmes".

La norma busca establecer el principio de que la modificación de los criterios por la Administración, que considera como legítima, no puede implicar la revisión de actos administrativos dictados conforme a los criterios anteriormente establecidos. Si existía un criterio anterior y se dictaron actos conforme a ese criterio, la modificarse el mismo no puede aplicarse retroactivamente a las situaciones resueltas anteriormente. Este parece ser el sentido del artículo 11, por lo que realmente, lo que está consagrado es el principio de la confianza legítima y en particular de la irretroactividad de los actos administrativos, que deriva de principios constitucionales y, además, el principio de la irrevocabilidad de los actos administrativos definitivamente firmes que se hayan dictado con base en criterios que existían anteriormente.

6. La sujeción a la cosa juzgada administrativa

El otro aspecto del control de legalidad y del bloque de la legalidad se refiere a la sujeción de la Administración, no sólo a las normas de carácter general legal o reglamentarias, sino a sus propias decisiones de efectos particulares. Por tanto, así como hay un principio de autotutela de la Administración, también existe el principio de la autosujeción a sus propios actos, que implica que la Administración no puede arbitrariamente separarse de sus propios actos. Ya hemos señalado una limitación en relación a los precedentes, pues no puede aplicar los nuevos criterios que establezca, a los actos administrativos dictados anteriormente conforme a criterios anteriores, los cuales debe respetar. Pero también se puede deducir de la Ley, frente al principio de autotutela, el establecimiento del criterio de autosujeción al cual la Administración está sometida, no sólo respecto de sus actos generales sino de sus propios actos de efectos particulares.

En efecto, la ley declara nulos, de nulidad absoluta, una serie de actos administrativos viciados, entre los cuales están los actos administrativos que resuelven un caso precedentemente decidido con carácter definitivo y que hayan creado derechos particulares (Art. 19,2) salvo autorización expresa de la ley.

En esta forma, dentro del bloque de la legalidad se establece en forma indirecta, el principio de la irrevocabilidad de los actos administrativos definitivamente firmes, que se aplica, básicamente, a los actos administrativos, creadores o declarativos de derechos a favor de los particulares[4].

La Ley, en realidad, habla de actos que hayan creado derechos, pero de hecho, la gran mayoría de los actos administrativos no "crean" derechos, sino que declaran "en concreto" derechos previstos en la Ley. Pensamos que el principio de la irrevocabilidad se aplica también a estos actos declarativos de derechos que son tan irrevocables como los creadores de derecho.

Este principio de la irrevocabilidad, por otra parte, se ratifica en el artículo 82 de la Ley, que establece el principio contrario, es decir, que los actos que no originen –aquí la expresión es más general y podría pensarse que el originar puede ser declarar o crear–

4 *V.* Allan R. Brewer–Carías, "Comentarios sobre la revocación de los actos administrativos", en *Revista, de Derecho Público*, N° 4, Caracas, oct.–dic. 1980, pp. 27 y ss.

derecho subjetivos o intereses legítimos, personales y directos, podrán ser revocados en cualquier momento. Por interpretación a contrario, cuando originen estos derechos, claro está que no pueden ser revocados, salvo que haya autorización legal expresa.

7. La discrecionalidad administrativa y sus límites

Por último, y también dentro de los elementos que conforman el bloque de la legalidad, la Ley Orgánica de Procedimientos Administrativos regula los límites al poder discrecional de las autoridades administrativas[5].

En efecto, el artículo 12 recoge una norma que es de las más importantes de la Ley, pues contiene un principio que, en el ordenamiento jurídico, sólo estaba en un viejo reglamento: el Reglamento General de Alimentos. En este Reglamento de 1958 existía una norma, aún vigente, que señala que cuando una ley o un reglamento dejara a la autoridad administrativa la adopción de una medida a su juicio, es decir, a su consideración de la oportunidad y conveniencia, el funcionario debía fundarse en razones de carácter técnico, evitando la arbitrariedad. Fue en base a esa norma del Reglamento General de Alimentos que en el Proyecto de Ley de Procedimientos Administrativos de 1956, insistimos en incorporar una norma que estableciera límites al poder discrecional que, ahora, la Ley recoge en este artículo 12, que dice que cuando una disposición legal o reglamentaria deje alguna medida o providencia juicio de la autoridad competente, dicha medida o providencia deberá mantener la debida proporcionalidad y adecuación con los presupuestos de hecho, y con los fines de la norma, y cumplir los trámites, requisitos y formalidades necesarios para su validez y eficacia. De esta norma, indirectamente, se deducen varios límites al poder discrecional.

En efecto, cuando una norma deja una medida "a juicio de la autoridad administrativa", ésta podrá tomar las medidas que juzgue convenientes para lograr la finalidad de la norma; pero no puede tomar cualquier medida, sino que la misma debe obedecer a criterios de proporcionalidad y racionalidad en relación al presupuesto de hecho y la decisión que se adopte. Por ejemplo, en materia de comprobación de los hechos, puede decirse que se configura como un límite del poder discrecional la exigencia de que la Administración compruebe previamente los hechos, lo cual está regulado, en forma indirecta, en el artículo 69 de la Ley relativo al Procedimiento Sumario. De acuerdo a esta norma, la Administración deberá comprobar, de oficio, la verdad de los hechos, por lo que el primer gran límite del poder discrecional, está a la necesaria comprobación de los hechos.

El segundo gran límite al poder discrecional deriva de la calificación de los hechos. Dice el artículo 12 de la Ley que debe haber adecuación del acto a la situación de hecho, de manera que haya una racionalidad en la adopción de la decisión respecto de los hechos comprobados.

En tercer lugar, el mismo artículo 12 expresamente exige que la Administración "debe mantener la debida proporcionalidad" con la situación de hecho, lo que configura otro de los importantes límites del poder discrecional. Por ejemplo, es muy común que en materia, sancionatoria la ley establezca multas según la gravedad de la falta entre dos límites. Para aplicarlas debe haber una apreciación de la gravedad de la falta y una pro-

---

5 *V.* Allan R. Brewer–Carías, "Los límites al poder discrecional de las autoridades administrativas" en *Revista de la Facultad de Derecho*, UCAB, N° 2, Caracas, 1966, pp. 9 y ss.

porcionalidad con la sanción que se imponga, de manera que si es la máxima, debe ser proporcional a la falta. Por ejemplo, la Ley de Universidades establece que se puede sancionar a un alumno, según la gravedad de la falta, con sanciones que van desde la amonestación a la expulsión. Si el alumno sólo habló en clase, por más que la ley autorice a la autoridad administrativa a actuar según su criterio, no puede expulsar al alumno, pues tiene que haber proporcionalidad entre la infracción y la sanción. Por ello, esta norma del artículo 12 de la ley, de enorme importancia, tiene gran interés, pues va a corregir otro de los grandes y tradicionales vicios de los actos administrativos: la ausencia de proporcionalidad en los actos discrecionales.

Por último, otro aspecto del límite al poder discrecional deriva del principio de la igualdad a situaciones de hechos iguales, sanciones o decisiones iguales. No puede haber desigualdad pues sería, además, contrario a un principio constitucional que la Ley, indirectamente, recoge en el artículo 30. Este artículo, en efecto señala que la actividad administrativa se debe desarrollar "con arreglo a los principios de economía, eficacia, celeridad e *imparcialidad"*, y en este principio de la imparcialidad puede ubicarse una consecuencia de la igualdad.

Por último, están también los límites derivados del principio de la racionalidad, de la justicia y de la equidad, Y éstos resultan de la necesidad de adecuar los hechos a los fines de la norma, por lo que la distorsión de los hechos configuraría un vicio del acto. Este se presentaría, por ejemplo, cuando el funcionario distorsione los hechos para aplicar una sanción, lo que acarrearía, también, un vicio de ilegalidad del acto.

8. Los vicios de inconstitucionalidad e ilegalidad de los actos administrativos: la contrariedad al derecho

En primer lugar, los actos administrativos son inválidos y pueden ser anulados, por violación del ordenamiento jurídico que rige la actuación administrativa, es decir, por violación de algunas de las fuentes del derecho administrativo. La "contrariedad al derecho" conforme a la terminología del artículo 206 de la Constitución, es así la primera de las causas de invalidez de los actos.

Pueden distinguirse dos grandes vicios de los actos administrativos, derivados de esta contrariedad al derecho: el vicio de in–constitucionalidad, cuando el acto viole directamente la Constitución, o el vicio de ilegalidad propiamente dicho, que se produce cuando el acto vulnere una Ley u otro cuerpo normativo de rango legal o sublegal.

A. Los vicios de inconstitucionalidad

El vicio de inconstitucionalidad de los actos administrativos se produce cuando un acto vulnere directamente una norma, un principio o un derecho o garantía establecido en la Constitución. En esos casos, el acto sería inconstitucional y susceptible de ser anulado.

Ahora bien, esta vulneración de la Constitución puede producirse en dos supuestos: cuando se viola una norma sustantiva del texto fundamental, como la que garantiza una libertad pública; o cuando se viola una norma atributiva de competencia a los órganos estatales, en cuyo caso estaríamos en presencia de un acto viciado de incompetencia, aun cuando de orden constitucional. En este último supuesto, se trataría de un vicio de fondo, la incompetencia, que analizaremos más adelante.

El vicio de inconstitucionalidad puede acompañar al acto administrativo cuando éste viola, directamente, una norma constitucional, o cuando está viciado, por ejemplo, de incompetencia de orden constitucional.

Sin embargo, no toda norma constitucional puede invocarse como violada a los efectos de la procedencia del recurso contencioso–administrativos de anulación de los actos administrativos: la infracción del artículo 137 de la Constitución que prevé que este texto "y la ley definen las atribuciones de los órganos que ejercen el Poder Público, a las cuales deben sujetarse las actividades que realicen", conforme al artículo 133 de la Ley Orgánica del Tribunal Supremo "no podrá invocarse como fundamento de la acción o del recurso a que se refieren los procedimientos contenidos en las nulidades de los actos de efectos generales y particulares, sino cuando otra disposición de aquélla haya sido directamente infringida por el acto cuya nulidad se solicita". La razón de esta norma, que recoge una tradicional doctrina jurisprudencial, es evitar que se impugnen actos administrativos por incompetencia, con la sola invocación del artículo 117 de la Constitución, sin la indicación precisa de las normas legales o constitucionales atributivas de competencia que hubieran sido violadas.

Interesa ahora retener, solo, los otros casos de violación directa de normas sustantivas de la Constitución, particularmente, las que consagran los derechos y garantías. En efecto, cualquier acto administrativo que vulnere directamente una garantía constitucional es un acto inconstitucional. Por ejemplo, la detención de una persona sin que haya orden escrita y sin que el detenido sea encontrado infraganti, es una vulneración del Artículo 44, ordinal 1° de la Constitución; el acto administrativo que sea discriminatorio, es decir, que sea contrario a la igualdad, sería violatorio del Artículo 21 del texto fundamental. Por tanto, cualquier acto administrativo de efectos particulares que viole directamente la Constitución, es un acto viciado de inconstitucionalidad y si se trata de la violación de alguna garantía constitucional, el Artículo 25 del texto fundamental declara expresamente dicho acto como nulo y a los funcionarios que los dicten, responsables penal, civil y administrativamente. Este Artículo, en efecto señala: "todo acto dictado en ejercicio de Poder Público que viole o menoscabe los derechos garantizados por esta Constitución y la ley, es nulo; y los funcionarios que lo ordenen o ejecuten incurren en responsabilidad penal, civil y administrativa, según los casos...". En este caso, es la propia Constitución la que está sancionando con la nulidad, directamente, cualquier acto que viole una garantía constitucional, y en los términos del Artículo 19, ordinal 1° de la Ley Orgánica de Procedimientos Administrativos, son nulos de nulidad absoluta, los actos administrativos "cuando así esté expresamente determinado por una norma constitucional o legal". Por tanto, los actos violatorios de normas o garantías constitucionales, son nulos de nulidad absoluta.

Dentro de los vicios de inconstitucionalidad de los actos administrativos, vinculados a la regulación de los derechos y garantías constitucionales, está la violación de la reserva legal. En efecto, la Constitución, a lo largo de su normativa, reserva a la Ley formal diversas materias, y entre ellas, la limitación o regulación de los derechos y garantías constitucionales; la creación de infracciones y sanciones; y la creación o modificación de contribuciones o tributos. Los dos últimos supuestos han sido recogidos por la Ley Orgánica de Procedimientos Administrativos, y haremos referencia a ellos al hablar de los vicios de ilegalidad. En cuanto a la limitación, restricción o regulación de los derechos constitucionales, todas las normas pertinentes de los Artículos 19 y siguientes del texto fundamental, las reservan a la Ley o a actos con rango y valor de Ley, por lo que todo acto administrativo que limite o regule directamente un derecho o garantía constitucional, es nulo en los términos del Artículo 25 de la Constitución, con vicio de nulidad absoluta conforme al ordinal 1° del Artículo 19 de la Ley Orgánica de Procedimientos Administrativos.

B. Los vicios de ilegalidad

Pero por supuesto, además de los vicios de inconstitucionalidad, los actos administrativos pueden estar viciados y dar motivo al recurso de nulidad por diversas contravenciones al derecho, al ordenamiento jurídico o en general, a la ley y al derecho. Además de los vicios que resultan de la violación de los requisitos de los actos administrativos, la violación de la ley u otra norma de derecho administrativo los vician de ilegalidad.

Es decir, los actos administrativos se encuentran viciados cuando al dictarlos, el funcionario viola directamente alguna de las fuentes del derecho administrativo aplicable a su actuación, y particularmente, a partir de 1982, de la Ley Orgánica de Procedimientos Administrativos, que formaliza el bloque de la legalidad. Pero sin embargo, el principio de la "violación de ley" o ilegalidad en sentido genérico, también resulta de la violación de un reglamento o un principio general de derecho administrativo. En particular, en este último supuesto, la jurisprudencia de la Corte Suprema de Justicia ha sido reiterativa en admitir la violación de principios generales del derecho administrativo como vicio de los actos. Tal ha sucedido, por ejemplo, como el principio *audi alteram parti* (audiencia del interesado)[6].

Ahora bien, en este campo de la invalidez de los actos administrativos por violación de la Ley o de las otras fuentes de la legalidad administrativa, la Ley Orgánica de Procedimientos Administrativos, como se ha señalado, consolida el principio de la legalidad al prever diversos casos de invalidez de los actos administrativos distintos a los derivados de la violación de los requisitos de forma, o fondo de los actos administrativos. Estos vicios de ilegalidad entre otros, serían: la violación de la reserva legal; la violación de la jerarquía de los actos administrativos; la violación de los actos administrativos de efectos singulares; la retroactividad de los actos administrativos; la violación de la cosa juzgada administrativa; la violación de los límites a la discrecionalidad; y las violaciones legales en torno a la ejecución de los actos administrativos.

a. La violación de la reserva legal

Como se ha dicho, los actos administrativos serían inválidos en los casos en los cuales vulneren la reserva legal. En este sentido, la Ley Orgánica de Procedimientos Administrativos reafirma, legalmente, la reserva legal que se deriva de los Artículo 60, ordinal 2° y 224 de la Constitución, en el sentido de que nadie puede ser sancionado por obligaciones cuyo incumplimiento no haya sido definido *por la Ley* como delito o falta[7]; y de que no puede cobrarse ningún impuesto u otra contribución que no estén establecidos

---

6 Allan R. Brewer–Carías, *Las Instituciones...*, *op. cit.*

7 En materia de sanciones, *V.* Allan R. Brewer–Carías, "Comentarios sobre el sistema de sanciones administrativas en la Ley de Protección al Consumidor" en *Revista de Derecho Público*, N° 7, Caracas 1981, p. 118 y ss.

por Ley, ni concederse exenciones ni exoneraciones de los mismos sino en los casos por ella previstos.

En esta misma orientación, en efecto, la Ley Orgánica de Procedimientos Administrativos estableció, en el Artículo 10, que ningún acto administrativo puede crear sanciones, ni modificar las que hubieran sido establecidas en las leyes, ni crear impuestos u otras contribuciones de derecho público, salvo dentro de los límites determinados por la Ley. Por tanto, estarían viciados de ilegalidad e inconstitucionalidad los actos administrativos que creen infracciones y sanciones o que modifiquen las establecidas en las leyes, y los que creen impuestos u otras contribuciones o modifiquen los legalmente establecidos.

b. La violación de la jerarquía de los actos

Hemos visto que la Ley Orgánica, en su artículo 14 define la jerarquía de los actos administrativos, la cual está condicionada por la jerarquía de los órganos administrativos de quienes emanen los actos. La consecuencia de esa jerarquía legalmente establecida, es que de acuerdo al Artículo 13 de la Ley, ningún acto administrativo puede vulnerar lo establecido en otro de superior jerarquía; de lo contrario, el acto es inválido y susceptible de ser anulado.

c. La violación de los actos administrativos de efectos generales

Los actos administrativos de efectos generales, es decir, los actos normativos de la Administración, como los reglamentos, son esencialmente derogables o modificarles por otros actos administrativos de efectos generales, de acuerdo al principio establecido en el Artículo 7° del Código Civil. Por tanto, esos actos no pueden ser modificados o vulnerados en forma singular, por actos administrativos de efectos particulares. De allí la prohibición contenida en el Artículo 13 de la Ley Orgánica en el sentido de que ningún acto administrativo de efectos particulares puede vulnerar lo establecido en una disposición administrativa de efectos generales, aun cuando fueren dictados por una autoridad igual o superior a la que dictó el acto administrativo de efectos generales. De lo contrario, el acto es inválido, por ilegal, y sería susceptible de ser anulado.

d. La retroactividad de los actos administrativos

De acuerdo al principio general del derecho contenido en el Artículo 24 de la Constitución y en el Artículo 3° del Código Civil, los actos administrativos cumplen sus efectos hacia el futuro y en principio, no pueden tener efectos retroactivos. Rige en materia de los efectos de los actos administrativos, por tanto, el principio de la irretroactividad, por lo que todo efecto retroactivo de un acto administrativo lo viciaría de ilegalidad.

Este principio, indirectamente, lo recoge el Artículo 10 de la Ley Orgánica al prescribir que si bien la Administración puede modificar los criterios establecidos por sus órganos, para dictar sus actos administrativos, la nueva interpretación que adopte no puede aplicarse a situación anteriores, salvo que fuere más favorable a los administrados. De lo contrario, el acto sería inválido e ilegal, y susceptible de ser anulado.

e. La violación de la cosa juzgada administrativa

La Ley Orgánica de Procedimientos Administrativos, ha establecido el principio general de que los actos administrativos que originen derechos subjetivos o intereses legítimos, personales y directos para un particular, son irrevocables una vez que han adquirido firmeza[8]. Ello se deduce de la interpretación a contrario del Artículo 82 de la Ley, con lo cual se otorga valor de cosa decidida a los actos administrativos que originen esos derechos e intereses, de forma tal que no pueden ser revocados ni modificados por la Administración. Al contrario, si un acto administrativo resuelve sobre un caso precedentemente decidido con carácter definitivo y que haya creado derechos particulares, salvo autorización expresa de la Ley, se considera que ha violado la cosa juzgada administrativa y se sanciona esa invalidez, con la nulidad absoluta de acuerdo al Artículo 19, ordinal 2° de la Ley Orgánica. Por tanto, los actos administrativos que violen la cosa juzgada administrativa en esos términos, son también inválidos.

f. La violación de los límites a la discrecionalidad

De acuerdo al Artículo 12 de la Ley Orgánica, el ejercicio del poder discrecional por las autoridades administrativas no es ilimitado[9] ni puede conducir a la arbitrariedad, sino que al contrario tiene diversos límites como se ha analizado. En particular, dice el Artículo 12, los actos administrativos discrecionales deben mantener la debida proporcionalidad y adecuación entre su contenido y los supuestos de hecho que conforman sus motivos y deben tener, asimismo, la debida adecuación con los fines de la norma. Por tanto, todo traspaso a los límites a la discrecionalidad, que se derivan de los señalados principios de la racionalidad, proporcionalidad, justicia, equidad e igualdad, vicia el acto administrativo de ilegalidad, y lo hace susceptible de ser anulado.

g. La violación de las normas de ejecución

Los actos administrativos, de acuerdo a lo exigido en el Artículo 8 de la Ley, deben ser ejecutados por la Administración en el término establecido, y a falta de término, deben ser ejecutados inmediatamente. Por lo tanto, la Administración no es libre de establecer modalidades de ejecución o eficacia de los actos administrativos, por lo que la condición y el término requieren de texto expreso que los autorice. En consecuencia, el sometimiento de los efectos de un acto administrativo a condición o término no establecido legalmente, vicia el acto de ilegalidad.

Por otra parte, la ejecución de los actos administrativos está sometida a formalidades y a medios de ejecución forzosa expresamente establecidos en los Artículos 78 y 80 de la Ley Orgánica. El incumplimiento de las formalidades o la utilización de medios de ejecución no autorizados legalmente en el Artículo 80 de la Ley Orgánica o en alguna otra ley vicia al acto de ilegalidad, lo haría inválido, y susceptible de anulación.

II. LOS REQUISITOS DE FONDO DE LOS ACTOS ADMINISTRATIVOS

Ahora bien, además de los aspectos anteriores que conforman el bloque de la legalidad, de acuerdo con las leyes de procedimientos administrativos, también constituyen una pieza esencial del mismo, los elementos o requisitos de validez de los actos admi-

---

8 En particular, *V.* Allan R. Brewer–Carías, "Comentarios sobre la revocación de los actos administrativos" en *Revista de Derecho Público*, N° 4, Caracas 1980, p. 27 y ss.

9 En particular, *V.* Allan R. Brewer–Carías, "Los límites al poder discrecional de las autoridades administrativas" en *Revista de la Facultad de Derecho*, N° 2, UCAB, Caracas 1965, pp. 9–35.

nistrativos, tanto de fondo como de forma, los cuales progresivamente han venido encontrando regulación positiva.

En primer lugar, están los elementos de fondo de los actos administrativos que se refieren, en general, a la competencia, a la manifestación de voluntad, a la base legal, a la causa o presupuestos de hecho y de derecho, a la finalidad y al objeto de los actos administrativos, respecto de los cuales el derecho positivo ha venido precisando aspectos que anteriormente sólo la jurisprudencia y la doctrina habían definido.

1. Los principios relativos a la competencia

El primer requisito o elemento de fondo de los actos administrativos, como lo afirman expresamente la Ley de Procedimientos Administrativos de Argentina, es que deben "ser dictados por autoridad competente" (art. 7.a); agregando la Ley de Honduras, que ello debe ocurrir "respetando los procedimientos previstos en el ordenamiento jurídico" (art. 24). La competencia, así, es uno de los elementos esenciales de todo acto administrativo, entendiendo por tal competencia la aptitud legal de los órganos administrativos para dictar un acto administrativo, la cual entonces determina los límites entre los cuales pueden movilizarse los órganos de la Administración Pública.

La competencia, entonces, es la primera condición de validez de los actos administrativos, los cuales deben ser dictados por la autoridad, órgano o funcionario público designados a los efectos de su emisión, a cuyo efecto siempre deben justificarla, es decir, indicar formalmente su fuente.

Este principio fundamental está expresamente establecido en las leyes. Por ejemplo, la Ley de México dispone entre los elementos y requisitos del acto administrativo, el que deben:

Ser expedidos por órgano competente, a través de servidor público, y en caso de que dicho órgano fuere colegiado, reúna las formalidades de la ley o decreto para emitirlo; (art. 3,I)

De ello deriva que el tema de la competencia no es un tema sólo de principios sino de rango legal. Así se insiste en la Ley de Costa Rica, que establece, que:

> *Artículo 129.* El acto deberá dictarse por el órgano competente y por el servidor regularmente designado al momento de dictarlo, previo cumplimiento de todos los trámites sustanciales previstos al efecto y de los requisitos indispensables para el ejercicio de la competencia.

La Ley del Perú, en el artículo 3,1, relativo a los "requisitos de validez de los actos administrativos" también se refiere a la competencia, así:

> 1. Competencia. Ser emitido por el órgano facultado en razón de la materia, territorio, grado, tiempo o cuantía, a través de la autoridad regularmente nominada al momento del dictado y en caso de órganos colegiados, cumpliendo los requisitos de sesión, quórum y deliberación indispensables para su emisión.

La competencia por tanto, puede ser atribuida en la Ley, por razón del territorio, de la materia, del tiempo, de la cuantía o del grado o jerarquía que tiene el funcionario, de acuerdo a los diversos niveles de la organización.

La Ley Orgánica de Procedimientos Administrativos de Venezuela, en diversas normas, utiliza la palabra "administración u órgano competente" u otras similares, para determinar la competencia como base de actuación de los órganos administrativos. Por ejemplo, el Artículo 3, al hablar de las obligaciones de los funcionarios públicos de tramitar los asuntos, indica que la misma abarca los asuntos *cuyo conocimiento les corresponda.* Esta expresión, es sin duda, el signo de la competencia. Por otra parte, por ejemplo, el Artículo 6 habla de los funcionarios *a quienes compete* la tramitación de un asunto, con lo cual también hay una referencia directa a la competencia, y el Artículo 12 habla de autoridad competente cuando regula los límites al poder discrecional.

En cuanto a los Ministros y su competencia, el Artículo 5° habla de los Ministros a quienes *corresponda la materia,* indicando allí el principio de tina competencia por razón de la materia. Esto mismo se regula en el Artículo 16 al *hacer referencia a la materia* que corresponda a diversos órganos y exigirse, por ejemplo, en el caso de las Resoluciones Ministeriales que correspondan a más de un Ministro, la necesidad de que la misma sea suscrita por aquellos a *quienes concierna el asunto,* con lo cual también hace una referencia a la competencia por razón de la materia.

Por su parte, el Artículo 18, ordinal 7° de la Ley, hace referencia a las desviaciones de la competencia, al exigir que, en caso de que el funcionario actúe por delegación, debe indicar exactamente el número y fecha del acto de delegación que confirió la competencia, indicándose, por tanto, expresamente, la necesidad de que el funcionario, cuando dicte el acto, en su manifestación externa, deba justificar su competencia. Es decir, deba indicarse la titularidad con que actúan los funcionarios o, en su caso, la delegación que confiere la competencia.

Asimismo, la competencia como requisito de validez de los actos administrativos, está también establecida en forma indirecta en el Artículo 19, ordinal 4, que establece como vicio de nulidad absoluta de los actos administrativos, cuando hubiesen sido dictados por autoridades *manifiestamente incompetentes,* con lo cual se establece, como requisito de validez de los actos, la competencia del titular del órgano que los dicta.

Por otra parte, el Artículo 36 de la Ley, al prescribir la inhibición, habla con precisión de la *competencia legalmente atribuida,* con lo cual da la indicación de que la competencia debe estar establecida en alguna Ley para poder ser ejercida por los funcionarios.

A. La competencia expresa y la no presunción de competencia

El primer principio relativo a la competencia en materia administrativa, es que la misma no se presume; por el contrario, debe emanar de una norma expresa que la atribuya al órgano, es decir, como lo afirmó la antigua Corte Suprema de Justicia de Venezuela, "debe emerger del texto expreso de una regla de derecho, ya sea la Constitución, la Ley, el Reglamento o la Ordenanza", por lo que " a falta de disposición expresa, la autoridad carece de cualidad para efectuar el acto"[10]. Este principio respecto de la competencia, en todo caso, contrasta con el de la capacidad en el derecho privado, la cual se presume, siendo la incapacidad la excepción. En el ámbito del derecho público, al contrario, la competencia requiere texto expreso, y así se regula, además, textualmente en las leyes de procedimiento administrativo.

10 Sentencia de 28 de enero de 1968, *Gaceta Oficial*, N° 27.367 de 13 de febrero de 1964 y sentencia de 11 de agosto de 1965, *Gaceta Oficial*, N° 27.845 de 22 de septiembre de 1965. *V.* también en Allan R. Brewer–Carías, *Jurisprudencia de la Corte Suprema 1930–1974 y Estudios de Derecho Administrativo*, t. III, vol. 1, Caracas, 1976, pp. 197–198.

Como lo ha señalado antigua Corte Suprema de Justicia de Venezuela:

> La competencia es, ciertamente, la medida de la potestad atribuida por la Ley a cada órgano, de modo que no habrá competencia ni, desde luego, actuación administrativa válida, si no hay previamente el señalamiento, por norma legal expresa, de la atribución que se reconoce al órgano y de los límites que la condicionan. En este mismo orden de ideas, al ser la competencia resultado de una declaración normativa, el ejercicio de atribuciones en defecto de dicha declaración implica, por una parte una acción administrativa de facto y, por la otra, una extralimitación de atribuciones o, la más grave, usurpación de funciones[11].

Este principio lo reafirma la Ley argentina al establecer expresamente que:

> La competencia de los órganos administrativos será la que resulte, según los casos, de la Constitución Nacional, de las Leyes y de los Reglamentos dictados en su consecuencia... (art. 3).

La Ley del Perú también puntualiza sobre la fuente de competencia administrativa, que tiene su fuente en la Constitución y en la ley, y es reglamentada por las normas administrativas que de aquéllas se derivan (art. 61,1).

En este campo "el principio de la legalidad se presenta con toda su rigidez, ordenándole al órgano que haga sólo aquello para lo cual está facultado, bien por norma expresa o bien por un margen de libre de apreciación que ha de acordarle igualmente una disposición expresa"[12].

En todo caso, en relación con el principio de que la competencia tiene que derivar de texto expreso, la determinación del mismo depende de la organización política o administrativa de cada Estado. En unos casos, el texto expreso que define la competencia es el texto constitucional. En materia de competencias político–territoriales, por ejemplo, en un Estado Federal, como Argentina, Brasil, México y Venezuela, evidente–mente que es la Constitución la que define los principios relativos a la distribución de competencias entre el nivel nacional, el estadal (provincial) y el municipal, de manera que en esta asignación de competencias, las normas atributivas de las mismas son de rango constitucional. Cualquier extralimitación en el ejercicio de las competencias respectivas entre los tres niveles de descentralización política, por tanto, constituiría una usurpación de funciones y un vicio de inconstitucionalidad[13].

Además, para la determinación la norma atributiva de competencia, el otro principio fundamental en la materia es el de la reserva legal, en el sentido de que en todo supuesto en que la regulación de una materia esté reservada al legislador, sólo la *ley formal* puede atribuir competencia para dictar actos administrativos, sin que pueda hacerlo el reglamento, el cual sólo debe limitarse a desarrollar lo que se establezca en las leyes.

Esto es evidente en las materias reservadas a la ley, por lo que sólo una ley puede establecer las competencias sancionatorias, tributarias y que impliquen limitación a los derechos y garantías de las personas. También puede haber reserva constitucional, en el sentido de que determinadas distribuciones de la competencia deben estar en el propio texto constitucional.

---

11 Sentencia de la Sala Político Administrativa, *Revista de Derecho Público*, N° 43, Caracas, 1990, p. 65).

12. Sentencia de la Corte Primera de lo Contencioso Administrativo (Venezuela) de 16 de diciembre de 1982 en *Revista de Derecho Público*, Nº 13, Caracas, 1982, p. 118.

13. Como lo afirma el artículo 138 de la Constitución de 1999: "Toda autoridad usurpada es ineficaz y sus actos son nulos", lo que abarca tanto la usurpación de autoridades por personas desprovistas de investidura, como la usurpación de funciones como incompetencia de orden constitucional. *V.* J. M. Auby y R. Drago, *Traité de Contentieux Administratif*, París, 1984, t. II, p. 256.

Estos principios de la necesidad de texto expreso y de la reserva legal aparecen consagrados en las leyes de procedimientos administrativos. Un ejemplo de ello está en la Ley de Costa Rica, al establecer que "la competencia será regulada por ley, siempre que contenga la atribución de potestades de imperio" (art. 59,1).

Además, en dicha Ley se detalla cómo se limita la competencia por razón del territorio, del tiempo, de la materia y del grado; y también por la naturaleza de la función que corresponda a un órgano dentro del procedimiento administrativo en que participa. (art. 60,1 y 2).

En definitiva, no sólo se trata de consideraciones doctrinales las que definen la competencia, sino que ella se regula en los textos legales, estableciéndose también sus limitaciones.

B. Las competencias implícitas

Al hablar de la competencia se puede también hacer referencia al tema de los denominados "poderes implícitos" por la jurisprudencia y doctrina francesa y que se refieren, básicamente, a la potestad reglamentaria atribuida a los Ministros derivada de su carácter de superior jerárquico, obligado a tomar todas las medidas necesarias para el buen funcionamiento de la Administración[14].

De ello resulta que un principio fundamental de interpretación de la competencia es el principio jerárquico, del cual precisamente, derivan estos poderes implícitos, como el nombramiento o remoción de funcionarios inferiores, la potestad reglamentaria, y la potestad de dictar instrucciones.

Pero la presunción de la competencia en la organización administrativa también puede referirse al inferior jerárquico, como lo dispone la ley peruana, en los casos de competencia desconcentrada en el sentido de que cuando una norma atribuya a una entidad alguna competencia o facultad sin especificar qué órgano a su interior debe ejercerla, debe entenderse que corresponde "al órgano de inferior jerarquía de función más similar vinculada a ella en razón de la materia y de territorio", y, en caso de existir varios órganos posibles, al superior jerárquico común (art. 62,1).

Particularmente, conforme a la misma Ley compete a estos órganos resolver los asuntos que consistan en la simple confrontación de hechos con normas expresas o asuntos tales como: certificaciones, inscripciones, remisiones al archivo, notificaciones, expedición de copias certificadas de documentos, comunicaciones o la devolución de documentos. Además, cada entidad es competente para realizar tareas materiales internas necesarias para el eficiente cumplimiento de su misión y objetivos (art. 63,2,3).

C. El tema del "paralelismo de la competencia"

También pueden considerarse como poderes implícitos, los que derivan del principio del "paralelismo de las competencias", establecido en el *arrêt Fourre–Cormeran* del 10 de abril de 1959, en el cual se estableció, que "a falta de disposiciones expresas que determinen la autoridad competente para poner fin a las funciones de un director, ese

14. *V.* por ejemplo *arrêt* CE *Jamart*, 7 de febrero de 1936, Rec. 172. *V.* además, en Long, Weil y Braibant, *Les grands arrêts de la jurisprudence administrative*, París, 1978, pp. 238–239.

poder corresponde, de pleno derecho, a la autoridad investida del poder de nominación"[15].

Esto plantea el tema de la posibilidad de que para la realización de las actividades administrativas, el órgano administrativo pueda fundamentarse en competencias no reguladas expresamente en la Constitución o en la ley. La Sala Constitucional del Tribunal Supremo, en algunas sentencias ha abordado el tema admitiendo que las competencias pueden derivar del principio del "paralelismo de las competencias", pero siempre que con el ejercicio de las mismas no se afecten los derechos de los administrados.

En efecto, en sentencia N° 2612 de 11 de diciembre de 2001 (Caso: *Impugnación de la Constitución del Estado Portuguesa*), dicha Sala Constitucional al determinar sobre la validez del desistimiento de un recurso de nulidad de un artículo de la Constitución del Estado Portuguesa que había sido interpuesto por un Fiscal del ministerio Público, sin tener competencia expresa para desistir de recursos, hizo las siguientes consideraciones:

> [En] materia de derecho público rige el principio conforme al cual la competencia de los órganos debe estar prevista de manera explícita o expresa en un instrumento normativo, por ser una manifestación de las potestades públicas a éstos otorgadas, de modo que, acudir a la tesis de las competencias implícitas a fin de justificar el ejercicio de ciertas facultades que la ley no atribuye a los órganos públicos, constituye una excepción de interpretación restrictiva al principio de la legalidad, que incluso a veces, no ha contado con la aprobación de la mayoría doctrinaria.

Sin embargo, dijo la Sala:

> Conforme al principio conocido como el "paralelismo de las competencias", los órganos públicos estarán facultados en algunos casos para realizar determinadas actividades, sin que para ello requieran de una ley o norma que los habilite a tal fin, siempre y cuando no exista una norma que expresamente lo prohíba; con lo cual se busca resolver en el ámbito fáctico, los problemas que pudieran suscitarse cuando una norma atribuye competencia a un órgano para dictar un acto, pero no indica cuál es el órgano facultado para modificarlo o revocarlo, por ello, ha señalado la doctrina patria más autorizada, que en nuestro ordenamiento tal principio puede ser aplicado perfectamente, salvo que se trate de un acto de efectos particulares.

Por su parte, la Sala Político–Administrativa del Tribunal Supremo de Justicia en sentencia N° 87 de 11 de febrero de 2004, también se ha referido a la cuestión de la competencia de los entes públicos señalando que si bien "las potestades atribuidas al Estado y demás entes públicos, le son otorgadas en función de ser los entes encargados de tutelar los intereses públicos, lo cual le confiere la posibilidad de afectar a los terceros, mediante la constitución, modificación, o extinción de relaciones jurídicas o mediante la modificación de las cosas existentes", de lo que deriva "la importancia de que estas potestades estén atribuidas por Ley, como garantía para los administrados"; sin embargo, esta regla de la competencia, admitiría excepciones con base en la señalada tesis de las "potestades implícitas o inherentes", la cual, sin embargo:

> [Al] constituir una excepción a la regla de competencia, su aplicación debe ser muy restrictiva, no admitiendo una interpretación extensiva, ni siquiera analógica de la legalidad como atributiva de poderes a la Administración, ya que justamente, esta es excepcional por cuanto supone restricciones a la libertad individual. En efecto, lo contrario daría origen a que se crearan facultades que afecten derechos subjetivos de particulares, violándose así, el principio de legalidad de la competencia. Como consecuencia de ello, debe señalarse que en el ejercicio de las potestades implícitas,

---

15. *Recueil Dalloz*, 1959, p. 210.

la Administración no podría desplegar actuaciones que afecten los derechos subjetivos de los particulares, por cuanto ello podría suceder sólo mediante norma atributiva de competencia.

Ahora bien, y salvo estos supuestos en los cuales la actividad administrativa no afecta los derechos de los administrados, el principio general de que la competencia de todos los órganos del Estado para la realización de sus actividades, tiene que derivar de texto constitucional o legal expreso; en lo que se refiere a la actividad administrativa, la misma básicamente puede y está básicamente en la ley, pues dicha actividad siempre es de carácter sublegal.

D. La competencia obligatoria y la sanción de nulidad

La consecuencia fundamental de la atribución de competencia a los órganos administrativos por ley, es que el ejercicio de la misma no es potestativo para la Administración, sino que el principio general es que la competencia es de ejercicio obligatorio, no constituyendo una facultad del funcionario, salvo que así esté establecido por ley, como una potestad discrecional.

Esto lo puntualiza el artículo 3 de la Ley argentina al establecer que el ejercicio de la competencia:

Constituye una obligación de la autoridad o del órgano correspondiente y es improrrogable, a menos que la delegación o sustitución estuvieren expresamente autorizadas; la avocación será procedente a menos que una norma expresa disponga lo contrario.

Por ello, la Ley de Honduras dispone que "la competencia es irrenunciable y se ejercerá por los órganos que la tengan atribuida por Ley" (art. 3); y la Ley de Costa Rica agrega que, además de ser obligatoria, es irrenunciable, es intransmisible y es imprescriptible y "sólo por ley podrán establecerse compromisos de no ejercerla" (art. 66). El mismo principio lo recoge la Ley Orgánica de la Administración Pública de Venezuela, al precisar que la competencia es irrenunciable, indelegable, improrrogable y no puede ser relajada por convención alguna, salvo los casos expresamente previstos en las leyes y demás actos normativos (art. 26). En consecuencia, toda actividad realizada por un órgano manifiestamente incompetente o usurpada por quien carece de autoridad pública es nula y sus efectos se tendrán por inexistentes (art. 26).

La mayor precisión en esta materia, está en el artículo 63 de la Ley del Perú, que dispone el carácter inalienable de la competencia administrativa, con estas normas:

63.1 Es nulo todo acto administrativo o contrato que contemple la renuncia a la titularidad, o la abstención del ejercicio de las atribuciones conferidas a algún órgano administrativo.

63.2 Sólo por ley mediante mandato judicial expreso, en un caso concreto, puede ser exigible a una autoridad no ejercer alguna atribución administrativa.

63.3 La demora o negligencia en el ejercicio de la competencia o su no ejercicio cuando ello corresponda, constituye falta disciplinaria imputable a la autoridad respectiva.

En consecuencia, conforme al artículo 65 de la misma Ley peruana el ejercicio de la competencia es una obligación directa del órgano administrativo que la tenga atribuida como propia, salvo el cambio de competencia por motivos de delegación o avocación, según lo previsto en la Ley. Por tanto, el encargo de gestión, la delegación de firma y la suplencia no suponen alteración de la titularidad de la competencia (art. 65,1,2).

En todo caso, conforme a la misma Ley peruana, la competencia de las entidades consagradas en la Constitución no puede ser cambiada, alterada o modificada (art. 65,3).

E. La desviación de la competencia

La consecuencia del principio de que la competencia es improrrogable, es decir, que es de ejercicio obligatorio, es que el funcionario no puede deshacerse de ella, a menos que la delegación o la avocación estuvieren expresamente autorizadas.

Así lo expresa la Ley 9.784 de Brasil, al establecer que la competencia es "irrenunciable", y se ejerce por los órganos administrativos a los que le fue atribuida como propia, salvo los casos de delegación y avocación legalmente admitidos (art. 11). Por tanto, el principio en los casos de competencias legalmente previstas, es que toda desviación de la misma por delegación o avocación debe ser autorizada expresamente por la ley; teniendo, además, carácter temporal (art. 70, Ley del Perú).

a. La avocación

En materia de avocación, el principio tradicional del derecho administrativo ha sido que la autoridad administrativa superior no puede libremente sustituirse en las autoridades subordinadas en el ejercicio de su poder de decisión.

Por ello, en la Ley de Brasil se establece que sólo de manera excepcional y por motivos relevantes debidamente justificados se podrá admitir la avocación temporal de competencias atribuidas a los órganos jerárquicamente inferiores (art. 15). Hasta cierto punto, este es el principio que recoge la Ley de Honduras, al señalar que:

> *Artículo 6.* Salvo disposición legal en contrario, el órgano superior no podrá avocarse en el conocimiento de asuntos atribuidos por la Ley a la competencia exclusiva de un órgano inferior.

En sentido similar la ley peruana dispone, en el Artículo 69 relativo a la avocación de competencia, que:

> *69.1* Con carácter general, la ley puede considerar casos excepcionales de avocación de conocimiento, por parte de los superiores, en razón de la materia, o de la particular estructura de cada entidad.
>
> *69.2* La entidad delegante podrá avocarse al conocimiento y decisión de cualquier asunto concreto que corresponda decidir a otra, en virtud de delegación.

Sin embargo, en la Ley argentina en materia de avocación se establece el principio contrario, en el sentido de que "la avocación será procedente a menos que una norma expresa disponga lo contrario" (art. 3).

En esta misma orientación de permisividad general del avocamiento, el artículo 41 de la LOAP autoriza al Presidente de la República, al Vicepresidente Ejecutivo, a los Ministros, a los Viceministros, a los Gobernadores, a los Alcaldes, y a los superiores jerárquicos de los órganos y entes de la Administración Pública, para poder avocarse al conocimiento y resolución de un asunto cuya resolución corresponda ordinariamente o por delegación a sus órganos jerárquicamente subordinados, cuando razones de índole técnica, económica, social, jurídica o de interés público lo hagan pertinente.

La avocación comprende las actividades materiales y las decisiones que correspondan al ejercicio de las atribuciones aplicables al caso, de conformidad con las formalidades que determinen la LOAP y el Reglamento respectivo.

El mismo artículo 41 de la LOAP dispone que, en todo caso, la avocación se debe realizar mediante acuerdo motivado que debe ser notificado a los interesados en el procedimiento, si fuere el caso, con anterioridad al acto administrativo definitivo que se dicte.

Contra el acuerdo de avocación no opera recurso, aunque podrá impugnarse en el recurso que, en su caso, se interponga contra el acto administrativo definitivo que se dicte (art. 41).

b. La asignación genérica de competencia y su desviación

En realidad, puede considerarse que ni la avocación ni la delegación requieren texto expreso en los casos en los cuales la atribución legal de competencia se asigne, no a un órgano determinado, como a un Ministro, directamente, sino a la organización específica, es decir, "al Ministerio" como un todo. En estos casos, conforme al tema de los poderes implícitos, la competencia se presume atribuida al superior jerárquico (el Ministro) (Ley General de Costa Rica, arts. 62 y 70), y éste normalmente, la distribuye entre los distintos órganos que conforman el Ministerio, por vía de reglamento.

Por ello, la Ley de Honduras dispone que el superior jerárquico:

> Podrá delegar el ejercicio de sus funciones para asuntos concretos, siempre que la competencia sea atribuida genéricamente al Ramo de la Administración de que forman parte el superior y el inferior (art. 4);

y conforme a la Ley de Costa Rica:

> La distribución interna de competencia, así como la creación de servicios sin potestades de imperio, se podrá hacer por reglamento autónomo, pero el mismo estará subordinado a cualquier Ley futura sobre la materia (art. 59.2).

En estos supuestos, además de ser el reglamento de organización la fuente de la competencia de los distintos órganos; habiendo sido el Ministro el que distribuye la competencia, se presume que tiene el poder genérico de avocación, en el mismo sentido que tiene el ejercicio de las competencias derivadas de la propia jerarquía administrativa, tales como revisar las decisiones del inferior; dirigir con carácter general la actividad de los inferiores mediante instrucciones y circulares; y delegar el ejercicio de competencias que se atribuya en los inferiores.

Un caso particular en esta materia lo consagra la Ley de Brasil (art. 17), donde se establece que en los supuestos en que no exista una competencia legal específica, el procedimiento administrativo deberá ser iniciado por ante la autoridad de menor grado jerárquico para decidir. Por lo tanto, en este caso, como ya se señaló respecto del Perú (art. 62), las atribuciones generales de competencia no las asume el superior jerárquico sino el inferior.

En Venezuela, la Ley Orgánica de la Administración Pública regula expresamente esta materia, al dispones en su artículo 27 que en caso que una disposición legal o administrativa otorgue una competencia a la Administración Pública, sin especificar el órgano o ente que debe ejercerla, "se entenderá que corresponde al órgano de la Administración Central con competencia en razón de la materia"; y que en caso de que otorgue una competencia a un órgano o ente de la Administración Pública sin determinar la unidad administrativa competente, "se entenderá que su ejercicio corresponde a la unidad administrativa con competencia por razón de la materia y el territorio, del segundo nivel jerárquico del respectivo órgano o ente".

En todo caso, el principio del ejercicio obligatorio de la competencia sólo se ve desviado cuando exista la posibilidad de delegación de la misma hacia el inferior jerárquico, o cuando haya la posibilidad de avocación de la competencia por parte del superior jerárquico. Estas son las dos formas clásicas de desviación de la competencia, que encuentran regulación incluso con gran detalle en algunas leyes. La Ley de Costa Rica, incluso, destina uno de sus capítulos a regular: "De la Distribución y de los Cambios de la Competencia", con una Sección Primera sobre la "Desconcentración"; y una Sección Segunda sobre "Cambios de Competencia en General", donde establece que las competencias pueden ser transferidas por "a) Delegación; b) Avocación; c) Sustitución del titular o de un acto; d) Subrogación; y e) Suplencia." (art. 84). Y luego destina las Secciones subsiguientes de manera específica, con varios artículos, para analizar cada una de estas figuras, en el sentido de regular cuándo se producen y qué requisitos requieren.

c. *La delegación*

Particular referencia debe hacerse a la delegación, como posibilidad que tiene el superior jerárquico de desviar el ejercicio de la competencia que le ha sido asignada por ley, en un órgano inferior, para lo cual se requiere texto expreso que la autorice. La Ley General de la Administración Pública de Costa Rica, en esta materia, ha positivizado los principios que pueden ser considerados como fundamentales en la materia así (arts. 89 y 90):

a) La delegación deberá ser publicada en el Diario Oficial;

b) La delegación podrá ser revocada en cualquier momento por el órgano delegante.

c) No podrán delegarse potestades delegadas, es decir, no se permite la subdelegación.

d) No podrá hacerse una delegación total ni tampoco de las competencias esenciales del órgano, que le dan nombre o que justifican su existencia.

e) No podrá hacerse delegación sino en órganos o funcionarios que sean inferiores dentro de una misma organización, y entre órganos de la misma clase, por razón de la materia, del territorio y de la naturaleza de la función.

f) El órgano colegiado no puede delegar sus funciones.

Principios similares están recogidos en la Ley de Brasil (art. 14). La Ley del Perú, también los recoge con precisión, en el Artículo 67 dedicado a la delegación de competencia:

67.1 Las entidades pueden delegar el ejercicio de competencia conferida a sus órganos en otras entidades cuando existan circunstancias de índole técnica, económica, social o territorial que lo hagan conveniente.

67.2 Son indelegables las atribuciones esenciales del órgano que justifican su existencia, las atribuciones para emitir normas generales, para resolver recursos administrativos en los órganos que hayan dictado los actos objeto de recurso, y las atribuciones a su vez recibidas en delegación.

67.3 Mientras dure la delegación, no podrá el delegante ejercer la competencia que hubiese delegado, salvo los supuestos en que la ley permite la avocación.

67.4 Los actos administrativos emitidos por delegación indican expresamente esta circunstancia y son considerados emitidos por la entidad delegante.

67.5 La delegación se extingue: a) Por revocación o avocación; b) Por el cumplimiento del plazo o la condición previstos en el acto de delegación

Además, debe destacarse el principio de que en los actos administrativos adoptados por delegación, debe hacerse constar expresamente esta circunstancia, como lo precisan la Ley Orgánica de Procedimientos Administrativos de Venezuela (art. 18,7), la Ley

9.784 de Brasil (art. 14,3°) y la Ley de Honduras (art. 5). Esta última, además, recoge el principio general de que "la responsabilidad que se derive de la emisión de los actos será imputable al órgano delegado"(art. 5).

En algunas leyes, y siguiendo los principios generales en esta materia, se precisan las materias que no pueden ser objeto de delegación, como lo indica la Ley de Brasil (art. 13) respecto de: "I. a edição de atos de carácter normativo; II. a decisão de recursos administrativos; III. as matérias de competêcia exclusiva do ógção ou autoridade".

La más reciente regulación legal en materia de delegación está contenida en la Ley Orgánica de la Administración Pública de Venezuela, de octubre de 2001, la cual distingue tres tipos de delegación: la interorgánica, la subjetiva y la de gestión.

En cuanto a la delegación interorgánica, el artículo 34 autoriza al Presidente de la República, al Vicepresidente Ejecutivo, los Ministros, los Viceministros, los Gobernadores, los Alcaldes y los superiores jerárquicos de los órganos y entes de la Administración Pública para delegar las atribuciones que les estén otorgadas por ley a los órganos o funcionarios inmediatamente inferiores bajo su dependencia, de conformidad con las formalidades que determine la LOAP y su Reglamento (art. 34).

Los funcionarios del órgano al cual se haya delegado una atribución serán responsables por su ejecución (art. 37).

Los actos administrativos derivados del ejercicio de las atribuciones delegadas, a los efectos de los recursos correspondientes, se tendrán como dictados por la autoridad delegante (art. 37).

En cuanto a la delegación intersubjetiva, el artículo 33, por otra parte, denomina así el acto mediante el cual la Administración Pública Nacional, la de los Estados, la de los Distritos metropolitanos y la de los Municipios deleguen las competencias que les estén otorgadas por ley a sus respectivos entes descentralizados funcionalmente, de conformidad con las formalidades que determine la presente Ley y su reglamento (art. 33).

La delegación intersubjetiva, en los términos establecidos por la LOAP, transfiere la responsabilidad por su ejercicio al ente delegado. Los funcionarios o funcionarias del ente delegado encargados del ejercicio de la competencia delegada serán responsables personalmente por su ejecución, sin perjuicio de la responsabilidad personal del funcionario o de los funcionarios que integren los órganos encargados de su ejecución en dicho ente (art. 36)

En cuanto a la delegación de gestión y de firma, el artículo 38 de la LOAP autoriza al Presidente de la República, al Vicepresidente Ejecutivo, los Ministros, los Viceministros, los Gobernadores, los Alcaldes y las autoridades de superior jerarquía de la República, de los Estados, de los Distritos metropolitanos, de los Municipios y de los entes de la Administración Pública, para delegar la gestión, total o parcial de determinadas atribuciones a los órganos bajo su dependencia, así como la firma de documentos en funcionarios o funcionarias adscritos a los mismos, de conformidad con las formalidades previstas en la LOAP y su Reglamento (art. 38).

Conforme al artículo 38 de la LOAP, en ningún caso procede la delegación de firmas en los supuestos de actos administrativos de carácter sancionatorio ni en los casos en los cuales no procede la delegación interorgánica a intersubjetiva previstos en el artículo 35 de la LOAP.

En todo caso, los actos administrativos que se firmen por delegación de gestión indicarán esta circunstancia y señalarán la identificación del órgano delegante (art. 42).

El acto contentivo de la delegación cualquiera sea su tipo, intersubjetiva o interórganica, y de la delegación de gestión, debe ser motivado, identificar los órganos o entes entre los que se transfiera el ejercicio de la competencia o la gestión administrativa y determinar la fecha de inicio de su vigencia.

En los casos de delegación, en que no se determine la fecha de inicio de su vigencia, se entiende que ésta comienza desde su publicación en la Gaceta Oficial de la República o el medio de divulgación oficial del Estado, del Distrito metropolitano o del Municipio correspondiente (art. 42).

Conforme al artículo 35 de la LOAP y sin perjuicio de lo dispuesto en la Constitución o en leyes especiales, la delegación intersubjetiva o interórganica no procede en los siguientes casos:

1. Cuando se trate de la adopción de disposiciones de carácter normativo.
2. Cuando se trate de la resolución de recursos en los órganos administrativos que hayan dictado los actos objeto de recurso.
3. Cuando se trate de competencias o atribuciones ejercidas por delegación.
4. En aquellas materias que así se determinen por norma con rango de ley.

Las delegaciones intersubjetivas y su revocación deben publicarse en la Gaceta Oficial de la Administración Pública correspondiente (art. 35). Las resoluciones administrativas que se adopten por delegación deben indicar expresamente esta circunstancia y se consideran dictadas por el órgano delegante (art. 35). La delegación será revocable en cualquier momento por el órgano que la haya conferido (art. 35).

d. La desconcentración

Además de la delegación y la avocación, la desconcentración y la descentralización también constituyen formas de desviación de la competencia, que requieren texto expreso.

La desconcentración es una desviación permanente de la competencia, que se produce cuando es la ley la que directamente atribuye la competencia específica a un órgano inferior, por ejemplo, de un Ministerio. Se trata de una desviación que se dirige a un órgano y no a un funcionario, atribuyéndose al órgano inferior en una relación de jerarquía, la resolución de asuntos, poniendo fin a la vía administrativa y rompiendo el principio jerárquico. Materialmente, por ello, la desconcentración es una ruptura permanente del principio jerárquico que debe estar contenida en una ley.

Por supuesto, cuando hay una ruptura del principio jerárquico por causa de una disposición de ley, es decir, cuando hay desconcentración, no procedería el avocamiento por parte del funcionario de superior jerarquía. En otras palabras, el funcionario superior jerárquico, cuando haya desconcentración de competencia legalmente establecida, no podría asumir por vía de avocamiento la competencia que ha sido atribuida por ley al funcionario inferior.

Es el caso, por ejemplo, en Venezuela, de las Comisiones u órganos permanentes de la Administración Pública como por ejemplo, la Superintendencia de Protección y Promoción de la Libre Competencia, la Comisión Nacional de Valores y la Comisión Nacional de Telecomunicaciones, y demás administraciones independientes, las cuales, si bien en principio están integradas a la organización de un Ministerio, sin embargo, sus decisiones o resoluciones agotan la vía administrativa, en el sentido que por ley tienen la competencia para decidir, sin que tales decisiones puedan ser revisadas en vía jerárquica por el Ministro de adscripción; ya que éste no podría avocarse al conocimiento de las materias que les conciernen a estas Administraciones.

Incluso, en la Ley sobre Protección del Niño y del Adolescente de 1998 de Venezuela se crea la Comisión Nacional de Derechos del Niño y del Adolescente, como entidad autónoma respecto de todos los órganos del Poder Público, incluso del Poder Ejecutivo, lo que realmente no tiene sentido pues ello sólo la Constitución podría disponerlo.

La Ley General de la Administración Pública de Costa Rica, incluso, precisa que habría desconcentración mínima, "cuando el superior no pueda avocar competencias del inferior, ni revisar o sustituir la conducta del inferior, de oficio o a instancia de parte" (art. 83,2); y habría desconcentración, máxima "cuando el inferior esté sustraído además a órdenes, instrucciones o circulares del superior". (art. 83,3).

e. La descentralización

La descentralización, que también es otra forma de desviación de la competencia requiere así mismo, de ley expresa y normalmente debe ser hecha mediante ley. Se trata de una desviación de la competencia cuando la misma se atribuye a un órgano con personalidad jurídica propia, distinta del que descentraliza. Se trata de la denominada *descentralización funcional* que requiere la creación, por ley, por ejemplo, de un instituto autónomo o un establecimiento público con personalidad jurídica propia.

Por ello, la Constitución venezolana, por ejemplo, establece como principio que los institutos autónomos sólo pueden crearse por ley (art. 142); exigiendo que una ley nacional establezca "las condiciones para la creación de entidades descentralizadas para la realización de actividades sociales o empresariales, con el objeto de asegurar la razonable productividad económica y social de los recursos públicos que en ellas se inviertan" (art. 300).

Conforme a estas normas constitucionales, la Ley Orgánica de la Administración Pública de Venezuela de 2001, establece detalladamente el régimen general de la organización de la administración pública descentralizada tanto nacional, como estadal y municipal.

Conforme se ha dicho, la descentralización administrativa funcional tiene por objeto la creación de personas jurídicas a las cuales se transfiere la titularidad de determinadas competencias y la responsabilidad de ejecutarlas (arts. 29 y 32 LOAP), pudiendo realizarse esta descentralización funcional mediante la creación de personas jurídicas con forma de derecho público o con forma de derecho privado.

En la LOAP sólo se regula una de las formas jurídicas de derecho público para la descentralización administrativa funcional constituida por la figura del instituto autónomo, el cual se define en el artículo 95 de la LOAP, como una persona jurídica de derecho público de naturaleza fundacional, creado por ley nacional, estadal u ordenanza municipal conforme a las disposiciones de esta Ley, dotado de patrimonio propio e independiente de la República, de los estados, de los distritos metropolitanos y de los municipios, según sea el caso, con las competencias o actividades determinadas en la ley que lo cree.

Sin embargo, las formas jurídicas de derecho público estatales no se agotan en los institutos autónomos, pues también los establecimientos públicos corporativos, como las universidades nacionales y aquellas personas jurídicas de derecho público específicas, como el Banco Central de Venezuela (establecimientos públicos asociativos), son formas jurídicas de derecho público estatales para la descentralización funcional.

La creación de los institutos autónomos, como se dijo, sólo puede realizarse mediante ley conforme lo establece el artículo 142 de la Constitución, a cuyo efecto, el artículo 96 de la LOAP dispone que la ley nacional, estadal u ordenanza que cree un instituto autónomo debe contener:

1. El señalamiento preciso de su finalidad, competencias y actividades a su cargo.
2. La descripción de la integración de su patrimonio y de sus fuentes ordinarias de ingresos.
3. Su estructura organizativa interna a nivel superior, con indicación de sus unidades administrativas y señalamiento de su jerarquía y atribuciones.
4. Los mecanismos particulares de control de tutela que ejercerá el órgano de adscripción.
5. Los demás requisitos que exija la presente Ley.

En cuanto a las formas jurídicas de derecho privado de la Administración Pública descentralizada funcionalmente, la LOAP regula a las sociedades mercantiles del Estado, a las fundaciones del Estado y a las asociaciones civiles del Estado. En particular, el artículo 100 de la LOAP define a las empresas del Estado como las sociedades mercantiles en las cuales la República, los estados, los distritos metropolitanos y los municipios, o alguno de los entes descentralizados funcionalmente regulados en la Ley Orgánica, solos o conjuntamente, tengan una participación mayor al 50% del capital social. La Ley Orgánica, en consecuencia autoriza a la República, a los Estados, a los municipios, a los distritos metropolitanos, para constituir sociedades anónimas y de responsabilidad limitada, incluso como únicos accionistas (art. 103).

En todo caso, la creación de las empresas del Estado debe ser autorizada respectivamente por el Presidente de la República en Consejo de Ministros, los gobernadores y los alcaldes según corresponda, mediante decreto o resolución de conformidad con la ley (art. 101). Estas empresas del Estado pueden constituirse con un único accionista, estableciéndose así, en el artículo 104 de la LOAP, la excepción al régimen del contrato de sociedad que establece el Código de Comercio para la constitución de sociedades mercantiles. Las empresas del Estado adquieren la personalidad jurídica con la protocolización de su acta constitutiva en el registro mercantil correspondiente a su domicilio, donde se debe archivar un ejemplar auténtico de sus estatutos y de la Gaceta Oficial de la República o del medio de publicación oficial correspondiente donde aparezca publicado el decreto que autorice su creación (art. 101).

Pero además de la descentralización funcional debe también destacarse la *descentralización política*, que se produce al transferirse competencias de una entidad política territorial a otra en un Estado descentralizado. Por ejemplo, en la Federación venezolana se dispone que la Asamblea Nacional podrá atribuir a los Municipios o a los Estados determinadas materias de la competencia nacional, a fin promover la descentralización (art. 157); competencia que se ejerció con la Ley Orgánica de Descentralización, Delimitación y Transferencia de Competencia de los órganos del Poder Público de 1989.

Esta desviación de la competencia, de rango constitucional, porque se refiere a las competencias asignadas al Poder Nacional en la Constitución (art. 156), cuando se produce, origina una modificación de la Constitución por lo que la ley respectiva adquiere rango constitucional. En la Constitución Venezolana, además, se define el proceso de descentralización política como una política nacional, para profundizar la democracia, acercando el poder a la población y creando las mejores condiciones, tanto para el ejercicio de la democracia como para la prestación eficaz y eficiente de los cometidos estatales (art. 158).

D. El carácter de orden público

Por último, en relación con la competencia como requisito de los actos administrativos, debe mencionarse el vicio de incompetencia que resulta de la violación de los principios anteriores relativos a la competencia, legalmente prescritos.

Hay leyes que prevén este principio expresamente, como la Ley de Costa Rica, en la cual se establece que, en vía administrativa, "la incompetencia será declarable de oficio en cualquier momento por el órgano que dictó el acto, por el superior jerárquico o, a instancia de parte, por la autoridad de contralor" (art. 67,1). En igual sentido se regula en la Ley de Honduras (art. 7).

Por ello, el vicio de incompetencia se considera siempre como un vicio de orden público, de manera que la Ley de Argentina en su artículo 14,6 considera que:

El acto administrativo es nulo, de nulidad absoluta e insanable... cuando fuere emitido mediando incompetencia en razón de la materia, del territorio, del tiempo o del grado, salvo, en este último supuesto, que la delegación o sustitución estuvieren permitidas.

La Ley de Honduras, en cambio, sólo califica el vicio como de la nulidad absoluta cuando se trate de incompetencia "absoluta" (art. 34,a), y la Ley de Venezuela, cuando se trate de "incompetencia manifiesta" (art. 19.4) la cual, como lo señaló la antigua Corte Suprema de Justicia de Venezuela: "Puede ser alegada en cualquier estado y grado de la causa, inclusive en alzada y acarrea la posibilidad para el juez de pronunciar la dicha nulidad absoluta, aún de oficio"[16]

La importancia procesal de este vicio alegado en vía contencioso administrativa, además, radica en que invierte la carga de la prueba que normalmente corresponde al recurrente, por la presunción de legalidad de los actos administrativos. Así lo tiene decidido la jurisprudencia venezolana al sentar el principio de que cuando el recurrente alega la incompetencia del funcionario, se invierte la carga de la prueba y es entonces a la Administración a quien le corresponde probar la competencia[17]

Por otra parte, el Código colombiano trae una norma (art. 33) preventiva para el caso de la incompetencia y es aquella disposición que obliga al funcionario incompetente a informar al peticionante de su imposibilidad de resolver la petición por no ser el competente para ello:

> Si el funcionario a quien se dirige la petición, o ante quien se cumple el deber legal de solicitar que inicie la actuación administrativa, no es el competente, deberá informarlo en el acto al interesado, si éste actúa verbalmente; o dentro del término de diez (10) días, a partir de la recepción si obró por escrito; en este último caso el funcionario a quien se hizo la petición deberá enviar el escrito, dentro del mismo término, al competente, y los términos establecidos para decidir se ampliarán en diez (10) días.

Una regulación similar está en la Ley de Honduras (art. 7).

---

16 *V.* Sentencia de la Sala Político Administrativa de 26 de marzo de 1984, ratificada en sentencia de 5 de diciembre de 1985. Además la sentencia de la Corte Primera de lo Contencioso Administrativo de 9 de diciembre de 1985, *Revista de Derecho Público*, Nº 25, Caracas, 1986, pp. 144 y 108.

17 *V.* Sentencia de la Corte Primera de lo Contencioso Administrativo de 9 de diciembre de 1985, *idem*, p. 108).

En esta Ley se establecen, además, los pasos a seguir cuando un órgano administrativo entienda que es el competente para el conocimiento de un asunto que se tramite ante cualquier inferior, en cuyo caso, debe pedirle "las razones que ha tenido para conocer el asunto", con fundamento en lo cual el superior resolverá lo procedente en un lapso de tres días (art. 8). También se regula la situación inversa, cuando un órgano estime que le corresponde el conocimiento de un asunto que se tramite ante un superior, en cuyo caso se limitará a exponerle las razones, para que el superior sea el que resuelva (art. 9).

E. Los conflictos de competencia

El requisito de la competencia también incide en el problema de la resolución de los conflictos de competencia que se puedan suscitar entre los órganos administrativos.

De nuevo en esta materia está presente el principio jerárquico, como se señaló respecto de la Ley de Honduras, ya que se le atribuye al superior jerárquico la resolución de los conflictos de competencia.

Así, la Ley de Costa Rica establece el principio general en el sentido de que los conflictos de competencia entre órganos del Poder Ejecutivo o de un mismo ente deben ser siempre resueltos, en vía administrativa, y no pueden ser llevados en ningún caso a los Tribunales; y como principio, dispone que los:

> Conflictos administrativos entre órganos del Poder Ejecutivo o de un mismo ente, se resolverán por el superior jerárquico común de los órganos en conflicto. (art. 71)

Lo interesante de la regulación establecida en la Ley de Costa Rica es la prohibición que consagra de que los conflictos interadministrativos se lleven a los tribunales y, por ello, la obligación de que los mismos se resuelvan en vía administrativa.

La Ley de Costa Rica, además, hace una distinción entre los conflictos de competencia que pueden presentarse dentro de un mismo ministerio (arts. 73 a 75); los conflictos de competencia entre distintos ministerios (arts. 76 y 77); los conflictos de competencia entre el Estado y otros entes, o entre éstos (arts. 78 a 80); y, los conflictos de competencia planteados por el interesado (arts. 81 y 82); en fin, contempla toda una gama de posibilidades de conflictos.

Esta ley es un caso único de regulación detallada del tema de los conflictos de competencia, con el principio básico de que los mismos deben resolverse en vía administrativa. Esto es muy válido sobre todo en los Estados Unitarios, como Costa Rica, donde aún en el supuesto de conflictos entre el Presidente y entidades descentralizadas o entre ministros y entidades descentralizadas, es el Presidente de la República el que debe resolver el conflicto.

De igual manera, este principio de la resolución administrativa de los conflictos entre ministerios o entre entidades administrativas o autárquicas (como se les llama en Argentina), es decir, el principio de que estos conflictos debe resolverlos el Ejecutivo está consagrado también en la Ley argentina (arts. 4 y 5) y en la Ley de Honduras (art. 10).

En Venezuela, la Ley Orgánica de la Administración Pública regula la solución de los conflictos de atribuciones, estableciendo que cuando el órgano que esté conociendo de un asunto se considere incompetente debe remitir las actuaciones al que estime con competencia en la materia. Si este último órgano se considera a su vez incompetente, el asunto debe ser resuelto por el órgano superior jerárquico común a ambos (art. 44).

Los interesados pueden solicitar a los órganos que estén instruyendo el procedimiento que declinen el conocimiento del asunto en favor del órgano competente. Del mismo modo, pueden solicitar a este último que requiera la declinatoria del órgano que esté conociendo del asunto (art. 44).

Los conflictos antes mencionados sólo pueden suscitarse entre unidades administrativas integrantes del mismo órgano o ente y con respecto a asuntos sobre los cuales no haya recaído decisión administrativa definitiva o finalizado el procedimiento administrativo (art. 44).

Debe destacarse, por otra parte, la disposición de la Ley de Honduras que permite la adopción de medidas provisionales durante la solución de los conflictos de competencia, así:

> *Artículo 13.* Cuando hubiere peligro de grave e irreparable daño mientras el conflicto está pendiente de decisión, el órgano que está conociendo del asunto deberá adoptar de oficio o a petición de parte interesada las medidas provisionales que estime procedentes, dando inmediata comunicación a los demás y, en su caso, a los interesados.

Ahora bien, en cuanto a la regulación en Estados federales o descentralizados como es el caso de Argentina, la ley nacional sólo se refiere a los conflictos entre las autoridades del Poder nacional, mas no regula los conflictos interterritoriales. La razón principal es que se trata de un Estado federal donde el Poder nacional es distinto al Poder de las provincias o el Poder municipal. Es el mismo caso de Venezuela, donde hay una trilogía de distribución vertical del poder público.

En esos casos de conflictos entre los Poderes nacional, estadal y municipal evidentemente que no son de carácter interadministrativo, son interterritoriales, de carácter político y la solución debe corresponder a los órganos de control constitucional. En Venezuela es la Sala Constitucional del Tribunal Supremo de Justicia, quien tiene atribuida formalmente la competencia para resolver las controversias constitucionales que se susciten entre cualesquiera de los órganos del Poder Público (art. 336, ord. 9).

Pero incluso, tratándose de conflictos entre entidades territoriales en el Estado federal venezolano, en relación con competencias administrativas, la Constitución de Venezuela requiere que sean resueltos por la jurisdicción contencioso administrativa. Así el artículo 266, ordinal 4 atribuye al Tribunal Supremo de Justicia en Sala Político Administrativa, competencia para:

Dirimir las controversias administrativas que se susciten entre la República, algún Estado, Municipio u otro ente público, cuando la otra parte sea alguna de esas mismas entidades, a menos que se trate de controversias entre Municipios de un mismo Estado, caso en el cual la ley podrá atribuir su conocimiento a otro tribunal.

Por último, debe destacarse la regulación del artículo 64 de la Ley peruana que norma el conflicto de competencias entre la autoridad administrativa y la autoridad judicial, en la siguiente forma:

> *64.1* Cuando, durante la tramitación de un procedimiento, la autoridad administrativa adquiere conocimiento que se está tramitando en sede jurisdiccional una cuestión litigiosa entre dos administrados sobre determinadas relaciones de derecho privado que precisen ser esclarecidas previamente al pronunciamiento administrativo, solicitará al órgano jurisdiccional comunicación sobre las actuaciones realizadas.

64.2 Recibida la comunicación, y sólo si estima que existe estricta identidad de sujetos, hechos y fundamentos, la autoridad competente para la resolución del procedimiento podrá determinar su inhibición hasta que el órgano jurisdiccional resuelva el litigio.

La resolución inhibitoria es elevada en consulta al superior jerárquico, si lo hubiere, aun cuando no medie apelación. Si es confirmada la resolución inhibitoria es comunicada al Procurador Público correspondiente para que, de ser el caso y convenir a los intereses del Estado, se apersone al proceso.

F. La incompetencia

La competencia como requisito de validez de los actos administrativos es, sin duda, uno de los requisitos de validez que mayor importancia tiene para asegurar la sumisión a la ley y al derecho por parte de los órganos administrativos. Los actos administrativos en efecto, pueden estar viciados por incompetencia, y ello permite el control de inconstitucionalidad e ilegalidad de los mismos. En consecuencia, la incompetencia es el vicio que afecta a los actos administrativos cuando han sido dictados por funcionarios o personas que no estén autorizados legalmente para dictarlos, sea en virtud de que carecían de toda competencia, sea en virtud de que se extralimitaron en el ejercicio de las competencia que tenían para otra actuación.

El vicio de incompetencia de los actos administrativos puede dar origen a un vicio de inconstitucionalidad o de ilegalidad, según que las normas atributivas de las competencias tengan rango constitucional o legal. Por eso, debe distinguirse en la incompetencia, la usurpación de autoridad y de funciones, de la extralimitación de atribuciones.

a. La incompetencia constitucional

La incompetencia de orden constitucional se produce en dos casos: cuando una persona que carece en forma absoluta de competencia, usurpa la autoridad y ejerce sus competencias sin legitimidad alguna; o cuando un funcionario determinado usurpa las funciones atribuidas a otro órgano distinto del Estado. En estos casos, los actos administrativos así dictados están viciados de nulidad, y por ser dictados "por autoridades manifiestamente incompetentes" estarían viciados de nulidad absoluta conforme al Artículo 19, ordinal 4° de la Ley Orgánica.

a'. La usurpación de autoridad

De acuerdo al Artículo 138 de la Constitución, "toda autoridad usurpada es ineficaz y sus actos son nulos". Por tanto, el acto administrativo dictado con usurpación de autoridad[18] es nulo, no puede producir efectos, y el vicio del mismo conforme a los ordinales 1° y 4° del Artículo 19 de la Ley Orgánica, sería de nulidad absoluta.

Ahora bien, un acto estaría viciado de usurpación de autoridad, cuando una persona, sin ningún tipo de investidura pública, asume una función pública y actúa como un funcionario, caso en el cual el Artículo 138 de la Constitución declara la ineficacia radical y total de tal autoridad usurpada, es decir, de quien sin tener autoridad formalmente concedida, ni título, ni investidura, asume una función, y desempeña las tareas propias

---

18 *V.* Allan R. Brewer–Carías, *Las Instituciones Fundamentales del Derecho Administrativo y la Jurisprudencia Venezolana*, Caracas 1964, pp. 60 y ss.; Allan R. Brewer–Carías, *El Control de la Constitucionalidad de los Actos Estatales*, Caracas 1977, pp. 131 y ss.

de un funcionario. Por ejemplo, cuando una persona usurpa el cargo de Jefe Civil de una población, por más actos que dicte, con las formalidades necesarias, si esa persona no ha tenido nombramiento ni investidura oficial, esos actos que pueda dictar usurpando la autoridad, son actos nulos, viciados de nulidad absoluta, pues de acuerdo al Artículo 137 de la Constitución, sólo pueden ejercerse "atribuciones de los órganos que ejercen el Poder Público" de acuerdo a la Constitución y la ley, a las cuales deben sujetarse las actividades que realicen. Por ello, si no hay investidura, el acto administrativo sería nulo, por usurpación de autoridad. En tal sentido, un caso típico de usurpación de autoridad se daría cuando, conforme a lo establecido en el Artículo 333 de la Constitución, alguien usurpe el gobierno y derogue la Constitución o ésta se deje de observar por acto de fuerza. En tales casos, los actos de los usurpadores se consideran nulos.

Pero el Artículo 333 indirectamente consagra la legitimidad para que una persona aun cuando no esté investida de autoridad pueda colaborar con el restablecimiento de la efectiva vigencia de la Constitución, abriendo así la posibilidad de que en ciertos casos, quien actúa sin autoridad, pero con fines plausibles, tenga legitimidad constitucional para ello. Esto está vinculado a la teoría del funcionario de hecho.

En consecuencia, cuando se habla de usurpación de autoridad, debe señalarse que en este supuesto de vicio de nulidad absoluta de los actos administrativos, se dan ciertas situaciones de hecho que dan origen a lo que se ha denominado la teoría del funcionario de hecho. En efecto, se ha reconocido en la doctrina administrativa que, en ciertas circunstancias excepcionales, ciertas personas, aun cuando no tengan título ni investidura, pueden ejercer algunas actividades públicas con fines de interés general, en situaciones de emergencia, por ejemplo, un terremoto o cualquier calamidad pública. En estos supuestos, puede resultar necesario que alguien asuma, de hecho, el comando de la situación, en un momento determinado, y que actúe como autoridad, e inclusive que necesite adoptar decisiones que hasta puedan causar perjuicios. En estos casos, la doctrina ha considerado que aun cuando no se trate de un funcionario, como es un fin plausible el que persigue, puede reconocerse una obligación del Estado, por ejemplo, de indemnizar los daños que esa persona puede causar.

Por otra parte, para que se dé la teoría del funcionario de hecho, es necesario que se dé la asunción de autoridad por una persona no investida legalmente, con fines de interés general y plausible, en ciertas circunstancias excepcionales. Pero la teoría del funcionario de hecho, lo único que permite es que el Estado, en ciertos casos, reconozca los actos de quien no tenía autoridad, para proteger a los particulares que actuaron de buena fe; pero formalmente esos actos están contra el orden constitucional.

En todo caso, la usurpación de autoridad conforme a lo que establece el Artículo 138 de la Constitución, es un caso de incompetencia constitucional. Hemos visto que todo acto administrativo debe ser dictado por la autoridad competente, siendo el primer requisito de fondo de los mismos, la competencia. Por tanto, la usurpación de autoridad es una forma de incompetencia; la de mayor gravedad, pues es siempre manifiesta. Por ello, la usurpación de autoridad, como incompetencia constitucional encuadra, sin duda, dentro de lo establecido en el Artículo 19, ordinal 4º de la Ley Orgánica que sanciona con el vicio de nulidad absoluta, a los actos que "hubieren sido dictados por autoridades manifiestamente incompetentes".

Por otra parte, la usurpación de autoridad, además de viciar a los actos administrativos, acarrea una sanción penal. El artículo 214 del Código Penal establece, en efecto que será castigado con prisión de dos a seis meses "cualquiera que indebidamente asuma o ejerza funciones públicas" e igualmente, esa misma pena se aplicará al funcionario que siga ejerciendo las funciones después de haber sido removido.

b'. La usurpación de funciones

Además de la usurpación de autoridad, otro vicio de incompetencia constitucional es la usurpación de funciones[19]. Hemos dicho que la Constitución, en su Artículo 137, establece que cada una de las ramas del Poder Público tiene sus funciones propias; pero los órganos a los que incumbe su ejercicio deben colaborar entre sí en la realización de los fines del Estado. Además, la Constitución, en el Artículo 137 exige que las atribuciones del Poder Público deben ejercerse de acuerdo a la Constitución y las Leyes que las definen. Por tanto, de acuerdo a estas normas, las diversas funciones del Estado se establecen en la Constitución y las Leyes, y ellas distribuyen esas funciones a los diversos órganos estatales. Por tanto, todo ejercicio de una función por otro órgano a quien no se le asigne, configuraría un vicio de usurpación de funciones.

En esta forma, la usurpación de funciones se produciría cuando un órgano de una de las ramas del Poder Público tanto en su distribución vertical (Nacional, estadal o municipal) como en su división horizontal (Legislativo, Ejecutivo, Judicial, Ciudadano y Electoral) ejerce funciones de otro órgano de las ramas del Poder Público. En este contexto, rama del Poder Público debe interpretarse en sentido general, tanto respecto de la distribución del Poder en las ramas Nacional, Estadal y Municipal; como de la división horizontal de cada uno de esos Poderes, en Legislativo y Ejecutivo y a nivel nacional, además, en Judicial, Ciudadano y Electoral. Por tanto, si un órgano Municipal ejerce una función atribuida a un órgano de la República, usurpa funciones que la Constitución asigna a otros niveles territoriales; si los órganos del Poder Nacional ejercen funciones Municipales, habría usurpación de funciones municipales. Pero además, dentro de la República, por ejemplo, si un órgano administrativo ejerce funciones legislativas reservadas al Parlamento o funciones judiciales reservadas a los Tribunales, habría también usurpación de funciones. Por tanto, la usurpación de funciones se da en los dos aspectos: territorial y dentro de cada uno de los niveles territoriales, en las invasiones de funciones entre los órganos del Estado, en relación a las funciones que se le asignan constitucionalmente.

En estos casos, la usurpación de funciones es un vicio de orden constitucional, es una incompetencia constitucional. Por ejemplo, se produce cuando la Administración, a nivel nacional, ejerce una función judicial y dicta una sentencia usurpando la labor de los jueces, o cuando el Congreso, en un momento determinado, usurpa una función administrativa que la Constitución reserva a la Administración. Por ejemplo, si el Congreso dictase una Ley estableciendo que el Congreso es quien nombra a un funcionario de la Administración Pública, usurparía una función del Poder Ejecutivo que es quien tiene la potestad de nombrar y remover funcionarios públicos: allí habría usurpación de funciones administrativas por el Legislador.

Lo mismo sucede entre los diversos niveles territoriales de la organización política. En efecto, la Constitución establece un sistema de descentralización política donde cada

19 . En particular, *V.* Allan R. Brewer–Carías, *Las Instituciones Fundamentales del Derecho Administrativo y la Jurisprudencia Venezolana*, Caracas 1964, p. 60 y ss.; Allan R. Brewer–Carías, *El control de la constitucionalidad de los actos estatales*, Caracas 1977, pp. 131 y ss. La jurisprudencia puede consultase en Allan R. Brewer–Carías, *Jurisprudencia de la Corte Suprema 1930–1974 y Estudios de Derecho Administrativo*, Tomo III, Vol. I, Caracas 1976, pp. 308–329.

nivel tiene sus funciones y tareas propias. Por tanto, la República no puede asumir las funciones de un Estado, ni un Gobernador de Estado puede asumir las funciones de un Municipio. Si se produce esta interferencia, habría también usurpación de funciones.

Ahora bien, la usurpación de funciones también es un vicio de inconstitucionalidad y como tal, consiste, siempre, en una incompetencia manifiesta, que según el Artículo 19, Ordinal 4° de la Ley Orgánica, acarrea la nulidad absoluta de los actos administrativos.

Sin embargo, para que exista un vicio de usurpación de funciones en un acto administrativo, como vicio de inconstitucionalidad, tiene que haberse producido una violación directa del texto fundamental; tiene que surgir, si se quiere, un antagonismo directo entre el acto administrativo y la norma constitucional. Ahora bien, en los actos administrativos de efectos particulares, por supuesto, no es frecuente encontrar estas violaciones directas de la Constitución, sin que de por medio exista una Ley. Recordemos el carácter sublegal de la actividad administrativa, y en virtud de ello, en general, en cualquier vicio de usurpación de funciones, éste, normalmente, conlleva la violación de una Ley. Por ejemplo, pensemos en el caso extremo: si un órgano del Poder Ejecutivo dicta una sentencia, habría usurpación de funciones judiciales por el Poder Ejecutivo, y una violación de la Constitución. Sin embargo, con precisión, la competencia de los Tribunales, en esta materia, no está en el texto fundamental sino en el Código Civil, el Código de Procedimiento Civil y la Ley Orgánica del Poder Judicial. Por ello, en ese caso, habría sí, una usurpación de funciones, pero necesariamente también habría vicios de ilegalidad porque se violarían una serie de leyes. El acto administrativo sería nulo, de nulidad absoluta, por incompetencia manifiesta y violación de la Constitución, pero a la vez violaría una serie de normas de rango legal y precisamente, por violar esas leyes, es que puede decirse que habría vicios de inconstitucionalidad y de usurpación de funciones, vulnerándose en consecuencia, el Artículo 137 de la Constitución. Sin embargo, como antes se dijo, un acto administrativo no podría violar solo y directamente este Artículo 137 de la Constitución, y por ello es que el Artículo 21, párrafo 20 de la Ley Orgánica del Tribunal Supremo de Justicia prohíbe que los recursos de anulación contra los actos administrativos tengan como fundamento la sola infracción del Artículo 137 de la Constitución, por lo cual debe, siempre, denunciarse o la violación de otra disposición de la Constitución como directamente infringida por el acto impugnado, o la violación de las normas legales pertinentes infringidas.

b. La incompetencia legal: la extralimitación de atribuciones

Pero además de la incompetencia constitucional, también vicia los actos administrativos, el hecho de que sean dictados por funcionarios incompetentes, sea porque no tenían competencia alguna en la materia o territorio de que se trate, sea porque teniéndola, se extralimiten en el ejercicio de las atribuciones que tenían conferidas.

Sin duda, la incompetencia de orden legal es el vicio más común de los actos administrativos de efectos particulares, también denominado en la doctrina, extralimitación de atribuciones. En efecto, requiriendo la competencia en derecho público texto expreso, todo acto dictado por un funcionario que no tenga atribución expresa para emanarlo es un acto viciado de incompetencia. Además, así como la competencia requiere texto expreso, las desviaciones de la competencia también lo requieren texto expreso. Por tanto, también sería ilegal el acto administrativo dictado con base en una delegación no autorizada legalmente. La incompetencia, por supuesto, puede ser por la materia, el territorio, el tiempo y el grado jerárquico.

Pueden distinguirse dos subtipos de incompetencia: aquellos casos en los cuales el funcionario ejerce competencias que no le corresponden, porque están asignada a otro órgano del Poder Ejecutivo, en cuyo caso habría una incompetencia directa; y los casos en los cuales el funcionario, ejerciendo la competencia que tiene legalmente, se extralimita en la misma, yendo más allá de lo que la Ley le prescribe[20].

La competencia insistíamos, tiene que ser expresa, y además ella es el límite de la acción del funcionario, por lo que éste no puede hacer nada que no le esté expresamente atribuido en la ley. Por tanto, cuando el funcionario ejerce una competencia que no le está asignada directamente, o al ejercer la competencia que le está asignada, se extralimita en su ejercicio, en ambos casos habría un vicio de ilegalidad, que afectaría de invalidez a los actos administrativos dictados.

En estos casos, el vicio de ilegalidad puede darse cuando la incompetencia afecta a la materia, al territorio, al grado jerárquico o al tiempo. Por ejemplo, si un funcionario de la Dirección de Prisiones, resuelve un problema relativo al Registro Mercantil, por más que ambos sean funcionarios del Ministerio del Interior y Justicia habría una incompetencia por la materia. Además, la incompetencia puede ser por el territorio: un funcionario de la Dirección del Ministerio de Agricultura y Cría en un Estado, al otorgar una concesión forestal en otro Estado, incurriría en una incompetencia por el territorio. También habría incompetencia por el grado jerárquico, cuando un funcionario inferior asume las funciones del superior y, asimismo, si el funcionario superior, asume las funciones del inferior, es decir, se avoca a conocer asuntos que estén directamente atribuidos al inferior, sin la autorización expresa de una Ley. Asimismo, siendo la competencia de ejercicio obligatorio, cualquier delegación no autorizada expresamente en la Ley, acarrearía la ilegalidad del acto administrativo dictado.

Ahora bien, la incompetencia legal no produce siempre las mismas consecuencias. Los efectos del vicio del acto dependen, en efecto, de lo manifiesto de la incompetencia, es decir, de que ésta sea burda, evidente o grosera; y en estos casos de incompetencia manifiesta, conforme al ordinal 4° del Artículo 19 de la Ley, se produce la nulidad absoluta del acto. Ahora bien, determinar lo manifiesto de la incompetencia es una cuestión de hecho y de interpretación, así como del elemento de la competencia que rige el acto. La incompetencia absoluta sobre la materia, evidentemente que provocaría una incompetencia manifiesta: si el Ministro de Educación, por ejemplo, regula los precios de los artículos de primera necesidad. Sin embargo si dentro del Ministerio de Salud, el Director de Salud Pública dicta una medida que corresponde al Director de Malariología no es tan clara que la incompetencia sea manifiesta y abierta. Por tanto, dependerá de una situación de hecho el saber cuándo hay incompetencia manifiesta y cuándo la incompetencia es relativa, y por tanto, cuándo el vicio de incompetencia produce como consecuencia la nulidad absoluta de los actos administrativos o la nulidad relativa o anulabilidad; y en definitiva, cuándo es o no es convalidable el vicio. Insistimos, se trata de una situación de hecho y, en definitiva, tendrá que ser el Juez contencioso–administrativo, cuando un acto de ese tipo sea atacado por motivos de ilegalidad, quien deba, en cada caso, apreciar la magnitud del vicio.

---

20 En particular, *V.* Allan R. Brewer–Carías, Las Instituciones Fundamentales del Derecho Administrativo y la Jurisprudencia Venezolana, Caracas 1964, p. 64 y ss. La jurisprudencia puede consultarse en Allan R. Brewer–Carías, *Jurisprudencia de la Corte Suprema 1930–1974 y Estudios de Derecho Administrativo*, Tomo III, Vol. I, Caracas 1976, pp. 329–332. *V.* además, la Doctrina de la Procuraduría General de la República 1973, Caracas 1974, p. 119.

2. Los principios relativos a la manifestación de la voluntad

El segundo de los requisitos fundamentales o condiciones de validez de los actos administrativos lo constituye la manifestación de voluntad, la cual deriva de la propia definición del acto. Un acto administrativo simplemente no existe si no hay una manifestación de voluntad emanada de un órgano administrativo.

Esta manifestación, por supuesto, en principio debe ser expresa (art. 8, Ley Argentina), y no presunta. Sin embargo, en la Ley de Honduras se establece que:

> *Artículo 28*. En los casos previstos por la Ley, el comportamiento de la Administración Pública, que sea unívoco e incompatible con una voluntad distinta, producirá los mismos efectos de una resolución expresa.

Por otra parte, esta manifestación de voluntad de la Administración que constituye el acto administrativo, es para producir efectos jurídicos, y ello es precisamente lo que lo distingue de los hechos administrativos, que también son acaecimientos que producen efectos jurídicos, pero que no son producto de una manifestación de voluntad. En este sentido, el artículo 83 del Código Colombiano define los hechos administrativos como:

Los acontecimientos y las omisiones capaces de producir efectos jurídicos, pero en cuya realización no influyen de modo directo e inmediato la voluntad o la inteligencia.

La manifestación de voluntad es, entonces, una exigencia para que exista el acto administrativo; la cual tiene que haber sido emitida libremente por el órgano administrativo competente. El principio lo establece el artículo 130 de la Ley General de Costa Rica al prescribir que:

> El acto deberá aparecer objetivamente como una manifestación de voluntad libre y consciente, dirigida a producir el efecto jurídico deseado para el fin querido por el ordenamiento.

La consecuencia, por supuesto, es que los vicios del consentimiento provenientes del derecho civil, también se aplican a la manifestación de voluntad en el acto administrativo, pudiendo resultar viciado cuando sean el producto de un error, de una actividad dolosa o de la violencia.

La violencia o la intimidación, por ejemplo, cuando se ejercen sobre el funcionario para forzar la emisión de un acto administrativo, por supuesto que lo vician de nulidad absoluta. En consecuencia, todo acto producto de la violencia, de requisición directa o indirecta de la fuerza o producto de la reunión de individuos en actitud subversiva, como lo decía la Constitución Venezolana de 1961 (art. 120), debe ser declarado nulo de nulidad absoluta.

En cuanto al error como vicio de la manifestación de voluntad, éste se produce cuando la voluntad real de la Administración es radicalmente distinta a la formalmente declarada. Por ejemplo, cuando se nombra a una persona para una función pública, distinta a la que se quiere nombrar, por homonimia, por ejemplo[21]. En este caso, en realidad, puede decirse que no habría error de derecho o de hecho que constituyen vicios en la base legal o en los motivos de hecho de los actos administrativos, sino más propiamente error en la manifestación de voluntad de la Administración.

También puede producirse el vicio de dolo en la manifestación de voluntad de la Administración, cuando el acto es producto de maquinaciones dolosas del administrado o

---

21. *V.* Agustín Gordillo, *Derecho Administrativo*, t. 3, Buenos Aires, 1979, pp. 9–45.

del funcionario que lo dicta. Esto puede darse en procedimientos iniciados a solicitud de parte interesada, en los cuales esta tiene la carga de la prueba de los presupuestos del acto y para ello suministra informaciones o documentos falsos; también se produce este vicio por actuaciones del funcionario, cuando son contrarias a la buena fe (lo que puede conllevar, además, una desviación de poder), o cuando tenga por existentes, para adoptar su decisión, hechos o antecedentes que son inexistentes o falsos.

Estos vicios en la manifestación de voluntad en los actos administrativos que, en general, acarrean la nulidad absoluta de los mismos, han sido resumidos por el artículo 14,1 de la Ley de Argentina, al establecer que se producen:

> Cuando la voluntad de la Administración resultare excluida por error esencial; dolo, en cuanto se tengan como existentes hechos o antecedentes inexistentes o falsos; violencias física o moral ejercida sobre el agente; o por simulación.

En la Ley de Costa Rica se establece un enunciado similar (art. 130); al igual que en la Ley de México al disponer como elemento o requisito del acto, el que debe "ser expedido sin que medie error sobre el objeto, causa o motivo, o sobre el fin del acto"; y además, que debe "ser expedido sin que medie dolo o violencia en su emisión" (art. 3). En cuanto al error manifiesto, el artículo 95 de dicha Ley lo identifica como un motivo para que la Administración deje sin efectos el acto administrativo.

De lo anterior resulta, en todo caso, que no solo es a través de la construcción derivada del Código Civil que se pueden elaborar las condiciones de validez de la manifestación de voluntad en los actos administrativos, sino que este principio comienza a ser consagrado expresamente en leyes en el campo del derecho administrativo.

3. Los principios relativos a la base legal

El requisito de la base legal se refiere al fundamento de derecho, a la causa jurídica o al motivo de derecho de los actos administrativos. Por ello, la Ley de Honduras dispone que los actos deberán sustentarse "en el derecho aplicable" (art. 25).

En efecto, la base legal de los actos administrativos es su fundamento de derecho, es decir, las normas legales o reglamentarias que autorizan la actuación del funcionario; y que consiste en la necesaria concordancia que debe existir entre las reglas que definen la competencia, es decir, los poderes de la Administración, con las situaciones de hecho necesarias para motivar la decisión. Es decir, todo acto administrativo debe ser dictado, aplicándose las reglas jurídicas adecuadas, las cuales requieren de una interpretación precisa, y que además, concuerden con la situación de hecho que da origen al acto administrativo. La base legal del acto, por tanto, es la norma o normas del ordenamiento jurídico que autorizan la actuación administrativa en relación a un caso concreto específico. Esta base legal del acto constituye lo que se denominan los supuestos legales o los fundamentos legales del acto. Como base legal, además de constituir un requisito de fondo, debe condicionar la motivación como requisito de forma, en el sentido de que ésta debe expresar los fundamentos legales del acto tal como lo exigen el Artículo 9 y el ordinal 5° del Artículo 18 de la Ley Orgánica de Procedimientos Administrativos.

Se trata, por tanto, de un requisito de fondo de los actos administrativos. No puede dictarse ningún acto administrativo sin que tenga una base legal, es decir, sin que tenga una fundamentación en el ordenamiento jurídico, y esto derivado además del señalado principio de la competencia. Es decir, si la competencia no puede presumirse, sino que tiene que ser de derecho estricto y expreso, sólo cuando el ordenamiento jurídico autorice la actuación, el funcionario público puede actuar y sólo puede actuar de acuerdo a las normas que se establecen en relación a las situaciones de hecho que se presenten para adoptar la decisión concreta.

En otras palabras, la base legal constituye es el "motivo de derecho" del acto administrativo, que autoriza la decisión concreta que contiene. Por ello, esta base o fundamento legal constituye, junto con los presupuestos de hecho, uno de los elementos que deben exteriorizarse formalmente en la motivación del acto administrativo (Ley de Venezuela, arts. 9 y 18.5).

Ahora bien, para que un acto administrativo sea válido y produzca efectos no sólo tiene que tener un fundamento legal, que debe efectivamente existir al momento de dictarse el acto (no antes o después), sino que debe ser el que efectivamente autoriza la actuación, es decir, debe además ser exacto. La existencia y la exactitud de la base legal son, así, un requisito o elemento de validez del acto administrativo, de manera que su inexistencia, por ejemplo, cuando la base legal no existe, haya sido derogada o aún no ha sido promulgada, produce su nulidad; al igual que su inexactitud, derivada del hecho de que el funcionario se atribuya una base legal que en ningún caso puede fundamentar su acto.

Como lo ha precisado la jurisprudencia francesa: en primer lugar, la base legal debe ser exacta, de manera que si la Administración funda su decisión en un texto cuando debió fundarlo en otro distinto, el acto está viciado *(arrêt Roze,* CE 8 mars 1957, Rec. p. 147); en segundo lugar, la base legal debe existir, de manera que si aún no existe, y, por ejemplo, se aplica prematuramente una ley que aún no está vigente (CE 12 juillet 1955, *Bennet,* RDP, 1956, p. 438); o ya no existe, porque por ejemplo, el texto está derogado o cesó en aplicación (CE 20 janvier 1950, *Commune de Tignes,* Rec. p. 46), el acto administrativo está viciado[22].

La antigua Corte Suprema de Justicia de Venezuela en sentencia de 17–03–90, sobre el primer aspecto señalado resolvió lo siguiente:

> Los actos de efectos particulares como requisito de forma deben contener en su mismo texto cuál es la base legal aplicable en criterio de la Administración; sin embargo, a pesar de haberse cumplido con ese requisito, puede suceder que el acto carezca de base legal, ya que las normas invocadas por la Administración no atribuyen la competencia alegada y al analizarse el resto del ordenamiento jurídico se determina que dicho órgano no tiene esa competencia, es decir, un acto administrativo de efectos particulares puede establecer perfectamente los presupuestos de derecho, con lo cual se cumple con el requisito formal de la motivación, pero si las normas señaladas ni ninguna otra confieren competencia para dictar el acto administrativo, dicho acto carecerá de base legal y, en consecuencia, será susceptible de anulación. (Sentencia de la Sala Político Administrativa, *Revista de Derecho Público,* N° 42, Caracas, 1990, págs. 104 y 105).

El vicio en la base legal del acto administrativo, ocurre, por ejemplo, cuando el funcionario interpreta erradamente el fundamento legal: piensa que tiene una atribución o determinadas formas de ejercerla e interpreta erradamente la Ley. Además, puede existir el vicio cuando el acto, pura y simplemente, viola o vulnera las normas que le asignan competencia al funcionario, o las aplica mal.

Debe agregarse, además, a los vicios en la base legal de los actos administrativos, los casos de ilegalidad o inconstitucionalidad de la misma, es decir, por ejemplo, cuando el

22. *V.* R. Drago, "Le défaut de base légale dans le recours pour excès de pouvoir", *Etudes et Documents,* Conseil d'Etat, París, 1960, pp. 32 y 36.

acto administrativo se fundamenta en un reglamento viciado en sí mismo de ilegalidad, y que es anulado por el órgano judicial. La Ley Orgánica de la Corte Suprema de Justicia de Venezuela, que regula el proceso contencioso–administrativo, por ejemplo, permite el ejercicio del recurso de anulación contra un acto administrativo de efectos particulares cuando se alega la ilegalidad o inconstitucionalidad del acto general que le sirve de fundamento (art. 132), lo que configura este supuesto de vicio de la base legal, por ilegalidad de la misma.

También está vinculada a la base legal o los motivos de derecho del acto administrativo, la correcta y adecuada interpretación y alcance que el autor del acto debe darle a su fundamento legal. Por tanto, aún cuando la base legal exista, sea exacta y legal, el acto administrativo podría estar viciado en la misma, por error de derecho, es decir, por el errado alcance o sentido que se atribuye a la norma legal que autoriza la actuación, o en palabras de la jurisprudencia venezolana, "cuando el órgano que emite el acto interpreta erradamente determinada norma jurídica, es decir, la aplica mal"[23], lo que no es otra cosa que una falsa interpretación de la Ley.

Este vicio de la base legal de los actos administrativos, denominado "error de derecho" también lo ha calificado la jurisprudencia venezolana como un vicio "de falso supuesto de derecho" el cual:

> Puede referirse indistintamente al error de hecho o al error de derecho de la Administración, es decir, a la falsa, inexacta o incompleta apreciación por parte de la Administración del elemento causa del acto integralmente considerada[24].

Los vicios en la base legal son siempre vicios de nulidad relativa ya que los casos de nulidad absoluta están determinados en el Artículo 19 de la Ley Orgánica, el cual sólo hace referencia a cinco casos de nulidad absoluta, en cuya enumeración no menciona el vicio en la fundamentación legal.

4. Los principios relativos a los presupuestos de hecho:

A. La causa o motivo de los actos administrativos

Dentro de los requisitos o elementos de fondo de los actos administrativos, se encuentra el elemento *causa* denominado también e indistintamente por la doctrina más autorizada, y la jurisprudencia, como el *motivo* de dichos actos[25]. En tal sentido, el presupuesto de hecho de los actos administrativos constituye sus motivos de hecho, que son parte esencial de su causa, la cual está configurada no sólo por la base legal o fundamentos de derecho del acto, antes señalados, sino por sus presupuestos de hecho. Se trata del elemento causa, es decir, de los motivos que provocan la actuación administrativa, que no es otra cosa que "el antecedente que lo provoca"[26], es decir, "la razón justificada de ca-

23 Sentencia de la Corte Primera de lo Contencioso Administrativo, de 26 de mayo de 1983, p. 142, *Revista de Derecho Público*, Nº 15, Caracas, 1983, p. 142. Lo que G. Vedel y P. Devolvé califican de "falsa interpretación de la Ley". *V.* G. Vedel et P. Devolvé, *Droit Administratif*, París, 1984, p. 791.

24 Sentencia de la Corte Primera de lo Contencioso Administrativo de 12 de abril de 1988, *Revista de Derecho Público*, Nº 34, Caracas, 1988, pp. 92–94.

25 Por todos en la doctrina: Enrique Sayagués Lazo, *Tratado de Derecho Administrativo*, tomo I, Montevideo 1953, pp. 445 y 447; en la jurisprudencia antigua, sentencia de la Antigua Corte Federal de 9 de agosto de 1957, en *Gaceta Forense*, 2ª etapa, Nº 17, 1957, pp. 132 a 133.

26 *V.* Gabino Fraga, *Derecho Administrativo*, México 1955, p. 180.

da uno de ellos"[27] o en otras palabras, "la circunstancia que justifica en cada caso que un acto administrativo se dicte"[28]. En todo caso, no se trata de *cualquier* antecedente o cualquier razón justificadora, pues la Administración no puede actuar caprichosamente, "sino que ha de hacerlo tomando en consideración *las* circunstancias de hecho y de derecho que *correspondan*"[29]. De ahí la interdicción de la arbitrariedad en la actuación administrativa, "incluso frente al ejercicio de poderes discrecionales"[30].

En este sentido la jurisprudencia de la antigua Corte Federal era terminante:

> Entre los elementos integrantes del acto administrativo están el motivo y la forma... Pues bien, *el motivo* del acto administrativo es, como lo enseña la doctrina, *el antecedente que lo provoca*. Un acto administrativo se integra con tal elemento cuando exista previa y realmente una situación legal o de hecho, cuando esa situación es la que el Legislador ha previsto con miras a la actuación administrativa[31].

---

27 *V.* Fernando Garrido Falla, *Tratado de Derecho Administrativo*, Tomo I, Madrid 1958, p. 453. *Cfr.* Rafael Entrena Cuesta, *Curso de Derecho Administrativo*, Vol. I, Madrid 1965, p. 537.

28 *V.* F. Garrido Falla, *op. cit.*, Tomo I, p. 453. Del mismo autor, *"Régimen de Impugnación de los Actos Administrativos*, Madrid 1956, p. 242.

29 *V.* Enrique Sayagués Laso, *Tratado de Derecho Administrativo*, Tomo I, Montevideo 1953, p. 447.

30 *V.* Allan R. Brewer–Carías, "Los Límites del Poder Discrecional de las Autoridades Administrativas", en *Revista de la Facultad de Derecho de la Universidad Católica Andrés Bello*, Caracas años 1965–1966, N° 2, pp. 33 a 35.

31 *V.* Sentencia de la Antigua Corte Federal de 9 de agosto de 1957, en *Gaceta Forense*, 2ª Etapa, N° 17, 1957, pp. 132 y ss. *V.* asimismo en nuestro trabajo, "La Motivación de los actos administrativos en la jurisprudencia venezolana", *loc. cit.*, pp. 151 y 152 (subrayado nuestro). Esta jurisprudencia de la antigua Corte, no hay duda que estaba inspirada en la doctrina de Gabino Fraga, cuando éste afirmaba: "Un acto administrativo se integra con tal elemento cuando existe previa y realmente una *situación legal o de hecho;* cuando esa situación es la prevista por la Ley para provocar la actuación administrativa y cuando el acto particular que se realiza es el que la misma Ley ha determinado" (*V.* Gabino Fraga, *Derecho Administrativo*, México 1955, p. 180). Con esta posición era absolutamente coincidente G. Vedel, cuando sostiene que "la causa de un acto administrativo es la *situación objetiva de hecho o de derecho que existe en la base de ese acto.* Cuando la causa está prevista y definida por la Ley, la costumbre o la jurisprudencia produce el efecto de determinar bien el acto en su totalidad, bien la categoría jurídica de este acto" (*V.* G. Vedel, *Essai sur la noition de cause en droit administratif*, París, 1934, p. 361, *cit.* por Rafael Núñez Lagos, *La causa del acto administrativo en Estudios en Homenaje a Jordana de Pozos*, Tomo III, Vol. I, Madrid 1961, p. 113). *V.* asimismo, G. Vedel, *Droit Administratif*, Tomo I, París 1958, p. 119). Por su parte, J. M. Auby y R. A. Drago, en este sentido también son terminantes: "Ces motifs sont constitués par les éléments de droit et de fait qui ont conduit l'administration a agir. Lorsqu'il prend une décision, l'administrateur se fonde á la fois sur une règle de droit ou un principe géneral du droit et sur une certaine situation de fait. Sa décision sera le résultat de ces deux catégories de motifs. Les motifs de droit et de fait son donc antérieurs et extérieurs á l'acte administratif" (*V.* Andy y Drago, *Traité de Contentieux Administratif*, Tomo III, París 1962, pp. 37 y 38. En sentido similar en la doctrina francesa: G. Jèze, *Principios Generales del Derecho Administrativo*, Tomo III, Buenos Aires 1949, pp. 223; M. Waline, *Droit Administratif*, 8ª Edición, París 1959, p. 436; J. Rivero, *Droit Administratif*, París 1962, p. 96; *V.* además, Michel Stassinopoulos, *Traité des Actes Administratifs*, Atenas 1954, pp. 198 y s). Asimismo, con esta posición coincidía la doctrina latinoamericana de su momento: M. M. Diez, por ejemplo, entiende por motivo de los actos administrativos "la serie de circunstancias de hecho y de derecho que habrá de considerar la administración cuando se propone dictar el acto administrativo. Responde a la pregunta ¿por qué se dicta el acto? Se dicta precisamente porque existen esas circunstancias de hecho y de derecho que le dan origen y lo justifican. Por ello podemos decir que en el campo administrativo todo acto presupone una serie de condiciones, estados de hecho y de derecho, cuyo concurso es necesario para que el acto pueda ser legítimo" (*V.* M. M. Diez, *Derecho Administrativo*, Tomo II, Buenos Aires 1965, pp. 256 y 257). En similar sentido, Miguel S. Marienhoff sostiene que "por causa del acto administrativo ha de entenderse los antecedentes o circunstancias de hecho o de derecho que en cada caso llevan a dictarlo" *V.* M. S. Marienhoff, *Tratado de Derecho Administrativo*, Tomo II, Buenos Aires 1956, p. 294). Por último, aparte de la jurisprudencia de la Corte ya citada, la doctrina nacional es absolutamente coincidente con la posición doctrinal que hemos referido. Así, Eloy Lares Martínez, claramente señala que: "se entiende por motivos del acto administrativo, las circunstancias de hecho y de derecho que en cada caso justifican la emisión de aquél" *V.* Eloy Lares Martínez, *Manual de Derecho Administrativo*, Caracas 1963, p. 115. Igual posición hemos

Igualmente, en una confusa sentencia de la Corte Suprema de Justicia en la Sala Poli tico–Administrativa de 13 de junio de 1967, que en su momento comentamos[32], pues confundía la causa o motivo (requisito de fondo) con la motivación (requisito de forma como veremos más adelante), se expresó:

> los actos administrativos, como todos los emanados de los órganos del Poder Público, deben tener una *razón de ser, causa o motivación* (sic) que le sirve en última instancia de justificación intrínseca. Generalmente esa justificación está constituida por los *supuestos de hecho y de derecho,* que son, entre otros elementos, *esenciales para la validez del acto.* En este sentido puede afirmarse que la falta de motivación (sic)[33] es una de las causas de nulidad de los actos administrativos y ello es admitido y proclamado como principio general de derecho por la generalidad de los autores y la jurisprudencia de otros pueblos.

En efecto, la Administración, cuando dicta un acto administrativo, no puede actuar caprichosamente sino que tiene que hacerlo necesariamente, tomando en consideración las circunstancias de hecho que se corresponden con la base o fundamentación legal que autorizan su actuación. Por tanto, puede decirse que, en general todo acto administrativo, para que pueda ser dictado, requiere que el órgano tenga competencia; que una norma expresa autorice la actuación; que el funcionario interprete adecuadamente esa norma; que constate la existencia de una serie de supuestos de hecho del caso concreto, y que esos supuestos de hecho concuerden con la norma y con los presupuestos de derecho, y todo ello es lo que puede conducir a la manifestación de voluntad que conduce al acto administrativo. En tal sentido, los presupuestos fácticos o los supuestos de hecho del acto administrativo, son la causa o motivo de que, en cada caso, el acto se dicte.

El problema de la causa o motivo de los actos administrativos, se resuelve, por tanto, si se busca la razón justificadora del acto; es decir, las circunstancias de hecho que en cada caso autorizan a que un acto administrativo se dicte. La determinación del elemento causa entonces, viene dada por la contestación a la pregunta de por qué se dicta el acto; y resulta que siempre la respuesta estará referida a una serie de circunstancias de hecho que se integran como elementos del acto administrativo, a través de esta noción de causa.

En definitiva, por tanto, la causa o motivos del acto administrativo, está configurada por las situaciones de hecho que autorizan la actuación del funcionario y que coinciden con las previstas en los supuestos de hecho que motivan legalmente la actuación.

B. El régimen en la Ley Orgánica de Procedimientos Administrativos

El elemento causa también encuentra una regulación bastante amplia en la Ley, y es, quizá, el elemento más importante para la sumisión de la Administración de la legali-

---

mantenido también nosotros mismos *V.* Allan R. Brewer–Carías, *Las Instituciones Fundamentales del Derecho Administrativo... cit.* pp. 69 y 127. *V.* asimismo, en igual sentido, José Gabriel Sarmiento Núñez, en Voto Salvado a la Sentencia de la Corte Suprema de Justicia en Sala Político–Administrativa de 16 de noviembre de 1965, en *Gaceta Oficial* N° 27.900 de 27 de noviembre de 1965; recogido en la recopilación citada sobre "La motivación de los actos administrativos en la jurisprudencia venezolana", *loc. cit.*, pp. 158 y 159.

32 *V.* Allan R. Brewer–Carías, "Consideraciones sobre la distinción entre la causa de los actos administrativos y la motivación como requisito de forma de los mismos" en *Revista de la Facultad de Derecho,* UCV, N° 49, Caracas 1971, p. 233

33 Debe leerse "causa" o "motivo".

dad, aunque sea el menos trabajado en la doctrina[34]. Indirectamente, lo regula el artículo 9 de la Ley, cuando habla de la motivación. Este artículo señala que en la expresión formal de los motivos (motivación), deberán hacerse referencia a los hechos y a los fundamentos legales del acto. Allí está la causa, es decir, los presupuestos de derecho y de hecho de los actos administrativos. Un acto administrativo, así, no sólo tiene que ser motivado, es decir, expresar formalmente sus motivos o causa, sino que éstos tienen que existir; es decir, tiene que haber unos presupuestos de hecho y de derecho justificadores, para que el acto exista. Esto trae una serie de implicaciones; por una parte, estos presupuestos de hecho no pueden presumirse. La Administración, para dictar un acto, tiene que probar los presupuestos de hecho y el particular, para pretender un acto administrativo, tiene que probar estos presupuestos de hecho.

El elemento relativo a la prueba, muy vinculado a la causa, está indicado, también en forma indirecta, en algunos artículos de la Ley.

El artículo 58, por ejemplo, establece que: "los hechos que se consideren relevantes para la decisión de un procedimiento podrán ser objeto de todos los medios de prueba" es decir, los hechos tienen que probarse, y no basta alegarlos sino que es necesario probarlos, no sólo por el particular solicitante sino también por la Administración, por su poder inquisitorio, y en los procedimientos que inicia de oficio.

En el procedimiento sumario, por ejemplo, señala el artículo 60, que "La Administración podrá comprobar de oficio la verdad de los hechos y demás elementos de juicio necesarios", es decir, establece la necesidad de que existan unos hechos, de que éstos se prueben y de que tengan una calificación adecuada, porque no sólo habrá un vicio en la causa cuando el presupuesto de hecho no exista, sino cuando no esté comprobado y también cuando no se le dé la adecuada calificación.

Asimismo, el Artículo 12 de la Ley Orgánica, al regular los límites al poder discrecional, establece que la decisión que contiene el acto que se dicta, debe tener necesariamente una adecuación con el supuesto de hecho que autoriza la actuación, y este supuesto dc hecho que regula el Artículo 12, es precisamente el elemento causa.

Asimismo, cuando se prescriben los requisitos de forma en el Artículo 18 de la Ley y se dice en el ordinal 5* que el acto debe contener una expresión sucinta de los hechos, la Ley está refiriéndose a la motivación como un requisito de forma que consiste en la expresión formal de los motivos, es decir, de las situaciones de hecho o causa de los actos administrativos.

En cuanto a su previsión expresa en otras las leyes, su consagración está en la Ley argentina, según la cual, constituye un requisito esencial del acto administrativo el que "deberá sustentarse en los hechos y antecedentes que le sirvan de causa y en el derecho aplicable" (art. 7,b). Este principio también se recoge, textualmente, en el artículo 25 de la Ley de Honduras. En la Ley 19880 de Chile, por su parte, se dispone que "las resoluciones contendrán la decisión, que será fundada" (Art. 41).

La causa o motivo como requisito de fondo de los actos administrativos, en todo caso, como lo veremos más adelante, debe distinguirse de la motivación, es decir, de la necesidad de expresión formal de los motivos de los actos administrativos. La necesidad formal de la motivación, considerada ésta como requisito de forma, consiste en que el

---

34 Sobre la causa de los actos administrativos, *V.* Allan R. Brewer–Carías, "Consideraciones sobre la distinción entre la causa de los actos administrativos y la motivación como requisito de forma de los mismos", en *Revista de la Facultad de Derecho*, UCV, N° 49, Caracas, 1971, pp. 233 y ss.

acto debe tener una necesaria expresión de los motivos, de la causa, es decir, de los presupuestos de hecho, así como de los presupuestos de derecho que motivan la actuación de la Administración.

C. La comprobación y calificación de los hechos

Este requisito de fondo de los actos administrativos, es quizás, uno de los más importantes que se prevén para el control de la legalidad de los actos administrativos. La Administración, insistimos, para dictar un acto administrativo tiene que partir de la existencia de unos supuestos o circunstancias de hecho que justifiquen su actuación, pero a los efectos de que no se convierta en arbitraria la actuación del funcionario, la Administración está obligada, en primer lugar, a comprobar adecuadamente los hechos, y en segundo lugar, a calificarlos adecuadamente para subsumirlos en el presupuesto de derecho que autoriza la actuación. Esto obliga, por tanto, a la Administración, a realizar, no sólo una labor de constatar la existencia de los presupuestos de hecho sino de probarlos y calificarlos adecuadamente. No puede la Administración presumir los hechos ni, por tanto, dictar actos fundados en hechos que no ha comprobado, porque podría suceder allí que el hecho no exista o que esté inadecuadamente configurado, y podría el acto estar viciado por falso supuesto.

La necesidad de comprobar los hechos como base de la acción administrativa y del elemento causa, está establecida expresamente por ejemplo en el Artículo 69 de la Ley Orgánica: allí se establece que en los procedimientos sumarios, la Administración está obligada a comprobar de oficio "la verdad de los hechos y demás elementos de juicio necesarios para el esclarecimiento del asunto". Por tanto, en los procedimientos administrativos, la Administración tiene la carga de la prueba de los presupuestos de hecho, es decir, de la causa y motivos del acto. Por supuesto, los particulares también pueden probar estos hechos, y así el Artículo 58 de la Ley establece que los hechos que se consideren relevantes para la decisión de un procedimiento, pueden ser objeto de todos los medios de pruebas que establecen tanto el Código Civil, como el Código de Procedimiento Civil, así como el Código de Enjuiciamiento Criminal y otras Leyes especiales.

Por tanto, debe señalarse que la comprobación de la causa, tiene que consistir, normalmente, en la constatación o apreciación de los hechos, por lo que la falsedad de los hechos o su errónea apreciación configura un vicio en la causa.

Ahora bien, es necesario insistir, en cuanto a los presupuestos de hecho de los actos administrativos, que para que éstos se emitan, el funcionario está obligado a determinarlos con precisión; determinación que en esa etapa de la actuación no comportaría ningún elemento de apreciación ni juicio sobre los mismos, sino de simple constatación de los hechos que constituyen el presupuesto fáctico del acto.

En esta determinación la Administración debe siempre comprobar los hechos de manera de constatar que sean ciertos y no falsos; y debe calificarlos correctamente para adoptar su decisión conforme a la base legal y atribución de competencia que tiene.

De lo anterior deriva, ante todo, que los hechos también deben existir, ser exactos y estar debidamente comprobados por la Administración. Esto entra dentro del área del control que ejerce el juez contencioso administrativo y que se refiere, además de al error de derecho, al error manifiesto de apreciación, a la desviación de poder y al control de la existencia y exactitud material de los hechos[35].

Por lo tanto, los actos administrativos están viciados cuando se fundan en hechos inexistentes, por ejemplo, si se sanciona a un funcionario por falta no cometida, o si se fundan en hechos inexactos, que no hayan sido comprobados por la Administración.

Como lo ha establecido la jurisprudencia venezolana: toda decisión administrativa debe estar "determinada por la comprobación previa de las circunstancias de hecho previstas en la norma, claramente estatuidas para obligar a la Administración a someter sus actos, en cada caso, al precepto jurídico preexistente", por lo que en un caso concreto, al no existir prueba alguna de los hechos que motivan una decisión, ésta resulta "manifiestamente infundada" y por tanto viciada de nulidad "por haberse fundado en hechos no comprobados"[36]

Los hechos que motivan un acto administrativo, por tanto, primero, deben existir realmente y ser exactos o como lo dice la Ley de Costa Rica, que el motivo debe "existir tal y como ha sido tomado en cuenta para dictar el acto" (art. 133).

Segundo, los hechos deben estar debidamente comprobados, y si bien le corresponde básicamente a la Administración la carga de dicha prueba, ello no excluye el derecho y a veces la obligación de los administrados a aportar las pruebas. La Administración, por tanto, no puede dar por probados los hechos con sus solos elementos administrativos, sino que debe tomar en cuenta las pruebas del expediente administrativo en su globalidad, estando obligada a decidir, siempre, "conforme a lo probado en el expediente"[37]

Por ello, otra de las áreas de control del juez contencioso administrativo es el que se refiere al control del error manifiesto de apreciación de los hechos, como límite al ejercicio del poder discrecional, para frenar la arbitrariedad en la comprobación de los hechos, cuando esta se realiza más allá de los límites de la razonabilidad.

Este vicio en la comprobación de los presupuestos de hecho ha sido también calificado por la jurisprudencia venezolana, como vicio de "falso supuesto", el cual consiste en la falsedad de los supuestos o motivos en que se basó el funcionario que dictó el acto; considerándose que para que pueda invalidarse una decisión por falso supuesto, "es necesario que resulten totalmente falsos el o los supuestos que sirvieron de fundamento a lo decidido", excluyéndose la anulación sólo cuando algunos de los hechos fueron falsos, pero no así el resto de los que motivaron el acto administrativo[38].

Pero además de que los hechos existan y sean debida y racionalmente comprobados, el autor del acto administrativo debe realizar una segunda operación, y es "adecuarlos al

---

35. J. M. Auby y R. Drago, *op. cit.*, t. II, pp. 370 y 393; J. Rivero, *Droit Administratif*, París, 1987, pp. 310–311.

36 Sentencia de la antigua Corte Suprema de Justicia de Venezuela en Sala Político–Administrativa, de 22 de mayo de 1963, Gaceta Forense, N° 40, 1963, p. 237. *V.* los comentarios a dicha sentencia en Allan R. Brewer–Carías, "Los límites del poder discrecional de las autoridades administrativas", *Revista de la Facultad de Derecho*, Universidad Católica Andrés Bello, N° 2, 1965–1966, Caracas, 1966, pp. 16 y 17.

37 Sentencia de la antigua Corte Suprema de Justicia de Venezuela en Sala Político–Administrativa, de 8 de junio de 1964, en *Gaceta Forense*, N° 44, 1964, pp. 119–121. *V.* también en Allan R. Brewer–Carías, *Jurisprudencia de la Corte Suprema...*, t. I, Caracas, 1975, pp. 621–622.

38 Sentencia de la Corte Primera de lo Contencioso–Administrativo de 7 de noviembre de 1985 en *Revista de Derecho Público*, N° 24, Caracas, 1985, p. 125. En igual sentido, sentencia de la antigua Corte Suprema de Justicia de Venezuela en Sala Político–Administrativa, de 7 de noviembre de 1988, *Revista de Derecho Público*, N° 34, Caracas, 1988, p. 94.

supuesto legal"[39]; es decir, lo es decir, lo que en la jurisprudencia francesa se denomina la "calificación jurídica de los hechos" conforme a lo cual el funcionario debe verificar sí los hechos son "de naturaleza tal que justifiquen legalmente la decisión"[40], lo cual se considera controlable por el juez administrativo, en lo que se denomina el "control normal"[41]. Este control concierne, como antes lo hemos examinado, a la aplicación de los conceptos jurídicos indeterminados, que no constituyen discrecionalidad, y que se inicia en el *arrêt Gomel* CE 4 de abril de 1914, en el cual el Consejo de Estado decidió que para la toma de la decisión de negar un permiso de construcción, el Prefecto debía apreciar si la construcción proyectada atentaba contra la perspectiva monumental de una plaza, por lo que al considerar el juez que la plaza no tenía tal perspectiva monumental, la decisión fue anulada[42].

Por tanto, en relación a los presupuestos de hecho de los actos administrativos como elementos de validez, estos deben existir, ser exactos, estar debidamente comprobados; pruebas conforme a las cuales la Administración debe decidir, calificando los hechos conforme a lo prescrito en el fundamento legal del acto. Consecuencialmente, todo acto administrativo dictado con base en hechos inexactos, falsos, no comprobados o apreciados erradamente, está viciado de ilegalidad.

En la Ley de Costa Rica, por su parte, incluso se exige que la causa tenga proporción con el contenido del acto, haciendo referencia el artículo 133, al tema de la proporcionalidad así:

1. El motivo deberá ser legítimo y existir tal y como ha sido tomado en cuenta para dictar el acto.
2. Cuando no esté regulado deberá ser proporcionado al contenido y cuando esté regulado en forma imprecisa deberá ser razonablemente conforme con los conceptos indeterminados empleados por el ordenamiento".

En fin, todo lo referente a la determinación, a la constatación y a la comprobación de los hechos, a todo el tema probatorio, y a la calificación de los hechos para emitir el acto, gira en torno a este requisito de la causa, los presupuesto de hecho o los motivos del acto administrativo.

D. El vicio de falso supuesto

En particular, en esta operación de calificación jurídica de los hechos, la antigua Corte Federal de Venezuela, en 1957 consideró como exceso de poder los supuestos en los cuales un funcionario, sin violar precepto legal alguno, hace uso indebido del poder que le es atribuido, porque tergiverse o altere la verdad de los presupuestos de hecho[43]. El vicio también ha sido en este caso calificado de "falso supuesto" y se produce cuando hay "una mala apreciación de los elementos materiales existentes en el procedimiento

---

39 Sentencia de la antigua Corte Suprema de Justicia de Venezuela, de 3 de julio de 1961, *Gaceta Forense*, N° 33, 1961, p. 20. *V.* los comentarios en Allan R. Brewer–Carías, "Los límites del poder...", *loc. cit.*, p. 18.)

40. *V.* J. M. Auby y R. Drago, *op. cit.*, t. II, p. 403; G. Vedel y P. Devolvé, *op. cit.*, p. 796; Long, Weil y Braibant, *op. cit.*, p. 125.

41. J. M. Auby y R. Drago, *op. cit.*, t. II, p. 403.

42. Long, Weil y Braibant, *op. cit.*, pp. 124–130.

43. Sentencia de 9 de agosto de 1957 en *Gaceta Forense*, N° 17, 1957, pp. 132–137; y en Allan R. Brewer–Carías, *Jurisprudencia de la Corte Suprema... op. cit.*, t. III, vol. 1, p. 339.

administrativo, de modo que se haga producir a la decisión, efectos diferentes a los que hubiera producido si dicha apreciación hubiera sido hecha correctamente"[44].

En definitiva, como lo afirma la jurisprudencia venezolana:

> "la correcta apreciación de los hechos que fundamentan las decisiones administrativas constituyen un factor esencial para la legalidad y corrección de las mismas, y consecuentemente, un medio adecuado para poder verificar su control judicial con miras al mantenimiento de tales fines[45].

En esa misma decisión, la Corte agregó:

> Constituye ilegalidad el que los órganos administrativos apliquen las facultades que ejercen, a supuestos distintos de los expresamente previstos por las normas, o que distorsionen la real ocurrencia de los hechos o el debido alcance de las disposiciones legales, para tratar de lograr determinados efectos sobre la base de realidades distintas a las existentes o a las acreditadas en el respectivo expediente administrativo, concreción del procedimiento destinado a la correcta creación del acto.
>
> Este vicio en la causa o en los motivos del acto, por otra parte, lo ha denominado la jurisprudencia como "abuso o exceso de poder", siendo, sin duda, uno de los vicios que muestra mayor interés práctico, pues entre otros factores, su desarrollo por la jurisprudencia ha permitido el control de los motivos, particularmente en el acto discrecional.

En efecto, como hemos visto, la causa o motivo del acto administrativo está configurado por las circunstancias o presupuestos de hecho que provocan la adopción del acto. Previa a la emisión de todo acto administrativo, por tanto, la Administración debe realizar una doble operación: la comprobación de los hechos y la calificación y apreciación de los mismos. En ambas operaciones pueden surgir vicios.

a. Vicios en la comprobación de los hechos

En el procedimiento administrativo en general, y particularmente en los procedimientos sancionatorios, la carga de la prueba de los presupuestos de hecho está en manos de la Administración. Ella, por tanto, debe comprobar los hechos; y en esta comprobación de los hechos la Administración –al igual que en materia procesal civil y en el ámbito del control de Casación[46]– puede violar una norma legal establecida para valorar el mérito de la prueba, sea porque valore una prueba, para probar hechos para los cuales no se admite; sea porque le dé valor pleno a una prueba mal hecha; sea porque incurra en falso supuesto, es decir, admita como probados hechos que no lo han sido en el expediente administrativo; dé por probados hechos que del mismo expediente administrativo resultan inexactos; o atribuya la existencia de menciones, en actas del expediente administrativo que no las contengan.

En todos estos supuestos, el vicio en la comprobación de los hechos que constituyen la causa del acto administrativo acarrea la ilegalidad del acto y su impugnabilidad.

---

44. Sentencia de la Corte Primera de lo Contencioso Administrativa, de 4 de noviembre de 1986, *Revista de Derecho Público*, N° 28, Caracas, 1986, p. 91.

45. Sentencia de la Corte Suprema de Justicia en Sala Político Administrativa, de 9 de junio de 1988, *Revista de Derecho Público*, N° 35, Caracas, 1988, p. 97. En esa misma decisión la Corte agregó: "constituye ilegalidad el que los órganos administrativos apliquen las facultades que ejercen, a supuestos distintos de los expresamente previstos por las normas, o que distorsionen la real ocurrencia de los hechos o el debido alcance de las disposiciones legales, para tratar de lograr determinados efectos sobre la base de realidades distintas a las existentes o a las acreditadas en el respectivo expediente administrativo, concreción del procedimiento destinado a la correcta creación del acto", *idem*.

46 Artículo 313, 2° del Código de Procedimiento Civil.

b. Vicios en la calificación y aplicación de los hechos

Pero una vez comprobados los hechos, la Administración debe calificarlos y apreciarlos, y en esta operación puede tergiversar los hechos, falseando los presupuestos, o puede apreciarlos erradamente, produciéndose un error de hecho. En estos casos, el acto administrativo dictado estaría también viciado.

Pero en este campo de la apreciación de los hechos es precisamente donde se manifiesta plenamente el ejercicio del poder discrecional de la Administración y, por tanto, donde éste debe ser limitado para controlar la tendencia a la arbitrariedad. En efecto, la esencia del poder discrecional está en la libertad de apreciación de los hechos o motivos y de la oportunidad y conveniencia de la acción, que el legislador otorga a la autoridad pública; y precisamente, con el control contencioso–administrativo de los motivos, es decir, de la apreciación de los hechos por la Administración, se persigue limitar la arbitrariedad administrativa.

Pero antes de señalar estos límites a la discrecionalidad, deben distinguirse los supuestos que la configuran, de la apreciación que puede existir en los casos de previsión legal de conceptos jurídicos indeterminados. En estos supuestos, por ejemplo, cuando las Ordenanzas Municipales autorizan a las autoridades respectivas a decidir la demolición de los inmuebles que amenacen o se encuentren en ruina, la Autoridad Municipal al apreciar el estado de "ruina" lo único que hace es aplicar la Ley y determinar si el inmueble se encuentra o no en ruina. Hay una sola solución a adoptar en estos casos, aun cuando, por supuesto, puede haber error de hecho en la apreciación. Sin embargo, la Administración no tiene libertad de apreciación discrecional.

En la discrecionalidad auténtica, en cambio, la Administración sí tiene libertad de apreciación de los hechos y de la oportunidad y conveniencia de su acción, concedida legalmente. La jurisprudencia contencioso–administrativa en este sentido, ha venido apelando a los principios generales del derecho para limitar la discrecionalidad y anular actos, y entre ellos, a los principios de la racionalidad, justicia, igualdad y proporcionalidad[47] los cuales han sido acogidos recientemente por el artículo 12 de la Ley Orgánica de Procedimientos Administrativos.

c. Las violaciones al principio de la racionalidad

La primera limitación al poder discrecional es que éste debe ejercerse racionalmente tanto en relación a la oportunidad de la actuación como en cuanto a las apreciaciones técnicas que sean necesarias.

En cuanto a la elección del momento oportuno de la actuación, éste debe ser congruente con la medida adoptada. Si por ejemplo, existe peligro de infección de carne de cerdo, la prohibición de importación no puede imponerse una vez que el mismo ha pasado. Por otra parte, se hace necesario que la libertad de apreciación responda a criterios técnicos racionales. En el mismo ejemplo, si el peligro de infección de la carne existe en determinados países, no tiene por qué prohibirse la importación respecto de países de otros continentes, las medidas administrativas deben así obedecer a criterios de raciona-

47 Allan R. Brewer–Carías, "Los límites al Poder Discrecional de las Autoridades Administrativas", en *Revista de la Facultad de Derecho.* Universidad Católica Andrés Bello, N° 2, Caracas, 1966, pp. 9–35; y en *Ponencias Venezolanas al VII Congreso Internacional de Derecho Comparado* (Upssala, agosto 1966). Publicaciones del Instituto de Derecho Privado, Facultad de Derecho, Universidad Central de Venezuela, Caracas, 1966. pp. 255–279.

lidad técnica, de manera que si la Administración se aparta de ella, incurre en ilegalidad.

La limitación de mayor importancia en este campo a nivel del derecho positivo la encontramos en el Reglamento General de Alimentos que autoriza a la autoridad administrativa para adoptar, con discrecionalidad, las medidas sanitarias que considere convenientes para la mejor alimentación del país. Sin embargo, agrega el Reglamento, que cuando dichas medidas deban tomarse a juicio de la autoridad sanitaria, deben estar fundadas en principios, normas, directrices o apreciaciones de carácter científico o técnico, y no pueden ser el resultado de una actuación arbitraria. Tal sucede, por ejemplo, en la prohibición que puede adoptarse de utilización de determinados utensilios metálicos en la preparación de alimentos.

d. Las violaciones al principio de la justicia

El acto administrativo discrecional, además de tener que ser racional, debe ser justo y equitativo, por lo que si, por ejemplo, una situación determinada se debe a la acción u omisión de la propia Administración, no podría ella sancionarla y dejar caer en el particular todas las consecuencias de la misma. Es clásico, en este sentido, el ejemplo de la jurisprudencia italiana: no es procedente la separación de un funcionario de su cargo por bajo rendimiento en el trabajo, si la disminución de su capacidad ha sido por causa del propio servicio público. Los actos inequitativos, por tanto, también estarían viciados.

e. Las violaciones al principio de la igualdad

Este principio, en Venezuela de rango constitucional, impone a la Administración la obligación de ser imparcial frente a los particulares y de dar un tratamiento igual a los que se encuentren en iguales condiciones. Todo acto administrativo que de tratos de favor o tratos disparejos está viciado por discriminatorio. En este campo, por otra parte, tiene una enorme importancia el precedente administrativo: si frente a una situación de hecho la Administración adoptó una decisión, sería violar el principio de la igualdad si frente a otra situación de hecho igual adoptase otra decisión.

f. La violación del principio de la proporcionalidad

Pero no sólo el acto discrecional que sea irracional, injusto ó desigual estaría viciado, sino que también habría vicio en los supuestos del acto administrativo desproporcionado. En efecto, si la Ley autoriza a la Administración para tomar las medidas que juzgue convenientes dentro de una escala (un límite máximo y mínimo para multas, por ejemplo), la Administración no puede actuar arbitrariamente, sino que debe adecuar su acto a los supuestos de hecho, de manera que la relación que se establezca sea proporcional. Por ello, sería desproporcionado que ante una falta leve, se imponga la sanción máxima.

g. Apreciación general

De lo dicho anteriormente, constituyen vicios en la causa o motivo de los actos administrativos, aquellos que afecten la constatación, la apreciación y calificación de los presupuestos de hecho, lo que se ha calificado en la jurisprudencia venezolana como "abuso o exceso de poder". Cuando los hechos que motivan el acto, por ejemplo, sean falsos, pero la Administración los toma como ciertos y dicta un acto, el mismo sería inválido. Además, los hechos pueden ser otros distintos a los que la Administración percibe o califica, en cuyo caso, la errada apreciación o calificación de los hechos, también invalidaría los actos dictados.

La Administración, por tanto, cuando al apreciar los hechos que son fundamento de los actos administrativos, los aprecia o comprueba mal o parte de falsos supuestos, y los dicta, provoca que dichos actos estén viciados en la causa. Por ejemplo, si se nombra un funcionario para un cargo que existe pera que no está vacante, pues está ocupado por un funcionario que no ha renunciado ni ha sido removido, el acto de nombramiento estaría viciado en la causa, pues la Administración apreció erradamente los hechos, al partir del supuesto de que existía una vacante, que no era tal. Por ejemplo, si un acto administrativo sanciona a una persona por una falta que no cometió; ese acto estaría viciado en la causa, pues al dictárselo, hubo una errada apreciación en los presupuestos de hecho, o hubo falsedad de ellos y la Administración lo apreció mal.

Puede haber también vicios en los motivos o presupuestos de hecho cuando la Administración no los prueba o lo hace inadecuadamente; es decir, cuando da por supuestos hechos que no comprueba, partiendo de la sola apreciación del funcionario o de una denuncia no comprobada. Por ejemplo, si se denuncia que un inmueble amenaza ruina, la Administración municipal no puede, pura y simplemente, ordenar su demolición, sino que debe comprobar con elementos técnicos, la situación. Tiene, por ejemplo, que realizar una experticia técnica que determine la ruina, para ordenar la demolición. Por tanto, la Administración no es libre de dar por supuesto determinados hechos, sino que tiene que comprobarlos y luego tiene que calificarlos, para determinar si son suficientes para tomar la decisión administrativa adecuada. Si en el caso citado, el inmueble tiene grietas, ello no basta para ordenar la demolición del inmueble, sino que la Administración tiene qué comprobar, adecuadamente, si esas grietas son realmente determinantes del estado de ruina del inmueble.

Sin duda, como lo hemos dicho, en el elemento causa es donde están la mayoría de los vicios de los actos administrativos, siendo esta, la parte más rica en cuanto a las exigencias de legalidad, sobre todo cuando la Administración tiene poder discrecional para apreciar la oportunidad y conveniencia de su actuación. En efecto, por más discrecional que sea el poder de la Administración, los presupuestos de hecho siempre tienen que comprobarse, y es, precisamente, en este elemento causa del acto, donde están los más importantes límites al poder discrecional que hemos visto. Por ejemplo, hemos dicho que uno de los límites al poder discrecional conforme al Artículo 12 de la Ley Orgánica, es la debida proporcionalidad entre el acto y los supuestos de hecho que lo motivan, y para que haya proporcionalidad, ante todo, la Administración debe apreciar adecuadamente los hechos. Así, cuando la Ley autoriza a imponer una sanción entre dos límites según la gravedad de la falta, la Administración tiene que apreciar dicha gravedad lo que implica la apreciación de los hechos para poder determinar si son o no graves y poder aplicar la sanción. Por eso, el Artículo 12 de la Ley, cuando habla de la discrecionalidad, exige que haya una adecuación entre el contenido del acto y los supuestos de hecho y esta adecuación es, precisamente, que haya una causa probada y exactamente calificada por la Administración.

En todo caso, debe señalarse que los vicios en la causa, son vicios que producen la nulidad relativa o anulabilidad de los actos administrativos, conforme se indica en el artículo 20 de la Ley, ya que el Artículo 19 de la misma, no incluye, entre los vicios de nulidad absoluta, a los vicios en los motivos. Por tanto, serían, en principio, vicios convalidables. Sin embargo, ello a veces es imposible: un acto dictado en base a hechos absolutamente falsos e inexistentes no podría jamás ser convalidado, pues los hechos no podrían crearse.

5. Los principios relativos al objeto

Otro de los requisitos de fondo y de validez de los actos administrativos, es el objeto o contenido del acto; es decir, el efecto práctico que con el acto administrativo se pretende: por ejemplo, el nombramiento de un funcionario, el decomiso de un bien. En cuanto al objeto, como en relación a todo acto jurídico, en el acto administrativo debe ser determinado o determinable, debe ser posible y debe ser lícito. En la Ley Orgánica de Procedimientos Administrativos, diversas normas regulan el objeto de los actos administrativos.

En primer lugar, en relación al objeto del acto y a sus requisitos, puede decirse que el Artículo 19, ordinal 3° los establece al señalar como viciado de nulidad absoluta, todo acto administrativo cuyo contenido u objeto sea imposible o sea de ilegal ejecución. Por tanto, cuando él objeto del acto es en sí mismo un delito o sea de imposible ejecución, el acto administrativo se considera viciado de nulidad absoluta. En esta norma, por tanto, indirectamente, se prescribe los requisitos del objeto del acto en el sentido de que debe ser posible y lícito, a lo cual habría que agregar como requisito general del objeto, que el acto sea determinado o determinable.

Pero además de los requisitos genéricos del objeto del acto administrativo, en cuanto al contenido del mismo, la Ley prescribe otros elementos formales. Por ejemplo, el Artículo 62 exige que el acto administrativo definitivo, es decir, que decida un asunto, obligatoriamente debe resolver *todas* las cuestiones que hubiesen sido planteadas, tanto inicialmente como durante la tramitación. Por tanto, en cuanto al contenido del acto definitivo la Administración no puede eludir su decisión sobre algún asunto planteado, sino que necesariamente tiene que considerar en el acto y, por tanto, tienen que formar parte de su contenido, todos los asuntos que hubiesen sido planteados por los particulares o por la propia Administración, tanto inicialmente como durante la tramitación del procedimiento.

Asimismo, además de regular el contenido de la decisión en el procedimiento constitutivo del acto definitivo, en el Artículo 62, en los Artículos 88 y 89 de la Ley Orgánica de Procedimientos Administrativos se regula cuál debe ser el contenido de la decisión o de los actos administrativos, cuando éstos resuelvan un recurso administrativo. La Ley establece, así, en el Artículo 89, que el órgano administrativo que conozca de un recurso administrativo, debe resolver también todos los asuntos que se sometan a su consideración dentro del ámbito de su competencia, o que surjan con motivo del recurso, aun cuando no hayan sido alegados por los interesados. En este caso, se observa que también la Ley prescribe obligatoriamente un contenido de los actos administrativos que decidan recursos administrativos.

Sobre el objeto de los actos administrativos, la antigua Corte Suprema de Justicia de Venezuela en sentencia de su Sala Político Administrativa de 13–8–91:

> "Uno de los elementos de todo acto administrativo es su contenido. Y se entiende por contenido del acto administrativo... el efecto práctico que el sujeto emisor se propone lograr a través de su acción, y el cual puede ser positivo o negativo, en el sentido de que mediante el acto se puede aceptar o negar una solicitud o se puede disponer que se realice algún hecho o acto o puede negarse tal realización. Constituyen requisitos para la validez del "contenido de un acto administra-

tivo" que éste sea determinado o determinable, posible y lícito; en forma tal, que la imposibilidad física de dar cumplimiento el acto administrativo, constituye un vicio que determine su nulidad absoluta, pues, la presunción de legitimidad que apareja el acto administrativo no puede prevalecer contra la lógica y, por eso, el ordinal 3° del artículo 19 de la Ley Orgánica de Procedimientos Administrativos sanciona con la nulidad absoluta a los actos cuyo contenido sean de imposible o ilegal ejecución[48]."

Este elemento del acto administrativo se encuentra consagrado en las leyes de procedimiento administrativo, las cuales recogen los principios que derivan del ámbito del derecho civil pero que la jurisprudencia administrativa ha venido adoptando, y de allí su consagración en estas leyes.

Por eso, el principio general de que el objeto del acto administrativo tiene que ser determinado o determinable, debe ser posible y tiene que ser lícito. Así lo expresa, por ejemplo, la Ley de Costa Rica:

1. El contenido deberá de ser lícito, posible, claro y preciso y abarcar todas las cuestiones de hecho y derecho surgidas del motivo, aunque no hayan sido debatidas por las partes interesadas.

2. Deberá ser, además, proporcionado al fin legal y correspondiente al motivo, cuando ambos se hallen regulados. (art. 132).

La Ley de Honduras exige en el mismo sentido, que el objeto de los actos administrativos "debe ser lícito, cierto y físicamente posible" (art. 24); siguiendo así, el texto de la Ley argentina que establece lo siguiente:

El objeto debe ser cierto y física y jurídicamente posible; debe decidir todas las peticiones formuladas, pero puede involucrar otras no propuestas, previa audiencia del interesado y siempre que ello no afecte derechos adquiridos (art. 7,c).

En la Ley mexicana, a su vez, se establece el mismo principio, al exigirse que el acto administrativo debe:

Tener objeto que pueda ser materia del mismo; determinado o determinable; preciso en cuanto a las circunstancias de tiempo y lugar, y previsto por la Ley; (art. 3,II).

La Ley peruana, en todo caso, es bien detallada al regular el objeto o contenido de los actos administrativos, así:

5.1 El objeto o contenido del acto administrativo es aquello que decide, declara o certifica la autoridad.

5.2 En ningún caso será admisible un objeto o contenido prohibido por el orden normativo, ni incompatible con la situación de hecho prevista en las normas; ni impreciso, obscuro o imposible de realizar.

5.3 No podrá contravenir en el caso concreto disposiciones constitucionales, legales, mandatos judiciales firmes; ni podrá infringir normas administrativas de carácter general provenientes de autoridad de igual, inferior o superior jerarquía, e incluso de la misma autoridad que dicte el acto.

5.4 El contenido debe comprender todas las cuestiones de hecho y derecho planteadas por los administrados, pudiendo involucrar otras no propuestas por éstos que hayan sido apreciadas de oficio, siempre que otorgue posibilidad de exponer su posición al administrado y, en su caso, aporten las pruebas a su favor.

Si el objeto del acto es el contenido práctico que se quiere obtener con el mismo, es decir, lo constituye, lo que se persigue con el acto, lo cual debe ser determinado, deter-

---

48 *Revista de Derecho Público*, N° 47, Caracas, 1991, p. 111).

minable, lícito y posible; por tanto, la imposibilidad del objeto, su ilicitud e indeterminación, son vicios que afectan los actos administrativos. Por ejemplo, si se nombra a un individuo para ocupar un cargo que no existe, o para un cargo indeterminado, ese acto estaría viciado en el objeto. Ese nombramiento sería de cumplimiento imposible porque no existiría el cargo. Por otra parte, cuando el objeto del acto sea, por ejemplo, delito, también estaría viciado en el objeto: una orden de un funcionario superior para que el inferior robe o mate, es nula de nulidad absoluta. En estos casos, la Ley Orgánica de Procedimientos Administrativos en el Artículo 19, Ordinal 3° sanciona con la nulidad absoluta, los actos administrativos cuando su contenido sea de imposible o ilegal ejecución; o como lo dice la Ley de Honduras, "aquellos cuyo objeto sea imposible o configure un delito" (art. 34, ord. b). Por ejemplo, el nombramiento como funcionario de una persona fallecida o un decreto de expropiación de unos inmuebles que ya han sido expropiados[49]. La Ley Orgánica venezolana, por tanto, solo sanciona con la nulidad absoluta dos casos: objeto ilícito y objeto imposible, y no hace referencia a la indeterminación del objeto que también es un vicio de los actos administrativos. Sin embargo, como hay que interpretar el Artículo 19 en sentido restrictivo, por la enumeración precisa que hace, el vicio de la indeterminación del objeto sería un vicio que daría origen a la nulidad relativa, pero no a la nulidad absoluta, por lo que sería un vicio subsanable y el acto que lo contenga, convalidable, conforme a los Artículos 20 y 81 de la Ley Orgánica.

Debe indicarse, además, que en cuanto al objeto de los actos administrativos, otros vicios pueden afectarlos en relación con sus efectos.

En primer lugar, en relación a los efectos temporales de los actos administrativos. Estos deben tener efectos hacia el futuro, por lo que los actos administrativos de efectos retroactivos estarían viciados, siendo de destacar, entonces, que la irretroactividad no sólo es característica de los actos de efectos generales, sino también de los actos de efectos particulares de carácter constitutivo[50]. La retroactividad sólo sería admisible si beneficia al administrado.

Pero en relación a los efectos temporales de los actos administrativos debe señalarse que, en principio, éstos no pueden someterse ni a condición ni a término, suspensivos o extintivos, salvo que la ley lo autorice expresamente. Todo acto administrativo condicionado sin autorización legal, estaría viciado.

Por último, debe también señalarse que los efectos de los actos administrativos, salvo cuando exista condición resolutoria o término extintivo, se presumen indefinidos, no pudiendo la Administración suspender dichos efectos a su arbitrio. Toda suspensión de efectos de un acto administrativo no autorizada legalmente estaría viciada.

Pero también en relación a los efectos de los actos administrativos el objeto de los mismos no puede estar destinado a desconocer los efectos de otros actos administrativos que hayan producido cosa juzgada administrativa.

En efecto, los actos administrativos firmes, creadores o declarativos de derechos a favor de particulares, son actos irrevocables, por lo que sus efectos son obligatorios y no pueden ser desconocidos ni por la propia Administración Pública ni por los particulares. Por tanto, todo acto administrativo que viole la cosa juzgada administrativa, y que por

49 *V.* Sentencia de la antigua Corte Suprema de Justicia de Venezuela en Sala Político–Administrativa, de 8 de enero de 1970, Caso Nelson C.A., *Gaceta Oficial*, N° 29.122, de 16 de enero de 1970. *V.* asimismo en Allan R. Brewer–Carías, *Jurisprudencia de la Corte Suprema..., cit.*, t. III, vol. 1, p. 339.

50 Artículo 11 LOPA.

ello, implique la modificación o renovación de un acto firme irrevocable, estaría viciado de nulidad absoluta y también sería susceptible de ser impugnado (Art. 19,2). Quedan a salvo, por supuesto, los casos extremos y excepcionales de nulidad absoluta frente a la cual no puede oponerse la irrevocabilidad proveniente de la cosa juzgada administrativa (Art. 83).

Pero además de los vicios en cuanto a los efectos temporales y en cuanto a la violación de la cosa juzgada administrativa, los actos administrativos también pueden resultar viciados en los medios de ejecución adoptados por la Administración. En particular, ciertos actos administrativos pueden ser ejecutados en forma forzosa por vía administrativa y previa autorización legal. Por tanto, toda ejecución no autorizada legalmente o por medios no admitidos, estaría también viciada (Art. 89).

6. Los principios relativos a la finalidad de la actividad administrativa

El quinto de los requisitos de fondo del acto administrativo, es la finalidad, pues, toda actividad administrativa en el Estado Moderno, está condicionada por la Ley, siempre, a la consecución de determinados resultados. Por tanto, la Administración tiene que ceñirse obligatoriamente a los fines prescritos en la Ley, y no puede la Administración buscar resultados distintos a los perseguidos por el legislador, pues la Ley lo que prescribe es el logro de determinado y preciso fin. Por tanto, así como el elemento causa de los actos administrativos se busca preguntando ¿por qué se dicta el acto? el elemento fin del acto administrativo se obtiene preguntando ¿para qué se dicta el acto?

Ahora bien, precisamente, la determinación de este fin del acto es, sin duda, una de las conquistas fundamentales del Estado de Derecho, es decir, la exigencia de que la Administración cuando dicte el acto, se ajuste al fin prescrito en la norma.

La Ley Orgánica de Procedimientos Administrativos consagra indirectamente este requisito de la finalidad, tanto de los actos administrativos como del procedimiento. En efecto, al regular en el Artículo 12 los límites al poder discrecional, hace referencia al fin de los actos administrativos, como requisito de fondo, al prescribir que la decisión o acto administrativo debe tener una precisa adecuación con los fines de la norma. Es decir, debe estar ajustado a los fines de la norma jurídica, por lo que se presume que todo acto administrativo, cuando se dicta por un funcionario, tiene siempre un fin preciso en alguna norma que integra el ordenamiento jurídico. Por ello, la no adecuación del acto con los fines de la norma da origen al vicio de la desviación de poder. Por su parte, la no adecuación del acto con los hechos, da origen al vicio de la causa.

Asimismo, puede decirse que la Ley prescribe que debe haber una finalidad del procedimiento prevista en las normas que regulan los procedimientos, y por eso hace responsable al funcionario en aquellos casos en que distorsione el fin del procedimiento. Así, en el Artículo 3 se establece el derecho de los particulares a reclamar ante el superior jerárquico, de la distorsión de cualquier procedimiento; y regula el denominado recurso o petición de queja frente a un funcionario, cuando permite a los interesados reclamar ante el superior jerárquico "del retardo, omisión, distorsión o incumplimiento de cualquier procedimiento". La distorsión del procedimiento, implica también un vicio de desviación de poder, al distorsionarse los fines de la norma procedimental. Además, en el Artículo 100 se regula la sanción que se puede imponer a los funcionarios en caso de distorsión de cualquier disposición, procedimiento, trámite o plazo establecidos en la

Ley, con lo cual se confirma, en el derecho positivo, la existencia de este quinto elemento de fondo de los actos administrativos que es la finalidad.

Por tanto, todo acto administrativo tiene una finalidad determinada, y la desviación de esa finalidad, es la que da origen al vicio de desviación del poder del cual habla la Constitución (Arts. 139 y 259).

En consecuencia, la actividad administrativa en el Estado de Derecho está condicionada por la ley, siempre, a la obtención de determinados resultados. Por ello el artículo 131,2 de la Ley de Costa Rica prescribe que "los fines principales del acto serán fijados por el ordenamiento".

Estos fines, por tanto, determinados en el ordenamiento jurídico, implican que un acto administrativo será válido, como también lo señala la Ley General de Costa Rica, sólo cuando "se conforme sustancialmente con el ordenamiento jurídico, incluso en cuanto al móvil del funcionario que lo dicta" (art. 128).

Es en este sentido que la Ley peruana define el requisito de la finalidad de los actos administrativos así:

> *3.3* *Finalidad Pública.* Adecuarse a las finalidades de interés público asumidas por las normas que otorgan las facultades al órgano emisor, sin que pueda habilitársele a perseguir mediante el acto, aún encubiertamente, alguna finalidad sea personal de la propia autoridad, a favor de un tercero, u otra finalidad pública distinta a la prevista en la Ley. La ausencia de normas que indique los fines de una facultad no genera discrecionalidad.

Ahora bien, en relación con la finalidad del acto administrativo se puede hacer una distinción entre el fin genérico de la acción administrativa y la finalidad específica del acto. Estos fines de la actividad administrativa pueden ser específicos, teniendo en cuenta la particular actuación de la Administración, o en todo caso, son los fines genéricos "de servicio público o que informan la función administrativa"[51]

Sobre el tema del fin genérico puede ubicarse una norma contenida en el Código colombiano que se refiere a la finalidad en general de la actuación de la Administración, que debe regir todo el procedimiento administrativo, pero que se aplica también, en particular, al acto administrativo, al establecer expresamente en su artículo 2 que:

> Los funcionarios tendrán en cuenta que la actuación administrativa tiene por objeto el cumplimiento de los cometidos estatales como lo señalan las leyes, la adecuada prestación de los servicios públicos y la efectividad de los derechos e intereses de los administrados, reconocidos por la Ley.

Esta es la finalidad general de todo procedimiento administrativo y de todo acto administrativo, por lo que aún cuando el ordenamiento jurídico no establezca un fin específico a la acción administrativa concreta, el funcionario no tiene discrecionalidad respecto de los fines, sino que siempre está sometido a la consecución de los fines genéricos de servicio público que, como lo establece expresamente la Ley General de la Administración Pública de Costa Rica, "el juez deberá determinarlos con vista de los otros elementos del acto y del resto del ordenamiento" (art. 131.2).

Pero aparte de la finalidad general, el acto administrativo debe tener, a su vez, un fin específico. Cada acto administrativo debe emitirse para la consecución de un fin que debe estar establecido en la ley. Es por ello que la consecuencia de la necesaria obten-

---

51 Sentencia de la antigua Corte Federal de 28 de septiembre de 1954, *Gaceta Forense*, Nº 5, 1954, pp. 217–218.

ción de determinados resultados por la Administración, como lo ha indicado la jurisprudencia venezolana, es que:

> La Administración Pública no puede procurar resultados distintos de los perseguidos por el legislador, aún cuando aquéllos respondan a la más estricta licitud y moralidad pues lo que se busca es el logro de determinado fin, que no puede ser desviado por ningún motivo, así sea plausible éste[52]

En la Ley argentina, el mismo artículo que se ha analizado sobre los requisitos del acto administrativo, establece sobre el tema de la finalidad, que debe:

> Cumplirse con la finalidad que resulte de las normas que otorgan las facultades pertinentes del órgano emisor, sin poder perseguir encubiertamente otros fines, públicos o privados, distintos de los que justifican el acto, su causa y objeto. Las medidas que el acto involucre deben ser proporcionalmente adecuadas a aquella finalidad. (art. 7.f).

En el caso mexicano se establece que, entre los elementos y requisitos del acto, el mismo debe "cumplir con la finalidad de interés público regulado por las normas en que se concreta, sin que puedan perseguirse otros fines distintos" (art. 3,III).

En cuanto a la Ley de Honduras, ésta indica que "la finalidad de los actos será aquella que resulte de las normas que le atribuyen potestades al órgano emisor" (art. 27).

En consecuencia, como lo establece expresamente la Ley General de Costa Rica, "la persecución de un fin distinto del principal, con detrimento de éste, será desviación de poder" (art. 131.3).

Se utiliza así, en esta Ley, la terminología acuñada en Francia para identificar el vicio en la finalidad del acto administrativo, y que sanciona de ilegalidad tanto los casos en los cuales el acto administrativo sea extraño al interés general, como los casos en los cuales aún adoptados en interés general, los fines que motivan la actuación no sean los que justifican el otorgamiento de los poderes de actuar al funcionario especifico[53].

A diferencia del sistema francés, sin embargo, donde el vicio es pura creación jurisprudencial, en América Latina se lo ha consagrado legislativamente e, incluso, en algunos casos, en las Constituciones como sucede en la Constitución de Venezuela, la cual, al definir el objeto de la jurisdicción contencioso–administrativa indica, entre otros, el de "anular los actos administrativos generales o individuales contrarios a derecho, incluso por desviación de poder" (art. 259). Una norma con igual redacción estaba consagrada en la Constitución de 1961, y con base a ella la jurisprudencia venezolana ya se había ocupado de precisar la existencia de este vicio de desviación de poder, así:

Hay desviación de poder cuando el acto aún siendo formal y sustancialmente acorde con la Ley, sin embargo, no lo es desde el punto de vista teleológico por cuanto la Administración, al dictarlo, no persigue con ello el fin a cuyo logro le fue acordada la facultad para hacerlo, sino un fin distinto que es por sí mismo contrario a derecho. A través de este vicio la jurisprudencia que lo concibió y posteriormente la doctrina que delineó sus modalidades y finalmente, la norma expresa que lo consagra, tienden a establecer un control sobre la intención de la Administración, algo que va más allá del simple examen de la apariencia del acto, para permitir que se escudriñe en los motivos reales y concretos que tuvo su autor. La desviación de poder, para que se tipifique no requiere ni siquiera que el fin distinto perseguido por el proveimiento sea contrario a la

---

52 Sentencia de la antigua Corte Federal de Venezuela de 28 de septiembre de 1954, *Gaceta Forense*, Nº 5, 1954, pp. 217–218.

53. *V.* el *arrêt Paríset*, CE 26 de noviembre de 1975, Rec. 934 y los comentarios en Long, Weil y Braibant, *op. cit.*, pp. 22 ss.; *V.* además, J. M. Auby y R. Drago, *op. cit.*, t. II, pp. 415 ss.

ley, basta con que sea contrario al objetivo que con el acto específico que se dicta se trata de conseguir[54].

Por ello, por ejemplo, la Corte Primera de lo Contencioso–Administrativo de Venezuela, anuló un acto administrativo disciplinario, porque el mismo:

> No fue la limpia aplicación de un procedimiento disciplinario sino que encubrió una venganza de las autoridades, circunstancias éstas constitutivas de desviación de poder, figura que el art. 206 de la Constitución (de 1961) sanciona como un vicio capaz de acarrear la nulidad del acto[55].

En definitiva, ha exigido la misma Corte Primera en Venezuela, que para que:

> El vicio de desviación de poder se tipifique es necesario que un acto aparentemente válido en cuanto a su forma y contenido persiga sin embargo un objetivo torcido, desviado, distinto al que tuvo en miras el legislador cuando le otorgó al órgano facultad de actuar. De allí que, no puede alegarse válidamente tal vicio si no se demuestra que el objetivo del acto no fue el querido por el legislador sino una razón oculta, de distinta naturaleza a la prevista en la norma legal. Es necesario demostrar desde el punto de vista valorativo que el objetivo fue "desviado", esto es, "torcido", destinado a una meta diferente a la que se propuso la norma[56].

En conclusión en virtud de que los actos administrativos deben mantener siempre la adecuación "con los fines de la norma", cuando por ejemplo, un funcionario dicta un acto, tiene que cumplir los fines que la norma prevé; y no puede usar su poder para fines distintos a los previstos en ella, por lo que si el funcionario usa su poder para otros fines distintos a los establecidos. Este vicio de desviación de poder, en consecuencia, se produce cuando el funcionario que tiene poder y competencia para tomar una decisión en una situación de hecho concreta, sin embargo, toma la decisión no para cumplir los fines previstos en la norma, sino para otros fines. Se trata por ello, como se ha dicho, de un vicio muy complejo que exige una prueba también muy difícil. Aquí no se trata de una incompetencia, de un objeto ilícito, o de una errada apreciación de los hechos, sino de un funcionario con competencia, ante una situación de hecho adecuada y debidamente calificada, y que dicta un acto formalmente perfecto, pero persiguiendo un fin distinto al prescrito en la norma. Por ello, este vicio de desviación de poder no puede presumirse, tiene que ser alegado y probado, lo cual es muy difícil, pues no es simple probar que el funcionario persiguió un fin distinto al autorizado. Por ejemplo, si un funcionario de policía tiene poder para arrestar a las personas que escandalizan en la vía pública por unas horas, y en efecto, ordena el arresto de un escandaloso, no sería fácil probar que el arresto no se hizo para mantener la tranquilidad pública que es lo que la norma le prescribe, sino porque el sujeto era su enemigo y quería vengarse de él. En este caso, se estaría en presencia de un acto formalmente válido, pero estaría viciado de desviación de poder, para cuya comprobación habría que establecer indubitablemente hechos que autorizaran a determinar la desviación, es decir, que la Administración usó su poder para fines distintos a la norma, desviándolo hacia otros fines. Ahora bien, el fin desviado no sólo se produce cuando el funcionario dicta el acto para perseguir un fin personal o particular, sino aún en supuestos en que persiga otra finalidad pública, pero distintas a la que prevé la Ley.

---

54 Sentencia de la Corte Primera de lo Contencioso–Administrativo de 14 de junio de 1982, *Revista de Derecho Público*, N° 11, Caracas, 1982, p. 134. *V.* también, sentencia de la antigua Corte Suprema de Justicia de Venezuela de 15 de noviembre de 1982, *Revista de Derecho Público*, N° 12, Caracas, 1982, pp. 134–135.

55 Sentencia de 13–8–86, *Revista de Derecho Público*, N° 28, Caracas, 1986, p. 92.

56 *Revista de Derecho Público*, N° 13, Caracas, 1983, p. 121)

Debe por último mencionarse, que los vicios en la finalidad de los actos, es decir, la desviación de poder no produce la nulidad absoluta de los actos administrativos, sino sólo su anulabilidad conforme a lo establecido en el Artículo 20 de la Ley Orgánica.

Pero no sólo la finalidad del acto administrativo no debe ser desviada, sino que tampoco lo puede ser el procedimiento administrativo específico. Es decir, los procedimientos también son instituidos en vista de la obtención de un resultado concreto, de manera que cualquier desviación del procedimiento vicia el acto producido de desviación del poder. El vicio consiste en la utilización por la Administración, de un procedimiento administrativo con una finalidad distinta respecto de la cual dicho procedimiento se ha instituido. Este vicio, identificado precisamente en la jurisprudencia francesa desde hace más de cuatro décadas[57], resulta del principio de que el funcionario no tiene potestad de elegir entre diversos procedimientos para obtener un resultado dado. Si lo que se busca, por ejemplo, es la transferencia de determinada propiedad privada inmueble al Estado por causa de utilidad pública, la Administración debe acudir al procedimiento de la expropiación, razón por la cual, la utilización con el mismo fin de cualquier otro procedimiento que tenga como resultado la extinción de la propiedad sin pago de una justa indemnización, se configuraría como una desviación del procedimiento[58].

III. LOS REQUISITOS DE FORMA DE LOS ACTOS ADMINISTRATIVOS

Los requisitos de forma de los actos administrativos, denominados también de legalidad externa, están configurados tanto por las formalidades necesarias para la producción de los mismos, como por los elementos formales de la exteriorización de los actos, en particular, la forma escrita y la motivación. Se pueden distinguir, por tanto, las formalidades de los actos administrativos, constituidas por las diversas operaciones que condicionan la emisión y la entrada en vigor del acto; de las formas, que son las menciones del escrito que traducen las diversas condiciones de regularidad del acto, particularmente, la motivación o la exteriorización de motivos[59].

---

57. R. Hostiou, *Procédure et formes de l'acte administratif unilateral en Droit Français*, París, 1975; pp. 315 ss.; J. M. Auby y R. Drago, *op. cit.*, p. 420; G. Vedel y P. Devolvé, *op. cit.*, p. 810; G. Isaac, *La Procédure administrative non contentieuse*, París, 1968, pp. 59 ss.

58. Un caso de nulidad de un Decreto de Expropiación por desviación del procedimiento puede verse en la sentencia de la antigua Corte Suprema de Justicia en Sala Político–Administrativa de 8 de enero de 1970, *Gaceta Oficial*, N° 29.122 de 16 de enero de 1970 (caso *Nelson C.A.*) en la cual la Corte consideró la emisión de un nuevo Decreto de Expropiación sobre unos inmuebles como un caso típico de desviación de poder ya "que a través de ellos, se ha tratado de obtener beneficios para la Administración, utilizando procedimientos que no encajan estrictamente dentro de la finalidad estricta de los poderes que se utilizaron". En el caso se trataba de unos inmuebles ya ocupados y construidos por el Estado sobre los cuales se dictó un Decreto de Expropiación. Casi finalizado el procedimiento expropiatorio, la Administración dictó un Decreto desistiendo de la Expropiación y el mismo día dictó otro Decreto, de nuevo, de expropiación de un área mayor. La Corte consideró que "La finalidad perseguida por el Decreto N° 791 (de desistimiento de la expropiación) no fue la de prescindir del procedimiento, ya que, con la misma fecha, se dictó el Decreto N° 792 que afecta la misma cosa expropiada, aún cuando en una cabida menor, la verdadera finalidad, como lo expresa el dictamen de la Procuraduría General de la República, fue la de iniciar de nuevo el procedimiento y tener otra oportunidad de establecer un precio más conveniente a los intereses de la Nación y tales procedimientos contribuyen, indudablemente, a desnaturalizar el juicio expropiatorio". *V.* el texto de la sentencia, en Allan R. Brewer–Carías, *Jurisprudencia de la Corte Suprema... cit.*, t. III, vol. I, pp. 338–339.

59. *V.* R. Hostiou, *op. cit.*

1. Las formalidades procedimentales

A. La sujeción al procedimiento

El primero de estos requisitos es la necesaria sujeción del acto al procedimiento. Tal como lo expresa la Ley argentina, antes de la emisión del acto administrativo "deben cumplirse los procedimientos esenciales y sustanciales previstos y los que resulten implícitos del ordenamiento jurídico" (art. 7.d). En sentido similar se establece en el artículo 24 de la Ley de Honduras y en el artículo 3,5 de la Ley peruana. Asimismo, el art. 129 de la Ley General de Costa Rica establece que el acto administrativo deberá dictarse "previo cumplimiento de todos los trámites sustanciales previstos al efecto".

Por ello, en cuanto a las formalidades procedimentales, uno de los principios que también regula la Ley Orgánica de Procedimientos Administrativos de Venezuela, es el principio de la sujeción a las formas, erigiéndose como un requisito de forma de los actos administrativos, la necesidad de que la Administración, en su actuación, se ciña exactamente a las prescripciones de la Ley Orgánica y, en particular, a las formalidades procedimentales que prescribe. Así, en efecto, el Artículo 1° de la Ley exige que la actividad de la Administración se ajuste a las prescripciones de la Ley; y también, el Artículo 12 señala que, aun en los casos en que se trate de un acto administrativo dictado en ejercicio de un poder discrecional, deben cumplirse los trámites, requisitos y formalidades necesarios para su validez y eficacia, configurándose, por tanto, el procedimiento y las formalidades y trámites, como un requisito de forma de los actos administrativos.

Asimismo, el Artículo 19, ordinal 4, cuando prescribe la nulidad absoluta como sanción a ciertos vicios de los actos administrativos, establece que procede en los casos en los cuales se hayan dictado los actos, con prescindencia total y absoluta del procedimiento legalmente establecido, con lo cual se confirma la necesidad de que los actos se adecúen al procedimiento que la Ley regula.

En consecuencia el primer requisito de forma de los actos administrativos regulado en la Ley, es la necesaria adecuación de la formación de la voluntad al procedimiento legalmente pautado; procedimiento establecido no sólo para la formación de los actos administrativos, denominado también "procedimiento constitutivo" de los actos, sino también el procedimiento legalmente pautado para la impugnación de los actos administrativos en vía administrativa; es decir, el llamado procedimiento de impugnación de los actos administrativos. En este sentido, puede decirse sin duda que, precisamente, una de las finalidades de la Ley Orgánica de Procedimientos Administrativos, es regular las formalidades del procedimiento administrativo que debe seguirse en la formación de los actos administrativos.

En este sentido, el procedimiento se identifica con las formalidades que deben cumplirse previamente a la adopción del acto. Por ello, en la Ley Federal de México se encuentra un postulado igual, al indicar entre los elementos y requisitos del acto administrativo, el "ser expedido sujetándose a las disposiciones relativas al procedimiento administrativo previstas en la ley" (art. 3,VII).

Ahora bien, las formalidades establecidas legalmente, y que conforman un procedimiento administrativo, tienen siempre dos objetivos generales, tal como lo prescribe la Ley General de la Administración Pública de Costa Rica: en primer lugar, asegurar el mejor cumplimiento posible de los fines de la Administración, y en segundo lugar, el respeto para los derechos subjetivos a intereses legítimos de los administrados (art. 214).

B. Las formalidades sustanciales y no sustanciales

Las formalidades procedimentales están reguladas, con frecuencia, en forma dispersa, en los diversos textos reguladores de la actividad administrativa, y de ellas resultan las que pueden considerarse sustanciales y cuyo desconocimiento puede afectar el acto administrativo con vicio de nulidad (art. 223.1 LGAP Costa Rica), distintas de las que no pueden considerarse sustanciales y cuya falta no afecta la validez de los actos administrativos.

En efecto, siempre deben de considerarse como sustanciales[60] las formalidades establecidas para garantizar los derechos de los administrados, como por ejemplo, las que prescriben la audiencia de los mismos, como información previa a una decisión o para asegurar el derecho a la defensa (*audi alteram parte*).

En este sentido, precisamente, en la Ley de Costa Rica se distinguen las formalidades sustanciales y otras que no son sustanciales, considerándose como "sustanciales o esenciales todas las formalidades relativas a las garantías de los administrados", y entre éstas, aquellas cuya omisión "causare indefensión" (art. 223).

Además, también deben considerarse como esenciales las formalidades cuyo incumplimiento podría cambiar el sentido de la decisión. De allí que, por ejemplo, cualquier incumplimiento de una forma que origine indefensión sería una violación a una forma sustancial. Por ello la precisión que hace la Ley General de Costa Rica sobre formalidades sustanciales al entender como tal aquéllas "cuya realización correcta hubiera impedido o cambiado la decisión final en aspectos importantes" (art. 223.2)".

C. La administración consultiva

Como se ha señalado, con frecuencia, los textos legales exigen en el curso del procedimiento la intervención previa y obligatoria de órganos consultivos, cuya opinión puede ser vinculante o no vinculante para el órgano que dicta el acto. En las leyes de Costa Rica y Argentina, además, se regula como esencial la opinión jurídica previa.

En efecto, en la Ley General de Costa Rica se establece que es necesario para que un acto administrativo agote la vía administrativa y sea definitivo en vía administrativa "que el órgano que lo emita consulte previamente al Asesor Jurídico de la correspondiente administración" (art. 356,1).

En la de Argentina se considera como:

> Esencial el dictamen proveniente de los servicios permanentes de asesoramiento jurídico cuando el acto pudiere afectar derechos subjetivos e intereses legítimos (art. 7.d).

En estos casos, por supuesto, no se prevé el carácter vinculante del dictamen jurídico. Es decir, según estas leyes, los órganos de opinión jurídica deben ser obligatoriamente consultados, pero como una consulta obligatoria no vinculante.

---

60 G. Vedel y P. Devolvé, *op. cit.*, p. 788; G. Berlia, "Vice de forme et contrôle des actes administratifs", *Revue de Droit Public et de la Science Politique en France et à l'etranger*, París, 1940, pp. 377 ss.

En otros casos, la formalidad sustancial consiste en exigir, para la emisión de un acto administrativo por un órgano, la formulación de una propuesta de parte de otro órgano administrativo. Esta proposición puede consistir solamente en dejar la iniciativa de la decisión al órgano proponente, o puede consistir en una proposición llamada imperativa, de manera que la intervención del órgano proponente tiene por efecto esencial, limitar el poder de decisión del órgano que toma la decisión[61]. Es el caso generalizado de los concursos para la nominación de funcionarios, cuya evaluación y proposición corresponde a un jurado o comisión calificadora que es la que luego propone el nombramiento a la autoridad decisora, sin que ésta pueda variar en forma alguna la propuesta.

En todo caso, y salvo determinación expresa de la ley, el órgano administrativo al cual corresponda tomar una decisión, tiene libertad de consultar a otras autoridades u organismos, como lo señala la Ley de Venezuela, y solicitar los "informes, documentos o antecedentes que estime convenientes para la mejor resolución del asunto" (art. 54). Sin embargo, la omisión de los informes y antecedentes no suspende la tramitación, salvo disposición expresa en contrario, sin perjuicio de la responsabilidad en que incurra el funcionario por la omisión o demora (art. 56).

D. Los vicios en el procedimiento constitutivo

Se ha señalado que los actos administrativos deben ajustarse, para que sean válidos, al procedimiento legalmente establecido, y a los trámites, etapas y lapsos prescritos en la Ley. Por ello, si una consecuencia ha producido la Ley Orgánica de Procedimientos Administrativos, esa es la definitiva procedimentalización de los actos administrativos.

Por tanto, la violación de las formas procedimentales puede acarrear la invalidez de los actos. Sin embargo, esta violación de formas puede ser de dos clases: la violación de trámites y formalidades, o la violación de los derechos de los particulares en el procedimiento.

a. La violación de trámites y formalidades

En efecto, los actos administrativos dictados por la Administración, cuando ésta ha violado en su formación, una norma del procedimiento administrativo, se puede considerar que estarían viciados en su forma, y serían susceptibles de impugnación. Pero queda claro que los vicios en el procedimiento siempre serían vicios que podrían producir la anulabilidad o nulidad relativa de los actos administrativos, conforme a lo previsto en el Artículo 20 la Ley Orgánica, y el *único caso* en el cual un vicio de forma podría llegar a producir la nulidad absoluta del acto, sería cuando el mismo se hubiere dictado "con prescindencia total y absoluta del procedimiento legalmente establecido" conforme al ordinal 4° Artículo 19 de la Ley Orgánica. Aquí no se trataría de la violación de un trámite, requisito y formalidad, ni de varios de ellos, sino de la ausencia total y absoluta del procedimiento legalmente prescrito, es decir, de la arbitrariedad procedimental evidente.

En esta forma, para que un vicio de forma pueda dar origen a la nulidad absoluta de un acto administrativo, es necesario que este se haya dictado, con ausencia total y absoluta del procedimiento que estaba legalmente establecido. Se produce, así, cuando el funcionario hizo caso omiso, totalmente, del procedimiento pautado. No se trata, por

61. *V.* R. Hostiou, *op. cit.*, pp. 37 ss.

tanto, de un vicio de alguna fase del procedimiento o derivado de que no se cumplió un trámite procedimental, sino de la ausencia total y absoluta del procedimiento.

Aparte de este vicio derivado de la ausencia absoluta y total del procedimiento, los vicios del procedimiento, derivados de irregularidades en su tramitación, no dan origen a la nulidad absoluta de los actos dictados, sino a vicios de anulabilidad que podrían alegarse por el interesado.

Estos vicios en el procedimiento y en las tramitaciones, pueden ser de variada naturaleza. Por ejemplo, en la llamada Administración Consultiva, es muy frecuente que las Leyes establezcan como requisito previo para que un órgano administrativo decida, la necesidad de obtener una opinión o informe previo de otros órganos administrativos. En algunos casos, las leyes exigen la consulta previa obligatoria, distinta a las potestativas o facultativas. Por ejemplo, para que el Ministerio decida un asunto, puede pedir opinión del Consultor Jurídico, pero no está obligado a obtenerla, pues es libre de decidir sin la opinión del Consultor Jurídico. Sin embargo, en otros casos, se prescribe que para tomar una decisión el funcionario debe obtener una opinión previa. Así, por ejemplo, para regular el canon de arrendamiento de un inmueble, el Director de Inquilinato tiene que obtener un dictamen de expertos que determinen el valor del inmueble. En *ese* caso, la consulta es obligatoria, y su incumplimiento podría dar origen a un vicio de procedimiento. Pero además de ser obligatoria, la Ley puede establecerse que la consulta puede ser vinculante o no vinculante. Es decir, el funcionario puede estar obligado a pedir una opinión o informe, pero puede ser libre de seguirla o no; en otros casos, no sólo el funcionario está obligado a obtener la consulta, sino que además está obligado a decidir siguiendo el dictamen del órgano consultivo. En ese caso, si la consulta es vinculante y el funcionario no sigue el criterio de la opinión, al dictar su acto, habría un vicio en el procedimiento, que provocaría la nulidad relativa de los actos administrativos.

En todo caso, respecto de la administración consultiva, si no hay una ley que lo establezca expresamente, conforme a lo previsto en los artículos 56 y 57 de la Ley Orgánica de Procedimientos, los informes y consultas, en principio, ni son obligatorios ni vinculantes.

También puede haber vicios en el procedimiento, en la formación de la voluntad, sobre todo de los órganos colegiados. En efecto, cuando la decisión administrativa deba adoptarse por un órgano colegiado, por ejemplo, un Concejo Municipal o un Consejo de Facultad, la Ley somete a una serie de formalidades precisas el funcionamiento de los órganos colegiados: por ejemplo, se necesita formular una convocatoria; elaborar previamente un orden del día; se requiere de un quórum para reunirse, y para decidir; se prescriben formalidades de la discusión y de la decisión, y entre ellas, la elaboración de actas .de las sesiones, etc. Por tanto, en la formación de la voluntad del órgano colegiado las normas que la regulan prescriben una serie de requisitos formales, cuya violación acarrea, también, vicios en el procedimiento, que darían origen a la nulidad relativa de los actos.

b. La violación de los derechos de los particulares en el procedimiento

Hemos señalado que una de las innovaciones fundamentales de la Ley Orgánica al regular el procedimiento administrativo, consistió en la consagración, con fuerza de derecho positivo, de una serie de derechos de los interesados en el procedimiento que, hasta ahora, sólo se habían consagrado jurisprudencialmente, como principios generales del derecho.

Entre esos derechos de los interesados en el procedimiento se destaca, ante todo, el derecho a la defensa, derivado del Artículo 68 de la Constitución. Esto llevó al Legislador a consagrar, en la Ley, normas precisas para asegurar a los interesados el derecho a ser oído (Artículos 49 y 68), el derecho a hacerse parte en un procedimiento (Artículo 23), el derecho a ser notificado (Artículos 48 y 73); el derecho a tener acceso al expediente administrativo (Artículo 59); el derecho a presentar pruebas (Artículos 48 y 58), y el derecho a ser informados de los medios disponibles para su defensa (Artículos 73 y 77).

Pues bien, la violación por la Administración, en cualquier procedimiento administrativo, de cualesquiera de estos derechos de los particulares en el procedimiento, provocaría la invalidez del acto administrativo y lo haría susceptible de anulación. Los vicios del acto, en estos casos, también serían vicios de nulidad relativa, en los términos del artículo 20 de la Ley Orgánica.

2. La forma escrita y la exteriorización del acto

Dentro de los requisitos de forma de los actos administrativos, además de la formalidad procedimental y de la motivación, la Ley Orgánica de Procedimientos Administrativos prescribe determinadas formas en cuanto a la exteriorización de los actos administrativos.

En este sentido la Ley Orgánica, en principio, regula la manifestación expresa de voluntad de la Administración, y por tanto, exige que, como principio general, el acto administrativo sea expreso, y además deba estar revestido de la formalidad legal de constar por escrito, siendo este elemento escrito, una de las garantías fundamentales de los particulares para poder ejercer su derecho a la defensa. Por tanto, así como la motivación es un requisito formal básico para el ejercicio de este derecho a la defensa, también la exteriorización formal del acto que conlleva la motivación, debe considerarse como un requisito de validez de los actos y como un requisito para el ejercicio del derecho de la defensa.

En esta forma, la Ley ha prescrito los requisitos de forma del acto expreso, y exige que estos actos administrativos contengan todos estos elementos en su exteriorización formal. Pero la Ley, sin duda, no sólo regula los actos administrativos expresos, sino que también regula los actos administrativos tácitos. En efecto, cuando en el Artículo 4 establece que vencidos determinados lapsos sin que se resuelvan los asuntos o recursos, se considerará que la Administración ha resuelto negativamente, la Ley está consagrando el acto administrativo tácito, es decir, la manifestación de voluntad derivada del silencio administrativo con efectos negativos. De acuerdo a esta norma, puede decirse que legalmente se presume que una vez transcurrido un lapso sin que exista una decisión concreta, surge un acto administrativo que es un acto denegatorio de lo solicitado. La Ley, por supuesto, en estos casos, no prescribe forma alguna de los actos tácitos, sino sólo el transcurso del lapso, como condición para que se produzca esta decisión administrativa tácita negativa derivada del silencio administrativo, y todos esos lapsos previstos en días, tanto para las solicitudes, en los Artículos 5, 60 y 67 de la Ley, como para los recursos administrativos en los Artículos 90, 91, 94 y 99 de la Ley, deben contarse en días hábiles conforme lo exige el Artículo 42 de la misma Ley. En esta forma, el silencio administrativo, es decir, la inactividad administrativa produce, de acuerdo al Artículo 4, un efecto jurídico, es decir, el efecto de denegar la petición o el recurso formulado, a los solos efectos de garantizar los derechos e intereses del administrado, particularmente su derecho a la defensa.

En consecuencia, no sólo el principio de escrituriedad es general al procedimiento administrativo, sino que también se aplica específicamente al acto administrativo, el cual, en principio debe ser escrito y llevarse a documento. Por ello, conforme a la Ley de Uruguay "la forma es el modo o manera de documentarse y dar a conocer la voluntad administrativa" (art. 27).

Conforme a ello, casi todas las leyes exigen expresamente la forma escrita de los actos administrativos, como las de Costa Rica (art. 134), del Perú (art. 4,1), de Uruguay (art. 27), de Argentina (art. 8), de México y de Brasil (art. 22,1°), las cuales expresamente establecen que "el acto se manifestará por escrito", pero permitiendo, en general, otras formas cuando la naturaleza o las circunstancias lo exijan, como la forma verbal.

La Ley de Honduras, dispone también como principio que:

> *Artículo 23.* Los actos se producirán por escrito, indicando la autoridad que los emite y su fecha, salvo que la Ley, las circunstancias o la naturaleza del acto exijan o permitan una forma distinta.

De allí resulta que el acto administrativo debe ser escrito, pudiendo, sin embargo, ser mecánico o verbal, siempre que con la decisión no se afecten los derechos o intereses de los administrados.

En todo caso, debe destacarse lo regulado en la Ley de Uruguay sobre la posibilidad de forma verbal del acto administrativo, solo "si mediare urgencia o imposibilidad de hecho" en cuyo caso, siempre, con posterioridad, debe "documentarse por escrito el acto en la primera oportunidad posterior en que sea posible" para así dejar constancia por escrito de lo que se ha decidido (art. 28).

3. El contenido formal y la firma

El principio sobre la forma de los actos administrativos está resumido en el artículo 8 de la Ley de Argentina, que establece que:

> El acto administrativo se manifestará expresamente y por escrito; indicará el lugar y fecha en que se lo dicta y contendrá la firma de la autoridad que lo emite; sólo por excepción y si las circunstancias lo permitieren podrá utilizarse una forma distinta.

Una formulación similar está en el artículo 4,2 de la Ley del Perú, y en el artículo 134 de la Ley General de Costa Rica al exigir que el acto administrativo se exprese por escrito, indicando "el órgano agente, el derecho aplicable, la disposición, la fecha y la firma, mencionando el cargo del suscriptor".

El Artículo 18 de la Ley Orgánica de Procedimientos Administrativos, ha establecido por primera vez con carácter general en el ordenamiento positivo venezolano, los requisitos que debe contener el acto administrativo en su formulación expresa. Dicho Artículo, en efecto, prescribe diversas formas que son obligatorias cuando se exteriorice un acto administrativo por escrito, al indicar que necesariamente debe contener lo siguiente: Primero, el nombre del Ministerio u organismo al cual pertenece el órgano que dicte el acto; segundo, el nombre del órgano que emite el acto; tercero, el lugar y fecha donde el acto es dictado; cuarto, el nombre de la persona u órgano a quien va dirigido; quinto, la expresión sucinta de los hechos y de las razones que hubiesen sido alegados y de los fundamentos legales del acto; sexto, la decisión correspondiente, si fuera el caso; séptimo, el nombre del funcionario o funcionarios que lo suscriben, con indicación de la titularidad con que actúen e indicación expresa, en caso de actuar por delegación, del número y fecha del acto de delegación que confirió la competencia; y octavo, el sello de la Oficina. La violación de alguno de estos requisitos del Artículo 18, también daría lugar a una irregularidad del acto y a un vicio de forma, que sólo podría dar origen a un vicio de nulidad relativa de los actos administrativos.

La Ley exige, además, que el original del respectivo instrumento debe contener la firma autógrafa del o de los funcionarios que lo suscriben, y sólo en los casos en los cuales la frecuencia de ciertos actos lo justifique se podrá disponer, mediante Decreto del Presidente de la República, que la firma de los funcionarios sea estampada por medios mecánicos que, en todo caso, deben ofrecer las garantías de seguridad necesarias.

En igual sentido se regula en la Ley del Perú:

> *4.4.* Cuando deban emitirse varios actos administrativos de la misma naturaleza, podrá ser empleada firma mecánica o integrarse en un solo documento bajo una misma motivación, siempre que se individualice a los administrados sobre los que recae los efectos del acto. Para todos los efectos subsiguientes, los actos administrativos serán considerados como actos diferentes.

Esta exigencia final de la firma, por supuesto, se complementa con la necesaria firma en los casos de refrendo ministerial, lo que en general es de rango constitucional.

Debe destacarse, dentro de las exigencias de forma de los actos administrativos, el requerimiento de la Ley venezolana de que deben contener la expresión sucinta de los fundamentos legales pertinentes (art. 18.5). Es lo que se denomina en el derecho francés, el sistema de "visas" del acto administrativo, que exige, entre otros aspectos, la expresión formal de la base legal del acto, es decir, de las normas legales o reglamentarias que autorizan su emisión.

La Ley de México, a su vez, también formula toda una enumeración de aquello que debe contener un acto administrativo. En el artículo 3° se precisan los aspectos siguientes: acto escrito; firma autógrafa de la autoridad que lo expida; mención del órgano del cual emana; ser expedido sin que medie error respecto a la identificación del expediente; lugar y fecha de emisión; contenido de la decisión; y mención de los recursos que procedan.

Un caso que debe destacarse por el detalle que contiene, es el artículo 124 de la Ley de Uruguay, donde no sólo se enumera qué debe contener el acto, sino que se detalla cómo debe conformarse el acto, con una parte expositiva y una dispositiva.

En cuanto a la parte expositiva, la norma precisa que debe contener:

> 1) Un "Visto". La finalidad del "Visto" es situar la cuestión que va a ser objeto del acto;
>
> 2) Uno o varios "Resultandos" puestos a continuación del "Visto", en los que se deben exponer los hechos que constituyan los antecedentes del acto administrativo de que se trate. Los decretos y ordenanzas pueden prescindir de los "Resultandos";
>
> 3) Uno o varios "Considerandos", en los que se desarrollan los fundamentos de derecho, las doctrinas aplicables, las razones de mérito y la finalidad perseguida;
>
> 4) Un "Atento", en el que se citan o se hace referencia a las reglas de derecho y a las opiniones o asesoramientos recabados en que el acto se fundamenta.
>
> En todo caso, cuando no existe ninguna cuestión de hecho ni se plantea ningún problema de derecho la norma permite que pueda prescindirse de los "Resultandos" y de los "Considerandos" y consistir la parte expositiva en un "Visto" y un "Atento".

En cuanto a la parte dispositiva, el mismo artículo 124 de la Ley de Uruguay señala que debe ir numerada en las resoluciones y articulada en los Decretos y Ordenanzas, con la siguiente precisión:

> El acápite de la parte dispositiva debe mencionar al órgano que adopta el acto administrativo, a lo que seguirá un "Decreta" o un "Resuelve", si el acto es dictado por el Poder Ejecutivo, y un "Dispone" o un "Resuelve" si el acto es dictado por un Ministerio.

No se admitirá en la parte expositiva ninguna otra expresión que las citadas precedentemente.

El Reglamento de la Comunidad Andina sigue la orientación de la legislación de Venezuela antes indicada, en cuanto al detalle del contenido escrito de las resoluciones (art. 7).

4. La motivación de los actos administrativos

Además de la regulación genérica del procedimiento administrativo y sus diversos trámites y formalidades, pueden distinguirse otros requisitos de forma que regula la Ley con precisión, y entre ellos está la necesidad de que el acto administrativo esté, motivado, es decir, la motivación de los actos administrativos[62].

Este requisito de la motivación ha sido establecido expresamente en el Artículo 9 de la Ley Orgánica, con carácter general, al prescribir que todos los actos administrativos de carácter particular, es decir, de efectos particulares, deberán ser motivados excepto los de simple trámite, o salvo disposición expresa de la Ley, y a tal efecto, agrega el Artículo 9, en esa motivación deben hacer referencia a los hechos y a los fundamentos del acto.

El acto de trámite, como lo dice su nombre, es un acto de tramitación en el procedimiento y se diferencia del acto definitivo en que este es el que pone fin a un asunto, el que concluye el procedimiento ante la Administración. Los actos de trámite son los actos preparatorios para tomar una decisión, por ejemplo, el acto por el cual se ordena notificar a un particular, o se ordena evacuar ciertas pruebas, pedir unos informes o nombrar peritos. En cambio, el acto definitivo es el que pone fin al asunto, y este es el que tiene que ser motivado, salvo que la Ley expresamente excluya de esta obligación.

---

62 Sobre la motivación de los actos administrativos, *V.* Allan R. Brewer–Carías, "Consideraciones sobre la distinción entre la causa de los actos administrativos y la motivación como requisito de forma de los mismos", en *Revista de la Facultad de Derecho*, UCV, N° 49, Caracas 1971, p. 233 y ss.; Hildegard Rondón de Sansó, "La motivación de los actos administrativos" en *Archivo de Derecho Público y Ciencias de la Administración"*, Vol. II, Caracas 1970–71, pp. 199–238; Hildegard Rondón de Sansó, "Análisis Crítico de la Ley Orgánica de Procedimientos Administrativos" en *Revista del Consejo de la Judicatura*, N° 22, Caracas 1981, p. 19; Hildegard Rondón de Sansó, "Estudio Preliminar" en *Ley Orgánica de Procedimientos Administrativos*, EJV, Caracas 1981, p. 37. La jurisprudencia sobre el tema puede consultarse en Allan R. Brewer–Carías, "La motivación de los actos administrativos en la Jurisprudencia Venezolana" en *Revista de la Facultad de Derecho*, N° 33, UCV, Caracas 1966, pp. 151–166; Allan R. Brewer–Carías, *Jurisprudencia de la Corte Suprema 1930–1974* y *Estudios de Derecho Administrativo*, Tomo III, Vol. I, Caracas 1976, pp. 223–268; y en la sección a cargo de Mary Ramos Fernández, "Jurisprudencia Administrativa y Constitucional" en *Revista de Derecho Público*, N° 1, Caracas 1980, pp. 137–140; N° 2, Caracas 1980, pp. 115–117; N° 3, Caracas 1980, p. 129 y ss.; N° 4, Caracas, 1980, p. 141; N° 5, Caracas 1981, pp. 119–121; N° 6, Caracas 1981, pp. 148–151; y N° 7, Caracas 1981, p. 150. En cuanto a la doctrina administrativa, *V. Doctrina de la Procuraduría General de la República 1964*, Caracas 1965, pp. 30–31; *idem* 1968, Caracas 1969, p. 9 y ss.; *ibídem*, 1969, Caracas 1970, pp. 23–24; *ibídem*, 1973, Caracas 1974, pp. 92, 334, 393; *ibídem*, 1974, Caracas 1975, p. 117.

Por ejemplo, el artículo 10 de la Ley General de Bancos y otros Institutos de Crédito establece, que el Ejecutivo Nacional debe resolver las solicitudes de autorización para la promoción y funcionamiento de los Bancos, tomando en consideración las condiciones económicas y financieras, generales y locales, la honorabilidad y solvencia económica de los solicitantes, directores y administradores propuestos, así como la capacidad técnica de estos últimos y los informes, tanto de la Superintendencia de Bancos como del Banco Central de Venezuela, agregando en su parte final, que esas solicitudes podrán ser negadas "sin que tenga que dar razón alguna a los interesados", es decir, sin necesidad de motivar la negativa.

La Ley Orgánica de Procedimientos Administrativos al establecer en esta forma la obligación general de motivar los actos administrativos, ha variado substancialmente la tradición jurisprudencial que venía delineándose en los últimos años. Se insiste, la Ley ha establecido con carácter general que, todo acto administrativo de efectos particulares tiene que ser motivado, y las únicas excepciones se refieren a los actos de simple trámite y a los actos respecto de los cuales, por disposición expresa de la Ley, esté excluida la motivación.

En consecuencia, en ausencia de una norma legal que excluya la motivación, todo acto administrativo definitivo tiene que ser motivado, mediante la expresión de los presupuestos de hecho y de derecho que le sirvieron de fundamento, y la ausencia de motivación o la deficiencia de la misma, vicia los actos administrativos, en un vicio que conforme al artículo 20 de la Ley Orgánica, origina la anulabilidad del acto administrativo, y por tanto, se hace susceptible de ser impugnado.

La jurisprudencia de la Corte Suprema de Justicia desde hace varias décadas, venía exigiendo el requisito de la motivación, como un requisito de forma de los actos, en el sentido de que ciertos actos administrativos, formalmente, debían expresar tanto la causa o motivo que los inspiraba como los supuestos legales o la base legal del acto; es decir, debían estar suficientemente razonados. Esta motivación se exigía, en primer lugar, respecto de los actos administrativos discrecionales; en segundo lugar, respecto de los actos administrativos sancionatorios; y en tercer lugar, respecto de los actos que impusieran obligaciones o que restringieran en alguna forma los derechos de los particulares. Este principio general se formulaba, además, en general, salvo que por expresa autorización legal, se excluyera que un determinado acto de esos tipos debía ser motivado. Así sucede, por ejemplo, en materia de la Ley general de Bancos y otros Institutos de Crédito, en la cual se establece, expresamente en su Artículo 11 que la negativa de autorización de funcionamiento de una empresa bancaria no requiere de motivación.

Debe señalarse que la jurisprudencia de la Corte Suprema de Justicia había venido exigiendo que sólo los actos que afectaran los derechos e intereses de los particulares, incidiendo en la esfera jurídica propia de un particular, como los actos sancionatorios, o los revocatorios, debían ser motivados. Parece, en efecto, lógico que cuando la Administración impone una multa, o una sanción, o le quita o restringe un derecho a un particular en alguna forma, debe exigirse la motivación. También se exigía la motivación para los actos discrecionales, ya que el control de los motivos en los actos discrecionales sólo podía hacerse en la medida en que estos actos fueran motivados; es decir, lo motivos fueran exteriorizados.

Pero la Ley Orgánica, en el Artículo 9, fue mucho más allá y exige la motivación, materialmente, respecto a todos los actos administrativos siendo la excepción el caso de los actos de trámite, o cuando la Ley expresamente exima de la obligación de motivar. Sin embargo, lo cierto es que este requisito de la motivación resulta innecesario en muchos actos administrativos.

En cuanto a las formalidades de la motivación, ciertamente no se requiere que el acto contenga una exposición detallada y analítica de todo cuanto concierne al mismo, pero eso no implica que no sea necesario que el acto, como lo exige el Artículo 9 de la Ley, haga referencia a los hechos y a los fundamentos legales del acto, o como lo exige el Artículo 18, ordinal 5°, que el acto contenga una expresión sucinta de los hechos, de los fundamentos legales pertinentes y, además, de las razones que hubiesen sido alegadas. De acuerdo a esta norma, por tanto, la motivación va más allá de la sola expresión sucinta de hechos y de fundamentos legales, y exige que el funcionario analice las razones que hubiesen sido alegadas. En este sentido, por ejemplo, cuando el Artículo 62 exige que el acto administrativo que decida el asunto, tiene que resolver todas las cuestiones que se hubiesen planteado, tanto inicialmente como durante la tramitación, implica que deben expresarse esas razones que hubiesen sido alegadas por los interesados y si las mismas se acogen o no por la autoridad administrativa.

Debe indicarse, por otra parte, que este requisito de la motivación se ha generalizado en las leyes de procedimiento administrativo de América latina. Así, en la Ley de Honduras, la motivación también está calificada como obligatoria, exigiendo que se expresen suscintamente tanto los hechos antecedentes en los cuales se sustenta el acto y que le sirven de causa, como el derecho aplicable. Solo se excluyen de esta obligación, los actos que sean manifestación de opiniones o de conocimiento técnico (art. 25 y 26). En igual sentido, la Ley del Perú (art. 3,4).

La motivación de los actos administrativos, por tanto, como requisito de forma, consiste en la necesaria expresión formal en el texto de los mismos, de sus motivos, tanto los que son de derecho, incluso los que configuran la base legal, como los motivos de hecho que provocan la actuación administrativa (supuestos de hecho); en definitiva, es la expresión formal de la causa de los actos administrativos, es decir, de los fundamentos de hecho y de derecho de los mismos.

En este sentido la antigua jurisprudencia nacional había sido clara, cuando en sentencia de 8 de agosto de 1957 la antigua Corte Federal expresaba lo siguiente:

> "En este orden de ideas, la forma del acto en lo tocante a la motivación del mismo, ha llegado a considerarse sustancial, en razón de que la ausencia de fundamentos abre amplio campo al arbitrio del funcionario. En efecto, en tal situación jamás podrían los administrados saber por qué se les priva de un derecho o se les sanciona. A semejanza de lo que ocurre en Derecho Privado en el que es requisito irrefragable la motivación del fallo, pues de no contener los fundamentos en que se apoye, debe necesariamente considerarse viciado (art. 162 del C.P.C.); así también en el Derecho Público, los actos administrativos deben expresar concretamente la causa o motivo que los inspira como condición de validez; sobre todo cuando, como en el caso de autos, sólo están en juego, en principio, intereses de particulares que si bien son tutelados por el Estado, es con miras de equidad y provecho general"[63].

Además, la motivación es una garantía al ejercicio del derecho a la defensa de los interesados, particularmente ante decisiones que restrinjan el ejercicio de las libertades públicas; las medidas de policía: las medidas sancionatorias; los actos relativos a autorizaciones cuando establecen condiciones restrictivas o imponen sujeciones; las que retiren o abroguen una decisión creadora de determinados derechos; las que priven un de-

63 *V.* En *Gaceta Forense*, 2ª Etapa, N° 17, 1957, pp. 132 y 133; y en A.R. Brewer–Carías, "La motivación de los Actos Administrativos en la Jurisprudencia Venezolana", *loc. cit.*, p. 152.

recho o establezcan la caducidad; las que opongan una prescripción; o las que rechacen una ventaja cuya atribución constituya un derecho para las personas que reúnen las condiciones legales para su obtención. En fin, las decisiones administrativas que impliquen una lesión a los derechos individuales o una restricción a la esfera jurídica de los administrados requieren ser motivados.

La señalada evolución que se ha indicado de la exigencia de la motivación primero por la jurisprudencia, y luego por el derecho positivo en las leyes de procedimientos administrativos, también se puede observar en el derecho francés. En esta materia de motivación de los actos administrativos, se comenzó por un régimen de ausencia de obligación de motivar los actos administrativos, hasta la emisión de la Ley 79–587 de 11 de julio de 1979 que impuso la obligación de motivar las decisiones administrativas desfavorables concernientes a los administrados, puede decirse que se ha producido en todos los países con régimen administrativo. La jurisprudencia, por supuesto, en esta evolución jugó un papel fundamental al haber ido exigiendo la motivación en el caso de medidas graves impuestas a un particular; en el caso de que la motivación fuera el único medio para que se pudiera apreciar la regularidad o legalidad del acto administrativo; y en particular, en materia de imposición de sanciones disciplinarias a los funcionarios[64]. La timidez de la jurisprudencia francesa en esta materia, en todo caso, fue superada con la ley 79–587 de julio de 1979, en la cual se impuso la obligación de motivar respecto de las decisiones que restringen el ejercicio de las libertades públicas o, de manera general, las que constituyan una medida de policía; impongan una sanción; subordinen el otorgamiento de una autorización a condiciones restrictivas o impongan sujeciones; retiren o abroguen una decisión creadora de derechos; opongan una prescripción, una privación de un derecho o una caducidad; o rechacen una ventaja cuya atribución constituya un derecho para las personas que reúnen las condiciones legales para su obtención[65].

La Ley General de Costa Rica, en su artículo 136, establece que serán motivados con mención, sucinta al menos, de sus fundamentos:

a. Los actos que impongan obligaciones o que limiten, supriman o denieguen derechos subjetivos;

b. Los que resuelvan recursos;

c. Los que se separen del criterio seguido en actuaciones precedentes o del dictamen de órganos consultivos;

d. Los de suspensión de actos que hayan sido objeto del recurso;

e. Los reglamentos y actos discrecionales de alcance general; y

f. Los que deban serlo en virtud de ley.

La misma norma exige que la motivación podrá consistir en la referencia explícita o inequívoca a los motivos de la petición del administrado, o bien a propuestas, dictámenes o resoluciones previas que hayan determinado realmente la adopción del acto, a condición de que se acompañe su copia.

64. J. M. Auby y R. Drago, *op. cit.*, t. II, pp. 305–306; R. Hostiou, *op. cit.*, pp. 180 ss.; P. Devolvé, *op. cit.*, p. 182; G. Isaac, *op. cit.*, pp. 561 ss.

65. Art. 1° *V.* sobre la Ley 79/587 de 11 de julio de 1979. Didier Linotte "La motivation obligatoire de certaines décisions administratives", *Revue de Droit Public et de la Science Politique en France et à l'étranger*, 1980, N° 6, pp. 1699 ss.; J. M. Auby y R. Drago, *op. cit.*, t. II, p. 307.

Una disposición similar, enunciativa de los casos en los que es necesaria la motivación de los actos administrativos la tiene, igualmente, la Ley de Brasil, expresando que:

> *Art. 50.* Os atos administrativos deverão ser motivados, com indicação dos fatos e dos fundamentos jurídicos, quando:
>
> I. neguem, limitem ou afetem direitos ou interesses;
>
> II. imponham ou agrevem deveres, encargos ou sanções;
>
> III. decidam processos administrativos de concurso ou seleção pública;
>
> IV. dispensem ou declarem a inexighilidade de proceso licitatório;
>
> V. decidam recursos administrativos;
>
> VI. decorram de reexame de oficio;
>
> VII. deixem de aplicar jurisprudencia firmada sobre a questão ou discrepem de pareceres, laudos, propostas e relatórios oficiais;
>
> VII. importem anulação, revogação, suspensão ou convalidação de ato administrativo.

En estos casos, conforme al mismo artículo:

> § 1° A motivação debe ser explicita, clara e congruente, podendo consistir em declaração de concordância com fundamentos de anteriores pareceres, informações, deciões ou propostas, que neste caso, serão parte integrante do ato.
>
> § 2° Na solução de vários assuntos da mesma natureza, pode ser utilizado meio mecánico que reproduza os fundamentos das decisões, desde que não prejudique direito ou garantía dos interessados.
>
> § 3° A motivação das decisões de ógãos colegiados e comissões ou de decisões orais constará da respectiva ata ou de termo escrito.

Por otro lado, en otros países rige el principio general de que todo acto administrativo debe ser motivado, sin necesidad de precisar lista alguna. Este es el caso de Venezuela, donde la Ley Orgánica de Procedimientos Administrativos dispone:

Los actos administrativos de carácter particular deberán ser motivados, excepto los de simple trámite, o salvo disposición expresa de la Ley. A tal efecto, deberán hacer referencia a los hechos y a los fundamentos legales del acto (art. 9).

La Ley de Modernización del Estado de Ecuador, también dispone que:

> Todos los actos emanados de los órganos del Estado, deberán ser motivados. La motivación debe indicar los presupuestos de hecho y las razones jurídicas que han determinado la decisión del órgano, en relación con los resultados del procedimiento previo. La indicación de los presupuestos de hecho no será necesaria para la expedición de actos reglamentarios (art. 31).

En igual sentido se expresa la Ley de México al exigir que todo acto administrativo deberá estar "fundado y motivado" (art. 3). Igualmente, la Ley de Argentina que dispone que los actos administrativos:

> Deberán ser motivados, expresándose en forma concreta las razones que inducen a emitir al acto, consignando, además, los hechos y antecedentes que le sirven de causa y en el derecho vigente (art. 7,e)

El mismo principio lo establece la Ley de Uruguay:

> *Artículo 123.* Todo acto administrativo deberá ser motivado, explicándose las razones de hecho y de derecho que lo fundamentan. No son admisibles fórmulas generales de fundamentación, sino que deberá hacerse una relación directa y concreta de los hechos del caso específico en resolu-

ción, exponiéndose además las razones que con referencia a él en particular justifican la decisión adoptada.

La idea de la prohibición de las "fórmulas generales de fundamentación" es un tema que se ha exigido siempre en la jurisprudencia, pero aquí se encuentra una norma expresa al respecto.

En esta forma, la motivación de los actos administrativos constituye una exigencia del derecho a la defensa, con fundamento expreso en los textos legales. Por ello, en la última de las leyes de procedimiento administrativo de América Latina que es la del Perú se la regula, en detalle, en su artículo 6 en la forma siguiente:

6.1 La motivación deberá ser expresa, mediante una relación concreta y directa de los hechos probados relevantes del caso específico, y la exposición de las razones jurídicas y normativas que con referencia directa a los anteriores justifican el acto adoptado.

6.2 Puede motivarse mediante la declaración de conformidad con los fundamentos y conclusiones de anteriores dictámenes, decisiones o informes obrantes en el expediente, a condición de que se les identifique de modo certero, y que por esta situación constituya parte integrante del respectivo acto.

6.3 No son admisibles como motivación, la exposición de fórmulas generales o vacías de fundamentación para el caso concreto o aquellas fórmulas que por su oscuridad, vaguedad, contradicción o insuficiencia no resulten específicamente esclarecedoras para la motivación del acto.

La norma concluye indicando que no precisan motivación los siguientes actos: las decisiones de mero trámite que impulsan el procedimiento; cuando la autoridad estima procedente lo pedido por el administrado y el acto administrativo no perjudica derechos de terceros; y cuando la autoridad produce gran cantidad de actos administrativos sustancialmente iguales, bastando la motivación única (art. 6.4).

En todo caso, el vicio en la motivación es un vicio de nulidad relativa, y que, además, puede dar origen, normalmente a la violación del derecho a la defensa. En efecto, si la Administración dicta un acto, por ejemplo, sancionatorio o revocatorio, sin motivarlos, su destinatario no tendría cómo defenderse. Por ello, el vicio de la motivación, acarrea siempre la vulneración del derecho a la defensa, cuando por ausencia de motivación el particular se encuentra indefenso ante la Administración y ante los propios Tribunales, donde no puede fundamentar realmente sus alegatos de defensa, porque no se le han comunicado los motivos del acto impugnado.

IV. LA CONSECUENCIA DE LA ILEGALIDAD DE LOS ACTOS ADMINISTRATIVOS

1. La invalidez de los actos administrativos y el régimen de las nulidades

Los actos administrativos son inválidos cuando han violado una norma constitucional o legal o cuando no cumplen los requisitos de validez mencionados. En estos casos, el acto administrativo está viciado de nulidad absoluta o anulabilidad, y es susceptible de ser impugnado tanto en vía administrativa como en vía contencioso–administrativa. En todos estos casos podría decirse que el acto está viciado por contrariedad al derecho y es susceptible de ser anulado[66]. La Ley Orgánica de Procedimientos Administrativos, en esta materia, le ha dado una amplia regulación a los vicios de los actos administrativos, y conforme a sus regulaciones pueden distinguirse tres causas de invalidez de los actos administrativos: la violación del derecho, los vicios de fondo de los actos y por último, los vicios de forma.

En todo caso, la precisión en todas las leyes de procedimiento administrativos, de los requisitos de validez de los actos, es decir, de los requisitos de fondo (la competencia, manifestación de voluntad, base legal, causa, objeto, finalidad) y de los requisitos de forma (formalidades, forma, motivación), conduce a que en las propias leyes se haya establecido el régimen de las nulidades, es decir, se hayan regulado las consecuencias de las violaciones de estos requisitos. En esta forma, todo lo que se refiere a la teoría de las nulidades en el derecho administrativo, es decir, a la teoría de las consecuencias de la ilegalidad, por violación de los requisitos de legalidad o de fondo, está regulado expresamente en las legislaciones.

En efecto, como lo señala la Ley General de Costa Rica:

> La falta o defecto de algún requisito del acto administrativo, expresa o implícitamente exigido por el ordenamiento jurídico, constituirá un vicio de éste (art. 158.1).

Ahora bien, no todos los vicios de los actos administrativos, que constituyen ilegalidades, producen las mismas consecuencias jurídicas. De acuerdo a la Ley Orgánica de Procedimientos Administrativos, las ilegalidades, derivadas de los vicios o irregularidades de los actos administrativos, dan origen a dos tipos de consecuencias: la nulidad absoluta de los actos, y la nulidad relativa de ellos, llamada también anulabilidad[67]. La Ley Orgánica, con su regulación, puede decirse que pone fin, en buena parte, a las discusiones doctrinales que se habían sucedido con motivo del estudio de las irregularidades de los actos administrativos. Ahora la Ley prescribe, con precisión, las consecuencias de las diversas violaciones por los actos administrativos del ordenamiento jurídico: la nulidad absoluta y la nulidad relativa, a cuyo estudio dedicaremos las líneas que siguen.

Por tanto, no todo vicio afecta la validez de los actos administrativos, o en otros términos, no todas las faltas o defectos en los elementos o requisitos de los actos administrativos, producen la nulidad de los mismos. La invalidez y, consecuentemente, la

---

66 En general, sobre la ilegalidad de los actos administrativos, *V.* Allan R. Brewer–Carías, "Consideraciones sobre la ilegalidad de los actos administrativos en el Derecho Venezolano" en *Revista de Administración Pública,* N° 43, Madrid 1964, p. 427 y ss.; Allan R. Brewer–Carias, "El recurso contencioso–administrativo contra los actos de efectos individuales" en el libro del Instituto de Derecho Público *El control jurisdiccional de los Poderes Públicos en Venezuela,* Caracas 1979" pp. 182 a 191; Lubin Maldonado "Lineamientos formales de la teoría de la ilegalidad" en *Revista de la Facultad de Derecho,* ULA, N° 11, Mérida, 1965, pp. 137–183. La jurisprudencia sobre los vicios de los actos administrativos, *V.* en Allan R. Brewer–Carías, *Jurisprudencia de la Corte Suprema de Justicia 1930–1974 y Estudios de Derecho Administrativo,* Tomo IV, Vol. I, Caracas 1976, pp. 307–350.

67 En general, sobre las nulidades de los *actos* administrativos, *V.* Allan R. Brewer–Carías, "Comentarios sobre las nulidades de los actos administrativos" en Revista de Derecho Público, N° 1, Caracas 1980, pp. 45–50; Tomás Gibbs, "Nulidad de los actos administrativos por ilegalidad o abuso de poder. El problema de la Constitución Nacional", en *Revista de Derecho y Legislación,* Tomo XXIX, Caracas 1940, pp. 187–194; Tomás Ramón Fernández, *La nulidad de los actos administrativos,* Caracas 1979. La jurisprudencia en la materia puede consultase en Allan R. Brewer–Carías, *Jurisprudencia de la Corte Suprema de Justicia 1930–1974 y Estudios de Derecho Administrativo,* Tomo III, Vol. I, Caracas 1976, p. 348 y ss. *V.*, además, la doctrina administrativa en la materia en *Doctrina de la Procuraduría General de la República 1964,* Caracas 1965, p. 33; *idem* 1966, Caracas 1967, pp. 22–23; *ibídem* 1968, Caracas 1969, p. 26.

posibilidad de anular los actos administrativos sólo se produce cuando el acto administrativo tenga una "inconformidad sustancial con el ordenamiento jurídico" (art. 158 Ley General de Costa Rica). En otros términos, las infracciones insustanciales no invalidan los actos administrativos ni conducen a que se declare su nulidad, sin perjuicio de la responsabilidad disciplinaria del funcionario (art. 158.5 Ley General de Costa Rica). En este sentido, el art. 16 de la Ley de Argentina establece que:

La invalidez de una cláusula accidental o accesoria de un acto administrativo no importará la nulidad de éste, siempre que fuere separable y no afectare la esencia del acto emitido.

Ahora bien, una de las consecuencias más importantes del proceso de codificación del derecho administrativo y de la regulación legislativa de los elementos del acto administrativo en América Latina, es la previsión expresa del régimen de las nulidades de los mismos, y, particularmente, el establecimiento, por ley, de los casos de nulidad absoluta y sus consecuencias.

Como se ha dicho, la invalidez del acto administrativo no tiene siempre la misma gravedad de origen ni los mismos efectos, ya que puede manifestarse como resultado de un vicio de nulidad absoluta o de nulidad relativa, según la gravedad de la violación cometida. El problema de la teoría de las nulidades de los actos administrativos radica, entonces, precisamente en determinar cuándo el vicio del acto administrativo acarrea la nulidad absoluta del mismo, y cuándo ello no ocurre, resultando sólo un vicio de nulidad relativa o anulabilidad, pues los efectos de uno u otro vicio en el mundo del derecho son totalmente distintos.

Por último debe hacerse referencia al tema de la responsabilidad administrativa, es decir, el de la responsabilidad de la Administración y del funcionario, por lo actos administrativos ilegales. En la Ley de Costa Rica se encuentra expresamente consagrada esta responsabilidad del funcionario, cuando dicte actos ilegales, así:

"*Artículo 200. 1.* Siempre que se declare la invalidez de actos administrativos, la autoridad que la resuelva deberá pronunciarse expresamente sobre si la ilegalidad era manifiesta o ...

2. En caso afirmativo, deberá iniciar de oficio el procedimiento que corresponda para deducir las responsabilidades consiguientes.

Artículo 201. La Administración será solidariamente responsable con su servidor ante terceros por los daños que éste cause en las condiciones señaladas por esta ley."

En la Ley del Perú se establece que la resolución que declare la nulidad de un acto administrativo debe, además, disponer lo conveniente para hacer efectiva la responsabilidad del emisor del acto inválido (art. 11,3). La declaración de nulidad de un acto administrativo, aclara la misma Ley peruana, sin embargo, no presupone necesariamente derecho a indemnización (art. 238,2).

2. La nulidad absoluta

La nulidad absoluta es la consecuencia de mayor gravedad derivada de los vicios de los actos administrativos, y que provoca que estos no puedan, en forma alguna, producir efectos, pues el acto viciado de nulidad absoluta, se tiene como nunca dictado; por ello, nunca podría ni puede producir efectos. Por eso la doctrina habla, en estos casos, de vicios de orden público y llega a calificar a los actos administrativos afectados de tal vicio como actos inexistentes.

La nulidad absoluta está reglada en general sea vinculándosela a los vicios sustanciales, sea enumerándolos expresamente.

A. La nulidad absoluta vinculada a los vicios sustanciales

Un primer sistema prescribe, en general, que la violación de los requisitos de fondo (o los requisitos constitutivos de los actos), cuando por ejemplo, faltan totalmente, produce la nulidad absoluta.

La Ley General de Costa Rica, al respecto, establece que "habrá nulidad absoluta del acto cuando falten totalmente uno o varios de sus elementos constitutivos, real o jurídicamente" (art. 166). El otro supuesto que también está establecido en la Ley General de Costa Rica, tiene que ver con la definición de los elementos sustanciales. Esto conduce a la discusión de qué es y qué no es un elemento sustancial, para poder definir la frontera entre nulidad absoluta y nulidad relativa respecto de lo cual, la Ley General de Costa Rica señala que "habrá nulidad relativa del acto cuando sea imperfecto uno de sus elementos constitutivos, salvo que la imperfección impida la realización del fin, en cuyo caso la nulidad será absoluta" (art. 167)[68].

Conforme a estas normas, entre los vicios de nulidad absoluta estarían, por ejemplo, la incompetencia manifiesta y la ausencia de objeto o de base legal o de la propia manifestación de voluntad.

En todo caso, este primer supuesto identificatorio de la nulidad absoluta, basado en la ausencia de los elementos del acto o en solo su imperfección deja, en la práctica, muy imprecisa la frontera entre los dos tipos de vicios de los actos administrativos, con lo que su determinación sería casuística.

En el caso de la Ley Federal de México, puede decirse que sigue la misma orientación de la Ley General de Costa Rica, declarando materialmente la nulidad de los actos cuando haya "omisión o irregularidad de los elementos y requisitos exigidos" para su validez (art. 5), los cuales también se enumeran, como en la Ley argentina, detalladamente.

Por lo tanto, en la aplicación de la ley también se abre allí la discusión del tema sobre la frontera entre la nulidad absoluta y la nulidad relativa, el cual en definitiva, es el tema central del régimen de las nulidades en derecho comparado.

B. La situación del sistema venezolano antes de la regulación legal de la nulidad absoluta en 1981

La anterior era la situación en Venezuela antes de la sanción de la ley Orgánica de procedimientos administrativos, lo que nos llevó en 1980 a expresar nuestro criterio en un artículo con el título "Comentarios sobre las nulidades de los actos administrativos" en *Revista de Derecho Público*, N° 1, Editorial Jurídica Venezolana, Caracas, enero–marzo 1980, pp. 45–50, lo siguiente:

Es frecuente en nuestra práctica administrativa y forense el manejo impreciso de los términos nulidad absoluta y nulidad relativa, en relación a los actos administrativos pre-

---

68 *V.* Eduardo Ortiz Ortiz, "Nulidades del acto administrativo en la Ley General de Administración Pública (Costa Rica)" en *Revista del Seminario Internacional de Derecho Administrativo*, San José, 1981, pp. 381 ss.

suntamente viciados. Con frecuencia, frente a cualquier vicio o irregularidad de un acto administrativo, se afirma que el mismo está viciado de nulidad absoluta y aún de inexistencia, término impreciso y poco técnico jurídicamente.

Ahora bien, es claro que no todos los vicios de ilegalidad producen los mismos efectos en los actos administrativos. En algunos casos, que constituyen la regla, provocan la anulabilidad o nulidad relativa y en otros casos, que constituyen la excepción, provocan la nulidad absoluta. Estos últimos casos son graves y afectan el fondo de los actos administrativos, por lo que los vicios en la forma de los actos, por lo general, nunca producen la nulidad absoluta.

a. Los vicios de los actos administrativos: nulidad relativa (anulabilidad) y nulidad absoluta

La Procuraduría General de la República, en diversos dictámenes, ha sido clara y terminante en la aclaración de los vicios de los actos administrativos y la posibilidad de que produzcan la nulidad absoluta o relativa de los actos. En efecto, en dictamen de 1966, la Procuraduría señaló lo siguiente:

> "La gran mayoría de la doctrina se pronuncia porque, en materia de invalidez de los actos administrativos, la regla es la anulabilidad o nulidad relativa y la excepción la nulidad absoluta, en atención, primero, a la indudable exigencia de estabilidad y firmeza que deben revestir las actuaciones de la Administración; y segundo, a la presunción de validez que por la misma razón las ampara: En Derecho Administrativo la regla es la anulabilidad, siendo excepcionales las nulidades absolutas (Garrido Falla, Fernando, *Tratado de Derecho Administrativo*, Madrid 1964, vol. I, p. 448). También aquí la presunción debe establecerse a favor de la consecuencia más leve, la anulabilidad (Forsthoff, Ernst, *Tratado de Derecho Administrativo*, Madrid 1958, p. 315)[69].

La nulidad absoluta, por tanto, es un vicio de carácter excepcional en los actos administrativos. Tal como lo ha expresado en el más reciente libro sobre el tema, el Profesor Tomás Ramón Fernández[70], surge solo en los casos de "gravedad extrema": "Es, en efecto, inimaginable que pueda concederse una cierta validez a unas conductas tan graves como la de ordenar algo imposible o delictivo o la de cometer un delito o, en fin, la de actuar absolutamente al margen del Derecho, llevando a cabo actividades de hecho, carentes de todo relieve jurídico y susceptible de ser combatidas, incluso por vía interdictal"[71].

Dado este carácter excepcional de la nulidad absoluta, en el proyecto de Ley de Procedimientos Administrativos[72], por ejemplo, y siguiendo los criterios antes señalados, se establecieron solo cuatro supuestos de nulidad absoluta, en los siguientes términos:

> "*Artículo 15*. Los actos de la Administración serán nulos de pleno derecho en los siguientes casos:
>
> 1. Cuando así esté expresamente determinado por una norma constitucional o legal;

---

69 V. en Doctrina de la Procuraduría General de la República 1966, Caracas 1967, p. 22 y confróntese el mismo principio en Doctrina de la Procuraduría General de la República 1968, Caracas 1969, p. 26.

70 *V.* Tomás Ramón Fernández, La Nulidad de los Actos Administrativos, Editorial Jurídica Venezolana, Caracas 1979, p. 17.

71 *Idem* p. 131. Sobre el carácter excepcional de la nulidad absoluta *V.*, además, del propio T. R. FERNÁNDEZ, La doctrina de los vicios de Orden Público, Madrid 1970; Juan A. Santamaría Pastor, La nulidad de pleno derecho de los actos administrativos, Madrid 1975; y Raúl Bocanegro Sierra, La Revisión de Oficio de los actos administrativos, Madrid 1977.

72 *V.* en Comisión de Administración Pública, Informe sobre la Reforma de la Administración Pública Nacional, Caracas 1972, Tomo II, p. 507.

2. Cuando resuelva un asunto procedentemente decidido con carácter definitivo y que haya creado derechos a particulares;
3. Cuando su contenido sea de imposible ejecución o bien conduzca a la comisión de hechos delictivos; y
4. Cuando hubieren sido dictados por autoridades manifiestamente incompetentes o con prescindencia total y absoluta del procedimiento legalmente establecido".

Ahora bien, respecto de estos actos viciados de nulidad absoluta, el principio sería la revocabilidad. Por ello, el mismo Proyecto de Ley establece respecto de estos actos que la Administración podrá, en cualquier momento, de oficio o a solicitud del interesado, declarar su nulidad[73]. Además agrega, al contrario, que salvo esos casos, "la administración no podrá anular de oficio sus propios actos cuando fuesen declarativos o constitutivos de derechos a favor de particulares y hubieren quedado definitivamente firmes"[74].

La revocación de los actos administrativos individuales, declarativos de derechos a favor de particulares, en esta forma, sólo procedería aun estando firmes, cuando adolecieren de algún vicio susceptible de producir la nulidad absoluta, lo cual surgiría, por ejemplo, en casos de incompetencia manifiesta, por ejemplo, si un Permiso de Construcción hubiese sido otorgado por el Jefe del Cuerpo de Bomberos, o cuando se hubiese prescindido en forma total o absoluta del procedimiento legalmente pautado.

Recientemente, por sentencia del 11 de diciembre de 1974, la Corte Suprema de Justicia en Sala Política–Administrativa ha ratificado el principio de que la revocabilidad por ilegalidad de los actos administrativos firmes no procede cuando los actos crean o declaran derechos a favor de particulares, salvo que el vicio sea de nulidad absoluta; o en otros términos, que la irrevocabilidad de los actos administrativos, como principio, encuentra su excepción en los actos que no lesionan derechos de particulares o aún, en el caso contrario, cuando están viciados de nulidad absoluta.

En efecto, la Corte al conocer de la solicitud de nulidad de un acto administrativo de las autoridades municipales del Distrito Sucre del Estado Miranda, por el cual se revocó un acto administrativo anterior que había dejado sin efecto otro acto precedente que ordenaba la demolición de un inmueble, señaló lo siguiente:

> "Es cierto que, en principio, el acto administrativo no es revocable por la misma autoridad que lo dictó, pero este principio tiene sus excepciones en aquellos casos en que por razones de mérito u oportunidad, o por las de ilegalidad, procede la revocatoria. Especialmente cobra vigencia la excepción cuando con el acto administrativo no se lesionan derechos legítimamente adquiridos. Pero cuando el funcionario advierte que su decisión no corresponde a las exigencias de la equidad, por haberse incurrido en error de hecho o de derecho, el buen sentido señala que debe efectuarse la rectificación correspondiente. Es decir, que si la autoridad administrativa de donde emanó un determinado acto administrativo, no estuvo en posesión o conocimiento de todos los supuestos de hecho o de derecho pertinentes al caso, o si fueron falsos los datos suministrados, sobre los cuales basó su decisión, es obvio que no decidió cabalmente sobre el asunto sometido a su consideración, sino sobre otro diferente, basado en falsos supuestos de hecho no aplicables al caso en cuestión. Tal es el caso de autos, en el cual los supuestos de hecho, conforme a los datos que fueron suministrados, y que constan en el expediente, resultaron ser falsos y en tal situación cabía en derecho la revocatoria del acto administrativo que fue dictado con anterioridad, cayendo por su propio peso, y como consecuencia de la revocatoria, la firmeza de dicha decisión administrativa...".

---

73 Art. 93.

74 Art. 94.

"Por lo tanto, la revocatoria de este acto administrativo que hizo el Concejo Municipal, contenida en el Oficio número 1.369, de fecha 6 de junio de 1972, dirigido a la señora Auxiliadora Román Tirado y en el Oficio N° 1.351 de fecha 21 de junio de 1972 del Director General de Ingeniería y Obras Públicas, dirigido a Vicente Sánchez Pina, de cuyo contenido se solicitó reconsideración y fue ratificado en comunicación dirigida por el Presidente del Concejo Municipal a la ciudadana Gloria González Araujo, en su carácter de representante de Vicente Sánchez Pina, con fecha 27 de noviembre de 1972, marcada con el número 3.197, está ajustada a los principios que para su formación deben regir a los actos administrativos, pues, el acto anterior que ella revoca no pudo causar estado ya que estuvo dictado, sobre bases falsas, siendo por consiguiente, nulo; y es de doctrina y reiterada jurisprudencia que "la renovación de los actos administrativos nulos, de nulidad absoluta, puede ser pronunciada en cualquier momento por la administración, pues dichos actos, como hemos visto, no son susceptibles de producir legítimamente algún derecho, por lo cual los administrados no podrían deducir de ellos derechos legítimos adquiridos" [75].

De la lectura detenida de esta sentencia, y a pesar del documentado voto salvado que la acompaña, se deducen los siguientes principios:

A. El de la irrevocabilidad de los actos administrativos creadores o declarativos de derechos, como principio.

B. El de la revocabilidad de los actos administrativos cuando ellos no crean o declaran derechos legítimamente adquiridos.

C. El de la revocabilidad de los actos administrativos aún cuando creen o declaren derechos, cuando estén viciados de nulidad absoluta entre los cuales la Corte incluye el vicio que acompaña al acto que se revoca cuando se ha dictado sobre bases falsas.

Esta doctrina jurisprudencial reciente, aplicada a un acto administrativo de efectos particulares al cual se le imputan algunos vicios de forma, implica la irrevocabilidad por ilegalidad del acto por ser declarativo de derechos a favor de particulares y porque dichos vicios no son de los que acarrean la nulidad absoluta del acto.

b. Los vicios de forma no acarrean la nulidad absoluta

En efecto, los vicios de forma o las irregularidades procedimentales, nunca acarrean la nulidad absoluta de los actos administrativos, salvo que el acto sea producto de la arbitrariedad por haberse prescindido total y absolutamente de las reglas de procedimiento. Por tanto, en el supuesto de que en el procedimiento constitutivo, por ejemplo, de un Permiso de Construcción, se hubiesen cometido irregularidades formales o procedimentales, esos vicios nunca acarrearían la nulidad absoluta del Permiso sino a lo sumo, la anulabilidad o nulidad relativa.

En efecto, la Procuraduría General de la República ha sido terminante en su opinión coincidente con el principio expuesto, en los términos siguientes:

"Como regla general, puede afirmarse que el acto administrativo queda afectado de nulidad absoluta solamente cuando en su producción incurre la autoridad en infracción gravísima de la ley, hasta el punto de que pueda considerarse que el acto no responde a la voluntad legítima de la Administración. No es éste el caso de los actos impugnados por la demandante, por cuanto la formalidad inicialmente omitida (consulta del ante proyecto) es solamente uno de los varios requisitos pautados en el procedimiento constitutivo para garantizar en lo posible el acierto de la decisión final o acto definitivo, es decir, el otorgamiento o la negativa del Permiso de Construcción, y es de lógica que la simple omisión de tal formalidad no producirá necesariamente y por sí sola el vicio que con ella se pretendió evitar: el desacierto o ineficacia del acto definitivo, pues

75 *V.* en *Gaceta Oficial* N° 1915 Extraordinaria de 22–10–76.

bien podría ocurrir que, a pesar de la observancia del trámite establecido, la Administración decidiera acertadamente. Garrido Falla admite únicamente dos supuestos de nulidad absoluta por vicios del procedimiento: 1. Olvido total del procedimiento: 2. Incumplimiento de normas esenciales para la formación de la voluntad de los órganos colegiados (*op. cit.*, Vol. I, pp. 492–493). En consecuencia, aún en el supuesto de que la consulta del Anteproyecto de conjunto jamás se hubiera realizado, ello sólo habría acarreado la nulidad relativa o anulabilidad del permiso de construcción, el cual, por tanto, habría sido susceptible de convalidación o ratificación"[76].

Por tanto, para que un acto administrativo pueda ser declarado nulo de nulidad absoluta por un vicio de forma, como lo hemos afirmado en otro lugar, habría que producirse una "ausencia total y absoluta de procedimiento administrativo, cuando éste estaba determinado para guiar y garantizar la correcta formación y manifestación de la voluntad administrativa. No se trata de una violación de formas prescritas sino de una ausencia total de esa forma[77].

Coincide con esto Jesús González Pérez, quien al estudiar la revocación de los actos administrativos sobre ordenación urbana, señala que "la declaración de nulidad sólo procede en caso de transgresiones de la normativa del procedimiento de extrema gravedad, y que puede acordarse cuando se ha omitido todo el procedimiento o trámites esenciales del mismo, que hayan producido indefensión"[78]. De allí que, para que un vicio de forma pueda acarrear la nulidad absoluta de un acto administrativo, tendría que haberse dictado el mismo "con ausencia total y absoluta de procedimiento", es decir, en forma arbitraria por el o los funcionarios respectivos.

Por lo tanto, como se dijo, los vicios de forma nunca conllevan la nulidad absoluta[79], por lo que ocupan un modestísimo lugar en la teoría de las nulidades del Derecho Administrativo[80]. A lo sumo, esos vicios o irregularidades formales, lo que podrían producir sería la nulidad relativa o anulabilidad de los actos; y sin embargo, ésta no es la regla general: como lo ha señalado Jesús González Pérez, "la infracción de una norma de procedimiento administrativo, no sólo no determina la nulidad, sino que ni siquiera produce por si sola la anulabilidad. El acto dictado con infracción de normas de procedimiento será válido en tanto no hubiere dado lugar a la indefensión de los interesados"[81].

En todo caso, para que la anulabilidad se produzca, resulta indispensable que el vicio de procedimiento resulte de formalidades establecidas en la Ley. Tal como lo ha señalado la jurisprudencia de la Corte Suprema desde 1937, "es necesario que la misma ley establezca de manera categórica, las formas en que ha de cumplirse (el acto administrativo), y sólo así es cuando el acto cumplido fuera de esas formalidades legales llega a estar viciado de nulidad" [82]

***

76 *V.* en *Doctrina de la Procuraduría General de la República 1966*, Caracas 1967, p. 22 y 23.

77 *V.* Allan R. Brewer–Carías, *Las Instituciones Fundamentales del Derecho Administrativo* y *la Jurisprudencia Venezolana*, Caracas 1964, pp. 89 y 76.

78 *V.* Jesús González Pérez, "Dictamen sobre el Procedimiento de Revisión de Oficio de actos sobre Ordenación Urbana", en *Revista de Derecho Urbanístico*, N° 10, Madrid 1968, p. 108.

79 *V.* lo expuesto por Tomás Ramón Fernández, *La nulidad de los actos administrativos*, *cit.*, p. 153.

80 *Idem*, pp. 33, 34 y 42.

81 *V.* Jesús González Pérez, "Dictamen sobre el procedimiento de revisión de oficio", *loc. cit.*, p. 122.

82 *V.* Sentencia de la Corte Federal y de Casación en Sala Político–Administrativa de 7–12–37 en *Memoria* de *1938*, pp. 373 y 374. En el mismo sentido se ha pronunciado la Procuraduría General de la República en Doctrina de 1973, Caracas 1974, pp. 105 y en Doctrina de 1966, Caracas 1967. p. 22.

C. La nulidad absoluta como numerus clausus

a. *La enumeración en las leyes latinoamericanas*

El segundo sistema para determinar la nulidad absoluta, se inspira en la Ley española de 1957, y se caracteriza por la enumeración expresa, en la Ley, de los casos precisos que originan dicha nulidad absoluta, es decir, de los casos en los cuales los vicios la producen. De ello resulta que no todo incumplimiento o violación de los requisitos de fondo origina nulidad absoluta, sino sólo algunos que están expresamente determinados, como *numerus clausus* en la ley.

Es el caso de la Ley española de Procedimiento Administrativo de 1957, que establecía expresamente sólo cuatro supuestos de nulidad absoluta de los actos administrativos, los que califica como "nulidades de pleno derecho". Esos casos son: 1. Los actos dictados por órgano manifiestamente incompetente; 2. Aquellos cuyo contenido sea imposible o sean constitutivos de delito; y 3. Los dictados prescindiendo total y absolutamente del procedimiento legalmente establecido para ello o de las normas que contienen las reglas esenciales para la formación de la voluntad de los órganos colegiados (art. 47.1). Se trataba, en resumen, de vicios graves en la competencia, del vicio en el objeto del acto y de vicios en las formalidades sustanciales[83]. La vieja Ley española de Régimen Jurídico de la Administración del Estado, además, agrega a estos vicios de nulidad absoluta, los casos de violación de la reserva legal y de respeto a la jerarquía de los actos[84].

Ahora bien, este sistema ha encontrado cabida en las leyes latinoamericanas.

Por ejemplo, el artículo 34 de la Ley de Honduras establece que sin perjuicio de lo establecido en leyes especiales, el acto administrativo es nulo, en los siguientes casos:

a) Los dictado por órgano absolutamente incompetente;
b) Aquéllos cuyo objeto sea imposible o configure un delito;
c) Los dictados prescindiendo total y absolutamente del procedimiento establecido;
d) Los que se emitan infringiendo las normas que contienen las reglas esenciales para la formación de la voluntad de los órganos colegiados;
e) Los de carácter general que infrinjan los límites señalados a la potestad reglamentaria.

En Venezuela, también se sigue el sistema del *numerus clausus* en los vicios de nulidad, al disponer el artículo 19 de la Ley Orgánica que "los actos de la Administración son absolutamente nulos" en los siguientes casos:

1. Cuando así esté expresamente determinado por una norma constitucional o legal;
2. Cuando resuelvan un caso precedentemente decidido con carácter definitivo y que haya creado derechos particulares, salvo autorización expresa de la Ley.
3. Cuando su contenido sea de imposible o ilegal ejecución, y;
4. Cuando hubieren sido dictados por autoridades manifiestamente incompetentes, o con prescindencia total y absoluta del procedimiento legalmente establecido.

---

83. *V.* Tomas Ramón Fernández Rodríguez, *Nulidad de los actos administrativos*, Caracas, 1987; y *La doctrina de los vicios de orden público*, Madrid, 1970.

84. Arts. 23 a 28 y art. 47.2 LPA España.

En sentido similar está establecido en la Ley del Perú, cuyo artículo 10 al regular las causales de nulidad, establece que son vicios del acto administrativo, que causan su nulidad de pleno derecho, los siguientes:

1. La contravención a la Constitución, a las leyes o a las normas reglamentarias
2. El defecto o la omisión de alguno de sus requisitos de validez, salvo que se presente alguno de los supuestos de conservación del acto a que se refiere el Artículo 14°.
3. Los actos expresos o lo que resulten como consecuencia de la aprobación automática o por silencio administrativo positivo, por los que se adquiere facultades, o derechos, cuando son contrarios al ordenamiento jurídico, o cuando no se cumplen con los requisitos, documentación o trámites esenciales para su adquisición
4. Los actos administrativos que sean constitutivos de infracción penal, o que se dicten como consecuencia de la misma.

El sistema del *numerus clausus*, también se sigue en el Reglamento de la Secretaría de la Comunidad Andina, al establecer su artículo 12 que las Resoluciones y los actos de la Secretaría General serán nulos de pleno derecho en los siguientes casos:

a) Cuando contravengan el ordenamiento jurídico de la Comunidad Andina;
b) Cuando su contenido sea de imposible o de ilegal ejecución; y,
c) Cuando hubiesen sido dictados por personas incompetentes o con prescindencia de normas esenciales del procedimiento.

Conforme a esta normativa, estimamos que el primer caso, que origina nulidad absoluta de los actos *cuando contravengan el ordenamiento jurídico de la Comunidad*, constituye, sin duda, una regulación muy general para una nulidad de pleno derecho, porque hasta un vicio de forma podría originar nulidad absoluta. El tercer supuesto hace contraste con lo que contempla la legislación de Venezuela, que se refiere a la incompetencia manifiesta, por lo que no toda incompetencia origina nulidad absoluta sino anulabilidad, en el caso de que no sea manifiesta.

En el caso argentino, la Ley es aún mucho más amplia en la precisión de los casos de vicios de nulidad absoluta, al señalar su artículo 14 que el acto administrativo es nulo, de nulidad absoluta e insanable, en los siguientes casos:

a) Cuando la voluntad de la Administración resultare excluida por error esencial; dolo, en cuanto se tengan como existentes hechos o antecedentes inexistentes o falsos; violencia física o moral ejercida sobre el agente; o por simulación absoluta;

b) Cuando fuere emitido mediante incompetencia en razón de la materia, del territorio, del tiempo o del grado, salvo, en este último supuesto, que la delegación o sustitución estuvieren permitidas; falta de causa por no existir o ser falsos los hechos o el derecho invocados; o por violación de la ley aplicable, de las formas esenciales o de la finalidad que inspiró su dictado.

Se destaca en la enumeración de esta el vicio de nulidad absoluta por la *falta de causa, por no existir o ser falsos los hechos o el derecho invocado*. Ésta, como se dijo, por ejemplo, no está en la enumeración de vicios de la Ley venezolana, pero evidentemente que constituye un vicio de nulidad absoluta, porque si la causa del acto es falsa o no existe, es decir, es falso el hecho o el derecho invocado, por supuesto que el acto debe estar viciado de nulidad absoluta.

Sin embargo, es de destacar que de estas enumeraciones quedarían fuera otras violaciones que también podrían constituir vicios de nulidad absoluta, como el error manifiesto en el acto. Si, por ejemplo, se le otorgó un indulto a una persona que no debía ser indultada de haberse sabido quien era. En ese caso habría un error de hecho, por lo que el acto sería nulo de nulidad absoluta.

b. Los diversos casos de nulidad absoluta en la ley Orgánica venezolana

De acuerdo al Artículo 19 de la Ley Orgánica, los casos en los cuales se producen los vicios de nulidad absoluta son los siguientes:

En primer lugar, un acto estaría viciado de nulidad absoluta, *cuando así esté expresamente determinado por una norma constitucional* o legal, tal como lo indica el ordinal 1° del Artículo 19 citado. Esto exige que la Constitución o la Ley, expresamente, en forma específica, determinen la consecuencia de la nulidad por la violación de una norma, lo que está expresamente previsto, por ejemplo, respecto de los actos que violen los derechos y garantías constitucionales y los actos dictados en usurpación de funciones.

En cuanto a la Constitución, los Artículos 25 y 138 establecen expresamente casos en los cuales se sanciona con la nulidad una infracción de la Constitución. Son nulos, por tanto, los actos que violen o menoscaben los derechos y garantías constitucionales; los actos dictados en usurpación de autoridad; y los emanados por requisición directa o indirecta de la fuerza. Esta nulidad prescrita en normas constitucionales sin duda, se consigna como una nulidad absoluta y el acto que la adolezca no produce ningún efecto.

Por otra parte, leyes especiales establecen normas similares, al prescribir que ciertos actos contrarios a las mismas son nulos. En estos supuestos, la nulidad establecida sería, también una nulidad absoluta.

El segundo caso de nulidad absoluta, conforme al ordinal 2° del Artículo 19 de la Ley Orgánica se produce respecto de los actos administrativos violatorios de la cosa juzgada administrativa; como lo dice la norma: "cuando resuelvan un caso precedentemente decidido con carácter definitivo y que haya creado derechos particulares, salvo autorización expresa de la Ley". Por tanto, el acto que revoque un acto anterior definitivo y que haya creado derechos a favor de particulares, es nulo de nulidad absoluta, salvo que la Ley, expresamente, autorice esa revocación. Si esto no es así, toda violación de la cosa juzgada administrativa no autorizada expresamente en la Ley, da origen a un vicio de nulidad absoluta.

El tercer supuesto, de nulidad absoluta, regulado en el ordinal 3° del Artículo 19 de la Ley es el vicio en el objeto, cuando el objeto sea de imposible o de ilegal ejecución.

En *cuarto lugar*, está el vicio de incompetencia manifiesta (art. 19,4), sobre el cual la antigua Corte Suprema de Justicia de Venezuela, en una sentencia de 19–10–98, estableció el siguiente criterio:

> Inherente a la validez de todo acto administrativo es que emana de una autoridad administrativa competente, es decir, que tenga la potestad para dictarlo en razón de que se encuentre facultada legalmente para ello. La competencia implica el poder legal de realizar un acto jurídico y, respecto de la Administración –cuando actúa en el campo jurídico público–, únicamente existe cuando la ley expresamente la otorga,
>
> En cuanto al vicio de incompetencia básicamente pueden distinguirse tres tipos de irregularidades: la llamada usurpación de autoridad, la usurpación de funciones y la extralimitación de funciones.

> La usurpación de autoridad ocurre cuando un acto es dictado por quien carece en absoluto de investidura pública. Este vicio se encuentra sancionado con la nulidad absoluta del acto, conforme a lo dispuesto en el artículo 119 de la Constitución Nacional.
>
> La usurpación de funciones comprende la situación en la que determinado órgano administrativo con investidura pública ejerce funciones igualmente públicas atribuidas a otro Poder del Estado.
>
> Finalmente, la extralimitación de funciones consiste fundamentalmente en la realización por parte de la autoridad administrativa de un acto para el cual no tiene competencia legal expresa.
>
> Todo acto dictado por una autoridad incompetente se encuentra viciado. Ahora bien, el vicio de incompetencia de que adolezca no apareja necesariamente la nulidad absoluta del acto, ya que conforme a lo dispuesto en el ordinal 4° del artículo 19 puesto, es necesario que la incompetencia sea manifiesta. Así si la incompetencia es "manifiesta vale decir notoria y patente, de modo que sin particulares para dictarlo, o que se pueda determinar que el ente que la dictó no estaba facultado para ello, la nulidad será absoluta (ordinal 4° del articulo 19 de la Ley Orgánica de Procedimientos Administrativos). Si la incompetencia no es manifiesta la nulidad será relativa (artículo 20, *ejusdem*).
>
> En resumen, puede decirse que la usurpación de autoridad determina la nulidad absoluta del acto, conforme a lo previsto en el artículo 119 de la Constitución Nacional; ahora bien la usurpación de funciones y la extralimitación de funciones, como de ostentabilidad como se presente el vicio de incompetencia.[85]

En *quinto lugar*, está el vicio de ausencia total y absoluta del procedimiento legalmente prescrito (art. 19,4), sobre el cual la Corte Primera de lo Contencioso Administrativo de Venezuela, estableció lo siguiente:

> Fuera de este caso, los vicios en el procedimiento son de nulidad relativa, respecto de los cuales no existen en nuestro ordenamiento jurídico reglas generales que regulen su incidencia en la anulación de los actos administrativos, y ha sido la propia jurisprudencia la que ha establecido los criterios para la valorización de este tipo de vicio.
>
> Por este respecto la posición dominante de esta Corte y de la jurisprudencia de nuestro Máximo Tribunal es considerar que cuando la ley no declara expresamente nulo el acto por falta de un determinado trámite, sino que esta es anulable, la apreciación de su defecto entraña nulidad, depende de la importancia que revista el trámite o la forma incumplida, el derecho que afecta, que produzca indefensión o que prive de algún elemento esencial de conocimiento que incida en el fondo o contenido de las actuaciones administrativas, desnaturalizándolas es su esencia. Esto en infracción de las mismas sólo adquiere relieve cuando su existencia, como antes lo anotamos, ha supuesto una disminución efectiva, real y trascendente de garantía, incidiendo así en la decisión de fondo y alterando evidentemente su sentido en perjuicio del administrado y aun de la propia Administración. En consecuencia, su inobservancia es irrelevante cuando, de todas maneras, se logra la finalidad que el legislador persigue al exigir la forma o el trámite incumplido."[86]

Sólo estos cinco casos citados dan origen a la nulidad absoluta y ningún otro vicio de los actos administrativos, da origen a nulidad absoluta, sino a la anulabilidad.

D. Los efectos de la nulidad absoluta

La declaratoria de nulidad de los actos administrativos origina una serie de situaciones y consecuencias jurídicas, las cuales resume la Ley de México al indicar en su artículo 5°, lo siguiente:

---

85 *V.* sentencia de la Sala Político Administrativa, *Revista de Derecho Público*, N° 40, Caracas, 1989, pp. 85 y 86

86 *V.* sentencia de 29–9–87, *Revista de Derecho Público*, N° 32, Caracas, 1987, pp. 81 y 82.

El acto administrativo que se declare jurídicamente nulo será inválido; no se presumirá legítimo ni ejecutable; será subsanable, sin perjuicio de que pueda expedirse un nuevo acto. Los particulares no tendrán obligación de cumplirlo y los servidores públicos deberán hacer constar su oposición a ejecutar el acto, fundando y motivando tal negativa. La declaración de nulidad producirá efectos retroactivos.

En caso de que el acto se hubiera consumado, o bien, sea imposible de hecho o de derecho retrotraer sus efectos, sólo dará lugar a la responsabilidad del servidor público que la hubiere emitido u ordenado.

Ahora bien, en esta materia y en términos generales, de las diversas leyes del procedimiento administrativo, resulta lo siguiente:

En *primer lugar*, el acto administrativo viciado de nulidad absoluta no puede presumirse legítimo, por lo que la Administración no puede ordenar su ejecución. Es más, una vez declarado nulo, los funcionarios deben oponerse a su ejecución (art. 12.2, Ley del Perú). En cambio, si el vicio es de nulidad relativa rige el principio de la presunción de legitimidad del acto administrativo mientras lo contrario no sea declarado en vía judicial (art. 7 Ley mexicana). También como lo indica la Ley peruana, los administrados no están obligados al cumplimiento de un acto administrativo declarado nulo (art. 12.2).

Además, la ejecución de los actos administrativos viciados de nulidad absoluta compromete la responsabilidad de los funcionarios ejecutores (arts. 169, 170 y 176, Ley General de Costa Rica; art. 12,3, Ley del Perú). En Venezuela, por ello, si se alega un vicio de nulidad absoluta al ejercerse un recurso administrativo, la Administración puede suspender la ejecución del acto (art. 87, Ley de Venezuela).

En particular, en Venezuela, este primer efecto es que el acto nulo de nulidad absoluta, no puede crear ni producir ningún efecto, derecho u obligación, ni convertirse por tanto, en firme. En consecuencia, nadie podría alegar derechos adquiridos frente a un acto nulo de nulidad absoluta. Sobre él, ha dicho la Corte Suprema en alguna sentencia, nada útil puede levantarse por lo que no puede establecer una obligación ni crear ningún derecho. Por eso, los actos nulos, de nulidad absoluta, se tienen como que nunca se han dictado porque si no pueden producir efectos, el acto se tiene como no dictado. Un acto cuyo contenido sea un delito, por ejemplo, es evidente que no puede producir efectos, se tiene como que no existe, y por eso se habla de inexistencia.

Como consecuencia de lo anterior, podría decirse también que el acto nulo de nulidad absoluta no podría nunca adquirir firmeza, y debería ser impugnable en cualquier momento. Así sucede en vía administrativa, pues el Artículo 83 de la Ley Orgánica de Procedimientos Administrativos permite que a solicitud de parte, en cualquier momento, la administración pueda revocarlo. Por tanto, no importaría, frente a los actos nulos de nulidad absoluta, que los lapsos para intentar los recursos administrativos estén vencidos, pues el acto no adquiriría firmeza. Lo mismo tendría que plantearse en vía contencioso–administrativa. A pesar de que la Ley Orgánica de la Corte Suprema de Justicia en su Artículo 134 no distinga y establezca con carácter general un lapso de caducidad para impugnar cualquier acto administrativo de efectos particulares, pensamos que si se trata de un acto administrativo nulo, de nulidad absoluta, al no adquirir nunca firmeza, podría ser impugnado en cualquier momento. El punto será, sin duda, motivo de discusión, pero lo cierto es que, de lo contrario, no tendría sentido el sistema cerrado de vicios de nulidad absoluta regulado en el Artículo 19 de la Ley Orgánica de Procedimientos Administrativos.

En *segundo lugar*, otro efecto de la nulidad absoluta, por la gravedad de los vicios que la provocan, sería la posibilidad que tienen los particulares de resistirse a los efectos del acto y oponerse a su cumplimiento.

En *tercer lugar,* debemos señalar como un efecto de los vicios de nulidad absoluta, que los mismos son vicios de orden público que, por tanto, proceden de pleno derecho. Esto provoca, como se dijo, que la Administración pueda reconocerlos de oficio, en cualquier momento. Pero lo importante es destacar este carácter de orden público de estos vicios, en su efecto en el ámbito jurisdiccional.

Por una parte, pensamos que para la impugnación de los actos administrativos en base a un vicio de nulidad absoluta, no rige el lapso de caducidad previsto en la Ley Orgánica de la Corte Suprema de Justicia para el ejercicio de los recursos de anulación de actos de efectos particulares.

Por otra parte, debe señalarse que si bien los recursos contencioso administrativos sólo proceden a instancia del interesado, y que los poderes inquisitorios del juez, conforme al Artículo 82 de la Ley Orgánica de la Corte Suprema de Justicia están limitados a los casos en los cuales la Ley se los otorga expresamente, intentando un recurso, por determinados motivos, el juez contencioso–administrativo podría apreciar de oficio, los vicios de orden público, aun cuando no hubieren sido alegados por el recurrente. Esto se deduce, por otra parte, indirectamente del Artículo 87 de la propia Ley Orgánica de la Corte Suprema que le permite continuar conociendo de un proceso, aun cuando se haya producido el desistimiento o la perención del procedimiento, en los casos en que estuviese envuelto un vicio de orden público del acto recurrido. Estos vicios de orden público, en efecto, son los vicios de nulidad absoluta enumerados restrictivamente en el Artículo 19 de la Ley Orgánica de Procedimientos Administrativos, los cuales, insistimos, son los únicos que podrían ser apreciados de oficio por el juez.

En *cuarto lugar*, la nulidad absoluta es un vicio que afecta la totalidad del acto y no puede ser convalidado, por lo que el principio de la *conservatio actis* no rige para los casos de nulidad absoluta.

El principio de que la Administración no pueda convalidar un acto nulo de nulidad absoluta, resulta por interpretación a contrario del Artículo 81 de la Ley Orgánica cuando prescribe, al contrario, que la Administración podrá convalidar en cualquier momento los actos anulables, es decir, los viciados de nulidad relativa, subsanando los vicios de que adolezcan. Con ello está además señalando que los actos viciados de nulidad absoluta no son convalidables, por lo que la Administración no puede, en forma alguna subsanar los vicios de nulidad absoluta. Esta imposibilidad de subsanación confirma lo señalado en relación a que estos actos no podrían adquirir firmeza y son esencialmente revocables.

La Ley de Honduras, sin embargo indica, como principio, que la invalidez de una parte del acto no se comunicará a los demás, excepto en el caso de que estas dependan de aquéllas o resulten que, sin la parte viciada, el acto no habría sido dictado (art. 38). En igual sentido se regula en la Ley del Perú, así:

> 13.2 La nulidad parcial del acto administrativo no alcanza a las otras partes del acto que resulten independientes de la parte nula, salvo que sea su consecuencia, ni impide la producción de efectos para los cuales no obstante el acto pueda ser idóneo, salvo disposición legal en contrario.

En cambio, en general, la nulidad relativa puede afectar parcialmente un acto administrativo y en todo caso, puede ser convalidada (arts. 172 y 187, Ley General de Costa Rica; arts. 21 y 81, Ley de Venezuela).

En *quinto lugar*, la nulidad absoluta de los actos administrativos puede ser declarada por la Administración, en cualquier momento, es decir, los actos viciados de nulidad absoluta pueden siempre ser revocados por la Administración. Un ejemplo de esta previsión lo encontramos en la Ley venezolana:

> *Artículo 83.* La administración podrá en cualquier momento, de oficio o a solicitud de particulares, reconocer la nulidad absoluta de los actos dictados por ella.

La Ley Orgánica habla de "reconocer la nulidad absoluta de los actos dictados por ella", lo cual no es otra cosa que revocar los actos nulos de nulidad absoluta. En este supuesto, por otra parte, podría hablarse de la existencia de un recurso administrativo sin plazo alguno de caducidad, para solicitar de la Administración el reconocimiento de la nulidad absoluta de sus actos (art. 81, Ley de Venezuela).

Este principio de que el acto nulo de nulidad absoluta puede ser revocado por la Administración en cualquier momento, también se establece la Ley argentina (art. 17); la Ley General de Costa Rica (art. 183,1); y la Ley del Perú (art. 202,1).

En el caso de Colombia, el Código dedica un título completo a la revocación de los actos administrativos, con diversas causales indicadas en el artículo 69, así:

Los actos administrativos deberán ser revocados por los mismos funcionarios que los hayan expedido o por sus inmediatos superiores, de oficio o a solicitud de parte, en cualquiera de los siguientes casos:

> 1) Cuando sea manifiesta su oposición a la Constitución Política o a la ley;
>
> 2) Cuando no estén conformes con el interés público o social, o atenten contra él;
>
> 3) Cuando con ellos se cause agravio injustificado a una persona.

De esta norma surgen aspectos que deben precisarse. La "oposición manifiesta" a la Constitución debe consistir, por supuesto, en una oposición burda, grosera; pero la "oposición" a la ley abre un gran campo para que pueda haber infinidad de causas, lo que impediría que pudiera construirse totalmente el régimen de la nulidad absoluta. El segundo supuesto muestra una cláusula que podría originar gran discrecionalidad, por la presencia de conceptos jurídicos indeterminados como el "interés público"; y la tercera y última causal también plantea un espectro muy amplio de posibilidades.

Sin embargo, en la Ley de Brasil el derecho de la Administración de anular actos administrativos de los cuales deriven efectos favorables para sus destinatarios decae a los cinco años, salvo comprobada mala fe (art. 54). En la Ley del Perú también se establece en este sentido que:

> 202.3 La facultad para declarar la nulidad de oficio de los actos administrativos prescribe al año, contado a partir de la fecha en que hayan quedado consentidos.
>
> 202.4 En caso de que haya prescrito el plazo previsto en el numeral anterior, sólo procede demandar la nulidad ante el Poder Judicial vía el proceso contencioso administrativo, siempre que la demanda se interponga dentro de los dos (2) años siguientes a contar desde la fecha en que prescribió la facultad para declarar la nulidad en sede administrativa.

Por otra parte, los actos administrativos creadores de derechos a favor de particulares, así estén viciados de nulidad relativa, son irrevocables por la propia Administración (arts. 173 y 174, Ley General de Costa Rica; arts. 17 y 18, Ley de Argentina; arts. 19.2

y 81, Ley de Venezuela), al punto de que la Ley venezolana vicia de nulidad absoluta la revocación de un acto que cree derechos a favor de particulares, aunque adolezca de un vicio de nulidad relativa. Es el principio de la violación de la cosa juzgada cuando no hay vicio de nulidad absoluta.

En *sexto lugar*, en caso de actos administrativos nulos de nulidad absoluta, su impugnación en vía administrativa alegándose ese vicio, podría dar origen a la suspensión de los efectos del acto por la Administración. En este sentido, el Artículo 87 de la Ley Orgánica permite a la Administración, suspender la ejecución de los actos en vía administrativa con motivo de la impugnación, cuando se alega nulidad absoluta.

En *octavo lugar*, la anulación de un acto administrativo viciado de nulidad absoluta, en principio, produce efectos *ex tunc*, es decir, tiene efectos declarativos y retroactivos a la fecha del acto; el cual se entiende como nunca dictado (art. 171, Ley General de Costa Rica; art. 12,1, Ley del Perú). Es decir, el acto no podría producir efectos después de su revocación o anulación, y además, esta produce también efectos hacia el pasado y se tiene el acto como nunca dictado. Por tanto, cuando la Administración reconoce la nulidad absoluta revocando el acto, o cuando un tribunal declara la nulidad absoluta, anulando el acto, se tiene como que si el mismo nunca ha sido dictado y, por tanto, como si nunca produjo efectos. Por supuesto, habrá ciertas situaciones de hecho originadas por el acto, a pesar de su nulidad absoluta, que la Administración estaría obligada a reparar, mediante una indemnización. Si por ejemplo, una entidad educativa niega la admisión a un estudiante por ser de raza amarilla, violando el Artículo 61 de la Constitución, si se impugna el acto y luego de varios años el acto es anulado por la jurisdicción contencioso–administrativa, el daño causado sería irreparable de hecho, por lo que la reparación de los efectos cumplidos por el acto, daría origen a una indemnización que tendría derecho a exigir el lesionado.

Debe señalarse, además, que en caso de nulidad absoluta, la revocación o la anulación del acto tendría necesariamente que ser total, pues la nulidad parcial del acto sólo puede ocurrir en caso de vicios de nulidad relativa, conforme a lo establecido en el Artículo 21 de la Ley Orgánica de Procedimientos Administrativos. En cambio, en principio, la anulación de un acto administrativo nulo relativamente produce efectos *ex nunc*, es decir, sólo para el futuro, excepto cuando el efecto retroactivo sea necesario para evitar daños al destinatario del acto administrativo, a terceros o al interés público (art. 178, Ley General de Costa Rica).

En *noveno lugar*, en ciertos supuestos, la nulidad absoluta de los actos administrativos permite que se pueda solicitar su nulidad en vía jurisdiccional, en cualquier tiempo, como por ejemplo en los casos de violación de derechos y garantías constitucionales (art. 5°, Ley Orgánica de Amparo sobre Derechos y Garantías Constitucionales, Venezuela), en cuyo caso no habría lapso de caducidad para intentar el recurso contencioso administrativo de anulación.

En cambio, el recurso de nulidad contra los actos administrativos de efectos particulares, cuando se fundamente en vicios de nulidad relativa, debe intentarse en un lapso de tiempo determinado (por ejemplo, 6 meses), sin perjuicio de que con posterioridad pueda oponerse siempre la ilegalidad como excepción (art. 136, Ley Orgánica de la Corte Suprema de Justicia, Venezuela).

En *décimo lugar*, tratándose de vicios de nulidad absoluta, los mismos pueden ser apreciados de oficio por el juez contencioso–administrativo en el curso de un proceso. En cambio, en los casos de vicios de nulidad relativa, tienen que ser alegados por el recurrente para que puedan ser apreciados por el juez contencioso–administrativo (art. 87, Ley Orgánica de la Corte Suprema de Justicia, Venezuela)[87].

En *décimo primer lugar*, algunas legislaciones regulan expresamente los supuestos de convalidación, saneamiento y conversión de los actos administrativos cuando adolezcan de algunos de los vicios de nulidad relativa. En tal sentido, por ejemplo, lo regula la Ley argentina calificándose el procedimiento como "ratificación" (art. 19,1).

En *décimo segundo lugar*, otra consecuencia de la nulidad es la responsabilidad del funcionario: si el acto es nulo de nulidad absoluta no puede considerarse ni ejecutivo ni ejecutorio ni se presume legítimo, por lo que su ejecución por el funcionario origina responsabilidad. Esta responsabilidad incluso, está consagrada a nivel constitucional en aquellos casos de actos violatorios de derechos constitucionales (art. 25 Constitución de Venezuela). Por supuesto, esa nulidad absoluta tiene que constatarse, en estos casos, al revocarse el acto en vía administrativa o al anularse en vía judicial.

En *décimo tercer lugar*, otro efecto de los actos nulos, es que los funcionarios que los ejecuten, incurren en responsabilidad penal, civil y administrativa. Además, si el acto es nulo por ser violatorio de algún derecho o garantía constitucional, esta responsabilidad civil, penal o administrativa, está expresamente prevista en el artículo 46 de la Constitución.

3. La nulidad relativa

A. Supuestos de la nulidad relativa

Ahora bien, la consecuencia de la enumeración de los casos de nulidad absoluta, es la indicación residual legislativa de que cualquier otra infracción del ordenamiento jurídico, es decir, cualquier otro vicio de los actos administrativos que no llegue a producir la nulidad absoluta, o como lo dice la Ley argentina, cualquier irregularidad u omisión que no llegue a impedir la existencia de algunos de los elementos esenciales del acto, solamente los harán anulables, es decir, viciados de nulidad relativa (art. 15 Ley de Argentina). Así lo establece el Artículo 20 de la Ley Orgánica al señalar que los vicios de los actos administrativos que no llegaren a producir nulidad absoluta de conformidad con el Artículo 19 de la Ley Orgánica los harán anulables, es decir, estarían viciados de nulidad relativa.

De lo anterior resulta, por tanto, que en general, en las legislaciones de América Latina, los vicios en los elementos de fondo de los actos administrativos cuando son graves y manifiestos, como la incompetencia manifiesta; vicios en la manifestación de voluntad; violación de la Constitución o violación grave de las leyes; inexistencia de los presupuestos de hecho; y ausencia absoluta y total del procedimiento legalmente prescrito, producen la nulidad absoluta de los mismos. De lo contrario, conducen a vicios de nulidad relativa o anulabilidad, incluyendo los casos de desviación de poder y de violación a los límites de la discrecionalidad (art. 160 Ley General de Costa Rica).

---

87 *V.* sobre los vicios que el juez contencioso administrativo puede considerar de oficio: G. Vedel y P. Devolvé, *op. cit.*, p. 817.

Así se establece expresamente en la Ley de Honduras, al indicar:

> *Artículo 35*. Son anulables los actos que incurran en cualquier infracción del ordenamiento jurídico, incluso el exceso y la desviación del poder.
>
> En el exceso de poder se comprende la alteración de los hechos, la falta de conexión lógica entre la motivación y la parte dispositiva del acto, la contradicción no justificada del acto con otro anteriormente dictado y cualquier otro vicio inherente al objeto o contenido del acto.

Es de destacar, sin embargo, en materia de vicios de forma, que si bien la ausencia absoluta y total del procedimiento legalmente prescrito es la que conduce a la nulidad absoluta, la jurisprudencia en algunos países ha admitido que las violaciones de las formalidades sustanciales, como las que están destinadas a proteger los derechos de los administrados, se han asimilado a la nulidad absoluta[88]

Esto está regulado en forma expresa en la Ley de Honduras, así:

> *Artículo 36*. El defecto de forma sólo determinará la anulabilidad cuando el acto carezca de los requisitos formales indispensables para alcanzar su fin o de lugar a la indefensión de los interesados.

Por tanto, los vicios de forma, en principio, conducen a la anulabilidad de los actos administrativos, salvo que afecten los requisitos formales indispensables para alcanzar el fin del acto, en cuyo caso la irregularidad ni siquiera conduce a la invalidez. Se trata, en definitiva, respecto de los vicios de forma, de la distinción elaborada por la jurisprudencia francesa en cuanto a violación de formalidades sustanciales o no sustanciales, considerándose como sustanciales, como se dijo, aquellas establecidas para proteger a los administrados o cuyo incumplimiento podría modificar la decisión del fondo.

Solo faltaría por indicar los efectos del incumplimiento de los lapsos para la adopción de los actos administrativos. La Ley de Honduras regula la materia indicando que:

> *Artículo 37*. Las actuaciones administrativas realizadas fuera del tiempo establecido sólo implicarán la anulación del acto, si así lo impusieran la naturaleza del término o plazo, y la responsabilidad del funcionario causante de la demora si a ello hubiere lugar.

B. Los efectos de la anulabilidad

Los actos administrativos viciados de nulidad relativa, en primer lugar, producen todos sus efectos mientras no sean anulados y, por supuesto, pueden crear derechos a favor de particulares y establecer obligaciones. Por tanto, mientras el acto anulable no sea revocado o anulado, produce todos sus efectos, y cuando sea revocado o anulado, si lo es, la revocación o anulación tiene efectos, en principio, sólo hacia un futuro, por lo que los efectos cumplidos mientras el acto estuvo en vigencia, son válidos.

En segundo lugar, el acto administrativo que tenga un vicio de nulidad relativa, es decir, sea anulable, puede ser impugnado sólo en determinados lapsos, tanto en vía administrativa, mediante los recursos administrativos, como en vía contencioso–administrativa, por lo que vencidos estos lapsos el acto queda firme, y ya no podría ser revocado por la Administración si crea derechos a favor de particulares.

El acto administrativo anulable firme creador de derechos a favor de particulares, por tanto, es un acto irrevocable por la Administración, y si esa revocación se produce, el

88 Sentencia de la Corte Primera de lo Contencioso Administrativo (Venezuela) de 26 de junio de 1986, *Revista de Derecho Público*, N° 27, 1986, p. 101.

acto revocatorio estaría viciado de nulidad absoluta en los términos señalados por el ordinal 2° del Artículo 19 de la Ley Orgánica de Procedimientos Administrativos.

El Código Colombiano (art. 71) con respecto al tema de la revocación, establece que:

> La revocación podrá cumplirse en cualquier tiempo, inclusive en relación con actos en firme o aun cuando se hayan acudido a los tribunales contencioso administrativos, siempre que en este último caso no se haya dictado acto admisorio de la demanda.

En contraste con esta norma, como dijimos anteriormente, según la legislación de Venezuela, la potestad revocatoria que tiene la Administración respecto de los actos nulos de nulidad absoluta, no se pierde por el hecho de que se haya intentado un recurso y este esté en proceso de decisión. Si el acto es nulo de nulidad absoluta y no ha creado derechos en favor de los administrados, la Administración puede corregir su error y no es necesario que se sujete a un proceso para eventualmente llegar al mismo resultado, que es la extinción del acto.

Por lo tanto, según la legislación venezolana, el único límite a la potestad revocatoria de la Administración es que el acto haya creado o declarado derechos en favor del o los administrados.

Por otra parte, en las legislaciones de México y Argentina, se establece el principio de que el acto considerado anulable es considerado válido y, por tanto, gozará de presunción de legitimidad y ejecutividad (art. 7 Ley Federal de México) hasta tanto no sea debidamente anulado en sede judicial (art. 15 Ley de Argentina).

En tercer lugar, la impugnación de un acto administrativo viciado de nulidad relativa en vía administrativa, por sí sola no puede provocar la suspensión de los efectos del acto administrativo en los términos del artículo 86 de la Ley Orgánica de Procedimientos Administrativos, salvo que su ejecución pudiera causar grave perjuicio al interesado, a juicio de la Administración.

En cuarto lugar, la Administración puede siempre convalidar en cualquier momento, sus actos anulables, como lo dice el citado artículo 81 de la Ley Orgánica, pudiendo subsanar los vicios de que adolezcan. Sin embargo, esto, en algunos casos, no parece posible. Por ejemplo, si el acto se basó en un falso supuesto, la Administración pensó que un hecho era real y no lo era ¿cómo va a convalidar el acto? La Administración no podría inventar los hechos. Por tanto, este principio legal tendría matices en su aplicación concreta.

En quinto lugar, el acto nulo, de nulidad relativa, anulable, es un acto que también acarrearía responsabilidad del funcionario que lo dicta con base en el Artículo 121 de la Constitución, que prevé la responsabilidad de los funcionarios por los actos que cumplan en el ejercicio del Poder Público.

En sexto lugar, los actos anulables son de obligatorio cumplimiento. Mientras no se revoquen o sea declarada su nulidad en vía judicial, deben ser cumplidos por los particulares.

En séptimo lugar, cuando la nulidad se declare, si es que se declara o el acto se revoque, siendo el vicio de nulidad relativa, los efectos de la anulación son hacia el futuro, con lo cual estos actos cumplen sus efectos una vez que se han dictado, hasta que se anulen o revoquen. Los efectos cumplidos en el pasado, por tanto, quedan vigentes, al contrario de lo que sucede en la nulidad absoluta. Los tribunales contencioso–administrativo, sin embargo, conforme a lo establecido en el Artículo 131 de la Ley Orgánica de la Corte Suprema de Justicia, podrían determinar en casos concretos, que los efectos de la anulación que produzcan se retrotraen hacia el pasado, aún tratándose de vicios de nulidad relativa. Por ejemplo, en los casos de vicios, que aún cuando sean de nulidad relativa, no serían subsanables, como sucede con ciertos vicios en la causa o motivo de los actos.

Por otra parte, debe señalarse que estos vicios de anulabilidad pueden afectar la totalidad o parte de los actos administrativos. La Ley Orgánica de Procedimientos Administrativos, en efecto, en su Artículo 21, establece que en los supuestos de nulidad relativa, si el vicio afectare sólo a una parte del acto administrativo, el resto del mismo, en lo que sea independiente, tendrá plena validez. La Constitución, por otra parte, al delimitar en su Artículo 206 la competencia de anulación de los órganos de la jurisdicción contencioso–administrativa, establece que puede declarar la nulidad total o parcial del acto, y sin duda, la posibilidad de anulación parcial sólo procedería cuando los vicios sean de nulidad relativa.

Por último, en octavo lugar, debemos señalar que en la impugnación jurisdiccional de los actos administrativos basada en vicios de nulidad relativa, los motivos de ilegalidad aducidos en el recurso constituyen el objeto de la *litis*, y el proceso y decisión del juez debe contraerse al análisis de las denuncias presentadas por el recurrente. El juez, en esta materia, no tiene poderes inquisitorios, por lo que no puede, de oficio, invocar vicios de anulabilidad y anular un acto administrativo y ni siquiera tiene la posibilidad, para el caso en que un procedimiento perima o sea desistido por el recurrente, de continuar conociendo del asunto, pues conforme a lo establecido en el Artículo 87 de la Ley Orgánica de la Corte Suprema de Justicia, ello sólo es posible en los casos de vicios de orden público, es decir, de nulidad absoluta.

Por tanto, vicios tales como la incompetencia no manifiesta, los vicios en la base legal, el abuso o exceso de poder, la indeterminación del objeto y la desviación de poder, no pueden ser apreciados de oficio por el juez.

Debe hacerse mención, por ejemplo, al vicio de desviación de poder el cual, incorrectamente, ha sido apreciado, de oficio, en sentencias de 1981, por algunos tribunales con competencia contencioso–administrativa. Pensamos, al contrario que la desviación de poder, como vicio de los actos administrativos, en ningún caso puede ser apreciada de oficio por el juez. Se trata de un vicio de nulidad relativa que requiere ser alegado expresamente por el recurrente, y que requiere además de una prueba de situaciones de hecho que lleven al juez a la convicción fáctica de que la autoridad competente desvió el fin previsto en la norma al dictar el acto administrativo. Por tanto, además, jamás podría declararse nulo un acto por desviación de poder, en un juicio que se considere como de mero derecho, pues este vicio es precisamente, la antítesis del mero derecho.

Puede decirse que es unánime la posición de la doctrina en el sentido señalado, de considerar que el vicio de desviación de poder no plantea una cuestión de orden público, por lo que, insistimos deben ser expresamente invocado por *el recurrente,* y por ello *no puede ser apreciada de oficio* por el juez.

Por otra parte, este vicio impone al juez administrativo apreciar intenciones subjetivas del funcionario, por lo que no puede presumirse. Tiene que ser no sólo invocado por el recurrente, sino que, además, es a él a quien le incumbe la carga de la prueba.

Por tanto, la desviación de poder, como vicio de los actos administrativos, debe fundamentarse en hechos, no en meras conjeturas o apreciaciones personales del juez; sino en hechos alegados y probados por el recurrente.

En las sentencias mencionadas, sin que nadie lo hubiera alegado, sin que nadie lo hubiera probado, en juicios que el juez declaró como de mero derecho, también de oficio sin que nadie se lo hubiera solicitado, el juez, invocó la desviación de poder y anuló unos actos administrativos. Al hacerlo, el juez incurrió en una ilegalidad, por violación de ley, ya que la Ley Orgánica de la Corte Suprema de Justicia no lo autoriza para apreciar de oficio vicios de los actos administrativos no alegados por los concurrentes y que no son de orden público. Al contrario, como hemos dicho, el Artículo 82 de la Ley es terminante al señalar que la Corte Suprema y todos los tribunales contencioso–administrativos, "conocerá de los asuntos de su competencia a instancia de parte interesada, salvo en los casos en que pueda proceder de oficio de acuerdo con la Ley". Por tanto, los poderes inquisitivos del juez contencioso–administrativo son de texto expreso, y sólo existen cuando haya una norma expresa atributiva de competencia, y ninguna norma atribuye al juez competencia para apreciar de oficio el vicio de desviación de poder de los actos administrativos.

Pero, es que además, ello no podría ser viable jurídicamente, por la naturaleza de este vicio, que requiere de prueba, siendo esta una de las cuestiones más delicadas e importantes que plantea. La prueba de la desviación de poder debe versar sobre *la intención* de la autoridad administrativa cuando usó de sus poderes, lo cual en general, no permitirá llegar jamás a un grado total de certidumbre, y debe resultar de elementos objetivos del expediente.

El problema de la desviación de poder, por tanto, exige, necesariamente al juez, cuando ha sido alegado y probado dicho vicio, apreciar situaciones de hecho, por lo que puede decirse que este vicio jamás se podría resolver en vía jurisdiccional como una cuestión de mero derecho. Al contrario, la desviación de poder da origen, por esencia, a una cuestión o materia de hecho, que el juez tiene que apreciar de los elementos y pruebas que constan en el expediente, sin que pueda, en forma alguna, presumir esos hechos o imaginárselos. Por tanto, en los juicios en los cuales el juez decida resolverlos como de mero derecho, jamás podría examinarse la desviación de poder, y menos de oficio, pues este vicio, se insiste, plantea siempre una materia de hecho, que debe ser alegada y probada por el recurrente, por tratarse de un vicio de nulidad relativa.

4. Las irregularidades del acto

Pero aparte de los vicios de los actos administrativos que puedan dar lugar a nulidad absoluta o relativa, pueden haber otra serie de irregularidades que pueden ser de carácter procedimental, en cuyo caso rige el principio del *conservatio acti*, es decir, que no son irregularidades de tal naturaleza que puedan afectar al acto y que no producen su la nulidad. Es el caso, por ejemplo, de irregularidades en cláusulas accesorias que son separables del acto y que, por ello, no lo afectan ni dan origen a su nulidad. Esto, por lo general, se aplica a los vicios o a las irregularidades de forma en el procedimiento, siempre que se cumpla el fin del acto y el del procedimiento, lográndose el objetivo legalmente establecido (art. 16, Ley argentina, art. 7, Ley de Uruguay, art. 36, Ley de Honduras), y no se lesionen derechos de los particulares.

En estos casos, por más que el acto adolezca de alguna irregularidad (falta de sello, falta de firma, etc.), no tendría sentido plantear su revocación en vía administrativa o su anulación en vía judicial.

A. El principio *conservatio acti*: la subsanabilidad de los actos de la Administración y de los interesados y la corrección de errores materiales

Si el objetivo del procedimiento es lograr un fin determinado que normalmente se alcanza con la emisión de un acto administrativo, el principio es que deben hacerse todos los esfuerzos por que el mismo se conserve posteriormente.

De allí el principio de la *conservatio acti* que persigue que los errores que puedan tener los actos administrativos deben subsanarse sin que se afecte el acto mismo, una vez que con lo actuado se pueda alcanzar la finalidad perseguida. Así lo establece la Ley de Honduras al señalar que el órgano que declare la nulidad de actuaciones:

Dispondrá siempre la conservación de aquellos actos y trámites cuyo contenido hubiera permanecido, de no haberse realizado la infracción origen de la nulidad (art. 39).

En igual sentido, se dispone en la Ley peruana, (art. 13.3), la cual agrega que la nulidad de un acto debe considerarse que sólo implica la de los sucesivos en el procedimiento, cuando estén vinculados a él (art. 13,1 Ley del Perú).

Este principio conduce por supuesto, a la necesidad de la corrección de errores materiales de los actos administrativos, lo que se encuentra regulado expresamente en las leyes de Venezuela, Honduras y Costa Rica y en el Reglamento de la Comunidad Andina.

En la Ley Orgánica de Venezuela, este principio se regula así:

> *Artículo 84*. La administración podrá en cualquier tiempo corregir errores materiales o de cálculo en que hubiere incurrido, en la configuración de los actos administrativos.

La Ley General de Costa Rica también precisa que: "En cualquier tiempo podrá la Administración rectificar los errores materiales o de hecho y los aritméticos" (art. 157); a lo que agrega la Ley de Honduras, que ello puede hacerse "siempre que la enmienda no altere lo sustancial del acto o decisión" (art. 128). La regulación también la recoge la Ley del Perú, agregando, sin embargo, que la rectificación de los errores sea "con efecto retroactivo" (art. 201.1).

El mismo principio se expresa en el Reglamento de la Secretaría General de la Comunidad Andina así:

> *Artículo 35*. Los errores materiales o de cálculo de los actos de la Secretaría General podrán ser corregidos en cualquier momento.

Es precisamente en virtud de este principio de la corrección de errores materiales, que deriva del principio del informalismo y de la economía procedimental, que la Administración no tiene por qué concluir siempre con la revocación del acto incorrecto, pudiendo siempre corregirlo, de oficio o a petición de parte, en cualquier momento. Es un principio de lógica administrativa que, sin embargo, encuentra su expresión formal en estas leyes de procedimiento administrativo, incluso en relación con los actos de los administrados. En tal sentido, la Ley de Honduras dispone que:

> *Artículo 115*. Para evitar nulidades, la Administración señalará a la parte interesada los defectos de que adolezcan los actos producidos por ésta y ordenará que se subsanen de oficio o por el interesado dentro de un plazo de tres días.

B. La convalidación, la enmienda, el saneamiento y la conversión

Aún en presencia de vicios o irregularidades más sustanciales en los actos administrativos, que no puedan resolverse con la sola corrección de errores materiales o aritméticos, el principio de que los actos deben ser mantenidos, de que deben conservarse y de que debe haber la posibilidad de subsanar los vicios que puedan afectarlos formalmente, siempre que no impliquen su nulidad absoluta; ha originado el principio de conservación de los actos administrativos con vistas a su finalidad, dando origen a las técnicas de convalidación, enmienda, saneamiento o conversión para evitar la extinción de los mismos.

En efecto, un principio general que puede derivarse de las regulaciones de las leyes latinoamericanas es el de que la convalidación de los actos administrativos sólo puede referirse a la corrección de vicios de nulidad relativa o de anulabilidad, y no puede implicar la corrección de vicios de nulidad absoluta. Por tanto, si lo que afecta al acto administrativo son vicios de orden público, de indefensión o violaciones de derechos y garantías constitucionales, éstos vicios no podrían ser subsanados y convalidarse el acto administrativo. La convalidación procederá, entonces, sólo cuando existan errores formales en la voluntad, en la competencia o de formalidades sustanciales que, sin embargo, puedan ser corregidos por la Administración para conservar el acto.

En esta materia, por otra parte, pueden distinguirse las técnicas de convalidación, de saneamiento y de conversión que la Ley General de Costa Rica identifica con precisión.

En *primer lugar*, en cuanto a la convalidación, ésta se produce cuando dictado un acto administrativo que sea relativamente nulo por vicio en la forma, en el contenido o en la competencia, se dicta un nuevo acto administrativo que lo convalide, con indicación precisa del vicio y de la corrección. En estos casos, conforme a la Ley General de Costa Rica, "la convalidación tiene efecto retroactivo a la fecha del acto convalidado" (art. 187,2).

En la Ley venezolana, en materia de convalidación del acto administrativo, sólo se indica, pura y simplemente, que "la administración podrá convalidar en cualquier momento los actos anulables, subsanando los vicios de que adolezcan" (art. 81).

En sentido similar se regula en la Ley de Brasil, debiendo ser objeto la convalidación de una decisión en la que se evidencie que no acarrea lesión al interés público ni perjudica a terceros (art. 55).

La Ley de Honduras es particularmente detallada al regular la convalidación de los actos administrativos, así:

> *Artículo 126.* La Administración podrá convalidar los actos anulables, subsanando los vicios de que adolezcan, salvo que se hubiere interpuesto recurso contra los mismos.

Si el vicio consistiera en la incompetencia la convalidación podrá realizarse por el órgano competente cuando sea superior jerárquico del que dictó el acto.

Los actos viciados por la falta de alguna autorización podrán ser convalidadas mediante el otorgamiento de la misma por el órgano competente.

Lo dispuesto en el párrafo precedente no será aplicable a los casos de omisión de informes, dictámenes o propuestas obligatorias.

La Ley peruana es todavía más precisa al regular la "enmienda" de los actos administrativos como consecuencia de la "conservación" de los mismos, precisando que cuando el vicio del acto administrativo por el incumplimiento a sus elementos de validez, no sea trascendente, "prevalece la conservación del acto, procediéndose a su enmienda por la propia autoridad emisora" (art. 14.1).

A los efectos de la "enmienda", dicha ley precisa con claridad cuando los actos administrativos están afectados por vicios no trascendentes, indicando los siguientes:

> 14.2.1 El acto cuyo contenido sea impreciso o incongruente con las cuestiones surgidas en la motivación.
>
> 14.2.2 El acto emitido con una motivación insuficiente o parcial.
>
> 14.2.3 El acto emitido con infracción a las formalidades no esenciales del procedimiento, considerando como tales aquellas cuya realización correcta no hubiera impedido o cambiado el sentido de la decisión final en aspectos importantes, o cuyo incumplimiento no afectare el debido proceso del administrado.
>
> 14.2.4 Cuando se concluya indudablemente de cualquier otro modo que el acto administrativo hubiese tenido el mismo contenido, de no haberse producido el vicio.
>
> 14.2.5 Aquellos emitidos con omisión de documentación no esencial.

En la legislación argentina, esta convalidación se denomina, en general, "saneamiento" y se desdobla en "ratificación" y "confirmación" de los actos administrativos, así:

> *Artículo 19*. El acto administrativo anulable puede ser saneado mediante:
>
> a) Ratificación por el órgano superior, cuando el acto hubiere sido emitido con incompetencia en razón de grado y siempre que la avocación, delegación o sustitución fueren procedentes;
>
> b) Confirmación por el órgano que dicte el acto subsanando el vicio que lo afecte.

Conforme a esa misma norma, "los efectos del saneamiento se retrotraerán a la fecha de emisión del acto objeto de ratificación o confirmación", es decir, que los efectos del acto de saneamiento son retroactivos, por lo cual el principio es que el acto original surte sus efectos desde que se dictó, aun cuando la convalidación o el saneamiento sea posterior.

En *segundo lugar*, además de la convalidación (enmienda o saneamiento), la Ley General de Costa Rica la distingue de lo que en ella se califica como "saneamiento" y que se reduce a una convalidación de sólo defectos de forma. En efecto, el artículo 188 de la Ley General establece:

> 1. Cuando el vicio del acto relativamente nulo consista en la ausencia de una formalidad sustancial, como una autorización obligatoria, una propuesta o requerimiento de otro órgano, o una petición o demanda del administrado, éstos podrán darse después del acto, acompañados por una expresa manifestación de conformidad con todos sus términos.
>
> 2. Lo anterior no podrá aplicarse a la omisión de dictámenes ni a los casos en que las omisiones arriba indicas produzcan nulidad absoluta, por impedir la realización del acto final.
>
> 3. El saneamiento producirá efecto retroactivo a la fecha del acto saneado.

En *tercer lugar,* además de la convalidación y el saneamiento, también se regula formalmente la figura de la conversión del acto administrativo. Esta se produce cuando un acto tiene elementos válidos y otros viciados, pudiendo la autoridad, posteriormente, corregir estos vicios y con los elementos válidos que tenía, convertir al acto en un nuevo acto.

Así los precisa la Ley de Honduras, en su artículo 127, al disponer que:

"El acto nulo que, sin embargo, contenga todos los requisitos constituidos de otro distinto, podrá ser convertido en éste y producirá sus efectos, en su caso, si así lo consistiera el Interesado."

En estos supuestos, se habla de conversión, como producto del principio de la conservación, en cuyo caso, contrariamente a la convalidación y al saneamiento, no hay efecto retroactivo, sino que la conversión tiene efectos a partir del momento en que el nuevo acto queda perfeccionado. En este sentido, la Ley argentina señala:

Artículo 20. Si los elementos válidos de un acto administrativo nulo permitieren integrar otro que fuere válido, podrá efectuarse su conversión en éste consintiéndolo el administrado. La conversión tendrá efectos a partir del momento en que se perfeccione el nuevo acto.

Se destaca, en el régimen argentino, la necesidad del consentimiento del administrado para la conversión.

En relación a la misma institución de la conversión, la Ley General de Costa Rica también la regula, disponiendo el artículo 189 lo siguiente:

El acto inválido, absoluta o relativamente nulo, podrá ser *convertido* en otro válido distinto por declaración expresa de la Administración a condición de que el primero presente todos los requisitos formales y materiales del último.

La conversión tiene efectos desde su fecha.

En *cuarto lugar*, en algunos casos se establece como principio que el acto convalidado debe producir efectos desde su fecha; y en otros, que los efectos, tanto de la convalidación como del saneamiento de un acto administrativo, se retrotraen a la fecha de emisión del acto objeto de ratificación o confirmación (art. 19, Ley de Argentina; art. 187.1 y 188.3, Ley General de Costa Rica).

En cuanto a la conversión esta produce efectos a partir del momento en que se perfeccione el nuevo acto (art. 20, Ley de Argentina; art. 189, Ley General de Costa Rica).

Sección Segunda: EL RÉGIMEN DEL SILENCIO ADMINISTRATIVO Y LOS ACTOS ADMINISTRATIVOS TÁCITOS (2005)

ESra Secci'on Segunda es el texto compuesto en 2005, destinado al Tomo IV de la obra *Derecho Administrativo* que se comenzó a publicar la Universidad Externado de Colombia en Bogotá, ese mismo año 2005, y que quedó inconclusa con dos tomos publicado. Para la elaboración de dicho texto partimos de lo expresado en los siguientes trabajos: "Consideraciones sobre el silencio administrativo consagrado a los efectos del recurso contencioso administrativo de anulación," en *Revista de Control Fiscal*, N° 96, Contraloría General de la República, Caracas, enero–marzo 1980, pp. 11–33; "El sentido del silencio administrativo negativo en la Ley Orgánica de Procedimientos Administrativos," en *Revista de Derecho Público*, N° 8, Editorial Jurídica Venezolana, Caracas, octubre–diciembre 1981, pp. 27–34; "La abstención, silencio y negativa de la Administración y su control," en *El Derecho Venezolano en 1982, Ponencias al XI Congreso Internacional de Derecho Comparado*, Facultad de Ciencias Jurídicas y Políticas, Universidad Central de Venezuela, Caracas 1982, pp. 603–617.

I. RÉGIMEN GENERAL DEL TRATAMIENTO DEL SILENCIO ADMINISTRATIVO EN LAS LEYES LATINOAMERICANAS

Todas las leyes de procedimiento administrativo de América latina, puede decirse que contienen regulaciones, vinculadas al principio de celeridad, en relación con el silencio administrativo y sus efectos, a pesar de la obligación que siempre tiene la Administración de decidir en un plazo determinado.

1. La obligación de decidir y los efectos de su incumplimiento

En efecto, objetivo final de todo procedimiento administrativo es la producción de un acto administrativo, es decir, la adopción de una decisión por parte de la Administración. A tal efecto, iniciado un procedimiento administrativo, particularmente a instancia de parte o cuando en él tengan interés los administrados, la Administración está obligada a decidir. En otras palabras, la Administración no es libre de decidir, constituyendo esta obligación, la contrapartida del derecho de petición que también conlleva el derecho a obtener oportuna respuesta.

Conforme a ello, iniciado un procedimiento administrativo producto o no del ejercicio de un derecho de petición, la Administración está obligada a desarrollarlo de oficio y, en definitiva, a adoptar la decisión correspondiente. Por supuesto, si se trata de un procedimiento iniciado mediante el ejercicio del derecho de petición, éste conlleva también el derecho a obtener oportuna respuesta. Por eso la Ley de Venezuela exige de las autoridades administrativas, el que "deberán resolver las instancias o peticiones que se les dirijan o bien declarar, en su caso, los motivos que tuvieren para no hacerlo" (art. 2).

La Ley del Perú reafirma esta obligación de decidir que tienen los funcionarios, incluso, cuando exista deficiencia de las fuentes, al disponer que las autoridades administrativas no podrán dejar de resolver las cuestiones que se les proponga, por deficiencia aquéllas, debiendo, en tales casos, acudir a los principios del procedimiento administrativo previstos en la Ley; en su defecto, a otras fuentes supletorias del derecho administrativo, y sólo subsidiariamente a éstas, a las normas de otros ordenamientos que sean compatibles con su naturaleza y finalidad (art. VIII).

Sin embargo, es bien conocida la actitud tradicional de la Administración, en muchos casos, de simplemente no decidir determinados asuntos, lo que exigió del legislador, en regulaciones aisladas, el establecer un efecto generalmente negativo o de rechazo al silencio de la Administración en un lapso determinado, configurándose una decisión implícita susceptible de recurso ante el contencioso–administrativo. Este régimen legislativo llevó a la jurisprudencia a identificar al silencio administrativo como un principio general del procedimiento con el objeto de garantizar la situación de los administrados frente a la inacción administrativa, otorgándole efectos jurídicos generalmente negativos.

Conforme a este principio del silencio de la Administración, cuando ésta tiene legalmente prescrito un lapso para decidir, aquél debe ser considerado como equivalente a una decisión implícita de rechazo o de aceptación, a los efectos de permitir al administrado acudir a la vía contencioso–administrativa. Tal principio lo regula expresamente, por ejemplo, la Ley del Perú, al establecer ambos tipos de silencio administrativo y los tipos de procedimientos en los que se producen (arts. 33 y 34).

En todo caso, puede decirse que uno de los aspectos de mayor interés en la codificación del procedimiento administrativo en América Latina ha sido, precisamente, el establecimiento de reglas generales tendientes a garantizar la situación de los administrados frente al silencio de la Administración, entre las cuales están tanto el principio del silencio negativo como del silencio positivo, y la posibilidad de acudir a la vía contencioso–administrativa contra la carencia de la Administración.

En estos casos, la Administración está obligada a decidir, pues el silencio se establece en beneficio del particular para poder recurrir, lo que no exime a la Administración de su obligación de decidir. De manera que el principio general es que el funcionario de la Administración sigue obligado a tomar una decisión, quedando comprometida su responsabilidad por la demora en que incurra. Así lo regulan expresamente las legislaciones (art. 4°, Ley de Venezuela; art. 239, Ley de Costa Rica; y art. 48, Ley de Brasil).

En todo caso, lo importante de las regulaciones legislativas relativas al silencio negativo, es que el principio de la decisión tácita se establece en beneficio exclusivo de los administrados como garantía a sus derechos de protección, por lo cual, el recurrir contra el acto tácito no es una carga impuesta a los interesados, los cuales en todo caso pueden esperar la decisión expresa.

La situación general de estos principios los resume la Ley del Perú, al regular expresamente los efectos del silencio administrativo, así: en cuanto a los procedimientos administrativos sujetos a silencio administrativo positivo, estos quedan automáticamente aprobados en los términos en que fueron solicitados si transcurrido el plazo establecido, la entidad no hubiera comunicado al administrado el pronunciamiento (art. 188,1). En estos casos, el silencio administrativo tiene para todos los efectos el carácter de resolución que pone fin al procedimiento, sin perjuicio de la potestad de nulidad de oficio (art. 188,2).

En cuanto al silencio administrativo negativo, éste tiene por efecto habilitar al administrado para la interposición de los recursos administrativos y acciones judiciales pertinentes (art. 188,3). Sin embargo, en estos casos, aun cuando opere el silencio administrativo negativo, la administración mantiene la obligación de resolver, bajo responsabilidad, hasta que se le notifique que el asunto ha sido sometido a conocimiento de una autoridad jurisdiccional o el administrado haya hecho uso de los recursos administrativos respectivos (art. 188,4).

La Ley 19880 de Chile también regula con carácter general el silencio positivo, destinando el silencio negativo por ejemplo a aquellos procedimientos que afecten el patrimonio fiscal (Art. 64 y 65).

Por otra parte, debe tenerse en cuenta que el silencio no es un acto, ni debe considerarse como tal, salvo que la ley disponga lo contrario. Como lo señala la Ley de Costa Rica, el silencio de la administración "no podrá expresar su voluntad salvo ley que disponga lo contrario" (art. 139).

En consecuencia, si hay un derecho a oportuna respuesta, la garantía del derecho es darle efectos al silencio, pero la obligación de responder sigue estando en manos de la Administración.

2. El silencio administrativo negativo

El principio general y tradicional de los efectos del silencio de la Administración en los procedimientos administrativos, puede decirse que ha sido el silencio negativo. Así se consagra en casi todas las legislaciones: de Costa Rica (art. 241); de Uruguay; de México (art. 17); de Argentina (art. 10); de Colombia (art. 40) y de Venezuela. En Chile, en cambio, el silencio negativo se establece en forma general respecto de los procedimientos administrativos que puedan afectar el patrimonio fiscal (art. 65).

La Ley del Perú también regula el silencio negativo, estableciendo los siguientes casos en los cuales opera el silencio negativo:

> 34.1.1 Cuando la solicitud verse sobre asuntos de interés público, incidiendo en la salud, medio ambiente, recursos naturales, la seguridad ciudadana, el sistema financiero y de seguros, el mercado de valores, la defensa nacional y el patrimonio histórico cultural de la nación.
>
> 34.1.2 Cuando cuestionen otros actos administrativos anteriores, salvo los recursos en el caso del numeral 2 del artículo anterior.
>
> 34.1.3 Cuando sean procedimientos trilaterales y los que generen obligación de dar o hacer a cargo del Estado.
>
> 34.1.4 Los procedimientos de inscripción registral.
>
> 34.1.5 Aquellos a los que, en virtud de la ley expresa, sea aplicable esta modalidad de silencio administrativo.

En todo caso, un ejemplo de su formulación más general está en el artículo 4 de la Ley Orgánica de Venezuela, que prescribe que:

> *Artículo 4°* En los casos en que un órgano de la Administración Pública no resolviere un asunto o recurso dentro de los correspondientes lapsos, se considerará que ha resuelto negativamente y el interesado podrá intentar el recurso inmediato siguiente, salvo disposición expresa en contrario. Esta disposición no releva a los órganos administrativos, ni a sus personeros, de las responsabilidades que le sean imputables por la omisión o la demora.

En general, pueden distinguirse tres supuestos diferentes de casos de silencio tácito denegatorio:

1) En *primer lugar*, el silencio respecto de la decisión de solicitudes o peticiones que, conforme al Código de Colombia, "transcurrido el plazo de dos meses contados a partir de la presentación de una petición sin que se haya notificado decisión que la resuelva, se entenderá que ésta es negativa" (art. 40). En otras legislaciones, al principio antes indicado se agrega la necesidad de que el interesado ponga en mora a la Administración, conforme a lo cual, sólo después de denunciada la mora es que se puede considerar desestimada la petición, al efecto de deducir, frente a la denegación presunta, el correspondiente recurso administrativo o jurisdiccional, según proceda, o esperar la resolución expresa de su petición. Este principio de la puesta en mora a la Administración, como condición para que se produzca decisión presunta derivada del silencio de la Administración, se establece en la legislación argentina (art. 10).

2) En *segundo lugar*, el silencio tácito denegatorio también se produce por el transcurso del tiempo en los procedimientos que se inician de oficio y que, por tanto, no resultan del ejercicio del derecho de petición. El transcurso del tiempo permitiría el ejercicio del recurso respectivo siempre que, por supuesto, el acto tácito negativo lesione intereses personales, legítimos y directos. Por ejemplo, si un inmueble amenaza ruina y

la Administración no resuelve el procedimiento iniciado de oficio para ordenar o no su demolición, los vecinos interesados podrían intentar los recursos respectivos.

En Chile, en particular, el artículo 65 de la Ley 19880 en materia de silencio negativo dispone:

> *Artículo* 65. Silencio Negativo. Se entenderá rechazada una solicitud que no sea resuelta dentro del plazo legal cuando ella afecte el patrimonio fiscal. Lo mismo se aplicará en los casos en que la Administración actúe de oficio, cuando deba pronunciarse sobre impugnaciones o revisiones de actos administrativos o cuando se ejercite por parte de alguna persona el derecho de petición consagrado en el numeral 14 del artículo 19 de la Constitución Política.

En los casos del inciso precedente, el interesado podrá pedir que se certifique que su solicitud no ha sido resuelta dentro de plazo legal. El certificado se otorgará sin más trámite, entendiéndose que desde la fecha en que ha sido expedido empiezan a correr los plazos para interponer los recursos que procedan.

3) En *tercer lugar*, este silencio puede producirse en materia de ejercicio de recursos administrativos, en el sentido de que si no son resueltos por la Administración en los lapsos prescritos, se presume que la Administración los ha declarado sin lugar, procediendo, entonces, la posibilidad de ejercer, según los casos, el recurso administrativo subsiguiente o el recurso contencioso–administrativo (art. 215, Ley del Perú).

3. El silencio administrativo positivo

El principio general en materia de silencio administrativo con efectos positivos, y salvo el caso de la legislación de Costa Rica, del Perú y de Chile, es que debe ser establecido por ley especial, en cada caso. Así lo regula expresamente el Código de Colombia (art. 41), y la Ley de Argentina (art. 10). En otros países, como Venezuela, aún sin previsión en la ley de procedimientos administrativos, en leyes especiales como las relativas a la ordenación del territorio y a la ordenación urbanística, se regula la figura del silencio positivo en materia de autorizaciones, aprobaciones y permisos.

En contraste con el régimen del silencio positivo establecido sólo en leyes especiales, la Ley 19880 de Chile lo establece con carácter general y como principio así:

> *Artículo* 64. *Silencio Positivo.* Transcurrido el plazo legal para resolver acerca de una solicitud que haya originado un procedimiento, sin que la Administración se pronuncie sobre ella, el interesado podrá denunciar el incumplimiento de dicho plazo ante la autoridad que debía resolver el asunto, requiriéndole una decisión acerca de su solicitud. Dicha autoridad deberá otorgar recibo de la denuncia, con expresión de su fecha, y elevar copia de ella a su superior jerárquico dentro del plazo de 2 4 horas.

Si la autoridad que debía resolver el asunto no se pronuncia en el plazo de cinco días contados desde la recepción de la denuncia, la solicitud del interesado se entenderá aceptada.

En los casos del inciso precedente, el interesado podrá pedir que se certifique que su solicitud no ha sido resuelta dentro del plazo legal. Dicho certificado será expedido sin más trámite.

En el caso de la Ley del Perú, su artículo 33 dispone en general los siguientes casos en los cuales se produce el silencio positivo:

1. Solicitudes cuya estimación habilite para el ejercicio de derechos preexistentes, salvo que mediante ella se transfiera facultades de la administración pública o que habilite para realizar actividades que se agoten instantáneamente en su ejercicio.
2. Recursos destinados a cuestionar la desestimación de una solicitud cuando el particular haya optado por la aplicación del silencio administrativo negativo.
3. Procedimientos en los cuales la trascendencia de la decisión final no puede repercutir directamente en administrados distintos del peticionario, mediante la limitación, perjuicio o afectación a sus intereses o derecho legítimos.
4. Todos los otros procedimientos a instancia de parte no sujetos al silencio negativo taxativo contemplado en el artículo siguiente, salvo los procedimientos de petición graciable y de consulta que se rigen por su regulación específica.

Por su parte, la Ley General de Costa Rica, en forma excepcional en el derecho comparado, consagra con carácter general la figura del silencio administrativo positivo en los casos de procedimientos autorizatorios.

La Ley de Modernización del Estado de Ecuador, por su parte, establece el principio general de que "en todos los casos, vencido el respectivo término se entenderá por el silencio administrativo, que la solicitud o pedido ha sido aprobada o que la reclamación ha sido resuelta a favor del reclamante" (art. 28).

Estas otras legislaciones (Perú, Honduras y Costa Rica) se establece el silencio positivo como norma general cuando se trata de autorizaciones o aprobaciones que deban acordarse en ejercicio de funciones de fiscalización y tutela. En este último sentido, el artículo 330 de la Ley General de Costa Rica, en efecto, establece que:

1. El silencio de la Administración se entenderá positivo cuando así se establezca expresamente o cuando se trate de autorizaciones o aprobaciones que deban acordarse en el ejercicio de funciones de fiscalización y tutela.
2. También se entenderá positivo el silencio cuando se trate de solicitudes de permisos, licencias y autorizaciones.

En definitiva, esta norma establece dos supuestos de silencio administrativo positivo: en primer lugar, en las relaciones interorgánicas (internas) de la Administración, cuando se trate de autorizaciones o aprobaciones que, con motivo del ejercicio de funciones de fiscalización y tutela, pongan en relación los órganos superiores con los inferiores dentro de una misma estructura jerárquica o en relación de descentralización funcional. Asimismo se regula en la Ley de Honduras (art. 29).

Pero, a pesar de que la Ley de Costa Rica no lo precise, debe entenderse que la figura del silencio positivo no puede darse, por ejemplo, respecto de las funciones de fiscalización y control que órganos constitucionales, como la Contraloría General de la República, realizan respecto de los órganos de la Administración Central o Descentralizada.

El segundo supuesto del silencio administrativo positivo consagrado en forma general, se refiere a los casos de solicitudes de permisos, licencias y autorizaciones, es decir, a los procedimientos autorizatorios, en los cuales, precisamente, las leyes especiales en otros países generalmente los regulan. Este principio es muy similar al previsto en la ley especial que rige en Venezuela para las autorizaciones sobre la ocupación del suelo o en materia de urbanismo.

Pero, en el caso del Perú y de Costa Rica, se trata de un principio general muy novedoso ya que no es frecuente que las legislaciones establezcan este principio general del silencio positivo en materia de uno de los procedimientos generales fundamentales administrativos, como lo es el procedimiento autorizatorio para la obtención de licencias, permisos y autorizaciones de la Administración.

La Ley de Costa Rica no regula, sin embargo, la forma práctica de eficacia del acto tácito positivo, lo cual sí se precisa en el Código de Colombia, al prescribir que "la persona que se hallare en las condiciones previstas en las disposiciones legales que establecen el beneficio del silencio administrativo positivo, protocolizará la constancia o copia de la petición, junto con su declaración jurada de no haberle sido notificada una decisión dentro del término previsto". En esta forma, la escritura y sus copias producirán todos los efectos legales de la decisión favorable que se pidió, y es deber de todas las personas y autoridades reconocerla así (art. 42).

En todo caso, tratándose de un acto administrativo tácito declarativo de derechos a favor de los interesados, el acto administrativo producto del silencio positivo es un acto irrevocable por la Administración (art. 331,2, Ley de Costa Rica). El art. 41, del Código de Colombia, en cambio, establece diversos supuestos de revocación.

4. La garantía contra la carencia administrativa

La ficción jurídica que deriva tanto del silencio negativo como del silencio positivo, sin duda, se han establecido en el ordenamiento jurídico como garantía de los derechos de los administrados para que, transcurrido un tiempo de inacción, puedan ejercer su derecho a la defensa mediante la interposición de los recursos administrativos o contencioso administrativos correspondientes.

En consecuencia, a falta de acto expreso, la garantía contra el silencio de la Administración al no resolver un recurso, consiste en asegurar el ejercicio del derecho de acceso a la justicia contenciosa administrativa.

Sin embargo, la garantía del silencio negativo, cuando se trata de una solicitud o de una petición en materia de procedimientos autorizatorios, puede considerarse como una garantía muy relativa pues, en la práctica, los administrados no obtienen ninguna garantía a sus derechos con el hecho de que se considere que el silencio de la Administración produce tácitamente el rechazo a su solicitud. Por ejemplo, si se solicita una autorización y la Administración no responde, lo que interesa es la obtención el permiso y el interesado no obtiene nada con que se presuma que se ha negado su petición. Además, esta presunción de negativa de la petición, que es un acto tácito denegatorio, que carece de motivos y de motivación sería materialmente irrecurrible, pues no habría "vicios" que alegar, razón por la cual no habría garantía efectiva del derecho del administrado frente al silencio administrativo respecto de las peticiones.

En realidad, en los casos de abstención o negativa de la Administración a decidir, la verdadera garantía jurídica del administrado está en poder exigir al juez que obligue a la Administración a decidir, mediante el ejercicio de un recurso contencioso administrativo, no contra un acto que no existe, sino contra la carencia de la Administración. Esta posibilidad, por ejemplo, nunca se ha aceptado por el sistema contencioso administrativo francés, que requiere la existencia de un acto expreso o tácito para que puedan intentarse los recursos jurisdiccionales. Sin embargo, al inicio de la aplicación del Tratado de la Comunidad Económica del Carbón y del Acero (CECA), y con motivo de la competencia de la Corte de Justicia de las Comunidades Europeas, se creyó encontrar en el artículo 35 del Tratado de la CECA un recurso contra la carencia, precisamente, contra la abstención o negativa de las Altas Autoridades de la Comunidad en adoptar determinadas decisiones; pero ello no prosperó definitivamente, imponiéndose la tradición francesa.

Este problema plantea la necesidad de buscar alternativas de garantías en materia del silencio en el caso de peticiones, es decir, del trámite del procedimiento constitutivo del acto que no están reguladas en las leyes de procedimiento administrativo. La regulación general, en materia de silencio negativo, ha estado, sin duda, básicamente en el procedimiento de impugnación del acto administrativo cuando se permite acudir a la vía contencioso–administrativa.

En este sentido, debe destacarse que en el sistema venezolano de las acciones contencioso–administrativas, se han planteado vías para obtener garantías frente a las conductas omisivas de la Administración, a través del recurso por abstención o negativa (recurso contra la carencia), expresamente establecido en la Ley Orgánica de la Corte Suprema de Justicia de Venezuela desde hace décadas, y que le atribuye competencia a los tribunales contencioso–administrativos para:

Conocer de la abstención o negativa de los funcionarios nacionales a cumplir determinados actos a que estén obligados por las leyes, cuando sea procedente, en conformidad con ellas; (art. 42 ord. 23, y, en el mismo sentido, art. 182 ord. 1 de la Ley Orgánica de la Corte Suprema de Justicia, Venezuela).

Como lo ha precisado la jurisprudencia contencioso–administrativa:

> El recurso de abstención se inscribe dentro del género de las acciones contencioso–administrativas, cuya característica común es la de permitir el control de la legalidad y la de restablecer los intereses legítimos violados. De modo que es perfectamente posible revisar la legalidad en un procedimiento de un recurso de abstención, cuya finalidad no es la nulidad de actuación alguna, sino de calificar de legítima o no, una omisión tácita o expresa de la Administración en actuar, para que de resultar ilegal, el Tribunal supla tal abstención o negativa, proveyendo el acto o el trámite omitido o negado... En conclusión, que el recurso de abstención, llamado de carencia, puede intentarse contra una negativa expresa o presunta (inactividad) de la Administración a cumplir un acto. Lo determinante es, pues, que el fin de la pretensión sea la de lograr por la intervención del Tribunal Contencioso–Administrativo el cumplimiento del acto que la Administración ha dicho que no cumple, o que simplemente se abstiene de cumplir, siempre y cuando el recurrente tenga derecho a ello, y exista la norma que contemple el deber de la Administración de actuar (Sentencia de la Corte Primera de lo Contencioso–Administrativo de 28 de octubre de 1987, *Revista de Derecho Público*, núm. 32, Caracas, 1987, p. 118).

El recurso contencioso–administrativo por carencia u omisión completa, así, el cuadro de las garantías de los administrados ante la negativa expresa o tácita (inacción) de la Administración a decidir un asunto, cuando la sola presunción de decisión tácita denegatoria o positiva, no satisfaga los derechos o intereses de los administrados.

Este recurso tiene cierta equivalencia con la acción de cumplimiento regulada en la Constitución de Colombia, (art. 87) y desarrollada en la Ley 393 (1997), que regula esta acción, la cual procede "contra toda acción u omisión de la autoridad que incumpla o ejecute actos o hechos que permitan deducir inminente incumplimiento de una ley o acto administrativo".

Pero, en general, tanto la regulación venezolana, mediante la acción en carencia contra las omisiones administrativas, o la acción de cumplimiento colombiana, que consagra la garantía frente a la omisión en el procedimiento constitutivo, son de carácter excepcional. Con ellas, en todo caso, se busca que al particular en el procedimiento constitutivo, por ejemplo, le otorguen una autorización, y no que se presuma que no se la van a dar y no poder accionar para que se la concedan. La acción por omisión tiene por objeto permitir al particular acudir ante el juez para que éste ordene que le concedan lo que pide, si verdaderamente el particular tiene derecho a ello y reúne los requisitos. En su defecto, la acción tiene por objeto que el juez sustituya a la Administración, lo que sucede con la acción en carencia, mediante la cual el juez contencioso–administrativo, en definitiva, otorga lo que la Administración no le concede al particular. Es decir, se trata de una acción muy efectiva, y lo más probable es que la evolución de la acción de cumplimiento en Colombia llegue a la misma solución.

En todo caso, en este supuesto no se trata de una acción de tutela que, en el caso de Venezuela, sería un amparo contra la omisión, que presenta el problema de que debe fundamentarse en la violación de derechos constitucionales.

II. EL REMEDIO CONTRA LA INDEFENSIÓN PROVOCADA POR LA INACCIÓN ADMINISTRATIVA Y EL SILENCIO ADMINISTRATIVO NEGATIVO

No es frecuente que la Administración decida con celeridad los recursos de reconsideración o jerárquicos intentados por ante el respectivo Ministro; es más, es frecuente que éste, o no decida jamás o lo haga con sumo retraso y, entre tanto, el particular afectado por el acto de un funcionario inferior podría encontrarse desasistido, indefenso y a la merced de la Administración, por la imposibilidad de obtener un acto que causa estado de impugnarlo. Como se dijo, éste no podría lograr el control jurisdiccional por no haberse producido el agotamiento de la vía administrativa, ya que ésta, así quedaba a la discreción de la propia Administración.

Ciertamente, conforme a la Constitución, todo funcionario a quien se solicite o pida algo o quien conozca de un recurso jerárquico, está obligado a dar una "oportuna respuesta"[89], y es por ello que, los ordenamientos particulares relativos al contencioso–administrativo, han regulado tradicionalmente mecanismos procesales, en beneficio de los particulares, para que, aun sin obtener expresa respuesta o decisión de la Administración, puedan recurrir a la vía jurisdiccional. El recurso al control jurisdiccional de la Administración y, en particular, el recurso contencioso–administrativo, en esta forma, se ha configurado paulatinamente como una verdadera garantía establecida a favor de los particulares frente a la actuación ilegal de la Administración. Por ello, en beneficio de los particulares, para garantizarles, en todo caso, el acceso a los tribunales contencioso–administrativos, los ordenamientos jurídicos han consagrado la posibilidad de ejercer los recursos, excepcionalmente, aun sin haberse agotado en forma expresa la vía administrativa, por la inacción de la Administración al no dictar el acto que causa estado[90]. En todos estos casos, la figura comúnmente denominada como "silencio administrativo", permite el ejercicio del recurso contencioso–administrativo en ausencia de decisión expresa, por el simple transcurso de un lapso sin decisión administrativa, como una garantía más concedida al particular para asegurarle el acceso a la jurisdicción con-

89 Art. 67.

90 Así esta posibilidad, según J. M. Boquera Oliver, se considera como "una garantía fundamental del administrado, sin el cual se le veda, en muchos casos, el paso a la garantía máxima que es el recurso contencioso–administrativo". *V.* J. M. Boquera Oliver, "Algunas dificultades de la actual regulación del silencio administrativo" en *Revista de Administración Pública*, N° 30, Madrid, 1959, p. 100.

tenciosa[91]. En esta forma, el silencio administrativo se ha regulado legislativamente, se ha aplicado jurisprudencialmente y se ha desarrollado por la doctrina como una institución destinada a evitar la indefensión de los particulares por la inacción administrativa y la consiguiente imposibilidad de acudir a la vía jurisdiccional por falta de la decisión previa que agote la vía administrativa[92].

1. El silencio administrativo en el sistema contencioso–administrativo

Ahora bien, esta figura del silencio administrativo como garantía procesal establecida en beneficio del particular en el sistema contencioso–administrativo, ha sido creación del Legislador, por lo que tradicionalmente se ha exigido texto expreso para su admisibilidad[93].

En Venezuela, en nuestro sistema contencioso–administrativo de anulación no había sido establecido hasta 1976 cuando se lo consagró en el artículo 134 de la Ley Orgánica de la Corte Suprema de Justicia; en materia de demandas contra la República, sin embargo, se había consagrado tradicionalmente, en el denominado "procedimiento administrativo previo en las demandas contra la República" previsto en la Ley Orgánica de la Procuraduría General de la República[94].

Ahora bien, la consagración en Venezuela del denominado silencio administrativo en la Ley Orgánica de la Corte Suprema de Justicia al regular el procedimiento en los juicios contencioso–administrativo de anulación, sin duda, tiene sus antecedentes en las legislaciones francesa, española e italiana, que lo habían consagrado desde varias déca-

---

91 Tal como lo precisa Alejandro Nieto, se trata de "un arbitrio formal, cuyo exclusivo objeto consiste en posibilitar el acceso a los Tribunales a quienes la Administración no responde expresamente a sus peticiones. De esta manera se supera el escollo que en un sistema jurisdiccional revisor, podría presentar la inexistencia de un acto administrativo expreso" (*V.* A. Nieto, "Efectos procesales del silencio negativo de la Administración", *Revista Española de Derecho Administrativo, Civitas*, N° 5, Madrid, 1975 p. 256). En este sentido Jesús González Pérez ha sido preciso al señalar que "el silencio administrativo fue concebido y regulado como una garantía del administrado que deducía una pretensión ante la Administración Pública. Frente a la inactividad y pasividad del órgano administrativo al que se formulaba una petición, reclamación o recurso, por desgracia harto frecuentes, se acude a la figura del silencio administrativo, que consiste en la ficción de que existe un acto, a los solos efectos de que el particular pueda deducir el correspondiente recurso". (*V.* J. González Pérez, "El silencio administrativo", en *Revista de Administración Pública*, N° 68, Madrid, 1972, p. 235).

92 Confróntese en este sentido las opiniones de Tomás Ramón Fernández Rodríguez, "Silencio Negativo, Actos Firmes y Actos Confirmatorios" en *Revista de Administración Pública*, N° 53, Madrid, 196.7, p. 286; Juan Antonio Bolea Furadada, "El retrazo de la Administración y el silencio Administrativo", *Revista de la Administración Pública*, N° 51, Madrid, 1960, p. 304; Fernando Garrido Falla, "La llamada doctrina del silencio administrativo", en *Revista de la Administración Pública*, N° 16, Madrid, 1955, p. 95; Mariano Baena del Alcázar, "Naturaleza Jurídica del silencio de la Administración" en *Revista de Estudios de la Vida Local*, N° 121, Madrid, 1962, p. 20; Fernando Garrido Falla, "El silencio Contencioso–Administrativo", en *Revista de Estudios de la Vida Local*, N° 91, Madrid, 1957, pp. 51 y 52. Tal como expresamente lo señala Jesús González Pérez, el principio del agotamiento de la vía administrativa para recurrir, "puede, por tanto, traducirse en una absoluta indefensión del particular. Si para que las pretensiones puedan ser planteadas ante los Tribunales es necesario un acto de la Administración, ésta podrá fácilmente impedir el acceso con sólo cruzarse de brazos y no decidir las reclamaciones ante ella formuladas. De este modo se privaría al administrado de la garantía más eficaz de que arbitra el Derecho en defensa de sus derechos e intereses legítimos: el recurso contencioso–administrativo" (*V.* Jesús González Pérez "El silencio administrativa en la nueva Ley de Procedimiento" en *Documentación Administrativa*, N° 8–9, Madrid, 1958, p. 35). De allí la figura del silencio administrativo, insistimos, como garantía del particular frente a la indefensión que produciría la inacción de la administración.

93 *Cfr.* F. Garrido Falla, "La llamada doctrina..., *loc. cit.*, p. 88.

94 Arts. 58 y ss.

das. Antes de comenzar, por tanto el artículo 194 de la Ley Orgánica de la Corte Suprema de justicia, estimamos necesario hacer una breve referencia a estas regulaciones.

En Francia, a partir de la Ley de 17 de julio de 1900, frente a la regla de la decisión previa, se estableció otra regla según la cual se presumía que existía una decisión implícita denegatoria de lo solicitado, cuando la Administración no decidía, lo que permitía a los particulares interesados recurrir al juez contencioso administrativo en ausencia de una decisión expresa, sin preverse plazo alguno para ejercer este recurso. A partir de la reforma legislativa del contencioso–administrativo de 1940, se previó un lapso dentro del cual debía ejercerse el recurso, y a partir de ese momento, tal como lo afirma Geneviéve Benezra, "un recuso en beneficio del particular se convirtió en su contra" favoreciendo la inercia de la Administración[95]. En efecto, durante los años cuarenta se desarrolló una interpretación restrictiva del silencio administrativo, planteándose en la jurisprudencia que por el transcurso del plazo se quitaba a la Administración su obligación de decidir y se perdía la posibilidad de ejercer posteriormente el recurso[96]. En 1953, con motivo de la reforma de la Ley del Contencioso–Administrativo, los proyectos de reforma intentaron prever expresamente que el "silencio" era un beneficio de los administrados; sin embargo la ley no lo aclaró[97], privándose así a los particulares del derecho de recurrir a la justicia[98].

En cuanto al sistema italiano, el silencio administrativo está configurado como una presunción para asegurar al administrado la garantía jurisdiccional. Tiene un efecto procesal solamente, para hacer admisible el recurso contencioso, por lo que no se lo considera como una forma de resolución del aspecto sustancial del procedimiento administrativo. Por tal razón, la aplicación de la doctrina del silencio no exime a la Administración de su obligación de decidir el recurso jerárquico que se ha interpuesto administrativamente[99].

En España, la figura del silencio administrativo ha sido definida con precisión como "una creación de la Ley, en virtud de la cual se entiende estimada o desestimada una petición o reclamación de los particulares, que les posibilita para actuar lo pedido o

95 *V.* G. Benezra, "Le Silence de l'Administration. Vissitudes de la réglementation française" en *Revue Administrative*, N° 119, París 1967, p. 540.

96 *Idem.*, p. 542.

97 *Cfr.* Henry Bonneau, "La règle de la décision préalable devant les nouveaux Tribunaux administratifs", *Recueil Dalloz*, 1955, p. 19.

98 Frente a esta situación, Geneviéve Benezra ha señalado que "la posibilidad abierta a los administrados de recurrir al juez administrativo debe permanecer abierta con amplitud... las restricciones a ese derecho no deben favorecer la arbitrariedad y reforzar los privilegios de la Administración".

V. G. Benezra, "Le silence..." *loc. cit.*, p. 540). Esta autora critica la situación existente en Francia y señala lo siguiente: "La inacción de la Administración, que es contraria al interés general, no se voltea sino contra el Administrado quien con frecuencia espera la respuesta a su reclamación para verse luego sometido a una condición de inadmisibilidad decidida por los jueces contencioso–administrativos, felices de quitarse gran parte de asuntos". *(Idem.*, p. 546). Esta autora, al constatar la inconveniencia de la interpretación restrictiva realizada en el sistema francés, concluye lamentándose de que "La ficción legal del recurso contra el silencio de la Administración no es más un medio para proteger al administrador y de sancionar la inercia culpable de la Administración; al contrario, se ha configurado como un nuevo procedimiento puesto a la disposición de la Administración por los textos legales en vigor para evitar el control jurisdiccional de los asuntos que pueden someterse al contencioso de anulación" *(Idem.*, p. 546).

99 *V.* Ugo Forti, "Il silenzio della Pubblica Amministraziones ed i suoi effetti processuali" en *Studi in onore di Federico Cammeo,* Volume Primo, Padova, 1933, pp. 542 y 543.

hacer uso del recurso que proceda, según los casos"[100]. Ahora bien, el silencio administrativo en España, ha tenido, históricamente hablando, dos interpretaciones en su aplicación. Cuando fue introducida por primera vez la figura en el ámbito local, la jurisprudencia del Tribunal Supremo interpretó su aplicación en forma restrictiva, en el sentido de que la no utilización por el particular del beneficio de recurso ante el silencio administrativo, no permitía que posteriormente, frente a la resolución expresa del recurso por la Administración, el particular pudiera recurrir. En los años posteriores sin embargo, no dejaron de haber decisiones que interpretaban la figura en beneficio del particular. Por ejemplo, en una sentencia del Tribunal Supremo del 8–4–33, se argumentó, sensatamente, lo siguiente: "Hay que tomar como base la naturaleza que el silencio administrativo tiene, de ser una presunción establecida precisamente en favor de los derechos e intereses de los administrados y no un medio de eludir obligaciones y compromisos de los organismos administrativos, la que impide darle una interpretación que perjudique a los mismos a quienes quiso favorecer[101]. Esta posición puede decirse que fue acogida legalmente en la Ley de la jurisdicción contencioso–administrativa en cuyo artículo 38 se precisó que por el transcurso del plazo legal del silencio: "el interesado podrá considerar desestimada su petición al efecto de formular frente a esa denegación presunta el correspondiente recurso administrativo o jurisdiccional, según proceda, o esperar la resolución expresa de su petición. En todo caso, la denegación presunta no excluirá el deber de la Administración de dictar una resolución expresa debidamente fundada"[102].

Posteriormente, en la reforma de la Ley de Procedimiento Administrativo española de 1963 se aclaró definitivamente la situación, eliminándose las dudas de la jurisprudencia, al consagrarse en el artículo 94, después de darse opción al interesado para impugnar la denegación por silencio o esperar la resolución expresa, un nuevo párrafo, con el siguiente texto:

> Igual facultad de opción asistirá, sin necesidad de denunciar la mora, al interesado que hubiere interpuesto cualquier recurso administrativo, entendiéndose entonces producida su desestimación presunta por el mero transcurso del plazo fijado para resolverlo.

En esta forma, el legislador, como lo dice la propia Exposición de Motivos de la Ley española de Procedimiento Administrativo "viene a reforzar el cuadro de garantía del administrado o la facilitación del ejercicio de sus derechos, aspectos a los que la Ley dedicó siempre especial preocupación"[103].

---

100 Ángel González Rivero, "El silencio administrativo en el Derecho Español" en *Revista de Estudio de la Vida Local*, N° 111, Madrid, 1960, p. 334.

101 *V.* en Eduardo García de Enterría, "Sobre silencio administrativo y recurso contencioso", en *Revista de Administración Pública*, N° 47, Madrid, 1965, p. 209.

102 Esta norma la comenta Eduardo García de Enterría señalando lo siguiente: "El silencio es una denegación presunta, una presunción legal, y no un acto o declaración de voluntad administrativa, está montado en beneficio del particular y como facultad suya, al cual, por consiguiente, corresponde la opción, que expresamente se define, de impugnar el silencio o de esperar la resolución expresa, por cuanto que lo que el silencio no es, en todo caso, es una manera de pronunciarse la Administración, a la cual se recuerda por ello su estricta obligación de resolver y de hacerlo fundamentalmente" (*V.* E. García de Enterría, "Sobre silencio..., *loc. cit.*, pp. 211 y 212).

103 E. García de Enterría, "Sobre silencio...", *loc. cit.*, p. 216.

2. El sistema de "silencio administrativo" en la Ley Orgánica de la Corte Suprema de Justicia (1976)

A. Los problemas interpretativos

En el ordenamiento jurídico venezolano, tal como se indicó, hasta la Ley Orgánica de la Corte Suprema de Justicia de 1976, el silencio administrativo como figura de efectos procesales para la apertura del recurso contencioso–administrativo de anulación, no había encontrado consagración legal. El silencio administrativo sólo se había regulado, con efectos procesales, para la interposición de demandas contra la República después de iniciado el procedimiento administrativo previo a las mismas previsto en la Ley Orgánica de la Procuraduría General de la República[104], y había encontrado una consagración reglamentaria, con efectos limitados, en materia inquilinaria respecto de las decisiones de la Dirección de Inquilinato del Ministerio de Fomento.

La norma del artículo 134 de la Ley Orgánica de la Corte Suprema de Justicia fue, así, una verdadera innovación en nuestro ordenamiento jurídico, la cual no encontraba antecedentes ni en el proyecto de Ley de la Jurisdicción Contencioso–Administrativa ni en el Proyecto de Ley de Procedimiento Administrativo elaborado en 1971 por la Comisión de Administración Pública[105].

El texto del artículo 134 de la Ley Orgánica es el siguiente:

> *Artículo 134*. Las acciones o recursos de nulidad contra los actos generales del Poder Público podrán intentarse en cualquier tiempo, pero los dirigidos a anular actos particulares de la Administración, caducarán en el término de seis meses, contados a partir de su publicación en el respectivo órgano oficial, o de su notificación al interesado, si fuere procedente y aquélla no se efectuase. Sin embargo, aun en el segundo de los casos señalados, la ilegalidad del acto podrá oponerse siempre por vía dé excepción, salvo disposiciones especiales.
>
> El interesado podrá intentar el recurso previsto en el artículo 121 de esta, Ley, dentro del término de seis meses establecidos en esta disposición, contra el acto recurrido en vía administrativa, cuando la Administración no haya decidido el correspondiente recurso administrativo en el término de noventa días consecutivos a contar de la fecha de interposición del mismo.
>
> Cuando el acto impugnado sea de efectos temporales, el recurso de nulidad caducará a los treinta días.

Resulta evidente del texto de la Ley, así como de la motivación de la norma innovadora plasmada por los proyectistas y por la propia Cámara de Diputados[106], que el si-

---

104 Art. 58.

105 *V. Informe sobre la Reforma de la Administración Pública Nacional* Tomo II, Caracas, 1972.

106 Sobre esta norma, en particular en relación a la consagración del silencio administrativo, la "Presentación" (Exposición de Motivos) del Anteproyecto de Ley Orgánica de la Corte Suprema de Justicia elaborado por los Magistrados de la misma y enviado a la Cámara de Diputados en fecha 15–8–75, señaló lo siguiente: "Otra norma innovadora incorporada en el artículo 134 con respecto al lapso de caducidad en los recursos contencioso–administrativos. De acuerdo con esta disposición, el lapso para interponer tales recursos sigue siendo de seis meses, pero éste puede comenzar a contarse a partir de los tres meses siguientes a la fecha de interposición del correspondiente recurso administrativo si dentro de esos noventa días el recurrente no ha obtenido respuesta al mismo por parte de la respectiva autoridad administrativa. Se atribuye así efectos negativos al silencio de la Administración y queda abierta al interesado la vía contencioso–administrativa, con lo cual se trata de hacer efectivos los derechos de los administrados ante la eventual desidia de la Administración (*V.* el Instituto de Derecho Público *El Control Jurisdiccional de los Poderes Públicos en Venezuela*, Caracas, 1979, pp. 505 y 506). Por su parte, en el Informe de la Comisión Política Interior de la Cámara de Diputados del Congreso Nacional sobre la Ley Orgánica de la Corte

lencio administrativo, como mecanismo de efectos procesales para permitir la interposición del recurso de anulación, fue una figura incorporada al ordenamiento jurídico venezolano, como una garantía para los administrados, frente a la inacción o desidia de la Administración, y así, a pesar de que sus recursos jerárquicos no se decidan expresamente y no se obtenga un acto administrativo que cause estado, sin embargo, se permite la posibilidad de que se intente el recurso de anulación contra el acto administrativo *del inferior* contra el cual se ejerció el referido recurso jerárquico no decidido expresamente, dentro del lapso de 6 meses contados a partir del vencimiento del plazo de 90 días desde la interposición del señalado recurso jerárquico.

Esta norma, por tanto, tenía y tiene que ser interpretada en beneficio del interesado recurrente. Sin embargo, la Corte Suprema de Justicia, en 1978 la interpretó en sentido contrario, es decir, contra los administrados y a favor de la irresponsabilidad de la Administración; interpretación que posteriormente debió corregirse en abono de la legalidad y del respeto de la garantía jurisdiccional de los particulares.

En efecto, la Corte Suprema de Justicia, en sentencia del 28 de noviembre de 1978 declaró inadmisible un recurso contencioso–administrativo de anulación intentado contra un acto administrativo de efectos particulares, al considerar que por no haberse interpuesto el recurso en los lapsos de beneficio previsto respecto del silencio administrativo, el recurso interpuesto posteriormente contra el acto que causaba estado por haber decidido tardíamente el recurso jerárquico, era extemporáneo.

El caso debatido, en concreto y en resumen fue el siguiente: el 20–1–76 la Dirección de Reversión del Ministerio de Minas e Hidrocarburos emitió una planilla de liquidación a cargo de una empresa petrolera. Esta empresa interpuso el correspondiente recurso jerárquico contra ese acto administrativo con fecha 23–1–76. El Ministro de Minas e Hidrocarburos declaró sin lugar el recurso jerárquico con fecha 14–10–77, lo cual fue comunicado a la recurrente mediante Oficio del 24–10–77, el cual se entregó a la empresa con fecha 1–6–78. De acuerdo con lo previsto en el artículo 134 de la Ley Orgánica de la Corte Suprema de Justicia, la cual entró en vigencia a partir del 1° de enero de 1977, la empresa interesada, como no podía haber intentado el recurso de anulación en el lapso comprendido entre los seis (6) meses siguientes al vencimiento del lapso de noventa días consecutivos contados a partir de la fecha de interposición del recurso jerárquico, es decir, entre el 23 de abril de 1976 y 23 de octubre de 1976 por no estar en vigencia la Ley, podría interpretarse que debido a que la Ley entró en vigencia el 1° de enero de 1977, debía intentarlo en el lapso comprendido entre abril y septiembre de 1977. Sin embargo, no lo hizo, y prefirió esperar la decisión del Superior Jerárquico, la cual se produjo el 14–10–77, siendo notificado al interesado el 1–6–78. Por ello, contra esa decisión fue que se interpuso el recurso de anulación, el 13–11–78 dentro del lapso de seis meses contados a partir del 1–6–78, fecha de la notificación del acto.

Ahora bien, ante estos hechos en su mencionada sentencia del 28–11–78, la Corte Suprema en Sala Político–Administrativa señaló lo siguiente:

Suprema de Justicia en el año 1976, en relación a dicha norma se indicó lo siguiente: "Se ha regulado en forma expresa que el recurso de nulidad de los actos administrativos de efectos particulares podrá ser intentado cuando la Administración no haya decidido el correspondiente recurso administrativo en el término de 90 días consecutivos, a contar de la fecha de interposición del mismo. El término para recurrir ante la Corte es de seis meses, contados a partir del vencimiento de los 90 días ante sindicados. En esta forma se evita que el silencio administrativo impida el oportuno ejercicio de la acción" *(Idem.* p. 552).

"Al interpretar el citado aparte del artículo 134, este Alto Tribunal ha dicho que en él se "impuso a la autoridad administrativa el deber de decidir el recurso jerárquico en el término de noventa días consecutivos a contar de la fecha en que el mismo sea interpuesto, a fin de que los interesados queden en libertad de impugnar el acto cuestionado en sede jurisdiccional en el lapso de los seis meses siguientes, de no producirse la decisión administrativa correspondiente dentro del citado término. Esto significa que a los fines previstos en el artículo 134 de la misma Ley, debe entenderse agotada la vía administrativa no sólo cuando el Ministro decida el recurso jerárquico, sino también cuando no lo haga dentro de los tres meses siguientes a la fecha en que haya sido interpuesto. Como consecuencia de ello, a partir del 10 de abril de 1977 quedó abierta la vía jurisdiccional para todas personas que en esa fecha tuvieran pendiente de decisión algún recurso en los Despachos del Ejecutivo.

Siendo así y dada la afirmación que hace el impugnante en el caso subjudice en el sentido de que el Ministro de Minas aún no había resuelto su apelación para la fecha en que la nueva Ley entró en vigor, o sea, el 1° de enero de 1977, no se justifica que el término de noventa días a contar de esa fecha y dentro de los seis meses subsiguientes no procedería a intentar demanda de nulidad ante este Alto Tribunal, cuando esa era la vía legal–mente posible, en tal hipótesis, para hacer valer sus derechos en sede jurisdiccional, con arreglo a las disposiciones de la Ley actualmente en vigencia.

Es cierto que la Administración propicia esta práctica viciosa a no adoptar un sistema efectivo y uniforme para notificar sus actos a quien interesa de manera especial, pero ello no justifica que los órganos jurisdiccionales la fomenten también al admitir que los particulares prorroguen los lapsos de caducidad aprovechándose de esa circunstancia y del respeto que debe merecer a los Jueces el derecho de defensa.

Independientemente de estas últimas consideraciones, es pertinente observar que para que el agraviado por un acto administrativo pueda ocurrir a la vía jurisdiccional es indispensable antes que todo que tenga conocimiento del mismo o aunque habiendo interpuesto el correspondiente recurso jerárquico éste no haya sido decidido en término de Ley.

A esta último caso lógicamente debe equipararse el que tiene lugar cuando el superior jerárquico, después de decidir el recurso, no ha participado su decisión al agravio dentro de dichos términos.

Y por ser las razones expuestas aplicables al caso de autos la Corte Suprema de Justicia, en Sala Político–Administrativa de la Ley, considera extemporáneo, y, por tanto inadmisible, el recurso interpuesto, y así lo declara"[107].

Esta decisión de la Corte Suprema, como se dijo, en realidad interpretó la figura del silencio administrativo en sentido restrictivo, en perjuicio de los particulares, transformando un beneficio procesal en una carga para el administrado, al quitarle la opción frente a la no decisión del recurso jerárquico, de acudir a la vía jurisdiccional o si lo desea, esperar la decisión del superior. Al señalar la Corte primero, que la Ley "impuso la autoridad administrativa el deber de decidir el recurso jerárquico en el término de noventa días"; segundo, que cuando la Administración no decide en el lapso de tres me-

107 *V.* el texto de la sentencia y nuestra crítica en Allan R. Brewer–Carías, "Consideraciones sobre el silencio administrativo consagrado a los efectos del recurso contencioso–administrativo de anulación", *Revista de Control Fiscal*, N° 96, Caracas, 1980, pp. 11–38. Debe señalarse que la sentencia de 28–11–78 ratificaba lo decidido por la Corte Suprema de Justicia en Sala Político–Administrativa en auto de 2 de marzo de 1978, en los términos siguientes: "el artículo 134 impuso a la autoridad administrativa el deber de decidir el recurso jerárquico en el término de noventa días consecutivos a contar de la fecha que el mismo sea interpuesto, a fin de que los interesados queden en libertad de impugnar el acto cuestionado en sede jurisdiccional en el lapso de los seis meses siguientes, de no producirse la de cisión administrativa correspondiente dentro del citado término. Esto significa que, a los fines previstos en el artículo 124 de la misma ley, debe entenderse agotada la vía administrativa no sólo cuando el Ministro decida el recurso jerárquico, sino también cuando no lo haga dentro de los tres meses siguientes a la fecha en que haya sido interpuesto. *V.* en *G.O.* N° 2.279 Extra. de 28–6–78, p. 7.

ses se considera "agotada la vía administrativa"; y tercero, que el lapso de seis meses subsiguientes a dichos noventa días "es la única vía legalmente posible en tal hipótesis para hacer valer sus derechos en sede jurisdiccional, con arreglo a las disposiciones de la Ley actualmente en vigencia", lo que ha hecho es contrariar el espíritu de la Ley, interpretando la norma en perjuicio del particular y en beneficio de la inercia administrativa.

Una norma como la contenida en el artículo 134 de la Ley Orgánica, al contrario, debía interpretarse en el sentido más favorable a los derechos de los administrados, estando en juego en este caso, como lo estaba, el ejercicio de la garantía constitucional al control jurisdiccional de la Administración, tal y como lo aconseja, además, la más afamada doctrina[108]. Por ello aquella sentencia del Tribunal Supremo español citada del 8–4–33, en la cual se indicó expresamente para resolver una cuestión, que "hay que tomar como base la naturaleza que el silencio administrativo tiene, de ser una presunción establecida precisamente en favor de los derechos e intereses de los administrados y no un medio de eludir obligaciones y compromisos de los organismos administradores, lo que impide darle una interpretación que perjudique a los mismos a quienes desea favorecer, como sucedería si, no obstante la existencia de un acuerdo administrativo, como sucede en este caso, mediante el que se resuelva de un modo expreso cierta reclamación (repuntándola con ello viva), para los efectos de librar a quien resuelve de sus consecuencias, se considerase inexactamente que había guardado silencio, privando así a los interesados del consiguiente derecho ante un acto de la Administración, y negando a éste el uso de una facultad, tan interesante a sus funciones como es la de purgar sus propios actos de la deficiente tramitación de que adoleciesen al dejar incontestado lo que pudo y debió racionalmente contestarse"[109].

Ahora bien, para comprender lo inaceptable de la interpretación de la Corte Suprema de Justicia en su sentencia el 28–11–78, y de que, al contrario, el artículo 134 lo que estableció es un beneficio a favor del interesado, se impone el análisis de la naturaleza jurídica del silencio administrativo que se consagró en nuestro país en esa norma.

B. La naturaleza jurídica del silencio administrativo en la Ley Orgánica de la Corte (1976)

Ante todo es necesario señalar que la Ley no consagró un verdadero "silencio administrativo" conforme a la orientación de los sistemas español, italiano y francés, en el sentido de haberle asignado determinados efectos a la inacción de la Administración. Como se señaló, en los sistemas jurídicos europeos, el silencio en general, dentro de la orientación comentada, tiene efectos "negativos" en el sentido de que el transcurso del lapso de tiempo hace considerar que se ha desestimado la petición formulada, o en otras palabras, que ha habido una denegación presunta de lo solicitado o recurrido.

En el sistema venezolano de la Ley Orgánica de la Corte Suprema, la norma del artículo 134 de la Ley apuntaba hacia otra dirección, pues no) le asignó al silencio, en realidad, efecto alguno, ni positivo ni negativo, sino simplemente un efecto de carácter procesal: permitió ejercer el recurso contencioso–administrativo contra el acto adminis-

---

108 *V.*, en general, Eduardo García de Enterría, "El principio de la interpretación más favorable al derecho del administrado al enjuiciamiento jurisdiccional de los actos administrativos", en *Revista de Administración Pública*, N° 42, Madrid, 1963, pp. 267 y ss.

109 *V.* F. Garrido Falla, "La llamada doctrina..., *loc. cit.*, p. 111.

trativo del inferior, el cual no causaba estado, configurándose la excepción a la regla de que el objeto de dicho recurso ha de ser un acto que cause estado. La Ley no permitió el ejercicio del recurso contra un acto presunto o una denegación presunta, sino que al silencio le dio su sólo efecto natural, el de "silencio" es decir, inacción o no acción. En otros términos, en estos casos lo que realmente hace la Administración es callar[110].

En esta forma, lo único que permitía la no acción de la Administración por un lapso de tiempo legalmente prescrito, era que se ejerciera el recurso directamente contra el acto administrativo del inferior que no causaba estado y contra el cual se había ejercido el recurso jerárquico sin que éste se hubiera decidido en el lapso indicado.

Como consecuencia, el transcurso del lapso prescrito legalmente, contado a partir de la interposición del recurso jerárquico, no permitía interpretar que se produjera, como consecuencia, un determinado acto administrativo tácito o presunto denegatorio del recurso y por tanto, conformatorio del acto del inferior[111], y no podría serlo porque no se daban ninguno de los elementos de validez de los actos administrativos: sujeto, objeto, causa, fin y forma. En particular, y de ello dependen todos los demás requisitos, no habría objeto pues mediante el silencio, "de ningún modo existe una declaración (la Administración ha callado) de conocimiento, voluntad ni juicio. En sí, el silencio es un hecho ambiguo, que no significa ni declara nada"[112].

En fin, como lo ha dicho acertadamente entre nosotros, Ricardo Hernández Ibarra, "el silencio de la autoridad administrativa, en rigor de términos, no concreta ni puede concretar jamás un preveimiento tácito, vale decir, no revela la existencia de una voluntad administrativa en un acto declarativo expreso. La razón es obvia: el silencio es justamente ausencia del proveimiento, falta de ejercicio o simplemente no ejercicio de la función administrativa; y propiamente en cuanto tal produce sus efectos, permitiendo al particular que haya sido lesionado en su esfera jurídica subjetiva por la inercia administrativa de solicitar la tutela jurisdiccional"[113].

Como consecuencia, cuando se ejerce el recurso previsto en el artículo 134 de la Ley Orgánica, no se recurre contra un acto tácito, ni se presume que se ha denegado el re-

---

110 Ante el silencio de la Administración, como dicen Masip Acevedo y Ángel González Rivero, "no sabemos cuál es su voluntad; lo único cierto es que *ha* guardado silencio; pero el particular no puede sustituir a la propia Administración, no puede administrar, no puede interpretar el silencio, pues ello sería realizar un acto administrativo". *V.* Ángel González Rivero, "El silencio administrativo en el Derecho Español" en *Revista de Estudios de la Vida Local*, N° 11, Madrid, 1960, p. 333, quien cita a Masip Acevedo, "El silencio en el Derecho Administrativo español" en *Trabajos de la Cátedra de Derecho Administrativo de la Universidad de Oviedo*, Oviedo, 1934, p. 17.

111 Como lo afirma Tomás Ramón Fernández Rodríguez, "queda claro que el silencio no es un acto ni tiene efectos de tal". *V.* T. R. Fernández Rodríguez, "silencio negativo...", *loc. cit.*, p. 290.

112 *V.* M. Baena del Alcázar, "Naturaleza jurídica del silencio...", *loc. cit.*, p. 10. En otros términos, "ningún efecto jurídico material puede ligarse al silencio negativo de la Administración, porque no existe voluntad de la Administración que el silencio pueda expresar, sino precisamente ausencia de actividad volitiva alguna". (*V.* T. R. Fernández Rodríguez, "Silencio negativo..." *loc. cit.*, p. 282). Por tanto, el silencio administrativo, es decir, el transcurso del lapso legal sin que la Administración decida, no es una manera de decidir por parte de la Administración (*Cfr.* Eduardo García de Enterría, "Sobre silencio..., *loc. cit.*, p. 221); Tomás Ramón Fernández Rodríguez, "Repetibilidad de la impugnación jurisdiccional en el caso de silencio negativo" en *Revista Española del Derecho Administrativo*, Civitas, N° 11, Madrid, 1976, p. 723), ni de él puede derivarse acto administrativo tácito alguno (*Cfr.* Tomás R. Fernández Rodríguez, "Silencio negativo..." *loc. cit.*, p. 283; F. Garrido Falla, "La llamada doctrina del silencio", *loc. cit.*. pp. 108 y 109; Mariano Baena del Alcázar, "Naturaleza jurídica del silencio...", *loc. cit.*, pp. 10 y 11; y Ángel González Rivero, "El silencio administrativo...", *loc. cit.*, p. 333).

113 *V.* Ricardo Hernández Ibarra, Notas sobre el silencio de la Administración Pública con particular referencia al silencio–rechazo en materia de Recursos Jerárquicos, Maracaibo, 1974, p. 26. *V.* además, la p. 34 donde insiste en la idea de que con el silencio lo que hay es un "mero hecho de incumplimiento y no como un acto tácito".

curso jerárquico intentado por la inacción de la Administración, sino que en realidad se recurre contra el acto administrativo del funcionario inferior que no ha agotado la vía administrativa. El artículo 134 citado, en tal sentido es claro y preciso "El interesado podrá intentar el recurso... *contra el acto recurrido en vía administrativa,* cuando la Administración no haya decidido el correspondiente recurso administrativo en el término de noventa días consecutivos a contar de la fecha de interposición del mismo".

La Ley venezolana, así, a diferencia de la legislación española no presume que se ha denegado el recurso jerárquico; simplemente, ante el silencio, y para evitar que éste "impida el oportuno ejercicio de la acción" como lo indica el Informe de la Comisión de Política Interior de la Cámara de Diputados sobre la Ley Orgánica[114], el legislador permite el recurso contra el acto administrativo que no ha causado estado. Se trata, así de una verdadera excepción al principio de que el objeto del recurso contencioso–administrativo de anulación debe ser un acto administrativo que cause estado. Como acertadamente lo afirmó Ricardo Hernández Ibarra en 1974, antes de que se sancionara la Ley venezolana: "el recurso que haya de ser propuesto en vía jurisdiccional, en el caso de silencio observado por la autoridad administrativa sobre el recurso jerárquico a ella presentado, después del transcurso del predicho término, se ha de entender dirigido, no ya contra el proveimiento decisorio tácito, sino contra el proveimiento originario"[115].

Por tanto, en esta forma consagrada en la Ley Orgánica de la Corte, la figura del silencio administrativo en Venezuela, al igual que lo ha sostenido en España la mejor doctrina administrativa, era una mera vía de efectos procesales o si se quiere una ficción procesal para la apertura de la vía contencioso–administrativa[116].

C. El recurso derivado del silencio como garantía jurisdiccional de los administrados

Tal como se señaló, la consagración del silencio administrativo en la legislación venezolana, como lo indica expresamente la "Presentación" que, elaborada por los Magistrados de la Corte Suprema de Justicia, sirvió de Exposición de Motivos de la Ley Orgánica, tuvo por objeto "dejar abierta al interesado la vía contencioso–administrativa, con lo cual se trata de hacer efectivos los derechos de los administrados ante la eventual desidia de la Administración"[117], o como precisa el Informe de la Comisión de Política Interior de la Cámara de Diputados sobre la Ley Orgánica, tuvo por objeto evitar "que el silencio administrativo impida el oportuno ejercicio de la acción[118].

Como consecuencia, sin la menor duda, en un país democrático, de libertades y sometido a un régimen propio del Estado de Derecho, la figura del silencio administrativo se estableció como un beneficio a favor del particular, que no exonera a la Administración de su obligación de decidir los asuntos que se le plantean oportunamente.

---

114 *Loc. cit.*, p. 552.

115 *Op. cit.*, pp. 62 y 63.

116 *Cfr.* T.R. Fernández Rodríguez, "Repetibilidad de la impugnación..." *loc. cit.*, p. 723 y "Silencio negativo..." *loc. cit.*, pp. 282, 285 y 286; Mariano Baena del Alcázar, "Naturaleza jurídica del silencio..." *loc. cit.*, p. 7. De allí la propia definición que Jesús González Pérez da del silencio administrativo, como una "ficción legal en virtud de la cual se presume desestimada una reclamación a los solos efectos de interponer el recurso procedente". *V.* en su *Derecho Procesal Administrativo*, Tomo II, Madrid, 1957, p. 361.

117 *Loc. cit.*, p. 506.

118 *Loc. cit.*, p. 552.

En efecto, el único sentido que tiene esa consagración del silencio administrativo en Venezuela, frente a la indefensión en la cual se encontraban los administrados por la no decisión oportuna de la Administración de los recursos jerárquicos, es la de establecer un beneficio a los particulares para, precisamente evitar esa indefensión. La norma del artículo 134 de la Ley Orgánica por tanto se ha establecido en favor del particular y no en favor de la Administración, tal como ha sucedido en otros sistemas jurídicos[119].

La primera consecuencia de este carácter de beneficio para el particular de la apertura del recurso de anulación contra un acto administrativo que no causa estado, es que es potestativo para el interesado el utilizar o no el beneficio, el cual sólo puede beneficiarlo y nunca perjudicarlo. En efecto, intentado un recurso jerárquico contra un acto administrativo, y vencido el lapso de 90 días consecutivos a partir de su interposición sin que haya habido decisión expresa al recurso, notificada al interesado, este tiene la posibilidad de intentar contra el acto recurrido en vía administrativa y que no ha agotado la vía administrativa, el correspondiente recurso de anulación. Pero la ley, en forma alguna, lo obliga a ello; el particular tiene, así, una opción: o intenta el recurso usando el beneficio del silencio o simplemente, espera la decisión del recurso jerárquico por el superior, para intentar, posteriormente, el recurso.

Por ello, la ley es clara al indicar en el artículo 134 que el interesado "podrá" intentar el recurso, y poder conforme lo indicado en la antigua Corte Federal en sentencia del 06–11–58.

> "es tener la facultad o el medio de hacer una cosa, y "facultad, el derecho –no el deber, ni la obligación– de hacer una cosa. El Código de Procedimiento Civil en su artículo 13, da la interpretación jurídica de este verbo, que bien puede aplicarse, no sólo en las actuaciones judiciales, sino también en general.
>
> Cuando la ley dice "El Juez o el Tribunal puede o podrá", se entiende que lo autoriza para obrar según su prudente arbitrio, consultando lo más equitativo o racional, en obsequio de la justicia y de la imparcialidad"[120].

Por tanto, al indicarse que "El interesado *podrá* intentar el recurso" la ley lo está facultando, le está dando el derecho de recurrir, pero no le está imponiendo la obligación de recurrir, ni le está diciendo que de no hacerlo, caduca su acción de nulidad. El beneficio previsto en la Ley Orgánica, por tanto, no puede convertirse en una carga para el interesado[121]. Ahora bien, no habiendo elemento alguno que permita interpretar esta

---

119 *V.* respecto de España, Héctor M. Rodríguez Sanguineti, "Notas acerca del Silencio Administrativo en el Derecho Español", en *Archivo de Derecho Público y Ciencias de la Administración*, Instituto de Derecho Público UCV, Volumen 2, 1970–1971, p. 412; Ángel González Rivero, "El Silencio Administrativo..." *loc. cit.*, p. 336.

120 *V.* en *G.F.*, N° 22, Caracas, 1958, p. 133.

121 Tal como lo precisa Tomás Ramón Fernández Rodríguez, "la interposición de un recurso contra el silencio negativo no está concebida legalmente como una *carga* en sentido técnico, sino como una *facultad* que puede o no ejercitarse por el particular facultado, sin que de la falta de ejercicio de dicha facultad pueda seguirle para él perjuicio alguno, como se seguiría inevitablemente si de una carga se tratara" (*V.* T. R. Fernández Rodríguez, "Silencio Negativo..., *loc. cit.*, pp. 284, 295 y 296), o como más gráficamente lo indica Sabino Álvarez–Gendin y Blanco: "el silencio administrativo, se instituyó para favorecer al administrado, no para sorprenderle por incauto o cazarle "en un cepo, o trampa abusando de su ignorancia" (*V.* S. Álvarez–Gendin y Blanco, "Teoría del Silencio Administrativo" en Estudios en *Homenaje a Jordana de Pozas*, Tomo III, Vol. 1, Madrid, 1961, p. 144). Con esta interpretación parece estar acorde Gonzalo Pérez Luciani, quien sin embargo advierte que la de carácter restrictivo también podría presentarse en la siguiente forma: "Adviértase que parece darse un derecho al interesado con la expresión *"podrá"*, en el sentido que puede formalizar el recurso luego de transcurrido el plazo de noventa días: pero que también podría el interesado, a su arbitrio, intentar el recurso contencioso dejando transcurrir este plazo para esperar la decisión del recurso administrativo interpuesto. Hay la posibilidad de que se interprete la norma en el sentido de

norma en juicio en perjuicio del administrado, es evidente que éste tiene, en dicho supuesto una opción: o intenta el recurso en base al silencio administrativo, o espera la decisión definitiva del recurso jerárquico por la Administración. Esta es, en todo caso, la clara y terminante consagración de la legislación española, la cual para despejar dudas, deja al particular la opción, en virtud de que se ha establecido en su beneficio[122]. Por tanto, estando en manos del administrado la opción de recurrir en base al beneficio del silencio administrativo o esperar la decisión del cuerpo jerárquico para que exista un acto que cause estado, el transcurso del lapso para recurrir contra el acto del inferior, no tiene ningún efecto perjudicial en su contra[123].

En consecuencia, si el particular interesado opta por no intentar el recurso derivado del silencio administrativo, dentro del lapso de seis meses subsiguientes al lapso de 90 días consecutivos contados a partir de la interposición del recurso jerárquico, debe esperar la decisión del superior, contra la cual, si es confirmatoria del acto inferior, podrá intentar el recurso de anulación dentro del lapso de seis meses contados a partir de la notificación de dicho acto. Este acto del superior es, precisamente el acto administrativo que en el procedimiento administrativo causa estado, por lo que es contra él, contra el cual debe intentarse el recurso contencioso de anulación; y sin duda, al notificarse su contenido al interesado se abre el lapso de impugnación respectivo[124].

Debe destacarse que la interpretación contraria la había dado la jurisprudencia española, pero la reforma de la Ley de lo contencioso–administrativo en 1954 aclaró definitivamente la situación, eliminando lo que se ha denominado como una "arbitrariedad", es decir, considerar "qué la única oportunidad que el particular tenía de recurrir era a partir del momento en que veía transcurrido el plazo del silencio sin que la Administración se hubiese pronunciado"[125]. Por ello la Exposición de Motivos de la ley fue terminante al aclarar que acudir a ella (a la vía contencioso–administrativa) se considera como una facultad y no como una obligación, con lo cual se retribuye la figura del silen-

---

que el interesado deberá en todo caso intentar el recurso contencioso dentro del lapso de noventa días más seis meses de interpuesto el recurso administrativo" (*V.* Gonzalo Pérez Luciani, "los recursos contencioso–administrativos en la Ley Orgánica de la Corte Suprema de Justicia", en *El control jurisdiccional de los Poderes Públicos en Venezuela*, Instituto de Derecho Público, Caracas, 1979, pp. 146 y 147). Nos dice Pérez Luciani por que podría interpretarse restrictivamente esta norma, como en efecto, lo hizo la Corte Suprema en la decisión del 28–11–78, aún cuando del texto transcrito resulta evidente su inclinación por la interpretación amplia en beneficio del particular recurrente.

122 *Cfr.* Eduardo García de Enterría, "Sobre silencio..." *loc. cit.*, pp. 211, 212, 216, 219 y 222; Ángel González Rivero, "El silencio administrativo...", *loc. cit.*, p. 366.

123 Expresamente Fernando Garrido Falla ha señalado, así, lo siguiente: "el transcurso del plazo del silencio no significa resolución del expediente, sino simplemente la posibilidad de que el particular, en vez de esperar indefinidamente una resolución expresa de su asunto, plantee la cuestión ante la jurisdicción revisora. Si el particular, renuncia a este planteamiento lo único que ha hecho es prescindir del arbitrio (ideado, por supuesto, a su favor) del silencio, para dejar que las cosas transcurran como si éste no existiese; es decir, que entonces esperará a que la Administración resuelva, y, a partir de la resolución, deberá disponer de los reglamentarios plazos para impugnar la decisión administrativa. No hay más remedio que admitir que, si no se quiere bastardear la institución, el silencio administrativo supone, por definición, una posibilidad del recurso para el particular, que, si no se utiliza, deja las cosas en el mismo punto en que se encontraban si el silencio no hubiese sido consagrado por la ley". (*V.* F. Garrido Falla, "La llamada doctrina del silencio...", *loc. cit.*, pp. 114 y 115).

124 Como claramente lo expone Eduardo García de Enterría: "la resolución abre por sí misma, en los términos ordinarios, un plazo de impugnación, sin que tenga ningún sentido intentar oponer a este plazo la caducidad del que pudo utilizar el interesado para impugnar la denegación por silencio, desde el momento en que la caducidad supone una carga y no una facultad" (*V.* Eduardo García de Enterría, "Sobre silencio...", *loc. cit.*, p. 216) (*Cfr.* T. R. Fernández Rodríguez, "Silencio negativo..." *loc. cit.* pp. 289 y 290).

125 *V.* F. Garrido Falla, "El silencio administrativo...", *loc. cit.*, pp. 58–59.

cio administrativo el sentido que propiamente se le atribuyó originariamente, de garantía para los administrados frente a las demoras de la Administración"[126].

No hay duda, por tanto, que conforme a esta doctrina, en el sistema venezolano la garantía establecida a favor del particular con el silencio administrativo le permite optar por utilizar la vía contencioso–administrativa ante el silencio de la Administración, o esperar la decisión final del recurso jerárquico interpuesto. Si opta por esta última alternativa, por supuesto, se abre el lapso de impugnación de los seis meses a partir del momento en el cual se notifique al interesado. Con esta posición está conforme la mejor doctrina[127].

Como consecuencia de lo anteriormente expuesto, el no ejercicio del recurso contencioso de anulación contra el acto administrativo recurrido en vía administrativa basado en el silencio administrativo, no sólo no impide el ejercicio del recurso de anulación contra la resolución tardía del recurso, es decir, contra el acto que cause estado, sino que por supuesto no implica, en forma alguna, que el acto inicial adquiera firmeza, ni, en todo caso, que el silencio, en cuanto a no acto, pueda quedar firme[128].

En definitiva, el silencio administrativo consagrado en los ordenamientos extranjeros y en el venezolano, se ha regulado como una figura establecida en beneficio y favor de los administrados, por lo que su tratamiento e interpretación tiene que responder a ese criterio, lo cual impide que tal beneficio se convierta luego en caducidad para el beneficio particular. Por ello con razón se ha dicho que "El silencio sólo es imputable a la Administración; el administrado es totalmente ajeno a su producción, ya que su intervención se limita a llamar sin obtener respuesta, apareciendo, por tanto, desde este punto de vista, como liberalizado de toda posible responsabilidad, derivada de una abstención ajena a su voluntad" [129].

---

126 *idem*, p. 62.

127 *V.*, por todos, Rafael Gómez Ferrer, "Resoluciones Tardías y conflicto de intereses privados" en *Revista de Administración Pública*, N° 68, Madrid, 1972, pp. 188, 205, 207 y 219, la cual puede resumirse en palabras de Jesús González Pérez, "El silencio administrativo y los interesados que una ficción para que el particular pueda, si lo desea, deducir recurso frente a la presunta denegación de su petición. De tal modo que siempre subsiste la obligación de la Administración de resolver expresamente, y dictada la resolución expresa, cualquiera que sea el momento en que se hubiere producido, produce plenos efectos, en el ámbito del Derecho material y en el Derecho procesal. De tal modo que los interesados pueden deducir frente a ella los recursos admisibles, para lo cual los plazos empiezan a computarse desde el día siguiente al de la notificación, sin que pueda invocarse la excepción del acto consentido por el hecho de no haberse deducido recurso contra la denegación presunta anterior" (*V.* Jesús González Pérez, "El silencio administrativo y los interesados que no incoaron el procedimiento..." *loc. cit.*, pp. 235 y 236).

128 *Cfr.* Tomás Ramón Fernández, "Repetibilidad de la impugnación jurisdiccional en caso de silencio negativo" en *Revista Española de Derecho Administrativo*, Civitas, N° 11, Madrid, 1976, p. 724; Jesús González Pérez, "El silencio administrativo en la nueva ley...", *loc. cit.*, p. 40; Rafael Gómez Ferrer, "Resoluciones tardías...", *loc. cit.*, p. 208; y Eduardo García de Enterría, "Sobre silencio..., *loc. cit.*, p. 216. Como lo señala T. R. Fernández Rodríguez, el hecho de que el lapso para intentar el recurso contencioso con motivo del silencio transcurra "sin que el recurso sea interpuesto, nunca podrá decirse que el silencio negativo haya quedado firme, calificativo que sólo puede predicarse de los verdaderos actos, es decir, de las declaraciones expresas de voluntad, deseo, juicio o conocimiento, emanadas de una Administración Pública en el ejercicio de una potestad administrativa, sin que haya puesto fin al expediente abierto, puesto que este expediente o procedimiento no puede terminar si no es mediante uno de los cuatro modos tasados por la ley, uno de los cuales –la resolución expresa– sigue siendo, a pesar del silencio, una obligación viva que la Administración debe cumplir porque así se lo impone la ley" (*V.* T. R. Fernández Rodríguez, "Silencio negativo...", *loc. cit.* pp. 285 y 286).

129 *V.* J. A. Bolea Furadada, "El retraso de la Administración y el silencio...", *loc. cit.*, p. 304

D. El silencio no exime a la Administración de su obligación de decidir

Siendo, por tanto, el silencio administrativo una garantía de acceso a la jurisdicción contencioso–administrativa por parte de los administrados, no hay elemento alguno en el ordenamiento que pueda permitir interpretar que el transcurso de los lapsos del silencio, agotan la vía, administrativa, eximiendo a la Administración de la obligación de decidir. Al contrario, tal como se ha señalado, constitucionalmente, la consecuencia del derecho de petición, es la obligación para la Administración de dar "oportuna respuesta" (Art. 67), y de esta obligación no puede eximirla ninguna ley. El silencio administrativo, por tanto, es una garantía para que aun sin que exista un acto administrativo que cause estado, el administrado pueda tener acceso a la jurisdicción contencioso–administrativa, y no un medio para que la Administración se libere de su obligación de decidir, la cual tiene, además su fuente en la propia Constitución[130].

La Administración Pública, por tanto, al transcurrir el lapso del silencio administrativo, sin que el interesado use el beneficio e interponga el recurso contencioso de anulación, no pierde, en forma alguna competencia para resolver, y puede hacerlo tardíamente.

E. Recapitulación sobre la figura del silencio administrativo en la antigua Ley Orgánica de la Corte Suprema de Justicia (1976)

Como consecuencia, de acuerdo con lo establecido en el artículo 134 de la Ley Orgánica de la Corte Suprema de Justicia, la aplicabilidad de la figura del silencio administrativo, como ficción procesal, está cometida a los siguientes condicionantes[131].

1. El silencio administrativo se prevé exclusivamente como una garantía jurisdiccional en caso de que la Administración no decida un "recurso administrativo" necesario para agotar la vía administrativa. Normalmente este recurso será un recurso jerárquico si el acto es dé un órgano inferior en el orden administrativo, pues en esos casos, ése es el medio jurídico normal para agotar la vía administrativa.

En caso de que ésta se agote a niveles inferiores, pero la Ley exija la interposición de un recurso de reconsideración administrativa para que el acto cause estado (por ejemplo, en materia de Impuesto sobre la Renta), la no decisión del recurso de reconsideración en los lapsos prescritos, abre la posibilidad de acudir a la vía contencioso–administrativa.

En todo caso, el silencio administrativo previsto en la Ley Orgánica de la Corte Suprema, no opera, como garantía jurisdiccional, respecto de solicitudes o peticiones no resueltas oportunamente por la Administración, pues la ley confiere el recurso contra un acto que no causa estado contra el cual se haya ejercido un recurso administrativo, y éste no haya sido decidido. Para que opere la vía del silencio, por tanto, es indispensa-

---

130 *Cfr.* Tomás R. Fernández Rodríguez, "Silencio negativo...", *loc. cit.*, p. 292; Fernando Garrido Falla, "La llamada doctrina del silencio...", *loc. cit.*, p. 111. Tal como lo expresa la Exposición de Motivos de la ley española de lo contencioso–administrativo: "el silencio administrativo, ciertamente, no puede ser conceptuado como un medio a través del cual la Administración pueda eludir su obligación de motivar las decisiones, como vendría a ser si por el silencio quedara exenta del deber de dictar un proveído expreso, debidamente fundado" (*V.* en F. Garrido Falla, "El silencio en la nueva ley...", *loc. cit.*, p. 61).

131 *V.* Allan R. Brewer–Carías, "Consideraciones sobre el silencio administrativo consagrado a los efectos del recurso contencioso–administrativo de anulación", *Revista de Control Fiscal*, N° 96, Caracas, 1980, pp. 11–38.

ble que previamente exista un acto administrativo expreso, que no agote la vía administrativa, contra la cual se haya recurrido en vía administrativa.

2. Por otra parte, para que surja la figura del silencio administrativo, es indispensable que transcurra un lapso de 90 días consecutivos sin que haya habido decisión administrativa o, de haberla, sin que se le haya notificado al interesado, vencido el cual, éste tiene la posibilidad de intentar el recurso contencioso–administrativo contra el acto recurrido en vía administrativa, en el lapso de caducidad de seis meses contados a partir del vencimiento del plazo de 90 días señalados.

3. El recurso contencioso–administrativo que se permite deducir al operar el silencio, tiene por objeto, es decir, tiene como acto recurrido el único acto administrativo existente, el que no ha agotado la vía administrativa y, que fue objeto del recurso administrativo no decidido por la Administración en el plazo señalado. La Ley Orgánica de la Corte Suprema de Justicia, por tanto, no establece efectos negativos algunos al silencio administrativo, ni se presume, por tanto, lo existencia de un acto administrativo tácito denegatorio.

4. El recurso contencioso–administrativo de anulación que se permite intentar contra el acto administrativo que no causa estado por efecto del silencio administrativo, debe interponerse en el lapso de caducidad de seis (6) meses contados a partir del vencimiento del plazo de 90 días consecutivos desde la interposición del recurso administrativo, durante el cual la Administración no decidió.

Si el interesado no utiliza el beneficio jurisdiccional que le otorga la ley, debe esperar la resolución expresa del recurso administrativo interpuesto que causa estado, para, contra la misma, si procede, intentar el recurso contencioso administrativo de anulación correspondiente.

5. En todo caso, la Administración no es que sólo pueda resolver el recurso administrativo interpuesto, necesariamente, en el plazo de 90 días, consecutivos, contados a partir de su interposición. La Administración si no lo ha hecho, debe y puede resolverlo posteriormente, por lo que ese lapso de silencio sólo beneficia al interesado y no exime a la Administración de su obligación de decidir.

Como consecuencia de todo lo anteriormente expuesto, en 1980 señalábamos como conclusión lo siguiente:

La interpretación que la Corte Suprema de Justicia ha hecho en su sentencia del 28 de noviembre de 1978 sobre el artículo 134 de la Ley Orgánica que la rige, no se ajusta a derecho, y debía ser modificada por la misma Corte, y ello, por las siguientes razones:

a) Porque la figura del silencio administrativo que acoge nuestra legislación, está configurada como una garantía a favor del administrado, para permitirle el ejercicio de recurso contencioso–administrativo contra un acto que no causa estado, en caso de inacción de la Administración en la resolución del recurso administrativo interpuesto contra dicho acto;

b) Porque como consecuencia, su interpretación debe hacerse en beneficio del interesado, para cuyo beneficio se regula el silencio administrativo, y no en su perjuicio;

c) Porque en el transcurso del plazo del silencio administrativo no se produce ningún acto tácito denegatorio, sino solamente, se permite al interesado recurrir ante la vía contencioso–administrativa contra el acto que no causa estado. Se trata, por tanto, de una figura con meros efectos procesales en favor del administrado;

d) Porque la posibilidad que se abre al particular de recurrir ante el silencio administrativo es eso, una posibilidad, facultad, derecho o garantía, y no una obligación y mucho menos una carga; y si el interesado decide no utilizar el beneficio procesal, puede optar, libremente, por esperar la decisión expresa del recurso administrativo interpuesto, en cuyo caso, de producirse y no satisfacerle sus pretensiones, puede intentar el recurso contencioso–administrativo contra ese nuevo acto que causa estado;

e) Porque el hecho de que transcurra el plazo del silencio administrativo sin que la Administración decida, y transcurra el lapso de caducidad para intentar el recurso contencioso previsto en beneficio del particular, no se puede pensar que acto alguno haya adquirido firmeza, pues no hay acto, y precisamente, lo que hay es un no acto. En cuanto al acto administrativo recurrido en vía administrativa, éste no puede haber adquirido firmeza, pues, precisamente, por estar recurrido administrativamente, no está firme;

f) Porque el hecho de que transcurran los lapsos señalados de silencio administrativo, no puede pensarse que se agotó la vía administrativa, que la Administración perdió competencia para decidir posteriormente o que ya no tiene obligación de decidir. Al contrario, de acuerdo con la Constitución (Art. 67), la Administración está obligada a decidir los asuntos que se le sometan, es decir, está obligada a dar oportuna respuesta, por lo que, a pesar de que transcurran los lapsos del silencio administrativo y el particular no use el beneficio jurisdiccional que la Ley le otorgue, la Administración tiene el deber de decidir, para lo cual no puede considerarse que ha perdido competencia.

El recurso contencioso–administrativo interpuesto oportunamente por el administrado contra la decisión del recurso administrativo interpuesto y resuelto tardíamente, a pesar de no haberse utilizado en su momento el beneficio jurisdiccional del silencio administrativo, debe ser admitido, pues de lo contrario se lesionaría su derecho a la garantía jurisdiccional sin que Ley alguna lo consagre o autorice[132].

F. La modificación del criterio jurisprudencial en 1982

La Corte Suprema de Justicia modificó su criterio de 1978, y en sentencia de 22 de junio de 1982 de la Sala Político–Administrativa, en la cual declaró sin lugar la apelación interpuesta contra un auto del Juzgado de Sustancia que había admitido un recurso contencioso–administrativo contra la decisión tardía de un recurso administrativo[133], acogió íntegramente los criterios antes expuestos y que habíamos publicado en 1980 como crítica a la sentencia de 1978[134]. La Corte Suprema, así, se apartó de la errada

---

132 *V.* "Consideraciones sobre el Silencio Administrativo consagrado a los efectos del recurso contencioso–administrativo de anulación", *Revista de Control Fiscal*, N° 96, Caracas, 1980, pp. 11–38.

133 El Juzgado de Sustanciación de la Sala Político–Administrativa de la Corte Suprema de Justicia, en auto de 19 de noviembre de 1979, decidió lo siguiente: "El segundo aparte del artículo 134 de la Ley Orgánica de la Corte Suprema de Justicia, ha establecido una facultad en beneficio de los administrados, a fin de que éstos no se perjudiquen por el silencio o el retardo de la Administración en decidir los recursos ante ella interpuestos. No puede convertirse una facultad en un deber de cumplimiento obligatorio para el administrado y transformarla en una pena para el mismo, que haría nugatorio su derecho a recurrir contra los actos de la Administración. Por otra parte, la caducidad es de derecho estricto, y es sólo en el primer aparte del artículo 134 *ejusdem* donde se establece lo aplicable a los recursos dirigidos a anular los actos de efectos particulares de la Administración y la oportunidad en que empieza a correr el término respectivo. En consecuencia, considera este Juzgado que el segundo aparte del artículo 134 no puede interpretarse como un término de caducidad, y así se declara". (Consultado en original).

134 *V.* Allan R. Brewer–Carías: "Consideraciones en torno al silencio administrativo consagrado a los efectos del recurso contencioso–administrativo de anulación", en *Revista Control Fiscal*, N° 96, Caracas, 1980, pp. 11 y ss.

interpretación del artículo 134 de la Ley Orgánica que había establecido en sentencias de 2–3–78 y 15–11–78, y resumió su criterio sobre la materia en los siguientes términos:

1. Que la disposición contenida en el primer aparte del artículo 134 de la Ley Orgánica de la Corte Suprema de Justicia consagra una garantía jurídica, que se traduce en un beneficio para los administrados.
2. Que como tal garantía, debe ser interpretada en sentido amplio y no restrictivo, pues de lo contrario, lejos de favorecer, como se quiso, al administrado, lo que haría es estimular la arbitrariedad y reforzar los privilegios de la Administración.
3. Que esa garantía consiste en permitir el acceso a la jurisdicción contencioso–administrativa en ausencia de acto administrativo expreso que ponga fin a la vía administrativa.
4. Que el transcurso del lapso del silencio administrativo sin que el particular ejerza el recurso contencioso–administrativo, no acarrea para aquél la sanción de caducidad de tal recurso contra el acto que en definitiva pudiera producirse.
5. Que el silencio no es en sí mismo un acto, sino una abstención de pronunciamiento y, por consiguiente, no cabe decir que se con vierte en firme por el simple transcurso del plazo de impugnación.
6. Que el silencio no exime a la Administración del deber de dictar un pronunciamiento expreso, debidamente fundado.
7. Que es el administrado quien decide la oportunidad de acudir a la jurisdicción contencioso–administrativa: durante el transcurso del lapso previsto en el artículo 134, o posteriormente, cuando la Administración le resuelva su recurso administrativo.
8. Que cuando la Administración resuelve expresamente el recurso administrativo después de transcurridos los plazos previstos en el artículo 134, el particular puede ejercer el recurso contencioso–administrativo contra ese acto concreto.
9. Que a partir del momento en que se notifica al interesado la resolución administrativa expresa de su recurso, comienza a correr el lapso general de caducidad de seis meses para el ejercicio del correspondiente recurso contencioso–administrativo; y
10. Que de no producirse nunca la decisión administrativa expresa, no podrá el interesado ejercer el recurso contencioso–administrativo pasados los nueve meses a que se refiere el artículo 134 de la L.O.C.S.J., invocando el silencio administrativo[135].

Debe señalarse que respecto de ese último punto de la sentencia, la jurisprudencia de la Corte Primera de lo Contencioso–Administrativo sentada en sentencia de 13 de febrero de 1986, había admitido la procedencia de un recurso de amparo del derecho constitucional a obtener oportuna respuesta, aun cuando no se hubiera usado el beneficio procesal del silencio administrativo, lo cual ha sido negado recientemente por la Corte Suprema de Justicia en sentencia de 23–5–88 (caso *Fincas Algaba*)[136].

En 2009, por la sentencia N° 767 de la Sala Político Administrativa del Tribunal Supremo de Justicia de 3 de junio de 2009, se ratificó la doctrina de 1982, aplicable bajo la vigencia de la Ley Orgánica del Tribunal Supremo de Justicia de 2004, en la forma siguiente:

---

135 *V.* la sentencia (Ponente J. Calcaño de Temeltas), en *Revista de Derecho Público*, N° 11, EJV, Caracas, 1982, pp. 150–60.

136 *V.* la sentencia de la Corte Primera (Ponente R. J. Duque Corredor) en *Revista de Derecho Público*, N° 26, EJV, Caracas, 1986, y la de la Corte Suprema (Ponente L. H. Farías Mata), en *Revista de Derecho Público*, N° 35, EJV, Caracas, 1988.

"Específicamente la Sala en decisión N° 827 de fecha 17 de julio de 2008, ratificó el criterio sentado en sentencia de fecha 22 de junio 1982, caso: *Ford Motors de Venezuela*, en la que se interpretó el alcance del silencio administrativo como garantía de los administrados, previsto en el artículo 134 de la entonces vigente Ley Orgánica de la Corte Suprema de Justicia, el cual tiene su homólogo en el aparte 20 del artículo 21 de la Ley Orgánica del Tribunal Supremo de Justicia de la República Bolivariana de Venezuela. En dicho fallo, que una vez más se ratifica, esta Sala concluyó lo siguiente:

'1° Que la disposición contenida en el primer aparte del artículo 134 de la Ley Orgánica de la Corte Suprema de Justicia (hoy aparte 20 del artículo 21 de la Ley Orgánica del Tribunal Supremo de Justicia) consagra una garantía jurídica, que se traduce en un beneficio para los administrados.

2° Que, como tal garantía, debe ser interpretada en sentido amplio y no restrictivo, pues de lo contrario, lejos de favorecer al administrado, como se quiso, lo que haría es estimular la arbitrariedad y reforzar los privilegios de la Administración.

3° Que esa garantía consiste en permitir el acceso a la jurisdicción contencioso–administrativa, en ausencia de acto administrativo expreso que ponga fin a la vía administrativa.

4° Que el transcurso del lapso del silencio administrativo sin que el particular ejerza el recurso contencioso–administrativo, no acarrea para aquél la sanción de caducidad de tal recurso, contra el acto que en definitiva pudiera producirse.

5° Que el silencio no es en sí mismo un acto, sino una abstención de pronunciamiento y, por consiguiente, no cabe decir que se convierte en firme por el simple transcurso del plazo de impugnación.

6° Que el silencio no exime a la Administración del deber de dictar un pronunciamiento expreso, debidamente fundado.

7° Que es el administrado quien decide la oportunidad de acudir a la jurisdicción contencioso–administrativa, durante el transcurso del lapso previsto en el artículo 134 (hoy aparte 20 del artículo 21), o posteriormente, cuando la Administración le resuelva su recurso administrativo.

8° Que cuando la Administración resuelve expresamente el recurso administrativo, después de transcurridos los plazos previstos en el artículo 134 (hoy aparte 20 del artículo 21), el particular puede ejercer el recurso contencioso–administrativo contra ese acto concreto.

9° Que a partir del momento en que se notifica al interesado la resolución administrativa expresa de su recurso, comienza a correr el lapso general de caducidad de seis meses para el ejercicio del correspondiente recurso contencioso–administrativo; y

10° Que de no producirse nunca la decisión administrativa expresa, no podrá el interesado ejercer el recurso contencioso administrativo pasados los lapsos a que se refiere el artículo 134 de la L.O.C.S.J. (hoy aparte 20 del artículo 21 de la L.O.T.S.J.), invocando el silencio administrativo'". (Negrillas de la Sala)

3. El sistema de silencio administrativo en la Ley Orgánica de Procedimientos Administrativos (1981)

De lo anteriormente expuesto resulta que hasta 1982, en la Ley Orgánica de la Corte Suprema de Justicia (de 1976), no se consagraba un verdadero "silencio administrativo" como acto, pues el silencio administrativo no tenía ningún efecto, ni positivo ni negativo; sólo tenía efectos procesales: permitir el acceso a la jurisdicción contencioso–administrativa, es decir, permitía ejercer el recurso contra un acto administrativo que no causaba estado. En realidad el acto que se iba a impugnar, conforme a lo previsto en el artículo 134, no era un tal acto presunto sino que el acto impugnado era el acto de un inferior que había sido recurrido en vía administrativa y cuyo recurso no había sido resuelto. Por tanto, del silencio, de acuerdo a la Ley de 1976, no se derivaba acto presunto ni tácito; no había declaración de voluntad de la Administración ni formal ni tácita; lo único que había era silencio, es decir, inacción, de lo cual no se derivaba acto alguno positivo o negativo. De allí que el objeto del recurso era el acto administrativo que no causaba estado. Por ello, el artículo 134 lo que había establecido era una excepción al principio de que el recurso contencioso procede contra el acto administrativo que agote la vía administrativa; excepción que se establecía en beneficio del particular, para evitar la indefensión derivada de la inacción de la Administración.

Este beneficio, en todo caso, lo que le abría al particular era una posibilidad de recurrir pero no la obligación de recurrir. Por eso, el silencio no eximía a la Administración de su obligación de decidir, ni por el transcurso de los lapsos de beneficio la Administración perdía su derecho, potestad y competencia de decidir; podía decidir aun cuando el particular hubiera usado el beneficio del recurso[137]. No debe olvidarse que la Administración está obligada constitucionalmente a dar oportuna respuesta y esa obligación no se elimina porque se les haya dado a los particulares un beneficio de recurso.

Por otra parte, en cuanto a los requisitos del recurso de anulación con motivo del silencio, debe establecerse otra consideración: la ley establecía que este beneficio procedía sólo cuando no se decidiera un recurso administrativo que era intentado para agotar la vía administrativa. Este recurso administrativo normalmente es el recurso jerárquico pero podía tratarse también de un recurso de reconsideración, en aquellos casos previstos en la ley cuando se estableciera que el agotamiento en la vía administrativa se producía en un nivel inferior al superior jerárquico, mediante el recurso de reconsideración.

Por último, debe señalarse que este beneficio procesal sólo procedía cuando intentado un recurso administrativo, éste no se decidía por la Administración. Por ello, el recurso no procedía cuando se trataba de solicitudes que no eran recursos y que no eran atendidas oportunamente por la Administración. En estos casos de inacción de la Administración no había recurso, ni garantía contencioso-administrativa, pues no había sido establecido con carácter general el efecto negativo o positivo del silencio.

Esta situación, sin embargo, fue modificada en 1982, con motivo de la entrada en vigencia de la Ley Orgánica de Procedimientos Administrativos, la cual reguló con carácter general, el silencio administrativo, como productor de un acto administrativo presunto, razón por la cual el agotamiento de la vía administrativa, mediante un acto que

137 Se insiste, por ello, que–el particular no tiene la obligación de acogerse al beneficio legal, y de intentar el recurso. Podría no hacerlo, y en ese caso, si bien pierde el beneficio por el transcurso del lapso, tendría que esperar que la Administración decida para, contra esa decisión, ejercer el recurso contencioso–administrativo. Pensamos que sólo en ese sentido puede interpretarse lo decidido por la Corte Suprema de Justicia en su auto de 1–3–78, en la siguiente forma: "Desde la vigencia de la nueva ley, los administrados no tienen que esperar indefinidamente que la Administración decida para ocurrir a la vía judicial, pero están obligados a interponer el recurso de nulidad dentro de los seis meses siguientes a la fecha en que expiren los noventa días a que se refiere el artículo 136 de dicha ley, puesto que, a partir de esa fecha, empieza a correr contra ellos el respectivo lapso de caducidad, cuando el vencimiento de los noventa días ya referidos, el superior jerárquico no haya decidido o no haya comunicado al recurrente el resultado de su apelación...". "En consecuencia, los recursos intentados después de esta fecha –como ocurre con el interpuesto por el recurrente en su citado escrito–, son manifiestamente extemporáneos y, por tanto, inadmisibles y así debe declararlo la Corte, como, en efecto, lo hace en el presente caso, administrando justicia, en la Sala Político–Administrativa en nombre de la República y por autoridad de la Ley". *V.* en *G.O.*, Nº 2.512 Extra, de 30–10–79. En ese caso la caducidad es sólo para acogerse al beneficio legal, por lo que vencido el lapso, si la Administración decide posteriormente, el recurso se abre normalmente.

causa estado tácitamente, abre la posibilidad de ejercer el recurso contencioso–administrativo[138].

En efecto, la Ley Orgánica de Procedimientos Administrativos de 1° de julio de 1981, entre las instituciones novedosas que estableció, está la del denominado *silencio administrativo negativo,* o en otras palabras, el establecimiento de una presunción de degeneración de la solicitud o recurso, cuando la Administración no resuelva expresamente en un lapso determinado.

En efecto, la Ley Orgánica, en su artículo 2°, concreta el derecho de petición establecido en el artículo 67 de la Constitución, y obliga a los funcionarios a decidir las instancias o peticiones, es decir, a dar oportuna respuesta a los administrados. A tal efecto, la Ley Orgánica prevé en varios de sus artículos, lapsos concretos dentro de los cuales deben resolverse por la Administración, las solicitudes y recursos. Sin embargo, estas previsiones, sin duda, no eran suficientes para garantizar la oportuna respuesta a que tienen derecho los administrados. Era necesario prever medios o garantías jurídicas de protección a los administrados contra el silencio de la Administración, el cual había sido incontrolado e incontrolable.

De allí que el artículo 4° de la Ley haya establecido la figura del silencio administrativo negativo, a cuyo efecto prevé lo siguiente:

En los casos en que un órgano de la Administración Pública no resolviera un asunto o recurso dentro de los correspondientes lapsos, se considerará que ha resuelto negativamente, y el interesado podrá interponer el recurso inmediato siguiente, salvo disposición expresa en contrario. Esta disposición no releva a los órganos administrativos, ni a sus personeros, de las responsabilidades que les sean imputables por la omisión o la demora.

Ahora bien, esta norma requiere, en nuestro criterio, de una adecuada interpretación, dentro del contexto general de la Ley Orgánica. Esta, en efecto, es una Ley que regula, básicamente, un conjunto de derechos y garantías de los administrados frente a la Administración, por lo que el artículo 4° debe ser interpretado, también, en el sentido de haber consagrado una garantía más para los particulares, sin relevar a la Administración de su obligación fundamental: la de decidir los asuntos o recursos que cursan ante sus órganos. Esta aclaratoria, aunque elemental, parece necesario formularla, por la mala interpretador; que se le ha dado a dicha disposición, en el sentido de considerarla como un perjuicio para los administrados hasta el punto de llegar a afirmarse que con el artículo 4° de la Ley, vencidos los lapsos de decisión, se considera que ya existe una decisión denegatoria, y que, por tanto, no sólo el administrado no puede optar por esperar que la decisión expresa se produzca, sino que la Administración, después, no puede ya decidir, pues los funcionarios "para ese momento ya no tendrían competencia ni facultad para hacerlos"[139]. Al contrario, queremos insistir en que esa interpretación es errada y contraria al espíritu general de la Ley Orgánica, porque, primero, el silencio negativo, que establece lo hace exclusivamente como un beneficio para los administrados, y segundo, porque el silencio no exime a la Administración de su obligación de decidir.

138 *V.* Allan R. Brewer–Carías, "El sentido del silencio administrativo negativo en la Ley Orgánica de Procedimientos Administrativos", *Revista de Derecho Público*, N° 8, EJV, Caracas, 1981, pp. 27–34.

139 *V.* Ricardo Sillery López de Ceballos, "Relativo a que el silencio frente a solicitudes a la Administración se presume denegatorio de la petición", en *El Universal*, Caracas, 20–2–82, pp. 1–4.

A. El silencio negativo como un beneficio de los administrados

En efecto, en nuestro criterio, como ya lo hemos argumentado anteriormente[140], el único sentido que tiene la consagración del silencio administrativo negativo en la Ley Orgánica, como presunción de decisión denegatoria de la solicitud o recurso, frente a la indefensión en la cual se encontraban los administrados por la no decisión oportuna por la Administración de tales solicitudes o recursos, no es otro que el establecimiento de un beneficio para los particulares para, precisamente, superar esa indefensión. La norma del artículo 4° de la Ley Orgánica, por tanto, se ha establecido en favor de los particulares y no en favor de la Administración.

La primera consecuencia de este carácter de beneficio para el particular de la apertura del "recurso inmediato siguiente" contra el acto tácito denegatorio es que es potestativo para el interesado el utilizar o no el beneficio, el cual sólo puede beneficiarlo y nunca perjudicarlo. Es decir, introducida una solicitud o un recurso, y vencidos los lapsos impuestos por la Ley Orgánica, a la Administración, para decidirlos, el interesado tiene la posibilidad de intentar contra el acto tácito el recurso administrativo o contencioso–administrativo correspondiente. Pero la Ley Orgánica, en forma alguna, lo obliga a ello: el interesado tiene, así, una opción: o intenta el recurso inmediato, usando el beneficio del silencio, o simplemente, espera la decisión de la solicitud o recurso para intentar, posteriormente, el recurso que proceda, si la decisión expresa no lo favorece.

Por ello, la Ley Orgánica es clara al indicar en el artículo 4° que el interesado "podrá" intentar el recurso inmediato siguiente, y "poder", como se dijo, conforme lo indicado por la antigua Corte Federal en sentencia de 6–11–58, "es tener la facultad o el medio de hacer una cosa, y faculta, el derecho –no el deber, ni la obligación– de hacer una cosa"[141].

Por tanto, al indicarse que "el interesado *podrá* intentar el recurso inmediato siguiente", la Ley Orgánica lo está facultando, le está dando el derecho de recurrir, pero no le está imponiendo la obligación de recurrir, ni le está diciendo que de no hacerlo, caduca su recurso posterior. El beneficio previsto en la Ley Orgánica, por tanto, no puede convertirse en una carga para el interesado[142].

Ahora bien, no habiendo elemento alguno en la Ley Orgánica que permita interpretar el artículo 4° en perjuicio del administrado, es evidente que éste tiene, en dicho supuesto, una opción: o intenta el recurso inmediato contra el acto tácito denegatorio, o espera la decisión expresa de la solicitud o recurso por la Administración. Esta es, en todo caso, la clara y terminante consagración de la legislación española, la cual para despejar dudas, deja al particular la opción, en virtud de que se ha establecido en su beneficio[143].

---

140 *V.* Allan R. Brewer–Carías "Consideraciones sobre el silencio administrativo consagrado a los efectos del recurso contencioso–administrativo de anulación" en *Revista de Control Fiscal*, N° 96, Caracas, 1980, pp. 11 y ss.; particularmente pp. 29 y ss.

141 *V.* en *G.F.* N° 22, Caracas, 1958, p. 133.

142 *V.* Tomás Ramón Fernández, "Silencio negativo, Actos Firmes y actos confirmatorios" en *Revista de Administración Pública*, N° 53, Madrid, 1907, pp. 284, 295 y 296; y S. Álvarez –Gendin y Blanco, "Teoría del silencio administrativo" en *Estudios en Homenaje a Jornada de Pozas*. Tomo III, vol. I, Madrid, 1961, p. 144.

143 *Cfr.* Eduardo García de Enterría, "Sobre silencio administrativo y recurso contencioso", en *Revista de Administración Pública*, N° 47, Madrid, 1965, pp. 211, 212, 216, 219 y 222; Ángel González Rivero, "El silencio administrativo en el Derecho Español", en *Revista de Estudios de la Vida Local*, N° 111, Madrid, 1960, p. 366.

Por tanto, estando en manos del interesado la opción de recurrir en base al beneficio del silencio administrativo o esperar la decisión expresa de la solicitud o recurso, el transcurso del lapso para recurrir contra el acto tácito, n obtienen ningún efecto perjudicial en su contra[144]. Por tanto, si el particular interesado opta por no intentar el "recurso inmediato siguiente" derivado del silencio negativo, dentro de los lapsos correspondientes, debe esperar la decisión expresa del organismo, contra la cual, si le es adversa, podrá intentar el recurso inmediato siguiente dentro de los lapsos correspondientes contados a partir de la notificación del acto.

No hay duda, por tanto, que en el sistema venezolano, la garantía establecida a favor del interesado con el silencio negativo, le permite optar por utilizar la vía de recurso correspondiente, o esperar la decisión final de la solicitud o recurso. Si opta por esta última alternativa, por supuesto, se abre el lapso de impugnación correspondiente contado a partir del momento en el cual se notifique el acto tácito al interesado[145]. Como consecuencia, puede afirmarse que el no ejercicio del recurso, no implica, en forma alguna, que el acto tácito adquiera firmeza, o en otras palabras, que el silencio pueda producir un acto administrativo firme[146].

En definitiva, el silencio consagrado en nuestra Ley Orgánica de Procedimientos Administrativos, como el regulado en la legislación española, se ha establecido como un beneficio y favor de los administrados por lo que su tratamiento e interpretación tiene que responder a este criterio, lo cual impide que tal beneficio se convierta luego, en caducidad para el beneficio particular, sobre todo si la inacción es sólo imputable a la Administración[147].

B. El silencio negativo no exime a la administración de su obligación de decidir

Ahora bien, siendo el silencio administrativo negativo previsto en el artículo 4° de la Ley Orgánica de Procedimientos Administrativos, una garantía de defensa puesta a disposición de los administrados frente a la inacción de la Administración, no encontramos elemento alguno en el ordenamiento jurídico que pueda permitir interpretar que el transcurso de los lapsos para que se produzca el acto tácito denegatorio, agota la competencia administrativa, eximiendo a la Administración de su obligación de decidir. Al

---

144 *V.* Fernando Garrido Falla, "La llamada doctrina del silencio administrativo", en *Revista de Administración Pública*, N° 16, Madrid, 1955, pp. 114 y 115.

145 *V.* Eduardo García de Enterría, "Sobre silencio...", *loc. cit.*, p. 216. *Cfr.* Tomás Ramón Fernández, "Silencio negativo...", *loc. cit.*, pp. 289 y 290; Rafael Gómez Ferrer, "Resoluciones tardías y conflicto de intereses privados" en *Revista de Administración Pública*, N° 68, Madrid, 1972, pp. 188, 205, 207 y 219. *V.* Jesús González Pérez, "El silencio administrativo y los interesados que no incoaron el procedimiento administrativo", en *Revista de Administración Pública*, N° 68, Madrid, 1972, pp. 235 y 236.

146 *Cfr.* Tomás Ramón Fernández, "Repetibilidad de la impugnación jurisdiccional en caso de silencio negativo" en *Revista Española de Derecho Administrativo*, Civitas, N° 11, Madrid, 1976, N° 724; Jesús González Pérez, "El silencio administrativo en la nueva Ley de Procedimiento", en *Documentación administrativa*, Nos. 8–9, Madrid, 1958, p. 40; Rafael Gómez Ferrer, "Resoluciones tardías...", *loc. cit.*, p. 208; y Eduardo García Enterría, "Sobre silencio...", *loc. cit.*, p. 216. *V.* Tomás Ramón Fernández–Rodríguez, "Silencio Negativo...", *loc. cit.*, pp. 285 y 286.

147 Por ello, con razón se ha señalado que "el silencio sólo es imputable a la Administración: el administrado es totalmente ajeno a su producción, ya que su intervención se limita a llamar sin obtener respuesta, apareciendo por tanto, desde este punto de vista, como liberalizado de toda posible responsabilidad, derivada de una abstención ajena a su voluntad". *V.* Juan Antonio Bolea Furadada, "El retraso de la Administración y el silencio administrativo", en *Revista de Administración Pública*, N° 51, Madrid, 1960, p. 304

contrario, constitucionalmente, de acuerdo al artículo 67 del texto fundamental, que recoge el artículo 2° de la Ley Orgánica de Procedimientos Administrativos, la consecuencia del derecho de petición, es la obligación para la Administración de dar "oportuna respuesta", y de esta obligación, no puede eximirla ni la Ley Orgánica de Procedimientos Administrativos ni ninguna otra Ley. El silencio administrativo, por tanto, es una garantía para que aun sin decisión expresa, el interesado pueda defenderse y tener acceso, por ejemplo, a la jurisdicción contencioso–administrativa, y no un medio para que la Administración se libere de su obligación de decidir, la cual tiene, además, su fuente en la propia Constitución[148]. Por tanto, a pesar del transcurso de los lapsos que la Ley Orgánica impone a la Administración para decidir las solicitudes y recursos, "no sólo la Administración puede, sino que debe resolver expresamente; no sólo goza de competencia para actuar, y de facultad para hacerlo, sino que está obligada a ello; obligación que, incluso, puede dar lugar a la correspondiente responsabilidad"[149]. Y tan ello es así en nuestro ordenamiento jurídico, que la propia Ley Orgánica de Procedimientos Administrativos impone, a la Administración y sus funcionarios la obligación de tramitar los escritos cuyo conocimiento les corresponda (Art. 39) y de resolver las instancias y peticiones que le dirijan los interesados (Art. 29); haciendo a los funcionarios responsables de las omisiones o demoras (Art. 4°). Por otra parte, el párrafo único del Art. 4° de la Ley Orgánica dispone que la reiterada demora en decidir que dé lugar a que los asuntos o recursos se consideren resueltos negativamente, es decir, que los particulares reaccionen por los recursos inmediatos subsiguientes contra la inacción de la Administración, acarrea responsabilidad disciplinaria hasta el punto que se considera un motivo de derecho, que provoca amonestación escrita conforme a la Ley de Carrera Administrativa, sin perjuicio de las multas que deben aplicarse conforme al artículo 100 de la propia Ley Orgánica.

Por tanto, la Administración Pública, al transcurrir el lapso previsto legalmente para que adopte su decisión, sin que el interesado use el beneficio e interponga el recurso inmediato siguiente, no pierde, en forma alguna, competencia para resolver, y sigue estando obligada a hacerlo, es decir, la Administración puede y debe resolver el asunto o recurso en cualquier tiempo posterior[150].

En nuestro sistema inclusive, puede sostenerse que no sólo la Administración no pierde competencia para decidir, por la obligación que tiene de dar oportuna respuesta a las solicitudes y recursos administrativos, sino que en caso de silencio, y aún en el supuesto de que el interesado haya intentado el recurso inmediato siguiente, la Administración puede decidir tardíamente. Si decide en beneficio del interesado, el superior jerárquico o el juez contencioso–administrativo, en su caso, no tendría materia sobre la cual deci-

148 *Cfr.* Tomás Ramón Fernández R., "Silencio Negativo...", *loc. cit.*, p. 292; Fernando Garrido Falla, "La llamada doctrina del silencio...", *loc. cit.*, p. 111.

149 *V.* Ángel González Rivero, "El Silencio Administrativo...", *loc. cit.*, p. 370.

150 Como hemos dicho, en esto está conforme la doctrina italiana y la española. *V.* Ricardo Hernández Ibarra, *Notas sobre el silencio de la Administración Pública con particular referencia al silencioso rechazo en, materia de recursos jerárquicos*, Maracaibo, 1974, p. 74; Fernando Garrido Falla, "El silencio administrativo de la nueva ley...", *loc. cit.*, p. 368; Ángel González Rivero, "El silencio administrativo...", *loc. cit.*, p. 368; F. Garrido Falla, "La llamada doctrina del silencio...", *loc. cit.*, pp. 104 y ss. En contra está la jurisprudencia francesa: *V.* Geneviéve Benozra, "Le silence d'Administration. Vicissitudes de la réglementation française", en *La Revue Administrative*, N° 119, París, 1967, p. 546.

dir, y al contrario, si decide en contra de la pretensión del interesado, se acumularía al recurso intentado, la impugnación de la nueva decisión[151].

Como consecuencia de lo expuesto puede señalarse como conclusión respecto del sentido del silencio administrativo negativo en la Ley Orgánica de Procedimientos Administrativos, lo siguiente:

a. La figura del silencio administrativo negativo que acoge la Ley Orgánica, está configurada como una garantía a favor del administrado, para permitirle su defensa, mediante el ejercicio del recurso inmediato siguiente, contra el acto tácito derivado de la presunción denegatoria que provoca la inacción de la Administración.

b. La interpretación del artículo 4° de la Ley Orgánica, por tanto, debe hacerse siempre en beneficio del interesado, para cuyo beneficio se regula el silencio administrativo, y no en su perjuicio.

c. La posibilidad que se abre al particular de recurrir ante el silencio administrativo es eso, una posibilidad, facultad, derecho o garantía, y no una obligación y mucho menos una carga; y si el interesado decide no utilizar el beneficio procesal, puede optar, libre mente, por esperar la decisión expresa del asunto o recurso, en cuyo caso de producirse y no satisfacerse, sus pretensiones, puede intentar el recurso inmediato siguiente contra el nuevo acto.

d. Por el hecho de que transcurra el plazo del silencio administrativo sin que la Administración decida, y transcurra el lapso de caducidad para intentar el recurso inmediato siguiente previsto en beneficio del' particular, no se puede pensar que el acto tácito haya adquirido firmeza.

e. Por el hecho de que transcurra el lapso señalado para que se produzca el silencio administrativo, no puede pensarse que se agotó la vía administrativa en el sentido de que la Administración perdió competencia para decidir posteriormente o que ya no tiene obligación de decidir. Al contrario, de acuerdo con el artículo 47 de la Constitución y el artículo 2° de la Ley Orgánica, la Administración está obligada a decidir los asuntos y recursos que se le sometan, es decir, está obligada a dar oportuna respuesta, por lo que, a pesar de que transcurran los lapsos de silencio administrativo y el particular no use el beneficio de ejercer el recurso inmediato siguiente que la Ley Orgánica le otorga, la Administración tiene el deber de decidir, para lo cual no puede considerarse que ha perdido competencia.

f. En muchos casos, particularmente de solicitudes formuladas ante la Administración, de nada vale para el particular presumir que por el transcurso del tiempo su solicitud se considere negada. Nada lo beneficia en esos casos, y ejercer el "recurso inmediato siguiente" es imposible por no conocerse los "motivos" del acto tácito. En esos casos, por tanto, y en virtud de que al particular lo que le interesa es que la Administración decida, y expresamente le conceda o niegue lo solicitado, su verdadera garantía sería el ejercicio de un recurso contra la abstención o negativa de la Administración en resolver, conforme a los artículos 41, ordinal 23 y 182, Ord. 19 de la Ley Orgánica de la Corte Suprema de Justicia.

---

151 *Cfr*. respecto al sistema italiano, Ricardo Hernández Ibarra, *op. cit.*, p. 81

Sección Tercera: RECAPITULACIÓN SOBRE LOS EFECTOS DEL SILENCIO ADMINISTRATIVO EN EL MARCO DE LOS PRINCIPIOS GENERALES DEL PROCEDIMIENTO ADMINISTRATIVO (2011)

Esta Sección es el texto del estudio: "Algunos principios generales del derecho administrativo en Venezuela, en particular, sobre el procedimiento administrativo y los efectos del silencio administrativo," que fue la Ponencia presentada al *IV Congreso Internacional y V Congreso Mexicano de Derecho Administrativo*, bajo el auspicio de la Facultad de Derecho y Ciencias Sociales de la Benemérita Universidad Autónoma de Puebla, del Instituto de Investigaciones Jurídicas y de la Coordinación del Programa de Posgrado en Derecho de la Universidad Nacional Autónoma de México, Puebla, 23 a 25 de octubre de 2011. En el mismo se hace una recapitulación del tema del silencio administrativo en el marco de los principios generales del procedimiento administrativo.

I. EL PRINCIPIO DE LEGALIDAD Y EL ESTADO DE DERECHO

El derecho administrativo en Venezuela, como ha ocurrido en todos los países de América Latina, se ha conformado conforme a las tradiciones del derecho civil romano germánico,[152] que condicionaron el desarrollo del derecho en Europa continental. Ello es cierto particularmente, respecto de los principios generales aplicables al procedimiento administrativo, es decir, el régimen legal que rige la actividad de la administración pública en sus relaciones con los administrados, que se conformaron de acuerdo con las mismas reglas y principios generales desarrollados durante el último siglo en Alemania, Francia, Italia y España.[153]

Entre estos principios, el primero que debe mencionarse es el de la legalidad, basado además en el de la supremacía de la Constitución.

La Constitución venezolana de 1999,[154] en efecto, establece expresamente que "la Constitución es la norma suprema y el fundamento del orden legal," a la cual se encuentran sometidas todas las personas y entidades públicas (Artículos 7 y 131).[155] Sólo en la materia relativa a los derechos humanos se condiciona el principio de supremacía de la Constitución, ya que el mismo texto constitucional otorga prevalencia a las provisiones

152 *V.* Mary Ann Glendon, Michael W. Gordon y Paolo G. Carozza, *Comparative Legal Traditions*, West Group, St. Paul, Minn. 1999, p. 13 ss.

153 Sobre el desarrollo del derecho administrativo en Venezuela, *V.* la reciente publicación de Víctor Hernández Mendible (Coord.), *Desafíos del Derecho Administrativo Contemporáneo. Conmemoración Internacional del Centenario de la Cátedra de Derecho Administrativo en Venezuela*, 2 Vols., Ediciones Paredes, Caracas 2010, pp. 1473. Para un panorama del sistema venezolano, *V.* Allan R. Brewer–Carías, "Panorama general del derecho administrativo en Venezuela (2004)," en Santiago González–Varas Ibáñez (Coordinador), *El Derecho Administrativo Iberoamericano*, N° 9, Ministerio de Administraciones Públicas (INAP)–Instituto de Investigación Urbana y Territorial, Granada, España 2005, pp. 745–791

154 *V.* la *Gaceta Oficial* N° 5.453 del 24 de marzo de 2000. *V.* en general en la Constitución de 1999, Allan R. Brewer–Carías, *La Constitución de 1999. Derecho Constitucional Venezolano*, 2 Vols., Editorial Jurídica Venezolana, Caracas 2004.

155 *V.* sobre la redacción de esta disposición en la Asamblea Nacional Constitucional de 1999, Allan R. Brewer–Carías, *Debate Constituyente, (Aportes a la Asamblea Nacional Constituyente)*, Vol. II, (9 de septiembre – 17 de octubre de 1999), Fundación de Derecho Público–Editorial Jurídica Venezolana, Caracas 1999, p. 24.

de los tratados internacionales relativos a los derechos humanos sobre el sistema legal interno, si estos contienen disposiciones más favorables para su disfrute y ejercicio (Artículo 23).

La supremacía de la Constitución también se confirma con la declaración que se hace del Estado en la Constitución de 1999, como un Estado Democrático y Social de Derecho siguiendo el modelo que ya adoptado se había adoptado en la Constitución de 1961.[156] Esto implica que todas las actividades de todas las entidades públicas deben someterse a la Constitución, leyes, reglamentos y demás disposiciones adoptadas por las autoridades competentes; lo que no es otra cosa en relación con la actividad administrativa del Estado que el principio de la legalidad, es decir, la obligación que tienen todos los organismos y entidades de administración pública de actuar sometiéndose a la ley.[157]

A tal efecto, el Artículo 137 de la Constitución declara que "la Constitución y la ley definen las atribuciones de los órganos del Estado, a las que deben sujetarse;" y el Artículo 141 de la misma Constitución sobre los principios que rigen la administración pública, establece que esta debe actuar "con sometimiento pleno a la ley y al derecho." En consecuencia, todas las actividades del Estado y, en particular, de los órganos y entidades de la administración pública deben realizarse de acuerdo a las disposiciones de ley, y dentro de los límites que la misma establece.

Además, el Artículo 4 de la Ley Orgánica de la Administración Pública (LOAP)[158] expresamente repite el principio de la legalidad respecto a la misma al declarar que:

> "La Administración Pública se organiza y actúa de conformidad con el principio de legalidad, por el cual la asignación, distribución y ejercicio de sus competencias se sujeta a lo establecido en la Constitución de la República Bolivariana de Venezuela, las leyes y los actos administrativos de carácter normativo dictados formal y previamente conforme a la ley, en garantía y protección de las libertades públicas que consagra el régimen democrático, participativo y protagónico."

La consecuencia de estos principios de supremacía constitucional y de la legalidad es la disposición en la Constitución de un sistema integral para su control judicial de las actuaciones del Estado: por una parte, a través de un completo sistema de control de constitucionalidad de carácter mixto, que combina los métodos difuso (Artículos 334) y concentrado de control judicial, éste último, atribuido a la Sala Constitucional del Tribunal Supremo (Artículo 336) (Jurisdicción Constitucional*)*;[159] y por otro lado, a través

---

156 *V.* en general, Allan R. Brewer–Carías, *Cambio político y reforma del Estado en Venezuela. Contribución al estudio del Estado democrático y social de derecho*, Editorial Tecnos, Madrid 1975.

157 *V.* Antonio Moles Caubet, *El principio de legalidad y sus implicaciones*, Universidad Central de Venezuela, Facultad de Derecho, Publicaciones del Instituto de Derecho Público, Caracas 1974; Allan R. Brewer–Carías, *Principios Fundamentales del Derecho Público (Constitucional y Administrativo)*, Editorial Jurídica Venezolana, Caracas 2005, p. 33.

158 *V.* la *Gaceta Oficial* Nº 5.890 Extra. del 31 de julio de 2008. *V.* en Allan R. Brewer–Carías, Rafael Chavero Gazdik y Jesús María Alvarado Andrade, *Ley Orgánica de la Administración Pública*, Editorial Jurídica Venezolana, Caracas 2009, p. 17.

159 *V.* Allan R. Brewer–Carías, *El sistema de justicia constitucional en la Constitución de 1999 (Comentarios sobre su desarrollo jurisprudencial y su explicación, a veces errada, en la Exposición de Motivos)*, Editorial Jurídica Venezolana, Caracas 2000; *La Justicia Constitucional. Procesos y procedimientos constitucionales*, Universidad Nacional Autónoma de México, México 2007; Allan R. Brewer–Carías y Víctor Hernández Mendible, *Ley Orgánica del Tribunal Supremo de Justicia*, Editorial Jurídica Venezolana, Caracas 2010.

de un sistema de control judicial de acción administrativa (Jurisdicción Contencioso Administrativa) (Artículos 259 y 297).[160]

II. LOS PODERES Y COMPETENCIAS DE ÓRGANOS Y ENTES ESTATALES

Una de las consecuencias más importantes del principio de legalidad es que los poderes y competencias asignadas a todas las entidades públicas y organismos estatales siempre deben estar expresamente provistos en una ley. Esta asignación de competencias, en el caso de Venezuela, conforme a la forma federal del Estado adoptada en la Constitución (Artículo 136), se conforma primaria y básicamente a través de la distribución territorial de los poderes estatales entre el Estado nacional (Poder Público nacional), los estados de la federación (Poder Público estadal) y los municipios (Poder Público Municipal).[161]

En esta materia, debe recordarse que Venezuela fue uno de los países del Continente que desde principios del siglo XIX adoptó la modalidad federal de gobierno,[162] aún cuando en la práctica se haya venido progresivamente conformado como un sistema de "federación centralizada."[163] No obstante esta tendencia centralizadora, en cuanto a la formal organización del Estado, la consecuencia legal de la distribución vertical o territorial de poderes y competencias en un marco federal, es la existencia de tres niveles de entes públicos y de administración pública: Administración Pública Nacional, Administración Pública Estadal y Administración Pública Municipal.[164]

Estos tos tres niveles de administración pública están todos sujetos a los principios generales establecidos en la Constitución nacional respecto a la organización de la administración pública central (Artículos 236 y 20) y la administración pública descentralizada (Artículos 142 y 300); la actividad administrativa (Artículo 141); los funcionarios públicos (Artículos 145 al 149) y sus responsabilidades (Artículos 139); los bienes del Estado (Artículos 12, 181 y 304); el acceso a información pública (Artículo 143); los contratos públicos (Artículos 150 y 151); la responsabilidad patrimonial del Estado (Artículo 140); y el control fiscal sobre la administración (Artículos 62, 66, 287 y 315).

---

160 *V.* Allan R. Brewer–Carías y Víctor Hernández Mendible, *Ley Orgánica de la Jurisdicción Contencioso Administrativa*, Editorial Jurídica Venezolana, Caracas 2010, p. 9 ss.

161 *V.* sobre esta norma Allan R. Brewer–Carías, *Debate Constituyente (Aportes a la Asamblea Nacional Constituyente)*, Vol. II, 9 de septiembre–17 de octubre de 1999, Fundación de Derecho Público, Caracas 1999, pp. 161–164.

162 *V.* Allan R. Brewer–Carías, *Instituciones Políticas y Constitucionales, Vol. II: El Poder Público: Nacional, Estadal y Municipal*, Universidad Católica del Táchira–Editorial Jurídica Venezolana, Caracas–San Cristóbal 1996, p. 111 ss.

163 *V.* en general, sobre la federación en la Constitución de 1999, Allan R. Brewer–Carías, "La descentralización política en la Constitución de 1999: Federalismo y Municipalismo (una reforma insuficiente y regresiva)," en el *Boletín de la Academia de Ciencias Políticas y Sociales*, N° 138, Año LXVIII, Enero–Diciembre de 2001, Caracas 2002, pp. 313–359;

164 *V.* en general, Allan R. Brewer–Carías, "Consideraciones sobre el régimen de distribución de competencias del Poder Público en la Constitución de 1999," en Fernando Parra Aranguren y Armando Rodríguez García (Eds.), *Estudios de Derecho Administrativo. Libro Homenaje a la Universidad Central de Venezuela*, Vol. II, Tribunal Supremo de Justicia, Caracas 2001, pp. 107–136; Allan R. Brewer–Carías, "Consideraciones sobre el régimen constitucional de la organización y funcionamiento de los Poderes Públicos," en *Revista Derecho y Sociedad de la Universidad Monteávila*, N° 2 (Abril), Caracas 2001, pp. 135–150.

Como se mencionó, una de las consecuencias del principio de la legalidad, particularmente respecto a la administración pública, es que para proteger las libertades públicas en un Estado democrático, los organismos y entidades de la administración pública siempre tienen que estar habilitados de manera expresa a través de una ley (competencia)[165] de manera que cuando se emiten actos administrativos que podrían afectar de alguna forma los derechos e intereses de los particulares (Artículo 4 de la LOAP), deben siempre hacerse mención expresa, en su motivación, de la base o causa legal específica que autoriza la actuación.[166]

Pero además, los actos administrativos, incluso los que se dictan en ejercicio de poderes discrecionales, de acuerdo al Artículo 12 de la Ley Orgánica de Procedimientos Administrativos (LOPA)[167] siempre deben emitirse conforme al determinado presupuesto de hecho previsto en la misma ley que motiva la actuación de la administración, y de acuerdo con los fines previstos en la disposición legal que autoriza la actuación administrativa; y siempre deben mantener la debida proporcionalidad entre el fin perseguido y la decisión adoptada, lo cual implica la aplicación de los principios de razonabilidad, lógica, coherencia, igualdad, e imparcialidad, todo conforme a los principios de la confianza legítima y de la buena fe, y siempre cumpliéndose con todas las condiciones y formalidades establecidas por su validez y eficacia de dichos actos.[168]

III. LA BASE ESENCIAL DE LA RELACIÓN JURÍDICA ADMINISTRATIVA: LA BUENA FE Y LA CONFIANZA LEGÍTIMA

Todos los principios que se derivan de la Constitución y la Ley Orgánica de procedimientos Administrativos y que rigen la actividad administrativa, se complementan con los establecidos en el Artículo 10 de la Ley Orgánica de la Administración Pública, en el cual se indica que la actividad de la administración pública se debe basar en los principios de economía, celeridad, simplicidad, responsabilidad, eficacia, proporcionalidad, oportunidad, objetividad, imparcialidad, participación, accesibilidad, uniformidad, modernidad, honestidad, transparencia, buena fue, paralelismo de las formas, responsabilidad, sometimiento a las leyes y supresión de formalidades no esenciales.

De particular importancia es el principio de la buena fe, al cual se vincula el principio de la confianza legítima y que ha sido reconocido como uno de los que rigen la actividad administrativa, en el sentido de que cuando en las relaciones jurídicas que se establecen entre la administración y los administrados, se ha creado expectativas de actuación legítimas, la misma debe respetar tales expectativas.[169] Los principios de buena fe

165 *V.* Allan R. Brewer–Carías, *Principios del Régimen Jurídico de la Organización Administrativa*, Editorial Jurídica Venezolana, Caracas 1991, p. 47 ss.

166 *V.* Allan R. Brewer–Carías, *El Derecho Administrativo y la Ley Orgánica de Procedimientos Administrativos. Principios del Procedimiento Administrativo*, Editorial Jurídica Venezolana, Caracas 2009, pp. 169–175.

167 *V.* la Ley Orgánica de Procedimientos Administrativos en *Gaceta Oficial* N° 2.818 Extra. del 1 de julio de 1981. *V.* en esta Ley, Allan R. Brewer–Carías et al., *Ley Orgánica de Procedimientos Administrativos*, Editorial Jurídica Venezolana, 12th Ed., Caracas 2001.

168 *V.* Allan R. Brewer–Carías, *El Derecho Administrativo y la Ley Orgánica de Procedimientos Administrativos. Principios del Procedimiento Administrativo*, Editorial Jurídica Venezolana, Caracas 2009, pp. 176–178.

169 En general, sobre el principio de la confianza legítima *V.* Caterina Balasso Tejera, "El principio de protección de la confianza legítima y su aplicabilidad respecto de los ámbitos de actuación del poder público," en *El*

y de la confianza legítima, por otra parte, están conectados con el de seguridad jurídica que debe también regir la actividad de la administración del Estado, protegiendo las relaciones entre el Estado y los administrados.[170]

Acerca del principio de la confianza legítima, la Sala Político–Administrativa del Tribunal Supremo de Justicia ha considerado que las acciones reiteradas de la administración pública crean expectativas legales para los particulares que el juez debe tomar en cuenta, ya que los criterios administrativos derivados de las actuaciones reiteradas de la administración, a pesar de que sean susceptibles de ser cambios, pueden crear dichas expectativas.[171] Al establecer esta doctrina, la Sala Político–Administrativa del Tribunal Supremo se basó en el Artículo 11 de la Ley Orgánica de Procedimientos Administrativos,[172] declarando que dicha disposición:

> "..no es más que la aplicación del principio de la irretroactividad de las disposiciones generales a situaciones nacidas con anterioridad a su pronunciamiento. La norma establece igualmente, que la modificación de los criterios no es motivo para la revisión de los actos definitivamente firmes. El artículo 11, brevemente analizado, es considerado como uno de los ejemplos más significativos en la legislación venezolana, del principio de la confianza legítima, con base en el cual, las actuaciones reiteradas de un sujeto frente a otro, en este caso de la Administración Pública, hacen nacer expectativas jurídicas que han de ser apreciadas por el juez y justamente, los criterios administrativos, si bien pueden ser cambiados, son idóneos para crear tales expectativas..."[173]

Consecuentemente, si la administración pública actúa en forma tal que vaya contra las deducciones lógica que derivan de sus propias acciones previas, existe una violación del principio de confianza legítima ya que "...cuando se alude a la conducta que fomenta la expectativa, la misma no está constituida tan sólo de actuaciones, sino que también se conforma con abstenciones y manifestaciones denegatorias u omisiones voluntarias...."[174]

La base de este principio recae, como la Sala Electoral del mismo Tribunal Supremo de Justicia ha declarado, en la confianza que el comportamiento de la administración pública genera en el ciudadano, comportamiento que debe seguir el marco legal y estar orientado a la protección del interés público.[175]

En resumen, el principio de protección de la confianza legítima rige la relación entre los administrados y el Estado, y por consiguiente éste último debe reconocer la natura-

---

Derecho Público a los 100 números de la Revista de Derecho Público 1980–2005, Editorial Jurídica Venezolana, Caracas 2006, pp. 745 ss.

170 *V.* Federico A. Castillo Blanco, *La protección de confianza en el Derecho Administrativo*, Marcial Pons Editores, Madrid 1998, pp. 273–274.

171 *V.* la sentencia Nº 514 de la Sala Político–Administrativa del Tribunal Supremo de Justicia del 3 de abril de 2001 (Caso de *The Coca–Cola Company v. Ministerio de la Producción y el Comercio*), en *Revista de Derecho Público*, Nos. 85–88, Editorial Jurídica Venezolana, Caracas 2001, pp. 231–232.

172 Este artículo dispone: "*Artículo 11.* Los criterios establecidos por los distintos órganos de la Administración Pública podrán ser modificados, pero la nueva interpretación no podrá aplicarse a situaciones anteriores, salvo que fuere más favorable a los administrados. En todo caso, la modificación de los criterios no dará derecho a la revisión de los actos definitivamente firmes."

173 *V.* la sentencia Nº 514 de la Sala Político–Administrativa del Tribunal Supremo de Justicia del 3 de abril de 2001 (Caso de *The Coca–Cola Company v. Ministerio de la Producción y el Comercio*), en *Revista de Derecho Público*, Nos. 85–88, Editorial Jurídica Venezolana, Caracas 2001, pp. 231–232.

174 *V.* Hildegard Rondón de Sansó, *El Principio de Confianza Legítima o Expectativa Plausible en el Derecho Venezolano*, Caracas 2002, p. 3.

175 *V.* la sentencia Nº 98 de la Sala Político–Administrativa del Tribunal Supremo de Justicia del 1 de agosto de 2001 (Caso de *Asociación Civil "Club Campestre Paracotos"*), en *Revista de Derecho Público*, Nos. 85–88, Editorial Jurídica Venezolana, Caracas 2001, pp. 232–238.

leza legítima de las expectativas basadas en sus propias acciones reiterativas previas, así como respetar dichas expectativas, prohibiéndosele que las modifique irracional, abrupta o repentinamente y sin advertir sobre los efectos que dichas modificaciones podrían causar.

Conforme a este principio de la confianza legítima vinculado a la buena fé, por tanto, el administrado, esencialmente debe confiar en que cuando la Administración adopta una decisión, por ejemplo, autorizando una conducta y el ejercicio de ciertos derechos, la misma está actuando de buena fe y no en fraude al administrado. Por lo tanto, en la relación jurídica que se establece con la Administración, el administrado debe poder confiar en el acto administrativo, y en lo que el mismo otorga, permite o autoriza. Los administrados no pueden iniciar una relación jurídica con la Administración con la idea de que ésta ha actuado de mala fe y no va a cumplir y respetar sus decisiones, o las que resultan de las mismas. El administrado tiene que actuar con la legítima confianza de que la administración va a adoptar las subsiguientes decisiones que derivan de su acto anterior, y no pueden partir del supuesto de que la administración simplemente no va a actuar de manera acorde a lo que ha autorizado o permitido anteriormente.

Esto implica que no es posible pretender que un administrado titular de una autorización administrativa, por ejemplo, deba comenzar la ejecución de las actividades autorizadas o permisadas, demandando a la Administración por cualquier demora que pueda ocurrir en la emisión de cualquier acto administrativo subsecuente que sea consecuencia del anterior. Por el contrario, en sus relaciones con la Administración Pública, los administrados deben basarse en la confianza y la buena fe y, por lo tanto, confiar en que la Administración va a cumplir con aquello que ha prometido legalmente.

En el marco de la Administración Pública de nuestro tiempo, una relación administrativa en la que un particular deba fundar sus actuaciones en la presunción de que la Administración no va a cumplir con las obligaciones que ha asumido, es completamente inconcebible.

IV. LOS PODERES DISCRECIONALES DE LA ADMINISTRACIÓN Y SUS LÍMITES

Por otra parte, la ley, al otorgar determinadas competencias a la Administración, puede hacerlo básicamente en dos formas: fijándole con precisión los parámetros para su actuación, u otorgándole determinada libertad para apreciar, a su juicio, la oportunidad o conveniencia de la decisión a tomar. En este último caso, se está en presencia del denominado poder discrecional, el cual puede ejercerse sólo cuando la ley le otorga al funcionario público dicha libertad de elegir entre las diferentes posibilidades o medidas –todas justas–, de acuerdo a una evaluación de la oportunidad y conveniencia de la acción a ser adoptada.[176]

Asimismo, en el caso de actividades administrativas discrecionales, es la ley la que otorga a la administración pública la posibilidad de evaluar la oportunidad o convenien-

176 *V.* Allan R. Brewer–Carías, "Los límites a la actividad discrecional de las autoridades administrativas," en *Ponencias Venezolanas al VII Congreso Internacional de Derecho Comparado* (*Uppsala, agosto 1966*), Instituto de Derecho Privado, Facultad de Derecho, Universidad Central de Venezuela, Caracas 1966, pp. 255–279, y en *Revista de la Facultad de Derecho*, N° 2, Universidad Católica Andrés Bello, Caracas 1966, pp. 9–35.

cia de su acción en armonía con el interés público, lo que ha sido definido como "la libertad de elegir entre diferentes alternativas, todas ellas justas."[177] La actividad discrecional, por tanto, debe distinguirse de la que resulta de la aplicación de lo que se ha venido denominado como la aplicación de "conceptos jurídicos indeterminados," –a lo cual nos referimos más adelante–, en cuyo caso lo que corresponde al funcionarios públicos es sólo pueden determinar el sentido de la disposición legal respectiva que contiene el concepto, la cual sólo permite una única solución justa y correcta, que no es otra sino la obtenida de acuerdo con el espíritu, razón y propósito de la norma.[178]

Ahora bien, en relación con las actividades propiamente discrecionales, cuando una ley las autoriza adecuadamente, las mismas siempre están sometidas a límites expresamente establecidos por el Artículo 12 de la Ley Orgánica de Procedimientos Administrativos,[179] en el cual se dispone:

> "Aun cuando una disposición legal o reglamentaria deje alguna medida o providencia a juicio de la autoridad competente, dicha medida o providencia deberá mantener la debida proporcionalidad y adecuación con el supuesto de hecho y con los fines de la norma, y cumplir los trámites, requisitos y formalidades necesarios para su validez y eficacia."

En efecto, de acuerdo al derecho administrativo venezolano, las actividades administrativas discrecionales sólo pueden existir cuando una ley expresamente otorga a la administración el poder de evaluar la oportunidad y conveniencia de sus acciones, lo cual ocurre cuando la misma otorga a un funcionario público el poder de actuar de acuerdo a su evaluación de las circunstancias.[180] Como lo afirmó la antigua Corte Federal de Venezuela en una decisión del 17 de Julio de 1953:

> "...los actos discrecionales existen cuando la administración no está sujeta a los logros de disposiciones especiales respecto a la oportunidad de actuar, lo cual no significa que puede actuar sin estar sujeta a cualquier reglamento debido a que las autoridades administrativas siempre deben seguir las disposiciones respecto a las formalidades de actos administrativos. Al contrario, los ac-

---

177 *V.* la sentencia N° 100 de la Sala Político–Administrativa del Tribunal Supremo de Justicia del 19 de mayo de 1983 en *Revista de Derecho Público*, N° 34, Editorial Jurídica Venezolana, Caracas 1988, p. 69, así como Providencia N° 177 de la Sala Político–Administrativa del Tribunal Supremo de Justicia fechada el 1 de agosto de 1991, en Caterina Balasso Tejera, *Jurisprudencia sobre los Actos Administrativos (1980–1993)*, Editorial Jurídica Venezolana, Caracas, 1998, pp. 209 ss.

178 *V.* la sentencia N° 100 de la Sala Político–Administrativa del Tribunal Supremo de Justicia del 19 de mayo de 1983 en *Revista de Derecho Público*, N° 34, Editorial Jurídica Venezolana, Caracas 1988, p. 69.

179 *V.* la Ley Orgánica de Procedimientos Administrativos en Gaceta Oficial N° 2.818 Extra. del 1 de julio de 1981; Allan R. Brewer–Carías et al., *Ley Orgánica de Procedimientos Administrativos*, Editorial Jurídica Venezolana, 12a Ed., Caracas 2001, pp. 175 y ss.; Allan R. Brewer–Carías, *El Derecho Administrativo y la Ley Orgánica de Procedimientos Administrativos*, Editorial Jurídica Venezolana, Caracas 1982, pp. 45–48.

180 *V.* Allan R. Brewer–Carías, *Las Instituciones Fundamentales del Derecho Administrativo y la Jurisprudencia Venezolana*, Caracas 1964, p. 52 ss.; *Fundamentos de la Administración Pública*, Vol. I, Caracas 1980, pp. 203–222; "Los límites al poder discrecional de las autoridades administrativas" en *Ponencias Venezolanas al VII Congreso Internacional de Derecho Comparado*, Caracas 1966, pp. 255–278, y en *Revista de la Facultad de Derecho*, UCAB, N° 2, Caracas 966, pp. 9–35; "Sobre los límites al ejercicio del poder discrecional," en Carlos E. Delpiazzo (Coordinador), *Estudios Jurídicos en Homenaje al Prof. Mariano Brito*, Fundación de Cultura Universitaria, Montevideo 2008, pp. 609–629; "Algunos aspectos del control judicial de la discrecionalidad" en Jaime Rodríguez Arana Muñoz et al. (Eds.), *Derecho Administrativo Iberoamericano (Discrecionalidad, Justicia Administrativa y Entes Reguladores), Congreso Iberoamericano de Derecho Administrativo*, Vol. II, Congrex SA, Panamá 2009, pp. 475–512.

> tos reglados son aquellos actos obligatorios que el funcionario público está obligado a emitir estrictamente sujetos a la ley."[181]

En otro pronunciamiento, la misma Corte declaró:

> "en los reglados la ley establece si la autoridad administrativa ha de actuar, cuál es esta autoridad y cómo debe hacerlo, determinando las condiciones de la conducta administrativa, en forma de no dejar margen a la elección del procedimiento; mientras que en los discrecionales, atendiendo a necesidades de la administración pública, la autoridad administrativa, en muchos casos, apreciará hechos pasados o consecuencias futuras, y para ello dispondrá de cierta libertad de apreciación, sin que quiera significar esto que proceda arbitrariamente[182]

De lo mencionado anteriormente, lo que básicamente resulta es que los poderes discrecionales necesitan estar establecidos expresamente en una ley específica. Consecuentemente, como lo estableció la antigua Corte Federal y de Casación en 1938, "nunca, en ninguna oportunidad, puede el funcionario ejercer atribuciones discrecionales, a menos que la ley se las conceda directa y categóricamente."[183] Y como se mencionó anteriormente, incluso si la ley otorga a un funcionario público el poder de decidir asuntos de una forma discrecional, de acuerdo al Artículo 12 de la Ley Orgánica de Procedimientos Administrativos, debe actuar manteniendo la debida proporcionalidad, ajustándose a los hechos y a los fines de la disposición, así como cumplir las formalidades y requisitos necesarios para la validez y eficacia del acto.

Esto es, la actividades discrecionales, cuando las autoriza la ley, nunca pueden resultar en actividades arbitrarias o injustas ("la discrecionalidad no implica arbitrariedad ni injusticia"),[184] y siempre deben apegarse al principio de racionalidad (una decisión discrecional nunca puede ser irracional o ilógica); a principio de justicia y equidad (una decisión discrecional nunca puede ser injusta, inequitativa, perversa); a principio de igualdad (una decisión discrecional no puede ser discriminatoria); a principio de proporcionalidad (una decisión no puede ser desproporcionada y necesita apegarse a los hechos y a la decisión); y a principio de buena fe (una decisión discrecional no puede ser engañosa)."[185]

---

181 *V.* la sentencia de la antigua Corte Federal del 17 de Julio de 1953, en *Gaceta Forense*, 2a Etapa, N° 1, Caracas 1953, p. 151.

182 *V.* sentencia de la antigua Corte Federal de 26 de noviembre de 1959, en *Gaceta Forense*, 2a Etapa, N° 26, Caracas 1959, p. 125.

183 *V.* la sentencia de la antigua Corte Federal del 11 de agosto de 1949, en *Gaceta Forense*, 1ª etapa (2a Ed.), Año I, N° 2, Caracas 1949, p. 140.

184 *Gaceta Forense*, N° 11, Caracas 1956, pp. 27–30; *V.* Allan R. Brewer–Carías, *Jurisprudencia de la Corte Suprema de 1930–1974 y Estudios de Derecho Administrativo*, Vol. I, Caracas 1975, pp. 611–612.

185 *V.* Allan R. Brewer–Carías, "Los límites del poder discrecional de las autoridades administrativas," *loc. cit.*, pp. 27–33. *V.* los comentarios de Gustavo Urdaneta Troconis, "Notas sobre la distinción entre actos reglados y discrecionales y el control jurisdiccional sobre estos," en *Tendencias de la Jurisprudencia venezolana en materia contencioso administrativa*, Caracas 1986, pp. 395–399. *V.* también Gabriel Ruan Santos, *El Principio de Legalidad, La Discrecionalidad y las Medidas Administrativas*, Fundación de Estudios de Derecho Administrativo FUNEDA. Editorial Torino, Caracas, Venezuela 1998.

V. LOS CONCEPTOS JURÍDICOS INDETERMINADOS COMO LÍMITE AL PODER DISCRECIONAL

Como antes hemos señalado, las facultades discrecionales de la Administración Pública deben estar expresamente establecidas en el texto de una ley, constituyendo un grado de libertad de acción que la ley expresamente otorga a los funcionarios públicos en un proceso de toma de decisiones en particular, las cuales, por tanto, no pueden presumirse.

Ahora bien, los efectos de su consagración e identificación en la ley, en términos generales puede decirse que el poder discrecional es usualmente otorgado mediante el empleo de los términos "podrá" o "puede," en el sentido de posibilidad o libertad conferida al funcionario, sin mencionar expresamente condiciones o salvedad alguna. En tales casos, la Administración goza de la libertad de elección entre varias soluciones posibles para la decisión de un caso particular, siempre que dichas soluciones sean todas tanto razonables como justas.

Fue de esta manera cómo durante muchos años la jurisprudencia comenzó a identificar facultades discrecionales,[186] de manera que cuando la Administración ha sido investida de poderes discrecionales, la ley le proporciona la libertad de decidir entre diversas posibilidades, de modo que cualquier solución que se adopte es, en principio, legalmente inobjetable. Cuando una ley establece, por ejemplo, que la Administración tiene la facultad de tomar las medidas que estime necesarias para cumplir un determinado propósito (incluso enumerando varias soluciones válidas), de acuerdo con su propia apreciación de oportunidad y conveniencia, cualquier decisión adoptada debe considerarse jurídicamente fundada.

La clave en esta materia para identificar el poder discrecional es que incluso cuando se recure a la utilización de los términos "podrá" o "puede" en una ley donde se faculta a la Administración para la toma de determinadas decisiones, para que derive en el otorgamiento de poderes discrecionalidad, la asignación de la potestad no debe estar acompañada de otros términos que en si mismo excluyan la posibilidad misma de discrecionalidad, ni que impongan a la Administración la obligación de adoptar sólo una única solución justa. Esto último es lo que ocurre precisamente en el caso de los denominados en la doctrina como "conceptos jurídicos indeterminados." Estos, en efecto, cuando se establecen en la ley, no otorgan realmente poder discrecional, y los mimos se identifican cuando al usarlos la ley solo permite que la decisión que se adopte sea una sola solución justa, no gozando entonces la Administración de facultades discrecionales.

Esta doctrina de los "conceptos jurídicos indeterminados" ha sido ampliamente desarrollada y aceptada en el derecho administrativo contemporáneo, y definida y aplicada por la jurisprudencia del Tribunal Supremo de Venezuela precisamente para aclarar que en esos casos no se han otorgado facultades discrecionales. Tal como lo han señalado García de Enterría y Fernández Rodríguez:

---

186 Las primeras decisiones del Tribunal Supremo de Venezuela sobre esta materia tuvieron lugar en la década de los cincuenta, *V.* las referencias en Allan R. Brewer–Carías, *Las Instituciones Fundamentales del Derecho Administrativo y la Jurisprudencia Venezolana*, Caracas 1964, pp. 52 y ss., y *Fundamentos de la Administración Pública*, Vol. I, Caracas 1980, pp. 203–222; y en "Los límites al poder discrecional de las autoridades administrativas" publicado en *Ponencias Venezolanas al VII Congreso Internacional de Derecho Comparado*, Caracas 1966, pp. 255–278.

"...La aplicación de conceptos jurídicos indeterminados es un caso de aplicación de la Ley, puesto que se trata de subsumir en una categoría legal (configurada, no obstante su imprecisión de límites, con la intención de acotar un supuesto concreto) unas circunstancias reales determinadas; justamente por ello es un proceso reglado, que se agota en el proceso intelectivo de comprensión de un realidad en el sentido de que el concepto legal indeterminado ha pretendido, proceso en el que no interfiere ninguna decisión de voluntad del aplicador, como es lo propio de quien ejercita una potestad discrecional.

"...Siendo la aplicación de conceptos jurídicos indeterminados un caso de aplicación e interpretación de la Ley que ha creado el concepto, el juez puede fiscalizar tal aplicación, valorando si la solución a que con ella se ha llegado es la única solución justa que la Ley permite...".[187]

Esta distinción entre poderes discrecionales y conceptos jurídicos indeterminados tuvo importantes repercusiones en el derecho administrativo en el sentido de que mientras que en el caso del poder discrecional no cabía la posibilidad de controlar la voluntad de los funcionarios públicos en la toma de decisiones, por encontrarse expresamente facultados por la ley, sin perjuicio de los límites impuestos por la lógica, la razonabilidad, la justicia y la proporcionalidad; en el caso de los conceptos jurídicos indeterminados siempre cabe la posibilidad de que la administración haya cometido un error de valoración, y es precisamente ese error lo que puede ser controlado y subsanado por los tribunales contencioso administrativos. Esto ha sido reconocido por la jurisprudencia venezolana desde hace más de tres décadas, primero, estableciendo la distinción entre las actividades discrecionales y la llamada "discrecionalidad técnica", excluida de la primera,[188] y luego, con la distinción entre actividades discrecionales y el uso de conceptos jurídicos indeterminados. Y esto es, precisamente, lo que resolvió la antigua Corte Suprema de Justicia en una sentencia de 19 de mayo de 1983 (Caso: *Hola Juventud/RCTV*),[189] al considerar que en "situaciones en las que no hay más que una solución justa [...] en consecuencia, no hay discrecionalidad."[190] En este caso *Hola Juventud* de 1983, el concepto jurídico indeterminado al cual se refería la ley y que facultaba a la Administración para poder suspender programas de televisión era el de "moral pública", y el Tribunal consideró que:

---

187 *V. Curso de derecho administrativo*, Ed. Civitas. Tomo I. Madrid, 1998, p. 450. *V.* también sobre esta cuestión: Fernando Sainz Moreno, *Conceptos Jurídicos, interpretación y discrecionalidad administrativa*, Madrid, 1976, p. 234.

188 *V.*, por ejemplo, el fallo de la Corte Primera de lo Contencioso Administrativo pronunciado el 23 de marzo de 1983, publicado en *Revista de Derecho Público*, N° 14, Editorial Jurídica Venezolana, Caracas 1983, p. 154.

189 *V.* el texto en *Revista de Derecho Público*, N° 34, Editorial Jurídica Venezolana, Caracas 1988, p. 69. *V.* también sentencia del Tribunal Supremo del 1° de agosto de 1991 dictada en otra causa relativa, asimismo, a un programa de televisión, Caso: *RCTV/La Escuelita*, en *Revista de Derecho Público*, N° 47, Editorial Jurídica Venezolana, Caracas 1991, pp. 80–82

190 Véanse los comentarios sobre las causas *HRCTV/Hola Juventud* de 1983 y *RCTV/La Escuelita* de 1991, en relación con la noción de que los conceptos jurídicos indeterminados no otorgan discrecionalidad a la Administración, Allan R. Brewer–Carías, "Sobre los límites al ejercicio del poder discrecional", publicado en Carlos E. Delpiazzo (Coordinador), *Estudios Jurídicos en Homenaje al Prof. Mariano Brito*, Fundación de Cultura Universitaria, Montevideo 2008, pp. 609–629, y "Algunos aspectos del control judicial de la discrecionalidad", publicado en Jaime Rodríguez Arana Muñoz et al. (Eds.), *Derecho Administrativo Iberoamericano (Discrecionalidad, Justicia Administrativa y Entes Reguladores), Congreso Iberoamericano de Derecho Administrativo*, Vol. II, Congrex SA, Panamá 2009, pp. 475–512. *V.* también el trabajo específicamente sobre la noción de "conceptos jurídicos indeterminados": Allan R. Brewer–Carías, "La técnica de los conceptos jurídicos indeterminados como mecanismo de control judicial de la actividad administrativa", publicado en *Ley de Responsabilidad Social de Radio y Televisión*, Editorial Jurídica Venezolana, Colección Textos Legislativos, N° 35, Caracas 2006, pp. 217–239.

"El presupuesto de hecho – ofensa a la moral pública – incorpora a la norma uno de aquellos elementos que la doctrina administrativista ha denominado conceptos jurídicos indeterminados, y que se diferencian claramente de las llamadas potestades discrecionales. Mientras éstas dejan al funcionario la posibilidad de escoger según su criterio una entre varias soluciones justas, no sucede lo mismo cuando se trata de la aplicación de un concepto jurídico indeterminado. Se caracterizan estos últimos por ser conceptos que resulta difícil delimitar con precisión en su enunciado, pero cuya aplicación no admite sino una sola solución justa y correcta, que no es otra que aquella que se conforme con el espíritu, propósito y razón de la norma.

La aplicación del concepto jurídico indeterminado por la Administración Pública constituye una actividad reglada y por consiguiente sujeta al control de legalidad por parte del órgano jurisdiccional competente. De allí la importancia que tiene establecer la significación y alcance del concepto moral pública empleada por la norma y que ha sido invocada como fundamento de la Resolución impugnada."[191]

Siguiendo esta jurisprudencia y sobre la base de la noción de los conceptos jurídicos indeterminados, en Venezuela se ha establecido una firme distinción entre el ejercicio del poder discrecional y lo que no es tal, como una manera efectiva de reducir la libertad de la Administración en la toma de decisiones y la consecuente ampliación de las facultades judiciales de controlar tales decisiones. Por lo tanto, la Administración sólo goza de poder discrecional en las instancias en las que puede seleccionar entre varias opciones, de manera tal que, conforme a la voluntad del legislador, cualquiera de las opciones es legalmente admisible y tiene el mismo valor.

En cambio, cuando se trata del uso en la ley de conceptos jurídicos indeterminados, no existe discrecionalidad ya que sólo hay una única decisión legalmente admisible. Como consecuencia, la particularidad de estos conceptos jurídicos indeterminados es que sólo pueden dar lugar a una sola decisión particularizada en una situación concreta: por ejemplo, o hay una necesidad de "utilidad pública" o no la hay; o se ha alterado el "orden público" o no se lo ha alterado; o se han afectado "las buenas costumbres" o la "moral pública" o no se las ha afectado; o la indemnización determinada en un caso de expropiación es "justa" o no es justa.

VI. EL DEBIDO PROCESO Y EL PROCEDIMIENTO ADMINISTRATIVO

Por otra parte, uno de los elementos principales necesarios para garantizar el respeto del Estado de derecho en la actividad administrativa, es la obligación que tienen los funcionarios públicos de que los actos administrativos se emitan siguiendo el procedimiento administrativo establecido por la ley, el cual se establece, no sólo para garantizar la eficacia de las acciones administrativas, sino también para garantizar los derechos de los administrados ante la administración pública. A tal efecto, el procedimiento administrativo se rige, según se establece en el Artículo 141 de la Constitución, por "los

191 *V.* la *Revista de Derecho Público*, N° 34, Editorial Jurídica Venezolana, Caracas 1988, p. 69. La Corte dijo: "El presupuesto de hecho –ofensa a la moral pública– incorpora a la norma uno de aquellos elementos que la doctrina administrativa ha denominado conceptos jurídicos indeterminados, y que se diferencian claramente de las llamadas potestades discrecionales. Mientras éstas dejan al funcionario la posibilidad de escoger según su criterio entre varias soluciones justas, no sucede lo mismo cuando se trata de la aplicación de un concepto jurídico indeterminado. Se caracterizan, estos últimos, por ser conceptos que resulta difícil delimitar con precisión en su enunciado, pero cuya aplicación no admite sino una sola solución justa y correcta, que no es otra que aquella que se conforma con el espíritu, propósito y razón de la norma".

principios de honestidad, participación, celeridad, eficacia, eficiencia, transparencia y responsabilidad en el ejercicio de funciones públicas y con total sometimiento a la ley y al derecho;" y como se indica en el Artículo 10 de la Ley Orgánica de la Administración Pública, por los principios de economía, celeridad, simplicidad, objetividad, imparcialidad, honestidad, transparencia y buena fe.

Específicamente, en todos los casos en los cuales un acto de la administración pública puede afectar los derechos o intereses de los administrados, para poder emitirlo la administración está obligada a seguir el procedimiento administrativo pautado legalmente para ello, en el cual la garantía del debido proceso debe respetarse y, particularmente, debe garantizarse el derecho a la defensa.

Este derecho a la defensa es parte de la cláusula general del debido proceso incluida en el Artículo 49 de la Constitución, la cual es una garantía no sólo establecida ante los tribunales, sino también respecto a las actividades administrativas, y además lo completa la disposición que declara que los actos administrativos promulgados en completa y absoluta ausencia de cualquier procedimiento administrativo, quedan afectados de nulidad absoluta, según se establece en el Artículo 19.4 de la Ley Orgánica de Procedimientos Administrativos.

La consecuencia de este principio constitucional, por ejemplo, en un procedimiento administrativo en el que se evalúe la revocación de un acto administrativo, es que la audiencia que debe darse a las partes interesadas con anterioridad a la decisión, es una condición esencial de la validez de la revocación resultante, en la medida que garantiza el derecho fundamental de la persona involucrada a defenderse y a ser escuchada. Es decir, el derecho al debido proceso se aplica a todas las actividades administrativas, teniendo siempre la administración el deber de iniciar un procedimiento administrativo antes de emitir un acto o medida que pueda afectar los derechos o intereses de una persona o una empresa, de modo que a éstos se les otorgue la oportunidad de presentar su defensa. La Sala Político–Administrativa del Tribunal Supremo de Justicia, incluso antes de la Constitución de 1999, sostuvo en repetidas sentencias lo siguiente:

> "El artículo 68 de nuestra Constitución [equivalente al 49 de la Constitución de 1999] establece que la defensa es un derecho inviolable en todo estado y grado del proceso, lo que ha sido interpretado por jurisprudencia reiterada de este alto Tribunal en su forma más amplia, al extenderlo al derecho a ser oído, presentar alegatos, refutar las argumentaciones contrarias, promover y evacuar las pruebas pertinentes, "tanto en el procedimiento constitutivo del acto administrativo como a los recursos internos consagrados por la Ley para depurar aquél" (Vid. Sentencia de la Sala Político–Administrativa de la Corte Suprema de Justicia del 08– 05–91, caso: "Ganadería El Cantón".

En este contexto, la Administración está en la obligación de comunicar a los interesados la apertura de un procedimiento –más aún cuando es de tipo sancionatorio o destinado a imponer gravámenes– para que previamente a la emisión del acto definitivo, las partes pueden tener acceso al expediente y así alegar y probar lo conducente."[192]

En una sentencia de la Corte Primera de lo Contencioso Administrativo del 15 de mayo de 1996, se declaró igualmente lo siguiente:

---

192 *V.* la sentencia de la Sala Político–Administrativa del Tribunal Supremo de Justicia del 8 de octubre de 1996 en *Revista de Derecho Público*, Nos. 67–68, Editorial Jurídica Venezolana, Caracas 1996, p. 171. Para adoptar su sentencia, la Sala se basó en la anterior sentencia de la misma Sala Político–Administrativa, de 17 de noviembre de 1983, en *Revista de Derecho Público*, N° 16, Editorial Jurídica Venezolana, Caracas 1983, p. 151; y el texto correspondiente citado más adelante en este estudio (Nota N° 49, *infra*).

"Ello así, ha de afirmarse que el derecho a la defensa es inherente a todo procedimiento (bien sea jurisdiccional o administrativo) donde se esté juzgando a un particular.

Es constante de esta manera la doctrina jurisprudencial en el sentido de que la administración debe otorgarle a los particulares que, por su actuación resultarán lesionados en sus derechos subjetivos o intereses legítimos, un momento procesal para que expongan los alegatos y presenten las pruebas que consideren pertinentes, este deber de los órganos administrativos tiene por objetivo garantizar el derecho a la defensa, cuya aplicación no sólo se limita al ámbito judicial, sino que es también extensiva como ya hemos señalado al administrativo.

En consecuencia, cualquier acto administrativo cuyos efectos estén dirigidos a extinguir, modificar o variar algún derecho subjetivo o algún interés calificado de los particulares, o aquellos que a éstos les imponga sanciones o cargas, para su validez y eficacia, requiere obligatoriamente de un procedimiento previo que, aún en forma informal, permita el ejercicio del derecho fundamental a la defensa que ostentan todos los ciudadanos, como derecho cívico contenido en la Constitución.[193]

Estos principios, como ya se mencionó, han sido repetidos en la disposición del Artículo 49 de la Constitución de 1999, donde la garantía constitucional al debido proceso a la defensa se estableció como inviolable, no sólo en todos los procesos judiciales, sino también en todos los procedimientos administrativos; una garantía que no puede omitirse ni siquiera por el mismo legislador.[194]

La Sala Político–Administrativa del Supremo Tribunal de Justicia estableció, en este sentido, los criterios para la interpretación y alcance del Artículo 49 de la Constitución de 1999, declarando que:

"Se trata de un derecho complejo que encierra dentro de sí, un conjunto de garantías que se traducen en una diversidad de derechos para el procesado, entre los que figuran, el derecho a acceder a la justicia, el derecho a ser oído, el derecho a la articulación de un proceso debido, derecho de acceso a los recursos legalmente establecidos, derecho a un tribunal competente, independiente e imparcial, derecho a obtener una resolución de fondo fundada en derecho, derecho a un proceso sin dilaciones indebidas, derecho a la ejecución de las sentencias, entre otros, que se vienen configurando a través de la jurisprudencia. Todos estos derechos se desprenden de la interpretación de los ocho ordinales que consagra el artículo 49 de la Carta Fundamental. El artículo en comento establece que el debido proceso es un derecho aplicable a todas las actuaciones judiciales y administrativas, disposición que tiene su fundamento en el principio de igualdad ante la ley, dado que el debido proceso significa que ambas partes en el procedimiento administrativo, como en el proceso judicial, deben tener igualdad de oportunidades tanto en la defensa de sus respectivos derechos como en la producción de las pruebas destinadas a acreditarlos. En este mismo orden de ideas, el derecho a la defensa previsto con carácter general como principio en el citado artículo 49 de la Constitución de la República Bolivariana de Venezuela, adoptado y aceptado en la jurisprudencia en materia administrativa, tiene también una consagración múltiple en la Ley Orgánica de Procedimientos Administrativos, la cual, en diversas normas, precisa su sentido y manifestaciones. Se regulan así los otros derechos conexos como son el derecho a ser oído, el derecho a hacer-

193 *V.* la *Revista de Derecho Público*, Nos. 65–66, Editorial Jurídica Venezolana, Caracas 1996, p. 156.

194 Por esta razón, ha sido debido a la prevalencia del derecho a la defensa, que la Sala Constitucional, siguiendo la doctrina constitucional establecida por la antigua Corte Suprema, no ha aplicado más, por ejemplo, estándares que permitan el principio de *solve et repete* como una condición para tener acceso a los tribunales administrativos contenciosos, considerándolos inconstitucionales a éstos. *V.* la Sentencia N° 321 de la Sala Constitucional del Tribunal Supremo de Justicia del 22 de febrero de 2002 (Caso de *Papeles Nacionales Flamingo, C.A. v. Dirección de Hacienda del Municipio Guácara del Estado Carabobo*), en *Revista de Derecho Público*, Nos. 89–92, Editorial Jurídica Venezolana, Caracas 2002.

se parte, el derecho a ser notificado, a tener acceso al expediente, a presentar pruebas y a ser informado de los recursos para ejercer la defensa."[195]

En forma similar, la Sala Constitucional del Tribunal Supremo de justicia, en sentencia N° 321 del 22 de Febrero de 2002 (Caso *Papeles Nacional Flamingo, C.A. v. Dirección de Hacienda del Municipio Guácara del Estado Carabobo*), indicó que cualquier restricción al derecho a la defensa, siendo un derecho fundamental, sólo puede provenir de la Constitución misma y si el legislador amplía el alcance de estas restricciones, entonces se vuelven ilegítimas. Resolvió el Tribunal lo siguiente:

"Debe observarse que tanto el artículo 68 de la abrogada Constitución, como el 49.1 de la vigente, facultan a la ley para que regule el derecho a la defensa, regulación que se ve atendida por el ordenamiento adjetivo.

Ello en modo alguno quiere significar que sea disponible para el legislador el contenido del mencionado derecho, pues éste se halla claramente delimitado en las mencionadas disposiciones; si no que por el contrario, implica un mandato al órgano legislativo de asegurar la consagración de mecanismos que aseguren el ejercicio del derecho de defensa de los justiciables, no sólo en sede jurisdiccional, incluso en la gubernativa, en los términos previstos por la Carta Magna. De esta forma, las limitaciones al derecho de defensa en cuanto derecho fundamental derivan por sí mismas del texto constitucional, y si el Legislador amplía el espectro de tales limitaciones, las mismas devienen en ilegítimas; esto es, la sola previsión legal de restricciones al ejercicio del derecho de defensa no justifica las mismas, sino en la medida que obedezcan al aludido mandato constitucional."[196]

El derecho a la defensa es, por tanto, un derecho constitucional absoluto, establecido por la Constitución como "inviolable" en todas las etapas y grados de los procedimientos, tanto judiciales como administrativos y es un derecho que todas las personas tienen, sin distinciones de ningún tipo, sean personas jurídicas o naturales, por lo que no puede someterse a ninguna excepción o limitación.[197] Este derecho "es un derecho fundamental protegido por nuestra Constitución, y como tal, no puede suspenderse en materia del Estado de derecho ya que es una de las bases sobre las cuales se erige dicho concepto."[198]

Además, la Sala Constitucional del Tribunal Supremo de Justicia, después de que la Constitución de 1999 entró en vigor, también ha insistido en la naturaleza absoluta e inviolable del derecho a la defensa. Así, por ejemplo encontramos la sentencia N° 97 del 15 de marzo de 2000 (Caso *Agropecuaria Los Tres Rebeldes, C.A. v. Juzgado de Primera Instancia en lo Civil, Mercantil, Tránsito, Trabajo, Agrario, Penal, de Salvaguarda del Patrimonio Público de la Circunscripción Judicial del Estado Barinas*), en el cual la Sala decidió que:

---

195 *V.* la sentencia N° 2742 de la Sala Político Administrativa del Tribunal Supremo de Justicia del 20 de noviembre de 2001, disponible en http://www.tsj.gov.ve/decisiones/spa/Noviembre/02742–201101–15649.htm.

196 *V.* la sentencian N° 321 de la Sala Constitucional del Tribunal Supremo de Justicia del 22 de febrero de 2002 (Caso de *Papeles Nacionales Flamingo, C.A. v. Dirección de Hacienda del Municipio Guácara del Estado Carabobo*), in *Revista de Derecho Público*, Nos. 89–92, Editorial Jurídica Venezolana, Caracas 2002.

197 La Corte Primera de lo Administrativo Contencioso declaró al respecto en su sentencia del 15 de agosto de 1997 (Caso de *Telecomunicaciones Movilnet, C.A. v. Comisión Nacional de Telecomunicaciones (CONATEL)*), lo siguiente: "La imposición de sanciones, medidas prohibitivas o en general, cualquier tipo de limitación o restricción en la esfera subjetiva de aquellos procesados sin la oportunidad de ejercer su derecho a una defensa, es inconcebible." *V.* la *Revista de Derecho Público*, Nos. 71–72, Caracas 1997, pp. 154–163.

198 Así establecido por la Sala Político–Administrativa de la antigua Corte Suprema en su sentencia N° 572 del 18 de agosto de 1997 (Caso de *Aerolíneas Venezolanas, S.A. (AVENSA) v. la República (Ministerio de Transportes y Comunicaciones)*, en *Revista de Derecho Público*, Nos. 71–72, Caracas 1997, p. 158 ss..

"Se denomina debido proceso a aquél proceso que reúna las garantías indispensables para que exista una tutela judicial efectiva. Es a esta noción a la que alude el artículo 49 de la Constitución de la República Bolivariana de Venezuela, cuando expresa que el debido proceso se aplicará a todas las actuaciones judiciales y administrativas.

Pero la norma constitucional no establece una clase determinada de proceso, sino la necesidad de que cualquiera sea la vía procesal escogida para la defensa de los derechos o intereses legítimos, las leyes procesales deben garantizar la existencia de un procedimiento que asegure el derecho de defensa de la parte y la posibilidad de una tutela judicial efectiva."[199]

De la existencia de estas reglas sobre el debido proceso se deriva la posibilidad de que las partes utilicen los medios o recursos establecidos en el ordenamiento jurídico para defender sus derechos e intereses, por lo que cualquier omisión de las reglas de procedimiento que resulte en la inhabilidad de las partes para utilizar los mecanismos que garanticen su derecho a ser oídas, resulta en un estado de indefensión y en una violación al derecho de debido proceso y al derecho de las partes a la defensa.

La consecuencia de lo anterior es que en el derecho administrativo, como consecuencia del principio general de debido proceso, dentro de los principios más importantes del procedimiento administrativo está el principio de *audire alteram parte* conforme al cual ningún acto administrativo que pueda afectar los intereses o derechos de los administrados ni emitirse en forma alguna, sin audiencia previa de las partes interesadas, de manera de permitirles ejercer sus derechos a ser oídos, a alegar sus argumentos y a producir pruebas de sus afirmaciones. El derecho a una audiencia previa, incluso en los procedimientos administrativos, como se ha dicho, tiene base constitucional (Artículo 49.1) y su respeto ha sido impuesto en todos los procedimientos administrativos por la jurisprudencia del Tribunal Supremo. Desde 1985, por ejemplo, la Sala Político–Administrativa del Tribunal Supremo se pronunció sobre este asunto sosteniendo lo siguiente:

"El derecho de defensa debe ser considerado no sólo como la oportunidad para el ciudadano encausado o presunto infractor de hacer oír sus alegatos, sino como el derecho de exigir del Estado el cumplimiento previo a la imposición de toda sanción, de un conjunto de actos o procedimientos destinados a permitirle conocer con precisión los hechos que se le imputan y las disposiciones legales aplicables a los mismos, hacer oportunamente alegatos en su descargo y promover y evacuar las pruebas que obren en su favor. Esta perspectiva del derecho de defensa es equiparable a lo que en otros estados de Derecho ha sido llamado como el principio del "debido proceso."[200]

Para garantizar dicho derecho a ser oído, la Ley Orgánica de Procedimientos Administrativos proporciona, además, una serie de derechos correlacionados, tales como que se notifique al interesado sobre cualquier procedimiento que pudiera afectar sus derechos subjetivos o intereses legítimos, personales o directos (Artículo 48); y que se le garantice tener la oportunidad de ser oído y de ser parte en cualquier momento del procedimiento administrativo (Artículo 23); tener acceso a los expedientes administrativos, de inspeccionarlos y de copiarlos (Artículo 59); poder presentar pruebas y consignar documentos en el expediente (Artículos 48 y 58); que el acto administrativo tenga adecuada motivación formalmente expresada (Artículo 9); que se notifique al interesado

199 *V.* la sentencia N° 97 de la Sala Político–Administrativa del Tribunal Supremo de Justicia de 15 de marzo de 2000, disponible en http://www.tsj.gov.ve/decisiones/scon/Marzo/97–150300–00–0118.htm.

200 *V.* la sentencia de la Sala Político–Administrativa del Tribunal Supremo de Justicia, del 17 de noviembre de 1983, en *Revista de Derecho Público*, N° 16, Editorial Jurídica Venezolana, Caracas 1983, p. 151.

personalmente de cualquier acto que pudiera afectar sus derechos, e intereses legítimos, personales y directos (Artículo 73); así como el derecho a ser informado por los medios legales para poder ejercer los recursos que procedan contra el acto administrativo dictado (Artículos 73 y 77).

De lo anterior resulta, por tanto, que el derecho a la defensa y al debido proceso en Venezuela, no sólo tiene rango y jerarquía constitucional, sino que además, está establecido en forma absoluta, por lo que no puede ser ignorado, ni aun cuando así lo prevea una ley. Por consiguiente, en el derecho administrativo venezolano, para que la administración pueda emitir una resolución que afecte, restrinja o limite derechos de una persona natural o jurídica, o de alguna manera o modifique su situación jurídica, debe llevar a cabo un procedimiento administrativo previo en el que se garanticen los derechos al debido proceso y, principalmente, a la defensa, de manera que la inobservancia de esta obligación constituye una violación de la Constitución y no sólo de las leyes (legalidad). Adicionalmente, como hemos dicho, la Ley Orgánica de Procedimientos Administrativos declara nulo de nulidad absoluta todo acto administrativo dictado por la Administración sin que se haya desarrollado un debido procedimiento administrativo, lo que equivale a un acto administrativo arbitrario (Art. 19.4).

Ello implica, por ejemplo que no se puede considerar garantizado el derecho a la defensa cuando la Administración dicta un acto administrativo que afecta derechos particulares, sin garantizarle la oportunidad de ser oído en un procedimiento administrativo previo, considerando que basta con sólo informarle a la persona afectada sobre los recursos que puede ejercer ulteriormente para defenderse contra el acto administrativo ya dictado. El derecho a la defensa debe ser garantizado antes de que se dicte el acto, no después de ello. Lo contrario equivaldría a sostener que se puede condenar a alguien sin juicio previo y que no se vulnera su derecho al debido proceso, si puede interponer un recurso de apelación *ex post facto*, impugnando su condenación.

De lo dicho se desprende, por ejemplo, que si la Administración decide revocar un acto administrativo, en principio, sólo puede hacerlo luego de iniciar un procedimiento administrativo formal con el fin de garantizar los derechos del administrado o concesionario a ser oído, a defenderse y a presentar pruebas que respalden su caso. Por ello, en las leyes reguladoras de autorizaciones administrativas, en general no se faculta en forma alguna a la Administración para revocar sus propios actos sin instaurar un procedimiento administrativo previo. En realidad, al contrario, si la Administración, por motivos de interés público, resuelve discrecionalmente revocar un acto autorizatorio o una licencia, por ejemplo, sin instaurar un procedimiento administrativo previo, lo que hace es, en realidad, expropiar los derechos del administrado, incluido el derecho procesal administrativo de ser oído, y en tal caso, debe resarcir los daños y perjuicios que su accionar haya causado a la administrado. Ante una expropiación mediante revocación, sin duda, la administración puede obviar el procedimiento administrativo previo pues con la actuación está procediendo a expropiar el derecho a ser oído, junto con los otros derechos a que se refiere el acto administrativo revocado (una autorización por ejemplo).

De lo anteriormente expuesto resulta, entonces que en Venezuela, conforme a la Constitución y a las Leyes, como una cuestión de principio, la Administración debe ineludiblemente instaurar un procedimiento administrativo formal que garantice el derecho al debido proceso del administrado antes de revocar un acto administrativo que otorga o declara derechos a su favor.

VII. PRINCIPIOS GENERALES RESPECTO A LOS ACTOS ADMINISTRATIVOS

Respecto a los actos administrativos, que son resultado más característico de los procedimientos administrativos, las principales disposiciones legales que regulan su formación, promulgación y efectos están establecidas en Venezuela en la Ley Orgánica de Procedimientos Administrativos de 1982, siguiendo la tendencia contemporánea en la materia, la cual ha sido complementada con las disposiciones de la antes mencionada Ley Orgánica de la Administración Pública, y además, de la Ley de Simplificación de Trámites Administrativos de 1999.[201]

La Ley Orgánica de Procedimientos Administrativos se inspiró principalmente en la Ley Española de Procedimientos Administrativos de 1958, y como ocurre con leyes similares de la mayoría de los países de América Latina,[202] contiene una regulación detallada sobre los actos administrativos y sus condiciones formales y sustantivas de validez y eficacia; el proceso para su formación y promulgación; la necesidad de que deben estar formal y suficientemente motivados, de manera de basarse en hechos relevantes que la administración debe acreditar y probar, y que deben estar calificados correctamente por la administración, sin modificarlos; el principio de irrevocabilidad que rige sus efectos cuando declaran o crean derechos en favor de los particulares; los vicios que los afectan y su control a nivel administrativo por medio de los recursos administrativos.[203]

La clasificación más importante de actos administrativos, de acuerdo a sus efectos, se formula básicamente refiriéndose a sus destinatarios, y es entre actos administrativos de efectos generales y actos administrativos de efectos particulares; distinción que incluso una base constitucional (Artículo 259). La primera categoría de actos administrativos de efectos generales, se refiere a aquellos actos de la administración de contenido normativo, que como tales están dirigidos a un grupo indeterminado e indeterminable de personas. El ejemplo típico de estos actos administrativos son los reglamentos que pueden emitirse por decreto ejecutivo o a través de resoluciones ministeriales. La segunda categoría de actos administrativos se refiere a aquellos actos que tienen efectos específicos dirigidos a una determinada persona o a un grupo determinable de personas.[204]

Además, de acuerdo a sus efectos, los actos administrativos pueden clasificarse dependiendo de su contenido substantivo, según que contengan una declaración, una ablación (ablatorios), una concesión o una autorización.[205] De acuerdo con esta clasificación, los actos administrativos declarativos son aquellos que otorgan certeza respecto de

201 *V.* la Ley de Simplificación de Procedimientos Administrativos, *Gaceta Oficial* N° 36.845 del 7 de diciembre de 1999, en Allan R. Brewer–Carías et al., *Ley Orgánica de Procedimiento Administrativos, loc. cit.*, pp. 199 ss.

202 *V.* Allan R. Brewer–Carías, *Principios del Procedimiento Administrativo*, Editorial Civitas, Madrid 1990; Allan R. Brewer–Carías, *Principios del procedimiento Administrativo en América Latina*, Universidad del Rosario, Editorial Legis, Bogotá 2003; y "Principios del Procedimiento Administrativo. Hacia un estándar continental," en Christian Steiner (Ed.), *Procedimiento y Justicia Administrativa en América Latina*, Konrad Adenauer Stiftung, n F. Konrad Adenauer, México 2009, pp. 163–199.

203 *V.* Allan R. Brewer–Carías, *El derecho administrativo y la Ley Orgánica de Procedimientos Administrativos*, Editorial Jurídica Venezolana, Caracas 1982, pp. 133 ss.

204 *V.* Allan R. Brewer–Carías, *El control de la constitucionalidad de los actos estatales*, Editorial Jurídica Venezolana, Caracas 1977, p. 7 ss.

205 *V.*, por ejemplo, Massimo Severo Giannini, *Diritto Amministrativo*, Giuffre, Milano 1970, Vol. II, p. 825 ss.

determinados actos, relaciones jurídicas o hechos específicos, incluso dando fe pública respecto de ellos. Dentro de estos actos se encuentran los actos de registro, que contienen declaraciones de certeza o conocimiento, así como las certificaciones, a través de la cuales la administración certifica actos o hechos específicos.

La actos administrativos ablatorios son aquellos a través de los cuales la administración priva a las personas de algunos de sus derechos legales o intereses, como aquellos que privan de derechos a los administrados, de propiedad o de cualquier otra naturaleza (expropiaciones, confiscaciones), o que privan el derecho de usar la propiedad (requisas); o que privan libertad de los administrados (arrestos, detenciones); o aquellos que les imponen obligaciones de dar (multas) o de hacer (demoliciones, por ejemplo).

Los actos administrativos concesorios, o concesiones son, contrario a los actos de ablación, aquellos que amplían el ámbito sustantivo de los derechos de los administrados, pues a través de ellos se les otorga un derecho que antes no tenía. Generalmente, estos actos son bilaterales por su naturaleza en el sentido que contienen obligaciones que el concesionario debe cumplir.

Finalmente, los actos administrativos autorizatorios o autorizaciones son aquellos que permiten a los administrados poder ejercer un derecho pre–existente que poseían, teniendo como propósito la eliminación de obstáculos legales que existían impidiendo su ejercicio. Este es el caso de las licencias, los permisos y las autorizaciones administrativas, muy comunes en la actividad administrativa contemporánea, ampliamente utilizados por todas las administraciones de acuerdo al grado de intervención en actividades privadas. Por otra parte, los actos administrativos pueden clasificarse de acuerdo a la forma en la cual la Administración expresa su voluntad. La forma normal de hacerlo es de una manera formal expresa, normalmente por escrito, a través de un documento que en algunos casos debe incluso publicarse en la *Gaceta Oficial*. Pero en otros, los actos administrativos pueden ser tácitos cuando una ley otorga de manera expresa un efecto específico al silencio de la administración, o a la ausencia de una decisión expresa de ésta en el término legalmente prescrito – casos que analizamos más adelante –. Una vez que el término prescrito expira, la ley puede otorgar a éste efectos positivos, en el sentido de que debe considerarse que lo que se ha solicitado ha sido otorgado; o efectos negativos, esto es, considerar que una vez que el término para decidir ha expirado sin una decisión adoptada expresamente, la ley establece que la petición debe considerarse como rechazada. Esto se establece generalmente respecto de peticiones respecto de peticiones.

Además, ya que los actos administrativos normalmente deben expresarse por escrito (los actos administrativos orales son la excepción, como por ejemplo algunas órdenes de policía), los mismos deben materializarse en una documento firmado. Dicho documento, una vez firmados por el funcionario público competente, también podría considerarse como un "documento público" en los términos del Artículo 1.357 del Código Civil, en relación con los hechos o actos que el funcionario público que los firma declara haber visto o escuchado, lo cual normalmente ocurre con actos administrativos de registro o de certificación; por ejemplo, los actos redactados para testificar en algunas acciones o hechos, los cuales en dichos casos son la única manera de probarlos. Respecto a estos actos administrativos, la presunción de certeza que tienen, imponen a la administración y a la persona el deber de respetar su contenido, a menos que se pruebe que la declaración del funcionario público es falsa o errónea.

Por otra parte, como se dijo, todos los actos administrativos, salvo los de simple trámite o aquellos de efectos exclusivamente internos que no afecten la situación jurídica de los administrados, deben ser motivados, es decir, deben expresar las razones o motivos legales que ha tenido la administración para dictarlos, formalmente expresados en el texto del acto administrativo. Esta obligación de fundar los actos administrativos es una de las condiciones más elementales e importantes para el ejercicio del derecho constitucional a la defensa en relación con los actos administrativos (Art. 49 de la Constitución). Si un acto administrativo no incluye una exposición de motivos, a su destinatario le resultaría imposible defenderse ante tal acto.

Esta obligación de la Administración de incluir los motivos formalmente en el texto del acto administrativo es en todo caso, una obligación legal conforme a los artículos 9 y 18.6 de la Ley Orgánica de Procedimientos Administrativos, los cuales exigen que en el mismo se detallen formalmente los fundamentos de hecho y de derecho sobre los cuales el acto se funda. Por consiguiente, es contrario a la ley que la administración dicte un acto administrativo sin fundamentarlo, o fundamentándolo sólo parcialmente, incluso en aquellos casos en los que dichos fundamentos puedan derivarse del expediente administrativo.

La consecuencia de ello es que en el derecho administrativo venezolano está descartada por completo la posible fundamentación *ex post facto* de los actos administrativos, o que la administración pretenda considerar motivado un acto administrativo, sin expresar los motivos en el texto mismo del acto, considerando que los motivos estarían en el "expediente administrativo" que se haya podido sustanciar por la Administración. Es decir, pretender explicar las razones sobre las cuales la Administración podría haber fundado un acto administrativo, luego de dictado, no se ajusta a los principios del derecho administrativo, pues además de ser contrario a toda lógica, es contrario a la propia Ley Orgánica de Procedimientos Administrativos que obliga a la Administración a motivar formalmente sus actos y a expresar los motivos el cuerpo de los mismos (Arts. 9 y 18.6).

Es decir, la Administración debe exponer formalmente en el acto las cuestiones de hecho y de derecho sobre las cuales lo fundó para emitirlo, de manera que una vez que se dicta un acto administrativo fundamentado sobre determinadas razones y motivos expresados en su texto, no es posible construir "nuevos" supuestos fundamentos que lo justifiquen a partir del expediente administrativo que habría sido "sustanciado" por la administración, especialmente si dicho expediente pudo ser efectiva o posiblemente "sustanciado" sin la participación y control del destinatario del acto administrativo, y por tanto, elaborado a espaldas del administrado.

Ciertamente que como lo ha resuelto el Tribunal Supremo de justicia, no es necesario que se expresen en el cuerpo de un acto absolutamente todos los detalles precisos de los motivos expuestos en el mismo, bastando con que se incluya una reseña o resumen de ellos, siempre que los detalles estén mencionados expresamente en el expediente administrativo del caso. En esos caso, esos detalles pueden servir para completar la motivación siempre que, por supuesto, el destinatario del acto administrativo "haya tenido el necesario acceso a tales elementos" (Sentencia N° 318, 7 de marzo de 2001), o "haya tenido el conocimiento oportuno de los mismos" (Sentencia N° 1143, 11 de noviembre de 2010). Pero si el acto administrativo no expresó motivo alguno en su texto, la administración no puede pretender posteriormente deducir de expediente administrativo dichos motivos, y menos *ex post facto*.

Por otra parte, particularmente respecto a los efectos en el tiempo de actos administrativos de efectos particulares, respecto a su irrevocabilidad consecuencia de su firmeza, el principio general establecido por la Ley Orgánica de Procedimientos Administrativos es que cualquier acto administrativo de efectos particulares que declara o crea derechos o intereses a favor de particulares, no puede ser revisado y revocado por la administración, estando el principio de revocación establecido sólo para los actos administrativos que no crean ni declaran derechos a favor de los administrados (Artículo 82). La consecuencia de este principio de irrevocabilidad de los actos administrativos que crean o declaran derechos o intereses en favor de sus destinatarios está tan firmemente establecido por la Ley Orgánica de Procedimientos Administrativos, cuyo artículo 19.2 sanciona con nulidad absoluta aquellos actos administrativos que deciden asuntos previamente decididos en forma definitiva y que han creado derechos individuales; es decir, que revocan actos administrativos previos que han creado o declarado derechos o intereses a favor de los administrados. La consecuencia de un acto afectado de la sanción de nulidad absoluta, es que es nulo e inválido según el artículo 83 de la misma Ley Orgánica de Procedimientos Administrativos y no puede producir ningún efecto legal, permitiendo así a la administración reconocer en cualquier momento dicha nulidad absoluta.

Por último, en materia de procedimientos administrativos, la Ley Orgánica de Procedimientos Administrativos establece en general un término durante el cual se debe desarrollar el procedimiento, permitiendo la posibilidad de controlar las omisiones o retrasos; estableciendo los efectos de silencio administrativo, al originar actos administrativos tácitos de efectos negativos; previendo los diferentes pasos formales que deben cumplirse antes de la emisión del acto administrativo, salvaguardando así el debido proceso (acceso a expedientes administrativos, carga de la prueba, notificaciones, apelaciones); regulando los vicios que afectan los actos administrativos de nulidad absoluta (manifiesta falta de competencia, ausencia absoluta y total del procedimiento, vicios en el objeto, violación de la Constitución); y los medios para ejecutar los actos administrativos incluso en forma obligatoria, básicamente a través de multas.[206]

VIII. EL DERECHO DE PETICIÓN Y LOS EFECTOS DEL SILENCIO ADMINISTRATIVO

Los procedimientos administrativos son establecidos y regulados por ley básicamente para permitir a la administración pública adoptar actos administrativos como expresión de voluntad. Por consiguiente, una vez que se inicia un procedimiento administrativo por iniciativa de la misma administración, o a petición de la persona o entidad privada que ejerce su derecho de petición, la administración está obligada a seguir el procedimiento y a concluirlo emitiendo el pronunciamiento correspondiente. Esta es la razón por la que el Artículo 2 de la de la Ley Orgánica de Procedimientos Administrativos establece que todas las autoridades administrativas "deben resolver las peticiones presentadas ante ellas, y en caso debido, expresar los motivos para no resolverlas" (Artículo 2). Es decir, el procedimiento administrativo, en cualquier caso, debe siempre concluir con una decisión o acto administrativo.

---

206 *V.* en general la jurisprudencia acerca de actos administrativos en Caterina Balasso, *Jurisprudencia sobre los Actos Administrativos (1980–1993)*, Editorial Jurídica Venezolana, Caracas 1998.

Para garantizar el cumplimiento de este deber por parte de la administración, en ausencia de un pronunciamiento expreso por parte de la administración pública al término del procedimiento, ha sido una tendencia general en la legislación y jurisprudencia del derecho administrativo contemporáneo, el otorgar algunos efectos legales específicos a dicho silencio administrativo, como una protección para los derechos de los administrados, ya sean de carácter negativos o positivos.[207] Estos efectos, en todo caso, positivos o negativos, por supuesto, sólo pueden estar expresamente establecidos por ley. Es decir, esta materia, es de estricta reserva legal, debido a que sólo la ley puede constituir una fuente legal que puede atribuir efectos legales al silencio administrativo. Por tanto, los efectos del silencio administrativo para poder presumirse tienen que estar expresamente establecidos por ley, no siendo el silencio, en ningún caso, un privilegio de la administración, sino una garantía para los administrados frente a su inacción,

En efecto, conforme al Artículo 51 de la Constitución de 1999 todos tienen el derecho de presentar peticiones o solicitudes ante cualquier autoridad o funcionario público respecto a asuntos que le competan, y además, derecho a obtener una respuesta pronta y oportuna de las mismas; agregando la norma que quienquiera que viole este derecho debe ser sancionado conforme a derecho, incluyendo la posibilidad de que el funcionario responsable sea destituido de su cargo.[208] Este derecho de petición y de obtener oportuna respuesta ha sido desarrollado por el Artículo 9 de la Ley Orgánica de la Administración Pública[209] y el Artículo 2 de la Ley Orgánica de Procedimientos Administrativos,[210] y también en forma indirecta por el Artículo 32 de la Ley Orgánica de Jurisdicción Contencioso Administrativa.[211] Estas últimas disposiciones tienen como propósito garantizar el derecho de las personas a interponer peticiones antes las autoridades administrativas, y a obtener una pronta y debida respuesta, mientras que los funcionarios públicos sean los competentes para adoptar las decisiones correspondientes y dar la oportuna respuesta, es decir, sean los "obligados a tomar decisiones sobre asuntos presentados ante ellos en los términos establecidos,"[212] por lo que incurren en responsabilidades cuando no lo hagan.

---

207 *V.* Allan R. Brewer–Carías, *Principios del Procedimiento Administrativo en América Latina*, Lexis, Bogotá 2003, pp. 171–176.

208 *V.* Allan Brewer Carías, *La Constitución de 1999. Derecho Constitucional Venezolano, Tomo I, Editorial Jurídica Venezolana*, Caracas 2004, p. 565.

209 *Gaceta Oficial* N° 5.890 Extra. del 31 de julio de 2008, Artículo 9: "Las funcionarias y funcionarios de la Administración Pública tienen la obligación de recibir y atender, sin excepción, las peticiones o solicitudes que les formulen las personas, por cualquier medio escrito, oral, telefónico, electrónico o informático; así como de responder oportuna y adecuadamente tales solicitudes, independientemente del derecho que tienen las personas de ejercer los recursos administrativos o judiciales correspondientes, de conformidad con la ley. En caso de que una funcionaria o funcionario público se abstenga de recibir las peticiones o solicitudes de las personas, o no de adecuada y oportuna respuesta a las mismas, serán sancionados de conformidad con la ley."

210 *Gaceta Oficial* N° 2.818 Extra. del 1 de julio de 1981, Artículo 2: "Toda persona interesada podrá, por sí o por medio de su representante, dirigir instancias o peticiones a cualquier organismo, entidad o autoridad administrativa. Estos deberán resolver las instancias o peticiones que se les dirijan o bien declarar, en su caso, los motivos que tuvieren para no hacerlo."

211 Artículo 32.1: "Las acciones de nulidad caducaran conforme a las reglas siguientes: "En los casos de actos administrativos de efectos particulares, en el término de ciento ochenta días continuos, contados a partir de su notificación al interesado, o cuando la administración no haya decidido el correspondiente recurso administrativo en el lapso de noventa días hábiles, contados a partir de la fecha de su interposición. La ilegalidad del acto administrativo de efectos particulares podrá oponerse siempre por vía de excepción, salvo disposiciones especiales.") *V.* la Ley Orgánica de la Jurisdicción Administrativa Contenciosa, Gaceta *Oficial* N° 39.451 del 22 de junio de 2010.

212 *V.* Allan R. Brewer–Carías, *El Derecho Administrativo y la Ley Orgánica de Procedimientos Administrativos. Principios del Procedimiento Administrativo*, Editorial Jurídica Venezolana, Caracas, 2009, p. 93. *V.* también

Entre los mecanismos legales específicos y efectivos establecidos para la protección de este derecho constitucional de peticionar ante las autoridades administrativas y de obtener oportuna y adecuada respuesta, particularmente en casos de ausencia de dicha respuesta en el periodo legalmente establecido, particularmente cuando no se produce la misma en el lapso legalmente establecido, está la asignación por ley de efectos legales específicos a dicha ausencia del pronunciamiento esperado, es decir, al silencio de la administración, ya sea efectos negativos (silencio administrativo negativo) o efectos positivos (silencio administrativo positivo).[213]

En esta materia el legislador es el llamado a establecer dichos efectos del silencio administrativo, de manera que puede decirse que no existen normas absolutas con respecto a la atribución de los mismos, en el sentido de si deben ser efectos positivos o negativos. La consecuencia de ello, es por tanto, que en esta materia cualquiera sea la opción del legislador, dependerá de su evaluación de lo que en determinadas situaciones qué sea lo que más conviene al interés público, siendo ambos efectos perfectamente compatibles con el mismo. Por tanto, por ejemplo, en el caso de que un acto administrativo tácito provenga de una disposición legal que atribuye efectos positivos al silencio administrativo, si la Administración tiene argumentos para cuestionar su legalidad, puede iniciar un procedimiento administrativo para que el acto sea revisado, con la intervención del beneficiario, con el fin de subsanar o revocarlo, si se justificase y procede, en pro de la protección del interés público.

En tal sentido, tal como resulta del derecho comparado, el Legislador en muchos países ha considerado como lo más conveniente otorgar efectos positivos al silencio administrativo como principio general; en otros países, en cambio, ha considerado que como principio general el atribuir efectos negativos al silencio administrativo, como es el caso precisamente de Venezuela desde la promulgación de la Ley Orgánica de Procedimientos Administrativos de 1982. En ambos casos, el atribuir de efectos (tanto negativos como positivos) al silencio administrativo, ello debe entenderse como una "excepción" a la "regla" de la necesidad de un pronunciamiento expreso de la administración a través de una decisión administrativa, es decir, con respecto a los actos administrativos expresos. Sin embargo, entre ambos efectos positivos o negativos atribuidos que se atribuyen por el legislador al silencio administrativo, no existe relación alguna de "regla" y "excepción". En ambos casos se trata de una disposición de carácter excepcional con respecto al modo general de la toma de decisiones administrativas que es el pronunciamiento formal y escrito. Por tanto, en la interpretación del silencio administrativo positivo o negativo, no hay entre esos diferentes efectos una interpretación que pueda ser amplia o restringida en un caso en relación con el otro; en realidad, ambos casos, tanto los efectos positivos como los efectos negativos atribuidos al silencio administrativo, son la excepción a la "regla" general que es la toma de decisiones en forma expresa.[214]

José Martínez Lema, "El derecho de petición, el silencio administrativo y la acción de abstención o negativa a través de la jurisprudencia de la Corte Primera de lo Contencioso Administrativo," en *Revista de Derecho Público*, N° 45, Editorial Jurídica Venezolana, Caracas 1991, p. 186.

213 *V.* Armando Rodríguez García, "El silencio administrativo como garantía de los administrados y los actos administrativos tácitos o presuntos" en Allan R. Brewer–Carías, *IV Jornadas Internacionales de Derecho Administrativo*, FUNEDA, Caracas 1998, p. 205.

214 Las sentencias de la Corte Primera de lo Contencioso Administrativo (CPCA) del 21 de diciembre de 2000 (*Corporación Bieregi*) y 11 de noviembre de 2004 (*Juan Manuel Perret*), por ejemplo, no establecen que haya una "regla" de que los efectos positivos atribuidos al silencio administrativo deban interpretarse de manera "restrictiva" en oposición, supuestamente, a los efectos negativos atribuidos al silencio administrativo. Esos fallos se refieren a

En todo caso, el acto administrativo tácito producido como consecuencia de una disposición legal que le atribuyen efectos al silencio administrativo, ya sean dichos efectos positivos o negativos, constituye un acto administrativo tácito que, como tal, está sujeto a los mismos principios y normas de derecho administrativo que rigen la actuación administrativa, incluso aquellas que rigen su revocación. Por tanto, no hay norma alguna con base en la cual la Administración pueda supuestamente revocar los actos administrativos tácitos con mucha mayor facilidad y amplitud que en el caso de los actos expresos. Al contrario, los actos administrativos tácitos, que tienen su origen en leyes que atribuyen expresamente efectos positivos o negativos al silencio administrativo, se rigen por las mismas reglas de derecho administrativo aplicables a los actos administrativos expresos.

En todo caso, la razón fundamental del desarrollo de la previsión de actos administrativos tácitos resultado del silencio administrativo deriva de que el derecho de los administrados a obtener una debida y oportuna respuesta a sus peticiones no estaría realmente garantizado con sólo sancionar al funcionario por su abstención, pues en general, lo que el solicitante o peticionante necesita tener una decisión que resuelva su petición. Y de allí la garantía establecida por la ley de asignar un efecto específico al silencio del funcionario público, mediante el cual se entiende legalmente que una vez que el periodo para que la administración emita su determinación ha transcurrido, sin que se haya emitido el pronunciamiento esperado, debe existir un acto administrativo tácito, ya sea con efectos positivos o negativos de acuerdo al caso específico,[215] mediante el cual se le da al solicitante una respuesta sobre el asunto bajo consideración, ya sea en forma afirmativa al otorgar lo que se solicitó, o en forma negativa al rechazar la petición:[216]

Con el mecanismo del silencio administrativo, en ambas modalidades, positiva y negativa, de lo que se trata es de arbitrar a favor del interesado el camino a seguir ante la posible abstención administrativa. Con el efecto negativo, se estiman rechazadas las peticiones hechas a la Administración cuando ésta no decida en el plazo previsto; y con el efecto positivo se estima que la administración ha concedido lo solicitado.

---

la doctrina jurisprudencial desarrollada por el Tribunal, y luego modificada por éste, sobre la aplicación "en forma supletoria" de las disposiciones relativas a los efectos del silencio administrativo positivo del Art. 55 de la Ley Orgánica para la Ordenación del Territorio con respecto al otorgamiento de permisos de construcción en áreas urbanas regido por la Ley Orgánica de Ordenación Urbanística, la cual no atribuye efecto positivo alguno al silencio administrativo. Fue con el fin de modificar su criterio legal anterior, en virtud del cual el Tribunal admitía la aplicación supletoria de una ley a cuestiones regidas por otra, para, por el contrario, rechazar la aplicación de la Ley Orgánica para la Ordenación del Territorio al otorgamiento de permisos de construcción en áreas urbanas, regido por la Ley Orgánica de Ordenación Urbanística; que el Tribunal señaló la necesidad de considerar que la interpretación de "la figura del silencio administrativo positivo deba ser lo más restringida posible" precisamente porque *no* está establecida en la Ley Orgánica de Ordenación Urbanística, sino en otra Ley Orgánica (la Ley Orgánica para la Ordenación del Territorio). Es decir, lo que explicó el Tribunal al modificar su interpretación de la cuestión es que la interpretación de los efectos positivos atribuidos al silencio administrativo por la Ley Orgánica para la Ordenación del Territorio, los cuales no estaban establecidos en la ley directamente aplicable, la Ley Orgánica de Ordenación Urbanística, debe ser lo más restringida posible cuando se aplica "en forma supletoria" al otorgamiento de permisos de construcción en el derecho urbanístico. Véanse los fallos en *Revista de Derecho Público*, N° 99–100, Editorial Jurídica Venezolana, Caracas 2004, pp. 219–222.

215 *V.* sobre el régimen de silencio administrativo en derecho comparativo, Allan R. Brewer Carías, *Principios del Procedimiento Administrativo*, Civitas, Madrid 1990, pp. 159–169.

216 *V.* Humberto Romero–Muci, "El efecto positivo del silencio administrativo en el Derecho Urbanístico venezolano," en Allan R. Brewer–Carías et al., *Ley Orgánica de Ordenación Urbanística*, Editorial Jurídica Venezolana, Caracas 1988, p. 141.

En esta forma lo ha establecido la Sala Constitucional del Tribunal Supremo en sentencia de 6 de abril de 2004 (caso: *Ana Beatriz Madrid*), en la cual resolvió que:

> "el silencio administrativo es, se insiste, una garantía del derecho constitucional a la defensa, pues impide que el particular vea obstaculizadas las vías ulteriores de defensa –administrativas y jurisdiccionales– ante la pasividad formal de la Administración, mas no garantiza el derecho fundamental de petición, porque la decisión presunta no cumple, ni mucho menos, con los requisitos de una oportuna y adecuada respuesta en los términos de la jurisprudencia de esta Sala que antes se señalaron, y de allí precisamente que la Administración mantenga la obligación de decidir expresamente aún si opera el silencio y de allí, también, que esta Sala haya considerado en anteriores ocasiones, que ante la falta de respuesta oportuna y expresa sea posible la pretensión de protección del derecho fundamental de petición a través de la vía del amparo constitucional."[217]

El acto administrativo tácito producido como consecuencia del silencio administrativo, por otra parte, debe considerarse como un acto administrativo real, en el mismo sentido que se ha expresado en la Ley Española 30/1992, del 26 de noviembre de 1992 del Régimen Legal de Administraciones Públicas y el Procedimiento Administrativo Común reformado en 1999 (Ley 4/1999), cuyo artículo 43.5 establece que "Los actos administrativos producidos por medio del silencio administrativo pueden emplearse ante la administración y contra cualquier persona natural o artificial, pública o privada", y el Artículo 43.3 de la misma ley que establece "Los efectos del silencio administrativo deben considerarse para todos los propósitos como un acto administrativo que otorga un cierre al procedimiento".

En tales casos, como lo mencionan Eduardo García de Enterría y Tomás–Ramón Fernández "el silencio administrativo constituye, pues, un auténtico acto administrativo presunto, en todo equivalente al acto expreso," por lo que, una vez vencido el plazo en cada caso establecido por la norma reguladora del procedimiento, "la resolución expresa posterior a la producción del acto sólo podrá dictarse de ser confirmatoria del mismo".[218]

IX. EL PRINCIPIO DE LOS EFECTOS NEGATIVOS DEL SILENCIO DE LA ADMINISTRACIÓN EN LA LEY ORGÁNICA DE PROCEDIMIENTOS ADMINISTRATIVOS

La Ley Orgánica de Procedimientos Administrativos ha establecido en Venezuela el principio general de asignarle al silencio administrativo efectos negativos, en el sentido de que si la administración no toma una decisión y no responde al solicitante dentro del periodo legalmente establecido para que lo haga, se entiende que ha decidido rechazar la petición, es decir, ha tomado una determinación negativa respecto a la solicitud presentada. Esta regla la establece expresamente el Artículo 4 de la Ley Orgánica de Procedimientos Administrativos, que indica:[219]

---

217 *V.* Daniela Urosa Maggi y José Ignacio Hernández G., "Vicisitudes del Silencio Administrativo de efectos negativos en el Derecho Venezolano," en Estudios de Derecho Constitucional y Administrativo, *Libro Homenaje a Josefina Calcaño de Temeltas*, FUNEDA, Caracas 2010, p. 731.

218 *V.* Eduardo García de Enterría y Tomás–Ramón Fernández, *Curso de Derecho Administrativo*, Vol. I, Civitas, Madrid 2006, p. 607.

219 *V.* sobre la presunción anexada en el Artículo 4 de la LOPA, Allan R. Brewer–Carías, *El Derecho Administrativo y la Ley Orgánica de Procedimientos Administrativos. Principios del Procedimiento Administrativo, loc.*

Artículo 4º. En los casos en que un órgano de la Administración Pública no resolviere un asunto o recurso dentro de los correspondientes lapsos, se considerará que ha resuelto negativamente y el interesado podrá intentar el recurso inmediato siguiente, salvo disposición expresa en contrario. Esta disposición no releva a los órganos administrativos ni a sus personeros de las responsabilidades que le sean imputables por la omisión o la demora.

Parágrafo Único: La reiterada negligencia de los responsables de los asuntos o recursos que dé lugar a que éstos se consideren resueltos negativamente como se dispone en este artículo, les acarreará amonestación escrita a los efectos de lo dispuesto en la Ley de Carrera Administrativa, sin perjuicio de las sanciones previstas en el artículo 100 de esta Ley.

De esta norma resultan dos consecuencias: primero, que se entiende por el silencio administrativo que la administración ha adoptado una decisión en sentido negativo respecto a lo que se le habría solicitado; y segundo, que la parte interesada puede ejercer su derecho a la defensa mediante la interposición de los recursos subsiguientes que procedan contra el acto administrativo tácito denegatorio respecto de la petición o recurso que se ha interpuesto.[220] De esto resulta que el único sentido que tiene la consagración del silencio administrativo en la Ley Orgánica, como presunción de decisión denegatoria de la solicitud o recurso, es que frente a la indefensión en la cual se encontraban los administrados por la no decisión oportuna por la Administración de tales solicitudes o recursos, es el establecimiento de un beneficio para los administrados para, precisamente, superar esa indefensión. Por ello es que la norma del artículo 4 de la Ley Orgánica, se ha establecido en favor de los administrados y no a favor de la administración y sus funcionarios.[221]

Esto implica por otra parte, que la impugnación del acto administrativo implícito o tácito que pueda resultar del silencio administrativo, es un derecho que se otorga en la ley al solicitante, y nunca una carga. El solicitante es libre para impugnar el acto tácito resultante del silencio administrativo, o para esperar que la administración emita una determinación expresa.[222]

Estos principios fueron clarificados por la jurisprudencia desde la sentencia de la Sala Político Administrativa del Tribunal Supremo de 22 de junio de 1982 (Caso: *Ford Motors de Venezuela*), en el cual se interpretó el alcance del silencio administrativo establecido en el artículo 134 de la entonces vigente Ley Orgánica del Tribunal Supremo de Justicia, equivalente al artículo 32.1 de la vigente Ley Orgánica de la Jurisdicción Con-

---

cit., pp. 225–227. *V.* también Armando Rodríguez García, "El silencio administrativo como garantía de los administrados y los actos administrativos tácitos o presuntos," en Allan Brewer–Carías, *IV Jornadas Internacionales de Derecho Administrativo*, FUNEDA, Caracas 1998, pp. 207–208; Juan de Stéfano, "El silencio administrativo," en *Revista de la Facultad de Ciencias Jurídicas y Políticas de la Universidad Central de Venezuela*, Nº 70, Caracas 1988, p. 81; José Antonio Muci Borjas, "El recurso jerárquico por motivos de mérito y la figura del silencio administrativo (Estudio comparativo con el derecho venezolano)," en *Revista de Derecho Público*, Nº 30, Caracas April–June 1987, pp. 11 and ss.

220 *V.* Allan R. Brewer–Carías, *El Derecho Administrativo y la Ley Orgánica de Procedimientos Administrativos. Principios del procedimiento administrativo, loc. cit.*, pp. 97– 101: *V.* también María Amparo Grau, "Comentario jurisprudencial sobre el tratamiento del silencio administrativo y la procedencia del la acción de amparo contra éste," en *Revista de Derecho Público*, Nº 47, Caracas, julio–septiembre, 1991, p. 197.

221 *V.* Allan R. Brewer–Carías, "El sentido del silencio administrativo negativo en la Ley Orgánica de Procedimientos Administrativos," en *Revista de Derecho Público*, Nº 8, Caracas Octubre–Diciembre 1981, p. 28. *V.* también Luis A. Ortiz–Álvarez, *El silencio administrativo en el derecho venezolano*, Editorial Sherwood, Caracas 2000, pp. 13–14 and 18–41.

222 *V.* José Araujo–Juárez, *Derecho Administrativo. Parte General*, Ediciones Paredes, Caracas 2008, p. 982; Allan R. Brewer–Carías, "El sentido del silencio administrativo negativo en la Ley Orgánica de Procedimientos Administrativos," en *Revista de Derecho Público*, Nº 8, Caracas, octubre–diciembre de 1981, pp. 29–30.

tencioso Administrativa,[223] considerando que al abrirse la posibilidad del ejercicio del recurso contencioso administrativo en caso de silencio administrativo, lo que la ley consagra es una garantía jurídica que se traduce en un beneficio para los administrados, razón por lo cual debe ser interpretada en sentido amplio y no restrictivo. De lo contrario, lejos de favorecer al administrado, como se quiso, lo que se lograría es estimular la arbitrariedad y reforzar los privilegios de la Administración.

Por otra parte, la garantía consiste en permitir el acceso a la jurisdicción contencioso–administrativa, en ausencia de acto administrativo expreso que ponga fin a la vía administrativa, precisándose que el transcurso del lapso del silencio administrativo sin que el particular ejerza el recurso contencioso–administrativo, no acarrea para aquél la sanción de caducidad de tal recurso, contra el acto que en definitiva pudiera producirse.

El silencio, por otra parte, de acuerdo con la misma jurisprudencia, no exime a la Administración del deber de dictar un pronunciamiento expreso, debidamente fundado, siendo el administrado el que debe decidir la oportunidad de acudir a la jurisdicción contencioso–administrativa, durante el transcurso del lapso previsto en el artículo 32.1 de la Ley, o posteriormente, cuando la Administración le resuelva su recurso administrativo. Es decir, que cuando la Administración resuelve expresamente el recurso administrativo, después de transcurridos los plazos previstos en la norma, el particular puede ejercer el recurso contencioso–administrativo contra ese acto concreto.

En todo caso, a partir del momento en que se notifica al interesado la resolución administrativa expresa de su recurso, comienza a correr el lapso general de caducidad de seis meses para el ejercicio del correspondiente recurso contencioso–administrativo; pero de no producirse nunca la decisión administrativa expresa, el interesado no podrá ejercer el recurso contencioso administrativo pasados los lapsos a que se refiere el artículo 32.1 de la Ley, invocando el silencio administrativo."[224]

Por último, debe mencionarse que el hecho de que unas disposiciones generales en la Ley Orgánica de Procedimientos Administrativos y en la Ley Orgánica de la Jurisdicción Contencioso Administrativa, atribuyan efectos negativos al silencio administrativo, no implica que ésta sea entonces supuestamente la "regla," y que la posible atribución de efectos positivos al silencio administrativo en leyes especiales, como por ejemplo sería el caso de la Ley de Minas de 1999 (artículos 25) con respecto a la prórroga de las concesiones, sea en sí misma una "excepción" a los efectos negativos atribuidos en una ley general. En estos casos de previsiones sobre silencio administrativo positivo en leyes especiales, esta tiene que considerarse en la regla aplicable.

---

223 Dicha norma dispone que: "En los casos de actos administrativos de efectos particulares, en el término de ciento ochenta días continuos, contados a partir de su notificación al interesado, o cuando la administración no haya decidido el correspondiente recurso administrativo en el lapso de noventa días hábiles, continuos, contados a partir de la fecha de su interposición." *V.* en *Gaceta Oficial* N° 39.451 del 22 de junio de 2010.

224 Entre las últimas sentencias dictadas ratificando esta jurisprudencia, esta la N° 767 de la Sala Político–Administrativa del Tribunal Supremo de 3 de junio de 2009, la cual ratificó a su vez la sentencia de la Sala N° 827 del 17 de julio de 2008 (Caso de *Roque's Air & Sea C.A.*). *V.* en http://www.tsj.gov.ve/decisiones/spa/Julio/00827–17708–2008–2006–1505.html.

X. LA REGLA DE LOS EFECTOS POSITIVOS DEL SILENCIO ADMINISTRATIVO EN EL DERECHO COMPARADO Y EN LEYES ESPECIALES

En efecto, contrariamente a las previsiones establecidas en una Ley de alcance general como la Ley Orgánica de Procedimientos Administrativos respecto a los efectos de la abstención de la administración pública en decidir sobre peticiones, en leyes especiales con frecuencia se ha adoptado el principio contrario de los efectos positivos del silencio administrativo. Este principio también se ha adoptado en muchos países como la regla general. Por ejemplo, en España, el principio general en el Artículo 43.2 de la Ley 30/1992, del 26 de noviembre de 1992 sobre el Régimen Legal de Administración Pública y el Procedimiento Administrativo Común (modificado por el 4/1999 del 13 de enero de 1999) fue otorgar efectos positivos al silencio administrativo, disponiéndose que "en cualquier tipo de petición las partes interesadas pueden asumir por virtud de silencio administrativo que sus peticiones han sido otorgadas, excepto cuando lo contrario se establece en cualquier disposición con clasificación legal o en una disposición de Ley Comunitaria (Europea)". Sólo hay una excepción a esta regla general: el Legislador ha excluido de los efectos positivos el silencio respecto a peticiones cuya aceptación favorable resultaría en la transferencia, al solicitante o a terceros, de derechos del dominio público o servicio público, en cuyo caso se aplica el principio de silencio negativo (Artículo 43).

En aquellos casos en los cuales se otorgan efectos positivos al silencio administrativo, la ley reconoce que para todos los propósitos, el resultado es que existe un acto administrativo que dispone la terminación de un procedimiento administrativo, aclarando, no obstante, que el presunto acto administrativo producto del silencio, cuando es contrario al orden legal, como un asunto de pleno derecho debe considerarse nulo e inválido por no posee las condiciones esenciales establecidas para crear derechos (Artículo 62.1.f).

Por lo tanto, en caso de silencio administrativo positivo se presume la existencia de un acto administrativo tácito que concede lo solicitado al peticionario, siendo aplicado normalmente en casos de autorizaciones y permisos. Sobre la materia, Eduardo García de Enterría y Tomás Ramón Fernández han señalado que el resultado del silencio se considera "como un verdadero acto administrativo, equivalente en todo a la autorización o aprobación expresa a las que suple" de manera que una producido el acto, no es posible a la Administración resolver de forma expresa en sentido contrario al otorgamiento presunto de la autorización o aprobación instadas."[225]

El principio de silencio administrativo positivo también ha sido establecido como el principio general en leyes de procedimiento administrativo como la de Chile (Artículo 64 de la Ley 1980 de Procedimientos Administrativos), Perú (Artículo 33 de la Ley de Procedimientos Administrativos) y Ecuador (Artículo 28 de la Ley Estatal de Modernización). En otros países el principio de efecto positivo del silencio administrativo se establece específicamente para todos los procedimientos administrativos referentes a autorizaciones, como es el caso de Costa Rica (Artículo 330 de la Ley General de Administración Pública), Colombia (Artículo 41 del Código Administrativo Contencioso) y Argentina (Artículo 10 de la Ley Nacional de Procedimientos Administrativos).

---

225 *V.* Eduardo García de Enterría y Tomás R. Fernández, *Curso de Derecho Administrativo*, Vol. I, 6a Ed., Editorial Civitas, Madrid 1993, pp. 572–573.

En Venezuela en cambio, también respecto a autorizaciones los efectos positivos del silencio administrativo han sido establecidos a través de leyes especiales,[226] como ha ocurrido en las Ley Orgánica para la Ordenación del Territorio para las autorizaciones de ocupación del territorio y en la Ley de Minas para las prórrogas respecto de concesiones otorgadas para actividades mineras,[227] y en el Reglamento de la Ley Orgánica de Ciencia, Tecnología e Información, así como en las Normas Técnicas que rigen a productores independientes de medios.

En todos estos casos, se trata de disposiciones que constituyen una reglamentación "especial" en comparación con la disposición "general" de la Ley Orgánica de Procedimientos Administrativos que, como hemos señalado, atribuye efectos negativos al silencio administrativo. Ello sin embargo, no supone la existencia de una presunta necesidad de interpretar los efectos del silencio positivo de manera "excepcional" y "restrictiva" en relación con el "silencio negativo." En esta materia, en efecto, el principio general que se deriva del ordenamiento es el de la necesaria existencia de una disposición legal que atribuya efectos positivos o negativos al silencio administrativo, como excepción a la regla general que es la que requiere el pronunciamiento de actos administrativos expresos. Esto implica que en ambos casos de actos administrativos "tácitos" que se deriven de los efectos negativos o positivos del silencio administrativo, dichos efectos se deben interpretar de manera restrictiva, ya que ambos constituyen excepción al principio general de la necesidad de un acto administrativo "expreso."

Como se mencionó en el caso del principio de silencio positivo, generalmente se ha establecido en leyes relacionadas con las autorizaciones que las personas deben obtener de la administración pública para desarrollar una actividad legal,[228] y respecto de lo cual el Tribunal Supremo de Justicia en la Sala Político–Administrativa ha declarado que:

> "El silencio administrativo de efectos positivos ha sido establecido para darle agilidad y flexibilidad a la actividad de policía que en determinadas materias realiza la Administración y constituye una garantía del particular, ya no procesal en vía administrativa, pues conduce a la posibilidad efectiva de realizar actividades que deben ser fiscalizadas por la Administración, siempre que para ello exista texto legal expreso"
>
> "Se ha establecido el silencio administrativo con efectos positivos para proporcionar prontitud y flexibilidad (policía) para controlar actividades en asuntos relacionados a la administración, y constituye una garantía para la persona, no sólo de un carácter administrativo procesal, sino para permitir la posibilidad efectiva de realizar actividades que la administración debe inspeccionar, siempre y cuando exista un texto legal para dicho propósito".[229]

La provisión tradicional al respeto ha sido la establecida en la Ley Orgánica de Ordenación del Territorio,[230] en la cual el resultado del silencio administrativo respecto a las

---

226 *V.*, por ejemplo, un antecedente remoto en el caso de 1979, Ley sobre normas técnicas y control de calidad, en Allan R. Brewer–Carías, "Comentarios a la Ley sobre normas técnicas y control de calidad de 30 de diciembre de 1979," en *Revista de Derecho Público*, N° 1, Editorial Jurídica Venezolana, Caracas 1980, p. 78.

227 *V.* Luis A. Ortiz–Álvarez, *El silencio administrativo en el derecho venezolano*, Editorial Sherwood, Caracas 2000, pp. 41–73; Daniela Maggi Urosa y José Ignacio Hernández, "Vicisitudes del Silencio Administrativo y los efectos negativos en la Legislación venezolana," en *Temas de Derecho Administrativo, Libro Homenaje a Josefina Calcaño de Temeltas*, FUNEDA, Caracas 2010, p. 731.

228 *V.* Humberto Romero–Muci, "El efecto positivo del silencio administrativo en el Derecho Urbanístico venezolano," en Allan R. Brewer–Carías et al., *Ley Orgánica de Ordenación Urbanística*, Editorial Jurídica Venezolana, Caracas 1988, pp. 147.

229 *V.* la Sentencia N° 1414 de la Sala Político–Administrativa del Tribunal Supremo de Justicia del 1 de junio de 2006, disponible en http://www.tsj.gov.ve/decisiones/spa/Junio/01414–010606–2003–1547.htm.

230 *V.* en *Gaceta Oficial* N° 3238 Extr. de 11 de agosto de 1983

peticiones de autorizaciones y aprobaciones es la presunción de un verdadero acto administrativo otorgándolas.[231] Conforme a los artículos 49 y 55 de dicha Ley Orgánica, en efecto, el silencio administrativo positivo y el acto administrativo tácito resultante se entiende que se produce una vez que ha transcurrido el plazo de sesenta (60) días que se concede a la administración para tomar una decisión en cuestiones de autorizaciones y aprobaciones de ocupación del territorio. Además, en tales casos, la administración está obligada a otorgar al solicitársele, la "prueba o evidencia" de dicha autorización o aprobación, a efectos de certificar que ha transcurrido el plazo estipulado por la Ley sin que se hubiese emitido un pronunciamiento expreso.[232] Este fue el principio aplicado durante muchos años, por ejemplo, en cuestiones de uso y planificación urbanística conforme al Artículo 85 de la Ley Orgánica de Ordenación Urbanística,[233] conforme al cual cuando mediaba el silencio de la administración pública, las autorizaciones para el desarrollo urbano solicitadas se entendían como otorgadas tácitamente.[234]

Las características generales de la aplicación del principio de efectos positivos al silencio administrativo de acuerdo a estas leyes es que una vez que el acto administrativo se entiende como existente y estimatorio de la petición, crea o declara derechos para el solicitante los cuales no pueden posteriormente ser ignorados o revocados por la administración, teniendo como única excepción el que dicho acto administrativo tácito sea nulo (afectado de nulidad absoluta) de acuerdo con el Artículo 19 de la Ley Orgánica de Procedimientos Administrativos.

Si el solicitante ha cumplido con todas las condiciones formales y sustanciales establecidas legalmente para formular su petición,[235] una vez que ha transcurrido el plazo otorgado a la administración para decidir sobre la misma, se estima que la autorización solicitada ha sido otorgada y se presume que existe un acto administrativo tácito decla-

---

231 *V.* Margarita Escudero León, "El requisito procesal del acto previo a la luz de la jurisprudencia venezolana," en *Revista de Derecho Público*, N° 57–58, Enero–Junio, 1994, pp. 479–481.

232 *V.* Allan R. Brewer–Carías, "Introducción al régimen jurídico de la ordenación del territorio," en *Ley Orgánica de la Ordenación del Territorio*, Editorial Jurídica Venezolana, Caracas 1984, pp. 64–68. *V.* también Humberto Romero–Muci, "El efecto positivo del silencio administrativo en el Derecho Urbanístico venezolano," en Allan R. Brewer–Carías et al., *Ley Orgánica de Ordenación Urbanística*, Editorial Jurídica Venezolana, Caracas 1988, pp. 152–157; Román J. Duque Corredor, "La Ley Orgánica para la Ordenación del Territorio y el Urbanismo Municipal," en *Revista de Derecho Público*, N° 18, Abril–Junio 1984, p. 107.

233 Ley Orgánica de Ordenación Urbanística, *Gaceta Oficial* N° 33.868 del 16 de diciembre de 1987.

234 *V.* Allan R. Brewer–Carías, "Comentarios a la Ley Orgánica de Ordenación Urbanística: el control urbanístico previo y la nueva técnica autorizatoria," en *Revista de Derecho Público*, N° 32, Caracas Octubre–Diciembre 1987, pp. 53–54. *V.* también Humberto Romero–Muci, "El efecto positivo del silencio administrativo en el Derecho Urbanístico venezolano," en Allan R. Brewer–Carías et al., *Ley Orgánica de Ordenación Urbanística*, Editorial Jurídica Venezolana, Caracas 1988, pp. 158 ss.; Juan Domingo Alfonzo Paradisi, "Aplicabilidad del silencio administrativo positivo en la Ley Orgánica de Ordenación Urbanística," en Fernando Parra Aranguren (Ed.), *Temas de Derecho Administrativo. Libro Homenaje a Gonzalo Pérez Luciani*, Vol. I, Tribunal Supremo de Justicia, Caracas 2002.

235 El acto administrativo tácito que contiene una autorización, debido a la aplicación del principio de silencio administrativo, no puede ser contrario a las provisiones de la Ley. Por el contrario, tal como lo dispone la Sala Político–Administrativa del Tribunal Supremo de Justicia mediante Sentencia N° 1217 del 11 de julio de 2007, el acto administrativo tácito de acuerdo a los Artículos 82 y 83 de la Ley Orgánica Procedimientos Administrativos, puede considerarse nulo, y no otorgado, agregando que "[l]a autorización que debe acordarse en virtud del silencio positivo, no podrá serlo en contravención a la Ley, puesto que un silencio de la Administración nunca podrá tener un efecto derogatorio respecto de la Ley..." *V.* Sentencia N° 1217 de la Sala Político–Administrativa del Tribunal Supremo de Justicia del 11 de julio de 2007 (Caso de *Inversiones y Cantera Santa Rita, C.A. v. Ministerio del Poder Popular para el Ambiente*), en *Revista de Derecho Público*, N° 111, Editorial Jurídica Venezolana, Caracas 2007, p. 208.

rativo de derechos para el beneficiario peticionante, el cual no puede ser revocado ni rechazado por la Administración. Es decir, que cuando se aplica el principio de silencio administrativo positivo, la administración está limitada en la emisión de otra decisión en un sentido diferente, lo cual significa que una vez que el silencio positivo haya producido sus efectos, la administración no puede emitir una decisión que rechace la solicitud ya tácitamente otorgada. Por el contrario, una decisión en tal sentido sería nula de acuerdo al Artículo 19 de la Ley Orgánica de Procedimientos Administrativos.

De la misma manera, la Ley de Minas de 1999 es otra ley especial que ha otorgado un efecto positivo al silencio administrativo en relación con las solicitudes de prórroga de concesiones mineras.[236] Esta Ley, en efecto, ha regulado la aplicación de efectos tanto positivos como negativos en los casos del silencio administrativo.

Respecto al principio de efectos negativos del silencio administrativo, y a pesar de la regla general establecida en la Ley Orgánica de Procedimientos Administrativos, expresamente establece dos casos en los cuales una vez que se vence el plazo que tiene la administración para tomar una decisión, debe entenderse que la petición formulada ha sido rechazada. Se trata del caso del Artículo 30, respecto a las peticiones para autorizaciones concernientes a las negociaciones sobre concesiones, en el cual la Ley establece que una vez que transcurre el plazo establecido para la emisión del pronunciamiento correspondiente (45 días) sin una determinación expresa, la ausencia de respuesta equivale a un acto administrativo tácito de rechazo de la solicitud.

Otro caso hace referencia a la admisión de solicitudes para concesiones mineras. De acuerdo al Artículo 41 de la misma Ley, una vez que se ha presentado formalmente una solicitud de concesión minera y las condiciones establecidas en la Ley se hayan cumplido, el Ministerio debe admitir o rechazar expresamente la solicitud e iniciar la sustanciación del procedimiento correspondiente, el cual debe ser notificado a la parte interesada antes de los cuarenta (40) días consecutivos a partir de la fecha de su presentación (con una posible prórroga de diez (10) días hábiles adicionales). Si el solicitante no es notificado de la admisión o rechazo de su solicitud, la solicitud "quedará rechazada de pleno derecho" lo cual significa que el silencio de la Administración comporta un efecto negativo con el rechazo de la solicitud.

A diferencia de estos dos casos de efectos negativos de silencio administrativo, al regular las solicitudes de prórroga respecto de concesiones mineras ya otorgadas, la Ley de Minas, luego de establecer la obligación del Ministerio de decidir al respecto dentro del mismo plazo de (6) meses en el cual vence el plazo para presentar la solicitud, adoptó el principio de silencio administrativo positivo, asignando a la omisión efectos positivos. El Artículo 25 de la Ley establece expresamente que si no existe notificación respecto de una decisión en respuesta a la solicitud mediante la cual se solicite la prórroga de una concesión, "se entenderá otorgada la prórroga." Por lo tanto, el silencio administrativo produce un acto administrativo tácito otorgando la prórroga solicitada, el cual tiene los mismos efectos generales de irrevocabilidad que tienen todos los actos administrativos. Particularmente, una vez que se otorga la prórroga mediante un acto

236 El artículo 25 de la Ley de Minas sobre la prórroga de las concesiones mineras dispone que: "La solicitud de prórroga sólo podrá hacerla el concesionario solvente con la República dentro del período de tres (3) años señalados en este artículo, la cual, en todo caso, deberá formularse antes de los seis (6) meses anteriores al vencimiento del período inicial y el Ministerio deberá decidir dentro del mismo lapso de seis (6) meses; *en caso de no haber notificación, se entenderá otorgada la prórroga.*" *V.* en *Gaceta Oficial* N° 5.382 Extraordinario del 28 de septiembre de 1999.

administrativo tácito, la Administración no puede emitir otro acto posterior en sentido contrario, pretendiendo decidir sobre la solicitud negando la prórroga. Por el contrario, si se toma dicha decisión, como cualquier otra revocando los efectos de un acto administrativo firme, ésta sería considerada nula conforme al Artículo 19 de la Ley Orgánica de Procedimientos Administrativos.

Los anteriores son los principios que se han fueron desarrollando en Venezuela durante las décadas de funcionamiento del régimen democrático hasta entrado el presente siglo, durante el cual hubo funcionamiento pleno de los mecanismos de control judicial de la administración, a cargo de una Jurisdicción contencioso administrativa autónoma e independiente. Al haberse demolido esta progresivamente,[237] en ausencia de control judicial efectivo de la conducta de los funcionarios públicos, la administración se ha venido convirtiendo en cada vez más arbitraria, por lo que los principios generales antes analizados, trágicamente, han quedado como tales principios generales, pero sin que haya garantía alguna de su aplicación efectiva. Habrá que esperar que se restablezca el régimen democrático en el país para que vuelvan a tener vigencia. Mientras tanto, servirán de testimonio de lo que alguna vez fue una administración funcionando en un sistema de Estado de derecho.

237 *V.* Allan R. Brewer–Carías, "La progresiva y sistemática demolición de la autonomía e independencia del Poder Judicial en Venezuela (1999–2004)" en *XXX Jornadas J.M. Domínguez Escovar, Estado de Derecho, Administración de Justicia y Derechos Humanos*, Instituto de Estudios Jurídicos del Estado Lara, Barquisimeto 2005, pp. 33–174; Allan R. Brewer–Carías, "El constitucionalismo y la emergencia en Venezuela: entre la emergencia formal y la emergencia anormal del Poder Judicial" en Allan R. Brewer–Carías, *Estudios Sobre el Estado Constitucional (2005–2006)*, Editorial Jurídica Venezolana, Caracas 2007, pp. 245–269; y Allan R. Brewer–Carías "La justicia sometida al poder. La ausencia de independencia y autonomía de los jueces en Venezuela por la interminable emergencia del Poder Judicial (1999–2006)" en *Cuestiones Internacionales. Anuario Jurídico Villanueva 2007*, Centro Universitario Villanueva, Marcial Pons, Madrid 2007, pp. 25–57, *disponible en* www.allanbrewercarias.com, (Biblioteca Virtual, II.4. Artículos y Estudios Nº 550, 2007) pp. 1–37. *V.* también Allan R. Brewer–Carías, *Historia Constitucional de Venezuela*, Editorial Alfa, Tomo II, Caracas 2008, pp. 402–454. *V.* en general: Rafael J. Chavero Gazdik, *La Justicia Revolucionaria. Una década de reestructuración (o involución) Judicial en Venezuela*, Editorial Aequitas, Caracas 2011; Laura Louza Scognamiglio, *La revolución judicial en Venezuela*, FUNEDA, Caracas 2011; Antonio Canovas, *La realidad del contencioso administrativo venezolano (Un llamado de atención frente a las desoladoras estadísticas de la Sala Político Administrativa en 2007 y primer semestre de 2008)*, Funeda, Caracas, 2009.

LIBRO QUINTO

SOBRE LOS EFECTOS Y VIGENCIA DE LOS ACTOS ADMINISTRATIVOS

Este Libro Quinto del Tomo III del *Tratado de Derecho Administrativo* está conformado por dos estudios: primero, por el que sobre los efectos y vigencia de los actos administrativos elaboramos en 2005, con motivo de la preparación del Tomo IV de la obra *Derecho Administrativo* que se comenzó a publicar la Universidad Externado de Colombia en Bogotá, ese mismo año 2005, y que quedó inconclusa en dos Tomos; y el segundo, el texto de la Ponencia elaborada para el IX Foro Iberoamericano de Derecho Administrativo, sobre las "Diversas Fuentes del Derecho Administrativo," Facultad de Derecho, Universidad de Cuyo, Mendoza, Argentina, septiembre 2010, publicada como "Notas sobre el valor del precedente en el derecho administrativo, y los principios de la irretroactividad y de la irrevocabilidad de los actos administrativos," en Jaime Rodríguez–Arana Muñoz, Miguel Ángel Sendín García, Alejandro Pérez Hualde, Ismael Farrando, Julio Pablo Comadira (Coordinadores), *Fuentes del derecho administrativo (Tratados internacionales, contratos como regla de derecho, jurisprudencia, doctrina y precedente administrativo), IX Foro Iberoamericano de Derecho Administrativo,* Editorial Rap, S.A., Mendoza, Argentina 2010, pp. 737–747.

Sección Primera: SOBRE LOS EFECTOS DE LOS ACTOS ADMINISTRATIVOS (2005)

Esta Sección recoge el texto que elaboramos en 2005 para el Tomo IV de la obra *Derecho Administrativo* que se comenzó a publicar la Universidad Externado de Colombia en Bogotá, ese mismo año 2005, y que quedó inconclusa en dos Tomos. Para la redacción de esa parte, partimos de dos trabajos anteriores: primero, el titulado "Aspectos de la ejecutividad y ejecutoriedad de los actos administrativos fiscales y la aplicación del principio *solve et repete,*" publicado en la *Revista Control Fiscal y Tecnificación Administrativa*, Nº 33, Contraloría General de la República, Caracas, enero–marzo 1965, pp. 17–26 y en la *Revista del Ministerio de Justicia*, Nº 53, Año XIV, Caracas, diciembre 1965, pp. 67–86; y segundo el referido a "Consideraciones sobre la ejecución de los actos

administrativos (a propósito de los actos administrativos que ordenan el desalojo de viviendas)," publicado en *Revista de Derecho Público*, Nº 41, Editorial Jurídica Venezolana, Caracas, enero–marzo 1990, pp. 163–176.

El problema de los efectos de los actos administrativos es quizás una de las partes más importantes del estudio de los mismos, pues los efectos son los que le dan vida en el mundo jurídico. Por ello, incluso, las leyes de procedimientos administrativos destinan no pocas normas a regular dichos efectos, comenzando con el tema relativo a la validez y eficacia de los mismos. Un acto administrativo en principio es válido si cumple con todas las condiciones de validez tanto de fondo como de forma establecidas en el ordenamiento; y como acto válido debería comenzar a producir efectos. Sin embargo, ello no necesariamente es así, ya que la eficacia está condicionada por otros elementos que deben cumplirse para que un acto pueda ser obligatorio y ejecutable. Se plantea así, el problema de cuándo los actos comienzan a producir efectos. Otras regulaciones de las leyes en la materia se refieren, por ejemplo, a la extensión de los efectos en el tiempo; a la consecuencia de la producción de efectos del acto, y particularmente los aspectos relativos a la ejecución del acto; y a la forma en que concluyen los efectos del acto, es decir, cómo se produce el fin de los efectos de los actos administrativos.

Los efectos de los actos administrativos, por otra parte, dan origen a los diversos tipos de actos, o si se quiere a las diversas clasificaciones de los actos administrativos, lo que analizaremos en primer lugar, antes de analizar todos las otras cuestiones mencionadas.

I. LA CLASIFICACIÓN DE LOS ACTOS ADMINISTRATIVOS Y SUS EFECTOS

La Ley Orgánica de Procedimientos Administrativos, además de definir los actos administrativos y regular sus condiciones de validez, a lo largo de su articulado permite establecer diversas clasificaciones de los mismos, todas las cuales se relacionan con sus efectos, por ejemplo, según su contenido normativo o no normativo, según sus destinatarios, según el contenido de las decisiones, según el sentido de las mismas, según la manifestación de voluntad, según su impugnabilidad y según la ejecución de los actos.

1. Los actos administrativos según su contenido normativo o no normativo y según sus destinatarios

Tanto la Constitución como las Leyes Orgánicas de Procedimiento administrativo y del Tribunal Supremo de Justicia establecen la distinción de los actos administrativos según sus efectos refiriéndose a los efectos normativos o no normativos de los mismos y a sus destinatarios; pero lo hacen, utilizando indistintamente la terminología de actos generales o de efectos generales y de actos individuales, particulares o de efectos particulares, cuando ello no es correcto.

Por ejemplo, la Constitución atribuye al Tribunal Supremo competencia para "declarar la nulidad total o parcial de los reglamentos y demás actos administrativos generales o individuales del Ejecutivo Nacional cuando sea procedente" (Art. 266,5), y además, dispone como competencia de los órganos de la jurisdicción contencioso administrativa el "anular los actos administrativos generales o individuales contrarios a derecho" (Art.

259). La distinción que recoge la Constitución es entonces entre actos administrativos generales (incluyendo los reglamentos) y actos administrativos individuales. Sin embargo, no todo acto general es de carácter normativo, pues puede haber actos administrativos destinados a un número indeterminado de personas que no tienen carácter normativo, como sucede con la convocatoria a un concurso, por ejemplo.

En efecto, los actos administrativos según sus efectos, se pueden clasificar, en primer lugar, según el contenido normativo o no normativo de los actos; y en segundo lugar, según los destinatarios de los actos.

A. Actos administrativos de efectos generales y actos administrativos de efectos particulares

En primer lugar, según el carácter normativo o no normativo de los actos administrativos, estos se clasifican en actos de efectos generales y actos de efectos particulares[1], o si se quiere en actos administrativos normativos (de efectos generales) y actos administrativos no normativos (de efectos particulares). Los primeros son aquellos que crean normas que integran el ordenamiento jurídico; en cambio, los segundos son aquellos que contienen una decisión no normativa, sea que se aplique a un sujeto o a muchos sujetos de derecho.

La Ley Orgánica de Procedimientos Administrativos puede decirse que identifica los actos administrativos de efectos generales, con los que ella califica en el Artículo 13 como "actos o disposiciones administrativas de carácter general", y los actos administrativos de efectos particulares a los que la misma norma califica como actos administrativos "de carácter particular". En esta norma, al prescribir que un acto administrativo de carácter particular no puede vulnerar lo establecido en una "disposición administrativa de carácter general", lo que está señalando es que un acto de efectos particulares (de contenido no normativo) no puede vulnerar un acto normativo o de efectos generales, acogiéndose en este Artículo 13, el principio de la inderogabilidad singular de los reglamentos o de los actos administrativos de efectos generales.

Por tanto, puede decirse que en el artículo 13 de la Ley está la clave para clasificar los actos administrativos según su contenido o efectos normativos o no normativos, identificándose los actos de efectos generales, es decir, de contenido o carácter general, con los actos normativos, y en consecuencia los actos de efectos particulares o de contenido o carácter particular, con aquellos que no tienen contenido normativo.

Debe señalarse además, que esta noción del acto administrativo de carácter general, de efectos generales o de contenido normativo, está recogida en el artículo 72 de la Ley Orgánica al establecerse expresamente que, estos actos administrativos de carácter general, es decir, los de contenido normativo, son los que deben ser básicamente publicados en la *Gaceta Oficial* de la República para que puedan comenzar a surtir efectos. Excepcionalmente los actos administrativos de carácter particular, es decir, de contenido no normativo, cuando lo exija la Ley deben ser publicados en la *Gaceta Oficial* para

1 *V.* Allan R. Brewer–Carías, "El recurso contencioso–administrativo de anulación contra los actos de efectos particulares" en el Libro del Instituto de Derecho Público, *El control jurisdiccional de los Poderes Públicos en Venezuela,* Caracas 1979, p. 171 y ss.; Allan R. Brewer–Carías, *El control de la constitucionalidad de los actos estatales*, Caracas 1977, p. 8 y *ss.;* Eloy Lares Martínez, "Actos generales y actos particulares" en *Libro Homenaje a Rafael Pizani,* Caracas 1979, p. 113–134.

que comiencen a surtir efecto. De acuerdo a esta excepción, el principio general en cuanto a los actos administrativos de carácter particular, es decir, de contenido no normativo, es que estos comienzan a surtir efectos a partir de la notificación a los interesados, de acuerdo con el Artículo 73 de la Ley.

B. Actos administrativos generales y actos administrativos individuales

Pero además, en relación a la clasificación de los actos según los efectos, la Ley Orgánica de Procedimientos Administrativos también permite clasificarlos según sus efectos, en relación con sus destinatarios de los actos.

Así, puede decirse que la Ley Orgánica acoge la clasificación de los actos administrativos, según sus destinatarios, al distinguir los actos administrativos generales de los actos administrativos individuales. Los actos administrativos generales son aquellos que interesan a una pluralidad de sujetos de derecho, sea formado por un número indeterminado de personas o un número determinado; en cambio, los actos administrativos individuales, son aquellos que interesan a un solo sujeto de derecho. Esta distinción estimamos que se acoge en el artículo 72 de la Ley Orgánica al exigirse que también sean publicados en la *Gaceta Oficial* de la República, aquellos actos administrativos que interesen a un número indeterminado de personas, que no sean necesariamente actos normativos o de carácter o efectos generales. Es decir, esta norma establece indirectamente la diferencia entre el *acto de efectos generales* o de contenido normativo y el *acto general,* el cual aun cuando pueda no tener contenido normativo, interese a un número indeterminado de personas. En estos casos, el acto es general porque interesa a un número indeterminado de personas, y no porque tenga necesariamente un contenido normativo. Por supuesto, también el acto general no normativo puede tener por destinatarios a un número determinado de personas.

El acto individual, al contrario, es el acto destinado a un solo sujeto de derecho, el cual es, además, un acto de efectos particulares, de acuerdo a la clasificación anterior.

C. Las clasificaciones en la Ley Orgánica del Tribunal Supremo de Justicia (2004)

La Ley Orgánica del Tribunal Supremo de Justicia puede decirse que en la materia siguió la misma terminología de la derogada Ley Orgánica de la Corte Suprema de Justicia, al distinguir en la regulación de los juicios de nulidad de los actos estatales, en el artículo 21, párrafo 9°, la impugnación de los "actos de efectos generales" y de los "actos administrativos de efectos particulares"[2]. Tal distinción, sin duda, resulta esencial tratándose de actos administrativos y del recurso contencioso–administrativo de anulación. Sin embargo, la Ley Orgánica del Tribunal Supremo al igual que la anterior, puede decirse que no es totalmente clara al establecer la distinción. En efecto y lamentablemente, tanto en el texto de ambas leyes como en la Exposición de Motivos de la de 1976, se incurrió en una imperfección al confundir los "actos de efectos generales" con los "actos generales" y los "actos de efectos particulares" con los "actos individuales" o

---

2 *V.* lo expuesto en Allan R. Brewer–Carías, *El control de la Constitucionalidad de los actos estatales*, Caracas, 1977, pp. 8 a 12; y "El recurso contencioso–administrativo contra los actos de efectos particulares", en *El control jurisdiccional de los Poderes Públicos en Venezuela*, Instituto de Derecho Público, UCV, Caracas, 1979, pp. 171 a 174.

"actos particulares", cuando en realidad se trata de dos clasificaciones de los actos jurídicos estatales totalmente distintas, basadas, como se ha dicho, una en relación al número de destinatarios del acto y la otra en relación a sus efectos.

En efecto, debe insistirse que una primera clasificación de los actos estatales atiende exclusivamente al número de sus destinatarios, según que sean una pluralidad de sujetos o un sólo sujeto de derecho. Bajo este ángulo es que los actos estatales se clasifican en generales e individuales. Los actos generales son los que están dirigidos a una pluralidad de destinatarios, determinados o indeterminados; y estos actos generales pueden ser o de efectos generales, es decir, de contenido normativo, dirigidos a un número indeterminado e indeterminable de sujetos, o de efectos particulares, es decir, de carácter concreto, no normativo, dirigidos a un grupo determinado o determinable de sujetos. En cambio los actos individuales son los dirigidos a un sujeto de derecho y que, por tanto, tienen siempre efectos particulares.

La clasificación entre actos generales y actos individuales, por tanto, no apunta realmente a sus propios efectos, sino al número de sus destinatarios: un acto general es el que está dirigido a un número indeterminado de personas o a un grupo determinado o determinable de sujetos; un acto individual o particular sería el que tiene por destinatario a un sujeto de derecho.

Pero según sus efectos, como se ha dicho, los actos estatales pueden ser clasificados en forma distinta, distinguiéndose así, los actos "de efectos generales" es decir, de contenido normativo y que, por tanto, crean, declaran, modifican o extinguen situaciones jurídicas generales y los actos "de efectos particulares" que son aquellos de contenido no normativo, es decir, que crean, declaran, modifican o extinguen situaciones jurídicas particulares. Bajo este ángulo, la clasificación de los actos administrativos puede realizarse así: los *actos de efectos generales* son los de contenido normativo, dirigidos a un número indeterminado e indeterminable de sujetos; en cambio, los *actos de efectos particulares* son de contenido no normativo, y éstos, a su vez, pueden ser o *actos generales,* dirigidos a un grupo determinado o determinable de personas, o *actos individuales,* siempre dirigidos a un solo sujeto de derecho.

Como consecuencia, resulta que los actos generales pueden ser tanto de efectos generales como de efectos particulares; y los actos de efectos particulares pueden ser tanto generales como individuales. Por ello, las dos clasificaciones de los actos jurídicos estatales no pueden identificarse ni confundirse, pues los criterios utilizados para las mismas son distintos. Por tanto, no es posible identificar la distinción entre acto administrativo general y acto administrativo individual, con la de acto administrativo de efectos generales y acto administrativo de efectos particulares y como consecuencia, no es lo mismo acto administrativo general que acto administrativo de efectos generales; como tampoco es lo mismo, el acto administrativo individual o particular que acto administrativo de efectos particulares.

Sin embargo, frente a estas dos distinciones señaladas, la Ley Orgánica del Tribunal Supremo de Justicia siguiendo la misma orientación de la derogada ley Orgánica de la Corte Suprema de Justicia, las desconoce y establece una incorrecta identificación entre las diversas categorías de actos administrativos al establecer la distinción básica entre ellos en algunos aspectos de los procedimientos (legitimación, lapso de caducidad), utilizando indistintamente, las expresiones "acto general" (Artículo 5, párrafo 1°, ordinales 28, 30 y 31; y Artículo 21, párrafo 21) y "actos de efectos generales" (Artículo 21, párrafo 9 y 20) como si se tratase de lo mismo; y "acto particular" (Artículo 5, párrafo

1°, ordinal 30; y Artículo 21, párrafo 21), "acto individual" (Artículo 5, párrafo 1°, ordinales 30, 31) y "actos de efectos particulares" (Artículo 5, párrafo 1°, ordinal 28; y artículo 21, párrafos 9, 11, 20 y 22) como si también se tratase de lo mismo.

Frente a esta confusión de términos se impone, por tanto, la necesidad de desentrañar cuál es la razón de ser de la distinción en las regulaciones del procedimiento para la impugnación de los actos estatales. Ante todo se observa que la Ley sólo se refiere a los actos administrativos de efectos particulares, aún cuando existen otros actos estatales de efectos particulares distintos a los actos administrativos, como algunos actos privativos de la Asamblea Nacional, y algunos actos de gobierno.

Pero frente a la distinción de los actos administrativos a los efectos de los mencionados aspectos del procedimiento, estimamos que puede sostenerse, sin la menor duda, que la distinción que establece la está basada en el contenido normativo o no normativo de los actos, por lo que en sus normas se identifican los actos de efectos generales (mal llamados en ciertas normas "actos generales") con los de contenido normativo, y los actos administrativos de efectos particulares (también mal llamados actos individuales o actos particulares) con los de contenido no normativo.

En materia procesal esta distinción implica que el recurso para impugnar un acto administrativo de efectos generales, precisamente por su contenido normativo, es que no tiene lapso de caducidad, y la legitimación es el simple interés, aun cuando calificado; en cambio, que el recurso para impugnar un acto administrativo de efectos particulares, precisamente por su contenido no normativo, es que está sometido a un lapso de caducidad de 6 meses y a una legitimación activa reservada al titular de un interés legítimo, personal y directo. En consecuencia, el carácter de "acción popular" del recurso contra los actos administrativos de efectos generales sólo se justifica por el contenido normativo, *erga omnes* de los mismos. Identificar la expresión actos de efectos generales (normativos) con acto general (normativo o no) como a veces lo hace la ley, podría implicar abrir la acción popular contra un acto de efectos particulares, general y no normativo, lo cual no se ha admitido jamás en Venezuela.

Con base en esto, sostenemos, entonces, que el recurso contencioso administrativo de anulación contra los actos administrativos de efectos particulares procede contra los actos administrativos de contenido no normativo, sean ellos, en sí mismos, actos generales o individuales, pues el hecho de que se trate de un acto general no implica que no sea de efectos particulares. Tal como lo ha dicho expresamente la Corte Suprema de Justicia.

La circunstancia de que la situación jurídica creada por el acto cuya validez se discute esté dirigida a más de una persona, en virtud del número de ellas, no modifica su individualidad, motivo por el cual continúa siendo un acto administrativo de efectos particulares[3].

A pesar de la importancia de esta clasificación de los actos administrativos, con evidentes efectos adjetivos, su tratamiento no ha sido uniforme ni constante en la jurisprudencia, sino más bien casuístico y sin uniformidad.

Se destaca, en todo caso, la sentencia dictada por la Sala Político Administrativa de la Corte Suprema de 24–4–80 (Caso *Fiscal General de la República*) en la cual puede decirse que se adoptó la distinción que proponemos. La Corte señaló:

---

3 *V.* sentencia de la CSJ–SPA de 2–11–67 en *G.F.*, N° 58, 1967, pp. 38–39.

"se ha ejercido en el caso de autos la acción de nulidad prevista en el artículo 112, Sección Segunda, Capítulo II del Título V de la Ley Orgánica de la Corte Suprema de Justicia. Esta acción es procedente contra actos como el impugnado por el Fiscal General de la República que, por ser de carácter normativo, sus efectos son generales, es decir, afectan a toda la ciudadanía, y por ello tienen pautado un procedimiento especial de impugnación en sede jurisdiccional, cuyas características más resaltantes estriban en la imprescriptibilidad de la acción de nulidad (Art. 134 LOCSJ) y la cualidad genérica de cualquier ciudadano para intentar la (acción popular).

Frente a esta acción de nulidad, el propio texto orgánico de este Supremo Tribunal consagra un medio específico de impugnación de los actos administrativos de efectos particulares: el recurso contencioso–administrativo de anulación previsto en el artículo 121, Sección Tercera del mismo Capítulo II, Título V. De la naturaleza particular de estos actos, es decir, de su afectación a un solo individuo a un número determinado o identificable de personas, deriva precisamente la exigencia contenidas en la Ley, de un interés personal, legítimo y directo en impugnar el acto de que se trate (Art. 121) y un lapso de caducidad de seis meses para intentar el recurso (Art. 134)..."[4].

Por otra parte, entre las sentencias que han considerado el tema en general, debe destacarse la de la Corte Primera de lo Contencioso–Administrativa de 1–6–82, en la cual se señaló lo siguiente:

La Ley Orgánica de la Corte Suprema de Justicia distingue solamente lo que atañe el recurso de nulidad por ilegalidad, entre los que se destinan a los actos de efectos generales y los que se destinan a los actos de efectos particulares, por lo cual es menester determinar, de acuerdo con dicho texto, a cuál de las categorías corresponde el caso presente.

La doctrina venezolana imperante, al interpretar la normativa citada, opina que actos de efectos generales son tan sólo aquellos de contenido normativo. Los actos de efectos particulares son los que carecen por el contrario dicho contenido, aun cuando puedan estar dirigidos a un grupo numeroso de sujetos. Brewer–Carías distingue así en esta segunda categoría entre los actos generales de efectos particulares que son los dirigidos a un grupo determinado o determinable de personas y los actos individuales de efectos particulares dirigidos a un sujeto específico de derecho (El Control Jurisdiccional de los Poderes Públicos en Venezuela, UCV., pp. 172 y ss). Otra opinión expresa que actos de efectos generales en una noción análoga a la de actos generales, esto es, aquel que crea, modifica o extingue situaciones subjetivas o realiza declaraciones de certeza legal respecto a una colectividad indeterminada de personas. El acto de efectos individuales, o acto particular, realiza los mismos efectos pero en relación con una o más personas determinadas o determinables (véase opinión del Fiscal General de la República expuesta en el expediente N° 79–573 de este Tribunal, pp. 212 y ss.). De todo lo anterior se evidencia que el carácter de acto de efectos generales implica para la doctrina o bien el carácter normativo contenido en el mismo, o bien el carácter indeterminado de los destinatarios[5].

De esta sentencia deriva, en todo caso, el criterio de que el acto administrativo de efectos generales puede caracterizarse sea por su contenido normativo, sea por el carácter indeterminado de sus destinatarios. Y así, casuísticamente se ha apreciado por la Corte Suprema en varias decisiones; por ejemplo, en las sentencias de 15–11–90 (caso: *Acarte*) y de 9–5–91 se calificó un acto cuyos destinatarios eran indeterminados como acto de efectos generales, independientemente de su contenido normativo[6]. Así mismo, en la sentencia de la Corte Suprema de 12–5–92 (caso: *Soto Luzardo*) un acto de convocatoria a concurso de funcionarios, a pesar de ser un acto general de efectos particulares, se lo calificó como de "efectos generales"[7]. Así mismo, en el Voto Salvado a la

---

4 Consultado en original.
5 *V.* en *RDP*, N° 11, 1982, p. 129.
6 *V.* en *RDP*, N° 44, 1990, p. 123 y N° 46, 1991, p. 106.
7 Consultada en original.

sentencia de la Corte Suprema en el caso de las *elecciones de Sucre y Barinas* de 15–2–93, la Magistrada disidente (H. Rondón de Sansó) consideró, en nuestro criterio incorrectamente, que el acto del Consejo Supremo Electoral de convocatoria a elecciones era un "acto de efectos generales" cuyos efectos no podían suspenderse. Al contrario, dicho acto es un acto general de efectos particulares, y sus efectos sí podían suspenderse[8].

En todo caso, y concentrándonos al contencioso–administrativo de anulación de los actos administrativos, conforme a la Ley Orgánica debe distinguirse entre la acción contencioso–administrativa contra los actos administrativos de efectos generales (acción popular) y la acción contencioso–administrativa contra los actos de efectos particulares, que es la única, en nuestro criterio, que justifica procesalmente, en el caso del juicio de nulidad de los actos de efectos generales, la ausencia de lapso de caducidad, la popularidad de la acción y la no regulación expresa de la suspensión temporal de sus efectos.

2. Los actos administrativos según el contenido

De acuerdo a las normas de la Ley Orgánica de Procedimientos Administrativos también pueden distinguirse los actos administrativos según la decisión que contengan, y esto puede también hacerse bajo dos ángulos: según que la decisión ponga o no fin al asunto administrativo; o según que creen o no derechos o establezcan obligaciones.

A. Actos definitivos y actos de trámite

En primer lugar, puede distinguirse el acto que pone fin al asunto administrativo, en cuyo caso sería un acto definitivo[9], del acto de trámite, que no pone fin al procedimiento ni al asunto, sino que, en general, tiene carácter preparatorio.

En efecto, un acto administrativo es definitivo cuando implica la resolución, con plenos efectos jurídicos, de la cuestión sometida a conocimiento o decisión de la Administración. El acto definitivo, por tanto, es el que resuelve el fondo del asunto (Art. 62 LOPA), y por ello, no necesariamente es un acto que deba emanar del superior de la jerarquía administrativa. Normalmente, el acto es definitivo a niveles inferiores de la jerarquía, y por ello se distingue el acto definitivo del acto que causa estado.

Con exactitud se ha dicho que el acto definitivo "se opone al acto que por ser de trámite no resuelve el expediente, o lo hace de manera provisional", por lo que *"un acto administrativo es definitivo* cuando implica la resolución con los plenos efectos jurídicos de una cuestión sometida al conocimiento de la Administración Pública en alguno

8 Consultada en original.

9 Sobre la noción de acto definitivo y de trámite, *V.* Allan R. Brewer–Carías, "Las condiciones de recurribilidad de los actos administrativos en vía contencioso–administrativa" en *Revista del Ministerio de Justicia* N° 54, Caracas 1966, p. 38 y ss.; y Allan R. Brewer–Carías, "El recurso contencioso–administrativo contra los actos de efectos individuales" en el Libro del Instituto de Derecho Público, El control jurisdiccional de los Poderes Públicos en Venezuela, Caracas 1979, p. 179 y ss. *V.* además, *Dictámenes de la Consultoría Jurídica. Contraloría General de la República*, Vol. IV, Caracas 1969, p. 340.

de sus niveles"[10]. En otras palabras, por acto administrativo definitivo se entiende aquél que resuelve *completamente* sobre la cuestión planteada: esto, frente al acto de trámite, que normalmente es un acto de impulsión procedimental, y no prejuzga, por consiguiente, la resolución final del asunto en que la Administración entiende. Frente al acto definitivo, aun cuando se diga que resuelve *completamente* un asunto, quedan siempre a salvo los recursos administrativos o gubernativos a que puede haber lugar. Por tanto, el acto definitivo puede haber sido dictado por un funcionario determinado, de cuya decisión pueda darse recurso jerárquico para ante el Ministro respectivo. De aquí la diferencia entre el acto definitivo y el acto que causa estado. Mientras el acto administrativo que causa estado se opone al acto susceptible de recurso en la vía administrativa o gubernativa, como se verá más adelante, el acto definitivo, hemos dicho, se opone al acto de trámite o preparatorio de la decisión y que forma parte del procedimiento administrativo (Art. 9 y 85 LOPA). Serían actos de trámite, y por tanto no recurribles, las actas de iniciación de un procedimiento, las citaciones y notificaciones, los actos consultivos (opiniones, dictámenes) y en fin, todos los actos destinados a permitir y preparar la decisión de fondo. Por ello, los actos de trámite no ponen fin al asunto y en cambio, el acto definitivo sí pone fin al asunto, en tanto en cuanto resuelve el fondo del mismo. Para que un acto sea recurrible es necesario, por tanto, que sea de estos actos administrativos definitivos.

Este concepto del acto definitivo ha sido el criterio tradicional*m*ente acogido por la jurisprudencia venezolana[11], del cual resulta que el acto administrativo definitivo no es necesariamente el que pone fin a la vía administrativa, es decir, el que causa estado, sino que es aquél que resuelve *completamente* un asunto, aunque contra él puedan interponerse recursos jerárquicos[12].

---

10 *V.* Fernando Garrido Falla, "Los Actos Recurribles en Vía contencioso–administrativa", en *Revista de Derecho Privado,* Tomo XLVI, 1962, p. 1050; y del mismo autor, *Régimen de* Impugnación *de los Actos Administrativos.* Madrid, 1956, pp. 57 a 60.

11 Ello se deduce de una sentencia de la antigua Corte Federal, de 5 de agosto de 1958, donde se estableció que las decisiones dictadas por el Director de Inquilinato, para esa fecha, eran decisiones definitivas; y las mismas, para que causaran estado, debían ser recurridas para ante el Ministro de Fomento. La Corte señaló:

"Las decisiones dictadas por el funcionario (Director de Inquilinato) de' conformidad con la Resolución 100 (de 5 de abril de 1946 de la antigua Comisión Nacional de Abastecimiento), sin duda alguna son definitivas, y lo que es más, administrativamente ejecutorias. En efecto, de acuerdo con la doctrina aceptada por todas las naciones donde existe la jurisdicción contencioso–administrativa, o donde se ejerce, como en Venezuela, con carácter delegado, la decisión ejecutoria es toda declaración de voluntad que tenga por objeto producir un efecto de derecho, dictada por una autoridad administrativa en forma que entrañe el procedimiento de acción directa".

"La Administración Pública, por sus mismos caracteres y fines –sigue la Corte–, actúa en medio de situaciones jurídicas ya creadas: por lo tanto, la gran mayoría de sus actos jurídicos habrán de destruir o modificar alguna o algunas de esas situaciones jurídicas preexistentes; y cada una de esas destrucciones o alteraciones puede originar un recurso contencioso–administrativo. De ahí la importancia que reviste esa ejecución privilegiada de las resoluciones administrativas ejecutorias, que interesa tanto a la propia Administración como a los particulares beneficiados con la situación anterior, y de ahí también, que el recurso de apelación contra ella se imponga de manera más perentoria, si se quiere, que en el proceso ordinario".

Por otra parte –finaliza la Corte–, es bien sabido que el recurso contencioso–administrativo contra decisiones del Poder Administrador no puede intentarse sino cuando el interesado ha agotado la vía administrativa por medio del ejercicio del recurso jerárquico, qué es precisamente la reclamación contra la decisión o un acto administrativo para ante el superior jerárquico, con el fin de que la revoque o modifique, por estimar que lesiona un derecho subjetivo o interés legítimo del interesado y que transgrede normas legales vigentes. Esa decisión de la autoridad superior en la respectiva escala, que causa estado, es la que puede impugnarse por medio del recurso contencioso–administrativo, y, por tanto, lo que tiene que provocar el interesado, por medio de la apelación o el reclamo para ante esta autoridad superior". *V. en Gaceta Forense,* N° 21, pp. 71–72.

12 C.F., 24–2–56, *G.F.*, N° 11, pp. 38–39.

Este criterio, aun cuando, no fue tan nítido ni en la doctrina ni en alguna jurisprudencia en décadas pasadas[13], es el comúnmente aceptado. Por ejemplo, en España, se considera como *actos de trámite* "aquellos actos que son simple presupuesto de la decisión en que se concreta la función administrativa realizada por el órgano correspondiente, constituyen una garantía de acierto de la decisión final y reparan la resolución administrativa"; y por *actos definitivos* "los actos que deciden un procedimiento administrativo, aquéllos que constituyen la manifestación final de la acción administrativa"[14]. En otro lugar se ha agregado que "los que deciden del procedimiento administrativo, aquéllos que constituyen la manifestación final de la acción administrativa, son los *actos definitivos* o resoluciones administrativas, concepto que no debe confundirse con el de acto que agota la vía administrativa, o acto que *causa estado,* según nuestra terminología tradicional. Frente a la confusión dominante en la doctrina y jurisprudencia hay que proclamar la diferencia entre uno y otro concepto: el de acto definitivo se establece en función del carácter del mismo en el procedimiento en que ha sido dictado, mientras que el acto que agota la vía administrativa lo es en función de su impugnabilidad ulterior"[15]. Por tanto, por acto *definitivo* ha de entenderse aquél que implica la resolución

---

13 En efecto, en auto de 13 de noviembre de 1957 la antigua Corte Federal confundió el concepto de acto definitivo con el que causa estado, es decir, con el que pone fin a la vía administrativa. En dicho auto la Corte expuso: "El artículo 3° del Decreto N° 421, publicado en la *Gaceta Oficial* N° 23.871, de 30 de junio de 1952, que crea la Oficina de Inquilinato, a cuyo cargo está el conocimiento, sustanciación y decisión de todas las cuestiones referentes a la desocupación de inmuebles, regulación de alquileres, sanciones por infracciones en tales materias y todas las demás con ellas conexas, sólo concede el recurso de apelación contra las decisiones dictadas por dicha Oficina para ante el Ministerio de Fomento: siendo así que las resoluciones de este último Despacho tienen carácter definitivo. Contra ellas no procede apelación para ante el Supremo Tribunal de la República; ya que sólo pueden ser impugnadas mediante un recurso o acción autónoma, cual es el de nulidad dentro del lapso preestablecido por la Ley". *V.* en *G.F.*, N° 18, pp. 175–176.

Por su parte, la doctrina había sido bastante poco uniforme en el empleo de estos términos. Por ejemplo, el acto que hemos denominado definitivo acogiendo la jurisprudencia correcta de la Corte (*V.* Sentencia citada de 5 de agosto de 1958, en *G.F.*, N° 21, p. 72, y Sentencia de 28 de octubre de 1959, en *G.F.*, N° 26, pp. 70 a 76), ha sido denominado como acto principal. En efecto, se ha expuesto que "se llama acto principal la resolución, dictada al final, como culminación del procedimiento administrativo, la cual ha de contener la voluntad esencial de la Administración sobre el punto tratado, esto es, la concesión o negativa de lo pedido, el mandato, permiso o prohibición, y lo contrapone a los "actos preparatorios', que son aquellos "numerosos trámites y decisiones de carácter previo" que conducen a la elaboración de un acto administrativo (*V.* Eloy Lares–Martínez, *Manual de Derecho Administrativo*, Caracas, 1963.

En lo que respecta a la doctrina extranjera, algún sector minoritario confunde el acto definitivo con el acto que causa estado. En efecto, se sostiene que "El acto perfecto (aquel respecto al cual se han cumplido todos los requisitos de procedimiento y de forma establecidos) puede ser impugnado mediante los recursos administrativos que el Derecho establece. La interposición de los recursos obliga a la Administración a dictar un pronunciamiento confirmado, modificando o revocando el acto impugnado. Este pronunciamiento constituye la palabra final de la Administración sobre la cuestión planteada, con lo cual el acto adquiere carácter definitivo". *V.* Enrique Sayagués–Laso, *Tratado de Derecho Administrativo*, Tomo I. Montevideo, 1953, pp. 486 y 487. En este mismo sentido, se sostiene que el acto administrativo definitivo "es la resolución que pone término a la reclamación administrativa que está obligado a interponer el titular de derecho subjetivo en valimento de este derecho, y que, por ser denegatoria en todo o en parte de esa pretensión, abre la vía contenciosa ante la Suprema Corte". *V.* Manuel J. Argañaras, *Tratado de lo contencioso–administrativo*, Buenos Aires, 1955, p. 45.

14 *V.* Jesús González–Pérez. *Derecho Procesal Administrativo.* Tomo II, Madrid, 1957. pp. 372 a 374.

15 *V.* Jesús González–Pérez. *El Procedimiento Administrativo.* Madrid, 1964, p. 302. En este mismo orden de ideas en Cuba se había sostenido que "hay resoluciones definitivas que no causan estado, como son aquellas dictadas por un organismo o autoridad competente en el ejercicio de sus funciones, sin necesidad de aprobación o consulta del superior, pero susceptibles de algún recurso". *V.* Eloy G. Merino–Brito, *Principios Fundamentales del Procedimiento Contencioso–Administrativo*, La Habana, 1945. p. 29. Asimismo en Argentina se asienta en forma clara que "acto administrativo definitivo es el acto administrativo que pone fin a una cuestión y acto que causa un estado, el acto definitivo que ha sido objeto de recursos jerárquicos, que hayan agotado la vía administrativa, o que

con los plenos efectos jurídicos de una cuestión sometida al conocimiento de la Administración Pública en alguno de sus niveles. En este sentido el acto definitivo se opone al acto de trámite. Por ello, el término definitivo en relación a los actos administrativos, adquiere el mismo significado que dicho término en relación con las sentencias en materia procesal civil. En efecto, tiene el carácter de definitivas las sentencias "que dan término a la instancia mediante la resolución de todas las cuestiones de fondo constitutivas de la controversia"[16].

Al hablar, sin embargo, del acto definitivo particularmente como presupuesto del recurso contencioso–administrativo, es indispensable destacar la doctrina y jurisprudencia tradicional francesas elaboradas al efecto. En cierta forma, para éstas, el carácter definitivo del acto tal como lo hemos visto, equivalía al requisito de que el acto recurrido fuera un *acte de nature à faire grief*[17], es decir, un acto capaz de causar "daño" o "lesión". Sin embargo, la determinación de cuándo un acto causa "daño", se hizo en forma puramente objetiva por la jurisprudencia francesa: se refería a las características del acto y no a su incidencia *efectiva* sobre el recurrente. En otras palabras, para determinar el acto que causa *grief,* "no es necesario buscar si el acto causa, en el caso concreto, daño al recurrente, sino solamente si el acto es en sí mismo capaz o susceptible de causar daño"[18].

En efecto, la clásica jurisprudencia francesa permitía a este respecto destacar dos ideas fundamentales: 1ª Para que un acto fuera considerado como capaz de causar "daño", era necesario que produjera *consecuencias jurídicas.* El acto sin consecuencias jurídicas, aquél que no modificaba el ordenamiento jurídico, no entraba dentro de la categoría de los actos *fainsant grief,* fueran cuales fueren los efectos perjudiciales que pudieren comportar. Este principio permitía declarar irrecurribles un cierto número de actos administrativos que no producían efectos jurídicos. 2ª Por otra parte, para que un acto pudiera ser objeto de un recurso, era necesario que fuera de *nature à faire grief par lui–même,* es decir, era necesario que fuera capaz de causar daño directamente. Este principio se refería al caso en el cual el "daño" tuviera su fuente en una serie de actos jurídicos que tenían entre sí cierta conexión. Cada uno de esos actos, si llenaran la condición antes dicha, podrían ser objeto de un recurso; sin embargo, la jurisprudencia francesa consideraba que era necesario en estos casos determinar, entre esos actos, aquél que producía, en la forma más *directa* y más *completa,* las consecuencias jurídicas generadoras de un eventual daño. En este sentido, en el conjunto de una operación, debía seleccionarse el acto al cual se daría el completo valor jurídico y contencioso, y en todo caso, ese valor no se debía dar a los actos secundarios. Por ejemplo, debe considerarse como no causante del daño por sí mismo, el *"acto preparatorio"* que procede o anuncia

---

no sea susceptible de recurso jerárquico alguno" (*V.* Juan Francisco Linares, *Cosa Juzgada Administrativa en la Jurisprudencia de la Corte Suprema de la Nación*, Buenos Aires, 1946, p. 25. Por su parte, y dentro de esta misma orientación, la jurisprudencia del Tribunal de lo Contencioso–Administrativo de Panamá ha señalado que "contra los actos preparatorios para el coro de un impuesto no procede el recurso contencioso–administrativo, puesto que tales providencias no contienen determinación alguna de la cantidad exigible. Tratándose del acto preparatorio de un fin o acto definitivo, este último será el recurrible, tanto en la vía gubernativa como en la contencioso–administrativa". *V.* Sentencia de 24 de febrero de 1947 en Manuel Antonio Días–E., *La Jurisdicción contencioso–administrativa en Panamá*, Panamá, 1956, p. 5.

16 De acuerdo con Arminio Borjas, *Comentarios al Código de Procedimiento Civil*, Tomo II, Caracas, p. 165.

17 *V.* R. Odent, *Contentieux Administratif*, fascículo II, París, Curso 1961–1962, pp. 495 y ss.

18 Como dicen Auby et Drago, *Traité de Contentieux Administratif*, Tomo II, París, 1962, p. 460.

el *"acto definitivo",* y, por tanto, como un acto que no puede ser objeto de recurso[19]. En esta forma, los mismos autores consideran coma *actos preparatorios,* equivalentes a los que hemos denominado "de trámite", a "los diversos actos de instrucción y de procedimiento que preceden a la decisión final", y entre otros son los siguientes: aquellos que tienen por objeto constatar hechos; aquellos que contienen invitaciones a los interesados para participar en el procedimiento, las citaciones o convocatorias a los interesados ante organismos administrativos, los actos consultivos, las proposiciones, las solicitudes de información, las apreciaciones destinadas a reparar una decisión, las determinaciones destinadas a permitir una decisión, las ofertas y proposiciones hechas por la Administración, los estudios y dictámenes, etc.[20].

Sin embargo, es imprescindible destacarlo, la jurisprudencia de la antigua Corte Federal ya había admitido desde 1959 la posibilidad de impugnar por la vía contencioso–administrativa los actos "de *trámite",* siempre que "decidan, directa o indirectamente, el fondo del asunto, de tal modo que pongan fin al juicio o hagan imposible su continuación"[21]. En estos casos, se consideraba que el acto de trámite equivalía al acto definitivo, al igual que, *mutatis mutandis,* las sentencias interlocutorias cuando hacen imposible la continuación del juicio, "equivalgan a la definitiva del proceso"[22]; por lo que nuestra legislación procesal admite el recurso de casación, que es otro medio de impugnación jurisdiccional[23] y de control de la legalidad, pero de sentencias[24], contra las sentencias *interlocutorias* que pongan *fin al juicio o hagan imposible su continuación,* siempre que sean dictadas en última instancia[25].

En todo caso, el principio de los actos definitivos distinguidos de los de trámite ha sido recogido expresamente en la Ley Orgánica de Procedimientos Administrativos de 1982, en la cual al regularse el objeto de los recursos administrativos, dispone lo siguiente:

> *Art. 85.* Los interesados podrán interponer los recursos a que se refiere este Capítulo contra todo acto administrativo que ponga fin a un procedimiento, imposibilite su continuación, cause inde-

---

19 *V.* Auby et Drago, *op. cit.*, Tomo II, p. 460.

20 *V.* Auby et Drago, *op. cit.*, Tomo II, pp. 460 a 473; *Cfr.* R. Odent, *op. cit.*, fascículo II, pp. 495 a 511.

21 *V.* Sentencia de 28 de octubre de 1959, en *Gaceta Forense*, N° 26, p. 67

22 *V.* Arminio Borjas, *op. cit*, Tomo IV, p. 153. Esto, por otra parte, había sido acogido expresamente por la legislación de algunos países. En efecto, el artículo 37,1, de la Ley de la Jurisdicción Contencioso–Administrativa de España, establece que "El recurso contencioso–administrativo será admisible en relación con las disposiciones y los actos de la Administración que no sean susceptibles de ulterior recurso ordinario en vía administrativa, ya sean definitivas o de trámite, si éstos deciden directa o indirectamente el fondo del asunto, de tal modo que pongan término a aquélla o hagan imposible o suspendan su continuación". De ahí que la jurisprudencia española "haya afirmado que sea admisible deducir pretensión ante la jurisdicción contencioso–administrativa respecto de actos que subordinan la decisión de un procedimiento a la realización de hechos eventuales o indeterminados (sentencia de 18 de diciembre de 1940), o que se limitan a dilatar el procedimiento y su resolución por tiempo incierto, en cuanto que tal proceder implica un vicio esencial y una vulneración del derecho del solicitante (sentencia de 16 de junio de 1935), así como respecto de actos que suspendan la tramitación de un expediente por tiempo indefinido (sentencia de 28 de septiembre de 1915), y, en general, siempre que los actos decidan directa o indirectamente el fondo del asunto, de tal modo que pongan término a la vía administrativa o hagan imposible su continuación (sentencia de 30 de diciembre de 1954)". Jesús González–Pérez, *Derecho Procesal Administrativo, cit.*, Tomo II, pp. 376 y 377.

23 *V.* Allan R. Brewer–Carías "El Proceso de Impugnación en el Recurso de Casación", en *Revista Rayas*, Nos. 7 y 8, Caracas, 1962, p. 38.

24 *V.* Allan R. Brewer–Carías, *Las Instituciones Fundamentales…*, *cit.*, p. 394.

25 Artículo 418 del Código de Procedimiento Civil, 1916.

fensión o lo prejuzgue como definitivo, cuando dicho acto lesione sus derechos subjetivos o intereses legítimos, personales y directos.

Consecuencialmente, y en relación con las condiciones de recurribilidad del acto administrativo, es necesario que sea definitivo, admitiéndose sin embargo, la posibilidad de intentar un recurso contencioso–administrativo de anulación contra *actos de trámite,* "siempre que estos últimos decidan, directa o indirectamente, el fondo del asunto, de tal modo que pongan fin al juicio (a la vía administrativa) o hagan imposible su continuación"[26].

La clasificación de los actos administrativos según el contenido, por otra parte, también se deduce de los Artículos 9 y 62 de la Ley Orgánica. En efecto, el Artículo 9 establece un principio general, y es que todos los actos administrativos de carácter particular, es decir, de efectos particulares, deben ser motivados, salvo los actos de simple trámite. Distingue aquí, por tanto, la Ley, el acto administrativo de trámite, el cual se opone, por supuesto, al acto administrativo definitivo. El acto administrativo definitivo es, por tanto, el que regula el Artículo 62 de la Ley, al hablar del acto administrativo que decida el asunto planteado ante la Administración, el cual debe resolver todas las cuestiones que hubiesen sido formuladas, tanto inicialmente como durante la tramitación; y es precisamente el acto definitivo el que conforme al Artículo 85 de la Ley puede ser impugnado.

Por tanto, el acto definitivo es el que decide el asunto, y en este sentido se opone al acto de trámite en un procedimiento. Un procedimiento administrativo antes de llegar al acto definitivo, que es el resultado final y que pone fin al asunto, se cumple a través de muchos otros actos secundarios: la Administración puede pedir un informe a un organismo, puede ordenar citar a un particular, puede ordenar evacuar ciertas pruebas, puede realizar una experticia, puede, en fin, tomar muchas medidas del procedimiento, que serían actos de trámites. Esas decisiones no resuelven el asunto, sino que son actos preparatorios para resolverlo. El acto definitivo así, es el acto final; los actos de trámite en cambio, son los que se desarrollan en el procedimiento y que preparan la decisión final.

La Ley Orgánica de Procedimientos Administrativos también recoge estos conceptos en el Artículo 19, en el ordinal 2°, cuando sanciona con la nulidad absoluta, al acto que resuelva un caso precedentemente decidido "con carácter definitivo", es decir, que ya haya resuelto un asunto, siempre que haya creado derecho a favor de particulares. Por otra parte, el Artículo 11 de la Ley Orgánica también utiliza la expresión, mezclándola con la firmeza. Este artículo establece que los nuevos criterios que adopte la Administración, no pueden ser aplicados a situaciones anteriores, agregando, sin embargo, al final, que la modificación de los criterios no dará derecho a que los particulares pidan la revisión de los "actos definitivamente firmes"; es decir, de los actos que sean firmes en cuanto a que ya no pueden ser impugnados, porque se vencieron los lapsos para ello, y que además, sean definitivos, en cuanto a que sean actos que ya resolvieron definitivamente un asunto.

La expresión "acto de trámite", como se ha dicho, también está recogida en la Ley Orgánica, en el Artículo 9, cuando exige la motivación de los actos administrativos. Esta norma, en efecto establece que los actos administrativos de carácter particular deben ser motivados, salvo los de simple trámite, es decir, los que son preparatorios del acto definitivo en el procedimiento. Por tanto, sólo los actos definitivos, que ponen fin

---

26 *V.* Sentencia de la Antigua Corte Federal de 28 de octubre de 1959, en *G.F.*, N° 26, p. 67.

al asunto, necesitan ser motivados, no siendo necesaria la motivación de los actos de trámite, que son los preparatorios del procedimiento para la obtención final de una decisión, salvo por supuesto, que la Ley lo exija expresamente, como ocurre, por ejemplo, respecto de los actos que alteren el orden de decisión de un asunto, o los actos que declaren confidenciales determinados documentos de acuerdo a lo establecido en los Artículos 34 y 59 de la Ley Orgánica de Procedimientos Administrativos.

En definitiva, la importancia de la distinción entre acto definitivo y acto de trámite, tiene relación con su recurribilidad en el sentido de que sólo pueden ser recurridos en vía administrativa y jurisdiccional, en principio, los actos definitivos, es decir, los actos que pongan fin a un asunto. Por tanto, los recursos tanto administrativos, como contencioso–administrativos, no proceden contra el acto de trámite, porque se estima que este, por ser precisamente de trámite, no resuelve el asunto planteado ante la Administración. Este principio, sin embargo, como se ha mencionado, tiene excepciones reguladas en el Artículo 85 de la Ley. En primer lugar, si el acto de trámite imposibilita la continuación del procedimiento, puede ser recurrido. Por ejemplo, iniciado un procedimiento por un particular para obtener una conformidad de construcción, y siendo sólo el propietario quien puede pedirla, la Administración, al recibir el expediente, podría resolver archivar el expediente porque estime que el solicitante no es propietario, no pudiendo expedir el permiso. Con una decisión de esta naturaleza, sin duda, no se estría resolviendo el asunto, pues, no se estaría dando ni negando la conformidad; simplemente, se trataría de un acto de trámite que impide la continuación del procedimiento porque el funcionario considera que el solicitante no es el propietario. Se trata, insistimos de un acto de trámite, que no pone fin al asunto, pero sí imposibilita la continuación del procedimiento, y en este caso, la Ley autoriza el ejercicio del recurso administrativo.

En el mismo supuesto está el acto de trámite que cause indefensión, en el curso del procedimiento. Por ejemplo, en el procedimiento preparatorio de un acto administrativo que ordene la demolición de un inmueble, el interesado puede acudir ante la Administración, pues tiene derecho a hacerse parte, y probar que el inmueble no amenaza ruina, por ejemplo, mediante una experticia o una inspección ocular. Si la Administración le niega las pruebas, produciría indefensión, porque afectaría el derecho a la defensa. En este caso, el acto también sería recurrible en vía administrativa, aun cuando no sea definitivo.

Así mismo, de acuerdo al Artículo 85 de la Ley Orgánica, también serían impugnables los actos de trámite, cuando prejuzguen como definitivos, es decir, cuando el contenido del acto sea de tal naturaleza, que aun cuando sea de trámite, materialmente esté resolviendo el fondo del asunto y esté dando o negando lo pedido. Por tanto, en el caso de que el acto prejuzgue como definitivo, pues indique cuál es el criterio de la Administración para la resolución definitiva del asunto, el particular podría impugnarlo en vía administrativa.

En conclusión, el principio general de que los actos definitivos son los únicos impugnables y que los actos de trámite no son impugnables por las vías de recurso, encuentra su excepción en estos casos enumerados en el Artículo 85 de la Ley: cuando el acto, aun cuando sea de trámite, cause indefensión, prejuzgue sobre lo definitivo o impida o imposibilite la continuación del procedimiento.

B. Actos creadores de derechos o que establecen obligaciones

Otra distinción que la Ley Orgánica prevé respecto de los actos administrativos y que también se refiere a su contenido, es la que se refiere al acto creador de derechos subjetivos o de intereses personales y legítimos a favor de los particulares, regulados en los Artículos 19, ordinal 2° y 82 de la Ley, y al acto administrativo que no crea derechos o intereses personales, legítimos y directos a favor de particulares, también regulado en esos mismos Artículos 19, ordinal 2° y 82 de la Ley. Asimismo, según el contenido, la Ley establece la posibilidad de que se trate de actos que en lugar de crear derechos a favor de particulares, lo que establezcan sean obligaciones a cargo de particulares, y así se los regula en el Artículo 70 de la Ley.

3. Los actos administrativos según la manifestación de voluntad: actos administrativos expresos y tácitos

Por otra parte, también pueden clasificarse los actos administrativos, según el tipo de manifestación de voluntad. En efecto, la manifestación de voluntad que produce el acto administrativo, conforme al Artículo 18, debe ser expresa y formal, conteniendo el acto una serie de requisitos que deben manifestarse por escrito. Por tanto, el acto administrativo que regula la Ley Orgánica de Procedimientos Administrativos, en principio, es un acto administrativo expreso formalizado según el Artículo 18. Sin embargo, la Ley admite la figura de la manifestación de voluntad tácita de la Administración, derivada del silencio administrativo. Así se establece expresamente en el Artículo 4 de la Ley Orgánica, cuando se prevé que en los casos en los cuales un órgano de la Administración Pública no resolviera un asunto o un recurso dentro de los lapsos que prevé la misma Ley, y que están consagrados para los asuntos o peticiones en los Artículo 5, 60 y 67 y en materia de recursos administrativos en los Artículos 91, 94 y 99, se considera que ha resuelto negativamente pudiendo el interesado intentar el recurso inmediato siguiente. Por tanto, la Ley Orgánica de Procedimientos Administrativos en el Artículo 4, consagra el acto administrativo tácito de contenido negativo, derivado del transcurso del tiempo, es decir, del silencio administrativo.

A. La obligación de la Administración de decidir y sus regulaciones

Puede decirse que en la base del procedimiento administrativo está, no sólo el derecho de petición sino el derecho de los particulares a obtener oportuna respuesta, regulado en el Artículo 51 de la Constitución y en los Artículos 2 y 4 de la Ley Orgánica de Procedimientos Administrativos. Este derecho a obtener oportuna respuesta de los particulares, conlleva una obligación para la Administración, que es la obligación de decidir los asuntos que se sometan a su conocimiento[27].

---

27 En general, *V.* Allan R. Brewer–Carías, "Consideraciones en torno a la figura del silencio administrativo consagrado a los efectos del recurso contencioso–administrativo de anulación", en *Revista de Control Fiscal* N° 96, Caracas 1980, pp. 11 a 38; Allan R. Brewer–Carías, "El sentido del silencio administrativo negativo en la Ley Orgánica de Procedimientos Administrativos", en *Revista de Derecho Público*, N° 8, Caracas 1981, pp. 27 a 34; Allan R. Brewer–Carías, "Aspectos procesales de la decisión sobre admisibilidad o inadmisibilidad en los recursos contencioso–administrativos de anulación", en A. Moles Caubet y otros, *Contencioso–administrativo en Venezuela*, Caracas 1981, pp. 148 y ss.

Tradicionalmente, se había planteado el problema en el procedimiento administrativo venezolano, de que la Administración Pública, simplemente, no daba respuesta a las peticiones, ni resolvía los recursos, y la oportuna respuesta que exige la Constitución no se obtenía jamás, colocándose así, al particular, en una situación de indefensión, ya que no podía reclamar contra la inacción de la Administración.

La Ley Orgánica de la Corte Suprema de Justicia de 1976, comenzó a corregir, con carácter general el problema del silencio administrativo al prever la posibilidad de ejercer el recurso contencioso–administrativo de anulación ante la ausencia de decisión, por la Administración, de un recurso administrativo. Con anterioridad, algunas normas aisladas habían regulado en nuestro país, efectos concretos de la inacción de la Administración. Así, por ejemplo, es clásica la regulación de la Ley Orgánica de la Procuraduría General de la República, que establece, en el denominado procedimiento administrativo previo en las demandas contra la República, que transcurridos 60 días, sin que la Administración hubiera resuelto la petición o reclamo, se estima que ha negado la reclamación y queda así abierta la vía judicial para el particular.

Aparte de esta norma, también podían distinguirse regulaciones respecto del silencio administrativo en normas aisladas de carácter reglamentario: por ejemplo, el Reglamento de la Ley de Regulación de Alquileres estableció, desde 1960, el silencio negativo en algún caso de falta de decisión del Director de Inquilinato de recursos interpuestos contra sus decisiones; y más recientemente, en materia de trámites para la obtención de permisos de urbanización y construcción, con el objeto de aligerar el procedimiento, se estableció que el silencio en la tramitación tenía un efecto positivo. En efecto, en los Decretos Nos. 2867 y 2868 de 19–9–78[28] se estableció que las certificaciones que a los efectos de obtención de los permisos de construcción que deban expedir los Cuerpos de Bomberos y el Ministerio de Sanidad y Asistencia Social (aprobación sanitaria), deben ser otorgadas en un plazo no mayor de 10 días hábiles contados a partir de la fecha en que se introduzca la solicitud. Vencido este lapso sin que se hubiere dado respuesta afirmativa o negativa razonada a la solicitud, dichos Decretos establecen que "se considerará otorgada la certificación" en el caso de la certificación de los Cuerpos de Bomberos y en el caso de las aprobaciones sanitarias, si no ha habido pronunciamiento sobre el proyecto, "se entenderá a todos los efectos legales que el permiso ha sido concedido".

Sin embargo, a pesar de estas normas aisladas, debe insistirse en que no existía una Ley general que le diera efectos concretos al silencio ni posibilidades de ejercer acciones de protección de derechos, con motivo de la inacción de la Administración. Fue la Ley Orgánica de la Corte Suprema de Justicia de 1976 la que le estableció en su Artículo 134 un efecto inmediato al silencio de la Administración en la resolución de recursos administrativos, al permitir el ejercicio del recurso contencioso–administrativo de anulación, para aquellos casos en los cuales, intentado un recurso administrativo, particularmente el jerárquico, si no era decidido en un lapso de 90 días consecutivos por el Ministro. La regulación se repitió en la Ley Orgánica del tribunal Supremo de Justicia de 2004 (Artículo 21, párrafo 21°), conforme a la cual transcurrido dicho lapso al particular se le abren dos posibilidades: la de esperar la decisión administrativa o la de acudir a la vía judicial en el lapso de seis meses, contados a partir del momento en que se vence ese lapso de 90 días continuos, durante el cual se impone al Ministro la obligación de decidir.

---

28 (*G.O.* 31577 de 21–9–78)

El silencio administrativo regulado en la Ley Orgánica del Tribunal Supremo de Justicia, en esta forma permite ejercer el recurso contencioso–administrativo de anulación contra un acto administrativo que no causa estado, pero que sido recurrido en vía administrativa el mismo no ha sido decidido por la autoridad administrativa. Esta Ley Orgánica, en realidad, no asigna al silencio efecto alguno, ni positivo ni negativo y por tanto, en ese supuesto no puede decirse que haya un acto administrativo tácito que se recurra, sino que lo que la Ley plantea es garantizarle al particular una vía de recurso y protección para el caso de la inacción de la Administración. El recurso de ejercerse, no contra un supuesto acto administrativo tácito denegatorio de lo pedido, que no es el caso, sino que se ejerce contra el acto administrativo del inferior que se había recurrido y cuyo recurso no ha sido decidido. Es decir, se trataba de una excepción a la condición de recurribilidad del acto administrativo que exigía que cause estado, o sea, que agotase la vía administrativa.

La Ley Orgánica de Procedimientos Administrativos, en todo caso, cambiado el panorama que derivaba de la Ley Orgánica de la Corte Suprema de Justicia de 1976 y que recogió la Ley del Tribunal Supremo de 2004. La Ley Orgánica de Procedimientos Administrativos, por supuesto, como se ha analizado, recoge en sus Artículos 2 y 4 el derecho del particular a obtener oportuna respuesta así como la obligación de la Administración de decidir. Además, establece lo responsabilidad administrativa de los funcionarios públicos en la resolución de los asuntos, de manera que éstos, de acuerdo al Artículo 3, están en la obligación de tramitar los asuntos cuyo conocimiento le corresponda, y son responsables por las faltas en que incurran. La tramitación implica, por supuesto, la decisión del asunto, y ella además, debe pronunciarse en un lapso determinado.

B. La decisión tácita denegatoria

Sin embargo, lo novedoso de la Ley Orgánica de Procedimientos Administrativos en esta materia es la previsión en su artículo 4, con carácter general, del efecto negativo del silencio administrativo cuando no se revuelvan los asuntos en los lapsos prescritos en la Ley. Establece así que en los casos en los cuales un órgano de la Administración Pública no resuelva un asunto o recurso dentro de los correspondientes lapsos, se considerar que ha resuelto negativamente, y el interesado puede intentar el recurso inmediato siguiente, salvo disposición expresa de la Ley.

En esta forma, la Ley Orgánica de Procedimientos Administrativos, le dio un valor negativo al transcurso del tiempo sin que haya decisión de la Administración; es decir, consagra el llamado silencio administrativo negativo, porque la Ley presume que por el transcurso del lapso sin que haya habido decisión, se ha producido una decisión tácita denegatoria de lo solicitado, o del recurso interpuesto. La Ley consagró, por tanto, una gran innovación en relación a la situación anterior.

En primer lugar, reguló los efectos del silencio, no sólo en relación a la no decisión, en los lapsos prescritos, de los recursos administrativos, como lo había hecho anteriormente la Ley Orgánica de la Corte Suprema de Justicia, sino que reguló el silencio también, en materia de solicitudes o peticiones. Por tanto, no sólo existe una protección o garantía del particular de interponer un recurso contencioso cuando no se decida oportunamente un recurso administrativo, sino que también esa garantía existe cuando no se decida formalmente una petición o solicitud, en los lapsos prescritos. En esta forma, la

Ley extiende los efectos del silencio tanto respecto a la petición o solicitud de asuntos como a los casos de recursos no decididos en los correspondientes lapsos.

Por otra parte, expresamente se consagró que el silencio administrativo en esos casos, tiene un efecto negativo, es decir, el transcurso del lapso, sin que se decida la solicitud o el recurso, produce una decisión tácita denegatoria o si se quiere, produce la presunción de que ha habido un acto administrativo negativo.

C. La responsabilidad de los funcionarios

La consagración de estos efectos del silencio, por otra parte, no releva a los órganos administrativos ni a los funcionarios de las responsabilidades que les sean imputables por la omisión o demora, ni como se ha dicho, releva a la Administración de su obligación de decidir. Por tanto, el hecho de que se produzca la presunción legal de decisión tácita, no exonera a los funcionarios de las responsabilidades en que puedan incurrir. Es más, la Ley establece inclusive, que la reiterada negligencia de los responsables de la decisión de asuntos o recursos de manera que dé lugar a que éstos se consideren resueltos negativamente por vía de la aplicación de la presunción de silencio administrativo negativo, les acarreará necesariamente a esos funcionarios, amonestación escrita a los efectos de lo dispuesto en la Ley del Estatuto de la Función Pública, sin perjuicio, por supuesto, de la aplicación del Artículo 100 de la Ley, que establece sanciones para los casos de retardo, omisión y de incumplimiento de plazos en el procedimiento administrativo.

Ahora bien, el silencio administrativo, produce efectos negativos en tres casos fundamentales: en primer lugar, en los casos de solicitudes o peticiones que no sean resueltas en los lapsos prescritos; en segundo lugar, en los casos de procedimientos que se han iniciado de oficio por la Administración sobre determinados asuntos, que tampoco se resuelvan en los lapsos establecidos; y en tercer lugar, también se produce el silencio en los casos de recursos administrativos no decididos en los lapsos prescritos. Veamos separadamente estos tres supuestos.

D. El silencio administrativo en las solicitudes

a. El lapso de decisión

En los casos de solicitudes o peticiones administrativos, a los efectos de determinar el lapso para la decisión que impone la Ley a los funcionarios, deben distinguirse las solicitudes que no requieren sustanciación de aquéllas que sí requieren sustanciación.

En efecto, toda petición, representación o solicitud de naturaleza administrativa dirigida por los particulares a los órganos de la Administración Pública y que no requiera sustanciación, debe ser resuelta dentro del lapso de 20 días hábiles siguientes a su presentación ante la autoridad administrativa, o a la fecha posterior en que el interesado hubiera cumplido los requisitos legales exigidos, tal como lo prescribe el Artículo 5 de la Ley. Por tanto, en los casos de solicitudes que no requieren sustanciación, es decir, cuya decisión puede adoptarse con la sola solicitud del interesado sin el cumplimiento de trámites adicionales, la decisión debe ser adoptada por la autoridad administrativa en un lapso de 20 días hábiles.

En cuanto a las solicitudes que sí requieren sustanciación, conforme a lo que establece el Artículo 60 de la Ley, la tramitación y resolución de los expedientes no podrá exceder de cuatro meses, salvo que medien causas excepcionales, de cuya existencia deberá dejarse constancia en el expediente, con indicación de la prórroga que se acuerde, y dicha prórroga o prórrogas no pueden exceder en su conjunto, es decir, en total de dos meses. Por tanto, de acuerdo a esa norma, la decisión de los asuntos que sí requieren sustanciación tiene que ser tomada en un lapso máximo de seis meses, en caso de que se acuerden prórrogas.

b. Garantías contra la inacción

Transcurridos estos lapsos sin que las peticiones o solicitudes hayan sido decididas, de acuerdo al Artículo 4 de la Ley, se entiende que la autoridad administrativa ha resuelto negativamente y el interesado puede intentar el recurso inmediato siguiente. Por tanto, se prevén garantías frente al silencio, y las mismas implican que se puede intentar el recurso inmediato siguiente, pero dependiendo de la decisión negativa tácita que se presume dictada. En efecto, si esa decisión negativa tácita no pone fin a la vía administrativa, se entiende que de acuerdo al Artículo 4, queda abierta la posibilidad de que se intente el recurso administrativo correspondiente conforme a los Artículos 85 y siguientes de la Ley.

En consecuencia, en el caso de una solicitud o petición que no sea resuelta en el lapso prescrito y que dé origen a un acto administrativo tácito negativo, el particular puede intentar el recurso de reconsideración previsto en el Artículo 94, si el acto no pone fin a la vía administrativa. Pero si se trata de un acto que sí pone fin a la vía administrativa, el que resulte del silencio administrativo negativo, al particular se le abren dos vías de recurso: por supuesto, le queda abierta siempre la vía del recurso contencioso–administrativo de anulación por tratarse de un acto que pone fin a la vía administrativa, pero también podría intentar el recurso de reconsideración contra la decisión, por ejemplo, de un Ministro, antes de acudir a la vía contenciosa.

Ahora bien, en estos casos de silencio administrativo que produce un acto administrativo tácito denegatorio de lo solicitado, la garantía que se le abre al particular para ejercer los recursos de impugnación, es realmente relativa, ya que no tendría motivos que alegar en el recurso de impugnación contra el acto tácito denegatorio, pues precisamente no ha habido decisión motivada que pueda impugnarse. Precisamente por ello, hemos señalado que en estos casos, la garantía del particular consiste realmente en obligar a la Administración a que decida. Así, en realidad, el silencio administrativo en estos casos, lo que abre es la posibilidad para el interesado, de acudir a los órganos de la jurisdicción contencioso–administrativa, mediante un recurso contra la abstención o negativa del funcionario, para obtener una decisión judicial que lo obligue a decidir los asuntos que se les planteen. La Ley Orgánica del Tribunal Supremo atribuye a los tribunales contenciosos–administrativos competencias para "conocer de la abstención o negativa" de los funcionarios públicos "a cumplir específicos y concretos actos a que están obligados por las leyes" (Art. 5, párrafo 1°, ordinal 26). Por tanto, al estar obligados a decidir, conforme a los Artículos 2 y 4 de la Ley Orgánica de Procedimientos Administrativos, el silencio en la resolución de las solicitudes abriría esta vía de protección judicial a los interesados. De lo contrario, la garantía que pretende establecer el Artículo 4° de la Ley de Procedimientos Administrativos, podría, en estos casos, resultar nugatoria.

E. El silencio en los procedimientos de oficio

a. El lapso de decisión

El segundo supuesto del silencio administrativo negativo previsto en la Ley, es el silencio en el caso de los procedimientos que se inician mediante una actuación de oficio de la Administración. En efecto, de acuerdo a lo previsto en el Artículo 48 de la Ley, el procedimiento administrativo puede iniciarse de oficio, y en este caso, la autoridad administrativa competente, puede optar por seguir un procedimiento mediante mecanismos de sustanciación que, según el Artículo 60 de la Ley, como se ha señalado, debe ser resuelto en un lapso de cuatro meses más dos de prórroga; o puede optar por desarrollar un procedimiento sumario regulado en el Artículo 67 de la Ley, en cuyo caso debe tomar una decisión en un lapso de 30 días hábiles.

En uno u otro caso, por tanto, vencido el lapso de seis meses o de 30 días, según los casos, se produce una decisión tácita denegatoria derivada del silencio administrativo.

b. Garantías contra la inacción

En estos casos podrían entrar a jugar las garantías de recursos contra esas decisiones que establece el Artículo 4 de la Ley, y en este caso, también deben distinguirse los dos supuestos antes mencionados.

Si la decisión tácita negativa es la emanada de un inferior jerárquico y, por tanto, no pone fin a la vía administrativa, el recurso que se abriría contra esa decisión, es el recurso administrativo correspondiente a los efectos de agotar la vía administrativa. En cambio si, al contrario, la decisión tácita negativa es la emanada de un superior jerárquico cuya decisión normalmente pone fin a la vía administrativa, el recurso que se abriría contra esa decisión es o el recurso de reconsideración que prevé el Artículo 94 de la Ley o, siempre, el recurso contencioso–administrativo de anulación, de acuerdo a lo prescrito en el Artículo 4º de la Ley.

En este caso, sin embargo, se aplicaría lo indicado anteriormente, en el sentido de que la verdadera garantía de los derechos del particular habría que ubicarla en la posibilidad que tienen de obtener una decisión judicial que obligue a los funcionarios a decidir mediante un recurso contencioso administrativo contra la abstención o negativa del funcionario a decidir.

Sin embargo, debe advertirse en todo caso, que en estos supuestos de procedimientos de oficio, el acto tácito denegatorio, tendría que lesionar los derechos o intereses de un interesado, para que pueda ser recurrido. Por ejemplo, en el caso de que un inmueble amenace ruina, si la Administración Municipal inicia el procedimiento correspondiente para determinar si debe demolerse o no la edificación, y transcurre el lapso de decisión, el acto tácito denegatorio beneficiaría al propietario, pero podría perjudicar a los propietarios vecinos, que tendrían interés en que se ordene la demolición correspondiente.

F. El silencio en los recursos administrativos

Por último, debe hacerse mención al silencio administrativo en los recursos administrativos. En efecto, hemos señalado que desde 1976 la Ley Orgánica de la Corte Suprema de Justicia reguló el silencio administrativo sólo para el caso de que intentado un recurso administrativo, la Administración no lo hubiera decidido en un lapso de 90 días consecutivos ("continuos" de acuerdo con la Ley Orgánica del Tribunal Supremo de Justicia de 2004) contados a partir de la fecha de la imposición del mismo, en cuyo supuesto, de acuerdo con el Artículo 21, párrafo 21 de la Ley Orgánica del Tribunal Supremo, queda abierto el recurso contencioso–administrativo de anulación en el lapso de seis meses, a partir del vencimiento de ese mencionado lapso de 90 días continuos de silencio. En estos casos, la Ley Orgánica del Tribunal Supremo, como se ha señalado, no regula un efecto negativo del silencio, es decir, no establece que se presuma que existía una decisión tácita denegatoria del recurso, sino que pura y simplemente, permite ejercer el recurso contra el acto que no causa estado, es decir, el que había sido recurrido en vía administrativa, y cuyo recurso no ha sido decidido.

La Ley Orgánica de Procedimientos Administrativos varió sustancialmente esta situación y en el caso de los recursos administrativos, prevé en el Artículo 4°, que cuando la Administración no resuelva un recurso dentro de los lapsos correspondientes, se considera que ha resuelto negativamente, y el interesado puede intentar el recurso inmediato siguiente. Tratándose de recursos administrativos que ponen fin a la vía administrativa, de acuerdo al Artículo 93, la vía de recurso que queda entonces abierta es la contencioso–administrativa, cuando aquellos recursos administrativos no han sido decididos en los plazos correspondientes.

La aplicación del silencio administrativo a los recursos administrativos, sin embargo, varía según que se trate de un recurso de reconsideración, de un recurso jerárquico o un recurso de revisión, ya que se establecen en la Ley regulaciones distintas para estos casos. Veamos separadamente estos supuestos.

a. El silencio administrativo en el recurso de reconsideración

El silencio administrativo en los recursos de reconsideración por supuesto, se produce al vencimiento de los lapsos que tiene la Administración para decidir. Ahora bien, la Ley Orgánica de Procedimientos Administrativos puede decirse que no establece un lapso único dentro del cual deban ser decididos todos los recursos de reconsideración, sino que establece diversos lapsos según el nivel ante el cual se intente el recurso y deba ser decidido.

En efecto, si se trata de un acto administrativo que no pone fin a la vía administrativa, es decir, de un acto dictado por un funcionario inferior en la jerarquía ministerial, por ejemplo, de acuerdo al Artículo 94 de la Ley, la decisión debe ser adoptada en un lapso de 15 días hábiles siguientes al recibo del expediente. En cambio, si la decisión ha sido dictada por un Ministro y es contra esta decisión del Ministro que se pide la reconsideración de acuerdo al Artículo 91 de la Ley Orgánica de Procedimientos Administrativos, el recurso debe ser resuelto en el lapso de 90 días hábiles siguientes a su presentación.

Podría darse un tercer supuesto que lamentablemente no regula en forma expresa la Ley; se trata del caso de que la decisión contra la cual se ejerce el recurso de reconsideración, sea una decisión que ponga fin a la vía administrativa, pero a un nivel inferior al de un Ministro; es decir, que se trate de una decisión, por ejemplo, de un Director respecto de la cual la Ley directamente señale que pone fin a la vía administrativa y que, por tanto, no es recurrible para ante el Ministro. El caso, por ejemplo, del Superintendente de Protección y Promoción a la Libre Competencia cuyas decisiones no son recurribles ante el Ministro. En estos casos, se trata de decisiones administrativas, que ponen fin a la vía administrativa, pues no son recurribles ante el superior del Ministerio en cuya organización está el órgano, pero que causan estado a nivel inferior y no a nivel del Ministro. Para estos supuestos, la Ley no establece lapso preciso de decisión del recurso de reconsideración que se intente contra esas decisiones, por lo que tiene, que aplicarse, por vía analógica, el lapso más beneficioso para el recurrente, el cual sería el lapso de 15 días hábiles que prevé el Artículo 94 de la Ley.

En estos tres supuestos, al vencimiento de los lapsos se abre la posibilidad de que el particular, cuyo recurso de reconsideración no haya sido decidido, intente el recurso inmediato siguiente conforme al Artículo 4° de la Ley. Por tanto, la garantía contra el silencio negativo, es la posibilidad de intentar el recurso subsiguiente.

Sin embargo, este recurso subsiguiente también variará según el nivel en el cual se dictó el acto cuya reconsideración se pidió. En efecto, si se trata de un acto administrativo de una autoridad que no pone fin a la vía administrativa, contra el cual se pidió reconsideración, si aquélla no lo decide en el lapso de 15 días hábiles previsto en el Artículo 94, lo que queda abierto es el recurso jerárquico que establece el Artículo 95 de la Ley, para ante el Ministro, contra la negativa tácita del recurso de reconsideración derivada del silencio. En ese caso, el silencio administrativo durante el lapso de 15 días hábiles, le da derecho al recurrente a acudir directamente ante el Ministro durante los 15 días hábiles siguientes a la finalización del lapso de silencio, para intentar el recurso jerárquico. Por el contrario, si se trata de un acto administrativo que pone fin a la vía administrativa, sea porque esto sucede a nivel del Ministro, o en un nivel inferior, el recurso queda abierto contra el acto, es el recurso contencioso–administrativo de anulación, tal como se prevé en el Articulo 93 de la Ley.

Por supuesto, en estos casos, de acuerdo al Artículo 92 de la Ley, se establece expresamente, que si se ha interpuesto el recurso de reconsideración, el interesado tiene que esperar o que la Administración recurrida por vía de reconsideración decida expresamente el recurso, o que se venza el plazo que tiene la Administración para decidir, para poder acudir a la vía contencioso–administrativa. Si el lapso no se ha vencido o no se ha producido decisión en ese período, no puede acudirse a la vía contenciosa.

La garantía se da, insistimos, sólo cuando vencido el lapso para la decisión del recurso de reconsideración que pone fin a la vía administrativa, el interesado no ha obtenido respuesta y puede entonces recurrir contra el acto administrativo denegatorio tácito de que se trate. Los motivos de impugnación, por supuesto, serán los mismos que sirvieron de fundamento al recurso administrativo, siempre que sean motivos de ilegalidad.

b. El silencio administrativo en el recurso jerárquico

En el supuesto del recurso jerárquico, la Ley establece, con carácter general, el lapso durante el cual debe decidirse el recurso. En efecto, el Artículo 91 de la Ley prescribe que el recurso jerárquico, el cual siempre debe intentarse ante el Ministro respectivo, o ante el órgano superior del Instituto Autónomo u organismo respectivo, deberá ser decidido en un lapso de 90 días hábiles siguientes a su presentación.

Por tanto, vencido este lapso de 90 días hábiles, sin que haya habido la decisión expresa del Ministro o superior jerárquico respectivo, respecto al recurso jerárquico, se estima que queda abierta la vía contencioso–administrativa de la que habla el Artículo 93 de la Ley, con la advertencia, por supuesto, de que es necesario que se venza el lapso sin que la Administración decida, para que opere la garantía del silencio de acuerdo al Artículo 92 de la Ley.

Por otra parte, debe señalarse que la Ley Orgánica, en este caso, al regular un lapso de 90 días para decidir y para que se opere el silencio administrativo, y que conforme a lo previsto en el Artículo 42 de la Ley, deben ser días hábiles, difiere del lapso que se ha establecido en el Artículo 21, párrafo 21 de la Ley Orgánica del Tribunal Supremo de Justicia, en cuyo caso, a pesar de que también se trata de un lapso de 90 días, esos días son continuos. En su momento consideramos que al dictarse la Ley Orgánica de procedimientos Administrativos de 1982, había quedado derogado el Artículo 134 de la Ley Orgánica de la Corte Suprema de Justicia de 1976, lo cual se corroboraba por las diferencias que había entre los Artículos 91 y 4 de la Ley Orgánica de Procedimientos Administrativos y el Artículo 134 de la Ley Orgánica de la Corte Suprema de Justicia. En este último caso, la Ley Orgánica de la Corte Suprema de Justicia no estableció que hubiera un acto administrativo denegatorio tácito, sino simplemente, abría una vía de protección contra el acto administrativo que había sido recurrido en vía administrativa, cuando el recurso no era decidido oportunamente. En cambio, la Ley Orgánica de Procedimientos Administrativos, como hemos señalado, sí estableció que se produce un acto administrativo tácito como consecuencia del silencio administrativo, que la Ley regula con efectos negativos. La discrepancia entre esas normas, sin embargo, no sólo no se resolvió jurisprudencialmente, sino que como se ha visto, ha sido ratificada en la Ley Orgánica del Tribunal Supremo de Justicia de 2004 que repitió la norma de la Ley Orgánica derogada.

En todo caso, el vencimiento del lapso de los 90 días hábiles de que habla el Artículo 91 de la Ley Orgánica de Procedimientos Administrativos, abre la garantía de recurso que prevén los Artículos 93 y 3 de la misma. En este caso, también debería distinguirse el tipo de recurso administrativo jerárquico intentado y sus efectos. Ciertamente, podría tratarse de un recurso administrativo jerárquico intentado, en el caso de decisiones de los Institutos Autónomos, o puede tratarse de un recurso jerárquico intentado dentro de una jerarquía ministerial.

En el caso de los recursos jerárquicos intentados contra las decisiones de Institutos Autónomos, tal como lo regula el Artículo 96 de la Ley, el recurso puede ser intentado contra las decisiones de los órganos subalternos de un Instituto Autónomo, para ante los órganos superiores de los mismos. Analógicamente, en cuanto al lapso de decisión, se aplica el Artículo 91 de la Ley y, por tanto, el lapso que tiene el órgano superior del Instituto para decidir, es de 90 días hábiles. Si vencido este lapso el superior del Instituto Autónomo no decide el recurso, no se agota la vía administrativa, es decir, no se abre la vía contencioso–administrativa, porque de acuerdo al Artículo 96 las decisiones de los órganos superiores de los Institutos Autónomos, son recurribles, por vía jerárquica, ante el Ministro de adscripción respectivo, salvo disposición en contrario de la Ley. Por tanto, el silencio administrativo en los recursos intentados contra actos de los órganos subalternos de un Instituto Autónomo ante los superiores del organismo, lo que abre es la vía de un nuevo recurso jerárquico, pero contra la decisión tácita negativa del órgano superior del Instituto Autónomo para ante el Ministro de adscripción respectivo, de acuerdo al Artículo 96 de la Ley.

En cambio, si se trata de un recurso jerárquico intentado dentro de una jerarquía ministerial ante el Ministro, directamente, contra el acto de un órgano inferior de un Ministerio, y por tanto, si se trata de un recurso jerárquico que sí pone fin a la vía administrativa, lo que queda abierto directamente es el recurso contencioso–administrativo de acuerdo a lo previsto en los Artículos 4 y 93 de la Ley.

Debe señalarse que estas mismas normas se aplican para los casos de recursos jerárquicos interpuesto para ante los órganos de la Administración Pública de los otros Poderes Públicos nacionales (Contraloría General de la República, Fiscalía General de la República, Defensoría del Pueblo, Consejo Nacional Electoral), y contra ciertos órganos de la Administración Pública Central independientes de los Ministerios (Procuraduría General de la República).

En todo caso, intentando el recurso jerárquico, es sólo después que se vence el lapso que tenga la Administración para decidir, es decir, los 90 días hábiles de que habla el Artículo 91, cuando se abre esta vía de protección del recurso contencioso contra la decisión administrativa tácita, tal como lo prescribe el Artículo 92 de la Ley.

c. El silencio administrativo en el caso del recurso de revisión

Por último, en el caso del recurso de revisión, éste tiene que ser decidido, de acuerdo al Artículo 99 de la Ley, en un lapso de 30 días hábiles siguientes a su presentación. Vencido este lapso de acuerdo a lo que se señala en los Artículos 4 y 93 de la Ley Orgánica de Procedimientos Administrativos, procede el recurso contencioso–administrativo de anulación contra la decisión administrativa tácita que se produzca por el silencio, ya que el recurso de revisión se intenta ante el Ministro.

Por supuesto, este mismo recurso de revisión puede intentarse ante los órganos superiores de los organismos de la Administración Pública que gozan de autonomía funcional y ante los órganos superiores de los organismos de la Administración Central, independientes de los Ministerios. En los casos de los Institutos Autónomos, dado el control jerárquico último que se atribuye a los Ministros de Adscripción, en principio, el recurso de revisión debe intentarse para ante el Ministro respectivo. En todos estos casos, las normas de los artículos 97 a 99 de la Ley Orgánica se deben aplicar analógicamente.

4. Los actos administrativos que causan estado

Conforme a la derogada Ley Orgánica de la Corte Suprema de Justicia y antes de la entrada en vigencia de la Constitución de 1999, uno de los requisitos procesales de admisibilidad del recurso contencioso–administrativo de anulación era el agotamiento de la vía administrativa. Esta condición, vista desde el punto de vista de las condiciones de recurribilidad del acto administrativo, se denomina "causar estado", de manera que para determinar si una resolución administrativa ha causado estado, debe precisarse la posibilidad o no de que sea impugnable por vía administrativa, es decir, por recursos administrativos o gubernativos[29].

En efecto, en la jurisprudencia venezolana, esta categoría de actos administrativos que causan estado había sido precisada con gran nitidez por la sentencia de la antigua Corte Federal de 28 de octubre de 1959, en la forma siguiente:

> Es principio ya admitido unánimemente por la doctrina, la jurisprudencia y las leyes de todas las naciones donde existe, independientemente o delegada, la jurisdicción de lo contencioso–administrativo, que para que pueda interponerse el recurso de plena jurisdicción –que es el que procedería en el caso de autos–, es necesario que en la resolución administrativa contra la que se dirija concurran las tres condiciones siguientes: que *cause estado,* que emane de una autoridad administrativa, en uso de sus facultades regladas y que la resolución desconozca o vulnere un de-

29 *Cfr.* Fernando Garrido–Falla, *Régimen de Impugnación..., cit.*, p. 62.

> recho de carácter administrativo. Es la primera de estas condiciones la que interesa analizar, ya que su existencia o falta orientará en uno u otro sentido, la decisión que ha de pronunciar este Tribunal.
>
> En este campo del derecho contencioso–administrativo –continúa la Corte–, y por lo que respecta al caso presente, se considera que causan estado aquellos actos que no son susceptibles de apelación por haberse agotado la vía gubernativa o jerárquica, ya sean ellos definitivos, ya de trámite, siempre que estos últimos decidan, directa o indirectamente, el fondo del asunto, de tal modo que pongan fin al juicio o hagan imposible su continuación.
>
> Debe haberse agotado la vía administrativa –finaliza la Corte–, porqué mientras tal cosa no ocurra, puede la Administración, en razón de la facultad que tiene el superior de revocar, suspender o modificar los actos del inferior, dictar otra decisión que satisfaga, en todo o en parte, el reclamo del particular interesado y haga innecesario recurrir a la vía jurisdiccional. Es, pues, necesario que la resolución administrativa quede investida de una estabilidad que impida ulterior reforma, ya porque fue dictada por un funcionario que podía hacerlo sin apelación a ninguna otra autoridad superior; o ya porque, siendo apelable, se ha pronunciado sobre ella el funcionario más alto en la respectiva jerarquía administrativa. Es entonces cuando causa estado y puede recurrirse contra ella por la vía de lo *contencioso–administrativo*"[30].

En igual sentido la misma antigua Corte Federal, en sentencia de 5 de agosto de 1958, sostuvo lo siguiente:

> Por otra parte, es bien sabido que el recurso contencioso–administrativo contra decisiones del Poder Administrador no puede intentarse sino cuando el interesado ha agotado la vía administrativa por medio del ejercicio del recurso *jerárquico* que es precisamente la reclamación contra la decisión o un acto administrativo para ante el superior jerárquico, con el fin de que la revoque o modifique, por estimar que lesiona un derecho subjetivo o un interés legítimo del interesado, y que transgrede normas legales vigentes. *Esa decisión de la autoridad superior en la respectiva escala, que causa estado, es la que puede impugnarse por medio del recurso contencioso–administrativo* y por tanto, la que tiene que provocar el interesado, por medio de la apelación o el reclamo para ante esa autoridad superior[31].

En estos mismos términos relativos al concepto de acto administrativo que causa estado, la antigua Corte se había pronunciado, entre otras, en sentencia de 24 de noviembre de 1953[32], de 28 de febrero de 1963[33], de 6 de agosto de 1957[34], y 4 de diciembre de 1961[35], con lo cual coincidió la doctrina nacional[36].

En todo caso, como hemos dicho, debe quedar claro, la condición de causar estado es completamente independiente del carácter definitivo del acto respectivo. En efecto, "mientras que la resolución que *causa estado* se opone a la resolución susceptible de recurso en vía gubernativa, la resolución *definitiva* se opone al acto que, por ser de trámite, no resuelve el expediente, o lo hace de manera provisional"[37].

---

30 *V.* en *G.F.*, Nº 26, pp. 66 y 67.
31 *V.* en G.F., Nº 21, pp. 71 y 72.
32 *V.* en G.F., Nº 2, p. 189.
33 *V.* en *G.F.*, Nº 11, pp. 55 y 56.
34 *V.* en *G.F.*, Nº 17, pp. 124 y 125.
35 *V.* en *G.F.*, Nº 34, pp. 136 y 137.
36 La doctrina nacional, en forma unánime, entendió por acto administrativo que causa estado, aquel acto "contra el cual es imposible interponer recurso administrativo alguno, bien por no existir recurso de esta naturaleza, o por haber vencido el plazo legal para intentarlo. En tal caso, se dice que se ha agotado la vía administrativa, pues el acto que *ha causado* estado constituye la palabra final de la Administración sobre un problema de terminado". E. Lares Martínez, *op. cit.*, p. 104. En igual sentido, Brewer–Carías, *Las Instituciones Fundamentales...*, *cit.*, pp. 359 y ss.; 394, 395, 399 y 400.
37 Como ha señalado Fernando Garrido–Falla, "Los actos recurribles"..., *loc. cit*, p. 1.050.

Por tanto, puede haber actos definitivos que no causan estado, como hemos visto, y asimismo, puede darse el caso de un acto que causa estado no siendo definitivo. En efecto, si nuestra jurisprudencia ha admitido la posibilidad de un recurso contencioso–administrativo contra actos de trámite, "siempre que estos últimos decidan, directa o indirectamente, el fondo del asunto, de tal modo que pongan fin al juicio (al procedimiento administrativo) o hagan imposible su continuación"[38], es perfectamente admisible que respecto a ese acto de trámite pueda agotarse la vía administrativa, y, por tanto, pueda causar estado no siendo definitivo. De aquí que discrepemos de la opinión que exige que tenga el carácter de "principal", equivalente a lo que nosotros hemos definido como "definitivo[39]. En este mismo sentido discrepamos con la opinión similar que expresa "que puede considerarse como resolución *definitiva* que *causa estado* la dictada por el organismo o autoridad competente que modifica la situación jurídica subjetiva de un administrado y no admite impugnación legal en vía administrativa"[40], así como de lo que afirma que "acto que *causen estado* (es) el acto *definitivo* que ha sido ya objeto de recursos jerárquicos que hayan agotado la vía administrativa, o que no sea susceptible de recurso jerárquico alguno[41]. En esta forma, también discrepamos, con la opinión que sostiene que *"causar estado* significa crear una situación de derecho estable, y esto sólo se consigue por virtud de resoluciones *definitivas"*[42].

Por tanto, acto administrativo que causa estado es acto que agota la vía administrativa y que por tanto, es irreversible en vía administrativa[43], o como lo ha aplicado la antigua Corte Suprema, se considera que *causan estado* "aquellos actos que no son susceptibles de apelación por haberse agotado la vía gubernativa o jerárquica, ya sean ellos *definitivos,* ya de *trámite,* siempre que estos últimos decidan, directa o indirectamente, el fondo del asunto, de tal modo que pongan fin al fluido o hagan imposible su continuación" [44].

En líneas generales, con este sentido está la mayoría de la doctrina[45] cuando acoge la distinción entre acto definitivo y acto que causa estado, entendiendo por este último "que el acto no es susceptible de ulterior recurso ordinario en vía administrativa"[46].

En todo caso, y conforme a esto, no es admisible el criterio que sostiene que las decisiones de la autoridad administrativa no causan estado porque caen bajo la revisión del

---

38 *V.* Sentencia de la Antigua Corte Federal de 28 de octubre de 1959, en *Gaceta Forense*, N° 26, p. 67.

39 Como ha señalado Eloy Lares Martínez, *op. cit.*, p. 104.

40 Como ha señalado Enrique Serrano Guirado, "El Recurso contencioso–administrativo y el requisito de que la Resolución cause estado", en *Revista de Administración Pública*, N° 10, Madrid, 1953, pp. 129 y ss.

41 Como ha señalado Juan Francisco Linares, *op. cit.*, pp. 23 y 24.

42 Como ha señalado Eloy G. Merino Brito, *op. cit*, p. 29.

43 Por supuesto, cabría preguntarse, conforme al criterio por nosotros admitido, ¿qué agota la vía administrativa? y, por tanto, ¿qué hace que el acto administrativo cause estado? Ante esta pregunta, salvo que la ley indique otra cosa, en general, en materia contencioso–administrativa de anulación, sólo el recurso jerárquico agota la vía administrativa" (*V.* Allan Brewer–Carías, *Las Instituciones Fundamentales..., cit.*, p. 361), lo que ha sido, por otra parte, ampliamente sostenido por la jurisprudencia nacional. En este sentido, están conformes, entre otras, las sentencias de la antigua Corte Federal de 24 de febrero de 1956, de 3 de junio de 1958, y de 11 de junio de 1959. *V.* en *G.F.*, Nos. 11, 20 y 24, pp. 38–39; 123–124 y 272–273 respectivamente.

44 *V.* Sentencia de la Antigua Corte Federal de 28 de octubre de 1959, en *Gaceta Forense*, N° 26, p. 67.

45 Además del ya citado, Fernando Garrido–Falla, "Los actos recurribles"... *loc. cit.*, p. 1.050, y del mismo autor, *Régimen de Impugnación de los actos administrativos*, *cit.*, pp. 57 a 60.

46 *V.* Jesús González–Pérez, *Derecho Procesal Administrativo*, *cit.*, Tomo II, pp. 369, 372 y 377. En igual sentido *V.* Eduardo Vivancos, *Las causas de inadmisibilidad del Recurso Contencioso–administrativo*, Barcelona, 1963, p. 156, *V.* Alfonso Nava–Negrete, *Derecho Procesal Administrativo*, México, 1959, p. 150. *V.* Rafael Bielsa, *El Recurso Jerárquico*, Buenos Aires, 1958, p. 152.

Tribunal Supremo, ya que al causar estado significa sólo irrecurribilidad por la vía administrativa[47].

Ahora bien, al igual que lo destacamos al hablar de acto definitivo, es necesario, en nuestro concepto, destacar aquí la doctrina y jurisprudencia francesas sobre la necesidad de obtener una "decisión *préalable*" para la admisibilidad del recurso contencioso–administrativo. En efecto, lo que se pretende con la exigencia de una "decisión previa" como requisito del recurso no es más que circunscribir el ejercicio de los recursos contencioso–administrativos contra actos administrativos exclusivamente. En caso de inexistencia de un acto .previo, el recurrente debe provocarlo previamente a su recurso en la vía contencioso–administrativa[48].

Por tanto, el requisito de la "decisión *préalable"* o decisión previa, no obliga en el sistema francés, al contrario que en el nuestro, a interponer en todo caso un recurso administrativo contra el acto, aun cuando éste haya sido dictado por órgano inferior. No se trata, por tanto, del equivalente francés de nuestro requisito de "causar estado"; lo que se exige en el contencioso–francés es, meramente, la existencia de un acto administrativo que produzca efectos jurídicos, bien sea individual, reglamentario o contractual, haya sido dictado espontáneamente por la Administración o provocado por el particular"[49].

En otras palabras, en el sistema francés, "una vez dictado el acto administrativo que se pretende defectuoso, éste se puede impugnar en sede jurisdiccional, sin necesidad de *agotar la vía administrativa* mediante reclamaciones o recursos jerárquicos"[50].

En conclusión, y conforme a lo anteriormente señalado, un acto administrativo que causa estado, es un acto administrativo no susceptible de ser impugnado por la vía jerárquico–administrativa, por tanto, es un acto que la agote, sea porque el acto ha sido dictado por el superior jerárquico y no se prevé legalmente ningún recurso de reconsideración contra el mismo; sea porque el acto inferior se ha recurrido por vía jerárquica ante el superior, y su decisión agota dicha vía, o se ha recurrido por vía de* reconsideración del acto por ante el inferior; sea porque el acto del inferior, *per se,* legalmente agote la vía administrativa al no preverse su revisión ni por vía de reconsideración, ni por vía jerárquica.

El ordenamiento jurídico, por tanto, es variable y prevé diversas formas de agotamiento de la vía administrativa. Pero al exigirse requisito de recurribilidad se persigue que el acto administrativo, para poder ser impugnado, debe estar investido de la necesaria estabilidad de manera que no pueda ser ya revisado, legalmente por la propia Administración.

---

47 *V.* Alejandro Pietri, "Las decisiones de la autoridad administrativa no causan estado y caen bajo la revisión de la Corte Federal", en *Revista de Derecho y Legislación,* año XLI (1952), N° 488, pp. 3 a 8.

48 *V.* Auby et Drago, *op. cit,* Tomo III, pp. 178 y ss.; R. Odent, *op. cit,* fascículo II, pp. 482 y ss.; A. Nava–Negrete, *op. cit,* p. 149.

49 *V.* Jesús González–Pérez, *Derecho Procesal Administrativo, cit,* Tomo I, p. 336.

50 *V.* José A. Rodríguez–Elizondo, Protección Jurisdiccional de los Administrados (El Exceso de Poder), Santiago de Chile, 1961, p. 111.

5. Los actos administrativos según su impugnabilidad: Los actos administrativos firmes

Otra clasificación de los actos administrativos que resulta de la Ley, se refiere a la impugnabilidad o no de los actos administrativos, y así se distingue el acto administrativo firme[51] de aquel que no es firme, porque aún puede ser impugnado.

El tema, por supuesto, también está vinculado al de los requisitos procesales para la admisibilidad del recurso contencioso–administrativo, que debe ser interpuesto dentro del lapso de caducidad establecido en la ley, lo que referido a los actos administrativos en sí mismos, implica que el acto recurrido no sea firme, o no haya adquirido firmeza.

En efecto, siendo los lapsos concedidos por la ley para impugnar los actos administrativos en la vía administrativa o en la vía contencioso–administrativo, unos lapsos de caducidad, por ello son improrrogables, y, una vez transcurridos, hacen que el acto administrativo respectivo se haga firme. Como lo ha señalado la Corte Suprema, "los actos administrativos no pueden estar indefinidamente expuestos al riesgo de una revisión por vía de recurso. Las exigencias del principio de la legalidad ceden aquí ante consideraciones que postula el principio de la seguridad jurídica, máxime si se tiene en cuenta que del acto administrativo pueden haber surgido situaciones favorables a terceros[52].

Pero la firmeza del acto administrativo no implica cercenamiento de la garantía de los administrados de exigir a la Administración una revisión de sus actos. Al contrario, la firmeza se produce cuando el titular de un interés legítimo que haya sufrido lesión como consecuencia del acto administrativo, no ha ejercido o interpuesto el recurso jerárquico o contencioso–administrativo respectivo, en el término que para cada caso la ley establece. Y ello, ha señalado la jurisprudencia, "porque realmente conviene al orden social la estabilidad de los actos de la Administración Pública, sin perjuicio, claro está, de la garantía debida a los administrados, quienes tienen a su alcance las vías adecuadas para hacer valer sus derechos"[53].

Por tanto la firmeza en el acto administrativo equivale a su *irrecurribilidad*[54], por la vía administrativa o contencioso–administrativa por haber vencido los lapsos de caducidad previstos para ello[55]. En la vía administrativa, la firmeza de los actos administra-

---

51 En relación a los actos firmes, *V.* Allan R. Brewer–Carías, "Las condiciones de recurribilidad de los actos administrativos en vía contencioso–administrativa" en *Revista del Ministerio de Justicia* N° 54, Caracas 1966, p. 83 y ss.; y Allan R. Brewer–Carías, "El recurso contencioso–administrativo contra los actos de efectos individuales" en el libro del Instituto de Derecho Público, *El control jurisdiccional de los Poderes Públicos en Venezuela*, Caracas 1979, p. 180.

52 *V.* Fernando Garrido–Falla, "Los actos recurribles..., *loc. cit.*, p. 1050.

53 *V.* Sentencia de la Antigua Corte Federal de 24 de noviembre de 1953, en *Gaceta Forense*, N° 2, p. 189. En igual sentido. Sentencia de la misma Corte de 24 de febrero de 1956, en *Gaceta Forense*, N° 11, pp. 38 y 39.

54 *Cfr.* Eloy Lares–Martínez, *op. cit.*, p. 105; asimismo, aunque emplea el término "irrevisables", R. Bielsa, *El Recurso Jerárquico*, *cit.*, p. 153. En igual sentido, Brewer–Carías, *Las Instituciones Fundamentales...*, *cit.*, pp. 145 a 147.

55 En este sentido se afirma que "firmes son los actos consentidos por el sujeto afectado, sea por haber dejado vencer el término legal o reglamentario para recurrir jerárquicamente o a la justicia o porque no es revisible por la justicia, o sea porque el sujeto afectado lo haya consentido en otra forma" (*V.* Juan Francisco Linares, *op. cit.*, p. 24). Sin embargo, aun cuando *el* concepto de firmeza del acto administrativo no tenga lugar a dudas ni en la doctrina ni en la jurisprudencia, como anteriormente se ha visto, una reciente sentencia de la Corte Suprema de Justicia en Sala Político–Administrativa, ha utilizado el término con desconocimiento total de su significado. En efecto, la Corte, en dicha sentencia de 15 de octubre de 1963, declaró "su competencia para conocer de los actos administrativos de los institutos autónomos del Gobierno Nacional, cuando sean definitivamente firmes, es decir, cuando contra ellos no sea procedente interponer recurso administrativo alguno por ante el superior jerárquico, que en tales

tivos se adquiere, cuando éstos no agotan la vía administrativa, y transcurren quince días hábiles siguientes a su notificación sin que los interesados hubiesen interpuesto el recurso de reconsideración previsto en el artículo 94 de la Ley Orgánica de Procedimientos Administrativos[56], que es requisito previo para luego interponerse en el recurso jerárquico.

En cambio, si el acto administrativo agota la vía administrativa, la firmeza la adquiere si transcurre el lapso de seis meses siguientes a su notificación sin que los interesados hubiesen interpuesto el recurso contencioso–administrativo previsto en el artículo 21, párrafo 21° de la Ley Orgánica del Tribunal Supremo de Justicia. Dicho lapso, sin embargo, si el acto administrativo es de efectos temporales, es de 30 días, como ya lo hemos señalado.

Sin embargo, debe indicarse que aun cuando el lapso *general* de caducidad sea conforme a dicha norma de seis meses, en el ordenamiento jurídico venezolano muchas normas han consagrado lapsos especiales de impugnación de actos administrativos para ante el Tribunal Supremo. En relación a esto, la antigua Corte Suprema de Justicia, en Sala Político–Administrativa, sentó lo siguiente:

> "La disposición anterior (artículo 7º, ordinal 9º, de la Ley Orgánica de la Corte Federal) señala las facultades propias de la Corte como organismo de revisión y control de los actos administrativos *en general,* para proteger y garantizar una justa e imparcial aplicación del Derecho en la esfera de la Administración Pública. Pero este recurso sólo puede encausarse procesalmente cuando sea lícito ejercerlo por vía principal, esto es, cuando se refiera a casos previstos en las reglas que determinen la competencia de la Corte según su Ley Orgánica y, en manera alguna, cuando se refiere a la materia contenida en leyes especiales, que hacen de ella un Tribunal competente para conocer y decidir en las controversias surgidas en el campo de aplicación de sus propias y peculiares normas, tal como acontece con la Ley de Naturalización, cuyo artículo 13 dice textualmente: "La declaración de pérdida de nacionalidad en los casos enunciados en este Capítulo, se hará por el Ministerio de Relaciones Interiores, sin perjuicio de que se apliquen a los responsables las sanciones penales a que haya lugar. De la decisión se podrá apelar para ante la Corte Federal, dentro del término de *diez días* de su publicación en la *Gaceta Oficial* de la República.
>
> Si los jueces tienen por misión fundamental –agrega la Corte aplicar la Ley cuyo régimen atiende a la solución de casos determinados, este deber ofrece dificultades prácticas en presencia de *normas aparentemente conflictivas por contradictorias o coincidentes.* La lógica jurídica y el vigor de los principios que orientan su realización admiten como solución indiscutible, en tales casos, la regla de interpretación que nuestro legislador acata, según la cual *las leyes especiales deben aplicarse con preferencia a las leyes generales.* El procedimiento contemplado por la Ley de Naturalización para apelar de la Resolución Ministerial que revoca la nacionalidad adquirida, *está regulado por normas excepcionales contenidas en esa ley especial. Dichas normas, por su misma*

---

casos es el Ministro del despacho al cual figura adscrito dicho instituto". *V.* en *G.O.*, Nº 27.298, de 18 de noviembre de 1963, pp. 202.985 y 202.986. En sentido contrario, sin embargo, *V.* Sentencia de la misma Corte de 21 de julio de 1965, en *G.O.*, Nº 27.808, de 10 de agosto de 1965. Como puede observarse fácilmente, en esta sentencia la Corte confundió el término firme que implica irrecurribilidad. con el de causar estado, que implica agotamiento de la vía administrativa (irrecurribilidad sólo en vía administrativa). En similar confusión se incurre al expresar que "la jurisdicción administrativa, es decir, la misión de los Tribunales Contencioso–Administrativos, debe proceder contra los actos, decretos, resoluciones, ordenanzas, etc., cuando hayan causado estado, es decir, cuando han sido dictados de una manera firme y se hayan reclamado ante la autoridad administrativa el acto arbitrario que aquélla sostiene, o silencia la contestación a la reclamación por espacio de quince días". *V.* J. Jiménez–Anzola, "De la organización de lo contencioso–administrativo entre nosotros", en *Revista del Colegio de Abogados del Estado Lara*, noviembre–diciembre de 1939, 2ª etapa, año II, Barquisimeto, Nº 8, p. 10.

56 Además, *V.* Art. 42 LOPA.

naturaleza y por la extraordinaria/ importancia de la materia que constituye su objeto, son de rigurosa observancia y preferente aplicación[57].

Por tanto, y de acuerdo con este criterio jurisprudencial, además del lapso *general* de caducidad *especiales,* siendo estas leyes de aplicación preferente por su especialidad. En todo caso, la caducidad es un término extintivo de la acción por el transcurso del tiempo, y como lo ha dicho la Corte, a diferencia de la prescripción, la caducidad es objetiva y se cumple fatalmente, por eso ella es, además de orden público y se cumple de pleno derecho y procede aún de oficio"[58].

En conclusión, y conforme a lo expuesto hasta aquí, la firmeza de los actos administrativos se produce por el vencimiento de los lapsos de impugnación establecidos por las leyes, que son de caducidad; y, como consecuencia, el acto administrativo *firme* no puede ser impugnado por extinción del recurso respectivo.

Sin embargo, es necesario indicarlo, la jurisprudencia ha admitido la posibilidad de que un acto administrativo se considere firme y, por tanto, inimpugnable, cuando es dictado con fundamento en otro acto firme. En efecto, la Corte Suprema de Justicia, en sentencia de 28 de febrero de 1962 estableció, lo siguiente:

> Ahora bien tal como lo asienta representación de la Nación en escrito que corre en autos, el acto de Administración Pública que dio origen a las resoluciones administrativas posteriores, no fue impugnado dentro del lapso que la Ley concede, por lo que las dichas resoluciones administrativas así dictadas y con fundamento en aquel acto administrativo, quedaron *firmes,* ya que mal podrían ser éstas nulas estando fundadas en un acto plenamente válido, pues ello equivaldría a enjuiciar aisladamente la Resolución con absoluta prescindencia del sometimiento al control jurisdiccional del acto administrativo[59].

En definitiva, el acto administrativo que no es firme es el que puede ser impugnado, sea por vía administrativa a través de los recursos administrativos regulados en el Artículo 85 y siguientes de la Ley Orgánica de Procedimientos Administrativos, sea por vía contencioso–administrativa. En cambio, el acto firme, es el acto que ya no puede ser impugnado por las vías ordinarias de recurso, por haberse vencido los lapsos de impugnación. Por ejemplo, en el Artículo 94 cuando regula el recurso de reconsideración, prescribe que debe ser interpuesto dentro de los 15 días hábiles siguientes a la notificación; es decir, al inicio de sus efectos. En cuanto al recurso jerárquico el Artículo 95 establece que el interesado puede, dentro de los 15 días hábiles siguientes a la decisión del recurso de reconsideración, interponer un recurso jerárquico ante el Ministro; y en el caso del recurso de revisión, el Artículo 98 señala que el mismo procede sólo dentro de un lapso de tres meses siguientes al acaecimiento del hecho que provoque la revisión. La Ley por lo tanto, establece expresamente los lapsos de caducidad para intentar los recursos administrativos ante la Administración.

En caso de que dichos lapsos se vencieran el acto administrativo adquiere firmeza, y sobre el mismo el único recurso que cabría, sería el recurso de revisión. En ese sentido, el Artículo 97 de la Ley, al regular el recurso de revisión, señala que éste sólo procede contra los actos administrativos firmes, es decir, contra aquellos que no fueron impug-

57 *V.* Sentencia de 20 de junio de 1962.

58 *V.* Sentencia de la Corte Federal de 20 de mayo de 1955, en *G.F.*, N° 8, p. 103. En igual sentido. Sentencia de la Corte Suprema de Justicia en Sala Político–Administrativa de 3 de diciembre de 1962, y de 21 de julio de 1965, en *G.O.*, N° 27.808, de 10 de agosto de 1965, p. 270.029.

59 *V.* en *G.F.*, N° 35, p. 165.

nados en su oportunidad, y que vencidos los lapsos de impugnación, son actos administrativos inimpugnables.

Por otra parte, como se ha visto, la Ley prescribe lapsos precisos para que un interesado pueda recurrir contra un acto administrativo y lo impugne en vía judicial. Si ese lapso transcurre, el derecho a impugnar se extingue, pues se trata de un lapso de caducidad y extinguido el derecho a impugnar, el acto queda firme. Por tanto, la firmeza del acto administrativo surge cuando el acto es inimpugnable porque se han vencido los lapsos para poder intentar los recursos administrativos o los recursos contenciosos–administrativos. Por ello, acto firme equivale a acto no impugnable, porque ya no pueden ejercerse las vías de recursos que permite la Ley contra los mismos. La Administración, sin duda, necesita que sus actos tengan cierta estabilidad, pues no pueden estar sujetos a que, en cualquier momento, cualquiera pueda reclamar contra los mismos. De lo contrario, la seguridad jurídica sería absolutamente imprecisa, pues no se sabría qué es lo que realmente estaría en vigencia y sería aplicable.

Pero la firmeza de los actos administrativos no sólo implica su estabilidad en el sentido de que no pueden ser impugnables por los particulares, sino que también implica que no son libremente revisables de oficio, por la Administración.

En efecto, si se trata de un acto administrativo que no crea derechos a favor de particulares, una vez firme el acto, podría ser revocado por la Administración en cualquier momento, pues hemos visto que en estos casos el acto es esencialmente revocable, conforme a lo establecido en el Artículo 82 de la Ley Orgánica. Pero si se trata de un acto administrativo creador de derechos a favor de particulares, vencidos los lapsos de impugnación, el acto adquiere firmeza y no sólo es in impugnable por los interesados, sino irrevisable e irrevocable por la Administración, conforme a lo establecido en el Artículo 19, Ordinal 2° de la Ley Orgánica. Por ello, en estos casos se dice que el acto administrativo adquiere el efecto de la cosa juzgada administrativa.

El criterio de los actos firmes, por lo demás, también se ha regulado en otras leyes de procedimientos administrativos, en el sentido de acto administrativo irrevisables, es decir, cuando no puede ser impugnado por los particulares y no pueda ser revocado por la Administración. Este principio de la firmeza justifica que el acto pueda ser totalmente ejecutado, y que haya que cumplirlo necesariamente. Por ello, la Ley General de Costa Rica señala al respecto que "la Administración deberá dar cumplimiento a los actos administrativos firmes..." (art. 228).

Incluso, algunas legislaciones vinculan la eficacia del acto con la firmeza, como ocurre con la Ley de Honduras que establece que "los actos de la Administración de carácter particular adquieren eficacia al ser firmes" (art. 31).

Ahora bien, la definición precisa de la firmeza de los actos administrativos normalmente no se encuentran en textos legales expresos. En general, como se dijo, está vinculada al concepto de la inimpugnabilidad del acto administrativo; aquél que ya no es recurrible. En tal sentido, la única de las leyes que trae una definición de la firmeza es el Código colombiano el cual precisa, en su artículo 62, que los actos administrativos quedarán firmes:

1) Cuando contra ellos no proceda ningún recurso;
2) Cuando los recursos interpuestos se hayan decidido;
3) Cuando no se interpongan recursos, o cuando se renuncie expresamente a ellos;
4) Cuando haya lugar a la perención, o cuando se acepten los desistimientos.

Este mismo principio es el que se aplica en todos los demás países, aún cuando en la legislación no se incluya una definición expresa.

7. Los actos administrativos según su ejecución

Por último, también en materia de clasificación de los actos administrativos, debe destacarse la clasificación según la ejecución y así se distingue el acto material de ejecución, del acto administrativo formal. El Artículo 78 de la Ley, en efecto, habla de actos materiales de ejecución que puedan menoscabar o perturbar los derechos de los particulares, los cuales no pueden realizarse sin que exista previamente un acto administrativo que sirva de fundamento a dichos actos materiales. Puede decirse en este sentido, que el acto material de ejecución previsto en el Artículo 78, se identifica con el acto de ejecución que regula el Artículo 8 de la Ley.

II. EL COMIENZO DE LOS EFECTOS DE LOS ACTOS ADMINISTRATIVOS: LA PUBLICACIÓN Y LA NOTIFICACIÓN

1. El régimen general en las leyes de procedimiento administrativo

El principio general que orienta las legislaciones latinoamericanas es que los actos administrativos producen efectos desde el momento en que se hacen del conocimiento de sus destinatarios. Como lo establece el art. 40 de la Ley General de Costa Rica: "El acto administrativo producirá su efecto después de comunicado al administrado". Es lo que se llama la publicidad de decisiones ejecutorias en el sistema francés, la cual puede ser impersonal mediante la publicación del acto en una compilación oficial, o personal, mediante la notificación del acto directamente al interesado[60]. Así, conforme lo resume la Ley argentina de Procedimientos Administrativos:

Para que el acto administrativo de alcance particular adquiera eficacia debe ser objeto de notificación al interesado, y el de alcance general, de publicación (art. 11).

En igual sentido se regula en la Ley General de la Administración Pública de Costa Rica (art. 240,1), en la cual se precisa que aún antes de que se hagan del conocimiento de los interesados, si el acto les concede únicamente derechos, producirá sus efectos desde la fecha de su adopción (art. 140). En sentido parecido, en la legislación argentina de Procedimientos Administrativos también se prevé como excepción al principio de la eficacia condicionada a la publicación o notificación, el que los interesados pueden, antes de que ello ocurra, pedir el cumplimiento de los actos administrativos siempre que no resultaren perjuicios para el derecho de terceros (art. 11).

Por tanto, en general, el comienzo de los efectos de los actos administrativo regulados en las leyes de procedimientos administrativos, está vinculado a la notificación o la publicación de los mismos; constituyendo una obligación de la Administración practicar la notificación o efectuar la publicación (art. 18, Ley del Perú).

---

60. *V.* G. Isaac. *La Procédure administrative non contenciuse*, París, 1968, p. 570 ss. G. Vedel y P. Devolvé, *Droit Administratif*, París, 1984, p. 265.

Sin embargo, a pesar de que la notificación y la publicación sean requisitos de eficacia, los administrados podrían, antes de cumplirse con estos requisitos, pedir el cumplimiento de estos actos si tienen conocimiento de los mismos y no causan perjuicios a terceros (art. 11 de la Ley de Argentina). En esta forma, en ausencia de notificación o publicación, puede haber un cumplimiento voluntario sobre todo en el caso de los actos de efectos particulares.

En igual sentido, en la Ley Federal mexicana en su artículo 9, se regula el principio de que se exceptúa del requisito de notificación, en los casos de:

> El acto administrativo por el cual se otorgue un beneficio al particular, caso en el cual su cumplimiento será exigible por éste al órgano administrativo que lo emitió desde la fecha en que se dictó o aquélla que tenga señalada para iniciar su vigencia; así como los casos en virtud de los cuales se realicen actos de inspección, investigación o vigilancia conforme a las disposiciones de ésta u otras leyes, los cuales son exigibles a partir de la fecha en que la Administración Pública Federal los efectúe.

En la Ley peruana, si bien se requiere la "notificación legalmente realizada" para que se produzca la eficacia del acto administrativo (art. 16.1), la misma sin embargo precisa que:

> *Artículo 16.2.* El acto administrativo que otorga beneficio al administrado se entiende eficaz desde la fecha de su emisión, salvo disposición diferente del mismo acto.

En general, puede decirse que en todas las leyes de procedimiento administrativo se recogen los mismos principios. Por tanto, en beneficio del particular, si el acto administrativo es, por ejemplo, consecuencia de una petición de un derecho, la declaración o la concesión del derecho por la Administración aún sin notificación formal del acto, produce efectos si su contenido es sólo el otorgamiento del derecho a quien lo pide. Esto, para que la exigencia de la notificación no se convierta en una limitación en relación a los efectos inmediatos del acto administrativo que sólo otorga derecho.

Adicionalmente, la Ley General de Costa Rica precisa en su artículo 334, que "es requisito de eficacia del acto administrativo su debida comunicación al administrado, para que sea oponible a éste". Además, en su artículo 141, señala expresamente que "la debida comunicación será el punto de partida para los términos de impugnación del acto administrativo"; es decir, la notificación de los actos de efectos individuales como condición para el inicio de sus efectos, coincide con el momento en el cual se inician los términos para los lapsos de impugnación de los actos administrativos.

Por su parte, la Ley Federal mexicana con toda precisión, establece que "el acto administrativo será válido, eficaz y exigible a partir de que surta efectos la notificación legalmente efectuada..." (art. 9). En la legislación peruana, en los casos de actos que tengan varios destinatarios, el principio es que deben ser notificados personalmente a todos (art. 22).

Por supuesto, la notificación es indispensable para que el acto de efectos particulares surta efectos, salvo, como lo dice la Ley de Honduras, "respecto de las personas para las que no fuese exigible la notificación personal", en cuyo caso la publicación producirá los efectos de la notificación (art. 33). Por supuesto, en general, la notificación no es necesaria respecto de los actos administrativos de efectos generales, que comienzan sus efectos a partir de la publicación de los mismos.

2. La publicación de los actos generales

En cuanto a los actos que producen efectos generales y que por tanto, sean de contenido reglamentario (normativo), e igualmente, en cuanto a los actos que no siendo reglamentarios sean generales pues conciernen a un grupo indeterminado de personas (una convocatoria a concurso, por ejemplo) (Art. 72, LOPA), el comienzo de la eficacia se sitúa siempre en el momento de su publicación en un boletín oficial (Art. 72, LOPA; art. 43 Código de Colombia). Excepcionalmente, sin embargo, en algunos casos como en Colombia y en relación a entidades territoriales menores se permite, para marcar el inicio de los efectos de los actos reglamentarios, la publicación "en un periódico de amplia circulación en el territorio donde sea competente quien expide el acto", previéndose incluso que en los municipios en donde no hay órgano oficial de publicidad, se podrán divulgar estos actos mediante la fijación de avisos, la distribución de volantes, la inserción en otros medios, o por bandos (art. 83).

Más precisamente, en cuanto a la publicación de los actos administrativos, el Artículo 72 de la Ley Orgánica establece que los actos administrativos "de carácter general o que interesen a un número indeterminado de personas", deberán ser publicados en la Gaceta Oficial que corresponda al organismo político–territorial (República, Estados o Municipios) que tome la decisión. Por tanto, los actos administrativos de carácter general, los cuales según la terminología que hemos empleado, serían los actos de efectos generales, es decir, los actos normativos; así como los actos que interesen a una número indeterminado de personas, los cuales según la terminología que también hemos utilizado serían actos generales, deben necesariamente publicarse en la Gaceta Oficial del organismo respectivo para que comiencen a surtir efectos. Un Reglamento, por ejemplo, surte efectos a partir de su publicación en la *Gaceta Oficial,* al igual que cualquier acto normativo de la Administración. Aquí rige también, por vía analógica, el principio del Artículo 1 del Código Civil, según el cual, la Ley es obligatoria desde su publicación en la Gaceta Oficial, o desde la fecha posterior en que allí se indique.

Pero no sólo deben publicarse los actos administrativos de efectos generales y los actos administrativos generales, es decir, los destinados a un número indeterminado de personas aun cuando no sean de contenido normativo, sino que la Ley en el Artículo 72, establece que también serán publicados los actos administrativos de carácter particular cuando que así lo exija la Ley. Esta vendría a ser una excepción al principio enunciado antes en el sentido de que la publicación sólo se exige respecto de los actos de efectos generales y los actos destinados a un número indeterminado de personas. Por tanto, en principio, el acto individual, de efectos particulares, y el acto general, destinado a un número determinado de sujetos, no deben ser publicados, salvo que la Ley expresamente exija que un particular tipo de acto debe ser publicado. Por ejemplo, la derogada Ley de Naturalización en su Artículo 13 establecía la obligación de que el acto administrativo que declarase la pérdida de la nacionalidad derivada, debía publicarse en la *Gaceta Oficial*, y sólo era a partir del momento de la publicación que surtía efectos; a pesar de que se trataba de un acto individual destinado a un naturalizado que se le revocaba su condición de venezolano. Ese acto era de efectos particulares, pero la Ley expresamente exigía que se publicase. Ese sería un típico ejemplo de esta excepción mediante la cual actos de efectos particulares, para surtir efectos, deben publicarse en *Gaceta Oficial.*

Debe agregarse, sin embargo, respecto a la publicación de los actos de efectos generales, que cuando la Ley establece esta obligación consagra también una excepción, y es que ciertos actos de efectos generales, pero de carácter interno hacia la Administración, no son de obligatoria publicación en Gaceta Oficial. Establece así la Ley Orgánica en su Artículo 72, que se exceptúan de la obligación de publicación en Gaceta Oficial, los actos administrativos referentes a asuntos internos de la Administración. Por tanto, las instrucciones, circulares y demás órdenes de un jerarca, destinadas sólo a los funcionarios del organismo, prescribiendo, cómo deben actuar y qué tipo de actividades deben realizar, no necesitan ser publicadas, porque pueden hacerse conocer a través de cualquier otro medio de reproducción interna dentro del organismo. Por tanto, la obligación de publicar se refiere a los actos administrativos mencionados pero cuando van a producir efectos hacia los particulares, hacia afuera de la Administración; y para que surtan sus efectos y se presuman conocidos por todos, es necesaria la publicación.

3. La notificación de los actos administrativos de efectos particulares

Respecto de los actos administrativos de efectos particulares, en cambio y particularmente cuando afectan derechos o intereses de los administrados, los mismos, para comenzar a surtir efectos, deben ser notificados a los interesados[61]. En tal sentido, pueden identificarse los siguientes principios comunes en casi todas las leyes latinoamericanas:

En *primer lugar*, el principio de la notificación personal al interesado o al apoderado o representante legal, mediante acto escrito, oficio, telegrama, carta o cualquier otro medio. Esto se encuentra expresamente establecido en el Código colombiano (art. 44), en la Ley Orgánica de Venezuela (art. 73), en la Ley General de Costa Rica (art. 243) y en la Ley de Honduras (arts. 87 y 88). La Ley peruana agrega "correo electrónico" o "cualquier otro medio que permita comprobar fehacientemente su acuse de recibo y quien lo recibe, siempre que el empleo de cualquiera de estos medios hubiese sido solicitado expresamente por el administrado" (art. 20,1,2).

En *segundo lugar*, la precisión del lugar de la notificación, es decir, dónde deben hacerse las notificaciones, que puede ser en el domicilio o residencia del interesado o en el lugar que estos hayan señalado como "domicilio procesal", similar al que puede indicarse conforme a los Códigos de Procedimiento Civil.

En *tercer lugar*, la recepción de la notificación debe ser personal, pero las leyes en general permiten que esta notificación pueda hacerse a la persona que se encuentre en el domicilio o la residencia. Es el caso de Venezuela, donde para agilizar los efectos del acto, si la persona destinataria no está en ese lugar, puede dejarse la notificación del acto con quien lo reciba, siempre que sea el domicilio o la residencia de la persona (art. 75). En igual forma se establece en la Ley peruana (art. 21,4). Esto, para distanciar el principio de la notificación de los actos administrativos de los principios de la citación procesal contenidos en las normas del procedimiento civil, que son mucho más rigurosos.

En todo caso, cuando se desconozca el domicilio o la residencia del destinatario, las leyes de procedimiento administrativo establecen mecanismos alternativos de fijación de edictos en el Despacho del órgano administrativo (art. 45 del Código colombiano; art. 88 Ley de Honduras) o de publicación del acto (art. 22.1.2 de la Ley del Perú) o del edicto (art. 35 de la Ley Federal mexicana, art. 76, Ley Orgánica de Venezuela). En

61. Art. 79 LPA España; art. 73 LOPA Venezuela.

estos casos, el emplazamiento se debe publicar en un periódico, igual que el emplazamiento en el proceso judicial.

En el caso colombiano, la institución del edicto colocado en lugar público puede considerarse de eficacia relativa, por lo que hay que destacar la importancia de la regulación en el caso venezolano, donde la notificación no procede por edicto colocado en una oficina pública, sino que es obligatorio publicarlo en un diario de mayor circulación (art. 76). En el caso de México se exige la publicación en el Diario Oficial y en un periódico de mayor circulación (art. 37).

Un aspecto importante a destacar es que si bien la publicación es una forma de suplir la ausencia de notificación personal, lo que no puede la Administración es recurrir libremente a la publicación sustituyendo la exigencia de notificación personal (Ley del Perú, art. 20.2). Es decir, si el acto administrativo es de efectos particulares y tiene destinatarios, tiene que haber notificación personal y no puede la Administración pretender que con el hecho de publicarlo en la Gaceta Oficial, la cual además muy poca gente lee, pueda presumirse que se notificó el acto. Por tanto, como principio, la publicación no puede sustituir la exigencia de la notificación personal.

En *cuarto lugar*, la precisión del contenido de la notificación. En todas las legislaciones se sigue el principio de la legislación española, según el cual la notificación debe contener el texto íntegro del acto administrativo que se notifica, con el importante señalamiento de que las notificaciones deben indicar los recursos que proceden contra el acto notificado, el órgano ante el cual deban presentarse y los lapsos para interponerlos. Es el caso particularmente de la Ley venezolana (art. 73), del Código colombiano (arts. 44 y 47), de la Ley de Honduras (art. 89) de la Ley General de Costa Rica (art. 245) y de la Ley peruana (art. 24).

Este último señalamiento es de tal importancia que en algunas legislaciones, como la venezolana, se prevé que si sobre la base de una información errónea contenida en la notificación, el interesado hubiere intentado algún procedimiento improcedente, el tiempo transcurrido no será tomado en cuenta a los efectos de determinar el vencimiento de los plazos que le corresponden para interponer el recurso apropiado (Art. 72, LOPA).

Ahora bien, la consecuencia fundamental de la precisión legal de lo que debe contener la notificación de los actos administrativos, es que la notificación que se haga de un acto administrativo sin trascripción del texto íntegro, sin indicación de los recursos, los lapsos para intentarlos, y las autoridades ante los cuales se deben interponer, se considera legalmente como defectuosa y, por tanto, ineficaz (Art. 79,3; y 74 LOPA; Art. 48 Código colombiano). La consecuencia más importante de esta regla, por supuesto, es que en los casos de notificaciones defectuosas, al ser estas ineficaces, no comienzan a correr los lapsos para intentar los recursos contra los actos administrativos (Art. 141,1 Ley General Costa Rica). Sin embargo, si el interesado se da voluntariamente por notificado o, por ejemplo, interpone el recurso pertinente contra el acto, se presume como notificado a partir de dicho momento[62].

Debe destacarse, sin embargo, que la legislación costarricense, establecen una especie de saneamiento a la ineficacia de las notificaciones defectuosas por omisión de la indicación de los recursos que proceden contra el acto, por el transcurso de un lapso de tiempo, sin que se haga protesta formal (art. 247.2 LGAP Costa Rica, 10 días).

62. Art. 79.3 LPA España; art. 48 CCA Colombia.

Por otra parte, si la propia Administración se equivoca en la indicación al particular de cuál es el recurso que tiene que interponer y el particular utiliza erradamente el recurso indicado, expresamente se señala en la Ley venezolana que el tiempo que pueda transcurrir no se cuenta a los efectos de la caducidad, cuando se corrija la introducción del recurso (art. 77). Por tanto, el error en que pueda inducir la Administración al particular, no lo afecta en el sentido de que pueda llegarse a considerar que habrían caducado los recursos. En forma general esta situación se regula en la Ley peruana, no sólo en relación con los recursos, sino con cualquier acto procedimental, así:

> *24.2* Si en base a información errónea, contenida en la notificación, el administrado practica algún acto procedimental que sea rechazado por la entidad, el tiempo transcurrido no será tomado en cuenta para determinar el vencimiento de los plazos que correspondan.

La indicación sobre el necesario contenido de los actos administrativos la traen expresamente todas las legislaciones, particularmente en forma expresa en los casos de Venezuela (art. 74), Perú (arts. 26 y 27) y Colombia (art. 48), al regular las notificaciones defectuosas. En consecuencia, si la notificación no contiene todos los elementos establecidos, no produce efectos y no comienzan a correr para el particular los lapsos de impugnación; salvo a partir de la fecha en que se haga manifestación expresa en tal sentido por el notificado o se interponga el recurso procedente, como lo indica la Ley de Honduras (art. 91).

Por último, debe destacarse la regulación detallada de la legislación mexicana sobre la posibilidad de que el particular interesado, aún sin notificación, pueda darse por notificado, conocer voluntariamente el acto y ejercer los recursos de impugnación ante la Administración (art. 41).

La regulación deriva de la discusión sobre si la Administración puede presumir que el particular conocía el acto y si por esa vía, puede alegar la caducidad, por ejemplo, de su impugnación. En principio, dicha presunción no debe darse, salvo que haya manifestación concreta de alguna actuación del particular ante la Administración (art. 27.2, Ley del Perú). Pero como principio, la Administración no puede alegar la caducidad de los recursos con fundamento en que "presume" que el particular conocía el acto, salvo que el particular se haya dado por notificado formalmente ante la Administración o haya dado por conocido el acto formalmente y lo haya impugnado ante los órganos jurisdiccionales. Por tanto, si el particular actúa en el procedimiento y se da por notificado, aún cuando no haya sido notificado personalmente, la Administración sí puede estimar que tuvo conocimiento del acto desde el momento en que ha actuado y que su recurso feneció o caducó si no lo ha ejercido en el tiempo establecido.

Por ello, incluso, el artículo 19 de la Ley peruana expresamente "dispensa de notificación" en los siguientes casos:

> *19.1* La autoridad queda dispensada de notificar formalmente a los administrados cualquier acto que haya sido emitido en su presencia, siempre que exista acta de esta actuación procedimental donde conste la asistencia del administrado.
>
> *19.2* También queda dispensada de notificar si el administrado tomara conocimiento del acto respectivo mediante su acceso directo y espontáneo al expediente, recabando su copia, dejando constancia de esta situación en el expediente.

4. El régimen de las notificaciones en la Ley Orgánica de Procedimientos Administrativos

Ahora bien, tratándose de actos administrativos de efectos particulares, salvo la excepción antes mencionada, la Ley establece la obligación en el Artículo 73, de que sean notificados para que comiencen a surtir efectos, prescribiendo la notificación a los interesados de todo acto administrativo de carácter o de efectos particulares, que afecte los derechos subjetivos o los intereses legítimos, personales y directos de un interesado.

En ese caso, para que el acto comience a surtir efectos, es necesario hacérselo conocer expresa e individualmente al interesado mediante la notificación.

A. Requisitos de la notificación

En cuanto a los requisitos de la notificación, la Ley establece varios. En primer lugar, como se dijo, la notificación del acto debe contener el texto íntegro del mismo, exigencia muy importante que va a cambiar la tradición administrativa. No siempre la Administración, en la notificación, le indicaba al particular el texto íntegro de la decisión, sino que se limitaba a darle una información escueta en la cual, por ejemplo, le indicaba que había sido multado. En esos casos, el particular, para enterarse de los motivos, tenía que acudir al organismo y pedir copia de algunos otros actos o resoluciones. Esto sucede con frecuencia con las decisiones en los Concejos Municipales. Como órganos colegiados, a veces, el contenido del acto y sus motivos está en las discusiones que los concejales han tenido en la sesión respectiva y que constan en acta, y lo que normalmente la Administración Municipal notifica al particular, es la escueta decisión final, sin sus motivos.

El particular normalmente en estos casos, tiene que acudir al Concejo Municipal, pedir copia del Acta de la sesión respectiva, estudiarla y enterarse o deducir de lo que se discutió, cuáles fueron los motivos del acto que se le notifica.

Ahora, de acuerdo con el Artículo 73 de la Ley Orgánica, el oficio de notificación debe contener el texto íntegro del acto, de manera que con la sola notificación el particular esté enterado de todo lo que contiene el acto.

Además, la notificación conforme al mismo Artículo 73, debe indicar, si fuere el caso, los recursos que proceden contra el acto que se está notificando, con expresión de los términos para ejercerlo y de los órganos o Tribunales ante los cuales deben interponerse. Esta es una manifestación, como señalábamos anteriormente, del derecho a la defensa: se obliga a la Administración al notificar el acto al particular, además de informarle sobre el texto íntegro, le indique cuáles son las posibilidades de recurso que tiene contra el mismo, sea que se trate de un recurso administrativo jerárquico, o de reconsideración, o si es el caso, el recurso contencioso–administrativo que proceda con indicación de los lapsos para ejercerlos y de los organismos ante los cuales pueden interponerse. Esta exigencia, sin duda también va a cambiar radicalmente la tradicional forma de proceder de la Administración la cual normalmente no actúa en esa forma, y más bien, parecería que siempre ha buscado que el particular no se entere de que existe algún recurso, para que el acto quede firme. Conforme a la Ley, en cambio, se exige que el funcionario informe al particular interesado, sobre cuáles son los mecanismos de defensa que tiene frente a la Administración.

La importancia de la notificación en los actos administrativos de efectos particulares es definitiva: sin la notificación, el acto no surte efectos, es decir, no es eficaz. Puede haber sido dictado y ser válido, pero si no se notifica con los requisitos mencionados no surte efecto. Inclusive, el Artículo 74 de la Ley lo establece expresamente al regular las llamadas notificaciones defectuosas, al precisar que las notificaciones que no llenen todas las menciones señaladas, es decir, no contengan el texto íntegro del acto y las indicaciones de los recursos y medios de defensa, se considerarán defectuosas, y no producirán ningún efecto. Por tanto, si la notificación se considera defectuosa, el acto no comienza a surtir efectos y, por tanto, tampoco comienzan a correr los lapsos que pueda haber para poder atacar o impugnar esos actos administrativos, por lo que el acto no adquirirá firmeza.

B. La forma de realizar las notificaciones

Por otra parte, la regulación de la Ley es detallada en cuanto a la forma en la cual debe hacerse la notificación del acto: debe entregarse en el domicilio o residencia del interesado o de su apoderado. Por tanto, no sólo puede hacerse en el domicilio, sino también en la residencia, y no sólo en la del interesado sino también en la de su apoderado. Anteriormente, hablamos del interesado y de su representación, y señalamos que conforme al Artículo 26 de la Ley Orgánica, se admiten dos formas de representación ante la Administración Pública, pues puede estar representado no sólo por su apoderado sino por un simple representante que debe indicarse en la solicitud. Sin embargo, en cuanto a la notificación, la Ley no permite que ésta se haga en cabeza del representante simple, sino sólo del apoderado o del propio interesado, y el apoderado debe ser constituido formalmente por documento autenticado a través de una Notaría, de acuerdo a los requisitos procedimentales ordinarios para el otorgamiento de poderes. Por tanto, si la notificación se hace en la residencia del representante no apoderado, regulado en el Artículo 25 de la Ley, esa notificación no se consideraría válida ni produciría efectos.

Por supuesto, no se exige que la notificación se haga personalmente al interesado o al apoderado, sino que la Ley, simplemente establece que debe hacerse en el domicilio y residencia, y se exigirá recibo firmado en el cual se deje constancia de la fecha en que se realiza la notificación, del contenido de la notificación, así como del nombre y cédula de la persona que la recibe, con lo cual permite que cualquier persona que esté en la residencia del domicilio la reciba, por supuesto, siempre que tenga vinculación con la persona que tiene allí su domicilio y su residencia. Puede ser un empleado de la oficina o de la casa que recibe la notificación, con lo cual la desformaliza, en el sentido de que no exige la notificación personalísima respecto al interesado o a su apoderado. Por otra parte, la notificación en esta forma puede hacerse por correo, pero con acuse de recibo, para lo cual el Instituto Postal Telegráfico deberá implementar una regulación específica.

C. Las notificaciones impracticables

Pero puede ocurrir que no se conozca el domicilio o la residencia ni del interesado ni del apoderado o que no haya nadie en el domicilio o la residencia, no habiendo forma de practicar la notificación, ya que ésta no se puede dejar físicamente en el lugar pura y simplemente. En estos casos, como es necesario que alguien la reciba, y si no hay nadie, no se puede practicar la notificación, se configuran, conforme al Artículo 76 de la Ley, las llamadas notificaciones impracticables. En estos casos, cuando resulte impracticable una notificación en la forma establecida, entonces puede publicarse el acto, por vía subsidiaria pero ello debe hacerse en un diario de mayor circulación en la entidad territorial donde la autoridad que conoce del asunto tenga su sede, y en ese caso, se entiende que el interesado queda notificado a los 15 días hábiles después de la publicación, debiendo advertirse ese hecho en el aviso. Por otra parte, si en la entidad territorial respectiva no hay una prensa diaria, la publicación debe hacerse en un diario de gran circulación de la capital de la República.

Debe advertirse, sin embargo, que no se trata de una publicación en la Gaceta Oficial, sino en un diario de mayor circulación de la entidad respectiva de la República. Por tanto, la Administración no puede, si no lograr notificar a un interesado, publicar el acto en la Gaceta Oficial, y si lo hace esta notificación no surte efectos. Sólo surtirían efectos, los actos administrativos de efectos particulares publicados en la Gaceta Oficial, cuando la Ley expresamente requiere que esa sea la forma en que comienzan su eficacia, conforme lo establece el Artículo 72 de la Ley Orgánica.

D. Las notificaciones erradas y sus consecuencias

Otro aspecto que debe analizarse respecto a la notificación, se refiere a las consecuencias que la información contenida en la misma, puede tener respecto al interesado. Hemos dicho que la notificación, de acuerdo al Artículo 73 de la Ley Orgánica, debe contener la indicación de cuáles son los recursos que el particular puede ejercer contra el acto administrativo, pero si la Administración se equivoca y da una información errada y el particular siguiendo la información equivocada, intenta un recurso improcedente, el lapso que transcurra para interponer el recurso correcto, no corre en su contra y no se afectan sus derechos. Por tanto, la Ley hace cargar en cabeza de la Administración los efectos de las notificaciones erradas y no en cabeza del interesado. El Articulo 77 así, expresamente señala que si sobre la base de una información errónea contenida en la notificación, el interesado hubiese intentado algún procedimiento que era improcedente, el tiempo transcurrido no será tomado en cuenta a los efectos de determinar el vencimiento de los lapsos que le corresponden para interponer el recurso apropiado.

III. LOS EFECTOS DE LOS ACTOS ADMINISTRATIVOS EN EL TIEMPO:

1. El principio de la irretroactividad de los actos administrativos

Otro principio general relativo a la eficacia de los actos administrativos, es el principio de la irretroactividad de los actos administrativos. Como lo dispone la Ley 19880 de Chile en su artículo 52: "Los actos administrativos no tendrán efecto retroactivo, salvo cuando produzcan consecuencias favorables para los interesados y no lesionen derechos de terceros".

En efecto, como se ha señalado, el comienzo de los efectos de los actos administrativos se sitúa en el momento de la publicidad del acto, sea mediante publicación sea mediante notificación. La consecuencia de ello es que de acuerdo al principio constitucional de la irretroactividad de la ley (art. 24) que además recoge el artículo 3° del Código Civil, no es posible admitir la retroactividad de los efectos de los actos administrativos. Es decir, el principio general en esta materia es que los actos administrativos sólo pueden producir efectos hacia el futuro, siendo tanto inconstitucional como ilegal, la aplicación de un acto administrativo hacia el pasado; principio que no sólo se aplica a los actos reglamentarios sino también a los actos de efectos particulares[63].

Este principio indirectamente lo recoge en el Artículo 11 de la Ley Orgánica, al regular la posibilidad de que la Administración establezca nuevas interpretaciones para la solución de los problemas que se le sometan a su consideración, estableciendo la imposibilidad de aplicar las nuevas interpretaciones a situaciones ya resueltas y pasadas. Por ello decimos que indirectamente, el Artículo 11 de la Ley Orgánica de Procedimientos Administrativos, regula el principio de la irretroactividad del acto administrativo.

Por tanto, cuando el acto comience a surtir efecto, estos sólo se producen hacia el futuro y nunca hacia el pasado. Por supuesto, si esto resulta absolutamente claro respecto a los actos de efectos generales o normativos, por ejemplo, los reglamentos, el principio de la irretroactividad rige también para los actos administrativos de efectos particulares, los cuales de acuerdo al Artículo 11 no pueden producir efectos hacia el pasado, ni puede, un nuevo acto, modificar situaciones firmes anteriores.

El principio ha sido establecido por la jurisprudencia del Consejo de Estado (*arrêt Societé du Journal Aurore*, Rec. 289), como un principio general del derecho[64], complementado por las consideraciones doctrinales relativas al *arrêt Le Bigot du* 17 mai 1907 (Rec 460) respecto a la consideración de la atribución de efectos retroactivos a un acto administrativo, como un caso de incompetencia *ratione temporis* en el sentido de que el funcionario no tiene competencia para ejercer un derecho que perteneció a sus predecesores[65].

En América Latina, el principio de la irretroactividad de los actos administrativos, aparte de tener, al contrario que en Francia, un fundamento constitucional[66] y haber sido aplicado por la jurisprudencia como principio general[67], también está establecido respecto de los actos administrativos, en las leyes de procedimientos administrativos, aplicándose tanto a los de carácter reglamentario como a los efectos particulares. Así se establece, por ejemplo, en la Ley General de la Administración Pública de Costa Rica, al prescribir que "El acto administrativo producirá efectos en contra del administrado únicamente para el futuro" (142,1).

Ahora bien, en la legislación latinoamericana, en igual forma como se ha establecido en la jurisprudencia francesa[68], el principio de la no retroactividad de los actos administrativos tiene diversas excepciones:

---

63. El principio se ha aplicado por la jurisprudencia de la Corte Primera de lo Contencioso Administrativo, sentencia de 19 de marzo de 1987, *Revista de Derecho Público*, N° 30, Caracas, 1987, pp. 111–112.

64. *Recueil Dalloz* 1948, pp. 437–438; Long, Weil y Braibant, *Les grandes arrêts de la jurisprudence administrative*, París, 1978, pp. 312 ss.

65. *V.* J. M. Auby, "L'incompetence *ratione temporis.* Recherches sur l'application den actes administratifs dans le temps", *Revue du Droit Public et de la Science Politique en France et à l'etranger*, 1953, pp. 5–60.

66. Por ejemplo, art. 44 Constitución de Venezuela.

67. *V.* por ejemplo, la jurisprudencia venezolana en las decisiones de la Corte Suprema de Justicia en Sala Político Administrativa, de 11 de agosto de 1983, *Revista de Derecho Público*, N° 16, Caracas, 1983, pp. 156–157; y de 9 de abril de 1987, *Revista de Derecho Público*, N° 30, Caracas, 1987, pp. 110–111.

68. *V.* M. Letourneur, "Le principe de la non–rétroactivité den actes administratifs" *Etudes et Documents*, Conseil d'Etat, París, 1955, pp. 37–48.

En primer lugar, en general se admite la retroactividad de los actos administrativos cuando produzcan efectos favorables a los interesados[69]. Sin embargo, en estos casos, es indispensable que los supuestos de los motivos del acto tuvieran existencia a la fecha a la cual se retrotraiga la eficacia del acto y que éste no lesione derechos o intereses legítimos de otras personas[70].

En segundo lugar, coincidiendo con soluciones de la jurisprudencia francesa[71], también se establece que tendrán efectos retroactivos y siempre que no lesionen derechos adquiridos, los actos administrativos que se dicten en sustitución de otro acto anulado, sea por la Administración o por decisión judicial[72]. Como lo establece la Ley General de Administración Pública de Costa Rica:

> El acto administrativo tendrá efectos retroactivos en contra del administrado cuando se dicte para anular actos absolutamente nulos que favorezcan a éste; o para consolidar, haciéndolos válidos y eficaces, actos que lo desfavorezcan (art. 143).

2. Los modos del acto administrativo: la condición y el término

Otros elementos que deben tenerse en cuenta respecto al comienzo de los efectos de los actos administrativos, son los modos de su eficacia, pues los actos pueden ser simples o estar acompañados de ciertas disposiciones suplementarias, como la condición o el término. En efecto, la Ley puede, en ciertos casos, sujetar el comienzo de los efectos de los actos administrativos, a acontecimientos futuros determinados. En cuanto a la condición, un acto administrativo sería condicional, cuando sus efectos, es decir, su eficacia depende de un acontecimiento futuro preciso. En estos casos se trataría de una condición suspensiva. Por ejemplo, el acto por el cual se otorga una visa de ingreso al país por un número de días o meses, comienza a surtir efectos, a partir de la fecha de ingreso al país; si esto no ocurre, no tiene efectos.

Puede también tratarse de un acto sometido a término y el término difiere de la condición en el sentido de que en este caso se determina el momento preciso en el cual el acto comienza a surtir efectos, lo cual no depende de un acaecimiento futuro e incierto. En estos casos se trataría de un término suspensivo. Por ejemplo, un acto administrativo que establezca la veda de cacería de algún anima), comienza a partir de un día preciso y normalmente también termina en un momento exacto. En estos casos, el acto estaría sometido a término suspensivo y extintivo.

Debe destacarse, en todo caso, que la Administración no es libre de someter el inicio de la eficacia de sus actos a condiciones o términos, sino que siempre, estos modos deben estar previstos en texto expreso. Toda condición a que se someta una actuación administrativa, no autorizada legalmente, vicia el acto administrativo de ilegalidad, por incompetencia. El tema, por tanto, en el derecho administrativo, requiere texto expreso

69. Art. 45.3 LPA España; art. 13 LPA Argentina. *V.* sobre España, J. L. De La Vallina Velarde, *La retroactividad del acto administrativo*, Madrid 1964, p. 61. En Francia, el *arrêt* CE 9 juillet 1943, *Office public d'H. B. M. de la Ville de Marseille*, Rec., p. 172. *V.* los comentarios, en J. M. Auby, "L'incompetence...", *loc. cit.*, p. 53.

70. Art. 45.3 LPA España; art. 142.2 LGAP Costa Rica.

71. *V.* M. Letourneur, *loc. cit.*, pp. 46 ss.; J. M. Auby, "L'incompetence...", *loc. cit.*, pp. 47 ss.; J. M. Auby y R. Drago, *Traité de contentieux administratif*, París, 1984, t. II, p. 348; Long, Weil y Braibant, *op. cit.*, pp. 190 y 316; P. Delvolvé, *L'acte administratif*, París, 1983, pp. 225 ss.

72. Art. 45.3 LPA España; art. 13 LPA Argentina; art. 143 LGAP Costa Rica.

por lo que, en ningún caso la Administración puede someter la eficacia de sus actos, discrecionalmente, a estas modalidades.

La regulación de la materia en las leyes de procedimientos administrativos, sin embargo, es excepcional. La disposición más precisa está en la Ley peruana, en cuyo artículo 2, se regulan las modalidades del acto administrativo, así:

> *2.1.* Cuando una ley lo autorice, la autoridad, mediante decisión expresa, puede someter el acto administrativo a condición, término o modo, siempre que dichos elementos incorporables al acto, sean compatibles con el ordenamiento legal, o cuando se trate de asegurar con ellos el cumplimiento del fin público que persigue el acto.
>
> *2.2* Una modalidad accesoria no puede ser aplicada contra el fin perseguido por el acto administrativo.

De resto se puede mencionar la Ley Federal mexicana, donde está una previsión expresa de que el acto administrativo puede estar sometido a condición o término, pero regulado en una forma indirecta cuando precisa las formas de extinción del acto administrativo. En tal sentido, el artículo 11 señala que el acto se extingue de pleno derecho cuando la formación del acto está sometida a una condición o término suspensivo y éste no se realiza, o cuando está sometido al acaecimiento de una condición resolutoria, en cuyo caso se extingue. Es decir, es una regulación indirecta de la condición y el término, por vía de la previsión de la extinción del acto.

Por tanto, puede decirse que, salvo en la Ley del Perú, el principio positivo de que el acto administrativo puede estar sometido a condición o término no se encuentra regulado en forma expresa en las leyes de procedimientos administrativos. Ello confirma la conclusión de que la condición o término en relación a los efectos de los actos administrativos, sólo puede existir por texto expreso lo que, en definitiva, es una limitación a la potestad discrecional.

IV. EL PRINCIPIO DE LA PRESUNCIÓN DE LA LEGALIDAD Y LEGITIMIDAD

La consecuencia más importante de la eficacia de los actos administrativos, es que los actos adquieren una presunción de legitimidad, veracidad y legalidad. Como lo establece la Ley 19880 de Chile: "los actos administrativos gozan de una presunción de legalidad, de imperio y de exigibilidad frente a sus destinatarios" (Art. 3). Es decir, el acto administrativo, al dictarse y ser eficaz, es decir, al notificarse, según los casos, se presume que es válido y legítimo. La eficacia del acto, por tanto, hace presumir la validez, tratándose esto de un privilegio de la Administración.

La jurisprudencia venezolana desde antaño ha señalado que el interés público en que se inspiran las normas de derecho público y administrativo justifica ciertos privilegios de que goza la Administración para el cumplimiento de sus fines[73]. Entre tales privilegios, que exceden de los moldes clásicos del derecho común, se encuentran el de la ejecutividad y ejecutoriedad de sus actos. Dichos privilegios son consecuencia de la *presunción de legalidad y legitimidad* que llevan todos los actos administrativos[74]. Respec-

73 Sentencia de la antigua Corte Federal de 29 de julio de 1959, en *Gaceta Forense* N° 25, p. 99.

74 Sentencia de la antigua Corte Federal de 9 de agosto de 1957 en *Gaceta Forense* N° 17, pp. 134 y 135.

to a dicha presunción, ya en otro lugar[75] hemos señalado que "tiene por fundamento la preocupación y necesidad de evitar todo posible retardo en el desenvolvimiento de la actividad de la Administración Pública, siendo así que la ejecutoriedad responde al mismo principio: la rapidez de la acción administrativa para el logro del bienestar general".

Por otra parte, la Procuraduría General de la República[76], ha indicado que todo acto administrativo está amparado por una presunción de legitimidad que sólo puede ser desvirtuada a través del ejercicio de los recursos correspondientes, por la autoridad administrativa o judicial competente para revisar el acto. Este, gracia a aquella presunción se reputa válido, *produce todos sus efectos y comporta ejecución forzosa mientras no sea revocado o anulado.* Una vez vencida la oportunidad para interponer los recursos, la referida presunción, de relativa o *juristantum* que era, se hace absoluta o *juris et de jures,* y sobreviene entonces la firmeza del acto".

Ahora bien, en materia fiscal dicha presunción adquiere su máxima efectividad. La antigua Corte Suprema de Justicia, en Sala Político–Administrativa, en sentencia de 4 de abril de 1963[77] señaló lo siguiente: "Como lo tiene establecido la jurisprudencia, las Actas Fiscales, contentivas de Reparos, cuando han sido levantadas por funcionarios competentes y con las formalidades legales, como actos administrativos antecedentes a la liquidación del impuesto, gozan de una presunción de legitimidad con respecto a los elementos que en ellas se consignan y especialmente respecto de los hechos. De allí que corresponda al contribuyente producir la prueba de la inexistencia, falsedad o inexactitud de los hechos consignados en las Actas Fiscales. De consiguiente, sólo corresponde a los jueces, para la decisión de tales controversias, examinar, en primer término, si, como consecuencia del debate procesal, quedó desvirtuada la presunción de legitimidad de que gozan las Actas Fiscales, y, en segundo lugar, si la Administración ha interpretado y aplicado correctamente los correspondientes textos legales y reglamentarios"[78].

Ahora bien, es precisamente en virtud de esta presunción de legitimidad de que gozan los actos administrativos que estos tienen las características de ejecutividad y ejecutoriedad. En efecto, si el acto se presume legítimo y válido, puede ser ejecutado de inmediato. Por eso es que el Artículo 8 de la Ley Orgánica establece expresamente que el acto administrativo, una vez que es eficaz, puede ser ejecutado de inmediato y produce sus efectos mientras no sea revocado o anulado, es decir, mientras no sea extinguido formalmente por la Administración o por un Tribunal. En esta forma, el acto al dictarse y notificarse, se presume válido y produce sus efectos de inmediato y sigue produciéndolos hasta que sea anulado y revocado.

Por supuesto, este privilegio de ejecutoriedad tiene una excepción, que se produce en el caso de que el acto sea nulo de nulidad absoluta. El vicio de nulidad absoluta, ya hemos dicho, es de tal naturaleza de acuerdo al Artículo 19 de la Ley Orgánica, que no permite que el acto produzca efectos. En esos casos, la presunción de legalidad y legitimidad pensamos que no sería válida respecto del acto así viciado. Sin embargo, como

75 *V.* mi libro Las Instituciones Fundamentales del Derecho Administrativo y la Jurisprudencia Venezolana, Caracas, 1964, p. 131.

76 *V.* Dictamen Nº 4636 de 22 de septiembre de 1964, Sección de Asesoría del Estado.

77 CSJ–PA–42–1, según sigla del Instituto de Codificación y Jurisprudencia del Ministerio de Justicia.

78 Esto ha sido confirmado por sentencias de 14 de julio de 1964 (CSJ–PA–73–1, según sigla del Instituto de Codificación y Jurisprudencia del Ministerio de Justicia) y de 7 de diciembre de 1964 (CSJ–PA–159–1, ídem), de la misma Sala Político–Administrativa de la Corte.

los actos administrativos son de obligatorio cumplimiento, en la práctica, el acto viciado de nulidad absoluta, por más inválido que sea, podrá ser ejecutado de inmediato. Inclusive, no debe olvidarse que como principio, aun cuando se intenten recursos contra ellos, sus efectos no se suspenden, salvo casos excepcionales y cuando se alegue la nulidad absoluta. En tal sentido, si el recurso administrativo se basa en la nulidad absoluta, de acuerdo al Artículo 87 de la Ley Orgánica, puede suspenderse la ejecución, es decir, los efectos del acto. Salvo este particular supuesto de la nulidad absoluta, el acto administrativo una vez que adquiere eficacia, se presume legítimo, veraz, justo y válido, y es por tanto ejecutable de inmediato.

La presunción de legalidad y de legitimidad trae como consecuencia, que quien pretenda desconocer la legitimidad y legalidad del acto, tiene que probarlo y por tanto, se invierte la carga de la prueba. Por ello, para desvirtuar esta presunción, que es *juris tantum,* el interesado debe intentar un recurso para impugnar el acto ante la Administración o ante los Tribunales, según el caso, y no sólo debe atacarlo, sino probar su acertó de que el acto es ilegal.

Otra consecuencia de la presunción de legitimidad del acto administrativo es que puede ser cumplido de inmediato. Así lo establece expresamente el Artículo 8 de la Ley Orgánica: los actos administrativos que requieren ser cumplidos mediante actos, de ejecución, deberán ser ejecutados por la Administración, en el término establecido, si es que están sometidos a término suspensivo, y de lo contrario, se ejecutarán inmediatamente. En efecto, como el acto se presume legítimo, veraz, justo, oportuno y legal, el acto puede ser ejecutado de inmediato y si alguien pretende desconocer sus efectos, tiene que impugnarlo por las vías de control de legalidad, sea mediante un recurso administrativo ante la propia Administración, sea por medio de un recurso contencioso–administrativo ante los Tribunales Contenciosos–Administrativos.

Pero en todo caso, estos recursos contra los actos administrativos no suspenden los efectos del acto, es decir, los actos administrativos son ejecutables y los recursos que se intentan contra los mismos, no suspenden su ejecución. Sin embargo, si la Administración, de acuerdo al Artículo 87 de la Ley Orgánica, estima que la ejecución causa un gravamen irreparable, puede suspender la ejecución del acto. Lo mismo ocurre en materia contencioso–administrativo: si se intenta un recurso contencioso–administrativo puede alegarse ante el juez que la ejecución del acto causa un gravamen irreparable o de difícil reparación por la sentencia definitiva, pidiéndosele que suspenda la ejecución del acto mientras dure el juicio, tal como lo establece la Ley Orgánica del Tribunal Supremo de Justicia. Sin embargo, si no hay esta decisión expresa que acuerde la suspensión de los efectos del acto, éste debe ser cumplido de inmediato.

En todo caso, el principio de la presunción de la legalidad y legitimidad persigue afianzar la posibilidad de que el acto surta efectos y que se presuma válido, legítimo y legal una vez que se ha perfeccionado y se ha dictado, para que así pueda cumplirse la finalidad del procedimiento.

La presunción de legalidad y legitimidad, por tanto, origina la presunción de validez y con ella la eficacia del acto. Como lo indica la Ley de Honduras:

> *Artículo 30*. Se presume la legitimidad de los actos administrativos.
>
> La Administración tiene potestad de ejecutarlos a través de sus órganos competentes, previo apercibimiento.

Por su parte, el artículo 9 de la Ley del Perú formula el principio de la "presunción de validez", indicando que "todo acto administrativo se considera válido en tanto su pretendida nulidad no sea declarada por autoridad administrativa o jurisdiccional, según corresponda".

1 La validez y la eficacia

La validez de un acto administrativo consiste en su conformidad con el ordenamiento jurídico, consecuencia del respeto a la legalidad o del sometimiento a las exigencias del derecho. Por ello, el artículo 8 de la Ley del Perú señala sobre la "validez del acto administrativo" que "es válido el acto administrativo dictado conforme al ordenamiento jurídico".

La eficacia, por su parte, consiste en la producción de efectos del acto administrativo o en la aplicación del acto a sus destinatarios para que surta efectos respecto a ellos.

En esta forma, el acto válido puede ser o no eficaz, dependiendo de las condiciones de eficacia que se regulen en los ordenamientos. Por ejemplo, cuando se haya dictado un acto válido pero que no se ha notificado, el mismo no puede surtir sus efectos; no es eficaz, pero es válido. A la vez, el acto puede ser inválido por no estar acorde con el ordenamiento jurídico, pero puede producir efectos mientras no sea formalmente declarado nulo por la autoridad competente para ello.

A este respecto la Ley General de Costa Rica dispone que:

> Será válido el acto administrativo que se conforme sustancialmente con el ordenamiento jurídico, incluso en cuanto al móvil del funcionario que lo dicta (art. 128).

Esto implica que la adecuación al ordenamiento jurídico (al principio de la legalidad) condiciona la validez, precisamente, a través del cumplimiento de los requisitos que para ello se regulan en las leyes de procedimientos administrativos.

Por otra parte, el acto válido, en principio, surte efectos hasta tanto no sea declarada la invalidez del mismo por la autoridad competente. Así lo dice, por ejemplo, expresamente la Ley Federal mexicana:

> *Artículo 8*. El acto administrativo será válido hasta tanto su invalidez no haya sido declarada por autoridad administrativa o jurisdiccional, según sea el caso.

En síntesis, el acto administrativo, una vez dictado, es válido y, en principio, produce efectos. Dicha validez perdura como consecuencia del principio de la eficacia hasta que el acto no sea revocado o declarado nulo por la autoridad administrativa o judicial o, simplemente, hasta que el acto se extinga normal o naturalmente sin que tenga que ser anulado o revocado por autoridad alguna.

2. Los requisitos de eficacia

Como se ha dicho, el acto administrativo válido o conforme con el ordenamiento jurídico, en principio, produce efectos, pero éstos pueden estar sometidos a variadas condiciones que deban cumplirse a los efectos de que el mismo pueda producir sus consecuencias jurídicas y que deben cumplirse, sea en la propia Administración o respecto de destinatarios del acto.

En particular, se destacan aquellos requisitos de eficacia que deben cumplirse en el seno de la propia Administración y que, en general, se configuran como autorizaciones y aprobaciones.

En efecto, con frecuencia las leyes exigen que para que un acto administrativo surta efectos tiene que ser autorizado previamente por otro órgano administrativo, o tiene que ser aprobado por otra entidad pública. Incluso, en muchos casos, tratándose de algunos actos del Ejecutivo, se requiere de autorizaciones previas o aprobaciones posteriores de los órganos legislativos. En todo caso, se trata del régimen de las aprobaciones y autorizaciones como condición de eficacia de los actos administrativos.

Esto encuentra regulación expresa en muchas leyes. Por ejemplo, en el caso mexicano, la Ley Federal de Procedimientos Administrativos, establece:

> *Artículo 10.* Si el acto administrativo requiere aprobación de órganos o autoridades distintos del que lo emita, de conformidad a las disposiciones legales aplicables, no tendrá eficacia sino hasta en tanto aquélla se produzca.

En igual sentido se establece en la Ley de Honduras al disponer su artículo 31 que "los actos sujetos a aprobación no producirán sus efectos en tanto la misma no se haya ejercido".

Normalmente, por supuesto, la aprobación es un acto posterior al acto sujeto a aprobación, el cual sólo puede comenzar a surtir efectos cuando ella se produzca. En cambio, la autorización es una condición previa a la propia emisión del acto autorizado.

En el caso de la Ley General de Costa Rica, también se regula en forma expresa la aplicación de dicho requisito de autorización, que debe ser previa, como condición de eficacia. Así, el artículo 145 de la Ley General establece:

> *Artículo 145. 1.* Los efectos del acto administrativo podrán estar sujetos a requisitos de eficacia, fijados por el mismo acto o por el ordenamiento.
>
> 2. Los requisitos de eficacia producirán efecto retroactivo a la fecha del acto administrativo, salvo disposición expresa en contrario del ordenamiento.
>
> 3. Cuando el acto requiera autorización de otro órgano la misma deberá ser previa.
>
> 4. Cuando el acto requiera aprobación de otro órgano, mientras ésta no se haya dado, aquél no será eficaz, ni podrá comunicarse, impugnarse ni ejecutarse.

V. EL PRINCIPIO DE LA EJECUTIVIDAD Y EL CARÁCTER EJECUTIVO DEL ACTO ADMINISTRATIVO

Hemos señalado que una de las consecuencias de la eficacia de los actos administrativos, en base a la presunción de legalidad que los acompaña, es la ejecución inmediata de los mismos prevista en el Artículo 8 de la Ley Orgánica de Procedimientos Administrativos, lo cual implica que los actos administrativos no sólo son ejecutivos, sino ejecutorios. Por tanto, al hablarse de la ejecución de los actos administrativos pueden distinguirse dos nociones íntimamente vinculadas, la ejecutividad y la ejecutoriedad de los actos administrativos.

En otros términos, la consecuencia de la presunción de legalidad y de legitimidad del acto administrativo, es el principio de la ejecutividad, es decir, la posibilidad de que el mismo, sin que exista una declaración judicial, pueda ser ejecutado, precisamente por el carácter ejecutivo que tiene. Esta ejecutividad de los actos administrativos, puede decirse que equivale, en materia administrativa, a la prescindencia de un proceso de cognición que declare formalmente el derecho o título jurídico que tiene la Administración para actuar, lo cual, en cambio, es esencial en las relaciones jurídicas que se resuelven en el proceso judicial ordinario.

En efecto, uno de los principios fundamentales del orden jurídico contemporáneo que regula las relaciones entre particulares, es el principio según el cual nadie puede hacerse justicia por sí mismo. Por tanto, cuando un particular quiera hacer valer un derecho contra otro, si no logra llegar amigablemente a un acuerdo con el otro particular, no puede hacer otra cosa que acudir a la autoridad judicial para que sea el juez el que constate su derecho y pueda, por tanto, exigir el cumplimiento de la obligación por parte del otro particular. En otras palabras, los particulares, en sus relaciones jurídicas, para exigirse mutuamente el cumplimiento de obligaciones, tienen que hacer que su derecho sea declarado por un juez el cual produce una decisión de carácter ejecutivo, la cual permite que pueda ejecutarlo a través de medidas judiciales.

La Administración, en cambio, puede decirse que no tiene necesidad de acudir ante un órgano judicial para que su derecho sea declarado formalmente, pues sus actos tienen carácter de título ejecutivo; y de allí su ejecutividad, es decir la posibilidad de ser ejecutados de inmediato. Por tanto, la Administración, cuando dicta un acto administrativo tiene, en realidad, la facultad de declarar sus derechos mediante actos unilaterales que crean obligaciones para los administrados, y esos actos, en sí mismos, tienen fuerza de títulos ejecutivos. Es decir, el acto administrativo al dictarse, *per se,* es ejecutable, porque tiene carácter ejecutivo, y por eso la Ley Orgánica en el Artículo 8 establece que el acto debe ejecutarse de inmediato, lo cual sólo es posible porque tiene carácter ejecutivo.

Por eso, podemos decir que esta ejecutividad del acto administrativo es un rasgo común de todos los actos, consecuencia del principio de la presunción de legitimidad que hemos visto. Como el acto se presume válido, legítimo, veraz y oportuno, ese acto es ejecutable de inmediato y, en sí mismo, tiene carácter ejecutivo.

Esto, sin duda, se configura como una prerrogativa de la Administración: ella tiene facultad suficiente para establecer por sí misma ese título. La Administración tiene entonces facultad para declarar sus propios derechos en forma pública y con certeza necesaria mediante decisiones unilaterales que crean generalmente, obligaciones jurídicas para los administrados exigibles desde el mismo momento en que se dicta el acto. Estas decisiones son precisamente actos administrativos que tienen fuerza de títulos ejecutivos. Por eso se habla de la ejecutividad de los actos administrativos, porque los actos administrativos, una vez dictados producen todos sus efectos y tienen la posibilidad por si solos, de ser ejecutados sin la intervención de otro órgano estatal.

La ejecutividad es entonces, un rasgo común y característico de todo acto administrativo[79], consecuencia de su propia fuerza obligatoria derivada de la presunción de legitimidad de que están revestidos.

En este sentido la jurisprudencia venezolana ha señalado que "siendo consecuencia directa de la presunción de legitimidad el carácter ejecutorio del acto, la administración

79 *V.* mi libro *Las Instituciones Fundamentales... cit.*, p. 130, nota N° 76.

puede, desde el momento preciso que lo profiere, *hacerlo* ejecutar por quien corresponda"[80].

El principio se encuentra regulado expresamente en algunas leyes de procedimientos administrativos en América Latina, como la Ley argentina que establece:

> *Artículo 12*. El acto administrativo goza de presunción de legitimidad: su fuerza ejecutoria faculta a la Administración a ponerlo en práctica por sus propios medios –a menos que la ley o la naturaleza del acto exigieren la intervención judicial– e impide que los recursos que interpongan los administrados suspendan su ejecución y efectos, salvo que una norma expresa establezca lo contrario.

En igual sentido se regula en la Ley de Honduras, donde se establece que al presumirse la legitimidad de los actos administrativos "la Administración tiene potestad de ejecutarlos a través de sus órganos competentes, previo apercibimiento" (art. 30). En la Ley peruana se dispone que "los actos administrativos tendrán carácter ejecutorio, salvo disposición legal expresa en contrario, mandato judicial o que estén sujetos a condición o plazo conforme a ley" (art. 192).

El Código colombiano, sin embargo, define, tanto el principio de la ejecutividad como el de la ejecutoriedad del acto administrativo derivado de la presunción de legitimidad: condiciones que expresamente reconoce el Código colombiano como característica de los actos administrativos, al destacar el "carácter ejecutivo y ejecutorio de los actos administrativos" (art. 64), distinguiendo claramente entre ejecutividad y ejecutoriedad.

En todo caso, la ejecutividad del acto administrativo está relacionada con la eficacia: si el acto deja de ser eficaz pierde su carácter de ejecutivo. Así se regula en la Ley del Perú (aún cuando calificando la ejecutividad como ejecutoriedad), cuyo artículo 193 regula la pérdida de efectividad y ejecutoriedad del acto administrativo, en los siguientes casos:

> *193.1.1* Por suspensión provisional conforme a ley,
>
> *193.1.2* Cuando transcurrido cinco años de adquirido firmeza, la administración no ha iniciado los actos que le competen para ejecutarlos.
>
> *193.1.3* Cuando se cumpla la condición resolutiva a que estaban sujetos de acuerdo a ley.

De lo anterior resulta, en todo caso, que una vez dictado el acto administrativo, por su carácter ejecutivo, la Administración puede proceder a su ejecución, siempre que la misma pueda hacerse en vía administrativa.

VI. EL PRINCIPIO DE LA EJECUTORIEDAD DE LOS ACTOS ADMINISTRATIVOS Y LA EJECUCIÓN FORZOSA

1. El principio de la ejecutoriedad

La ejecutoriedad de los actos administrativos, que es el otro aspecto de la presunción de legalidad y legitimidad de los actos administrativos, enfoca un problema distinto. Si la ejecutividad se refiere al carácter ejecutivo de los actos administrativos, la ejecutoriedad se refiere a la posibilidad de ejecución forzosa de los actos por la propia Admi-

80 *V.* Sentencia de la antigua Corte Federal de 9 de agosto de 1957 en *Gaceta Forense* Nº 17, pp. 134 y 135.

nistración que los dictó; o sea, la ejecutividad, como hemos visto, es el carácter de título ejecutivo del acto; la ejecutoriedad es la posibilidad que tiene la Administración, ella misma, de ejecutarlo.

Por tanto, la Administración no sólo no tiene que acudir a un juez para que declare el título como veraz y válido para poder ser ejecutado, sino que tampoco tiene que acudir al juez para llevar a cabo su ejecución, porque ella puede ejecutarlo directamente. Esto distingue también esta situación de la Administración de la de los particulares, quienes en este caso tienen que cumplir un procedimiento judicial de ejecución.

En efecto, hemos dicho, los particulares tienen que acudir ante un juez para declarar su derecho con carácter ejecutivo, y una vez que tienen sus derechos declarados por el juez, pueden lograr su ejecución también por vía judicial. Es el juez quien va a ejecutar el título y embargar o rematar los bienes del deudor, por ejemplo. En cambio, la Administración no tiene que acudir al juez ni para una ni para la otra cosa, sino que en general, su acto tiene fuerza ejecutoria y la Administración puede ejecutarlo forzosamente.

En esta forma, la ejecutoriedad es la posibilidad de ejecución forzosa de los actos administrativos, por supuesto, que imponen deberes de hacer (obligaciones) o deberes de no hacer (prohibiciones) a los administrados; y puede considerarse como una característica de los actos administrativos, en virtud de la cual, la Administración no tiene necesidad de acudir ante una autoridad judicial para iniciar un proceso de ejecución de sus actos, sino que ella puede directamente ejecutarlos, por sus propios medios, en vía administrativa.

Ahora bien, la ejecutoriedad de los actos administrativos, como principio, está condicionada por varios factores. En primer lugar, se trata de una característica de ciertos actos administrativos, de aquellos que imponen obligaciones o prohibiciones, es decir, deberes de hacer o de no hacer; y en segundo lugar, es una facultad de la Administración de ejecutar sus actos directamente, pero no es una obligación. Por eso se habla, en estos casos, del privilegio de la Administración de acción de oficio, es decir, de ejecutar los actos por sí misma, a través de sus órganos, e inclusive, llegar al empleo de la fuerza pública.

Por tanto, se insiste, si bien la ejecutividad se refiere al carácter ejecutivo de los mismos, la ejecutoriedad se refiere a la posibilidad de su *ejecución forzosa* por la propia administración que dictó el acto administrativo. La ejecutividad hemos visto, es el rasgo común y ordinario de todos los actos administrativos[81], en cambio, la ejecutoriedad es sólo característica de ciertos actos administrativos determinados expresamente por una norma legal.

En algunas oportunidades, sin embargo, los términos ejecutividad y ejecutoriedad han sido confundidos, a pesar de que se refieren a caracteres diferentes del acto administrativo[82]. La doctrina más tradicional, incluso ya distinguía los conceptos. En efecto, Enrique Sayagués Lazo señaló lo siguiente: "En principio, el acto administrativo una vez perfeccionado produce todos sus efectos y por lo mismo, cuando requiere ser llevado a los hechos, puede y debe ser ejecutado. Es la regla general. Esta peculiaridad característica del acto administrativo se denomina *ejecutividad.* No debe confundirse ese carácter con la *ejecutoriedad* que es la posibilidad de la administración de ejecutar el acto por sí

81 *Cfr*. Fernando Garrido Falla, *Tratado de Derecho Administrativo*, Tomo I, Madrid, 1958, p. 498.

82 *V.* mi libro *Las Instituciones Fundamentales del Derecho Administrativo... cit.*, p. 130, nota 76.

mismo, incluso en caso de resistencia abierta o pasiva de las personas afectadas, pudiendo acudir en tal caso a diversas medidas de coerción"[83].

La jurisprudencia venezolana más clásica, por otra parte, ha señalado[84] al hablar de la ejecutoriedad de los actos administrativos lo siguiente: "El interés público en que se inspiran las normas del Derecho Administrativo, justifica ciertos privilegios de que goza la Administración para el cumplimiento de sus fines. Entre tales privilegios, que exceden de los moldes clásicos del Derecho común, se encuentra el de la inmediata ejecución de sus actos. Esta ejecutoriedad permite darles cumplimiento incluso contra la voluntad de los propios interesados, por existir en ellos una presunción de legitimidad que no se destruye por la mera impugnación".

Como consecuencia podemos señalar que la ejecutoriedad de los actos administrativos es aquella característica de los mismos, en virtud de la cual la Administración no tiene necesidad de incoar un proceso de ejecución para que lo mandado en los mismos sea cumplido en contra de la voluntad de los particulares. Por ello la ejecutoriedad del acto administrativo es la posibilidad de ejecución coactiva de los mismos, por la administración, es decir, es la posibilidad que tienen las autoridades administrativas de *usar los procedimientos administrativos de ejecución* en caso de resistencia u oposición de parte de los particulares.

Entonces, como consecuencia, si la ejecutividad de los actos administrativos representa la innecesariedad que tiene la administración de acudir a un proceso de cognición ante los órganos jurisdiccionales, la ejecutoriedad viene a ser la innecesariedad que tiene asimismo la Administración de acudir a un proceso de ejecución ante los órganos jurisdiccionales.

Ahora bien, hemos dicho que la ejecutoriedad debe estar autorizada en texto expreso, pues la ejecución forzosa en manos de la administración es la excepción. Por ello hemos indicado que "el carácter ejecutorio del acto administrativo no implica en nuestra legislación vigente la necesidad de la ejecución forzosa del acto por la utilización de medidas coercitivas realizada por la misma administración. En principio, la ejecución forzosa del acto administrativo por *vías coercitivas* no puede tener lugar sino por *vía judicial,* y ante ésta es que el acto administrativo, por su presunción de legitimidad, tiene carácter de acto ejecutorio. Por tanto la Administración, a pesar de que es detentadora de la fuerza pública, no puede recurrir directamente y en principio a la coerción para ejecutar sus propias decisiones. Pero decimos en principio pues, ciertamente dos consideraciones opuestas hay que tener en cuenta: por una parte no es conveniente que por una simple inercia de los particulares, o por el carácter recalcitrante de éstos, las decisiones de la Administración corran el peligro de no ser ejecutadas o serlo pero con gran dilación; pero, por otra parte, es peligroso que la Administración, por detentar la fuerza pública, pueda *en todo caso* ejecutar sus propias decisiones forzosamente, ya que ello traería una violación sencilla y rápida de los derechos y garantías constitucionales de los ciudadanos. Ante estas consideraciones creemos, siguiendo el criterio del derecho comparado, que la Administración en Venezuela puede recurrir a la fuerza pública para ejecutar sus decisiones, en tres casos precisos que se desprenden de nuestro ordenamiento jurídico vigente: Por una parte, *cuando una ley lo permite expresamente...* Por otra parte, puede también la Administración recurrir a la fuerza pública para ejecutar

---

83 *V.* Enrique Sayagués Laso, *Tratado de Derecho Administrativo*, Tomo I, Montevideo 1953, p. 490.

84 *V.* Sentencia de la antigua Corte Federal de 29 de julio de 1959 en *Gaceta Forense* N° 25, p. 99.

sus decisiones sin pronunciamiento judicial en los casos de Estado de Emergencia Nacional declarado o de suspensión de garantías constitucionales. Por último, en caso de necesidad o urgencia comprobada"[85].

Ahora bien, la Ley Orgánica de Procedimientos Administrativos recoge también el principio de la ejecutoriedad de los actos administrativos, al regular en sus Artículos 78 y siguientes los medios de ejecución de los actos administrativos. En tal sentido, el Artículo 78 establece como condición general para la ejecutoriedad de los actos administrativos, cuando se requiera la realización de actos de ejecución material que perturben derechos de los particulares, que previamente se dicte la decisión que sirva de fundamento a la ejecución. En otros términos, la ejecución material de actos administrativos, a través de actos materiales de ejecución, sólo puede realizarse cuando exista previamente un acto formal que declare el derecho de la Administración o imponga la obligación o la prohibición al particular. Es decir, tiene que existir un acto ejecutivo para que pueda haber ejecutoriedad. Así está prescrito, como principio, en la Ley Orgánica de Venezuela, al establecer que:

> La ejecución forzosa de los actos administrativos será realizada de oficio por la Administración, salvo que por expresa disposición legal deba ser encomendada a la autoridad judicial (art. 79).

Por supuesto, debe advertirse que, en todo caso, las legislaciones exigen que para que la Administración inicie actuaciones materiales que menoscaben, limiten o perturben el ejercicio del derecho de los particulares, previamente debe haberse adoptado la decisión que les sirva de fundamento (art. 78 Ley de Venezuela). Por tanto, lo primero que debe tenerse presente en materia de ejecución de los actos administrativos, es que como lo indica la Ley 19880 de Chile, la Administración Pública no puede iniciar "ninguna actuación material de ejecución de resoluciones que limite derechos de los particulares sin que previamente haya sido adoptada la resolución que le sirva de fundamento jurídico"(Art. 50). De allí que se obligue a los órganos que ordenen actos de ejecución material, comunicar por escrito al interesado el acto administrativo que autorice la actuación administrativa. De ello deriva el principio de que toda la actuación material que no esté precedida de un acto administrativo válido y eficaz, puede considerarse como una vía de hecho.

El principio de la ejecutoriedad también se establece, por ejemplo, en la Ley General de la Administración Pública de Costa Rica donde se la define como la potestad de la Administración:

> De ejecutar por sí, sin recurrir a los tribunales, los actos administrativos eficaces, válidos o anulables, aún contra la voluntad o resistencia del obligado, sujeta a la responsabilidad que pudiera resultar (art. 146.1).

Sin embargo, es evidente que en muchos casos la legislación establece expresamente supuestos en los cuales la ejecución del acto administrativo requiere de intervención judicial. Sin embargo, si la ejecución judicial no está expresamente prevista, el principio es el de la posibilidad para la Administración de ejecutar sus propias decisiones.

---

85 *V.* nuestro libro, *Las Instituciones Fundamentales... cit.*, pp. 132 a 135.

2. Los medios de ejecución y la ejecución forzosa

En cuanto a la ejecutoriedad de los actos administrativos, como principio está regulada en el Artículo 79 de la Ley Orgánica que prescribe la ejecución forzosa, de oficio de los actos administrativos. Se trata del privilegio indicado de acción de oficio de la Administración. Por eso la norma dice que la ejecución de los actos será realizada de oficio por la propia Administración, salvo que por expresa disposición legal la ejecución deba ser encomendada a la autoridad judicial.

En efecto, hay casos en los cuales la ejecución forzosa no puede hacerse por la propia Administración, sino que tiene que ser realizada por el órgano judicial. Por ejemplo, si la Administración liquida un Impuesto, y emite una planilla de liquidación a cargo de un contribuyente, la Administración no puede cobrar forzosamente el impuesto en vía administrativa. Para cobrar la cantidad, la Administración tiene que acudir a la vía judicial por cobro de bolívares, pero en juicio, la planilla de liquidación tiene carácter de título ejecutivo. La Administración no tiene que probar el carácter ejecutivo de su título, es decir, del acto administrativo que se presume válido, pero para ejecutarlo no puede hacerlo directamente en esos casos de obligaciones de pago de sumas de dinero, sino que tiene que acudir a la vía judicial.

En todo caso, la ejecutoriedad de los actos administrativos implica el privilegio de ejecución de los mismos, por la propia Administración, con la posibilidad de utilización de medios coactivos. Por ello, la ejecutoriedad puede implicar la ejecución forzosa de los actos administrativos.

Como lo destacó hace décadas la antigua Corte Federal en sentencia de 29 de julio de 1959, la "ejecutoriedad de los actos administrativos permite darles cumplimiento incluso contra la voluntad de los propios interesados, por existir en ellos una *presunción de legitimidad que no se destruye por la mera impugnación.* De aquí que, en principio, los recursos contra los actos administrativos *no tienen efectos suspensivos;* ya que admitir lo contrario equivaldría a hacer posibles paralizaciones de la acción administrativa por voluntad de los particulares"[86].

Es decir, esta jurisprudencia confirma el principio de que los efectos del acto administrativo no se suspenden en virtud de la interposición de recursos administrativos o recursos contencioso–administrativos, por lo que éstos no tienen efectos suspensivos[87], y precisamente, este es una de las consecuencias más importantes de la ejecutividad y ejecutoriedad de los actos administrativos, pues una vez dictados y perfeccionados, éstos producen todos sus efectos y pueden ser ejecutados. La administración, por el

86 *V.* en *Gaceta Forense*, Nº 25, pp. 99 y 100.

87 *Cfr.* nuestro libro, *Las Instituciones Fundamentales...* cit., pp. 254 y 345. En *este* mismo sentido, la Procuraduría General de la República ha sostenido lo siguiente:

"Es principio universalmente admitido que los actos administrativos –salvo aquellos que están sujetos a términos, condición o ulterior aprobación– producen todos sus efectos desde el momento mismo en que son dictados, y por tanto pueden y deben cumplirse como si fueran definitivamente firmes; así lo exige la buena marcha de la Administración Pública, que de lo contrario podría verse entrabada por los recursos –aún los más temerarios– interpuestos contra sus actuaciones por los particulares interesados. Consecuencia de este principio es la tesis, predominante en la doctrina, de que tales recursos no tienen efecto suspensivo, es decir, no postergan la ejecución de las decisiones administrativas. Así por ejemplo, dice al respecto Enrique Sayagués Laso: "compartimos esta opinión creyendo, con la doctrina predominante, que en general, los recursos no tienen efecto suspensivo." *(Tratado de Derecho Administrativo.* Montevideo 1959, Tomo I, p. 477). *V.* en *Doctrina de la Procuraduría General de la República*, Caracas, 1964, p. 25.

hecho de que se impugnen no debe dejar de realizar su actividad de ejecución o en su caso, no debe dejar de hacer las gestiones necesarias para lograr su ejecución, pues lo contrario, como dice la Corte, "equivaldría a hacer posibles paralizaciones de la acción administrativa por voluntad de los particulares[88].

Ahora bien, sobre los medios de ejecución de los actos administrativos, la Ley de Honduras, por ejemplo, establece que:

> *Artículo 93.* Las resoluciones de los órganos de la Administración Pública se ejecutarán por los medios siguientes:
>
> a. Ejecución forzada sobre el patrimonio mediante el procedimiento de apremio;
>
> b. Ejecución subsidiaria; y,
>
> c. Cumplimiento forzoso.

En esta norma, en realidad, lo que se regula es uno de los medios de ejecución, que es la ejecución forzosa de los actos administrativos por la propia Administración. Esto procede, conforme lo indica el artículo 194 de la Ley del Perú, en los siguientes casos:

> 1. Que se trate de una obligación de dar, hacer o no hacer, establecida a favor de la entidad.
> 2. Que la prestación sea determinada por escrito de modo claro e íntegro.
> 3. Que tal obligación derive del ejercicio de una atribución de imperio de la entidad o provenga de una relación de derecho público sostenida con la entidad.
> 4. Que se haya requerido al administrado el cumplimiento espontáneo de la prestación, bajo apercibimiento de iniciar el medio coercitivo específicamente aplicable.
> 5. Que no se trate de acto administrativo que la Constitución o la ley exijan la intervención del Poder Judicial para su ejecución.

Sin embargo, en ausencia de una enumeración precisa como la anterior, el problema que se plantea al analizar la ejecución forzosa, es el de determinar cuándo puede la Administración ejecutar sus actos o cuándo debe para ello acudir a la autoridad judicial.

En el caso de Venezuela, como se dijo, se establece que la ejecución forzosa "será realizada de oficio por la Administración, salvo que por expresa disposición legal deba ser encomendada a la autoridad judicial" (art. 79). Con ello se establece la excepción al principio de la ejecución forzosa por la propia Administración, debiendo ésta acudir a la autoridad judicial para que ésta ejecute el acto administrativo. Sin embargo, esa excepción se convierte muchas veces en la regla porque siempre que se trata de afectar el patrimonio de las personas, por ejemplo, resulta necesario que se realice a través de la vía judicial. En la legislación venezolana no hay norma alguna que permita a la Administración ejercer apremio formal sobre el patrimonio de un particular, como sucede por ejemplo, en Costa Rica, para ejecutar sus actos administrativos.

En todo caso, es frecuente que leyes latinoamericanas establezcan diversos supuestos de ejecución forzosa de los actos administrativos exigiéndose que, en forma previa, se conmine o intime al interesado a la ejecución voluntaria, es decir, que haya una puesta en mora con carácter previo (art. 150,1 Ley General de Costa Rica).

En el Código colombiano, se dispone que "cuando un acto administrativo imponga una obligación a un particular y éste se resistiere a cumplirla, se le impondrán multas sucesivas mientras permanezca en rebeldía, concediéndole plazos razonables para que cumpla lo ordenado" (art. 65).

---

88 *V.* Sentencia de la antigua Corte Federal de 29 de julio de 1959, en *Gaceta Forense* N° 25, p. 100.

No hay, sin embargo, en este Código la previsión del apoderamiento directo sobre el patrimonio. De las normas de procedimiento administrativo vigentes en América Latina, pude decirse que sólo está previsto este principio, con carácter general, en el caso de la Ley General de Costa Rica, que establece como medios de la ejecución administrativa los siguientes:

> a) Ejecución forzada mediante apremio sobre el patrimonio del administrado, cuando se trate de un crédito líquido de la Administración, todo con aplicación de las normas pertinentes del Código de Procedimientos Civiles sobre embargo y remate, con la salvedad de que el título ejecutivo podrá ser la certificación del acto constitutivo del crédito expedida por el órgano competente para ordenar la ejecución (art. 149).

En el caso de la Ley peruana, su artículo 196 precisa los siguientes medios de ejecución forzosa de los actos administrativos, que se adoptarán "respetando siempre el principio de razonabilidad": ejecución coactiva; ejecución subsidiaria; multa coercitiva y compulsión sobre las personas

En particular, en cuanto a las multas, el artículo 199 de dicha Ley dispone que cuando así lo autoricen las leyes, y en la forma y cuantía que éstas determinen, la entidad puede, para la ejecución de determinados actos, imponer multas coercitivas, reiteradas por períodos suficientes para cumplir lo ordenado, en los siguientes supuestos: a) actos personalísimos en que no proceda la compulsión sobre la persona del obligado; b) actos en que, procediendo la compulsión, la Administración no la estimara conveniente; y c) actos cuya ejecución pueda el obligado encargar a otra persona.

Ahora bien, entre los diversos supuestos de ejecución forzosa previstos en las Leyes de América Latina, pueden establecerse los siguientes principios:

En *primer lugar*, en cuanto a la ejecución por constreñimiento sobre el patrimonio mediante multas, como se ha dicho, si se trata de actos de ejecución personalísima y el obligado se resiste a cumplirlo, la Administración le puede imponer multas sucesivas por los montos legalmente prescritos. Mientras permanezca en rebeldía y, en caso de que persista en el incumplimiento, se le pueden imponer nuevas multas iguales o mayores a las que se le hubieren aplicado, concediéndosele un plazo razonable para que cumpla lo ordenado (art 80,2, Ley de Venezuela).

Sin embargo, en definitiva, el cobro efectivo de la multa se hace por vía judicial y para ello el título ejecutivo respectivo es el acto de imposición de la multa. Es decir, este acto goza de ejecutividad, (como lo define el Código de Colombia "mérito ejecutivo", art. 68), pero el cobro efectivo tiene que hacerse por la vía judicial. Es, en definitiva, el sistema de ejecución de los actos administrativos apoyado por sanciones.

Debe destacarse, por otra parte, que en otras legislaciones se prevé expresamente el principio de la ejecución forzosa de los actos administrativos que impongan a los administrados una obligación personalísima de no hacer o soportar, mediante compulsión directa sobre las personas en los casos en que la ley expresamente lo autorice, y siempre con la garantía del debido respeto a la dignidad de la persona humana y a los derechos y garantías constitucionales (art. 200, Ley del Perú).

La Ley de Honduras, en particular, regula el denominado cumplimiento forzoso en estos casos, estableciendo que siempre que la Ley lo autorice "cuando la obligación sea personalísima, de dar, de hacer o de tolerar o no hacer se procederá al cumplimiento forzoso" (art. 109). En estos casos de cumplimiento forzoso "la Administración obtendrá el concurso de la fuerza pública, utilizando la coacción dentro de los límites legales. En estos casos, la Administración también podrá decomisar bienes y clausurar establecimientos" (art. 110).

Por otra parte, si la obligación personalísima consistiera en un hacer, y no se realizase la prestación, el obligado debe resarcir los daños y perjuicios, a cuya liquidación y exacción se puede proceder en vía administrativa (art. 149,1,c Ley de Costa Rica; art. 111 Ley de Honduras). En el Perú, en cambio, los daños y perjuicios, en este caso, deben regularse en vía judicial (art. 200).

En *segundo lugar*, cuando se trate de actos que por no ser personalísimos, son susceptibles de ejecución indirecta con respecto al obligado, la Ley Orgánica de Venezuela (art. 80,1), la Ley General de Costa Rica (art. 149,1,c), la Ley de Honduras (art. 107), y el Código de Colombia (art. 65), autorizan a la Administración a proceder a la ejecución, bien por sus propios órganos o por la persona que designe, a costa del obligado. Es la denominada "ejecución subsidiaria" que se regula también en la Ley del Perú, (art. 198).

En *tercer lugar*, deben destacarse los supuestos de ejecución de obligaciones de dar cantidades de dinero, respecto de los cuales las leyes de Honduras (art. 94) y de Costa Rica (art. 149,1,a) prevén la ejecución forzosa en vía administrativa mediante apremio sobre el patrimonio, exigiéndose, sin embargo, la necesaria intervención de un juez para autorizar la entrada en el domicilio de los deudores y excluyéndose expresamente la posibilidad del ejercicio de interdictos contra las actuaciones de la Administración.

En Colombia también se establece esta ejecución forzosa en materia impositiva, autorizándose a cobrar directamente los montos debidos e, incluso, a proceder forzosamente. Esto, en Venezuela y en las otras leyes, no está establecido de la misma manera. En el caso venezolano el cobro de impuestos sólo se puede hacer por vía judicial.

3. Los medios de ejecución forzosa en la Ley Orgánica de Procedimientos Administrativos

En el caso de Venezuela, la norma que regula los medios de ejecución forzosa de los actos por la Administración cuando ella proceda, indica que se llevará a cabo conforme a las normas siguientes:

> 1. Cuando se trate de actos susceptibles de ejecución indirecta con respecto al obligado, se procederá a la ejecución, bien por la administración o por la persona que ésta designe, a costa del obligado.
>
> 2. Cuando se trate de actos de ejecución personal y el obligado se resistiere a cumplirlos, se le impondrán multas sucesivas mientras permanezca en rebeldía y, en el caso de que persista en el incumplimiento, será sancionado con nuevas multas iguales o mayores a las que ya se le hubieren aplicado, concediéndole un plazo razonable, a juicio de la administración, para que cumpla lo ordenado. Cada multa podrá tener un monto de hasta diez mil bolívares (Bs. 10.000,oo), salvo que otra ley establezca una mayor, caso en el cual se aplicará ésta.

La ejecución forzosa, en esta forma, es la posibilidad que tiene la Administración de imponer, forzosamente, mediante la utilización de medios coactivos, el cumplimiento de sus decisiones a los particulares. Al tratarse de formas de limitación de los derechos de éstos, la ejecución forzosa está sometida a diversas regulaciones expresamente establecidas en la Ley, y en particular a algunos límites. En primer lugar, pueden determinarse límites en relación a la naturaleza de los actos administrativos, pues no todo acto puede ser ejecutado forzosamente por la Administración por sus propios medios; ello sólo procede respecto de aquellos actos que impongan obligaciones o deberes, o sea, constituyan órdenes o prohibiciones.

Por otra parte, es necesario que la ejecución forzosa esté expresamente establecida en la Ley. En este sentido, hemos señalado que el Artículo 79 de la Ley Orgánica de Procedimientos Administrativos establece, como principio general, que la ejecución forzosa de los actos administrativos procede, salvo que una Ley expresa establezca una vía distinta, de ejecución judicial del acto. Por tanto, si no hay una Ley que prevea la vía de ejecución judicial, se establece un principio a favor de la ejecución forzosa de los actos administrativos, en vía administrativa.

Por otra parte, la ejecución debe ser realizada dentro de los límites y por los medios que la Ley establece. La Administración no es libre de usar cualquier medio o acto material de ejecución, sino que tiene que utilizar los que la Ley expresamente prevea. Por ello, cuando se dice que la Administración puede ejecutar forzosamente, de oficio, sus actos administrativos, ello no lo puede hacer como quiera el funcionario, sino de acuerdo a los medios que la propia Ley le va a permitir utilizar.

Respecto a determinar cuáles son estos medios de ejecución forzosa, ello depende del tipo de acto administrativo de que se trate. La Ley Orgánica de Procedimientos Administrativos prevé, así, dos medios genéricos de ejecución forzosa de los actos administrativos, según que se trate de actos de ejecución personal por el obligado o de actos que pueden ejecutarse en forma subsidiaria; y ello lo regula en el artículo 80.

En caso de actos de ejecución personalísima por el obligado, se prevé como medio de ejecución forzosa, la sanción por incumplimiento; si la Ley establece una conducta determinada al particular y éste no se ajusta a lo prescrito, la Administración tiene la vía de la multa, para obligar al particular a justar su actuación, a lo prescrito legalmente. La Ley Orgánica expresamente establece en el Artículo 80, ordinal 2°, que en los casos en que se trate de actos de ejecución personal, es decir, que sólo pueden ser ejecutados personalmente por el particular obligado; si el obligado se resiste a cumplirlo, se le pueden imponer multas sucesivas, mientras permanezca en rebeldía. Por ejemplo, el pago de una liquidación de impuestos, si el interesado no la paga, la Administración puede ponerle una multa.

Ahora bien, señala esa misma norma, en caso de que el interesado obligado persista en su incumplimiento, será sancionado con nuevas multas iguales o mayores a las anteriores, y cada una de esas multas puede ser hasta de 10.000 bolívares. En esta forma por la vía de coacción sobre el patrimonio del interesado se le puede obligar a cumplir el acto, cuando es necesario que lo cumpla en forma personal.

Pero puede tratarse de un acto que no requiera de ejecución personal y que pueda ser de ejecución subsidiaria, lo cual da origen a la segunda forma de ejecución forzosa prevista en el Artículo 80, Ordinal 1° de la Ley. De acuerdo a esta norma, cuando se trate de actos susceptibles de ejecución indirecta con respecto al obligado, se procederá a la ejecución, bien por la Administración o por la persona que ésta designe, a costa del obligado. Por ejemplo, si la Administración ordena la demolición de un inmueble, el propietario está obligado a demolerlo; pero si el particular se niega a realizar la demolición, la Administración puede, por sus propios medios, proceder a la demolición, o estipular con un contratista la demolición a costa del obligado. En este caso concreto, además de esta consagración general, está expresamente prevista en las Ordenanzas Municipales, en caso de demolición de inmuebles, la ejecución subsidiaria. En el mismo sentido, por ejemplo, la Ley Forestal, de Suelos y Aguas por ejemplo, establece que en las concesiones forestales, quien explota madera, está obligado a sembrar determinados árboles, y lo mismo sucede en caso de las repoblaciones forestales que en un momento determinado puede imponérsele a un concesionario. En estos casos se prevé en la Ley, que si el obligado no cumple su deber personalmente, puede la Administración hacerlo directamente, a costa del obligado.

Pero además de estas dos formas de ejecución forzosa, previstas en forma genérica en la Ley Orgánica de Procedimientos Administrativos, muchas leyes especiales prevén los mismos u otros medios de ejecución forzosa.

Una de ellas es la coacción inmediata sobre el patrimonio. Con carácter general puede decirse que no existe en la legislación venezolana ninguna disposición que faculte a la Administración, por ejemplo, a apropiarse forzosamente de bienes de un particular como medio de ejecución de actos administrativos. Al contrario, hemos señalado que, por ejemplo, en los casos en los cuales la Administración tiene una acción por cobro de bolívares, tiene que acudir a la vía judicial para ejecutar sus actos.

Sin embargo, algunas leyes especiales consagran medios de ejecución forzosa que afectan el patrimonio de las personas, al regular el comiso como sanción administrativa. En las leyes relativas a las aduanas o *al* porte de armas, que prescriben determinadas conductas, el incumplimiento de los actos administrativos concretos dictados en base a sus disposiciones, puede dar origen, por ejemplo, al comiso de los bienes introducidos de contrabando o a las armas de porte ilícito. Por su parte, en materia sanitaria, el Reglamento General de Alimentos establece que cuando haya alimentos en mal estado o descompuestos, pueden ser decomisados por la autoridad sanitaria, y destruidos, configurándose como una lesión al patrimonio del interesado, por incumplimiento de normas sanitarias.

Por otra parte, también en leyes especiales se regulan formas de ejecución forzosa de los actos administrativos, a través de coerción directa sobre las personas, tal como sucede en materia de actos administrativos referentes a la policía de seguridad, salubridad, moralidad o "n general, en materia de orden público general.

En materia de seguridad pública, por ejemplo, el arresto administrativo regulado en las Ordenanzas Municipales, es una forma de coerción directa sobre la persona, por supuesto, dentro de los límites constitucionales. También en materia sanitaria, una persona afectada de una enfermedad de las llamadas de denuncias obligatorias, puede ser recluida forzosamente, aun contra su voluntad, conforme a la Ley de Sanidad Nacional y el Reglamento respectivo. Por otra parte, puede en ciertos casos, ordenarse el tratamiento forzoso en ciertas enfermedades infecciosas: puede establecerse, por ejemplo, una vacunación obligatoria, estando las personas obligadas a soportar las medidas ejecutivas en relación a su persona.

4. La oposición a la ejecución

Al hablar de la ejecución de los actos administrativos, y frente al principio de que éstos deben ejecutarse de inmediato, se nos plantea el problema de la posibilidad que puedan tener los particulares de oponerse a la ejecución. La Ley Orgánica, en efecto prevé una posibilidad de oposición a la ejecución, en los supuestos en los cuales se puede alegar la prescripción. En efecto, el Artículo 70 de la Ley Orgánica establece el principio según el cual las acciones provenientes de los actos administrativos, cuando creen obligaciones de hacer o de no hacer (mandatos o prohibiciones) a cargo de los particulares, prescriben en el término de cinco años. Por tanto, en esos casos, el particular obligado puede alegar la prescripción de las acciones provenientes de esos actos administrativos y oponerse a su ejecución.

A tal efecto, el Artículo 71 de la Ley Orgánica señala el procedimiento que debe seguirse cuando un particular se oponga a la ejecución de un acto alegando prescripción. Señala, en efecto, que cuando el interesado se oponga a la ejecución de un acto administrativo, alegando prescripción, la autoridad administrativa a quien le corresponda el conocimiento del asunto, debe proceder en un término de 30 días hábiles a verificar el tiempo transcurrido, así como las interrupciones o suspensiones que hubiesen habido en ese lapso de prescripción, si es el caso.

VII. SOBRE LA EJECUCIÓN DE LOS ACTOS ADMINISTRATIVOS (A PROPÓSITO DE LOS ACTOS ADMINISTRATIVOS QUE ORDENAN EL DESALOJO DE VIVIENDAS) (1990).

Este parte VII de la Sección Primera de este Libro es el texto del artículo sobre: "Consideraciones sobre la ejecución de los actos administrativos (a propósito de los actos administrativos que ordenan el desalojo de viviendas)" en *Revista de Derecho Público*, N° 41, Editorial Jurídica Venezolana, Caracas, enero–marzo 1990, pp. 163–176.

La Corte Suprema de Justicia, en Sala Político Administrativa, en sentencia de 9 de noviembre de 1989 (caso Arnaldo Lovera) y bajo la ponencia de Luis Henrique Farías Mata[89] ha querido resolver definitivamente una constante interpretación, tanto administrativa como judicial, en torno a la ejecución de los actos administrativos emanados de la Dirección de Inquilinato del Ministerio de Fomento en materia de desalojo de viviendas, y que había conducido a que tradicionalmente, el administrado (propietario o arrendador) beneficiario de un acto administrativo de orden de desalojo, tenía que buscar la ejecución del mismo ante la autoridad judicial, cuando el arrendatario o inquilino del inmueble se negaba a desocuparlo en el plazo acordado. Al resolver la cuestión con motivo de conocer de un planteamiento de falta de jurisdicción formulado por el Tribunal de Inquilinato respecto de la Administración Pública, la Corte Suprema ha puntualizado conceptos sobre la ejecución de los actos administrativos que deben destacarse, y sobre los cuales la doctrina nacional ya se había ocupado en varias ocasiones. Curioso es observar, sin embargo, el lamentable empeño de la Corte, cuando hace referencias doctrinales en sus sentencias, en ignorar la doctrina nacional y citar sólo a reputables autores europeos. Aun cuando poco relativamente, algo se ha escrito en el país, quedándole muy mal a la Corte hacer como si ignora.

La Corte, para apartarse de la mencionada interpretación tradicional, comenzó por puntualizar las normas del Decreto Legislativo sobre Desalojo de Vivienda, aun vigente, de 1946, en el cual se establecen no sólo las causales de desalojo, sino las autoridades que en cada caso deben intervenir para lograr el desalojo. Establece en efecto, el Decreto Legislativo, un *procedimiento judicial* para el desalojo por insolvencia, cuando el arrendatario haya dejado de pagar el canon de arrendamiento después de haber trans-

89 *V.* el texto de la sentencia en *Revista de Derecho Público*, N° 40, octubre–diciembre de 1989, pp. 76 y ss.

currido 15 días consecutivos a contar de la fecha del vencimiento; previendo en cambio en *procedimiento administrativo* para el desalojo en los casos de necesidad del propietario o sus familiares de ocupar el inmueble; cuando se trate de demolición, reconstrucción total o reparación que exija el desalojo o de utilización necesaria del inmueble por causa de interés público; cuando se destine el inmueble por el inquilino a usos deshonestos; o cuando el inquilino le ocasione al inmueble deterioros mayores que los provenientes del uso normal. En estos casos, el procedimiento administrativo debe cumplirse ante la Dirección de Inquilinato del Ministerio de Fomento, organismo al cual corresponde autorizar o negar la desocupación solicitada. Nada indica el Decreto Legislativo en relación a quién corresponde ejecutar estas decisiones, y lo que se había interpretado en la práctica administrativa y forense era que una vez decidido el asunto por la Dirección de Inquilinato, en los últimos supuestos, cuando los arrendatarios o inquilinos se negaban a cumplir la decisión administrativa autorizatoria del desalojo en el lapso prescrito, la ejecución de la misma no la efectuaba dicho órgano administrativo sino que debía acudirse a la vía judicial, en cuyo caso se distinguían –como lo destaca la Corte– dos supuestos: en primer lugar, si la decisión de la Dirección de Inquilinato quedaba firme en vía administrativa, su ejecución estaba a cargo de la jurisdicción judicial ordinaria, mediante el procedimiento establecido por el Código de Procedimiento Civil para los juicios breves, y en segundo lugar, si la decisión de la Dirección de Inquilinato había sido recurrida oportunamente ante el Tribunal de Apelaciones de Inquilinato o ante los otros tribunales contencioso–administrativos competentes, la ejecución de la decisión final, resuelto el asunto, correspondía a los mencionados tribunales que hubieren conocido del asunto. Como lo señaló la Corte:

> "Así planteado el asunto, el acto administrativo autorizatorio de desalojo basado en una causal diferente de la insolvencia, constituiría un simple requisito de admisibilidad de la acción que posteriormente ha de ser ejercida acudiendo a la vía judicial. Se argumenta, en efecto, que la autorización administrativa para obtener la desocupación del inmueble sólo permitiría al interesado su acceso al órgano judicial para hacer valer sus derechos; a diferencia de la sentencia judicial que acuerde el desalojo, la cual ordena el cumplimiento de una obligación de hacer, ejecutable por el propio juez de la causa".

Como lo destacó adecuadamente la Corte, "la interpretación precedentemente expuesta descansa, sin la menor duda, en la concepción de que los derechos que derivan de las decisiones administrativas autorizatorias del desalojo sólo pueden hacerse efectivas en virtud de una decisión judicial complementaria, lo cual no estaba así expresamente establecido en norma alguna.

La Corte, después de hacer una serie de consideraciones sobre el tema de la ejecución de los actos administrativos, en el caso sometido a su consideración resolvió que la ejecución de los actos administrativos emanados de la Dirección de Inquilinato que acordasen a un arrendador la desocupación de una vivienda por un arrendatario, no debía corresponder a autoridad judicial alguna, sino que correspondía a la propia Dirección de Inquilinato del Ministerio de Fomento. La Corte, en efecto, resolvió que:

> "Por estar dotado de ejecutoriedad, el acto administrativo adoptado en los términos expuestos, no requiere de homologación alguna por parte del juez: la ejecución de dicha decisión opera por su propia virtualidad, y con los mismos efectos, para el caso, de una sentencia judicial. Además, téngase presente que, en tanto que la ley especial d la materia no exige la intervención de los tribunales para proceder a su ejecución cuando a ésta se opusieren los afectados, no precisa en cambio el órgano administrativo de habilitación alguna para llevarla a cabo por sí mismo, pues, como

se ha dejado expuesto, le basta –por regla– con disponer de los ya reseñados medios que, para lograr tal propósito, establece la Ley Orgánica de Procedimientos Administrativos.

En el caso que nos ocupa, al dirigirse el beneficiario de la aludida Resolución N° 3530 del 2 de diciembre de 1986 al Poder Judicial para solicitar su ejecución, está poniendo de manifiesto que el acto no fue ejecutado por el inquilino –así lo destaca el mencionado Juez Noveno de Parroquia en su auto de 21 de mayo de 1987, folio 15 del presente expediente–, a pesar de que dicha decisión estaba dotada de la correspondiente ejecutividad, por lo que la Administración podía, y puede, poner en práctica los medios coercitivos de que dispone para tal efecto, si el particular así lo solicitare".

"Es, en efecto, un órgano de la Administración Pública –la Dirección de Inquilinato del Ministerio de Fomento, en el caso– el competente para proceder a la ejecución forzosa de su propia decisión y, por tanto, el juez carece de jurisdicción para acordarla a través de un proceso judicial, como lo ha sido solicitado por el interesado Arnaldo Lovera. En consecuencia, y conforme a lo dispuesto en el artículo 59 del Código de Procedimiento Civil, así lo declara expresamente este Supremo Tribunal en Sala Político–Administrativa, administrando justicia en nombre de la República y por autoridad de la ley".

En virtud de la importancia de la decisión, al corregir la antes mencionada y generalizada interpretación, en virtud de que las decisiones de la Corte Suprema no tienen fuerza de *stare decisis,* la propia Corte hizo la siguiente sana exhortación:

"Finalmente, considera la Sala su deber el hacer un llamado a los jueces que conozcan de este tipo de asuntos, para que –en aras de la uniformidad de criterios y aun cuando la jurisprudencia de la Corte Suprema de Justicia no tenga carácter vinculante para ellos– tomen en cuenta la decisión de este Alto Tribunal sobre la materia objeto del presente procedimiento".

1. La presunción de legalidad de los actos administrativos y los principios de su ejecución

La consecuencia más importante de la eficacia de los actos administrativos, tal como lo ha establecido nuestra jurisprudencia desde hace más de treinta años, es que los mismos adquieren una presunción de legitimidad, veracidad y legalidad. Esto significa que los actos administrativos válidos y eficaces son de obligatorio cumplimiento tanto para la propia Administración como para los particulares, lo que implica que sus efectos se cumplen de inmediato, no suspendiéndose por el hecho de que contra los mismos se intenten recursos administrativos o jurisdiccionales de nulidad. Por supuesto, debe siempre advertirse que esta presunción de legitimidad no surge cuando los actos administrativos están viciados de nulidad absoluta, en cuyo caso no podrían ser ejecutados, tal como, por ejemplo, lo señala expresamente la Ley General de Administración Pública de Costa Rica (artículo 169). Además, recuérdese que en esos casos, si la nulidad absoluta deriva de la violación de derechos y garantías constitucionales, como lo indica el artículo 46 de la Constitución, quedaría comprometida la responsabilidad de los funcionarios que pretenden ejecutarlos.

En todo caso, la presunción de legalidad y legitimidad implica, por una parte, que los actos administrativos son obligatorios desde el momento en que surten efectos; y, por la otra, que los recursos que se ejerzan contra los mismos no tienen efectos suspensivos. Además, tratándose de una presunción *juris tantum*, implica que la carga de la prueba para desvirtuar tal presunción, corresponde en principio, al recurrente interesado.

En la legislación española y latinoamericana sobre procedimientos administrativos, estos principios se han recogido en texto expreso y una muestra de ello es el artículo 12 de la Ley de Procedimientos Administrativos de Argentina que establece:

> "El acto administrativo goza de presunción de legitimidad: su fuerza ejecutoria faculta a la Administración a ponerlo en práctica por sus propias medidas, a menos que *la Ley o la naturaleza del acto exigieren la intervención judicial,* e impide que los recursos que interpongan los administrados suspendan su ejecución y efectos, salvo que una norma expresa establezca lo contrario".

Ahora bien, en materia de ejecución de los actos administrativos, debe distinguirse, como lo ha hecho la sentencia de la Corte que comentamos, entre el carácter ejecutivo de los mismos, la "ejecutividad", y la posibilidad misma de su ejecución por la propia Administración, denominada la "ejecutoriedad"[90] distinción que no existe en el derecho francés, donde sólo se habla del carácter *exécutoire* de las decisiones administrativas.

En el mundo del derecho hispanoamericano, en cambio, la ejecutividad de los actos administrativos significa que éstos tienen "carácter ejecutivo", es decir, que al ser obligatorios son por sí mismos ejecutables y que pueden ser ejecutados de inmediato, sin que para ello el derecho tenga que ser declarado por autoridad judicial alguna. La "ejecutoriedad", en cambio, es la propiedad de los actos administrativos conforme a la cual la Administración misma, por sus propios medios, puede ejecutarlos incluso forzosamente. Ambas características las establece el Código Contencioso–Administrativo de Colombia al referirse en su artículo 64 al "carácter ejecutivo y ejecutorio de los actos administrativos".

Esta es la dirección que adopta la sentencia comentada basándose, además, en el principio del derecho francés de la *décision exécutoire,* en tanto que *privilegio* de la Administración. En efecto, la Corte, en su sentencia argumentó lo siguiente:

> "1. Dispone la Administración, de poderes conforme a los cuales puede modificar unilateralmente las situaciones jurídicas de los administrados sin necesidad de acudir al juez; en estos casos no emite aquélla simples pretensiones, sino que adopta verdaderas decisiones. Es, sin duda, un privilegio del que carecen los particulares, quienes –por indiscutibles que sean sus derechos– no pueden imponerlos por sí mismos, sino a través de los órganos judiciales". "En efecto, en la relación jurídica de carácter privado, aunque ésta se encuentre revestida de eficacia, si el sujeto pasivo se niega a cumplir las obligaciones que en virtud de dicha relación le incumben, el sujeto activo deberá intentar a través de un proceso de cognición ante un órgano del Poder Judicial la declaratoria de la existencia de tal derecho. Y si pese a ello, el obligado se resiste a observar la conducta debida para obtener la realización material del derecho judicialmente reconocido y declarado, el acreedor habrá de acudir aun al proceso de ejecución".
>
> "Pero, observa la Sala, no ocurre lo mismo en la relación jurídico–administrativa regulada por nuestro Derecho positivo en forma, por lo demás, semejante a como lo hacen la mayoría de los ordenamientos extranjeros: el acto administrativo, al dictarse, se presume legítimo y, amparado por la presunción de legalidad que lo acompaña desde su nacimiento, se tiene por válido y productor de su natural eficacia jurídica. Puede afirmarse, entonces, que el acto administrativo desde que existe tiene fuerza obligatoria y debe cumplirse a partir del momento en que es "definitivo", es decir, en tanto resuelva el fondo del asunto; característica general que la doctrina (Zanobini, Sayagués, González Pérez, Garrido) es coincidente en bautizar con el nombre de "ejecutividad"". "Pero además la Administración, tal como se ha dejado expuesto, tiene –cuando los actos, de suyo

90 *V.* Allan R. Brewer Carias, "Aspectos de la ejecutoriedad de los actos administrativos fiscales y la aplicación del principio solve et repete" en *Revista del Ministerio de Justicia* N° 53 año XIV, Caracas, abril–diciembre 1965, pp. 67 a 86, reproducido en Allan R. Brewer Carias, *Jurisprudencia de la Corte Suprema de Justicia 1930–1974 y Estudios de Derecho Administrativo,* Tomo III, Vol. 1, Caracas, 1976, pp. 97 y ss.

ejecutivos, impongan deberes o limitaciones–, la posibilidad de actuar aun en contra de la voluntad de los administrados, y sin necesidad de obtener previamente una declaración judicial al respecto; atributo al que –distinguiéndolo del género "ejecutividad"– se ha dado la denominación específica de "ejecutoriedad". En el artículo 8 de la Ley Orgánica de Procedimientos Administrativos se reconoce esta posibilidad, atribuida a la Administración, de materializar ella misma, e inmediatamente, sus actuaciones: "Los actos administrativos que requieran ser cumplidos mediante actos de ejecución, deberán ser ejecutados por la Administración en el término establecido. A falta de este término, se ejecutarán inmediatamente"".

"Este principio adicional, al que suele darse la denominación de "ejecutoriedad" –para distinguirlo del género "ejecutividad"– de los actos administrativos, ha sido fundamentado en la presunción *inris tantum* de legalidad que los acompaña y en la necesidad de que se cumplan sin dilación los intereses públicos que persigue la Administración, cuyo logro no puede ser entorpecido por la actuación de los particulares".

2. La ejecutividad de los actos administrativos

De lo anterior resulta, por tanto, que, salvo norma expresa en contrario, los actos que queden firmes al concluir un procedimiento administrativo tienen carácter ejecutivo, es decir, son suficientes, por sí mismos, para que la Administración pueda de inmediato ejecutar los actos necesarios para su cumplimiento[91].

De acuerdo a este principio de la ejecutividad, por tanto, cuando la Administración dicta un acto administrativo, declara por sí misma el derecho mediante esos actos unilaterales, que crean directamente derechos y obligaciones y tienen en sí mismos fuerza de títulos ejecutivos. La ejecutividad de los actos administrativos, en definitiva, significa que éstos, al dictarse, son ejecutables porque tienen carácter ejecutivo. Esta característica es la que se ha denominado muy ambiguamente en el derecho francés al hablarse del acto administrativo como *décision exécutoire,* en el sentido de que "conlleva en sí misma una modificación de situaciones jurídicas"[92]. Tal como lo ha resumido P. Delvolvé, "El carácter *exécutoire* de la decisión tiene un doble aspecto: la decisión es *exécutoire* a la vez en el sentido de que ella ordena la ejecución obligando a sus destinatarios a acatarla y, además, en el sentido de que ella implica su ejecución, al conllevar ella misma, desde que se adopta, el resultado que ella ordena[93].

En este sentido de la expresión *décision exécutoire,* noción referida al carácter ejecutivo de la decisión administrativa y sin hacer en este estadio referencia alguna a los medios y formas de ejecución, es el que se ha precisado en la jurisprudencia francesa más reciente [94], conforme a la cual ella se refiere al carácter obligatorio del acto administrativo, para subrayar que es característica de la decisión administrativa el imponerse inmediatamente a los administrados, sea cual sea su contenido. Es lo que se ha denominado también tradicionalmente *le privilége du préalable* que permite a la autoridad administrativa adoptar medidas que se imponen con carácter previo a toda intervención de

91 Art. 64, Código Contencioso–Administrativo de Colombia.

92 *V.* P. Delvolvé, *L'acte administratif,* París 1984, pp. 23–25 y 209.

93 *Idem,* p. 25.

94 En el sentido de lo establecido por el Consejo de Estado en el *arret iuglo* de 2 de julio de 1982, al considerar que "el carácter *exécutoire* de una decisión administrativa es la regla fundamental del derecho público", *Rec.* p. 258, *cit.*, por P. Devolvé, *op. ext.*, p. 27.

un juez: los están obligados a someterse a ellas inmediatamente, y para evitar su aplicación, es que tienen que acudir, en una segunda fase, a un tribunal[95].

Esta es la fórmula que recoge el artículo 8 de la Ley Orgánica de Procedimientos Administrativos al prescribir que

> "Los actos administrativos que requieren ser cumplidos mediante actos de ejecución, deberán ser ejecutados por la Administración en el término establecido. A falta de este término, se ejecutarán de inmediato".

Precisamente, es esta posibilidad de ejecución de inmediato de los actos administrativos en el sentido de que para ser ejecutados se bastan a sí mismos y no requieren de la intervención de ninguna otra autoridad, la que configura esta primera característica de la "ejecutividad" de los actos administrativos, que la legislación española resume al indicar que los actos y acuerdos de las autoridades y organismos de la Administración del Estado serán "inmediatamente ejecutivos"[96].

Como señalamos, esta ejecutividad de los actos administrativos, consecuencia directa de su presunción de legitimidad, implica como principio, que los efectos de los mismos no se suspenden por el hecho de que contra los mismos se intenten los recursos contencioso–administrativos.

Como lo destaca la Corte Suprema en su sentencia, al señalar las consecuencias prácticas de las prerrogativas de ejecución:

> "La interposición de recursos contra los actos administrativos no suspende la ejecución de los mismos, así éstos no hayan alcanzado todavía firmeza. De ahí que su derogatoria por vía de suspensión de los efectos del acto venga legalmente establecida únicamente en circunstancias excepcionales. El particular puede, ciertamente, impugnar su validez ante el juez, pero el recurso, de ordinario, no tiene efectos suspensivos, e. independientemente de su eventual anulación posterior, la decisión es ejecutable al estar amparada por una presunción de "cosa decidida" –terminología del eminente administrativista George Vedel– en un todo semejante a la de "cosa juzgada judicial"".

En vía contencioso–administrativa, sin embargo, conforme a la tradición de la jurisprudencia francesa, relativa al denominado *stirsis á exécution*[97] el juez puede suspender la ejecución de los actos administrativos recurridos, cuando su ejecución pueda causar un gravamen grave o irreparable o de difícil reparación por la sentencia definitiva, en caso de anularse el acto impugnado [98].

Debe señalarse, sin embargo, que en materia de interposición de recursos administrativos, la situación legislativa en España y América Latina, no es totalmente uniforme. El principio puede decirse que también es el de los efectos no suspensivos de los recursos, salvo disposición legal en contrario[99] pudiendo en todo caso, la autoridad administrati-

---

95 P. Devolvé, *op. cit.*, p. 28.

96 Arts. 44 y 101 Ley de Procedimientos Administrativos y Art. 33 Ley de Régimen Jurídico de la Administración del Estado, España.

97 CE 12 nov. 1938, *arret Chambre syndicale des constructeurs de moteurs d'avions*, *Rec* 840. *V.* en Long, Weil et Braibant, *Les grandes arrets de la jurisprudence administrative*, Paris 1984.

98 *V.* por ejemplo, en el derecho español, el artículo 122 de la Ley de la Jurisdicción Contencioso–Administrativa que dispone: "1. La interposición del recurso contencioso–administrativo no impedirá a la Administración ejecutar el acto o la disposición objeto del mismo, salvo que el tribunal acordare, a instancia del actor, la suspensión. 2. Procederá la suspensión cuando la ejecución hubiere de ocasionar daños o perjuicios de reparación imposible o difícil". En sentido similar, Art. 136 de la Ley Orgánica de la Corte Suprema de Justicia de Venezuela.

99 Art. 34 Ley de Régimen Jurídico de la Administración del Estado, España: Art. 87, Ley Orgánica de Procedimientos Administrativos, Venezuela, Art. 148, Ley General de Administración Pública, Costa Rica.

va, como lo establece el artículo 87 de nuestra Ley Orgánica de Procedimientos Administrativos, de oficio o a instancia de parte, suspender la ejecución del acto administrativo cuando dicha ejecución pudiera causar perjuicios de imposible o difícil reparación, o cuando se fundamente el recurso en vicios de nulidad absoluta [100]. Sin embargo, en otras legislaciones, como el Código Contencioso–Administrativo de Colombia, se establece en forma general el principio contrario, en el sentido de que "los recursos se concederán en el efecto suspensivo" (Art. 55).

En todo caso, y aún en presencia del principio general, mediante previsión de ley expresa la interposición de un recurso puede significar la suspensión de efectos de los actos administrativos[101], en cuyo caso, como lo postula la Ley argentina de Procedimientos Administrativos, la Administración debe abstenerse

> "de poner en ejecución un acto estando pendiente algún recurso administrativo de los que en virtud de norma expresa impliquen la suspensión de los efectos ejecutorios de aquél o que, habiéndose resuelto, no hubiese sido notificado". (Art. 9, b).

En materia inquilinaria, ni el Decreto Legislativo de Desalojo de Vivienda, ni la Ley de Regulación de Alquileres resuelven expresamente el efecto suspensivo de los recursos. Sin embargo, dada la naturaleza del conflicto de intereses en juego en la decisión, que resuelve un conflicto entre particulares –arrendador y arrendatario– acordando o no el desalojo, parece lógico el que se sostenga el carácter suspensivo de los recursos que se intenten contra las decisiones que acuerden el desalojo.

El acto administrativo que acuerda el desalojo de un inmueble, en todo caso, es un acto administrativo ejecutivo y obligatorio, cuando esté firme, es decir, al devenir inimpugnable por vía de recurso.

3. La ejecutoriedad de los actos administrativos

Ahora bien, la "ejecutividad" de los actos administrativos derivada del carácter ejecutivo de los mismos, se distingue en el derecho español y latinoamericano, de la "ejecutoriedad" de los actos, refiriéndose esta segunda característica a la posibilidad que tiene la Administración de ejecutar, por sus propios medios, e incluso en forma forzosa, sus actos administrativos, con facultad de ser necesario, de recurrir a la fuerza pública.

La Ley General de la Administración Pública de Costa Rica, en este sentido establece el principio al prescribir que

> "La Administración tendrá potestad de ejecutar por sí, sin recurrir a los tribunales, los actos administrativos eficaces, válidos o anulables, aun contra la voluntad o resistencia del obligado, sujeta a la responsabilidad que pudiera resultar". (Art. 146,1).

Sin embargo, es evidente que en muchos casos la legislación establece expresamente supuestos en los cuales la ejecución del acto administrativo requiere de intervención judicial. Al contrario, si la ejecución judicial no está expresamente prevista, el principio es el de la posibilidad para la Administración de ejecutar sus propias decisiones, salvo que la naturaleza de dichas decisiones exija el recurso a la autoridad judicial, tal y como

---

100 *Cfr.* Art. 116, Ley de Procedimientos Administrativos, España; Art. 12, Ley de Procedimientos Administrativos, Argentina; Art. 148, Ley General de la Administración Pública, Costa Rica.

101 Es el principio general en Venezuela, por ejemplo, en materia tributaria. *V.* el Código Orgánico Tributario, Art. 178.

sucede, en general, con los actos administrativos dictados en ejercicio de la función jurisdiccional. La Corte no tomó en cuenta este mismo aspecto, y sentó su doctrina con base, sólo en la primera premisa en virtud de que así está prescrito en la Ley Orgánica de Procedimientos Administrativos de Venezuela, al establecer que,

> "la ejecución forzosa de los actos administrativos será realizada de oficio por la Administración, salvo que por expresa disposición legal deba ser encomendada a la autoridad judicial". (Art. 79).

La Corte, en su sentencia, al referirse a esta característica de la ejecutoriedad, la destaca como una consecuencia práctica de los privilegios de ejecución, expresando lo siguiente:

> "Además, es consecuente también con lo anteriormente señalado, la facultad que se le reconoce a la Administración de ejecutar por sí misma, materialmente, los derechos que de tales actos deriven –aun enfrentándose a la resistencia del obligado–, sin necesidad, para lograrlo, de acudir a la intervención de los tribunales.

Esta posibilidad de ejecución material o forzosa por la Administración de sus propias decisiones, encuentra su justificación, como se ha dicho, en la propia naturaleza de la actuación administrativa, y le es expresamente reconocida por el artículo 79 de la Ley Orgánica de Procedimientos Administrativos...".

El privilegio de ejecución de oficio en España y en América Latina, entonces., no es tan excepcional como resulta en Francia de la doctrina establecida en las conclusiones del Comisario de Gobierno Romieu al *arrét* del Tribunal de Conflictos del 2 de diciembre de 1902, *Société Immobilière de Saint–Just* (Rec. 713)[102], pues, en general, han sido las propias leyes de Procedimiento Administrativo, las que lo han previsto.

Por supuesto, debe advertirse que en todo caso, las legislaciones exigen que para que la Administración inicie actuaciones materiales que menoscaben, limiten o perturben el ejercicio de los derechos de los particulares, previamente debe haberse adoptado la decisión que les sirva de fundamento[103]. De allí que se obligue a los órganos administrativos que ordenen actos de ejecución material el comunicar por escrito al interesado, el acto administrativo que autorice la actuación administrativa[104]. De ello deriva el principio de que toda actuación material que no esté precedida de un acto administrativo válido y eficaz, puede considerarse como una vía de hecho[105].

Este aspecto también es destacado por la Corte Suprema en la sentencia que comentamos, al expresar:

> "Y es también en atención a semejante privilegio, que la misma Ley exige como requisito para la ejecución forzosa (consecuencia lógica del principio de ejecutoriedad) la existencia de un acto previo. So pena de hacerse reo la Administración de las gravísimas consecuencias que comportaría una actuación irregularmente realizada al no existir otra, necesariamente previa, que la justifique ("vía de hecho")".

---

102 *V.* Long, Weil et Braibant, *op. cit.*, pp. 47 y ss.; *V.* G. Isaac, quien afirma en general que en el derecho francés, Texécution des actes administratifs, comme des lois, est affaire de justice et non affaire administrative, des qu'elle n'est pas volontaire, des qu'elle devient contentieuse", *La procedure administrative non contitieuse*, París 1976, p. 171.

103 Art. 100,1, Ley de Procedimientos Administrativos, España; Art. 78, Ley Orgánica de Procedimientos Administrativos, Venezuela.

104 Art. 100,2, Ley de Procedimientos Administrativos, España.

105 Sobre la vía de hecho, *V.* el *arrét* del Tribunal de Conflictos del 8–4–1935, *Action Francaise, Rec. 1226*, en Long, Weil et Braibant, *op. cit.*, pp. 230 y ss. *V.* Art. 9, Ley de Procedimientos Administrativos, Argentina.

4. Los medios de ejecución y la ejecución forzosa

Ahora bien, la ejecución de los actos administrativos por la propia Administración, consecuencia de su ejecutoriedad, sólo puede realizarse a través de los medios que a tal efecto establezca la Ley. Para ello, algunas leyes hispanoamericanas establecen diversos supuestos de ejecución forzosa de los actos administrativos exigiéndose que, en forma previa, se conmine o intime al interesado a la ejecución voluntaria, es decir, que haya una actuación previa en la cual se ponga en mora al interesado[106]. Estos supuestos de ejecución forzosa son los siguientes:

En primer lugar, ejecución por constreñimiento sobre el patrimonio mediante multas. En este sentido, conforme a la Ley Orgánica de Procedimientos Administrativos, si se trata de actos de ejecución personalísima y el obligado se resiste a cumplirlo, la Administración le puede imponer multas sucesivas por los montos legalmente prescritos. Mientras permanezca en rebeldía y, en caso de que persista en el incumplimiento, se le pueden imponer nuevas multas iguales o mayores a las que se les hubieren aplicado, concediéndole un plazo razonable para que cumpla lo ordenado (Art. 80,2).[107] Es, en definitiva, el sistema de ejecución de los actos administrativos apoyado por sanciones, establecido en el derecho francés[108].

Debe destacarse, por otra parte, que en otras legislaciones como la española, la Ley de Procedimientos Administrativos prevé expresamente el principio de la ejecución forzosa de los actos administrativos que impongan a los administrados una obligación personalísima de no hacer o soportar, mediante compulsión directa sobre las personas en los casos en que la Ley expresamente lo autorice, y siempre con la garantía del debido respeto a la dignidad de la persona humana y a los derechos y garantías constitucionales (Art. 108,1). En cambio, si la obligación personalísima consistiera en un hacer, y no se realizase la prestación, el obligado deberá resarcir los daños y perjuicios, a cuya liquidación y exacción se puede proceder en vía administrativa (Art. 108,2)[109].

En segundo lugar, cuando se trate de actos que por no ser personalísimos son susceptibles de ejecución indirecta con respecto al obligado, la Ley Orgánica de Procedimientos Administrativos de Venezuela (Art. 80,1), la Ley General de la Administración Pública de Costa Rica (Art. 149,l,c), y el Código Contencioso–Administrativo de Colombia (Art. 65), autorizan a la Administración a proceder a la ejecución, bien por sus propios órganos o por la persona que designe, a costa del obligado. Es la denominada "ejecución subsidiaria" en la Ley de Procedimientos Administrativos de España (Art. 106).

En tercer lugar, deben destacarse los supuestos de ejecución de obligaciones de dar cantidades de dinero, respecto de los cuales la Ley Española de Procedimientos Administrativos (Art. 105) y la Ley General de la Administración Pública de Costa Rica (Art. 149,1,a) prevén la ejecución forzosa en vía administrativa mediante apremio sobre el patrimonio, exigiéndose, sin embargo, la necesaria intervención de un juez para autori-

106 Art. 102, Ley de Procedimientos Administrativos, España; Art. 150,1, Ley General de Administración Pública, Costa Rica.

107 En sentido similar, Art. 65, Código Contencioso–Administrativo, Colombia y Art. 107, Ley de Procedimientos Administrativos, España.

108 *V.* P. Devolve, *op. cit.*, pp. 261 y ss.

109 En sentido similar, Art. 149, l,c. Ley General de la Administración Pública, Costa Rica.

zar la entrada en el domicilio de los deudores[110] y excluyéndose expresamente la posibilidad de interdictos contra las actuaciones de la Administración[111].

En todo caso, la ejecución de los actos administrativos por la Administración en el ordenamiento venezolano no puede realizarse en cualquier momento. Debe señalarse que fuera los supuestos de suspensión de efectos por decisión administrativa o jurisdiccional, o de cumplimiento de una condición resolutoria, algunas legislaciones prevén expresamente supuestos de pérdida de fuerza ejecutoria de los actos administrativos por el transcurso de un lapso de cinco años contados a partir del momento en que adquieren firmeza, cuando en ese período la Administración no ha realizado los actos que le correspondan para ejecutarlos. Así lo establece el Código Contencioso– Administrativo de Colombia (Art. 66) y la Ley Orgánica de Procedimientos Administrativos de Venezuela, la cual califica la institución como "prescripción" (Art. 70). En el sistema francés, en cambio, el principio es que la decisión se aplica sin límite de duración [112].

En todo caso, en la sentencia que comentamos, la Corte adoptó el criterio de que las decisiones de la Dirección de Inquilinato, en materia de desalojo de viviendas una vez firmes, pueden y deben ser ejecutadas por la propia Administración, careciendo los tribunales de jurisdicción para ello; tesis que en nuestro criterio no se compagina con la naturaleza de dichos actos administrativos.

5. Los Votos Salvados sobre el tema de la necesaria ejecución judicial de los actos administrativos que autorizan desalojos de viviendas

La sentencia que comentamos fue dictada por la Sala Político–Administrativa, con el voto salvado de dos de sus cinco Magistrados, de los Magistrados Román J. Duque Corredor y Pedro Alid Zoppi, quienes fundamentan su posición discrepante en la consideración de que el acto administrativo que acuerda el desalojo de un inmueble, no es un acto administrativo ejecutorio, es decir, susceptible de ser ejecutado por la propia Administración y mediante sus propios medios, sino que es solamente un acto autorizatorio de desalojo que se establece como requisito de admisibilidad de la respectiva demanda judicial que posteriormente debe intentarse.

El Magistrado Duque, luego de analizar las características de la ejecutividad y ejecutoriedad de los actos administrativos, para lo cual –omitiendo también lo expresado en la doctrina nacional– cita sólo una reputada doctrina latinoamericana, concluye señalando, con razón, que "existen actos que a pesar de ser ejecutivos (obligatorios) no son ejecutorios, porque no requieren ser cumplidos", por lo que la ejecutoriedad no es una característica de todos los actos administrativos. Precisamente, dentro de esta categoría de actos administrativos no ejecutorios, el Magistrado Duque ubica las decisiones del Director de Inquilinato que deciden una petición de desalojo, las que considera como actos que no son constitutivos, "porque no crea el derecho a desalojar, sino que remueven el obstáculo que existía para ejercerlo". Agrega en su voto salvado el Magistrado Duque:

110 *V.* Jesús González Pérez, *Comentarios a la Ley de Procedimientos Administrativos*, Madrid 1977, p. 622.

111 Art. 103, Ley de Procedimiento Administrativo, España.

112 *V.* J. Rivero, *Droit Administratif*, París 1989, p. 130.

"Este es un derecho general que nace del contrato de arrendamiento y no del acto autorizatorio (artículos 1594, 1606 y 1608 del Código Civil) y un derecho particular que reconoce la Ley a los dueños de casas y demás edificios y que no crea la Administración (artículo 1615 *eiusdem).* Sólo que por razones económicas y sociales el Legislador sujetó su ejercicio a la previa autorización de la Administración en los casos de arrendamientos indefinidos (artículo l°, letras "b" a "e" del Decreto Legislativo sobre Desalojo de Viviendas). Por esta razón, el organismo administrativo competente al resolver una solicitud de autorización de desalojo se limita a dar una "autorización" para que el arrendador pueda válidamente obtener la desocupación del inmueble; derecho éste que la normativa de inquilinato supone preexistente (letra "b", *in fine: "(Omissis),* pero se exigirá la autorización previa de la Comisión Nacional de Abastecimiento o la Delegación respectiva". Letra "c": "Cuando se trate de demolición, reconstrucción total, de reparación que exija el desalojo o de utilización necesaria del inmueble por causa de interés público. Tales circunstancias serán demostradas ante la Comisión Nacional de Abastecimiento o la delegación respectiva, la que, a su juicio concederá la autorización...". Artículo 2 *eiusdem:* "Cuando fuere autorizada la petición de desocupación de un inmueble."). Tratase, por tanto, la autorización de desalojo de un acto declarativo que faculta al arrendador para que proceda al desalojo, a que tiene derecho de acuerdo a los artículos 1594, 1606, 1608 y 1615 del Código Civil. En otras palabras, lo capacita para su ejercicio, pero no lo crea o instituye. La doctrina nacional apuntala el carácter habilitante de la autorización de desalojo, en el sentido de que ésta no nace el derecho a desalojar, sino la posibilidad de su ejercicio, es decir, "una actividad autorizada", "sin negar la existencia de tales derechos" (Vid. Lares Martínez, Eloy, *Manual de Derecho Administrativo,* 7– Ed. pp. 154 y 155). Esta autorización es, pues, un acto administrativo pero no ejecutorio, porque no requiere ser cumplido por actos de ejecución".

4. La obligación del inquilino de desalojar, desde otro punto de vista, no nace del acto autorizatorio, sino del contrato de arrendamiento y del Código Civil. Este acto lo que hace es remover la limitación legal impuesta al derecho de los propietarios para pedir la devolución del bien arrendado, cuando el inquilino no lo quiera hacer voluntariamente. Removida tal restricción de su derecho de propiedad, el propietario puede lograr coactivamente el cumplimiento de tal obligación contractual. Pero lo importante es que la obligación de desocupar no la crea el acto autorizatorio. Esta preexiste en el contrato, o en todo caso, en la Ley".

En igual sentido, el Magistrado Zoppi expuso en su voto salvado, lo siguiente:

"Estamos en presencia de un contrato civil de arrendamiento, y si es a tiempo indeterminado, el arrendador tiene una acción especial –una variante de ejecución o cumplimiento de contrato– conocida como *desalojo o desocupación,* según el artículo 1615 del Código Civil, esto es, los contratos de arrendamiento a tiempo indeterminado pueden deshacerse libremente por cualquiera de las partes, y si la pretensión es del arrendador, se llama desalojo o desocupación, lo que es, sin duda, *una acción judicial.*

Luego, al ente administrativo *no se le pide la desocupación o el desalojo* (típica acción judicial), sino simplemente *que lo autorice* porque así lo exige una Ley especial (el Decreto Legislativo).

En este sentido, el artículo 2°, del propio Decreto, es esclarecedor; el ente administrativo se limita a autorizar la petición de desocupación, esto es, no desocupa, sino que autoriza a ello; naturaleza de la intervención que ratifica el artículo 57 del Reglamento cuando dice: "En caso de ser autorizado el desalojo. . .".

Por tanto, no es una decisión administrativa de *desalojo* o *desocupación,* sino un permiso, una autorización previa para que el arrendador pueda –salvo falta de pago– ejercer la acción judicial que contempla el artículo 1615 del Código Civil. Es un requisito de admisibilidad de la demanda judicial, pero el ente administrativo no es el que ejecuta o hace cumplir su "autorización". Por eso, si bien el artículo 1 dice que "Sólo podrá solicitar y acordarse válidamente la desocupación de casa... b) Cuando a juicio de la Comisión...", el artículo 2 indica el sentido y alcance de la petición: obtener una simple autorización a fin de poder accionar judicialmente".

Ahora bien, en relación a estos votos salvados, ante todo debemos señalar que si bien compartimos su sentido general discrepante de la sentencia de la Sala, no compartimos el criterio general que parecería deducirse de los mismos, en cuanto al carácter no ejecutorio que, en general, tendrían los actos administrativos de autorización.

Ciertamente, el acto administrativo de autorización presupone la existencia de un derecho el cual no es creado por el acto, sino que preexiste, siendo la autorización un acto de remoción de un obstáculo que el ordenamiento jurídico ha creado para el ejercicio de aquel derecho. El acto de autorización, en esta forma, habilita el ejercicio del derecho. Sobre ello no hay duda. Pero esta habilitación, en sí misma, puede tener fuerza ejecutoria, en el sentido de que puede ejecutarse por el órgano que emite el acto. Nada, en principio, lo impide, por lo que no consideramos válido el argumento general, de que los actos autorizatorios no tendrían la característica de la ejecutividad.

Otro asunto distinto es la consideración en particular, del acto administrativo que autoriza el desalojo de una vivienda a petición del arrendador en contra del arrendatario. Este acto de autorización es un acto administrativo dictado por un órgano de la Administración Pública *en ejercicio de la función jurisdiccional* y que, por tanto, en definitiva, resuelve un conflicto entre partes. Mediante el acto administrativo que acuerda el desalojo, en realidad no se establece una relación jurídica entre Administración autora del acto y un particular –arrendador o arrendatario– sino que lo que hace el órgano administrativo es resolver o decidir sobre un conflicto propio de una relación jurídica entre dos sujetos de derecho –arrendador y arrendatario. Así, cuando se resuelve el desalojo en vía administrativa, la Dirección de Inquilinato decide: 1) si hay o no necesidad de parte del propietario o sus familiares de ocupar el inmueble, necesidad que generalmente será cuestionada por el arrendatario. 2) si la demolición, reconstrucción total o reparación que se argumenta como justificativo para el desalojo solicitado, lo justifica o no, lo que cuestionará el arrendatario; 3) si se trata o no de una utilización necesaria del inmueble por causa de utilidad pública que justifique el desalojo, necesidad y uso que serán cuestionados por el arrendatario; 4) si se ha destinado o no el inmueble por el arrendatario a usos deshonestos, lo discutirá éste, no sólo respecto del destino sino del calificativo de honesto o deshonesto de los eventuales usos; y, por último, 5) si se han ocasionado al inmueble deterioros mayores que los provenientes del uso normal, lo que será también cuestionado por el arrendatario tanto en el calificativo de "mayores" como en el carácter "normal" de los usos.

Tratándose de un acto administrativo que resuelve un conflicto entre partes, en cuyo origen está un contrato de arrendamiento o una relación jurídico–privada entre propietario y ocupante o inquilino, puede sostenerse que, en principio, la ejecución del acto que implica la imposición de una obligación de hacer a cargo de un administrado inquilino –desalojar el inmueble, mudarse del mismo– en beneficio de otro administrado propietario o arrendador, no puede quedar a cargo de la propia Administración, pues la misma carece de jurisdicción para imponer a la fuerza, a un administrado, obligaciones de hacer en beneficio –no del solo interés público– sino de otro particular –interés privado–. Aquí es que está el *quid* del asunto, y que nos lleva a considerar –coincidiendo con la tesis de los votos salvados– que en estos casos, la ejecución del acto administrativo que acuerda el desalojo de una vivienda no pueda realizarse por la propia Dirección de Inquilinato, sino por el órgano judicial competente.

Es cierto que en ausencia de una disposición expresa que exige la intervención judicial, la Ley Orgánica de Procedimientos Administrativos establece el principio de la ejecutoriedad, incluso estableciendo las vías de ejecución forzosa en el artículo 80. Sin embargo, la ley no puede interpretarse aisladamente y a ciegas, pues aun cuando no lo diga expresamente, también hay que acudir a la vía judicial cuando la naturaleza de la decisión exige dicha intervención judicial. Así, tratándose de una decisión administrativa que supuestamente impondría a un particular, en beneficio de otro particular, el cumplimiento de una obligación personalísima de hacer –mudarse, desalojar–, el solo mecanismo de ejecución que tendría la Administración sería la imposición sucesiva de sanciones (Art. 80,2), lo que por sí mismo no garantizaría la ejecución del acto –el desalojo–, como en cambio si lo puede garantizar la autoridad judicial mediante la imposición de medidas constreñidoras sobre las cosas y personas, como es el secuestro judicial. Esto lo destaca, en cierta forma, el Magistrado Duque Corredor en su voto salvado al señalar que la Ley Orgánica de Procedimientos Administrativos.

> "...no contempló dentro del procedimiento de ejecución forzosa de los actos administrativos, previsto en el artículo 80 *eiusdem,* ninguna competencia para que la Administración lleve a cabo medidas ejecutivas de apremio sobre bienes privados, para hacer cumplir obligaciones de hacer en favor de otros particulares. Debe observarse que si bien el artículo 79, ya citado, expresa que la ejecución forzosa de sus actos la puede cumplir la Administración sin acudir a la autoridad judicial, debe entenderse, por la integración de esta norma con la contenida en el artículo 78 *eiusdem,* que ello es posible cuando se trate de actos ejecutorios. Y por otro lado, a pesar de que el referido artículo 79 dispensa a la Administración de acudir a la autoridad judicial para ejecutar sus decisiones, es igualmente verdad, que limita tal ejecutoriedad a que se lleve a cabo a través de las formas taxativas indicadas en el artículo 80 *eiusdem,* en donde no figuran medidas ejecutivas de apremio sobre bienes de los particulares".

La tesis de los votos salvados, por tanto, debe analizarse detenidamente. Coincidimos con ellas no en cuanto a los principios que parecen fundamentarlos –la supuesta no ejecutoriedad de los actos administrativos autorizatorios–, sino en su aplicación a los *actos administrativos dictados en ejercicio de funciones jurisdiccionales,* en cuyo caso, por tratarse por vía de excepción, de solución de conflictos entre partes, la naturaleza del asunto no excluye que la vía natural para la resolución de los mismos deba ser la vía judicial, cuya normativa, además, es la que garantiza no sólo adecuada ejecución –por las medidas judiciales como la de secuestro– sino los principios del debido proceso entre las partes. Por ello es que precisamente, el artículo 12 de la Ley de Procedimientos Administrativos de Argentina exige la intervención judicial para la ejecución de los actos administrativos, no sólo cuando lo establezca la Ley, sino cuando lo exija la "naturaleza" del acto. En definitiva, nos inclinamos por la interpretación tradicional que la sentencia trata de cambiar, en el sentido de que debe corresponder a la jurisdicción de los tribunales, la ejecución de las decisiones de la Dirección de Inquilinato que acuerden desalojos de viviendas y que más que decisiones tomadas en el solo interés público, envuelven un conflicto de intereses entre particulares (arrendador vs. arrendatario).

Por otra parte, debe señalarse que la tesis de la sentencia, si bien basada en principios doctrinales que nada agregan a lo expuesto antes por la doctrina nacional y por la propia jurisprudencia de la Corte, aplicada al caso concreto y establecer la falta de jurisdicción de los tribunales para ejecutar los actos administrativos que autoricen desalojos de vivienda, una vez acordados por la Dirección de Inquilinato, podrían colocar en una situación desventajosa tanto a los administrados beneficiarios de los actos administrativos de desalojo (propietario o arrendador), en virtud de que la Administración no puede constreñir –salvo mediante multas– al cumplimiento de obligaciones de hacer (eliminándose entonces el medio efectivo del secuestro judicial para la ejecución de desalojos) por parte de otros particulares; como a los administrados que deban soportar las decisiones sobre desalojo (arrendatario), los cuales podrían ver lesionados sus derechos a un debido proceso llevado por jueces autónomos e independientes, que garanticen la igualdad entre las partes y el derecho a la defensa.

VIII. LA SUSPENSIÓN DE EFECTOS DE LOS ACTOS ADMINISTRATIVOS

Una de las consecuencias fundamentales de la ejecutoriedad de los actos administrativos, derivada también del principio de la presunción de legitimidad y legalidad de los mismos, como antes se dijo, es la no suspensión de los efectos de los actos administrativos[113] por razón de la interposición de recursos administrativos o jurisdiccionales contra los mismos. Se trata, en otros términos, del principio de los efectos no suspensivos de los recursos regulado indirectamente en el Artículo 87 de la Ley Orgánica de Procedimientos Administrativos y en el Artículo 21, párrafo 22° de la Ley Orgánica del Tribunal Supremo de Justicia, según que se trate de un recurso administrativo o de un recurso contencioso–administrativo.

En cuanto a los recursos administrativos, el Artículo 87 de la ley Orgánica consagra expresamente el principio del efecto no suspensivo de los recursos, al señalar textualmente que "la interposición de cualquier recurso no suspenderá la ejecución del acto impugnado, salvo previsión legal en contrario". Por tanto, la suspensión sólo se produce por vía de excepción, cuando la Ley lo establezca, o conforme al mismo Artículo, en los casos en los cuales el acto pueda causar grave perjuicio al interesado o cuando la impugnación se fundamente en un vicio de nulidad absoluta. En esos casos, la Ley Orgánica permite a la Administración suspender la ejecución de los actos, cuando el acto ha sido recurrido en vía administrativa.

En los casos de impugnación de los actos administrativos en vía judicial, el Artículo 21, párrafo 22° de la Ley Orgánica del Tribunal Supremo de Justicia autoriza a los tribunales contencioso–administrativos a suspender la ejecución de los actos administrativos, cuando sea indispensable para evitar perjuicios irreparables o de difícil reparación por la sentencia que se dicte en definitiva, a cuyo efecto, el tribunal debe exigirle caución al recurrente.

El efecto no suspensivo de los recursos contra los actos administrativos, por tanto, tiene su excepción en estas dos normas que prevén la posibilidad de suspensión cuando puedan causar perjuicios innecesarios al particular. En los dos casos se prevé la necesi-

---

113 En particular, *V.* Allan R. Brewer–Carías, "Los efectos no suspensivos del recurso contencioso–administrativo de anulación y sus excepciones" en *Revista de la Facultad de Derecho*, UCV, N° 37–38, Caracas 1968, pp. 293–302; Allan R. Brewer–Carías, "Comentarios en torno a la suspensión de los efectos de los actos administrativos en vía contencioso–administrativa" *en Revista de Derecho Público*, N° 4, Caracas 1980, pp. 189 a 193; Allan R. Brewer–Carías, "Aspectos procesales de la decisión sobre la admisibilidad o inadmisibilidad de los recursos contencioso administrativos de anulación", en A. Moles Caubet y otros, *Contencioso–administrativo en Venezuela*, Caracas 1981, pp. 163 y ss. *V.*, además, en particular, Allan R. Brewer–Carías, "Aspectos de la ejecutividad y la ejecutoriedad de los actos administrativos fiscales y la aplicación del principio *solve et repete"* en *Revista Control Fiscal y Tecnificación Administrativa*, N° 33, Caracas 1965, p. 17 y ss.; y en *Revista del Ministerio de Justicia*, N° 53, Caracas 1965, p. 67 y ss.

dad de que la autoridad respectiva exija caución o fianza al particular para suspender los efectos del acto impugnado.

En materia administrativa, la Ley Orgánica de Procedimientos Administrativos en su Artículo 87 establece una obligación para la Administración de exigir la constitución previa de una caución para acordar la suspensión de los efectos del acto recurrido, siendo responsable el funcionario, por la insuficiencia de la caución aceptada. El artículo 136 de la derogada Ley Orgánica de la Corte Suprema de Justicia, establecía la potestad del juez de exigir o no la caución para suspender los efectos de los actos recurridos; lo cual lamentablemente ha sido reformada en la Ley Orgánica del Tribunal Supremo de Justicia, estableciéndose la exigencia obligatoria de la caución.

Este carácter no suspensivo de los recursos administrativos o contencioso–administrativos, o si se quiere, el hecho de que la impugnación de los actos administrativos no suspenda su ejecución, había originado en materia fiscal el principio denominado del *"solve et repete"*, que significa en el lenguaje ordinario, "pague y después reclame", es decir, esté solvente y luego plantee el reclamo frente a la Administración. En materia fiscal, llevó a establecer en muchas leyes especiales la exigencia, como condición para poder ejercer el recurso contra el acto, la necesidad de pagar o afianzar el monto adeudado del impuesto o la sanción, convirtiéndose en una condición de admisibilidad de los recursos. En materia contencioso–administrativa, incluso, el Artículo 122 de la derogada Ley Orgánica de la Corte Suprema de Justicia prescribía que cuando la Ley exigiera como condición para admitir algún recurso contra el acto, que el interesado pagase o afianzase el pago de una cantidad líquida, debía presentarse con el escrito de recurso, constancia de que se había dado cumplimiento a dicho requisito. Esto fue eliminado de la ley Orgánica del Tribunal Supremo de 2004, pues incluso, la exigencia había sido declarada inconstitucional por la Sala Político Administrativa y por la Sala Constitucional.

Ahora bien, si bien, como se dijo, los actos administrativos por la presunción de legitimidad y veracidad que tienen, al ser notificados comienzan a surtir efectos y pueden ser ejecutados, de manera que como principio, el ejercicio de recursos contra los mismos no suspende sus efectos; este principio encuentra una excepción general en Colombia donde se establece el principio contrario, de los efectos suspensivos de los recursos, consagrado en el artículo 55 del Código, que dispone que "los recursos se concederán en el efecto suspensivo...". Por supuesto, este régimen excepcional, en el balance entre interés general y el interés particular, está más en favor de la garantía de los derechos de los particulares.

En general, el resto de las leyes de América Latina establecen el principio contrario, que es el clásico, de los efectos no suspensivos de los recursos, que regula el artículo 87 de la Ley Orgánica venezolana. En igual sentido, la Ley General de Costa Rica establece en general, que "los recursos administrativos no tendrán efecto suspensivo de la ejecución" (art. 148); y la Ley peruana precisa que "la interposición de cualquier recurso, excepto los casos en que una norma legal establezca lo contrario, no suspenderá la ejecución del acto impugnado" (art. 216,1).

Por otra parte, como se dijo, siempre existe la posibilidad de que intentada una reclamación, un recurso o una solicitud, la Administración puede decidir la suspensión de efectos de los actos impugnados. En algunos casos, en leyes como la de Venezuela, por ejemplo, se limita la posibilidad de suspensión de efectos para los casos en los cuales se formule un alegato de nulidad absoluta o cuando el acto si se ejecuta se estime que pueda causar gravamen o perjuicio irreparable. En estos casos, la Administración puede suspender los efectos del acto (art. 87 de la Ley venezolana).

Esto es paralelo a lo que podría llamarse la suspensión de facto, que es la común: dictado un acto administrativo y recurrido el mismo, aún cuando formalmente el recurso no tenga efectos suspensivos, no es común ver a la Administración ejecutándolo, sobre todo cuando puede afectar el patrimonio del particular, cuando por ejemplo, pueda implicar una demolición o una multa. Por otra parte, es muy difícil ver a la Administración cobrando una multa cuando hay un recurso pendiente, produciéndose de hecho la suspensión.

En todo caso, en la legislación de Costa Rica se establece el mismo principio del carácter no suspensivo de los recursos administrativos, admitiéndose, sin embargo, la posibilidad para la Administración, de poder "suspender la ejecución cuando la misma puede causar perjuicios graves o de imposible o difícil reparación" (art. 148).

En la Ley argentina, el mismo principio está consagrado así:

> *Artículo 12*. La Administración podrá, de oficio o a pedido de parte y mediante resolución fundada, suspender la ejecución por razones de interés público, o para evitar perjuicios graves al interesado, o cuando se alegare fundadamente una nulidad absoluta.

Una norma idéntica está consagrada en la Ley de Honduras (art. 30). La Ley peruana, por su parte, destina al tema la siguiente normativa desarrollada con todo detalle:

> *216.2* No obstante lo dispuesto en el numeral anterior, la autoridad a quien competa resolver el recurso podrá suspender de oficio o a petición de parte la ejecución del acto recurrido cuando concurra alguna de las siguientes circunstancias:
>
> a) Que la ejecución pudiera causar perjuicios de imposible o difícil reparación.
>
> b) Que se aprecie objetivamente la existencia de un vicio de nulidad trascendente.
>
> *216.3* La decisión de la suspensión se adoptará previa ponderación suficientemente razonada entre el perjuicio que causaría al interés público o a terceros la suspensión y el perjuicio que causa al recurrente la eficacia inmediata del acto recurrido.
>
> *216.4* Al disponerse la suspensión podrán adoptarse las medidas que sean necesarias para asegurar la protección del interés público o los derechos de terceros y la eficacia de la resolución impugnada.
>
> *216.5* La suspensión se mantendrá durante el trámite del recurso administrativo o el correspondiente proceso contencioso–administrativo, salvo que la autoridad administrativa o judicial disponga lo contrario si se modifican las condiciones bajo las cuales se decidió.

Debe destacarse, sin embargo, que esta potestad de la Administración de suspender los efectos de los actos administrativos impugnados, encuentra una restricción extrema en la ley venezolana, al exigir obligatoriamente que el órgano respectivo requiera del interesado la constitución de caución suficiente, haciendo responsable al funcionario de la insuficiencia de la caución (art. 87).

IX. EL PRINCIPIO DE LA IRREVOCABILIDAD DE LOS ACTOS ADMINISTRATIVOS

1. La cosa juzgada administrativa

La firmeza de los actos administrativos se produce cuando los mismos son irrecurribles o inimpugnables por los interesados. Como lo indica el artículo 212 de la Ley del Perú:

Artículo 212. Acto Firme. Una vez vencidos los plazos para interponer los recursos administrativos se perderá el derecho a articularlos quedando firme el acto.

Por su parte, como ya se ha dicho, el acto administrativo definitivo es el que pone fin o resuelve un asunto, y eso lo distingue del acto de trámite. La firmeza, en cambio, tiene que ver con la inmodificabilidad del acto administrativo, con las excepciones antes señaladas de revisión de oficio o particularmente a petición de parte.

Ahora bien, si el acto administrativo firme crea derechos a favor de particulares, se dice que crea cosa juzgada administrativa, lo que lo hace irrevocable por la Administración, al punto de que una de las causales de nulidad absoluta de los actos administrativos, como se ha dicho, por ejemplo, en la Ley venezolana, es "cuando resuelvan un caso precedentemente decidido con carácter definitivo y que haya creado derechos particulares" (art. 19,2).

La cosa juzgada administrativa o cosa decidida administrativa entonces, deriva en el principio de irrevisabilidad e irrevocabilidad de los actos administrativos, cuando éstos han creado derechos a favor de particulares. Sin embargo, para que un acto administrativo firme, creador de derechos a favor de particulares, adquiera fuerza de cosa juzgada administrativa, es decir, sea irrevisable e irrevocable, es necesario que el acto reúna varias condiciones.

En primer lugar, se trata de un propiedad que sólo pueden adquirir los actos que sean jurídicamente válidos y que no estén viciados de nulidad absoluta, porque si el acto tiene un vicio de nulidad absoluta, como hemos visto, el Artículo 83 de la Ley Orgánica, permite a la Administración en cualquier momento, de oficio o a solicitud de interesado, revocar el acto reconociendo la nulidad absoluta. Por tanto, no se podría alegar firmeza de un acto frente a un vicio de nulidad absoluta. Por ello, la cosa juzgada administrativa sólo se plantea respecto a los actos válidos y, en todo caso, respecto a los actos que no estén viciados de nulidad absoluta.

Por otra parte, la cosa juzgada administrativa, es una propiedad de los actos administrativos individuales, pues los actos de efectos generales son esencialmente revisables y derogables. En materia de reglamentos se aplica el principio del Código Civil, según el cual las Leyes se derogan por otras Leyes (Artículo 7) por lo que los reglamentos se derogan por otros reglamentos, sin límite. Por ello, nunca podría decirse que hay firmeza de un reglamento.

Pero como hemos dicho, además de ser una propiedad de los actos administrativos individuales no viciados de nulidad absoluta, la cosa juzgada administrativa sólo es propia de los actos que hayan creado derechos a favor de particulares. Si al contrario, el acto no crea derechos a favor de particulares, nunca produciría efecto de cosa juzgada y puede ser siempre revisado y revocado por la Administración, tal como lo establece el Artículo 82 de la Ley Orgánica.

La Ley Orgánica de Procedimientos Administrativos es tan rígida en el establecimiento del principio de la cosa juzgada administrativa y, por tanto, de la irrevocabilidad de los actos administrativos creadores de derechos a favor de particulares, que el Artículo 19, ordinal 2° de la Ley declara nulos, de nulidad absoluta, los actos que resuelvan un caso precedentemente decidido con carácter definitivo y que haya creado derechos a favor de particulares. Esta norma, en todo caso, plantea la discusión de si por razones de interés público, la Administración podría revocar actos administrativos creadores de derechos a favor de particulares y lesionar la cosa juzgada administrativa, indemnizando a los interesados debidamente. La Ley Orgánica, en realidad, es extrema en esta regulación, en el sentido de establecer una prohibición absoluta de revocar los actos que crean derechos a favor de particulares, sancionando la revocación con la nulidad absoluta. A pesar de ello sin duda, se planteará una discusión que tendrá que ser resuelta por la jurisprudencia resultante; puede haber ciertos casos en los cuales la Administración, aún en presencia de un acto que produzca cosa juzgada administrativa y que sea irrevocable, tenga la necesidad de revocarlo por razones de interés público, en cuyo caso debería admitirse la revocación pero previa indemnización al particular por los daños y perjuicios que le cause.

Hemos señalado que la cosa juzgada administrativa es una consecuencia directa de la firmeza del acto, es decir, el acto cuando ya no se puede impugnar, y el particular no puede reclamar contra él, adquiere fuerza de cosa juzgada y es irrevocable. Mientras se pueda impugnar, no puede decirse que hay cosa juzgada, porque si hay todavía un lapso para impugnarlo, puede un particular pedirla y la Administración revocar y revisar el acto. Es sólo después que vencen los lapsos de caducidad, que el acto es firme, ya no puede ser revocado y "produce cosa juzgada. Pero vinculado a la noción de firmeza, hay otra noción del acto administrativo que es de primera importancia, y es la noción de definitividad del acto.

2. El principio de la irrevocabilidad de los actos administrativos

Es un principio general del derecho administrativo, que los derechos o situaciones jurídicas subjetivas adquiridos o declarados por actos administrativos individuales, no pueden ser eliminados posteriormente por otros actos administrativos.

Es el principio general de la intangibilidad de las situaciones jurídicas nacidas de actos individuales, o de la irrevocabilidad de los actos administrativos de efectos particulares creadores de derechos a favor de los administrados; principio que ha tenido consagración legal expresa en las leyes de procedimiento administrativo de América Latina.

La fórmula de la Ley argentina puede considerarse que resume, en general, la posición del derecho administrativo latinoamericano, al prescribir que:

El acto administrativo regular, del que hubieren nacido derechos subjetivos a favor de los administrados, no puede ser revocado, modificado o sustituido en sede administrativa una vez notificado (art. 18).

Una variante de esta formulación está en la Ley del Perú, la cual prescribe que "los actos administrativos declarativos o constitutivos de derechos o intereses legítimos no pueden ser revocados, modificados o sustituidos de oficio por razones de oportunidad, mérito o conveniencia" (art. 203,1). Otra variante del principio está en el artículo 61 de la Ley 19880 de Chile, al regular la revisión de oficio de la Administración, dispone que los actos administrativos no pueden ser revocados:

a) Cuando se trate de actos declarativos o creadores de derechos adquiridos legítimamente;

b) Cuando la ley haya determinado expresamente otra forma de extinción de los actos; o

c) Cuando, por su naturaleza, la regulación legal del acto impida que sean dejados sin efecto.

De estas fórmulas derivan varias consecuencias:

En *primer lugar*, el principio de la intangibilidad de las situaciones jurídicas derivadas de un acto administrativo sólo se aplica a los actos creadores de derecho a favor de particulares, por lo que los actos administrativos que no creen derechos a favor de particulares pueden ser revocados en cualquier momento. Como lo establece la Ley venezolana:

> Los actos administrativos que no originen derecho subjetivos o intereses legítimos, personales y directos para un particular, podrán ser revocados en cualquier momento, en todo o en parte, por la misma autoridad que los dictó, o por el respectivo superior jerárquico (art. 82).

El mismo principio lo recoge el Reglamento de la Comunidad Andina (art. 34).

En *segundo lugar*, el principio de la irrevocabilidad de los actos administrativos creadores de derecho, por supuesto, sólo se aplica a los actos administrativos válidos y regulares, capaces de dicha creación, por lo que si el acto está viciado de nulidad absoluta, no puede crear dichos derechos y es esencialmente revocable (art. 83 Ley venezolana).

En *tercer lugar*, el principio de la irrevocabilidad de los actos administrativos creadores de derechos a favor de particulares, se considera que tiene completa aplicabilidad a partir del momento en el cual el acto administrativo quede firme, es decir, a partir del momento en que su legalidad no pueda ser cuestionada directamente ante el juez administrativo. En consecuencia, el acto creador de derechos a favor de particulares, en principio, podría ser revocado por razones de legalidad dentro del lapso de caducidad previsto para la interposición del recurso de anulación; o como lo señala la Ley de Honduras, "cuando infrinja manifiestamente la ley, siempre que no aparezca firme y con sentido" (art. 121).

En *cuarto lugar*, el principio de la irrevocabilidad rige en tanto en cuanto el particular que deriva derechos del acto administrativo, no consienta su revocación, tal como lo regula el Código de Colombia (art. 73).

Por último, y en cuanto a los principios relativos a la irrevocabilidad de los actos administrativos regulares y firmes creadores de derecho a favor de los particulares, debe señalarse que las legislaciones latinoamericanas admiten como excepción, los casos en los cuales la revocación esté acompañada de una indemnización.

Así lo establece expresamente la Ley argentina (art. 18), la Ley del Perú (art. 205) y la Ley General de Costa Rica (art. 155), la cual establece que si el acto revocatorio no contiene el reconocimiento y el cálculo de la indemnización completa de los daños y perjuicios causados, el acto revocatorio estaría viciado de nulidad absoluta (art. 155.1). En Honduras, la ley expresamente señala que la revocación de un acto administrativo, sólo dará lugar a indemnización cuando la misma esté prevista expresamente en la Ley (art. 123).

En Venezuela, en cambio, frente al establecimiento del principio general de la nulidad absoluta el acto revocatorio de uno precedente creador de derecho a favor de particulares (art. 19,2), podría argumentarse que tal nulidad no se produciría, si la revocación estuviese acompañada de la indemnización correspondiente, por la eliminación del derecho, por supuesto, con suficiente motivación conforme al interés público.

Por tanto, aún cuando el acto cree derechos a favor de particulares, podría ser revocado por la Administración mediando indemnización, porque nunca se podría impedir a la Administración, en último término, hacer prevalecer el interés general sobre el interés particular. Así como la Administración puede expropiar cualquier bien o derecho, ello, también podría aplicarse analógicamente en este caso.

La regulación, en Venezuela, lo que busca es proteger a los particulares contra la arbitrariedad de la Administración de revocar discrecionalmente sus actos administrativos, pero no debe interpretarse en el sentido de impedir a la Administración la posibilidad de revocación del acto creador de derechos, pues indemnizando al particular se sustituiría su derecho adquirido por el acto anterior, con un título distinto.

En cuanto a las excepciones al principio de la irrevocabilidad de los actos administrativos declarativos o constitutivos de derechos o intereses legítimos, debe destacarse las previsiones de la Ley del Perú, al establecer en el artículo 203, que excepcionalmente, cabe la revocación de actos administrativos, con efectos a futuro, en cualquiera de los siguientes casos:

2.1. Cuando la facultad revocatoria haya sido expresamente establecida por una norma con rango legal y siempre que se cumplan los requisitos previstos en dicha norma.

2.2. Cuando sobrevenga la desaparición de las condiciones exigidas legalmente para la emisión del acto administrativo cuya permanencia sea indispensable para la existencia de la relación jurídica creada.

2.3. Cuando apreciando elementos de juicio sobrevinientes se favorezca legalmente a los destinatarios del acto y siempre que no se genere perjuicios a terceros.

En estos casos, dispone el artículo 203,3 que esta revocación sólo puede ser declarada por la más alta autoridad de la entidad competente, previa oportunidad a los posibles afectados para presentar sus alegatos y evidencia en su favor.

3. La revisión de oficio de los actos administrativos

Ahora bien, el principio de la irrevocabilidad de los actos administrativos encuentra una excepción general en todos aquellos casos en los cuales la Administración puede revisarlos, de oficio, por estar autorizada legalmente.

En tal sentido, el procedimiento administrativo, en general, puede decirse que se desarrolla en dos fases: en *primer lugar*, el procedimiento constitutivo de los actos administrativos, tendiente a la formación y emisión de los mismos; y, en *segundo lugar*, el procedimiento de revisión de los actos administrativos que se desarrolla una vez que estos se dictan, y que tiene por objeto ratificarlos, corregirlos, reformarlos o modificarlos, revocarlos o anularlos.

Este procedimiento de revisión puede iniciarse de oficio o a instancia de parte, en este último caso mediante el ejercicio por los interesados, de los recursos administrativos de reconsideración, jerárquico o de revisión, o mediante la petición de que se declare su nulidad absoluta.

La revisión de oficio de los actos administrativos está establecido en las leyes de procedimiento administrativo y si bien la Administración puede iniciarlos *motu propio*, puede haber también requerimientos de los interesados, es decir, instancia de parte.

El *primer* supuesto de revisión de oficio de los actos administrativos se refiere a la posibilidad que tiene la Administración, siempre, de modificar los que son de efectos generales, es decir, los actos normativos o reglamentarios. Estos pueden ser reformados o derogados, dadas las características de generalidad e impersonalidad de las situaciones jurídicas que regulan. Por supuesto, estas modificaciones pueden también ser solicitadas por los interesados, en virtud "del derecho de petición en interés general" como lo califica el Código colombiano (arts. 5 a 8). En estos casos, se destaca la garantía que tienen los ciudadanos de ser oídos antes de la modificación mediante el sistema de audiencias y consultas públicas que regulan algunas leyes.

En *segundo lugar*, como se ha visto, las leyes de procedimiento administrativo prevén la posibilidad para la Administración, en cualquier momento, de corregir o rectificar los errores materiales, de hecho, de cálculo, o aritméticos en que se hubiere incurrido en la configuración de los actos administrativos (por ejemplo, art. 157, Ley General de Costa Rica; art. 201, Ley del Perú; art. 73, Código de Colombia; art. 84, Ley de Venezuela; art. 62, Ley 19880 Chile). Los interesados, por supuesto, también pueden solicitar esta revisión de los actos administrativos.

En *tercer lugar*, los actos administrativos que no originen derechos subjetivos o intereses legítimos, personales o directos a favor de particulares, pueden ser revocados en cualquier momento por la Administración, sea por la misma autoridad que los dictó o por el superior jerárquico (por ejemplo art. 82 Ley de Venezuela; art. 18 Ley de Argentina; art. 61, Ley 19880, Chile). Esta decisión también puede adoptarse de oficio o a petición de parte.

En *cuarto lugar*, la Administración puede "de oficio o a instancia de parte", reconocer o declarar la nulidad absoluta de los actos administrativos, en los casos enumerados en las leyes de procedimiento administrativo. Así se establece expresamente, por ejemplo, en las legislaciones de Venezuela (art. 83) de Argentina (art. 17), de Costa Rica (art. 174) y de Honduras (art. 119). En todo caso, si el acto administrativo ha sido confirmado por sentencia judicial contencioso–administrativa, en ningún caso es revisable por la Administración (art. 205,1).

Es de destacar, además, que el hecho de que las leyes mencionadas permitan expresamente iniciar a instancia de parte este procedimiento de revisión de los actos administrativos en los casos de vicios de nulidad absoluta, pone de manifiesto la existencia efectiva de un "recurso administrativo" específico, cuyo objetivo es el pedir la declaración de nulidad absoluta de un acto administrativo conforme a los casos taxativamente enumerados en las leyes, pero con la especialísima característica de que la petición puede formularse en cualquier momento, sin que exista lapso de caducidad o prescripción alguno, excepto en la legislación de Brasil (5 años) y del Perú (1 año). Esto conlleva consecuencias importantes, en cuanto a la posterior recurribilidad de los actos administrativos nulos, de nulidad absoluta, en vía judicial.

En efecto, si en cualquier momento se puede requerir de la Administración que reconozca y declare la nulidad absoluta de los actos administrativos, aún cuando estos estén firmes, ello significa que la instancia del interesado abre siempre la posibilidad de emisión de un nuevo acto administrativo que declare o no la nulidad absoluta, contra el cual puede, en definitiva, ejercerse los recursos jurisdiccionales contencioso–administrativos que procedan. Por ello, en consecuencia, ante actos administrativos viciados de nulidad absoluta, siempre será posible obtener una revisión judicial de los mismos.

En la Ley 19880 de Chile, se regula este supuesto como de invalidación, sin calificarse de nulidad absoluta, al disponer el artículo 53 lo siguiente:

Artículo 53. Invalidación. La autoridad administrativa podrá, de oficio o a petición de parte, invalidar los actos contrarios a derecho, previa audiencia del interesado, siempre que lo haga dentro de los dos años contados desde la notificación o publicación del acto.

La invalidación de un acto administrativo podrá ser total o parcial. La invalidación parcial no afectará las disposiciones que sean independientes de la parte invalidada.

El acto invalidatorio será siempre impugnable ante los Tribunales de Justicia, en procedimiento breve y sumario.

Por último, en *quinto lugar*, debe señalarse que aún en los casos en los que se admite la revisión de oficio de los actos administrativos, si el ejercicio de tal potestad produce efectos inequitativos o lesiona derechos de interesados, la misma no debe ejercerse. Como lo señala la Ley de Honduras las potestades de anulación, revocación y modificación de oficio no pueden ser ejercidas cuando por la prescripción de las acciones, por el tiempo transcurrido u otras circunstancias, su ejercicio resultase contrario a la equidad, al derecho de los particulares o a las leyes (Art. 25).

X. EL FIN DE LOS EFECTOS DE LOS ACTOS ADMINISTRATIVOS

Los actos administrativos, de acuerdo a la Ley Orgánica de Procedimientos Administrativos, pueden finalizar por tres motivos distintos; en primer lugar, en virtud del propio acto; en segundo lugar, en virtud de alguna abstención del interesado; y en tercer lugar, en virtud de otro acto administrativo, que revoque el anterior o de un acto judicial que lo anule.

1. La extinción del acto en virtud del propio acto

La primera forma de extinción del acto administrativo y de sus efectos, en virtud del propio acto, se produce por el denominado agotamiento que es la forma normal, si se quiere, de extinción. En efecto, el acto administrativo, en muchas ocasiones, produce un efecto que se verifica una sola vez; un acto que impone una multa, por ejemplo, al pagarse la multa, se agota, y finalizan sus efectos; el acto de demolición de un inmueble, por ejemplo, al demolérselo, se agota. Se trata, por tanto, de la forma normal de extinción del acto.

La segunda forma de extinción de los actos administrativos en virtud del propio acto, es el decaimiento, que se produce cuando pierden su eficacia por circunstancias sobrevinientes, que hacen desaparecer un presupuesto de hecho o de derecho que los sustentaban. Por ejemplo, el acto de nombramiento de un funcionario, produce sus efectos mientras el funcionario esté en el ejercicio de sus funciones, pero esos efectos pueden decaer, si cambia la circunstancia de hecho que origino el acto. Por ejemplo, para nombrar un funcionario es necesario que sea venezolano, porque sólo los venezolanos pueden ocupar funciones públicas. Pero si se trataba de un venezolano por naturalización, y por ejemplo, se le revoca la naturalización, al perder la nacionalidad, el acto administrativo de nombramiento decae, se extingue por sí mismo. En este caso, habría una extinción del acto, por decaimiento derivado de la desaparición de uno de sus presupuestos de hecho.

En tercer lugar, puede también haber extinción del acto en virtud del propio acto, cuanto está sometido a una condición o un término resolutorios.

Por tanto, si se trata de una condición resolutoria, al cumplirse ésta, es decir, al producirse el acontecimiento futuro pero incierto, el acto se extingue. Por ejemplo, si se concede una exoneración de impuestos a una empresa industrial, condicionada a su localización en una determinada región, si se traslada la misma, se extinguiría la exoneración por el advenimiento de la condición resolutoria.

Puede tratarse, también, de un acto sometido a término extintivo, es decir, cuyos efectos dependen de un acaecimiento futuro y cierto, en el cual se fija el momento en que el acto termina. Por ejemplo, un acto que establezca la veda de caza, es un acto que normalmente está sometido a un término suspensivo y extintivo, pues normalmente prohíbe la caza entre dos fechas. Por tanto, el acto no comienza a surtir efectos sino a partir de una fecha, y se extinguen sus efectos, cuando se verifique el término extintivo en la otra fecha.

En conclusión, los actos administrativos pueden extinguirse en forma natural, porque se haya agotado su objeto; porque se extinguió su finalidad; porque se extingue su plazo, en caso de tenerlo; porque se produce el término extintivo o la condición resolutoria. También se produce la extinción natural del acto, cuando se trata de un acto que sólo beneficia a un particular y éste puede renunciar al derecho que le otorga. También constituye una forma de extinción natural del acto, el denominado decaimiento, cuando lo que se extingue es el presupuesto de hecho o el presupuesto de derecho del acto, y al desaparecer uno de estos elementos esenciales, el acto decae.

Todos estos medios de extinción natural se enumeran en la Ley Federal mexicana así:

> *Artículo 11.* El acto administrativo de carácter individual se extingue de pleno derecho, por las siguientes causas:
>
> I. Cumplimiento de su finalidad;
>
> II. Expiración del plazo;
>
> III. Cuando la formación del acto administrativo esté sujeto a una condición o término suspensivo y éste no se realiza dentro del plazo señalado en el propio acto;
>
> IV. Acaecimiento de una condición resolutoria;
>
> V. Renuncia del interesado, cuando el acto hubiere sido dictado en exclusivo beneficio de éste y no sea en perjuicio del interés público; y
>
> VI. Por revocación, cuando así lo exija el interés público, de acuerdo con la ley de la materia.

2. La extinción del acto en virtud de una omisión de su destinatario

Pero el acto administrativo también puede extinguirse, no en virtud del propio acto, sino en virtud de una omisión del interesado destinatario o del beneficiario del acto. Cesan, así, los efectos de algunos actos administrativos, por la abstención de una acción prescrita al particular, produciéndose lo que se denomina "la caducidad del acto administrativo". La caducidad es, así, la extinción del acto administrativo cuando el interesado beneficiario del mismo, incumple una obligación que el acto o la Ley le impone. Por ejemplo, la Ley argentina, prescribe la caducidad del acto administrativo cuando el interesado no cumple las condiciones fijadas en el mismo (art. 21). La Ley exige, sin embargo, la previa constitución en mora del particular y la concesión de un plazo suplementario razonable para el cumplimiento (art. 21).

3. La extinción del acto en virtud de otros actos estatales: la revocación y la anulación

Por último, también se produce la extinción del acto administrativo, en virtud de otro acto estatal. Puede tratarse de una sentencia de los tribunales contencioso–administrativos que anule el acto, en cuyo caso, se estaría en presencia de la anulación de los actos administrativos. Por tanto, la anulación del acto administrativo, es la extinción del acto en vía judicial, conforme a lo previsto en los Artículos 259 de la Constitución, que regula la competencia de los órganos de la Jurisdicción Contencioso–Administrativo.

En cambio, si el acto se extingue por la propia Administración mediante otro acto administrativo, no se estaría en presencia propiamente de una anulación, sino de una revocación. Por tanto, puede admitirse que la revocación es la extinción del acto en vía administrativa, por la propia Administración, mediante otro acto administrativo[114].

La anulación de un acto administrativo en vía contencioso–administrativo, sólo puede producirse a instancia de parte, es decir, un juez sólo puede declarar la nulidad de un acto administrativo, cuando algún particular interesado lo solicita. Por tanto, no podría un Tribunal, por su propia cuenta, iniciar un juicio y anular un acto. En cambio, lo revocación como forma de extinción de los actos administrativos, puede producirse de oficio o a petición de parte. A petición de parte se produce, cuando el particular impugne el acto mediante el ejercicio de los recursos administrativos en los lapsos prescritos en los Artículos 85 y siguientes de la Ley Orgánica, o cuando se solicita, en cualquier tiempo, la revocación de un acto nulo, de nulidad absoluta, de acuerdo a lo establecido en el Artículo 83 de la Ley Orgánica. En estos .casos, la revocación es posible sin limitación alguna. En consecuencia, aun cuando se trate de un acto que cree derechos a favor de particulares, si es impugnado en el lapso prescrito de los recursos, la Administración puede revocarlo sin límites, y lo mismo sucede si está viciado de nulidad absoluta.

En cambio, si el acto es un acto firme, porque se vencieron los lapsos para impugnarlo, se plantea el problema de la posibilidad de revocación de oficio por la Administración. En este caso, es necesario distinguir los dos supuestos que ya hemos mencionado. Si se trata de un acto que no crea derechos a favor de particulares, el acto es esencialmente revocable; la Administración puede revocarlo en cualquier momento, por cualquier motivo, como se establece en el Artículo 82 de la Ley Orgánica. En cambio, si se trata de un acto firme que crea derechos e intereses legítimos a favor de particulares, el acto es irrevocable por la Administración, como se regula en el Ordinal 2° del Artículo 19 de la Ley Orgánica. Sin embargo, este principio tiene algunos matices: la Administración no puede revocarlo por razones de oportunidad y conveniencia, es decir, por razones de mérito en ningún momento; y por razones de ilegalidad, en principio tampo-

---

114 Sobre la revocación de los actos administrativos, *V.* Allan R. Brewer–Carías, *Las Instituciones Fundamentales del Derecho Administrativo y la Jurisprudencia Venezolana.* Caracas 1964, p. 140 y ss.; Allan R. Brewer–Carías, "Comentarios sobre la revocación de los actos administrativos" en *Revista de Derecho Público*, N° 4, Caracas 1980, pp. 27–30; Eloy Lares Martínez, *Manual de Derecho Administrativo*, Caracas 1978, p. 203 y ss.; Hildegard Rondón de Sansó, "Estudio Preliminar" en *Ley Orgánica de Procedimientos Administrativos*, EJV, Caracas 1981, p. 55 y ss. *V.* la jurisprudencia sobre el tema en Allan R. Brewer–Carías, *Jurisprudencia de la Corte Suprema 1930–1974 y Estudios de Derecho Administrativo*, Tomo IV, Vol. I, Caracas 1976, pp. 356 y ss., y en Mary Ramos Fernández, "Jurisprudencia Administrativa y Constitucional" en *Revista de Derecho Público*, N° 3, Caracas 1980, p. 127. *V.* además, *Doctrina de la Procuraduría General de la República 1966*, Caracas 1967, pp. 26–27; *ídem* 1970, Caracas 1971, pp. 31–33.

co puede revocar los actos firmes creadores de derecho a favor de particulares, salvo que se trate de un acto viciado de nulidad absoluta, en cuyo caso, hemos señalado insistentemente, la Administración, de acuerdo al Artículo 83 de la Ley Orgánica, puede, de oficio, en cualquier momento, reconocer la nulidad absoluta de sus actos, es decir, revocarlos por vicios de nulidad absoluta.

Por tanto, la revocación como forma de extinción de los actos administrativos, procede en primer lugar, a instancia del interesado, cuando se intenta un recurso y se solicita la revocación; en ese caso, sin límites, la Administración puede revocar sus actos. Pero si se trata de actos firmes, la Administración sólo puede revocar los actos que no creen derechos a favor de particulares, de acuerdo a lo previsto en el Artículo 82 de la Ley. Si se trata de un acto que, al contrario, crea derechos a favor de particulares, de acuerdo a lo previsto en el Artículo 19, ordinal 2 de la Ley Orgánica, la Administración no puede revocarlos salvo que exista un vicio de nulidad absoluta, en cuyo caso, de acuerdo al Artículo 83, la Administración sí puede revocar el acto aun cuando sea firme

Sección Segunda: SOBRE EL VALOR DEL PRECEDENTE EN LOS ACTOS ADMINISTRATIVOS (2010)

El texto de esta Sección Segunda es el de la Ponencia elaborada para el IX Foro Iberoamericano de Derecho Administrativo, sobre las "Diversas Fuentes del Derecho Administrativo," Facultad de Derecho, Universidad de Cuyo, Mendoza, Argentina, septiembre 2010, publicada como "Notas sobre el valor del precedente en el derecho administrativo, y los principios de la irretroactividad y de la irrevocabilidad de los actos administrativos" en Jaime Rodríguez–Arana Muñoz, Miguel Ángel Sendín García, Alejandro Pérez Hualde, Ismael Farrando, Julio Pablo Comadira (Coordinadores), *Fuentes del derecho administrativo (Tratados internacionales, contratos como regla de derecho, jurisprudencia, doctrina y precedente administrativo)*, *IX Foro Iberoamericano de Derecho Administrativo*, Editorial Rap, S.A., Mendoza, Argentina 2010, pp. 737–747.

I. SOBRE EL VALOR DEL PRECEDENTE ADMINISTRATIVO

La consolidación del principio de la legalidad en las leyes de Procedimiento Administrativo en América Latina, ha conducido a la inclusión en las mismas de previsiones específicas relativas al valor del precedente administrativo, y vinculado a ello, a los efectos de la cosa juzgada administrativa, es decir, a la irretroactividad de los actos administrativos, y al principio de la irretroactividad de los mismos.

Una muestra de este proceso es el artículo 11 de la Ley Orgánica de Procedimientos Administrativos de Venezuela de 1982, en el cual se enuncian una serie de principios que rigen la actividad administrativa, y que se refieren a la posibilidad que tiene la Administración de modificar sus criterios de interpretación en su actuación frente a los particulares. En ese artículo se determina cuál es el valor del precedente administrativo, y se consagra, en forma indirecta, otro principio que es el de la irretroactividad de los actos administrativos.

El artículo 11 de la Ley Orgánica venezolana, en efecto, como principio general, dispone que los criterios establecidos por los distintos órganos de la Administración Pública pueden ser modificados; es decir, se establece como principio general que la Administración no está sujeta a sus precedentes y, por tanto, ante nuevas situaciones se pueden adoptar nuevas interpretaciones aplicables a casos concretos. Pero esta posibilidad de la Administración de modificar sus criterios tiene limitaciones: en primer lugar, la nueva interpretación no puede aplicarse a situaciones anteriores, con lo cual, dictado un acto administrativo en un momento determinado conforme a una interpretación, si luego se cambia la interpretación, no puede afectarse la situación y el acto anterior. Por tanto, el nuevo acto dictado conforme a la nueva interpretación no tiene efecto retroactivo.

Ello, sin embargo, tiene una excepción, en el sentido de que la nueva interpretación puede aplicarse a las situaciones anteriores, cuando fuese más favorable a los administrados, con lo que se sigue la orientación general establecida en todas las Constituciones latinoamericanas, como en el artículo 24 de la Constitución de Venezuela de 1999, cuando establece la garantía general de la irretroactividad de las leyes, salvo en materia penal, cuando sea más favorable al reo.

En todo caso, esta posibilidad de modificar criterios administrativos y la limitación, en cuanto a la aplicabilidad de los nuevos criterios a situaciones anteriores, tiene una previsión expresa en el propio artículo 11 de la Ley, al señalar que la modificación de los criterios por la Administración, no da derecho a la revisión de los actos definitivamente firmes dictados conforme a los criterios anteriores.

En resumen, de la norma del artículo 11 de la Ley Orgánica se deriva el principio de que la Administración puede variar sus criterios, pero sin embargo, los nuevos criterios no pueden aplicarse a situaciones anteriores, lo que implica que no puede dárseles efectos retroactivos a los actos administrativos. Pero además, el nuevo criterio que se aplique, no le da derecho a un particular, a solicitar que el acto administrativo que lo afectó en un tiempo atrás, sea modificado, cuando ese acto ya es un acto definitivamente firme. Es decir, la Administración no puede verse compelida, cuando varía de criterio, a modificar sus actos dictados conforme a criterios anteriores, por un pretendido derecho del particular, a que variado el criterio, se aplique ese nuevo criterio a las actuaciones precedentes. Esto, además de la irretroactividad del acto administrativo, implica la consagración del principio de la irrevocabilidad de los actos administrativos, es decir, que los mismos no son libremente revocables, en cuanto a que el particular, en este caso, no tiene derecho a pedir que la Administración modifique libremente sus actos.

Es precisamente sobre este aspecto del valor de los actos definitivamente firmes, es decir, del valor de la cosa juzgada administrativa, al cual se refiere otro aspecto que consolida el principio de la legalidad en las Leyes de Procedimientos Administrativos de América Latina; se trata de la obligación general que tiene la Administración de someterse a sus propios actos, es decir, de la sujeción a la cosa juzgada administrativa y, por tanto, de la limitación a la revocabilidad de los actos administrativos.

Las leyes de procedimiento administrativo, en este sentido, consagraron expresamente normas de enorme importancia, sobre todo frente a las prácticas administrativas viciadas y arbitrarias, manifestadas en las más variadas formas, en todos los niveles de la Administración mediante las cuales, pura y simplemente, se revocan actos administrativos que estaban definitivamente firmes y que habían cumplido, inclusive, sus efectos.

Frente a esa realidad, había sido el trabajo de la doctrina y de la jurisprudencia de todos los países de América Latina la que había salido al paso, planteando el principio de la irrevocabilidad de los actos administrativos cuando fueran creadores de derechos a favor de particulares y por tanto, planteando una limitación al poder revocatorio de la Administración. Con las leyes de procedimiento administrativo, este principio en muchos casos ha adquirido consagración expresa, aun cuando muchas veces en forma indirecta y dispersa.

En primer lugar, el principio por ejemplo se deduce, por vía de interpretación a contrario, del artículo 82 de la ley Orgánica de Procedimientos Administrativos de Venezuela que consagra la potestad revocatoria general de la Administración, pero dentro de límites precisos, al establecer que los actos administrativos que no originen derechos subjetivos o intereses legítimos, personales y directos para un particular, podrán ser revocados en cualquier momento, en todo o en parte, por la misma autoridad que los dictó o por el superior jerárquico. Es decir, la norma consagra el principio de la revocación de los actos administrativos que no creen derechos a favor de particulares, con lo cual, por interpretación a contrario, surge el otro principio que había sido trabajado por la doctrina y la jurisprudencia, el de la irrevocabilidad de los actos administrativos creadores de derecho. Así, un acto administrativo que no crea derechos o intereses legítimos a favor de los administrados, puede ser revocado en cualquier momento por la Administración. Al contrario, si el acto administrativo crea derechos a favor de particulares, es irrevocable, y esto se confirma en la propia Ley Orgánica de Venezuela, al declararse como viciados de nulidad absoluta, aquellos actos administrativos que revoquen un acto administrativo precedente creador de derechos a favor de particulares. El artículo 19,2 de la misma Ley Orgánica venezolana establece expresamente que son nulos, de nulidad absoluta, los actos administrativos que resuelvan un caso precedentemente decidido por otro acto administrativo, con carácter definitivo y que haya creado derechos particulares.

En esta forma, entonces, por ejemplo, encontraron consagración legal en Venezuela los principios relativos a la revocación de los actos administrativos que habían sido establecidos por la jurisprudencia y la doctrina: si el acto no crea derechos a favor de particulares es revocable libremente por la Administración; en cambio, si el acto administrativo crea derechos a favor desarticulares, es irrevocable, y si la Administración lo revoca, ese acto revocatorio es nulo, de nulidad absoluta.

Ahora bien, los actos nulos, de nulidad absoluta, no pueden surtir ningún efecto y pueden ser revisados en cualquier momento sin ninguna limitación, tal como lo establece el artículo 83 de la misma Ley Orgánica venezolana, al establecer que la Administración podrá, en cualquier momento, de oficio o a solicitud de parte, reconocer la nulidad absoluta de los actos dictados por ella. Por supuesto, la nulidad absoluta, que es uno de los temas centrales de la Ley, no puede alegarse indistintamente ante cualquier irregularidad del acto administrativo. La nulidad absoluta, como vicio de los actos administrativos, está reducida en la Ley a cinco causas establecidas taxativa y expresamente en el artículo 19, de manera que sólo esas causales son origen de la nulidad absoluta, de manera que las demás irregularidades o vicios de los actos administrativos son causas de anulabilidad y, por tanto, de nulidad relativa.

En todo caso, si la Administración resuelve declarar la nulidad de un acto administrativo por considerarlo nulo de nulidad absoluta, como en todo acto administrativo, tiene que motivarlo adecuadamente y tiene que asegurarle a los administrados interesados el derecho a la defensa.

II. SOBRE EL PRINCIPIO DE LA IRRETROACTIVIDAD DE LOS ACTOS ADMINISTRATIVOS

Hemos señalado que uno de los principios generales relativos a la eficacia de los actos administrativos que se deriva indirectamente del artículo 11 de la Ley Orgánica de Procedimientos Administrativos venezolana al consagrar el valor del precedente administrativo, es el principio de la irretroactividad de los actos administrativos, el cual, en cambio se ha establecido expresamente en la Ley 19880 de Procedimientos Administrativo de Chile, en su artículo 52, al disponer que: "Los actos administrativos no tendrán efecto retroactivo, salvo cuando produzcan consecuencias favorables para los interesados y no lesionen derechos de terceros".

En efecto, como se ha señalado, el comienzo de los efectos de los actos administrativos se sitúa en el momento de la publicidad del acto, sea mediante publicación sea mediante notificación. La consecuencia de ello es que de acuerdo al principio constitucional de la irretroactividad de la ley, el cual además recogen la mayoría de los Código Civil, no es posible admitir la retroactividad de los efectos de los actos administrativos. Es decir, el principio general en esta materia es que los actos administrativos sólo pueden producir efectos hacia el futuro, siendo tanto inconstitucional como ilegal, la aplicación de un acto administrativo hacia el pasado; principio que no sólo se aplica a los actos reglamentarios sino también a los actos administrativos de efectos particulares.

Este principio, como dijimos, indirectamente lo recoge en el Artículo 11 de la Ley Orgánica venezolana, al regular la posibilidad que la Administración tiene de establecer nuevas interpretaciones para la solución de los asuntos que se le sometan a su consideración, estableciendo la imposibilidad de aplicar las nuevas interpretaciones a situaciones ya resueltas y pasadas.

Por tanto, cuando un acto administrativo comience a surtir efecto, estos sólo se producen hacia el futuro y nunca hacia el pasado, de manera que los actos administrativos no pueden modificar situaciones firmes anteriores. El principio, por lo demás, se había establecido desde hace décadas por la jurisprudencia del Consejo de Estado francés (*arrêt Societé du Journal Aurore*, 1947, Rec. 289), como un principio general del derecho, considerándose la atribución de efectos retroactivos a un acto administrativo, como un caso de incompetencia *ratione temporis*, en el sentido de que el funcionario no tiene competencia para ejercer un derecho que perteneció a sus predecesores.

En América Latina, el principio de la irretroactividad de los actos administrativos, aparte de tener, al contrario que en Francia, un fundamento constitucional y haber sido aplicado por la jurisprudencia como principio general, también está establecido respecto de los actos administrativos, en las leyes de procedimientos administrativos, aplicándose tanto a los de carácter reglamentario como a los efectos particulares. Así se establece, por ejemplo, con una terminología distinta a la Ley de Chile, pero con igual resultado, en la Ley General de la Administración Pública de Costa Rica, cuando prescribe que "El acto administrativo producirá efectos en contra del administrado únicamente para el futuro" (142,1).

Ahora bien, en las leyes de procedimientos administrativos latinoamericanas, en igual forma como se ha establecido en la jurisprudencia francesa, el principio de la no retroactividad de los actos administrativos tiene diversas excepciones:

En primer lugar, en general se admite la retroactividad de los actos administrativos cuando produzcan efectos favorables a los interesados, como lo dispone el artículo 13 de la Ley de Procedimiento Administrativo de Argentina. Sin embargo, en estos casos, es indispensable que los supuestos de los motivos del acto tuvieran existencia a la fecha a la cual se retrotraiga la eficacia del acto y que éste no lesione derechos o intereses legítimos de otras personas (art. 142.2 LGAP Costa Rica).

En segundo lugar, coincidiendo con soluciones de la jurisprudencia francesa, también se establece que tendrán efectos retroactivos y siempre que no lesionen derechos adquiridos, los actos administrativos que se dicten en sustitución de otro acto anulado, sea por la Administración o por decisión judicial (art. 13 LPA Argentina) Como lo establece el artículo 143 de la Ley General de Administración Pública de Costa Rica:

> "El acto administrativo tendrá efectos retroactivos en contra del administrado cuando se dicte para anular actos absolutamente nulos que favorezcan a éste; o para consolidar, haciéndolos válidos y eficaces, actos que lo desfavorezcan."

III. SOBRE EL PRINCIPIO DE LA COSA JUZGADA ADMINISTRATIVA

Como hemos señalado, otro principio que deriva indirectamente del artículo 11 de la Ley Orgánica de Procedimientos Administrativos de Venezuela, es el principio de la cosa juzgada administrativa, es decir, el principio de la irrecurriblidad o de la inimpugnables de los mismos por los interesados. Como lo indica el artículo 212 de la Ley de Procedimientos Administrativos del Perú:

> "*Artículo 212*. Acto Firme. Una vez vencidos los plazos para interponer los recursos administrativos se perderá el derecho a articularlos quedando firme el acto."

Como es sabido, el acto administrativo definitivo es el que pone fin o resuelve un asunto, y eso lo distingue del acto de trámite; en cambio, la firmeza, tiene relación con la inmodificabilidad del acto administrativo, salvo en los casos en que se admita la revisión de los mismos, de oficio o a petición de parte.

Ahora bien, cuando un acto administrativo firme crea derechos a favor de particulares, se dice que crea cosa juzgada administrativa, lo que lo hace irrevocable por la Administración, al punto de que una de las causales de nulidad absoluta de los actos administrativos, como se ha dicho, por ejemplo, en la Ley venezolana, es "cuando resuelvan un caso precedentemente decidido con carácter definitivo y que haya creado derechos particulares" (art. 19,2).

La cosa juzgada administrativa o cosa decidida administrativa entonces, deriva en el principio de irrevisabilidad e irrevocabilidad de los actos administrativos, cuando éstos han creado derechos a favor de particulares. Sin embargo, para que un acto administrativo firme, creador de derechos a favor de particulares, adquiera fuerza de cosa juzgada administrativa, es decir, sea irrevisable e irrevocable, es necesario que el acto reúna varias condiciones.

En primer lugar, se trata de una característica que sólo pueden adquirir los actos administrativos que sean jurídicamente válidos y que no estén viciados de nulidad absoluta, porque si el acto tiene un vicio de nulidad absoluta, como se deriva de lo previsto en el Artículo 83 de la Ley Orgánica venezolana, ello permite a la Administración, en cualquier momento, de oficio o a solicitud de interesado, revocar el acto reconociendo esa nulidad absoluta. Por tanto, no se podría alegar firmeza respecto de un acto administrativo cuando esté viciado de nulidad absoluta. Por ello, la cosa juzgada administrativa sólo se plantea respecto a los actos administrativos válidos y, en todo caso, respecto a los actos que no estén viciados de nulidad absoluta.

Por otra parte, la cosa juzgada administrativa, es una propiedad de los actos administrativos individuales, pues los actos de efectos generales son esencialmente revisables y derogables. En materia de reglamentos se aplica el principio general relativo a las leyes, en el sentido de que se derogan por otras leyes, por lo que los reglamentos se derogan por otros reglamentos, sin límite. Por ello, nunca podría decirse que habría firmeza respecto de un reglamento; no pudiendo derogarse los mismos, por supuesto, singularmente mediante actos administrativos individuales.

Por otra parte, como se ha indicado, además de ser una propiedad de los actos administrativos individuales no viciados de nulidad absoluta, la cosa juzgada administrativa sólo es propia de los actos que hayan creado derechos a favor de particulares. Por tanto, si al contrario, el acto administrativo no crea derechos a favor de particulares, nunca produciría el efecto de cosa juzgada y siempre podría ser revisado y revocado por la Administración, tal como lo establece el Artículo 82 de la Ley Orgánica venezolana.

Esta Ley Orgánica de Procedimientos Administrativos de Venezuela es tan rígida en el establecimiento del principio de la cosa juzgada administrativa y, por tanto, de la irrevocabilidad de los actos administrativos creadores de derechos a favor de particulares, que como se indicó, el Artículo 19,2 de la Ley declara nulos, por viciados de nulidad absoluta, los actos administrativos que resuelvan un caso precedentemente decidido con carácter definitivo y que haya creado derechos a favor de particulares.

Por otra parte, hemos señalado que la cosa juzgada administrativa es una consecuencia directa de la firmeza del acto administrativo, es decir, el acto cuando ya no se puede impugnar, y el particular no puede reclamar contra él, adquiere fuerza de cosa juzgada y es irrevocable. En cambio, mientras se pueda impugnar, no puede decirse que hay cosa juzgada, porque si hay todavía un lapso para impugnarlo, puede un particular pedirla y la Administración revocar y revisar el acto. Es sólo después que vencen los lapsos de caducidad, que el acto es firme, ya no puede ser revocado y produce cosa juzgada. Pero vinculado a la noción de firmeza, hay otra noción del acto administrativo que es de primera importancia, y es la noción de definitividad del acto.

IV. SOBRE EL PRINCIPIO DE LA IRREVOCABILIDAD DE LOS ACTOS ADMINISTRATIVOS Y EL PRINCIPIO EXPROPIATORIO

De lo que hemos señalado anteriormente, puede decirse que es un principio general del derecho administrativo, que los derechos o situaciones jurídicas subjetivas adquiridos o declarados por actos administrativos individuales no pueden ser eliminados posteriormente por otros actos administrativos. Se trata del principio general de la intangibilidad de las situaciones jurídicas nacidas de los actos administrativos individuales, o de la irrevocabilidad de los actos administrativos de efectos particulares creadores de derechos a favor de los administrados; principio que ha tenido consagración legal expresa en las leyes de procedimiento administrativo de América Latina.

La fórmula de la Ley de Procedimiento Administrativo de Argentina puede considerarse que resume, en general, la posición del derecho administrativo latinoamericano, al prescribir en el artículo 18 que:

> "El acto administrativo regular, del que hubieren nacido derechos subjetivos a favor de los administrados, no puede ser revocado, modificado o sustituido en sede administrativa una vez notificado."

Una variante de esta formulación está en la Ley de Procedimientos Administrativos del Perú, la cual prescribe que "los actos administrativos declarativos o constitutivos de derechos o intereses legítimos no pueden ser revocados, modificados o sustituidos de oficio por razones de oportunidad, mérito o conveniencia" (art. 203,1). Otra variante del principio está en el artículo 61 de la Ley 19880 de Chile, al regular la revisión de oficio de la Administración, dispone que los actos administrativos no pueden ser revocados:

> "a) Cuando se trate de actos declarativos o creadores de derechos adquiridos legítimamente;
>
> b) Cuando la ley haya determinado expresamente otra forma de extinción de los actos; o
>
> c) Cuando, por su naturaleza, la regulación legal del acto impida que sean dejados sin efecto."

De estas fórmulas derivan varias consecuencias:

En *primer lugar*, el principio de la intangibilidad de las situaciones jurídicas derivadas de un acto administrativo sólo se aplica a los actos creadores de derecho a favor de particulares, por lo que los actos administrativos que no creen derechos a favor de particulares pueden ser revocados en cualquier momento. Como lo establece el artículo 82 de la Ley Orgánica venezolana:

> "Los actos administrativos que no originen derecho subjetivos o intereses legítimos, personales y directos para un particular, podrán ser revocados en cualquier momento, en todo o en parte, por la misma autoridad que los dictó, o por el respectivo superior jerárquico."

En *segundo lugar*, el principio de la irrevocabilidad de los actos administrativos creadores de derecho, por supuesto, sólo se aplica a los actos administrativos válidos y regulares, capaces de dicha creación, por lo que si el acto está viciado de nulidad absoluta, no puede crear dichos derechos y es esencialmente revocable (art. 83 Ley venezolana).

En *tercer lugar*, el principio de la irrevocabilidad de los actos administrativos creadores de derechos a favor de particulares, se considera que tiene completa aplicabilidad a partir del momento en el cual el acto administrativo quede firme, es decir, a partir del momento en que su legalidad no pueda ser cuestionada directamente ante el juez administrativo. En consecuencia, el acto creador de derechos a favor de particulares, en principio, podría ser revocado por razones de legalidad dentro del lapso de caducidad previsto para la interposición del recurso de anulación; o como lo señala la Ley de Procedimiento Administrativo de Honduras, "cuando infrinja manifiestamente la ley, siempre que no aparezca firme y con sentido" (art. 121).

En *cuarto lugar*, el principio de la irrevocabilidad rige en tanto en cuanto el particular que deriva derechos del acto administrativo, no consienta su revocación, tal como lo regula el Código Contencioso Administrativo de Colombia (art. 73).

Por último, y en cuanto a los principios relativos a la irrevocabilidad de los actos administrativos regulares y firmes creadores de derecho a favor de los particulares, debe señalarse que las legislaciones latinoamericanas admiten como excepción, los casos en los cuales la revocación esté acompañada de una indemnización.

En efecto, frente a una norma como la de la Ley Orgánica de Venezuela, en el sentido de establecer una prohibición absoluta de revocar los actos administrativos que crean derechos a favor de particulares, sancionando la revocación con la nulidad absoluta (art. 19,2), sin duda se plantea la interrogante de si en ciertos casos, por razones de interés público o general debidamente motivados, a pesar de la prohibición, la Administración podría sin embargo revocar sus actos administrativos creadores de derechos a favor de particulares. Es decir, si en presencia de un acto administrativo que produzca cosa juzgada administrativa y que sea irrevocable, la Administración al tener necesidad de revocarlo por razones de interés público general, podría hacerlo legítimamente. Y la respuesta a tal interrogante, por supuesto, es que en tales casos, la revocación puede disponerse, significando ello, en este caso, una expropiación de los derechos adquiridos o declarados por el acto administrativo, de manera que siempre podría decretarse mediando justa indemnización que debe establecerse conforme al procedimiento expropiatorio establecido en el ordenamiento jurídico. Se trata de la garantía general de los administrados frente a las actuaciones legítimas que comprometan la responsabilidad de la Administración cuando causen daños o perjuicios a los administrados, que deben ser siempre compensados.

Por otra parte el principio de la posibilidad de revocación de los actos administrativos irrevocables siempre que esté acompañada de justa indemnización se ha establecido expresamente, por ejemplo, en la Ley argentina (art. 18), la Ley del Perú (art. 205) y la Ley General de Costa Rica (art. 155), la cual establece que si el acto revocatorio no contiene el reconocimiento y el cálculo de la indemnización completa de los daños y perjuicios causados, el acto revocatorio estaría viciado de nulidad absoluta (art. 155.1). En Honduras, la ley expresamente señala que la revocación de un acto administrativo, sólo dará lugar a indemnización cuando la misma esté prevista expresamente en la Ley (art. 123).

Por tanto, aún cuando el acto administrativo cree derechos a favor de particulares, podría ser revocado por la Administración mediando indemnización, porque nunca se podría impedir a la Administración, en último término, hacer prevalecer el interés general sobre el interés particular. Así como la Administración puede expropiar cualquier bien o derecho, ello, también podría aplicarse analógicamente en este caso respecto de los efectos de los actos administrativos.

La regulación en términos absolutos de leyes como la de Venezuela, lo que busca es proteger a los particulares contra la arbitrariedad de la Administración de revocar discrecionalmente sus actos administrativos, pero no debe interpretarse en el sentido de impedir a la Administración la posibilidad de revocación del acto creador de derechos, pues indemnizando al particular se sustituiría su derecho adquirido por el acto administrativo, con un título distinto a la justa compensación.

V. SOBRE LA REVISIÓN DE OFICIO DE LOS ACTOS ADMINISTRATIVOS

Ahora bien, el principio de la irrevocabilidad de los actos administrativos encuentra una excepción general en todos aquellos casos en los cuales la Administración puede revisarlos, de oficio, por estar autorizada legalmente.

En tal sentido, el procedimiento administrativo, en general, puede decirse que se desarrolla en dos fases: en *primer lugar*, el procedimiento constitutivo de los actos administrativos, tendiente a la formación y emisión de los mismos; y, en *segundo lugar*, el procedimiento de revisión de los actos administrativos que se desarrolla una vez que estos se dictan, y que tiene por objeto ratificarlos, corregirlos, reformarlos o modificarlos, revocarlos o anularlos.

Este procedimiento de revisión puede iniciarse de oficio o a instancia de parte, en este último caso mediante el ejercicio por los interesados de los recursos administrativos de reconsideración, jerárquico o de revisión, o mediante la petición de que se declare su nulidad absoluta.

La revisión de oficio de los actos administrativos está establecido en las leyes de procedimiento administrativo y si bien la Administración puede iniciarlos *motu propio*, puede haber también requerimientos de los interesados, es decir, instancia de parte.

El *primer* supuesto de revisión de oficio de los actos administrativos se refiere a la posibilidad que tiene la Administración, siempre, de modificar los que son de efectos generales, es decir, los actos normativos o reglamentarios. Estos pueden ser reformados o derogados, dadas las características de generalidad e impersonalidad de las situaciones jurídicas que regulan. Por supuesto, estas modificaciones pueden también ser solicitadas por los interesados, en virtud "del derecho de petición en interés general" como lo califica el Código colombiano (arts. 5 a 8). En estos casos, se destaca la garantía que tienen los ciudadanos de ser oídos antes de la modificación mediante el sistema de audiencias y consultas públicas que regulan algunas leyes.

En *segundo lugar*, las leyes de procedimiento administrativo prevén la posibilidad para la Administración, en cualquier momento, de corregir o rectificar los errores materiales, de hecho, de cálculo, o aritméticos en que se hubiere incurrido en la configuración de los actos administrativos (por ejemplo, art. 157, Ley General de Costa Rica; art. 201, Ley del Perú; art. 73, Código de Colombia; art. 84, Ley de Venezuela; art. 62, Ley 19880 Chile). Los interesados, por supuesto, también pueden solicitar esta revisión de los actos administrativos.

En *tercer lugar*, los actos administrativos que no originen derechos subjetivos o intereses legítimos, personales o directos a favor de particulares, pueden ser revocados en cualquier momento por la Administración, sea por la misma autoridad que los dictó o por el superior jerárquico (por ejemplo art. 82 Ley de Venezuela; art. 18 Ley de Argentina; art. 61, Ley 19880, Chile). Esta decisión también puede adoptarse de oficio o a petición de parte.

En *cuarto lugar*, la Administración puede "de oficio o a instancia de parte", reconocer o declarar la nulidad absoluta de los actos administrativos, en los casos enumerados en las leyes de procedimiento administrativo. Así se establece expresamente, por ejemplo, en las legislaciones de Venezuela (art. 83) de Argentina (art. 17), de Costa Rica (art. 174) y de Honduras (art. 119). En todo caso, si el acto administrativo ha sido confirmado por sentencia judicial contencioso–administrativa, en ningún caso es revisable por la Administración (art. 205,1).

Es de destacar, además, que el hecho de que las leyes mencionadas permitan expresamente iniciar a instancia de parte este procedimiento de revisión de los actos administrativos en los casos de vicios de nulidad absoluta, pone de manifiesto la existencia efectiva de un "recurso administrativo" específico, cuyo objetivo es el pedir la declaración de nulidad absoluta de un acto administrativo conforme a los casos taxativamente enumerados en las leyes, pero con la especialísima característica de que la petición puede formularse en cualquier momento, sin que exista lapso de caducidad o prescripción alguno, excepto en la legislación de Brasil (5 años) y del Perú (1 año). Esto conlleva consecuencias importantes, en cuanto a la posterior recurribilidad de los actos administrativos nulos, de nulidad absoluta, en vía judicial.

En efecto, si en cualquier momento se puede requerir de la Administración que reconozca y declare la nulidad absoluta de los actos administrativos, aún cuando estos estén firmes, ello significa que la instancia del interesado abre siempre la posibilidad de emisión de un nuevo acto administrativo que declare o no la nulidad absoluta, contra el cual puede, en definitiva, ejercerse los recursos jurisdiccionales contencioso–administrativos que procedan. Por ello, en consecuencia, ante actos administrativos viciados de nulidad absoluta, siempre será posible obtener una revisión judicial de los mismos.

En la Ley 19880 de Chile, se regula este supuesto como de invalidación, sin calificarse de nulidad absoluta, al disponer el artículo 53 lo siguiente:

> "*Artículo* 53. Invalidación. La autoridad administrativa podrá, de oficio o a petición de parte, invalidar los actos contrarios a derecho, previa audiencia del interesado, siempre que lo haga dentro de los dos años contados desde la notificación o publicación del acto.
>
> La invalidación de un acto administrativo podrá ser total o parcial. La invalidación parcial no afectará las disposiciones que sean independientes de la parte invalidada.
>
> El acto invalidatorio será siempre impugnable ante los Tribunales de Justicia, en procedimiento breve y sumario."

Por último, en *quinto lugar*, debe señalarse que aún en los casos en los que se admite la revisión de oficio de los actos administrativos, si el ejercicio de tal potestad produce efectos inequitativos o lesiona derechos de interesados, la misma no debe ejercerse. Como lo señala la Ley de Honduras las potestades de anulación, revocación y modificación de oficio no pueden ser ejercidas cuando por la prescripción de las acciones, por el tiempo transcurrido u otras circunstancias, su ejercicio resultase contrario a la equidad, al derecho de los particulares o a las leyes (Art. 25).

Sección Tercera: SOBRE LA FIRMEZA Y REVOCACIÓN DE LOS ACTOS ADMINISTRATIVOS

Esta Sección Tercera está conformada por el Texto de la Ponencia "Sobre la firmeza y revocación de los actos administrativos en el derecho administrativo venezolano," preparada para el *XI Foro Iberoamericano de Derecho Administrativo*, Santo Domingo, 10 al 14 de septiembre de 2012.

I. LOS EFECTOS DE LOS ACTOS ADMINISTRATIVOS Y LA COSA JUZGADA ADMINISTRATIVA

Todos los actos administrativos,[115] sean reglados o discrecionales, producen efectos y son vinculantes para la Administración y los administrados[116] a partir de su notificación a sus destinatarios, si se trata de actos de efectos particulares; o desde su publicación en la *Gaceta Oficial*, si se trata de actos de efectos generales, es decir, de carácter normativo, que afectan un grupo indeterminado de personas.[117]

Los actos administrativos de efectos particulares, si crean o declaran derechos subjetivos o intereses legítimos a favor de determinadas personas, una vez firmes, es decir, una vez que no pueden ser legalmente impugnados,[118] tienen los efectos de cosa juzgada (*cosa decidida*) administrativa, y la Administración no puede revocarlos. Este principio de la irrevocabilidad de los actos administrativos es de tanta importancia en materia de seguridad jurídica, que de acuerdo con el artículo 19.2 de la Ley Orgánica de Procedimientos Administrativos,[119] los actos administrativos se consideran nulos de nulidad absoluta y por tanto, inválidos, "cuando resuelvan un caso precedentemente decidido con carácter definitivo y que haya creado derechos particulares."

Estos efectos de cosa juzgada administrativa, por supuesto, sólo surgen cuando los lapsos legalmente establecidos para la impugnación de los actos en vía administrativa o en vía judicial hayan expirado, de manera que el acto administrativo ya no pueda ser impugnado por los interesados, y la administración no pueda revocarlo. Sólo después que se venzan dichos lapsos de impugnación, es por tanto que el acto se considera firme, y si declara o crea derechos a favor de sus destinatarios, entonces produce efectos de cosa juzgada administrativa y se torna irrevocable, salvo que en si mismo esté afectado por algún vicio de nulidad absoluta.[120]

De acuerdo a lo anterior, por tanto, para que un acto administrativo que crea o declara derechos o intereses a favor de particulares sea definitivamente firme y origine efectos

115 *V.* sobre la noción de actos administrativo, Allan R. Brewer–Carías, "El problema de la definición del acto administrativo," en *Libro Homenaje al Doctor Eloy Lares Martínez*, Tomo I, Facultad de Ciencias Jurídicas y Políticas, Universidad Central de Venezuela, Caracas 1984, pp. 25–78

116 *V.* Allan R. Brewer–Carías, "Sobre la importancia para el derecho administrativo, de la noción del acto administrativo y de sus efectos," en *Los efectos y la ejecución de los actos administrativos. III Jornadas Internacionales de Derecho Administrativo Allan Randolph Brewer–Carías, Caracas 1997*, Fundación Estudios de Derecho Administrativo (FUNEDA), Caracas 1997, pp. 19–43.

117 *V.* sobre la distinción de los actos administrativos según sus efectos, Allan R. Brewer–Carías, "El recurso contencioso administrativo contra los actos de efectos particulares" en *El Control jurisdiccional de los Poderes Públicos en Venezuela,* Instituto de Derecho Público, Facultad de Ciencias Jurídicas y Políticas, Universidad Central de Venezuela, Caracas 1979, pp. 169–194.

118 *V.* sobre las nociones de firmeza y definitividad de los actos administrativos, en Allan R. Brewer–Carías, "Las condiciones de recurribilidad de los actos administrativos en la vía contencioso administrativa," en *Perspectivas del Derecho Público en la segunda mitad del Siglo XX, Homenaje al Profesor Enrique Sayagües Lazo,* Vol. V, Instituto de Estudios de Administración Local, Madrid 1969, pp. 743–769, y en la *Revista del Ministerio de Justicia*, N° 54, Año XIV, Caracas, enero–diciembre de 1966, pp. 83–112.

119 *V.* en *Gaceta Oficial* N° 2818 Extra de 1 de julio de 1981. Sobre dicha Ley Orgánica *V.* Allan R. Brewer Carías *et al.*, *Ley Orgánica de procedimientos Administrativos y legislación complementaria*, Editorial Jurídica Venezolana, Caracas 2006; y Allan R. Brewer Carías, *El Derecho Administrativo y la Ley Orgánica de Procedimientos Administrativos. Principios del procedimiento Administrativo*, Editorial Jurídica Venezolana, Caracas 2002.

120 *V.* Allan R. Brewer–Carías, "Comentarios sobre las nulidades de los actos administrativos," en la *Revista de Derecho Público*, N° 1, Editorial Jurídica Venezolana, Caracas 1980, pp. 45–50.

de cosa juzgada administrativa, por ser inimpugnable e irrevocable, deben cumplirse las siguientes condiciones:

Primero, el acto administrativo debe ser de efectos particulares, pues los actos administrativos de efectos generales son esencialmente revisables y revocables. Respecto de actos administrativos de efectos generales, como los reglamentos, el principio es que son reformables y revocables por otros actos administrativos de igual categoría, sin limitaciones, razón por la cual los reglamentos, o los actos administrativos de efectos generales, nunca pueden considerarse como definitivamente firmes.[121] En esta materia, el único límite es el de la inderogabilidad singular de los reglamentos que la Ley Orgánica de Procedimientos Administrativos establece en su artículo 13, al disponer que los actos de carácter particular no pueden "vulnerar lo establecido en una disposición administrativa de carácter general, aún cuando fuesen dictados por una autoridad igual o superior a la que dictó la disposición general."

Segundo, el acto administrativo debe crear o declarar derechos o intereses a favor de particulares. Si por el contrario, el acto administrativo no crea ni declara derechos a favor de particulares, nunca tendría el efecto de cosa juzgada y siempre podría ser revisado y revocado por la administración. Como lo establece el Artículo 82 de la Ley Orgánica de Procedimientos Administrativos:

> "Los actos administrativos que no originen derechos subjetivos o intereses legítimos, personales y directos para un particular, podrán ser revocados en cualquier momento, en todo o en parte, por la misma autoridad que los dictó, o por el respectivo superior jerárquico."

Tercero, el acto administrativo debe ser un acto firme, es decir, que no puede ser susceptible de impugnación, ni en vía administrativa ni en vía judicial. Cuando adquiere firmeza, entonces produce efectos de cosa juzgada administrativa y es irrevocable. Por tanto, si un acto aún es impugnable, no es posible decir que produzca efectos de cosa juzgada.

Cuarto, el acto debe ser válido y efectivo, capaz de crear o declarar derechos subjetivos o intereses legítimos a favor de particulares individuales, de manera que si el mismo está afectado por vicios de nulidad absoluta no puede ser capaz de crear o declarar derechos, siendo esencialmente revocable. Es decir, sólo pueden ser firmes los actos administrativos que son legalmente válidos y que no están afectados por vicios que permitan anularlos e invalidarlos en forma absoluta. Por tanto, si un determinado acto tiene un vicio de tal magnitud (nulidad absoluta), conforme al Artículo 83 de la Ley Orgánica de Procedimientos Administrativos, la Administración puede en cualquier momento, ya sea a solicitud de parte o por su propia iniciativa, "reconocer" dicha nulidad absoluta y revocarlo. Esto explica por qué sólo existe cosa juzgada respecto de actos válidos y, en cualquier caso, respecto de aquellos actos que no se estén afectados por vicios de nulidad absoluta.

Como lo sostuvimos en otra ocasión:

> "Una consecuencia del principio de la irretroactividad de los actos administrativos es el principio general de que los derechos o situaciones jurídicas subjetivas adquiridas o nacidas de actos administrativos individuales, no pueden ser eliminados posteriormente por otros actos administrativos.

---

121 *V.* Allan R. Brewer–Carías, "Los actos administrativos normativos como fuente del derecho en Venezuela, con especial referencia a los reglamentos ejecutivos," en Jaime Rodríguez Arana Muñoz *et al.* (Editores), *El acto administrativo como fuente del derecho administrativo en Iberoamérica (Actas del VIII Foro Iberoamericano de Derecho Administrativo)*, Congrex S.A, Panamá 2009, pp. 767–784

Es el principio general de intangibilidad de las situaciones jurídicas nacidas de actos individuales, o de la irrevocabilidad de los actos administrativos de efectos particulares creadores de derechos a favor de los administrados; principio que ha tenido consagración legal expresa en las leyes de procedimiento administrativo de América Latina."[122]

El principio había sido precisado por la Sala Político–Administrativa de la antigua Corte Suprema de Justicia, en sentencia de 26 de julio de 1984 (Caso *Despachos Los Teques*), al disponer:

"en primer lugar, que la estabilidad de los actos administrativos se traduce siempre en una necesidad de esencia finalista para el ordenamiento jurídico, tanto para la eficacia del acto como para la seguridad jurídica de los particulares; y en segundo lugar, que puede y debe la Administración declarar la nulidad de oficio, en cualquier momento, de aquellos actos suyos contrarios a derecho y que se encuentren afectados de nulidad absoluta; sin perjuicio de que también pueden hacerlo con respecto a aquellos actos suyos viciados de nulidad relativa que no hayan dado lugar a derechos adquiridos."[123]

Los principios mencionados anteriormente, por supuesto, condicionan los poderes de revisión o de auto control de los actos administrativos por la administración, los cuales sólo pueden ejercerse respecto de actos administrativos individuales en aquellos casos establecidos por ley, conforme a las condiciones legalmente establecidas.

II. LOS PODERES DE AUTO TUTELA DE LA ADMINISTRACIÓN PÚBLICA CON RESPECTO A LOS ACTOS ADMINISTRATIVOS, SUS LÍMITES Y LA REVOCACIÓN DE ACTOS ADMINISTRATIVOS

En efecto, una de las consecuencias del principio de legalidad conforme al cual las acciones de la administración deben cumplirse conforme a la ley, es el reconocimiento de la potestad de revisión o de auto tutela que tiene la Administración, lo que implica no sólo el poder de la Administración pública de revisar y corregir cualquier error material que pueda haber cometido en cualquiera de sus actos administrativos conforme se dispone en el artículo 84 de la Ley Orgánica de Procedimientos Administrativos, sino también –en principio– el poder de revocarlos cuando los consideren ilegales o contrarios al interés general. Tal como lo declaró la Sala Político–Administrativa del Tribunal Supremo de Justicia en la decisión antes mencionada N° 1033 del 11 de mayo de 2000:

"Dentro de las manifestaciones más importantes de la autotutela de la Administración se encuentra, precisamente, la potestad revocatoria, que no es más que la posibilidad de poder revisar y co-

122 *V.* Allan R. Brewer–Carías, *Principios del Procedimiento Administrativo*, Editorial Civitas, Madrid, 1990, p. 122.

123 *V. Revista de Derecho Público*, N° 19, Editorial Jurídica Venezolana, Caracas 1984, pp. 130–132. *V.* también Allan R. Brewer–Carías y Luis Ortiz–Álvarez, *Las Grandes Decisiones de la Jurisprudencia Contencioso Administrativa (1961–1996)*, Editorial Jurídica Venezolana, Caracas 1994, pp. 610–616; Caterina Balasso Tejera, *Jurisprudencia sobre los Actos Administrativos (1980–1993)*, Colección Jurisprudencia N° 7, Editorial Jurídica Venezolana, Caracas 1998, p. 853 ss. Todos estos principios han sido desarrollados ampliamente por la jurisprudencia, destacándose particularmente lo expuesto en la sentencia N° 154 de 14 de mayo de 1985 de la Sala Político–Administrativa de la antigua Corte Suprema de Justicias (Caso *Freddy Rojas Pérez v. Unellez*), en *Revista de Derecho Público*, N° 23, Editorial Jurídica Venezolana, Caracas, pp. 143–148; y en sentencia N° 1033 de la Sala Político–Administrativa del Tribunal Supremo de Justicia del 11 de mayo de 2000 (Caso *Aldo Ferro García v. la marca comercial KISS*), en http://www.tsj.gov.ve/decisiones/spa/Mayo/01033–110500–13168.htm.).

rregir sus actuaciones administrativas y en consecuencia, la facultad para extinguir sus actos administrativos en vía administrativa."[124]

Por lo tanto, como una garantía resultante del deber que la administración tiene de tutelar el interés general, este poder de auto–tutela implica que un acto administrativo ilegal o una decisión que vaya en contra del interés general podría en principio, ser revisada y revocada por la misma autoridad administrativa que la adoptó. Por ello hemos dicho que el resultado más importante del principio de legalidad, conforme al cual la acción administrativa debe someterse a la ley, es la potestad revisora de la Administración respecto de los errores materiales o de otra índole que pudo haber cometido.

Sin embargo, semejante poder de auto–revisión está condicionado, tanto por la intensidad o gravedad de la presunta ilegalidad, así como por el contenido del acto administrativo de que se trate, específicamente si ha creado o no derechos individuales.[125]

Tomando en cuenta lo que se ha dicho, así como las disposiciones de la Ley Orgánica de Procedimientos Administrativos, este poder de auto–tutela ha sido ampliamente precisado en la jurisprudencia, destacando como una causa de su ejercicio, la intensidad o gravedad de la ilegalidad. En este sentido, la Sala Político–Administrativa del antigua Corte Suprema, en la sentencia citada de fecha 26 de Julio de 1984 (Caso *Despacho Los Teques, C.A.*) estableció que conforme a la potestad de autotutela de la Administración Pública, los órganos competentes que la integran pueden

> "revocar de oficio en cualquier momento, aquellos actos suyos contrarios a derecho y que se encuentren afectados de nulidad absoluta; sin perjuicio de que también pueden hacerlo con respecto a aquellos actos suyos viciados de nulidad relativa que no hayan dado lugar a derechos adquiridos.[126]

La doctrina ha seguido siendo puntualizada por la Sala Político Administrativa del Tribunal Supremo de Justicia, en diversas decisiones recientes. Así, en 2000, al referirse al tema de la autotutela, expresó con mayor amplitud, que:

> "Dentro de las manifestaciones más importantes de la autotutela de la Administración se encuentra, precisamente, la potestad revocatoria, que no es más que la posibilidad de poder revisar y corregir sus actuaciones administrativas y en consecuencia, la facultad para extinguir sus actos administrativos en vía administrativa.
>
> Esta potestad se encuentra regulada, en primer lugar, en el artículo 82 de la Ley Orgánica de Procedimientos Administrativos, en el sentido de que los actos administrativos pueden ser revocados

---

124 *V.* sentencia N° 01033 de la Sala Político–Administrativa del Tribunal Supremo de Justicia del 11 de mayo de 2000 (Caso *Aldo Ferro García v. la marca comercial KISS*), en http://www.tsj.gov.ve/decisiones/spa/Mayo/01033–110500–13168.htm, también citada en la sentencia N° 0072 de la misma Sala Político–Administrativa del Tribunal Supremo de Justicia del 22 de enero de 2009, expediente N° 1995–11643, en http://www.tsj.gov.ve/decisiones/spa/Enero/00072–22109–2009–1995–11643.html.

125 *V.* en general, Allan R. Brewer–Carías, "Comentarios sobre la revocación de los actos administrativos," en *Revista de Derecho Público*, N° 4, Editorial Jurídica Venezolana, Caracas 1980, pp. 27–30.

126 La Sala, en la sentencia, además, citó como precedente una sentencia de 2 de noviembre de 1967, en la cual se había decidido que "la facultad de la autoridad administrativa para actuar en tal sentido está contenida en el principio de la autotutela de la Administración Pública, que da a ésta poderes de revocar y modificar los actos administrativos que a su juicio afecten el mérito o legalidad de los casos por ellos contemplados ..." *V. Revista de Derecho Público*, N° 19, Editorial Jurídica Venezolana, Caracas 1984, pp. 130–132. En igual sentido *V.* la sentencia N° 154 de la misma Sala Político–Administrativa del 14 de mayo de 1985 (Caso *Freddy Martín Rojas v. Unellez*), en *Revista de Derecho Público*, N° 23, Editorial Jurídica Venezolana, Caracas, pp. 143–148. *V.* también Allan R. Brewer–Carías y Luis Ortiz–Álvarez, *Las Grandes Decisiones de la Jurisprudencia Contencioso Administrativa (1961–1996)*, Editorial Jurídica Venezolana, Caracas 1994, pp. 610–616 y 617–619; Caterina Balasso Tejera, *Jurisprudencia sobre los Actos Administrativos (1980–1993)*, *loc. cit.*, pp. 853 ss.

en cualquier momento, en todo o en parte, sea por la misma autoridad que dictó el acto o su superior jerarca, siempre y cuando no originaren derechos subjetivos o intereses legítimos, personales y directos para un particular. En estos casos la Ley en comento prohibió, en forma absoluta, la posibilidad de que la Administración revocare los actos administrativos que hayan creado derechos a favor de particulares, salvo que exista autorización expresa de la Ley. Es por tal razón, que el ordinal 2 del artículo 19 de la citada Ley, sancionó con la nulidad absoluta a aquellos actos que resolvieren situaciones precedentemente decididos con carácter definitivo y que hayan creado derechos a favor de particulares, salvo autorización expresa de la ley.

Ahora bien, si esa autorización expresa no existe, regirá el principio general de que si se produce la revocación de un acto creador de derechos subjetivos en un particular, el acto revocatorio estaría viciado de nulidad absoluta, lo cual implicaría la posibilidad de reconocer por la Administración y de pedir por los interesados, en cualquier momento, la declaratoria de esa nulidad." [127]

En otra sentencia de 4 de diciembre de 2002, la Sala Político–Administrativa del Tribunal Supremo de Justicia también precisó sobre el mismo tema, lo siguiente:

"la potestad de autotutela como medio de protección del interés público y del principio de legalidad que rige la actividad administrativa, comprende tanto la posibilidad de revisar los fundamentos fácticos y jurídicos de los actos administrativos a instancia de parte, a través de los recursos administrativos, como de oficio, por iniciativa única de la propia Administración.

Esta última posibilidad, se encuentra consagrada en nuestro ordenamiento en el Capítulo I del título IV, de la Ley Orgánica de Procedimientos Administrativos, "De la Revisión de Oficio", en el cual se establecen las formas y el alcance de la facultad de la Administración de revisar sus propios actos de oficio.

Así y de acuerdo al texto legal, la potestad de revisión de oficio, comprende a su vez varias facultades específicas, reconocidas pacíficamente tanto por la doctrina como por la jurisprudencia patria, a saber, la potestad convalidatoria, la potestad de rectificación, la potestad revocatoria y la potestad de anulación, previstas en los artículos 81 al 84 de la Ley Orgánica de Procedimientos Administrativos, cada una con requisitos especiales y con alcances diferentes.

Las dos primeras tienen por objeto, la preservación de aquellos actos administrativos que se encuentren afectados por irregularidades leves que no acarreen su nulidad absoluta, y que puedan ser subsanadas permitiendo la conservación del acto administrativo y, con ella, la consecución del fin público que como acto de esta naturaleza está destinado a alcanzar.

Mientras que las dos últimas, dirigidas a la declaratoria de nulidad del acto, bien sea relativa o absoluta, sin necesidad de auxilio de los órganos jurisdiccionales, tienen por fin el resguardo del principio de legalidad que rige toda actividad administrativa.

Ahora bien, estas dos facultades, revocatoria y anulatoria, se distinguen por los supuestos de procedencia de las mismas. La revocatoria es utilizada en algunos casos por razones de mérito u oportunidad cuando el interés público lo requiere, y también en casos de actos afectados de nulidad relativa que no hayan creado derechos subjetivos o intereses personales, legítimos y directos para un particular; en tanto que la anulatoria, no distingue entre los actos creadores de derechos y aquellos que no originan derecho o intereses para los particulares, por cuanto procede únicamente en los supuestos de actos viciados de nulidad absoluta.

---

127 *V.* la sentencia N° 01033 de la Sala Político–Administrativa del Tribunal Supremo de Justicia del 11 de mayo de 2000 (Caso *Aldo Ferro García v. la marca comercial KISS*), en http://www.tsj.gov.ve/decisiones/spa/Mayo/01033–110500–13168.htm.

Siendo ello así, la Administración al revisar un acto que haya generado derechos o intereses para algún particular, debe ser lo más cuidadosa posible en el análisis y determinación de la irregularidad, pues de declararse la nulidad de un acto que no adolezca de nulidad absoluta, se estaría sacrificando la estabilidad de la situación jurídica creada o reconocida por el acto y, por ende, el principio de seguridad jurídica, esencial y necesario a todo ordenamiento, por eliminar un vicio que no reviste mayor gravedad.

De esta forma, la estabilidad de los actos administrativos y el principio de seguridad jurídica que informa el ordenamiento, sólo debe ceder ante la amenaza grave a otro principio no menos importante, cual es el principio de legalidad, el cual se vería afectado ante la permanencia de un acto gravemente viciado.[128]

Por último, más reciente en sentencia N° 72 del 22 de enero de 2009, la misma Sala del Tribunal Supremo ratificó los anteriores principios, declarando lo siguiente:

> "Tal como lo ha expresado esta Sala en sentencia N° 01033 del 11 de mayo de 2000, dentro de las manifestaciones más importantes de la autotutela de la Administración se encuentra, precisamente, la potestad revocatoria, que no es más que la posibilidad de poder revisar y corregir sus actuaciones administrativas y en consecuencia, la facultad para extinguir sus actos administrativos en vía administrativa.

Esta potestad se encuentra regulada, en primer lugar, en el artículo 82 de la Ley Orgánica de Procedimientos Administrativos, en el sentido de que los actos administrativos pueden ser revocados en cualquier momento, en todo o en parte, sea por la misma autoridad que dictó el acto o su superior jerarca, siempre y cuando no originaren derechos subjetivos o intereses legítimos, personales y directos para un particular. En estos casos la Ley mencionada prohibió, en forma absoluta, la posibilidad de que la Administración revocare los actos administrativos que hayan creado derechos a favor de particulares, salvo que exista autorización expresa de la misma. Por tal razón, el ordinal 2 del artículo 19 de la citada Ley, sancionó con la nulidad absoluta a aquellos actos que resolvieren situaciones precedentemente decididos con carácter definitivo y que hayan creado derechos a favor de particulares.

Por otro lado, la potestad declaratoria de nulidad que está prevista en el artículo 83 *eiusdem,* cuando autoriza a la Administración para que, en cualquier momento, de oficio o a instancia del particular, reconozca la nulidad absoluta de los actos por ella dictados. De allí que la ley consagre la irrevocabilidad de los actos creadores de derechos a favor de los particulares, pero un acto viciado de nulidad absoluta –en sede administrativa– no es susceptible de crear derechos.

No obstante lo anterior, si bien el artículo 83 de la Ley Orgánica de Procedimientos Administrativos consagra la posibilidad de revisar en cualquier momento de oficio o incluso a solicitud de particulares, actos administrativos, esa facultad debe ejercerse siempre y cuando se verifique alguno de los vicios de nulidad absoluta señalado taxativamente en el artículo 19 de la Ley Orgánica de Procedimientos Administrativos"[129]

---

128 *V.* la sentencia N° 01388 de la Sala Político–Administrativa del Tribunal Supremo de Justicia del 4 de diciembre de 2002 (Caso *Iván Darío Badell v. Fiscal General de la República*), en http://www.tsj.gov.ve/decisiones/spa/Diciembre/01388–041202–0516.htm.

129 *V.* la sentencia N° 72 de la misma Sala Político–Administrativa del Tribunal Supremo de Justicia del 22 de enero de 2009 (Caso *Aldo Ferro García*), en http://www.tsj.gov.ve/decisiones/spa/Enero/00072–22109–2009–1995–11643.html.

De lo anterior resulta, por tanto, que conforme a la jurisprudencia, el alcance del poder de auto tutela varía principalmente de acuerdo con los dos criterios mencionados: primero, el relacionado con la intensidad o gravedad de la ilegalidad; y segundo, el relacionado con el contenido del acto y en particular, si ha creado o no derechos subjetivos individuales o intereses legítimos a favor de particulares. Por consiguiente, respecto a las diferentes situaciones en las que la potestad de auto–tutela puede ejercerse, debe distinguirse entre la revocación de los actos administrativos por razones de mérito y la fundada en razones de legalidad; y en este último caso, debe diferenciarse entre los vicios que causarían la nulidad absoluta y aquellos que causarían la nulidad relativa, así como si los actos han creado o declarado, o no, derechos o intereses a favor de las personas.

III. LOS PRINCIPIOS QUE CONDICIONAN LOS PODERES DE REVOCACIÓN DE LOS ACTOS ADMINISTRATIVOS DE LA ADMINISTRACIÓN PÚBLICA, LA REVOCACIÓN POR RAZONES DE MÉRITO Y LA JUSTA COMPENSACIÓN

Como ya he dicho, el Artículo 82 de la Ley Orgánica de Procedimientos Administrativos otorga un amplio poder a la Administración para revocar actos administrativos, tanto por razones de mérito como por razones de legalidad en cualquier momento, siempre y cuando los mismos no hayan creado o declarado derechos subjetivos o intereses legítimos a favor de particulares. Inversamente, cuando un acto administrativo crea o declara dichos derechos o intereses, la misma Ley Orgánica de Procedimientos Administrativos es categórica al prohibir su revocación. La Administración –en principio– no puede revocar dichos actos administrativos por razones de mérito.

Así lo ha confirmado la Sala Político–Administrativa del Tribunal Supremo de Justicia en su citada sentencia N° 1033 del 11 de mayo de 2000 en la cual declaró que "La potestad revocatoria de la Administración se limita a los actos no creadores o declarativos de derechos a favor del particular, ya que, si se trata de actos creadores o declarativos de derechos, una vez firmes, los mismos no podrán ser revocados en perjuicio de sus destinatarios por la Administración, por razones de mérito."[130] En el mismo sentido, la misma Sala, la sentencia N° 1388 del 4 de diciembre de 2002, expresó "La revocatoria es utilizada en algunos casos por razones de mérito u oportunidad cuando el interés público lo requiere, y también en casos de actos afectados de nulidad relativa, que no hayan creado derechos subjetivos o intereses personales, legítimos y directos para un particular."[131]

En mis comentarios sobre la Ley Orgánica de Procedimientos Administrativos que se publicaron al poco tiempo después de su promulgación en 1981, consideré que:

> "Si se trata de un acto que no crea derechos a favor de particulares, el acto es esencialmente revocable; la Administración puede revocarlo en cualquier momento, por cualquier motivo, como se establece en el artículo 82 de la Ley Orgánica. En cambio, si se trata de un acto firme que crea de-

---

130 *V.* la sentencia N° 01033 de la Sala Político–Administrativa del Tribunal Supremo de Justicia del 11 de mayo de 2000 (Caso *Aldo Ferro García v. la marca comercial KISS*), en http://www.tsj.gov.ve/decisiones/spa/Mayo/01033–110500–13168.htm.

131 *V.* la sentencia N° 01388 de la Sala Político–Administrativa del Tribunal Supremo de Justicia del 4 de diciembre de 2002 (Caso *Iván Darío Badell v. Fiscal General de la República*), en http://www.tsj.gov.ve/decisiones/spa/Diciembre/01388–041202–0516.htm.

rechos e intereses legítimos a favor de particulares el acto es irrevocable por la Administración, como se regula en el Ordinal 2 del artículo 19 de la Ley Orgánica. Sin embargo, este principio tiene algunos matices: la Administración no puede revocarlo por razones de oportunidad y conveniencia, es decir, por razones de mérito en ningún momento."[132]

Por su parte el profesor Eloy Lares Martínez consideró sobre este asunto que:

"los actos administrativos individuales que confieren derechos y que sean jurídicamente regulares, son intangibles, salvo disposiciones expresas de la Ley. Tratándose, pues, de un acto administrativo regular que crea o atribuye derechos a determinados sujetos, carece la administración de facultad discrecional para revocarlo o reformarlo por consideraciones de mérito, o de oportunidad, salvo que esa potestad se la confiera e texto expreso de la ley, caso en el cual únicamente puede ser ejercida con sujeción a los procedimientos y formas provistos en el texto legal."[133]

En todo caso, la doctrina fundamental de orden jurisprudencial sobre la revocación de actos administrativos y sus límites puede encontrase en la ya referida sentencia de la Sala Político–Administrativa de la antigua Corte Suprema dictada el 14 de mayo de 1985 (Caso *Freddy Martín Rojas Pérez v. UNELLEZ*), donde después de interpretar las disposiciones de la Ley Orgánica de Procedimientos Administrativos, estableció los siguientes principios:

1. Reconoce, como principio general, la potestad de autotutela de la Administración Pública, según la cual los órganos que la integran pueden revocar los actos que hayan producido con anterioridad (Artículo 82).
2. Precisa que esa revocatoria, de oficio o a solicitud de parte, procede en cualquier tiempo cuando sus actos se encuentren afectados de nulidad absoluta (Artículo 83).
3. Señala en forma, clara, categórica y taxativa cuáles son los vicios que afectan de nulidad absoluta el acto administrativo (Artículo 19).
4. Determina que fuera de esos indicados vicios específicos de nulidad absoluta, todas las otras irregularidades que presente el acto administrativo sólo lo afectan de nulidad relativa (anulabilidad) (Artículo 20).
5. Establece que esos actos viciados de nulidad relativa pueden también ser revocados en cualquier momento por la Administración (Artículo 82).
6. Exceptúa de esa posibilidad de revocatoria los actos administrativos afectados de nulidad relativa que hayan originado derechos subjetivos o intereses legítimos, personales y directos para un particular; (Artículo 82).
7. Aclara que el acto administrativo, que tenga un vicio de nulidad relativa, es decir, que sea anulable, si crea derecho a favor de los particulares y ha quedado firme (por haber vencido los lapsos para impugnarlo en vía administrativa o en vía jurisdiccional), es un acto irrevocable por la Administración y si esa revocación se produce, el acto revocatorio está viciado de nulidad absoluta. (Artículos 11, 19 ordinal 2° y 82)."[134]

De todo lo anterior resulta que el acto administrativo que revoca un acto previo que ha adquirido firmeza y que ha creado o declarado derechos a favor de particulares, es

---

132 *V.* en Allan R. Brewer Carías, *El Derecho Administrativo y la Ley Orgánica de Procedimientos Administrativos*, Editorial Jurídica Venezolana, Caracas 1982; edición 1997, p. 223.

133 *V.* Eloy Lares Martínez, *Manual de Derecho Administrativo*, Universidad Central de Venezuela, Caracas 1983, p. 216.

134 *V.* en *Gaceta Forense*, N° 128, Vol. I, Caracas 1985, pp. 299–318. *V.* también Allan R. Brewer–Carías y Luis Ortiz–Álvarez, *Las Grandes Decisiones de la Jurisprudencia Contencioso Administrativa*, Editorial Jurídica Venezolana, Caracas 1996, pp. 617–619. *V.* además en la Sentencia N° 1033 de la Sala Político–Administrativa del Tribunal Supremo de Justicia del 11 de mayo de 2000 (Caso *Aldo Ferro García v. la marca comercial KISS*), en http://www.tsj.gov.ve/decisiones/spa/Mayo/01033–110500–13168.htm.

absolutamente nulo e inválido. Como el Tribunal Supremo de Justicia ha reconocido al referirse al poder de auto–tutela administrativa, a pesar de que ésta está regulada por el Artículo 82 de la Ley Orgánica de Procedimientos Administrativos en el sentido de que los actos administrativos pueden revocarse en cualquier momento en todo o en parte, ya sea por la misma autoridad que emitió el acto o su superior, ello sólo puede ocurrir si el acto no crea derechos subjetivos o intereses legítimos, personales y directos para una persona, pues dicha ley:

> "prohibió, en forma absoluta, la posibilidad de que la Administración revocare los actos administrativos que hayan creado derechos a favor de particulares, salvo que exista autorización expresa de la Ley. Es por tal razón, que el ordinal 2 del artículo 19 de la citada Ley, sancionó con la nulidad absoluta a aquellos actos que resolvieren situaciones precedentemente decididas con carácter definitivo y que hayan creado derechos a favor de particulares, salvo autorización expresa de la ley.
>
> Ahora bien, si esa autorización expresa no existe, regirá el principio general de que si se produce la revocación de un acto creador de derechos subjetivos en un particular, el acto revocatorio estaría viciado de nulidad absoluta, lo cual implicaría la posibilidad de reconocer por la Administración y de pedir por los interesados, en cualquier momento, la declaratoria de esa nulidad."[135]

La consecuencia de los principios antes mencionados es que si la Administración pública, por razones de orden o interés público, a pesar de la prohibición de hacerlo, revoca actos administrativos que crean derechos individuales, contra la cosa juzgada administrativa, sería lo mismo que expropiar los derechos creados por el acto y produciría la obligación de pagar una compensación justa por los daños causados a las partes interesadas.

Por lo tanto, a pesar de que la regulación en la Ley Orgánica de Procedimientos Administrativos es extrema en el sentido de que establece una prohibición absoluta de revocación respecto de aquellos actos que crean derechos individuales, sancionando dicha revocación con nulidad absoluta, si la Administración revoca el acto por razones de orden público o interés público, tendría que pagar compensación por los daños causados por la revocación. Aún más, esta es la tendencia general en la legislación latinoamericana, donde la revocación de actos administrativos que crean derechos individuales se admite como una excepción si se acompaña del pago compensatorio. Por ejemplo, así se establece en las Leyes de Procedimientos Administrativos de Argentina (Art. 18), Perú (Art. 205) y Costa Rica (Art. 155). Ésta última va incluso más lejos, al declarar que si el acto revocatorio no reconoce y calcula la cantidad total que debe pagarse, entonces sería absolutamente nulo e inválido (Art. 155.1). En Honduras la Ley de Procedimientos Administrativos establece expresamente que la revocación de un acto administrativo sólo resulta en pago por compensación cuando así lo establece le ley (Art. 123).[136] En Venezuela, también de acuerdo al principio general sobre la nulidad absoluta que afecta a los actos administrativos que revocan a otros que han creado o declarado derechos individuales (Artículo 19.2 de la Ley Orgánica de Procedimientos Administrativos), la única forma en la cual dicha nulidad absoluta quedaría "saneada" sería cuando la revocación abarca la compensación por la extinción del derecho, evidentemente con la motivación adecuada relacionada al interés público.

---

135 *V.* la sentencia Nº 01033 de la Sala Político–Administrativa del Tribunal Supremo de Justicia del 11 de mayo de 2000 (Caso *Aldo Ferro García v. la marca comercial KISS*), en http://www.tsj.gov.ve/decisiones/spa/Mayo/01033–110500–13168.htm.

136 *V.* en Allan R. Brewer–Carías, *Principios del Procedimiento Administrativo en América Latina*, Universidad del Rosario, Bogotá 2003, pp. 33–42.

De lo anterior resulta el principio de que incluso cuando los actos administrativos crean derechos o intereses individuales, la Administración podría revocarlos por razones de interés público siempre que medie el pago de una justa compensación, pues es evidente que no puede detenerse el poder de la Administración cuando debe hacerse prevalecer el interés público sobre el interés privado. Por tanto, en forma similar a la potestad expropiatoria que tiene la administración sobre cualquier tipo de bienes o derechos si así lo impone el interés público previamente declarado, mediando justa compensación, lo mismo rige en el caso de la revocación de actos administrativos creadores de derechos. El propósito de las disposiciones legales en Venezuela es sin duda proteger a los administrados contra el comportamiento arbitrario de la Administración al revocar sus actos sin motivos apropiados, pero ello no puede interpretarse en el sentido de que se elimine el poder de la Administración de poder revocar actos administrativos, incluso si estos han creado derechos individuales, sustituyendo el derecho creado por el acto revocado para la persona por el derecho a ser compensado por la pérdida sufrida con la revocación.

La doctrina española precisó hace años el mismo criterio respecto a la revocación de actos que crean derechos individuales. García de Enterría y Tomás Ramón Fernández, por ejemplo, señalaron que "Un acto que declare derechos a favor de un administrado y que no presente vicios en su constitución no puede ser revocado de oficio por la propia Administración so pretexto de que el acto se ha convertido en inconveniente o inoportuno en un determinado momento;" agregando sin embargo que "una solución de equilibrio que garantizaría tanto al interés público como al de los particulares sería la de permitir la revocación por motivos de simple oportunidad o conveniencia, condicionándola, sin embargo, al reconocimiento y pago de un indemnización adecuada que compensase la pérdida de los derechos reconocidos por el acto revocado."[137] Agregaron, en todo caso, que para dicha solución sea viable requiere una disposición que permita la revocación por razones de mérito, la cual en cualquier caso debe reconocer los derechos de las personas afectadas a recibir una compensación, conforme al principio de responsabilidad administrativa por sacrificio individual o de pérdida de igualdad en presencia de cargas públicas.[138]

En conclusión, sólo los actos administrativos de efectos generales y los actos administrativos de efectos particulares que no crean o declaran derechos subjetivos a favor de una persona son revocables por razones de mérito o conveniencia. Excepcionalmente, la Administración podría revocar actos administrativos que crean derechos subjetivos o intereses legítimos a favor de particulares por razones de mérito u oportunidad, mediando el pago de una justa compensación por la expropiación del derecho o interés. Este es el sentido de lo decidido por la Sala Político–Administrativa del Tribunal Supremo de Justicia en sentencia de 11 de mayo de 2005, donde estableció que la revocación de "un acto administrativo creador o declarativos de derechos a favor de los particulares en forma no autorizada por el ordenamiento jurídico, da derecho a éstos a ser

137 *V.* Eduardo García de Enterría y Tomás–Ramón Fernández, *Curso de Derecho Administrativo*, Vol. I, 6a Ed., Editorial Civitas, Madrid 1994, p. 637.

138 *Idem.*

indemnizados por los daños y perjuicios que les cause la revocación o suspensión de los efectos del acto."[139] En la sentencia, en efecto se resolvió lo siguiente:

> "la potestad declaratoria de nulidad que está prevista en el artículo 83 ejusdem, cuando autoriza a la Administración para que, en cualquier momento, de oficio o a instancia del particular, reconozca la nulidad absoluta de los actos por ella dictados. De allí que la Ley consagre la irrevocabilidad de los actos creadores de derechos a favor de los particulares, pero un acto viciado de nulidad absoluta –en sede administrativa– no es susceptible de crear derechos.

La consecuencia fundamental de este principio es que la revocación o suspensión de los efectos de un acto administrativo creador o declarativos de derechos a favor de los particulares en forma no autorizada por el ordenamiento jurídico, da derecho a éstos a ser indemnizados por los daños y perjuicios que les cause la revocación o suspensión de los efectos del acto."[140]

IV. LOS PRINCIPIOS ACERCA DE LA REVOCACIÓN DE ACTOS ADMINISTRATIVOS POR RAZONES DE ILEGALIDAD, Y LOS VICIOS DE NULIDAD ABSOLUTA

Como se indicó anteriormente, los actos administrativos que son firmes y crean o declaran derechos subjetivos o intereses legítimos a favor de particulares, pueden revocarse por razones de ilegalidad sólo cuando a los mismos los afecta un vicio de nulidad absoluta.[141] Y si la irregularidad en la cual pudo incurrir la Administración al dictar el acto es una que sólo causa la anulabilidad del mismo, por tratarse de un vicio de nulidad relativa, entonces cuando el acto administrativo deviene firme y se torna en irrevocable.

Como se puntualizó desde el inicio, los actos administrativos que son firmes y crean o declaran derechos subjetivos o intereses legítimos a favor de particulares sólo pueden revocarse si están afectados por un vicio de nulidad absoluta, y una vez que se haya cumplido con las formalidades del proceso debido. Ello resulta de los principios generales sobre la auto tutela que se regulan en los artículos 81 al 83 de la Ley Orgánica de Procedimientos Administrativos, y que implican:

Primero, los actos administrativos que no crean derechos individuales pueden revocarse en cualquier momento, en su totalidad o en parte, por la misma autoridad que los emitió o por la respectiva autoridad superior (Artículo 82). En estos casos, es irrelevante si el acto está afectado por cualquier vicio de nulidad relativa o absoluta, de manera que la Administración pública puede ejercer su poder de auto–tutela para corregirlo,

---

139 *V.* la Sentencia N° 01033 de la Sala Político–Administrativa del Tribunal Supremo de Justicia del 11 de mayo de 2000 (Caso *Aldo Ferro García v. la marca comercial KISS*), en http://www.tsj.gov.ve/decisiones/spa/Mayo/01033–110500–13168.htm.

140 *Idem.*

141 Ver, en general, sobre la ilegalidad y las nulidades de actos administrativos, en Allan R. Brewer–Carías, "Consideraciones sobre la ilegalidad de los actos administrativos en el derecho venezolano," en *Revista de Administración Pública*, Instituto de Estudios Políticos, N° 43, Madrid, enero–abril 1964, pp. 427–456; "Comentarios sobre las nulidades de los actos administrativos," en *Revista de Derecho Público*, N° 1, Editorial Jurídica Venezolana, Caracas 1980, pp. 45–50. La jurisprudencia en la materia puede verse en Allan R. Brewer–Carías, *Jurisprudencia de la Corte Suprema de Justicia 1930–1974 y Estudios de Derecho Administrativo*, Vol. III, Universidad Central de Venezuela, Caracas 1976, p. 348 ss.; Caterina Balasso Tejera, *Jurisprudencia sobre los Actos Administrativos*, Editorial Jurídica Venezolana, Caracas 2003, pp. 796–800.

validarlo o revocarlo debido a que no hay un efecto directo en ningún derecho individual o interés.

Segundo, respecto de los actos que crean o declaran derechos o intereses individuales, el poder de auto tutela está restringido precisamente para proteger aquellos derechos subjetivos o intereses legítimos ya creados o declarados. En estos casos, la Administración pública por razones de legalidad, sólo podría revocar los actos administrativos que están viciados de nulidad absoluta (Artículo 83). La Sala Político–Administrativa del Tribunal Supremo de Justicia consideró el asunto en sentencia del 11 de mayo de 2000, declarando al respecto que "si bien el artículo 83 de la Ley Orgánica de Procedimientos Administrativos consagra la posibilidad de revisar en cualquier momento de oficio o incluso a solicitud de particulares, actos administrativos, esa facultad debe ejercerse siempre y cuando se detecte alguno de los vicios de nulidad absoluta señalado taxativamente en el artículo 19 de la Ley Orgánica de Procedimientos Administrativos."[142]

De lo anteriormente señalado resulta, por tanto, que lo esencial para comprender las limitaciones de los poderes de auto tutela de la administración por razones de ilegalidad, es la distinción entre los vicios de nulidad absoluta y los de nulidad relativa que puedan afectar a los actos administrativos.[143]

En tal sentido, en Venezuela, el principio es que la nulidad absoluta de actos administrativos sólo se produce en los casos expresamente indicados por el Artículo 19 de la Ley Orgánica de Procedimientos Administrativos. En todas las demás situaciones, los actos administrativos sólo se pueden considerar como anulables conforme se establece en el artículo 20 de la misma Ley Orgánica.

Los vicios de nulidad absoluta son entonces los más graves que pueden afectar la actuación de la Administración, al punto de que una vez que se producen, se considera que el acto que lo contenga no habría podido crear o declarar válidamente derecho o interés alguno, no siendo posible en forma alguna, conforme al artículo 81 de la misma Ley Orgánica, que el acto que los contiene pueda ser convalidado. Es decir, los actos administrativos que son absolutamente nulos e inválidos no pueden válidamente crear derechos individuales, razón por la cual el artículo 83 de la Ley Orgánica de Procedimientos Administrativos establece que "la administración podrá en cualquier momento, de oficio o a solicitud de particulares, reconocer la nulidad absoluta de los actos dictados por ella." Por tanto, los actos administrativos afectados por un vicio de nulidad absoluta pueden revocarse en cualquier momento, incluso cuando su propósito hubiese sido crear derechos dentro de la esfera legal de una persona, ya que se considera que dicho derecho no se pudo haber adquirido de forma válida por ser el resultado de un acto administrativo afectado por uno de los más serios vicios de nulidad.

Siguiendo la tendencia de otras leyes de procedimientos administrativos en América Latina,[144] la Ley Orgánica de Procedimientos Administrativos de Venezuela también

---

142 *V.* la sentencia Nº 1033 de la Sala Político–Administrativa del Tribunal Supremo de Justicia del 11 de mayo de 2000 (Caso *Aldo Ferro García v. la marca comercial KISS*), en http://www.tsj.gov.ve/decisiones/spa/Mayo/01033–110500–13168.htm.

143 *V.* la sentencia de la Sala Político–Administrativa de la antigua Corte Suprema de Justicia de 26 de julio de 1984 (Caso *Despacho Los Teques*), en *Revista de Derecho Público*, Nº 19, Editorial Jurídica Venezolana, Caracas 1984, pp. 130–132. *V.* también Allan R. Brewer–Carías y Luis Ortiz–Álvarez, *Las Grandes Decisiones de la Jurisprudencia Contencioso Administrativa (1961–1996)*, Editorial Jurídica Venezolana, Caracas 1994, pp. 610–616; Caterina Balasso Tejera, *Jurisprudencia sobre los Actos Administrativos (1980–1993), loc. cit.*, p. 853 ss.

144 *V.* Allan R. Brewer–Carías, *Principios del Procedimiento Administrativo en América Latina*, Ed. Legis, Bogotá 2003, pp. 246–251.

asumió el sistema de *numerus clausus* que enumera el conjunto de circunstancias bajo las cuales los actos administrativos deben considerarse absolutamente nulos e inválidos. El Artículo 19 de la Ley establece así que "los actos de la administración son absolutamente nulos" en las siguientes situaciones:

1. Cuando así esté expresamente determinado por una norma constitucional o legal;
2. Cuando resuelvan un caso precedentemente decidido con carácter definitivo y que haya creado derechos particulares, salvo autorización expresa de la Ley.
3. Cuando su contenido sea de imposible o ilegal ejecución, y
4. Cuando hubieren sido dictados por autoridades manifiestamente incompetentes, o con prescindencia total y absoluta del procedimiento legalmente establecido

Conforme a dicha disposición, por tanto, la nulidad absoluta sólo ocurre en las circunstancias enumeradas, en esta forma:

En *primer lugar*, un acto estaría viciado y sujeto a nulidad absoluta *cuando así lo establece expresamente una disposición constitucional o legal* (Artículo 19.1). En esta forma, por ejemplo, la Constitución establece expresa y específicamente los casos en los cuales la consecuencia de una violación de una determinada disposición acarrea su nulidad, como nulidad absoluta. Esto sucede, por ejemplo, cuando los actos violan derechos y garantías constitucionales, o cuando los actos los dicta una persona usurpando la autoridad o las funciones públicas. En tales situaciones, los artículos 25 y 138 de la Constitución expresamente establecen expresamente que los actos dictados son todos nulos e inválidos. Esta nulidad prescrita en disposiciones constitucionales es, sin lugar a dudas, una nulidad absoluta y los actos afectados no pueden tener efecto jurídico alguno. Algunas leyes especiales, por otra parte, también contienen disposiciones similares a través de las cuales prescriben que ciertos actos contrarios a sus previsiones son nulos e inválidos. Este es el caso por ejemplo, de la Ley Orgánica de Ordenación del Territorio, cuando establece que "las autorizaciones para el uso de suelo otorgadas en violación de los planes son nulas" (Artículo 66). La nulidad establecida en estos casos también sería una nulidad absoluta.

En *segundo lugar*, otro supuesto de nulidad absoluta conforme al Artículo 19.2 de la Ley Orgánica de Procedimientos Administrativos, como se ha indicado anteriormente, es cuando un determinado acto administrativo viola la cosa juzgada administrativa. Como lo establece la disposición, los actos son nulos de nulidad absoluta: "cuando resuelvan un caso precedentemente decidido con carácter definitivo y que haya creado derechos particulares, salvo autorización expresa de la Ley." En consecuencia, el acto administrativo que revoca un acto administrativo firme previo que creó o declaró derechos subjetivos o intereses legítimos a favor de particulares es absolutamente nulo, excepto cuando la revocación sea autorizada expresamente por la ley y en todo caso, se encuentre acompañada de una justa compensación por la expropiación del derecho.

El *tercer lugar,* el otro supuesto de nulidad absoluta establecido por el Artículo 19.3 de la Ley Orgánica es el vicio en el contenido del acto: cuando el contenido del acto administrativo sea de imposible o de ilegal ejecución. Un acto administrativo que, por ejemplo, en si mismo contenga una orden de cometer un delito, es nulo de nulidad absoluta.

En *cuarto lugar*, el Artículo 19.4 establece como causal de nulidad absoluta el vicio de incompetencia manifiesta, respecto al cual, la antigua Corte Suprema de Justicia, en sentencia de 19 de octubre de 1989, declaró que comprende tres situaciones, la "usurpación de autoridad, la usurpación de funciones y la extralimitación de funciones,"[145] estableciendo los siguientes criterios:

> "La usurpación de autoridad ocurre cuando un acto es dictado por quien carece en absoluto de investidura publica. Este vicio se encuentra sancionado con la nulidad absoluta del acto, conforme a lo dispuesto en el artículo 119 de la Constitución Nacional.
>
> La usurpación de funciones comprende la situación en la que determinado órgano administrativo con investidura pública ejerce funciones igualmente públicas atribuidas a otro Poder del Estado.
>
> Finalmente, la extralimitación de funciones consiste fundamentalmente en la realización por parte de la autoridad administrativa de un acto para el cual no tiene competencia legal expresa.
>
> Todo acto dictado por una autoridad incompetente se encuentra viciado. Ahora bien, el vicio de incompetencia de que adolezca no apareja necesariamente la nulidad absoluta del acto, ya que conforme a lo dispuesto en el ordinal 4° del artículo 19 puesto, es necesario que la incompetencia sea manifiesta.[...]
>
> Así, si la incompetencia es "manifiesta" vale decir notoria y patente, de modo que se haya adoptado por una autoridad sin facultades para dictarlo, o que se pueda determinar que el ente que la dictó no estaba facultado para ello, la nulidad será absoluta (ordinal 4° del artículo 19 de la Ley Orgánica de Procedimientos Administrativos). Si la incompetencia no es manifiesta la nulidad será relativa (artículo 20, *ejusdem*).
>
> En resumen, puede decirse que la usurpación de autoridad determina la nulidad absoluta del acto, conforme a lo previsto en el artículo 119 de la Constitución Nacional; ahora bien la usurpación de funciones y la extralimitación de funciones, como tales, no aparejan por sí la nulidad absoluta del acto, ya que ello dependerá del grado de ostentabilidad como se presente el vicio de incompetencia."[146]

En *quinto lugar,* el otro vicio de nulidad absoluta del acto administrativo se produce cuando ha sido dictado en ausencia total y absoluta del procedimiento legalmente prescrito (Artículo 19.4 de la misma Ley Orgánica de Procedimientos Administrativos).

Sólo estas cinco circunstancias citadas resultan en nulidad absoluta y ningún otro vicio que afecte los actos administrativos puede resultar en nulidad absoluta, y por lo tanto en la posibilidad que el acto sea tan erróneo como para que pueda revocarse.[147] Como la Sala Político–Administrativa del Tribunal Supremo lo declaró:

---

145 *V.* Allan R. Brewer–Carías, "Consideraciones sobre la ilegalidad de los actos administrativos en el derecho venezolano," en *Revista de Administración Pública,* Instituto de Estudios Políticos, N° 43, Madrid 1964, pp. 427–456, y en *Revista del Colegio de Abogados del Distrito Federal,* N° 127–128, Caracas, enero–diciembre de 1964, pp. 19–61.

146 *V.* la sentencia de la Sala Político–Administrativa del 19 de octubre de 1989, en la *Revista de Derecho Público,* N° 40, Editorial Jurídica Venezolana, Caracas 1989, pp. 85–86, y en Caterina Balasso Tejera, *Jurisprudencia sobre Actos Administrativos, op cit.*, p. 656.

147 En la sentencia citada del Caso *Despacho Los Teques,* tal como se desprende de su texto, con el objeto de analizar el vicio de nulidad absoluta, se estudió la doctrina que se había establecido con anterioridad a entrada en vigencia de la Ley Orgánica de Procedimientos Administrativos de 1981, sobre la materia de la distinción entre nulidad absoluta y nulidad relativa, citando la Sala al profesor Eloy Lares Martínez y quien esto escribe. En la sentencia incluso se hizo referencia a la noción de "orden público" como inherente a la legislación ambiental, que era la considerada en la misma, concluyendo que sobre cuestiones de derecho ambiental, un "acto administrativo que permita a su titular la ejecución de una actividad prohibida por una ley" no puede mantener su efectividad "siendo inaceptable que en una situación como esta se admita la existencia presunta de derechos adquiridos." En esta sentencia, por otra parte, la Sala llegó a admitir que más allá de los casos *numerus clausus* de nulidad absoluta que establece el artículo 19 de la Ley Orgánica de Procedimientos Administrativos, el propio Tribunal Supremo podría con "la prudencia y cautela recomendables," "determinar caso por caso si procedía o no declarar la nulidad absoluta o radical, de acuerdo a la gravedad y trascendencia de la irregularidad que afectara el acto examinado." El Tribunal, en definitiva, se reservó la facultad de buscar "un balance entre la gravedad de la nulidad como sanción

"La potestad revocatoria de la Administración se limita a los actos no creadores o declarativos de derechos a favor del particular, ya que, si se trata de actos creadores o declarativos de derechos, una vez firmes, los mismos no podrán ser revocados en perjuicio de sus destinatarios por la Administración, por razones de méritos o ilegalidad y que, excepcionalmente, la Administración podrá declarar la nulidad sólo por razones de ilegalidad, esto es, si el acto está viciado de nulidad absoluta, independientemente de que el particular (equívocamente) considere que se le han violado derechos."[148]

V. EL DEBIDO PROCEDIMIENTO ADMINISTRATIVO Y LA REVOCACIÓN DE LOS ACTOS ADMINISTRATIVOS.

En cualquier caso en que la Administración proceda a revocar un acto administrativo que crea o declara derechos subjetivos o intereses legítimos a favor de particulares, por el motivo o razón que fuese, conforme a los principios constitucionales sobre el debido proceso aplicable a los procedimientos administrativos (art. 49), y de acuerdo con la orientación de la jurisprudencia de los tribunales contencioso administrativos, la Administración siempre está obligada a seguir las formalidades relativas al debido proceso.

En efecto, uno de los elementos principales necesarios para garantizar el respeto del Estado de derecho en la actividad administrativa, es la obligación que tiene la Administración de emitir sus actos administrativos que afecten derechos e intereses particulares siguiendo el procedimiento administrativo establecido por la ley, el cual se regula no sólo para garantizar la eficacia de las acciones administrativas, sino también para garantizar los derechos de los particulares ante la Administración pública. El procedimiento administrativo está gobernado, según se establece en el Artículo 141 de la Constitución, por "los principios de honestidad, participación, celeridad, eficacia, eficiencia, transparencia y responsabilidad en el ejercicio de funciones públicas y con total sometimiento a la ley y al derecho;" y como se indica en el Artículo 10 de la Ley Orgánica de la Administración Pública, por los principios de economía, celeridad, simplicidad, objetividad, imparcialidad, honestidad, transparencia y buena fe.

Por ello, específicamente, en todos los casos en los cuales un acto de la administración pública puede afectar los derechos o intereses de particulares, para poder emitirlo la administración está obligada a seguir el procedimiento administrativo en el cual la garantía del debido proceso debe respetarse, y particularmente debe garantizarse el derecho a la defensa. Es decir, en el derecho administrativo venezolano, para que la Administración pueda emitir una resolución que afecte, restrinja o limite derechos de alguna manera o modifique la situación legal de una persona física o jurídica, debe llevar a

---

jurídica y la de los vicios que afectan al acto administrativo," particularmente respecto de vicios tales como "violación directa de la Constitución, la falta de elementos esenciales del acto, infracción grosera de la Ley, incompetencia manifiesta del funcionario, transgresión de normas legales establecedoras de conductas prohibidas, la vulneración del orden público y otros criterios de semejante naturaleza." *V.* la sentencia de la Sala Político–Administrativa de la antigua Corte Suprema de Justicia de 26 de julio de 1984 (Caso *Despacho Los Teques*), en *Revista de Derecho Público*, N° 19, Editorial Jurídica Venezolana, Caracas 1984, pp. 130–132. *V.* también Allan R. Brewer–Carías y Luis Ortiz–Álvarez, *Las Grandes Decisiones de la Jurisprudencia Contencioso Administrativa (1961–1996)*, Editorial Jurídica Venezolana, Caracas 1994, pp. 610–616; Caterina Balasso Tejera, *Jurisprudencia sobre los Actos Administrativos (1980–1993)*, *loc. cit.*, p. 853 ss.

148 *V.* la sentencia N° 01033 de la Sala Político–Administrativa del Tribunal Supremo de Justicia del 11 de mayo de 2000 (Caso *Aldo Ferro García v. la marca comercial KISS*), en http://www.tsj.gov.ve/decisiones/spa/Mayo/01033–110500–13168.htm.

cabo un procedimiento administrativo previo en el que se garanticen los derechos al debido proceso y, principalmente, a la defensa. Ello deriva de lo establecido en la propia Constitución en materia de debido proceso como derecho fundamental (Art. 49), por lo que su inobservancia constituye una violación de la Constitución y no sólo de las leyes (legalidad). Adicionalmente, la Ley Orgánica de Procedimientos Administrativos declara nulo (de nulidad absoluta) todo acto administrativo llevado a cabo por la Administración sin el debido procedimiento administrativo, es decir, en ausencia total y absoluta del procedimiento debido, lo que equivale a un acto administrativo arbitrario (Art. 19.4).

La consecuencia de este principio constitucional, por ejemplo, en un procedimiento administrativo en el que se evalúe la posibilidad de la revocación de un acto administrativo, es que la audiencia previa de las partes interesadas es una condición para la validez de la revocación, como garantía del derecho fundamental de la persona involucrada a defenderse y a ser escuchada. Es decir, el derecho al debido proceso aplica a toda acción administrativa, de manera que la administración siempre tiene el deber de iniciar un procedimiento administrativo antes de emitir un acto o medida que pueda afectar los derechos o intereses de una persona o una empresa, de modo que a éstos se les otorgue la oportunidad de presentar sus alegatos y su defensa.[149]

Por ello, por ejemplo, la Corte Primera de lo Contencioso Administrativo en sentencia de 15 de mayo de 1996, decidió que "cualquier acto administrativo cuyos efectos estén dirigidos a extinguir, modificar o variar algún derecho subjetivo o algún interés calificado de los particulares, o aquellos que a éstos les imponga sanciones o cargas, para su validez y eficacia, requiere obligatoriamente de un procedimiento previo que, aún en forma informal, permita el ejercicio del derecho fundamental a la defensa que ostentan todos los ciudadanos, como derecho cívico contenido en la Constitución.[150]

Estos principios, como ya se mencionó, han sido repetidos por la disposición del Artículo 49 de la Constitución de 1999, donde la garantía constitucional al debido proceso y el derecho a la defensa se establecieron como inviolables no sólo en todos los procesos judiciales, sino también en todos los procedimientos administrativos; una garantía que no puede omitirse ni siquiera por el mismo legislador.[151] Por ello, la Sala Constitucional del Tribunal Supremo, en sentencia No. 321 del 22 de Febrero de 2002 (Caso: *Papeles Nacional Flamingo, C.A. v. Dirección de Hacienda del Municipio Guácara del Estado Carabobo*), ha decidido que cualquier restricción al derecho a la defensa, por ser un derecho fundamental, sólo puede ser establecida en la propia Constitución, por lo que si el Legislador amplía el alcance de estas restricciones, entonces se vuelven ilegítimas.[152]

El derecho a la defensa es, por lo tanto, un derecho constitucional absoluto, establecido por la Constitución como "inviolable" en todas las etapas y grados de la causa, tanto en procedimientos judiciales como administrativos, y es un derecho que todas las per-

---

149 Así lo había sostenido repetidamente la jurisprudencia de la antigua Corte Suprema, incluso equiparando el derecho a la defensa con el principio del debido proceso. *V.* por ejemplo la sentencia de la Sala Político–Administrativa de la antigua Corte Suprema de Justicia del 8 de octubre de 1996 en la *Revista de Derecho Público*, Nos. 67–68, Editorial Jurídica Venezolana, Caracas 1996, p. 171.

150 *V.* en la *Revista de Derecho Público*, Nos. 65–66, Editorial Jurídica Venezolana, Caracas 1996, p. 156.

151 *V.* la sentencia Nº 2742 de la Sala Político Administrativa del Tribunal Supremo de Justicia del 20 de noviembre de 2001, en http://www.tsj.gov.ve/decisiones/spa/Noviembre/02742–201101–15649.htm.

152 *V.* la sentencia Nº 321 de la Sala Constitucional del Tribunal Supremo de Justicia del 22 de febrero de 2002 (Caso *Papeles Nacionales Flamingo, C.A. v. Dirección de Hacienda del Municipio Guácara del Estado Carabobo*), en *Revista de Derecho Público*, Nos. 89–92, Editorial Jurídica Venezolana, Caracas 2002.

sonas poseen, sin distinciones de ningún tipo, personas jurídicas o naturales, el cual, por lo tanto, no puede someterse a ninguna excepción o limitación.[153] Este derecho "es un derecho fundamental protegido por nuestra Constitución, y como tal, no puede suspenderse en materia del estado de derecho ya que es una de las bases sobre las cuales se erige dicho concepto."[154] Por ello, la Sala Constitucional del Tribunal Supremo de Justicia, después de que la Constitución de 1999 entró en vigencia, ha insistido en la naturaleza absoluta e inviolable del derecho a la defensa.[155]

De esta existencia de reglas de debido proceso se deriva, por otra parte, la posibilidad de que las partes puedan utilizar los medios o recursos proporcionados en el marco legal para defender sus derechos e intereses. En consecuencia, cualquier omisión de las reglas de procedimiento que resulte en la inhabilidad de las partes para utilizar los mecanismos que garantizan su derecho a ser oídas, resulta en un estado de indefensión y en una violación al derecho de debido proceso y al derecho de las partes a la defensa. La consecuencia de lo anteriormente dicho en el campo del derecho administrativo, y en particular, en materia de procedimientos administrativos y de los actos administrativos resultantes, es el principio *audire alteram parte* conforme al cual ningún acto administrativo que pueda afectar los intereses o derechos de las personas con omisión en cualquier forma de la audiencia previa de las partes interesadas, de manera que se les permita ejercer su derecho a ser oídos, y a alegar y producir pruebas de sus afirmaciones.[156]

Para garantizar dicho derecho a ser oído, la Ley Orgánica de Procedimientos Administrativos proporciona una serie de derechos correlacionados, tales como: que se notifique sobre cualquier procedimiento que podría afectar los derechos subjetivos o intereses legítimos, personales o directos de una persona (Artículo 48); tener la oportunidad de ser oído y de ser parte en cualquier momento del procedimiento administrativo (Artículo 23); tener acceso a los expedientes administrativos, inspeccionarlos y copiarlos (Artículo 59); presentar pruebas y entregar expedientes (Artículos 48 y 58); que el acto administrativo tenga su motivación formalmente (Artículo 9); que se le notifique personalmente de cualquier acto que podría afectar los derechos, e intereses legítimos, personales y directos de la persona (Artículo 73); así como a ser informado de los medios legales para poder ejercer los recursos que procedan contra el acto (Artículos 73 y 77).

Ahora bien, precisamente en materia de revocación de actos administrativos, salvo que los mismos no originen derechos subjetivos o intereses legítimos (art. 82 de la ley

153 La Corte Primera de lo Contencioso Administrativo declaró al respecto en su sentencia del 15 de agosto de 1997 (Caso *Telecomunicaciones Movilnet, C.A. v. Comisión Nacional de Telecomunicaciones (CONATEL)*), lo siguiente: "La imposición de sanciones, medidas prohibitivas o en general, cualquier tipo de limitación o restricción en la esfera subjetiva de aquellos procesados sin la oportunidad de ejercer su derecho a una defensa, es inconcebible." *V.* en la *Revista de Derecho Público*, Nos. 71–72, Editorial Jurídica Venezolana, Caracas 1997, pp. 154–163.

154 Así establecido por la Sala Político–Administrativa de la antigua Corte Suprema en su sentencia N° 572 del 18 de agosto de 1997 (Caso *Aerolíneas Venezolanas, S.A. (AVENSA) v. la República (Ministerio de Transportes y Comunicaciones)*), en la *Revista de Derecho Público*, Nos. 71–72, Editorial Jurídica Venezolana, Caracas 1997, p. 158 ss.

155 *V.* por ejemplo, la Sentencia N° 97 de la Sala Político–Administrativa del Tribunal Supremo de Justicia de 15 de marzo de 2000 (Caso: *Agropecuaria Los Tres Rebeldes, C.A. v. Juzgado de Primera Instancia en lo Civil, Mercantil, Tránsito, Trabajo, Agrario, Penal, de Salvaguarda del Patrimonio Público de la Circunscripción Judicial del Estado Barinas*) en http://www.tsj.gov.ve/decisiones/scon/Marzo/97–150300–00–0118.htm.

156 *V.* por ejemplo, la sentencia de la Sala Político–Administrativa de la antigua Corte Suprema de Justicia, del 17 de noviembre de 1983, en *Revista de Derecho Público*, N° 16, Editorial Jurídica Venezolana, Caracas 1983, p. 151.

orgánica), cuando la administración pública tiene razones para creer que puede revocar un acto administrativo específico a través del ejercicio de sus poderes, debe iniciar y seguir el curso debido de un procedimiento administrativo donde aquellos que se benefician del acto administrativo cuya validez es cuestionada y su revocación se propone, puedan ejercer cabalmente su derecho a ser oídos y a la defensa. Los actos administrativos revocatorios de un acto administrativo emitido previamente, incluso si la administración lo considera nulo e inválido, son decisiones que afectan los derechos subjetivos e intereses de los destinatarios de dicho acto administrativo, y por lo tanto, antes de dicha revocación debe seguirse un procedimiento administrativo para garantizar el derecho a la defensa de dichas partes interesadas.

La jurisprudencia, en este tema, ha sido uniforme al exigir siempre que en los casos de revocación de actos administrativos por razones de ilegalidad se abra un procedimiento administrativo previo mediante el cual se garantice el derecho de las partes interesadas a defenderse. Sólo en casos de revocación de actos administrativos por razones de mérito, es decir por razones de interés general, en las cuales la parte interesada tiene el derecho de recibir compensación, no se ha sido considerado obligatoria la exigencia de un procedimiento administrativo previo, en virtud de los poderes discrecionales de que dispone la administración en esta materia. Así, por ejemplo, en casos de terminación anticipada de concesiones conforme al Artículo 46.d de la Ley Orgánica de Promoción de la Inversión Privada a través de Concesiones,[157] ya que lo que debe establecerse es "...la extinción temprana de la concesión por parte de la administración pública, por razones de interés público...," la Sala Político–Administrativa en las decisiones N° 1836 de 7 de agosto de 2001 (Caso *David Montiel Guillén y Oscar Montiel Guillén* v. *Cámara Municipal del Municipio Almirante Padilla del Estado Zulia.*)[158] y N° 1447 del 8 de agosto de 2007 (Caso *Minera La Cerbatana, C.A*)[159] decidió que esto "es y debe ser el resultado de un acto administrativo, debidamente motivado (como lo señala expresamente el Artículo 53 del Decreto con rango y fuerza de ley en mención)."[160]

---

157 *V. Gaceta Oficial* N° 5.394 del 25 de octubre de 1999.

158 *V.* en http://www.tsj.gov.ve/decisiones/spa/agosto/01836–080801–13619.htm

159 *V.* en http://www.tsj.gov.ve/decisiones/spa/agosto/01447–8807–2007–2004–0779.html

160 Por lo tanto, su control corresponde exclusivamente a la jurisdicción contencioso administrativa, agregando que: "...en casos como estos en los que impera la autotutela, no existe en principio, la obligación de abrir un procedimiento administrativo (que garantice los derechos del Administrado), (sic) Por el grado de discrecionalidad que opera en este tipo de decisiones administrativas (actos) los cuales deben fundamentarse suficientemente en la justa valoración y equilibrio que la Administración debe hacer entre un 'interés primario' (representado por el interés general) y unos 'intereses secundarios' (representados por intereses públicos o privados) que en cierta oportunidad, por razones de conveniencia deben ser dejados de lado en favor de ese interés primario. Es decir, la cuestión de la discrecionalidad plantea la valoración del interés público frente a otros (heterogéneos), también protegidos por el ordenamiento. Este mecanismo per se, constituye la garantía que la Administración brinda a sus administrados en estos casos y, es por ello que ante la ausencia de un procedimiento administrativo previo, el control de estos actos y la consecuente garantía de los derechos de los administrados queda en manos de la jurisdicción. Es precisamente este control de la jurisdicción contencioso administrativa y la debida proporcionalidad y adecuación al interés público que debe guardar la Administración, lo que garantiza a los administrados el límite y el equilibrio que la Constitución consagra entre el ejercicio del Poder Público y el de los derechos y garantías de los particulares. *V.* la sentencia N° 1447 de la Sala Político–Administrativa del Tribunal Supremo del 8 de agosto de 2007, en http://www.tsj.gov.ve/decisiones/spa/Agosto/01447–8807–2007–2004–0779.html. *V.* además, en materia de concesiones mineras por ejemplo la sentencia N° 847 de la Sala Político–Administrativa del Tribunal Supremo de Justicia del 17 de julio de 2008 (Caso *Minas San Miguel C.A.*), en http://www.tsj.gov.ve/decisiones/spa/Julio/00847–17708–2008–2005–5529.html. Los mismos criterios se aplicaron en la sentencia N° 395 de la misma Sala del Tribunal Supremo de Justicia del 25 de marzo de 2009 (Caso *Unión Consolidada San Antonio*), en http://www.tsj.gov.ve/decisiones/spa/Marzo/00395–25309–2009–2005–5526.html

En cualquier caso y excepto en aquellos casos de revocación por razones de mérito, donde el derecho del beneficiario del acto está garantizado a través de su derecho a compensación,[161] o en casos donde la ley otorga un poder discrecional a la administración para tomar una decisión, todos los otros casos de revocación de un acto administrativo deben ser el resultado de un procedimiento administrativo correspondiente, lo cual implica que si esto no se realiza, el acto de revocación estaría viciado de nulidad absoluta en los términos del Artículo 19.4 de la Ley Orgánica de Procedimientos Administrativos. Como lo ha afirmado la jurisprudencia contencioso administrativa incluso antes de la Constitución de 1999, el debido proceso, según se ha descrito anteriormente[162], constituye un derecho inviolable en todo grado y estado del procedimiento, independientemente de su naturaleza, y expresamente con respecto a procedimientos administrativos.

Es el caso, además, en todos los supuestos en los cuales la Administración, conforme a sus competencias legales, proceda a revocar un acto administrativo como sanción impuesta en caso de incumplimiento de sus obligaciones por parte del beneficiario del acto administrativo. Esto es particularmente relevante en casos en los cuales respecto de actos administrativos cuya ejecución involucra obligaciones de hacer o dar, por parte de la persona o entidad a quien se dirige el acto, la ley le otorga poderes sancionatorios a la Administración. De acuerdo con la jurisprudencia, por tanto, se ha reconocido la validez de revocación de actos administrativos por el incumplimiento de una obligación resultante de los mismos, siempre y cuando se hayan cumplido para ello con todas las formalidades relativas al debido proceso. La Sala Político–Administrativa del Tribunal Supremo se refirió a este tema en su sentencia del 13 de julio de 2005, sosteniendo:

> "...el criterio de esta Sala, según el cual debe garantizarse el derecho a la defensa, a través de la instauración de un procedimiento administrativo previo, al concesionario de un servicio público a quien se pretenda revocar la concesión otorgada, en caso de falta o incumplimiento grave; no obstante lo anterior, se evidencia igualmente en dicho fallo, que el interés colectivo que propicia ese tipo de contrataciones, tiene preeminencia sobre el particular interés del co–contratante de la Administración."[163]

En estos casos donde el acto revocatorio es emitido como una penalización por el incumplimiento por su beneficiario de algunos deberes previstos en el acto revocado, la necesidad de un procedimiento administrativo previo es por tanto una condición requerida para la validez del acto revocatorio. En esos casos, el incumplimiento es una situación fáctica que debe imputarse de manera presunta al beneficiario del acto, para lo cual se le debe otorgar, a lo largo del procedimiento, su derecho a ser oído y a que se presuma su inocencia con todas las garantías aseguradas por el Artículo 49 de la Constitución, permitiéndosele defenderse según lo considere adecuado para proteger sus derechos e intereses.

---

161 El Artículo 53 de la Ley Orgánica de Promoción de Inversión Privada bajo el régimen de Concesiones, al consagrar el poder de la administración para cancelar anticipadamente las concesiones por razones de interés público, reconoce el derecho del concesionario de recibir una compensación integral.

162 *V.* las sentencias N° 207 y 208 de la Sala Político–Administrativa de la antigua Corte Suprema de Justicia del 8 de octubre de 1996, y de la Corte Primera de lo Contencioso Administrativo Contencioso del 15 de mayo de 1996, en *Revista de Derecho Público*, N° 67–68, Editorial Jurídica Venezolana, Caracas 1996, p. 171, y en *Revista de Derecho Público*, Nos. 65–66, Editorial Jurídica Venezolana, Caracas 1996, p. 156.

163 *V.* la sentencia N° 4911 de la Sala Político–Administrativa del Tribunal Supremo de Justicia del 13 de julio de 2005 (Caso *Juan Serva Cammarano*), en http://www.tsj.gov.ve/decisiones/spa/Julio/04911–130705–2000–1115.htm.

LIBRO SEXTO:
LA TEORÍA DE LOS CONTRATOS ADMINISTRATIVOS (1964)

Este Libro Sexto de este Tomo III del *Tratado de Derecho Administrativo* sobre el tema de "La teoría del contrato administrativo" lo constituye el Título III de mi libro *Las Instituciones Fundamentales del Derecho Administrativo y la Jurisprudencia Venezolanas*, que fue mi tesis doctoral escrita en 1962–1963, publicada por la Universidad Central de Venezuela, Colección Tesis de Doctorado, en caracas, en 1964. Se trató de mi primera aproximación al tema de los contratos del Estado, la cual se publica en su versión original, incluyendo las referencias a la Constitución de 1961, que era la entonces vigente, y a la legislación anterior a 1963.

INTRODUCCIÓN

1. Los contratos de la administración: contratos de derecho privado y contratos administrativos

Es un hecho, uniformemente aceptado por la práctica administrativa y la jurisprudencia administrativa venezolanas, que el Estado, y concretamente la Administración Pública, sea Nacional, Estadal o Municipal, pueden celebrar contratos para el desarrollo de sus múltiples actividades.

Pero también es un hecho cierto que, por su contenido y naturaleza, esas convenciones entre la Administración y, por lo general, uno o más particulares, para constituir, reglar, trasmitir, modificar o extinguir entre ellos un vínculo jurídico[1], no son siempre iguales. Y, en efecto, los Contratos de la Administración se presentan bajo dos formas distintas.

Por una parte, la Administración puede realizar sus negocios jurídicos con los particulares bajo la forma de contratos de derecho privado, es decir, contratos idénticos a aquellos de los particulares tal como están regidos en el Código Civil. En efecto, la Admi-

---

1 Artículo 1.133 del Código Civil.

nistración puede comprar un terreno u otro inmueble amigablemente; puede vender productos del dominio privado del Estado; puede dar en arrendamiento o arrendar amigablemente un inmueble[2], etc. La Administración recurre muy frecuentemente a este tipo de contrato: ello es la regla en el campo del dominio industrial y comercial del Estado.

Pero la Administración Pública puede realizar también actos bilaterales, que, si bien tienen naturaleza contractual, como consecuencia de su contenido la relación jurídica que surge de ellos es una relación de Derecho administrativo y, por tanto, estarán sometidos a normas jurídicas autónomas, algunas de las cuales distintas de las del Derecho privado. Estos contratos forman, dentro de los Contratos de la Administración, la categoría particular de los contratos administrativos, cuyo estudio será el objeto del presente Título.

2. Interés de la distinción

En el Derecho venezolano, tal como se desprende de la jurisprudencia administrativa, existe un interés evidente en distinguir los contratos de Derecho privado y los contratos administrativos realizados por la Administración. Y este interés es doble: Por una parte, en cuanto al régimen jurídico aplicable a ellos es necesario distinguirlos, porque si se está en presencia de un contrato de Derecho privado concluido por la Administración Pública las reglas aplicables son las del Código Civil. En cambio, el régimen jurídico aplicable a los contratos administrativos es aquel propio del Derecho administrativo.

Por otra parte, tiene interés la distinción en cuanto a la jurisdicción competente para conocer de los litigios que de ellos surjan: Si se está en presencia de un contrato de Derecho privado, la jurisdicción competente es esa del Derecho privado: la jurisdicción ordinaria civil, mercantil o del trabajo. En cambio, la jurisdicción competente en el contencioso de los contratos administrativos es la jurisdicción contencioso–administrativa que actualmente corresponde a la Corte Suprema de Justicia en Sala Político–Administrativa[3].

El presente Título está destinado al estudio del régimen jurídico de los Contratos Administrativos[4], analizando sucesivamente la naturaleza jurídica de los mismos, sus ca-

---

2 CF–127–1, 3–12–59.

3 Artículos 206, 215 ordinal 11 y Disposición Transitoria decimoquinta de la Constitución, y artículo 7 ordinal 28 de la Ley Orgánica de la Corte Federal. Sobre el problema que plantea la distinción en la doctrina, *V.*: J. Lamarque, "Les difficultés présents et les perspectives d'avenir de la distintion entre les contrats administratifs et les contrats de droit privé", *AJ*, Paris, 1961, 1, 123; Poisoye, "Caractéristiques du contrat administratif par nature", *Sirey Crónicas*, 1961, 1; J. R. Parada Vázquez, "La lucha de las jurisdicciones por la competencia sobre los contratos administrativos. Sus orígenes en el Derecho Francés", *Estudios en homenaje a Jordana de Pozas*, Vol. I, 1961, pp. 163 y ss.

4 Sobre la Teoría de los Contratos Administrativos, *V.*: Andre De Laubadère, *Traite Théorique et pratique des contrats administratifs*, 3 tomos, Librairie Générale de Droit et de Jurisprudence, Paris, 1956; Miguel Ángel Berçaitz, *Teoría General de los Contratos Administrativos*, Ed. De Palma, Buenos Aires, 1952; Joao De Melo Machado, *Teoría jurídica do contrato administrativo*, Tesis. Coimbra, Coimbra Ed., 1937; J. D, B. Michel, *The Contrats of publies authorities. A comparative Study*, G. Bell and Sons, Londres, 1945; G. Peguïgnot, *Des Contrats Administratifs*, Librairies Techniques, Extrait du Jurisclasseur Administratif, Paris, 1955; Jaime Polanco Uruesa, *Los Contratos Administrativos*, Tesis. Bogotá, Ibagué, Imprenta Departamental, 1957; Sabino Álvarez Gendin, *Los Contratos Públicos*, Madrid, 1934; H. Zwahlen, *Le Contrat de Droit Administratif*, Rapport et communication de la Société Suisse des juristes, 1958; G. Jèze, *Principios Generales de Derecho Administrativo*, tomos IV al VI, Ed. De Palma, Buenos Aires, 1949; M. A. Flamme, *Us Marchés de l'Administration*, Bruselas, 1955; R. Fernández De

racterísticas fundamentales, la formación del contrato, los efectos del mismo, lo contencioso del contrato administrativo y las formas de extinción del contrato.

I. LA NATURALEZA DE LOS CONTRATOS ADMINISTRATIVOS

1. La finalidad de servicio público

La jurisprudencia de la antigua Corte Federal y de la actual Corte Suprema de Justicia[5] es unánime al considerar que el requisito esencial que determina la naturaleza de los contratos administrativos es "la finalidad de servicio público" que se persigue al realizar el negocio jurídico y, por tanto, es el criterio fundamental para distinguir entre los Contratos de la Administración, los contratos administrativos de los contratos de Derecho privado.

En este sentido la Corte Federal, al planteársele una cuestión sobre un contrato de arrendamiento celebrado entre un particular y la Administración Pública del Estado Zulia, cuyo objeto era un inmueble propiedad de este último y cuyo fin era la destinación del inmueble, por parte del particular contratante, para estacionamiento de automóviles, expresó: "Pero tal contrato, como claramente se desprende de sus cláusulas, no constituye una convención de naturaleza administrativa, ya que la relación contractual en él contenida no tiende de modo inmediato y directo a la prestación de un servicio público,

---

Velazco, *Los Contratos Administrativos*, 2ª edición, Madrid, 1945; García Trevijano, "Principios sobre Contratos de la Administración", *Revista de Estudios de la Vida Local*, N° 87, p. 331; Enterna Cuesta, "Consideraciones sobre la Teoría General de los Contratos de la Administración", *RAP*, N° 24. 1957, p. 39; Onorato Sepe, *Contratto della Pubblica Amministrazione*, Enciclopedia del Diritto, Edizione Speciale per gli studenti dell'Universitá di Roma, Giuffré Ed., 1960, pp. 111 y ss.; M. S. Giannini, *L'attività amministrativa (L'Attività negoziale)*, Lezioni tenute durante l'anno accademico 1961–1962, Jaudi Sapi Ed., Roma, 1962; GALLO, *I rapporti contrattuali nel diritto amministrativo*, Padua, 1936; F. M. Remion, "Le Conseil d'Etat et les marchés de l'Administration", *Annales de la Faculté de Droit de Liège*, N° **3, 1960;** F. Albi Cholvi, "Contratos Administrativos", *Nueva Enciclopedia Jurídica*, tomo V, **1953,** pp. **433** y sig.; G. Langrod, "Le contrat, instrument d'action des Administrations publiques", *Annales Universitatis Saraviensis*, **1955;** Michele Calmieri, *I contrato dello stato, delle province, dei comuni*, Milán, F. Angeli, 1959; I, Albi, *Los Contratos Municipales*, Valencia, 1944; García De Enterría, "Dos regulaciones orgánicas de la Contratación Administrativa", *RAP*, N° 10, 1953, p. 241; J. M. Boquera Oliver, "La caracterización del Contrato Administrativo en la reciente jurisprudencia francesa y española", *RAP*, N° 23, 1957, p. 193; A. De Grandry, "Les marchés de l'Etat en France et en Belguique", *RISA*, 1959, N° 3, pp. 36 y sig.; Mitchell, "Jurisprudence récent relative aux contrats administratifs en Grand Bretagne", *RDP*, 1959, p. 461; M. Lubrano Lavadra, "Les Marchés de l'Etat et des collectivités locales", *AJ*, **1959,** p. **17;** M. **Bonneau, "Les** marchés **des** collectivités locales", *Jurisclasseur Administratif*, **Fascículo 540;** J. **Ginges,** *Les marchés des collectivités locales*, **Sirey,** Paris, **1962;** M. **Caetano,** "Conceito do contrato administrativo", *O Direito*, **año 70, p. 30; Cesar** Tinoco Richter, "La Contratación administrativa", *RCADF*, año XXI, 1958, N° 105, pp. 49 **a** 56.

5 CF–127–1, 3–12–59; CF–127–1, 12–11–54; SJ–PA–97–1, 1–4–12–61 donde se habla de "criterio de Servicio Público". Sobre el Criterio para determinar la naturaleza de los Contratos Administrativos, el Proyecto LOHPN 1963 dispone, en su artículo 22, que "son Contratos Administrativos: 1) Los contratos de Obras Públicas; 2) Los contratos que tuvieren por objeto el aprovechamiento, la explotación o el uso preferencia] o exclusivo de recursos naturales, renovables o no, que se encuentren en terrenos del dominio privado de la República o en terrenos del dominio privado de alguna otra persona publica; 3) Los contratos en los cuales la obligación principal del cocontratante constituye en la prestación de un servicio público, o esté directamente relacionado con e! mismo; 4) Los contratos que tengan por objeto la realización de operaciones de crédito público". Después de esta enumeración, el artículo 21 del Proyecto señala que "estarán sometidos al régimen de Derecho común todos los contratos celebrados por la Administración Pública que, conforme a esta Ley, no sean contratos administrativos".

que sería factor esencial para calificar el contrato como administrativo[6]. Se contraía dicho contrato al arrendamiento del inmueble para un fin particular y privado como lo es el estacionamiento de vehículos. Por consiguiente, si la Administración había obrado en dicho contrato como persona jurídica privada, o sea, como sujeto de derechos y obligaciones de naturaleza civil, habría que considerar dicha convención también como de índole civil y, por ello, ajena a la vía contencioso–administrativa, ya que esta jurisdicción especial, dijo la Corte, "está reservada exclusivamente para los casos en que la Administración actúa en régimen de prerrogativa, haciendo uso del Poder Público de que está investida y con fines de utilidad pública, que le son característicos",

Por otra parte, la Corte Suprema de Justicia, en Sala Político–Administrativa ha expresado que, cuando un contrato no se ha celebrado con criterio de servicio público[7], ni para crearlo, modificarlo o extinguirlo, como por regla general son aquellos contratos en que es parte la Administración Pública, tal supuesto nos sitúa frente a un convenio bilateral, sujeto a los requisitos ordinarios sobre la existencia y validez de los contratos.

Lo que nos interesa destacar de esta jurisprudencia es la contraposición que hace la Corte, entre fin privado y particular y fin de servicio público, para negarle el carácter de contrato administrativo a los que tienen la primera finalidad.

Por otra parte, para nosotros, la noción que le da su naturaleza específica al contrato administrativo es la finalidad de servicio público que se persigue al celebrarlo, y no la prestación de un determinado servicio público. Ya hemos expresado qué entendemos por finalidad de servicio público y las implicaciones del concepto. Sin embargo, es conveniente recordar que una actividad es realizada con finalidad de servicio público cuando, realizada por una autoridad pública como gestión de intereses públicos y en ejecución de la Ley, tiende a mantener y hacer mantener incólumes las garantías constitucionales de los ciudadanos; a respetar y hacer respetar los derechos constitucionales de los ciudadanos; a hacer cumplir los deberes constitucionales de los ciudadanos; o a cumplir las obligaciones constitucionales del Estado venezolano con miras a obtener el bienestar general y la seguridad social.

En definitiva, todo contrato realizado por la Administración Pública con finalidad de servicio público es un contrato administrativo.

2. La definición del contrato administrativo

Tomando como base los conceptos sobre acto jurídico expuestos en el Título II y lo anteriormente expresado, podemos definir el contrato administrativo como aquel acuerdo bilateral de voluntades realizado entre dos o más personas jurídicas, una de las cuales es la Administración Pública actuando en función administrativa, con la finalidad de servicio público y el efecto de crear una situación jurídica individual y subjetiva.

6 CF–127–1, 3–12–59.
7 CSJ–PA–97–1, 14–12–61.

3. Los principales tipos de contratos administrativos en Venezuela

Los principales tipos de contratos administrativos en Venezuela son los siguientes:

Los contratos de Obra Pública, mediante los cuales la Administración confía a un particular la construcción, el mantenimiento o la reparación de una obra de utilidad pública, es decir, de una obra que tenga por objeto directo el proporcionar a la nación en general cualesquiera usos o mejoras que cedan en beneficio común[8]. En estos contratos el particular se compromete a ejecutar el trabajo por sí o bajo su dirección, mediante un precio que la Administración se obliga a satisfacerle[9].

Los contratos de Empréstito Público, según los cuales un particular presta al Estado[10], a los Estados[11] o a las Municipalidades[12] una suma de dinero con la condición indispensable de que se contrate para atender a obras reproductivas, excepto en caso de evidente necesidad o conveniencia nacional[13] y con la obligación, por parte de la Administración, de restituir la cantidad de dinero expresada en el contrato[14].

Los contratos de Suministros, que tienen por objeto la adquisición, por parte de la Administración, de bienes muebles de toda clase[15] con finalidad de servicio público.

Los contratos de Transporte, por medio de los cuales un particular se encarga, mediante remuneración, de efectuar un transporte de personas o bienes de carácter público por cuenta de la Administración[16].

Los contratos de Concesión de Servicio Público, por los cuales la Administración confía a un particular la misión de hacer funcionar un servicio público, remunerándose este último con las contraprestaciones de los usuarios del servicio[17]. Si el particular está encargado, además, de construir las obras necesarias para hacer funcionar el servicio, habrá, junto con la concesión de servicio público, una Concesión de Obra Pública.

8 Ley de Expropiación por causa de utilidad pública o social, artículo 2.

9 Artículo 1.630 del Código Civil. Sobre los Contratos de Obra Pública en el Derecho Comparado, véanse las comunicaciones de L. López Rodo, A. Guaita, A. Saramite A. K. Duhvose, S. Derbil y otros al X Congreso Internacional de Ciencias Administrativas. *RAP*, N° 21, 1956, pp. 295 y sig. *V.* asimismo Flamme, "Los Contratos de Obras Públicas de la Administración", *RAP*, N° 21, 1956, pp. 13 y sig.; H. Bonneau, "Marché de Travaux Publiques", *jurisclasseur Administratif*, Fascículo 520.

10 Artículo 190, ordinal 13 de la Constitución.

11 Artículo 17, ordinal 4 de la Constitución.

12 Artículo 33 de la Constitución.

13 Artículo 231 de la Constitución.

14 Artículo 1.737 del Código Civil.

15 Desde el suministro de Conejos con fines de utilidad pública (CF–127–1, 12–11–54) hasta el suministro de maquinaria pesada. Sobre los Contratos de Suministro en la doctrina, *V.*: J, M. Fabregas Del Pilar, "Los Contratos de Suministro celebrados por las entidades públicas", *Revista de Impuestos de la Hacienda Pública*, N° 146–147, Madrid, 1955, pp. 443 y sig.; E. Desgranges, "Definition des Marchés de fornituras", *RDP*, 1942, p. 189.

16 Al hablar de contrato de Transporte no nos referimos a la Concesión de Servicio Público de Transporte.

17 Por ejemplo, la Concesión de Servicio Público de Transporte de Hidrocarburos, artículo 8 de la Ley de Hidrocarburos. Sobre la Concesión de Servicio Público, *V.*, Travieso Paul, *La Concesión de Servicio Público*, Tesis. Caracas, 1943; En la doctrina extranjera, *V.*: G. Jèze, "La concession de Service Public", *RDP*, 1925, p. 530; A. Blondeau, *La Concession de Service Public*, Dalloz, París, 1932; P. Comte, *Essai d'une théorie d'ensamble de la Concession de Service Public*, Sirey, París, 1935; O. Aranda Bandeira De Melo, "Aspecto jurídico–administrativo da concessao de servicio público", *Rivista de Direito Administrativo*, Rio de Janeiro, Sao Paulo, vol. 34, 1953, p. 34; Manuel Peña Villasmil, *La Concesión de Servicios Públicos*, La Asunción, Paraguay, 1957; Rodolfo Bullrich, *La Naturaleza Jurídica de la Concesión de Servicios Públicos*, 1936; Juan P. Ramos, *La Concesión de Servicios Públicos*, 1937.

Los contratos de Función Pública, por medio de los cuales un particular se compromete contractualmente, frente a la Administración, a prestar servicios especiales remunerados. No se trata de un funcionario público, pues no hay ni nombramiento ni prestación de juramento, pero tampoco se trata de un contrato de trabajo regido por la ley especial[18].

Fuera de estos tipos principales de contratos administrativos, la Administración Pública utiliza el procedimiento contractual administrativo según sus diversos fines y utilizando diversas combinaciones, configurando a veces lo que podríamos denominar contratos administrativos innominados[19].

II. LAS CARACTERÍSTICAS FUNDAMENTALES DE LOS CONTRATOS ADMINISTRATIVOS

1. Introducción

La naturaleza señalada de los contratos administrativos, es decir, su conclusión para una finalidad de servicio público, trae como consecuencia inmediata la presencia en ellos de ciertos caracteres fundamentales. Podemos estudiar éstos analizando sucesivamente el elemento subjetivo, las condiciones de validez del contrato, el elemento de subordinación y el régimen de derecho público.

2. El elemento subjetivo

Elemento esencial del contrato administrativo es la participación, en la relación jurídica, de la Administración Pública como parte y actuando como tal[20]. Es decir que, para que un contrato pueda ser calificado de administrativo, una de las partes de la relación jurídica contractual debe ser una autoridad pública actuando en función administrativa.

En este sentido toda persona jurídica de Derecho Público, sea nacional, estadal, municipal o de la Administración. Autónoma, actuando en función administrativa, puede celebrar contratos administrativos. No existe, por tanto, contrato administrativo sin la presencia, como parte contratante en la relación jurídica, de la Administración.

---

18 Tal es el caso de contratación de técnicos por ciertas oficinas públicas.

19 Por ejemplo, el contrato de concesión de uso del dominio público. *Al efecto V.*, Jorge Reyes Riveros, *Naturaleza Jurídica del Permito y de la Concesión sobre Bienes Nacionales de Uso Público, Editorial Jurídica de Chile, 1960*

20 CF–127–1, 12–11–54

3. Las condiciones de validez

A. Noción previa

Como todo contrato, los contratos administrativos están sometidos a ciertas condiciones de validez que se refieren a la capacidad y competencia de los contratantes, al consentimiento, al objeto y a la causa del contrato. Examinemos estas condiciones separadamente.

B. La capacidad y competencia de los contratantes

a. Noción previa

El concepto de competencia en Derecho público y de capacidad en el Derecho privado tiene idéntico significado, es decir, denota siempre el poder legal o aptitud de obrar o de ejecutar determinados actos, sea de una persona pública o sea de una persona privada.

Sin embargo, ambos conceptos no tienen el mismo alcance: en Derecho privado, la capacidad es la regla y la incapacidad la excepción. En Derecho público, y concretamente en Derecho administrativo, impera el principio inverso: la competencia requiere siempre un texto expreso de ley para que exista. Es decir, la competencia debe justificarse siempre expresamente, y el órgano que la detenta debe limitarse a su ejercicio en los términos establecidos por la ley[21].

b. La competencia

La autoridad pública contratante debe tener competencia legal para ello, por razón de la materia, del territorio, del tiempo, del grado jerárquico y según los poderes legales que le son atribuidos para concluir el contrato. Por ello el Estado no reconoce otras obligaciones que las contraídas por órganos legítimos del Poder Público de acuerdo con las leyes[22].

En el ámbito nacional, el Presidente de la República directamente, o por sus órganos directos los Ministros[23], es competente para "celebrar los contratos de interés nacional" permitidos por la Constitución y las leyes[24].

---

21 Respecto a la capacidad y competencia en la contratación administrativa, *V.*: C. Cammeo, *I contratti della pubblica amministrazione. Capacità e legitimittà a contrattare*, Florencia, **1954.** Sobre las condiciones del contrato administrativo en general, el artículo *20* del Proyecto LOHPN 1963 establece que "los contratos celebrados por la Administración Pública requerirán para su existencia y validez que, además, de sujetarse a las disposiciones que les fueren aplicables conforme a las leyes, hubieren sido celebrados y otorgados por funcionarios a quienes la Ley atribuya competencia para hacerlo y se hubieren cumplido todas las formalidades legales y reglamentarias exigidas para la conformación de la voluntad de la Administración".

22 Artículo 232 de la Constitución.

23 Artículo 195 de la Constitución.

24 Artículo 190, ordinal 15 de la Constitución.

c. La capacidad

La capacidad del particular cocontratante de la Administración está regida por el Derecho común y, por tanto, pueden contratar todas las personas que no estuvieren declaradas incapaces por la ley. A tal efecto, la Constitución señala dos incapacidades especiales que veremos en el número siguiente.

Falta señalar solamente que, además de la capacidad, la ley exige el cumplimiento, por parte del cocontratante, de ciertos requisitos necesarios para poder contratar. Uno de ellos es la solvencia del cocontratante en sus obligaciones fiscales y concretamente en sus obligaciones derivadas del Impuesto sobre la Renta. A tal efecto, la Ley de Impuesto sobre la Renta, en su artículo 74, ordinal 4°, señala que para poder celebrar contratos con la Administración es necesario estar en posesión del Certificado de Solvencia del Impuesto sobre la Renta.

d. Las incapacidades especiales

"Nadie que esté al servicio de la República, de los Estados, de los Municipios y demás personas jurídicas de derecho público podrá celebrar contrato alguno con ellos, ni por sí ni por interpuesta persona ni en representación de otro, salvo las excepciones que establezcan las leyes"[25]. La disposición es de sana administración y consagra una incapacidad absoluta. Es necesario, sin embargo, precisar qué se entiende por persona jurídica de derecho público, ya que no solamente los establecimientos públicos y los Institutos Autónomos lo son, sino que también la ley considera persona jurídica de derecho público algunos Colegios profesionales como el de Ingenieros[26].

Tampoco podrá celebrarse ningún contrato de interés público nacional, estadal o municipal con Estados o entidades oficiales extranjeros, ni con sociedades no domiciliadas en Venezuela, ni traspasarse a ellos sin la aprobación del Congreso. Además, señala la Constitución[27], la Ley podrá exigir determinadas condiciones de nacionalidad, domicilio o de otro orden, o requerir especiales garantías en los contratos de interés público.

C. El consentimiento

a. Noción previa

Como todo contrato, el contrato administrativo es un acuerdo de voluntades, una convención entre dos o más personas jurídicas y, por tanto, la necesidad del consentimiento entre las partes es una condición requerida para la existencia del contrato mismo[28], más que para su validez.

---

25 Artículo 126 de la Constitución. Por otra parte, los miembros de las Fuerzas Armadas están incluidos en esta incapacidad. *V.* al respecto el Dictamen de la Procuraduría General de la República en Oficio 2.970 de 1–9–60, dirigido al Ministerio de Agricultura y Cría, Informe de la Fiscalía General de la República, 1960, Caracas, 1961, página 492.

26 Tal es el caso del Coléalo de Ingenieros. *V.* el artículo 21 de la Ley correspondiente, *Gaceta Oficial* N° 25.822 de 26–11–58.

27 Artículo 126 de la Constitución y artículo 1.144 del Código Civil.

28 Artículo 1.141, ordinal 1° del Código Civil. Sobre la Formación y manifestación de la voluntad en la doctrina, *V.*, Coletti, "Sulla formazione e manifestazione della volontà contrattuale dei comuni", *FA*, 1959, I, p. 660; Forti, "Sulla formazione dei contratti dello Stato", *Rivista it. scienze giur.*, 1938, p. 38.

La ausencia de consentimiento conlleva la inexistencia del contrato. Pero en materia administrativa, y al hablar de contratos administrativos y su consentimiento, es necesario examinar en primer lugar cómo se forma el consentimiento de la Administración y, en segundo lugar, la manifestación de la voluntad administrativa relativa a dicho consentimiento. En todo caso debemos también considerar los posibles vicios del consentimiento en los contratos administrativos.

b. La formación de la voluntad administrativa

a'. El procedimiento administrativo

a". El principio

Ya hemos expresado que la Corte Suprema de Justicia, en Sala Político–Administrativa estableció que, mediando en un asunto la intervención del Estado, "su declaración de voluntad y el consentimiento que de ella emana, se expresan dentro de un proceso formativo que se desarrolla de acuerdo con la ley y con fundamento en la observancia de ciertas formalidades por parte de quien pueda cumplirlas en ejercicio de la función pública, porque tenga capacidad para obrar e intervenir en el acuerdo o convenio como sujeto de derecho. Según este principio, no podrá haber efecto consensual por manifestación legítima cuando dejan de cumplirse las formas requeridas para aceptar o imponer condiciones dentro del contrato o cuando se han cumplido de manera irregular o distinta, porque el consentimiento así prestado no responde a la verdadera voluntad de los contratantes, que es su fuente jurídica más importante"[29].

Por tanto, en la conclusión del contrato administrativo la formación de la voluntad de la Administración debe pasar, antes de su expresión, por una serie de procedimientos administrativos cumplidos dentro de la misma Administración, de obligatoria observancia[30].

Pero la voluntad de la Administración no sólo se forma con procedimientos llevados a cabo dentro de la rama administrativa que contrata, sino que también exige la ley el cumplimiento de ciertos procedimientos previos a la conclusión definitiva del contrato, realizados en la Contraloría General de la República. Entre estos procedimientos estudiaremos seguidamente el Procedimiento de Control Previo de aprobación.

b". El procedimiento de control previo de aprobación

Todo contrato concluido por los Despachos Ejecutivos y los Institutos Autónomos debe ser aprobado previamente, para que tenga validez, por la Contraloría General de la República[31], y ello porque corresponde a dicho organismo el control, vigilancia fiscalización da los ingresos, gastos y bienes nacionales, así como de las operaciones relativas a los mismos[32].

---

29 CSJ–PA–97–I, 14–12–61.

30 La necesidad de estudios técnicos y jurídicos previos a la expresión de la voluntad administrativa

31 Artículo 172 de la Ley Orgánica de la Hacienda Nacional.

Al respecto, *V.*: Siebel A. Girón R., "El Control Previo", Revista Control Fiscal y Tecnificación Administrativa, Contraloría General de la República, N° 15, 1960–1961, p. 2, Caracas.

32 Artículo 234 de la Constitución

En principio, las funciones de la Contraloría General de la República abarcan sólo la Administración Pública Nacional; sin embargo, la Ley Orgánica de la Hacienda Nacional[33] extiende dichas funciones a los Institutos Autónomos. Por otra parte, la Constitución autoriza, para que por Ley se extiendan las funciones de la Contraloría a las Administraciones Estadales y Municipales, sin menoscabo de la autonomía, que a los Municipios y a los Estados garantiza la propia Constitución[34].

La Contraloría General de la República debe, entonces, aprobar previamente todos los contratos de interés nacional para que tengan validez. Sin embargo, y en razón de la cuantía, algunos contratos pueden ser celebrados sin dicha aprobación. En efecto, la misma Contraloría General de la República mediante resolución[35] ha fijado en la cantidad de dos mil bolívares el límite hasta el cual podrán los Despachos Ejecutivos e Institutos Autónomos contratar sin la previa aprobación de la misma.

b'. La aprobación legislativa

a". Noción previa

La formación de la voluntad administrativa no sólo se realiza por la intervención de varios organismos de la Administración sino que también, en ciertos casos, es necesaria la intervención de un Poder distinto al Ejecutivo y concretamente del Poder Legislativo.

Decimos en ciertos casos, pues la Constitución no exige la intervención del Poder Legislativo sino sólo respecto a determinados contratos. Ello nos conduce a examinar el problema estudiando la división fundamental de los contratos administrativos en Venezuela.

b". *Las dos categorías fundamentales de contratos administrativos*

a"'. *Noción previa*

Ya hemos señalado que la Constitución vigente en Venezuela distingue dos categorías fundamentales de contratos administrativos: los contratos administrativos necesarios para el normal desarrollo de la Administración Pública y los que no lo son[36] y que podríamos calificar como contratos administrativos excepcionales.

b"'. *Contratos administrativos necesarios para el normal desarrollo de la Administración Pública*

Estos contratos, normales en la vida de la Administración, abarcan la mayoría de los principales tipos de contratos administrativos que hemos señalado anteriormente. Pueden celebrarse, sin necesidad de intervención previa o posterior de los órganos legislativos, por el Presidente de la República en el ámbito nacional o por sus órganos directos[37].

33 Artículo 235 de la Constitución. Artículo 172 de la Ley Orgánica de la Hacienda Nacional en defecto de la Ley Orgánica de Instituciones Autónomas que prevé la Constitución.

34 Artículo 235 de la Constitución.

35 Resolución N° 7 de 11 de enero de 1961. *Gaceta Oficial* N° 26.453 de 11 de enero de 1961.

36 Artículo 126 de la Constitución.

37 Artículo 190, ordinal 15 de la Constitución.

c'''. *Contratos administrativos excepcionales*

Consideramos como contratos administrativos excepcionales aquellos que para su celebración válida requieren, o la autorización o la aprobación del Congreso[38]. Son aquellos de tal importancia para el funcionamiento del Estado mismo, sobre todo desde el punto de vista económico, que la Constitución exige para su válida celebración, además de la intervención del Poder Ejecutivo, la participación de las Cámaras Legislativas. Esta intervención de los órganos legislativos puede revestir dos formas: En primer lugar, hay ciertos contratos administrativos excepcionales que requieren para su validez la autorización previa del Congreso. Tal es el caso de los contratos de empréstito público, que requieren una ley especial que los autorice como condición de validez[39]. En segundo lugar, algunas leyes especiales requieren, para la validez de un contrato administrativo, no ya la autorización previa, sino la aprobación posterior de las Cámaras legislativas. Sólo nos interesa destacar en esta oportunidad estos casos de aprobación posterior del Congreso, sobre los cuales han surgido en Venezuela algunos criterios divergentes en lo que se refiere a la naturaleza jurídica del acto de aprobación legislativa.

c''. *La naturaleza del acto de aprobación legislativa*

Ya hemos señalado que la antigua Corte Federal y de Casación ha sostenido[40] categóricamente que, atando el Poder Legislativo "colabora con el Poder Ejecutivo en la Administración Pública", es decir, en la función administrativa, "ejecuta actos administrativos aun cuando ellos estén revestidos de la forma extrínseca de la Ley", y son estos actos algunos de los que la doctrina del Derecho constitucional denomina leyes formales puras. En el caso de la ley que aprueba un contrato o un convenio de interés nacional, "ésta no tiene el contenido de la ley propiamente dicha (ley formal–material), porque no establece reglas de conducta para todos, no contiene un mandato general y abstracto, sino que se refiere a una relación concreta, a un caso particular: es una providencia administrativa o acto de Administración Pública en forma de ley".

Esta, ciertamente, es la conclusión más lógica: el acto de aprobación legislativa de un contrato administrativo es, en cuanto al fondo, un acto administrativo por su contenido y naturaleza, y en cuanto a la forma, una ley formal. Y esto último, pues, ya hemos indicado que ley, en nuestro ordenamiento constitucional, es ley formal.

La aprobación legislativa recaída en esos contratos administrativos perfecciona y completa la voluntad administrativa que interviene en la creación del vínculo contractual. El proceso de formación de la voluntad de la Administración comprende varias etapas, una de las cuales en estos casos es la aprobación impartida por el órgano legislativo. Por tanto, la aprobación legislativa de un contrato no transforma en ningún momento dicho acto de aprobación en un acto puramente legislativo. Al contrario, continúa siendo un acto administrativo por su contenido, pero con forma de ley.

Y aún hay más: el acto de aprobación legislativa no cambia en ningún momento la naturaleza contractual de la relación jurídica que se aprueba. No creemos correcto el afirmar, como lo ha hecho la Corte recientemente[41], que la intervención legislativa en un

38 Artículo 126 de la Constitución.

39 Artículo 231 de la Constitución.

40 *V.* la Sentencia de la Corte Federal y de Casación de 5–5–37, *Resumen CFC en SPA, 1936–1939*, p. 182 *(Memoria 1938*, tomo I, p. 226).

41 CSJ–CP– 27–1, 15–5–62.

contrato administrativo transforma dicho contrato en un acto legislativo. La aprobación legislativa, insistimos, en nada altera la naturaleza contractual del acto aprobado. El contrato sigue siendo contrato pero con forma de ley, como formalidad *ad solemnitatem* del acto. Y la razón de ser de esta forma no es otra que hacer interesar a todos los componentes de la comunidad en el cumplimiento del contrato, pudiendo atacarse por vía de inconstitucionalidad por cualquiera, en cualquier momento[42].

Por otra parte, la misión de las Cámaras en estos casos consiste en aprobar o negar, es decir, impartir o negar su aprobación, pero en ningún caso modificar el contrato. Además, la ley aprobatoria de un contrato de interés nacional no es susceptible de derogatoria ni de reforma total o parcial por la sola voluntad de los Cuerpos Legislativos, sin audiencia de las partes que han concurrido a la formación del contrato, es decir, de la Administración y del cocontratante. Y esto es consecuencia del principio de que los vínculos contractuales no pueden romperse sin audiencia de las partes que han concurrido voluntariamente a crearlos. Pero, como hemos visto, este principio no es absoluto: el órgano jurisdiccional competente[43] puede declarar la nulidad por inconstitucionalidad de cláusulas o de un contrato de interés nacional aprobado por el Poder Legislativo, por la vía del Recurso de Inconstitucionalidad de las Leyes y, por tanto, sin juicio contradictorio cuando dicho recurso ha sido intentado hasta por un tercero extraño a la relación jurídica contractual[44].

c. *La manifestación de la voluntad administrativa*

Una vez formada la voluntad de la Administración siguiendo, según los casos, el procedimiento señalado anteriormente, la manifestación de esa voluntad debe ser siempre expresa, sea por la firma del contrato o por la publicación de la Ley aprobatoria en la Gaceta Oficial de la República[45]. Por tanto, lo que se expresó respecto a los actos administrativos tácitos no es aplicable a los contratos administrativos como actos jurídicos bilaterales de la Administración. En esta forma el consentimiento de la Administración no puede, en ningún caso, presumirse en la formación y conclusión de un contrato.

Por último, creemos conveniente señalar una vez más, en líneas generales, el procedimiento de formación y manifestación de la voluntad administrativa. En los contratos administrativos necesarios para el normal desarrollo de la Administración Pública, además de la necesidad de aprobación previa de la Contraloría General de la República, debe seguirse el procedimiento normal interno de la Administración para la formación del contrato, y la manifestación de la voluntad de esta última debe hacerse por la firma de la autoridad competente[46]. En los contratos administrativos excepcionales debemos distinguir entre los que requieren autorización legislativa previa y los que requieren

42 *V.* el Voto Salvado a la Sentencia CSJ–CP–27–1, 15–J–62.

43 La Corte Suprema de Justicia en Corte Plena, artículo 215, ordinal 3° de la Constitución.

44 CSJ–CP–27–1, 15–1–62. En definitiva, estamos en conformidad con la dispositiva de este fallo, pero en desacuerdo con varios razonamientos de La motivación, como se ha expresado.

45 Artículo 1° de la Ley de Publicaciones Oficiales.

46 Creemos, junto con la Procuraduría General de la República, que, mientras la Administración no haya aprobado expresamente la oferta a través del acto de otorgamiento que es el contrato, no existe ninguna vinculación entre ella y el particular interesado, puesto que los actos previos que realiza la Administración son meros actos de trámites administrativos que no otorgan derecho alguno a los interesados, ya que su único objeto es el de preparar la realización del acto administrativo contractual que es el otorgamiento del contrato, y hasta que la Administración no haya manifestado su voluntad a través de dicho acto no han nacido obligaciones ni derechos para las partes contratantes. *V.* al respecto el *Informe de la Fiscalía General de la República*, 1960, Caracas, 1960, p. 311.

aprobación legislativa posterior. En los primeros, entre los cuales está el contrato de empréstito público, una vez autorizada la contratación por Ley especial, en cuya sanción ha intervenido la Contraloría General de la República como órgano auxiliar del Congreso[47], la manifestación de voluntad de la Administración se expresa por la firma del contrato dada por la autoridad competente. En los segundos, entre los cuales se encuentra el contrato de constitución de Bancos Auxiliares de la Tesorería, por el cual se da la posibilidad de prestación del servicio público de Tesorería por Bancos Privados[48], la formación de la voluntad administrativa se lleva a cabo por la intervención de la propia Administración, por la aprobación de la Contraloría General de la República y por la aprobación posterior por las Cámaras Legislativas actuando en función administrativa; y la expresión de esa voluntad se lleva a cabo por la publicación de la Ley aprobatoria del contrato.

d. Los victos del consentimiento

a'. Noción previa

En los contratos administrativos, como en cualquier contrato, el consentimiento de las partes para que sea válido debe carecer de vicios. Por ello, otra de las condiciones de validez de los contratos administrativos es la ausencia de vicios del consentimiento.

En esta materia, los principios generales del derecho elaborados por la doctrina civilista son aplicables a los contratos administrativos. Veamos entonces, someramente, el contenido de los artículos 1.146 y siguientes del Código Civil y su aplicación a los contratos administrativos.

b'. El error

a''. Error excusable

Ante todo, para que el error pueda viciar el consentimiento de alguna de las partes contratantes, debe tratarse de un error excusable[49]. Entonces el error cometido por una parte contratante no puede ser invocado por ella cuando procede de una falta inexcusable de su parte. Esta es una aplicación del principio *nemo auditur propram turpitudinem allegans*. Consecuencia de ello es la disposición del artículo 1.149 del Código Civil, según el cual "la parte que invoca su error para solicitar la anulación de un contrato está obligada a reparar a la otra parte los perjuicios que le ocasione la invalidez de la convención, si el error proviene de su propia falta y la otra parte no lo ha conocido o no ha podido conocerlo".

El principio es perfectamente aplicable a los contratos administrativos. Veamos ahora los dos tipos fundamentales de error: el error de derecho y el error de hecho.

---

47 Artículos 231 y 236 de la Constitución. Observamos que esta autorización constituye un requisito del consentimiento; por tanto, la omisión de la autorización no es que vicia el consentimiento, sino que lo impide y, por tanto, produce la inexistencia del contrato. En este sentido, *V.* el Informe presentado por la Procuraduría de la Nación a la Comisión Interministerial designada por el Gobierno Nacional para examinar el llamado caso "Innocenti", *Informe de la Procuraduría de la Nación al Congreso*, 1939, Caracas, 1960, p. 624.

48 Artículo 90 de la Ley Orgánica de la Hacienda Nacional.

49 Artículo 1.146 del Código Civil.

b''. El error de derecho

Para que sea posible alegar el error de derecho como vicio del consentimiento en un contrato administrativo, además de ser excusable debe ser determinante, es decir, debe ser la causa única y principal de la conclusión del contrato[50]. Pero, tratándose de un error de derecho, la misma dificultad que se presenta en el derecho privado para probarlo, pues la ignorancia de la ley no excusa de su cumplimiento[51], se presentará en el campo de los contratos administrativos.

c''. El error de hecho

El Código Civil distingue dos tipos de errores de hecho: el error sobre la cosa y el error sobre la persona. En esta forma el error de hecho produce la anulabilidad del contrato cuando recae sobre una cualidad de la cosa[52] objeto del contrato. Aunque el Código Civil no exige que esa cualidad de la cosa sea determinante, parece lo más lógico sostener ese requisito[53]. Pero, además, el error de hecho produce también la anulabilidad del contrato cuando recae sobre una circunstancia que las partes han considerado como esenciales o que deben considerarse como tales, en atención a la buena fe y a las condiciones bajo las cuales ha sido concluido el contrato[54].

También es causa de anulabilidad del contrato el error sobre la identidad o las cualidades de la persona con quien se ha contratado, cuando esa identidad o esas cualidades han sido causa única o principal del contrato[55]. En este caso el error también debe ser determinante y, en principio, es en los contratos administrativos *intuitu personae* donde el error sobre la persona del cocontratante puede ser considerado como determinante.

Respecto a los contratos administrativos, el error en la persona del cocontratante de la Administración es quizás el que tiene más relevancia por el carácter *intuitu personae* con que son concluidos por lo general.

c'. La violencia

La violencia empleada contra el cocontratante que ha contraído la obligación es causa de anulabilidad del contrato, aun cuando haya sido ejercida por una persona distinta de aquella en cuyo provecho se ha celebrado la convención[56]. Por tanto la violencia es causa de anulabilidad del contrato cuando es ejercida por el cocontratante o por terceras personas, y cuando reviste carácter de gravedad suficiente para que haga impresión sobre una persona sensata[57].

Sin embargo, en los casos de violencia ejercida sobre la Administración y sus órganos, la Constitución declara nulos los actos acordados bajo esa presión. En efecto, el

---

50 Artículo 1.147 del Código Civil.

51 Artículo 2° del Código Civil. Hasta tal punto, que el Código Civil excluye expresamente la posibilidad de pedir la nulidad por error de ciertos contratos. Por ejemplo, en el contrato de transacción, articulo 1.719 del Código Civil.

52 Artículo 1.148 del Código Civil.

53 Por ejemplo, error en la identidad de la cosa.

54 Artículo 1.148 del Código Civil.

55 Artículo 1.148, aparte segundo del Código Civil.

56 Artículo 1.150 del Código Civil.

57 Artículos 1.151 y 1.152 del Código Civil. Un ejemplo de violencia ejercida por la Administración es el abuso de poder del funcionario. Este acarrea responsabilidad individual del mismo. Al efecto *V.* el artículo 121 de la Constitución.

artículo 120 declara que es nula toda decisión acordada por requisición directa o indirecta de la fuerza o por reunión de individuos en actitud subversiva[58].

d' El dolo

El dolo es causa de anulabilidad del contrato cuando las maquinaciones practicadas por uno de los cocontratantes o por un tercero, con su conocimiento, han sido tales que sin ellas el otro no hubiera contratado[59].

El dolo, en primer lugar, puede haber emanado de un tercero con el conocimiento de uno de los contratantes. Esta es una nueva causal de la teoría de los vicios del consentimiento introducida por la Comisión Codificadora Nacional en 1942[60]. Por otra parte, el dolo debe ser determinante para la conclusión del contrato.

Respecto a este vicio, como a los demás examinados, nada parece indicar su inaplicabilidad a la Teoría de los Contratos Administrativos, teniéndose en cuenta para ello, sin embargo, la peculiar condición de la Administración.

D. El objeto

Ciertamente, como en todo contrato, el objeto de los contratos administrativos debe ser posible, lícito, determinado o determinable[61], y por otra parte es una de las condiciones de existencia y, por tanto, de validez del contrato administrativo[62]. Los principios de la teoría privatista sobre los requisitos del objeto del contrato son aplicables en su esencia a los contratos administrativos. Por ello no insistiremos mucho en este respecto.

Sin embargo, es necesario hacer algunas observaciones peculiares de los contratos administrativos.

Ante todo, y por la finalidad de servicio público que persigue la Administración al celebrar los contratos administrativos, el objeto de los mismos debe ser una prestación de utilidad pública o de interés general[63]. Esta prestación puede ser de dar[64], de hacer[65] o de no hacer[66].

No consideramos que la prestación objeto del contrato administrativo debe estar siempre relacionada con un determinado servicio público, como expresaba Jéze en los albores de la Teoría de los Contratos Administrativos[67]; de lo contrario quedarían excluidos de la calificación de contratos administrativos, contratos tales como el de ocupación del dominio público o el de empréstito público. Estos contratos, a pesar de no

---

58 Desde la Constitución de 1864, artículo 104, encontramos esta disposición en nuestra evolución constitucional. *V.*, Ulises Picón Rivas, *Índice Constitucional de Venezuela*, Ed. Elite, Caracas, 1944, p. 383.

59 Artículo 1.154 del Código Civil.

60 *Código Civil de Venezuela*. Ed. Andrés Bello, Caracas, p. 181, nota al artículo 1.154, comentario de A. Pulido Villafañe.

61 Artículo 1.157 del Código Civil.

62 Articulo 1.141 del Código Civil.

63 CF–127–1, 12–11–54.

64 Contrato de Suministro, Contrato de Empréstito Público.

65 Contrato de Obra Pública. Contrato de Transporte.

66 En el contrato de concesión de ocupación del dominio público por razones de utilidad pública o interés general, se puede obligar al cocontratante a no hacer determinadas construcciones.

67 Gastón Jèze. *Principios Generales...*, *cit.*, tomo IV, p. 5.

estar relacionados directamente en muchos casos con el funcionamiento de un servicio público determinado, son contratos administrativos pues son celebrados por la Administración con finalidad de servicio público: la salvaguarda del derecho de uso público del dominio público del Estado[68] que muchas veces es la condición indispensable para el libre tránsito de los ciudadanos en el territorio nacional; y la procuración de fondos para obras reproductivas o en caso de evidente necesidad o conveniencia nacional[69].

Por otra parte, y como veremos más adelante, la Administración puede introducir modificaciones unilateralmente, dentro de ciertos límites, en el objeto del contrato administrativo. En derecho privado, al contrario, rige el principio de la inmutabilidad unilateral del objeto del contrato.

Respecto a la licitud del objeto, los contratos administrativos no pueden perseguir la derogación de leyes en cuya observancia esté interesado el orden público y las buenas costumbres, de lo contrario serían inválidos por ilicitud del objeto. Es la aplicación del principio general consagrado en el artículo 6 del Código Civil.

También, tal como sucede en los contratos de derecho privado, en materia de contratos administrativos existen ciertas materias que no pueden ser objeto de negocios contractuales en razón de su naturaleza. Tal es el caso del estado y capacidad de las personas y los bienes del dominio público en lo que se refiere a su inalienabilidad. Pero, además, en derecho administrativo existen otras materias que por su naturaleza legal o reglamentaria no pueden ser objeto, tampoco, de relaciones contractuales. En efecto, cuando una situación jurídica determinada es de carácter legal o reglamentaria, es decir, fijada unilateralmente por el Estado, sea por medio de actos reglamentarios, o sea, por medio de actos legislativos, esa situación jurídica no puede ser objeto de convenciones entre la Administración y los particulares. En este sentido sería nulo, por ilicitud del objeto, un contrato administrativo que tuviere por objeto derogar la situación jurídica reglamentaria o legal de un funcionario público.

Por último, es conveniente observar que también estaría viciado un contrato administrativo por ilicitud del objeto, cuando en él se compromete el ejercicio de la competencia. En Derecho privado los contratantes pueden fijar ciertos límites a su capacidad de obrar. Sin embargo, en Derecho administrativo la competencia es de orden público y, por tanto, no puede renunciarse ni ser objeto de contratos que comprometan su ejercicio.

E. La causa

En la misma forma que en el derecho privado, en los contratos administrativos la obligación sin causa, o fundada en una causa falsa o ilícita, no tiene ningún efecto[70]. La causa lícita en los contratos administrativos también es una de las condiciones requeridas para la existencia del contrato[71]; por tanto, cuando la causa es ilícita, es decir, con-

68 Artículo 539 y 540 del Código Civil.

69 Artículo 231 de la Constitución.

70 Artículo 1.157 del Código Civil. Sobre el problema de la causa de los contratos administrativos en la doctrina italiana, *V.*: F. P. Mastropasqua, "Osservazioni sulla teoria della causa dell'atto amministrativo negoziale", *Riv. Dir. Pub.*, 1939.

71 Artículo 1.141 del Código Civil.

traria a la ley, a las buenas costumbres o al orden público[72], el contrato es inexistente[73] y las obligaciones que contiene no producen ningún efecto[74].

En la teoría civilista, y más generalmente en la Teoría General del Derecho, la palabra causa, sobre todo en lo que respecta a los contratos sinalagmáticos, ha producido innumerables discusiones y principalmente dos concepciones: por una parte la Teoría de la causa objetiva, donde la causa de las obligaciones de cada contratante es la contraprestación que el otro se obliga a realizar; por otra parte la Teoría de la causa subjetiva, donde la causa está definida por el fin que las partes buscan en el contrato o por el motivo que las indujo a contratar.

Ambos conceptos y teorías son perfectamente aplicables a las condiciones de validez de los contratos en general: la ausencia de causa en el sentido de la contraprestación del otro contratante, o la ilicitud de dichas contraprestaciones, produce la inexistencia del contrato; y la ilicitud o inmoralidad de la causa en el sentido del fin o motivo perseguido por los contratantes produce el mismo efecto.

En el campo del derecho administrativo, también son aplicables ambos conceptos. Así lo ha expresado la jurisprudencia administrativa. En efecto, la antigua Corte Federal ha señalado que en los contratos administrativos "la causa inmediata de las prestaciones de la Administración la constituyen las contraprestaciones del particular, y la causa o motivo determinante es el interés público que con esas prestaciones se persigue"[75].

Una vez más observamos cómo la jurisprudencia administrativa requiere el interés público o lo que nosotros hemos llamado finalidad de servicio público para que exista contrato administrativo.

Es interesante observar, por otra parte, el juego del vicio de desviación de poder en el problema de la causa ilícita: cuando la Administración, con ocasión de la conclusión de un contrato administrativo, persigue fines ilícitos, aunque no podría atacarse el contrato por causa ilícita pues no se ha contratado buscando expresamente ese fin ilícito, podría conseguirse la anulación del contrato, impugnando por recurso contencioso–administrativo de anulación el acto administrativo por el cual la Administración manifestó su consentimiento, alegando vicio de desviación de poder en dicho acto.

La declaración de nulidad del acto producirá, como consecuencia, la nulidad del contrato.

4. El elemento de subordinación

Además del elemento subjetivo y de las condiciones de validez del contrato, la tercera característica fundamental de los contratos administrativos está constituida por la relación de subordinación del cocontratante de la Administración respecto a ésta. Así lo ha establecido la antigua Corte Federal[76].

---

72 Artículo 1.157, aparte segundo del Código Civil.

73 Artículo 1.141 del Código Civil.

74 Artículo 1.157, aparte primero del Código Civil.

75 CF–127–1, 12–11–54.

76 CF–127–1, 12–11–54; CF–127–2, 12–11–54. Sobre el problema de la igualdad de las partes en los contratos administrativos, *V.*: S. Martin–Retortillo Baquer, "La institución contractual en el Derecho administrativo: en torno al problema de la igualdad de las partes", *RAP*, N° 29, 1959, p. 59; y en el libro del mismo autor, *El Derecho Civil en la génesis del Derecho Administrativo y de sus instituciones*, Sevilla, 1960, pp. 110 y ss.

El particular, cocontratante de la Administración, por un acto de propia voluntad contrata con ella y se sitúa en la relación jurídica en un plano de subordinación. Esta subordinación o desigualdad jurídica no es arbitraria, ni deriva del Poder o de la autoridad que tiene la Administración; tiene su origen en la desigualdad de fines de los contratantes. El cocontratante de la Administración persigue, evidentemente, un fin económico privado. La Administración, en cambio, vela por el interés público, por las necesidades colectivas y persigue una finalidad de servicio público. El fundamento, pues, de esta desigualdad jurídica, de esta subordinación del particular frente a la Administración, es el fin público o la finalidad de servicio público con mitas a la cual contrata la Administración.

En este sentido, ha expresado la antigua Corte Federal[77] que esa desigualdad se explica por el propio interés de los administrados y porque es obligación de los administradores el velar por que la prestación objeto del contrato se efectúe en forma ordenada y continua si tal fuere el caso y, en resumen, conforme a las normas reguladoras del contrato; de no ser así, se llegaría a la conclusión de que por tales actos "la Administración pierde, renuncia o enajena uno de sus grandes atributos cual es el de tuteladora del bien y del interés público".

La consecuencia fundamental de esta situación de subordinación es, como lo ha indicado la Corte[78], la facultad de la Administración de adoptar decisiones ejecutivas sobre el cumplimiento, inteligencia, rescisión y efectos del contrato. Más adelante examinaremos detenidamente estas facultades de la Administración.

5. El régimen de derecho público

El régimen jurídico de los contratos administrativos, teniendo en cuenta todo lo hasta aquí expuesto, no puede ser otro que el de Derecho administrativo[79].

Y ello no podría ser de otro modo. El contrato administrativo no puede regirse íntegramente por el derecho privado, regulador de relaciones entre particulares y de intereses privados. Necesita, en vista de la finalidad de servicio público que se tiene en cuenta al concluirlo, un régimen jurídico propio, exorbitante o derogatorio del Derecho común, y ese es el régimen de Derecho público.

No compartimos el criterio, por otra parte, de que la presencia en un contrato de cláusulas exorbitantes del Derecho común sea la causa de que ese contrato sea administrativo[80]: un contrato no es administrativo porque tenga cláusulas exorbitantes del Derecho común, sino que contiene cláusulas de ese tipo por ser administrativo. Por tanto, la aplicación del régimen de derecho público a un contrato es consecuencia, es un efecto del carácter administrativo del contrato y no la causa de él. El contrato es administrativo por su naturaleza, es decir, porque fue concluido con finalidad de servicio público y, por tanto y como consecuencia, necesita de un régimen jurídico propio, lo que conlleva la presencia de él en forma expresa o tácita de cláusulas derogatorias del Derecho común.

---

77 CF–127–1, 12–11–54; CF–127–2, 12–11–54.

78 CF–127–1, 12–11–54.

79 CF–127–1, 12–11–54.

80 Georges Vedel, *Droit Administratif*, tomo II, Presses Universitaires de France, París, 1959, p. 592. *V.*, también del mismo autor, "Remarques sur la notion de clause exorbitante", *Mélanget Mestre*, Sirey, 1956, p. 527.

La necesidad de que los contratos administrativos se rijan por un régimen de Derecho público no implica, sin embargo, la inaplicabilidad absoluta a dichos contratos de normas consagradas en el Derecho civil. Al contrario, y como hemos visto, la elaboración de la Teoría civilista de los contratos es perfectamente aplicable a los contratos administrativos. Sin embargo, hay muy graves y fundamentales excepciones que veremos al estudiar la formación del contrato administrativo y los efectos del mismo. Fundamentalmente, en este último campo es donde más se manifiesta el imperio del Derecho público y la presencia expresa o tácita en todo contrato administrativo de cláusulas exorbitantes del Derecho común, es decir, de cláusulas que no podrían encontrarse en un contrato de Derecho privado, y que las más de las veces derogan principios tradicionales de la contratación civil. Tal es el caso, por ejemplo, de cláusulas en las cuales la Administración se atribuye sobre su cocontratante derechos que un particular no podría atribuirse en ningún contrato de Derecho privado[81]; o de cláusulas por medio de las cuales la Administración otorga a su cocontratante poderes respecto a terceros que un particular no podría atribuirse en ningún contrato[82].

III. LA FORMACIÓN DEL CONTRATO

1. Introducción

Ya hemos examinado los problemas relativos a la formación de la voluntad de la Administración. Nos corresponde ahora examinar la formación del contrato, es decir, los problemas que se presentan en el acuerdo de las voluntades, y concretamente debemos verlos desde dos ángulos distintos: desde el punto de vista de la igualdad de los contratantes y desde el otro punto de vista de la libertad contractual y siempre como limitaciones a ambos principios.

2. Limitaciones a la libertad contractual

Las limitaciones a la libertad contractual se presentan principalmente en la escogencia del cocontratante de la Administración.

La Administración no siempre es libre de escoger su cocontratante. Quizás en los contratos administrativos, donde el carácter *intuitu personae* tiene gran importancia, se deje mayor libertad a la Administración de escoger su cocontratante[83]. Sin embargo, en otros contratos donde tienen mayor importancia las condiciones objetivas del contratante se imponen ciertas limitaciones a la libertad de escogencia de los mismos. Esto nos conduce a hablar de la Licitación.

81 Como por ejemplo, el derecho de rescindir o modificar unilateralmente el contrato administrativo.

82 Por ejemplo, la posibilidad para el concesionario de transporte de Hidrocarburos de expropiar. Véanse artículos 1° y 52 de la Ley de Hidrocarburos.

83 Por ejemplo, en la concesión de Servicio Público de Transporte de Hidrocarburos, la Administración es libre de escoger su concesionario. *V.* el artículo 5 de la Ley de Hidrocarburos.

Ante todo debemos expresar que en Venezuela no existe un sistema uniforme legal de ¿citaciones en los contratos administrativos. Los intentos que se han hecho para lograr la uniformidad han sido infructuosos[84].

Sin embargo, diversas disposiciones legales y reglamentarias se han dictado al efecto. En primer lugar, la Ley Orgánica de la Hacienda Nacional vigente, muy tímidamente recomienda el empleo de la licitación pública en los contratos de obras públicas y de suministros. Al efecto, el artículo 427 dispone que "en cuanto sea posible, los contratos para construcción de obras y los de suministros y servicios, que se propongan celebrar los Despachos Ejecutivos, serán objeto de licitaciones". El mismo dispositivo legal exceptúa los contratos en que esté interesada la defensa nacional, los relativos a servicios técnicos y aquellos cuyo monto no exceda de diez mil bolívares.

Esta disposición legal ha sido desarrollada en cuanto a los contratos de obra pública por la Resolución N° 8 del Ministerio de Obras Públicas de 8 de marzo de 1947[85]. Y es ciertamente en las dependencias de este Despacho ministerial y de los Institutos Autónomos a él adscritos que se lleva a cabo regularmente el procedimiento de licitación. Así, todos los contratos de obras públicas celebrados directamente por el Ministerio de Obras Públicas, por el Banco Obrero o por el Instituto Nacional de Obras Sanitarias, siguen normalmente el procedimiento de licitación.

Respecto a los contratos de suministros, podemos señalar la existencia de un Reglamento de Compras del Ministerio de Minas e Hidrocarburos. Este es uno de los pocos y

84 En el Proyecto LOHPN 1963 se establece, artículo 27, que "los contratos administrativos no podrán ser celebrados sino por el procedimiento de licitación..." pero, sin embargo, señala el artículo 36 del mismo Proyecto que "cuando, por razones de conveniencia nacional así lo exijan, el Ejecutivo Nacional podrá previa decisión en cada caso del Presidente de la República, y notificación al Contralor General de la República, omitir el procedimiento de licitación en orden a la celebración de determinados tipos de contratos administrativos". La reglamentación que de la licitación pública trae el Proyecto es la siguiente, contenida en el artículo 29: "La licitación pública estará sometida a las siguientes normas: 1ª, Para ser válida deberán concurrir al menos tres propuestas provenientes de personas naturales o jurídicas que no tengan entre sí vinculaciones de interés mutuo; 2ª, Las propuestas deberán ser siempre presentadas en tal forma que no fuere posible identificar previamente al proponente. La propuesta que fuere identificable será considerada no hecha; 3ª, Las propuestas serán abiertas en acto público al cual debe concurrir un funcionario designado al efecto por la Contraloría General de la República. Se levantará acta escrita de la apertura de propuestas con indicación de todo cuanto contribuya a dejar clara constancia de lo sucedido; 4ª, El examen de las propuestas será hecho por los funcionarios que para cada caso designe el Despacho Ejecutivo correspondiente y por el funcionario o los funcionarios designados al efecto por la Contraloría General de la República; 5ª. Si ninguna de las propuestas se considera aceptable, la licitación será considerada desierta y ello se hará saber a quienes hubieren concurrido; 6ª, Se concederá la buena pro a la propuesta que presente las mejores ventajas para la República en cuanto a precios, plazos y garantías financieras y técnicas". En lo que respecta a las licitaciones privadas, éstas se regirán, según el Proyecto, por las mismas disposiciones relativas a las licitaciones públicas, salvo las modalidades siguientes establecidas en el artículo 34: "1) En la escogencia de las personas invitadas a presentar propuestas deberán intervenir el o los funcionarios que para tal fin designare el Contralor General de la República; 2) Para la validez de la licitación bastará la concurrencia de dos propuestas; 3) La apertura de la propuesta y el otorgamiento de la buena pro deberán realizarse en acto privado". Es de observar, por otra parte, que el artículo 35 del Proyecto establece que "los contratos que se otorguen como resultado de una licitación pública o privada no requerirán el control previo por parte de la Contraloría General de la República en cuanto a precios". Sobre este control previo, *V.* N° 134. Sobre las Licitaciones en la doctrina, *V.*, E. Sayagués Laso, *Las licitaciones públicas*, Montevideo, 1940; J. Delbecque, "Note sur la procédure et les recours en matière d'adjudication", *AJ*, 1962, p. 116; Flamme, "Les modes de passation des marchés publics en droit comparé", *RISA*, 1954, N° 4; G. Beinhardt, "La passation des marchés par l'Etat dans le droit allemand", *RISA*, 1961, 4, p. 397; M. Quancard, *L'adjudication des marchés publics*, Tesis. Sirey, París

85 Compilación Legislativa, tomo III, p. 914. Además el Decreto Reglamentario de las Obras Públicas de 14 de abril de 1909, artículos 7 al 12, Compilación legislativa, tomo II, p. 894.

quizás el único Despacho Ejecutivo que ha reglamentado el procedimiento respectivo y establecido la obligatoriedad de la licitación[86].

Por tanto, fuera de los contratos de obra pública y de suministros, los otros contratos administrativos, no tienen previsto por la Ley la necesidad ineludible de su contratación por licitación pública.

Debemos observar, por último, que en materia de licitación, además de la licitación pública, se puede utilizar el procedimiento de licitación privada. En todo caso, la utilización de esta última está supeditada a la naturaleza de las prestaciones contractuales cuando requieran condiciones especiales, técnicas o de otra índole de parte del cocontratante.

3. Limitaciones a la igualdad contractual

En el esquema clásico del contrato de derecho civil, las partes elaboraban de común acuerdo las cláusulas del contrato, en el libre acuerdo y discusión de una oferta y una demanda, formuladas por ambos contratantes, situados en planos idénticos. En la práctica, esta discusión desaparece en muchos casos: la potencialidad económica producida por la acumulación de grandes riquezas en manos de una sola persona jurídica, trajo como consecuencia la elaboración de un tipo especial de contrato cuyas cláusulas redactaba exclusivamente uno de los cocontratantes y aceptaba in totum el otro, sin que fuera posible ninguna discusión o deliberación. De ahí el contrato de adhesión.

Pero este hecho, que es excepción en la teoría civilista, es la regla en el Derecho administrativo: es la Administración quien, en los contratos administrativos, determina la casi totalidad de las reglas contractuales. El cocontratante, fuera de la discusión del precio si lo hay, no puede sino aceptar o rechazar en bloque las condiciones que le son propuestas. Nos encontramos, entonces, con las cláusulas de condiciones generales, anexas al acto contractual propiamente dicho e incorporadas al contrato de pleno derecho.

La práctica en Venezuela de la elaboración de cláusulas de condiciones generales o especiales, comunes para ciertos contratos administrativos, es ciertamente reciente y circunscrita casi exclusivamente a los contratos de obra pública.

En efecto, los contratos de obra pública celebrados por el Ministerio de Obras Públicas, por el Banco Obrero y por el Instituto Nacional de Obras Sanitarias contienen un anexo de cláusulas de condiciones generales. Sin embargo, ellas son comunes para los contratos celebrados por cada una de esas entidades y lamentablemente no son comunes a todas. Y ello porque todavía no se ha establecido o reglamentado lo que hoy es una práctica administrativa de muy sana continuación. En todo caso correspondería a la Contraloría General de la República el control de dichas cláusulas con miras a obtener una uniformidad.

De resto, algunos contratos administrativos como el de concesión de servicio público de transporte de hidrocarburos[87] tienen sus cláusulas de condiciones generales en la ley.

86 Resolución Nº 1.400 del Ministerio de Minas e Hidrocarburos de 8 de octubre de 1958, artículo 3, *Gaceta Oficial* Nº 25.780 de 8–10–58.

87 Véanse los artículos 30, 35, 37, 44, 46, 50, 56, 59, 60, 61 y 77 de la Ley de Hidrocarburos. Sobre las Condiciones Generales de los Contratos Administrativos, el Proyecto LOHPN 1963 dispone, en su artículo 23, que "el Ejecutivo Nacional, mediante Resolución del Ministerio de Hacienda, determinará las condiciones generales a las

IV. LOS EFECTOS DEL CONTRATO

1. Los efectos respecto a terceros

Es principio fundamental de la contratación privada el hecho de que los contratos no tienen efecto sino entre las partes contratantes y, por tanto, no dañan ni aprovechan a los terceros[88].

Este principio, ya lo hemos visto, no se aplica en forma absoluta a los contratos administrativos y específicamente a los contratos administrativos excepcionales que requieren aprobación legislativa posterior. En estos últimos, por la naturaleza e importancia de su objeto para la vida nacional, están interesados todos los miembros de la comunidad. Es por ello por lo que podría recurrirse por el recurso de inconstitucionalidad de las leyes, de los señalados contratos con forma de ley[89]. Y así hemos visto recientemente que la Corte Suprema de Justicia, en Corte Plena[90], ha declarado con lugar el Recurso de Inconstitucionalidad basado en el ordinal 3° del artículo 215 de la Constitución, es decir, el Recurso de Inconstitucionalidad de las Leyes intentado por la Municipalidad del Distrito Federal contra la Ley Aprobatoria del contrato celebrado entre el Ejecutivo Nacional y el Banco de Venezuela sobre la prestación del servicio público de Tesorería, y la constitución de este último como Banco Auxiliar de la Tesorería.

Y ese es el principal fin que, a nuestro entender, persiguió el Constituyente al establecer la necesidad de aprobación legislativa por ley de ciertos contratos administrativos: la posibilidad de que cualquier ciudadano, por vía de acción popular, haga controlar la constitucionalidad del contrato como de cualquiera ley.

2. Los efectos entre las partes

A. Noción previa

El hablar de los efectos del contrato administrativo nos conduce, además de examinar la fuerza obligatoria del contrato entre las partes, a estudiar la ejecución misma de las obligaciones y derechos contractuales.

---

cuales estarán sometidos todos los contratos administrativos. Igualmente los Despachos Ministeriales, también por Resolución, determinarán las condiciones especiales a que estarán sujetos los contratos administrativos de cada tipo que corresponde celebrar al respectivo Despacho. Unas y otras condiciones se considerarán incorporadas a los mismos de pleno derecho. Además, para cada contrato el Despacho Ministerial correspondiente fijará las condiciones particulares del mismo. Único: Las Resoluciones a que hace referencia este artículo deberán ser aprobadas previamente por la Contraloría General de la República y publicadas en la *Gaceta Oficial de la República de Venezuela*. La Contraloría velará por que exista la mayor uniformidad en las condiciones especiales que determinen los distintos Despachos del Ejecutivo Nacional".

88 Es la aplicación del aforismo *Res inter alios acta aliis neque nocere neque prodesse potest*, recogido en el artículo 1.166 del Código Civil.

89 CSJ–CP–27–1, 15–3–62. *V.* el artículo 215, ordinal 3° de la Constitución.

90 CSJ–CP–27–1, 15–3–62.

B. La fuerza obligatoria del contrato administrativo entre las partes contratantes

a. El principio de la teoría civilista: el artículo 1.159 del Código Civil

Es noción fundamental de los efectos de los contratos, en el Derecho civil, el dispositivo contenido en el artículo 1.159 del Código Civil: "Los contratos tienen fuerza de ley entre las partes. No pueden revocarse sino por mutuo consentimiento o por las causas autorizadas por la Ley".

Esta fórmula implica, principalmente, tres características del contrato en el Derecho privado: En primer lugar, el carácter obligatorio del contrato que impide a las partes desligarse de sus obligaciones contractuales; en segundo lugar, la inmutabilidad del contrato, que por su "fuerza de ley entre las partes" no puede modificarse sino por mutuo consentimiento; y, por último, la irrevocabilidad unilateral del contrato, salvo por las causas que permita expresamente la ley.

b. El principio en los contratos administrativos

a'. Noción previa

Analicemos las tres características señaladas de los contratos de Derecho privado, en relación con los contratos administrativos, y obtendremos unos principios opuestos, derogatorios del derecho común.

b'. La fuerza obligatoria del contrato

Indudablemente que, como todo contrato, el contrato administrativo tiene fuerza obligatoria entre las partes. De lo contrario no estaríamos en presencia de un negocio jurídico contractual.

Pero sí debemos expresar que este principio no es tan rígido y absoluto como lo es en el Derecho civil, pues en ciertos casos, y previa indemnización, la Administración puede desligarse de sus obligaciones contractuales y rescindir unilateralmente el contrato sin que medie falta alguna de parte del cocontratante[91].

c'. La mutabilidad del contrato

La inmutabilidad del contrato, base de las relaciones contractuales de derecho privado, no tiene vigencia en los contratos administrativos.

En razón de las prerrogativas de la Administración por su actuación dependiente de la finalidad de servicio público, y en razón de la mutabilidad de las exigencias del interés general, ella puede modificar hasta de una manera sustancial las condiciones de ejecución del contrato administrativo.

---

91 A este respecto en la doctrina francesa *V.*: A. De Laubadère, "Du pouvoir de l'Administration d'imposer unilatéralement des changements aux dispositions du contrat administratif", *RDP*, 1954, p. 16. En este sentido contrario *V.*, L'huillier, "Les contrats administratifs, tiennent ils lieu de loi à l'Administration?" *Dalloz Crónicas*, 1953, p. 87.

d'. La posibilidad de rescisión unilateral del contrato

La Administración, en razón de las consideraciones anteriormente señaladas, puede también rescindir unilateralmente el contrato administrativo, lo que está en abierta contradicción con el principio civilista ya enunciado.

Estas características someramente señaladas nos ponen de relieve, una vez más, la importancia del régimen jurídico propio, de derecho público, de los contratos administrativos, derivado de su misma naturaleza y de la finalidad que con su contratación se persigue.

C. Las obligaciones del cocontratante de la Administración

a. La obligación de ejecutar personalmente las obligaciones del contrato

a'. La ejecución personal

Ya hemos señalado que los contratos administrativos son casi siempre ejecutados *intuitu personae* y, por tanto, en principio, el cocontratante debe ejecutar personalmente su obligación. Si en la formación del contrato administrativo hay limitaciones en la libertad contractual, porque la Administración en muchos casos no es libre de escoger a su cocontratante, una vez escogido éste por procedimientos especiales, en razón de sus condiciones de solvencia y capacidad económica y técnica, no puede librarse de su obligación ni de ella puede relevarlo el Estado, salvo en casos especiales[92]. Por tanto el cocontratante de la Administración tiene la obligación de ejecutar las obligaciones a su cargo, exactamente como han sido contraídas[93], y debe hacerlo personalmente y de buena fe[94].

b'. La diligencia en la ejecución

En razón de la finalidad de servicio público y del interés general que se persigue al contratar, el cocontratante de la Administración debe ejecutar sus obligaciones con el máximo de diligencia y no solamente con la diligencia de un buen padre de familia exigida en los contratos civiles[95]. Y ello porque en el contrato administrativo no están en juego intereses particulares, sino intereses públicos y prestaciones de utilidad general.

El cocontratante de la Administración, al contratar con ésta, materialmente se convierte en un colaborador de ella en la consecución de la finalidad de servicio público perseguida: por ello se le exige el máximo de diligencia y esfuerzo en la ejecución de sus obligaciones contractuales.

b. La interpretación del contrato

En el Derecho administrativo, como en el Derecho civil, el consensualismo contractual no es extremadamente rígido sino que los contratos obligan, no solamente a cum-

---

92 El caso fortuito y la fuerza mayor.
93 Artículo 1.264 del Código Civil.
94 Artículo 1.160 del Código Civil.
95 Artículo 1.270 del Código Civil.

plir lo expresado en ellos, sino a todas las consecuencias que se derivan de los mismos, según la equidad, el uso y la ley[96].

Sin embargo, en Derecho administrativo la interpretación del contrato en cuanto al alcance de las obligaciones en él estipuladas tiene una mayor amplitud, ya que están en juego los intereses públicos. Por ello obligan también a cumplir todas las consecuencias derivadas de la finalidad de servicio público que se ha tenido al contratar.

Por otra parte, y en cuanto a la inteligencia del contrato, la antigua Corte Federal ha sostenido que la Administración tiene facultad para tomar decisiones ejecutivas al respecto[97], lo que implica el poder de la Administración de interpretar el alcance de las obligaciones del cocontratante.

c. *Las consecuencias del intuitu personae*

El carácter *intuitu personae* de los contratos administrativos implica, fundamentalmente, dos consecuencias: En primer lugar, la obligación para el cocontratante de no ceder ni traspasar el contrato. Este principio general rige mientras una norma especial no exima de su cumplimiento[98], y en todo caso la cesión debe hacerse con conocimiento y autorización de la Administración[99].

Sin embargo, aun cuando la ley permita el traspaso del contrato, éste no puede ser efectuado a Estados o entidades oficiales extranjeras ni sociedades no domiciliadas en Venezuela sin la previa aprobación del Congreso[100].

La segunda consecuencia principal del carácter *intuitu personae*, que obliga en los contratos administrativos al cocontratante de la Administración a ejecutar personalmente sus obligaciones, es la obligación para este último de no subcontratar el objeto del contrato[101].

d. *La garantía de cumplimiento*

Es práctica administrativa, revelada fundamentalmente en la conclusión de contratos de obra pública[102], la exigencia al cocontratante por la Administración, de la prestación de diversas garantías para el cumplimiento de sus obligaciones.

En materia de obras públicas, por ejemplo, la Resolución N° 8 del Ministerio de Obras Públicas de 8 de marzo de 1947, sobre licitaciones para las obras públicas, dispone en su artículo 3, ordinal 4, letra b, que para presentarse a la licitación es necesaria la presentación de una fianza solidaria de un Banco o una Compañía de Seguros establecida en el país, por una entidad no menor del diez por ciento ni mayor del veinte por ciento del precio estipulado, para responder por el incumplimiento de las obligaciones contraídas por el cocontratante de la Administración, la cual deberá pagarse en el caso de

96 Artículo 1.160 del Código Civil.

97 CF–127–1, 12–11–54; CF–127–2, 12–11–54.

98 Decreto Reglamentario de las Obras Públicas de 14 de abril de 1909, artículo 70.

99 Cesión de las Concesiones de Servicio Público de Transporte de Hidrocarburos. Ley de Hidrocarburos, artículo 6°. Sobre la cesión de las concesiones en el Derecho francés, *V.*: R. Alibert, "Les cessions de concessions", nota al Sirey, 1935, p. 21; J. Appleton, "Les cessions de concessions", nota al *Dalloz*, 1925, 1, p. 17.

100 Artículo 126 de la Constitución.

101 Decreto Reglamentario de las Obras Públicas de 14 de abril de 1909, artículo 107.

102 Decreto Reglamentario de las Obras Públicas de 14 de abril de 1909, artículos 9, 10 y 11. Véanse los Nos. 162 y 182. Sobre el problema en el Derecho francés, *V.*: A. Coutard, "Les garanties pécuniaires exigées des soumissionaires et des titulaires des marchés de l'Etat", *RA*, N° 57, 1957, p. 242.

inejecución total o parcial de la obra o cuando el cocontratante hubiere dado lugar a que la Administración rescinda unilateralmente el contrato.

En estos casos esta estipulación no exime, por supuesto, al cocontratante de la responsabilidad establecida en el artículo 1.637 del Código Civil.

D. Las prerrogativas de la Administración

a. *Introducción*

En diversas oportunidades la jurisprudencia de la antigua Corte Federal y de Casación y de la también antigua Corte Federal[103], ha sostenido categóricamente la existencia, en los contratos administrativos, de ciertas prerrogativas de la Administración. Prerrogativas que son consecuencia inmediata de la situación de subordinación jurídica en que se encuentra, respecto a la Administración, su cocontratante[104] y, por tanto, de la finalidad de servicio público que se persigue al celebrar el contrato.

También ha dejado claramente establecido la jurisprudencia[105] que esas prerrogativas se derivan de la naturaleza misma del contrato y, por tanto, ***no necesitan estar en cláusulas expresas*** del mismo para tener aplicación: estamos en presencia del régimen de Derecho público, exorbitante del Derecho común.

Examinaremos someramente estas prerrogativas de la Administración en la ejecución de los contratos administrativos, que la antigua Corte Federal ha calificado de "facultades para adoptar decisiones ejecutivas sobre el cumplimiento, inteligencia, rescisión y efectos del contrato", a las que hay que agregar la facultad de control y dirección sobre la prestación objeto del contrato y la facultad de sancionar administrativamente los incumplimientos del cocontratante, también correspondientes a la Administración.

b. *La facultad de dirección y control*

La desigualdad jurídica en que se hallan las partes en el contrato administrativo, y que está caracterizada por la situación de subordinación en que se encuentra el cocontratante de la Administración respecto a ella, trae como consecuencia la facultad de la autoridad administrativa de dirigir y controlar, inspeccionando y fiscalizando, la marcha de la ejecución de las prestaciones objeto del contrato.

El cocontratante de la Administración, hemos señalado, en cierto sentido es un colaborador de ésta en la consecución de la finalidad de servicio público en miras de la cual se contrata. Por tanto, la Administración tiene el deber de dirigir y controlar a su cocontratante como tuteladora que es del interés general, pues éste, en fin de cuentas, persigue principalmente un interés privado al ejecutar la prestación de utilidad pública[106].

---

103 *V.* Sentencia de la Corte Federal y de Casación de 5–12–45, Actuaciones en 1945, p. 304. Asimismo, CF–127–1, 12–11–54; CF–127–2, 12–11–54.

104 CF–127–1, 12–11–54.

105 Sentencia de la CFC de 5–12–45, Actuaciones en 1945, p. 304. CF–127–2, 12–11–54.

106 Sobre los poderes de Dirección y control, *V.* el artículo 24 del Decreto Reglamentario de las Obras Públicas de 14 de abril de 1909. En la concesión de servicio público de Hidrocarburos, *V.* el artículo 69 de la Ley de Hidrocarburos relativo a los poderes de Fiscalización e Inspección por parte de la Administración. Sobre el problema en el Derecho francés, *V.* G. Jèze, "Pouvoirs de contrôle de l'Administration sur les concessionnaires de services publics", *RDP*, 1931, p. 141. En esta materia, el Proyecto LOHPN 1963 establece en su artículo 26 que '"en todo contrato administrativo se considerará implícita la facultad del Ejecutivo Nacional para inspeccionar la

Pero esta facultad de la Administración no tiene la misma vigencia en todos los contratos administrativos: por ejemplo, en los contratos de empréstito público, en que el cocontratante de la Administración no realiza generalmente una prestación continua, sino por una sola vez, y en los cuales la ejecución posterior queda como obligación de la Administración de restituir, el poder de dirección y control no juega prácticamente ningún papel.

En los otros casos, sin embargo, el cocontratante de la Administración debe acatar las órdenes de ésta en cuanto a la ejecución de las prestaciones a que está obligado.

c. *La facultad de sancionar administrativamente el incumplimiento del cocontratante*

La facultad de Dirección y Control conlleva la de sancionar administrativamente el incumplimiento del cocontratante a sus obligaciones contractuales, pues es la forma lógica como puede la Administración constreñir a su cocontratante al cumplimiento estricto del contrato.

Representa esta facultad uno de los rasgos más característicos de la relación de subordinación en que se encuentra el cocontratante frente a la Administración.

Las sanciones que puede imponer el Estado en este respecto pueden ser pecuniarias o coercitivas. Respecto a las sanciones pecuniarias, éstas están representadas por multas administrativas previstas en leyes o reglamentos[107].

Sin embargo, en virtud del principio general de que el incumplimiento de las obligaciones contractuales acarrea la responsabilidad por daños y perjuicios por parte del contraventor[108], es práctica de la Administración fijar en el momento de conclusión del contrato, el monto de los daños y perjuicios que deba pagar el cocontratante por la inejecución de su obligación o por el retardo en la ejecución. Entonces, en estos casos de contratos administrativos con cláusula penal[109] la Administración puede ejecutivamente pedir el cumplimiento de lo debido al cocontratante.

Cuando no se especifica nada en el contrato sobre los daños y perjuicios, la Administración no puede imponer ejecutivamente, y sin intervención de la autoridad judicial, sanciones pecuniarias por daños y perjuicios sin incurrir en una ilegalidad. Sí puede imponer la multa administrativa por infracción de la ley cometida por el cocontratante, pero no puede imponer otra sanción no prevista por ella.

De ahí la gran diferencia legal y de principio que la antigua Corte Federal y de Casación ha señalado, entre la multa por infracción de ley y la reparación del daño que esa infracción pueda ocasionar[110]. En la primera, cuyos límites mínimo y máximo fija el

---

ejecución del contrato, así como la de la Contraloría. General de la República para efectuar las fiscalizaciones necesarias en el ejercicio de sus atribuciones".

107 Respecto a la concesión de Servicio Público de Transporte de Hidrocarburos, véanse los artículos 85 y 86 de la Ley de Hidrocarburos. En relación con los Contratos de Obras Públicas, *V.* el artículo 69 del Decreto Reglamentario de las Obras Públicas Nacionales. Sobre el problema en el Derecho francés, *V.*, Polack, *Les sanctions pouvant atteindre le concessionnaire de services publics en cas de manquement à ses obligations*, Tesis, Ed. Rousseau, Paris, 1958.

108 Artículos 1.264 y 1.271 del Código Civil.

109 Artículo 1.258 del Código Civil. La cláusula penal libera a la Administración de la obligación de probar los daños sufridos y su valor en dinero; por su parte, el co–contratante sabe anticipadamente a cuánto alcanza su indemnización, sin exponerse a un pago exagerado superior a los recursos de que dispone. Al respecto, *V.* CFC–SF—23–1, 17–3–52.

110 CFC–SF–23–1, 17–3–52. En el mismo sentido, CF–71–1, 20–10–53.

legislador y no las partes contratantes, se incurre, aun cuando la violación de la norma no hubiere causado el más leve daño, pues se trata de una medida disciplinaria que garantiza el sometimiento y respeto a la ley. En cambio, carecería de razón lógica, de fundamento legal, de causa justa, la reparación de un daño que no se ha ocasionado. Debe, pues, existir el daño para que surja el derecho de pedir reparación y procesalmente debe probarse para que pueda prosperar la acción respectiva.

Por tanto, si no hay cláusula penal en el contrato, la Administración, para exigir el pago de daños y perjuicios debe dirigirse a la autoridad judicial y no puede imponerlos directa y unilateralmente al cocontratante.

Por otra parte, ha señalado también la antigua Corte Federal y de Casación[111] que la Administración no puede apropiarse ejecutivamente de la garantía dada por el cocontratante para el cumplimiento de las obligaciones que le impone el contrato, cuando por la infracción de una norma legal el cocontratante ya ha satisfecho la multa administrativa correspondiente a su infracción. Tampoco puede la Administración apropiarse, en ausencia de cláusula penal, de la garantía dada por el cocontratante bajo el pretexto de daños y perjuicios, sino cuando han sido estimados por la autoridad judicial.

Fuera de las sanciones pecuniarias, la Administración puede imponer sanciones coercitivas, pero por causas más graves. La Administración puede, entonces, sustituir al cocontratante en la ejecución de sus obligaciones temporalmente por un tercero o por ella misma[112].

Pero la sanción más grave que la Administración puede imponer al incumplimiento de las obligaciones del cocontratante, es la rescisión unilateral del contrato. Si es un derecho, como ha sostenido la jurisprudencia, la posibilidad por parte de la Administración de rescindir un contrato administrativo, aun cuando no haya falta por parte del cocontratante, con mayor razón ese derecho es real en los casos de falta del cocontratante por incumplimiento de sus obligaciones contractuales.

Esta sanción resolutoria requiere, por supuesto, motivos aún más graves: la quiebra definitiva del cocontratante, la cesión o traspaso del contrato a un Estado extranjero, por ejemplo.

Por último, debemos señalar que la sanción por el incumplimiento del cocontratante de sus obligaciones exige, como principio de equidad, la constitución en mora del cocontratante, sea por vencimiento del plazo o sea por requerimiento[113].

d. La facultad de modificar unilateralmente el contrato

Ya hemos indicado que la jurisprudencia de la antigua Corte Federal reconoce a la Administración el derecho de modificar unilateralmente los contratos administrativos, cambiando la extensión de las prestaciones a efectuar por el cocontratante[114].

---

111 CFC–SF–25–1, 17–3–53.

112 El caso, en los contratos de obra pública por ejemplo, cuando el contratante es demandado ante los Tribunales comerciales por quiebra, ocupándose judicialmente sus bienes, etc. En esta situación de incumplimiento del co–contratante, la Administración, si la obra es de urgencia, puede sustituirlo en la ejecución de la obra por un tercero hasta que se declare definitivamente la quiebra o se declare que no hay lugar a ella por la autoridad judicial.

113 Artículo 1.269 del Código Civil.

114 CF–127–2, 12–11–54; CF–127–3, 12–11–54. Asimismo la sentencia de la CFC de 9–3–39 en Resumen CFC en SPA 1940–1951, p. 70 (*Memoria* de 1940, tomo I, p. 346), y la Sentencia de la CFC de 5–12–45, *Actuaciones* de 1945, p. 304. Sobre el problema en el Derecho francés, *V.*: J. Dufan, "Le pouvoir de modification unilatérale de l'Administration et les contrats de concession de service public", *AJ*, N° 7, 1955; A. De Laubadère, "Du

Esta facultad tiene su fundamento en la finalidad de servicio público que constituye la naturaleza del contrato: la Administración debe amoldar su acción y las de sus colaboradores a las exigencias cambiantes del interés público; por tanto puede imponer obligaciones nuevas, no previstas originalmente, al cocontratante.

Pero esta facultad de modificación unilateral, en vista del interés público que corresponde a la Administración, tiene en ciertos casos una contrapartida en el interés privado, pero también legítimo, del cocontratante. Esta contraprestación es el derecho de este último a una indemnización, cuando la modificación impuesta por la Administración afecta lo que la Corte denomina "ecuación económica del contrato"[115] o "equilibrio financiero" del mismo[116]. Sobre el derecho de indemnización del cocontratante por ruptura del equilibrio financiero del contrato hablaremos más adelante.

e. La facultad de rescisión unilateral del contrato

Ha expresado la antigua Corte Federal[117] que "en el campo de acción de los contratos administrativos, y aunque no conste en las cláusulas de la convención, la rescisión unilateral de ellos, cuando así lo demandan los intereses generales y públicos, es una facultad que la Administración no puede enajenar ni renunciar; y así, conforme lo decidió la Corte Federal y de Casación, hoy extinguida, en sentencia de fecha 5 de diciembre de 1945[118], en esos contratos administrativos, por cuanto en ellos va envuelto el interés general, el particular contratista no puede oponer a la Administración la regla ***inadimpleti non est adimpledum".***

Por otra parte, aun en el caso de que una cláusula del contrato establezca que el incumplimiento por parte del cocontratante de una cualquiera de las cláusulas que se estipulan en el contrato da derecho a la Administración para demandar judicialmente la resolución del mismo, la Administración puede también rescindir unilateralmente el contrato. Esa cláusula sólo consignaría, a mayor abundamiento, el derecho que en todo caso asiste a la Administración para pedir judicialmente, si así lo creyere conveniente,

---

pouvoir de l'Administration d'imposer unilatéralement des changements aux dispositions du contrat administratif", *RDP*, 1954, p. 36. La posibilidad de modificación unilateral de los Contratos Administrativos está específicamente señalada en el Proyecto LOHPN 1963 cuando, en su artículo 24, establece que "el Ejecutivo Nacional, cuando así convenga a los intereses de la República y sin necesidad de obtener el consentimiento del cocontratante, podrá introducir alteraciones en el objeto del contrato; pero, si de tales alteraciones se deriva algún perjuicio directo para el cocontratante, éste tendrá derecho a una justa y razonable indemnización".

115 CF–127–1, 12–11–54.

116 Sentencia de la CFC de 9–3–39 en Resumen CFC en SPA 1940–1951, p. 70 (*Memoria de 1940*, tomo I, p. 350.

117 CF–127–1, 12–11–54. A este respecto la Procuraduría General de la República ha sostenido que "es un principio de derecho administrativo aceptado por la mayoría de los ordenamientos jurídicos modernos, que el Estado tiene facultad para rescindir unilateralmente los contratos que haya firmado cuando así lo aconseje el interés público, al cual necesariamente debe subordinarse el interés particular. El mencionado principio deroga claramente el establecido por nuestro Código Civil en materia contractual, el cual establece que los contratos no pueden ser rescindidos sino por mutuo consentimiento. La posición especial y privilegiada del Estado sobre los particulares justifica esa derogación; posición especial y privilegiada que favorece al Estado y que encuentra su justificación en la alta misión del administrador de la cosa pública que tiene como único objeto el beneficio de los administrados". Tal fue el criterio sustentado por la Procuraduría de la Nación en escrito dirigido a la Corte Federal con fecha 3 de agosto de 1960 (*Informe al Congreso Nacional 1960*, Caracas 1961, p. 312). Sobre la rescisión unilateral, el artículo 25 del Proyecto LOHPN 1963 señala que "él Ejecutivo Nacional, cuando así convenga a los intereses de la República, podrá, por Resolución que deberá ser publicada en la Gaceta Oficial de la República de Venezuela, declarar rescindido un contrato administrativo".

118 *Actuaciones* en 1945, pp. 304 y ss.

la resolución del contrato en caso de incumplimiento del mismo por parte del cocontratante[119], pues, al lado de ese derecho, queda siempre incólume la facultad de la Administración, conforme a lo expresado, de rescindir unilateralmente el contrato administrativo sin incurrir en violación de éste ni exponerse a ilegalidad en el acto administrativo que dicta la ejecución[120].

En definitiva, la facultad de rescindir unilateralmente el contrato administrativo es consecuencia inmediata del carácter de subordinación de la relación, jurídica que crea el contrato como resultado del fin de servicio público perseguido. Esta facultad es, quizás, una de las características más originales de la Teoría de los Contratos Administrativos, ya que contradice de una manera radical los principios fundamentales del Derecho privado en materia contractual.

Por otra parte, la facultad es tan inherente al contrato administrativo que la Administración no podría renunciar a ella ni enajenarla[121].

Esta facultad de rescindir unilateralmente el contrato administrativo puede utilizarla la Administración, haya falta o no del cocontratante. Es decir, puede ser utilizada por la Administración como sanción al incumplimiento del cocontratante a sus obligaciones contractuales. Ya de esto hemos hablado[122]. En este caso, cuando de parte del cocontratante hay una falta, la rescisión unilateral del contrato por parte de la Administración no produce derecho de indemnización en favor del cocontratante de ésta: él ha incumplido y justamente ha sido sancionado.

Pero la facultad de rescindir unilateralmente el contrato administrativo es un derecho inherente a la función administrativa aun cuando la Administración lo ejerza sin falta alguna por parte del cocontratante, sino en atención a las exigencias cambiantes del interés público o general. En este sentido, la rescisión unilateral se configura como un aspecto más grave de la facultad de modificar unilateralmente la convención ya estudiada.

Pero en este último sentido ha establecido la Corte[123] que la facultad de la Administración para rescindir unilateralmente el contrato, cuando así lo exija el interés general, no la exime, de una manera absoluta, de indemnizar al cocontratante cuando para éste, sin su culpa, se han derivado perjuicios de la rescisión. La indemnización en este caso, como cuando se trata de una expropiación por causa de utilidad pública o social, es lo conforme con la justicia y la equidad. Más adelante veremos el derecho a una justa indemnización que tiene en estos casos el cocontratante de la Administración.

---

119 Artículo 1.167 del Código Civil.

120 CF–127–2, 12–11–54.

121 CF–127–3, 12–11–54.

122 Por otra parte observamos que, en ciertos casos como en los contratos de Obras Públicas, el Reglamento respectivo varias veces citado, en su artículo 69, prevé una cláusula resolutoria expresa en ciertos contratos, por incumplimiento del cocontratante. Es más, la resolución citada del Ministerio de Obras Públicas de 1947, sobre las Licitaciones en los Contratos de Obras Públicas, prevé la inclusión en los mismos (artículo 2, ordinal 4, letra a), de una cláusula que exprese el derecho del Ministerio de declarar resuelto administrativamente el contrato en caso de incumplimiento del cocontratante.

123 CF–127–3, 12–11–54.

f. La facultad de tomar decisiones ejecutivas respecto a la inteligencia del contrato

La antigua Corte Federal ha sostenido[124] la facultad, por parte de la Administración, de tomar decisiones ejecutivas respecto, a la inteligencia del contrato, es decir, respecto a la interpretación del mismo.

Y ciertamente, si se tiene en cuenta que el contrato obliga al cocontratante, no solamente a cumplir lo expresado en él, sino a cumplir todas las consecuencias derivadas de las exigencias de la utilidad o interés público general o de la finalidad de servicio público, fácil es comprender la facultad de la Administración de tomar decisiones ejecutivas respecto a la interpretación del contrato y el alcance de las obligaciones del cocontratante. En este caso también esta facultad es una consecuencia de la facultad de modificación unilateral del contrato por la Administración, ya estudiada.

E. Los derechos del cocontratante de la Administración

a. El equilibrio financiero del contrato y los derechos del cocontratante de la Administración

El cocontratante de la Administración está guiado principalmente, al contratar, por un interés privado patrimonial, financiero o económico. Este interés económico privado se materializa fundamentalmente en la contraprestación que, por el cumplimiento de sus obligaciones contractuales, debe recibir generalmente de la Administración contratante, el cocontratante de ésta.

Estas contraprestaciones están representadas por el precio que debe pagar la Administración al cocontratante, por el derecho de este último a la exoneración de ciertas tasas o contribuciones, o por el precio que por la prestación que realiza el cocontratante le deben pagar los usuarios del servicio, manifestado en forma de tarifas.

Entonces, el cocontratante de la Administración, además del derecho a su contraprestación económica, tiene un derecho inherente al contrato y es el equilibrio financiero del mismo, es decir, la inmutabilidad de la ecuación económica del contrato cuando la mutación le causa perjuicios[125], sea que la modificación provenga de un acto de la propia Administración Pública, de modificación o rescisión sin culpa del cocontratante, sea de modificación surgida en la ecuación económica proveniente de hechos ajenos a la voluntad de las partes contratantes. Este derecho a la inmutabilidad de la ecuación económica del contrato se materializa en un derecho, por parte del cocontratante, a recibir una indemnización de la Administración.

Estudiaremos entonces, en primer lugar la remuneración del cocontratante y, en segundo lugar, su derecho a indemnización.

---

124 CF–127–1, 12–11–54; CF–127–2, 12–11–54.

125 CF–127–3, 12–11–M. *V.* también Sentencia de la CFC de 9–3–39 en Resumen CFC en SPA 1940–1951, p. 70 (*Memoria 1940*, tomo I, p. 350). Debe dejarse muy claramente establecido que el derecho al equilibrio financiero del contrato no es una garantía dada al cocontratante de que no va a tener pérdidas. En el momento de la conclusión del contrato, cada parte ha evaluado lógicamente las cargas y ventajas del mismo, y si contratan, es porque han estimado que entre esas cargas y esas ventajas hay un equilibrio aceptable. Si una de las partes se ha equivocado en su cálculo y tiene pérdidas, por eso no tiene, por supuesto, derecho a indemnización alguna. No debe entonces confundirse el derecho al equilibrio financiero del contrato con un supuesto derecho a percibir determinados beneficios. El derecho al equilibrio financiero es el derecho a la inmutabilidad de la ecuación financiera o económica, cuando la mutabilidad no ha podido preverse al concluirse el contrato.

b. El derecho a la contraprestación económica

El régimen de la remuneración contractual en los contratos administrativos es semejante al de los contratos de derecho privado, es decir, en principio, si el cocontratante tiene la obligación de ejecutar las prestaciones a que se ha obligado en el contrato, la Administración también está obligada a remunerar al cocontratante por su cumplimiento. De esta manera, tratándose de un contrato sinalagmático y salvo limitaciones provenientes del interés público, en principio el cocontratante de la Administración puede negarse a ejecutar su obligación si la Administración no ejecuta la suya, salvo que se hayan fijado fechas diferentes para la ejecución de ambas obligaciones[126].

Pero la remuneración del cocontratante no se manifiesta siempre como el pago de un precio, como es el caso de los contratos de obra pública. También puede manifestarse, además del precio, como una ventaja económica que concede la Administración: es el caso, por ejemplo, de la exoneración de determinados derechos de aduana en ciertas manifestaciones del contrato[127].

En los casos de concesión de servicio público o de obra pública, la remuneración del cocontratante de la Administración consiste generalmente en la percepción de tarifas que pagan los usuarios del servicio o de la obra. En todo caso esas tarifas deben ser fijadas o aprobadas por la Administración concedente[128].

Cuando se trata de pago de un precio, en los contratos de obra pública o de suministros, y sobre todo en el primer caso, que implica un financiamiento mayor de los trabajos, es práctica administrativa el conceder, antes del comienzo de la ejecución de la obra por parte del cocontratante, un anticipo del precio para facilitarle al cocontratante el financiamiento de la obra. El resto del precio en estos contratos, que son de tracto sucesivo, lo paga la Administración generalmente por relación de obras ejecutadas que debe presentar el cocontratante y, por tanto, el pago del precio se distribuye en relación con los trabajos ejecutados[129].

c. Las indemnizaciones a que tiene derecho el cocontratante por ruptura de la ecuación financiera del contrato

a'. Noción previa

Los poderes o prerrogativas de la Administración en la ejecución del contrato administrativo, que constituyen normas exorbitantes del Derecho común, tienen su contrapartida en el régimen jurídico de los contratos administrativos, en el derecho del cocontratante de la Administración a percibir una indemnización de ésta cuando, sin su culpa, se ha producido un desajuste en la ecuación económica del contrato.

Por tanto, el derecho de indemnización tiene su fundamento en la equidad y en las prerrogativas de la Administración en la ejecución del contrato.

---

126 Es la excepción *non adimpleti contractus* o de contrato no cumplido recogida en el artículo 1.168 del Código Civil.

127 Reglamento de las Obras Públicas Nacionales de 14 de abril de 1909, artículo 77. *V.* asimismo sentencia de la CFC de 913–39 en Resumen CFC en SPA, 1940–1951, p. 70 (*Memoria de 1940*, tomo I, p. 350). En el Derecho francés, *V.*, Montmerle, "Le prix dans les marchés de travaux publics", *AJ*, 1951, p. 155.

128 En las concesiones de Servicio Público de Transporte de Hidrocarburos, *V.* lo establecido en el artículo 37 de la Ley de Hidrocarburos. Sobre el problema en la doctrina francesa, *V.* G. Jèze, "Droit du cocontratant à la rémunération pécuniaire inscrite dans le contrat administratif de concession de service public", *RDP*, 1932, p. 581.

129 *V.* el artículo 20 del Decreto Reglamentario de las Obras Públicas.

Ahora bien, el desajuste o ruptura de la ecuación económica o equilibrio financiero del contrato puede provenir fundamentalmente de las modificaciones unilaterales al contrato realizadas por la Administración, de la rescisión unilateral del contrato practicada también por la Administración y de hechos ajenos a las partes contratantes. Estudiemos separadamente estas tres causas.

b'. El derecho de indemnización derivado de las modificaciones unilaterales del contrato: el álea administrativo

La antigua Corte Federal ha señalado[130] que la extrema flexibilidad que caracteriza a los contratos administrativos en relación con la facultad de la Administración para introducir en ellos modificaciones cuando así lo exija el interés general –y esto es el *álea* administrativo del contrato–, no la exime, de una manera absoluta; de indemnizar al cocontratante cuando para éste, dada la naturaleza de las modificaciones introducidas, se ha llegado a una alteración sustancial del contrato y, desde luego, a un cambio sensible de la ecuación económica del mismo. La indemnización, en estos casos, es conforme con la justicia y la equidad.

Por tanto, para que sea posible la indemnización en estos casos de modificación unilateral del contrato por la Administración, esa modificación debe ser introducida en forma unilateral por la Administración contratante[131]; no debe, además, ser impuesta como sanción al cocontratante por su culpa en el incumplimiento de sus obligaciones; y debe ser sustancial, es decir, que modifique sensiblemente el equilibrio financiero del contrato haciéndolo más oneroso de lo previsto.

En estos casos, generalmente la modificación consiste en la imposición de nuevas obligaciones o agravación de las ya previstas a cargo del cocontratante[132],

c'. El derecho de indemnización derivado de la rescisión unilateral realizada por la Administración

Asimismo ha establecido la antigua Corte Federal[133], en relación con la facultad de la Administración para rescindir administrativamente el contrato administrativo cuando así lo exija el interés general, que ese poder no lo exime de manera absoluta de indemnizar al cocontratante cuando para éste, sin su culpa, se han derivado perjuicios por la rescisión unilateral.

Vemos, entonces, que el derecho o facultad de la Administración a rescindir el contrato administrativo unilateralmente tiene una contrapartida para el cocontratante: el derecho, a su vez, de percibir una indemnización.

---

130 CF–127–3, 12–11–54.

131 Esto es lo que la jurisprudencia del Consejo de Estado Francés ha denominado "Fait du Prince" (Hecho del Príncipe). Al respecto, *V.*: Long, Weil y Braibant, *Les grands arrêts de la jurisprudence administrative*, Sirey, Paris, 1962, p. 128; S. Badaoui, *Le fait du Primaire dans les contrats administratifs en droit français et en droit egyptien*, Tesis, París, 1955, Librairie Générale de Droit et de Jurisprudence. Observamos, por otra parte, que la medida debe ser tomada unilateralmente por la Administración pero consideramos que debe exigirse que sea siempre directa: la Administración puede modificar también el equilibrio financiero del contrato tomando medidas reglamentarias o de otra índole, y entonces la modificación sería indirecta, lo que, a nuestro juicio, no la exime de pagar la indemnización.

132 *V.* el artículo 18 del Reglamento de las Obras Públicas Nacionales de 1909 ya citado.

133 CF–127–3, 12–11–54. *V.*, también, sentencia de la CFC de 5–12–45 en *Actuaciones* en 1945, p. 304

Sin embargo, este derecho del cocontratante a percibir una indemnización está sometido a las siguientes condiciones: que la rescisión sea pronunciada unilateralmente por la Administración en ausencia total de culpa de parte del cocontratante, es decir, que sea pronunciada, no como una sanción, sino en razón del interés público; y que esa rescisión produzca perjuicios evidentes para el cocontratante.

Procesalmente, sin embargo, la Administración tiene la carga de la prueba sí pretende liberarse de su obligación de indemnizar, es decir, la Administración debe pagar siempre la indemnización a menos que pruebe que hubo culpa de parte del cocontratante. Así lo ha establecido la Corte Federal[134].

d'. El derecho de indemnización derivado de la presencia en la ejecución de hechos ajenos a la voluntad de las partes: el álea económico

a". Noción previa

El derecho a indemnización surge para el cocontratante, no sólo por una acción de la Administración en base a sus prerrogativas, sino también por la presencia en la ejecución del contrato de hechos o actos jurídicos ajenos a la voluntad de las partes y que afecten la ecuación económica del contrato. Estos hechos constituyen el álea económico del contrato y pueden ser, o un acto de una autoridad pública distinta de la Administración, o lo que se ha llamado la Teoría de la Imprevisión.

Veamos someramente estos dos supuestos como manifestaciones típicas del álea económico del contrato administrativo en Venezuela.

b". El acta de una autoridad pública distinta de la Administración

El derecho del cocontratante a ser indemnizado por la Administración surge también cuando se altera el equilibrio financiero del contrato administrativo, como consecuencia de un acto de una autoridad pública distinta de la Administración.

Cuando el acto proviene de la misma Administración, surge el derecho a indemnización como consecuencia de la modificación unilateral del contrato realizada por la Administración, sin culpa del cocontratante, es decir, no impuesta como sanción y produciendo esa modificación una quiebra del equilibrio financiero del contrato en forma que no haya podido preverse. Esto ya lo hemos examinado y se trata de lo que la jurisprudencia del Consejo de Estado francés ha denominado "hecho del Príncipe" o "hecho de la Administración".

Aquí se trata, no de un acto de la misma Administración, sino de una autoridad distinta a ella.

La jurisprudencia de la antigua Corte Federal y de Casación ha admitido el derecho, por parte del cocontratante de la Administración, a una indemnización causada por acto de una autoridad distinta de esta última y concretamente por acto de la autoridad legislativa, cuando dicho acto altera sensiblemente la ecuación económica del contrato haciendo más onerosa su ejecución. En efecto, en sentencia de 9 de marzo de 1939[135] dejó establecido que "siendo la exoneración de derechos una condición de equilibrio financiero, proporcionado por la Ley misma a la Empresa desde que ésta nace y para

134 CF–127–3, 12–11–54

135 Resumen CFC en SPA 1940–1951, p. 70 (*Memoria de 1940*, tomo I, p. 350).

mientras dura su explotación, hay que aplicar... la regla de índole contractual consistente en la obligación implícita para el Estado concedente de no alterar ese equilibrio; y es indudable que lo alteraría, dando efecto inmediato contra las concesiones ya otorgadas, a la nueva Ley que restringe el derecho de exoneración. Es tan racional la obligación de mantener ese equilibrio financiero, que aun tratándose de reformas de la ley en la parte puramente reglamentaria o estatutaria de ésta, no obstante el derecho con que el Estado o el Legislador proceden en esas reformas de lo no contractual, también se reconoce en doctrina y jurisprudencia la obligación eventual para el Estado de indemnizar en este caso al concesionario según la entidad del daño o de las nuevas cargas que éste sufra por la reforma".

c". El estado de Imprevisión

La Teoría de la Imprevisión o de los riesgos imprevisibles como causa de indemnización para el cocontratante por parte de la Administración, por la ruptura del equilibrio financiero del contrato administrativo, es creación de la jurisprudencia del Consejo de Estado francés en la célebre decisión "Compagnie générale d'éclairage de Bordeaux", conocida como Gas de Burdeos, de 30 de marzo de 1916[136]. Según la jurisprudencia francesa posterior a la señalada decisión la Imprevisión debe reunir las siguientes características: debe tratarse de un hecho anormal, excepcional e imprevisible que provoque un descalabro importante en el equilibrio económico del contrato; los hechos que lo causan ***no deben hacer imposible la ejecución*** de las obligaciones, sino importantemente más onerosa; los hechos deben ser extraños a la voluntad de los contratantes y el desequilibrio financiero debe ser temporal.

Entonces, la Teoría de la Imprevisión es distinta del caso fortuito o fuerza mayor que veremos más adelante, en el sentido de que éstos deben impedir o imposibilitar la ejecución del contrato por un hecho definitivo y no temporal.

La jurisprudencia administrativa venezolana no se ha pronunciado concretamente sobre el particular. Sin embargo, creemos que en justicia y equidad la Teoría puede ser aplicada en el país, y decimos en justicia y equidad pues la Teoría de la Imprevisión tiene más fundamentos extrajurídicos que jurídicos.

En efecto, cuando la utilidad que el cocontratante debe percibir calculada razonablemente, no se produce en razón de circunstancias ajenas totalmente al cocontratante, provenientes de hechos extraordinarios que no pudieron razonablemente preverse y que tornan excesivamente más oneroso el contrato y el cumplimiento de las obligaciones que él impone, el cocontratante tiene derecho en justicia y equidad al reajuste de las tarifas o del precio pactado, o al pago, en su defecto, de una indemnización por parte de la Administración, que cubra su descalabro económico en todo lo que pueda exceder de la situación normal y previsible del contrato, generalmente de tracto sucesivo.

Vemos, con la aplicación de la Teoría de la Imprevisión, una derogación del principio *pacta sunt servanda* y la aplicación del principio *contractus qui habent tractun sucessivum et dependentia de futuro rebus sic stantibus inteligentur.*

---

136 Long. Weil y Braibant, **Let grands arrêts...**, ***cit.***, p. 124. En la doctrina, *V.*: CH. Blaevolet, "Imprevisión", *AJ*, 1951 p. 196; Pequignot, "Imprévision", *Repertoire De Droit Public Et Administratif*, Dalloz; Guillermo A. Sanavia, "La teoría del riesgo en la Contratación Administrativa", *Boletín de la Facultad de Derecho y Ciencias Sociales*, Universidad de Córdoba, Nos. 1–2, 1957, pp. 55 y ss.

El fundamento de la Teoría es, en todo caso, la necesidad de prestación del servicio o la necesidad de realizar la actividad de interés general en razón de la finalidad de servicio público que se persiguió al contratar. Y ello porque la situación del cocontratante en estos casos es, hasta cierto punto, trágica: no puede ejecutar el contrato sin tener que soportar grandes pérdidas, y no puede dejar de ejecutarlo en razón del interés general. Entonces es justo y equitativo que la Administración lo indemnice, sobre todo si se tiene presente que ella posee poderes exorbitantes. Estamos entonces en presencia de una especie de contrapartida del cocontratante, a los poderes unilaterales de la Administración.

***e'*. El monto de la indemnización**

La jurisprudencia de la Corte[137] ha señalado que la indemnización no puede nunca trascender más allá de los límites justos a los cuales llegue el perjuicio ocasionado, es decir, que la indemnización debe ser en su monto igual y equivalente a la monta del daño o perjuicio que se está obligado a reparar. Es aplicación de los principios generales de la materia.

La determinación del monto de la indemnización, en todo caso, corresponde a la Autoridad Judicial si hay inconformidad del cocontratante con el monto que proponga la Administración.

3. La responsabilidad contractual

A. La inejecución de las obligaciones

a. El principio: los daños y perjuicios

El cumplimiento inexacto de las obligaciones contractuales, la inejecución de dichas obligaciones o el retardo en la ejecución de las mismas produce, por parte del cocontratante incumplidor, la responsabilidad por daños y perjuicios[138] y el derecho, por parte del contratante cumplidor, de exigir judicialmente dicha responsabilidad. Esta es la aplicación de las normas fundamentales del Código Civil.

En el caso de no ejecución de la obligación de hacer por parte del cocontratante, por ejemplo en los contratos de obra pública, la Administración puede ejecutarla ella misma o hacerla ejecutar a costa del cocontratante administrativamente. Si el cocontratante lo que incumple es una obligación de no hacer, por el solo hecho de la contravención queda responsable de pagar los daños y perjuicios que su incumplimiento cause a la Administración.

La Administración, por su parte, como su obligación generalmente es la entrega de cantidades de dinero, es responsable del pago del interés legal por inejecución o retardo en la ejecución de su obligación[139] desde el día en que se constituya en mora, es decir,

---

137 CF–127–3, 12–11–54. *V.* también Sentencia de la CFC de 9–3–39, Resumen CFC en SPA, 1940–1951, p. 70 (*Memoria 1940*, tomo I, p. 350).

138 Artículo 1.264 y 1.271 del Código Civil. *V.* sobre la responsabilidad contractual de la Administración en la doctrina francesa: A. De Laubadère, *Les éléments d'originalité de la responsabilité contractuelle de l'Administration*, Mélanges Mestre, Sirey, 1956 p. 383.

139 Artículos 1.277, 1.745 y 1.746 del Código Civil.

desde el vencimiento del plazo, si se ha estipulado, o desde el requerimiento que le haga el cocontratante[140]

b. El monto de los daños y perjuicios

Los daños y perjuicios, en todo caso, no deben extenderse sino a los que son consecuencia inmediata y directa de la falta de cumplimiento de las obligaciones[141]. Para el caso de que no haya dolo en el incumplimiento de la obligación, el incumplidor no queda obligado sino por los daños y perjuicios que hayan podido preverse al tiempo de la celebración del contrato[142].

En estos casos la autoridad judicial competente debe fijar el monto de los daños y perjuicios.

Sin embargo las partes pueden, en el momento de conclusión del contrato, prever el monto de los daños y perjuicios: estamos entonces en presencia de la obligación con cláusula penal. Y ésta no es más que la compensación de los daños y perjuicios causados por la inejecución de la obligación[143].

En esta forma las partes fijan de antemano la indemnización que debe pagarse a título de daños y perjuicios por cualquier infracción de las cláusulas contractuales. Con ello se libera el actor de la obligación de probar los daños sufridos y su valor en dinero; por su parte, el infractor sabe anticipadamente a cuánto alcanza la indemnización que debe, sin exponerse a un pago exagerado superior a los recursos de que dispone[144].

Pero en todo caso la cláusula penal debe ser expresa. No puede nunca presumirse. Si las partes no han hecho por esa vía la fijación de los daños y perjuicios, a falta de acuerdo entre las partes corresponde hacerlo al Juez del Contrato, que en los contratos administrativos es el competente en materia contencioso–administrativa.

La existencia de una cláusula penal, sin embargo, no exime al acreedor de la obligación de probar los daños y perjuicios ocasionados en caso de controversia, ni de probar el incumplimiento por parte del deudor[145]".

Por otra parte, en ausencia de cláusula penal expresa, y en caso de incumplimiento del cocontratante de la Administración, no puede esta última apropiarse ejecutivamente de la garantía dada por el cocontratante para el cumplimiento de sus obligaciones. La garantía sólo tiene una finalidad: garantizar el cumplimiento de las obligaciones del cocontratante. Probado o aceptado un incumplimiento, los daños no están probados y, por consiguiente, el montante de éstos es totalmente desconocido. Así, después de fijados los daños y perjuicios amigablemente o por la autoridad judicial competente, la Administración puede disponer lo que le corresponda por ese concepto de la garantía dada en el momento de la conclusión del contrato por su contratante[146].

---

140 Artículos 1.269 y 1.277 del Código Civil. Por otra parte creemos que no podría considerarse que hay incumplimiento por parte de la Administración cuando el Ministerio respectivo retarda el pago de las cantidades debidas al cocontratante como consecuencia del normal trámite administrativo y de Contraloría, de ordenación de pagos. *V.* al respecto el *Informe de la Fiscalía General de la República al Congreso*, 1960, Caracas, 1961, p. 477.

141 Artículo 1.275 del Código Civil.

142 Artículo 1.274 del Código Civil.

143 Artículo 1.258 del Código Civil.

144 CFC–SF–25–1, 17–3–52.

145 CFC–SF–23–1, 17–3–52.

146 CFC–SF–23–1, 17–3–52.

B. Las causas eximentes de responsabilidad

El cocontratante no está obligado a pagar daños y perjuicios cuando, a consecuencia de un caso fortuito o de fuerza mayor, ha dejado de dar o hacer aquello a que estaba obligado, o ha ejecutado lo que le estaba prohibido[147]. Es la aplicación de la teoría de las causas eximentes de responsabilidad contractual del Derecho privado.

En todo caso, el que pretende liberarse de su obligación de pagar daños y perjuicios basando su incumplimiento en una causa extraña que no le es imputable debe probarla. A él corresponde la carga de la prueba[148].

El caso fortuito o fuerza mayor, tal como lo define la jurisprudencia del Derecho privado[149], es aquel acontecimiento extraño a la voluntad de las partes, e imprevisible, que impide de manera absoluta la ejecución de las obligaciones contractuales. Esta misma noción es aplicada al Derecho administrativo.

En base a ella, la Administración y su cocontratante pueden liberarse de su obligación de pagar daños y perjuicios probando el caso fortuito o la fuerza mayor: en dicha prueba es imprescindible y rigurosa la constatación cierta del hecho exterior, imprevisible e irresistible que constituye la causa eximente de responsabilidad. Y quizás, por cuanto la obligación de ejecutar del cocontratante de la Administración debe ser cumplida, no ya como un buen padre de familia sino con la diligencia máxima, las condiciones de la fuerza mayor o caso fortuito y su prueba sean más rigurosas en Derecho administrativo que en Derecho privado.

Por otra parte, para el cocontratante de la Administración podría considerarse como caso fortuito o fuerza mayor el hecho de la propia Administración cuando es extraño a la voluntad del cocontratante y es imprevisible e irresistible, y que impide en absoluto el cumplimiento de las obligaciones contractuales. Tal sería el caso del retardo de la Administración en cumplir un acto que es condición indispensable para la ejecución del contrato por parte de su cocontratante[150].

C. La resolución judicial del contrato

En todo caso, y fuera de la rescisión unilateral del contrato por parte de la Administración, ella misma o su cocontratante pueden pedir judicialmente la resolución del mismo cuando la otra parte no ha ejecutado sus obligaciones, con los daños y perjuicios a que hubiere lugar[151].

---

147 Artículo 1.272 del Código Civil. Al respecto, en la jurisprudencia española *V.*, E. García De Enterría. "Riesgo y ventura y fuerza mayor en el contrato administrativo", *RAP*, N° 2, p. 83 y ss.

148 Artículos 1.271 y 1.354 del Código Civil.

149 *V.* al respecto la jurisprudencia de los Tribunales de Instancia de la República, contenida en los volúmenes publicados por el Instituto de Codificación y Jurisprudencia del Ministerio de Justicia: volumen IV, 1954–1955, tomo I, p. 203; volumen V, 1957, pp. 1'46 y 251; volumen VII, 1958–1959, tomo I, p. 311.

150 Aquí no estamos en el caso de una modificación unilateral del contrato por la Administración, que haga más onerosa la ejecución del contrato de lo que podía preverse, sino de una modificación unilateral de la Administración que impida completamente el cumplimiento de la obligación por parte del cocontratante. También puede considerarse como un caso fortuito o fuerza mayor, reuniendo todas las condiciones señaladas, el acto de una autoridad pública distinta de la Administración.

151 Artículo 1.167 del Código Civil.

Esta facultad se revela más en beneficio del cocontratante de la Administración que de ella misma por el poder de rescisión unilateral que tiene ésta. Por ello el cocontratante de la Administración puede perfectamente pedir judicialmente la resolución del contrato administrativo, con demanda de daños y perjuicios, cuando ha habido incumplimiento de la Administración en sus obligaciones.

V. LO CONTENCIOSO DEL CONTRATO

1. El juez del contrato

Desde la misma Constitución de 1830[152] estaba atribuida expresamente a la Corte Suprema de Justicia la facultad de conocer de las controversias que resultaban "de los contratos y negociaciones que celebraba el Poder Ejecutivo por sí o por medio de sus agentes". Esta atribución constitucional dada al Tribunal Supremo se mantuvo en todas las Constituciones venezolanas posteriores, hasta que en la Constitución de 1961, vigente, quedó en forma implícita respecto a la responsabilidad contractual. En efecto, el artículo 206 de la Constitución atribuye a los órganos de la jurisdicción contencioso–administrativa la facultad de "condenar al pago de sumas de dinero y a la reparación de daños y perjuicios originados en responsabilidad de la Administración", donde está incluida la responsabilidad contractual. Sin embargo, todas las otras atribuciones en materia contractual que tenía constitucionalmente la Corte queda–ron con rango legal.

En efecto, el artículo 7, ordinal 28 de la Ley Orgánica de la Corte Federal[153] establece que es atribución de dicha Corte, hoy Corte Suprema de Justicia en Sala Político Administrativa, "conocer en juicio contencioso de todas las cuestiones por nulidad, caducidad, resolución, alcance, interpretación, cumplimiento y cualesquiera otras que se susciten entre la Nación y los particulares a consecuencia de los contratos celebrados por el Ejecutivo Nacional...".

Por tanto es atribución de la jurisdicción contencioso–administrativa que actualmente ejerce la Corte Suprema de Justicia en Sala Político–Administrativa, el conocer de todas las controversias suscitadas entre la República y los cocontratantes de la Administración con ocasión de los contratos administrativos[154].

De esta forma, no sólo no pueden conocer de conflictos originados de contratos administrativos los Tribunales de la jurisdicción ordinaria, sino que tampoco podrían tener ese conocimiento ningún Tribunal o jurisdicción extranjeros. Y ello porque en los con-

---

152 Que es la primera Constitución venezolana autónoma, después de la separación de Venezuela de la Gran Colombia. *V.* su artículo 145, ordinal 5, en Ulises Picón Rivas, *Índice Constitucional., cit.*, p. 314. Observamos, por otra parte, que en la segunda Constitución que rigió a Venezuela, de 1814, existe una disposición similar. *V.* Ulises Picón Rivas, *ob. cit.*, p. 254.

153 Ley de 23 de julio de 1953 vigente de conformidad con la Disposición Transitoria decimoquinta de la Constitución. *V.* CSJ–CP–27–1, 15–3–62. Sobre una visión histórica del problema en el Derecho francés y español, *V.*: J. R. PARADA VÁZQUEZ, "La lucha de las Jurisdicciones por la competencia sobre los contratos de la Administración. Sus orígenes en el Derecho francés". *Estudios en homenaje de Jordana de Pozas*, vol. I, Madrid, 1961, pp. 163 y sig.

154 CF–127–1, 3–12–59.

tratos administrativos se considera incorporada por mandato constitucional[155], aun cuando no estuviere expresa, una cláusula según la cual, "las dudas y controversias que puedan suscitarse sobre dichos contratos y que no llegaren a ser resueltas amigablemente por las partes contratantes serán decididas por los Tribunales competentes de la República en conformidad con sus leyes, sin que por ningún motivo ni causa puedan dar origen a reclamaciones extranjeras".

Por tanto, cuando hemos hablado de autoridad judicial competente en el desarrollo del presente Título nos hemos referido a los órganos de la jurisdicción contencioso–administrativa, y concretamente a la Corte Suprema de Justicia en Sala Político–Administrativa.

Por otra parte, como toda competencia jurisdiccional, la atribución de la Corte es de orden público y las partes no pueden derogarla ni relajarla contractualmente[156].

2. Extensión del contencioso del contrato

Lo contencioso atribuido al Juez del contrato es sumamente extenso. Comprende todas las cuestiones relativas a la nulidad, caducidad, resolución, alcance, interpretación y cumplimiento del contrato administrativo[157].

El recurso contencioso–administrativo de anulación no es admitido contra los contratos administrativos ya que sólo es posible contra los actos administrativos unilaterales. Sin embargo, es perfectamente posible y admisible el recurso contra los actos administrativos que contribuyeron a la formación del contrato. De esta manera se podría obtener, aunque no directamente, la pérdida de los efectos de! contrato.

Ya hemos señalado, sin embargo, que es posible recurrir contra la Ley aprobatoria de un contrato administrativo excepcional por la vía del Recurso de Inconstitucionalidad. Sin embargo, no sería entonces competente la jurisdicción en lo contencioso–administrativo sino la misma Corte Suprema de Justicia en Corte Plena como jurisdicción constitucional[158].

Por último, debemos expresar que el medio puesto a disposición del cocontratante de la Administración para obtener una decisión de la jurisdicción contencioso–administrativa en materia de contratos administrativos, es el Recurso Contencioso–administrativo de Plena Jurisdicción.

3. Los poderes del juez del contrato

El Juez del contrato conoce como juez de plena jurisdicción; y los recursos jurisdiccionales que se intenten a este respecto son, como hemos dicho, recursos contencioso–administrativos de plena jurisdicción.

---

155 Artículo 127 de la Constitución. Por otra parte, ha sostenido la Procuraduría de la Nación que en todo caso la demanda contra la República ante un Tribunal extranjero sería improcedente conforme al Derecho Internacional Privado sobre domicilio; artículo 22 del Código Bustamante y artículo 27 del Código Civil. *V.*, al efecto, el Informe de la Fiscalía General de la República al Congreso, 1960, Caracas, 1961, p. 314.

156 Artículo 6 del Código Civil.

157 Artículo 7, ordinal 28 de la Ley Orgánica de la Corte Federal.

158 Artículo 215, ordinal 3 de la Constitución.

De esta manera el Juez del contrato puede conocer de demandas de nulidad, sea por incapacidades o incompetencia o por vicios del consentimiento; puede asimismo conocer por demandas de resolución del contrato; también por demandas de daños y perjuicios por responsabilidad contractual; y también por demandas en reclamación de indemnizaciones debidas al cocontratante por la Administración. Puede, por último, conocer el Juez del contrato, también, de las controversias en reclamación de actos de la Administración relacionados con el cumplimiento del contrato, por ejemplo en relación con las sanciones impuestas por la Administración.

4. La hipótesis del recurso al arbitramento

El problema de la posibilidad de recurrir al arbitramento en los contratos administrativos ha sido largamente debatido en la doctrina, y las soluciones del Derecho comparado son diferentes. Por tanto, no puede considerarse que hay unanimidad al respecto. Lamentablemente la jurisprudencia administrativa en Venezuela no ha tenido la oportunidad de pronunciarse sobre la existencia y validez de cláusulas compromisorias en los contratos administrativos. Sin embargo, valiosas opiniones doctrinales se han dado al respecto.

Encontramos así la del Procurador General de la República en 1959, doctor Pablo Ruggieri Parra, y la del profesor Antonio Moles Caubet.

En efecto, y por su importancia, ya que proviene de la Asesoría Jurídica de la Administración Pública Nacional, transcribiremos parte del texto del informe de la Procuraduría General de la República presentado a la Comisión Interministerial designada por el Ejecutivo Nacional para examinar el llamado caso *Innocenti*, en fecha 12 de junio de 1959. En dicho Informe, la Procuraduría expresaba[159]:

> "A este respecto el Despacho observa que no existe disposición legal alguna que autorice a la nación venezolana para celebrar compromisos arbitrales, de modo de poder deferir a Tribunales de arbitraje la solución de las dudas y controversias que surjan en la interpretación y ejecución de los contratos que ella celebre. Al contrario, por mandato del artículo 40 de la Constitución Nacional[160], 'en los contratos de interés público celebrados con el Gobierno nacional, con los Estados o con las Municipalidades, se considerará incorporada la cláusula siguiente: Las dudas y controversias de cualquier naturaleza que puedan suscitarse sobre este contrato y que no puedan ser resueltas amistosamente por las partes contratantes, serán decididas por los Tribunales competentes de Venezuela, de conformidad con sus leyes, sin que por ningún motivo puedan ser origen de reclamaciones extranjeras'. Por ello la Procuraduría conceptúa válida la cláusula compromisoria mencionada en cuanto con ella se difiere a un arbitramento la solución de 'las discrepancias que puedan presentarse entre las partes sobre cuestiones técnicas'; pero la conceptúa nula, de nulidad absoluta, en cuanto con ella se pretenda despojar a los Tribunales competentes de Venezuela' de la facultad de decidir 'divergencias' o 'discrepancias sobre 'cuestiones' de otra naturaleza que no sea exclusivamente técnica. Con todo ello no excluye, naturalmente, la posibilidad legal de que la nación pueda transigir válidamente tales 'divergencias' o 'discrepancias' una vez que éstas surjan con motivo de la interpretación y ejecución de los contratos en examen; pero ello es materia sustancialmente distinta a la cláusula compromisoria; en efecto, la transacción judicial o extrajudicial que la nación quiera celebrar, si la considera conveniente con respecto a las 'divergencias' o 'dis-

159 *Informe de la Procuraduría de la Nación al Congreso*, 1959, Caracas, 1960, p. 660

160 Se refiere a la Constitución de 1953. La disposición ha sido mantenida en la Constitución actual de 1961, en su artículo 127, con la variante de que, en lugar de decir "que no puedan ser resueltas amistosamente", dice "que no llegaren a ser resueltas amigablemente" por las partes contratantes.

crepancias' mencionadas, está sujeta, necesariamente, al previo cumplimiento de los requisitos y formalidades exigidos por el artículo 7 de la Ley Orgánica de la Hacienda Nacional".

Es decir, según la Procuraduría es necesario, al hablar del recurso de arbitramento, distinguir claramente qué cuestiones pueden someterse válidamente al mismo. Respecto a las cuestiones técnicas, las discrepancias que puedan presentarse entre las partes pueden ser resueltas por Tribunales arbitrales. Sin embargo, respecto a las cuestiones sobre interpretación y ejecución del contrato administrativo, éstas no pueden ser sometidas válidamente a arbitramento.

Por otra parte, el profesor Moles Caubet, en dictamen publicado en la ***Revista de la Facultad de Derecho***[161], sienta como base de su razonamiento "que no existe en Venezuela prohibición alguna de la cláusula compromisoria y del subsiguiente procedimiento de arbitraje o arbitramento en los contratos de la Administración, sea cualquiera su especie, contratos propiamente administrativos o contratos de Derecho privado"; para concluir, después de hacer un minucioso examen del problema en el Derecho comparado y de la pluralidad de normas que constituyen el ordenamiento jurídico venezolano relacionadas con la materia, que "la Administración tiene poderes para incluir, sea en un pliego de condiciones, sea en el contrato mismo, la cláusula compromisoria que abre entonces el procedimiento de arbitraje".

Pero, sin embargo, si consideramos que la Administración no puede actuar sin norma legal expresa que defina sus atribuciones y competencia, y si observamos el interés público que engloba la contratación administrativa, no podemos aceptar, en nuestro concepto, el recurso al arbitramento en el ordenamiento jurídico venezolano,[*] por lo que respecta a la esencia del contrato administrativo, es decir, a sus efectos, ejecución e interpretación[162].

---

161 Antonio Moles Caubet, "El Arbitraje y la Contratación Administrativa", *Revista de la Facultad de Derecho*, Caracas, 1960, N° 20, pp. 9 y sig.

* Este criterio lo variamos radicalmente luego de que en la reforma del Código de Procedimiento Civil se reguló la posibilidad de someter a arbitraje todo tipo de controversias, admitiéndose en consecuencia la inclusión de cláusulas de arbitraje en los contratos públicos, lo cual se reiteró posteriormente por la legislación especial, como por ejemplo la Ley de Arbitraje Comercial, como se explica detalladamente más adelante en el Libro IX de este Tomo III.

162 La situación a éste respecto en el Derecho Comparado está lejos de ser uniforme. Por ejemplo, en Bélgica y en España, la ley prohíbe a la Administración, tanto someterse a arbitraje como aceptar la inclusión de cláusulas compromisorias en las convenciones en las cuales es parte. En otros países, en cambio, la ley prevé y organiza un procedimiento de arbitraje con ocasión a los contratos administrativos. Tal es el caso de Alemania, Chile, Gran Bretaña y Grecia. En Francia, por otra parte, la prohibición de principio para las personas públicas, de comprometer (artículos 1.004 y 83 del Código de Procedimiento Civil), admite, precisamente en materia de Contratos Administrativos, una importante derogación prevista por la Ley de Finanzas de 17 de abril de 1906, cuyo artículo 69 autoriza al Estado, los Departamentos y las Comunas a comprometer, pero solamente para "la liquidación de sus gastos de obras públicas y de suministros", según las reglas del Libro III del Código de Procedimiento Civil. En lo que concierne al Estado, no podrá recurrir al arbitraje sino en virtud de un Decreto tomado en Consejo de Ministros y refrendado por el Ministro respectivo y el Ministro de Finanzas. Al respecto, *V.* el *Code Administratif Dalloz*, París, 1961, p. 818. En Italia, en cambio, nos encontramos con un principio opuesto: todas las diferencias entre la Administración y el adjudicatario en los Contratos de Obra Pública, tanto durante la ejecución como al fin del contrato, y cualquiera que sea su naturaleza –técnica, administrativa o jurídica–, son deferidas, conforme a lo dispuesto en el Código de Procedimiento Civil y en la Ley de 1865 sobre las Obras Públicas, artículo 349, a un Colegio de cinco árbitros. Estos árbitros deben decidir según derecho y sus decisiones son susceptibles de un recurso ante los Tribunales ordinarios y ante el Tribunal de Apelación. *V.* al respecto la Ponencia General de M. A. Flamme sobre "Los Contratos de Obras Públicas de la Administración" al X Congreso Internacional de Ciencias Administrativas celebrado en Madrid en 1956, *RAP*, N° 21, 1956, pp. 102 y sig. Asimismo, *V.*: E. Capaccioli, *L'arbitro tel diritto amministrativo*, Padua, 1957; La Torre, "L'arbitratto nel diritto amministrativo", *Riv. Dir. Pub.*, 1935; Auby, "L'arbitrage

VI. LA EXTINCIÓN DEL CONTRATO (APARTE DE LA RESOLUCIÓN UNILATERAL Y LA RESCISIÓN JUDICIAL)

1. El cumplimiento

El cumplimiento constituye la forma normal de extinción de los contratos administrativos y se produce por la ejecución y cumplimiento de las obligaciones contractuales en la forma pactada, sea porque el objeto del contrato fue realizado, sea porque el mismo llegó al término convenido.

2. La nulidad del contrato

El contrato administrativo se extingue también por la declaración de su nulidad. Puede ser anulado por diversas causas. Las principales son: por incompetencia legal del órgano que contrató por la Administración o por incapacidad del cocontratante; por los vicios del consentimiento; por la ausencia de ciertos requisitos y formalidades necesarios para la validez del mismo, tal es el caso de la necesaria aprobación previa de la Contraloría General de la República[163]; por la ausencia de los requisitos legales del objeto, o por la falsedad o ilicitud de la causa.

En todo caso, sólo el Juez del contrato puede pronunciar la nulidad del contrato administrativo y el recurso contencioso–administrativo de plena jurisdicción para pedir la nulidad del contrato dura cinco años, salvo disposición especial de la Ley en contrario[164].

3. La caducidad del contrato

Se produce la caducidad del contrato administrativo cuando el cocontratante de la Administración incumple ciertas obligaciones necesarias para que surta completos efectos. Tal es el caso, por ejemplo, en el contrato de concesión de servicio público de Transporte de Hidrocarburos, el incumplimiento del concesionario de algunas disposiciones reglamentarias del contrato: el no comienzo de la ejecución de los trabajos en un lapso determinado; la falta de presentación de determinados planos topográficos; la falta de pago de determinados impuestos en un plazo fijo[165].

La caducidad del contrato es pronunciada por la propia Administración concedente, pero las cuestiones que surjan respecto a ella deben ser llevadas al Juez del contrato, es decir, a la jurisdicción contencioso–administrativa.

---

en matière administrative", *AJ*, París, 1955, N° 10; Miele, "Limiti all'ammissibilià dell'arbitrato nelle controversie amministrativa", *Nuova rassagna di legislazione, doctrina e giurisprudenza*, Roma, 1950.

163 Asimismo, *V.* el *Informe de la Procuraduría de la Nación al Congreso*, 1959, Caracas, 1960, pp. 435 y 944.

164 Artículo 1.346 del Código Civil y artículo 18 de la Ley Orgánica de la Hacienda Nacional.

165 Artículos 72, 75 y 77 de la Ley de Hidrocarburos.

LIBRO SÉPTIMO:
LOS CONTRATOS ADMINISTRATIVOS (1992)

Este Libro Séptimo del Tomo III del *Tratado de Derecho Administrativo* sobre "Contratos Administrativos," es el texto del libro *Contratos administrativos,* publicado por la Editorial Jurídica Venezolana en 1992. Dicho libro lo dediqué "Al Instituto de Derecho Público y a la memoria de su Director de siempre, Antonio Moles Caubet," y estuvo precedido del siguiente Prefacio:

"Después de regresar de Inglaterra, en 1986, luego de haber enseñado durante un año en el Master en Derecho de la Facultad de Derecho de la Universidad de Cambridge un Curso sobre el *Control de la Constitucionalidad en el Derecho Comparado, al reincorporarme a mis labores en el Instituto de Derecho Público de la Universidad Central de Venezuela, comencé a trabajar en la preparación de ese libro. Este dato no tendría mayor interés, si no es porque este trabajo constituyó el último de los estudios que elaboré en el marco de la programación del Instituto, cuya dirección dejé en 1987, después de haber trabajado como investigador en el mismo durante 27 años, y haberlo dirigido durante 10 años.**

En 1960, cuando aún era un estudiante de los últimos años de la Carrera de Derecho, ingresé al Instituto como Auxiliar de Investigación, alentado por el entonces Director, nuestro querido profesor Antonio Moles Caubet, y siempre conforme al espíritu de libertad de investigación que propugnó, redacté mi primer trabajo de investigación en el Instituto, precisamente sobre el tema de los contratos administrativos; tema al cual luego dedicaría atención sucesiva e intermitente–mente, durante las dos décadas siguientes.

La vida quiso, por tanto, que mi labor en el Instituto comenzara y terminara con el estudio de este tema tan importante para el derecho administrativo, razón por la cual no puedo dejar de dedicar a esa Institución esta publicación, en recuerdo de tantas y tantas horas que permanecí en sus cubículos, moldeando, día a día, método y disciplina de estudio.

La vida quiso también, que el Profesor Moles Caubet nos dejara antes de aparecer publicado este libro. El sabía de mi constante dedicación por este tema, al punto de que en el *Libro Homenaje* que le publicamos en la Universidad

* *V.* Allan R. Brewer–Carías, *Judicial Review in Comparative Law*, Cambridge, 1989.

en 1981, le dediqué el trabajo sobre "La evolución del concepto de contrato administrativo"[**], cuyo contenido se recoge en gran parte en la Introducción a esta publicación. Por supuesto, habría querido que leyera el tratamiento completo del tema, contenido en este libro. Llevarle a Moles un libro, siempre era motivo de de satisfacción para él y, por supuesto, para uno. Estoy seguro, y me parece verlo, amable y sonriente, que hubiera exclamado como siempre, "¡Caramba, Brewer!", seguido de algunas frases de estímulo.

Por ello, el libro también está dedicado a su memoria, cuyo nombre permanecerá indisolublemente unido al del Instituto.

La transcripción mecanográfica de este trabajo la hizo quien fue mi Secretaria por tantos años en el Instituto, Sra. Aymara Ramos, a quien una vez más quiero agradecer su lealtad y espíritu de colaboración a toda prueba. Mi agradecimiento especial también a la entonces bachiller, ahora abogado, Dolores Aguerrevere, por toda la colaboración que me prestó hace algún tiempo, cuando fue pasante en Baumeister & Brewer, en la corrección de las pruebas de imprenta y en la labor de ampliación y complementación de las notas. Caracas, junio 1992."

En dicho libro, por otra parte, hasta cierta forma incorporé las reflexiones y escritos sobre el tema de los contratos administrativos que había elaborado durante los años precedentes desde 1964, entre los cuales destaco los siguientes:"La formación de la voluntad de la Administración Pública Nacional en los contratos administrativos" en *Revista de la Facultad de Derecho*, Nº 28, Universidad Central de Venezuela, Caracas 1964, pp. 61–112, publicado con referencias al derecho uruguayo por Horacio Casinelli Muñoz, en *La Revista de Derecho, Jurisprudencia y Administración*, Tomo 62, N° 2–3, Montevideo 1965, pp. 25–56; "La facultad de la Administración de modificar unilateralmente los contratos administrativos," en *Libro–Homenaje a la Memoria de Roberto Goldschmidt*, Facultad de Derecho, Universidad Central de Venezuela, Caracas 1967, pp. 755–778, y en *Revista de Derecho Español y Americano*, Instituto de Cultura Hispánica, Nº 19, Año XIII, Madrid, enero–marzo 1968, pp. 101–117; "Las transacciones fiscales y la indisponibilidad de la potestad y competencia tributarias" en *Revista de Derecho Tributario*, Nº 18, Caracas, mayo–junio 1967, pp. 1–36; "Algunas reflexiones sobre el equilibrio financiero en los contratos administrativos y la aplicabilidad en Venezuela de la concepción amplia de la Teoría del Hecho del Príncipe", *Revista Control Fiscal y Tecnificación Administrativa*, Año XIII, Nº 65, Contraloría General de la República, Caracas 1972, pp. 86–93; "La autorización legislativa" en *Procedimientos Parlamentarios para la aprobación de Contratos de interés nacional*, Imprenta del Congreso de la República, Caracas 1973, pp. 77–92; "Consideraciones sobre los efectos de la ruptura de la ecuación económica de un contrato administrativo por una ley declarada nula por inconstitucional," en *Cuadernos de Derecho Público*, Facultad de Derecho, Universidad de Los Andes, Nº 2, Mérida 1976, pp. 5–26; "La evolución del concepto de contrato administrativo" *Jurisprudencia Argentina*, Nº 5.076, Buenos Aires, 13–12–1978, pp. 1–12; "La evolución del concepto de contrato administrativo" en *El Derecho Administrativo en América Latina*,

** *Libro Homenaje al Profesor Antonio Moles Caubet*, Tomo I, Caracas 1981, pp. 41–69.

***Curso Internacional*, Colegio Mayor de Nuestra Señora del Rosario, Bogotá 1978, pp. 143–167; "La evolución del concepto de contrato administrativo" en *Libro Homenaje al Profesor Antonio Moles Caubet*, Tomo I, Facultad de Ciencias Jurídicas y Políticas, Universidad Central de Venezuela, Caracas 1981, pp. 41–69; "Evoluçao do conceito do contrato administrativo" en *Revista de Direito Publico*, Nos. 51–52, Sao Paulo, julio–diciembre 1979, pp. 5–19; "Algunas consideraciones sobre las cláusulas de variación de precios en los contratos administrativos" en *Boletín de la Academia de Ciencias Políticas y Sociales*, Nº 81, Caracas, julio–septiembre 1980, pp. 251–262; "Los contratos de interés nacional y su aprobación legislativa" en *Revista de Derecho Público*, Nº 11, Editorial Jurídica Venezolana, Caracas, julio–septiembre 1982, pp. 40–54; "Consideraciones sobre los derechos del contratista en los contratos de obra pública: el derecho al precio y a su pago en la forma convenida" en *Revista de Derecho Público*, Nº 28, Editorial Jurídica Venezolana, Caracas, octubre–diciembre 1986, pp. 35–46; "Las cláusulas obligatorias y los principios especiales en la contratación administrativa", *Estudios de Derecho Administrativo*, Ediciones Rosaristas, Colegio Nuestra Señora del Rosario, Bogotá 1986, pp. 91–124; "Principios especiales y estipulaciones obligatorias en la contratación administrativa" en *El Derecho Administrativo en Latinoamérica*, Vol. II, Ediciones Rosaristas, Colegio Mayor Nuestra Señora del Rosario, Bogotá 1986, pp. 345–378; "El régimen de selección de contratistas en la Administración Pública y la Ley de Licitaciones" en *Revista de Derecho Público*, Nº 42, Editorial Jurídica Venezolana, Caracas, abril–junio 1990, pp. 5–25.**

Aquí se publica el texto de dicho libro en su versión original de 1992.

I. INTRODUCCIÓN

1. Los criterios tradicionales

Es un hecho, uniformemente aceptado por la práctica administrativa, la jurisprudencia y, por supuesto, la legislación, que el Estado a través de las personas de derecho público territoriales, es decir, la República, los Estados y los Municipios, y las demás personas jurídicas estatales no territoriales celebran contratos para el desarrollo de sus múltiples actividades. Son los contratos que denominaremos contratos de la Administración.

Sin embargo, tradicionalmente se ha considerado que por su contenido y naturaleza, esas convenciones entre los entes estatales y, por lo general uno o más particulares o empresas privadas, para constituir, reglar, transmitir, modificar o extinguir entre ellos un vínculo jurídico[1] no siempre son iguales, por lo que tradicionalmente se ha considerado que los contratos de la Administración, es decir, los que celebren las personas estatales, se presentan básicamente bajo dos formas distintas: contratos administrativos y contratos de derecho privado de la Administración.

1 Art. 1133 C.C.

En esta forma es clásica la distinción, que nosotros mismos seguimos hace casi treinta años[2] conforme a la cual en primer lugar, la Administración podía realizar sus negocios jurídicos con los particulares bajo la forma de *contratos de derecho privado*, es decir, contratos idénticos a aquellos de los particulares, tal como están regidos en el Código Civil. En efecto, la Administración podía comprar un terreno u otro inmueble amigablemente; podía vender productos del dominio privado del Estado; podía dar en arrendamiento o arrendar amigablemente un inmueble[3], etc. La Administración recurría muy frecuentemente a este tipo de contrato, lo cual se consideraba la regla en el campo de la actividad industrial y comercial de los entes estatales.

Pero en segundo lugar, la Administración también podía realizar actos bilaterales, que si bien tenían naturaleza contractual, como consecuencia de su contenido, la relación jurídica que surgía de ellos era una relación de derecho administrativo y, por tanto, se consideraba que estaban sometidos a normas jurídicas autónomas, algunas de las cuales eran distintas de las del derecho privado. Estos contratos formaban, dentro de los contratos de la Administración, la categoría particular de los contratos administrativos, cuyo estudio era objeto del derecho administrativo.

En el Derecho venezolano, antes de la sanción, en 1976, de la Ley Orgánica de la Corte Suprema de Justicia, tal como se desprendía de la jurisprudencia administrativa, existía interés en distinguir los contratos de derecho privado y los contratos administrativos realizados por la Administración. Y este interés era doble: por una parte, en cuanto al régimen jurídico aplicable a ellos, se consideraba necesario distinguirlos, porque si se estaba en presencia de un contrato de derecho privado concluido por una persona estatal, las reglas aplicables eran las del Código Civil. En cambio, el régimen jurídico aplicable a los contratos administrativos era aquel propio del derecho administrativo.

Por otra parte la distinción tenía interés en cuanto a la jurisdicción competente para conocer de los litigios que de ellos surgían: Si se estaba en presencia de un contrato de derecho privado, la jurisdicción competente era la del derecho privado: la jurisdicción ordinaria civil, mercantil o del trabajo. En cambio, la jurisdicción competente en el contencioso de los contratos administrativos era la jurisdicción contencioso–administrativa que entonces correspondía a la Corte Suprema de Justicia en Sala Político–Administrativa[4].

Ahora bien, y conforme a estos criterios, la Ley Orgánica de la Corte Suprema de Justicia sancionada en 1976, estableció como competencia de la Corte Suprema en Sala Político–Administrativa, el:

> "conocer de las cuestiones de cualquier naturaleza que se susciten con motivo de la interpretación, cumplimiento, caducidad, nulidad, validez o resolución de los contratos administrativos en los cuales sea parte la República, los Estados o las Municipalidades"[5].

En esta forma y con esta norma, la categoría del contrato administrativo contrapuesta a la de los contratos no administrativos o de derecho privado de la Administración, adquirió rango legal. Ello plantea, por tanto, la necesidad de establecer la distinción entre ambos tipos de contratos motivada por cuestiones de competencia jurisdiccional, pero

2 *V.* Allan R. Brewer–Carías, *Las Instituciones Fundamentales del Derecho Administrativo y la Jurisprudencia Venezolana*, Caracas 1964, pp. 157 y ss.

3 *GF* 3–12–59, *Gaceta Forense* N° 26, 1959, p. 141.

4 Art. 206, 215, ord. 11 y Disposición Transitoria Decimoquinta de la Constitución y artículo 7, ord. 28 de la Ley Orgánica de la Corte Federal. *Cfr.* Allan R. Brewer–Carías, *Las Instituciones Fundamentales... cit.* p. 158.

5 Art. 42, ord. 14 LOCSJ.

sobre bases totalmente distintas a las tradicionales mencionadas, que apuntaban a una absoluta dicotomía de régimen jurídico –derecho privado o derecho administrativo– aplicable a cada uno de esos tipos de contratos, hoy completamente inadmisible[6].

2. La importancia del tema de los contratos administrativos

El tema de los contratos administrativos, no parece necesario insistir en ello, es uno de los temas medulares del derecho administrativo. De allí que todos los que hemos tenido que estudiar y escribir sobre esta rama del derecho, alguna vez nos hayamos tenido que enfrentar con su análisis, y con las dificultades que entraña. En nuestra disciplina, en efecto, si hay un tema difícil de asir, es precisamente este: aparentemente sencillo, implica una toma de posición general sobre ella.

Por ello, Liet–Veaux lo ha calificado, con razón, como uno de los capítulos más desesperantes del derecho administrativo[7]; y si esto lo indica un autor francés, en cuyo país nació y se desarrolló la teoría de los contratos administrativos, con mayor razón tenemos que afirmarlo los autores latinoamericanos, influidos por el derecho francés.

Sin embargo, el problema, en nuestro caso, es que el concepto de los contratos administrativos, como categoría jurídica contrapuesta a los contratos de derecho privado de la Administración, ha sido tributario, solamente de las concepciones teóricas y de los criterios de la doctrina y jurisprudencia francesas, pero no de las justificaciones prácticas y pragmáticas de aquella distinción.

La repartición de competencias jurisdiccionales en Francia, ha sido factor clave en el nacimiento y desarrollo del derecho administrativo y en la concepción misma del contrato administrativo; en definitiva, ha sido la justificación del propio derecho administrativo. En nuestros países, sin embargo, y en la gran mayoría de los que han sido tributarios del derecho francés, ello no ha ocurrido, ni es así. De allí la tendencia observada, una vez lograda la necesaria madurez doctrinal, por abandonar tantas teorías y concepciones basadas en una situación de origen adjetiva, circunstancial por lo demás, y por estructurar nuestras propias concepciones. No se trata de innovar, sino de sustantivizar el propio derecho administrativo conforme a las peculiaridades de nuestros países para dejar de importar por importar. Allí está la labor de los últimos treinta años de la doctrina española la cual, sin desconocer los aportes de las concepciones francesas, ha desarrollado una formidable labor doctrinal cuyas influencias se comienzan a hacer sentir en nuestros países[8]. Dentro de esta tendencia por sustantivizar nuestro propio derecho administrativo es que se encuadra la orientación que se presiente, de abandonar toda idea de un pretendido contrato administrativo por oposición a contratos de derecho privado de la Administración.

Hace algunos años, al estudiar la evolución del concepto de contrato administrativo, planteamos la tesis de que en realidad, la noción de contrato administrativo sólo puede

---

6 *V.* lo que hemos expuesto en Allan R. Brewer–Carías, "La evolución del concepto de contrato administrativo" en *Libro Homenaje al Profesor Antonio Moles Caubet*, Tomo I, Caracas 1981, pp. 41–69.

7 *V.* el comentario en G. Liet–Veaux, "Note" (Jurisprudence, Nouvelles définitions du contrat administratif), *La Revue Administrative* N° 53, Paris, Sept. Oct. 1956, p. 503.

8 Respecto de la labor de la doctrina española, debe destacarse la realizada a través de las páginas de la *Revista de Administración Pública* (RAP), editada desde 1950, inicialmente por el Instituto de Estudios Políticos, transformado recientemente en Centro de Estudios Constitucionales, Madrid; y de la *Revista Española de Derecho Administrativo* (*REDA*), editada desde 1974 por la Editorial Civitas, Madrid.

aceptarse para identificar un tipo de contrato de la Administración el cual, por la finalidad perseguida por el Estado al contratar, está sometido a un régimen preponderante de derecho público, pero no porque tenga un régimen de derecho público por contraposición a otros contratos de la Administración que estarían sometidos a un régimen de derecho privado[9]. La preponderancia de uno u otro régimen y su utilización regular, es lo que adquiere ahora importancia.

3. El problema de la autonomía del derecho administrativo y la sustantividad del contrato administrativo

Pero el tema de los contratos administrativos además de desesperante, es un tema polémico o, como dice E. García de Enterría, tiene una sustancia polémica[10]. Obliga, aunque no se quiera, a tomar una posición, generalmente contradictoria o conflictiva con otras, inclusive con posiciones que uno mismo ha sostenido en otras épocas.[11] Lo polémico del tema, en todo caso, surge de su carácter medular para el derecho administrativo: en su estudio están implicadas las cuestiones básicas del derecho administrativo; el "problema" del contrato administrativo es, por tanto, el "problema" del derecho administrativo, y en no pocas ocasiones, la sustantividad del propio derecho administrativo y de su autonomía.

En efecto, en el mundo jurídico, en la relación derecho administrativo–derecho civil, nos encontramos con una evolución modular: el derecho civil ha prestado instituciones al derecho administrativo, y éstas, al resultar comunes, han exigido e impuesto, primero, su diferenciación, y luego, la fijación de su propia sustantividad[12]. Por eso, frente a todas sus instituciones, al derecho administrativo se le ha presentado la exigencia de ir afirmando su autonomía dentro de esa tarea diferenciadora y sustantivizadora.

Como lo señala S. Martín Retortillo, determinar cuándo esas instituciones, incorporadas ya al tronco común del derecho administrativo, son realmente algo distinto, constituye ni más ni menos que la comprobación de su propia sustantividad dentro de dicho ámbito[13].

Pero esta tarea de reafirmar su autonomía, como rama del derecho, frente a cada institución y con motivos de su estudio, ya parece injustificada. Nuestra disciplina ya no necesita justificar su autonomía: la tiene, la realidad jurídica nos lo demuestra. Nuestro esfuerzo, como especialistas, debe estar guiado por la necesidad de superar ese "triste signo del derecho administrativo" del que hablaba el propio S. Martín Retortillo en su magistral estudio sobre: *El Derecho Civil en la génesis del derecho administrativo y de sus instituciones*, que parece que paradójicamente ha de comenzar, en cada una de sus figuras, por plantear y justificar la misma existencia de unos hechos, y de unas instituciones que ya son vivas y existen[14].

---

9 *V.* Allan R. Brewer–Carías, "La evolución. . .", *loc. cit.*, p. 43.

10 *V.* Eduardo García de Enterría: "La figura del contrato administrativo", *loc. cit.*, p. 100.

11 En contraste con lo que sostenemos ahora, *V.* lo expuesto en el Capítulo I del Título Tercero, "La Teoría de los Contratos Administrativos", de nuestro libro: *Las Instituciones Fundamentales*... pp. 157 y ss.

12 *V.* Sebastián Martín–Retortillo Bacquer: *El Derecho Civil en la génesis del Derecho Administrativo y de sus Instituciones*, Sevilla, 1960, p. 7.

13 *Idem*, p. 8.

14 *Ibídem*, pp. 131 y 132.

La institución contractual en el campo de la actuación de la Administración ya no se puede poner en duda. No existe ya aquella famosa contradicción que se destacó a fines del siglo pasado y aún a comienzos del presente, que resultaba de insertar, en el derecho público, la figura *par excéllence* del derecho *privado*, el *contrato*; figura en la cual, aparentemente, no estaban presentes las notas características del actuar público: superioridad de la Administración y ausencia de igualdad frente a los particulares, y la titularidad, por aquélla, de potestades públicas y prerrogativas que le permitían imponer su voluntad unilateralmente. Por ello, Otto Mayer señalaba que la figura del contrato, al exigir posiciones igualitarias, era extraña al derecho administrativo, pues la Administración siempre mandaba unilateralmente[15].

Sin embargo, queda claro que la misma igualdad, tan preconizada como base de la institución contractual del derecho privado, no es de la esencia de los contratos[16]. Allí están los contratos de adhesión en el propio derecho privado para desmentir tal afirmación.

En todo caso, por supuesto, esta posición jurídica quedó en la historia. La institución contractual es tan propia del actuar administrativo como la decisión unilateral, y sobre ello ya no tenemos dudas, afortunadamente. Esto no es lo que se discute; el centro de discusión está ahora, en la diferenciación de los diversos tipos de contratos que celebra la Administración.

II. LAS DIVERSAS FORMAS CONTRACTUALES DEL ACTUAR ADMINISTRATIVO

Si observamos la realidad administrativa de los entes estatales, es evidente la conclusión de que la actividad de la Administración no proviene, ni se realiza, mediante la sola actuación de su voluntad unilateralmente formulada. Es cada vez más frecuente que la Administración establezca vínculos jurídicos con otros sujetos y acuda al concurso de otras voluntades para sus diversas actividades.

Estos actos jurídicos formados conjuntamente por la intervención de dos o más sujetos de derecho y que establecen entre ellos un vínculo jurídico, configuran lo que se denomina la actividad contractual de la Administración. Una primera distinción de formas contractuales en el actuar administrativo se nos aparece de inmediato, y ella proviene de la consideración de los sujetos de derecho que intervienen en la relación; si ambos contratantes son personas jurídicas estatales, la realidad jurídica será distinta a la que se presenta si uno de los contratantes es un particular. Se distinguen, por tanto los contratos interadministrativos de los contratos Administración–Administrados. Veámoslos separadamente.

1. Los contratos interadministrativos

La proliferación de sujetos de derecho, y por tanto, con personalidad jurídica, que han ido configurando el universo de los entes públicos y estatales en el derecho administrativo, ha dado origen a que, con frecuencia, para actuar, celebren entre sí diversos con-

15 *V.* Otto Mayer: *Derecho Administrativo Alemán*, Buenos Aires, 1949, Tomo I, pp. 27 y ss.
16 *V.* Sebastián Martín–Retortillo Bacquer, *op. cit.*, p. 177.

venios y acuerdos que configuran actos contractuales[17]. Estas figuras, nuevas y posteriores al nacimiento de la distinción entre el contrato administrativo y el contrato de derecho privado de la Administración, han sido la consecuencia del proceso de descentralización administrativa que ha caracterizado a la Administración contemporánea de los últimos sesenta años. En ese proceso descentralizador han aparecido, como entes estatales, tanto entes de derecho público como entes de derecho privado y, entre todos ellos, diversas figuras contractuales se celebran, incluso, con previsión expresa y general en las leyes.

A. Los contratos entre entidades político–territoriales

En primer lugar, se destacan los contratos celebrados entre Administraciones territoriales, es decir, entre personas político–territoriales los cuales, si bien, en general no tienen como contenido prestaciones de carácter patrimonial, por ello no dejan de tener naturaleza contractual. En Venezuela, por ejemplo, se destacan los convenios o acuerdos entre la República y los Estados que conforman la Federación. Un típico ejemplo de estos contratos estaba regulado en la Ley Orgánica de Coordinación de la Inversión del Situado Constitucional con planes administrativos desarrollados por el Poder Nacional, y que daba origen a acuerdos de coordinación que resultaban indispensables para que pudiera ser invertido el cincuenta por ciento de lo que los Estados federados recibían del presupuesto nacional como aporte financiero, denominado Situado Constitucional. Estos convenios, suscritos entre la República por órgano del Ministerio de Relaciones Interiores y los Estados por órgano de los Gobernadores respectivos, configuraban auténticas formas contractuales[18].

En 1989 se promulgó la Ley Orgánica de Descentralización, Delimitación y Transferencia de Competencias del Poder Público[19], cuyo artículo 35 derogó la Ley Orgánica de Coordinación de la Inversión del Situado Constitucional con los planes administrativos desarrollados por el Poder Nacional (artículo 35). Sin embargo, en dicha Ley Orgánica se reguló un nuevo tipo de contrato interadministrativo a los efectos de la transferencia de los servicios que venían siendo prestados por el Poder Nacional en el ámbito de lo que en dicha Ley se define como "competencias concurrentes" (artículo 4), que requiere la firma de un convenio entre la República, por órgano del Ministro de Relaciones Interiores y los respectivos Estados, por órgano de los Gobernadores. Dichos convenios de transferencia de competencias requieren, además, tanto la opinión de la Asamblea Legislativa como la aprobación del Senado de la República (artículo 6).

Entre entes territoriales también se destacan otras figuras contractuales: convenios entre la República, Estados y Municipalidades, como por ejemplo, el convenio para el

17 *Cfr.* Eloy Lares Martínez, Manual de Derecho Administrativo, 5° ed. Caracas 1983, p. 278. Por supuesto, para que pueda existir un contrato interadministrativo es necesario que se suscriba entre dos personas jurídicas estatales. Por ello, no puede haber "contratos administrativos" suscritos entre dos Ministerios. *V.* MOP. *Doctrina de la Consultoría Jurídica 1969*, Caracas 1970, p. 19.

18 *V.*, en *Gaceta Oficial*, N° 2715 Extr. de 30–12–80. El artículo 4° de la Ley Orgánica, establecía que una vez aprobados los diferentes programas de los Estados que debían ser coordinados con los planes administrativos nacionales, "se celebrarán convenios entre el Ejecutivo Nacional, por órgano de los Ministerios competentes en razón de la materia, y los Gobernadores de las entidades federales en las cuales se vayan a realizar las obras o a prestar los servicios. Podrán igualmente participar en la celebración de estos convenios otras personas jurídicas de carácter público". *V. CGR Dictámenes de la Consultorio Jurídica 1938–1963*, Tomo I, Caracas 1963, p. 266.

19 *V. Gaceta Oficial* N° 4.153 Extra, de 28–12–89.

establecimiento de la Policía Metropolitana de Caracas,[20] convenios entre Estados, como los relativos a cesiones de su territorio (artículo 10); convenios entre Municipios, como los convenios de mancomunidad previstos también en la Constitución[21] y cuyo ejemplo más característico es el convenio de mancomunidad en materia de ordenación urbanística del Área Metropolitana de Caracas, que originó el establecimiento de una autoridad pública común para el área, así como de una Ordenanza sobre ordenación urbanística común, aprobada en las dos Municipalidades que integran el Área Metropolitana[22]. Todas estas figuras son típicas figuras contractuales administrativas.

B. Los contratos entre entes de derecho público territoriales y no territoriales

En segundo lugar, se destacan los contratos suscritos entre entes territoriales y entes de derecho público no territoriales, como los institutos autónomos o los establecimientos públicos asociativos. Estos convenios pueden o no tener contenido patrimonial, y el mundo de la Administración conoce innumerables tipos. Por ejemplo, en el campo de los convenios sin contenido patrimonial, se destacan los acuerdos celebrados entre la República y el Banco Central de Venezuela para el establecimiento del tipo de cambio para las divisas, conocidos tradicionalmente como "convenios cambiarios"[23]. En efecto, de acuerdo a la Ley del Banco Central de Venezuela, "el o los tipos de cambio del bolívar" no se establecen unilateralmente por el Estado, sino mediante un convenio que se celebra entre la República, por órgano del Ministerio de Hacienda[24] y el Banco Central de Venezuela, por órgano de su Presidencia, en el cual, además, se establecen "los márgenes de utilidad que podrán obtener tanto el Banco Central de Venezuela como los bancos comerciales que intervengan en la compra–venta de divisas"[25]. Estos convenios, por ejemplo, fueron una pieza esencial del régimen de control de cambios establecido entre 1983 y 1989 y para evidenciarlo basta señalar su regulación en los Decretos relativos a dicho régimen en los cuales se autorizó "al Ministro de Hacienda para acordar por convenios con el Banco Central de Venezuela, limitaciones y restricciones a la libre convertibilidad de la moneda nacional", para acordar "condiciones y modalidades" con-

---

20 El Convenio para el establecimiento de la Policía Metropolitana de Caracas, en diciembre de 1969, fue suscrito entre la República, a través del Ministerio del Estado Miranda, a través de su Gobernador. *V.* en P.M. *Dos Siglos de Historia Policial*, Caracas 1982, p. 74.

21 Artículo 28. Conforme al artículo 28 de la Ley Orgánica de Régimen Municipal (*G.O.* N° 4.409 Extr. del 5–6–89), "Las mancomunidades son entidades formadas mediante acuerdo entre dos o más Municipios o Distritos, o entre éstos o uno o más Municipios, para la prestación de determinados servicios municipales".

22 El Convenio de fecha 27 de enero de 1972, se suscribió entre las Municipalidades del Distrito Federal y del Distrito Sucre del Estado Miranda, y con base en la Cláusula Tercera del Convenio, ambas Municipalidades sancionaron y promulgaron la Ordenanza sobre ordenación urbana del Área Metropolitana de Caracas y su zona de influencia. La Ley Orgánica de Régimen Municipal a partir de 1978 reguló, ahora en sus artículos 26 y ss. los acuerdos de Mancomunidades entre Municipios.

23 Art. 92 de la Ley del Banco Central de Venezuela, *G.O.* N° 3.998 de 21–8–87.

24 Impropiamente el mencionado artículo 92 de la Ley esto por órgano de uno de los Ministros impropiamente el mencionado artículo 92 de la Ley del B.C.V. señala que los convenios cambiarios los celebra el Banco "con el Ejecutivo Nación del B.C.V. señala que los convenios cambiarios los celebra el Banco "con el Ejecutivo Nacional" cuando debería ser "con la República" por supuesto por órgano de uno de los Ministros del Ejecutivo. Precisamente por esto la Procuraduría General de la República señala que los Convenios Cambiarios no pueden calificarse como contratos administrativos ya que el Ejecutivo Nacional, que los suscribe, no es una persona jurídica. *V.* Doctrina PGR 1984, Caracas 1985, p. 43.

25 Art. 92, Ley B.C.V. Un ejemplo de estos convenios cambiarios son los publicados en *Gaceta Oficial* N° 34.177 de 13–3–89 y N° 34.244 de 19–6–89.

forme a los cuales ese instituto vendería a los titulares de deuda privada externa las divisas necesarias para la amortización del capital adeudado, "al tipo de cambio que se determine en el convenio" correspondiente[26]. Por dicho objeto, estos "convenios cambiarios" comenzaron a adquirir un contenido reglamentario, que permite calificarlos como "actos mixtos"[27]

Por otra parte, en el campo de los convenios de contenido patrimonial, están los múltiples supuestos de contratos de sociedad suscritos entre la República y los Institutos Autónomos, para la constitución de empresas públicas con forma societaria[28]. No son infrecuentes, por otra parte, los contratos de obras o servicios, y aun las concesiones de servicios públicos celebradas entre entes territoriales y personas de derecho público: allí están los convenios para la prestación del servicio público de alcantarillado y distribución de agua potable suscritos entre las Municipalidades y el Instituto Nacional de Obras Sanitarias[29].

C. Los contratos entre personas jurídicas estatales de derecho público y de derecho privado

En tercer lugar, se destacan los convenios suscritos entre entes de derecho público, territoriales o no territoriales y personas jurídicas estatales de derecho privado, particularmente las empresas del Estado con forma societaria mercantil, los cuales, por la forma jurídica adoptada por éstas, se aproximan a los contratos suscritos entre la Administración y los particulares.

Todos estos universos de figuras contractuales interadministrativas forman, sin duda, una categoría peculiar en el mundo de la actividad contractual de la Administración, que no debe dejarse de lado a la hora de trazar la evolución del concepto de contrato administrativo. Ellas, que no existían en el momento en que surgió este concepto, son ahora, quizás, los contratos públicos por excelencia[30].

---

26 Por ejemplo, así lo estableció el artículo 1° del Decreto N° 1.929 de 26–3–83, *Gaceta Oficial* N° 3.119 Extra de 26–3–83; y asimismo el artículo 1° del Decreto N° 43 de 24–2–84. *G.O.* N° 32.926 de 24–2–84.

27 La Procuraduría General de la Republica en virtud del contenido normativo general de estos convenios cambiarios los califica de actos administrativos complejos o "acuerdos administrativos". *V. Doctrina PGR 1984*, Caracas 1985, p. 43.

28 *V.*, por ejemplo, el acta constitutiva de la C.A. Nacional de Reforestación (CONARE), en la cual aparecen como accionistas la República, el Instituto Agrario Nacional, el Instituto Nacional de Obras Sanitarias y las Corporaciones de Desarrollo Regional de los Andes, Centro–Occidente, Nor–Oriente y el Zulia. *V.* en Cordiplán, *Resumen Informativo de Entidades de la Administración Pública Nacional*, Tomo 4, Caracas, 1980, p. 166.

29 *V.*, por ejemplo, los comentarios del anteproyecto de contrato de concesión del servicio de abastecimiento de agua y alcantarillado del Área Metropolitana de Caracas, en Allan R. Brewer–Carías: *Derecho y Administración de las Aguas y otros Recursos Naturales Renovables*, Caracas, 1976, pp. 211 y ss.

30 Así lo ha considerado la Contraloría General de la República al analizar un contrato suscrito entre la República y la CANTV. *V. CGR Dictámenes de la Consultorio Jurídica 1969–1976*, Vol. IV, 1978, pp. 322 y ss.

2. Los contratos administración–administrados

A. Las diversas formas contractuales

Pero la figura contractual administrativa, sin duda, está montada sobre el acuerdo para establecer un vínculo jurídico celebrado entre una Administración y un particular. Con base en esta modalidad fue que se construyó toda la teoría del contrato administrativo frente al contrato de derecho privado de la Administración: en los primeros convenios, que siempre tenían como co–contratante a un particular, la Administración aparecía en situación de superioridad, como autoridad, y en los otros, en el mismo plano jurídico que su co–contratante.

Sin embargo, también con posterioridad a esta construcción doctrinal, fueron apareciendo en el actuar administrativo, nuevas figuras contractuales que nada tenían que ver con las que dieron origen a aquella teoría y a aquella distinción, porque no establecían, *stricto sensu*, relaciones patrimoniales entre los contratantes.

En efecto, en el universo de las *relaciones contractuales* que se celebran entre la Administración y los particulares, no sólo aparecen aquéllas que suponen la utilización, por la Administración, de instrumentos contractuales dentro del ámbito de relaciones patrimoniales, sino que hoy es cada vez más frecuente la existencia de figuras contractuales que se limitan a fijar la medida de una obligación o ventaja jurídico–pública previamente establecida legalmente, y sin que aparezca colaboración patrimonial alguna. Se distinguen, por tanto, dos tipos de contratos Administración–Administrados.

B. Los contratos de contenido patrimonial

En primer lugar, los contratos de contenido y relación patrimonial, en los cuales, como lo dice E. García de Enterría, la Administración actúa como "cliente" de los empresarios privados, esto es, en un terreno de simple colaboración o intercambio patrimonial: paga dinero o transfiere posibilidades de actuación frente al público a ella reservadas, a cambio de bienes y servicios que busca o recibe[31]. Este es el universo de figuras contractuales propias del tradicional contrato de la Administración, tanto del denominado contrato administrativo como del denominado contrato de derecho privado.

C. Los nuevos contratos no patrimoniales como técnica de administración

Pero, en segundo lugar, frente a esas figuras contractuales tradicionales, en las relaciones Administración–Administrados comienzan a aparecer nuevas formas contractuales denominadas acuerdos, convenios, actas–convenios o conciertos y las cuales, en general, no encuentran paralelo en el derecho contractual privado, porque el vínculo jurídico que establecen y regulan no supone colaboración patrimonial entre partes, sino, en realidad, un acuerdo para fijar la medida de una sujeción jurídico–pública o de una ventaja también jurídico–pública, establecidas legalmente[32].

---

31 *V.* Eduardo García de Enterría y Tomás Ramón Fernández: *Curso de Derecho Administrativo*, Tomo I, Madrid, 1974, p. 484.

32 *Idem*, p. 485

La Administración, en efecto, a pesar de sus poderes públicos de acción unilateral, en muchos casos, por incapacidad o por política predeterminada, busca establecer las modalidades de su acción respecto de los particulares, acudiendo a la vía negocial. No se trata de que en estos contratos se establezcan los poderes de la Administración; éstos preexisten, pero por la debilidad de la acción unilateral en el cumplimiento de ciertos cometidos en el campo económico, o, al contrario, por el esfuerzo de la Administración de promover la participación de los particulares en las tareas comunes, los entes públicos han recurrido a estos acuerdos con los particulares, como una técnica de administración: la Administración mediante convenios o "Administración concertada". Varios ejemplos nos muestra el orden jurídico contemporáneo.

a. El arreglo amigable expropiatorio

En primer lugar, los arreglos amigables en la expropiación. En efecto, aun cuando no se acuda a la vía judicial, la expropiación nunca es una compra–venta. Decretada la expropiación, como lo ha dicho la Corte Suprema de Justicia en Venezuela, la expropiación procede por las buenas o por las malas.[33] Por tanto, aun mediando el convenio expropiatorio o arreglo amigable, este no es una compra–venta, sino en realidad, una adhesión a la expropiación, que implica, además, un convenio para fijar el monto de la indemnización a través de los peritos. El convenio en realidad, es un acuerdo para designar peritos, lo que implica allanarse frente a la potestad expropiatoria[34].

b. Los convenios fiscales

En segundo lugar, los convenios o conciertos fiscales previstos expresamente en la legislación tributaria. Entre ellos deben destacarse los que tienen por objeto el establecimiento de la base imponible a través de la determinación contractual de precios. Por ejemplo, en esta figura encuadraban los convenios para el establecimiento de precios de referencia para la determinación de la base imponible del impuesto sobre la renta a las empresas petroleras, suscritos conforme a la Ley de Impuesto sobre la Renta de 1966, entre la República y las empresas contribuyentes[35]. En este campo también deben mencionarse las transacciones fiscales autorizadas en el artículo 1° de la Ley Orgánica de la Hacienda Pública Nacional y limitadas en materia tributaria, conforme a lo dispuesto en

---

33 *V.* la sentencia de la antigua Corte Federal y de Casación, de 14–3–52, en *Gaceta Forense* N° 10, Caracas 1952, p. 148, y en Allan R. Brewer–Carías, *Jurisprudencia de la Corte Suprema 1930–74 y Estudios de Derecho administrativo*, Tomo VI, Caracas 1980, p. 298.

34 *V.* la misma sentencia citada en la nota anterior, en *Gaceta Forense* N° 10, *cit.*, pp. 146 y 147; y en Allan R. Brewer–Carías*: Jurisprudencia... cit.*, Tomo VI, p. 345.

35 Conforme al artículo 41 de la Ley de Impuesto sobre la Renta, de 16–12–66. (*G.O.* 1.069 Extr., de 23–12–66), se autorizó al Ejecutivo Nacional para "celebrar convenio previo con el contribuyente hasta por un plazo de cinco años para establecer las bases con arreglo a las cuales se hará la determinación de los valores de los artículos o mercancías exportadas en el puerto venezolano de embarque". Esta realidad de convenios para fijar los valores de referencia se aplicó hasta la reforma de la ley, en diciembre de 1970, mediante la cual se convirtió en una facultad unilateral del Estado la fijación de los valores de exportación (Art. 40). *V.* en *G.O.* N° 29.397, de 18–12–70, aplicable al propio ejercicio fiscal de 1970. *V.* la problemática jurídica sobre ello en Allan R. Brewer–Carías, "Consideraciones sobre los reparos formulados por la Contraloría a las empresas concesionarias de hidrocarburos respecto del ejercicio fiscal 1970" en *Archivo de Derecho Público y Ciencias de la Administración*, Vol. III, 1972–1979 (Régimen Jurídico de las Nacionalizaciones en Venezuela), Caracas 1981, Tomo 2, p. 674 a 685).

el Código Orgánico Tributario de 1982, "en cuanto a la determinación de los hechos y no en cuanto al significado de la norma aplicable"[36].

c. Los convenios de ejecución de planes y políticas de desarrollo

En tercer lugar, están todas las figuras contractuales que giran en torno a la idea contemporánea de la "Administración concertada"[37], propia del orden económico, y mediante la cual, la Administración tiende a renunciar al ejercicio imperativo y unilateral de sus poderes, buscando convenir con los Administrados la aplicación concreta de los mismos, ganándose la colaboración y participación de los empresarios en las tareas comunes de desarrollo económico y social. Mediante estos conciertos o acuerdos, los particulares aceptan como vinculante un plan que, *per se*, era indicativo, a cambio de la obtención de determinados beneficios o incentivos, que la Administración renuncia a manejar discrecionalmente. Sin embargo, al igual que las otras figuras señaladas, estos convenios requieren habilitación legal expresa.

Por supuesto, en estas figuras negociales, la Administración, evidentemente, no procura proveerse de bienes y servicios, es decir, no establece una relación patrimonial, pero no por ello dejan de tener carácter contractual. Son auténticos contratos de la Administración, ciertamente nuevos, que al estudiar la evolución del concepto de contrato administrativo, no podemos ignorar, particularmente porque han conducido a suplantar la forma tradicional de expresión unilateral de voluntad administrativa, por mecanismos negociables o contractuales, conforme a los cuales los representantes de aquellos intereses participan junto con la Administración, en la formulación de un acto que es expresión de un convenio o contrato. No se trata ya de una participación consultiva, sino de una participación–negociación, en la cual en principio, se sustituye el principio de imposición por el de negociación o contratación con las partes interesadas; fórmula denominada en el ámbito anglosajón, como la del *government by contract*[38].

En el derecho de los países andinos, miembros del Acuerdo de Cartagena, por ejemplo, de acuerdo al artículo 28 de la Decisión N° 24 que estableció el Régimen Común de Tratamiento a los capitales Extranjeros y sobre Marcas, Patentes, Licencias y Regalías[39], al reservarse a las empresas nacionales o mixtas el goce de las ventajas derivadas del programa de liberación[40], se previó que las empresas extranjeras que existían en los países miembros y que deseaban gozar de dichas ventajas debían convenir con el organismo competente del país respectivo su transformación en empresas nacionales o mixtas, precisándose en detalle lo que debían contener los convenios sobre transformación[41]. En el caso de Venezuela, además, en el Decreto N° 63 de 29–4–74, reformado por Decreto N° 2.442 de 8–11–77 que reglamentó la mencionada Decisión N° 24[42], se precisó que "los convenios destinados a la transformación de las empresas extranjeras en nacionales o mixtas, serán celebrados entre dichas empresas, actuando en represen-

36 Art. 58. *V.* Allan R. Brewer–Carías, "Las transacciones fiscales y la indisponibilidad de la Potestad y Competencia Tributaria", *Revista de Derecho Tributario* N° 18, Caracas, 1967, pp. 1 y ss.

37 *V.* E. García de Enterría y T. R. Fernández, *op. cit.*, Tomo I, p. 485.

38 *V.* M. Sánchez Morón, *La participación del ciudadano en la Administración Pública*, Madrid 1980, p. 70.

39 *V.* en *G.O.* 1.620 Extra de 1–11–73. *V.* luego la Decisión 220 en *G.O.* 34.014 de 25–7–88.

40 Art. 27.

41 Art. 28 y 31.

42 *G.O.* 30.412 de 31–5–74 y *G.O.* 2.100 Extra de 15–11–77. *V.* ahora el Decreto N° 727 en *G.O.* N° 34.397 de 26–1–90.

tación de sus inversionistas y la Superintendencia de Inversiones Extranjeras[43] regulándose el contenido de los mismos.[44]

Pero independientemente de la previsión legal de esta forma de participación negocial en las actividades administrativas, la modalidad se ha venido utilizando en variadas circunstancias en el campo industrial[45]. Por ejemplo, convenios para garantizar el abastecimiento de productos se firmaron en la década de los setenta entre la República y los productores, en los cuales se regularon, incluso, el otorgamiento de cupos de importación, la tramitación de exoneraciones, y se establecieron obligaciones de compra de materias primas producidas en el país. Ejemplos de estos convenios fueron los celebrados entre la República y la Asociación Venezolana de Industriales de Grasas y Aceites en representación de los industriales procesadores de Aceites y Grasas; entre la República y los industriales Productores de Harina de Maíz Precocida; y entre la República y las Industrias Fabricantes de Jabón. Otros ejemplos de esta participación contractual, fueron los convenios firmados entre la República y algunos sectores industriales para la fijación de precios máximos de venta de productos. Ejemplos de estos convenios fueron, el suscrito entre la República y los representantes del Sector fabricante de Cosméticos (1984); entre la República y las empresas productoras de Cemento (1981); y entre la República y las empresas productoras de hierro y acero (1974)[46].

Más recientemente, y dentro de la política de "concertación" definida por el gobierno a partir de 1989, al producirse la liberación de precios de bienes y servicios, el Decreto N° 50 de 1–3–89 reformado luego por Decreto N° 296 de 15–6–89[47] estableció la obligación de los productores de concertar con el Ministerio de Fomento los precios de los productos y sus aumentos, lo que se ha hecho mediante convenios o acuerdos[48].

d. Los convenios para la adquisición de divisas derivados de las restricciones cambiarías impuestas en 1983

Con motivo de las restricciones cambiarías impuestas a partir de febrero de 1983[49] y de la decisión del Estado venezolano de garantizar a las empresas privadas deudoras de divisas que habían sido utilizadas en actividades económicas en el país, la adquisición de dichas divisas para el pago de su deuda privada externa a una tasa de cambio preferencial, el régimen legal establecido a partir de 1984 tanto en Decretos Ejecutivos[50] como en el Convenio Cambiario N° 2 celebrado entre el Ministerio de Hacienda y el Ban-

---

43 Art. 47. Esta norma se eliminó posteriormente del Reglamento dictado por Decreto N° 1.200 de 16–7–86 (*G.O.* N° 3.881 Extraordinario de 29–8–86), particularmente porque el régimen de los convenios de transformación se reguló en la Ley sobre Transformación de Empresas Extranjeras de 11 de agosto de 1975. (*G.O.* N° 30.774 de 21–8–75), en el cual se reguló la facultad unilateral de la Superintendencia de Inversiones Extranjeras de establecer "de manera general o particular las condiciones que juzgue convenientes para la transformación de las empresas extranjeras, en función del interés económico, social y del desarrollo tecnológico del país" (Art. 4), conforme a las informaciones y propuestas que debe recibir de las empresas (artículos 1, 2 y 3).

44 Art. 48 y ss.

45 *V.* Allan R. Brewer–Carías, "El Derecho Administrativo y la participación de los Administrados en las tareas administrativas", *Revista de Derecho Público* N° 22, Caracas, 1985, pp. 19–20.

46 Consultados en original.

47 *Gaceta Oficial* N° 34.244 de 15–6–89.

48 Un ejemplo de dichos convenios publicado en *Gaceta Oficial*, se refiere al aumento de las tarifas de los servicios eléctricos. *V.* en *Gaceta Oficial* Extraordinaria N° 4.080 de 29–3–89.

49 Decreto N° 1.929 de 26–3–83. *G.O.* 3.119 Extra de 26–3–83.

50 Decreto N° 1.930 de 26–3–83. *G.O.* 3.119 Extra de 26–3–83, modificado por Decreto N° 44 de 24–2–84, *G.O.* 32.926 de 4–2–84.

co Central de Venezuela, previo que una vez que las empresas deudoras obtuvieran el registro de su deuda en la Oficina del Régimen de Cambios Diferenciales, debían suscribir un contrato de compra–venta de divisas con el Banco Central de Venezuela[51], adquiriendo a partir de la suscripción de dicho contrato, un derecho a comprar las divisas al tipo de cambio preferencial establecido, obligándose al Banco Central de Venezuela a venderle dichas divisas en los plazos estipulados.

En estos casos, estos contratos de compra–venta de divisas entre el Banco Central de Venezuela y las empresas particulares deudoras, se configuraron como típicos contratos entre Administración y Administrados, en los cuales, había un objeto de carácter patrimonial (compra–venta de divisas). El co–contratante de la Administración sólo asumía la obligación de pagar al Banco Central de Venezuela las divisas en determinados plazos, siendo la motivación general de dichos contratos asegurar la compra–venta de divisas, que se había reservado al Banco Central de Venezuela y centralizado en esta institución, para determinados deudores a una tasa preferencial determinada, como política económica, la cual bien hubiera podido establecerse unilateralmente por el Estado.

3. La figura ampliada de los contratos de interés nacional

Pero dentro de los contratos Administración–Administrados, y concretándonos a aquellos que tienen contenido estrictamente patrimonial en el vínculo jurídico que establecen, debe destacarse la categoría específica de contratos de interés nacional, sometidos a ciertas condiciones de control parlamentario, aun cuando la entidad que contrate con el particular no sea, *stricto sensu*, una persona de derecho público.

En efecto, el artículo 126 de la Constitución establece, en su primera parte, lo siguiente: "Sin la aprobación del Congreso no podrá celebrarse ningún contrato de interés nacional, salvo los que fueren necesarios para el normal desarrollo de la Administración Pública o los que permita la ley"[52].

En otras palabras, conforme a esta norma los contratos de interés nacional deberán someterse, previamente, a la aprobación del Congreso, salvo aquellos que sean normales en el funcionamiento de la Administración. Es decir, se regula una categoría específica de contrato que, aun cuando no tenga como contratante, del lado público, necesariamente, a un ente de derecho público territorial o no territorial como los institutos autónomos, si debe tratarse de una entidad estatal, aun cuando pueda tener forma jurídica de derecho privado.

En efecto, en el universo de los sujetos que actúan en el campo del derecho administrativo, se destacan las personas jurídicas estatales, en las cuales se ubican, no sólo los sujetos de derecho con forma jurídica de derecho público, sino también, los entes jurí-

---

51 Decreto N° 43 de 24–2–84. *G.O.* 32.926 de 4–2–84 y Convenio Cambiario N° 2 de 27–12–85.

52 Sobre la noción de contratos de interés nacional y la intervención parlamentaria para su aprobación, *V.* Carlos Tinoco Rodil: "Contratos de Interés Nacional", en *Revista de Derecho y Legislación*, Tomo XXIX, Caracas, 1940, pp. 135 y ss.; A. Rodríguez Cirimele, E. Provenzali Heredia y J. M. Casal Montbrun: *Procedimiento parlamentario para la aprobación de contratos de interés nacional*. Caracas, 1973; Luis Brito García: "Régimen Constitucional de los Contratos de Interés Público", separata de la Revista *Control Fiscal y Tecnificación Administrativa*. *V.*, además, Eloy Lares Martínez: "Contratos de interés nacional", en este mismo libro: *Homenaje al Profesor Moles Caubet*, pp. 117 y ss.; J. Melich Orsini, "La noción de contrato de interés público". *Revista de Derecho Público N° 7*, Caracas, 1981, p. 61. G. Pérez Luciani, "Contratos de interés nacional, contratos de interés público y contratos de empréstito público" en *Libro Homenaje al Dr. Eloy Lares Martínez*, Tomo I, Caracas, 1984, pp. 90–163.

dicos con forma de derecho privado que forman parte, sin embargo, de la organización general del Estado[53]. No hay duda que, por ejemplo, los contratos que excedan de la normal administración y que suscriban las empresas del Estado con forma societaria serían auténticos contratos de interés nacional, no sólo sometidos a la aprobación previa del Congreso, sino también al régimen jurídico propio de los que tradicionalmente se califican como contratos administrativos. Por ejemplo, dentro de los contratos de obra pública celebrados en Venezuela, ¿cuál más importante por su magnitud económica e incidencia en el proceso de desarrollo económico, que el contrato para la construcción del complejo hidroeléctrico de El Guri, de los más importantes en producción de energía hidroeléctrica de América Latina? ¿Qué sentido tenía decir que es un contrato administrativo de interés nacional el que suscribe la República para la construcción de un camino de penetración agrícola cualquiera, y que el de la Represa de El Guri, por ser suscrito por una empresa del Estado con forma societaria (Electrificación del Caroní, S.A.), no era un contrato de interés nacional?[54].

En realidad, la figura de los contratos de interés nacional ha venido a ampliar la categoría de contratos administrativos, al comprender como tales, muchos contratos que aun cuando no sean suscritos por un ente de derecho público, sin embargo, se consideran como de interés nacional y, por tanto, sometidos al mismo régimen, preponderante de derecho público, propio de los contratos tradicionalmente calificados como administrativos. Por supuesto, para ello se requiere de una normativa legal que lo especifique, lo que ha ocurrido con los contratos de empréstito público regulados en la Ley Orgánica de Crédito Público: de acuerdo a esta normativa, tan contrato administrativo de crédito público es el que celebra la República como el que celebra una empresa del Estado con forma societaria. Ambos están sometidos a la normativa especial de dicha ley[55].

En todo caso, en cuanto a las relaciones entre las nociones de contrato administrativo y contrato de interés nacional, debe señalarse que ambas ni son comparables ni son equivalentes. Los contratos de interés nacional son, por supuesto, contratos administrativos en los cuales hay una preponderancia de régimen de derecho público, pero, por supuesto, no todos los contratos administrativos son contratos de interés nacional, pues, por ejemplo, hay contratos administrativos celebrados por los Estados y Municipios que sólo serían de interés estadal o municipal[56]. Por tanto, independientemente de la polémica doctrinal que desde hace años ha surgido en torno a sobre si la noción de contrato de interés nacional es o no equivalente a la de contrato administrativo, en realidad, lo que la parte mencionada del artículo 126 de la Constitución plantea como interrogante, que tiene que ser resuelto, es en primer lugar, la determinación de la frontera entre contratos de interés nacional y contratos que no son de interés nacional; y, en segundo lu-

53 *V.* Allan R. Brewer–Carías, "La distinción entre las personas públicas y las personas privadas v el sentido de la problemática actual de la clasificación de los sujetos de derecho", en *Revista Argentina de Derecho Administrativo*, N° 17, Buenos Aires, 1977, pp. 19 y ss. y 28 y ss., y en Revista de la Facultad de Derecho, U.C.V., N° 57, Caracas, 1976, pp. 115–135.

54 La Contraloría General de la República ha considerado como contrato de interés nacional algunos celebrados tanto por Institutos Autónomos como por Empresas del Estado. *V. CGR Dictámenes de la Consultorio Jurídica 1969–1976*, Vol. IV, pp. 29, 243 y 253.

55 *V.* la Ley Orgánica de Crédito Público, en *G.O.* Extr. N° 3.253 de 14–9–83.

56 Al contrario, la Contraloría General de la República ha identificado 'os contratos de interés nacional con los contratos administrativos. *V. CGR Dictámenes de la Consultorio Jurídica 1938–1968*, Tomo III, Caracas 1968, p. 51. En sentido similar, Luis H. Parías Mata, *La Teoría del contrato administrativo en la doctrina, legislación y jurisprudencia venezolana*, Caracas 1968, p. 20; Luis Brito García, *Régimen constitucional de los contratos de interés público*, Revista Control Fiscal (separata), p. 78.

gar, dentro de los primeros, es decir, de los contratos de interés nacional, cuáles son, sin embargo, "necesarios para el normal desarrollo de la Administración Pública" y, por tanto, no requieren de aprobación legislativa, y cuáles tampoco requieren de dicha aprobación, porque así lo permita la ley[57].

A. La noción de contrato de interés nacional

La expresión "interés nacional", para calificar determinados contratos, sin duda constituye un concepto jurídico indeterminado o impreciso que establecido en el texto constitucional, da amplio margen al legislador para determinar o precisar, discrecionalmente, su contenido. Por tanto, en definitiva, determinar con precisión qué es "interés nacional" (artículos 101 y 126), "interés público" (artículo 127), "conveniencia nacional" (artículo 97), "interés social" (artículos 96 y 105), "función social" (artículo 106), es una tarea que corresponde al legislador.

Por tanto, ante todo, un contrato será de "interés nacional" cuando así lo determine el legislador. Sin embargo, no es frecuente que la ley califique expresamente, en los términos del artículo 126 de la Constitución, a un contrato "como de interés nacional". Por ello, los esfuerzos doctrinales que se han hecho tendientes a determinar su naturaleza, por contraposición a unos contratos que no son de interés nacional, y que podemos resumir como sigue:

1. Podría decirse, así, que contrato de interés nacional, es aquel que interesa al ámbito nacional (en contraposición al ámbito estadal o municipal), porque ha sido celebrado por una persona jurídica estatal nacional, de derecho público (la República o un instituto autónomo) o de derecho privado (empresa del Estado). Por tanto, no serán contratos de interés nacional aquellos que son de interés estatal o municipal, porque sean celebrados por personas jurídicas estatales de los Estados o de los Municipios, incluyendo los Institutos Autónomos y empresas del Estado de esas entidades político–territoriales. Esta parece ser la interpretación más directa respecto a lo que se entiende, en el artículo 126 de la Constitución, por "interés nacional", contrapuesto a "interés estadal", o "interés municipal".

Todos los contratos de interés nacional, estadal o municipal, serían, por supuesto, contratos de "interés público" (artículo 127)[58], en el mismo sentido que la noción de Poder Público (Título IV de la Constitución) comprende al Poder Nacional, a los Poderes de los Estados y al Poder Municipal.

De acuerdo a este criterio, los contratos celebrados por un Estado miembro de la Federación o sus Institutos Autónomos o empresas del Estado estadales, o por un Municipio o sus Institutos Autónomos o empresas del Estado municipales, no serían contratos de interés nacional, en los términos del artículo 126 de la Constitución.

En nuestro criterio, en ausencia de una precisión del legislador sobre qué ha de entenderse por "interés nacional", la única interpretación que admite el texto constitucional para identificar los "contratos de interés nacional" son los que corresponden al ámbito nacional, por contraposición al estadal o municipal. Por eso, en principio, aquéllos re-

---

57 *V.* Allan R. Brewer–Carías, "Los contratos de interés nacional y su aprobación legislativa", *Revista de Derecho Público* N° 11, Caracas 1982, pp. 49–54.

58 *Cfr.* Eloy Lares Martínez, "Contratos de interés nacional", en *Libro Homenaje al Profesor Antonio Moles Caubet*, Tomo I, Caracas 1981, p. 117.

quieren aprobación del Congreso (órgano que ejerce el Poder Legislativo Nacional) (Título V) y éstos no lo requieren. Los contratos de interés de los Estados o Municipios, por tanto, son contratos que no serían de interés nacional.

2. En la doctrina nacional se ha querido diferenciar cuantitativamente la noción de contrato de interés nacional, al identificarse con un "tipo esencial de contratos, por su importancia, por su magnitud económica, por sus consecuencias". Por ejemplo, Gonzalo Pérez Luciani, señala que:

> "de no existir diferencias cualitativas entre los diversos contratos que pudiere celebrar la Administración para calificar a unos como de "interés nacional" y a otros no, la única posibilidad es que las normas diferenciales sean exclusivamente cuantitativas. De las diversas normas transcritas puede deducirse que la preocupación del Constituyente ha girado en torno a cuestiones como las siguientes: los compromisos económicos o financieros que pudieran resultar a cargo del Estado; al temor a que se malgasten o dilapiden los fondos públicos; la necesidad de conservar los bienes patrimoniales o los recursos naturales del Estado, o que los mismos no sirvan para beneficiar a unos pocos en detrimento de todos; los requerimientos de control, sobre los poderes de la Administración, para evitar abusos, favoritismos, etc. Esas características cuantitativas son las que han movido al Constituyente para considerar a unos contratos de "interés nacional""[59].

Una interpretación similar la hace José Melich Orsini, al señalar que un contrato de interés público (comprendido los de interés nacional) es el que contiene "una gran contratación hecha por la Administración Pública Nacional... que justifique a los fines de control la intervención del Congreso".[60]

Este criterio cuantitativo de interpretación sobre qué ha de entenderse por contrato de interés nacional, por sí sólo, es inadmisible para trazar el límite entre los contratos que sean de interés nacional y los que no lo sean, y requeriría, para su vigencia, de una ley que lo determine. El legislador, en efecto, tendría que establecer el límite "cuantitativo" o de "gran contratación", para que se pudiera exigir, como condición de eficacia contractual, la aprobación del Congreso. Lo cierto es que esa intervención parlamentaria no puede quedar sujeta a interpretaciones o a apreciaciones cuantitativas que, sin previsión legal, serían variables. Por tanto, el criterio cuantitativo no es admisible para determinar los contratos de interés nacional, sino cuando una ley establezca que aquellos de determinada cuantía, importancia o naturaleza lo sean, a los efectos de quedar sujetos a la aprobación del Congreso[61].

3. Otra posición doctrinal, elaborada bajo el ángulo del derecho internacional, sostiene que por contratos de interés público (comprendidos los de interés nacional) "debe entenderse pura y simplemente aquellos contratos celebrados por el Estado que puedan dar origen a reclamaciones extranjeras". Es la posición de Fermín Toro Jiménez, quien agrega que no serían contratos de interés público (incluyendo los de interés nacional) "todos aquellos en que no pueda plantearse la posibilidad de una reclamación extranjera, ni directamente, a través de una reclamación diplomática, ni indirectamente mediante el ejercicio de una acción contra el Estado venezolano ante los tribunales de un Estado extranjero, conforme a la legislación de ese mismo Estado. Estos contratos, serían

---

59 Dictamen sobre los contratos de interés público, de interés nacional y los contratos de empréstito público, 1973, citado por Fermín Toro Jiménez, *Manual de Derecho Internacional Público*, Vol. 1, Caracas 1982, p. 473. Esta tesis cuantitativa ha sido criticada por Eloy Lares Martínez, *Manual de Derecho Administrativo*, 5° Edición, Caracas 1983, p. 318.

60 "La Noción de Contrato de Interés Público" en *Revista de Derecho Público* N° 7, Caracas 1981, p. 61.

61 *Cfr.* Eloy Lares Martínez, *loc. cit.*, p. 136.

aquellos celebrados por el Estado venezolano o demás entes públicos con personas naturales o jurídicas venezolanas"[62].

Esta interpretación tampoco es admisible, no sólo por su visión limitada respecto de los efectos internacionales de los contratos públicos, sino porque el mismo artículo 126 de la Constitución le da una connotación de derecho interno a los contratos de interés nacional, al admitir que una categoría de ellos pueden ser "necesarios para el normal desarrollo de la Administración Pública" aun cuando no se celebren con personas jurídicas extranjeras. Por otra parte, es una interpretación que identifica, en los términos de los artículos 126 y 127, los contratos de "interés público" con los de "interés nacional", lo cual no autoriza la Constitución. No se olvide que los primeros constituyen el género y los segundos una especie.

En todo caso, la interpretación de qué ha de entenderse por contrato de interés nacional, no puede estar basada en la sola posibilidad de reclamaciones extranjeras contra el Estado derivadas del vínculo contractual. La Constitución, en forma alguna, autoriza a esta interpretación, máxime cuando regula con precisión los casos de contratos celebrados por los entes públicos con personas jurídicas extranjeras[63].

Como conclusión, por tanto, en ausencia de una legislación que determine con precisión qué ha de entenderse por contrato de interés nacional, la única interpretación que autoriza el texto mismo de la Constitución para diferenciar "contratos de interés nacional" de aquellos que no lo son, es la que deriva del principio de la repartición vertical del Poder en nuestro sistema federal o político–territorial. Así, contratos de interés nacional son los celebrados por las entidades políticas y administrativas nacionales (República, Institutos Autónomos y otros establecimientos públicos estatales nacionales y empresas del Estado nacionales). En consecuencia, no son contratos de interés nacional los celebrados por los Estados o Municipios, sus institutos autónomos estadales o municipales y sus empresas del Estado estadales o municipales.

En consecuencia, sólo los primeros, los contratos de "interés nacional" están sometidos, como principio, al requisito de aprobación por el Congreso que prevé el artículo 126 de la Constitución en su primera parte; y, en cambio, los segundos, es decir, los contratos de interés estadal o municipal, no están sometidos al requisito de aprobación del Congreso para su celebración.

B. La exigencia de aprobación del Congreso en los contratos de interés nacional

De lo señalado anteriormente puede concluirse como principio general, que todos los contratos de interés nacional, es decir, que sean celebrados por entes públicos o administrativos nacionales (República, Institutos Autónomos Nacionales, otros establecimientos públicos estatales nacionales y empresas del Estado nacionales), estarán sometidos a la aprobación del Congreso que, como requisito, se configura como una formalidad posterior a la conclusión del contrato.

Sin embargo, la Constitución establece en el artículo 126 que, en efecto, todos los contratos de interés nacional para ser celebrados requieren de la aprobación del Congreso "salvo los (contratos de interés nacional) que fueren necesarios para el normal desa-

62 *Manual de Derecho Internacional Público*, Tomo I, Caracas 1982, pp. 481 y 482.
63 Art. 126, penúltimo aparte y 127.

rrollo de la administración pública o los que permita la ley". Esa norma plantea varios problemas interpretativos:

1. Ante todo, el artículo 126 de la Constitución distingue dos categorías de contratos de interés nacional: aquellos que no son necesarios para el normal desarrollo de la Administración Pública y aquellos que, en cambio, sí son necesarios para el normal desarrollo de la Administración Pública. Sólo los primeros están sometidos al requisito de aprobación del Congreso.

Sin embargo, necesariamente aquí se nos plantea el problema, de nuevo, de establecer la frontera entre uno y otro contrato: en otras palabras, se plantea el problema de determinar cuándo un contrato de interés nacional es necesario para el normal desarrollo de la Administración Pública y cuándo no.

Ello exige definir criterios, en primer lugar, sobre lo que es o no "necesario" y, en segundo lugar, sobre lo que es o no "normal desarrollo". Estamos aquí, de nuevo, ante conceptos jurídicos imprecisos o indeterminados que sólo el legislador podría definir con precisión, para lo cual podría optar por variados criterios, incluso el de carácter cuantitativo. Mientras ello no se haga, nada autoriza al intérprete a calificar en forma definitiva un contrato de interés nacional como sujeto o no a la aprobación legislativa. Puede, sin duda, haber apreciaciones, pareceres u opiniones, pero no criterios jurídicos definitivos.

Como lo indicamos en otro lugar, "para ello se requiere una normativa legal que lo especifique"[64]. De lo contrario, como lo afirma Eloy Lares Martínez, "dentro de esa primera excepción, pueden considerarse incluidos, si no la totalidad, la inmensa mayoría de los contratos que celebra el Ejecutivo Nacional, cualesquiera fuesen su magnitud, importancia y trascendencia en el desarrollo nacional"[65].

Ahora bien, siendo una excepción a la regla constitucional, es de interpretación estricta, y la aplicación de la misma, en principio, requeriría de una ley que determine cuáles son los contratos de interés nacional necesarios para el normal desarrollo de la Administración Pública y que, por tanto, no estarían sometidos a la aprobación posterior del Congreso. Mientras esto no ocurra, todos los contratos de interés nacional tendrían que someterse a ese requisito de aprobación parlamentaria. Ello, sin duda paralizaría y entrabaría el normal funcionamiento y desarrollo de la Administración del Estado, y para evitar eso, la misma Constitución previo otra excepción que, materialmente, convierte la regla misma en excepción.

2. En efecto, el artículo 126 de la Constitución somete a aprobación legislativa los contratos de interés nacional, "salvo. . . los que permita la Ley", lo que significa, como lo hemos indicado en otro lugar, "atribuidos por ley a cualquier autoridad pública sin indicación de la intervención del Poder Legislativo. De ello se desprende que, en realidad, en la práctica, la excepción es la regla general, pues la mayoría de los contratos

64 *V.* Allan R. Brewer–Carías, "La evolución del concepto de contrato administrativo" en *Libro Homenaje al Profesor Antonio Moles* Caubet, Tomo I, Caracas 1981, p. 53. La Contraloría General de la República, sin embargo, ha considerado como contratos de interés nacional que no necesitan aprobación por el Congreso, los contratos de obra pública y los destinados a la adquisición de bienes. *V. CGR Dictámenes de la Consultorio Jurídica 1938–1968*, Tomo III, Caracas 1968, p. 49.

65 *Loc. cit.*, p. 139.

administrativos no requieren la intervención a posteriori del Congreso Nacional, por lo cual el requisito de aprobación legislativa es excepcional"[66].

Con esta apreciación coincide Eloy Lares Martínez al señalar que 'la segunda de las excepciones indicadas exime de la aprobación legislativa los contratos "que permite la Ley", esto es, aquellos que, en virtud de disposición legal, pueden celebrarse y ejecutarse sin necesidad de la referida aprobación. Esta excepción procede, no sólo cuando los preceptos legales referentes a determinados contratos los provean en todos sus trámites sin señalarles la necesidad de aprobación legislativa (sería un caso de permisión implícita), o cuando los eximan de manera expresa, de la necesidad de dicha aprobación explícita"[67]. En igual sentido, Luis Henrique Farías Mata señala que "también están exceptuados de la regla general de la aprobación legislativa, los contratos cuya celebración sin la aprobación del Congreso permita la ley. Esta nueva excepción a la regla general resulta lógica, porque la permisión de la ley haría redundante una nueva intervención del Parlamento por vía de aprobación"[68].

En consecuencia, en realidad, conforme a lo previsto en el artículo 126 de la Constitución, los contratos de interés nacional que en la actualidad deben someterse a la aprobación del Congreso, en ausencia de una ley que determine cuáles son los necesarios para el normal desarrollo de la Administración, son aquellos que no están regulados en modo alguno en leyes. Al contrario, si una ley establece la posibilidad de celebración del contrato y no prevé la aprobación parlamentaria, significa que ha sido el mismo legislador quien ha "permitido", por ley, la celebración del contrato sin aquella aprobación[69]. A esta situación conduce la redacción del artículo 126 de la Constitución, en cuanto a las excepciones a la aprobación parlamentaria en los contratos de interés nacional.

Por tanto, la aprobación del Congreso respecto de contratos de interés nacional, en la realidad, es absolutamente excepcional, pues el legislador, con base en lo establecido en la Constitución, ha permitido ampliamente la celebración de dichos contratos, sin prever ni regular la intervención legislativa. En consecuencia, puede afirmarse que cuando en una ley se prevé que un ente público nacional puede realizar determinadas actividades u operaciones, que pueden resultar en la celebración de contratos, y no prevé la aprobación parlamentaria, ésta no procede, ni podría, en forma alguna, invocarse una supuesta ineficacia del contrato por su omisión (nunca se trataría de invalidez, pues la aprobación del Congreso prevista en el artículo 126 de la Constitución es posterior a la conclusión del contrato).

---

66 *V.* Allan R. Brewer–Carías, "La formación de la voluntad de la Administración Pública Nacional en los Contratos Administrativos" en *Revista de la Facultad de Derecho*, U.C.V. N° 28, Caracas 1964, pp. 61 a 112; reproducido en Allan R. Brewer–Carías, *Jurisprudencia de la Corte Suprema 1930–1975 y Estudios de Derecho Administrativo*, Tomo III, Vol. 2, Caracas 1977, p. 485.

67 *Loc. cit.*, p. 139.

68 Luis Henrique Farías Mata, *La Teoría del Contrato Administrativo en la Doctrina, Legislación y Jurisprudencia Venezolanas*, Caracas, 1968, p. 50.

69 La Contraloría General de la República, sin embargo, ha interpretado la expresión que "permita la ley" en el sentido de exceptuados expresamente por la ley de aprobación legislativa, a cuyo efecto cita el supuesto de contratos de asociación para construir empresas exceptuadas de aprobación legislativa por la Ley Anual de Presupuesto. *V. CGR Dictámenes de la Consultorio Jurídica 1969–1976*, Tomo IV, Caracas 1978, pp. 243 y 253; y Tomo V, pp. 830 y 836. Al contrario, la opinión de la Procuraduría es que "cada vez que un texto legal autoriza a la administración pública a celebrar el contrato sin aprobación legislativa, será un contrato de interés nacional que no requiere ley aprobatoria". *V. Doctrina PGR 1972*, Caracas 1973, p. 314.

III. EL SENTIDO ACTUAL DE LA DISTINCIÓN ENTRE LOS CONTRATOS ADMINISTRATIVOS Y LOS CONTRATOS DE DERECHO PRIVADO DE LA ADMINISTRACIÓN

Del análisis anterior que hemos realizado de las diversas formas contractuales del actuar administrativo resulta que la Administración realiza con normalidad, una actividad administrativa cuya naturaleza corresponde a verdaderos contratos, aun en los casos en que se trate de contratos interadministrativos. En todos esos contratos, por supuesto, en mayor o menor intensidad, resultan aplicables las normas de derecho público.

Ahora bien, frente a esas figuras contractuales extremadamente variadas, la carga dogmática del derecho administrativo ha conducido a la discusión respecto de la naturaleza jurídica de dichos contratos originada por la pregunta: ¿se trata, siempre, de contratos administrativos o algunos de ellos son "contratos de derecho privado" suscritos por la Administración?

1. El origen de la distinción

La idea misma del contrato administrativo, como categoría propia del derecho administrativo erigida frente a la figura del contrato de derecho privado, aun el suscrito por la propia Administración, proviene de la doctrina francesa, tan influyente en el derecho público contemporáneo[70] En el nacimiento de esa noción y en la justificación original de la distinción, está la partición de competencias entre la jurisdicción administrativa y la jurisdicción judicial. Por ello se ha dicho, con razón, que la única justificación de la noción del contrato administrativo estuvo en la atribución de competencias al órgano jurisdiccional contencioso–administrativo, o en otras palabras, en esa época, la única singularidad de los contratos administrativos era una singularidad de régimen jurisdiccional, que no afectaba, en ningún caso, ni a su naturaleza ni a su regulación de fondo, que seguirían siendo las propias de toda cuestión civil[71].

Pero, por supuesto, esta es una distinción que surge durante la primera década de este siglo. Durante el siglo pasado, a pesar de la dualidad de jurisdicciones, la distinción entre contratos administrativos y contratos de derecho privado suscritos por la Administración no existía, ni hubiera tenido razón de ser, en virtud de la unidad de jurisdicción que había en favor de la Administración.

En efecto, en su origen, la repartición de competencias entre la jurisdicción administrativa y la jurisdicción judicial en Francia, estaba basada en un criterio orgánico: la jurisdicción administrativa era competente en todas las relaciones jurídicas en las que interviniera la Administración, por lo que todos los contratos en los cuales ella fuera parte caían bajo su jurisdicción[72]. La jurisdicción judicial, por su parte, sólo era competente para conocer de los actos entre particulares. Aun en la época del predominio de la tesis de los actos de autoridad y actos de gestión como criterio del derecho administrati-

---

70 *V.* A. De Laubadère, *Traité Theorique et Practique des Contrats Administratifs*, 3 Vol. Paris 1956. La reedición actualizada de esta obra con el titulo *Traité des Contrats Administratifs*, en 2 Vols. ha estado a cargo de F. Moderne y P. Devolvé, Paris 1984.

71 *V.* Eduardo García de Enterría y Tomás Ramón Fernández: *Curso de Derecho Administrativo*, Madrid 1974, Tomo I, p. 492.

72 *V.* José Ramón Parada Vázquez: *Los orígenes del contrato administrativo en el derecho español*, Sevilla, 1963, pp. 32 y ss.

vo, es de destacar que a pesar de considerarse a la actividad contractual como de gestión, su conocimiento continuaba correspondiendo a la jurisdicción administrativa en virtud del criterio orgánico. Por ello, durante todo el siglo pasado, en Francia no había distinción entre contratos administrativos y contratos de derecho privado, pues no sólo no había necesidad de distinguirlos por su régimen jurídico, sino que tampoco había un motivo jurisdiccional para ello.

Es a comienzos del presente siglo, con la aparición del criterio de servicio público, cuando comienza a formularse la idea de un contrato administrativo, sometido a un régimen de derecho administrativo, como contrapuesto al contrato de derecho privado, sometido a las regulaciones del derecho civil, con sus razones jurisdiccionales: los primeros quedaban sometidos a la jurisdicción administrativa, en cambio que los últimos caían bajo la competencia de la jurisdicción judicial. En el inicio de esta distinción jurisdiccional está la célebre decisión contenida en el arrêt Terrier, de 1903, en el cual el Consejo de Estado francés señaló que todo lo que concernía a la organización y funcionamiento de los servicios públicos, fuera que la Administración actuase por vía de contrato o de autoridad, constituía una operación administrativa, que por su naturaleza, era del dominio de la jurisdicción administrativa[73].

La noción del servicio público, por tanto, fue la que dio origen a la distinción y correspondió a Jèze, como ductor de la escuela de Burdeos o del servicio público, desarrollar la teoría de los contratos administrativos[74].

La justificación posterior de estos contratos administrativos, sometidos, como los servicios públicos, a un régimen jurídico especial, estuvo en la noción de las cláusulas exorbitantes del derecho común, que les daban una sustantividad propia. Por ello, el derrumbamiento del criterio del Servicio Público, como noción clave del derecho administrativo francés y de la partición de competencias entre las jurisdicciones administrativa y judicial, no produjo consigo el derrumbamiento de la distinción entre los contratos administrativos y los contratos de derecho privado suscritos por la Administración. La distinción ya había adquirido sustantividad y perdido su base adjetiva, con base en la idea clave de las cláusulas exorbitantes del derecho común, las cuales siempre estaban presentes en los primeros y no se encontraban en los segundos[75].

Por supuesto, paralelamente a la idea de las cláusulas exorbitantes del derecho común, que más que la causa de la distinción era su consecuencia, la doctrina del derecho administrativo, en las últimas décadas, ha venido elaborando los más variados criterios de distinción entre las dos categorías de distinción entre las dos categorías de contratos[76]. La imposibilidad real de lograr una neta distinción entre ambas figuras contractuales es lo que ha provocado el desespero de los autores y que la propia teoría de los contratos administrativos siga siendo, como lo dice, E. García de Enterría: "notoriamente insatisfactoria"[77].

73 *V.* la decisión del Consejo de Estado Francés, de 6–2–1903, conocida como Arrêt Terrier, en M. Long, P. Weil y G. Braibant: "*Les grands arrêts de la jurisprudence administrative*". Paris, 1978, pp. 53 y ss.

74 En la obra de Gastón Jèze: *Principios generales del Derecho Administrativo*, 6 tomos. Buenos Aires, 1949–1950, los tres últimos están destinados a la "Teoría general de los contratos administrativos".

75 *V.* Eduardo García de Enterría: "La figura del contrato administrativo", en *Revista de Administración Pública*, N° 41, Madrid 1963, pp. 106–108.

76 *V.*, por ejemplo, Miguel Ángel Bercaitz: *Teoría General de los Contratos Administrativos*, Buenos Aires, 1952, pp. 169 y ss.

77 *V.* Eduardo García de Enterría: "La figura del contrato administrativo", *loc. cit.*, p. 110.

2. El concepto del contrato administrativo y la autonomía del derecho administrativo

Como se dijo anteriormente, la autonomía del derecho administrativo, incuestionable, por supuesto, se ha pretendido vincular, inconscientemente, a la sustantividad propia de todas las instituciones de esta rama del derecho, particularmente respecto de las que provienen del tronco común del derecho privado, y a la aplicabilidad, a la Administración, de un régimen jurídico especial y propio, distinto del derecho civil. Allí está el origen de la insatisfacción, del desespero y de las posiciones polémicas que caracterizan a la teoría del contrato administrativo.

Ante todo, como lo ha puntualizado Dromi[78], debe quedar claro que la mayoría de las figuras jurídicas son comunes a las distintas ramas del derecho. Por ello, el contrato, tal como lo afirma E. García de Enterría[79], es una institución general a todo él Derecho, por lo que no es una figura propia de una rama jurídica específica; es común al derecho civil, al derecho mercantil, al derecho laboral y al derecho administrativo; y se lo califica de civil, mercantil, del trabajo o administrativo, cuando se le suman, a sus características básicas y genéricas, las notas peculiares y específicas del régimen regulado en esas ramas del derecho.

El hecho histórico de que el contrato, como institución, haya tenido su origen sustantivo en el derecho privado, y que allí haya encontrado su aplicación y regulación más depurada, no puede conducir a la conclusión de que sea una figura exclusiva del derecho civil, y de que a las instituciones contractuales similares que tienen vida en otros ámbitos jurídicos, haya que construirles, a toda costa, una sustantividad propia. El derecho administrativo, para justificar su autonomía, no necesita ya del esfuerzo encomiable y quizás fundamental, por sustantivar sus propias instituciones. Por otra parte, si bien el derecho administrativo es el que regula la Administración Pública, la ecuación Administración–Derecho Administrativo no es válida en la actualidad, por la evidente interaplicación del derecho público y del derecho privado, tanto a los sujetos del derecho administrativo como a los particulares[80]

La Administración, por tanto, si bien preponderantemente regulada por el derecho administrativo, en la actualidad está sometida tanto al derecho público como al derecho privado, y su actividad, regida por ambas ramas del derecho, será siempre una actividad administrativa[81]. No hay, en realidad, actividad privada de la Administración: así como no existen actos privados de la Administración[82]. La actividad de la Administración y, en general, de todos los sujetos de derecho administrativo, está sometida a un régimen preponderante de derecho administrativo o preponderante de derecho privado, pero ello

78 *V.* José Roberto Dromi, "Contratos de la Administración: Régimen Jurídico Unitario", *Rassegna dei Lavori Pubblici*, Estratto dal N° 11. Noviembre, 1977, pp. 4 y 5.

79 *V.* Eduardo García de Enterría: "La figura del contrato administrativo", *loc. cit.*, p. 115.

80 *V.* Allan R. Brewer–Carías: "La distinción entre las personas públicas y las personas privadas y el sentido de la problemática actual de la clasificación de los sujetos de derecho", *Revista de la Facultad de Derecho*, U.C.V., N° 57, Caracas 1976, pp. 115–135.

81 Aun en los supuestos de la denominada "administración del derecho privado", ésta está regida por el derecho público. *V.* Allan R. Brewer–Carías: "La impugnación de los Actos Administrativos de Registro ante la jurisdicción contencioso–administrativa", en *Libro Homenaje a la Memoria de Joaquín Sánchez Covisa*, Caracas, 1975, p. 460.

82 *Cfr.*, José Roberto Dromi, *loc. cit.*, p. 10.

no autoriza a concluir que, en el primer supuesto, la actividad sea administrativa y, en segundo, sea privada.

En materia de contratos de la Administración, entonces, habrá contratos con un régimen preponderante de derecho administrativo o preponderante de derecho civil[83], o si se quiere, habrá contratos en los cuales la modulación administrativa de los mismos alcanza una mayor o menor intensidad[84].

Por tanto, en nuestro criterio, y en países como Venezuela, en los cuales la jurisdicción contencioso–administrativa había sido tradicionalmente competente para conocer de todos los litigios concernientes a los contratos de cualquier naturaleza en que fuera parte la Administración, la distinción entre contratos administrativos y contratos de derecho privado, no tendría el interés jurídico que ha tenido en otros países, derivado del interés en sustantivar nuestro propio derecho administrativo.

En todo caso, hay unos contratos de la Administración –esto ya no parece necesario reafirmarlo– que tienen siempre, como lo señala J. R. Parada Vázquez, un régimen mixto[85], el cual según su finalidad, será un régimen preponderante de derecho público o preponderante de derecho privado, de acuerdo al interés público envuelto en el vínculo jurídico que se establezca. Por ello, puede decirse que no sólo la presencia de una Administración Pública en la relación contractual, sino la finalidad perseguida por esa Administración, más o menos vinculada al servicio público, como noción genérica, es lo que provocará la preponderancia y las modalidades específicas de dicha relación.

Esto, sin embargo, no excluye el hecho de que todos los contratos de la Administración estén sometidos a un conjunto de regulaciones comunes de derecho público, y la posible preponderancia del derecho público o del derecho privado a que hemos hecho referencia, se reduzca, en realidad, a las modalidades de ejecución y cumplimiento del contrato. Aquí es donde adquieren sentido las denominadas cláusulas exorbitantes del derecho común, las cuales, en realidad y, en general, no son tales cláusulas contractuales, sino que resultan de los propios poderes de acción unilateral de la Administración, como gestora del interés público[86]. Su utilización no está proscrita en ninguna de las relaciones contractuales de la Administración, ni siquiera en aquellas tradicionalmente calificadas como de derecho privado, por lo que en ellas podrán ser usadas, según la apreciación del interés general envuelto en la relación contractual que haga la propia Administración.

Por otra parte, y aun en aquellos contratos tradicionalmente calificados como administrativos, debe recordarse que respecto de ellos, a pesar de que predomine el régimen de derecho público, no ha existido nunca un régimen jurídico uniforme sino que, en general, se han admitido tantos regímenes como relaciones contractuales celebra la Administración para el cumplimiento de sus fines públicos.

Estas son las cuestiones básicas que tenemos que analizar a continuación.

---

83 *Idem*, p. II.

84 *V.* Eduardo García de Enterría y Tomás Ramón Fernández: "*Curso...*", *cit.*, p. 497.

85 *V.* José Ramón Parada Vázquez, *op. cit.*, p. 11.

86 En este sentido, la Procuraduría General de la República, al referirse a estas cláusulas que consagran poderes de la administración "observa que no se trata de facultades contractuales, sino de simples manifestaciones autoritarias de la administración, que posee fuera de toda relación contractual. Dichos poderes *no aparecen reconocidos* en el texto del contrato, ni conferidos en ningún texto legal, sino que se trata de principios aceptados universalmente y que forman parte de ese poder amplio de autotutela de que está dotada la administración". *V. Doctrina PGR 1971*, p. 175.

3. El régimen común de derecho público de todos los contratos de la administración

En efecto, señalamos, en primer lugar, que todos los contratos de la Administración, es decir, toda la actividad contractual de la Administración, cualquiera sea su forma, está siempre sometida a un régimen común y uniforme de derecho público. Bajo ese ángulo, no tiene interés jurídico sustantivo, plantear distinción alguna entre contratos administrativos y contratos de derecho privado de la Administración. Este régimen unitario y común a todos los contratos de la Administración, se refiere al proceso de formación de la voluntad administrativa en la actividad contractual.[87] En este campo, donde la aplicación del derecho público es evidente, no hay duda de que estamos en presencia de un régimen común a los denominados contratos administrativos y a los contratos de derecho privado. Veamos.

En primer lugar, las reglas de competencia. Estas se aplican y son de orden público, sea cual sea la Administración que actúe y sea cual sea la finalidad que la Administración persiga al actuar. No hay aquí distingos: siempre, la Administración contratante debe ser la competente en los términos prescritos por el derecho administrativo, sin que quepa hablar de que tratándose de contratos de derecho privado se aplicarían las reglas civiles de la capacidad[88].

En segundo lugar, las reglas del procedimiento administrativo. En todos aquellos supuestos en que exista formalmente prescrito un procedimiento para contratar, la Administración debe sujetarse al mismo, sea cual sea la posible naturaleza de la relación contractual. Como ejemplo de ello deben citarse, en Venezuela, las normas sobre formalidades en la tramitación de contratos establecidos uniformemente para todos los contratos de la Administración Ministerial en el viejo Reglamento del Estatuto Orgánico de Ministerios de 1971[89].

En tercer lugar, las reglas relativas a las formalidades previas previstas en ciertas relaciones contractuales: opinión previa del Senado o de la Contraloría General de la República en las relaciones contractuales en las cuales se enajenen bienes inmuebles o muebles, respectivamente, por ejemplo[90]; opinión previa del Consejo de Ministros o de la Contraloría en los contratos que impliquen transacciones[91].

En cuarto lugar, las reglas relativas a las previsiones presupuestarias y al control fiscal externo. Todos los contratos celebrados por la Administración, cuando implican compromisos financieros y, por tanto, gastos, para poder ser celebrados, debe haberse previsto dichos gastos en el presupuesto anual.

---

87 *Cfr.* Eduardo García de Enterría: "La figura del contrato administrativo", *loc. cit.*, p. 113; José Roberto Dromi: *loc. cit.* p. 11: José Ramón Parada Vásquez: *op. cit.*, pp. 12 y 13. *V.* además, *Doctrina PGR 1971*, Caracas 1972, 173.

88 *V.* Allan R. Brewer–Carías: *Introducción al Estudio de la Organización Administrativa Venezolana*. Caracas, 1978, pp. 62 y ss.

89 *V.* Decreto N° 539, de 10–2–71, en *Gaceta Oficial* N° 29.438, de 11–2–71.

90 *V.* el artículo 150, ordinal 2°, de la Constitución y artículos 23 y 24 de la Ley Orgánica de la Hacienda Pública Nacional.

91 *V.* artículo 49 de la Ley Orgánica de la Hacienda Pública Nacional.

La previsión constitucional venezolana de que no se hará del Tesoro gasto alguno no previsto en la Ley de Presupuesto[92] se aplica a cualquier gasto originado en cualquier actividad administrativa, incluso su actividad contractual.

Por otra parte, todos los contratos de la Administración, sea cual fuere la finalidad perseguida y su naturaleza, y salvo las excepciones de base cuantitativa o de urgencia prevista en la ley, están sometidos a las modalidades de control fiscal previo por parte de la Contraloría General de la República[93].

Este organismo, respecto de cada contrato que implique compromiso financiero, deberá verificar la correcta imputación del gasto programado al crédito presupuestario establecido; la disponibilidad de las respectivas partidas presupuestarias; la previsión de precios justos y razonables; y la existencia de las debidas garantías constituidas por el co–contratante a favor de la Administración[94]. Este régimen de derecho público, es común a todos los contratos celebrados por la Administración.

En quinto lugar, están las reglas de selección de contratistas. Cuando están legal o reglamentariamente prescritas, las mismas se aplican a todos los contratos de la Administración, estableciéndose, en general, excepciones, con base en la cuantía y no con base en la naturaleza de la relación que se establece entre la Administración y el Administrado. Por tanto, la licitación, el concurso y todas las formas de selección se aplican, indistintamente, en todos los contratos de la Administración[95].

4. El régimen preponderante de derecho público en la ejecución de ciertos contratos de la administración

A. Algunos contratos con régimen preponderante de derecho público y sus consecuencias

Hemos señalado que aparte del régimen común y uniforme de derecho público de todos los contratos de la Administración, sin duda, ciertos contratos que ésta celebra, por su vinculación al interés general o por su finalidad de servicio público, tienen un régimen preponderante de derecho público aplicable a las modalidades de ejecución, cumplimiento y extinción del contrato.

Ciertamente, por su carácter reiterativo y de utilización permanente, a ciertos contratos se los ubica, en forma fija, dentro de esta categoría con régimen de preponderancia de derecho público, por ejemplo, los contratos de obra pública o las concesiones de servicio público. Sin embargo, ello no implica que en un momento determinado, no pueda la Administración juzgar que, en una relación contractual cualquiera, aparentemente similar a las de derecho privado, no se haga presente un interés general que exija aplicar las modalidades propias del derecho público.

Ese carácter normal y reiterativo de aquellos contratos, por otra parte, ha llevado, por ejemplo, a la Administración, a la elaboración unilateral de cláusulas de condiciones

---

92 Artículo 227.

93 Artículos 18 y ss., de la Ley Orgánica de la Contraloría General de la República (*G.O.* Nº 1.756 Extraordinario, de 30–6–75).

94 *Idem.*

95 *V.* artículos 427 y ss. de la Ley Orgánica de la Hacienda Pública Nacional y la Ley de Licitaciones, *G.O.* N° 34.528 de 10–8–90.

generales y específicas, como las previstas en los contratos de obra pública, y a la elaboración, inclusive, del texto de los contratos por la sola Administración, configurándose, para los co–contratantes, en cabales contratos de adhesión[96]. Además, esas cláusulas de condiciones generales, por el interés público envuelto en la ejecución del contrato, inclusive llegan a regular situaciones jurídicas no previstas normalmente en contratos suscritos entre particulares, por ejemplo, en el campo de variación, y revisión de precios y tarifas, que resultan ser más favorables a éstos.[97]

Sin embargo, insistimos, este régimen preponderante de derecho público, manifestado en los aspectos señalados, si bien es normal en ciertos contratos tradicionalmente calificados como administrativos, ello no implica que haya otros contratos de la Administración, con pretendido régimen de derecho privado, en los cuales estén proscritas las modulaciones de derecho público. Esto resulta evidente en lo que concierne a las reglas de derecho público que afectan la ejecución, el cumplimiento y la extinción de los contratos llamados administrativos, y que dan origen a las denominadas cláusulas exorbitantes del derecho común.

B. Las llamadas cláusulas exorbitantes

Dos cuestiones deben quedar claras en torno a estas llamadas cláusulas exorbitantes: en primer lugar, como se dijo, en general no son cláusulas en el sentido de que no son estipulaciones contractuales, sino que, en realidad, son manifestaciones del poder de acción unilateral propio de la Administración Pública; y en segundo lugar, no son exorbitantes del derecho común, pues la Administración, por lo señalado anteriormente, puede utilizarlas aun en aquellas relaciones contractuales en las cuales exista una preponderancia de régimen de derecho privado. Además, como lo ha dicho G. Vedel, la tal exorbitancia, en realidad no implica que las mismas pudieran ser ilícitas en contratos privados, sino que son desacostumbradas y poco verosímiles[98]. De allí que no sirvan como criterio para fundamentar una distinción entre contratos administrativos y contratos de derecho privado de la Administración.

Pero ¿cuáles son, en realidad, estas famosas cláusulas exorbitantes que sólo podrían darse en el campo del contrato administrativo? Eduardo García de Enterría ha hecho un magistral análisis de las mismas[99], que conviene repasar.

a. Las decisiones unilaterales de la Administración en la ejecución de los contratos

En primer lugar, están todas aquellas decisiones unilaterales de la Administración Pública en materia contractual, y que se refieren, como lo ha señalado la jurisprudencia venezolana, a la dirección, interpretación, incumplimiento, sanción, y extinción de la relación contractual[100]. Sin embargo, como lo señala E. García de Enterría, estas cláusulas, en realidad son extracontractuales, y provienen de los poderes propios de acción

---

96 *V.* el Decreto N 1.821 de 30–8–91 sobre Condiciones Generales de Contratación de Obras. *G.O.* 34.797 de 12–9–91.

97 Por ejemplo, los artículos 61 y ss., en *idem*.

98 *V.* Georges Vedel: "Remarques sur la notion de clause exorbitante", en *Estudes en l'honneur d' A. Mestre*. París, 1956, pp. 545 y ss., *cit.* por Eduardo García de Enterría: "La figura del contrato administrativo", *loc. cit.*, p. 122. *Cfr.* André de Laubadère: *Traité des Contrats Administratifs*. París, 1956, p. 99.

99 *V.* Eduardo García de Enterría: "*La figura*. . .", *loc. cit.*, pp. 122 y ss.

100 *V.* Allan R. Brewer–Carías: *Las Instituciones Fundamentales del Derecho Administrativo y la Jurisprudencia Venezolana*, Caracas 1964, pp. 196 y ss.

unilateral de la Administración como gestora del interés público. Por ello, con razón, la jurisprudencia venezolana ha establecido que estas cláusulas no necesitan estar previstas en el texto contractual[101]; por supuesto que no, pues como se dijo, no son realmente estipulaciones contractuales, ni podrían serlo. En todo caso, conforme a ello, la Administración, unilateralmente, puede decidir sobre la dirección en la ejecución del contrato, sobre la interpretación de sus cláusulas, sobre las situaciones que originan incumplimiento del contrato, sobre la aplicación de las sanciones legalmente previstas y sobre las situaciones que permiten decidir la rescisión unilateral. Estas decisiones son actos administrativos unilaterales, que gozan tanto de ejecutividad como de ejecutoriedad, y que deben ser impugnados previamente, como tales actos administrativos, antes de procederse a acudir a la vía contencioso–administrativa de las demandas contra los entes públicos en materia contractual, salvo que las pretensiones de condena vayan acompañadas de las respectivas pretensiones de anulación.

Estas decisiones unilaterales de la Administración, como se dijo, en general, no son cláusulas contractuales y resultan del propio poder de acción unilateral de la Administración previsto en el ordenamiento jurídico. Por supuesto, esta decisión unilateral no puede afectar elementos que sean de la esencia del vínculo jurídico contractual[102]: por ejemplo, los daños y perjuicios por incumplimiento, si no existe cláusula penal expresa, no pueden estimarse unilateralmente, y la Administración tendrá que probarlos en vía judicial[103].

En todo caso, estos poderes de decisión unilateral se pueden utilizar frente a cualquier relación contractual de la Administración, sea de las que tienen un régimen preponderante de derecho público o de derecho privado; dependerá su utilización de la apreciación del interés general envuelto en la relación contractual que haga la Administración. Por ello, al no ser cláusulas contractuales, no pueden servir para distinguir unos contratos de otros.

b. Los poderes de modificación unilateral de los contratos

En segundo lugar, están todos los poderes o prerrogativas de la Administración que pueden conducir a la modificación de las cláusulas contractuales. Esto sucede, no sólo cuando es la propia Administración contratante la que modifica el contrato unilateralmente, sino cuando lo hace otra autoridad pública, mediante el denominado "hecho del príncipe". De nuevo, aquí nos encontramos con el poder de acción unilateral de la Administración, que no tiene su fuente en el contrato, y que no afecta la esencia de la relación contractual.

En efecto, en caso de modificación e incluso, de rescisión unilateral del contrato por la Administración co–contratante por razón de interés público, la Administración debe indemnizar al co–contratante, por lo que la equivalencia de prestaciones, cuyo equilibrio puede ser roto por la decisión unilateral, se restablece con el derecho de indemnización[104]. La rescisión o modificación unilateral no afectan, realmente, la esencia del contrato, y lo que no puede el co–contratante, es alegar ilicitud en el poder de modificación unilateral y demandar a la Administración el cumplimiento. El incumplimiento siempre es posible en las obligaciones de hacer, y la incoercibilidad del cumplimiento

101 *Idem*, p. 196.
102 *Cfr.*, Eduardo García de Enterría: "La figura. . .", *loc. cit.*, pp. 123 y 124.
103 *V.* Allan R. Brewer Carías: "*Las Instituciones Fundamentales. . .*" *cit.*, p. 199.
104 *V.* Eduardo García de Enterría: "La figura. . .", *loc. cit.*, p. 126.

específico de éstas se sustituye con la equivalencia indemnizatoria[105]. La legalidad de la decisión unilateral que modifique o extinga un contrato, está vinculada al interés público envuelto y sus límites son los límites de la discrecionalidad, por lo que no puede ser arbitraria.[106]

Por otra parte, las modificaciones contractuales derivadas del hecho del príncipe, y que también dan derecho a indemnización, de nuevo derivan de los propios poderes de acción unilateral del Estado y la Administración, con los cuales no sólo se pueden afectar contratos suscritos entre la Administración y un particular, sino contratos suscritos entre particulares: piénsese sólo, por vía de ejemplo, en los efectos de la expropiación sobre contratos interpartes.

En todo caso, la modificación unilateral de los contratos de la Administración y que proviene de decisiones unilaterales de ésta, es una facultad que ella tiene respecto de todos los contratos que suscriba, sean de régimen preponderante de derecho público o de derecho privado, es decir, sean contratos administrativos o de derecho privado. Su aplicación a las relaciones contractuales siempre será posible y dependerá de la apreciación del interés general envuelto en la situación jurídica concreta. No debe dejar de mencionarse, por ejemplo, que la decisión más importante de la Corte Suprema de Justicia de Venezuela en materia de contratos administrativos, dictada en 1954[107], fue producida con motivo de un contrato suscrito entre la República y un particular para el suministro de conejos con fines de investigación y experimentación por parte del Ministerio de Agricultura y Cría. Un contrato de suministros de conejos con esos fines, realmente, no parecía, a primera vista, como un contrato de los denominados administrativos, sin embargo, por una epidemia observada en los conejos, la Administración decidió rescindirlo unilateralmente, y con ello "descubrió" que su régimen era uno preponderante de derecho público, dada la apreciación que del interés general envuelto realizó la Administración.

c. *Los efectos de los contratos respecto de terceros*

En tercer lugar, como parte de las llamadas cláusulas exorbitantes, están todos aquellos efectos de los contratos respecto de terceros extraños a la relación contractual Administración–Administrado. En efecto, como consecuencia de ciertos contratos administrativos, particularmente de las concesiones, resulta que los terceros pueden quedar afectados por cargas específicas[108]. Por ejemplo, en las concesiones mineras y en las antiguas concesiones de hidrocarburos, el concesionario podía, por subrogación de la potestad estatal, ejercer la potestad expropiatoria respecto de inmuebles de propiedad particular necesarios para la explotación y exploración del objeto de la concesión[109]; en los contratos de obra pública, el co–contratante de la Administración puede ocupar temporalmente propiedades ajenas a los efectos de la construcción contratada[110]; en las concesiones ferrocarrileras, el concesionario tiene derecho a extraer materiales de pro-

105 *V.* José Ramón Parada Vázquez: *op. cit.*, pp. 216 y ss.

106 *V.* Allan R. Brewer–Carías, "Los limites al poder discrecional de las autoridades administrativas", en *Revista de la Facultad de Derecho*, UCAB, N° 2, Caracas, 1965–1966, pp. 9 y ss.

107 *V.* Allan R. Brewer–Carías, *Jurisprudencia de la Corte Suprema 1930–1974*, y *Estudios de Derecho Administrativo*, tomo III, Vol. 2, Caracas, 1977, pp. 661, 729, 732, 767, 804, 828 y 893.

108 *V.* Eduardo García de Enterría: "La figura. . .", *loc. cit.*, pp. 126 y 127.

109 *V.* el artículo 9 de la Ley de Expropiación por Causa de Utilidad Pública o Social, y artículo 52 de la Ley de Hidrocarburos.

110 Artículos 47 y ss. de la Ley de Expropiación por Causa de Utilidad Pública o Social.

piedades privadas cercanas a la línea del ferrocarril, a los efectos de la construcción de la misma[111]; en fin, en las concesiones de servicio público, los concesionarios tienen derecho a percibir las tasas por la prestación del servicio, y a ejercer potestades de policía del servicio público[112]. En ellas mismas, además, los bienes del concesionario afectados al servicio público, no son embargables de inmediato por vía judicial[113].

La doctrina francesa ha visto en estas cargas o efectos respecto de terceros, una ruptura del principio de la relatividad de los efectos de los contratos, limitados a las partes. Sin embargo, es necesario destacar, como lo ha hecho André de Laubadère, que lo que se califica como efectos respecto de terceros no provienen, en realidad, del contrato Administración–Administrado, sino directamente de la ley[114]. En Venezuela, por ejemplo, son las Leyes de Minas, de Hidrocarburos, de Expropiación por Causa de Utilidad Pública o Social, de Ferrocarriles, de la Procuraduría General de la República y los cuerpos normativos locales de servicios públicos, los que prevén estos efectos respecto de terceros. Por tanto, no son los contratos los que tienen efectos respecto de terceros, sino las previsiones legales respectivas, actualizadas y concretizadas mediante una relación contractual.

Estas "cláusulas exorbitantes", en todo caso, además de no ser, exclusivamente, tales cláusulas, su posibilidad está regulada por ley, y es ésta la que establece, al preverlas, en definitiva, una preponderancia de régimen de derecho público, al que hemos hecho referencia.

C. La ausencia de un régimen jurídico unitario para los contratos de la Administración con régimen preponderante de derecho público

Tal como hemos señalado, en el universo de las figuras contractuales del actuar administrativo, pueden identificarse algunos contratos que, por su utilización frecuente para fines públicos o por la finalidad concreta de servicio público perseguida, están sometidos a un régimen mixto público y privado, pero preponderantemente público en cuanto a la ejecución, cumplimiento y extinción de los contratos. A estos contratos, normalmente, se les denomina administrativos.

Ahora bien, en esta categoría de contratos, es necesario puntualizar que los mismos no tienen, en absoluto, un régimen uniforme de preponderancia de derecho público. No encontramos en todos ellos las mismas cláusulas exorbitantes ni las mismas normas de derecho público. Basta recordar, de nuevo, los ejemplos citados anteriormente respecto de los efectos de los contratos con relación a terceros. Las normas de derecho público variarán, según la mayor o menor regulación legal positiva de que haya sido objeto la figura contractual. Por tanto, frente a los contratos administrativos, ni siquiera podemos hablar de un régimen unitario preponderante de derecho público.

---

111 Artículo 17 de la Ley de Ferrocarriles, del 25–7–57 (*G.O.* N° 25.425 de 78–57).

112 Por ejemplo, los artículos 32 y ss. de la vieja Ley de Concesiones Ferrocarrileras de 1918, derogada por la ley de 1957.

113 *V.* artículo 46 de la Ley Orgánica de la Procuraduría General de la República de 29–12–65 (*G.O.* N° 27.921, de 22–12–65).

114 *V.* André de Laubadère: *Traité des Contrats Administratifs*, *cit.*, tomo II, pp. 86 y ss.

5. El sentido de la distinción entre contrato administrativo y contrato de derecho privado de la administración

A. Algunas conclusiones

De lo dicho anteriormente podemos extraer las siguientes conclusiones generales, que nos servirán para entender el sentido actual de la distinción entre contratos administrativos y contratos de derecho privado de la Administración.

Debemos convenir ante todo que en Francia, durante el siglo pasado, no se planteaba la distinción entre contratos administrativos y contratos de derecho privado de la Administración: los contratos de la Administración tenían un sólo régimen jurídico y su conocimiento correspondía a la jurisdicción contencioso–administrativa en virtud de su competencia con fundamento orgánico. Cuando se formula el criterio diferenciador de actos de autoridad y actos de gestión, a pesar de que a los contratos se los ubica en esta última categoría, su control jurisdiccional, por vía de excepción, continuaba bajo la competencia de la jurisdicción administrativa.

Sin embargo, con la aparición del criterio de servicio público, a principios del presente siglo, como criterio del derecho administrativo, no sólo se consolida la autonomía de esta disciplina, sino que se comienzan a sustantivar las diversas instituciones utilizadas en el actuar administrativo. Los contratos administrativos quedaron vinculados a la noción de servicio público, y los mismos caían bajo la competencia de la jurisdicción administrativa. Los otros contratos que celebraba la Administración, caían bajo la competencia de la jurisdicción judicial, con lo que rompió la unidad adjetiva y jurisdiccional en materia contractual. Se diferenció, entonces, al contrato administrativo del contrato de derecho privado de la Administración, y se sustantivó el primero, como un contrato típico del derecho administrativo, por oposición al de derecho civil, identificable jurídicamente por la presencia en ellos de cláusulas exorbitantes del derecho común.

A pesar del posterior abandono del criterio del servicio público, la teoría del contrato administrativo montada inicialmente en esa concepción, ya había desarrollado una sustantividad propia, básicamente, fundamentada en la presencia de las cláusulas exorbitantes. Ello era suficiente para seguir sosteniendo la distinción, a los solos efectos jurisdiccionales, como criterio de repartición de competencias.

Esta teoría del contrato administrativo, materialmente, fue la que se recibió en los países como los nuestros, cuyos sistemas jurídicos han sido tributarios del derecho francés. Importamos, en general, la distinción teórica, pero sin la justificación jurisdiccional práctica. Por ello, la doctrina universal trató de justificar la distinción, formulando los más variados y diversos criterios.

En la actualidad, consolidada y madurada la doctrina administrativa en los países latinoamericanos, se comienza a observar, al igual que en la doctrina española, un proceso de revisión y crítica a la distinción importada y trabajada. No existiendo, en general, una repartición de jurisdicciones a la usanza francesa, y no necesitando actualmente el derecho administrativo de sustantivar sus instituciones por oposición al derecho civil, de donde proviene la mayoría, el problema de los contratos administrados se debería plantear en otros términos.

En realidad, toda la actividad contractual de la Administración es de carácter administrativo. No hay contratos privados de la Administración[115]. Todos los contratos de la Administración tienen un régimen mixto de derecho público y de derecho privado. Una parte sustancial de dicho régimen es común a todos los contratos, y es de derecho público. Se trata de las normas relativas a la formación del contrato. En materia de ejecución, cumplimiento y extinción del contrato, el régimen será preponderantemente de derecho privado, según la finalidad de servicio público perseguida por la Administración. Pero ello no autoriza a plantear una distinción y régimen estático. La gestión del interés general puede hacer variar las condiciones de ejecución, según la apreciación de la Administración y, por tanto, la preponderancia del régimen.

En todo caso, esta preponderancia de régimen de derecho público proviene, en general, de poderes propios de acción unilateral de la Administración y no tienen su fuente en el contrato. Por otra parte, no se presenta este régimen como uniforme en los llamados contratos administrativos, pues varía según los cuerpos normativos que regulan cada figura contractual.

En definitiva, la distinción entre contratos administrativos y contratos de derecho privado de la Administración puede decirse que estaría en la actualidad superada, careciendo de interés jurídico. Insistimos, toda la actividad contractual de la Administración es administrativa, y habrá, en ciertos contratos, según la finalidad de servicio público perseguida, una preponderancia de régimen de derecho público. Si a estos contratos los queremos llamar contratos administrativos, ello debía ser por puro convencionalismo y tradición terminológica legítima, pero no porque sean opuestos a los contratos de derecho privado que celebre la Administración.

B. La distinción establecida en la Ley Orgánica de la Corte Suprema de Justicia (1976) para la atribución de competencias jurisdiccionales

Pero a pesar de lo antes dicho, la Ley Orgánica de la Corte Suprema de Justicia de 1976, acogió la distinción que criticamos.

En efecto, puede decirse que en materia de demandas contra los entes públicos, el sistema de atribución de competencias en materia contencioso administrativa adoptado por la Ley Orgánica de la Corte Suprema de Justicia es básicamente un sistema *ratione personae*, como un privilegio jurisdiccional sólo para la República, los Institutos autónomos nacionales y las empresas del Estado nacionales. Sin embargo, ello no es general, pues la Ley Orgánica de 1976 también utiliza un criterio *ratione materiae*, precisamente en el campo de los contratos administrativos[116]

En efecto, las demandas contra la República, los institutos autónomos nacionales y las empresas del Estado, ante todo, pueden tener su origen en cuestiones que resulten de la interpretación, cumplimiento, caducidad, nulidad, validez o resolución de cualquier tipo de contratos en los cuales esas personas sean parte. Por tanto, las referidas demandas pueden ser intentadas por el co–contratante de la Administración para lograr la condena

115 Por ello, con razón, la Procuraduría General de la República señala que los contratos de derecho privado en el sentido estricto que puede celebrar la Administración, son verdaderamente escasos o difíciles de encontrar. *V. Doctrina PGR 1971*, p. 174. En todo caso, también ha señalado la Procuraduría que aun los contratos de derecho privado deben someterse a normas de derecho público. *Doctrina PGR 1963*, Caracas, 1964, pp. 69–71.

116 Artículo 42, ordinal 14. La novedad de esta previsión legislativa la destaca Jesús Caballero Ortíz, *Contencioso de Plena Jurisdicción y demandas contra los entes públicos*. Caracas, 1989 pp. 83 y ss.

de ésta al pago de una suma de dinero o de daños y perjuicios, o para restablecer una situación jurídica subjetiva y contractual lesionada por la actividad ilegítima de la Administración, es decir, por una actividad administrativa contraria al título jurídico que origina la relación jurídico–administrativa: el contrato.

Por tanto, todo lo referente a los contratos en los cuales sea parte la República, un instituto autónomo nacional o una empresa del Estado nacional, cualquiera que sea su naturaleza (administrativo o derecho privado) es de la competencia de los órganos de la jurisdicción contencioso–administrativa.

Esta competencia de los órganos de la jurisdicción contencioso–administrativa en materia contractual, particularmente en relación a los contratos celebrados por la República, puede decirse que ha sido tradicional en Venezuela. Así, por ejemplo, la derogada Ley Orgánica de la Corte Federal de 1953, atribuía a la antigua Corte Federal, competencia para "conocer en juicio contencioso de todas las cuestiones por nulidad, caducidad, resolución, alcance, interpretación, cumplimiento y cualesquiera otras que se susciten entre la nación y los particulares, a consecuencia de los contratos celebrados por el Ejecutivo Nacional o de concesiones mineras, de hidrocarburos o de tierras baldías que hubiere otorgado, así como de las controversias que resulten por su negativa a expedir títulos de concesiones a que los demandantes aleguen tener derecho; salvo los puntos que la ley vigente, al tiempo de la celebración del contrato, del otorgamiento de la concesión o de la negativa a concederla, según el caso, dejaren a la decisión del Ejecutivo Nacional sin recurso judicial".[117]

Sin embargo, la innovación de la Ley Orgánica de la Corte Suprema de 1976 fue extender la competencia de los Tribunales contencioso–administrativos respecto de las cuestiones que surjan con motivo de contratos no sólo suscritos por la República, sino por los institutos autónomos nacionales y las empresas del Estado nacionales. Por tanto, quedan fuera de la competencia de los tribunales contencioso–administrativos, en principio las cuestiones que se susciten con motivo de contratos en los que sean parte los Estados y los Municipios, y sus institutos autónomos y empresas, las que corresponden a la jurisdicción ordinaria.

La Ley Orgánica de la Corte Suprema, sin embargo, introdujo una excepción a este principio de exclusión de competencia, al darle rango legislativo por primera vez en nuestro ordenamiento, a la noción de contrato administrativo, y asignar exclusivamente a la Corte Suprema de Justicia en Sala Político–Administrativa para "conocer de las cuestiones de cualquier naturaleza que se susciten con motivo de la interpretación, cumplimiento, caducidad, nulidad, validez o resolución de los contratos administrativos en los cuales sea parte la República, los Estados y Municipios"[118].

En esta forma, y aun cuando consideramos que la distinción entre contratos administrativos y contratos de derecho privado de la Administración no tiene relevancia intrín-

---

117 Artículo 7, ordinal 28, LOCF. Debe señalarse además que el Parágrafo Único del articulo 7 ordinal, 28 de la Ley Orgánica de la Corte Federal establecía que "la Corte Federal conocerá también en juicio contencioso de la controversia entre particulares sobre nulidad de las concesiones mineras, de hidrocarburos y de tierras baldías por falta de formalidades o violación de la ley en su otorgamiento". Esta competencia de la Corte se justificaba porque, en definitiva, en esas controversias entre particulares se discutía la validez del acto administrativo de otorgamiento de la concesión, lo que atraía lógicamente la competencia de los órganos de la jurisdicción contencioso–administrativa y la necesaria intervención, por otra parte, de la Administración concedente para la defensa, si era el caso, del acto de concesión cuestionado.

118 Artículo 42, ordinal 14, LOCSJ.

seca[119], es indudable que la misma ha adquirido importancia práctica jurisdiccional en materia contencioso–administrativa, como excepción a la exclusión de la competencia en materia de demandas contra los Estados y Municipios, y en materia de demandas interpuestas por la República, los Estados y Municipios contra particulares o como excepción a la distribución por la cuantía de la competencia contencioso–administrativa.

Es decir, conforme a ese artículo 42, ordinal 14, de la Ley Orgánica de la Corte Suprema, toda cuestión que se suscite en materia de contratos administrativos en los cuales sea parte la República, los Estados y los Municipios, sea que se demande a esos entes, sea que ellos demanden a un particular, su conocimiento corresponde a la Corte Suprema de Justicia. Como consecuencia, la noción de contrato administrativo ha adquirido significación jurídica en materia de asignación y distribución de competencias judiciales, a partir de la ley de 1976, en los siguientes casos:

Primero, en los casos de demandas contra los Estados y Municipios basadas en contratos administrativos, cuyo conocimiento corresponde a la Corte Suprema de Justicia, como excepción al principio de la exclusión de competencia contencioso–administrativa en las demandas contra los Estados y Municipios, y su atribución a los Tribunales de la jurisdicción ordinaria[120].

Segundo, en los casos de demandas intentadas por la República, los Estados y Municipios contra los particulares basadas en contratos administrativos, cuyo conocimiento corresponde a la Corte Suprema de Justicia, como excepción también al principio de la exclusión de la competencia contencioso–administrativa en estos casos en los cuales la República, los Estados y Municipios aparezcan como demandantes de particulares, y su atribución a los Tribunales de la jurisdicción ordinaria[121] y,

Tercero, los casos de demandas contra la República, los institutos autónomos nacionales y las empresas del Estado nacionales, con motivo de contratos administrativos, cuyo conocimiento corresponde a la Corte Suprema de Justicia, como excepción al principio de distribución de la competencia por la cuantía entre los diversos Tribunales contencioso–administrativos[122].

En cambio, en esos casos, si el contrato que origina el conflicto no se considera contrato administrativo, sino contrato de derecho privado de la Administración, sucede lo siguiente: primero, si se trata de un contrato suscrito por un Estado o un Municipio, la acción corresponde al conocimiento de la jurisdicción ordinaria; segundo, si se trata de acciones intentadas por la República, los Estados o los Municipios contra particulares, el conocimiento de las mismas corresponde a la jurisdicción ordinaria; y si se trata de contratos suscritos por la República, los institutos autónomos nacionales y las empresas del Estado nacionales, la competencia corresponde a los órganos de la jurisdicción contencioso–administrativa, según la cuantía, y no sólo a la Sala Político–Administrativa de la Corte Suprema.

Por tanto, introducido el concepto de contrato administrativo en la legislación como "criterio" para la distribución de competencias judiciales, resulta indispensable establecer un "criterio" de distinción entre contrato administrativo y contrato de derecho priva-

119 *V.* Allan R. Brewer–Carías. "La evolución de la noción de contrato administrativo" en *Libro Homenaje al Profesor Antonio Moles Caubet*, U.C.V., Caracas, 1981, tomo I, p. 41–69.

120 Artículo 183, ordinal 1, LOCSJ.

121 Artículo 183, ordinal 2, LOCSJ.

122 Artículos 42, ordinal 15; 182, ord. 2° y 185, ord. 6°, LOCSJ.

do de la Administración, respecto de lo cual, en toda la historia del derecho administrativo nunca ha habido acuerdo[123]. El problema, por supuesto, se ha planteado a nivel de los Tribunales contencioso–administrativos y, particularmente, en la jurisprudencia de la Corte Suprema de Justicia, la cual ha optado por los clásicos criterios de la cláusula exorbitante o de la finalidad de servicio público[124]. En tal sentido, la Corte Suprema estimó en sentencia de 11 de agosto de 1983, que

> "la presencia de "cláusulas exorbitantes" en un contrato celebrado por la Administración Pública constituye índice evidente de la existencia de un contrato administrativo, pero ellas no hacen otra cosa que revelar la noción de interés general o colectivo que el servicio público entraña. En otras palabras, si bien las "cláusulas exorbitantes" son importantes para identificar un contrato administrativo, no obstante ante la ausencia de éstas en una negociación pública, la noción de servicio público, que lleva implícita la de interés general o colectivo, recobra su plena y absoluta vigencia. Si se trata de una negociación de este tipo, es decir, en la cual se evidencia la presencia de cláusulas que desborden el ámbito del derecho común (cláusulas exorbitantes) o en las que prive el interés del servicio público en su realización, la competencia corresponde a los órganos de la jurisdicción contencioso–administrativa. En cambio, cuando la Administración celebra convenios con los particulares en un plano de igualdad frente a éstos o que no sean determinantes para la realización del servicio público, el conocimiento de los litigios que puedan derivar de ellos compete a los órganos jurisdiccionales ordinarios"[125].

Estos criterios, manejados tradicionalmente por la doctrina de la Procuraduría General de la República[126] y por la jurisprudencia de la Corte Suprema desde los años cincuenta,[127] han servido a los Tribunales contencioso administrativos para resolver casos extremos particularmente en materia de contratos municipales[128], pero también han demostrado la carga de subjetividad que puede haber en su aplicación, particularmente por el amplio margen de apreciación que queda en manos del juez y, por supuesto, de la

---

123 *V.* Allan R. Brewer–Carías: *Las Instituciones Fundamentales del Derecho Administrativo y la Jurisprudencia Venezolana*, Caracas, 1964, pp. 157–159.

124 *V.* CSJ–SPA de 11–7–83 (Ponente Luis H. Farías Mata), *cit.* en sentencia CSJ–SPA de 11–8–83, *Revista de Derecho Público*, N° 16, EJV, Caracas, 1983, pp. 162–164. *Cfr.* Luis H. Farías Mata, *La Teoría del Contrato Administrativo en la doctrina, legislación y jurisprudencia venezolanas*, Caracas, 1968, pp. 21–34.

125 Sentencia CSJ–SPA, 11–8–83 (Ponente: Magistrado J. Calcaño de Temeltas) en *Revista de Derecho Público* N° 16, EJV, Caracas, 1983, pp. 163–164. En igual sentido, sentencia de la Sala Político–Administrativa de 19–11–87 en *Revista de Derecho Público*, N° 32, Caracas, 1987, pp. 82 y 83.

126 La Procuraduría General de la República ha utilizado para distinguir los contratos administrativos, indistintamente, tanto el criterio de la finalidad, vinculada al servicio público, al interés colectivo, o a un objeto de utilidad o interés público. (*V. PN Informe 1959*, Caracas, 1960, p. 615; *Doctrina PGR 1963*, Caracas, 1964, pp. 89–92; *Doctrina PGR 1964*, Caracas, 1965, pp. 71–74; *Doctrina PGR 1964*, Caracas, 1965, pp. 226–229), como el criterio de la cláusula exorbitante (*V. Doctrina PGR 1962*, Caracas, 1963, p. 137 y *Doctrina PGR 1963*, Caracas, 1964, p. 89). En cambio, otros organismos han utilizado solamente el criterio de la finalidad. *V.* la "Doctrina Administrativa de la Consultoría Jurídica del Ministerio de Justicia" en *Revista del Ministerio de Justicia* N° 48, Caracas, 1964, pp. 27–30 y el criterio de la Contraloría General de la República en *CGR Dictámenes de la Consultoría Jurídica 1938–1968*, tomo III, Caracas, 1968, pp. 51 y 52.

127 *V.* Allan R. Brewer–Carías: "Los contratos de la Administración en la jurisprudencia venezolana", *Revista de la Facultad de Derecho*, U.C.V., N° 26, Caracas, 1963, pp. 127–154. *V.* en particular las sentencias de la Corte Federal de 3–12–59, *G.F.* N° 26, Caracas, 1959, pp. 143–144 y de 12–11–54. *G.F.* N° 6, Caracas, 1954, pp. 190–192; y de la Sala Político–Administrativa de la Corte Suprema de Justicia de 14–12–61, *G.F.* N° 34, Caracas, 1961, p. 188 y de 138–64, G.F. N° 45, Caracas, 1964, pp. 259 y 260. *V.* los textos en Allan R. Brewer–Carías, *Jurisprudencia de la Corte Suprema 1930–1974 y Estudios de derecho administrativo*, tomo III, Vol. II, Caracas 1977, pp. 727–731.

128 Por ejemplo, para considerar un contrato de compra–venta o de arrendamiento como contrato de derecho privado, y no como contrato administrativo. *V.* CSJ–SPA, 26–6–80, en *Revista de Derecho Público*, N° 4, EJV, Caracas, 1980, p. 146; y CPCA, 9–8–84, en *Revista de Derecho Público* N° 20, EJV, Caracas, 1984, p. 140–142.

propia Administración contratante, para determinar si en una relación contractual hay o no un interés público envuelto o una cláusula que pueda considerarse como exorbitante del derecho común[129].

IV. LAS CARACTERÍSTICAS FUNDAMENTALES DE LOS CONTRATOS DE LA ADMINISTRACIÓN

Todos los contratos de la Administración, sean los denominados contratos administrativos o los contratos de derecho privado, por el hecho de ser suscritos por una Administración Pública, responden a ciertos caracteres fundamentales. Podemos estudiar éstos analizando sucesivamente el elemento subjetivo, las condiciones de validez del contrato, el elemento de subordinación y el régimen de derecho público.

1. El elemento subjetivo

Elemento esencial del contrato de la Administración es la participación, en la relación jurídica, de una persona jurídica estatal como parte y como lo ha dicho la jurisprudencia, actuando como tal[130].

En este sentido, todas las personas jurídicas estatales de derecho público y de derecho privado, nacionales, estadales o municipales, pueden celebrar contratos de la Administración. No existen, por tanto, contratos sin la presencia, como parte contratante en la relación jurídica, de una persona jurídica estatal a la que calificaremos simplemente como la Administración.

2. Las condiciones de validez

Como todo contrato, los contratos de la Administración están sometidos a ciertas condiciones de validez que se refieren a la capacidad y competencia de los contratantes, al consentimiento, al objeto y a la causa del contrato. Examinemos estas condiciones separadamente.

A. La capacidad y competencia de los contratantes

El concepto de competencia en derecho público y de capacidad en derecho privado tiene idéntico significado, es decir, denota siempre el poder legal o aptitud de obrar o de ejecutar determinados actos, sea de una persona estatal o sea de una persona privada.

129 Por ejemplo, para considerar un contrato de compra–venta como contrato administrativo y no como contrato de derecho privado de la Administración. *V.* CSJ–SPA 11–8–83, en *Revista de Derecho Público*, N° 16, EJV, Caracas, 1983, p. 164; y CSJ–SPA 24–1–85 en *Revista de Derecho Público*, N° 21, EJV, Caracas, 1985, p. 137, CSJ–SPA 20–7–89 y 14–8–89, *Revista de Derecho Público*, N° 39, EJV, Caracas, 1989, pp. 126 y 127. La Contraloría General de la República, por su parte, ha expresado el criterio de que serían contratos de derecho privado aquellos celebrados por los entes públicos en materia que no sean de la competencia sustantiva de los Ministerios. *V. CGR Dictámenes de la Consultoría Jurídica 1963–1968*, tomo III, Caracas, 1968, pp. 64–67.

130 C.F. 12–11–54, G.F. N° 6, 1954, pp. 185 y ss. En igual sentido, *V.* "Doctrina de la Consultoría Jurídica del Ministerio de Justicia", en Allan Brewer–Carías, *Jurisprudencia de la Corte Suprema de Justicia 1930–1974 y Estudios de Derecho Administrativo*, tomo III, Vol. II, Caracas, 1977, pp. 114 y ss.

Sin embargo, ambos conceptos no tienen el mismo alcance: en el derecho privado, la capacidad es la regla y la incapacidad la excepción; en derecho público y, concretamente, en derecho administrativo, impera el principio inverso: la competencia requiere siempre de un texto expreso de ley para que exista. Es decir, la competencia debe justificarse siempre expresamente, y el órgano que la tiene asignada debe limitarse a su ejercicio en los términos establecidos por la ley[131].

a. La competencia

La autoridad pública contratante debe tener competencia legal para ello, por razón de la materia, del territorio, del tiempo, del grado jerárquico y según los poderes legales que le son atribuidos para concluir el contrato[132]. Por ello, dice la Constitución, el Estado no reconoce otras obligaciones que las contraídas por órganos legítimos del Poder Público, de acuerdo con las leyes[133]. Debe señalarse, como ejemplo, en el ámbito nacional, que conforme a la Constitución, el Presidente de la República directamente, o sus órganos directos los Ministros[134], son competentes para "celebrar los contratos de interés nacional" permitidos por la Constitución y las leyes[135].

b. La capacidad

La capacidad del particular co–contratante de la Administración está regida por el derecho común y, por tanto, pueden contratar todas las personas que no estuvieren declaradas incapaces por la ley. A tal efecto, la Constitución señala dos incapacidades especiales que deben destacarse:

El artículo 126 de la Constitución, en efecto señala:

> "Nadie que esté al servicio de la República, de los Estados, de los Municipios y demás personas jurídicas de derecho público podrá celebrar contrato alguno con ellos, ni por sí ni por interpuesta persona ni en representación de otro, salvo las excepciones que establezcan las leyes".

La disposición es de sana administración y consagra una incapacidad absoluta[136]. Es necesario, sin embargo, precisar algunos aspectos esenciales: en primer lugar, debe observarse que la incapacidad, además de absoluta, es global, en el sentido de que no sólo

---

131 *V.* Allan R. Brewer–Carías, *Introducción al Estudio de la Organización Administrativa Venezolana*, Caracas, 1984, pp. 61 y ss.

132 Debe señalarse, sobre el tema de la competencia, que la Procuraduría General de la República ha sostenido que el contrato viciado por incompetencia del funcionario que intervino en su celebración puede ser convalidado. *V. Doctrina PGR 1964*, Caracas, 1965, pp. 77–79.

133 Artículo 232, Constitución. *V.* la doctrina de la Procuraduría General de la República, en *PN Informe 1956*, Caracas, 1957, p. 96; *PN Informe 1957–1958*, Caracas, 1959, p. 550; *PN Informe 1960*, Caracas, 1961, p. 495.

134 Artículo 192, Constitución. En relación a la competencia de los Ministros para celebrar contratos, *V.* la doctrina de la Procuraduría General de la República, en *PN Informe 1956*, Caracas, 1957, p. 96; *PN Informe 1959*, Caracas, 1960, p. 547; *PN Informe 1960*, Caracas, 1961, p. 306. Asimismo, *V.* la doctrina del Ministerio de Justicia, en Allan R. Brewer–Carías, *Jurisprudencia de la Corte Suprema de Justicia 1930–1974 y Estudios de Derecho Administrativo*, tomo III, Vol. II, Caracas, 1977, pp. 632–636 v 641. *V.*, *CGR Dictámenes de la Consultoría Jurídica 1969–1976*, tomo IV, Caracas, 1978, pp. 118, 232 y ss.

135 Artículo 190, ordinal 15, Constitución.

136 Sobre esta incapacidad, *V.* la doctrina de la Consultoría Jurídica de la Contraloría General de la República en *CGR Dictámenes de la Consultoría Jurídica 1938–1963*, tomo I, Caracas, 1963, p. 258 y *CGR Dictámenes de la Consultoría Jurídica 1969–1976*, tomo IV, Caracas, 1965, pp. 235 y 266. Además, *V.* la doctrina de la Procuraduría en *PN Informe 1960*, p. 492 *Doctrina PGR 1969*, Caracas, 1970, pp. 190 y ss. y *Doctrina PGR 1973*, Caracas, 1974, pp. 214 y ss.

impide la contratación entre una persona de derecho público y los funcionarios a su servicio, sino que impide a éstos contratar con cualquiera persona de derecho público, así no sea aquella a cuyo servicio esté. En consecuencia, por ejemplo, un diputado de una Asamblea Legislativa de un Estado no sólo no podía contratar con dicho Estado y sus órganos sino que tampoco podía contratar ni con la República, ni con los otros Estados de la República, ni con los Municipios, ni con los institutos autónomos nacionales, estadales o municipales.

En segundo lugar, debe señalarse que la incapacidad sólo se refiere a la República, los Estados y Municipios (personas de derecho público territoriales) "y demás personas jurídicas de derecho público", se entiende, estatales, que comprenden los establecimientos públicos institucionales (institutos autónomos), los establecimientos públicos corporativos (las Universidades Nacionales, por ejemplo) y los establecimientos públicos asociativos (el Banco Central de Venezuela y el Banco Industrial de Venezuela, por ejemplo); incluyendo los institutos autónomos estadales y municipales.

Esta norma ha sido desarrollada parcialmente en la Ley Orgánica de la Administración Central[137] cuyo artículo 63 establece:

> "*Artículo 63*. Nadie que esté al servicio de la República podrá negociar o celebrar contrato alguno con ella, ni por sí ni por interpuesta persona ni en representación de otra, salvo las excepciones que establezcan las leyes".
>
> "La prohibición establecida en este artículo alcanza a quienes hubieren estado al servicio de la República hasta un año antes de la fecha en que se pretenda negociar o celebrar el contrato". "Se exceptúan de la prohibición contemplada en este artículo, los contratos que tuvieren por objeto la compra, construcción, refacción o arrendamiento de vivienda para uso de las personas mencionadas o de su familia; los convenios relativos a la enajenación de bienes por causa de utilidad pública; los contratos para la utilización de servicios públicos; los contratos de adhesión y cualquier otro contrato en el que la persona del negociador o contratante no pueda influir en el otorgamiento y condiciones de la contratación".

En cuanto a la noción de interpuesta persona, la Ley Orgánica agrega:

> "*Artículo 64*. Sin perjuicio de que se demuestre la interposición de personas en otros casos, se considerarán personas interpuestas el padre, la madre, los descendientes y el cónyuge de la persona respecto de la cual obre la prohibición. Se considerarán igualmente personas interpuestas, las sociedades civiles, mercantiles o de hecho y las comunidades, en las cuales quien esté al servicio de la República, haya tenido hasta un año antes de la negociación o celebración del contrato, o haya adquirido dentro del año siguiente a las mismas, el treinta por ciento (30%), por lo menos, de los intereses, acciones o cuotas de participación, según el caso, salvo que las hubieren por herencia".

Por último, la sanción a la violación de esta incapacidad, además de lo previsto en el artículo 1.144 del Código Civil, la consagra el artículo 65 de la Ley Orgánica, así:

> "*Artículo 65*. Los contratos celebrados en contravención de lo dispuesto en los artículos anteriores serán nulos, de nulidad absoluta, sin perjuicio de las responsabilidades en que incurran los infractores y las indemnizaciones a que pudiere haber lugar conforme a la Ley".

Debe señalarse, en cuanto a las incompatibilidades, que el artículo 126 de la Constitución también establece que tampoco podrá celebrarse ningún contrato de interés público nacional, estadal o municipal con Estados o entidades oficiales extranjeros; ni con sociedades no domiciliadas en Venezuela, ni traspasarse a ellos sin la aprobación del

---

137 *V.* en *Gaceta Oficial* N° 3.599 Extra de 7–8–85.

Congreso[138]. Además, señala la Constitución, la Ley podrá exigir determinadas condiciones de nacionalidad, domicilio o de otro orden, o requerir especiales garantías en los contratos de interés público.

B. El consentimiento y sus vicios

a. El consentimiento legítimamente manifestado

Como todo contrato, los contratos de la Administración son acuerdos de voluntades, es decir, convenciones entre dos o más personas jurídicas y, por tanto, la necesidad del consentimiento entre las partes es una condición requerida para la existencia del contrato mismo[139], más que para su validez.

La ausencia de consentimiento conlleva la inexistencia del contrato. Pero en materia administrativa, y al hablar de contratos de la Administración y su consentimiento, es necesario examinar en primer lugar, cómo se forma el consentimiento de la Administración y, en segundo lugar, la manifestación de la voluntad administrativa relativa ha dicho consentimiento.

En efecto, la Corte Suprema de Justicia, en Sala Político–Administrativa ha establecido que, mediando en un asunto la intervención del Estado, "su declaración de voluntad y el consentimiento que de ella emana, se expresan dentro de un proceso formativo que se desarrolla de acuerdo con la ley y con fundamento en la observancia de ciertas formalidades por parte de quien pueda cumplirlas en ejercicio de la función pública, porque tenga capacidad para obrar e intervenir en el acuerdo o convenio como sujeto de derecho. Según este principio, no podrá haber efecto consensual por manifestación legítima cuando dejan de cumplirse las formas requeridas para aceptar o imponer condiciones dentro del contrato o cuando se han cumplido de manera irregular o distinta, porque el consentimiento así prestado no responde a la verdadera voluntad de los contratantes, que es su fuente jurídica más importante"[140].

Por tanto, en la conclusión del contrato administrativo la formación de la voluntad de la Administración debe pasar, antes de su expresión, por una serie de procedimientos administrativos cumplidos dentro de los órganos públicos del Estado. Al estudio de este proceso de formación de los contratos de la Administración dedicaremos la parte siguiente. Aquí, sin embargo, queremos referirnos a los posibles vicios de consentimiento en los contratos de la Administración[141].

b. Los vicios del consentimiento

En efecto, en los contratos de la Administración como en cualquier contrato, el consentimiento de las partes para que sea válido debe carecer de vicios. Por ello, otra de las condiciones de validez de los contratos de la Administración es la ausencia de vicios del consentimiento.

---

138 *V.* la doctrina de la Procuraduría al respecto en *PN Informe 1957–58*, p. 643 y *PN Informe 1959*, p. 618.

139 Artículo 1.141, ordinal 1° CC.

140 CSJ–SPA 14–12–61, *G.F.* N° 34, 1961, p. 188.

141 *V.* en general sobre los vicios del consentimiento la doctrina de la Procuraduría en *PN Informe 1959*, Caracas, 1960, p. 613.

En esta materia, los principios generales del derecho elaborados por la doctrina civilista son aplicables a los contratos de la Administración. Veamos someramente, el contenido de los artículos 1.146 y siguientes del Código Civil y su aplicación a los mismos.

a'. El error

Ante todo, para que el error pueda viciar el consentimiento de algunas de las partes contratantes, debe tratarse de un error excusable[142]. Entonces el error cometido por una parte contratante no puede ser invocado por ella cuando procede de una falta inexcusable de su parte. Esta es una aplicación del principio *nemo auditus program turpitudinem allegans*. Consecuencia de ello es la disposición del artículo 1.149 del Código Civil, según el cual

> "la parte que invoca su error para solicitar la anulación de un contrato está obligada a reparar a la otra parte los perjuicios que le ocasione la invalidez de la convención, si el error proviene de su propia falta y la otra parte no lo ha conocido o no ha podido conocerlo".

El principio es perfectamente aplicable a los contratos de la Administración.

Ahora bien, para que sea posible alegar el error de derecho como vicio del consentimiento en un contrato de la Administración, además de ser excusable debe ser determinante, es decir, debe ser la causa única y principal de la conclusión del contrato[143]. Pero tratándose de un error de derecho, la misma dificultad que se presenta en el derecho privado para probarlo, pues la ignorancia de la ley no excusa de su cumplimiento[144], se presentará en el campo de los contratos de la Administración.

En cuanto a los errores de hecho, el Código Civil distingue dos tipos: el error sobre la cosa y el error sobre la persona. En esta forma el error de hecho produce la anulabilidad del contrato cuando recae sobre una cualidad de la cosa[145] objeto del contrato. Aunque el Código Civil no exige que esa cualidad de la cosa sea determinante, parece lo más lógico sostener ese requisito. Pero, además, el error de hecho produce también la anulabilidad del contrato cuando recae sobre una circunstancia que las partes han considerado como esenciales o que deben considerarse como tales, en atención a la buena fe y a las condiciones bajo las cuales ha sido concluido el contrato[146].

También es causa de anulabilidad del contrato el error sobre la identidad o las cualidades de la persona con quien se ha contratado, cuando esa identidad o esas cualidades han sido causa única o principal del contrato[147]. En este caso el error también debe ser determinante y, en principio, es en los contratos de la Administración *intuitu personae* donde el error sobre la persona del co contratante puede ser considerado como determinante.

---

142 Art. 1.146 CC.

143 Art. 1.147 CC.

144 Art. 2 CC. Hasta tal punto, que el Código Civil excluye expresamente la posibilidad de pedir la nulidad por error de ciertos contratos. Por ejemplo, en el contrato de transacción, artículo 1.719 CC.

145 Artículo 1.148 CC. En este sentido, la Procuraduría ha sostenido que "el error de hecho produce también la anulabilidad del contrato cuando recae sobre circunstancias que las partes han considerado como esenciales o que deben considerarse como tales, en atención a la buena fe y a las condiciones bajo las cuales ha sido concluido el contrato". *V. PGR Doctrina 1960*, p. 111.

146 Artículo 1.148 del Código Civil.

147 Artículo 1.148, aparte segundo del Código Civil. *V.* sobre esto, lo afirmado por la Procuraduría en *Doctrina PGR 1967*, Caracas, 1968, pp. 53 y 54.

Respecto a los contratos de la Administración, el error en la persona del co–contratante de la Administración es quizás el que tiene más relevancia por el carácter *intuitu personae* con que son concluidos por lo general.

b'. La violencia

La violencia empleada contra el co–contratante que ha contraído la obligación es causa de anulabilidad del contrato; aun cuando haya sido ejercida por una persona distinta de aquella en cuyo provecho se ha celebrado la convención[148]. Por tanto, la violencia es causa de anulabilidad del contrato cuando es ejercida por el co–contratante o por terceras personas, y cuando reviste carácter de gravedad suficiente para que haga impresión sobre una persona[149].

Sin embargo, en los casos de violencia ejercida sobre la Administración y sus órganos, la Constitución declara nulos los actos acordados bajo esa presión. En efecto, el artículo 120 declara que es nula toda decisión acordada por requisición directa o indirecta de la fuerza o por reunión de individuos en actitud subversiva[150]

c'. El dolo

El dolo es causa de anulabilidad del contrato cuando las maquinaciones practicadas por uno de los co–contratantes o por un tercero, con su conocimiento, han sido tales que sin ellas el otro no hubiera contratado[151].

El dolo, en primer lugar, puede haber emanado de un tercero, con el conocimiento de uno de los contratantes. Esa es una nueva causal de la teoría de los vicios del consentimiento introducida por la Comisión Codificadora Nacional en 1942[152]. Por otra parte, el dolo debe ser determinante para la conclusión del contrato.

Respecto a este vicio, como a los demás examinados, nada parece indicar su inaplicabilidad a los contratos de la Administración, teniéndose en cuenta para ello, sin embargo, la peculiar condición de los entes públicos.[153]

C. El objeto

Ciertamente, como en todo contrato, el objeto de los contratos de la Administración debe ser posible, lícito, determinado o determinable[154], lo cual, por otra parte, es una de las condiciones de existencia y, por tanto, de validez del contrato[155]. Los principios de la teoría privatista sobre los requisitos del objeto del contrato son aplicables en su esen-

---

148 Artículo 1.150 del Código Civil.

149 Artículos 1.151 y 1.152 del Código Civil. Un ejemplo de violencia ejercida por la Administración es el abuso de poder del funcionario. Este acarrea responsabilidad individual del mismo. Al efecto, véase. el artículo 121 de la Constitución.

150 Desde la Constitución de 1864, artículo 104, encontramos esta disposición en nuestra evolución constitucional.

151 Artículo 1.154 del Código Civil.

152 *Código Civil de Venezuela*, Ed. Andrés Bello, Caracas, p. 181, nota al artículo 1.154, comentario de A. Pulido Villafañe.

153 Sobre el dolo como vicio de consentimiento en los contratos administrativos, *V. CGR Dictámenes de la Consultorio Jurídica 1969–1976*, tomo IV, pp. 271 y ss. y 281 y ss.

154 Artículo 1.157 del Código Civil.

155 Artículo 1.141 del Código Civil.

cia a los contratos de la Administración. Por ello no insistiremos mucho en este respecto.

Sin embargo, es necesario hacer algunas observaciones peculiares de los denominados contratos administrativos.

Ante todo, y por la finalidad de servicio público que persigue la Administración al celebrar los contratos administrativos, el objeto de los mismos debe ser una prestación de utilidad pública o de interés general[156]. Esta prestación puede ser de dar, de hacer o de no hacer.

No consideramos que la prestación objeto del contrato administrativo debe estar siempre relacionada con un determinado servicio público, como expresaba Jèze en los albores de la Teoría de los Contratos Administrativos[157]; de lo contrario quedarían excluidos de la calificación de contratos administrativos, contratos tales como el de ocupación del dominio público o el de empréstito público. Estos contratos, a pesar de no estar relacionados directamente en muchos casos con el funcionamiento de un servicio público determinado, son contratos administrativos pues son celebrados por los entes estatales con finalidad de servicio público: la salvaguarda del derecho de uso público del dominio público del Estado[158] que muchas veces es la condición indispensable para el libre tránsito de los ciudadanos en el territorio nacional; y la procuración de fondos para obras reproductivas o en caso de evidente necesidad o conveniencia nacional[159].

Por otra parte, y como veremos más adelante, la Administración puede introducir modificaciones unilateralmente, dentro de ciertos límites, en el objeto del contrato administrativo. En derecho privado, al contrario, rige el principio de la inmutabilidad unilateral del objeto del contrato.

Respecto a la licitud del objeto, los contratos de la Administración no pueden perseguir la derogación de leyes en cuya observancia esté interesado el orden público y las buenas costumbres, de lo contrario serían inválidos por ilicitud del objeto. Es la aplicación del principio general consagrado en el artículo 6 del Código Civil. Esto, como lo analizaremos más adelante, tiene mucha importancia en relación a la imposibilidad de contratar aspectos de la potestad y competencia tributarias[160].

También, tal como sucede en los contratos de derecho privado, en materia de contratos de la Administración existen ciertas materias que no pueden ser objeto de negocios contractuales en razón de su naturaleza. Tal es el caso del estado y capacidad de las personas y los bienes del dominio público en lo que se refiere a su inalienabilidad. Pero, además, en derecho administrativo existen otras materias que por su naturaleza legal o reglamentaria no pueden ser objeto, tampoco, de relaciones contractuales. En efecto, cuando una situación jurídica determinada es de carácter legal o reglamentaria, es decir, fijada unilateralmente por el Estado, sea por medio de actos reglamentarios, o sea por medio de actos legislativos, esa situación jurídica no puede ser objeto de convenciones entre la Administración y los particulares. En este sentido sería nulo, por ilicitud del objeto, un contrato que tuviere por objeto derogar la situación jurídica reglamentaria o legal de un funcionario público.

---

156 CF. 12–11–54, *G.F.* N° 6 (2° etapa) 1954, pp. 191–192.

157 Gastón Jèze, *Principios Generales del Derecho Administrativo*, tomo IV, Buenos Aires, 1950, p. 5.

158 Artículos 539 y 540 del Código Civil.

159 Artículo 231 de la Constitución.

160 *V.* la doctrina de la Procuraduría en *PN Informe 1957–1958*, Caracas, 1958, pp. 645–647.

Por último, es conveniente observar que también estaría viciado un contrato administrativo por ilicitud del objeto, cuando en él se compromete el ejercicio de la competencia. En derecho privado los contratantes pueden fijar ciertos límites a su capacidad de obrar. Sin embargo, en derecho administrativo, la competencia de los funcionarios u órganos de la Administración, no puede renunciarse ni ser objeto de contratos que comprometan su ejercicio.

D. La causa

En la misma forma que en el derecho privado, en los contratos de la Administración la obligación sin causa, o fundada en una causa falsa o ilícita, no tiene ningún efecto[161]. La causa lícita en los contratos de la Administración también es una de las condiciones requeridas para la existencia del contrato[162]; por tanto, cuando la causa es ilícita, contraria a la ley, a las buenas costumbres o al orden público[163], el contrato es inexistente[164] y las obligaciones que contiene no producen ningún efecto.[165]

En la teoría civilista, y más generalmente en la Teoría General del Derecho, la palabra causa, sobre todo en lo que respecta a los contratos sinalagmáticos, ha producido innumerables discusiones y principalmente dos concepciones: por una parte la teoría de la causa objetiva, donde la causa de las obligaciones de cada contratante es la contraprestación que el otro se obliga a realizar; por otra parte, la teoría de la causa subjetiva, donde la causa está definida por el fin que las partes buscan en el contrato o por el motivo que las indujo a contratar.

Ambos conceptos y teorías son perfectamente aplicables a las condiciones de validez de los contratos en general: la ausencia de causa en el sentido de la contraprestación del otro contratante, o la ilicitud de dichas contraprestaciones, produce la inexistencia del contrato; y la ilicitud o inmoralidad de la causa en el sentido del fin o motivo perseguido por los contratantes produce el mismo efecto.

En el campo del derecho administrativo y, en particular, en relación a los denominados contratos administrativos también son aplicables ambos conceptos. Así lo ha expresado la jurisprudencia administrativa. En efecto, la antigua Corte Federal ha señalado que en los contratos de la Administración "la causa inmediata de las prestaciones de la Administración la constituyen las contraprestaciones del particular y la causa o motivo determinante es el interés que con esas prestaciones se persigue"[166].

Una vez más observamos cómo la jurisprudencia administrativa requiere el interés público o lo que hemos llamado la finalidad de servicio público para que exista contrato administrativo.

Es interesante observar, por otra parte, el juego del vicio de desviación de poder en el problema de la causa ilícita cuando la Administración, con ocasión de la conclusión de un contrato administrativo, persigue fines ilícitos. Aunque no podría atacarse el contrato por causa ilícita, pues no se ha contratado buscando expresamente ese fin ilícito, podría conseguirse la anulación del contrato, impugnándolo mediante el ejercicio de un recurso

---

161 Artículo 1.157 del Código Civil.
162 Artículo 1.141 del Código Civil.
163 Artículo 1.157, aparte segundo del Código Civil.
164 Artículo 1.141 del Código Civil.
165 Artículo 1.157, aparte primero del Código Civil.
166 CF. 12–11–54, G.F. N° 6, p. 1.954, pp. 191–192.

contencioso–administrativo de anulación, alegando vicio de desviación de poder en dicho acto[167]. La declaración de nulidad del acto producirá, como consecuencia, la nulidad del contrato.

3. El elemento de subordinación

Además del elemento subjetivo y de las condiciones de validez del contrato, en cuanto a los denominados contratos administrativos, la tercera característica fundamental de los mismos está constituida por la relación de subordinación del contratante de la Administración respecto a ésta. Así lo ha establecido la antigua Corte Federal[168].

El particular, el co–contratante de la Administración, por un acto de propia voluntad contrata con ella y se sitúa en la relación jurídica en un plano de subordinación. Esta subordinación o desigualdad jurídica no es arbitraria, ni deriva del Poder o de la autoridad que tiene la Administración; tiene su origen en la desigualdad de fines de los contratantes. El co–contratante de la Administración persigue, evidentemente, un fin económico privado. La Administración, en cambio, vela por el interés público, por las necesidades colectivas y persigue una finalidad de servicio público. El fundamento, pues, de esta desigualdad jurídica, de esta subordinación del particular frente a la Administración, es el fin público o la finalidad de servicio público con miras a la cual contrata la Administración[169].

En este sentido, ha expresado la antigua Corte Federal que esa desigualdad se explica por el propio interés de los administrados y porque es obligación de los administradores el velar porque la prestación objeto del contrato se efectúe en forma ordenada y continua si tal fuere el caso y, en resumen, conforme a las normas reguladoras del contrato; de no ser así, se llegaría a la conclusión de que por tales actos "la Administración pierde, renuncia o enajena uno de sus grandes atributos cual es el de tuteladora del bien del interés público"[170].

La consecuencia fundamental de esta situación de subordinación es, como lo ha indicado la Corte[171], la facultad de la Administración de adoptar decisiones ejecutivas sobre el cumplimiento, inteligencia, rescisión y efectos del contrato, lo cual examinaremos detenidamente más adelante.

4. El régimen jurídico aplicable a los contratos de la administración

Los contratos de la Administración, como en general buena parte de la actividad administrativa, están sometidos a un régimen jurídico mixto, de derecho administrativo y de derecho privado. Por tanto, siempre, los contratos de la Administración se rigen tanto por normas de derecho público como por normas de derecho privado. Lo que puede haber en ese régimen, es una preponderancia de aplicabilidad de una u otra rama del derecho; así, serán contratos administrativos, aquellos con una preponderancia en el régimen jurídico que les es aplicable, del derecho administrativo, y serán contratos de

167 Artículo 206 de la Constitución y artículo 111, LOCSJ.
168 CF. 12–11–54, *G.F.* N° 6, 1954, pp. 191–192.
169 *V.* en tal sentido, la doctrina de la Procuraduría en *Doctrina PGR 1980*, pp. 54 y ss.
170 CF. 12–11–54, *G.F.* N° 6, 1954, pp. 191–194.
171 *Idem.*

derecho privado de la Administración, aquellos con una preponderancia en el régimen que les es aplicable de normas de derecho privado. Esto significa, por tanto, que no sea admisible establecer la distinción entre dichas categorías de contratos con base en el régimen jurídico aplicable, pues no es cierto que los llamados contratos administrativos estén sometidos a un régimen exclusivamente de derecho público, ni que los llamados contratos de derecho privado de la Administración estén sometidos a un régimen exclusivamente de derecho privado.

Ahora bien, en cuanto a los denominados contratos administrativos, es evidente que su régimen jurídico será uno en el cual preponderantemente se aplique el derecho administrativo.

Y ello no podría ser de otro modo. El contrato administrativo no puede regirse intrínsecamente por el derecho privado, regulador de relaciones entre particulares y de intereses privados. Necesita con preponderancia, en vista de la finalidad de servicio público que se tiene en cuenta al concluirlo, un régimen jurídico exorbitante o derogatorio de derecho común, y ese es el régimen de derecho público[172].

No compartimos el criterio, por otra parte, de que la presencia en un contrato de cláusulas exorbitantes del derecho común sea la causa de que ese contrato sea administrativo[173]: un contrato no es administrativo porque tenga cláusulas exorbitantes del derecho común, sino que contiene cláusulas de ese tipo por ser administrativo. Por tanto, la aplicación del régimen preponderantemente de derecho público a un contrato es consecuencia, es un efecto del carácter administrativo del contrato y no la causa de él. El contrato puede considerarse administrativo por su naturaleza, es decir, porque fue concluido con finalidad de servicio público y, por tanto y como consecuencia, necesita de un régimen jurídico propio, lo que conlleva la presencia en él, en forma preponderante, expresa o tácita, de cláusulas derogatorias del derecho común.

La necesidad de que los contratos administrativos se rijan por un régimen preponderantemente de derecho público no implica, sin embargo, la inaplicabilidad absoluta a dichos contratos de normas consagradas en el derecho civil. Al contrario, y como hemos visto, la elaboración de la teoría civilista de los contratos es perfectamente aplicable a los contratos administrativos. Sin embargo, hay fundamentales excepciones que veremos al estudiar la formación del contrato administrativo y los efectos del mismo. Fundamentalmente, en este último campo es donde más se manifiesta el imperio del derecho público y la presencia expresa o tácita en todo contrato administrativo de cláusulas exorbitantes del derecho común, es decir, de cláusulas que no podrían encontrarse en un contrato de derecho privado, y que las más de las veces derogan principios tradicionales de la contratación civil. Tal es el caso, por ejemplo, de cláusulas en las cuales la Administración se atribuye sobre su co–contratante derechos que un particular normalmente no se atribuye en ningún contrato de derecho privado[174]; o de cláusulas por medio de las cuales la Administración otorga a su co–contratante poderes respecto a terceros que un particular no podría atribuirse en ningún contrato[175].

---

172 *V.* la sentencia de la antigua Corte Federal y de Casación de 5–12–44, en *Memoria 1945*, pp. 283 y 285.

173 G. Vedel, *Droit Administratif*, tomo II, París 1959, p. 592.

174 Por ejemplo, el derecho de rescindir o modificar unilateralmente el contrato administrativo.

175 Por ejemplo, la potestad expropiatoria en los casos de concesiones administrativas.

V. LA FORMACIÓN DE LA VOLUNTAD ADMINISTRATIVA EN LOS CONTRATOS DE LA ADMINISTRACIÓN

El proceso de formación de la voluntad administrativa en la celebración de los contratos comprende la realización de una serie de formalidades previas y posteriores al acto de conclusión del contrato, que configuran actos complejos. Cada una de dichas formas tiene, por supuesto, diferente valor en cuanto a sus efectos sobre los contratos. En todo caso, las mismas pueden clasificarse así: en primer lugar, formalidades previas a la conclusión del contrato; en segundo lugar, la conclusión misma del acto contractual; y en tercer lugar, formalidades posteriores a la conclusión del contrato y que forman también en ciertos casos, la voluntad de la Administración en la celebración de dichos actos.

A continuación estudiaremos estas diversas formalidades, con especial referencia al régimen de la Administración Nacional, sin que ello signifique que a nivel estadal y a nivel municipal no haya normas que rijan la materia, en una orientación similar, mutatis mutandis a la que describiremos[176].

Por otra parte, debe advertirse que las formalidades que estudiaremos, en general se exigen para todo tipo de contratos que celebre la Administración, con algunas excepciones expresas que analizaremos y, además, que dichas formalidades no necesitan obligatoriamente ser observadas en todos los contratos de la Administración.

1. Formalidades previas a la conclusión del contrato

En múltiples oportunidades la Constitución o las leyes exigen el cumplimiento de determinadas formalidades en el proceso de formación de la voluntad administrativa, previas al acto de conclusión del contrato propiamente dicho. Esto demuestra la complejidad que reviste la manifestación de la voluntad de la Administración en los contratos de la Administración en contraposición con las reglas que resultan de la contratación de derecho privado entre particulares.

Esas formalidades previas a la conclusión del contrato consisten en la intervención, en el proceso formativo de la voluntad administrativa, de diversos órganos de la Administración central, consultiva o contralora, o de órganos del Poder Legislativo, distintos del órgano administrativo a quien corresponda la conclusión del contrato.

Analizaremos entonces estas diversas intervenciones de órganos del Estado en el proceso de formación de la voluntad administrativa estudiando sucesivamente, la intervención de órganos consultivos, la intervención de órganos contralores fiscales, la intervención de las Cámaras Legislativas y la intervención de ciertas autoridades de la Administración distintas de la que ha de concluir el contrato.

---

176 *V.* Allan R. Brewer–Carías, "La formación de la voluntad de la Administración Pública Nacional en los contratos administrativos", *Revista de la Facultad de Derecho*, U.C.V. N° 28, Caracas, 1964, pp. 61–112. Publicado también en Allan R. Brewer–Carías, *Jurisprudencia de la Corte Suprema 1930–1974 y Estudios de Derecho Administrativo*, tomo III, Vol. 2, Caracas, 1977, pp. 443–498.

A. La intervención de órganos consultivos

Cierta categoría de contratos de la Administración exige la obligación, para la autoridad llamada a concluir el contrato, solicitar la opinión previa de determinados órganos consultivos de la Administración Nacional.

Debemos distinguir, sin embargo, los casos en que el dictamen de la autoridad consultada, sea o no vinculante para la Administración.

a. La consulta vinculante

En diversas oportunidades la Administración no sólo está obligada a consultar la celebración de determinados contratos a ciertos órganos consultivos, sino que también está obligada a acatar la opinión que de ellos emane. Por ello, en múltiples oportunidades es requisito indispensable para la conclusión del contrato que la Administración haya obtenido la opinión favorable de ciertos órganos consultivos.

Ello sucede, entre otros casos, en los contratos de enajenación de bienes muebles de la República y en los contratos de adquisición de bienes muebles o inmuebles por la misma.

En efecto, tal como lo indica el artículo 24 de la Ley Orgánica de la Hacienda Nacional, para la conclusión de contratos que tengan por objeto la enajenación de bienes muebles de la República que a juicio de la Administración no sean necesarios para el servicio público, es necesario que el Despacho Ministerial respectivo obtenga la previa opinión favorable de la Contraloría General de la República.

Asimismo, tal como lo señala el artículo 25 de la misma Ley Orgánica de la Hacienda Nacional, la Administración, para celebrar contratos que tengan por objeto la adquisición de bienes muebles o inmuebles que sean necesarios para el uso público o el servicio oficial de la República, está obligada a obtener el previo informe favorable de la Contraloría General de la República.

Estas formalidades son esenciales para la formación de la voluntad administrativa, por lo que los contratos concluidos por órganos de la Administración sin haber solicitado la opinión previa de un órgano consultivo–contralor cuando estaba obligado a hacerlo, o sin haber acatado la opinión desfavorable a su celebración cuando estaba obligada a obtener opinión favorable para contratar, no obligan al Estado[177]. Y ello porque éste sólo reconoce las obligaciones contraídas por órganos legítimos del Poder Público de acuerdo con las leyes conforme se establece en el artículo 232 de la Constitución

Por tanto, los contratos celebrados por autoridades administrativas en estas condiciones no producen ningún efecto contra la Administración y, por tanto, son nulos, aunque en todo caso producen responsabilidad individual del funcionario público que concluyó el contrato viciadamente, por violación de la ley[178].

---

177 En este sentido ha sido criterio de la Procuraduría que "cuando la ley requiere la intervención de órganos consultivos en forma previa a la conclusión del contrato y con carácter vinculante, no podrá haber consentimiento legítimamente manifestado sino una vez que se dé cumplimiento a esa formalidad". *V. PN Informe 1959*, p. 504.

178 Tal como lo establece el artículo 121 de la Constitución. Por otra parte, la no intervención de los órganos consultivos vicia al proceso de formación de la voluntad administrativa y, por tanto, la conclusión de un contrato con ese vicio no es válido pues no responde a un verdadero consentimiento. En este sentido la Procuraduría de la Nación ha expresado: "En nuestro Derecho Positivo, los requisitos legales de previo informe favorable a la Contraloría para la adquisición de bienes para el patrimonio de la Nación venezolana, no son simples formalidades de

En todo caso debe observarse que, si con motivo de la conclusión del contrato viciado por falta de consulta vinculante, el co–contratante ha ejecutado prestaciones que produzcan un enriquecimiento sin causa en manos de la Administración, ésta por justicia y equidad debe pagar al contratante en la medida de su enriquecimiento y del empobrecimiento de aquél.

b. La consulta no vinculante

En otras oportunidades la Administración, si bien está obligada a obtener el voto consultivo de ciertos órganos administrativos para la celebración de un contrato, no está obligada a seguir la opinión que éstos indiquen, sino que su aceptación o no, es facultativa para ella.

Así sucede, por ejemplo, en los contratos que puede celebrar la Administración con los deudores de "deudas atrasadas, provenientes de cualquier renta, que hayan pasado a figurar como saldo de años anteriores" para la remisión, rebaja o bonificación de las mismas o de sus intereses o para la concesión de plazos para su pago, en los cuales, tal como lo señala el artículo 49 de la Ley Orgánica de la Hacienda Nacional, la Administración debe consultar previamente al Contralor General de la República, y al Procurador General de la República.

En todo caso, los contratos "no podrán llevarse a efecto" y, por tanto, no tendrán ningún efecto, si no se cumplen esas formalidades previas.

En el mismo caso se encuentran los contratos que tengan por objeto operaciones de Crédito Público. En efecto, el artículo 27 de la Ley Orgánica de Crédito Público, establece que "las operaciones de Crédito Público, cualquiera sea su cuantía, que proyecte celebrar la Nación, deberán ser consultadas previamente por el Ejecutivo Nacional con el Banco Central de Venezuela y deberán ser enviadas al Congreso Nacional por el Ejecutivo Nacional al solicitar la correspondiente autorización para la operación proyectada".

B. La verificación presupuestaria: el control previo de compromisos

De acuerdo a lo establecido en el artículo 18 de la Ley Orgánica de la Contraloría General de la República de 1975, reformada en 1984[179], todos los contratos que celebren los Despachos del Ejecutivo Nacional que impliquen compromisos financieros para la República, deben someterse a la aprobación previa de la Contraloría General de la República.

Esta norma, en efecto, establece lo siguiente:

> "*Artículo 18*. Los Despachos del Ejecutivo, antes de proceder a la adquisición de bienes o servicios, o a la celebración de otros contratos que impliquen compromisos financieros para la República, deberán someter éstos a la aprobación de la Contraloría.

mero trámite. Al contrario, estima la Procuraduría que tales requisitos no tienen como única y exclusiva finalidad verificar, por parte del Organismo Contralor, la sinceridad y legalidad del gasto público, sino, conjuntamente con ella, la de ser verdaderos elementos constitutivos, entre otros, del consentimiento legítimamente manifestado cuando la Administración Nacional es parte en contratos". *V.* el *Informe de la Procuraduría General de la República al Congreso Nacional*, 1960, Caracas, 1961, p. 386.

179 *V.* en *G.O.* N° 1.712 Extra de 6–1–75 y en *G.O.* N° 3.482 de 14–12–84.

Según la naturaleza y modalidades del compromiso, la Contraloría verificará:

1 Que el gasto esté correctamente imputado a la correspondiente partida del presupuesto o a créditos adicionales legalmente acordados;

2 Que exista disponibilidad presupuestaria;

3 Que los precios sean justos y razonables;

4 Que se hayan previsto las garantías necesarias y suficientes para responder de las obligaciones que ha de asumir el contratista.

No se podrá iniciar la ejecución de los contratos a que se refiere el encabezamiento de este artículo, mientras las estipulaciones que contengan los respectivos compromisos financieros no hayan sido previamente aprobadas".

Se trata, por tanto, de una formalidad previa a la ejecución de los contratos mediante la cual la Contraloría General de la República ejerce su función contralora, de inspección y de fiscalización de bienes, ingresos y egresos de la República, así como de las operaciones relativas a los mismos[180].

El control previo de compromisos, por tanto, no se aplica directamente a la Administración descentralizada (institutos autónomos y empresas del Estado), pero conforme al artículo 58 de la Ley Orgánica se puede disponer respecto de los institutos autónomos, cuando no atiendan las observaciones de la Contraloría.

a. El control sobre el compromiso

En este caso, el control se refiere a cuatro aspectos: la legalidad del compromiso; la disponibilidad presupuestaria; los precios y la constitución de garantías y como consecuencia de ello, la Contraloría aprueba u objeta el contrato, mediante resolución motivada[181].

a'. Control sobre la legalidad del compromiso

El control sobre la legalidad del compromiso o gasto proyectado se realiza al examinar la Contraloría, la correcta imputación de mismo al crédito presupuestario correspondiente, pues como lo establece la Constitución, "no se hará del Tesoro Nacional gasto alguno que no haya sido previsto en la Ley de Presupuesto", o cubierto por créditos adicionales[182].

---

180 Artículo 234. El hecho de que se prevea el control previo de compromisos no excluye el ejercicio por parte de la Contraloría del control posterior y a través del examen de la cuenta de gastos en el cual se puede verificar, entre otros aspectos, que el monto de las órdenes de pago correspondan al precio establecido, que la entrega de la obra se haya efectuado en la fecha convenida; que la obra haya sido completamente ejecutada, etc. *V. CGR Dictámenes de la Consultorio Jurídica 1969–1976*, tomo IV, pp. 478 y ss; y tomo V, pp. 567, y ss. En todo caso, el control posterior no puede referirse a los precios contratados. En tal sentido *V. CGR Dictámenes de la Consultorio Jurídica 1969–1976*, tomo IV, p. 12 y sentencia de la Corte Suprema de Justicia en Sala Político–Administrativa de 10–11–71, en *G.O.* N° 29.678 de 4–12–71.

181 Artículo 28 LOCGR. Sobre el contenido del control previo, *V. CGR Dictámenes de la Consultoría Jurídica 1938–1968*, tomo III, Caracas 1968, pp. 80 y ss.

182 En este sentido, el artículo 227 de la Constitución indica que "No se hará del Tesoro Nacional gasto alguno que no haya sido previsto en la Ley de Presupuesto. Solo podrán decretarse créditos adicionales al presupuesto, para gastos necesarios no previstos o cuyas partidas resulten insuficientes y siempre que el Tesoro cuente con recursos para atender a la respectiva erogación. AS este efecto se requerirá previamente el voto favorable del Consejo de Ministros y la autorización de las Cámaras en sesión conjunta, o en su defecto de la Comisión Delegada". Sobre los créditos adicionales también establece el artículo 179, ordinal 6°, que es atribución de la Comisión Delegada del Congreso, "autorizar el Ejecutivo Nacional para decretar créditos adicionales al presupuesto". Asimismo, el artículo

Por ello, lo primero que verifica la Contraloría es "que el gasto esté correctamente imputado a la correspondiente partida del presupuesto o a créditos adicionales legalmente acordados"; en otras palabras, lo que verifica es la legalidad del compromiso financiero, es decir, que exista un crédito presupuestario al cual sean imputables los gastos proyectados.

En cuanto a los otros aspectos de la legalidad del compromiso financiero, la Contraloría puede formular observaciones, pero no por ello puede objetar el contrato. Esto está expresamente previsto en el parágrafo primero del artículo 18 de la Ley Orgánica de la Contraloría General de la República, en la siguiente forma:

> "La Contraloría verificará los demás aspectos de la legalidad del contrato y advertirá al ente contratante las violaciones que observare en las estipulaciones proyectadas, con señalamiento expreso de las responsabilidades que podrían surgir si el contrato fuese celebrado sin subsanar tales irregularidades. Si la entidad contratante disintiere del criterio de la Contraloría, deberá exponer dentro de los treinta (30) días siguientes, en forma razonada, los motivos por los cuales procedió a celebrar el contrato".

b'. Control sobre la disponibilidad del crédito

Complemento necesario del control sobre la legalidad del compromiso donde se ha verificado la correcta imputación del gasto proyectado sobre una determinada partida presupuestaria, es el control sobre la disponibilidad para verificar si el crédito puede ser afectado con el gasto proyectado.

Ello tiende a evitar que la Administración pueda celebrar contratos con cargo a una partida presupuestaria sin disponibilidad.

c'. El control sobre los precios

Pero el control previo realizado por la Contraloría General de la República no solamente busca controlar la legalidad de compromiso y la disponibilidad de la partida a la cual se imputa el gasto proyectado, sino que implica también el control sobre los precios que se proyectan contratar para evitar que en la inversión no se malversen o defrauden los dineros públicos.

Por ello dispone el artículo 18 que la Contraloría verificará porque se estipulen en los contratos administrativos precios justos y razonables. A tal efecto, deberá llevar el control de los precios corrientes y actualizados de los efectos, materiales y demás bienes y servicios regularmente suministrados a la Administración.

d'. El control de las garantías

Por último, la Contraloría también debe verificar respecto de los contratos sometidos a su control, que se hubieran previsto las garantías necesarias y suficientes para responder de las obligaciones que ha de asumir el contratista.

En relación a ello, el artículo 18, parágrafo segundo de la Ley, también autoriza a la Contraloría a examinar la capacidad financiera y la experiencia de la persona natural o jurídica que contrate con la República, cuando lo considere conveniente para la salva-

---

190, ordinal 14, dispone que es atribución y deber del Presidente de la Republica, "Decretar créditos adicionales al Presupuesto, previa autorización de las Cámaras en sesión conjunta, o de la Comisión Delegada". *V.* también el artículo 200 de la Ley Orgánica de la Hacienda Nacional.

guarda de los intereses fiscales y, en especial, en el caso de las cesiones de contratos o subcontratos".

b. El ámbito del control previo de compromisos y sus excepciones

El control previo de compromisos abarca todos los contratos para la adquisición de bienes o servicios y, en general, todos los que impliquen compromisos financieros para la República. Por tanto, respecto de esta formalidad, no cabría hacer distinción alguna entre contratos administrativos y contratos de derecho privado de la Administración[183].

En consecuencia, todos los contratos que celebre la República que signifiquen compromisos financieros[184], deben someterse al control previo de compromisos. Quedan a salvo, sin embargo, los que se excluyan por ley especial o los que la propia Ley Orgánica establece.

En efecto, en general, de acuerdo al artículo 19 de la Ley Orgánica:

> "Mediante ley especial se podrá excluir del control previo a los contratos que sean requeridos para el desarrollo de determinados programas, por el lapso que la misma ley fije".

Pero aparte de este supuesto, la propia Ley Orgánica establece una serie de excepciones según que estén sometidos a otros controles, según la cuantía de los contratos, según que existan situaciones extraordinarias, o que se trate de contratos para actividades de defensa y seguridad del Estado.

a'. La excepción respecto de contratos sometidos a otros controles

De acuerdo al artículo 22 de la Ley Orgánica, cuando los contratos que celebre el Ejecutivo deban ser autorizados o aprobados por el Congreso, o por una de las Cámaras, no se requerirá la aprobación del respectivo compromiso financiero por la Contraloría[185]. Tampoco se requerirá tal aprobación en los casos de adquisición de bienes por vía de expropiación por causa de utilidad pública o social, cuyo precio se haya determinado de acuerdo con las reglas establecidas en la ley de la materia.

b'. La excepción por razones de emergencia

La Ley Orgánica establece en su artículo 21, que en situaciones de emergencia, como en caso de calamidades públicas o de conflicto interior o exterior, y en otros análogos, cuando sea de urgente necesidad la ejecución de determinadas obras o la adquisición de bienes, no se exigirá el cumplimiento de la formalidad del control previo. Sin embargo, la ejecución de las mencionadas obras deben realizarse "previa consulta al Contralor", la cual puede incluso ser verbal o telefónica; y los Despachos Ejecutivos en todo caso quedan obligados a participar de inmediato a la Contraloría las circunstancias que hayan

---

183 *V.* en el tal sentido, *Doctrina PGR 1980*, pp. 62–64.

184 Por ello, la Contraloría General de la República ha sostenido que no es necesaria la aprobación previa en los contratos que originan una renta para la República, siendo necesarias sólo en las que originan gastos. *V.* en *CGR Dictámenes de la Consultaría Jurídica 1936–1963*, tomo I, Caracas, 1963, p. 234. En este sentido, la Procuraduría General de la República ha sostenido que también están sometidos al control previo los contratos colectivos de trabajo que los diversos despachos del Ejecutivo Nacional celebren con los obreros al servicio del Estado. *V. Doctrina PGR 1969*, Caracas, 1970, pp. 54–56.

185 *V.* en tal sentido la doctrina de la Contraloría General de la República en *CGR Dictámenes de la Consultaría Jurídica 1938–1968*, tomo III, Caracas, 1968, p. 57 y tomo IV, pp. 306 y 307.

dado lugar al gasto, con el fin de que ésta proceda a tomar las medidas de control que considere convenientes dentro de los límites de la ley.

c'. La excepción por la cuantía

Por autorización expresa del artículo 20 de la Ley Orgánica, el Contralor General de la República podrá exceptuar del control previo los compromisos que no exceden de 400.000 bolívares. "A tales efectos, por Resolución que publicará en la Gaceta Oficial, establecerá los casos y condiciones en que proceda esta excepción y los requisitos que se deberán cumplir, sin perjuicio del control posterior que ejercerá oportunamente sobre tales operaciones".

En la reforma a la Ley Orgánica de la Contraloría de 1984[186] que aumentó de 100.000 a 400.000 la cifra de la excepción, se agregó, además, al artículo 20 un párrafo con el siguiente texto:

> "El Contralor podrá ajustar anualmente la cifra mencionada anteriormente, con sujeción al monto del presupuesto de gastos de la Ley de Presupuesto para el Ejercicio Fiscal de cada año. En todo caso, la cifra en referencia no será menor de cuatro ni mayor de cinco bolívares por cada millón de bolívares del monto del correspondiente presupuesto de gastos".

d'. La excepción en los casos de contratos relativos a actividades de seguridad y defensa

Por último, el artículo 28 de la Ley Orgánica, en general, excluye "de las disposiciones de control establecidas en la ley", los gastos destinados a la defensa y seguridad del Estado, calificadas como tales en el Reglamento de la Ley Orgánica dictado por Decreto N° 1.698 de 1991[187].

c. *Efectos del control previo de compromisos*

a'. Efectos tradicionales del crédito presupuestario

De acuerdo con un principio constitucional (artículo 227) no se puede hacer del Tesoro Nacional gasto alguno que no haya sido previsto en la Ley de Presupuesto, lo que implica que todos los contratos susceptibles de implicar un egreso del Tesoro Nacional deben estar cubiertos por los créditos presupuestarios regularmente previstos en la Ley de Presupuesto o en créditos adicionales[188]. Por ello, la Ley Orgánica de Salvaguarda del Patrimonio Público, tipifica incluso como delito de malversación específica el efectuar gastos o contraer compromisos que excedan de las previsiones presupuestarias (artículo 61).

Tradicionalmente se ha considerado que las autorizaciones de gastos presupuestarios tienen efecto solamente respecto del derecho financiero y presupuestario y, por tanto, que las reglas de derecho presupuestario tienen sus propias consecuencias y sanciones desligadas totalmente del derecho administrativo[189].

---

186 *V.* en *G.O.* N° 3.482 de 14-2-84.

187 *V.* en *G.O.* N° 34.749 de 4–7–91.

188 Artículos 227, 190, ordinal 14 y 179, ordinal 6° de la Constitución.

189 André de Laubadère: *Traité Théoriaue et Pratique des Contrats Administratifs. Librairie Générale de Droit et Jurisprudence*, París, 1956, tomo I, p. 144.

Esto conlleva una consecuencia lógica: el contrato concluido por la Administración sin crédito presupuestario o excediendo el crédito aprobado por la Ley de Presupuesto, es jurídicamente válido[190], aun cuando como lo dice la ley, no pueda iniciarse su ejecución, es decir, sea ineficaz[191]. Por tanto, la formalidad de control previo si bien ya no puede considerarse un requisito de validez del contrato, es una condición para su eficacia.

b'. Efectos sobre el contrato

Por supuesto, aun siendo un requisito de eficacia del contrato, ello no puede significar que ese requisito perfeccione el contrato.

El control previo de compromisos consiste únicamente en una verificación de la legalidad y posibilidad del gasto proyectado, pero no implica obligatoriedad para la Administración de concluir el proyecto del contrato. La Administración puede perfectamente desistir de celebrar el contrato controlado previamente por la Contraloría General de la República. Sin embargo, un sano sistema contable aconseja que, una vez que se produzca este desistimiento, la Administración notifique de ello a la propia Contraloría para que desafecte el gasto anteriormente proyectado del crédito presupuestario correspondiente[192]. Ello se exige, además, en la Ley Orgánica de la Contraloría en forma expresa, al prescribir su artículo 23 que en caso de terminación anticipada de los contratos sometidos a control previo, el Despacho respectivo debe participar inmediatamente a la Contraloría las causas que motivaron la decisión y acompañar los datos y documentos pertinentes.

Pero al hablar de los efectos del control previo debemos destacar otro supuesto. ¿Qué efectos tiene sobre el contrato la ausencia de crédito presupuestario a pesar del cumplimiento de la formalidad del control previo? Debemos concluir tal como anteriormente señalamos que el contrato no puede tener ningún efecto, pero sin embargo el posible error del órgano Contralor acarreará además de la responsabilidad individual del funcionario, la responsabilidad de la Administración por el mal funcionamiento del servicio y ello, porque si corresponde a la Contraloría General de la República el control de la legalidad y posibilidad de los gastos proyectados contractualmente, la equivocación de ella en sus operaciones específicas, se traduce en una falta o mal funcionamiento del servicio que acarreará responsabilidad administrativa.

c'. Efectos de la ausencia de control previo

Tal como se ha señalado, sin el requisito del control previo de compromisos por parte de la Contraloría, el Ejecutivo no puede iniciar la ejecución de los contratos, razón por

190 En tal sentido *V.*: André de Laubadère, *ob. cit.*, tomo I, p. 144; Gastón Jèze, *Principios Généraless de Derecho Administrativo*. De Palma Editor, Buenos Aires, 1947, tomo IV, p. 18; Eloy Lares Martínez, *Manual de Derecho Administrativo*, Caracas, 1963, p. 202.

191 Nos apartamos así de 1° opinión que sostuvimos en 1964 bajo la vigencia de la vieja Ley Orgánica de Hacienda Pública Nacional, cuyas normas fueron derogadas a partir de 1975 por la Ley Orgánica de la Contraloría General de la República. *V.* Allan R. Brewer–Carías, "La formación de la voluntad...", *loc. cit.*, p. 454 y 455.

192 A tal efecto, la Procuraduría General de la República ha sostenido respecto de una orden provisional que "el hecho de que la misma haya sido aprobada por la Contraloría General de la Nación, no implica ninguna obligación para el Ejecutivo, el cual puede perfectamente desistir de la negociación contenida en la orden provisional a pesar de la aprobación impartida por la Contraloría de la Nación". Criterio sustentado por la Procuraduría de la Nación en escrito dirigido a la Corte Federal, con fecha 3 de agosto de 1960, Informe de la *Fiscalía General de la República al Congreso Nacional*, 1960, Caracas, marzo de 1961, p. 313.

la cual se trata de un requisito para la eficacia de los mismos[193]. Por tanto, si aun sin el cumplimiento de tal formalidad, el contratante de la Administración ejecuta el contrato, éste no podría reclamar la contraprestación del precio contractual, pero sí podría reclamar indemnización por el enriquecimiento sin causa que podría producirse a favor de la Administración, en la medida de dicho enriquecimiento y de su empobrecimiento[194].

C. La autorización legislativa

a. La intervención del órgano legislativo en la contratación administrativa

Nuestro derecho positivo, debido a la importancia de determinados contratos suscritos por órganos del Estado requiere, como *conditio sine qua non* para que ciertos de ellos produzcan efectos, la intervención de los órganos legislativos en la formación de la voluntad administrativa.

Esta intervención puede ser previa, mediante autorización, o posterior, mediante aprobación.

Si se analiza el artículo 126 de la Constitución podría pensarse que hay una incongruencia al decir textualmente que "sin la aprobación del Congreso, no podrá celebrarse ningún contrato de interés nacional", pues esta frase parece decir que el acto de celebración es posterior a la aprobación por el Congreso y, por tanto, que la aprobación debe entenderse siempre como autorización. Sin embargo, esto no es más que una aparente

193 Bajo la vigencia de la Ley Orgánica de la Hacienda Pública (artículo 172, ordinal 11) hasta 1975, el requisito de aprobación previa de Contratos por la Contraloría se había considerado un requisito de validez de los contratos. Así, por ejemplo, era el criterio de la Procuraduría General de la República, al expresar que los trámites de Control Previo de la Contraloría "no son simples formalidades de mero trámite, sin relevancia alguna de la vida jurídica de los contratos que celebre la Administración con violación de tales requisitos, bien porque se considere que han de cumplirse exclusivamente en la esfera interna de la Administración, en la cual no tiene, por tanto, participación alguna el contratante de la Administración, o bien, porque se les estime como preceptos del Derecho Presupuestario que sólo obligan a la Administración. Al contrario, estima la Procuraduría que tales requisitos no tienen como única y exclusiva finalidad verificar, por parte del organismo contralor, la sinceridad y legalidad del gasto público, sino conjuntamente con ella, la de ser verdaderos elementos constitutivos, entre otros, del consentimiento legítimamente manifestado" cuando la Administración Nacional es parte en contratos u otros actos jurídicos. La "aprobación" previa de los mismos, por parte de la Contraloría, no es pues, en criterio del Despacho, la simple autorización de un gasto; es más, es también la autorización del contrato o acto que lo otorga. Tales consideraciones permiten, pues, a la Procuraduría afirmar, con el mayor énfasis, que el requisito de la aprobación previa de la Contraloría a los contratos que pretenda celebrar la Administración Nacional, no constituye sólo la aprobación del gasto correspondiente, sino la autorización del contrato; y que, en consecuencia, los contratos celebrados con omisión de tal requisito están afectados de nulidad absoluta". *V.* al efecto el Informe de la Procuraduría de la Nación al Congreso Nacional 1959, Caracas, 1960, pp. 629, 630, 935 y 944. *V.*, además, el criterio de la Consultaría Jurídica del Ministerio de Justicia, en Allan R. Brewer–Carías, *Jurisprudencia de la Corte Suprema de Justicia 1930–1974 y Estudios de Desarrollo Administrativo*, tomo III, Vol. 2, Caracas 1977, pp. 624 y 625.

194 En tal sentido la Procuraduría General de la República ha sostenido que "es evidente, en criterio de este Despacho, que el contrato de venta –que toda adquisición de efectos y materiales configura–, no ha podido perfeccionarse legalmente. Pero, habiendo constancia auténtica de que los bienes, cuyo precio se reclama, fueron efectivamente suministrados a la Administración, sería injusto que éste se negase a pagarlos: al contrario, ella resulta obligada a su pago, más la fuente de su obligación no está en contrato alguno, sino en el enriquecimiento sin causa. Dada la cuantía del valor de tales bienes, no considera arbitraria la Procuraduría que se le pague a la reclamante, a ese título, la suma reclamada por ella y convenida, en principio, con la Administración". *V.* al respecto el Informe de la Fiscalía General de la República al Congreso 1960, Caracas, marzo 1961, p. 386.

incongruencia[195] pues en la Constitución se distingue, en materia de formación de la voluntad contractual de la Administración, la intervención legislativa previa o autorización, de la intervención legislativa posterior o aprobación. Y ello, porque la Constitución si bien es la norma suprema del Estado, no puede ser interpretada aisladamente. En efecto, la interpretación de las normas constitucionales como de toda norma jurídico–positiva, debe ser hecha atribuyéndole a la disposición el sentido que aparece evidente del significado propio de las palabras, según la conexión de ellas entre sí y la intención del Constituyente en concordancia con todo el orden jurídico–positivo. Y en este sentido, ha sido el propio Constituyente quien ha distinguido en el texto constitucional los procedimientos de aprobación posterior y autorización previa de contratos. En efecto, es la propia Constitución quien distingue: en su artículo 126, primera parte, habla de "aprobación del Congreso"; en el mismo artículo 126, aparte segundo, habla de autorización; y también habla de autorización en su artículo 213.[196]

Por tanto, estimamos que la Constitución sí distingue entre aprobación y autorización por el Congreso, a pesar de la aparente incongruencia; distinción, que por otra parte, ha estado consagrada tradicionalmente en nuestra legislación, y se destaca, incluso, de la Exposición de Motivos de la Constitución[197].

Nos referimos en este lugar a la intervención legislativa previa a la conclusión del contrato administrativo llamada autorización legislativa, dejando el análisis de la intervención legislativa posterior llamada aprobación, para cuando estudiemos las formalidades posteriores a la conclusión del contrato.

---

195 Eloy Lares Martínez, *ob. cit.*, p. 205, donde señala que "sí la Constitución impone el requisito de la aprobación legislativa..., debe entenderse que se trata de una formalidad ulterior a la celebración del contrato, y no anterior a la misma".

196 El artículo 231 de la Constitución establece al efecto: "No se contratarán empréstitos sino para obras reproductivas, excepto en caso de evidente necesidad o conveniencia nacional. Las operaciones de crédito público requerirán, para su validez una ley especial que las autorice, salvo las excepciones que establezca la Ley Orgánica".

197 En efecto, en el Título IV del Poder Público, la Exposición de Motivos expresa: "De gran importancia es el artículo referente a los contratos de interés nacional. El principio de que debe aprobarlos el Congreso es tradicional, pero se ha modificado el sistema según el cual se eximía de este requisito, en el propio texto constitucional, el otorgamiento de las concesiones de hidrocarburos y minerales en general, o de tierras baldías. En cuanto a las tierras baldías, la Ley Agraria ha modificado radicalmente el anterior régimen: en cuanto a las condiciones se han exceptuado del requisito, sólo aquellas que permita la Ley. Para aclarar mejor la intención del Constituyente en asunto de tanta importancia se dispone que el Ejecutivo Nacional no podrá proceder al otorgamiento de nuevas concesiones sin previa autorización del Congreso, debidamente informado de todas las circunstancias pertinentes y dentro de las condiciones que el mismo fije. Se hace clara mención de que esta autorización no dispensa del cumplimiento de las formalidades legales. La mente del Proyecto, en este aspecto, debe quedar claramente entendida; ella es la de que antes de proceder al otorgamiento de dichas concesiones, el Gobierno debe solicitar del Congreso una especie de autorización general.

En esa autorización que equivaldría a una definición de la política a seguir en la materia, el Congreso puede limitar concretamente las formas de las concesiones, el precio y condiciones de las mismas y las demás condiciones que juzgue necesarias. Tratándose de una autorización no sería menester una ley especial, sino un simple acuerdo adoptado por las Cámaras en sesión conjunta y, es por ello, por lo que se dice que después de dada la autorización, el Ejecutivo se someterá, en cada uno de los actos respectivos a las formalidades que la ley establece".

"También se hace mención expresa de que ningún contrato de interés público podrá celebrarse con Estados o entidades oficiales extranjeras o con sociedades no domiciliadas en Venezuela (ni traspasarse a las referidas personas) sin la aprobación del Congreso: esa disposición rige cualquiera que sea el sujeto de Derecho Público Venezolano que realice el acto".

"Los contratos normalmente necesarios para el desarrollo de la Administración Pública quedan exentos de los requisitos de la aprobación por el Poder Legislativo".

b. La autorización

La autorización legislativa para contratar cuando está establecida, tiene una fundamental explicación: evitar que el Poder Ejecutivo tome medidas de interés general y vital para el Estado, sea financiero o económico–social, sin la intervención del Poder Legislativo. Esta autorización puede ser concedida por ley formal, por acuerdo del Congreso, o decisión de algunas de las Comisiones de las Cámaras.

a'. Formas de la autorización legislativa

Ciertos contratos de la Administración requieren para su validez una autorización legislativa previa a su conclusión, dada por ley especial.

Tal es el caso, por ejemplo, de la contratación de empréstitos y operaciones de crédito público que, conforme al artículo 231 de la Constitución, requieren "para su validez, una ley especial que las autorice". Así lo dispone, por ejemplo, el artículo 19 de la Ley Orgánica de Crédito Público al señalar que "salvo las excepciones establecidas en esta Ley, el Ejecutivo Nacional no podrá contratar ninguna operación de Crédito Público sino en virtud de Ley Especial".

Pero no en todos los casos es necesaria una ley formal que autorice la celebración del contrato, sino que en algunas oportunidades basta un Acuerdo del Congreso, es decir, un acto emanado de las Cámaras Legislativas actuando en sesión conjunta[198].

Tal es el caso, por ejemplo, del otorgamiento de nuevas concesiones de hidrocarburos y recursos naturales. A tal efecto, el artículo 126 de la Constitución establece que:

> "No podrá en ningún caso procederse al otorgamiento de nuevas concesiones de hidrocarburos ni de otros recursos naturales que determine la ley, sin que las Cámaras en sesión conjunta, debidamente informadas por el Ejecutivo Nacional de todas las circunstancias pertinentes, lo autoricen, dentro de las condiciones que fijen y sin que ello dispense el cumplimiento de las formalidades legales".

Otro caso en que es necesaria la autorización del Congreso Nacional es en la enajenación de bienes inmuebles patrimoniales de la República. A tal efecto, la Ley Orgánica de la Hacienda Nacional dispone en su artículo 23 que "los bienes inmuebles pertenecientes a la Nación no pueden ser enajenados sin previa y expresa autorización del Congreso Nacional, dada con, conocimiento de causa", aunque la Constitución actual en su artículo 150, ordinal 2°, ha atribuido al Senado la facultad de conceder estas autorizaciones.

En otros supuestos, la legislación ha establecido la necesaria autorización previa de algunas de las Comisiones de las Cámaras Legislativas, para la celebración de algunos contratos de la Administración, como los contratos de sociedad. Así, las leyes de Presupuesto anual, durante la última década han venido estableciendo que para la constitución de sociedades por parte de los organismos de la Administración Pública central o descentralizada, se requerirá la autorización de la Comisión Permanente de Finanzas de la Cámara de Diputados[199].

---

198 Disposición Transitoria 139 de la Constitución. *V.* además la doctrina del Ministerio de Justicia en Allan R. Brewer–Carías, *Jurisprudencia de la Corte Suprema de Justicia 1930–74* y *Estudios de Derecho Administrativo*, tomo III, Vol. II, Caracas, 1977, pp. 618 y 619.

199 Por ejemplo, artículo 21 de la Ley de Presupuesto 1986 en *Gaceta Oficial* N° 3.677 Extra de 23–12–85. *V.* sobre esto, *CGR Dictámenes de la Consultorio Jurídica 1938–1968*, tomo III, pp. 58–59; tomo IV (69–76), pp. 300 y ss. y tomo V (69–76), pp. 840 y ss.

b'. Naturaleza de la autorización legislativa

La autorización legislativa, sea dada por ley o por acuerdo, es un acto legislativo dictado en ejercicio de la función administrativa que habilita a la Administración para ejercer el poder jurídico de contratar.

Este acto de autorización legislativa, como todo acto legislativo, es unilateral, pero se dicta a instancias de la Administración. Por ello la ley habla de la autorización "dada con conocimiento de causa" o dada por las Cámaras Legislativas "debidamente informadas por el Ejecutivo Nacional de todas las circunstancias pertinentes"[200].

Las Cámaras Legislativas, en virtud de este poder de autorizar la celebración de contratos, pueden apreciar la legalidad y discrecionalmente la oportunidad o conveniencia del contrato. Con este fin es que la ley o la Constitución exigen la intervención previa de las Cámaras Legislativas. Por otra parte, la autorización legislativa puede contener "las especificaciones relativas a la operación o una autorización general"[201], para que la Administración contrate. Además, el Congreso puede autorizar al Ejecutivo a contratar, "dentro de un plazo determinado en las oportunidades, formas y condiciones que considere más convenientes a los intereses de la Nación dentro de los límites fijados por el Congreso de la República"[202] como sucede en materia de crédito público.

c'. Efectos de la autorización

La autorización legislativa, al igual que el cumplimiento de la formalidad de control fiscal previo, no perfecciona, ni mucho menos, al contrato.

La autorización legislativa para contratar ni siquiera obliga a la Administración a hacerlo, sino que es sólo la condición habilitante indispensable para que pueda hacerlo.

Por tanto, una vez concedida la autorización, la Administración en ejercicio del derecho de apreciar la oportunidad y conveniencia de sus actos, queda en libertad de decidir si contrata o no.[203] Esto diferencia la autorización legislativa de la decisión de contratar que ciertos órganos administrativos adoptan y a la cual están sometidos los órganos encargados de otorgar el contrato.

La sola autorización legislativa, por tanto, no obliga contractualmente a la Administración, pero su ausencia, cuando está legalmente establecida, vicia el consentimiento[204].

---

200 Artículo 23, LOHPN y 126 Constitución.

201 Artículo 15 LOCP.

202 Artículo 21 LOCP.

203 *Cfr.* André de Laubadère, *op. cit.*, p. 147; Eloy Lares Martínez, *op cit.* p. 202; George Vedel, *Droit Administratif*, Press Univesitaries de France, Paris, tomo II, 1959, p. 596.

204 *Cfr.* André de Laubadére, *op. cit.*, p. 147; Eloy Lares Martínez, *op cit.* p. 202; Enrique Sayagués Laso, *Tratado de Derecho Administrativo*, Montevideo, tomo I, 1953, p. 416. A tal efecto la Procuraduría de la Nación sostuvo: "Obsérvese, en efecto, cómo es la doctrina administrativa unánime que las "autorizaciones" que de acuerdo con la Constitución o las leyes, los funcionarios o agentes de la Administración requieren para otorgar o producir determinados actos jurídicos, constituyen un elemento constitutivo y necesario del "consentimiento"; por tanto, la omisión de la autorización no es que vicie el consentimiento, sino que lo impide, obsta para su manifestación legítima; y siendo el consentimiento elemento esencial a la existencia del acto, omitido aquél, éste tampoco existe jurídicamente hablando". *V.* esta opinión en el *Informe de la Procuraduría de la Nación al Congreso Nacional 1959*, Caracas, 1960, p. 624.

D. La decisión administrativa de contratar

Ciertos contratos de la Administración requieren para su conclusión, una decisión previa de una autoridad administrativa, que los autorice y ordene.

Estas decisiones administrativas de contratar, tienen la característica de que obligan a la autoridad administrativa competente a contratar y no solamente la faculta para hacerlo[205].

En la Administración Pública Nacional estas decisiones se producen respecto de cierto tipo de contratos, por ejemplo, por el Consejo de Ministros, debido a la importancia de las operaciones implícitas en el contrato. Veamos, entonces, la intervención del Consejo de Ministros en la formación de la voluntad administrativa en los contratos de la Administración.

a. *La intervención del Consejo de Ministros en la celebración de contratos de la Administración*

Establece el artículo 190, ordinal 15, de la Constitución, que es atribución del Presidente de la República en Consejo de Ministros "celebrar los contratos de interés nacional permitidos por la Constitución y las leyes".

Es decir, que, de acuerdo con esta norma, el Consejo de Ministros debe decidir la conclusión de un contrato de la Administración Nacional[206] cuando una norma constitucional o una ley se lo atribuya expresamente. Ante todo es necesario aclarar que la palabra "permitir" utilizada en esta disposición equivale en Derecho Público a tener una facultad o una competencia que, necesariamente, debe ser atribuida a alguien. Esta permisión debe entenderse en el sentido de atribución de competencia al Presidente de la República en Consejo de Ministros por parte de la Constitución o la ley.

Por tanto, la interpretación lógica y racional de este dispositivo no es la de que siempre y, en todo caso, el Presidente de la República en Consejo de Ministros debe celebrar todos los contratos de interés nacional que consagre la Constitución o cualquier ley, sino solamente con carácter obligatorio aquellos contratos que la Constitución o una ley le atribuya expresamente al Presidente de la República en Consejo de Ministros. Por tanto, sólo requieren la decisión previa de concluirse por el Consejo de Ministros, los contratos de interés nacional que la Constitución y la ley le atribuyan expresamente.

En este sentido la Constitución atribuye expresamente ciertos contratos, en cuanto a su decisión previa para concluirse, al Consejo de Ministros. Tal es el caso de los empréstitos públicos, cuya decisión debe ser adoptada por el Presidente de la República en Consejo de Ministros[207]. Una posible atribución de orden constitucional es también la consagrada en los artículos 97 y 231 de la Constitución. Estas disposiciones remiten a

205 *V.*, por ejemplo, la doctrina de la Procuraduría en relación a la autorización ministerial que debe darse a algunos Institutos Autónomos para contratar, en *Doctrina PGR 1963*, pp. 71–73.

206 *Cfr.* Eloy Lares Martínez, *op. cit.*, p. 203.

207 A tal efecto, el artículo 190, ordinal 13° de la Constitución establece que es atribución del Presidente de la República en Consejo de Ministros, "negociar los empréstitos nacionales".

la ley, y ésta podría establecer la atribución expresa al Presidente de la República en Consejo de Ministros para celebrar o decidir la conclusión del contrato[208].

Un ejemplo de contratos de la Administración atribuidos expresamente en lo que respecta a su decisión previa para concluirse, al Consejo de Ministros, era el contemplado en el Decreto–Ley N° 76 del 8 de marzo de 1958 de la Junta de Gobierno de la República de Venezuela. El artículo 1° de dicho Decreto–Ley estableció que

> "los contratos de la Nación cuyo monto exceda de las previsiones presupuestarias, así como aquellos cuyo pago se haya previsto en partes, en el transcurso de más de un ejercicio fiscal, y las obligaciones de los Institutos Autónomos y demás personas jurídicas que hayan de ser garantizadas por la Nación, deberán ser sometidos, antes de su otorgamiento, a la aprobación del Consejo de Ministros, sin perjuicio de cualquier otro requisito establecido en la Constitución y leyes de la República"[209].

Por tanto, este tipo de contratos de la Administración, por previsión legal, deberían ser llevados "antes de su otorgamiento, a la aprobación (sic) del Consejo de Ministros". A pesar del mal uso de la palabra "aprobación" claramente se deduce que la intervención del Consejo de Ministros era previa a la conclusión del contrato y consistía, en puridad, en la decisión de contratar.

La Ley Orgánica de Crédito Público, además, establece la necesaria intervención previa del Consejo de Ministros, en la autorización de las operaciones de crédito público a ser realizadas por los Institutos Autónomos y las empresas del Estado[210].

Aparte de los contratos anteriormente analizados que deben necesariamente ser decididos por el Consejo de Ministros, todos los contratos de la Administración pueden ser llevados a dicho organismo, para su decisión, en virtud de la facultad que tiene el Presidente de la República de acuerdo a la Ley Orgánica de la Administración Central, de llevar al Consejo de Ministros asuntos "cuando lo juzgue conveniente"[211].

Sin embargo, esta es una atribución o facultad del Presidente y no una obligación jurídica.

b. *Efectos de la decisión del Consejo de Ministros*

Al igual que las formalidades previas a la conclusión del contrato antes estudiadas, la decisión de contratar del Consejo de Ministros tampoco perfecciona el contrato. El contrato no puede considerarse concluido por la sola decisión de contratar[212].

Sin embargo, contrariamente a lo que sucede respecto a la autorización legislativa, la decisión administrativa del Consejo de Ministros, de contratar, obliga al órgano competente para concluirlo, a otorgar el contrato, y no solamente para otorgarlo pura y simplemente, sino de acuerdo a las condiciones señaladas por la autoridad decisoria.[213] En todo caso, la decisión de contratar no obliga a la Administración si no se ha otorgado el

---

208 El artículo 97 de la Constitución establece que "no se permitirán monopolios. Sólo podrán otorgarse, en conformidad con la ley, concesiones con carácter de exclusividad, y por tiempo limitado, para el establecimiento y la explotación de obras y servicios de interés público...".

209 *V.* en *Gaceta Oficial* conforme al artículo 4, literal c de la LOCP, que estos contratos configuran operaciones de crédito público, por lo cual la misma decisión del Consejo de Ministros se ha regulado detalladamente en el artículo 6, ordinal 1°, letra b, LOCP.

210 Artículos 43 y 49, LOCP.

211 Artículo 11.

212 *Cfr.* André de Laubadère, *op. cit.*, tomo I, p. 159.

213 *Cfr.* Eloy Lares Martínez, *op. cit.*, p. 203.

contrato y, en caso de negativa a contratar, sin que se revoque la decisión por el propio Consejo de Ministros, ello acarreará responsabilidad del funcionario que se negó a obedecer la decisión[214].

La decisión de contratar por el Consejo de Ministros constituye también una etapa en la formación de la voluntad administrativa y, por tanto, la ausencia de decisión de contratar en los casos en que la Constitución y la ley la exijan, produce la invalidez del contrato y su consecuente nulidad[215].

Por otra parte, el funcionario público que celebró el contrato sin que su conclusión hubiera sido autorizada y decidida por el Consejo de Ministros, incurre en responsabilidad individual por abuso de poder y violación de la ley de acuerdo a lo establecido en el artículo 121 de la Constitución.

2. Formalidades posteriores a la conclusión del contrato: la aprobación del contrato

Ciertos contratos no producen enteros efectos después del acto de conclusión, sino una vez que cumplan una formalidad posterior, que consiste en la aprobación del contrato por parte de los órganos legislativos.

Por ello, establece el artículo 126 de la Constitución que "sin la aprobación del Congreso, no podrá celebrarse ningún contrato de interés nacional, salvo los que fueren necesarios para el normal desarrollo de la Administración Pública, o los permitidos por la ley".

A pesar de una aparente incongruencia de este artículo y de otros de la Constitución se desprende que la aprobación legislativa es posterior a la conclusión del contrato. Y también se desprende, dada la peculiar redacción del dispositivo constitucional, que la regla general teórica en nuestro régimen de contratación administrativa es que todos los contratos de interés nacional requerirían aprobación legislativa. Establece, sin embargo, el dispositivo constitucional dos excepciones a esta regla general: no requieren aprobación legislativa primero, los contratos necesarios para el normal desarrollo de la Administración Pública; y segundo, los contratos "permitidos por la ley" o atribuidos por la ley a cualquier autoridad pública sin indicación de la intervención del Poder Legislativo. De ello se desprende que en realidad, en la práctica, la excepción es la regla general, pues la gran mayoría de contratos de la Administración Nacional no requieren la intervención a posteriori del Congreso Nacional, por lo cual el requisito de aprobación legislativa es excepcional.[216]

Conviene, al hablar de la aprobación legislativa como una formalidad posterior a la conclusión del contrato, estudiar en primer lugar, la naturaleza del acto de aprobación y, en segundo lugar, los efectos jurídicos de la aprobación legislativa de los contratos.

214 Artículos 47 y 121 de la Constitución. *Cfr.* André de Laubadère, *op. cit.*, tomo I, p. 160.

215 *Cfr.* Gastón Jèze, *op. cit.*, tomo IV, p. 58.

216 *V.* lo expuesto en el N° 3 de la Segunda Parte.

A. Naturaleza jurídica de la aprobación legislativa

Desde el punto de vista material o de contenido, el acto de aprobación legislativa es un acto legislativo realizado en función administrativa.

Este ha sido criterio tradicional de nuestra jurisprudencia. Así la antigua Corte Federal y de Casación en sentencia de 5 de mayo de 1937, estableció:

> "Las normas jurídicas integradas en parte por las leyes, implican un mandato general y abstracto que impone reglas de conducta válidas para todos y para casos abstractamente determinados, por lo cual, el Poder Legislativo, en su función normativa, procede generalizando. Cuando ejerce esa función elabora leyes en sentido material, que tienen todas las características de la ley propiamente dicha; mientras que cuando colabora con el Poder Ejecutivo en la Administración Pública ejecuta actos administrativos aun cuando ellos estén revestidos de la forma extrínseca de la ley, y son estos actos los que la doctrina del derecho constitucional denomina leyes formales. Estas no tienen el contenido de la ley propiamente dicha, porque no establecen reglas de conducta para todos, no contienen un mandato general y abstracto, sino que se refieren a relaciones concretas, a casos particulares: son providencias administrativas o actos de administración pública en forma de ley. Tal lo que sucede en la llamada ley que aprueba un contrato o un convenio de interés nacional".[217]

Aparte de que no compartimos el criterio de la distinción entre ley formal y ley material que se hace, es importante destacar de esta decisión la doctrina de que los actos de aprobación legislativa son en su contenido y desde el punto de vista material, actos realizados en ejercicio de la función administrativa, aunque en su forma sean leyes[218].

Ahora bien, pero si es cierto que en su contenido el acto de aprobación legislativa es un acto realizado en ejercicio de la función administrativa, por su forma es un acto legislativo, y más propiamente una ley. Y ley en nuestro sistema constitucional es la llamada ley en sentido formal, o sea, "actos que sancionan las Cámaras Legislativas como Cuerpos Colegisladores", como lo destaca el artículo 162 de la Constitución.

En este sentido ha señalado la Corte Suprema de Justicia en Pleno, en sentencia de 15 de marzo de 1962, que:

> "la orientación constitucional venezolana se ha apartado, en este punto, de toda doctrina que consagre otros requisitos como los de generalidad y carácter abstracto, para determinar el concepto

---

217 *Memoria 1938*, tomo I, p. 226.

218 *Cfr*. E. Sayagués Laso, *op. cit.*, tomo I, p. 551. *V.* también el voto salvado a la sentencia de la Corte Suprema de Justicia en Corte Plena de 15 de marzo de 1962 que expresa: "La aprobación legislativa recaída en los contratos de interés nacional, celebrados por el Presidente de la República por órgano del Ministro respectivo, perfecciona y completa la voluntad administrativa que interviene en la creación del vínculo contractual. La voluntad del otro contratante, que es generalmente un particular o empresa privada, se forma y manifiesta según las reglas del derecho privado. El proceso de formación de la voluntad administrativa comprende varias etapas, más de las cuales es la aprobación impartida por el órgano legislativo".

"Siempre que un contrato requiera la aprobación del Congreso, el acto aprobatorio emanado de este último constituye una de las manifestaciones de voluntad del Estado, complementaria de la manifestación anterior, hecha por el órgano ejecutivo. La decisión aprobatoria de las Cámaras, es por su contenido, un acto administrativo de aprobación, esto es, una declaración de un órgano del Estado, en ejercicio de la función administrativa, que expresa su conformidad con una declaración anterior de otro órgano estatal. Las Cámaras, en efecto, actúan en esa ocasión en ejercicio de la función administrativa. Ambas declaraciones configuran lo que la doctrina moderna denomina "acto complejo", o sea, aquel en que la voluntad administrativa se forma mediante la intervención de dos o más órganos cuyas respectivas manifestaciones pasan a integrarla". *G.O.* N° 760 Extra de 22–3–62. *V.*, además, la doctrina administrativa de la *Procuraduría en Doctrina PGR 1965*, Caracas, 1966, pp. 54–57 y del Ministerio de Justicia en Allan R. Brewer–Carías, *Jurisprudencia de la Corte Suprema 1930–74 y Estudios de Derecho Administrativo*, tomo III, Vol. II, Caracas, 1977, p. 625.

de ley. Acoge sólo la Constitución esa forma simple pero precisa para tipificar dicho concepto, lo que significa que la mera circunstancia de una norma sea sancionada por las Cámaras como Cuerpos Colegisladores, basta para que figure como ley de nuestro ordenamiento jurídico.

Este concepto claro y preciso de lo que la Constitución concibe como ley, no admite ni puede admitir interpretaciones contrarias a su texto, ni menos aún la asignación de otros requisitos o condiciones que, si bien pueden ser atribuibles o procedentes en otras legislaciones donde el concepto de ley obedece a otros criterios doctrinales, en manera alguna son adecuados al que terminantemente se fija en la Constitución venezolana. En este sentido no había lugar a planteamiento doctrinario de distinción entre ley material y ley formal ... porque para calificar de ley una norma de derecho, basta únicamente determinar si es o no un acto sancionado por las Cámaras Legislativas como Cuerpos Colegisladores" [219].

Por tanto, el acto de aprobación legislativa de un contrato de interés nacional, en su forma es una ley con todas las implicaciones que este concepto supone.

B. Contratos que requieren la aprobación legislativa

Diversos contratos de interés nacional requieren en Venezuela la aprobación legislativa. En efecto, el artículo 90 de la Ley Orgánica de la Hacienda Nacional, establece que "el servicio para recibir ingresos y hacer pagos por cuenta del Tesoro Nacional, y cualesquiera otros relacionados con dicho servicio, podrán ser contratados por el Gobierno con un instituto bancario que, indispensablemente, habrá de ser nacional, responsable y de recursos suficientes para garantizar el Gobierno un crédito destinado a satisfacer las necesidades del Tesoro. El contrato deberá someterse a la aprobación del Congreso Nacional".

En materia de concesión para aprovechamiento de aguas del dominio público, la Ley Forestal, de Suelos y Aguas establece en su artículo 35 que "serán temporales y se regularán por contratos especiales sujetos, para su validez, a la aprobación posterior del Congreso Nacional".

Hemos escogido estos dos casos de contratos de la Administración Nacional que requieren la aprobación posterior del Congreso Nacional, por la distinta redacción que presenta la ley; en el segundo caso se requiere la aprobación como requisito de validez del contrato, en tanto que en el primer caso no se indica esta circunstancia ni tampoco en el dispositivo constitucional 126, que consagra la aprobación de los contratos de interés nacional como regla general. Esta observación nos será útil para entrar a analizar los efectos de la aprobación legislativa en los contratos de la Administración.

C. Efectos de la aprobación legislativa

Debemos analizar, al hablar de los efectos de la aprobación legislativa, no sólo de éstos respecto al contrato en sí, sino también respecto a los terceros extraños a la relación contractual, a los poderes del Congreso y, por último, los efectos de la ausencia de aprobación legislativa.

---

219 *G.O.* N° 760 Extra de 22–3–62.

a. *Efectos sobre el contrato*

El acto de aprobación, en principio, no influye en la validez del contrato, sino en su eficacia[220]. Por ello, la Corte Suprema de Justicia ha señalado que es en virtud de la aprobación legislativa, en virtud de que ha tomado forma de ley el acto aprobatorio, "que el contrato ha producido la plenitud de efectos jurídicos que no hubieran llegado a originarse sin la intervención de las Cámaras Legislativas".[221]

Esta es la regla general en materia de aprobación legislativa de acuerdo con el artículo 126 de la Constitución: no constituye un requisito de validez del contrato sino un requisito para que produzca efectos y pueda ejecutarse[222]. El contrato, por tanto, queda perfeccionado con la conclusión.

Sin embargo, hemos observado que algunas disposiciones legislativas que consagran el requisito de la aprobación legislativa, lo establecen como condición de "validez" del contrato. En este caso, que es la excepción de nuestro régimen jurídico, el contrato sólo se perfecciona cuando se ha producido la aprobación legislativa[223].

b. *Efectos respecto a los poderes del Congreso*

El principal efecto de la aprobación legislativa es que a pesar de su forma de ley, ella no puede ser derogada ni modificada posteriormente por el Congreso.

Y ello porque, sea la aprobación un acto necesario para la ejecución del contrato o sea necesario para su validez, ella, a pesar de que es dada libre y discrecionalmente por el Congreso, forma parte de un acto complejo y mixto, donde entran en juego actos emanados por el Poder Ejecutivo y Legislativo, que no puede ser modificada entonces por la sola voluntad de uno de los Poderes Públicos intervinientes[224].

c. *Efectos respecto a los terceros*

Pero esta aprobación legislativa también produce ciertos efectos respecto a los terceros extraños a la relación contractual, y éstos están constituidos por el derecho que tiene todo administrado interesado de solicitar jurisdiccionalmente, el control de la constitucionalidad de las leyes. En efecto, la forma de ley que reviste el acto estatal de aprobación tiene como consecuencia que cualquier tercero interesado extraño a la relación contractual pueda solicitar ante el órgano jurisdiccional contralor de la constitucionalidad de las leyes, la conformidad con la Constitución de las cláusulas del contrato.

La jurisprudencia de la antigua Corte Federal y de Casación en algunas decisiones sostuvo erradamente, en nuestro concepto, la improcedencia del recurso de inconstitu-

---

220 *Cfr.* Guido Zanobini, *Curso de Derecho Administrativo*, tomo I, Editorial Arayú, Buenos Aires, 1954, p. 336.

221 Sentencia de la Corte Suprema de Justicia de 15 de marzo de 1962, *cit.*

222 *Cfr.* Onorato Sepe: Contratto della Pubblica Amministrazione, *Enciclopedia del Diritto, Edizione Speciale per gli Studenti dell Università di Roma*, Giuffré Editore, Mi'án, 1990, p. 164; Massimo Severo Giannini, *L'Attività Amministrativa (l'attività Negoziale).* Lezione tenute durante l'anno accademico 1961–1962,

223 *Cfr.* Rafael Bielsa: *Compendio de Derecho Administrativo*, De Palma, Buenos Aires, 1960, p. 86; Enrique Sayagués Laso, *op. cit.*, tomo I, p. 551.

224 A este respecto, en el voto salvado a la sentencia de la Corte Suprema de Justicia en Pleno de 15 de marzo de 1962, se señala: "La misión de las Cámaras consiste en aprobar o negar, esto es, a aquéllas sólo incumbe impartir o negar su aprobación; pero en ningún caso, modificar el contrato. Como consecuencia, la ley aprobatoria de un contrato de interés nacional no es susceptible de derogatoria, ni de reforma total o parcial" (CSJ–CP–27–2, según la sigla del Instituto de Codificación y Jurisprudencia). *Cfr.* Enrique Sayagués Laso, *op. cit.*, tomo I, p. 551.

cionalidad contra las llamadas leyes formales o actos legislativos singulares con forma de ley, admitiéndolo únicamente contra las llamadas leyes materiales, de contenido general y abstracto[225]. Este criterio errado no fue tradicional en la jurisprudencia de la antigua Corte, y en algunas ocasiones admitió el recurso de inconstitucionalidad contra actos legislativos singulares con forma de ley[226].

En sentencia de la Corte Suprema de Justicia en Pleno de 15 de marzo de 1962, se confirma en forma clara el criterio de que el recurso de inconstitucionalidad procede contra los actos singulares con forma de ley, y más aún, cuando el artículo 215, ordinal 3°, de la Constitución atribuye a la Corte Plena la facultad de declarar la nulidad total o parcial no sólo de las leyes nacionales, sino también de los demás actos de los cuerpos legislativos que colidan con la Constitución[227].

Por tanto, en nuestro actual sistema jurídico procede el recurso de inconstitucionalidad contra las leyes aprobatorias de contratos. Y ello es lógico: dado el interés nacional y estatal que presentan esos contratos administrativos que requieren aprobación legislativa, es necesario que todo ciudadano interesado pueda obtener el control de la constitucionalidad de esas leyes aprobatorias[228]. Ello, en todo caso, se ha consagrado expresamente en la Ley Orgánica de la Corte Suprema de Justicia, en la cual se legitima a "personas extrañas a la relación contractual" para demandar la nulidad, por ilegalidad e inconstitucionalidad, de contratos o convenciones celebradas por la Administración Pública[229].

d. Efectos de la ausencia de aprobación legislativa

Cuando se trata de una aprobación legislativa necesaria para la validez del contrato, mientras ella no sea dada el contrato no se perfecciona y, por lo tanto, no tiene ningún efecto.

Cuando se trata, como es la regla general, de una aprobación legislativa necesaria para que el contrato produzca plenos efectos, mientras ella no sea dada, el contrato no puede ser ejecutado.

En todo caso, el contrato que requiere aprobación legislativa, y no es aprobado, no produce ningún efecto.

Si se han ejecutado prestaciones a favor de la Administración y ésta se ha enriquecido estará obligada a indemnizar a su co–contratante en la medida de su enriquecimiento y del empobrecimiento de éste.

---

225 Sentencia de la Corte Federal y de Casación de 5 de mayo de 1937. *Memoria 1938*, tomo I, p. 226.

226 Sentencia de la Corte Federal y de Casación de 16 de noviembre de 1937 (*Memoria 1938*, tomo I, p. 339); de 26 de noviembre de 1937 (*Memoria 1938*, tomo I, p. 350), y de 22 de diciembre de 1937 (*Memoria 1938*, tomo I, p. 381).

227 CSJ–CP, 15–3–62, *cit.*

228 Así, por ejemplo, la Municipalidad del Distrito Federal, con el carácter de tercero extraño en el contrato celebrado entre el Ejecutivo Nacional y el Banco de Venezuela, solicitó ante la Corte Suprema de Justicia en Pleno y obtuvo la nulidad, por inconstitucionalidad de la Cláusula 29 de dicho contrato. CSJ–CP 153–62, *cit.*

229 Artículo 111, también se legitima al Fiscal General de la República en los casos en que dichos contratos afecten un interés general.

VI. EL PROCESO DE FORMACIÓN DE LOS CONTRATOS DE LA ADMINISTRACIÓN

Una vez examinadas las formalidades relativas a la formación de la voluntad de la Administración en los contratos que suscriba, corresponde ahora examinar la formación propiamente dicha del contrato, es decir, los problemas que se presentan en el acuerdo de las voluntades o conclusión del contrato, los cuales se evidencian en la contratación administrativa, tanto como limitaciones a la igualdad de los contratantes como a la libertad contractual.

1. Limitaciones a la libertad contractual: la selección de contratistas

Las limitaciones a la libertad contractual se presentan principalmente en la escogencia del co–contratante de la Administración.

La Administración no siempre es libre de escoger su co–contratante, por lo que en materia de contratación administrativa, ha sido tradicional el establecimiento de limitaciones a la libertad de selección del contratista de manera que el proceso de selección se encuentra sometido a reglas más o menos precisas.

A. Antecedentes del régimen

La Ley Orgánica de la Hacienda Pública Nacional tradicionalmente ha establecido dentro de sus normas, una tímida recomendación para que "en cuanto sea posible", los contratos para la construcción de obras y los de suministros y servicios, sean objeto de licitación[230].

Esta disposición legal había sido desarrollada en cuanto a los contratos de obra pública por la Resolución N° 8 del Ministerio de Obras Públicas de 8 de marzo de 1947[231]. Y era ciertamente en las dependencias de este Despacho ministerial y de los Institutos Autónomos a él adscritos que se llevaba a cabo regularmente el procedimiento de licitación. Así, todos los contratos de obras públicas celebrados directamente por el antiguo Ministerio de Obras Públicas, por el antiguo Banco Obrero o por el Instituto Nacional de Obras Sanitarias, seguían normalmente el procedimiento de licitación.

Respecto a los contratos de suministros, se podía identificar la existencia de un Reglamento de Compras del Ministerio de Minas e Hidrocarburos, quizás el único Despacho Ejecutivo que había reglamento el procedimiento respectivo y establecido la obligatoriedad de la licitación[232].

Por tanto, fuera de los contratos de obra pública y de suministros, los otros contratos de la Administración no tenían previsto por la Ley la necesidad ineludible de su contratación por licitación pública.

---

230 Artículo 427. De esta recomendación, en todo caso, la Ley Orgánica exceptúa directamente los contratos en que esté interesada la defensa nacional, los relativos a servicios técnicos y aquellos cuyo monto no exceda de Bs. 10.000,00. *V. CGR Dictámenes de la Consultaría Jurídica 1938–1963*, Caracas 1963, tomo II, p. 103.

231 *Compilación Legislativa*, tomo III, p. 914. Además el Decreto Reglamentario de las Obras Públicas de 14 de abril de 1909, artículos 7 al 12, *Compilación Legislativa*, tomo II, p. 894.

232 Resolución N° 1.400 del Ministerio de Minas e Hidrocarburos de 8 de octubre de 1958, artículo 3, *Gaceta Oficial* N° 25.780 de 8–5–58.

Ahora bien, el Presidente de la República dictó a comienzos de 1976 un Instructivo Presidencial, el N° 24, sobre "Normas de Licitación para la contratación de obras y adquisición de bienes muebles"[233], en el cual por primera vez se establecieron normas para la selección de contratistas en los contratos de obra pública y suministros, destinadas a ser aplicadas "a los organismos de la Administración Pública Nacional"[234]. Dicho Instructivo se dictó de conformidad con el mencionado artículo 427 de la Ley Orgánica de la Hacienda Pública Nacional.

El Instructivo N° 24 fue posteriormente modificado con fecha 26–1–77[235]y luego derogado y sustituido por el Reglamento sobre Licitaciones Públicas, Concursos Privados y Adjudicaciones Directas para la Construcción de Obras y Adquisición de Bienes Inmuebles por la Administración Central dictado por Decreto N° 1.980 de 29–4–83[236]. Este Decreto fue modificado tres veces: primero, por Decreto N° 337 de 14–11–84; luego por Decreto N° 534 de 15–3–85 y, por último, por Decreto N° 133 de 12–4–89[237], texto este último, que fue el cuerpo normativo que rigió hasta 1990, cuando se promulgó la Ley de Licitaciones de 10 de agosto de 1990[238], texto que regula la materia y el cual derogó todas las disposiciones que colidieran con la Ley (artículo 80).

El Decreto N° 133 de 1989, como su nombre lo indicaba, contenía un Reglamento cuyo contenido era directamente aplicable a contrataciones realizadas por la Administración Central. Por tanto, el sujeto de derecho público contratante, al cual se aplicaba el Reglamento, era la República, cuando actuaba a través de algunos de los órganos que conforman su Administración Central y que se encuentran reguladas en la Ley Orgánica de la Administración Central (Ministerios, Oficinas Centrales de la Presidencia, Autoridades de Área, por ejemplo).

Por tanto, a diferencia de lo que establecía el Instructivo N° 24, el contenido normativo de dicho Reglamento no tenía aplicación directa respecto de la denominada Administración Descentralizada, es decir, respecto de los Institutos Autónomos y Empresas del Estado, por lo que éstos no estaban regidos directamente por sus normas, aun cuando sí indirectamente, una vez que los ministros adoptasen las medidas necesarias para dicha aplicación.

En efecto, esta inaplicabilidad directa del Reglamento mencionado a los Institutos Autónomos y Empresas del Estado, se confirmaba en el artículo 39 del Decreto, el cual dispuso un mandato para los Ministros, que son los órganos por excelencia que conforman la Administración Central, para que adoptasen en un lapso de 30 días "las medidas necesarias para que los Institutos Autónomos adscritos a sus Ministerios y las empresas del Estado bajo su tutela se ajusten a sus disposiciones[239]. Antes de la reforma de 1989, la norma respectiva exigía que la adopción de dichas medidas se hiciera "con las adaptaciones que fueran indispensables", lo que se eliminó en el Decreto N° 133.

---

233 *G.O.* N° 30.905 de 27–1–76.

234 También se destinó el Instructivo a ser aplicado a los Institutos Autónomos y en cuanto a las empresas del Estado, se prescribió que éstas debían adoptar normas, adaptadas al Instructivo, aun cuando con la posibilidad de que se previeran modalidades especiales (artículo 1).

235 *G.O.* N° 31.161 de 26–1–77.

236 *G.O.* N° 32.317 de 3–5–83.

237 *G.O.* N° 33.105 de 15–11–84, *G.O.* N° 33.188 de 20–3–85 y *G.O.* N° 34.200 de 17–4–89, respectivamente.

238 *G.O.* N° 34.528 de 10–8–90.

239 Por ejemplo, la Resolución N° 529 del MARNR en relación a los contratos a celebrarse por el INOS, *G.O.* N° 32.777 de 28–7–83.

Con anterioridad a éste, por tanto, existían dos obligaciones: una para los Ministros respectivos de velar porque los Institutos Autónomos y las empresas del Estado, mediante sus propias normas, se ajustasen a las disposiciones del Reglamento, "con las adaptaciones que sean indispensables", y otra para que dichos entes se ajustaran mediante sus propias normas, a las disposiciones del Decreto, con dichas adaptaciones necesarias, las cuales debían notificar al Ministro respectivo a los efectos de su aprobación para que entraran en vigencia.

Con la reforma de 1989, por tanto, se buscó que una vez que los Ministros adoptasen las decisiones pertinentes, tanto la Administración Central como la Descentralizada quedaban sometidas al mismo régimen de selección de contratistas.

Por último, debe advertirse que si bien todas las contrataciones de obras y de suministros de la Administración Central y Descentralizada debían ajustarse al Reglamento, en el artículo 40 del mismo se estableció la posibilidad expresa de que el Presidente de la República, a solicitud del Ministro respectivo, podía decidir que las normas del mismo no se aplicasen a la selección de contratistas por parte de determinado ente u organismo, en atención a la naturaleza de sus actividades o fines. El artículo 40 del Reglamento prescribió además, en forma general, que el Presidente de la República podía aprobar también, a solicitud del Ministro correspondiente, normas especiales para la selección de contratistas por parte de determinados Institutos Autónomos o empresas del Estado o ratificar los regímenes o sistemas existentes sobre la materia.

Todo este régimen de rango reglamentario se cambió totalmente en agosto de 1990, al promulgarse la Ley de Licitaciones que tiene por objeto regular los procedimientos de selección de contratistas para la ejecución de obras, la adquisición de bienes y la prestación de servicios (artículo 1) por parte de los sujetos de derecho que se enumeran en el artículo 2 de la Ley[240].

B. Ámbito de aplicación de la Ley de Licitaciones

La Ley de Licitaciones, ni se aplica a todos los contratos que celebra la Administración ni se aplica a todos los entes estatales. Tiene, por tanto, un ámbito de aplicación específico que se define en sus dos primeros artículos.

a. Ámbito sustantivo de aplicación

De acuerdo al artículo 19 de la Ley, los contratos a cuyo proceso de formalización se aplica la Ley son solamente los contratos para la ejecución de obras (donde se ubica, por supuesto, a los contratos de obra pública), los contratos para la adquisición de bienes (donde se ubica a los contratos de suministro de bienes muebles) y los contratos para la prestación de servicios (donde están los contratos de obra o de prestación de servicios personales).

La Ley no hace ninguna precisión en esta enumeración, por lo que, por ejemplo, los contratos para la adquisición de bienes inmuebles o para la prestación de servicios

240 El Reglamento de la Ley se dictó por Decreto N° 1.400 de fecha 27–12–90 reformado por Decreto 1.906 de 17–10–91 en *G.O.* N° 34.980 de 30–10–91. *V.* en general: Allan R. Brewer–Carías, "El régimen de selección de contratistas en la Administración Pública y la Ley de Licitaciones", *Revista de Derecho Público*, N° 42, Caracas, 1990, pp. 5 a 26.

públicos también estarían sometidos a sus normas, lo que en algunos casos no tiene sentido por el carácter *intuitu personae* de la contratación.

Debe señalarse, además, que la Ley establece una exclusión expresa respecto de su aplicabilidad en este ámbito sustantivo, al prescribir en su artículo 73 que:

> "quedan excluidos de la aplicación de esta Ley aquellos contratos para la ejecución de obras, la adquisición de bienes o para la contratación de servicios, cuyo valor total o parcial hayan de ser pagados con préstamos otorgados por organismos financieros internacionales, que tengan sus normas propias de licitación y que en los respectivos contratos de préstamos se hubiere previsto la obligación de regirse por ellas".

b. Ámbito subjetivo de aplicación

En cuanto a los entes estatales a los cuales se aplican los procedimientos de selección de contratistas que regula la Ley, el artículo 2 precisa los sujetos de derecho estatales a los cuales se aplican, y que son los siguientes:

a'. La República

En primer lugar, la República. Se destaca que el ordinal 1° del artículo 2 de la Ley, impropiamente habla de "los órganos del Poder Nacional", para luego enumerar en los ordinales siguientes otras personas jurídicas, cuando evidentemente dichos "órganos del Poder Nacional" no son sujetos de derecho. Son en realidad, órganos de un solo sujeto de derecho, que no es otro que la República, a la que corresponde el ejercicio del Poder Nacional.

En consecuencia, todos los contratos que celebre la República para la ejecución de obras, para la adquisición de bienes y para la prestación de servicios, en cuanto a los procedimientos para la selección de contratistas se rigen por la Ley, lo que implica que están sometidos a las normas de la misma, los contratos mencionados que celebren los órganos que ejercen el Poder Legislativo (Senado y Cámara de Diputados), los órganos que ejercen el Poder Judicial (Corte Suprema de Justicia y demás Tribunales), los órganos que ejercen el Poder Ejecutivo (que enumera la Ley Orgánica de la Administración Central: Ministerios, Oficinas Centrales de la Presidencia, servicios autónomos sin personalidad jurídica) y todos los órganos que ejercen el Poder Nacional con autonomía funcional (Contraloría General de la República, Fiscalía General de la República, Consejo de la Judicatura, Consejo Supremo Electoral).

b'. Los institutos autónomos nacionales

En segundo lugar, los Institutos Autónomos, es decir, las personas jurídicas de derecho público estatales que son creadas por ley con patrimonio propio e independiente del Fisco Nacional. En consecuencia, las otras personas jurídicas estatales de derecho público pero que no son de carácter institucional, no están sometidas a las previsiones de la ley, como sería el caso de los establecimientos públicos asociativos (el Banco Central de Venezuela, por ejemplo) y de los establecimientos públicos corporativos (las Universidades Nacionales, por ejemplo).

c. Las empresas del Estado y las asociaciones civiles del Estado

En tercer lugar, las asociaciones civiles de la República y las empresas del Estado de la República. Por tales, el ordinal 3° del artículo 2 se refiere a "las asociaciones civiles y las sociedades en las cuales la República y los institutos autónomos nacionales tengan participación igual o mayor al cincuenta por ciento (50%) del patrimonio o capital social del respectivo ente".

Debe señalarse que la ley también se aplica a los contratos que celebren las sociedades y empresas filiales de los entes mencionados, al indicar el ordinal 49 del artículo 2, que se rigen por sus normas, los procedimientos de selección de contratistas que lleven a cabo, las asociaciones civiles y sociedades en cuyo patrimonio o capital social tengan participación igual o mayor al cincuenta por ciento (50%), las asociaciones civiles (de la República), los institutos autónomos (nacionales) o las empresas del Estado (de la República o de institutos autónomos nacionales) antes indicados, es decir, en las cuales la República o los institutos autónomos nacionales tengan participación igual o mayor al 50% del capital o del patrimonio social.

De acuerdo a estas normas, por tanto, todas las empresas del Estado en las cuales la República, los institutos autónomos nacionales u otras empresas del Estado tengan una participación igual o superior al 50% de su capital, están sujetas a la ley. Las empresas petroleras nacionalizadas, por tanto, están sujetas a la ley en todas sus contrataciones.

Sin embargo, la Ley de Licitaciones previo un régimen particular para PDVSA y sus empresas filiales al establecer que el Presidente de la República en Consejo de Ministros, dentro de los noventa (90) días siguientes a la publicación de la ley, debía dictar un Reglamento que regulase los procedimientos de selección del contratista que realicen Petróleos de Venezuela, S.A., y sus empresas filiales (artículo 74)[241]

El artículo 76 de la ley agrega que

> "En dicho Reglamento sólo podrán excluirse, por vía de excepción de la aplicación de esta ley, aquellas contrataciones que versen sobre obras, servicios o adquisiciones de significativa complejidad, inherentes a las actividades de exploración, extracción, refinación, procesamiento y comercialización de hidrocarburos y ubicadas en zonas críticas de operación.

Pueden quedar excluidas, también, adquisiciones de bienes, ejecución de obras civiles y prestación de servicios cuando deban ser licitadas en forma integral y conjunta con la obra principal, o tales obras sean accesorias de la principal.

La selección del contratista para las demás obras que contraten Petróleos de Venezuela, S.A., y sus empresas filiales y la adquisición de bienes o prestación de servicios, se realizará conforme a las normas establecidas en esta ley".

Conforme al artículo 75 de la Ley, el Reglamento antes indicado debió establecer principios que aseguras en:

1. La inscripción de los eventuales contratistas en el Registro Auxiliar de Contratistas de Petróleos de Venezuela, S.A., y sus empresas filiales, siempre y cuando cumplan con los trámites y requisitos previstos en esta Ley y en el Reglamento;
2. El cumplimiento del principio de la igualdad como base de selección de los licitantes;
3. La recepción y apertura de las ofertas en acto público, salvo en aquellos casos que, por razón de interés para la industria, sean exceptuados por el Presidente de la República;
4. El establecimiento, como norma, de la selección de los contratistas en un régimen de concurrencia competitiva;

---

241 Dicho Reglamento se dictó por Decreto N° 1.247 de 8–11–90. *G.O.* N° 34.591 de 9–11–90.

5. La preexistencia de disponibilidad presupuestaria antes del inicio de cada proceso de licitación;
6. La predeterminación y publicidad de las reglas y condiciones del procedimiento de licitación con anterioridad a cada proceso, y la permanencia de éstas hasta el otorgamiento de la buena pro;
7. La existencia de comités multidisciplinarios de evaluación de ofertas;
8. La documentación y registro de cada proceso;
9. El establecimiento de normas destinadas a impedir conflictos de intereses en todas las fases de los procedimientos de licitación;
10. La notificación a todos los interesados de los resultados del procedimiento de licitación;
11. La información acerca de la evaluación de sus ofertas a aquellos proponentes que así lo soliciten; y
12. El otorgamiento de la buena pro a la oferta que, en su consideración integral, sea la más conveniente.

d. Las fundaciones del Estado

En cuarto lugar, las fundaciones del Estado, que a los efectos de la Ley de Licitaciones (artículo 2, ordinal 59) son, las fundaciones constituidas por la República, los institutos autónomos, las sociedades civiles (de la República o de los institutos autónomos) y las empresas del Estado (de la República o de los institutos autónomos), y por las sociedades civiles o empresas del Estado que sean filiales de las anteriores o aquellas fundaciones en cuya administración estas entidades estatales tengan poder decisorio.

e. Los Estados y Municipios

Por último, la ley también prevé que sus normas se aplican a los contratos para la ejecución de obras, la adquisición de bienes y la prestación de servicios que celebren los Estados y Municipios:

> "cuando los precios de los contratos a que se refiere esta ley hayan de ser total o parcialmente pagados con aportes, distintos a los del Situado Constitucional, de alguno de los sujetos señalados en los ordinales al 59 de este artículo".

En consecuencia, los contratos que celebren los Estados y Municipios para ser pagados con sus ingresos propios (incluyendo los provenientes del Situado Constitucional) no quedan sometidos a las normas de la Ley de Licitaciones, teniendo las entidades territoriales mencionadas entera autonomía para regular la materia.

La ley, sin embargo, establece el principio de que sus normas regirán los procesos de selección del contratista por parte de los Estados y Municipios "en cuanto sea aplicable" (artículo 77).

En cambio, si el precio de los contratos se debe pagar con ingresos extraordinarios provenientes de aportes que reciban de la República, de los institutos autónomos nacionales, de las empresas del Estado (nacionales) y de las sociedades civiles del Estado (nacionales), de las empresas del Estado y de las sociedades civiles del Estado filiales de las anteriores, y de las fundaciones del Estado nacionales, el procedimiento para la selección de contratistas en la conclusión de los contratos queda sometido a las prescripciones de la ley.

C. Formas de selección de contratistas

A pesar de que la ley se denomina Ley de Licitaciones y de que expresamente el artículo 3 de la misma prescribe que "todos los procedimientos de selección del contratista, promovidos por los entes a los que se refiere el artículo precedente, se harán a través de licitaciones, las cuales podrán ser generales o selectivas"; en realidad, en la ley se establecen dos procedimientos generales para la celebración por los sujetos de derecho estatales antes indicados, de los contratos para la ejecución de obras, la adquisición de bienes y la prestación de servicios: la adjudicación directa y la licitación.

Estas dos formas generales de selección de contratistas, responden a las formas clásicas de la contratación de los entes estatales: en la primera, el ente estatal escoge directamente al co–contratante, sin concurrencia u oposición, de la misma forma que se realiza normalmente en los contratos entre particulares; en cambio, en la segunda, rige el principio de la concurrencia competitiva de varios oferentes.

a. La adjudicación directa

De acuerdo al artículo 33 de la ley, y sin perjuicio de que se pueda recurrir al procedimiento Licitatorio, se puede proceder a la contratación por adjudicación directa, en los siguientes casos:

1° En el caso de adquisición de bienes o contratación de servicios, si el contrato a ser otorgado es por un precio estimado de hasta un millón de bolívares (Bs. 1.000.000,00);

2° En el caso de construcción de obras, si el contrato a ser otorgado es por un precio estimado de hasta diez millones de bolívares (Bs. 10.000.000,00); o

3° Si la ejecución de la obra, el suministro de los bienes o la prestación del servicio se encomienda a un organismo del sector público.

Los montos en bolívares indicados en esta norma, pueden ser actualizados anualmente por el Presidente de la República mediante decreto dictado en Consejo de Ministros y previa la opinión favorable de las Comisiones Permanentes de Finanzas del Senado y de la Cámara de Diputados, en la misma proporción y de acuerdo a los índices anuales de variación de precios del Banco Central de Venezuela (artículo 60).

Además, el artículo 34 de la Ley expresamente permite proceder por adjudicación, siempre y cuando la máxima autoridad del órgano o ente contratante, mediante acto motivado, justifique adecuadamente su procedencia, en los siguientes supuestos:

1° Si se trata de suministros requeridos para el debido desarrollo de un determinado proceso productivo o de trabajos indispensables para el buen funcionamiento o la adecuada continuación o conclusión de una obra, imprevisibles en el momento de la celebración del contrato;

2° Si se trata de la adquisición de obras artísticas o científicas;

3° Si, según la información suministrada por el Registro Nacional de Contratistas, los bienes a adquirir los produce o vende un solo fabricante o proveedor o cuando las condiciones técnicas de determinado bien, servicio u obra excluyen toda posibilidad de competencia;

4° En caso de contratos que tengan por objeto la fabricación de equipos, la adquisición de bienes o la contratación de servicios en el extranjero, en los que no fuere posible aplicar los procedimientos licitatorios, dadas las modalidades bajo las cuales los fabricantes y proveedores convienen en producir o suministrar esos bienes, equipos o servicios;

5° En caso de calamidades que afecten a la colectividad o de emergencia comprobada dentro del respectivo organismo o ente; o

6° Si se trata de obras o bienes regulados por contratos resueltos o rescindidos y del retardo por la apertura de un nuevo proceso licitatorios pudieren resultar perjuicios para el organismo promovente.

Debe señalarse que en la redacción de estas dos normas de la ley (artículos 33 y 34), en realidad, se siguió casi textualmente el contenido de los artículos 2, ordinal 1°, y 34 del Reglamento de 1989, por lo que en la materia no hubo innovación alguna, salvo la contradicción *in terminis* de regular en una Ley de Licitaciones donde se declara que "todos los procedimientos para la selección de contratistas deberán ser por licitación" (artículo 3), el procedimiento de adjudicación directa.

b. La licitación

En todos los otros casos en los cuales no proceda la adjudicación directa, la Administración para la selección de su contratista en los contratos de obra o de suministro, debe seguir un procedimiento de licitación. Por tanto, y salvo la excepción mencionada del artículo 34, la licitación siempre es necesaria en los contratos para adquisición de bienes o contratación de servicios con un valor estimado superior de Bs. 1.000.000,00 y en los contratos de obras con valor estimado superior de Bs. 10.000.000,00.

La consecuencia de la falta de cumplimiento del procedimiento licitatorio, conforme a la ley es la nulidad del contrato. Así lo establece el artículo 63 de la Ley de Licitaciones al disponer que:

> "Los contratos para cuya celebración esta ley exija licitación general o licitación selectiva serán nulos cuando se celebren sin seguir dichos procedimientos, sin perjuicio de la aplicación de las sanciones correspondientes a quienes hubieren contratado en tales circunstancias".

La licitación que, como se indicó, siempre implica la existencia de concurrencia competitiva para seleccionar al contratista, puede ser de dos tipos, general o selectiva, y en la misma "los actos de preselección, recepción de ofertas, apertura de las ofertas económicas y decisión final, tienen carácter público" (artículo 6).

a'. La licitación general

De acuerdo a la definición del artículo 4 de la Ley, la "licitación general es el procedimiento de selección del contratista en el que puede participar cualquier inscrito en los registros previstos en esta ley, previo el cumplimiento de las condiciones particulares inherentes a cada proceso de licitación".

Ahora bien, conforme a lo establecido en el artículo 29 de la Ley, siempre se debe proceder a la selección del contratista por licitación general, en los siguientes casos;

1° En el caso de adquisición de bienes o contratación de servicios, si el contrato a ser otorgado es por un precio estimado superior a diez millones de bolívares (Bs. 10.000.000,00); y

2° En el caso de construcción de obras, si el contrato a ser otorgado es por un precio estimado superior a treinta millones de bolívares (Bs. 30.000.000,00).

Debe señalarse que conforme al artículo 60 de la ley, estos montos en bolívares pueden ser actualizados anualmente por Decreto del Presidente de la República en Consejo de Ministros y previa la opinión favorable de las Comisiones Permanentes de Finanzas del Senado y de la Cámara de Diputados, en la misma proporción y de acuerdo a los índices anuales de variación de precios del Banco Central de Venezuela.

b'. La licitación selectiva

"La licitación selectiva es el procedimiento de selección del contratista en el que los participantes, inscritos en los registros previstos en esta ley, son escogidos por el ente promovente" (artículo 5).

Ahora bien, de acuerdo al artículo 30 de la ley, puede precederse por licitación selectiva en los siguientes casos:

1° En el caso de adquisición de bienes o contratación de servicios, si el contrato a ser otorgado es por un precio estimado de un millón de bolívares (Bs. 1.000.000,00) y hasta diez millones de bolívares (Bs. 10.000.000,00);

2° En el caso de construcción de obras, si el contrato a ser otorgado es por un precio estimado superior a diez millones de bolívares (Bs. 10.000.000,00) y hasta treinta millones de bolívares (Bs. 30.000.000,00); o

En cuanto a los montos en bolívares indicados en estos dos primeros casos, conforme se establece en el artículo 60 de la ley, los mismos pueden ser actualizados anualmente por el Presidente de la República mediante Decreto dictado en Consejo de Ministros y previa opinión favorable de las Comisiones Permanentes de Finanzas del Senado y de la Cámara de Diputados, en la misma proporción y de acuerdo a los índices anuales de variaciones de precios del Banco Central de Venezuela.

3° Cuando conforme a la certificación expedida por el Registro Nacional de Contratistas, no existieren más de diez (10) empresas registradas debidamente calificadas para la respectiva contratación, atendiendo a exigencias de trabajos técnicos, suministros especializados, disponibilidad de equipos, capacidad económico–financiera y cualesquiera otros requerimientos que fundadamente restrinjan el número de empresas que puedan ser llamadas al respectivo proceso, independientemente del monto de la contratación.

Debe señalarse que conforme a la ley también puede procederse por licitación selectiva, siempre y cuando la máxima autoridad del órgano o ente contratante, mediante acto motivado, justifique adecuadamente su procedencia, en los siguientes supuestos que regula el artículo 31 de la Ley:

1° Si la ejecución de la obra, el suministro de los bienes o la prestación del servicio tengan necesariamente que contratarse, con empresas internacionales especializadas, que no operen en el país;

2° Si se trata de la adquisición de bienes destinados a la experimentación o investigación; o

3° Por razones de seguridad del Estado calificadas como tales conforme a lo previsto en el Reglamento de la Ley Orgánica de la Contraloría General de la República.

c. El fraccionamiento de la contratación y la licitación

De acuerdo con el artículo 61 de la Ley de Licitaciones, sólo por causas debidamente justificadas, a juicio de la máxima autoridad administrativa o del órgano superior de administración del ente contratante, según el caso, se podrá dividir en varios contratos la contratación de una misma obra o la contratación para la adquisición de bienes o la prestación de servicios.

En todo caso, cuando el monto total de la obra, suministro o servicio, determine que el procedimiento aplicable es el de licitación general o licitación selectiva, se procederá la selección conforme a esos procedimientos, aun cuando el monto de la contratación sea inferior a los exigidos en los artículos 30 y 33 de esta ley para las licitaciones.

d. Efectos de la licitación respecto del control del contrato

De acuerdo al artículo 76 de la ley, los contratos que celebren los organismos sujetos a esta ley para la ejecución de obras, la adquisición de bienes o para la prestación de servicios, en los cuales los contratistas se hubieren seleccionado mediante licitación general o licitación, estarán excluidos del control previo de precios por parte de la Contraloría General de la República, tal como se regula en la Ley Orgánica de dicho organismo.

D. Los sistemas administrativos establecidos para asegurar el procedimiento de selección de contratistas

La Ley de Licitaciones regula dos sistemas administrativos vinculados al proceso de selección de contratistas. En primer lugar, establece como condición previa para participar en los procedimientos de selección de contratistas, el que éstos estén inscritos en el Registro de Contratistas, a cuyo efecto regula el Sistema Nacional de Registro de Contratistas.

En segundo lugar, la ley regula las funciones de los órganos administrativos a cuyo cargo está el proceso de selección, que son las Comisiones de la Licitación, y a las que corresponde el principal papel en el proceso.

a. El Sistema Nacional de Registros de Contratistas

De acuerdo a lo establecido en el artículo 16 de la ley, salvo en los casos de las adjudicaciones directas cuyo monto sea inferior a cien mil bolívares (Bs. 100.000,00) y en los procesos de licitación general, licitación selectiva o adjudicación directa promovidos en el exterior del país, para participar en todo procedimiento licitatorio o de adjudicación directa promovido por los organismos o entes sujetos a la Ley de Licitaciones, será necesario estar inscrito en el Sistema Nacional de Registro de Contratistas.

En cuanto al monto en bolívares indicado, el artículo 60 de la ley autoriza al Presidente de la República a que mediante decreto dictado en Consejo de Ministros y previa opinión favorable de las Comisiones Permanentes de Finanzas del Senado y de la Cámara de Diputados, lo pueda actualizar anualmente de acuerdo a los índices anuales de variación de precios del Banco Central de Venezuela.

En todo caso, a los efectos de regular este registro de contratistas, la ley regula un Sistema Nacional de Registros de Contratistas y el procedimiento para la inscripción en el mismo.

a'. Constitución del sistema

1° Efectuar de manera permanente, conforme a los datos suministrados por los contratistas que se inscriban en los Registros Auxiliares, la sistematización, organización y consolidación de los datos enviados por estos últimos, conforme a lo que determine el Reglamento, y expedir la certificación de la inscripción en el Sistema, actuando como dentro de información.

2° Suministrar a los entes que se refiere el artículo 2 de esta ley a las autoridades de los organismos descentralizados de los Estados o Municipios, la información correspondiente a los contratistas. Para estos fines, deberán requerir los datos necesarios de los Registros Auxiliares;

3° Elaborar y publicar periódicamente un directorio contentivo de la calificación y especialidad de los contratistas;

4° Establecer los sistemas de procedimientos aplicables a los Registros Auxiliares y supervisar su cumplimiento; y

5° Coordinar los planes de desarrollo y normalización del Sistema.

b'. Obligaciones de los contratistas

El artículo 10 de la ley autoriza a los Registros Auxiliares, en cumplimiento de sus funciones, el poder requerir de los contratistas toda la documentación exigida por la ley y sus reglamentos y, aquéllos, están obligados a proporcionarla y deben practicar las auditorías y evaluaciones requeridas para la calificación y la actualización del Registro.

Además, los contratistas deben informar al Registro Auxiliar correspondiente, de todas las reformas de sus actas constitutivas o disposiciones estatutarias; de cambio o sustitución en su junta directiva o de actos de nombramiento de apoderados; de la enajenación o gravamen que recaigan sobre las acciones o cuotas de su capital social; o cualquiera otros datos e informaciones que revistan interés para su debida identificación y calificación técnica, económica y financiera (artículo 11).

El artículo 6° de la ley, en todo caso, establece la sanción de suspensión del Registro Nacional de Contratistas, respecto de los contratistas que hayan dejado de actualizar sus datos en el Registro por un lapso de un (1) año. Sin embargo, el contratista excluido por esta causa podrá participar en el proceso de selección si cumple nuevamente con los requisitos de inscripción.

c'. Obligaciones de los entes públicos

Los entes a los que se refiere la ley, conforme al artículo 15 de la misma, deben remitir información al Registro Nacional de Contratistas, dentro de los tres (3) meses siguientes a la finalización de los contratos de obras, adquisición de bienes o prestación de servicios, cuando se considere que ha existido incumplimiento por parte del contratista. En todo caso, dentro del mismo plazo, el contratista puede dirigirse al Registro Nacional de Contratistas a objeto de informar sobre la ejecución del contrato.

d'. Organización del sistema

La organización del Registro Nacional y de los Registros Auxiliares, así como los criterios conforme a los cuales se debe realizar la calificación de la especialidad, capacidad técnica, administrativa y financiera de los contratistas, está establecida en el Reglamento de la Ley (artículo 14).

En todo caso, el Sistema Nacional de Registros de Contratistas debe contar con el personal necesario para el cumplimiento de sus funciones (artículo 12), debiendo el funcionario responsable del Sistema Nacional de Registros de Contratistas ser escogido mediante concurso de credenciales, el cual está sujeto al procedimiento que se establece en el Reglamento de la Ley (artículo 13).

e'. El procedimiento de inscripción

Para inscribirse en el Sistema Nacional de Registros de Contratistas se deberá presentar una solicitud a través de un Registro Auxiliar, acompañada de la documentación que al efecto se determine en el Reglamento de la Ley, que conforme al artículo 17 debe comprender, entre otros datos, los siguientes:

1° Copia certificada del acta constitutiva y estatutos sociales debidamente actualizados;

2° Identificación de los socios que la integran;

3° Los estados financieros debidamente auditados correspondientes a los tres (3) ultimaos ejercicios económicos, salvo que tuviere menor tiempo de constituida;

4° Copia de la declaración de impuesto sobre la renta del último ejercicio económico; y

5° Información acerca de su especialización, capacidad técnica, administrativa, identificación de equipos y datos sobre su propiedad y, en general, cualquiera otra información que permita realizar una calificación técnica idónea del contratista.

Estos recaudos exigidos en el artículo 17, se deben requerir de las personas naturales, en cuanto sea procedente (parágrafo único, artículo 17).

El cumplimiento por parte del contratista, ante los Registros Auxiliares del Sistema, de las formalidades previstas en la ley y su reglamento debería dar lugar a la respectiva inscripción provisional (artículo 18). Sin embargo, conforme al artículo 19 de la ley, dentro de los noventa (90) días hábiles siguientes a la presentación de la solicitud, el registro auxiliar en realidad, puede acordar o negar la inscripción. En el caso de que se trate de negativa, ésta debe ser motivada y debe ser notificada al interesado, con indicación de la causa que determinó la decisión. En todo caso, conforme al artículo 19 de la ley, la posibilidad de negativa de la inscripción está reducida sólo en tres casos concretos, al establecerse que:

> "Sólo se podrá negar la inscripción por haber sido objeto de una sanción grave, de acuerdo a los términos de esta Ley, por haber suministrado información falsa o por haber sido declarado en quiebra".

Ahora bien, cuando la inscripción sea negada, el contratista puede recurrir, dentro de los quince (15) días siguientes a su notificación, por ante la máxima autoridad del ente al que esté adscrito el Registro Auxiliar ante el cual se tramitó la inscripción, la cual debe resolver en un lapso no mayor de treinta (30) días, contados a partir de la fecha de la presentación del recurso. Esta decisión agota la vía administrativa.

En todo caso, y a los efectos de la ley, en particular en cuanto a la consideración como actos administrativos de los adoptados en el procedimiento de licitación, el artículo 19 establece expresamente que "los funcionarios de los entes de derecho privado, previstos en el artículo 29, actúan en función administrativa".

Ahora bien, en caso de que no proceda la negativa del registro, en el lapso de los noventa (90) días a los que se refiere el artículo 19, los Registros Auxiliares deben realizar la calificación de los contratistas utilizando la información que señala el artículo 10 y el ordinal 59 del artículo 17 de esta ley (artículo 20).

Una vez acordada la inscripción, y dentro de los cinco (5) días siguientes, los Registros Auxiliares deben remitir al Registro Nacional la información que determine el reglamento de esta ley (artículo 21).

b. Las Comisiones de Licitación

En todos los casos de licitación, sea de licitación pública o general, sea de licitación privada o selectiva, la conducción del procedimiento está a cargo de Comisiones de Licitación que todos los organismos públicos sujetos a la Ley de Licitaciones deben constituir, las cuales tienen carácter permanente y deben asesorar al ente en el seguimiento de los contratos (artículo 22).

Estas Comisiones de Licitación deben estar integradas por un número impar de miembros de calificada competencia profesional y reconocida honestidad y serán designados por la máxima autoridad del ente, preferentemente entre sus funcionarios o empleados, debiendo estar representadas en las Comisiones las áreas jurídicas, técnica y económico–financiera (artículo 23).

De acuerdo a lo previsto en el artículo 24 de la Ley, la Contraloría General de la República podrá designar representantes para que actúen como observadores, sin derecho a voto, en los procesos licitatorios.

Dicha norma, además, remite al Reglamento la determinación de otros entes públicos que pueden enviar observadores a los procesos de licitación. En tal sentido, el Reglamento de 1989 establecía que tanto el Instituto de Comercio Exterior y la Superintendencia de Inversiones Extranjeras en los casos de licitaciones internacionales, como el Colegio de Ingenieros de Venezuela en los casos de construcciones de obras, podían enviar representantes a las Comisiones de Licitación.

De acuerdo al artículo 25 de la ley, los miembros y los representantes que conformen las Comisiones de Licitación, deben inhibirse del conocimiento del asunto cuya competencia les atribuye esta ley, en los siguientes casos:

1° Cuando personalmente, o bien su cónyuge o algún pariente dentro del cuarto grado de consanguinidad o segundo de afinidad tuvieren interés en el procedimiento;

2° Cuando tuvieren amistad o enemistad manifiesta con cualquiera de las personas interesadas que intervengan en el procedimiento;

3° Cuando hubieren manifestado su opinión en éste, de modo que se pudiera prejuzgar ya la resolución del asunto; y

4° Cuando tuvieren relación de servicio o de subordinación con cualquiera de los directamente interesados en el asunto.

El procedimiento de inhibición en estos casos debe tramitarse y decidirse conforme a lo dispuesto en el Capítulo II del Título II de la Ley Orgánica de Procedimientos Administrativos.

Las Comisiones de Licitación se constituyen válidamente con la presencia de la mayoría de sus miembros y sus decisiones se deben tomar con el voto favorable de la mayoría de sus miembros (artículo 26). Los miembros pueden disentir de la decisión en cuyo caso lo deben manifestar en el mismo acto, debiendo, dentro de los dos (2) días hábiles siguientes, consignar por escrito las razones de su disentimiento, que se anexará al expediente. En caso contrario se entenderá su conformidad con las decisiones adoptadas (artículo 27).

La ley establece, finalmente, que los miembros de las Comisiones y los observadores llamados a participar en sus deliberaciones, así como aquellas personas que por cualquier motivo intervengan en las actuaciones de las Comisiones, están en el deber de guardar reserva (artículo 28).

E. El procedimiento de la licitación

a. *Régimen común del procedimiento en la licitación general y en la licitación selectiva*

Debe señalarse que a pesar de la distinción que hace la ley, en cuanto al procedimiento licitatorio, tanto en la licitación general como en la licitación selectiva (que en la doctrina se denominan, licitación pública y licitación privada), el procedimiento es un procedimiento básicamente idéntico, que implica la concurrencia competitiva de varios oferentes, y cuya diferencia está, particularmente, en la extensión y alcance del llamado a licitación o invitación a participar o a formular ofertas: en la licitación general o pública, el llamado es abierto, pues se dirige indeterminadamente a todos los posibles oferentes; en cambio, en la licitación selectiva o privada, el llamado de invitación a participar, se hace a determinadas personas. Como lo ha señalado Adilson A. Dallari: "mientras en la licitación pública la afluencia de proponentes es ilimitada, en la licitación privada dicha afluencia es limitada. Además, en la licitación pública la presentación de oferentes obedece a un "llamado público objetivo" efectuado por la Administración Pública, en tanto que en la licitación privada, dicha presentación o comparecencia responde a una invitación personal directa formulada por la Administración".[242]

En definitiva, en la licitación pública pueden ser oferentes todas las personas que se ajusten a las condiciones generales establecidas para los contratistas del ente estatal; en cambio, en la licitación privada, los participantes son previamente seleccionados e invitados a participar.

La diferencia entre ambos procedimientos está, por tanto, en la etapa de preselección de los oferentes. Por ello, el parágrafo único del artículo 32 de la ley establece expresamente que "salvo en lo que respecta a la fase de preselección de los contratistas, en la licitación selectiva se aplicará el mismo procedimiento previsto para la licitación general".

b. *Condiciones previas para la iniciación del procedimiento licitatorio*

De acuerdo con lo establecido en el artículo 57 de la ley, no se podrá iniciar proceso licitatorio alguno, sea general o selectivo, para ejecución de obras, adquisición de bienes, ni contratación de servicios si no estuvieren previstos los recursos necesarios para atender los compromisos correspondientes. Tampoco se podrá iniciar el proceso licitatorio para ejecución de obras si no existiere el respectivo proyecto.

Ahora bien, sólo se puede licitar conjuntamente el proyecto y la construcción de una obra, cuando a ésta se incorporen como parte fundamental equipos especiales altamente tecnificados; o cuando equipos de esa índole deban ser utilizados para ejecutar la construcción, y el organismo promovente considere que puede lograr ventajas confrontando el diseño y la tecnología ofertadas por los distintos a proponentes (artículo 58).

c. *Iniciación del procedimiento*

El procedimiento licitatorio, que implica en definitiva el requerimiento a determinados oferentes para que presenten ofertas de contratación a la Administración, por supuesto exige un procedimiento previo de iniciación que conduce a la preselección de los oferentes posibles, y que varía según se trate de licitación general o de licitación selectiva.

---

242 A. A. Dallari, *Aspectos juridicos de licitacao*, Sao Paulo, 1963, p. 55.

a'. Iniciación del procedimiento en la licitación general o pública

a". *La publicación inicial*

La apertura de la licitación general se debe anunciar mediante la publicación en un diario de los de mayor circulación en el país y en uno de la respectiva localidad, si lo hubiere (artículo 35). En todo caso, prevé la ley que a los fines de las publicaciones en ella previstas, podrá crearse un órgano de publicación oficial de circulación nacional para uso exclusivo de los promoventes de procedimientos de licitación general y licitación selectiva (artículo 36).

De acuerdo al artículo 37 de la ley, en la publicación que inicia el proceso de licitación general debe indicarse lo siguiente:

1° El objeto de la licitación;

2° Sus condiciones generales;

3° La documentación preliminar requerida;

4° Las condiciones mínimas de carácter técnico, administrativo y financiero, si fuere el caso, requeridas para la participación en el proceso; y

5° El sitio, día y hora, transcurridos los cinco (5) días laborables siguientes al de la publicación, en que en acto público se recibirán las manifestaciones de voluntad de participar en la licitación, así como la documentación preliminar requerida a ese efecto.

El ente promovente de la licitación debe suministrar mayor información a la señalada en esta norma del artículo 38, cuando así sea solicitado por los contratistas interesados en participar en el proceso.

b". *La preselección en la licitación general*

Consignadas las manifestaciones de voluntad de participar en la licitación, la Comisión de Licitación, mediante comunicación dirigida a cada uno de los contratistas, debe notificar a quienes, conforme a la decisión del ente licitante, resulten preseleccionados, con el fin de que presenten sus ofertas. Asimismo debe notificar, con expresión de las causas que lo motiven, a quienes hubieren sido descalificados (artículo 38).

De acuerdo al artículo 39 de la ley, esta preselección supone la demostración, a satisfacción del organismo o ente licitante, que el contratista preseleccionado ha cumplido los requisitos exigidos en las condiciones de la licitación.

En todo caso, este acto de preselección tiene carácter público (artículo 6).

b'. Iniciación del procedimiento en la licitación selectiva o privada

De acuerdo con lo previsto en el artículo 32 de la ley:

> "La licitación selectiva se iniciará mediante la selección e invitación a participar en la misma de al menos cinco (5) contratistas inscritos en el Registro Nacional de Contratistas y se anunciará mediante la publicación en un diario de los de mayor circulación en el país y en uno de la respectiva localidad, si lo hubiere. La invitación estará fundamentada en los requisitos de experiencia, especialización y capacidad técnica y financiera, que se han tomado en consideración para invitar a los contratistas seleccionados; éstos deberán constar por escrito en el acto interno que al efecto se dicte. El ente contratante podrá requerir la asistencia del Registro Nacional de Contratistas.

Para la validez del proceso será necesaria la presentación de por lo menos tres (3) ofertas"[243].

De lo anterior resulta, por tanto, que hay una similitud sustancial entre los procedimientos de licitación general o de licitación selectiva, lo que provoca que los principios y normas que rigen la licitación pública sean aplicables íntegramente a la licitación privada salvo, por supuesto, lo atinente a las reglas de publicidad del llamado a concursar, pues la publicación por aviso en la prensa, en esta última, se limita sólo al llamado a determinados oferentes (al menos cinco). Sin embargo, en todo el resto del procedimiento, así como en los criterios de adjudicación, rigen las reglas propias de la licitación pública. Este es el principio general en el derecho administrativo[244], que parte del supuesto general de que en todo procedimiento de concurso o licitación, público o privado, debe respetarse el principio de igualdad entre los oferentes, a cuyos efectos, el procedimiento establece una serie de garantías esenciales.

d. *La invitación a los oferentes*

Una vez seleccionados los posibles oferentes, tanto en las licitaciones generales como selectivas, la Comisión de Licitación, mediante notificación dirigida a cada uno de los contratistas, debe solicitarles la presentación de sus ofertas. En dicha notificación debe indicarse el objeto de la licitación; el plazo y el sitio para la entrega de la documentación completa correspondiente que el ente licitante hará a los contratistas; y el lugar, día y hora del acto público de recepción y apertura de los sobres que contengan las ofertas (artículo 40)[245]

e. *La presentación de las ofertas*

El plazo para la recepción y apertura de las ofertas se debe fijar, en cada caso, teniendo especialmente en cuenta la complejidad de la obra o del suministro, pero no podrá ser en ningún caso menor de cinco (5) días laborables contados a partir del último día de entrega a los preseleccionados de la documentación completa (artículo 41).

Estas ofertas, debidamente firmadas y en sobres sellados, serán entregadas a la Comisión de Licitación en acto público a celebrarse al efecto. En ningún caso se admitirán ofertas después de la hora fijada ni se iniciará la apertura de los sobres antes de esa hora (artículo 42).[246]

La presentación de las ofertas, conforme al artículo 43 de la ley, tiene por efecto jurídico el que los contratistas quedan obligados a sostener sus ofertas hasta el otorgamiento de la buena pro y presentar junto con ellas caución o garantía suficiente, por el monto

---

243 No reguló la Ley el supuesto de que en el Registro de Contratistas no haya sino só'o dos posibles oferentes como, en cambio, sí lo normaba el Reglamento de 1989 declarando que el procedimiento en ese caso era válido cualquiera que fuere el número de las ofertas (artículo 32).

244 *Cfr*. R. J. Dromi, *La Licitación Pública*, Buenos Aires, 1975, p. 99.

245 Debe señalarse que el Reglamento de 1989 exigía que esta incitación, además de notificarse, se publicase en la prensa (artículo 10), lo que se eliminó de la ley. Se observa, sin embargo, que el artículo 427, ordinal 29 de la Ley Orgánica de la Hacienda Pública Nacional establece que "*se avisarán por la prensa* todas sus condiciones, especificándose la obra, suministro o servicio, objeto de la licitación; el acto jurídico que deba celebrarse, las obligaciones que contraerá la Nación y aquéllas a que deben someterse el licitador o licitadores. El Ejecutivo fijará un plazo de acuerdo con la importancia de la obra, suministro o servicio en cuestión".

246 Esta norma responde a la orientación del artículo 427, ordinal 3° de la LOHPN que establece que: "Las propuestas se enviarán en pliegos cerrados. Si entre las condiciones de la licitación se incluyere la de prestar caución, el licitador indicará la que ofrece en el mismo pliego de proposiciones; y si fuere fianza, deberá acompañar la conformidad del fiador propuesto, quien se obligará solidariamente con el proponente".

fijado por el organismo licitante, para asegurar la celebración del contrato, en caso de otorgamiento de la buena pro (artículo 43).

Este es el principio general establecido en el artículo 427, ordinal 4° de la Ley Orgánica de la Hacienda Pública Nacional según el cual "una vez introducida una propuesta, su autor está obligado a sostenerla hasta que se dé la buena pro".

Sin embargo, la invitación a los oferentes y la presentación de las ofertas no obliga en forma alguna a la Administración a contratar. Como lo dispone el artículo 7 de la ley:

> "En todos los procedimientos regulados por esta ley, mientras no se haya firmado el contrato definitivo, el ente promovente podrá decidir suspender o dar por terminado el proceso, cuando a su juicio sea conveniente. En estos casos, se dará una información razonada de la decisión al beneficiario de la buena pro, y se le indemnizará con una suma equivalente al monto de los gastos en los que incurrió para participar en el proceso de selección, dentro del lapso de noventa (90) días contados a partir de la decisión.

El ente promovente podrá abrir de nuevo el proceso de licitación, cuando hayan cesado las causas que dieron origen a la suspensión y transcurrido el lapso no menor de seis (6) meses, contados a partir de aquélla".

f. La apertura de las ofertas

Ahora bien, consignadas las ofertas, la Comisión de Licitación debe abrir en el mismo acto público los sobres contentivos de las ofertas, debe dar lectura a lo esencial de ellas y debe dejar constancia en acta de cualquier exposición que quisiera hacer alguno de los contratistas (artículo 44)[247].

Dicha acta debe ser firmada por los miembros de la Comisión, por los contratistas asistentes al acto y por los observadores designados, si fuere el caso. Si alguno de los llamados a firmar el acta se negare a hacerlo o por otro motivo no la suscribiere, se dejará en el acta constancia de esa circunstancia y de las causas que la originaron (artículo 45).

g. El rechazo de ofertas

La Comisión de Licitación, en el proceso posterior de evaluación de las ofertas, conforme se establece en el artículo 46 de la ley, no admitirá aquellas que se encuentren dentro de alguno de los supuestos siguientes:

1° Que no cumplan con las disposiciones de esta Ley o con los requisitos exigidos para la respectiva licitación;

2° Condicionadas o alternativas, salvo que ello se hubiere permitido en las condiciones de la licitación;

3° Diversas que provengan de un mismo proponente; o

4° Presentadas por personas distintas, si se comprueba la participación de cualquiera de ellas o de sus socios directivos o gerentes en la integración o dirección de otro participante en la licitación.

247 Esta norma sigue la orientación del artículo 427, ordinal 59, de la LOHPN, que establece que: "Los pliegos se abrirán el día y la hora fijados en el aviso de licitación, en presencia de los licitadores que concurran. Se dará lectura a todas las propuestas y se desecharán de una vez las manifiestamente inadmisibles. Después de leídas las propuestas no podrá el licitador presentar una nueva caución.

h. La selección de ofertas

De acuerdo al artículo 428 (ordinal 69) de la Ley Orgánica de la Hacienda Pública Nacional, "se dará la buena pro a la propuesta que ofrezca mayores ventajas, expresándose en el acto estas circunstancias. Si se juzgare que ninguna de las propuestas llena las condiciones exigidas, se declarará desierta la licitación"[248].

Este principio se ha desarrollado en la Ley de Licitaciones, en la cual se establecen dos pasos: uno de preselección y otro de adjudicación.

En cuanto a la preselección, el artículo 47 de la ley establece que para la selección entre ofertas que se encuentran dentro de un rango razonable de condiciones similares, se preferirán aquéllas en las que prevalezcan las siguientes condiciones:

1. Mayor participación de la ingeniería y tecnología nacionales;
2. Mayor incorporación de recursos humanos nacionales en todos sus niveles, inclusive el gerencial;
3. Mayor valor agregado nacional o mayor incorporación de partes o insumos nacionales;
4. Mayor participación nacional en el capital de la empresa;
5. La posesión de la marca NORVEN;
6. Mejores condiciones para la transferencia de tecnología;
7. El fortalecimiento de pequeñas y medianas empresas y cooperativas;
8. Que el oferente opere en el área o región donde se ha promovido la licitación o en el lugar donde habrá de construirse la obra, prestarse el servicio o entregarse el suministro, y que realice en esa zona actividades económicas de manera permanente y continua.

Con base en los criterios anteriores, para hacer la preselección la Comisión debe examinar las ofertas y escogerá las que ofrezcan mayores ventajas. Como resultado debe presentar sus recomendaciones en informe razonado, dentro de los veinte (20) días hábiles siguientes a la fecha de recepción de las ofertas, salvo que, consideradas las razones de la Comisión, el organismo o ente licitante acuerde prorrogar el lapso para la presentación del informe de la Comisión (artículo 48).

El mencionado informe de la Comisión debe ser especialmente detallado en sus motivaciones, en cuanto a los aspectos técnicos, económicos y financieros y, en particular, en lo relativo al precio, si éste no fuera el más bajo con el fin de asegurar que las ofertas recomendadas sean, en su consideración integral, las más convenientes para los intereses del organismo promovente de la licitación. En este informe se debe señalar si, a juicio de la Comisión y de acuerdo a sus consideraciones integrales, existieran ofertas que merezcan la segunda y tercera opciones (artículo 49).

i. La adjudicación de la buena pro

Dentro de los treinta (30) días laborables siguientes a la recepción del informe que presente la Comisión, el ente licitante otorgará la buena pro o declarará desierta la licitación. El ente licitante podrá acordar, por una sola vez, una prórroga para tomar esta decisión hasta por un lapso de 30 días laborables (artículo 54).

El otorgamiento de la buena pro debe ser notificado al contratista beneficiado con la misma y a los demás contratistas participantes en el proceso (artículo 55).

---

248 Artículo 428, ordinal 6°, LOHPN. *V.* CGR Dictámenes de la Consultorio Jurídica 1938–1963, tomo II, Caracas, 1963, pp. 104–108.

Quien obtenga la buena pro debe presentar, dentro del plazo fijado y a satisfacción del organismo o ente licitante, las garantías exigidas por éste en las condiciones de la licitación para la ejecución del contrato. Sin el cumplimiento de este requisito, el contrato no se otorgará y se procederá a ejecutar la caución o garantía prevista en el artículo 43 de la ley. En tales casos se respetará el derecho de preferencia de quienes hayan obtenido la segunda y tercera opciones en la preselección (artículo 56).

En efecto, conforme al artículo 50 de la ley:

> "Los contratistas que hubieren merecido la segunda y tercera opciones tendrán, en este mismo orden, el derecho a que le sea otorgada la buena pro, en caso de que el contratista más ventajoso para el promovente no mantenga su oferta o le sea revocada la buena pro".

Por otra parte, la ley autoriza expresamente a que en los casos de adquisición de bienes o prestación de servicios, pueda adjudicarse proporcionalmente la buena pro a la totalidad o parte de varias ofertas que presenten, igualmente, las mayores ventajas, si así se ha establecido expresamente en las condiciones de la licitación, tomando en cuenta la naturaleza y las características de la contratación a celebrar (artículo 51).

Debe señalarse, por último, que cuando la buena pro se hubiese otorgado incurriendo en vicios de forma o de procedimiento o cuando la decisión de otorgarla se hubiese tomado partiendo de datos falsos aportados por su beneficiario, el artículo 62 de la Ley de Licitaciones autoriza al ente promovente para declarar la nulidad del acto.

En estos casos, y cuando concurran las circunstancias mencionadas, si la máxima autoridad administrativa del organismo promovente se abstiene injustificadamente de declarar la nulidad del acto, será sancionado con multa que oscilará entre el diez (10) y el veinte (20) por ciento del monto total del contrato a que se refiere la buena pro. Así lo establece expresamente el artículo 65 de la ley.

j. La declaratoria de la licitación como desierta

En el informe de la Comisión de Licitación que debe elaborarse una vez analizadas las diversas ofertas, conforme al artículo 52 de la ley, ésta puede recomendar al ente licitante que declare desierta la licitación cuando:

1° No concurran al menos tres (3) contratistas;

2° Las ofertas resulten inadmisibles por no corresponder a las condiciones generales o particulares de la licitación;

3° Que todas las ofertas resulten inconvenientes; o

4° Que de continuar el procedimiento podría causarse perjuicio al organismo o ente licitante[249].

Si la licitación fuere declarada desierta, deberá publicarse en un diario de los de mayor circulación en el país y en uno de la respectiva localidad, si lo hubiere (artículo 55).

Declarada desierta una licitación debe procederse a una nueva, salvo que por causa justificada, a juicio de la máxima autoridad del organismo o ente licitante, oída la Comisión de Licitación, se determine que no es conveniente iniciar otra licitación, en cuyo caso, se podrá proceder por licitación selectiva, pero todos los procedimientos de selec-

---

249 Sin embargo, no se puede declarar desierta una licitación por errores de la admisibilidad en las condiciones generales de la licitación; de lo contrario, la Administración tendría que indemnizar los daños y perjuicios en que incurran los proponentes para la elaboración de las ofertas. *V.*, *CGR Dictámenes de la Consultorio Jurídica 1935–1936*, tomo II, Caracas. 1963, p. 109.

ción deberán ser convocados bajo las condiciones establecidas inicialmente (artículo 53).

F. Consecuencias jurídicas del proceso de selección

El procedimiento de selección de contratistas, sin duda, exige precisar las consecuencias jurídicas tanto de la publicación de la licitación como de la presentación de las ofertas por los postulantes.

En cuanto al valor de la publicación de la licitación, el problema a resolver es si se trata de una verdadera oferta o de una simple invitación a tratar[250]. El interés de esta distinción es importante: si existe una verdadera oferta, una aceptación por parte del licitante de ese ofrecimiento perfecciona el contrato, y el autor de la oferta se encuentra obligado a cumplirlo.

Sin embargo, la publicación de licitación por parte de la Administración, no es una oferta, sino simplemente una invitación a tratar o una simple invitación a los particulares para que ofrezcan condiciones de contratar a la Administración. Por tanto, la verdadera oferta en la licitación es la propuesta del particular. La aceptación de la oferta por la Administración se hace concediendo la buena pro por la adjudicación, pudiendo, como hemos visto, sin embargo, declarar desierta la licitación si juzga que las propuestas no llenan los requisitos exigidos. Por tanto, la Administración por el hecho de haber publicado el aviso de licitación no se obliga a aceptar la mejor propuesta, sino que su aceptación es libre.

Además, debe señalarse que en este campo el hecho de otorgar la buena pro que equivale a aceptar la oferta, no obliga a la Administración a contratar. En efecto, en cuanto a la presentación de las ofertas por los oferentes, la consecuencia fundamental de ello es que conforme al artículo 427, ordinal 4°, de la Ley Orgánica de la Hacienda Pública Nacional, "una vez introducida una propuesta, su autor está obligado a sostenerla hasta que se dé la buena pro"; o como lo establece el artículo 43 de la ley:

> "Los contratistas deben obligarse a sostener sus ofertas hasta el otorgamiento de la buena pro, y presentar junto con ellas caución o garantía suficiente, por el monto fijado por el organismo licitante, para asegurar la celebración del contrato, en caso de que se le otorgue la buena pro".

En todo caso, en cuanto a la situación de la Administración, aun después de otorgada la buena pro, y cuando a juicio del ente promovente existiesen razones de interés público que así lo aconsejen, el artículo 59 de la ley establece que se podrá desistir de la celebración del contrato. En este caso, sin embargo, procederá el pago de la indemnización establecida en el artículo 7 de esta ley, relativa a los gastos en los que hubieren incurrido los oferentes para participar en el proceso de selección.

G. El sistema sancionatorio

La ley establece un sistema sancionatorio totalmente inadecuado e, incluso, inconstitucional, al prescribir que "quienes infrinjan esta ley, estarán sujetos a multa hasta por un millón de bolívares (Bs. 1.000.000,00)" (artículo 64).

---

250 *V.* la distinción en Mazeaud: *Lecciones de Derecho Civiil*, Editorial Egea, segunda parte, Vol. I, Buenos Aires, p. 153.

Sobre este tipo de previsión legal de sanciones sin especificación expresa de las respectivas infracciones, la Corte Suprema de Justicia en Sala Político–Administrativa, en sentencia de 9–8–90, que hemos consultado en original, al declarar la nulidad de una norma similar de la Ley del Sistema Nacional de Ahorro y Préstamo, ha establecido la doctrina de que ese tipo de normas viola el principio de legalidad desarrollado por los artículos 60, numeral 2, y 69 de la Constitución, que exige al legislador que, además de la multa, determine, concordantemente, el hecho infractor que da lugar a la aplicación de la multa. Por tanto, el artículo 64 de la Ley de Licitaciones puede decirse que sería también inconstitucional, al no contener la determinación de los tipos de infracción que llevarían a la aplicación de la multa en él consagrada.

En todo caso, la Ley de Licitaciones establece otras normas relativas al régimen sancionatorio, que deben destacarse.

En primer lugar, dispone que cuando el infractor de la ley fuere un contratista se le sancionará, además, con la suspensión en el Sistema Nacional de Registros de Contratistas por un lapso no menor de un (1) año y no mayor de cinco (5) años (artículo 67).

En segundo lugar, el artículo 69 de la ley considera como una circunstancia agravante que el infractor fuere miembro de la Comisión de Licitación, funcionario público, o empleado que preste servicios bajo cualquier modalidad al ente promovente, o que fuere uno de los observadores de los procesos licitatorios, designado conforme lo que prevé el artículo 24 de esta ley.

Por último, en cuanto a la autoridad a quien corresponde imponer las sanciones a que se refiere la ley, el artículo 68 dispone que será el Contralor General de la República, siguiendo el procedimiento previsto en el Título VI, Capítulo III, de la Ley Orgánica de la Contraloría General de la República, teniendo en cuenta las circunstancias del caso, la gravedad de las infracciones y faltas y los eventuales perjuicios causados al ente promovente.

H. La interpretación judicial de la ley

Por último, debe señalarse que el artículo 78 de la Ley de Licitaciones dispone que

> "Las dudas que puedan presentarse en casos concretos en cuanto a la inteligencia, alcance y aplicación de esta ley, serán resueltas por la Sala Político–Administrativa de la Corte Suprema de Justicia".

Se prevé así, un recurso contencioso–administrativo de interpretación por ante la Corte Suprema de Justicia, en sentido similar al que se había consagrado en la Ley de Carrera Administrativa.

2. Limitaciones a la igualdad contractual: las cláusulas obligatorias y las cláusulas de condiciones generales

En el esquema clásico del contrato de derecho civil, las partes elaboraban de común acuerdo las cláusulas del contrato, en el libre acuerdo y discusión de una oferta y una demanda, formuladas por ambos contratantes, situados en planos idénticos. En la práctica, esta discusión desaparece en muchos casos: la potencialidad económica producida por la acumulación de grandes riquezas en manos de una sola persona jurídica, trajo como consecuencia la elaboración de un tipo especial de contrato cuyas cláusulas redactaba exclusivamente uno de los co–contratantes y aceptaba *in totum* el otro, sin que fuera posible ninguna discusión o deliberación. De ahí el contrato de adhesión.

Pero este hecho, que es excepción en la teoría civilista, es la regla en el Derecho Administrativo: es la ley en muchos casos, la que establece directamente normas obligatorias para ser incluidas en los contratos de la Administración, o es ésta directamente la que en sus contratos, determina la casi totalidad de las reglas contractuales[251]. El co–contratante así, fuera de la discusión del precio si lo hay, en muchos casos no puede sino aceptar o rechazar en bloque las condiciones que le son propuestas. Nos encontramos, entonces, con cláusulas obligatorias legalmente o con cláusulas de condiciones generales, anexas al acto contractual propiamente dicho e incorporadas al contrato de pleno derecho, en virtud de una previsión reglamentaria.

Las cláusulas obligatorias en Venezuela, no están establecidas en un solo bloque normativo relativo a los contratos de la Administración, como en cambio sucede en Colombia, donde el decreto N° 222 de 2 de febrero de 1983 dictado por el Presidente de Colombia en uso de sus facultades extraordinarias que le confirmó el Congreso, relativo a las "Normas sobre contratos de la Nación y sus entidades descentralizadas"[252] contiene disposiciones expresas sobre las llamadas estipulaciones o cláusulas obligatorias. En efecto, el Título VI del Decreto 222 habla de las "cláusulas obligatorias" de los contratos de la Nación, o como lo precisa el artículo 60, de "las cláusulas que forzosamente deben contener los contratos". Un dato debe destacarse de la lectura de ese título, y es que regula unas cláusulas obligatorias respecto de todos los contratos de la Nación, y no sólo respecto de los llamados contratos administrativos. Por tanto se trata de cláusulas que son obligatorias para todos los contratos de la Administración, con lo cual, al menos, en esta materia queda desdibujada la distinción entre contratos administrativos y contratos de derecho privado de la Administración[253].

Ahora bien, aun en ausencia de un cuerpo normativo general que se refiere a todos los contratos del Estado, en el sentido del anterior Decreto 150 y ahora el N° 222 de Colombia, puede decirse que el sistema normativo venezolano resulta ser casi exacto pero establecido por otras vías, particularmente porque las cláusulas obligatorias están establecidas en la Constitución o en leyes dispersas, e incluso, en algunos casos, en las llamadas "condiciones generales de contratación" para ciertos tipos de contratos aprobados por Decreto Presidencial[254].

En todo caso, debemos insistir en que se trata de cláusulas obligatorias en los "contratos de la Administración" porque se trata de cláusulas que deben contener todos los contratos que ésta celebre, razón por la cual en este aspecto la distinción entre contratos

---

251 *V.* Allan R. Brewer–Carías, "Las cláusulas obligatorias y los principios especiales en la contratación administrativa", en *Estudios de Derecho Administrativo*, Bogotá, 1986, pp. 91–124.

252 *V.* el texto en la edición de la Contraloría General de la República, *Compilación de la normativa sobre contratación administrativa*. Separata Gaceta 1 de 1984, Bogotá.

253 Debe señalarse que incluso con este ámbito de aplicación, la lectura del artículo 60 del Decreto N° 222 plantea una duda, pues ese artículo comienza diciendo: que "*salvo disposición en contrario*, en todo contrato se estipularán las cláusulas propias o usuales conforme a su naturaleza y, además, las relativas a caducidad administrativa; sujeción de la cuantía y pagos a las apropiaciones presupuestarias; garantías; multas; pena pecuniaria y renuncia a reclamación dinomática cuando a ello hubiere lugar...". Si tales cláusulas son obligatorias, sin embargo, no está prevista la obligatoriedad total ex leñe ya que si se pueden establecer disposiciones en contrario, queda la duda sobre el M carácter obligatorio. De todos modos, tomando como punto de referencia esas cláusulas obligatorias, nuestra intención es construir el sistema de cláusulas obligatorias que puede establecerse en Venezuela, donde no tenemos un cuerno normativo que regule la contratación administrativa, similar al del Decreto N° 222 colombiano.

254 Decreto N° 1.821 de 30–8–91, *G.O.* N° 34.797 de 12–9–91.

administrativos y contratos de derecho privado tampoco opera; se trata de cláusulas obligatorias para todos los contratos que celebre el Estado y no sólo para un tipo de contrato. Y así es definitivamente como está regulado el sistema de las cláusulas obligatorias en Venezuela, cuya obligatoriedad se extiende no sólo a la República y sus entes descentralizados, sino a los entes territoriales, los Estados y los Municipios, y en buena medida también, a sus entes descentralizados.

Estas cláusulas, en nuestro país, están establecidas en dos cuerpos normativos de rango distinto. En primer lugar, hay una serie de estas cláusulas establecidas directamente en la Constitución y, en segundo lugar, hay también cláusulas obligatorias establecidas en leyes y decretos ejecutivos.

A. Cláusulas obligatorias en la Constitución

En cuanto a las cláusulas obligatorias establecidas en el texto constitucional, en él encontramos dos categorías: unas que son obligatorias y generales para todo tipo de contrato de la Administración y otras que se refieren, básicamente, a cierto tipo de contratos, particularmente, las concesiones. En cuanto a las cláusulas obligatorias generales para todo tipo de contrato de la Administración, la Constitución prevé dos, que son tradicionales en América Latina: En primer lugar, la cláusula de inmunidad de jurisdicción y, en segundo lugar, la cláusula llamada "Cláusula Calvo" o de las reclamaciones diplomáticas. En cuanto a las concesiones, en la Constitución encontramos dos tipos de cláusulas obligatorias: en primer lugar, la referida a la reversión, como figura derivada de las concesiones; y en segundo lugar, la cláusula que podríamos llamar de temporalidad, que por vía constitucional se exige respecto a las concesiones. Por tanto, en Venezuela, éstas son las cuatro cláusulas obligatorias previstas en el Texto Fundamental.

a. La inmunidad de jurisdicción

En cuanto a la cláusula de inmunidad de jurisdicción, el artículo 127 de la Constitución dice:

> "En los contratos de interés público, si no fuere improcedente de acuerdo con la naturaleza de los mismos, se considerará incorporada, aun cuando no estuviera expresa, una cláusula según la cual las dudas y controversias que puedan suscitarse sobre dichos contratos y que no llegaren a ser resueltas amigablemente por las partes contratantes, serán decididas por los Tribunales competentes de la República, en conformidad con sus leyes".

Esta norma constitucional ha planteado, al igual que otras, diversos problemas interpretativos, sobre todo por la expresión que utiliza la Constitución al hablar de "contratos de interés público", la cual ha originado una larga discusión en torno a qué ha de entenderse por los tales "contratos de interés público"[255]. Como hemos señalado, algunos los identifican con los "contratos administrativos", buscando establecer la dicotomía tradicional, y otros pretenden identificarlos con ciertos contratos de particular importancia, magnitud o cuantía tratando de encontrarle algún contenido a un concepto jurídico indeterminado como es el "interés público"[256]. Creemos, sin embargo, que el pro-

---

255 *V.* en general, Allan R. Brewer–Carías, "Los contratos de interés nacional y su aprobación legislativa" en *Revista de Derecho Público*, N° 11, julio–septiembre, 1982, Editorial Jurídica Venezolana, Caracas, pp. 49 y ss.

256 Véanse las diversas opiniones en Isabel Boscán de Ruesta, "La inmunidad de jurisdicción de los contratos de interés público", *Revista de Derecho Público*, N° 14, abril–junio 1983, Editorial Jurídica Venezolana, Caracas, pp. 23 y ss.

blema es menos complicado jurídicamente. En realidad, aún no se ha definido en la ley alguna, qué ha de entenderse por "interés público" o "contrato de interés público", por lo que la interpretación de esta expresión es mucho más formal y simple, que la que se ha planteado en la doctrina.

Hemos indicado que en la Constitución, el interés público como el Poder Público, se refiere, en una forma federal del Estado, a lo que concierne a los tres niveles estatales derivados de la distribución vertical del Poder. Por ello, el texto constitucional habla del interés público nacional, de interés público estadal y de interés público municipal, para hacer referencia a un solo interés público que concierne a los tres niveles territoriales. Por tanto, contratos de interés público son los contratos suscritos por la República, cualquiera que sea su contenido, y también todos los contratos suscritos por los Estados y por los Municipios. Esta noción de interés público que engloba los tres niveles territoriales tiene relación con otros aspectos fundamentales del Derecho Público Venezolano, como el concepto de Estado o el de Poder Público[257]. Por ejemplo, la noción de Estado engloba la suma de todas las entidades político–territoriales, por lo que cuando la Constitución habla de "Estado" como destinatario de determinadas obligaciones, se entiende que se está refiriendo, no a un ente particularizado, sino englobando a la República, como Estado Nacional, a los Estados Federados y a los Municipios. Lo mismo sucede con el tema del interés público.

En esta forma, estimamos que no hay complicación alguna en señalar que contrato de interés público, en la Constitución, es todo contrato suscrito por los entes públicos territoriales, cualquiera que sea su naturaleza y contenido, es decir, por la República, los Estados y los Municipios, y aún más, también, por los entes descentralizados de derecho público de esos tres niveles. Por tanto, un contrato suscrito por un instituto autónomo nacional, estadal o municipal, también puede considerarse como contrato de interés público.

Este, sin duda, es el primer tema que nos sugiere el artículo 127 de la Constitución, y ello nos conduce a interpretar que se trata, realmente, de una cláusula obligatoria, en el sentido de que todo contrato que suscriban todos los entes del Estado Venezolano, en los tres niveles territoriales e, incluso, en los niveles de descentralización funcional, deben contener esta cláusula cuyo objeto es, primero, estipular que la interpretación, aplicación y ejecución de esos contratos debe someterse a la Ley Venezolana, y segundo, que las controversias y dudas que de ellos surjan, deben también someterse al conocimiento de los Tribunales Venezolanos. Este principio, que se deriva de esta cláusula, encuentra también su fundamento en el principio universal del derecho internacional, de la inmunidad de jurisdicción de los Estados extranjeros[258].

La cláusula del artículo 127 de la Constitución, sin embargo, desde el ángulo de la inmunidad jurisdiccional, se aparta del carácter absoluto tradicional, y encaja dentro de la llamada "inmunidad relativa de jurisdicción la naturaleza de los mismos". Esto conecta nuestra disciplina en materia de contratos, con un tema clásico de derecho inter-

---

257 *V.* A Tan R. Brewer–Carías, Instituciones Políticas y Constitucionales, Caracas, 1985, tomo I, pp. 353 y ss.

258 *V.*, Tatiana Bogdanowsky de Maekelt, "Inmunidad de Jurisdicción de los Estados" en *Libro Homenaje a José Melich Orsini*, Vol. 1, Caracas, 1982, pp. 213 y ss.

nacional, que muestra la evolución que ha tenido en el derecho contemporáneo el tema, desde una inmunidad absoluta a la inmunidad relativa de jurisdicción"[259].

El origen de esta cláusula, en el sistema constitucional venezolano, se remonta a la Constitución de 1892[260], en la cual se estableció lo que puede calificarse como el principio de la inmunidad absoluta. El artículo 149 de ese texto dispuso que:

En todo contrato de interés público, se establecerá la cláusula, de que "las dudas y controversias que puedan suscitarse sobre su inteligencia y ejecución, serán decididas por los tribunales venezolanos *y* conforme a las leyes de la República.

De acuerdo a esta norma del Texto Fundamental de 1893 la fórmula era distinta al texto vigente: primero, proveía la inmunidad absoluta, y segundo, prescribía la obligación de que en todo contrato se estableciera la cláusula, lo que difiere del sistema actual conforme al cual en virtud de la Constitución, se entiende incorporada la cláusula a los contratos. En aquel texto sólo se decía que en esos contratos debía incorporarse la cláusula, por lo que la misma tenía neto carácter contractual.

En la Constitución de 1947 cambiaron estos dos elementos: se abandonó el sistema de inmunidad absoluta, sustituyéndose por uno de inmunidad relativa, porque la cláusula se consideraba incorporada en los contratos "si fuera procedente de acuerdo a la naturaleza de los mismos"; y, además, se adoptó el esquema actual de considerar incorporada la cláusula aun cuando no estuviera expresa, con lo cual no es necesario que se indique en el texto del contrato que esa cláusula forma parte del mismo, sino que en virtud de la Constitución ella está incorporada[261].

Esta cláusula, como se señaló, tiene una evidente vinculación con el Derecho Internacional, y hoy puede decirse que refleja una situación universalmente aceptada y adoptada en todo el mundo: la del principio de la relatividad de la inmunidad de soberanía o de inmunidad jurisdiccional de los Estados.

Por supuesto, ello no implica que también haya unanimidad absoluta en la doctrina en relación a determinar cuándo la naturaleza de un contrato implica la renuncia a la inmunidad de jurisdicción. Sobre el particular puede decirse que no hay criterios universalmente aceptados, aun cuando todavía se recurra a la distinción tradicional abandonada en el campo del derecho administrativo, entre los actos de autoridad (*jure imperii*) y los actos de gestión (*jure gestionis*) para la interpretación de los casos en los cuales debe haber inmunidad de jurisdicción. La misma doctrina del Fisco, elaborada también durante el siglo pasado, incluso, tuvo sus repercusiones en el Derecho Internacional en este tema de la inmunidad jurisdiccional.

En todo caso, puede decirse que esas distinciones tradicionales, en el momento actual no tienen valor como tal, porque todo acto del Estado siempre tiene una finalidad pública y no puede decirse que haya actos que el Estado cumple como un particular pura y simplemente; de allí, nuestra insistencia, en cuestionar la propia distinción entre contra-

---

259 *V.* en general, Ian Sinclair, "The Law of Sovereign Inmunitv. Recent Development", Académie International de Droit Comparé, *Recueil des Cours*, 1980, Vol. II, La Haya, 1981, pp. 201 y ss.

260 El texto de esta Constitución v las otras ruede verse en Allan R. Brewer–Carías, *Las Comunicaciones de Venezuela*, Madrid, 1985.

261 Artículo 108.

tos administrativos y contratos de derecho privado de la Administración, ya que el Estado nunca deja de ser Estado en sus actuaciones[262].

Sin embargo, la distinción entre actos de autoridad y actos de gestión con todas sus consecuencias, condicionó la elaboración de un documento que, en el ámbito del Derecho Internacional Privado y su incidencia en los contratos administrativos, fue muy importante en América Latina. Se trata del *Código Bustamante*, es decir, la Convención sobre Derecho Internacional Privado de 1928[263], que suscribieron casi todos los países de América Latina y del cual es parte Venezuela. En esa Convención, puede decirse, se comenzó en el ámbito internacional de América Latina, a erosionar el principio de la inmunidad jurisdiccional absoluta de los Estados.

En efecto, en ese texto se admitió, como principio, que había inmunidad absoluta, pero salvo el caso de que un Estado hubiera admitido una sumisión expresa a la ley extranjera, en cuyo caso habría un consentimiento expreso a someterse a la jurisdicción de tribunales extranjeros.

En tal sentido, el artículo 333 del Código establece lo siguiente:

> "*Artículo 333*. Los jueces y tribunales de cada Estado contratante serán incompetentes para conocer de los asuntos civiles o mercantiles en que sean parte demandada los demás Estados contratantes o sus Jefes, si se ejercita una acción personal, *salvo el caso de sumisión expresa* o de demandas reconvencionales".

Pero además, en el Código Bustamante, y de allí la importancia de este documento en el derecho internacional, también se estableció el principio de que, a pesar de la inmunidad establecida, ciertas acciones podían dar origen a la renuncia a la inmunidad de jurisdicción, particularmente las acciones reales vinculadas a la propiedad inmueble y los juicios universales[264]. Sin embargo, para regular esta materia, en 1928 el Código seguía el parámetro de la distinción entre actos de autoridad y actos de gestión.

En efecto, los artículos 334 y 335 del Código establecían lo siguiente:

> "*Artículo 334*. En el mismo caso y con la propia excepción, serán incompetentes cuando se ejerciten acciones reales, si el Estado contratante o su Jefe han actuado en el asunto como tales y en su carácter público.
>
> *Artículo 335*. Si el Estado contratante o su Jefe han actuado como particulares o personas privadas, serán competentes los jueces o tribunales para conocer de los asuntos en que se ejerciten acciones reales o mixtas, si esta competencia les corresponde conforme a este Código".

Conforme a estas normas, por tanto, si se trata de acciones reales, en asuntos en los cuales el Estado actúa como Poder Público, dictando actos de autoridad, se mantiene el principio de la inmunidad absoluta; en cambio, si lo que está envuelto en el asunto, es un acto de gestión en el cual el Estado actúa como particular o persona privada, entonces puede estar sometido a la jurisdicción de otro Estado.

Es claro, sin embargo, que actualmente esta distinción no puede seguirse sosteniendo, como no se sostiene ya en el Derecho Internacional, sobre todo en virtud de la expansión económica de los Estados, pues ha sido justamente en las últimas décadas cuando

---

262 *V.* Allan R. Brewer–Carías, "La evolución del concepto de contrato administrativo" en el libro *El Derecho Administrativo en América Latina*. Curso Internacional, Colegio Nuestra Señora del Rosario, Bogotá, 1978, p. 143 y ss.

263 *V.* en Tatiana Bogdanowsky de Maekelt, *Material de clase para Derecho Internacional Privado*, UCV, Caracas, 1979, p. 23 y ss.

264 Artículo 336 del Código.

los Estados han venido desarrollando un intenso proceso de intervención en la economía. En este campo de la actuación económica del Estado, ello no puede implicar que en las mismas, los Estados dejen de ser tales Estados soberanos, a pesar de que cumplan actividades comerciales o industriales en cualquier nivel. El tema se ha discutido en el campo del derecho internacional, llegándose incluso a afirmaciones mucho más definidas que las que a veces encontramos en el derecho administrativo interno. Por ejemplo, Ian Sinclair afirma que "es una sobre–simplificación pretender que todas las actividades del Estado en el campo económico –como el manejo estatal de una industria, las compras o ventas del Estado– son necesariamente de naturaleza de "derecho privado" y que cumpliéndolas el Estado actúa como persona privada"[265], y Chetien ha sostenido que "el Estado no adopta acto alguno, ni interviene en cualquier relación jurídica, sin que ello esté motivado, directa o indirectamente, por la necesidad de mantener su alta misión gubernamental... si uno va al fondo de las cosas, el Estado no se puede presentar jamás como una persona privada"[266].

Por tanto, por el hecho de que el Estado realice actividades comerciales o industriales, no implica que deje de estar sometido al derecho público y que actúe enteramente regido por el derecho privado[267].

En consecuencia, abandonada la distinción entre actos de autoridad y acto gestión, o entre Estado persona y Estado Poder Público, en el Derecho Internacional, para evaluar las cláusulas de inmunidad de jurisdicción, la discusión se centra en la naturaleza de la actividad del Estado más que en su finalidad, que siempre es pública; y la tendencia es a admitir la excepción al principio de la inmunidad basada en el carácter comercial de las actividades que realice un Estado, sobre todo en el ámbito internacional, lo que ha provocado la admisión del principio de la inmunidad relativa de jurisdicción.

En esta orientación, hay varios instrumentos jurídicos internacionales adoptados en los últimos años. El primero de ellos es la Convención Europea sobre Inmunidad de los Estados del año 1972[268], en la cual se señalaron los casos en los cuales los Estados no podían invocar la inmunidad de jurisdicción, los cuales son: cuando se trate de contratos de trabajo o laborales que deben ser ejecutados en el Estado del foro; cuando un Estado participe como accionista junto con otros particulares en empresas comerciales en el Estado del foro; cuando un Estado tenga oficinas o agencias que realicen actividades industriales, comerciales o financieras, de la misma manera que personas privadas; los procedimientos relativos a patentes, marcas de fábricas y todo lo vinculado al derecho industrial; y las acciones relativas a propiedad inmueble y sobre sucesiones y donaciones[269].

Esta Convención Europea fue seguida en cuanto al abandono progresivo de la inmunidad absoluta, por una ley muy importante, que es la Ley de Inmunidad de Soberanía de los Estados Unidos de 1976[270], particularmente por tratarse de un Estado en el cual ha habido, históricamente, muchos conflictos y búsqueda de excepciones al sometimiento de los Estados extranjeros a las leyes americanas. En esa ley se estableció, como principio, que bajo el ámbito del derecho internacional, los Estados no son inmunes en

---

265 *Loc. cit.*, p. 209.
266 *Idem*, p. 209.
267 *V.* Allan R. Brewer–Carías, *Las Empresas Públicas en el Derecho Comparado*, Caracas, 1968.
268 *V.* el texto en American Journal of International Law, Vol. 66, 1972, pp. 923 y ss.
269 Articulos 5 a 10
270 *US Foreign Sovereign Inmunity Act 1976.*

materia de jurisdicción en relación a sus actividades comerciales[271], las cuales se definen en el mismo estatuto, como las actividades regulares de conducta comercial, o las transacciones particulares de tal carácter comercial. En este texto, además, se precisa que "el carácter comercial de una actividad debe determinarse en relación a la naturaleza de la conducta, la transacción particular o el acto, antes que en referencia a su objetivo o finalidad".[272]

El mismo principio se adoptó en la Ley de Inmunidad del Estado, del Reino Unido, de 1978[273], lo cual fue también muy importante, porque Inglaterra había sostenido siempre el principio de la inmunidad absoluta. Fue a partir de 1978 cuando se abandonó el principio e incluso se definieron los casos a los cuales no se podía alegar la inmunidad jurisdiccional, basado en el principio de la naturaleza comercial de la transacción, tales como: suministros de bienes o servicios; préstamos y transacciones que tienen relación con el financiamiento a los países o garantías o indemnizaciones relativas a estos préstamos y financiamientos, así como cualquier otra transacción o actividad, sea comercial, industrial, financiera, profesional o de carácter similar, en las cuales un Estado entra en relación con otro, sin que quede comprometido realmente el ejercicio de su autoridad soberana.[274]

Esta misma orientación la sigue el Proyecto de Convención Interamericana de Inmunidad de Jurisdicción de los Estados, aprobado en 1983 por el Comité Jurídico Interamericano[275], en el cual se plantea también la excepción a la inmunidad jurisdiccional en el caso de actividades mercantiles y comerciales, en los siguientes términos: "la realización de una determinada transacción o acto comercial o mercantil como parte del desarrollo ordinario de su comercio", agregándose también, los asuntos laborales y contratos de trabajo.

El tema tiene gran importancia en Venezuela, porque toca un principio constitucional que es el contenido en esta cláusula obligatoria; obligatoriedad que está, sin embargo, sujeta a la excepción basada en la naturaleza del contrato, en cuyo caso no se aplica el principio de la inmunidad.

Por supuesto, la discusión se ha planteado en torno al tema de la naturaleza del contrato[276], y aquí no se puede dar fórmulas universales. A la conclusión que se ha llegado, después de interpretaciones contradictorias, es que el criterio debe incidir en la naturaleza práctica del negocio que está en juego, lo cual tuvo particular aplicación a principios de la década de los ochenta, con motivo de los contratos de empréstitos públicos y obligaciones financieras que asumía el Estado en territorio de Estados extranjeros[277].

Por supuesto, en materia de empréstitos públicos el tema de la inmunidad jurisdiccional se ha planteado desde siempre, y ha habido toda una discusión, tanto en el Derecho Financiero como en el Derecho Internacional, sobre la naturaleza de los contratos de empréstitos. En todo caso, si se utiliza la distinción de actos de autoridad y actos de

---

271 Artículo 1.602.

272 Articulo 1.603

273 UK State Inmunity Act 1978.

274 Seccion 3

275 Comité Jurídico Interamericano, Río de Janeiro, 1983.

276 *V.* Isabel Boscán de Ruesta, *loc. cit.*, pp. 24 y ss.; Alfredo Morles, "La inmunidad de Jurisdicción y las operaciones de Crédito Público" en *Estudios sobre la Constitución, Libro Homenaje a Rafael Caldera*, tomo III, Caracas, 1979, pp. 1.701 y ss.; y la doctrina de la Procuraduría General de la República, en *20 años de Doctrina de la Procuraduría General de la República 1962–1981*, Caracas, 1984, tomo IV, Vol. 2, pp. 169 y ss.

277 *V.* A. Morles, *loc. cit.*, pp. 1.701 y ss.

gestión (*jure imperii–jure gestione*) nadie podía afirmar que un contrato de empréstito público no sea un acto de autoridad, y no sea un contrato administrativo: más público, en cualquier sentido, que un contrato de empréstitos, no habría. Por ello, la solución al problema no se basa en considerar si el Estado suscribe el contrato haciendo uso de su soberanía o de sus poderes públicos, o si son o no contratos administrativos, sino en la naturaleza de las operaciones. En el caso de los empréstitos, sin duda, el juez que pueda estar llamado a conocer de un problema judicial en relación a ellos, lo que debe conocer en realidad son cuestiones mercantiles y comerciales. Por eso, y con base en la excepción prevista en la Constitución, los contratos de empréstitos no contienen las cláusulas de inmunidad de jurisdicción y, por tanto, están sometidos en su ejecución que se produce además fuera del país, a las leyes y tribunales donde se realiza la operación. Este, además, es el principio aceptado en todos los países en el momento actual.

Por último, debe decirse que este principio constitucional se repite en relación a otros contratos en leyes diversas. Por ejemplo, hemos encontrado la norma repetida en la Ley sobre Concesiones de Obras en caso de Obras Viales y de Transporte del año 1983[278] y, asimismo, está la misma exigencia de la cláusula con la misma excepción de la naturaleza del contrato, en el Decreto 1.821 del año 1991 que estableció las Condiciones Generales de Contratación en los contratos de obras públicas[279].

b. La "Cláusula Calvo"

La segunda cláusula de rango constitucional y de carácter obligatorio, además de la cláusula de inmunidad jurisdiccional, es la "Cláusula Calvo", es decir, la exigencia conforme a la cual, en los contratos de interés público también se considera incorporada una cláusula que establece que por ningún motivo ni causa la ejecución de esos contratos puede dar origen a reclamaciones extranjeras. Así se establece expresamente en el artículo 127 de la Constitución.

El origen de esta cláusula también se remonta a la Constitución de 1893[280] en la cual, al regularse los contratos de interés público se señaló que los mismos en ningún caso podían ser motivo de reclamaciones internacionales. Esta cláusula establecía, por tanto, la improcedencia de las reclamaciones diplomáticas de Estados extranjeros contra el Estado Venezolano, actuando aquellos Estados por cuenta de súbditos extranjeros, y partía del supuesto de que los extranjeros en el territorio del Estado Venezolano se hallan en las mismas condiciones que los nacionales, por lo que si tienen alguna reclamación deben acudir únicamente a los órganos locales cuando se puedan considerar lesionados. El objeto de la cláusula, en definitiva, era impedir que las divergencias que pudieran surgir entre partes contratantes en la cual una parte fuera un ciudadano extranjero, pudieran ser consideradas como de naturaleza internacional.

El origen de esta cláusula y por eso su denominación de "Cláusula Calvo", está en la exposición contenida en el libro de Carlos Calvo, Tratado de Derecho Internacional, editado inicialmente en 1868[281], en el cual, después de estudiar la intervención franco–inglesa en el Río de La Plata y la intervención francesa en México, expresó lo siguiente:

278 Artículo 10 de la Ley en *Gaceta Oficial* N° 3.247 Extra de 26–8–83.

279 Artículo 9.

280 Artículo 149.

281 Carlos Calvo, *Le Droit International Théorique et Pratique*, París, 1887.

"Además de móviles políticos, las intervenciones han tenido siempre por pretexto aparente lesiones a intereses privados, reclamaciones y pedidos de indemnizaciones pecuniarias a favor de extranjeros cuya protección no era justificada la mayoría de las veces. Según el derecho internacional estricto, el cobro de créditos y la gestión de reclamaciones privadas no justifican de plano la intervención armada de los gobiernos, y como los Estados europeos siguen invariablemente esta regla en sus relaciones recíprocas, no hay razón para que no se la impongan también en sus relaciones con los otros Estados del Nuevo Mundo".[282]

Incluso, la propia "Cláusula Calvo" influyó en la concepción de la llamada Doctrina Drago, formulada en 1902 por el Ministro de Relaciones Exteriores de Argentina, Luis María Drago, quien ante medidas de fuerza adoptadas por Alemania, Gran Bretaña e Italia contra Venezuela, formuló su tesis denegatoria del cobro compulsivo de las deudas públicas por los Estados.[283]

Por supuesto, sobre la propia "Cláusula Calvo" se ha discutido en torno a su validez: unos han estimado que es nula porque las personas privadas no pueden contraer obligaciones que importen dejar sin efecto el derecho de su Estado de origen de protegerlas en el exterior, otros, en cambio, estiman que es válida porque constituye una estipulación formal explícita entre dos partes contratantes: una parte que la ha propuesto como condición para celebrar el contrato y una persona privada que la acepta. Por eso hay una obligatoriedad absoluta de esta Cláusula en todo tipo de contrato de interés público y, en particular, por supuesto, en materia de contratos de empréstitos en los cuales incluso, como se ha dicho, puede haber la excepción de la cláusula de inmunidad jurisdiccional.[284]

c. *La cláusula de reversión*

Aparte de las dos cláusulas obligatorias generales previstas en la Constitución relativas a la inmunidad jurisdiccional y a la llamada "Cláusula Calvo" o de reclamaciones extranjeras, están previstas también en la propia Constitución, algunas cláusulas obligatorias pero en relación a determinado tipo de contrato. En especial, para los contratos de concesión se prevé el principio de la reversión, particularmente en materia de concesiones mineras y de hidrocarburos.

En efecto, el artículo 103 de la Constitución establece lo siguiente:

"*Artículo 103.* Las tierras adquiridas con destino a la exploración o explotación de concesiones mineras, comprendidas las de hidrocarburos y demás minerales combustibles, pasarán en plena propiedad a la Nación, sin indemnización alguna, al extinguirse por cualquier causa la concesión respectiva".

Este artículo de la Constitución que establece el principio de la reversión, tuvo una enorme importancia en el proceso de pre–nacionalización petrolera que, incluso, condujo a que en 1970 se dictara la Ley sobre Bienes Afectos a Reversión en las Concesiones de Hidrocarburos.[285] Por supuesto, después de la nacionalización las concesiones de hidrocarburos no existen, pero el principio de la reversión sigue vigente en materia de

282 *Op. cit.*, tomo I, parágrafo 205, *cit.* por L. A. Podestá Corta, *Derecho Internacional Público*, tomo I, Buenos Aires, 1955, pp. 445 y 446.

283 *V.* Victorino Jiménez y Núñez, La Doctrina Drago y la Política Internacional. Madrid, 1927.

284 *V. Doctrina PGR 1973*, Caracas, 1974, pp. 276–288.

285 *V.* en *Gaceta Oficial* N° 29.577 de 6–8–71. *V. Doctrina PGR 1972*, Caracas 1973, pp. 185 y ss

concesiones mineras. En tal sentido, en la Ley de Minas[286] se establece el principio de la reversión en los términos siguientes:

> "*Artículo 61.* La concesión que vuelve a poder del Estado pasa a éste libre de todo gravamen, y con todas las obras y demás mejoras permanentes que en ella hubiere, además de la maquinaria, útiles, enseres y materiales que se encuentren abandonados dentro del perímetro de la concesión".

La reversión también se prevé, a nivel legislativo, respecto de otra serie de contratos de concesión. Por ejemplo, en materia de concesiones ferrocarrileras, la Ley de Ferrocarriles de 1956[287] establece lo siguiente:

> "*Artículo 9.* En caso de concesiones extinguidas por vencimiento del término de su duración, la Nación readquirirá sin pagar indemnización alguna, todos los derechos concedidos y se hará propietaria de todas las obras, material rodante, construcciones e instalaciones efectuadas durante la concesión".

Asimismo, en dicha ley también se establece el principio de la reversión en caso de caducidad por incumplimiento de las obligaciones por parte del contratante. En este sentido, el artículo 10 establece que las obras realizadas, el material rodante y las construcciones e instalaciones efectuadas, en ese supuesto también deben pasar a ser propiedad de la Nación, "sin indemnización alguna por parte de ésta".

La cláusula de la reversión también está establecida expresamente en las concesiones para el aprovechamiento de los recursos hidráulicos. En este caso es la Ley Forestal de Suelos y de Aguas de 1966[288] la que prevé expresamente en su artículo 95 que concluido el tiempo previsto para la concesión, "todas las obras que hubiere hecho el concesionario quedarán en beneficio de la Nación".

En principio se establece también, con carácter general, respecto a las concesiones de servicio público municipales. En este campo, la Ley Orgánica de Régimen Municipal de 1978, cuya última reforma es de 1989[289], al establecer las condiciones mínimas que deben contener las concesiones de servicios públicos municipales, así como las concesiones de exploración de bienes del Municipio prevé en el artículo 41, ordinal 10, "El traspaso gratuito al Municipio, libre de gravámenes, de todos los bienes, derechos y acciones objeto de la concesión, al extinguirse ésta por cualquier causa".

Por otra parte, la Ley de Construcción, Explotación y Mantenimiento de Obras Viales y de Transporte en Régimen de Concesión de 1983[290], estableció expresamente en su artículo 76 que "vencido el término de la concesión, los bienes de la concesionaria afectados a la prestación del servicio pasarán a propiedad de la República, sin indemnización y libre de gravámenes y carga".

En esta forma, a través del principio constitucional y el desarrollo en leyes especiales que regulan la figura del contrato de concesión, puede deducirse que una de las cláusulas obligatorias en materia de concesiones es, justamente, la reversión, es decir, la obligación para el concesionario de transmitir al Estado, libre de todo gravamen y en forma

---

286 *V.* en *Compilación Legislativa de Venezuela*, Caracas, 1950, tomo III, pp. 901.

287 *V.* en *Gaceta Oficial* N° 25.425 de 7–8–57. Sobre las cláusulas de reversión en las concesiones de servicio público, *V. Doctrina PGR 1981*, Caracas, 1982, pp. 33–39; Doctrina PGR 1972, Caracas, 1973, p. 327.

288 *V.* en *Gaceta Oficial* N° 1.004 de 25–1–66

289 *V.* en *Gaceta Oficial* N° 4.107 Extra de 15–5–89

290 *V.* en *Gaceta Oficial* N° 3.247 Extra de 26–8–83. Sobre las cláusulas de reversión en las concesiones de obra pública, *V. Doctrina PGR 1972*, Caracas, 1973, pp. 312–325.

gratuita, los bienes afectos a la concesión una vez que ésta se extingue por cualquier causa.

d. La cláusula temporal en las concesiones

En relación a las concesiones, también puede identificarse en el ordenamiento jurídico venezolano, otra cláusula de carácter obligatorio y que también tiene su fundamento en la Constitución. Se trata de la cláusula de temporalidad, cuyo fundamento se puede ubicar en el artículo 97 de la Constitución, que prohíbe los monopolios y agrega una norma que establece lo siguiente:

> "*Artículo 97.* Sólo podrán otorgarse, en conformidad con la ley, concesiones con carácter de exclusividad, y por tiempo limitado *para el establecimiento y la explotación de obras y servicios de interés público".*

Es evidente, por tanto, de acuerdo a esta norma, que dentro del régimen de la libertad económica en nuestro país y prohibido como están en la misma norma constitucional, los monopolios, la única excepción respecto a obras y servicios de interés público, es la posibilidad de que el Estado otorgue, con carácter de exclusividad, concesiones para el establecimiento y explotación de los mismos, pero ello debe hacerse por tiempo limitado. De manera que la temporalidad es una característica de todas las concesiones por lo que las leyes especiales que las regulan, prevén lapsos variables, pero siempre precisos, de duración de las mismas.

En este sentido, las concesiones de servicios públicos municipales, de acuerdo al artículo 41, ordinal 1° de la Ley Orgánica de Régimen Municipal, sólo pueden tener un plazo máximo de veinte años; las concesiones ferrocarrileras reguladas en la Ley de Ferrocarriles, de acuerdo a su artículo 9, deben tener una duración máxima de cuarenta años, las concesiones de explotación de productos forestales reguladas en la Ley Forestal de Suelos y Aguas conforme al artículo 68, deben tener una duración máxima de cincuenta años; y asimismo, las concesiones de obra pública previstas en la Ley de Construcción, Explotación y Mantenimiento de Obras Viales y de Transporte en Régimen de Concesión, de acuerdo al artículo 9, deben tener una duración máxima de cincuenta años. Por último, en cuanto a las concesiones para el aprovechamiento de aguas, de acuerdo a la Ley Forestal de Suelos y de Aguas, artículo 92, la duración de las mismas debe ser de sesenta años máximo.

B. Cláusulas obligatorias previstas en leyes especiales

Además de las cláusulas obligatorias en los contratos de la Administración que están expresamente establecidas en la Constitución o que tienen su fundamento en ella, debe destacarse que hay otra serie de cláusulas obligatorias que deben contener dichos contratos, o al menos algunos de ellos, previstas en leyes especiales, y entre éstas deben destacarse las de garantías; las de denominación en moneda nacional; y las presupuestarias.

a. Las cláusulas de garantías

En el mencionado Decreto N° 222 de Colombia relativo a la contratación administrativa, se destaca el artículo 67 por el contraste con la situación venezolana relativo a la obligación de garantizar el contrato.

En esa norma, en efecto, se establece que en todo contrato se pactará expresamente la obligación del contratista de garantizar el cumplimiento de contrato; el manejo y buena inversión del anticipo que le fuere otorgado, caso en el cual la garantía debe constituirse previamente a su entrega; la estabilidad de la obra o la calidad del servicio; el pago de salario así como prestaciones sociales e indemnizaciones del personal que haya de utilizar para la ejecución del contrato; y el correcto funcionamiento de los equipos que deba asumir o instalar; agregándose, sin embargo, que la cláusula de garantía no será obligatoria en los contratos de empréstitos, en los de arrendamiento cuando la entidad pública fuere arrendataria, y en los contratos interadministrativos.

No existe, en el ordenamiento venezolano, ninguna norma legal que establezca algo similar, aun cuando es evidente que la práctica administrativa ha llevado a establecer sucesivamente la necesidad de garantizar la ejecución de los contratos, además de tener ello un apoyo indirecto en la legislación.

En efecto, puede decirse que existe una previsión indirecta de estas cláusulas de garantía, como cláusulas de carácter obligatorio, en la Ley Orgánica de la Contraloría General de la República[291] al regular el régimen del control fiscal previo en la contratación administrativa.

En efecto, el artículo 18 de dicha ley establece la necesidad de una aprobación previa obligatoria por parte de la Contraloría General de la República, de los contratos de adquisición de bienes o servicios y de todo contrato que implique algún compromiso financiero para la República, y precisamente, en estos casos, cuando se enumeran las atribuciones de la Contraloría, se establece que ésta debe verificar "que se hayan previsto las garantías necesarias y suficientes para responder de las obligaciones que haya asumido el contratista".

Por tanto, de esta norma puede deducirse claramente en forma indirecta, el establecimiento como cláusula obligatoria, de la necesidad de prever garantías en todos los contratos que impliquen compromisos financieros para la República, así como en los contratos de adquisición de bienes o servicios.

Por su parte, la legislación especial ha venido también estableciendo, en las regulaciones relativas a contratos específicos, la necesidad de establecer garantías. Por ejemplo, en la Ley Forestal, de Suelos y Aguas se prevé, en el artículo 40, que quienes aspiren a tener concesiones, contratos o permisos de exploración de productos forestales, deberán constituir garantías suficientes, a juicio del Ejecutivo Nacional, para asegurar el buen cumplimiento de sus obligaciones. Por su parte la Ley Orgánica de Régimen Municipal, en el ordinal 4° del artículo 41, al establecer las condiciones mínimas en las concesiones de servicios públicos municipales o de explotación de bienes de los Municipios, se prevé que deben establecerse "garantías por parte del concesionario para el cumplimiento de sus obligaciones".

En el mismo sentido, la Ley de Construcción, Exploración y Mantenimiento de Obras Viales y de Transporte en régimen de Concesión tiene una serie de normas que implican la obligatoriedad de prever garantías para la ejecución de dicho contrato. Por ejemplo, el artículo 5, cuando regula la emisión del Decreto relativo a cada concesión, se establece que el mismo debe contener, entre otros aspectos (ordinal 6), "el monto de la garantía que el proponente deberá presentar para la celebración del contrato". Asimismo, se prevé expresamente que dentro de las normas que debe contener el contrato obligato-

291 Artículo en *G.O.* N° 3.482 Extra de 14–12–84.

riamente, debe estar la que establezca la determinación de las garantías (artículo 37, ordinal 4). Pero, además, en el propio texto de la ley se establecen diversas garantías que deben constituir los concesionarios, tanto para garantizar el cumplimiento del programa de ejecución de las obras previstas en la concesión (artículo 42), como para garantizar el cumplimiento de las obligaciones del concesionario durante la etapa de explotación (artículo 51) y, además, para garantizar la entrega en buen estado de la totalidad de las obras e instalaciones afectadas o destinadas a la prestación del servicio (artículo 74).

En esos casos se exige del concesionario, el constituir una fianza por el monto y en los términos que establezca el decreto de la concesión en cuanto al cumplimiento del programa de ejecución de las obras; o fianza por un monto del porcentaje que sobre el valor de la inversión en el tramo respectivo establezca el decreto de concesión, en el caso de la garantía para el cumplimiento de las obligaciones del concesionario de la etapa de explotación. En cuanto a la garantía de la reversión la ley exige a la concesionaria constituir en el Banco Central de Venezuela, durante los últimos cinco (5) años de duración de la concesión, un fondo de garantía equivalente al diez (10) por ciento de los gastos de inversión.

Por último, en materia de garantías debe destacarse que también las Condiciones Generales de Contratación previstas en el Decreto 1.821 del 30 de agosto de 1991, prevén, dentro de éstas, la fianza de fiel cumplimiento. En tal sentido, el artículo 10 del decreto establece que para garantizar el fiel cumplimiento de todas las obligaciones que asume según el contrato, el contratista deberá constituir previamente a la firma del mismo, una fianza de fiel cumplimiento otorgada por un instituto bancario o empresa de seguros, a satisfacción del ente contratante de acuerdo al texto elaborado por éste y hasta por la cantidad que se indique en el documento principal. Por otra parte, el artículo 85 de las referidas Cláusulas de Condiciones Generales de Contratación se refiere a las garantías laborales y, en ese sentido, prevé que "en garantía del cumplimiento de las obligaciones laborales del contratista derivadas del contrato, el ente contratante retendrá al contratista el cinco por ciento (5%) del monto de cada valuación".

b. Cláusula de denominación en moneda nacional

De acuerdo a los artículos 1.737 y siguiente del Código Civil y al artículo 79 de la Ley del Banco Central de Venezuela, no hay duda en admitir que en Venezuela pueden celebrarse contratos denominados en moneda extranjera, sea como medio o cláusula de pago o como medio o cláusula de cuenta, es decir, pueden nominarse en moneda extranjera como moneda de pago o como moneda de cuenta[292]. No existe, por tanto, en el ordenamiento venezolano, ninguna obligación de estipular cláusulas de pago en moneda nacional en los contratos que celebre la Administración. Sin embargo, de acuerdo al artículo 96 de la Ley del Banco Central, lo que sí resulta una cláusula obligatoria es la cláusula en la cual, aun cuando el contrato esté denominado en moneda extranjera, debe expresarse siempre su equivalencia en bolívares.

---

292 *V.* Allan R. Brewer–Carías, "Aspectos del Régimen Jurídico de la Moneda" en *Revista de Derecho Público*, N° 13, EJV, Caracas, 1983, pp. 5 a 20.

c. *Cláusulas presupuestarias*

En el Decreto–Ley N° 222 de Colombia se prevé una cláusula obligatoria, en el artículo 66, llamado de la "sujeción a las apropiaciones presupuestarias", estableciéndose en ese artículo que "en todo contrato que afecte el presupuesto deberá estipularse precisamente que la entrega de las sumas de dinero a que la entidad contratante queda obligada, se subordina a las apropiaciones que de las mismas se hagan en los respectivos presupuestos. La entidad contratante se compromete a incluir las partidas necesarias de su proyecto o proyectos anuales de gastos".

Puede decirse que en Venezuela no existe una cláusula expresa de esta naturaleza aun cuando es evidente que la misma tiene consagración indirecta en la Constitución. En efecto, el artículo 227 de nuestra Carta Fundamental establece el principio general de que "no se hará del Tesoro Nacional gasto alguno que no haya sido previsto en la Ley de Presupuesto"; por lo que es evidente que en todo contrato que implique un gasto, deben preverse expresamente las cláusulas presupuestarias. La Ley Orgánica de Régimen Presupuestario así lo establece[293] y, además, surge también en forma indirecta de la Ley Orgánica de la Contraloría General de la República; en ésta, en efecto, cuando se regulan los elementos que deben ser verificados por la Contraloría en el control previo de los compromisos, se establecen, en el artículo 18, los dos siguientes elementos: primero, que el gasto esté correctamente imputado a la correspondiente partida del Presupuesto o a créditos adicionales legalmente acordados; y segundo, que exista disponibilidad presupuestaria.

Por tanto, las llamadas Cláusulas Presupuestarias son evidentemente obligatorias en nuestro país, en virtud del mencionado principio constitucional de que no puede hacerse gasto alguno que no esté previsto en el Presupuesto, lo que implica que no podrá realizarse una contratación que implique un gasto que no esté previsto en la Ley de Presupuesto. Esto ha tenido tanta importancia, que ha conducido incluso a que la Ley Orgánica de Salvaguarda del Patrimonio Público[294] haya regulado la figura de la malversación tanto genérica o específica, cuando no se respetan las apropiaciones presupuestarias.

En efecto, en cuanto a la malversación genérica el artículo 60 de dicha ley castiga con pena de prisión de 6 meses a 3 años, al funcionario que ¡legalmente diere a los fondos o rentas a su cargo, una aplicación diferente a la presupuestada o destinada; y el artículo 61 de la propia ley, pena con prisión de 1 a 3 años, al funcionario que excediéndose en las disposiciones presupuestarias y sin observancia de las previsiones legales sobre crédito público, efectúe gastos o contraiga deudas o compromisos de cualquier naturaleza que hagan procedentes reclamaciones contra la República o contra una de las entidades o instituciones a las cuales se aplica dicha ley.

En este caso, sólo se exceptúa de la pena cuando el funcionario, a los fines de evitar la paralización de un servicio, obtuviere la autorización del gasto por parte del Presidente de la República en Consejo de Ministros, en cuyo caso debe notificarse esta autorización a las Comisiones Permanentes de Finanzas del Congreso de la República o a la Comisión Delegada.

De todas estas normas resulta claro, por tanto, que las llamadas Cláusulas Presupuestarías son no sólo obligatorias por fundamento constitucional sino que la violación de

---

293 *V.* en *Gaceta Oficial* N° 1.893 Extra de 30 de julio de 1976.

294 *V.* en *Gaceta Oficial* N° 3.777 de 23–12–82.

las mismas puede acarrear sanciones de carácter penal, que se han regulado en los tipos de malversación mencionados.

C. Las cláusulas de condiciones generales de contratación y su inclusión obligatoria

La práctica en Venezuela de la elaboración de cláusulas de condiciones generales o especiales, comunes para ciertos contratos de la Administración se había circunscrito casi exclusivamente a los contratos de obra pública, y ello había conducido a que en la celebración de los contratos de obra pública, tanto por parte del antiguo Ministerio de Obras Públicas como de los institutos autónomos que le estaban adscritos, se anexaran a los mismos una serie de cláusulas de condiciones generales.

Ello condujo a que el Ministerio de Obras Públicas dictara la Resolución N° 388 de 26–8–75[295] mediante la cual se establecieron "Condiciones generales de Contratación para la Ejecución de Obras" que debían regir en los contratos de obras que celebrase el Ejecutivo Nacional y también, la Resolución N° 387 de la misma fecha mediante la cual se dictaron las "Condiciones generales de Contratación para Estudios y Proyectos"[296].

Posteriormente, por Decreto N° 2.189 de 7 de junio de 1977[297] se dictaron las "Condiciones generales de Contratación para la Ejecución de Obras" que debían regir para los contratos de esa naturaleza que celebrasen "los Ministerios, los Institutos Autónomos, las Empresas del Estado y cualesquiera otros entes de la Administración Pública Nacional", el cual fue modificado parcialmente por Decreto N° 1.802 de 20 de enero de 1983 y sustituido luego por el Decreto N° 1.821 de 30 de agosto de 1991[298], cuyas normas son las vigentes.

El artículo 1° de este Decreto establece lo siguiente:

> "*Artículo 1°* Las Condiciones Generales de Contratación para la Ejecución de Obras a que se refiere este decreto regirán con carácter de obligatoriedad para aquellos contratos que celebre la República a través de los Ministerios y demás órganos de la Administración Central.

Se instruye a los Institutos Autónomos y Empresas del Estado, para que elaboren sus normas de contratación en concordancia con las presentes normas.

Por acuerdo entre el ente contratante y el contratista, en atención a la entidad o características de la obra, se podrán establecer en los contratos condiciones especiales de contratación o se podrá convenir en dejar de aplicar alguno o algunos de los artículos de este Decreto".

Antes de la última reforma del decreto en 1991, en relación a condiciones generales de contratación, se había discutido acerca del carácter contractual o reglamentario de su contenido[299]. El tema, sin embargo, en nuestro criterio ha sido definido precisamente en la reforma de 1991, en cuanto a los contratos que celebre la República, al exigirse que las cláusulas de las referidas condiciones generales de contratación "regirán con carác-

295 *G.O.* N° 30.786 de 4–9–75.

296 *G.O.* N° 30.785 de 3–9–75.

297 *G.O.* N° 2.089 Extra de 29–9–77.

298 *G.O.* N° 3.111 Extra de 18–3–83; y *G.O.* N° 34.797 de 12–9–91.

299 *V.* Luciano Lupini Bianchi y Gabriel Rúan Santos, "Consideraciones sobre las condiciones generales de Contratación para la Ejecución de Obras de la Administración Pública", en *Revista de Derecho Público*, N° 12, EJV. Caracas, 1982, pp.

ter de obligatoriedad" en los referidos contratos, sin que sea necesario que en el texto mismo de los contratos se exprese esa circunstancia. Por tanto, en esos contratos estamos en presencia de auténticas cláusulas obligatorias de carácter reglamentario y no contractual, que no exigen para su aplicación que se produzca una adhesión expresa del contratante particular con la Administración a las referidas cláusulas. De allí, incluso, que el artículo 2° de las Condiciones Generales disponga que "forman el contrato los siguientes documentos: las presentes cláusulas generales de contratación para la ejecución de obras".

Ahora bien, si ha de admitirse el carácter reglamentario de las mencionadas cláusulas que rigen obligatoriamente en los contratos indicados, es evidente que por vía contractual, como lo señala el artículo 1° del decreto, se pueden establecer condiciones especiales de contratación y se puede convenir en dejar de aplicar alguno o algunos de los artículos del decreto. Estas excepciones, evidentemente, tienen carácter contractual.

Se observa, además, que contrariamente a lo que establecía el decreto precedente, las cláusulas del decreto no son directamente obligatorias para los Institutos Autónomos y Empresas del Estado, sino que lo que se establece es una "instrucción" presidencial para que dichos entes "elaboren sus normas de contratación en concordancia con las presentes normas". En esos contratos, las referidas condiciones generales, por supuesto, tendrán carácter contractual y no reglamentario, en el sentido de que para que rijan en los contratos resulta indispensable que sean aceptadas por los contratistas en el documento del contrato.

Ahora bien, estas cláusulas de condiciones generales previstas en el decreto, prevén con carácter general, materialmente todo el régimen de los contratos de obra de la Administración Pública Nacional; en particular regulan los derechos y obligaciones de los contratistas y los poderes y obligaciones de la Administración, como veremos a lo largo de este estudio.

3. La conclusión del contrato

La conclusión del contrato resulta del acuerdo de voluntades entre la Administración y su co–contratante.

El momento de conclusión del contrato, una vez que éste se ha formado, constituye el momento de la manifestación del consentimiento por parte del contratante y de la Administración, es decir, de la manifestación de la voluntad administrativa formada de acuerdo con el procedimiento y las formalidades antes analizadas, previas al acto de conclusión.

Hasta ahora hemos estudiado los requisitos que deben cumplirse previamente a la conclusión del contrato por parte de la Administración, para que haya "consentimiento legítimamente manifestado". Nos corresponde ahora estudiar el momento mismo de la conclusión del contrato y sus efectos, con el dato importantísimo de la intervención del funcionario competente para contratar, requisito indispensable, también para que haya "consentimiento legítimamente manifestado".

Formas y competencia entonces, son los requisitos necesarios para la existencia del consentimiento legítimamente manifestado.

En este sentido ha señalado la jurisprudencia de la Corte Suprema de Justicia que "mediando en un asunto la intervención del Estado su declaración de voluntad y el consentimiento que de ella emana, se expresan dentro de un proceso formativo que se desarrolla de acuerdo con la ley y con fundamento en la observancia de ciertas formalidades por parte de quien pueda cumplirlas en ejercicio de la función pública, porque tenga capacidad para obrar e intervenir en el acuerdo o convenio como sujeto de derecho. Según este principio, no podrá haber efecto consensual por manifestación legítima cuando dejan de cumplirse las formas requeridas para aceptar o imponer condiciones dentro del contrato, o cuando se han cumplido de manera irregular o distinta, porque el consentimiento así prestado no responde a la verdadera voluntad de los contratantes que es su fuente jurídica más importante".[300]

A. La competencia para concluir el contrato

a. *La celebración y la conclusión del contrato*

Debemos distinguir, como punto previo, la diferencia conceptual entre la celebración y conclusión del contrato. La celebración del contrato se refiere fundamentalmente al procedimiento, al derecho adjetivo necesario para que pueda llevarse a cabo en forma perfecta la conclusión. Esta, en cambio, es el acto sustantivo que si bien necesita como *conditio sine qua non* el cumplimiento de las formalidades procedimentales previas, es perfectamente desligable de ellas en teoría. La conclusión viene entonces a identificarse al perfeccionamiento del contrato, al acuerdo de voluntades, al otorgamiento del contrato.

Ahora bien, esta distinción nos obliga a intentar determinar la naturaleza de las formalidades previas a la conclusión del contrato estudiadas anteriormente, ya que algunas de ellas no pueden desligarse del acto de conclusión.

Por ejemplo, la formalidad previa de la consulta obligatoria, vinculante o no, y la formalidad del control fiscal previo constituyen –aunque la segunda pertenezca principalmente al Derecho Presupuestario– meros procedimientos sin ninguna influencia decisiva sobre la conclusión del contrato. ¿Pero podríamos decir lo mismo respecto a las autorizaciones legislativas en materia de operaciones de crédito público, o respecto a la decisión administrativa de contratar emanada del Consejo de Ministros?

Ciertamente que no, y ello, porque estas dos formalidades previas tienen un contenido sustantivo que no puede desligarse del acto de conclusión del contrato. En efecto, cuando el Congreso autoriza una operación de crédito público, hemos dicho, puede determinar que esa operación se realice, se concluya, "en las oportunidades, formas y condiciones que considere más convenientes a los intereses de la Nación"[301].

Asimismo, la decisión administrativa de contratar que realiza el Consejo de Ministros incluye todas las determinaciones sobre la conclusión del contrato, en el cual el Ministro respectivo o el órgano competente para realizar la conclusión material, es un mero ejecutor de la decisión del máximo órgano de la Administración Pública.

Por tanto, al referirnos nosotros en este capítulo al órgano competente para la conclusión del contrato, estudiaremos al funcionario llamado a concluir materialmente o a otorgar el contrato, aun cuando anteriores formalidades e intervenciones de autoridades

300 Sentencia de la Corte Suprema de Justicia en Sala Político–Administrativa de 14 de diciembre de 1961. G.F. N° 34, 1961, pp. 188 y ss.

301 El artículo 21 de la Ley Orgánica de Crédito Público así lo establece.

públicas no puedan desligarse completamente del acto de conclusión del contrato en sentido propio[302].

b. La autoridad competente para concluir el contrato administrativo

Al estudiar las autoridades de la Administración Pública Nacional competentes para suscribir o concluir los contratos de la Administración, estudiaremos separadamente al Presidente de la República, los Ministros, el Procurador General de la República y otros funcionarios públicos.

a'. El Presidente de la República

El Presidente de la República, como Jefe del Ejecutivo Nacional y como órgano que ejerce el Poder Ejecutivo Nacional[303] y, por tanto, con las competencias que le son atribuidas al Poder Nacional Ejecutivo de acuerdo con el artículo 136 de la Constitución Nacional, puede concluir todos los contratos de la Administración de la competencia del Poder Nacional, cuando no estén atribuidos expresamente a algún otro funcionario de los que, junto con el Presidente de la República ejercen el Poder Ejecutivo, por la Constitución y las leyes[304].

Sin embargo, esta facultad o poder no constituye una obligación jurídica, ya que el Presidente de la República puede perfectamente concluir los contratos administrativos por sus órganos directos, los Ministros o por los funcionarios que determine la ley.

Distinto es el caso, sin embargo, cuando la Constitución o la ley atribuyen expresamente al Presidente de la República la facultad de negociar determinados contratos como es el caso de los contratos de empréstito público[305]. En estos casos es el Presidente de la República quien debe suscribir el contrato, excepto el caso de que la ley que autoriza el empréstito faculte también al Ejecutivo Nacional, en Consejo de Ministros, para designar al funcionario que suscribirá el contrato, en cuyo caso puede designarse otra autoridad distinta del Presidente de la República, lo que por lo demás, es lo normal.

b'. Los Ministros

De acuerdo con el artículo 193 de la Constitución, los Ministros son los órganos directos del Presidente de la República y, por tanto, ejercen junto con éste, el Poder Ejecutivo Nacional[306]. Es atribución primordial de los Ministros tal como lo establece la Ley Orgánica de la Administración Central, suscribir los actos del Despacho a su cargo.[307]

Ahora bien, específicamente en materia de contratos, la Ley Orgánica asigna a los Ministros competencia para "otorgar, previo cumplimiento de las formalidades de ley, los contratos relacionados con asuntos propios del Ministerio"[308]. Esta atribución, con

---

302 Sobre la competencia como base para que pueda haber consentimiento, *V.* la doctrina de Procuraduría General de la República, en *Revista de la Facultad de Derecho*, UCV, N° 30, Caracas, 1964, pp. 200–204.

303 Como lo establece el artículo 181 de la Constitución.

304 Artículo 181 de la Constitución.

305 Artículo 190, ordinales 13 y 15 de la Constitución.

306 Artículos 181 y 193 de la Constitución.

307 Así lo establece el artículo 20, ordinal 17.

308 Artículo 20, ordinal 14, LOAC. El ordinal 22 de dicho artículo, además atribuye a los Ministros competencia para "contratar para el Ministerio los servicios de profesionales y técnicos por tiempo determinado o para una obra determinada.

anterioridad, estaba asignada a los Ministros en la legislación especial, en la cual se encuentran múltiples ejemplos. Tal es el caso de los contratos especiales que puede celebrar el Ministro de Energía y Minas previstos en los artículos 4 y 8 de la Ley de Minas y reglamentados en los artículos 7 y 8 del Reglamento de la Ley de Minas. En el mismo caso se encontrarían los contratos de venta y arrendamiento de terrenos baldíos consagrados en el Capítulo IV de la Ley de Tierras Baldías y Ejidos y atribuidos al Ministerio de Agricultura y Cría como órgano directo del Presidente de la República[309]. Sucede lo mismo en los contratos que tengan por objeto la enajenación de bienes muebles innecesarios y de productos manufacturados, conforme a lo establecido en la Ley Orgánica de la Hacienda Pública Nacional, los cuales están atribuidos al Ministro de Hacienda; en los contratos de arrendamiento de bienes nacionales[310]; y en los contratos de suministros y adquisiciones de bienes[311].

En igual sentido se encuentran disposiciones en innumerables textos legales como la Ley Forestal, de Suelos y Aguas[312], el Decreto Reglamentario de Obras Públicas Nacionales[313], etc., que señalan a los Ministros como funcionarios que ejercen el Poder Ejecutivo Nacional, como órganos directos del Presidente de la República.

En todo caso, por supuesto, la competencia de los Ministros de suscribir los contratos que conciernan a sus respectivos Despachos, puede ser delegada en el Director General del Ministerio o en los Directores Generales Sectoriales, e incluso, la firma de dichos contratos puede también ser delegada en otros funcionarios del Ministerio[314].

c'. El Procurador General de la República

Como representante de los intereses patrimoniales de la República[315], el Procurador General de la República, cuando así lo ordene el Ejecutivo Nacional, puede suscribir o concluir contratos de la Administración. En particular así lo establece la Ley Orgánica de la Procuraduría General de la República en su artículo 1°, al atribuirle la facultad de

"Redactar y suscribir conforme a las instrucciones que le comunique el Ejecutivo Nacional, los documentos contentivos de actos, contratos o negocios de gestión privada que a la República le conciernan"[316].

c. *La incompetencia*

El consentimiento legítimamente manifestado hay que referirlo de manera especial al concepto de competencia, de aptitud de obrar del funcionario[317]. Por tanto, no puede

---

309 Artículo 136, ordinal 10, Constitución.

310 Artículo 29, LOHPN.

311 Artículo 172, ordinal 11.

312 Artículo 12.

313 Artículo 1.

314 Articulo 20, ordinal 25, LOAC

315 Corresponde a la Procuraduría General de la República de acuerdo con el artículo 202 de la Constitución, "Representar y defender judicial o extrajudicialmente los intereses patrimoniales de la República".

A tal efecto, la Procuraduría de la Nación, ha señalado que "no es absortamente exacto, a su juicio, que "la única persona autorizada y facultada para firmar contratos a nombre de la Nación es el Ministro respectivo", toda vez que el Procurador de la Nación es un funcionario competente, de acuerdo con la lev de la Institución a su cargo, para celebrar contratos a nombre de la Nación Venezolana y del Fisco Nacional, conforme a las instrucciones que le imparta el Ejecutivo Nacional"; *Informe de la Procuraduría de la Nación al Congreso Nacional* 1959, Caracas, 1960, pp. 547 y 548.

316 Artículo 1°, ordinal 2°.

haber consentimiento legítimamente manifestado y, en consecuencia, no puede existir contrato de la Administración, cuando éste ha sido concluido por un funcionario incompetente; y ello, porque de acuerdo con el artículo 232 de la Constitución, el Estado no reconoce otras obligaciones que las contraídas de acuerdo con las leyes, por órganos legítimos del Poder Público; y son las leyes las cuales atribuyen la competencia y atribuciones de los órganos del Poder Público, "y a ellas debe sujetarse su ejercicio" de acuerdo con el artículo 117 de la Constitución. Por tanto, el Estado no reconoce obligaciones contraídas por órganos legítimos del Poder Público incompetentes para contraerlas, o lo que es lo mismo, en el contrato concluido por un órgano incompetente, no hay manifestación legítima de voluntad, no hay consentimiento y, como consecuencia, no hay ni existe contrato[318].

d. Las prohibiciones

Ha sido tradicional en nuestro país el contenido del artículo 124 de la Constitución, que establece que "nadie que esté al servicio de la República, de los Estados, de los Municipios y demás personas jurídicas de derecho público podrá celebrar contrato alguno con ellos, ni por sí ni por interpuesta persona ni en representación de otro, salvo las excepciones que establezcan las leyes".

Esta norma establece así, una incompatibilidad para la celebración de contratos con las personas de derecho público territoriales (República, Estados y Municipios) y las personas de derecho público no territoriales (establecimientos públicos corporativos, establecimientos públicos institucionales y establecimientos públicos asociativos)[319]. Por tanto, por ejemplo, los funcionarios de los institutos autónomos están incursos en la incompatibilidad contractual, pero no así los directores de las empresas del Estado (personas jurídicas de derecho privado estatales), salvo disposición especial expresa. Tal es el caso de la Ley que Reserva al Estado la Industria y el Comercio de los Hidrocarburos de 1975, la cual luego de establecer que los directivos, administradores, empleados y obreros de las empresas petroleras nacionalizadas "no serán considerados funcionarios o empleados públicos", precisó que, sin embargo, "se le aplicarán las disposiciones de los artículos 123 y 124 de la Constitución".[320]

El principio del artículo 124 de la Constitución ha sido desarrollado en cuanto a la República, en la Ley Orgánica de la Administración Central, cuyo artículo 63 repite el establecimiento de la prohibición no sólo para celebrar contratos sino también para *negociarlos* y la extiende a "quienes hubieren estado al servicio de la República hasta un año antes de la fecha en que se pretenda negociar o celebrar el contrato".

---

317 Este ha sido criterio tradicional de la Procuraduría. *V.* al efecto el Informe de la Procuraduría de la Nación al Congreso Nacional, 1959, Caracas, 1960, p. 545. Asimismo, el *Informe de la Procuraduría de la Nación, 1960*, Caracas, 1961, p. 307. Puede verse también la *Doctrina de la Procuraduría de la Nación 1953–1954*, Caracas, 1957, pp. 7 y ss.

318 André de Laubadère, *ob. cit.*, p. 172, sostiene, en cambio, que se trata de una nulidad. La Procuraduría General de la República ha dictaminado, al contrario, lo siguiente: "El posible contrato celebrado entre el reclamante, sin estar investido de la representación suficiente, y terceras personas, al cual se ha hecho referencia, no obliga, jurídicamente, a la Nación". *Informe de la Procuraduría de la Nación al Congreso Nacional, 1957–1958*, Caracas, 1959, p. 550.

319 Sobre estas incapacidades contractuales, véase la doctrina de la Procuraduría General de la Republica en *PN Informe 1960*, p. 492; *Doctrina PGR 1969*, Caracas, 1970, pp. 109 y ss.; *Doctrina PGR 1973*, Caracas, 1974, pp. 214 y ss.; y la Doctrina de la Contraloría en CGR Dictámenes de la Consultoría Jurídica 1930–1963, tomo I, Caracas, 1963, p. 258; tomo IV (1969–76), pp. 235 y 266 y ss.

320 Articulo 8, *G.O.* Nº 1.769 Extra 29–8–75

La Ley Orgánica además, de acuerdo a la norma constitucional, estableció en el mismo artículo 63, la excepción a la prohibición en la siguiente forma:

"Se exceptúan de la prohibición contemplada en este artículo, los contratos que tuvieren por objeto la compra, construcción, refacción o arrendamiento de vivienda para uso de las personas mencionadas o de su familia; los convenios relativos a la enajenación de bienes por causa de utilidad pública; los contratos para la utilización de servicios públicos; los contratos de adhesión y cualquier otro contrato en el que la persona del negociador o contratante no pueda influir en el otorgamiento y condiciones de la contratación".

La Ley Orgánica también definió el concepto de personas "interpuestas" en los siguientes términos:

Artículo 64. Sin perjuicio de que se demuestre la interposición de personas en otros casos, se considerarán personas interpuestas el padre, la madre, los descendientes y el cónyuge de la persona respecto de la cual obre la prohibición. Se considerarán igualmente personas interpuestas, las sociedades civiles, mercantiles o de hecho y las comunidades, en las cuales quien esté al servicio de la República, haya tenido hasta un año antes de la negociación o celebración del contrato, o haya adquirido dentro del año siguiente a las mismas, el treinta por ciento (30%), por lo menos, de los intereses, acciones o cuotas de participación, según el caso, salvo que las hubieren por herencia.

Por otra parte debe mencionarse que la sanción legal a la contravención de estas normas sobre incompatibilidad, es la consideración del contrato como "nulo, de nulidad absoluta, sin perjuicio de las responsabilidades en que incurran los infractores y las indemnizaciones a que pudiere haber lugar conforme a la ley"[321].

Debe señalarse, en este sentido, que también la prohibición tradicional de la Constitución la recoge ampliada la Ley de Carrera Administrativa, al prohibir a los funcionarios públicos la celebración de contratos, por sí, por interpuesta persona o en representación de otro, con la República, los Estados, los Municipios y demás personas jurídicas de derecho público[322]. Asimismo, la ley amplía la prohibición, hasta el punto de no aceptar que un funcionario pueda auspiciar gestiones de personas públicas o jurídicas que pretendan celebrar contratos con la República o soliciten o exploten concesiones administrativas o sean proveedoras o contratistas de la misma[323], y así evitar el posible conflicto de intereses que pueda surgir entre el del funcionario que gestiona y el interés de la Administración, el cual debe defender.

Las sanciones que la ley fija en caso de incumplimiento de estas prohibiciones conducen a la destitución[324] conforme a las disposiciones de la Ley de Carrera Administrativa, y originan responsabilidad administrativa y penal, conforme a la Ley Orgánica de Salvaguarda del Patrimonio Público. En particular, esta última regula el delito de concierto de funcionarios con contratistas, con una pena de prisión de 2 a 5 años[325].

e. *Los requisitos que deben reunir los co–contratantes de la Administración*

En principio, todas las personas naturales o jurídicas hábiles conforme a las normas del Código Civil y de Comercio pueden celebrar contratos con la Administración, sin que sea necesario el cumplimiento de requisitos adicionales.

---

321 Artículo 65. Por ejemplo, *V.* el artículo 70 de la *Ley Orgánica de Salvaguarda del Patrimonio Público, G.O.* N° 3.077 Extra de 23–12–82.

322 Artículo 29, ordinal 1° de la Ley.

323 Artículo 29, ordinal 39.

324 Artículo 62, ordinal 99.

325 Artículo 70.

Sin embargo, en algunos casos los organismos administrativos han establecido como condición para contratar, que los que aspiren a suscribir contratos con la Administración, estén inscritos en un Registro de Contratistas o proveedores que debe llevar el organismo respectivo.

En este sentido la Ley de Licitaciones de 1990[326], ha establecido el Registro Nacional de Contratistas y el Sistema Nacional de Registros de Contratistas cuya conducción general se atribuye a la Oficina Central de Estadística e Informática (OCEI)[327].

B. Los efectos de la conclusión del contrato

La intervención de la autoridad administrativa competente en la conclusión del contrato de la Administración constituye la manifestación de la voluntad de la Administración cuando ha sido formada de acuerdo con las formalidades previas estudiadas[328].

Por tanto, y aquí se destaca el formalismo de la contratación administrativa por contraposición al consensualismo de la contratación privada, la manifestación de voluntad de la Administración en la conclusión del contrato debe ser expresa por lo que no puede concebirse una manifestación de la voluntad administrativa en forma tácita por el silencio administrativo.[329]

Ahora bien, mientras la Administración no haya manifestado su voluntad y consentimiento en el acto de conclusión del contrato, puede decirse que no existe vinculación alguna entre ella y el particular interesado. En consecuencia, las relaciones previas a la conclusión del contrato entre la Administración y los particulares, no obligarán a aquélla, y hasta que la Administración no haya manifestado su voluntad a través del acto de conclusión del contrato, no han nacido obligaciones ni derechos para las partes contratantes[330].

En este mismo sentido, las llamadas "órdenes provisionales" no pueden considerarse como contratos creadores de obligaciones entre las partes o como instrumentos contractuales que obliguen a la República, y los otros actos previos a la conclusión del contrato que realiza la Administración deben considerarse como simples trámites administrativos que no otorgan derecho alguno a los interesados, ya que su único objeto es el de preparar la realización del acto contractual de otorgamiento del contrato, y repetimos, hasta que la Administración no haya manifestado su voluntad a través de dicho acto, no han nacido obligaciones ni derechos para las partes contratantes[331].

Por tanto, el momento de la conclusión del contrato es el momento del perfeccionamiento del mismo.

---

326 *G.O.* N° 34.528 de 10–8–90.

327 Artículo 8.

328 *Cfr.* André de Laubadère, *ob. cit.*, tomo I, p. 173.

329 En este sentido, la Procuraduría de la Nación ha señalado: "Es por eso que mientras la Administración no haya aprobado expresamente la oferta a través del acto de otorgamiento que es el contrato, no existe vinculación entre ella y el particular interesado, puesto que los actos previos que realiza la Administración son meros trámites administrativos que no otorgan derecho alguno a los interesados, ya que su único objeto es el de preparar la realización del acto administrativo contractual que es el otorgamiento de la concesión, v hasta que la Administración no haya manifestado su voluntad a través de dicho acto, no han nacido obligaciones ni derechos para las partes contratantes". *V.* en el *Informe de la Fiscalía General de la República al Congreso Nacional 1960,* Caracas, 1961, p. 311.

330 *V.* el *Informe de la Procuraduría de la Nación 1960,* Caracas, 1961, p. 311.

331 *V.* el *Informe de la Procuraduría de la Nación, 1960,* Caracas, 1961, p. 311.

Sin embargo, no en todo caso, el perfeccionamiento del contrato por el acto de conclusión del mismo, lo hace definitivo y productor de todos sus efectos jurídicos. Hay algunos casos en que es necesario, para que el contrato produzca la plenitud de sus efectos jurídicos, que sea aprobado por el Poder Legislativo[332].

En todo caso, la ausencia del acto de conclusión no produce vínculo contractual y, por tanto, no produce obligaciones derivadas de contrato entre las partes.

Sin embargo, dado el caso de que el particular, porque haya hecho tratos previos con la Administración, haya comenzado a ejecutar una prestación, aunque el contrato no se haya celebrado, la Administración debe indemnizar al particular en la medida en que ella se haya enriquecido por la prestación ejecutada, sin causa alguna, y en la medida en que el co–contratante se haya empobrecido[333].

VII. LOS EFECTOS DEL CONTRATO EN LA CONTRATACIÓN ADMINISTRATIVA

1. Principios generales

A. Los efectos respecto a terceros

Es principio fundamental de la contratación privada el hecho de que los contratos no tienen efecto sino entre las partes contratantes y, por tanto, no dañan ni aprovechan a los terceros.[334]

Este principio, ya lo hemos visto, no se aplica en forma absoluta a los contratos de la Administración y específicamente a los contratos que requieren aprobación legislativa posterior. En estos últimos, por la naturaleza e importancia de su objeto para la vida nacional, están interesados todos los miembros de la comunidad. Es por ello por lo que estimamos podría recurrirse por el recurso de inconstitucionalidad de las leyes, de los señalados contratos con forma de ley[335]. Y ese es el principal fin que, a nuestro entender, persiguió el Constituyente al establecer la necesidad de aprobación legislativa por ley de ciertos contratos de la Administración: la posibilidad de que cualquier ciudadano, por vía de acción popular, haga controlar la constitucionalidad del contrato como de cualquiera ley.

Pero incluso, respecto de los contratos de la Administración no sujetos a aprobación legislativa, por la naturaleza de las prestaciones que ellos pueden regular, es indudable que pueden tener efectos respecto de terceros. Por ello, el artículo 111 de la Ley Orgá-

---

332 *V.* el artículo 126 de la Constitución.

333 *V.* el *Informe de la Procuraduría de la Nación al Congreso, 1959,* Caracas, 1960, pp. 550 y 551.

334 Es la aplicación del aforismo *Res inter alios acta aliis neque nocere neque prodesse potest*, recogido en el artículo 1.166 del Código Civil.

335 CSJ–CP 15–3–62, *G.O.* N° 760 Extra 23–3–62, p. 3–7/11–12. *V.* el artículo 215, ordinal 3 de la Constitución). En esa sentencia de la Corte Plena, ésta declaró con lugar el Recurso de Inconstitucionalidad basado en el ordinal 39 del artículo 215 de la Constitución, es decir, el Recurso de Inconstitucionalidad de las Leyes intentado por la Municipalidad del Distrito Federal contra la Ley Aprobatoria del contrato celebrado entre el Ejecutivo Nacional y el Banco de Venezuela sobre la prestación del servicio público de Tesorería, y la constitución de este último como Banco Auxiliar de la Tesorería.

nica de la Corte Suprema de Justicia establece la posibilidad de que se intenten "demandas de nulidad por ilegalidad o inconstitucionalidad", contra contratos o convenciones celebradas por la Administración Pública, "intentadas por personas extrañas a la relación contractual, pero que tengan un interés legítimo, personal y directo en la anulación del mismo". En casos en que dichos contratos "afecten un Interés general", la misma norma otorga legitimación para recurrir al Fiscal General de la República.

B. Los efectos entre las partes

a. El principio de la teoría civilista: el artículo 1.159 del Código Civil

Es noción fundamental de los efectos de los contratos, en el derecho civil, el dispositivo contenido en el artículo 1.159 del Código Civil, según el cual "los contratos tienen fuerza de ley entre las partes. No pueden revocarse sino por mutuo consentimiento o por las causas autorizadas por la ley".

Esta fórmula implica, principalmente, tres características del contrato en el derecho privado: En primer lugar, el carácter obligatorio del contrato en impide a las partes desligarse de sus obligaciones contractuales; en segundo lugar, la inmutabilidad del contrato, que por su "fuerza de ley entre las partes" no puede modificarse sino por mutuo consentimiento; y, por último, la irrevocabilidad unilateral del contrato, salvo por las causas que permita expresamente la ley.

b. El principio en la contratación administrativa

Si se analizan las tres características señaladas de los contratos regulados en el derecho privado, en relación con los contratos que celebra la Administración, en general resultan unos principios opuestos, derogatorios del derecho común.

a'. La fuerza obligatoria del contrato

Indudablemente que, como todo contrato, el contrato celebrado por la Administración tiene fuerza obligatoria entre las partes. De lo contrario no estaríamos en presencia de un negocio jurídico contractual. Sin embargo, el principio no es tan rígido y absoluto como lo es en el derecho civil, pues en ciertos casos, y previa indemnización, la Administración puede desligarse de sus obligaciones contractuales y rescindir unilateralmente el contrato sin que medie falta alguna de parte del co–contratante. El interés general que gestiona la Administración puede exigir en algunos casos, dicha rescisión.

b'. La mutabilidad del contrato

La inmutabilidad del contrato, base de las relaciones contractuales de derecho privado, tampoco tiene completa vigencia en los contratos de la Administración. En razón de sus prerrogativas derivadas de la gestión del interés público y de la finalidad de servicio público, y en razón de la mutabilidad de las exigencias del interés general, ella puede modificar hasta de una manera sustancial las condiciones de ejecución de los contratos que celebre, mediando, por supuesto, indemnización.

c'. La posibilidad de rescisión unilateral del contrato

La Administración, en razón de las consideraciones anteriormente señaladas, puede también rescindir unilateralmente el contrato, también mediando indemnización lo que está en abierta contradicción con el principio civilista ya enunciado.

Estas características someramente señaladas nos ponen de relieve, una vez más, la importancia del régimen jurídico de derecho público que siempre se aplica a los contratos de la Administración.

c. *Las relaciones entre las partes en la contratación administrativa*

Como en toda relación contractual, las relaciones jurídicas que de la contratación administrativa resultan, también están fundamentadas en recíprocas situaciones de poder y de deber, en las cuales se encuentran las partes contratantes. Estas situaciones de poder y de deber que se traducen en recíprocos derechos y obligaciones, vinculados unos a otros, por supuesto, en principio deben tener su fundamento en las cláusulas contractuales.

En la contratación administrativa, es decir, en los contratos que celebra la Administración, sin embargo, como hemos señalado, además de las cláusulas expresas del contrato por el carácter de los entes públicos contratantes y la finalidad de interés público que siempre está o puede estar envuelta en los contratos que celebren, se admite que existen ciertas cláusulas denominadas exorbitantes del derecho común, porque no se encuentran en los contratos suscritos por particulares.

Ya nos hemos referido a estas cláusulas y a la tesis de que las mismas se encuentran en un solo tipo de contrato celebrado por la Administración, los "contratos administrativos", lo cual incluso, se ha sostenido por reciente jurisprudencia de la Corte Suprema de Justicia, ante la necesidad de definir su competencia jurisdiccional conforme a lo establecido en el artículo 42, ordinal 14° de la Ley Orgánica que rige sus actuaciones.

En efecto, hasta la promulgación de esta Ley de 1976, el tema de la distinción entre contratos administrativos y contratos de derecho privado había sido preocupación de la Corte Suprema, para limitar, *motu proprio*, su competencia, y labor de la doctrina; después de 1976, el problema es de orden legal, derivado de una delimitación de las competencias jurisdiccionales, por lo que puede decirse que en todo conflicto en el cual esté envuelto un contrato de la Administración, inevitablemente surgirá el problema de su calificación como contrato administrativo o como contrato de derecho privado. Independientemente de los criterios que tradicionalmente manejó la doctrina, ya la Corte Suprema de Justicia ha tenido ocasión, recientemente, de insistir en los criterios de distinción: así lo hizo, por ejemplo, en sentencia de 11 de julio de 1983, que la misma Corte acota en sentencia de 11 de agosto de ese mismo año 1983, en la siguiente forma:

> "Para llegar a una clara identificación de los "contratos administrativos", al menos en nuestro derecho positivo, la Sala en la oportunidad dicha (sentencia del 11–7–83, expediente 2.471) partió de los orígenes mismos de esta teoría en la jurisprudencia francesa pionera en la materia, según la cual el criterio predominante de distinción se encontraba en la existencia de las llamadas "cláusulas exorbitantes" del derecho común en los contratos administrativos, considerando como tales las que consagraban en el convenio, a favor o aun en contra de la Administración, un régimen excepcional por comparación al de derecho privado. De esta forma, se estaría en presencia de un contrato administrativo cuando las partes –una de las cuales es siempre la Administración– han manifestado su voluntad de sustraerse al derecho común insertando cláusulas que lo deroguen (cláusulas "exorbitantes")".

"No obstante las ventajas de su simplicidad, que la hacían práctica, años más tarde la realidad puso a prueba esta tesis".

"Por su parte, la jurisprudencia venezolana de la época, apartándose de la francesa en la que predominaba el criterio de las cláusulas exorbitantes para identificar los contratos de naturaleza administrativa, volvió a centrar la teoría del contrato administrativo en la noción, abandonada en Francia, del servicio público como factor clave para la identificación de dichos contratos".

"Así una sentencia de la Corte Federal dictada el 12 de noviembre de 1954 contiene expresiones tales como "interés público", "prestación de utilidad pública" que resultan premonitorias del desarrollo ulterior de la jurisprudencia extranjera y especialmente francesa. En efecto, dos años después, una decisión del Consejo de Estado francés (20–1–1956), calificó como administrativo un contrato verbal celebrado entre la Administración y los esposos Bertin, en razón de que "encargaba" a los particulares de la "ejecución misma del servicio público"".

"La evolución de la teoría del contrato administrativo sucintamente narrada y el hecho evidente de su consagración legislativa en nuestro derecho positivo (artículo 42, ordinal 14 LOCSJ), conducen a la Corte a concluir en la existencia de negociaciones celebradas por las administraciones públicas que están sometidas a un régimen de derecho público del cual dimanan importantes consecuencias jurídicas, siendo una de las más resaltantes, como ya se ha dicho en este fallo, el órgano de competencia jurisdiccional para conocer de los litigios que se produzcan con motivo de tales negociaciones".

"Por esta circunstancia, no comparte la Sala criterio del autor patrio citado por los recurrentes acerca de que "la distinción entre contratos administrativos y contratos de derecho privado de la Administración está en la actualidad superada y ya no tiene interés jurídico"[336]. Para la Sala, la presencia de "cláusula exorbitante" en un contrato celebrado por la Administración Pública constituye índice evidente de la existencia de un contrato administrativo, pero ellas no hacen otra cosa que revelar la noción de interés general o colectivo que el servicio público entraña. En otras palabras, si bien las "cláusulas exorbitantes" son importantes para identificar un contrato administrativo, no obstante ante la ausencia de éstas en una negociación pública, la noción de servicio público, que lleva implícita la de interés general o colectivo, recobra su plena y absoluta vigencia. Si se trata de una negociación de este tipo, es decir, en la cual evidencia la presencia de cláusulas que desborden el ámbito del derecho común (cláusulas exorbitantes) o en las que prive el interés del servicio público en su realización, la competencia corresponde a los órganos de la jurisdicción contencioso-administrativa. En cambio, cuando la Administración Pública celebra convenios con los particulares en un plano de igualdad frente a éstos o que no sean determinantes para la realización del servicio público, el conocimiento de los litigios que pueden derivar de ellos compete a los órganos jurisdiccionales ordinarios".

"De allí que, antes como ahora, en nuestro derecho sigue siendo importante el contenido o la naturaleza de la negociación celebrada por la Administración para extraer el criterio diferenciador que determine el reparto jurisdiccional de competencias".[337]

Ahora bien, dada la necesidad legal de establecer una distinción entre contratos administrativos y contratos de derecho privado de la Administración, debe tenerse en cuenta que, sin duda, los criterios variarán en la jurisprudencia, pues sin una enumeración rígida, no será posible elaborar "el criterio" diferenciador[338]. En cuando a las cláusulas exorbitantes en todo caso, insistimos en que éstas serían de la naturaleza de los contratos administrativos, y que no tienen que estar expresas en el texto contrato, como desde

336 Se refiere al trabajo del autor citado en nota 48, Parte II de este libro.

337 *V.*, por ejemplo, la sentencia de la Corte Primera de lo Contencioso Administrativo de 9–8–84 en *Revista de Derecho Público*, Editorial Jurídica Venezolana, N° 16, Caracas, 1983, pp. 163 y 164.

338 *V.*, por ejemplo, la sentencia de la Corte Primera de lo Contencioso–Administrativo de 9–8–84 en *Revista de Derecho Público*, Editorial Jurídica Venezolana N° 20. Caracas, 1984, pp. 140 a 142.

siempre lo tiene establecido nuestra jurisprudencia[339], a pesar de lo indicado en la citada sentencia de la Corte Suprema de Justicia de 1983 al destacar la influencia de la doctrina francesa. Por tanto, no tienen carácter contractual sino que derivan de los poderes propios de la Administración, y hasta cierto punto no son causa de que un contrato sea administrativo, sino que son el efecto de que la Administración en un momento determinado, con base en su apreciación del interés público envuelto, interprete que en un contrato deben ejercerse estos poderes exorbitantes o prerrogativas que hacen, materialmente, que el contrato se convierta en "administrativo".

En todo caso, en las relaciones entre las partes en los contratos de la Administración, sea que estén o no expresas en el texto contractual, se destacan las siguientes situaciones: los poderes o prerrogativas de la Administración, y los derechos y deberes del contratista.

2. Las prerrogativas de la administración en la contratación administrativa

Hemos señalado que conforme a las cláusulas exorbitantes del derecho común, la Administración contratante tiene una serie de prerrogativas en la ejecución de los denominados contratos administrativos, que la antigua Corte Federal las ha calificado de "facultades para adoptar decisiones ejecutivas sobre el cumplimiento, inteligencia, rescisión y efectos del contrato"[340], a las que hay que agregar la facultad de control y dirección sobre la prestación objeto del contrato y la facultad de sancionar administrativamente los incumplimientos del co–contratante, también correspondientes a la Administración.

Como hemos dicho, estas prerrogativas son las que conforme a la jurisprudencia distinguen los contratos administrativos de los contratos de derecho privado de la Administración. Sin embargo, como son poderes de la Administración que tiene sin necesidad de previsión contractual expresa, es indudable que su ejercicio está latente cualquiera sea la finalidad inicial del contrato y cualquiera sea su naturaleza.

A. La facultad de dirección y control

La desigualdad jurídica en que se hallan las partes en el contrato administrativo y que está caracterizada por la situación de subordinación en que se encuentra el co–contratante de la Administración respecto a ella, trae como consecuencia la facultad de la autoridad administrativa de dirigir y controlar, inspeccionando y fiscalizando la marcha de la ejecución de las prestaciones objeto del contrato.

---

339 *V.*, por ejemplo, la sentencia de la antigua Corte Federal y de Casación de 5 de diciembre de 1945, citada en Allan R. Brewer–Carías, las Instituciones Fundamentales, *cit.*, p. 196. En igual sentido se ha pronunciado la Procuraduría General de la República en 1964 al sostener lo siguiente: "Todas esas consecuencia se traducen en prerrogativas o ventajas para la Administración, que ella conserva aun cuando no se expresen. En otras palabras, se conciben como implícitas en el contrato administrativo, son de la índole de éste, porque la Administración no puede desentenderse de ellos cuando gestiona, por la vía contractual ("ni por ninguna otra), un servicio público". *Doctrina PGR 1964*, Caracas, 1965, pp. 228 y 229.

340 *Idem.* En igual sentido, *Doctrina de la Consultaría Jurídica del Ministerio de Justicia. V.* en Allan R. Brewer–Carías, *Jurisprudencia de la Corte Suprema 1930–74* y *Estudios de derecho administrativo*, tomo III, Vol. II, Caracas, 1977, p. 626.

El co–contratante de la Administración, en cierto sentido es un colaborador de ésta en la consecución de la finalidad pública en miras de la cual se contrata. Por tanto, la Administración tiene el deber de dirigir y controlar a su co–contratante como tuteladora que es del interés general, pues éste, en fin de cuentas, persigue principalmente un interés privado al ejecutar la prestación de utilidad pública.

Pero esta facultad de la Administración no tiene la misma vigencia en todos los contratos administrativos: por ejemplo, en los contratos de empréstito público, en que el co–contratante de la Administración no realiza generalmente una prestación continua, sino por una sola vez, y en los cuales la ejecución posterior queda como obligación de la Administración de restituir, el poder de dirección y control no juega prácticamente ningún papel.

En otros casos, sin embargo, el co–contratante de la Administración debe acatar las órdenes de ésta en cuanto a la ejecución de las prestaciones a que está obligado. Así resulta, por ejemplo, de lo previsto en el Decreto N° 1.821 de 1991 sobre las Condiciones Generales de Contratación para la ejecución de obras. Allí, por ejemplo, se establece que "el ente contratante ejercerá el control y fiscalización de los trabajos que realice el contratista para la ejecución de la obra" (artículo 40) y se regulan detalladamente las consecuencias de la inspección de los trabajos (artículos 40 a 44) y las atribuciones del Ingeniero Inspector (artículos 45 a 52).

B. La facultad de sancionar administrativamente el incumplimiento del co–contratante

La facultad de dirección y control conlleva la de sancionar administrativamente el incumplimiento del co–contratante a sus obligaciones contractuales, pues es la forma lógica como puede la Administración constreñir a su co–contratante al cumplimiento estricto del contrato. Representa esta facultad uno de los rasgos más característicos de la relación de subordinación en que se encuentra el co–contratante frente a la Administración[341].

Las sanciones que puede imponer el Estado en este respecto pueden ser pecuniarias o coercitivas. Respecto a las sanciones pecuniarias, éstas están representadas por multas administrativas previstas en leyes o reglamentos.

Sin embargo, en virtud del principio general de que el incumplimiento de las obligaciones contractuales acarrea la responsabilidad por daños y perjuicios por parte del contraventor[342], es práctica de la Administración fijar, en el momento de conclusión del contrato, el monto de los daños y perjuicios que deba pagar el co–contratante, por la inejecución de su obligación o por el retardo en la ejecución. Entonces, en estos casos de contratos de la Administración con cláusula penal[343] ésta puede ejecutivamente pedir el cumplimiento de lo debido, al co–contratante.

---

341 *V.* Sentencia de la Corte Federal y de Casación de 5–12–44, en *Memoria 1945*, tomo I, p. 290.

342 Artículos 1.264 y 1.271 del Código Civil.

343 Artículo 1.258, Código Civil. La cláusula penal, evidentemente, libera a la Administración de la obligación de probar los daños sufridos y su valor en dinero; por su parte, el contratista, con ella, sabe anticipadamente a cuánto alcanza la indemnización debida por incumplimiento. *V.* la sentencia de la antigua Corte Federal y de Casación en Sala Federal de 17 de marzo de 1951, *cit.*, en Allan R. Brewer–Carías, *Las Instituciones Fundamentales...*, *cit.*, p. 198.

Cuando no se especifica nada en el contrato sobre los daños y perjuicios, la Administración no puede imponer ejecutivamente, y sin intervención de la autoridad judicial, sanciones pecuniarias por daños y perjuicios, sin incurrir en una ilegalidad. Sí puede imponer la multa administrativa por infracción de la ley cometida por el co–contratante, pero no puede imponer otra sanción no prevista por ella.

De ahí la gran diferencia legal y de principio que la antigua Corte Federal y de Casación ha señalado, entre la multa por infracción de ley y la reparación del daño que esa infracción puede ocasionar[344] En la primera, cuyos límites mínimo y máximo fija el legislador y no las partes contratantes, se incurre, aun cuando la violación de la norma no hubiere causado el más leve daño, pues se trata de una medida disciplinaria que garantiza el sometimiento y respeto a la ley. En cambio, carecería de razón lógica, de fundamento legal, de causa justa, la reparación de un daño que no se ha ocasionado. Debe, pues, existir el daño para que surja el derecho de pedir reparación y procesalmente debe probarse para que pueda prosperar la acción respectiva.

Por tanto, si no hay cláusula penal en el contrato, la Administración, para exigir el pago de daños y perjuicios debe demandarlos ante la autoridad judicial y no puede imponerlos directa y unilateralmente al co contratante.

Por otra parte, ha señalado también la antigua Corte Federal y de Casación [345] que la Administración no puede apropiarse ejecutivamente de la garantía dada por el co–contratante para el cumplimiento de las obligaciones que le impone el contrato, cuando por la infracción de una norma legal el co–contratante ya ha satisfecho la multa administrativa correspondiente a su infracción. Tampoco puede la Administración apropiarse, en ausencia de cláusula penal, de la garantía dada por el co–contratante bajo el pretexto de daños y perjuicios, sino cuando han sido estimados por la autoridad judicial.

En cuanto a la previsión de estas sanciones como cláusula penal, debe destacarse que el Decreto N° 1.821 de 30 de agosto de 1991 mediante el cual se dictaron las Condiciones Generales de contratación para la ejecución de obras, por ejemplo, establece que "si el contratista no comenzare los trabajos dentro del plazo estipulado en el Documento Principal o durante la prórroga si la hubiere, pagará al ente contratante, sin necesidad de requerimiento alguno, por concepto de cláusula penal, por cada día de retraso en el inicio, la cantidad que señale el Documento Principal" (artículo 18). En igual sentido, respecto del incumplimiento del plazo para la terminación de los trabajos, también se prevé la necesaria indicación de una cláusula penal representada en una cantidad por cada día de retraso (artículo 93).

Pero además de las sanciones pecuniarias, la Administración puede imponer sanciones coercitivas, pero por causas más graves.

Por ejemplo, en algunos supuestos de incumplimiento por parte del contratista, la Administración puede sustituirlo en la ejecución de sus obligaciones por un tercero o por ella misma, o proceder a la ejecución en forma subsidiaria. Así se establece en el Decreto N° 1.821 de 30 de agosto de 1991 que establece las cláusulas de Condiciones Generales de Contratación para la ejecución de obras, en diversos supuestos. Por ejemplo, si el contratista se negase a reparar o reconstruir una obra defectuosa o no lo hace oportunamente, "el ente público podrá hacerlo con sus propios elementos o con los del contratista o encomendar esas reparaciones o reconstrucciones a terceras personas"

---

344 CFC–SF–17–3–52 en *Gaceta Forense* N° 10, 1952, pp. 155–156
345 *Idem.*

(artículos 74, 98, 102 y 110). Asimismo, si después de realizada la recepción definitiva de la obra, o de que se tenga por realizada dicha recepción conforme a lo previsto en el artículo 113, y dentro del plazo que establece el artículo 1.637 del Código Civil, se comprueba fehacientemente la existencia de algún vicio o defecto en la obra, imputable al Contratista, éste debe hacer a sus expensas las correcciones necesarias. Sin embargo, si el Contratista no comenzare a ejecutar en debida forma las reparaciones o construcciones necesarias para corregir la obra, dentro del término de treinta (30) días después de la participación escrita que se le haya hecho conforme al artículo 114 de las referidas cláusulas, el ente contratante podrá hacer dichas reparaciones o reconstrucciones con sus propios elementos o podrá encomendárselas a terceras personas. En estos casos, el Contratista deberá pagar al ente contratante los gastos ocasionados por tales trabajos y tendrá derecho a solicitar del ente contratante una comprobación de esos gastos.

Pero, entre las sanciones más graves que la Administración puede imponer al incumplimiento de las obligaciones del co–contratante, se destaca la rescisión unilateral del contrato. Si es una prerrogativa, como ha sostenido la jurisprudencia, la posibilidad por parte de la Administración de rescindir un contrato administrativo, aun cuando no haya falta por parte del co–contratante, con mayor razón esa potestad es real en los casos de falta del co–contratante por incumplimiento de sus obligaciones contractuales.

Expresamente, sin embargo, se prevé la posibilidad de la rescisión unilateral por incumplimiento, en diversas disposiciones legales y reglamentarias. Entre estas últimas destaca, en efecto, el Decreto N° 1.821 de 1991, contentivo de las Condiciones Generales de contratación, y que prevé la posibilidad para el ente contratante de "rescindir unilateralmente el contrato" en cualquier momento cuando se produzcan algunas de las siguientes "faltas del contratista" enumeradas en el artículo 119:

a) Ejecute los trabajos en desacuerdo con el Contrato o los efectúe en tal forma que no le sea posible concluir la obra en el término señalado.

b) Acuerde la disolución o liquidación de su empresa; solicite se le declare judicialmente en estado de atraso o de quiebra, o cuando alguna de esas circunstancias haya sido declarada judicialmente.

c) Ceda o traspase el Contrato, sin la previa autorización del Ente Contratante, dada por escrito.

d) No comience los trabajos en el plazo establecido en el Documento Principal o en el de la prórroga si la hubiere.

e) Interrumpa los trabajos por más de cinco (5) días hábiles sin causa justificada.

f) Cometa errores u omisiones de carácter grave en la ejecución de los trabajos.

g) Haya sido objeto de sanciones por parte de las autoridades del Ministerio del Trabajo, el Instituto Venezolano de los Seguros Sociales o del Instituto Nacional de Cooperación Educativa, por incumplimiento de las leyes y reglamentos que rigen las materias que les competen.

h) Esté ejecutando los trabajos en contravención de las disposiciones de la Ley del Ejercicio de la Ingeniería, la Arquitectura y Profesiones Afines.

i) Haya obtenido el Contrato mediante tráfico de influencias, sobornos, suministro de datos falsos, concusión, comisiones o regalos o haber empleado tales medios para obtener beneficios con ocasión del Contrato, siempre que esto se compruebe mediante la averiguación administrativa o judicial que al efecto se practique.

j) No mantenga al frente de la obra a un Ingeniero Residente de acuerdo a lo establecido en el artículo 21 de este Decreto.

k) Cometa cualquier otra falta o incumplimiento de las obligaciones que le impone el Contrato, a juicio del Ente Contratante.

l) Cuando no presentare la Fianza de daños a terceros conforme a lo establecido en el artículo 75 de este Decreto.

En estos casos, cuando el ente contratante acuerde rescindir unilateralmente el contrato por haber incurrido el contratista en alguna o algunas de las causales antes indicadas, lo debe participar por escrito a éste y a los garantes y cesionarios si los hubiere (artículo 120).

Por último, debemos señalar que la sanción por el incumplimiento del co–contratante de sus obligaciones exige, como principio de equidad, la constitución en mora del co–contratante, sea por vencimiento del plazo o sea por requerimiento[346].

C. La facultad de modificar unilateralmente el contrato

Hemos señalado que en el campo del derecho privado, es absoluto el axioma de la inmutabilidad de las convenciones, de manera que lo que el *mutuus consensus* ha formado, sólo el *mutuas disensus* puede variar o alterar: ninguno de los contratantes puede unilateralmente modificar el contrato sin el concurso y acuerdo del otro[347].

Ahora bien, indudablemente que, como todo contrato, el contrato suscrito por la Administración tiene fuerza obligatoria entre las partes, pues de lo contrario no se estaría en presencia de un negocio jurídico contractual. Sin embargo, en los llamados contratos administrativos, la Administración no está ligada de una manera tan absoluta como lo están los particulares en los contratos civiles, pues ella dispone, al menos bajo ciertas formas y en ciertas condiciones, "si no la facultad de modificar las disposiciones del contrato de una manera general, absoluta y discrecional, al menos de un poder de intervención unilateral[348].

Es decir, en los contratos administrativos, como hemos dicho, el principio no es tan rígido como lo es en el derecho civil, pues en ciertos casos, y mediando indemnización, la Administración puede desligarse de sus obligaciones contractuales y rescindir unilateralmente el contrato sin que haya falta alguna de parte del contratante, así como modificar unilateralmente las condiciones de ejecución del mismo. Sin embargo, la existencia de ese poder de la Administración no significa que el contrato no obligue a la Administración, y no tenga fuerza obligatoria sino para el particular co–contratante; al contrario, implica que el principio fundamental del derecho privado, de la inmutabilidad contractual, no se aplica a los contratos llamados administrativos con las mismas consecuencias generales y absolutas[349].

---

346 Artículo 1.269 del Código Civil.

347 *Cfr.* M. A. Bercaitz, *Teoría de los contratos administrativos*, Buenos Aires, 1952, p. 298; M. A. Flamme: "Los contratos de obras públicas de la Administración", en *Revista de Administración Pública*, N° 21, Madrid, 1956, p. 82.

348 *V.* André de Laubadère: "Du pouvoir de l'Administration d'imposer unilatéralement des changements aux dispositions des contrats administratifs", en *Revue de Droit Public et de la Science Politique*, Paris. 1954, p. 56.

349 *Cfr.* André de Laubadère: *Traité Théorique et Pratique des Contrats Administratifs*, tomo II, 1956, pp. 331 y 332.

Estos principios han sido admitidos expresamente por la doctrina[350] y jurisprudencia venezolanas; y, en efecto, la antigua Corte Federal y de Casación, en sentencia de 5 de diciembre de 1944, ha expresado que:

> "En el contrato administrativo de obra pública, como en todos los que interesan a un servicio público, la parte representada por la autoridad administrativa no está obligada inflexiblemente por la regla de derecho privado de la intangibilidad de los contratos; sin necesidad de acuerdo previo con la otra parte, tiene el derecho de introducir modificaciones en el plan de la obra, en sus planos, en los medios de ejecución y en esta misma, aumentándola o disminuyéndola dentro de ciertos límites que no la desnaturalicen, y aun desistir de ella"[351].

En definitiva, si en los contratos llamados administrativos rige la regla de la mutabilidad de las condiciones de ejecución por parte de la Administración, no sólo no ligan a ésta como podría suceder en los contratos civiles, sino que "la situación individual del derecho de los particulares (co–contratantes) es menos estable que la situación individual nacida de los contratos civiles"[352].

Ahora bien, el fundamento de esta facultad de modificación unilateral radica en las exigencias del interés general de la comunidad, que son variables, por lo cual, en el curso de la ejecución de un contrato puede surgir la necesidad de introducir variaciones en las obligaciones contraídas por el co–contratante en el acto de conclusión del contrato[353].

Si se admitiese la intangibilidad del contrato, ello "sería perjudicial a los intereses colectivos, pues fácilmente se comprende los perjuicios que habría si la Administración necesitare de acuerdos previos con el contratista para introducir modificaciones en contratos que por su naturaleza y finalidad deben estar en todo momento sometidos a rectificaciones y mejoras que el mismo interés público aconseja, así sea en los planos como en los trabajos o en los medios de ejecución"[354].

Dada la naturaleza de este poder, y el interés general envuelto, se le ha llegado a considerar como de orden público, no pudiendo la Administración renunciar a ejercerlo[355]. Por otra parte, expresamente la doctrina[356] y la jurisprudencia han reconocido el dere-

---

350 *Cfr.* Eloy Lares Martínez, *Manual de Derecho Administrativo.* Caracas, 1963, p. 215; Allan R. Brewer–Carías, *Las Instituciones Fundamentales del Derecho Administrativo y la Jurisprudencia Venezolana, cit.*, pp. 192 y 193. *V.*, asimismo, Allan R. Brewer–Carías: "Los contratos de la Administración en la doctrina de la Procuraduría General de la República", en *Revista de la Facultad de Derecho*, N° 31. Caracas, pp. 276 y 277.

351 *V. Memoria 1945*, tomo I, p. 290. *Cfr.* Sentencia de la antigua Corte Federal de 12 de noviembre de 1954, en *Gaceta Forense* N° 6, 1954, Caracas, pp. 193 y ss.

352 *V.* Sentencia de la antigua Corte Federal de 12 de noviembre de 1954, en *Gaceta Forense*, N° 6, 1954, Caracas, p. 193.

353 *Cfr.* Eloy Lares Martínez, *Manual de Derecho Administrativo, cit.*, p. 215.

354 *V.* Sentencia de la antigua Corte Federal y de Casación de 5 de diciembre de 1944, en Allan R. Brewer–Carías: "Los Contratos Administrativos en la Jurisprudencia Administrativa venezolana", en *Revista de la Facultad de Derecho*, N° 26, 1963, pp. 135 y 136.

355 *Cfr.* Gastón Jèze, *Principios Generales del Derecho Administrativo*, tomo IV. Buenos Aires, 1950, pp. 235 y 254.

356 *Cfr.* A. de Laubadère, "Du pouvoir de l'Administration d'imposer unilatéralement des changement aux disposition des contrats administratifs", *loc. cit.*, p. 40; M. A. Bergaitz: *Teoría general de los contratos administrativos, cit.*, pp. 281 y 305; M. Waline, *Droit administratifs*, Paris, 1963, p. 605; J. Rivero, *Droit administratif*, Paris, 1962, p. 108; M. Gaetano, *Tratado elemental de Derecho Administrativo*, Santiago de Compostela, p. 387; G. Jèze, *Principios Generales del Derecho Administrativo, cit.*, tomo IV, p. 254; E. Sayagués Laso, *Tratado de Derecho Administrativo*, tomo II, Montevideo, 1959, p. 103; Eloy Lares Martínez, *Manual de Derecho Administrativo, cit.* p. 215.

cho de la Administración a introducir esos cambios "sin que sea necesario que se hayan previsto esas facultades en cláusulas expresas del contrato"[357].

Ahora bien, si todo cuanto queda dicho rige como principio indubitable en los contratos llamados administrativos[358], en forma especial se aplica a los contratos administrativos de obras públicas[359]. En ello están conformes los diversos sistemas del derecho comparado[360], y aun los autores que dudan de la validez general del principio [361]. De ahí que la jurisprudencia de la antigua Corte Federal haya señalado que "tratándose de contratos de obras públicas, como un puerto, una carretera, la Administración puede, para dar mayor satisfacción a las necesidades colectivas, modificar en más o en menos las cantidades de trabajo a efectuar por el contratista"[362]; y ello, porque la Administración es el *maitre de l'ouvrage*, y como consecuencia, tiene siempre el poder de señalar unilateralmente la concepción y la organización de la obra[363].

Ahora bien, sentado lo anterior es indispensable señalar que cuando se habla de las modificaciones unilaterales al contrato administrativo, no se incluyen todas las medidas dictadas por autoridades públicas susceptibles de repercutir y entrañar cambios en la situación del co–contratante.

En efecto, en la doctrina se ha hecho distinción respecto a las diversas modificaciones indirectas que puedan resultar para la situación de los contratantes provenientes de múltiples medidas legislativas, reglamentarias o individuales susceptibles de ser pronunciadas por el poder público.

Estas intervenciones, sean cuales fueren sus repercusiones sobre los contratos administrativos, no deben ser indiferentemente enmarcadas dentro del ejercicio del poder de modificación unilateral[364]. De ahí que dejemos para su análisis posterior las medidas tomadas por una autoridad pública distinta de la Administración contratante[365], así como las medidas tomadas por ésta cuando no tienen por objeto directo el modificar el contrato, aun cuando lo afecten indirectamente.

Dicho esto, y con referencia específica a los contratos de obras públicas [366]vamos a analizar previamente las diversas modalidades que pueden revestir las modificaciones introducidas al contrato, para luego precisar los límites de ese poder de modificación unilateral.

---

357 *V.* sentencia de la antigua Corte Federal de 5 de diciembre de 1944, en Allan R. Brewer–Carías: "Los contratos administrativos en la jurisprudencia administrativa venezolana", *loc. cit.*, p. 136.

358 *V.* cf. 12–11–54, en *Gaceta Forense* N° 6, 1954, pp. 191–192.

359 *Cfr.* P. L. Josse: "Marché de travaux publics", en *Repertoire de Droit Public et administratif.* Dalloz, tomo II, París, 1959, p. 356.

360 *Cfr.* M.A. Flamme: *Los contratos de obras públicas en la Administracion, loc. cit.*, p. 81.

361 *V.* L'Huilier: "Les contrats administratifs tiennement–ils lien de loi á l'admi nistration", en *Chroniques*, Dalloz, 1953, pp. 87 y ss.

362 *V.* Sentencia de 5 de diciembre de 1944, en *Memoria 1945*, tomo I, p. 285.

363 *Cfr.* A. de Laubadère: "Du pouvoir de l'Administration d'imnoser unilatéralement des changements aux dispositions des contrats administratifs", *loc. cit.*, p. 61; A. de Laubadère, *Traité Théorique et Pratique des Contrats Administratifs*, tomo II, Paris, 1956, p. 337.

364 *Cfr.* A. de Laubadère: "Du pouvoir de l'Administration d'imposer unilatéralement des changements aux disposition des contrats administratifs", *loc. cit.*, p. 52.

365 *V.* Allan R. Brewer–Carías, *Las instituciones fundamentales del Derecho Administrativo*, *cit.*, p. 209.

366 *V.* Allan R. Brewer–Carías, "La facultad de la Administración de modificar unilateralmente los contratos administrativos con especial referencia a los contratos de obras públicas en el Derecho venezolano", en *Revista de Derecho Español y Americano*, N° 19, Madrid, 1968, p. 1–17.

a. Las modificaciones unilaterales en los contratos de obras públicas

Hemos señalado anteriormente que durante la ejecución de los contratos de obras públicas la Administración puede imponer unilateralmente al contratista ciertas modificaciones en las condiciones iniciales de la obra tal como habían sido previstas en el contrato.

Estos cambios pueden concernir a las modalidades de ejecución, al objeto mismo del contrato (aumento o disminución de volumen de trabajos) o a la cesación definitiva de los trabajos. Siendo este último supuesto una modalidad de otra prerrogativa de la Administración Pública en los contratos administrativos (el poder de rescisión unilateral), el análisis de las modificaciones unilaterales a los contratos de obras públicas se hará sólo bajo dos ángulos: las modificaciones cualitativas y las modificaciones cuantitativas de la obra, ya que, en efecto, tal como lo ha señalado la Procuraduría General de la República, "si bien en los contratos de obras públicas se contrata generalmente una cantidad de obra determinada, ello no impide la realización, durante la ejecución de las obras por parte del contratista, de obras extras no previstas cualitativa o cuantitativamente en el contrato original. Estas obras extra pueden ser de dos tipos: obras extras, porque el contratista haya tenido que ejecutar mayor cantidad que la prevista cualitativamente, y obras extras porque el contratista haya tenido que ejecutar obras no previstas ni cualitativa ni cuantitativamente"[367].

En todo caso, esta potestad fue consagrada expresamente en las Condiciones Generales de Contratación para la ejecución de obras (Decreto número 1.821 de 39–8–91) en la forma siguiente:

> "*Artículo 32*. El Ente Contratante podrá, antes o después de iniciada la ejecución de la obra, introducir en ella los cambios o modificaciones que estime convenientes, debiendo notificarse de ello a los garantes. Él Ente Contratante podrá otorgar un anticipo especial para financiar al Contratista dichos cambios o modificaciones y su devolución se verificará en la oportunidad del pago de las valuaciones correspondientes".

a'. Las modificaciones cuantitativas a la obra (aumento o disminución de la cantidad de obras previstas)

Ahora bien, en primer lugar, como se ha visto, la modificación unilateral puede consistir en el aumento o disminución de las cantidades de obras que debe ejecutar el co–contratante en relación a la prevista originalmente. Esta posibilidad, aun cuando sometida a ciertos límites que se analizarán más adelante, es la regla general en los contratos de obras públicas, ya que las cantidades originales previstas se señalan como simplemente estimativas[368]. En este sentido, en las cláusulas de Condiciones Generales de los Contratos de Obras Públicas conforme al Decreto N° 1.821 de 1991, se prevé que el presupuesto original puede variar por aumentos o disminuciones de cantidad de obra (artículo 61). Además, se tendrán como aumentos o disminuciones las variaciones que se presentaren en las cantidades de obra de las partidas del presupuesto original, ocasionadas por errores en los cómputos métricos originales o por modificaciones de la obra autorizada por el ente público (artículo 68).

---

367 *V.* Oficio de la Procuraduría General de la República, Sección de asesoría del Estado, N° 317, de 10 de febrero de 1966.

368 *Cfr.* Eloy Lares Martínez, *Manual de Derecho Administrativo*, *cit.*, p. 247.

En todo caso, el pago de los aumentos de obra debe efectuarse teniendo como base los precios unitarios respectivos del presupuesto original (artículo 69).

De acuerdo a lo anterior, resulta evidente que la razón de la existencia de presupuestos cuantitativos en la ejecución de obras públicas, dado que las cantidades pueden modificarse por ser las originales simplemente estimativas, resulta que constituyen el único medio de provocar ofertas comparables a los efectos de la adjudicación del contrato[369].

b'. Las modificaciones cualitativas a la obra

Pero las modificaciones al contrato de obra pública pueden incidir no sólo en las cantidades de obra a ejecutar, que puede aumentar o disminuir, sino en las cualidades de la obra, sea porque se modifiquen las modalidades de ejecución, o sea porque se establezcan obras adicionales o complementarias.

En efecto, la Administración puede, en primer lugar, introducir modificaciones en las modalidades de ejecución de la obra, ya que estas modificaciones tendrían siempre alguna relación con las obras que son objeto del contrato. Por otra parte, la Administración puede imponer la realización de obras complementarias si éstas lo son de la obra objeto del contrato, con ese carácter, es decir, puede imponer la realización de obras no previstas, pero que no le son totalmente extrañas a la obra contratada.

Esta posibilidad también es aceptada por las cláusulas de Condiciones Generales de los Contratos de Obras Públicas, al preverse que las variaciones del presupuesto original de la obra puede consistir en obras adicionales. Así se establece en el artículo 61 del Decreto 1.821 de 1991. Estas cláusulas establecen, además, que se consideran obras adicionales aquellas cuyos precios unitarios no hubieren sido previstos en el presupuesto original del contrato, y podrán ser: a) Obras extras: las comprendidas en los planos y especificaciones, pero omitidas en los cómputos originales; b) Obras complementarias: aquellas que no fueron señaladas en los planos y especificaciones particulares ni en los cómputos originales, pero cuya ejecución es necesaria para la construcción y el cabal funcionamiento de la obra; y c) Nuevas Obras: las modificaciones de la obra ordenadas por el ente contratante (artículo 71).

En todo caso, se prevé que antes de procederse a la ejecución de obras adicionales el ente contratante deberá contar con las disponibilidades presupuestarias que permitan su ejecución. En todo caso, se requerirá la aprobación del Órgano Contralor a los efectos de que sean determinados los precios unitarios (artículo 72)[370].

b. Los límites del poder de modificación unilateral

Si bien, como se ha dicho, la Administración goza de un amplio poder de modificación unilateral de los contratos administrativos, el ejercicio de ese poder no es ilimitado, absoluto y discrecional[371], sino que, al contrario, está sometido a diversos límites de carácter general, de carácter contractual y derivados de los principios generales que informan la contratación administrativa.

369 *Cfr.* M. A. Flamme, "Los contratos de obras públicas de la Administración", *loc. cit.*, p. 99.

370 Las modificaciones a los contratos que impliquen compromisos financieros deben ser sometidas a la aprobación de la Contraloría General de la República. *V. CGR Dictámenes de la Consultoría Jurídica 1936–1963*, tomo I, p. 268 y tomo III, p. 74.

371 *Cfr.* A. de Laubadère, "Du pouvoir de l'Administration d'imposer unilatéralement des chagements aux dispositions des contrats administratifs", *loc. cit.*, p. 56.

a'. Límites generales

En efecto, el primer elemento de limitación proviene de la aplicación del principio general de la legalidad administrativa. Todo acto administrativo de imposición de una modificación unilateral a un contrato administrativo "debe ceñirse a reglas o normas preestablecidas; de ahí el principio de la legalidad de los actos administrativos, según el cual éstos carecen de vida jurídica no sólo cuando les falta como fuente primaria un texto legal, sino también cuando no son ejecutados en los límites y dentro del marco señalado de antemano por la ley"[372]. Tal como lo señala A. de Laubadère, puede suceder, en efecto, que ciertas reglas del régimen jurídico de un contrato administrativo hayan sido establecidas por textos legales o reglamentarios; en estos casos, la Administración no puede pretender modificar esas reglas sin violar el principio de la legalidad[373].

Por otra parte, y dada la naturaleza del poder de modificación unilateral, todo cambio en la ejecución de un contrato administrativo debe responder a la vez a un cambio en las circunstancias tenidas en cuenta al concluirse el contrato. Por tanto, el poder de imponer modificaciones unilaterales no puede ser consecuencia del ejercicio de una facultad discrecional, sino que su ejercicio está ligado a la realización de determinadas condiciones que lo justifiquen, es decir, suponen algunos cambios de circunstancias que justifican su ejercicio[374].

Por otra parte, si bien, como queda dicho, el ejercicio del poder de modificación unilateral supone un cambio de circunstancias que lo motiven, en la apreciación de dicho cambio y de dichas circunstancias, la Administración, aun cuando goza de cierta libertad, no puede cometer arbitrariedades. Es decir, la posible libertad de apreciación de los cambios de circunstancias se encuentra asimismo limitada por todos los límites impuestos al ejercicio del poder discrecional y, concretamente, por los derivados de los principios de racionalidad, justicia, igualdad y proporcionalidad[375].

b'. Los límites contractuales

Pero, además de los límites generales señalados anteriormente, el poder de modificación unilateral está sometido a diversas limitaciones derivadas del contrato mismo. En efecto, y en primer lugar, "la Administración deberá respetar las limitaciones previstas en el contrato acerca del derecho de introducir cambios en las condiciones de la obra fijadas en los planos y en el pliego de condiciones"[376].

Por otra parte, las modificaciones sólo pueden versar sobre las disposiciones que "interesan al servicio", es decir, la construcción de la obra pública[377], cuando son exigidas

---

372 *V.* Sentencias de la antigua Corte Federal de 17 de julio de 1953 y de 23 de octubre de 1953, en Allan R. Brewer–Carías, "Algunas bases del Derecho Público en la Jurisprudencia Venezolana", en *Revista de la Facultad de Derecho*, N° 27, Caracas, 1963, p. 145; asimismo en *Gaceta Forense*, 2° Etapa, N° 1, 1953, p. 151, y N° 2, 1953, p. 64.

373 *Cfr.* A. de Laubadère, *Traité Théorique et Pratique des Contrats Administratifs*, *cit.*, tomo II, p. 338.

374 *Cfr.* Jean Rivero, *Droit administratif*, *cit.*, p. 108; André de Laubadère. *Traité théorique pratique des contrats administratifs*, *cit.*, tomo II, pp. 30 y 336.

375 *V.* Allan R. Brewer–Carías, "Los límites del poder discrecional de las autoridades administrativas", en *Ponencias Venezolanas al VII Congreso Internacional de Derecho Comparado*, Uppsala, agosto de 1966, Caracas, 1966; pp. 255 a 279.

376 *V.* Eloy Lares Martínez, *Manual de Derecho Administrativo*, *cit.*, p. 246.

377 *Cfr.* André de Laubadère, *Traité Théorique et Pratique des Contrats Administratifs*, *cit.*, tomo II, pp. 387 y 388; Long Weil y Praibant, *Les Grands Arrêts de la Jurisprudence Administrative*, Paris, 1962, p. 35.

estrictamente por el interés público[378]. De aquí que se señale que esta limitación al poder de modificación unilateral deriva de su propio fundamento, es decir, de la necesidad de asegurar el funcionamiento regular y continúo de los servicios públicos por su adaptación incesante a las necesidades que hay que satisfacer. También, a menos de cometer una desviación de poder, la Administración no puede ordenar otras modificaciones que las que tienen "una causa jurídica de adaptación contractual, a saber, el mismo servicio público", o la obra pública[379].

Por otra parte, otra limitación contractual importante al poder de modificación unilateral está en el propio objeto sobre el cual el contratista se ha comprometido a aportar su concurso. Resolverlo de otro modo equivaldría a sacrificar el interés legítimo del contratista, y no ya solamente a colocarlo después del interés general[380]. En efecto, en los contratos administrativos la Administración y los co–contratantes han concluido el contrato, teniendo un determinado objeto, por lo que la Administración no puede pretender imponerle una modificación que conduzca a desnaturalizar el contrato, dándole así un objeto nuevo, diferente a aquél que ha sido precisado por la común intención de las partes.[381] Esto no sería modificar la obra, sino ordenar una obra diferente.

En este sentido, la antigua Corte Federal y de Casación ha señalado que el poder de modificación unilateral no puede implicar "que los cambios o rectificaciones sean de tal magnitud que desnaturalicen o cambien sustancialmente la obra o el servicio contratados, porque en estos casos, aunque siempre se trate del ejercicio de un derecho, no de incumplimiento culpable de la Administración Pública, se reconoce al contratista el derecho de solicitar prórrogas y compensaciones y aun a la rescisión del contrato"[382]. Es decir, el objeto del contrato impide las modificaciones que alteren la esencia o sustancia de éste, tal como había sido inicialmente apreciado por las partes[383].

En esta forma, las obras nuevas o las obras ajenas a la obra contratada desnaturalizan el contrato. Esto es lógico porque tales obras, siendo extrañas a la obra objeto del contrato, no pueden considerarse modificaciones de ésta. Ocurre algo distinto, como se ha visto, con las obras imprevistas, suplementarias y complementarias, las cuales sí pueden ser ordenadas por la Administración[384]. En todo caso, el determinar en un supuesto concreto si se trata de una obra nueva o de una obra complementaria, imprevista o suplementaria, frecuentemente crea dificultades, porque la cuestión resulta dudosa.

En efecto, no toda prescripción de trabajo suplementario (obras extras cualitativamente) constituye forzosamente, una obra nueva distinta de la prevista originalmente. Es necesario entonces distinguir la obra nueva de otros tipos de trabajos, que aun cuando

---

378 *Cfr.* M. Caetano, *Tratado Elemental de Derecho Administrativo*, *cit.*, p. 384.

379 *Cfr.* M. A. Flamme, "Los contratos de Obras Públicas de la Administración", *loc. cit.*, p. 84.

380 *Cfr.* M. A. Flamme, "Los contratos de Obras Públicas de la Administración", *loc. cit.*, p. 84.

381 *Cfr.* André de Laubadère, *Traité Théorique et Pratique des Contrats Administratifs*, *cit.*, tomo II, p. 339 y 389.

382 *V.* Sentencia del 5 de diciembre de 1944, en *Memoria 1945*, tomo I, p. 285.

383 *Cfr.* André de Laubadère, *Traité Théorique et Pratique des Contrats Administratifs*, *cit.*, tomo II, p. 388; A. Saramitre, "Los contratos administrativos de obras públicas", en *Revista de Administración Pública*, N° 21, Madrid, 1956, p. 326; G. Vedel, *Droit Administratifs*, tomo II, París, p. 604; Conclusiones aprobadas por el X Congreso Internacional le Ciencias Administrativas en relación al tema "Los contratos de obras pública de la Administración", en *Revista de Administración Pública*, N° 21, Madrid, 1956, p. 127. *V.*, asimismo, la sentencia de la antigua Corte Federal de 12 de noviembre de 1954, en Allan R. Brewer–Carías, "Los contratos administrativos en la jurisprudencia administrativa venezolana", loc. *cit.*, p. 148.

384 *Cfr.* E. Sayagués Laso, *Tratado de Derecho Administrativo*, *cit.*, tomo II, p. 104; M. B. Bercaitz, *Teoría general de los contratos administrativos*, *cit.*, p. 305.

no figuran en el contrato, pueden ser impuestos al contratista, como las obras no previstas y los trabajos complementarios o suplementarios. La obra nueva que escapa de las posibilidades del poder de modificación unilateral es entonces aquella que es extraña por su objeto al trabajo previsto en el contrato, sin ninguna relación con éste, o "aquella obra que, aunque prevista en el contrato, debe ser ejecutada en condiciones enteramente nuevas y diferentes de las previstas originalmente"[385]. El Consejo de Estado francés, para calificar estas obras, emplea expresiones como "trabajos extraños al objeto del contrato", "trabajo que no puede ser visto como formando parte de la ejecución del contrato concluido", "o que no se parece en nada al que había sido previsto"[386].

En cambio, la obra no prevista es aquella que, aun cuando no figuraba en el contrato, no le es enteramente extraña, o también "aquella que, aunque prevista, la Administración prescribe condiciones de ejecución diferentes, sin que estas condiciones nuevas trastornen la economía del contrato"[387]. Por tanto, tal como se ha visto anteriormente, es posible introducir modificaciones a los contratos administra–tivos de obras públicas cualitativamente, siempre que no constituyan obra nueva, sino obras complementarias o no previstas. De esta manera, y aun cuando las cláusulas del contrato indiquen que el contratista está obligado a ejecutar cualesquiera modificaciones o trabajos especiales que le fueron impuestos, esto hay que interpretarlo a la luz de los términos que se refieran al objeto del proyecto, los cuales excluyen el derecho para la Administración de ordenar unilateralmente modificaciones profundas y radicales que constituirían una obra nueva y extraña al proyecto adjudicado. "Semejantes modificaciones –señala M. A. Flamme– aparecen generalmente como habiendo escapado a las previsiones de las partes, y como de naturaleza, en todo caso, a dar al contratista una posición muy distinta de la resultante para él del proyecto primitivo; su ejecución, lejos de poder ser impuesta al titular del contrato primitivo, está subordinada a la obtención de su consentimiento en cuanto a la elaboración de un acta adicional al contrato primitivo. En definitiva, debe decirse que el poder de modificación unilateral de la Administración no escapa a toda condición de medida: las modificaciones permitidas al dueño de la obra deben mantenerse en los límites de la operación prevista por el contrato y no podrán ir hasta alterar su fundamento, hasta el punto de hacer una operación totalmente diferente".[388]

En definitiva, en cuanto a los límites contractuales al poder de modificación unilateral relacionados con el objeto del contratante, debe señalarse que ninguna modificación puede alterar las bases de éste.[389]

En cuanto a las modificaciones cuantitativas a las obras previstas en el contrato, es evidente que éstas no deben pasar de una cierta amplitud[390]. Esta limitación cuantitativa, sin embargo, amerita alguna aclaratoria en relación al contrato en concreto. En efecto, en la mayoría de los sistemas de derecho comparado el límite a las modificaciones unilaterales a las cantidades de obra que pueda ordenar la Administración está determinado en el propio contrato. Por ejemplo, en Uruguay, el límite de los aumentos o dismi-

385 *V.* André de Laubadère, *Traité Elémentaire de Droit Administratif, cit.*, tomo II, pp. 296–297.

386 *V.* André de Laubadère, *Traité Théorique et Pratique des Contrats Administratifs*, *cit.* tomo II, p. 390.

387 *Cfr.* André de Laubadère, *Traité Elémentaire de Droit Administratif, cit.*, tomo II, p. 397; André de Laubadère, *Traité Théorique et Pratique des Contrats Administratifs*, *cit.*, tomo III, p. 391.

388 *V.* M. A. Flamme, *Los contratos de obras públicas de la Administracion, loc. cit.* p. 85.

389 *Cfr.* José F. Rieffolo Bessone, *Contrato de obra pública*, Buenos Aires, 1946. p. 68; M.A. Flamme: *Los Contratos de obras públicas de la Administracion, loc. cit.*, p. 85; R. Bielsa: *Derecho Administrativo*, tomo II, Buenos Aires, 1955, p. 360.

390 *Cfr.* André de Laubadère, *Traite Theorique et Pratique des Contrats Administratifs*, *cit.*, tomo II, p. 388.

nuciones de obra se ha fijado en un sexto del monto total del contrato[391]; en Argentina, las modificaciones no debían pasar el 20% del valor originario del contrato[392], y en países como España, el límite de las modificaciones estaba situado entre un 10 o un 20% del monto del contrato[393].

En Francia, los pliegos de condiciones generales determinan desde hace largo tiempo el derecho a pedir la rescisión inmediata del contrato en caso de aumento o disminución de la masa general de los trabajos que sean superiores a un sexto del monto del contrato[394].

En nuestro país, las cláusulas de Condiciones Generales de Contratación para la ejecución de obras hasta 1991 (por ejemplo, Decreto N° 1.802 de 1985) establecían el siguiente límite a los aumentos de cantidades de obra:

> "*Artículo 61*. Cuando las cantidades de obra de una o más partidas del presupuesto original sobrepasen el treinta por ciento (30%) de lo que para esas partidas se hubiere previsto en dicho presupuesto, o el límite que para esas variaciones se estableciere en el Documento Principal o en uno de sus anexos, cualquiera de las partes contratantes podrá pedir reconsideración de los precios unitarios respectivos, y de haber acuerdo entre ellas se someterá lo acordado a aprobación del Organismo Contralor competente.

Los precios unitarios que resultaren así aprobados, se aplicarán a las cantidades de obra correspondientes a los aumentos que sobrepasen los límites establecidos para variaciones en las cantidades de obra".

Además, fuera cual fuere el motivo de los pagos adicionales que tuviera que hacer el ente público al contratista en relación al presupuesto de obra, se establecía en dichas Cláusulas Generales que el límite máximo que podía tener el presupuesto de obra, sería una cantidad equivalente al ciento cuarenta y cinco por ciento (145%) de su monto original, sin perjuicio de que excedido este límite, pudiera el contratista formular las reclamaciones o acciones que estimase pertinentes sobre la base de las pruebas de que pudiera disponer (artículo 84). Estos límites fueron eliminados en la reforma de 1991.

Por ello, en caso de no existir un límite legal o reglamentario al poder de modificación unilateral de las cantidades de obra que debe realizar el contratista y en ausencia de una norma contractual, los límites deben buscarse en los principios generales que informan la contratación administrativa y que se analizarán más adelante.

Por último, y en cuanto a los límites contractuales, es necesario señalar que las modificaciones unilaterales impuestas por la Administración no pueden tocar ciertas cláusulas del contrato. En efecto, entre las cláusulas de los contratos administrativos pueden distinguirse: unas que interesan al funcionamiento del servicio o ejecución de la obra y ponen en juego sus necesidades, y otras que son extrañas al servicio. Estas últimas son esencialmente aquellas concernientes a las ventajas consentidas al co–contratante, y en particular los elementos financieros del contrato; por ejemplo, el precio estipulado. Estas cláusulas no pueden ser modificadas unilateralmente por la Administración, pues el

---

391 E. Sayagués Laso, *Tratado de Derecho Administrativo, cit.*, p. 103.

392 *Cfr.* R. Bielsa, *Derecho Administrativo, cit.*, tomo II, p. 360; M. A. Bercaitz, *Teoría General de los Contratos Administrativos, cit.*, p. 304.

393 *V.* L. López Rodó y A. Guaita, "Los contratos de obras públicas en España", en *Revista de Administración Pública*, N° 21, Madrid, 1956, p. 303.

394 *Cfr.* André de Laubadère, *Traite Théorique et Pratique des Controts Administratifs, cit.*, tomo II, pp. 392 y ss. G. Jéze, *Principios generales del Derecho Administrativo, cit.* tomo II, pp. 259 y ss. P. L. Josse, "Marché de Travaux Publics", *loc. cit.*, p. 354.

fundamento de tal poder, es decir, la necesidad de adaptar el contrato a las exigencias del servicio o de la obra, no abarca sino las cláusulas que pueden interesar el funcionamiento del servicio o la ejecución de la obra, entre las cuales no están incluidas las cláusulas económicas[395]. En este sentido, tal como lo señala Lares Martínez, la facultad de modificación unilateral "no puede ejercerse con respecto a las ventajas financieras establecidas en el contrato en provecho del contratista. Los derechos patrimoniales del contratista deben respetarse y, por tanto, son intangibles".[396]

c'. Límites derivados de los principios generales que informan la contratación administrativa

De acuerdo con el artículo 1.160 del Código Civil los contratos deben ejecutarse de buena fe, y obligan no solamente a cumplir lo expresado en ellos, sino a todas las consecuencias que se derivan de los mismos contratos, según la equidad, el uso o la ley. Esta norma establece el principio fundamental del derecho contractual, aplicable tanto a los contratos administrativos como a los contratos de derecho privado de que los contratos deben ser ejecutados de buena fe[397]. En efecto, tal como lo ha señalado la antigua Corte Federal y de Casación, el derecho privado "sigue siendo el derecho común en todo aquello que en dichos contratos (administrativos) no ofrezcan una naturaleza especial, un concepto nuevo de justicia, inconciliables con los preceptos civiles y mercantiles que rigen los contratos entre simples particulares[398].

Ahora bien, en los contratos administrativos no sólo tiene plena aplicación el principio de la ejecución de buena fe, sino que éste se complementa con "un concepto nuevo de justicia" para emplear la frase de la Corte, derivado de la posición de subordinación en que se encuentra el co–contratante de la Administración frente a ésta[399]. Esta posición de subordinación que permite a la Administración utilizar determinados poderes unilaterales –entre ellos, el de modificación– debe tener una protección, derivada de la racionalidad con que debe ser ejecutado el contrato por la Administración y con el cual debe ser empleado el poder modificatorio. En esta forma, del principio de la buena fe, como norma en la ejecución de los contratos administrativos[400], surgen una serie de limitaciones al poder de modificación unilateral, el cual no puede nunca ser irrestricto, absoluto y discrecional.

En primer lugar, tal como lo ha señalado A. de Laubadère, "la Administración no puede utilizar su poder de modificación para imponer al co–contratante cambios excesivos que sobrepasen una medida razonable o que excedan las posibilidades razonables

---

395 *Cfr.* André de Laubadère, *Traité Théorique et Pratique des Contrats Administratifs*, *cit.*, tomo II, p. 339; André de Laubadère, *Traité Elémentaire de Droit Administratif*, *cit.*, tomo II, pp. 301 y ss. André de Laubadère, "Du pouvoir de l'administration d'imposer unilatéralement des chengements aux dispositions des contrats administratifs", *loc. cit.*, p. 58.

396 *V.* Eloy Lares Martinez, *Manual de Derecho Administrativo*, *cit.*, p. 215; *Cfr.* M.A. Bercaitz: *Teoría general de los contratos administrativos*, *cit.* p. 301: G. Vedel, *Droit Administratif*, *cit.*, tomo II, p. 604; J. Rivero, *Droit Administratif*, *cit.* p. 108.

397 *Cfr.* André de Laubadère, *Traité Théorique et Pratique des Contrats Administratifs*, *cit.*, tomo II, pp. 102 v 186; E. Sayagués Laso, *Tratado de Derecho Administrativo*, tomo I, Montevideo, 1953, p. 570.

398 *V.* Sentencia de 5 de diciembre de 1944 en Allan R. Brewer–Carías, "Los contratos administrativos en la jurisprudencia administrativa venezolana", *loc. cit.*, p. 134.

399 *V.* Sentencia de la antigua Corte Federal de 12 de noviembre de 1954, en *Gaceta Forense*, N° 6, Vol. I, 1954, p. 193.

400 *Cfr.* M. A. Bercaitz, *Teoría general de los contratos administrativos*, *cit.*, p. 306.

del co–contratante[401]. Es decir, tanto las modificaciones cuantitativas de la obra como las cualitativas, deben quedar encuadradas dentro del "standard de la razonabilidad"[402]. Por ello, la antigua Corte Federal y de Casación ha señalado, aun en relación con las modificaciones cuantitativas, éstas deben imponerse "dentro de ciertos límites que no desnaturalicen" a la obra.[403]

En segundo lugar, las modificaciones unilaterales en los contratos administrativos no deben "exceder de los medios de que pueda disponer el contratista"[404]; es decir, "no deben exceder las posibilidades técnicas o económicas del co–contratante"[405]. En este sentido, por ejemplo, P. L. Josse señala:

> "Un contratista que ha aceptado efectuar un trabajo de mediana importancia puede que no disponga de los medios necesarios para concluir una obra que se ha convertido mucho más extensa por las órdenes de la Administración. En estos casos es poco equitativo rehusar una indemnización por el tiempo perdido, por los gastos efectuados para los nuevos trabajos, así como por la privación del beneficio que había calculado en relación a un contrato poco o menos importante"[406].

Por último, la Administración tampoco puede pretender –porque ello iría contra el principio de la buena fe– introducir modificaciones en el contrato que por su importancia y amplitud conduzcan "a un trastorno grave del contrato y de su economía general"[407]. En estos casos es al juez a quien corresponde apreciar las señaladas condiciones. En esta búsqueda, el juez no debe contentarse con una simple apreciación en valor absoluto de la importancia de los cambios impuestos, sino que debe en realidad investigar, sobre todo, si la modificación en cuestión conduce o no a un trastorno del contrato o a desnaturalizarlo en relación a la concepción que de él se habían hecho las partes en el momento de su conclusión[408].

Por último, el otro límite contractual al poder de modificación unilateral resulta de la lesión a los derechos del contratista por la modificación unilateral, que debe ser indemnizada. Por ello, la antigua Corte Federal y de Casación no sólo ha reconocido plenamente el poder de la Administración de modificar unilateralmente los contratos administrativos según aconseje el interés público, sino que también ha reconocido expresamente que cuando esos "cambios o rectificaciones sean de tal magnitud que desnaturalicen o cambien sustancialmente la obra o el servicio contratados se reconoce al contratista el derecho de solicitar prórrogas y compensaciones y aun la resolución del contrato".[409]

---

401 *V.* André de Laubadère, "Du pouvoir de l'administration d'imposer unilatéralement des changements aux dispositions des contrats administratifs", *loc. cit.*, p. 41 y 59; *Cfr.* Long, Weil y Braibant, *Les Grands Arrets de la Jurisprudence Administrative*, *cit.*, p. 35.

402 *V.* M. A. Bercaitz, *Teoría general de los contratos administrativos*, *cit.*, pp. 304, 305 y 306.

403 *V.* Sentencia de 5 de diciembre de 1944, en *Memoria 1945*, tomo I, p. 290

404 *V.* Eloy Lares Martínez, *Manual de Derecho Administrativo*, *cit.*, p. 250.

405 *V.* André de Laubadère, "Du pouvoir de l'administration d'imposer unilatéralement des changements aux dispositions des contrats administratifs", *loc. cit.*, p. 41; André de Laubadère, *Traité Théorique et Pratique des Contrats Administratifs*, *cit.*, tomo II, p. 339; M. Waline, "L'évolution récente des rapports de l'Etat avec ses co–contratans", en *Revue de Droit Public et de la Science Politique*, Paris, 1951, N° 1, p. 20; G. Jèze, *Principios generales del Derecho Administrativo*, *cit.*, tomo IV, pp. 234 y 258; R. Bielsa, *Derecho Administrativo*, *cit.*, tomo II, p. 360, Nota N° 244.

406 *V.* P. L. Josse, "Marché de Travaux Publics", *loc. cit.*, p. 354.

407 *V.* André de Laubadère, *Traité Théorique et Pratique des Contrats Administratifs*, *cit.*, tomo II, p. 339; André de Laubadère, *Traité Elémentaire de Droit Administratif*, *cit.*, tomo II, p. 296.

408 *Cfr.* André de Laubadère, *Traité Théorique et Pratique des Contrats Administratifs*, *cit.*, tomo II, p. 389.

409 *V.* Sentencia de 5 de diciembre de 1944, en *Memoria 1945*, tomo I, p. 285.

Con base en esto, el ejercicio con menor o mayor intensidad y extensión del poder de modificación unilateral de los contratos llamados administrativos trae como consecuencia que el particular contratante tenga derecho a recibir una indemnización o a solicitar una prórroga o, en ciertos casos, a pedir la rescisión del contrato.

D. La facultad de rescisión unilateral del contrato

Ha expresado la antigua Corte Federal que "en el campo de acción de los contratos administrativos, y aunque no conste en las cláusulas de la convención, la rescisión unilateral de ellos, cuando así lo demandan los intereses generales y públicos, es una facultad que la Administración no puede enajenar ni renunciar"[410]; y así, conforme lo decidió la antigua Corte Federal y de Casación, en sentencia de fecha 5 de diciembre de 1945, en esos contratos administrativos, por cuanto en ellos va envuelto el interés general, el particular contratista no puede oponer a la Administración la regla *inadimpleti non est adimpledum.*[411]

Por otra parte, aun en el caso de que una cláusula del contrato establezca que el incumplimiento por parte del co–contratante de una cualquiera de las cláusulas que se estipulan en el contrato da derecho a la Administración para demandar judicialmente la resolución del mismo, la Administración puede también rescindir unilateralmente el contrato. Esa cláusula sólo consignaría, a mayor abundamiento, el derecho que en todo caso asiste a la Administración para pedir judicialmente, si así lo creyere conveniente, conforme al artículo 1.167 del Código Civil, la resolución del contrato en caso de incumplimiento del mismo por parte del co–contratante[412], pues, al lado de ese derecho, queda siempre incólume la facultad de la Administración, conforme a lo expresado, de rescindir unilateralmente el contrato administrativo sin incurrir en violación de éste ni exponerse a ilegalidad en el acto administrativo que dicta la ejecución[413].

En definitiva, la facultad de rescindir unilateralmente el contrato administrativo es consecuencia inmediata del carácter de subordinación de la relación jurídica que crea el contrato como resultado del fin perseguido. Esta facultad es, quizás, una de las características más originales de la teoría de los contratos administrativos, ya que contradice de una manera radical los principios fundamentales del derecho privado en materia con-

---

410 CF. 12–11–54, *G.F.* N° 6 (22a Etapa) 1954, pp. 191–192. A este respecto la Procuraduría General de la República ha sostenido que "es un principio de derecho administrativo aceptado por la mayoría de los ordenamientos jurídicos modernos, que el Estado tiene facultad para rescindir unilateralmente los contratos que haya firmado cuando así lo aconseje el interés público, al cual necesariamente debe subordinarse el interés particular. El mencionado principio deroga claramente el establecido por nuestro Código Civil en materia contractual, el cual establece que los contratos no pueden ser rescindidos sino por mutuo consentimiento. La posición especial y privilegiada del Estado sobre los particulares justifica esa derogación; posición especial y privilegiada que favorece al Estado y que encuentra su justificación en la alta misión del administrador de la cosa pública que tiene como único objeto el beneficio de los administrados". Tal fue el criterio sustentado por la Procuraduría de la Nación en escrito dirigido a la Corte Federal con fecha 3 de agosto de 1960 (Informe al Congreso Nacional 1960, Caracas, 1961, p. 312).

411 Actuaciones en 1945, pp. 304 y ss.

412 Artículo 1.167 del Código Civil.

413 CF. 12–11–54, *G.F.* N° 6, 1954, pp. 193–194. *V.* en relación a las concesiones de servicios públicos, *Doctrina PGR 1981*, Caracas, 1982, pp. 47–51.

tractual. Por otra parte, la facultad es tan inherente al contrato llamado administrativo que la Administración no podría renunciar a ella ni enajenarla[414].

Esta facultad de rescindir unilateralmente el contrato administrativo puede utilizarla la Administración, haya falta o no del contratante[415]. Es decir, puede ser utilizada por la Administración como sanción al incumplimiento del co–contratante a sus obligaciones contractuales, sobre lo cual ya hemos razonado. En este caso, cuando de parte del co–contratante hay una falta, la rescisión unilateral del contrato por parte de la Administración no produce derecho de indemnización en favor del co–contratante de ésta: él ha incumplido y justamente ha sido sancionado.

Pero la facultad de rescindir unilateralmente el contrato administrativo es un derecho inherente a la función administrativa aun cuando la Administración lo ejerza sin falta alguna por parte del co–contratante, sino en atención a las exigencias cambiantes del interés público o general.

Así se expresa, formalmente, por ejemplo, en las Condiciones Generales de contratación para la ejecución de obras (Decreto N° 1.821 de 1991), en los términos siguientes:

> "*Artículo 115.* El ente contratante podrá desistir en cualquier momento de la construcción de la obra contratada, aun cuando ésta hubiese sido comenzada y aunque no haya mediado falta del contratista. En cualquier caso, su decisión deberá ser notificada por escrito".

Pero en este último sentido, ha establecido la Corte Suprema que la facultad de la Administración para rescindir unilateralmente el contrato, cuando así lo exija el interés general, no la exime, de una manera absoluta, de indemnizar al co–contratante cuando para éste, sin su culpa, se han derivado perjuicios de la rescisión. La indemnización en este caso, como cuando se trata de una expropiación por causa de utilidad pública o social, es la que esté conforme con la justicia y la equidad[416]. Así se prevé, además, expresamente, en el caso de la rescisión unilateral mencionada de las Condiciones Generales de Contratación en los contratos de obra, al indicarse que en los casos del artículo 115, conforme al artículo 116, el ente contratante debe pagar al contratista no sólo el valor de la obra ejecutada y de los materiales y equipos que hubiere adquirido para la obra, sino una indemnización conforme a unos porcentajes expresamente previstos[417].

Esta figura de la rescisión unilateral de los contratos, es similar a los casos, por ejemplo, de rescate anticipado de la concesión en las concesiones de obra pública previstas en la ley respectiva (artículos 79 y 80) y en materia de las concesiones municipales de servicios públicos o explotación de bienes, en el artículo 42 de la Ley Orgánica de Régimen Municipal.

---

414 CF. 12–11–54, *G.F.* N° 6, 1954, pp. 204–206. La rescisión unilateral, sin embargo, no requiere de la aprobación previa de la Contraloría General de la República. *V. CGR Dictámenes de la Consultoría Jurídica 1938–1963*, tomo I, Caracas, 1963, p. 235.

415 *V.* en este sentido la doctrina del Ministerio de Justicia en Allan R. Brewer–Carías, *Jurisprudencia de la Corte Suprema 1930–74 y Estudios de Derecho Administrativo*, tomo III, Vol. II, Caracas, 1977, p. 627.

416 CF. 12–11–54, *G.F.* N° 6, 1954, pp. 204–206. *V.*, además, *CGR Dictámenes de la Consultorio Jurídica 1938–1968*, tomo III, Caracas, 1968, pp. 61–67.

417 Por ello sostuvo la Corte Federal y de Casación en Sentencia de 5–12–44 que "en los contratos de tracto sucesivo como los de obra pública, la rescisión del contrato tiene efecto ex nunc, es decir, hacia el futuro, quedando irreformable todo lo realizado en el pasado". *V.* en *Memoria 1945*, tomo I, p. 294. Por ello, asimismo, la Consultoría Jurídica del antiguo Ministerio de Obras Públicas sostuvo que en caso de rescisión unilateral la Administración no puede retener o suspender los pagos debidos al contratista, pues, para responder a los daños y perjuicios es que se constituyen las garantías. *V. MOP Dictámenes de la Consultoría Jurídica 1969*, Caracas, 1970, p. 23.

E. La facultad de tomar decisiones ejecutivas respecto a la inteligencia del contrato.

La antigua Corte Federal desde 1954 ha sostenido la facultad, por parte de la Administración, de tomar decisiones ejecutivas respecto a la inteligencia del contrato, es decir, respecto a la interpretación del mismo[418]. Y ciertamente, si se tiene en cuenta que el contrato obliga al co–contratante, no solamente a cumplir lo expresado en él, sino a cumplir todas las consecuencias derivadas de las exigencias de la utilidad o interés público general o de la finalidad de servicio público, fácil es comprender la facultad de la Administración de tomar decisiones ejecutivas respecto a la interpretación del contrato y el alcance de las obligaciones del co–contratante.

Esta facultad, sin embargo, no está normalmente regulada en forma expresa. Por ejemplo, en el Decreto N° 1.821 de 1991, sobre las Condiciones Generales de Contratación en los contratos de obra lo que prevé para aclarar el contenido del Documento Principal del contrato o para determinar cualquier otra circunstancia no prevista en ellos, es la posibilidad de que el ente contratante y el contratista celebren acuerdos o convenios con tal fin (artículo 4); sin embargo, si con motivo de la inspección del contrato surgen divergencias de opinión entre las partes, el ente contratante tiene la potestad de decidir en forma razonada sobre la interpretación concreta del contrato (artículo 51).

3. Los derechos del co–contratante de la administración

A. El equilibrio financiero del contrato y los derechos del co–contratante de la Administración

El co–contratante de la Administración está guiado principalmente, al contratar, por un interés privado patrimonial, financiero o económico. Este interés económico privado se materializa fundamentalmente en la contraprestación que, por el cumplimiento de sus obligaciones contractuales, debe recibir generalmente de la Administración contratante, el co–contratante de ésta.

Estas contraprestaciones están representadas por el precio que debe pagar la Administración al co–contratante, por el derecho de este último a la exoneración de ciertas tasas o contribuciones[419], o por el precio que por la prestación que realiza el co–contratante le deben pagar los usuarios del servicio, manifestado en forma de tasas.

Pero el co–contratante de la Administración, además del derecho a su contraprestación económica, tiene un derecho inherente al contrato y es el derecho al equilibrio financiero del mismo, es decir, a la inmutabilidad de la ecuación económica del contrato cuando la mutación le causa perjuicios[420], sea que la modificación provenga de un acto de la propia Administración Pública, de modificación o rescisión sin culpa del co–contratante, sea de modificación surgida en la ecuación económica proveniente de hechos ajenos a la voluntad de las partes contratantes. Este derecho a la inmutabilidad

---

418 CF. 12–11–54, *G.F.* N° 6, 1954, pp. 191–194.

419 *V.* sobre esto la sentencia de la Corte Primera de lo Contencioso–Administrativo de 12–2–87, en *Revista de Derecho Público*, N° 29, 1987, pp. 117–118.

420 C.F. 12–11–54, *G.F.* N° 6, 1954, pp. 204–206. *V.* también la sentencia de la CFC de 9–3–39 en *Resumen CFC en SPA 1940–1951*, p. 70 y en *Memoria 1940*, tomo I, p. 350.

de la ecuación económica del contrato se materializa en un derecho, por parte del co–contratante, a recibir una indemnización de la Administración.

Estudiaremos entonces, en primer lugar la remuneración del co–contratante, y en segundo lugar, su derecho a indemnización.

B. El derecho a la contraprestación económica

El régimen de la remuneración contractual en los contratos de la Administración es semejante al de los contratos de derecho privado, es decir, en principio, si el co–contratante tiene la obligación de ejecutar las prestaciones a que se ha obligado en el contrato, la Administración también está obligada a remunerar al co–contratante por su cumplimiento. De esta manera, tratándose de un contrato sinalagmático y salvo limitaciones provenientes del interés público, en principio el co–contratante de la Administración puede negarse a ejecutar su obligación si la Administración no ejecuta la suya, salvo que se hayan fijado fechas diferentes para la ejecución de ambas obligaciones.[421]

Pero la remuneración del co–contratante no se manifiesta siempre como el pago de un precio, como es el caso de los contratos de obra pública. También puede manifestarse, además del precio, como una ventaja económica que concede la Administración: es el caso, por ejemplo, de la exoneración de determinados impuestos otorgados como compensación contractual[422].

En los casos de concesión de servicio público de obra pública, la remuneración del co–contratante de la Administración consiste generalmente en la percepción de tarifas que pagan los usuarios del servicio o de la obra.

Cuando se trata de pago de un precio, en los contratos de obra pública o de suministros y, sobre todo, en el primer caso, que implica un financiamiento mayor de los trabajos, es normal la concesión, antes del comienzo de la obra por parte del co–contratante, de un anticipo del precio para facilitarle al co–contratante el financiamiento de la obra. El resto del precio de estos contratos, que son de tracto sucesivo, lo paga la Administración generalmente por relación de obras ejecutadas que debe presentar el co–contratante y, por tanto, el pago del precio se distribuye en relación con los trabajos ejecutados.

Ahora bien, en relación a la contraprestación económica en los contratos administrativos, debemos destacar dos aspectos que presentan peculiaridades en la ejecución de algunos de ellos: en primer lugar, el tema del derecho al precio y a su pago en la forma convenida en los contratos de obra pública y, en segundo lugar, el tema de la variación de precios o tarifas particularmente en las concesiones de servicios públicos como mecanismo de protección a la contraprestación económica del concesionario.

---

421 Es la excepción *non adimpleti contractus* o de contrato no cumplido, artículo 1168 C.C.

422 *V.* sentencia C.F.C. de 9–3–39 en *Resumen CFC en SPA 1940–1951*, p. 70, y en *Memoria 1940*, tomo I, p. 350. *V.*, además, Sentencia de la Corte Federal y de Casación de 10–3–41 en *Memoria 1942*, tomo I, p. 327; y Sentencia de la Corte Primera en lo Contencioso–Administrativo de 12–2–87 en *Revista de Derecho Público*, N° 29, Caracas, 1987, pp. 117–118.

a. El derecho al precio y a su pago en la forma convenida en los contratos de obra pública

Es indudable que, en general, en los contratos de obra pública, como contratos a título oneroso[423], la ventaja que trata de procurarse el contratista de la Administración, equivalente a la construcción por su cuenta y riesgo de una obra, es el precio de la obra pactada en el contrato. El precio es, así, el más importante de los derechos del co–contratante, y aparece como uno de los elementos primarios que llevan al particular a celebrar el contrato. Desde el punto de vista contractual, además, el precio es un elemento esencial del contrato de obra pública que constituye la obligación principal de la Administración y el derecho fundamental del contratista a percibirlo por la ejecución de la obra, según las condiciones del contrato.

a'. La modalidad del pago a cuenta

En materia administrativa, en principio, y de acuerdo al principio financiero tradicional, los pagos sólo pueden ordenarse respecto de "servicios o gastos ya efectuados y comprobados". Así lo prevé el artículo 198 de la Ley Orgánica de la Hacienda Pública Nacional, en el cual se establece que

> "Ningún pago autorizado puede ordenarse por cuenta del Tesoro Nacional, sino para satisfacer un servicio o gasto ya efectuado y comprobado".

Por supuesto, un principio tan rígido obligaría en materia de contratos de obra pública a estipular como única forma de pago, la de pago global y alzado, al finalizar la ejecución de la obra y comprobarse efectivamente el gasto, lo que ha provocado la introducción legislativa de excepciones ha dicho principio hacendístico. Como lo destacó desde hace décadas Gastón Jéze:

> "Si se interpretase rigurosamente el principio contable del –pago después del servicio prestado, en caso de que se trate de grandes obras públicas que duran varios años, la Administración correría el riesgo de no hallar empresario que tenga disponibilidades suficientemente considerables para esperar durante mucho tiempo su liquidación, máxime si se tiene en cuenta que la ejecución de los trabajos exigirá fondos enormes, materiales, maquinarias, salarios, etc. En todos los casos, la Administración sufriría el efecto de las dificultades económicas del empresario, en forma de aumento de los precios del contrato"[424].

En similar posición expuso M. André Flamme la situación comparada en materia de contratos de obra pública en 1956:

> "Todos los países conocen, parece, el principio fundamental de la contabilidad pública en virtud del cual los pagos no pueden ser realizados más que sobre justificación de un servicio realizado. De lo que resulta que, en ausencia de estipulación contraria, la regla es el pago único después de la terminación de las obras.
>
> "Sin embargo, es muy probable que una interpretación rigurosa de este principio hubiese hecho correr el riesgo a la Administración, en el caso de grandes obras públicas que se realizan durante varios años, de no encontrar empresario disponiendo de recursos bastante considerables para

---

423 Artículo 1.135 C.C. *V.* en general, Allan R. Brewer–Carías: "Consideraciones sobre el derecho del contratista en los contratos de obras públicas: el derecho al precio y a su pago en la forma convenida", en *Revista de Derecho Público*, N° 28, Caracas, 1986, pp. 35 y ss.

424 *V.* G. Jèze, *Principios Generales del Derecho Administrativo*, tomo V (Teoría General de los contratos de la Administración, Segunda Parte), Buenos Aires, 1950, p. 277.

atender tanto tiempo su arreglo cuando la realización de las obras habría necesitado la inversión de grandes fondos (materiales, utillaje, salarios, gastos generales, etc.).

"Evidentemente, la Administración no habría dejado de sufrir la repercusión de las dificultades de tesorería del empresario bajo la forma de aumento de precios del contrato y esta consideración le ha incitado a conciliar la regla fundamental antes citada con una entrega más rápida y más regular de las cantidades debidas a sus contratantes en razón de los servicios realizados, aunque fuesen parciales"[425].

Precisamente para suavizar la regla fundamental hacendística del pago después del servicio prestado, el mismo Jèze destacaba a principios de este Siglo dos sistemas en materia de contratos de obra pública: el de anticipos y el de pagos a cuenta, mediante los cuales la Administración no tiene que esperar que la obra esté completamente terminada para entregar dinero al contratista[426]. Precisamente, entre las excepciones legales al principio hacendístico venezolano del artículo 198 de la Ley Orgánica de la Hacienda Pública Nacional, de que no puede ordenarse pago alguno sino para satisfacer un servicio o gasto ya efectuado y comprobado, están "los adelantos a los administradores, contratistas o empresarios de trabajos u obras que se ejecuten por cuenta de la Nación".

De acuerdo a esta excepción, por tanto, y como lo captó el mismo Jèze, "para facilitar al empresario la gestión financiera de su empresa"[427], es normal en los contratos administrativos de obra pública el establecimiento de una modalidad de pago mediante anticipo y pago a cuenta por obra ejecutada que M. A. Flamme ubica como una modalidad de financiamiento administrativo de los contratos de obra pública[428]. Conforme a esta modalidad, si bien desde el punto de vista jurídico, la indivisibilidad de la obra pública permanece contable y financieramente, sin embargo, a los efectos del pago, la obra se va dividiendo en partes, para justificar los pagos parciales. En este sentido, en las Condiciones Generales de Contratación para la ejecución de obras que siempre ha utilizado la Administración Pública en Venezuela, y que se recogieron por primera vez en un acto administrativo de efectos generales, adoptado unilateralmente, como la Resolución N° 388 del Ministerio de Obras Públicas de 26 de agosto de 1975[429], se estableció como modalidad o forma de pago[430], la siguiente (cláusula 11–01):

a) Un porcentaje del precio convenido, en calidad de Anticipo.
b) El saldo, mediante adelantos de parte del precio de la obra, contra presentación de valuaciones de obra ejecutada, debidamente comprobada por el Ingeniero Inspector, conformadas por éste y por su supervisor inmediato.

Además, las mencionadas Condiciones Generales (cláusula 12–01) establecían la posibilidad de que la Administración, cuando lo juzgase conveniente, podía adelantar alguna cantidad de dinero al contratista en calidad de Anticipo Especial. Estas cláusulas, constituyen cláusulas contractuales, pues forman parte del mismo y, por tanto, son ley

425 *V.* en Maurice–André Flamme, "Los Contratos de Obras Públicas de la Administración", en *Revista de Administración Pública*, N° 21, Madrid, 1956, p. 87.
426 *Op. cit.*, pp. 277 y ss.
427 *Op. cit.*, p 278.
428 *V.* Maurice–André Flamme, "Los Contratos de Obras Públicas de la Administración", *loc. cit.*, p. 90.
429 *Gaceta Oficial* N° 30.376 de 4–9–75.
430 Lo que se ha seguido estableciendo, con posterioridad, en el Decreto N° 2.189 de 7–6–77 en *Gaceta Oficial* N° 2.089 Extraordinario de 28–9–77; en el Decreto 1.802 de 20–1–83 en *Gaceta Oficial* N° 3.111 Extraordinario de 18–3–83, y en el Decreto N° 1.821 de 30–8–91 en *Gaceta Oficial* N° 34.797 de 12–9–91.

entre las partes, razón por la cual, como lo afirma Jèze al referirse a ellas, "el juez sólo tiene que aplicar la común intención de las partes"[431].

b'. El derecho del contratista a la modalidad de pago

Es evidente que cuando se suscribe un contrato de obra pública, en el cual se establece una determinada forma o modalidad de pago, el contratista no sólo tiene derecho al precio pura y simplemente, sino que también tiene derecho a que el pago se realice en la forma convenida, y tanto uno como el otro aspecto forman parte del principio de la intangibilidad del precio en los contratos administrativos.

Y en cuanto a los contratos de obra pública, la forma de pago con anticipo y a cuenta, en realidad viene a constituir un derecho adicional del contratista, de recibir financiamiento para la ejecución de la obra. Por ello puede decirse que la forma de pago en los contratos de obra pública, por tanto, no es una obligación más sin importancia ni efectos de la Administración, sino que en realidad forma parte del "equivalente económico" del contrato.

En efecto, como lo ha destacado J. L. Villar Palasí, además del principio del equivalente económico, "hay que señalar una segunda vía mediante la cual la Administración trata de aliviar financieramente al contratista del peso que la cuantía económica de los contratos administrativos de obras y servicios supone para él y de los perjuicios e inseguridades que la desigualdad de las partes propia del contrato administrativo puedan ocasionarle. Lo cual no es, en fin de cuentas, sino un sistema de compensaciones indirectas por su colaboración subordinada en la consecución de fines públicos"[432]. Esta apreciación lleva a este autor a estudiar la teoría del pago y, en concreto, a las técnicas de pago a cuenta y anticipos, propias del contrato de obra pública, que están inspiradas por la misma finalidad del equivalente económico y que "son una vía indirecta de remuneración económica por la ayuda financiera que para el contratista suponen".[433]

Por tanto, forman parte del equivalente económico del contrato tanto el precio en sí mismo como los beneficios financieros derivados de la forma de pago a cuenta.

En tal sentido es ilustrativa la opinión de José Roberto Dromi:

> "El precio del contrato debe ser pagado en el lugar, en el tiempo, en la forma y en las condiciones que hayan sido fijadas por las partes en el contrato o por acuerdo posterior, y la observancia de estas circunstancias sirve también a mantener su real intangibilidad.
>
> El contratante es un empresario, económicamente hablando, y corre con las aleas de su empresa: ganancia o pérdida. Antes de contratar ha hecho sus cálculos sobre la base de la remuneración consignada en el contrato. Cuenta legítimamente con que esta remuneración se le pagará íntegra y puntualmente. La regularidad y oportunidad del pago previsto (en el contrato) se constituye en un presupuesto vital del mismo"...[434].

Por tanto, cuando en el texto mismo del contrato se establece una modalidad de pago, ella es parte esencial del contrato y, en consecuencia, de los derechos y obligaciones de las partes: el contratista tiene derecho al precio y a que éste se pague en la forma y modalidad prevista en el contrato; y la Administración, igualmente, no sólo tiene una obli-

---

431 *Op. cit.*, p. 281.

432 *V.* J. L. Villar Palasí, *Lecciones sobre contratación administrativa*, Madrid, 1969, p. 228.

433 *Idem*, p. 229.

434 *V.* José Roberto Dromi, "Régimen de pago en el contrato de obras públicas", en *Jurisprudencia Argentina*, N° 5.113, agosto 29 de 1979, p. 4.

gación pura y simple de pagar una suma de dinero, sino de pagarla en una oportunidad u oportunidades determinadas en el contrato.

c'. La obligación de la Administración de cumplir la modalidad de pago

En esta forma, tanto el precio como sus modalidades de pago forman parte de las ventajas financieras del contrato establecidas en favor del contratista, las cuales son intangibles y deben ser inmutables. Eloy Lares Martínez, por ejemplo, ha señalado que la facultad de modificación unilateral "no puede ejercerse con respecto a las ventajas financieras establecidas en el contrato en provecho del contratista. Los derechos patrimoniales del contratista deben respetarse y, por lo tanto, son intangibles"[435].

Por tanto, cuando en un contrato de obra pública, además del precio se establece una forma de pago por anticipos y a cuenta, contra valuaciones de obra, la Administración tiene una obligación adicional que debe cumplir.

En estos casos, Gastón Jèze advertía lo siguiente:

> "En esta hipótesis, la Administración debe cumplir, y no puede invocar la falta de fondos disponibles ni ciertas imperfecciones poco importantes de la obra.

La Administración debe cumplir el contrato de buena fe. El empresario no está obligado a ser banquero de la Administración. Los pagos a cuenta se han estipulado para permitir que el empresario no tenga que hacer demasiados adelantos de fondos.

Los atrasos o la negativa a efectuar los pagos a cuenta prometidos, constituyen una violación del contrato, que puede servir de elemento, junto con otras faltas de la Administración, para una demanda de rescisión del contrato"[436].

Tal como lo establece el Código Civil en su artículo 1.160, "los contratos deben ejecutarse de buena fe y obligan no solamente a cumplir lo expresado en ellos, sino a todas las consecuencias que se derivan de los mismos contratos, según la equidad, el uso o la ley". Los contratos de obra pública, como lo afirman Nectario Andrade Labarca, Humberto J. La Roche y Carlos Delgado Ocando:

> "Son celebrados *bona fide* y, como tal, la Administración Pública no podría prevalerse de sus *ius imperti* para imponer al contratista condiciones de excesiva onerosidad ni mucho menos enriquecerse a su costa, conforme al principio jurídico latino *nemo locupletori debet cum aliena jactura* de indiscutible vigencia en materia contractual pública o privada; pero también es cierto que las obligaciones deben cumplirse exactamente como han sido contraídas (artículo 1.264 del Código Civil)..."[437].

d'. La obligación de la Administración de pagar daños y perjuicios en casos de incumplimiento de las modalidades de pago

Con base en lo anterior, por tanto, es evidente que la Administración en los contratos de obra pública está obligada no sólo a pagar un precio sino a efectuar los pagos en la forma estipulada en el contrato. No se trata, por tanto, de una sola y pura obligación de dar, que tiene por objeto una cantidad de dinero, sino, además, de una obligación de

---

435 *V.* Eloy Lares Martínez, *Manual de Derecho Administrativo*, 5a ed. Caracas, 1983, p. 335.

436 Op. *cit.*, tomo V, pp. 282 y 283.

437 *V.* en el estudio "Imprevisión en los Contratos de Obra Pública", en *Revista de la Facultad de Derecho*, Universidad del Zulia, N° 26, Maracaibo, 1969, pp. 73 y 74.

hacer, es decir, de pagar en una oportunidad determinada. De acuerdo al artículo 1.264 del Código Civil:

> "Las obligaciones deben cumplirse exactamente como han sido contraídas. El deudor es responsable de daños y perjuicios, en caso de contravención".

Por tanto, en caso de incumplimiento de la Administración de sus obligaciones contractuales de pagar el anticipo previa presentación de fianza, y las valuaciones de obra ejecutada contra presentación de las mismas, el cocontratante puede reclamar los correspondientes daños y perjuicios, los cuales no se reducen a los solos intereses de mora con base en lo previsto en el artículo 1.277 del Código Civil, conforme al cual:

> "A falta de convenio en las obligaciones que tienen por objeto una cantidad de dinero, los daños y perjuicios resultantes del retardo en el cumplimiento consisten siempre en el pago del interés legal, salvo disposiciones especiales"[438].

En efecto, en virtud de que la obligación establecida en los Contratos de Obra Pública a cargo de la Administración no sólo tiene por objeto pura y simplemente "una cantidad de dinero", como podría ser una deuda de dinero proveniente de un contrato de mutuo sino que, además de estar destinada a cancelar una obra, tiene por objeto efectuar un pago en un tiempo y oportunidades precisamente determinados en el contrato, cabe concluir que el artículo 1.277 del Código Civil no resulta ser la única norma aplicable para la determinación de los daños y perjuicios, en caso de retraso en los pagos debidos por parte de la Administración.

Este, por ejemplo, ha sido el criterio de André de Laubadére cuando al referirse a lo que denomina dommages–intérets compensatoires, expresó:

> "El retardo injustificado del pago de sumas debidas por la Administración es susceptible de abrir un derecho del co–contratante, aparte de los intereses moratorios, a daños–intereses compensatorios; pero ello es así bajo dos condiciones:

En primer lugar, es evidente que el co–contratante no pueda pretender acumular intereses moratorios e intereses compensatorios sino cuando el perjuicio que ha realmente sufrido no se cubra satisfactoriamente con los primeros; en otros términos, si el perjuicio derivado del retardo de los pagos ha excedido, de hecho, las consecuencias de la sola privación de capitales durante la duración del retardo. Pero esta primera condición no es suficiente. Es necesario, además, que el retardo de la Administración en efectuar el pago haya sido el resultado por su parte de una "mala voluntad" caracterizada, de manera que una falta grave pueda ser establecida a cargo de ella"[439].

El mismo principio ya lo había destacado el propio Gastón Jèze a principios de Siglo, en la siguiente forma:

> "No obstante, el contrato de obra pública es un contrato de buena fe. La Administración ha dado a conocer la intención de hacer pagos a cuenta. Esta intención puede ser obstaculizada por eventos imprevistos. En este caso, los atrasos en los pagos a cuenta representan inconvenientes o riesgos

---

438 Conforme al artículo 1.746 del Código Civil, dicho interés legal es el 3% anual. Sobre esto *V. Doctrina PGR 1977*, Caracas, 1978, pp. 35–42; *Doctrina PGR 1977*, Caracas, 1978, pp. 30–35.

439 A. de Laubadère, *Traité Théorique et Pratique des Contrats Administratifs*, tomo I, París, 1970, pp. 83 y 84. En la edición de la obra del Profesor de Laubadère, a cargo de los Profesores Frank Moderne y Pierre Devolvé, de 1983, se enumeran decisiones del Consejo de Estado en las cuales se precisa que para que esa segunda condición se satisfaga, es necesario "una mala fe sistemática de la Administración", una "mala voluntad sistemática" o "negligencias graves o mala voluntad". *V.* André de Laubadère, Frank Moderne y Pierre Devolvé, *Traité des Contrats Administratif*, tomo 1, 2° Edición, París, 1983, p. 786.

normales de las empresas de obras públicas, que han debido tenerse en cuenta en el momento de la adjudicación (Informe de la Comisión extraparlamentaria encargada por Decreto del 12 de octubre de 1895, de examinar el conjunto de las cuestiones que interesan a las adjudicaciones públicas: "Los atrasos en el pago son siempre muy cortos y no exceden de dos o tres meses; prácticamente sólo se presentan en el primer período del año, que es el menos activo para los talleres y provienen del hecho de que los impuestos tardan cierto tiempo en recaudarse)". Estos atrasos constituyen uno de los áleas de la empresa y deben tenerse en cuenta para la apreciación de la rebaja. Pero no es preciso que una falta de la Administración venga a agravar el perjuicio sufrido por el empresario a consecuencia de este álea. Si puede suministrarse la prueba cierta de la existencia de una falta, de la mala intención de la Administración, hay allí un álea excepcional; el Juez del contrato podrá tomar en consideración la demora en la entrega de los pagos a cuenta.

En caso de mala intención, existe la falta que compromete la responsabilidad de la Administración. El Juez del contrato goza de amplios poderes para la apreciación de esta falta.

En principio, la falta de la Administración justifica simplemente una demanda de daños e intereses"[440].

Por tanto, en materia de ejecución de contratos de obra pública, al no circunscribirse la obligación de la Administración pura y simplemente el pago de un precio por una obra concluida, sino a efectuar un anticipo y pagos parciales contra valuaciones de obra ejecutada, en forma y oportunidad establecida contractualmente, los daños y perjuicios causados al contratista por la modificación unilateral de esas modalidades de pago por parte de la Administración, no se pueden circunscribir a los intereses legales como si se tratase, pura y simplemente, de una obligación que tiene por objeto una cantidad de dinero de acuerdo al artículo 1.277 del Código Civil; sino que estos daños y perjuicios por el incumplimiento, no de la obligación de pago, sino de la obligación de hacerlo en momentos precisos tienen su fundamento más bien en los artículos 1.160 y 1.264 del propio Código Civil y por tratarse de un contrato administrativo, en el principio del equilibrio económico del contrato que la Administración debe respetar y restablecer cuando se rompe por actos de ella misma, por actuaciones que le son imputables. Entre esos daños y perjuicios, por ejemplo, estarían todos los costos financieros en los que pudo haber incurrido el contratante de la Administración, por los retrasos de ésta en efectuar los pagos en las oportunidades convenidas.

b. Las cláusulas de revisión o variación de precios y tarifas en los contratos de obra pública y en las concesiones de servicio público

No hay duda de que, en nuestro país, comienza a ser cada vez más frecuente la incorporación de cláusulas de variación de precios en los contratos administrativos, como un mecanismo tendiente a prever y resolver por anticipado, los conflictos que puedan surgir entre las partes con motivo de variaciones en las condiciones de ejecución del contrato, que puedan afectar las respectivas prestaciones y derechos de los contratos, y que se produzcan, sea por causas extrañas a la voluntad de las partes o por voluntad de la Administración contratante.[441]

En particular, es frecuente encontrar cláusulas de variación de precios en las concesiones de servicios públicos, mediante las cuales se protege al concesionario respecto de

440 *V., op. cit.*, tomo V, pp. 287 a 289, y los casos citados en nota N° 472, p. 283 y nota 480, p. 288 de dicha publicación.

441 En relación a estas cláusulas de variación de precios cuando son de carácter escalatorio, la Contraloría General de la Republica ha sostenido que los incrementos de precio deben ser sometidos a aprobación previa. *V. CGR Dictámenes de la Consultoría Jurídica 1969–1976*, tomo IV, pp. 269–270.

las modificaciones en la ecuación económica del contrato, derivadas de actos de la autoridad contratante o de otra autoridad pública[442]. Pero además, dichas cláusulas de revisión o variación de precios y tarifas, se establecen también en las cláusulas de condiciones generales de contratación e incluso en textos de evidente carácter reglamentario En efecto, por ejemplo, en las Resoluciones del Ministerio de Fomento que han establecido las tarifas que pueden cobrar las empresas concesionarias de los servicios de electricidad a los usuarios, se establece una cláusula de traslado a éstos, de los impuestos adicionales que establezcan las autoridades públicas a la empresa concesionaria. En efecto por ejemplo, en la Resolución 3.721 de 15 de diciembre de 1986, que reguló las tarifas de los servicios de electricidad en el Área Metropolitana de Caracas, se previo en el artículo 2° de la misma lo siguiente:

> *Artículo 2°.* Todo aumento futuro del costo unitario de la energía comprada por las empresas a que se refiere esta Resolución (combustible y/o la energía eléctrica comprada a otros sistemas), así como las contribuciones locales, será trasladada automáticamente a los suscriptores de las mismas, en su proporción aplicable a cada uno"[443].

En sentido similar, en los contratos de obra pública, de acuerdo a las cláusulas de "Condiciones Generales de Contratación para la Ejecución de Obras" dictadas por Decreto N° 1.802 de 20 de enero de 1983, modificadas posteriormente por Decreto N° 1.821 de 30 de agosto de 1991,[444] se han establecido cláusulas de variación de precios por modificación de las condiciones económicas de ejecución de los mismos.

En efecto, en materia de aumentos de precios derivados de las condiciones laborales, el artículo 63 del Decreto N° 1.821 establece lo siguiente:

> "*Artículo 63.* El Ente Contratante pagará al Contratista las variaciones de los salarios, prestaciones sociales u otras indemnizaciones a los trabajadores que hubieren intervenido en la ejecución de las obras, cuando esas variaciones fueren consecuencia directa de leyes, decretos y contratos colectivos de trabajo celebrados por parte de la República o de obligatoria aplicación de acuerdo con el Decreto sobre Contratos Colectivos por Ramas de Industrias posterior a la presentación del presupuesto de la obra y sólo a partir de la fecha de vigencia de las referidas leyes, decretos o contratos colectivos.

La cuantificación de estas variaciones se determinará tomando en cuenta los análisis de precios unitarios de cada partida que conforma el Presupuesto Original, salvo que en el contrato se haya especificado la utilización del Sistema de Fórmulas Polinómicas, en cuyo caso se determinarán en la forma que especifique la Resolución correspondiente".

En cuanto a los aumentos de los precios en el costo de materiales y su incidencia en los contratos de obra pública, el mismo Decreto N° 1.821 establece las siguientes previsiones:

> "*Artículo 64.* El precio de las partidas del Presupuesto Original se aumentará o disminuirá, según el caso, cuando el precio de los materiales, equipos, suministro, fletes y otros insumos varíen como consecuencia directa de medidas arancelarias o de regulación adoptadas por el Ejecutivo Nacional, siempre que esas medidas hubieren sido dictadas con anterioridad a la adquisición de los materiales y otros insumos o de la utilización de la maquinaria y demás equipos auxiliares de construcción y durante la ejecución del Contrato.

---

442 *V.* Allan R. Brewer–Carías, "Algunas consideraciones sobre las cláusulas de variación de precios en los contratos administrativos", en *Boletín de la Academia de Ciencias Políticas y Sociales*, N° 81, Caracas, 1980, pp. 251 a 262.

443 *V.* en *Gaceta Oficial* N° 3.939 Extraordinario de 15–12–86.

444 *V.* en *Gaceta Oficial* N° 34.797 de 12–9–91.

Adicionalmente también variará el precio de las partidas del Presupuesto Original cuando el precio de los materiales, equipos, suministro, flete y otros insumos se vieren afectados por haber variaciones en la tasa cambiaría de nuestra moneda respecto a la moneda del país de origen del insumo.

Si el Contrato prevé la utilización de Fórmulas Polinómicas, las variaciones en los precios de los materiales, equipos, suministros y otros insumos se determinará en la forma establecida en la respectiva Resolución.

Artículo 65. El Ente Contratante pagará al Contratista los aumentos en los precios de los materiales de construcción utilizados en la obra y de los equipos destinados a ser incorporados a ella, que tuvieren su causa en las condiciones del mercado y que hubieren sido adquiridos por el Contratista durante la ejecución de los trabajos, cuando esos aumentos excedieren del cinco por ciento (5%) del precio original que tenían esos materiales y equipos para la fecha del Contrato.

Si el Contrato prevé el Sistema de Fórmulas Polinómicas, las variaciones aquí indicadas se determinarán en la forma en que lo especifique la respectiva Resolución. En esta Resolución se podrá establecer la relación del Ente Contratante de pagar los aumentos señalados en el párrafo anterior, aun cuando estos aumentos no excedieren del cinco por ciento (5%) del precio original que tenían para la fecha de firma del Contrato".

En todo caso, cláusulas de la naturaleza de las señaladas, sin duda, han planteado una serie de problemas interpretativos que se refieren, básicamente, a la legalidad misma de dichas cláusulas; a los efectos de las regulaciones nacionales de precios de artículos de primera necesidad sobre las referidas cláusulas; y a la aplicabilidad eventual de la teoría de la imprevisión, en caso de que dichas cláusulas no puedan utilizarse, en virtud de las regulaciones nacionales de precios.

a'. La legalidad de las cláusulas de variación de precios de tarifas

Las tarifas establecidas en toda concesión de servicio público y que debe recibir el concesionario directamente de los usuarios como contraprestación por la presentación del servicio, constituyen la remuneración del concesionario. En las concesiones de servicio público, las tarifas, aun establecidas en el texto del contrato, se considera que forman parte de las disposiciones "reglamentarias" de la concesión. Sólo así se explica que los usuarios estén obligados a soportar toda eventual modificación de las tarifas en el curso de la concesión, y que los concesionarios –sin perjuicio de un eventual derecho a ser indemnizados y siempre que no existan limitaciones contractuales– estén obligados a acatar toda variación de tarifas unilateralmente establecidas por las autoridades administrativas, y no pueden unilateralmente modificarlas, sin que exista previsión expresa, en tal sentido, en el contrato de concesión.

Pero constituyendo las tarifas, por esencia, la remuneración del concesionario por la prestación del servicio, el derecho administrativo ha desarrollado mecanismos tendientes a garantizar a los concesionarios, frente a fluctuaciones económicas o monetarias que pudieran hacer mucho más onerosa la prestación del servicio, su justa y equivalente remuneración. De allí los principios del equilibrio económico o ecuación financiera de los contratos administrativos y de la teoría de la imprevisión, tan difundidos por la teoría jurídica de los contratos administrativos y de las concesiones de servicios públicos. Puede decirse, en este sentido, que la consecuencia fundamental de la aplicación jurisprudencial en Francia, de la teoría de la imprevisión en los años de la Primera Guerra Mundial, precisamente en las concesiones de servicio público y particularmente las de distribución de electricidad y prestación de servicios de alumbrado público[445], fue la admisión progresiva posteriormente, como principio, en las concesiones de servicios públicos y, en general, en los contratos administrativos, de cláusulas de variación y revisión de las tarifas expresamente previstas en los contratos y concesiones.

Hoy por hoy, por tanto, la mayoría de los contratos administrativos contienen cláusulas de revisión y variación de precios tal como sucede con los contratos de obra pública y en la mayoría de las concesiones de servicios públicos, que prevén cláusulas similares de variación y revisión de tarifas.

Estas cláusulas contractuales, en las concesiones de servicio público, en general, tienen por objeto lograr una adaptación de las tarifas a los cambios económicos en la prestación del servicio, que el mismo contrato establezca. Estas cláusulas pueden autorizar, indistintamente, sea a la Administración concedente o al concesionario, una vez que el cambio económico previsto se produzca, a introducir las modificaciones autorizadas.

Sin embargo, en cuanto a la forma de introducir modificaciones a los precios o tarifas, pueden distinguirse dos tipos de cláusulas. En primer lugar, las cláusulas de revisión, que no implican una modificación automática del precio o de las tarifas, sino que en realidad lo que dan es derecho a que el concesionario pueda reclamar al ente concedente o a la Administración contratante la revisión de los precios o de las tarifas, sin que se hayan predeterminado los elementos cuantitativos que puedan provocar el establecimiento de una más justa.

Las cláusulas de variación de precios y tarifas, en cambio, conducen a una modificación automática de los mismos, una vez que el cambio económico contractualmente previsto, se produzca. Por eso, la cláusula de variación normalmente no sólo precisa "el cambio económico que justificará la variación de precio o de la tarifa, sino además, el monto de esa variación en función de la importancia del cambio"[446].

Puede decirse, por tanto, que en la actualidad, la teoría y la práctica del derecho administrativo relativo a las concesiones de servicio público y a los contratos de obra pública, admiten, sin discusión, las cláusulas de variación automática de precios y tarifas.

Si se analizan las cláusulas señaladas aplicables a los servicios de electricidad y los contratos de obra pública antes transcritas como ejemplo, no hay duda en considerar que las mismas son típicas cláusulas de variación de precios y tarifas.

En efecto, en relación a la revisión de tarifas en el servicio eléctrico, la Resolución mencionada autoriza a la empresa concesionaria a variar las tarifas unilateralmente, cuando la autoridad municipal, decidiere, durante la vigencia de la concesión, aumentar los impuestos, contribuciones, cargas y gravámenes o si durante dicho lapso, decidiere crear cualesquiera nuevos impuestos, contribuciones, cargas y gravámenes no existentes para la fecha del contrato. Este es un típico caso de cláusula de variación de tarifas por "cambios fiscales"[447], que autoriza al concesionario a "aplicar de pleno derecho las tarifas resultantes de la fórmula de variación prevista, sin pedir autorización al Concejo Municipal"[448].

---

445 *Cfr.* J. Lapeyre, *De l'imprévision dans les marchés passés par les sociétés de gaz et d'electricité*. Paris, 1923, pp. 2 y ss.

446 *V.* A. de Laubadère, *Traité Théoriaue et Pratique des Contrats Administratifs*, tomo II, Paris, 1956, p. 291.

447 *Idem*, p. 297.

448 *V.* G. Monserrat, *Concessions des Communes et des syndicats de Communes*, París, 1948, p. 51.

En las cláusulas señaladas, la fórmula de variación de tarifas utilizada consiste en aumentarlas, en la diferencia que representa para el concesionario el aumento o la creación de impuestos, contribuciones, cargas o gravámenes.

En todo caso, es de destacar, que el término utilizado en la Resolución que autoriza a las concesionarias, en los supuestos de cambios fiscales, a variar las tarifas, es el de "trasladar automáticamente a los suscriptores" el aumento, no es del todo afortunado, aun cuando gráficamente explica la situación. Por razones terminológicas, hubiese sido preferible utilizar la expresión "aumento de tarifas" en la proporción o diferencia indicada.

Sin embargo, y a pesar de la observación terminológica que pudiera confundir la figura de la cláusula de revisión de tarifas con el mecanismo de traslado de impuestos y contribuciones al usuario o consumidor, no hay duda sobre la legalidad de las referidas cláusulas de revisión de tarifas, por lo demás comunes, en la actualidad, en el derecho comparado[449].

b'. Los efectos de las regulaciones nacionales de precios de artículos de primera necesidad sobre las cláusulas de variación de tarifas

No hay duda de que tratándose de cláusulas reglamentarias y contractuales, las cláusulas de variación de tarifas son obligatorias, tanto para la Administración concedente, como para la empresa concesionaria. En particular, por tanto, una Municipalidad concedente en el caso de los servicios de electricidad, no podría, tampoco, una vez que se produzcan los cambios fiscales en ella previstos, oponerse o desconocer la variación automática de las tarifas. Por otra parte, no hay duda de que si bien el carácter "reglamentario" de las tarifas autorizaría a la Administración concedente, en principio, a variar unilateralmente las tarifas –dejando a salvo el eventual derecho a indemnización del concesionario–, esta variación unilateral no procedería en los supuestos de cláusulas de variación automática de tarifas. Si en el ejemplo mencionado de los servicios de electricidad, la Municipalidad, unilateralmente rebajara las tarifas, ello no sólo significaría una violación del contrato de concesión, lo que comprometería la responsabilidad de la Administración Municipal, sino que eventualmente daría derecho a la concesionaria a reclamar una indemnización equivalente a lo que dejare de percibir por concepto de rebaja de las tarifas.

Sin embargo, si bien la cláusula de variación de tarifas obliga a la Administración Municipal concedente y da derecho a la concesionaria a aplicar la nueva tarifa si se producen los cambios económicos previstos, es indudable que frente a regulaciones de precios de artículos de primera necesidad por el Ejecutivo Nacional, que contraríen el aumento automático de las tarifas, el contrato de concesión tendría que ceder frente a la fuerza legal de la regulación nacional. Esto nos obliga a analizar el conflicto entre las regulaciones nacionales de precios y las cláusulas de variación de tarifas de servicios municipales, en particular, los de electricidad.

---

449 Tan ello es así, que, por ejemplo, el Proyecto de Ley Orgánica del Servicio Público de Electricidad elaborado por el grupo de Trabajo AVIEM–CADAFE–CAVEINEL–EDELCA en septiembre de 1974, prevé expresamente el aumento de las tarifas, automáticamente, como consecuencia de los cambios fiscales en la siguiente forma: "Artículo 41. Los impuestos estadales y municipales a cargo del concesionario que graven la prestación del servicio eléctrico, cualesquiera que sea la forma de su establecimiento, podrán incluirse en pro–rata en las facturas de los suscriptores de la respectiva jurisdicción".

La Ley de Protección al Consumidor de 23 de marzo de 1992[450], establece expresamente la facultad al Ministerio con competencia en materia de precios y tarifas para establecer mediante resolución, el precio máximo de venta o de prestación de servicios al público, en todo o en parte del territorio nacional, para aquellos bienes y servicios que hayan sido declarados de primera necesidad[451]. Aclara además dicha ley que se consideran bienes y servicios de primera necesidad aquellos que por ser esenciales e indispensables para la población determine expresamente, mediante Decreto, el Presidente de la República en Consejo de Ministros[452].

Con esta normativa de protección al consumidor se sustituyeron las viejas normas que atribuían facultades similares al Ministerio de Fomento contenidas en el Decreto N° 176 del 15 de agosto de 1944 y con base en las cuales, en 1969, dicho Ministerio virtualmente congeló las tarifas eléctricas existentes para el 15 de agosto de ese año, con la indicación de que no podrían ser modificadas "por ninguna entidad" hasta tanto el Ministerio no resolviera lo conducente en relación al sistema nacional de tarifas de energía eléctrica[453]. Posteriormente, por Decreto 2.186 de 7 de junio de 1977[454] el Ejecutivo Nacional, conforme al artículo 2° de la ley, declaró "de primera necesidad el servicio de agua potable, el de recolección de aguas usadas y el de energía eléctrica", y a partir de esa fecha ha venido estableciendo las tarifas del servicio de energía eléctrica en todo el país, a pesar de que el mismo se preste por empresas públicas o privadas concesionarias de las Municipalidades, y a pesar de que la determinación de las tarifas pueda ser producto de un acuerdo de concertación[455].

Ahora bien, es indudable que en los casos en que el Ejecutivo Nacional, al haber declarado los servicios de electricidad como servicio de primera necesidad, hace uso de sus poderes de fijación de tarifas máximas del servicio que le otorga la Ley de Protección al Consumidor, o cuando lo ha hecho unilateralmente, por Resolución, en virtud de una "concertación", dicha tarifa máxima no podría, en principio, ser sobrepasada por los concesionarios que estuviesen amparados con cláusulas de variación automática de tarifas, si éstas estuvieren sólo contempladas en los contratos de concesión municipales. Para evitar esto es que, precisamente, la regulación nacional de tarifas de los servicios, había permitido la variación automática de las tarifas en caso de aumento de contribuciones locales.

Sin embargo, el problema interpretativo persiste en los casos de congelación de precios de bienes y servicios, los cuales en momentos de crisis económica se ha decretado[456]. En estos casos, aun en presencia de cláusulas contractuales o reglamentarias de variación de tarifas derivadas de aumentos de contribuciones locales, las tarifas no podrían aumentarse. En efecto, tal como André de Laubadère lo ha señalado, "el efecto de esa aplicación de congelación o fijación de precios es el de limitar la aplicación de las cláusulas contractuales; no pudiendo éstas entrar en juego, sino en la medida en que su aplicación no tenga como consecuencia el aumentar los precios o tarifas sobre el

450 *Gaceta Oficial* 4.403 Extra de 24–3–92.

451 Articulo 32.

452 Artículo 31.

453 Resolución N° 3.091 de 18–8–69 en *Gaceta Oficial* N° 28.999 de 19–8–69.

454 *Gaceta Oficial* N° 31.269 de 4–7–77.

455 *V.* la Resolución N° 971 y 172 de los Ministerios de Fomento y Energía y Minas sobre tarifas eléctricas. *G.O.* N° 4.080 Extraordinario de 29–3–89.

456 *V.*, por ejemplo, el Decreto–Ley de congelación de precios por un lapso de 120 días, dictado con el N° 1.540 de 29 de abril de 1987, en *Gaceta Oficial* N° 33.707 de 29–4–87.

límite máximo determinado en la congelación"[457]. En el ordenamiento jurídico venezolano, no hay duda, esta doctrina tiene plena aplicación.

Por tanto, congelados los precios y tarifas de bienes y servicios, incluyendo los de electricidad, por el Ejecutivo Nacional conforme a sus atribuciones legales, es indudable que las cláusulas de variación de tarifas de los contratos de concesión del servicio sólo podrían aplicarse siempre que la tarifa resultante no sobrepase el límite máximo determinado nacionalmente por el Ministerio de Fomento. Si la aplicación de la variación automática de las tarifas que establezca una cláusula de algún contrato de concesión, conduce a una tarifa superior a la derivada de la congelación decretada a nivel nacional, es indudable que la tarifa resultante de la variación automática no podría aplicarse sino hasta el límite máximo previsto en la regulación nacional.

Aquí, por tanto, la cláusula contractual encontraría otro límite en su aplicabilidad automática, en virtud de las atribuciones legales del Ministerio de Fomento. Ello, sin embargo, no dejaría totalmente desasistido al concesionario afectado. En el caso de que se produzcan cambios fiscales que normalmente provocarían la aplicación de la cláusula de revisión automática de tarifas, y sin embargo, no pueda aplicarse en virtud de una regulación máxima de las tarifas establecidas por el Ejecutivo Nacional, el concesionario tendría derecho a solicitar una indemnización en virtud de la ruptura del equilibrio económico del contrato.

C. El derecho del co–contratante al mantenimiento del equilibrio económico del contrato.

a. *El equilibrio económico en los contratos administrativos*

Hemos señalado que todo co–contratante de la Administración Pública en los contratos administrativos, a pesar del interés público que en los mismos está envuelto, está guiado principalmente al contratar, por su interés privado patrimonial, financiero o económico que se materializa fundamentalmente en la contraprestación que, por el cumplimiento de sus obligaciones contractuales, debe recibir. Pero el co–contratante de la Administración, además del derecho a su contraprestación económica, tiene un derecho inherente al contrato y es el equilibrio financiero del mismo, es decir, a la inmutabilidad de la ecuación económica del contrato cuando la mutación le causa perjuicios[458].

Esta noción de ecuación económica o de equilibrio financiero en los contratos administrativos, acogida definitivamente por la doctrina nacional[459] por la jurisprudencia de la Corte Suprema[460], y por la doctrina administrativa de la Procuraduría General de la República,[461] viene a ser una relación que ha sido establecida entre las partes contratantes en el momento de la conclusión del contrato, entre un conjunto de derechos del co–

457 *V.* A. de Laubadère, *op. cit.*, tomo II, p. 316, nota N° 36.

458 *V.* Sentencia de la Corte Federal de 12 de noviembre de 1954 en *Gaceta Forense* N° 6, 1954, pp. 204 a 206. *V. Doctrina PGR 1981*, Caracas, 1982, pp. 42–43.

459 *V.* Eloy Lares Martínez, *Manual de Derecho Administrativo*, Caracas, 1963, p. 217; Allan R. Brewer–Carías, *Las Instituciones Fundamentales del Derecho Administrativo y la Jurisprudencia Venezolana*, Caracas, 1964, pp. 204 y ss.

460 *V.* Sentencia de la Corte Federal y de Casación de 9 de marzo de 1939 en *Memoria 1940*, pp. 342 y ss. y de la Corte Federal de 12 de noviembre de 1954 en *Gaceta Forense* N° 6, 1954, pp. 204 y ss.

461 *V.* por ejemplo, *Doctrina de la Procuraduría General de la Republica, 1966*, Caracas, 1967, pp. 75 y ss.

contratante, y un conjunto de cargas y obligaciones contractuales del mismo, que han sido consideradas como equivalentes[462]. De ahí el nombre de ecuación financiera. Por eso se ha señalado que la noción de equilibrio financiero tiene su origen en la común intención de las partes de que sea mantenida la ecuación inicial del contrato.[463]

En todo caso, este equilibrio económico del contrato, como un derecho del contratante o concesionario, puede señalarse que no es un derecho a que se le garantice un determinado beneficio ni es una garantía dada al mismo de que no va a tener pérdida. En el momento de la conclusión del contrato, cada parte ha evaluado lógicamente las cargas y ventajas del mismo, y si contratan, es porque han estimado que entre esas cargas y esas ventajas hay un equilibrio aceptable. Si una de las partes se ha equivocado en su cálculo y tiene pérdidas, por eso no tiene, por supuesto, derecho a indemnización alguna. Por ello hemos señalado que no debe entonces confundirse el derecho al equilibrio financiero del contrato con un supuesto derecho a recibir determinados beneficios; al contrario, se trata simplemente de un derecho a que se mantenga en el curso de la ejecución del contrato, una equivalencia entre las ventajas y las cargas que el mismo conlleva para el co–contratante, en la misma forma o medida como había sido calculada, exactamente o no, en el momento de la conclusión del contrato.[464]

El mecanismo de esta ecuación económica del contrato, como fundamento del derecho del contratante a ser indemnizado en los casos de ruptura de la misma, ha sido demostrado en la forma siguiente por Péquignot:

> El carácter estático del contrato del derecho privado, que es el del tipo de la ecuación a = b, se opone al dinamismo del contrato administrativo, el cual es del tipo de la proporción: a/b = a'/b', en el sentido de que si en el primer caso, las prestaciones a y b, contractualmente asumidas, deben quedar inmutables, en el segundo, en cambio, las prestaciones que pesan sobre las partes pueden variar (a', b'), establecido que su relación se mantiene constante. El aspecto financiero presenta, pues, aquí, más importancia que en derecho privado; el trabajo de interpretación del Juez consistirá en buscar no cuáles son las obligaciones de la Administración para constreñirla, en nombre del derecho de su contratante, sino más bien, cuál es el valor de la relación a/b para poder establecer el equilibrio a'/b' cuando uno de estos términos varía. Haciendo esto, el Juez no falta a su deber, en efecto, él atiende a la común intención de las partes cuando busca respecto de qué remuneración el contratista ha consentido en aportar su colaboración a la Administración para el objeto que ésta había fijado en la convención; el Juez considerará con razón que el titular del contrato ha consentido las cargas de éste más que en previsión de ciertas ventajas, por el incentivo de un determinado beneficio[465].

Como se ha señalado, estos principios han sido aplicados en Venezuela tanto por la jurisprudencia como por la doctrina. En efecto, en sentencia muy conocida de la antigua Corte Federal y de Casación de 9 de marzo de 1939, el Supremo Tribunal estableció que en los contratos administrativos, éstos implican: "las seguridades que el Estado

---

462 *Cfr.* Gaspar Ariño Ortiz, *Teoría del equivalente económico en los Contratos Administrativos*, Madrid, 1968, pp. 241 y ss.

463 *V.* André de Laubadère, *Traite Theorique et Pratique des Contras Administratifs*, Paris 1956, tomo II, p. 28.

464 *V.* Allan R. Brewer–Carías, "Algunas reflexiones sobre el equilibrio financiero en los contratos administrativos y la aplicabilidad en Venezuela de la concepción amplia de la Teoría del hecho del príncipe", *Revista Control Fiscal y Tecnificación Administrativa* N° 65, Caracas, 1972, p. 87.

465 *V.* G. Pequignot, "Des Contrats Administratifs", Jurisclasseur Administratis, *Fascículos* N° 511 y ss., citado por A. de Laubadère, *Traité Théorique et pratique des Contrats Administratifs*, *cit.*, tomo II, p. 34, nota 4 y por M. A. Flamme, "Los contratos de Obras Públicas de la Administración" en *Revista de Administración Pública*, N° 21, Madrid, 1956, pp. 85 y 86.

otorga a los concesionarios, a fin de que arriesguen la inversión de sus capitales contando con ciertas condiciones de equilibrio financiero para sus empresas", por lo cual una "regla de índole contractual" en dichos contratos, es "la obligación implícita para el Estado concedente de no alterar ese equilibrio", considerando, además, que "es tan racional la obligación de mantener ese equilibrio financiero" que procede "aun tratándose de reformas de la ley en la parte puramente reglamentaria o estatutaria de ésta, no obstante el derecho con que el Estado o el Legislador procedan en esas reformas de lo contractual"[466].

En particular, la Corte ha reconocido expresamente este derecho del contratista de la Administración en ser indemnizado frente a la ruptura de la ecuación económica del contrato, cuando ésta se ha originado en el ejercicio de los poderes de la Administración de modificar los contratos, particularmente los de obra pública, y como una contrapartida de ello. En sentencia del 5 de diciembre de 1944, la antigua Corte Federal y de Casación, en efecto estableció lo siguiente:

> "El ejercicio de un derecho no es un hecho culposo ni tampoco puede fundarse en él ningún alegato de incumplimiento. En el contrato administrativo de obra pública, como en todos los que interesan a un servicio público, la parte representada por la Autoridad Administrativa no está obligada inflexiblemente por la regla de derecho privado de la intangibilidad de los contratos; sin necesidad de acuerdo previo con la otra parte, tiene el derecho de introducir modificaciones en el plan de la obra, en sus planos, en los medios de ejecución y en esta misma, aumentándola o disminuyéndola dentro de ciertos límites que no la desnaturalicen, y aun desistir de ella. Esta enumeración no es taxativa, pues todo depende de las necesidades del servicio público y de la diversidad de los motivos, contingentes en todo caso, que hayan surgido después de firmado el contrato, y que obliguen a introducir algunos cambios, omitir determinadas partes secundarias, o accesorios, diversificar algunos medios o formas de ejecución."
>
> "....Es característica de los contratos de obras públicas el que debiendo predominar el interés nacional, puede y aun debe la Administración respectiva introducir reformas en la obra misma y en sus medios de ejecución, en el curso de ésta, con obligación, sin embargo, de compensar o resarcir los perjuicios que de ello se deriven para la otra parte contratante"[467].

El mismo criterio lo sostuvo la antigua Corte Federal en sentencia de 12 de noviembre de 1954, en la cual, al referirse a los poderes de rescisión y modificación unilateral de los contratos administrativos, expuso lo siguiente:

> "Mas la extensa flexibilidad que caracteriza a los contratos administrativos en relación con la facultad de la Administración para rescindirlos administrativamente o para introducir en ellos modificaciones cuando así lo exija el interés general, no la exime de una manera absoluta, de indemnizar al co–contratante, cuando para éste, sin su culpa, se han derivado perjuicios de la rescisión o, cuando dada la naturaleza de las modificaciones introducidas, se ha llegado a una alteración sustancial del contrato y, desde luego, a un cambio sensible en la ecuación económica del mismo. La indemnización en esos casos, como cuando se trata de una expropiación por causa de utilidad pública, es lo conforme con la justicia y la equidad"[468].

En el mismo sentido, la Procuraduría General de la República en dictamen de 27 de septiembre de 1966, al considerar una reclamación formulada por un particular con base en el principio del equilibrio financiero del contrato administrativo y estimar que en los contratos administrativos las partes actúan como colaboradores en pro del interés general que el contrato persigue, sostuvo lo siguiente:

---

466 *V.* en *Memoria de la Corte de 1940*, Caracas, 1941, tomo I, pp. 342 y 350.

467 *V.* en *Memoria de la Corte de 1944*, Caracas, 1945, tomo I, pp. 290 y p. XXXVII.

468 *V.* en *Gaceta Forense* N° 6, 2a etapa, Vol. I, p. 204.

"Ese principio, denominado por otros autores "elemento de asociación", significa que en todo contrato administrativo existe, expreso o tácito, un derecho del contratista a un cierto equilibrio económico–financiero del contrato, y que la prerrogativa de la Administración, fundada en los requerimientos del interés nacional, de modificar unilateralmente, dentro de ciertos límites, los contratos administrativos en el curso de la ejecución de los mismos, halla su contrapartida en el derecho del contratista a una indemnización, siempre que la modificación introducida le imponga obligaciones nuevas que rompan el equilibrio financiero del contrato. El elemento de asociación así definido encuentra su expresión práctica en dos teorías elaboradas por la jurisprudencia francesa: la del hecho del príncipe y la de la imprevisión.

Según la teoría del hecho del príncipe, cuando el poder público (el príncipe) hace más onerosas, por hecho propio, las condiciones de ejecución del contrato, puede ser obligado a indemnizar al co–contratante (Rivero, Jean. *Droit Administratif*, Daloz, 1965, p. 112). En el caso en estudio, se trata, en efecto, de una medida (anulación de un artículo de una ley formal), emanada del poder público (por órgano de la Corte Suprema de Justicia), que aparentemente hace más gravosa la situación de B. de V.S.A., en cuanto lo priva de una ventaja estipulada en el contrato y que ha debido influir notablemente en su asentamiento a las restantes condiciones del mismo. Sin embargo, al subrayar la frase "por hecho propio", este Despacho ha querido destacar que, para que funcione la teoría aquí analizada, el desmejoramiento de la posición económica del contratista ha de provenir de una medida que sea imputable al Estado, es decir, atribuible a su voluntad o a su falta: No hay lugar al pago de la indemnización sino en caso de que el hecho invocado haya ocasionado un perjuicio, y pueda ser imputado a la entidad administrativa que ha celebrado el contrato".[469]

Por otra parte, la doctrina nacional ha sido unánime en aceptar este principio del equilibrio económico del contrato y la obligación de su restablecimiento en caso de ruptura por acciones de la Administración. Así, Eloy Lares Martínez ha señalado que:

"La doctrina que confiere a la Administración el poder de modificación unilateral de los contratos administrativos, procura conciliar el interés general de la comunidad con el interés privado del contratista. Por eso, ha consagrado el derecho del contratista a ser indemnizado íntegramente por el aumento de gastos que resulte de las innovaciones introducidas por la Administración. Tales innovadores causan la ruptura del equilibrio financiero del contrato, y por ello, es necesario que la Administración efectúe la compensación pecuniaria que sea menester para el restablecimiento de ese equilibrio.

Por otra parte, el contratista tiene derecho de reclamar de la Administración indemnizaciones pecuniarias, en vista de los hechos que ocasionan la ruptura del equilibrio financiero del contrato. En efecto, en vista de que las prerrogativas de la Administración colocan al contratista en una situación de inseguridad, la doctrina administrativa ha elaborado, como contrapartida, el principio del equilibrio financiero de la ecuación financiera de los contratos administrativos.

Se considera que en todo contrato administrativo existe, expreso o implícito, un derecho del contratista al mantenimiento del equilibrio financiero del contrato. Cuando en ciertas condiciones el equilibrio financiero inicialmente considerado se ha roto en daño del contratista, éste tiene derecho a que dicho equilibrio sea restablecido por la Administración, mediante el pago en dinero de la correspondiente indemnización... La indemnización a que puede tener derecho el contratista puede derivar de diversas causas,

469 *V.* en *Doctrina de la Procuraduría General de la Republica 1966*, Caracas, 1967, pp. 75 y 76, donde además, se cita a Eloy Lares Martinez, *Manual de Derecho Administrativo*, Caracas, 1963, p. 220.

tales como el incumplimiento de la Administración de ciertas obligaciones contractuales, generador de daños al contratista..."[470].

En sentido coincidente, en otro lugar hemos sostenido que: "En el momento de la conclusión del contrato, cada parte, ha evaluado lógicamente las cargas y ventajas del mismo, y si contratan es porque han estimado que entre esas cargas y esas ventajas hay un equilibrio aceptable. Si una de las partes se ha equivocado en su cálculo y tiene pérdidas, por eso no tiene, por supuesto, derecho a indemnización alguna. No debe confundirse el derecho al equilibrio financiero del contrato con un supuesto derecho a recibir determinados beneficios; al contrario, se trata simplemente de un derecho a que se mantenga en el curso de la ejecución del contrato, una equivalencia entre las ventajas y las cargas que el mismo conlleva para el co–contratante, en la misma forma o medida como había sido calculada, exactamente o no, en el momento de la conclusión del contrato. Entonces, el contratante de la Administración, además del derecho a su contraprestación económica, tiene el derecho, inherente a todo contrato administrativo, al mantenimiento del equilibrio del mismo y, por tanto, a la inmutabilidad de la ecuación económica del contrato, cuando la mutación le causa perjuicios, sea que la modificación provenga de un acto de la propia Administración Pública de modificación o rescisión unilateral sin culpa del co–contratante; sea de modificación surgida en la ecuación económica proveniente de hechos ajenos a la voluntad de las partes contratantes, hechos económicos, naturales o actos de autoridad pública distintas de la Administración contratante. Ahora bien, y éste es el efecto esencial del equilibrio económico de contrato y del derecho a la inmutabilidad del mismo: el co–contratante de la Administración tiene derecho a recibir de la Administración una indemnización, cuando se produce la ruptura del mismo"[471].

Como consecuencia de lo anterior, el concesionario, además del derecho a su contraprestación económica concretizada, por ejemplo, en el precio que debe pagar la Administración o en las tarifas que deben pagar los usuarios, tiene un derecho inherente a todo contrato administrativo, al mantenimiento del equilibrio del mismo y, por tanto, a la inmutabilidad de la ecuación económica del contrato, cuando la mutación le causa perjuicios, sea que la modificación provenga de un acto de la propia Administración concedente (por ejemplo, de modificación o rescisión unilateral sin culpa del concesionario); sea que la misma provenga de hechos ajenos a la voluntad de las partes contratantes (hechos económicos, naturales o actos de autoridades públicas distintas de la Administración contratante)[472]. La doctrina distingue, en estos dos supuestos, la llamada teoría del príncipe de la teoría de la imprevisión, según que la modificación del contrato se imponga unilateralmente por la Administración concedente[473], o provenga de hechos o actos ajenos a los contratantes. En todo caso, y éste es el efecto esencial del equilibrio económico del contrato y del derecho a su inmutabilidad: el co–contratante de la Administración tiene derecho a recibir de la Administración una indemnización,

470 *V.* Eloy Lares Martínez, *Manual de Derecho Administrativo, cit.*, pp. 335 y 338.

471 *V.* Allan R. Brewer–Carías, "Consideraciones sobre los efectos de la ruptura de la ecuación económica de un contrato administrativo por una ley declarada nula por inconstitucional", en *Cuadernos de Derecho*, Universidad de Los Andes, N° 2, Mérida, 1976, pp. 10 y 11. *V.* asimismo nuestro libro *Las Instituciones Fundamentales del Derecho Administrativo y la Jurisprudencia Venezolana*, Caracas, 1964, pp. 204 y ss.

472 *V.* Allan R. Brewer–Carías, *Las Instituciones Fundamentales del Derecho Administrativo y la Jurisprudencia Venezolana, cit.*, p. 204.

473 *V. Doctrina PGR 1965*, Caracas, 1966, pp. 1.158 y ss.; y *Doctrina PGR 1967*, Caracas, 1969, pp. 112–114.

cuando se produce la ruptura del mismo. Esto, precisamente, es lo que ha llevado a que los contratantes, cada vez con mayor frecuencia, incorporen al texto de los contratos administrativos, cláusulas de protección de la ecuación económica del mismo o de protección frente a posibles alternativas que podrían ser consideradas como mutaciones al equilibrio económico del contrato. En este supuesto están las cláusulas de revisión o variación de precios y tarifas anteriormente señaladas.

b. Las cláusulas de protección frente a la ruptura del equilibrio económico

Como hemos señalado, la Administración contratante muchas veces, antes de la aprobación de las Cláusulas de Condiciones Generales de los contratos de obra pública, había establecido cláusulas en las cuales se eximía del pago de la ruptura del equilibrio económico del contrato, provenientes del aumento, para el contratante, de los costos de mano de obra derivados de contratos colectivos que alteraran, aumentándolos, los salarios y demás prestaciones sociales de los trabajadores. Este era un típico caso de cláusulas expresas de protección de la Administración frente a posibles modificaciones del equilibrio económico del contrato, libremente aceptadas por las partes contratantes.

Sin embargo, como se ha señalado, frente a las posibles rupturas de la ecuación financiera de los contratos administrativos, ahora en general se prevén cláusulas de protección de la situación co–contratante. Es el caso de las mencionadas cláusulas de revisión o variación de precios en los contratos de obras públicas, y de variación y revisión de tarifas que se establecen comúnmente en las concesiones de servicio público[474].

Dentro de estas mismas cláusulas de protección de los contratantes ante las posibles mutaciones de las condiciones económicas del contrato, es de destacar aquellas de empleo generalizado, que tienden a asegurar a las partes contra las fluctuaciones de los precios, como las llamadas "cláusulas oro o plata". En este mismo caso se encuentran las cláusulas de pago en moneda extranjera, utilizada como moneda de pago o moneda de cuenta, permitidas en el artículo 95 de la Ley del Banco Central de Venezuela.

Además, dentro de esas cláusulas de protección del contratante frente a rupturas de la ecuación económica del contrato se incluyen, también, las cláusulas de exención de impuestos o contribuciones, ellas mismas, formando parte del equilibrio financiero del contrato[475]. En este sentido, en sentencia de 9 de marzo de 1939 de la antigua Corte

---

474 Un ejemplo típico de dichas cláusulas sería, por ejemplo, el artículo segundo del convenio de prórroga del contrato celebrado entre el Ejecutivo Nacional y el Banco de Venezuela, aprobado por Ley de 19 de julio de 1954 y publicado en *Gaceta Oficial* N° 24.497 del 21 de julio de 1954, que estableció lo siguiente: "En el curso de la ejecución del presente contrato de prórroga, cualquiera de las partes podrá, de acuerdo con el resultado que arrojen las liquidaciones de la Cuenta del Gobierno Nacional, solicitar de la otra parte la revisión para el futuro de las condiciones que rigen la compensación del Banco de Venezuela por los servicios que presta en virtud del contrato".

475 En efecto, las cláusulas de los contratos administrativos como en el contrato celebrado por el Ejecutivo Nacional con el Banco de Venezuela en 1940, que contienen una exención de impuestos, además de constituir dichas exenciones parte de las ventajas económicas del contrato (contraprestación) para el cocontratante, configuran una protección para éste frente a posibles rupturas del equilibrio económico del contrato, derivadas de nuevos gravámenes que pudieran afectar directa y específicamente las actividades propias del Banco. En este sentido el artículo 20 del convenio celebrado entre el Ejecutivo Nacional y el Banco de Venezuela, S.A., no sólo consagraba una exención respecto a los posibles impuestos directos que hubieren podido gravar al Banco para el momento de la conclusión del contrato (impuestos sobre donaciones, por ejemplo) configurándose en este aspecto como parte de la contra prestación que recibía por sus servicios en relación al contrato, sino también consagraba una exención respecto a todos los impuestos directos que hubieran podido afectar las actividades específicas del Banco (Actividades bancarias) y que fueren creados por el Estado o las Municipalidades con posterioridad al contrato; estableciéndose en este aspecto, una protección contra posibles rupturas de la ecuación económica del contrato provenien-

Federal y de Casación, en Sala Federal Accidental, el Supremo Tribunal ha dejado claramente establecido que en los contratos administrativos, las exoneraciones de derechos constituyen parte del equilibrio económico del contrato.

En efecto, en dicha sentencia la Corte expresó:

> "Es digno de mencionar que a pesar del celo que generalmente se tiene en casi todos los países civilizados, por mantener incólume la garantía de la igualdad ante la ley, aun en los más democráticos a pesar de tener consignada en sus Constituciones o en la más rancia tradición aquella garantía, sus leyes consagran numerosas franquicias y exenciones, como una necesidad de interés colectivo, pues no se conceden como un favor desinteresado, sino con altos fines de política económica, como, por ejemplo, la implantación y el fomento de determinadas industrias, para lo cual hay que proporcionar halagos a los capitales que se desean atraer.
>
> Los tratadistas en materia de finanzas suelen distinguir entre los privilegios e inmunidades fiscales verdaderos y los que no lo son sino en apariencia, porque en realidad algunos sólo son auxilios o bien subvenciones indirectas, siendo uno de sus fines más frecuentes promover el fomento de determinadas industrias y proporcionar a las respectivas empresas un equilibrio económico, y se enseña que estos privilegios de mera apariencia no violan el principio de la igualdad ante la ley ni el de la universalidad de los impuestos"[476].
>
> En dicha sentencia, agrega la Corte, que a través de esas exoneraciones o exenciones, el Estado otorga a sus co–contratantes las seguridades "a fin que arriesguen la inversión de sus capitales contando con ciertas condiciones de equilibrio financiero para sus empresas"[477], pues la exoneración equivale para ellos a recibir del Estado una contribución de dinero[478], agregando que el mantenimiento de ese equilibrio económico es uno de los típicos derechos del contratante[479].

En esta forma, concluye la Corte con lo siguiente: "Siendo la exoneración de derechos una condición del equilibrio financiero proporcionado por la ley misma a la empresa, desde que ésta nace y para mientras dure su explotación, hay que aplicarle según la doctrina ya citada, la otra regla de índole contractual consistente en la obligación implícita para el Estado concedente de no alterar el equilibrio"; de manera tal que si el Estado aun legítimamente, por la actuación de cualquiera de sus órganos rompe dicha ecuación, surge también "la obligación eventual para el Estado de indemnizar en este caso al concesionario (o co–contratante), según la entidad del daño o de las nuevas cargas que éste sufra".[480]

---

te de nuevos tributos que hubieran podido afectar la actividad cotidiana y ordinaria del co–contratante con posterioridad a la conclusión y aprobación del contrato; rupturas que además hubiesen podido perjudicar tanto al servicio público que se presentaba, como directamente al Fisco Nacional por la obligación que le hubiera surgido de indemnizar al Banco por las rupturas. Se trata por tanto en este caso, de una protección contractual para la Administración y para su co–contratante, el Banco de Venezuela, frente a los efectos que una ruptura de la ecuación económica del contrato por aplicación de nuevos impuestos directos pudieren haber causado.

476 *V.* en *Memoria de la Corte Federal y de Casación 1940*, tomo I, pp. 338 y 339.

477 *V.* en *Memoria cit.* de 1940, tomo I, p. 342.

478 *V.* en *Memoria cit.* de 1940, tomo I, p. 350.

479 *V.* en *Memoria cit.* de 3940, tomo I, pp. 346 y 347.

480 *V.* en *Memoria cit. de 1940*, tomo I, p. 351. Aplicada esta doctrina al convenio celebrado entre el Ejecutivo Nacional y el Banco de Venezuela (Ley del 19 de julio de 1954 en *Gaceta Oficial* N° 24.497, 21 de julio de 1954), si por cualquier acto estatal legitimo se extinguían las exenciones establecidas por la Ley en el artículo 20 del mismo, pues el carácter de Ley especial de dicho convenio había sido reconocido por la misma Sala Político–Administrativa de la Corte en sentencia de 14 de junio de 1965 (*Gaceta Oficial* N° 760 Extraordinario de 22 de marzo de 1966, p. 5), y si como consecuencia de ello el Banco de Venezuela, S.A. se hubiera visto obligado a pagar impuestos de lo cual estaba exento, evidentemente que ello hubiera roto la ecuación económica del contrato y el Estado hubiera estado obligado a indemnizarlo "según la entidad del daño o de las nuevas cargas que este sufra", según la doctrina de la Suprema Corte.

c. *Las diversas causas de ruptura de la ecuación económica del contrato y el derecho a indemnización*

El desajuste o ruptura de la ecuación económica o equilibrio financiero del contrato puede provenir fundamentalmente de las modificaciones unilaterales al contrato realizadas por la Administración, de la rescisión unilateral del contrato practicada también por la Administración y de hechos ajenos a las partes contratantes. Estudiemos separadamente estas tres causas.

a'. El derecho de indemnización derivado de las modificaciones unilaterales del contrato: el álea administrativa

Como hemos señalado, si la Administración puede por sus decisiones unilaterales, de una general, introducir cambios y modificar las obligaciones del contratista, estas intervenciones dan lugar, en contrapartida, a que éste tenga derecho a una compensación pecuniaria, es decir, tenga el derecho a una indemnización. En este sentido, la antigua Corte Federal ha señalado que:

> "la extrema flexibilidad que caracteriza a los contratos administrativos en relación con la facultad de la Administración para introducir en ellos modificaciones cuando así lo exija el interés general, no la exime, de manera absoluta, de indemnizar al co–contratante, cuando para éste, sin su culpa, se ha llegado a una alteración sustancial del contrato y, desde luego, a un cambio sensible en la ecuación económica del mismo. La indemnización en estos casos, como cuando se trata de una expropiación por causa de utilidad pública, es lo conforme con la justicia y la equidad"[481].

Ahora bien, esta indemnización debe responder a una serie de principios: en primer lugar, para que pueda ser reclamada por el contratante, éste debe haber sufrido realmente un perjuicio, que debe ser probado. Por otra parte, la indemnización debe ser integral, es decir, debe compensar la totalidad de los daños que ha acarreado la intervención de la Administración[482]. De ahí que Jèze hable de que la indemnización debe cubrir el "perjuicio sufrido" y el "beneficio frustrado".[483]

Por otra parte, las bases para calcular la estimación del perjuicio son de varios órdenes y, en primer lugar, los precios contenidos en el contrato. En efecto, hemos señalado cómo en los casos de modificaciones cuantitativas, los contratos de obras públicas prevén generalmente la aplicación de los mismos precios establecidos en ellos para compensar los aumentos de obra. En estos casos, la indemnización está calculada previamente en el contrato. En esta misma forma, en los supuestos de obras no previstas en el contrato, suplementarias o complementarias, algunos contratos de obra pública prescriben la aplicación de los precios fijados en los mismos, si ello es posible.[484] Si no lo es, la indemnización debe ser estimada por los contratistas o por el juez de manera tal que cubra la integralidad de los aumentos en las cargas del contrato[485].

Ahora bien, aun en los casos en que se establezca en el contrato un precio fijo para ciertos trabajos u obras y se disponga que el precio fijado se imputará a todo aumento

---

481 *V.* Sentencia de 12 de noviembre de 1954, en *Gaceta Forense*, N° 6, 1954, p. 205; *Cfr.* Voto salvado a la sentencia de la Corte Suprema de Justicia en Corte Plena de 15 de marzo de 1962, en Allan R. Brewer–Carías: "Los contratos administrativos en la jurisprudencia administrativa venezolana", loe. *cit.* p. 144.

482 *Cfr.* André de Laubadère, *Traité Théorique et Pratique des Contrats Administratifs, cit.*, tomo II, p. 395; F. Garrido Falla: *Tratado de Derecho Administrativo, cit.*, tomo II, p. 88.

483 *Cfr.* G. Jèze: *Principios Generales del derecho Administrativo, cit.* tomo IV, pp. 234 y 354.

484 *Cfr.* M. Waline: "L'evolution recent de rapports de l'Etat avec ses co–contratants", *loc. cit.*, p. 21.

485 *Cfr.* André de Laubadère. *Traité Théorique et Pratique des Contrats Administratifs, cit.*, tomo II, p. 340.

en la cantidad de la misma, esto debe ser aplicado siempre que las condiciones de ejecución que sirvieron de base para el cálculo del precio no cambien. De ahí que si no sólo ha habido aumento en la realización de una parte de la obra, sino que en ello se hayan impuesto al contratista condiciones realmente distintas de ejecución a las originalmente previstas, éste tiene derecho a recibir una indemnización que le cubra el perjuicio sufrido por el cambio de condiciones, siempre que esos cambios sobrepasen el módulo del standard de la razonabilidad. Es decir, el precio global se aplica a un tipo de obra que incluye variaciones normales, pero no puede aplicarse a variaciones que sobrepasen lo normal en este tipo de obra.

En todo caso, tal como lo ha señalado la jurisprudencia venezolana, el fundamento del derecho a indemnización en estos supuestos de ejecución de contratos administrativos radica en la necesidad del restablecimiento del equilibrio financiero del contrato[486], concepto que ha sido acogido también por la doctrina venezolana[487] siguiendo la doctrina extranjera en materia de contratos administrativos[488]. En esta forma, si el equilibrio financiero ha sido roto por las modificaciones unilaterales impuestas al contrato por la Administración, el co–contratante tiene derecho a que se le indemnice en la medida del restablecimiento de dicho equilibrio.

Debe señalarse, en todo caso, que el retardo en los pagos debidos en un contrato de obra pública, cuando están estipulados pagos a cuenta en forma precisa en el contrato, constituye una modificación unilateral introducida por la Administración que rompe el equilibrio económico del contrato, en perjuicio del contratista, quien para ejecutar la obra debe entonces asumir gastos financieros no previstos, por causas que no le son imputables, sino que son obra de la propia Administración.

En este sentido, es claro el comentario de José Roberto Dromi al hablar de la "oportunidad del pago y estabilidad contractual":

> "El contrato administrativo implica para el co–contratante, en tanto cumpla, una situación de estabilidad, económica y jurídica. Tal situación es tenida en cuenta en la oferta y celebración del contrato como derecho dado al mantenimiento del equilibrio económico y financiero durante su ejecución. Todo ello por concebirse al contrato público como un instrumento en el cual se compatibilizan los intereses de la Administración (que satisface el interés público) y el del particular (que persigue un beneficio inicialmente calculado). *La oportunidad del pago, en el tiempo convenido o unilateralmente fijado por el Estado en el pliego de condiciones, es un presupuesto de la ecuación o equilibrio financiero* en el contrato administrativo. El co–contratante busca su interés financiero, *y precisamente tiene derecho a que se le asegure ese beneficio, con el mantenimiento del equilibrio económico financiero del contrato o el restablecimiento de la ecuación financiera.* Es una aplicación del principio de la "intangibilidad de la remuneración del contratista". En otros términos, sin pago oportuno no hay ecuación financiera; por ello, el derecho arbitra los sucedáneos legales para reparar la inoportunidad en el pago..."[489].

---

486 *Cfr.* Sentencia de 12 de noviembre de 1954 de la antigua Corte Federal y sentencia de la antigua Corte Federal y de Casación de 9 de marzo de 1939, en Allan R. Brewer–Carías, "Los contratos administrativos en la jurisprudencia administrativa venezolana", *loc. cit.*, pp. 148 y 141 a 143, respectivamente.

487 *Cfr.* Eloy Lares Martínez, *Manual de Derecho Administrativo*, *cit.*, p. 217; Allan R. Brewer–Carías, *Las instituciones fundamentales del Derecho Administrativo*, *cit.* pp. 204 y ss.

488 *V.* por todos, André de Laubadère, *Traité Théorique et Pratique des Contrats Administratifs*, *cit.*, tomo II, pp. 32 y ss.; André de Laubadère, "Les éléments d'originalité de la responsabilité contractuelle de l'Administration", en *L'évolution du Droit Public (Etudes en l'Honneur d'Achille Maestre)*, París, 1956, p. 391; M. A. Bercaitz, *Teoría general de los contratos administrativos*, *cit.*, p. 300.

489 *V.* José Roberto Dromi, "Régimen de pago en el contrato de obras públicas" en *Jurisprudencia Argentina*, *cit.*, p. 6.

En definitiva, forma parte de los elementos intangibles del contrato de obra pública, tanto el precio como las obligaciones a cargo de la Administración en cuanto a la forma y oportunidad del pago, por lo que el incumplimiento de las mismas, que se traduce en una ruptura de la ecuación económica del contrato, dan derecho al contratante a ser indemnizado "conforme con la justicia y la equidad" como lo afirmó la antigua Corte Federal en la mencionada sentencia de 12 de noviembre de 1954[490].

Ahora bien, esta indemnización por los daños y perjuicios causados por la modificación unilateral de la oportunidad y forma de pago, en algunas legislaciones como la Argentina, y en las cláusulas de Condiciones Generales de los contratos, como sucede en España, a veces se predetermina tomando como base el pago de intereses. Esto es lo que también sucedió en nuestro país, en los contratos de obra pública, en las Condiciones Generales de Contratación para la Ejecución de Obras adoptadas por Decreto N° 2.189 de 7 de junio de 1977,[491] en las cuales se reguló por primera vez un lapso de pago de las valuaciones y la cláusula de pago de intereses moratorios por retraso en el pago. En el artículo 71, de dicho Decreto, en efecto, se estableció lo siguiente:

"*Artículo 71*. En un plazo de noventa (90) días, o en el plazo que se hubiere establecido en el Documento Principal, siempre que éste fuere mayor, contados uno u otro a partir de la fecha de presentación de las valuaciones debidamente conformadas por el Ingeniero Inspector, a la correspondiente oficina receptora del ente público, deberá efectuarse el pago de las valuaciones al Contratista.

Cuando el pago no se hiciere en el plazo anteriormente fijado, y sólo a partir de su respectivo vencimiento, el ente público pagará al contratista, por el tiempo que dure el retraso en el pago, intereses a la tasa promedio de los bonos de la deuda pública interna colocados durante los seis (6) meses anteriores a la fecha de pago de los intereses correspondientes.

Para que proceda el pago de los intereses aquí estipulados se requerirá, que el monto de la valuación que los origina esté debidamente previsto en el Presupuesto del ente público, vigente para el momento de presentación de aquélla. A tales efectos, el ente público conjuntamente con el Contratista elaborarán un Cronograma de pago en el cual se indicarán el o los ejercicios presupuestarios en que se pagará la obra, con señalamiento expreso de la cantidad asignada a ese fin en cada uno de los ejercicios.

El referido cronograma de pago debidamente firmado por los contratantes, formará parte del contrato".

Un artículo similar está contenido en el Decreto N° 1.821 de 30–8–91[492] que modificó el N° 1.802 de 20–1–83 y que a su vez había modificado el de 1977 relativo a las mismas Condiciones Generales de Contratación para la ejecución de obras, cuyo artículo 58 establece lo siguiente:

"*Artículo 58*. Cuando los pagos de las Valuaciones o retenciones que hubieren sido reconocidos por el Ente Contratante no se hicieren dentro de los noventa (90) días calendario contados a partir de la fecha de presentación por parte del Contratista al Ingeniero Inspector, siempre que no hubiere sido rechazada por éste o por la oficina administradora del Ente Contratante, éste pagará intereses al Contratista sobre el monto neto a pagar por el tiempo que dure la mora en el pago hasta la fecha de emisión de la correspondiente orden de pago. Los intereses se calcularán utilizando una

490 *Loc. cit.*, p. 205.

491 *Gaceta Oficial* N° 2089 Extraordinario de 1977.

492 *Gaceta Oficial* N° 34.797 de 12–9–91.

tasa equivalente al promedio ponderado por el Banco Central de Venezuela, de las tasas pasivas que paguen los seis (6) bancos comerciales del país con mayor volumen de depósitos por operaciones de crédito a plazo, a plazos no mayores de noventa (90) días calendario.

Para que proceda el pago de los intereses aquí estipulados se requerirá, además, que el monto de la valuación que los origina esté debidamente previsto en el presupuesto del Ente Contratante, vigente para el momento de presentación de aquélla. A tales efectos se deberá tomar en cuenta el cronograma de pago vigente elaborado por el Ente Contratante y el Contratista en el cual se habrán indicado, el o los ejercicios presupuestarios en que se pagará la obra, con señalamiento expreso de la cantidad asignada a ese fin en cada uno de esos ejercicios.

El referido cronograma de pago, debidamente firmado por los Contratantes, forma parte del contrato.

Si al verificarse la revisión de las valuaciones en la forma establecida en el artículo 57 se encontrare que éstas presentan irregularidades o errores, el plazo antes señalado para comenzar a computarse los intereses, no comenzará a correr hasta que no hayan sido presentados nuevamente las valuaciones debidamente corregidas".

De ello resulta en definitiva que, a partir de la vigencia del Decreto N° 2.189 de 1977 y en los contratos de obra pública celebrados con posterioridad al mismo, en los cuales dichas Condiciones Generales han pasado a formar parte de las cláusulas del contrato, la determinación del monto de la indemnización debida al contratista por los daños y perjuicios causados por el retraso en el pago de las obras, tiene una solución contractual traducida en el pago de los intereses moratorios.

En cambio, la situación en los contratos de obra pública celebrados con anterioridad a septiembre de 1977 y, en particular, aquellos a los cuales se aplicaron las Condiciones Generales de Contratación para la ejecución de obras establecidas por Resolución N° 388 del Ministerio de Obras Públicas de 26 de agosto de 1975[493], fue completamente distinta, pues en dichas Condiciones Generales sólo se estableció la oportunidad de los pagos: el anticipo, al presentarse la fianza; y los pagos parciales contra presentación de las valuaciones aprobadas, sin que se predeterminara absolutamente nada para el cálculo de los daños y perjuicios que pudieran causarse al contratista por el incumplimiento de las modalidades y oportunidades de los pagos.

Por tanto, en ausencia de regulación contractual, en esos casos no podía sostenerse que sólo era aplicable, pura y simplemente, el artículo 1.277 del Código Civil destinado a las obligaciones "que tienen por objeto una cantidad de dinero", pues, como se ha señalado, la obligación de la Administración, conforme al equivalente económico del contratista, no es sólo el pago de un determinado precio, sino, además, satisfacer la ventaja económica que significa para el contratista el pago oportuno para el financiamiento que le permite prescindir de los gastos de financiamiento no previstos al formularse la ecuación económica del contrato.

En esta forma, en los contratos de obra pública a los cuales se aplicaron las Condiciones Generales de Contratación establecidas en 1975, se estableció no sólo un precio global de la obra a ejecutar sino una determinada y precisa forma de pago: el anticipo al presentarse la fianza; y los pagos parciales, contra presentación de valuaciones aprobadas. Si en el curso de la ejecución de los contratos hubo retardo en los pagos, y el contratista, para poder obtener financiamiento para continuar la ejecución de las obras, tuvo que incurrir en gastos financieros, es evidente que ello significa una considerable y sustancial alteración del contrato y de la ecuación económica del mismo. En esos casos el

493 *Gaceta Oficial* N° 30.786 de 4–9–75.

contratista debió soportar, por culpa de la Administración, gastos no previstos ni previsibles al momento de la firma del contrato, razón por la cual tendría un indudable derecho a ser indemnizado "conforme con la justicia y la equidad" como lo ha dicho la Corte Suprema, por los perjuicios que realmente sufrió por concepto de gastos financieros, a los efectos de restablecer el equilibrio financiero del contrato, gastos que no pueden calcularse aplicándose una tasa de interés a cifras debidas durante determinado período de tiempo, sino considerado lo que efectivamente tuvo que pagar el contratista por la obtención del financiamiento requerido para continuar las obras, a pesar del retraso en el pago por parte de la Administración.

Pero, además, el ejercicio de los poderes de modificación unilateral de la Administración de los contratos administrativos, en ciertos casos pueden producir el derecho, por parte del co–contratante, a pedir la rescisión del contrato.

En efecto, cuando las modificaciones unilaterales han sido limitadas en el propio contrato, por ejemplo, en aquellos casos en que se establece un límite cuantitativo a los aumentos o disminuciones de obras, todo traspaso a dicho límite contractual da derecho al co–contratante a pedir la rescisión del contrato[494]. En todo caso, si los límites a las modificaciones cuantitativas no han sido previstos en el contrato y en los supuestos de modificaciones cualitativas, las modificaciones no deben pasar de cierto volumen[495]o de cierta magnitud[496] o medida[497]. Dicha magnitud, en los casos de modificaciones cualitativas (cambios en las condiciones de ejecución, realización de obras complementarias o adicionales) o dicho volumen, en los casos de modificaciones cuantitativas (aumentos o disminuciones de cantidad de obra a ejecutar), están señalados por el módulo de standard de la razonabilidad, por la capacidad técnica o financiera del contratista y por el trastorno a la economía general del contrato. En efecto, siempre que las modificaciones unilaterales al contrato sean excesivas, porque traspasen los límites de lo justo y razonable[498], el co–contratante puede pedir la rescisión del contrato, dado lo inaceptable de las modificaciones[499]. En estos supuestos entran todas aquellas modificaciones al objeto del contrato que impliquen la ejecución de una obra nueva por el contratista, produciéndose una desnaturalización o una alteración sustancial del contrato y de las bases del mismo[500]. Por otra parte, el co–contratante de la Administración también tiene derecho a pedir la rescisión cuando las modificaciones impuestas sean de tal naturaleza que

494 *Cfr*. André de Laubadère, *Traité élémentaire de Droit Administratif, cit.*, tomo II, p. 298; Enrique Sayagués Laso: *Tratado de Derecho Administrativo, cit.*, tomo II, p. 103; L. López Rodó y A. Guaita, "Los contratos de obras públicas en España", *loc. cit.*, p. 303.

495 *Cfr*. J. Rivero, *Droit Administratif, cit.*, p. 108.

496 *Cfr*. Eloy Lares Martinez, *Manual de Derecho Administrativo, cit.* p. 246.

497 *Cfr*. Gaston Jèze, *Principios generales del Derecho Administrativo, cit.*, tomo IV, p. 258.

498 *V*. R. Bielsa, "La locución "Justo y razonable" en el Derecho y en la Jurisprudencia", en sus *Estudios de Derecho Público*, tomo I, Buenos Aires, 1950, pp. 478 y ss.

499 *Cfr*. M. A. Bercaitz, *Teoría general de los contratos administrativos, cit.*, p. 305; Eloy Lares Martínez: *Manual de Derecho Administrativo, cit.*, pp. 246 y 250.

500 *Cfr*. André de Laubadère: *Traté Théorique et Pratique des Contrats Administratifs, cit.*, tomo II, pp. 389 v 390; G. Jèze, *Principios generales del Derecho Administrativo, cit.*, tomo IV, pp. 255 y 258.

transformen la economía general del contrato,[501] o cuando las modificaciones sobrepasen la capacidad técnica y financiera del co–contratante [502].

En estos supuestos de derecho a pedir la rescisión del contrato puede aplicarse el artículo 1.167 del Código Civil, el cual autoriza, en los contratos bilaterales, a una parte a pedir la resolución de los mismos, cuando la otra parte no ejecuta su obligación. En efecto, si, como se ha dicho, en materia administrativa rige el principio de que los contratos deben ejecutarse de buena fe[503], ello implica que los mismos obligan no solamente a cumplir lo expresado en ellos, sino a todas las consecuencias que se derivan de los mismos contratos, según la equidad, el uso o la ley. Por tanto, aun en los casos de incumplimiento de obligaciones accesorias, como las derivadas de la aplicación del artículo 1.160 del Código Civil y que configuran en estos supuestos los límites al poder de modificación unilateral anteriormente señalados, procede la posibilidad de pedir la rescisión del contrato o, en su defecto, la resolución.[504]

Por último, tal como se desprende de la jurisprudencia sentada por la antigua Corte Federal y de Casación, el co–contratante, como consecuencia de la introducción de modificaciones en el contrato administrativo, también tiene el derecho, en ciertos casos, de pedir una prórroga en la ejecución de la obra, cuando el retardo no le es imputable a él. Esto, por otra parte, puede verse como una aplicación a contrario del principio del artículo 1.271 del Código Civil: el co–contratante no estará obligado al pago de daños y perjuicios cuando el retardo en el cumplimiento de su obligación se debe a una causa extraña que no le es imputable, es decir, a las modificaciones unilaterales introducidas por la Administración. En este supuesto, el co–contratante tendrá derecho a que se le otorgue una prórroga para el cumplimiento de su obligación[505].

b'. El derecho de indemnización derivado de la rescisión unilateral realizada por la Administración

Ha establecido la antigua Corte Federal[506], en relación con la facultad de la Administración para rescindir administrativamente el contrato administrativo cuando así lo exija el interés general, que ese poder no la exime de manera absoluta de indemnizar al co–contratante cuando para éste, sin su culpa, se han derivado perjuicios por la decisión unilateral. En esta forma la facultad de la Administración a rescindir el contrato administrativo unilateralmente tiene una contrapartida para el co–contratante: el derecho, a su vez, de percibir una indemnización.

Sin embargo, este derecho del co–contratante a percibir una indemnización está sometido a condiciones: que la rescisión sea pronunciada unilateralmente por la Administración en ausencia total de culpa de parte del co–contratante, es decir, que sea pronun-

---

501 *Cfr.* André de Laubadère: *Traté Théorique et Pratique des Contrats Administratifs*, *cit.*, tomo II, pp. 389, nota N° 9.

502 *Cfr.* Eloy Lares Martínez, *Manual de Derecho Administrativo*, *cit.*, p. 250; P. L. Josse, "Marché de Travaux Publics", *loc. cit.*, p. 354; G. Jèze, *Principios generales del Derecho Administrativo*, *cit.*, tomo IV, pp. 234 y 235; M. Waline, "L'évolution recente des rapports de l'Etat avec co–contractans", *loc. cit.*, p. 20.

503 Artículo 1.160 del Código Civil.

504 *V.* Luigi Mosco, la resolución de los contratos por incumplimiento (artículo 1.124 del Código Civil) Barcelona, 1962, Cap. V, pp. 51 y ss.

505 *Cfr.* Sentencia de la antigua Corte Federal y de Casación de 5 de diciembre de 1944, en *Memoria 1945*, p. 304.

506 CF. 12–11–54, en *G.F.* N° 6, 1954, p. 204–206. *V.* también, sentencia de la CFC de 5–12–45, en *Actuaciones en 1945*, p. 304.

ciada, no como una sanción, sino en razón del interés público; y que esa rescisión produzca perjuicios evidentes para el co–contratante. Procesalmente, sin embargo, la Administración tiene la carga de la prueba si pretende liberarse de su obligación de indemnizar, es decir, la Administración debe pagar siempre la indemnización a menos que pruebe que hubo culpa de parte del co–contratante. Así lo ha establecido la Corte Federal[507].

En las cláusulas de Condiciones Generales de Contratación para la Ejecución de Obras establecidas en el Decreto N° 1.821 de 30–8–91, en todo caso, se prevé este derecho del contratista a recibir una indemnización en los casos de rescisión unilateral del contrato por causas no imputables al mismo. En estos supuestos establece el artículo 116, "el Ente Contratante le pagará al Contratista:

a. El precio de la obra efectivamente ejecutada, calculado de acuerdo con el Presupuesto vigente del Contrato y tomando en cuenta las variaciones que haya experimentado el mismo en los términos de este Decreto, si fuere el caso.

b. El precio de los materiales y equipos que hubiere adquirido el Contratista para ser incorporados a la obra, el cual se determinará de acuerdo con los precios del mercado para el momento de su adquisición. A esos efectos, el Contratista deberá presentar la justificación de tales gastos al Ente Contratante con las pruebas correspondientes y si éste la encontrare conforme, la someterá a la consideración del Órgano Contralor.

c. Una indemnización que se estimará así:

   1. Un diez por ciento (10%) del valor de la obra ejecutada, si la rescisión ocurriere cuando no se hubieren comenzado los trabajos o los que se hubieren ejecutado tengan un valor inferior al treinta por ciento (30%) del monto original del contrato.
   2. Un ocho por ciento (8%) del valor de la obra no ejecutada, si la rescisión ocurriere cuando se hubiesen ejecutado trabajos por un valor superior al treinta por ciento (30%) del monto del Contrato pero inferior al cincuenta por ciento (50%) del mismo.
   3. Un seis por ciento (6%) del valor de la obra no ejecutada, si la rescisión ocurriere cuando se hubiesen ejecutado trabajos por un valor superior al cincuenta por ciento (50%) del monto del Contrato, pero inferior al setenta por ciento (70%) del mismo.
   4. Un cuatro por ciento (4%) del valor de la obra no ejecutada si la rescisión ocurriere cuando se hubiesen ejecutado trabajos por un valor superior al setenta por ciento (70%) del monto del Contrato, pero inferior al noventa por ciento (90%) del monto del Contrato.
   5. Un dos por ciento (2%) del valor de la obra no ejecutada si la rescisión ocurriere cuando se hubiesen ejecutado trabajos por un valor superior al noventa por ciento (90%) del monto del Contrato".

Además, establece el artículo 117 de las mismas cláusulas que "en casos especiales en que el Contratista hubiese contraído obligaciones como consecuencia directa del Contrato, no cubiertas en los pagos previstos en las letras a) y b) del artículo anterior, podrá presentar una justificación de esos gastos al Ente Contratante, con las pruebas correspondientes, y si éste la encontrase conforme, la someterá a la consideración del Órgano Contralor a los fines de su pago".

507 CF. 12–11–54, en *G.F.* N° 6, 1954, pp. 204–206.

c'. El derecho de indemnización derivado de actos de autoridades públicas distintas a la contratante y que rompen la ecuación económica del contrato: el álea económico

El derecho a indemnización surge para el co–contratante, no sólo por una acción de la Administración contratante con base en sus prerrogativas, sino también por la presencia en la ejecución del contrato de hechos o actos jurídicos ajenos a la voluntad de las partes y que afecten la ecuación económica del contrato. Estos hechos constituyen el álea económico del contrato y pueden ser, o un acto de una autoridad pública distinta de la Administración contratante o lo que se ha llamado la Teoría de la Imprevisión.

En efecto, ante todo, el derecho del co–contratante a ser indemnizado por la Administración surge también cuando se altera el equilibrio financiero del contrato administrativo, como consecuencia de un acto de una autoridad pública distinta de la Administración.

Cuando el acto proviene de la misma Administración, surge el derecho a indemnización como consecuencia de la modificación unilateral del contrato realizada por la Administración, sin culpa del co–contratante, es decir, no impuesta como sanción y produciendo esa modificación una quiebra del equilibrio financiero del contrato en forma que no haya podido preverse. Esto ya lo hemos examinado y se trata de lo que la jurisprudencia del Consejo de Estado francés ha denominado "hecho del Príncipe" o "hechos de la Administración".

Ahora bien, este acto de autoridad pública distinta de la Administración contratante puede provenir de los órganos que ejercen el Poder Legislativo y el Poder Judicial, e incluso de otros órganos del Poder Ejecutivo.[508]

a''. *La ruptura de la ecuación económica por acto legislativo*

En este sentido debe señalarse que la jurisprudencia venezolana de la Corte Suprema ha admitido el derecho del co–contratante de la Administración a ser indemnizado por la Administración, cuando se altere el equilibrio financiero del contrato administrativo como consecuencia de un acto de una autoridad pública distinta de la Administración[509] y concretamente, por acto del Poder Legislativo.

En efecto, como se indicó, el Supremo Tribunal, por sentencia de la Corte Federal y de Casación en Sala Político–Administrativa y en Sala Federal Accidental del 9 de marzo de 1939, sostuvo lo siguiente:

> "Siendo la exoneración de derechos una condición de equilibrio financiero proporcionado por la ley misma a la empresa desde que ésta nace y mientras dure su explotación, hay que aplicarle, según la doctrina ya citada, la otra regla de índole contractual consistente en la obligación implícita para el Estado concedente de no alterar ese equilibrio; y es indudable que lo alteraría dando efecto inmediato contra las concesiones ya otorgadas, a la nueva ley que restringe el derecho de exoneración. Es tan racional la obligación de mantener ese equilibrio financiero, que aun tratán-

508 *V.* Allan R. Brewer Carías, "Algunas reflexiones sobre el equilibrio financiero en los contratos administrativos y la aplicabilidad en Venezuela de la concepción amplia de la Teoría del hecho del príncipe", *Revista Control Fiscal y Tecnificación Administrativa*, año XII, N° 65, Caracas, 1972, pp. 86 a 93.

509 *V.* Allan R. Brewer–Carías, *Las Instituciones Fundamentales del Derecho Administrativo y la Jurisprudencia Venezolana, cit.*, p. 209; Allan R. Brewer–Carías, "Consideraciones sobre los efectos de la ruptura de la ecuación económica de un contrato administrativo por una ley declarada nula por inconstitucionalidad", en *Cuadernos de Derecho Público*, Universidad de los Andes, Mérida, 1976, pp. 5 a 26.

dose de reformas de la ley en la parte puramente reglamentaria o estatutaria de ésta, no obstante el derecho con que el Estado o el legislador proceden en estas reformas de lo no contractual, también se reconoce en doctrina y en jurisprudencia la obligación eventual para el Estado de indemnizar en este caso al concesionario, según la entidad del daño o de las nuevas cargas que éste sufra por la reforma (Jèze, ob. *cit.*, pp. 331 y 332, edición española; p. 70, edición francesa; Bonnard, *Derecho Público*, pp. 342 a 344; *Derecho Administrativo, pp.* 561, 564 y 565; Hauriou, *ob. cit.*, p. 507; H. Berthélemy, p. 713; Nezard, *Derecho Público,* p. 300, edición de 1938). Ahora bien, siendo de principio universal que toda indemnización debe ser en un monto igual o equivalente al monto del daño o perjuicio que se está en la obligación de reparar, si el Estado concedente considerando la exoneración de derechos, según lo cree el Procurador, un precepto estatutario o reglamentario, resuelve suprimirla o restringirla, la indemnización a los concesionarios por el descalabro financiero que la reforma les ocasionaría con respecto al equilibrio antes establecido, habría de ser una suma de dinero igual a lo que a partir de la nueva ley tuviera que pagar por derechos de importación, comprendidos en la franquicia, según los términos de la legislación bajo cuya vigencia se otorgaron las concesiones. Con este razonamiento sólo quiere la Corte hacer palpable una vez más que aun si fuera inconstitucional la franquicia, como ella no es sino una subvención indirecta, la anulación del precepto, por culpa imputable al legislador mismo, al adoptar una forma inconstitucional de conceder subvenciones, dejaría vivo el derecho de los concesionarios a dicha subvención, bajo otra forma que fuera legal".[510]

En todo caso, las alteraciones del equilibrio económico del contrato, proveniente de leyes y que dan derecho a indemnización, se pueden producir, no sólo por medidas de carácter particular, sino, fundamentalmente, por leyes de carácter general, como leyes fiscales, o actos que ordenan un aumento general de precios o salarios o que regulan dichos precios. Sin embargo, por supuesto, para que dichas medidas puedan dar origen al derecho del concesionario a reclamar indemnización, deben cumplirse las condiciones generales de la existencia de la imprevisión: imprevisibilidad del hecho, suceso o circunstancia que ocasiona la mayor onerosidad; posibilidad de cumplimiento del contrato; aumento grave en la onerosidad de la prestación; y no interrupción del servicio.

b". *La ruptura de la ecuación económica por acto jurisdiccional*

Ahora bien, con base en lo anteriormente señalado, es evidente que en Venezuela tiene aplicación la concepción amplia de la teoría del hecho del príncipe que, según el decir de Eloy Lares Martínez, "abarca toda intervención de los poderes públicos que haga más difíciles u onerosas las condiciones en las cuales el contratista ha de dar cumplimiento a las obligaciones contraídas"[511], y así la Corte ha reconocido el derecho de indemnización, como se ha visto, "aun si fuera inconstitucional" la exoneración por la anulación del precepto legal que la contenga (y la anulación por inconstitucionalidad sólo puede ser dictada por el órgano jurisdiccional competente), "por culpa imputable al Legislador mismo, al adoptar una forma inconstitucional de conceder subvenciones".

En el supuesto, entonces, en que se declarara la nulidad por inconstitucionalidad de la exoneración de derechos prevista en un contrato administrativo, es evidente que, como se deduce de la doctrina de la Procuraduría General de la República[512] existe para el co–contratante de la Administración el derecho de ser indemnizado porque "el desmejoramiento de la posición económica del contratista" proviene de una medida que es imputable al Estado", es decir "atribuible a su falta", en la hipótesis analizada tal como lo

510 *V.* en *Memoria 1940*, *cit.*, pp. 350 y 351.

511 *V.* Eloy Lares Martínez, *Manual de Derecho Administrativo*, Caracas, 1963, p. 219; *Cfr.* A. de Laubadère, *Traité Théorique et Practique des Contrats Administratifs*, *cit.*, tomo III, p. 24.

512 Oficio N° 5.203 de 27–9–66, en *Doctrina PGR 1966*, Caracas, 1967, pp. 75–78.

dijo la Corte, "por culpa imputable al legislador mismo, al adoptar una forma inconstitucional de conceder subvenciones". Por tanto, aun aplicando el criterio estricto de la teoría francesa del hecho del Príncipe[513] (extensivo a actos legislativos), sería procedente el derecho de un co–contratante, a ser indemnizado, pues si bien es cierto que el órgano jurisdiccional que declarase la nulidad de la cláusula de exoneración, no debe resolver "según su libre arbitrio" sino que debe aplicar "imperativamente" "el orden constitucional" y decidir "conforme a éste", la anulación se pronunciaría, según el criterio del Supremo Tribunal, "por culpa imputable al Legislador mismo, al adoptar una forma inconstitucional de conceder subvenciones", cumpliéndose entonces el requisito definido por la doctrina de la Procuraduría de que "para que funcione la teoría... el desmejoramiento de la posición económica del contratista ha de provenir de una medida que sea imputable al Estado, es decir, atribuible a su voluntad o a su falta"[514].

En esta forma, la afirmación de la Procuraduría General de la República de que "el derecho a la reparación integral, consagrado en la teoría del hecho del Príncipe, se justifica en la doctrina y la jurisprudencia en los casos de medidas emanadas de los órganos legislativos y administrativos, pero no por efecto de las decisiones de los órganos que ejercen la función jurisdiccional"[515], en nuestro criterio, aparentemente no tiene base ni fundamento alguno, pues, como hemos visto, si en la hipótesis estudiada el órgano jurisdiccional dicta una medida de anulación, ello se debe a alguna culpa imputable al legislador, como lo ha declarado la Corte en la sentencia señalada de 1939, lo que no cambia la situación del co–contratante cuyo derecho a recibir la indemnización equivalente a la subvención tal como lo señaló la Corte en esa oportunidad, quedaría "vivo"[516].

c". *El control de la constitucionalidad de las leyes y las consecuencias de la ruptura de la ecuación económica*

Debe señalarse, en todo caso, que supuestos como el que se comenta, no se han admitido en la jurisprudencia francesa, en la cual se basa la argumentación de la Procuraduría General de la República, sencillamente porque en el sistema francés no hay ni nunca ha habido el control de la constitucionalidad de las leyes promulgadas y menos de las leyes de efectos individuales como las aprobatorias de contratos de interés público. Al contrario, en los sistemas que sí conocen de un control concentrado de la constitucionalidad de las leyes, se admite en general la obligación de indemnizar del Estado a su contratante en los casos en que la Corte Suprema declare la nulidad de una ley que lesione situaciones jurídicas derivadas de un contrato aprobado por dicha ley. En efecto, si bien el problema ha sido resuelto expresamente en Venezuela donde sí existe un control concentrado de la constitucionalidad de las leyes, como resulta de la sentencia citada en la Corte Federal y de Casación del 9 de marzo de 1939[517], también ha tenido una resolución clara en otros sistemas jurídicos que admiten un control similar de la constitucionalidad de las leyes, tal como se puede apreciar de las referencias que hace la más reciente doctrina sobre la materia[518].

513 *Idem*.
514 *Ibídem*.
515 *Ibidem*.
516 *Idem*, p. 77.
517 *V.* en *Memoria 1910*, *cit.*, pp. 342 y ss.
518 *V.*, J. A. Santamaría Pastor, "La Teoría de la Responsabilidad del Estado Legislador", en *Revista de Administración Pública* N° 68, Madrid, 1972, pp. 57 y ss.

En efecto, si bien en el derecho francés no hay duda de que por la aplicación de la noción amplia de la teoría del hecho del Príncipe, el Estado está obligado a indemnizar al co–contratante en los casos en que mediante una ley (acción del Poder Legislativo) varíe las condiciones del contrato administrativo[519], el supuesto de responsabilidad del Estado (obligación de indemnizar) cuando se declara inconstitucional una ley por los órganos jurisdiccionales competentes, nunca se ha planteado, por no existir en Francia dicho control concentrado a posteriori de la constitucionalidad de las leyes; y si bien, la responsabilidad del Estado por hecho legislativo se admite ahora sin discusión en virtud de la aplicación del célebre principio de la "igualdad ante las cargas públicas", es bueno recordar que si a principios de este Siglo ni el Consejo de Estado ni la doctrina la admitía, esto era en virtud de no existir el control de la constitucionalidad de las leyes[520]. En esta forma, mal pueden plantearse las soluciones francesas que excluyen el supuesto de control de la constitucionalidad de las leyes[521] a otros sistemas jurídicos como el venezolano que sí admiten dicho control.

Por el contrario, si para comprender mejor la problemática puede ser útil acudir al análisis de las soluciones que muestra el derecho comparado, habría que estudiar aquellos sistemas jurídicos que, como el venezolano, admiten el control de la constitucionalidad de las leyes, y con él, el "ilícito legislativo"[522]; control de la constitucionalidad cuya admisión en la historia del derecho público fue, sin duda, una de las piezas esenciales que contribuyeron a la ruptura del mito de la irresponsabilidad del Estado por actos legislativos tan difundidos hasta entrado este Siglo. En todo caso, del análisis que puede efectuarse de la situación de la responsabilidad del Estado por leyes inconstitucionales en Alemania e Italia, puede concluirse que se ha admitido la obligación del Estado de indemnizar cuando en virtud de una declaratoria de inconstitucionalidad se ha producido un "sacrificio especial en la persona o personas afectadas por la norma"[523].

En todo caso, parece evidente de la situación planteada en los sistemas italiano y alemán, que la obligación de indemnizar que pueda surgir para el Estado respecto a su co–contratante por los sacrificios especiales y no previstos, que se le cause por la declaratoria de nulidad de una ley inconstitucional, no han dado lugar a que se hable de una responsabilidad por "acto judicial", sino de un "ilícito legislativo" pues el acto que eventualmente ocasionó el daño o sacrificio especial, no fue la decisión de la Corte Constitucional respectiva, sino la ley inconstitucional o la actuación del poder legislativo al margen de la Constitución, que posteriormente fue declarada inconstitucional por la Corte Constitucional. Por tanto, y sin perjuicio de que en la doctrina y jurisprudencia extranjeras se admita la responsabilidad del Estado por actos judiciales[524], no debe confundirse la responsabilidad del Estado derivada del "ilícito legislativo" que se origina por una ley declarada nula por inconstitucional, con la responsabilidad del Estado derivada de los actos judiciales. De ahí que no puede admitirse como correcto el criterio de

---

519 *V.* la evolución de la doctrina de la responsabilidad del Estado como consecuencia de sus actos legislativos ("du fait des lois") en J. A. Santamaría Pastor, "La Teoría de la Responsabilidad del Estado Legislativo", *loc. cit.*, pp. 76 y ss.

520 *V.* J. A. Santamaría Pastor, "La Teoría de la Responsabilidad del Estado Legislador", *loc. cit.*, pp. 75 y ss.

521 Como lo hace la Procuraduría de la República en *Doctrina de la Procuraduría General de la República 1966, cit.* p. 76.

522 *V.* J. A. Santamaría Pastor, "La Teoría de la Responsabilidad del Estado Legislador", *loc. cit.*, p. 100.

523 *V.* las referencias en J. A. Santamaría Pastor, "La Teoría de la Responsabilidad del Estado Legislador", *loc. cit.*, pp. 131 y ss.

524 *V.* por ejemplo, Ardant, *La responsabilité de l'etat du fait de la function jurisdictionnelle*, París, 1954, *cit.* por J. A. Santamaría Pastor, "La Teoría de la Responsabilidad del Estado Legislador", *loc. cit.*, p. 68.

la Procuraduría General de la República de confundir la teoría amplia del hecho del Príncipe que admite nuestro ordenamiento jurídico y que obliga al Estado a indemnizar a su co–contratante cuando la ley que regulaba el contrato ha sido declarada nula, por inconstitucional, produciéndole ello un daño por ruptura de la ecuación económica del contrato, con un supuesto caso de derecho a indemnización derivado de decisiones jurisdiccionales[525].

En efecto, el problema se planteó en Venezuela a raíz de la sentencia de 15 de marzo de 1962 en la Corte Suprema de Justicia, en Corte Plena, mediante la cual declaró la nulidad, por inconstitucionalidad del artículo 20 del contrato suscrito entre el Banco de Venezuela y la República para la prestación de los servicios auxiliares de Tesorería[526]. Dicho contrato establecía en dicho artículo 20, una cláusula de exención de impuestos municipales en favor del Banco de Venezuela, S.A. y que constituía, además de una contraprestación, una típica cláusula de protección de la situación económica del contratante. Ahora bien, si con motivo de la declaratoria de nulidad de la norma, resultó que el co–contratante tuvo que pagar dichos impuestos, por haberse atribuido a la sentencia anulatoria efectos ex tune, es indudable que la ecuación económica del contrato se rompió y el Estado tenía que indemnizar al Banco, no en virtud de una supuesta responsabilidad originada por acto jurisdiccional, sino en virtud de la ley inconstitucional. Este, por otra parte, ha sido criterio seguido por la jurisprudencia del Tribunal Supremo, al señalar que la anulación por la Corte Suprema de Justicia de una ley por inconstitucional se produce "por culpa imputable al legislador mismo, al adoptar una forma inconstitucional"[527], lo que excluye cualquier supuesto de "culpa del órgano jurisdiccional"; o lo que es lo mismo, si alguna obligación de indemnizar a un particular o co–contratante surge para el Estado con motivo de la decisión de la Corte, ella no es por un supuesto "ilícito judicial" sólo admisible en los casos de errores judiciales, sino de un "ilícito legislativo" consecuencia del control concentrado de la constitucionalidad de las leyes.

Por otra parte, argumentarse que no procederá una indemnización para el co–contratante de la Administración cuando la Corte Suprema de Justicia ha declarado la nulidad de una ley por inconstitucionalidad, modificándose la ecuación económica del contrato, en virtud de que desde el momento en que la ley se dictó podía preverse razonablemente que la ley podía declararse nula por inconstitucionalidad, tal como lo hace la Procuraduría General de la República[528], equivale a la monstruosidad jurídica de invertir la presunción de constitucionalidad que acompaña a todas las leyes por una presunción contraria de "inconstitucionalidad" de las leyes, lo cual es inadmisible. En efecto, la Procuraduría General de la República al emitir dictamen sobre la cita de saneamiento y garantía de la República solicitada por el Banco de Venezuela, S.A., en relación a su derecho a ser indemnizado por ruptura de la ecuación económica del contrato, e indicar que dicha indemnización sólo procedería en los casos de actos o hechos imprevisibles, señala que "la anulación del artículo 20 del contrato no era, en el momento de su firma, una eventualidad totalmente imprevisible, por cuanto la inconstitucionalidad de dicho artículo 20 era punto menos que evidente"[529]. Al contrario, en virtud de la

525 *V. Doctrina de la Procuraduría General de la República 1966, cit.*, p. 77.

526 *V.* en *G.O.* N° 760 Extraordinario de 15–3–62.

527 *V.* Sentencia citada del 9 de marzo de 1939, *Memoria 1940, cit.*, p. 351.

528 *V. Doctrina de la Procuraduría General de la República 1966, cit.*, p. 78.

529 *V. Doctrina de la Procuraduría General de la República 1966, cit.*, p. 78.

presunción de la constitucionalidad de las leyes que la Corte Suprema de Justicia ha sostenido reiteradamente,[530] la anulación del artículo 20 del convenio celebrado entre el Ejecutivo Nacional y el Banco de Venezuela, S.A., no podría "razonablemente" preverse desde el momento en que aun habiendo debates de las Cámaras Legislativas sobre la inconstitucionalidad de la exención, el Congreso, por ley de la República, la sancionó y aprobó. No puede pretenderse que los particulares se encuentren desprovistos absolutamente de seguridad jurídica respecto de ciertas leyes cuando a pesar de haberse sancionado y estar en pleno vigor, en el momento de su discusión alguien sostuvo la inconstitucionalidad, en el caso al cual se refiere la Procuraduría, para el momento de concluirse el contrato, no era tal evidencia sino sólo una cuestión de opinión, y tan es así, que a pesar de las opiniones que la sostenían, las Cámaras Legislativas sancionaron la Ley. Ante eso no puede pretenderse que el contratante debía desconocer la ley y "prever" su anulación desde el mismo momento de su promulgación en virtud de una especie de presunción de "inconstitucionalidad"; ello, ciertamente, no está dentro de la razonabilidad de lo que puede preverse, al contrario, sería antagónico a los principios fundamentales que conforman nuestro ordenamiento constitucional.

Ahora bien, admitida la posibilidad de que se produzca ruptura de la ecuación económica del contrato en virtud de la declaratoria de nulidad por inconstitucionalidad de una ley, tal como sucedió en el caso planteado, quedaría por analizar si en el supuesto que el Banco de Venezuela, S.A., hubiese tenido que pagar impuestos municipales supuestamente causados antes de que se declarara la nulidad por inconstitucionalidad, ello constituiría una ruptura de la ecuación económica o equilibrio financiero del Contrato. El problema, en efecto, no plantea mayores inconvenientes desde el punto de vista jurídico: estando previsto en el contrato que el Banco de Venezuela no debía pagar ningún impuesto municipal en ninguna de las Municipalidades en las cuales tuviera agencias o sucursales, el hecho de que en cualquier eventualidad, al declararse la nulidad por inconstitucionalidad del artículo de la ley aprobatoria del contrato que establecía la exención, la referida institución bancaria hubiese tenido que pagar dichos impuestos, no previstos al celebrarse el contrato, evidentemente que produce la ruptura del equilibrio económico del contrato, y la obligación de la Administración de indemnizarlo dentro "de los límites justos a los cuales llegue el perjuicio ocasionado",[531] es decir, en todas las cantidades que el Banco hubiese tenido que pagar por concepto de impuestos municipales. Argumentar al contrario, como lo hizo la Procuraduría General de la República, que en el caso no ha habido alteración alguna de la ecuación financiera porque la "exención impositiva contemplada en el artículo 20 de la ley aprobatoria, por inconstitucional, debe ser considerada como si jamás hubiera existido", y que "la decisión del máximo tribunal de la República no hizo sino declarar cuál era el contenido exacto del contrato desde el momento mismo de su formalización y, por tanto, ningún cambio aportó a la relación contractual ni a los beneficios económicos que de ella podrían legítimamente derivar para cada una de las partes"[532], no es más que plantear un pretendido efecto retroactivo y carácter declarativo de las sentencias de la Corte Suprema de Justicia dictadas conforme a la atribución 3° del artículo 215 de la Constitución, en lugar de los efectos pro futuro (*ex nunc*) que tienen, en virtud de ser de carácter constitutivas.[533]

530 *V.* las referencias en J. A. Andueza, *La Jurisdicción Constitucional en el Derecho Venezolano*, Caracas, 1955, p. 90.

531 *V.* Sentencia de la Corte Federal del 12 de noviembre de 1954 en *Gaceta Forense*, N° 6, pp. 204 y ss.

532 *V. Doctrina de la Procuraduría General de la República 1966, cit.*, p. 78.

533 *V.* Allan R. Brewer Carías, *El control de la constitucionalidad de las leyes*, Caracas, 1980, pp. 188 y ss.

Por tanto, en virtud de que la sentencia de la Corte Suprema de Justicia de 15 de marzo de 1962, sólo debía sufrir efectos a partir de su publicación en la Gaceta Oficial de la República el 22 del mismo mes y año, y sólo hacia el futuro, es evidente que el artículo 20 debía producir con anterioridad a esa fecha, todos sus efectos, debiendo quedar, por tanto, la exención de impuestos municipales declarada nula por inconstitucionalidad el 15 de marzo de 1962, plenamente hasta la fecha de publicación de esa sentencia. En esta forma, todo pago de impuestos municipales que el Banco hubiera tenido que hacer, violaría la exención prevista en el contrato y obligaría al Estado a indemnizar.[534]

En todo caso, en el supuesto de que se atribuyera a la sentencia efectos retroactivos, como sucedió en 1978, por ser mero declarativa, con mayor razón, por la inconstitucionalidad cometida por el legislador al aprobar una ley declarada posteriormente nula por la Corte, el Banco tenía derecho a indemnización por la ruptura de la ecuación económica del contrato al verse constreñido a pagar algún impuesto municipal supuestamente causado con anterioridad al 15 de marzo de 1962, como en efecto sucedió.

Como consecuencia de lo anterior puede concluirse que en el caso señalado del contrato del Banco de Venezuela, S.A., éste tenía una acción contra la República para el pago de la suma de dinero que fuere condenado a pagar por concepto de impuestos municipales, por ruptura de la ecuación económica del contrato, en virtud de que la exención de pagar dichos impuestos consagrada en el artículo 20 de la Ley Aprobatoria del contrato, constituía una de las contraprestaciones que recibiría el Banco por los servicios prestados al Gobierno Nacional como Banco Auxiliar de la Tesorería.

d'. El estado de imprevisión: el álea económico

La teoría de la imprevisión o de los riesgos imprevisibles como causa de indemnización para el co–contratante por parte de la Administración, por la ruptura del equilibrio financiero del contrato administrativo, es creación de la jurisprudencia del Consejo del Estado francés en la célebre decisión "*Compagnie generale d'éclairage de Bordeaux*", conocida como Gas de Burdeos, de 30 de marzo de 1916[535]. Según la jurisprudencia francesa posterior a la señalada decisión, la imprevisión debe reunir las siguientes características: debe tratarse de un hecho anormal, excepcional e imprevisible que provoque un descalabro importante en el equilibrio económico del contrato; los hechos que lo causan no deben hacer imposible la ejecución de las obligaciones, sino importantemente más onerosa; los hechos deben ser extraños a la voluntad de los contratantes y el desequilibrio financiero debe ser temporal.

Entonces, la teoría de la imprevisión es distinta del caso fortuito o fuerza mayor, en el sentido de que éstos deben impedir o imposibilitar la ejecución del contrato por un hecho definitivo y no temporal.[536]

La jurisprudencia administrativa venezolana no se ha pronunciado concretamente sobre el particular. Sin embargo, en justicia y equidad la teoría puede ser aplicada en el país, tal como lo ha admitido la Procuraduría General de la República.[537]

---

534 Llevado el conflicto por la vía judicial ordinaria para el cobro de impuestos atrasados, el asunto llego a la Sala de Casación de la Corte Suprema de Justicia, la cual atribuyo efectos *ex tunc* a la sentencia, es decir, mero declarativos y retroactivos. Sentencia de 10–8–78, en *Gaceta Forense* Nº 101, 1978, pp. 591–592. *V.* los comentarios en Allan R. Brewer Carías, *Estado de Derecho y Control Judicial*, Madrid, 1987, pp. 199 y ss.

535 Long, Weil y Braibant, *Les grands arréts..., cit.*, p. 124.

536 Sobre la fuerza mayor en relación a los contratos administrativos, *V. Doctrina PGR 1970*, Caracas 1971, pp. 103–106 y *CGR Dictámenes de la Consultoría Jurídica 1969–1976*, tomo IV, Caracas 1976, p. 239.

En efecto, cuando la utilidad que el co–contratante debe percibir calculada razonablemente, no se produce en razón de circunstancias ajenas totalmente al co–contratante, provenientes de hechos extraordinarios que no pudieron razonablemente preverse y que tornan excesivamente más oneroso el contrato y el cumplimiento de las obligaciones que él impone, el co–contratante tiene derecho en justicia y equidad al reajuste de las tarifas o del precio pactado, o al pago, en su defecto, de una indemnización por parte de la Administración, que cubra su escalabro económico en todo lo que pueda exceder de la situación normal y previsible del contrato, generalmente de tracto sucesivo.

Vemos, con la aplicación de la teoría de la imprevisión, una derogación del principio *pacta sunt servanda* y la aplicación del principio *contractus qui habent tratun sucessivum et dependentia de futuro rébus sic stantibus inteligentur.*

El fundamento de la teoría es, en todo caso, la necesidad de prestación del servicio o la necesidad de realizar la actividad de interés general en razón de la finalidad de servicio público que se persiguió al contratar. Y ello porque la situación del co–contratante en estos casos es, hasta cierto punto, trágica: no puede ejecutar el contrato sin tener que soportar grandes pérdidas, y no puede dejar de ejecutarlo en razón del interés general. Entonces es justo y equitativo que la Administración lo indemnice, sobre todo si se tiene presente que ella posee poderes exorbitantes. Estamos entonces en presencia de una especie de contrapartida del co–contratante, a los poderes unilaterales de la Administración.

Es indudable que la teoría de la imprevisión ha sido reconocida expresamente en las cláusulas de "Condiciones Generales de contratación en la ejecución de obras públicas", al preverse en diversos artículos, pagos por variaciones de precios (cláusulas de variación de precios)[538]. Además, dichas cláusulas han consagrado otros supuestos de imprevisión.

Por ejemplo, el artículo 35 de las mencionadas cláusulas establece que en caso de una emergencia en el trabajo que provocare un peligro para la seguridad e integridad de las personas, de las propiedades o de la propia obra o parte de ella, el Contratista debe actuar de inmediato para evitar que se produzcan los daños o para disminuirlos en lo posible, si es que no puede evitarlos totalmente; para lo cual debe notificar con la urgencia del caso al ente contratante sobre los hechos y las medidas tomadas durante la emergencia.

En estos supuestos, el ente contratante debe pagar al Contratista una compensación por los trabajos efectuados como consecuencia de la emergencia, si de la averiguación que hiciere el ente contratante se comprobare la necesidad de ellos, previa presentación por parte del Contratista de las cuentas y comprobantes de los gastos y una constancia del Ingeniero Inspector sobre los elementos utilizados por el Contratista durante la emergencia. Esta compensación debe ser equivalente a los gastos comprobados ante el ente contratante, más el porcentaje que por concepto de gastos de administración y utilidad se haya previsto en el contrato en los análisis de precios unitarios[539].

537 *V.* en *Doctrina PGR 1967*, 1969, p. 52; *Doctrina PGR 1972*, Caracas 1973, pp. 125 y ss.; *Doctrina PGR 1977*, Caracas, 1978, pp. 42 y ss., *Doctrina PGR 1980*, Caracas, 1981, pp. 60–62; y *Doctrina PGR 1981*, Caracas, 1982, pp. 42 y ss.

538 Artículos 62 a 67, Decreto N° 1.821 de 30–8–91.

539 Art. 36.

Otro supuesto de imprevisión regulado en el Decreto N° 1.821 se refiere a los perjuicios sufridos por el Contratista por haberse paralizado la obra a causa de no haber obtenido el ente contratante los derechos de paso u ocupación o de que no se hubieren hecho las expropiaciones correspondientes, en caso de que ello fuera necesario para la ejecución de la obra[540].

Debe señalarse, por otra parte, que para contrarrestar los efectos de cambios económicos imprevistos en los contratos administrativos, como se ha dicho, es cada vez más frecuente la previsión contractual de cláusulas de revisión o variación de precios o tarifas. Estas cláusulas, hasta cierto punto, configuran una especie de solución convencional preestablecida de las situaciones de imprevisión.

Por tanto, y en principio, cuando el contrato administrativo contiene ese tipo de cláusulas, ante los cambios económicos previstos, no habría otro derecho del co–contratante o concesionario distinto que la aplicación automática de la variación de tarifas.

Sin embargo, el problema surgiría en aquellos supuestos de cambios fiscales que podrían dar lugar a la variación automática de las tarifas, pero que una vez producidos, el concesionario no podría aplicarlas, en virtud de la existencia de una regulación de precios establecida por autoridades nacionales. En estos supuestos, no hay duda, la regulación de precios establecida nacionalmente impediría la aplicación de la cláusula de variación de precios. Sin embargo, ello implicaría que el concesionario tendría derecho a reclamar de la Administración una indemnización equivalente por la imposibilidad de aplicación de la cláusula contractual, lo que daría lugar a la aplicabilidad de la teoría de la imprevisión.

La situación, por lo demás, se ha presentado en otros países, y ha recibido esta solución. En relación a Francia, por ejemplo, André de Laubadère señala que la solución de la jurisprudencia ha sido que la imprevisión puede aplicarse, a pesar de la existencia de cláusulas de variación de tarifas, "en aquellos casos en que las cláusulas no pueden aplicarse; el caso se ha presentado en Francia en numerosas oportunidades desde 1940 como consecuencia de medidas autoritarias de regulación o congelación de precios; estas medidas han paralizado el juego de las cláusulas de variación, y en estas circunstancias los co–contratantes han podido acudir a la teoría de la imprevisión.[541]

d. El monto de la indemnización

La jurisprudencia de la Corte[542] ha señalado que la indemnización no puede nunca trascender más allá de los límites justos a los cuales llegue el perjuicio ocasionado, es decir, que la indemnización debe ser en su monto igual y equivalente a la monta del daño o perjuicio que se está obligado a reparar. Es aplicación de los principios generales de la materia. La determinación del monto de la indemnización, en todo caso, corresponde a la autoridad judicial si hay inconformidad del co–contratante con el monto que proponga la Administración.

Sin embargo, algunos principios pueden establecerse en relación a esta indemnización: en primer lugar, para que pueda ser reclamada por el contratante, éste debe haber sufrido realmente un perjuicio, que debe ser probado. Por otra parte, la indemnización

540 Art. 39.

541 A. de Laubadère, *op. cit.*, tomo III, p. 111.

542 CF. 12/11/53, *G.F.* N° 6, 1954, pp. 204–26. *V.* también sentencia CFC 9–3–39, *Resumen CFC* en *SPA 1940–1951*, p. 70 (*Memoria 1940*, tomo I, p. 350).

debe ser integral, es decir, debe compensar la totalidad de los daños que ha acarreado la intervención de la Administración.[543] De ahí que Jèze hable de que la indemnización debe cubrir el "perjuicio sufrido" y el "beneficio frustrado[544].

Por otra parte, las bases para calcular la estimación del perjuicio son de varios órdenes y, en primer lugar, los precios contenidos en el contrato. En efecto, hemos señalado cómo en los casos de modificaciones cuantitativas, los contratos de obras públicas prevén generalmente la aplicación de los mismos precios establecidos en ellos para compensar los aumentos de obra. En estos casos la indemnización está calculada previamente en el contrato.

En esta misma forma, en los supuestos de obras no previstas en el contrato, suplementarias o complementarias, algunos contratos de obra pública prescriben la aplicación de los precios fijados en los mismos, si ello es posible[545]. Si no lo es, la indemnización debe ser estimada por los contratistas o por el Juez, de manera tal que cubra la integridad de los aumentos en las cargas del contrato[546].

Ahora bien, aun en los casos en que se establezca en el contrato un precio fijo para ciertos trabajos de la obra y se disponga que el precio fijado se imputará a todo aumento en la cantidad de la misma, esto debe ser aplicado siempre que las condiciones de ejecución que sirvieron de base para el cálculo del precio no cambien. De ahí que si no sólo ha habido aumento en la realización de una parte de la obra, sino que en ello se han impuesto al contratista condiciones realmente distintas de ejecución a las originalmente previstas, éste tenga derecho a recibir una indemnización que le cubra el perjuicio sufrido por el cambio de condiciones, siempre que esos cambios sobrepasen el módulo del standard de la razonabilidad. Es decir, el precio global se aplica a un tipo de obra que incluye variaciones normales, pero no puede aplicarse a variaciones que sobrepasen lo normal en este tipo de obra.

En todo caso, tal como lo ha señalado la jurisprudencia venezolana, el fundamento del derecho a indemnizar en estos supuestos de ejecución de contratos administrativos radica en la necesidad de mantener la ecuación económica del contrato, de manera que si el equilibrio financiero ha sido roto por las modificaciones unilaterales impuestas al contrato por la Administración, el co–contratante tiene derecho a que se le indemnice en la medida del restablecimiento de dicho equilibrio.

4. Las obligaciones del co–contratante de la administración

A. La obligación de ejecutar personalmente las obligaciones del contrato

a. La ejecución personal

Ya hemos señalado que los contratos de la Administración son casi siempre celebrados *intuitu personae* y, por tanto, en principio, el co–contratante debe ejecutar personalmente su obligación. Si en la formación del contrato hay limitaciones en la libertad

543 *Cfr.* André de Laubadère. *Traite Theorique et Pratique des Contrats Administratifs, cit.*, tomo II, p. 395; F. Garrido Falla, *Tratado de Derecho Administrativo, cit.*, tomo II, p. 88.

544 *Cfr.* G. Jèze, *Principios generales del Derecho Administrativo, cit.*, tomo IV, pp. 234 y 254.

545 *Cfr.* M. Waline, "L'évolution récent de rapports de l'Etat avec ses co–contratants", *loc. cit.*, p. 21.

546 *Cfr.* André de Laubadère, *Traité Théorique et Pratique des Contrats Administratifs, cit.*, tomo II, p. 340.

contractual, porque la Administración en muchos casos no es libre de escoger a su co–contratante, una vez escogido éste por procedimientos especiales, en razón de solvencia y capacidad económica y técnica, no puede librarse de su obligación ni de ella puede relevarlo el Estado, salvo en casos especiales. Por tanto, el co–contratante de la Administración tiene la obligación de ejecutar las obligaciones a su cargo, exactamente como han sido contraídas,[547] y debe hacerlo personalmente y de buena fe[548].

El carácter *intuitu personae* de los contratos administrativos implica, fundamentalmente, dos consecuencias: en primer lugar, la obligación para el co–contratante de no ceder ni traspasar el contrato. Este principio general rige mientras una norma especial no exima de su cumplimiento y, en todo caso, la cesión debe hacerse con conocimiento y autorización de la Administración.

Sin embargo, aun cuando la ley permita el traspaso del contrato, éste no puede ser efectuado a Estado o entidades oficiales extranjeras ni sociedades no domiciliadas en Venezuela sin la previa aprobación del Congreso[549].

En esta forma, el contratista, en los contratos para la ejecución de obras, no puede ceder ni traspasar el contrato en forma alguna, ni en todo ni en parte, salvo que obtenga autorización del ente contratante[550]. Sin embargo, de acuerdo a las condiciones generales de contratación para la ejecución de obras, se consideran que no tienen el carácter de cesión del contrato, por lo que no requieren autorización previa del ente contratante, los convenios que celebre el Contratista con terceras personas para ejecutar alguna o algunas partes de la obra[551].

b. La diligencia en la ejecución

En razón de la finalidad de servicio público y del interés general que se persigue al contratar, el co–contratante de la Administración debe ejecutar sus obligaciones con el máximo de diligencia y no solamente con la diligencia de un buen padre de familia exigida en los contratos civiles[552]. Y ello porque en el contrato de la Administración no sólo están en juego intereses particulares, sino intereses públicos y prestaciones de utilidad general.

El co–contratante de la Administración, al contratar con ésta, materialmente se convierte en un colaborador de ella en la consecución de la finalidad de servicio público perseguida: por ello se le exige el máximo de diligencia y esfuerzo en la ejecución de sus obligaciones contractuales.

De acuerdo a ello, por ejemplo, en las cláusulas generales de contratación para la ejecución de obras, se exige que el contratista se obligue a prestar "la más cuidadosa atención al contenido del contrato con miras a darle estricto cumplimiento", por lo cual debe mantenerse en el sitio de la obra y en condiciones normales de trabajo, toda la maquinaria y equipos que fueren necesarios para la correcta ejecución de la obra, y no puede retirarlos de allí sin la autorización escrita del ente público, aunque el contrato se resuelva o extinga anticipadamente, sea cual fuere la causa. Por ello, de ser el caso, el

547 Artículo 1.264 del Código Civil.
548 Artículo 1.160 del Código Civil.
549 Artículo 126 Constitución.
550 Artículos 5 y 6 Decreto N° 1.821 de 30–8–91.
551 Artículo 7.
552 Artículo 1.270 del Código Civil.

ente contratante indemnizará al Contratista por el uso de las maquinarias y equipos[553]. Además, se exige que el Contratista mantenga en el sitio de trabajo todo el personal técnico, administrativo y obrero que fuere necesario para el cumplimiento del contrato[554].

B. La interpretación del contrato

En el derecho administrativo, como en el derecho civil, el consensualismo contractual no es extremadamente rígido sino que los contratos obligan, no solamente a cumplir lo expresado en ellos, sino a todas las consecuencias que se derivan de los mismos, según la equidad, el uso y la ley[555].

Sin embargo, en derecho administrativo la interpretación del contrato en cuanto al alcance de las obligaciones en él estipuladas tiene una mayor amplitud, ya que están en juego los intereses públicos. Por ello obligan también a cumplir todas las consecuencias derivadas de la finalidad de servicio público que se ha tenido al contratar.

Por otra parte, y en cuanto a la inteligencia del contrato, la antigua Corte Federal ha sostenido que la Administración tiene facultad para tomar decisiones ejecutivas al respecto[556], lo que implica el poder de la Administración de interpretar el alcance de las obligaciones del co–contratante.

C. Las garantías de cumplimiento

Ya hemos señalado, al referirnos a las cláusulas obligatorias en los contratos de la Administración, la existencia de las cláusulas de garantía que el contratista debe otorgar, para asegurar el cumplimiento de sus obligaciones, las cuales tienen una regulación dispersa, aun cuando con fundamento general en la Ley Orgánica de la Contraloría General de la República.

En particular, en cuanto a los contratos para la ejecución de obras, el Decreto N° 1.802 de 20 de enero de 1983, contentivo de las condiciones generales de contratación para la ejecución de obras, por ejemplo, establece como principio general que para garantizar el cumplimiento de todas las obligaciones que asume según el contrato, el Contratista debe constituir previamente a la firma del mismo, una fianza de fiel cumplimiento otorgada por un instituto bancario o una empresa de seguros, a satisfacción del ente contratante, de acuerdo con texto elaborado por éste y hasta por la cantidad que se indique en el Documento Principal. Dicha fianza debe ser solidaria y constituida mediante documento autenticado o registrado y debe incluir mención expresa de que el fiador renuncia a los beneficios que le acuerdan los artículos 1.883, 1.834 y 1.836 del Código Civil[557].

Sin embargo, las mismas cláusulas de condiciones generales prevén la posibilidad de que a solicitud del Contratista, el ente contratante pueda acordar que sea sustituida esta

553 Artículo 19. Decreto N° 1.821, *cit.*
554 Artículo 20. Decreto N° 1.821, *cit.*
555 Artículo 1.160 del Código Civil.
556 CF. 12–11–54, *G.F.* N° 6, 1954, pp. 191–194.
557 Artículo 10.

fianza de fiel cumplimiento, por una retención que se debe hacer en cada una de las valuaciones de obra ejecutada, hasta cubrir una cantidad igual al monto de la fianza.

El ente contratante también puede acordar a solicitud del Contratista, que sea sustituida la fianza del fiel cumplimiento por una garantía real sobre bienes de propiedad de éste o de un tercero.

En todo caso, la fianza o la garantía real que la sustituya, están sujetas a la aprobación previa del Órgano Contralor[558].

Por último, debe señalarse que la garantía que se constituya debe estar vigente hasta que se efectúe la recepción definitiva de la obra ejecutada[559].

VIII. LA RESPONSABILIDAD CONTRACTUAL EN LOS CONTRATOS DE LA ADMINISTRACIÓN

1. La inejecución de las obligaciones

A. El principio: los daños y perjuicios

El cumplimiento inexacto de las obligaciones contractuales, la inejecución de dichas obligaciones o el retardo en la ejecución de las mismas produce, por parte del contratante incumplidor, la responsabilidad por daños y perjuicios[560] y el derecho, por parte del contratante cumplidor, de exigir judicialmente dicha responsabilidad. Esta es la aplicación de las normas fundamentales del Código Civil.

En el caso de no ejecución de la obligación de hacer por parte del co–contratante, por ejemplo, en los contratos de obra pública, la Administración puede ejecutarla ella misma o hacerla ejecutar a costa del co–contratante administrativamente. Si el co–contratante lo que incumple es una obligación de no hacer, por el solo hecho de la contravención, queda responsable de pagar los daños y perjuicios que su incumplimiento cause a la Administración.

En este sentido, por ejemplo, las cláusulas de condiciones generales de contratación para la ejecución de obras dictadas por el Decreto N° 1.821 de 1991, establecen expresamente en su artículo 74, lo siguiente:

"*Artículo 74*. El Contratista será el único responsable por la buena ejecución de la obra.

Si se encontrare que alguna parte de la obra ha sido ejecutada en forma defectuosa, el Contratista deberá repararla o reconstruirla, según el caso, a sus expensas.

Si el Contratista se negare a ello o no corrigiere oportunamente los defectos, el ente público podrá hacerlo con sus propios elementos o con los del Contratista o encomendar esas reparaciones o reconstrucciones a terceras personas.

El costo de los trabajos que sea necesario realizar en la forma antes indicada, más los daños y perjuicios correspondientes, se deducirán de lo que el ente contratante adeude al Contratista por cualquier concepto.

---

558 Artículo 11.

559 Artículo 12.

560 Artículo 1.264 y 1.271 C.C.

Si hubiere necesidad de utilizar equipos o materiales del Contratista, se le acreditará a éste lo que corresponda por el uso de ellos.

El Contratista tendrá derecho a solicitar del ente contratante una comprobación de los gastos que por ese concepto se hubieren ocasionado.

Las disposiciones anteriores no afectan el derecho que le corresponde al ente contratante de rescindir unilateralmente el contrato y de hacer uso de las demás garantías, recursos, retenciones y acciones que le otorgan el contrato y las leyes".

En todo caso, en materia de obras públicas, la responsabilidad del contratista establecida en esta norma, se entiende sin perjuicio de la responsabilidad que para los empresarios y los profesionales respectivos establece el artículo 1.637 del Código Civil[561].

En cuanto a la Administración, el ente público contratante también responde por los daños y perjuicios derivados de la inejecución de sus obligaciones contractuales. Además, como ya se ha señalado, responde por la ruptura de la ecuación económica del contrato provocado por actos de la autoridad pública.

En todo caso, y dejando aparte las consideraciones efectuadas sobre la responsabilidad por el incumplimiento por parte de la Administración de la obligación de pagar al contratista en una forma determinada y estipulada, que en nuestro criterio la obliga a indemnizar al contratante, en materia de contratos de obra pública, los retardos en el pago de las cantidades de dinero que se adeuden al contratista por las valuaciones presentadas, vencido un plazo de 90 días después de la presentación, obligan al ente contratante a pagar intereses al contratista sobre el monto neto a pagar por el tiempo que dure la mora en el pago hasta la fecha de emisión de la correspondiente orden de pago. Los intereses se calcularán utilizando una tasa equivalente al promedio ponderado por el Banco Central de Venezuela, de las tasas pasivas que paguen los seis (6) bancos comerciales del país con mayor volumen de depósitos por operaciones de crédito a plazo, a plazos no mayores de noventa (90) días calendario. Sin embargo, para que proceda el pago de los intereses señalados, las cláusulas de condiciones generales de contratación de obras establecen que se requerirá, además, que el monto de la evaluación que los origina esté debidamente previsto en el Presupuesto del ente público, vigente para el momento de presentación de aquélla[562].

Aparte de este supuesto, en todo caso en el cual la obligación de la Administración sea la entrega de cantidades de dinero, es responsable del pago del interés legal por inejecución o retardo en la ejecución de su obligación[563] desde el día en que se constituya en mora, es decir, desde el vencimiento del plazo, si se ha estipulado, o desde el requerimiento que le haga el co–contratante[564].

---

561 Artículo 77 del Decreto N° 1.821 de 30–8–91. *V.* L. Corsi, *La responsabilidad decenal.* Caracas, 1979.

562 Artículo 58 del Decreto N° 1.821.

563 Artículos 1277, 1745 y 1746 del Código Civil.

564 Artículos 1.269 y 1.277 del Código Civil. Por otra parte creemos que no podría considerarse que hay incumplimiento por parte de la Administración cuando el Ministerio respectivo retarda el pago de las cantidades debidas al co–contratante como consecuencia del normal trámite administrativo y de Contraloría, de ordenación de pagos. *V.* al respecto el Informe de la Fiscalía General de la República al Congreso, 1960, Caracas, 1961, p. 477.

B. El monto de los daños y perjuicios

Los daños y perjuicios, en todo caso, no deben extenderse sino a los que son consecuencia inmediata y directa de la falta de cumplimiento de las obligaciones[565]. Para el caso de que no haya dolo en el incumplimiento de la obligación, el incumplidor no queda obligado sino por los daños y perjuicios que hayan podido preverse al tiempo de la celebración del contrato[566].

En estos casos la autoridad judicial competente debe fijar el monto de los daños y perjuicios.

Sin embargo, las partes pueden, en el momento de conclusión del contrato, prever el monto de los daños y perjuicios: estamos entonces en presencia de la obligación con cláusula penal. Y ésta no es más que la compensación de los daños y perjuicios causados por la inejecución de la obligación[567].

En esta forma las partes fijan de antemano la indemnización que debe pagarse a título de daños y perjuicios por cualquier infracción de las cláusulas contractuales. Con ello se libera el actor de la obligación de probar los daños sufridos y su valor en dinero; por su parte, el infractor sabe anticipadamente a cuánto alcanza la indemnización que debe, sin exponerse a un pago exagerado superior a los recursos de que dispone[568].

En materia de contratos de obra pública, por ejemplo, las cláusulas penales generales se establecen por los retrasos en el comienzo y en la terminación de la obra, calculadas por día de retraso[569].

Pero en todo caso la cláusula penal debe ser expresa. No puede nunca presumirse. Si las partes no han hecho por esa vía la fijación de los daños y perjuicios, a falta de acuerdo entre las partes corresponde hacerlo al Juez del contrato.

La existencia de una cláusula penal, sin embargo, no exime al acreedor de la obligación de probar los daños y perjuicios ocasionados en caso de controversia, ni de probar el incumplimiento por parte del deudor.[570]

Por otra parte, en ausencia de cláusula penal expresa, y en caso de incumplimiento del co–contratante de la Administración, no puede esta última apropiarse ejecutivamente de la garantía dada por el co–contratante para el cumplimiento de sus obligaciones. La garantía sólo tiene una finalidad: garantizar el cumplimiento de las obligaciones del co–contratante. Probado o aceptado un incumplimiento, los daños no están probados y, por consiguiente, el montante de éstos es totalmente desconocido. Así, después de fijados los daños y perjuicios amigablemente o por la autoridad judicial competente, la Administración puede disponer lo que le corresponda por ese concepto de la garantía dada en el momento de la conclusión del contrato por su contratante[571].

565 Artículo 1.275 del Código Civil.
566 Artículo 1.274 del Código Civil.
567 Artículo 1.258 del Código Civil.
568 CFC–SF, 17–3–52, *G.F.* N° 10, 1952, p. 155–160.
569 Artículos 18 y 93, Decreto N° 1.821 de 1991.
570 CFC–SF, 17–3–52, *G.F.* N° 10, 1952, p. 155–166.
571 *Idem.*

2. Las causas eximentes de responsabilidad

El contratante no está obligado a pagar daños y perjuicios cuando, a consecuencia de un caso fortuito o de fuerza mayor, ha dejado de dar o hacer aquello a que estaba obligado, o ha ejecutado lo que estaba prohibido[572]. Es la aplicación de la teoría de las causas eximentes de responsabilidad contractual del derecho privado.

En todo caso, el que pretende liberarse de su obligación de pagar daños y perjuicios basando su incumplimiento en una causa extraña que no le es imputable debe probarla. A él corresponde la carga de la prueba[573].

El caso fortuito o fuerza mayor, tal como lo define la jurisprudencia del derecho privado[574], es aquel acontecimiento extraño a la voluntad de las partes, e imprevisible, que impide de manera absoluta la ejecución de las obligaciones contractuales. Esta misma noción es aplicada al derecho administrativo.

Con base en ella, la Administración y su co–contratante pueden liberarse de su obligación de pagar daños y perjuicios probando el caso fortuito o la fuerza mayor: en dicha prueba es imprescindible y rigurosa la constatación cierta del hecho exterior, imprevisible o irresistible que constituye la causa eximente de responsabilidad. Y quizás, por cuanto la obligación de ejecutar del co–contratante de la Administración debe ser cumplida, no ya como un buen padre de familia sino con la diligencia máxima, las condiciones de la fuerza mayor o caso fortuito y su prueba sean más rigurosas en derecho administrativo que en derecho privado.

Por otra parte, para el co–contratante de la Administración podría considerarse como caso fortuito o fuerza mayor el hecho de la propia Administración cuando es extraño a la voluntad del co–contratante y es imprevisible e irresistible, y que impide en absoluto el cumplimiento de las obligaciones contractuales. Tal sería el caso del retardo de la Administración en cumplir un acto que es condición indispensable para la ejecución del contrato por parte de su co–contratante[575].

3. La resolución judicial del contrato

En todo caso, y fuera de la rescisión unilateral del contrato por parte de la Administración, ella misma o su co–contratante pueden pedir judicialmente la resolución del mismo cuando la otra parte no ha ejecutado sus obligaciones, con los daños y perjuicios a que hubiere lugar".[576]

572 Artículo 1.271 C.C. *V. Doctrina PGR 1970*, Caracas, 1971, pp. 103–106, y CGR *Dictámenes de la Consultorio Jurídica 1969–1976*, tomo IV, Caracas, 1976, p. 239.

573 Artículos 1.271 y 1.354 C.C.

574 *V.* al respecto la jurisprudencia de los Tribunales de Instancia de la República, contenida en los volúmenes publicados por el Instituto de Codificación y Jurisprudencia del Ministerio de Justicia, vol. IV, 1954–1955, tomo I, p. 203; vol. V, 1957, pp. 146 y 251; vol. VII, 1958–1959, tomo I, p. 311.

575 Aquí no estamos en el caso de una modificación unilateral del contrato por la Administración, que haga más onerosa la ejecución del contrato de lo que podía preverse, sino de una modificación unilateral de la Administración que impida completamente el cumplimiento de la obligación por parte del co–contratante. También puede considerarse como un caso fortuito o de fuerza mayor, reuniendo todas las condiciones señaladas, el acto de una autoridad pública distinta de la Administración.

576 Artículo 1.167 del Código Civil.

Esta facultad se revela más en beneficio del co–contratante de la Administración que de ella misma por el poder de rescisión unilateral que tiene ésta. Por ello el co–contratante de la Administración puede perfectamente pedir judicialmente la resolución del contrato administrativo, con demanda de daños y perjuicios, cuando ha habido incumplimiento de la Administración en sus obligaciones.

4. El enriquecimiento sin causa como fuente de obligaciones administrativas en casos de contratos ineficaces de la administración

En materia de responsabilidad contractual, debe plantearse el problema de las consecuencias de la ejecución de contratos de la Administración considerados ineficaces, y que si bien no originan responsabilidad contractual, el enriquecimiento sin causa puede ser fuente de obligaciones administrativas. El problema se ha planteado, con frecuencia, con motivo de la ejecución de contratos por parte de contratistas, que no han seguido todo el procedimiento de formación, particularmente su aprobación por la Contraloría General de la República, lo que los hace ineficaces.[577]

A. Los efectos del control previo a cargo de la Contraloría General de la República sobre los contratos de la Administración

Conforme al artículo 172, ordinal 11, de la Ley Orgánica de la Hacienda Pública Nacional que hasta 1975 regulaba el control previo que ejerce la Contraloría General de la República en relación a los contratos que celebra la Administración Pública Nacional, si dichos contratos se celebraban sin la aprobación de la Sala de Control, aquellos no tenían "ningún efecto".

Había sido doctrina constante de la Contraloría General de la República y de la Procuraduría General de la República, el considerar que los contratos suscritos por el Ejecutivo Nacional con particulares sin que se hubieren sometido previamente a la aprobación por parte del Organismo Contralor, debían considerarse inexistentes. Como consecuencia de ello, el particular que había realizado determinadas prestaciones para la Administración en virtud de esos inexistentes contratos, no podía reclamar frente a ésta, por la vía contractual, el pago de las prestaciones realizadas. El contrato era inexistente y, por ello, la fuente de la posible obligación a cargo de la Administración, no podía tener su origen en un contrato[578].

La Ley Orgánica de la Contraloría General de la República que entró en vigencia el 7 de julio de 1975[579], varió la redacción de dicha norma al establecer el control previo. Si bien el artículo 18 de dicha Ley Orgánica exige el cumplimiento del requisito del con-

---

577 *V.* Allan R. Brewer–Carías, "El enriquecimiento sin causa como fuente de obligaciones administrativas", *Revista de Control Fiscal*, N° 83, Caracas, 1976, pp. 9 a 18. En relación al enriquecimiento sin causa en los casos de ejecución de obras con base en contratos ineficaces, *V.* en *Doctrina PGR 1966*, Caracas, 1967, pp. 79 y ss.; Doctrina PGR 1981, Caracas, 1982, pp. 56 y ss. *V.* además *MOP Dictámenes de la Consultoría Jurídica 1969*, Caracas 1970, pp. 39–40; y la *Doctrina del Ministerio de Justicia*, en Allan R. Brewer–Carías, *Jurisprudencia de la Corte Suprema 1930–74 y Estudios de Derecho Administrativo*, tomo III, vol. II, Caracas, 1977, p. 642.

578 *V.* Contraloría General de la República, *Dictámenes de la Consultoría Jurídica, 1969–1976*, tomo IV, Caracas, 1976, p. 456; y tomo V, p. 586.

579 *G.O.* N° 1.712 Extraordinario de 6–1–75, reformada el mismo año en *G.O.* N° 1.756 Extra–ordinario de 30–6–75, estando actualmente vigente la publicada en *G.O.* N° 3.482 Extraordinario de 14–12–84.

trol antes de que se proceda a la celebración de los contratos, dicha norma señala solamente que "no se podrá iniciar la ejecución de los contratos mientras las estipulaciones que contengan los respectivos compromisos financieros no hayan sido previamente aprobados". La Ley no configura, como antes, el requisito de la aprobación contralora, como un requisito de validez del contrato, sino como un requisito de eficacia. "No se podrá iniciar la ejecución de los contratos", dice la norma, es decir, éstos no podrán producir efectos, como tales, sin la aprobación contralora.

En uno y otro caso, por tanto, la ausencia de control previo de la Contraloría sobre los contratos administrativos produce las mismas consecuencias: la fuente de las obligaciones de la Administración y de los particulares, no puede ser el contrato: de lo contrario, la exigencia legal no tendría sentido.

Ante esa situación, el particular que ha realizado determinadas prestaciones para la Administración, para poder obtener una indemnización, puede acudir a otras fuentes de las obligaciones, como son el hecho ilícito o el enriquecimiento sin causa. En efecto, por ejemplo, si la omisión de la formalidad de control previo por parte de la Contraloría, ha tenido su origen en una actuación imputable a la Administración por culpa o negligencia de los funcionarios competentes, el particular podría reclamar a la Administración por la vía del hecho ilícito, exigiendo de aquélla su responsabilidad y el pago de una indemnización que cubra las prestaciones realizadas y, eventualmente, los daños y perjuicios que hayan podido originarse para el particular. Pero si no ha habido culpa por parte de la Administración, el particular que ha realizado prestaciones para ella puede reclamar también una indemnización, pero por la vía del enriquecimiento sin causa. En este caso, es necesario dejarlo claramente establecido, el particular que reclama no puede pretender que se le cancele todo aquello que ha debido pagársele si el contrato original hubiese sido válido.

La situación, por tanto, para el particular reclamante, cuando acude a la vía del enriquecimiento sin causa, es mucho más desfavorable para sus intereses.

B. El enriquecimiento sin causa y el monto de la indemnización reclamable frente a la Administración

El artículo 1.184 del Código Civil señala textualmente que aquel que se enriquece sin causa en perjuicio de otra persona está obligado a indemnizarla, dentro del límite de su propio enriquecimiento, de todo lo que aquella se haya empobrecido". Por tanto, y con base en esta norma, el particular que ha realizado prestaciones para la Administración, puede solicitar una indemnización dentro del límite del enriquecimiento que se ha producido para el Estado de todo lo que se ha empobrecido.

En relación al monto de la indemnización que surge por la vía del enriquecimiento sin causa, la doctrina es unánime en considerar que ésta está determinada, en cuanto a su monto, por la cifra menor de los valores del enriquecimiento o empobrecimiento, respectivamente. En ello están contestes tanto la doctrina extranjera[580] como la nacional[581].

580 Gabriel Marty, al preguntarse sobre la extensión de la restitución que debe hacer el demandado en una acción por el enriquecimiento sin causa, señala que "el actor sólo debe recibir aquello con lo que se ha empobrecido. Por otra parte, el demandado no debe restituir más de aquello con que se ha enriquecido. De esta manera la restitución tiene por límite el enriquecimiento del demandado y el empobrecimiento del actor. La menor de esta suma, fija la extensión de la condena pecuniaria en provecho del actor". *V. Derecho Civil*, vol. I, Puebla, México, 1952, p.

Por tanto, es evidente que el monto de la indemnización a recibir por el reclamante empobrecido no puede ser nunca superior al enriquecimiento de la Administración cuando su empobrecimiento fue mayor, y al contrario, la indemnización en referencia no puede ser nunca mayor al empobrecimiento del reclamante cuando el enriquecimiento de la Administración es mayor. Con un ejemplo en cifras, puede comprenderse mejor al razonamiento: Si en la ejecución de una obra determinada, un particular se empobrece en 1.000 y la Administración se ha enriquecido sólo en 100, el monto de la indemnización que puede recibir por la vía del enriquecimiento sin causa el reclamante no puede ser nunca superior a 100 (la indemnización se da "dentro del límite" del enriquecimiento de la Administración); pero, por el contrario, si el empobrecimiento del reclamante es de 100 y el enriquecimiento de la Administración es de 1.000, la indemnización a que tiene derecho el particular por la vía del enriquecimiento sin causa no puede ser nunca superior a 100 (la indemnización es "de todo" lo que el reclamante se haya empobrecido).

Por tanto, y en esto no surge duda alguna, para poder precisar el monto de la indemnización que ha de pagarse a un particular que ha realizado prestaciones para la Admi-

---

262. Por su parte, Jean Carbonnier, señala que "el enriquecimiento del demandado puede no coincidir con el empobrecimiento del demandante. La condena a la cual tiende la acción no puede sobrepasar la más baja de estar dos sumas, y el empobrecido no puede exigir más que la reconstitución de su patrimonio, y al patrimonio enriquecido no se le puede imponer más que ser llevado a su nivel inicial". *V. Droit Civil*, tomo II, París 1957, p. 712.

Por otra parte, en una monografía muy importante sobre la materia, François Goré ha señalado que "estando subordinada a la existencia, a la vez, de su enriquecimiento y de un empobrecimiento, la restitución "en el enriquecimiento sin causa" se determina, en cuanto a su monto, por la cifra menos elevada de los dos valores. Esta regla es la más equitativa. Por una parte, sería injusto obligar al enriquecido a restituir más que lo correlativo al aumento de valor de su patrimonio en la hipótesis de que no hubiese cometido falta. Por otra parte, si se permitiera al empobrecido reclamar todo el enriquecimiento obtenido, cuando su perjuicio ha sido menor que la ventaja procurada al demandado, se consagraría un nuevo enriquecimiento a expensas de otro... Unánimemente, se conviene hoy en que el montante de la restitución no puede sobrepasar ni el enriquecimiento del demandado ni el empobrecimiento del demandante". *V. L'enrichissment aux dépens d'autri*, París, 1949, p. 309.

Por su parte, Jorge Fábrega ha establecido que "En cuanto a la medida de la restitución rigen las siguientes reglas: 1o.) El monto de la restitución nunca sobrepasará del valor del enriquecimiento que ha experimentado el beneficiario; 2o.) El monto de la restitución tampoco sobrepasará el empobrecimiento del demandante. Por ejemplo, si un empobrecimiento de cien balboas coincide con un enriquecimiento de cincuenta, la obligación consistirá en restituir cincuenta; si a lo inverso, el empobrecimiento de cincuenta balboas corresponde a un enriquecimiento de cien, la acción se limitará al monto del empobrecimiento, o sea, cincuenta balboas, ya que de otra suerte adquiriría el empobrecido un enriquecimiento que a su vez sería injustificado. Es que por medio de la acción no debe enriquecerse el demandante ni empobrecerse el demandado. En síntesis, el enriquecido debe restituir lo que ha recibido, pero en la medida en que ha aumentado su patrimonio". *V. El Enriquecimiento sin causa*, Panamá, p. 139.

581 En Venezuela, Alejandro Graterol, ha señalado que "Los efectos de la acción in rem verso fluctúan entre el empobrecimiento y el enriquecimiento. En puridad de justicia, sus efectos debían limitarse por el enriquecimiento, pero como esta acción tiene su fundamento en la equidad que interviene por su mediación para obtener la reparación y devolver el equilibrio al orden patrimonial perturbado, es necesario observar que este fin puede lograrse con un reintegro que tenga por medida una de aquellas dos condiciones. Veamos: si el enriquecimiento, en su monto, es menor que el empobrecimiento, la indemnización debe acordarse sólo en ese monto que es en lo que ha resultado aumentado el patrimonio del enriquecido y, asimismo, este patrimonio, resulta normalizado con sólo aquella devolución al patrimonio o perjuicio sufrido no alcanza a cubrirse con aquella cantidad. Si al contrario, el empobrecimiento no es menor que el enriquecimiento, ha de ser entonces éste el que dé la medida de la indemnización, porque el patrimonio al cual se ha restado valores queda normalizado con el solo reintegro de esos valores. Si en la primera hipótesis, se condena a devolver tomando por medida el empobrecimiento, como éste es mayor que el enriquecimiento, el patrimonio del demandado resultaría disminuido más allá de lo que había aumentado por el injusto enriquecimiento. Si en la segunda se ordena reparar en límites del enriquecimiento del demandado, el patrimonio del demandado no resultaría completado sino aumentado. La equidad está, pues, en condenar por la cifra menor entre el montante del enriquecimiento y el empobrecimiento". *V. Breve estudio sobre la Teoría del Enriquecimiento sin causa*, Tesis de Grado, U.C.V., Caracas, Editorial Bolívar, 1938, pp. 36 y 37.

nistración en virtud de un contrato ineficaz, por la vía del enriquecimiento sin causa, es imprescindible determinar, separadamente, el monto del enriquecimiento de la Administración y el monto del empobrecimiento del particular, pues sólo son excepcionales los casos en que el enriquecimiento es igual al empobrecimiento.

Quizá sea necesario aclarar previamente, en este caso, que el empobrecimiento no es jamás, como muchos lo creen, la causa eficiente del enriquecimiento. Tanto el empobrecimiento como el enriquecimiento, como lo ha dicho François Goré:

> "son nociones jurídicas que traducen las consecuencias de determinados hechos jurídicos. El empobrecimiento y el enriquecimiento son el resultado de esos hechos y no pueden ser causa eficiente. Esto se ve particularmente cuando el empobrecimiento consiste en un no aumento de patrimonio, no habiendo salido ningún valor de los bienes del empobrecido. El empobrecido ha realizado, por ejemplo, un trabajo que enriquece al demandado. Aquél debería normalmente ser remunerado y, sin embargo, no lo ha sido; su empobrecimiento consiste entonces en una falta de ganancia. En este caso lo que es la causa del enriquecimiento no es el empobrecimiento sino el trabajo que ha sido realizado. Es éste el hecho generador de un empobrecimiento para el demandante y de un enriquecimiento para el demandado. No hay entonces relación de causa a efecto entre el empobrecimiento y el enriquecimiento, sino entre el hecho por una parte, y el enriquecimiento y empobrecimiento, por la otra. Estos últimos tienen su origen en un mismo evento. En realidad, el enriquecimiento y el empobrecimiento son consecuencias de un mismo hecho. Pero ello es prueba de que debe haber correlación entre el enriquecimiento de un patrimonio y el empobrecimiento de otro. Esta es la fórmula empleada por la Corte de Casación que declara que el enriquecimiento debe ser adquirido a expensas de otro, es decir, que debe haber un cierto nexo, una cierta correlación entre el enriquecimiento y el empobrecimiento. Es lógico considerar que en esta correlación existe, cuando el empobrecimiento y el enriquecimiento tienen una misma causa eficiente"[582].

Por tanto, y como conclusión, para determinar el monto de la indemnización a pagar por la vía del enriquecimiento sin causa, es necesario previa y separadamente, fijar el monto del enriquecimiento de la Administración por una parte, y el monto del empobrecimiento del particular por la otra.

C. El enriquecimiento de la República y el empobrecimiento del particular

De acuerdo a lo anteriormente expuesto, en los casos de reclamación a la República por enriquecimiento sin causa derivado de la ejecución de contratos no aprobados previamente por la Contraloría, se hace necesario precisar cuál es el enriquecimiento de la República y cuál es el empobrecimiento del particular.

En relación al enriquecimiento de la Administración ha de entenderse por él "toda adquisición de riqueza, bajo cualquier forma que sea, bien adquiriese el patrimonio una cosa que no se encontraba anteriormente en él o cuando se libre de una carga, por lo que hay que apreciar como enriquecimiento la adquisición de un bien o de un mayor valor que se le ha incorporado a este bien; en la extinción de una deuda; en el goce temporal de una cosa; en un gasto o perjuicio evidente; en un acrecimiento de riqueza".[583] Ahora bien, el quantum del enriquecimiento de la República entonces debe estar determinado por la mejora que ha habido en su patrimonio, sea por la incorporación al mismo de bienes muebles o inmuebles, o sea, por la prestación de determinado servicio que se le ha hecho. El "valor" de dichos bienes o servicios va a ser la medida del enriquecimien-

582 *V.* François Goré, "L'enrichissement aux dépens d'autri". París, 1947, pp. 73 y 74.

583 *V.* Antonio Planchart Hernández, *Jurisprudencia Anotada*, Caracas, 1958, p. 14.

to, y dicho valor no es otro que el establecido en las condiciones generales del marcado. Este valor por supuesto, incluye no sólo los costos de producción de los bienes o de la prestación del servicio, sino también el posible beneficio que corresponde normalmente a los particulares en la realización de esas actividades. Evidentemente en muchas oportunidades el costo efectivo de la producción de los bienes y servicios puede haber sido superior al valor de mercado de los bienes y servicios. En estos casos, el valor de mercado va a ser inferior a los costos.

El acrecentamiento del patrimonio de la República está determinado por ese valor de mercado. Entonces, por lo que respecta al enriquecimiento, el quantum del mismo está determinado por el "valor" de los bienes o servicios en el mercado.

Determinado así el enriquecimiento, corresponde precisar cuál ha sido el empobrecimiento del particular que ha realizado determinadas prestaciones para la Administración. Sobre el empobrecimiento en general se ha dicho que "no sólo la pérdida de la propiedad o del goce de una cosa implican empobrecimiento, sino también, una pérdida de tiempo o de la actividad por parte del empobrecido"[584].

Ahora bien, en el caso de un particular que ante la violación del artículo 18 de la Ley Orgánica de la Contraloría General de la República, ha suministrado bienes muebles o inmuebles a la República, ha producido determinados bienes inmuebles o ha realizado determinadas prestaciones de servicios para la Administración, ¿en qué consiste su empobrecimiento? El quantum del empobrecimiento del particular en los casos citados no puede ser determinado por el "valor" de los bienes o de la prestación del servicio, establecido en el mercado; y ello porque de lo contrario la norma del Artículo 1.184 no tendría razón de ser. El empobrecimiento del particular en esos casos está determinado sólo por los costos que ha tenido para la producción del bien o para la prestación de los servicios. El patrimonio del particular ha disminuido en la medida en que ha tenido una serie de gastos necesarios para la producción de los bienes o servicios. No puede establecerse que el empobrecimiento también corresponde a no haber percibido determinadas ganancias que esperaba. Si bien la doctrina admite que también hay empobrecimiento en materia de acciones de enriquecimiento sin causa por no haber percibido algo que se debía haber percibido, ello no implica que pueda existir empobrecimiento por la no percepción de algo que se esperaba haber recibido. En efecto, si bien normalmente el particular que realiza actividades busca la percepción de una ganancia, ello no es indispensable ni necesario en sus relaciones económicas normales. En muchas oportunidades el particular para su conveniencia realiza prestaciones y actividades al costo, sin pretender ganancia o beneficio alguno. Entonces el mecanismo de equidad que inspiró completamente la norma del artículo 1.184, no puede conllevar sino a la restitución para el empobrecido de todo aquello en lo cual su patrimonio ha disminuido, el quantum de todo ello está determinado por los costos de producción de los bienes y servicios con exclusión de la ganancia esperada.

Como consecuencia, el empobrecimiento del particular que ha realizado determinadas prestaciones para la Administración, está determinado por los costos que ha tenido en la producción de los bienes o servicios, sin incluir los posibles beneficios esperados, los cuales, en todo caso, no serían legalmente debidos.

---

584 *V.* Antonio Planchart Hernández, *op. cit.*, p. 15.

D. Conclusión

Como conclusión general, puede señalarse lo siguiente:

a. Cabe formularse la pregunta de si en una reclamación administrativa por pago de obligaciones que tienen como fundamento, tácito o expresamente declarado –no el contrato sino el enriquecimiento sin causa–, debe reputarse como parte integrante del enriquecimiento el beneficio de empresa, lucro o utilidad que hubiese sido normalmente incorporado dentro del precio, de haberse celebrado una convención en la cual la República hubiese manifestado legalmente su voluntad de contratar y, en consecuencia, su previo asentimiento en la fijación de tal precio. A esto debe responderse que efectivamente, en el enriquecimiento de la Administración debe incluirse el valor de la cosa o servicio, valor que se determina en el mercado, y que generalmente incluye no sólo el valor material de la cosa sino los costos y gastos generales de producción y aun los beneficios o utilidades que van a contribuir a precisarlo. En cambio, en esos casos, para determinar el empobrecimiento del particular no podría tomarse en cuenta el beneficio de la empresa, lucro o utilidad que hubiese sido normalmente incorporado dentro del precio, de haberse celebrado un contrato válido con la República.

b. Otra pregunta a formularse es si de admitirse como enriquecimiento, además del valor material de la cosa, todos los costos indirectos y gastos generales en que incurrió la reclamante para producir el bien que la República usufructúa, resulta procedente comprender dentro de esos costos y gastos, a los efectos de la determinación del monto del enriquecimiento, el beneficio de empresa, no obstante que su no percepción pueda ser considerada por la empresa como empobrecimiento derivado de la ausencia de frutos que ha debido percibir al integrar con fines de lucro su capital, fuerza de trabajo y administración que hicieron posible la producción del bien y su uso por la República. A ello debe responderse al igual que hemos hecho anteriormente, que si bien el beneficio de empresa debe ser incluido, en su caso, para determinar el enriquecimiento, este enriquecimiento no corresponde –y de ahí la existencia de la norma con establecimiento de diferencias de precio entre enriquecimiento y empobrecimiento– con el empobrecimiento, que sólo va a ser determinado por los costos y gastos generales de producción de los bienes y servicios dentro de los cuales, como ya hemos visto, no podría incluirse los beneficios esperados –no debidos legalmente por el reclamante–.

c. Una tercera pregunta a ser formulada es si puede comprenderse dentro del concepto de indemnización, el beneficio o utilidad de la empresa, o planteado en otra forma, siendo la *actio inrem verso* un instituto fundado en la equidad y con finalidad de que el empobrecido sin otra causa legal tenga algún recurso para exigir reparación o resarcimiento del daño sufrido, puede entenderse que el lucro normalmente esperado forma parte del daño, a esto debe responderse al igual a lo señalado anteriormente, que el daño sufrido por el particular reclamante –la disminución que ha habido en su patrimonio–, el empobrecimiento está determinado por los costos y gastos generales que tuvo para producir el bien o prestar los servicios a la Administración –pudiendo ser estos costos y gastos generales mayores o menores que el valor de la prestación establecida en el mercado– no pudiéndose incluir el lucro "normalmente esperado" pero no legalmente debido.

d. Una última pregunta que puede formularse es si en la determinación del monto a pagar, debe aplicarse el mismo criterio para el caso de que la obligación que pesa sobre la República sea el resultado de su libre voluntad de contratar, legalmente expresada, como consecuencia de la cual aceptó el precio (costo más utilidad), que para el caso de que dicha obligación sea la consecuencia de un desplazamiento patrimonial a su favor, sin que mediara su consentimiento legalmente expresado, a ello debe responderse que es precisamente por la ausencia de causa –y en el caso concreto, de un contrato donde se estableciera y aceptara libremente el precio– que el instituto del enriquecimiento sin causa difiere, en cuanto a la determinación del monto de lo que ha de pagarse, del que realiza una prestación por contrato. Constituyen dos fuentes de las obligaciones distintas. En el caso del contrato el precio está determinado libremente por las partes, en él pueden establecerse los beneficios, lucro o utilidades que las partes deseen. En el caso del enriquecimiento sin causa, entra en juego un mecanismo de equidad con los límites que establece la norma del artículo 1.184, y la equidad exige que se considere como empobrecimiento sólo la pérdida efectivamente sufrida por el particular en su patrimonio (empobrecimiento) donde deben incluirse las sumas que debía percibir, pero no que esperaba percibir (utilidad).

IX. EL CONTENCIOSO DE LOS CONTRATOS DE LA ADMINISTRACIÓN

1. Antecedentes

Desde la misma Constitución de 1830 estaba atribuida expresamente a la Corte Suprema de Justicia la facultad de conocer de las controversias que resultaban "de los contratos y negociaciones" que celebraba el Poder Ejecutivo por sí o por medio de sus agentes[585]. Esta atribución constitucional dada al Tribunal Supremo se mantuvo en todas las Constituciones venezolanas posteriores, hasta que en la Constitución de 1961, vigente, quedó en forma implícita respecto a la responsabilidad contractual, al regularse la competencia genérica de los órganos de la jurisdicción contencioso–administrativa incluida la Corte Suprema de Justicia. En esta forma, el artículo 206 de la Constitución establece la facultad de éstos, para "condenar al pago de sumas de dinero y a la reparación de daños y perjuicios originados en responsabilidad de la Administración", donde está incluida la responsabilidad contractual. Sin embargo, todas las otras atribuciones en materia contractual que tenía constitucionalmente la Corte Suprema quedaron con rango legal.

En efecto, el artículo 7, ordinal 28 de la Ley Orgánica de la Corte Federal vigente hasta 1976[586] estableció que era atribución de la Corte Suprema de Justicia en Sala Político–Administrativa, "conocer en juicio contencioso de todas las cuestiones por nulidad, caducidad, resolución, alcance, interpretación, cumplimiento y cualesquiera otras que se susciten entre la Nación y los particulares a consecuencia de los contratos celebrados por el Ejecutivo Nacional". Por tanto, era atribución de la jurisdicción contencioso–administrativa que hasta 1976 ejercía exclusivamente la Corte Suprema de Justicia en Sala Político–Administrativa, el conocer de todas las controversias suscitadas entre la República y los co–contratantes de la Administración.

---

585 *V.* artículo 147, ordinal 5. *V.* en Allan R. Brewer–Carías, *Las Constituciones de Venezuela*, Madrid, 1985, p. 349.

586 *V.* la Ley Orgánica de la Corte Federal en *G.O.* N° 24.207 de 6–8–53. Esta ley se derogó por la Ley Orgánica de la Corte Suprema de Justicia, *G.O.* N° 1.893 de 30–7–76.

La jurisprudencia de la Corte Suprema, sin embargo, fue restringiendo esta atribución jurisdiccional y, a tal efecto, comenzó a establecer la distinción entre los contratos administrativos y los contratos de derecho privado de la Administración, reservándose su competencia sólo en los casos judiciales referidos a los primeros[587]. En esta forma, a pesar de lo establecido en el artículo 206 de la Constitución que habla sólo de "responsabilidad de la Administración" y de lo previsto en la Ley Orgánica de la Corte Federal que se refería a "contratos celebrados por el Ejecutivo Nacional", la Corte Federal y luego la Corte Suprema de Justicia fueron reservándose la competencia en materia contencioso–contractual, sólo respecto de las cuestiones que se suscitaron con motivo de contratos administrativos.

Por ello, al dictarse la Ley Orgánica de la Corte Suprema de Justicia en 1976 se restringió expresamente la competencia de la Sala Político–Administrativa en materia de contratos de la Administración, al atribuirle competencia para "conocer de las cuestiones de cualquier naturaleza que se susciten con motivo de la interpretación, cumplimiento, caducidad, nulidad, validez o resolución de los contratos administrativos en los cuales sea parte la República, los Estados o las Municipalidades"[588].

2. La noción de "contrato administrativo" y el problema de la distribución de competencias judiciales

De acuerdo a esta norma, cuando en un contrato administrativo sea parte la República, los Estados o las Municipalidades, el conocimiento de las cuestiones contenciosas relativas a los mismos corresponde a la Sala Político Administrativa de la Corte Suprema de Justicia, cualquiera que sea el monto de la demanda. Esta norma establece varias excepciones a los principios de distribución de competencias de los órganos de la jurisdicción contencioso–administrativa regulados en la Ley Orgánica de la Corte.

---

587 Así, en sentencia de la antigua Corte Federal de 3–12–59, al analizar su competencia "contencioso–administrativa" planteada en un conflicto judicial con motivo de la ejecución de un contrato de arrendamiento celebrado por el Ejecutivo del Estado Zulia y un particular, de un inmueble para ser destinado a estacionamiento de automóviles, la Corte expresó lo siguiente:

"Pero tal contrato, como claramente se desprende de sus cláusulas, no constituye una convención de naturaleza administrativa, ya que la relación contractual en él contenida no tiende de modo inmediato y directo a la prestación de un servicio público, que sería factor esencial para calificar el contrato administrativo. Se contrae dicho convenio de arrendamiento de un inmueble para un fin particular y privado como lo es el estacionamiento de vehículos. Por consiguiente, si la Administración ha obrado en dicho contrato como persona jurídica privada, o sea, como sujeto de derechos y obligaciones de naturaleza civil, hay que considerar dicha convención también como de índole civil y, por ello, ajena a la vía contencioso–administrativa; ya que esta jurisdicción especial está reservada exclusivamente para los casos en que la Administración actúa en régimen de prerrogativa, haciendo uso del poder público de que está investida, y con fines de utilidad pública, que le son característicos.

El obrar particular del Ejecutivo del Estado Zulia en el contrato de arrendamiento mencionado, sin que se haya establecido relación alguna de derecho administrativo en el objeto del mismo, es motivo suficiente, a juicio de la Corte, para excluir de su competencia el conocimiento de la nulidad demandada por vía del recurso contencioso–administrativo consagrado en la ley; pues si al constituirse como parte de dicho contrato la administración regional obró como sujeto de derecho privado, en cláusulas de ese mismo contrato se basó para rescindirlo, cualquiera haya sido la forma que revistió tal rescisión. En consecuencia derivada de dicho contrato, aún después de su terminación, no puede estar dentro de la competencia ni ser objeto del procedimiento especial que, en virtud de las normas legales anteriormente señaladas, se atribuyen a este Supremo Tribunal". *V.* en *G.F.* N° 26, 1959, pp. 141 y ss.

588 Artículo 42, ordinal 14, LOCSJ. *V.* Jesús Cabañero Ortiz, *Contencioso de Plena jurisdicción y demandas contra los entes públicos*, Caracas, 1989, pp. 83 y ss.

En *primer* lugar, establece una excepción al principio de la distribución de la competencia para conocer de demandas contra los entes públicos, basada en la cuantía[589], ya que sea cual sea el monto de la demanda, si se trata de un contrato administrativo, el asunto es de la competencia de la Sala Político–Administrativa, siempre que la República, los Estados o Municipalidades sean parte del contrato. En cambio, si un instituto autónomo nacional o una empresa nacional del Estado son partes del contrato, y son demandadas con motivo de la ejecución de un contrato que se considere "administrativo", la competencia corresponde, según la cuantía, a la misma Sala Político–Administrativa o a la Corte Primera de lo Contencioso–Administrativo o a los Tribunales Superiores contencioso–administrativos[590]. Ello, por supuesto, rompe la unicidad del criterio del "contrato administrativo" y su tratamiento judicial, pues cuando se trate de "contratos administrativos" en los que sea parte un instituto autónomo nacional o empresa nacional del Estado y no hay que perder de vista que éstos son a veces de mayor importancia administrativa, no importa esa calificación de "contrato administrativo", pues las demandas contra esas entidades siempre compete a los órganos de la jurisdicción contencioso–administrativa, según la cuantía, aun cuando, por ejemplo, se trate de un "contrato de derecho privado". Por otra parte, también se rompe la unicidad mencionada porque aun tratándose de un "contrato administrativo" en el cual sea parte un instituto autónomo nacional o empresa nacional del Estado, si éstos actúan como demandantes, el conocimiento del asunto corresponde a la jurisdicción ordinaria. También correspondería el asunto a la jurisdicción ordinaria, aun tratándose de "contratos administrativos" si en ellos es parte un instituto autónomo estadal o municipal o una empresa del Estado estadal o municipal.

En *segundo* lugar, la atribución de competencia a la Sala Político–Administrativa de la Corte para conocer de los asuntos contenciosos relativos a contratos administrativos en los que sea parte la República, los Estados y Municipios, rompe el principio de distribución de competencias establecido en la ley en cuanto a las demandas contra los Estados y Municipios, cuyo conocimiento corresponde en general a la jurisdicción ordinaria[591]. Por tanto, si la demanda contra estas entidades versa sobre un "contrato administrativo", la competencia corresponde a la Corte Suprema de Justicia. Por supuesto, en este caso, es esencial la noción de contrato administrativo y quizás es aquí donde mayores conflictos de competencia se plantean. Esta distribución de competencias, por tanto, sea en la acción o como excepción, obligan en los juicios con motivo de las demandas contra Estados y Municipalidades que se basen en contratos celebrados con ellos, que se plantee en juicio, siempre, el tema de la naturaleza de la relación contractual[592].

En *tercer* lugar, la atribución de competencia a la Sala Político–Administrativa para conocer de los asuntos contenciosos en materia de contratos administrativos en los que sea parte la República, los Estados y Municipios, se configura también como una ex-

---

589 Corte Suprema de Justicia, más de Bs. 5.000.000 (artículo 42, ordinal 15); Corte Primera de lo Contencioso–Administrativo, entre Bs. 1.000.000 y 5.000.000 (artículo 185, ordinal 6); y Tribunales Superiores con competencia contencioso–administrativo, menos de Bs. 1.000.000 (artículo 182, ordinal 2).

590 *Idem*. Hablamos del instituto autónomo "nacional" y empresa "nacional" del Estado para distinguirlos de los institutos autónomos estadales y municipales y de las empresas del Estado estadales y municipales.

591 Artículo 183, ordinal 1, LOCSJ.

592 Por ello, a partir de 1976 ha sido con motivo de este tipo de demanda que los órganos de la jurisdicción contencioso–administrativa se han pronunciado sobre el tema de los contratos administrativos. *V.*, por ejemplo, sentencia de la Sala Político–Administrativa de la Corte Suprema de Justicia de 14–6–83 (Caso "*Acción Comercial, C.A.*"). *Gaceta Forense*, N° 121, 1983, pp. 40 a 72.

cepción al principio establecido en la Ley Orgánica de la Corte, conforme al cual las demandas intentadas por la República, los Estados y los Municipios contra particulares corresponde a la jurisdicción ordinaria[593]. En cambio, si la demanda contra un particular se refiere a un asunto contencioso concerniente a un contrato administrativo, en el cual dicho particular sea contratante y la otra parte sea la República, los Estados y Municipalidades, el conocimiento del asunto corresponde a la Sala Político–Administrativa.

De acuerdo a lo anterior, por tanto, en materia contencioso–administrativa de los contratos de la Administración, la competencia judicial se distribuye en la siguiente forma:

Primero: en los asuntos contenciosos concernientes a los "contratos administrativos".

a. Si se trata de "contratos administrativos" en los que sea parte la República, los Estados y Municipalidades, sea en calidad de demandantes, o de demandados, el conocimiento del asunto corresponde a la Sala Político–Administrativa de la Corte Suprema.

b. Si se trata de "contratos administrativos" en los que sea parte un Instituto Autónomo nacional o una empresa nacional del Estado, si estas entidades son demandadas, el conocimiento del asunto corresponde a la Sala Político–Administrativa de la Corte Suprema, a la Corte Primera de lo Contencioso–Administrativo, y a los Tribunales Superiores con competencia contencioso–administrativa, según la cuantía.

c. Si se trata de un "contrato administrativo" en el que sea parte un Instituto Autónomo nacional o la empresa nacional del Estado, si estas entidades son demandantes contra el contratista, el conocimiento del asunto corresponde a la jurisdicción ordinaria.

d. Si se trata de un "contrato administrativo" en el que sea parte un Instituto Autónomo estadal o municipal o una empresa estadal o municipal del Estado, sean dichas entidades demandadas o demandantes, el conocimiento del asunto corresponde a la jurisdicción ordinaria.

Segundo: en los asuntos contenciosos concernientes a los "contratos de derecho privado de la Administración":

a. Si se trata de "contratos de derecho privado" en los que sea parte la República, los institutos autónomos nacionales o las empresas nacionales del Estado, si estas entidades son demandadas, el conocimiento del asunto corresponde a la Sala Político–Administrativa de la Corte Suprema, a la Corte Primera de lo Contencioso–Administrativo y a los Tribunales Superiores con competencia contencioso–administrativa, según la cuantía.

b. Si se trata de "contratos de derecho privado" en los que sea parte la República, los institutos autónomos nacionales o las empresas nacionales del Estado, si estas entidades son demandantes contra el particular contratista, el conocimiento del asunto corresponde a la jurisdicción ordinaria.

c. Si se trata de "contratos de derecho privado" en los que sean parte los Estados, las Municipalidades, los institutos autónomos estadales o municipales y las empresas estadales o municipales del Estado, sean estas entidades demandantes o demandadas, el conocimiento del asunto corresponde a la jurisdicción ordinaria.

En esta forma, por tanto, no existe en nuestro sistema una división total de competencias jurisdiccionales entre la jurisdicción contencioso–administrativa y la jurisdicción ordinaria para conocer de los asuntos contenciosos respectivamente, en materia de

593 Artículo 183, ordinal 2, LOCSJ.

"contratos administrativos" y "contratos de derecho privado de la Administración", lo que provoca que si bien sea importante, en algunos casos establecer el criterio de distinción (por ejemplo, en relación a un contrato celebrado por un Estado o una Municipalidad), no lo sea en otros casos (por ejemplo, en relación a los contratos celebrados por la República, los institutos autónomos nacionales o las empresas del Estado nacionales). Y en algunos casos, depende la importancia de la distinción de si se trata que el ente público sea demandante o demandado en el conflicto judicial.

En definitiva, por tanto, y siendo el interés de la distinción entre "contratos administrativos" y "contratos de derecho privado de la administración", únicamente de orden judicial, para distinguir la competencia de la Sala Político–Administrativa de la Corte Suprema de Justicia, ello adquiere importancia materialmente sólo en relación a los contratos que celebren los Estados y Municipalidades, pues tratándose de "contratos administrativos", la competencia es de la Sala Político–Administrativa, y tratándose de "contratos de derecho privado" la competencia es de los tribunales de la jurisdicción ordinaria.

En cuanto a los contratos que celebre la República, el interés de la distinción también radica en la distribución de competencias judiciales pero sólo entre los mismos órganos de la jurisdicción contencioso–administrativa. Si se trata de contratos administrativos, y aun cuando la cuantía de la demanda sea menor de Bs. 5.000.000,00, el asunto compete a la Sala Político–Administrativa. Pero si se trata de un "contrato de derecho privado" suscrito por la República en casos de demandas por cuantía superior a Bs. 5.000.000,00 también compete los asuntos contencioso–administrativos a la Sala Político–Administrativa. Por ello, en este último caso, no tiene ningún interés la distinción entre "contratos administrativos" y "contratos de derecho privado de la Administración".

En cuanto a los contratos que celebren los institutos autónomos nacionales y las empresas del Estado nacionales, la distinción en sí no tiene ningún interés, pues la distribución de competencias en los asuntos contencioso contractuales entre los órganos de la jurisdicción contencioso–administrativa y los de la jurisdicción ordinaria, se realiza según que dichas entidades sean demandadas o demandantes. Sea cual sea la naturaleza de los contratos que celebren, el conocimiento de las acciones derivadas de los mismos que se intenten contra esos entes compete a los órganos de la jurisdicción contencioso–administrativa, según la cuantía; en cambio, si los entes son demandantes contra particulares contratantes, sea cual sea la naturaleza del contrato, la competencia corresponde a la jurisdicción ordinaria. En estos casos, por tanto, la distinción entre contratos administrativos y contratos de derecho privado de la Administración no tiene interés alguno.

Por último, tampoco tiene interés la distinción en cuanto a los contratos celebrados por los institutos autónomos estadales o municipales o por las empresas estadales o municipales del Estado, pues los asuntos contenciosos en los cuales estas entidades sean demandantes o demandadas, competen a la jurisdicción ordinaria.

3. Extensión del contencioso del contrato

La materia que corresponde conocer al juez en el campo del contencioso de los contratos de la Administración es sumamente amplio. Comprende todas las cuestiones relativas a la validez, interpretación, cumplimiento, nulidad, caducidad y resolución de los contratos de la Administración[594].

De acuerdo a la Ley Orgánica de la Corte Suprema de Justicia, el recurso contencioso–administrativo de anulación es admitido contra los contratos de la Administración, por lo que aquél ya no sólo es posible contra los actos administrativos unilaterales. Este recurso, además, puede ser interpuesto por personas extrañas a la relación contractual, siempre que aleguen un interés personal, legítimo y directo[595]. Además, es perfectamente posible y admisible el recurso contra los actos administrativos que contribuyeron a la formación del contrato. De esta manera se podría obtener, también, la pérdida de los efectos del contrato. Además es posible recurrir contra la ley aprobatoria de un contrato de interés público nacional por la vía del recurso de inconstitucionalidad, en cuyo caso no sería entonces competente la jurisdicción en lo contencioso–administrativo sino la misma Corte Suprema de Justicia en Corte Plena como jurisdicción constitucional.[596]

Ahora bien, en cuanto a la competencia atribuida a la Corte Suprema de Justicia en Sala Político–Administrativa para conocer las cuestiones contenciosas en materia de "contratos administrativos", a pesar de la amplitud conforme a la cual está redactado el artículo 42, ordinal 14, de la Ley Orgánica de la Corte, la jurisprudencia de la propia Corte ha sido restrictiva. En efecto, como hemos señalado, dicha norma le atribuye competencia para "conocer de las cuestiones de cualquier naturaleza que se susciten con motivo de la interpretación, cumplimiento, caducidad, nulidad, validez, o resolución de los contratos administrativos en los cuales sea parte la República, los Estados o las Municipalidades". Sin embargo, en sentencia de fecha 18–9–86 la Sala Político–Administrativa de la Corte sostuvo lo siguiente:

> "Conforme a la norma del ordinal 14 del artículo 42, el conocimiento por la Corte se limita a las cuestiones que se susciten con motivo de la interpretación, cumplimiento, extinción, validez o resolución de los contratos administrativos.
>
> Ahora bien, a pesar de que la redacción de la norma daría a entender que se refiere al universo de asuntos en esta materia, en realidad circunscribe su alcance a los aspectos definidos, y no presenta una amplitud como sería de haber dicho con motivo de cualquier controversia en materia de contratos administrativos".
>
> Y lo anterior viene al caso, por cuanto –de los términos del libelo– se infiere que la actora no plantea una cuestión sobre interpretación, cumplimiento, caducidad, nulidad, validez o resolución del contrato que celebró; al contrario, acepta que fue un contrato administrativo, acepta que era rescindible (o resoluble) por voluntad unilateral del ente y por aplicación de la cláusula octava, y tan sólo pretende que la Municipalidad le indemnice los perjuicios que dice haber tenido por esa actitud, lo que, en concepto de la Sala, significa que, en el caso, se trata de una simple demanda por "cobro de bolívares"; indemnización de los perjuicios que dice haber sufrido con ocasión de esa determinación –unilateral– de la Municipalidad, tal como se aprecia del resumen que se hizo en el Capítulo I de este fallo. Entonces, tenida como lo que realmente es: reclamación de daños y perjuicios, sin discutir sobre interpretación, alcance, cumplimiento, extinción o validez del contrato, se trata de una acción ordinaria que no se subsume dentro de la excepción que contempla el

---

594 Artículo 42, ordinal 14, LOCSJ. En los mismos términos, artículo 7°. ordinal 28, de la Ley Orgánica de la Corte Federal.

595 Artículo 111, LOCSJ. *V.* sobre la situación anterior, Allan R. Brewer–Carías, *Las Instituciones Fundamentales del Derecho Administrativo y la Jurisprudencia Venezolana*, Caracas, 1964, p. 218. *V.* la sentencia de la Corte Suprema de Justicia en sala Político Administrativa de 8–8–89, *Revista de Derecho Público*, N° 39, Caracas, 1989, pp. 153 y 154

596 Articulo 215, ordinal 3°., Constitución y artículo 111, LOCSJ.

ordinal 14, y es por ello por lo que al ser interpuesta tal acción, su conocimiento, en primera instancia, compete a la jurisdicción ordinaria a tenor del ordinal 1° del artículo 183 de la Ley Orgánica de la Corte, y aun cuando con motivación distinta la conclusión es la misma del Juzgado de Sustanciación: la demanda es inadmisible de conformidad con el artículo 84, ordinal 2°, *ejusdem*, pues a la Corte no le compete el conocimiento. Así finalmente se declara"[597].

4. La competencia judicial y el recurso al arbitramento

Por otra parte, debe destacarse que sea se trate de un contrato administrativo o de un contrato de derecho privado de la Administración, en los contratos de interés público, es decir, de interés nacional, estadal o municipal, si de acuerdo con la naturaleza de los mismos no fuere improcedente, "se considerará incorporada, aun cuando no estuviere expresa, una cláusula según la cual las dudas y controversias que puedan suscitarse sobre dichos contratos y que no llegaren a ser resueltas amigablemente por las partes contratantes, serán decididas por los tribunales competentes de la República, de conformidad con las leyes, sin que por ningún motivo ni causa puedan dar origen a reclamaciones extranjeras"[598] Ya nos hemos referido a esta cláusula que consagra la inmunidad jurisdiccional de los entes públicos venezolanos, concebida en forma relativa; ahora queremos plantear el problema relativo a la posibilidad de que los conflictos derivados de contratos de la Administración puedan ser resueltos por vía de arbitramento, lo cual ha sido largamente debatido en la doctrina, y las soluciones del derecho comparado son diferentes. Por tanto, no puede considerarse que hay unanimidad al respecto. Lamentablemente la jurisprudencia administrativa en Venezuela no ha tenido la oportunidad de pronunciarse sobre la existencia y validez de cláusulas compromisorias en los contratos de la Administración. Sin embargo, valiosas opiniones doctrinales se han dado al respecto.

La Procuraduría General de la República, en 1959 sostuvo el siguiente criterio:

> "no existe disposición legal alguna que autorice a la Nación venezolana para celebrar compromisos arbitrales, de modo de poder deferir a Tribunales de arbitraje la solución de las dudas y controversias que surjan en la interpretación y ejecución de los contratos que ella celebre. Al contrario, por mandato del artículo 40 de la Constitución Nacional[599]; en los contratos de interés público celebrados con el Gobierno Nacional, con los Estados o con las Municipalidades, se considerará incorporada la cláusula siguiente: Las dudas y controversias de cualquier naturaleza que puedan suscitarse sobre este contrato y que no puedan ser resueltas amistosamente por las partes contratantes, serán decididas por los tribunales competentes de Venezuela, de conformidad con sus leyes, sin que por ningún motivo puedan ser origen de reclamaciones extranjeras. Por ello la Procuraduría conceptúa válida la cláusula compromisoria mencionada en cuanto con ella se defiere a un arbitramento la solución de "las discrepancias que puedan presentarse entre las partes sobre cuestiones técnicas"; pero la conceptúa nula, de nulidad absoluta, en cuanto con ella se pretenda despojar a los "Tribunales competentes de Venezuela" de la facultad de decidir "divergencias" o "discrepancias" sobre "cuestiones" de otra naturaleza que no sea exclusivamente técnica. Con todo ello no excluye, naturalmente, la posibilidad legal de que la Nación pueda transigir válidamente tales "divergencias" o "discrepancias" una vez que éstas surjan con motivo de la interpretación

---

597 *V.* en *Revista de Derecho Público*, N° 28, EJV, Caracas, 1986, pp. 146 y ss.

598 Artículo 127, Constitución, artículo 8° del Decreto N° 1.802 de 20–1–83. *G.O.* N° 3.111 Extraordinario de 18–3–83.

599 Se refiere a la Constitución de 1953. La disposición ha sido mantenida en la Constitución actual de 1961, en su artículo 127, con la variante de que, en lugar de decir "que no puedan ser resueltas amistosamente", dice "que no llegaren a ser resueltas amigablemente" por las partes contratantes.

y ejecución de los contratos en examen; pero ello es materia sustancialmente distinta a la cláusula compromisoria; en efecto, la transacción judicial o extrajudicial que la Nación quiera celebrar, si la considera conveniente con respecto a las "divergencias" o "discrepancias" mencionadas, está sujeta, necesariamente, al previo cumplimiento de los requisitos y formalidades exigidos por el artículo 7 de la Ley Orgánica de la Hacienda Nacional"[600].

Es decir, según la Procuraduría es necesario, al hablar del recurso al arbitramento, distinguir claramente qué cuestiones pueden someterse válidamente al mismo. Respecto a las cuestiones técnicas, las discrepancias que puedan presentarse entre las partes pueden ser resueltas por tribunales arbitrales. Sin embargo, en criterio de la Procuraduría, respecto a las cuestiones sobre interpretación y ejecución del contrato, éstas no pueden ser sometidas válidamente a arbitramento[601].

Por otra parte, el profesor Moles Caubet, en 1960 sentó un criterio contrario señalando "que no existe en Venezuela prohibición alguna de la cláusula compromisoria y del subsiguiente procedimiento de arbitraje o arbitramento en los contratos de la Administración, sea cualquiera su especie, contratos propiamente administrativos o contratos de derecho privado"; para concluir, después de hacer un minucioso examen del problema en el derecho comparado y de la pluralidad de normas que constituyen el ordenamiento jurídico venezolano relacionadas con la materia, que "la Administración tiene poderes para incluir, sea en un pliego de condiciones, sea en el contrato mismo, la cláusula compromisoria que abre entonces el procedimiento de arbitraje"[602].

Las soluciones en el derecho comparado no son uniformes[603], y en 1964, en relación a nuestro sistema nos inclinábamos por no aceptar el recurso al arbitramento en la contra-

---

600 *Informe de la Procuraduría de la Nación al Congreso 1959*. Caracas, 1960, p. 660.

601 *V. Doctrina PGR 1967*, Caracas, 1969, pp. 13 y 15. La Contratoría General de la República, al contrario ha estimado que no procede en los contratos administrativos la cláusula de arbitraje, por ser contraria a lo dispuesto en el artículo 127 de la Constitución. *V. CGR Dictámenes de la Consultorio Jurídica*, tomo III, 1938–1968. Caracas, 1968, p. 3; y tomo IV, 1969–1976, Caracas, 1976, pp. 204–232 y 251. *V.*, asimismo, Luis Brito García, "Régimen Constitucional de los Contratos de Interés Público", *Separata CGR*, pp. 124 y ss.

602 A. Moles Caubet, "El arbitraje y la contraloría administrativa", *Revista de la Facultad de Derecho*, N° 20, Caracas, 1960, pp. 9 y ss.

603 En 1964, exponíamos el siguiente panorama "La situación a este respecto en el Derecho Comparado está lejos de ser uniforme. Por ejemplo, en Bélgica y en España, la ley prohíbe a la Administración, tanto someterse a arbitraje como aceptar la inclusión de cláusulas compromisorias en las convenciones en las cuales es parte. En otros países, en cambio, la ley prevé y organiza un procedimiento de arbitraje con ocasión a los contratos administrativos. Tal es el caso de Alemania. Chile, Gran Bretaña y Grecia. En Francia, por otra parte, la prohibición de principio para las personas públicas, de comprometer (artículos 1.004 y 83 del Código de Procedimiento Civil), admite, precisamente en materia de Contratos Administrativos, una importante derogación prevista por la Ley de Fianzas de 17 de abril de 1906, cuyo artículo 69 autoriza al Estado, los Departamentos y las Comunas a comprometer, pero solamente para "la liquidación de sus gastos de obras públicas v de suministros", según las reglas del Libro III del Código de Procedimiento Civil. En lo que concierne al Estado, no podrá recurrir al arbitraje sino en virtud de un Decreto tomado en Consejo de Ministros y refrendado por el Ministro respectivo y el Ministro de Fianzas. Al respecto, *V.* el *Code Administratif Dalloz*, París, 1961, p. 818. En Italia, en cambio, nos encontramos con un principio opuesto: todas las diferencias entre la Administración v el adjudicatario en los Contratos de Obra Pública, tanto durante la ejecución como al fin del contrato, y cualquiera que sea su naturaleza –técnica, administrativa o jurídica–, son deferidas, conforme a lo dispuesto en el Código de Procedimiento Civil y en la Ley de 1865 sobre las Obras Públicas, artículo 348; a un Colegio de cinco árbitros. Estos árbitros deben decidir según derecho y sus decisiones son susceptibles de un recurso ante los tribunales ordinarios y ante el Tribunal de Apelación. *V.* al respecto la Ponencia General de M. A. Flamme sobre "Los Contratos de Obras Públicas de la Administración" al *X Congreso Internacional de Ciencias Administrativas* celebrado en Madrid en 1956, *RAP*, N° 21, 1956, pp. 102 y ss. Asimismo, *V.* E. Capaccioli, "L'arbitro nel diritto administrativo", Padua: La Torre, "L'arbitratto nel diritto administrativo". *Riv. Dir. Púb.*, 1935; Auby, "L'arbitrage en matiére administrative", AJ, París, 1955, N° 10; Miele, "Limiti all'ammissibilitá dell'arbitrato nelle controversie amministrativa, Nuova rassagna di legislazione", *Doctrina e giu-*

tación administrativa, dada la inexistencia de norma expresa que lo autorizara. Sin embargo, de acuerdo al nuevo Código de Procedimiento Civil (1986), aplicable a los entes públicos, todas las controversias pueden comprometerse en uno o más árbitros, antes o durante el juicio, "con tal de que no sean cuestiones sobre estado, sobre divorcio o separación de los cónyuges, ni sobre los demás asuntos en los que no cabe transacción"[604]. Por tanto, tratándose de entes públicos y de contratos suscritos por éstos, la única limitación legal que tienen en materia de arbitraje se refiere a los asuntos en los que no cabe transacción[605]. Esto, por tanto, nos plantea el tema de la posibilidad de la transacción en derecho público[606].

5. El contencioso de los contratos de la administración y el contrato de transacción

A. La transacción y su admisibilidad en el derecho público

Tal como ha sido definida por el artículo 1.713 del Código Civil 'la transacción es un contrato por el cual las partes, mediante recíprocas concesiones, terminan un litigio y precaven un litigio eventual". Se trata entonces de un contrato sinalagmático, concluido entre partes para, mediante recíprocas concesiones, terminar un litigio o la incertidumbre de las mismas sobre una relación jurídica[607]. Se dan, por tanto, dos especies de transacción: una, extrajudicial, que pone fin a la incertidumbre de las partes sobre una relación jurídica –precave un litigio eventual, según nuestro Código Civil–; otra, que pone fin a un litigio pendiente.

Se trata, por tanto, de una institución típicamente de derecho civil. Sin embargo, el interés que reviste el arreglo amigable de ciertos litigios o de las partes en cierto tipo de relaciones jurídicas en que intervienen entes públicos hacen que en principio pueda admitirse la transacción en materia administrativa[608], no sin que algunos autorizados exponentes de la doctrina más moderna rechacen categóricamente su aplicación al derecho público, sea en materia administrativa[609], sea en materia fiscal[610].

Por nuestra parte, y sin estar convencidos de esta última posición extrema por las particularidades de nuestro derecho positivo, sí convenimos en que, para los entes administrativos las posibilidades de transacción aparecen más reducidas que para los particula-

---

risprudenza, Roma, 1950". *V.* Allan R. Brewer–Carías, *Las Instituciones Fundamentales del Derecho Administrativo y la Jurisprudencia Venezolana*, Caracas 1964, p. 221, nota N° 201.

604 Art. 608 CPC.

605 Sobre los cuales incluso, tampoco puede el juez excitar a conciliación, artículo 258 CPC.

606 *V.* Allan R. Brewer–Carías, "Las transacciones fiscales y la indisponibilidad de la potestad y competencia tributarias", en *Revista de Derecho Tributario*, N° 18, Caracas, 1967, pp. 1 a 36, texto que seguiremos a continuación.

607 *Cfr.* Enneccerus–Kipp–Wolf, *Tratado de Derecho Civil*, tomo II, Vol. II, Barcelona, 1944, p. 496.

608 *Cfr.* Auby y Drago, *Traite de Contentieux Administratif*, Vol. I, París, 1962, p. 15; A. de Laubadère, *Traité Théorique et Pratique des Contrats Administratifs*, París, 1956, Vol. III, p. 285, Nota 3.

609 *Cfr.* Laureano López Rodó, *El Coadyuvante en lo Contencioso–Administrativo*, Madrid, 1943, p. 194; J. González Pérez, *Derecho Procesal Administrativo*, tomo II, Madrid, 1957, p. 708; E. Guicciardi, *La Giustizia Amministrativa*, Padova, 1957, pp. 275 y 277.

610 *Cfr.* Carlos M. Giuliani Fonrouge, *Derecho Financiero*, Buenos Aires, 1962, Vol. I, p. 495; Fenech, *Derecho Procesal Tributario*, 1951, Vol. III, p. 355, *cit.* por J. González Pérez, *Derecho Procesal Administrativo*, *cit.* Vol. II, p. 707, Nota 110.

res[611]. De ahí que habremos de estudiar ante todo, los lineamientos generales de las posibilidades para la Administración de celebrar contratos de transacción con los administrados. Para ello, en todo caso, debemos partir de la normativa del Código Civil, aplicable a la Administración dada la ausencia de un régimen legal especial para la transacción en materia administrativa[612].

En primer lugar, es requisito esencial de la transacción el de la existencia de concesiones recíprocas entre las partes, al "renunciar parcialmente a las posiciones extremas en que se habían situado"[613]. En esta forma, A. Gullón Ballesteros estima por recíprocas concesiones "el que una parte sacrifica el derecho afirmado con la pretensión o negación, o en otras palabras, que la exigencia de la subordinación total del interés ajeno afirmada en la pretensión se sacrifica parcialmente, y viceversa, también se sacrifica la exigencia de la total libertad de cualquier obligado, afirmada en la negación de aquélla"[614]; y agrega que "el punto más singular de este mecanismo consiste en operar sobre derechos inciertos, en el sentido de que su existencia no es objetivamente reconocida, sino sólo afirmada por las partes"; concluyendo que "las recíprocas concesiones significan sacrificio de las pretensiones aducidas por las partes en la controversia o, si se quiere, de los derechos por las mismas alegados"[615].

En todo caso, queda claro que en las recíprocas concesiones se produce el sacrificio, la renuncia o la disposición parcial de las pretensiones de las partes. Por ello, el Código Civil exige que "para transigir se necesita tener capacidad para disponer de las cosas comprendidas en la transacción"[616]. De ahí que se haya señalado que "en la transacción se ejercita el poder de disponer de ambas partes sobre sus derechos litigiosos o litigables" por lo que "la renuncia mutua comporta el ejercicio de tal poder", aclarándose además con exactitud que "el poder de disponer no es una emanación de la capacidad jurídica ni de la capacidad de obrar", sino que "es una relación con el derecho, que supone aptitud de éste para ser dispuesto y una legitimación del sujeto para ello"[617]. Por tanto, y ello también queda claro, para que las recíprocas concesiones que caracterizan la transacción puedan llevarse a cabo es necesario que los derechos sobre que versen o más propiamente, las relaciones jurídicas sobre que versen, sean disponibles por las partes[618], y que éstas tengan capacidad para disponer de ellos.

Aplicando lo anterior a los entes públicos, no sólo rigen entonces en las transacciones que puedan celebrar, las normas ordinarias sobre competencia para la formación de todo contrato de la Administración, sino que también rigen algunas normas especiales sobre competencia. De ahí que el artículo 7 de la Ley Orgánica de la Hacienda Pública Nacional, como simple norma de derecho adjetivo (y no de derecho sustantivo) establezca que "en ninguna causa fiscal se podrá celebrar transacciones, sin autorización previa del Ejecutivo Nacional dada por escrito y con intervención del Procurador Gene-

---

611 *Cfr.* M. F. Clavero Arévalo, "Consideraciones generales sobre la vía gubernativa", en *Estudio Dedicado al Profesor García Oviedo con motivo de su Jubilación*, Vol. I, Sevilla, 1954, p. 224.

612 *Cfr.* R. Bielsa, *Derecho Administrativo*, Vol. II, Buenos Aires, 1956, p. 470.

613 *Cfr.* Sentencia de la Corte Suprema de Justicia en Sala de Casación Civil, Mercantil y del Trabajo de 2 de febrero de 1960, *cit.* por Oscar Laso, *Código de Venezuela*, Caracas, 1962, p. 848.

614 *V.* A. Gullón Ballesteros, *La Transacción*, Madrid, 1964, p. 43.

615 *Idem.*

616 Artículo 1.714.

617 *V.* A.M. Ruano, "Notas sobre la naturaleza de la Transacción" en *Revista de Derecho privado*, Madrid, 1950, ano XXXIV, p. 692.

618 *Cfr.* J. González Pérez, *Derecho Procesal Administrativo*, *cit.* Vol. II, p. 707.

ral de la República. En los asuntos que dependan de la Contraloría General de la Nación, la autorización a que se refiere este artículo será impartida previo informe del Contralor de la Nación".

Queda claro en todo caso que estos requisitos adjetivos no sólo deben cumplirse en las transacciones judiciales, sino también extrajudiciales, pues el concepto de "causa" que emplea el artículo debe interpretarse en sentido amplio[619].

Pero, además de la aplicación de las normas generales sobre la competencia a las transacciones que puedan celebrar los entes públicos, es evidente que en ellas tiene aún mayor importancia la necesidad de que los derechos o relaciones jurídicas sobre los cuales se van a hacer las recíprocas concesiones sean disponibles, ya que como han dicho los hermanos Mazeaud, "para transigir válidamente hay que poder disponer de los derechos que sean objeto de la transacción. De ello resulta que una transacción no puede recaer sobre derechos inalienables".[620] En derecho público este aspecto tiene importancia esencial.

En efecto, en primer lugar, la transacción no puede implicar la renuncia ni el relajamiento de normas en cuya observancia están interesados el orden público o las buenas costumbres,[621] o más generalmente, en las transacciones que celebre un ente público no puede renunciarse ni relajarse las normas de orden público[622] y entre ellas, por ejemplo, las que fijan o atribuyan competencia[623] y las de carácter fiscal, es decir, las referentes a "la gestión económico–financiera o económico–fiscal del Estado"[624].

Pero, además y en segundo lugar, la transacción en materia de derecho público no puede versar "sobre el ejercicio de una competencia obligatoria de la Administración"[625] pues la característica de las llamadas "concesiones recíprocas", que es la base de la transacción, "contraría la esencia de la actividad reglada de la Administración cuando el ejercicio de sus derechos le venga impuesto preceptivamente por el ordenamiento positivo"[626]. En otras palabras, la transacción en materia de derecho público nunca puede versar sobre el ejercicio de una facultad reglada o vinculada de la Admi-

619 En este sentido se ha pronunciado la Procuraduría General de la República al señalar que "chocaría también contra las más elementales normas de interpretación el que se prohibiera celebrar transacciones y renunciar a derechos y acciones cuando se estuvieren discutiendo en procesos judiciales y tales prohibiciones no se extendieren al procedimiento extrajudicial, tanto porque se establecería un desigual tratamiento para los asuntos fiscales como porque todos los funcionarios del ramo tienen el deseo de vigilar y de hacer efectivo todo derecho relacionado con los asuntos fiscales, absteniéndose únicamente cuando reciban instrucciones escritas del Ejecutivo Nacional, como sienta a manera de principio el artículo 8 de la Ley Orgánica de la Hacienda Pública Nacional. A todo esto debemos agregar que por cuanto entre las atribuciones acordadas por la ley a los fiscales de rentas no aparecen las de poder celebrar transacciones ni renunciar a acciones y derechos que correspondan al Fisco Nacional, toda renuncia o transacción que de manera judicial o extrajudicial hicieran sin el cumplimiento de los requisitos legales constituiría una extralimitación de las atribuciones y facultades de que están investidos y, por consiguiente, carecería de eficacia". *V.* Dictamen de la Procuraduría de 22 de noviembre de 1955 en Informe de la Procuraduría de la Nación al Congreso, 1956, p. 73.

620 *V.* H. L. y J. Mazeaud, *Lecciones de Derecho Civil*, Parte Tercera, Vol. IV, Buenos Aires, 1962, p. 628, N° 1648.

621 Articulo 6° del Código Civil.

622 *Cfr.* Auby y Drago, *Traité de Contentieux Administratif, cit.*, Vol. I, p. 16.

623 *Cfr.* Juan Colombo Campell, *La Competencia*, Santiago de Chile, 1959, pp. 182 y 183.

624 *V.* Dictamen de la Procuraduría de la Nación de 4 de septiembre de 1958 en *Informe de la Procuraduría de la Nación al Congreso 1957–1958*, p. 273, donde se las califica como de orden público y, por tanto, irrenunciables.

625 *V.* Auby y Drago, *Traite de Contentieux Administratif, cit.* Vol. I. p. 16.

626 *V.* M. F. Clavero Arévalo, "Consideraciones generales sobre la vía gubernativa", *loc. cit.*, p. 226.

nistración como sería la competencia tributaria y fiscal en general[627], sino sólo en los supuestos en que exista una potestad discrecional[628].

En definitiva, y respecto a lo expuesto en último lugar, podríamos concluir señalando que si bien la posibilidad de la transacción es más reducida en materia de derecho público –administrativo o fiscal–, en todo caso, sólo podría proceder en relación con el ejercicio de facultades discrecionales de la Administración –que dependen de su libre apreciación de la oportunidad y conveniencia– y nunca respecto al ejercicio de facultades vinculadas, regladas u obligatorias de la misma.

En esta forma, y a título de ejemplo, como dijo muy acertadamente Florencio Contreras, "en materia tributaria, por ser, precisamente, su gestión eminentemente reglada –no discrecional–, la Administración Pública tiene el poder de revisar sus propios actos y de anularlos, en su consecuencia, sólo por razones de ilegalidad, nunca de oportunidad o conveniencia –mérito–" [629]. Aplicando esto en general al derecho público, es evidente que siendo característica fundamental del Estado de Derecho la vigencia plena del principio de la legalidad, es deber ineludible de la Administración Pública no sólo producir actos jurídicamente correctos, sino también corregir o enmendar, dentro de los límites que el mismo Derecho le confiere, los actos jurídicamente irregulares que hubiere producido[630]. Por ello, por ejemplo, no podría admitirse que la Administración, por motivos de oportunidad y conveniencia, transigiera, revocando actos administrativos ordinarios o de imposición, es decir, concediera a la otra parte en una transacción, como parte de la "concesión recíproca", la "anulación" de un acto administrativo por motivos de mérito, cuando éste ha sido dictado en ejercicio de una competencia obligatoria y vinculada. Por ello, partiendo del principio de que "la componenda queda al margen de la vía administrativa"[631] podemos señalar con Giucciardi que "la transacción podría ser colocada entre las causas que ponen fin al juicio administrativo, siempre que pueda resolverse afirmativamente (lo que rechaza en absoluto) la cuestión de la transigibilidad de las controversias relativas a la validez de los actos administrativos".[632]

---

627 *Cfr.* por todos, como se verá más adelante, F. Sainz de Bujanda, *Hacienda y Derecho*, Vol. IV, Madrid, 1966, pp. 90, 91, 129, 132, 166 y 278, y Vol. III, Madrid, 1963, p. 168.

628 En este sentido con extrema claridad. M.F. Clavero Arévalo ha señalado que hay ocasiones en las que el ejercicio de un derecho de la Administracion no le viene impuesto indeclinablemente, sino que queda abandonado a su potestad discrecional. Es en estos casos donde la transacción podría darse siempre que, en el ejercicio de la potestad discrecional, La Administracion estimara más conveniente no ejercitar su derecho, o ejercitarlo solo en parte, para resolver una cuestión obligaría, que verse comprometida en un asunto judicial, *V.* M.F. Clavero, *Consideraciones generales sobre la vida gubernativa, loc. cit.* p. 10; *Cfr.* M.F. Clavero Arévalo, "Posibilidades de transacción con la Administración local", en *Revista de Estudios de la Vida Local*, N° 74. Madrid, 1954, pp. 161 y 170. esto lo aclara A. de Valles al señalar que "debiendo la acción de los entes públicos ser conforme al derecho, una transacción podría tener lugar solo con respecto a una cuestión de oportunidad y no en absoluto, sobre cuestiones de legitimidad pura". *V.* A. de Valles, "Le transazioni degli enti pubblici", en *Il Foro Italiano*, 1934, Vol. I. p. 46.

629 *V.* F. Contreras Quintero, "Breve estudio comparativo de la tramitación administrativa y del régimen de impugnación de reparos formulados por la Contrataría y por la Administración en materia de Impuesto sobre la Renta", en *Revista de Derecho Tributario*, N° 13, Caracas, 1966, p. 38. *V.*, además, *Disquisiciones Tributarias*, Mérida, 1969.

630 Artículos 81 y 83 de la Ley Orgánica de Procedimientos Administrativos.

631 *V.* M. F. Clavero Arévalo, "Consideraciones generales sobre la vía gubernativa", *loc. cit.* p. 223.

632 *V.* Guicciardi, *La Giustizia Administrativa, cit.*, pp. 275 y 276; *Cfr.* E. Guicciardi, "Le transezioni degli Enti Pubblici", en *Archivo di Dittrito Pubblico*, 1936, 64.205. En todo caso, tal cuestión ha sido resuelta negativamente por De Valles, con lo que será conforme Giucciardi, sobre la base de un argumento que se sustancia en un dilema: o la Administracion, cuya providencia esta por ser o ha sido impugnada, la reputa valida, y entonces su voluntad de transigir resultaría sustancialmente viciada porque está determinada por el temor al éxito del juicio o por el intento de favorecer al recurrente, pero no por el propósito de observar la ley; o bien lo reputa valida, y en-

B. La transacción judicial en materia tributaria

Partiendo de las premisas sentadas anteriormente, sin duda, el Código Orgánico Tributario de 1° de julio de 1982[633] estableció expresamente la posibilidad del contrato de transacción judicial en materia tributaria, conforme a las siguientes normas:

> *Artículo 58*. La transacción judicial es admisible en cuanto a la determinación de los hechos y no en cuanto al significado de la norma aplicable.
>
> *Artículo 59*. El Ejecutivo Nacional, por intermedio del Ministerio de Hacienda, podrá autorizar la transacción, previo pronunciamiento favorable del Consejo de Ministros y oída la opinión del Contralor General de la República.
>
> La transacción podrá celebrarse sin la opinión del mencionado funcionario, cuando hayan transcurrido tres (3) meses sin haberse recibido su respuesta. No será necesario el pronunciamiento del Consejo de Ministros, cuando el asunto sometido a transacción no exceda de un millón de bolívares (Bs. 1.000.000,00). El Consejo de Ministros podrá elevar este límite hasta cinco millones de bolívares (Bolívares 5.000.000,00). El contrato de transacción será otorgado en nombre de la República, por el Procurador General de la República.

De acuerdo a estas normas, por tanto, la transacción judicial en materia tributaria está limitada a cuestiones de hecho y su determinación, por lo que no se permite en cuestiones de derecho, es decir, en cuanto al significado de la norma aplicable.

A pesar de lo claro de la norma, sin embargo, el problema de la admisibilidad de la transacción en materia tributaria se ha planteado cíclicamente en el país, particularmente con motivo de reparos formulados a las empresas petroleras[634].

Por ello estimamos de interés referirnos al tema de la posibilidad de las transacciones en materia fiscal, en relación a algunas de las diversas fases de la actividad tributaria del Estado y su indisponibilidad.

En efecto, en la actividad tributaria y fiscal que el Estado desarrolla, pueden distinguirse claramente entre otras tres fases fundamentales: en primer lugar, la que corresponde al ejercicio de la Potestad Tributaria del Estado, como atributo de la soberanía, y que se realiza por los órganos legislativos, mediante la determinación legal de los tributos y de las competencias ejecutivas de carácter fiscal. En segundo lugar, la que corresponde al ejercicio en concreto de dicha potestad a través del ejercicio de la competencia tributaria por los órganos ejecutivos y que tiene por objeto a través de actos de liquidación y de fiscalización e inspección fiscal, determinar o declarar la cuantía y forma de pago de la obligación tributaria que ya ha nacido en virtud de la realización del hecho imponible o hecho generador de la misma. En tercer lugar, la que corresponde asimismo al ejercicio de la competencia tributaria, pero que tiene por objeto lograr el pago del tributo a través de actos de cobro o de recaudación una vez determinada o declarada

---

tonces su voluntad de transigir resultaría sustancialmente viciada porque está determinada por el temor al éxito del juicio o por el intento de favorecer al recurrente, pero no por el propósito de observar la ley: o bien lo reputa invalido y entonces su transigiese incurriría en vicios análogos porque su voluntad estaría dirigida a aprovecharse del estado de duda o de temor, o de necesidad de la otra parte. *V.* De Valles, *Giustizia Amministrativa, cit.*, p. 276.

633 *V. G.O.* N° 2.992 Extraordinario de 3–8–82.

634 *V.* Florencio Contreras, *Disquisiciones Tributarias*, Mérida, 1969; y "Las Transacciones Fiscales con las Petroleras", *Revista Resumen*, N° 400; César J. Hernández, "Las Transacciones Petroleras a la luz del Código Tributario", *Revista de Control Fiscal*, N° 107, Caracas, 1982, pp. 15 a 35. *V. CGR Dictámenes de la Consultoría Jurídica 1969–1976*, tomo IV, Caracas, 1976, p. 328.

administrativamente la obligación tributaria. Esta última tiene lugar sólo cuando la contribución se hace exigible.

a. La potestad tributaria y su indisponibilidad

El ejercicio del Poder Público por parte del Estado se manifiesta a través de diversas potestades, es decir, a través de diversos poderes de actuación que, ejercitándoselos de acuerdo con el ordenamiento jurídico, producen situaciones jurídicas en las que otros sujetos resultan obligados[635]. Las potestades constituyen en esta forma, los medios necesarios que habilitan a los entes públicos para realizar los fines estatales[636].

Ahora bien, el Estado, como titular de potestades, se encuentra frente a los administrados en una situación abstracta de poder y no en la situación jurídica subjetiva del titular del derecho subjetivo. Queda claro asimismo que frente a la potestad pública, los administrados se encuentran en una situación también abstracta de deber, es decir, en una situación de sumisión o sujeción y no de obligación. Sólo una vez ejercida la potestad, pasan a una situación concreta de obligados[637]. En definitiva entonces, y en principio, la potestad es anterior al derecho subjetivo y también a las relaciones jurídicas concretas.[638]

Ahora bien, dentro de las potestades del Estado nos interesa destacar fundamentalmente la potestad tributaria y su consecuencia, la potestad sancionadora fiscal. La potestad tributaria ha sido definida como "el poder de establecer impuestos o prohibiciones de naturaleza fiscal, es decir, el poder de dictar normas jurídicas de las cuales nacen, o pueden nacer, a cargo de determinados individuos o de determinadas categorías de individuos, la obligación de pagar un impuesto o de respetar un límite tributario"[639]. Por su parte, C. M. Giuliani Fonrouge, al hablar de poder tributario, señala que "significa la facultad o la posibilidad jurídica del Estado, de exigir contribuciones con respecto a personas o bienes que se hallan en su jurisdicción"[640]; y en este sentido es necesario señalar que constituye junto con las nociones de poder fiscal (Bielsa), de poder de imposición (Ingrosso; Blumenstein), y de soberanía fiscal (De Juano), una variante de la misma noción de potestad tributaria.

635 *Cfr.* F. Garrido Falla, *Tratado de Derecho Administrativo*, tomo I, Madrid, 1958, p. 348.

636 *Cfr.* "Las Potestades de los Organismos de Control. Ponencia de la Delegación Venezolana al Segundo Congreso Latinoamericano de Entidades Fiscalizadoras", en *Control Fiscal y Tecnificación Administrativa*, N° 34, 1965, p. 39.

637 *Cfr.* F. Garrido Falla, *Tratado..., cit.* tomo I, p. 348.

638 Así, García–Trevijano Fos lo aclara: "El Estado tiene potestad tributaria; ahora bien, hasta que se actualiza en un caso concreto y se fije lo que deberán pagar, por ejemplo, los propietarios de inmuebles, no podemos decir que se ha transformado la potestad abstracta en un derecho subjetivo concreto. Igualmente, el Estado tiene potestad expropiatoria, pudiendo expropiar, siempre que sea por interés público. Ahora bien, sola y exclusivamente se transformará o descenderá esta potestad al grado de derecho subjetivo cuando inicie y tramite el expediente concreto respecto de un derecho". *V.* J. A. García–Trevijano Fos, *Tratado de Derecho Administrativo*, tomo I, Madrid, 1964, p. 487.

Por su parte, Zanobini esta acorde con que "las potestades no pueden confundirse con los derecho subjetivos. El Estado y la comuna en cuanto titulares de la potestad tributaria, no tienen derecho alguno de crédito hacia los ciudadanos. Esto solo tras el ejercicio de aquella potestad, o sea, cuando el ente, valiéndose de la misma, haya aplicado un tributo determinado". *V.* Guido Zanobini, *Curso de Derecho Administrativo*, tomo I, Buenos Aires, 1954, p. 228.

639 *V.* A. Berliri, *Principios de Derecho Tributario*, Vol. I, Madrid, 1864, p. 168.

640 *V.* C. M. Giuliani Fonrouge, *Derecho Financiero, cit.*, tomo I, p. 266.

En esta forma, la potestad tributaria, como cualquier otra potestad pública o estatal, es atributo esencial de la soberanía[641]; es un aspecto de la soberanía[642] y tiene su fundamento en ella[643]. De ahí que Bielsa señale que "en la actividad fiscal el Estado obra como poder, es decir, con atribuciones de autoridad para ejecutar, en último término coactivamente, sus funciones relativas al establecimiento, ordenación y realización de las contribuciones en dinero"[644].

Pero la existencia de una potestad tributaria, así como de las otras potestades estatales, da origen a otra consecuencia y que es la potestad sancionadora. En efecto, si la sanción administrativa es consecuencia de una infracción administrativa, también la potestad sancionadora de la Administración es el efecto y consecuencia de otras potestades del Estado y, sobre todo y de manera muy especial, de la existencia de un ordenamiento jurídico–administrativo, que demanda la necesidad de que se repriman las infracciones al mismo, con el objeto de defender en todo momento su validez y eficacia. Por tanto, desde el momento mismo en que se admite la existencia de diversas potestades, y en general de un ordenamiento jurídico, hay que concluir admitiendo también la existencia de una potestad sancionadora o punitiva de la Administración que determina el que en numerosos casos pueda establecer sanciones a ciertos sujetos extraños a la misma (esto es, a cualquier ciudadano que haya violado un deber frente a la Administración), o ligados a la Administración por medio de una particular relación, como sucede en el caso del funcionario público (potestad disciplinaria)[645].

La potestad sancionadora, evidentemente, es también un atributo de la soberanía: si a la Administración le fuera negada esta potestad se incurriría en el peligro que apunta Maurach, es decir, el de renunciar a su propia existencia, pues, como bien afirma, "una sociedad que quiera renunciar al poder punitivo renunciaría a su misma existencia"[646].

Ahora bien, y tal como anteriormente se ha señalado, la potestad tributaria consiste en la facultad de aplicar contribuciones (o establecer exenciones), o sea, como dice Berliri, el poder de sancionar "normas jurídicas de las cuales derive o pueda derivar, a cargo de determinados individuos o de determinadas categorías de individuos, la obligación de pagar un impuesto o de respetar un límite tributario"[647]. Es, en suma, la potestad de gravar.[648]

Ahora bien, en todo caso, la existencia de la potestad tributaria, como tal potestad estatal, y asimismo de la potestad sancionadora, conlleva una serie de consecuencias de suma importancia.

En primer lugar, es necesario señalar que en el ordenamiento constitucional, la potestad tributaria, considerada en abstracto, se funda sustancialmente en preceptos del expresado rango constitucional, que en Venezuela sancionan el deber de todos "a contribuir con los gastos públicos"[649], y el principio de que "el sistema tributario procurará la

641 *Cfr. Dictamen de la Procuraduría General de la República de 4 de septiembre de 1958. V.* en Allan R. Brewer–Carías, "Los Contratos de la Administración en la Doctrina de la Procuraduría General de la República", *Revista de la Facultad de Derecho,* U.C.V., N° 30, Caracas, 1964. p. 232.

642 *Cfr.* A. Berliri, *Principios. . ., cit.,* Vol. I, p. 183.

643 *Cfr.* C. M. Giuliani Eanrouge, *Derecho Financiero, cit.* Vol. I, pp. 267 y ss.

644 *V.* R. Bielsa, *Derecho Administrativo,* tomo IV, Buenos Aires, 1956, p. 456.

645 *Cfr.* M. Montoro Puerto, *La Infracción Administrativa,* Barcelona, 1965, p. 329.

646 *V.* Maurach, *Tratado de Derecho Penal,* p. 63, *cit.* por M. Montoro Puerto, *La Infracción..., cit.,* p. 329.

647 *V.* A. Berliri, *Principios. . ., cit.,* tomo I, p. 168.

648 *Cfr.* C.M. Giuliani Fonrouge, *Derecho Financiero, cit.,* Vol. I, p. 272.

649 Articulo 56 de la Constitución.

justa distribución de las cargas según la capacidad económica del contribuyente, atendiendo al principio de la progresividad, así como la protección de la economía nacional y la elevación del nivel de vida del pueblo"[650]. La expresada potestad constituye entonces una prerrogativa exclusiva del poder legislativo del Estado, y ha de ejercitarse a través de actos que tengan carácter y valor formal de ley[651]. Por ello la Constitución consagra la reserva legal en materia tributaria al señalar que "no podrá cobrarse ningún impuesto u otra contribución que no estén establecidos por ley, ni concederse exenciones ni exoneraciones de los mismos sino en los casos por ella previstos"[652].

Por tanto, toda otra regulación o limitación de la potestad tributaria hecha por acto distinto a la ley formal y sin ajustarse a las citadas normas constitucionales no sólo sería inconstitucional, sino que atentaría contra la soberanía del Estado.

En segundo lugar, la potestad tributaria, como potestad del Estado y atributo de la soberanía, implica que la misma sea total y radicalmente indisponible.

En efecto, como señala Sainz de Bujanda, el principio de legalidad tributaria, recogido en los textos constitucionales, supone que es la ley la que ha de definir y valorar los elementos constitutivos y estructurales de la obligación tributaria y, en primer plano, el hecho imposible, del que la obligación nace. En eso consiste "establecer legalmente" los tributos. Consiguientemente, no cabe que, sin violación del antedicho principio, pueda la ley confiar la misión de establecer o de modificar tales elementos a la Administración, ya que por esa vía, podría el legislador ordinario –que se encuentra vinculado por la Constitución– escapar a la misión que el Texto Político fundamental le atribuye, poniéndola en manos, con unas u otras cortapisas, de los órganos administrativos de gestión tributaria[653]. Con base en ello pues, el Estado no puede negociar su potestad con el fin de permitir a otros sujetos que dicten disposiciones necesarias para instituir, modificar o suprimir tributos que sean de su competencia[654]. Esto lo aclara Berliri al señalar que "la indisponibilidad del poder o potestad de establecimiento del tributo es evidente, en el sentido de que dicho poder constituye una manifestación de la capacidad jurídica del sujeto activo, que se refiere al establecimiento y a la regulación de los tributos. Consiguientemente ni el Estado, ni los Municipios, ni los Estados, ni los demás entes públicos impositores, pueden negociar su poder con el fin de permitir a otros entes que dicten disposiciones necesarias para instituir, modificar o suprimir tributos que sean de la competencia de aquéllos. La razón de dicha indisponibilidad es así en opinión de Berliri, obvia: por no ser la potestad tributaria más que el despliegue de la capacidad jurídica del ente público, dicho poder deriva de leyes de típico contenido público, como son las que atañen al ordenamiento constitucional del Estado, las cuales no pueden, por tanto, ser modificadas más que por el Poder Legislativo, y jamás por el Poder Ejecutivo a través de un acto negocial[655].

Por otra parte, y en este sentido, nuestra Suprema Corte ha sostenido que la teoría de que el impuesto no es negociable ni puede ser materia de contrato es cierta y de muy buena doctrina jurídica: "En efecto –ha señalado la Corte– el impuesto en su concepto

650 Artículo 223 de la Constitución.

651 *Cfr*. F. Sainz de Bujanda, "El nacimiento de la obligación tributaria", en *Revista de Derecho Financiero y Hacienda Pública*, N° 58, 1965, pp. 334, 364, 365; F. Garrido Falla, *Tratado. . ., cit.*, tomo I, p. 349, Nota N° 29.

652 Artículo 224 de la Constitución.

653 *V*. F. Sainz de Bujanda, El nacimiento..., *loc. cit.*, pp. 364 y 365.

654 *Cfr*. F. Sainz de Bujanda, El nacimiento..., *loc. cit.*, p. 360.

655 *Cfr*. por F. Sainz de Bujanda, *Hacienda y Derecho*, Vol. IV, Madrid, 1966. pp. 164 y 165.

general y abstracto no puede ser negociado en el sentido de que el Ejecutivo no puede obligarse con un tercero por medio de una cláusula contractual a no imponer impuestos, porque ni este Poder, ni ningún otro tienen facultad para ello, no pueden enajenar este derecho del Estado ni comprometer su porvenir"[656]. Por ello García–Trevijano habla de que sería absurdo pensar que el Estado enajenara la potestad tributaria[657]; y en todo caso, la indisponibilidad implica no sólo la inalienabilidad sino también la intrasmisibilidad, la irrenunciabilidad y la imprescriptibilidad[658].

En este sentido la Procuraduría General de la República también ha sido terminante:

> "Conforme a los más elementales principios de derecho constitucional, atributo esencial de la soberanía es, entre otros, el derecho indeclinable de imponer, por consiguiente, renunciar, así sea parcialmente o temporalmente, a ese derecho, a esa potestad, equivale, implícitamente, a renunciar al ejercicio de ese atributo de la soberanía. Por ello, la doctrina constitucional, administrativa y fiscal, así como la jurisprudencia más autorizada sobre la materia, están conforme en considerar que el poder de imposición no puede ser jamás objeto de contratación. Esta sola consideración sería suficiente para que los tribunales de justicia pronunciaran la nulidad de semejante estipulación contractual"[659].

---

656 *V.* Sentencia de 10 de marzo de 1941, en *Memoria de 1942*, tomo I, p. 387 y en Allan R. Brewer–Carías, "Los Contratos Administrativos en la Jurisprudencia Administrativa Venezolana", *Revista de la Facultad de Derecho, U.C.V.*, N° 26, 1963, pp. 142 y 143.

657 *V.* J. A. García–Trevijano Fos, *Tratado..., cit.*, tomo I, p. 488.

658 *Cfr.* M. S. Giannini, *Lezioni. . .*, p. 268, *cit.*, por F. Garrido Falla, *Tratado. . ., cit.*, tomo I, p. 348, Nota 29; G. Zanobini, *Curso. . ., cit.*, tomo I, p. 229; A. Berliri, *Principios, cit.*, p. 170; C. M. Giuliani Fonrouge, *Derecho Financiero, cit.*, Vol. I, pp. 274 y 275.

659 *V. Dictamen de la Procuraduría de 4 de septiembre de 1958* en Allan R. Brewer–Carías, "Los Contratos de la Administración en la Doctrina de la Procuraduría General de la República", *Revista de la Facultad de Derecho*, U.C.V., N° 30, 1964, p. 232.

Toda esta doctrina, por otra parte, ha sido acogida en forma expresa por los proyectistas de la Ley Orgánica de la Hacienda Púbica Nacional (1963), al establecer en el Proyecto dos normas del tenor siguiente:

Artículo 98. "Los impuestos, tasas y otras contribuciones nacionales causados son irrenunciables, salvo que el Congreso, en casos especiales, autorice lo contrario, y sin perjuicio de lo previsto en los artículos 100 (exoneraciones) y 118 (remisiones)".

Artículo 99. "El poder de imposición del Estado no puede ser materia de contratación".

En relación a estas normas proyectadas, la Exposición de Motivos del Proyecto señala lo siguiente: "Especial importancia ha atribuido la Comisión a los principios contenidos en los artículos 98 y 99 del Proyecto, relativos ambos, bajo diversos aspectos, a la inalienabilidad del poder de imposición del Estado. Por el primero (artículo 98), se establece la irrenunciabilidad de los impuestos causados, dejando sólo a salvo la facultad del Congreso para que en determinados casos autorice lo contrario y la doble facultad del Poder Ejecutivo de exonerar de impuestos (artículo 100) y de conceder su remisión en casos sumamente limitados y de especial consideración (artículo 118). Por el segundo (artículo 99), se deja claramente establecida la "inalienabilidad" del propio poder de imposición del Estado. Aunque la Comisión reconoce que esta noción está implícita en el ordenamiento jurídico de todo Estado Soberano, pues que atributo esencial de la soberanía es, precisamente, el ejercicio de tal poder, ha considerado, sin embargo, conveniente su consagración expresa como razonable freno a los numerosos y hasta tradicionales vicios que en la práctica se han introducido en nuestro Derecho Fiscal. El Poder Ejecutivo, al ejercer la facultad de exoneración, ha comprometido en no pocas oportunidades, contractualmente, el ejercicio de dicho poder.

La Comisión estima, por lo tanto, que la concesión de exoneraciones o el establecimiento de un régimen tributario especial, bien en beneficio de determinadas actividades o de determinados contribuyentes, en aquel'–os casos en que la Constitución y las leves lo autoricen, sólo podrá ser obra del Poder Ejecutivo unilateralmente, de acuerdo con la suma de sus propias atribuciones, sobre la materia; pero, en ningún caso y por ningún respecto, materia de contratación". *V.* en Exposición de Motivos y Proyecto de Ley Orgánica de la Hacienda Pública Nacional, Publicaciones del Ministerio de Justicia, Caracas, 1964, pp. 20 y 21.

b. La competencia tributaria de inspección y liquidación y su indisponibilidad

Ahora bien, de lo anteriormente señalado se induce asimismo, que paralelamente al poder tributario abstracto está la facultad de ejercitarlo en el plano material, a lo cual denomina Hensel competencia tributaria[660].

En este sentido habla Alessi, citado por Sainz de Bujanda, de poder tributario primario (potestad tributaria) y poder tributario complementario (competencia tributaria). En efecto, este autor habla de que "la potestad o poder tributario puede ser considerado bajo dos planos jurídicos distintos, respecto a cada uno de los cuales da lugar a instituciones y situaciones diversas. Ante todo, puede ser considerado en un plano abstracto, con relación a una colectividad de sujetos indeterminados, respecto a los cuales aquél se ejercita; ahora bien, dado que en esta perspectiva abstracta "exacción coactiva" significa simplemente "institución abstracta de una contribución coactiva", el desarrollo del poder tributario significa tan sólo, así considerado, emanación de normas jurídicas que sirven de base a la institución de las diversas contribuciones coactivas. Contemplado en esta forma abstracta, puede hablarse de poder tributario primario, frente al complementario, del que seguidamente vamos a ocuparnos. El poder tributario –agrega Sainz de Bujanda– puede ser también considerado en un plano concreto, con relación a miembros determinados, singulares, de la colectividad: desde esta perspectiva, "exacción coactiva" significa propiamente "contribución concreta", por hallarnos en presencia de una aplicación concreta de la norma que establece la contribución en abstracto. En este ámbito, la potestad tributaria se desarrolla, no con carácter normativo –como la anterior–, sino como actividad de carácter administrativo dirigida a conseguir, mediante la actuación concreta del abstracto mandato normativo, el paso material de la cuota de riqueza privada a la que el precepto legislativo se refiere. Por ello, señalamos que se trata de una potestad o poder complementario (competencia tributaria) del poder primario antes aludido"[661].

En este mismo sentido, algunos autores han juzgado pertinente distinguir, en el plano teórico, el ejercicio de un poder tributario abstracto y el despliegue de una potestad tributaria concreta (competencia tributaria). El primero se define, como lo hemos hecho, como la facultad de dictar normas jurídicas de establecimiento de tributos; el segundo, como conjunto de facultades y prerrogativas que permita al ente público impositor, a través del despliegue de una actividad administrativa de liquidación y de recaudación de impuestos, dar efectividad a los créditos que surgen a su favor de la ley, esto es, percibir las sumas debidas por los contribuyentes.[662]

Ahora bien, utilizando la tesis de Sainz de Bujanda, podría decirse que la relación jurídica tributaria (la obligación del contribuyente y el crédito tributario que han nacido con la realización del hecho imponible) se determina o declara generalmente por el ejercicio de la potestad tributaria complementaria o competencia tributaria. Por ello, esta actividad se caracteriza por ser meramente gestora: no se dirige a imponer el tributo –que ya ha sido impuesto y regulado por la ley– sino a liquidarlo[663].

---

660 *V.* Hensel, *Diritto Tributario*, p. 27, *cit.*, por C. M. Giuliani Fonrouge, *Derecho Financiero*, *cit.*, tomo I, p. 272.

661 *Cit.* por F. Sainz de Bujanda, "El Nacimiento de la Obligación Tributaria", *loc. cit.* p. 335.

662 *Cfr.* F. Sainz de Bujanda, *Hacienda y Derecho*, Vol. IV, *cit.*, pp. 163 y 164.

663 *Cfr.* F. Sainz de Bujanda, *Hacienda y Derecho*, Vol. IV, *cit.*, p. 19. Por su parte, Giannini, en torno a ello ha expuesto claramente lo siguiente: "La ley, al asociar el nacimiento y la cuantía de la deuda impositiva a las cir-

Por otra parte, en esta competencia tributaria por lo que ahora nos interesa, puede distinguirse una duplicación de funciones: existe, de un lado, una actividad sustancial y final, y, de otro, una actividad meramente instrumental. De tal suerte, que es posible concebir, en correspondencia a esa distinción, una competencia tributaria principal, esencial y sustancial de imposición, a través de la cual se obtiene, en concreto, de modo directo o inmediato, respecto a determinados sujetos, la actuación de la obligación tributaria abstractamente impuesta por la norma tributaria, junto a una pluralidad de competencias instrumentales, dirigidas a un mejor ejercicio de la primera, y que deben, por tanto, reputarse accesorias e instrumentales respecto a esta última (por ejemplo: competencia para realizar investigaciones, de interrogar a los ciudadanos, de examinar libros de contabilidad, etc.) Estas últimas competencias señala Sainz de Bujanda, "se encuentran necesariamente coordinadas y preordenadas a la actuación de la potestad sustancial y principal"[664].

Por otra parte, el ejercicio concreto de la potestad tributaria, es decir, la competencia tributaria (poder tributario complementario, según la terminología de Alessi) es un atributo exclusivo del poder de actuación unilateral del Ejecutivo (administración tributaria) pero con la esencial característica de ser absolutamente vinculada o reglada[665]. La discrecionalidad aparece aquí como fenómeno enteramente marginal y sólo se da en el área de las actividades que tienen carácter accesorio o instrumental respecto a la actividad que constituye el desarrollo efectivo de la potestad tributaria (por ejemplo: en las actuaciones de vigilancia, de control y otras similares). Este carácter vinculado –señala acertadamente Sainz de Bujanda–, se debe al hecho de que en el acto normativo (a través del que se desarrolla el poder tributario en el plano abstracto) se encuentra ya la previsión abstracta y, por tanto, la creación, siquiera sea en dicho plano abstracto, de una obligación tributaria a cargo de todos cuantos lleguen a encontrarse con un determinado presupuesto de hecho en una cierta relación igualmente hipotetizada por el legislador (la norma impone, en abstracto, a todas esos personas, la contribución coactiva, no se limita a conceder la potestad de imponer a la autoridad tributaria); la concreción de la obligación tributaria y, por tanto, su constitución en concreto a cargo de sujetos determinados, se produce, por tanto, desde el instante en que cobra existencia el presupuesto de hecho y la relación de éste con el sujeto concreto de que se trate [666].

En todo caso, por ser una actividad esencialmente vinculada[667] y, por tanto no discrecional, la Administración no es libre de ejercerla, sino que está obligada a ello, tiene el

cunstancias en que se produzca una determinada situación de hecho, no puede enunciar más que de un modo abstracto los presupuestos del tributo y los criterios para su determinación. Por lo tanto, para establecer en concreto, si una deuda impositiva ha surgido, y cuál es su importe, es necesario comprobar, cada vez, si los expresados presupuestos han tenido lugar, fijar su precisa naturaleza y entidad y valorar los restantes elementos preestablecidos para determinar la medida de la obligación". Así, agrega el mismo autor, "La liquidación del impuesto, en sentido amplio, consiste, precisamente, en el acto o en la serie de actos necesarios para la comprobación y la valoración de los diversos elementos constitutivos de la deuda impositiva (presupuesto material y personal, base imponible), con la consiguiente aplicación del tipo de gravamen y la concreta determinación cuantitativa de la deuda del contribuyente (*Idem*, pp. 38 y 39). En esto consiste el ejercicio de la competencia tributaria.

664 *V.* F. Sainz de Bujanda, *Hacienda y Derecho*, Vol. IV, *cit.*, pp. 132 y 133.

665 *Cfr.* F. Contreras Quintero, *Breve Estudio Comparativo de la Tramitación Administrativa y del Régimen de Impugnación de Reparos.., loc. cit.*, p. 38. F. Sainz de Bujanda, *Hacienda y Derecho*, Vol. IV, *cit.*, p. 132.

666 *V.* F. Sainz de Bujanda. El Nacimiento. . ., *loc. cit.*, p. 335; F. Sainz de Bujanda, *Hacienda y Derecho*, Vol. IV, *cit.*, p. 131.

667 *Cfr.* J. A. García–Trevijano Fos. Al señalar que "la obligación impositiva es ex lege y sólo actúa la Administración" acertando la que existe en la realidad, *cit.* por F. Sainz de Bujanda, *Hacienda y Derecho*, Vol. IV, *cit.*, p. 237.

deber jurídico de su ejercicio, pues su realización persigue un objetivo público: obtener la exacción coactiva de riqueza[668]. Así, claramente se ha sostenido también que "la actividad impositiva se desarrolla en virtud de un deber, no de una facultad" por lo que si "la Administración ha de cumplir la ley fiscal, no puede elegir entre exaccionar o no los tributos"[669].

En esta forma, esta competencia tributaria de la autoridad administrativa, como actuación completa y esencialmente vinculada, se rige por todas las normas generales sobre la competencia administrativa: en primer lugar, las normas que fijan la competencia no pueden ser alteradas por quienes están llamados a ejercer los poderes que ellas acuerdan, ya que su cumplimiento es una obligación y no una facultad[670] siempre que el interés público lo exija, en estos supuestos, la realización de un objetivo público: obtener la exacción coactiva de riqueza[671]. En este sentido insiste Sainz de Bujanda que "la autoridad financiera no tiene una mera facultad para exigir el impuesto si lo estima pertinente, cuando el hecho imponible se produzca, sino debe exigirlo"[672]. Por otra parte, la Administración tributaria sólo puede actuar en la zona que le fija el derecho objetivo, debiendo fundarse siempre en textos expresos[673]. En tercer lugar, las reglas de competencia en el derecho público –administrativo o financiero–, son siempre de orden público y, en consecuencia, no admiten renuncia ni modificación por los interesados[674].

Por tanto, la falta de ejercicio de la competencia tributaria acarrea responsabilidad para los funcionarios que dejan de ejercerla. Así, por ejemplo, la Ley Orgánica de la Hacienda Pública Nacional establece expresamente que los empleados administradores y liquidadores de rentas nacionales responden de los derechos causados a cargo de los contribuyentes o deudores y que no hayan sido liquidados; y de los perjuicios causados al Fisco, que provengan de negligencia o impericia, en los actos de reconocimiento y aforo o de la falta de cumplimiento de las reglas establecidas para dichos actos[675].

En todo caso, y ello es evidente de lo anteriormente expuesto y del carácter obligatorio y vinculado de la competencia tributaria, ésta, al igual que la potestad tributaria abstracta, también es esencialmente indisponible. Los órganos ejecutivos, hemos dicho, no podrían renunciar, ni parcial ni temporalmente a ejercer su competencia tributaria pues ésta no es de libre ejercicio, sino de ejercicio obligatorio para la Administración. Por ello, contractualmente no podría admitirse una renuncia al ejercicio de la competencia administrativa, por ser violatoria no sólo del artículo 6° del Código Civil sino de los más elementales principios de derecho público –constitucional, administrativo y fiscal.

---

668 *Cfr.* F. Sainz de Bujanda, *Hacienda y Derecho*, Vol. IV, *cit.*, p. 129; *Cfr.* asimismo, O. Mayer. *Derecho Administrativo Alemán*, Vol. II, Buenos Aires, 1950, p. 256, donde establece que "al obligar a los contribuyentes, la ley obliga al mismo tiempo al Poder Ejecutivo a realizar esta obligación".

669 *V.* C. Albiñana Ga. Quintana, *Responsabilidades Patrimoniales Tributarias*, Madrid, 1951, pp. 92 y 93.

670 *Cfr.* E. Sayagués Laso, *Tratado de Derecho Administrativo*, tomo I, Montevideo, 1953, p. 192; G. Jèze, *Principios Generales del Derecho Administrativo*, tomo III, Buenos Aires, 1949, p. 189.

671 *Cfr.* F. Sainz de Bujanda, *El Nacimiento. . .*, *loc. cit.*, p. 334.

672 *V.* F. Sainz de Bujanda, *Hacienda y Derecho*, Vol. IV, *cit.*, p. 278.

673 *Cfr.* Juan Colombo Campbell, *La Competencia*, Santiago de Chile, 1959, p. 183.

674 *Cfr.* Juan Colombo Campbell, *La Competencia, cit.*, pp. 182 y 183; Dictamen de la Procuraduría de la Nación de 24 de noviembre de 1955, en *Informes de la Procuraduría de la Nación al Congreso 1956*, p. 73; Dictamen de la Procuraduría de la Nación de 4 de septiembre de 1958, en *Informe de la Procuraduría de la Nación al Congreso 1957–1958*, p. 273; Dictamen de la Procuraduría de la Nación de 13 de noviembre de 1959, en *Informe de la Procuraduría de la Nación al Congreso 1959*, p. 496.

675 Artículo 142, ordinales 1 y 2.

En este sentido Giucciardi aclara acertadamente que "las controversias relativas a los derechos generales del Estado deben considerarse intransigibles, ya que para ellas, las condiciones de existencia y el contenido de la relación entre Administración y ciudadano están fijadas en la ley y están, por lo tanto, sustraídas de la voluntad de ambas partes"[676].

En este sentido, la misma Procuraduría de la Nación ha sostenido la indisponibilidad contractual de competencias fiscales. En efecto, en materia de crédito público ha sostenido que por vía contractual el Estado no puede limitarse la competencia para contratar empréstitos, en esta forma:

> "En las leyes que definen las atribuciones y facultades del Poder Ejecutivo Nacional en materia presupuestaria y de crédito público, no existe autorización alguna en cuya virtud pueda el poder administrador limitarse, por vía contractual, la facultad de contratar empréstito, públicos internos o de efectuar gastos públicos. Además, si, como antes se expuso, la contratación sobre el poder de imposición atenta contra la soberanía del Estado y compromete la majestad y dignidad de la República, cuyo resguardo la nación venezolana proclama en el artículo de la Constitución Nacional como razón primordial de su existencia, lo mismo sucedería con la contratación por el Estado sobre su propia facultad de realizar gastos públicos y de procurarse arbitrios fiscales por los medios que las leyes ponen a su disposición"[677].

Por otra parte, debe señalarse que todo lo expuesto sobre la indisponibilidad del ejercicio concreto de la potestad tributaria (competencia tributaria) es aplicable asimismo a la potestad sancionadora. El Estado no puede renunciar a la misma ni la Administración puede renunciar a ejercerla frente a la infracción que la genera. En abstracto es irrenunciable también esta potestad, por lo que no podría el Ejecutivo negociar la potestad sancionadora, renunciando a ejercerla en general o en determinados casos y supuestos, parcial o temporalmente, sin atentar contra su propia soberanía y renunciar a su propia existencia.[678]

Ahora bien, con base en lo anteriormente expuesto sobre la competencia tributaria y su indisponibilidad dado su carácter obligatorio y vinculado, es necesario señalar que no podría el Ejecutivo Nacional en un contrato de transacción celebrado con un contribuyente, transar sobre el ejercicio de dicha competencia, y renunciar, por ejemplo, a estimar de oficio las rentas gravables a los efectos de la liquidación respectiva.[679]

---

676 *V.* E. Guicciardi, *La Giustizia Amministrativa, cit.*, p. 371.

677 *V.* Dictamen de la Procuraduría General de la República de 4 de septiembre de 1957, en Allan R. Brewer-Carías, "Los Contratos de la Administración" en *Revista de la Facultad de Derecho*, U.C.V., Nº 31, 1965, p. 294.

678 *Cfr.* M. Montero Puerto, *La Infracción Administrativa, cit.* p. 329.

679 En efecto, sobre la naturaleza de la estimación de oficio, la Procuraduría General de la República ha establecido lo siguiente: La obligación de declarar que tiene el contribuyente, es una obligación de hacer y de ineludible cumplimiento. Permite una mejor fiscalización y constituye para el obligado eficaz elemento probatorio contra las pretensiones de la Administración; de allí la importancia que se le atribuye, y su inexistencia autoriza plenamente para "calificar, determinar o estimar de oficio" los enriquecimientos de los contribuyentes, cuando éstos no "declare(n) o no comprobare(n) satisfactoriamente" sus beneficios "o cuando se presumiere con fundados indicios que la declaración en cualquiera de sus partes, no es fiel exponente de (su) capacidad tributaria". De manera que el incumplimiento de esa obligación de hacer, implica para el Fisco un grave perjuicio, pues le priva de una fuente de información y control más o menos precisa. Para cubrir la emergencia se han creado entonces los otros medios de determinación ya comentados, de los que no se excluye la participación directa o mediata de terceros que tengan o hayan tenido con el contribuyente tratos jurídicos y económicos". Por tanto, la estimación de oficio es supletoria y la administración debe acudir a ella cuando los contribuyentes no declaren o comprueben satisfactoriamente sus beneficios, o cuando se presuma, con fundados indicios, que la declaración, en cualquiera de sus partes, no es fiel exponente de su capacidad tributaria. Por ello es que la Ley Orgánica de la Hacienda Pública Nacional declara responsables a los Administradores y Liquidadores de rentas nacionales por las liquidaciones hechas por cuota

Con base en ello, el Ejecutivo Nacional no puede renunciar a aplicar, por ejemplo, la Ley de Impuesto sobre la Renta pues la ley es de aplicación obligatoria por la Administración, y no de aplicación facultativa; como tampoco puede declarar extinguidos los derechos que pueda tener como resultado de estimaciones de oficio, pues los funcionarios de Hacienda están obligados a realizarlas y liquidar los impuestos causados que de ellas resulten y que no habían sido liquidados, obligatoriamente, en los supuestos establecidos en la Ley. De lo contrario son responsables por ello. En esta misma forma, esa renuncia a formular reparos derivados de estimaciones de oficio, no sólo no puede hacerse en relación con la competencia tributaria de la Administración, sino que en todo caso no podría abarcar las facultades –obligaciones también– de formular reparos, de la Contraloría General de la República, en los casos que determina tanto la Ley Orgánica de la Hacienda Pública Nacional como la Ley Orgánica de la Contraloría General de la República como deber –y no sólo como atribución–, pues también corresponde a este Organismo revisar si las liquidaciones han sido legalmente hechas y si han sido liquidados y pagados todos los impuestos causados cualquiera que sea el origen o modo de información por el cual lleguen a su conocimiento faltas relativas a liquidación o cobro de impuestos y, en su caso, formular a su vez los reparos a las cuentas de los funcionarios que revisen.

Por otra parte, tampoco podrá válidamente renunciar la Administración a ejercer su competencia sancionadora por vía de transacción pues también su ejercicio es obligatorio.

Siendo disposiciones imperativas para los órganos del Estado las que determinan los casos en que se debe el impuesto, las personas obligadas, su cuantía, los modos y forma en que el propio impuesto debe ser liquidado y recaudado, es evidente que también son imperativas las normas que prevén las sanciones que ha de aplicar la Administración en los supuestos de infracción tributaria, es decir, de "vulneración de las obligaciones nacidas de la relación jurídica impositiva"[680]

En esta forma, tampoco podría el Ejecutivo renunciar a ejercer su competencia sancionadora de aplicar las multas a que hubiere lugar en los casos de infracciones tributarias. De ahí que la Contraloría General de la República en la Ley Orgánica de la Hacienda Pública Nacional tenía el deber de verificar las cuentas de los administradores de rentas revisando no sólo si las liquidaciones habían sido legalmente hechas sino también si habían sido aplicadas las penas a todas las contravenciones comprobadas (artículo 168, ordinales 3 y 4, s.)

---

menor que la causada (y que, por tanto, no sean correlativas a la capacidad tributaria del contribuyente) y en general, por los derechos causados a cargo de contribuyentes y que no hayan sido liquidados (artículo 142, ordinal 1); y sólo quedan librados de dichas responsabilidad "cuando los derechos sean causados sin que el empleado respectivo tenga noticia de ello, y la falta de liquidación no provenga de su omisión, negligencia o error inexcusable" (artículo 142, ordinal l9). Esta responsabilidad entonces, no es sino una consecuencia directa del carácter obligatorio del ejercicio de la competencia tributaria, concretamente de los actos de liquidación, incluyendo aquellos que se deriven de estimaciones de oficio y que no pueden dejar de realizarse cuando se den los supuestos legales para que procedan supletoriamente. La omisión de la estimación de oficio, formulación de reparos y subsiguiente liquidación hace responsable a los funcionarios de Hacienda respectivos (administrativos v liquidadores de rentas nacionales) por las cantidades no liquidadas, en los términos señalados y que determina la Ley Orgánica de la Hacienda Pública Nacional. Dictamen de la Procuraduría General de la República de 3 de agosto de 1964 en Doctrina de la Procuraduría General de la República, 1964, p. 128.

680 *V.* F. Sainz de Bujanda, *Hacienda y Derecho*, Vol. II, Madrid, 1962, p. 207.

Por tanto, y en definitiva, en nuestro criterio no podría válidamente celebrarse una transacción que implique una renuncia al ejercicio de la competencia tributaria y sancionadora, que es obligatoria para la Administración y de orden público:

A) Porque en todo caso, quedaría incólume la responsabilidad de los funcionarios de hacienda por las omisiones en las liquidaciones, estimaciones de oficios y reparos;

B) Porque también, en todo caso, quedarían incólumes las atribuciones y deberes legales de la Contraloría General de la República, como órgano auxiliar del Congreso, de formular los reparos correspondientes también bajo la responsabilidad legal de sus funcionarios; y

C) Porque podría asimismo darse el supuesto de que un particular denunciara como derecho oculto, conforme al procedimiento previsto en la Ley Orgánica de la Hacienda Pública Nacional, las cantidades causadas y no pagadas[681].

c. La competencia tributaria de cobro y recaudación de tributos y su indisponibilidad

Pero la actividad tributaria del Estado, como hemos dicho, no se agota con el establecimiento de las normas legales sobre tributos ni con el ejercicio de la competencia tributaria destinada a determinar o declarar en concreto la relación jurídico–impositiva con todas sus consecuencias, sino que también implica el ejercicio de la competencia tributaria tendiente a hacer efectivo el crédito fiscal (recaudación) que se determinó en el acto liquidatorio.

Este aspecto de la competencia tributaria, al igual que la comentada anteriormente, es también de ejercicio obligatorio y vinculado –no discrecional– por parte de la Administración, por lo que todos los principios antes enunciados le son enteramente aplicables aquí.

En efecto, tal como acertadamente ha señalado Sainz de Bujanda, "los intereses comunitarios son únicamente gestionados por la Administración, y ésta ha de acomodar su actuación a los mandatos de la ley. No puede la Administración, que está vinculada por la ley en la órbita tributaria, acordar libremente con el contribuyente cuánto, ni cómo, ni cuándo ha de pagarse el impuesto: todos esos aspectos, en un ordenamiento jurídico en el que rija el principio constitucional de legalidad tributaria, han de ser establecidos –y así ocurre, efectivamente– por normas de acatamiento necesario, que excluyen –o deben excluir– las fórmulas contractualitas sobre tales materias", concluyendo que compete a la Administración

> "la recaudación de tales impuestos con sujeción a las normas legales y, por tal razón, no podrá disponer de los créditos correspondientes. Esa disposición sólo podrá producirse por la vía legislativa, por ser al órgano legislativo al que constitucionalmente corresponde definir la voluntad del ente público sobre la expresada materia, lo que justifica que en todos los ordenamientos en los que rige el principio de la legalidad tributaria existan normas según las cuales no podrán concederse moratorias, amnistías ni reducciones de contribuciones –o lo que es lo mismo, no podrá disponerse de los créditos fiscales– más que por medio de leyes"[682].

En estos casos, en efecto, se trata también de una actividad a la que escapa cualquier tipo de valoración que no tenga carácter meramente técnico, *lo que excluye la posibilidad de cualquier discrecionalidad* verdadera y propia, tanto en lo que se refiere a la

681 *V.* en materia de transacción a nivel municipal lo decidido por la Corte Suprema de Justicia en Sala Político–Administrativa en sentencia de 14–8–89, *Revista de Derecho Público*, N° 39, Caracas, 1989, pp. 119 y 120.

682 *V.* F. Sainz de Bujanda, *Hacienda y Derecho*, Vol. IV, *cit.*, pp. 90 y 91.

percepción coactiva de la exacción a cargo de sujetos concretos y determinados, como en lo que atañe a la cuantía de aquélla"[683]. En definitiva, "la autoridad financiera no tiene una nueva facultad para exigir el impuesto si lo estima pertinente, cuando el hecho imponible se produzca, sino que debe exigirlo, ya que la norma no sólo vela obligaciones de pago para el contribuyente, *sino también deberes recaudatorios para el Fisco*"[684].

De acuerdo a lo expuesto entonces, y siendo obligatorio para la Administración el exigir o cobrar los impuestos causados y determinados por los actos de liquidación, no pueden concederse beneficios a determinados contribuyentes sobre su deuda, sin que exista norma legal que los autorice. En este sentido, López Freyle señala que "los funcionarios públicos, por muy alta que sea su jerarquía, no poseen ese poder discrecional de redimir deudas, ya sea en forma expresa de manera indirecta cuando conceden rebajas a espalda de la ley, es decir, sin que haya una norma que sustente el fundamento jurídico, ya que en materia tributaria los funcionarios no tienen atribuciones para hacer graciosas concesiones"[685]. De ahí que Planiol y Ripert establezcan con claridad meridiana que "el cobro de los impuestos, que interesa al orden público, no puede dar lugar a ninguna transacción válida"[686].

Estos principios generales han sido recogidos y aceptados por nuestro ordenamiento jurídico, de ahí que el artículo 60 de la Ley Orgánica de la Hacienda Pública Nacional señale expresamente que "el producto de las rentas nacionales debe ser enterado directamente por el deudor o contribuyente en la Oficina del Tesoro Nacional encargada de la recepción de fondos y en virtud de liquidación autorizada por un funcionario competente"; y establezca responsabilidad de los Administradores y Liquidadores de rentas nacionales "por las cantidades liquidadas que no hayan ingresado al Tesoro" pudiendo liberarse de dicha responsabilidad sólo "cuando el empleado haya gestionado el cobro por todos los medios legales o cuando hubiere obtenido del contribuyente o deudor las garantías que la ley ha previsto"[687]. Corresponde asimismo a la Contraloría General de la República examinar si han sido liquidados y pagados todos los impuestos causados para formular los reparos correspondientes.

Ahora bien, un solo grupo de excepciones admite nuestro derecho positivo al principio de que "el producto de las rentas nacionales debe ser enterado directamente por el deudor o contribuyente en la oficina del Tesoro Nacional"[688], lo que está obligada la Administración a gestionar, y son los previstos en el artículo 49 de la Ley Orgánica de la Hacienda Pública Nacional según mención del mismo artículo 50 *ejusdem*.

Dicho artículo 49 establece lo siguiente:

> "Pueden sacarse a remate público o contratarse con particulares, a juicio del Ejecutivo Nacional, las deudas atrasadas provenientes de cualquier renta que hayan pasado a figurar como saldos de

---

683 *Cfr*. F. Sainz de Bujanda, *Hacienda y Derecho*, Vol. IV, *cit*., p. 132.

684 *V*. F. Sainz de Bujanda, *Hacienda y Derecho*, Vol. IV, *cit*., p. 278 (subrayado ARBC). *Cfr*. Isaac López Freyle, *Principios de Derecho Tributario*, Bogotá, 1962, p. 83, donde establece que "no es un derecho del Estado percibir impuestos, porque no es potestativo para el hacerlo, es obligatorio. Establecido por la Ley un impuesto, el Fisco debe cobrarlo porque la Ley Tributaria obliga tanto al particular como al Estado; *Cfr*. asimismo, O. Mayer, *Derecho Administrativo Alemán*, *cit*., Vol. II, p. 252.

685 *V*. Isaac López Freyle, *Principios de Derecho Tributario*, *cit*., p. 84.

686 *V*. Paniol y Ripert, *Derecho Civil Francés*, Vol. 11, La Habana, 1946, p. 936.

687 Artículo 142, ordinal 3° de la Ley Orgánica de la Hacienda Pública Nacional.

688 Artículo 50 de la Ley Orgánica de la Hacienda Pública Nacional.

años anteriores. En estos casos, el rematador o cesionario gozará, para el cobro, de los mismos privilegios que la ley acuerda al Fisco Nacional, al cual quedará subrogado".

"Respecto a dichas *deudas* podrá también el Ejecutivo Nacional celebrar arreglos o *transacciones* con los deudores, así como conceder su remisión, rebaja o bonificación de las mismas o de sus intereses, o plazos para su pago, cuando a su juicio fueren conducentes tales concesiones".

"No podrán llevarse a efecto cesiones, remisiones, rebajas o transacciones de cualquier género en lo concerniente a este artículo, sino cuando después de consultados el Contralor de la Nación y el Procurador de la Nación, estos funcionarios hayan informado por escrito, indicando la circunstancia de lo que se pretende".

Esta norma, tal como lo ha señalado la Procuraduría General de la República, consagra facilidades que "son de carácter extraordinario, excepcional y, por tanto, de interpretación restrictiva"[689]. "De ahí que los arreglos o transacciones con los deudores de impuestos –agrega la Procuraduría–, que hayan pasado a figurar como saldos de años anteriores, así como la remisión, rebaja o bonificación de los mismos o de sus intereses, o plazos para su pago, son modalidades condicionadas a la concurrencia de circunstancias extraordinarias que, a juicio del Ejecutivo Nacional, hagan "conducentes tales concesiones", como lo establece la citada disposición legal"[690]. A ello ha agregado la misma Procuraduría que "si se advierte en el origen, finalidades y evolución de la citada disposición, es forzoso concluir que las facultades contenidas en ella no pueden erigirse en ningún caso, en modo regulares de extinción de las obligaciones fiscales, pues que ellas sólo propenden al saneamiento, administrativamente, de la Contabilidad Fiscal para despejarla de "deudas muertas" o, cuando más, a una equitativa y ponderada adecuación del rigor propio de la Ley Tributaria a las circunstancias especiales y personales de sus destinatarios, derivadas de su estado económico y, particularmente, de su insolvencia" [691]. De ahí que, como se dijo al inicio, el artículo 7 de la Ley Orgánica de la Hacienda Pública Nacional sea una norma de estricto derecho adjetivo (procedimental) –y no de derecho sustantivo– que complementa el artículo 49 de la misma ley, al exigir el cumplimiento de determinadas autorizaciones previas, para las transacciones que se lleven a cabo en causas fiscales distintas, por supuesto, a las que se refieren a "deudas atrasadas provenientes de cualquier renta que hayan pasado a figurar como saldos de años anteriores".

En cuanto a las multas, algunas leyes especiales establecen la posibilidad para el Ejecutivo de eximir al contribuyente de su pago, o rebajar su monto, por vía de gracia, cuando concurran circunstancias que demuestren falta de intención dolosa en el contribuyente.[692]

Ahora bien, en todos estos supuestos, queda claro que no se trata de la revocación del acto administrativo de liquidación, sino de la atenuación de sus efectos por vía de concesión graciosa, excepcional, especialmente autorizada por la ley. El acto administrativo queda firme y válido, pues como se ha dicho, "en materia tributaria, por ser, precisamente, su gestión eminentemente reglada –no discrecional–, la administración pública

---

689 *V.* Dictamen de la Procuraduría de la Nación del 17 de enero de 1959 en *Informe de la Procuraduría de la Nación al Congreso* 1959, p. 485.

690 *V.* Dictamen de la Procuraduría de la Nación del 23 de febrero de 1960 en *Informe de la Procuraduría de la Nación al Congreso* 1960, p. 372.

691 *V.* Dictamen de la Procuraduría de la Nación de 27 de junio de 1956 en *Informe de la Procuraduría de la Nación al Congreso* 1957, p. 154.

692 Articulo 115 de la *Ley de Impuesto sobre la Renta* de 16 de diciembre de 1966.

tiene el poder de revisar sus propios actos y de anularlos, en su consecuencia, sólo por razones de ilegalidad, nunca de oportunidad o conveniencia –mérito–"[693].

En efecto, en los casos de concesión de gracia respecto a multas, por ejemplo, lo que en nuestro criterio es aplicable para todos los supuestos a que se refiere el artículo ya citado, incluyendo las transacciones allí contempladas, "el Ministro, al conceder la gracia, no revoca el acto administrativo que sigue vigente, sino que atenúa sus efectos, rebajando o eximiendo del pago de una multa si es el caso"[694]. De ahí que la gracia y los beneficios del artículo 49 de la Ley Orgánica puedan solicitarse aun frente a actos definitivos y firmes, y aun cuando estén bajo la jurisdicción de los órganos jurisdiccionales del Estado.

Ello, por otra parte, y refiriéndonos concretamente a las transacciones, se evidencia del principio de la intransigibilidad de la legalidad. En efecto, los actos de liquidación fiscal y de formulación de reparos son actos administrativos fiscales y como tales, se rigen por todos los principios generales de los mismos. Especialmente rige para ellos su carácter vinculado o de emanación obligatoria y, por tanto, el que no puedan ser revocados discrecionalmente –por motivos de oportunidad y conveniencia– sino sólo por ilegalidad.

En este sentido, Florencio Contreras Q., ha señalado acertadamente lo siguiente: "Esa potestad anulatoria puede ejercerla la Administración Pública (por sólo motivo de ilegalidad), bien a instancia de los administrados –contribuyentes–, a través de los recursos administrativos que a éstos confieran las leyes, o bien de oficio, ya sea en sede administrativa, o, incluso, en sede jurisdiccional, porque aquéllos hayan deducido el recurso contencioso–fiscal, que es, ciertamente, un recurso subjetivo de anulación".[695]

Por tanto, y cuando el conocimiento de un acto administrativo fiscal permanezca aún en la vía administrativa (en etapa de la reconsideración administrativa, por ejemplo), la Administración ciertamente puede revocar dicho acto pero sólo por motivos de ilegalidad como se ha dicho, y sin que medie, en ningún caso, como causa, una concesión recíproca propia de una transacción.

Aquí, por tanto, adquieren plena vigencia las palabras de De Valles al señalar que

> "cuando en derecho administrativo se habla de transacciones, éstas pueden valer como confirmación, modificación o revocación de un acto administrativo precedente y que, por ello, debe tener todos los requisitos de forma y de sustancia que son propios del nuevo acto; independientemente de una *voluntas transigendi*, la cual puede valer como motivo (fin), no como presupuesto o causa del acto administrativo. En otros términos, en el derecho administrativo no existe, en mi criterio, la institución de la transacción y mucho menos del contrato de transacción; pero se puede admitir que en la ordinaria voluntad administrativa influya como motivo la voluntad de evitar o de dirimir una *litis*. Y ésta es transacción desde el punto de vista social, no desde el punto de vista jurídico"[696].

En definitiva, si bien llega a admitirse que la Administración pueda considerar viciados de ilegalidad sus actos y, por ello, los pueda revocar, la causa de la revocatoria no

693 *V.* F. Contreras Q., "Breve estudio comparativo de la tramitación administrativa y del régimen de impugnación de Reparos. . .", *loc. cit.*, p. 38.

694 *V.* Allan R. Brewer–Carías, *Las Instituciones Fundamentales del Derecho Administrativo...*, *cit.*, pp. 278 y 279.

695 *V.* F. Contreras Q., "Breve estudio comparativo de la tramitación administrativa y del régimen de impugnación de Reparos. . .", *loc. cit.*, p. 38.

696 *V.* A. De Valles, "Le Transazioni degli Enti Pubblici", *loc. cit.*, p. 48.

puede estar nunca en una transacción, sino en la voluntad unilateral de la Administración de apreciar la legalidad o no de su acto.

Ahora bien, aun habiendo pasado el conocimiento de la impugnación de un acto administrativo a los órganos jurisdiccionales del Estado, la Administración puede también ejercer su potestad revocatoria, igualmente, pero por solo consideraciones de legalidad, en cuyo caso, el órgano jurisdiccional no tendría materia sobre la cual decidir. En este sentido, Florencio Contreras Q., aun cuando considera que en materia de Impuesto sobre la Renta una vez pasada la oportunidad de reconsideración, la Administración no puede revocar sus actos, *refiriéndose al problema en general*, ha señalado con claridad que "la anulación, total o parcial, por parte de la Administración Pública, del acto administrativo impositivo ya recurrido jurisdiccionalmente, *no implica, en ningún caso, "allanamientos" suyo, ni "convenimiento" suyo, ni "convertimiento" en las pretensiones del recurrente, ni, mucho menos, "transacción" alguna*, así la anulación conduzca al "desistimiento" del recurso por parte del contribuyente interesado: *ello es así, porque la Administración–Fisco, ante la evidencia de la ilegalidad, total o parcial, de estos actos, debe anularlos o reformarlos, en orden a adecuarlos, en todo caso, a la legalidad que la rige*"[697].

Por tanto, en estos supuestos de conocimiento jurisdiccional de los actos administrativos de liquidación, mucho menos puede la Administración transigir sobre la revocación de los mismos y conceder, como concesión recíproca, esa revocación. En esto también ha sido profundamente exacto Florencio Contreras al haber

> "considerado siempre afectados de nulidad radical, más aún, jurídicamente inexistentes, por incompetencia absoluta de la misma –"toda autoridad usurpada es ineficaz y sus actos son nulos", dice el artículo 118 de la Constitución de la República–, entre otros vicios de no mayor gravedad que no son del caso señalar ahora, los "convenios" o "acuerdos", o "contratos" –burocráticamente denominados "transacciones", que nada tienen del instituto de la "transacción", y sí mucho, o todo, de verdaderas "exoneraciones" o "emisiones" parciales del impuesto, al margen, desde luego, de la Constitución y de las leyes–, que la Administración–Fisco suele celebrar con los contribuyentes para poner término a los procesos instaurados por ellos, ante el Tribunal de Apelaciones, con motivo de sus recursos contra los reparos formulados por aquélla. Remitido, en efecto, por la Administración, al Tribunal de Apelaciones, el "recurso de apelación" contra los reparos, y, deferida *ope legis*, en su consecuencia, al mismo, la composición de la "controversia", mal puede la Administración, sin extralimitarse en sus fundones, como ya se dijo, auspiciar la amigable composición de aquélla y, menos aún, en materias de indiscutible orden público"[698].

697 *V.* F. Contreras Q., "Breve estudio comparativo de la tramitación administrativa v del régimen de impugnación de Reparos", *loc. cit.*, p. 38 (subrayado A.R.B.C.).

698 *V.* F. Contreras Q., "Breve estudio comparativo de la tramitación administrativa y del régimen de impugnación de Reparos", *loc. cit.*, p. 40. En estos supuestos entonces, y dada la imposibilidad de transigir mediante la revocación de un acto administrativo, como concepción recíproca, Giucciardi llega a admitir la transacción mediante un ingenioso procedimiento. Su argumentación es la siguiente, según las palabras de Jesús González Pérez: "la Administración puede dudar acerca de la validez de un acto y, por tanto, del éxito del proceso, en estos casos puede admitirse que tenga interés en inducir al demandante, transigiendo a desistir de la impugnación del acto. Ahora bien, ¿cómo se realiza la transacción? Porque la figura del contrato transaccional muy difícilmente es admisible en el campo del Derecho Administrativo. La fórmula que señala Giucciardi es la siguiente: el desistimiento del demandante, pero como el acto que se mantiene válido con el desistimiento implica una lesión en los intereses de aquél, la Administración le compensa por otra vía (la entrega de suma de dinero o la atribución de un derecho de naturaleza patrimonial); el demandante obtiene la satisfacción de su pretensión de otra manera". *V.* E. Giucciardi, *La Giustizia Administrativa*, *cit.*, pp. 275, 276, 277 y 278; *cit.* por J. González Pérez, *Derecho Procesal Administrativo*, tomo II, *cit.*, p. 707. Con ello está conforme el propio González Pérez al señalar que dentro del Derecho Administrativo únicamente sería posible una transacción en la forma señalada por Giucciardi: "si el demandante se

Por tanto, no podría llevarse a efecto válidamente una transacción en materia fiscal en la cual la Administración como "concesión recíproca", se comprometería a "anular" o revocar actos administrativos de liquidación para dar por terminados determinados procedimientos administrativos o judiciales, porque la Administración sólo puede celebrar transacciones respecto a deudas atrasadas provenientes de cualquier renta que hayan pasado a figurar como saldos de años anteriores, conforme se establece en el artículo 49 de la Ley Orgánica de la Hacienda Pública Nacional, el cual es de aplicación excepcional, de carácter extraordinario y de interpretación restrictiva, según el ya señalado criterio de la Procuraduría General de la República, y cuya aplicación, en ningún caso, podría dar lugar a la revocación de los actos administrativo–fiscales, los cuales sólo podrían ser revocados por motivos de ilegalidad con independencia absoluta de una *voluntas transigendi*.

Por lo tanto, insistimos, en una transacción no podría válidamente otorgar la República como concesión recíproca, y como efecto de la transacción, la "anulación" de los actos administrativos fiscales, pues éstos sólo pueden ser revocados, repetimos, por motivos de ilegalidad.

En definitiva, una transacción en la cual se renuncie al ejercicio de la competencia tributaria para exigir y cobrar las deudas fiscales ya liquidadas, que es de obligatorio cumplimiento para la Administración, y de orden público, no podría tampoco válidamente celebrarse, pues si se hiciera no tendría efecto jurídico alguno:

1. Porque, según criterio reiterado por la Procuraduría General de la República, la Administración fiscal sólo puede celebrar transacciones respecto de deudas atrasadas provenientes de cualquier renta que hayan pasado a figurar como saldo de años anteriores, conforme a la norma excepcional del artículo 49 de la Ley Orgánica de la Hacienda Pública Nacional;

2. Porque la Administración no podría convenir en la "anulación" de actos administrativos fiscales y, en todo caso, en ausencia de transacción; sólo podría revocarlos unilateralmente por motivos de ilegalidad;

3. Porque la Administración fiscal no podría dar por terminados los juicios que cursan ante los órganos jurisdiccionales ni que se encuentran en etapa de reconsideración administrativa, como resultado de una concesión recíproca transaccional, sino sólo por la vía de revocación de los actos administrativos fiscales por motivos de la ilegalidad sin ánimo transaccional. Además, en materia de Impuesto sobre la Renta, tal como establecía la ley vencido el lapso de reconsideración, "se considerará extinguida la facultad de reconsideración y la vía administrativa", debiendo enviarse las actuaciones al Tribunal "en el estado en que se encuentran", por lo que en ese caso no sólo no procederá la revocación por mérito, sino que tampoco procederá por motivos de ilegalidad.

Sin embargo, a pesar de todos estos principios y normas legales expresas, en materia tributaria el Estado venezolano ha celebrado transacciones sobre puntos de derecho. El ejemplo más patente de esto, avalado incluso por el Congreso, está en el texto del Decreto N° 1.135 de 18 de junio de 1986 que ordenó realizar un examen y evaluación de las reclamaciones en proceso judicial y administrativo que existían contra las antiguas

ha limitado a pedir la anulación del acto (como es el caso de las concesiones fiscales), la transacción deberá realizarse mediante la renuncia del demandante (contribuyente) al fundamento de la pretensión, renuncia que será compensada mediante una satisfacción en sentido distinto de la pretensión por parte de la Administración. *V.* J. González Pérez, *Derecho Procesal Administrativo*, tomo II, *cit.*, p. 709.

concesionarias de hidrocarburos, incluidas las de carácter tributario, supuestamente como "alcance" a las actas de avenimiento que se habían suscrito en 1975 con las mencionadas empresas, con motivo de la nacionalización petrolera, ordenándose en consecuencia a elaborar unas "actas finales del avenimiento" con el objeto de finiquitar los derechos y acciones recíprocas pendientes entre dichas empresas y la República, derivados de las actividades realizadas por éstas hasta el 31–12–1975 y del proceso de nacionalización. En consecuencia, en octubre de 1986 se suscribieron las mencionadas actas de avenimiento, aprobadas por el Congreso[699] en las cuales se "dan por terminadas las reclamaciones recíprocas" entre las cuales estaban las derivadas de liquidaciones y reparos en materia de Impuesto sobre la Renta, autorizándose al Ministro de Hacienda para anular las planillas de liquidación correspondientes. Se realizó así, en nuestro criterio, una transacción no autorizada legalmente en materia de puntos de derecho al amparo de un proceso de nacionalización que había concluido hacía una década.

699 *G.O.* N° 33.511 de 14–6–86.

LIBRO OCTAVO

SOBRE LA CONTRATACIÓN PÚBLICA ESTATAL

Este Libro Octavo del Tomo III del *Tratado de Derecho Administrativo* recoge varios trabajos más recientes sobre el tema de los contratos públicos o contratos del Estado. En la sección Primera se incluye el estudio sobre "Nuevas consideraciones sobre el régimen jurídico de los contratos del Estado en Venezuela", publicado en *VIII Jornadas Internacionales de Derecho Administrativo Allan Randolph Brewer–Carías. Contratos Administrativos. Contratos del Estado*, Fundación de Estudios de Derecho Administrativo FUNEDA, Caracas, 2006, pp. 449–479. También se publicó en *Estudios de derecho administrativo 2005–2007*, Colección Estudios Jurídicos, N° 86, Editorial Jurídica Venezolana, Caracas 2007, pp. 439–472; y en *Revista de Derecho Administrativo (RDA)*, Círculo de Derecho Administrativo (CDA), Año 1, N° 2, Lima Diciembre 2006, pp. 46–69. Ese trabajo luego fue desarrollado en el estudio "Sobre los Contratos del Estado en Venezuela" presentado como Ponencia al *IV Congreso Internacional de Derecho Administrativo* de Mendoza, realizado en paralelo al *IX Foro Iberoamericano de Derecho Administrativo*, Facultad de Derecho, Universidad de Cuyo, Mendoza, Argentina, septiembre 2010. Fue publicado en *Derecho Administrativo Iberoamericano (Contratos Administrativos, Servicios públicos, Acto administrativo y procedimiento administrativo, Derecho administrativo ambiental, Limitaciones a la libertad), IV Congreso Internacional de Derecho Administrativo*, Mendoza, Argentina, 2010, pp. 837–866; y en *Revista Mexicana Statum Rei Romanae de Derecho Administrativo,* N° 6, Homenaje al Dr. José Luis Meilán Gil, Facultad de Derecho y Criminología de la Universidad Autónoma de Nuevo León, Monterrey, Enero–Junio 2011, pp. 207–252. Sobre el tema, también: "Los contratos del Estado y la Ley de Contrataciones Públicas. Ámbito de aplicación," en Allan R. Brewer–Carías (Editor y Coordinador), Víctor Hernández Mendible, Miguel Mónaco, Aurilivi Linares Martínez, José Ignacio Hernández G., Carlos García Soto, Mauricio Subero Mujica, Alejandro Canónico Sarabia, Gustavo Linares Benzo, Manuel Rojas Pérez, Luis Alfonso herrera Orellana y Víctor Raúl Díaz Chirino, *Ley de Contrataciones Públicas,* Editorial Jurídica Venezolana, Colección Textos legislativos N° 44 (2ª Edición Actualizada y aumentada), Caracas 2009, pp. 9–47. La Sección Segunda la constituye el estudio sobre "La revivencia circunstancial de la noción de "contratos administrativos," y las nociones de servicio público, interés público

y orden público en el régimen de la reserva al Estado de los servicios conexos con la industria petrolera" elaborado en 2010, con motivo de la nacionalización de esos servicios.

Sección Primera: SOBRE LOS CONTRATOS DEL ESTADO (2010)

Esta Sección recoge el trabajo "Sobre los Contratos del Estado en Venezuela" presentado como Ponencia al *IV Congreso Internacional de Derecho Administrativo* de Mendoza, realizado en paralelo al *IX Foro Iberoamericano de Derecho Administrativo*, Facultad de Derecho, Universidad de Cuyo, Mendoza, Argentina, septiembre 201,y publicado en *Derecho Administrativo Iberoamericano (Contratos Administrativos, Servicios públicos, Acto administrativo y procedimiento administrativo, Derecho administrativo ambiental, Limitaciones a la libertad), IV Congreso Internacional de Derecho Administrativo*, Mendoza, Argentina, 2010, pp. 837–866; y en *Revista Mexicana Statum Rei Romanae de Derecho Administrativo*, N° 6, Homenaje al Dr. José Luis Meilán Gil, Facultad de Derecho y Criminología de la Universidad Autónoma de Nuevo León, Monterrey, Enero–Junio 2011, pp. 207–252. Para la elaboración de ese estudio partí de lo expuesto inicialmente en el trabajo "Nuevas consideraciones sobre el régimen jurídico de los contratos del Estado en Venezuela", publicado en *VIII Jornadas Internacionales de Derecho Administrativo Allan Randolph Brewer–Carías. Contratos Administrativos. Contratos del Estado*, Fundación de Estudios de Derecho Administrativo FUNEDA, Caracas, 2006, pp. 449–479, en *Estudios de derecho administrativo 2005–2007*, Colección Estudios Jurídicos, N° 86, Editorial Jurídica Venezolana, Caracas 2007, pp. 439–472; y en *Revista de Derecho Administrativo (RDA)*, Círculo de Derecho Administrativo (CDA), Año 1, N° 2, Lima Diciembre 2006, pp. 46–69; y en el estudio sobre "Ámbito de aplicación de la Ley de Contrataciones Públicas", publicado en Allan R. Brewer–Carías, Carlos García Soto. Gustavo Linares Benzo, Víctor Hernández Mendible, José Ignacio Hernández G., Luis Alfonso Herrera Orellana, Miguel Mónaco, Manuel Rojas Pérez, Mauricio Subero Mujica, *Ley de Contrataciones Públicas*, Editorial Jurídica Venezolana, Caracas 2008, pp. 12–19; y que luego se actualizó bajo el título "Los contratos del Estado y la Ley de Contrataciones Públicas. Ámbito de aplicación," en Allan R. Brewer–Carías (Editor y Coordinador), Víctor Hernández Mendible, Miguel Mónaco, Aurilivi Linares Martínez, José Ignacio Hernández G., Carlos García Soto, Mauricio Subero Mujica, Alejandro Canónico Sarabia, Gustavo Linares Benzo, Manuel Rojas Pérez, Luis Alfonso herrera Orellana y Víctor Raúl Díaz Chirino, *Ley de Contrataciones Públicas,* Editorial Jurídica Venezolana, Colección Textos legislativos N° 44 (2ª Edición Actualizada y aumentada), Caracas 2009, pp. 9–47.

En 2008, con reforma en 2009 se ha dictado en Venezuela, por primera vez, una Ley de Contrataciones Públicas,[1] que por su denominación podría pensarse en que se trataría

1 La Ley fue dictada mediante Decreto Ley N° 5.929 de fecha 11 de marzo de 2008 en ejecución de la Ley habilitante de 2007, habiendo derogado la Ley de Licitaciones contenida en el Decreto Ley N° 1.555 de 13–11–2001, Gaceta Oficial N° 5.556 Extraordinaria de 13–11–2001. La ley de Contrataciones Públicas fue inicialmente publicada en *Gaceta Oficial* N° 5.877 de fecha 14–03–2008, y republicada, por error de copia, en *Gaceta Oficial* N°

de una ley destinada a regular toda la actividad contractual del Estado y, por tanto, los contratos del Estado o contratos públicos celebrados por las personas jurídicas estatales, tal y como sucedió, por ejemplo, en términos generales, en España, en el pasado, con la Ley de Contratos del Estado (1965) y la Ley de Contratos de las Administraciones Públicas (1995) y, actualmente, con la Ley de Contratos del Sector Público (2007); y en Colombia, con la Ley de Contratos del Estado (1993). De acuerdo con su denominación, entonces, la Ley debería tener por objeto regular los contratos suscritos por los entes públicos o más precisamente, por las personas jurídicas estatales, sin distingo alguno, además, sobre si se trataría o no de "contratos administrativos," denominación que por lo demás, no sólo no se recoge en la Ley, sino que puede considerarse ya totalmente superada en el derecho positivo.[2] Es decir, si nos atuviéramos al solo nombre de la Ley, podría pensarse que se trataría de un cuerpo normativo general, destinado a regular todos los contratos del Estado celebrados por todas las personas jurídicas estatales, lo cual no es exacto.

Sin embargo, a pesar de su nombre, en realidad, la Ley ni regula todos los contratos estatales, ni regula toda la actividad de contratación pública que en general desarrollan todos los entes públicos, ni de las Administraciones Públicas (nacional, estadal y municipal). En realidad, con algunos agregados importantes, sigue siendo una Ley de delimitado alcance, básicamente destinada a regular los procedimientos de selección de contratistas (entre ellos la licitación) (arts. 36 a 92) respecto de ciertos (no todos) los contratos públicos. Por ello, la única Ley que fue derogada por esta nueva ley, fue la vieja Ley de Licitaciones.[3] Sin embargo, a las tradicionales previsiones relativas a las licitaciones y, en general, a la selección de contratistas, la nueva Ley agregó normas generales referidas a la "contratación" (arts. 93 a 131), incluyendo previsiones, por ejemplo, sobre garantías contractuales, el inicio y la terminación de los contratos públicos, y sobre su modificación, aplicables a todos los contratos del Estado que caen dentro del ámbito de aplicación.

Nuestro propósito, en estas notas en relación con la Ley de Contrataciones Públicas de Venezuela, teniendo en cuenta que su objeto se refiere solo a "la actividad del Estado para la *adquisición de bienes, prestación de servicios y ejecución de obras,*" lo que significa que solamente regula tres tipos de los contratos públicos celebrados por las per-

---

38895 de 25–03–2008. Dicha Ley fue reformada por Ley publicada en *Gaceta Oficial* N° 39.165 de 24 de abril de 2009. Mediante Decreto N° 6.708 de 19–05–2009 se dictó el Reglamento de la Ley de Contrataciones Públicas, en *Gaceta Oficial* N° 39.181 de 19–05–2009, mediante el cual se derogó el Decreto N° 4.032 de 14 11 2005 contentivo del Reglamento Parcial de la Ley de Licitaciones, *Gaceta Oficial* Nro. 38.313 de 14–11–2005; el Decreto N° 2.371 de 24–04–2003 contentivo del Reglamento Parcial de la Ley de Licitaciones para la Adquisición Directa en caso de Contratación de Obras, Servicios o Adquisición de Bienes, en *Gaceta Oficial* N° 37.688 de fecha 13–05–2003; y el Decreto N° 1.417 sobre Condiciones Generales de Contratación para la Ejecución de Obras, en *Gaceta Oficial* N° 5.096 Extraordinario de fecha 31–07–1996. *V.* sobre la Ley de Contrataciones Públicas, los diversos comentaros en el libro de Allan R. Brewer–Carías, Carlos García Soto, Gustavo Linares Benzo, Víctor Hernández Mendible, José Ignacio Hernández G., Luis Alfonso Herrera Orellana, Miguel Mónaco, Manuel Rojas Pérez y Mauricio Subero Mujica, *Ley de Contrataciones Públicas*, Editorial Jurídica Venezolana, Caracas 2008; Segunda Edición, Caracas 2009.

2 *V.* sobre ello lo que expusimos en Allan R. Brewer–Carías, "La evolución del concepto de contrato administrativo" en *Libro Homenaje al Profesor Antonio Moles Caubet*, Tomo I, Facultad de Ciencias Jurídicas y Políticas, Universidad Central de Venezuela, Caracas 1981, pp. 41–69.

3 Decreto Ley N° 1555 de fecha 13 de noviembre de 2001, *Gaceta Oficial* N° 5556 de 13–11–2001. *V.* sobre dicha Ley los comentarios que hicimos en Allan R. Brewer–Carías, "El régimen de selección de contratistas en la Administración Pública y la Ley de Licitaciones," en *Revista de Derecho Público*, N° 42, Editorial Jurídica Venezolana, Caracas, abril–junio 1990, pp. 5–25.

sonas jurídicas estatales (el Estado), los cuales comúnmente se han considerado dentro de la categoría de los llamados "contratos administrativos;"[4] es ubicar su regulación dentro del régimen jurídico general de los contratos del Estado en Venezuela.[5]

I. LOS CONTRATOS DEL ESTADO

Los contratos públicos, contratos del Estado o contratos estatales, son todos aquellos contratos en los cuales una de las partes (pueden ser las dos) es una persona jurídica estatal[6], es decir, que está integrada en la organización del Estado, sea que se trate de una persona jurídica político territorial (República, Estados, Municipios), o de personas de derecho público (pe. los institutos autónomos) o de personas de derecho privado (pe. las sociedades anónimas del Estado o empresas del Estado) estatales.

Estos contratos del Estado, en nuestro criterio, han sido calificados en la Constitución como contratos de interés público (nacional, estadal o municipal), y en escasísimas leyes, algunos de ellos han sido calificados como "contratos administrativos." En efecto, en la Constitución de 1999, como la ley suprema y principal fuente del derecho administrativo, en materia de contratos del Estado, en la Sección Cuarta del Capítulo I del Título IV sobre el "Poder Público", se regula a los "contratos de interés público", noción que en los artículos 150 y 151 se adoptó para identificar a los contratos suscritos por las entidades públicas, es decir, las personas jurídicas estatales, o las que integran el sector público y que en general se engloban en la noción de "Estado". Esa noción de contratos de interés público puede considerarse como equivalente a las nociones de *contratos públicos*[7], *contratos del Estado*[8], o *contratos de la Administración*[9]; o a la noción en ingles de *Public Contract*[10]; a la francesa de *contrats de l'administration*[11]; a la italiana de *contratti della pubblica ammistrazione*[12]; o a la portuguesa de *contratos de administração pública*[13]; todas tendientes a identificar contratos en los cuales una de las partes de la relación contractual es el Estado, la Administración Pública o una entidad pública, los que además, en general, tienen propósitos de interés público. Esa fue la in-

---

4 *V.* Allan R. Brewer–Carías, *Contratos Administrativos*, Editorial Jurídica Venezolana, Caracas 1992.

5 Para la redacción de estas notas hemos partido de lo que hemos expuesto en diversos escritos, entre otros, "Nuevas consideraciones sobre el régimen jurídico de los contratos del Estado en Venezuela", en *VIII Jornadas Internacionales de Derecho Administrativo Allan Randolph Brewer–Carías. Contratos Administrativos. Contratos del Estado*, Fundación de Estudios de Derecho Administrativo FUNEDA, Caracas, 2006, pp. 449–479, y en *Revista de Derecho Administrativo (RDA)*, Círculo de Derecho Administrativo (CDA), Año 1, Nº 2, Lima Diciembre 2006, pp. 46–69; y "Los contratos del Estado y la Ley de Contrataciones Públicas. Ámbito de aplicación," en Allan R. Brewer–Carías et al, *Ley de Contrataciones Públicas*, Editorial Jurídica Venezolana, 2ª. Edición, Caracas 2009, pp. 13 ss.

6 *V.* Allan R. Brewer–Carías, "Sobre las personas jurídicas en la Constitución de 1999" en *Derecho Público Contemporáneo: Libro Homenaje a Jesús Leopoldo Sánchez*, Estudios del Instituto de Derecho Público, Universidad Central de Venezuela, enero–abril 2003, Volumen 1, pp. 48–54.

7 Sabino Álvarez Guendín, *Los contratos públicos*, Madrid, 1934.

8 Jorge Enrique Romero Pérez, *Los contratos del Estado*, San José Costa Rica, 1993.

9 Alvaro Pérez Vives, *De los contratos de la Administración*, Bogotá, 1984.

10 Marco D'Alberti, *I "Public contracts" nell'esperienza Britanica*, Napoli, 1984.

11 André de Laubadère, *Traité Théorique et Pratique des Contrats Administratifs*, 3 vols., Paris, 1956.

12 Francesco di Renzo, *I contratti della pubblica amministrazione*, Milano, 1969; Francesco Paolo Pugliese, I *contratti delle amministrazioni federali negli Stati Uniti d'America*, Padova, 1974.

13 Juárez de Oliveira, *Licitações e Contratos de Administração Pública*, Sao Paulo 1993.

tención de la propuesta que formulamos respecto de esa norma ante la Asamblea Nacional Constituyente durante la elaboración de la Constitución de 1999[14].

En virtud de que Venezuela está organizada como un Estado federal (Art. 4, C.) con tres niveles de gobierno (nacional, estadal, municipal) (Art. 136 C.), la intención de la regulación de la clasificación de los contratos de interés público en el artículo 150 de la Constitución, en "contratos de interés público nacional", "contratos de interés público estadal" y "contratos de interés público municipal"; fue referirse a los contratos suscritos, respectivamente, por entidades públicas nacionales, entidades públicas estadales y entidades públicas municipales[15]. En consecuencia, la intención de la regulación constitucional fue la de considerare como contratos de interés público nacional, a aquellos concernientes al nivel nacional de gobierno (diferente a los niveles estadales y municipales de gobierno), porque son suscritos por entidades públicas nacionales, es decir, por la República o institutos autónomos nacionales o empresas del Estado nacionales. Sin embargo, la Sala Constitucional del Tribunal Supremo de Justicia, in sentencia N° 2.241 del 3 de septiembre de de 2000[16], restringió inconvenientemente la noción de "contrato de interés público" del artículo 150 de la Constitución, para comprender sólo aquellos contratos suscritos por la Republica, los Estados y los Municipios en los que esté envuelto un interés nacional, estadal y municipal. En consecuencia, conforme a esta doctrina, que no compartimos, los contratos suscritos por ejemplo por institutos autónomos o empresas del Estado nacionales, no podrían considerarse como "contratos de interés público nacional" conforme al artículo 150 constitucional, lo que no tiene sentido. En consecuencia, de acuerdo con la doctrina del Tribunal Supremo sobre el artículo 150 de la Constitución de 1999, por ejemplo, un contrato suscrito por Petróleos de Venezuela (PDVSA) no podría considerarse como un contrato de interés público nacional, lo que, insistimos, no tiene sentido. A pesar de esa errada doctrina, sin embargo, y sin duda, ese contrato es un contrato público nacional suscrito por una entidad pública estatal, en particular, una empresa del Estado o persona jurídica de derecho privado estatal.

---

14 *V.* Allan R. Brewer–Carías, *Debate Constituyente (Aportes a la Asamblea Nacional Constituyente)*, Tomo II, Caracas 1999, pp. 173 ss.

15 *V. en* general: Jesús Caballero Ortiz, *"Los contratos administrativos, los contratos de interés público y los contratos de interés nacional en la Constitución de 1999", en Estudios de Derecho Administrativo: Libro Homenaje a la Universidad Central de Venezuela*, Volumen I, Imprenta Nacional, Caracas, 2001, pp. 139–154; Jesús Caballero Ortíz, *"Deben subsistir los contratos administrativos en una futura legislación?"*, en *El Derecho Público a comienzos del siglo XXI: Estudios homenaje al Profesor Allan R. Brewer–Carías*, Tomo II, Instituto de Derecho Público, UCV, Civitas Ediciones, Madrid, 2003, pp. 1765–1777; Allan R. Brewer–Carías, "Los contratos de interés público nacional y su aprobación legislativa" en *Revista de Derecho Público*, N° 11, Caracas, 1982, pp. 40–54; Allan R. Brewer–Carías, *Contratos Administrativos*, Caracas, 1992, pp. 28–36; Allan R. Brewer–Carías, *Debate Constituyente, Aportes a la Asamblea Nacional Constituyente*, Tomo II, Caracas, 1999, p. 173; Alfonso Rivas Quintero, *Derecho Constitucional*, Paredes Editores, Valencia–Venezuela, 2002, pp. 287 ss.; Hildegard Rondón de Sansó, *Análisis de la Constitución venezolana de 1999*, Editorial Ex Libris, Caracas, 2001, pp. 123 ff; y Ricardo Combellas, *Derecho Constitucional: Una introducción al estudio de la Constitución de la República Bolivariana de Venezuela*, Mc Graw Hill, Caracas, 2001, pp. 115 *ss.*

16 La Sala Constitucional del Tribunal Supremo de Justicia como la el más alto y ultimo interprete de la Constitución en esa sentencia (Caso: *Anulación del artículo 80 de la Ley Orgánica de Administración Financiera del Sector Público)*, estableció una interpretación vinculante, y redujo la categoría de los "contratos de interés público" (art. 150 C.) a aquellos suscritos o celebrados por la República, los Estados y los Municipios, en consecuencia, excluyendo de tal calificación a los contratos públicos suscritos por institutos autónomos o empresas públicas nacionales como por ejemplo podría ser PDVSA. El argumento central de la decisión de la sala se refirió al tema de la autorización parlamentaria previa en relación con los contratos de deuda pública suscritos por la República, los Estados y los Municipios.

II. LA LEY APLICABLE A LOS CONTRATOS DEL ESTADO Y LAS CLÁUSULAS OBLIGATORIAS.

En Venezuela, y salvo las previsiones limitadas de la nueva Ley de Contrataciones Públicas (y antes, de la Ley de Licitaciones) los contratos del Estado no han sido objeto de una regulación legal general, como en cambio ha sucedido, por ejemplo, como se indicó, en España con la Ley de Contratos de las Administraciones[17] o en Colombia, con la Ley de Contratos del Estado[18]. En particular, y en cuanto concierne a los denominados "contratos administrativos" solo dos leyes utilizan esta expresión:[19] primero, la Ley Orgánica del Tribunal Supremo de Justicia a los efectos de atribuir competencia a los órganos de la jurisdicción contencioso administrativa (art. 5,25), para resolver las controversias que resulten de "contratos administrativos" suscritos por la República, los Estados y los Municipios; y segundo, la Ley Orgánica que reserva al Estado bienes y servicios conexos a las actividades primarias de Hidrocarburos,[20] la cual al referirse a los contratos que habían sido celebrados en las materias que se reservaron al Estado en dicha Ley (los relativos a bienes y servicios de inyección de agua, de vapor o de gas, que permitían incrementar la energía de los yacimientos y mejorar el factor de recobro; de compresión de gas; y las vinculados a las actividades en el Lago de Maracaibo: Lanchas para el transporte de personal, buzos y mantenimiento; de barcazas con grúa para transporte de materiales, diesel, agua industrial y otros insumos; de remolcadores; de gabarras planas, boyeras, grúas, de ripio, de tendido o reemplazo de tuberías y cables subacuáticos; de mantenimiento de buques en talleres, muelles y diques de cualquier naturaleza) "se les reconoce como contratos administrativos" (art. 3), los cuales, conforme al artículo 3 de la Ley, "cuando se dicten las resoluciones" respectivas que identificaron las actividades reservadas, "se extinguirán de pleno derecho en virtud de la presente Ley."

Aparte de estas dos previsiones legales, no existen en el ordenamiento jurídico otras leyes que hablen de "contratos administrativos," lo que no excluye que existan muchas otras leyes que regulen lo que la doctrina y jurisprudencia tradicionalmente han considerado como tales contratos administrativos, como por ejemplo, los relativos a servicios públicos, a las obras públicas o a concesiones de explotación de recursos naturales o de monopolios fiscales (pe. La Ley Orgánica del Poder Público Municipal, la Ley Orgánica de promoción de inversiones mediante concesiones, la Ley Orgánica de Telecomunicaciones, la Ley del Servicio Eléctrico, la Ley de Minas, la Ley relativa a la producción de fósforos)[21].

---

17 *V. Comentarios a la Ley de Contratos de las Administraciones Públicas*, Ed. Civitas, Madrid, 1996.

18 *V.* Jorge Vélez García y Allan R. Brewer–Carías, *Contratación Estatal, Derecho Administrativo y Constitución*, Bogotá, 1995; Rafael Badell Madrid, *Régimen Jurídico del Contrato Administrativo*, Caracas 2001, pp. 30–31.

19 Una de ellas era la Ley Forestal, de Suelos y Aguas de 1965 (*Gaceta Oficial* N° 1.004 Extraordinario de 26–01–1966), respecto de las concesiones de explotación forestal (art. 65), norma que ha sido derogada por la Ley de Bosques y Gestión Forestal, *Gaceta Oficial* N° 38.946 de 05–06–2008. *V.* Jesús Caballero Ortíz, "*Deben subsistir los contratos administrativos en una futura legislación?*", en *El Derecho Público a comienzos del siglo XXI. Estudios homenaje al Profesor Allan R. Brewer–Carías*, Tomo II, Instituto de Derecho Público, UCV, Civitas Ediciones, Madrid, 2003, pp. 1773; Rafael Badell Madrid, *Régimen Jurídico del Contrato Administrativo*, Caracas 2001, pp. 49–50.

20 *Gaceta Oficial* N° 39.173 del 7 de mayo de 2009

21 *V.* Rafael Badell Madrid, *Régimen Jurídico del Contrato Administrativo*, Caracas 2001, pp. 50–51

Ahora bien, aún en ausencia de una ley general sobre los contratos del Estado, lo cierto es que la Constitución establece un conjunto de regulaciones que dan origen a cláusulas obligatorias que deben estar en todos los contratos del Estado (nacionales, estadales y municipales) o en algunos de ellos.

En efecto, en primer lugar puede mencionarse que la Constitución establece ciertas prohibiciones en materia de contratos públicos: a) los funcionarios públicos (nacionales, estadales y municipales) no pueden suscribir contratos con entidades públicas (nacionales, estatales o municipales) (Art. 145); y b) los diputados a la Asamblea Nacional no pueden ser dueños, gerentes o directores de empresas que contraten con entes públicos (Art. 190).

En segundo lugar, la Constitución establece ciertas cláusulas obligatorias que deben ser expresa o tácitamente incorporada en todos los contratos públicos, como la cláusula de inmunidad de jurisdicción y la cláusula "*Calvo*" relativa a reclamaciones internacionales o en algunos de ellos, las cláusulas de protección ambiental.

En efecto, de acuerdo con el artículo 151 de la Constitución, en todos los contratos públicos (nacionales, estadales y municipales), aún cuando no esté expresamente establecido, se debe considerar incluida una cláusula conforme a la cual todas las controversias que puedan resultar de la ejecución de los mismos, y que no puedan ser resueltas amigablemente entre las partes, deben ser decididas por los tribunales competentes venezolanos de acuerdo con la ley venezolana[22]. Se trata del principio de la inmunidad relativa de soberanía del Estado, el cual sin embargo tiene su excepción expresamente establecida en la Constitución en relación con contratos en los cuales, por su naturaleza, no se considere procedente dicha cláusula (art. 151 C.)[23]. En virtud de esta excepción, puede considerarse que el ordenamiento legal venezolano abandonó el sistema absoluta de inmunidad de jurisdicción sustituyéndolo por el principio de la inmunidad relativa de jurisdicción, permitiendo entonces, que las entidades públicas, como consecuencia de la ejecución de ciertos contratos públicos, queden sujetas a jurisdicciones extranjeras o a tribunales arbitrales y que incluso establezcan como aplicable para la resolución de la controversia lo dispuesto en leyes extranjeras[24].

Por supuesto, en esta materia no hay formulas universales que puedan determinar la "naturaleza" de los contratos para el establecimiento de la excepción del principio de inmunidad jurisdiccional; sin embargo, en derecho internacional se ha considerado que la naturaleza del contrato a tales fines, no puede basarse en el sólo hecho de que le Estado o una entidad pública sea o no parte contractual, o que use o no sus poderes de soberanía, o que el contrato sea o no un contrato de interés público. En consecuencia, la naturaleza del contrato para permitir que las controversias derivadas de la ejecución de un contrato se sujeten a una jurisdicción extranjera o a arbitraje, o para que se aplique la ley extranjera, se debe basar entre otros criterios en la consideración de la naturaleza comercial del contrato, en particular, teniendo en cuenta contratos públicos en los cua-

---

22 *V.* en general, Beatrice Sansó de Ramírez, "La inmunidad de jurisdicción en el Artículo 151 de la Constitución de 1999", en *Libro Homenaje a Enrique Tejera París, Temas sobre la Constitución de 1999*, Centro de Investigaciones Jurídicas (CEIN), Caracas, 2001, pp. 333–368.

23 Durante las discusiones del proyecto de Constitución nos correspondió proponer la inclusión de este artículo ante la Asamblea nacional Constituyente en 1999, siguiendo lo que estaba previsto en la Constitución de 1961 en relación con la excepción al principio de la inmunidad jurisdiccional. *V.* Allan R. Brewer–Carías, *Debate Constituyente, Aportes a la Asamblea Nacional Constituyente*, Tomo I, Caracas, 1999, pp. 209 *ss.*

24 *V.* Allan R. Brewer–Carías, *Contratos Administrativos*, *cit.*, pp. 130 a 137.

les la otra parte sea una empresa extranjera. En la antes mencionada decisión de la Corte Suprema de Justicia de 17 de agosto de 1999 (Caso: *Apertura Petrolera*), incluso se admitieron otras consideraciones diferentes a la naturaleza comercial del objeto del contrato para aplicar la excepción y admitir el arbitraje, vinculadas a la importancia económica del mismo, evaluada por la Administración Pública y la Asamblea Nacional.

La segunda cláusula obligatoria que la Constitución impone a todos los contratos de interés público, también en su artículo 151, es la llamada cláusula *Calvo*, conforme a la cual en todos los referidos contratos, se debe considerar incorporada tácitamente la previsión conforme a la cual en ningún caso la ejecución de los contratos puede originar reclamaciones extranjeras contra la República[25]. El origen de esta cláusula en la Constitución de 1883, fue el rechazo de todo tipo de reclamaciones diplomáticas por parte de Estados extranjeros contra el Estado venezolano, en los casos en que los Estados extranjeros actuaban por cuenta de empresas o ciudadanos extranjeros, basándose en la consideración de que todos los extranjeros en Venezuela deben ser tratadas en las mismas condiciones de igualdad que los venezolanos, excluyendo toda posibilidad de que las controversias entre partes derivadas de la ejecución de un contrato público, cuando una de las partes sea una empresa o ciudadano extranjero, puedan considerarse como controversias internacionales [26].

La tercera cláusula obligatoria respecto de contratos públicos establecida en la Constitución, es la cláusula temporal que deben contener todos los contratos destinados a la explotación de los recursos naturales propiedad de la nación o para la prestación de servicios públicos. En tal sentido el artículo 113 de la Constitución establece que esos contratos públicos siempre deben tener un tiempo de duración, y adicionalmente deben contener siempre una cláusula que establezca adecuados beneficios para la entidad pública concedente, de acuerdo con el interés público envuelto. El artículo 150,10 de la Constitución también prohíbe el otorgamiento de concesiones mineras por tiempo indefinido.

Por último, la cuarta cláusula obligatoria para los contratos públicos establecida en la Constitución, se refiere a los contratos que puedan afectar los recursos naturales suscritos por la República (no otros entes públicos como las empresas del Estado), en los cuales debe considerarse tácitamente incorporada la obligación para el co–contratante de preservar el equilibrio ecológico y permitir el acceso y transferencia de tecnología y el restablecimiento del ambiente a su situación natural cuando fuere alterado en los términos establecidos legalmente[27].

---

25 *V.* Allan R. Brewer–Carías, *Contratos Administrativos*, *cit.*, pp. 137 y ss.

26 El origen de la cláusula, lo que explica su denominación "Calvo", estuvo en el argumento contenido en su libro, *International Law Treaty* (*Tratado de Derecho Internacional*) editado inicialmente en 1868, en el cual el autor refiriéndose a la intervención anglo–francesa en el Río de la Plata y la intervención francesa en México, expresó que las mismas habían estado basadas sólo en el pretexto de proteger intereses comerciales privados, y que de acuerdo con el derecho internacional público, la intervención armada de Estados europeos en los Estados del Nuevo Mundo no podía aceptarse. Esta cláusula "Calvo" también influyó en la concepción de la " Doctrina Drago", formulada en 1902 por el Ministro de Relaciones Exteriores de Argentina, Luis Maria Drago, como reacción contra las acciones bélicas de Alemania. Gran Bretaña e Italia contra Venezuela para cobrar por la fuerza las deudas públicas con los Estados europeos. *V.* Victorino Jiménez y Núñez, *La Doctrina Drago y la Política Internacional*, Madrid, 1927.

27 *V.*, *en* general, Alberto Blanco–Uribe Quintero, "La tutela ambiental como derecho–deber del Constituyente: Base constitucional y principios rectores del derecho ambiental", en *Revista de Derecho Constitucional*, Nº 6 (enero–diciembre), Editorial Sherwood, Caracas, 2002, pp. 31–64.

Por otra parte, en relación con las formalidades para la validez de los contratos de interés público, el artículo 150 de la Constitución cambió radicalmente[28] la previsión que establecía la Constitución de 1961 en el sentido de que todos los contratos de interés público nacional fueran aprobados por el entonces Congreso Nacional. A partir de 2000, la Constitución en su artículo 150, como ha sido interpretada por la Sala Constitucional del Tribunal Supremo de Justicia, en la sentencia N° 2.241 de 3 de septiembre de 2002[29], exige que los contratos de interés público nacional suscritos por la República requieren de la aprobación de la Asamblea Nacional sólo cuando esté expresamente establecido y exigido por una ley. En consecuencia, solo cuando una particular ley establece que determinado contrato de interés público nacional suscrito por la República debe ser sometido a la aprobación de la Asamblea nacional, este requerimiento formal es necesario como condición de validez del contrato (Art. 182,9 C.).

Sin embargo, la Constitución expresamente regula la necesidad de la autorización parlamentaria (arts. 150 y 187,9), de acuerdo con la misma interpretación del Tribunal Supremo antes mencionada, en relación con los contratos de interés público nacional suscritos por la República, los Estados y Municipios con Estados extranjeros o entidades públicas extranjeras o con empresas no domiciliadas en la República.

Aparte de estas regulaciones generales de fuente constitucional, como se dijo, los contratos del Estado no han sido objeto de una regulación legal general, salvo las normas de la Ley de Contrataciones Públicas y las dispuestas en leyes especiales de obligatoria aplicación a los contratos del Estado, por lo que los mismos, como cualquier otro contrato, se rigen básicamente por las cláusulas establecidas en el contrato mismo, y por el Código Civil, siendo éste de aplicación supletoria, en el sentido que sus normas rigen aquellas materias no reguladas expresamente por las partes en el texto contractual.

En consecuencia, las partes en los contratos del Estado, y salvo las cláusulas obligatorias constitucional o legalmente establecidas y las previsiones de leyes específicas, en principio tienen completa libertad para establecer el contenido de sus obligaciones y relaciones contractuales en las cláusulas que estimen conveniente a sus intereses particulares, sin estar sujetas a las regulaciones generales o especificas del Código Civil. La consecuencia de lo anterior, es que en material contractual, y salvo por lo que se refiere a las cláusulas obligatorias constitucional o legalmente establecidas, el principio es que casi todas las regulaciones legales son supletorias a la voluntad de las partes y sólo se aplican en ausencia o insuficiencia de las previsiones adoptadas por ellas.

Por ello es que de acuerdo con el artículo 1270 del Código Civil, las obligaciones contenidas en los contratos deben cumplirse precisamente como se han contraído; y de acuerdo con el artículo 1160 del mismo Código, los contratos deben cumplirse de buena fe y las partes están obligadas no sólo a cumplir con lo expresamente establecido en el contrato, sino con todas las consecuencias que resulten de los mismos, de acuerdo con la equidad, el uso y la ley.

De acuerdo con el ordenamiento jurídico venezolano, en consecuencia, la relación contractual entre las partes está establecida en el contrato siendo el límite legal básico que tienen al regularla, de acuerdo con el artículo 6 del Código Civil, es que mediante

28 El cambio constitucional lo propusimos ante la Asamblea Nacional Constituyente durante las discusiones de la Constitución de 1999. *V.* Allan R. Brewer–Carías, *Debate Constituyente*, Tomo II, *op. cit.*, pp. 175–177.

29 Como se dijo, la argumentación central de la Sala Constitucional en su sentencia de 2 de septiembre de 2002, se refirió a la necesidad de la previa autorización parlamentaria en relación con todos los contratos de interés público de deuda pública suscritos por la República, los Estados y los Municipios.

los contratos las partes no pueden alterar las regulaciones legalmente establecidas ni las cláusulas contractuales puede ser contrarias al orden público y a las buenas costumbres.

El concepto de orden público, en el sistema legal venezolano, se refiere a situaciones en las cuales la aplicación de una disposición legal concierne al orden legal general e indispensable para la existencia de la propia comunidad, que no puede ser relajada por la voluntad de las partes, concepto que por supuesto, no se aplica en los asuntos que sólo conciernen a las partes en una controversia contractual. Por ejemplo, normas de orden público son aquellas que por ejemplo establecen competencias o atribuciones de los entes y órganos del Estado, incluso las competencias de los jueces, y aquellas que conciernen a los poderes tributarias de las entidades públicas. En el campo del derecho privado, por ejemplo, todas las leyes o normas relativas al estado de las personas (por ejemplo, *patria potestas*, divorcio, adopción) son normas en las cuales está interesado el orden público y las buenas costumbres[30].

En otros casos, es el mismo legislador el que ha expresamente indicado, en ciertas leyes, que las mismas son de orden público, en el sentido de que sus normas no pueden ser modificadas mediante relaciones contractuales. Es el caso, por ejemplo, de la derogada Ley de Protección al Consumidor y al Usuario de 2004[31], en cuyo artículo 2 se disponía que sus normas eran de orden público por lo que no podían ser renunciadas ni relajadas por las partes; y de la Ley Orgánica que reserva al Estado bienes y servicios conexos a las actividades primarias de Hidrocarburos de 2009 en cuyo artículo 7 se estableció que "Las disposiciones de la presente Ley son de orden público y se aplicarán con preferencia a cualquier otra disposición legal vigente en la materia."[32]

Puede decirse que, en general, los contratos del Estado no contienen normas contrarias al orden público o a las buenas costumbres, por lo que en general, tienen fuerza de ley entre las partes (art. 1159 CC), y obligan a las partes a cumplir lo que está expresamente regulado en las cláusulas contractuales y cumplir las obligaciones precisamente como fueron contraídas (arts. 1160 y 1270 CC.).

En virtud de ese carácter que tienen los contratos, incluyendo los contratos del Estado, de tener la fuerza de ley entre las partes, las obligaciones contractuales particularmente en los contratos estatales, tienen que configurarse conforme a las cláusulas contractuales, conforme a las normas legales que resulten aplicables en el sector de la actividad económica en el cual se concluya el contrato, y supletoriamente, conforme a las normas del Código Civil.

En particular, en cuanto a las regulaciones de derecho administrativo aplicable a los contratos del Estado, debe precisarse que los principios de esa rama del derecho, como los de todas las otras, están básicamente establecidos en leyes sancionadas por la Asamblea Nacional, en virtud de ser la ley formal, la más importante fuente de esta disciplina, siendo las regulaciones legales en general supletorias en relación con los contratos estatales. Tal es el caso, por ejemplo, de la Ley de Contrataciones Públicas, de la Ley Orgánica de la Administración Pública, de Ley General de Puertos, de la Ley Orgánica de Hidrocarburos, de la Ley Orgánica del Ambiente y de la Ley Penal del Ambiente, para sólo recordar algunas.)

---

30 Allan R. Brewer–Carías, *Contratos Administrativos*, Caracas, 1992, pp. 265–268.

31 *Gaceta Oficial*, N° 37.930 de 04–05–2004

32 *Gaceta Oficial* N° 39.173 del 7 de mayo de 2009

Las leyes especiales, en general, proporcionan un marco importante parea la actividad contractual. Sólo mencionemos la Ley Orgánica de la Administración Pública, que regula a los entes públicos y sus órganos[33], incluso la competencia específica para contratar, y en particular a los institutos autónomos y empresas del Estado, que son los entes que generalmente suscriben contratos públicos con los particulares (Art. 29, 32 LOAP).

Por ejemplo, es el artículo 102 LOAP el que define a las empresas del Estado como sociedades mercantiles en las cuales un ente público (estatal) sea titular de más del 50% del capital social, siendo incluso posible su creación con un solo accionista (art. 105). La personalidad jurídica de las mismas, al igual que la de cualquier sociedad mercantil, se adquiere mediante el registro de los estatutos en el registro mercantil conforme al Código de Comercio (arts. 103).

El artículo 102 LOAP en forma contradictoria establece que "las empresas del Estado son *personas jurídicas de derecho público constituidas de acuerdo a las normas de derecho privado,*" las cuales, sin embargo, conforme al artículo 107 LOAP, por ser personas establecidas conforme al derecho privado (es decir, realmente, "*personas jurídicas de derecho privado*"), están sujetas a la legislación comercial ordinaria, particularmente establecida en el Código dc Comercio, excepto cuando se disponga otra cosa en la misma Ley Orgánica de la Administración Pública (Art. 107). En este respecto, el Tribunal Supremo de Justicia mediante sentencia de su sala Constitucional de 18 de marzo de 2002 ha señalado, por ejemplo, en relación con Petróleos de Venezuela (PDVSA), que el régimen legal que le es aplicable es uno de carácter mixto, de derecho público y derecho privado, aún cuando preponderantemente de derecho privado debido a su organización legal, excepto en relación con sus relaciones con la República establecida a través de leyes y reglamentos vinculados con la Administración Pública[34].

III. LOS CONTRATOS ESTATALES, EL INTERÉS PÚBLICO Y LOS SERVICIOS PÚBLICOS

Todos los contratos estatales o contratos del Estado, al tener como una de las partes contratantes un ente público o persona jurídica estatal, pueden considerarse como de interés público, en el sentido de que todo lo que interese a un ente público es de interés público. Por eso hemos considerado que la expresión contrato de interés público en la Constitución equivale a contrato público o contrato del Estado.

Pero una cosa es el interés público y otra cosa es el servicio público; todo servicio público comporta una actividad de interés público, pero no toda actividad de interés público puede considerarse como servicio público.

En efecto, la expresión "servicio público" en el ordenamiento jurídico venezolano no puede usarse indiscriminadamente para calificar como tal a toda actividad de interés público. Como sucede en la doctrina del derecho administrativo anglosajón, la expresión "servicio público" conforme al *Black's Law Dictionary*[35], tiene un particular signi-

33 Decreto Ley N° 6.217 15–07–2008, *Gaceta Oficial* N° 5890 Extraordinario de 31–07–2008. Derogó la Ley de 2001, en *Gaceta Oficial*, N° 37.305 de 17–10–2001. *V.* Allan R. Brewer–Carías et al., *Ley Orgánica de la Administración Pública*, Caracas 2002, pp. 62 *ss.*

34 *V. Revista de Derecho Público*, N° 89–92, Caracas, 2002, p. 219.

35 En el *Black's Law Dictionary*, el término "public service" se aplica a las actividades o entidades "which specially serve the needs of the general public or conduce to the comfort and convenience of an entire community,

ficado relativo a "*public utility*"[36], expresión que identifica a los servicios prestados al público en general por entidades o corporaciones públicas o mediante concesión de estas. En consecuencia, en derecho venezolano y en el derecho anglosajón, no toda actividad de interés público puede ser considerada como servicio público, sino sólo aquellas que consisten en una actividad de prestación de interés público destinada a satisfacer las necesidades del público en general o de confort y conveniencia de la comunidad como globalidad como por ejemplo son los servicios de ferrocarriles, de transporte, de gas, de electricidad, de agua. En consecuencia, no es correcto identificar *"servicio público"* con cualquier actividad de interés general, pues de lo contrario, la noción carecería de utilidad.

Sin embargo, la noción de servicio público, equivalente también a la expresión francesa de "*service public*", en el derecho administrativo latino ha sido una de las nociones más trajinadas, usadas y distorsionadas, en fin, de uso más abusivo, al punto de que en ciertos casos ha servido para identificar cualquier actividad de las entidades públicas, lanzando la noción a una permanente crisis conceptual[37].

Resulta necesario, por tanto, tratar de identificar correctamente la noción y distinguirla de otra actividades de interés público, ya que su utilización ha sido extremadamente frecuente en la tarea de tratar de identificar a los "contratos administrativos" como una categoría dentro de los contratos estatales.

De acuerdo con el derecho venezolano, en efecto, en sentido equivalente a la noción de "*public service or utility*" antes indicada, un servicio público ante todo es siempre una actividad mediante la cual un ente público o una empresa mediante concesión, presta regularmente a un servicio al público en general o a la comunidad entera, como por ejemplo son los servicios de gas, teléfono, agua, electricidad, transporte. Se trata, siempre de una actividad de prestación[38], mediante la cual la entidad pública directamente satisface necesidades públicas generales dando un servicio a la comunidad entera o al público general. En consecuencia, la característica esencial del servicio público es que siempre consiste en una actividad prestacional destinada al público en general, para satisfacer necesidades públicas de manera continua y regular, y que el ente público tiene que asumir en virtud de una obligación constitucional o legalmente establecida. Por ello es que los particulares no son libres de asumir dichas actividades prestacionales y sólo

---

such as railroads, gas, water and electric light companies; and companies furnishing public transportation". Si el servicio público es prestado por una empresa privada debe tener "an appropriate franchise from the state to provide for the necessity or convenience of the general public, incapable of being furnished by private competitive business, and dependent for its exercise on eminent domain or government agency", West Publishing, St. Paul, Minn., 1991, p. 858.

36 *V.* Peter L Strauss et al., *Administrative Law. Cases and Comments*, University Casebooks Series, New York, 1995, pp. 339 ss. *Cf.* José Peña Solís, *Manual de Derecho Administrativo*, Vol. 3, Caracas 2003, p. 381.

37 *V.* entre los más recientes ensayos en la materia: Jaime Orlando Santofimio, "Los servicios públicos: vicisitudes y fundamentos de un tema jurídico inconcluso e impreciso" en *El derecho Público a comienzos del Siglo XXI: Estudios en Homenaje al Profesor Allan R. Brewer–Carías*, Ed. Civitas, Madrid, 2003, pp. 1882–1956; José Ignacio Hernández G., "*Un ensayo sobre el concepto de servicio público en el derecho venezolano" Revista de Derecho Público*, N° 89–92, EJV, Caracas, 2002, pp. 47–75.

38 *V.*, por ejemplo, Allan R. Brewer–Carías, "Comentarios sobre la noción de servicio público como actividad prestacional del Estado y sus consecuencias" en *Revista de Derecho Público*, N° 6, EJV, Caracas, 1981, pp. 65–71. *V.* también el reciente trabajo de José Ramón Parada, "Los servicios públicos en España", en *El derecho Público a comienzos del Siglo XXI:. Estudios en Homenaje al Profesor Allan R. Brewer–Carías*, Madrid, 2003, pp. 1845–1869.

pueden cumplirlas mediante un contrato de concesión otorgado por el ente público respectivo, o en su caso, un permiso, una autorización o un registro en oficina pública[39].

En nuestro criterio, esta definición de servicio público implica lo siguiente [40]: primero, que siempre se trata de una actividad prestacional que consiste en proveer o dar un servicio al público en general; por lo que el concepto se refiere precisamente a servicios tales como gas, electricidad, agua, transporte, teléfono, lo que implica que siempre están regulados mediante leyes.

Segundo, se trata de servicios que el ente público respectivo debe cumplir o prestar en ejecución de una obligación constitucional o legal, de lo que resulta la necesaria existencia de una ley formal que los regule. De ello deriva la doctrina de que para que un servicio público exista es necesaria su calificación como tal mediante ley expresa[41]. En consecuencia, no todo tipo de servicios prestados por los entes públicos pueden considerarse como servicios públicos, sino sólo aquellos que se prestan en ejecución de una obligación establecida en la Constitución o en una ley. Por ello, precisamente es que los servicios públicos no pueden ser prestados libremente por los particulares, sino mediante concesión, licencia, permiso o autorización.

Tercero, en virtud de que se trata siempre de una actividad que consiste en prestar servicios al público en general como consecuencia la una obligación impuesta al Estado, de acuerdo con el principio de la *alteridad* que existe en toda relación derecho/obligación, el público en general y los usuarios en particular pueden alegar tener un derecho constitucional o legal de recibir los servicios, e incluso pueden reclamarlos judicialmente[42].

Cuarto, cuando una actividad se declara constitucional o legalmente como un *servicio público*, tal actividad no puede ser libremente cumplida por los particulares, pues está sujeta a alguna intervención o restricción estatal. En este caso, la libertad económica o libertad de empresa puede considerarse que está limitada, aún en grados diversos. En efecto, la declaración de una actividad como servicio público puede implicar la exclusión total de cualquier posibilidad de que los particulares puedan prestar el servicio, como sucedía en el pasado con el correo, que se reservaba al Estado, como lo establecía la vieja Ley de Correo, o lo estableció en 2009 la Ley la Ley Orgánica que reserva al Estado bienes y servicios conexos a las actividades primarias de Hidrocarburos;[43] o puede implicar que el servicio se pueda prestar por los particulares mediante concesión o permiso otorgado por el ente público, como sucede en general con los servicios públicos; o los servicios públicos pueden prestarse en forma concurrente entre el Estado y los

39 *V.* Allan R. Brewer–Carías", *"El régimen constitucional de los servicios públicos", VI Jornadas Internacionales de Derecho Administrativo "Allan R. Brewer–Carías"*, Fundación de Estudios de Derecho Administrativo, Tomo I, Caracas, March 5 – 8, 2002.

40 *Idem.*

41 Por ello, en relación con la noción de servicio público, algunos autores han concluido que solo las actividades expresamente calificadas como tales en las leyes pueden ser consideradas como servicios públicos. *V.* José Peña Solís, *Manual de Derecho Administrativo*, Vol. 3, Caracas 2003, pp. 336 ss.

42 Por ello, el artículo 259 de la Constitución de 1999 le atribuye a la Jurisdicción contencioso–administrativa competencia para resolver los reclamos por la prestación de los servicios públicos.

43 La Ley de 2009 declaró en su artículo 5 que "Se declaran servicio público y de interés público y social, las obras, bienes y servicios, conexos para la realización de las actividades primarias previstas en la Ley Orgánica de Hidrocarburos reservados en los artículos anteriores." *Gaceta Oficial* N° 39.173 del 7 de mayo de 2009.

particulares, sin mayores limitaciones, como sucede por ejemplo con los servicios de salud o de educación[44].

En Venezuela, el artículo 302 de la Constitución establece la posibilidad de que el Estado se reserve, mediante ley orgánica y con fundamento en razones de conveniencia nacional, determinadas industrias, explotaciones, bienes y "servicio" de interés público. En muchos casos, incluso, el monopolio estatal puede establecerse en relación no sólo ciertas actividades (industrias, explotaciones) sino en servicios en particular. Sin embargo, en relación con los servicios públicos, su declaración legal como tales "servicios públicos" no implica necesariamente una reserve automática de la actividad al Estado, por lo que más bien, dependiendo del grado intervención estatal, los mismos pueden ser prestados por particulares mediante concesiones conforme al artículo 113 de la Constitución; o pueden prestarse por los particulares en forma concurrente. Pero en todo caso, una ley que regule la actividad como servicio público es siempre necesaria para ser tenidos como tal.

En la última de las decisiones importantes del Tribunal Supremo de Justicia sobre la noción de servicio público, y para resolver un recurso de nulidad interpuesto contra una resolución del antiguo Ministerio de Transporte y Comunicaciones, la Sala Político Administrativa de dicho Tribunal consideró "necesario estudiar la actividad del correo a la luz de los conceptos emanados de la doctrina, normativa y jurisprudencia, bajo el marco conceptual del servicio público", estableciendo el siguiente criterio, coincidente con el que hemos sostenido:

> "El servicio público puede ser definido como la actividad administrativa de naturaleza prestacional destinada a satisfacer necesidades colectivas de manera regular y continua, previamente calificada como tal por un instrumento legal, realizada directa o indirectamente por la Administración Pública y por tanto, sometido a un régimen de Derecho público. (José Peña Solís. "La Actividad Administrativa de Servicio Público: Aproximación a sus Lineamientos Generales", en *Temas de Derecho Administrativo. Libro Homenaje a Gonzalo Pérez Luciani*, Vol. I. Tribunal Supremo de Justicia. Colección Libros Homenaje nº 7. Caracas, 2002. Pág. 433).

Los servicios públicos contienen una serie de elementos que los caracterizan, entre los que están la actividad prestacional, la satisfacción de necesidades colectivas (o la vinculación al principio de la universalidad del servicio), la regularidad y continuidad del servicio, la calificación por ley de la actividad como servicio público (*publicatio*), la gestión directa o indirecta de la Administración Pública, y su consecuencial régimen de Derecho público."[45]

IV. LOS CONTRATOS DEL ESTADO Y LOS CONTRATOS ADMINISTRATIVOS

Conforme a la doctrina tradicional, no todos los contratos del Estado pueden considerarse como "contratos administrativos", pero sin dura, en presencia de cualquier contrato del Estado o contrato público, siempre surgirá la discusión sobre si debe o no consi-

---

44 *V.* Allan R. Brewer–Carías, "Comentarios sobre la noción de servicio público como actividad prestacional del Estado y sus consecuencias" en *Revista de Derecho Público*, Nº 6, EJV, Caracas, 1981, pp. 68 ss.

45 Sentencia Nº 1002 de la Sala Político Administrativa del Tribunal Supremo de Justicia (Caso: *DHL Fletes Aéreos C.A.. y otros*) de 5 de agosto de 2004

derarse como un contrato administrativo, en particular cuando de cuestiones de competencia judicial se trata.

Por otra parte, con frecuencia es la propia Administración contratante la que califica a cualquier contrato como contrato administrativo a los efectos de alegar la existencia de cláusulas exorbitantes del derecho común. Sin embargo, de hecho, si bien es cierto que en su origen en el siglo pasado, la distinción entre "contratos administrativos" y "contratos de derecho privado de la Administración" podía tener alguna importancia en relación con los poderes extraordinarios que podían ejercerse por la Administración contratante en relación con la ejecución de los "contratos administrativos" y que supuestamente no existían en los "contratos de derecho privado"; en la actualidad la distinción es inútil, ya que los poderes extraordinarios (*cláusulas exorbitantes*) establecidos en las leyes, pueden siempre ejercerse por la Administración contratante, independientemente del objeto del contrato público y del contenido de sus cláusulas, cuando el interés público lo requiera.

Por ello es que siempre se ha considerado a dichas prerrogativas estatales como inherentes a la Administración, es decir, que son de carácter implícito a pesar de que no estén establecidas en los contratos públicos. Es por ello que la antigua Corte Suprema de Justicia en su sentencia del 17 de agosto de 1999 (Caso *Apertura Petrolera*) decidió que los poderes extraordinarios que no se encuentran en los contratos privados no define el contrato administrativo como tal, ya que las mismas son consecuencia y no la condición para su determinación; agregando que el hecho de que un contrato tenga o no esas cláusulas no es sino la consecuencia de la necesaria y obligatoria protección del interés general.

La noción de "contrato administrativo", en ausencia de una ley general que los regule en Venezuela, sin duda, es una construcción doctrinal en cuya elaboración hemos contribuido en una forma u otra todos los que nos hemos ocupado de esta disciplina, al comentar la rica jurisprudencia de la Corte Suprema de Justicia, basada fundamentalmente en razones prácticas de orden adjetivo.

En todo caso, como antes se ha dicho, los únicos contratos del Estado regulados en la Constitución son los contratos de interés público que se caracterizan por el sólo hecho de que una de las partes contratantes debe ser una entidad pública (la República, los Estados y los Municipios, de acuerdo con la interpretación de la Corte Suprema de Justicia). Ninguna otra consideración se hace en la Constitución en relación con otros aspectos de los contratos o en relación con su objeto a los efectos de considerarlos como contratos de interés público. En consecuencia, en relación con los contratos, la única distinción establecida en la Constitución se refiere al nivel territorial de gobierno en el cual se ubica la entidad pública contratante: en el nivel nacional, estadal o municipal, circunstancia que da origen a la distinción entre contratos de interés público nacional, contratos de interés público estadal y contratos de interés público municipal. En la Constitución no se hace referencia alguna a los llamados "contratos administrativos"; noción que es utilizada sólo en pocas normas legales y desarrollada por la doctrina jurisprudencial de la antigua Corte Suprema de Justicia y por la doctrina legal.

En Venezuela, como se indicó, los contratos administrativos solo se regulan en dos leyes específicas: la Ley Orgánica del Tribunal Supremo de Justicia[46], en la cual, conforme a la orientación de la Ley Orgánica precedente relativa a la antigua Corte Supre-

46 *Gaceta Oficial*, N° 37.942 de 02–05–2004.

ma de Justicia, establece una norma adjetiva de atribución de competencia judicial en materia contencioso administrativa (art. 259 C.), a la Sala Político Administrativa del tribunal Supremo, a los efectos de la resolución de las controversias relacionadas con los contratos administrativos suscritos por la República, los Estados y los Municipios (art. 5, 25). Ha sido con base en esta previsión legal, es que se ha elaborado una amplia y confusa doctrina jurisprudencial que ha tratado de identificar, entre los contratos públicos o contratos de interés público, algunos que se consideran contratos administrativos a los efectos de atraer la competencia de la Sala Político Administrativa del Tribunal Supremo[47].

La otra ley que se refiere a contratos administrativos, como se dijo, es la Ley Orgánica que reserva al Estado bienes y servicios conexos a las actividades primarias de Hidrocarburos de 2009,[48] la cual al referirse a los contratos que habían sido celebrados en las materias que se reservaron al Estado (los relativos a bienes y servicios de inyección de agua, de vapor o de gas, que permitían incrementar la energía de los yacimientos y mejorar el factor de recobro; de compresión de gas.; y las vinculados a las actividades en el Lago de Maracaibo: Lanchas para el transporte de personal, buzos y mantenimiento; de barcazas con grúa para transporte de materiales, diesel, agua industrial y otros insumos; de remolcadores; de gabarras planas, boyeras, grúas, de ripio, de tendido o reemplazo de tuberías y cables subacuáticos; de mantenimiento de buques en talleres, muelles y diques de cualquier naturaleza) indicó que "se les reconoce como contratos administrativos" (art. 3), a los efectos de considerarlos extinguidos de pleno derecho en virtud de la propia Ley (art. 3).

Ahora bien, todos los que nos hemos ocupado del estudio del derecho administrativo, hemos escrito extensivamente sobre el tema de los contratos administrativos[49]. Incluso,

---

47 *V.* Allan R. Brewer–Carías y Luis Ortiz Álvarez, *Las grandes decisiones de la Jurisprudencia Contencioso–Administrativa 1961–1996*, Caracas, 1999, pp. 174 y ss.

48 *Gaceta Oficial* N° 39.173 del 7 de mayo de 2009

49 *V.* Allan R. Brewer–Carías, "Los contratos de la administración en la jurisprudencia venezolana" en *Revista de la Facultad de Derecho*, N° 26, Universidad Central de Venezuela, Caracas, 1963, pp. 127–154; "La formación de la voluntad de la Administración Pública Nacional en los contratos administrativos" en *Revista de la Facultad de Derecho*, N° 28, Universidad Central de Venezuela, Caracas, 1964, pp. 61–112; "La formación de la voluntad de la Administración Pública Nacional en la contratación administrativa", (con referencias al derecho uruguayo por Horacio Casinelli Muñoz) en *Revista de Derecho, Jurisprudencia y Administración*, Tomo 62, N° 2–3, Montevideo 1965, pp. 25–56; "Los contratos de la Administración en la doctrina de la Consultoría Jurídica" en *Revista del Ministerio de Justicia*, N° 48, Año XIII, Caracas, enero–marzo 1964, pp. 27–75; "Los contratos de la Administración en la doctrina de la Procuraduría General de la República" en *Revista de la Facultad de Derecho*, N° 30, Universidad Central de Venezuela, Caracas, Diciembre 1964, pp. 173–232; "Los contratos de la administración en la doctrina de la Procuraduría General de la República II" en *Revista de la Facultad de Derecho*, N° 31, Universidad Central de Venezuela, Caracas, Junio 1965, pp. 269–299; "La facultad de la Administración de modificar unilateralmente los contratos administrativos" en *Libro–Homenaje a la Memoria de Roberto Goldschmidt*, Facultad de Derecho, Universidad Central de Venezuela, Caracas, 1967, pp. 755–778; "La facultad de la Administración de modificar unilateralmente los contratos administrativos (con especial referencia a los contratos de obra pública en el derecho venezolano)" en *Revista de Derecho Español y Americano*, Instituto de Cultura Hispánica, N° 19, Año XIII, Madrid, Enero–marzo 1968, pp. 101–117; "Algunas reflexiones sobre el equilibrio financiero en los contratos administrativos y la aplicabilidad en Venezuela de la concepción amplia de la Teoría del Hecho del Príncipe", en *Revista Control Fiscal y Tecnificación Administrativa*, Año XIII, N° 65, Contraloría General de la República, Caracas, 1972, pp. 86–93; "La autorización legislativa" en *Procedimientos Parlamentarios para la aprobación de Contratos de interés nacional*, Imprenta del Congreso de la República, Caracas, 1973, pp. 77–92; "Consideraciones sobre los efectos de la ruptura de la ecuación económica de un contrato administrativo por una ley declarada nula por inconstitucional" en *Cuadernos de Derecho Público*, Facultad de Derecho, Universidad de Los Andes, N° 2, Mérida 1976, pp. 5–26; Allan R. Brewer–Carías, *Jurisprudencia de la Corte Suprema 1930–1974 y Estudios de Derecho Administrativo*, Tomo III: *La Actividad Administrativa*. Vol. 2. *Recursos y Contratos Administrativos*,

en uno de los primeros estudios contemporáneos de derecho administrativo venezolano, que fue nuestra tesis de grado *Las Instituciones Fundamentales del Derecho Administrativo y la Jurisprudencia Venezolana,* Caracas 1964, pp. 155–223, escribimos un Capítulo destinado a analizar "la teoría del contrato administrativo". Dicha tesis, escrita en Francia entre 1962 y 1963 mientras seguíamos los cursos de postgrado en la Facultad de Derecho de la Universidad de Paris, sin duda, estuvo influenciada por la doctrina francesa de derecho administrativo de la época, de manera que la definición que entonces adoptada para identificar los contratos administrativos fue "la finalidad de servicio público" perseguida con el contrato[50].

Fue esta "finalidad de servicio público" en el sentido de gestión de los intereses públicos por la Administración Pública,[51] la que justificaba la aplicación de un régimen de derecho administrativo a dichos contratos y la competencia de la Sala Político Administrativa de la Corte Suprema de Justicia en relación con las controversias que pudieran surgir de su ejecución[52]; que no se aplicaban a los contratos de derecho privado

---

Ediciones del Instituto de Derecho Público, Facultad de Derecho, Universidad Central de Venezuela, Caracas, 1977, 587 pp.; "La evolución del concepto de contrato administrativo" en *El Derecho Administrativo en América Latina, Curso Internacional,* Colegio Mayor de Nuestra Señora del Rosario, Bogotá 1978, pp. 143–167; *en Jurisprudencia Argentina,* N° 5.076, Buenos Aires, 13–12–1978, pp. 1–12; en *Libro Homenaje al Profesor Antonio Moles Caubet,* Tomo I, Facultad de Ciencias Jurídicas y Políticas, Universidad Central de Venezuela, Caracas, 1981, pp. 41–69; y en Allan R. Brewer–Carías, *Estudios de Derecho Administrativo,* Bogotá, 1986, pp. 61–90; "Evoluçao do conceito do contrato administrativo" en *Revista de Direito Publico* Nos. 51–52, Sao Paulo, July–December 1979, pp. 5–19; "Algunas consideraciones sobre las cláusulas de variación de precios en los contratos administrativos" en *Boletín de la Academia de Ciencias Políticas y Sociales,* N° 81, Caracas, julio–septiembre 1980, pp. 251–262; "Los contratos de interés nacional y su aprobación legislativa" en *Revista de Derecho Público,* N° 11, Editorial Jurídica Venezolana, Caracas, julio–septiembre 1982, pp. 40–54; "Los contratos de interés nacional y su aprobación legislativa", Allan R. Brewer–Carías, *Estudios de Derecho Público,* Tomo I, *(Labor en el Senado 1982),* Ediciones del Congreso de la República, Caracas, 1983, pp. 183–193; "La aprobación legislativa de los contratos de interés nacional y el contrato Pdvsa–Veba Oil", en Allan R. Brewer–Carías, *Estudios de Derecho Público,* Tomo II, *(Labor en el Senado),* Ediciones del Congreso de la República, Caracas, 1985 pp. 65–82; "La evolución del concepto de contrato administrativo", Allan R. Brewer–Carías, *Estudios de Derecho Administrativo,* Ediciones Rosaristas, Colegio Nuestra Señora del Rosario, Bogotá, 1986 pp. 61–90, "Las cláusulas obligatorias y los principios especiales en la contratación administrativa", Allan R. Brewer–Carías, *Estudios de Derecho Administrativo,* Ediciones Rosaristas, Colegio Nuestra Señora del Rosario, Bogotá 1986 pp. 91–124; "Principios especiales y estipulaciones obligatorias en la contratación administrativa" en *El Derecho Administrativo en Latinoamérica,* Vol. II, Ediciones Rosaristas, Colegio Mayor Nuestra Señora del Rosario, Bogotá 1986, pp. 345–378; "Las cláusulas obligatorias y los principios especiales en la contratación administrativa" en Allan R. Brewer–Carías, *Estudios de Derecho Administrativo,* Bogotá, 1986, pp. 91–124; "Consideraciones sobre los derechos del contratista en los contratos de obra pública: el derecho al precio y a su pago en la forma convenida" en *Revista de Derecho Público,* N° 28, Editorial Jurídica Venezolana, Caracas, Octubre–diciembre 1986, pp. 35–46; "El régimen de selección de contratistas en la Administración Pública y la Ley de Licitaciones" en *Revista de Derecho Público,* N° 42, Editorial Jurídica Venezolana, Caracas, Abril–junio 1990, pp. 5–25; Allan R. Brewer–Carías, *Contratos Administrativos,* Colección Estudios Jurídicos, N° 44, Editorial Jurídica Venezolana, Caracas, 1992, 302 pp; "Algunos comentarios al régimen de la contratación estatal en Colombia" en *Revista de Derecho Público,* N° 59–60, Editorial Jurídica Venezolana, Caracas, Julio–diciembre 1994, pp. 75–80; *y en Estudios Jurídicos en Memoria de Alberto Ramón Real,* Instituto de Derecho Administrativo, Facultad de Derecho, Universidad de la República, Montevideo, 1996, pp. 455–461; "El Derecho Administrativo y el derecho de la contratación estatal en Colombia y en el panorama jurídico contemporáneo", en Allan R. Brewer–Carías y Jorge Vélez García, *Contratación Estatal, Derecho Administrativo y Constitución,* Pontificia Universidad Javeriana, *Quaestiones Juridicae* N° 6, Bogotá, 1995, pp. 7–37; "El arbitraje y los contratos de interés nacional" en *Seminario sobre la Ley de Arbitraje Comercial,* Biblioteca de la Academia de Ciencias Políticas y Sociales, Serie Eventos, N° 13, Caracas, 1999, pp. 169–204.

50 *V.* Allan R. Brewer–Carías, *Las Instituciones Fundamentales del Derecho Administrativo y la Jurisprudencia venezolana,* Caracas, 1964, p. 162.

51 *Idem,* p. 114.

52 *Idem,* p. 158.

que pudiera suscribir la Administración Pública. La definición se basó en el análisis de la jurisprudencia de la Corte Suprema de Justicia conforme a decisiones adoptadas en los cuarenta y cincuenta, en particular respecto de contratos administrativos en los cuales la Administración hizo uso de sus poderes o prerrogativas públicas dado el interés público envuelto en el objeto del contrato o porque había sido suscrito con criterio de *servicio público*[53]. La definición de "*servicio público*", para ese entonces, era una definición amplia no relacionada particularmente con la prestación de servicios al público en general[54]. Pero aún cuando la definición del contrato administrativo era entonces extremadamente amplia en el sentido de que cualquier contrato público podía considerarse contrato administrativo, los ejemplos que se daban para identificarlos, sin embargo, permitían tener una visión más precisa sobre ellos: contratos de obra pública, contratos de empréstito público, contratos de suministro a la Administración Pública, contratos de transporte público y concesiones de servicios públicos[55].

Una de las características fundamentales del derecho administrativo es su mutabilidad y adaptabilidad respecto de la transformación del Estado y de la actividad de su Administración Pública, por lo que el concepto de contrato administrativo basado en la ecuación cerrada: "interés público o finalidad de servicio público/régimen de derecho administrativo/control por la jurisdicción contencioso administrativa", ha sido cuestionado por la doctrina. Por eso se ha escrito sobre el "contradictorio y confuso criterio" utilizado en relación con los contratos administrativos[56], y en un estudio reciente de 2003, el profesor Rafael Gómez Ferrer Morant, sobre "La mutabilidad de la figura de los contratos administrativos", se refirió a "la dificultad de construir de una vez por todas la institución del contrato administrativo" considerando que su "evolución aún no ha terminado"[57].

Dos décadas después de publicada nuestra tesis de grado, en un trabajo publicado en 1981 denominado "La evolución del concepto de contrato administrativo"[58], que desarrollamos posteriormente en nuestro libro *Contratos Administrativos*, Caracas 1992, cuestionamos el concepto mismo de derecho administrativo basado en la sola relación "contratos administrativos/régimen de derecho administrativo", la cual hemos calificado de absolutamente inadmisible[59]. En realidad, aparte de las cláusulas mismas del contrato (que tienen fuerza de ley entre las partes), y el carácter supletorio de las disposiciones del Código Civil, todos los contratos públicos están sujetos en una forma u otra al derecho público (administrativo), al menos en relación con las regulaciones relativas a las competencias de los entes y órganos públicos para suscribirlos, o a la selección de los contratistas (licitación), o en relación con su ejecución, de manera que no hay contratos públicos que estén sólo sujetos al derecho privado supuestamente opuestos a los contra-

---

53 *V.* por ejemplo, las sentencias de la Corte Federal y de Casación de 5 de diciembre de 1944, de la Corte Federal de 3 de diciembre de 1959 y de la Sala Político Administrativa de la Corte Suprema de Justicia de 12 de diciembre de 1961 y de 13 de agosto de 1964, en Allan R. Brewer–Carías, *Jurisprudencia de la Corte Suprema 1930–1974 y Estudios de Derecho Administrativo*, Tomo III, vol. 2, Caracas, 1977, pp. 727–733.

54 *V.* Rafael Badell Madrid, *Régimen Jurídico del Contrato Administrativo*, Caracas 2001, pp. 37–47.

55 Allan R. Brewer–Carías, *Las Instituciones Fundamentales del Derecho Administrativo y la Jurisprudencia venezolana*, Caracas, 1964, p. 162.

56 *V.* Rafael Badell Madrid, *Régimen Jurídico del Contrato Administrativo*, Caracas, 2001, p. 32,

57 *V.* en *El Derecho Público a comienzos del Siglo XXI. Estudios en homenaje al Profesor Allan R. Brewer–Carías*, Madrid, 2003, p. 1749–1764.

58 *V.* en *Libro Homenaje al Profesor Antonio Moles Caubet*, Tomo I, Caracas, 1982, pp. 41–69.

59 *V.* Allan R. Brewer–Carías, *Contratos administrativos*, Caracas, 1992, p. 13.

tos administrativos sujetos al derecho administrativo[60]. En cambio, hemos sostenido que "la noción de contrato administrativo solo puede ser aceptada para identificar un tipo de contrato público (contratos de Administración Pública) que en virtud de la finalidad de interés público perseguido con el mismo, está sujeto preponderantemente a un régimen de derecho público, pero no con el objeto de distinguir entre contratos públicos sometidos al derecho público y otros supuestamente sujetos a un régimen de derecho privado. La preponderancia de uno u otro régimen es ahora lo importante"[61].

Posteriormente hemos insistido en el tema en el trabajo presentado en una de estas Jornadas Internacionales sobre "La interaplicación del derecho público y del derecho privado a la Administración Pública y el proceso de huída y recuperación del derecho administrativo", en el cual expresamos que "las actividades de la Administración Pública están sujetas tanto al derecho público como al derecho privado, en un grado de preponderancia que varía de acuerdo con sus finalidades y naturaleza"; y que "todos los contratos públicos están siempre sometidos tanto al derecho público como al derecho privado[62].

Una de las más recientes críticas respecto de la noción de contratos administrativos es el trabajo de Jesús Caballero Ortíz, "Deben subsistir los contratos administrativos en una futura legislación?"[63], en el cual se ha referido, en términos similares a los usados por Rafael Badell Madrid ("criterio confuso y contradictorio")[64], al vago e impreciso criterio utilizado para su identificación. Ello ha llevado a algunos distinguidos administrativistas a considerar que la noción de contrato administrativo es inútil y sin efecto[65] y, en todo caso, que ya ha sido abandonada frente al régimen uniforme establecido en la legislación.[66]

Por supuesto, a pesar de la imprecisión de algunas decisiones de la Sala Político Administrativa de la Corte Suprema de Justicia, algunos contratos públicos pueden considerarse y siempre se han considerado como "contratos administrativos". Es el caso de las concesiones de servicios públicos como las de transporte público, gas, electricidad, agua, recolección de desechos sólidos, teléfonos y de los contratos de obra pública[67]. En esos contratos, dado el interés público envuelto, el ente público contratante se considera que posee los antes mencionados poderes públicos extraordinarios en relación con su ejecución. Pero en relación con otros contratos públicos, donde el interés público no es tan obvio, la noción de contrato administrativo, en definitiva, puede considerarse como una noción *ex post facto*[68], en el sentido de que cualquier contrato público suscrito por

60 *Idem*, pp. 14, 42, 43, 52, 53, 55, 71, 72.

61 *Idem*, p. 14.

62 *V.* en *Las Formas de la Actividad Administrativa. II Jornadas Internacionales de Derecho Administrativo "Allan Randolph Brewer–Carías"*, Fundación de Estudios de Derecho Administrativo, Caracas, 1996, pp. 58–60.

63 Publicado *en El Derecho Público a comienzos del Siglo XXI: Estudios en homenaje al Profesor Allan R. Brewer–Carías*, Madrid, 2003, p. 1765–1778.

64 *V.* Rafael Badell Madrid, *Régimen Jurídico del Contrato Administrativo*, Caracas, 2001, p. 32.

65 *V.* Gonzalo Pérez Luciani, "Los contratos administrativos en Venezuela", *en* Allan R. Brewer–Carías (Director), *Derecho Público en Venezuela y Colombia: Archivo de derecho Público y Ciencias de la Administración*, Caracas, 1986, p. 253.

66 *V.* el estudio sobre el tema "El contrato administrativo en la Ley de Contrataciones Públicas venezolana," del profesor José Ignacio Hernández, en este mismo libro (pp. 138 ss.)

67 *V.* Allan R. Brewer–Carías, *Contratos Administrativos, op. cit.*, p. 46; Rafael Badell Madrid, *Régimen Jurídico del Contrato Administrativo*, Caracas, 2001, pp. 50–51.

68 *V.* "La interaplicación del derecho público y del derecho privado a la Administración Pública y el proceso de huída y recuperación del derecho administrativo" en *Las Formas de la Actividad Administrativa: II Jornadas*

la República, los Estados y los Municipios puede convertirse en contrato administrativo, si el ente público contratante utiliza sus poderes públicos extraordinarios en relación con su cumplimiento y ejecución, y siempre que la Sala Político Administrativa decidiera considerar el contrato público como un contrato administrativo, solo para confirmar su competencia para resolver las controversias que deriven de su ejecución.

Como indicamos, el origen francés de la distinción entre contrato administrativo y contrato de derecho privado suscrito por la Administración Pública, dio origen a la distribución de competencias judiciales entre la jurisdicción contencioso administrativa y la jurisdicción judicial ordinaria[69]; la cual fue seguida en muchos países de régimen de derecho escrito. La noción francesa de "*service public*" fue también utilizada y por ello la seguimos hace cuatro décadas[70]. La muy conocida crisis de la noción de "*servicio público*" también originó la mencionada crisis de la noción de contrato administrativo, los cuales no pueden ahora ser definidos por la sola finalidad de servicio público, dado el riesgo de que no exista criterio sustantivo alguno para identificar dicha finalidad, o simplemente porque se identifiquen con todos los contratos públicos o de interés público. Si tal es el caso, entonces la noción de contrato administrativo es inútil, excepto para la competencia de la Sala Política Administrativa del Tribunal Supremo de Justicia al decidir sobre su propia competencia en relación con ciertos contratos suscritos por la República, los Estados o los Municipios[71].

Sin embargo, este interés adjetivo que originó la misma noción de contrato administrativo, puede decirse que también ha desaparecido con la aplicación de la reciente Ley Orgánica del Tribunal Supremo de Justicia de mayo de 2004, la cual al distribuir las competencias entre los tribunales de la jurisdicción contencioso administrativa, puede decirse que eliminó el monopolio que tenía la Sala Político Administrativa del Tribunal Supremo para conocer controversias en materia de "contratos administrativos", con lo cual la noción perdió utilidad e interés procesal, que materialmente era el único que la sustentaba. Por tanto, ninguna importancia tiene que se califique o no a cualquier contrato público como contrato administrativo, el cual como contrato público, está sometido, como todos los contratos del Estado a un régimen mixto de derecho público y de derecho privado, siendo el Código Civil de aplicación supletoria respeto de lo establecido en las cláusulas contractuales y en las leyes especiales.

Por otra parte, es de recordar que incluso, en la asunción del monopolio jurisdiccional ahora eliminado, la antigua Corte Suprema también usó el criterio de "servicio público" en sentido estricto, para justificar la existencia de ciertas cláusulas extraordinarias en un contrato administrativo[72]. Así, Sala Político Administrativa del Tribunal Supremo de Justicia en sentencias recientes incluso ha progresivamente adoptado una definición amplia de "contratos administrativos", como equivalente a "contratos públicos". En tal sentido en la sentencia N° 357 del 14 de abril de 2004, se resolvió:

Internacionales de Derecho Administrativo Allan Randolph Brewer–Carías, Fundación de Estudios de Derecho Administrativo, Caracas, 1996, pp. 59.

69 *V.* Allan R. Brewer–Carías, *Contratos Administrativos*, *op. cit.*, p. 39.

70 *Idem*, p. 40, 51.

71 *Idem*, p. 55.

72 *V.*, por ejemplo, la sentencia de la Sala Político Administrativa de la Corte Suprema de Justicia de 111 de abril de 1983, en *Revista de Derecho Público*, N° 20, EJV, Caracas, 1984, pp. 163–164; y en Allan R. Brewer–Carías, *Contratos Administrativos*, *op. cit.*, pp. 161–163.

"Tanto la doctrina como la jurisprudencia de esta Sala han señalado como características esenciales de los contratos administrativos, las siguientes: a) que una de las partes contratantes sea un ente público; b) que la finalidad del contrato se encuentre vinculada a una utilidad pública o servicio público; c) y como consecuencia de lo anterior, debe entenderse la presencia de ciertas prerrogativas de la administración en dichos contratos consideradas como exorbitantes, aun cuando no se encuentren expresamente plasmadas tales características en el texto de los mismos."[73]

En otra decisión, la Nº 654 de 21 de abril de 2004, la misma Sala decidió:

"Tanto la doctrina como la jurisprudencia de esta Sala han señalado como características esenciales de los contratos administrativos, las siguientes: (a) que una de las partes contratantes sea un ente público; (b) que la finalidad del contrato se encuentre vinculada a una utilidad o servicio público (aspecto éste que puede evidenciarse cuando la actividad contratada resulte importante para la prestación de un servicio público, cuando sea de tal forma inherente o conexa con la actividad pública o de servicio público que sin aquélla no se podría llevar a cabo esta última, o cuando el contrato en cuestión suponga un subsidio evidente a favor del beneficiario del servicio y a cargo de una de las partes contratantes). Como consecuencia de lo anterior, debe entenderse la presencia de ciertas prerrogativas de la administración en dichos contratos, consideradas como exorbitantes, aún cuando no se encuentren expresamente plasmadas en el texto del mismo."[74]

V. LAS CLÁUSULAS EXORBITANTES O LOS PODERES EXTRAORDINARIOS EN LOS CONTRATOS PÚBLICOS

Ahora bien, dejando aparte el tema de la vaga noción de contrato administrativo, lo cierto es que de acuerdo con la doctrina jurisprudencial, la consecuencia fundamental de que un contrato público se considere como un contrato administrativo, aparte de la de orden procesal antes mencionada y ahora superada, es la posibilidad de que el ente público contratante pueda hacer uso de ciertas prerrogativas públicas, llamadas en la doctrina como *cláusulas exorbitantes de derecho común*, es decir, poderes extraordinarios que corresponden a las entidades públicas con el objeto de preservar el interés público. Y que no se encuentran en los contratos de derecho privado. Como se ha dicho, estos poderes o prerrogativas públicas se han considerado como inherentes a la Administración Pública, no siendo necesario que estén incorporados en las cláusulas contractuales, ya que son cláusulas implícitas[75]. Estas cláusulas son los poderes que tiene la Administración contratante para dirigir y controlar la ejecución del contrato; para sancionar los incumplimientos de la contraparte en el contrato; para modificar unilateralmente las cláusulas del contrato, o para resolver unilateralmente la rescisión del contrato[76].

Lo importante a destacar en relación con estos poderes extraordinarios es que en realidad los mismos no resultan de los contratos Públicos en sí mismos, sino de la posición de superioridad jurídica en la cual se encuentra la Administración contratante como garante del interés público. Por ello, la Sala Político Administrativa de la antigua Corte Suprema de Justicia admitió consistentemente que las llamadas cláusulas exorbitantes relativas a dichos poderes no tenían que estar incorporadas en el texto de los contratos, considerando que se encontraban tácitamente incorporadas en el texto de todos los con-

73 Caso: *Empresa Constructora Irpresent vs. Alcaldía San Carlos de Austria del Estado Cojedes.*
74 Caso: *David Goncalves Carrasqueño vs. Alcaldía del Municipio Miranda del Estado Zulia*
75 *V.* Allan R. Brewer–Carías, *Contratos Administrativos*, *op. cit.*, pp. 43,47, 164.
76 *V.* Allan R. Brewer–Carías, *Contratos administrativos*, Caracas, 1992, pp. 164–185.

tratos públicos, independiente de su naturaleza o finalidad. Así se admitió, por ejemplo, por la actual Sala Político Administrativo del Tribunal Supremo de Justicia en sentencia Nº 654 de 21 de abril de 2004, al señalar que "los poderes atribuidos por ley a la Administración Pública, incluso cuando no estén expresamente incorporados en el texto del contrato, deben considerarse insertos en el mismo,"[77], lo que se aplica a los llamados "contratos administrativos" y a cualquier tipo de contrato del Estado.

Dichos poderes, por otra parte, por el principio de la competencia, siempre están regulados en alguna ley, como por ejemplo la Ley de promoción a la inversión privada mediante concesiones[78]. Dichas prerrogativas o poderes extraordinarios de la Administración contratante, por supuesto, también podrían estar expresamente regulados y establecidos en el texto de los contratos, particularmente de los que tradicionalmente se han calificado como "contratos administrativos", por ejemplo, en los contratos de obra pública o de concesión de serviditos públicos. Por ello, por ejemplo, en relación con los contratos de obra pública, el reglamento que establece las Condiciones Generales de Contratación, con el carácter de cláusulas obligatorias[79], establece expresamente os poderes que el ente público contratante puede ejercer para supervisar y controlar la ejecución de los trabajos[80].

En consecuencia, el uso de los referidos poderes extraordinarios por el ente público contratante, ante todo, debe adecuarse a lo que se establece en el contrato mismo, cuyas cláusulas tiene fuerza de ley entre las partes; y si dichas prerrogativas o poderes extraordinarios no están previstas en las cláusulas contractuales, pero se consideran implícitas en ellas, entonces el ente público contratante siempre debe ejercerlos mediante su actividad formal, es decir, mediante la emisión de actos administrativos[81], dictados como resultado de un procedimiento administrativo, conforme a lo establecido en la Ley Orgánica de Procedimientos Administrativos[82]. Esta Ley Orgánica, en efecto, es aplicable incluso a las empresas del Estado, cuando dicten actos administrativos (art. 1), de acuerdo con lo previsto en el artículo 1° de la ley Orgánica de la Administración Pública[83].

En consecuencia, los poderes extraordinarios que pueden ejercerse por el ente público contratante, deben expresarse formalmente a través de actos administrativos que deben revestir todas las formalidades de ley, siguiendo un procedimiento administrativo en el cual se le debe garantizar al co–contratante de la Administración el debido proceso administrativo y en particular, su derecho a la defensa[84].

En efecto, en los contratos del Estado, y en particular, en los denominados contratos administrativos, conforme se regula en las leyes o en el texto de los contratos, se admite

---

77 Caso *David Goncalves Carrasqueño vs. Alcaldía del Municipio Miranda del Estado Zulia*

78 *Gaceta Oficial*, Nº 5.394 Extr. de 21–10–1999.

79 Decreto Nº 1821, de 30–08–1991, *Gaceta Oficial* Nº 34.797 de 09–09–1991.

80 *V.* Allan R. Brewer–Carías, *Contratos Administrativos, op. cit.*, p. 165.

81 *V.* Allan R. Brewer–Carías, *Contratos Administrativos, op. cit.*, p. 47.

82 *Gaceta Oficial*, Nº 2.818 Extra. de 01–07–1981. *V.* Allan R. Brewer–Carías et al, Ley *Orgánica de Procedimientos Administrativos*, Caracas 1987, pp. 19 ss.

83 *V.* Allan R. Brewer–Carías, *El Derecho Administrativo y la Ley Orgánica de Administración Pública*, Caracas 1982, pp. 27 ss.; Allan R. Brewer–Carías, *Principios del procedimiento Administrativo en América Latina*, Bogotá 2003, p. 11.

84 *V.* Allan R. Brewer–Carías, *Les principes de la procédure administrative non contentieuse Étude de droit comparé: France, Espagne, Amérique Latine, Economica*, Paris 1992, pp. 139 ss.; Allan R. Brewer–Carías, *Principios del procedimiento Administrativo en América Latina*, Bogotá 2003, p. 261 *ss.*

la posibilidad, por ejemplo, de que la Administración contratante, al hacer uso de sus poderes extraordinarios, intervenga el servicio o la obra, sustituya al contratista en la prestación o ejecución del mismo o ponga término al contrato, sea como sanción por incumplimiento de sus obligaciones por el contratante; sea por razones de interés general, en cuyo caso debe mediar indemnización.

En todos los casos en los cuales, por ejemplo, se produzca la primera forma de terminación anticipada del contrato por incumplimiento de las obligaciones del contratante, la Administración está obligada a abrir un procedimiento administrativo, en el cual se garantice el debido proceso, y a emitir un acto administrativo debidamente motivado.

Esto lo ha reiterado el Tribunal Supremo de Justicia en Sala Político Administrativa, y particularmente lo ha explicado en la sentencia N° 1836 de 8 de agosto de 2001, dictada con motivo de la impugnación de un acto administrativo municipal que puso fin a un contrato de concesión de explotación de canteras, en la cual la Sala se pronunció "sobre la jurisprudencia que viene esgrimiendo en relación a estas causales de extinción de las concesiones", indicando lo siguiente:

> "La jurisprudencia de esta Sala Político Administrativa ha venido reiterando la potestad que tiene la Administración de rescindir unilateralmente un contrato (concesión) en aquellos casos de incumplimiento del co–contratante (concesionario), conforme lo establece, actualmente, el ordinal c) artículo 46 de la Ley Orgánica sobre Promoción de la Inversión Privada bajo el Régimen de Concesiones, publicado en la Gaceta Oficial N° 5.394 Extraordinario de fecha 25 de octubre de 1999, caso en el cual, según afirma la jurisprudencia de esta Sala, existe la necesidad de seguir un procedimiento previo que garantice el derecho a la defensa y debido proceso.
>
> Es así, que en muchos de estos casos este Máximo Tribunal ha dispuesto lo siguiente:
>
> "...Manifiesta el actor que, sin embargo, de haber la administración comprobado los hechos que acarrearon el incumplimiento de las referidas cláusulas, debió darle la posibilidad a ésta de exponer o alegar sus razones jurídicas y las pruebas pertinentes para demostrar que no hubo tal incumplimiento, es decir, debió iniciarse el procedimiento administrativo que le garantizara el ejercicio de su derecho a la defensa consagrado en el artículo 68 y 69 de la Carta Magna...".
>
> "...Al respecto observa la Sala que, de ser cierta la denuncia realizada por el abogado asistente de la accionante –acerca de la ausencia de procedimiento previo al acto unilateral por el cual el Ministro del Ambiente y de los Recursos Naturales Renovables acordó la resolución del contrato administrativo celebrado con la accionante el 25 de enero de 1984– el derecho a la defensa de ésta le había sido menoscabado...". (Sent. de la SPA–CSJ de fecha 10 de febrero de 1994, Caso: *Industria Maderera del Caparo, C.A.*)."[85]

En consecuencia, conforme a la doctrina del Tribunal Supremo, en todo caso de rescisión unilateral de contratos administrativos por incumplimiento de sus obligaciones por el contratante, la Administración debe abrir un procedimiento administrativo y garantizar el debido proceso y el derecho a la defensa del contratante, y, en definitiva, dictar un acto administrativo formalmente motivado que pueda ser objeto de control judicial. Ello nunca puede considerarse incompatible con el interés público cuya tutela está en manos de la Administración, ya que conforme al artículo 49 de la Constitución, la garantía del debido proceso es inviolable en todo procedimiento administrativo y ni siquiera puede ser ignorada por el propio Legislador[86].

---

85 Caso: *David Montiel y otro vs. Cámara municipal del Municipio Almirante Padilla del Estado Zulia*, en *Revista de Derecho Público*, N° 85–88, Caracas 2001, pp. 249 y ss.

86 Por ello, ha sido por la prevalencia del derecho a la defensa que la Sala Constitucional, siguiendo la doctrina constitucional establecida por la antigua Corte Suprema de Justicia, ha desaplicado por ejemplo normas que

Esto lo ha precisado con claridad, la Sala Constitucional en sentencia No 321 de 22 de febrero de 2002, en la cual ha indicado que las limitaciones al derecho de defensa en cuanto derecho fundamental, derivan por sí mismas del texto constitucional y si el Legislador amplía el espectro de tales limitaciones, las mismas devienen en ilegítimas[87]. El derecho a la defensa, por tanto, es un derecho constitucional absoluto, "inviolable" en todo estado y grado de la causa dice la Constitución, tanto en procedimientos judiciales como administrativos, el cual corresponde a toda persona sin distingo alguno si se trata de una persona natural o jurídica, por lo que no admite excepciones ni limitaciones[88]. Dicho derecho "es un derecho, fundamental que nuestra Constitución protege y que es de tal naturaleza, que no puede ser suspendido en el ámbito de un estado de derecho, por cuanto configura una de las bases sobre las cuales tal concepto se erige"[89].

Ahora bien, de la existencia de un proceso debido se desprende la posibilidad de que las partes puedan hacer uso de los medios o recursos previstos en el ordenamiento para la defensa de sus derechos e intereses. En consecuencia, siempre que de la inobservancia de las reglas procesales surja la imposibilidad para las partes de hacer uso de los mecanismos que garantizan el derecho a ser oído en el juicio, se producirá indefensión y la violación de la garantía de un debido proceso y el derecho a la defensa.

Por otra parte, y volviendo al tema del uso de poderes extraordinarios por la Administración Pública contratante en relación con los contratos del Estado, sólo pueden ser ejercidas, como se dijo, si dichos poderes están regulados en las cláusulas contractuales

---

consagran el principio *solve et repete* como condición para acceder a la justicia contencioso–administrativa, por considerarlas inconstitucionales. *V.* Sentencia Nº 321 de 22 de febrero de 2002 (Caso: *Papeles Nacionales Flamingo, C.A. vs. Dirección de Hacienda del Municipio Guácara del Estado Carabobo V.* en *Revista de Derecho Público*, Nº 89–92, Editorial Jurídica Venezolana, Caracas 2002.

87 La Sala estableció lo siguiente: "Debe observarse que tanto el artículo 68 de la abrogada Constitución, como el 49.1 de la vigente, facultan a la ley para que regule el derecho a la defensa, regulación que se ve atendida por el ordenamiento adjetivo. Ello en modo alguno quiere significar que sea disponible para el legislador el contenido del mencionado derecho, pues éste se halla claramente delimitado en las mencionadas disposiciones; si no que por el contrario, implica un mandato al órgano legislativo de asegurar la consagración de mecanismos que aseguren el ejercicio del derecho de defensa de los justiciables, no sólo en sede jurisdiccional, incluso en la gubernativa, en los términos previstos por la Carta Magna. De esta forma, las limitaciones al derecho de defensa en cuanto derecho fundamental derivan por sí mismas del texto constitucional, y si el Legislador amplía el espectro de tales limitaciones, las mismas devienen en ilegítimas; esto es, la sola previsión legal de restricciones al ejercicio del derecho de defensa no justifica las mismas, sino en la medida que obedezcan al aludido mandato constitucional. Caso: *Papeles Nacionales Flamingo, C.A. vs. Dirección de Hacienda del Municipio Guácara del Estado Carabobo.*

88 Por ello, por ejemplo, la Corte Primera de lo Contencioso Administrativo, en sentencia 15–8–97 (Caso: *Telecomunicaciones Movilnet, C.A. vs. Comisión Nacional de Telecomunicaciones (CONATEL)* señaló que. "resulta inconcebible en un Estado de Derecho, la imposición de sanciones, medidas prohibitivas o en el general, cualquier tipo de limitación o restricción a la esfera subjetiva de los administrados, sin que se de oportunidad alguna de ejercicio de la debida defensa". *V.* en *Revista de Derecho Público*, Nº 71–72, Caracas 1997, pp. 154–163.

89 Así lo estableció la Sala Político Administrativa de la antigua Corte Suprema de Justicia, en sentencia Nº 572 de 18 de agosto de 1997, Caso: *Aerolíneas Venezolanas, S.A. (AVENSA) vs. República (Ministerio de Transporte y Comunicaciones.* Además, con ocasión de la entrada en vigencia de la Constitución de 1999, la Sala Constitucional del Tribunal Supremo de Justicia, ha insistido en el carácter absoluto e inviolable del derecho a la defensa. Así, por ejemplo, en sentencia Nº 97 de 15 de marzo de, la Sala señaló: "Se denomina *debido proceso* a aquél proceso que reúna las garantías indispensables para que exista una tutela judicial efectiva. Es a esta noción a la que alude el artículo 49 de la Constitución de la República Bolivariana de Venezuela, cuando expresa que el debido proceso se aplicará a todas las actuaciones judiciales y administrativas. Pero la norma constitucional no establece una clase determinada de proceso, sino la necesidad de que cualquiera sea la vía procesal escogida para la defensa de los derechos o intereses legítimos, las leyes procesales deben garantizar la existencia de un procedimiento que asegure el derecho de defensa de la parte y la posibilidad de una tutela judicial efectiva" Caso: *Agropecuaria Los Tres Rebeldes, C.A. vs. Juzgado de Primera Instancia en lo Civil, Mercantil, Tránsito, Trabajo, Agrario, Penal, de Salvaguarda del Patrimonio Público de la Circunscripción Judicial del Estado Barinas, 2000*

o en una ley. Si no están regulados en las cláusulas contractuales, el principio general en relación con los órganos de la Administración Pública es que la competencia tiene que estar establecida en texto legal expreso[90], principio que por supuesto también es aplicable en el ejercicio de potestades o poderes extraordinarios por la Administración contratante en la ejecución de contratos públicos.

Particularmente, en los casos de imposición de sanciones por la Administración contratante a los co–contratantes en contratos del Estado, debe recordarse que dado el principio de la reserva legal, las sanciones y la potestad sancionadora deben estar establecidas en texto legal expreso. En consecuencia el ente público contratante no puede imponer sanciones que no estén previstas en las cláusulas contractuales como "*cláusula penal*"[91] o en la ley[92], dada la garantía constitucional del debido proceso (art. 49,6 C.)

Pero en todo caso, en relación con el posible uso de poderes extraordinarios en los contratos del Estado, cuando los mismos están establecidos y regulados en las cláusulas contractuales, la Administración contratante no puede ejercerlos contrariando su contenido. Como se ha dicho, el artículo 1159 del Código Civil, que es aplicable a todo tipo de contrato (contratos privados y contratos del Estado), las cláusulas del contrato tienen fuerza de ley entre las partes, por lo que incluso tratándose de contratos administrativos, sus cláusulas son obligatorias para las partes. Pero incluso, si los poderes extraordinarios no están establecidos en el contrato, sino en normas legales, su ejercicio por la Administración contratante tampoco puede ignorar las cláusulas contractuales.

Por ello, si el ente público contratante en un contrato administrativo afecta derechos del co–contratante previstos en las cláusulas contractuales mediante el ejercicio de poderes extraordinarios, particularmente si se trata de las cláusulas económicas o de protección del co–contratante, entonces la Administración estaría obligada a indemnizar al co–contratante por los daños y perjuicio que le cause. Por ello es que el ejercicio de poderes extraordinarios cuando no se regulan en las cláusulas contractuales, nunca pueden afectar las cláusulas económicas o de protección del co–contratante, y si los derechos contractuales resultasen afectados o disminuidos ello siempre implica la obligación por parte de la Administración contratante de indemnizar al co–contratante[93]. Igualmente, todo daño causado al co–contratante por una decisión administrativa que por ejemplo, tienda a dar por terminado unilateralmente un contrato sin ajustarse a las previsiones contractuales, también origina derecho del co–contratante a ser indemnizado[94].

En todos estos casos, incluso puede decirse que el derecho a una justa compensación resulta de la expropiación de los derechos contractuales, para lo cual incluso debería seguirse el procedimiento previsto en la Ley de expropiación por causa de utilidad pública[95] o conforme al artículo 115 de la Constitución.

---

90 *V.* Allan R. Brewer–Carías, *Principios del Régimen Jurídico de la Organización Administrativa Venezolana*, Caracas 1991, 47 *ss.*

91 *V.* Allan R. Brewer–Carías, *Contratos Administrativos, op. cit.*, p. 241.

92 *Idem*, pp. 165–166.

93 *Idem*, p. 160.

94 *Idem*, p. 160, 161, 184, 218.

95 *Gaceta Oficial* N° 37.475 de 01–07–2002. *V.* Allan R. Brewer–Carías et al., *Ley de Expropiación por causa de utilidad pública y social*, Caracas 2002, pp. 25 *ss.*

VI. ÁMBITO DE APLICACIÓN DE LA LEY DE CONTRATACIÓN PÚBLICA

Ha sido en el marco general antes reseñado relativo a los contratos públicos o contratos estatales que se dictó en 2008 la Ley de Contrataciones Públicas, con una última reforma en 2010, la cual sin embargo, tiene un limitado alcance de aplicación que puede identificarse conforme a dos aspectos fundamentales: en primer lugar, el punto de vista *subjetivo*, que permite identificar los sujetos de derecho o personas jurídicas estatales a los cuales se aplica la Ley, es decir, cuáles son las personas jurídicas que a los efectos de la Ley conforman "el Estado" (personas estatales) que se deben regir por sus disposiciones en los contratos públicos que celebren; y en segundo lugar, el punto de vista *sustantivo*, que permite identificar cuáles son los contratos públicos que celebren dichas personas jurídicas que están sujetos a la Ley, es decir, que se deben regir por sus disposiciones.

1. Ámbito subjetivo de aplicación de la Ley de Contrataciones Públicas

Los contratos del Estado o los contratos públicos, como se ha dicho y como todo contrato, sólo pueden celebrarse entre sujetos de derecho, es decir, entre personas jurídicas, y en cuanto concierne al "Estado", por las personas jurídicas que lo componen, es decir, por las personas jurídicas estatales.[96] En tal sentido, en el artículo 1° de la Ley se hace referencia a "*la actividad del Estado* para la adquisición de bienes, prestación de servicios y ejecución de obra", con la intención, sin duda, de establecer un marco regulador aplicable omnicomprensivamente a todos las personas jurídicas o sujetos de derecho que componen el "Estado."

Sin embargo, al definirse a los sujetos a los cuales se aplica la Ley en el artículo 3, la misma incurre en el error de enumerar entre quienes pueden contratar no sólo a "personas jurídicas" estatales sino a determinados "órganos" de las mismas que por supuesto no tienen "personalidad jurídica." Es decir, la Ley enumera indistintamente como "contratantes" tanto a diversas personas jurídicas estatales como a diversos órganos de las Administraciones Públicas (nacional, estadal y municipal), los cuales obviamente no son ni sujetos de derecho ni personas jurídicas. La Ley se refiere, en efecto, a "los órganos y entes sujetos" a su normativa, mezclando en la enumeración del artículo 3 tanto a órganos de las Administraciones Públicas (nacional, estadal y municipal) como a diversas personas jurídicas estatales.

En efecto, el artículo 3 de la Ley, al precisar el "ámbito de aplicación" de la misma en lo que sería su ámbito subjetivo, dispone que será aplicable "a los *sujetos* que a continuación se señalan": [97]

1. Los órganos y entes del Poder Público Nacional, Estadal, Municipal, Central y Descentralizado.
2. Las Universidades Públicas.
3. El Banco Central de Venezuela.

---

96 Sobre las mismas *V.* Allan R. Brewer–Carías, *Derecho Administrativo*, Universidad Externado de Colombia, Bogotá 2005, p. 437.

97 En el artículo 6,1 la Ley vuelve a calificar como "sujetos" a todos los que enumera en el artículo 3, incluyendo los "órganos" que ejercen el poder público; aún cuando indica que son "órgano o ente contratante".

4. Las asociaciones civiles y sociedades mercantiles en las cuales la República y las personas jurídicas a que se contraen los numerales anteriores tengan participación, igual o mayor al cincuenta por ciento (50%) del patrimonio o capital social respectivo.
5. Las asociaciones civiles y sociedades mercantiles en cuyo patrimonio o capital social, tengan participación igual o mayor al cincuenta por ciento (50%), las asociaciones civiles y sociedades a que se refiere el numeral anterior.
6. Las fundaciones constituidas por cualquiera de las personas a que se refieren los numerales anteriores o aquellas en cuya administración éstas tengan participación mayoritaria.
7. Los Consejos Comunales o cualquier otra organización comunitaria de base que maneje fondos públicos.

Si bien en los ordinales 2 a 7 se identifican con precisión algunos "sujetos de derecho", en el sentido de personas jurídicas estatales, en el ordinal 1° no ocurre tal cosa, y en cambio se enumeran "los órganos del Poder Público Nacional, Estadal, Municipal, Central y Descentralizado".

Esta última expresión, por supuesto, en sí misma es totalmente incorrecta, ya que de acuerdo con la Constitución no existen ni pueden existir "órganos del Poder Público" porque éste (el Poder Público) no es un "ente" público sino una potestad estatal, por lo que en realidad lo que existen son "órganos que ejercen el Poder Público" (art. 137), es decir, la potestad estatal.

Por otra parte, no existe en Venezuela, como se expresa en la norma, un Poder Público "Central y Descentralizado", sino que lo que hay es una distribución territorial del Poder Público, como potestad estatal, en tres niveles de gobierno: nacional, estadal y municipal. En cambio lo que si existe es una "Administración Pública" central o descentralizada en los términos establecidos en la Ley Orgánica de la Administración Pública de 2008, al regular la descentralización funcional.[98]

En todo caso, los supuestos órganos del Poder Público o que ejercen el Poder Público, en ningún caso son "sujetos de derecho," por lo que al incluirse en una enumeración como la del artículo 3 de la Ley, destinada a definir "sujetos" de derecho, que como personas jurídicas contratantes que conforman el Estado, se está confundiendo a los "órganos" de las personas jurídicas estatales con ellas mismas.

Como se dijo, en los ordinales 2 a 5 del artículo, en efecto, lo que se enumeran son diversas "personas jurídicas estadales" como son las Universidades públicas (autónomas y experimentales), el Banco Central de Venezuela; las asociaciones civiles y sociedades mercantiles del Estado en primero y segundo grado; las fundaciones del Estado y los Consejos Comunales. Pero en el ordinal 1° del artículo, al contrario, al usarse incorrectamente la expresión "los órganos y entes del Poder Público Nacional, Estadal, Municipal, Central y Descentralizado", se hace referencia tanto a personas jurídicas como a órganos, utilizándose la distinción entre "entes" y "órganos" que se ha establecido en la misma Ley Orgánica de la Administración Pública (art. 15).

Es decir, además de referirse a los "órganos" de las personas jurídicas estatales, la norma, indirectamente pretende hacer referencia a estas, al usar la expresión "entes", pero por supuesto, también en un contexto equivocado, pues no hay "entes del Poder Público nacional, estadal o municipal", pues como se dijo, el Poder Público es una potestad estatal que se ejerce, y no una entidad u organización.

98 Arts. 96 y ss. *V.* en *Gaceta Oficial Extra.* N° 5.890 de 31–7–2008.

En todo caso, la referencia a "órganos" y "entes" en el ordinal 1° del artículo 3 de la Ley, debe precisarse en el marco de la Ley Orgánica de la Administración Pública, la cual en su artículo 15, define como "órganos", las unidades administrativas de la República, de los estados, de los distritos metropolitanos y de los municipios a los que se les atribuyan funciones que tengan efectos jurídicos, o cuya actuación tenga carácter regulatorio; y como "entes" toda organización administrativa descentralizada funcionalmente con personalidad jurídica propia; sujeta al control, evaluación y seguimiento de sus actuaciones por parte de sus órganos rectores, de adscripción y de la Comisión Central de Planificación. El artículo 15 de la Ley Orgánica, además de los órganos y de los entes, regula a las "misiones" como integrando la Administración Pública, definiéndolas como "aquellas creadas con la finalidad de satisfacer las necesidades fundamentales y urgentes de la población."

Estas, por tanto, no están sujetas a las previsiones de la Ley de Contrataciones Públicas.[99]

En consecuencia, lo que hay que interpretar del ordinal 1° del artículo 3 de la Ley de Contrataciones Públicas es que allí lo que el legislador quiso decir fue que la misma se aplica a los "órganos" de los siguientes sujetos: la República, los Estados, los Municipios y distritos metropolitanos, por una parte, y por la otra a todos los entes descentralizados de las Administraciones Públicas nacionales, estadales y municipales,[100] los cuales conforme se establece en el artículo 29 de la Ley Orgánica de la Administración Pública, pueden ser de dos tipos:

1. Entes descentralizados funcionalmente con forma de derecho privado: estarán conformados por las personas jurídicas constituidas de acuerdo a las normas del derecho privado y podrán adoptar o no la forma empresarial de acuerdo a los fines y objetivos para los cuales fueron creados y en atención a si la fuente fundamental de sus recursos proviene de su propia actividad o de los aportes públicos, respectivamente.
2. Entes descentralizados funcionalmente con forma de derecho público: estarán conformados por aquellas personas jurídicas creadas y regidas por normas de derecho público y que podrán tener atribuido el ejercicio de potestades públicas.

En esta forma, en el ordinal 1° del artículo 3 de la Ley de Contrataciones Públicas, conforme al ordinal 1° del artículo 29 de la Ley Orgánica de la Administración Pública,

---

99 El artículo 15 de la Ley Orgánica, además de los órganos y de los entes, regula a las "misiones" como integrando la Administración Pública, definiéndolas como "aquellas creadas con la finalidad de satisfacer las necesidades fundamentales y urgentes de la población." Estas, por tanto, no están sujetas a las previsiones de la Ley de Contrataciones Públicas.

100 En ese sentido es que se estable, por ejemplo, la enumeración del ámbito subjetivo de aplicación de la Ley Orgánica de Administración Financiera del Sector Público (Decreto Ley N° 6.233), en cuyo artículo 6 se estableció lo siguiente: "Están sujetos a las regulaciones de esta Ley, con las especificidades que la misma establece, los entes u organismos que conforman el sector público, enumerados seguidamente: 1. La República. 2. Los estados. 3. El Distrito Metropolitano de Caracas. 4. Los distritos. 5. Los municipios. 6. Los institutos autónomos. 7. Las personas jurídicas estatales de derecho público. 8. Las sociedades mercantiles en las cuales la República o las demás personas a que se refiere el presente artículo tengan participación igual o mayor al cincuenta por ciento del capital social. Quedarán comprendidas además, las sociedades de propiedad totalmente estatal, cuya función, a través de la posesión de acciones de otras sociedades, sea coordinar la gestión empresarial pública de un sector de la economía nacional. 9. Las sociedades mercantiles en las cuales las personas a que se refiere el numeral anterior tengan participación igual o mayor al cincuenta por ciento del capital social. 10. Las fundaciones, asociaciones civiles y demás instituciones constituidas con fondos públicos o dirigidas por algunas de las personas referidas en este artículo, cuando la totalidad de los aportes presupuestarios o contribuciones en un ejercicio, efectuados por una o varias de las personas referidas en el presente artículo, represente el cincuenta por ciento o más de su presupuesto." *Gaceta Oficial* Extra N° 5.891 de 31–07–2008.

quedarían comprendidas las personas jurídicas estatales de derecho privado, las cuales sin embargo, redundantemente se enumeran de nuevo en los ordinales 4, 5 y 6 de la Ley sobre Contrataciones Públicas, es decir, las asociaciones civiles del Estado, las sociedades mercantiles del Estado (en primer y segundo grado, artículo 100 de la ley Orgánica de la Administración Pública) y las fundaciones del Estado; y conforme al ordinal 2 del mismo artículo 29 de la misma Ley Orgánica de la Administración Pública, también quedarían comprendidas las personas jurídicas estatales de derecho público que también se enumeran redundantemente en los ordinales 2 y 3 de la Ley de Contrataciones del Estado, es decir, el Banco Central de Venezuela y las Universidades públicas), y además, los institutos autónomos (art. 95 de la Ley Orgánica de la Administración Pública) que en la Ley de Contrataciones Públicas sin embargo, no se enumera específicamente.

La consecuencia de ello, a pesar de sus errores de redacción, es que el contenido del ordinal 1° del artículo 3 de la Ley de Contrataciones Públicas, en realidad, comprende en sí mismo todos los sujetos de derecho que se enumeran en los ordinales 2 al 6 de la misma norma, cuya enumeración (ordinales 2 a 6) es entonces totalmente redundante. Los únicos sujetos de derecho adicionales que se indican en la norma son los Consejos Comunales (ordinal 7), y que no existían cuando se dictó la Ley Orgánica de la Administración Pública de 2001, y que conforme al artículo 20 de la Ley sobre los Consejos Comunales,[101] "para todos los efectos relacionados con esa Ley", quedan revestidos de personalidad jurídica con su "registro" "ante la Comisión Presidencial del Poder Popular respectiva." Es decir, a pesar de ser entes públicos, no tienen *per se* personalidad jurídica sino que se los "reviste" de la misma cuando se inscriban en una Comisión Presidencial.

En consecuencia, dadas todas las imperfecciones, redundancias y carencias del artículo 3 de la Ley, de su contenido sin embargo, lo que se puede deducir es que la misma se aplica a los siguientes sujetos de derecho:

I. Personas jurídicas estatales de derecho público
   1. Político territoriales
      A. República
      B. Estados
      C. Municipios, Distritos metropolitanos y mancomunidades municipales
   2. Consejos Comunales
   3. Universidades Públicas
   4. Institutos autónomos

II. Personas jurídicas estatales de derecho privado
   1. Asociaciones civiles del Estado
   2. Empresas del Estado (sociedades mercantiles del Estado en primer y segundo grado).[102]
   3. Fundaciones del Estado

---

101 *Gaceta Oficial* N° 5.806 Extraordinario de 10–4–2006.

102 Nada se deriva de la Ley que pueda permitir excluir de sus disposiciones a la empresa Petróleos de Venezuela S. A. ni a ninguna otra empresa del Estado.

2. Ámbito sustantivo de aplicación de la Ley

A. Reducción del ámbito sustantivo a los contratos públicos de ejecución de obras, de adquisición de bienes y de prestación de servicios

Sin embargo, respecto de las mencionadas personas jurídicas estatales que están sujetas a la Ley de Contrataciones Públicas, y que conforman su *ámbito subjetivo* de aplicación, en cuanto al ámbito sustantivo de aplicación, debe decirse de entrada, que a pesar de su nombre, no todos los contratos públicos que aquellas celebren quedan sujetos a las disposiciones de la Ley, ya que ésta, al definir su "objeto" de aplicación en el mismo artículo 1°, lo reduce sólo respecto de *tres tipos* de contratos públicos: los contratos de adquisición de bienes, los contratos de prestación de servicios y los contratos de ejecución de obras.[103]

En consecuencia, los otros tipos de contratos públicos como por ejemplo, los contratos de concesión de servicios públicos, los contratos de concesión de obra pública, los contratos de empréstito público, los contratos de venta de bienes públicos, no están sujetos a sus disposiciones. Tampoco están incorporados en la enumeración del "objeto" de la Ley, los contratos de arrendamiento de bienes. Sin embargo, en este punto no debe dejar de advertirse que al excluir el artículo 5 de la misma Ley, a los contratos de "arrendamiento de bienes inmuebles" (ord. 3) de la aplicación de las normas relativas a las "modalidades de selección de contratistas", parecería que implícitamente, por interpretación a contrario, respecto de las otras normas de la Ley, las mismas si se aplicarían a los contratos de arrendamiento, aún cuando estos no puedan ser incluidos dentro de los tres que se indican taxativamente en la Ley (adquisición de bienes, prestación de servicios y ejecución de obras).

Pero incluso respecto de los tres mencionados tipos de contratos que configuran el "objeto" de la Ley, la misma excluye total o parcialmente de su ámbito de aplicación a algunos de ellos, con lo que el ámbito sustantivo de la misma se encuentra aún más reducido.

B. Exclusión de la aplicación de la totalidad de la Ley respecto de ciertos contratos públicos de ejecución de obras, de adquisición de bienes y de prestación de servicios excluidos

En efecto, de acuerdo con el artículo 4 de la Ley de Contrataciones Públicas, quedan excluidos de la aplicación de la totalidad de sus normas, los contratos que tengan por objeto la ejecución de obras, la adquisición de bienes y la prestación de servicios:

> "que se encuentren en el marco del cumplimiento de acuerdos internacionales de cooperación entre la República Bolivariana de Venezuela y otros Estados, incluyendo la contratación con empresas mixtas constituidas en el marco de estos convenios."

En este caso se trata de una exclusión de la aplicación de la totalidad de la Ley en relación a esos contratos cuando los mismos se celebren en el marco del cumplimiento de acuerdos internacionales de cooperación que haya celebrado la República Bolivariana

---

103 Incluso en el artículo 6,5 de la ley, al definir "contrato", se indica que "Es el instrumento jurídico que regula la ejecución de una obra, prestación de un servicio o suministro de bienes, incluidas las órdenes de compra y órdenes de servicio".

de Venezuela con otros Estados, incluyendo la contratación por parte de las personas jurídicas estatales a las que se aplica la Ley, con empresas mixtas constituidas en el marco de estos convenios.

Sin embargo, a pesar de esta exclusión legal general, el artículo 5 del Reglamento de la Ley de Contrataciones Públicas de 2009,[104] en forma contraria a la Ley que reglamenta, respecto de estos contratos que se encuentren en el marco del cumplimiento de acuerdos internacionales de cooperación entre la República y otros Estados "excluidos de la aplicación de la Ley de Contrataciones Públicas," pero los cuales la República sufraga la contratación; dispone evidentemente *contra legem* que se deberán "aplicar las demás disposiciones legales que regulan la materia de contratación pública," a los fines de garantizar la participación nacional y establecer las garantías para las operaciones relacionadas con la actividad contractual.

C. Exclusión de la aplicación de parte de la Ley respecto de ciertos contratos públicos de ejecución de obras, de adquisición de bienes y de prestación de servicios excluidos

El artículo 5 de la Ley, por su parte, excluye de la aplicación de algunas normas de la Ley relativas a las "modalidades de selección de contratistas", a los contratos que tengan por objeto:

1. La prestación de servicios profesionales y laborales.
2. La prestación de servicios financieros por entidades regidas por la ley sobre la materia.
3. La adquisición y arrendamiento de bienes inmuebles, inclusive el financiero.
4. La adquisición de obras artísticas, literarias o científicas.
5. Las alianzas comerciales y estratégicas para la adquisición de bienes y prestación de servicios entre personas naturales o jurídicas y los órganos o entes contratantes.
6. Los servicios básicos indispensables para el funcionamiento del órgano o ente contratante.
7. La adquisición de bienes, la prestación de servicios y la ejecución de obras, encomendadas a los órganos o entes de la administración pública.

En relación con estos contratos, por tanto, los mismos estarían sujetos a todas las otras disposiciones de la Ley, fuera de las destinadas a regular modalidades de selección de contratistas.

De lo anterior resulta, por tanto, que la Ley de Contrataciones Públicas, a pesar de su nombre, todavía no es una ley destinada a regular todos los contratos públicos o contratos del Estado celebrados por las personas jurídicas estatales, es decir, los diversos entes que integran el Estado. Al contrario, es una Ley que sólo regula algunos contratos públicos (de ejecución de obras, de adquisición de bienes y de prestación de servicios), con un contenido que aún cuando abarca aspectos sustantivos sobre el inicio, modificaciones y terminación de los contratos, está fundamentalmente destinado a regular las modalidades de selección de contratistas; y respecto de los mismos, excluye expresamente a algunos, de la aplicación de la totalidad o de algunas normas de la Ley.

---

104 Decreto N° 6.708 de 19 de mayo de 2009 en *Gaceta Oficial* N° 39.181 de 19 de mayo de 2009.

Sección Segunda: LA REVIVENCIA CIRCUNSTANCIAL DE LA NOCIÓN DE "CONTRATOS ADMINISTRATIVOS," Y LAS NOCIONES DE SERVICIO PÚBLICO, INTERÉS PÚBLICO Y ORDEN PÚBLICO EN EL RÉGIMEN DE LA RESERVA AL ESTADO DE LOS SERVICIOS CONEXOS CON LA INDUSTRIA PETROLERA (2010)

Esta Sección Segunda es el texto de un estudio elaborado con motivo de la entrada en vigencia de la Ley Orgánica que reserva al Estado bienes y servicios conexos a las actividades primarias de Hidrocarburos de 2009, mediante la cual se dispuso la nacionalización de dichos servicios conexos con la industria petrolera; y en la cual se incluyó la expresión "contratos administrativos."

INTRODUCCIÓN

En mayo de 2009 se sancionó la Ley Orgánica que reserva al Estado bienes y servicios conexos a las actividades primarias de Hidrocarburos[105] (Ley de Reserva de 2009), mediante la cual, por su carácter estratégico, se reservaron al Estado "los bienes y servicios, conexos a la realización de las actividades primarias previstas en la Ley Orgánica de Hidrocarburos" (Art. 1), los cuales con anterioridad a dicha Ley, según se afirmó en la norma, habían sido "realizadas directamente por Petróleos de Venezuela, S.A., (PDVSA) y sus filiales, y que fueron tercerizadas, siendo esenciales para el desarrollo de sus actividades" (Art. 2).

Dichos bienes y servicios y sus obras que se reservaron al Estado, o se nacionalizaron en 2009, conforme a la enumeración del artículo 2 de la Ley Orgánica, fueron los siguientes: 1. Los servicios de inyección de agua, de vapor o de gas, que permitan incrementar la energía de los yacimientos y mejorar el factor de recobro; 2. Los servicios de compresión de gas; y 3. Los servicios vinculados a las actividades en el Lago de Maracaibo, como los servicios de lanchas para el transporte de personal, buzos y mantenimiento; de barcazas con grúa para transporte de materiales, diesel, agua industrial y otros insumos; de remolcadores; de gabarras planas, boyeras, grúas, de ripio, de tendido o reemplazo de tuberías y cables subacuáticos; de mantenimiento de buques en talleres, muelles y diques de cualquier naturaleza (Art. 2)."

Para materializar la reserva al Estado, el artículo 1 de la Ley de Reserva de 2009 dispuso, que hacia el futuro, dichas actividades serían "ejecutadas, directamente por la República; por Petróleos de Venezuela, S.A. o de la filial que ésta designe al efecto; o, a través de empresas mixtas, bajo el control de Petróleos de Venezuela, S.A., o sus filiales." (Art. 1).

La Ley de Reserva de 2009, además, en su artículo 7, declaró a sus disposiciones como "de **orden público**" indicando que "se aplicarán con preferencia a cualquier otra disposición legal vigente en la materia;" y además, declaró a dichos bienes y servicios, y sus obras (Art. 5) como "**servicio público** y de **interés público y social**." El legislador, en dicha norma del artículo 7, en todo caso, fue claro en utilizar dos conceptos y distinguir entre actividades de "interés público" y de "servicio público," que son dos

105 *Gaceta Oficial* N° 39.173 del 07–05–2009.

términos que en el derecho administrativo y en la legislación de hidrocarburos, tiene distinto significado; y procedió a darle a los bienes y servicios que regula, ambas calificaciones: como de **interés público** y como **servicio público**.

La Ley de Reserva de 2009, adicionalmente, en su artículo 3, "reconoció" que los contratos que se habían suscrito entre PDVSA Petróleos S.A. y empresas o consorcios privados para la prestación de los servicios conexos que se reservaron al Estado, como "**contratos administrativos.**"

Las mencionadas normas de la Ley de Reserva de 2009, tienen el siguiente texto:

> **Artículo 3.** El ministerio del poder popular con competencia en materia petrolera determinará mediante resolución, aquellos bienes y servicios de empresas o sectores que se encuentren dentro de las previsiones de los artículos 1 y 2 de esta Ley.
>
> Los contratos que hayan sido celebrados en las materias objeto de la presente reserva, se les reconoce como **contratos administrativos**. Cuando se dicten las resoluciones previstas en este artículo, dichos contratos se extinguirán de pleno derecho en virtud de la presente Ley.
>
> **Artículo 5.** Se declaran **servicio público** y de **interés público y social**, las obras, bienes y servicios, conexos para la realización de las actividades primarias previstas en la Ley Orgánica de Hidrocarburos reservados en los artículos anteriores.
>
> **Artículo 7.** Las disposiciones de la presente Ley son de **orden público** y se aplicarán con preferencia a cualquier otra disposición legal vigente en la materia

Todas estas disposiciones confirman, evidentemente, que con anterioridad a la sanción de la Ley en 2009, los servicios y actividades que se nacionalizaron no eran actividades reservadas al Estado; ni eran actividades que pudieran ser consideradas como "servicio público" o de "interés público;" ni los contratos que se habían suscrito para su prestación por particulares eran "contratos administrativos;" ni obviamente dichas normas tenían calificación como normas de orden público.

Por tanto, todas esas calificaciones, conforme a dicha Ley de Reserva de 2009 tuvieron carácter constitutivo, de efectos *ex nunc* en virtud del principio constitucional de la irretroactividad de las leyes (Art. 24, Constitución).

Ahora bien, dada la particular utilización en la Ley de cuatro de los conceptos más importantes del derecho administrativo, como son, la noción de "**contrato administrativo**" utilizada tradicionalmente para calificar ciertos contratos estatales diferenciados de los contratos denominados de derecho privado de la Administración; la noción de "**servicio público**," utilizada tradicionalmente para identificar ciertas actividades prestacionales de la Administración destinadas a satisfacer necesidades colectivas en cumplimiento de una obligación constitucional o legal; la noción de "**interés público o social**," utilizada tradicionalmente para poder dar inicio a los procesos expropiatorios; y la noción de "**orden público**" aplicada a determinadas previsiones legislativas que por interesar a la vida misma de la sociedad, no podrían ser relajadas por convenios particulares, nos ha parecido importante analizar las implicaciones de dichas calificaciones y el sentido jurídico de las nociones utilizadas en la Ley de Reserva de 2009.

Antes, sin embargo, ubicaremos en general sus disposiciones dentro del marco general del régimen de las actividades de la industria y comercio de los hidrocarburos, reservadas al Estado desde 1975, lo que se ratificó en 2001.

I. PRINCIPIOS GENERALES RESPECTO A LOS EFECTOS DEL RÉGIMEN DE RESERVA DE LA INDUSTRIA Y EL COMERCIO DE LOS HIDROCARBUROS

Los yacimientos mineros y petroleros en Venezuela, siempre han sido del dominio público, conforme a los principios que se establecieron en las Ordenanzas de Minería de Nueva España, recogidos en la legislación republicana a partir de la independencia[106]. Ello condujo, históricamente a que las actividades económicas relativas a la industria petrolera y minera siempre hubieran estado sometidas en Venezuela a técnicas de intervención pública mediante la reserva al Estado de las mismas, con la consecuente posibilidad conforme a la legislación inicial de hidrocarburos de los años cuarenta del otorgamiento de concesiones a los particulares para su realización.

En efecto, el régimen de las actividades económicas depende de la posibilidad de que las mismas puedan o no realizarse libremente por los particulares; es decir, depende, por una parte, de si para su realización existe o no libertad económica; y por la otra, consecuentemente si las mismas están o no reservadas al Estado. Esa es la gran división que tiene que hacerse primariamente respecto de las actividades económicas, sin que quepan términos medios: hay actividades reservadas al Estado donde no existe libertad económica y hay actividades no reservadas al Estado donde existe libertad económica[107]. En las primeras, no existiendo libertad económica dada la reserva al Estado, este puede otorgar el derecho a los particulares a realizarlas, generalmente mediante el acto de concesión, que por su carácter constitutivo crea en cabeza del concesionario el derecho que se concede; en cambio en las segundas, tratándose de una limitación al derecho y libertad económica que tienen los particulares, las intervenciones del Estado se manifiestan por ejemplo, a través de actos administrativos declarativos de derechos, como las autorizaciones (licencias, permisos); homologadores de derechos, como las aprobaciones; de declaración de certeza de derechos, como las inscripciones y registros; e, incluso, extintivos de derechos (ablatorios), como las expropiaciones o decomisos.[108]

En consecuencia, la división fundamental de las actividades económicas en reservadas o no al Estado, condiciona las técnicas de intervención administrativa, concibiéndose la figura de la concesión para la primera, y entre otras, las autorizaciones para las segundas.

---

106 *V.* en general sobre el tema Isabel Boscán de Ruesta, "La propiedad de los yacimientos de los hidrocarburos. Evolución histórica", en *El Derecho Público a comienzos del siglo XXI. Estudios homenaje al Profesor Allan R. Brewer–Carías*, Tomo III, Instituto de Derecho Público, UCV, Civitas Ediciones, Madrid, 2003, pp. 3061–3105.

107 *V.* José Ignacio Hernández, "Disciplina jurídico–administrativa de la libertad económica. La doctrina actual entre la libertad económica y el Estado Social", en *VII Jornadas Internacionales de Derecho Administrativo Allan R. Brewer–Carías, El principio de legalidad y el ordenamiento jurídico–administrativo de la libertad económica, 3–5 Noviembre de 2004*, Fundación de Estudios de Derecho Administrativo, Caracas 12000, p. 197.

108 *V.* en general Allan R. Brewer–Carías, "El régimen de participación del capital privado en las industrias petrolera y minera: Desnacionalización y regulación a partir de la Constitución de 1999", en *VII Jornadas Internacionales de Derecho Administrativo Allan R. Brewer–Carías, El Principio de Legalidad y el Ordenamiento Jurídico–Administrativo de la Libertad Económica*, Caracas noviembre 2004. Fundación de Estudios de Derecho Administrativo FUNEDA, Caracas Noviembre, 2004 pp. 15–58

1. Las actividades reservadas al Estado en materia de hidrocarburos en 1975 y la posibilidad de participación del capital privado en las mismas

Estos principios tradicionales del ordenamiento jurídico venezolano en relación con las actividades relativas a los hidrocarburos fueron recogidos en la Constitución de 1999 en los cuales se establece el marco normativo básico que las regula, al declarar a los yacimientos mineros y petroleros como del dominio público (Art. 12);[109] regular en general el régimen de las concesiones de explotación de recursos naturales (Art. 113); establecer regulaciones específicas de protección al ambiente (Arts. 127 ss.); prever la posibilidad para el Estado de reservarse determinadas industrias y servicios por razones de conveniencia nacional, y en particular, reservar al Estado de la industria petrolera pero sometida a lo dispuesto en la ley orgánica (Art. 302), y declarar el dominio público sobre las acciones del holding petrolero: Petróleos de Venezuela S.A. (Art. 303).

En un marco similar al que estaba regulado en la Constitución precedente de 1961, se adoptó una de las decisiones políticas más importantes que se tomaron en el país durante la segunda mitad del siglo pasado, la cual fue *la nacionalización de la industria petrolera*, es decir, la reserva que se hizo al Estado de "todo lo relativo a la exploración del territorio nacional en búsqueda de petróleo, asfalto y demás hidrocarburos; a la explotación de yacimientos de los mismos, a la manufactura o refinación, transporte por vías especiales y almacenamiento; al comercio exterior e interior de las substancias explotadas y refinadas, y a las obras que su manejo requiera." Así se estableció en el artículo 1° de la Ley que Reserva al Estado la Industria y el Comercio de los Hidrocarburos de 1975, también conocida como Ley de Nacionalización petrolera.[110]

Esta Ley Orgánica, al igual que las que se dictaron en los comienzos de los años setenta en relación con la nacionalización de la industria del gas natural (1971), la industria y explotación del mineral de hierro (1975), y el mercado interno de hidrocarburos (1973); se sancionó con base en la previsión del artículo 97 de la Constitución de 1961 que establecía la posibilidad de que el Estado pudiera "reservarse determinadas industrias, explotaciones o servicios de interés público por razones de conveniencia nacional". Se trataba de una norma fundamental de la Constitución Económica que había adoptado el texto de 1961, de carácter mixto y flexible, que por ello permitía sin que existiera una rigidez constitucional, es decir, sin necesidad de estar reformando la Constitución al inicio de cada gobierno, ir conformando la política económica del Estado, como efectivamente ocurrió durante las tres décadas de vigencia de dicha Constitución[111].

Con esa decisión se eliminó del régimen de la industria petrolera la técnica de las concesiones petroleras que habían caracterizado la legislación en la materia desde ini-

---

109 En esta forma se le dio rango constitucional a lo ya previsto en la Ley de Minas (Art. 2) (*Gaceta Oficial* N° 5382 de 28–09–1999) y en la Ley Orgánica de Hidrocarburos Gaseosos (Art. 1°) (*Gaceta Oficial* N° 36.793 de 23–9–1999). *V.* nuestra propuesta sobre esto en Allan R. Brewer–Carías, *Debate Constituyente*, Fundación de Derecho Público, Editorial Jurídica Venezolana, Caracas 1999, Tomo II, pp. 35 y 39.

110 *Gaceta Oficial* N° 35.754 de 17–07–1995. *V.* en general, sobre la nacionalización petrolera de 1975, *Régimen Jurídico de las nacionalizaciones en Venezuela. Homenaje del Instituto de Derecho Público al profesor Antonio Moles Caubet, Archivo de Derecho Público y Ciencias de la Administración*, Vol. VIII (1972–1979), Instituto de Derecho Público, Universidad Central de Venezuela, Caracas, 1981.

111 *V.* lo que hemos expuesto sobre la Constitución económica en el texto de 1961 en Allan R. Brewer–Carías, "Consideraciones sobre la Constitución Económica" en *Estudios sobre la Constitución Española. Homenaje al profesor Eduardo García de Enterría*, Editorial Civitas, Madrid, 1991, pp. 3.839–3.853.

cios del Siglo XX, permitiéndose sin embargo la participación de los particulares o del sector privado en la industria, mediante dos modalidades contractuales específicamente reguladas en la Ley de Nacionalización petrolera: los convenios operativos y los convenios de asociación que se podían establecer con empresas privadas.[112] Los primeros no afectaban en forma alguna la reserva que se había hecho al Estado de la industria, y podían suscribirse todos los que las empresas petroleras nacionalizadas considerasen necesarios para la mejor realización de sus actividades. Dichos convenios operativos, por supuesto, en ningún caso afectaban la esencia misma de las actividades atribuidas o reservadas al Estado.

Los convenios de asociación, en cambio, permitían al Estado asociarse con particulares para realizar las actividades reservadas, lo que implicaba un régimen jurídico excepcional de asociación o participación del sector privado en las actividades reservadas a través de empresas mixtas sometidas al control estatal, lo que exigía la intervención previa del órgano legislativo para que pudieran suscribirse (Art. 5). Precisamente por este régimen jurídico único establecido para contratos destinados a permitir la participación del capital privado en la explotación de la industria petrolera nacionalizada conforme al marco legislativo expreso establecido en el artículo 5 de la Ley de Nacionalización y conforme a la necesaria aprobación expresa previa por parte el órgano legislativo del marco de las cláusulas de dichos contratos,[113] fue que los mismos fueron considerados por la antigua Corte Suprema de Justicia como "contratos administrativos."[114]

Aparte de esas dos modalidades, por supuesto, los particulares también podían participar en actividades conexas o vinculadas con las actividades reservadas, pero que en si mismas no eran actividades reservadas, mediante la celebración de contratos con las empresas del Estado del sector, o con las empresas operadoras de los Convenios de Asociación, para la prestación de servicios o la ejecución de obras, como por ejemplo, fueron los contratos suscrito entre PDVSA Petróleo S.A. con empresas privadas para prestación de servicios conexos con la industria petrolera que no eran actividades reservadas, y que en 2009 fueron objeto de una nueva reserva al Estado mediante la Ley Orgánica que reserva al Estado bienes y servicios conexos a las actividades primarias de Hidrocarburos de 2009[115] (Ley de Reserva de 2009).

2. La redefinición del ámbito de las actividades de la industria petrolera que fueron reservadas al Estado en la Ley Orgánica de Hidrocarburos de 2001

En 2001 se sancionó la Ley Orgánica de Hidrocarburos (LOH)[116] que derogó y sustituyó la Ley de Nacionalización petrolera de 1975, mediante la cual se produjo una re-

112 *V.* en Isabel Boscán de Ruesta, *La actividad petrolera y la nueva ley Orgánica de Hidrocarburos*, Funeda, Caracas 2002, pp. 127 ss.

113 *V.* el Acuerdo autorizando la "celebración de los Convenios de Asociación para la exploración a riesgo de nuevas áreas y la producción de hidrocarburos bajo el esquema de ganancias compartidas," en *Gaceta Oficial* N° 35.754 de 17–07–1995.

114 *V.* el texto de la decisión de la Corte en Pleno de 17–08–1999 en Allan R. Brewer–Carías (Compilador), *Documentos del Juicio de la Apertura Petrolera (1996–1999)*, Caracas 2004, disponible en www.allanbrewercarias.com (Biblioteca Virtual, I.2. Documentos, N° 22, 2004), pp. 280–328. En dicho caso, me correspondió junto con el profesor Román José Duque Corredor actuar en dicho juicio como abogado de PDVSA en la defensa de la constitucionalidad del Acuerdo del Congreso autorizando los Convenios de Asociación.

115 *Gaceta Oficial* N° 39.173 del 07–05–2009.

116 *Gaceta Oficial* N° 37.323 de 13–11–2001.

ducción respecto de las actividades reservadas al Estado, las cuales quedaron concentradas en lo que se refiere a las actividades primarias de hidrocarburos; a las actividades realizadas en las refinerías existentes al momento de dictarse la Ley Orgánica; a las actividades de comercialización externa e interna de hidrocarburos naturales; y las actividades de comercialización externa e interna sobre los productos derivados cuya comercialización se reserve al Estado mediante Decreto. En cuanto a las "actividades primarias" en materia de hidrocarburos conforme a la definición de la LOH, comprenden "la exploración, la extracción de los hidrocarburos en estado natural, su recolección, transporte y almacenamiento inicial, así como, las relativas a las obras que su manejo requiera" (Art. 9). De esta definición se destaca que la reserva se refiere a las mencionadas actividades relativas, exclusivamente, a los hidrocarburos *en su estado natural*. En consecuencia, no se refiere a hidrocarburos procesados o derivados. Además, en cuanto a las actividades reservadas (recolección, transporte y almacenamiento) sólo se refiere a la recolección, transporte y almacenamiento *inicial*, es decir, el que se realiza primigeniamente luego de la extracción de los hidrocarburos en estado natural, y que se refiere por tanto a los *hidrocarburos en estado natural.*

Estas actividades primarias fueron las actividades reservadas al Estado (Art.9 LOH) para su desarrollo en forma exclusiva, en el sentido de que no son concesibles a los particulares, pero en forma no excluyente, ya que la ley permite que el derecho a su explotación pueda "transferirse" a empresas del Estado; es decir, permite que el desarrollo de las actividades primarias se efectúe sea directamente por el Estado, a través del Ejecutivo Nacional o mediante empresas de la exclusiva propiedad del Estado; o mediante empresas mixtas con capital del Estado en más del 50 % del capital social (Arts. 22 y 27 al 32 LOH), es decir, en las cuales puede participar el capital privado en menos del 50% del capital social. Por esta última vía, en todo caso, es que se permite la participación del capital privado en las actividades primarias, formando parte como accionistas en una empresa mixta, con la aprobación previa de la Asamblea Nacional (Artículo 33 LOH).

Otras actividades que también se reservan al Estado en la LOH son actividades realizadas con hidrocarburos naturales, las cuales sólo pueden ser ejercidas por las empresas del Estado (Artículos 27 y 57).

La LOH también reserva al Estado las actividades realizadas respecto de los productos derivados de hidrocarburos cuya comercialización el Estado se haya reservado expresamente mediante Decreto posterior, en cuyo caso también sólo podrían ser ejercidas exclusivamente por las empresas del Estado (Arts. 27 y 57 LOH). El ámbito de estas actividades reservadas, por tanto, es variable, según el decreto que dicte el Ejecutivo Nacional, en el cual se pueden aumentar o disminuir las actividades sobre productos derivados de hidrocarburos que se reservan. Sin embargo, una vez determinados los productos, la reserva en este caso también se concibió en forma absoluta, de manera que el capital privado no podría participar en el desarrollo de las mismas por ejemplo, mediante empresas mixtas, como en cambio si puede suceder en relación con las actividades primarias.

En relación con las instalaciones destinadas a la actividad de refinación, la LOH distinguió entre instalaciones existentes al momento de publicarse la LOH, y las nuevas refinerías (Arts. 10 y 11 LOH). Sobre las primeras, es decir, sobre "las instalaciones y obras existentes, sus ampliaciones y modificaciones, propiedad del Estado o de las empresas de su exclusiva propiedad, dedicadas a las actividades de refinación de hidrocarburos naturales en el país y al transporte principal de productos y gas," dispuso el artículo 10 de la Ley Orgánica que "quedan reservadas al Estado en los términos establecidos en este Decreto Ley" (Art. 10). La Ley Orgánica, sin embargo, nada más agregó sobre esta "reserva de instalaciones existentes" dedicadas a la refinación de hidrocarburos naturales en el país (se excluyen las que siendo propiedad de PDVSA estaban ubicadas en el exterior) o al "transporte principal de productos y gas."

3. La participación de los particulares en las actividades relativas a la industria petrolera no reservadas al Estado, entre las cuales están las declaradas como "servicio público" en la Ley Orgánica de Hidrocarburos y en la Ley Orgánica de Hidrocarburos Gaseosos

De lo anterior resulta que en el ámbito de las actividades vinculadas a la industria petrolera, en 2001 en Venezuela se pasó del régimen de la reserva general al Estado de la misma (1975), a un régimen de una reserva restringida (2001), como antes se ha definido, y a la consecuente previsión en las demás áreas de la industria no reservadas al Estado, de la posibilidad de ejercicio de la libertad económica, es decir, del derecho de los particulares al libre ejercicio de sus actividades económicas en algunos casos, con las limitaciones legales establecidas usualmente en casos similares, a través de las técnicas de actos administrativos declarativos de derechos como son las autorizaciones, denominadas indistintamente en la legislación de hidrocarburos, como licencias y permisos.

En cuanto a las licencias para el ejercicio de actividades no reservadas al Estado en materia de hidrocarburos, la LOH de 2001 permite la participación del capital privado en las actividades de refinación de hidrocarburos naturales, que comprenden la destilación, purificación y transformación de los hidrocarburos naturales objeto de la Ley Orgánica, realizadas con el propósito de añadir valor a dichas sustancias (Art. 10 LOH). Estas actividades pueden ser desarrolladas "por el Estado y los particulares, conjunta o separadamente" (Art. 10 LOH), mediante la obtención de una licencia (Art. 12 LOH).

Además, las actividades de industrialización de hidrocarburos refinados que comprende las de separación, destilación, purificación, conversión, mezcla y transformación de los mismos, realizadas con el propósito de añadir valor a dichas sustancias mediante la obtención de especialidades de petróleo u otros derivados de hidrocarburos (Art. 49 LOH), pueden ser realizadas por el Estado, directamente, a través del Ejecutivo Nacional; por empresas de su exclusiva propiedad; por empresas mixtas, con participación de capital estatal y privado, en cualquier proporción; y por empresas privadas, sea de capital nacional o extranjero (Art. 50 LOH), mediante la obtención de permisos (Art. 53).

Aparte de las actividades de comercialización que comprenden el comercio interior y el comercio exterior, tanto de los hidrocarburos naturales, como de sus productos derivados que mediante decreto señale el Ejecutivo Nacional que como se ha dicho quedaron reservadas al Estado pudiendo ejercerse sólo por las empresas del Estado sin permitirse la participación del capital privado en el desarrollo de las mismas (arts. 56, 57 LOH); las otras actividades de comercio interno y externo de productos derivados no reservados al Estado pueden ser realizadas indistintamente por el Estado, directamente, a través del Ejecutivo Nacional; por empresas de la exclusiva propiedad del Estado (Empresas del Estado); por empresas mixtas, con participación de capital estatal y privado, en cualquier proporción; y por empresas privadas (Art. 58 LOH) mediante la obtención de permisos.

Dentro de las actividades relativas al comercio interior de productos derivados de hidrocarburos, y aún cuando la LOH dispone en su artículo 4 que todas las actividades en ella reguladas "se declaran de utilidad pública y de interés social," el artículo 60 de la misma LOH declara expresa y específicamente que solamente "**constituyen un servicio público** las actividades de suministro, almacenamiento, transporte, distribución y expendio de los productos derivados de los hidrocarburos, señalados por el Ejecutivo Nacional (conforme al artículo 59), destinados al consumo colectivo interno." Se trata de la única actividad en el marco de la industria y el comercio de hidrocarburos que en la LOH se califica como un "servicio público"[117] siendo la consecuencia de tal calificación, que los precios de dichos productos deben ser fijados por el Ejecutivo Nacional por órgano del Ministerio de Energía y Minas. Dichos precios pueden fijarse mediante bandas o cualquier otro sistema que resulte adecuado, tomando en cuenta las inversiones y la rentabilidad de las mismas. Además, el Ministerio debe adoptar medidas para garantizar el suministro, la eficiencia del servicio y evitar su interrupción.

Conforme al artículo 61 de la LOH, las personas naturales o jurídicas que deseen ejercer estas actividades declaradas como "servicio público," es decir, las actividades de suministro, almacenamiento, transporte, distribución y expendio de los productos derivados de hidrocarburos, deben obtener previamente permiso del Ministerio de Energía y Minas, los que están sujetos a las normas establecidas en la Ley Orgánica, su Reglamento y las Resoluciones respectivas; y su cesión o traspaso requiere la autorización previa del Ministerio de Energía y Minas (Art. 61 LOH).

Debe agregarse, en el ámbito de la industria petrolera, que la LOHG de 1999[118] derogó la Ley que Reserva al Estado la Industria del Gas Natural de 1971 y eliminó la reserva del Estado en la materia, disponiendo, al contrario, que las mismas "pueden ser ejercidas por el Estado directamente o mediante entes de su propiedad o por personas privadas nacionales o extranjeras; con o sin la participación del Estado" (Art. 2). Entre dichas actividades están las que la Ley denominó "las actividades distintas a las de exploración y explotación" (Cap. IV), que comprenden las relativas al transporte y la distribución de gas, el procesamiento de los líquidos de gas natural (LGN) y la comercialización del gas licuado del petróleo (GLP), disponiéndose que quienes deseen realizar las actividades relacionadas con hidrocarburos gaseosos, asociados o no asociados, producidos por otras personas, lo que deben es obtener un permiso del Ministerio de Energía y Minas (Arts. 3, 27). En cuanto a las actividades de industrialización de los hidrocarburos gaseosos, conforme al artículo 30 de la LOHG, también pueden ser realizadas directamente por el Estado, por entes de su propiedad; o por personas privadas nacionales o extranjeras, con o sin la participación del Estado, mediante la obtención de permisos (Art. 31).

Se destaca de la LOHG, por otra parte, que si bien en su artículo 4 se declaran todas las actividades que regula como "de utilidad pública," en su artículo 5 establece expresa y específicamente que entre todas ellas, sólo constituyen un "**servicio público**" las actividades relacionadas, directa o indirectamente, con el transporte y distribución de gases de hidrocarburos destinados al consumo colectivo. Se trata de la única actividad en el marco de la industria y el comercio de los hidrocarburos gaseosos que en la LOHG se

117 Esto lo ha confirmado la Sala Político Administrativa del Tribunal Supremo en sentencia Nº 255 de 09–02–2006 (caso *Estación San Luis Del Este II, C.A vs. Shell Venezuela Productos)*, en *Revista de Derecho Público*, Nº 105, Editorial Jurídica venezolana, Caracas 2005, p. 178.

118 *V.* en *Gaceta Oficial* Nº 36.793 del 23–09–1999.

califica como un "servicio público," razón por la cual, el artículo 8 de dicha Ley dispone que los almacenadores, los transportistas y los distribuidores de hidrocarburos gaseosos tienen la obligación de prestar el servicio en forma continua y de conformidad con las normas legales, reglamentarias y técnicas de eficiencia; calidad y seguridad.

Tratándose de servicios públicos, el artículo 12 de la LOHG también autoriza al Ministerio de Energía y Minas para determinar los precios de los hidrocarburos gaseosos desde los centros de producción y procesamiento, atendiendo principios de equidad. Además, los Ministerios de Energía y Minas y de la Producción y el Comercio, conjuntamente, deben fijar las tarifas que se aplicarán a los consumidores finales y a los servicios que se presten de conformidad con la Ley.

De lo anterior resulta que por voluntad expresa del legislador, tanto en la LOH como en la LOHG, dentro de todas las actividades de la industria y el comercio de los hidrocarburos y de los hidrocarburos gaseosos, todas declaradas como de utilidad pública e interés social, solamente unas específicas y concretas actividades destinadas a *satisfacer necesidades colectivas* de consumo han sido consideradas como "servicio público." Por ello consideramos que ante declaraciones tan específicas y expresas del legislador, no le es dable al intérprete ignorarlas, por lo que no se puede afirmar que otras actividades de la industria puedan ser consideradas como servicio público o que en Venezuela la actividad petrolera en general siempre se hubiera considerado como servicio público con independencia de su calificación en las leyes. Ello no sería correcto, pues significaría ignorar la "calificación" que el legislador ha hecho en las leyes. Conforme a las antes mencionadas expresas previsiones de la LOH y de la LOHG, *sólo ciertas actividades* desarrolladas en la industria petrolera se califican como "servicios públicos," que son precisamente aquellas de carácter prestacional destinadas a satisfacer necesidades colectivas de la población, como son el suministro, almacenamiento, transporte, distribución y expendio de los productos derivados de los hidrocarburos que señale el Ejecutivo Nacional, destinados al *consumo colectivo interno* (Arts. 59, 60, LOH); y las actividades relacionadas, directa o indirectamente, con el transporte y distribución de gases de hidrocarburos *destinados al consumo colectivo* (Art.5, LOHG). Y dichas normas, que son precisamente las que regulan la industria petrolera en Venezuela, no se las puede ignorar.

Esas son, por tanto, las actividades que dentro de la industria petrolera se han considerado siempre y han sido así declaradas expresamente como de servicio público. Y ha sido sólo en 2009, con motivo de la sanción de la Ley Orgánica que reserva al Estado bienes y servicios conexos a las actividades primarias de hidrocarburos, en la cual, sin duda distorsionando la esencia del concepto mismo de "servicio público" en el derecho administrativo, que se ha declarado como tales con vigencia a partir de 2009, a los "servicios conexos a las actividades primarias de hidrocarburos" (Art. 5), a pesar de no estar destinadas a satisfacer necesidades colectivas o de consumo colectivo.

Por tanto, dejando aparte esta específica declaratoria de "servicio público" *en virtud de ley*, con vigencia a partir de 2009, respecto de los servicios conexos que no están destinados ni por asomo al consumo colectivo ni a satisfacer necesidades colectivas, en la industria petrolera y gasífera fuera de las actividades declaradas como "servicios públicos" en la LOH y en la LOHG, que si están destinadas a satisfacer el consumo colectivo, ninguna otra actividad podría ser calificada como tal. La Ley en esta materia es clara y no es posible que sea ignorada. Y cuando hay ley expresa, no se puede construir un concepto legal con independencia de su calificación en las leyes.

4. El sentido de la declaratoria de utilidad pública o interés general de las actividades reguladas en la Ley de Hidrocarburos y en la Ley de Hidrocarburos Gaseosos a los solos efectos expropiatorios.

Como se ha dicho, la LOH dispone en su artículo 4 que todas las actividades de la industria y el comercio de los hidrocarburos a las cuales se refiere dicha Ley, así como las obras que su realización requiera, "se declaran de utilidad pública y de interés social." Igualmente el artículo 4 de la LOHG dispone que las actividades a las cuales se refiere la ley relativa a los hidrocarburos gaseosos, así como las obras que su manejo requiera, "se declaran de utilidad pública."

Esta declaratoria de determinadas actividades en el derecho venezolano como de "utilidad pública o interés social," como es sabido, tiene relación directa y está destinada a preparar la posibilidad para el Estado de poder ejercer la potestad expropiatoria cuando ella sea necesaria para el desarrollo de las actividades reguladas en dichas leyes. Frente a la exigencia de la Constitución (Art. 115) y de la Ley de Expropiación por causa de utilidad pública o interés social (Arts. 7.1, 13), de que para que proceda la expropiación es necesario una declaratoria legislativa específica previa de dicha utilidad pública o interés general, entonces es que en muchas leyes especiales se formula tal calificación respecto de las actividades sectoriales que regulan, de manera que sin una ulterior declaratoria de interés general o utilidad pública, se pueda proceder a iniciar el procedimiento expropiatorio.[119]

Por tanto, la declaratoria de una actividad como de interés general o de utilidad pública, teniendo simplemente propósitos de agilizar los procedimientos expropiatorios, no implica que el régimen de la misma sea necesariamente un régimen de derecho público, y que la sola declaratoria pueda transformar el régimen jurídico de una actividad. No es posible afirmar, por tanto, que las actividades o las obras declaradas de utilidad pública o interés social en una ley están por ello, sujetas a un régimen regulatorio especial de derecho público. Una cosa no implica la otra, de manera que la declaratoria de una actividad como de utilidad pública o interés social a los efectos de aligerar los procesos de expropiación de bienes de propiedad privada, no implica una *publicatio* de su régimen jurídico, y que el mismo se convierta automáticamente en un régimen regulatorio especial de derecho público lo que no es cierto en el ordenamiento jurídico venezolano.

---

119 *V.* Ley expropiación por causa de utilidad pública o interés social, en *Gaceta Oficial* N° 37.475 de 01–07–2002. *V.* los comentarios a dicha Ley en Allan R. Brewer–Carías et al., *Ley expropiación por causa de utilidad pública o interés social*, Editorial Jurídica Venezolana, Caracas 2002. Por ejemplo, en cuanto a las leyes más recientes, en la Ley para la defensa de las personas en el acceso a los bienes y servicios (Decreto Ley N° 6.092 de 27–05–2008), se declaran como de utilidad pública e interés social, todos los bienes necesarios para desarrollar las actividades de producción, fabricación, importación, acopio, transporte, distribución y comercialización de alimentos, bienes y servicios declarados de primera necesidad (*Gaceta Oficial* N° 5.889 Extraordinaria de 31–07–2008); en la Ley de salud agrícola integral (Decreto Ley N° 6.129 de 03–06–2008), se declaran de utilidad pública, interés nacional e interés social, los bienes y servicios propios de las actividades de salud agrícola integral, por lo que cuando medien motivos de seguridad, podrá sin mediar otra formalidad, decretarse la adquisición forzosa de la totalidad de un bien o de varios bienes necesarios para la ejecución de obras o el desarrollo de actividades de salud agrícola integral (*Gaceta Oficial* N° 5.890 Extraordinaria de 31–07–2008); en la Ley del Instituto Nacional de la Vivienda (INAVI) (Decreto Ley N° 6.267 de 30–07–2008), se declara de utilidad pública la construcción de viviendas de interés social cuya ejecución directa o indirecta corresponda al Instituto Nacional de la Vivienda, (*Gaceta Oficial* N° 5.892 de–07–2008); y en la Ley Orgánica de seguridad y soberanía agroalimentaria (Decreto Ley N° 6.071 de 14–05–2008), se declaran de utilidad pública e interés social los bienes que aseguren la disponibilidad y acceso oportuno a los alimentos, así como las infraestructuras necesarias (*Gaceta Oficial* N° 5.889 Extraordinaria de 31–07–2008).

Por otra parte, menos aún podría afirmarse que una de las consecuencias del carácter de utilidad pública e interés social de una determinada actividad, sería que los contratos que celebren los entes públicos en ejecución de tales actividades, por ello revistan el carácter de "contratos administrativos;" lo que no tiene asidero alguno en el derecho administrativo venezolano. Una cosa es que una actividad se declare de utilidad pública o interés social, y otra es la naturaleza de los contratos del Estado que puedan celebrarse en su ámbito. Lo cierto es que tal declaratoria en la ley que se formula exclusivamente con fines expropiatorios no implica ni la *publicatio* general de la actividad ni de los contratos que puedan celebrarse en la misma.

En el mismo sentido, tampoco podría identificarse el concepto de "utilidad pública" con el de "servicio público," las cuales son nociones jurídicos completamente distintas. La antigua Corte Suprema de Justicia y el Tribunal Supremo de Justicia en Sala Político Administrativa, en muchas sentencias ha hecho referencia a ambos conceptos, a veces en forma confusa, pero nunca identificando la "utilidad pública" o el "interés general" con el "servicio público," ni ha calificado a contratos como "contratos administrativos" porque tengan sólo una "finalidad de utilidad pública," exigiendo siempre cuando hace referencia a la finalidad de los mismos que esté envuelto un interés *colectivo*. Así ocurrió, por ejemplo, en la sentencia dictada en el caso *Acción Comercial* en 14 de junio de 1983, [120] en la cual la Sala Político Administrativa, al destacar el objeto del contrato considerado en ese caso como contrato administrativo, se refirió a que el mismo tenía precisamente por objeto una actividad de "interés *colectivo*" de carácter prestacional, para "la satisfacción de determinadas necesidades" "de interés general o *colectivo*." No se trataba, por tanto, de cualquier actividad de utilidad pública o interés general, sino de la satisfacción de interés colectivo para lo cual la Administración se aseguraba "la colaboración del particular en la satisfacción" de dichas necesidades colectivas. En otra sentencia de la Sala Político Administrativa del Tribunal Supremo Nº 1628 de 13 de julio de 2005 en el caso *Inversiones Luixu 2051* C.A., se consideró el contrato al cual se refería el caso como "contrato administrativo," no porque su objeto tuviese simplemente "una finalidad de utilidad pública," sino porque tenía precisamente por objeto "la prestación de un servicio público" como eran "trabajos de alumbrado"[121] Lo que siempre es de carácter colectivo. Adicionalmente, en otra sentencia de la Sala Político Administrativa del Tribunal Supremo Nº 187 de 31 de enero de 2002 (caso *Dioselina Rivero de Oropesa*) en la cual se consideró el contrato al cual se refería el caso como "contrato administrativo," no porque su objeto tuviese simplemente "una finalidad de utilidad pública" sino porque en ese caso tenía por objeto otorgar "una concesión de uso" de bienes públicos como son los terrenos ejidos, los cuales conforme a la Constitución son "inalienables e imprescriptibles" y como tales en definitiva se destinan a asegurar el bienestar de la colectividad (Art. 181); contratos que al otorgar concesiones de uso de bienes públicos, como lo dijo el Tribunal, "sin importar bajo qué figura jurídica son otorgados (compraventa, arrendamiento, comodato, etc.)," la jurisprudencia del Tribunal, por su objeto referido a concesión sobre bienes públicos, siempre los ha considerado como 'contratos administrativos."[122]

---

120 Citada en sentencia de la Sala Político Administrativa Nº 820 de 31–5–2007, en http://www.tsj.gov.ve/decisiones/spa/Mayo/00820–31507–2007–1995–11922.html

121 *V.* en http://www.tsj.gov.ve/decisiones/spa/Julio/01628–130700–16310.htm

122 Publicada en 5 de febrero de 2002. *V.* en http://www.tsj.gov.ve/decisiones/spa/Febrero/00187–050202–0412.htm

En ninguna de dichas sentencias, por ejemplo, se utilizaron como sinónimas las expresiones "utilidad pública" y "servicio público," conceptos que además, en la industria petrolera en ningún caso podrían tener el mismo significado cuando el Legislador, expresamente, las ha distinguido claramente en disposiciones precisas de la LOH (Arts. 4 y 60) como en la LOHG (Arts. 4, 5) antes mencionadas.

5. La terminación de los Convenios Operativos y de Asociación en 2007 y su transformación en empresas mixtas

Para el momento en que se dictó la Ley Orgánica de Hidrocarburos de 2001, las empresas privadas en Venezuela, como se ha dicho, podían participar y participaban en la realización de las actividades primarias de hidrocarburos reservadas al Estado a través de dos modalidades previstas en la legislación anterior: los Convenios Operativos con las empresas del Estado, y mediante Convenios de Asociación Estratégicas y de Explotación a Riesgo y Ganancias Compartidas que se habían suscrito bajo la vigencia de la Ley que reserva al Estado la Industria y el Comercio de los Hidrocarburos de 1975, los cuales dado el principio general de la irretroactividad de las leyes, continuaron en vigencia como contratos válidamente suscritos por el Estado conforme al artículo 5 de aquella Ley que fue derogada por la Ley Orgánica de 2001, aún después de la entrada en vigencia de la nueva Ley.

A partir de 2006, el Estado venezolano, comenzó un proceso de "estatización" petrolera a través de la eliminación progresiva, mediante ley, de la participación del capital privado en las actividades de la industria petrolera que se había desarrollado antes de la entrada en vigencia de la nueva Ley Orgánica de Hidrocarburos en 2001. Ese proceso de eliminación de la participación del capital privado en la industria que había sido posible conforme a los contratos suscritos antes de 2001, se verificó mediante tres instrumentos legislativos:[123]

Primero, se dispuso la extinción, es decir, la terminación unilateral anticipada de los Convenios Operativos que existían y se habían suscrito conforme a la legislación anterior, entre las filiales de PDVSA y empresas privadas, para lo cual el 18 de abril de 2006 se dictó la Ley de Regularización de la Participación Privada en las Actividades Primarias Previstas[124], cuyo específico objeto que se definió como "regularizar la participación privada en las actividades primarias," dado que el Legislador consideró que su ejercicio había "sido desnaturalizado por los Convenios Operativos surgidos de la llamada apertura petrolera, al punto de violar los intereses superiores del Estado y los elementos básicos de la soberanía" (art. 1).

La consecuencia de la extinción de los Convenios Operativos existentes, además de la obligación para el Estado de indemnizar a los antiguos contratistas por los daños y per-

123 *V.* Alan R. Brewer–Carías, "La estatización de los convenios de asociación que permitían la participación del capital privado en las actividades primarias de hidrocarburos suscritos antes de 2002, mediante su terminación anticipada y unilateral y la confiscación de los bienes afectos a los mismos", en Víctor Hernández Mendible (Coordinador), *Nacionalización, Libertad de Empresa y Asociaciones Mixtas*, Editorial Jurídica Venezolana, Caracas 2008, pp. 123–188; "La terminación anticipada y unilateral mediante leyes de 2006 y 2007 de los convenios operativos y de asociaciones petroleros que permitían la participación del capital privado en las actividades primarias suscritos antes de 2002", en *Revista de Derecho Público*, N° 109 (enero–marzo 2007), Editorial Jurídica Venezolana, Caracas 2007, pp. 47–54

124 *Gaceta Oficial* N° 38.419 del 18 de abril de 2006.

juicios ocasionados por la terminación anticipada y unilateral de los Convenios y la expropiación de los derechos contractuales, fue que conforme se dispuso en el artículo 4 de la Ley:

> "[...] la República, directamente o a través de empresas de su exclusiva propiedad, reasumirá el ejercicio de las actividades petroleras desempeñadas por los particulares, a los fines de garantizar su continuidad y en razón de su carácter de utilidad pública e interés social, sin perjuicio de que se establezcan para tal efecto empresas mixtas sujetas a la aprobación de la Asamblea Nacional, previo informe favorable del Ejecutivo Nacional por órgano del Ministerio de Energía y Petróleo y de la Comisión Permanente de Energía y Minas de la Asamblea Nacional".

A tal efecto, la Asamblea Nacional ya había adoptado en marzo de 2006 el "Acuerdo mediante el cual se aprueban los Términos y Condiciones para la creación y funcionamiento de las Empresas Mixtas" (*G.O.* N° 38.410 de 31–03–2006).

Segundo, con base en la Ley Habilitante de 1 de febrero de 2007[125] que delegó en el Ejecutivo nacional la legislación para que el Estado asumiera "el control de las actividades realizadas por las asociaciones que operan en la Faja Petrolífera del Orinoco, incluyendo mejoradores y las asignaciones de explotación a riesgo y ganancias compartidas", se dictó el 26 de febrero de 2007, el Decreto Ley 5.200, contentivo de la Ley de Migración a Empresas Mixtas de los Convenios de Asociación de la Faja Petrolífera del Orinoco, así como de los Convenios de Exploración a Riesgo y Ganancias Compartidas[126], con la cual se dio inicio al proceso de terminación unilateral y anticipada de los convenios de asociación que se habían suscrito entre 1993 y 2001, lo que implicaba, para los contratistas que no acordaran a los términos unilaterales fijados por el Estado, la expropiación de sus derechos contractuales y el derecho consecuente a ser justamente indemnizados por los daños y perjuicios causados por la ejecución de dicha Ley. Esto significó, pura y simplemente, darle efectos retroactivos a la Ley Orgánica de Hidrocarburos de 2001, al imponer unilateralmente a los Convenios de Asociación suscritos conforme a la legislación anterior, la obligación de ajustarse a la nueva Ley y transformarse en nuevas empresas mixtas." La consecuencia de la aplicación retroactiva de la Ley de 2001 a los Convenios de Asociación suscritos válidamente con anterioridad a la misma, se configuró como una terminación anticipada y unilateral de los dichos Convenios de Asociación, y como una expropiación por Ley de los derechos contractuales de los contratantes en dichos Convenios, lo cual conforme al artículo 115 de la Constitución, les originó el derecho a ser justamente indemnizados por los daños y perjuicios causados.

Tercero, conforme a la Ley sobre los Efectos del Proceso de Migración a Empresas Mixtas de los Convenios de Asociación de la Faja Petrolífera del Orinoco; así como de los Convenios de Exploración a Riesgo y Ganancias Compartidas de 5 de octubre de 2007[127], los convenios de Asociación antes mencionados "quedaron extinguidos" según los casos, a partir de la fecha de publicación del "decreto que dispuso la transferencia del derecho a ejercer actividades primarias a las empresas mixtas que constituyeron conforme con lo previsto en dicha Ley" en la *Gaceta Oficial* de la República (art. 1) o "a partir de la fecha de publicación" de dicha Ley en la Gaceta Oficial de la República (art. 1). Ley de Migración (Decreto Ley 5.200) nada había indicado sobre los derechos a indemnización y compensación de las empresas privadas que no hubieran llegado a un acuerdo para continuar como socios de las nuevas empresas mixtas, en virtud de la ter-

125 *Gaceta Oficial* N° 38.617 de 01–02–2007.
126 *Gaceta Oficial* N° 38.623 de 16–2–2007.
127 *Gaceta Oficial* N° 38.785 del 8 de octubre de 2007

minación anticipada y unilateral de los Convenios y Asociaciones, que tenían de acuerdo con lo dispuesto en el artículo 115 de la Constitución. Sin duda, se trataba de una expropiación realizada por ley especial al margen de la Ley general de expropiación, que implicaba, de acuerdo con la Constitución, el derecho de las empresas privadas a ser indemnizadas. Sin embargo, en lugar de procederse a ello, el Estado optó por definitivamente "confiscar" dichos derechos, al declarar pura y simplemente extinguidos los convenios a partir de la publicación de la Ley sobre los Efectos del Proceso de Migración de 5 de octubre de 2007. La ley, además, ordenó la trasferencia forzada de bienes de propiedad privada a las nuevas empresas mixtas constituidas sin indemnización ni proceso, en todos los casos en los cuales *algunas* de las otras empresas privadas del respectivo convenio o asociación hubieran acordado formar parte de las empresas mixtas, sin indemnización ni proceso algunos.

6. La nueva reserva al Estado respecto de los bienes y servicios conexos con las actividades primarias de hidrocarburos decretada en 2009.

Conforme a la Ley Orgánica de Nacionalización petrolera de 1975, y posteriormente, conforme a la Ley Orgánica de Hidrocarburos de 2001, además de la participación de las empresas privadas en las actividades reservadas de la industria y el comercio de hidrocarburos mediante los convenios operativos y los convenios de asociación que fueron terminados en 2007,[128] los particulares y empresas privadas también participaban y siguieron participando en las actividades no reservadas de la industria y el comercio de los hidrocarburos, particularmente prestando servicios o realizando obras mediante contratos celebrados con las empresas del Estado.

Ese fue el caso de las empresas que suscribieron mediante procesos licitatorios, incluso antes de la entrada en vigencia de la LOH, contratos con la empresa PDVSA Petróleo y Gas S.A. (luego PDVSA Petróleo. S.A.) para la prestación a PDVSA, por ejemplo, de los servicios de inyección de agua, de vapor o de gas, y de compresión de gas; y de los servicios vinculados a las actividades petroleras desarrolladas en particular, en el Lago de Maracaibo, como los servicios de lanchas para el transporte de personal, buzos y mantenimiento; los servicios de barcazas con grúa para transporte de materiales, diesel, agua industrial y otros insumos; los servicios de remolcadores; los servicios de gabarras planas, boyeras, grúas, de ripio, de tendido o reemplazo de tuberías y cables subacuáticos; los servicios de mantenimiento de buques en talleres, muelles y diques, tal como se enumeraron en el artículo 2 de la Ley de Reserva de 2009. En esos casos, la empresa petrolera nacional encomendó a empresas privadas, generalmente a consorcios que agrupaban a empresas extranjeras con nacionales, la realización de actividades que entonces no estaban reservadas al Estado, ni estaban destinadas a satisfacer necesidades colectivas, y que sólo estaban destinadas a prestar servicios eminentemente técnico a

128 *V.* la Ley de Migración a Empresas Mixtas de los Convenios de Asociación de la Faja Petrolífera del Orinoco, así como de los Convenios de Exploración a Riesgo y Ganancias Compartidas (*Gaceta Oficial* nº 38.623 de 26–2–2007). Ley sobre los Efectos del Proceso de Migración a Empresas Mixtas de los Convenios de Asociación de la Faja Petrolífera del Orinoco; así como de los Convenios de Exploración a Riesgo y Ganancias Compartidas de 5 de octubre de 2007 (*Gaceta Oficial* Nº 38.785 del 08–10–2007). Sobre estas leyes *V.*, Allan R. Brewer–Carías, "La estatización de los convenios de asociación que permitían la participación del capital privado en las actividades primarias de hidrocarburos suscritos antes de 2002, mediante su terminación anticipada y unilateral y la confiscación de los bienes afectos a los mismos", en Víctor Hernández Mendible (Coordinador), *Nacionalización, Libertad de Empresa y Asociaciones Mixtas*, Editorial Jurídica Venezolana, Caracas 2008, pp. 123–188.

una sola empresa para la realización de sus actividades, como era el caso de PDVSA Petróleo y Gas S.A. La actividad que constituía el objeto de los contratos celebrados con empresas privadas o consorcios, por otra parte, a pesar de tratarse de actividades conexas con las actividades primarias de hidrocarburos que estaban a cargo de PDVSA, no sólo no eran actividades reservadas al Estado sino que no constituían en si mismas actividades de explotación petrolera.

Fue sin embargo, como se ha dicho, en 2009, cuando esas actividades o servicios conexos con la industria petrolera que no estaban reservadas al Estado, pasaron a ser reservada al mismo mediante la antes mencionada Ley Orgánica que reserva al Estado bienes y servicios conexos a las actividades primarias de Hidrocarburos,[129] en la cual se dispuso que a partir de la entrada en vigencia de dicha Ley pasarían a ser ejecutadas, "directamente por la República; por Petróleos de Venezuela, S.A. (PDVSA) o de la filial que ésta designe al efecto; o, a través de empresas mixtas, bajo el control de Petróleos de Venezuela, S.A., (PDVSA) o sus filiales." (Art. 1).

A los efectos de materializar la nacionalización que ello implicó, el artículo 3 de la Ley de Reserva de 2009, atribuyó al Ministerio con competencia en materia petrolera, la facultad de determinar mediante Resolución, los bienes y servicios de empresas o sectores que se encontraban dentro de las previsiones de sus artículos 1 y 2. Se dispuso además, que al dictarse dichas Resoluciones ministeriales, los contratos que se hubieran celebrado entre las empresas petroleras estatales y empresas privadas para la realización de las actividades que con la ley se reservaban al Estado, "se extinguirán de pleno derecho en virtud de la presente Ley," y además, se "reconoció" a dichos contratos "como contratos administrativos." (Art. 3).

Con estas previsiones se confirmó, por supuesto, que antes de la entrada en vigencia de la Ley de Reserva de 2009, no sólo las actividades que reguló no eran actividades "reservadas" al Estado, ni en la industria petrolera podían ser consideradas como "servicios públicos" (calificación reservada sólo a las actividades destinadas a satisfacer necesidades colectivas conforme al artículo 60 de la LOH y en al artículo 5 de la LOHG), sino que los contratos celebrados por PDVSA y sus filiales con empresas p consorcios particulares respecto de las mismas, no eran ni podían considerarse en absoluto como "contratos administrativos," sino contratos de derecho privado de la Administración. Fue por tanto, con la Ley de Reserva de 2009, a partir de la misma y a sus solos efectos, que las referidas actividades en cambio comenzaron a ser consideradas como "actividades reservadas," que además comenzaron a ser consideradas como "servicios públicos", y que, adicionalmente, los contratos relativos a las mismas comenzaron a ser "reconocidos" como "contratos administrativos."

La reserva al Estado decidida en la Ley de Reserva de 2009, a diferencia de otras leyes anteriores que reservaron actividades al Estado, en este caso tuvo efectos inmediatos, de manera que el artículo 4 de la Ley precisó que a partir de su publicación, "Petróleos de Venezuela S.A., (PDVSA) o la filial que ésta designe, tomará posesión de los bienes, y control de las operaciones referidas a las actividades reservadas," lo que efectivamente ocurrió. Este constituyó, de acuerdo con la Exposición de Motivos de la Ley, un:

---

129 *Gaceta Oficial* N° 39.173 del 07–05–2009.

"mecanismo expedito, acorde a las necesidades de la industria petrolera, que permitirá a Petróleos de Venezuela o la filial que ésta designe, tomar posesión de los bienes, y control de las operaciones referidas a las actividades reservadas, como paso previo al inicio del proceso Expropiatorio."

A tal efecto la Ley autorizó al Ministerio con competencia en materia petrolera, para asumir "las medidas necesarias para garantizar la continuidad de las actividades objeto de la Ley," estando facultada para "solicitar el apoyo de cualquier órgano o ente del Estado." En este caso, fue la Guardia Nacional la utilizada.

Además, se impuso en la ley a "las personas naturales o jurídicas vinculadas a la materia, colaborar en la entrega pacífica y ordenada de las operaciones, instalaciones, documentación, bienes y equipos afectos a las actividades a las que se refiere la Ley, so pena de la aplicación de las sanciones administrativas y penales que pudieran corresponder, de conformidad con el ordenamiento jurídico." (Art. 4). Para asegurar la transferencia de todos los bienes y servicios, además, el artículo 8 de la Ley dispuso que todos "los permisos, certificaciones, autorizaciones y registros vigentes, pertenecientes a los operadores de las actividades reservadas, o que recaigan sobre bienes utilizados por las mismas, pasarán de pleno derecho, a la titularidad de Petróleos de Venezuela S.A., (PDVSA) o a la filial que ésta designe." Igualmente, para asegurar la transferencia al Estado, la Ley estableció que "los actos, negocios y acuerdos que se realicen, suscriban o ejecuten en cumplimiento de la Ley Orgánica, así como las cesiones, transferencias de bienes y cualesquiera otras operaciones, quedan exentos de los tributos nacionales" (Art. 9).

La nacionalización de los mencionados bienes y servicios conexos y la asunción inmediata de los mismos por parte de PDVSA, implicaba la obligación para el Estado de compensar a los accionistas privados de las empresas, a cuyo efecto dispuso la Ley de Reserva de 2009 que el Ejecutivo Nacional podrá "decretar la expropiación, total o parcial de las acciones o bienes de las empresas que realizan los servicios referidos" de conformidad con lo previsto en la Ley de Expropiación por Causa de Utilidad Pública o Social, en cuyo caso "el ente expropiante será Petróleos de Venezuela S.A., (PDVSA) o la filial que ésta designe"(Art. 6).

Al día siguiente de dictarse la Ley de Reserva de 2009, conforme a sus previsiones, el Ministerio del Poder Popular para la Energía y Petróleo dictó la Resolución N° 051 de 8 de mayo de 2009,[130] en la cual enumeró una larga lista de servicios de empresas o sectores y bienes "afectadas por las medidas de toma de posesión," (Art. 1), instruyéndose a Petróleos de Venezuela, S.A. o la filial que ésta designe, "a tomar el control de las operaciones y posesión inmediata de las instalaciones, documentación, bienes y equipos" mencionados (Art. 2). En la Resolución, además, el Ministerio del Poder Popular para la Energía y Petróleo se reservó la aplicación de las medidas que considerase necesarias, para garantizar la continuidad de las actividades afectadas; y además, se reservó el derecho de determinar otros bienes, servicios de empresas o sectores y empresas afectadas por la Ley de Reserva de 2009 (Art. 3).

Posteriormente, mediante Resolución N° 54 de 13 de mayo de 2009,[131] el mismo Ministerio del Poder Popular para la Energía y Petróleo enunció una serie de empresas que prestan servicios y poseen bienes esenciales (compresión de gas) que eran conexos con la realización de las actividades primarias previstas en la LOH, y que consideró se "sub-

130 *Gaceta Oficial* N° 39.174 del 08–05–2009
131 *Gaceta Oficial* N° 39.177 del 13–05–2009

sumían" en las indicadas en el artículo 2 de la Ley de Reserva de 2009, con la advertencia de que "las enunciaciones en cuestión no tienen carácter taxativo sino meramente enunciativo" (Art. 1).

A los efectos de implementar la nacionalización decretada, en el artículo 2 de la Resolución se instruyó a Petróleos de Venezuela, S.A. o la filial que ésta designase, "a tomar el control de las operaciones y posesión inmediata de las instalaciones, documentación, bienes y equipos, afectos a las actividades" de dichas empresas, a cuyo efecto, debía dejarse asentada la información específica de las instalaciones, bienes y equipos afectados, mediante evaluación y levantamiento de acta a ser suscrita entre representantes de Petróleos de Venezuela, S.A. o de la filial designada y de las empresas afectadas; o mediante el mecanismos de levantamiento de un acta de inspección judicial o acta notarial, en un plazo no mayor de quince (15) días hábiles. Dejó a salvo la Resolución que "[e]n todo caso, si de la referida evaluación se determinase que no existe interés en la toma de posesión de los Servicios de Empresa o Sectores y Bienes enunciados anteriormente quedará sin efecto su afectación por parte de esta Resolución." El Ministerio del Poder Popular para la Energía y Petróleo, además, se reservó la aplicación de las medidas que considere necesarias, para garantizar la continuidad de las actividades afectadas por dicha Resolución; y asimismo, también se reservó el derecho de determinar otros bienes, servicios de empresas o sectores y empresas afectadas por la Ley Orgánica que Reserva al Estado Bienes y Servicios Conexos a las Actividades Primarias de Hidrocarburos (Art. 3).

Como consecuencia, todos los bienes y servicios conexos con la industria petrolera como los de inyección de agua, de vapor o de gas, de compresión de gas; y los servicios vinculados a las actividades petroleras desarrolladas en el Lago de Maracaibo (lanchas, barcazas, remolcadores; gabarras, mantenimiento de buques) fueron nacionalizados en la Ley de Reserva de 2009, Por tanto, y ello resulta del texto de la propia Ley de Reserva de 2009, las actividades de dichos servicios ni conforme a la Ley de Nacionalización Petrolera de 1975 ni a la Ley Orgánica de Hidrocarburos de 2001, podían considerarse como actividades que hubiesen estado reservadas al Estado. Se trataba de actividades "conexa con la industria petrolera," pero que en sí mismas no eran actividad reservadas al Estado, ni eran actividades que fueran parte de la explotación de hidrocarburos, ni eran consideradas en forma alguna como "servicios públicos." Los contratos suscritos por PDVSA Petróleos S.A. para la prestación de dichos servicios, además, ni por la persona estatal que los suscribió ni por su objeto ni por su contenido tenían en modo alguno el carácter de "contratos administrativos."

En cambio, fue precisamente a partir del 7 de mayo de 2009 con motivo de la publicación de la Ley de Reserva de 2009, que en la misma ley, expresamente y con vigencia a partir de entonces, la actividad que se había venido realizando empresas o consorcios particulares mediante contratos en relación con servicios conexos con la industria petrolera, comenzaron a ser actividades "reservadas por el Estado" (Art. 1), que además, se las declaró y comenzaron a ser consideradas en virtud de ley como "servicio público" (Art. 5), y que los contratos celebrados para su prestación por empresas privadas o consorcios fueron "reconocidos" *ex post facto* como "contratos administrativos" (Art. 3). Todo ello, por supuesto, con vigencia a partir de la publicación de la Ley y sin posibilidad constitucional alguna de que su articulado pudiera tener efecto retroactivo por prohibirlo el artículo 24 de la Constitución.

El texto de la propia Ley de Reserva de 2009, por tanto, al establecer *ex post facto* la reserva al Estado de las citadas actividades (bienes y servicios) conexas al Estado; al considerarlas como "servicio público;" y al declarar los contratos respectivos para su prestación por empresas o consorcios privados como "contratos administrativos," es la más precisa y contundente demostración de que antes de la entrada en vigencia de dicha Ley, es decir, antes del 7 de mayo de 2009, las actividades mencionadas no eran actividades reservadas al Estado, no eran consideradas como "servicio público," ni los contratos celebrados para su prestación tampoco podían considerarse como "contratos administrativos."

II. LOS PRINCIPIOS RELATIVOS A LOS CONTRATOS ADMINISTRATIVOS Y SU INAPLICABILIDAD A LOS CONTRATOS SUSCRITOS PARA LA PRESTACIÓN DE LOS SERVICIOS CONEXOS ANTES DE SU NACIONALIZACIÓN

Los contratos suscritos por PDVSA Petróleo S.A. y empresas o consorcios privados para la prestación de los servicios conexos con la industria petrolera," salvo por lo que respecta a la calificación legal que se les dio como "contrato administrativo" a partir de la entrada en vigencia de la Ley de Reserva de 2009, en ningún caso podían haberse considerado como "contratos administrativos" en el sentido que dicho término ha tenido en la historia del derecho administrativo venezolano. Se trataba, sin duda, de contratos públicos o contratos del Estado, por haber sido suscrito por una persona jurídica estatal (empresa del Estado), aún cuando de derecho privado; pero en la terminología tradicional, siempre que a esta se le de algún sentido, no podían ser considerados como contratos administrativos.

1. Los contratos públicos o contratos estatales y los contratos de interés público

En efecto, los contratos públicos, contratos del Estado o contratos estatales son todos aquellos contratos en los cuales una de las partes (pueden ser las dos –contratos inter–administrativos–) es una persona jurídica estatal,[132] es decir, que está integrada en la organización general del Estado, sea que se trate de una persona jurídica de derecho público territorial (República, Estados, Municipios), o no territorial (pe. los institutos autónomos o públicos) o de una personas jurídica de derecho privado estatales (como por ejemplo las sociedades anónimas del Estado o empresas del Estado). En relación con los contratos del Estado, o al menos en relación con algunos de ellos, la Constitución utiliza la expresión histórica de "contratos de interés público" (nacional, estadal o municipal) (arts. 150, 151), y en algunas escasísimas leyes, algunos de ellos fueron denominados como "contratos administrativos."

En virtud de que Venezuela está organizada como un Estado federal (Art. 4, C.) con tres niveles de gobierno (nacional, estadal, municipal) (Art. 136 C.), la intención de la

132 *V.* Allan R. Brewer–Carías, "Sobre las personas jurídicas en la Constitución de 1999" en *Derecho Público Contemporáneo: Libro Homenaje a Jesús Leopoldo Sánchez*, Estudios del Instituto de Derecho Público, Universidad Central de Venezuela, enero–abril 2003, Volumen 1, pp. 48–54.

regulación de los "contratos de interés público" en el artículo 150 de la Constitución,[133] que se clasifican en "contratos de interés público nacional", "contratos de interés público estadal" y "contratos de interés público municipal"; fue referirse a los contratos suscritos, respectivamente, por entidades públicas nacionales, entidades públicas estadales y entidades públicas municipales.[134] En consecuencia, la intención de la regulación constitucional fue considerar como contratos de interés público nacional, a aquellos concernientes al nivel nacional de gobierno (diferente a los niveles estadales y municipales de gobierno), porque son suscritos por entidades públicas nacionales, es decir, por la República o institutos autónomos nacionales o empresas del Estado nacionales. Sin embargo, debe señalarse que la Sala Constitucional del Tribunal Supremo de Justicia, en sentencia Nº 2.241 del 3 de septiembre de de 2000,[135] restringió esta noción de "contrato de interés público" del artículo 150 de la Constitución, con el objeto de comprender sólo aquellos contratos suscritos por la Republica, los Estados y los Municipios en los que esté envuelto un interés público nacional, estadal y municipal; quedando excluidos de la denominación los contratos públicos suscritos por los institutos autónomos o empresas del Estado.[136]

Ahora bien, se identifique o no la noción de contratos estatales con la de contratos de interés público, lo cierto es que la primera expresión identifica los contratos suscritos por las personas jurídicas estatales, o las que integran el sector público y que en general se engloban en la noción de "Estado". Esa noción de contratos públicos o estatales, que

133 *V.* Allan R. Brewer–Carías, *Debate Constituyente (Aportes a la Asamblea Nacional Constituyente)*, Tomo II, Caracas 1999, pp. 173 ss.

134 *V.* en general: Jesús Caballero Ortiz, "Los contratos administrativos, los contratos de interés público y los contratos de interés nacional en la Constitución de 1999", en *Estudios de Derecho Administrativo: Libro Homenaje a la Universidad Central de Venezuela,* Volumen I, Imprenta Nacional, Caracas, 2001, pp. 139–154; Jesús Caballero Ortíz, *"Deben subsistir los contratos administrativos en una futura legislación?", en El Derecho Público a comienzos del siglo XXI: Estudios homenaje al Profesor Allan R. Brewer–Carías,* Tomo II, Instituto de Derecho Público, UCV, Civitas Ediciones, Madrid, 2003, pp. 1765–1777; Allan R. Brewer–Carías, "Los contratos de interés público nacional y su aprobación legislativa" en *Revista de Derecho Público,* Nº 11, Caracas, 1982, pp. 40–54; Allan R. Brewer–Carías, *Contratos Administrativos,* Caracas, 1992, pp. 28–36; Allan R. Brewer–Carías, *Debate Constituyente, Aportes a la Asamblea Nacional Constituyente,* Tomo II, Caracas, 1999, p. 173; Alfonso Rivas Quintero, *Derecho Constitucional,* Paredes Editores, Valencia–Venezuela, 2002, pp. 287 *ss.*; Hildegard Rondón de Sansó, *Análisis de la Constitución venezolana de 1999,* Editorial Ex Libris, Caracas, 2001, pp. 123 ff; y Ricardo Combellas, *Derecho Constitucional: Una introducción al estudio de la Constitución de la República Bolivariana de Venezuela,* McGraw Hill, Caracas, 2001, pp. 115 *ss.*

135 La Sala Constitucional del Tribunal Supremo de Justicia como la el más alto y ultimo interprete de la Constitución en esa sentencia (Caso: *Anulación del artículo 80 de la Ley Orgánica de Administración Financiera del Sector Público),* estableció una interpretación vinculante, y redujo la categoría de los "contratos de interés público" (art. 150 C.) a aquellos suscritos o celebrados por la Republica, los Estados y los Municipios, en consecuencia, excluyendo de tal calificación a los contratos públicos suscritos por institutos autónomos o empresas públicas nacionales como por ejemplo podría ser PDVSA. El argumento central de la decisión de la Sala se refirió al tema de la autorización parlamentaria previa en relación con los contratos de deuda pública suscritos por la República, los Estados y los Municipios.

136 Sobre esta sentencia *V.* los comentarios críticos en Allan R. Brewer–Carías, "Sobre los Contratos del Estado en Venezuela," en *Derecho Administrativo Iberoamericano (Contratos Administrativos, Servicios públicos, Acto administrativo y procedimiento administrativo, Derecho administrativo ambiental, Limitaciones a la libertad), IV Congreso Internacional de Derecho Administrativo,* Mendoza, Argentina, 2010, pp. 837–866; y en *Revista Mexicana Statum Rei Romanae de Derecho Administrativo,* Nº 6, *Homenaje al Dr. José Luis Meilán Gil,* Facultad de Derecho y Criminología de la Universidad Autónoma de Nuevo León, Monterrey, Enero–Junio 2011, pp. 207–252; "Los contratos del Estado y la Ley de Contrataciones Públicas. Ámbito de aplicación," en *Ley de Contrataciones Públicas,* Editorial Jurídica Venezolana, Colección Textos legislativos Nº 44 (2ª Edición Actualizada y aumentada), Caracas 2009, pp. 9–47

ahora recoge la Ley de Contrataciones Públicas[137] puede considerarse como equivalente a las nociones de *contratos públicos,*[138] *contratos del Estado,*[139] o *contratos de la Administración;*[140] o a la noción en ingles de *Public Contract;*[141] a la francesa de *contrats de l'administration;*[142] a la italiana de *contratti della pubblica ammistrazione;*[143] o a la portuguesa de *contratos de administração pública;*[144] todas tendientes a identificar contratos en los cuales una de las partes de la relación contractual es el Estado, es decir, un órgano de la Administración Pública o una entidad estatal, los que además, en general, tienen fines de interés público.

Dichos contratos públicos, en general, aparte de las regulaciones generales de orden constitucional en las cuales se establecen cláusulas obligatorias para todos ellos, como la cláusula de la inmunidad relativa de jurisdicción, o la cláusula Calvo (art. 151); en Venezuela, hasta reciente data nunca habían sido objeto de una Ley general que regulara toda la actividad contractual de la Administración como ha sucedido en muchos otros países, por ejemplo, en España, en el pasado, con la Ley de Contratos del Estado (1965), la Ley de Contratos de las Administraciones Públicas (1995), y más recientemente con la Ley de Contratos del Sector Público (2007); y en Colombia, con la Ley de Contratos del Estado (1993). Las únicas leyes generales que se han sancionado en Venezuela relativas a los contratos del Estado son, por una parte, la Ley Orgánica de Promoción de Inversión Privada bajo el Plan de Concesiones de 1999,[145] que regula fundamentalmente los contratos de "concesión de servicios públicos" y los "contratos de obra pública" otorgados por una "autoridad pública" (arts. 1,2); y por la otra, la Ley de Contrataciones Públicas de 2008,[146] destinada sólo a regular los contratos del Estado que tienen por objeto "la adquisición de bienes, prestación de servicios y ejecución de obras" (art. 1), que sustituyó a la vieja Ley de Licitaciones. Por tanto, en dichos contratos públicos específicos, dichas leyes forman parte del derecho aplicable a los mismos. Además, configuran parte del derecho aplicable a los contratos públicos, todas las demás leyes especificas que se hayan sancionado, y que regulen en una forma u otra el objeto de los mismos. Y por supuesto, forman parte fundamental del derecho aplicable a los contratos públicos, las cláusulas mismas del contrato y las disposiciones del Código Civil que son supletorias respecto de las cláusulas contractuales.

---

137 *V.* Ley de Contrataciones Públicas, *Gaceta Oficial* N° 38.895 de 25-3-2008. Véanse los comentarios en Allan R. Brewer–Carías y otros, *Ley de Contrataciones Públicas*, Editorial Jurídica venezolana, Caracas 2009.

138 Sabino Álvarez Guendín, *Los contratos públicos*, Madrid, 1934.

139 Jorge Enrique Romero Pérez, *Los contratos del Estado*, San José Costa Rica, 1993.

140 Álvaro Pérez Vives, *De los contratos de la Administración*, Bogotá, 1984.

141 Marco D'Alberti, *I "Public contracts" nell'esperienza Britanica*, Napoli, 1984.

142 André de Laubadère, *Traité Théorique et Pratique des Contrats Administratifs*, 3 vols., Paris, 1956.

143 Francesco di Renzo, *I contratti della pubblica amministrazione*, Milano, 1969; Francesco Paolo Pugliese, I *contratti delle amministrazioni federali negli Stati Uniti d'America*, Padova, 1974.

144 Juárez de Oliveira, *Licitações e Contratos de Administração Pública*, Sao Paulo 1993.

145 *Gaceta Oficial* N° 5.394 Extra. del 25 de octubre de 1999.

146 La Ley fue dictada mediante Decreto Ley N° 5.929 de fecha 11 de marzo de 2008 y reformada por Ley publicada en *Gaceta Oficial* N° 39.165 de 24 de abril de 2009. *V.* sobre la Ley de Contrataciones Públicas, los diversos comentaros en el libro de Allan R. Brewer–Carías, Carlos García Soto, Gustavo Linares Benzo, Víctor Hernández Mendible, José Ignacio Hernández G., Luis Alfonso Herrera Orellana, Miguel Mónaco, Manuel Rojas Pérez y Mauricio Subero Mujica, *Ley de Contrataciones Públicas*, Editorial Jurídica Venezolana, Caracas 2008; Segunda Edición, Caracas 2009.

2. Algo sobre el tema de los contratos administrativos

Como hemos dicho, fundamentalmente motivada por razones adjetivas o procesales con el objeto de atraer la competencia jurisdiccional de la Sala Político Administrativa del Tribunal Supremo, durante la segunda mitad del siglo pasado se elaboró en Venezuela una amplia y a la vez confusa doctrina jurisprudencial que buscó identificar, entre los contratos públicos o estatales, algunos que se consideraron como "contratos administrativos,"[147] para calificar ciertos contratos públicos o estatales sometidos a un régimen preponderante de derecho público, y para distinguirlos de otros contratos públicos o estatales, denominados "contratos de derecho privado de la Administración" que estarían sometidos a un régimen preponderantemente de derecho privado.

La noción, en definitiva, como lo muestra la práctica judicial, puede decirse que siempre se utilizó *ex post facto,*[148] en el sentido de que cualquier contrato público suscrito por la República, los Estados y los Municipios podía lograr ser "convertido" en un "contrato administrativo," si el ente público contratante utilizaba sus poderes públicos extraordinarios en relación con su cumplimiento y ejecución; ello, una vez introducida una demanda judicial, con el único y exclusivo propósito de atraer la competencia de la Sala Político Administrativa de la Corte o Tribunal Supremo para decidir los conflictos contractuales correspondiente y excluir primero, la competencia de la jurisdicción ordinaria, y luego, de los tribunales inferiores de la jurisdicción contencioso administrativa, siempre que dicha Sala Político Administrativa decidiera considerar el contrato público como un "contrato administrativo," y confirmar su competencia para resolver las controversias que derivasen de su ejecución.

La elaboración de dicha noción, o de la teoría general de los contratos administrativos en Venezuela, con tales fines adjetivos, en efecto, se elaboró desde mitades del siglo pasado, por supuesto, siguiendo las orientaciones del derecho francés, distinguiéndose, así entre los contratos celebrados por el Estado, entre aquellos considerados como "contratos administrativos" y aquellos considerados como "contratos de derecho privado de la Administración."

Por supuesto, en los últimos cincuenta años que ha sido durante los cuales se ha desarrollado el derecho administrativo contemporáneo en Venezuela, en ausencia de leyes generales sobre contratación administrativa, todos los que nos hemos ocupado en una forma u otra de esta disciplina, nos hemos ocupado de contribuir a la construcción doctrinal de la idea de la teoría del "contrato administrativo,"[149] particularmente al comen-

---

147 *V.* Allan R. Brewer–Carías y Luis Ortiz Álvarez, *Las grandes decisiones de la Jurisprudencia Contencioso–Administrativa 1961–1996*, Caracas, 1999, pp. 174 y ss.

148 *V.* "La interaplicación del derecho público y del derecho privado a la Administración Pública y el proceso de huída y recuperación del derecho administrativo" en *Las Formas de la Actividad Administrativa: II Jornadas Internacionales de Derecho Administrativo Allan Randolph Brewer–Carías*, Fundación de Estudios de Derecho Administrativo, Caracas, 1996, pp. 59.

149 *V.* por mi parte, entre otros trabajos, Allan R. Brewer–Carías, "Los contratos de la administración en la jurisprudencia venezolana," en *Revista de la Facultad de Derecho*, N° 26, Universidad Central de Venezuela, Caracas, 1963, pp. 127–154; "La formación de la voluntad de la Administración Pública Nacional en los contratos administrativos," en *Revista de la Facultad de Derecho*, N° 28, Universidad Central de Venezuela, Caracas, 1964, pp. 61–112, publicado también "con referencias al derecho uruguayo por Horacio Casinelli Muñoz," en *Revista de Derecho, Jurisprudencia y Administración*, Tomo 62, N° 2–3, Montevideo 1965, pp. 25–56; "La facultad de la Administración de modificar unilateralmente los contratos administrativos," en *Libro–Homenaje a la Memoria de Roberto Goldschmidt*, Facultad de Derecho, Universidad Central de Venezuela, Caracas, 1967, pp. 755–778, publicado también "con especial referencia a los contratos de obra pública en el derecho venezolano," en *Revista de*

tar la mencionada rica y variada jurisprudencia establecida por la antigua Corte Suprema de Justicia, basada fundamentalmente en razones prácticas de orden adjetivo.

No hay ni ha habido en las Constituciones venezolanas definición alguna sobre los contratos administrativos, pudiéndose sólo encontrar en ellas, como se dijo, referencias a los contratos de interés público nacional, estadal o municipal, fundamentalmente a los efectos de regular la intervención del órgano legislativo para su aprobación o autorización (Art. 150, 151, Constitución).[150] Por otra parte, a nivel legislativo, en el pasado sólo se utilizó la denominación de "contratos administrativos" en dos leyes: precisamente, con fines procesales en la ley que reguló a la Corte Suprema; y en la ley que reguló el régimen forestal.[151]

En efecto, en primer lugar, en la Ley Orgánica de la Corte Suprema de Justicia de 1976, la cual fue sustituida por la Ley Orgánica del Tribunal Supremo de Justicia de 2004, se utilizó la expresión "contrato administrativo" a los solos efectos de atribuir competencia a algunos órganos de la jurisdicción contencioso administrativa para resolver las controversias que resultasen de "contratos administrativos" suscritos por la República, los Estados y los Municipios (Art. 5,25); previsión y terminología que sin embargo desapareció de la Ley Orgánica del Tribunal Supremo de Justicia de 2010[152] y

---

Derecho Español y Americano, Instituto de Cultura Hispánica, N° 19, Año XIII, Madrid, Enero–marzo 1968, pp. 101–117; "Algunas reflexiones sobre el equilibrio financiero en los contratos administrativos y la aplicabilidad en Venezuela de la concepción amplia de la Teoría del Hecho del Príncipe," en *Revista Control Fiscal y Tecnificación Administrativa*, Año XIII, N° 65, Contraloría General de la República, Caracas, 1972, pp. 86–93; "Consideraciones sobre los efectos de la ruptura de la ecuación económica de un contrato administrativo por una ley declarada nula por inconstitucional," en *Cuadernos de Derecho Público*, Facultad de Derecho, Universidad de Los Andes, N° 2, Mérida 1976, pp. 5–26; "La evolución del concepto de contrato administrativo," *en Libro Homenaje al Profesor Antonio Moles Caubet*, Tomo I, Facultad de Ciencias Jurídicas y Políticas, Universidad Central de Venezuela, Caracas, 1981, pp. 41–69, *y en Estudios de Derecho Administrativo*, Ediciones Rosaristas, Colegio Nuestra Señora del Rosario, Bogotá, 1986, pp. 61–90; "Evoluçao do conceito do contrato administrativo," en *Revista de Direito Publico* Nos. 51–52, Sao Paulo, July–December 1979, pp. 5–19; "Los contratos de interés nacional y su aprobación legislativa," en *Revista de Derecho Público*, N° 11, Editorial Jurídica Venezolana, Caracas, julio septiembre 1982, pp. 40–54; "Las cláusulas obligatorias y los principios especiales en la contratación administrativa", Allan R. Brewer–Carías, *Estudios de Derecho Administrativo*, Ediciones Rosaristas, Colegio Nuestra Señora del Rosario, Bogotá 1986 pp. 91–124; "Consideraciones sobre los derechos del contratista en los contratos de obra pública: el derecho al precio y a su pago en la forma convenida," en *Revista de Derecho Público*, N° 28, Editorial Jurídica Venezolana, Caracas, Octubre–diciembre 1986, pp. 35–46; "El régimen de selección de contratistas en la Administración Pública y la Ley de Licitaciones" en *Revista de Derecho Público*, N° 42, Editorial Jurídica Venezolana, Caracas, Abril–junio 1990, pp. 5–25; Allan R. Brewer–Carías, *Contratos Administrativos*, Colección Estudios Jurídicos, N° 44, Editorial Jurídica Venezolana, (Caracas 1992), Reimpresión: Caracas 1997; "Nuevas consideraciones sobre el régimen jurídico de los contratos del Estado en Venezuela," en *Estudios de Derecho Administrativo 2005–2007*, Editorial Jurídica Venezolana, Caracas 2007, pp. 417–451.

150 *V.* en general: Jesús Caballero Ortiz, "Los contratos administrativos, los contratos de interés público y los contratos de interés nacional en la Constitución de 1999", en *Estudios de Derecho Administrativo: Libro Homenaje a la Universidad Central de Venezuela*, Volumen I, Imprenta Nacional, Caracas, 2001, pp. 139–154; Jesús Caballero Ortíz, "Deben subsistir los contratos administrativos en una futura legislación?", en *El Derecho Público a comienzos del siglo XXI: Estudios homenaje al Profesor Allan R. Brewer–Carías*, Tomo II, Instituto de Derecho Público, UCV, Civitas Ediciones, Madrid, 2003, pp. 1765–1777; Allan R. Brewer–Carías, "Los contratos de interés público nacional y su aprobación legislativa" en *Revista de Derecho Público*, N° 11, Caracas, 1982, pp. 40–54; Allan R. Brewer–Carías, *Contratos Administrativos*, *op. cit.*, pp. 28–36; Allan R. Brewer–Carías, *Debate Constituyente, Aportes a la Asamblea Nacional Constituyente*, Tomo II, Caracas, 1999, p. 173.

151 *V.* Jesús Caballero Ortíz, "Deben subsistir los contratos administrativos en una futura legislación?", en *El Derecho Público a comienzos del siglo XXI. Estudios homenaje al Profesor Allan R. Brewer–Carías*, Tomo II, Instituto de Derecho Público, UCV, Civitas Ediciones, Madrid, 2003, pp. 1773; Rafael Badell Madrid, *Régimen Jurídico del Contrato Administrativo*, Caracas 2001, pp. 49–50.

152 *Gaceta Oficial* N° 39.522, de 01–10–2010.

que no se indicó en la nueva Ley Orgánica de la Jurisdicción Contencioso Administrativa de 2010.[153]

La previsión tenía por objeto atribuir dentro de los órganos de la jurisdicción, competencia exclusiva de la Sala Político Administrativa de la Corte Suprema de Justicia (posteriormente, Tribunal Supremo de Justicia) para conocer de controversias sobre "contratos administrativos" correspondiendo a los otros tribunales de la jurisdicción el conocer de los contratos celebrados por los entes públicos que no eran considerados como contratos administrativos, es decir, de los denominados "contratos de derecho privado de la administración." A los efectos de delimitar estas competencias judiciales, sin duda, fue de gran utilidad el origen francés de la distinción entre "contrato administrativo" y "contrato de derecho privado suscrito por la Administración Pública," que fue lo que dio origen a la distribución de competencias judiciales entre la jurisdicción contencioso administrativa y la jurisdicción judicial ordinaria.[154] Para tal fin, la noción francesa de "*service public*" fue también utilizada y seguida por la doctrina;[155] noción que, como tantas otras, en su momento entró en crisis, originando luego la crisis de la misma noción de contrato administrativo, los cuales dejaron de ser identificados solamente por la sola "finalidad de servicio público." En todo caso, a los efectos de la jurisdicción contencioso administrativa, la distinción entre contratos administrativos y contratos de derecho privado de la Administración desapareció, perdiendo todo interés adjetivo.

Pero es segundo lugar, aparte del sentido adjetivo de la denominación legal de contratos administrativos en la derogada Ley sobre el Tribunal Supremo, sólo fue la Ley Forestal, de Suelos y Aguas de 1965[156] y esta vez con carácter sustantivo, que se utilizó la expresión "contrato administrativo" para calificar las concesiones de explotación forestal (Art. 65), terminología que también desapareció con motivo de la sanción de la Ley de Bosques y Gestión Forestal, que derogó la Ley de 1965.[157]

Aparte que las previsiones sobre "contratos administrativos" en las dos leyes mencionadas fueron derogadas, ninguna otra Ley utilizó en Venezuela la expresión "contrato administrativo" hasta que en 2009 se incorporó, precisamente, en la Ley de Reserva de 2009 de los bienes y servicios conexos a las actividades primarias de hidrocarburos.[158] Esta consagración de la expresión "contrato administrativo" en el derecho positivo, a pesar de que desde hace lustros hemos considerado que la misma había perdido interés, amerita sin duda que se tenga que volver sobre la misma.

En la Ley de Reserva de 2009, en efecto, al referirse a los contratos que habían sido celebrados por empresas del Estado con empresas o consorcios particulares para la realización de actividades conexas dentro de la industria petrolera, *que no se habían reservado al Estado*, ni que eran parte del proceso de explotación petrolera, a partir de su entrada en vigencia se los "reconoció" como "contratos administrativos" (Art. 3). Entre estos contratos estaban todos los relativos a bienes y servicios de inyección de agua, de vapor o de gas; de compresión de gas; y las vinculados a las actividades realizadas en el Lago de Maracaibo (servicios de lanchas, barcazas, remolcadores, gabarras, y de man-

153 *Gaceta Oficial* N° 39447 de 16–06–2010.
154 *V.* Allan R. Brewer–Carías, *Contratos Administrativos, op. cit.*, p. 39.
155 *Idem*, pp. 40, 51.
156 *Gaceta Oficial* N° 1.004 Extraordinario de 26–01–1966.
157 *Gaceta Oficial* N° 38.946 de 05–06–2008.
158 *Gaceta Oficial* N° 39.173 del 07–05–2009.

tenimiento de buques). La denominación legal de dichos contratos como "contratos administrativos," en todo caso, con efectos constitutivos, *ex nunc*, a partir de la entrada en vigencia de la ley, tuvo un efecto efímero, pues el artículo 3 de la Ley dispuso que tales contratos, cuando se dictasen "las resoluciones" respectivas que los identificaran como parte de las actividades reservadas, quedarían extinguidos "de pleno derecho en virtud de la presente Ley." Por tanto, ejecutada como fue la Ley de Reserva de 2009 al dictarse las Resoluciones ministeriales mencionadas, todos aquellos contratos a los que se reconoció momentáneamente como "contratos administrativos" desaparecieron como institución jurídica de base legal.

De ello resulta que al haber quedado extinguidos dichos "contratos administrativos," en Venezuela, apenas entró en vigencia la Ley puede decirse que ya no existen más contratos con esa denominación legal, lo que sin embargo, no impide que se siga utilizando la expresión en la teoría del derecho administrativo para identificar algunos contratos del Estado o contratos públicos en los cuales por su objeto, tengan un régimen preponderante de derecho público. Ello sucede, por ejemplo, con ciertos contratos tradicionalmente calificados y considerados como tales "contratos administrativos," como es el caso, por ejemplo, de los relativos a la prestación de "servicios públicos," a la construcción de obras públicas, al uso de bienes públicos, a la explotación de obras públicas o de recursos naturales o de monopolios fiscales y que han sido objeto de regulaciones específicas, por ejemplo, en la Ley Orgánica del Poder Público Municipal, en la Ley Orgánica de promoción de inversiones mediante concesiones, en la Ley Orgánica de Telecomunicaciones, en la Ley del Servicio Eléctrico o en la Ley de Minas.[159]

En todo caso, como antes hemos dicho, fue fundamentalmente al incorporarse la denominación de "contratos administrativos" en la derogada Ley Orgánica del Tribunal Supremo de Justicia,[160] como norma puramente adjetiva de atribución de competencia judicial entre los tribunales de la jurisdicción contencioso administrativa, cuando se desarrolló la noción en la jurisprudencia para determinar la competencia de la Sala Político Administrativa del Tribunal Supremo, a los efectos de la resolución de las controversias relacionadas con los tales contratos administrativos suscritos por la República, los Estados y los Municipios (Art. 5, 25), es decir, sólo las personas jurídicas de derecho público territoriales. Fue con base en esta previsión legal, y con antecedentes jurisprudenciales de la década de los cuarenta (referidos a contratos de obra pública y de suministro de bienes a la República)[161] que se elaboró la doctrina jurisprudencial señalada.

A ella, además, contribuyó la doctrina, de manera que incluso uno de los primeros estudios contemporáneos de derecho administrativo venezolano que se elaboró sobre esta materia de "la teoría del contrato administrativo" fue un Capítulo de nuestra tesis de grado *Las Instituciones Fundamentales del Derecho Administrativo y la Jurisprudencia Venezolana*, que redactamos en París entre 1962 y 1963 mientras seguíamos los cursos

---

159 *V.* Rafael Badell Madrid, *Régimen Jurídico del Contrato Administrativo*, Caracas 2001, pp. 50–51.

160 *Gaceta Oficial*, N° 37.942 de 02–05–2004.

161 *V.* sobre la jurisprudencia y la doctrina administrativa inicial y tradicional, en Allan R. Brewer–Carías, "Los contratos de la administración en la jurisprudencia venezolana" (Compilación), en *Revista de la Facultad de Derecho*, N° 26, Universidad Central de Venezuela, Caracas 1963, pp. 127–154; "Los contratos de la Administración en la doctrina de la Procuraduría General de la República" (Compilación), en *Revista de la Facultad de Derecho*, N° 30, Universidad Central de Venezuela, Caracas, diciembre 1964, pp. 173–232; y "Los contratos de la Administración en la doctrina de la Consultoría Jurídica" (Compilación), en *Revista del Ministerio de Justicia*, N° 48, Año XIII, Caracas, enero–marzo 1964, pp. 27–75..

de postgrado en la Facultad de Derecho de la antigua Universidad de Paris; texto que sin duda estuvo influenciado por la doctrina y jurisprudencia francesas de derecho administrativo de la época.[162] En ese trabajo, los contratos administrativos frente a los "contratos de derecho privado" que pudiera suscribir la Administración Pública, conforme a la jurisprudencia eran aquellos relativos a los servicios públicos o las obras públicas en los cuales la Administración podía hacer uso de sus poderes o prerrogativas públicas dado el interés público envuelto en el objeto del contrato.[163] Conforme a esa aproximación los ejemplos que se daban sobre contratos administrativos eran los de obra pública, los de empréstito público, los de suministro de bienes a la Administración Pública, los de transporte público, los de uso de bienes del dominio público, y los de concesiones de servicios públicos[164] que además, siempre eran suscritos por personas morales de derecho público territoriales (República, Estados, Municipios) ya que la noción de empresa del Estado no había sido todavía desarrollada.

Pero como bien sabemos los que nos hemos ocupado de esta disciplina, una de las características fundamentales del derecho administrativo es su mutabilidad y adaptabilidad respecto de la transformación del Estado y de la actividad de su Administración Pública, por lo que el propio concepto de "contrato administrativo" basado en una ecuación cerrada y clásica de "interés público o finalidad de servicio público/régimen de derecho administrativo/control por la jurisdicción contencioso administrativa," ha sido cuestionada y superada por la doctrina, no sólo en Venezuela sino en los demás países de régimen administrativo. Por eso se ha escrito sobre el "contradictorio y confuso criterio" utilizado en relación con los contratos administrativos,[165] o sobre "la mutabilidad de la figura de los contratos administrativos," destacándose "la dificultad de construir de una vez por todas la institución del contrato administrativo" considerando que su "evolución aún no ha terminado."[166]

Yo mismo en 1981 me referí al tema de "La evolución del concepto de contrato administrativo,"[167] que desarrollé posteriormente en mi libro sobre *Contratos Administrativos* (Caracas 1992), donde cuestioné el concepto mismo de contratos administrativo basado en la sola relación que implicaba que el contrato administrativo estaba sometido al derecho administrativo y el contrato de derecho privado de la Administración, al derecho privado, la cual llegamos a calificar entonces de absolutamente inadmisible.[168]

En realidad, aparte de las cláusulas mismas del contrato (que tienen fuerza de ley entre las partes), y el carácter supletorio de las disposiciones del Código Civil, puede decirse que todos los contratos del Estado o contratos públicos están sujetos en una forma

162 *V.* Allan R. Brewer–Carías, *Las Instituciones Fundamentales del Derecho Administrativo y la Jurisprudencia venezolana*, Caracas, 1964, p. 162.

163 *V.* por ejemplo, las sentencias de la Corte Federal y de Casación de 5 de diciembre de 1944, de la Corte Federal de 3 de diciembre de 1959 y de la Sala Político Administrativa de la Corte Suprema de Justicia de 12 de diciembre de 1961 y de 13 de agosto de 1964, en Allan R. Brewer–Carías, *Jurisprudencia de la Corte Suprema 1930–1974 y Estudios de Derecho Administrativo*, Tomo III, vol. 2, Caracas, 1977, pp. 727–733.

164 *V.* Allan R. Brewer–Carías, *Las Instituciones Fundamentales del Derecho Administrativo y la Jurisprudencia venezolana*, Caracas, 1964, p. 162.

165 *V.* Rafael Badell Madrid, *Régimen Jurídico del Contrato Administrativo*, Caracas, 2001, p. 32.

166 *V.* Rafael Gómez Ferrer "La mutabilidad de la figura del contrato administrativo," en *El Derecho Público a comienzos del Siglo XXI. Estudios en homenaje al Profesor Allan R. Brewer–Carías*, Madrid, 2003, Tomo II, pp. 1749–1764.

167 *V.* Allan R. Brewer–Carías, "La evolución del concepto de contrato administrativo," en *Libro Homenaje al Profesor Antonio Moles Caubet*, Tomo I, Caracas, 1982, pp. 41–69.

168 *V.* Allan R. Brewer–Carías, *Contratos administrativos*, *op. cit.*, p. 13.

u otra al derecho público y particularmente al derecho administrativo, al menos en relación con las regulaciones relativas a las competencias de los entes y órganos públicos para suscribirlos, o a la selección de los contratistas (licitación), o en relación con su ejecución, de manera que no hay contratos públicos que estén sólo sujetos al derecho privado supuestamente opuestos a los contratos administrativos sujetos al derecho administrativo."[169]

En realidad he sostenido que "la noción de contrato administrativo solo puede ser aceptada para identificar un tipo de contrato público (contratos de Administración Pública)" que en virtud de una finalidad pública específica perseguida que puede ser por ejemplo la prestación de un servicio público, la construcción de una obra pública, el uso de bienes públicos, un empréstito público, "está sujeto preponderantemente a un régimen de derecho público, pero no con el objeto de distinguir entre contratos públicos sometidos al derecho público y otros supuestamente sujetos a un régimen de derecho privado. La preponderancia de uno u otro régimen es ahora lo importante."[170]

Es decir, no existe en el ordenamiento jurídico venezolano un "régimen jurídico propio (distinto aunque no excluyente de los preceptos del derecho civil y comercial)" exclusivamente aplicable a los "contratos administrativos." Lo que existe es un régimen jurídico que no es ni único ni uniforme y que es aplicable a todos los contratos públicos o contratos del Estado, conformado por normas de derecho público y de derecho privado (incluyendo las cláusulas contractuales) que se interaplican y que pueden tener preponderancia en uno u otro contrato según el grado de regulación legal específico que exista en relación con el objeto del contrato específico. De allí el mismo sentido de la distinción entre contratos administrativos y contratos de derecho privado de la Administración. También he sostenido, al insistir en el mismo tema sobre la evolución del concepto de contrato administrativo, en un estudio sobre "La interaplicación del derecho público y del derecho privado a la Administración Pública y el proceso de huída y recuperación del derecho administrativo," que "las actividades de la Administración Pública están sujetas tanto al derecho público como al derecho privado, en un grado de preponderancia que varía de acuerdo con sus finalidades y naturaleza"; y que "todos los contratos públicos están siempre sometidos tanto al derecho público como al derecho privado.[171]

---

169 *Idem*, pp. 14, 42, 43, 52, 53, 55, 71, 72.

170 *Idem*, p. 14. Una de las más recientes críticas respecto de la noción de contratos administrativos fue el trabajo de Jesús Caballero Ortíz, "Deben subsistir los contratos administrativos en una futura legislación?" en *El Derecho Público a comienzos del Siglo XXI: Estudios en homenaje al Profesor Allan R. Brewer–Carías*, Madrid, 2003, Tomo II, p. 1765–1778) en el cual se ha referido, en términos similares a los usados por Rafael Badell Madrid ("criterio confuso y contradictorio." *V.* Rafael Badell Madrid, se refiere al vago e impreciso criterio utilizado para su identificación, en *Régimen Jurídico del Contrato Administrativo*, Caracas, 2001, p. 32. Ello ha llevado a algunos distinguidos administrativistas a considerar que la noción de contrato administrativo es inútil y sin efecto, como es el caso de Gonzalo Pérez Luciani, en "Los contratos administrativos en Venezuela," en Allan R. Brewer–Carías (Director), *Derecho Público en Venezuela y Colombia: Archivo de derecho Público y Ciencias de la Administración*, Caracas, 1986, p. 253. Otros autores consideran que la noción ha sido abandonada frente al régimen uniforme establecido en la legislación, considerando que establecerla "no luce tarea coherente." *V.* José Ignacio Hernández, "El contrato administrativo en la Ley de Contrataciones Públicas venezolana," en Allan R. Brewer–Carías, Carlos García Soto, Gustavo Linares Benzo, Víctor Hernández Mendible, José Ignacio Hernández G., Luis Alfonso Herrera Orellana, Miguel Mónaco, Manuel Rojas Pérez y Mauricio Subero Mujica, *Ley de Contrataciones Públicas*, Editorial Jurídica venezolana, Caracas 2008, p. 235.

171 *V.* Allan R. Brewer–Carías, "La interaplicación del derecho público y del derecho privado a la Administración Pública y el proceso de huída y recuperación del derecho administrativo," en *Las Formas de la Actividad*

En todo caso, y a pesar de la evolución del concepto de contrato administrativo y las discrepancias doctrinales sobre el mismo,[172] y a pesar de la imprecisión de algunas decisiones de la Sala Político Administrativa de la antigua Corte Suprema de Justicia y actual Tribunal Supremo de Justicia, es indubitable que ciertos contratos públicos han sido siempre considerados como "contratos administrativos," como es el caso de aquellos celebrados por la Administración Pública en ejercicio de potestades públicas para asegurar la prestación de servicios públicos como prestaciones obligatoriamente asignadas por Ley a los entes públicos, como es el caso de las concesiones de servicios públicos de transporte público, de gas para consumo masivo, de suministro de electricidad, de distribución de agua potable, de recolección de desechos sólidos, de servicio de teléfonos; de las concesiones para el uso de bienes públicos o para la explotación de recursos naturales renovables y no revocables; las concesiones para la construcción o explotación de obras públicas; y de los contratos de obra pública.[173] En todos esos contratos, dado el régimen legal que regula su objeto que es preponderantemente de derecho público, el ente público contratante o concedente se considera que dispone de poderes públicos extraordinarios en relación con su ejecución que deben estar explícitos en las competencias que les son atribuidas por ley.

Conforme a esta aproximación tradicional en relación con el tema de los contratos administrativos, resulta por tanto que no todos los contratos del Estado podían considerarse como tales, pues existen algunos contratos públicos que no son contratos administrativos y al contrario pueden considerarse como "contratos de derecho privado de la Administración." De eso se trata, en definitiva, cuando se establece la noción de contrato administrativo, para distinguirlo de los contratos de derecho privado de la Administración. En los primeros, por tanto, el régimen jurídico aplicable es preponderantemente de derecho público, y en los segundos, es preponderantemente de derecho privado con exclusión de poderes públicos extraordinarios.

Como punto de referencia para establecer la distinción, en todo caso, hay que partir de las sentencias de la Sala Político Administrativa del Tribunal Supremo de Justicia. Entre las muchas que se han dictado, antes de la entrada en vigencia de la Constitución de 1999 puede mencionarse la sentencia dictada en fecha 17 de agosto de 1999 (caso Apertura petrolera), en la cual la Sala precisó las notas identificatorias de los contratos administrativos y del "régimen especial que regula su tratamiento jurídico," indicando esas notas esenciales son "la noción de *"servicio público"* y la consecuente incorporación en su texto –tácita o expresamente– de las *"cláusulas exorbitantes"*. Sobre estas últimas, dijo la Corte:

Administrativa. II Jornadas Internacionales de Derecho Administrativo "Allan Randolph Brewer–Carías," Fundación de Estudios de Derecho Administrativo, Caracas, 1996, pp. 58–60.

172 Por ejemplo, la antigua Corte Suprema de Justicia en Sala Plena, en la sentencia dictada en el caso: *Apertura petrolera* en agosto de 1999, al referirse a los criterios del contrato administrativo, que "han sido aceptados por gran parte de la doctrina extranjera y también venezolana, no obstante que aún existen estudiosos del tema que restan relevancia a la distinción que se hace de los contratos administrativos frente a los de derecho común, y que insisten en que la misma sólo ha obedecido a razones puramente pragmáticas, dirigidas a la determinación del órgano jurisdiccional competente para su conocimiento". *V.* sentencia de la Corte en Pleno de 17 de agosto de 1999 en Allan R. Brewer–Carías (Compilador), *Documentos del Juicio de la Apertura Petrolera (1996–1999)*, Caracas 2004, disponible en www.allanbrewercarias.com (Biblioteca Virtual, I.2. Documentos, Nº 22, 2004), pp. 280–328.

173 *V.* Allan R. Brewer–Carías, *Contratos Administrativos, op. cit.*, p. 46; Rafael Badell Madrid, *Régimen Jurídico del Contrato Administrativo*, Caracas, 2001, pp. 50–51.

Estas cláusulas exorbitantes se presentan como disposiciones implícitas en el contrato administrativo, que recogen prerrogativas en favor de la Administración Pública, justificadas por el interés colectivo involucrado en esa contratación, y cuya proporción es de tal magnitud que en una relación contractual común resultan inaceptables.

Son pues las cláusulas exorbitantes, notas consustanciadas con la naturaleza misma de las contrataciones de carácter administrativo. Es precisamente esta desproporción que se patentiza entre los intereses del particular frente a los del colectivo, lo que define las cláusulas exorbitantes. Se trata así, de aquellas disposiciones que un particular no aceptaría insertar en un contrato con otro particular, porque son ellas las que en definitiva ponen de relieve o materializan en el negocio jurídico las potestades administrativas. Potestades no discutidas; y, por el contrario, recibidas por el particular contratante que entiende y acepta que no se trata de un capricho de la voluntad administrativa, sino una herramienta diseñada por el Derecho Público para garantizarle al colectivo, la protección de sus intereses encomendados a la Administración, concretándose con ella, la forma más eficaz de asegurar la salvaguarda del interés general, imposibilitado de controlarlo directamente y permanentemente."[174]

La Corte indicó, además, en dicha sentencia, que esos criterios "han sido aceptados por gran parte de la doctrina extranjera y también venezolana, no obstante que aún existen estudiosos del tema que restan relevancia a la distinción que se hace de los contratos administrativos frente a los de derecho común, y que insisten en que la misma sólo ha obedecido a razones puramente pragmáticas, dirigidas a la determinación del órgano jurisdiccional competente para su conocimiento"[175]. La Corte aceptó, en todo caso, que las cláusulas exorbitantes –insertas expresa o tácitamente en el contrato– en realidad no definen los contratos como tales contratos administrativos, "por ser una consecuencia y no un elemento determinante de éste"; concluyendo entonces que "la característica que por antonomasia identifica un contrato administrativo es el servicio público que se pretende con él, el interés general o la utilidad pública perseguida."

Por otra parte, entre las múltiples sentencias dictadas bajo la vigencia de la Constitución de 1999, puede hacerse referencia a la de la sala Político Administrativa 357 de 14 de abril de 2004, en la cual el Tribunal Supremo consideró que:

"Tanto la doctrina como la jurisprudencia de esta Sala han señalado como características esenciales de los contratos administrativos, las siguientes: a) que una de las partes contratantes sea un ente público; b) que la finalidad del contrato se encuentre vinculada a una utilidad pública o servicio público; c) y como consecuencia de lo anterior, debe entenderse la presencia de ciertas prerrogativas de la administración en dichos contratos consideradas como exorbitantes, aun cuando no se encuentren expresamente plasmadas tales características en el texto de los mismos."[176]

---

174 *V.* el texto de la decisión de la Corte en Pleno de 17 de agosto de 1999 en Allan R. Brewer–Carías (Compilador), *Documentos del Juicio de la Apertura Petrolera (1996–1999)*, Caracas 2004, disponible en www.allanbrewercarias.com (Biblioteca Virtual, I.2. Documentos, N° 22, 2004), pp. 280–328. El Experto Legal quien suscribe actuó en dicho juicio como abogado de PDVSA en la defensa de la constitucionalidad del Acuerdo del Congreso autorizando los Convenios de Asociación.

175 Es la tesis que hemos sostenido desde hace años en Allan R. Brewer–Carías, "La evolución del concepto de contrato administrativo," en *El Derecho Administrativo en América Latina, Curso Internacional*, Colegio Mayor de Nuestra Señora del Rosario, Bogotá 1978, pp. 143–167; en *Jurisprudencia Argentina*, N° 5.076, Buenos Aires, 13–12–1978, pp. 1–12; en *Libro Homenaje al Profesor Antonio Moles Caubet*, Tomo I, Facultad de Ciencias Jurídicas y Políticas, Universidad Central de Venezuela, Caracas 1981, pp. 41–69; y en *Estudios de Derecho Administrativo*, Bogotá, 1986, pp. 61–90

176 Caso: *Empresa Constructora Irpresent vs. Alcaldía San Carlos de Austria del Estado Cojedes* disponible en http://www.tsj.gov.ve/decisiones/spa/Abril/00357–140404–2004–0146.htm *V.* también en *Revista de Derecho Público*, N° 97–98, Editorial Jurídica Venezolana, Caracas 2004, pp. 312–314.

En otra decisión, la Nº 384 de 21 de abril de 2004, la misma Sala decidió:

> "Tanto la doctrina como la jurisprudencia de esta Sala han señalado como características esenciales de los contratos administrativos, las siguientes: (a) que una de las partes contratantes sea un ente público; (b) que la finalidad del contrato se encuentre vinculada a una utilidad o servicio público (aspecto éste que puede evidenciarse cuando la actividad contratada resulte importante para la prestación de un servicio público, cuando sea de tal forma inherente o conexa con la actividad pública o de servicio público que sin aquélla no se podría llevar a cabo esta última, o cuando el contrato en cuestión suponga un subsidio evidente a favor del beneficiario del servicio y a cargo de una de las partes contratantes). Como consecuencia de lo anterior, debe entenderse la presencia de ciertas prerrogativas de la administración en dichos contratos, consideradas como exorbitantes, aún cuando no se encuentren expresamente plasmadas en el texto del mismo."[177]

De todas estas sentencias, y dejando a salvo nuestro señalado cuestionamiento a la distinción misma entre contratos administrativos y contratos de derecho privado de la Administración; dado que el interés de la misma ha resurgido, aún cuando haya sido momentáneamente con la sanción misma de la Ley de Reserva de 2009, es evidente que no podría adoptarse como "criterios" para identificar un contrato administrativo, la versión más amplia de esas condiciones, es decir, que una de las partes contratantes fuera un ente público, que la finalidad del contrato se encontrase vinculada a un interés general o una utilidad pública; y que la Administración pudiera hacer uso de ciertas prerrogativas que puedan considerarse como exorbitantes y que no estén plasmadas en el texto de los mismos. Si se adoptase este espectro amplio en la aplicación de las características, sin duda habría que llegar a la conclusión que todo contrato público o estatal sería un "contrato administrativo," pues siempre se celebran por un ente público, persiguen en alguna forma un fin de utilidad pública o interés general, y la Administración conforme a la ley, siempre puede hacer uso de sus poderes; lo que vaciaría de sentido a la propia noción y a la distinción con los contratos de derecho privado de la Administración, pues estos participarían de las mismas características.

Por ello se han formulado otros estándares más precisos para "identificar" los contratos administrativos, interpretando la propia doctrina jurisprudencial, como los que ha propuesto Henrique Iribarren Monteverde, quien ha postulando que para identificar un contrato administrativo, en general, el ente público contratante debe ser siempre una "persona moral de derecho público," y, además, en forma alternativa, que el objeto del contrato sea siempre la "ejecución de un servicio público," o que sin tener como objeto la ejecución de un servicio público, el contrato contenga una "cláusula exorbitante del derecho común."[178] Aún cuando no estemos totalmente de acuerdo con esta interpretación, sin duda puede utilizarse a los efectos de hacer el ejercicio que queremos realizar para caracterizar a los contratos suscritos para la prestación de los servicios conexos con la industria petrolera antes de que por ley se los hubiese "reconocido" como "contratos administrativos." Será exclusivamente a tales efectos que utilizaremos dichos estándares propuestos por Iribarren, sin que ello signifique que estemos de acuerdo con su interpretación.

---

177 Caso: *David Goncalves Carrasqueño vs. Alcaldía del Municipio Miranda del Estado Zulia*, disponible en http://www.tsj.gov.ve/decisio–nes/spa/Abril/00384–210404–2003–0654.htm

178 *V.* Henrique Iribarren Monteverde, "El equilibrio económico en los contratos administrativos y la teoría de la imprevisión," en *Los Contratos Administrativos. Los Contratos del Estado, VIII Jornadas Internacionales de Derecho Administrativo "Allan Randolph Brewer Carías*, Funeda, Caracas 2006, pp. 117–119.

3. El resultado de la aplicación de los "estándares" sobre "contratos administrativos" en el caso de los contratos suscritos para la prestación de los servicios conexos

En efecto, si se aplicasen dichos estándares para identificar a los "contratos administrativos," por supuesto, la conclusión sería que los contratos suscritos por PDVSA Petróleo S.A. antes de la sanción de la Ley de reserva de 2009 con empresas o consorcios privados para la prestación de los mencionados servicios conexos con la industria petrolera que se han nacionalizados con dicha Ley, a pesar de que la mencionada Ley de Reserva de 2009 los ha "reconocido" como "contratos administrativos" (art. 3), en realidad dichos contratos no podían ser considerados como "contratos administrativos," sino como "contratos de derecho privado" de la Administración; y ello, ***primero***, porque la persona jurídica estatal contratante (PDVSA Petróleo S.A.) no es una "persona moral de derecho público" sino una persona jurídica de derecho privado estatal, es decir, una empresa del Estado de segundo grado, constituida con forma de sociedad anónima por PDVSA, teniendo a ésta como su única accionista; ***segundo***, porque las actividades objeto de los contratos no eran la "ejecución de un servicio público," pues los servicios de tratamiento e inyección de agua o gas, o los servicios prestados en el Lago de Maracaibo con lanchas, gabarras, etc., en beneficio de una sola persona jurídica (PDVSA Petróleos S.A.), no eran actividades de prestación obligatoria por el Estado ni estaban destinada a satisfacer necesidades colectivas de la población; y ***tercero***, porque en el texto mismo de los contrato, elaborados conforme al "modelo" suministrado por la empresa estatal, en general siempre se buscó establecer todos los derechos y obligaciones de las partes, incluyendo la posibilidad de modificar el objeto de la prestación, o la terminación anticipada de los contratos, no existiendo en la legislación aplicable al objeto de dichos contratos previsión alguna que le otorgase poderes, potestades o prerrogativas a PDVSA Petróleo S.A. en relación a la ejecución de los contratos, distintas a las establecidas en su texto, y menos aún potestades del poder público.

Es decir, conforme a los estándares mencionados, los mencionados contratos "reconocidos" por la Ley de Reserva de 2009 como contratos administrativos, en realidad, nunca fueron tales porque PDVSA Petróleo S.A no es ni ha sido nunca una "persona moral de derecho público;" porque el objeto de los contratos no fue nunca la "ejecución de un servicio público" en el sentido de actividad destinada a satisfacer un interés colectivo; y porque en sus cláusulas, en general, no se reguló nada "exorbitante del derecho común," y porque la empresa estatal contratante no tenía poder público extraordinario alguno atribuido por ley en relación con e contrato. Al contrario, dichos contratos, por tanto, fueron siempre "contratos de derecho privado de la Administración," regidos conforme a sus cláusulas y a la legislación a la cual las mismas remite.

Los mencionados contratos relativos a las actividades conexas, en realidad, solamente fueron "reconocidos" legalmente como "contratos administrativos," y sus objeto calificado como "servicio público" mediante la Ley de Reserva de 2009, con efecto a partir de la entrada en vigencia de la misma.

Fue, por tanto, sólo en la Ley Orgánica que reserva al Estado bienes y servicios conexos a las actividades primarias de Hidrocarburos de 2009, donde a todos los contratos para la prestación de los servicios conexos nacionalizados, se los "reconoció" legalmente y en forma *ex post facto*, como "contratos administrativos" (Art. 3), denominación que momentáneamente fue aplicada a los mencionados contratos a partir de la entrada en vigencia de la ley, y hasta que días después quedaron "extinguidos de pleno derecho."

4. PDVSA Petróleo S.A, como parte contratante en los contratos para servicios conexos no es una "persona moral de carácter público"

Como hemos indicado, conforme al primero de los estándares propuestos por Iribarren para definir los contratos administrativos, conforme al cual estos sólo serían los suscritos por las "personas morales de derecho público," [179] los contratos que habían sido suscritos por PDVSA Petróleos S.A. para la prestación de los servicios conexos con la industria petrolera antes de la nacionalización de 2009, no calificaban como contratos administrativos, pues PDVSA Petróleo S.A., no es una "persona moral de derecho público." En nuestro criterio, estamos de acuerdo con que dichos contratos no eran contratos administrativos, pero no porque el ente público contratante fuera una empresa del Estado (persona moral de derecho privado) y no una persona moral de derecho público, sino fundamentalmente por su objeto, no vinculado a necesidades colectivas algunas. En realidad, en nuestro criterio, nada impediría que una persona jurídica estatal de derecho privado pueda celebrar un contrato administrativo.

Sin embargo, dejando aparte esta objeción al estándar utilizado por Iribarren y si se aceptase su validez, es evidente que los contratos no calificarían como contratos administrativos porque las empresas del Estado no son personas morales de derecho público. En efecto, estas últimas, en el ordenamiento jurídico venezolano, son sólo las personas político territoriales que conforman el Estado (la República, los Estados y los Municipios) y además, los institutos autónomos o públicos y el Banco Central de Venezuela (Arts. 145, 318, 322, Constitución). Las empresas del Estado, como el caso de PDVSA y de PDVSA Petróleo S.A., de acuerdo con la Ley Orgánica de la Administración Pública son personas jurídicas estatales de derecho privado constituidas conforme al Código de Comercio, y ninguna de ellas es una "persona moral de derecho público."[180]

Por tanto, y siguiendo el estándar propuesto, en el caso de los referidos contratos fueron suscritos entre PDVSA Petróleo S.A. y empresas o consorcio privados, el ente público contratante es una sociedad mercantil o empresa del Estado constituida en segundo grado, es decir, filial de Petróleos de Venezuela S.A., sometida a todo el régimen de derecho privado de las sociedades anónimas.[181] Tal como lo dispone expresamente el

---

179 *V.* Henrique Iribarren Monteverde, "El equilibrio económico en los contratos administrativos y la teoría de la imprevisión," en *Los Contratos Administrativos. Los Contratos del Estado, VIII Jornadas Internacionales de Derecho Administrativo "Allan Randolph Brewer Carías*, Funeda, Caracas 2006, pp. 117–119.

180 *V.* artículo 29 de la Ley Orgánica de la Administración Pública. *V.* Decreto N° 6.217 15–07–2008, *Gaceta Oficial* N° 5890 Extraordinario de 31–07–2008. *V.* sobre la distinción entre las personas jurídicas estatales en Venezuela, Allan R. Brewer–Carías, "La distinción entre las personas jurídicas y las personas privadas y el sentido de la problemática actual de la clasificación de los sujetos de derecho" en *Revista Argentina de Derecho Administrativo*, N° 17, Buenos Aires 1977, pp. 15–29; y en *Revista de la Facultad de Derecho*, N° 57, Universidad Central de Venezuela, Caracas 1976, pp. 115–135; y "Sobre las personas jurídicas en la Constitución de 1999," en *Derecho Público Contemporáneo. Libro Homenaje a Jesús Leopoldo Sánchez*, Estudios del Instituto de Derecho Público, Universidad Central de Venezuela, enero–abril 2003, Volumen 1, pp. 48–54.

181 *V.* sobre la naturaleza jurídica de PDVSA y sus filiales, como empresas del Estado o personas jurídicas de derecho privado en Allan R. Brewer–Carías, "El proceso jurídico–organizativo de la industria petrolera nacionalizada en Venezuela" en *Revista de la Facultad de Ciencias Jurídicas y Políticas*, N° 58, Universidad Central de Venezuela, Caracas 1976, pp. 53–88; "Consideraciones sobre el régimen jurídico administrativo de Petróleos de Venezuela S.A." en *Revista de Hacienda*, N° 67, Año XV, Ministerio de Hacienda, Caracas 1977, pp. 79–99.

artículo 107 de la Ley Orgánica de la Administración Pública, "las empresas del Estado se regirán por la legislación ordinaria," por lo establecido en las disposiciones de la propia Ley Orgánica de la Administración Pública, "las demás normas aplicables; y sus trabajadores se regirán por la legislación laboral ordinaria."

En torno a dicho régimen jurídico de PDVSA y de PDVSA Petróleo, S.A., la Sala Constitucional del Tribunal Supremo de Justicia en sentencia No. 464 de 18 de marzo de 2002 (Caso *Interpretación del Decreto de la Asamblea Nacional Constituyente de fecha 30 de enero de 2000, mediante el cual se suspende por 180 días la negociación de la Convención Colectiva del Trabajo*), señaló lo siguiente:

> "observa la Sala que aunque Petróleos de Venezuela S.A. es una compañía constituida y organizada en forma de sociedad anónima, está fuera de dudas, y así lo reafirma la Constitución de la Republica Bolivariana de Venezuela, que la misma se encuentra enmarcada en la estructura general de la Administración Pública Nacional [...]
>
> En cuanto a las empresas operadoras iniciales, estima la Sala que la intención del legislador era crearlas con forma de sociedades anónimas, motivo por el cual se constituyeron en el ordenamiento jurídico Venezolano como personas estatales con forma de derecho privado. En la actualidad, PDVSA Petróleo S.A., y las demás compañías filiales de Petróleos de Venezuela S.A. tienen igual naturaleza jurídica.
>
> En definitiva, se observa que Petróleos de Venezuela S.A. y sus compañías filiales tienen un régimen legal que permite diferenciarlas claramente, no sólo de la Administración Pública centralizada y de los institutos autónomos, sino también de otras empresas del Estado. Por tanto, esta Sala debe concluir que la identificación de la naturaleza jurídica de dichas compañías como personas estatales con forma jurídica de derecho privado, plantea, sin duda, como consecuencia que el régimen jurídico aplicable a las mismas sea un régimen mixto, tanto de derecho público como de derecho privado, aún cuando sea preponderantemente de derecho privado, debido a su forma, pero no exclusivamente, dado que su íntima relación con el Estado, las somete a reglas obligatorias de derecho público dictadas para la mejor organización, funcionamiento y control de ejecución de la Administración Pública, por parte de los órganos que se integran a ésta o coadyuvan al logro de sus cometidos.[182]

Conforme a dicha sentencia, la Sala Constitucional concluyó señalando que PDVSA "y sus empresas filiales son empresas del Estado, pero con un régimen de empresa privada," de lo que resulta evidente que la persona jurídica estatal contratante en los contratos de servicios conexos, PDVSA Petróleo S.A. es una sociedad anónima del Estado, constituida de acuerdo con las reglas del derecho privado (comercial), sometida básicamente al derecho privado excepto por lo que se refiere al control que sobre ellas pueda ejercer la Administración Pública conforme a las previsiones de derecho público que se apliquen respecto de su organización y funcionamiento, y que no afectan sus relaciones contractuales con empresas privadas.

Es decir, PDVSA Petróleo S.A. no es "una persona moral de derecho público" sino una persona jurídica de derecho privado, que en los términos del artículo 29 de la Ley Orgánica de la Administración Pública, es uno de los "entes descentralizados funcionalmente con forma de derecho privado," es decir, es una de las "personas jurídicas constituidas de acuerdo a las normas del derecho privado" y regidas como lo dijo la Sala Constitucional en la mencionada sentencia por "un régimen mixto, tanto de derecho público como de derecho privado, aún cuando sea preponderantemente de derecho privado."

---

182 *V.* en *Revista de Derecho Público*, N° 89–92, Editorial Jurídica Venezolana, Caracas 2002, pp. 219–20.

Por tanto, si el primer requisito para la existencia de un "contrato administrativo," como condición necesaria para su existencia, fuera efectivamente que al menos una de las partes contratantes sea "una persona moral de derecho público" – con lo que como hemos dicho, no necesariamente estamos de acuerdo – entonces sería evidente que los contratos suscrito entre PDVSA Petróleo S.A. y empresas privadas para la prestación de servicios conexos antes de la nacionalización de 2009, nunca habrían sido "contratos administrativos" pues como se ha dicho, PDVSA Petróleo S.A. en el ordenamiento jurídico venezolano no es una persona jurídica o moral de derecho público, sino una persona jurídica o moral de derecho privado. Las personas jurídicas o morales de derecho público en Venezuela,[183] se insiste, básicamente son de acuerdo con la terminología constitucional, la República, los Estados, los Municipios, los institutos autónomos o públicos y las así expresamente denominadas en la Constitución como el Banco Central de Venezuela (Arts. 145, 318, 322, Constitución).

Por otra parte, siendo la empresa PDVSA Petróleo S.A. la parte estatal contratante en los contratos para los servicios conexos, una empresa del Estado constituida bajo la forma de sociedad anónima conforme a las reglas del derecho privado que rigen su funcionamiento, la misma, en general no podía ni puede dictar actos administrativos, pues no tiene asignada mediante ley potestad alguna expresa del Poder Público para ello. Es decir, no hay en ley alguna de la República en la cual se hayan descentralizado competencias hacia empresas del Estado como PDVSA Petróleo S.A., constituida en segundo grado por PDVSA, para ejercer competencia alguna del Poder Público y poder emitir actos administrativos, como manifestaciones de la autoridad estatal. Ni siquiera la Ley de Contrataciones Públicas sancionada en 2008,[184] por ejemplo, autoriza a empresas del Estado contratantes para imponer sanciones con motivo de la ejecución de contratos públicos, correspondiendo la potestad sancionatoria allí regulada al Servicio Nacional de Contratistas (Art. 131).[185]

En el derecho administrativo venezolano, como sucede en cualquier parte del mundo, la competencia es siempre asignada mediante texto expreso, y no se presume. Como lo ha afirmado la antigua Corte Suprema de Justicia de Venezuela, la competencia de los

183 *V.* sobre las personas jurídicas en el derecho público en Venezuela, Allan R. Brewer–Carías, "Sobre las personas jurídicas en la Constitución de 1999" en *Derecho Público Contemporáneo. Libro Homenaje a Jesús Leopoldo Sánchez*, Estudios del Instituto de Derecho Público, Universidad Central de Venezuela, enero–abril 2003, Volumen 1, pp. 48–54; "El régimen de las personas jurídicas estatales político–territoriales en la Constitución de 1999" en *El Derecho constitucional y público en Venezuela. Homenaje a Gustavo Planchart Manrique*, Tomo I, Universidad Católica Andrés Bello; Tinoco, Travieso, Planchart & Núñez, Abogados, Caracas 2003, pp. 99–121.

184 La Ley fue dictada mediante Decreto Ley Nº 5.929 de fecha 11 de marzo de 2008 en ejecución de la Ley habilitante de 2007, habiendo derogado la Ley de Licitaciones de 2001. La Ley de Contrataciones Públicas fue inicialmente publicada en *Gaceta Oficial* Nº 5.877 de fecha 14–03–2008, y republicada, por error de copia, en *Gaceta Oficial* Nº 38.895 de 25–03–2008. Dicha Ley fue reformada por Ley publicada en *Gaceta Oficial* Nº 39.165 de 24–04–2009. Mediante Decreto Nº 6.708 de 19–05–2009 se dictó el Reglamento de la Ley de Contrataciones Públicas, en *Gaceta Oficial* Nº 39.181 de 19–05–2009, mediante el cual, entre otros, se derogó el Decreto Nº 1.417 sobre Condiciones Generales de Contratación para la Ejecución de Obras, en *Gaceta Oficial* Nº 5.096 Extraordinario de fecha 31–07–1996. *V.* sobre la Ley de Contrataciones Públicas, los diversos comentaros en el libro de Allan R. Brewer–Carías *et al*, *Ley de Contrataciones Públicas*, Editorial Jurídica Venezolana, Caracas 2008; Segunda Edición, Caracas 2009.

185 *V.* los comentarios sobre el alcance de la potestad sancionatoria en la contratación pública, en Carlos García Soto, "Posición de la Administración en su actividad contractual. El caso de la Ley de Contrataciones Públicas," en Allan R. Brewer–Carías et al., *Ley de Contrataciones Públicas*, Editorial Jurídica Venezolana, Caracas 2008, p. 184; y Manuel Rojas Pérez, "Control fiscal y régimen sancionatorio en el Decreto Ley de Contrataciones Públicas," en *Idem*, pp. 214–215.

órganos de la Administración Pública siempre "debe emerger del texto expreso de una regla de derecho, ya sea la Constitución, la Ley, el Reglamento o la Ordenanza" por lo que "a falta de disposición expresa, la autoridad carece de cualidad para efectuar el acto."[186] Como lo indica el artículo 4 de la Ley Orgánica de la Administración Pública, la Administración Pública siempre "se organiza y actúa de conformidad con el principio de legalidad, por el cual *la asignación*, distribución y ejercicio de sus competencias se sujeta a lo establecido en la Constitución de la República Bolivariana de Venezuela, las leyes y los actos administrativos de carácter normativo dictados formal y previamente conforme a la ley." En consecuencia, PDVSA Petróleo S.A., como empresa del Estado constituida en segundo grado por PDVSA, si bien forma parte de la llamada Administración Pública descentralizada, en los casos de los contratos de prestación de servicios conexos de la industria petrolera suscritos antes de 2009, no tenía competencia legal expresa alguna asignada para ejercer atribuciones del Poder Público y poder emitir, por ejemplo, actos administrativos, como manifestaciones de la autoridad estatal.

El hecho de ser PDVSA Petróleo S.A. una persona jurídica estatal de derecho privado hace incluso que los contratos que suscriba, conforme a una doctrina –aunque cuestionable– del Tribunal Supremo, ni siquiera puedan calificarse como contratos de interés público, que es la denominación adoptada por la Constitución (Art. 151) para calificar ciertos contratos públicos, y que algunos autores han identificado con los "contratos administrativos."[187] La Sala Constitucional del Tribunal Supremo de Justicia, como hemos dicho anteriormente, en sentencia N° 2.241 del 24 de septiembre de 2002,[188] consideró que "contratos de interés público" sólo son aquellos suscritos por las personas estatales de derecho público territoriales, es decir, por a Republica, los Estados y los Municipios en los que esté envuelto un interés público nacional, estadal y municipal; quedando excluidos de dicha denominación los contratos suscritos por los institutos autónomos o por las empresas del Estado. Por tanto, según esta decisión del Tribunal Supremo, los contratos suscritos por empresas del Estado como PDVSA Petróleos S.A. ni siquiera calificarían como "contratos de interés público nacional."[189]

186 *V.* sentencia de 28–01–1968, *Gaceta Oficial*, N° 27.367 de 13–02–1964 y sentencia de 11 de agosto de 1965, *Gaceta Oficial*, N° 27.845 de 22–09–1965. *V.* también en Allan R. Brewer–Carías, *Jurisprudencia de la Corte Suprema 1930–1974 y Estudios de Derecho Administrativo*, t. III, vol. 1, Caracas, 1976, pp. 197–198.

187 *V.* Eloy Lares Martínez, *Manual de Derecho Administrativo*, Universidad Central de Venezuela, Caracas 1983, p. 306.

188 La Sala Constitucional del Tribunal Supremo de Justicia como el más alto y ultimo interprete de la Constitución en esa sentencia (Caso: *Anulación del artículo 80 de la Ley Orgánica de Administración Financiera del Sector Público)*, estableció una interpretación vinculante, y redujo la categoría de los "contratos de interés público" (Art. 150 C.) a aquellos suscritos o celebrados por la Republica, los Estados y los Municipios, en consecuencia, excluyendo de tal calificación a los contratos públicos suscritos por institutos autónomos o empresas públicas nacionales como por ejemplo podría ser PDVSA, y sus empresas filiales. El argumento central de la decisión de la Sala se refirió al tema de la autorización parlamentaria previa en relación con los contratos de deuda pública suscritos por la República, los Estados y los Municipios. *V.* En http://www.tsj.gov.ve/decisiones/scon/Septiem–bre/2241–240902–00–2874%20.htm

189 Sobre esta sentencia *V.* los comentarios críticos en Allan R. Brewer–Carías, "Sobre los Contratos del Estado en Venezuela," en *Derecho Administrativo Iberoamericano (Contratos Administrativos, Servicios públicos, Acto administrativo y procedimiento administrativo, Derecho administrativo ambiental, Limitaciones a la libertad), IV Congreso Internacional de Derecho Administrativo*, Mendoza, Argentina, 2010, pp. 837–866; y en *Revista Mexicana Statum Rei Romanae de Derecho Administrativo*, N° 6, Homenaje al Dr. José Luís Meilán Gil, Facultad de Derecho y Criminología de la Universidad Autónoma de Nuevo León, Monterrey, Enero–Junio 2011, pp. 207–252; "Los contratos del Estado y la Ley de Contrataciones Públicas. Ámbito de aplicación," en *Ley de Contrataciones Públicas*, Editorial Jurídica Venezolana, Colección Textos legislativos N° 44 (2ª Edición Actualizada y aumentada), Caracas 2009, pp. 9–47.

5. Los servicios conexos con la industria petrolera nacionalizados en 2009 contratados con particulares por PDVSA Petróleo S.A. no eran servicios públicos

Los contratos suscritos por PDVSA Petróleo S.A. y empresas o consorcios privados para la prestación de los servicios conexos con la industria petrolera, como luego se identificó en la Ley de Reserva de 2009 (art. 2), tuvieron por objeto, en general, la prestación para PDVSA Petróleos S.A. de servicios de inyección de agua, de vapor o de gas, y de compresión de gas; y los en cuanto servicios a los vinculados a las actividades en el Lago de Maracaibo, de servicios de lanchas, de barcazas, de remolcadores, de gabarras y de mantenimiento de buques. Dichos contratos, en forma alguna tenían por objeto la ejecución de servicio público alguno, además de que las actividades objeto de los mismos no eran actividades reservadas al Estado.

Es decir, el objeto antes mencionado de los contratos nunca fue un servicio público pues no había ley alguna – ni la hay – que estableciera una obligación legal para la Administración Pública de prestarlo o satisfacerlo. Tampoco eran servicio público, pues su objeto no era la satisfacción de necesidad colectiva alguna, o de la colectividad en general, ni tenía "naturaleza prestacional" alguna en relación con toda la colectividad. El objeto de los contratos era en realidad la prestación de servicios por ejemplo, de tratamiento e inyección de agua o gas, o de transporte marítimo de materiales en el Lago de Maracaibo que los contratistas privados prestaron en beneficio de una sola persona jurídica, en este caso una empresa del Estado, para la realización de su actividad industrial, que ni siquiera eran una actividad que dentro de la industria petrolera hubiese reservada al Estado. La reserva al Estado de la actividad objeto de los contrato, en realidad, sólo se decretó mediante la Ley de Reserva de 2009. Por otra parte, la actividad petrolera en general en Venezuela nunca ha sido considerada como "servicio público," recibiendo tal calificación en forma expresa en la LOH y en la LOHG sólo unas actividades prestacionales destinadas a satisfacer necesidades colectivas.

Como hemos indicado, conforme al segundo de los estándares propuestos por Iribarren Monteverde para definir los contratos administrativos, conforme al cual estos sólo serían aquellos que tienen como objeto la "ejecución de un servicio público,"[190] los contratos que habían sido suscritos por PDVSA Petróleos S.A. para la prestación de los servicios conexos con la industria petrolera antes de la nacionalización de 2009, no calificaban como contratos administrativos, pues los mismos en ningún caso pueden calificarse como "servicios públicos"

En nuestro criterio, estamos de acuerdo en que dichos contratos no eran contratos administrativos, pero no porque los contratos administrativos solo puedan tener por objeto la ejecución de servicios públicos. Los mismos, en realidad pueden tener por objeto otros fines de interés colectivo, como la construcción de obras públicas, el uso y explotación de bienes del Estado o la explotación de recursos naturales. Lo fundamental para identificar el contrato administrativo es por tanto su objeto, vinculado a necesidades colectivas, por lo que nada impide que además de la prestación de un servicio público, los contratos administrativos tengan también otras finalidades de interés colectivo.

---

190 *V.* Henrique Iribarren Monteverde, "El equilibrio económico en los contratos administrativos y la teoría de la imprevisión," en *Los Contratos Administrativos. Los Contratos del Estado, VIII Jornadas Internacionales de Derecho Administrativo "Allan Randolph Brewer Carías,* Funeda, Caracas 2006, pp. 117–119.

Sin embargo, dejando aparte esta objeción al estándar utilizado por Iribarren y si se aceptase su validez, es evidente que los contratos mencionados no calificarían como contratos administrativos porque el objeto de los mismos nunca podría considerarse como la prestación de un servicio público.

En efecto, la expresión "servicio público" en el ordenamiento jurídico venezolano no puede usarse indiscriminadamente para calificar como tal a toda actividad de interés público. Al contrario, como lo hemos explicado hace años, la noción de servicio público en el derecho administrativo venezolano está referida a las actividades prestacionales que debe asumir el Estado, tendientes a satisfacer necesidades generales o colectivas, en cumplimiento de una obligación constitucional o legal y en relación con las cuales, los particulares se encuentran limitados en cuanto a poder desarrollarlas libremente, sea porque el Estado en algunos casos se las ha reservado, o sea porque el Estado las regula y ordena.[191] En esta forma, cuando se vincula el contrato administrativo con la idea del servicio público, como lo ha resuelto la Sala Político Administrativa del Tribunal Supremo, se exige que "el objeto del contrato está vinculado a la *prestación de un servicio público* que *tiende a la satisfacción de un interés general*, como lo es la educación."[192]

De esta definición resulta lo siguiente: en *primer lugar,* que se trata siempre de una actividad, es decir, de un conjunto de operaciones y tareas a cargo de un sujeto de derecho, consistente en dar o hacer algo a favor de otros, en suma, de prestar. Se trata, por tanto, de una actividad prestacional; pero no de cualquier tipo de prestación sino de una que es de interés general de toda la población, es decir, de la colectividad en general y por tanto, de interés general, público o colectivo, por lo que los sujetos a los cuales se destina son todos, es decir, el público en general. Por ejemplo, el servicio de correos, el servicio de protección a la salud, los servicios de transporte y los servicios de educación. Como lo ha dicho la Sala Político Administrativa del Tribunal Supremo de Justicia al referirse al servicio de agua potable y de saneamiento, los mismos "constituyen verdaderos servicios públicos, y como tales se encuentran dirigidos a satisfacer necesidades de interés general o colectivo."[193]

---

191 *V.* Allan R. Brewer–Carías, "Comentarios sobre la noción de servicio público como actividad prestacional del Estado y sus consecuencias" en *Revista de Derecho Público,* N° 6, EJV, Caracas, 1981, pp. 65–71; "El régimen constitucional de los servicios públicos," en *VI Jornadas Internacionales de Derecho Administrativo "Allan R. Brewer–Carías",* Fundación de Estudios de Derecho Administrativo, Tomo I, Caracas 2002, y en *Estudios de Derecho Administrativo 2005–2007,* Editorial Jurídica Venezolana, Caracas 2007, pp. 528 y ss. *V.* también, José Ramón Parada, "*Los servicios públicos en España*", en *El derecho Público a comienzos del Siglo XXI. Estudios en Homenaje al Profesor Allan R. Brewer–Carías,* Madrid, 2003, pp. 1845–1869.

192 *V.* la sentencia de la Sala Político Administrativa del Tribunal Supremo N° 592 de 07–05–2009 (Caso: *Universidad de Carabobo vs. Ministerio de Salud*), en *Revista de Derecho Público,* N° 118, Editorial Jurídica Venezolana, Caracas 2009, p. 291.

193 *V.* sentencia de la Sala Político Administrativa N° 224 de 07–02–2007 (Caso: *Armando Casal Casal; Interpretación del Art. 86 de la Ley Orgánica para la Prestación de los Servicios de Agua Potable y de Saneamiento*), publicada en la *G.O.* N° 5.568 de fecha 31–12–2001, en *Revista de Derecho Público,* N° 109, Editorial Jurídica Venezolana, Caracas 2007, p. 135 ss. En esta sentencia, la Sala agregó que "Estos servicios públicos, pueden ser de dos tipos: i) "*uti universi*" o ii) "*uti singuli*". En el primer caso, los gastos de organización y funcionamiento son cubiertos, en principio, mediante impuesto (*vgr.* servicios de seguridad y defensa de la nación, policía de seguridad, etc), pues dichos servicios se encuentran directamente vinculados a la vida misma del Estado, siendo la comunidad el verdadero beneficiario. En el segundo de los casos, servicios "*uti singuli*", excepcionalmente, dichos gastos son pagados a través del impuesto. Por lo general, son pagados por el usuario en su totalidad (gas, teléfono, agua, transporte, etc.) o en parte (correos y telégrafos); pues, de lo contrario tales gastos, mediante el impuesto, recaerían sobre la totalidad de los habitantes en perjuicio de quienes no utilizan dichos servicios. (*Ver.* Miguel Marienhoff. *Tratado de Derecho Administrativo.* Tomo II). *Idem* p. 138

En *segundo lugar,* esa actividad prestacional para ser considerada como servicio público por su vinculación al interés general, corresponde cumplirla *obligatoriamente* al Estado, es decir, a los entes públicos, por estar así establecido en la Constitución o en las leyes.[194] Por tanto, no toda actividad prestacional de interés público que realicen los entes públicos puede considerarse como un servicio público, sino sólo aquellas que éstos asumen porque cumplen una obligación constitucional o legal. Por ello, precisamente es que los servicios públicos no pueden ser prestados libremente por los particulares, sino mediante concesión, licencia, permiso o autorización, como por ejemplo, sucede con los servicios públicos domiciliarios y los servicios de policía. Por ello, en las leyes que los regulan, como lo ha constatado la Sala Político Administrativa del Tribunal Supremo, se declara expresamente que tales servicios constituyen "servicios públicos" atribuyéndose al Estado su prestación.[195]

En *tercer lugar,* tratándose de una actividad prestacional que corresponde como obligación al Estado, de acuerdo al principio de alteridad, los usuarios, es decir, la colectividad o el público en general, tienen un correlativo derecho constitucional o legal a recibir la prestación, como sucede por ejemplo, con el derecho a la protección de la salud, e incluso, pueden reclamarlos judicialmente. Por ello, el artículo 259 de la Constitución de 1999 le atribuye a la jurisdicción contencioso–administrativa competencia para resolver los "reclamos por la prestación de los servicios públicos" (Art. 259), lo que se regula en la Ley Orgánica de la Jurisdicción Contencioso Administrativa al considerar como sujetos a control "las entidades prestadoras de servicios públicos en su actividad prestacional" (Arts. 7.5; 9.5) estableciendo el procedimiento para conocer de "los reclamos por la omisión, demora o deficiente prestación de los servicios públicos"(Art. 65.1). Estos servicios públicos, por supuesto, no son cualquier servicio o actividad de interés general, sino las actividades prestacionales obligatorias del Estado respecto de las cuales los ciudadanos tienen derecho de percibirlos en forma regular y continua al punto de poder reclamarlos judicialmente.

En *cuarto lugar,* desde el momento en el cual una actividad se configura legalmente como un servicio público a cargo de los entes públicos, la misma queda sustraída de las que pueden ser desarrolladas libremente por los particulares, en el sentido que esencialmente y conforme se establezca en las leyes (reserva legal), el Estado puede limitarlas y restringirlas. Esto no significa ni implica que el Estado necesariamente se haya reservado la actividad quedando entonces excluida del ámbito de la libertad económica de los particulares, sino que en relación con ella, ésta no puede desarrollarse libremente, sino sometida a las limitaciones o restricciones que legalmente se establezcan y requiriéndose para ello, en general una concesión, una autorización o cualquier tipo de autorización o habilitación. Es decir, la obligación impuesta al Estado de realizar la prestación en el caso de los servicios públicos, no implica que su realización necesariamente quede siempre reservada al Estado con carácter de exclusividad y que quede excluida la libertad económica de manera que los particulares no puedan realizarla.

---

194 Por ello, en relación con la noción de servicio público, algunos autores han concluido que solo las actividades expresamente calificadas como tales en las leyes pueden ser consideradas como servicios públicos. *V.* José Peña Solís, *Manual de Derecho Administrativo*, Vol. 3, Caracas 2003, pp. 336 ss.

195 *V.* en relación con el servicio público de electricidad, por ejemplo, la sentencia N° 846 de 31–05–2007 (Caso: *C.A. La Electricidad de Caracas vs. Ministro de Producción y el Comercio (Ministro del Poder Popular para las Industrias Ligeras y el Comercio)*, en *Revista de Derecho Público*, N° 110, Editorial Jurídica Venezolana, Caracas 2007, p. 159–161.

En estos casos, la libertad económica, como derecho de toda persona de "dedicarse libremente a la actividad económica de su preferencia" (Art. 112 de la Constitución), lo que está es limitada, constitucional o legalmente, en una proporción inversa al grado de asunción de la actividad por parte del Estado: en unos casos, excepcionales, la libertad económica queda excluida totalmente por la reserva al Estado de los servicios (servicios de la defensa nacional y policía); en otros casos, aún reservada al Estado y excluida del ámbito de la libertad económica, la actividad puede desarrollarse por los particulares mediante concesión otorgada por el Estado; y en otros casos, en ausencia de reserva al Estado y existiendo la libertad económica de los particulares para realizarlas, lo que ésta es restringida o limitada, pudiendo realizarse por los particulares mediante autorizaciones o habilitaciones del Estado.[196]

Así, por ejemplo, en otros tiempos, cuando la Ley de Correos de 1938 estableció, en su artículo 1°, que "el correo es un servicio público federal exclusivo del Estado", la norma quería decir precisamente eso, que esa era una actividad reservada y exclusiva del Estado y, además, excluyente de toda prestación por parte de particulares. En cambio, en materia de telecomunicaciones, la Ley de Telecomunicaciones de 1946 a pesar que reservaba al Estado los servicios de telecomunicaciones permitía que se otorgaran concesiones de explotación de dichos servicios a los particulares. En estos dos casos de régimen de reserva al Estado, la diferencia era que en el primero, la reserva era excluyente y en el segundo no excluía la posibilidad de otorgar el derecho a realizar la actividad a los particulares. Por tanto, la declaración de una actividad como servicio público puede implicar la exclusión total de cualquier posibilidad de que los particulares puedan prestar el servicio, como precisamente se ha establecido a partir de mayo de 2009 en la Ley de Reserva de 2009 respecto de los "servicios conexos a las actividades primarias de Hidrocarburos" que se han definido como servicios públicos reservados al Estado; o puede implicar que el servicio se pueda prestar por los particulares mediante concesión o permiso otorgado por el ente público, como sucede en general con los servicios públicos; o los servicios públicos pueden prestarse en forma concurrente entre el Estado y los particulares, sin mayores limitaciones, como sucede por ejemplo con los servicios de salud o de educación.[197]

Por su parte, en relación a los servicios públicos en los cuales no hay reserva, por ejemplo, el servicio público de educación, la Ley de Educación sólo exige la necesidad de un registro para que los establecimientos particulares puedan desarrollar actividades educativas y ejercer su derecho y libertad de educar, en el marco de los programas de educación oficiales.

El grado de asunción por el Estado de la prestación del servicio, es decir, el grado de reserva al Estado de la misma, por tanto, tiene una repercusión fundamental respecto de

196 En algunas decisiones, sin embargo, la Sala Constitucional ha considerado que para que haya servicio público, incluso, la ley debe haber reservado al Estado la actividad económica, de manera que exista "*publicatio* de la misma que excluya la libre iniciativa económica en el sector (artículos 112 y 113 constitucionales." *V.* la sentencia N° 825 de la Sala Constitucional de 06–05–2004 (Caso: *Banco del Caribe C.A. Banco Universal .vs. Superintendencia de Bancos y otras Instituciones Financieras*), en *Revista de Derecho Público*, N° 97–98, Editorial Jurídica Venezolana, Caracas 2004, pp. 273–274. Ratificada por sentencia de la Sala Constitucional N° 266 de 16–03–2005 (Caso: *Impugnación de los artículos 10 y 16 de la Ordenanza sobre Tarifas del Servicio de Aseo Urbano y Domiciliario en el Municipio Libertador del Distrito Federal*), en *Revista de Derecho Público*, N° 101, Editorial Jurídica Venezolana, Caracas 2005, p. 156.

197 *V.* Allan R. Brewer–Carías, "Comentarios sobre la noción de servicio público como actividad prestacional del Estado y sus consecuencias" en *Revista de Derecho Público*, N° 6, EJV, Caracas, 1981, pp. 68 *ss.*

las actividades que puedan o no realizar los particulares. Hay actividades de servicios públicos reservadas al Estado, donde no existe libertad económica, pero respecto de las cuales los particulares pueden realizarlas mediante concesión; y hay actividades de servicios públicos que no han sido reservadas al Estado respecto de las cuales existe libertad económica de los particulares para realizarlas. En las primeras, no existiendo libertad económica dada la reserva al Estado, éste sin embargo puede otorgar el derecho a los particulares a realizarlas, generalmente mediante concesión, que por su carácter constitutivo crea en cabeza del concesionario el derecho que se le otorga; en cambio, en las segundas, tratándose de una limitación al derecho y libertad económica que tienen los particulares, las intervenciones del Estado se manifiestan en otras formas, por ejemplo, a través de la exigencia de actos administrativos declarativos de los derechos y que habilitan su ejercicio, como son las autorizaciones (habilitaciones, licencias, permisos); de actos administrativos homologadores de derechos, como las aprobaciones; o de actos administrativos de declaración de certeza de derechos, como las inscripciones y registros.

En todo caso, la idea clave a los efectos de la conceptualización jurídica del servicio público, es la existencia de una obligación constitucional o legal a cargo del Estado para la realización de la actividad prestacional. Ello contribuye a deslindar los servicios públicos de las actividades prestacionales que el Estado asume y realiza como mero empresario pero que no se ejecutan en virtud del cumplimiento de obligación constitucional o legal alguna, y respecto de las cuales también existe el derecho de los particulares a desarrollarlas libremente.

En consecuencia, la declaración de una actividad como servicio público que, por tanto, se cumple por el Estado en ejecución de una obligación constitucional o legal, da origen a dos consecuencias fundamentales en relación a los particulares: Por una parte, derivado del principio de la alteridad, la obligación jurídica que se impone al Estado implica la existencia de una relación jurídica, en cuyo otro extremo está, como correlativo a la obligación, un derecho de los administrados a percibir la prestación de tales servicios públicos; y por otra parte, que la presencia del Estado como prestador de servicios públicos implica la posibilidad de restringir, a la vez, la libertad económica de los administrados.

El servicio público así entendido, implica siempre, la posibilidad de restricción a la libertad económica de los particulares, lo cual por supuesto, debe hacerse mediante ley conforme al principio constitucional de reserva legal. Por ello es que la creación de un servicio público, es decir, el establecimiento de la obligación prestacional a cargo del Estado, sólo puede tener su origen directamente en la Constitución o en la ley, pues sólo en esos textos, conforme al principio de reserva legal previsto en la propia Constitución (Art. 112), es que puede limitarse o restringirse la libertad económica.

En nuestro criterio, esta consecuencia de la noción de servicio público es la más importante desde el punto de vista jurídico; que cuando una actividad prestacional se erige en servicio público, es decir, se impone obligatoriamente al Estado, sea a la República, a los Estados o a los Municipios, automáticamente se abre un campo de restricción a la libertad económica de los particulares en el sentido de que no pueden ejercerla libremente en dichas actividad. Sin embargo, como se ha dicho, ello no implica que la calificación de una actividad como servicio público conlleve automáticamente que la misma quede reservada al Estado y que la libertad económica quede excluida.

Es decir, el ámbito de la restricción a la libertad económica no es uniforme, pues depende de la regulación concreta que se establezca en la Constitución o en la ley. Las normas pueden establecer una variada gama de restricciones a la libertad económica que, como se ha dicho, pueden ir desde la exclusión total de la actividad económica de los particulares en el ámbito de la actividad prestacional reservada, por ejemplo, cuando el Estado se la reserva con carácter de exclusividad y excluyente un servicio (servicios públicos de policía); hasta la previsión de una concurrencia casi sin restricciones entre la actividad pública y la actividad privada (servicios públicos de educación, servicios de telecomunicaciones); pasando por los supuestos en los cuales, a pesar de que el Estado se haya reservado la actividad y esté obligado a prestar el servicio, los particulares pueden prestarlo mediante concesión o permiso (servicios públicos de trasporte público o domiciliarios).

De lo anterior resulta, entonces que hay diversas categorías de servicios públicos, según el grado de reserva y la mayor o menor incidencia y restricción que impliquen sobre la libertad económica, pues ello permite determinar el grado de intervención del Estado en los mismos. En efecto, según la intensidad de la restricción a la libertad económica que acarrea la consideración de una actividad como servicio público, se pueden distinguir dos grandes categorías de servicios públicos: *en primer lugar*, **los servicios públicos reservados al Estado**, que se subdividen en dos subcategorías: los servicios públicos totalmente reservados al Estado, en forma **exclusiva y excluyente**, que no pueden ser desarrollados por los particulares; y los servicios públicos reservados al Estado, en forma **exclusiva pero no excluyente, que pueden ser concedibles** u otorgables a los particulares; y en *segundo lugar*, **los servicios públicos concurrentes** entre el Estado y los particulares, en relación a cuyas actividades los particulares tienen libertad económica de realizarlas, aún cuando sometidos a técnicas autorizatorias variadas.

En cuanto a los primeros, es decir, los servicios públicos reservados al Estado, en los mismos se excluye la libertad económica de los particulares. Sin embargo, sólo en los exclusivos y excluyentes no es posible la actividad de los particulares, la cual no puede realizarse ni siquiera mediante concesión; pero en cambio en el caso de los servicios públicos reservados no exclusivos, es decir, concedibles, los particulares los pueden desarrollar cuando el derecho a realizar actividades de prestación de los mismos, les sea otorgado o concedido generalmente mediante concesión. En cuanto a los segundos, es decir, los servicios públicos no reservados al Estado, que por tanto son por naturaleza concurrentes, en los mismos los particulares tienen derecho a realizar sus actividades económicas con las limitaciones establecidas en las leyes, en particular la necesidad de obtener una autorización, permiso, licencia, habilitación o registro para ello.

Ahora bien, esta noción de servicio público en su sentido propio, como la actividad prestacional obligatoria del Estado destinada a satisfacer necesidades colectivas, es la que se sigue en el derecho venezolano, tanto en la doctrina de derecho administrativo[198]

198 *V.* Allan R. Brewer–Carías, "Comentarios sobre la noción del servicio público como actividad prestacional del Estado y sus consecuencias" en *Revista de Derecho Público*, N° 6, Editorial Jurídica Venezolana, Caracas 1981, pp. 65–71; "El régimen constitucional de los servicios públicos" en *VI Jornadas Internacionales de Derecho Administrativo Allan Randolph Brewer–Carías El nuevo servicio público. Actividades reservadas y regulación de actividades de interés general (electricidad, gas, telecomunicaciones y radiodifusión)*, Caracas 2002, Fundación de Estudios de Derecho Administrativo FUNEDA, Caracas 2003, pp. 19–49; José Araujo Juárez, *Derecho Administrativo General. Servicio Público*, Ediciones Paredes, Caracas 2010, 58–79; José Araujo Juárez, "Régimen Jurídico de los servicios económicos de interés general," en *El Derecho Público a comienzos del Siglo XXI: Estudios en*

como en la jurisprudencia;[199] y también en el derecho administrativo comparado, donde a pesar de las sucesivas crisis de la noción,[200] la misma no llega a ser identificada con cualquier actividad desarrollada por el Estado, pues carecería de todo sentido.[201]

Al contrario se la vincula con una actividad prestacional que, en virtud del ordenamiento jurídico, debe ser asegurada o asumida por el Estado; y este ha sido el sentido tradicional del término "*service publique*" en la doctrina francesa general de derecho administrativo,[202] y específica sobre el servicio público, incluso la más reciente influenciada por las exigencias del derecho comunitario europeo.[203] Igualmente ha sido el sentido tradicional en América Latina, por ejemplo, en la doctrina argentina.[204] Igual suce-

---

Homenaje al Profesor Allan R. Brewer–Carías, Ed. Civitas, Madrid, 2003, pp. 1.969–1.978; Eloy Lares Martínez, *Manual de Derecho Administrativo*, 12ª ed., Universidad Central de Venezuela, Caracas 2001, pp. 203–209; José Peña Solís, *Manual de Derecho Administrativo*, Vol. 3, Col. Estudios Jurídicos, Tribunal Supremo de Justicia, Caracas, 2003, pp. 325–345; José Ignacio Hernández G., "Un ensayo sobre el concepto de servicio público en el derecho venezolano," en *Revista de Derecho Público*, Nº 89–92, Editorial Jurídica venezolana, Caracas, 2002, pp. 47–75.

199 Por ejemplo, en la sentencia de la Sala Político Administrativa del Tribunal Supremo de Justicia Nº 1811 de 10–12–2011 (Caso: *Tadeo–Anzoátegui, C.A. vs. Municipio Turístico El Morro "Licenciado Diego Bautista Urbaneja" Del Estado Anzoátegui*), al considerar el servicio público de aseo consideró que en el mismo "priva el interés general de la comunidad sobre el particular de la contratista, tratándose de una necesidad básica de la población que comporta la protección de derechos humanos fundamentales, tales como: el derecho a la salud, a la vida digna de la sociedad y a la preservación del medio ambiente, consagrados en la Constitución de la República Bolivariana de Venezuela, en virtud de lo cual la autoridades deben actuar de manera célere y eficiente para garantizar la debida prestación del servicio." En *Revista de Derecho Público*, Nº 120, Editorial Jurídica Venezolana, Caracas 2009 pp. 137–139.

200 *V.* entre los más recientes ensayos en la materia: Jaime Orlando Santofimio, "Los servicios públicos: vicisitudes y fundamentos de un tema jurídico inconcluso e impreciso" en *El derecho Público a comienzos del Siglo XXI: Estudios en Homenaje al Profesor Allan R. Brewer–Carías*, Ed. Civitas, Madrid, 2003, pp. 1882–1956; Diego Zegarra Valdivia, El servicio Público. Fundamentos, Palestra, Lima 2005.

201 Por ejemplo, en la doctrina española, Fernando Garrido Falla sobre la noción de servicio público dijo que "De la total actividad prestadora realizada por el Estado hay una parte de ella –la más importante desde luego– que ha sido asumida como competencia propia por razones inmediatamente derivadas el interés público, es decir, porque con tal actividad se satisface directamente una necesidad de carácter público." *V.* Fernando Garrido Falla, *Tratado de derecho administrativo, Vol. II (Parte general, Conclusión)*, Décima Edición, Madrid 1992, pp. 332 ss

202 *V.* en general Guy Braibant y Bernard Stirn, *Le droit administratif français*, 5e éd., Col. Amphithéâtre, Presses de Sciences–Po – Dalloz, Paris 1999, pp. 139–143; René Chapus, *Droit administratif général*, T. I, 9e éd., Col. Domat Droit Public, Montchrestien, Paris, 1995, pp. 513–525; Pierre Delvolvé, *Le droit administratif*, 3e éd., Coll. Connaissance su droit, Dalloz, Paris 2002, pp. 42–47; Jacques Moreau, *Droit administratif*, Coll. Droit fondamental – Droit administratif, PUF, Paris, pp. 311–316; Jean Waline, *Précis de Droit administratif*, 22e ed., Coll. Droit public – Science politique, Dalloz, Paris 2008, pp. 339–359.

203 *V.* en general, Stéphane Braconnier, *Droit des services publics*, 2e éd., Col. Thémis droit, PUF, Paris, 2007, pp. 157–184; Claudie Boiteau, "Vers une définition du service public (À propos de l'arrêt du Conseil d'État, Section, 22 février 2007, Association du personnel relevant des établissements pour inadaptés – APREI)," en *Revue française de droit administratif*, 2007, Nº 4, pp. 803–811; Sabine Boussard, "L'éclatement des catégories de service public et la résurgence du "service public par nature", en *Revue française de droit administratif*, 2008, Nº 1, pp. 43–49; Laetitia Janicot, "L'identification du service public géré para une personne privée," en *Revue française de droit administratif*, 2008, Nº 1, pp. 67–79; Michaël Karpenschif, "Vers une définition communautaire du service public," en *Revue française de droit administratif*, 2008, Nº 1, pp. 58–66; Christophe Le Berre, "La logique économique dans la définition du service public," en *Revue française de droit administratif*, 2008, Nº 1, pp. 50–57; Marceau Long. "Service public et réalités économiques du XIX siècle au droit communautaire," en *Revue française de droit administratif*, 2001, Nº 6, pp. 1161–1168; François Séners, "L'identification des organismes privés chargés d'une mission de service public," Concl. Sur CE, Sect., 6/4/2007, Ville d'Ais–en Provence," en *Revue française de droit administratif*, 2007, Nº 4, pp. 812–820. Note Jean–Claude Nouence, pp. 821–827.

204 *V.* por ejemplo, Agustín Gordillo, *Tratado de Derecho Administrativo*, Tomo 2 La Defensa del Usuario y del Administrado, 4ta Edición, Buenos Aires 2000, pp. VI–33 ss.; Juan Francisco Linares. *Derecho Administrativo*,

de con la doctrina del derecho administrativo anglosajón, donde la expresión "servicio público" tiene un particular significado relativo a "*public utility,*"[205] expresión que identifica a los servicios *prestados al público en general* por entidades o corporaciones públicas o mediante concesión de estas. En consecuencia, también en el derecho anglosajón, no toda actividad de interés público puede ser considerada como servicio público, sino sólo aquellas que consisten en una actividad de prestación de interés público destinada a satisfacer las necesidades colectivas o del público en general o de confort y conveniencia de la comunidad entendida como globalidad, como por ejemplo son los servicios de ferrocarriles, de transporte, de gas, de electricidad, de agua pueden considerarse como "servicios públicos." En consecuencia, no es correcto identificar *"servicio público"* con cualquier actividad de interés general, pues de lo contrario, la noción carecería de utilidad.

En consecuencia, de acuerdo con el derecho venezolano, en sentido equivalente a las nociones de "*service public*" o de "*public service or public utility*" antes indicadas, un servicio público ante todo es siempre una actividad mediante la cual un ente público o una empresa mediante concesión, presta regularmente un servicio al público en general o a la comunidad entera, como por ejemplo son los servicios de gas, teléfono, agua, electricidad, transporte. Se trata, siempre, como hemos dicho de una actividad de prestación, mediante la cual la entidad pública directamente satisface necesidades públicas generales dando un servicio a la comunidad entera o al público general para satisfacer necesidades públicas de manera continua y regular, y que el ente público tiene que asumir en virtud de una obligación constitucional o legalmente establecida. Por ello es que los particulares no son libres de asumir dichas actividades prestacionales y sólo pueden cumplirlas mediante un contrato de concesión otorgado por el ente público respectivo, o en su caso, un permiso, una autorización o un registro en oficina pública.[206] Por ello es que en el ámbito de la actividad de la industria petrolera, por ejemplo, precisamente la LOH reserva la calificación como "servicio público" única y exclusivamente a las actividades de suministro, almacenamiento, transporte, distribución y expendio de los productos derivados de los hidrocarburos que señale el Ejecutivo Nacional, destinados al *consumo colectivo interno* (Arts. 59, 60); y la LOHG también reserva la calificación como "servicio público" única y exclusivamente a las actividades relacionadas, directa o indirectamente, con el transporte y distribución de gases de hidrocarburos *destinados al consumo colectivo* (Art. 5). En ambos casos, el elemento esencial es la actividad prestacional para la satisfacción de una necesidad colectiva o de consumo colectivo.

Buenos Aires, 1986, pp. 509 ss.; Benjamín Villegas Basavilvaso, *Derecho Administrativo*, Vol. III (Primera Parte General, Instituciones Fundamentales), Buenos Aires, 1951, pp. 4 ss.

205 *V.* por ejemplo Peter L Strauss et al., *Administrative Law. Cases and Comments*, University Casebooks Series, New York, 1995, pp. 339 y ss. *Cf.* José Peña Solís, *Manual de Derecho Administrativo*, Vol. 3, Caracas 2003, p. 381. Conforme al *Black's Law Dictionary*, el término "*public service*" se aplica a las actividades o entidades "que especialmente satisfacen las necesidades del público en general o que conducen al confort y conveniencia de la comunidad entera, como las compañías de ferrocarriles, de gas, de agua o de luz eléctrica; y compañías que suministran transporte público." Si el servicio público es prestado por una empresa privada debe tener "una apropiada concesión del Estado para satisfacer la necesidad o conveniencia del público general, incapaz de ser satisfecha mediante a través de empresas privadas en competencia."

206 *V.* Allan R. Brewer–Carías", "El régimen constitucional de los servicios públicos," en *VI Jornadas Internacionales de Derecho Administrativo Allan Randolph Brewer–Carías El nuevo servicio público. Actividades reservadas y regulación de actividades de interés general (electricidad, gas, telecomunicaciones y radiodifusión)*, Caracas 2002, Fundación de Estudios de Derecho Administrativo FUNEDA, Caracas 2003, pp. 19–49.

En todo caso, en relación con los servicios públicos, su declaración legal como tales "servicios públicos" no implica necesariamente una reserva automática de la actividad al Estado, por lo que más bien, dependiendo del grado intervención estatal, los mismos pueden ser prestados por particulares mediante concesiones conforme al artículo 113 de la Constitución; o pueden prestarse por los particulares en forma concurrente. Pero en todo caso, una ley que regule la actividad como servicio público es siempre necesaria para ser tenidos como tal. En una importante decisión del Tribunal Supremo de Justicia sobre la noción de servicio público, y para resolver un recurso de nulidad que se había interpuesto contra una Resolución del antiguo Ministerio de Transporte y Comunicaciones, la Sala Político Administrativa de dicho Tribunal consideró "necesario estudiar la actividad del correo a la luz de los conceptos emanados de la doctrina, normativa y jurisprudencia, bajo el marco conceptual del servicio público," estableciendo el siguiente criterio, coincidente con el que hemos sostenido:

> "El servicio público puede ser definido como la actividad administrativa de naturaleza prestacional destinada a satisfacer necesidades colectivas de manera regular y continua, previamente calificada como tal por un instrumento legal, realizada directa o indirectamente por la Administración Pública y por tanto, sometido a un régimen de Derecho público. (José Peña Solís. "La Actividad Administrativa de Servicio Público: Aproximación a sus Lineamientos Generales", en *Temas de Derecho Administrativo. Libro Homenaje a Gonzalo Pérez Luciani*, Vol. I. Tribunal Supremo de Justicia. Colección Libros Homenaje N° 7, Caracas 2002. Pág. 433).

Los servicios públicos contienen una serie de elementos que los caracterizan, entre los que están la actividad prestacional, la satisfacción de necesidades colectivas (o la vinculación al principio de la universalidad del servicio), la regularidad y continuidad del servicio, la calificación por ley de la actividad como servicio público (*publicatio*), la gestión directa o indirecta de la Administración Pública, y su consecuencial régimen de Derecho público."[207]

En otra sentencia de la Sala Constitucional del Tribunal Supremo N° 825 de 6 de abril de 2004 (Caso: *Banco del Caribe C.A. Banco Universal vs. Superintendencia de Bancos y otras Instituciones Financieras*) al considerar que efectivamente la actividad de intermediación financiera que realizan los bancos está "vinculada con la preservación de un interés general," sin embargo, dijo la Sala, "no constituye una actividad de prestación de servicio público, ya que, entre otros aspectos de derecho sustantivo, no existe en la mencionada ley o en la Constitución una reserva a favor del Estado de dicha actividad económica, es decir, no existe *publicatio* de la misma que excluya la libre iniciativa económica en el sector (artículos 112 y 113 constitucionales)."[208]

De todo lo anteriormente dicho, por tanto, la noción de "servicio público" pueda ser definida en un sentido absolutamente amplio equiparándola a conceptos tales como "actividades de interés general" "utilidad pública" e "interés social." Ello significaría vaciar

---

207 *V.* sentencia N° 1002 de la Sala Político Administrativa del Tribunal Supremo de Justicia de 05–08–2004 (Caso: *DHL Fletes Aéreos C.A.. y otros*) en http://www.tsj.gov.ve/decisiones/spa/Agosto/01002–050804–1995–11546.htm

208 *V.* sentencia N° 825 de la Sala Constitucional de 06–05–2004 (Caso: *Banco del Caribe C.A. Banco Universal .vs. Superintendencia de Bancos y otras Instituciones Financieras*), en *Revista de Derecho Público*, N° 97–98, Editorial Jurídica Venezolana, Caracas 2004, pp. 273–274. Ratificada por sentencia de la Sala Constitucional N° 266 de 16–03–2005 (Caso: *Impugnación de los artículos 10 y 16 de la Ordenanza sobre Tarifas del Servicio de Aseo Urbano y Domiciliario en el Municipio Libertador del Distrito Federal*), en *Revista de Derecho Público*, N° 101, Editorial Jurídica Venezolana, Caracas 2005, p. 156.

totalmente de contenido y de sentido a la noción de servicio público lo cual no es admisible ni en Venezuela ni en país alguno de régimen administrativo.

Por tanto, de acuerdo con todo lo dicho anteriormente, y situando el concepto de servicio público en su correcto sentido, como lo ha puntualizado el Tribunal Supremo de Justicia, como actividad prestacional de ejercicio legalmente obligatorio por parte del Estado para la satisfacción de necesidades generales y colectivas, es evidente que el objeto de los contratos celebrados por PDVSA Petróleo S.A. y empresas o consorcios privados para la prestación de los ya mencionados servicios conexos con la industria petrolera, como inyección de agua y gas y servicios de lanchas o gabarras en el Lago de Maracaibo, no constituían "servicio público." Dichas actividades no eran ni son actividades prestacionales destinadas a satisfacer necesidades públicas y colectivas del público en general, o de consumo colectivo como en cambio son las que se regulan por ejemplo en los artículos 59 y 60 de la LOH y en el artículo 5 de la LOHG. Ninguna ley antes de la Ley de Reserva de 2009 había calificado esas actividades como "servicio público;" ninguna ley había ni ha indicado, a pesar de su importancia para las actividades conexas con la explotación petrolera, que dichos servicios sean de prestación obligatoria por parte de un ente de la Administración Pública; y ninguna ley ha establecido un régimen de derecho público de esas actividades, que es esencialmente de carácter conexa y técnica.

Por otra parte, a pesar de la importancia que pueda tener dichas actividades, legalmente las mismas no eran actividades "de explotación de hidrocarburos" ni eran parte integral de estas; eran simplemente, servicios conexos con la industria petrolera. Por muy importantes que fueran y son, como lo son todas las actividades conexas respecto de una actividad principal, conforme a la Ley de Nacionalización de 1975 las mismas no fueron en forma alguna objeto de reserva al Estado, y sólo fueron reservadas con la Ley de Reserva de 2009.

6. Los contratos para la prestación de servicios conexos suscritos antes de 2009, regulaban los derechos de las Partes, no existiendo en las leyes aplicables a los mismos poderes exorbitantes algunos que puedan estar atribuidos a PDVSA Petróleo S.A.

Los contratos para la prestación de los servicios conexos con la industria petrolera entre PDVSA Petróleo S.A. y empresas o consorcios privados, como todos los contratos suscritos por PDVSA, en general responden a un modelo que la empresa suministra a los contratistas, y en los mismos se regulan exhaustivamente las relaciones entre las partes.

Si a los mismos aplicamos el tercer estándar antes mencionado propuesto por Henrique Iribarren Monteverde para calificar contratos como "contratos administrativos,"[209] tampoco podrían ser calificados como "contratos administrativos" pues en relación con los mismos no hay en ley alguna cláusula exorbitante del derecho común que autorice a PDVSA Petróleos S.A. a adoptar decisiones no reguladas en el contrato o contrarias a las que en el mismo se establecen.

209 *V.* Henrique Iribarren Monteverde, "El equilibrio económico en los contratos administrativos y la teoría de la imprevisión," en *Los Contratos Administrativos. Los Contratos del Estado, VIII Jornadas Internacionales de Derecho Administrativo "Allan Randolph Brewer Carías,* Funeda, Caracas 2006, pp. 117–119.

Es decir, en relación con el objeto de los contrato para la prestación a PDVSA Petróleos S.A. de los servicios conexos, dicha empresa del Estado no tenía atribuido por ley "poder exorbitante" alguno, ni en las cláusulas contractuales se puede conseguir, en general, previsión alguna de poderes exorbitantes que hubiera podido utilizar en la ejecución del mismo, estando sus facultades expresamente reguladas en el texto del contrato. En dichos contratos, en realidad, lo único que regía en su ejecución era el texto mismo de sus cláusulas (elaboradas en general por la misma empresa estatal), en las cuales por lo demás comúnmente se regulan entre las partes derechos contractuales que aunque podrían ser similares a las que en general se consideran como las típicas cláusulas o potestades exorbitantes, se trata de regulaciones contractuales como son, por ejemplo, la terminación unilateral de los contratos, y la modificación unilateral de los mismos. Lo cierto es que en general, ni en las cláusulas de dichos contratos, ni en la legislación aplicable a su ejecución, se podía identificar poderes extraordinarios algunos.

En esta materia debe observarse que incluso cuando se trata de contratos administrativos –que no era el caso de los contratos para los servicios conexos de la industria petrolera – la consecuencia fundamental de que un contrato se considere como un "contrato administrativo" es la posibilidad de que el ente público contratante pueda hacer uso de ciertas prerrogativas públicas, llamadas como *cláusulas exorbitantes de derecho común*, es decir, poderes extraordinarios que corresponden a las entidades públicas con el objeto de preservar el interés público, y que no se encuentran en los contratos de derecho privado. Pero lo contrario no puede afirmarse. Es decir, no es correcto decir que porque en un contrato haya posibilidad de que el ente público haga uso de cláusulas exorbitantes entonces el contrato es administrativo. Tal como lo ha decidido la antigua Corte Suprema de Justicia en la sentencia del 17 de agosto de 1999 (Caso *Apertura Petrolera*), dichos poderes extraordinarios no definen el contrato administrativo como tal, ya que las mismas son consecuencia y no la condición para su determinación; agregando que el hecho de que un contrato tenga o no esas cláusulas no es sino la consecuencia de la necesaria y obligatoria protección del interés general.[210]

En efecto, como lo ha expresado la antigua Corte Suprema de Justicia en Sala Plena en la antes referida sentencia, al referirse a los contratos administrativos, "estas cláusulas exorbitantes se presentan como disposiciones implícitas en el contrato administrativo, que recogen prerrogativas en favor de la Administración Pública, justificadas por el interés *colectivo* involucrado en esa contratación, y cuya proporción es de tal magnitud que en una relación contractual común resultan inaceptables," agregando que se trata de "disposiciones que un particular no aceptaría insertar en un contrato con otro particular, porque son ellas las que en definitiva ponen de relieve o materializan en el negocio jurídico las potestades administrativas."[211] Estos poderes o prerrogativas públicas que siempre tienen que tener una fuente legal pues no hay competencia pública que pueda ejercerse por un ente público si una ley atributiva de la misma, se han considerado como inherentes o implícitas en los contratos administrativos, no siendo necesario que estén incorporados en las cláusulas contractuales.[212] Así se admitió, por ejemplo, por la

---

210 *V.* el texto de la decisión de la Corte en Pleno de 17 de agosto de 1999 en Allan R. Brewer–Carías (Comp.), *Documentos del Juicio de la Apertura Petrolera (1996–1999)*, Caracas 2004, disponible en www.allanbrewercarias.com (Biblioteca Virtual, I.2. Documentos, N° 22, 2004), pp. 280–328.

211 *Idem.*

212 *V.* Allan R. Brewer–Carías, *Contratos Administrativos*, *op. cit.*, pp. 43, 47, 164.

Sala Político Administrativo del Tribunal Supremo de Justicia en sentencia N° 384 de 21 de abril de 2004, al señalar que "los poderes atribuidos por ley a la Administración Pública, incluso cuando no estén expresamente incorporados en el texto del contrato, deben considerarse insertos en el mismo,"[213] pero con la importante observación de que como lo indicó la Corte, tales poderes tienen que estar "atribuidos por ley." Como lo ha sostenido José Ignacio Hernández, "si las cláusulas exorbitantes son en realidad poderes extracontractuales, su fuente no puede anclarse en el objeto del contrato sino en realidad, en la Ley. Es la Ley –y no el contrato– quien legitima a la Administración para desplegar esas potestades, por lo que su ejercicio mal podría supeditarse al objeto del contrato, o sea a su carácter administrativo." De resto, agrega Hernández, "estas facultades sólo podrán ejercerse en tanto ellas hayan sido expresamente consagradas en el texto del contrato."[214]

Estas cláusulas exorbitantes en los contratos administrativos, son, por ejemplo, los poderes que tiene la Administración contratante para dirigir y controlar la ejecución del contrato; para sancionar los incumplimientos de la contraparte en el contrato; para modificar unilateralmente las cláusulas del contrato, o para resolver unilateralmente la rescisión del contrato.[215] Dichos poderes, por otra parte, por el principio de la atribución de competencia mediante ley, siempre tienen que estar regulados en algún texto legal, como por ejemplo sucede en la Ley de Promoción a la Inversión Privada bajo el régimen de Concesiones de 1999,[216] donde se regula expresamente las potestades de la Administración concedente, de inspección y control (Art. 37); de interpretación unilateral (Art. 38); de modificación unilateral (Art. 39); de orden sancionatorio por faltas del concesionario (Art. 43); de rescisión unilateral del contrato debido a incumplimiento grave de las obligaciones del concesionario (Art. 46.c); y de rescatarse anticipado de la concesión por causa de utilidad o interés público (Art. 53). Dichas prerrogativas o poderes extraordinarios de la Administración contratante, por supuesto, también podrían estar expresamente regulados y establecidos en el texto de los contratos, lo que generalmente ocurre en los que tradicionalmente se han calificado como "contratos administrativos," por ejemplo, en los contratos de obra pública o de concesión de servicios públicos, de cuya práctica precisamente derivan las normas de la mencionada Ley de Promoción a la Inversión Privada bajo el régimen de Concesiones. Por ello, por ejemplo, en relación con los contratos de obra pública, el viejo reglamento que establecía las Condiciones Generales de Contratación, con el carácter de cláusulas obligatorias (Decreto 1.417),[217] preveía expresamente los poderes que el ente público contratante podía ejercer para supervisar y controlar la ejecución de los trabajos.[218]

Pero en todo caso, el tema de las cláusulas exorbitantes que se ha desarrollado respecto de los contratos administrativos, no se aplica en forma alguna a los contratos de derecho privado de la Administración celebrados por PDVSA Petróleos S.A. con empresas

---

213 *V.* Caso *David Goncalves Carrasqueño vs. Alcaldía del Municipio Miranda del Estado* Zulia disponible en http://www.tsj.gov.ve/decisio–nes/spa/Abril/00384–210404–2003–0654.htm

214 *V.* José Ignacio Hernández, "El contrato administrativo en la Ley de Contrataciones Públicas venezolana," en Allan R. Brewer–Carías, et al., *Ley de Contrataciones Públicas*, Editorial Jurídica venezolana, Caracas 2008, pp. 234–235.

215 *V.* Carlos García Soto, "Posición de la Administración en su actividad contractual. El caso de la Ley de Contrataciones Públicas," en Allan R. Brewer–Carías et al., *Ley de Contrataciones Públicas*, Editorial Jurídica Venezolana, Caracas 2008, p. 184; Allan R. Brewer–Carías, *Contratos administrativos*, *op. cit.*, pp. 164–185.

216 *Gaceta Oficial*, N° 5.394 Extr. de 21–10–1999.

217 Decreto N° 1821, de 30–08–1991, *Gaceta Oficial* N° 34.797 de 09–09–1991.

218 *V.* Allan R. Brewer–Carías, *Contratos Administrativos*, *op. cit.*, p. 165.

o consorcios privados para la prestación a la misma de los servicios conexos con la industria petrolera. En relación con dichos contratos no había ni hay previsión alguna en el ordenamiento jurídico que le haya asignado a una empresa del Estado como PDVSA Petróleo S.A., subsidiaria de PDVSA, el ejercicio explícito o implícito de poderes extraordinarios algunos.

En general, los derechos de las partes están en las cláusulas de los contratos, de manera que incluso en relación con el posible uso de poderes extraordinarios, cuando los mismos están establecidos y regulados expresamente en las cláusulas contractuales, la Administración contratante no puede en ningún caso ejercerlos contrariando su contenido. El artículo 1159 del Código Civil, que es aplicable a todo tipo de contratos, dispone que las cláusulas del contrato tienen fuerza de ley entre las partes, por lo que incluso tratándose de contratos administrativos y contratos de derecho privado de la Administración, sus cláusulas son obligatorias para las partes. E incluso, en caso de que puedan existir poderes extraordinarios que no están establecidos en el contrato, sino en normas legales, su ejercicio cuando corresponda por la Administración contratante tampoco podría ignorar las cláusulas contractuales, si en las mismas, precisamente, se reguló su ejercicio.

En el caso de los contratos celebrados para la prestación de los servicios conexos de la industria petrolera antes de la entrada en vigencia de la Ley de Reserva de 2009, que no eran contratos administrativos, la realidad que se deriva del texto uniforme de los mismos es que en ausencia de poderes legales asignados a PDVSA Petróleo S.A. para ejercer potestades públicas, era en las propias cláusulas del contrato donde se regularon expresamente lo que podría ser equivalente a lo que en contratos administrativos serían las mencionadas "cláusulas exorbitantes," en particular, la posibilidad de suspensión de las actividades objeto del contrato; la posibilidad de terminación anticipada unilateral del contrato; y la posibilidad de modificación o cambio unilateral del contrato. En efecto, en general, en dichos contratos, conforme al modelo elaborado por la empresa estatal, es en su propio texto donde se han regulado las mencionadas situaciones expresamente. Por ejemplo, respecto de la posibilidad para la Administración contratante, es decir, de PDVSA Petróleo S.A. de poder introducir cambios o modificaciones en los contratos, en general se dispone que sólo pueden hacerse mediante documento complementario firmado por los representantes autorizados de ambas partes; y en cuanto a los cambios en el servicio, es decir, alteraciones, modificaciones, ampliaciones o reducciones del alcance de los servicios, ésos sólo pueden solicitarse por PDVSA Petróleo S.A. al contratista siguiendo determinados pasos regulados en el texto de los contratos. Con cláusulas como estas, ningún otro cambio se permite realizar en los contrato a iniciativa de PDVSA Petróleo S.A., y por supuesto, ningún cambio en las cláusulas económicas de los contratos puede adoptarse por el ente público contratante, ya que estas son siempre inamovibles en cualquier contrato, e incluso en materia de contratos administrativos.[219]

Por ello, si el ente público contratante, sea en la ejecución de un contrato administrativo o de un contrato de derecho privado de la Administración, mediante decisiones unilaterales afecta derechos del co–contratante previstos en las cláusulas contractuales, particularmente si se trata de las cláusulas económicas o de protección del co–contratante, entonces la Administración estaría obligada a indemnizar al co–contratante

---

219 *V.* Eloy Lares Martínez, *Manual de Derecho Administrativo*, Caracas, 1983, p. 335; Allan R. Brewer–Carías, *Contratos Administrativos*, *op. cit.*, p. 191.

por los daños y perjuicios que le cause. Por ello es que incluso el ejercicio de poderes extraordinarios cuando no se regulan en las cláusulas contractuales, nunca pueden afectar las cláusulas económicas o de protección del co–contratante, y si los derechos contractuales resultasen afectados o disminuidos ello siempre implica la obligación por parte de la Administración contratante de indemnizar al co–contratante.[220] Como lo indicó el profesor Eloy Lares Martínez, incluso en los llamados "contratos administrativos" las cláusulas económicas del mismo son siempre "intocables e inmutables,"[221] y constituyen, incluso, el límite esencial al poder de modificación unilateral de los contratos administrativos. De ello se trata cuando se habla de la inmutabilidad de las cláusulas económicas de los contratos públicos, que en ningún caso pueden modificarse sino en la forma prevista en las cláusulas contractuales, de manera que si no se restablece el equilibrio económico del contrato y se satisface el derecho a una justa compensación que resulte de cualquier alteración de las cláusulas económicas por la Administración, resultaría en definitiva en una confiscación de los derechos contractuales, lo que está prohibido en el artículo 116 de la Constitución.

De lo anterior resulta, que en los contratos públicos, e independientemente de su consideración o no como "contrato administrativo," cualquier modificación de las cláusulas económicas contractuales por la Administración, es una violación al contrato, la cual no puede encubrirse con el supuesto ejercicio de poderes exorbitantes por parte de la misma, que no existen ni pueden existir en materia de contratos públicos para justificar la ruptura o violación de los contratos.

De todo lo anteriormente expuesto, en consecuencia, y aplicando por ejemplo, los estándares antes mencionados que indicó en uno de sus trabajos Henrique Iribarren Monteverde,[222] resulta evidente que los contratos suscritos por PDVSA Petróleo S.A. y empresas o consorcios privados antes de la nacionalización de 2009, para la prestación de los servicios conexos de la industria petrolera y que no eran actividades reservadas, eran contratos de derecho privado de la Administración, es decir, no eran contratos administrativos, pues en los mismos y conforme al modelo de contrato elaborado por la empresa estatal, no había en ellos cláusulas exorbitantes del derecho común que autorizasen a PDVSA Petróleos S.A. para poder adoptar decisiones no reguladas en el texto de los propios contratos o contrarias a las que en los mismos se establecían. Es decir, en relación con el objeto de los contrato, PDVSA Petróleo S.A. no tenía atribuido por ley "poder exorbitante" alguno, ni en las cláusulas contractuales había previsión alguna de poderes exorbitantes que hubiera podido utilizar en la ejecución del mismo, estando sus facultades expresamente reguladas en el texto del contrato. PDVSA Petróleo S.A., en dichos contratos y conforme al modelo que había elaborado, no tenía facultad alguna para ejercer "potestades públicas" ni tenía "posición de privilegio" algunas, rigiendo en su ejecución el texto de sus cláusulas, incluso de aquellas previstas por las partes para

---

220 *V.* Gustavo Linares Benzo, "El equilibrio financiero del contrato administrativo en el decreto Ley de Contrataciones Públicas," en Allan R. Brewer–Carías *et al.*, *Ley de Contrataciones Públicas*, Editorial Jurídica venezolana, Caracas 2008, p. 187–197; Miguel Mónaco, "El derecho al precio del contratista en los contratos administrativos," en *Los Contratos Administrativos. Contratos del Estado, VIII Jornadas Internacionales de Derecho Administrativo "Allan Randolph Brewer–Carías,"* Fundación Estudios de Derecho Administrativo, Caracas 2006, Tomo II, pp. 134–137; Allan R. Brewer–Carías, *Contratos Administrativos*, *op. cit.*, pp. 160, 211 ss.

221 *V.* Eloy Lares Martínez, *Manual de Derecho Administrativo*, Caracas, 1983, p. 335; Allan R. Brewer–Carías, *Contratos Administrativos*, *op. cit.*, p. 191.

222 *V.* Henrique Iribarren Monteverde, "El equilibrio económico en los contratos administrativos y la teoría de la imprevisión," en *Los Contratos Administrativos. Los Contratos del Estado, VIII Jornadas Internacionales de Derecho Administrativo "Allan Randolph Brewer Carías*, Funeda, Caracas, 2006, pp. 117–119

regular, por ejemplo, la terminación unilateral del contrato, y la modificación unilateral del contrato.

III. EL DERECHO APLICABLE A LOS CONTRATOS PARA LA PRESTACIÓN DE LOS SERVICIOS CONEXOS CON LAS ACTIVIDADES PETROLERAS

Las cláusulas de los contratos suscritos por PDVSA Petróleo S.A., conforme al modelo elaborado por la propia empresa estatal y suministrado a los contratistas, como sucede con cualquier contrato público o privado e independientemente de que se trate de un contrato administrativo o de un contrato de derecho privado de la Administración, constituían la ley entre las partes, la cual derivaba del propio texto de los mismos y de las leyes que supletoriamente se le podían aplicar y que estaban vigentes cuando los contratos se suscribieron, desde la década de los noventa, o que habiendo entrado en vigencia posteriormente contenían normas de orden público que debían aplicarse.

Por ello los contratos suscritos, rigieron y se ejecutaron hasta su extinción de pleno derecho en 2009, de conformidad con la legislación de la República; teniendo los contratistas en general, la obligación de cumplir con todas las leyes, reglamentos, decretos, resoluciones y demás normas legales nacionales, estadales y municipales, incluyendo ordenanzas locales relativas a la ejecución de los contratos, y en particular por el tipo de servicios conexos, la legislación ambiental. Además, es evidente, conforme a las cláusulas contractuales, los contratistas tenían la responsabilidad de obtener todas las aprobaciones, permisos licencias que pudieran exigir las leyes.

En algunos casos, incluso, en relación con la ley aplicable a los contratos, en algunos contratos para la prestación de los servicios conexos con la industria petrolera, se previeron cláusulas conforme a las cuales las partes convinieron en que también se debían aplicar a los contratos lo dispuesto en los tratados internacionales relativos a la protección mutua de la inversión extranjera, de los que fuera parte Venezuela y el país de donde proviniera alguno de los contratistas. Ello implicaba que PDVSA Petróleos S.A., en esos contratos, aceptaba responder en relación con los contratistas por las obligaciones asumidas por Venezuela al ser parte de los mencionados tratados bilaterales de inversiones. En consecuencia, aparte de las leyes especificas que se hubiesen sancionado, y que en alguna forma incidieran en una forma u otra el objeto de los contratos, y de lo dispuesto en los mencionados tratados internacionales de protección de inversiones, el derecho aplicable a los contratos estaba conformado fundamentalmente por lo que establecían sus propias cláusulas y por las disposiciones del Código Civil que son supletorias respecto de las mismas. Ese derecho del contrato, era la ley entre las partes.

En particular, en cuanto a las regulaciones de derecho administrativo que pudieran ser aplicables a los contratos para la ejecución de los servicios conexos de la industria petrolera suscritos antes de 2009, a pesar de no tratarse de contratos administrativos, sino de un contrato de derecho privado de la Administración, las mismas ante todo debieron haber sido establecidas en leyes sancionadas por la Asamblea Nacional, en virtud de ser la ley formal la fuente más importante de esta disciplina. Tal sería el caso, por ejemplo, de las normas de la Ley Orgánica de la Administración Pública, de la LOH, de la Ley Orgánica del Ambiente y de la Ley Penal del Ambiente, para sólo mencionar algunas. Estas leyes especiales, en general, proporcionaban un marco importante para la actividad contractual del Estado aplicable a todos los contratos tanto a los contratos administrativos, como a los de derecho privado de la Administración como era el caso de los contrato para la prestación de los servicios conexos.

A título de ejemplo, puede mencionarse a la Ley Orgánica de la Administración Pública que regula a los entes públicos y sus órganos,[223] incluso la competencia específica para contratar, y en particular de los institutos autónomos o públicos y empresas del Estado, que en la práctica administrativa son los entes que generalmente suscriben contratos con los particulares (Art. 29.32). Por ejemplo, en cuanto a los contratos celebrados por personas estatales de derecho privado, como era el caso de los contratos para los servicios conexos, el artículo 102 de la Ley Orgánica de la Administración Pública define a las empresas del Estado, en este caso PDVSA Petróleo S.A., como sociedades mercantiles en las cuales un ente público estatal sea titular de más del 50% del capital social, siendo incluso posible su creación con un solo accionista (Art. 105). La personalidad jurídica de las mismas, al igual que la de cualquier sociedad mercantil, se adquiere mediante el registro de los estatutos en el registro mercantil conforme al Código de Comercio (Arts. 103).

Pero aparte de ese orden jurídico de derecho público que en cada caso le puede ser aplicable a los contratos del Estado, incluyendo los contratos de derecho privado de la Administración celebrados para la prestación de los servicios conexos con la industria petrolera antes de 2009, los mismos se regían básicamente, primero, y ante todo, por las cláusulas establecidas en el texto de los contratos mismos, y, por supuesto por las normas del Código Civil, siendo éste de aplicación supletoria en el sentido que sus normas rigen aquellas materias no reguladas expresamente por las partes en los textos contractuales. En consecuencia, las partes en los contratos del Estado, y salvo las cláusulas obligatorias constitucional o legalmente establecidas[224] y las previsiones de leyes específicas que regulen materias de orden público, en principio tienen completa libertad para establecer el contenido de sus obligaciones y relaciones contractuales en las cláusulas que estimen conveniente a sus intereses particulares de parte contractual, sin estar sujetas a las regulaciones generales o especificas del Código Civil salvo en materias de orden público. La consecuencia de lo anterior, es que en material contractual, el principio sigue siendo que salvo las mencionadas regulaciones legales, las del Código Civil son supletorias a la voluntad de las partes y sólo se aplican en ausencia o insuficiencia de las previsiones adoptadas por ellas.

Por ello es que de acuerdo con el artículo 1.270 del Código Civil, las obligaciones contenidas en los contratos deben cumplirse precisamente como se han contraído; y de acuerdo con el artículo 1.160 del mismo Código, los contratos deben cumplirse de buena fe y las partes están obligadas no sólo a cumplir con lo expresamente establecido en el contrato, sino con todas las consecuencias que resulten de los mismos, de acuerdo con la equidad, el uso y la ley. Incluso, en muchos de los contratos suscritos por PDVSA Petróleos S.A. para la prestación de servicios conexos se indicaba expresamente que "Las partes reconocen que el artículo 1.160 del Código Civil de Venezuela será

223 Decreto Ley N° 6.217 15–07–2008, *Gaceta Oficial* N° 5890 Extraordinario de 31–07–2008. Esta Ley derogó la Ley que se había dictado en 2001, en *Gaceta Oficial*, N° 37.305 de 17–10–2001. *V.* Allan R. Brewer–Carías *et al.*, *Ley Orgánica de la Administración Pública*, Caracas, 2009, pp. 14–17; 68–81.

224 *V.* Allan R. Brewer–Carías, "Principios especiales y estipulaciones obligatorias en la contratación administrativa" en *Estudios de Derecho Administrativo*, Ediciones Rosaristas, Colegio Nuestra Señora del Rosario, Bogotá 1986 pp. 91–124.

aplicable al presente Contrato y que, en consecuencia, todas las obligaciones previstas en el mismo serán cumplidas de buena fe y conforme a la equidad, al uso y la Ley."

De acuerdo con el ordenamiento jurídico venezolano, en consecuencia, la relación contractual entre las partes está establecida en el texto del contrato, siendo el límite legal básico que tienen, al regularlas, de acuerdo con el artículo 6 del Código Civil, la imposibilidad de que mediante contratos puedan las partes alterar las regulaciones legalmente establecidas o contrariar al orden público y a las buenas costumbres. El concepto de orden público, en el sistema legal venezolano, se refiere a situaciones en las cuales la aplicación de una disposición legal concierne al orden legal general e indispensable para la existencia de la propia comunidad, el cual no puede ser relajado por la voluntad de las partes, concepto que por supuesto, no se aplica en los asuntos que sólo conciernen a las partes en una controversia contractual. Por ejemplo, normas de orden público son aquellas que establecen competencias o atribuciones de los entes y órganos del Estado, incluso las competencias de los jueces, y aquellas que conciernen a los poderes tributarios de las entidades públicas. En el campo del derecho privado, por ejemplo, todas las leyes o normas relativas al estado de las personas (por ejemplo, *patria potestas*, divorcio, adopción) son normas en las cuales está interesado el orden público y las buenas costumbres.[225]

En otros casos, es el mismo legislador el que ha expresamente indicado, en ciertas leyes, que las mismas son de orden público, en el sentido de que sus normas no pueden ser modificadas mediante relaciones contractuales. Es el caso, por ejemplo, precisamente, de la Ley Orgánica que reserva al Estado bienes y servicios conexos a las actividades primarias de Hidrocarburos de mayo de 2009, en cuyo artículo 7 se estableció que "Las disposiciones de la presente Ley son de orden público y se aplicarán con preferencia a cualquier otra disposición legal vigente en la materia."[226] Declaratoria que por supuesto no tiene ni puede tener efecto retroactivo por prohibirlo la Constitución y sólo tiene vigencia a partir de mayo de 2009, no siendo aplicable en forma alguna a los contratos suscritos por PDVSA Petróleos S.A. para la prestación de servicios conexos antes de la entrada en vigencia de dicha Ley.

En consecuencia, puede decirse que, en general, las cláusulas de dichos contratos de derecho privado de la Administración para la prestación de los servicios conexos de la industria petrolera, habiendo sido elaborados por la empresa estatal y no conteniendo previsiones contrarias al orden público o a las buenas costumbres, en general tenían fuerza de ley entre las partes (Art. 1159 CC), y las obligaban a cumplir lo que estaba expresamente regulado en las cláusulas contractuales y cumplir las obligaciones precisamente como fueron contraídas (Arts. 1160 y 1270 CC.).

En virtud de ese carácter que tienen los contratos, incluyendo los contratos del Estado, de tener la fuerza de ley entre las partes, las obligaciones contractuales, particularmente en los contratos estatales de derecho privado de la Administración como dichos contratos para la prestación de los servicios conexos, tenían que configurarse conforme a las cláusulas contractuales, a las normas legales que resultaban aplicables en el sector de la actividad económica en el cual se concluyeron los contratos (hidrocarburos), y supletoriamente, conforme a las normas del Código Civil. Y no podría pretenderse en estos casos que se pudiera invocar alguna cláusula supuestamente exorbitante del dere-

225 *V.* Allan R. Brewer–Carías, *Contratos Administrativos*, *op. cit.*, pp. 265–268.

226 *V. Gaceta Oficial* Nº 39.173 del 7 de mayo de 2009.

cho privado para contradecir el texto expreso de los contratos. Ello, además, de ser improcedente, atentaría contra la seguridad jurídica, la buena fe y el principio de confianza legítima, entre otros.

A los contratos para la prestación de los servicios conexos con la industria petrolera suscritos entre PDVSA Petróleo S.A. y empresas o consorcio privados, por tanto, como sucede con cualquier tipo de contrato, y salvo exclusión expresa en sus cláusulas o en una ley, les eran aplicables supletoriamente las previsiones del Código Civil. Entre esas normas supletorias previstas en el Código Civil, por ejemplo, estaba la cláusula del artículo 1168 referida a los contratos bilaterales conforme a la cual "cada contratante puede negarse a ejecutar su obligación si el otro no ejecuta la suya, a menos que se hayan fijado fechas diferentes para la ejecución de las dos obligaciones." Dicha cláusula, como toda cláusula supletoria, sin embargo, para aplicarse en cualquier contrato, está condicionada por las disposiciones de las cláusulas del propio contrato bilateral en relación al cumplimiento de las obligaciones de cada parte, por los remedios establecidos en el contrato frente a los incumplimientos de cada parte; y en los contratos públicos o del Estado, además, por el objeto mismo del contrato y el grado de diligencia que se exija en el contrato al co–contratante. Por ejemplo, si se tratase de un contrato administrativo para la prestación de un servicio público, como por ejemplo el previsto en el artículo 60 de la LOH para "el suministro, almacenamiento, transporte, distribución y expendio de los productos derivados de los hidrocarburos *destinados al consumo colectivo interno*," respecto de los cuales la misma Ley impone la necesidad de "garantizar el suministro, la eficiencia del servicio y evitar su interrupción;" el contratista concesionario del servicio no sólo estaría obligado a cumplir la prestación con diligencia máxima,[227] sino que estaría limitado en caso de incumplimiento de las obligaciones contractuales por el ente público, en cuanto a poder invocar pura y simplemente le cláusula *non adimpleti contractus* del Código Civil para proceder a "interrumpir" la prestación del servicio público. Sobre esta cláusula respecto de los contratos públicos hemos indicado que:

> "El régimen de la remuneración contractual en los contratos de la Administración es semejante al de los contratos de derecho privado, es decir, en principio, si el co–contratante tiene la obligación de ejecutar las prestaciones a que se ha obligado en el contrato, la Administración también está obligada a remunerar al co–contratante por su cumplimiento. De esta manera, tratándose de un contrato sinalagmático y salvo limitaciones provenientes del interés público, en principio el co–contratante de la Administración puede negarse a ejecutar su obligación si la Administración no ejecuta la suya, salvo que se hayan fijado fechas diferentes para la ejecución de ambas obligaciones."[228]

Las referidas "limitaciones provenientes del interés público" son precisamente, por ejemplo, las que se imponen en materia de servicios públicos para asegurar su continuidad y no interrupción, y son las que han dado origen una jurisprudencia restrictiva respecto de la posibilidad de invocación de la cláusula *non adimpleti contractus* en materia de contratos administrativos. Es el caso, por ejemplo, de la sentencia Nº 175 de 11 de abril de 2000 (caso: *Pedarca*) dictada por la Sala Político Administrativa del Tribunal Supremo, en materia de contratos de obra pública, en la cual sostuvo que "cuando la Administración reclama del co–contratante el cumplimiento de alguna previsión contenida en un contrato administrativo, éste queda imposibilitado para oponer la excepción *non adimpleti contractus*" a cuyo efecto la Sala citó como antecedente la sentencia de la

227 Es lo que hemos indicado en Allan R. Brewer–Carías, *Contratos Administrativos*, *op cit.*, p. 242.

228 *V.* Allan R. Brewer–Carías, *Contratos Administrativos*, *op. cit.* p. 88.

antigua Corte Federal y de Casación del 5 de diciembre de 1945 (caso *Astilleros La Guaira*).[229] Dicha sentencias, en todo caso, también se refería a un contrato administrativo de obra pública, y segundo, siempre y exclusivamente a casos en los que la cláusula *non adimpleti contractus* no podría ser "opuesta" por el co–contratante a la Administración contratante cuando ésta le reclama el cumplimiento de alguna previsión. Es decir, la limitación establecida por la jurisprudencia en materia de contratos administrativos ni siquiera se refiere a que la cláusula no podría ser alegada frente a la Administración contratante, sino sólo a que la misma en forma particular no podría ser "opuesta" por el co–contratante a la Administración durante la ejecución del contrato cuando ésta le reclamase el cumplimiento de una obligación.[230]

Ello, por tanto, ni siquiera en materia de contratos administrativos implica rechazo alguno general a la posibilidad eventual de aplicación de la cláusula *non adimpleti contractus* por el co–contratante frente a incumplimientos de la Administración contratante. Por tanto, de dicha jurisprudencia no hay rechazo alguno a la posibilidad de que el co–contratante pueda invocar la *exceptio non adimpleti contractus* ante la Administración, cuando por ejemplo, dicho contratista exija en un proceso judicial posterior, una indemnización por supuestos daños y perjuicios que se hubiesen podido haber derivado de la inejecución durante la ejecución del contrato de alguna obligación por el co–contratante. En esta materia puede decirse que rige el principio de la igualdad ante las cargas públicas, de manera que incluso en materia de contratos administrativos, como por ejemplo lo expresó Marienhoff, "en homenaje a la satisfacción del interés público, no puede pretenderse el sacrificio de una sola persona ni aceptarse, entonces, la ruina económica del co–contratante, agregando que el contratista, en el supuesto de una larga morosidad administrativa, no puede ser constreñido a cumplir igualmente el contrato," por cuanto ello implicaría obligarlo a que actúe como financiador de las obras estatales."[231]

En tal sentido, la antigua Corte Suprema de Justicia en Sala Político Administrativa en sentencia de de 17 de noviembre de 1994 (caso *Sateca Nueva Esparta*) dictada con motivo de la rescisión de un contrato de concesión de prestación del servicio público de aseo urbano, en una forma similar estableció que los contratos administrativos, "deben ejecutarse de buena fe (artículo 1.160 del Código Civil) y la Administración estaría actuando de mala fe y en forma arbitraria si asfixia económicamente a una empresa concesionaria por falta de pago y, a su vez, le exige la prestación del servicio en términos óptimos so pena de rescindir el contrato. En este caso, la Administración estaría usando sus poderes con fines distintos al interés público y estaría violando los derechos económicos fundamentales de la concesionaria que son el derecho a percibir un pago por sus servicios o a cobrar a los usuarios una tasa y el derecho a mantener la concesión por el tiempo previsto." (Consultada en original).

---

229 *V.* en http://www.tsj.gov.ve/decisiones/spa/Abril/00789–110400–175.htm En igual sentido, e igualmente en relación con contratos administrativos de obra pública, *V.* la sentencia N° 845 de la misma Sala de 16 de julio de 2008 (Caso *Constructora Oryana*), en http://www.tsj.gov.ve/decisiones/spa/Julio/00845–17708–2008–2006–0649.html

230 *Idem*, p. 183.

231 *V.* Miguel Marienhoff, *Tratado de Derecho Administrativo*, Vol. III–A, Buenos Aires 1983, p. 382, citado por Rafael Badell, *Régimen Jurídico del contrato administrativo*, Caracas, 2001, p. 165.

IV. EL DERECHO DE LOS CONTRATISTAS DE DAR POR TERMINADO ANTICIPADAMENTE LOS CONTRATOS CONFORME A LAS CLÁUSULAS CONTRACTUALES

En los contratos para la prestación de los servicios conexos con la industria petrolera suscritos por PDVSA Petróleo S.A. con empresas o consorcios privados, y conforme al modelo contractual adoptado en la industria y elaborado por la empresa estatal, en general se reguló expresamente en su texto, el derecho tanto de la empresa del Estado PDVSA Petróleo S.A, como de los contratistas privados a dar por terminado anticipadamente los contratos.

En esa forma, en el mismo texto de los contratos se reguló todo lo concerniente a la terminación unilateral del contrato por parte del ente público contratante, con lo que se enmarcó contractualmente lo que en relación con los llamados "contratos administrativos" se identifica con la potestad de rescisión unilateral del contrato; y además, se reguló el derecho del co–contratante privado a dar también por terminado el contrato cuando el ente público contratante incumpla con alguna de sus obligaciones contractuales, con lo cual se enmarcó contractualmente lo que en ausencia de cláusula de terminación podría dar lugar a la aplicación supletoria de la cláusula *non adimpleti contractus* del Código Civil.

Dichas cláusulas contractuales, en general, en la materia, son particularmente expresas y claras, constituyendo la voluntad de las partes, por lo cual siendo ley entre las partes, no puede el ente público contratante desconocerlas. Las cláusulas, por lo demás, no son cláusulas destinadas a prever que la declaratoria de terminación de los contratos deba ser sólo decretada por decisión judicial; al contrario, en ellas se consagra el derecho al contratista a terminar anticipadamente los contratos sin perjuicio de la posibilidad de recurrir al arbitramento o a la vía judicial luego de que la conciliación no resulte.

En el derecho venezolano, la previsión en los contratos de cláusulas resolutorias como las establecidas en muchos de los contratos para la prestación de servicios conexos de la industria petrolera, que no afectan ni el orden público ni las buenas conductas era y es obviamente admisible, estando perfectamente aceptadas, y ninguna doctrina vinculante ha sido establecida en sentido contrario por la Sala Constitucional del Tribunal Supremo de Justicia declarando o considerando nulas dichas cláusulas.

En efecto, vinculado con este tema, la Sala Constitucional ha dictado la sentencia N° 1658 del 16 de junio de 2003 (caso *Fanny Lucena Olabarrieta –Revisión de sentencia–*),[232] y la sentencia N° 167 de 4 de marzo de 2005 (Caso: *IMEL C.A., –Revisión de sentencia–*);[233] pero de ellas no se puede deducir que haya "doctrina vinculante" que haya resultado de la interpretación de alguna norma constitucional y que haya sido sentada por la Sala Constitucional, y de la cual se pueda deducir que las cláusulas resolutorias en los contratos sean inconstitucionales y nulas. En ninguna de dichas sentencias se aplicó el artículo 335 de la Constitución el cual ni siquiera se menciona en ellas, y la Sala no hizo referencia a norma alguna Constitucional que se pueda considerar que haya sido interpretada en las sentencias. La referencia que se hace en una de dichas sentencias (N° 1658 /2003) al artículo 138 de la Constitución que dispone en general que "Toda autoridad usurpada es ineficaz y sus actos son nulos," es sólo una simple referen-

232 *V.* en http://www.tsj.gov.ve/decisiones/scon/Junio/1658–160603–03–0609.htm

233 *V.* en http://www.tsj.gov.ve/decisiones/scon/Marzo/167–040305–04–1518.htm

cia para considerar como "inexistentes" en ese caso concreto de la sentencia que se revisó, y por tanto, con efectos *at casu et inter partes*, que las actuaciones de los particulares al declarar sus propios derechos, cuando *limitan los derechos y garantías constitucionales* de otros individuos sin intervención judicial.

En efecto, de las mencionadas sentencias no se puede identificar ejercicio de interpretación alguno de dicha norma constitucional conforme al artículo 335 de la Constitución; en ninguna de ellas se efectuó una interpretación vinculante del artículo 138 de la Constitución; y de ellas no se puede deducir, que la Sala Constitucional haya negado en forma absoluta en el derecho venezolano la validez de las cláusulas resolutorias que permitan terminar un contrato unilateralmente, y que haya considerado que la terminación unilateral de un contrato conforme a sus cláusulas sea nula a tenor del Art. 138 de la Constitución."

Basta la lectura de la sentencias para constatar que la Sala, al dictarlas, primero, no ejerció potestad alguna conforme al artículo 335 de la Constitución, que ni se menciona en las mismas; segundo, no sentó doctrina vinculante alguna sobre la interpretación del artículo 138 de la Constitución; tercero, en la sentencia Nº 167 lo único "decidido" por la Sala fue que "no compartió" una decisión de un tribunal de instancia cuando consideró posible y válido que se estableciera en un contrato una cláusula resolutoria sin que mediase intervención judicial, considerando que ese criterio "es contrario y obvia por completo la interpretación vinculante que del artículo 138 de la Constitución asentó en sentencia Nº 1658/2003," pero sin percatarse que en esta última sentencia no se había establecido "interpretación alguna vinculante" de norma constitucional alguna; cuarto, en ninguna de las sentencias se afirmó que las cláusulas de resolución unilateral de contratos usurpan la función jurisdiccional; y quinto, en la sentencia Nº 1658/2003 que se cita en la sentencia 167/2005 lo que se afirmó fue que las situaciones en las cuales los particulares declaran sus propios derechos "limitando los derechos y garantías constitucionales de otros" es cuando se considera que se usurpa la función jurisdiccional, pero referida a la actuación de un Junta de Condominio de un edificio residencial respecto del derecho a tener agua de uno de los condóminos.

En efecto, de acuerdo con el artículo 335 de la Constitución, "las interpretaciones que establezca la Sala Constitucional sobre el contenido o alcance de las normas constitucionales son vinculantes para las otras Salas del Tribunal Supremo y demás tribunales de la República." Ello implica ante todo, que para que haya una doctrina vinculante establecida por la Sala Constitucional, tiene necesariamente que haber una interpretación de una norma constitucional específica. Como lo ha precisado la propia Sala Constitucional, en su sentencia Nº 727 de 8 de abril de 2003:

> "es propicia la oportunidad para que la Sala insista en que, de un fallo de la Sala Constitucional, lo vinculante es la interpretación sobre el contenido y alcance de las normas constitucionales, como se apresuró a precisarlo en sentencia nº 291 del 03 de mayo de 2000, en estos términos: "... debe puntualizar esta Sala que sus criterios vinculantes se refieren a la interpretación sobre el contenido y alcance de las normas constitucionales y no sobre la calificación jurídica de hechos, ajenos a las normas constitucionales."[234]

Por tanto, no puede haber doctrina constitucional vinculante sin que la Sala haga el ejercicio efectivo de interpretar constitucional de una previsión constitucional. Como lo

234 *V.* en *Revista de Derecho Público*, Nº 93–96, Editorial Jurídica Venezolana, Caracas, 2003, p. 143.

hechos expresado en otro lugar, "el carácter "vinculante" de una interpretación constitucional sobre el contenido o alcance de las normas constitucionales que se haga en una sentencia de la Sala Constitucional no puede recaer sobre cualquier frase o razonamiento interpretativo que contenga la misma. Al contrario, de la sentencia debe derivarse en forma expresa la interpretación de la Sala "sobre el contenido o alcance de las normas constitucionales y principios constitucionales," que es la parte que tiene carácter lo que no se extiende a cualquier argumento o frase utilizado en la sentencia para la interpretación normativa."[235] Además, la Sala, expresamente en su sentencia interpretativa de una norma constitucional debe indicar específicamente que está sentando la referida doctrina "vinculante."[236] Es decir, no toda interpretación o aplicación de normas que haga la Sala Constitucional puede o debe considerarse como "interpretación vinculante" de la Constitución; y en la sentencia en la cual la Sala Constitucional haga efectivamente una interpretación vinculante de una norma o principio constitucional necesariamente debe hacer referencia a la aplicación del artículo 335 de la Constitución.[237] Es decir, como lo hemos expresado desde el año 2000, no se pueden considerar como vinculante "los razonamientos o la parte 'motiva' de las sentencias, sino sólo la interpretación que se haga, en concreto, del contenido o alcance de una norma específica de la Constitución."[238] En otros términos, "lo que puede ser vinculante de una sentencia, sólo puede ser la parte resolutiva, de la misma, en la cual la Sala Constitucional fije la interpretación de una norma, y ello debe señalarlo expresamente."[239]

Ahora bien, en el caso específico de la sentencia Nº 1658 del (16 de junio de 2003 Caso *Fanny Lucena Olabarrieta –Revisión de sentencia–*), dictada con ocasión de la revisión a instancia de parte con base en la competencia que tiene atribuida conforme al artículo 336.10 de la Constitución, de una sentencia de un Juzgado Superior en lo Civil, Mercantil y del Tránsito de Caracas, la Sala Constitucional del Tribunal Supremo no procedió a interpretar norma constitucional alguna, ni a fijar una interpretación vinculante de una previsión de la Constitución, sino que lo que hizo fue revisar una sentencia de instancia, al considerar fundamentalmente que la restricción o limitación de derechos y garantías constitucionales sólo pueden declararla los órganos de administración de justicia; de manera que cualquier decisión adoptada por un particular haciéndose justicia por sí mismo y lesionando con ello *derechos y garantías constitucionales*, es una

---

235 *V.* Allan R. Brewer–Carías, "La potestad la jurisdicción constitucional de interpretar la constitución con efectos vinculantes," en el Jhonny Tupayachi Sotomayor (Coordinador), *El Precedente Constitucional Vinculante en el Perú (Análisis, Comentarios y Doctrina Comparada)*, Editorial ADRUS, Lima, setiembre del 2009, pp. 791–819.

236 *V.*, por ejemplo, la sentencia de la Sala Constitucional del Tribunal Supremo Nº 285 de 4 de marzo de 2004, que interpretó "con carácter vinculante" el artículo 304 de la Constitución, en *Revista de Derecho Público*, Nº 97–98, Editorial Jurídica Venezolana, Caracas, 2004, pp. 278–279, y en http://www.tsj.gov.ve/decisiones/scon/marzo/285–040304–01–2306%20.htm. Igualmente la sentencia Nº 794 de la Sala Constitucional de 27 de mayo de 2011 en la cual resolvió con "carácter vinculante para todos los tribunales de la República, incluso para las demás Salas del Tribunal Supremo de Justicia [...] desaplicar por control difuso de la constitucionalidad el artículo 213 de la Ley de Instituciones del Sector Bancario. *V.* Caso: *Avocamiento procesos penales sobre delitos bancarios. V.* en http://www.tsj.gov.ve:80/decisiones/scon/mayo/11–0439–27511–2011–794.html .

237 *V.* por ejemplo, Rafael Laguna Navas, "El recurso extraordinario de revisión y el carácter vinculante de las sentencias de la sala Constitucional del Tribunal Supremo de Justicia," en *Congreso Internacional de Derecho Administrativo en Homenaje al profesor Luis Henrique Farías Mata*, Vol. II, 2006, pp. 91–101.

238 *V.* Allan R. Brewer–Carías, *El sistema de justicia constitucional en la Constitución de 1999*, Editorial Jurídica venezolana, Caracas, 2000, p 87.

239 *V.* Allan R. Brewer–Carías, *La Justicia constitucional. Procesos y procedimientos constitucionales*, Editorial Porrúa, México, 2007, p. 415.

usurpación de autoridad en los términos indicados en el artículo 138 de la Constitución. La Sala, para ello, no sólo no "interpretó" dicha norma, sino que ni siquiera tuvo necesidad de interpretarla, y por tanto, no dispuso doctrina vinculante alguna.

En dicho caso debatido, en efecto, la sentencia objeto de revisión había declarado sin lugar una acción de amparo intentada por la Sra. Lucena contra una Junta de Condominio de un Edificio Residencial, en un caso que nada tenía que ver con contratos, ni con cláusulas resolutorias incluidas en contratos. El conflicto que había motivado el ejercicio de la acción de amparo había sido la decisión de la Junta de Condominio de suspender los servicios de agua a la vivienda de la Sra. Lucena, conforme a lo dispuesto en el Reglamento de Condominio, por falta de pago de la cuota de gastos del condominio. Esta había alegado que la decisión de la Junta de Condominio le habría violado su derecho "para obtener un servicio público de suministro de agua y así asegurar la salud de ella y de su núcleo familiar," habiéndose la Junta de Condominio "tomado la justicia por si mismo," alegato basado, como lo resumió la Sala Constitucional, en "que la Ley de Propiedad Horizontal establece un mecanismo legal para el cobro de las cuotas de condominio atrasadas;" y en "que el proceder de la Junta implica tomarse la justicia por sus propias manos y conlleva a la violación de la garantía contemplada en el artículo 253 de la Constitución, que establece el monopolio exclusivo que tiene el Estado a través de los órganos que integran el Poder Judicial, para conocer de los asuntos que determinen las leyes."

Examinados los argumentos, la Sala Constitucional procedió a revisar la sentencia de instancia, considerando que la función jurisdiccional está llamada a servir para la "resolución de conflictos entre los particulares," a cuyo efecto debe ser ejercida por "un órgano imparcial y especializado" que pueda "arbitrar con autoridad un conflicto intersubjetivo de intereses," función que ha asumido el Estado "desde tiempos remotos." Esa facultad de administrar justicia, consideró la Sala, "se trata de una función pública encomendada a un órgano del Estado y que tiene por fin la actuación de la ley a casos concretos," y "no está concebido para que los particulares se sustituyan" en la misma "y de manera anárquica y arbitraria persigan dirimir sus conflictos." Se trata de "una función del Poder Público, que a través de los órganos respectivos, previstos en la Carta Fundamental, les corresponde impartir justicia (órganos del Poder Judicial)." De todo ello, concluyó la Sala Constitucional considerando que:

> "cuando un particular ante un conflicto de intereses, resuelve actuar limitando los derechos o libertades e impone su criterio, adoptando una determinada posición limitativa de los derechos de otros, constituye una sustracción de las funciones estatales, que pretende sustituirse en el Estado para obtener el reconocimiento de su derecho sin que medie el procedimiento correspondiente, actuación ilegítima y antijurídica que debe considerarse inexistente, a tenor de lo previsto en el artículo 138 de la Constitución, en cuyo contenido se dispone: "Toda autoridad usurpada es ineficaz y sus actos son nulos".

Consideró además la Sala que el proceder de la Junta de Condominio, en el caso, atentaba "contra un elemento fundamental para el ser humano, para la vida, pues el agua constituye un líquido vital y fundamental para la propia calidad de vida del ciudadano, cuya utilidad el Estado debe tutelar, a tenor de lo previsto en el artículo 55 de la Constitución," concluyendo que la conducta "que se objeta, no sólo es censurable porque se arroga de manera arbitraria y reprochable un derecho del que carece sino que fundamentalmente atenta contra los derechos y garantías previstos en la Constitución" sino que infringe el derecho de todo ciudadano a la vida (artículo 43); a la integridad física, psíquica y moral (artículo 46), a la salud (artículo 83) a una vivienda (artículo 82), a un ambiente libre de contaminación (artículo 127) y a la propiedad (artículo 115).

Como consecuencia de lo anterior la Sala Constitucional procedió a revisar la sentencia y a declararla nula, sin establecer en la misma ninguna doctrina vinculante derivada de alguna interpretación de una norma constitucional, lo que usualmente ocurre cuando la Sala Constitucional como Jurisdicción Constitucional conoce del control concentrado de la constitucionalidad de las leyes, al decidir las acciones de inconstitucionalidad de las mismas con efectos *erga omnes*. En el caso de las sentencias dictadas en el ejercicio de la potestad de revisión de sentencias en materia constitucional, en casos concretos, como principio general las mismas sólo tienen efectos *inter partes* referidas al caso concreto, es decir *at casu et inter partes*,[240] razón por la cual, como es obvio y sucedió en este caso, la Sala no ordenó su publicación en la *Gaceta Oficial*[241]

En cuanto a la otra sentencia de la Sala Constitucional que se ha citado, la Nº 167 de 4 de marzo de 2005 (Caso: *IMEL C.A., –Revisión de sentencia*), la misma fue también dictada a solicitud de parte y en ejercicio de su poder de revisión de sentencias asignado a la Sala Constitucional conforme al artículo 336.10 de la Constitución. En este caso se trató de la revisión de una sentencia dictada por un Juzgado Superior (Accidental) en lo Civil, Mercantil, Tránsito y Agrario del Estado Bolívar, que había sido dictada con motivo de una demanda de cumplimiento de contrato intentada por una empresa constructora de viviendas (IMEL C.A,) contra una asociación civil sin fines de lucro con motivo de la ejecución de un contrato de obra para la construcción de viviendas. El alegato del solicitante fue que en su criterio una sola de las partes en el caso no podía decidir la rescisión del contrato, y darse "su propia justicia," "sin intervención judicial" alegando que la sentencia cuya revisión se solicitaba había aceptado la rescisión del contrato "sin que mediara decisión judicial dirigida a ese fin, con lo que se lleva por delante el debido proceso." En el caso, en efecto, el contrato respectivo establecía una cláusula de resolución unilateral del mismo cuya invocación el tribunal de instancia consideró válido por ser producto de la libre voluntad de las partes, considerando que nada impedía "que una parte o ambas, cada una por separado, pueda haberse reservado en el contrato, la facultad de ponerle fin o de modificarlo por su sola voluntad."

La Sala Constitucional en su decisión Nº 167/2005 para decidir revisar la sentencia, observó precisamente que el Juzgado que la dictó había considerado que "en nuestro ordenamiento jurídico, es posible y válido el que en un contrato se establezca la posibilidad de que una de las partes decida ponerle fin a la relación contractual, sin que medie intervención judicial." Este criterio del tribunal de instancia, perfectamente compatible con el ordenamiento constitucional venezolano, sin embargo, en dicha sentencia y sólo

---

240 *V.* sobre los efectos de las sentencias dictadas por la Sala Constitucional *V.* Allan R. Brewer–Carías, "Los efectos de las sentencias constitucionales en Venezuela," en *Anuario Internacional sobre Justicia Constitucional*, Nº 22, Centro de Estudios Políticos y Constitucionales, Madrid, 2008, pp. 19–66.

241 Al contrario, en casos en los cuales la Sala Constitucional adopta una decisión vinculante con efectos *erga omnes*, además de declararlo expresamente, ordena su publicación en *Gaceta Oficial*. Por ejemplo, se destaca la reciente sentencia de la Sala Constitucional de 8–12–2011, mediante la cual la "**desaplica** por control difuso de la constitucionalidad los artículos 471–a y 472 del Código Penal Venezolano, en aquellos casos en donde se observe un conflicto entre particulares devenido de la actividad agraria" [...], "**declara**, ***con carácter vinculante***, la aplicación *del procedimiento ordinario agrario establecido en el Capítulo VI de la Ley de Tierras y Desarrollo Agrario*, en aquellos casos en donde se observe un conflicto entre particulares devenido de la actividad agraria," y "**ordena** la publicación íntegra del presente fallo en la Gaceta Judicial y en la Gaceta Oficial de la República Bolivariana de Venezuela." Exp. Nº 11–0829. *V.* en http://www.tsj.gov.ve/informa–cion/notasdeprensa/notasdeprensa.asp?co–digo=9054

en dicha sentencia, con efectos entre las partes del juicio, no fue "compartido" por la Sala Constitucional, para lo cual la Sala, sin duda erradamente, señaló que dicho "criterio" "es contrario y obvia por completo la interpretación vinculante que, del artículo 138 de la Constitución de la República Bolivariana de Venezuela, asentó en sentencia N° 1658/2003 de 16 de junio, caso: Fanny Lucena Olabarrieta," cuando en dicha sentencia no se estableció ninguna interpretación vinculante de alguna norma constitucional. Es decir, es obvio el error en que incurrió la Sala Constitucional, pues en la sentencia citada N° 1658/2003, la Sala no había establecido interpretación vinculante alguna respecto del artículo 138 de la Constitución que, por lo demás se limita a decir que "la autoridad usurpada es ineficaz y sus actos son nulos."[242]

Se observa por supuesto, que al igual que en el caso de la sentencia N° 1658/2003, que en esta sentencia N° 167/2005 la Sala Constitucional ni siquiera hizo mención del artículo 335 de la Constitución que es la norma que regula su potestad de sentar interpretaciones vinculantes de la Constitución. Además, en la sentencia no se interpreta norma alguna de la Constitución como para adoptar una interpretación vinculante de la misma, y por supuesto, ello ni siquiera se afirma en su texto. La Sala Constitucional por tanto, puede decirse que en este caso tampoco sentó interpretación vinculante alguna de ninguna norma constitucional, y lo que hizo fue cometer el evidente error al argumentar que en la sentencia N° 1658/2003 de 16 de junio (Caso: *Fanny Lucena Olabarrieta*) la Sala supuestamente habría sentado una interpretación vinculante del artículo 138 de la Constitución, lo que como se ha dicho, no es cierto, y basta leer el texto íntegro de la sentencia para evidenciarlo.

Como consecuencia de lo anterior la Sala Constitucional procedió a revisar la sentencia y a declararla nula, sin establecer en la misma ninguna doctrina vinculante derivada de alguna interpretación de una norma constitucional. Los efectos de esa decisión también fueron *at casu et inter partes*, y en forma alguna tienen efectos *erga omnes*, razón por la cual, en este caso, como es obvio, la Sala tampoco ordenó su publicación en la *Gaceta Oficial.*

En todo caso, tan no se estableció doctrina vinculante alguna en las antes mencionadas sentencias que permitan considerar como nulas las cláusulas resolutorias expresas de los contratos, que el propio Tribunal Supremo de Justicia, en Sala de Casación Civil ha aceptado la validez de dichas cláusulas. Basta citar, en tal sentido, la sentencia de dicha Sala N° 460 de 5 de octubre de 2011 (Caso: *Transporte Doroca C.A. vs. Cargill de Venezuela S.R.L, Recurso de Casación*),[243] dictada en un caso en el cual se debatió la decisión de una de las partes en un contrato por los incumplimientos de la otra parte de sus obligaciones contractuales, de resolver conforme a lo previsto en las propias cláusulas contractuales, la resolución unilateral del mismo previa notificación a la otra parte, sin necesidad de intervención judicial. En el caso se debatió el valor de las comunicaciones entre las partes vía mensajes electrónicos, con base en la Ley sobre Mensajes de Datos y Firmas Electrónicas que se había denunciado como violada (Casación por infracción de ley), de lo cual concluyó la Sala de Casación declarando sin lugar el recurso

242 La Sala Constitucional, en su sentencia, quizás consciente de su error, hizo la salvedad de que "sólo en los contratos administrativos, en los que prevalece el interés general sobre el particular, es posible y válida la resolución unilateral del contrato, ya que ello "es el producto del ejercicio de potestades administrativas, no de facultades contractuales" (*Cfr.* s.S.C. n° 568/2000, de 20 de junio, caso: *Aerolink International S.A.*; 1097/2001 de 22 de junio, caso: *Jorge Alois Heigl y otros*)." *V.* en http://www.tsj.gov.ve/decisiones/scon/Junio/1658–160603–03–0609.htm

243 *V.* http://www.tsj.gov.ve/decisiones/scc/Octubre/RC.000460–51011–2011–11–237.html

interpuesto, resolviendo que los mensajes enviados en el caso eran fidedignos, de lo que concluyó el juez que la empresa demandante había incumplido con cláusulas del contrato, de lo que resultó –dijo la Sala de Casación– por vía de consecuencia:

> "que la demandada en aplicación de la cláusula séptima del contrato suscrito por las partes, resolviera de manera anticipada y unilateral el contrato, lo cual podía hacer perfectamente porque así fue pactado y convenido por las partes, en caso que la contratista incumpliera las reglas de transporte y carga de mercancía."

De todo lo anteriormente expuesto se puede concluir en que en Venezuela es posible resolver unilateralmente los contrato sin intervención de la autoridad judicial; de manera que las cláusulas contractuales establecidas en los contratos para la prestación de servicios conexos que había suscrito PDVSA Petróleos S.A., en textos contractuales conforme a modelos elaborados por la propia empresa estatal, que preveían la posibilidad de terminación anticipada del contrato por iniciativa de los contratistas, en caso de incumplimiento de sus obligaciones por parte de la empresa estatal, eran completamente válidas, incluso de acuerdo con lo resuelto por la Sala de Casación en la sentencia citada de octubre de 2011.

Debe observarse que por la naturaleza de los servicios prestados conforme a dichos contratos, en general, y a los efectos de evitar su interrupción intempestiva, las cláusulas contractuales respectivas al consagrar el derecho de los contratistas para dar por terminado anticipadamente los contratos, establecían expresamente un procedimiento que se iniciaba con una notificación que debía hacerle el contratista a PDVSA Petróleo S.A. de su intención de terminar el contrato, incluyendo las razones por las cuales se había tomado tal decisión, otorgándose en las cláusulas a la empresa estatal un lapso prudencial para que pudiera resolver lo conducente, y en todo caso, para que pudiese tomar las previsiones de manera que no se produjera la interrupción del servicio. En tal sentido, las cláusulas eran lo suficientemente específicas en el sentido de establecer que la terminación anticipada procedía sólo para los incumplimientos que no se hubiesen subsanado en el lapso prudencial establecido.

La obligación de prestar el servicio por parte de los contratistas en dichos contratos para la prestación de servicios conexos, por tanto, de acuerdo con los términos de los contratos, llegaba hasta la finalización del lapso prudencial establecido en las cláusulas de terminación anticipada, no teniendo obligación alguna el contratista de asegurar la continuidad del servicio objeto del contrato con posterioridad al vencimiento de ese lapso. Esa, en realidad, era el deber y la obligación exclusiva de la empresa petrolera estatal PDVSA Petróleo S.A., que debía asumir a partir del vencimiento del lapso prudencial establecido, conforme a los preparativos que debía realizar durante el mismo, para asegurarse la no interrupción del servicio.

Debe mencionarse, por otra parte, que independientemente de las cláusulas de terminación anticipada de los contratos suscritos para la prestación de los servicios conexos de la industria petrolera que se reservaron al Estado con la Ley de Reserva de 2009, dispuso que dichos servicios pasarían a ser ejecutadas por entidades públicas. La Ley Orgánica, sin embargo, no tuvo aplicación inmediata, sino que conforme al artículo 3, que a los efectos de su ejecución, el Ministerio con competencia en materia petrolera debía determinar mediante Resolución, "aquellos bienes y servicios de empresas o sectores que se encuentren dentro de las previsiones de los artículos 1 y 2 de esta Ley" de manera que mientras esas Resoluciones no se dictasen, se dispuso que los contratos que hubiesen sido celebrados "en las materias objeto de la reserva," continuarían en ejecución; y sólo cuando se dictasen las resoluciones previstas en el mencionado artículo 3, "dichos contratos se extinguirán de pleno derecho en virtud de la presente Ley."

En consecuencia, la reserva al Estado de bienes y servicios, conexos a la realización de las actividades primarias previstas en la LOH no tuvo efectos inmediatos con la publicación de la Ley en la *Gaceta Oficial* en relación con los contratos que se hubiesen celebrado en las materias objeto de la reserva, y sólo fue en fecha 19 de mayo de 2009 cuando se publicó la antes mencionada Resolución ministeriales Nº 065 en *Gaceta Oficial* Nº 39.181 de la misma fecha, que ordenaba la Ley para considerar que los contratos otorgados anteriormente se habrían extinguido "de pleno derecho en virtud de la ley" (Art. 3).

Por otra parte, debe decirse que cualquier hecho ocurrido antes de la entrada en vigencia de la Ley de reserva de 2009, como incluso podría haber ser el ejercicio del derecho por parte de algún contratista a dar por terminado un contrato, no podría ser afectado en forma alguna por dicha ley, por prohibirlo la Constitución al establecer el principio de la irretroactividad de las leyes (Art. 24). En efecto, en Venezuela, de acuerdo con dicha norma, las leyes, particularmente las de orden público, si bien podrían afectar efectos futuros de contratos que estaban vigentes cuando la misma se promulgó, sin embargo, en ningún caso puede afectar efectos pasados producidos por el contrato, como por ejemplo sería su propia terminación anticipada, ni sus condiciones de validez. Tal como lo expresó el Profesor Sánchez Covisa, uno de los más reconocidos estudiosos de esta materia de la vigencia temporal de las leyes:

> "[…] los contratos celebrados antes de la vigencia de la nueva ley se regirán por la ley anterior, en lo que se refiere a sus condiciones extrínsecas e intrínsecas de validez, a sus requisitos probatorios –como veremos de nuevo más adelante–, a los efectos futuros, cuando estos últimos no choquen abiertamente con una disposición de orden público. La nueva ley cuando sea de orden público y tenga voluntad de aplicarse a los contratos en curso, regirá los efectos futuros de tales contratos – en cuanto crea un estatuto legal obligatorio para la relación contractual en cuestión – mas no podrá afectar, en ningún caso, a los efectos pasados, ni a las condiciones de validez de los propios contratos.

Si la nueva ley suprime una figura contractual –si, por ejemplo, suprime a los contratos de juego permitidos por una ley anterior– no hace sino privarla de efectos futuros, sin que retroactúe, como puede parecer equivocadamente, sobre sus condiciones de validez, ya que ha de dejar intactos los efectos pasados que tienen como apoyo y punto de arranque la validez mencionada."[244]

Es una cosa, por tanto, es considerar que las previsiones de orden público de una ley pueden aplicarse de inmediato a los contratos existentes y otra, pretender aplicarlas retroactivamente para alterar hechos y efectos pasados del contrato o relativos al contrato. En tal sentido, la Sala Constitucional del Tribunal Supremo de Justicia, decidió en sentencia Nº 15 de 15 de febrero de 2005 que:

> "Asunto por demás complejo es la determinación de en qué casos una norma jurídica es retroactiva y, en consecuencia, cuándo lesiona un derecho adquirido. Para ello, la autorizada doctrina que se citó delimita cuatro supuestos hipotéticos: (i) cuando la nueva Ley afecta la existencia misma de un supuesto de hecho verificado antes de su entrada en vigencia, y afecta también las consecuencias jurídicas subsiguientes de tal supuesto; (ii) cuando la nueva ley afecta la existencia misma de un supuesto de hecho que se verificó antes de su entrada en vigencia; (iii) cuando la nueva

244 Joaquín Sánchez–Covisa, *La Vigencia Temporal de la Ley en el Ordenamiento Jurídico Venezolano* (Caracas 1956), Edición de la Academia de Ciencias Políticas y Sociales, Caracas 2007, p. 222.

ley afecta las consecuencias jurídicas pasadas de un supuesto jurídico que se consolidó antes de su entrada en vigencia; y (iv) cuando la nueva ley sólo afecta o regula las consecuencias jurídicas futuras de un supuesto de hecho que se produjo antes de su vigencia.

En los tres primeros supuestos, no hay duda de que la nueva Ley tendrá auténticos efectos retroactivos, pues afecta la existencia misma de supuestos de hecho (Actos, hechos o negocios jurídicos) o bien las consecuencias jurídicas ya consolidadas de tales supuestos de hecho que se verificaron antes de la vigencia de esa nueva Ley, en contradicción con el principio *"tempus regit actum"* y, en consecuencia, con el precepto del artículo 24 constitucional. En el caso de la cuarta hipótesis, la solución no es tan fácil, ante lo cual Sánchez–Covisa propone –postura que comparte esta Sala– que habrá de analizarse el carácter de orden público o no de la norma jurídica que recién sea dictada, para determinar si su aplicación no puede renunciarse o relajarse por voluntad de las partes (*Ob. cit.*, pp. 166 y ss.) y, en caso afirmativo, la nueva legislación puede válidamente y sin ser retroactiva regular las consecuencias futuras de las relaciones existentes, siempre que se respeten los hechos y efectos pasados."[245]

Resulta de esta decisión y de lo expresado por el profesor Sánchez Covisa, que si bien una previsión de orden público podría eventualmente afectar efectos futuros de un contrato suscrito antes de que la ley haya comenzado a surtir efectos, por ejemplo, terminándolo en virtud de la propia ley, con ello no podría afectar efectos pasados, como sería por ejemplo, la terminación anticipada del contrato ocurrida con anterioridad.

En consecuencia, siendo la Ley de Reserva de 2009, una Ley de orden público (Art. 7), mediante la misma se decidió que los contratos para la prestación de los servicios conexos con la industria petrolera que se reservaron al Estado y que se hubiesen celebrado con anterioridad, se "extinguirían de pleno derecho" cuando se dictase la resolución ministerial prevista en su artículo 3. Dicha extinción, por supuesto, sólo podría producir efectos respecto de los contratos que estaban vigentes para el momento en que se publicó la resolución ministerial, afectándolos hacia el futuro, pero no pudo por ejemplo, "extinguir" de pleno derecho los contratos que ya habían sido terminados anticipadamente con anterioridad a la publicación de la Resolución. Los efectos producidos en relación con contratos celebrados para la prestación de los servicios conexos con anterioridad a la aplicación de la Ley, no pudieron en caso o forma alguna ser afectados por la misma, pues ello hubiera implicado darle efectos retroactivos, lo que está prohibido en la Constitución.

Eso ocurriría, precisamente, si se hubiera pretendido aplicar la Ley de Reserva de 2009 a los contratos para la prestación de servicios conexos que ya para cuando la mis-

245 *V.* sentencia del Tribunal Supremo de Justicia, en Sala Constitucional, N° 15 de 15 de febrero de 2005 (Caso: *Impugnación del Artículo 50, letra d), in fine, de la Ordenanza del Cuerpo de Bomberos del Distrito Metropolitano de Caracas*), en *Revista de Derecho Público* N° 101, Caracas 2005, p. 85. Esta decisión incluso, ratificó las decisiones N° 1760 de 2001; N° 2482 de 2001, N° 104 del 2002 y N° 1507 de 2003 en materia de irretroactividad de las leyes, agregando lo siguiente: "La garantía del principio de irretroactividad de las leyes está así vinculada, en un primer plano, con la seguridad de que las normas futuras no modificarán situaciones jurídicas surgidas bajo el amparo de una norma vigente en un momento determinado, es decir, con la incolumidad de las ventajas, beneficios o situaciones concebidas bajo un régimen previo a aquél que innove respecto a un determinado supuesto o trate un caso similar de modo distinto. En un segundo plano, la irretroactividad de la ley no es más que una técnica conforme a la cual el Derecho se afirma como un instrumento de ordenación de la vida en sociedad. Por lo que, si las normas fuesen de aplicación temporal irrestricta en cuanto a los sucesos que ordenan, el Derecho, en tanto medio institucionalizado a través del cual son impuestos modelos de conducta conforme a pautas de comportamiento perdería buena parte de su hálito formal, institucional y coactivo, ya que ninguna situación, decisión o estado jurídico se consolidaría. Dejaría, en definitiva, de ser un orden" *Idem*, p. 85.

ma entró en aplicación, habían sido terminados anticipadamente en virtud de sus propias cláusulas. En estos casos, conforme a las cláusulas contractuales, el contratista puede considerarse que tenía un derecho adquirido a terminar anticipadamente el contrato, no pudiendo dicho derecho y efecto jurídico ser afectado en forma alguna por la Ley de Reserva de 2009. Es decir, si para el momento en el cual entró en vigencia la ley de Reserva de 2009, la terminación anticipada de un contrato relativa a servicios conexos ya era un supuesto de hecho pasado y consumado, verificado antes de la entrada en vigencia de la Ley, que había producido consecuencias jurídicas también producidas antes de dicha entrada en vigencia, la Ley de Reserva de 2009 no podía en forma alguna afectar y menos modificar.

ALGUNAS CONCLUSIONES

De lo anteriormente expuesto, a la luz de los principios del derecho administrativo venezolano, se pueden sacar las siguientes conclusiones:

La industria y el comercio de los hidrocarburos fueron reservadas al Estado por la Ley que Reserva al Estado la Industria y el Comercio de los Hidrocarburos de 1975 (referida también como Ley de Nacionalización Petrolera de 1975); reserva que se ratificó, aún cuando refiriéndose básicamente a las actividades primarias de hidrocarburos, mediante la Ley Orgánica de Hidrocarburos de 2001 (referida también como LOH).

Las actividades desarrolladas en la industria petrolera no son ni nunca han sido consideradas como "servicio público." La sola excepción la constituye las actividades reguladas y así declaradas expresa y exclusivamente como tales "servicios públicos" en el artículo 60 de la LOH y en el artículo 5 de la Ley Orgánica de Hidrocarburos Gaseosos (LOGH), las cuales además, no son actividades reservadas al Estado. Esas actividades declaradas expresamente como "servicio público" son las de suministro, almacenamiento, transporte, distribución y expendio de los productos derivados de los hidrocarburos, y las relacionadas "con el transporte y distribución de gases de hidrocarburos destinados al consumo colectivo."

El objeto de los contratos de prestación de los servicios conexos con la industria petrolera relativos a inyección de agua, de vapor o de gas, a compresión de gas; y a las actividades en el Lago de Maracaibo, como los servicios de lanchas para el transporte de personal, buzos y mantenimiento; de barcazas con grúa para transporte de materiales, diesel, agua industrial y otros insumos; de remolcadores; de gabarras planas, boyeras, grúas, de ripio, de tendido o reemplazo de tuberías y cables subacuáticos; de mantenimiento de buques en talleres, muelles y diques de cualquier naturaleza, que se enumeran en el artículo 2 de la Ley de reserva de 2009, no eran actividades que hubiesen estado reservada al Estado ni conforme a la Ley de Nacionalización Petrolera de 1975 ni conforme a la LOH de 2001. Se trataba de actividades conexa con la industria petrolera, pero que en sí misma no eran parte de la explotación petrolera, no eran actividades reservadas al Estado, ni eran consideradas en forma alguna como "servicio público."

Dichos contratos, además, ni por la persona estatal que lo suscribió, ni por su objeto, ni por su contenido, tenían de modo alguno el carácter de "contratos administrativos."

La consideración legal de la industria petrolera como de utilidad pública o interés general en el ordenamiento venezolano tiene efectos básicamente en materia expropiatoria, y ningún efecto tiene respecto a la calificación del régimen jurídico aplicable a los contratos que puedan suscribir los órganos y entes públicos con particulares para desarrollarlas.

No toda actividad declarada en la ley como de utilidad pública o interés social puede ser considerada en el ordenamiento jurídico venezolano como "servicio público," estando reservada esta denominación exclusivamente a las prestaciones obligatorias impuestas por ley expresa a los entes públicos para satisfacer necesidades colectivas. Por tanto, en la industria petrolera, sólo son servicios públicos las actividades prestacionales declaradas como tales en la LOH, respecto del transporte, distribución y expendio de los productos derivados de los hidrocarburos destinados al *consumo colectivo interno*, y en la LOHG, respecto del transporte y distribución de gases de hidrocarburos *destinados al consumo colectivo.*

Conforme a la Ley Orgánica que reserva al Estado bienes y servicios conexos a las actividades primarias de Hidrocarburos, expresamente y con vigencia a partir de la Resolución ministerial prevista en su artículo 3, la actividad que se había realizado mediante los contratos de servicios de actividades conexas con la industria petrolera comenzaron a ser actividades reservadas por el Estado (Art. 1), que además, se las declaró y comenzó a considerar como de orden público (Art. 7) y como "servicio público" (Art. 5); y los contratos para su prestación por particulares fueron "reconocidos" *ex post facto* como "contratos administrativos."

En virtud de que las leyes no pueden ser retroactivas en Venezuela (Art. 24, Constitución), dichas declaratorias por supuesto tuvieron carácter constitutivo, *ex nunc*, comenzaron a tener vigencia a partir de la publicación de la Ley. Lo que confirma en forma precisa que antes de esa fecha, las actividades a las que se referían los contratos para la prestación de los servicios conexos no eran actividades reservadas al Estado, no eran consideradas como "servicio público," no estaban reguladas por normas de "orden público," ni dichos contratos podía considerarse como "contratos administrativos."

Por el objeto de los contratos para la prestación de servicios conexos, por el carácter de persona estatal de derecho privado que tiene PDVSA Petróleo S.A., y por la inexistencia en el texto de los contratos, elaborados conforme al modelo dispuesto por la empresa estatal, de cláusulas que pudieran considerarse como "exorbitantes" del derecho común, en la clasificación de los contratos públicos entre contratos administrativos y contratos de derecho privado de la Administración, los mismos debe ser considerado como unos de estos últimos y nunca pudo haberse considerado a los mismos como contratos administrativos.

Dichos contratos para la prestación de servicios conexos, como cualquier contrato, se rigen básicamente por lo dispuesto en sus cláusulas, las cuales en todo caso remiten a la legislación que les era aplicable y que conformaban la ley de los contrato, de obligatorio cumplimiento para las partes.

Las cláusula de los contratos de prestación de servicios conexos con la industria petrolera, elaborados conforme al modelo dispuesto por la empresa petrolera, y suscritos por PDVSA Petróleo S.A. con empresas o consorcios privados, en general regularon expresamente el régimen de la modificación unilateral del contrato por parte de PDVSA Petróleo S.A.; limitando los poderes de PDVSA Petróleo S.A. de manera que no podía modificar los contratos fuera de los supuestos regulados en sus propias cláusulas, y menos aún modificar las cláusulas económicas del contrato.

En las cláusulas de dichos contratos para la prestación de servicios conexos, suscritos por PDVSA Petróleo S.A. con empresas o consorcios privados, en general, también conforme al modelo de contrato suministrado por la empresa estatal, se reguló en general, con cierto detalle el régimen de terminación anticipada y unilateral del contrato por parte del contratista sin intervención judicial, ajustándose en ello al ordenamiento jurídico. No existe en Venezuela interpretación constitucional alguna de carácter vinculante adoptada por la Jurisdicción Constitucional que implique la inconstitucionalidad de las cláusulas de terminación anticipada de los contratos

Sección Tercera: NOTAS SOBRE EL RÉGIMEN GENERAL DE LOS CONTRATOS DE CONCESIÓN (2012).

Esta Sección Tercera es el texto del estudio sobre el régimen de las concesiones administrativas elaborado como comentario al Decreto Ley N° 318 de 17 de septiembre de 1999 contentivo de la Ley Orgánica sobre Promoción de la Inversión Privada bajo el régimen de Concesiones.

La Ley Orgánica sobre Promoción de la Inversión Privada bajo el régimen de Concesiones (Ley Orgánica de Concesiones) fue sancionada mediante Decreto Ley N° 318 de 17 de septiembre de 1999,[246] dictado en ejecución de la Ley Orgánica que Autoriza al Presidente de la República para dictar Medidas Extraordinarias en materia Económica y Financiera requeridas por el Interés Público,[247] con el objeto específico de promover las inversiones en el país. Dicha Ley sustituyó el régimen establecido en el Decreto–Ley N° 138 sobre Concesiones de Obras Públicas y Servicios Públicos Nacionales de 1994,[248] el cual a la vez había sustituido el establecido en la Ley sobre Concesiones de Obras en caso de Obras Viales y de Transporte del año 1983.[249]

I. OBJETO DE LA LEY ORGÁNICA DE CONCESIONES: LA PROMOCIÓN DE INVERSIONES Y LA REGULACIÓN GENERAL DE LAS CONCESIONES PÚBLICAS

Tal como lo indica el artículo 1 de la Ley Orgánica, la misma puede considerarse que tiene dos objetivos básicos: por una parte, "establecer reglas, garantías e incentivos dirigidos a la promoción de la inversión privada y al desarrollo de la infraestructura y de los servicios públicos competencia del poder nacional, mediante el otorgamiento de concesiones"; y por la otra regular, con tal propósito, el régimen general aplicable a los contratos públicos de concesión.

---

246 *Gaceta Oficial* N°5.394 Extra. de 25–10–1999.

247 *Gaceta Oficial* N° 36.687 de 26–04–1999.

248 *Gaceta Oficial* N° 4.719 Extra. de fecha 26–04–1994.

249 *Gaceta Oficial* N° 3.247 Extra de 26–8–1983.

1. La promoción de Inversiones

Con el objeto de promover la inversiones en el país, la Ley Orgánica previó diversas formas de contratación bajo el régimen de concesiones, indicando en su artículo 3 que los organismos o entidades competentes para otorgar contratos de concesión "podrán proponer y desarrollar todos los esquemas lícitos de negocios que faciliten el financiamiento privado de inversiones de obras y servicios, entre ellos:

"a) La ejecución de proyectos integrales cuyo diseño, financiamiento y construcción asume el concesionario, a cambio de su participación en el capital o en las ganancias de la empresa que se constituya para la explotación o gestión de la obra o servicio público de que se trate;

b) La explotación, administración, reparación, conservación o mantenimiento de obras existentes, con la finalidad de obtener fondos para la construcción de obras nuevas que tengan vinculación física, técnica o de otra naturaleza con las primeras;

c) La ejecución integral de obras de infraestructura, donde la retribución del contratista provendrá de la explotación bajo el régimen de concesión de una obra o servicio distinto del ejecutado;

d) Cualesquiera otros que de acuerdo a su naturaleza, características y régimen de operación o de gestión, puedan ser ejecutados bajo el régimen de concesiones.

2. El establecimiento del régimen general de las concesiones

La Ley Orgánica en el artículo 1° se refiere específicamente a los contratos de concesión "para la construcción y la explotación de nuevas obras, sistemas o instalaciones de infraestructura, para el mantenimiento, la rehabilitación, la modernización, la ampliación y la explotación de obras, sistemas o instalaciones de infraestructura ya existentes, o únicamente, para la modernización, el mejoramiento, la ampliación o la explotación de un servicio público ya establecido."

De acuerdo con esta disposición, resulta entonces que la intención primaria de la Ley Orgánica, fue regular en forma especial el régimen de las concesiones de obra pública y de servicios públicos, lo que sin embargo no reduce su ámbito de aplicación a esas solas concesiones, particularmente por la definición amplia de las concesiones públicas que se da en el artículo 2 de la propia Ley, y por la expresa indicación de que sus normas son de aplicación supletoria en todo tipo de concesión administrativa reguladas por leyes especiales.

El artículo 2° de la ley Orgánica, en efecto, al definir el contrato de concesión a los efectos de sus disposiciones, se refiere a todos los contratos de concesión:

> "celebrados por la autoridad pública competente por medio de los cuales una persona jurídica llamada concesionario asume la obligación de construir, operar y mantener una obra o bien destinados al servicio, al uso público o a la promoción del desarrollo, o la de gestionar, mejorar u organizar un servicio público, incluyendo la ejecución de las actividades necesarias para el adecuado funcionamiento o la prestación de la obra o del servicio, por su cuenta y riesgo y bajo la supervisión y el control de la autoridad concedente, a cambio del derecho a explotar la obra o el servicio y de percibir el producto de las tarifas, precios, peajes, alquileres, valorización de inmuebles, subsidios, ganancias compartidas con algún ente público u otra fórmula establecida en los contratos correspondientes, durante un tiempo determinado, suficiente para recuperar la inversión, los gastos de explotación incurridos y obtener un tasa de retorno razonable sobre la inversión."

De esta norma resaltan los siguientes cuatro elementos de las concesiones:

1) Se trata de un contrato público celebrado entre una "autoridad pública competente" que es la autoridad concedente, y una persona jurídica que puede ser estatal o no estatal, que se denomina concesionario;

2) En el contrato el concesionario asume la obligación de: a) construir, operar y mantener una obra o bien destinados al servicio, al uso público o a la promoción del desarrollo, o b) de gestionar, mejorar u organizar un servicio público, incluyendo la ejecución de las actividades necesarias para el adecuado funcionamiento o la prestación de la obra o del servicio;

3) La contrapartida de la obligación asumida por el concesionario es el el derecho: a) a explotar la obra o el servicio; y b) de percibir el producto de las tarifas, precios, peajes, alquileres, valorización de inmuebles, subsidios, ganancias compartidas con algún ente público u otra fórmula establecida en los contratos correspondientes;

4) El contrato de concesión debe ser otorgado siempre por un tiempo determinado, pero suficiente para recuperar la inversión, los gastos de explotación incurridos y obtener una tasa de retorno razonable sobre la inversión

Ahora bien, de las definiciones de los artículos 1 y 2 de la Ley Orgánica, por su amplitud, por tanto permiten incluir en el ámbito de aplicación de dicha Ley materialmente a todos los contratos de concesión suscritos por el Estado, y no sólo los contratos de obra pública o de servicio público, incluyendo por ejemplo las concesiones para la explotación de los recursos naturales como las concesiones mineras, las cuales siempre tienen por esencia la finalidad de "la promoción del desarrollo." Ello se confirma con la enumeración que se incluye en el artículo 15 de la Ley al definir los "proyectos, obras o servicios adjudicables," es decir, que pueden otorgarse en concesión que son los que tengan por objeto el desarrollo, la ejecución o la explotación de las siguientes obras o servicios:

a. Autopistas, carreteras, puentes, viaductos, enlaces viales y demás obras de infraestructura relacionadas;
b. Vías ferroviarias, ferrocarriles y otras formas análogas de transporte masivo de pasajeros.
c. Infraestructura portuaria, incluyendo muelles, puertos, almacenes o depósitos para carga y descarga de bienes o productos y todas las facilidades relacionadas.
d. Infraestructura aeroportuaria y las facilidades relacionadas.
e. Infraestructura de riego.
f. Obras de infraestructura hidráulica.
g. Infraestructura e instalaciones escolares y de salud.
h. Desarrollo industrial y turístico.
i. Edificios gubernamentales.
j. Viviendas.
k. Obras de saneamiento y de recuperación ambiental.
l. Cualesquiera obras o servicios de la competencia del Poder Nacional susceptibles de ser ejecutados o gestionados bajo régimen de concesión.

Como puede apreciarse, no sólo se trata de concesiones de obras públicas o de servicios públicos, sino incluso todas las que se refieran al desarrollo industrial.

Esta enumeración, y el elemento en la definición de la concesión contenida en el artículo 2 de la Ley Orgánica relativo a la "promoción del desarrollo" permite entonces sostener que la misma no sólo tiene por objeto establecer principios relativos a las concesiones destinadas específicamente a la construcción de *obras públicas* y a la explotación de *servicios públicos*, sino que se aplica a todo tipo de concesiones, aún cuando de aplicación supletoria respecto de lo que establezcan las leyes especiales que los regulen.

3. El carácter supletorio del régimen legal establecido en la Ley Orgánica

A tal efecto, el artículo 4 de la Ley dispone:

> *"Artículo 4°: Ámbito de aplicación.–* Este Decreto–Ley rige los procedimientos mediante los cuales se otorgarán en concesión la ejecución de obras y la explotación de los servicios públicos cuya titularidad o competencia ejerce la República a través de los órganos o entidades que conforman la Administración Pública Nacional.
>
> Los contratos de concesión cuyo otorgamiento, administración o gestión se encuentre regulado por leyes especiales, se regirán preferentemente por dichas leyes, siendo de aplicación supletoria en tales casos las disposiciones de este Decreto–Ley."

La referencia en la primera parte de esta norma a los contratos de obra pública y de servicios públicos, por tanto, no obvia la posibilidad o necesidad de aplicación de sus normas en forma supletoria o analógica respecto de otras concesiones distintas reguladas en leyes especiales, como las concesiones mineras, y en general, todas aquellas que tienen por objeto la promoción del desarrollo. Sobre esto la Ley Orgánica es precisa: esas concesiones reguladas por leyes especiales, "se regirán preferentemente por dichas leyes [especiales]," siendo sin embargo "de aplicación supletoria en tales casos las disposiciones de este Decreto–Ley," es decir, de la Ley Orgánica.

Ello ya ha sido admitido así, por ejemplo, por la jurisprudencia de la Sala Político Administrativa del Tribunal Supremo que ha resuelto repetidamente que las previsiones del la Ley Orgánica sobre terminación anticipada o rescate anticipado de concesiones, son aplicables de aplicación supletorias a todo tipo de concesiones y, en particular, respecto de las concesiones mineras reguladas en la Ley de Minas. Así lo resolvió dicha Sala del Tribunal Supremo en sentencias N° 1836 de 7 de agosto de 2001 (Caso: *David Montiel Guillén y Oscar Montiel Guillén*),[250] N° 1447 de 8 de agosto de 2007 (Caso: *Minera la Cerbatana C.A.*),[251] N° 1929 de 27 de noviembre de 2007 (Caso: *Canteras El Toco C.A.*),[252] N° 847 de 16 de julio de 2008 (Caso: *Minas de San Miguel, C.A.*),[253] N° 395 de 24 de marzo de 2009 (Caso: *Unión Consolidada San Antonio C.A.*)[254] y No. 1468 de 2 de noviembre de 2011 (Caso: *Agrominera Suárez C.A.*).[255]

---

250 *V.* sentencia de la Sala Político Administrativa N° 1836 de 7 de agosto de 2001 (Caso: *David Montiel Guillén y Oscar Montiel Guillén* en http://www.tsj.gov.ve/decisiones/spa/agosto/01836–080801–13619.htm

251 *V.* sentencia de la Sala Político Administrativa N° 1447 de 8 de agosto de 2007 (Caso: *Minera la Cerbatana C.A.*) en http://www.tsj.gov.ve/decisiones/spa/agosto/01447–8807–2007–2004–0779.html

252 *V.* Sentencia de la Sala Político Administrativa N° 1929 de 27 de noviembre de 2007 (Caso: *Canteras El Toco C.A*, .en http://www.tsj.gov.ve/decisiones/spa/noviembre/01929–281107–2007–2004–0676.html

253 *V.* Sentencia de la Sala Político Administrativa N° 847 de 16 de julio de 2008 (Caso: *Minas de San Miguel, C.A.*), en http://www.tsj.gov.ve/decisiones/spa/julio/00847–17708–2008–2005–5529.html

254 *V.* sentencia de la Sala Político Administrativa N° 395 de 24 de marzo de 2009 (Caso: *Unión Consolidada San Antonio C.A* en http://www.tsj.gov.ve/decisiones/spa/Marzo/00395–25309–2009–2005–5526.html

255 *V.* sentencia de la Sala Político Administrativa N° 1468 de 2 de noviembre de 2011 (Caso: *Agrominera Suárez C.A* en http://www.tsj.gov.ve/decisiones/spa/Noviembre/01468–31111–2011–2010–0945.html

Sin embargo, como se ha dicho, en el artículo 4 de la Ley Orgánica, el legislador, en cuanto a su aplicabilidad en general a las todas las concesiones, fue preciso y cuidadoso en no sustituir el régimen específico y especial establecido respecto de las mismas en las leyes especiales que las regulan, estableciendo sólo el principio de supletoriedad.

Por tanto, a pesar de tratarse de una Ley Orgánica, que como lo dispone el artículo 203 de la Constitución sirve de "marco normativo a otras leyes," y por ello podría tener aplicación preferente en la materia que se regula, el legislador fue cuidadoso en descartar que sus previsiones pudieran prevalecer *per se* en relación con las normas específicas de las leyes especiales que regulan las diversas concesiones en el país. Al contrario, en el propio artículo 4 de la Ley Orgánica se dispone que "*los contratos de concesión cuyo otorgamiento, administración o gestión se encuentre regulado por leyes especiales*," como son precisamente por ejemplo las concesiones mineras, "se regirán preferentemente por dichas leyes," siendo en tales casos las disposiciones de la propia Ley Orgánica sobre Promoción de la Inversión Privada bajo el Régimen de Concesiones "*de aplicación supletoria.*" Esto significa entonces que las normas de la Ley Orgánica, siendo de aplicación supletoria respecto de las leyes especiales que regulen concesiones administrativas, se aplican en todos aquellos asuntos no regulados expresamente en dichas leyes especiales, como es precisamente el régimen legal para la terminación anticipada de concesiones y la determinación de la indemnización en caso de tal rescate anticipado, que sólo encuentra regulación en el artículo 53 de dicha Ley Orgánica, y que en general no está regulado en las leyes especiales destinadas a regular concesiones administrativas específicas.

La Ley Orgánica se aplica, por tanto a las concesiones administrativas reguladas en leyes especiales, como las concesiones mineras, porque así se estableció expresamente en su texto, y se aplica en virtud de la previsión expresa de su artículo 4, *sólo supletoriamente* respecto de aquellas previsiones, como las relativas al rescate anticipado de concesiones por razones de interés general (art. 53), que por ejemplo no están reguladas específicamente en la Ley de Minas.

Por otra parte, conforme al artículo 4 del Código Civil, dicha Ley Orgánica también se debe aplicar por analogía en todos aquellos aspectos sobre régimen de concesiones que no están expresamente regulados en las leyes especiales que las rijan. De ello resulta por ejemplo, que en materia de concesiones mineras, además de las previsiones de la Ley de Minas, la Ley Orgánica se aplica supletoriamente a las mismas, y además, por analogía, en virtud de dichas previsiones de los artículos 4 de la Ley Orgánica y del artículo 4 del Código Civil.

4. Ámbito político territorial de aplicación de la Ley Orgánica

Por otra parte, la Ley Orgánica, al regular una materia administrativa, siendo una ley nacional está destinada a aplicarse a los órganos y entes nacionales, no siendo aplicables a los *Estados y* Municipios.

En cuanto a estos, el artículo 5° de la Ley solo dispone que son dichos entes territoriales los que "podrán aplicar" sus disposiciones para el otorgamiento en concesión de las obras o servicios públicos de su competencia. En tales casos, la entidad competente tendrá a su cargo la creación o determinación del órgano o entidad encargada de su otorgamiento, así como la organización y conducción de los procedimientos de licitación y otorgamiento de los contratos y la supervisión, vigilancia y control de su ejecución.

Lo anterior no es obstáculo, sin embargo, para que puedan celebrarse contratos de concesión de carácter intergubernamental, en los que participen diversas entidades político territoriales en cuyo caso dispone el artículo 6 de la ley Orgánica que se pueden celebrar convenios o constituirse mancomunidades para el desarrollo de proyectos cuya competencia en cuanto al otorgamiento y gestión de los respectivos contratos corresponda a más de una entidad político–territorial.

5. Contenido general del marco regulatorio

La Ley Orgánica, al establecer el régimen de la concesiones públicas, con especial énfasis en las concesiones de obras públicas y de servicios públicos, estableció cuatro regulaciones fundamentales: la primera, referida al marco común necesario para la contratación mediante concesiones; la segunda, relativa al régimen de selección de contratistas, con particular referencia a la licitación; la tercera, relativa al régimen de ejecución de los contratos de concesión; y la cuarta al régimen sancionatorio.

II. MARCO REGULATORIO GENERAL PARA EL OTORGAMIENTO Y CONTROL DE LOS CONTRATOS DE CONCESIÓN

1. Duración de los contratos de concesión

Los contratos de concesión son esencialmente temporales, por lo que conforme a lo dispuesto en el artículo 16 de la Ley Orgánica, tienen una duración máxima de cincuenta años contados a partir del perfeccionamiento del contrato.

Dichos contratos pueden ser objeto de renovación, previa evaluación objetiva del desempeño del concesionario, la cual deben realizarse por lo menos un año antes de la fecha de terminación del contrato.

A los efectos de considerar la renovación, el ente concedente puede consultar la opinión de las comunidades organizadas o de los usuarios de la obra o servicio.

2. Atribuciones del ente concedente.

De acuerdo con el artículo 7° de la Ley Orgánica, que regula las atribuciones comunes para todas las entidades contratantes para otorgar los contratos previstos en la misma, establece que los mismos "quedan sujetos al cumplimiento de las disposiciones, procedimientos y formalidades" en ella establecidas, "sin perjuicio de las previsiones contenidas en leyes especiales."

En tal sentido, de acuerdo con dicha previsión, se les enumeran las siguientes atribuciones y deberes:

a. Identificar los proyectos concluidos, en ejecución, o por ejecutarse, que de acuerdo a sus características, correspondan a los que puedan ejecutarse bajo el régimen de concesión;

b. Cumplir la evaluación preliminar de dichos proyectos, emitir su conformidad en forma oportuna y realizar los trámites aprobatorios necesarios para la convocatoria de los procedimientos de licitación;
c. Promover la ejecución de proyectos de inversión bajo las modalidades contractuales previstas en este Decreto–Ley;
d. Establecer los mecanismos que aseguren la efectiva operatividad de los beneficios e incentivos contemplados en este Decreto–Ley;
e. Gestionar la obtención y hacer seguimiento a la obtención o transferencia efectiva de los aportes a los cuales se comprometa el Ejecutivo Nacional con ocasión de los proyectos ejecutados bajo régimen de concesión;
f. Cumplir y hacer cumplir este Decreto–Ley, su Reglamento, los contratos de concesión y demás disposiciones de carácter legal o reglamentario aplicables en razón de la materia;
g. Determinar y aprobar, el contenido y alcance de las convocatorias, pliegos de condiciones, criterios de evaluación de propuestas y en general, todo acto procedimental encaminado al otorgamiento de concesiones;
h. Suscribir los contratos a los que se refiere este Decreto–Ley;
i. Dictar órdenes e instrucciones dirigidas a los concesionarios, en el ámbito de sus competencias;
j. Ejercer el seguimiento, la supervisión y el control de los contratos otorgados;
k. Fijar las tarifas u otras formas de remuneración o retribución del concesionario;
l. Conocer y decidir oportunamente sobre cualquier solicitud de ajuste de tarifas, precios u otras modalidades de remuneración del concesionario, y en general, sobre cualquier otro factor que pueda alterar el equilibrio o los términos de la relación contractual originalmente pactada;
m. Conocer y decidir acerca de los recursos administrativos interpuestos por los usuarios y terceros titulares de intereses personales, legítimos y directos, relacionados con el objeto de este Decreto–Ley;
n. Sostener y asegurar la efectiva realización de los derechos de los usuarios destinatarios de los servicios prestados por los concesionarios;
o. Asegurar la publicidad de las decisiones que adopte, incluyendo los fundamentos y motivos de éstas;
p. Intervenir la concesión en las circunstancias y en conformidad con el procedimiento previsto en este Decreto–Ley y en su Reglamento;
q. Aplicar las sanciones establecidas en este Decreto–Ley.

Las actuaciones de los entes concedentes, tal como lo precisa el artículo 11 de la Ley, deben guardar la debida conformidad con las políticas generales y sectoriales establecidas por el Ejecutivo Nacional, a cuyo efecto, cada uno de ellos debe realizar auditorías de cumplimiento de sus metas y objetivos y debe rendir al Presidente de la República o al órgano de adscripción según el caso, informes trimestrales indicativos de las metas alcanzadas en el período. Además, dispone la norma que de todo ello se debe informar públicamente, sin perjuicio de su sujeción a las disposiciones contenidas en otras leyes en materia de contraloría.

3. La necesaria conformación de un Comité de concesiones

A los efectos del otorgamiento de los contratos de concesión regulados en la Ley Orgánica, el artículo 8 de la misma exige que los organismos o entidades con competencia para ello deben conformar un Comité de Concesiones "a su cargo la organización, preparación y ejecución de los procesos de licitación para el otorgamiento de concesiones, así como el seguimiento, inspección y control de los contratos otorgados." Dicho Comité debe ser designado mediante acto o resolución expedido por la máxima autoridad del organismo o entidad de que se trate, y debe funcionar de manera permanente Por ello, sus integrantes deben ser a dedicación exclusiva y deben reunir las condiciones de capacidad y experiencia necesarias para cumplir eficientemente sus atribuciones y deberes.

4. La declaratoria de utilidad pública y la expropiación

Conforme al artículo 58 de la Ley Orgánica, se declaran utilidad pública las obras o servicios públicos a ser otorgados mediante concesión, a los efectos de la constitución de servidumbres y la expropiación de los bienes necesarios para la construcción de las obras, de los servicios anexos o complementarios a éstas y para la prestación de los servicios.

Los alcances de esta declaratoria de utilidad pública deben será precisados por el ente concedente para cada obra o servicio que se licite, atendiendo a las dimensiones y características de cada proyecto y considerando las obras principales, complementarias y de servicios que demandará su ejecución y posterior explotación.

El ente concedente, por lo demás, y conforme se establece en el artículo 59 de la Ley Orgánica, tiene a su cargo la obligación de adquirir los terrenos y demás bienes necesarios para la ejecución o gestión de la obra o del servicio público otorgado en concesión mediante el procedimiento expropiatorio, a cuyo efecto podrá acudir de ser necesario a las medidas de ocupación previa o de urgencia previstas en la legislación que rige la materia. El pliego de condiciones de cada licitación establecerá la forma y los plazos conforme a los cuales el ente concedente ejercerá esta facultad.

No obstante, también los concesionarios pueden tratar directamente con los particulares, y negociar con éstos la adquisición de los terrenos y demás bienes necesarios para la ejecución del contrato, en conformidad con la normativa aplicable, reconociéndosele como precio el valor máximo que se hubiere estipulado en el pliego de condiciones o en el contrato.

5. El régimen del dominio público

De acuerdo con el artículo 60 de la Ley Orgánica, "los bienes o derechos que por cualquier título adquiera el concesionario para ser destinados a la concesión pasarán a formar parte del dominio público desde que se incorporen o sean afectados a las obras, sea por adherencia o por destinación." Se entiendo, por supuesto, que la norma se refiere en particular a las concesiones de obras públicas, por lo que la misma deja a salvo las obras, instalaciones o bienes que por no estar afectados a la concesión permanecerán en el patrimonio del concesionario según lo establezca el respectivo contrato.

6. Régimen de la explotación de la obra

A. Autorización de funcionamiento

El procedimiento a seguir para la autorización de puesta en servicio de la obra se establecerá en el Reglamento o en el pliego de condiciones. La negativa de autorización deberá ser motivada, con precisa indicación de las inconformidades existentes entre el proyecto aprobado y la obra ejecutada. Deberá indicar además el plazo dentro del cual deberá el concesionario subsanar las deficiencias advertidas sin perjuicio de la aplicación de las sanciones que procedan por el retardo que no fueren imputables al ente concedente o a la Administración (art. 31.h).

B. Garantía de funcionamiento

El plazo de garantía comenzará a correr desde la fecha de levantamiento del acta de recepción de la obra de parte del Inspector. Dicho plazo será establecido atendiendo a la naturaleza y complejidad de la obra y en ningún caso podrá ser inferior a dos (2) años, sin perjuicio de la responsabilidad que pueda caber al concesionario por vicios ocultos de la construcción (art. 31.j).

C. Régimen jurídico durante la explotación

De acuerdo con el artículo 32 de la ley Orgánica, en la etapa de explotación de la obra o de gestión del servicio, el concesionario debe actuar con estricta sujeción a las estipulaciones contenidas en el contrato de concesión y en su pliego de condiciones, sin perjuicio del cumplimiento del marco regulatorio contenido en leyes especiales dictadas para la regulación del servicio público de que se trate.

7. La competencia para conocer de reclamos o denuncias de los usuarios.

Los organismos o entidades competentes para celebrar los contratos previstos en la Ley Orgánica conforme al artículo 9 de la misma, son igualmente competentes "para conocer de los reclamos o denuncias interpuestos por los usuarios o terceros interesados, relacionados con actos o resoluciones emanados de cualquiera de ellos, o con actuaciones de los concesionarios que puedan afectar sus derechos e intereses."

En todos casos en los cuales en los procedimientos instaurados, los mismos guarden relación con el concesionario o contratista, éste tendrá el derecho a ser oído y a promover y a evacuar toda la documentación y las pruebas que le favorezcan.

8. Los recursos administrativos y agotamiento de la vía administrativa.

Los actos administrativos o resoluciones que dicte el ente concedente pueden recurrirse optativamente ante el mismo mediante el recurso de reconsideración, o directamente por ante la jurisdicción contencioso–administrativa. De interponerse el recurso en sede administrativa, la decisión recaída agotará la vía administrativa (art. 9).

III. EL RÉGIMEN JURÍDICO PARA LA SELECCIÓN DE LOS CONCESIONARIOS: LA LICITACIÓN

1. Régimen general de la licitación

De acuerdo con las previsiones de la Ley Orgánica, las concesiones administrativas que se regulan en la misma sólo pueden otorgarse mediante el procedimiento de licitación, disponiéndose que "en todo caso, la licitación previa tendrá carácter obligatorio" (art. 12). Dicho procedimiento se rige por sus propias normas y además, por su Reglamento, el pliego o bases de la licitación de cada contrato y por las resoluciones, órdenes e instrucciones expedidas por el ente concedente actuando en el ámbito de sus competencias. Igualmente se deben aplicar al procedimiento de licitación de concesiones los principios y reglas contenidos en la Ley de Licitaciones, "en cuanto resulten compatibles con dicho procedimiento" (art. 12).

2. Régimen de la aprobación previa del procedimiento licitatorio

A. La necesidad de la evaluación preliminar de viabilidad del proyecto de concesión.

El artículo 13 de la Ley Orgánica impone la obligación al ente concedente, antes de que se adopte la decisión de convocar a una licitación, de practicar la evaluación preliminar de los proyectos para determinar su conveniencia, prioridad y viabilidad. Para este propósito, la ley exige que se consideren los aspectos técnicos y financieros, las ventajas económicas que se esperan de cada proyecto, su costo estimado, los ingresos potenciales previstos provenientes de la explotación de la infraestructura y su impacto ambiental. Se debe considerar, además, la importancia regional o nacional de cada proyecto a los fines de establecer su prioridad relativa. Además, cuando se trate de proyectos a ser financiados en parte por medio de aportes públicos, se debe hacer especial consideración con relación a las fuentes de financiamientos y a la estrategia propuesta para la obtención del financiamiento.

B. Acto aprobatorio de la convocatoria a licitación.

Una vez cumplida la evaluación preliminar de los proyectos, el Ministerio correspondiente, ya sea actuando en ejercicio de su competencia o como ente de adscripción, debe presentar el proyecto al Presidente de la República a los fines de su aprobación en Consejo de Ministros (Art. 14).

3. La iniciativa privada para la realización del procedimiento licitatorio

A. La iniciativa privada en materia de licitación de concesiones

Conforme a lo establecido en el artículo 17 de la Ley Orgánica, las empresas privadas interesadas tienen la iniciativa para presentar propuestas "para la construcción de nuevas obras, sistemas o instalaciones de infraestructura, o para el mantenimiento, la rehabilitación, la modernización, la ampliación y la explotación de obras, sistemas o instalaciones de infraestructura ya existentes, bajo el régimen de concesiones." A los fines de su consideración por el ente concedente, las propuestas deben acompañarse de la descripción general del proyecto, los estudios de prefactibilidad técnica y financiera, así como la indicación de los beneficios sociales esperados, y la evaluación del impacto ambiental de la obra a ejecutarse.

El órgano o entidad contratante debe estudiar la viabilidad de la propuesta y dentro de los seis (6) meses siguientes a su presentación, debe pronunciarse mediante acto administrativo motivado aprobándola o rechazándola.

A partir de la aprobación de la propuesta las partes deben definir de común acuerdo los términos de referencia para la elaboración del proyecto definitivo, cuya preparación no puede en ningún caso exceder de dos (2) años contados a partir desde la fecha de aprobación de la propuesta.

Presentando el proyecto definitivo, el ente concedente debe entonces convocar a licitación dentro de los seis (6) meses siguientes.

En todo caso, una vez aprobada una propuesta conforme a lo antes indicado, de acuerdo con lo dispuesto en la previsión final del artículo 17, "la misma no puede ser posteriormente rechazada por razones de oportunidad o conveniencia" previéndose expresamente que "La República será responsable por los daños o perjuicios que pueda causar a los proponentes."

B. Derechos del proponente.

El proponente privado de una licitación para el otorgamiento de una concesión, conforme se establece en el artículo 18 de la Ley Orgánica, tiene derecho a participar en la licitación que se convoque en los mismos términos y condiciones que los demás particulares, con los siguientes derechos adicionales:

Primero, al participar en la licitación, su oferta económica o la del grupo que integre, será premiada con un incremento de hasta el diez por ciento (10%) del puntaje final obtenido, en los términos que determine la Reglamentación de la ley Orgánica y el pliego de condiciones de la respectiva licitación;

Segundo, si el proyecto aprobado es ejecutado en forma directa por alguna autoridad pública, o se otorga en concesión o bajo cualquier otra modalidad a un tercero, con o sin la concurrencia del proponente, le deben ser reembolsados los gastos en que hubiere incurrido para la formulación de la propuesta y la elaboración del proyecto, previa determinación de su valor actualizado por la entidad licitante, el cual debe constar en el pliego de condiciones. Estos gastos se entienden reembolsados por la sola adjudicación del contrato.

C. Evaluación preliminar de viabilidad.

Dentro del lapso establecido para la aprobación o rechazo de las propuestas y con apoyo en la documentación suministrada por el proponente, el ente concedente debe practicar la evaluación preliminar de viabilidad a que se refiere el artículo 13 de la Ley, antes indicado, incluyendo como parte de ésta el examen de la capacidad legal, técnica y financiera de aquél para ejecutar el proyecto (art. 19)

4. El procedimiento de licitación de concesiones

A. Los participantes en la licitación

a. Los licitantes.

Conforme a lo dispuesto en el artículo 20 de la Ley Orgánica, pueden participar en los procesos de licitación todas las personas jurídicas, consorcios o asociaciones temporales nacionales o extranjeras, que tengan plena capacidad de obrar y de acreditar su solvencia económica, financiera, técnica y profesional, y cumplan los requisitos establecidos en la ley Orgánica, su Reglamento y el pliego de condiciones diseñado para cada proceso.

b. Inhabilitación para participar en la licitación.

Por su parte, el artículo 21 de la Ley Orgánica prevé los supuestos en los cuales determinadas personas no pueden participar en las licitaciones promovidas de conformidad con la misma, que son:

a. Las personas jurídicas cuyos accionistas, socios o administradores tengan con el Presidente de la República, con alguno de los ministros en funciones o con algún directivo o representante del ente concedente, parentesco hasta el cuarto grado de consanguinidad o segundo de afinidad, o sean cónyuges de alguno de ellos;

b. Aquellas personas que habiendo sido titulares de una concesión, hubieren dado lugar a su extinción por incumplimiento del contrato;

c. Aquellas personas jurídicas cuyos accionistas, socios o administradores hubieren sido condenados mediante sentencia definitivamente firme en procesos de resolución o de cumplimiento de contrato;

d. Los declarados en quiebra culpable o fraudulenta;

e. Las personas cuyos administradores hubieren sido condenados por la comisión de delitos contra la propiedad, la fe pública, el fisco o delitos de Salvaguarda y del Patrimonio Público;

f. Las personas jurídicas cuyos accionistas, socios o administradores sean dirigentes de organizaciones y partidos políticos, mientras se encuentren en el ejercicio de tales funciones.

B. La posibilidad de realización de la precalificación pública

En caso de estimarse conveniente, atendiendo a la magnitud, complejidad o costo de determinadas obras, el artículo 22 de la Ley Orgánica permite al ente concedente proceder a convocar a una precalificación pública de interesados, que tiene por objeto determinar la capacidad técnica, económica y la experiencia de los posibles licitantes.

En estos casos, una vez comprobada la capacidad y antecedentes de las empresas convocadas, el ente concedente debe entonces seleccionar entre los concurrentes aquellos que presenten las mejores credenciales, rigiéndose por las especificaciones que para tal efecto establezca el pliego de la licitación. En este caso, el ente concedente debe proceder a invitar a los preseleccionados a presentar propuestas dentro de los plazos y bajo las condiciones que establezca el indicado pliego, debiendo sujetarse en todo caso al procedimiento licitatorio establecido en la Ley Orgánica.

En este caso, pueden suministrarse a los preseleccionados versiones preliminares de la documentación respectiva y solicitar de estas observaciones y comentarios sobre los pliegos de condiciones y el texto borrador del contrato.

C. La convocatoria a licitación.

La Convocatoria a licitación debe ser hecha del conocimiento de los interesados, conforme lo exige el artículo 23 de la Ley, por todos los medios posibles de difusión locales, nacionales e internacionales, atendiendo a la magnitud o complejidad de los proyectos involucrados. En todo caso, y como mínimo, la convocatoria debe publicarse por dos veces en un diario de circulación nacional y debe expresar la descripción general y objetivos del proyecto y la forma de adquisición del pliego de condiciones de la licitación.

D. El Pliego de Condiciones

El pliego de condiciones de cada licitación, tal como lo exige el artículo 24 de la Ley Orgánica, debe expresar los derechos y obligaciones de las partes contratantes, el procedimiento de la licitación y las reglas conforme a las cuales se garantiza la transparencia, la igualdad y la libre concurrencia de todos los interesados. Una vez otorgado el respectivo contrato, dicho Pliego pasa a formar parte integrante de éste y debe contener, sin carácter limitativo, los aspectos siguientes:

a. Descripción general y objetivos del proyecto;
b. Condiciones para la presentación de la oferta económica;
c. Aportes y garantías ofrecidos por el Estado, si los hubiere;
d. Grado de riesgo que asume el participante durante la construcción de la obra o prestación del servicio;
e. Condiciones y estándares de construcción, de servicio y de devolución de las obras al término de la concesión;
f. Fórmulas e índices a ser utilizados para la fijación o determinación de tarifas, precios y demás modos de retribución del concesionario;
g. Índices a ser utilizados para la determinación de la tasa interna de retorno del inversionista;
h. La forma y plazo en que el concesionario podrá solicitar la revisión del sistema tarifario, de su fórmula de reajuste o del plazo de la concesión, por causas sobrevinientes que así lo justifiquen;
i. Criterios y métodos para la evaluación de los componentes técnicos y financieros de las propuestas;
j. Origen de los fondos para ejecutar los trabajos y el importe autorizado para el primer ejercicio, en el caso de proyectos cuya ejecución demande de aportes públicos;
k. Garantías a ser constituidas, incluida la de seriedad de la propuesta, indicando su naturaleza, cuantía y los plazos en que debe constituirse;
l. Los derechos que corresponden a los usuarios del servicio;
m. Plazos para consultas y aclaratorias sobre el pliego de condiciones;
n. Antecedentes que deben entregar los licitantes en las ofertas técnica y económica;
o. Forma, fecha, hora y lugar de la presentación de las ofertas y formalidades del acto de apertura;

p. Multas y demás sanciones establecidas;

q. Causales de suspensión y extinción de la concesión;

l. Forma de calcular la indemnización del concesionario en caso de rescate anticipado;

m. Plazo para el otorgamiento y firma del contrato.

Una vez hecha pública la convocatoria de la licitación, tal como lo establece el mismo artículo 22, el pliego de condiciones no puede alterarse o modificarse, salvo que se deje sin efecto la convocatoria realizada.

E. La presentación de las ofertas.

Las ofertas deben ser presentadas en la forma establecida en el pliego de las condiciones, debiendo contener en todo caso los antecedentes generales de las personas jurídicas oferentes, una oferta técnica y una oferta económico–financiera (art. 25).

F. La apertura de las ofertas.

Conforme a lo exigido en el artículo 26 de la Ley, las ofertas deben ser recibidas en acto público por el ente concedente, en el día, hora y lugar indicado para este efecto en el pliego de condiciones.

En dicho acto de apertura de las ofertas se debe dejar constancia mediante acta, de quienes presentaron ofertas, de los antecedentes recibidos, de cuáles fueron rechazadas y de las observaciones que formularen los licitantes.

G. La evaluación de las ofertas.

Las evaluaciones de las propuestas debe comprender dos etapas conforme me regula en el artículo 27 de la Ley Orgánica: una etapa de evaluación técnica y otra de evaluación económica, de manera que sólo aquellas que resulten aprobadas en la primera etapa pueden ser consideradas para la segunda.

La Ley Orgánica remite al Reglamento para el establecimiento de los criterios de evaluación que pueden utilizarse según el tipo de concesión de que se trate, siendo sin embargo, de obligatoria consideración, ya sea en forma alternativa o simultánea, los siguientes criterios:

a. La estructura tarifaria propuesta;

b. El plazo de duración de la concesión;

c. Los pagos ofrecidos por el concesionario a la República;

d. La reducción de aportes o garantías que deba hacer la República,

e. El menor valor presente de las tarifas, peajes u otra modalidad de retribución del concesionario;

f. El menor valor presente de las amortizaciones o pagos que en su caso deba hacer la República al concesionario;

g. Las ventajas y desventajas del plan de financiamiento propuesto y su adecuación para atender los costos de construcción, operativos y de mantenimiento del proyecto.

H. La adjudicación del contrato de concesión.

Conforme al artículo 28 de la Ley Orgánica, el contrato debe ser adjudicado "a quien formule la mejor propuesta económico–financiera entre las aceptadas desde el punto de vista técnico aunque en el proceso de licitación se presentare una sola oferta," sin perjuicio de la facultad del ente concedente de desestimar todas las ofertas mediante acto motivado.

En este último caso de quedar desestimadas todas las propuestas presentadas, dispone expresamente la Ley Orgánica que "no nacerá para los oferentes derecho alguno de pedir indemnización" (art. 28).

En todo caso, el ente concedente puede licitar la concesión de nuevo, admitiendo a todos los que participaron en la anterior licitación y a cualquier nuevo proponente que cumpla los requisitos establecidos para presentar propuestas.

I. La suscripción del contrato

Luego de adjudicado el contrato de concesión el mismo queda perfeccionado conforme a lo indicado en el artículo 28 de la Ley, "al ser suscrito por las partes contratantes" y además, debe publicarse en la *Gaceta Oficial* de la República.

A tal efecto, conforme al artículo 29 de la Ley, el concesionario queda obligado no solo a suscribir el contrato de concesión, sino a autenticarlo, junto con los poderes otorgados y las garantías ante Notario Público; y a registrar el contrato, los poderes y garantías autenticados ante el ente concedente.

Previamente a la suscripción del contrato, el concesionario, conforme lo dispone la misma norma del artículo 29 de la Ley Orgánica, está obligado, dentro del plazo establecido en el pliego de condiciones, a "constituir una sociedad mercantil de nacionalidad venezolana con quien se entenderá celebrado el contrato y cuyo objeto será la construcción rehabilitación, modernización, ampliación y explotación de obras y servicios públicos, incluyendo particular referencia al objeto de la concesión adjudicada."

En caso de incumplimiento por el adjudicatario de estas obligaciones dentro del término que se le hubiere fijado, el acto de adjudicación se considera que queda sin ningún efecto y la garantía constituida para responder por la seriedad de la propuesta pasa de pleno derecho en favor de la República o, en su caso, al patrimonio de la entidad contratante.

J. Constitución de garantías.

Por último, conforme al artículo 30 de la Ley Orgánica, el concesionario debe constituir una garantía definitiva correspondiente a la fase de construcción, cuya forma y monto debe ser establecido en el pliego de condiciones.

Asimismo, debe constituir, con carácter previo a la puesta en funcionamiento de la obra o del servicio o de una parte o sección de éstos, garantía para asegurar el cumplimiento de las obligaciones asumidas con motivo de la explotación, en la forma y monto que determine el pliego de condiciones.

Conforme se dispone en la misma norma, en ningún case el concesionario estará obligado a mantener la vigencia de alguna garantía cuando la obligación cuyo cumplimiento estaba llamado a garantizar se hubiere cumplido en los términos y condiciones previstos en el contrato y en el pliego de condiciones.

En relación con estas garantías, el ente concedente debe velar por la oportuna consignación y suficiencia de las garantías exigibles al concesionario, por su mantenimiento y vigencia durante cada etapa del contrato y ejercitará todas las acciones que procedieren para obtener las indemnizaciones que correspondan por los daños y perjuicios derivados de la ejecución de dichos contratos (art. 41).

IV. LOS DERECHOS DEL CONCESIONARIO

De acuerdo con el artículo 33 de la Ley Orgánica, desde el momento en que se perfeccione el contrato, el concesionario tiene los siguientes derechos:

1. El derecho a la contraprestación

El concesionario tiene derecho a recibir oportunamente las remuneraciones acordadas en el pliego de condiciones o en el contrato (art. 33.a); y a explotar las obras ejecutadas y percibir los peajes, precios y demás asignaciones o beneficios convenidos y debidamente establecidos en el pliego de condiciones o en el contrato (art. 33.b)

En relación con dicha contraprestación, el concesionario tiene derecho a solicitar la revisión del régimen económico de la concesión y del plazo de ejecución por causas sobrevinientes, y a obtener, si fuere el caso, las compensaciones a que hubiere lugar que podrán hacerse efectivas por medio de la revisión del régimen tarifario u otras fórmulas de remuneración del concesionario, de su fórmula de reajuste o del plazo del contrato, pudiendo utilizarse para ello uno o varios de estos factores a la vez (art. 33.c).

2. El derecho de utilización de bienes ajenos.

El concesionario tiene derecho de gozar de los derechos y obligaciones del beneficiario de la expropiación, limitados a lo necesario para dar cumplimiento al contrato de concesión (art. 33.d).

En particular, conforme al artículo 60 de la Ley Orgánica, desde el momento de perfeccionarse el contrato de concesión, el concesionario tiene derecho al uso y goce de los bienes de dominio público o privado del ente concedente que sean destinados a la ejecución y desarrollo de las obras o servicios objeto de dicho contrato.

En cuanto a las aguas y a las minas o materiales que aparecieren como consecuencia de la ejecución de las obras públicas no se entenderán incluidos en la concesión y su utilización por el concesionario se regirá por las normas contenidas en la legislación especial aplicable en cada caso (art. 31.e).

3. Derecho a disfrutar de garantías e incentivos legales.

El concesionario tiene derecho de gozar de las garantías e incentivos establecidos por la Ley Orgánica o en otras leyes (art. 33.e).

Por lo que se refiera a la ley Orgánica, el artículo 55 dispone en cuanto a los aportes o incentivos, que cuando lo estime conveniente en razón de la magnitud o del interés público de los proyectos, el Ejecutivo Nacional, a través del ente concedente tiene competencia para:

a. Compartir con el concesionario los costos del financiamiento de las obras, o aportar los proyectos, terrenos o las construcciones que fueren necesarios para su ejecución.

b. Concederle la explotación, conservación y el mantenimiento de obras contiguas a la concedida, o tramos de ésta ya construidos.

En cuanto a los incentivos fiscales, el artículo 56 dispone que los titulares de las concesiones de obras o servicios otorgados de conformidad con la Ley Orgánica que en virtud de lo dispuesto en el contrato correspondiente, asuman el financiamiento de la inversión que requiera la obra o el servicio concedido, deben gozar de los siguientes beneficios fiscales:

a. Exención del cincuenta por ciento (50%) de la renta neta gravable con el impuesto sobre la renta, en los casos en los que los titulares de la concesión asuman el financiamiento de la inversión en una proporción igual o superior al cincuenta por ciento (50%).

Esta exención es procedentes cuando el titular de la concesión haya cumplido con el financiamiento de la inversión programada para cada ejercicio fiscal, de conformidad con el contrato.

b. Exención del veinticinco por ciento (25%) de la renta neta gravable con el impuesto sobre la renta, en los casos de titulares de la concesión que asuman el financiamiento de la inversión en una proporción inferior al cincuenta por ciento (50%).

En estos casos, a los efectos de la determinación del derecho de los titulares de la concesión a estos beneficios fiscales, se considera como financiamiento de la inversión los aportes de capital en dinero o especie directamente aplicados a la obra o servicio objeto de la concesión.

En los casos de concesiones cuyo financiamiento provenga del titular de la concesión, el Ejecutivo conforme al artículo 57 de la Ley Orgánica, puede exonerar del pago de impuesto sobre la renta los intereses de los capitales tomados en préstamo y los correspondientes a las obligaciones emitidas por el titular de la concesión, vinculadas al financiamiento de la inversión. Dichas exoneraciones se deben otorgar de conformidad con las normas del Código Orgánico Tributario.

4. Derecho a procurar los medios para financiar la obra.

El concesionario tiene derecho de emitir acciones, obligaciones y a contraer cualquier deuda u obligación destinadas al financiamiento de las inversiones vinculadas a la concesión, cuando en el pliego de condiciones o en el contrato correspondiente se autorice a ello (art. 33.f).

5. Derecho de constitución de garantías sobre el contrato.

El concesionario tiene derecho, conforme al artículo 34 de la ley Orgánica, a constituir en prenda sin desplazamiento de posesión el contrato de concesión o los ingresos futuros de dicho contrato, para garantizar el cumplimiento de obligaciones crediticias contraídas para financiar su ejecución, previa autorización del ente concedente. Igualmente, puede ceder u otorgar en prenda cualquier pago ofrecido por la República y que conste en el contrato. A los efectos de estas garantías, en todo lo no previsto en la ley Orgánica, la misma remite a las previsiones de la Ley de Hipoteca Mobiliaria y Prenda sin Desplazamiento de Posesión.

El documento en que se establezca la garantía deberá protocolizarse por ante la Oficina Subalterna de Registro competente y consignarse ante el ente concedente.

6. Derecho a la rescisión en caso de encarecimiento y modificación excesiva del contrato.

La Ley Orgánica establece como deber del ente concedente, el realizar todos los esfuerzos dirigidos a prevenir y evitar el encarecimiento de las obras ejecutadas en virtud de la Ley Orgánica. Con tal propósito, debe corregir en el menor tiempo posible los desajustes que pudieran presentarse, gestionar o asignar oportunamente los recursos a cuyo aporte se hubiere comprometido la República y utilizar los mecanismos o procedimientos más eficaces para precaver o solucionar los conflictos o diferencias que puedan afectar la ejecución de los contratos. (art. 42).

Sin embargo, conforme al artículo 42 de la Ley Orgánica, si las modificaciones al contrato alteran el valor del mismo en un veinte por ciento (20%) o más del valor inicialmente fijado en el contrato, el concesionario tendrá derecho a solicitar la rescisión y a reclamar la indemnización de los daños y perjuicios que la modificación le ocasione.

7. Derecho de cesión o transferencia del contrato de concesión

Conforme al artículo 35 de la Ley Orgánica, el concesionario tiene derecho a ceder o transferir, desde el perfeccionamiento del contrato, la concesión o los derechos de la sociedad concesionaria previa autorización del ente concedente. En el caso de que se hubiere constituido garantía sobre el contrato de concesión de conformidad a lo establecido en el artículo 34, se requiere también de la aprobación escrita del acreedor prendario.

La cesión voluntaria o forzosa de la concesión debe ser total, y comprende todos los derechos y obligaciones derivados del contrato, de manera que la persona jurídica que pretenda sustituirse en el concesionario, incluido el acreedor prendario, debe reunir los requisitos establecidos para ser licitante, no puede estar sujeta a inhabilidades y debe acreditar suficientemente su capacidad para cumplir las metas, plazos, especificaciones técnicas y demás obligaciones y requisitos fijados en el pliego de condiciones y en el contrato.

8. Derecho a obtener la colaboración de la Administración

Conforme al artículo 62 de la ley Orgánica, el ente concedente está facultado para coordinar y facilitar la tramitación y obtención de todos los permisos, licencias o autorizaciones que requiera el concesionario para la ejecución de los respectivos contratos, sin perjuicio del estricto cumplimiento de las leyes, reglamentos y demás instrumentos que rigen la expedición de tales actos.

V. LAS OBLIGACIONES DEL CONCESIONARIO

1. Las obligaciones generales del concesionario

De acuerdo con el artículo 36 de la Ley Orgánica, el concesionario tiene las siguientes obligaciones generales:

A. El cumplimiento del contrato conforme a la ley

El concesionario está obligado a cumplir y hacer cumplir el contrato con estricta sujeción a las normas, los proyectos, especificaciones técnicas y estándares de calidad establecidos en este Decreto–Ley, en su Reglamento y en el pliego de condiciones (Art. 36.a).

B. Sujeción a las directrices del ente concedente

El concesionario está obligado a acatar las directrices, órdenes o resoluciones emitidos por el ente concedente en el ámbito de sus atribuciones (Art. 36.b); así como a permitir y facilitar las inspecciones y auditorías que tengan por objeto verificar su desempeño y comprobar el cumplimiento de las condiciones de calidad, precio y adecuación técnica de la obras ejecutadas y de los servicios prestados (Art. 36.c).

C. Obligación de prestar el servicio con continuidad, normalidad y sin interrupciones

El concesionario está obligado a prestar el servicio con la continuidad convenida y garantizar a los usuarios el derecho a utilizarlo en las condiciones que hayan sido establecidas en el Reglamento del Servicio o en las leyes reguladoras del servicio público de que se trate (Art. 36.d).

Igualmente, el concesionario está obligado a facilitar o prestar el servicio en condiciones de absoluta normalidad, suprimiendo las causas que originen molestias, incomodidades, inconvenientes o peligrosidad a los usuarios de las obras, salvo que la adopción de medidas que alteren la normalidad del servicio obedezcan a razones de seguridad o de urgente reparación (Art. 36.e).

Por último, el concesionario está obligado a prestar el servicio ininterrumpidamente, salvo situaciones excepcionales debidas a caso fortuito o fuerza mayor, cuyos efectos serán calificados por el ente concedente, acordando las medidas que sean necesarias para lograr la más rápida y eficiente reanudación del servicio (Art. 36.f).

D. Obligación de indemnizar

El concesionario está obligado a indemnizar los daños y perjuicios que se causen a terceros con motivo de la ejecución del contrato de concesión, a menos que tales daños fuesen la consecuencia inmediata de una orden o instrucción emanada del ente concedente o de cualquier otro órgano o entidad de la administración (Art. 36.g).

2. Obligaciones específicas en la etapa de construcción de las obras

A. Obligaciones en el caso de Proyectos integrales o llave en mano

En el caso de proyectos integrales o llave en mano, el concesionario esta está obligado a presentar ante el ente concedente, dentro del plazo estipulado en el pliego de condiciones, la memoria descriptiva, los planos y el proyecto de ingeniería de detalle a los efectos de su aprobación.

En estos casos, el pliego de condiciones debe establecer las sanciones aplicables por el retardo en el cumplimiento de esta obligación de parte del concesionario. De no producirse respuesta alguna dentro de los sesenta días siguientes a la presentación de toda la documentación exigida, la Ley le da efectos positivos al silencio administrativo, entendiéndose como aprobado el proyecto presentado (art. 31.a).

B. La ejecución conforme al contrato

Las obras previstas en la concesión deben ejecutarse con estricta sujeción a las estipulaciones contenidas en el pliego de condiciones, en el proyecto aprobado, en el contrato y conforme a las instrucciones que en interpretación técnica del contrato diere al concesionario el Inspector designado por el ente concedente.

Durante el desarrollo de las obras y hasta que se cumpla el plazo de garantía que establezca el pliego de condiciones, el concesionario es el responsable de los defectos que pueda presentar la construcción (art. 31.b)

C. La ejecución a riesgo del concesionario

Las obras previstas en el contrato se deben ejecutar a entero riesgo del concesionario, incumbiéndole a hacer frente a cuantos desembolsos fueren precisos hasta su total terminación.

La República no será responsable de las consecuencias derivadas de los contratos que celebre el concesionario con los constructores o suministradores (art. 31.c).

D. La obligación de terminación de las obras

El concesionario está obligado a concluir las obras y ponerlas en servicio en las fechas y plazos que establezcan el pliego de condiciones y el contrato. El pliego de condiciones fijará las sanciones aplicables por los incumplimientos (art. 31.g).

Cuando el retraso en el cumplimiento de los plazos parciales o del total fuere imputable a la República, el concesionario gozará de un aumento igual al período de entorpecimiento o paralización, sin perjuicio de las compensaciones que procedan (art. 31.d).

VI. LAS PRERROGATIVAS DEL ENTE CONCEDENTE

1. La potestad de inspección y control del ente concedente

Conforme se establece en el artículo 37 de la Ley Orgánica, el ente concedente puede disponer en todo momento las medidas de inspección, vigilancia y control necesarias para asegurar el cumplimiento del contrato, y en particular, para verificar el adecuado desempeño del concesionario y comprobar la conformidad existente entre el proyecto o la obra ejecutados y las condiciones de calidad y demás especificaciones técnicas fijadas en el pliego de condiciones, en el contrato, y en su caso, las que se desprendan de las instrucciones emanadas del ente concedente.

A tal efecto, el ente concedente debe designar un Inspector que tendrá a su cargo el control y vigilancia del avance, desarrollo y calidad de la ejecución de las obras y su concordancia con la ingeniería aprobada (art. 31.f).

2. La potestad de interpretación unilateral del contrato

Conforme al artículo 38 de la Ley Orgánica, de surgir discrepancias entre las partes durante la ejecución del contrato acerca de la interpretación o el alcance de cualesquiera de sus disposiciones, el ente concedente, de no lograrse un acuerdo, debe interpretar las estipulaciones o cláusulas objeto de la diferencia mediante acto administrativo debidamente motivado.

Quedan a salvo, según dicha norma, los derechos del concesionario de utilizar los mecanismos de solución de controversias contemplados en la misma Ley Orgánica, como se indica más adelante, para la defensa de sus intereses y de reclamar los daños o perjuicios que el acto administrativo pueda ocasionarle.

3. La potestad de modificación unilateral del contrato

Conforme se establece en el artículo 39 de la Ley Orgánica, desde que se perfeccione el contrato, el ente concedente puede modificar, por razones de interés público y mediante acto debidamente motivado, las características de las obras y servicios contratados.

En tal circunstancia el ente contratante debe compensar al concesionario en caso de perjuicio, acordando con aquél indemnizaciones que podrán expresarse en el plazo de la concesión, en las tarifas, en los aportes o subsidios o en otros factores del régimen económico de la concesión pactados, pudiendo utilizar uno o varios de esos factores a la vez.

Por otra parte, en relación con la posible "insuficiencia de obras," el artículo 40 de la Ley Orgánica dispone que si durante la vigencia de la concesión, la obra resultare insuficiente para la prestación del servicio en los niveles definidos en el contrato de concesión o en el pliego de condiciones y se considerare conveniente su ampliación o mejoramiento por iniciativa del ente concedente o a solicitud del concesionario, se procederá a la suscripción de un convenio complementario al referido contrato de concesión. Este convenio debe fijar las particulares condiciones a que deba sujetarse la realización de las obras y su repercusión en el régimen de tarifas o en cualquier otro factor del régimen económico o en el plazo de la concesión, quedando facultado el ente concedente para incluir en dicho convenio, como compensación, uno o varios de esos factores.

Para la aprobación del convenio complementario conforme a lo establecido en el artículo 14 de la Ley, el asunto lo debe presentar el Ministerio correspondiente, ya sea actuando en ejercicio de su competencia o como ente de adscripción, al Presidente de la República a los fines de su aprobación en Consejo de Ministros.

4. Potestad de sancionar al concesionario.

El ente concedente está facultado conforme se prevé en el artículo 43 de la Ley Orgánica, para imponer al concesionario las sanciones de apercibimiento, de amonestación o de multa establecidas previamente en el pliego de condiciones y en el contrato por el incumplimiento de dicho contrato, de su pliego de condiciones o de las resoluciones expedidas por el ente concedente, todo ello sin perjuicio de la facultad que le corresponde de adoptar las medidas preventivas que fuesen necesarias para asegurar la continuidad de una obra o de un servicio o para evitar su pérdida o deterioro.

5. Potestad de suspender la concesión

Conforme al artículo 43 de La ley Orgánica, en particular, el ente concedente puede declarar suspendida temporalmente la concesión, acordar su intervención y declarar su extinción, todo ello en conformidad con las previsiones contenidas en la ley Orgánica, como se indica más adelante.

En particular, en cuanto a la suspensión de las concesiones, el artículo 45 de la Ley Orgánica dispone que las mismas pueden quedan temporalmente suspendidas:

a. En el caso de guerra, conmoción interior o fuerza mayor que impidan la prestación del servicio;

b. Cuando se produzca una destrucción parcial de las obras o de sus elementos, de modo que se haga inviable su utilización por un período de tiempo; y

c. Por cualquier otra causa que el pliego de condiciones establezca.

En estos casos, el ente concedente debe constatar, de ser posible, la existencia de alguno de los supuestos de suspensión de la concesión a los fines de su autorización previa; y debe adoptar las previsiones de emergencia o de necesidad necesarias para la protección y conservación de las obras o del servicio y acordará la reanudación o restablecimiento de unos u otros en cuanto cesen las causas que dieron lugar a la suspensión.

VII. RESPONSABILIDAD DE LA REPÚBLICA.

Conforme a lo expresamente indicado en el artículo 44 de la Ley Orgánica, la República, por órgano del ministerio o entidad competente, es responsable por las actuaciones, abstenciones, hechos y omisiones que le sean imputables y que causen perjuicios al concesionario.

En tales casos debe indemnizar la disminución patrimonial que se ocasione, la prolongación de la misma y la ganancia, beneficio o provecho dejados de percibir por el concesionario.

Por otra parte, de acuerdo con la misma norma, la República puede concurrir junto al concesionario el pago de los daños y perjuicios producto de caso fortuito o fuerza mayor, si así lo estableciere el pliego de condiciones o el contrato.

VIII. LA EXTINCIÓN DE LAS CONCESIONES

El artículo 46 de la Ley Orgánica establece las siguientes causales de extinción de las concesiones:

a. Cumplimiento del plazo por el que se otorgó con sus modificaciones si procediere;
b. Mutuo acuerdo entre el ente concedente y el concesionario;
c. Por rescisión del contrato debida a incumplimiento grave de las obligaciones del concesionario;
d. Por rescate anticipado;
e. Por quiebra del concesionario; y
f. Las que se estipulen en el pliego de condiciones y en el contrato.

1. La extinción de la concesión por cumplimiento del plazo y la reversión de los bienes afectos a la concesión

Cumplido el plazo de la concesión, conforme al artículo 46 de la Ley, el ente concedente debe comprobar el cumplimiento de su objeto., mediante constatación que se debe verificar mediante acto de recepción o conformidad, en el plazo y bajo las condiciones que establezca el Reglamento de la Ley Orgánica.

Extinguida la concesión, las obras o servicios pueden ser nuevamente otorgados en concesión que debe tener por objeto su conservación, reparación, ampliación o explotación.

De acuerdo con la previsión expresa del artículo 48 de la Ley Orgánica, a los efectos de la reversión, el contrato de concesión debe establecer el plazo de la concesión, las inversiones que debe realizar el concesionario "y los bienes que por estar afectos a la obra o al servicio de que se trate, deben revertirán al ente concedente, a menos que no hubieren podido ser totalmente amortizadas durante el mencionado plazo."

En consecuencia, no todos los bienes afectos a la reversión deben ser revertidos, debiendo el contrato expresar "las obras, instalaciones o bienes que hubiere de realizar el concesionario no sujetas a reversión, las cuales, de considerarse de utilidad o interés público, podrán ser objeto de reversión previo pago de su precio al concesionario."

En todo caso, durante un período prudencial anterior a la terminación del contrato, el ente concedente debe adoptar las disposiciones encaminadas a que la entrega de los bienes a ser revertidos se verifique en las condiciones convenidas.

2. Extinción por mutuo acuerdo previa autorización del Presidente de la República

La concesión también se extingue conforme a la previsión del artículo 49 de la ley, por acuerdo entre el ente concedente y el concesionario, con arreglo a las condiciones del convenio que se suscriba por ambas partes. Este convenio debe ser previamente aprobado por el Presidente de la República y entra en vigor mediante Resolución del Ministerio competente que deberá publicarse en la Gaceta Oficial de la República.

La resolución de la concesión por mutuo acuerdo sólo puede adoptarse cuando no concurra otra causa de resolución o de extinción imputable al concesionario y siempre que por razones de interés público resultare innecesaria o inconveniente la continuación del contrato.

3. Extinción por incumplimiento grave y la intervención de la concesión

Las concesiones también se extinguen, conforme a la previsión del artículo 50 de la ley Orgánica, por incumplimiento grave del contrato de concesión, lo cual debe ser objeto de declaración por el ente concedente acordada con fundamento en alguna de las causales establecidas en la Ley Orgánica, en el respectivo contrato de concesión o en el pliego de condiciones. La declaratoria de incumplimiento del contrato debe ser ejecutada sin necesidad de pronunciamiento judicial.

En este caso, el ente concedente debe proceder a licitar públicamente y en el plazo de 180 días contados desde la declaración, el contrato de concesión por el plazo que le reste. En este caso, el pliego de condiciones de la licitación debe establecer los requisitos que debe de cumplir el nuevo concesionario, los que, en ningún caso, pueden ser más gravosos que los impuestos al concesionario original. Al asumir el nuevo concesionario, debe cesar en sus funciones el interventor que se hubiere designado de conformidad con las previsiones de la Ley Orgánica.

En todo caso, la declaratoria de extinción del contrato por incumplimiento grave sólo puede acordarse previa audiencia del concesionario y mediante un procedimiento que le asegure el pleno ejercicio de sus garantías constitucionales.

En este marco legal, conforme al artículo 51 de la Ley, y sin perjuicio de los supuestos de incumplimiento grave de las obligaciones del concesionario que puedan establecer el pliego de condiciones o el contrato, se considerarán como tales causales de incumplimiento grave, los siguientes:

a. Demoras no autorizadas en la construcción de las obras, por períodos superiores a los establecidos en el pliego de condiciones;

b. Falta de cumplimiento reiterado de los niveles mínimos de calidad del servicio establecidos en el pliego de condiciones;

c. Cobranza reiterada de tarifas superiores a las autorizadas;

d. Incumplimiento reiterado de las normas de conservación de las obras, especificadas en el pliego de condiciones;

e. No constitución o reconstitución de las garantías en los plazos y condiciones estipuladas en el pliego de condiciones.

La Ley Orgánica regula expresamente la figura de la intervención de la concesión, la cual se produce, conforme al artículo 52, "en caso de que el concesionario abandone la obra, interrumpa el servicio de manera injustificada, o incurra en uno de los supuestos de incumplimiento grave de las obligaciones del contrato," supuestos en los cuales el ente concedente puede designar un interventor con el propósito de impedir o evitar la paralización de la obra o el servicio.

Al conocer del asunto, el ente concedente debe abrir el procedimiento destinado a constatar la situación de hecho, a establecer la responsabilidad que pudiera caber al concesionario y a tomar las decisiones correspondientes de acuerdo con sus atribuciones.

A tales efectos el ente concedente debe notificar de la apertura del procedimiento al concesionario, y tiene un plazo de diez (10) días contados a partir de la fecha de dicha notificación para decidir en forma motivada, con audiencia previa del interesado y con plena observancia de sus garantías constitucionales. El ente concedente puede prorrogar dicho plazo por igual período y por una sola vez.

Comprobados como estuvieren los supuestos que dieron lugar a la apertura de la averiguación, el ente concedente debe adoptar las medidas y decisiones que correspondan y debe proceder a la designación del interventor.

El interventor designado sólo tendrá las facultades de administración necesarias para velar por el cumplimiento del contrato de concesión. Cesa en su cargo en cuanto el concesionario reasuma sus funciones o cuando la concesión sea nuevamente otorgada en la forma prevista en la ley Orgánica. En todo caso, si después de noventa (90) días de la designación del interventor el concesionario no reasume, se entiende que hay incumplimiento grave y se procederá conforme a lo previsto en el artículo 50 de este Decreto–Ley.

4. Quiebra del concesionario

La quiebra de la sociedad concesionaria también determinar la extinción de la concesión y la pérdida en favor de la República o de la entidad contratante de las garantías constituidas y exigibles (art. 54).

5. El rescate anticipado de la concesión por causas de interés público

El artículo 53 de la ley Orgánica establece, en forma sin duda novedosa en el ordenamiento jurídico aplicable a los contratos públicos, la figura del rescate anticipado de las concesiones por causa de utilidad o interés público, lo que debe decidirse necesariamente por el ente concedente mediante acto administrativo debidamente motivado.

En estos casos, dispone la ley orgánica, "procederá la indemnización integral del concesionario, incluyendo la retribución que dejare de percibir por el tiempo que reste para la terminación de la concesión."

A los efectos de establecer la indemnización en estos casos, la ley orgánica dispone que en el pliego de condiciones se deben establecer los elementos o criterios que deben servir para fijar el monto de la indemnización que haya de cubrirse al concesionario.

Conforme a la Ley Orgánica, si el concesionario estuviese conforme con el monto de la indemnización, la cantidad que se señale por este concepto tiene entonces carácter definitivo; en cambio, si no estuviere conforme, el importe de la indemnización se debe entonces determinar mediante alguno de los mecanismos de solución de conflictos contemplados en la Ley, y que se comentan más adelante.

Como se dijo, este régimen del rescate anticipado de concesiones no se había regulado expresamente en el ordenamiento jurídico ni en las leyes especiales reguladoras de concesiones administrativas. Por ejemplo, en la Ley de Minas no se regula expresamente la posibilidad de la Administración de terminar anticipadamente las concesiones mineras por razones de interés general, sin que medie culpa alguna de los concesionarios, es decir, se dispone la potestad de la Administración de proceder al rescate anticipado de las concesiones por razones e interés general.

Sin embargo, es indudable que ello siempre es posible, como ha sido reconocido en la jurisprudencia del Tribunal Supremo, como una de las llamadas "cláusulas exorbitantes" del derecho común que existen en todos los contratos del Estado, y que permiten a la administración rescindirlos unilateralmente por razones de interés general; en cuyo caso, como la propia jurisprudencia también lo ha reconocido, siempre debe mediar el pago al co–contratante de una indemnización o compensación por los daños y perjuicios que le cause tal rescisión unilateral. Así, por ejemplo, lo expresó hace décadas la antigua Corte Federal, al indicar que "en el campo de acción de los contratos administrativos, y aunque no conste en las cláusulas de la convención, la rescisión unilateral de ellos, cuando así lo demandan los intereses generales y públicos, es una facultad que la Administración no puede enajenar ni renunciar."[256] La jurisprudencia de la antigua Corte Suprema, además, estableció que esta facultad de la Administración para rescindir unilateralmente el contrato, cuando así lo exija el interés general, no la exime, de una manera absoluta, de indemnizar al co–contratante cuando para éste, sin su culpa, se han derivado perjuicios de la rescisión. La indemnización en este caso, como cuando se trata de una expropiación por causa de utilidad pública o social, es la que esté conforme con la justicia y la equidad.[257]

Y esto es, precisamente, lo que se ha regulado en el artículo 53 de la Ley Orgánica sobre Promoción de la Inversión Privada bajo el Régimen de Concesiones de 1999,[258] cuyo estándar basado en el principio de la responsabilidad de la Administración por sacrificio individual, se ha aplicado por la jurisprudencia de la Sala Político Administrativa cuando las concesiones mineras son revocadas por causas que no son imputables al

256 Corte Federal, sentencia de 12 de noviembre de 1954, en *Gaceta Forense*. N° 6 (2da Etapa), Caracas 1954, pp. 193–194. *V.* en Allan R. Brewer–Carías, *Jurisprudencia de la Corte Suprema 1930–1974 y Estudios de Derecho Administrativo*, Tomo III, Vol 2, Instituto de derecho Público, Caracas 1977, pp. 828–829

257 Corte Federal, sentencia de 12 de noviembre de 1954, en *Gaceta Forense*. N° 6 (2da. Etapa), Caracas, 1954, pp. 204–206. *V.* en Allan R. Brewer–Carías, *Jurisprudencia de la Corte Suprema 1930–1974 y Estudios de Derecho Administrativo*, Tomo III, Vol. 2, Instituto de Derecho Público, Caracas 1977, pp. 804–805.

258 *Gaceta Oficial* N° 5.394 Extra. del 25 de octubre de 1999. Los antecedentes normativos de esta previsión sobre rescisión unilateral de contratos estatales y el pago de indemnización, están en las, viejas Condiciones Generales de Contratación en los contratos de obra dictadas por la Administración, donde se indicaba que en los casos de terminación anticipada (artículo 115), conforme al artículo 116, el ente contratante debía pagar al contratista no sólo el valor de la obra ejecutada y de los materiales y equipos que hubiere adquirido para la obra, sino una indemnización conforme a unos porcentajes expresamente previstos; Esta figura de la rescisión unilateral de los contratos, fue luego recogida en la Ley sobre las concesiones de obra pública (artículos 79 y 80) y en materia de las concesiones municipales de servicios públicos o explotación de bienes, en el artículo 42 de la Ley Orgánica de Régimen Municipal.

titular de la concesión, para declarar la validez de los actos administrativos correspondientes.[259]

En efecto, por ejemplo, en el caso de la Ley de Minas, la misma se limitó a establecer los casos específicos de extinción de las concesiones mineras, lo que no impide por supuesto la posibilidad de la Administración de revocar las concesiones mineras, o de ponerle fin anticipadamente a las mismas, cuando razones de interés general lo aconsejen, mediando el pago de una indemnización al concesionario por los daños y perjuicios que le cause ese rescate anticipado. En esta materia, por supuesto, se aplican todos los principios consolidados sobre la posibilidad de revocación de los actos administrativos irrevocables (creadores o declarativos de derechos a favor de particulares) por razones de mérito, respecto de lo cual la Sala Político Administrativa del Tribunal Supremo de la Justicia, en sentencia de 11 de mayo de 2005, ha declarado que la consecuencia fundamental del principio de irrevocabilidad de los actos administrativos que crean derechos a favor de particulares, cuando son revocados en forma no autorizada por el ordenamiento legal, es que los titulares tienen "el derecho de recibir la compensación por daños y perjuicios causado a ellos por la revocación o la suspensión del acto"[260] como si se tratase de una expropiación de los derechos. El principio tiene su equivalente en materia de actos bilaterales como las concesiones cuando la administración adopta la decisión de poner término anticipadamente a la concesión, expropiando los derechos del concesionario. Se trata, además, de los mismos principios clásicos establecidos por la jurisprudencia y que son aplicados en materia de rescisión unilateral de los contratos del Estado por razones de interés general, en cuyo caso, siempre se reconoce la obligación de la Administración de resarcir al co–contratante por los daños y perjuicios que le cause la rescisión.

En el ordenamiento jurídico venezolano relativo a los contratos del Estado, sin embargo, no hay previsiones legales generales que regulen la forma de establecer la indemnización que corresponde al contratista en caso de terminación anticipada de los contratos por razones de interés general, sin culpa del co–contratante; y ello tampoco se reguló por ejemplo, en la Ley de Minas respecto de los casos de terminación anticipada de concesiones mineras por razones de interés general.

En el ordenamiento jurídico venezolano, en realidad, como se ha dicho, es sólo en la Ley Orgánica sobre Promoción de la Inversión Privada bajo el Régimen de Concesiones de 1999 donde se regula expresamente, dentro de las causales de extinción de las concesiones, este llamado "rescate anticipado" (art. 46.d) de las mismas por causa de interés público, previendo el pago de la correspondiente indemnización integral del concesionario, "incluyendo la retribución que dejare de percibir por el tiempo que reste para la terminación de la concesión." Como se dijo, la Ley Orgánica en la norma, en realidad no hizo otra cosa que positivizar, a los efectos de las concesiones que regula, los principios que había desarrollado la jurisprudencia en materia de revocación de actos administrativos irrevocables (incluso los bilaterales) por razones de interés general, o de rescisión unilateral de contratos del Estado (contratos administrativos) por razones

259 *V.* la sentencia N° 847 de la Sala Político Administrativa del Tribunal Supremo de Justicia del 17 de Julio de 2008 (Caso *Minas San Miguel C.A.*), disponible en http://www.tsj.gov.ve/decisiones/spa/Julio/00847–17708–2008–2005–5529.html; Sentencia N° 395 de la misma Sala del 25 de Marzo de 2009 (Caso *Unión Consolidada San Antonio*), disponible en http://www.tsj.gov.ve/decisiones/spa/Marzo/00395–25309–2009–2005–5526.html.

260 *V.* la sentencia N° 01033 de la Sala Político Administrativa del Tribunal Supremo de Justicia del 11 de mayo de 2000 (el Caso *Aldo Ferro Garcia v. la marca comercial BESO*), disponible en http://www.tsj.gov.ve/decisiones/spa/Mayo/01033–110500–13168.htm .

de interés general, mediando siempre el pago de indemnización por parte de la administración, por los daños y perjuicios causados al beneficiario del acto revocado o del contrato rescindido, en términos similares a los de una expropiación de derechos. Sin embargo, lo realmente innovador de la Ley Orgánica, fue el haber establecido un procedimiento específico, con participación activa del concesionario, para la determinación del monto de la indemnización que le corresponde en caso de rescate anticipado de concesiones; disponiendo que para tal efecto debe llegarse a un acuerdo de voluntades a ser formalizado entre el ente concedente y el concesionario, al aceptarse el "Pliego de Condiciones," en el cual de acuerdo con la Ley Orgánica, se deben establecer los "elementos o criterios que servirán para fijar el monto de la indemnización que haya de cubrirse al concesionario."

IX. RÉGIMEN DE LA SOLUCIÓN DE CONTROVERSIAS

El artículo 61 de la Ley Orgánica dispone que para la solución de los conflictos que surjan con motivo de la ejecución, desarrollo o extinción de los contratos de concesión regulados por la misma, las partes pueden utilizar mecanismos de solución directa tales como la conciliación y la transacción.

Asimismo, las partes pueden acordar en el respectivo contrato someter sus diferencias a la decisión de un Tribunal Arbitral, cuya composición, competencia, procedimiento y derecho aplicable serán determinados de mutuo acuerdo, de conformidad con la normativa que rige la materia.

Cuando se trate de la solución de diferencias de carácter exclusivamente técnico, las partes podrán someter la solución del asunto al conocimiento de expertos directamente designados por ellas. En tales casos, la decisión adoptada siguiendo el procedimiento previamente establecido, tendrá carácter definitivo.

LIBRO NOVENO:
SOBRE LA INMUNIDAD DE JURISDICCIÓN Y EL ARBITRAJE EN LOS CONTRATOS PÚBLICOS

Este Libro Noveno del Tomo III del *Tratado de Derecho Administrativo* recoge varios estudios sobre el tema del arbitraje en los contratos públicos: primero, la "Propuesta sobre la cláusula de inmunidad relativa de jurisdicción y sobre la cláusula calvo en los contratos de interés público," formulada ante la Asamblea nacional Constituyente en 1999, y publicada en el libro *Debate Constituyente (Aportes a la Asamblea Nacional Constituyente), Tomo I (8 agosto–8 septiembre 1999),* Fundación de Derecho Público–Editorial Jurídica Venezolana, Caracas 1999, pp. 209–233; segundo, el estudio sobre "El arbitraje y los contratos de interés nacional" publicado en *Seminario sobre la Ley de Arbitraje Comercial,* Biblioteca de la Academia de Ciencias Políticas y Sociales, Serie Eventos, Nº 13, Caracas 1999, pp. 169–204; tercero, el estudio sobre "Algunos comentarios a la Ley de Promoción y Protección de Inversiones: contratos públicos y jurisdicción" en *Arbitraje comercial interno e internacional. Reflexiones teóricas y experiencias prácticas,* Serie Eventos 18, Academia de Ciencias Políticas y Sociales, Caracas 2005, pp. 279–288; y en *Estudios de Derecho Administrativo* 2005–2007, Colección Estudios Jurídicos, Nº 86, Editorial Jurídica Venezolana, Caracas 2007 (pp. 473–484); y cuarto, el estudio "Sobre el consentimiento del Estado al arbitraje internacional en la Ley de Promoción y Protección de Inversiones de 1999 y sus vicisitudes (2012)," redactado para la *Revista de la Facultad de Derecho* de la Universidad Católica Andrés Bello, Caracas 2012.

Sección Primera: SOBRE LA CLÁUSULA DE INMUNIDAD DE JURISDICCIÓN Y LA CLÁUSULA CALVO EN LOS CONTRATOS DE INTERÉS PÚBLICO (1999)

Esta Sección Primera es el texto de la Propuesta que formulados ante la Asamblea Nacional Constituyente en 1999 para la regulación, en el texto de la Constitución de 1999, de la llamada *Cláusula de Inmunidad jurisdiccional,* como reacción a la propuesta formulada por el Presidente Hugo Chávez en su trabajo enviado a dicha Asamblea titulado *Ideas Fundamentales para la Cons-*

***titución Bolivariana de la V República*, Caracas 1999, en sustitución de la previsión que estaba contenida en el artículo 127 de la Constitución de 1961, que no sólo modificaba la cláusula de inmunidad de jurisdicción que existía desde los años cuarenta, sino que eliminaba de la Constitución la llamada *Cláusula Calvo.* La crítica que formulamos prevaleció en la Asamblea, conservándose en la Constitución de 1999 la misma norma que estaba en el texto fundamental de 1961 (art. 150). El estudio que se publica fue enviado como Comunicación a los presidentes de las Comisiones de Integración y Relaciones con la Comunidad Internacional, de la Comisión de Poder Público Nacional, de la Comisión de lo Económico y Social y de la Comisión Constitucional, el 8 de septiembre de 1999, y fue publicado como "Propuesta sobre la cláusula de inmunidad relativa de jurisdicción y sobre la cláusula calvo en los contratos de interés público," en nuestro libro: *Debate Constituyente (Aportes a la Asamblea Nacional Constituyente), Tomo I (8 agosto–8 septiembre 1999),* Fundación de Derecho Público–Editorial Jurídica Venezolana, Caracas 1999, pp. 209–233.**

La Constitución de 1961 establece en su artículo 127, lo siguiente:

> "*Art. 127* En los contratos de *interés público,* si no fuere improcedente *de acuerdo con la naturaleza de los mismos,* se considerará incorporada, aun cuando no estuviere expresa, una cláusula según la cual las dudas y controversias que puedan suscitarse sobre dichos contratos y que no llegaren a ser resueltas amigablemente por las partes contratantes serán decididas por los *Tribunales competentes de la República,* en conformidad con *sus leyes,* sin que por ningún motivo ni causa puedan dar origen a *reclamaciones extranjeras*".

Por su parte, en el Proyecto presentado por el Presidente Chávez, la norma equivalente, ubicada en el Título V sobre el "Sistema socio económico", establece lo siguiente:

> "*Art.*_ En los contratos en los que participe la República y sean de interés público se considerará incorporada, aún cuando no estuviere expresa, una cláusula según la cual las dudas y controversias que puedan suscitarse sobre dichos contratos, serán decididas por los tribunales competentes de la República en conformidad con las leyes".

Para entender adecuadamente estas normas, y los cambios propuestos, las analizaremos separadamente.

I. LA CLÁUSULA DE INMUNIDAD RELATIVA DE JURISDICCIÓN EN RELACIÓN CON LOS CONTRATOS DE INTERÉS PÚBLICO EN LA CONSTITUCIÓN DE 1961

La Constitución de 1961, en el mencionado artículo 127, establece la denominada *Cláusula de Inmunidad* relativa de jurisdicción en relación con los contratos de interés público, sea cual sea el ente estatal que los suscriba, conforme a la cual y cuando por su naturaleza no sea "procedente, las dudas y controversias que se susciten pueden ser decididos por Tribunales extranjeros, o conforme a otra legislación distinta a la venezolana.

1. La noción de contratos de interés público

En relación con el artículo 127 de la Constitución, ante todo, resulta necesario precisar qué ha de entenderse por contrato de interés público (Véase Allan R. Brewer–Carías, "Los contratos de interés nacional y su aprobación legislativa", *Revista de Derecho Público,* N° 11, 1982, Caracas, p. 49 y ss.), a los efectos de determinar a cuales se aplica esta cláusula.

La Constitución, en efecto, se refiere a la noción de contratos de interés público, en genérico, como sucede en el artículo 127; y aparte especifica las especies de contratos de interés público, al indicar que pueden ser de interés público nacional, de interés público estadal o de interés público municipal (art. 126).

La noción de interés público, por tanto, es de carácter genérico, en contraste con las especies (nacional, estadal o municipal), lo que resulta de la forma Federal del Estado conforme a la distribución vertical del Poder (nacional, estadal y municipal).

Por ello, el texto constitucional habla de interés público nacional, de interés público estadal y de interés público municipal, para hacer referencia a un solo interés público que concierne a los tres niveles territoriales.

Por tanto, contratos de interés público son los contratos suscritos por la República, cualquiera que sea su contenido, y también todos los contratos suscritos por los Estados y por los Municipios, y por sus entes descentralizados de derecho público. Por lo demás, esta noción de interés público, que engloba los tres niveles territoriales, tiene relación con otros aspectos fundamentales del Derecho Público Venezolano, como el concepto de Estado o el de Poder Público.

De lo anterior resulta que contrato de interés público, en la Constitución de 1961, es todo contrato suscrito por los entes públicos territoriales, cualquiera que sea su naturaleza y contenido, es decir, por la República, los Estados y los Municipios, y aún más, también, por los entes descentralizados de derecho público de esos tres niveles. Por tanto, un contrato suscrito por un instituto autónomo nacional, estadal o municipal, también puede considerarse como contrato de interés público.

Esto sin duda, es el primer tema que sugiere el artículo 127 de la Constitución, y que conduce a interpretar que se trata, realmente, de una cláusula contractual obligatoria, en el sentido de que todo contrato que suscriban todos los entes del Estado Venezolano, en los tres niveles territoriales e, incluso, en los niveles de descentralización funcional, deben contener esta cláusula cuyo objeto es, salvo que la naturaleza de los mismos excluya, *primero,* estipular que la interpretación, aplicación y ejecución de esos contratos debe someterse a la Ley Venezolana, y *segundo,* que las controversias y dudas que de ellos surjan deben también someterse al conocimiento de los Tribunales venezolanos. Este principio, que se deriva de esta cláusula, encuentra también su fundamento en el principio universal del derecho internacional, de la inmunidad de jurisdicción de los Estados extranjeros. (Véase, Tatiana Bogdanowsky de Maekelt, "Inmunidad de Jurisdicción de los Estados" en *Libro Homenaje a José Melich Orsini,* Vol. I, Caracas, 1982, p. 213 y ss.).

2. El origen de la inmunidad relativa de jurisdicción

La Cláusula del artículo 127 de la Constitución, sin embargo, desde el ángulo de la inmunidad jurisdiccional, se aparta del carácter absoluto tradicional, y encaja dentro de la llamada "inmunidad relativa de jurisdicción". En efecto, esa norma prescribe que esa cláusula debe estar presente en todos los contratos de la Administración "*si no fuere improcedente de acuerdo con la naturaleza de los mismos*". Esto conecta la disciplina en materia de contratos, con un tema clásico de derecho internacional, que muestra la evolución que ha tenido en el derecho contemporáneo el tema, desde una inmunidad absoluta a la inmunidad relativa de jurisdicción (véase, en general, Ian Sinclair, "The Law of Sovereign Inmunity, Recent Development", Académie International de Droit Comparé, *Recueil des Cours, 1980*, Vol. II, La Haya, 1981, p. 201 y ss.).

El origen de esta cláusula, en el sistema constitucional venezolano, se remonta a la Constitución de 1893, en la cual se estableció lo que puede calificarse como el principio de la inmunidad absoluta. El artículo 149 de ese texto dispuso que:

> "...En todo contrato de interés público, se establecerá la cláusula, de que "las dudas y controversias que puedan suscitarse sobre su inteligencia y ejecución, serán decididas por los tribunales venezolanos y conforme a las leyes de la República...""

De acuerdo a esta norma del Texto Fundamental de 1893 la fórmula era distinta al texto vigente: *primero,* preveía la inmunidad absoluta, y *segundo,* prescribía la obligación de que en todo contrato de interés público se estableciera la cláusula, lo que difiere del sistema de la Constitución de 1961, conforme la cual se entiende incorporada la cláusula a los contratos. En aquel texto sólo se decía que en esos contratos debía incorporarse la cláusula, por la que la misma tenía mero carácter contractual.

En la Constitución de 1947 estos dos elementos se cambiaron: se abandonó el sistema de inmunidad absoluta, sustituyéndose por uno de inmunidad relativa, porque la cláusula se consideraba incorporada en los contratos "si fuera procedente de acuerdo a la naturaleza de los mismos"; y, además, se adoptó el esquema actual de considerar incorporada la cláusula aún cuando no estuviera expresa, con lo cual no es necesario que se indique en el texto del contrato que esa cláusula forma parte del mismo, sino que en virtud de la Constitución ella está incorporada (art. 108).

3. La situación en el derecho internacional y la distinción entre actos de autoridad y actos de gestión

Esta cláusula, como se señaló, tiene una evidente vinculación con el Derecho Internacional, y hoy puede decirse que refleja una situación universalmente aceptada y adoptada en todo el mundo: la del principio de la relatividad de la inmunidad de soberanía o de inmunidad jurisdiccional de los Estados.

Por supuesto, ello no implica que haya unanimidad absoluta en la doctrina en relación a determinar cuándo la *naturaleza* de un contrato implica la renuncia a la inmunidad de jurisdicción. Sobre el particular puede decirse que no hay criterios universalmente aceptados, aun cuando todavía se recurra a la distinción tradicional abandonada en el campo del derecho administrativo, entre los actos de autoridad (*jure imperii*) y los actos de gestión (*jure gestionis*) para la interpretación de los casos en los cuales debe haber inmunidad de jurisdicción. La misma doctrina del Fisco, elaborada también durante el siglo pasado, incluso, tuvo sus repercusiones en el Derecho Internacional en este tema de la inmunidad jurisdiccional.

En todo caso, puede decirse que esas distinciones tradicionales, en el momento actual, no tienen valor como tal, porque todo acto del Estado siempre tiene una finalidad pública y no puede decirse que haya actos que el Estado cumple como un particular pura y simplemente.

Sin embargo, la distinción entre actos de autoridad y actos de gestión con todas sus consecuencias, condicionó la elaboración de un documento que, en el ámbito del Derecho Internacional Privado y su incidencia en los contratos estatales, fue muy importante en América Latina. Se trata del *Código Bustamante,* es decir, la *Convención sobre Derecho Internacional Privado* de 1928, que suscribieron casi todos los países de América Latina y del cual es parte Venezuela. En esa Convención puede decirse que se comenzó, en el ámbito internacional de América Latina, a erosionar el principio de la inmunidad jurisdiccional absoluta de los Estados.

En efecto, en ese texto se admitió, como principio, que había inmunidad absoluta, pero salvo el caso de que un Estado hubiera admitido una sumisión expresa a la ley extranjera, en cuyo caso habría un consentimiento expreso a someterse a la jurisdicción de tribunales extranjeros.

En tal sentido, el artículo 333 del Código establece lo siguiente:

> "*Artículo 333.* Los jueces y tribunales de cada Estado contratante serán incompetentes para conocer de los asuntos civiles o mercantiles en que sean parte demandada los demás Estados contratantes o sus Jefes, si se ejercita una acción personal, *salvo el caso de sumisión expresa* o de demandas reconvencionales".

Pero además, en el Código Bustamante, y de allí la importancia de este documento en el derecho internacional, también se estableció el principio de que, a pesar de la inmunidad establecida, ciertas acciones podían dar origen a la renuncia a la inmunidad de jurisdicción, particularmente las acciones reales vinculadas a la propiedad inmueble y los juicios universales (art. 316). Sin embargo, para regular esta materia, en 1928, el Código seguía el parámetro de la distinción entre actos de autoridad y actos de gestión.

Así, los artículos 334 y 335 del Código establecieron lo siguiente:

> "*Artículo 334.* En el mismo caso y *con la propia excepción, serán incompetentes* cuando se ejerciten *acciones reales*, si el Estado contratante o su Jefe *han actuado en el asunto como tales y en su carácter público.*
>
> *Artículo 335.* Si el Estado contratante o su Jefe *han actuado como particulares o personas privadas, serán competentes* los jueces o tribunales para conocer de los asuntos en que se ejerciten *acciones reales* o mixtas, si esta competencia les corresponde conforme a este Código".

Conforme a estas normas, por tanto, si se trata de acciones reales, en asuntos en los cuales el Estado actúa como Poder Público, dictando actos de autoridad, se mantiene el principio de la inmunidad absoluta; en cambio, si lo que está envuelto en el asunto es un acto de gestión en el cual el Estado actúa como particular o persona privada, entonces puede estar sometido a la jurisdicción de otro Estado.

Es claro, sin embargo, que actualmente esta distinción no puede seguir sosteniéndose, como no se sostiene ya en el Derecho Internacional, sobre todo en virtud de la expansión económica de los Estados, pues ha sido justamente en las últimas décadas cuando los Estados han venido desarrollando un intenso proceso de intervención en la economía. En este campo de la actuación económica del Estado, ello no puede implicar que en las mismas, los Estados dejen de ser tales Estados soberanos, a pesar de que cumplan actividades comerciales o industriales en cualquier nivel.

El tema se ha discutido en el campo del derecho internacional, llegándose incluso a afirmaciones mucho más definidas que las que a veces encontramos en el derecho interno. Por ejemplo, Ian Sinclair afirma que "es una sobre–simplificación pretender que todas las actividades del Estado en el campo económico –como el manejo estatal de una industria, las compras o ventas del Estado– son necesariamente de naturaleza de "derecho privado" y que cumpliéndolas el Estado actúa como persona privada" (*loc. cit.* pág. 209), y Chetien ha sostenido que "el Estado no adopta acto alguno, ni interviene en cualquier relación jurídica, sin que ello esté motivado, directa o indirectamente, por la necesidad de mantener su alta misión gubernamental... si uno va al fondo de las cosas, el Estado no se puede presentar jamás como una persona privada" (*idem* p. 209).

Por tanto, por el hecho de que el Estado realice actividades comerciales o industriales, no implica que deja de estar sometido al derecho público y que actúe enteramente regido por el derecho privado.

4. Las excepciones a la Inmunidad jurisdiccional basadas en la naturaleza de los contratos y su carácter comercial

En consecuencia, abandonada la distinción entre actos de autoridad y acto gestión, o entre "Estado persona" y "Estado Poder Público", en el Derecho Internacional, para evaluar las cláusulas de inmunidad de jurisdicción, la discusión se centra en la *naturaleza de la actividad* del Estado más que en su finalidad, que siempre es pública; y la tendencia es a admitir la excepción al principio de la inmunidad basada en el *carácter comercial* de las actividades que realice un Estado, sobre todo el ámbito internacional, lo que ha provocado la admisión del principio de la inmunidad relativa de jurisdicción.

En esta orientación, hay varios instrumentos jurídicos internacionales adoptados en los últimos años que deben destacarse. El primero de ellos es la *Convención Europea sobre Inmunidad de los Estados de 1972*, en la cual se señalaron los casos en los cuales los Estados no podían invocar la inmunidad de jurisdicción, los cuales son: cuando se trate de contratos de trabajo o laborales que deben ser ejecutados en el Estado del foro; cuando un Estado participe como accionista junto con otros particulares en empresas comerciales en el Estado del foro; cuando un Estado tenga oficinas o agencias que realicen actividades industriales, comerciales o financieras, de la misma manera que personas privadas; los procedimientos relativos a patentes, marcas de fábricas y todo lo vinculado al derecho industrial; y las acciones relativas a propiedad inmueble y sobre sucesiones y donaciones (Art. 5 a 10).

Esta Convención Europea fue seguida en cuanto al abandono progresivo de la inmunidad absoluta, por una ley muy importante, que fue la *Ley de Inmunidad de Soberanía de los Estados Unidos de América* de 1976, particularmente por tratarse de un Estado en el cual ha habido, históricamente, muchos conflictos y búsqueda de excepciones al sometimiento de los Estados extranjeros a las leyes norteamericanas. En esa ley se estableció, como principio, que bajo el ámbito del derecho internacional, los Estados no son inmunes en materia de jurisdicción en relación a sus actividades comerciales (Art. 1602), las cuales se definen en el mismo estatuto, como las actividades regulares de conducta comercial, o las transacciones particulares de tal carácter comercial. En este texto, además, se precisa que "el carácter comercial de una actividad debe determinarse en relación a la naturaleza de la conducta, la transacción particular o el acto, antes que en referencia a su objetivo o finalidad" (Art. 1603, d).

El mismo principio se adoptó en la *Ley de Inmunidad del Estado del Reino Unido,* de 1978, lo cual fue también muy importante, porque Inglaterra había sostenido siempre el principio de la inmunidad absoluta. Fue a partir de 1978 cuando se abandonó el principio e, incluso, se definieron los casos a los cuales no se podía alegar la inmunidad jurisdiccional, basado en el principio de la naturaleza comercial de la transacción, tales como: suministros de bienes o servicios; préstamos y transacciones que tienen relación con el financiamiento a los países o garantías o indemnizaciones relativas a estos préstamos y financiamientos, así como cualquier otra transacción o actividad, sea comercial, industrial, financiera, profesional o de carácter similar, en las cuales un Estado entra en relación con otro, sin que quede comprometido realmente el ejercicio de su autoridad soberana (Secc. 3ª).

Esta misma orientación la sigue el *Proyecto de Convención Interamericana de inmunidad de Jurisdicción de los Estados,* aprobado en 1.983 por el Comité Jurídico Interamericano, en el cual se plantea también la excepción a la inmunidad jurisdiccional en el caso de actividades mercantiles y comerciales, en los casos de "la realización de una determinada transacción o acto comercial o mercantil como parte del desarrollo ordinario de su comercio", agregándose también, los asuntos laborales y contratos de trabajo.

5. La discusión en Venezuela y el caso de los contratos de empréstito público

El tema tiene gran importancia en Venezuela, porque toca el principio constitucional contenido en esta cláusula obligatoria del artículo 127; obligatoriedad que está, sin embargo, sujeta a la excepción basada en la naturaleza del contrato, en cuyo caso no se aplica el principio de la inmunidad.

Por supuesto, la discusión en Venezuela se ha planteado en torno al tema de la naturaleza de los contratos (Véase Isabel Boscán de Ruesta, "La inmunidad de jurisdicción de los contratos de interés público", en *Revista de Derecho Público,* N° 14, Caracas, 1983, pp. 24 y ss.; Alfredo Morles. "La inmunidad de Jurisdicción y las operaciones de Crédito Público", en *Estudios sobre la Constitución, Libro Homenaje a Rafael Caldera,* tomo III. Caracas, 1979, pp. 1701 y ss; y la doctrina de la Procuraduría General de la República, en *20 años de Doctrina de la Procuraduría General de la República 1962-1981,* Caracas, 1984, tomo IV, Vol. 2, pp. 169 y ss) y en la materia no se puede dar fórmulas universales. A la conclusión que se ha llegado después de interpretaciones contradictorias, es que el criterio debe incidir en la naturaleza práctica del negocio que está en juego, lo cual tuvo particular aplicación, a principios de la década de los ochenta, con motivo de los contratos de empréstitos públicos y obligaciones financieras que asumía el Estado en territorio de Estados extranjeros (Véase A. Morles, *loc. cit.,* pp. 1.701 y ss).

Por supuesto, en materia de empréstitos públicos, el tema de la inmunidad jurisdiccional se ha planteado desde siempre, y ha habido toda una discusión, tanto en el Derecho Financiero como en el Derecho Internacional, sobre *la naturaleza de los contratos de empréstitos.* En todo caso, si se utiliza la distinción de actos de autoridad y actos de gestión (*jure imperii–jure gestione)* nadie podía afirmar que un contrato de empréstito público no sea un acto de autoridad, y no sea un contrato administrativo: más público, en cualquier sentido, que un contrato de empréstitos, no habría.

Por ello, la solución al problema no se basa en considerar si el Estado suscribe el contrato haciendo uso de su soberanía o de sus poderes públicos, o si son o no contratos administrativos, sino en la naturaleza de las operaciones. En el caso de empréstitos, sin duda, el juez que pueda estar llamado a conocer de un problema judicial en relación a ellos, lo que debe conocer en realidad son cuestiones mercantiles y comerciales. Por eso, y con base en la excepción prevista en la Constitución, los contratos de empréstitos no contienen las cláusulas de inmunidad de jurisdicción y, por tanto, pueden estar sometidos, en su ejecución, que se produce además fuera del país, a las leyes y tribunales donde se realiza la operación. Este, además, es el principio aceptado en todos los países en el momento actual.

Ahora bien, esta posición de principio, en cuanto a la excepción respecto de la cláusula de inmunidad de jurisdicción y que existe respecto de contratos de interés público de naturaleza comercial o industrial, puede verse modificada, como ha sucedido con la Ley sobre Construcción, Explotación y Mantenimiento de Obras Viales y de Transporte en Régimen de Concesión de 1983 (*G.O.* N° 3.247 Extraordinaria de 26–8–83) que estableció que:

> "La concesionaria estará sometida al ordenamiento jurídico venezolano y a la jurisdicción de los Tribunales de la República, cualesquiera sea el origen de sus capitales y el de sus accionistas" (art. 10).

En el mismo sentido, en el sector hidrocarburos, y en cuanto a los contratos para la constitución de empresas mixtas, el artículo 3° (Parágrafo Segundo, literal d), numeral 9) de la Ley de Hidrocarburos, estableció que en dichos contratos se debía insertar la cláusula de inmunidad de jurisdicción, con el siguiente contenido:

> "Las dudas y controversias de cualquier naturaleza que puedan suscitarse con motivo de este convenio y que no puedan ser resueltas amigablemente, serán decididas por los Tribunales de Venezuela de conformidad con sus leyes, sin que por ningún motivo ni causa puedan ser motivo de reclamaciones extranjeras".

II. EL CASO DE LA INCLUSIÓN DE LA EXCEPCIÓN A LA INMUNIDAD DE JURISDICCIÓN EN LOS CONTRATOS RELATIVOS A LA APERTURA PETROLERA

1. La cláusula de excepción y el arbitramiento

Ahora bien, de acuerdo con el principio del artículo 127 de la Constitución de 1961, en el Acuerdo del Congreso del 04–07–95 que autorizó los "Convenios de asociación para la explotación a riesgo de nuevas áreas y la producción de hidrocarburos bajo el esquema de ganancias compartidas", se incluyó la Cláusula Decimaséptima con el texto siguiente:

> "*DECIMASÉPTIMA:* El Convenio se regirá e interpretará de conformidad con las leyes de la República de Venezuela.
>
> Las materias competencia del Comité de Control no estarán sujetas a arbitraje.
>
> El modo de resolver controversias en materias que no sean de la competencia del Comité de Control y que no puedan dirimirse por acuerdo entre las partes, será el arbitraje, el cual se realizará según las reglas de procedimiento de la Cámara Internacional de Comercio, vigentes al momento de la firma del Convenio".

Esta cláusula, junto con otras, fue impugnada en 1995 y 1996 ante la Corte Suprema de Justicia por diversos ciudadanos, entre ellos el actual constituyente Dr. Luis Vallenilla, y el actual Ministro de Energía y Minas, Dr. Alí Rodríguez Araque, argumentando que la misma era contraria al artículo 127 de la Constitución, pues los Convenios de Asociación cuyas condiciones de celebración autorizaba el Acuerdo del Congreso, eran contratos de evidente interés público cuyas controversias, a juicio de los recurrentes, no podían "dirimirse con arreglo a normas de procedimiento distintas a las que establece la Ley Venezolana".

En cuanto a esta denuncia formulada por los recurrentes debe señalarse que, evidentemente, los Convenios de Asociación autorizados en el Acuerdo del Congreso de 04–07–95, son contratos de interés público nacional conforme al artículo 127 de la Constitución, a los cuales, sin embargo, por su *naturaleza industrial y comercial,* se les aplica la excepción contenida en la misma norma respecto al principio de la inmunidad jurisdiccional; razón por la cual no puede considerarse que violaban dicha norma.

En efecto, en la referida Cláusula Decimaséptima si bien se deja claramente sentado el mandato de que el Convenio *"se regirá e interpretará de conformidad con las leyes de la República de Venezuela",* en cuanto a la resolución de *algunas* controversias que deriven del mismo (con exclusión de las materias que sean competencia del Comité de Control), precisamente de acuerdo a lo establecido en el Código de Procedimiento Civil, que es una Ley de la República de Venezuela, se la somete a arbitraje que se realizará según las reglas de procedimiento de la Cámara Internacional de Comercio, vigentes al momento de la firma del Convenio. Esta previsión de la Cláusula Decimaséptima del artículo 2° del Acuerdo está, en un todo, conforme con lo establecido en el artículo 127 de la Constitución, por lo que no lo contradice en forma alguna; y además, responde ahora al contenido del artículo 4° de la Ley de Arbitraje Comercial de 1998, que autoriza el arbitramento en contratos de interés público

En efecto, los Convenios de Asociación autorizados en el Acuerdo de 04–07–95, a celebrarse entre una de las empresas de la industria petrolera nacionalizada y una empresa privada, indudablemente que en los mismos, dada la naturaleza industrial y comercial de las actividades envueltas en ellos –que no cambian por el hecho de originarse en la explotación de hidrocarburos, lo que ha sido reservado al Estado por ley–, la inclusión de la mencionada cláusula de inmunidad de jurisdicción no es obligatoria, razón por la cual incluso podría haberse incluido una cláusula que estableciera la excepción tanto en cuanto a que la interpretación, aplicación y ejecución del contrato debía someterse a la Ley Venezolana (quedando exceptuadas siempre la aplicación obligatoria de las normas de orden público), como en cuanto a que las controversias y dudas que de ellos surjan, debían también someterse a conocimiento de los Tribunales de la República.

Ahora bien, establecida la posibilidad constitucional de la excepción al principio de inmunidad de jurisdicción en relación a los Convenios de Asociación cuyas condiciones se han fijado en el Acuerdo dictado conforme al artículo 126 de la Constitución y al artículo 5° de la Ley Orgánica que Reserva al Estado la Industria y el Comercio de los Hidrocarburos, es indudable que el Acuerdo podía constitucionalmente, como lo hizo, prever que para la solución de determinadas controversias las partes debían recurrir a la figura del arbitramento para su resolución, conforme a lo establecido en el artículo 2° y 608 del Código de Procedimiento Civil.

En todo caso, y en relación a los Convenios de Asociación de la Apertura Petrolera pueden establecerse las siguientes conclusiones:

A. El principio de la inmunidad jurisdiccional del Estado que establece el artículo 127 de la Constitución, de carácter relativo, permite cuando la naturaleza del contrato de interés público lo aconseje, excluir respecto del mismo la aplicación de las leyes venezolanas (con excepción de las normas de orden público) y la jurisdicción de los Tribunales venezolanos.

B. Los contratos de interés público, contenidos en los Convenios de Asociación en ejecución del artículo 5° de la Ley Orgánica que Reserva al Estado la Industria y el Comercio de los Hidrocarburos, por su naturaleza industrial y comercial, son de aquéllos que están dentro de las excepciones respecto del principio del inmunidad jurisdiccional del Estado. Por ello, en la Cláusula Décima Séptima del artículo 2° del Acuerdo de 04–07–95, y conforme al artículo 127 de la Constitución, si bien se ha previsto expresamente que se regirán e interpretarán de conformidad con las Leyes de la República de Venezuela, se ha dispuesto la excepción respecto de la cláusula de inmunidad jurisdiccional del Estado, prescribiéndose que las partes contratantes, respecto de controversias que no sean de las materias competencia del Comité de Control, deben recurrir al arbitramento para su solución conforme al Código de Procedimiento Civil (arts. 2 y 608 CPC), lo cual es admisible en los contratos de interés público que no tengan que contener obligatoriamente dicha cláusula.

C. Las limitaciones fundamentales en relación al recurso de arbitramento en los contratos de interés público, como los Convenios de Asociación, son las establecidas en el artículo 608 del Código de Procedimiento Civil, en el sentido de que no pueden comprometerse "cuestiones sobre estado, sobre divorcio o separación de los cónyuges, *ni sobre los demás asuntos en los que no cabe transacción"*. En cuanto a la transacción, si bien es admisible en materia de contratos de interés público, no puede conllevar a que las partes transijan sin tener capacidad para disponer de las cosas comprendidas en la transacción. Esto implica, en materia de derecho público, que solo los órganos *competentes* para ello pueden transigir, y que además, la transacción no puede recaer sobre *derechos inalienables* respecto de los cuales *no se puede disponer. Por tanto, la transacción no puede implicar renuncia ni relajamiento de normas de orden público o las buenas costumbres* (art. 6 CC), y particularmente de aquéllas que establecen una *competencia de ejercicio obligatorio* (reglada para el Estado). En consecuencia, *ninguna de estas cuestiones pueden ser objeto de compromiso arbitral.* En materia tributaria en todo caso, la transacción judicial sólo es admisible en cuanto a la determinación de los hechos y no en cuanto al significado de la norma aplicable, por lo que un arbitramento no podría incidir sobre esto último.

D. El recurso al arbitramento en los contratos de interés público donde no sea obligatoria la inclusión de la cláusula de inmunidad jurisdiccional, puede conducir, inclusive, a que los árbitros designados resuelvan en el exterior, conforme al artículo 2 del Código de Procedimiento Civil, sometido, el compromiso arbitral, siempre, a las limitaciones antes mencionadas y adicionalmente a las previstas en dicho artículo en el sentido de que los arbitrajes que se resuelvan en el extranjero "no pueden referirse a controversias sobre *bienes inmuebles situados en el territorio de la República o sobre otras materias que interesen al orden público o a las buenas costumbres"*.

E. El recurso al arbitramento, en todo caso, cuando ello es posible en los contratos de interés público, permite a las partes indicar a los árbitros las reglas de procedimiento que deban seguir, conforme al artículo 618 del Código de Procedimiento Civil, las cuales bien podrían ser las de la Cámara Internacional de Comercio, como ha sucedido con la condición fijada por el Acuerdo del Congreso de 04–07–95 en su Cláusula Décima Séptima del artículo 2°.

En consecuencia, la mencionada Cláusula Décima Séptima del artículo 2° del Acuerdo de 04–07–95 consideramos que no contradecía, en forma alguna, el artículo 127 de la Constitución, y al contrario, se adoptó por las Cámaras Legislativas conforme al mismo, razón por la cual la Corte Suprema de Justicia desestimó los alegatos de supuesta violación de dicha norma formulados en la acción de nulidad intentada en 1995 y 1996.

2. La sentencia de la Corte Suprema de Justicia de 17–08–1999

En efecto, la Corte Suprema de Justicia, en Corte Plena, el 17–08–99 dictó sentencia decidiendo los recursos de inconstitucionalidad e ilegalidad que se habían intentado contra el Acuerdo del Congreso autorizatorio de los contratos relativos a la apertura petrolera; y en cuanto a la Cláusula Decimoséptima, sostuvo lo siguiente:

> "6. *Cláusula Decimoséptima:* Se ha alegado como motivo de impugnación de esta cláusula la violación del artículo 127 de la Constitución, que dispone la obligatoriedad de incorporar en todo contrato de interés público una cláusula según la cual las dudas y controversias que se susciten con relación a dichos contratos y que no llegaren a resolverse de forma amigable por las partes, serán decididas por los Tribunales de la República. Insistiendo, además, en la naturaleza de contratos de interés público que tienen los Convenios de Asociación, lo cual compromete aspectos esenciales de la Nación venezolana.
>
> En contra del anterior alegato, quienes defienden la constitucionalidad y legalidad de la cláusula Decimoséptima del Acuerdo recurrido, que permite la incorporación del arbitraje en los convenios de asociación estratégica, han sostenido que la disposición constitucional del artículo 127 revela que efectivamente la cláusula que establece la inmunidad de la jurisdicción nacional es de obligatoria incorporación en toda contratación de interés público, pero que siendo ésta la regla, la excepción se produce, cuando "no fuere improcedente de acuerdo con la naturaleza de los mismos".

Para decidir, se observa:

Son tres los aspectos a dilucidar en la presente controversia:

> En *primer lugar,* el referido a si los convenios de asociación debe reputárseles como contratos de interés público.
>
> En *segundo término,* lo relacionado con la concepción adoptada por la Constitución de la República en su artículo 127, esto es, si acogió el sistema de inmunidad absoluta de jurisdicción o, por el contrario, el de inmunidad relativa, a través del cual se permitiría, dependiendo de la naturaleza del contrato, incorporar la cláusula arbitral.
>
> Y, *por último,* debe dilucidarse a qué se ha referido el Constituyente de 1961 cuando estableció "si no fuera improcedente, de acuerdo con la naturaleza de los mismos".
>
> *Primero:* Con relación al interés público del cual están revestidos los Convenios de Asociación a que se refiere el Acuerdo del Congreso impugnado, estima esta Corte que en el punto 4 de la motiva del presente fallo, referido a la Cláusula Sexta, se dejó claramente establecido que su naturaleza jurídica, es la de un contrato administrativo, o de interés público dadas las características allí extensamente analizadas.
>
> Debe además, dejarse sentado en esta oportunidad, visto lo alegado por los recurrentes, que la contratación administrativa aludida se encuentra vinculada al interés público colectivo, pues, como se ha dicho –y aquí se reitera– es precisamente este elemento el que mueve a la Administración a realizar este tipo de contratación. Así se declara.
>
> *Segundo:* Por lo que se refiere a la concepción que adoptó el artículo 127 de la Constitución de la República, resulta a todas luces evidente para esta Corte, que la redacción de la citada norma no deja la menor duda de que el Constituyente al incorporar en los contratos de interés público la ex-

cepción "*si no fuera improcedente de acuerdo con la naturaleza de los mismos*" se acogió al sistema de inmunidad relativa que ya había establecido la Constitución de 1947. Sistema que, por lo demás, impera en los países desarrollados, que permanentemente someten sus controversias internacionales a los árbitros que elijan uno y otro Estado, buscando con ello evitar que la jurisdicción interna de alguno de ellos tienda –como pareciera inevitable– a favorecer a su país en la disputa de que se trate.

Ahora bien, resulta para este Alto Tribunal innecesario recalcar el fundamento de las precisiones doctrinarias que innumerables y muy reconocidos juristas nacionales y extranjeros han hecho en relación con la justificación para que los Estados acojan el sistema de inmunidad relativa, pues entiende la Corte, que el eje central de esta controversia no se circunscribe especialmente a este hecho, sino al alegado por los recurrentes en cuanto a que esta excepción que concibe –y así lo aceptan– el artículo 127, se encuentra sólo referida a los contratos celebrados "entre dos Estados soberano o entre un Estado soberano y los organismos de Derechos Internacional Público", lo que les permite argüir , que el dispositivo constitucional no autoriza el sometimiento a normas distintas de las venezolanas fuera de estos casos.

No comparte la Corte lo expuesto por los impugnantes, toda vez que la redacción de la mencionada norma no permite, ni semántica ni conceptualmente, hacer tal distinción. En efecto, dispone el artículo 127 citado que: *"En los contratos de interés público,* ***si no fuere improcedente de acuerdo con la naturaleza de los mismos,*** *se considerará incorporada, aun cuando no estuviere expresa, una cláusula según la cual las dudas y controversias que puedan suscitarse sobre dichos contratos y que no llegaren a ser resueltas amigablemente por las partes contratantes, serán decididas por los Tribunales competentes de la República, en conformidad con sus leyes, sin que por ningún motivo ni causa puedan dar origen a reclamaciones extranjeras".* (Resaltado de la Corte). De tal redacción resulta ostensible que el Constituyente no precisó que la excepción allí contenida estuviese referida a los contratos celebrados entre dos Estados soberanos o entre un Estado soberano y los organismos de Derecho Internacional Público, como lo pretenden los recurrentes.

Rebasa el alegato de los demandantes la intención del Constituyente quien no hizo distinción alguna. De lo expuesto, cabe concluir que no se encuentran excluidos por la excepción contenida en el artículo 127 de la Constitución, los contratos de interés público distintos a los señalados por los recurrentes, pues entran en ella todos aquéllos cuya naturaleza haga procedente la incorporación de la cláusula arbitral. Así se declara.

Tercero: Ha quedado establecido tanto el carácter de interés público de los Convenios de Asociación autorizados por el Acuerdo del Congreso como la circunstancia de que la excepción contenida en el artículo 127 constitucional no se limita sólo a aquellos contratos que celebren dos Estados soberanos o un Estado soberano y los organismos de Derecho Internacional Público, y sólo reta por deducir si estos Convenios de Asociación –como lo afirman los opositores al presente recurso de nulidad– tienen la "naturaleza" a la que se refiere el texto constitucional.

En este sentido, son contestes los opositores al recurso en cuanto a que el término "naturaleza" al que alude el texto constitucional no puede estar referido a la esencia jurídica de los contratos, por cuanto queda claramente definida al señalar que se trata de contratos de "interés público", aceptados por la jurisprudencia como contratos administrativos. Por lo que, ha sostenido un sector de la doctrina que se trata del contenido práctico, lo que obligaría a la Administración a incluir la cláusula arbitral, pues sin ella podría no realizarse la operación contractual.

En un sentido más restringido, otros estudiosos del tema (Informe suscrito por el doctor José Melich Orsini, presentado al Consultor Jurídico de PDVSA donde recoge la opinión de reconocidos especialistas en la materia, el cual fue acompañado como documental por la Fiscal del Ministerio Público ante esta Corte) y los opositores al recurso sostienen que, esa naturaleza no es más que la comercial o mercantil que identifica las contrataciones, que por razones de interés público, debe realiza la Administración.

Observa la Corte al respecto que, ciertamente la naturaleza determinada constitucionalmente no es la naturaleza jurídica del contrato, no es la que se refiere a los rasgos característicos de la contratación, esto es, no está vinculada a las notas que permitan incluirlo en una determinada clasificación el tipo de contratos, pues ella queda claramente evidenciada del señalamiento "de interés público" que hace la norma, y efectivamente, se trata de la gestión administrativa involucrada en la negociación, la que determinará la posibilidad de la excepción a la inmunidad jurisdiccional.

Considera esta Corte, además, que esa "naturaleza" a la que se refiere el artículo *in comento* no puede reducírsele única y exclusivamente a la índole comercial, pues se incurriría en el error de excluir otro tipo de contrataciones que, no siendo de naturaleza mercantil, las circunstancias de la negociación también exijan o recomiendan la inclusión de la cláusula arbitral. Esto conlleva a concluir, que la Administración puede y debe estimar la circunstancia específica del caso, y siempre que en ella esté involucrado el interés general, el interés público, en definitiva, la conveniencia del colectivo, la idoneidad del arbitraje como mecanismo que coadyuve al mejor cumplimiento de los fines perseguidos con la contratación, lo que de ninguna manera postula una discrecionalidad en sentido *lato,* pues, se preserva de ello el artículo 126 de la Constitución, cuando exige la aprobación del Congreso Nacional al tratarse de contratos de interés nacional.

Ahora bien, en cuanto a la cláusula de arbitraje autorizada por el Acuerdo aquí impugnado a fin de ser incorporada en los Convenios de Asociación cabe destacar que conforme a la misma Cláusula Decimoséptima, en el artículo 2, se expresa "El Convenio se regirá e interpretará de conformidad con las leyes de la República de Venezuela"; también establece que las materias sometidas a la competencia del Comité de control no estarán sujetas a arbitraje. Y es sólo este Comité de Control (cuya mayor representación corresponde a representantes de la empresa filial) el que conocerá de las decisiones fundamentales de interés nacional relacionadas con la ejecución del Convenio, lo que permite deducir que las materias que conocería eventualmente la Comisión Arbitral no serían fundamentales para el interés nacional.

En razón de lo expuesto, estima esta Corte que, en el caso concreto de los Convenios de Asociación autorizados por el Acuerdo del Congreso de fecha 4 de julio de 1995, su naturaleza no solamente comercial sino de trascendencia para la consecución de las medidas económicas adoptadas por la Administración y validadas por el Congreso Nacional, se subsume en el supuesto previsto en la norma constitucional, por lo que al no infringirla debe declararse improcedente el alegato de inconstitucionalidad por esta causa y así se declara."

III. LA REFORMA PROPUESTA EN EL PROYECTO PRESENTADO POR EL PRESIDENTE CHÁVEZ EN MATERIA DE INMUNIDAD DE JURISDICCIÓN Y SU INCONVENIENCIA

Como se ha señalado, en el proyecto presentado por el Presidente Chávez a la consideración de la Asamblea Nacional Constituyente, se propone sustituir la cláusula del artículo 127 de la Constitución de 1961, por una norma que establece el principio de la inmunidad absoluta de jurisdicción, pero *sólo para la República,* en relación con los contratos en los que sea parte y sean de interés público.

1. La inmunidad de jurisdicción sólo para la República

Debe destacarse, en primer lugar, que esta norma es menos restrictiva que la prevista en la Constitución de 1961, pues sólo regula el principio de la inmunidad jurisdiccional respecto *de la República* en relación a los contratos en los que sea parte y que sean de *interés público.*

La consecuencia de ello sería que en los contratos celebrados por lo Estados, los Municipios, los Institutos Autónomos y demás personas jurídicas de derecho público y por las empresas del Estado, como principio, no existiría régimen alguno que prevea la inmunidad de jurisdicción.

Ello implicaría que la cláusula no se consideraría jamás incorporada a los contratos de interés público celebrados por cualquier otro ente estatal distinto a la República, razón por la cual se estaría autorizando, sin límites, a estos entes a celebrar contratos de interés público, cualquiera que sea su naturaleza, en los cuales no sólo se prevea que las controversias pueden ser resueltas por Tribunales extranjeros o mediante arbitramento, sino incluso conforme a leyes extranjeras.

Esta liberalidad extrema, en realidad, consideramos que no se justifica, pues salvo algunos contratos de empréstito público, la generalidad de los contratos de interés público que el Estado Venezolano celebra, son suscritos por entes descentralizados, los cuales escaparían al régimen de la norma propuesta.

Con una norma constitucional como la propuesta en el Proyecto del Presidente Chávez, en todo caso quedan disipadas hacia el futuro, todas las dudas y objeciones que se hicieron respecto a los Convenios de Asociación de la apertura petrolera, suscritos por las empresas filiales de PDVSA, pues conforme a dicha propuesta, en el futuro, no sólo todas las controversias derivadas de Contratos celebrados por empresas nacionalizadas de la industria petrolera podrían someterse a arbitraje sino que incluso podrían someterse a regulaciones de derecho extranjero.

2. La vuelta a la inmunidad absoluta de jurisdicción sólo para la República

Por otra parte, en *segundo* lugar, debe destacarse que aún cuando la *Cláusula* sólo se refiera a la República, respecto de ella y de los contratos que sean de interés público, el régimen de inmunidad que se proyecta establecer, sería de carácter absoluto.

Ello podría significar un retroceso en cuanto a la contratación internacional en materia de contratos de orden comercial o financiero, como los de crédito público, que podrían afectar la posibilidad misma de contratación de la República.

Por otra parte, quedaría pendiente la interpretación respecto de qué debe entenderse por contratos que "sean de interés público". En el Proyecto de Constitución presentado a la Asamblea por el Presidente Chávez, no hay, ni siquiera indirectamente, una interpretación que permita definir otra noción, que si encuentra significado, en cambio, en la Constitución de 1961

IV. LA AUSENCIA DE REGULACIÓN DE LA DENOMINADA CLÁUSULA CALVO EN EL PROYECTO PRESENTADO POR EL PRESIDENTE CHÁVEZ

La denominada *Cláusula Calvo,* que ha tenido tradicionalmente rango constitucional en Venezuela a partir de 1893, es la exigencia conforme a la cual, en los contratos de interés público también se debe considerar incorporada una *Cláusula* que establezca que por ningún motivo ni causa la ejecución de esos contratos puede dar origen a reclamaciones extranjeras. Así se establece en efecto, expresamente, en el mismo artículo 127 de la antes citada Constitución de 1961.

El antecedente remoto de esta *Cláusula* está también en la Constitución de 1893 (art. 149) en la cual, al regularse los contratos de interés público, se señaló que los mismos en ningún caso podían ser motivo de reclamaciones internacionales. Esta *Cláusula* establecía, por tanto, la improcedencia de las reclamaciones diplomáticas de Estados extranjeros contra el Estado Venezolano, actuando aquellos Estados por cuenta de súbditos extranjeros, y partía del supuesto de que los extranjeros en el territorio del Estado Venezolano se hallaban en las mismas condiciones que los nacionales, por lo que si tenían alguna reclamación debían acudir únicamente a los órganos locales cuando se pudieran considerar lesionados. El objeto de la *Cláusula*, en definitiva, era impedir que las divergencias que pudieran surgir entre partes contratantes en la cual una parte fuera un ciudadano extranjero, pudieran ser consideradas como de naturaleza internacional.

El origen de esta *Cláusula* y por eso su denominación de *Cláusula Calvo*, está en la exposición contenida en el libro de Carlos Calvo, *Tratado de Derecho Internacional,* editado inicialmente en 1868, en el cual, después de estudiar la intervención franco–inglesa en el Río de La Plata y la intervención francesa en México, expresó lo siguiente:

> "Además de móviles políticos, las intervenciones han tenido siempre por pretexto aparente lesiones a intereses privados, reclamaciones y pedidos de indemnizaciones pecuniarias a favor de extranjeros cuya protección no era justificada la mayoría de las veces... Según el derecho internacional estricto, el cobro de créditos y la gestión de reclamaciones privadas no justifican de plano la intervención armada de los gobiernos, y como los Estados Europeos siguen invariablemente esta regla en sus relaciones recíprocas, no han razón para que no se la impongan también en sus relaciones con los otros Estados del Nuevo Mundo" (Véase *Op. cit.,* Tomo I, Parágrafo 205, *cit.* por L.A. Podestá Corta, *Derecho Internacional Público,* Tomo I, Buenos Aires, 1955, pp. 445 y 446).

La propia *Cláusula Calvo* incluso, influyó en la concepción de la llamada *Doctrina Drago,* formulada en 1902 por el Ministro de Relaciones Exteriores de Argentina, Luis María Drago, quien ante las medidas de fuerza adoptadas por Alemania, Gran Bretaña e Italia contra Venezuela, formuló su tesis denegatoria del cobro compulsivo de las deudas públicas por los Estados. (Véase Victorino Jiménez y Núñez, *La Doctrina Drago y la Política Internacional,* Madrid, 1927).

Por supuesto, sobre la propia *Cláusula Calvo* se ha discutido en torno a su validez: unos han estimado que es nula porque las personas privadas no pueden contraer obligaciones que importen dejar sin efecto el derecho de su Estado de origen de protegerlas en el exterior; otros, en cambio, estiman que es válida porque constituye una estipulación formal explícita entre dos partes contratantes: una parte que la ha propuesto como condición para celebrar el contrato y una persona privada que la acepta. Por eso hay una obligatoriedad absoluta de esta *Cláusula* en todo tipo de contrato de interés público y, en particular, por supuesto, en materia de contratos de empréstitos en los cuales incluso, como se ha dicho, puede haber la excepción de la *Cláusula* de inmunidad jurisdiccional. (Véase *Doctrina Procuraduría General de la República 1973,* Caracas, 1974, pp. 276–288).

Estimamos, por tanto, que la *Cláusula Calvo* debe ser obligatoria en los contratos que celebre la República y los demás entes de derecho público, conforme a nuestra tradición constitucional, y debe mantenerse en la nueva Constitución.

De todo lo anterior resulta que, en nuestro criterio, debe mantenerse en la nueva Constitución la regulación del artículo 127 de la Constitución de 1961, tal como está regulado, tanto en cuanto a la *Cláusula de Inmunidad* relativa de jurisdicción, como también, en cuanto a la *Cláusula Calvo*

Sección Segunda: ARBITRAJE Y CONTRATOS DE INTERÉS PÚBLICO

Esta Sección Segunda es el trabajo sobre "El arbitraje y los contratos de interés nacional," publicado en el libro: *Seminario sobre la Ley de Arbitraje Comercial*, Biblioteca de la Academia de Ciencias Políticas y Sociales, Serie Eventos, Nº 13, Caracas 1999, pp. 169–204.

Tal como se deriva del tema, asignado para nuestra exposición, esta la desarrollamos en cuatro partes: En *primer lugar*, nos referiremos a la noción de Contratos de Interés Nacional; en *segundo lugar*, haremos referencia al tema de la Inmunidad Jurisdiccional del Estado; en *tercer lugar*, trataremos el tema del Arbitraje en los Contratos de Interés Público y en *cuarto lugar*, se hará una breve referencia a un aspecto adjetivo, que en la Ley de Arbitraje está establecido en relación al tema de los Contratos de Interés Público.

I. CONTRATOS DE INTERÉS NACIONAL

Esta es una expresión constitucional –como todos bien sabemos– que encontramos en el Artículo 126 de la Constitución y de cuya interpretación se han generado polémicas que se han extendido durante 20 ó 30 años.

La norma consagrada en la Constitución, que está contenida en el artículo 126 de este texto, es adjetiva, y establece la necesaria intervención del Congreso para la aprobación de Contratos de Interés Nacional, salvo para aquéllos contratos que –dice el artículo–: "*...fueren necesarios para el normal desarrollo de la administración pública o los que permita la ley.*"

Esta norma ha sido objeto de todo tipo de interpretaciones, ¿qué es un Contrato de Interés Nacional?; ¿qué lo distingue?; ¿qué lo distingue de un Contrato Administrativo?; ¿estamos hablando o no de lo mismo?, ¿cuáles son las excepciones?.

Básicamente sobre esto ha versado la discusión respecto a la interpretación de la norma en cuestión, es decir, sobre la aprobación por el Congreso de este tipo de contratos, porque la norma está establecida en una forma muy general que deja a salvo sólo a los contratos celebrados para asegurar el normal desarrollo de la administración pública, o los que permita la Ley, es decir que este tipo de contratos no estarían sometidos a la aprobación previa del Congreso para su celebración. Sin embargo, la expresión de contratos *"necesarios para el normal desarrollo de la administración pública"'*, es una típica expresión que configura los llamados por la doctrina "conceptos jurídicos indeterminados", que alguien tiene que determinarlos. De allí que surjan ciertas interrogantes, como la siguiente: ¿Qué es lo que es normal para el desarrollo de la administración pública?; pero esto no está establecido en ninguna parte, no hay ninguna ley que diga: "Los siguientes contratos se entienden normales para el desarrollo de la administración pública y, por tanto, no están sometidos a la aprobación del Congreso".

Es por ello que solamente la última parte de este artículo ha sido objeto de aplicación y la interpretación que se le ha dado es que no están sometidos a la aprobación del Congreso aquéllos contratos cuya celebración permita la Ley, es decir, los que permita la Ley de manera tal que no es necesario ni se prevea el requisito de la aprobación por el Congreso; y a través de esta figura, es que se considera que, en general, los Contratos de Interés Público, regulados en leyes nacionales, no están sometidos a la aprobación del Congreso porque la Ley que los regula no prevé expresamente la aprobación por éste. Es así como la excepción se ha convertido en la regla interpretativa porque si no, simplemente, no habría forma en que la Administración Pública podría funcionar.

Sobre el concepto de Contratos de Interés Nacional, en sí mismo, ha habido todo tipo de interpretaciones. Algunos autores han señalado que, los Contratos de Interés Nacional, son aquéllos que tienen una magnitud económica y una importancia en relación a la realización de actividades del Estado, de magnitud e importancia significativa; cosa que no tiene ningún basamento, porque tendría que haber una ley que diga que Contratos de Interés Nacional, son aquéllos de un monto tal, o de tal importancia; y esto no existe, de tal manera que es imposible, constitucionalmente hablando, adoptar esa definición de Contrato de Interés Nacional. Otros autores han dicho que, son Contratos de Interés Nacional aquéllos que pueden dar origen a reclamaciones extranjeras, porque están vinculados al concepto constitucional; lo cual tampoco tiene ninguna base jurídica en el Derecho Interno porque se trata de una definición de Derecho Interno y no en relación a cuestiones internacionales.

De tal forma que, el primer debate, es establecer qué son Contratos de Interés Nacional.

Hace años llegué a la conclusión, que es de las típicas conclusiones en Derecho, que sólo mediante una interpretación lógica elemental se puede llegar a una definición de estos Contratos de Interés Nacional. Por tanto, en el Ordenamiento venezolano, Contrato de Interés Nacional es, ni más ni menos, el Contrato de Interés Público que concierne a la rama nacional del Poder Público; y esto sale de la propia interpretación de los artículos 126 y 127 de la Constitución.

Al acudir al artículo 127 del Texto Fundamental, el cual consagra, además, la Cláusula de Inmunidad de Jurisdicción, dice así:

> "En los contratos de interés público, si no fuere improcedente, de acuerdo con la naturaleza de los mismos, se considerará incorporada, aún cuando no estuviere expresa, una cláusula según la cual las dudas y controversias que puedan suscitarse sobre dichos contratos y que no llegaren a ser resueltas amigablemente por las partes contratantes, serán decididas por los Tribunales competentes de la República, en conformidad con sus leyes, sin que por ningún motivo ni causa puedan dar origen a reclamaciones extranjeras."

Este artículo se refiere a los contratos de Interés Público, y si vamos al artículo 126, en la primera parte, dice:

> "Sin la aprobación del Congreso, no podrá celebrarse ningún contrato de interés nacional,..."
>
> se refiere al Congreso Nacional, a la aprobación de contratos de Interés Nacional, que conciernen a la rama nacional; y si vamos a la segunda parte del Artículo 126, dice:
>
> "Tampoco podrá celebrarse ningún contrato de interés público nacional, estadal y municipal, con Estados o entidades oficiales extranjeros, ni con sociedades no domiciliadas en Venezuela, ni traspasarse a ellos, sin la aprobación del Congreso"

Con lo cual, lo elemental es que hay un concepto genérico que es "contrato de Interés Público", que es todo contrato celebrado por algún ente estatal venezolano, y en virtud de ello, esos Contratos de Interés Público pueden ser de tres especies, según la distribución vertical del Poder, que, de acuerdo a la Constitución venezolana, las ramas del Poder Público no son Ejecutivo, Legislativo y Judicial, sino: Nacional, Estadal y Municipal; esas son las ramas del Poder Público, de acuerdo a la distribución vertical del poder, en la historia, tradición y actualidad constitucional, por lo cual un Contrato de Interés Público puede ser de Interés Público Nacional, Estadal y Municipal y eso es lo que define el artículo 126 de la Constitución.

De manera que el Contrato de Interés Nacional, es el que interesa al nivel del Poder Público Nacional, en contraposición a los poderes públicos estadales y municipales; los tres son contratos de interés público, pero hay un contrato de interés público nacional, estadal y municipal, como lo dice expresamente el texto mismo del artículo 126 en su segundo aparte. De manera que no son contratos de interés nacional, los celebrados por los estados y los municipios o por las personas jurídicas estadales o municipales de Derecho Público o Derecho Privado; sólo son Contratos de Interés Nacional los que se celebran por alguna entidad pública nacional de Derecho Público o Privado.

En realidad, el tema del Arbitraje se aplica para todos los contratos estatales, todos los contratos que celebren entes estatales y éstos pueden ser, a su vez, nacionales, estadales y municipales, por lo tanto, en realidad estamos hablando del Arbitraje y los Contratos de Interés Público que pueden ser Nacionales, Estadales y Municipales.

II. LA INMUNIDAD DE JURISDICCIÓN EN LA CONTRATACIÓN ESTATAL

Con respecto a los contratos de interés público, que ya vimos que pueden ser nacionales, estadales y municipales, a todos ellos se aplica la norma contenida en el artículo 127 de la Constitución, que establece la cláusula de Inmunidad Jurisdiccional, y esto se deriva del propio texto de la norma que comienza diciendo: *"En los Contratos de Interés Público..."*, por tanto, dicha cláusula que está también en los contratos de interés público nacional, estadal y municipal, en tanto no fuera improcedente de acuerdo con la naturaleza de los mismos, se considerará incorporada aún cuando no estuviere establecido expresamente, según la cual las dudas y controversias que puedan suscitarse sobre dichos contratos y que no llegaren a ser resueltos amigablemente por las partes contratantes, serán decididas por los Tribunales competentes de la República en conformidad con las leyes nacionales, sin que por ningún motivo ni causa puedan dar origen a reclamaciones extranjeras.

Dicha cláusula, además de estar en el artículo 127 de la Constitución como principio, la encontramos repetida en algunas normas de rango legal, como el Decreto–Ley N° 138 sobre Concesiones de Obras Públicas y Servicios Públicos Nacionales del año 1994, y también en el Decreto N° 1821 mediante el cual se dictan las Condiciones Generales de Contratación para la ejecución de Obras que el Ministerio o el Ejecutivo Nacional, originadas en el antiguo Ministerio de Obras Públicas, ha venido dictando desde hace varios años.

Por otra parte, esa cláusula del artículo 127 de la Constitución, es de las denominadas "cláusulas obligatorias" en los contratos de Interés Público; y hay que resaltar que aquí se está hablando es de contratos de Interés Público, de acuerdo a la terminología constitucional, y no de contrato administrativo, terminología en la cual conceptualmente no creo y así lo he expresado y escrito desde hace mucho tiempo, y que se trata de un concepto que tiene su origen simplemente en una norma adjetiva de la Ley Orgánica de la Corte Suprema de Justicia, que le atribuye competencia a la Corte para conocer de las controversias sobre contratos administrativos, lo que ha obligado a que por vía jurisprudencial y a los solos efectos de delimitación de la competencia de los tribunales contencioso–administrativos se haya tenido que recurrir a una noción de contrato administrativo como contrapuesta a otros contratos que son los llamados contratos de Derecho Privado de la Administración que no estarían bajo la jurisdicción de la Corte Suprema de Justicia, pero que por supuesto, pasa por todos los criterios interpretativos internacionales de la prerrogativa de las cláusulas exorbitantes que han dado origen a una amplísima jurisprudencia, particularmente en Francia, donde sí existen dos jurisdicciones para el conocimiento de estas materias, según la naturaleza de los contratos sea adminis–trativa o no.

Este no es el caso en nuestro país, donde más bien la jurisdicción contencioso–administrativa, de acuerdo al artículo 206 de la Constitución, se ha configurado como un fuero de la Administración, de sus actos, de sus actividades, inclusive de sus contratos, tengan o no una preponderancia de régimen de Derecho Público, que es lo que en definitiva caracteriza a los Contratos Administrativos.

Al hablar en términos generales de los Contratos de Interés Público, habrá que incluir, en la terminología de la Corte, a los Contratos Administrativos, porque son contratos en los cuales hay o una cláusula exorbitante, un servicio público o una obra pública de por medio.

Nos referimos al tema, por tanto, en términos generales "Contratos de Interés Público", sean o no administrativos en la terminología de la jurisprudencia de la Corte. De acuerdo a la cláusula del artículo 127, todos los aspectos relativos a la interpretación, aplicación o ejecución de esos Contratos de Interés Público, como principio, deben estar sometidos a la ley nacional y todas las controversias sobre los mismos deben ser del conocimiento de los tribunales nacionales, a eso tiende la cláusula de la Inmunidad Jurisdiccional, de acuerdo al artículo 127, salvo que eso no fuese procedente de acuerdo con la naturaleza de los mismos, es decir, que de acuerdo con la naturaleza de los mismos fuere improcedente la Inmunidad de Jurisdicción y pudiesen estar esos contratos o sometidos a arbitraje, es decir, no a los tribunales regulares de la República sino a un régimen legal distinto al de las leyes de la República, que puede ser el derecho aplicable según se establezca en una cláusula de arbitraje.

Este tema de la Inmunidad de Jurisdicción ha sido también muy discutido en nuestro país, el artículo 127 tiene su origen histórico y ha sido una norma que ha sufrido una evolución desde la cláusula absoluta de inmunidad, que existía hace unas décadas, hasta la cláusula de inmunidad relativa o el principio de la inmunidad relativa de la jurisdicción del Estado, derivado de la naturaleza comercial de la actividad objeto de esos contratos, es decir, *"de acuerdo con la naturaleza de los mismos",* según dice el texto del artículo 127.

La evolución en esta materia, ha llevado a que la excepción a la Inmunidad de Jurisdicción se refiere a todos aquellos contratos que tengan carácter comercial, con las definiciones relativamente amplias que se han venido estableciendo en el Derecho Internacional, particularmente en el campo del Derecho Internacional Privado, y que están en algunas convenciones y leyes de otros países.

La *Convención Europea de Inmunidad de los Estados* del año 72, excluye la cláusula de Inmunidad de Jurisdicción para los contratos del trabajo o laborales; a aquéllos que regulen participaciones en empresas comerciales, actividades industriales y financieras; los procedimientos en materia de patentes, marcas, es decir, en general, de propiedad industrial, propiedad, sucesiones y donaciones.

La *Ley de Inmunidad de Soberanía de los Estados Unidos* del 76, también se refiere en general a las actividades comerciales como motivo de esta Inmunidad relativa a actividades de regulares de conducta comercial, transacciones entre particulares, con particulares con carácter comercial; siendo lo que determine el carácter comercial la naturaleza de las conductas de las transacciones establecidas.

En el mismo sentido tenemos a la *Ley de Inmunidad del Estado del Reino Unido* del 78, que tiende hacia el tema de la naturaleza comercial de las transacciones, donde se incluyen el suministro de bienes y servicios, los contratos de préstamo, las transacciones relativas al financiamiento de países, garantías o indemnizaciones relativas a los préstamos o financiamientos, etc.

Cualquier transacción o actividad de carácter comercial, industrial, financiero y profesional en que el Estado entra en relación con otros sin que quede comprometida su soberanía, tiende a determinar la naturaleza comercial de la actividad.

En el *Proyecto de la Convención Interamericana* del año 83, sobre el mismo tema de la inmunidad, nos encontramos disposiciones similares a las de las convenciones anteriormente mencionadas. Dicha convención se refiere también a las actividades mercantiles o comerciales realizadas por un determinado Estado o transacciones o actos comerciales como parte del desarrollo ordinario del comercio, incluyendo contratos laborales o del trabajo, etc. Esta Convención todavía sigue siendo Proyecto.

Hasta ahí, básicamente, llega la evolución conceptual en materia de inmunidad de jurisdicción, la cual está determinada por una variable constante que es, la presencia de los mismos principios en todos estos ámbitos, antes mencionados.

De todo lo cual se puede sacar como conclusión, de acuerdo al Artículo 127 de la Constitución, que los Contratos de Interés Público que tengan naturaleza comercial o en los cuales haya cláusulas relativas a cuestiones netamente comerciales, dentro de una definición de este tipo, no se aplica la cláusula de inmunidad, es decir, no se considera incorporada la cláusula de Inmunidad de Jurisdicción que exige la resolución de los conflictos por los tribunales y el sometimiento ineludible de las partes contratantes a éstos y a las leyes nacionales.

En esta categoría de contratos de naturaleza comercial, definidos en esta forma amplia, están por supuesto, los contratos de empréstito y los de obligaciones financieras, que también han sido discutidos en nuestro país desde hace algunos años.

III. EL RECURSO AL ARBITRAMENTO EN LOS CONTRATOS DE INTERÉS PÚBLICO

No se trata de una materia nueva ni deriva de la aplicación de la Ley de Arbitraje Comercial. Al contrario, ha habido una larga evolución conceptual doctrinal en nuestro país que podemos remontar al año '59. Después de la Revolución Democrática del '58 la Procuraduría General de la República emitió un dictamen muy restrictivo, donde señalaba que el Arbitraje en los Contratos de Interés Público sólo se admitía respecto a las discrepancias sobre cuestiones técnicas y excluía el arbitramento en otros campos.

Al año siguiente, el profesor Moles Caubet, en 1960, en un trabajo sobre el "Arbitramento en los Contratos Administrativos", admitía la cláusula arbitral con forma general, en todos los Contratos de Interés Público. En el año '64 consideré que no era admisible la cláusula arbitral en los contratos administrativos, porque no existía en el ordenamiento jurídico, en ese momento, ninguna norma que autorizara la inclusión de este tipo de cláusula, y partiendo del principio de que en Derecho Público la competencia tiene que ser expresa, debía haber algún tipo de regulación al respecto. Nosotros nunca hemos tenido una ley de contratos del Estado, como existe en España o en Colombia, con gran desarrollo, no hay aquí ninguna norma general que regule el tema, salvo las cláusulas de Condiciones Generales de Contratación en materias de contratos de obras públicas.

Sin embargo, conocido es que yo mismo he cambiado mi criterio después de la sanción del Código de Procedimiento Civil en 1986, que se aplica a los entes públicos y que de acuerdo a su artículo 608 se señala que todas las controversias pueden someterse al arbitraje, estableciéndose las excepciones con claridad, es decir, que no pueden someterse al arbitraje, las *"cuestiones sobre estado, sobre divorcio o separación de los cónyuges"*; lo cual no concierne, por supuesto, al Estado ni a los entes públicos ni a los contratos de interés público.

Pero, agrega este artículo, que tampoco puede haber arbitraje *"sobre los demás asuntos en los cuales no cabe la transacción"*; respecto a esto, en la década de los ochenta, cuando edité mi libro sobre *Contratos Administrativos*, analicé el tema del recurso del arbitramento en los contratos de interés público vinculado al tema de la transacción. De manera que, en los contratos de interés público la única limitación que se aplica, derivada del Código Civil, en la cual no se admite el arbitramento es en el caso de los asuntos donde no cabe la transacción; y el tema, que seguramente ha sido analizado, concierne al Derecho Público en forma muy específica.

La misma restricción la tiene la Ley de Arbitraje Comercial, en su artículo 3°, el cual establece que

> "Podrán someterse a arbitraje las controversias susceptibles de transacción que surjan entre personas capaces de transigir"

Por lo cual, si una controversia no es susceptible de transacción, no puede ser sometida a arbitraje y, además, debe surgir entre personas capaces de transigir, según dice la propia Ley de Arbitraje Comercial, o sea que, el mismo principio de interpretación que habíamos aplicado respecto al Código de Procedimiento Civil se aplicará también en esta nueva Ley.

Ahora bien, de acuerdo al Código Civil (art. 1713), una transacción es un contrato mediante el cual hay, en su parte central, recíprocas concesiones, por lo cual es necesario que las partes renuncien a determinadas pretensiones en forma recíproca para poder llegar al contrato de transacción, por eso para transigir se necesita –como lo dice el Código Civil en el artículo 1714 y la Ley de Arbitraje Comercial en el ya citado artículo 3°– tener capacidad para transigir, es decir, capacidad para disponer de las cosas comprendidas en la transacción, con lo cual, las cosas, derechos o pretensiones que no sean disponibles y sobre las cuales no haya capacidad de disponer, no pueden ser objeto de transacción ni de arbitraje, de manera que, esto nos trae una serie de límites en el campo del Derecho Público.

La transacción, básicamente, y, por tanto, el arbitraje en el campo del Derecho Público, no puede implicar renuncias ni relajamientos de normas en cuya observancia estén interesados el orden público y las buenas costumbres. Estamos recurriendo aquí al artículo 6 del Código Civil, pero también la Ley de Arbitraje Comercial consagra el mismo principio con respecto a cuestiones que sean contrarias al orden público.

En el campo del Derecho Público, la cuestión de orden público se plantea fundamentalmente en el tema de la competencia. La competencia de los entes públicos es siempre de orden público y así lo han determinado todas las doctrinas y todas las jurisprudencias al punto de que puede ser planteada por el juez, hasta de oficio, en cualquier estado y grado de la causa. Por tanto, no puede nunca una transacción versar sobre competencias de los órganos del Estado, competencias que, en general, son de ejercicio obligatorio, de manera que, en el campo de las llamadas "competencias regladas" no habría posibilidad de transar ni habría posibilidad de arbitraje.

En materia de la competencia tributaria, por ejemplo, no podría haber una transacción, de manera que un órgano público no puede en ninguna forma convenir en no fiscalizar, liquidar o cobrar un impuesto mediante una transacción, ya que podría afectar las llamadas competencias discrecionales, mediante las cuales se da cierta libertad al ente público de tomar una decisión en algunos aspectos, pero en este caso específico no podría haber una transacción porque allí la competencia es, necesariamente, de ejercicio obligatorio. Por eso la Ley de Arbitraje Comercial, ha seguido esta misma orientación que señala como exceptuadas de la posibilidad de arbitramento, las controversias que directamente conciernan a las atribuciones o funciones de imperio del Estado o de personas o entes de derecho público (Artículo 3°, letra b). Se trata de una expresión muy rebuscada, propia, quizás, de los comercialistas que redactaron esta Ley. Esta expresión parece ser una reminiscencia de la vieja distinción de actos de autoridad y gestión que es válida en el campo del Derecho Internacional Privado, pero en el campo del Derecho Interno hubiese sido más fácil referirla a la competencia, que es la terminología propia del campo del derecho público, es decir, referirla a las competencias de los entes públicos que no pueden ser objeto de arbitraje.

En este sentido, hay una norma que se refiere al tema de la posibilidad de admisión de la cláusula arbitral, y ya hemos señalado que se admite en aquellos contratos en los que, por su naturaleza, no se exija la inmunidad de jurisdicción, se trata de aquéllos que tengan naturaleza comercial dentro de toda la tradición y terminología, naturaleza comercial donde es posible establecer la transacción y el arbitraje.

El Decreto–Ley sobre Concesiones de Obras Públicas y Servicios Públicos Nacionales, que es el llamado Decreto Ley N° 138 del año 94, establece, en esta materia, una norma específica. Empieza por decir el artículo 10:

> "El concesionario estará sometido al ordenamiento jurídico venezolano y a la jurisdicción de los Tribunales de la República".

Es decir, es una formulación positiva de la misma cláusula del Artículo 127 de la Constitución: el sometimiento al ordenamiento venezolano y a los tribunales nacionales por parte del concesionario y el ente concedente, pero luego agrega el mismo artículo:

> "El Ejecutivo Nacional y el concesionario podrán convenir en que las dudas y controversias que puedan suscitarse con motivo de la interpretación o ejecución del contrato de concesión se decidan por un tribunal arbitral cuya composición, competencia, procedimiento y derecho aplicable serán determinados por las partes."

Es decir, el Decreto Ley que regula las concesiones de obras públicas y servicios públicos permite el arbitraje en los contratos de concesión respecto a las controversias sobre interpretación y ejecución del contrato de concesión lo que implica la posibilidad de excluir del conocimiento de la Corte Suprema de Justicia este tipo de asuntos, porque éste sería un típico contrato administrativo, los contratos de concesión de obras públicas o servicios públicos son, por definición, contratos administrativos. El establecimiento de una cláusula arbitral en este tipo de contratos implicaría que la Corte no tendría la competencia para conocer de estos contratos y remiten, en general, respecto a la competencia para el procedimiento aplicable a lo que determinen las partes, es decir, a lo que contenga el contrato de concesión pura y simplemente.

Se ha dicho que el contrato de concesión de obras públicas o servicios públicos, es un contrato administrativo, es decir, es un contrato de interés público cuya naturaleza, en global, no es comercial, es la presentación de un servicio público, o la realización de una obra pública, y por tanto ahí no cabe el arbitraje comercial lo que cabe es el arbitraje que está en la Ley de Concesiones y que se rige por lo que se haya estipulado en el contrato de concesión o por lo que al respecto contempla el Código de Procedimiento Civil, pero no se aplica la Ley de Arbitraje Comercial. No estoy tan seguro de ésta apreciación, creo que la excepción a la cláusula de inmunidad del 127, no sólo se refiere a que el contrato, en un todo, sea de naturaleza comercial, sino que, puede tratarse de un contrato de interés público donde una controversia sobre un aspecto concreto de la ejecución del contrato sea de carácter netamente comercial lo que es cada vez más evidente en el campo de las concesiones de servicios públicos. En estas, por supuesto puede haber cuestiones relativas al ejercicio de potestades públicas del ente regulador del servicio público o de alguna otra cuestión que comprometa competencias públicas y que por tanto no puedan ser materia de arbitraje; pero hay aspectos de la ejecución del contrato de neto carácter comercial, en el cual pienso que sí se podría incluirse una cláusula arbitral. Ya lo autoriza el Decreto de Ley de Concesiones de Obras Públicas, aunque no por eso, en mi criterio, se excluye la aplicación de la Ley de Arbitraje Comercial.

De manera que en materia de contratos de interés público, tenemos el principio de que si no son de carácter comercial rige el Artículo 127 de la Constitución, y rige también el principio de la cláusula de inmunidad de jurisdicción

Sin embargo, se ha admitido en una sentencia reciente de 06–11–97, dictada en el caso VAN DAM, con motivo de una cláusula arbitral en un contrato de suministro de cuestiones militares, o de obras públicas entre el Ministerio de la Defensa y la empresa VAN DAM, lo siguiente:

> "Sin que ello implique un pronunciamiento sobre la validez de un "arbitraje de derecho" en contratos de interés público, materia que escapa a los límites de esta controversia –pues lo que se solicita es el cumplimiento de una cláusula arbitral que estatuye "árbitros arbitradores"– es lo cierto que, en criterio de la Sala, nada obsta a la procedencia de este tipo de arbitraje en contratos como el examinado(nota: contrato de obras de prestaciones mixtas entre una empresa privada y el Ministerio de la Defensa), siempre –eso sí– que el mecanismo arbitral escogido se encuentre al mero establecimiento de los hechos derivados de la ejecución del contrato, sin que puedan extenderse los árbitros arbitradores a atribuir a esos hechos, fijados por esa vía, consecuencias jurídicas, "según les parezca (a los árbitros) más conveniente al interés de las partes, atendiendo principalmente a la equidad", como pauta el Código de Procedimiento Civil para este tipo de arbitraje."

Es decir, que es posible, en los contratos de interés público –según la Corte– aún cuando no se aplique la inmunidad de jurisdicción en global, sin embargo, es posible recurrir a una cláusula de árbitros arbitradores para la determinación única y exclusivamente de hechos y no para la resolución del asunto desde el punto de vista jurídico.

Luego agrega la sentencia,

> "En efecto, conduce a esa conclusión, primero, el texto del artículo 127 de la Constitución al disponer que las controversias sobre contratos de interés público nacional, deben resolverse por los tribunales competentes de la República "en conformidad con sus leyes", ..."

Por supuesto, salvo que por su naturaleza no tenga que ser así, aunque la sentencia se queda allí.

> "... lo que excluye, de plano, toda posibilidad de dirimir estos conflictos prescindiendo de la normativa aplicable para acudir al interés de las partes y equidad."

Se deduce de esta sentencia, que en un contrato de interés público que no tenga carácter comercial, y por tanto no se le aplica la inmunidad relativa, y que se deben someterse a los tribunales venezolanos y a la ley venezolana, sin embargo, en este tipo de contratos se admitiría una cláusula arbitral de árbitros arbitradores para la consideración de cuestiones de hecho, nada más.

Ahora, si el contrato tiene naturaleza comercial o hay cláusulas de naturaleza comercial en el contrato, es posible, la cláusula arbitral de derecho y la cláusula de árbitros arbitradores; no hay en esto ninguna limitación. A esto remite –incluso– el mismo Decreto Ley de Concesiones de Obras y Servicios Públicos, al establecer, en el artículo 10 ya antes mencionado, que en el contrato se podrá establecer el régimen del tribunal arbitral e inclusive el derecho aplicable. Esto es en mi criterio, el estado de la cuestión con motivo de esta última decisión de la Corte.

IV. REQUISITOS ADJETIVOS DE LA LEY DE ARBITRAJE COMERCIAL

Un último comentario merece el artículo 4 de la Ley de Arbitraje Comercial, que establece un requisito adjetivo para el Arbitraje Comercial, en el caso de empresas del Estado.

No se determina ningún requisito si el contratante es la República, un Estado o un Municipio. En estos casos no hay ningún requisito adicional. El requisito adjetivo del artículo 4 se refiere a empresas del Estado de primera y segunda generación, aunque empresas del Estado en sentido global, es decir, empresas del Estado en el ámbito nacional, en el ámbito estadal y en el ámbito municipal. En cualquiera de esos niveles, cuando una de las partes sea una sociedad donde la República, los estados, los municipios, los institutos autónomos, estadales, nacionales y municipales tengan participación del 50% o cualquiera de éstos tenga participación en segundo grado en alguna empresa, el acuerdo arbitral requerirá para su validez de la aprobación del órgano estatutario competente de la sociedad, la asamblea o la junta directiva o quien sea, de acuerdo a los estatutos de la sociedad o de la empresa del Estado, y la autorización por escrito del Ministro de Tutela; por supuesto, esto sólo se refiere a las empresas del Estado nacionales, no hay respecto a las empresas del Estado, estadales o municipales, ningún Ministro de Tutela, con lo cual el requisito de la autorización previa por un Ministro de Tutela sólo se refiere a las empresas del Estado nacionales.

En cuanto a las empresas del Estado estadales y municipales, a ellas se aplicaría sólo la aprobación previa por el órgano estatutario. Y luego, la exigencia de que ese acuerdo debe especificar el tipo de arbitraje o institucional o independiente y el número de árbitros, que no debe ser menos de 3. Hay aquí una utilización indiscriminada de los términos: *autorización* y *aprobación*. La autorización es un requisito en el Derecho Público siempre previo a la realización de un acto; en el campo del Derecho Civil lo mismo. La aprobación es posterior, con lo cual, si es una empresa del Estado tendría que tener la autorización previa del Ministro de Tutela y la aprobación posterior del órgano estatutario; es lo que deriva del sentido propio de las palabras tal como han sido utilizados en el artículo 4 de la Ley de Arbitraje Comercial.

De manera que esto es por lo que al Derecho Público y a la aproximación que pueda hacerse desde el campo del Derecho Público, en mi criterio, podemos comentar seguramente con limitaciones, porque es posible que hayan otros aspectos que no he tratado sobre este tema de los Contratos de Interés Público y el Arbitraje, tanto en el Código de Procedimiento, en la Ley que regula las concesiones como en la nueva Ley de Arbitrajes Comerciales. Muchas gracias.

Sección Tercera: ALGUNOS COMENTARIOS A LA LEY DE PROMOCIÓN Y PROTECCIÓN DE INVERSIONES: CONTRATOS PÚBLICOS Y JURISDICCIÓN (2005)

En esta Sección Tercera se recoge el estudio "Algunos comentarios a la Ley de Promoción y Protección de Inversiones: contratos públicos y jurisdicción," publicado en el libro: *Arbitraje comercial interno e internacional. Reflexiones teóricas y experiencias prácticas,* Serie Eventos 18, Academia de Ciencias Políticas y Sociales, Caracas 2005, pp. 279–288; y en *Estudios de Derecho Administrativo 2005–2007,* Colección Estudios Jurídicos, Nº 86, Editorial Jurídica Venezolana, Caracas 2007, pp. 473–484.

I. LA PROTECCIÓN DE LAS INVERSIONES Y LA ESTABILIDAD JURÍDICA

La Ley de Promoción y Protección de Inversiones, dictada mediante Decreto N° 356 de 3 de octubre de 1999 (*Gaceta Oficial* Extraordinaria N° 5.390 del 22 de octubre de 1999), tiene por objeto básicamente proveer tanto a las inversiones como a los inversionistas, nacionales y extranjeros, de un *marco jurídico estable y previsible*, en el cual puedan desenvolverse en un ambiente de seguridad, mediante la regulación de la actuación del Estado frente a tales inversiones e inversionistas (art. 1).

Se precisa en la propia Ley, sin embargo, que Venezuela puede celebrar tratados o acuerdos que pueden contener disposiciones que ofrezcan una protección más amplia a las inversiones que la prevista en la Ley, así como mecanismos de promoción de inversiones distintos a los en ella consagrados (art. 5).

En todo caso, las inversiones y los inversionistas internacionales cuyos respectivos países de origen no tengan vigente con Venezuela un tratado o acuerdo de promoción y protección de inversiones, disfrutan como es obvio, de la protección concedida por la Ley, a la cual puede sumarse el régimen más favorable que surja de la eventual entrada en vigencia un tratado o acuerdo de promoción y protección de inversiones con su respectivo país de origen, así como la que emane de las convenciones multilaterales en las que Venezuela sea parte.

II. LAS GARANTÍAS LEGALES GENERALES PARA LA PROTECCIÓN DE LAS INVERSIONES

A los fines del cumplimiento del objeto definido de Ley, antes indicado, la misma establece las siguientes garantías generales para de la protección de las inversiones, particularmente las internacionales:

En primer lugar, garantiza a las inversiones internacionales en Venezuela el derecho a un trato justo y equitativo, conforme a las normas y criterios del derecho internacional y no pueden ser objeto de medidas arbitrarias o discriminatorias que obstaculicen su mantenimiento, gestión, utilización, disfrute, ampliación, venta o liquidación (art. 6).

En segundo lugar, el artículo 9 de la ley garantiza a las inversiones y los inversionistas internacionales, el derecho al trato más favorable conforme a lo previsto en los artículos 7 y 8 de la Ley. A tal efecto, la Ley, primero, garantiza a las inversiones y los inversionistas internacionales los mismos derechos y obligaciones a las que se sujetan las inversiones y los inversionistas nacionales en circunstancias similares, con la sola excepción de lo previsto en las leyes especiales y las limitaciones contenidas en la propia Ley (art. 7). La Ley deja a salvo, sin embargo, que mediante Ley, el Estado puede reservar determinados sectores de la actividad económica, al propio Estado o a inversionistas venezolanos. Y segundo, la ley también garantiza a las inversiones internacionales que no requieren de autorización previa alguna para poder realizarse, excepto en los casos en que la Ley expresamente así lo indique (art. 7, parágrafo segundo).

En tercer lugar, se garantiza la no discriminación en el trato entre inversiones ni inversionistas internacionales, en razón del país de origen de sus capitales. Ello, sin embargo, no es obstáculo para que se puedan establecer y mantener tratos más favorables en beneficio de inversiones e inversionistas de países con los que Venezuela mantenga acuerdos de integración económica, acuerdos para evitar la doble tributación o, en general, acuerdos relativos total o parcialmente a cuestiones impositivas (art. 8).

En cuarto lugar, se garantiza a las inversiones y los inversionistas venezolanos que tendrán derecho a un trato no menos favorable que el otorgado a las inversiones internacionales, o a los inversionistas internacionales, según corresponda, en circunstancias similares (art. 10)

En quinto lugar, se garantiza que el Estado no decretará ni ejecutará confiscaciones, sino en los casos de excepción previstos por la Constitución; y en cuanto a las inversiones e inversionistas internacionales, por el derecho internacional. Garantiza, además, que sólo se realizarán expropiaciones de inversiones, o se aplicarán a éstas medidas de efecto equivalente a una expropiación, por causa de utilidad pública o de interés social, siguiendo el procedimiento establecido en la ley de expropiación por causa de utilidad pública o social, "de manera no discriminatoria y mediante una indemnización pronta, justa y adecuada" (art. 11).

En estos casos, la Ley garantiza que la indemnización será equivalente al justo precio que la inversión expropiada tenga inmediatamente antes del momento en que la expropiación sea anunciada por los mecanismos legales o hecha del conocimiento público, lo que suceda antes. La indemnización, que debe incluir el pago de intereses hasta el día efectivo del pago, calculados sobre la base de criterios comerciales usuales, se debe abonar sin demora (art. 11). La Ley garantiza, además, que las indemnizaciones a que haya lugar con motivo de expropiaciones de inversiones internacionales deben ser abonadas en moneda convertible y debe ser libremente transferibles al exterior (art. 11).

En sexto lugar, el artículo 12 de la Ley garantiza a las inversiones internacionales y en su caso, los inversionistas internacionales, el derecho, previo cumplimiento de la normativa interna y al pago de los tributos a los que hubiere lugar, a la transferencia de todos los pagos relacionados con las inversiones, tales como el capital inicial y las sumas adicionales necesarias para el mantenimiento, ampliación y desarrollo de la inversión; los beneficios, utilidades, rentas, intereses y dividendos; los fondos necesarios para el servicio y pago de los créditos internacionales vinculados a una inversión; las regalías y otros pagos relativos al valor y la remuneración de los derechos de propiedad intelectual; las indemnizaciones en caso de expropiaciones (art. 11); el producto de la venta o liquidación, total o parcial, de una inversión y los pagos resultantes de la solución de controversias. El mismo artículo garantiza que dichas transferencias se deben efectuar sin demora, en moneda convertible, al tipo de cambio vigente el día de la transferencia de conformidad con las reglamentaciones de cambio en vigor para ese momento.

Conforme al parágrafo primero del mismo artículo 12, sin embargo, las mencionadas transferencias pueden limitarse temporalmente en forma equitativa y no discriminatoria, de conformidad con los criterios internacionalmente aceptados, cuando debido a una situación extraordinaria de carácter económico o financiero, la aplicación de lo previsto en el mencionado artículo 12 resulte o pueda resultar en un grave trastorno de la balanza de pagos o de las reservas monetarias internacionales del país, que no sea posible solucionar adecuadamente mediante alguna medida alternativa. En estos casos, la medida que imponga la limitación debe evitar todo daño innecesario a los intereses económicos, comerciales y financieros de las inversiones internacionales y de los inversionistas internacionales; y debe ser liberada en la medida en que se corrija la situación extraordinaria que le hubiere dado origen y en consecuencia, disminuyan o se eliminen los graves trastornos de la balanza de pagos o de las reservas monetarias del país, o la amenaza de tales trastornos, según sea el caso.

III. LOS CONTRATOS ESTATALES DE ESTABILIDAD JURÍDICA PARA LAS INVERSIONES

Ahora bien, dentro de los mecanismos establecidos en la Ley a los efectos de proveer a las inversiones y a los inversionistas de un *marco jurídico estable y previsible*, en el cual puedan desenvolverse en un ambiente de seguridad, el artículo 17 de la Ley dispuso que la República puede celebrar contratos de estabilidad jurídica, con el propósito de asegurar a la inversión la estabilidad de algunas condiciones económicas en el tiempo de vigencia de los mismos.

Dichos contratos deben ser celebrados, según el sector de la actividad económica de que se trate, por el órgano estatal nacional con competencia para aplicar las disposiciones contenidas en la normativa comunitaria andina sobre capitales extranjeros, a cuyo efecto, dichos contratos pueden garantizar a la inversión uno o más de los siguientes derechos:

1) Estabilidad de los regímenes de impuestos nacionales vigentes al momento de celebrarse el contrato. En este específico caso de contratos de estabilidad jurídica, que se refieran a la estabilidad de regímenes de impuestos nacionales, al estar en juego el ejercicio de competencias tributarias, requieren la opinión favorable del Servicio Na-

cional Integrado de Administración Tributaria (SENIAT) y la previa autorización del Congreso de la República como condición para que puedan entrar en vigencia.

2) Estabilidad de los regímenes de promoción de exportaciones.

3) Estabilidad de uno o más de los beneficios o incentivos específicos a los que se hubiese acogido el inversionista o la empresa en la cual se realice la inversión, según fuere el caso, en virtud de lo dispuesto en el artículo 15 del presente Decreto–Ley.

Estos contratos de estabilidad jurídica, que en todo caso deben celebrarse antes de la realización de la inversión, sin duda, son contratos públicos, o contratos del Estado. En los términos de la Constitución (art. 150), pueden ser considerados como contratos de interés público nacional, y en los términos de la Ley Orgánica del Tribunal Supremo de Justicia también pueden ser considerados como contratos administrativos (art. 5, párrafo primero, ordinal 25).

Dichos contratos, conforme al artículo 18 de la Ley, están sujetos a las siguientes condiciones que se pueden considerar como parte integrante de las cláusulas contractuales:

> En primer lugar, no pueden tener una vigencia mayor de diez (10) años a partir de la fecha de su celebración;
>
> En segundo lugar, sólo pueden ser suscritos por las empresas o los inversionistas, según sea el caso, que se comprometan a cumplir con programas específicos de inversiones y con otras contraprestaciones, de acuerdo con las condiciones que se indiquen en el Reglamento;
>
> En tercer lugar, pueden ser resueltos unilateralmente por el Estado en caso de incumplimiento por parte de las empresas o de los inversionistas, según fuere el caso, de las obligaciones contraídas conforme al contrato.

En caso de resolución, y sin perjuicio de cualquier otra cláusula de penalidad que se establezca en el contrato, deben ser suspendidos los beneficios o incentivos a favor de la empresa o del inversionista, según fuere el caso, y ésta o aquél, según corresponda, quedan obligados a la devolución de las cantidades de dinero, así como el valor de los beneficios o incentivos que hubieran recibido por concepto de incentivos o beneficios durante todo el período fiscal en que se materialice el incumplimiento, y a la devolución de los tributos que se hubieren tenido que pagar, de no haber mediado el contrato de estabilidad jurídica, durante el mismo período.

El artículo 18 de la Ley agregó, además, que las controversias que surjan entre las empresas o inversionistas que suscriban los contratos de estabilidad jurídica y el Estado venezolano, a propósito de la interpretación y aplicación del respectivo contrato, pueden ser sometidas a arbitraje institucional en conformidad con lo previsto en la Ley sobre Arbitraje Comercial.

IV. LAS NORMAS PARA LA SOLUCIÓN DE CONTROVERSIAS

En la Ley se establecen varios regímenes para la solución de controversias, según surjan entre Estados (el Estado venezolano y el Estado del país de origen de la inversión); o entre un inversionista internacional y el Estado venezolano.

En *primer* lugar están las controversias que puedan surgir entre el Estado venezolano y el Estado del país de origen del inversionista internacional, "en relación con la interpretación y aplicación de lo previsto" en la propia Ley. En estos casos, se distinguen dos supuestos según que exista o no algún tratado o acuerdo sobre inversiones suscrito entre los Estados, así:

Primero, si entre el Estado venezolano y el Estado del país de origen de la inversión se tiene vigente un tratado o acuerdo sobre inversiones, para la solución de las controversias sobre la interpretación y aplicación de la Ley, se deben aplicar las disposiciones del tratado o acuerdo.

Segundo, si entre el Estado venezolano y el país de origen de la inversión no se tiene vigente un tratado o acuerdo sobre inversiones, conforme al artículo 21 de la Ley, cualquier controversia que surja entre ellos debe ser resuelta por vía diplomática.

Si dentro de los 12 meses siguientes a la fecha de inicio de la controversia, no se llegase a un acuerdo entre los Estados, entonces el Estado venezolano está obligado a propiciar ("propiciará") el sometimiento de la controversia a un Tribunal Arbitral cuya composición, mecanismo de designación, procedimiento y régimen de gastos deben ser acordados con el otro Estado. Las decisiones de ese Tribunal Arbitral serán definitivas y obligatorias.

En *segundo* lugar están las controversias que surjan entre un inversionista internacional y el Estado venezolano, en cuyo caso también se distinguen tres supuestos según que exista o no un tratado o acuerdo internacional de protección de inversiones o se aplique o no alguno de los convenios internacionales específicos para la garantía de inversiones.

Primero, conforme al artículo 22 de la Ley, en los casos de controversias que surjan entre un inversionista internacional, cuyo país de origen tenga vigente con Venezuela un tratado o acuerdo sobre promoción y protección de inversiones, las mismas deben ser sometidas al arbitraje internacional en los términos del respectivo tratado o acuerdo, si así éste lo establece, sin perjuicio de la posibilidad de hacer uso, cuando proceda, de las vías contenciosas contempladas en la legislación venezolana vigente

Segundo, también puede tratarse el caso controversias que surjan entre un inversionista internacional y el Estado venezolano, respecto de las cuales sean aplicables las disposiciones del Convenio Constitutivo del Organismo Multilateral de Garantía de Inversiones (OMGI – MIGA) o del Convenio sobre Arreglo de Diferencias Relativas a Inversiones entre Estados y Nacionales de Otros Estados (CIADI) del 18 de marzo de 1965, en cuyo caso también deben ser sometidas al arbitraje internacional en los términos de dichos convenios, sin perjuicio de la posibilidad de hacer uso, cuando proceda, de las vías contenciosas contempladas en la legislación venezolana vigente.

En este último caso del CIADI, por ejemplo, el artículo 25(1) del Convenio dispone que la jurisdicción del Centro se extiende a cualquier disputa legal que surja directamente de una inversión entre un Estado contratante (o cualquier subdivisión o agencia del Estado contratante que el Estado designe ante el Centro) y un nacional de otro Estado Contratante, que las partes en la disputa hayan consentido por escrito someter al Centro. El tema central de discusión, en este caso está en determinar en qué forma se establece el "consentimiento por escrito". El tribunal del CIADI que afirmó su competencia en el caso SPP v. Egipto, interpretó el valor que tiene una disposición de una ley interna que reconoce la competencia del CIADI para resolver disputas relativas a inversiones, como fuente del consentimiento requerido por el artículo 25(1) del Convenio. El tribunal, en ese caso, interpretó lo siguiente:

"The Convention does not prescribe any particular form of the consent, not does require that consent be given on a case–by–case basis. To the contrary, the drafters of the Convention intended that consent could be given in advance through investment legislation. Accordingly, the Tribunal cannot accept the contention that the phrase "where it applies" in Article 8 of Law N° 43 requires a further or *ad hoc* manifestation of consent of the Centre's jurisdiction (*Southern Pacific Properties (Middle East) v. Arab Republic of Egypt. Decision on Jurisdiction, 14 April 1988*; para 101. 3 ICSID Reports, at 155–56).

El artículo 8 de la Ley N° 43 egipcia establecía:

Investment Disputes in respect of the implementation of the provisions of this Law shall be settled in a manner to be agreed upon with the investor, or within the framework of the agreements in force between the Arab republic of Egypt and the investor's home country, or within the framework of the Convention for the Settlement of Investment Disputes between the State and the nationals of other countries to which Egypt has adhered by virtue of Law 90 of 1971, where such Convention **applies**. En nuestro concepto, esta última expresión de la ley egipcia es idéntica en su sentido a la expresión "las controversias respecto de las cuales sean **aplicables**", contenida en el artículo 22 de la ley venezolana.

Esto significa que, de acuerdo con la citada jurisprudencia del CIADI, cuando una ley interna contiene una disposición que remite a la jurisdicción del Centro para resolver una disputa relativa a inversiones, el requisito del consentimiento contenido en el artículo 25(1) del Convenio queda satisfecho por esa sola circunstancia, y que, para que el mismo artículo 25(1) sea ***"aplicable"*** sólo sería necesario que la disputa surja directamente de una inversión, entre un Estado contratante (o cualquier subdivisión o agencia del Estado contratante que el Estado designe ante el Centro) y un nacional de otro Estado Contratante en el Convenio, sin que sea entonces necesaria *"a further or ad hoc manifestation of consent of the Centre's jurisdiction"*

Tercero, en caso de no existir vigente un convenio o acuerdo internacional de inversiones, o no resultar aplicables los convenios específicos indicados, conforme al artículo 23 de la Ley, dispone que cualquier controversia que se suscite en relación con la aplicación de la Ley, una vez agotada la vía administrativa por el inversionista, podrá ser sometida a los Tribunales Nacionales o a los Tribunales Arbitrales venezolanos, a su elección.

En *tercer* lugar, están las controversias que puedan surgir entre las empresas o inversionistas y el Estado venezolano con motivo con motivo de los contratos públicos de estabilidad jurídica que se hayan suscrito, a propósito de la interpretación y aplicación del respectivo contrato, las cuales conforme al artículo 18 de la Ley pueden ser sometidas a arbitraje institucional en conformidad con lo previsto en la Ley sobre Arbitraje Comercial.

Debe recordarse que de acuerdo con el artículo 150 de la Constitución, si bien en todos los contratos públicos aún cuando no esté expresamente en el texto del los mismos, debe considerarse incluida una cláusula conforme a la cual las controversias que puedan surgir de su ejecución que no puedan ser resueltas amigablemente entre las partes, deben ser decididas por los tribunales competentes venezolanos de acuerdo con la ley venezolana; en la misma norma se establece la excepción respecto de contratos públicos en los cuales, por "su naturaleza", dicha cláusula no sea procedente.

En virtud de esta excepción, en Venezuela se abandonó el sistema absoluto de inmunidad de jurisdicción, sustituyéndose por el principio de la inmunidad relativa permitiéndose entonces la posibilidad de que los entes públicos, como consecuencia de la ejecución de ciertos contratos públicos, puedan estar sometidos a jurisdicciones extranjeras o a arbitraje e incluso a la legislación extranjera,, como sucede con muchos contratos públicos en relación con la industria petrolera o la Ley de protección de inversiones. El tema de la "naturaleza" del contrato, en general, apunta a su naturaleza comercial; sin embargo, la Corte Suprema de Justicia, en su decisión del 17 de agosto de 1999 (Caso: *Apertura Petrolera*), ha admitido otras consideraciones diferentes a las de la naturaleza comercial del contrato para permitir la cláusula arbitral en los contratos públicos, como la importancia económica del contrato evaluada por la Administración Pública y la Asamblea nacional (Véase el texto completo de esta sentencia en Allan R. Brewer Carías, *Documentos del Caso de la Apertura Petrolera*, en www.allanbrewercarias.com, Documentos 2004).

Sección Cuarta: SOBRE EL CONSENTIMIENTO DEL ESTADO AL ARBITRAJE INTERNACIONAL EN LA LEY DE PROMOCIÓN Y PROTECCIÓN DE INVERSIONES DE 1999 Y SUS VICISITUDES (2012)

Esta Sección Cuarta recoge el estudio sobre el consentimiento del Estado al arbitraje internacional en la Ley de Promoción y Protección de Inversiones de 1999, y sus vicisitudes, redactado para la *Revista de la Facultad de Derecho* de la Universidad Católica Andrés Bello, Caracas (2012).

I. SOBRE EL ARBITRAJE INTERNACIONAL Y PROMOCIÓN DE INVERSIONES

El texto del Convenio sobre Arreglo de Diferencias Relativas a Inversiones entre Estados y Nacionales de Otros Estados (CIADI),[1] fue adoptado por la Junta de Directores del Banco Mundial en su reunión anual celebrada en Kyoto, Japón el 10 de septiembre de 1964, con el propósito de establecer un Centro para el arreglo de disputas sobre inversiones, a los efectos de procurar la conciliación y arbitramento de controversias sobre inversiones entre los Estados contratantes y los nacionales de otros Estados contratantes. En dicha reunión, Venezuela, junto con otros Estados latinoamericanos, rechazaron la Convención; lo que no impidió que los Directores Ejecutivos del Banco Mundial el 18 de marzo de 1965, sometieran la Convención junto con un *Informe* a los gobiernos de los Estados miembros para su consideración, con vista a su firma y ratificación. El resultado fue que la Convención fue adoptada y entró en vigencia el 14 de octubre de 1966 cuando llegó a ser ratificada por 20 países.

El gobierno de Venezuela firmó la Convención el 18 de agosto de 1993, es decir, treinta años después de que entró en vigencia, habiendo sido aprobada el año siguiente, en 1994, mediante Ley aprobatoria por el Congreso,[2] la cual entró en vigencia el 1° de junio de 1995, después del depósito de la ratificación efectuado el 2 de mayo de 1995.

Como se indicó en el Preámbulo de la Convención, ningún Estado contratante, por el mero hecho de la ratificación, aceptación o aprobación de la misma estará obligado sin

1 Disponible en http://icsid.worldbank.org/ICSID/StaticFiles/basicdoc/partA-preamble.htm

2 *V.* Ley Aprobatoria del Convenio sobre Arreglo de Diferencias Relativas a Inversiones entre Estados y Nacionales de otros Estados, en *Gaceta Oficial* N° 4.832 Extra. de 29-12-1994.

su consentimiento a someter ninguna disputa particular a conciliación o arbitraje, de manera que adicionalmente a la ratificación de la Convención, para que un Estado esté sometido al Centro de arbitraje CIADI debe haber expresado su consentimiento por escrito. Por ello, el artículo 25.1 de la Convención en relación con la jurisdicción del CIADI, establece que la misma se extiende a cualquier disputa que surja directamente de una inversión, entre un Estado contratante y un nacional de otro Estado contratante, respecto de las cuales las partes en la controversia hayan consentido por escrito en someterla al Centro.

Sobre las diversas formas del consentimiento escrito por parte de los Estados contratantes del CIADI, además de la cláusula expresa que se pueda establecer en un contrato público o del Estado, como por ejemplo en los contratos de obra pública, o en un tratado o acuerdo bilateral para la protección de inversiones (BIT), tal como se indicó en el antes mencionado *Informe* de los Directores Ejecutivos del 18 de marzo de 1965 "el Estado contratante en su legislación de promoción de inversiones puede ofrecer someter controversias resultantes de cierta clase de inversiones a la jurisdicción del Centro, en cuyo caso el inversionista puede dar su consentimiento mediante la aceptación por escrito de la oferta del Estado.

Y este fue precisamente el caso de Venezuela, donde además de haberse aceptado la jurisdicción del Centro CIADI en muchos tratados o convenios bilaterales de protección de inversiones, mediante la Ley de Promoción y Protección de Inversiones (en lo adelante: Ley de Inversiones) dictada por Decreto Ley N° 356 de 13 de octubre de 1999,[3] en su artículo 22, el Estado expresó el consentimiento del Estado para someter disputas sobre inversiones al arbitraje internacional ante el Centro ICSID, en la forma de una oferta unilateral abierta y escrita formulada a los inversionistas, sujeta a la aceptación igualmente por escrito de estos.

Durante la primera década del siglo XXI muchos casos fueron llevados ante el Centro de arbitraje internacional CIADI contra Venezuela, incluso con base en la oferta de consentimiento expresada en el artículo 22 de la Ley de Inversiones,[4] y muchos de ellos

---

3 *Ley de promoción y Protección de Inversiones*, Decreto ley N° 356 de 13–10–1999, en *Gaceta Oficial* N° 5.300 Extra. de 22–10–1999.

4 Los casos presentados ante el Centro CIADI (ICSID) contra Venezuela, hasta junio 2012 fueron los siguientes: ICSID Case N° ARB/11/30, *Hortensia Margarita Shortt v. Bolivarian Republic of* Venezuela (Subject Matter: Maritime transport services); ICSID Case N° ARB/11/31 *Gambrinus, Corp. v. Bolviarian Republic of Venezuela* (Subject Matter: Fertilizer enterprise); ICSID Case N° ARB/00/5, *Autopista Concesionada de Venezuela, C.A. v. Bolivarian Republic of Venezuela* (Subject Matter: Contract for the construction of a highway system); ICSID Case N° ARB/06/4, *Vestey Group Ltd v. Bolivarian Republic of Venezuela* (Subject Matter: Farming enterprise); ICSID Case N° ARB/07/4, *Eni Dación B.V. v. Bolivarian Republic of Venezuela* (Subject Matter: Hydrocarbon rights); ICSID Case N° ARB/10/14, *Opic Karimun Corporation v. Bolivarian Republic of Venezuela* (Subject Matter: Oil exploration and production); ICSID Case N° ARB/11/1, *Highbury International AVV and Ramstein Trading Inc. v. Bolivarian Republic of Venezuela* (Subject Matter: Mining concession); ICSID Case N° ARB(AF)/11/1, *Nova Scotia Power Incorporated v. Bolivarian Republic of Venezuela* (Subject Matter: Coal supply agreement); ICSID Case N° ARB(AF)/11/2, *Crystallex International Corporation v. Bolivarian Republic of Venezuela* (Subject Matter: Mining company); ICSID Case N° ARB/11/10, *The Williams Companies, International Holdings B.V., WilPro Energy Services (El Furrial) Limited and WilPro Energy Services (Pigap II) Limited v. Bolivarian Republic of Venezuela* (Subject Matter: Gas compression and injection enterprises); ICSID Case N° ARB/11/25, *OI European Group B.V. v. Bolivarian Republic of Venezuela* (Subject Matter: Industrial plants for production and distribution of glass containers); ICSID Case N° ARB/11/26, *Tenaris S.A. and Talta – Trading e Marketing Sociedade Unipessoal LDA v. Bolivarian Republic of Venezuela* (Subject Matter: Hot briquetted iron production plant); ICSID Case N° ARB/05/4, *I&I Beheer B.V. v. Bolivarian Republic of Venezuela* (Subject Matter: Debt instruments); ICSID Case N° ARB/07/27, *Mobil Corporation and others v. Bolivarian Republic of Venezuela*

fueron decididos por los tribunales CIADI. En particular, y específicamente en materia de jurisdicción del Centro CIADI con base en lo establecido en el artículo 22 de la Ley de Inversiones para fines de 2012 se habían dictado las siguientes decisiones: Caso CIADI N° ARB/07/27, *Mobil Corporation, Venezuela Holdings, B.V., Mobil Cerro Negro Holding, Ltd., Mobil Venezuela de Petróleos Holdings, Inc., Mobil Cerro Negro Ltd. and Mobil Venezolana de Petróleos, Inc. vs. República Bolivariana de Venezuela,* decisión en materia de Jurisdicción de 10 de junio de 2010 (*Caso Mobil* CIADI);[5] Caso CIADI No. ARB/08/15, *Cemex Caracas Investments B.V. and Cemex Caracas II Investments B.V. vs. República Bolivariana de Venezuela,* decisión en materia de Jurisdicción de 30 de diciembre de 2010 (*Caso Cemex* CIADI);[6] y Caso CIADI N° ARB/08/3, *Brandes Investment Partners, LP vs. República Bolivariana de Venezuela,* decisión del 2 de agosto de 2011 (*Caso Brandes* CIADI).[7] En estas tres decisiones los tribunales CIADI concluyeron que si bien el artículo 22 de la Ley de Inversiones efectivamente contiene una obligación condicional impuesta al Estado de someterse a arbitraje internacional, lo que implica que en dicha norma el Estado expresó su consentimiento, sin embargo, como es posible interpretar gramaticalmente dicha norma en dos formas, ambas válidas; al resolver los casos los tribunales consideraron que no había suficiente evidencia de la intención del Estado de someter las controversias al arbitraje internacional. En definitiva, fue por falta de pruebas o evidencias que los tribunales ICSID declararon que en dichos casos no tenían Jurisdicción para conocer de las controversias.

(Subject Matter: Oil and gas enterprise); ICSID Case N° ARB/09/3, *Holcim Limited, Holderfin B.V. and Caricement B.V. v. Bolivarian Republic of Venezuela* (Subject Matter: Cement production enterprise); ICSID Case N° ARB(AF)/09/1, *Gold Reserve Inc. v. Bolivarian Republic of Venezuela* (Subject Matter: Mining company); ICSID Case N° ARB/10/19, *Flughafen Zürich A.G. and Gestión e Ingenería IDC S.A. v. Bolivarian Republic of Venezuela* (Subject Matter: Development, operation, and maintenance of an airport); ICSID Case N° ARB/11/5, *Longreef Investments A.V.V. v. Bolivarian Republic of Venezuela* (Subject Matter: Coffee production facilities); ICSID Case N° ARB/11/19, *Koch Minerals Sàrl and Koch Nitrogen International Sàrl v. Bolivarian Republic of Venezuela* (Subject Matter: Construction and operation of fertilizer plant); ICSID Case N° ARB/00/3, *GRAD Associates, P.A. v. Bolivarian Republic of Venezuela* (Subject Matter: Contract for the construction and modernization of penitentiaries); ICSID Case N° ARB(AF)/04/6, *Vannessa Ventures Ltd. v. Bolivarian Republic of Venezuela* (Subject Matter: Gold and copper mining project); ICSID Case N° ARB/07/30, *ConocoPhillips Company and others v. Bolivarian Republic of Venezuela* (Subject Matter: Oil and gas enterprise); ICSID Case N° ARB/08/3, *Brandes Investment Partners, LP v. Bolivarian Republic of Venezuela* (Subject Matter Telecommunication enterprise); ICSID Case N° ARB/08/15, *CEMEX Caracas Investments B.V. and CEMEX Caracas II Investments B.V. v. Bolivarian Republic of Venezuela* (Subject Matter: Cement production enterprise); ICSID Case N° ARB/10/5, *Tidewater Inc. and others v. Bolivarian Republic of Venezuela* (Subject Matter: Maritime-support services); ICSID Case N° ARB/10/9, *Universal Compression International Holdings, S.L.U. v. Bolivarian Republic of Venezuela* (Subject Matter: Oil and gas enterprise); ICSID Case N° ARB/96/3, *Fedax N.V. v. Republic of Venezuela* (Subject Matter: Debt instruments). Información disponible en Junio de 2012 en http://icsid.worldbank.org/ICSID/FrontServlet?requestType=SearchRH&actionVal=SearchSite&SearchItem=venezuela

5 *V.* el texto en http://icsid.worldbank.org/ICSID/FrontServlet?requestType=CasesRH&actionVal=showDoc&docId=DC1510_En&caseId=C256 . el texto igualmente en Luisa Estela Morales Lamuño, *Venezuela en el contexto del arbitraje. Jurisprudencia de la Sala Constitucional y Laudos Internacionales relevantes*, Tribunal Supremo de Justicia, Fundación Gaceta Forense, Caracas 2011, pp. 167–225.

6 Disponible en http://icsid.worldbank.org/ICSID/FrontServlet?requestType=CasesRH&actionVal=showDoc&docId=DC1831_En&caseId=C420 el texto igualmente en Luisa Estela Morales Lamuño, *Venezuela en el contexto del arbitraje. Jurisprudencia de la Sala Constitucional y Laudos Internacionales relevantes*, Tribunal Supremo de Justicia, Fundación Gaceta Forense, Caracas 2011, pp. 239–282.

7 *V.* en http://italaw.com/documents/BrandesAward.PDF el texto igualmente en Luisa Estela Morales Lamuño, *Venezuela en el contexto del arbitraje. Jurisprudencia de la Sala Constitucional y Laudos Internacionales relevantes*, Tribunal Supremo de Justicia, Fundación Gaceta Forense, Caracas 2011, pp. 347–382.

Con posterioridad a estas tres decisiones, el 24 de enero de 2012 el gobierno de Venezuela oficialmente denunció y el Estado venezolano se retiró en forma irrevocable del Convenio CIADI, de manera que luego de recibir la notificación escrita, el Banco Mundial como depositario de la Convención notificó el hecho a todos los otros Estados contratantes. De acuerdo con el artículo 71 de la Convención, dicha denuncia comenzó a surtir efectos a los seis meses después de la recepción de la notificación de Venezuela, es decir, el 25 de julio de 2012.

En el Comunicado oficial del gobierno de Venezuela justificando la decisión del paía de salirse del Convenio CIADI[8] se mencionó que su ratificación en 1993 había sido efectuada por un "gobierno débil" sin legitimidad popular bajo la presión de sectores económicos tradicionales que habían participado en el desmantelamiento de la soberanía nacional de Venezuela, refiriéndose sin duda al Gobierno del Presidente Ramón J. Velásquez (1993–1994).[9] Al contrario de dicha afirmación, dicho gobierno transitorio del Presidente Velásquez fue uno muy importante, que se configure por designación del Congreso, luego de que éste en junio de 1993, resolvió remover de su cargo al Presidente Carlos Andrés Pérez, con el apoyo de todos los partidos políticos, a los efectos de completar el período constitucional de éste. Dicho gobierno de transición tuvo la importante misión de de asegurar la continuidad del régimen democrático en el país, y particularmente, de la realización exitosa de las elecciones presidenciales que se realizaron en diciembre de 1993. Dicho gobierno asumió la continuidad de la conducción del Estado en medio de la grave crisis política y económica existente, teniendo para ello toda la legitimidad necesaria derivada de la Constitución. Durante el mismo se adoptaron importantes decisiones en muchos campos,[10] al igual que en material de promoción y protección de inversiones, como la firma del Convenio CIADI, de acuerdo con la política general prevaleciente de atraer inversiones internacionales al país.

Por otra parte, en el "Comunicado Oficial" del gobierno de Venezuela del 24 de enero de 2012 a los efectos de justificar la salida de Venezuela de la Convención CIADI, también se expresó que el texto del artículo 151 de la Constitución de 1999[11] supuestamente invalidaba en su espíritu y en sus palabras, las previsiones de la Convención CIADI, lo que sólo evidenciaba la más completa ignorancia del gobierno en relación con el sentido y significado de dicha previsión constitucional, en la cual, al contrario, se establece expresamente el principio de la inmunidad relativa de jurisdicción del Estado,[12] siguiendo la tradición constitucional que comenzó en el texto de 1947, y que permite el arbitraje internacional en controversias derivadas de contratos públicos, excepto cuando por la naturaleza de los mismos ello fuera improcedente. Esta restricción, por otra parte, solo se refiere a cláusulas de arbitraje contenidas en contratos públicos, no siendo destinada a regular el arbitraje resultante de una expresión de consentimiento del Estado expresado en una ley nacional.

---

8 *V.* el texto del "Comunicado Oficial" en http://www.noticierodigital.com/2012/01/ramirez–ratifica–salida–de–venezuela–del–ciadi/

9 En dicho gobierno este autor participó como Ministro para la Descentralización.

10 *V.* el libro colectivo: *Ramón J. Velásquez. Estudios sobre una trayectoria al servicio de Venezuela*, Universidad Metropolitana. Universidad de Los Andes–Táchira, Caracas 2003.

11 *V.* en *Gaceta Oficial* Nº 5.908 Extra. de 2–2–2009. Véanse en general los comentarios en Allan R. Brewer–Carías, *La Constitución de 1999 y la Enmienda Constitucional Nº 1 de 2009*, Editorial Jurídica Venezolana, Caracas 2011; y en *Constitucional Law. Venezuela*, Supplement 97, International Encyclopaedia of Laws, Kluwer, Belguium 2012.

12 *V.* en general, Tatiana B. de Maekelt, "Inmunidad de Jurisdicción de los Estados," en *Libro Homenaje a José Melich Orsini*, Vol. 1, Universidad Central de Venezuela, Caracas 1982, pp. 213 ff.

Ya nos hemos referido al artículo 151 de la Constitución el cual establece: "En los contratos de interés público, si no fuere improcedente de acuerdo con la naturaleza de los mismos, se considerará incorporada, aun cuando no estuviere expresa, una cláusula según la cual las dudas y controversias que puedan suscitarse sobre dichos contratos y que no llegaren a ser resueltas amigablemente por las partes contratantes, serán decididas por los tribunales competentes de la República, de conformidad con sus leyes, sin que por ningún motivo ni causa puedan dar origen a reclamaciones extranjeras." Esta disposición básicamente reprodujo el contenido del artículo 127 de la Constitución de 1961, la cual se conservó en la Constitución de 1999, como lo propusimos a la Asamblea Nacional Constituyente,[13] en particular, oponiéndonos a la extraña e inapropiada propuesta formulada, entre otras, por el Presidente H. Chávez a la Asamblea.[14] Entre esas propuestas estaba, primero la completa eliminación del texto de la Constitución de la "Cláusula Calvo;"[15] y Segundo, la propuesta de volver al principio de la inmunidad absoluta de jurisdicción pero exclusivamente respecto de contratos públicos a ser suscritos por la "República," eliminando toda restricción jurisdiccional en relación con contratos públicos suscritos por otros entes públicos que en definitiva son los más frecuentes e importantes, como por ejemplo los suscritos por las empresas del Estado, por ejemplo en el área minera y de hidrocarburos. Tales propuestas presidenciales, sin duda, eran excesivamente permisivas en relación con el arbitraje internacional en materias de derecho público

El artículo 127 de la Constitución de 1961 (equivalente al artículo 151 de la Constitución de 1999) contiene dos cláusulas que han estado en todos los textos constitucionales desde 1893.[16] La primera se refiere al principio de inmunidad de jurisdicción del Estado en relación con contratos públicos, la cual inicialmente se refirió a poscontratos públicos suscritos por la República y los Estados federados, concebida además como una cláusula de una inmunidad absoluta. La misma fue reformada en 1901, extendiendo su alcance inicial para incluir no solo a los contratos nacionales y estadales, sino a los contratos municipales y cualquier otro suscrito por otros órganos del poder público. Posteriormente, en 1947 se cambió el alcance de la inmunidad jurisdiccional, transformado la inmunidad absoluta en inmunidad relativa de jurisdicción, siguiendo las grandes líneas del derecho constitucional comparado.[17]

La propuesta del Presidente Chávez en 1999 en relación con esta cláusula constitucional consistía en restablecer el principio de la inmunidad absoluta de jurisdicción abandonado en 1947, pero limitándolo sólo a algunos contratos públicos "nacionales", los suscritos por la república, eliminando toda clase de restricción en materia jurisdiccional en relación con los contratos celebrados por los estados, los municipios y otros entes públicos, como las empresas del Estado. Dicha propuesta, como se ha dicho, era

---

13 *V.* sobre nuestra propuesta en relación con el artículo 151 en Allan R. Brewer–Carías, "Propuesta sobre la cláusula de inmunidad relativa de jurisdicción y sobre la cláusula Calvo en los contratos de interés público," en *Debate Constituyente (Aportes a la Asamblea Nacional Constituyente)*, Vol. I (8–Agosto–8 Septiembre 1999), Fundación de Derecho Público/Editorial Jurídica Venezolana, Caracas 1999, pp. 209–233.

14 *V.* Hugo Chávez Frías, *Ideas Fundamentales para la Constitución Bolivariana de la V República*, Caracas agosto 1999.

15 *V.* sobre la adopción de la Cláusula Calvo en 1893, en Allan R. Brewer–Carías, *Historia Constitucional de Venezuela*, Vol. I, Editorial Alfa, Caracas 2008, pp. 411.

16 Véanse los textos de las Constituciones en Allan R. Brewer–Carías, *Las Constituciones de Venezuela*, Academia de Ciencias Políticas y Sociales, Caracas 2008, 2 vols.

17 *V.* Ian Sinclair, *The Law of Sovereign Immunity. Recent Developments*, Académie International de Droit International, Recueil des Cours 1980, The Hague 1981.

excesiva e inconvenientemente permisiva, particularmente por el hecho de que los contratos públicos comúnmente se suscriben por personas jurídicas estatales diferentes de la República, particularmente por los institutos autónomos y las empresas del Estado.[18]

En todo caso, y dejando aparte la fallida propuesta del Presidente de la República en 1999, la forma como la cláusula de inmunidad jurisdiccional se ha establecido en la Constitución desde 1947, es decir, siguiendo el principio de inmunidad "relativa" no puede considerarse como algo extraordinario o inusual, particularmente porque sigue el mismo principio prevalente en el mundo contemporáneo. De acuerdo con esta cláusula, el Estado está autorizado en la Constitución para someter a arbitraje internacional materias relativas a contratos de interés público, excepto si su naturaleza lo impide, lo que se refiere a materias generalmente conocidas como perteneciente al *ius imperii*. Es por ello que el argumento del gobierno de Venezuela de retirarse de la Convención CIADI, al igual que la sugerencia plasmada en las decisiones de los tribunales CIADI en los casos *Mobil y Cemex,* argumentando que "Venezuela permanece reticente *vis–à–vis* el arbitraje contractual en la esfera pública, como lo demuestra [...] el artículo 151 de la Constitución de 1999" (Caso *Mobil* ICSID, Parr. 131; 127, 128; Caso *Cemex* ICSID, Parr. 125), simplemente demuestra que no se ha entendido realmente el contenido de dicha previsión, del cual ninguna reticencia en relación con el arbitraje puede deducirse. Al contrario, la previsión del artículo 151 constitucional es precisamente la que permite el arbitraje internacional en relación con el Estado venezolano de acuerdo con el principio de la inmunidad relativa de jurisdicción que es el generalmente aceptado en el mundo contemporáneo. En consecuencia, nada en el sistema constitucional y legal venezolano autoriza al gobierno para señalar que el mencionado artículo 151 de la Constitución supuestamente "invalida en su espíritu, y en sus palabras, las previsiones de la Convención CIADI," lo que significa considerar que una expresión de consentimiento para arbitraje internacional como la contenida en el artículo 22 de la Ley de Inversiones sería inconcebible a la luz del artículo 151 de la Constitución. Al contrario, es en conformidad con la orientación establecida en dicho artículo que se autoriza al Estado a dar su consentimiento al arbitraje internacional.

La segunda cláusula contenida en el artículo 151 de la Constitución, que fue incorporada en las Constituciones desde 1893, habiendo permanecido desde entonces inalterada en los textos constitucionales, es la antes mencionada "Cláusula Calvo," conforme a la cual en Venezuela se excluyen, considerándose inadmisibles, las reclamaciones diplomáticas en relación con contratos públicos suscritos entre los diferentes órganos del Estado y entidades o personas extranjeras. El Presidente de la República en su extraña propuesta de reforma constitucional formulada ante la Asamblea Constituyente de 1999, pretendía eliminar completamente de la Constitución esta centenaria cláusula, y en consecuencia permitir la posibilidad de que en contratos de interés público, su ejecución pudiera dar origen a reclamaciones diplomáticas extranjeras contra la República..[19] De dicha propuesta, en todo caso, es imposible deducir aproximación restrictiva alguna del Presidente de la república hacia el arbitraje internacional. Al contrario, dichas propuestas eran totalmente inadmisibles, en interés del propio Estado.

---

18 *V.* en Allan R. Brewer–Carías, "Propuesta sobre la cláusula de inmunidad relativa de jurisdicción y sobre la cláusula Calvo en los contratos de interés público," en *Debate Constituyente (Aportes a la Asamblea Nacional Constituyente)*, Vol. I (8–Agosto–8 Septiembre 1999), Fundación de Derecho Público/Editorial Jurídica Venezolana, Caracas 1999, pp. 209–233.

19 *Idem.*

Por último, debe mencionarse que el artículo 151 de la Constitución al establecer el principio de la inmunidad relativa de jurisdicción y además, la cláusula Calvo, se refiere a los casos relativos a los contratos de interés público, esto es, básicamente aquellos suscritos por las tres divisiones territoriales del Estado (la Republica los Estados y los Municipios). La cláusula permite la posibilidad para el Estado de dar su consentimiento en dichos contratos para someter a arbitraje internacional, por ejemplo, disputas relativas a materias comerciales derivadas de tales contratos públicos. En cambio, en los casos de jurisdicción para arbitraje internacional del Centro CIADI, basada en el consentimiento dado por el Estrado mediante una ley, como es el caso del artículo 22 de la Ley de Inversiones, los tribunales CIADI no tienen relación con contratos de interés público de los regulados en el artículo 151 de la Constitución. Dichos Tribunales, en ese caso, solo tienen relación con el consentimiento dado por el Estado unilateralmente en una ley nacional (Artículo 22 e la ley de Inversiones) para someter a arbitraje internacional materias relativas a inversiones, que son en general, de naturaleza industria;, comercial o financiera.

En todo caso, la decisión del gobierno de "huir del CIADI,"[20] por supuesto ignora la importancia de la Convención CIADI para atraer inversionistas internacionales, lo que se evidencia por el hecho de que entre 1993 y 1998 se suscribieron muchos tratados bilaterales de inversión (BITs), específicamente estableciendo el mecanismo de arbitraje internacional, y particularmente la jurisdicción del Centro CIADI.[21] Dicha importancia también resulta del hecho de que el mismo gobierno que en 2012 rechazó el arbitraje internacional, fue el que en 1999 sancionó mediante decreto Ley N° 356 de 3 de octubre de 1999 la Ley de Inversiones, incorporando en su artículo 22 el reconocimiento formal de la jurisdicción del CIADI. En dicha Ley, el mismo gobierno de H. Chávez fue aún más allá, y expresó en el mismo artículo 22 de la Ley, el consentimiento escrito de la Republica de Venezuela como oferta pública abierta, de someter las controversias sobre inversiones al Centro de arbitraje CIADI, conforme al artículo 25.1 de la Convención CIADI. Esta es la realidad histórica, que no puede ser negada con la decisión adoptada de huir del CIADI en 2012.

El artículo 22 de la ley de Inversiones, en todo caso, no es una previsión que se haya incluido en la Ley adoptada por el gobierno (Decreto Ley) sin saberse su significado e intención, o que haya sido incorporado en la ley subrepticiamente "bajo la influencia de las corrientes globalizantes" como se ha afirmado sin fundamento.[22] Al contrario, se trató de una decisión consciente adoptada por el gobierno en un momento en el cual estaba buscando y promoviendo inversión internacional en el país, dando a los inversionistas garantías de seguridad jurídica, como la resolución de controversias por tribunales arbitrales. Con tal propósito, en el artículo 22 de la Ley de Inversiones de 1999, el

---

20 *V.* James Otis Rodner, "Huyendo del CIADI,", en *El Universal*, Caracas February 7, 2012, y en http://www.eluniversal.com:80/opinion/120207/huyendo–del–ciadi

21 La lista de los Tratados bilaterales puede verse en http://www.mre.gov.ve/metadot/index.pl?id=4617;isa=Category;op=show ; ICSID Database of Bilateral Investment Treaties at http://icsid.worldbank.org/ICSID/FrontServlet; UNCTAD, Investment Instruments On–line Database, Venezuela Country–List of BITs as of June 2008 at http://www.unctad.org/Templates/ Page.asp?intItemID=2344&lang=1. *V.* también en José Antonio Muci Borjas, *El derecho administrativo global y los tratados bilaterales de inversión (BITs)*, Caracas 2007; Tatiana B. de Maekel, "Arbitraje Comercial Internacional en el sistema venezolano," en Allan R. Brewer–Carías (Editor), *Seminario sobre la Ley de Arbitraje Comercial*, Academia de Ciencias Políticas y Sociales, Caracas 1999, pp. 282–283; Francisco Hung Vaillant, *Reflexiones sobre el arbitraje en el sistema venezolano*, Caracas 2001, pp. 104–105.

22 *V.* Hildegard Rondón de Sansó, *Aspectos jurídicos fundamentales del arbitraje internacional de inversión*, Ed. Exlibris, Caracas 2010, p. 132.

Estado dio su consentimiento para someter disputas relativas a inversiones ante el centro CIADI, expresado en la forma de una oferta abierta de arbitraje, sujeta a la aceptación del inversionista demandante en una controversia, el cual a su voluntad, sin embargo, conforme a la misma norma podía optar por acudir a los tribunales nacionales. En tal forma, no sólo la firma de de la Convención CIADI en 1993, sino el mismo texto del artículo 22 de la Ley de Inversiones de 1999, reflejaron la tendencia pro arbitraje que existía en Venezuela en dicho tiempo, y que se había desarrollado en las décadas anteriores, cristalizando no sólo en el artículo 258 de la Constitución obligando al Estado a promover el arbitraje, sino en la sanción en paralelo de la Ley de Inversiones de 1999. La misma tendencia se reflejó en muchas otras leyes sancionadas a partir el mismo año 1999.

En los casos CIADI *Mobil* y *Cemex,* los tribunales decidieron que en esos casos en particular, que el artículo 22 de la Ley de Inversiones no les confería jurisdicción. En el caso CIADI *Brandes*, en cambio, el tribunal, sin motivar en forma alguna su apreciación, decidió que el artículo 22 de la ley de Inversiones no confería en forma general jurisdicción para el arbitraje internacional. Sin embargo, y contrariamente a esas apreciaciones, desde 2005 nuestra opinión ha sido que el artículo 22 de la Ley de Inversiones si confiere jurisdicción a los tribunales del Centro CIADI, pues contiene la declaración de consentimiento del Estado venezolano, expresada, como una oferta pública abierta de someter controversias a arbitraje internacional.

II. EL CONSENTIMIENTO DADO POR ESTADO PARA EL ARBITRAJE INTERNACIONAL MEDIANTE LA LEY DE INVERSIONES DE 1999

1. El artículo 22 de la Ley de Promoción y Protección de Inversiones de 1999

En efecto, con ocasión de haber participado en 2005 en un Seminario organizado por la Academia de Ciencias Políticas y Sociales y el Comité de Arbitraje de Venezuela, sobre la Ley de Inversiones, al analizar el tema de los contratos públicos y solución de las controversias en materia de inversiones,[23] nuestra conclusión fue que el artículo 22 de la Ley de Inversiones contenía una manifestación unilateral por escrito del Estado, de consentimiento para el arbitraje internacional expresada como oferta abierta, para que los inversionistas internacionales, si la aceptaban, presentasen las controversias relativas a inversiones a arbitraje internacional, lo que incluía el arbitraje del CIADI.

En dicha ocasión, analicé el artículo 22 de la Ley de Inversiones de una manera general y desde el punto de vista del derecho administrativo, refiriéndome, en particular, al contenido de la Ley en relación con las diferentes formas reguladas para la solución de controversias y al tema de los contratos públicos. En particular, en aquella ocasión destacamos lo novedoso que era desde el punto de vista del derecho constitucional y administrativo, la cuestión de la expresión de consentimiento del Estado al arbitraje del CIADI a través de una ley nacional, lo cual por lo demás, se había decidido con anterio-

23 *V.* Allan R. Brewer–Carías, "Algunos comentarios a la Ley de promoción y protección de Inversiones: contratos públicos y jurisdicción", en Irene Valera (Coordinadora), *Arbitraje Comercial Interno e Internacional. Reflexiones teóricas y experiencias prácticas*, Academia de Ciencias Políticas y Sociales, Comité Venezolano de Arbitraje, Caracas 2005, pp. 279–288.

ridad en un solo caso presentado ante un tribunal del CIADI. Se trató del fallo sobre la jurisdicción del CIADI que se emitió en el caso *Southern Pacific Properties (Middle East) Ltd. vs. Arab Republic of Egypt,*[24] en el cual se analizó el artículo 8 de la Ley N.° 43 de Egipto, que había establecido en la materia que: "Las diferencias relativas a inversiones con respecto a la aplicación de las disposiciones de la presente Ley se resolverán de una manera que se convendrá con el inversionista, o en el marco de los acuerdos en vigor entre la República Árabe de Egipto y el país de origen del inversionista, o en el marco del Convenio para el Arreglo de Diferencias Relativas a Inversiones entre el Estado y los ciudadanos de otros países en los que Egipto se ha adherido en virtud de la Ley 90 de 1971, cuando dicho Convenio se aplica."[25] En dicho caso, el tribunal determinó que dicho artículo 8 de la Ley de Egipto N.° 43 constituía "el expreso 'consentimiento por escrito' a la jurisdicción del Centro en el sentido del artículo 25(1) del Convenio de Washington, incluso en aquellos casos en que no hay otro método consensuado de arreglo de diferencias ni tratado bilateral aplicable."[26]

Con base en esa sentencia, tratándose de un supuesto legal similar, estimamos que al tener el artículo 22 de la Ley de Inversiones de Venezuela similitudes con la ley egipcia, el caso del *Southern Pacific*, dicho precedente servía de apoyo a la para considerar que en Venezuela también había ocurrido algo similar, en el sentido de que el consentimiento para el arbitraje internacional también lo había expresado el Estado a través de una ley, y no sólo mediante un tratado bilateral de inversión.[27] En nuestra opinión, la última parte de la norma de la ley egipcia era idéntica en su significado a la disposición del artículo 22 de la Ley venezolana sobre "diferencias en las que la disposición [del Convenio del CIADI] es aplicable". Esto significa que, de acuerdo con la jurisprudencia del CIADI, cuando una ley interna cuenta con una disposición que se refiere a la jurisdicción del CIADI, la condición del artículo 25(1) del Convenio del CIADI (relativa al consentimiento) se debe considerar cumplida. Para que el artículo 25(1) sea aplicable, solo se requiere que las diferencias hayan surgido directamente de una inversión entre el Estado Contratante y un ciudadano de otro Estado Contratante en el Convenio y no es necesaria "manifestación adicional o ad hoc alguna de consentimiento de la jurisdicción del Centro."[28]

Aunque en general, el consentimiento de los Estados al arbitraje del CIADI se otorga a través de tratados bilaterales de inversión, y con menor frecuencia por medio de leyes nacionales, el caso del *Southern Pacific* fue un ejemplo destacado de una ley que otorgó

---

24 *V. Southern Pacific Properties (Middle East) Ltd. v. Arab Republic of Egypt*, Caso CIADI N° ARB/84/3, Fallo sobre jurisdicción del 14 de abril de 1988.

25 *V. Southern Pacific Properties (Middle East) Ltd. v. Arab Republic of Egypt*, Caso CIADI N° ARB/84/3, Fallo sobre jurisdicción del 14 de abril de 1988, párr. 71

26 *V. Southern Pacific Properties (Middle East) Ltd. v. Arab Republic of Egypt*, Caso del CIADI N.° ARB/84/3, Fallo sobre jurisdicción del 14 de abril de 1988, párr. 11.

27 En su sentencia sobre la jurisdicción de 14 de abril de 1988, el Tribunal sostuvo que "[e]l sentido corriente gramatical de las palabras en el artículo 8, en conjunto con otras leyes y decretos dictados en Egipto, demostraron que el artículo 8 *exigió la presentación* de diferencias a los diversos métodos descritos en la misma, en orden jerárquico, cuando dichos métodos fuesen aplicables" y concluyó que "el artículo 8 fue una manifestación legal suficiente de consentimiento por escrito a la jurisdicción del Centro y que no se requería consentimiento escrito *ad hoc* por separado alguno". *Southern Pacific Properties (Middle East) Ltd. vs. Arab Republic of Egypt*, Caso CIADI N° ARB/84/3, Resumen del fallo sobre jurisdicción del 14 de abril de 1988, 3 informes ICSID 106.

28 Allan R. Brewer–Carías, "Algunos comentarios a la Ley de promoción y protección de Inversiones: contratos públicos y jurisdicción," en Irene Valera (Coord.), *Arbitraje comercial interno e internacional. Reflexiones teóricas y experiencias prácticas*, Academia de Ciencias Políticas y Sociales, Caracas 2005, pp. 286–287

dicho consentimiento,[29] de manera que siendo el artículo 22 de la Ley de Inversiones similar al de la ley egipcio, estimamos que en el mismo también se había incluido el consentimiento del Estado; apreciación con la cual, por lo demás, otros autores han estado de acuerdo,[30] aún cuando hay otros que no concuerdan con esta opinión.[31]

Por otra parte, dicha interpretación resulta específicamente de la redacción concreta que se le dio al artículo 22 de la Ley de Inversiones, teniendo en cuenta y en el marco de la política definida por el Congreso y el Ejecutivo Nacional de Venezuela en 1999, con el fin de promover y proteger las inversiones internacionales. Dicho artículo 22 de la Ley de Inversiones en efecto expresó el consentimiento del Estado venezolano a someterse a controversias de arbitraje internacional en materia de inversión internacional, de la siguiente manera:

> "*Artículo 22.* Las controversias que surjan entre un inversionista internacional, cuyo país de origen tenga vigente con Venezuela un tratado o acuerdo sobre promoción y protección de inversiones, o las controversias respecto de las cuales sean aplicables las disposiciones del Convenio Constitutivo del Organismo Multilateral de Garantía de Inversiones (OMGI – MIGA) o ***del Convenio sobre Arreglo de Diferencias Relativas a Inversiones entre Estados y Nacionales de Otros Estados*** (CIADI), ***serán sometidas al arbitraje internacional*** en los términos del respectivo tratado o acuerdo, *si así éste lo establece*, ***sin perjuicio de la posibilidad de hacer uso, cuando proceda, de las vías contenciosas contempladas en la legislación venezolana vigente***.

Al analizar el texto de esta norma en su totalidad y no solo en sus partes por separado, tomando en cuenta su redacción, la conexión de las palabras utilizadas entre sí, y el sentido que en ese momento tenía la legislación venezolana sancionada simultáneamente por el Gobierno a favor del arbitraje, la única conclusión razonable era que el artículo

---

29 Por lo tanto, no es de extrañar que las legislaciones similares aprobadas en otros Estados hayan "recibido menos atención por parte de profesionales, académicos y organizaciones internacionales encargadas de cuestiones jurídicas y políticas relacionadas con las inversiones extranjeras". *V.* Ignacio Suarez Ansorena, "Consentimiento para el arbitraje en las Leyes de Inversiones Extranjeras" en I. Laird and T. Weiler (Eds.), *Arbitraje del Tratado de inversión y el Derecho Internacional*, Vol 2, JurisNet LLC 2009, p. 63, 79. En Venezuela, el primer debate general académico sobre la Ley de Inversiones de 1999 fue promovido por la Academia Nacional de Ciencias Políticas y Sociales, en el *Seminario* mencionado anteriormente que se celebró en 2005. Es importante señalar que la constitucionalidad de la ley fue ratificada en 2001 por la Sala Constitucional del Tribunal Supremo de Justicia.

30 *V.*, por ejemplo, Andrés A. Mezgravis, "Las inversiones petroleras en Venezuela y el arbitraje ante el CIADI", en Irene Valera (Coordinadora), *Arbitraje Comercial Interno e Internacional. Reflexiones teóricas y experiencias prácticas*, Academia de Ciencias Políticas y Sociales, Comité Venezolano de Arbitraje, Caracas 2005, p. 392. Otros comentaristas también han llegado a la misma conclusión acerca de la similitud entre el artículo 8 de la Ley N.° 43 de Egipto y el artículo 22 de la Ley de Inversiones de Venezuela de 1999. *V., por ejemplo*, Victorino Tejera Pérez, "Las leyes municipales de inversión, ¿Siempre constituyen una oferta unilateral de arbitraje? La Ley de Inversiones de Venezuela: Un estudio de casos", en Ian A. Laird and Todd J. Weiler (Ed.), *Arbitraje del Tratado de Inversiones y el Derecho Internacional*, Vol. 2, JurisNet LLC 2009, pp. 104–105; Victorino Tejera Pérez, *Arbitraje de Inversiones*, Tesis de maestría, Universidad Central de Venezuela, Caracas 2010, p. 175. *V.* también Gabriela Álvarez Ávila, "Las características del arbitraje del CIADI", en *Anuario Mexicano de Derecho Internacional*, Vol II 2002, Instituto de Investigaciones Jurídicas, Universidad Nacional Autónoma de México, UNAM, México 2002 (ISSN 1870–4654). http://juridicas.unam.mx/publica/rev/derint/cont/2/cm/; Guillaume Lemenez de Kerdelleau, "State Consent to ICSID Arbitration: Article 22 of the Venezuelan Investment Law" en *TDM*, Vol. 4, Issue 3, June 2007; M.D. Nolan and F.G. Sourgens, "The Interplay Between State Consent to ICSID Arbitration and denunciation of the ICSID Convention: The (Possible) Venezuela Case Study" en *TDM*, Provisional Issue, September 2007.

31 *V.* por ejemplo, Omar E. García–Bolívar, "El arbitraje en el marco de la ley de promoción y Protección de Inversiones: las posibles interpretaciones" en *Revista de Derecho*, Tribunal Supremo de Justicia, N° 26, Caracas 2008, pp. 313 ss; y más recientemente, Hildegard Rondón de Sansó, *Aspectos jurídicos fundamentales del arbitraje internacional de inversión*, Ed. Exlibris, Caracas 2010, pp. 123 ss. Sansó, en particular, critica nuestra opinión, pp. 146–148

22 fue una expresión de una oferta general de consentimiento por parte del Estado venezolano de someter las diferencias relativas a inversiones de los inversionistas internacionales a un arbitraje internacional, dando a los inversionistas internacionales, a su voluntad, la opción de recurrir a los tribunales nacionales.

La necesidad de analizar la redacción de una ley en su contexto general es un principio establecido del derecho venezolano, por lo que conforme al artículo 4 del Código Civil, la manifestación del consentimiento al arbitraje internacional contenido en el artículo 22 de la Ley de Inversiones, es el resultado del significado propio de las palabras utilizadas en la disposición, considerada dentro del contexto general de la misma, y no solo de una parte de ella. En esta forma, la frase "**serán sometidas al arbitraje internacional**") que se utiliza en la disposición es una expresión imperativa o de comando, que refleja el carácter obligatorio del artículo 22. La frase "**si así éste lo establece**" significa que dicho imperativo del artículo 22 está sujeto a una condición en el sentido de que se aplica si el respectivo tratado o acuerdo (el artículo 22 se refiere a otros tratados junto con el Convenio del CIADI) contiene disposiciones que establecen un marco para el arbitraje internacional, es decir, "establece el arbitraje."[32]

Esta condición del artículo 22 de la Ley, por tanto, se satisface por lo que al Convenio del CIADI se refiere, en la oferta abierta del consentimiento que se expresa en el artículo 22 la cual se confirma en su última frase, que es la aclaratoria de que el inversionista tiene el derecho de aceptar la oferta de arbitraje "sin perjuicio de la posibilidad de hacer uso, cuando proceda, de las vías contenciosas contempladas en la legislación venezolana vigente." La combinación de todos estos factores proporcionan a los inversionistas internacionales la posibilidad de decidir de manera unilateral, a su voluntad, presentar las controversias particulares a arbitraje internacional o presentarlas ante los tribunales nacionales. Teniendo en cuenta el imperativo incluido en la primera parte del artículo, la opción que tiene el inversor solo puede existir y tener sentido si el Estado ya ha dado su consentimiento al arbitraje internacional en virtud de la ratificación por el Estado del Convenio del CIADI.

El artículo 22 de la Ley de Inversiones como expresión de un consentimiento unilateral del Estado de someter las controversias con los inversionistas internacionales ante la jurisdicción de arbitraje del CIADI, en mi criterio fue intencionalmente incluido por el Ejecutivo Nacional, que en este caso actuó como legislador al promulgar el Decreto Ley N.° 356 del 3 de octubre de 1999. Esa intención del Ejecutivo Nacional, por lo demás, también fue coherente con la política general definida por el Gobierno en el momento de su promulgación con el fin de atraer y promover las inversiones internacionales en el país, lo que además condujo, al mismo tiempo, a la redacción del mandato constitucional del artículo 258 de la Constitución de 1999, que impuso a todos los órganos del Estado (no solo a los órganos legislativos, sino también a los judiciales)[33] la tarea de pro-

32 *V.* Victorino Tejera Pérez, "Las leyes de Inversiones Municipales, ¿Siempre constituyen una oferta unilateral de arbitraje? La Ley de Inversiones de Venezuela: Un estudio de casos", *loc. cit.*, pp. 95; Victorino Tejera Pérez, *Arbitraje de Inversiones*, Tesis de maestría, Universidad Central de Venezuela, Caracas 2010, p. 175

33 *V.* Eugenio Hernández Bretón, "Arbitraje y Constitución. El arbitraje como derecho fundamental," en Irene Valera (Coordinadora), *Arbitraje Comercial Interno e Internacional .Reflexiones teóricas y experiencias prácticas*, Academia de Ciencias Políticas y Sociales, Comité Venezolano de Arbitraje, Caracas 2005, p. 27

mover el arbitraje, razón por la cual otras leyes, también conforme al principio pro arbitraje, se expidieron en el mismo momento.[34]

Lo que en nuestro criterio es absolutamente claro y resulta de lo mencionado anteriormente, en relación con el contenido del artículo 22 de la Ley de Inversiones, es que la referencia que contiene con respecto al arbitraje internacional del CIADI no es una mera declaración de principios, o una "mera referencia en una ley nacional al CIADI", como lo sugirió la sentencia de la sala Constitucional del Tribunal Supremo de Justicia N.° 1541 de 2008.[35] Es decir, el artículo 22 de la Ley de Inversiones no se puede considerar como un simple reconocimiento de la posibilidad de resolución de diferencias mediante arbitraje, sino que más bien equivale a la una oferta del Estado a favor de la jurisdicción arbitral. .

Como se dijo, el arbitraje, como medio de resolución de diferencias, se incluyó en muchas otras leyes adoptadas por el Gobierno en los mismos meses de sanción de la Ley de Inversiones, y en esta misma, además, hay otras referencias a la posibilidad de arbitraje. En efecto, además del artículo 22, el arbitraje también se contempla en el artículo 18.4 de la Ley respecto a los contratos de estabilidad jurídica. Así, a raíz de las regulaciones de 1998 de la Ley de Arbitraje Comercial, el Estado y un inversionista internacional podrían establecer el mecanismo de arbitraje en un acto bilateral (el contrato de estabilidad jurídica) como medio para resolver las controversias contractuales. El arbitraje también se prevé en el artículo 21 de la Ley de Inversiones en relación con la solución de controversias relativas a la ley de inversión que puedan surgir entre el Estado venezolano y el país de origen del inversionista internacional. Cuando los medios diplomáticos fallan, la Ley impone la obligación al Estado de procurar la presentación de las diferencias ante un Tribunal Arbitral, cuya composición, mecanismo de designación, procedimiento y régimen de costo deben negociarse en un acto bilateral con el otro Estado. En estos dos primeros casos, con el fin de proceder con el arbitraje, la Ley establece claramente la necesidad de un acto bilateral separado que se negociará entre las partes.

Por el contrario, en las otras dos disposiciones de la Ley de Inversiones que prevén el arbitraje, los artículos 22 y 23, el Estado proporcionó su consentimiento para el arbitraje de antemano como una oferta abierta, de la misma manera como se prevé en la mayoría de los tratados bilaterales de inversión. El artículo 22 también utiliza una redacción similar de que las controversias "serán sometidas" a arbitraje internacional, tal como se utiliza en muchos de los tratados bilaterales de inversión anteriores a 1999. Tanto la Ley de Inversiones como los tratados bilaterales de inversión prevén que los inversionistas, a su voluntad, pueden optar de manera unilateral por ir a arbitraje o recurrir a los tribunales nacionales.[36] En el caso del artículo 22, como se mencionó anteriormente, el Estado expresó con antelación, como oferta abierta, su consentimiento para ir a arbitraje

---

34 *Idem*. p. 31. *V.* también Francisco Hung Vaillant, *Reflexiones sobre el arbitraje en el derecho venezolano*, Editorial Jurídica Venezolana, Caracas 2001, pp. 66–67.

35 Otros autores han expresado la misma crítica a esta sentencia. *V.*, por ejemplo, Eugenio Hernández Bretón, "El arbitraje internacional con entes del Estado venezolano," en *Boletín de la Academia de Ciencias Políticas y Sociales*, N° 147, Caracas 2009, p. 156.

36 *V.* al respecto Tatiana B. de Maekelt, "Tratados Bilaterales de Protección de Inversiones. Análisis de las cláusulas arbitrales y su aplicación," en Irene Valera (Coord.), *Arbitraje Comercial Interno e Internacional. Reflexiones teóricas y experiencias prácticas*, Academia de Ciencias Políticas y Sociales, Comité Venezolano de Arbitraje, Caracas 2005, pp. 340–341

internacional sujeto a la única condición de que los tratados, convenios o acuerdos prevean mecanismos arbitrales o un marco para el arbitraje internacional.

Esta interpretación del artículo 22 de la Ley de Inversiones como contentivo de una manifestación unilateral por escrito del consentimiento de la República de Venezuela a presentar las diferencias con los inversionistas internacionales a la jurisdicción de arbitraje del CIADI, por otra parte, es compartida por la mayoría de los autores venezolanos[37] así como muchos autores extranjeros.[38] En tal sentido, por ejemplo, Bracho Ghersi expresó en 2007 que la Ley de Inversiones no deja "duda alguna sobre la viabilidad del arbitraje para resolver controversias entre Estados e inversionistas extranjeros.... [ya que] establece de una manera muy clara que el inversor, en caso de controversia, tiene la posibilidad de optar entre recurrir al medio judicial ordinario o al CIADI, siempre que (i) Venezuela y el país del que los inversores son nacionales hayan firmado un tratado sobre promoción y protección de inversiones, o (ii) las disposiciones del Convenio Constitutivo del Organismo Multilateral de Garantía de Inversiones, OMGI (Multilateral Investment Guarantee Agency, MIGA) o del Convenio del CIADI sean aplicables, en cuyo caso (en nuestra opinión) el país de nacionalidad del inversor también debe haber firmado y ratificado al menos uno de dichos convenios."[39]

Es cierto, como se verá más adelante que dos tribunales del CIADI" (en los casos CIADI *Mobil* y *Cemex*) han decidido en sentido divergente exclusivamente aplicable a los casos debatidos, pero de los mismos no se puede deducir en general que el artículo 22 de la Ley de Inversiones no constituya consentimiento general otorgado por la República para arbitrar las diferencias relativas a inversiones ante el CIADI.

Por otra parte, como el Convenio del CIADI no prevé en si mismo consentimiento alguno al arbitraje del CIADI, sino que requiere un instrumento independiente de consentimiento, la condición que se establece expresamente en el artículo 22 se cumple precisamente con la formulación en el mismo de la oferta de arbitraje. Es decir, del artículo 22 se deduce que la condición establecida en el mismo solo se refiere a la necesidad de que en los convenios o tratados haya previsiones sobre mecanismos de arbitraje, y no a que sea necesario siempre un consentimiento por separado como se requiere, por ejem-

---

37 *V.* por ejemplo Andrés A. Mezgravis, "Las inversiones petroleras en Venezuela y el arbitraje ante el CIADI", en Irene Valera (Coordinadora), *Arbitraje Comercial Interno e Internacional. Reflexiones teóricas y experiencias prácticas*, Academia de Ciencias Políticas y Sociales, Comité Venezolano de Arbitraje, Caracas 2005, p. 388; Eugenio Hernández Bretón, "Protección de inversiones en Venezuela" en *Revista DeCITA, Derecho del Comercio Internacional, Temas de Actualidad, (Inversiones Extranjeras)*, N° 3, Zavalía, 2005, pp. 283–284; José Antonio Muci Borjas, *El Derecho Administrativo Global y los Tratados Bilaterales de Inversión (BITs)*, Caracas 2007, pp. 214–215; José Gregorio Torrealba R, *Promoción y Protección de las Inversiones Extranjeras en Venezuela*, Funeda, Caracas 2008. pp. 56–58, 125–127; Victorino Tejera Pérez, "Las leyes de Inversiones Municipales, ¿Siempre constituyen una oferta unilateral de arbitraje? La Ley de Inversiones de Venezuela: Un estudio de casos", *loc. cit.* pp. 90, 101, 109; Victorino Tejera Pérez, *Arbitraje de Inversiones*, Tesis de maestría, *cit.* pp. 162, 171, 173, 177, 193. Una excepción a la opinión mayoritaria la constituye las expresadas por Omar E. García–Bolívar, "El arbitraje en el marco de la ley de promoción y Protección de Inversiones: las posibles interpretaciones" en *Revista de Derecho*, Tribunal Supremo de Justicia, N° 26, Caracas 2008, pp. 313 ss; ay más reciente por, Hildegard Rondón de Sansó, *Aspectos jurídicos fundamentales del arbitraje internacional de inversión*, Ed. Exlibris, Caracas 2010, pp. 123 ss. Sansó, en particular, critica nuestra opinión, en pp. 146–148.

38 *V.* por ejemplo Gabriela Álvarez Ávila, "Las características del arbitraje del CIADI", en *Anuario Mexicano de Derecho Internacional*, Vol. II 2002, Instituto de Investigaciones Jurídicas, Universidad Nacional Autónoma de México, UNAM, México 2002; Guillaume Lemenez de Kerdelleau, "El consentimiento del Estado al arbitraje del CIADI: el artículo 22 de la Ley de Inversiones de Venezuela" en *TDM*, Vol. 4, N° 3, junio de 2007

39 *V.* Juan C. Bracho Ghersi, "Algunos Aspectos fundamentales del Arbitraje Internacional," en *Cuestiones actuales del Derecho de la empresa en Venezuela*, Grau, García, Hernández, Mónaco, Caracas 2007, pp. 18.

plo, en el artículo 21 de la misma Ley de Inversiones de 1999. Adoptar una interpretación contraria equivaldría a aceptar, de forma tautológica inadmisible, que el derecho concedido a los inversionistas para optar entre acudir al arbitraje o recurrir ante los órganos jurisdiccionales nacionales, en realidad no es tal derecho y por tanto que no se permite al inversionista a elegir entre dichas opciones, lo que haría que la aclaratoria de la última frase del artículo 22 no tendría sentido alguno.[40] Dicha aclaratoria, en efecto, otorga al inversionista un derecho, como una opción absoluta, a recurrir o no de manera unilateral, a su voluntad, al arbitraje internacional; derecho que únicamente podría otorgarse si la primera parte del artículo es una manifestación unilateral de consentimiento, formulada como una oferta abierta concedida por el Estado. Esto significa que cuando todos los términos del artículo 22 (incluidos los que se utilizan en la última frase del mismo: "sin perjuicio de la posibilidad de hacer uso, cuando proceda, de las vías contenciosas contempladas en la legislación venezolana vigente") se contrastan con los del artículo 23 de la misma Ley, se constata que la redacción utilizada en el artículo 22 es mucho más determinante que la del artículo 23, el cual también contiene un consentimiento unilateral al arbitraje por parte de la República.

Tanto el artículo 22 como el artículo dan a los inversionistas la opción de presentar las controversias que surjan bajo la Ley de Inversiones, a arbitraje. En el caso del artículo 22, al arbitraje internacional o ante los tribunales venezolanos y en el caso del artículo 23, ante los tribunales venezolanos o ante los tribunales arbitrales venezolanos. En ambos casos, la decisión que se tome depende de la elección de los inversionistas.

En definitiva, consideramos que el artículo 22 de la Ley de Inversiones contiene una expresión de consentimiento expreso al arbitraje otorgado por el Estado, y eso es precisamente lo que proporciona a los inversionistas internacionales la posibilidad de iniciar un arbitraje ante el CIADI o de recurrir a los tribunales venezolanos, de lo que resulta que el texto no deja duda alguna de que Venezuela consintió a que se llevasen las controversias a arbitraje ante el CIADI. Y esto es lo que precisamente lo más importante de lo resuelto en las sentencias de tres tribunales del CIADI que han decidido sobre el tema, en los casos *Mobil, Cemex* y *Brandes*, en las cuales se consideró que el artículo 22 efectivamente contiene una declaración unilateral del consentimiento otorgado por el Estado venezolano de presentar las diferencias a arbitraje internacional sometida a una condición, aun cuando, como se analiza más adelante, resolvieron que en los casos concretos resueltos, no se había comprobado la intención del Estado al expresar dicho consentimiento.

En nuestro criterio, la sanción de la Ley de Inversiones por parte del Gobierno en 1999 tuvo la clara intención de servir como instrumento para el desarrollo y la promoción de la inversión privada (extranjera y nacional) en Venezuela, de conformidad con el mandato incluido en paralelo en la Constitución de 1999 para promover los mecanismos alternativos de resolución de diferencias. Para tal efecto, el artículo 22 de la Ley de Inversiones ofreció la garantía de que la resolución de controversias relativas a inversiones mediante el arbitraje era un medio para su promoción, proporcionándole al inversor la opción de recurrir a un arbitraje internacional o a los tribunales nacionales. Es por ello que el Consejo Nacional de Promoción de Inversiones (CONAPRI), que era

40 *V.* Victorino Tejera Pérez, *Arbitraje de Inversiones*, Tesis de maestría, p. 190; Victorino Tejera Pérez, "Las leyes de Inversiones Municipales, ¿Siempre constituyen una oferta unilateral de arbitraje? La Ley de Inversiones de Venezuela: Un estudio de casos", *loc. cit.*, pp. 107. *V.* también Eugenio Hernández Bretón, "El arbitraje internacional con entes del Estado venezolano", *loc. cit.* pp. 141–168

una asociación mixta público–privada para la promoción de la inversión privada en el país, constituida por el Procurador General de la República en 1990[41] en su *Informe* de marzo de 2000 sobre "el Régimen jurídico de las inversiones extranjeras en Venezuela" dedicó un capítulo entero a examinar los distintos tipos de arbitraje establecidos en el sistema jurídico que se ofrecieron a los inversionistas para la resolución de controversias relativas a inversiones, repitiendo los mismos términos y palabras que se utilizaron en la ley.[42]

En este contexto, los tribunales del CIADI en las decisiones de los casos *Mobil* y *Cemex* se pronunciaron sobre si el artículo 22 daba su consentimiento en dichos casos, pero no como una apreciación universal aplicable a todas las circunstancias, habiendo sido la conclusión de los Tribunales que el artículo 22 "*no proporciona base alguna para la jurisdicción del Tribunal* ***en el presente caso***". En este sentido, el fallo del tribunal del CIADI en el caso *Brandes* también debe mencionarse ya que, sin razonamiento, argumento o motivación alguna y sin explicar lo que resultaba de "los párrafos" de su sentencia, no solo copió y ratificó la conclusión mencionada anteriormente de los tribunales del CIADI en los casos *Mobil* y *Cemex*, sino que fue más allá, al proclamar de manera general y universal, y no sólo para el "caso presente", que "es evidente que el artículo 22 de la Ley de Promoción y Protección de Inversiones no contiene el consentimiento de la República Bolivariana de Venezuela a la jurisdicción del CIADI" (Parr. 118). Dada la falta de motivación para esta expansión, la sentencia de *Brandes* en nuestra opinión, es irrelevante para una interpretación sobre el contenido real de la Ley de Inversiones, como lo argumentamos con mayor detalle más adelante.

En resumen, luego de haber estudiado el asunto en detalle y desde el punto de vista del derecho público venezolano, y luego de haber leído las sentencias antes mencionadas de los tribunales del CIADI que han interpretado el artículo 22 de la Ley de Inversiones (*es decir,* los casos *Mobil*, *Cemex* y *Brandes*), he seguido convencido de mi opinión anterior de 2005 en el sentido de que desde el punto de vista de la ley nacional venezolana, el artículo 22 de la Ley de Inversiones contiene una expresión del consentimiento del Estado que se otorgó como una oferta abierta para presentar las diferencias relativas a inversiones a arbitraje internacional y, en particular, al arbitraje del CIADI, lo que deja en manos de los inversionistas internacionales el derecho a decidir de manera unilateral recurrir a un arbitraje o a los tribunales nacionales.

2. Interpretación del artículo 22 de la Ley de Inversiones como declaración unilateral de consentimiento del Estado de acuerdo con los principios de interpretación de la ley

El artículo 22 de la Ley de Inversiones, como se desprende de su redacción y como lo ha admitido y el tribunal del CIADI en el caso *Mobil*, (Parr. 103), es una previsión "compuesta" que contiene una serie de partes: la primera, relativa a los tratados bilaterales o multilaterales sobre la promoción y protección de las inversiones; la segunda, se ocupa del Convenio del OMGI; y la tercera, se ocupa del Convenio del CIADI.[43] Debi-

---

41 Decreto N.° 1102 publicado en el *Gaceta Oficial* N.° 34.549 de 1990

42 *V.* Consejo Nacional de Promoción de Inversiones (CONAPRI), *Régimen Legal para la Inversión Extranjera en Venezuela*, Caracas marzo 2000, pp. 29–36

43 *V.* las distintas alternativas de aplicación del artículo 22 de la Ley de Inversiones, Victorino Tejera Pérez, "Las leyes de Inversiones Municipales, ¿Siempre constituyen una oferta unilateral de arbitraje? La Ley de Inver-

do a que el artículo 22 se centra en tres conjuntos diferentes de tratados o acuerdos, contemplándolos a todos al mismo tiempo, debe interpretarse de la misma manera que otras disposiciones legales.

Por su contenido compuesto, en todo caso, no es de extrañar que la norma no siga modelo o patrón alguno para expresar consentimiento estatal, como los que se pueden haber seguido en otras legislaciones nacionales o en previsiones internacionales que se ocupan solo del consentimiento a la jurisdicción del CIADI. Por ello, en nuestro criterio, no tiene sentido sacar conclusiones a partir de una comparación entre el artículo 22 y las expresiones de consentimiento al arbitraje que pueda haber en los "tratados bilaterales de inversión ejecutados por Venezuela." Éstos, formulados entre por dos partes, son el producto de un intercambio de propuestas que se negocian entre ellas, por lo que aunque el Estado haya sabido formular consentimiento obligatorio al arbitraje internacional en los mismos, nada impide que haya usado otra fórmula para ello en la Ley de Inversiones. Dicha elección no significa que no haya consentimiento alguno, y en todo caso, el artículo 22 de la Ley de Inversiones de 1999 no es un tratado bilateral, ni fue producto de una negociación con otro Estado. Es una parte de la legislación nacional, por lo demás única, ya que fue la primera vez en la historia legislativa reciente de Venezuela que el Estado, en una ley interna, expresó el consentimiento unilateral al arbitraje internacional. En definitiva, bajo dicha perspectiva, la República no tenía experiencia previa en la elaboración de este tipo de ley.

Es por ello que el artículo 22 de la Ley de Inversiones no puede, en principio, interpretarse solo por comparar su contenido con todo tipo de acuerdo bilateral establecido y con cláusulas negociadas para el arbitraje que se incluyan en los tratados bilaterales de inversión o en "cláusulas modelo" que deban ser negociadas por dos Estados contratantes que se han propuesto internacionalmente como "cláusulas de consentimiento". Sin embargo, debido a que los objetivos expresados en el artículo 1 de la Ley de Inversiones "son en general comparables a los de los tratados de promoción y protección recíproca de inversiones y se reflejan en el texto de la propia ley" que contiene disposiciones "comparables a aquellas incorporadas a los tratados bilaterales de inversión" (tal como se expresa en la sentencia del caso *Mobil* del CIAD (Parr. **121, 122;** y en el caso *Cemex*, Parr. 119), la oferta unilateral abierta de consentimiento por parte del Estado al arbitraje contenida en los tratados bilaterales de inversión y en la Ley de Inversiones son de suma importancia. Aunque el caso *Mobil* no menciona este aspecto de la Ley de Inversiones, el artículo 22, sin duda, representa una expresión de consentimiento que proporciona a los inversionistas internacionales la opción de aceptar o rechazar la oferta del Estado.[44]

En el caso *Cemex*, el Tribunal del CIADI observó que en todos los tratados bilaterales de inversión firmados por Venezuela antes de 1999, siempre se incorporó una "cláusula de arbitraje obligatorio" (Parr. 120), pero no comparó dichas soluciones con la que se incluyó en el artículo 22 de la Ley de Inversiones. Por otra parte, tanto la Ley de Inversiones como los tratados bilaterales de inversión también establecen el derecho de los

---

siones de Venezuela: Un estudio de casos", *loc. cit.* pp. 92–94; Victorino Tejera Pérez, *Arbitraje de Inversiones*, Tesis de maestría, cit. pp. 166–170.

44 Como lo indica Tatiana B. de Maekelt, "Tratados Bilaterales de Protección de Inversiones. Análisis de las cláusulas arbitrales y su aplicación," *loc cit.*, pp. 340–344; Andrés A. Mezgravis, "Las inversiones petroleras en Venezuela y el arbitraje ante el CIADI", p. 357; José Gregorio Torrealba, *Promoción y protección de las inversiones extranjeras en Venezuela, cit.* pp. 128–129

inversionistas internacionales a aceptar unilateralmente la oferta de arbitraje o a recurrir a los tribunales nacionales con el fin de resolver las diferencias relativas a inversiones. Esto es válido en los términos del artículo 4 del Código Civil. Incluso si no se aplica la analogía entre los tratados bilaterales de inversión y la Ley de Inversiones, al contrario de lo que se afirmó en los casos *Mobil* y *Cemex* del CIADI, es perfectamente posible, si se usan las mismas palabras de dichas sentencias (Parr. 123; y Parr. 120, respectivamente), llegar a la conclusión de que a partir de la ley en su conjunto, el artículo 22 debe interpretarse en el sentido de que establece el consentimiento por parte de Venezuela de presentar las controversias al arbitraje del CIADI, en particular si no se ignora la aclaratoria de la última parte del artículo 22 ("sin perjuicio de la posibilidad de hacer uso, cuando proceda, de las vías contenciosas contempladas en la legislación venezolana vigente").

Ambos fallos de los tribunales del CIADI, de manera incomprensible, ignoraron esta aclaratoria, lo que equivale a considerarla como carente de sentido. El hecho de que los fallos en los casos *Mobil* y *Cemex* no la hayan considerado al interpretar el artículo 22, ni le hayan dado alguna interpretación significativa, en efecto, equivale a considerar el texto como si no tuviera sentido, lo que no puede aceptarse bajo la ley venezolana.

Por otra parte, el hecho de que otros Estados hayan redactado leyes nacionales que contengan la expresión de consentimiento de una manera diferente a la forma elegida por la República, no puede significar que la República no haya manifestado su consentimiento expreso e inequívoco para someter las controversias a arbitraje en el artículo 22 de la ley. Es decir, la forma de legislar en otros Estados no puede demostrar nada específico respecto a la forma cómo en Venezuela se redactan las leyes. Con el fin de interpretar correctamente disposiciones compuestas como la del artículo 22 de la Ley de Inversiones, deben utilizarse las normas y los instrumentos que se establecen en el ordenamiento jurídico de Venezuela; y si se quisiese comparar la Ley de Inversiones con las leyes de otros Estados, lo que podría es identificar una que en realidad sea similar a la Ley de Inversiones, como fue el caso de la ley egipcia antes mencionada, y que incluso se analizó en un fallo de un tribunal CIADI, en la cual se consideró que se expresaba unilateralmente el consentimiento del Estado al arbitraje internacional.

En consecuencia, de acuerdo con la legislación venezolana, el artículo 22 no debe interpretarse en función de un patrón o modelo internacional, sino de acuerdo con su propia estructura y términos, teniendo en cuenta su carácter compuesto y el propósito de su promulgación. Además, como todas las leyes, debe interpretarse en armonía o en conformidad con la Constitución,[45] y con la tendencia pro arbitraje existente en Venezuela en 1999, cuando fue promulgada, que el nuevo Gobierno había desarrollado y promovido ampliamente.

Es evidente que debido a que se trata de un instrumento de la legislación nacional que expresa el consentimiento del Estado al arbitraje internacional, también puede interpretarse de acuerdo con los convenios internacionales aplicables y con las normas del derecho internacional que rigen las declaraciones unilaterales de los Estados. Sin embargo, tratándose de una ley nacional, básicamente el artículo 22 de la Ley de Inversiones

---

45 Este es un principio generalmente aceptado en el sistema de revisión judicial venezolano. *V.* José Peña Solís, "La interpretación conforme a la Constitución," Libro Homenaje a Fernando Parra Aranguren, Tomo II, Universidad Central de Venezuela, Caracas 2001. En cuanto a la aplicación de este principio en materia de arbitraje, *V.* Eugenio Hernández Bretón, "Arbitraje y Constitución. El arbitraje como derecho fundamental," *loc. cit.*, pp. 31; Andrés A. Mezgravis, "Las inversiones petroleras en Venezuela y el arbitraje ante el CIADI," *loc. cit.*, p. 390

debe interpretarse conforme a las reglas de interpretación y construcción de las leyes del derecho venezolano, particularmente las establecidas en el artículo 4 del Código Civil, debiendo en tal sentido leerse en todo su contenido, teniendo en cuenta su contexto, propósito y la intención del legislador.[46]

El artículo 4 del Código Civil establece en efecto, que el intérprete debe atribuir a la ley el sentido que parece evidente a partir del significado propio de las palabras, de acuerdo con su conexión entre sí y la intención del legislador, precisando luego, que "cuando no existe disposición precisa alguna de la Ley, las disposiciones que regulan casos semejantes o cuestiones análogas deberán tenerse en cuenta; y si las dudas persisten, deberán aplicarse los principios generales de la ley". Estos elementos de interpretación de las leyes, de acuerdo con la sentencia N° 895 del 30 de julio de 2008 de la Sala Político–Administrativa del Tribunal Supremo de Justicia, pueden reducirse a cuatro elementos relevantes, que son los que deben tenerse en cuenta en la interpretación de las disposiciones legales:[47] El primer elemento es el literal, gramatical o filológico, que siempre debe ser el punto de partida de toda interpretación. El segundo elemento de interpretación es el lógico, racional o razonable, que tiene por objeto determinar la razón de ser de la disposición dentro del ordenamiento jurídico. El tercer elemento es el histórico, a través del cual una disposición legal se analizará en el contexto de la situación fáctica y jurídica en el momento de su adopción o modificación y a partir de su evolución histórica. El cuarto elemento es el sistemático, que requiere que el intérprete analice la disposición como una parte integral del sistema en cuestión. La Sala Político–Administrativa señaló que la interpretación de las leyes de acuerdo con el artículo 4 del Código Civil no es una cuestión de elegir entre los cuatro elementos, sino de aplicarlos juntos, aunque no todos los elementos sean de igual importancia.[48] Además, el Tribunal Supremo de Justicia ha identificado a otros dos elementos para la interpretación: el teleológico (es decir, la necesidad de identificar y comprender los objetivos o propósitos sociales que llevaron a que la ley se aprobara) y el **sociológico,** que ayuda a comprender la disposición en el contexto de la realidad social, económica, política y cultural donde el texto se aplicará.

---

46 Como ya se mencionó, el Tribunal del caso *Mobil del CIADI* interpretó el artículo 22 sobre la base de las "normas del derecho internacional que rigen la interpretación de los actos unilaterales que se formularon en el marco y sobre la base de un tratado" (Parr. **95**), aunque consideró que la legislación nacional no debe "ignorarse completamente" ya que tiene que "desempeñar un papel útil" en relación con "la intención de que el Estado haya formulado dichos actos" (Parr. 96) *V.* también el caso *Cemex* del CIADI (Parr.. 88, 89) y el caso *Brandes* del CIADI (Parr. 36).

47 *V. Revista de Derecho Público*, N° 115, Editorial Jurídica Venezolana, Caracas 2008, pp. 468 ss.

48 Contrariamente a lo establecido en el artículo 4 del Código Civil de Venezuela y con las normas indicadas por el Tribunal Supremo, el tribunal del CIADI en el caso *Brandes* supuestamente interpretó el artículo 22 de la Ley de Inversiones "de acuerdo con los parámetros establecidos por el sistema legal de la República" (Parr. 36. Sin embargo, el tribunal siguió un enfoque diferente, aplicando lo que se conoce como un "análisis inicial" de los elementos mencionados en el artículo 4 del Código Civil: en primer lugar el "análisis puramente gramatical" y "si este análisis inicial no define claramente el sentido de la disposición, entonces es necesario examinar el contenido… " (Parr. 35). Este enfoque no está de acuerdo con los principios de interpretación de la ley que deben aplicarse siempre juntos. En este sentido, la Sala Constitucional del Tribunal Supremo, en una sentencia más reciente, N° 1067 del 3 de noviembre de 2010 (Caso *Astivenca Astilleros de Venezuela C.A.*), se ha pronunciado con respecto a los elementos para la interpretación que se derivan del artículo 4 del Código Civil, y ha manifestado que "los elementos normativos deben armonizarse en su conjunto, en el sentido de que uno no debe ignorar a los otros, sino que todos deben tenerse en cuenta para hacer una correcta valoración del contenido del texto legal" (pp. 39 de 60). *V.* el texto de la sentencia en Luisa Estela Morales Lamuño, *Venezuela en el contexto del arbitraje. Jurisprudencia de la Sala Constitucional y Laudos Internacionales relevantes*, Tribunal Supremo de Justicia, Fundación Gaceta Forense, Caracas 2011, pp. 385–457.

3. La obligación de acudir al arbitraje internacional expresada en el artículo 22 de la Ley de Inversiones

Como se analizará más adelante, cuando el texto del artículo 22 se interpreta de acuerdo con las normas de interpretación establecidas en el artículo 4 del Código Civil, el sentido que evidentemente se desprende del significado propio de las palabras utilizadas, de acuerdo con su conexión y con la intención del legislador es que dicha norma expresa el consentimiento unilateral de la República de Venezuela para la presentación de las controversias sobre inversiones ante el Centro de arbitraje del CIADI, lo que proporciona a los inversionistas cualificados el derecho a decidir si dan su propio consentimiento aceptando el del Estado o si deciden recurrir ante los tribunales venezolanos.

En la frase "*serán sometidas al arbitraje internacional*", el tiempo verbal indica que se trata de una expresión imperativa. Dicha frase expresa el hecho de que el arbitraje internacional de controversias es un sistema obligatorio, en el sentido de que, una vez que ha sido debidamente invocado por la otra parte en una diferencia, la República de Venezuela tiene el deber o la obligación de cumplir con las normas procesales aplicables y atenerse a la sentencia del tribunal arbitral. En definitiva, se trata de una declaración unilateral expresa de consentimiento al arbitraje del CIADI otorgada libremente con anticipación por la República de Venezuela; o, en palabras del Tribunal del CIADI en el caso *Mobil*, el artículo 22 "crea una obligación condicional" de recurrir al arbitraje (Parr. 102). Como se analizará más adelante, ninguno de los otros aspectos del texto o de los otros elementos de interpretación conducen a una conclusión diferente.

La parte del artículo 22 que se refiere al Convenio del CIADI termina con la frase "si así éste lo establece," la cual interpretada de acuerdo con el significado propio de las palabras utilizadas, de acuerdo con su relación con la totalidad de dicha sección y en línea con la intención del legislador, lo que indica es la necesidad de que el "tratado o acuerdo correspondiente" contengan las disposiciones que establecen el arbitraje internacional[49] a fin de que la orden anterior expresa (que deberá presentarse) pueda ejecutarse; y para que la última parte del artículo que proporciona la opción al inversor internacional de decidir recurrir al arbitraje internacional o no, tenga efectividad. Como el Convenio del CIADI precisamente lo que establece es un marco o un sistema de arbitraje internacional para el arreglo de controversias relativas a inversiones, la condición "si éste así lo establece" puede considerarse claramente satisfecha en el caso de la parte del artículo 22 que se refiere al Convenio del CIADI.

La interpretación formulada por algunos autores[50] en el sentido de considerar que el artículo 22 de la Ley es solo un reconocimiento de la existencia del arbitraje internacional, como el previsto en el Convenio del CIADI, pero sin que ello signifique consentimiento del Estado, el cual siempre debe darse en un instrumento por separado, consideramos que es contraria a la redacción del artículo, a la relación de las palabras utilizadas en el mismo, teniendo en cuenta la totalidad de su texto y la intención del Ejecutivo Nacional al promulgar la ley. En particular, interpretar la expresión "si éste así lo dis-

---

49 En este sentido, Victorino Tejera Pérez considera que la expresión "si éste así lo establece" significa "si éste [el tratado o acuerdo correspondiente] establece el arbitraje". *V.* Victorino Tejera Pérez, "Las leyes de Inversiones Municipales, ¿Siempre constituyen una oferta unilateral de arbitraje? La Ley de Inversiones de Venezuela: Un estudio de casos", *loc. cit.* p. 95; Victorino Tejera Pérez, *Arbitraje de Inversiones*, Tesis de maestría, *cit.* p. 170

50 *V.* Hildegard Rondón de Sansó, *Aspectos jurídicos fundamentales del arbitraje internacional de inversión*, Ed. Exlibris, Caracas 2010

pone" en el artículo 22, en el sentido de "si el tratado o acuerdo correspondiente dispone de acuerdo con sus términos, que la diferencia se debe presentar a arbitraje internacional" significaría hacer caso omiso de la última parte del artículo en la que se le otorga un derecho a los inversionistas internacionales de optar unilateralmente por el arbitraje internacional o de recurrir a los tribunales nacionales. Esta aclaratoria de la última frase del artículo no tendría sentido alguno, si la condición establecida en la disposición se refiriese a la necesidad de que un consentimiento sea obligatoriamente establecido en el tratado o acuerdo correspondiente. Esto es particularmente cierto debido a que el hecho de interpretar la frase "si éste así lo establece" como equivalente de "si el Convenio del CIADI establece el consentimiento" convertiría esta frase en una condición imposible, que no puede cumplirse (ya que la ratificación de dicho Convenio en si mismo no constituye consentimiento), privando al artículo 22 de todo efecto significativo. Esa interpretación, además, es gramaticalmente errónea. Es incorrecto interpretar la frase "si éste así lo establece" como un requisito de que el consentimiento del Estado que se contempla en la Ley deba incorporarse en el Convenio del CIADI, ya que "así" no puede referirse a un término ("consentimiento") que no se utiliza en la frase anterior de la norma que contiene la orden ("serán sometidas al arbitraje internacional en los términos del respectivo tratado o acuerdo"). Además, no es razonable interpretar que el artículo 22 lo que busca s que el Convenio del CIADI proporcione el consentimiento que el mismo artículo 22 otorgó.

La última parte del artículo 22 ("sin perjuicio de la posibilidad de hacer uso, cuando proceda, de las vías contenciosas contempladas en la legislación venezolana vigente") es una confirmación de que el artículo 22 es una expresión de consentimiento al arbitraje, en el sentido de que tal expresión unilateral de consentimiento del Estado contenida en el artículo 22 no impide que el inversor pueda utilizar a su discreción, como su derecho, los recursos de ámbito internos para la solución de controversias. Por el contrario, dicha parte del artículo confirma el consentimiento unilateral concedido por el Estado como una oferta abierta que puede ser aceptada o no, a su voluntad, por parte del inversionista. Si el artículo 22 fuese una mera declaración de la voluntad del Estado de llegar a un acuerdo de arbitraje en un documento separado en lugar de una firme expresión de consentimiento al arbitraje por parte del Estado, no habría habido necesidad de aclarar en su última parte que el artículo 22 no privaba al inversionista de su derecho a recurrir a los recursos internos.

4. Los esfuerzos realizados desde el año 2000 con el fin de cambiar el sentido del artículo 22 de la Ley de Inversiones por medio de interpretación judicial, sin reformar la ley

Precisamente por el hecho de que el artículo 22 de la Ley de Inversiones constituía una declaración unilateral de consentimiento del Estado para el arbitraje internacional, desde que el Ejecutivo nacional sancionó el decreto Ley de la Ley de Inversiones en 1999, comenzaron los intentos desarrollados por interesados opuestos a tal manifestación de voluntad, que eran contrarios a la política pro arbitraje que había definido el Gobierno y que adversaban el principio de inmunidad relativa de jurisdicción en materia de arbitraje,[51] para obtener una interpretación diferente por parte de los tribunales

51 *V.* por ejemplo, Fermín Toro Jiménez, *Manual de Derecho Internacional Público*, Vol. 1, Universidad Central de Venezuela, Caracas 1982, pp. 324, 437, 438, 441, 443, 444; Luis Brito García, "Régimen constitucional

venezolanos. Tras varios esfuerzos fallidos, el propio Gobierno de Venezuela presentó ante la Sala Constitucional del Tribunal Supremo de Justicia un recurso para la interpretación constitucional del artículo 258 de la Constitución, produciéndose en tiempo récord la sentencia N° 1.541 el 17 de octubre de 2008 de interpretación efectiva del Artículo 22 de la Ley de Inversiones.[52]

Antes, sin embargo, el mismo Tribunal Supremo había dictado otras sentencias previas en relación, precisamente con el Artículo 22 de la Ley de Inversiones de 1999 que deben analizarse.

A. El primer intento, en 2000, de cambiar el sentido del Artículo 22 de la Ley de Inversiones de 1999 por medio de una acción popular que cuestionaba su constitucionalidad y buscaba su anulación

El primer caso presentado ante el Tribunal Supremo en conexión con el Artículo 22 de la Ley de Inversiones de 1999 fue una acción de inconstitucionalidad presentada ante la Sala Constitucional por dos reconocidos abogados, impugnando los Artículos 17, 22 y 23 de la Ley de Inversiones de 1999. La Sala Constitucional al decidir la acción mediante sentencia N° 186 del 14 de febrero de 2001, la declaró sin lugar, ratificando la constitucionalidad de las disposiciones cuestionadas.[53]

Tal como se reseña en el texto de la Sentencia de la Sala los demandantes basaron su solicitud argumentando que el Artículo 22 por ser una disposición de "aplicación vinculante" se oponía a los artículos 157 y 253 de la Constitución, ya que "busca autorizar que *los particulares* dejen de lado la aplicación de las disposiciones del derecho público venezolano, a favor de organismos arbitrales que, como es de público conocimiento, aplican criterios de equidad de manera libre sin seguir necesariamente las disposiciones del derecho positivo". (pp. 3, 4, 5,). El recurso intentado también se basó en el hecho de que el Artículo 23 de la Ley de Inversiones también es de "aplicación vinculante", lo que "también resulta inconstitucional ya que busca autorizar que se deje de lado la administración de la justicia, lo que obliga a la aplicación precisa de las disposiciones de orden público, en favor de recurrir a 'Tribunales Arbitrales', que en su condición de

---

de los contratos de interés público," en *Revista de Control Fiscal y Tecnificación Administrativa*, N° 50, Contraloría General de la República, Caracas 1968, pp. 124–126.

52 *V.* la sentencia de la Sala Constitucional del Tribunal Supremo de Justicia N° 1.541 del 17–10–2008 en http://www.tsj.gov.ve/decisiones/scon/Octubre/1541–171008–08–0763.htm, pp. 10–14.; y en *Gaceta Oficial* N° 39.055 de 10–11– 2008. Las referencias a las páginas que se hacen en esta parte se refieren al texto publicado en la página web del Tribunal Supremo. *V.* el texto igualmente en Luisa Estela Morales Lamuño, *Venezuela en el contexto del arbitraje. Jurisprudencia de la Sala Constitucional y Laudos Internacionales relevantes*, Tribunal Supremo de Justicia, Fundación Gaceta Forense, Caracas 2011, pp. 53–121.

53 *V.* Tribunal Supremo de Justicia, Sala Constitucional, Sentencia N.° 186 del 14 de febrero de 2001 (Caso: *Impugnación por inconstitucionalidad de los artículos 17, 22 y 23 de la Ley de Inversiones de 1999, Fermín Toro Jiménez, Luis Brito García*), en http://www.tsj.gov.ve/decisiones/scon/Febrero/186–140201–00–1438%20.htm.. También en *Revista de Derecho Público* N° 85–88, Editorial Jurídica Venezolana, Caracas 2001, pp. 166–169. Véanse los comentarios sobre esta sentencia en José Gregorio Torrealba, *Promoción y protección de las inversiones extranjeras en Venezuela, cit.* pp. 123–124; en Eloy Anzola, "El fatigoso camino que transita el arbitraje," en Irene Valera (Coordinadora), *Arbitraje Comercial Interno e Internacional. Reflexiones teóricas y experiencias prácticas*, Academia de Ciencias Políticas y Sociales, Comité Venezolano de Arbitraje, Caracas 2005, p. 413; Diego Moya–Ocampos Pancera y Maria del Sol Moya–Ocampos Pancera, "Comentarios relativos a la procedencia de las cláusulas arbitrales en los contratos de interés público nacional, en particular: especial las concesiones mineras," en *Revista de Derecho Administrativo*, N° 19, Editorial Sherwood, Caracas 2006, p. 173.

árbitros podrían dejar de lado las disposiciones de orden público que son soberanas y no negociables [...]". (pp. 3, 4, 5, 21).

Con base a estas expresiones era evidente que los Demandantes entendían que tanto el Artículo 22 como el Artículo 23 de la Ley eran ofertas abiertas de consentimiento formuladas unilateralmente por el Estado para someter las controversias en materia de inversiones a arbitraje (arbitraje internacional en el caso del Artículo 22 y nacional en el caso del Artículo 23), lo que les brindaba a los inversores el derecho, conforme afirmaron los recurrentes, "a dejar de lado la aplicación de las disposiciones del derecho público venezolano, en favor de organismos arbitrales" o "Tribunales Arbitrales". La única manera de interpretar la demanda de los demandantes respecto de la inconstitucionalidad de los Artículos 22 y 23, es el hecho de que la Ley les permitía a los "particulares" optar por dejar de lado la aplicación de las disposiciones del derecho público venezolano en favor de organismos arbitrales. Esto resultaba posible solo si el Estado en dichas disposiciones había dado su consentimiento para someter las disputas a arbitraje. Por el contrario, si el Estado no hubiera expresado su consentimiento para someterse a un arbitraje en las disposiciones de "aplicación vinculante", como las calificaron los demandantes, hubiera sido imposible decir que las disposiciones (de manera unilateral) autorizaban a los particulares a recurrir al arbitraje, que es lo que implicaba "dejar de lado la aplicación de las disposiciones del derecho público venezolano, en favor de organismos arbitrales" o "Tribunales Arbitrales".

La Sala Constitucional, por supuesto, rechazó el recurso de inconstitucionalidad interpuesto, al establecer que estas disposiciones de la ley coincidían con el derecho constitucional a someterse a un arbitraje como un "medio alternativo de justicia" (p. 22–23). La Sala Constitucional recalcó que el arbitraje, ya sea nacional o internacional, posee una base constitucional en el Artículo 258 de la Constitución de 1999 y en especial concluyó que "la resolución arbitral de disputas, contemplada en los Artículos 22 y 23 impugnados, no entra en conflicto de ninguna manera con el Texto Fundamental". (p. 25). La Sala Constitucional también hizo referencia a la obligación de promover el arbitraje que figura en el Artículo 258 de la Constitución, y señaló las muchas circunstancias bajo las cuales un inversionista podría recurrir al arbitraje (inclusive bajo el Convenio CIADI) con base en la disposición constitucional en el Artículo 259. (p. 24). La Sala Constitucional, al hacer referencia al Artículo 22 de la Ley de Inversiones y al confirmar que el arbitraje formaba "parte integral de los mecanismos" para el arreglo de diferencias relativas a inversiones, mencionó simplemente las "controversias en las que las disposiciones del Convenio CIADI "se pueden aplicar" (p. 24). La sentencia no copió, ni hizo referencia a otras frases de dicho Artículo, de lo que debe deducirse que asumió, con esa afirmación, que el Convenio CIADI se aplicaba en virtud de las mismas disposiciones y, debido al consentimiento prestado por el Estado. La Sala dijo: "Debe dejarse en claro que, de acuerdo con la norma cuestionada, la posibilidad de utilizar los medios contenciosos establecidos en virtud de la legislación venezolana permanece en efecto abierta, cuando se presente la posible disputa y estas vías resulten apropiadas" (p. 24).[54]

54 Véanse los comentarios en este mismo sentido en Victorino Tejera Pérez, "Las leyes de Inversión Municipal, ¿Siempre constituyen una oferta unilateral de arbitraje? La Ley de Inversiones venezolana: Un estudio de casos", *loc. cit.* p. 94; Victorino Tejera Pérez, *Arbitraje de Inversiones*, Tesis de maestría, *cit.* p. 168–169.

En este contexto, en consecuencia, con la sentencia desestimatoria de la inconstitucionalidad denunciada, la Sala Constitucional ratificando la constitucionalidad del Artículo 22, expresó realmente el sentido y alcance de la disposición.

B. El segundo intento, en 2007, de obtener una interpretación diferente del Artículo 22 de la Ley de Inversiones

El 6 de febrero de 2007, un grupo de abogados presentó un recurso ante la Sala Constitucional del Tribunal Supremo solicitando la interpretación del artículo 22 de la Ley de Inversiones de 1999, el cual fue rechazado mediante sentencia N° 609 el 9 de abril de 2007, al declarar la Sala que carecía de competencia para conocer de tal recurso.[55] El propósito expreso del recurso era obtener una interpretación judicial de dicha norma "para determinar si [el Artículo 22] estableció o no el consentimiento necesario para permitirles a los inversores extranjeros iniciar arbitrajes internacionales contra el Estado venezolano" (p. 2).

Los demandantes es su recurso, expresaron que no buscaban que la Sala Constitucional declarase la inconstitucionalidad del Artículo 22, un asunto, que según explicaron, ya había sido resuelto en la Sentencia N° 186 el 14 de febrero de 2001 antes indicada. En cambio, argumentaban que "una cosa es que el Artículo en discusión sea constitucional y otra cosa muy distinta es que dicho Artículo establezca un consentimiento general y universal para permitir que cualquier inversor extranjero solicite que sus disputas con el Gobierno venezolano se resuelvan por medio de un arbitraje internacional, un asunto que no queda claro en el texto del Artículo" (p. 2). Los demandantes formularon ante el Tribunal Supremo las siguientes preguntas específicas:

> "¿Contiene el Artículo 22 de la Ley de Promoción y Protección de Inversiones el consentimiento arbitral por parte del Estado venezolano a fin de que todas las disputas que puedan surgir con inversores extranjeros se sometan a un arbitraje ante el CIADI?
>
> En caso de [una respuesta] negativa (sic), ¿cuál es el objetivo y aplicación del Artículo 22 de la Ley de Promoción y Protección de las Inversiones?" (p. 2).

En la Sentencia N° 609 del 9 de abril de 2007, la Sala Constitucional decidió que no tenía competencia para decidir sobre la interpretación del Artículo 22 de la Ley de Inversiones, competencia que de acuerdo con la Constitución correspondía a la Sala Político–Administrativa del Tribunal Supremo (p. 12–13), en consecuencia de lo cual, la Sala Constitucional ordenó que la demanda se remitiese a dicha Sala Político Administrativa del mismo Tribunal Supremo de Justicia para su decisión.

C. El tercer intento, en 2007, de obtener una interpretación diferente del Artículo 22 de la Ley de Inversiones

Una vez recibido el expediente en la Sala Político–Administrativa del Tribunal Supremo, y luego de la tramitación del recurso de interpretación intentado, la misma deci-

55 *V.* Tribunal Supremo de Justicia, Sala Constitucional, Sentencia N° 609 del 9 de abril de 2007 (Caso: *Interpretación del Artículo 22 de la Ley de Inversiones de 1999*), en http://www.tsj.gov.ve/decisiones/scon/Abril/609–090407–07–0187.htm.

dió en sentencia N° 927 de 5 de junio de 2007,[56] que la solicitud que se había formulado era inadmisible debido a la falta de legitimación procesal de los solicitantes, considerando que estos no habían demostrado la existencia de un situación jurídica particular que los afectara de manera directa y personal que pudiera justificar una sentencia judicial respecto del alcance y aplicación del Artículo 22 (p. 14).

D. El cuarto y último intento, en 2008, de obtener una interpretación diferente del Artículo 22 de la Ley de Inversiones

Luego de que los fracasados intentos antes mencionados formulados por parte de varios particulares ante el Tribunal Supremo para lograr una interpretación judicial del artículo 22 de la Ley de Inversiones, que contrariara su letra y la intención que el Ejecutivo tuvo al sancionarla en 1999 mediante Decreto–Ley, la República, por sí misma, logró con éxito obtener una sentencia judicial "a la medida" dictada por la Sala Constitucional del Tribunal Supremo de Justicia, que fue la Sentencia N° 1.541 del 17 de octubre de 2008,[57] dictada, esta vez, en respuesta de un recurso de interpretación, no del artículo 22 de la ley de Inversiones, sino del Artículo 258 de la Constitución, resultando la sentencia sin embargo, en la interpretación del primero.[58]

A tal efecto, el recurso de interpretación "constitucional" fue presentado el 12 de junio de 2008 por los representantes del Procurador General de la República (Hildegard Rondón de Sansó, Álvaro Silva Calderón, Beatrice Sansó de Ramírez *et al.)*, la cual fue motivada, como se mencionó en el texto del recurso, por los diversos casos que para esa fecha ya se habían iniciado ante tribunales CIADI contra la República de Venezuela y que estaban pendientes de decisión (p. 10).

Como se dijo, aunque el recurso fue calificado como una solicitud de interpretación constitucional del Artículo 258 de la Constitución, la Sala Constitucional contradijo su propio fallo antes mencionado (sentencia N° 609 el 9 de abril de 2007) y emitió una interpretación del artículo 22 de la Ley de Inversiones de 1999, que la misma Sala Constitucional había decidido que era de la exclusiva competencia de la Sala Político–Administrativa.

La sentencia dictada por la Sala Constitucional en 2008, como decisión vinculante "a la medida" de lo buscado por el representante del Estado, recibió muchas críticas[59] pues

---

56 *V.* en http://www.tsj.gov.ve/decisiones/spa/Junio/00927–6607–2007–2007–0446.html.

57 *V.* en http://www.tsj.gov.ve/decisiones/scon/Octubre/1541–171008–08–0763.htm; y en *Gaceta Oficial* N° 39.055 Noviembre 10, 2008. *V.* el texto igualmente en Luisa Estela Morales Lamuño, *Venezuela en el contexto del arbitraje. Jurisprudencia de la Sala Constitucional y Laudos Internacionales relevantes*, Tribunal Supremo de Justicia, Fundación Gaceta Forense, Caracas 2011, pp. 53–121.

58 Como lo precisó la presidenta de la Sala Constitucional, quien fue ponente de la sentencia: "dicha sentencia fue dictada con ocasión a la interpretación conforme a la Constitución vigente, del artículo 22 de la Ley de promoción y Protección de Inversiones, dada la solicitud formulada por la Procuraduría General de la Republica y de connotados abogados externos, y vista la necesidad de fijar sus efectos para la procedencia o no del arbitraje, como mecanismo válido para disipar diferencias relativas a la inversión entre la república y los inversionistas extranjeros." *V.* Luisa Estela Morales Lamuño, *Venezuela en el contexto del arbitraje. Jurisprudencia de la Sala Constitucional y Laudos Internacionales relevantes*, Tribunal Supremo de Justicia, Fundación Gaceta Forense, Caracas 2011, p. 8.

59 *V.*, por ejemplo, Tatiana B. de Maekelt; Román Duque Corredor; Eugenio Hernández–Bretón, "Comentarios a la sentencia de la Sala Constitucional del Tribunal Supremo de Justicia, de fecha 17 de octubre de 2008, que fija la interpretación vinculante del único aparte del art. 258 de la Constitución de la República," en *Boletín de la Academia de Ciencias Políticas y Sociales*, N.° 147, Caracas 2009, pp. 347–368; Eugenio Hernández Bretón, "El

en definitiva lo que hizo fue interpretar el artículo 22 de la Ley de Inversiones, pues el artículo 258 de la Constitución, por su claridad, no requiere de interpretación alguna, decidiendo al final que dicho artículo no constituía una oferta general del Estado para someter las disputas a arbitraje internacional ante el CIADI," con lo que la Sala Constitucional terminó cambiando el sentido de las disposición, privándola de su contenido, y en definitiva en cierta forma "revocar" la expresión de consentimiento unilateral que el Estado había dado para someterse a un arbitraje internacional que contenía, pero sin que se reformara formalmente la ley.[60] La decisión en efecto, en definitiva, dejó sin sentido la última parte del artículo 22 de la ley de Inversiones, la cual les permite a los inversionistas optar por someterse a arbitraje o recurrir a un tribunal nacional.

Debe destacarse que en la sentencia N° 1541 del año 2008[61] el Tribunal Supremo admitió que era posible que un Estado pudiese expresar en una ley su consentimiento para someter la resolución de disputas sobre inversiones a arbitraje internacional (pp. 34–38), pero, al decidir ese proceso judicial específico en el cual solo participó del Gobierno y no alguna otra parte interesada, optó por la opinión del Gobierno de que el Artículo 22 no poseía ese efecto. La Sala Constitucional falló sobre la materia en un inusual abreviado proceso que duró tan solo cuatro meses (que incluyeron 30 días de vacaciones judiciales) y sin audiencias contenciosa. El recurso se presentó el 12 de junio de 2008 y se notificó a la Sala Constitucional el 17 de junio de 2008. Un mes después, el 18 de julio de 2008, la Sala admitió el recurso del procurador, y luego de omitir la audiencia oral sobre la base de que era se trataba de un asunto "de mero derecho," fijó un plazo máximo de 30 días para fallar sobre el caso, que comenzarían a contar cinco días con posterioridad a la publicación de un comunicado en el periódico en el que se les daría a las partes interesada cinco días para presentar sus escritos. El anuncio en el periódico se publicó el 29 de julio de 2008; el 16 de septiembre de 2008, tres particulares presentaron sus escritos como coadyuvantes, participación que fue denegada por la Sala Constitucional sobre la base de falta de legitimación procesal (pp. 1–4), pasando luego la misma a dictar sentencia el 17 de octubre de 2008.

En el sistema de control de la constitucionalidad venezolano, el recurso de interpretación constitucional se estableció aún sin base constitucional en la jurisprudencia de la misma Sala Constitucional, con el objeto de interpretar disposiciones constitucionales confusas, ambiguas e inoperantes. Como se mencionó anteriormente, el Artículo 258 no requería de interpretación alguna, como se puede confirmar de su propio texto en el que no figuran partes confusas, ambiguas o inoperantes. Como lo destacó J. Eloy Anzola en sus comentarios sobre la sentencia, resulta obvio que los representantes de la República al presentar la solicitud de interpretación, "no ocultaron la verdadera intención del recurso" que era obtener "la interpretación de la norma legal en lugar de la constitucio-

---

arbitraje internacional con entes del Estado venezolano," en *Boletín de la Academia de Ciencias Políticas y Sociales*, N.° 147, Caracas 2009, pp. 148–161; Victorino Tejera Pérez, "Las leyes de Inversiones Municipales, ¿Siempre constituyen una oferta unilateral de arbitraje? La Ley de Inversiones venezolana: Un estudio de casos", *loc. cit.*, p. 92–109; Victorino Tejera Pérez, *Arbitraje de Inversiones*, Tesis de maestría, *cit.* pp. 180–193.

60 Véanse los comentarios sobre la ineficacia de dicha revocación sin reformar la Ley respecto del arbitraje internacional, en Andrés A. Mezgravis, "El estándar de interpretación aplicable al consentimiento y a su revocatoria en el arbitraje de inversiones," en Carlos Alberto Soto Coaguila (Director), *Tratado de Derecho Arbitral*, Universidad Pontificia Javeriana, Instituto peruano de Arbitraje, Bogotá 2011, Vol. II, pp. 858 859

61 Véanse en general los comentarios sobre esta Sentencia en Tatiana B. de Maekelt; Román Duque Corredor; Eugenio Hernández–Bretón, "Comentarios a la sentencia de la Sala Constitucional del Tribunal Supremo de Justicia, de fecha 17 de octubre de 2008, que fija la interpretación vinculante del único aparte del art. 258 de la Constitución de la República," *loc. cit.*, pp. 347–368

nal,"[62] en el sentido "que el Artículo 22 de la Ley de Inversiones no prevé dicho consentimiento. Es allí a lo que apunta la sentencia."[63]

La Sala Constitucional en la sentencia N° 1.541 de 2008, para interpretar el Artículo 22 y negar que fuera una expresión del consentimiento del Estado al arbitraje internacional luego de analizar ampliamente el arbitraje internacional en el mundo contemporáneo, en definitiva concluyó considerando, en general, que aceptar dicho consentimiento en una ley sería materialmente "inaceptable" en cualquier ordenamiento jurídico, mostrando de entrada una contradicción interna en la decisión. Así, mientras que por una parte la Sala Constitucional admitió que un Estado puede expresar su consentimiento en forma unilateral y genérica en la legislación sobre inversiones (pp. 31–47), un método de consentimiento que está claramente permitido en el Convenio del CIADI y que está firmemente establecido en la práctica internacional, por la otra, ofreció argumentos que implican la negación de ese mismo punto. En particular, la sentencia No. 1.541 de 2008 argumentó que, si el Artículo 22 fuera interpretado como una oferta general de consentimiento y esa oferta fuera aceptada por un inversionista, automáticamente (*de pleno derecho*) se sometería a arbitraje una amplia gama de asuntos dentro del ámbito de la legislación, sin que el Estado pudiera determinar los beneficios o desventajas del arbitraje en cada caso, en violación de un supuesto principio de consentimiento "informado" (p. 56). Sin embargo, esto es precisamente lo que ocurre, como una consecuencia prevista, cuando un Estado escoge dar su consentimiento al arbitraje, genéricamente, mediante una ley nacional o un tratado. En la misma línea, la sentencia N° 1.541 de 2008 argumentó que interpretar el Artículo 22 como conteniendo una oferta genérica de arbitraje llevaría al "absurdo de considerar que el Estado no puede elegir un foro o jurisdicción de conveniencia o más favorable para sus intereses (*Forum Shopping*)" (pp. 65–67). Esto no es para nada absurdo; es el efecto normal de una expresión genérica de consentimiento, lo cual es uniformemente aceptado conforme al Convenio del CIADI. Un Estado que da su consentimiento genérico al arbitraje en tratados o en leyes ha cedido su derecho a verificar caso por caso los beneficios o desventajas del arbitraje internacional, a cambio de los beneficios de promoción de inversiones derivados de una oferta genérica de arbitraje internacional a los inversionistas extranjeros.

La sentencia N° 1.541 de 2008 también expresó que interpretar el Artículo 22 como una oferta genérica de consentimiento, de hecho derogaría los tratados bilaterales y multilaterales de inversión que prevén diferentes métodos de resolución de disputas, porque los inversionistas protegidos por esos tratados podrían invocar la cláusula de la nación más favorecida (NMF) contenida en ellos para tomar ventaja del arbitraje CIADI, por ende, evitando los mecanismos de resolución de disputas contemplados en el tratado (pp. 65–69). Este argumento, en nuestro criterio, carece de fundamento. Asumiendo que un tratado de inversión del cual sea parte Venezuela tiene una cláusula de NMF que cubre la resolución de disputas, y asumiendo que el arbitraje CIADI es más favorable que el método de resolución de disputas contemplado en ese tratado, un inversionista que reclame conforme al tratado tendría ya el derecho a invocar el arbitraje CIADI, porque la cláusula de NMF de ese tratado incorporaría por referencia las disposiciones sobre resolución de disputas de otros tratados de inversión de los cuales sea

62 *V.* J. Eloy Anzola, "Luces desde Venezuela: La Administración de la Justicia no es monopolio exclusivo del Estrado," en *Control de la Constitucionalidad Española, Revista del Club Español de Arbitraje*, N° 4, 2009, pp. 64, 64

63 *Ídem*, pp. 73–74.

parte Venezuela, que contemplen el arbitraje CIADI. Bajo la lógica de la sentencia N° 1.541 de 2008, el tratado del ejemplo habría sido "derogado" por los demás tratados, independientemente de cómo se interpretara el Artículo 22, una conclusión que muestra que el argumento no prueba nada. Además, el argumento en la sentencia N° 1.541 de 2008 equivalió a afirmar que un Estado no podía dar su consentimiento a la jurisdicción del CIADI mediante la ley si había celebrado tratados de inversión que contemplaban diferentes métodos de resolución de disputas; una conclusión que no tiene base alguna. Adicionalmente, no existe base alguna para el argumento de la sentencia N° 1.541 de 2008 (pp. 69–70,), de que interpretar el Artículo 22 como una oferta abierta de consentimiento, crearía una inconsistencia con los Artículos 5, 7, 8 y 9 de la Ley de Inversiones de 1999. En realidad, no existe contradicción alguna entre la oferta abierta de consentimiento en el Artículo 22 y cualquiera de esas otras disposiciones.

En efecto, el Artículo 5 de la Ley de Inversiones garantiza que sus disposiciones no afectan cualquier nivel más alto de protección conforme a tratados o acuerdos internacionales para la promoción y protección de inversiones. Esto significa la intención de que el nivel de protección establecido conforme a la Ley de Inversiones de 1999 es la base, dejando espacio para niveles más altos de protección conforme a los tratados. El Artículo 5 también dispone que a falta de cualquiera de tales tratados o acuerdos, y a pesar de la cláusula de NMF en la Ley de Inversiones, un inversionista sólo se beneficia de la protección establecida en esa Ley hasta el momento en que el inversionista esté protegido por un tratado o acuerdo que contenga una cláusula de NMF (en cuyo caso el inversionista se beneficia de ese tratado en particular y de cualquier otro tratamiento más favorable requerido por otros tratados, así como de la propia Ley de Inversiones). El Artículo 5 también requiere que el Estado busque en la negociación de dichos tratados, el mayor nivel de protección para los inversionistas venezolanos y garantice que, en cualquier caso, dicho nivel de protección no sea inferior al otorgado a los inversionistas del otro Estado contratante en Venezuela. No hay nada en estas disposiciones que contradiga la posibilidad de dar consentimiento a la jurisdicción del CIADI en el Artículo 22.

El Artículo 7 de la Ley de Inversiones establece un principio básico de trato nacional, en el sentido de que las inversiones y los inversionistas internacionales deben tener los mismos derechos y obligaciones que las inversiones y los inversionistas nacionales, salvo lo que las leyes especiales y la propia Ley de Inversiones dispongan en cualquier otro sentido. No existe contradicción entre este principio y la oferta abierta de consentimiento a la jurisdicción del CIADI en el Artículo 22, porque a pesar de que tal oferta necesariamente beneficia sólo a los inversionistas extranjeros,[64] dicha oferta de consentimiento es una excepción prevista en la propia Ley de Inversiones.

Por otra parte, el Artículo 8 de la Ley de Inversiones prohíbe la discriminación contra inversionistas internacionales en razón del país de origen de sus capitales, sujeto a excepciones derivados de acuerdos de integración económica o de asuntos tributarios. En este caso, tampoco existe contradicción entre esta disposición y la oferta abierta de consentimiento a la jurisdicción del CIADI establecida en el Artículo 22, el cual se aplica a los inversionistas extranjeros en general, independientemente del origen de su capital. Cualquier inversionista que sea nacional de un Estado que sea parte del CIADI o llegue

64 Conforme al Artículo 25 del Convenio del CIADI, el inversionista debe ser un nacional de un Estado distinto al Estado parte de la diferencia (Venezuela en la situación en cuestión), salvo cuando por estar sometidas a control extranjero las partes "hubieran acordado atribuirle tal carácter, a los efectos de este Convenio".

a serlo puede aceptar la oferta de consentimiento. Si el Artículo 8 fuera inconsistente con el Artículo 22, también sería inconsistente con el Artículo 5, porque el Artículo 5 presupone la existencia de diferentes regímenes legales para inversionistas internacionales, dependiendo de si son nacionales de países con tratados o acuerdos para la promoción o protección de inversiones con Venezuela, o sólo están protegidos por la Ley de Inversiones de 1999.

En cuanto al artículo 9 de la Ley de Inversiones de 1999, el mismo establece el principio de que las inversiones y los inversionistas internacionales tendrán derecho al trato más favorable conforme a los Artículos 7 y 8 de la misma Ley. Esto significa que tienen derecho a lo que sea mejor entre el trato nacional conforme al Artículo 7 o el trato de la nación más favorecida (no discriminación en base al país de origen de su capital) conforme al Artículo 8, con las excepciones autorizadas por esas disposiciones. Ya que, como se dijo anteriormente, dado que la oferta abierta de consentimiento en el Artículo 22 no es inconsistente ni con el Artículo 7 ni con el 8, tampoco puede ser inconsistente con el Artículo 9.

Los dos ejemplos hipotéticos planteados por la sentencia N° 1.541 de 2008 (pp. 70–71) no muestran contradicción alguna entre la oferta abierta de consentimiento formulada en el Artículo 22 y cualquiera de las demás disposiciones antes analizadas. En el primer ejemplo hipotético, la Sala Constitucional argumentó que si se interpreta que el Artículo 22 contiene una oferta abierta de consentimiento, un Estado miembro del CIADI que no tenga un tratado sobre inversiones con Venezuela (y que no ha dado su consentimiento a la jurisdicción del CIADI en su propia ley de inversiones) estaría en una mejor posición *vis–à–vis* un Estado miembro del CIADI que tenga un tratado de este tipo, porque el primer Estado no estaría sujeto a los reclamos del CIADI por parte de inversionistas venezolanos, mientras que el segundo Estado sí. Una vez más, este argumento no prueba nada. La Ley de Inversiones de 1999 no garantiza un trato igual para los Estados; garantiza ciertos niveles de tratamiento para inversionistas, fundamentalmente inversionistas internacionales. Ninguna disposición de la Ley de Inversiones de 1999 requiere reciprocidad, es decir, que los inversionistas venezolanos deben tener derecho a someter controversias ante el CIADI contra Estados cuyos nacionales puedan beneficiarse de una oferta abierta de consentimiento en el Artículo 22. Dado que el consentimiento a la jurisdicción del CIADI por ley es por naturaleza un acto unilateral, impugnar dicho consentimiento con base en la falta de reciprocidad significaría negar, contrario a la práctica uniforme, la posibilidad de cualquier consentimiento a través de las leyes.

En el segundo ejemplo, la sentencia N° 1.541 de 2008 argumenta que si se interpretase el Artículo 22 como una expresión unilateral de consentimiento del Estado, un inversionista de un país que sea parte del Convenio del CIADI pero que no tenga un tratado sobre inversiones con Venezuela, estaría en mejor posición que un inversionista de un país que no es parte del Convenio del CIADI pero que tiene un tratado con Venezuela que prevé el arbitraje no–CIADI. La "mejor posición" resultaría de que el arbitraje CIADI supuestamente sería más favorable para un inversionista que el arbitraje no–CIADI previsto en el tratado. De hecho, el arbitraje CIADI puede o no ser más favorable para un inversionista, que otro régimen de arbitraje que pueda estar establecido en un tratado. Pero aún asumiendo que en un caso en particular, el arbitraje CIADI fuera más favorable que el régimen de arbitraje en un tratado, la hipótesis no es inconsistente con disposición alguna de la Ley de Inversiones, la cual contempla la posibilidad de regímenes paralelos conforme a tratados y conforme a la propia Ley de Inversiones. De acuerdo con la misma lógica, el Estado no podría llegar a ser parte de un tratado que contemplara el arbitraje bajo el CIADI, porque los inversionistas protegidos por dicho tratado recibirían mejor tratamiento que los inversionistas protegidos por un tratado que prevé un régimen de arbitraje diferente.

Además, la sentencia N° 1541 de 2008, no solamente es defectuosa desde un punto de vista jurídico, sino que como antes indicamos es internamente contradictoria. Los siguientes ejemplos sirven para ilustrar el punto:

Primero, mientras que la sentencia N° 1541 de 2008 admitió y supuestamente apoyó la proposición de que el derecho internacional se aplica a la interpretación del Artículo 22 (pp. 38–41), luego abogó por una interpretación completamente sustentada en supuestos principios del "ordenamiento jurídico nacional." Luego, la propia decisión fue contra los fundamentos de su propio análisis al establecer que tenía poca utilidad un análisis limitado a consideraciones de "orden interno." (pp. 38–41).

Segundo, como antes hemos indicado, la sentencia N° 1541 de 2008 admitió que un Estado puede expresar su consentimiento al arbitraje unilateralmente y genéricamente a través de legislación de inversiones (pp. 31–38), pero después argumentó que el Artículo 22 no puede ser interpretado como una expresión de consentimiento con base en que ello privaría a la República la posibilidad de analizar las ventajas del arbitraje "en cada caso" (pp. 41–45) y de elegir "un foro o jurisdicción de conveniencia o más favorable para sus intereses ("*Forum Shopping*")" (pp. 48–50). Dicho de otra manera, para la Sala Constitucional, el problema de interpretar el Artículo 22 como una expresión de consentimiento es que impediría al Estado escoger la jurisdicción caso por caso.

Finalmente, a pesar de que la sentencia N° 1.541 de 2008 dedica varios párrafos a reiterar la existencia de un mandato constitucional de promover el arbitraje (Artículo 258 de la Constitución) (pp. 7–17), por último llega a una interpretación del Artículo 22 que no se ajusta al mandato constitucional.

Como se dijo, la sentencia fue objeto de muchas críticas que coinciden con que la intención de la República no fue obtener del Tribunal Supremo una interpretación del artículo 258 de la Constitución sino de un artículo de una ley como era el artículo 22 de la Ley de Inversiones.[65] Por ello, el Magistrado Pedro Rafael Rondón Haaz, quien disintió tanto de la decisión de la Sala Constitucional de admitir el *recurso*, como de la propia sentencia N° 1541 de 2008, destacó en su Voto Salvado que la Sala Constitucional había actuado *ultra–vires* al aceptar la interpretación de la disposición de ley (Artículo 22) (pp. 56–59), reiterando su criterio que se puede resumir en los siguientes puntos: Que el Artículo 258 no da lugar a duda razonable alguna, ni requiere de interpretación aclaratoria, ya que solo contiene un mandato dirigido al Legislador para promover el arbitraje; que el recurso de interpretación presentado tenía como objetivo obtener una "opinión legal" por parte de la Sala Constitucional por medio de un proceso de control de la constitucionalidad *a priori* que no existe en Venezuela; que la sentencia no interpretaba o aclaraba el Artículo 258 de la Constitución ya que esta clara disposición no da lugar a duda; que la Sala Constitucional se excedió en su competencia cuando aceptó decidir sobre la interpretación del Artículo 22 de la Ley de Inversiones de 1999, siendo

65 Véanse los comentarios críticos en Eugenio Hernández Bretón, "El arbitraje internacional con entes del Estado venezolano," en *Boletín de la Academia de Ciencias Políticas y Sociales*, N.° 147, Caracas 2009, pp. 148–161; Victorino Tejera Pérez, "Las leyes de Inversiones Municipales, ¿Siempre constituyen una oferta unilateral de arbitraje? La Ley de Inversiones venezolana: Un estudio de casos", *loc. cit.*, pp. 92–109; Victorino Tejera Pérez, *Arbitraje de Inversiones*, Tesis de maestría, *cit.* pp. 180–193

la Sala Político–Administrativa del Tribunal Supremo de Justicia la que tiene la competencia exclusiva para la interpretación de las disposiciones de las leyes; y que la Sala Constitucional contradijo su propia jurisprudencia y se excedió el uso de sus facultades al realizar la interpretación constitucional. El Magistrado Rondón, en su Voto salvado, además, notó de manera correcta que la Sala Constitucional al interpretar el Artículo 22 ejerció una "función legislativa" al establecer, por medio de un procedimiento de control de la constitucionalidad *a priori*, los pasos que la Legislatura debe seguir en el futuro a fin de expresar el consentimiento del Estado al arbitraje internacional mediante una ley (pp. 56–59).

Por supuesto, dichos efectos de la sentencia se limitan a los tribunales venezolanos, en el sentido de que no afectan las facultades de los tribunales del CIADI para interpretar el Artículo 22 de manera independiente al impartir justicia en su propia jurisdicción.

Lamentablemente, este caso lo que puso en evidencia fue el objetivo político que tenía la decisión de la Sala Constitucional, que es en definitiva lo único que puede explicar su arbitrariedad y su falta de análisis jurídico lógico y coherente. Así, la protección de la soberanía y la autodeterminación nacional fueron un tema constante mencionados en varias declaraciones en esta decisión. Por ejemplo, al sostener que la interpretación de las leyes debe hacerse de conformidad con la Constitución, la Sala explicó que esto significaba "salvaguardar a la Constitución misma de toda desviación de principios y de todo apartamiento del proyecto político que ella encarna por voluntad del pueblo" señalando que "parte de la protección y garantía de la Constitución de la Republica Bolivariana de Venezuela radica, pues, en una perspectiva política in fieri, reacia a la vinculación ideológica con teorías que puedan limitar, so pretexto de valideces universales, la soberanía y la autodeterminación nacional como lo exige el articulo 1° eiusdem (...)." (pp. 38–41). Antes, en la misma sentencia N° 1.541 de 2008, la Sala había expresado algo de escepticismo respecto a una percepción generalizada de imparcialidad de la jurisdicción arbitral, indicando que "el desplazamiento, de la jurisdicción de los tribunales estatales hacia los arbitrales, en muchas ocasiones se produce debido a que la resolución de conflictos la realizarán árbitros que en considerables casos se encuentran vinculados y tienden a favorecer los intereses de corporaciones trasnacionales, convirtiéndose en un instrumento adicional de dominación y control de las economías nacionales [...]" añadiendo que "resulta poco realista esgrimir simplemente un argumento de imparcialidad de la justicia arbitral en detrimento de la justicia impartida por los órganos jurisdiccionales del Poder Judicial, para justificar la procedencia de la jurisdicción de los contratos de interés general." (pp. 21–24).

En todo casos, al año siguiente de haber dictado su sentencia, y en "respuesta" a las críticas formuladas por Luis Brito García,[66] a la sentencia de la Sala Constitucional N° 97 del 11 de febrero de 2009, en la que el Tribunal desestimó un recurso para la interpretación de los Artículos 1 y 151 de la Constitución presentada por Fermín Toro Jiménez y el mismo Luis Brito García, la propia Sala Constitucional publicó un *Boletín de Prensa* en su sitio web el 15 de junio de 2009 ("*Autor*: Prensa TSJ"),[67] en la cual decidió expresar algunas conclusiones sobre el alcance de la sentencia N° 1541 de 2008, sin

---

66 *V.* la entrevista de Carlos Díaz con Luis Britto García, "Perdimos el derecho a ser juzgados según nuestras leyes, nunca las juntas arbitrales foráneas han favorecido a nuestro país," *La Razón*, Caracas 14–06–2009, publicado el 20 de junio de 2009 por Luis Britto García en http://luisbrittogarcia.blogspot.com/2009/06/tsj–lesiono–soberania.html

67 *V.* en http://www.tsj.gov.ve/informacion/notasdeprensa/notasdeprensa.asp?codigo=6941

que nadie lo haya solicitado, es decir, sin ningún proceso constitucional o ningún procedimiento en contrario que lo exigiese. Se trató, por tanto, de una "sentencia por medio de Boletín de Prensa",[68] en la cual el Tribunal Supremo hizo referencia, entre otros temas, precisamente al Artículo 22 de la Ley de Inversiones al "declarar" que: "Las sentencias [del Tribunal Supremo] eliminan el riesgo que implica interpretar el Artículo 22 de la Ley de Inversiones como una oferta abierta o invitación por parte de Venezuela de someterse a la competencia de otros países, como se ha tratado de explicar en el Foro Internacional, por parte de sujetos con intereses contrarios a los de la República Bolivariana de Venezuela, como es el caso de la gran transnacional del sector de la energía". Este "Boletín de Prensa, por supuesto, no era una sentencia judicial en sí misma y no poseía fuerza de ley.[69]

Estas notas de prensa lo que demuestran es que la sentencia N° 1.541 de 2008 de la Sala Constitucional, había sido producto de la influencia política sobre el Poder Judicial ejercida por el Ejecutivo para tratar de reafirmar la posición del Estado en los casos pendientes ante el CIADI. La Sala Constitucional actuó *ultra vires* cuando decidió interpretar el Artículo 22 de la Ley de Inversiones de 1999 ante la solicitud del Gobierno de la República,[70] ya que la Sala Político–Administrativa es la que tiene la *competencia* exclusiva para interpretar leyes por medio de recursos de interpretación de las mismas; y proceder así a interpretar dicho artículo con la excusa de interpretar el Artículo 258 de la Constitución que no requiere interpretación alguna.

5. La insuficiente interpretación del artículo 22 de la Ley de Inversiones de 1999 efectuada por los tribunales del CIADI en los Casos *Mobil* y *Cemex*

La cuestión de la interpretación del artículo 22 también fue considerada por los tribunales del CIADI en los casos *Mobil* y *Cemex*, en los cuales los mismos en realidad no decidieron que el artículo 22 no constituía un consentimiento general otorgado por la República para someter a arbitraje todas las diferencias relativas a inversiones ante el CIADI. Por el contrario, en el caso *Mobil*, el Tribunal del CIADI decidió que el artículo 22 efectivamente "establece la obligación de acudir al arbitraje", aunque se refiere a ella como "una obligación condicional" (Parr. 102). Esta condición a la que se somete la obligación de acuerdo con las sentencias es el resultado de la frase "si así éste lo establece". Los tribunales del CIADI en estos dos casos ignoraron por completo la existencia de la aclaratoria final que se incluye en la última frase del artículo 22, sosteniendo que dicho artículo podía interpretarse de dos maneras, en el sentido de que el tratado, acuerdo o convenio pueden: (i) prever "el arbitraje internacional" o (ii) "la presentación obligatoria de las diferencias a arbitraje internacional" (*caso Mobil*, Parr. 109) ("crea una obligación para el Estado de presentar las diferencias ante las obligaciones internacionales", *caso Cemex*, Parr. 101). Los tribunales del CIADI llegaron a la conclusión de que "ambas interpretaciones son gramaticalmente posibles" (Parr. 110; y Parr. 102, res-

68 *V.* Luis Britto García, "¡Venezuela será condenada y embargada por jueces y árbitros extranjeros!," en http://www.aporrea.org/actualidad/a80479.html. Fecha de la publicación: 21 de junio de 2009

69 *V.*, por ej., Víctor Raúl Díaz Chirino, "El mecanismo de arbitraje en la contratación pública," en Allan R. Brewer Carías (Coord.), *Ley de Contrataciones Públicas*, 2° ed. Editorial Jurídica Venezolana, Caracas 2011, pp. 356–357

70 *V.* Allan R. Brewer–Carías, "La Sala Constitucional vs. La competencia judicial en materia de interpretación de las leyes," en *Revista de Derecho Público*, N.° 123, Editorial Jurídica Venezolana, Caracas 2010, pp. 187–196

pectivamente). Esta afirmación no puede ser correcta, ya que la segunda opción es una negación en sí misma, no solo de la premisa de que el artículo contiene efectivamente una "obligación condicional", sino de la aclaratoria que se incluye en la última frase de la disposición que otorga al inversor el derecho de recurrir al arbitraje o a los tribunales nacionales. Es decir, si es cierto que la primera opción implica la existencia en el artículo 22 de una "obligación condicional" de recurrir a un arbitraje, que queda sujeta únicamente a la condición de que los tratados o acuerdos prevean el arbitraje internacional, la segunda opción niega la "obligación condicional" en el sentido de exigencia de que el tratado prevea, no un mecanismo de arbitraje internacional, sino la "presentación obligatoria" del arbitraje. Esta segunda interpretación daría como resultado una tautología que es gramaticalmente incorrecta.

Como se mencionó anteriormente, los tribunales CIADI también fallaron en su análisis gramatical en relación con la última parte del artículo. Al hacer caso omiso de ella, simplemente borraron la parte del artículo que, precisamente, confirma la existencia en el mismo de la "obligación condicional" de recurrir al arbitraje. Esta forma de interpretar es incorrecta en la legislación venezolana, ya que implica que la última parte de la disposición se interprete como "carente de sentido".[71]

Es ciertamente absurdo suponer que el legislador no ha intentado usar los términos más precisos y adecuados para expresar la finalidad y el alcance de sus disposiciones, o que deliberadamente ha omitido elementos que son esenciales para la comprensión total de la norma;"[72] lo que significa, desde el punto de vista del intérprete y de acuerdo con los principios sobre interpretación de las leyes, que se debe suponer que el legislador no ha redactado deliberadamente una disposición de un modo ambiguo ni ha omitido elementos que son esenciales para la comprensión completa de la disposición. Por ello, además, el intérprete no puede ignorar las palabras, frases o elementos que el legislador ha utilizado en la disposición. Además, es otro principio bien establecido de interpretación de la ley el que el intérprete, al interpretar una ley, debe rechazar y evitar todas las interpretaciones absurdas.[73] Como se ha mencionado, cada parte del artículo 22 tiene un significado y propósito, y al interpretarlo, ninguna parte puede ser ignorada, como ocurrió en los fallos citados del Tribunal del CIADI, que ignoraron la última parte del artículo 22. En mi criterio, ante el silencio de los tribunales de los casos *Mobil* y *Cemex* en considerar y dar sentido a una parte crucial del artículo 22 que es esencial para su interpretación, renunciando a interpretar la disposición "de una manera compatible con el efecto que busca" el Estado que redactó la Ley (Parr. 118), estos fallos no interpretaron correctamente la disposición de conformidad con la legislación venezolana o internacional.

71 Lo mismo se aplica, por supuesto, a la sentencia del caso *Brandes*, que tampoco atribuyó significado alguno a la aclaratoria.

72 Como lo ha indicado la Sentencia N° 4 del 15 de noviembre de 2001 (caso *Carmen Cecilia López Lugo v. Miguel Ángel Capriles Ayala et al.*)

73 *V.* Tribunal Supremo de Justicia, Sala Constitucional, sentencia N° 1.173 del 15 de junio de 2004 (Caso: *Interpretación del Artículo 72 de la Constitución de la República Bolivariana de Venezuela*) (Exp. 02–3.215), en *Revista de Derecho Público* N° 97–98, Editorial Jurídica Venezolana, Caracas 2004, pp. 429 ss.

6. La ausencia de interpretación del artículo 22 de la Ley de Inversiones de 1999 en la sentencia de Tribunal del CIADI en el caso *Brandes*

El tribunal del CIADI en la sentencia del caso *Brandes*, de manera sorprendente y en contraste con los casos *Mobil* y *Cemex*, llegó a la misma conclusión que éstos, pero sin hacer esfuerzo alguno para interpretar el artículo 22 de la Ley de Inversiones de 1999, limitándose solamente a referirse a las herramientas y principios para la interpretación de la norma, pero sin aplicarlos al caso. Señaló dicho tribunal en su fallo: (i) que el artículo 22 debía interpretarse a partir de los principios del sistema jurídico venezolano "comenzando por la Constitución política" (Parr. 36, 81) pero también de acuerdo con los principios del derecho internacional (Parr. 36, 81); (ii) que, sin embargo, al aplicar los principios de las leyes venezolanas, los elementos del artículo 4 del Código Civil no se aplicarían en forma conjunta como lo impone dicha norma, sino de una forma lineal, comenzando con el análisis gramatical (Parr. 35); (iii) que el artículo 22 de la Ley de Inversiones debía ser interpretado teniendo en cuenta su relación con "otras normas legales de la República" (Parr. 30, 35, 97); y (iv) que era esencial para el Tribunal a fin de analizar otros artículos de la Ley de Inversiones que constituyen el contexto inmediato del artículo 22 (Parr. 88).

Luego de anunciar todas estas herramientas y principios de interpretación, pero sin aplicar ninguna de ellas al caso, el Tribunal emitió su sentencia sin analizar el texto del artículo, ni las palabras que contiene, ni la relación entre sí de las palabras utilizadas. Asimismo, el Tribunal no estableció la relación necesaria entre las palabras utilizadas en el artículo dentro del contenido de su texto completo, incluida la última frase de la aclaratoria. Es decir, el Tribunal, sin hacer esfuerzo alguno para aplicar siquiera el primer paso anunciado en la sentencia, que se definió como el "análisis puramente gramatical" (Parr. 35) y sin razonamiento o motivación alguna, llega a la conclusión de que "la redacción del artículo 22 de la Ley de Protección y Promoción de Inversiones, LPPI es confusa e imprecisa, y que no es posible afirmar, a partir de una interpretación gramatical, si contiene o no el consentimiento de la República Bolivariana de Venezuela ante la jurisdicción del CIADI" (Parr. 86). El aspecto más sorprendente de esta conclusión es que el mismo Tribunal concluyó que era "innecesario resumir" el "esfuerzo laborioso y minucioso de las partes para examinar el sentido del artículo 22" (Parr. 85).

Dentro de los parámetros de toda decisión judicial en el sistema jurídico venezolano, esta sería una decisión judicial sin motivos, susceptible de ser anulada. No es posible llegar a una conclusión como la expresada por el tribunal con arreglo a la legislación venezolana, sin explicar qué parte de la disposición es "confusa", qué otra parte es "imprecisa", y como todo tribunal de justicia, al momento de decidir los casos de la justicia, debió hacer su mejor esfuerzo para intentar explicar lo que no es preciso en una disposición y explicar lo que es confuso en la misma. Esta es precisamente la función que tiene todo tribunal, al cual no se le permite solamente emitir una sentencia sin indicar las razones en las que se basa.

El esfuerzo interpretativo de menor importancia e indirecto del Tribunal en la sentencia del caso *Brandes,* se refirió a considerar el artículo 22 de la Ley de Inversiones en relación con su "contexto" (Parr. 87), limitándose a señalar que la Ley de Inversiones tenía similitudes en su estructura y contenido con muchos tratados bilaterales de inversión (Parr. 89); pero sin hacer referencia a la similitud más importante con el fin de interpretar el artículo 22 de la Ley de Inversiones, que es la oferta abierta, como expresión del consentimiento, que el Estado ha hecho en todos los tratados bilaterales de inversión, dejando en manos de los inversionistas internacionales el derecho de recurrir al arbitraje o a los tribunales nacionales. En su lugar, el tribunal del caso *Brandes* se limitó únicamente a preguntarse por qué no se utilizó la fórmula de consentimiento de los tratados bilaterales de inversión (Parr. 90).

Como se explicó antes, una ley que contiene una oferta unilateral como expresión de consentimiento del Estado para recurrir al arbitraje no es un tratado bilateral sobre inversiones, y a pesar de las similitudes en la estructura o contenido de la Ley con los tratados bilaterales de inversión, la Ley debe examinarse e interpretarse como una manifestación unilateral de un Gobierno que procura atraer inversiones sin efectuar negociación alguna con otro Estado (Parr. 94). En esta forma se diferencia la ley, de los tratados bilaterales de inversión que se negocian entre dos partes; y fue esa distinción la que el tribunal del CIADI en el caso *Brandes* no tuvo en cuenta. Es solo debido a que ignoró lo esencial del artículo 22 que es la parte que otorga al inversionista la opción de recurrir al arbitraje o a un tribunal venezolano, que el tribunal del CIADI en el caso *Brandes* llegó luego a la conclusión de que a pesar de las similitudes entre el contenido de la Ley de Inversiones y de un tratado bilateral de inversión, "el Tribunal no encuentra en el artículo que ha analizado ni en otro artículo de la Ley de Inversiones, disposición alguna que le permita afirmar que prevé el consentimiento de Venezuela a la jurisdicción del CIADI" (Parr. 92). Por supuesto, el Tribunal no pudo hallar el consentimiento del Estado si ignoró el derecho otorgado a los inversionistas para tomar la decisión de aceptar o no la oferta de arbitraje. La única manera de entender esta conclusión infundada consiste, por lo tanto, en reconocer que el Tribunal, en su sentencia, en realidad no "analizó" en forma alguna el artículo 22 u otros artículos pertinentes de la Ley de Inversiones (como los artículos 21 y 23).

El tribunal del caso *Brandes* también decidió que era "innecesario, con el fin de resolver la diferencia, establecer la función real" que cumplió el funcionario encargado de la redacción de la Ley, así como "su conocimiento del tema en discusión y la relevancia de sus publicaciones sobre este tema" debido a que su opinión "no puede proporcionar la base para considerar que el artículo 22 de la Ley de Inversiones contiene el consentimiento de la República Bolivariana de Venezuela para someterse al arbitraje del CIADI" (Parr. 103). Nuevamente, sorprende el modo en que el tribunal pudo simplemente y de repente llegar a estas "conclusiones", sin razonamiento o análisis alguno y lo que es aún peor, sin expresar razón alguna para descalificar de manera general y universal a una de las dos personas clave involucradas en la redacción de la Ley de Inversiones, a quien se asignó dicha tarea por solicitud y orden del Gobierno.

Finalmente, luego de copiar y enumerar exhaustivamente (sin analizarlos) los "argumentos válidos" de las partes, el Tribunal del CIADI en el caso *Brandes* simplemente llegó a la conclusión, sin tener en cuenta el tema "fundamental" en absoluto, de que "no se ha hallado elemento alguno que pueda conducirlo a apartarse de las conclusiones a las que llegaron dichos tribunales [en los casos *Cemex* y *Mobil*] con respecto a la cuestión concreta que se trata en el presente" (Parr. 114). En el siguiente párrafo el Tribunal copió la decisión definitiva en los casos (Parr. 115), en los cuales dichos Tribunales concluyeron que el artículo 22 "no proporciona una base para la jurisdicción del Tribunal en el presente caso" (Caso *Mobil*, Parr. 140; Caso C*emex* Parr. 138), sin la pretensión de impedir u ocasionar perjuicio alguno a otros casos. No obstante, el Tribunal del CIADI en el caso *Brandes* sin razonamiento o argumento alguno y sin explicar los "fallos en los párrafos" de su sentencia, fue más allá y proclamó de manera general y universal y no solo para el "caso presente", que era "obvio que el artículo 22 de la Ley de Promoción y Protección de Inversiones no contiene el consentimiento de la República Bolivariana de Venezuela a la jurisdicción del CIADI" (Parr. 118). Esta sentencia, al menos desde el punto de vista de las reglas generales que rigen las decisiones judiciales en el derecho interno, no indica los motivos en que se basó; es decir, carece de fundamento.

III. LA PROGRESIVA TENDENCIA PRO ARBITRAJE DEL RÉGIMEN LEGAL VENEZOLANO DURANTE LOS AÑOS ANTERIORES A LA APROBACIÓN DE LA LEY DE INVERSIONES DE 1999

Contrariamente a lo apreciado en las decisiones de los tribunales arbitrales en los antes comentados casos *Mobil, Cemex y Brandes*, en nuestro criterio, el Artículo 22 de la Ley de Inversiones de 1999 expresó el consentimiento por escrito de la República de Venezuela al arbitraje del Centro CIADI, conforme al Artículo 25(1) de la Convención del CIADI. Este consentimiento se expresó en forma de *oferta abierta de arbitraje* sujeta a la aceptación del inversionista,[74] pudiendo éste a su elección recurrir a los tribunales nacionales.

Esta manifestación contenida en el artículo 22 de la Ley, por lo demás, fue reflejo de la tendencia por arbitraje que se ha había desarrollado en Venezuela durante las últimas décadas, y que se materializó en el Artículo 258 de la Constitución de 1999 y en varias leyes. Por lo tanto, al momento en el que se sancionó la Ley de Inversiones, la hostilidad tradicional hacia el arbitraje que había resultado de las experiencias de finales del siglo XIX se encontraba superada. Por ello puede considerarse que la Ley de Inversiones de 1999 fue una legislación completamente compatible con sus antecedentes históricos, incluida la ratificación por el Estado, entre 1993 y 1998, de gran cantidad de tratados para la protección y la promoción de las inversiones (que también contribuyeron al arbitraje internacional), además de otras disposiciones legales relacionadas con el arbitraje adoptadas en ese tiempo.

Si se considera el Artículo 22 de la Ley de Inversiones en forma sistemática y desde una perspectiva histórica, tiene sentido decir que el Estado ofreció un consentimiento unilateral al arbitraje como medio para promover la inversión. Esta oferta fue entonces una parte esencial de la *razón de ser* de la Ley de Inversiones de 1999, que estaba en completa consonancia con el arbitraje internacional existente en 1999. Además, si nos atenemos al elemento teleológico y sociológico de la interpretación de las leyes, la situación económica y social reinante al momento en que fuera sancionada la Ley de Inversiones de 1999 explica que el antiguo Congreso y el Ejecutivo Nacional, en sus funciones de legisladores, pretendían promover la inversión, siendo el consentimiento al arbitraje internacional un medio para lograrlo. La política económica y todo el orden jurídico existente en el año 1999 también tendían a promover la inversión extranjera y

74 Entre los distintos formularios de consentimiento por escrito de los Estados Contratantes del CIADI, que incluyen la legislación nacional, *V.* el "Informe de los directores ejecutivos del Convenio sobre Arreglo de Diferencias Relativas a Inversiones entre Estados y Nacionales de otros Estados" con fecha 18 de marzo de 1965 ("[...] un estado anfitrión puede, en la legislación que promueve las inversiones, ofrecer que las controversias que surgieren de ciertas clases de inversión sean sometidas a la jurisdicción del Centro, y el inversor podrá dar su consentimiento al aceptar la oferta por escrito.".

el arbitraje internacional.[75] Esta intención general se aprecia claramente reflejada en la Ley de Inversiones de 1999 en su conjunto, la cual tuvo como objetivo principal promover y proteger la inversión extranjera a través de la regulación de las acciones del Estado respecto al tratamiento de dicha inversión. Someter las controversias al arbitraje internacional es precisamente uno de los recursos fundamentales para proteger los inversionistas y las inversiones extranjeras.[76]

1. Los antecedentes históricos en cuestión de arbitraje: de la hostilidad a la aceptación

Un buen resumen de los antecedentes históricos de la Ley de Inversiones se puede encontrar en lo expuesto por Alfredo Morles Hernández en 2005 en su exposición de apertura del Seminario convocado por la Academia de Ciencias Políticas y Sociales en Caracas, en los que después de analizar las hostilidades precedentes destacó la actitud favorable en ese momento hacia el arbitraje, mencionando, particularmente los efectos de la ratificación durante las últimas décadas de todas las convenciones más importantes, con particular referencia a la Convención del CIADI, a la cual consideró como de "aceptación prácticamente universal."[77]

Otra situación fue la posición del Profesor Morles con respecto a la posibilidad de renuncia a la inmunidad jurisdiccional en los contratos públicos celebrados por la República en materia de *empréstito público* externo. Desde 1970, el Morles había criticado la opinión legal de la Procuraduría General de la República (expresada en 1977), que consideraba aceptable incorporar en los contratos de empréstito público externo cláusulas por las que se renunciaba a la inmunidad jurisdiccional del Estado, y que fueron ampliamente incorporada en los contratos públicos de esos tiempos.[78] Lo cierto, en todo caso, es que particularmente luego de la sanción de la Constitución de 1961 y mucho antes de 1999, la República había aceptado de una manera muy amplia, especialmente en lo relativo a los contratos públicos, la posibilidad de renunciar a la inmunidad jurisdiccional.

---

75 *V.* Victorino Tejera Pérez, "Las leyes municipales de inversión, ¿Siempre constituyen una oferta unilateral de arbitraje? La Ley de Inversiones venezolana: Un estudio de casos," *loc. cit.*, p. 113; Victorino Tejera Pérez, *Arbitraje de Inversiones*, Tesis de maestría, Universidad Central de Venezuela, Caracas 2010, p. 154

76 Incluso la sentencia Nº 1541 del Tribunal Supremo, del año 2008, reconoció que una de las formas en que los Estados atraen las inversiones extranjeras es haciendo una promesa unilateral de someter las diferencias a arbitraje: La Sala expresó: "Resulta imposible ignorar que los Estados que buscan atraer inversiones deben, manteniendo su soberanía, otorgar ciertas garantías a los inversionistas, a fin de concretar esa relación. Dentro de las variables empleadas para lograr estas inversiones, es común incluir un acuerdo de arbitraje que, a juicio de los inversionistas, les brinde seguridad respecto al – ya mencionado – temor de una posible parcialidad de los tribunales del Estado en favor de sus propios ciudadanos."

77 *V.* Alfredo Morles Hernández, "Presentación," en Irene Valera (Coord.), *Arbitraje comercial interno e internacional. Reflexiones teóricas y experiencias prácticas*, Academia de Ciencias Políticas y Sociales, Caracas 2005, pp. 12–13.

78 *V.* Alfredo Morles Hernández, "La inmunidad de jurisdicción y las operaciones de crédito público," en *Estudios sobre la Constitución, Libro Homenaje a Rafael Caldera*, Universidad Central de Venezuela, Caracas 1979, Vol. III, p. 1717

2. La evolución constitucional en cuanto a la inmunidad jurisdiccional del Estado y la cura de viejas heridas diplomáticas

En dicha materia, en todo caso, todo caso, es útil recordar la evolución de las disposiciones constitucionales en Venezuela en materia de arbitraje internacional y en cuanto a la inmunidad de jurisdicción. En tal sentido, lo cierto fue que durante el siglo XIX y las dos primeras décadas del XX, el arbitraje internacional era la regla general, al punto de que las Constituciones obligaban a establecer en una cláusula que debía incorporarse a todos los tratados internacionales para la solución de toda controversia entre las partes Contratantes.[79] En 1947 se reincorporó una cláusula, aunque con un alcance más amplio, referida a todos los acuerdos internacionales (y no sólo los tratados) y a la solución de controversias por medios pacíficos (y no sólo el arbitraje) reconocidos por el derecho internacional.

Por otra parte, la Constitución incluyó, desde 1893, un importante artículo con tres cláusulas específicas: primero, la prohibición de transferir contratos de interés público a Estados extranjeros; segundo, la cláusula de inmunidad absoluta por jurisdicción que estipulaba la obligación de incorporarla a todos los contratos públicos; y tercero, la llamada "cláusula Calvo", que excluye todo reclamo diplomático en lo concerniente a dichos contratos públicos. Todas estas cláusulas aún permanecen en la Constitución, aun cuando la segunda fue modificada en 1947 y desde 1961 se transformó en una cláusula de inmunidad relativa por jurisdicción. Fue diez años después de la reforma constitucional de 1893, desde 1902, cuando en realidad se desarrolló cierta cultura hostil respecto del arbitraje, particularmente por el bloqueo de los puertos venezolanos por las armadas alemana, británica e italiana que buscaban el cobro forzoso de la deuda pública, lo que derivó en la aplicación en Venezuela de la conocida "doctrina Drago".

Luego de todas las experiencias previas, en particular aquellas ocurridas a comienzos del siglo XX, desde que se adoptó la Constitución de 1961 y, en particular, debido al restablecimiento del principio de inmunidad relativa de la soberanía, basado en una disposición similar incluida en el Artículo 108 de la Constitución de 1947, la introducción de cláusulas obligatorias de arbitraje en contratos públicos se ha convertido en una práctica comúnmente aceptada y reconocida como válida.[80] Además, en 1995 Venezue-

---

79 En las Constituciones de 1864 (Artículo 112), 1874 (Artículo 112), 1881 (Artículo 109), 1891 (Artículo 109), 1893 (Artículo 141), 1901 (Artículo 133), 1904 (Artículo 120), 1909 (Artículo 138), 1914 (Artículo 120) y 1922 (Artículo 120), se incluyó un Artículo que establecía que en todos los tratados internacionales se debía incluir una cláusula que dijera lo siguiente: "Toda controversia entre las partes contratantes será resuelta, sin recurrir a la guerra, por el arbitraje del Estado o Estados amigos". *V.* en Allan R. Brewer–Carías, *Las Constituciones de Venezuela*, Academia de Ciencias Políticas y Sociales, Caracas 2008. *V.* J. Eloy Anzola, "El fatigoso camino que transita el arbitraje," en Irene Valera (Coordinadora), *Arbitraje Comercial Interno e Internacional. Reflexiones teóricas y experiencias prácticas*, Academia de Ciencias Políticas y Sociales, Comité Venezolano de Arbitraje, Caracas 2005, p. 410

80 *V.* Allan R. Brewer–Carías, *Contratos Administrativos*, Colección Estudios Jurídicos N° 44, Editorial Jurídica Venezolana, Caracas 1992, pp. 262–265. La posibilidad de incorporar cláusulas de arbitraje en los contratos públicos se estudió por primera vez en Venezuela en 1960, incluso antes de sancionar la Constitución de 1961. *V.* Antonio Moles Caubet, "El arbitraje en la contratación administrativa," en la *Revista de la Facultad de Derecho*, N° 20, Universidad Central de Venezuela, Caracas 1960, p. 22. *V.* además Alberto Baumeister Toledo, "Algunas consideraciones sobre el procedimiento aplicable en los casos de arbitrajes regidos por la ley de Arbitraje Comercial," en Allan R. Brewer–Carías (Ed.), *Seminario sobre la Ley de Arbitraje Comercial*, Academia de Ciencias Políticas y Sociales, Caracas 1999, pp. 95–98; Allan R. Brewer–Carías, "El arbitraje y los contratos de interés público," en Allan R. Brewer–Carías (Ed.), *Seminario sobre la Ley de Arbitraje Comercial*, Academia de Ciencias Políticas y

la ratificó la Convención del CIADI[81] y entre 1993 y 1998 firmó distintos tratados bilaterales de inversión que estipulaban el arbitraje internacional.

3. La aceptación general del arbitraje en cuestiones de derecho privado

En materia de derecho privado, luego de que el arbitraje fuera establecido inicialmente como un derecho constitucional en la Constitución de 1830 (Art. 140),[82] y fuera regulado en el siglo XIX como medio alternativo de resolución de disputas de carácter vinculante en las disposiciones de procedimiento civil, a principios del siglo XX, luego de la reforma del Código de Procedimiento Civil de 1916, el arbitraje pasó a ser establecido solo como método no vinculante de resolución de controversias; no siendo obligatorio (Artículos 502–522). Fue en 1986 cuando el Código de Procedimiento Civil fue modificado para permitir a las partes pudieran celebrar un acuerdo vinculante para someter las controversias a los tribunales arbitrales, y así excluir la jurisdicción de los tribunales ordinarios (Artículos 608–629).[83] Además, a través de leyes especiales se permitió el arbitraje en áreas relacionadas con los derechos de autor, seguros, protección al consumidor, trabajo y reforma agraria.[84]

Posteriormente, Venezuela ratificó la Convención Interamericana sobre el Arbitraje Internacional y sobre la Eficacia Extraterritorial de las Sentencias y Laudos Arbitrales Extranjeros de 1979,[85] la Convención Interamericana sobre Arbitraje Comercial Internacional de 1975,[86] y la Convención de las Naciones Unidas sobre el Reconocimiento y la Ejecución de Sentencias Arbitrales Extranjeras de 1958 (Convención de Nueva York).[87] En 1998, Venezuela adoptó la Ley de Arbitraje Comercial,[88] que se basa en la Ley Modelo sobre Arbitraje Comercial Internacional de la UNCITRAL.[89]

Sociales, Caracas 1999, pp. 167–186; Francisco Hung Vaillant, *Reflexiones Sobre el Arbitraje en el Sistema Venezolano*, Editorial Jurídica Venezolana, Caracas 2001, pp. 125–130

81 *Gaceta Oficial* N° 35.685 del 3 de abril de 1995

82 *V.* J. Eloy Anzola. "Luces desde Venezuela: La administración de justicia no es monopolio exclusivo del Estado," en *la Revista del Club Español de Arbitraje*, N° 4, 2009, p. 62

83 Para conocer la importancia y el impacto de la reforma del Código de Procedimiento Civil de 1986 en cuestiones de arbitraje, *V.* Víctor Hugo Guerra Hernández. "Evolución del arbitraje comercial interno e internacional," en Irene Valera (Coordinadora), *Arbitraje Comercial Interno e Internacional. Reflexiones teóricas y experiencias prácticas*, Academia de Ciencias Políticas y Sociales, Comité Venezolano de Arbitraje, Caracas 2005, pp. 42–44; Arístides Rengel Romberg, "El arbitraje comercial en el Código de Procedimiento Civil y en la nueva Ley de Arbitraje Comercial (1998)," en Allan R. Brewer–Carías (Ed.), *Seminario sobre la Ley de Arbitraje Comercial*, Academia de Ciencias Políticas y Sociales, Caracas 1999; J. Eloy Anzola, "El fatigoso camino que transita el arbitraje," en Irene Valera (Coordinadora), *Arbitraje Comercial Interno e Internacional. Reflexiones teóricas y experiencias prácticas*, Academia de Ciencias Políticas y Sociales, Comité Venezolano de Arbitraje, Caracas 2005, p. 408.

84 Véanse las leyes enumeradas, incluidas la Ley sobre el Derecho de Autor (1993), la Ley de Empresas de Seguro (1994), la Ley de Protección al Consumidor (1995) y la Ley Orgánica del Trabajo (1990) en Francisco Hung Vaillant, *Reflexiones Sobre el Arbitraje en el Sistema Venezolano*, pp. 90–101; Paolo Longo F., *Arbitraje y Sistema Constitucional de Justicia*, Editorial Frónesis S.A., Caracas, 2004, pp. 52–77; Víctor Hugo Guerra Hernández. "Evolución del arbitraje comercial interno e internacional," *loc. cit.*, pp. 44–46; y en la Sentencia N° 1541 de 2008.

85 *Gaceta Oficial* N° 33144 del 15 de enero de 1985

86 *Gaceta Oficial* N° 33170 del 22 de febrero de 1985

87 *Gaceta Oficial* (Extra) N° 4832 del 29 de diciembre de 1994.

88 *Gaceta Oficial* N° 36430 del 7 de abril de 1998.

89 *V.* en general, Arístides Rengel Romberg, "El arbitraje comercial en el Código de Procedimiento Civil y en la nueva Ley de Arbitraje Comercial (1998)," *loc. cit.*, pp. 47 y sig.

Por otra parte, específicamente en materia de inversiones extranjeras, y de conformidad con el régimen existente en esos tiempos, el decreto N° 2095 del 13 de febrero de 1992, que contenía la normativa sobre el "Régimen común de tratamiento a los capitales extranjeros y sobre marcas, patentes, licencias y regalías, aprobada por Sentencias N.° 291 y 292 de la Comisión del Acuerdo de Cartagena" estipuló en forma general que "se podía utilizar la resolución de controversias o conflictos derivados de la inversión extranjera directa o de inversionistas subregionales o del traspaso de tecnología extranjera, y los mecanismos de jurisdicción o conciliación y arbitraje estipulados en la ley."[90] Por consiguiente, recurrir al arbitraje para la posible resolución de controversias de inversión se convirtió en una práctica generalizada.

4. La aceptación general del arbitraje en cuestiones derivadas de contratos públicos y el sentido de las disposiciones del Artículo 4 de la Ley de Arbitraje Comercial y del Artículo 151 de la Constitución

Específicamente, respecto al amplio uso de los mecanismos de arbitraje de conformidad con la cláusula de inmunidad jurisdiccional relativa de los contratos públicos, debido a la disposición constitucional de la Constitución de 1961 que destacó Morles,[91] como lo señalaran los tribunales del CIADI en los casos *Mobil* y *Cemex*, demuestra que en 1993 "en Venezuela el ambiente era cada vez más favorable para el arbitraje internacional" (Parr. 130; y Parr. 125, respectivamente) en el sentido de que "la hostilidad tradicional hacia el arbitraje internacional se había desvanecido en los 90 para dar lugar a una actitud más positiva" (caso *Mobil*, Parr. 131). Sin embargo, el Tribunal del CIADI en el caso *Mobil* agregó, de manera incomprensible, que: "Sin embargo, Venezuela permanecía reacia con respecto al arbitraje contractual en la esfera pública, como lo demuestra [el Artículo 4 de] la Ley de Arbitraje de 1998 y el Artículo 151 de la Constitución de 1999" (Parr. 131; 127, 128). Lo mismo se afirmó en la sentencia del *caso* Cemex (Parr. 125). Estos Tribunales, en mi criterio, no comprendieron realmente el contenido de estas dos disposiciones, de las cuales no puede derivar ninguna actitud "reacia" hacia el arbitraje.

El Artículo 4 de la Ley de Arbitraje Comercial, en efecto, dispone que:

> "Cuando en un acuerdo de arbitraje al menos una de las partes sea una sociedad en la cual la República, los Estados, los Municipios y los Institutos Autónomos tengan participación igual o superior al cincuenta por ciento (50%) del capital social, o una sociedad en la cual las personas anteriormente citadas tengan participación igual o superior al cincuenta por ciento (50%) del capital social, se requerirá para su validez de la aprobación de todos los miembros de la Junta Directiva de dicha empresa y la autorización por escrito del ministro de tutela. El acuerdo de arbitraje especificará el tipo de arbitraje y el número de árbitros, el cual en ningún caso será menor de tres (3)."

Se trata de una disposición fundamental exclusivamente sobre el procedimiento administrativo, que sólo impone que el acuerdo de arbitraje cuando sea celebrado por entidades descentralizadas del sector público, sea suscrito de conformidad con sus reglamentos, y con la aprobación expresa del Ministro de tutela de la específica entidad des-

90 *Gaceta Oficial* N° 34930 del 25 de marzo de 1992

91 *V.* Alfredo Morles Hernández, "La inmunidad de jurisdicción y las operaciones de crédito público," *loc. cit.*, p. 1717

centralizada[92] Esta disposición, por tanto, sólo establece un requisitos de procedimientos administrativos,[93] por lo que resulta incomprensible que se considere que por ello el Estado pueda "demostrar" una "actitud reacia" hacia el arbitraje, o que dicha disposición estableciera que el país "permanezca reacio" hacia el arbitraje contractual (Caso *Mobil*, Parr. 129, 131; Caso *Cemex*, Parr. 125).

Aún más incomprensible es la referencia en las sentencias al Artículo 151 de la Constitución como supuesta prueba del "rechazo" de Venezuela hacia el arbitraje contractual. Dicha disposición establece, como se reconoce por lo general en el derecho internacional, por un lado, el principio de inmunidad relativa de la jurisdicción en cuestiones derivadas de contratos públicos; y por otro lado, el principio que rige que los Estados extranjeros no pueden iniciar procesos diplomáticos contra el Estado venezolano como consecuencia de contratos públicos celebrados con corporaciones extranjeras ("cláusula Calvo").[94] De dicha norma, por tanto, nada extraordinario o fuera de lo común puede encontrarse.

5. La política de inclusión de cláusulas de arbitraje en contratos públicos desde la década de los noventa

Por otra parte, debe mencionarse que desde los años noventa se ha incorporaron expresamente cláusulas sobre arbitraje en muchas leyes. Primero, en 1994, en el Decreto Ley N° 138 del 20 de abril de 1994, que contenía la Ley orgánica sobre concesiones de obras públicas y servicios públicos nacionales.[95]. Esta ley incluyó un Artículo que estableció expresamente que el Ejecutivo Nacional y el concesionario podían acordar que las dudas y controversias que pudieran surgir como resultado de la interpretación y ejecución del contrato de concesión serían tratadas por un tribunal arbitral, para el cual las partes determinarían su composición, competencia, procedimiento y ley aplicable" (Artículo 10).[96]

Segundo, debe mencionarse que en 1995, el Congreso adoptó el *Acuerdo* mediante el cual se estableció el marco de Condiciones para los "Convenios de Asociación para la Exploración a Riesgo de Nuevas Áreas y la Producción de Hidrocarburos bajo el Esquema de Ganancias Compartidas" del día 4 de julio de 1995, [97] en el cual se estableció

---

92 En la Administración Pública venezolana no existe ningún "Ministerio de Protección Jurídica" como se expresó en una mala traducción de la expresión "*Ministerio de tutela*" en la sentencia del Tribunal CIADI en el caso *Mobil* (Parr. 128). *V.* sobre el sentido del control de tutela, la Ley Orgánica de la Administración Pública, Artículos 78, 97.5, y 120–122. Decreto Ley N° 6217 del 15 de julio de 2008, en el *Gaceta Oficial* N° 5890 Extra. del 31 de julio de 2008. Véanse los comentarios en Allan R. Brewer–Carías *et al.*, *Ley Orgánica de la Administración Pública*, Editorial Jurídica venezolana, Caracas 2008, pp. 77–79

93 Véanse sobre este Artículo los comentarios en Allan R. Brewer–Carías, "El arbitraje y los contratos de interés nacional," *loc. cit.*, pp. 169–204

94 *V.* sobre este Artículo nuestra propuesta ante la Asamblea Nacional Constituyente, en Allan R. Brewer–Carías, "Propuesta sobre la cláusula de inmunidad relativa de jurisdicción y sobre la cláusula Calvo en los contratos de interés público," en *Debate Constituyente (Aportes a la Asamblea Nacional Constituyente)*, Vol. I (8–Agosto–8 Septiembre 1999), Fundación de Derecho Público/Editorial Jurídica Venezolana, Caracas 1999, pp. 209–233

95 *Gaceta Oficial* N° 4719 Extra. del 26 de abril de 1994

96 En Luis Fraga Pittaluga, "El arbitraje y la transacción como métodos alternativos de Resolución de conflictos administrativos," en las *IV Jornadas Internacionales de Derecho Administrativo Allan Randolph Brewer Carías, La relación jurídico–administrativa y el procedimiento administrativo*, Fundación de Estudios de Derecho Administrativo, FUNEDA, Caracas 1998, p. 178. Este autor declaró en 1998 que "la admisión del arbitraje en el campo administrativo es una tendencia irreversible", *Íd.* p. 177

97 *Gaceta Oficial* N° 35754 del 17 de julio de 1995

expresamente una cláusula arbitral para la solución de controversias. La misma fue impugnada por inconstitucionalidad ante la Corte Suprema mediante acción popular interpuesta, entre otros, por diputados al Congreso. La Corte Suprema en 1999 decidió el caso, declarando sin lugar la demanda, ratificando la constitucionalidad del Acuerdo del Congreso, sosteniendo que la incorporación de cláusulas de arbitraje en los contratos públicos de asociación para la explotación petrolera eran válidos en los términos del Artículo 127 de la Constitución de 1961, vigente en ese momento (equivalente al Artículo 151 de la Constitución de 1999).[98] Dicha sentencia de la Corte Suprema de Justicia ha sido considerada como un precedente judicial clave en materia de arbitraje en contratos públicos y sobre el sentido de la cláusula de inmunidad relativa de jurisdicción en el país.[99]

Durante el mismo período de tiempo de finales de los noventa se incorporó el Artículo 4 en la Ley de Arbitraje Comercial de 1998, en el cual se admitió en forma expresa la incorporación de las cláusulas de arbitraje en contratos públicos, sujetos a la aprobación del órgano competente, de conformidad con los reglamentos de la entidad y con la autorización escrita del Ministerio de tutela en los casos de entidades descentralizadas. Se trató, en todo caso, de una disposición que lo que evidencia es la ratificación y aceptación expresa por parte del Congreso de la posibilidad de incorporar cláusulas arbitrales en los contratos públicos, estableciendo a tal efecto, reglas de gestión elementales en la Administración pública, como las derivadas del ejercicio del control administrativo.

Por otra parte, la disponibilidad del arbitraje como recurso para la solución de controversias en contratos del Estado ha sido reconocida en gran número de sentencias judiciales posteriores, varias de las cuales fueron emitidas con anterioridad a la sanción de la Ley de Inversiones de 1999.[100] Por ejemplo, el 15 de junio del mismo año 1998, la Sala Político Administrativa del Tribunal Supremo de Justicia dictó la sentencia del *caso Industrias Metalúrgicas Van Dam, C.A. vs. República de Venezuela. Ministerio de la Defensa*, en la cual reconoció las cláusulas de arbitraje en contratos públicos, que en

---

98 *V.* la sentencia en Allan R. Brewer–Carías (Compilador), *Documentos del Juicio de la Apertura Petrolera (1996–1999)*, Caracas, 2004 *disponible en* http://allanbrewercarias.com/Content/449725d9–flcb–474b–8ab2–41cfb849fca3/Content/I,%202,%2022.%20%20APERTURA%20PETROLERA.%20DOCUMENTOS%20DEL%20JUICIO.pdf (Biblioteca Virtual, I.2. Documentos, N° 22, 2004), pp. 280–328. La Sala Constitucional del Tribunal Supremo de Justicia confirmó el fallo emitido bajo la Constitución de 1961, que sostenía que el Artículo 151 de la Constitución de 1999 permite la incorporación de normas de arbitraje en contratos de interés público. *V.* la Sentencia N° 1541 del 2008 y la Sentencia N° 97 del 11 de febrero de 2009 (*Interpretación de los Artículos 1 y 151 de la Constitución. Fermín Toro Jiménez, Luis Brito García et al.*). Véanse los comentarios de agosto de 1999 que ratifican la Resolución del Congreso que aprueba el Marco del Convenio de Asociación que realicé al rechazar la propuesta constitucional del Presidente Chávez respecto al Artículo 151 de la Constitución, en Allan R. Brewer–Carías "Propuesta sobre la cláusula de inmunidad relativa de jurisdicción y sobre la cláusula Calvo en los contratos de interés público," en *Debate Constituyente (Aportes a la Asamblea Nacional Constituyente)*, Vol. I (8– Agosto–8 Septiembre 1999), Fundación de Derecho Público/Editorial Jurídica Venezolana, Caracas 1999, pp. 220–229.

99 *V.* Juan Carlos Balzán, "El arbitraje en los contratos de interés a la luz de la cláusula de inmunidad de jurisdicción prevista en el artículo 151 de la Constitución," *loc. cit.*, pp. 349–357; Margot Y. Huen Rivas, "El arbitraje internacional en los contratos administrativos," *loc. cit.*, pp. 438–39.

100 Véanse los casos citados en Juan Carlos Balzán, "El arbitraje en los contratos de interés a la luz de la cláusula de inmunidad de jurisdicción prevista en el artículo 151 de la Constitución," pp. 333– 335, 349, y en José G. Villafranca, "Precisión jurisprudencial en torno a la inmunidad de jurisdicción en demandas por responsabilidad patrimonial (Comentario a la sentencia de la CSJ–SPA de fecha 30–07–1998)," en *Revista de Derecho Administrativo*, N.° 4, Editorial Sherwood, Caracas 1998, p. 347–360.

este caso tenían objeto militar, para la solución de controversias sobre los "aspectos técnicos" del contrato, excluyendo las cuestiones de seguridad y defensa nacional.[101]

De lo anterior resulta que, en realidad, en las décadas anteriores a 1999 ya se identificaba una tendencia a superar la otrora actitud histórica que existió en el pasado de "reticencia" respecto de las cláusulas de arbitraje y respecto del tema de la renuncia relativa a la inmunidad de jurisdicción del Estado en los contratos de derecho público, incluso antes de la sanción de la Constitución de 1961 y de la reforma del Código de Procedimiento Civil de 1986. Esta tendencia se consolidó legislativamente, precisamente a partir de 1999

IV. LA POLÍTICA PÚBLICA PRO ARBITRAJE DEFINIDA POR EL ESTADO EN 1999 Y PLASMADA EN LA CONSTITUCIÓN DE 1999

1. La tendencia pro arbitraje de toda la legislación sancionada en 1999

En efecto, la sanción de la Ley de Inversiones de 1999 fue el resultado de una política económica definida por el nuevo gobierno que comenzó en febrero de ese año, destinada a atraer inversiones y, particularmente, inversiones extranjeras. Para ello, el Presidente Hugo Chávez, quien había sido electo por primera vez en diciembre de 1998 y asumió su cargo el 2 de febrero de 1999, propuso al Congreso la sanción de una Ley orgánica e habilitación legislativa que lo autorizara a sancionar un conjunto de decretos leyes relacionadas con la administración, las finanzas, los impuestos y la economía públicas, con particular énfasis, en este último campo para promover, proteger e incentivar las inversiones extranjeras en el país.

Con base en el proyecto presentado por el mismo Ejecutivo Nacional, unas semanas después, en abril de 1999, el Congreso sancionó la Ley Orgánica habilitante de abril de ese año 1999,[102] autorizando al Presidente de la República no sólo para dictar normas legislativas para "fomentar la protección y la promoción de inversiones nacionales y extranjeras, con el fin de establecer un marco legal para las inversiones y para ofrecer mayor seguridad jurídica" (Articulo 1.4.f); sino que además lo autorizó para "reformar el Decreto Ley sobre concesiones de obras públicas y servicios públicos nacionales para estimular las inversiones privadas" para proyectos existentes o futuros (Art. 1.4.h) y para emitir las medidas necesarias para la explotación de gas, modernizando la legislación en el tema (Art. 1.4.i). Fue por tanto el Ejecutivo Nacional el que definió las políticas económicas del país, centrándose en la promoción y protección de las inversiones en general, y en cuestiones de obras y servicios públicos, hidrocarburos, gas y minas, propósito para el cual efectivamente recibió una amplísima y comprensiva autorización legislativa con el fin de sancionar leyes por medio de la legislación delegada. Y fue precisamente a través de esta autorización legislativa que el Poder Ejecutivo emitió el Decreto Ley que contentivo de la Ley de Inversiones de 1999, así como varios otros De-

---

101 *V.* las referencias en Juan Carlos Balzán, "El arbitraje en los contratos de interés a la luz de la cláusula de inmunidad de jurisdicción prevista en el artículo 151 de la Constitución", *loc. cit.*, pp. 349–350

102 *V.* la Ley Orgánica que Autoriza al Presidente de la República para Dictar Medidas Extraordinarias en Materia Económica y Financiera Requeridas por el Interés Público en el Gaceta Oficial N° 36.687 del 26 de abril de 1999.

cretos Ley que no fueron emitidos por el Presidente de la República "en el ejercicio del poder conferido a él por la nueva Constitución Política", como se afirmó erróneamente en la sentencia CIADI del caso *Brandes* (Parr. 25). La "nueva" Constitución en realidad fue sancionada luego de que fueran aprobadas la Ley habilitante de abril de 1999 y la Ley de Inversiones de ese mismo año.

Por otra parte, un mes después de que fuera publicada la sentencia de agosto de 1999 de la antigua Corte Suprema de Justicia, por la cual se rechazó la impugnación del Acuerdo del Congreso sobre los Convenios de asociación petroleros, el Presidente de la República procedió a sancionar cuatro Decretos Ley importantes en ejecución de las disposiciones de la Ley habilitante antes mencionada, relativos a inversiones (Artículos 1.4.f,; 1.4.h; 1.4.i; y 1.4.j), en los cuales, en todos los casos, se establecieron cláusulas de arbitraje como medio de resolución de controversias entre el Estado y los particulares.[103] Entre esos Decretos Ley se destacan los referentes a los hidrocarburos gaseosos, a la promoción y protección de las inversiones a través de concesiones, y la Ley de Inversiones..

En relación con la Ley de hidrocarburos gaseosos,[104] en la misma se dispuso conforme al Artículo 127 de la Constitución de 1961, que en todas las licencias otorgadas a particulares con el fin de llevar a cabo actividades de exploración y explotación de hidrocarburos gaseosos, se debía considerar incluida una cláusula (aún cuando no estuviese expresada por escrito), que estipulase que "las dudas y controversias de cualquier tipo que pudiesen surgir como resultado de la licencia, y que las partes no pudieran resolver en forma amigable, *incluso por arbitraje*, serán resueltas por los tribunales competentes de la República, de conformidad con sus leyes, sin la posibilidad de realizar reclamos extranjeros por ningún motivo o causa" (Artículo 25.6.b). En esta forma, la reconoció en forma expresa la posibilidad de someter a arbitraje las controversias sobre cuestiones relacionadas con las licencias otorgadas por el Estado para la exploración y explotación de los hidrocarburos gaseosos.[105]

En la Ley sobre promoción de la inversión privada bajo el régimen de concesiones,[106] el Presidente dispuso en el decreto ley que la decretó, que en los contratos de concesiones públicas, las partes: "pueden acordar en el contrato respectivo someter sus controversias a la sentencia del Tribunal Arbitral, del cual las partes determinarán de común acuerdo la composición, competencia, procedimiento y ley aplicable, de conformidad

---

103 *V. Gaceta Oficial* N° 5382 Extra del 28 de septiembre de 1999

104 Decreto Ley N° 310 del 12 de septiembre de 1999, *Gaceta Oficial* N° 36.793 del 23 de septiembre de 1999

105 En igual sentido *V.*, por ejemplo, J. Eloy Anzola, "El fatigoso camino que transita el arbitraje," en Irene Valera (Coordinadora), *Arbitraje Comercial Interno e Internacional. Reflexiones teóricas y experiencias prácticas*, Academia de Ciencias Políticas y Sociales, Comité Venezolano de Arbitraje, Caracas 2005, p. 419 Expresó: "Debemos suponer que fue realizada con la clara intención de admitir el arbitraje como medio de resolución de conflictos en los contratos de exploración y explotación de conformidad con el texto de la constitución... para incentivar la participación de los particulares, que sin duda se sentirán más cómodos buscando justicia ante un tribunal arbitral, sin la necesidad de recurrir a los tribunales locales".

106 Ley Orgánica sobre promoción de la inversión privada bajo el régimen de concesiones, *Gaceta Oficial* N° 5394 Extra. del 25 de octubre de 1999. *V.* Diego Moya–Ocampos Pancera y Maria del Sol Moya–Ocampos Pancera, "Comentarios relativos a la procedencia de las cláusulas arbitrales en los contratos de interés público nacional, en particular: especial las concesiones mineras," en *Revista de Derecho Administrativo*, N.° 19, Editorial Sherwood, Caracas 2006, p. 174. *V. en general* respecto a esta Ley, Alfredo Romero Mendoza, "Concesiones y otros mecanismos no tradicionales para el financiamiento de obras públicas", en Alfredo Romero Mendoza (Coord.), *Régimen Legal de las Concesiones Públicas. Aspectos Jurídicos, Financieros y Técnicos*, Editorial Jurídica Venezolana, Caracas 2000, pp. 28–29.

con las normas aplicables en la materia." Esta norma pro arbitraje en un área sensible de los contratos públicos como son las concesiones de obras y servicios públicos ha sido reafirmada por un gran número de sentencias dictadas con posterioridad de tribunales venezolanos.[107]

La tercera ley en la cual se estableció la cláusula arbitral sancionada por el Presidente de la República mediante la utilización de los poderes legislativos delegados, fue precisamente el Decreto Ley Nº 356 del 13 de octubre de 1999, sobre la Ley de promoción y protección de Inversiones, la cual contiene previsiones expresas sobre arbitraje en varias disposiciones: primero, en el Artículo 21 (arbitraje estado–estado); segundo, en el Artículo 22 (arbitraje internacional o juicio ante tribunales nacionales con un inversionista internacional); y tercero, el Artículo 23 (juicio ante tribunales nacionales o arbitraje con un inversionista nacional o internacional). En los dos últimos casos, el consentimiento del Estado para someter las controversias a arbitraje está expreso en la Ley, y la decisión de recurrir al arbitraje o a los tribunales nacionales está a cargo del inversionista (como su derecho).

La disposición del Gobierno en 1999 respecto a la resolución de controversias en materia de inversiones fue, sin duda, favorable al arbitraje, como resulta de la legislación antes mencionada. Contrario, lo que se confirma por la discusión simultánea de la nueva Constitución (de 1999) sobre la cuestión de la obligación del Estado de promover el arbitraje (art. 258).

2. La tendencia pro arbitraje de la Constitución de 1999 y la extraña propuesta presentada ante la Asamblea Constituyente por el Presidente Chávez en 1999

La Constitución de 1999, en efecto, incorporó el arbitraje como un recurso alternativo para la solución de controversias, que es un componente del sistema judicial (Artículo 253), exigiendo al Estado promoverlo en el artículo 258, al disponer que "La ley promoverá el arbitraje, la conciliación, la mediación y cualesquiera otros medios alternativos de solución de conflictos;"[108] garantizando el arbitraje, además, como un derecho fundamental.[109] Es decir, es el mismo texto de la Constitución el que impone a todos los órganos del Estado la tarea de promover el arbitraje, y establece la posibilidad de someter las disputas a arbitraje, como un derecho constitucional de todos los ciudadanos, lo que confirma que ya en 1999 no existía n el país una "cultura de hostilidad" preponderante hacia el arbitraje. Por el contrario, la Constitución de 1999, las leyes sancionadas por el nuevo Gobierno de 1999, el sistema legal en su totalidad y los instrumentos in-

---

107 *V.*, por ejemplo, un resumen en Alfredo Romero Mendoza (Coord.), *Régimen Legal de las Concesiones Públicas. Aspectos Jurídicos, Financieros y Técnicos*, pp. 12, 28, 29, 155.

108 *V.* Eugenio Hernández Bretón, "Arbitraje y Constitución" para leer sobre el reconocimiento del arbitraje como medio alternativo de pronunciamiento judicial en la Constitución de 1999, y la promoción del arbitraje como una obligación constitucional de todos los órganos estatales. El arbitraje como derecho fundamental", *loc. cit.*, p. 27; Sentencia Nº 1541 de 2008; Tribunal Supremo de Justicia, Sala constitucional, Sentencia Nº 186 del 14 de febrero de 2001 (Caso: *Impugnación constitucional de los Artículos 17, 22 y 23 de la Ley de Inversiones de 1999, Fermín Toro Jiménez y Luis Brito García*).

109 Para leer sobre el arbitraje como derecho fundamental, *V.* Eugenio Hernández Bretón, "Arbitraje y Constitución. El arbitraje como derecho fundamental", pp. 25, 27–28, quien observó que la Constitución de 1830 estableció que el arbitraje es un derecho fundamental de los ciudadanos. En este mismo sentido, *V.* J. Eloy Anzola, "El fatigoso camino que transita el arbitraje," en Irene Valera (Coordinadora), *Arbitraje Comercial Interno e Internacional. Reflexiones teóricas y experiencias prácticas*, Academia de Ciencias Políticas y Sociales, Comité Venezolano de Arbitraje, Caracas 2005, p. 409–410

ternacionales de los que Venezuela formaba parte, aceptaban y promovían el arbitraje.[110]94

Siguiendo la misma orientación pro arbitraje, aún cuando quizás en exceso permisiva respecto del arbitraje internacional en contratos públicos, el Presidente de la República H. Chávez presentó ante la Asamblea Nacional Constituyente en agosto de 1999, el texto de un artículo para reemplazar al Artículo 127 de la anterior Constitución de 1961(equivalente al artículo 151 de la Constitución de 1999), en la cual sólo establecía el principio de la inmunidad de jurisdicción absoluta para los contratos suscritos por la República (que son realmente escasísimos), dejando sin ninguna restricción la renuncia de jurisdicción en todos los otros contratos suscritos por otros entes públicos (los Estados, los Municipios, los institutos autónomos o las empresas del Estado, por ejemplo, que son la mayoría); propuesta en la cual, además, el Presidente propuso abandonar la cláusula Calvo. Esa fue precisamente la razón por la que como miembro de la Asamblea me opuse fuertemente a dicha propuesta, y más bien propuse incluir en la nueva Constitución el mismo texto del Artículo 127 de la Constitución de 1961.

Afortunadamente, mi propuesta se impuso en el actual Artículo 151 de la Constitución de 1999, y se rechazó la propuesta del Presidente de reducir a sólo y únicamente respecto de la República (no de los estados, las municipalidades, las corporaciones o las empresas públicas), la previsión de que no se someterían "jamás a jurisdicciones extranjeras en un contrato de interés público." Como se dijo, sin embargo, con respecto a los contratos públicos celebrados por otros entes estatales (que comprenden la gran mayoría de los contratos públicos) y con respecto a los tratados o acuerdos internacionales y a las leyes nacionales que establecen el arbitraje internacional, el Presidente propuso eliminar todos los límites al arbitraje, permitiéndolo incluso sin considerar la "naturaleza" del contrato o la cuestión que el mismo comprendiera. Partiendo de esta orientación, que no compartíamos, sin embargo, lo que resultaba claro era que ello era congruente con la intención del gobierno de incluir una oferta abierta e ilimitada para arbitrar todas sus disputas en un foro como el del CIADI en la Ley de Inversiones dictada por el propio Presidente de la república en esos mismos días.

Por su interés histórico en esta materia, deben destacarse las consecuencias que podría haber provocado la propuesta del Presidente Chávez,[111] de haber sido aprobada si se la compara con el texto del Artículo 127 de la Constitución de 1961 (que se conservó en el Artículo 151 de la Constitución de 1999). En efecto, el Artículo 127 de la Constitución de 1961 disponía

> *Artículo 127*. "En los contratos de interés público, si no fuere improcedente de acuerdo con la naturaleza de los mismos, se considerará incorporada, aun cuando no estuviere expresa, una cláusula según la cual las dudas y controversias que puedan suscitarse sobre dichos contratos y que no llegaren a ser resueltas amigablemente por las partes contratantes serán decididas por los tribunales competentes de la República, de conformidad con sus leyes, sin que por ningún motivo ni causa puedan dar origen a reclamos extranjeros."
>
> Artículo propuesto por el Presidente Chávez: "En los contratos celebrados por la República que sean considerados de interés público, se considerará incorporada, aun cuando no estuviere expre-

---

110 El arbitraje del CIADI continuó siendo incorporado en los tratados bilaterales para la promoción y protección de las inversiones, firmados y ratificados a partir de 1999. *V.* por ejemplo el Tratado bilateral de inversión Venezuela–Francia en el *Gaceta Oficial* N° 37896 del 11 de marzo de 2004

111 *V.* Hugo Chávez Frías, *Ideas Fundamentales para la Constitución bolivariana de Venezuela*, 5 de agosto de 1999

sa, una cláusula según la cual las dudas y controversias que puedan suscitarse sobre dichos contratos, serán decididas por los tribunales competentes de la República, de conformidad con las leyes".

Esta propuesta presentada por el Presidente Chávez, sin duda, era extremadamente extraña e inapropiada respecto al principio de inmunidad de jurisdicción del Estado, pues planteaba que en los contratos celebrados por todos los entes públicos o personas jurídicas (a diferencia de la República), tales como los estados, las municipalidades, las instituciones autónomas y otras personas jurídicas del derecho público, así como cualquier otra empresa pública, no debía existir límite alguno en materia de renuncia a la inmunidad de jurisdicción. El Presidente Chávez, por tanto, en realidad proponía que la norma constitucional fuese más liberal que la norma de la Constitución de 1961, al reducir la inmunidad de jurisdicción absoluta sólo respecto de los contratos celebrados por la "República" y no por entidades públicas descentralizadas.

Pero además, la propuesta del Presidente Chávez implicaba eliminar totalmente de la Constitución la llamada "cláusula Calvo," de tradición más que centenaria, al eliminar la prohibición de que los contratos de interés público pudieran originar reclamos diplomáticos extranjeros contra la República. De estas propuestas, sin duda extrañas, sin embargo, lo que no se puede es concluir, que el gobierno estuviera opuesto en general al arbitraje internacional. Por el contrario, con esta propuesta, como lo sostuve en el debate de la Asamblea General Constituyente en septiembre de 1999,[112] lo que se intentaba era eliminar de la Constitución las restricciones en materia de inmunidad relativa de jurisdicción.

3. La ratificación de la tendencia pro arbitraje en la legislación sancionada por el Gobierno en 1999

En todo caso, la tendencia ampliamente favorable hacia el arbitraje generada por los Decretos Ley emitidos por el Presidente Chávez en 1999 en cuestiones relacionadas con la inversión en general, y en particular, con las inversiones en concesiones administrativas y licencias para obras y servicios públicos, y con el campo de los hidrocarburos gasíferos y minas, fue ratificada dos años más tarde, en 2001, en un nuevo conjunto de Leyes que incluyó el reconocimiento general del arbitraje como un medio de resolución de conflictos. Por ejemplo, el Código Orgánico Tributario de octubre de 2001, incluyó un reconocimiento general del arbitraje como recurso para la resolución de controversias entre los contribuyentes y el Estado.[113]

Posteriormente, también en el año 2001, se admitió en forma general el arbitraje al establecerlo como un recurso de resolución de disputas entre el Estado y los particulares en un sector público muy importante y nacionalizado como es el del petróleo, en casos relacionados con la constitución de compañías mixtas para la explotación de actividades primarias de hidrocarburos. El Decreto Ley N° 1510 del 2 de noviembre de 2001, mediante el cual se sancionó la Ley Orgánica de Hidrocarburos[114] en ejecución de una

---

112 *V.* Allan R. Brewer–Carías, "Propuesta sobre la cláusula de inmunidad relativa de jurisdicción y sobre la cláusula Calvo en los contratos de interés público," en *Debate Constituyente (Aportes a la Asamblea Nacional Constituyente)*, Vol. I (8–Agosto–8 Septiembre 1999), Fundación de Derecho Público/Editorial Jurídica Venezolana, Caracas 1999, pp. 209 233.

113 Artículos 312–326. Código Orgánico Tributario, *Gaceta Oficial* N° 37.305 del 17 de octubre de 2001

114 *Ley Orgánica de Hidrocarburos*, *Gaceta Oficial* N° 37.323 del 13 de noviembre de 2001

nueva Ley Orgánica Habilitante aprobada por la entonces recién electa Asamblea Nacional en noviembre de 2000,[115] por la cual se ratificó lo dispuesto por el Artículo 151 de la Constitución de 1999. Esta Ley estipuló que en los contratos que celebraran compañías mixtas para la explotación de hidrocarburos debía considerarse incluida, aún sin estar expresa, una cláusula según la cual "las dudas y controversias de cualquier tipo que puedan suscitarse a partir de la ejecución de las actividades y que no llegaren a ser resueltas amigablemente por las partes, *incluido el arbitraje,*" debían ser resueltas por los tribunales (Artículo 34.3.b). Esta norma reconoció en forma expresa por Ley la posibilidad de someter a arbitraje la resolución de disputas que se suscitasen de actividades del sector de hidrocarburos cuando se formaron las empresas mixtas con inversionistas privados.[116]

Todos estos Decretos Ley, y leyes sancionadas por la Asamblea Nacional entre 1999 y hasta el 2001, confirman como lo dijo Balzán, que en Venezuela, "sin duda existía una tendencia legislativa clara hacia la admisión del arbitraje en los contratos relacionados con la actividad comercial en la Administración pública."[117]

4. La intención del gobierno en 1999 de expresar el consentimiento del estado para el arbitraje internacional en el artículo 22 de la Ley de Inversiones

Esa tendencia fue precisamente la que se evidenció en la intención de los redactores de la Ley de Inversiones y del Ejecutivo Nacional al considerarla y aprobarla en septiembre de 1999, y que se expresó en el antes mencionado Artículo 22, como un la manifestación del consentimiento de la República de someter las disputas en materia de inversiones a arbitraje internacional, en especial ante el CIADI; en la forma de oferta abierta, sujeta solo a la condición de que los respectivos tratados o acuerdos, como el convenio CIADI, establecieran un marco o mecanismo para el arbitraje internacional. La oferta formulada le dio el derecho a los inversionistas de recurrir, de acuerdo a su propia voluntad, al arbitraje internacional o a los tribunales nacionales.

El Decreto Ley sobre la Ley de Inversiones, contrario a la práctica observada en casi todos los Decretos Ley dictados por el Presidente de la República en aquel momento, no tiene una *Exposición de Motivos,* lo que no implica por supuesto, que la Ley en sí misma no tuviera sus "motivos" o finalidades o que el Ejecutivo Nacional no tuviera una intención determinada al dictarla. La Ley de Inversiones, al contrario, tenía motivos precisos, no solo para promover y proteger las inversiones, sino también para promover el arbitraje, garantizar la resolución arbitral de las disputas, y, en consecuencia, limitar el alcance de la jurisdicción de los tribunales nacionales en esta materia. El objeto de la Ley de Inversiones, que en este sentido se ve expresado en su primer Artículo, en el que queda claro que sus disposiciones "buscan regular la actuación del Estado respecto de las inversiones y a los inversionistas, nacionales o extranjeros, es decir, la Ley busca regular "la actuación del Estado frente a tales inversiones e inversionistas, con miras a

115 *Ley Orgánica Habilitante* de noviembre de 2000, *Gaceta Oficial* N° 37076 del 13 de noviembre de 2000

116 Lo mismo sucedió con la reforma del Estatuto Orgánico para el desarrollo de Guayana, también sancionado por medio del Decreto Ley N° 1531 del 7 de noviembre de 2001, *Gaceta Oficial* N° 5561 Extra. del 28 de noviembre de 2001 y la Ley Orgánica para la prestación de los servicios de agua potable y saneamiento sancionada por la Asamblea Nacional en diciembre de 2001. *V.* la *Ley Orgánica para la prestación de los servicios de agua potable y de saneamiento, Gaceta Oficial* N° 5568 Extra. del 31 de diciembre de 2001

117 *V.* Juan Carlos Balzán, "El arbitraje en los contratos de interés a la luz de la cláusula de inmunidad de jurisdicción prevista en el artículo 151 de la Constitución," *loc. cit.*, p. 299.

lograr el incremento, la diversificación y la complementación armónica de las inversiones en favor de los objetivos del desarrollo nacional" (Artículo 1).[118] Y esto es lo que la Ley estipula de manera precisa en su Artículo 22: limitar, no excluir, la competencia de los tribunales nacionales en materia de inversiones al prever el arbitraje internacional, pero siempre permitiendo que sean los inversores quienes escojan la jurisdicción.

En este aspecto, en la ausencia de una "Exposición de Motivos" del Decreto Ley de la Ley de Inversiones, al ser éste producto de un proceso de redacción burocrático y no un proceso parlamentario con debates realizados en un cuerpo legislativo, la intención de sus redactores es sin duda una fuente válida para determinar el objeto que tuvo el "legislador" al dictarla.[119] Esto se aplica particularmente a los borradores o papeles de trabajo del proyecto de Decreto,[120] a cuyo efecto debe tenerse en cuenta, por ser de público conocimiento, que dicho proyecto de Ley de Inversiones de 1999 se redactó bajo la dirección del entonces Embajador Jefe de la Delegación permanente de Venezuela ante la OMC y los organismos de la ONU con sede en Ginebra,[121] quien había tenido una importante función en la formulación de políticas venezolanas en favor de las inversiones, incluyendo las negociaciones de un fallido tratado bilateral de inversiones con los EE. UU. Que no se firmó.[122] Dicho funcionario tuvo a su cargo la dirección del proceso de redacción de la Ley de Inversiones[123], a cuyo efecto preparó informes y dictámenes para el Gobierno. Uno de estos informes, de abril de 1999, contiene ideas para el diseño del régimen legal de promoción y protección de inversiones en Venezuela,[124] y en el mismo se explica que "un régimen aplicable a inversiones extranjeras debe dejar abierta la po-

---

118 *V.* Eugenio Hernández Bretón, "Protección de Inversiones en Venezuela," en *Boletín de la Academia de Ciencias Políticas y Sociales*, N° 142, Caracas 2004, pp. 221–222.

119 La Sala Constitucional del Tribunal Supremo de Justicia sostiene que la determinación del objeto del Legislador debe "comenzar en la voluntad del redactor de la disposición, tal como surge de los debates previos a su promulgación". *V.* Tribunal Supremo de Justicia, Sala Constitucional, Sentencia N° 1.173 del día 15 de junio de 2004 (Caso: *Interpretación del Artículo 72 de la Constitución de la República Bolivariana de Venezuela*) (Exp. 02–3.215), en *Revista de Derecho Público* N° 97–98, Editorial Jurídica Venezolana, Caracas 2004, pp. 429 ss.

120 Es lo que en la Convención de Viena sobre el derecho de los tratados de 1969 se denominó como "medios de interpretación complementarios" que incluye la referencia a los tratados, su "trabajo preparatorio" y las "circunstancias de su terminación" (Artículo 32).

121 El embajador era el Ing. Werner Corrales–Leal. *V.* Eduardo Camel A., "Ley de promoción de Inversiones viola acuerdos suscritos por Venezuela", *El Nacional*, Caracas 15 de septiembre de 1999. El carácter de Corrales como redactor se reconoció de manera oficial, por ejemplo, en un comunicado de prensa del Ministerio de Relaciones Exteriores, *Oficina de Comunicaciones y Relaciones Institucionales*, "Resumen de Medios nacionales e Internacionales", 29 de abril de 2009, p. 23. *V.* también Alberto Cova, "Venezuela incumple Ley de Promoción de Inversiones,' en *El Nacional*, 24 de abril de 2009

122 Por ejemplo, *V.* Gioconda Soto, "Cancillería llama a consultas a Corrales y Echeverría," en *El Nacional*, 10 de junio de 1998; Fabiola Zerpa, "Venezuela rechaza presiones para firmar Acuerdo con EEUU," *El Nacional*, Caracas 12 de junio de 1998; Alfredo Carquez Saavedra, "Tratado de inversiones con EE.UU. divide a negociadores venezolanos," en *El Nacional*, Caracas 16 de junio de 1998.

123 En enero de 1999, el Embajador Corrales como Jefe de Representantes Permanentes de Venezuela ante la OMC y la ONU con sede en Ginebra, presentó ante el Gobierno un documento titulado *"Formulación de un Anteproyecto de ley de promoción y Protección de Inversiones (Términos de referencia), enero 1999"*. Este documento se cita en Werner Corrales Leal y Marta Rivera Colomina, "Algunas ideas sobre el Nuevo régimen de promoción y protección de inversiones en Venezuela," y en Luis Tineo y Julia Barragán (Comp.), *La OMC como espacio normativo. Un reto para Venezuela*, Asociación Venezolana de Derecho y Economía, Caracas, p. 195; también en Victorino Tejera Pérez, "Las leyes de Inversiones Municipales, ¿Siempre constituyen una oferta unilateral de arbitraje? La Ley de Inversiones venezolana: Un estudio de casos," *loc. cit.*, p. 116; Victorino Tejera Pérez, *Arbitraje de Inversiones*, pp. 155–156.

124 *V.* Werner Corrales–Leal y Marta Rivera Colomina, "Algunas ideas relativas al diseño de un régimen legal de promoción y protección de inversiones en Venezuela," 30 de abril de 1999. Documento preparado por solicitud del Ministro de CORDIPLAN

sibilidad de recurrir al arbitraje internacional, el cual, actualmente, se acepta casi en todos los países del mundo, ya sea por medio del mecanismo que prevé el Convenio sobre Arreglo de Diferencias Relativas a Inversiones entre Estados y Nacionales de otros Estados (CIADI) o por medio de la presentación de la disputa ante un árbitro internacional o un tribunal arbitral *ad hoc* como el propuesto por UNCITRAL."[125]

Esta opinión expresada en este documento fue expuesta de manera aún más explícita en un ensayo escrito por los mismos autores en el que explicaron "*Algunas ideas sobre el Nuevo régimen de promoción y protección de inversiones en Venezuela*" publicado poco después de que la Ley de Inversiones de 1999 entrara en vigencia. Los autores y corredactores de la Ley de Inversiones en dicho ensayo declararon que "un régimen aplicable a inversiones extranjeras debe mantener la posibilidad de recurrir **unilateralmente** al arbitraje internacional, el cual, actualmente, se acepta casi en todos los países del mundo, ya sea por medio del mecanismo que prevé el Convenio sobre Arreglo de Diferencias Relativas a Inversiones entre Estados y Nacionales de otros Estados (CIADI) o por medio de la presentación de la disputa ante un árbitro internacional o un tribunal arbitral *ad hoc* como el propuesto por UNCITRAL."[126] La referencia que se hace de recurrir de manera **unilateral** al arbitraje internacional deja en claro, sin duda, la intención de las personas encargadas de redactar la Ley de Inversiones de 1999 en el sentido de que el Artículo 22 expresara el consentimiento del Estado para llevar a cabo arbitrajes ante el CIADI, que es la única forma cómo los inversionistas podrían tener la opción de recurrir de manera unilateral a dicho arbitraje internacional o de decidir presentarse ante tribunales nacionales.

Debido a que el Estado por medio del Gobierno (el Ejecutivo) era quien estaba en contacto con a los redactores y quien también se encontraba involucrado (mediante el Gabinete Ejecutivo) en aprobar la Ley de Inversiones una vez que fuera redactada, esto implicaba, por tanto, también que esa debe tenerse como la intención del Estado. Dicho de otra manera, permitir recurrir de manera unilateral al arbitraje en relación con la Ley de Inversiones de 1999 presupone que dicha ley prevé el consentimiento necesario para que el inversor tenga el derecho de recurrir unilateralmente al arbitraje internacional.

El tribunal del CIADI en sus Sentencias en los casos *Mobil* y *Cemex*, haciendo referencia a estos trabajos contemporáneos de los redactores de la ley, cuando la misma se encontraba en proceso de redacción, expuso que el Embajador encargado "no remarcó que los redactores o el Artículo 22 buscaran prever el consentimiento en los arbitrajes del CIADI en la ausencia de tratados bilaterales de inversión" (Parr. 136; y Parr. 132, respectivamente), lo cual consideramos que fue una forma errónea de interpretar dichos ensayos. Los redactores trabajaron el proyecto en sus propias palabras, y con la autorización de la República para elaborar una Ley de Inversiones, en la cual consideraron necesario, en beneficio de los inversionistas, "dejar abierta la posibilidad de recurrir unilateralmente al arbitraje internacional", siendo esto posible solo si el Estado ha previsto en el mismo texto del Artículo 22 de la Ley de Inversiones el consentimiento ne-

---

125 *Íd.*, pp. 10–11

126 *V.* Werner Corrales–Leal y Marta Rivera Colomina, "Algunas ideas sobre el nuevo régimen de promoción y protección de inversiones en Venezuela," *cit.* p. 185. En la ausencia del "historial legislativo" del Decreto Ley, Victorino Tejera Pérez considera que dicho artículo de Corrales y Rivera "podría ser considerado como un medio complementario de interpretación, como se establece en el Artículo 32 de la Convención de Viena sobre el derecho de los tratados". *V.* Victorino Tejera Pérez, *Arbitraje de Inversiones*, p. 187; Victorino Tejera Pérez, "Las leyes de Inversiones Municipales, ¿Siempre constituyen una oferta unilateral de arbitraje? La Ley de Inversiones venezolana: Un estudio de casos", *loc. cit.*, p. 115.

cesario para el arbitraje del CIADI en la ausencia de tratados bilaterales de inversión. Como destacó de manera correcta el tribunal del CIADI en el caso *Cemex*, "la palabra 'unilateralmente' no apareció en el primer artículo del 30 de abril de 1999. Se agregó en el segundo artículo en 2000" (Parr. 131, Nota al pie 118), precisamente porque el segundo artículo se publicó luego de que se aprobara y publicara la Ley de Inversiones (mientras que el primer artículo se publicó antes de que la Ley de Inversiones fuera aprobada por la República). Al incorporar dicha palabra, los autores y corredactores de la Ley hicieron hincapié en la inclusión de la misma a fin de enfatizar que la única manera que el inversor tenía de "recurrir unilateralmente al arbitraje internacional", era si poseían el derecho, como una opción, de someterse a un arbitraje o de presentarse ante un tribunal nacional. Esto, a su vez, solo puede ocurrir cuando el Estado había expresado su consentimiento de presentarse a un arbitraje, también de manera unilateral, y como una oferta abierta en el mismo texto del Artículo 22. En consecuencia, la única forma de comprender la interpretación errónea efectuada por parte de los tribunales del CIADI en los casos *Mobil* y *Cemex,* es constatar que los tribunales, simplemente ignoraron la aclaratoria de la última frase del artículo 22 de la ley de Inversiones, la cual ni siquiera se mencionó en el texto de las sentencias.

De todo lo anteriormente analizado, lo cierto es que contrariamente a lo que concluyeron los tribunales del CIADI en los casos *Mobil* y *Cemex*, el historial legislativo conocido del Artículo 22 de la Ley de Inversiones suministra información importante sobre las intenciones de los redactores de la Ley de Inversiones, sobre la preparación de la Ley, [127] y sobre la intención de sus redactores en cuanto a la expresión unilateral de consentimiento para el arbitraje dado por el Estado incluido en el Artículo 22 de la Ley, como incluso se ratificó en 2009. [128]

---

127 Incluso, Gonzalo Capriles, experto legal contratado por Cordiplan para trabajar conjuntamente con el Embajador Corrales, preparó un Borrador de la "Exposición de Motivos" de la Ley de Inversiones titulado: "*Borrador de Exposición de Motivos de la Ley de promoción y protección de Inversiones*," 1999. *V.* la referencia en Victorino Tejera Pérez, *Arbitraje de Inversiones en Venezuela*, Tesis de maestría, *cit*., p. 154, Nota al pie 154

128 Dicha intención, por lo demás, quedó aclarada en una conferencia que dio el 28 de marzo de 2009 el Embajador Corrales, en un Seminario organizada en Caracas por el *Centro Empresarial de Conciliación y Arbitraje (CEDCA)* sobre "Arbitraje de Inversión en el Derecho Comparado," en l cual explicó que sobre la cuestión de "si el Artículo 22 de la versión oficial de la Ley de Inversiones realmente incluye una oferta unilateral o abierta para el arbitraje," que desde su punto de vista "la intención era ofrecer la posibilidad de un arbitraje unilateral abierto" lo que podía verificarse en varios artículos sobre la materia que había publicado en revistas internacionales y que también presentó en congresos internacionales. Concluyó Corrales su exposición afirmando que con ello dejaba "en claro que mi objeto como corredactor era ofrecer de la manera más amplia y transparente la posibilidad para los inversores de recurrir al arbitraje internacional como una oferta unilateral hecha por el Estado venezolano... En aquel momento pensamos, y continúo creyendo, que resultaba absolutamente necesario para una política pública que se relaciona fuertemente con promover el desarrollo, como es el caso de una política de inversión, ayudar en las inversiones al actuar en favor del desarrollo y pensábamos, y aún creo, que es absolutamente indispensable que los instrumentos legales protejan las inversiones ante la posibilidad de que el sistema judicial del país que recibe dicha inversión no sea independiente, como sucede lamentablemente hoy en día en Venezuela". *V.* en CEDCA, Business Magazine (junio de 2009), *Informe Legal*, Caracas 2009, pp. 77–82.

ÍNDICE GENERAL

LIBRO SEGUNDO: SOBRE LOS ACTOS ADMINISTRATIVOS

LIBRO TERCERO:

LOS ACTOS DEL PODER EJECUTIVOS (VARIACIONES SOBRE UN MISMO TEMA)

LIBRO CUARTO: SOBRE LOS REQUISITOS DE LOS ACTOS ADMINISTRATIVOS Y EL VALOR DEL SILENCIO ADMINISTRATIVO

LIBRO QUINTO:

SOBRE LOS EFECTOS Y VIGENCIA DE LOS ACTOS ADMINISTRATIVOS

LIBRO SEXTO:

LA TEORÍA DE LOS CONTRATOS ADMINISTRATIVOS (1964)

LIBRO SÉPTIMO:

LOS CONTRATOS ADMINISTRATIVOS (1992)

LIBRO OCTAVO
SOBRE LA CONTRATACIÓN PÚBLICA ESTATAL

Sección Primera: SOBRE LOS CONTRATOS DEL ESTADO (2010)

LIBRO NOVENO:
SOBRE LA INMUNIDAD DE JURISDICCIÓN Y EL ARBITRAJE EN LOS CONTRATOS PÚBLICOS

www.ingramcontent.com/pod-product-compliance
Lightning Source LLC
LaVergne TN
LVHW080100011026
849160LV00013B/1000
9789803652081